通紀概説部

分封制度分部

綜述

《殷周金文集成釋文》4320　唯四月辰在丁未，［王］省武王成王伐商圖，徣省東國圖。王蒞於宜，入大饗。王令虔侯夨曰：遷侯於宜。賜豐鬯一卣、商瓚戰，彤弓一，彤矢百，旅弓十，旅矢千。賜土厥甽三百□厥□百又□厥宅邑卅又五，厥□百又四十。賜在宜王人□□又七姓。賜鄭七伯，厥廬□又五十夫。賜宜庶人六百又□六夫。宜侯夨揚王休，作虔公父丁尊彝。

《詩經・魯頌・閟宮》　王曰叔父，建爾元子。俾侯於魯，大啓爾宇，爲周室輔。乃命魯公，俾侯於東。錫之山川，土田附庸。鄭《箋》：叔父謂周公也。成王告周公曰：叔父，我立女首子，使爲君於魯。謂欲封伯禽也。封魯公以爲周公後，故云『大』。開女居以爲我周家之輔，謂封以方七百里，欲其彊於衆國。東，東藩，魯国也。既告周公以封伯禽之意，乃策命伯禽，使爲君於東，加賜之以山川土田及附庸，令專統之。

又《商頌・長發》　玄王桓撥，受小國是達，受大國是達，率履不越，遂視既發。毛《傳》：始堯封之商為小國，舜之末年，乃益其土地為大國，皆能達其教令。

《尚書・康誥》　肆汝小子封，在茲東土。偽《孔傳》：汝寡有之兄武王，勉行文王之道，故汝小子封，得在此東土為諸侯。

《禮記・明堂位》　武王克殷反商，未及下車而封黃帝之後於薊，封帝堯之後於祝，封帝舜之後於陳。下車而封夏后氏之後於杞，投殷之後於宋。

又《樂記》　成王以周公為有勳勞於天下，是以封周公於曲阜，地方七百里，革車千乘，命魯公世世祀周公以天子之禮樂。

《左傳・僖公二十四年》　昔周公弔二叔之不咸，故封建親戚以藩屏周。管、蔡、郕、霍、魯、衛、毛、聃、郜、雍、曹、滕、畢、原、酆、郇，文之昭也。邘、晉、應、韓，武之穆也。凡、蔣、邢、茅、胙、祭，周公之胤也。

又《成公十一年》　昔周克商，使諸侯撫封。蘇忿生以溫為司寇，與檀伯達封於河。

又《襄公二十五年》　昔虞閼父為周陶正，以服事我先王，我先王賴其利器用也，與其神明之後也，庸以元女大姬配胡公而封諸陳，以備三恪。晉杜預注：周得天下，封夏、殷二王後，又封舜後，謂之恪。

又《昭公二十六年》　昔武王克殷，成王靖四方，康王息民，並建母弟，以蕃屏周。

又《昭公二十八年》　昔武王克商，光有天下，其兄弟之國者十有五人，姬姓之國者四十人，皆舉親也。

又《定公四年》　昔武王克商，成王定之，選建明德，以藩屏周。故周公相王室以尹天下，於周為睦。分魯公以大路、大旂，夏后氏之璜，封父之繁弱。殷民六族：條氏、徐氏、蕭氏、索氏、長勺氏、尾勺氏，使帥其宗氏，輯其分族，將其類醜以法則。周公用即命於周，是使之職事於魯，以昭周公之明德。分之土田陪敦，祝宗卜史，備物典策，官司彝器，因商奄之民，命以伯禽，而封於少皞之虛。分康叔以大路、少帛、綪茷、旃旌、大呂。殷民七族：陶氏、施氏、繁氏、錡氏、樊氏、饑氏、終葵氏。封畛土略自武父以南，及圃田之北竟。取於有閻之土，以共王職。取於相土之東都，以會王之東蒐。聃季授土，陶叔授民，命以《康誥》，而封於殷虛。皆啟以商政，疆以周索。分唐叔以大路，密須之鼓，闕鞏，沽洗，懷姓九宗，職官五正。命以《唐誥》，而封於夏虛，啟以夏政，疆以戎索。三者皆叔也，而有令德，故昭之以分物。不然，文、武、成、康之伯猶多，而不獲是分也，唯不尚年也。管、蔡啟商，惎間王室，王於是乎殺管叔而蔡蔡叔，以車七乘，徒七十人。其子蔡仲改行帥德，周公舉之以為己卿士，見諸王而命之以蔡。

《逸周書・作雒解》　武王克殷，乃立王子祿父，俾守商祀。建管叔於東，建蔡叔、霍叔於殷，俾監殷臣。

又《祭公解》　天子自三公上下，辟於文武。文武之子孫大開方，封於下土。天之所錫，武王時疆土，丕維周之□□□后稷之受命，是永宅之。維我後嗣，旁建宗子，丕維周之始并。

《史記》卷一《五帝本紀》 舜之踐帝位，載天子旗，往朝父瞽叟，夔夔唯謹，如子道。封弟象為諸侯。【略】堯子丹朱、舜子商均皆有疆土，以奉先祀。

又 卷二《夏本紀》 帝禹立而舉皋陶薦之，且授政焉，而皋陶卒。封皋陶之後於英六，或在許，而後舉益任之政。【略】湯乃踐天子位，代夏朝天下。湯封夏之後，至周封於杞也。太史公曰：禹為姒姓，其後分封，用國為姓，故有夏后氏、有扈氏、有男氏、斟尋氏、彤城氏、褒氏、費氏、杞氏、繒氏、辛氏、冥氏、斟戈氏。

又 卷三《殷本紀》 周武王遂斬紂頭，縣之白旗，殺妲己，釋箕子之囚，封比干之墓，表商容之閭，封紂子武庚祿父，以續殷祀，令修行盤庚之政，殷民大說。於是周武王為天子，其後世貶帝號號為王，而封殷後為諸侯，屬周。周武王崩，武庚與管叔、蔡叔作亂，成王命周公誅之，而立微子於宋，以續殷後焉。太史公曰：余以頌次契之事，自成湯以來，採於《書》、《詩》，契為子姓。其後分封，以國為姓，有殷氏、來氏、宋氏、空桐氏、稚氏、北殷氏、目夷氏。

又 卷四《周本紀》 武王追思先聖王，乃褒封神農之後於焦，黃帝之後於祝，帝堯之後於薊，帝舜之後於陳，大禹之後於杞。於是封功臣謀士，而師尚父為首封。封尚父於營丘，曰齊。封弟周公旦於曲阜，曰魯。封召公奭於燕。封弟叔鮮於管，弟叔度於蔡。余各以次受封。【略】周公奉成王命，伐誅武庚、管叔，放蔡叔，以微子開代殷後，國於宋。頗收殷餘民，以封武王少弟封為衛康叔。

又 卷五《秦本紀》 造父為繆王御，長驅歸周，一日千里以救亂，繆王以趙城封造父。【略】於是孝王曰：『昔柏翳為舜主畜，畜多息，故有土，賜姓嬴。今其後世亦為朕息馬，朕其分土為附庸，邑之秦。使復續嬴氏祀，號曰秦。』

又 卷三一《吳太伯世家》 周武王克殷，求太伯仲雍之後，得周章，周章已君吳，因而封之。乃封周章弟虞仲於周之北故夏虛，是爲虞仲，列為諸侯。【略】自太伯作吳五世，而武王克殷，封其後爲二：其一虞，在中國；其一吳，在夷蠻。

又 卷三二《齊太公世家》 太公望呂尚者，東海上人。其先祖嘗為四嶽，佐禹平水土，甚有功。虞夏之際，封於呂，或封於申，姓姜氏。夏商之時，申呂或封枝庶，子孫或為庶人，尚其後苗裔也。【略】於是武王已平商而王天下，封師尚父於齊營邱。

又 卷三三《魯周公世家》 封紂子武庚祿父，使管叔、蔡叔傅之，以續殷祀。徧封功臣同姓戚者。封周公旦於少昊之虛曲阜，是為魯公。周公不就封，留佐武王。

又 卷三四《燕召公世家》 召公奭與周同姓，姓姬氏。周武王之滅紂，封召公於北燕。

又 卷三五《管蔡世家》 武王已克殷紂，平天下，封功臣昆弟。於是封叔鮮於管，封叔度於蔡，二人相紂子武庚祿父，治殷遺民。封叔旦於魯而相周為周公，封叔振鐸於曹，封叔武於成，封叔處於霍。康叔封、冉季載皆少，未得封。武王既崩，成王少，周公旦專王室。管叔、蔡叔疑周公為之不利於成王，乃挾武庚以作亂。周公旦承成王命，伐誅武庚，殺管叔而放蔡叔，遷之，與車十乘，徒七十人。從而分殷餘民為二，其一封微子啓於宋，以續殷祀；其一封康叔為衛君，是為衛康叔。封季載於冉。冉季、康叔皆有馴行，於是周公舉康叔為周司寇，冉季為周司空，以佐成王治，皆有令名於天下。蔡叔度既遷而死，其子曰胡，胡乃改行，率德馴善，周公聞之，而舉胡以為魯卿士。魯國治，於是周公言於成王，復封胡於蔡，以奉蔡叔之祀，是為蔡仲。

又 卷三五《曹叔世家》 曹叔振鐸者，周武王弟也。武王已克殷紂，封叔振鐸於曹。

又 卷三六《陳杞世家》 陳胡公滿者，虞帝舜之後也。昔舜為庶人時，堯妻之二女，居於嬀汭。其後因為氏姓，姓嬀氏。舜已崩，傳禹天下，而舜子商均為封國。夏后之時，或失或續。至於周武王克殷紂，乃復求舜後，得嬀滿，封之於陳，以奉帝舜祀。【略】杞東樓公者，夏后禹之後苗裔也。殷時或封或絶。周武王克殷紂，求禹之後，得東樓公，封之於杞。

又 卷三七《衛康叔世家》 周公旦以成王命興師伐殷，殺武庚祿父、管叔，放蔡叔，以武庚殷餘民封康叔為衛君，居河淇間故商墟。

又 卷三八《宋微子世家》 周公既承成王命，誅武庚，殺管叔，放蔡叔，乃命微子開代殷後，奉其先祀，作《微子之命》以申之，國於宋。

又 卷三九《晉世家》 武王崩，成王立，唐有亂，周公誅滅唐。成王與

叔虞戲，削桐葉為珪，以與叔虞，曰：『以此封若。』史佚因請擇日立叔虞。成王曰：『吾與之戲爾。』史佚曰：『天子無戲言，言則史書之，禮成之，樂歌之。』於是遂封叔虞於唐。

又 卷四〇《楚世家》 熊繹當周成王之時，舉文武勤勞之後嗣，而封熊繹於楚蠻，封以子男之田姓羋氏，居丹陽。

又 卷四一《越王勾踐世家》 越王勾踐，其先禹之苗胤，而夏后帝少康之庶子也。封於會稽，以奉守禹之祀，文身斷髮，披草萊而邑焉。

又 卷四二《鄭世家》 鄭桓公友者，周厲王少子，而宣王庶弟也。宣王立二十二年，友初封於鄭。

又 卷四四《魏世家》 魏之先，畢公高之後也。武王之伐紂，而高封於畢，於是為畢姓。其後絕封，為庶人，或在中國，或在夷狄。

漢·伏勝《尚書大傳》卷三《大戰篇》 武王勝殷，繼公子祿父，釋箕子囚。箕子不忍周之釋，走之朝鮮。武王聞之，因以朝鮮封之。

漢·趙曄《吳越春秋·越王無余外傳第六》 少康恐禹祭之絕祀，乃封其庶子於越，號曰無余。無余始受封。

晋·常璩《華陽國志》卷三《蜀志》 蜀之爲國，肇於人皇，與巴同囿。至黄帝，爲其子昌意娶蜀山氏之女，生子高陽，是爲帝嚳。封其支庶於蜀，世爲侯伯，歷夏商周。

論説

《周易·師》 上六，大君有命，開國承家，小人勿用。

又 《比》 象曰：地上有水，比。先王以建萬國，親諸侯。

宋·方聞一《大易粹言》卷八《比》 兼山郭氏曰：象民之有君，諸侯之有王，非先王創治而有之，皆出於自然之勢也。蓋上下之分未立，强弱之勢不齊，於是大得以陵小，衆得以暴寡，日趣於亂亡，而生生之理熄矣。必有强有德者出焉，則大小之勢分，衆寡之情一。於是有小事大，有大比小，小大之情親，率歸於大定者，是先王封建之本也。梁襄王問孟子曰：『天下惡乎定？』孟子對曰：『定於一。』一者，王也。方地上有水，非澤之所鍾，散而相親，則各有所比。先王以是建萬國而親諸侯，王道之本也。【略】觀禹會諸侯於塗山，執玉帛者萬國，周成王時，助祭者千八百國。春秋之時，見於經者，止百二十四國。其後離爲十二，合爲六七，卒并於秦。數百年吞噬屠滅殆盡，凡以天下無王故也。故《易》之有比，《春秋》之書王，其義一也。

《左傳·桓公二年》 師服曰：『吾聞國家之立也，本大而末小，是以能固。故天子建國，諸侯立家，卿置側室，大夫有貳宗，士有隸子弟，庶人工商各有分親，皆有等衰，是以民服事其上，而下無覬覦。』

又 《僖公二十四年》 周之有懿德也，猶曰莫如兄弟，故封建之。其懷柔天下也，猶懼有外侮，扞禦侮者，莫如親親，故以親屏周。

《穀梁傳·僖公二年》 故非天子不得專封諸侯，諸侯不得專封諸侯。

《呂氏春秋》卷一七《慎勢》 衆封建，非以私賢也，所以便勢。全威所以博義，義博利則無敵，無敵者安。故觀於上世，其封建衆者，其福長，其名彰。神農十七世有天下，與天下同之也。王者之封建也，彌近彌大，彌遠彌小。海上有十里之諸侯，以大使小，以重使輕，以衆使寡，此王者之所以家以完也。

《史記》卷一六《高祖功臣年表》 《書》曰『協和萬國』，遷於夏商，或數千歲。蓋周封八百，幽厲之後，見於《春秋》、《尚書》，有唐虞之侯伯。歷三代千有餘載，自全以蕃衛天子，豈非篤於仁義，奉上法哉？

又 卷一七《漢興以來諸侯年表》 太史公曰：殷以前尚矣。周封五等，公、侯、伯、子、男。然封伯禽、康叔於魯、衛，地各四百里，親親之義，褒有德也。太公於齊，兼五侯地，尊勤勞也。武王、成、康所封數百，而同姓五十五，地上不過百里，下三十里，以輔衛王室。管、蔡、康叔、曹、鄭，或過或損。幽厲之後，王室缺，侯伯彊，國興焉。天子微，弗能正。非德不純，形勢弱也。

漢·班固《白虎通義》卷三《封公侯》 必復封諸侯何？重民之至也。善惡比而易，故知擇賢而封之，使治其民，以著其德，極其才。上以尊天子，備蕃輔，下以子養百姓，施行其道。開賢者之路，謙不自專，故列土封賢，因而象之，象賢重民也。【略】王者即位，先封賢者，憂人之急也。故列土爲疆，非爲諸侯；張官設府，非爲卿大夫，皆爲民也。《易》曰『利建侯』，此言因所利故立之。《樂記》曰：『武王克殷反商，下車封夏后氏之後於杞，投殷人之後於宋，封王子比干之墓，釋箕子之囚。』天下太平，乃封親屬者，示不私也。即不私封之何？普天之下，莫非王土，率土之賓，莫非王臣。海内

之衆，己盡得使之，不忍使親屬無短足之居。一人使封之，親親之義也。以《尚書》封康叔，據平安也。王者始起封諸父昆弟，與己共財之義，故可與共土。一説諸父不得封諸侯，二十國厚有功，象賢以爲民也。賢者子孫類多賢，又卿不世位，爲其不子愛百姓，各加一功，以虞樂其身也。受命不封子者，父子手足，無分離異財之義。至昆弟皮體有分别，故封之也。以舜封弟象，有比之野也。封諸侯以夏何？陽氣盛養，故封諸侯，盛養賢也。封立人君，陽德之盛者，《月令》曰：『孟夏之月，行賞，封諸侯，慶賜，無不欣悦。』

《漢書》卷一四《諸侯王表》 昔周監於二代，三聖制法，立爵五等，封國八百，同姓五十有餘。周公、康叔建於魯、衛，各數百里。太公於齊，亦五侯九伯之地。《詩》載其制曰：『介人惟藩，大師惟垣。大邦惟屏，大宗惟翰。懷德惟寧，宗子惟城。毋俾城壞，毋獨斯畏。』所以親親賢賢，襃表功德，盛則周邵相其治，致刑錯；衰則五伯扶其弱，與共守。自幽平之後，日以陵夷。至虖阸隔河洛之間，分為二周，有逃責之臺，被竊鈇之言。然天下謂之共主，彊大弗之敢傾。曆載八百餘年，數極德盡，既於王赧，降為庶人，用天年終，號位已絶於天下，尚猶枝葉相持，莫得居其虚位。海内無主，三十餘年。

唐·孔穎達《春秋左傳正義》卷一五《僖公二十四年》 昔周公傷彼夏、殷二國，叔世踈其親戚，令使宗族之不同心，以相匡輔，至於滅亡。故封立親戚，為諸侯之君，以為蕃籬，屏蔽周室。言封此以下文武周公之子孫，為二十六國也。此二十六國，武王克商之後，下及成康之世，乃可封建畢矣，非是一時封建，非盡周公所為。富辰盡以其事屬周公者，以武王克殷，周公為輔，又攝政制禮，成一代大法。雖非悉周公所為，皆是周公之法，故歸之於周公耳。昭二十八年《傳》曰：『昔武王克商，光有天下，兄弟之國十有五人，姬姓之國四十人。』彼言由其克商，乃得封建兄弟，歸功於武王耳。亦非武王之時，已建五十五國，其後不復封人也。昭二十六年《傳》曰：『昔武王克殷，成王靖四方，康王息民，並建母弟，以蕃屏周。』昭九年《傳》曰：『文武成康之建母弟，以蕃屏周。』則康王之世，尚有封國，非獨周公時也。且見於經傳者，管叔、蔡叔、霍叔，周公攝政之初，以流言見黜，則三叔之國，已是武王封矣。《尚書·康誥》之篇，周公營洛之時，始封康叔於衛。《洛誥》之篇，周公致政之月，始封伯禽於魯。《書傳》稱成王削桐葉為珪，以封唐叔。如此之類，不得為武王封也。凡、蔣、邢、茅、胙、祭，周公之胤也。豈周公自封哉？固當成王即政之後，或至康王之時，始封之耳。

唐·柳宗元《柳河東集》卷三《封建論》 天地果無初乎？吾不得而知之也。生人果有初乎？吾不得而知之也。然則孰為近？曰：有初為近。孰明之？由封建而明之也。彼封建者，更古聖王，堯、舜、禹、湯、文、武而莫能去之。蓋非不欲去之也，勢不可也。勢之來，其生人之初乎？不初，無以有封建。封建非聖人意也。彼其初與萬物皆生，草木榛榛，鹿豕狉狉，人不能搏噬，而且無毛羽，莫克自奉自衛。荀卿有言，必將假物以為用者也。夫假物者必爭，爭而不已，必就其能斷曲直者而聽命焉。其智而明者，所伏必衆。告之以直而不改，必痛之而後畏。由是君長刑政生焉。故近者聚而為羣，羣之分其爭必大，大而後有兵有德又有大者，衆羣之長又就而聽命焉以安其屬，於是有諸侯之列，則其爭又有大者焉。德又大者，諸侯之列又就而聽命焉以安其封，於是有方伯連帥之類，則其爭又有大者焉。德又大者，方伯連帥之類又就而聽命以安其人。然後天下會於一。是故有里胥而後有縣大夫，有縣大夫而後有諸侯，有諸侯而後有方伯連帥，有方伯連帥而後有天子。自天子至於里胥，其德在人者，死必求其嗣而奉之。故封建非聖人意也，勢也。夫堯舜禹湯之事遠矣，及有周而甚詳。周有天下，裂土田而瓜分之，設五等邦，羣后布履星羅，四周於天下，輪運而輻集，合為朝覲會同，離為守臣扞城。然而降於夷王，害禮傷尊，下堂而迎覲者。歷於宣王，挾中興復古之德，雄南征北伐之威，卒不能定魯侯之嗣。陵夷迄於幽厲，王室東徙，而自列為諸侯。厥後問鼎之輕重者有之，射王中肩者有之，伐凡伯誅萇弘者有之。天下乖盭無君君之心，余以為周之喪久矣，徒建空名於公侯之上耳。得非諸侯之盛强，末大不掉之咎歟？遂判為十二，合為七國，威分於陪臣之邦，國殄於後封之秦。則周之敗端，其在乎此矣。【略】或者又以為殷周，聖王也，而不革其制，固不當復議也。是大不然。夫殷周之不革者，是不得已也。蓋以諸侯歸殷者三千焉，資以黜夏，湯不得而廢。歸周者八百焉，資以勝殷，武王不得而易。徇之以為安，仍之以為俗，湯武之所不得已也。夫不得已，非公之大者也，私其力於己也，私其衛於子孫也。

宋·王欽若《册府元龜》卷二六二《宗室部總序》 古者糾合宗族，所以

展親，建立子孫，用為夾輔。故能庇於本根，謂之藩屏。分以寶玉，禮之脤膰，故孝弟之道達，骨肉之恩厚焉。雖復商周已往，典籍靡全，然其大抵，亦可概見。昔者黃帝二十五子，凡一十四姓，故其裔緒，後世尤盛。高陽氏生一子，後世有才子八人，是曰八凱。高辛氏生四子，皆有天下，後世有才子八人，是曰八元。又黃帝之後有驩兜，少昊之後有共工，顓頊之後有鯀，雖帝者之冑，而其德不類焉。堯有庶子九人，舜亦有庶子，其嫡子不立，故庶子之封爵無聞焉。然自黃帝以迄舜禹，皆同姓而異號，則其宗枝盛矣。禹之後以國為氏者凡十有三人，蓋夏后氏、有扈氏、有男氏、斟尋氏、彤城氏、褒氏、曹氏、杞氏、繒氏、辛氏、冥氏、斟氏、戈氏焉。其孫太康有弟五人，號曰五觀，即《夏書》所謂《五子之歌》者也。湯之後以國為氏者凡七，蓋商氏、來氏、宋氏、空桐氏、稚氏、北殷氏、目夷氏焉。其後帝乙正妃生三子，微子、微仲、紂也。庶妃生一子，箕子也。紂生一子，武庚也。紂雖失國，武庚雖不祀，而微子、箕子皆聞於周焉。周初封國八百，而同姓者五十有餘國。《詩》謂周文王則百斯男，經史所載王妃太姒之子十人，餘莫可知。其國存者，十六而已。文武周公之冑，分封而受國者，即《左氏》所謂管、蔡、郕、霍、魯、衛、毛、聃、郜、雍、曹、滕、畢、原、酆、郇，文之昭也。邘、晉、應、韓，武之穆也。凡、蔣、邢、茅、胙、祭，周公之裔也。

宋・李覯《直講李先生文集》卷一二《官人第六》 《大司徒》『凡建邦國，以土圭土其地而制其域。諸公之地，封疆方五百里，其食者半。諸侯之地，封疆方四百里，其食者參之一。諸伯之地，封疆方三百里，其食者參之一。諸子之地，封疆方二百里，其食者四之一。諸男之地，封疆方百里，其食者四之一』。大哉封建之禮！此周之所以本支百世乎？荀卿有言：『兼制天下，立七十一國，姬姓獨居五十三人，而天下不稱偏焉。』富辰曰：『昔周公弔二叔之不咸，故封建親戚以蕃屏周。管、蔡、郕、霍、魯、衛、毛、聃、郜、雍、曹、滕、畢、原、酆、郇，文之昭也。邘、晉、應、韓，武之穆也。凡、蔣、邢、茅、胙、祭，周公之胤也。』然則先王於其族類有不厚乎？《詩》曰：『凡今之人，莫如兄弟。』『兄弟鬩於牆，外禦其侮。』平王東遷，而晉、鄭是依，其世與年，過於所卜，由此塗出也。豈嘗有兄弟之國敢問鼎之輕重者哉？

宋・胡宏《皇王大紀》卷一二《三王紀》 大建公侯於天下，封黃帝之後於祝，唐帝之後於薊，虞帝之後胡公嬀滿於陳。以胡公之父虞閼父嘗為周陶正，王賴其利器用也，妻之以元女大姬，分之以肅慎氏之楛矢，以備三恪。復封夏后氏之後東婁公於杞，封紂子武庚於殷，用其禮樂，作賓於王家，皆為上公，是為二王之後。得神農之後，封之於焦。封尚父於齊，都營丘，爽鳩氏之墟。封周公於魯，都曲阜，少昊大庭之墟。封召公於燕，庶叔高於畢，皆留相周。封叔鮮於管，叔度於蔡，叔處於霍，以監殷，是為三監。以殷餘民封康叔於朝歌，國號衛。封叔振鐸於曹，叔武於叔，季載於郝。封庶弟叔繡於滕，叔鄭於毛。又封諸叔於郜，於雍，於原，於郇，於酆。虢仲、虢叔為文王卿士，勳在王室，藏於盟府。仲封於西虢，實故夏墟。叔封於東虢，都制。初，泰伯仲雍奔荊楚，採藥於衡山之下，荊人義之，從者日衆，東至海上，得千餘家，遂為國，自號句吳。泰伯薨，無子，仲雍嗣為吳君。天子使求其後，得周章，仲雍曾孫也，世君吳矣。因封之，曰吳伯。復封章弟於故夏墟，是為虞仲。封少昊之裔茲輿於莒，封祝融安期之裔挾於邾，封四岳姜姓文叔於許，封仲虺弟雍渭之後於薛。新受封者八百國，兄弟之君十有五人，同姓者四十餘人。班宗彝，作分器。

宋・胡宏《知言》卷六 封建之法，本於鴻荒之世，羣雄之所以自立者也。法始於黃帝，成於堯舜。夏禹因之，至桀而亂。成湯興而修之，天下以安。至紂而又亂，文王、武王興而修之，天下亦以安。至幽王而又亂，齊桓、晉文不能修，而益壞之，故天下紛紛不能定。及秦始皇而掃滅之，故天下大亂，爭起而亡秦，猶反覆手於須臾間也。【略】黃帝、堯、舜安天下，非封建一事也，然封建其大法也。夏禹、成湯安天下，亦非封建一事也，然封建其大法也。文王、武王安天下，亦非封建一事也，然封建其大法也。齊桓、晉文之不王，非一事也，然不能封建，其大失也。秦二世而亡，非一事也，然掃滅封建，其大繆也。故封建也者，帝王之所以順天理，承天心，公天下之大端大本也。不封建也者，霸世暴主之所以縱人欲，悖天道，私一身之大孽大賊也。今人聞黃帝、堯、舜、禹、湯、文王、武王，則尊之貴之，以為聖人。聞齊桓、晉文，則訾之笑之，以為霸者。聞始皇、胡亥，則鄙之賤之，以為小人之雄爾。及聖人所行則不從，而霸者暴人之所行則從之，歷代不能改，是何也？弗思之甚也。

宋・胡宏《五峰集》卷四《千八百國》 甚哉，秦始皇、李斯之不仁也。除封建，蔑帝王明德之裔，絕公侯名臣之世，郡縣天下，欲自專其利也。夫諸

侯之興，自伏羲黃帝之際，有未始制者，則不可知。然天運方泰，及禹平水土，同九州，分五服，齊之以長，道之以師，公侯伯子男各有定制，無得踰越者矣。夏商之季，天下紛亂，湯武起而治之，聞無一物不獲其所矣。未聞縱釋强大之諸侯，而不裁正之也。謹以天下之圖按之：四海之內九州，州方千里。先王之制，州建一百一十國，則九州千八百國之君，乃自古諸侯之本數也。而塗山之會，稱萬國者，猶周有八百國之君，而云撫萬邦也。聖人有不忍人之心，斯有不忍人之政矣。封建諸侯，仁政之大者也。秦人專利，削除封建，郡縣天下，天運方否。自是而後，聖人之道不行，人君莫不蓄獨擅天下之心，故襲用郡縣之制而不革也。吁！一蓄獨擅天下之心，已亡王道之本。修德用賢，力行善政，差可不大亂而已。豈有三王之至治乎？天下之大，不與天下共，一人不好善，則天下之賢才盡廢。寇盜紛起，彊敵憑陵，所至如隄潰河決，殺人盈天下，郡守縣令莫之能禦也，而國隨以亡。譬如人之死於鋒刃，壓於嵒石，溺於風濤，非天命之正者，忠臣痛焉。故周之建國，自后稷也。商之傳世，建桀宋也。夏杞有後，致楚悼王而後息也。是三代者經歷變故，而宗廟血食咸二千餘年，豈若秦隋卒暴漢唐，亡則絶世乎？有天下者，盍監泰否而凜諸？

宋·葉適《習學紀言》卷五《康誥酒誥梓材召誥》 紂以力征諸侯，斥大王土，幾為秦矣。武王誅紂，復立武庚，與之盡其故地，武庚弗從而滅，周公然後以次分封，而同姓多焉。後世謂犬牙相制，為磐石宗。若自守其天下者，非本旨。明德反之，言無逸也。慎罰反之，言惡殺也。自人道言之，其性分也。自君道言之，其職業也。

宋·楊簡《慈湖先生遺書》卷八《論書》 《堯典》『協和萬邦』，《春秋傳》『禹會諸侯於塗山，執玉帛者萬國』，此皆言其大略爾。使不滿萬，亦可以言萬。其不止於萬，或倍萬，亦可以言萬。猶言萬物，物奚止於萬耶？萬民，民奚止於萬耶？皆舉其大略而言爾。先儒故必欲整整其所謂萬數，釋鄭康成謂《尚書》州十有二師者，州立十二人為諸侯師。蓋百國一師，州十二師，則州千二百國也。八州九千六百國，餘四百國在畿內，則整整恰恰為萬國，不少一，不多一。吁，可哂哉！其陋至此。《公羊》説殷三千諸侯，周千八百諸侯。《孝經》説亦云周千八百諸侯。此或據古志而言。漢博士求其説而不獲，遂為之説曰：四海之內九州，州方千里。建百里之國三十，七十里之國六十，五十里之國百有二十。凡二百一十國，八州千六百八十國。又天子之國內，方百里之國九，七十里之國二十有一，五十里之國六十有三。凡九十三國，合為千七百七十三國，以應周千八百諸侯之成數。武王之興，不期而會孟津者八百諸侯。康成遂又謂三分有二，則殷末千二百諸侯。牽合可笑之狀，若此類奚可殫舉？凡是皆起於不達道義，無所用心，故溺情於名數之末，寖愚而不自知，又以愚後世。使學者弊精神於愚陋之説中，則先儒於是為有罪，而予諄諄之辯，為不得已。彼獨不思夫諸侯之建，不知其所自始。人群生於天地之間，皆有血氣生知，不能以無欲。欲則争，争則鬬，則傷，則殺。其天性之美，稍公且正者，則足以服其比鄰。比鄰歸之，凡百取平焉。則五有長，十有長，百有長，千有長。其德愈大，所服愈廣。是故有小國之君，有大國之君。其為君為長者，地醜德齊，莫能相尙。其間有聖人出焉，舉天下咸歸服之，是為帝為王。夫所謂為君為長者，皆諸侯也。大小之數，多少之數，豈得而預定？既弗克預定矣，則又豈能新立法更易之，增損之，以合《王制》所言之數耶？雖有更易世代，武王克商，滅國五十爾，餘率因其舊。則周所封建，亦不多矣。詎能盡更而易之？雖有德則加地，有罪則削地，其有功德者固不數見，有罪者亦不數見，則加地削地亦不數見。姑因其舊，乃勢之常。而漢儒乃為是等等差差，不可少有增損之制，亦不思甚矣。康成為漢儒宗，餘可觀矣。此本不足辯，習俗虛文，為日久固，不得已少驅井蛙之惑。

宋·林之奇《尚書全解》卷四〇《費誓》 戎狄錯居魯之境內，淮夷徐奄預武庚之亂，驕悍未服。周封建諸侯，以周公居魯，太公居齊。此二人親賢之最，而分地乃介於戎夷之間，去周甚遠，則以控扼東夷故也。周公留輔周室，使其子伯禽受封於魯。東夷之心，必不利於魯之建國。故伯禽始居曲阜，而戎夷並興者，蓋與之爭魯也。按《史記》：太公封於營丘，夜衣而行，黎明至國。萊人來伐，與之爭營丘。周家初定，未能安集遠方，是以與太公爭國。淮夷徐戎之於曲阜，亦猶萊夷之於營丘。徐戎淮夷，壤地相望，有脣齒掎角之勢。服則俱服，叛則俱叛。考《常武》、《閟宮》之詩可見。東郊不開，魯可謂危矣。而伯禽能爲戰守之備以待之，號令明而賞罰信，卒使戎夷遠遁，遂以立魯社稷，輔成周家磐石之勢，可爲萬世法。故録於帝王誓命之末。

宋・劉敞《公是集》卷四〇《封建論》　三代之王也，舉天下以封建；秦之帝也，破封建以立郡縣。二者孰是乎？曰：封建者，道也。郡縣者，利也。封建者，公也。郡縣者，私也。然則奚以為道？奚以為利？奚以為公？奚以為私？曰：非聖人不能王天下，非王天下不能封建，非封建不能長世。是以古之封建也，不主於功，亦不主於親，主於德而已矣。德厚者其封大，德薄者其封狹。車服以明之，制度以一之，禮樂以脩之，仁義以結之，祭祀以教之，喪紀以厚之，朝貢以勸之，聘享以懷之，猶懼其未也。於是冕服圭璧以賞其勤，甲兵鈇鉞以聳其怠，制謚美惡以出其名，策書簡牘以觀其行。其治忠厚，其政淳一，其教誠慤，然猶戰戰以持之，翼翼以守之，如畏其傾，如苦其生，非以其貴自驕者也，非以其富自逸者也。自天子至於諸侯，自諸侯至於大夫，自大夫至於士庶人，上下率是，其化深矣，其俗成矣，其意安矣，故可以傳世。故曰：封建者，道也。及乎秦則不然，其取天下以詐力，其治天下以苟簡，其仁義不足以相懷，其忠信不足以相恃。有功者疑之，有德者忌之，自其子弟不能信也。是以權天下之貴以尊其己，斂天下之富以厚其身，滅絶禮樂以逞其心，嚴刑濫罰以快其意，皆以封建為害己也。故秦之有天下也，便其私而已矣。故曰：郡縣者，利也。利用其私，則道用其公者分矣。故封建作而仁義行焉，郡縣立而刑名制焉。由是觀之，非聖人不能封建審矣。周之有天下也，太王、王季基之，文王、武王成之，周公、成王守之，是以其化民也深，其易俗也固。九牧之君千有八百，世守其法，莫之敢貳。至於穆王，王怠於德，淫遊無度，而諸侯不畔。至於厲王，泯亂典訓，天下勿堪。流王於彘，諸侯釋位，以謀王室。二伯共和，以相王事。宗廟乏主二十餘載，而神器不移。至於幽王，昏於嬖妾，虐害於下，下弗堪命，王以兵死，周遂東遷。於時政教陵夷，不能及遠，故齊桓、晉文，率天下諸侯以服事天王。桓公北伐山戎，南破楚召陵，西討孤竹，東定海濵，功業大矣。然葵邱之會，管仲一言，動色下拜。文公討叔帶之亂，敗楚鄭之師，救齊宋之危，誅曹衛之罪。小國奔走，大國悸恐，威力遠矣。然過而請隧，天子不許，稽首趨避。故亂如幽厲而不能遷也，强如桓文而不能謀也。孰使之哉？由是觀之，非封建不能長世也審矣。或曰：周室之弱，此不足以知之。夫周之失也，其在廢文武之法而已矣。每守其法，每布其義，雖有齊桓晉文之强，莫敢不率，又況邾莒滕杞之小國乎？然則周之失也，非封建弱之矣。三代封建，威分於外而享國長；漢魏郡縣，威專於內而享國短。其享國長也，封建之效也；其威分於外也，則非封建之罪也。其享國短也，不封建之效也；其威專於內也，則非不封建之力也。其亦可知爾已。然則謂封建不若郡縣者，妄也。其曰非聖王不足以封建，而郡縣者固世無聖王而用之者也。與其無聖王而封建不得其理，不若去封建而為郡縣可苟而治，是則可矣。

宋・蘇轍《古史・秦始皇本紀第七》　諸侯之興，自生民始矣。至始皇滅六國，而五帝三代之諸侯埽地，無復遺者，非秦能滅諸侯，而勢之隆汙極於此矣。昔禹會諸侯於塗山，執玉帛者萬國。傳商及周文武之間，止千七百餘國。夫人之必爭，强弱之必相吞，此勢之必至者也。彼非諸侯獨能自存，聖賢之君時出而齊之，是以强者不敢肆，弱者有以自立。蓋自禹五世而得少康，自少康十二世而得湯，自湯六世而得大戊，自大戊十三世而得武丁，自武丁八世而得周文武。當是時，雖有强暴諸侯，不得以力加小弱。然虞夏諸侯亡者已十八九矣。自文武成康以來三十有三世，獨一宣王能紀綱諸夏。幽平以後，諸侯放恣，春秋之際，存者百七十餘國而已。雖齊桓、晉文迭興，以會盟征伐持之，而道德不足，其身所攻滅，蓋已多矣。陵遲至於六國，獨有宋、衛、中山、泗上諸侯在耳。地大兵强，皆務以詐力相傾，雖使桓文復生，號令將有所不行，非有盛德之君，不足以懷之矣。是以至於蕩滅無餘而後止。秦雖欲復立諸侯，豈可得哉？而議者乃追咎李斯不師古，始使秦孤立無援，二世而亡，蓋未之思歟。夫商周之初，雖封建功臣子弟，而上古諸侯，棊布天下，植根深固，是以新故相維，勢如犬牙，數世之後，皆為故國，不可復動。今秦已削平諸侯，蕩然無復立錐之國，雖使並建子弟，而君民不親，譬如措舟滄海之上，大風一作，漂卷而去，與秦之郡縣何異？且獨不見漢高、晉武之事乎？割裂海内，以封諸將諸子，大者連城數十，舉無根之人，寄之萬民之上，十數年之間，隨即散滅，不獲其用，豈非惑於其名而未察其勢也哉？古之聖人立法以御天下，必觀其勢。勢之所去，不可强反。今秦之郡縣，豈非勢之自至也歟？然秦得其勢，而不免於滅亡，蓋治天下在德不在勢。誠能因勢以立法，務德以扶勢，未有不安且治者也。使秦既一天下，與民休息，寬繇賦，省刑罰，黜奢淫，崇儉約，選任忠良，放遠法吏，而以郡縣治之，雖與三代比隆可也。

宋・張載《張子全書》卷八《月令説》　古者諸侯之建，繼世以立，此象

賢也。雖有不賢者，象之而已。天子使吏治其國，彼不得暴其民，如舜封象，是不得已。《周禮》建國，大小必參相得。蓋皆建大國，其勢不能相下，皆小國則無紀。以小事大，莫不有法。

宋・呂祖謙《皇朝文鑑・廖偁〈封建論〉》 柳子厚為《封建論》以短封建者，誠以周之亡由立諸侯之過也。故曰：『周之失在制不在政。』又云：『諸侯各專其國，繼世而理，其人之賢不肖不可知，而民之理亂亦不可察也。』又云：『諸侯世禄在位，各據其地，則天下雖有聖賢者生，無以立於天下。』如子厚之論，是蓋知其末而不知其本。知其末而不知其本，故以封建為非。以封建爲非，故曰：『封建非聖賢之意也，勢也。』又云：『湯武之所以不去封建者，因其力以得天下，故不去也。』此亦見子厚之惑者也。夫事有得失，理有是非，固不易也。偁謂誠聖賢之立封建者，道也，非勢也。周之亂天下，非制失也，失在政也。又謂天下諸侯，雖專國繼世，而理亦不能亂也。雖世禄在位，亦不能妨天下之聖賢也。又謂湯武之不去封建者，實以封建者，古之常道也，非因其力以取天下而不去也。且夫聖賢之立制度，皆取法於天地，而節制於人，使人悉得其所耳。當生人之初，萬物屯蒙，而莫知其所以理。《易》云『天造草昧，宜建侯而不寧』是也。是封建者，聖人所以理民之達道。觀三代封建之制，因地制民，因民制祿，使大不至於難制，小不至於無賴。是故如身使臂，臂使指，上下相制，罔有不順。則封建者，固因人之利而為之也。夫所謂勢者，乃不得已之辭也。豈有取法天地，節制於人，而曰不得已哉？以此為勢，則天下孰不為勢？是則君臣、父子、夫婦、長幼之分，皆勢也，何止於封建而已乎？偁故曰：封建者，道也，非勢也。且封建之制，地有差等，祿有多少，禮樂器物各有分限。是故下者不可上，少者不可多，降者不可升，無者不可有。執是而行，雖世末有亂者也。若地不必有差等，祿不必有多少，禮樂器物不必有分限，下者不必下，少者不必少，降者不必降，無者不必無，則未有不亂者也。觀周世之末然矣，豈制之失乎？是蓋失其政而然也。且三代之盛，則非不封建也，而不聞亂。何封建利於三代之初，而不利於三代之末乎？是蓋政存與政失之謂也。使周末之天子，執文武成康之法而不失，則文武成康之時也，又安得有問鼎射王之事？當夷王而後，禮樂征伐，天子不能有也，安得諸侯不為逆？設使雖不封建，未有不大亂者也。偁故曰：周之亂在失政也。且夫諸侯者，奉天子之法以理其國也。動静進退莫不由天子也。是故山川神祇有不舉者爲不恭，不恭者君削以地；宗廟有不順者爲不孝，不孝者君絀以爵；變禮易樂者爲不從，不從者君流；革制度衣服者爲叛，叛者君討。夫然則天下諸侯莫敢不爲善也。五國爲屬，屬有長。十國爲連，連有帥。三十國爲卒，卒有正。二百一十國爲州，州有伯。天下八州，各以其屬屬天子之吏，吏以治伯，伯以理正，正以理卒，卒以理帥，帥以理長。長有不善，則帥舉之。帥有不善，則卒舉之。卒有不善，則正舉之。正有不善，則伯舉之。伯有不善，則吏舉之。上下相制，雖有不肖者，固不敢爲不善矣。設有為者，則流矣，討矣，而不存之於天下也。夫然則天下無不善矣。偁故曰：雖專國繼世，而不能為亂也。且聖賢之用與不用，繫乎在上者也。在上果其人，則能用之；果非其人，則不能用之。此事之固然者也。當三代之時，不聞有聖賢不居其位；當三代之季，然後聖賢有不用者。則是用與不用，繫於上明矣。彼封建者，亦所以待聖賢者也。安得反妨聖賢哉？當聖賢不用之時，乃封建失制之時也。曰天子之法不必行，諸侯之惡不必絀，是故天下各據其地，而聖賢棄矣。觀其然，夫豈在於封建？是誠制亂之罪也。偁故曰：雖世禄在位，不能妨聖賢。聖賢之於天下必主之者，愍世之亂然也，固不以得天下為利也。若以湯武不去封建，為因其力以得天下，則是湯武苟於得天下也。孔子以湯武為仁人乎？孔子以為仁人，則湯武之不苟得可知也。且聖賢之心，唯欲利後世、益天下。苟事有利益者，雖死焉為之也。若封建果不利天下、益後世，則去之以利益乎天下後世矣，又豈肯因而不革？況封建者，以天下為公也。而守宰者，示天下以私也。封建者與天下共、天下守，宰者欲以獨制天下為心，公私之道昭昭矣，而公私之義固有差矣。偁故曰：湯武之不去封建者，蓋古之常道也，非因其力而不去之也。且子厚不究天子之法亂，而使諸侯叛，反以封建為周之失制。不究法不亂，則不善莫由在位，反以繼世不肖致亂為患。不究升賢絀不肖，為當世常法，而反以聖賢不立為慮。不究聖賢立法制，必取法天地而利人，反以立封建為勢。不究聖賢之心無所苟，反以湯武不去封建為利其力。偁故曰：子厚之論封建，知其末而不知其本也。雖然，子厚以封建為非者，以守宰為是故也以。守宰為是者無他，乃曰：『有罪得以絀，有能得以奨，朝拜而不黜夕斥之矣，夕拜而不黜朝斥之矣。』又云：『漢知孟舒於田叔，得魏尚於馮唐，聞黄霸之明審，覩汲黯之簡靖。使漢室盡封侯王，

則孟舒、魏尚之術莫得施，黃霸、汲黯之化莫得行。明譴而道之，拜受而退已違矣。下令而削之，締交約從之謀，周於同列矣。』嗚呼！若是者，子厚果大不明其本也。以是為是，則豈封建之世，有罪者不得而絀乎？有能者不得而升乎？朝拜而不讎，夕不能斥之乎？夕拜而不讎，朝不能斥之乎？若有罪不絀，有能不升，法制不能拘者，皆已亂之世也。已亂之世，無不失也。何止於封建哉？已亂而罪之，何異惡桀紂之不道而責湯武，嫉商均之不肖而非堯舜也？於理順乎？雖然，子厚止知漢之封侯王，而不知古之封建也。止知漢之封侯王，則宜所謂明譴而道之，拜受而退已違矣。下令而削之，締交約從之謀，周於同列也。若古之封建，固不至是。三代之封建，凡天下四海九州，州二百一十國，在夏商則百里極矣。國凡有五等，五等之國，制度不同，同出於天子者也。古之一大國，止今之一郡耳。是故其力易制，其患易救，固未有能為亂者也。漢之封侯王，則一侯王之地，如古之大國數十，則漢豈行封建之法哉？乃漢自為之法，非封建之法也。若以漢自為之法，而疑古封建為短，是由以溺咽之故，欲去舟與食者也。豈封建果非哉？而又孟舒、魏尚、黃霸、汲黯之輩，當三代之時，不啻千萬輩在卿大夫之列，安得謂在封建之世，則不得伸其才術？豈數子者之才，能為太守而不能為他哉？而子厚固以為封建則能用之，不知意之若何也。嗚呼！是非得失之理，明明若是，又何曲為之言也？倆非好辨也，庶聖人之道少有明耳。

宋・王應麟《困學紀聞》卷六　富辰言周公封建親戚，凡二十六國。成鱄言武王兄弟之國十有五人，姬姓之國四十人。《史記》云：文、武、成、康所封數百，而同姓五十五，與此同。《荀子》謂周公立七十一國，姬姓獨居五十三人。《漢表》謂周封國八百，同姓五十有餘。後漢章和元年詔謂周之爵封千有八百，姬姓居半。當以成鱄之言為正。皇甫謐亦云：武王伐紂之年，夏四月乙卯，祀於周廟，將率之士皆封，諸侯國四百人，兄弟之國十五人，同姓之國四十人。

元・馬端臨《文獻通考》卷二六〇《封建考一》　先公曰：愚按：禹會塗山，執玉帛者萬國。傳夏商及周文武之閒，止千七百餘國。盟津之會，雖曰八百諸侯，然未嘗有以名字自見者，曾不如庸、蜀、羌、髳、微、盧、彭、濮之猶以其號自見者。何也？異時周家所資，以藩屏王室者，皆周所自封之諸侯，而古諸侯無所存者。如奚仲之後為薛，皋陶之後為六、蓼，僅見於春秋時，此所謂古諸侯也。然皆小國寡民，凜不自保於強大之間，而終以見滅耳。柳子厚言封建非聖人意也，勢也。資以滅夏者，湯不得而廢；資以滅商者，武王不得而廢也。蘇黃門言商周之初，上古諸侯，碁布天下，植根深固，是以新故相繼，勢如犬牙。數世之後，皆為故國，不可復動，是則然矣。今以當時事勢推之，所謂古諸侯者，土地人民，其存餘幾，亦何不可廢、不可動之有？武王、周公定周之初，封建可也，郡縣亦可也。聖人之心，以公而不以私，封建則世守其國家，而以天下之地與天下為公；郡縣則更易其守令，而以天下之權為一人之私。公私之分，而享國之久近存焉耳。

又　卷二六五《封建考六》　封建郡縣，皆所以分土治人，未容遽曰此公而彼私也。然必有公天下之心，然後能行封建，否則莫如郡縣。無公天下之心，而欲行封建，是授之以作亂之具也。嗚呼！封建之難行久矣。蓋其弊不特見於周秦之際，而已見於三代之初。何也？昔者唐虞之世，建國至衆也。天子巡狩，而諸侯述職，然後敷納以言，明試以功，車服以庸。唐書之所載，如此而已。不聞其爭土地以相侵伐，干王略以勤六師也。舜之時，蠻夷嘗猾夏矣，而命皋陶以修五刑五流之法。有苗嘗弗率矣，雖命禹以徂征，卒之以舞干羽而格。則是亦不戰而屈之也。夫蠻夷、有苗，皆要荒之外，王政所不加者也。而士師足以治之，不戰足以服之，則當時四岳十二牧所統之國，其謹侯度以奉其上，而不勤征討也審矣。又安得如柳氏所謂羣之分其爭必大，大而後有兵，如蘇氏所謂爭之端而亂之始乎？所以然者何也？則堯舜公天下之心，有以服之也。蓋堯在位七十載，詢於衆庶，以帝位授之舜。舜在位三十有三載，詢於衆庶，以帝位授之禹。而當時之衆建諸侯也，有德者爵之，功加於民者爵之，堯舜無容心也。居天下之上，而與天下之賢且能者分治之。逮其倦勤，則必求天下之有聖德者而禪之。夫惟天子不以天下自私，而後諸侯不敢以其國自私。是以雖有土地之廣，人民之衆，甲兵之強，其勢足以為亂，而莫不帖服於其下。如臂指之相使，以為當然。是則唐虞以公天下之心行封建，而當時封建所以無敝也。蓋家天下自夏始，大封同姓而命之曰藩屏王室自周始，二者皆聖人隨時制變，以綱維斯世，未容以私議之也。然上視堯舜，則少褊矣。故封建之敝，始於夏而成於周。是以禹一傳而啟有有扈氏之征，再傳而仲康有羲和之征。夫以天子而征諸侯，諸侯弗率而上干天子之征，禹之前無有也，而始於有扈。夫有扈之罪曰『威侮五行，怠

棄三正』而已，羲和之罪曰『沈湎於酒，畔官離次』而已。二罪者以法議之，則誅止其身。而二人至於六師以征之者，則必恃其土地甲兵，不即引咎，而悍然以抗其上矣。《書》紀其事曰『大戰』，曰『徂征』。而觀其誓師之辭，有不用命之戮焉，有爰克厥威之戒焉，殲渠魁、釋脅從之令焉。則兵師之間，所傷衆矣。夫治一人之罪，而至於興師，使無辜之人受用兵之禍，則封建之敝也。故曰：已見於三代之初。此之謂也。夫有扈、羲和之罪，雖王政所必討，而比之猾夏，則有間矣。舜之時，士師明刑，足以正蠻夷猾夏之罪，而啟、少康之時，非天子總六師，不足以治諸侯怠慢沈湎之過，則可以見當時諸侯擅其富强，非文告刑禁之所能詰也。自是而後，天子私其天位而世守之，諸侯亦私其國之土地甲兵而擅用之。幸而遇賢聖之君，德足以懷，而威足以制，則猶可攝服。而其中衰之際，人心未離，而諸侯先叛之。至於周列五等邦羣后，雖曰親賢並建，而終不以異姓先諸姬。文昭武穆之封遍於天下，封建之法益詳，經制益密，而示人益褊矣。是以夏商有國數百年，苟未至於桀紂之暴，猶足以制宇内而朝諸侯。而周數傳而後，卽有末大不掉之憂。故景王之責晉曰：『文武成康之建母弟以藩屏王室，亦其廢隊是爲。豈如弁髦，而因以敝之。』而李斯之説亦曰：『周文武所封子弟，同姓甚衆，然後屬疏遠，相攻擊如仇讎，周天子弗能禁也。』然則其效可覩矣。蓋時不唐虞，君不堯舜，終不可復行封建。謂郡縣之法出於秦，而必欲易之者，則書生不識變之論也。夫置千人於聚貨之區，授之以挺與刃，而欲其不爲奪攘矯虔，則為之主者，必有伯夷之廉，伊尹之義，使之靡然潛消其不肖之心而後可。苟非其人，則不若藏挺與刃，嚴其撿制，而使之不得以逞。此後世封建之所以不可行，而郡縣所以為良法也。而王綰、淳於生之徒，乃欲以三代不能無敝之法，使始皇行之，是教盜跖假其徒以利器，而與之共處也，則亦不終日而刃劘四起矣。或曰：禹之傳子，周之封同姓，皆聖人之經制也。而子顧妄議其私天下，而以為劣於唐虞，何哉？曰：世之不古久矣。聖人不能違時，不容復以上古之法治之也。而世固不能知聖人之心也。《記》曰：『有虞氏未施信於民，而民信之。夏后氏未施敬於民，而民敬之。殷人作誓，而民始畔。周人作會，而民始疑。』然則殷周豈果劣於虞夏乎？而或畔或疑，起於誓會者，以時人之不皆聖人也。《禮運》載夫子言『大道之行，天下為公，選賢與能，講信修睦』，而繼之以『謀閉而不興，盜竊亂賊而不作』，以為大同。『大道既隱，天下爲家，各親其親，各子其子』，而繼之以『謀用是作，而兵由此起，禹、湯、文、武、成王、周公由此其選』，以爲小康。然則官天下與家天下者，其規模之廣隘，治效之優劣，雖聖人不能比而同之矣。萬章曰：『人有言至於禹而德衰，不傳於賢而傳於子。』而孟子累數百言辨之，以為皆天也。然則知禹之傳子非私者，千載而下，一孟子而已。豈可復望之當時諸侯乎？《世本》稱有扈氏以堯舜傳賢，而禹傳啟，故啟立而不服，遂征之。然則非愚之臆説也。

清・顧炎武《日知録》卷二《厥弟五人》　夏商之世，天子之子，其封國而爲公侯者，不見於經。以太康之尸位，而有厥弟五人，使其並建茅土，爲國屏翰，羿何至簒夏哉？富辰言周公弔二叔之不咸，故封建親戚以蕃屏周。杜氏解曰：弔，傷也。咸，同也。周公傷夏殷之叔世，踈其親戚，以至滅亡，故廣封其兄弟。而少康封其庶子於會稽，以奉守禹祀，二十餘世。至於越之句踐，卒霸諸侯，有禹之遺烈，夫亦監於太康孤立之禍而然與？若乃孔子所謂大道既隱，天下爲家，各親其親，各子其子者，亦從此而可知之矣。

清・朱鶴齡《愚菴小集》卷一二《邶鄘衛三國辨》　鄭氏《詩譜》云：『武王封紂子武庚為殷後，乃三分其國，置三監，使管叔、蔡叔、霍叔尹而教之。自紂城而北謂之邶，南謂之鄘，東謂之衛。三監導武庚叛，成王討之，更於此建諸侯，以殷遺民封康叔於衛，使為之長。子孫稍并彼二國，混而名之。』按：邶鄘始封不詳，以事理揆之，二國蓋不與衛同封也。武王既克殷，其封武庚必以大國。又慮武庚不靖，乃使三叔為之監。監者，監而治之。蓋以殷之畿内，漸紂化日久，未可建國。且使三人為之監領，如《王制》使大夫監於方伯之國，國三人之類，非所封也。封國則管、蔡、霍是已。管即今管城，蔡即今上蔡，霍即今霍邑，皆不在殷舊都之内。蔡仲改行率德，周公復邦之蔡，此可証三叔各有所封，邶鄘衛非其國明矣。《漢志》云：邶以封紂子武庚，鄘管叔尹之，衛蔡叔尹之，以監殷民，謂之三監。按：三叔監殷，不知何以獨遺霍叔。《帝王世紀》云：管叔監衛，蔡叔監鄘，霍叔監邶，其説與此不同。鄭氏云：成王以殷遺民封康叔於衛。二説皆非其實也。鄭氏之誤，蓋因於《康誥》書序。考《康誥》、《酒誥》、《梓材》三篇，皆武王所命，則武王時，康叔已封衛矣。《康誥》稱康叔曰孟侯，時已為諸侯之長矣。衛既以封康叔，而又使蔡叔尹之，則將置康叔於何地耶？《梓材》曰『王啓監，厥

亂為民」，康叔封地，參錯於三監之間，故當時亦謂之監。若邶鄘之地，即武庚國都，三監所莅，無庸更以封他諸侯也。《周書・作雒篇》云：「武王克紂，建管叔於東。」衛在殷東，此與《世紀》管叔監衛語合，豈未封康叔以前事耶？「建蔡叔、霍叔於殷，俾監殷臣。」注云：鄁、邶同，鄘為殷。此亦一證也。揆之事理，當時天下初定，殷民反側未安，苟非同氣懿親，必不授之以監撫之任。而《史記》載武王同母兄弟十人，各有封土，並無及邶鄘者。此以知邶鄘之為武庚國都無疑也。迨乎武王既崩，三叔挾武庚叛，周公東征定之，殷之頑民悉遷於洛邑，其未遷者，乃就其地封建諸侯，分為邶鄘二國。不知更歷幾世，而併於衛焉。《漢志》云：「周公誅三監，盡以其地益封康叔，故邶鄘衛三國同風。」亦非其實也。鄭氏謂三國並建，不從《漢志》云云，蓋以益封邶鄘，則全得殷畿，國大非制。然鄭氏知益封非制，而不知封康叔不在成王時，此《詩譜》之所以失也。史傳失紀邶鄘本末，無從考証，漢儒率以意為之說。近人為僞子貢《詩傳》者，乃云：管叔封邶，霍叔封鄘，并康叔封衛，為三監。《邶風・雄雉》諸詩，刺管叔也。《鄘風・芄蘭》，刺霍叔也。疑誤後學不小，故特著之。

考《史記》，康叔在武王時，繼蘇忿生為司寇。意其雖封於衛，而嘗入為王官。故《康誥》有外事及外庶子等語，蓋衛對王朝為外也。三監叛時，康叔不與其亂，成王嘉之，必有加地進律之典，後人遂以為成王封康叔，又以為益封邶鄘，其誤皆由此耳。

清・馬驌《繹史》卷二一《周建諸侯》 封建肇於三皇，至五帝而制備，歷夏洎商，爰周郅隆，其法尤密矣。武王之有天下也，大封公侯於天下，班彝分器，作之屏翰，以衛王室。同姓兄弟之國五十有五，而異姓勤勞，以次畢封，褒録前帝苗裔，立有虞夏商之後，以備三恪。其制則列爵惟五，分土惟三，其宗盟則同姓爲先，異姓爲後。强榦弱枝，犬牙交錯，至矣哉！周詳長慮，誠久安之模已。春秋之君子，猶習於周之故。其言太王之昭，有太伯、虞仲；王季之穆，有虢仲、虢叔；文王之昭，有管、蔡、郕、霍、魯、衛、毛、聃、部、雍、曹、滕、畢、原、酆、郇；武王之穆，有邘、晉、應、韓；周公之胤，有凡、蔣、邢、茅、胙、祭。惟管叔有罪無後。諸皆分茅食土，在外爲國，在内爲採。内爲公卿，外爲牧伯。見於《詩》、《書》傳記者，曆可考也。《傳》稱武王克殷，有天下，分建諸侯，又言文武成康竝建母弟，以蕃屏周。蓋周之列國，雖歷世分封，而原其創業始基，則歸功武王焉。以文武之締造經營，周公之撥亂反正，馴及成康，重熙累洽，列侯羣辟，星羅碁布於九州之中，扞衛牧圉，内外奠安，可不謂至善邪？迨後上失其制，諸侯僭於天子，大夫僭於諸侯，禮樂征伐，侵尋四潰，而王官方伯黷貨，莫能征討，浸淫不振，以至於亡。故人皆曰周以弱亡。論者徒見周之弱亡以封建，故而不知其所以長世者，正以封建故也。驪山之禍，賴秦伯以復存。東遷晉鄭是依，春秋盟會以尊王室。迨至七國紛爭，周弱極矣，猶以爲共主而不敢取。嚮使周不建國，夷厲已失之矣，何必赧哉？秦并天下，謂已之以侯得也，又忿六國之難取也。於是罷侯置守，功臣子孫尺地蔑有，自以爲得矣。未幾劉季起於匹夫，奚必有土乃王哉？漢懲秦敝，亦欲法三代之封建。高帝面牆，擇立失宜，割地罔制，大國連數郡，三庶孽瓜分天下之半，尾大抗衡，後世又從而削之，以致叛逆誅絶。三代之法，蕩然無餘矣。如以諸侯爲難制，不若郡縣之易安也，何三代建國，不聞匹夫横行之禍？秦漢置守，羣盜竝起，州郡莫有制者。東周雖萎然，猶侯伯相維，未至遽亡。莽卓盜漢，天下之牧守無敢議者。戍卒亡命呼號草澤之間，斗筲穿窬移國梐枑之際。甚矣，郡縣不足恃，而封建爲可久也。語云：「馬蚿至死不僵。」以輔之者衆也。此言雖小，可以喻大矣。

清・徐枋《居易堂集》卷九《封建論上》 王者之治天下，其立大經，作大法，亦適乎時會而已。適乎時會者，宜乎民者也。作法而宜乎民，雖暴君汙吏之所建，可以施久遠，歷變更而不廢。作法而不宜乎民，則極賢智之規畫，遵先王之陳迹，然一舉而措之天下，非亂則亡，吾蓋有見於封建矣。封建者，唐虞三代聖人之制也。郡縣天下者，秦皇、李斯之事也。人君雖至愚，然不致慕乎堯、舜、禹、湯、文、武，而慕秦皇者，未之有也。人臣雖至愚，然不致慕乎臯、夔、稷、契、伊尹、周公，而致慕乎李斯者，未之有也。然而聖人之制必不可復，而亾秦之法必不可易者，何也？宜乎民也。後世固常封建矣，封建而變計者亂，封建而不變計者亾。無封建之名，而有封建之實者，漢高懲秦孤立之弊，於是衆建諸侯，礪山帶河，聯城裂地，而韓、彭首惡，七國繼叛，天下岌岌，卒用主父偃之謀，解而更張，而漢室始定。其後晉以八王相殘，卒喪中夏；唐以强藩世繼，遂禪朱梁。嗟乎！封建之不可行於後世也如是哉！而後世之謀國者，不知變通，不適時會，尼古跡而行之，鮮有不敗者矣。或曰：然則昔人所論封建，非聖人意不得已而行之者，信乎？曰：否。

上古之世，民人衰少，而風俗醇厚。醇厚則不爭，不爭則上可以無阻兵攘地之虞；衰少則難役，難役則下不可以供征輸徭役之無藝。故聖人因時致宜，衆建之君。大國百里，次七十里，次五十里，環地中而爲之國都。君有所教於民，朝建令於朝，而夕遍乎四境。民有所效於君，朝發之里閭，而夕可附乎國都也。則所以愛養休息於民者，寧有既哉？故取於民者，什一而足。用民不過三日，上下相安，如臂使指，固聖人視民如傷之道也。後世則不然，地醜則奪，勢敵則軋。與之兵則日尋干戈，與之民則視同草芥。弱之肉，强之食，以兼并吞噬於其中，不至於滅亾不止也。漢、晉、唐可見矣。故後世居重京師，奔走天下，雖徭役之愁苦，征戍之流離，近者千里，遠者常不下萬里。而輪將之費，或至三十鍾而致一石，民力亦敝矣。然而審時勢，權利害，斷不以彼而易此者，誠以與民無孑遺，亾不旋踵者，不可同日而語也。故曰：後世之不封建，以宜民也。而三代之封建，亦以宜民也。若三代而不封建，則不宜乎民，與後世之封建等。雖然，非秦之所能爲也，時也。

又《封建論下》 或曰：夫子曰：『其人存，則其政舉。其人亾，則其政息。』然則三代聖人，而生於今也，其必封建乎？曰：否，不然。後世之不封建，時也。聖人不能為時，時之所悖，不可立也。三代之治，亦因時致宜，而革政刑，更禮樂矣。故周之文不能返而爲忠，殷之忠不能返而爲質。若聖人生於今，而必封建，是欲返周之文而爲忠，返殷之忠而爲質也。有是理哉？且封建之廢也，三代已見之矣，非於秦而然也。禹會塗山，執玉帛者萬國，殷之受命歸者三千焉，周之受命歸者八百焉，則亦削而衰矣。衰者息之機，削者廢之漸也。至於春秋，而六十餘國矣。至於戰國，而七國矣。至於秦，而并為一矣。夫繇萬國而至於三千，繇三千而至於八百，繇八百而至於六十，繇六十而至於七，繇七而至於一，其勢然也。江河日下，歸於海而後止，此不可以人力爭也。今有人焉，曰：吾必遏四海之水，而復爲溝渠陂堰於天下，吾見其畢世而無成功矣。非特無成功也，必且死亾淪溺，魚鱉其人民也。後世而復封建，何以異於此哉？吾故有以知聖人之必不為也。或曰：殷之三千，周之八百，亦止言其歸命之國耳。曰：否。文王三分天下有其二，以服事殷，至武王受命，而紂之惡益稔矣，其貫已盈矣。則其去殷而歸周者，亦益多矣。若天下猶萬國，則歸之者無十一；國猶三千，則歸之者不及其半。而曰三分有二，可乎？且以列爵分土之制，而絜之於萬國，則盡周之天下，不足以供周之封爵矣。吾是以知其日削且衰也。天下有衰而不至於息，削而不至於廢者乎？故曰：後世之不封建，非秦之所能為也，時也。

清·雷學淇《介菴經説》卷三《周初大封之數》 《語》曰：『周有大賚，善人是富。』《詩序》曰：『賚，大封於廟也。賚，予也。言所以錫予善人也。』二説實相應。考周之封建説者不同。《左傳》曰：『昔武王克商，光有天下，其兄弟之國者十五人，姬姓之國者四十人。』《荀子·儒效》曰：『周公兼致天下，立七十一國，姬姓獨居五十三人。』《呂覽·觀世》曰：『周之所封四百餘，服國八百餘。』《荀子》所言太少，《呂氏》所言太多。按《王制》，殷時諸侯，九州共一千七百七十三國，周人因之，故伏生《洛誥傳》曰：『天下諸侯之悉來進，受命周公，退而見文武之尸者，千七百七十三諸侯。』紂時存者，周及庸、蜀、羌、髳、微、盧、彭、濮，暨會於孟津之八百諸侯，共八百餘國。《逸書·世俘》曰：『遂征凡四方憝國九十有九，凡服國六百五十有二。』合之為七百五十一。蓋是時，共存一千五百五六十國，其餘二百餘，則强大者兼并之。武王代殷時，又滅數國。是此時九州之内，衹存千五百餘國矣。武王既正域四方，則待封之國二百有奇。王即大封，數亦無能踰此。然則《呂覽》四百國之説謬矣。《荀子》七十一國太少者，《左傳》之説同姓，已少二人。況以僖公二十四年《傳》稱文昭十六國較之，在《左氏》猶有遺失乎？《正義》曲為之説，謂武王之時，兄弟未盡封，此不然也。考武王所封同姓之國，内諸侯有二號，周、召、管、康、毛、沈、錯、畢、原、豐、榮，外諸侯有吳、虞者，太王之昭也。岑子者，王季之穆也。見《唐書》。蔡、郕、霍、魯、衛、聃、郜、雍、莒、滕、郇、燕，文王之昭也。封太伯曾孫仲奕於閻鄉，封周章小子斌於安陽，此則周之支族也。閻見《舊唐書》，安見《風土記》。所封異姓之國，若伏羲之後任宿，顓臾神農之後焦、呂、申、許，黄帝之後封祝，少昊之後封祁，此句見《潛夫論》。顓頊之後封鄶，帝堯之後封房，帝舜之後封陳，大禹之後封杞，成湯之後封殷。又封太公於齊，封忿生於蘇，封子挾於郱，封茲輿期於莒，封伯儵於南燕，封箕子於朝鮮，此皆武王所封，見於載籍者也。同姓之晉、韓、揚、鄭，異姓之宋、楚、秦、夔，此則後代之封，不在武王之世。而郿、梁等國，書皆不言其始建，缺之可耳。

清·崔述《豐鎬考信別録》卷二《周室封建彙考》 自富辰稱周公封建

親戚以蕃屏周，其後秦廢封建，二世而亡。及漢興，大封同姓，刑白馬而盟約，非劉氏不王。由是後之論者，咸謂周之封建，皆爲蕃衛子孫之計。其久享天下，皆封建之功，貽謀之善也。以余考之，不然。禹之王皆因唐虞舊臣，湯雖崛起一方，而其賢臣多在異姓，故孟子曰：『湯立賢無方。』周則賢多出於懿親，其於傳記可考者，同姓則召公，近屬則二虢，諸弟則周公、康叔、畢公、毛公。賢在親則封在親，故曰『選建明德』。其親親也，卽賢賢也。禹自躬稼而有天下，湯雖起自諸侯，然其先世亦微弱。周自大王開基，而大伯虞仲以長讓幼矣。文王始受命，而未得及身爲天子。武王始克商，而未得及身見四方之靖。至成王然後安享之，以爲祖父之德，而吾獨享之，於心不自安，故分其祿而與諸父昆弟共之。故曰：吾無專享文武之功。蓋不以祖父之祿私一身，非以天祿而獨私其兄弟也。周之封建親戚，豈但爲蕃衛子孫計哉？且周亦非獨封其親戚也。《記》曰：『武王克商，未及下車，而封黃帝之後於薊，封帝堯之後於祝，封帝舜之後於陳。下車而封夏后氏之後於杞。』然則同姓之封，初不先於異姓，蓋亦未必遂多於異姓也。特其後嗣有盛衰耳。周之封建，但不遺於親戚，非專擇於親戚而封之也明矣。論者但見富辰此言，遂以後人自私之念，度古聖人之心。不知富辰特欲襄王之睦鄭，以安王室，故不言其他，而但言蕃屏；不言其封他國，而但言其封親戚。言固各有所重，非先王封建之本意卽如是也。正如王子朝云：『並建母弟以蕃屏周。』不過以管爲王母弟，故專言之。豈武王、成王，但封母弟，而不封曹、滕、應、韓之庶弟乎？

清・梁玉繩《史記志疑》卷一〇《漢諸侯王年表第五》　若夫周封國之數，《左傳》富辰言周公封建親戚，凡二十六國。成鱄言武王有天下，兄弟之國十有五人，姬姓之國四十人。富辰首舉國名，皆文王子、武王弟，明十六人，則十五者非。《荀子》儒效、君道篇言周立七十一國，姬姓獨居五十三人。《韓詩外傳》四言立國七十二，姬姓五十二。《漢書・諸侯王表》言周封國八百，同姓五十有餘。《後書・光武紀》言周封八百，同姓諸姬並為建國。《阜陵王延傳》言周之爵封千有八百，姬姓居半。皇甫謐言武王封諸侯四百人，兄弟十五人，同姓四十人。謐言見《困學紀聞》六。其言各殊。此云周封數百，同姓五十五，與成鱄及謐言合。數百者，八百也。故《高祖功臣表序》云：『周封八百。』《補三王世家》亦云八百。但時遙說異，今不可詳矣。

清・錢大昕《潛研堂集》卷七《答問四・三傳》　問：宋儒譏《左氏》書周鄭交質，以周鄭為二國，不知上下之分。其信然乎？曰：《春秋》譏交質，故《穀梁》云：『交質子不及二伯。』《左氏》亦有信不由中之戒。傳載交質非一事，獨於此引君子之論以見例。凡交質之失，二國共之，君子非專為周鄭言之也。古者封建之世，王畿千里為天子之國，自畿以外為列國，天子不自治之。故曰：『古之欲明明德於天下者，先治其國，國治而後天下平。』又曰：『天下之本在國。』王國與侯國，皆國也。天子有道，而天下諸侯朝之，謂之有天下。否則位號僅存，所有者唯王國而已。殷之有天下舊矣，而孟子言武丁朝諸侯，有天下猶運之掌也。戰國之世，周鼎未改，而孟子書言三代之失天下，又云：『王者之迹熄而《詩》亡。』可證平王東遷以後，周僅有其國，不得云有天下。此王之所以為風。而《左氏》以周鄭為二國，亦紀其實耳。對鄭而言，故不言王而言周。漢初賈誼上疏，亦以漢與吳、楚、淮南諸國對言，當時未聞非之。後儒去古日遠，不考封建之制，強立議論，要於經義無當也。

清・陳逢衡《竹書紀年集證》卷二四《周武王下》　武王大封諸侯，兼同異姓言。或云八百，或云千八百國，其異姓之國，不能盡詳。至同姓封國之數，《內傳》言武王有天下，兄弟之國十有五人，姬姓之國四十人。《史記・漢諸侯王年表》從之。《世紀》、《大紀》亦從之。《荀子》謂姬姓五十三，《韓詩外傳》謂姬姓五十二，《漢書・諸侯王表》謂周封同姓五十有餘，大畧參差不遠。然封一同姓，必滅一舊國，故孟子統言全數，曰『滅國者五十』，承上文『及紂之身，天下又大亂』來。則所謂五十國者，蓋指文王末年，及武王、成王、周公所滅之國而言也。故下文又引文謨武烈以證之。案：文王伐密、伐崇、伐耆、伐邘、伐昆夷，見《大傳》、《史記》、《竹書》。又伐許、魏，見《大戴記》。又侵盂、克莒、舉酆，見《韓子》，凡十國。武王時戡黎，見《尚書》。太公命禦方來，呂他命伐越、戲、方，侯來命伐靡集於陳，百弇命伐衛，陳本命伐磨，百韋命伐宣方，新荒命伐蜀，告禽霍侯、艾侯，俘佚侯，百韋命伐厲，見《逸周書・世俘解》，又見《路史・國名紀》。今案：黎也，方來也，越也，戲也，方也，靡也，陳也，衛也，磨也，宣方也，蜀也，霍也，艾也，佚也，厲也，凡十五國。武王崩，成王立，三叔叛，周公、召公內弭父兄，外撫諸侯，凡所征熊盈族十有七國。合之文武所伐者，凡四十二國。又其時同叛被伐者，

商奄、薄姑、淮夷、徐戎四國，見《書序》。凡四十六國。然《書序》止言薄姑，而《國名紀》有落姑、蒲侯、蒲如、姑幕，俱商時侯國，皆薄姑之分。是滅一薄姑以封齊，而四國皆滅可知矣。合之共得五十國。再案《國名紀》云：『成王滅唐，徙其後於許郢之間。』又一國。孟子曰：『驅蜚廉於海隅而戮之。』《元和郡縣志》：『絳州龍門，蜚廉故城，在縣南七里。』《國名紀》云：『非，蜚也。蜚廉國，非子祖也。』今既被戮，則國有不滅者耶？又一國。外此若商有應侯，而周則邘晉應韓爲武之穆，是滅商之應以封應，猶滅唐以封叔虞於唐也。又一國。《呂氏春秋》云：『商人服象爲虐於東夷，周公以師逐之。』又一國。凡五十四國。其餘商世侯伯，不見於載籍者，無從考也。

清·閻鎮珩《六典通考》卷一四六《建國考·建國通論》 封建之制，莫詳其所自始。司馬遷《黃帝本紀》云：『神農氏世衰，諸侯相侵伐，暴虐百姓。軒轅乃習用干戈，討不率諸侯，咸來賓從。又置左右大監監萬國，萬國和協。』是時蚩尤最為强桀，其後有共工氏。而州、甫、甘、許、戲、露、齊、許、怡、向、申、呂，皆炎帝之子孫也。並為諸侯，或分四岳焉。唐虞建官，外有州牧侯伯，弼成五服，至於五千，東西南北相距五百里，州十有二師。外薄四海，咸建五長。舜封象有庳，封契於商，封稷於邰，皋陶之後於英、六。而丹朱商均以帝胄作賓，仍其有國舊號曰唐虞，閼伯虞思，其後世也。禹會諸侯於塗山，執玉帛者萬國。防風氏後至，禹戮而殺之。啟誅有扈，仲康命允侯征羲和。至太康失德，有窮之后曰羿，寔篡夏室。后緡方娠，逃歸有仍。其遺臣曰靡，奔於有鬲。在平原鬲縣。因其資力收斟灌、在青州壽光縣。斟尋，在青城北海縣。而滅過、東萊掖縣。戈，宋鄭之間。以復夏后氏之祀。桀為不道，湯興師伐之，葛伯、韋、顧、昆吾皆以同黨夷滅。豕韋，彭姓也。顧、昆吾，己姓也。殷有天下，制千里以為邦畿，其外設方伯。五國以為屬，屬有長。十國以為連，連有帥。三十國以為卒，卒有正。二百一十國以為州，州有伯。皆用賢侯為之。殷之州長曰伯，虞夏及周皆曰牧。八州八伯，五十六正，百六十八帥，三百三十六長。八伯各以其屬屬於天子之老二人，分天下以為左右，曰二伯。老謂上公。天子使其大夫為三監，監於方伯之國，國三人。佐方伯領諸侯。其處畿內，凡九十三國，而公卿大夫之閒田在焉。湯之威德既盛，諸侯率從，四夷賓服，故《詩》曰：『自彼氐羌莫敢不來享，莫敢不來王。』及於高宗，鬼方不靖，勞師三年，《商頌》所云『撻彼荆蠻』者是也。至帝乙時，周王季以大功，九命作伯，賜以圭瓚秬鬯。文王因之，得專征伐焉。既而化澤四洽，六州歸心。陝以東周公主之，陝以西召公主之，亦號曰二伯。武王觀兵孟津，八百諸侯不期而會。既克商於牧野，大封帝王之後，列爵惟五，分土惟三，公侯皆方百里，伯七十里，子男五十里，不能五十里，附於諸侯，曰附庸。或謂大國五百里，其次四百里，最小者百里。考於《周禮》、《王制》及《孟子》，説皆不合。唐柳宗元曰：『封建非聖人意也，勢也。蓋諸侯歸殷者三千，資以黜夏，湯不得而廢；歸周者八百，資以勝殷，武王不得而易。』夫聖人以公天下為心，曷嘗私其力於一己，而獨崇吾之所親愛者哉？自秦易侯王，置守宰，論者咸謂古今異宜，封建不可復行矣。然如宗元之説，則是以聖人為徇俗而遂其私，非所謂公其爵賞於天下者也。

藝文

唐·杜甫《有感五首》 丹桂風霜急，青梧日夜凋。由來强幹地，未有不臣朝。受鉞親賢往，卑宮制詔遥。終依古封建，豈獨聽簫韶。

清·朱彝尊《明詩綜·唐之淳〈禹廟〉》 昔在帝堯時，洪水滔天流。鯀功既不竟，微禹吾其憂。禹敷下土方，乃至於南州。維南有會稽，玉帛朝諸侯。少康封庶子，衣冠閟山丘。遂令築祠宮，俎豆巖之幽。云何末代下，有穴肆探求。明明太史公，秉筆欺吾儔。豈知大聖人，天地同去留。厥言在《洪範》，箕子授成周。衣裳食息際，莫匪蒙靈庥。皇皇古叢祠，祀典明且脩。空梁詭龍變，亦足為神羞。

清·錢謙益《列朝詩集·桑悅〈感懷詩〉》 天運有興廢，勝國封諸侯。不見殷微子，白馬來朝周。曹丕既竊據，茅土胙炎劉。一善良可進，吾思法春秋。

清·魯之裕《式馨堂詩文集·詩集前集》卷二《感建藩議作》 遐哉周之王，列茅布九土。豈知數傳來，一尾大於朕。聖作詎不臧，赫濯須其主。慨自王轍東，僅以守其府。漢興鑑秦失，割地衞畿輔。七雄復再生，牖户恣所侮。豈無强幹謀，聚訟夫何補。及唐建節度，未幾成跋扈。弗蒙帶礪安，反受虔劉苦。蒼生者何辜，乃使膏鋋弩。異茲入告謨，輒曰封建古。國各為所爲，吾懼翼而虎。

清·張維屏《國朝詩人徵略二編·樂鈞〈讀史雜感〉》 白茅黄土誓山河，風急天潢水易波。周室宗親分玉改，漢家封建酎金多。桐圭不翦猶堪説，豆釜相煎復奈何。忍使黄臺瓜蔓絶，廢陵松柏有枝柯。

雜録

《左傳·哀公七年》 禹合諸侯於塗山，執玉帛者萬國。

又《僖公九年》 王使詹桓伯辭於晉曰：『我自夏以后稷，魏、駘、芮、岐、畢，吾西土也。及武王克商，蒲姑、商奄，吾東土也。巴、濮、楚、鄧，吾南土也。肅慎、燕、亳，吾北土也。吾何邇封之有？文武成康之建母弟，以蕃屏周，亦其廢隊是為。豈如弁髦，而因以敝之？』

《六韜》卷二《文啓》 古之聖人，聚人而爲家，聚家而爲國，聚國而爲天下。分封賢人，以爲萬國。

《荀子》卷四《儒效篇》 大儒之效，武王崩，成王幼，周公屏成王而及武王，以屬天下，惡天下之倍周也。聽天下之斷，偃然如固有之，而天下不稱貪焉。殺管叔，虚殷國，而天下不稱戾焉。兼制天下，立七十一國，姬姓獨居五十三人，而天下不稱偏焉。

《呂氏春秋》卷一六《觀世》 此周之所封四百餘，服國八百餘，今無存者矣。雖存，皆嘗亡矣。

漢·董仲舒《春秋繁露》卷一〇《諸侯》 生育養長，成而更生，終而復始，其事所以利活民者無已。天雖不言，其欲贍足之意可見也。古之聖人見天意之厚於人也，故南面而君天下，必以兼利之。爲其遠者目不能見，其隱者耳不能聞，於是千里之外，割地分民而建國立君。使爲天子視所不見，聽所不聞，朝者召而問之也。諸侯之爲言，猶諸侯也。

《史記》卷六《秦始皇本紀》 廷尉李斯議曰：『周文武所封子弟，同姓甚衆，然後屬疏遠相攻擊如仇讎，諸侯更相誅伐，周天子弗能禁止。』【略】

博士齊人淳於越進曰：『臣聞殷周之王千餘歲，封子弟功臣，自為枝輔。今陛下有海内，而子弟為匹夫，卒有田常六卿之臣，無輔拂何以相救哉？事不師古，而能長久者，非所聞也。今青臣又面諛，以重陛下之過，非忠臣。』

漢·焦延壽《易林》卷四《同人》 望尚阿衡，太宰周公。藩屏湯武，立為侯王。

漢·劉向《説苑》卷一四 辛櫟見魯穆公曰：『周公不如太公之賢也。』穆公曰：『子何以言之？』辛櫟對曰：『周公擇地而封曲阜，太公擇地而封營丘。爵士等，其地不若營丘之美，人民不如營丘之衆。不徒若是，營丘又有天固。』穆公心慙，不能應也。辛櫟趨而出。南宮邊子入，穆公具以辛櫟之言語南宮邊子。南宮邊子曰：『昔周成王之卜居成周也，其命曰：「予一人兼有天下，辟就百姓，敢無中土乎？使予有罪則，四方伐之，無難得也。」周公卜居曲阜，其命曰：「作邑乎山之陽，賢則茂昌，不賢則速亡。」季孫行父之戒其子也，曰：「吾欲室之俠於兩社之間也。使吾後世有不能事上者，使其替之益速。」如是則曰賢則茂昌，不賢則速亡。安在擇地而封哉？或示有天固也。辛櫟之言，小人也。子無復道也。』

北魏·酈道元《水經注》卷三一《滍水》 《地理志》曰：『故父城縣之應鄉也。周武王封其弟爲侯國。』應劭曰：『《韓詩外傳》稱周成王與弟戲以桐葉爲圭，曰：「吾以封汝。」周公曰：「天子無戲言。」王乃應時而封，故曰應侯鄉，亦曰應鄉。』按：《呂氏春秋》云：『成王以桐葉爲圭，封叔虞。』非應侯也。汲郡古文，殷時已有應國，非成王矣。戰國范睢所封邑也。

等級制度分部

綜述

《詩經·小雅·正月》 民之無辜，并其臣僕。鄭《箋》：辜，罪也。人之尊卑有十等，僕第九，臺第十。

《左傳·襄公二十一年》 若大盜禮焉，以君之姑姊與其大邑。其次皁牧輿馬。晉杜預注：給其賤役。從皁至牧，凡八等之人。謂皁、輿、隸、僚、僕、臺、圉、牧也。

又《昭公五年》 日之數十，故有十時，亦當十位。自王已下，其二為

公，其三為卿。晉杜預注：日中當王，食時當公，平旦為卿，雞鳴為士，夜半為皁，人定為輿，黄昏為隸，日入為僚，晡時為僕，日昳為臺。隅中日出，闕不在第。尊王公，曠其位。

又《昭公七年》 天有十日，人有十等，下所以事上，上所以共神也。故王臣公，公臣大夫，大夫臣士，士臣皁，皁臣輿，輿臣隸，隸臣僚，僚臣僕，僕臣臺。馬有圉，牛有牧，以待百事。唐孔穎達《正義》：文十八年《傳》云舜臣堯者，謂舜為臣以事堯也。此云王臣公者，謂上以下為臣，文同而意異也。公者，五等諸侯之總名。環齊《要略》云：自營為厶，八厶為公，言正無私也。大夫者之言扶也，大能扶成人也。士者，事也。言能理庶事也。服虔云：皁，造也。造成事也。輿，衆也。佐皁舉衆事也。隸，隸屬於吏也。僚，勞也。共勞事也。僕，僕豎，主藏者也。臺，給臺，下微名也。此皆以意言之，循名求義，不必得本。

《國語》卷一六《鄭語一》 合十數以訓百體。三國韋昭注：此所謂近取諸身，遠取諸物。賈唐云：十數，自王以下位有十等。王臣公，公臣大夫，大夫臣士，士臣皁，皁臣輿，輿臣隸，隸臣僚，僚臣僕，僕臣臺。百體，百官各有體屬也。合此十數之名，以訓導百官之體也。

論説

《周易·履》 《象》曰：上天下澤，履。君子以辨上下，定民志。

宋·程頤《伊川易傳》卷二《履》 夫上下之分明，而後民志有定。民志定，然後可以言治。民志不定，天下不可得而治也。古之時，公卿大夫而下，位各稱其德，終身居之，得其分也。位未稱德，則君舉而進之。士脩其學，學至而君求之，皆非有預於己也。農工商賈勤其事，而所享有限。故皆有定志，而天下之心可一。後世自庶士至於公卿日志於尊榮，農工商賈日志於富侈，億兆之心交騖於利，天下紛然，如之何其可一也？欲其不亂難矣。此由上下無定志也。君子觀履之象，而分辯上下，使各當其分，以定民之心志也。

漢·賈誼《新書》卷二《階級》 古者聖王制為等列，内有公卿、大夫、士，外有公、侯、伯、子、男。然後有官師小吏，延及庶人。等級分明，而天子加焉，故其尊不可及也。

《漢書》卷九一《食貨志》 昔先王之制，自天子、公侯、卿大夫、士，至於皁隸抱關擊柝者，其爵祿奉養，宫室車服，棺槨祭祀，死生之制，各有差品。小不得僭大，賤不得踰貴。夫然，故上下序而民志定。

五代·徐鍇《説文解字繫傳》卷五 僕，給事者。從人，從菐，菐亦聲。臣鍇按《春秋左傳》曰：『王臣公，公臣大夫，大夫臣士。士臣皁，皁臣隸，隸臣僕，僕臣輿，輿臣臺。馬有圉，牛有牧。』臣鍇以爲，此士天子元士，《周禮》一命者也。皁猶造也。秦漢十等爵有上造。顏師古曰：造，成也。言有成命於上也。譚長所謂造上士，則秦之大上造也。《周禮》有隸僕，給勞辱之役者也。又戎僕掌馭車。《尚書》有左右攜僕。今在隸下，知是攜挈之役者也。輿，衆人也。《春秋左傳》晉食輿人之城杞者。絳縣老人爲輿尉，遷為復陶。又子産使輿三十人遷里析之柩。知輿又彌賤也。臺猶跆，在人下之稱也。若所跆踐，又益細也。牧牛又卑於馬也。

宋·孫復《孫明復先生小集·舜制議》 舜既受命，庸十二相，放四凶也，以帝天下之制，猶有未至者焉，乃窮神極慮，以增以益。夫所謂帝天下之制者，君君臣臣，上下貴賤之序，久久不相瀆者是也。厥初生民冥焉而無知，浩焉而無防，蕤蕤羣羣，孰君孰師，與鳥獸無別。黄帝觀乾坤，創法度，衣之裳之，以辨君臣，以正上下，以明貴賤，由是帝天下之制從而著焉。黄帝創之於前，帝堯奉之於後，然二帝之間，厥制未盡。黄帝取乾坤，分上下，為一人之服，以至於堯，無所增益。逮乎虞舜，再覩厥象，以盡其神，謂五等之制不可不正也，於是分其命數，異其等威，殊其採章，以登以降。自公而下，殺之以兩，然後一人之服，五等之制，焕然而備，俾臣無以僭其君，下無以陵其上，賤無以加其貴，僭陵篡奪之禍不作，雖四海之廣，億兆之衆，上穆下熙，可高拱而治。故《易》曰：『黄帝、堯、舜垂衣裳而天下治。』皐陶曰：『天命有德，五服五章哉。』是也。若五等之制，非由虞帝而備，則《易》何以兼言夫舜，《皐陶謨》何繫之於虞書耶？或曰：舜以三十登庸，三十在位，五十載陟方乃死。且舜自歷試與居攝三十年，在天子之位又五十年，其八十年間，作事垂法，為萬世利者多矣。今子稱舜止以因一人之服，增五等之制者何？願聞其説。曰：善乎子之問也。吾之所言，聖人之極致也。夫乾者君之道，坤者臣之道。衣上而裳下者，乾坤之象也。衣可加之乎裳，示君之可加於臣也。裳之不可加於衣，示臣之不可加於君也。聖人南嚮而治，天下久久不相瀆者，始諸此也。故舜增五等之制，自上而下，俾貴賤之序益明，天子之位益尊，此舜所以杜萬世僭陵篡奪無窮之禍也。雖後世有作，千制萬度，無以踰於此矣。故曰：吾之所言者，聖人之極致也。

宋・司馬光《資治通鑑》卷一　臣光曰：　臣聞天子之職莫大於禮，禮莫大於分，分莫大於名。何謂禮？　世綱是也。何謂分？　君、臣是也。何謂名？　公、侯、卿、大夫是也。

夫以四海之廣，兆民之衆，受制於一人，雖有絶論之力，高世之智，莫不奔走而服役者，豈非以禮爲之紀綱哉！是故天子統三公，三公率諸侯，諸侯制卿大夫，卿大夫治士庶人。貴以臨賤，賤以承貴。上之使下猶心腹之運手足，根本之制支葉，下之事上猶手足之衛心腹，支葉之庇本根，然後能上下相保而國家治安。故曰天子之職莫大於禮也。

文王序《易》，以《乾》、《坤》爲首，孔子繫之曰：『天尊地卑，乾坤定矣。卑高以陳，貴賤位矣。』言君臣之位猶天地之不可易也。《春秋》抑諸侯，尊王室，王人雖微，序於諸侯之上，以是見聖人於君臣之際未嘗不惓惓也。非有桀、紂之暴，湯、武之仁，人歸之，天命之，君臣之分當守節伏死而已矣。是故以微子而代紂則成湯配天矣，以季札而君吳則太伯血食矣，然二子寧亡國而不爲者，誠以禮之大節不可亂也。故曰禮莫大於分也。

夫禮，辨貴賤，序親疏，裁羣物，制庶事，非名不著，非器不形；名以命之，器以別之，然後上下粲然有倫，此禮之大經也。名器既亡，則禮安得獨在哉！昔仲叔於奚有功於衛，辭邑而請繁纓，孔子以爲不如多與之邑。惟名與器，不可以假人，君之所司也；政亡則國家從之。衛君待孔子而爲政，孔子欲先正名，以爲名不正則民無所措手足。夫繁纓，小物也，而孔子惜之；正名，細務也，而孔子先之：誠以名器既亂則上下無以相保故也。夫事未有不生於微而成於著。聖人之慮遠，故能謹其微而治之，衆人之識近，故必待其著而後救之；治其微則用力寡而功多，救其著則竭力而不能及也。《易》曰：『履霜堅冰至，』謂此類也。故曰分莫大於名也。

嗚呼！幽、厲失德，周道日衰，綱紀散壞，下陵上替，諸侯專征，大夫擅政，禮之大體什喪七八矣，然文、武之祀猶緜緜相屬者，蓋以周之子孫尚能守其名分故也。何以言之？昔晉文公有大功於王室，請隧於襄王，襄王不許，曰：『王章也。未有代德而有二王，亦叔父之所惡也。不然，叔父有地而隧，又何請焉！』文公於是懼而不敢違。是故以周之地則不大於曹、滕，以周之民則不衆於邾、莒，然歷數百年，宗主天下，雖以晉、楚、齊、秦之強不敢加者，何哉？徒以名分尚存故也。至於季氏之於魯，田常之於齊，白公之於楚，智伯之於晉，其勢皆足以逐君自爲，然而卒不敢者，豈其力不足而心不忍哉，乃畏姦名犯分而天下共誅之也。今晉大夫暴蔑其君，剖分晉國，天子既不能討，又寵秩之，使列於諸侯，是區區之名分復不能守而并棄之也。先王之禮於斯盡矣！

或者以爲當是之時，周室微弱，三晉強盛，雖欲勿許，其可得乎！是大不然。夫三晉雖強，苟不顧天下之誅而犯義侵禮，則不請於天子而自立矣。不請於天子而自立，則爲悖逆之臣，天下苟有桓、文之君，必奉禮義而征之。今請於天子而天子許之，是受天子之命而爲諸侯也，誰得而討之！故三晉之列諸侯，非三晉之壞禮，乃天子自壞之也。

嗚呼！君臣之禮既壞矣，則天下以智力相雄長，遂使聖賢之後爲諸侯者，社稷無不泯絶，生民之類糜滅幾盡，豈不哀哉！

宋・呂陶《淨德集》卷一七《聖人制富貴論》　天之生斯人而謂之靈於萬物者，蓋以有五性之動，七情之役，利欲之端潛伏於中，而莫知其巳也，然則何以稱其欲、保其生而全其性命哉？有聖人者出，深思遠慮而爲之計，有所以養之，而又有所以節之，使之得其養，則足而不屈；使之得其節，則群而不亂。統而言之謂之禮，散而言之謂之分。貴者安於上，賤者適於下。尊者務於隆，卑者從於殺，而不敢以毫釐秒忽之私汩於其間。自天下國家之大，至於閭巷閨門之微，持而守之，履而用之，晏然日以大治而不知所以然者，皆聖人之功也。《坊記》曰：『聖人之制富貴也，使貧不至於約，富不足以驕，貴不慊於上。』三復斯言，其知禮之本然乎！夫人之情，貧則患於約，而爭奪之慮起，吾有以給之；富則失於驕，而奢侈之患生，吾有以止之，貴則猶慊於上。而以爲不足。吾有以充之。使之各適其分，而中於禮，又誰憾焉？以三代之制言之，則周爲最詳。周之制，天子之田千里，而諸侯之封有百里者，庶民之家，止於百畝，則免於饑寒之患。天子之居九里，而諸侯之城五雉，庶人之受田者，廬舍二畝有半，而無風雨之虞。天子之服以日月山龍爲飾，而卑者至於無旒之冕，一章之服。天子之食十有二鼎，而賤者五十而後食肉。此豈非聖人所以制之之義邪？夫然故禄之天下而不爲多，養之以抱關擊柝而不爲寡，知其分義之當，不可以相雜也。荀卿子著書，力言治道，至於分義之際，未嘗不丁寧焉。其説曰：『辨莫大於分，分莫大於禮。』又曰：『分者，義之別。』又曰：『禮者，法之大分。』與《戴記》之説皆相表裏，

而深明夫聖人制禮之本意歟！

宋・呂大臨《禮記解・燕義第四十七》　禮之所貴，別而已矣。親疏、長幼、貴賤、賢不肖，皆别也。大別之中，又有細別存焉。均親也，而有斬衰、大功、小功、緦麻、袒免之異。均長也，而有父事、兄事、肩隨之異。故以賤事貴，有十等焉。所謂王、公、卿、士、皁、輿、隸、僚、僕、臺也。君者，積尊而為之也。苟無差等，民可得而犯之。貴貴之義，有所不行，此亂之所由生也。燕禮之別，故上卿、小卿、大夫、士、庶子，其席，其就位，皆有次。獻君、獻卿、獻大夫、獻士、獻庶子，及舉旅行酬，皆有序。俎豆、牲體、薦羞，皆有等差。君臣貴賤之義，極其密察，至於此者，所以防亂也。

元・胡祗遹《紫山大全集》卷二一《論臣道》　窮理治事，而不造其精微，受命居官，而越職干分，不惟紛厖紊亂，將見心愈勞而事益不集。故唐虞聖君賢相之相戒，歌曰：『元首叢脞哉，股肱惰哉，萬事墮哉。』莊周亦曰：『庖人雖不治庖，尸祝不越尊俎而代之矣。』前人亦有以治家喻治國。雞司晨，犬司户，奴職耕，婢職爨，主人提綱振領於其上。治天下亦猶是也。天子擇一相，一相擇內外百官。故王臣公，公臣大夫，大夫臣士，士臣皂，皂臣輿，輿臣隸，隸臣僚，僚臣僕，僕臣臺。以尊統卑，以卑承上，各有攸司。卑官專職，尊官總持。專職者所掌不雜，故辦事服勞。尊官領其勤惰，察其衆務，故不親小勞。宰相似逸而實煩勞，所司者衆也。卑官似勞而實省力，所掌者一事也。

元・李翀《日聞録》　古者人有十等，王臣公，公臣卿，卿臣大夫，大夫臣士，士臣皁，皁臣輿，輿臣隸，隸臣僚，僚臣僕，僕臣臺。又有所謂廝養者。廝，析新者。養，養馬者。今人稱從人爲皂隸，稱奴婢爲重臺。又古者諸侯之臣，自稱於天子曰陪臣。陪，重也。

元・陶宗儀《南村輟耕録》卷一〇　凡婢役使於婢者，俗謂之重臺。按《左氏傳・昭公五年》：『日之數十，故有十時，亦當十位。自王以下，其二為公，其三為卿。』注云：『日中為王，食時為公，平旦為卿，雞鳴為士，夜半為皁，人定爲輿，黄昏爲隸，日入爲僚，晡時爲僕，日昳爲臺。禺中日出，闕不在第等。王公曠其位。』又《昭公七年》：『天有十日，人有十等。故王臣公，公臣大夫，大夫臣士，士臣皁，皁臣輿，輿臣臺。』則所謂臺者，十等之至卑。今豈亦本是與？然加以重字，尤有意。

明・楊慎《丹鉛總録》卷一二《天有十日》　《左傳》天有十日，人有十等。注：十日自甲至癸，十等自王至臺。又曰：日之數十，故有十時，亦當十位。注曰：日中當王，食時當公，平旦為卿，雞鳴為士，夜半為皁，人定為輿，黄昏為隸，日入為僚，晡時為僕，日昳為臺。禺中也，日出也，闕不在池。尊王與公，曠其位也。《禮記・射義》亦曰：以賤事貴，有十等焉。象天之有十日，自甲至癸也。十等，王也，公也，卿也，士也，皂也，輿也，隸也，僚也，僕也，臺也。君者，積尊而為之也。苟無等差，民得而犯之。《書》曰：王省惟歲，師尹惟日，卿士惟月。賈誼曰：天子如堂，羣臣如陛，衆庶如地。按：十日十等，古有此説，故《左傳》、《禮記》互見之。然不知其所當何義。或曰：嚮明而治，宜於日中，故日中當王。雞鳴而起，故雞鳴當士。皂主飼馬，以夜半起，故半夜當皂。輿主車，人定則車休，故人定當輿。然其餘多不通，當缺之可也。

明・周祈《名義考》卷五《陪臣陪儓》　陪，重也。陪臣，重臣也。諸侯之臣於天子曰陪臣，陪儓猶陪臣也。儓亦作臺。《左傳》僕臣臺。《方言》南楚罵庸賤，謂之田臺。《輟畊録》凡婢役於婢者，俗謂之重臺。重，平聲。

明・方以智《通雅》卷一九　重臺，賤稱。《巵言》：學羊欣書為重臺。蓋梁武評欣書，如婢學夫人也。《左傳》：晡時為僕，日昳為臺。又曰：皁臣輿，輿臣臺。重臺言婢之婢也。

清・黄中堅《蓄齋二集》卷七《書王介甫度支廳壁題名記後》　夫人有知愚賢否之異，而貧富因之。愚不肖之不能不見役於智能，貧者之不能不見役於富，自古有然。雖有善齊物者，不能强之使齊也。《傳》曰：『天有十日，人有十等。故王臣公，公臣大夫，大夫臣士，士臣皂，皂臣輿，輿臣隸，隸臣僚，僚臣僕，僕臣臺。馬有圉，牛有牧，以待百事。』然則使輿臺圉牧之屬，一有不備，卽事必有所不集矣。且夫公卿以下，雖各有相君之勢，而亦孰非天子之臣？設天子而有所役使，則雖王公之貴，孰敢不竭蹶以趨事，而況乎其下者？故曰：振其綱則目自張，挈其領則末自舉。

清・俞正燮《癸巳類稿》卷二《僕臣臺義》　《左傳・昭七年》：楚申

無宇云：『人有十等。王臣公，公臣大夫，大夫臣士，士臣皁，皁臣輿，輿臣隸，隸臣僚，僚臣僕，僕臣臺。』十等俱就王公言之，爲在官者。大夫臣士，如《周官》其長率所屬能臣之大夫，與士泛列，亦同朝不相臣也。士則衛士之長。輿則所云補黑衣之隊，衛士無爵而有員額者，非今皁役也。皁者，《趙策》衆也。謂衛士無爵，又無員額者。隸則罪人。《周官》所謂入於罪隸，漢之城旦舂輸作。僚，勞也。入罪隸而任勞者，其分益下，若今充當苦差。僕則三代奴戮，今罪人爲奴矣。謂之臺者，罪人爲奴。又逃亡，復獲之，則爲陪臺。自皁以下，得相役使，故曰臣，曰等也。《昭六年》楚棄疾誓云：『不用命者，君子廢，小人降。』是隸僚僕臺，以次而降，知臺是僕亡復獲者。無宇云：『無所執逃臣，逃而舍之，是無陪臺也。』知陪臺是指言第十等臺者，以無宇指陳十等。意主必執此逃僕以爲臺，始有十等數也。服虔謂皁造事，輿衆佐，皁隸屬於吏，僚供勞事，僕豎主藏，臺下給徵召，事分職別，何謂相臣乎？

清·沈欽韓《春秋左氏傳補注》卷九《僕臣臺》 《方言》：儓䑋，農夫之醜稱也。南楚凡罵庸賤，謂之曰儓，或謂之䑋。儓卽臺，䑋卽僕。以其居十等最下，故以爲醜稱。

藝文

清·趙良澍《肖巖詩鈔》卷一〇《北遊示兒子如圭》 我初赴公車，汝方在襁褓。蹉跎廿五年，汝壯我垂老。既老則宜安，胡忽馳遠道。若爲富貴謀，已知來日少。或爲民物念，問心何時了。以此寡營求，出入任懷抱。偶然竊升斗，未忍慕枯槁。人生有十等，至賤如輿皁。亦各有其營，未能貪素飽。念我祖父來，耕讀以爲寶。薄田供饘粥，遺書足搜討。但能號通儒，何必遊壁沼。肄業汝多紛，履榮我讓巧。三載賦歸田，舊學爲汝考。

雜録

清·張尚瑗《左傳折諸》卷二〇《人有十等》 賈誼《治安策》：人主之尊譬如堂，羣臣如陛，衆庶如地。沈約《宋書》論周漢之道，以智役愚，臺隸參差，用成等級。皆祖《傳》立論

章炳麟《訄書·序種姓上》 其次不以累囚釁器，使服力役，於是有厮養隸圉，則勝者常在督制系統，而敗者常在供給系統，一部悉主一部，悉伏地爲僮僕，轉相挹殺，同處一域，猶不能廢階級。印度摩尼法典，制國人爲四階，累世昇禮。中國亦云：天有十日，人有十等。王臣公，公臣大夫，大夫臣士，士臣皁，皁臣輿，輿臣隸，隸臣僚，僚臣僕，僕臣臺。馬有圉，牛有牧，以共百事。隸僚以下，其始皆俘虜，而後漸以懲譴罪人。一人一族，升降不恒，則階級自是廢也。然其買販齊民，猶以財力相君。

文武分職分部

綜述

《韓非子》卷六《解老》 故萬物必有盛衰，萬事必有弛張，國家必有文武，官治必有賞罰。

《尉繚子》卷三《原官》 官分文武，惟王之二術也。

《六韜》卷一《舉賢》 將相分職，而各以官名舉人。

《戰國策》卷一八《趙一》 故貴為列侯者，不令在相位。自將軍以上，不為近大夫。

論說

唐·王涇《大唐郊祀録》卷一〇 況文武之道非二宗，猶天地之有陰陽，時日之有晝夜，相依而立，相須而成。故王者之制，因彼此而爲伍，因伍而爲鄉，因鄉而爲軍。鄉有六，故制六軍。處常可以理人，有難足以應敵。閭長黨正，卽率五焉。帥師卽大夫焉。下逮列國，皆尊其制，故將軍卽正卿

也，執大柄卽元帥也。暨乎戰國陵夷，王道蕩滅，務於攻取，不顧典刑，遂有孫吳之略，興起翦之才用。文武之事異，將相之職分，蓋於此始也。

宋・林駉《源流至論別集》卷二《宰相兼樞》 周公冢宰，出征東山。《詩》。畢公為公，兼任司馬。《書》。嗟夫！軍旅之事，非縉紳之所當預；將帥之權，非廟堂之所可侵。而周公必使兼統，不曰侵官，何耶？蓋出征，重寄也。握兵，大權也。身為大臣，不得與知，則渙散不相通，彼此不相濟，其弊豈勝言哉？嘗以周之六官考之：冢宰所以掌邦治，統百官也。司馬所以統六卿，平邦國也。二卿適相等耳。至調發之權，不歸之司馬，而歸之天官。噫！先王之為慮也遠矣。故呂伋掌兵，若無關於太保，而太保實俾之。《書・顧命》。程伯出師，若無與於尹氏，而尹氏實命之。《詩》。於分之中，而有合之理存；於判然不相屬之際，而有貫通之意寓。此周人所以為良法歟？自廉藺立敵，而將相之職分；田吳爭功，而軍國之權偏。

宋・陳傅良《止齋文集》卷三九《選德殿記代周子充内翰撰進》 是故三代而上，士大夫皆可獨將，而兵民爲一，戎不生心，世用底定。比其季也，徒以爲威儀觀美而實不稱，馳騁戈獵而政不舉，則國人爲之隱憂而變風作。其後王道浸缺，而文武兵農遂分而不可合。一夫荷戈，海内騷動，社稷之主，以兵廢興。

明・趙維寰《雪廬焚餘稿》卷七《文武策》 夫文武非二道也。有文事必有武備，昔譚尚矣。顧計及分合之故，而不能不慨然。古今人之不相及，非必不可及也。其不得不分者，風會使然，而分而可以合，則顧其人之自樹何如，非風會所能局也。蓋古者用兵，非如今之必以力角也。同力度德，同德度義，固有衡於德義，而退然不復求逞者。南巢牧野，一戰而定，孔子劫萊夷，一司馬事耳，豈盡力不贍哉？爾時去古未遠，人猶貴道德而賤詐力。苟自揣弗類，卽不難反戈束手以待斃。故兵不血刃，而文武之用易以全。戰國以下，日相尋於干戈，已不知德義何物，所尚惟力耳。苟非力詘，寧百戰而不休。故雖以湯武孔子生其時，文武之用，恐亦不得不分也。則將相之分，其勢然也。雖然，有力將，有知將。將之不可合者，獨力將耳。而天下之絕力者，亦必稟於知而後能成功，則其未嘗不可合者自在。何者？雄而雌守之，强而弱用之，皆知者事也。力不能兼而知可兼，故文武未嘗不可合。

明・惲紹芳《林居集・兵審二者知勝敗論》 《尉繚子》曰：『兵者以武為植，以文為種。武為表，文為裏。能審此二者，知勝敗矣。』自將相分而文武二，遂謂將也者，搴旗以為業，立幟以為威，射貫七札，伎冠萬夫，則足以鞭弭櫜鞬，封居胥，臨瀚海，而身杖鉞之任矣。又何必浮慕文事之名為？不知所謂文者，非藻繢之謂也，謂其眡利害，辨安危，乃所以經武而合而相助者也。不觀之古乎？將相合為一，内則心膂，外則股肱，奮武衷判者，即秉德之公卿；整旅薄伐者，即壯猷之元老。至於春秋，世方鬨於兵車矣，管子以天下才寄軍令於内政。而晉之論將，必注意於《詩》、《書》之郤縠。此不可以見文武之相為用哉？故孫子亦曰：『令之以文，齊之以武。』不特尉繚之言然也。

明・朱之瑜《舜水先生文集》卷一三《書劍堂説》 古無所謂文武也。或曰：乃武乃文，允文允武，此古之所以誦帝王者。何謂無文武哉？曰：非謂無文武也，文武之道無所分也。君子之德，欽明者爲文，剛健者爲武，無從得而分別之也。出則攘除寇賊，入則鎮撫國家，是故非文無以附衆，非武無以威敵。春秋時大國三卿，小國二卿，總師旅則謂之將，明弼諧則謂之相，無所謂文武也。如曰某將上軍，某佐之，某將中軍，某佐之，皆卿也。而後世始分門別户。故經生學士，羞稱紈袴，長鎗大戟，安用毛錐？遂相惡之，如冰炭然。豈理也哉？迨至射不穿札，雅歌投壺，相傳以爲美談。

清・崔述《豐鎬考信録》卷八《齊太公》 古者有文事者，必有武備。是以三代以上，文武之途不分。無事則用之治國，有事則用之行師。故《詩》云：『維師尚父，時維鷹揚。涼彼武王，肆伐大商。』要不過以仁義之道，教民於平時，儆民於臨事，率有勇知方之衆，爲伐暴救民之舉耳。後世儒者泥於章句之俗學，沈於性命之陳言，不通達於世務，故不知兵者多，而所謂知兵者，咸屬之於權謀術數之流，由是文武遂分。豈知三代以上，不如是乎？

清・杭世駿《續禮記集説》卷二三《王制》 任氏啟運曰：『司徒掌教，似主文。司馬掌兵，似主武。而相通若此。故文非章句之迂儒，武非跅弛之勇士。入則周公召公，出則方叔召虎，由此其選也。自文武之途分，而文臣多迂，武臣多悍，天下無全材矣。』

清・陸世儀《思辨録輯要》卷一二《治平類》 古者天子六軍，其將皆命卿。《甘誓》曰：『大戰於甘，乃召六卿。』蓋古之天子，寄軍政於六卿，居則

以守，行則以戰，文武未嘗分途也。自戰國始有將軍之稱，秦乃因之，位上卿，金印紫綬，而文武乃分途矣。夫《周官》軍政皆寄於司馬，亦未聞有尾大之患。苟必欲以文武互相制馭，豈君臣相信之道也哉？

清・劉大櫆《海峰文集》卷四《周書巖詩集序》 古之選舉出於一，而後之選舉出於二。古之賢才無岐徑，而後之賢才有分途。乃文乃武，伯夷以之頌帝堯；文事武備，《穀梁》以之稱孔子；赳赳武夫，詩人以之詠兔罝。蓋古之君子，德完能博，惟吾君之所選用，而皆足以見其設施，無分於文武也。自戰國以逮秦漢，入者為相，出者為將，而途始劃然以分。

清・李鎧《讀書雜述》卷八《官箴》 古者民不分兵農，秉耒荷戈，恒相安也。迨兵農分，民日養兵而畏兵，兵日養於民而禍民矣。古者官不分文武，治民治軍更事耳，未嘗畸輕畸重，以至相凌犯也。迨文武分，承平之日，士大夫薄武人為不足，為輒詆訶折辱之，而介胄之氣不伸。一旦有事，廟堂之上加意疆埸，武臣有殊寵焉。於是恃功而驕，睥睨一切，而《詩》、《書》之氣不伸矣。嗚呼！此亦世運升降，人事消長，莫知其然而然者歟。

藝文

清・盛大士《蘊愫閣詩集》卷一《書感》 古者男子生，門設弧矢六。春秋敦干戈，武事幼習熟。奈何今之人，韜畧不寓目。文武分兩途，書生半庸碌。我慕小戎詩，君子温如玉。騏馵駕六轡，靷環耀五楘。傳聞荆楚寇，鋌險竄秦蜀。願隨羽林軍，馘獻戎醜速。

清・丘逢甲《嶺雲海日樓詩鈔選外集・送長樂學生入陸軍學校》 若從中國論古學，文武由來本不分。終使西人遘黄禍，籲天早出學生軍。

雜録

《韓非子》卷一九《顯學》 故明主之吏，宰相必起於州部，猛將必發於卒伍。

《史記》卷八一《廉頗藺相如列傳》 廉頗曰：「我為趙將，有攻城野戰之大功，而藺相如徒以口舌為勞，而位居我上。」

客卿制度分部

综述

《商君書・境内》 故客卿相，論盈，就正卿。

漢・劉向《戰國策》卷三《秦一》 寒泉子曰：「不可。夫攻城墮邑，請使武安子。善我國家，使諸侯，請使客卿張儀。」漢高誘注：張儀，魏人也。仕秦以為客卿。

又 卷五《秦三》 秦客卿造謂穰侯曰：「秦封君以陶，藉君天下數年矣。」【略】

後數日，入朝，言於秦昭王曰：「客新有從山東來者蔡澤，其人辯士，臣之見人甚衆，莫有及者，臣不如也。」秦昭王召見，與語，大説之，拜為客卿。

又 卷二八《韓三》 客卿爲韓謂秦王曰：「韓珉之議，知其君不知異君，知其國不知異國。」

《史記》卷五《秦本紀》 三十三年，客卿胡傷攻魏卷。

三十六年，客卿竈攻齊，取剛壽。

又 卷四〇《楚世家》 二十六年，齊韓魏為楚負其從親而合於秦，三國共伐楚，楚使太子入質於秦而請救。秦乃遣客卿通將兵救楚，三國引兵去。

又 卷六九《蘇秦列傳》 於是蘇秦詳為得罪於燕，而亡走齊，齊宣王以為客卿。

又 卷七〇《張儀列傳》 張儀遂得以見秦惠王，惠王以為客卿。

又 卷七二《穰侯列傳》 魏冉謝病免相，以客卿壽燭為相。【略】明年，穰侯與白起、客卿胡傷復攻趙韓魏。【略】三十六年，相國穰侯言客卿竈欲伐齊，取剛壽。

又 卷七三《白起王翦列傳》 明年，起與客卿錯攻垣城，拔之。

又　卷七九《范雎蔡澤列傳》　王曰：『寡人敬聞命矣。』乃拜范雎為客卿，謀兵事卒，聽范雎謀。

又　卷八〇《樂毅列傳》　而樂毅往來，復通燕，燕趙以為客卿。

又　卷八七《李斯列傳》　秦王乃使其良將隨其後，秦王拜斯為客卿。

漢・趙曄《吴越春秋・王僚使公子光傳第三》　王僚既死，左右共殺專諸，衆士擾動。公子光伏其甲士以攻僚，衆盡滅之。遂自立是為吴王，闔閭也。乃封專諸之子，拜為客卿。

宋・司馬光《資治通鑑》卷二《周紀二》　儀得見秦王，秦王説之，以為客卿。元胡三省注：秦有客卿之官，以待自諸侯來者，其位為卿，而以客禮待之也。

論説

唐・李涪《刊誤》卷下《客卿》　按《史記》，春秋之後，儒術之士名聞諸侯者，既適列國為客卿，乃得陳王霸之道。如孟軻在齊，樂毅在燕趙，西漢鄒陽在梁，伍被在吴，亦行斯道爾。後辯説絶，但不復客卿耳。自中和已後，藩鎮道賓者名曰客卿。始則索客之徒時有斯號，近者名人朝士不免繼之，訛謬相承，莫不因此，恐誤來者，故書之以示兒孫。

明・陳士元《孟子雜記》卷一《孟母》　孟子為齊卿，蓋客卿耳。非如孔子仕魯為司寇，攝行相事，實任其職也。李涪云：『春秋以後，儒術之士，名聞諸侯者，既適列國為客卿，乃得陳其説。』如孟子在齊是也。《史記・田齊世家》云：『宣王喜文學游説之士，如鄒衍、淳於髡、田駢、接子、慎到、環淵之徒七十六人，皆賜列第，為上大夫，不治事而議論。』是孟子為齊卿，宣王或以文學游説之士待之，而孟子實未嘗受其禄，故公孫丑以士不受禄為問，則孟子為客卿可知。

清・閻若璩《尚書古文疏證》卷五上　或問：孟子既爲卿爲臣，又曰仕而不受祿，是所异於人者，僅不受祿一節耳。何以遂云『我無官守，我無言責』？豈當日客卿，竟若此與？考諸秦惠王以張儀爲客卿，與謀伐諸侯；昭襄王拜范雎爲客卿，謀兵事。當時客卿，固非無所事事者。何獨孟子而若此與？曰：此蓋齊之官制，而非所論於他國也；蓋齊宣王之官制，非所論於他王也。何以見之？見之《田敬仲完世家》也。《世家》云：宣王喜文學游説之士，自如騶衍、淳於髡、田駢、接子、慎到、環淵之徒七十六人，皆賜列第，爲上大夫，不治而議論。是以齊稷下學士復盛，且數百千人。不治而議論者，謂不治政事，而各以議論相尚，如騶衍則談天也，淳於髡則滑稽也，田駢、接子、慎到、環淵則論黄老道德也。而孟子於其間又述唐虞三代之德，是皆所爲無官守、無言責者。孟子之言詎不信哉？

清・崔述《考信録・孟子事實録》卷上　孟子自言無官守，無言責，則孟子在齊乃客卿，非居官受職者明矣。蓋戰國之士，游於鄰國者多，雖不受職，苟爲時君所禮，亦畀以爵。《戰國策》所謂魏王使客將軍辛垣衍間行入邯鄲者是也。

清・周柄中《四書典故辨正續》卷四《孟子處賓師之位》　閻百詩云：范氏謂孟子在齊，處賓師之位，非也。孟子爲卿於齊，孟子致爲臣而歸，烏有所謂賓師之位哉？古有可召之臣，有不可召之臣。孟子蓋就以不可召之臣自處，非眞師也。若果師，則吾聞天子不召師，而況諸侯乎？齊王自不敢來召，又不待其召而後不往也。《田敬仲世家》云：宣王喜文學游説之士，自如騶衍、淳於髡之徒七十六人，皆賜列第，爲上大夫，不治而議論。故孟子時爲客卿，而曰無官守言責。愚按：孟子言繼而有師命，不敢以請。師命，趙註以爲師旅之命，孫疏以爲賓師之命，朱子從趙註。然揚雄《解嘲》云：『孟軻雖連蹇，猶爲萬乘師。』其説必有所據。則賓師之解自當，范説未可非也。或問：客卿卽賓師乎？曰：客卿自客卿，賓師自賓師。《史記・秦本紀》客卿胡傷攻魏，客卿竈攻齊。《楚世家》秦遣客卿通將兵救楚。豈有賓師而任疆埸戰鬬之事者？孟子於齊爲客卿，王高其德望，以賓師禮之，非客卿卽賓師也。知此，則孟子爲卿於齊，孟子致爲臣而歸，及淳於髡所謂在三卿之中，與賓師兩不相礙矣。

清・劉體仁《通鑑札記》卷一《秦未得客卿之益》　論史者多以秦得客卿之力，其實不然。秦之客卿，以衛鞅、張儀、甘茂、范雎、李斯之功為最著。鞅之功在於謀魏。周安王元年，秦伐魏，至陽孤。十二年，秦晉戰於武城。十三年，秦侵晉，晉即魏也。皆在鞅之先。周顯王八年，衛鞅始入秦，因嬖臣景監以求見孝公，為左庶長，則謀魏非鞅之功也。張儀之功在於説魏、誘楚，及説諸侯事秦。然衛鞅謀魏，已在儀先，秦之謀魏，又在鞅先。赧王二年，秦王欲伐齊，患齊楚從親，乃使張儀説楚，許以商於之地，已而背之。楚伐秦，

三年，戰於丹陽，楚師大敗，斬甲士八萬，虜屈匄及列侯執珪七十餘人，遂取漢中郡。楚王悉發國內兵以復襲秦，戰於藍田，楚師大敗。韓魏聞楚之困，南襲楚，至鄧，楚人乃引兵歸，割兩城以請平於秦。則敗楚乃兵力，非口舌之功也。赧王四年，張儀説楚、韓、齊、趙、燕以事秦，歸報未至，咸陽諸侯復合從，則其游説之功，亦無大效。甘茂之功在於取宜陽。周安王十一年，秦伐韓宜陽，取六邑。顯王三十四年，秦伐韓，拔宜陽。赧王七年，甘茂、庶長封帥師伐宜陽。八年，甘茂攻宜陽，五月而不拔。秦王大悉起兵以佐甘茂，遂拔宜陽。則伐宜陽之計，本非定於甘茂，而茂之所取，亦僅宜陽一城，其附近城邑，早為秦所取，非茂之功也。范睢之功以遠交近攻為最，然秦自孝公之後，屢興師以伐諸侯，獨未嘗加兵於齊。赧王二年，秦王患齊楚之從親，使張儀説楚絕齊。楚王使勇士北罵齊王，齊王大怒，折節事秦，齊秦之交合。是秦之交齊，非始於范睢也。赧王十五年，秦涇陽君為質於齊。二十七年，秦王稱西帝，遣使立齊王為東帝。是穰侯為政，未嘗不交齊也。三十一年，燕王悉起兵，以樂毅為上將軍伐齊，秦尉斯離帥師與三晉之師會之。是時諸侯害齊王之驕暴，假手於燕以伐齊，非秦主兵也。濟西之敗，秦師即還，非深入也。四十五年，穰侯言客卿竈於秦王，使伐齊，取剛壽，以廣其陶邑。偏裨之將，略其邊邑，非大興師也。秦自石門之戰，屢從事於三晉，尚在衛鞅、張儀、甘茂之前，衛鞅、甘茂又從而收其成功。穰侯為政，尤有事於三晉。赧王十二年，秦取魏蒲阪、晉陽、封陵，又取韓武遂。十四年，秦人取韓穰。二十年，秦尉錯伐魏襄城。二十一年，秦敗魏師於解。二十二年，韓公孫喜、魏人伐秦。穰侯薦左更白起為將，敗魏師、韓師於伊闕，斬首二十四萬級，虜公孫喜，拔五城。二十四年，伐韓，拔宛。二十五年，魏入河東地四百里，韓入武遂地二百里於秦。二十六年，秦大良造白起、客卿錯伐魏，至軹，取城大小六十一。二十九年，秦司馬錯擊魏河內，魏獻安邑以和，又敗韓師於夏山。三十二年，秦趙會於穰，秦拔魏安城，兵至大梁而還。三十九年，秦武安君伐魏，拔兩城。四十年，穰侯伐魏，韓暴鳶救魏，穰侯大破之，斬首四萬，魏納八城以和。穰侯復伐魏，走芒卯，入北宅，魏人割溫以和。四十一年，魏復與齊合從，穰侯伐魏，拔四城，斬首四萬。四十二年，趙人、魏人伐韓華陽，韓人告急於秦。穰侯與武安君救韓，敗魏軍於華陽之下，走芒卯，虜三將，斬首十三萬。又與趙將賈偃戰，沈其卒二萬人於河。穰侯於韓魏，何嘗一日忘之哉？韓魏既服於秦，秦王將使武安君與韓魏伐楚，楚使者黃歇上書曰：『臣為王慮，莫如善楚。秦楚合而為一以臨韓，韓必斂手而朝。王施以東山之險，帶以曲河之利，韓必為關內之侯。若是而王以十萬戍鄭，梁氏寒心，許鄢陵嬰城，而上蔡召陵不往來也。如此魏亦關內侯矣。』王從之，謝韓魏。則當時言遠交近攻者，又有一黃歇。而執政之人，則仍穰侯也。且是時，楚趙之强，為六國之冠。穰侯之前，秦師勝楚，惟丹陽、藍田二戰而已。赧王二年，秦右更疾伐趙，拔藺，虜其將莊豹。唯取一邑，無大功也。至穰侯當國，始足以制楚趙。赧王十四年，伐楚，敗其師於重邱，殺其將唐昧，遂取重邱。十五年，秦華陽君伐楚，大破楚師，斬首三萬，殺其將景缺，取楚襄城。三十五年，使司馬錯發隴西兵，因蜀攻楚黔中，拔之。楚獻漢北及上庸地。三十六年，白起伐楚，取鄢鄧西陵。三十七年，秦大良造白起伐楚，拔郢，燒夷陵。楚襄王兵散，遂徙於陳。秦以郢為南郡，封白起為武安君。三十八年，秦武安君定巫黔中，初置黔中郡。四十三年，楚以左徒黃歇侍太子完，為質於秦。又赧王二十七年，秦攻趙，拔杜陽。二十八年，秦攻趙，拔新垣、曲陽。三十三年，秦伐趙，拔兩城。三十四年，伐趙，拔石城。三十五年，秦白起敗趙軍，斬首二萬，取代光狼城。則秦之威加於楚趙，亦自穰侯始。穰侯去位，武安君與趙括戰於長平，趙師大敗，卒四十萬人皆降，趙自此不振，六國之亡從此遂定。武安君亦穰侯之舊將也。穰侯之功，有大造於秦，與范睢何與哉？李斯之功，在厚結諸侯名士。然秦人屢用此計以取諸侯，亦不始於斯。自衛鞅、張儀、甘茂、范睢之外，秦之客卿尚多。赧王十二年，秦客卿通將兵救楚。十五年，以趙人樓緩為丞相。二十三年，以客卿燭壽為丞相。二十六年，客卿錯從大良造白起伐魏。四十二年，客卿胡陽從穰侯武安君救韓。四十五年，客卿竈伐齊秦。昭襄王五十二年，燕客蔡澤入秦，欲代應侯。王以為相。皆無大功，客何益於秦哉？

藝文

明·李攀龍《滄溟集》卷三《雜興》 駕出薊北門，東望元英宮。高臺造浮雲，碣石來悲風。客卿既裂地，戰士亦論功。稱系遷大呂，昭王氣何雄。汶篁一不植，千里生飛蓬。

清・錢謙益《列朝詩集・石珤〈易州道中〉》 西風嬴馬經行地，易水長城是舊都。壯士入秦名尚在，客卿歸趙勢全孤。高臺歲久黄金盡，古塞秋深白雁徂。聞道關門猶鎖鑰，太平天子慎防胡。

雜録

《史記》卷八七《李斯列傳》 秦宗室大臣皆言秦王曰：『諸侯人來事秦者，大抵為其主游間於秦耳，請一切逐客。』李斯議亦在逐中。斯乃上書曰：『臣聞吏議逐客，竊以為過矣！昔穆公求士，西取由餘於戎，東得百里奚於宛，迎蹇叔於宋，求丕豹、公孫支於晉，此五子者，不産於秦，而穆公用之，並國二十，遂霸西戎。孝公用商鞅之法，移風易俗，民以殷盛，國以富強，百姓樂用，諸侯親服，獲楚、魏之師，舉地千里，至今治強。惠王用張儀之計，拔三川之地，西並巴、蜀，北收上郡，南取漢中，包九夷，制鄢、郢，東據成皋之險，割膏腴之壤，遂散六國之縱，使之西面事秦，功施到今。昭王得范雎，廢穰侯，逐華陽，強公室，杜私門，蠶食諸侯，使秦成帝業。此四君者，皆以客之功。由此觀之，客何負於秦哉！向使四君卻客而不納，疏士而不用，是使國無富利之實，而秦無強大之名也。今陛下致昆山之玉，有隨、和之寶，垂明月之珠，服太阿之劍，乘纖離之馬，建翠鳳之旗，樹靈鼉之鼓。此數寶者，秦不生一焉，而陛下悦之，何也？必秦國之所生而然後可，則是夜光之璧不飾朝廷，犀象之器不為玩好，鄭、衛之女不充後宫，而駿良駃騠不實外廄，江南金錫不為用，西蜀丹青不為采。所以飾後宫、充下陳、娱心意、悦耳目者，必出於秦然後可，則是宛珠之簪，傅璣之珥，阿縞之衣，錦繡之飾不進於前，而隨俗雅化，佳冶窈窕趙女不立於側也。夫擊甕叩缶、彈箏搏髀而歌呼嗚嗚快耳者，真秦之聲也。鄭、衛、桑間，韶虞、武象者，異國之樂也。今棄擊甕而就鄭、衛，退彈箏而取韶虞，若是者何也？快意當前，適觀而已矣。今取人則不然，不問可否，不論曲直，非秦者去，為客者逐。然則是所重者在乎色樂珠玉，而所輕者在乎人民也。此非所以跨海内、制諸侯之術也。臣聞地廣者粟多，國大者人衆，兵強則士勇。是以泰山不讓土壤，故能成其大；河海不擇細流，故能就其深；王者不卻衆庶，故能明其德。是以地無四方，民無異國，四時充美，鬼神降福，此五帝、三王之所以無敵也。今乃棄黔首以資敵國，卻賓客以業諸侯，使天下之士，退而不敢向西，裹足不入秦，此所謂藉寇兵而齎盗糧者也。夫物不産於秦，可寶者多；士不産於秦，而願忠者衆。今逐客以資敵國，損民以仇，内自虚而外樹怨於諸侯，求國之無危，不可得也。』秦王乃除逐客之令，復李斯官。

宋・洪邁《容齋隨筆》卷二《秦用他國人》 七國虎爭天下，莫不招致四方游士。然六國所用相，皆其宗族及國人，如齊之田忌、田嬰、田文，韓之公仲、公叔，趙之奉陽、平原君，魏王至以太子為相，獨秦不然。其始與之謀國，以開霸業者，魏人公孫鞅也。其他若樓緩趙人，張儀、魏冉、范雎皆魏人，蔡澤燕人，呂不韋韓人，李斯楚人，皆委國而聽之不疑。卒之所以兼天下者，諸人之力也。燕昭王任郭隗、劇辛、樂毅，幾滅強齊，辛、毅皆趙人也。楚悼王任吴起為相，諸侯患楚之強，蓋衛人也。

清・洪亮吉《更生齋集文甲集》卷二《春秋惟秦不用同姓而喜用别國人論》 春秋時列國皆用同姓，惟秦不然。見於經傳者，亦不過數人。公子縶，小子憖，公子鍼，公子士雅等是也。至好用異國人，則亦自穆公啟之。《秦本紀》所云求百里於楚，迎蹇叔於宋，取由余於戎，求丕豹公孫枝於晉外，又有内史廖隨會等數人。若孟明視、西乞術、白乙丙，則又百里奚及蹇叔之子也。降至戰國，而孝公用商鞅，惠文君用公孫衍、張儀，司馬錯、樂池，魏章，武王用甘茂、陳軫、齊明、周最，昭襄王用田文、樓緩、壽燭、向壽、白起、任鄙、呂禮、蒙武、尉斯離、客卿胡傷、客卿竈、王齕、司馬梗、張唐、范雎、蔡澤、將軍摎，莊襄王用呂不韋、蒙驁，及始皇用麃公、王齮、茅焦、尉繚、桓齮、楊端和、王翦、李斯、羌瘣、昌平君，《索隱》：昌平君，楚之公子。昌文君、王賁、李信、王綰、馮劫、王離、趙亥、隗林、馮毋擇、王戊、趙嬰、楊樛、蒙恬、辛勝，類皆異國人也。骨肉中惟樗里疾最用事，然疾中間又嘗相韓，明用之亦無商鞅范雎之專矣。且公子虔，同姓之親，又太子之傅也，鞅一言而即劓。涇陽君，高陵君，王之同母弟也，雎一言而即出之關外。公子十二，公主十，皆二世之親昆弟也，趙高一言，而同日伏尸於市。明秦於骨肉之恩本薄，故人人得而間之。惟遊士則不然，能西行入秦，無不各得所欲。有不幸者，僅韓非、鮑丘等一二人，遭罹讒謗以死耳，其他則皆立談取卿相者也。此非穆公之留貽家法然乎？然秦之霸以此，秦之并天下以此，秦之士崩瓦解亦以此。迨二世之亡，項羽殺子嬰，及秦諸公子宗族，疑其子姓已無復有矣。此則雖貴爲天子，

而易姓之後，尚遠不如齊之諸田，楚之屈昭景等，猶能布滿天下，謂非立法不善之故哉？吾故曰：春秋時，惟秦不用同姓，而喜用異國人，其法自穆公始。烏乎！穆公家法之不善，又豈僅殺三良而已哉？

官制沿革分部

綜述

《禮記·明堂位》 有虞氏官五十，夏后氏官百，殷二百，周三百。漢鄭玄注：周之六卿，其屬名六十，則周三百六十官也。此云三百者，記時冬官亡矣。《昏義》曰：『天子立六官，三公、九卿、二十七大夫、八十一元士，凡百二十。』蓋謂夏時也。以夏周推前後之差，有虞氏官宜六十，夏后氏宜百二十，殷宜二百四十，不得如此記也。

又《文王世子》 《記》曰：虞夏商周有師保，有疑丞，設四輔及三公，不必備，惟其人，語使能也。

《漢書》卷一九《百官公卿表》 《易》敘宓羲、神農、黄帝作教化民，而《傳》述其官。以為伏羲龍師龍名，神農火師火名，黄帝雲師雲名，少昊鳥師鳥名。自顓頊以來，為民師而命以民事，有重黎、句芒、祝融、后土、蓐收、玄冥之官。然已上矣。《書》載唐虞之際，命羲和四子，順天文，授民時，咨四岳以舉賢材，揚側陋。十有二牧，柔遠能邇。禹作司空，平水土。棄作后稷，播百穀。卨作司徒，敷五教。咎繇作士，正五刑。垂作共工，利器用。益作朕虞，育草木鳥獸。伯夷作秩宗，典三禮。夔典樂，和神人。龍作納言，出入帝命。夏殷亡聞焉，周官則備矣。天官冢宰，地官司徒，春官宗伯，夏官司馬，秋官司寇，冬官司空，是為六卿。各有徒屬職分，用於百事。太師、太傅、太保，是為三公。蓋參天子，坐而議政，無不總統，故不以一職為官名。又立三少為之副，少師、少傅、少保，是為孤卿，與六卿為九焉。《記》曰：『三公無官，言有其人然後充之。』舜之於堯，伊尹於湯，周公於周是也。或説司馬主天，司徒主人，司空主土，是為三公。四岳謂四方諸侯。自周衰官失而百職亂，戰國並爭，事各變異。

漢·鄭玄《禮記注》卷四《王制》 凡長皆因賢侯為之。殷之州長曰伯，虞夏及周皆曰牧。

又 卷一六《月令》 理，治獄官也。有虞氏曰士，夏曰大理，周曰大司寇。

偽《古文尚書·周官》 唐虞稽古，建官惟百。內有百揆四岳，外有州牧侯伯。庶政惟和，萬國咸寧。夏商官倍，亦克用乂。

《魏書》卷一一三《官氏》 百姓不能以自治，故立君以司牧。元首不可以獨斷，乃命臣以佐之。然則安海內，正國家，非一人之力也。書契已外，其事蔑聞。至於羲軒昊頊之間，龍火鳥人之職，頗可知矣。唐虞六十，夏商倍之，周過三百，是為大備。

《隋書》卷二六《百官》 《易》曰：『天尊地卑，乾坤定矣。卑高既陳，貴賤位矣。』是以聖人法乾坤以作則，因卑高以垂教，設官分職，錫珪胙土，由近以制遠，自中以統外。內則公、卿、大夫、士，外則公、侯、伯、子、男，咸所以協和萬邦，平章百姓，允釐庶績，式敘彝倫，其由來尚矣。然古今異制，文質殊途，或以龍表官，或以雲紀職。放勛即分命四子，重華乃爰置九官。夏倍於虞，殷倍於夏。周監二代，沿革不同。其道既文，置官彌廣。逮於戰國，戎馬交馳，雖時有變革，然猶承周制。

《晉書》卷二四《職官》 《書》曰：『唐虞稽古，建官惟百。』所以獎導民萌，裁成庶政。《易》曰：『天垂象，聖人則之。』執法在南宮之右，上相處端門之外，而鳥龍居位，雲火垂名，前史詳之，其以尚矣。黄帝置三公之秩，以親黎元，少昊配九扈之名，以爲農正。命重黎於天地，詔融冥於水火，則可得而言焉。伊尹曰：『三公調陰陽，九卿通寒暑，大夫知人事，列士去其私。』而成湯居亳，初置二相，以伊尹、仲虺爲之。凡厥樞會，仰承君命。總及周武下車，成康垂則，六卿分職，二公弘化，咸樹司存，各題標準。苟非其道，人弗虛榮。貽厥孫謀，其固本也如此。

唐·杜佑《通典》卷一九《歷代官制總序》 伏羲氏太皞。以龍紀，故為龍師名官。師，長也。龍化其官長，故為龍師。春官為青龍，夏官為赤龍，秋官為白龍，冬官為黑龍，中官為黄龍。張晏曰：『庖羲氏將興，神龍負圖而至，因以名師與其官也。』共工氏以水紀，故為水師水名。共工氏，以諸侯霸有九州者。以受水瑞，故水名官。神農氏以火紀，故為火師火名。火德也，故為炎帝。春官為大火，夏官為鶉火，秋官

為西火，冬官為北火，中官為中火也。神農有火星之瑞，因以名師與官也。黃帝雲師雲名。黃帝受命有雲瑞，故以雲紀事。春官為青雲，夏官為縉雲，秋官為白雲，冬官為黑雲，中官為黃雲也。黃帝有景雲之應，因以名師與官也。少昊摯之立也，鳳鳥適至，故鳥紀為鳥師而鳥名。鳳鳥氏，曆正也。鳳鳥知天時，故以爲曆正之官。玄鳥氏，司分也。玄鳥，燕也。以春分來，秋分去。伯趙氏，司至也。伯趙，伯勞也。以夏至鳴，至冬至止。青鳥氏，司啟也。青鳥，鶬鴳也。以立春鳴，立秋止。鴳音晏。丹鳥氏，司閉也。丹鳥，鷩雉也。以立秋來，立冬去，入大水為蜃。以上四鳥，皆曆正之屬官。祝鳩氏，司徒也。祝鳩，鷦鳩也。鷦鳩孝，故為司徒，主教民。鴡鳩氏，司馬也。鴡鳩，王鴡也。摯而有別，故為司馬，主法制。鳲鳩氏，司空也。鳲鳩，鴶鵴也。鳲鳩平均，故為司空，平水土。鳲音尸，鴶音秸，鵴音菊。爽鳩氏，司寇也。爽鳩，鷹也。摯故為司寇，主賊盜。鶻鳩氏，司事也。鶻鳩，鶻鵰也。春來冬去，故為司事。鶻音骨，鵰音陟交反，似山鵲而小，至春多聲。五鳩，鳩民者也。鳩，聚也。治民尚聚，故以鳩為名。五雉為五工正，五雉，雉有五種。西方曰鷷雉，東方曰鶅雉，南方曰翟雉，北方曰鵗雉，伊洛之南曰翬雉。利器用，正度量，夷民者也。夷，平也。九扈為九農正。扈，止也。止人使不淫放也。扈有九種，春扈鳻鶞，夏扈竊玄，秋扈竊藍，冬扈竊黃，棘扈竊丹，行扈唶唶，宵扈嘖嘖，桑扈竊脂，老扈鴳鴳。以九扈為九農之號，各隨其宜，以教民事者也。鳻音敕倫反，唶音子夜反，嘖音壯革反。自顓頊以來，不能紀遠，乃紀於近，為民師而命以民事。德不能致遠瑞，始以民事命官。此郯子對魯昭公之辭。仲尼聞之曰：『吾聞之：天子失官，學在四夷。』乃見於郯子而學之。又有五行之官，是謂五官。社稷五祀，是尊是奉。五官之君長，能修其業者，死配食於五行之神，為王者所尊奉。春官木正，曰句芒。正，官長也。取木生句曲而有芒角。其祀重也。夏官火正，曰祝融。祝融，明貌也。其祀黎也。秋官金正，曰蓐收。秋物摧蓐而可收也。其祀該也。冬官水正，曰玄冥。水陰而幽冥。其祀脩及熙焉。中官土正，曰后土。土為群物主，故稱后也。其祀句龍焉。在家則祀中霤，在野則祀社。唐堯之代，命羲、和欽若昊天，曆象日月星辰，敬授人時。重黎之後，羲氏、和氏世掌天地四時之官，故堯命之，使敬順昊天。昊天，言元氣廣大。星，四方中星。辰，日月所會。曆象其分節，敬記天時，以授人也。此舉其目，下別序之。分命羲仲宅嵎夷，曰暘谷。宅，居也。東表之地稱嵎夷。暘，明也。日出於谷而天下明，故稱暘谷。暘谷、嵎夷，一也。羲仲居治東方之官。寅賓出日，平秩東作。寅，敬。賓，導。秩，序也。歲起於東，而始就耕，謂之東作。東方之官，敬導出日，平均次序東作之事，以務農也。申命羲叔宅南交，申，重也。南交，言夏與春交，舉一隅以見之。此居治南方之官。平秩南訛，敬致。訛，化也。掌夏之官，平序南方化育之事，敬行其教，以致其功。四時同之，亦舉一隅。分命和仲宅西，曰昧谷。昧，冥也。日入於谷而天下冥，故曰昧谷。昧谷曰西，則嵎夷東可知。此居治西方之官，掌秋天之政。寅餞納日，平秩西成。餞，送也。日出言導，日入言送，因事之宜。秋西方萬物成，平序其政，助成物也。申命和叔宅朔方，曰幽都，平在朔易。北稱朔，亦稱方，言一方則三方見矣。北稱幽，則南稱明，從可知也。都謂所聚也。易謂歲改易於北方。平均在察其政，以順天常。上總言羲、和敬順昊天，此分別仲、叔各有所掌。允釐百工，庶績咸熙。允，信。釐，治。工，官。績，功。咸，皆。熙，廣也。言定四時，成歲曆，以告時授事，則能信治百官，衆功皆廣歎其善。內有百揆四岳，四岳，分主四方諸侯者也。《周禮正義》曰：『四岳，四時之官，主四岳之事。』始羲和之時，主四岳者謂之四伯。至其死，分岳事，置八伯，皆王官。其八伯，唯驩兜、共工、放齊，鯀四人而已，餘四人無文可知。故《書傳》云：『惟元祀巡狩，四岳八伯。』堯始以羲、和為六卿，春夏秋冬者，并掌方岳之事，是為四岳，出則為伯。其後稍死，分置八伯，以九州而言，八伯者，據畿外八州也。畿內不置伯，以鄉遂之吏主之。四岳之外，更有百揆之官者。但堯初天官為稷，至堯試舜天官之任，謂之百揆，舜又命禹為百揆，皆天官也。外有州牧侯伯。外置州牧十二及五國之長。虞舜有天下，以伯禹作司空，使宅百揆。禹代鯀為崇伯，入爲天子司空，治洪水有成功，言可用之。棄作后稷，播百穀。契作司徒，敷五教。布五常之教。皋繇作士，正五刑。士，理獄官。垂作共工，利器用。垂，臣名。共謂供其百工職事。伯益作虞，育草木鳥獸。虞，掌山澤之官。伯夷秩宗，典三禮。秩，序。宗，尊也。三禮，天地人之禮。伯夷，臣名，姜姓。夔典樂，教胄子。胄，長也。謂元子以下至卿大夫子弟，以歌詩蹈之舞之，教長國子，中和祗庸孝友。和神人。命夔使勉之。龍作納言，出納帝命。納言，喉舌之官。聽下言納於上，受上言宣於下，必以信。蓋亦為六官，以主天地四時也。崔靈恩曰：『自顓頊以來，命南正重司天，火正黎司地，故重黎之後，世掌天地官，號曰羲和。唐堯受之，乃置天地四時之官，命羲和之後，使復舊職，而掌天地之事。又分命羲仲、羲叔、和仲、和叔，使主四時，為六卿之任。及其末年，舜攝百揆，改地官為司徒，秋官為士，冬官為司空，春官為秩宗。故《尚書》曰「乃命羲和，欽若昊天」。分命和仲、和叔等，使主四時之事。又云「百姓不親，五品不遜」，契為司徒，敬敷五教，地官之事也。皋繇作士，五刑有服，秋官之任也。禹作司空，以平水土，冬官之職。也伯夷為秩宗，典朕三禮，此春官之所司也。』又《周禮正義》曰：『稷為天官，羲和為夏官，共為六官也。』夏后之制，亦置六卿。《甘誓》曰『乃召六卿』是也。其官名次，猶承虞制。《禮記》曰：『夏后氏官百。天

子有三公、九卿、二十七大夫、八十一元士。』殷制，天子建天官先六太，曰太宰、太宗、太史、太祝、太士、太卜，典司六典。典，法也。此蓋殷時制也。周則太宰為天官，太宗曰宗伯，宗伯為春官，太史以下屬焉。太士，以神仕者。天子之五官，曰司徒、司馬、司空、司士、司寇，典司五衆。衆謂群臣也。此亦殷時制也。周則司士屬司馬，太宰、司徒、宗伯、司馬、司寇、司空，為六官。天子之六府，曰司土、司木、司水、司草、司器、司貨，典司六職。府主藏六物之稅者。此亦殷時制也。周則皆屬司徒。司土，土均也。司木，山虞也。司水，川衡也。司草，稻人也。司器，角人也。司貨，丱人也。丱音華猛反。天子之六工，曰土工、金工、石工、木工、獸工、草工，典制六材。此亦殷時制也。周則皆屬司空。土工，陶旊也。金工，築、冶、鳧、桌、鍛、桃也。石工，玉人、磬人也。木工，輪、輿、弓、廬、匠、車、梓也。獸工，函、鮑、韗、韋、裘也。唯草工職亡，蓋謂作萑葦之器。韗音吁援反。旊音方往反。五官致貢曰享。貢，功也。享，獻也。致其歲終之功於王，謂之獻也。太宰歲終，則令百官府各正其治，受其會，聽其致事，而詔王廢置也。五官之長曰伯。謂為三公也。《周禮》九命作伯。千里之內為王畿，千里之外設方伯。五國以為屬，屬有長。十國以為連，連有帥。三十國以為卒，卒有正。二百一十國以為州，州有伯。屬、連、卒、州，猶聚也。伯、帥、正，亦長也。凡長皆因賢侯為之。殷之州長曰伯，虞夏及周皆曰牧。八州八伯，五十六正，百六十八帥，三百三十六長。八伯各以其屬，屬於天子之老二人，分天下以為左右，曰二伯。老謂上公。周成王既黜殷命，參改殷官制為周禮，以作天地四時之名，謂之六卿。改太宰爲天官冢宰，太宗為春官宗伯。以司徒為地官，司馬為夏官，司寇為秋官，司空為冬官。立天官冢宰掌邦治，地官司徒掌邦教，春官宗伯掌邦禮，夏官司馬掌邦政，秋官司寇掌邦刑，冬官司空掌邦事。六官之職，皆總屬於冢宰，故《論語》曰：『君薨，百官總己以聽於冢宰。』《爾雅》曰：『冢，大也。』冢宰則太宰，於百官無所不主。各有徒屬，周於百事。崔靈恩曰：『夫百王不同，各置官禮。為禪讓相傳者，亦不得不改，但所以改者少。非禪讓之世者，變易必多，以革人視聽。所以禪讓不改多者，以禪讓道同，人未為弊，故不改者多。非禪讓之世，須變人情，故必多改。故王者之興，必有改官之禮，此周禮所興之意也。』歲終，天子齋戒受諫，諫當有所改為。六卿以百官之成，質於天子。質猶平也，平其計要。百官齋戒受質，受平報也。然後休老勞農，饗食之也。成歲事，斷計要也。制國用。自周衰官失而百職亂，戰國並爭，各有變易。

元・馬端臨《文獻通考》卷四七《職官考一》 按：陶唐氏以前之官，所治者天事也。虞夏以後之官，所治者民事也。太古法制簡畧，不可得而詳知。然以經傳所載考之，則自伏犧以至帝堯，其所命之官，大率為治歷明時而已。蓋太古洪荒，步占之法未立，天道幽遠，非有神聖之德者，不足以知之。而位天地，育萬物，定四時，成歲功，乃君相職業一大事。《月令》『其帝太皡，其神句芒』，鄭氏注以為此蒼精之君，木官之臣，自古以來，著德立功是也。蓋此數聖人者，生則知四時之事，歿則為四時之神。然太皡、炎帝、少皡、顓頊，所歷者四時，而句芒、祝融、蓐收、元冥、后土，則顓頊之時，始有此五人者，並世而生，能任此五官之事。至帝堯時，則占中星之法，置閏餘之法，漸已著明。然其命官，猶以羲和為第一義。自是四子之後，世守其法，居其官。至舜攝政之時，雖以在璿璣玉衡，齊七政為首事，然分命九官，則皆以治民，而未嘗及天事。蓋累聖相承其法，至堯而備，世官自足以掌之，不必別求賢哲之輔，以專其任也。三代官制，至周而尤詳。然觀成王所以命官，若三公三孤，則僅有變理陰陽，寅亮天地二語為天事，而冢宰以下，俱民事也。然尚承襲上古之官名，而所謂六官，則天官掌治，地官掌教，春官掌禮，夏官掌兵，秋官掌刑，冬官掌土，畧不及天地四時之事。至於馮相氏、保章氏、挈壺氏，則不過三百六十屬吏之一。蓋至是而治天事之官，事冞易而秩冞卑矣。

清・江永《禮書綱目》卷五七《職官上》 唐虞稽古，建官惟百。內有百揆四岳，外有州牧侯伯。堯舜考古，以建百官，內置百揆四岳，象天之有五行，外置州牧十二及五國之長，上下相維，外內咸治，言有法。庶政惟和，萬國咸寧。官職有序，故衆政惟和，萬國皆安，所以為至治。夏商官倍，亦克用乂。禹湯建官二百，亦能用治，言不及唐虞之清要。《周官》。有虞氏官五十，夏后氏官百，殷二百，周三百。『天子立六官，三公、九卿、二十七大夫、八十一元士，凡百二十。』蓋謂夏時也。以夏周推前後之差，有虞氏宜六十，夏后氏宜百二十，殷宜二百四十，不得如此記也。《明堂位》。周之六卿，其屬各六十，周三百六十官也。此云三百者，記時《冬官》亡矣。《昏義》曰：《記》曰：虞夏商周有師保，有疑丞。《記》所云，謂天子也。取以成《記》。設四輔及三公，不必備，唯其人，語使能也。語，言也。得能則用之，無則已，不必備其官也。小人處其位，不如且闕。《文王世子》。古者天子必有四鄰，前曰疑，後曰丞，左曰輔，右曰弼。天子有問無以對，責之疑；可志而不志，責之丞；可正而不正，責之輔；可揚而不揚，責之弼。其爵視卿，其祿視次國之君也。《尚書大傳》。天子三公、九卿、二十七大夫、八十一元士。此夏制也。《明堂位》

曰：『夏后氏之官百。』舉成數也。《王制》。古者天子后立六宮，三夫人，九嬪，二十七世婦，八十一御妻，以聽天下之內治。天子立六官，三公，九卿，二十七大夫，八十一元士，以聽天下之外治。天子六寢，而六宮在後，六官在前，所以承副施外內之政也。三夫人以下，百二十人，周制也。三公以下，百二十人，似夏時也。合而言之，取其相應，有象天數也。《昏義》。天子建天官，先六大，曰大宰、大宗、大史、大祝、大士、大卜，典司六典。典，法也。此蓋殷時制也。周則大宰為天官，大宗曰宗伯，宗伯為春官，大史以下屬焉。大士，以神士者。天子之五官曰司徒、司馬、司空、司士、司寇，典司五衆。衆謂羣臣也。此亦殷時制也。周則司士屬司馬，大宰、司徒、宗伯、司馬、司寇、司空為六官。天子之六府曰司土、司木、司水、司草、司器、司貨，典司六職。府主藏六物之稅者，此亦殷時制也。周則皆屬司徒。司土，土均也。司木，山虞也。司水，川衡也。司草，稻人也。司器，角人也。司貨，丱人也。天子之六工曰土工、金工、石工、木工、獸工、草工，典制六材。此亦殷時制也。周則皆屬司空。土工，陶旊也。金工，築、冶、鳧、㮚、鍛、桃也。石工，玉人、磬人也。木工，輪、輿、弓、廬、匠、車、梓也。獸工，函、鮑、韗、韋、裘也。唯草工職亡，蓋謂作萑葦之器。《曲禮》。五官之長曰伯。謂為三公者。《周禮》九命作伯。是職方。職，主也。是伯分主東西者，《春秋傳》曰：『自陝以東，周公主之。自陝以西，召公主之。』一相處乎內，是或為氏。』同上。詳見《名器上》。千里之外設方伯，八伯各以其屬屬於天子之老二人，分天下以為左右，曰二伯。老謂上公。《周禮》曰：『九命作伯。』《春秋傳》曰：『自陝以東，周公主之。自陝以西，召公主之。』詳見《封建》。天子使其大夫為三監，監於方伯之國，國三人。使佐方伯領諸侯。《王制》。立太師、太傅、太保。茲惟三公，論道經邦，燮理陰陽。師，天子所師法。傅，傅相天子。保，保安天子於德義者。此惟三公之任，佐王論道，以經緯國事，和理陰陽，言有德乃堪之。官不必備，惟其人。三公之官，不必備員，惟其人有德，乃以處之。少師、少傅、少保，曰三孤。此三官名曰三孤。孤，特也。言卑於公，尊於卿，特置此三者。貳公弘化，寅亮天地，弼予一人。副貳三公，弘大道化，敬信天地之教，以輔我一人之治。冢宰掌邦治，統百官，均四海。天官卿稱大宰，主國政治，統理百官，均平四海之內邦國，言任大。司徒掌邦治，敷五典，擾兆民。地官卿司徒，主國教化，布五常之教，以安和天下衆民，使小大協和。宗伯掌邦禮，治神人，和上下。春官卿，宗廟官長，主國禮。治天地、神祇、人鬼之事，及國之吉、凶、軍、賓、嘉五禮，以和上下尊卑等列。司馬掌邦政，統六師，平邦國。夏官卿，主戎馬之事。掌國征伐，統正六軍，平治王邦四方國之亂者。司寇掌邦禁，詰姦慝，刑暴亂。秋官卿，主寇賊法禁，治姦惡，刑強暴作亂者。夏司馬討惡，助長物；秋司寇刑姦，順時殺。司空掌邦土，居四民，時地利。冬官卿，主國邦土，以居民。士農工商四人，使順天時，分地利，授之土。能吐生百穀，故曰土。六卿分職，各率其屬，以倡九牧，阜成兆民。六卿各率其屬官大夫士，治其所分之職，以倡道九州牧伯，為政大成，兆民之性命皆能其官，則政治。《周官》。內有九室，九嬪居之。外有九室，九卿朝焉。內，路寢之裏也。外，路門之表也。九室，如今朝堂，諸曹治事處。九嬪，掌婦學之法，以教九御。六卿三孤為九卿。九分其國，以為九分，九卿治之。九分其國，分國之職也。三孤佐三公論道，六卿治六官之屬。《考工記·匠人》。大宰乃施法於官府而建其正，立其貳，設其攷，陳其殷，置其輔。正謂冢宰、司徒、宗伯、司馬、司寇、司空也。貳謂小宰、小司徒、小宗伯、小司馬、小司寇、小司空也。考，成也。佐成事者，謂宰夫、鄉師、肆師、軍司馬、士師也。司空亡，未聞其考。《天官》。

清·閻鎮珩《六典通考》卷一《六官沿革》　古者準四時命官，分象五方。伏羲以龍紀官，春官為青龍，夏官為赤龍，秋官為白龍，冬官為黑龍，中官為黃龍。神農氏以火紀官，春官為大火，夏官為鶉火，秋官為西火，冬官為北火，中官為中火。黃帝以雲紀官，春官為青雲，夏官為縉雲，秋官為白雲，冬官為黑雲，中官為黃雲。少昊氏之立也，鳳鳥適至，故鳥紀而鳥名。祝鳩氏，司徒也。鴡鳩氏，司馬也。鳲鳩氏，司空也。爽鳩氏，司寇也。顓頊以來，始立五行之官，謂之五官。春官木正，曰句龍。夏官火正，曰祝融。秋官金正，曰蓐收。冬官水正，曰元冥。中官土正，曰后土。唐堯之代，録重黎後世，號曰羲和，使主天地之事。分命仲叔四子，以主四時，為六卿之任。及其末年，舜攝百揆，改地官為司徒，秋官為士，冬官為司空，春官為秩宗，故《尚書》曰『契作司徒，敬敷五教』，地官之事也。『皋陶作士，五刑有服』，秋官之任也。『禹作司空，以平水土』，冬官之職也。『伯夷為秩宗，典朕三禮』，春官之所司也。又《周禮正義》云：『稷為天官，羲和為夏官。』共為六官也。夏后之制，亦置六卿。《甘誓》曰『乃召六卿』是也。康成釋《書大傳》曰：『夏六卿，后稷、司徒、秩宗、司馬、作士、共工。』士即刑官，稱士為作士，虞為朕虞，漢人之陋爾。《月令》孔疏亦稱《書傳》有司徒、司馬、司空公，此夏制也。殷制，天子建天官，首太宰。又建五官，司徒、司馬、司空、司士、司寇。或謂三王皆六卿，而云五官，何與？《鄭志》答問云：『殷立天官與五行，其取象異耳。蓋司徒以下法五行，並太宰為天官也。』孔氏《正義》曰：『殷

立六官，以象天之六氣。又立五官，以象地之五行。天道尊陽，故一卿以攝衆。地道卑陰，故五卿並陳也。」周黜殷命，更制周禮。作天地四時之名，謂之六卿。天官冢宰，掌邦治。地官司徒，掌邦教。春官宗伯，掌邦禮。夏官司馬，掌邦政。秋官司寇，掌邦刑。冬官司空，掌邦事。六官之職，統於冢宰，各有官屬，以周百事。初春官大宗伯，列在地官大司徒上。今《周禮》之文，乃周公所更定也。

論說

唐·杜佑《通典》卷二〇《職官二·三公總叙》 《記》曰：虞夏商周有師保，有疑丞，設四輔及三公。《尚書大傳》曰：古者天子必有四，前曰疑，後曰丞，左曰輔，右曰弼。天子有問，無以對，責之疑。有志而不志，責之丞。可正而不正，責之輔。可揚而不揚，責之弼。其爵視卿，其禄視次國之君。《漢官儀》曰：倉頡作書，自環者謂之厶，背私者謂之公。韓子曰：背私曰公。鼎足三者，三光也。不必備，唯其人，語使能也。語，言也。得能則用之，無則已，不必備其官。小人處其位，不如且闕。故天子無爵，三公無官，參職天子，何官之稱？天文三臺，以三公法焉。三臺，星名。臺，黃帝《泰階六符經》：泰階者，天子之三階也。中階上星爲諸侯，三公三階，平則陰陽和，風雨時。泰階即三臺。「臺」一作「能」。伊尹曰：「三公調陰陽，九卿通寒暑，大夫知人事，列士去其私。」周成王作《周官》曰：「立太師、太傅、太保，茲惟三公。論道經邦，燮理陰陽。師，天子所師法。傅，傅相天子。保，保安天子於德義者。此惟三公之任，佐王論道，以經緯國事，和理陰陽。少師、少傅、少保，曰三孤。此三官名曰三孤。孤，特也。言卑於公，尊於卿，特置此三人。貳公弘化，寅亮天地，弼予一人。」副貳三公，弘大道化，敬信天地之教，以輔我一人之治。則三太，周之三公也。故不以一職為官名。公，八命也。九命則分陜為二伯。又以三少為孤卿，與六卿為九焉。六卿，冢宰、司徒、宗伯、司馬、司寇、司空也。《周禮正義》曰：「按《婚義》云：三公九卿者，六卿并三孤而言九，其三公又下兼六卿。故《傳》云司徒公、司馬公、司空公。公各兼二卿。按《顧命》，太保領冢宰，畢公領司馬，毛公領司空。別有芮伯為司徒，彤伯為宗伯，衛侯為司寇，則周時三公各兼一卿之職，與古異矣。」又《周禮》王畿有六卿，每二卿則公一人，蓋一公領二卿也。舜之於堯，伊尹於湯，周公、召公於周，是其任也。賈誼曰：「天子不喻於前聖之德，不知君民之道，不見禮義之正，《詩》、《書》無宗，學業不法，太師之責也。古者齊太公職之。天子不惠於庶民，不禮於大臣，不中於折獄，無經於百官，不哀於喪，不敬於祭，不誠不信，太傅之責也。古者周公職之。天子處位不端，受業不敬，言語不敘，音聲不中，進退升降不以禮，俯仰周旋無以節，此太保之責也。古者燕召公職之。天子居處出入不以禮，衣服冠帶不以制，御器列側不以度，採服從好不以章，忿悅不以義，與奪不以節，此少傅之責也。天子燕業反其學，左右之習詭其師，答諸侯，過大臣，不知文雅之辭，此少師之責也。天子居燕私，安而易，樂而耽，飲食不時，醉飽不節，寢起早晏無常，玩好器弄無制，此少保之責也。」故《周禮》建外朝之法，左九棘，孤卿大夫位焉，羣士在其後。右九棘，公、侯、伯、子、男位焉，羣吏在其後。面三槐，三公位焉，州長衆庶在其後。樹棘以為位者，取其赤心而外刺，象以赤心三刺也。槐，懷也。言懷來人於此，欲與之謀也。羣吏謂府史也。州長，鄉遂之官。三公一命衮，若有加則賜也，不過九命。三公八命矣，復加一命，則服衮龍，與王者之後同。多於此則賜也，非命服也。虞夏之制，天子有日月星辰。《周禮》曰：「諸公之服，自衮冕而下，如王之服。」《春秋》九命作伯，尊公曰宰，言於海內無不宰統焉。或說司馬主天，司徒主人，司空主土，是為三公。《韓詩外傳》曰：「故陰陽不和，四時不節，星辰失度，災變非常，則責之司馬。君臣不正，人道不和，國多盜賊，民怨其上，則責之司徒。山陵崩弛，川谷不通，五穀不殖，草木不茂，則責之司空。」

又 卷二一《職官三·宰相》 黃帝得六相而天地治，神明至。黃帝得蚩尤而明天道，得太常而察地理，得蒼龍而辨東方，得祝融而辨南方，得風后而辨西方，得后土而辨北方，謂之六相。虞舜臣堯，為堯時臣。舉八愷，蒼舒、隤敳、檮戭、大臨、尨降、庭堅、仲容、叔達為八愷，即垂、益、禹、皋陶之倫也。庭堅則皋陶字。隤，大回切。敳，午來切。使主后土，后土，地官也。以揆百事，莫不時敘，地平天成。揆，度。成，平也。舉八元，伯奮、仲堪、叔獻、季仲、伯虎、仲熊、叔豹、季貍為八元。使布五教於四方，內平外成。內諸夏，外夷狄。謂之十六相。亦曰十六族。及成湯居亳，初置二相，以伊尹、仲虺為之。伊尹號為阿衡。仲虺，臣名，為湯左相。武丁得傅說，爰立作相，王置諸其左右。武丁，殷之高宗也。得賢相傅說，於是禮命立以為佐相，使在左右也。周時召公為保，周公為師，相成王，為左右，亦其任也。秦悼武王二年，始置丞相官，以樗里疾、甘茂為左右丞相。茂為左，疾為右。莊襄王又以呂不韋為丞相。及始皇立，尊不韋為相國，則相國、丞相皆秦官。又《漢官儀》云：「皆六國時官。」金印紫綬，掌丞天子，助理萬機。

唐·李涪《刊誤》卷上《侍中僕射官號》 宓羲氏以龍名官，神農氏以火，黃帝以雲，少昊氏以鳥。自顓頊已降，而名以民事，又以五行為官。禹作

司徒，敬敷五教。禹作司空，以平水土。周則以春夏秋冬配為官名。伏以古者命官，以天地、四時、五行、雲龍為號者，皆上稟天時，下達人事，見聖人垂意，未有不急於惠民者也。

唐·劉知幾《史通》卷一一《史官建置》 蓋史之建官，其來尚矣。昔軒轅氏受命，倉頡沮誦實居其職。至於三代，其數漸繁。按《周官》、《禮記》有大史、小史、内史、外史、左史、右史之名。大史掌邦之六典，小史掌邦國之志，内史掌書王命，外史掌書使乎四方，左史記言，右史記事。《曲禮》曰：『史載筆。』大事書之於策，小事簡牘而已。《大戴禮》曰：『太子既冠成人，免於保傅，則有司過之史。』《韓詩外傳》云：『據法守職而不敢為非者，太史令也。』斯則史官之作，肇自黃帝，修於周室，名目既多，職務咸異。至於諸侯列國，亦各有史官。求其位號，一同王者。至如孔甲、尹逸，名重夏殷，史佚、倚相，譽高周楚。晉則伯黶司籍，魯則丘明受經，此並歷代史臣之可得言者。降及戰國，史氏無廢。趙鞅，晉之一大夫爾，猶有直臣書過，操簡筆於門下。田文，齊之一公子爾，每坐對賓客，侍史記於屏風。至若秦趙二主，澠池交會，各命其御史書某年某月，鼓瑟鼓缶，此則《春秋》君舉必書之義也。然則官雖無闕，而書尚有遺，故史臣等差，莫辨其序。按《呂氏春秋》曰：『夏太史終古見桀惑亂，載其圖法出奔商。商太史高勢見紂迷亂，載其圖法出奔周。晉太史屠黍見晉之亂，亦以其圖法歸周。』又《春秋》晉齊太史書趙崔之弒，鄭公孫黑強與於盟，使太史書其名，且曰七子。昭二年晉韓宣子來聘，觀書於太史氏，見《易象》與《魯春秋》，曰：『周禮盡在魯矣。』然則諸史之任，太史其最優乎？至秦有天下，太史令胡毋敬作博學章。此則自夏迄秦，斯職無改者矣。

宋·陳經《尚書詳解》卷四〇《周官》 曰『唐虞稽古，建官惟百』，皆古人所以制治保邦之具也。唐虞考古以建官，其數止於百，蓋其民淳事簡故也。在内則有百揆宰相之任，四岳以分掌諸侯；在外則有十二州之牧，與乎諸侯之長，皆方伯連帥之職也。既曰建官惟百矣，而在内則特舉百揆四岳，在外則特舉州牧侯伯，何也？唐虞之世，執要以御詳，故上下相維，内外相制，莫不有法。此亦王省惟歲之意也。内舉百揆四岳之大臣，而朝廷百僚之政無不舉矣。外舉州牧侯伯，而邦國都鄙之政無不舉矣。為治之綱領，莫有過於此者。所以庶政得其和，而政教禮刑無不理；萬國得其寧，而遠近内外無不安。此唐虞建官，其治效所以若此也。至於夏商，與唐虞時異事異矣。故廷官之數，則倍於唐虞。唐虞官百，夏商二百。聖人觀時之會通，以行典禮。以唐虞之官而治夏商則廢事，以夏商之官而治唐虞則空官。時之不得不然也。故亦克用乂也。要之，聖人建官，雖多寡各因時而不同，然其致治之意則一而已。雖然，記《禮》者之言與《書》不合，何也？《禮》曰：『唐虞之官五十，夏氏官百，商二百，周三百。』蓋《禮記》出於漢儒，所記當以《周官》為正也。

宋·劉彝《禮記中解·曲禮下》 此殷之官制也。雖與周官不同，然自唐虞以來，建官之義，莫不稽古而法天地四時以分其職，雖則名稱有所變更，而法象未始有異。是故羲氏、和氏，天地之官也。四岳，四時之官也。夏因有虞之制，《甘誓》曰『大戰於甘，乃召六卿』是也。殷之大宰、大宗、司徒、司馬，司空、司寇，乃周之六官也。而記者參以其屬，義雖大小不貫，而天地四時以成，變化之職理自有倫矣。而《疏》謂立六大以法天之六氣，置五官以法地之五行者，非也。陰陽之本，一氣也。判而為陽，所以作天；為陰，所以作地。二氣互有升降，乘其分至以為四時。四時以言其氣也，五行以言其形也。六典者象乾，所以始萬物之法也，故天官掌之。五衆者象坤，所以成萬物之法也，故地官掌之。而承之以六府、六工，則變化養吾民者，莫不備矣。《書》不云乎：『德惟善政，政在養民。水火金木土穀惟修，正德利用厚生惟和，九功惟敘，九敘惟歌。』夏承虞官，所致如此。舍天地四時，其能爾乎？

宋·唐仲友《悅齋文鈔》卷四《官制總序》 為民設官，其來尚矣。立制定名，則與時沿革。伏羲始以龍瑞為龍師而龍名，炎黃、少皞火雲、鳳鳥，亦皆以祥紀。顓頊以降，為民師而命以民事，惟鳥官之名，粗見簡策，其餘莫得詳矣。唐虞建官惟百，夏商及周寖以倍蓰。典謨禮經，粗舉名數。惟《周禮》五篇，燦然可觀。介職率屬，大綱小紀，各有條貫。然五家之比，下士一人，通計鄉遂，多於府史胥徒之數，說者疑焉。蓋官有不常，職有兼治，古經簡盡，難以文拘，法制詳盡，未有過於此書者也。周衰，諸侯去班爵之籍，人用私意，僭逼不常。《左氏》所載諸國官名，曾無常制。晉卿具軍行，楚邑僭公號，況其小者乎？

宋·程公説《春秋分記》卷四一《職官書》 昔在黃帝以雲紀，故爲雲師

而雲名。黄帝軒轅氏，姬姓之祖，受命有雲瑞，故以雲紀事，百官師長皆以雲為名號。縉雲氏，其一官也。炎帝氏以火紀，故爲火師而火名。炎帝神農氏，姜姓之祖，亦有火瑞，以火紀事，名百官。共工氏以水紀，故爲水師而水名。共工在神農前，太皞後。受水瑞，以水名官。太皞氏以龍紀，故爲龍師而龍名。太皞伏犧氏，風姓之祖，有龍瑞，故以龍命官。少皞摯之立也，鳳鳥適至，故紀於鳥爲鳥師而鳥名。鳳鳥氏，曆正也。鳳鳥知天時，故以名曆正之官。玄鳥氏，司分者也。玄鳥，燕也。以春分來，秋分去。伯趙氏，司至者也。伯勞也。以夏至鳴，冬至止。《月令》：仲夏之月，鵙始鳴。青鳥氏，司啓者也。鶬鴳也。以立春鳴，立夏止。丹鳥氏，司閉者也。鷩雉也。以立秋來，立冬去，入大水為蜃。上四鳥皆曆正之屬官。祝鳩氏，司徒也。鵻鳩也。鵻鳩孝，故為司徒，主教民。鴡鳩氏，司馬也。王鴡也。鷙而有別，故為司馬，主法制。鳲鳩氏，司空也。鴶鵴也。鳲鳩平均，故為司空，平水土。爽鳩氏，司寇也。鷹也。鷙故為司寇，主盜賊。鶻鳩氏，司事也。鶻鵰也。春來冬去，故為司事。五鳩，鳩民者也。鳩，聚也。治民上聚，故以鳩為名。五雉爲五工正。雉有五種，西方曰鷷雉，東方曰鶅雉，南方曰翟雉，北方曰鵗雉，伊洛之南曰翬雉。利器用，正度量，夷民者也。夷，平也。九扈爲九農正。扈有九種也。春扈鳻鶞，夏扈竊玄，秋扈竊藍，冬扈竊黄，棘扈竊丹，行扈唶唶，宵扈嘖嘖，桑扈竊脂，老扈鷃鷃。以九扈為九農之號，各隨其宜以教民事。扈民無淫者也。止使民不淫放。自顓頊以來，不能紀遠，乃紀於近，爲民師而命以民事，則不能故也。顓頊氏代少皞，以民事命官。以上皆郯子所言，見《左氏》昭十七年傳，故備著於首。堯命羲和四子，順天文授民時。内有百揆四岳，外有州牧侯伯。舜命禹作司空，棄后稷，禼司徒，咎繇作士，垂共工，伯益作虞，伯夷秩宗典禮，夔典樂，龍納言。《周官》亦云：『唐虞稽古，建官惟百。』名雖異於紀遠，而命官分職，猶倣諸古。夏殷官倍，亦克用乂。其詳亡聞，周則備矣。天官冢宰，地官司徒，春官宗伯，夏官司馬，秋官司寇，冬官司空，是爲六卿。各有徒屬職分，用於百事。太師、太傅、太保，是爲三公。蓋參天子坐而議政，無不總統，故不以一職名官。又立三少爲之副，少師、少傅、少保，是爲孤卿，與六卿爲九焉。諸侯大國三卿，次國二卿，小國一卿，皆命於天子。大夫不世爵，使以德，爵以功。周衰，侯度不謹，官失常守，而百職亂。迄於春秋，周公所作之法度，亂其常矣。所建之官制，廢其守矣。孔子陳後王之法曰：『審法度，修廢官，四方之政行焉。』九經書王朝之官，曰公，曰宰，於卿大夫士，皆以命數為差，尚周公舊典禮經也。雖傳廣記備言，而六卿之屬官名，見者尚鮮。蓋禮樂征伐，不自上出，則其官安得而具？若邦國之制，則無非僭越者矣。諸侯擅其命，不復請於天子。卿職多其人，不復考於古制。宋雖先代之後，得自命官，修其禮物，固異他國，然安可復備天子之制乎？太宰列於六卿之外，政卿有右師左師之名，較之殷典，亦復不合。魯世三卿，仲、叔、季氏實秉政權，而臧孫、東門、子叔三氏無非卿職。齊立三宰，而司寇之置，亦踰常法，豈周制哉？晉並建二孤，而實則公以三軍將佐為六卿。及增為五軍，而卿之數十。又為新軍，而卿之數十有二。置散卿而無軍行，以卿官而為大夫，僭禮敗度，尤不可訓。陳卿有三，而鄭卿亦六，效尤大國，誰執其咎？秦之不更、庶長，楚之令尹、莫敖，義莫得聞。國異政，家殊俗，甚矣其衰也。是以《春秋》士以名氏見，大夫以字見，以官稱者，各有所見也。在其國則稱為卿，於王朝當曰大夫，皆以周公之法繩之。《左傳》紀事，於列國官制大畧可覩。蓋《春秋》用王法以繩衰世之失，其法簡而嚴；《傳》因紀事以明建置之實，其名詳而備。因其詳以不沒其實，則聖人所為修《春秋》之意，容可類見。使諸侯一遵王制之舊，則有《周官》之六典在。惟其變古亂常，多負成周之法度，此《春秋》官制所以識也。夫周室存，而別志《春秋》職官，亦足以見當時之失矣，故用首著經傳。王朝之官，以其爲《春秋》而作，則當取諸此。由周而下，曰魯、晉、齊、宋、衛、蔡、陳、鄭、曹、燕、秦、楚、吳，則各自著録，因其沿革，以知其得失。《周官》盛典，不辨自明矣。夫子之得官名於郯子也，嘗有天子失官之嘆。其以先王官制亂於春秋故歟？傳者不達，乃曰官不脩其職。噫！名不正則言不順，言不順則事不成。反本尋原，失固有在，豈但不脩其職云乎哉？若邾、莒、滕、薛等國，漸以朘削，九經所録，無非稱人，故畧而不書。

宋・呂祖謙《書説》卷三〇《周官》 成王既原自古建官之道，復序自古建官之法。唐虞建官惟百，而謂之稽古，則官之有百，蓋前於唐虞矣。上古官制，於此可推也。百揆，無所不總者也。四岳，兼總方岳者也。州牧，各總其州者也。侯伯，逮春秋猶襲以霸者之稱，在唐虞則必次州牧而總諸侯者也。若曰五等之侯伯，則奚獨置其三者，而舉二也？治道之達，自百揆而受之以四岳，自四岳而受之以州牧，自州牧而受之以侯伯，本自一源，派於萬瀆，庶政惟和，萬國咸寧。唐虞之治，綱可識矣。唐虞之官，見於書者猶多。成王獨舉其四，惟識其大，故能挈其綱也。夏商之官，倍也。觀其會通而制

其繁簡也。百焉而治，倍焉而亦能用治，則夏商之於唐虞，不期於同而期於治也。明王立政，不惟其官，惟其人。官者，位也。非其人，則虛位也。然位之布列，其法豈真可輕哉？首尾倒置，承受參錯，雖得其人，亦何所施？

宋·章如愚《山堂考索續集》卷二九《官制門·總序》　三代之道，人非天地不生，天地非人不成。故凡君臣庶民，皆人也。人不能以自治，故必推其能順天地以治人者戴之，而謂之君。君不能以獨治，故必擇其能代天工以共治者任之，而謂之臣。君臣之間，兩盡其職，則民得其所矣。古今天下，有是民則有是相生養之事，有是事則必有是相維持之職，非古無而今獨有之也。惟職當於事，則知所以為民；職浮於事，則徒知所以自為而已。少皞以五氏司民時，五鳩鳩民事，五工正以利民，九農正以扈民，皆為民也。堯命羲和以授民時，舜命九官十二牧以主民事，夏商官倍，亦克用乂，周家設官，以為民極，皆順天地、代天工者也。以一君而統百官而理萬民，所謂本也。以萬民而養百官，以百官而奉一君，所謂本立而末自舉也。今昔建官，上必量材而授，下亦自量而受，則知所本矣。不知所本，而君臣重於自奉，輕於為民，是豈天地之心哉？故夫無是事而立是職，無是實而有是名者，皆非也。官苟可以理民，則與其煩也寧簡；職苟可以集事，則與其革也寧因。必攷已事之驗，不為鑿空之談，則古今官制名實之是非，煩簡因革之當否，其如指諸掌矣。

又《歷代官制因革》　周典六官，其來尚矣。唐虞水土事殷，故伯禹以司空居冢宰之任，垂益以工虞分司空之職。是時兵刑雖設，民用不犯，於是司馬、司寇，皋陶兼掌之而有餘。禮樂教化務所當先，於是司徒、宗伯，契、夷、夔分典而不足，棄、后稷、龍納言，十有二牧，食哉惟時，凡以爲民也。三代相承，率由斯道。秦人不師古，始輕變官制，未害也。特罷侯置守，尊君抑臣，燔燒詩書，以愚黔首，其意惟知自奉，而不知有臣民也。雖然，周之官制，非至秦而始變也。蘇秦爲國相，許曆爲國尉，孫臏仕魏爲將軍，而須賈亦爲魏中大夫。吳起守西河，馮亭守上黨，西門豹令鄴，荀卿令蘭陵。是則守令將相之名，在戰國則已然，特至秦而始定耳。

宋·葉時《禮經會元》卷一上《官名》　官之有名尚矣。郯子曰：『黄帝以雲紀，故為雲師而雲名。炎帝以火紀，故為火師而火名。共工以水紀，太皞以龍紀，少皞爲鳥師，顓帝為民師。』此官名之見於《春秋傳》然也。然古人命官，或紀以瑞，或紀以事，名雖不同，而於天地四時，各有所配，初非分掌天地四時也。有如少皞有重、該、脩、熙四叔，是以四叔而掌五行；堯有羲、和、仲、叔四子，是以四子而掌四時，又非以是名官也。今觀《周禮》，冢宰曰天官，司徒曰地官，宗伯曰春官，司馬曰夏官，司寇曰秋官，司空曰冬官，是以天地四時名官，而非人掌其事也。然既非分掌天地四時，而加以天地四時之號，是則以虛名而加實職也。古人雲龍火帝之紀，果亦如是否乎？又況以天名官，而春官保氏之屬，非天事乎？何以不屬冢宰？以地名官，而夏官職方氏之屬，非地之事乎？何以不屬司徒？司寇刑殺，固為之秋；司空水土，固為之冬。至如春朝夏宗，秋覲冬遇，並屬宗伯，則宗伯不特主春；春蒐夏苗，秋獮冬狩，並屬司馬，則司馬不特主夏。周人又天地四時，分冠六卿之號，果何意歟？嘗以《周官》考之，則知周人命官之意深矣。太師、太傅、太保曰三公，論道經邦，燮理陰陽；少師、少傅、少保曰三孤，貳公弘化，寅亮天地。三公之官不備，而三孤之職無聞。蓋三公不備者，非三公兼六卿，則六卿兼三公也。三公猶且兼設，況三孤乎？惟其相兼攝也，則經邦弘化，燮理寅亮之職，非六卿之責而誰責？然則六卿之責，不獨分職率屬，阜成兆民，而燮理陰陽，亮這天地之事皆預焉。命之以宰伯四司之名，而冠之以天地四時之號，是以三公三孤之責而責六卿也。分天地四時而冠六卿之名，其次序若不相紊；合天地四時而為六卿之責，其脉絡未嘗不相通。一治一教，一刑一事，苟有一之不得其職，皆足以干天地四時之和。以此見周人之任六卿也為不殊，而待六卿也不敢輕矣。豈徒設為加官之號，以虛名而加實職，如漢人以大司馬冠大將軍之上，姑示尊寵而已哉？雖然，六卿分配天地四時，而冢宰以天名官，則其任責為尤重矣。嘗觀《虞書》，司徒敷典，猶地官也，而典則曰天叙；秩宗典禮，猶春官也，而禮則曰天秩。五服五章，猶司服典命之職也，而曰『天命有德』，五刑五用，猶司寇司刑之職也，而曰『天討有罪』。一則曰亮天功，二則曰代天工，同寅協恭，無往而不以天自處。今冢宰掌建邦之六典，何者而非天也？以天官命冢宰，而加於五官之上，其待大臣也彌尊，其責大臣也彌重。故任大臣而不能致敬，名曰褻天；為大臣而不能任責，名曰誣天。昔陳平不知錢穀決獄，而謂宰相順四時，理陰陽；丙吉不問清道群鬬，而問牛喘，謂三公典調和陰陽。夫四時果順，陰陽果和，尚復何愧？不和不順，而始藉是以文其不知不問之失，吾誰

欺，欺天乎？惜無以天官之學告之者。

宋・程大昌《考古編》卷五《三宅三俊一》 宅乃事，宅乃牧，宅乃準，此即三宅所起，而在夏后氏之世者也。周公陳此三宅，固云夏刱，而其時三俊之名未立也。暨湯、文、武，而後甫曰『克用三俊』、『灼見三俊』。詳求其故，蓋事、牧、準，三官也。人君處以此職，使安其位，使任其事，則隨其官而命之，曰宅事、宅牧、宅準。如堯以百揆處舜，則曰『納於百揆』。舜以處禹，則曰『使宅百揆』。納也，宅也，皆自上處下之言也。既居此位，既升此職，而總其見處者之地，則曰三宅。三宅云者，即所居官命之。如百揆之初，以揆度百事得名，及其既已受命，遂如後世三公六卿，正為官稱，非如自上處下初語矣。此宅事、宅牧、宅準，所從命名以為三宅者然也。三宅既為官稱，則隨其職業所能勝任以名，言其才其德，故得附並三宅，而名之三俊也。

又《三宅三俊二》 天下職任多矣。常伯總率百官，常任謹戒百事，準人平處刑罰，三者關繫治亂最為要切。故舉天下之大，而能擇人以處三職，則於君道遂無餘事。此夏人舉要致詳之意，而商周承之以為治本者也。湯之興也，用是人居是職，則誠安其位，而無讒邪傾間之虞。名若人之有若才，則誠當其才，而無名浮實失之偽。此非成湯自立此模也，知夏制而敬承之，故於三宅之三俊，既能信用，而四方萬里，遂於夏法乎見德也。文武之造周也，以言乎夏制，則知其指而不謬以言，以言其時髦，則又能灼見其蘊而無失。故周之治，亦遂追夏軼商也。然則夏之此制，施諸用人，如方圓必於規矩，不可舍而他之。何也？為其執要而致詳故也。孔安國求其說而不得，顧推而入之五流三居者，殆因『三宅無義民』一語也。夫籲俊而訓德，先夏之所以宅人，而其國因以大競者也。合三職而一，無義民者，末夏之所以不能嗣往，而至於荒墜厥緒者也。其宅同，其所從宅者異，故治亂由此乎分。經意明甚，何有幾微以及用刑也哉？

又《三宅三俊三》 自虞夏以及成周，事日益多，官日益衆。其分職任事者不患乏人，顧成王之資不及文武，則其操縱之法尤當得要。故夏之三宅，在成王時尤為用人會最也。二帝三王，官稱之著於《詩》、《書》者，已自不同。特不知事、牧、準，其在三代各為何官何名。而周公之陳三宅，世更三代，名同一軌，雖其意尚或可想，而制不可强言也。且庶言庶獄，既分授職，則三宅也者，其居虞、周，以在九官六卿之列。然而庶慎所寄，實將審處幾康。且有參總萬幾之象，則非法守所能拘囿矣。載攷之古，禹作司空，而上兼百揆；周公為師，而下任冢宰。則此之庶慎，又未必非大臣之所兼總也。然則此三職者，以授任則甚重，以擇任則甚要，故官制世異，而委寄常同，理極其當，雖聖人復起，有不能易者，殆此制之類也。雖然，桀紂之世，三職未嘗虚位也。而其所從宅者，非禹湯之所以宅也。故周公既枚數三代當否，以為之鑒，又極舉文王用心，以為之戒。其曰『惟克厥宅心，乃克立兹常事。司牧人以克俊有德』者，得夏禹宅人之指，而擇其所以宅也。『言獄慎罔攸兼罔敢知』者，慮其或有纖毫疑貳，則不安所宅也。當其致戒，則曰既已俾亂，則自一話一言，勿以致疑。及其申告，則曰能宅之，則必用之，能用之，則必能紬繹之。是然後可以責其安位也。故宅之為義，如人之宅其宅也。轉徙無定，固不足以為宅，相攸不審，與夫居之不安，亦皆不足以為宅。故夏之刱制，固已諏德而審所宅，商周循之，其曰『嚴惟丕式』，曰『克知三有宅心』，曰『惟克厥宅心』，其式其心，率皆準夏以言也。此又一書之要旨也。

宋・魏了翁《古今考》卷一〇《商周相三公六卿攷》 商高宗夢得傅説，曰『爰立作相』，孔傳：『於是立以為相。』未以為官名也。『惟説命總百官』，孔謂在冢宰之任。此乃官名，即成周六卿之長。冢宰天官曰天官，則地官、春、夏、秋、冬皆總之。其名曰太宰，則大司徒、大宗伯、大司馬、大司寇、大司空皆總之。其上有三孤三公。周制：三公無人，則缺之。召公為保，周公為師，相成王為左右。周公為公，即太師，以太師行冢宰之事。召公為保，即太保，以太保行大司徒之事，無疑也。左右非官名也。成王顧命，召公以太保為冢宰，芮伯為司徒，彤伯為宗伯，畢公為司馬，衛侯為司寇，毛公為司空。所謂畢公、毛公，必三公之師傅也。周以冢宰為相，首六卿，三公、三孤、公、侯、伯兼五卿、六卿，出則為將，其制如此。此商周制也。

元・郝經《續後漢書》卷八六上《職官》 王者代天理物，以人代天工，賜之秩禄，列於庶位，官制之所由興也。太皡以龍名，共工以水名，炎帝以火名，黄帝以雲名，少皡以鳥名，名雖異而職守一也。原注：《左氏傳》：郯子來朝，昭子問焉。曰：『少皡氏鳥名官，何故也？』郯子曰：『吾祖也，我知之。昔者黄帝氏以雲紀，故為雲師而雲名。炎帝氏以火紀，故為火師而火名。共工氏以水紀，故為水師而水名。太皡氏以龍紀，故為龍師而龍名。我高祖少皡摯之立也，鳳鳥適至，故紀於鳥，為鳥師而鳥名。』至顓頊始以民事命官。原注：《左氏傳》：顓頊以來，不能紀遠，

黄帝有五官九工，少皞五正，唐虞有六官九官。《史記》黄帝建立五行，於是有天地、神祇、物類之官，是謂五官。《管子》、《呂覽》皆言黄帝五官，以正人位。《文選》王融策文『九工開於黄序』，注：『黄帝也。雲官有五人，有同德四人，合為九。』少皞五正見於蔡墨之説，五行正也。《通典》：『堯置天地四時之官，為六卿。舜為六官，以正天地四時。』《説苑》曰：『堯時舜為司徒，契為司馬，禹為司空，稷為田疇，夔為樂正，倕為工師，伯夷為秩宗，皋陶為大理，益掌敺禽，為九職。』《劉向傳》：『舜命九官，濟濟相讓。』注：『禹司空，棄后稷，契司徒，咎繇士，垂共工，益虞，伯夷秩宗，夔典樂，龍納言。』《周禮》疏曰：『堯舜官號稍改。其時官名蓋曰稷曰司徒。是天官稷也，地官司徒也。』又云：『命羲和仲叔，使分主四方。』注：『仲叔亦羲和之子。堯既分陰陽四時，又命四子為之官。掌四時者字曰仲叔，則掌天地者其曰伯乎。』是有六官。『分命仲叔』注云：『官名蓋春為秩宗，夏為司馬，秋為士，冬為共工，通稷為司徒，是六官之名。』鄭玄分陰陽為四時者，分高辛時，重黎之天地官，使兼主四時耳。『共工』注：『水官也。』堯天官為稷，又司徒、士。此三官是堯時事，舜述前功。秩宗，舜時官也。惟無夏官之名。夏傳曰：『司馬在前。』則羲叔為夏官，是司馬也。鄭玄曰：『初，堯冬官為共工，舜舉禹治水，堯知其必成功，故改命司空，以官名寵異之，非常官也。禹登百揆之任，捨司空之職為共工與虞、垂、益是也。』始羲和之時，主四岳者謂之四伯，後分至八伯。堯初天官為稷，至試舜謂之百揆。舜命禹為之，即天官也。崔靈恩曰：『舜改地官為司徒，秋官為士，冬官為司空，春官秩宗。』

五官配五行也。自黄帝建立五行，少昊五鳩氏，顓頊立五行之官，唐虞百揆四岳，象天之有五行也。孔穎達《周官》疏曰：『百揆一人，四岳內典四時之政，四人也。』孔平仲則謂四岳為一官，俱是縣擬。《曲禮》曰：『天子建天官先六大，次五官。』注：『此蓋殷時制。』呂氏曰：『殷人尊神，即堯命羲和，舜齊七政，《洪範》首五行之意也。』其實唐三代皆有六官，皆有九卿。《考工記》疏：『六官之記可見者，堯育重黎之後，羲和及其和叔四子，掌天地四時。《夏書》乃召六卿。商周稍改職名，六官之數則同。』《通典》曰：『夏制九卿，殷因亦如之。三少，六官也。』智嘗論六宗之名，與二腎之説，以為凡數五即有六，五為生數之宗，六為成數之始。從一至十，五六固天

乃紀於近，為民師，而命以民事。教民曰司徒，治民曰司馬，居民曰司空，禁民曰司寇，餘各放事置官，皆為民也。唐虞仍古封建，稽古建官。內有百揆四岳，外有州牧侯伯。夏殷因唐虞，周因夏殷，封建益備，職官益增。唐虞百，夏商倍，而周人三百有六十，當朞之日，而不復增矣。原注：百與倍之名數不可考。周有天下，周公定官制，修禮經，採歷代職官繁省之制，而折中之，為天、地、春、夏、秋、冬六官，其屬凡三百有六十，今《周禮》是也。周衰，封建之法漸壞，秦、楚、吳、越始不遵周制，原注：秦始有不更、庶長等爵，楚有令尹、連尹等官。滅國為縣，而有縣公。吳越僭王，各用蠻夷之號。而諸侯皆用王官。原注：如魯、衛、晉、鄭皆置六卿之類。又各置相、尉、守令、將軍、大夫之屬，而遂變周制。原注：若蘇秦為國相，許曆為國尉，吳起守西河，西門豹為鄴令，孫臏為魏將軍，須賈為魏中大夫之類。

元·陳友仁《周禮集説》卷一二《六官》 上古帝王之建官也，法天地四時以為名。名舉其官，官治其事，無有發曠不舉之處，誠以名正而言順，言順而事成也。故黄帝氏以雲紀，炎帝以火紀，共工以水紀，太皞氏以龍紀。少皞氏以鳳鳥適至，因紀於鳥，曰祝鳩氏，司徒也。曰雎鳩氏，司馬也。曰鳲鳩氏，司空也。曰爽鳩氏，司寇也。祝鳩，鷦鳩也。能孝，故司徒以教民。雎鳩，王雎也。鷙而有別，故司馬主法制。鳲鳩，鴶鵴也。以其平均，故司空主平水土。爽鳩，鷹也。鷙故司寇主治盜賊。此皆建官之本意。而自顓帝以來，始為民師，而命以民事。於是六官之名六，六官之事治。舜命九官，而禹作司空，實平水土；契作司徒，敬敷五教；伯作秩宗，命典三禮；皋陶為士，惟明五刑。其餘則皆有職。此虞舜稽古建官之目。夏商因之，至於四官者，居六官之四，而他五官，若虞、若工、若樂、若后稷、若納言，皆不專屬，而隸於六官之一者，蓋周制也。周自成王歸於豐，作《周官》，自三公三孤而下，六卿分職，各率其屬。若冢宰則掌邦治，統百官，均四海；司徒則掌邦教，敷五典，擾兆民；宗伯則治邦禮，治神人，和上下；司馬則掌邦政，統六師，平邦國；司寇則掌邦禁，詰姦慝，刑暴亂；司空則掌邦土，居四民，時地利。此《周禮》六官之大凡。即是以考則其所隸，可得而推矣。

明·方以智《通雅》卷二三《官制·文職》 三名，公、卿、大夫也。《周禮》疏引《易通卦驗》云：『天地成位，君臣道生。君有五期，輔有三名。』注：『公、卿、大夫也。』政教君臣，起自人皇之世，至伏羲因之，故《丈耀鈎》曰：『伏羲作《易》名官者也。』

地之中數也。如五禮即有六樂，五音即有六律，五運即有六氣，皆自然之理。東曰青龍，南曰朱雀，西曰白虎，北曰玄武。玄武者，龜與蛇也。木曰勾芒，火曰祝融，土曰后土，金曰蓐收，水曰玄冥，玄冥則少皞之二子，曰修，曰熙也。人身一心、一肺、一肝、一脾，而腎有二。六宫貴神則土有二，六氣則火有二。蓋土為終，水為始，而水火相交，水土相成也。龍馬言曰：六官之名，冡，大也。宰，制也。司徒，徒，衆也。宗伯，禮以宗為先。司馬，兵以馬為先。司寇，寇所常防治也。司空之空為何物乎？堯制，司空之官以寵禹，即宰相也。漢三公以司空配之，猶古意也。商以太宰為前列，周并列而重其權。蓋冡宰兼相職，而司空實相位也。以五行言之，地官為土，天一生水，則天與水猶二水也。然則司空篇亡，非亡也。本無職掌，以宰相時兼之耳。此説甚奇，故存之以備論。

又《武職》　黄帝命大將，夏始有本兵。獨孤及《八陣圖記》云：『黄帝法文昌以命將。』李靖曰：『黄帝始立丘井之法，虚其中，大將居之。』丘氏曰：『唐虞時兵政兼於刑官，未有專司，至仲康，始命胤侯掌六師。』是本兵之官，始於夏也。古禮樂為二官，而兵刑為一，後則禮樂為一，而兵刑為二。古詳於化，而後詳於政也。

清・顧炎武《日知録》卷二《建官惟百》　成王作《周官》之書，謂唐虞稽古，建官惟百，而夏商官倍者，時代不遠，其多寡何若此之懸絶哉？且天下之事，一職之微，至於委吏乘田，亦不可闕。而謂二帝之世，遂能以百官該内外之務，吾不敢信也。攷之傳注，亦第以為因時制宜，而莫詳其實。吾以為唐虞之官，不止於百，而其咨而命之者二十有二人，其餘九官之佐，殳斨伯與朱虎熊羆之倫，暨侍御僕從，以至州十有二師，外薄四海，咸建五長，以名達於天子者，不過百人而已。其他則穆王之命，所謂慎簡乃僚，而天子不親其黜陟者也。故曰：堯舜之知，而不徧物，急先務也。堯舜之仁，不徧愛人，急親賢也。夏商之世法日詳，而人主之職日侵於下，其命於天子者多，故倍也。觀於《立政》之書，内至於亞旅，外至於表臣百司，而夷微盧烝，三亳阪尹之官，又虞夏之所未有，則可知矣。

清・惠棟《明堂大道録》卷八《明堂四面》　明堂有六天，故建官有六官。自黄帝至夏商周皆然，但紀遠紀近之殊尒。主天地者，黄帝為二監，少皞為御名。正，顓頊為二正。唐虞夏為羲咊，商周爲重黎。《楚語》：堯育重黎之後，以至於曼商。重黎世叙天地，其在周，程伯休父其後也。當寗王時，失其官守，而為司馬氏。則寗王以壽周，猶有重黎叙天地之官也。而主四門之諸侯者，黄帝有四面，少皞有四司，顓頊有四叔，唐虞夏有四嶽。《周語》：共工從孫四嶽，左禹治水，爲禹股肱心膂。知夏時四嶽之官猶社。商屬之二伯。夏以後或以一人兼四嶽之官，故商周止有二伯。《周禮・典瑞》九命作伯。周初，周、召分陜，其後畢、召制少異於五帝。然明堂四門之灋，仍不廢也。

清・秦蕙田《五禮通考》卷二一五《設官分職》　周氏世樟曰：設官一事，代有不同，繁簡因革之間，大抵視世運為升降。唐虞稽古，建官惟百。内有百揆四岳，外有州牧侯伯。庶政和焉，萬國寧焉。然足以治唐虞之天下，或不足以治後世之天下。於是乎夏商則倍之。夏之官制，史傳缺如，弗可深考。或以《王制》三公九卿一説當之，殆未必然。商之官制，見於《曲禮》，有六太，有五官，有六府，有六工。官雖未必盡此，而此亦其大畧也。周之成王，仰法前代，訓廸厥官。《周官》一篇，曉暢言之。顧第舉其綱，未及其目。《周禮》之三百六十屬，則及其目矣。夏商倍於唐虞，則周之倍於夏商，槩可知也。乃若猶是官也，有古重而後世輕者。少昊名官，首及曆正。唐堯分職，先命羲和。至於後世，星術之屬，降為雜流矣。有古設而後世廢者。太皞以還，皆有五行之官，若句芒，若祝融，若蓐收，若玄冥，若后土。封為上公，祀為貴神。至於後世，不過司天一家，畧寓其意，其實官之廢，則已久矣。有猶是官而分合異者。有虞之時，伯夷典禮，后夔典樂，而兵刑並掌於臯陶。至於後世，禮樂合為一官，而兵刑分為二矣。有猶是官而統屬異者。殷之太宗、太史、太祝、太士、太卜，皆屬於太宰。其五官則有司士，無宗伯。至周則改司士為宗伯，而祝宗卜史悉屬之矣。凡此設官之不同，總因世運為升降耳。

清・馬驌《左傳事緯前集》卷五《晉楚職官表》　蓋稽古之設官，在宓羲以龍，神農以火，黄帝以雲，少昊以鳥，自高陽以來，始為民師，而命以民事。於是有重黎、句芒、祝融、后土、蓐收、玄冥之官。唐虞之際，内為百揆四嶽，外為州牧侯伯。夏商官倍，夏官百，商二百。周禮特詳。天子設六卿，故有六軍。大國三卿，次國二卿，小國一卿。軍數同之。居則為卿，出則為帥。六官之長，各帥其屬，公孤之秩，存而不備。言有其人然後充之。諸侯設官，其詳不可得而譜。況東遷之後，列國僭竊，又皆去其籍，而官制益復難考。魯無太宰，

羽父欲求之，然太宰之名，終不見於《傳》，是魯終未設此也。季武子為正卿，其實司徒。昭四年云。楚有太宰，又非正卿。伯州犁、薳啟疆。令尹為政，亦號曰宰。宣十二蔿敖為宰。宋之太宰，亞於司寇，而政出右師。華元。司城亦能為政。子罕。晉司徒廢為中軍，實為正卿。晉以僖侯諱司徒，改為中軍。而宋之司徒，次於司馬，楚亦有之，其官益微。名同實異，大要然也。宗伯之秩，僅見於魯，亦非顯秩。夏父弗忌。魯叔孫豹為司馬，謂之次卿。昭四年云。晉、楚、宋、鄭皆有司馬，而貴賤不同。宋孔父、鄭子國等，皆大司馬。楚之司馬薳掩、子期等，次令尹，亦卿官。而又有左右司馬。晉有上軍、中軍司馬，則皆大夫，而非卿也。司寇之官，楚、陳號曰司敗。子西曰：『臣歸死於司敗。』又《論語》曰『陳司敗』。晉因舊名，魏絳曰：『歸死於司寇。』然時有異稱。或謂之士，或謂之理也。士鱳為大士，叔魚攝理。孔子以魯司寇，遂攝相事。然則官無大小，惟其人耳。宋司空廢為司城，宋以武公諱司空，改為司城。魯與晉、鄭猶仍其故。魯無駭為司空，其後孟孫氏為之。晉則士蔿，鄭則子耳。大都六官之名，於列國時，或因或革，而尊卑次第，已非周官之舊矣。至夫晉之將佐，已備卿官，三軍則六卿，六軍則十二卿，後四軍則八卿。司馬、司空列在大夫。晉司馬、司空非卿。鄭卿至七，七子賦詩皆卿。宋卿至十。見於《傳》者，有右師、左師、司馬、司徒、司城、司寇、太宰，又華貙為少司馬，鱗朱、華牼皆為少司空，魚府為少宰，是宋卿之名有十也。時置時廢，統無定考。楚官多命曰尹，詳表。縣公亦入主軍師。鬬克、屈禦寇之流。齊有鋭辟司徒之名，鞍之戰。鄭有當國執政之異，諸卷多云。秦有不更庶長之稱。成十三年不更女父，襄十一年庶長鮑辛是也。據《漢書》載秦爵二十級，商君所立。一公士，二上造，三簪裊，四不更，五大夫，六官大夫，七公大夫，八公乘，九五大夫，十左庶長，十一右庶長，十二左更，十三中更，十四右更，十五少上造，十六大上造，十七駟車庶長，十八大庶長，十九關内侯，二十徹侯。按：不更、庶長，春秋已有之，商君定為二十耳，非盡由商君作也。典籍俱没，誰復能悉論乎？以吾觀《周官》一書，列如日星矣。而諸侯未之尊信，其故何哉？或曰：姬公制禮，未嘗班行。然而内史、膳夫，《傳》中具在。内史中大夫，隸春官。膳夫上士，隸天官。内史叔興、膳夫石速是也。與夫魯之宗人，都宗人、家宗人皆上士，隸春官。《傳》曰：『使宗人釁夏執其禮。』圉人，隸夏官。《傳》曰：『圉人犖自牆外與之戲。』楚之獸人，中士，隸天官。《傳》曰：『獸人無乃不給於辭。』大閽，閽人，隸天官。《傳》曰：『鬻拳為大閽。』衛之迹人，中士，隸地官。《傳》曰：『迹人來告曰：逢澤有介麇焉。』宋之舞師，下士，隸地官。《傳》曰：『舞師題以旌夏。』及諸國太史，下士，隸春官。《傳》稱鄉公孫黑使大史書其名，齊大史書崔杼，晉大史董狐書趙盾，衛史華龍滑曰我大史也。文十八年，魯大史克。哀十四年，齊大史子餘。又齊有南史，魯有外史掌惡臣。楚有左史倚相。此名非《周禮》所有也。寺人，隸天官。齊有寺人貂，晉有寺人披。封人，中士，隸地官。鄭穎谷封人考叔，祭封人仲足，宋蕭封人子哀。虞人，山虞澤虞，俱隸地官。魯虞人以鈹盾夾之，齊景公招虞人。行人，大行人，中大夫。小行人，下大夫。隸秋官。晉子員，鄭子羽之類。之屬，亦復歷歷可考，是未嘗不班行也。

清·王鳴盛《十七史商榷》卷一〇《三公九卿》

《百官公卿表》篇首總敍，讀之知孟堅乃通才，非經師也。何則？上溯虙羲、神農，至唐虞，不過以三十餘言蔽之。不詳述夏殷，直云亡聞焉。惟周官稍詳，然亦不過舉其要耳。最爲簡淨合宜，故曰通才。至於經義則不合也。其以冢宰、司徒、宗伯、司馬、司寇、司空為六卿，太師、太傅、太保爲三公，與六卿為九，説周制似是。而其下則又云：『或説司馬主天，司徒主人，司空主土，是爲三公。』其下則又云：『四岳謂四方諸侯。』愚謂《攷工記》：坐而論道，謂之三公。鄭康成注雖以公爲諸侯，其實是舉外以該内。《地官》序官疏引《鄭志》，據《尚書·周官》篇云：『立太師、太傅、太保，曰三公。』此僞《周官》文，鄭所不見，而《鄭志》據之者，蓋出伏生《尚書大傳·夏傳》。知者，此《攷工》疏謂鄭偏説諸侯，是因三公已有成文，不言可知。故注伏生《夏傳》，即引坐而論道云云，可見《攷工》注言諸侯，是舉外見内。真《周官》篇雖已亡，而伏生《大傳》引之。《大傳》列於學官，博士所習，在兩漢家喻戶曉，故不言可知。若然，伏生既引於《夏傳》，則三公之制，夏與周同。竊疑三公九卿，唐虞三代所同，不同者乃在大夫以下耳。又《昏義》云：『天子立六官、三公、九卿、二十七大夫、八十一元士。』注云：『三公以下百二十人，似夏時也。』疏云：『三公分主六卿，三孤亦分主六官之職，總謂之九卿。』攷《明堂位》云：『有虞氏官五十，夏后氏官百，殷二百，周三百。』此百二十人，與夏相近，故云似夏時。要之，此雖説夏三公九卿，周亦同。《攷工記》又云：『外有九室，九卿朝焉。』注云：『六卿三孤爲九卿。三孤佐三公論道，六卿治六官之屬。』疏云：『孤同卿數者，以命數同故也。』不言三公與六卿爲九卿，而言三孤，以其命數相同，故不害三公六卿爲九也。三孤，三公之副，舉副以見正耳。既如此，則班以三公六卿爲九，正合經義。而愚乃譏其不合

者，伏生《大傳》云：『天子三公，一司徒公，二司馬公，三司空公。百姓不親，五品不訓，責之司徒。蠻夷滑夏，寇賊姦宄，責之司馬。溝瀆雍過，水爲民害，責之司空。』鄭注云：『《周禮》天子六卿，與太宰司徒同職者謂之司徒公，與宗伯司馬同職者謂之司馬公，與司寇司空同職者謂之司空公。一公兼二卿，舉下以爲稱。』然則三公無職，兼六卿乃有職。所以《周禮》不列三公，但有六卿，而公孤之服位儀等，旁見各職中。《大傳》是七十子相傳遺訓正説，三公六卿之制，班氏不知，疑其未協周制，而另為或説一條，瓜疇而芋區之，何也？四岳亦卽三公之出領諸侯者，今以爲四方諸侯，亦非。

清・王鳴盛《尚書後案》卷一二《洪範》 考《周禮》六官曰天官冢宰、地官司徒、春官宗伯、夏官司馬、秋官司寇、冬官司空。周制損益唐虞夏殷而成。孔穎達《曲禮下》疏云：『《甘誓》云「六事之人」，鄭云「《周禮》六軍皆命卿」，則三代同矣。』據此，則三王同有六卿。又引鄭注《大傳》云：『夏六卿者，后稷、司徒、秩宗、司馬、作士、共工也。』則夏六官與周大畧相同。后稷，天官；司徒，地官；秩宗，春官；司馬，夏官；作士，秋官；共工，冬官也。今此經八政，正是禹之所演，宜爲夏制。鄭於此經注云『食謂掌民食之官，若后稷』者，卽據夏制言之。《國語・周語》云：『昔我先王世后稷。』又云：『夏之衰也，棄稷弗務，我先王不窋用失其官。』則后稷是官名。《堯典》云：『女后稷播時百穀。』是掌民食之官也。賈公彥《周禮疏》云：『堯初天官爲稷，至試舜，又改名爲百揆。舜又命禹爲之。至夏時，仍爲后稷矣。』云『貨掌金帛之官，若《周禮》司貨賄』者，司貨賄屬秋官，職闕無考。但在掌客、掌訝、掌交、掌察之後，當是專掌朝聘之貨賄。鄭意當不謂此。天官有太府、玉府、内府、外府，及職内、職幣諸職，鄭所云司貨賄當指此。胡渭據陳櫟云：『八政在唐虞，食貨合爲一，而稷掌之。禹暨稷播奏庶艱，食鮮食，懋遷有無化居，則食貨皆其所掌。《王制》冢宰以三十年之通制國用，量入以爲出。蓋自古食貨皆掌於天官。』如此太府等皆天官之屬，則周制亦因虞夏也。云『祀掌祭祀之官，若宗伯』者，鄭言秩宗舜時始置，崔靈恩説同，見《通典》。則夏秩宗必沿虞制。而此云『若宗伯』，則借周制言之。《周禮》大宗伯之職，掌建邦之天神、人鬼、地祇之禮是也。云『司空掌居民之官』者，鄭言初堯冬官爲共工，舜攝位，舉禹治水，改名司空以命之。《説苑》、《淮南子》並同，詳《堯典》。後復分爲共工與虞，其後不知何時又合爲司空。據《王制》，殷有司空。馬融注《書序》『咎單作湯司空』，疑必因夏，則夏有司空明矣。鄭注《大傳》，言共工，蓋隨便言之。《周禮》司空官亡，《王制》云『司空執度，度地居民』，故知是居民之官也。云『司徒掌教民之官』者，司徒虞官，夏因之。《周禮》云『乃立地官司徒，使帥其屬而掌邦教』是也。云『司寇掌詰盜賊之官』者，《周禮》司寇爲刑官。《小宰職》云『五曰刑職，以詰邦國，以糾萬民，以除盜賊』是也。虞本號作士，據此經，則夏已改名司寇，而《大傳注》仍云作士，亦隨便言之。云『賓掌朝覲之官，若大行人』者，借周制言之。《周禮》大行人掌大賓之禮，及大客之義，以親諸侯。春朝諸侯而圖天下之事，秋覲以比邦國之功云云。以下備載朝覲之禮。鄭彼注云『大賓，要服以内諸侯。大客謂其孤卿』是也。但不知夏時亦有大行人，亦屬秋官否也。云『師掌軍旅，若司馬』者，《周禮》大司馬，卿一人。小司馬，中大夫二人。軍司馬，下大夫四人。輿司馬，上士八人。行司馬，中士十有六人。凡制軍萬有二千五百人爲軍。王六軍，軍將皆命卿。二千五百人爲師，師帥皆中大夫。五百人爲旅，旅帥皆下大夫。是司馬掌軍旅也。《禮記疏》引鄭云：『堯時祝融爲司馬。』《説苑》又云：『堯時契爲司馬。』緯書又言棄爲司馬。是唐虞本有司馬，夏因而不改。杜氏《通典》云『咼元孫之子微爲夏司馬』是矣。合而言之，政有八，官實六也。夏制上因唐虞，下亦畧同《周禮》也。其殷制則《曲禮》云：『天子建天官，先六大，曰太宰、太宗、太史、太祝、太士、太卜，典司六典。天子之五官曰司徒、司馬、司空、司士、司寇，典司五衆。』疏云：『三王同有六卿，此記所言，上非夏法，下異周典，故鄭指爲殷禮。』然天官以下，卽殷家六卿。何者？太宰、司徒、司馬、司空、司士、司寇是也。但周立六卿，放天地四時，而殷六卿所法則異。太宰為一卿，象天時。司徒以下五卿法地事。但太宰既尊，故先列太宰，并顯太宰之下隸屬耳。然則虞夏殷周，六官之制畧相等也。

清・汪中《春秋列國官名異同考》 《周禮》，職官三百六十。《禮記・明堂位》云：『有虞氏官五十，夏后氏官百，殷二百，周三百。』《書・周官》云：『唐虞稽古，建官惟百。夏商官倍。』《明堂位》出於漢儒，《周官》爲僞古文。雖皆不足徵，然三代官數多寡大略可見。蓋中天以降，政事愈繁，故職官愈備。周之封建最廣，而列國皆得置官。其名雖因周制，而其間或爲王命，或爲自命，故官名互有不同。何以言之？邾儀父爲魯附庸，未王命，不

書爵固已。《禮記·王制》云：『大國三卿，皆命於天子。』宣公十六年《左傳》：『王以黻冕命爲中軍。』杜元凱《春秋釋例》云：『諸侯之卿，皆必有命。其總名爲大夫。』是列國之官當由周命而定。而《左傳》言使某人爲某職者，則皆自命者也。至出於自命，則有名同於周制者，亦有異於周制者。且周制，大國三卿，司馬兼宗伯，司空兼司寇，大夫五人，司徒下有小宰、小司徒，司馬下有小司馬，司空下有小司寇、小司空。而春秋列國皆有六卿。晉以三軍而間益新軍，加以三軍之佐、新軍之佐，是有八卿。列國大夫更不勝屈指。則其僭越制度，又不僅在變易官名之端矣。

《周禮》六官：冢宰、司徒、宗伯、司馬、司寇、司空，是太宰在六官之上。而《左傳》所紀楚之太宰在司馬之下，宋之太宰在六卿之下，皆遠周制。今約舉之，魯有六官之名。隱公十一年《左傳》：羽父求太宰。文公二年《傳》：夏父弗忌爲宗伯。文公十八年《傳》：使司寇出諸竟。隱公二年《傳》有司空無駭。昭公四年《傳》：杜洩言季孫爲司徒，叔孫爲司馬，孟孫爲司空。據此《傳》，衹有三卿。成公二年，四卿見於鞌之戰，非舊制也。

晉有六官之名。宣公十二年《傳》：韓厥爲司馬。襄公三年《傳》：張老爲中軍司馬。定公十三年《傳》有上軍司馬籍秦。文公二年《傳》有司空士縠。成公十八年《傳》：右行辛爲司空。晉無司徒。桓公六年《傳》，申繻曰：『晉以僖侯廢司徒。』杜注云：『廢爲中軍。』惟太宰、宗伯、司寇未見。

宋有六官之名。桓公二年《傳》，華督爲太宰。文公七年《傳》：樂豫爲司馬，鱗矔爲司徒，公子蕩爲司城，華御事爲司寇。惟宗伯未見。宋無司空者，桓公六年《傳》申繻曰：『宋以武公廢司空。』杜注云：『廢爲司城。』然『司徒』名『司城』，非第自宋改也。曹亦有司城。哀公七年《傳》『曹伯陽使公孫彊爲司城』是也。陳亦有司城。《孟子》『司城貞子』是也。《孟子》趙注：『司城，宋卿。』解者皆謂貞子本爲陳臣，後爲宋司城。《史記·孔子世家》云：『孔子適陳，主司城貞子家。』哀公十五年《左傳》，有公孫貞子。杜元凱《世族譜》謂，司城氏，哀公孫。鄭漁仲《通志·氏族略》謂陳有司城。據此則於《孟子》文意爲順。若爲宋之司城。不必更贅言爲『陳侯周臣』矣。況曹亦有司城，陳又何必獨無乎？

齊有六官之名。成公三年《傳》有鋭司徒。杜注云：『主鋭兵者。』又有辟司徒。杜注云：『主壘壁者。』案：此皆司馬之事，而稱爲司徒，或當時司徒攝其職也。昭公三年《傳》有司馬竈。成公十八年《傳》：慶佐爲司寇。惟太宰、宗伯、司空未見。

楚有六官之名。成公十六年《傳》有太宰伯州犁。宣公十一年《傳》：令尹蔿艾獵使封人慮事，以授司徒。宣公四年《傳》：子越爲司馬。司寇即司敗。見文公十一年及宣公四年《傳》。案：楚之官最多，而宗伯無可考，司空亦未見於《傳》。然觀襄公二十五年《傳》：蔿掩爲司馬，書土田，度山林。以下各事皆司徒、司空之所掌，可知當時增損無定制也。

其他國見於《左傳》者，如哀公十五年《傳》，衛有司徒瞞成，哀公二十五年《傳》，有司徒期、司寇亥；昭公二十年《傳》，公孟縶奪齊豹之司寇，襄公十七年《傳》，宋伐陳，獲司徒卬；襄公二十五年《傳》，陳有司馬桓子；襄公二十年《傳》云：與蔡司馬同謀；襄公十一年《傳》，鄭有太宰石僕；襄公九年《傳》，鄭六卿皆見；襄公十年《傳》，子國爲司馬，子耳爲司空，子孔爲司徒，是列國皆有六卿之名也。《檀弓》：『吴侵陳，陳太宰嚭使於師。』孔疏云：『與吴太宰名同而人異。』洪容齋謂：『嚭乃吴太宰。遣使正用行人。記禮者錯誤。當云陳行人使於師。夫差使太宰嚭問之。』其説亦是。《論語》：『太宰問子貢。』孔氏曰：『或吴，或宋，未可知也。』閻氏百詩云：『孔子先後居陳，識防風氏之骨，辨盧慎氏之砮，皆在陳事。太宰之問，屬吴，似不若屬陳也。』是列國皆有太宰也。司馬，亦稱司武。襄公六年《傳》，宋平公曰：『司武而梏於朝。』杜注云：『司武，司馬也。』司寇，亦稱司敗。楚與陳皆有之。文公十一年《傳》子西曰：『臣歸死於司敗。』宣公四年《傳》：箴尹克黄自拘於司敗。《論語》陳司敗即司寇也。《經典釋文》云：『孔云：司敗，官名，陳大夫。鄭以司敗爲人名，齊大夫。』案：鄭説誤。隱公三年《傳》：宋孔父爲大司馬。文公八年《傳》有大司馬公子卬。哀公二十六年《傳》：皇非我爲大司馬。襄公十五年《傳》：楚蔿子馮爲大司馬。成公十五年《傳》：宋向爲人爲大司寇。莊公二十年《傳》：晉士蔿爲大司空。稱『大』者，明其有稱『少』、稱『小』者在也。有太宰，即有少宰，左、右宰。蓋因《周禮》小宰之名而變之。成公十五年《傳》：宋魚府爲少宰。宣公十二年《傳》：楚少宰如晉師。襄公二十三年《傳》：魯公鉏氏爲公左宰。隱公四年《傳》：衛有右宰醜。襄公十四年《傳》有右宰穀。有司馬，即有少司馬，左、右司馬。昭公二十一年《傳》：宋華貙爲少司馬，猶《周禮》小司馬也。文公十年《傳》：楚期思公

復遂爲右司馬，子朱及文之無畏爲左司馬。襄公三年《傳》：公子申爲右司馬。哀公四年《傳》有左司馬眅。凡稱左、稱右者，亦猶左、右師，左、右尹之例云爾。有司寇，即有少司寇。成公十五年《傳》：宋鱗朱爲少司寇。昭公二十年《傳》有少司寇牼。要之，列國六官皆備，凡屬於六官者亦無不備。雖其名有同有異，可參稽而得也。

案：秦、楚之官，多與他國異者。春秋時，楚爲蠻夷，□□□陲，朝聘會盟，鮮通於王朝，故往往與列國異。總之，諸侯之制，不當等於天子，而列國官名比於《周禮》幾備，均屬僭制也。《左傳》所紀官名，注、疏皆以《周禮》爲說，蓋非觀其同，無以悉其異。考古者亦援《周禮》以證其同異焉，可也。

清・郭夢星《午窗隨筆》卷二《大理》 歷代官制，屢更其名，最古者莫如大理一官。《春秋元命苞》曰：「堯得皋陶，聘為大理。」舜時為士師。《韓詩外傳》有晉文公使李離爲大理語。劉向《新序》亦云：「楚平王以伍奢為大理。」大理之名，自陶唐已有。

清・姚鼐《惜抱軒九經說》卷八《周禮說》 古今官制，未有數百年更歷盛衰而不變者也。夫周之爲國久矣，其官制未可以前後定爲一也。文武之時，三公在六卿外，合之曰九卿，曰九品。及成王顧命之日，三公入六卿內，無專官。及宣王時，命皇父爲卿士，統臨六卿，故《十月之交》特言皇父卿士也。此與《微子》、《洪範》所云卿士，合諸卿而言之者異。意宣王頗復文武舊制矣。以逮東遷，或變或沿。鄭莊尚爲王卿士，而未幾去之。故《春秋・桓公四年》書「宰周公」也。至於公之下卿之上復有孤，此未知在周爲何王時之制。《宰夫職》曰「掌治朝之法，以正王、三公、六卿、大夫、羣吏之位」，此無孤時所記者也。及《夏官》司士、射人，所言亦治朝位也。而曰「三公北面，孤東面」，此有孤時所記者也。收集雜有前後，非出一時之制，故不可得而一也。

清・蔡孔炘《經學提要》卷二《官制》 虞制，四岳、九官、十二牧。四岳者，一人而總四岳諸侯之事也。九官者，司空、司徒、后稷、共工、士、虞、秩宗、典樂、納言也。十二牧者，十二州諸侯之長也。岳統牧，牧承岳。《舜典》所謂「咨汝二十有二人，欽哉惟時亮天工」是也。夏、殷官制，《周官》云：「唐虞稽古，建官惟百。內有百揆。按：百揆無所不總，惟唐虞有之，猶周之冢宰也。然《堯典》云「愼徽五典」，繼之以「納於百揆」，是舜以百揆而兼司徒矣。《舜典》云「使宅百揆」，繼之以「汝平水土」，是禹以百揆而兼司空矣。大抵百揆嘗兼他職，不必別有其人。四岳，外有州牧侯伯。州牧各總其州，侯伯次於州牧。夏商官倍。」戴允蘇云：說者據唐虞官百之說，遂謂上世事簡，官亦簡，後世事繁，官亦繁。不知天下之時一也。上世草昧初開，百務未立，安見其簡？後世之事，皆前代所已定，安見其繁？所謂繁者，特文字期會，加多上世耳。蓋唐虞官百，止言其大者。內而百揆，外而州牧侯伯，後世亦不能益。至屬官貳事，上世未嘗無，後世乃稍有益也。安得以事之繁簡論古今官制乎？《王制》云：「天子三公、九卿、二十七大夫、八十一元士。」與《周官》不同。注以爲夏制。《曲禮》云：「天子建天官先六太，曰太宰、太宗、太史、太祝、太士、太卜，典司六典。天子之五官曰司徒、司馬、司空、司士、司寇，典司五衆。天子之六府曰司土、司木、司水、司草、司器、司貨，典司六職。天子之六工曰土工、金工、石工、木工、獸工、草工，典制六材。」太宗以下，屬於太宰所掌，皆天道常典。五官與太宰並列而為六，五衆謂五官之屬吏，六府主藏物，六工主執技。注以爲殷時官制，是也。按：夏殷官制，本無可考，此特據注而云然耳。周制，《周官》云：「立太師、太傅、太保，茲惟三公。少師、少傅、少保，曰三孤。」太師，武王時則太公，成王時則周公，繼以畢公，康王時仍用畢公，宣王時則皇父。太傅，成王時初用畢公，後毛公。《顧命》毛同召畢三人。既二人爲師保，則毛爲傅矣。太保，武王、成王、康王時並召公。三少未詳，疑官不備。冢宰掌邦治，司徒掌邦教，宗伯掌邦禮，司馬掌邦政，司寇掌邦禁，司空掌邦土。六卿分職。太宰，成王時周公兼之，康王時召公兼之。司徒，成王時則芮伯，穆王時則君牙，幽王時則鄭桓公及子武公繼之。宗伯，成王時彤伯爲之。司馬，成王時畢公兼之，宣王時則程伯休父。司寇，成王時蘇公忿生，繼衛侯康叔。司空，成王時毛公兼之。凡稱公，三公兼之；稱爵，諸侯入為之。按：周制，公孤常以六卿兼之。故孟子言班爵祿，但云天子之卿，而不及公孤。所謂官不必備，惟其人，是也。《周禮》：太宰掌建邦之六典。治典以經邦國，教典以安邦國，禮典以和邦國，政典以平邦國，刑典以詰邦國，事典以富邦國。小宰以官府之六屬舉邦治。天官其屬六十，掌邦治。太宰，卿一人。小宰，中大夫二人。宰夫，下大夫四人，上士八人，中士十有六人。旅，下士三十有二人。府，六人。史，十有二人。胥，十有八人。徒，百有二十人。其餘每官皆有上中下士，以至府史胥徒，多寡之數不等。天官之屬實六十有三，曰六十者，約言之耳。下倣此。地官其屬六十，掌邦教。大司徒，卿一人。小司徒，中大夫二人。鄉師，下大夫四人，上士八人，中士十有六人。旅，下士三十有二人。府，六人。史，十有二人。胥，十有二人。徒，百有二十人。其餘每官皆有上中下士，以至府史胥徒，多寡之數不等。地官之屬實七十有八。春官其屬六十，掌邦禮。大宗伯，卿一人。小宗伯，中大夫二人。肆師，下

大夫四人，上士八人，中士十有六人。旅，下士三十有二人。府，六人。史，十有二人。胥，十有二人。徒，百有二十人。其餘每官皆有上中下士，以至府史胥徒，多寡之數不等。春官之屬實六十有九。夏官其屬六十，掌邦政。大司馬，卿一人。小司馬，中大夫二人。軍司馬，下大夫四人。輿司馬，上士八人。行司馬，中士十有六人。旅，下士三十有二人。府，六人。史，十有六人。胥，三十有二人。徒，三百有二十人。其餘每官皆有上中下士，以至府史胥徒，多寡之數不等。夏官之屬實六十有七。秋官其屬六十，掌邦刑。大司寇，卿一人。小司寇，中大夫二人。士師，下大夫四人。鄉士，上士八人，中士十有六人。旅，下士三十有二人。府，六人。史，十有二人。胥，十有二人。徒，百有二十人。其餘每官皆有上中下士，以至府史胥徒，多寡之數不等。秋官之屬實六十有四。冬官其屬六十，掌邦事。冬官篇亡，僅存《考工記》。官三十有一。大事則從其長，小事則專達。《大宰職》云：「乃施灋於官府建其正。」謂六卿之長也。「立其貳」，謂六卿之佐也。「設其考」，考，成也。佐成事者也。「陳其殷」，謂上中下士也。「置其輔」，謂府史胥徒庶人在官者也。按：周之設官，《周官》第言其綱，《周禮》三百六十則及其目。《周禮》不載三公三孤，而附見於宰夫、司士及大司寇、朝士等官。蓋公孤官不必備，惟其人，與分曹任事者不同，故不列於尋常官數耳。大宗伯以九儀之命，正邦國之位。一命，王之下士，與公侯伯之士，子男之大夫。受職。始受職事。再命，王之中士，與公侯伯之大夫，子男之卿。受服。冕服。三命，王之上士，與公侯伯之卿。受位。王朝之位。四命，王之下大夫與公之孤。受器。祭器。五命，王之大夫，出封加一等，五命爲子男。賜則。治國灋則。六命，王之卿。賜官。自置官屬，以治家邑。七命，王之卿，出封加一等，七命爲侯伯。賜國。附庸之國。八命。諸侯有功，則加一等。作牧。一州之牧。九命，王之上公，或諸侯有大功，則加一命爲九命。按：王之三公八命，出封加一等爲九命，是爲上公。又二王之後亦爲上公。然此從《周禮注疏》而云然耳。別有子曉臺伯父公一位考，見後。作伯。爲二伯，專征伐。此歷代官制之大概也。周章成云：猶是官也，有古重而後世輕者。少昊名官，首及歷正；唐堯分職，先命羲和。至於後世，星歷之屬降爲雜流矣。有古設而後世廢者。太皡以還，皆有五行之官。若句芒，若祝融，若蓐收，若玄冥，若后土。封爲上公，祀爲貴神。《左傳》少昊氏有四叔，曰重、該、脩、熙。重爲句芒，該爲蓐收，脩及熙爲玄冥。顓頊氏有子曰黎，爲祝融；共工氏有子曰句龍，爲后土。至於後世，不過借司天一家，畧寓其意。其實官之廢，則已久矣。有猶是官而分合異者。有虞之時，伯夷典禮，后夔典樂，而兵刑並掌於皐陶。至於後世，禮樂合爲一官，而兵刑分爲二矣。按：虞時以平水土、若百工各爲一官，周則同領於司空。有猶是官而統屬異者。殷之太宗、太史、太祝、太士、太卜，皆屬於太宰。其五官則有司士，無宗伯。至周則改司士爲宗伯，而祝宗卜史悉屬之矣。凡此皆設官之不同也。此上言王朝官制。

侯國官制，《書·牧誓》言御事、司徒、司馬、司空、亞旅。御事者，治事之官，總下各官而言。司徒、司馬、司空，侯國之三卿也。時武王尚爲諸侯，故止稱三卿。亞者，卿之貳，大夫五人是也。旅者，卿之屬，士二十七人是也。《立政篇》亦稱司徒、司馬、司空、亞旅。《酒誥》言圻父薄違，圻父，司馬也。主迫逐違命。農父若保，農父，司徒也。主保順萬民。宏父定辟。宏父，司空也。主定民居之法。《王制》言大國三卿，皆命於天子。次國三卿，二卿命於天子，一卿命於其君。小國二卿，皆命於其君。下大夫皆五人，上士二十七人。卿對大夫而言，則稱上大夫。大夫對卿而言，則稱下大夫。士之數，每國皆二十七人，上中下各九人。言上士者，對府史而言也。鄭注《王制》云：「以差次言之，小國亦三卿，一卿命於天子，二卿命於其君。」此文有脱誤。《周禮·大司馬》注則云：「大國三卿，次國二卿，小國一卿。」特據軍將命卿之文而云然耳。《周禮·太宰》言乃施典於邦國而建其牧，八州牧。立其監，五等諸侯。設其參，三卿。傅音附。其伍，五大夫。陳其殷，上中下士。置其輔。府史胥徒。乃施則於都鄙而建其長，長謂卿大夫，王子弟食採邑者，即畿内諸侯。立其兩，兩卿。設其伍，陳其殷，置其輔，皆是也。崔氏云：「侯國三卿，司徒兼冢宰，司馬兼宗伯，司空兼司寇。五大夫司徒之下置小宰，小司徒司空之下置小司寇、小司空，司馬之下置小司馬。」周章成云：「侯國官制，但有司徒、司馬、司空，而無太宰、宗伯、司寇。《牧誓》、《酒誥》、《立政》諸篇皆同。及考《左傳》諸國，皆有司寇，而魯有夏父弗忌爲宗伯，見文二年。《國語·單子過陳篇》稱宗祝執祀，司寇詰姦。似侯國雖無太宰，而仍有宗伯、司寇。何也？蓋宗伯、司寇，侯國本無此二官。《左傳》所言者，乃東周諸侯之所設也。古者天子一事設一官，諸侯不能備官，一人常兼二三事。故崔氏云：『司徒兼冢宰，司馬兼宗伯，司空兼司寇。』及東周時，諸侯皆帝制自爲。管仲以大夫之家，而官事不攝，況諸侯乎？然而三卿舊制，終不可没。即以《左傳》觀之：子産入陳，命司徒致民，司馬致節，司空致地。見襄二十四年。杜洩謂季孫曰：『吾子爲司徒，叔孫爲司馬，孟孫爲司空。』見昭四年。皆三卿並列，而不及宗伯、司寇。其爲添設明矣。」故侯國官制，當以《尚書》爲據，他説不足據也。侯國無太宰，惟宋爲王者之後，故有之。若吳、楚之有太宰，則僭也。《左傳·隱十一年》羽父求太宰，疏謂欲魯特設此官，而公不從，故魯卒無太宰。侯

國之禮官，但有宗人，無宗伯。其刑官但有小司寇及士師，無大司寇。侯國之有宗伯、大司寇，亦僭也。又曰：『春秋時，列國官制，紛紛不一。如晉之軍帥，忽而三，忽而四，忽而五，忽而六。魯之命卿，其初有費伯、夷伯、單伯，三伯皆天子所命。及三家專政，而三伯無聞焉。又如晉以僖侯廢司徒，宋以武公廢司空，見桓六年。是官名可更也。太宰之職，周制居六卿之首，而楚之太宰在司馬下。楚之上柱國曰令尹，其次大司馬，餘皆在司馬下。宋之太宰在六卿下，宋之六卿曰右師、左師、司馬、司徒、司城、司寇，而太宰在其下。是官階可改也。凡若此類，大抵任意立法，非古制矣。』然《春秋》於列國卿大夫，皆不書爵，獨宋則書爵者，張氏謂列國之官，皆由私命，故削其爵。惟宋統承先王，得自命官，故有司馬、司城之稱云。經書司馬，見文十五年。書司城，見文八年。此上言侯國官制。

清・金鶚《求古録禮説》卷一《五官考》　王者設官，所以代天工也，故其制必法乎天。三公以法三光，五官以法五行。《白虎通》云：『爵有三等，以法三光。五等以法五行。』其義與此略同。《禮運》謂三公在朝，三老在學，則三老與三公等。三老五更，取象三辰五行。蔡邕謂三老三人，五更五人，鄭謂老、更各一人，則不象三辰五行，其説非也。三公五官，亦象三辰五行。董子《春秋繁露》云：『五行者，五官也。』又云：『諸侯爵五，法天地之數也。』五官亦然。然則五官之制，其義至精，自周以前皆五官也。六官之制，實始於周。鄭康成謂唐虞三代皆六官，注《夏書》大傳云：『稷為天官，司徒為地官，秩宗為春官，司馬為夏官，士為秋官，共工為冬官。』鶚竊以為不然。《曲禮》云：『天子之五官曰司徒、司馬、司空、司士、司寇。』此與周官不同，當為殷制。鄭注亦謂殷制。《鄭志》焦氏答崇精，謂殷之五官，并上大宰為六官，是殷周官制不異。不知宗伯何以易為司士，大宰何以與宗祝卜史等並列？其説不可通矣。是殷時止有五官，無有六官也。昭十七年《左傳》云：『少皞氏鳥名官。祝鳩氏，司徒也。鴡鳩氏，司馬也。鳲鳩氏，司空也。爽鳩氏，司寇也。鶻鳩氏，司事也。』此少皞時，亦五官，與殷之五官，名異而實同。雖司士、司事，二者不一，然《白虎通》云：『士者，事也。』則司事即司士矣。《傳》又云：『黄帝氏以雲紀，炎帝氏以火紀，共工氏以水紀，大皞氏以龍紀。』服虔注：『黄帝以雲名官，蓋春官為青雲氏，夏官為縉雲氏，秋官為白雲氏，冬官為黑雲氏，中官為黄雲氏。炎帝以火名官，春官為大火，夏官為鶉火，秋官為西火，冬官為北火，中官為中火。』其注水名、龍名，亦以五方五色言之。此在黄帝、炎帝、共工、大皞之世，皆五官也。又二十九年《傳》云：『五行之官，是謂五官。木正曰句芒，火正曰祝融，金正曰蓐收，水正曰玄冥，土正曰后土。』又云：『少皞氏有四叔，曰重，曰該，曰修，曰熙。重為句芒，該為蓐收，修及熙為玄冥。顓頊氏有子曰黎，為祝融。共工氏有子曰句龍，為后土。』孔疏謂此五官在高陽之世。是顓頊之時亦五官也。夫上自大皞諸帝，下至於殷，皆五官，則唐虞與夏不當有異。竊意唐虞五官，以秩宗為木官，司徒為火官，士為金官，司空為水官，后稷為土官。何以知之？《吕刑》云：『伯夷降典，折民惟刑。禹平水土，主名山川。稷降播種，農殖嘉穀。三后成功，惟殷於民。士制百姓於刑之中，以教祗德。』伯夷，秩宗也。禹，司空也。棄，后稷也。皋陶，士也。惟不及契為司徒。而《堯典》言禹讓於稷、契暨皋陶。舜之命官，以司徒繼稷，則司徒必在五官之中矣。秩宗即周之宗伯，宗伯為春官。又《楚語》云：『顓頊命南正重司天以屬神。』韋昭注謂《周禮》則宗伯掌祭祀，重為木正，春為木行。是秩宗，木官也。木之性為仁，禮以仁為本，故禮官屬木。司徒掌教，教必以禮，禮於行為火。又《楚語》云：『顓頊命火正黎司地以屬民。』鄭康成、韋昭皆謂火當為北。然重為南正，亦為木正，黎為北正，亦為火正。此言重為南正，黎為火正，互文也。韋昭注謂《周禮》則司徒掌土地人民。是司徒，火官也。士即周之司寇。司寇為秋官，秋為金也。司空在周為冬官，冬為水也。后稷教民稼穡，《洪範》以稼穡屬土，是后稷土官也。此五官皆卿，為朝廷大臣。不及司馬者，二帝尚德而不尚兵，以士兼攝之也。舜言苗頑弗即功，禹言皋陶方施象刑，惟明則知。舜之所以服有苗者，但動之以禮教，輔之以刑威，而無事乎征伐也。書傳多謂禹征有苗，不可信。此所以不立司馬，與少皞、夏、殷異也。夏之五官不可考，大略當與殷同。啟大戰於甘，則必有司馬矣。《論語》舜有臣五人，即此五人是。説者數伯益而不及伯夷，失之矣。典樂為秩宗之佐，禮樂本一事也。納言為司徒之佐，禁讒説所以弼教也。虞為后稷之佐，山澤之所出，資民食用，與平地之植穀同也。共工為司空之佐，司空平水土，必有藉乎工，工之營造，多在於冬也。此四官當為中大夫，亞於五官，合之為九官，以法九星。見《逸周書》。要之以五行為重也。鄭君增以司馬，列為六，則經文明無此官。共工之官不尊，故少皞氏以五雉為五工正，不列於五官，唐虞時何得以共工列五官之內？且經文明言伯禹作司空，是冬官為司空，非共工也。鄭云：『初堯冬官為共工，舜舉禹治水，

堯知其有聖德，必成功，故改命司空，以官名寵異之，非常官也。』其説無據。稷降播種，為地事，何以為天官？此其説皆非也。古之天官皆治天事，少皞氏有鳳鳥氏為歷正，玄鳥氏司分，伯趙氏司至，青鳥氏司啟，丹鳥氏司閉，此治天事之官，其官亦有五。堯以羲和之伯分掌天地，其仲叔分掌四時，此治天事之官有六，非周之六官也。古者天與民近，故帝王皆以天事為重，而多設官以掌之。猶殷人尚鬼，建官先六大，所掌皆鬼神之事也。羲和司天，唐虞所重，其官亦當為卿，仲叔四人當為大夫。此二卿不在五官之列，天事與人事别也。至於統百官者為百揆，主諸侯者為四岳，此二官最尊，當為公。《公羊傳》謂天子三公，天子之相也。自陝而東者周公主之，自陝而西者召公主之，一相處乎內。是百揆四岳即三公也。但周有東西二伯，而唐虞四岳止一人，為異耳。鄭君謂羲、和、仲、叔四人分掌四岳為四伯，其説本《尚書大傳》，不知四岳為神農之後，羲和為重黎之後，不可混而為一。全謝山辨之詳矣。羲和為司天之官，不可兼掌四岳，且舜飭二十二人，謂四岳、九官、十二牧，此蔡氏説甚確，鄭注及僞孔傳皆非是。四岳止一人，若有四人，則不止二十有二矣。故知四岳别為一官，為三公之任也。百揆為宰相之職，爵為公，本不兼五官之事。但堯時舜宅百揆，百揆在五官之外，及舜即位，禹宅百揆，百揆在五官之中。以水土初平，司空之職猶重，在廷諸臣未得其人，故仍使禹兼之也。本蔡傳。鄭君謂司空非常官，禹宅百揆，遂廢司空。不知司空為水官，歷代有之，何可廢也？則禹以百揆兼司空明矣。然百揆雖暫兼司空，而四官仍不得與百揆並列，則與周之六官異矣。《甘誓》『大戰於甘，乃召六卿』，鄭謂即周之六卿，不知《周官》所云軍將皆命卿者，謂選將帥之才，命之以為卿，非必使大宰、司徒等六卿將之也。六卿惟司馬掌兵，其餘或非所長，且大宰至尊，不得屬於司馬。又六軍並行，則六卿悉出，國事其誰理乎？然則《甘誓》之六卿，亦謂六軍之將，其爵如卿耳，不可據此而謂夏有六官也。《逸周書·大明武解》云『順天行五官，官候厥政』，孔晁注：『五官舉大官言之。』此五官之證。《楚語》云：『古者有天地神民類物之官，謂之五官。』又一證也。天子諸侯每降殺以兩，故天子五官，諸侯則降為三。《立政》言文王之官，有司徒、司馬、司空，此在殷時，是殷諸侯三卿，與周同也。《大戴禮》云：『千乘之國列其五官。』《曾子問》亦謂：『諸侯將出，命五官而後行。』孔疏以五官為五大夫，非也。國政掌於三卿，豈有命大夫而不命卿之理？蓋諸侯三卿，為司徒、司馬、司空，其宗伯、司寇亦掌大政，故雖為大夫，而得與三卿並舉，不與小司徒等三大夫同。三卿合二大夫為五官，諸侯五官，可知天子亦五官矣。此又五官之一證也。又按董子五官之説，以司農為木官，司馬為火官，司營為土官，司徒為金官，司寇為水官，於義未安，不足取證。夫唐虞有百揆，殷有卿士，周有冢宰，皆宰相之職。但唐虞夏殷以宰相統五官，周則以宰相與五官並列為六。若去冢宰，則亦五官而已。此其監二代而損益之者也。然宰相與五官並列，不見其特尊，未及古制之盡善。後世設宰相以統百官，合乎古制，而六部尚書，又沿周制而變其名，殆失之矣。

清·牛天宿《百僚金鑑》卷一《百官原始》 天下之大，一人不能以獨理，則必分其職於臣鄰，而後明良協贊，庶績咸熙焉。三皇而上，不可考已。稽之燧皇，則有四佐焉。曰由明，曰必育，曰成博，曰隕丘，臣道之始也。嗣是有龍師龍名者矣。朱襄為飛龍氏，造書契。昊英爲潛龍氏，造甲曆。大庭為居龍氏，治廬室。昆連爲降龍氏，驅民害。陰康為土龍氏，治田里。栗陸爲水龍氏，繫草木疏，導泉源焉。有以火師火名者矣。春官為大火，夏官為鶉火，秋官為西火，冬官為北火，中官為中火焉。有以雲紀官者。黄帝時瑞雲見，則春官為青雲，夏官為縉雲，秋官為白雲，冬官為黑雲，中官為黄雲焉。以鳥紀官者。少昊時鳳鳥至，則鳳鳥氏，曆正也。玄鳥氏，司分者也。伯趙氏，司至者也。青鳥氏，司啓者也。丹鳥氏，司閉者也。祝鳩氏，司徒也。雎鳩氏，司馬也。鳲鳩氏，司空也。爽鳩氏，司寇也。鶻鳩氏，司事也。五鳩鳩民者也。五雉為九工正，利器用，正度量，宜民者也。九扈為九農正，扈民無淫者也。伏羲之五官，則春官為青龍氏，夏官為赤龍氏，秋官為白龍氏，冬官爲黑龍氏，中官為黄龍氏。而又有共工爲上相，栢皇為下相，朱襄、昊英常居左右，栗陸居北，昆連居西，赫胥居南，葛天居東，陰康居下，而天下治矣。高陽氏之五官，則重為木正，曰勾芒；該為金正，曰蓐收；修相代為水正，曰玄冥。以炎帝之子勾龍為土正，而帝之孫為火正，曰祝融。是為五官。官職權輿，大畧可考矣。

又《稽古總論》 堯之四岳九官，舜因之而致無為者，則禹為司空，棄為后稷，契為司徒，皋陶為士，垂為共工，益為虞，伯夷為秩宗，后夔典樂，龍作納言。而又肇十有二州，置十二牧焉。《明堂記》云：『有虞之官五十，夏后官百，殷官二百，周官三百。』其詳在《周官》者可也。

按《周書》云：「唐虞稽古，建官惟百。内有百揆四岳，外有州牧侯伯。庶政惟和，萬國咸寧。夏商官倍，亦克用乂。」與《明堂記》微有不同。大抵古者事簡而官省，後也事煩而官增，將有不止於三百者也。司空郎，今之工部。司徒郎，今之户部。士郎，今之刑部。共工與虞，工部之分隸也。秩宗郎，今之禮部。典樂郎，今太常。而納言又今之科道也。但古人因實而得名，今人徇名而失實，可為三嘆。

湯初置二相，以伊尹為右相，仲虺為左相。湯問於伊尹曰：「古者所以立三公、九卿、大夫、列士者，何也？」對曰：「三公明於天道者也，九卿通於地理者也，大夫通於人事者也，列士明於法度者也，三公所以參五事，九卿所以參三公，大夫所以參九卿，列士所以參大夫，是謂事宗。事宗不失，内外若一，是謂大順。」

殷紂以周侯昌、衛九侯、濮鄂侯為三公。《周書》曰：「立太師、太傅、太保為三公，論道經邦，燮理陰陽。少師、少傅、少保為三孤。二公弘化，寅亮天地。」

殷高宗夢上帝賚一良弼，乃使人以形旁求於天下。説為胥靡，築於傅巖，求得之，命以為相，以總百官，置諸左右，朝夕納誨，以受學焉。

成王中立聽政，而四聖維之。周公嘗立於前，史佚常立於後，太公常立於左，召公常立於右，是以慮無失計，而舉無過事。

按：成王沖齡嗣位，主少國疑，又值流言之變，斯亦遭家多難時也。乃前後疑丞，左右輔弼，無非正人。且四聖一心一德，同寅協恭，無相傾相軋之習，故能弼成主德，而四方賓服。後之清静相承，謀斷相資，猶有此意。至牛違李合，丁排寇竄，風斯下矣。

清・雷學淇《介菴經説》卷四《官職之異》　賈氏《正義序》於官名詳矣，而不言職事之異，殊為缺略。案：唐虞以前，民時最重。黄帝置六相，以當時明天道。少昊鳥名官，以鳳鳥為歷正。顓頊使南正重司天，火正黎司地。帝嚳合重黎為一官。顓頊時重為少昊後，黎為蚩尤後。帝嚳時重黎皆顓頊後，詳《書説》。堯之立，首命羲和。舜之立，首在璣衡。禹頒夏時於邦國，商以太史為正卿，蓋猶古志也。周則冢宰名為天官，而天時歷法皆掌於宗伯之屬。且唐虞時，禮樂二官，夔龍並重。殷建六，太宗、祝、史、士、卜皆屬於太宰，周則去五官之司士，使屬於司馬，以宗伯為六卿，使大司樂、大祝、大史、大卜皆屬於宗伯。冢宰之職，唯理財最詳，而民時之授，無一言及之，非忽之也。蓋歷數之法，夏以後綦詳，紂雖失其甲子，攝提無紀，周公於改正之初，已作周月《月令》、《時訓》等篇以正之，掌其事於太史等官，無須更如古制。此因事有治亂，道有變更，聖人因時制宜，無容心也。

清・趙佑《尚書質疑》卷上《四鄰四輔合疏》　舜命禹曰「欽四鄰」，成王命周公曰「亂爲四輔」，一義也。以其地之近則曰鄰，以其職之重則曰輔。《尚書大傳》云：「古者天子必有四鄰，前曰疑，後曰承，左曰輔，右曰弼。天子有問，無以對，責之疑。可志而不志，責之承。可正而不正，責之輔。可揚而不揚，責之弼。其爵視其卿，其禄視次國之君。」此伏義也。《孔叢子》：孟懿子問：「《書》曰『欽四鄰』，何謂也？」孔子曰：「王者前有疑，後有丞，左有輔，右有弼，謂之四近。」安國傳同，此孔義也。《禮・文王世子》云：「虞夏商周有師保，有疑丞。設四輔及三公官，不必備，惟其人。」疏：「四輔者，《書大傳》云云。」《洛誥》疏卽引《文王世子》爲説。朱子亦云：「四輔猶四鄰。」此疏義也。賈誼《新書・明堂之位》曰：「篤仁而好學，多聞而道慎，天子疑則問，應而不窮者謂之道。道者，導天子以道者也。常立於前，是周公也。誠立而敢斷，輔善而相義者謂之輔。輔者，輔天子之意者也。常立於左，是太公也。潔廉而切直，匡過而諫邪者謂之拂。拂者，拂天子之過者也。常立於右，是召公也。博聞强記，捷給而善對者謂之承。承者，承天子之遺忘者也。常立於後，是史佚也。是以成王中立聽政，而四聖維之，慮無失計而舉無過事。」此又可爲成王四輔之明証也。蔡《傳》於《益稷》曰：「鄰，左右輔弼也。」不言前後，則四鄰止二鄰。於《洛誥》曰：「漢三輔蓋本諸此。」則以洛邑爲輔，四輔止一輔。是用合爲之疏，以補其缺、正其誤焉。

清・盧秉鈞《紅杏山房聞見隨筆》卷一六《職官隨筆》　將軍之官，上古未聞。至春秋時，晉侯作二軍，公將上軍，太子申生將下軍，是將軍之文，始見於傳，而不聞以名官也。《孟子》：「魯欲使慎子爲將軍。」《墨子》：「晉有六將軍，而智伯莫强焉。」《淮南子》：「趙文子問叔向曰：晉六將軍，其孰先亡？」又《淮南子》：「魯君召子貢，授之以將軍之印。」《國語》：「鄭人以詹伯爲將軍。」《越世家》：「范蠡稱爲上將軍。」是以將軍名官。魏漢以來，特命專征之事。今則以將軍爲統領滿漢兵弁之官。

清・王紹蘭《王氏經説》卷二《師保疑丞》 紹蘭按：《白虎通・封公侯篇》：『王者所以立三公九卿何？曰：司馬主兵，司徒主人，司空主地。王者受命，爲天地人之職，故分職以置三公，各主其一，以效其功。一公置三卿，故九卿也。』此孟堅説司馬、司徒、司空之義，與今《尚書》説合。《王制》：『天子三公、九卿、二十七大夫、八十一元士。』鄭注云：『此夏制也。《明堂位》曰：夏后之官百。舉成數也。』然則今《尚書》説三公至元士凡百二十，爲夏制明矣。又鄭注《書傳》云：『后稷、司徒、秩宗、司馬、士、共工爲六卿。』見《路史・疏仡紀・夏后紀下》。是唐虞時，司徒、司馬爲六卿，不爲三公。故知司徒公、司馬公、司空公爲夏制也。《漢書・百官公卿表》：『公，夏殷亡聞焉，周官則備矣。天官冢宰，地官司徒，春官宗伯，夏官司馬，秋官司寇，冬官司空。各有徒屬職分，用於百事。太師、太傅、太保，是爲三公。蓋參天子，坐而議政，無不總統，故不以一職爲官名。又立三少爲之副，少師、少傅、少保，是爲孤卿，與六卿爲九焉。《記》曰：三公無官。言有其人然後充之。』此周制與古《周禮》説，及許氏《異義》合。

清・劉師培《左盦外集》卷一〇《春秋時代官制考》 《周禮》職官，三百六十。《明堂位》云：『有虞氏官五十，夏后氏官百，殷二百，周三百。』《周官》云：『唐虞稽古，建官惟百。夏商官倍。』《明堂位》出於漢儒，《周官》爲僞古文，雖皆不足徵，然三代官數多寡大略可見。蓋中天以降，政事愈繁，故職官愈備。周之封建最廣，而列國皆得置官，其名雖因周制，其間或爲王命，或爲自命，故官名互有不同。何以言之？郕儀父爲魯附庸，未王命不書爵，固巳。《王制》云：『大國三卿，皆命於天子。』而宣公十六年《左傳》：『王以黻冕命晉士會將中軍。』杜預《春秋釋例》云：『諸侯之卿，皆必有命，其總名爲大夫。』是列國之官，皆由周命而定。而《左傳》言使某人爲某職者，則皆自命者也。既曰出於諸侯之自命，故官名有與周制同者，又有與周制異者。且周制大國三卿，司徒兼冢宰，司馬兼宗伯，司空兼司寇；大夫五人，司徒以下有小宰、小司徒，司空以下有小司寇、小司空，司馬以下有小司馬。此固漢儒所述之周制也，若春秋時則不然。

諸侯列國，皆有六卿。又晉以三軍，而間益新軍，加以三軍之佐及新軍之佐，是有八卿。而列國大夫，其爲周制所無者，更不勝指屈。則其僭越制度，又不僅在改易官名之一端矣。如師、保、傅之稱，古無專職。如保衡、傅説，師尚父是也。《書・君奭》序言：『召公爲保，周公爲師，相成王爲左右。』鄭君以《書序》之『師、保』，即《周禮》『師氏』、『保氏』之職。蓋師、保本卑官，周、召以相臣攝其職。至於春秋，則列國皆置師、傅。如《左傳》襄公十六年言『晉以羊舌肸爲傅』；成公十八年，又言『晉士渥濁爲太傅』；文公六年，復言『晉有太傅陽子』與『太師賈佗』；襄公十九年，言『齊使高厚傅太子』，又使『夙沙衛爲少傅』；文公元年，言『楚以潘崇爲太師』；昭公十九年，又言『楚伍奢爲太子師，費無極爲少師』；襄公二十七年，言『衛公孫免餘少師』，而襄公二十六年《傳》，有『蔡太師子朝』；桓公六年《傳》，又有『隨少師』。師、傅之名略具於此。惟官職有尊卑之殊，如晉陽子、賈佗及楚潘崇，均爲一國最顯之臣，至是以外，則僅伺大夫之列，與同官師氏之職，蓋亦稍有差異矣。且列國之官又有内師，如襄公二十六年《傳》『宋寺人惠牆伊戾，爲太子内師』是也。又有左右師，如昭公二十五年《傳》，魯有『左師展』；文公七年《傳》『宋使公子成爲右師，公孫友爲左師』是也。左師在魯爲微職，而宋之左右師則爲秉政之官，且官稱左師、右師，與左右宰、左右司馬、左右尹之例大略相同，非必定爲師、保之官也。

又《周官》六職之次第，太宰爲六官之長，次爲司徒、宗伯，又次爲司馬、司寇，終以司空殿其末。而觀於《左傳》所記載，則楚之太宰在司馬之下，宋之太宰在六卿之下，皆違《周官》之制。不獨官序之違於周制也，即侯國三卿之制亦爲列國所變更。如魯有六官之名：《左傳》隱公十一年云『羽父求太宰』，文公二年云『夏父弗忌爲宗伯』，文公十八年云『季文子使司寇出之境』，而隱公二年《傳》已有『司空無駭』，昭公四年《傳》又記杜洩之言，謂『季孫爲司徒，叔孫爲司馬，孟孫爲司空』，是魯國已備六官之名矣。若謂司徒、司馬、司空係三卿之制，則成公二年《傳》記鞌地之戰，已言魯有四卿，則魯改三卿之制明矣。

若當時之晉國，則半改六官之名。如宣公十二年《傳》云『韓厥爲司馬』，襄公三年《傳》又言『張老爲中軍司馬』，定公十三年《傳》又有『上軍司馬籍秦』。周以司馬爲卿，而晉之司馬則爲軍官之屬吏，此名同而實異者也。又文公二年《傳》有『司空士穀』，成公十八年《傳》言『晉以右行辛爲司空』，此司空皆係大夫，不伺六卿之列。惟莊公二十六年《傳》『晉士爲大司空』。則身爲尊職。蓋斯時之晉國，未定軍將爲卿之制，及軍將爲卿之制

定，則司空不列於卿，此名同而權異者也。又桓公六年《傳》言『晉以僖侯廢司徒』，杜預注云：『廢爲中軍。』則春秋以前，晉國官名已改，故太宰、宗伯、司寇諸官均不見於《左傳》。蓋晉國之官，固無一不與周制立異也。

至於宋國，則六官之名又略與周制相同。如桓公二年《傳》云：『宋華督爲太宰，孔父爲司馬。』文公七年《傳》云：『宋樂豫爲司馬，鱗矔爲司徒，公子蕩爲司城，華御事爲司寇。』是太宰、司徒、司寇、司馬，宋國均設其官，而司城之名又爲司空所改。桓公六年《傳》云：『宋以武公廢司空。』杜注云：『廢爲司城。』蓋司城、司空，名可互用，司城之名不獨宋國有之也，曹國亦有司城。哀公七年《傳》云『曹伯陽使公孫彊爲司城』是也。陳國亦有司城，《孟子》『主司城貞子』是也。雖《孟子》趙注以司城爲宋卿，然《史記・孔子世家》明言『孔子適陳，主司城貞子家』，則貞子明係陳之司城，蓋列國之官多改司空爲司城者，不獨宋國有之也。猶司馬之一名司武耳。則宋國亦有司空，惟宗伯之官未見。蓋宋守古代五官之制，不獨與三卿之制殊，亦且與周室六卿之制不同，惟官名不甚懸異耳。

試更即齊國之制考之。成公二年《傳》，齊有『鋭司徒』，杜預注云：『主鋭兵者』；又有『辟司徒』，杜預注云：『主壘壁。』案『鋭兵』、『築壘』，周代司其職者，均司馬之屬官，而皆稱爲司徒，或當時司徒攝其職歟？又昭公三年《傳》，齊有『司馬竈』；成公十八年《傳》，齊以『度佐爲司寇』。其所職掌，較之周官之制，雖不能審其同異若何，然其官名則沿襲周官之舊，惟太宰、宗伯、司空未見耳。

楚雖僻處荆蠻，其職官之名亦間同於周制。如成公十六年《傳》，言楚有『太宰伯州犁』，宣公四年《傳》『楚以子越爲司馬』。自嗣以後，則司馬次於令尹，同爲尊顯之官。又觀於襄公二十五年《傳》，言『楚以蔿掩爲司馬』，下記『書土田度山林』諸事，與周制司徒、司空所掌之職又大抵相同。蓋周制分司徒、司馬、司空爲三職，楚制則司徒、司空之事併入司馬之中。此足證當時之職官損益無定制，安得謂周制盡行於列國，又安得謂列國遵用周制乎？

其他列國，如哀公十五年《傳》，衛有『司徒瞞成』；昭公二十年《傳》『衛公孟縶奪齊豹之司寇』，則衛有司徒、司寇二官。襄公十七年《傳》云『宋伐陳，獲司徒卬』；襄公二十五年《傳》云『陳有司馬桓子』，則陳有司徒、司馬二官。並有司城，見前。襄公二十年《傳》云『與蔡司馬同謀』，則蔡亦有司馬之官。又襄公十一年《傳》，鄭有『太宰石㚟』；襄公九年《傳》鄭六卿皆見；襄公十年《傳》又言『子國爲司馬，子耳爲司空，子孔爲司徒』，是鄭有太宰、司徒、司馬、司空四官，惟太宰不列於卿，與周制異。由是觀之，則列國之官制，於周制六官各有所損，不得以定制相繩也。

抑又考之《禮記・檀弓下》云：『吴侵陳，陳太宰嚭使於師。』孔疏云『與吴太宰名同而人異』是也。《論語・子罕篇》云：『太宰問於子貢。』孔安國注云：『或吴或宋，未可知也。』閻百詩《四書釋地》云：『孔子先後居陳，太宰之周屬吴，似不若屬陳。』是列國多置太宰之官。司馬亦稱司武。襄公六年《傳》載宋平曰：『司武而梏於朝』。杜注云：『司武，司馬也。』司寇亦稱司敗，陳楚有之。文公十年《傳》『子西曰：「臣歸死於司敗」』，宣公四年《傳》云『箴尹克黄自拘於司敗』，又《論語》云『陳司敗問昭公知禮』，孔安國以司敗爲官名，係陳大夫。鄭以司敗爲齊大夫名，非是。是列國多置司馬、司寇之官，惟與周制相較，或則名異而實同，或則名同而職異，此則因國而殊者也。

又文公八年《傳》，宋有『大司馬公子卬』，哀公二十六年《傳》『宋以皇非我爲大司馬』，襄公十五年《傳》『楚以蔿子馮爲子大司馬』，成公十五年《傳》『宋以向爲人爲大司寇』，莊公二十六年《傳》『晉以士蔿爲大司空』。稱『大』者，明其有稱『少』稱『小』者在也。有太宰即有少宰、左右宰，蓋因《周禮》『小宰』之名而變之者也。如成公十五年《傳》云『宋魚府爲少宰』，宣公十二年《傳》云『楚少宰如晉師』，襄公二十三年《傳》云『魯公鉏氏富，爲公左宰』，隱公四年《傳》云『衛石碏使右宰醜』，而襄公十四年《傳》復言衛有『右宰穀』，此皆太宰之副官，對於太宰而命名者也。有司馬即有少司馬、左右司馬。如昭公二十一年《傳》云『宋華貙爲少司馬』，猶《周禮》之有『小司馬』也。文公十年《傳》云『楚期思公復遂爲右司馬，子朱及文之無畏爲左司馬』，襄公二年《傳》云『公子申爲右司馬』，其稱『左』稱『右』者，亦猶左右師及左右尹之例耳，此皆司馬之屬官，對於大司馬而命名者也。有司寇即有少司寇。成公十五年《傳》云『宋鱗朱爲少司寇』，而昭公二十年《傳》又有『少司寇牼』，此亦司寇之副官，對於大司寇而命名者也。

要而論之，列國之時，各國之於六官，或借或否，其命名之同異，徵之《左傳》，猶可參稽而得也。

又 《論歷代中央官制之變遷》 中國古代之時，司天之官均與治民之

官分職。實則古代之初，無治民之官，僅有司天之官及君主之屬僚而已。司天之官，祝、宗、卜、史、巫、覡是也。君主之屬僚，侍、御、僕、從是也。三代以前，若少皞之五鳥，顓頊之重黎，堯之羲和，商之六太，皆司天之官也。若夫司民之官，其最古者則爲司徒、司馬、司寇。司徒之名起於徒役，蓋爲君王主司徒役之官，是猶秦漢之將作大匠也。司馬之名由於司僕圉之職，是猶春秋時之圉人，漢時之馬監也。司寇之名起於捍衛乘輿，攘除姦宄，慮其有害於君主也。是猶秦漢時之中尉、衛尉也。厥後易爲司民之官，遂與君主之私臣有別。

若太師、太傅、太保，古代稱爲三公。實則太師之職即《周禮》樂官之太師。古代樂官能吹律以聽軍聲，觀晉師曠可見。故君主出征必以太師參帷幄，因參預帷幄之故，遂爲王者師。昔殷末有太師、少師，而呂尚於周，亦稱師尚父。蓋以此官參預帷幄，則其職驟尊，否則僅伺身伶人之列，此《周官》所由僅列太師及師氏也。

若保、傅之名，保始於伊尹，傅始於傅説。然伊尹起於割烹，傅説起於版築，伊尹身爲媵臣，傅説刑罹胥靡。則保爲「阿保」之「保」，即《新書》所謂「長於阿保之手也」。尹爲保衡，又爲阿衡。阿保爲女師，其名即由媵臣而起。若傅字之義，近於輔，又古以傅、姆並言，傅、姆爲隨女之官，則「傅説」之「傅」亦即隨衛君主之官。蓋伊尹、傅説均以賤臣進身，爲君主所信任，身處禁闥，爲侍從之臣，因以尊寵，與後世侍中、中書相同。侍中、中書，因以微職握重權，後世遂升爲顯秩；保、傅之官，亦以小臣握重柄，後世遂升爲上公，其義一也。况傅説以刑餘之人入官，與後世閹官同，故侍服人主之側，因名曰傅，伊尹亦稱阿衡，衡即後世光禄勳之義，亦居天子近側之證也，故名之曰保衡、阿衡。厥後召公爲太保，周公爲太傅，亦以伺身禁闥之故加以此名，與漢大臣之加侍中者相符，故《周禮》僅列保氏、師氏。後儒申其義，謂三公多係兼官，其説至確。

且唐堯之時，納舜於大麓。或以大麓爲山林川澤，或以大麓爲掌録萬機。蓋堯以舜爲近臣，樞祕之事咸與舜謀，而山澤之税，其供君主之用者，亦以舜爲榷税之臣，是猶唐、明二代以閹官掌樞密，復出境以榷山澤之税也，則大麓蓋亦君主之私官。

又周代六卿，首列太宰。宰本罪人執爨之稱，宰夫諸職，下至列國，均掌割烹，而太宰以下之官，又大抵皆天子私臣，以供天子之使令。蓋太宰本係掌膳之臣，因周公爲此官，復有輔周之績，因升太宰爲首輔，以冠六卿。若膳夫以下，則仍古太宰之屬官，與序官所言天官掌治，半屬相違，可以知太宰本非顯秩矣。若殷用巫咸、巫賢，周用史佚，則又以司天之官居列尊位。故知古代無輔弼之臣，亦無治民之官。况《周禮》六官雖係成周致太平之法，然數傳以後，官制復更，故厲、宣以降，政權操於卿士，而太宰之柄轉輕，則古代之官尊卑靡定，至周代猶然。及春秋時，列國變易，官名與周官復異。凡政權所寄，其職即崇，不必以所居之官判貴賤。

如魯公子翬之名，屢書於《春秋經》，則爲魯卿無疑。而隱公十一年《傳》復言「羽父求太宰」，則魯之政權悉屬於太宰。厥後則季孫爲司徒，叔孫爲司馬，孟孫爲司空，爲魯國三卿，而太宰之官不顯。若夏父弗忌爲宗伯，文公二年。臧孫紇爲司寇，襄廿一年注。皆位列三卿之下。至莒克奔魯，季孫使司寇出諸境，則司寇猶卑，非若周官之六卿並列也。又如晉獻公時，士蔿爲大司空，尊寵用事。及襄公時，有司空士穀，則司空非卿。宋殤公時，華督爲太宰，其職甚尊。及平公時，公鉏吾等爲太宰，則職在六卿之下。蓋春秋之臣，處賤職而握重柄，則其職亦尊；處貴職而無重權，則其職亦賤。

又晉人以兵立國，則軍將爲卿，若司馬、司空，列於五吏之一，爲軍將之屬官。見王氏《經義述聞》。楚則治軍之兵與治民之官分列，故令尹、司馬同爲重職，秦代以丞相、太尉爲尊官，其制實基於此。鄭則於司馬諸官以上，另設執政之官，名曰當國，與周設卿士相同。此皆列國變周制之證也。

即官名偶與周同，其所職之事亦與《周官》相歧。如昭四年言「季孫爲司徒，實書名；叔孫爲司馬，與工正書服；孟孫爲司空，以書勳」。此則司馬之事轉屬於司空，司空之事復轉屬於司馬，其證一。成公二年齊有「鋭司徒」，杜注云：「主鋭兵者。」又有「辟司徒」，杜注云：「主辟壘者。」案此皆司馬之事，而稱爲司徒，其證二。襄公二十五年《傳》載蔿掩爲楚司馬，復有書土田度山林諸政，此皆司徒、司空所職掌，今乃轉屬於司馬，其證三。襄公九年宋災，時皇鄖爲司馬，而《傳》言「皇鄖使工正出車」，亦司馬兼治司空之事，其證四。觀此四證，則春秋官吏所職掌迥與西周不同。

其有實同而名異者，如司裘之職，易名服陶；如襄三十年「使爲君復陶」是。巾車之職，易名差車。哀六年《傳》「其御差車鮑點」。命名之義，均有可徵。

況時移世易，固有之官或不足以治當今之務，而新職以增。因交通日啓，欲通詞他國，則有執訊之官。文十七年『鄭子家使執訊而與之書』。因崇尚文詞，欲修好鄰封，則有令正之職。襄二十六年『鄭子太叔爲令正』。此則因時制宜以損益官制也。

蓋春秋之時，列國之官咸分正、師、旅爲三級。成十八年《傳》云『師不陵正，旅不逼師』，杜注云：『正，軍將命卿也。師，二千五百人之帥也。旅，五百人之帥也。』王氏《經義述聞》曰：『經傳言師旅者，有二義：一爲士卒之名，小司徒五卒爲旅，五旅爲師是也。一爲羣有司之名，宰夫掌百官之徵令，一曰正掌官法以治要，二曰師掌官成以治凡，三曰旅掌官常以治數是也。襄十年《左傳》「官之師旅，不勝其富」，其十四年《傳》「今官之師旅，無乃實有所闕」，師旅，猶言羣有司也，其大小之差，則旅卑於師，師又卑於正，故八職師旅在正之下。「師不陵正，旅不逼師」，言小不加大也。』案王氏之説其確，古代名官多沿軍人之稱，故軍官以正長、師、旅區貴賤，廷臣亦以正長、師、旅別尊卑，是猶卒正爲軍官，復爲牧伯以下諸侯之稱也。

觀《周禮》言『建其正』，則正均指長官而言。故牧正、庖正、火正諸官，夏代之時，即有此職，至於周代，厥證尤多。如《周官》僅有太卜，而《左傳》載滕侯之言曰：『我周之卜正也。』隱十一年。杜注以『卜正』爲卜官之長。蓋太卜以上，又有卜正，恒以貴臣領其事，是猶周有太僕，而穆王復命君牙爲太僕正也。又《周官・考工記》有『陶人』，而《左傳》載子產之言曰：『昔虞閼父爲周陶正，以服事我先王。』則陶正爲陶官之長，猶之卜正爲卜官之長也。試更即春秋時代之官名考之。《周官》有『遂人』、『遂大夫』，而《左傳》襄七年言『魯叔仲昭伯爲隧正』，孔疏謂即遂人。九年言『宋使隧正納郊保』，則隧正爲隧官之長矣。《周官》有『鄉大夫』，而左傳襄九年《傳》言『宋二師令四鄉正敬享』，則鄉正爲鄉官之長矣。莊二十二年《傳》『齊使敬仲爲工正』，宣四年『楚蔿賈爲工正』，襄九年言『宋使工正出車』，則工正爲工官之長矣。成公二年《傳》『魯賜晉侯正一命之服』，候正者，候官之長也。候官，如《周禮》『候人』之類。成十八年《傳》言『晉弁糾御戎，校正屬焉』，襄九年《傳》言『宋命校正出馬』，校正者，馬官之長也。昭二十五年《傳》言『魯郈魴假使臧會爲賈正』，賈正者，賈官之長也。『正』與『尹』同。楚多以尹名官，若令尹、左尹、右尹、王尹、工尹、環列尹，均爲中央之官，而守土之吏，亦稱縣尹，如揚豚尹、囂尹、武城尹、連尹之屬，皆以地名官，蓋亦地方之長官也。宋有大尹，哀二十六年《傳》『宋司城欲去大尹』。鄭有右尹，襄十九年《傳》『鄭子革爲右尹』。亦爲長官之稱，與楚官同。又如晉有九宗五正，鄭公孫僑爲少正。五正者，五官之長也。少正者，杜注以爲鄭卿官，蓋亦長官之稱也。魯有少正卯，少正亦爲官名，與鄭少正相同。此皆正爲長官之證也。

若官之以師名者，『官』、『師』二字均從『𠂤』。則春秋之時，晉有輿師，成二年《傳》『魯賜晉司馬、司空、輿師、候正、亞旅皆受一命之服』。魯有工師，定公十年《傳》『郈工師駟赤』。杜注云：『工師，掌工匠之官也。』鄭有馬師，襄公三十年《傳》云『鄭公孫鉏爲馬師』，案馬師與楚監馬尹同。而鄭、宋、衛三國均有褚師，昭二年『鄭子皙請以印爲褚師』，杜注：『市官。』又襄二十年《傳》，宋有『褚師段』，哀八年《傳》有『褚師肥』，昭公二十年《傳》有『衛褚師圃』。而魯亦有左師。昭二十五年『左師展』。蓋左師猶之左尹，與『師保』之『師』不同。與樂官之師亦不同。觀左氏襄三十年《傳》言晉有『絳縣大夫』，又『命絳縣老人爲絳縣師』，則師位亞於大夫，大夫即縣正，此師次於正之證。

若官之以旅名者，則晉於輿師、候正之下，厥有亞旅。亞旅之名本於《牧誓》，在司事千夫長、百夫長之上，則旅非尊官，故凡以旅名官者，均較正師爲賤。師旅以下，則稱曰人，或稱曰氏。氏者，官宿其業者也；人者，微者之稱也。《春秋》職官之稱氏者，惟史氏、匠氏。若饔人，此魯官也。昭二十五年《傳》有『饔人檀』。獸人，此楚官也。宣十二年《傳》云『獸人無乃不給於鮮』。府人、庫人，此鄭官也。昭十八年《傳》云『府人、庫人各儆其事』。宰人，此魯官也。哀三年《傳》『使宰人出禮書』，案《周禮》：『內宰，掌書版圖之治』，此『掌禮書』殆亦內宰之流亞歟。虞人，此齊官也。昭二十年《傳》『齊侯招虞人以弓』。迹人，此宋官也。哀十四年《傳》曰：『迹人來告。』宗人，此魯官也。哀二十四年《傳》『使宗人釁夏獻其禮』。候人，此楚官也。宣十二年《傳》『豈敢辱候人』。正僕人，此楚官。昭十三年《傳》『楚正僕人』。校人此魯官也。哀三年『校人乘馬』。之屬，均稱曰人。

此列國區別官級之大略也。自此以外，若晉有公族、餘子、公行，楚有莫敖、右領，秦有庶長、不更，多與他國相殊。蓋晉啓夏政，楚宅蠻中，秦處西

陲，故設官分職，不盡取法於周。然《左氏》注疏，均以《周禮》爲説，蓋非觀其同，無以悉其異。且《左氏》所言典禮，半屬周公成法，周公設官之精意，多散見於《左氏傳》中，此《左氏傳》所由與《周官》相輔也。

藝文

明・王世貞《弇州山人四部續稿》卷四　唐虞建官百，夏商始加倍。周官固兼攝，迺不為禄計。王畿僅千里，紛紛錯採地。但讀妖莽書，可望亡新治。為食裁冗官，省官仍省事。任怨理則然，曲徇反成累。

清・蔣士銓《忠雅堂文集》卷一三《讀史》　我讀唐虞書，命官各有專。子孫世厥職，家學承其先。一事不易任，兼攝何能全。後來分途科，借求天下賢。人各有不能，忝竊眞强顔。不學而備位，倉卒難免旃。黠吏上下手，每每操微權。宋明兵戈際，用人尤可憐。一將當八面，調遣如循環。人才一何少，庸豎爭其間。豈無遯世翁，山中掩柴關。斧斤既莫及，朽爛同曲拳。只今論世者，讀史興長歎。

雜録

唐・杜佑《通典》卷一九《官數》　唐六十員，虞六十員。《尚書》云『建官惟百』。鄭玄云：『虞官六十，唐官未聞。堯舜同道，或皆六十。并屬官而言，則皆有百。』〇夏百二十員。《尚書》云『夏商官倍』，則當二百。鄭玄曰：『百二十。』〇殷二百四十員。《明堂位》『二百』。鄭玄曰：『二百四十。』〇周六萬三千六百七十五員。內二千六百四十三人，外諸侯國官六萬一千三十二人。按《禮記・王制》計之，殷制同。

又《設官沿革》　黄帝：六相。堯有十六相。為之輔相，不必名官。

少昊：司徒、前漢嘗加大，後漢又加大。司馬、項羽加大，漢以後曰大，後周又加大。司空、前漢加大，改御史大夫為之。後周又加大。司寇。後周有內司寇卿，後又加大。

唐：羲和、羲仲、羲叔、和仲、和叔、州牧。

虞：太師、太保、納言、隋及大唐嘗改侍中為之。后稷、秩宗、士、共工、虞。

夏：九卿。

商：太宰、晉、宋、齊、梁、陳改太師為之。太宗、太史、太祝、太士、太卜、司士、司土、司木、司水、司草、司器、司貨、太子太師、太子太保、太子太傅、太子少傅、方伯。

周：太傅、少師、少保、冢宰、後周加大。宗伯、後周加大。內史、秦置內史，治京師，如諸郡守。後周有內史中丞大夫。隋改中書為內史監令。大唐亦嘗以中書為內史。太僕正、至漢為太僕。梁為卿。大唐嘗為司馭卿，又嘗為司僕卿。大將軍、自戰國時楚置。前後左右將軍。周末置。

宋・葉適《賢良進卷》卷三《官法中》　冗官之説曰：古者民淳事簡，天下不勞而治，後世益薄，事日以繁，而天下難理，故設官有多寡之異。唐虞百官，夏商倍之，周倍夏商，後世之官無數，此其驗也。雖然，古事何必簡，今事何必繁？天下之時一也。夫黄帝以前，鴻荒簡略者，非謂其果無事也。乃其已遠，無所考見，故不可得而知。自黄帝至於堯舜，當其時，聖人在上，天下衆務繁多，而聖賢以身任之，汲汲皇皇，以及於老死而不敢倦。所條理天下之事，匹夫小民之私，無不究者，安在其必簡且淳耶？後世因上古之治，而未嘗自為，聽其廢壞缺絶，而不知為修補之政。禮樂教化維持之具，疏漏脱略，不足以望上世之萬一，獨其文字期會，為差多耳。夫因書籍記載之久近多寡，而遽以煩簡議古今，可乎？且其已有人民、國家、教法、殺伐，是不可一日無事。而謂古事之獨簡也，何哉？豈非榮古而陋今，乃論者之通患歟？夫唐虞官百，蓋特設其大者耳。內有百揆，外有州牧侯伯，所以比聯綱紀，其上下者已悉備矣，雖後世不能益也。唯其屬官貳事，天子之所不自置者，後世乃稍稍增之。夏商雖不可見，而周之六官，所以四倍於唐虞者，皆其屬也。夫禹周行天下，以治九州之水，而稷、契、皋陶九官十二牧之任，豈其一人而僕僕焉自為之乎？其勢非數百千人之屬共之，不能給也。夫以郡縣等諸侯，以辟置視除授，三者既相直矣。而獨舉其大官，則唐虞之數，固不能特減於今世，此易見也。彼其天下萬國，君臣官吏之衆，乃當數倍於今世，而論者不知其本，徒欲執百官之數，以尊唐虞、病夏商、陋秦漢，豈不過歟？

明・馬明衡《尚書疑義》卷六《立政》　『宅乃事，宅乃牧，宅乃準』，此

三事，古今治天下之大綱領也。三代官制，雖各不同，然實不出此三事而已。此言事、牧、準，未嘗指定官名，蓋統體舉此三事，亦不必以事即為常任，牧即為常伯，準即為準人也。常伯、常任、準人，固不出此三事。但周家制度官名，如下文更有許多，亦何莫非此三事耶？故此三事，舉其總統道理，而官制則隨時損益，咸不出此三事之外也。夫事者，任事者也。言任事，則凡大小任事之臣皆舉之矣。牧者，養人者也。言養人，則凡大小養人之臣皆舉之矣。準者，正人者也。言正人，則凡大小正人之臣皆舉之矣。夫天以天下付之人君，人君以繼天立極而治天下，使斯民皆得其養，皆得其正，皆得其事，又豈復有他道哉？特為人上者，非有聰明之實，不無好惡之偏。所以於是三者，多不能得其道理之安。不得其道理之安，則名為養民，實以厲民；名為正民，實以淫民；名為立事，實以隳事。是名為君而實不稱其為君矣。此湯武應天順人，其義在此。而周公所以拳拳於成王者，亦惟三事為至切也。後世論治者，許多煩文，無補於事。將聖人言語，大略誦過，其知三事為治天下之道者，十有四五焉。又知端本澄源，宅乃三事者，百無二三焉。嗚呼！尚何望其能復古人之治耶？

清·顧炎武《菰中隨筆·歷代相傳治縣職官異同之圖》

夏殷周　長　佐　屬

周制，百里爲縣，有縣正。　正

春秋　宰　公　尹　大夫

古縣大郡小，故邑長曰宰、曰尹、曰公、曰大夫。

清·陸隴其《三魚堂賸言》卷二　《莊二十六年》：『晉士蔿為大司空。』孔《疏》云：『晉自文公以後，世為盟主，征伐諸國。卿以軍將為名，司空非復卿官，故《文二年》司空士縠，非卿也。雖則非卿，職掌不異。成十八年《傳》曰：「右行辛為司空，使修士蔿之法。」是其典事同也。』觀此知當時官制變革，名同寔異。

傳說時代官制部

綜述

《尚書·堯典》　乃命羲和，欽若昊天，歷象日月星辰，敬授人時。分命羲仲宅嵎夷，曰暘谷，寅賓出日，平秩東作。日中星鳥，以殷仲春，厥民析，鳥獸孳尾。申命羲叔宅南交，平秩南訛，敬致。日永星火，以正仲夏。厥民因，鳥獸希革。分命和仲宅西，曰昧谷。寅餞納日，平秩西成，宵中星虛，以殷仲秋。厥民夷，鳥獸毛毨。申命和叔宅朔方，曰幽都。平在朔易，日短星昴，以正仲冬。厥民隩，鳥獸氄毛。帝曰：『咨，汝羲暨和！期三百有六旬有六日，以閏月定四時成歲。允釐百工，庶績咸熙。』帝曰：『疇咨若時？登庸。』放齊曰：『胤子朱啓明。』帝曰：『吁！嚚訟，可乎？』帝曰：『疇咨若予采？』驩兜曰：『都！共工方鳩僝功。』帝曰：『吁！静言庸違，象恭滔天。』帝曰：『咨！四岳：湯湯洪水方割，蕩蕩懷山襄陵，浩浩滔天，下民其咨，有能俾乂？』僉曰：『於，鯀哉！』帝曰：『吁！咈哉！方命圮族。』岳曰：『异哉！試可，乃已。』帝曰：『往，欽哉！』九載，績用弗成。【略】舜曰：『咨！四岳，有能奮庸熙帝之載，使宅百揆，亮采惠疇？』僉曰：『伯禹作司空。』帝曰：『俞。』咨，禹：『汝平水土，惟時懋哉！』禹拜稽首，讓於稷、契暨皋陶。帝曰：『俞，汝往哉！』

帝曰：『棄：黎民阻飢，汝后稷，播時百穀。』帝曰：『契：百姓不親，五品不遜，汝作司徒，敬敷五教，在寬。』帝曰：『皋陶，蠻夷猾夏，寇賊姦宄，汝作士，五刑有服，五服三就，五流有宅，五宅三居，惟明克允。』帝曰：『疇若予工？』僉曰：『垂哉！』帝曰：『俞。』咨，垂：『汝共工。』垂拜稽首，讓於殳斨暨伯與。帝曰：『俞。往哉！汝諧。』帝曰：『疇若予上下草木鳥獸？』僉曰：『益哉！』帝曰：『俞。』咨，益：『汝作朕虞。』益拜稽首，讓於朱虎、熊羆。帝曰：『俞。往哉！汝諧。』帝曰：『咨四岳：有能典朕三禮？』僉曰：『伯夷。』帝曰：『俞。』咨，伯：『汝作秩宗，夙夜惟寅，直哉惟清。』伯拜稽首，讓於夔、龍。帝曰：『俞。往，

欽哉！」

帝曰：「夔，命汝典樂，教胄子。直而温，寬而栗，剛而無虐，簡而無傲。詩言志，歌永言，聲依永，律和聲，八音克諧，無相奪倫，神人以和。」夔曰：「於，予擊石拊石，百獸率舞。」帝曰：「龍，朕堲讒説殄行，震驚朕師。命汝作納言，夙夜出納朕命，惟允。」

又《呂刑》 皇帝哀矜庶戮之不辜，報虐以威，遏絶苗民，無世在下。乃命重、黎，絶地天通，罔有降格。【略】乃命三后，恤功於民：伯夷降典，折民惟刑；禹平水土，主名山川；稷降播種，農殖嘉穀。三后成功，惟殷於民。士制百姓，於刑之中，以教祗德。

《左傳·僖公十七年》 秋，郯子來朝，公與之宴。昭子問焉，曰：「少皞氏鳥名官，何故也？」郯子曰：「吾祖也，我知之。昔者黄帝氏以雲紀，故為雲師而雲名；炎帝氏以火紀，故為火師而火名；共工氏以水紀，故為水師而水名；太皞氏以龍紀，故為龍師而龍名。我高祖少皞摯之立也，鳳鳥適至，故紀於鳥，為鳥師而鳥名。鳳鳥氏，歷正也。玄鳥氏，司分者也。伯趙氏，司至者也。青鳥氏，司啓者也。丹鳥氏，司閉者也。祝鳩氏，司徒也。鴡鳩氏，司馬也。鳲鳩氏，司空也。爽鳩氏，司寇也。鶻鳩氏，司事也。五鳩，鳩民者也。五雉為五工正，利器用，正度量，夷民者也。九扈，為九農正，自顓頊以來，不能紀遠，乃紀於近，為民師而命以民事，則不能故也。」

又《昭公二十九年》 秋，龍見於絳郊。魏獻子問於蔡墨曰：「吾聞之，蟲莫知於龍，以其不生得也。謂之知，信乎？」對曰：「人實不知，非龍實知。古者畜龍，故國有豢龍氏，有御龍氏。」獻子曰：「是二氏者，吾亦聞之，而不知其故，是何謂也？」對曰：「昔有飂叔安，有裔子曰董父，實甚好龍，能求其耆欲以飲食之，龍多歸之，乃擾畜龍，以服事帝舜。帝賜之姓曰董，氏曰豢龍，封諸鬷川。鬷夷氏，其後也。故帝舜氏世有畜龍。及有夏孔甲，擾於有帝，帝賜之乘龍，河、漢各二，各有雌雄。孔甲不能食，而未獲豢龍氏。有陶唐氏既衰，其後有劉累，學擾龍於豢龍氏，以事孔甲，能飲食之。夏后嘉之，賜氏曰御龍，以更豕韋之後。龍一雌死，潛醢以食夏后，夏后饗之，既而使求之，懼而遷於魯縣，范氏其後也。」獻子曰：「今何故無之？」對曰：「夫物，物有其官，官修其方，朝夕思之，一日失職，則死及之。失官不食，官宿其業，其物乃至。若泯棄之，物乃坻伏，鬱湮不育。故有五行之官，是謂五官，實列受氏姓，封為上公，祀為貴神。社稷五祀，是尊是奉。木正曰句芒，火正曰祝融，金正曰蓐收，水正曰玄冥，土正曰后土。龍，水物也。水官棄矣，故龍不生得。不然，《周易》有之，在乾䷀之姤䷫曰『潛龍勿用』，其同人䷌曰『見龍在田』，其大有䷍曰『飛龍在天』，其夬䷪曰『亢龍有悔』，其坤䷁曰『見羣龍無首吉』，坤之剥䷖曰『龍戰於野』。若不朝夕見，誰能物之？」獻子曰：「社稷五祀，誰氏之五官也？」對曰：「少皞氏有四叔，曰重、曰該、曰脩、曰熙，實能金、木及水。使重為句芒，該為蓐收，脩及熙為玄冥，世不失職，遂濟窮桑，此其三祀也。顓頊氏有子曰犂，為祝融；共工氏有子曰句龍，為后土。此其二祀也。后土為社。稷，田正也。有烈山氏之子曰柱為稷，自夏以上祀之。周棄亦為稷，自商以來祀之。」

《國語·魯語上》 昔烈山氏之有天下也，其子曰柱，能殖百穀百蔬。夏之興也，周棄繼之，故祀以為稷。共工氏之伯九有也，其子曰后土，能平九土，故祀以為社。黄帝能成命百物，以明民共財。顓頊能修之，帝嚳能序三辰以固民，堯能單均形法以儀民，舜勤民事而野死，鯀鄣洪水而殛死，禹能以德修鯀之功，契為司徒而民輯，冥勤其官而水死，湯以寬治民而除其邪，稷勤百穀而山死。

又《楚語下》 昭王問於觀射父曰：「《周書》所謂重、黎實使天地不通者，何也？若無然，民將能登天乎？」對曰：「非此之謂也。古者民神不雜。民之精爽不攜貳者，而又能齊肅衷正，其知能上下比義，其聖能光遠宣朗，其明能光照之，其聰能聽徹之，如是則明神降之，在男曰覡，在女曰巫。是使制神之處位次主，而為之牲器時服，而後使先聖之後之有光烈，而能知山川之號、高祖之主、宗廟之事、昭穆之世、齊敬之勤、禮節之宜、威儀之則、容貌之崇、忠信之質、禋絜之服，而敬恭明神者，以為之祝。使名姓之後，能知四時之生、犧牲之物、玉帛之類、采服之儀、彝器之量、次主之度、屏攝之位、壇場之所、上下之神、氏姓之出，而心率舊典者為之宗。於是乎有天地神民類物之官，是謂五官，各司其序，不相亂也。民是以能有忠信，神是以能有明德，民神異業，敬而不瀆，故神降之嘉生，民以物享，禍災不至，求用不匱。及少皞之衰也，九黎亂德，民神雜糅，不可方物。夫人作享，家為巫史，無有要質。民匱於祀，而不知其福。烝享無度，民神同位。民瀆齊盟，無有嚴威。

神狎民則，不蠲其為。嘉生不降，無物以享。禍灾薦臻，莫盡其氣。顓頊受之，乃命南正重司天以屬神，命火正黎司地以屬民，使復舊常，無相侵瀆，是謂絶地天通。其後，三苗復九黎之德，堯復育重黎之後，不忘舊者，使復典之。以至於夏、商，故重、黎氏世敘天地，而別其分主者也。』

《孟子·滕文公上》 當堯之時，天下猶未平，洪水横流，氾濫於天下，草木暢茂，禽獸繁殖，五穀不登，禽獸偪人，獸蹄鳥跡之道，交於中國。堯獨憂之，舉舜而敷治焉。舜使益掌火，益烈山澤而焚之，禽獸逃匿。禹疏九河，瀹濟漯，而注諸海。決汝漢，排淮泗，而注之江。然後中國可得而食也。當是時也，禹八年於外，三過其門而不入。雖欲耕，得乎？后稷教民稼穡，樹藝五穀，五穀熟而民人育，人之有道也。飽食煖衣，逸居而無教，則近於禽獸。聖人有憂之，使契為司徒，教以人倫。父子有親，君臣有義，夫婦有別，長幼有序，朋友有信。放勳曰：『勞之來之，匡之直之，輔之翼之，使自得之，又從而振德之。』聖人之憂民如此，而暇耕乎？

《荀子·成相篇》 禹勞心力堯有德，干戈不用三苗服。舉舜甽畝，任之天下身休息。得后稷，五穀殖，夔爲樂正鳥獸服。契為司徒，民知孝弟。

《呂氏春秋》卷一七《審分覽·勿躬》 大橈作甲子，黔如作虜首，容成作曆，羲和作占日，尚儀作占月，后益作占歲，胡曹作衣，夷羿作弓，祝融作市，儀狄作酒，高元作室，虞姁作舟，伯益作井，赤冀作臼，乘雅作駕，寒哀作御，王冰作服牛，史皇作圖，巫彭作醫，巫咸作筮。此二十官者，聖人之所以治天下也。

又 卷二三《慎行論·察傳》 魯哀公問於孔子曰：『樂正夔一足，信乎？』孔子曰：『昔者舜欲以樂傳教於天下，乃令重黎舉夔於草莽之中而進之，舜以為樂正，夔於是正六律，和五聲，以通八風，而天下大服。』

《逸周書·嘗麥解》 昔天之初，□作二后，乃設建典，命赤帝分正二卿，命蚩尤於宇少昊，以臨四方，司□□上天末成之慶。蚩尤乃逐帝，爭於涿鹿之河，九隅無遺。赤帝大懾，乃説於黃帝，執蚩尤，殺之於中冀。以甲兵釋怒，用大正順天思序，紀於大帝，用名之曰絶轡之野。乃命少昊請司馬鳥師，以正五帝之官，故名曰質。天用大成，至於今不亂。

《管子·五行·短語十五》 昔者黃帝得蚩尤而明於天道，得大常而察於地利，得奢龍而辯於東方，得祝融而辯於南方，得大封而辯於西方，得后土而辯於北方。黃帝得六相而天地治，神明至。蚩尤明乎天道，故使爲當時。大常察乎地利，故使爲廩者。奢龍辨乎東方，故使爲土師。祝融辨乎南方，故使爲司徒。大封辨於西方，故使爲司馬。后土辨乎北方，故使爲李。是故春者，土師也。夏者，司徒也。秋者，司馬也。冬者，李也。昔黃帝以其緩急，作五聲，以政五鍾，令其五鍾。一曰青鍾大音，二曰赤鍾重心，三曰黃鍾灑光，四曰景鍾昧其明，五曰黑鍾隱其常。五聲既調，然后作立五行以正天時，五官以正人位。人與天調，然后天地之美生。

又 《法法·外言七》 舜之有天下也，禹爲司空，契爲司徒，皋陶爲李，后稷爲田。

《文子·自然》 昔堯之治天下也，舜爲司徒，契爲司馬，禹爲司空，后稷爲田疇，奚仲爲工師。

漢·伏勝《尚書大傳》卷二 舜攝時，三公、九卿、百執事，此堯之官也。故使百官事舜。

《史記》卷一《五帝本紀》 （黃帝）官名皆以雲命，為雲師。置左右大監，監於萬國。萬國和，而鬼神山川封禪與為多焉。獲寶鼎，迎日推策。舉風后、力牧、常先、大鴻以治民。【略】帝堯者，放勳。其仁如天，其知如神。就之如日，望之如雲。富而不驕，貴而不舒。黃收純衣，彤車乘白馬。能明馴德，以親九族。九族既睦，便章百姓。百姓昭明，合和萬國。乃命羲、和，敬順昊天，數法日月星辰，敬授民時。分命羲仲，居鬱夷，曰暘谷。敬道日出，便程東作。日中，星鳥，以殷中春。其民析，鳥獸字微。申命羲叔，居南交。便程南為，敬致。日永，星火，以正中夏。其民因，鳥獸希革。申命和仲，居西土，曰昧谷。敬道日入，便程西成。夜中，星虛，以正中秋。其民夷易，鳥獸毛毨。申命和叔，居北方，曰幽都。便在伏物。日短，星昴，以正中冬。其民燠，鳥獸氄毛。歲三百六十六日，以閏月正四時。信飭百官，衆功皆興。堯曰：『誰可順此事？』放齊曰：『嗣子丹朱開明。』堯曰：『吁！頑凶，不用。』堯又曰：『誰可者？』讙兜曰：『共工旁聚布功，可用。』堯曰：『共工善言，其用僻，似恭漫天，不可。』堯又曰：『嗟，四岳，湯湯洪水滔天，浩浩懷山襄陵，下民其憂，有能使治者？』皆曰鯀可。堯曰：『鯀負命毀族，不可。』嶽曰：『异哉，試不可用而已。』堯於是聽嶽用鯀。九歲，功用不成。【略】讙兜進言共工，堯曰不可而試之工師，共工果淫辟。四岳舉

鯀治鴻水，堯以為不可，嶽彊請試之，試之而無功，故百姓不便。【略】舜得舉用事二十年，而堯使攝政。攝政八年而堯崩。三年喪畢，讓丹朱，天下歸舜。而禹、皋陶、契、后稷、伯夷、夔、龍、倕、益、彭祖自堯時而皆舉用，未有分職。於是舜乃至於文祖，謀於四嶽，辟四門，明通四方耳目，命十二牧論帝德，行厚德，遠佞人，則蠻夷率服。舜謂四嶽曰：『有能奮庸美堯之事者，使居官相事？』皆曰：『伯禹為司空，可美帝功。』舜曰：『嗟，然！禹，汝平水土，維是勉哉。』禹拜稽首，讓於稷、契與皋陶。舜曰：『然，往矣。』舜曰：『棄，黎民始飢，汝后稷播時百穀。』舜曰：『契，百姓不親，五品不馴，汝為司徒，而敬敷五教，在寬。』舜曰：『皋陶，蠻夷猾夏，寇賊奸軌，汝作士，五刑有服，五服三就；五流有度，五度三居：維明能信。』舜曰：『誰能馴予工？』皆曰垂可。於是以垂為共工。舜曰：『誰能馴予上下草木鳥獸？』皆曰益可。於是以益為朕虞。益拜稽首，讓於諸臣朱虎、熊羆。舜曰：『往矣，汝諧。』遂以朱虎、熊羆為佐。舜曰：『嗟！四嶽，有能典朕三禮？』皆曰伯夷可。舜曰：『嗟！伯夷，以汝為秩宗，夙夜維敬，直哉維靜絜。』伯夷讓夔、龍。舜曰：『然。以夔為典樂，教穉子，直而溫，寬而栗，剛而毋虐，簡而毋傲；詩言意，歌長言，聲依永，律和聲，八音能諧，毋相奪倫，神人以和。』夔曰：『於！予擊石拊石，百獸率舞。』舜曰：『龍，朕畏忌讒說殄偽，振驚朕衆，命汝為納言，夙夜出入朕命，惟信。』舜曰：『嗟！女二十有二人，敬哉，惟時相天事。』三歲一考功，三考絀陟，遠近衆功咸興。分北三苗。

此二十二人咸成厥功：皋陶為大理，平，民各伏得其實；伯夷主禮，上下咸讓；垂主工師，百工致功；益主虞，山澤辟；棄主稷，百穀時茂；契主司徒，百姓親和；龍主賓客，遠人至；十二牧行而九州莫敢辟違；唯禹之功為大，披九山，通九澤，決九河，定九州，各以其職來貢，不失厥宜。

漢·孔鮒《孔叢子》卷一《論書》 魯哀公問：『《書》稱夔曰：「於！予擊石拊石，百獸率舞，庶尹允諧。」何謂也？』孔子對曰：『此言善政之化乎物也。古之帝王，功成作樂，其功善者其樂和，樂和則天地且猶應之，况百獸乎？夔為帝舜樂正，實能以樂盡治理之情。』

漢·劉安《淮南子》卷六《覽冥訓》 昔者黄帝治天下，而力牧、太山稽輔之。以治日月之行律，治陰陽之氣，節四時之度，正律歷之數，別男女，異雌雄，明上下，等貴賤，使強不掩弱，衆不暴寡，人民保命而不夭，歲時熟而不凶，百官正而無私，上下調而無尤，法令明而不闇，輔佐公而不阿。

又 卷一一《齊俗訓》 故堯之治天下也，舜爲司徒，契爲司馬，禹爲司空，后稷爲大田師，奚仲爲工。

漢·劉向《説苑》卷一《君道》 當堯之時，舜為司徒，契為司馬，禹為司空，后稷為田疇，夔為樂正，倕為工師，伯夷為秩宗，皋陶為大理，益掌敺禽。堯體力便巧，不能為一焉。堯為君，而九子為臣，其何故也？堯知九職之事，使九子者各受其事，皆勝其任，以成九功，堯遂成厥功，以王天下。

漢·楊雄《法言》卷七《重黎篇》 或問：『南正重司天，北正黎司地，今何僚也？』曰：『近羲近和。』『孰重孰黎？』曰：『羲近重，和近黎。』

漢·王符《潛夫論》卷八《五德志》 伏羲其相日角，世號太皞，都於陳。其德木，以龍紀，故為龍師而龍名。【略】後嗣姜嫄，履大人迹，生姬棄。厥相披頤，爲堯司徒，又主播種，農植嘉穀。堯遭水災，萬民以濟，故舜命曰后稷。初，烈山氏之有天下也，其子曰柱，能植百穀，故立以爲稷。【略】有神龍首出常羊，感妊姒，生赤帝魁隗。身號炎帝，世號神農，代伏羲氏。其德火紀，故為火師而火名。【略】大電繞樞炤野，感符寶，生黄帝軒轅，代炎帝氏。其相龍顏，其德土行。以雲紀，故為雲師而雲名。【略】大星如虹，下流華渚，女節夢接，生白帝摯青陽，世號少皞，代黄帝氏，都於曲阜。其德金行。其立也，鳳皇適至，故紀於鳥。鳳鳥氏，曆正也。玄鳥氏，司分者也。伯趙氏，司至者也。青鳥氏，司啟者也。丹鳥氏，司閉者也。祝鳩氏，司徒也。雎鳩氏，司馬也。尸鳩氏，司空也。爽鳩氏，司寇也。鶻鳩氏，司事也。五鳩鳩民者也。五雉為五工正，利器用，夷民者也。是故作書契，百官以治，萬民以察。有才子四人，曰重，曰該，曰脩，曰熙，實能金木及水。故重為勾芒，該為蓐收，脩及熙為玄冥。恪恭厥業，世不失職，遂濟窮桑。後嗣脩紀，見流星，意感生白帝文命戎禹。其耳參漏，為堯司空，主平水土，命山川，畫九州，制九貢。功成，賜玄珪，以告勳於天。【略】搖光如月正白，感女樞幽防之宫，生黑帝顓頊。其相駢幹。身號高陽，世號共工，代少皞氏。其德水行，以水紀，故為水師而水名。承少皞衰，九黎亂德，乃命重黎討訓服，曆象日月，東西南北。【略】共工氏有子曰勾龍，能平九土，故號后土。死而爲社，天下祀之。娀簡吞燕卵生子契，爲堯司徒，職親百姓，順五品。

《孔子家語》卷四《辯物》　郯子朝魯，魯人問曰：『少昊氏以鳥名官，何也？』對曰：『吾祖也，我知之。昔黄帝以雲紀官，故爲雲師而雲名。炎帝以火，共工以水，大昊以龍，其義一也。我高祖少昊摯之立也，鳳鳥適至，是以紀之於鳥，故爲鳥師而鳥名。自顓頊氏以來，不能紀遠，乃紀於近，爲民師而命以民事，則不能故也。』

晉・皇甫謐《帝王世紀》卷一　力牧、常先、大鴻、神農皇鉅封直人鎮、大山稽、鬼臾區、封胡、孔甲等，或以爲師，或以爲將，分掌四方，各如己視，故號曰黄帝四目。又使岐伯嘗味百草，典醫療疾。今《經方》、《本草》之書咸出焉。其史倉頡，又取象鳥跡，始作文字。史官之作，蓋自此始。記其言行，策而藏之，名曰書契。【略】黄帝以風后配上臺，天老配中臺，五聖配下臺，謂之三公。其餘知天、規紀、地典、力牧、常先、封胡、孔甲等，或以爲師，或以爲將。【略】黄帝四史官，沮誦、倉頡、隸首、孔甲。

宋・佚名《古三墳書・山墳・太古河圖代姓紀》　後二成二十二易草木木枯月，命臣飛龍氏造六書，後草木一易枉月，命臣潛龍氏作甲曆。伏制犧牛，治金成器，教民炮食，易九頭爲九牧，因尊事爲禮義，因龍出而紀官，因鳳來而作樂。命降龍氏和率萬民，命水龍氏平治水土，命火龍氏炮冶器用，因居方而置城郭，天下之民號曰天皇太昊。

又　《天皇伏羲氏皇策辭》　後一易草木，皇曰：『命子英居我潛龍之位，主我陰陽甲曆，咨於四方上下，無或差。』英曰：『依其法，亦順君無念哉。』皇曰：『無爲。』後二十二易草木，昊英氏進曆於君，曰：『曆起甲寅。』皇曰：『甲日寅辰，木王於卯。』乃於衆於傳教臺，告民示始。甲寅易二月，天皇升傳教臺，乃集生民，后女媧子無懷，俑民之右。上相共工，下相皇桓，飛龍朱襄氏，潛龍昊英氏，居君左右。粟陸氏居北，赫胥氏居南，昆連氏居西，葛天氏居東，陰康氏居下，九州之牧各統其人，群居於外。皇曰：『咨予上相共工，我惟老極無為，子惟扶我正道，咨告於民，俾知甲曆，日月歲時自茲始，無或不記，子勿怠。』共工曰：『工居君臣之位，無有勞，君其念哉。』皇曰：『下相皇桓，我惟老極無爲，子惟扶我正道，撫愛下民，同力咨告於民，俾知甲曆，日月歲時，自茲始，無或不記，子其勿怠。』桓曰：『居君臣之位，無有勞，君其念哉。』皇曰：『粟陸，子居我水龍之位，主養草木，開道泉源，無或失時，子其勿怠。』陸曰：『竭力於民，君其念哉。』皇曰：『大庭主我屋室，視民之未居者，喻之借力，同搆其居，無或寒凍。』庭曰：『順民之辭。』皇曰：『陰康，子居水土，俾民居處，無或漂流，勤於道達於下。』康曰：『順君之辭。』皇曰：『渾沌，子居我降龍之位，惟主於民。』皇曰：『昆連，子主我刀斧，無俾野獸羲虎之類傷殘生命，無俾同類大力之徒區逐微弱，子其伏之。』連曰：『專主兵事，君無念哉。』皇曰：『四方之君，咸順我辭，則世無害。惟愛於民，則位不危。』皇曰：『子無懷安，惟安於民。民安子安，民危子危。子其念哉。』

明・孫瑴輯《古微書》卷五《尚書刑德放》　益為司馬，卨為司徒，禹為司空，聖帝即位，三公象三能矣。

又　卷六《春秋元命包》　堯為天子，季秋下旬，夢白帝遺吾馬喙子，其母曰扶始，升高丘，睹白帝，上有雲虎感己，生皋陶。堯聘索扶始問之，如堯言，徵與語，明於刑法，罪次終始，故立皋陶為大理。

又　卷二六《論語摘輔象》　燧人出天，四佐出洛，明由曉升級，必育受稅役，成博受古諸，隕丘受延嬉。伏羲六佐出世，金堤主化俗，鳥明主建福，視默主災惡，紀通爲中職，仲起爲海陸，陽侯爲江海。黄帝七輔，州選舉，翼佐帝德，風后受金法，天老受天籙，五聖受道級，知命受糾俗，窺紀受變復，地典受州絡，力墨受準斥。

論　説

唐・孔穎達《尚書正義》卷一《堯典》　《楚語》云：『少昊氏之衰，九黎亂德，人神雜擾，不可方物。顓頊受之，乃命南正重司天以屬神，火正黎司地以屬民，使復舊常，無相侵瀆。其後三苗復九黎之惡，堯復育重黎之後，不忘舊者，使復典之，以至於夏商。』據此文，則自堯及商，無他姓也。堯育重黎之後，是此羲和可知。是羲和為重黎之後，世掌天地之官，文所出也。《呂刑》先重後黎，此文先羲後和，揚子《法言》云：『羲近重，和近黎。』是羲承重而和承黎矣。《呂刑》稱『乃命重黎』，與此命羲和為一事也。故《呂刑傳》云：『重即羲也，黎即和也。』羲和雖別為氏族，而出自重黎，故《呂刑》以重黎言之。《鄭語》云『為高辛氏火正』，則高辛亦命重黎。故鄭玄於此注云：『高辛氏世命重為南正司天，黎為火正司地。』據世掌之文，用《楚語》

為說也。《楚世家》云：『重黎為帝嚳火正，能光融天下，帝嚳命曰祝融。共工氏作亂，帝嚳使重黎誅之而不盡，帝乃以庚寅日誅重黎，而以其弟吳回為重黎，復居火正為祝融。』案昭二十九年《左傳》稱少昊氏有子曰重，顓頊氏有子曰黎，則重黎二人各出一帝，而《史記》并以重黎為楚國之祖，吳回為重黎，以重黎為官號，此乃《史記》之謬。故束皙譏馬遷并兩人以為一，謂此是也。《左傳》稱重為句芒，黎為祝融，不言何帝使為此官。但黎是顓頊之子，其為祝融，必在顓頊之世。重雖少昊之胤，而與黎同命，明使重為句芒，亦是顓頊時也。祝融火官，可得稱為火正，句芒木官，不應號為南正。且木不主天，火不主地。而《外傳》稱顓頊命南正司天，火正司地者，蓋使木官兼掌天，火官兼掌地。南為陽位，故掌天謂之南正。黎稱本官，故掌地猶為火正。鄭荅趙商云：『先師以來，皆云火掌為地，當云黎為北正。』孔無明說，未必然也。昭十七年《左傳》，郯子稱少昊氏以鳥名官，自顓頊以來，乃命以民事。句芒、祝融皆以人事名官，明此當顓頊之時也。《傳》言少昊氏有四叔，當為後代子孫，非親子也。何則？《傳》稱共工氏有子曰句龍，共工氏在顓頊之前，多歷年代，豈復共工氏親子，至顓頊時乎？明知少昊四叔，亦非親子。高辛所命重黎，或是重黎子孫，未必一人能歷二代。又高辛前命後誅，當是異人。何有罪而誅，不容列在祀典，明是重黎之後，世以重黎為號。所誅重黎，是有功重黎之子孫也。《呂刑》說羲和之事，猶尚謂之重黎，況彼尚近重黎，何故不得稱之？以此知異世重黎，號同人別。顓頊命重司天，黎司地，羲氏掌天，和氏掌地，其實重黎羲和通掌之也。此云『乃命羲和欽若昊天』，是羲和二氏共掌天地之事，以乾坤相配，天地相成，運立施化者天，資生成物者地，天之功成，其見在地。故下言日中星鳥之類，是天事也。平秩東作之類，是地事也。各分掌其時，非別職矣。案《楚語》云：『重司天以屬神，黎司地以屬人。』天地既別，人神又殊。而云『通掌之』者，《外傳》之文，說《呂刑》之義，以為少昊之衰，天地相通，人神雜擾，顓頊乃命重黎分而異之，以解絕地天通之言，故云『各有所掌』。天地相通，人神雜擾，見其能離絕天地，變異人神耳，非即別掌之。下文別序所掌，則羲主春夏，和主秋冬，俱掌天時，明其共職。彼又言至於夏商，世掌天地。《胤征》云：『羲和湎淫，廢時亂日。』不知日食，羲和同罪。明其世掌天地，共職可知。顓頊命掌天地，惟重黎二人，堯命羲和，則仲叔四人者，以羲和二氏，賢者既多，且後代稍文，故分掌其職事，四人各職一時，兼職方岳，以有四岳，故用四人。顓頊之命重黎，惟司天地，主岳與否不可得知。設令亦主方岳，蓋重黎二人分主東西也。馬融、鄭玄皆以此命羲和者，命為天地之官。下云分命、申命為四時之職，天地之與四時，於周則冢宰、司徒之屬，六卿是也。孔言此舉其目，下別序之，則惟命四人，無六官也。下《傳》云：『四岳即羲和四子。』《舜典傳》稱禹、益六人，新命有職，與四岳十二牧凡為二十二人。然新命之六人，禹命為百揆，契作司徒，伯夷為秩宗，皋陶為士，垂作共工，亦禹、契之輩，即是卿官。卿官之外，別有四岳，四岳非卿官也。孔意以羲和非是卿官，別掌天地，但天地行於四時，四時位在四方，平秩四時之人，因主方岳之事，猶自別有卿官，分掌諸職。《左傳》稱少昊氏以鳥名官，五鳩氏即周世之卿官也。五鳩之外別有鳳鳥氏，曆正也。班在五鳩之上。是上代以來，皆重曆數。故知堯於卿官之外，別命羲和掌天地也。於時羲和似尊於諸卿，後世以來，稍益卑賤。《周禮》太史掌正歲年以序事，即古羲和之任也。桓十七年《左傳》云：『日官居卿以底日。』猶尚尊其所掌。周之卿官，明是堯時重之，故特言『乃命羲和』。

又 《春秋左傳注疏》卷四八《昭公十七年》 黃帝以上四代，用雲火水龍紀事，其官之名必用雲火水龍為之，但書典散亡，更無文紀其名，不可復知，故杜不復委說。唯有縉雲見《傳》，疑是黃帝官耳。服虔云：『黃帝以雲名官，蓋春官為青雲氏，夏官為縉雲氏，秋官為白雲氏，冬官為黑雲氏，中官為黃雲氏。炎帝以火名官，春官為大火，夏官為鶉火，秋官為西火，冬官為北火，中官為中火。共工以水為官，春官為東水，夏官為南水，秋官為西水，冬官為北水，中官為中水。大皞以龍名官，春官為青龍氏，夏官為赤龍氏，秋官為白龍氏，冬官為黑龍氏，中官為黃龍氏。』此皆事無所見，苟出胸腸。少皞鳥紀，不以五方名官，焉知彼四代者，皆以四時五方名官乎？以縉為赤色，則云夏官為縉雲，焉知餘方不更為之目，而直指青黃為名也？以天文有大火，鶉火，即云春為大火，夏為鶉火，其餘何故直以西北名火也？此皆虛而不經，故不可採用。

唐·賈公彥《周禮正義》卷首《周禮正義序》 夫天育蒸民，無主則亂。立君治亂，事資賢輔。但天皇地皇之日，無事安民。降自燧皇，方有臣矣。是以《易通卦驗》云：『天地成位，君臣道生，君有五期，輔有三名。』注云：

『三名，公、卿、大夫。』又云：『燧皇始出，握機矩表計，寘其刻曰：蒼牙通靈，昌之成。孔演命，明道經。』注云：『拒燧皇，謂人皇。在伏羲前，風姓，始王天下者。』《斗機》云：『所謂人皇九頭，兄弟九人，別長九州者也。』是政教君臣，起自人皇之世。至伏羲因之，故《文耀鉤》云：『伏羲作《易》名官者也。』又案《論語撰考》云：『黃帝受地形，象天文，以制官。』伏羲已前，雖有三名，未必具立官位。至黃帝，名位乃具。是以《春秋緯命曆序》云：『有九頭紀，時有臣，無官位尊卑之別。』燧皇伏羲既有官，則其間九皇六十四氏有官明矣。但無文字以知其官號也。案《左傳・昭十七年》云：『秋，郯子來朝，公與之宴。昭子問焉，曰：「少皞氏鳥名官，何故也？」』杜氏注云：『少皞金天氏，黃帝之子，己姓之祖也。』郯子曰：『吾祖也，我知之。昔者黃帝氏以雲紀，故為雲師而雲名。』注云：『黃帝軒轅氏，姬姓之祖也。黃帝受命有瑞雲，故以雲紀事，百官師長皆以雲為名，號縉雲氏，蓋其一官也。』『炎帝氏以火紀，故為火師而火名。』注云：『炎帝神農氏，姜姓之祖也。亦有火瑞，以火紀事，名百官也。』『共工氏以水紀，故為水師而水名。』注云：『共工以諸侯霸有九州者，在神農前，大皞後。亦受水瑞，以水名官也。』『大皞氏以龍紀，故為龍師而龍名。』注云：『大皞伏羲氏，風姓之祖也。有龍瑞，故以龍命官也。』『我高祖少皞摯之立也，鳳鳥適至，故紀於鳥，故為鳥師而鳥名。』又云：『鳳鳥氏，歷正之類。』又以五鳥、五鳩、九扈、五雉竝為官長，亦皆有屬官，但無文以言之。若然，則自上以來，所云官者，皆是官長，故皆云師以目之。又云：『自顓頊以來，不能紀遠，乃紀於近。』是以少皞以前，天下之號象其德，百官之號象其徵。顓頊以來，天下之號因其地，百官之號因其事。事即司徒、司馬之類是也。若然，前少皞氏言祝鳩氏為司徒者，本名祝鳩，言司徒者，以後代官況之。自少皞以上，官數略如上說。顓頊及堯官數，雖無明說，可略而言之矣。案《昭二十九年》魏獻子曰：『社稷五祀，誰氏之五官？』蔡墨對曰：『少皞氏有四叔，曰重，曰該，曰脩，曰熙，實能金木及水。使重為句芒，該為蓐收，脩及熙為玄冥，世不失職，遂濟窮桑，此其三祀也。』注云：『窮桑，帝少皞之號也。』『顓頊氏有子曰犂，為祝融。共工氏有子曰句龍，為后土。此其二祀也。后土為社稷，田正也。有烈山氏之子曰柱，為稷。自夏以上祀之。周棄亦為稷，自商以來祀之。』故《外傳》犂為高辛氏之火正。此皆顓頊時之官也。案《鄭語》云：『重犂為高辛氏火正。』故《堯典》注：『高辛氏之世，命重為南正司天，犂為火正司地。』以高辛與顓頊相繼無隔，故重犂事顓頊，又事高辛。若稷、契與禹事堯，又事舜。是以《昭十七年》服注「顓頊」之下云：『春官為木正，夏官為火正，秋官為金正，冬官為水正，中官為土正。』高辛氏因之，故《傳》云：『遂濟窮桑。』窮桑，顓頊所居，是度顓頊至高辛也。若然，高辛時之官，唯有重、犂及春之木正之等，不見更有餘官也。至於堯、舜，官號稍改。《楚語》云：『堯復育重犂之後。』重犂之後，即羲和也。是以《堯典》云：『乃命羲和。』注云：『高辛之世，命重為南正司天，犂為火正司地。堯育重犂之後，羲氏、和氏之子賢者，使掌舊職天地之官。亦紀於近，命以民事。其時官名，蓋曰稷、司徒。』是天官，稷也。地官，司徒也。又云：『分命羲仲，申命羲叔，分命和仲，申命和叔，使分主四方。』注：『仲叔亦羲和之子。堯既分陰陽四時，又命四子為之官。掌四時者字曰仲叔，則掌天地者其曰伯乎？』是有六官。案下『驩兜曰共工』注：『共工，水官也。』至下舜求百揆，禹讓稷、契暨咎繇。『帝曰：「棄，黎民阻饑，汝后稷播時百穀。」』注：『稷，棄也。初，堯天官為稷。』又云：『帝曰：「契，百姓不親，汝作司徒。」』又云：『帝曰：「咎繇，汝作士。」』此三官是堯時事。舜因禹讓，述其前功。下文云：『舜命伯夷為秩宗。』舜時官也。以先後參之，唯無夏官之名。以餘官約之，《夏傳》云司馬在前。又後代況之，則羲叔為夏官，是司馬也。故『分命仲叔』注云：『官名。蓋春為秩宗，夏為司馬，秋為士，冬為共工，通稷與司徒，是六官之名見也。』鄭玄分陰陽為四時者，非謂時無四時官，始分陰陽為四時，但分高辛時重犂之天地官，使兼主四時耳。而云『仲叔』，故云『掌天地者其曰伯乎』。若然，《堯典》云『伯禹作司空』，四時官不數之者，鄭云：『初，堯冬官為共工。舜舉禹治水，堯知其有聖德，必成功，故改命司空。以官名寵异之，非常官也。至禹登百揆之任，捨司空之職為共工與虞。故曰「垂作共工，益作朕虞」是也。』案《堯典》又云：『帝曰：「疇咨若時登庸？」』鄭注云：『堯末時，羲和之子皆死，庶績多闕而官廢。當此之時，驩兜、共工更相薦舉。』下又云：『帝曰：「四岳，湯湯洪水，有能俾乂？」』鄭云：『四岳，四時之官，主四岳之事。始羲和之時，主四岳者謂之四伯。至其死，分岳事置八伯，皆王官。其八伯唯驩兜、共工、放齊、骨玄四人而已。其餘四人，無文可知。』案《周官》云：『唐虞稽古，建官惟百，

内有百揆四岳。』則四岳之外，更有百揆之官者。但堯初天官為稷，至堯試舜天官之任，謂之百揆，舜即真之後，命禹為之，即天官也。案《尚書傳》云：『惟元祀巡狩四岳八伯。』注云：『舜格文祖之年，堯始以羲和為六卿。春、夏、秋、冬者，并掌方岳之事，是為四岳，出則為伯。其後稍死，驩吅、共工求代，乃置八伯。』元祀者，除堯喪，舜即真之年。九州言八伯者，據畿外八州。鄭云：『畿内不置伯，鄉遂之吏主之。』案《明堂位》云：『有虞氏官五十，夏后氏官百，殷二百，周三百。』鄭注云：『有虞氏官蓋六十，夏百二十，殷二百四十，周三百六十。不得如此《記》也。』《昏義》云：『三公，九卿，二十七大夫，八十一元士。』鄭云：『蓋夏制。』依此差限，故不從《記》文。但虞官六十，唐則未聞。堯舜道同，或皆六十，并屬官言之，則皆有百。故成王《周官》云『唐虞建官惟百』也。若然，自高陽已前，官名略言於上。至於帝嚳，官號略依高陽，不可具悉。其唐虞之官，惟四岳、百揆與六卿。又《堯典》有典樂、納言之職。至於餘官，未聞其號。

唐・李涪《刊誤》卷上《侍中僕射官號》　宓羲氏以龍名官，神農氏以火，黄帝以雲，少昊氏以鳥。自顓頊已降，而名以民事，又以五行為官。卨作司徒，敬敷五教；禹作司空，以平水土。周則以春、夏、秋、冬配為官名。伏以古者命官，以天地、四時、五行、雲龍為號者，皆上稟天時，下達人事，見聖人垂意，未有不急於惠民者也。

宋・洪邁《容齋四筆》卷二《黄帝李法》　《漢書・胡建傳》『黄帝李法』，蘇林曰：『獄官名也。』《天文志》『左角李，右角將』，顔師古曰：『李者，法官之號也。其書曰《李法》。』《唐世系表》：『李氏自皋陶為堯大理，歷虞、夏、商，世世作此官。以官命族，為理氏。至紂之時，逃難於伊侯之墟，食木子得全，遂改理為李氏。』予按：今本《漢書・天文志》『騎官左角理』，乃用『理』字。而《史記・天官書》則為『李』。《説苑》載胡建事，亦為理法。然則『理』、『李』一也。故《左傳》數云『行李往來』，杜預注曰：『行李，使人也。』至鄭子産與晋盟於平丘，則曰『行理之命』，注亦云：『行理，使人通聘問者。』其義益明。皋陶作大理，傳子孫不改，迨商之季，幾千二百年，世官久任，倉氏庫氏不足道矣。表系疑不可信。

清・王懋竑《讀書記疑》卷六《史》　《左傳》郯子所言少昊氏官名甚古，至太昊以龍名官，炎帝以火名官，黄帝以雲名官，皆未詳其名。今《外紀》所載諸官名，如蒼龍、赤龍、大火、西火之類，殊鄙淺，疑後人所撰也。

清・王鳴盛《尚書後案》卷一《堯典》　昭公二十九年《左傳》，蔡墨對魏獻子曰：『五行之官，是謂五官。木正曰勾芒，火正曰祝融，金正曰蓐收，水正曰玄冥，土正曰后土。少皞氏有四叔，曰重，曰該，曰修，曰熙，實能金木及水。使重爲句芒，該爲蓐收，修及熙爲玄冥。此其三祀也。顓頊氏有子曰犂，爲祝融。共工氏有子曰句龍，爲后土。此其二祀也。』案：四叔是少皞子孫，非一時也。何則《傳》稱共工有子曰句龍，共工在顓頊前，多歷年代，豈復共工親子，與顓頊子同時命官？知少皞四叔，亦非皆親子也。《傳》稱重爲句芒等，不言何帝使爲此官。考《楚語》觀射父對昭王云：『少皞氏之衰也，九黎亂德，顓頊受之，乃命南正重司天以屬神，火正黎司地以屬民。』知命爲五官，俱是當顓頊之時也。重黎當顓頊之時，既爲勾芒祝融之官，其後卽以重黎爲號。故歷至高辛之世，再居此職。《鄭語》史伯對桓公曰：『黎爲高辛氏火正，以淳耀惇大命曰祝融。』是也。黎如此，則重可知。惟重黎又官高辛氏之世，故康成於此文注云：『高辛氏世命重爲南正司天，黎爲火正司地。』蓋據《鄭語》而爲之説。《楚語》觀射父又云：『其後三苗復九黎之惡，堯復育重黎之後，不忘舊者，使復典之，以至夏商。』則卽指此堯命羲和之事也。鄭、馬皆以此命羲和爲天地之官，下分命申命爲四時之職。天地四時，卽周之六卿。《傳》則以此命羲和，卽是下文四子，此總舉，而下別序之耳。説與鄭、馬異。鄭、馬是也。舜命禹爲百揆，契爲司徒，伯夷爲秩宗，棄爲司馬，皋陶爲作士，垂為共工，其職略與《周禮》合。此内有守舊職者，有新命者，大約皆因堯之舊制，則堯有六卿可知。堯之六卿，使稷、契輩爲之者，乃其晚年事。其始則居六卿者，羲和及羲仲、羲叔、和仲、和叔也。後人併六人以爲四，又執泥治歷，謂羲和等不過星曆專家，遂覺與《周禮》六卿不合，而堯命官大事，因以湮没不見。不知欽若、敬授、平秩、析因等，已該括《周禮》六卿職掌在内，竝非專司占侯。故知鄭、馬説是也。堯在位年久，居六卿之官者，當不一其人，官制亦屢有改易。觀下文舜命禹等，蓋堯時冬官本名共工，後禹治水有功，改名為司空，以寵異之。舜即位後，命禹為天官，由司空升宅百揆，因舍司空之職，仍為共工與虞。其先則天官自名后稷，不名百揆。居之者棄也。棄之前居之者，則羲伯也。禹讓稷、契、皋陶，而舜於三人無所命，但述其前功以美之。仍使禹宅百揆，不聽其讓。鄭

與僞孔説皆如此，最為精確。蓋棄為后稷，契為司徒，皋陶爲作士，俱堯時事，非舜即位後事故耳。然契之前則為地官司徒者，即舜慎五典，鄭注『試以司徒』是也。舜之前爲司徒者，則和伯也。皋陶之前，則為秋官作士者，乃和仲也。春官秩宗，伯夷為之。伯夷以前，則羲仲為之。冬官共工，垂為之。垂之前，禹為之。禹之前，鯀爲之。鯀之前，則和叔為之。惟后稷即天官，今禹升天官，則禹已爲后稷矣。時棄不知為何官，是以鄭據《中候》及《刑德放》文，以為夏官司馬。然棄之前為夏官者，則羲叔也。此皆鄭義也。然堯在位年久，居六卿者，尚不止此數人。故『共工方鳩僝功』下，鄭注又以共工其人名氏未聞，先祖居此官，即以官氏。又云：『堯末羲和等死，驩兜等更相薦舉。』又云：『分四岳為八伯，居之者有驩兜等。』云云。然則羲和等已死後，棄契等未來之前，中間如鯀，可知其曾爲共工。而驩兜、共工、放齊三人，雖不知其為何官，要約計之，皆爲六卿，且有以六卿兼攝八伯者也。

又《蛾術編》卷七一《六官始顓頊》　昭十七年《傳》：『黄帝氏以雲紀，故爲雲師而雲名。炎帝氏以火紀，故爲火師而火名。共工氏以水紀，故爲水師而水名。太皞氏以龍紀，故爲龍師而龍名。』孔《疏》：『四代官名，不可復知。惟縉雲見《左傳》，疑是黄帝官耳。』服虔曰：『黄帝春官爲青雲氏，夏官爲縉雲氏，秋官爲白雲氏，冬官爲黑雲氏，中官爲黄雲氏。』炎帝春官爲大火，夏官爲鶉火，秋官爲西火，冬官爲北火，中官爲中火。共工春官爲東水，夏官爲南水，秋官爲西水，冬官爲北水，中官爲中水。太皞春官爲青龍氏，夏官爲赤龍氏，秋官爲白龍氏，冬官爲黑龍氏，中官爲黄龍氏。此皆事無所見，不可採用。《傳》又云：『少皞立，鳳適至，故紀於鳥，爲鳥師而鳥名。鳳鳥氏，曆正也。玄鳥氏，司分者也。伯趙氏，司至者也。青鳥氏，司啓者也。丹鳥氏，司閉者也。祝鳩氏，司徒也。雎鳩氏，司馬也。鳲鳩氏，司空也。爽鳩氏，司寇也。』孔《疏》：『當時名官，直爲鳥名而已。曆正以下，皆以後代之官，所掌之事託言之。』《傳》又曰：『五雉爲五工正。』孔《疏》：『賈逵曰：西方曰鷷雉，攻木之工也。東方曰鶅雉，摶埴之工也。南方曰翟雉，攻金之工也。北方曰鵗雉，攻皮之工也。伊洛而南曰翬雉，設色之工也。』案：賈所言出《考工記》，是後世之書，少皞時工未必如此。《傳》又曰：『自顓頊以來，不能紀遠，乃紀於近，爲民師而命以民事。』賈《疏》：『少皞以前，天子之號象其德，百官之號象其徵。顓頊以來，天子之號因其地，百官之號因其事。』事即司徒、司馬之類也。然則六官之名，始於顓頊。

鶴壽案：上古之官名，載諸篇籍者多矣。崔實《政論》云：『太昊設九庖之官。』杜佑《通典》云：『黄帝立四監，以治萬國。』李官見於《兵法》，陶正聞有甯封。沮誦、倉頡爲左右史，容成造曆，大撓作甲子，孔甲銘盤盂，亦皆史官也。《司馬相如賦》注云：『岐伯，黄帝太醫。』《張衡賦》注云：『太容，黄帝樂師。』然非經典所載，未可信也。《春秋左氏傳》蔡墨曰：『五行之官，是爲五官。實則受氏姓，封爲上公，祀爲貴神。社稷五祀，是尊是奉。木正曰勾芒，火正曰祝融，金正曰蓐收，水正曰玄冥，土正曰后土。』魏獻子曰：『社稷五祀，誰氏之五官也？』對曰：『少皞氏有四叔，曰重，曰該，曰修，曰熙，實能金木及水。使重爲勾芒，該爲蓐收，修及熙爲玄冥，世不失職，遂濟窮桑。顓頊氏有子曰犂，爲祝融。共工氏有子曰句龍，爲后土。后土爲社稷，田正也。有烈山氏之子曰柱，爲稷。』《漢·百官公卿表》云：『自顓頊以來，爲民師而命以民事，有重黎、勾芒、祝融、后土、蓐收、玄冥之官。』今案：此木正、火正、金正、水正、土正、田正，凡六官名，皆顓頊以來之制。先生謂顓頊六官，即司徒司馬之類，未知然否。

清・黄以周《禮書通故》卷三四《職官禮通故二》　《春秋左氏傳》：郯子曰：『昔者黄帝氏以雲紀，故為雲師而雲名。炎帝氏以火紀，故為火師而火名。共工氏以水紀，故為水師而水名。大皞氏以龍紀，故為龍師而龍名。』服虔云：『黄帝以雲紀，蓋春官為青雲氏，夏官為縉雲氏，秋官為白雲氏，冬官為黑雲氏，中官為黄雲氏。炎帝以火名官，春官為大火，夏官為鶉火，秋官為西火，冬官為北火。』云云。以周案：自大皞至黄帝，其官制不可考。《史記》言黄帝立五行，於是有五官。《管子・五行篇》：『黄帝立五行以正天時，五官以正人位。五官各七十二日而畢。』《呂氏春秋》亦有是語。此服注皆以五方五色言之，是上古之世，皆立五官也。又案：黄帝之官已不可考，其軼見他説者，黄帝置左右大監，見《史・黄帝紀》。立四監，見《通典》。置李官，見《兵法》。置左右史，見《世本》注。有大醫，見《漢・司馬相如傳》張揖注。有樂師，見《文選・張衡〈思玄賦〉》注。

『我高祖少皞摯之立也，鳳鳥適至，故紀於鳥，為鳥師而鳥名。鳳鳥氏，歷正者也。玄鳥氏，司分者也。伯趙氏，司至者也。青鳥氏，司啓者也。丹鳥氏，司閉者也。』杜預云：『上四鳥皆歷正之屬官。』以周案：此治天事之官，在五官之外者也。堯以羲和之伯分掌天地，其仲叔分掌四時，在五官之外。《曲禮》所記天子建天官，先六大，亦在五官之外，并與少皞氏同。

『祝鳩氏，司徒也。雎鳩氏，司馬也。鳲鳩氏，司空也。爽鳩氏，司寇也。鶻鳩氏，司事也。五鳩鳩民者也。』以周案：此為治民事之官，即《曲禮》所謂天子之五官，在天官之後者也。司徒司馬云云者，以後世之官釋之，非當時又有是名也。

『五雉為五工正，利器用，正量度，夷民者也。九扈為九農正，扈民無淫者也。』以周案：此猶《曲禮》所謂天子之六工，又在五官之後者也。

《春秋左氏傳》蔡墨曰：『五行之官，是謂五官。木正曰句芒，火正曰祝融，金正曰蓐收，水正曰玄冥，土正曰后土。少皞有四叔，曰重，曰該，曰修，曰熙。重為句芒，該為蓐收，修及熙為玄冥。顓頊氏有子曰黎，為祝融。共工氏有子曰句龍，為后土。』以周案：《傳》稱為句芒等，不言何帝。考《楚語》，觀射父對昭王曰：『少皞之衰也，九黎亂德，顓頊受之，乃命南正重司天以屬神，火正黎司地以屬民。』據此，則是在顓頊之世矣。顓頊既立重黎等為五官，其後即以重黎為號。故歷高辛之世，再居此職。《鄭語》史伯對桓公曰：『黎為高辛氏火正，曰祝融。』是也。鄭注《尚書》亦云：『高辛氏之世，命重為南正司天，黎為火正司地。』是則自少皞至高辛，亦皆立五官也。右上古官制。

《虞書》『乃命羲和』、『分命羲仲和仲』、『申命羲叔和叔』，馬融云：『羲氏掌天官，和氏掌地官，四子掌四時。』鄭玄云：『堯育重黎之後，羲氏、和氏之子，賢者使掌舊職天地之官。其時官名蓋曰稷、司徒。此命羲和者，命為天地之官。下云分命、申命，為四時之職。天地四時，於周則冢宰、司徒之屬，六卿是也。』偽《孔傳》云：『此命羲和，舉其目，下別序之。』以周案：據馬、鄭注，並以羲和為六官。鄭注『羲仲』云：『掌四時曰仲叔，掌天地其曰伯乎？』偽《孔傳》從今文家說，以乃命羲和，即是下文四子。此總舉而下別言之，則是止有四官矣。但羲和六官，却非稷司徒等官。稷司徒等官，治民事者也。羲和六官，治天事者也。堯命羲和伯仲叔以治天事，猶少皞之有五鳥諸官也。又有稷司徒等官以治民事，猶少皞之有五鳩諸官也。自鄭注合而為一，申其義者遂謂契之前為司徒者和伯，皋之前為士者和仲，伯夷以前為秩宗者羲仲。共工即冬官垂為之，垂之前禹為之，禹之前和叔為之。后稷即天官，棄為之。禹升天官，則為后稷。時棄為夏官司馬。憑肊立説，全無證佐。《楚語》觀射父曰：『堯復育重黎之後，不忘舊者，使復典之，以至夏商。故重黎世叙天地，而別其分主者也。』羲和為重黎之後，自唐至商，代典其職不替。夏中康時，羲和廢時亂日，雖為允侯所征，亦非絶其世，故觀射父有此語。而謂堯育重黎之後，舜即位，即以五臣代之而失其官，大無稽矣。

鄭玄云：『春為秩宗，夏為司馬，秋為士，冬為共工，通稷與司徒，是六官之名見也。』金鶚云：『唐虞五官，秩宗為木官，司徒為火官，士為金官，司空為水官，后稷為土官。《呂刑》言伯夷、禹、稷三后成功，士教祇德。伯夷，秩宗也。禹，司空也。棄，后稷也。皋陶，士也。惟不及契為司徒。而《堯典》名官，以司徒繼稷，則司徒必在五官之中矣。秩宗即周之宗伯。《楚語》「顓頊命南正重司天以屬神」，韋注謂《周禮》則宗伯掌祭祀。重為木正，春為木行，是秩宗，木官也。司徒掌教，教必以禮。禮於行為火。《楚語》「顓頊命火正黎司地以屬民」，韋注謂《周禮》則司徒掌土地人民，是司徒，火官也。士即周之司寇，為秋官，金也。司空在周為冬官，冬為水也。后稷教民稼穡，稼穡屬土，是后稷，土官也。此五官皆以法五行。不及司馬者，二帝尚德不尚兵，以士兼攝之也。《論語》「舜有臣五人」，即此五人。自説者數伯益，不及伯夷，失之矣。典樂為秩宗之佐，禮樂本一事也。納言為司徒之佐，禁讒説所以弼教也。虞為后稷之佐，共工為司空之佐。此四官當為中大夫，亞於五官。合之為九官，以法九星。要之以五行為重也。鄭君增以司馬，列為六，則經文無此官。共工之官不等，故少皞氏以五雉為五官正不列於五官。唐虞時何得以共工列五官之內？且經文明言伯禹作司空，是冬官為司空，非共工也。稷降播種，為地事，何以為天官？此其説皆非也。』以周案：《虞書》九官，首敘司空、后稷、司徒、士，已舉五官之四。下及共工為司空之屬，朕虞為后稷之屬。次敘秩宗為五官之五。下及典樂、納言，為秩宗之屬。舜所命九官，合之實五官。當時史臣紀事，固秩如也。虞無司馬，觀舜命皋陶之辭，則司馬實兼於士。《太平御覽・職官部》引《尚書大傳》曰：『百姓不親，五品不訓，則責諸司徒。蠻夷猾夏，寇賊姦宄，則責之司馬。』則皋陶作士，兼後世司馬、司寇兩職矣。鄭君分士與司馬為二官，又謂后稷為天官，後為司馬，其説本於緯書。金氏據經無司馬之文，是唐虞祇有五官，且稷降播種是地事，不得為天官，其説甚確。但謂五官必法五行，而以司徒屬火官，説殊牽强。且重黎為治天事之官，非治民事之官。引《楚語》南正重、火正黎，以證秩宗、司徒，仍沿舊誤。《楚語》火正黎，鄭君及韋

昭皆謂火當作北，其説本是。據此誤文，以為司徒火官，其誰信之？

馬融説共工即司空，鄭玄説禹作司空，以官名寵異之，非常官也。至禹登百揆之任，舍司空之職為共工與虞。金鶚説虞為后稷之佐，共工為司空之佐。以周案：馬氏以共工為司空，固誤。鄭説唐虞六官，數共工不數司空，亦非。少皞氏以五雉為五工正，不與五鳩之五官並列。殷制天子六工，亦不與典司五衆之五官同職。則唐虞五官，宜數司空，而共工不與焉。《洪範》八政，亦有司空，而不及共工。禹以司空進百揆，司空為五官之一，百揆乃寵異之官耳。禹作百揆，自兼司空之職。鄭以司空為寵異官，又謂百揆必屬天官，則禹為天官，稷亦為天官，其説相悖。因此又謂后稷卒為司馬，明是遷就其説矣。總之，唐虞只有五官，本不必拘周人天官作冢宰之例。舜之作百揆以司徒，禹之作百揆以司空，當時五官同職，本無大小。即《周官》以天官為冢宰，而其下五官亦不分尊卑。故成王之時，畢公為二伯，亞於召公，而其職為司馬。以司馬與司徒宗伯之爵，本不在其下也。知此，則禹作百揆，不必舍司空而為天官。而司空為五官之一，共工為司空之佐，金説可從。

《虞書》『汝后稷』，鄭玄云：『女居稷官，種蒔百穀。』應劭云：『后，主也。為此稷官之主。』以周案：『汝后稷』與『汝共工』句法同。共工者，謂供此工事。后稷者，謂主此稷事。后非官名，稷非人名。而此經曰『讓於稷契』，曰『稷播』，曰『稷降播種』，並舉稷為言者，鄭注云：『時天下賴后稷之功，故以官名通稱。』是尊之辭也。《詩傳》、《孝經》並舉后稷為言者，《周本紀》云：『棄，黎民始飢，爾后稷播時百穀。封棄於邰，號曰后稷。』是因主稷而後號為后稷，猶因供工而可稱為共工也。后稷為後起之稱號，而當其命官之初，曰『汝后稷』，本訓主稷，與『汝共工』同例，與作士、典樂亦同例。宋本《列女傳·姜嫄傳》用此經，作『女居稷』，尤可證后稷當訓主稷矣。宋本《國語》云：『昔我先王，世后稷以服事虞夏。』亦謂世主稷事。今本脱『世』字，非。

《虞書》『汝作朕虞』，漢王莽仿古，改水衡都尉為予虞。以周案：朕與併通，併，古訓字。《説文》：『併，送也。從人，弁聲。古文以為訓字。』是也。『益作朕虞』，謂作訓虞之官也。《鄭語》云：『伯翳能議百物，以佐舜者也。』伯翳即伯益，議百物故曰訓虞。訓又與馴通，訓之者，馴之也。經曰：『疇若予上下草木鳥獸？』《五帝紀》作『誰能馴予上下草木鳥獸』。《秦本紀》云：『大費佐舜，調馴鳥獸，鳥獸多馴服，是為伯翳。』此並與官名併虞之義合。後人併作予解，沿莽官而失之也。

鄭玄云：『堯既分陰陽為四時，命羲仲、和仲、羲叔、和叔等為之官，又主方嶽之事，是謂四嶽，謂之四伯。羲和子死，分四嶽為八伯，皆王官。其八伯惟驩兜、共工、放齊、鯀四人而已。其餘四人，無文可知。』僞《孔傳》云：『四嶽即上羲和四子，分掌四嶽之諸侯，故稱焉。』以周案：鄭以羲和為六卿，主春夏秋冬，并掌方嶽，是謂四嶽，其説本於伏生《書傳》。攷羲和為重黎之後，舊説皆然。重出少皞，黎出顓頊，《左氏傳》有明文。而《周語》大子晋説四岳姓姜，賈逵、韋昭皆以為炎帝後。《左氏傳》云：『許，大嶽之胤也。』杜注：『大嶽，神農之後，堯四嶽也。』《傳》又云：『諸戎，四嶽之裔胄也。』杜注：『四嶽，堯時方伯，姜姓也。』《詩·大雅·崧高》毛傳云：『堯之時，姜氏為四伯，掌四嶽之事，述諸侯之職。於周則有甫、申、齊、許。』又《史記·齊世家》云：『呂尚其先祖嘗為四嶽，佐禹平水土，甚有功。虞夏之際，封於呂，姓姜氏。』然則堯時四嶽乃姜姓，而與羲和不得混矣。唐虞之時，有羲和以治天時，有五官以屬民事，有四嶽以主諸侯，鄭注皆并合為一，申其説者處處抵牾。《左氏傳》曰：『天子有日官，諸侯有日御。日官居卿以底日，日御不失日以授百官於朝。』杜注云：『日官，天子掌歷者，不在六卿之數，而位從卿。』此語最確。又案：《周語》以四嶽佐禹為一王四伯，是四嶽有四伯之稱也。八伯之文，惟見伏生《書傳》，於經傳無可攷。申之者以八伯為州伯，更謬。唐虞時州伯稱牧，其州十有二。《書》曰『咨十有二牧』。又案：四嶽為四官，舊説皆同。《蔡傳》於『舜飭二十有二人』，謂四嶽、九官、十二牧，以四嶽為一人，本屬無稽。而金誠齋偏信其説，何邪？

清·雷學淇《介菴經説》卷二《唐虞以前伯夷伯鯀皆有二人重黎之名尤紊》

重與黎皆官名，後乃謂之羲和也。《國語》曰：『顓頊命南正重司天以屬神，命火正黎司地以屬民。』此重即少昊四叔中之重，以句芒而兼天官者。此黎乃蚩尤九黎之族，以世職而爲地官者。或謂此黎即吳回，大謬。回乃顓帝之曾孫，安有帝之初立，即命其曾孫之理？蓋高陽以前，惟凶黎蚩尤之族稱黎。黄帝雖滅蚩尤，仍遷其善者於鄒屠，使爲縉雲之官，掌當時之職，襲蚩尤之名，爲黎君也。見《左傳》、《管子》、《尚書》馬鄭註、王嘉《拾遺記》。少昊之衰，黎有亂德，顓頊制之，亦選其善者，使爲北正。故曰『命南正重司天，

命北正黎司地』。自是之後，掌其職者皆襲其號。高辛之初，二官失職，帝以老童之二子代之，故《山海經》曰：『老童生重及黎。』郭注引《世本》亦云：『產重及黎。』《史記音義》引《世本》作『生重黎及吳回』。重卽重氏，黎卽吳回也。其初二職皆掌於重，後與回乃分掌之。及共工作亂，帝命重氏誅之，不盡，帝乃以庚寅日誅重，而以其弟吳回爲之後。由是重氏之職，又并歸於黎，而黎之德獨光融於天下焉。《逸書》曰：『鄶君嗇儉，禁罰不行。重氏伐之，鄶君以亡。』《竹書紀年》曰：『帝嚳十六年，帝命重帥師滅有鄶。』此重卽吳回之兄，鄶卽《潛夫論》所言妘姓之鄶，《史記》謂之共工者也。重之初，惟其兼攝二官，故兼號重黎。《世本》曰：『老童生重黎及吳回。』是也。《史記音義》。黎之後惟其并掌重職，故亦並號重黎。《國語》謂楚爲重黎之後，《太史公自叙》謂其先出於重黎是也。束廣微譏太史公之自序，不應並舉重黎，蓋不知彼有所本。蓋對少昊氏四叔之重言之，則老童之子通謂之黎。故《左傳》曰：『顓頊氏有子曰犂。』對吳回之稱黎言之，則回之兄止謂之重。故《逸書》曰：『重氏伐之。』無所對而以其兼并二職言之，則回與其兄皆可謂之重黎也。《國語》曰：『堯育重黎之後，不忘舊者，使復典之。』此重黎卽謂吳回，其後則羲和是也。羲和本黃帝時占日之官，堯取於古官之名以名之，使總理授時之事，又以其四子分掌四時，此卽《國語》所謂別其分主者。揆之於古，亦猶少昊之世，分至啟閉掌於四官，而統於歷正矣。是故俈堯以後，天事掌於一家。就其屬而分言之，則羲仲、羲叔、和仲、和叔，各有分司。就其長而統言之，則或謂之羲和，或謂之重黎，止是一官之稱也。《呂氏春秋》謂舜使重黎舉后夔典樂，是又卽羲和稱重黎之證已。夏后中康之世，羲和尸位，允侯征之，以昆吾氏代其職。蓋昆吾者，亦祝融吳回之孫。帝之命代，猶堯育重黎之後，不忘舊者，使復典之之義也。故《國語》曰：『至於夏商，重黎世叙天地。』《紀年》曰：『仲康五年，秋九月庚戌，日有食之。命允侯帥師征羲和。六年，錫昆吾命作伯。』《史記·天官書》曰：『昔之言天術者，有夏昆吾，殷商巫咸。』巫咸在商王太戊之世，然則太戊以前幾百年，猶是重黎之子孫叙其職也。《大荒西經》曰：『老童生重及黎，帝令重獻上天，黎印下地。下地是生噎，處於西極，以行日月星辰之行。』卬，古抑字印。韋昭《國語注》引此二語，印作抑。此可證羲和皆吳回之後。蓋噎卽和仲之名，西極卽《書》之昧谷也。馬融《書注》分羲和為二氏，後出《孔傳》用《法言》近羲近和之說，謂重卽羲，黎卽和，亦由於此。

清·方濬師《蕉軒隨録》卷四《司馬》　《堯典》、《舜典》無司馬官名。《文獻通考》載鶻鳩氏為司馬，又堯時棄爲后稷，兼掌司馬。此外無聞。《淮南子·齊俗訓》：『堯之治天下也，舜為司徒，契為司馬，禹為司空，后稷為大田師，奚仲為工。』按：契為司馬，不知何據。大田師之名，並未見於經籍。《史記·周本紀》：『帝堯舉棄為農師。』腐遷最好奇，亦不聞有此稱謂。奚仲豈卽羲仲耶？姑識之以俟博雅者。《傳》曰：『奚仲爲車正，封於薛。』

清·皮錫瑞《今文尚書考證》卷一《堯典》　孫星衍說：『西漢諸儒用今文説，以羲仲等四人卽是羲、和，不以爲六官，與馬、鄭異。《月令》云：「乃命太史司天日月星辰之行。」是羲、和於周爲太史之職也。《史記·天官書》云：「昔之傳天數者，於唐虞羲和。」是不以爲六卿。《漢書·成帝紀》陽朔二年詔曰：「昔在帝堯，立羲和之官，命以四時之事，令不失其序。」《百官公卿表》云：「《書》載唐虞之際，命羲和四子，順天文授民時。」注：應劭曰：「堯命四子，分掌四時之教化也。」張晏曰：「四子，謂羲仲、羲叔、和仲、和叔也。」《食貨志》云：「堯命四子以敬授民時。」《魏相傳》云：「明王謹於尊天，慎於養人，故立羲和之官，以乘四時，節授民事。」《論衡·是應篇》云：「堯候四時之中，命曦和察四星以占時氣。」是以仲叔等四子爲羲和，今文説也。』錫瑞謹案：孫説是也。兩漢諸儒皆以四子卽是羲和，羲和專掌天文，不治民事。孫氏所引之外，如《史記·曆書》曰：「堯立羲和之官，明時正度，則陰陽調，風雨節，茂氣至。」《法言·重黎篇》曰：「羲近重，和近黎。」《漢書·律曆志》曰：「曆數之起上矣。傳述顓頊，命南正重司天，火正黎司地。其後三苗亂德，二官咸廢，而閏餘乖次，孟陬殄滅，攝提失方。堯復育重黎之後，使纂其業。故《書》曰：「迺命羲和，欽若昊天，曆象日月星辰，敬授民時。」」《藝文志》曰：「陰陽家者流，蓋出於羲和之官。敬順昊天，曆象日月星辰，敬授民時，此其所長也。」《古今人表》有羲中、羲叔、和中、和叔，別無羲和。《後漢·質帝紀》本初元年詔曰：「昔堯命四子以欽天道。」《續漢書·天文志》曰：「故星官之書，自黃帝始。唐虞之時，羲仲、和仲。」《律曆志》曰：「承聖帝之命若昊天，典曆象三辰，以授民事，立閏定時，以成歲功，羲和其隆也。」《中論·曆數篇》曰：「堯復育重黎之後，不忘舊者，使復典之，故《書》曰「乃命羲和」。」《三國·魏志》注

引王沈《魏書》：『丙戌，令史官奏修重黎羲和之職。』據此諸説，以羲和爲司天，皆無異義。惟馬鄭之注，以羲和與四子爲天地四時之官，四子即是四岳，與諸儒之説大異。鄭云：『官名。蓋春爲秩宗，夏爲司馬，秋爲士，冬爲共工。通稷與司徒，是六官之名見。』今即其説辨之：虞有九官，見於《尚書》，并無六官之名。九官中亦無司馬。舜以蠻夷猾夏，屬之作士，是兵刑合爲一官。班孟堅作《漢書·刑法志》，兼言兵，不别立兵法志，蓋用今文《尚書》之義。稷爲天官，古無明文。《國語》云：『稷爲大官。』不云天官。鄭蓋以緯書云『稷爲司馬』，又云『司馬主天』，故傅會爲是説。然據鄭義，夏爲司馬，則司馬非主天。鄭又云：『初，堯天官爲稷，禹登用之年，舉棄爲之，時天下賴后稷之功，故以官名通稱。』其箋《詩》又云：『堯登用之，使居稷官，民賴其勞。後雖作司馬，天下猶以后稷稱焉。』如其説，則棄於堯時已爲天官，其職最尊，若周之冢宰矣。何以堯、舜禪讓，皆不及棄？且稷爲天官，司馬爲夏官。天官尊於夏官，后稷有功於民，何以又由天官而降爲司馬？舜時九官并命，皆屬要職，何以舉其五而遺其四，又於其内增一司馬？是其爲説皆不可通。鄭創爲是説者，蓋以重黎司天地，似近天官地官。四子分主四時，近春夏秋冬之官。不知唐虞官制，與《周官》不同，非可强合爲一。羲和司天之官，不得兼治方岳之事。《漢書·公卿百官表》云：『《書》載唐虞之際，命羲和四子，順天文，授民時，咨四岳，以舉賢才，揚側陋。』是今文家於四子、四岳，分别甚明。向疑今文《尚書》家有師説，古文《尚書》家并無師説，專據《周官》等書比附爲之，即此可見其槩。據伏生《大傳》，古有三公九卿，無六卿。虞時九官當即九卿。《大傳》曰：『舜攝時，三公、九卿、百執事。此堯之官也，故使百官事舜。』其時三公不知何名，或如周制，三公在六卿中，其時三公即在九卿之中，或别有三公，蓋未可知。司徒、司空之外，或增太尉，或增司馬，亦未可知。要與羲、和四子司天之官不相涉也。

清·劉師培《左盦外集》卷八《古學出於官守論》　上古之時，學術之權操於祭司之手，以巫官爲最崇，醫卜二官，皆巫爲之。《論語·子路篇》：子曰：『南人有言曰：「人而無恒，不可以作巫醫。」善夫！』而《禮記·緇衣篇》亦云：子曰：『南人有言曰：「人而無恒，不可以爲卜筮。」古之遺言與？』同一孔子述南人之言，而有巫醫、卜筮之異，其故何哉？則卜筮與醫皆古代巫者之事矣。按《説文》云：『醫治疾工也。』「工」字疑「巫」字之誤文。古者巫彭初作醫。』《呂氏春秋》及郭璞《山海》注引《世本》亦同。又《太平御覽》引《世本》云：『巫咸，堯臣也，以鴻術爲帝堯之醫。』王充《論衡》云『巫咸能以祝延人之疾』。《山海經·海内西經》云：『開明東有巫彭、巫抵、巫陽、巫履、巫凡、巫相。』郭璞注云：『皆神醫也。』又《大荒西經》云：『大荒之中，有靈山，巫咸、巫即、巫肦、巫彭、巫姑、巫真、巫禮、巫抵、巫謝、巫羅十巫，從此升降，百藥爰在。』郭注云：『羣巫上下此山採之也。』《周書大聚解》云：『武王既勝殷，鄉立巫醫，具百藥以備疾災。』《周禮·巫馬》云：『掌養疾馬而乘治之，相醫而藥攻馬疾。』《淮南·説山訓》云：『病者寢席，醫之用針石，巫之用糈藉，所救鈞也。』高注云：『醫師在女曰巫，在男曰覡。石針、糈藉，皆所以療病求福祚，故曰救鈞。』此皆古代醫屬於巫之證。又案《初學記》引《世本》云：『巫咸作筮。』《藝文類聚》引譙周《古史考》云：『庖犧氏作，始有巫，其後殷時巫咸作筮。』《太平御覽》引《歸藏》云：『黄帝與炎帝争涿鹿之野，將戰，筮於巫咸，巫咸曰：「果哉而有咎。」』《荀子·王制篇》云：『相陰陽，占祲兆，鑽龜陳卦，主攘擇五卜，知其吉凶妖祥，傴巫跛擊之事。』此皆卜筮屬於巫之證。蓋巫主治疾，故『醫』字或從『巫』，如《爾雅》『醫無閭』，《釋文》云：『醫，李本作毉』，《管子·權修篇》云『好用巫毉』，揚雄《太玄·玄數篇》云『爲毉爲巫祝』是也。巫又主卜筮，故『筮』字亦從『巫』。又《周禮·占人職》云：『掌九筮之名：一曰巫更，二曰巫咸，三曰巫式，四曰巫目，五曰巫易，六曰巫比，七曰巫祠，八曰巫參，九曰巫環。』鄭注云：『巫爲筮字之誤。』此亦『巫』、『筮』通用之證。案此文『巫』字不必改爲『筮』字。以巫咸例之，則『九巫』乃古人，即古巫之爲筮法者也。『巫更』《山海經》之『巫彭』，『巫式』疑即『巫即』，『巫易』即『巫易』之説，即『巫陽』也。『巫比』即『巫抵』，『巫目』即『巫相』之脱文，『巫環』即『巫肦』，惟『巫祠』、『巫參』不可考。此亦筮出於巫之證。　則古代之時，僅有巫官，醫卜諸官咸爲巫官所兼攝。周代之時，荆楚之地猶然。觀《楚詞·天問篇》云：『化爲黄熊，巫何活焉？』注云：『言鯀死後化爲黄熊，豈巫醫所復能生活？』此楚人以巫治疾之證。《招魂》云：『帝告巫陽曰：有人在下，我欲輔之。魂魄離散，汝筮予之。』注云：『筮，卜問也。使巫陽筮問求索而予之，使反其身。』又《離騷經》云：『索瓊茅以筳篿兮，命靈氛爲予占之。』據《九歌》注云：『楚人名巫爲靈』，則靈氛亦巫名，此楚人以巫掌卜筮之證。故《論語》所引巫醫之文，《禮記》所引卜筮之文，亦本南人之言也。　厥後醫卜之官與巫官分職，故《周禮》一書，於巫官則有司巫、男巫、女巫，於醫官則有醫師、食醫、疾醫、瘍醫，於卜官則

有卜師、筮人、占夢、眡祲，三官之分自此始矣。案古代重黎仍以巫官兼占驗，殷代巫咸亦以巫官兼醫術，而太卜則爲專官。厥後巫官之學流爲墨家，醫官之學流爲道家，而卜官之學則流入陰陽家。

雜録

《戰國策》卷一一《齊四》　是以堯有九佐，舜有七友，禹有五丞，湯有三輔。

《管子·輕重甲·輕重十三》　昔堯之五吏五官無所食，君請立五厲之祭，祭堯之五吏。

晋·干寶《搜神記》卷一　甯封子，黄帝時人也，世傳爲黄帝陶正。有異人過之，爲其掌火，能出五色煙，久則以教封子。封子積火自燒，而隨煙氣上下，視其灰燼，猶有其骨。時人共葬之甯北山中，故謂之甯封子。

又　卷九　常山張顥為梁州牧，天新雨後，有鳥如山鵲，飛翔入市，忽然墜地，人爭取之，化為圓石。顥椎破之，得一金印，文曰『忠孝侯印』。顥以上聞，藏之祕府。後議郎汝南樊衡夷上言，堯舜時舊有此官，今天降印，宜可復置。顥後官至太尉。

夏朝官制部

綜述

《詩經·商頌·長發》　相土烈烈，海外有截。三國王肅云：相土能繼契，四海之外，截然整齊而治，言有烈烈之威，則相土在夏，為司馬之職，掌征伐也。

《尚書·甘誓》　大戰於甘，乃召六卿。

《禮記·王制》　天子三公、九卿、二十七大夫、八十一元士。漢鄭玄注：此夏制也。《明堂位》曰：『夏后氏之官百。』舉成數也。

《左傳·定公元年》　薛宰曰：『薛之皇祖奚仲居薛，以為夏車正。』

又　《哀公元年》　昔有過澆殺斟灌以伐斟鄩，滅夏后相。后緍方娠，逃出自竇，歸於有仍，生少康焉，為仍牧正。惎澆能戒之。澆使椒求之，逃奔有虞，為之庖正，以除其害。虞思於是妻之以二姚，而邑諸綸。有田一成，有衆一旅，能布其德，而兆其謀，以收夏衆，撫其官職。使女艾諜澆，使季杼誘豷，遂滅過、戈，復禹之績。祀夏配天，不失舊物。

又　《哀公十八年》　《夏書》曰：『官占唯能蔽志，昆命於元龜。』晉杜預注：逸書也。官占，卜筮之官。

《大戴禮記》卷二《夏小正》　農率均田。清孫詒讓注：孔云：『均讀為耘。』故《傳》言除田也。《月令》正義以農率為田畯，與《傳》訓異。案：《月令》：『孟春，王命布農事，命田舍東郊皆脩封疆，審端徑遂。』又云：『田事既飭，先定準直，農乃不惑。』鄭注云：『田謂田畯，主農之官也。』又引《夏小正》曰：『農率均田。』孔疏云：『農率則田畯也。均田則審端徑遂也。』《月令》疏説與此義全不合，孔沖遠不宜疏舛若是。竊疑此《記》古本當作『均者，循也』。均、循聲相近，故義亦略同。循田謂農官巡行，校督農夫使除田。葢均循實為除田而設，而均與除義實不相冢。孔讀為耘，非其義也。農率即帥，謂農官也。《國語·周語》説藉田云：『農師一之。』韋注云：『農師，上士也。』農師疑亦即農帥。葢唐以前本如是，故孔釋農率為田畯。宋以後本譌易，以循釋率義，遂以除田詁均。古既無是義，又與鄭孔所引不合矣。【略】主夫出火。清孫詒讓注：孔云：『夫如夫圭田之夫，治也。』案：孔説迂曲不可通。主夫，夫疑即火之譌。主火即《周禮》夏官司爟之職。『出火』上當有『不』字，即司爟所謂季秋内火也。上云『内火』，即謂火伏，故此别云『不出火』矣。【略】嗇人不從。清孫詒讓注：孔云：『嗇人，嗇夫也。』丁校云：『《左傳》注：嗇夫，主幣帛之官。《覲禮》注：司空之屬。襄四年《傳》：穡人，成功收斂之官也。《管子·君臣上》吏嗇夫任事，人嗇夫任教。《周策》有嗇夫空。』虞人入梁。虞人，官也。梁者，主設罔罟者也。

《國語·周語上》　昔我先王世后稷，以服事虞夏。及夏之衰也，棄稷不務，我先王不窋用失其官，而自竄於戎狄之間。

又　《魯語上》　冥勤其官而水死。三國吳韋昭注：冥，契後六世孫，根圉之子也。為夏水官，勤於其職而死於水也。

《呂氏春秋》卷三《季春紀·先己》　夏后相與有扈戰於甘澤而不勝，六卿請復之。

又　卷一六《先職》　夏太史令終古出其圖法，執而泣之，夏桀迷惑，暴亂愈甚，太史令終古乃出奔如商。

漢·伏勝《尚書大傳》卷二《夏傳》　天子三公，一曰司徒公，二曰司馬

公，三曰司空公。漢鄭玄注：《周禮》天子六卿，與太宰司徒同職者，則謂之司徒公。與宗伯司馬同職者，則謂之司馬公。與司寇司空同職者，則謂之司空公。一公兼二卿，舉下以爲稱。

百姓不親，五品不訓，則責之司徒。

蠻夷猾夏，寇賊奸宄，則責之司馬。

溝瀆壅遏，水爲民害，田廣不墾，則責之司空。漢鄭玄注：坐而論道，謂之三公。通職名，無正官名。

司馬在前。

古者天子三公，每一公三卿佐之，每一卿三大夫佐之，每一大夫三元士佐之。故有三公、九卿、二十七大夫、八十一元士。所與爲天下者，若此而已。漢鄭玄注：自三公至元士，凡百二十，此夏時之官也。周之官三百六十。《禮志》曰：「有虞氏官五十，夏后百，殷二百，周三百。」近之，未得其實也。據夏、周推其差，則有虞之官六十，夏后氏百二十，殷二百四十，周三百六十，爲有所法。

《史記》卷四《周本紀》 后稷之興，在陶唐虞夏之際，皆有令德。后稷卒，子不窋立。不窋末年，夏后氏政衰，去稷不務，不窋以失其官，而犇戎狄之間。

僞《古文尚書·胤征》 每歲孟春，遒人以木鐸徇於路，官師相規，工執藝事以諫，其或不恭，邦有常刑。惟時羲和顛覆厥德，沈亂於酒，畔官離次，俶擾天紀，遐棄厥司，乃季秋月朔，辰弗集於房，瞽奏鼓，嗇夫馳，庶人走，羲和尸厥官罔聞知，昏迷於天象，以干先王之誅。

論說

清·胡渭《洪範正論》卷三 馬融注《書序》云：「咎單為湯司空。」疑亦因於夏。蓋此八政之名，禹敘洛書後所定，乃登王位，遂以為一代之制。故此稱司空。司空與司徒、司寇，皆夏官名也。今按：司空之職，不止於度地居民。《書·周官》曰：「司空掌邦土，居四民。」凡平水土，治溝洫，修道塗，利器用，營城郭宮室，皆其職也。是皆切於民政者。一居字不足以盡之，故特舉其官。【略】

舜命皋陶作士，不知何時改為司寇，疑亦是夏制。鄭言夏之六卿，秋官仍名士，恐非。司寇之職，不止於刑獄，如詰姦慝，平暴亂，皆其職也。一刑字不足以盡之，故亦特舉其官。

清·汪梧鳳《詩學女為》卷一五《國風》 《甫田》箋：「田畯司嗇，今之嗇夫也。」愚謂《周禮》無田畯，惟見於《豳風》及《甫田》、《大田》二詩。二詩本《豳雅》，蓋俱沿豳國之舊，疑是夏官。箋以今嗇夫解之，知古亦有是官而異其名。以意推之，其爲夏官無疑也。

清·王引之《經義述聞》卷一八《遒人》 《夏書》曰：「遒人以木鐸徇於路。」杜注：「遒人，行人之官也。徇於路，求歌謠之言。」《說齊丌部》：「辺，古之遒人，以木鐸記詩言。從辵從丌，丌亦聲，讀與記同。」引之謹案：《說文》「遒人」，當作「辺人」。許君所據《左傳》作「辺人」，故於「辺」下述之如此。猶「琯」字注曰：「古者玉琯以玉。舜之時，西王母來獻其白琯。」「歡」字注曰：「古者城闕其南方謂之歡。」皆舉古事，以著其字之所出。此言「古之辺人」，亦猶是也。若如今本《說文》作「遒人」，則當述於辵部「遒」字下，不當於「丌」下述之矣。且《左傳》若無「辺人」之文，則此從辵從丌之字，何以知爲古之遒人，以木鐸記詩言者乎？《玉篇》引《說文》已作「遒人」，則其誤久矣。又案：作「辺」者，蓋賈侍中《左傳解詁》本也。其「記詩言」及「讀與記同」，則賈侍中說《左傳》語也。

清·王鳴盛《尚書後案》卷一二《洪範》 考《周禮》六官，曰天官冢宰、地官司徒、春官宗伯、夏官司馬、秋官司寇、冬官司空。周制損益唐虞夏殷而成，孔穎達《曲禮下》疏云：「《甘誓》云六事之人，鄭云周禮六軍皆命卿，則三代同矣。據此，則三王同有六卿。」又引鄭注《大傳》云：「夏六卿者，后稷、司徒、秩宗、司馬、作士、共工也。」則夏六官與周大畧相同。后稷天官，司徒地官，秩宗春官，司馬夏官，作士秋官，共工冬官也。今此經八政，正是禹之所演，宜爲夏制。鄭於此經注云：「食謂掌民食之官，若后稷者。」卽據夏制言之。《國語·周語》云：「昔我先王世后稷。」又云：「夏之衰也，棄稷弗務，我先王不窋用失其官。」則后稷是官名。《堯典》云：「女后稷播時百穀。」是掌民食之官也。賈公彥《周禮》疏云：「堯初天官爲稷，至試舜又改名爲百揆，舜又命禹爲之。至夏時，仍爲后稷矣。」云「貨掌金帛之官，若《周禮》司貨賄」者，司貨賄屬秋官，職闕無考。但在掌客、掌訝、掌交、掌察之後，當是專掌朝聘之貨賄。鄭意當不謂此。天官有太府、玉府、內府、外

府，及職內、職幣諸職。鄭所云司貨賄當指此。胡渭據陳櫟云：『八政在唐虞，食貨合爲一，而稷掌之。』禹暨稷播奏庶艱食鮮食，懋遷有無化居，則食貨皆其所掌。《王制》冢宰以三十年之通，制國用，量入以爲出。蓋自古食貨皆掌於天官，如此太府等，皆天官之屬，則周制亦因虞夏也。云『祀掌祭祀之官，若宗伯』者，鄭言秩宗舜時始置，崔靈恩説同，見《通典》。則夏秩宗必沿虞制，而此云『若宗伯』，則借周制言之。《周禮》大宗伯之職，掌建邦之天神、人鬼、地祇之禮是也。云『司空掌居民之官』者，鄭言初堯冬官爲共工，舜攝位，舉禹治水，改名司空以命之。《説苑》、《淮南子》並同，詳《堯典》。後復分爲共工與虞，其後不知何時又合爲司空。據《王制》，殷有司空，馬融注《書序》『咎單作湯司空』，疑必因夏。則夏有司空明矣。鄭注《大傳》言共工，蓋隨便言之。《周禮》司空官亡。《王制》云：『司空執度度地居民。』故知是居民之官也。云『司徒掌教民之官』者，司徒虞官，夏因之。《周禮》云：『乃立地官司徒，使帥其屬而掌邦教。』是也。云『司寇掌詰盜賊之官』者，《周禮》司寇爲刑官。《小宰職》云：『五曰刑職，以詰邦國，以糾萬民，以除盜賊。』是也。虞本號作士，據此經，則夏已改名司寇，而《大傳》注仍云作士，亦隨便言之。云『賓掌朝覲之官，若大行人』者，借周制言之。《周禮》大行人掌大賓之禮，及大客之義，以親諸侯。春朝諸侯而圖天下之事，秋覲以比邦國之功云云。以下備載朝覲之禮。鄭彼注云：『大賓，要服以內諸侯。大客謂其孤卿。』是也。但不知夏時亦有大行人，亦屬秋官否也。云『師掌軍旅，若司馬』者，《周禮》大司馬卿一人，小司馬中大夫二人，軍司馬下大夫四人，輿司馬上士八人，行司馬中士十有六人。凡制軍，萬有二千五百人爲軍，王六軍，軍將皆命卿。二千五百人爲師，師帥皆中大夫。五百人爲旅，旅帥皆下大夫。是司馬掌軍旅也。《禮記》疏引鄭云：『堯時祝融爲司馬。』《説苑》又云：『堯時契爲司馬。』緯書又言棄爲司馬，是唐虞本有司馬，夏因而不改。杜氏《通典》云：『禼元孫之子微爲夏司馬。』是矣。合而言之，政有八，官實六也。夏制上因唐虞，下亦畧同《周禮》也。

清·黃以周《禮書通故》卷三四《職官禮通故》 《尚書大傳》云：『天子三公，一曰司徒公，二曰司馬公，三曰司空公。』鄭玄云：『《周禮》天子六卿，與大宰司徒同職者，則謂之司徒公。與宗伯司馬同職者，則謂之司馬公。與司寇司空同職者，則謂之司空公。一公兼二卿，舉下以為稱。』以周案：《月令正義》曰：『《書傳》三公領三卿，此夏制也。』《攷工記·序官》疏又引鄭《夏傳》注曰：『坐而論道，謂之三公，通職名，無正官名。』據此兩疏，則伏《傳》所云，乃夏制也。夏時官名失傳，難以明言，故鄭注引《周禮》以況之。然周人以三公兼六卿，當以領冢宰，似司徒不當有公名。《書·顧命》召六卿，曰大保奭、芮伯、彤伯、畢公、衛侯、毛公，僞孔傳云：『大保、畢、毛稱公，則三公矣。此先後六卿次弟，冢宰召公領之，司徒芮伯為之，宗伯彤伯為之，司馬畢公領之，司寇衛侯為之，司空毛公領之。』據此，則三公領冢宰、司馬、司空明矣。《曲禮》言『天子建天官，先六大，曰大宰』，鄭注以為殷制，則大宰之建，自殷始也。夏時不立大宰，故得司徒名公。此亦夏立五官之一證。虞時禹以百揆領司空，夏制因之。其三公之序，當以司空公為首。伏《傳》『一曰司徒公』，當作『司空公』；『三曰司空公』，當作『司徒公』。蓋其徒據《王制》改之也。《韓詩外傳》曰：『三公者何？曰司空、司馬、司徒也。司馬主天，司空主土，司徒主人。』上舉三公之次，下舉天地人之次。是三公以司空為首。箕子述禹九疇，亦以司空、司徒、司寇為次。夏以司空公領司空，而上兼百揆，其司馬公領司馬，亦兼大理。司徒公領司徒，亦兼秩宗。夏之五官，以三公統領之，是謂三宅。三宅以司空為首。《書·立政》言夏室大競，曰『宅乃事，宅乃牧，宅乃準』，『宅乃事』即司空，司空掌事典也。『宅乃牧』即司徒，司徒，牧民之官也。『宅乃準』即司馬，司馬，平準之官也。其後湯之三有宅，文武之作三事，並法乎是。合《立政篇》讀之，而伏生《夏傳》之言益信。又案：《洪範》八政，一曰食，二曰貨，即虞后稷所掌。《書》言禹暨稷播奏庶艱食鮮食，懋遷有無化居，是其證。三曰祀，即虞秩宗所掌。四曰司空，五曰司徒，與虞官同名。六曰司寇，即虞之士也。七曰賓，鄭注云：『若周大行人。』是為司寇之屬。八曰師，其司馬也。夏自不窋失官後，后稷廢，兵刑分，其制以秩宗、司徒、司空、司寇、司馬為五官，即殷制之所因。箕子陳八政，首食貨，見后稷之官不可廢，宜如禹舊也。

伏生《書傳》云：『古者天子三公，每一公三卿佐之，每一卿三大夫佐之，每一大夫三元士佐之。』董子《繁露》云：『三公自參以九卿，九卿自參以三大夫，三大夫自參以三士。』《白虎通義》云：『一公置三卿，故九卿也。一公，三卿佐之。一卿，三大夫佐之。一大夫，三元士佐之。凡百二十官。』以周案：《伏傳》一公三卿，蓋《夏書》傳也。《繁露》、《白虎論》皆據以為

說，今文家之言也。鄭注以古《周禮》說通之云：『一公兼二卿。』與今文家言異。

《周語》云：『乃命其旅曰徇，農師一之，農正再之，后稷三之，司空四之，司徒五之，大保六之，大師七之，大史八之，宗伯九之，王則大徇。』以周案：此耤田徇農之禮也。攷三王之世，以稷名官者惟夏。《周語》祭公謀父言：『我先王世后稷，以服事虞夏。夏衰，棄稷不務，不窋用失其官。』是則夏之中葉，后稷已廢，自後不復修其官矣。而虢文公陳耤田之典，首云『稷為大官』，又云『古者大史』，又稱天子為王，則其所陳者必夏制，所稱之官必夏官也。農師、農正為后稷之屬官，農正即上文所謂農大夫。大保、大師為三公，大史為羲和之屬官，后稷、司空、司徒、宗伯，即所謂五官。特司馬無與於農事，故不及耳。

《春秋傳》：『《夏書》曰：遒人以木鐸徇於路，官師相規，工執藝事以諫。正月孟春，於是乎有之，諫失常也。』杜預云：『逸《書》。遒人，行人之官也。木鐸，木舌金鈴。徇於路，求歌謠之言。』《書》僞傳云：『遒人，宣令之官。』以周案：依《說文》：『遒，迫也。』為遒之或體。『趙，行也。』為遒之正字。《方言》載劉歆與揚雄書曰：『三代、周、秦，軒車使者、遒人使者，《玉海》引作『遒人軒車使者』，遒亦作逌。以歲八月巡路，求代語僮謠歌戲。』劉氏通《春秋》古文家言，以軒車別遒人，明其為徒行之人也。班氏《食貨志》云：『孟春之月，群居將散，謂農事起也。一本作『春秋之月』，非。行人振木鐸，徇於路以採詩，獻之大師，比其音律，以聞於天子。』班《志》以行人易遒人，用訓詁字也。行人即遒人使者，大師即軒車使者，其義本劉。許氏《說文》丌部云：『近，古之遒人，以木鐸記詩言。从辵丌，丌亦聲。讀與記同。』許引『遒人記詩言』釋近字从辵丌，亦以遒人為行人。是漢師之遺說同也。揚雄《方言》題曰輶軒，其答劉書云：『常聞先代，輶軒之使，奏籍之書，皆藏於周秦之室。』又云：『臨卭林閭翁孺，猶見輶軒之使所奏言。』讀遒為輶車之輶，此漢師之別一說。章樵《古文苑》注：『輶當讀為遒。』失揚意。近小學家或說遒為輶之借，或說遒輶為逌之借，皆未悉劉、揚之意。而軒車使者為採風之大師，劉、揚之意蓋同也。《周官》無大師，亦無遒人。大師為兼職，遒人亦臨事置與？或以秋官之行人當之，非也。僞《傳》不用漢師舊說，以為宣令之官，徒從木鐸生訓。攷《周官》以木鐸申令者，有小宰、小司徒、小司寇、士師、宮正、司烜氏、鄉師諸職，是官各有令，令各自宣，未聞有專司宣令之官也。且遒人所令者，採歌謠之言也。遒人為採言置，豈為宣令置哉？為採言置遒人，為記詩製近字，古人重其事爾。又案：禼元孫之子微為夏司徒，冥為夏司空，見《通典》。冥為水官，見《國語》注。相土為司馬，見《詩》疏引王肅注。其士曰大理，見《月令》注。又有師保疑丞，見《文王世子》。九牧、嗇夫、車正、庖正、牧正、豢龍氏，見《左傳》。虞人見《夏小正》。匠見《攷工記》。大史見《呂春秋》、《淮南子》。亦曰内史，見《風俗通》。羲和見《史記》。陽官、音官、農大夫、瞽史、鬱人、犧人、膳夫、宰夫、膳宰、司里，並見《國語》。皆足補夏官之遺。

清・杭世駿《續禮記集説》卷二〇《王制》 姚氏際恆曰：鄭氏曰：『此夏制也。《明堂位》曰：夏后氏官百。舉成數也。』按：鄭以周官三百六十，故不謂之周。《明堂位》殷官二百，故亦不謂之殷，而獨謂之夏。不知彼言百，此言百二十，而猶曰舉成數，謬矣。石梁王氏曰：『唐虞稽古，建古惟百。夏商官倍』，註獨引《明堂位》，謂夏官百，非也。按《尚書・周官》乃僞書，不足據。且鄭未見，尤失考。又曰：按三公之名見於《老子》，九卿之名見於《考工記》。《周禮》不列三公正職，惟散見之文中。《尚書・周官》列三公於六卿之前，其九卿則《周禮》、《周官》皆無之，而六卿則《王制》又無之。是九卿者，或當爲周制也。以《周禮》、《周官》皆僞，而《考工記》乃周時之書也。後儒皆不識九卿主何官，或謂合三少六卿爲九，三少六卿見於《周禮》、《周官》，皆不足據。又司徒、司馬、司空即三公也，不可又列於六卿。

清・皮錫瑞《今文尚書考證》卷四《甘誓》 《史記》曰：『乃召六卿申之。』鄭注《尚書》云：『六卿者，六軍之將。《周禮》六軍將皆命卿，則三代同矣。』又注《大傳・夏傳》云：『所謂六卿者，后稷、司徒、秩宗、司馬、作士、共工也。』錫瑞謹案：鄭據周制上推前代，以為虞夏皆同。《大傳》亡佚，未知其說如何。而以今文家說推之，則必不同鄭說。何以明之？《大傳》曰：『古者天子三公，每一公三卿佐之，每一卿三大夫佐之，每一大夫三元士佐之。故有三公、九卿、二十七大夫、八十一元士。所與為天下者，若此而已。』鄭注：『自三公至元士，凡百二十，此夏時之官也。』據鄭此注，則鄭亦以為夏時有三公九卿，無六卿矣。天子三公九卿，《大傳》之外，又見於

《異義》引《今文尚書》夏侯、歐陽說，《禮記·昏義篇》、《春秋繁露·官制象天篇》、《白虎通·封公侯篇》，其說相同，蓋自虞夏至周初，官制皆然。《大傳·大誓篇》曰：『乃告於司馬、司徒、司空、諸節。』《史記·周本紀》、漢河内所出《大誓》，其文皆同。《牧誓》亦曰：『司徒、司馬、司空。』是周初止有三公，無六卿也。《立政》曰：『司徒、司馬、司空。』是文王時亦止三公。惟《顧命》曰：『乃同召太保奭、芮伯、彤伯、畢公、衛侯、毛公。』則在成王崩時，周公制禮之後，為周有六卿之塙證。《異義》引古《周禮》說，以太師、太傅、太保為三公，又立三少為之副，是謂三孤。冢宰、司徒、宗伯、司馬、司寇、司空，是謂六卿之屬。古《周禮》說，乃周公制《周禮》之法，不可以概前代，并不可以概周初。許君以古說為周制，則今說為前代制矣。鄭駁無考據。鄭注《大傳》，以三公九卿為夏制，則亦必以古說為周制，其於許君無駁可知。特解此經六卿與羲和四子，誤以周制說虞夏制耳。兩漢今文家說，以羲和四子為司天之官，禹、稷、契等九官為治民之官，初無六卿之説。三公之名，為司徒、司馬、司空，亦未分列九卿之名。惟王莽所定官制，以羲和、作士、秩宗、典樂、共工、予虞為六卿，又置三公司卿，以擬三孤，合為九卿。莽用劉歆之説，兼準《周禮》，非用《今文尚書》。《異義》引古《周禮》説，當亦出於劉歆。然《周官》有六卿，而無三公三孤。《周官》中屢言孤卿，而不言孤有三人，亦不以六卿合三孤為九，辨見王引之《經義述聞》。是九卿與六卿初不相蒙，莽蓋參用《周禮》、《尚書》而傅合為一耳。班孟堅作《表》，乃沿莽制之誤，以少師、少傅、少保為三孤，合六卿為九。鄭注《周禮》，亦用其説，又稍變之以説虞夏之制。鄭言六卿無羲和，較莽為勝。而又加以司馬，司馬之名不見於《尚書》，惟緯書有之。稷爲天官，亦出緯書。然緯書并無六卿之説。且鄭解《堯典》，以羲和與仲叔四子為六卿，解《夏書》，又以后稷、司徒之屬為六卿。案《書序》云：『羲和湎淫。』則羲和之官，夏時尚在，何以又不在六卿之列？此鄭君古文説，不及今文家説可信之一證也。今文説夏，止有三公，而此云六卿者，《穀梁傳》曰：『古者天子六師。』言古者，則前代相同。六師卽六軍。《白虎通》引《穀梁傳》正作『六軍』。鄭以六卿為六軍之將，是也。以為后稷、司徒等官則誤。其所以致誤者，在誤解《周禮》『軍將皆命卿』句。不知《周禮》之鄉大夫，亦非分職之六卿。鄉大夫之職曰：受教法於司徒，以歲時上其書。小司徒之職曰：頒比法於六鄉之大夫。則六鄉大夫，當為司徒之屬官明甚。云命卿者，蓋假以卿名，使為軍將耳。天子六軍出自六鄉，六卿卽六鄉之大夫，夏制與周制當同。《大傳》以爲夏有九卿，則六卿或於九卿中擇用六人，或別有六卿，亦未可知，要與羲和四子、后稷司徒等官無涉也。魏劉劭《爵制》曰：『故啓伐有扈，乃召六卿，大夫之在軍為將者也。』其説不誤。羅泌《路史》曰：『蓋大夫在軍為將，如齊以高子、國子，各率五鄉。或六卿外，別有此六人。無事掌其鄉之政，屬於大司徒；有事則率其鄉之萬二千五百人，為之軍將，屬於大司馬爾。用兵之時，事統司馬，孰有天官冢宰，更從屬於司馬哉？』

清·顧廣譽《學詩詳説》卷三〇 『相土烈烈』二句，箋謂入爲王官之伯，出長諸侯。疏引王氏肅曰：『相土能繼契，四海之外，截然整齊而治。言有烈烈之威，則相土在夏，爲司馬之職，掌征伐也。』案經云：『烈烈海外有截。』鄭義爲允。疏所云分主東西，威加一面是矣。如大公亦是爲王官伯，故得征五侯九伯，非但居司馬之官而已。

清·俞正燮《癸巳存稿》卷一《六官》 《虞書》云：『伯禹作司空，契作司徒。』至《夏書·甘誓》則云：『乃召六卿。』周初殷箕子陳《洪範》，有云司空、司徒、司寇，蓋禹制也。《牧誓》有司徒、司馬、司空、亞旅，則卿貳皆有之。

商朝官制部

綜述

内服官

《殷周金文集成釋文》2837 雩殷正百辟。

《尚書·酒誥》 越在内服，百僚庶尹，惟亞、惟服、宗工，越百姓里居，罔敢湎於酒。

輔政官

相

《墨子・尚賢中》 摯有莘氏女之私臣，親為庖人，湯得之，舉以為己相，與接天下之政，治天下之民。

《左傳・定公元年》 仲虺居薛，以為湯左相。

《史記》卷三《殷本紀》 帝太戊立，伊陟為相。【略】

是時説為胥靡，築於傅險，見於武丁，武丁曰：『是也。』得而與之語，果聖人，舉以為相。

僞《古文尚書・説命》 説築傅岩之野，惟肖，爰立作相，置諸左右。

晉・皇甫謐《帝王世紀・殷商》 伊尹爲丞相，仲虺爲左丞相。

《晉書》卷二四《職官志》 成湯居亳，初置二相，以伊尹、仲虺爲之。

冢宰

《殷周金文集成釋文》5395 王來獸自豆麓，在𣿬餗王饗酒，王光宰甫貝五朋，用作寶𩰤。

《論語・憲問》 子張曰：『《書》云：「高宗諒陰，三年不言。」何謂也？』子曰：『何必高宗，古之人皆然。君薨，百官總己以聽於冢宰三年。』

《史記》卷三《殷本紀》 帝武丁即位，思復興殷，而未得其佐，三年不言，政事决定於冢宰。

《孔叢子・論書》 太甲即位，不明居喪之禮，而干冢宰之政。

僞《古文尚書・伊訓》 惟元祀十有二月乙丑，伊尹祠於先王，奉嗣王祗見厥祖，侯甸羣后咸在，百官總己以聽冢宰。

唐・杜佑《通典》卷二二《職官四》 殷湯制官有冢宰。伊尹制官，以三公攝冢宰。君薨，則百官總己以聽於冢宰。

三公

《墨子・尚賢下》 昔伊尹為莘氏女師僕，使為庖人，湯得而舉之，立為三公，使接天下之政，治天下之民。昔者傅説居北海之洲，圜土之上，衣褐帶索，庸築於傅巖之城，武丁得而舉之，立為三公，使之接天下之政，而治天下之民。

《戰國策・趙三》 昔者，鬼侯、鄂侯、文王，紂之三公也。

《史記》卷三《殷本紀》 （紂）以西伯昌、九侯、鄂侯為三公。

師

《甲骨文合集釋文》5468 癸酉卜，𠭯貞𠂤般葉王事。

《殷周金文集成釋文》4144 戊辰，弜師賜□□户𡨧貝，用作父乙寶彝，在十月一，唯王廿祀，□日，遘於妣戊武乙奭□一。□旅。

《尚書・微子》 微子若曰：『父師、少師，殷其弗或亂正四方。』漢鄭玄注：父師者，三公也，時箕子為之。少師者，太師之佐，孤卿也。時比干為之。

《漢書》卷二七《五行志上》 降及於殷箕子，在父師位而典之。唐顔師古注：父師即太師，殷之三公也。箕子，紂之諸父，而為太師，故曰『父師』。

唐・杜佑《通典》卷二二《職官二》 太師，古官。殷紂時，箕子為之。

保

《詩經・商頌・長發》 『實維阿衡，實左右商王。』唐孔穎達疏：『成湯佐命之臣，唯伊尹耳。故知阿衡是伊尹也。伊是其氏。尹，正也。言其能正天下，故謂之伊尹。阿衡則其官名也。《君奭》曰：「在昔成湯既受命時，則有若伊尹格於皇天，在太甲時，則有若保衡格於上帝。」注云：伊尹名摯，湯以為阿衡，至太甲改曰保衡。阿衡、保衡皆公官。然則伊尹、摯，阿衡、保衡，一人也。』

《尚書・君奭》 在太甲時，則有若保衡格於上帝。

僞《古文尚書・太甲上》 『惟嗣王不惠於阿衡。』宋蔡沈注：『惠，順也。阿，倚。衡，平也。阿衡，商之官名，言天下之所倚平也。亦曰保衡。』

又《説命下》 昔先正保衡，作我先王。

《今本竹書紀年・沃丁》 八年，祠保衡説。

唐・杜佑《通典》卷二一《職官二》 太保，古官。殷太甲時，伊尹為太保。

卿事

《甲骨文合集釋文》37468 辛未王卜，在召宙隹執其令饗事。

《殷周金文集成釋文》3904 乙未，卿事賜小子尉貝二百，用作父丁尊段冀。

《詩經・商頌・長發》 昔在中葉，有震且業。允也天子，降予卿士。

《尚書・微子》 殷罔不小大，好草竊姦宄，卿士師師非度。

又《牧誓》 今商王受惟婦言是用，昏棄厥肆祀弗答，昏棄厥遺王父母弟不迪。乃惟四方之多罪逋逃，是崇是長，是信是使，是以為大夫卿士，俾暴虐於百姓，以姦宄於商邑。

又《洪範》 汝則有大疑，謀及乃心，謀及卿士。

《古本竹書紀年・殷紀》 殷仲壬即位，居亳，其卿士伊尹。

政務官

尹

《甲骨文合集釋文》9472 令尹乍大田。勿令尹乍大田。

又 32980 甲午，貞其令多尹乍王寢。

又 33209 癸亥，貞王令多尹皇田於西受禾。

又 24135 辛未王卜曰：余告多君曰：般卜又祟。

又 21659 己未……貞申尹歸。

又 23683 丙寅卜，大，貞宙葉又仔自又尹。十二月。

又 32054 貞……今日［令］木尹。

又 24140 辛卯卜，即，貞宙多生射。

又 32895 癸亥，貞三尹即於西。

《英國所藏甲骨集》2283 王其乎七尹伐衛於……

《小屯南地甲骨》601 令小尹步。

史

《甲骨文合集釋文》5521 貞史人於岳。貞勿使人於岳。

又 5525 丁丑卜，韋，貞使人於我。

又 7075 貞立明使。

宗教官

貞人

《甲骨文合集釋文》23390 庚申卜，旅，貞宙元卜用。在二月。

又 25019 己卯卜，大，貞宙右卜用。

又 24144 ……多卜曰……糾衆……

《小屯南地甲骨》930 ……入商。左卜占曰：弜入商。

《尚書・洪範》 擇建立卜筮人，乃命卜筮。

巫

《甲骨文合集釋文》946正 貞爯氏巫。貞爯弗其氏巫。爯氏巫。

又 5648 丙戌卜，□，貞巫曰：禩貝於帚用，若。一月。

又 35607 □□［卜］，［貞］……在曺，其用巫，𡔕祖戊若。

《尚書序》 伊陟贊於巫咸，作《咸乂》四篇。漢馬融注：巫，男巫也。名咸，殷之巫也。漢鄭玄注：巫咸謂之巫官。

作册

《甲骨文合集釋文》5658反 乍册西。

《殷周金文集成釋文》944 王宜人方，無，敄咸，王賞作册般貝，用作父

己尊。來冊。

又 2711 癸亥，王弍於作冊般新宗，王賞作冊豐貝，大子賜東大貝，用作父己寶鬻。

宋・王俅《嘯堂集古録》卷上 庚午，王命寢廟，辰見北田四品。十二月，作冊友史錫賴貝，用作父乙尊。

史

《甲骨文合集釋文》25937 乙丑卜，出，貞大史[illegible]酒，先酒其[illegible]報於丁三十牛。七月。

又 32834 庚午卜，叀大中（史）析舟。叀小中（史）析舟。

《殷墟花園莊東地甲骨》373 癸卯卜，貞：□吉，右史死。不其吉，右史其死。

《尚書・酒誥》 矧太史友、內史友。漢鄭玄注：大史、內史掌記言、記行。

《呂氏春秋・先識》 殷內史向摯，見紂之愈亂迷惑也，於是載其圖法，出亡之周。

清・張澍輯《世本・帝系篇》 彭祖姓籛，名鏗，在商為守藏史。

樂師

《論語・微子》 大師摯適齊，亞飯干適楚，三飯繚適蔡，四飯缺適秦，鼓方叔入於河，播鼗武入於漢，少師陽、擊磬襄入於海。宋邢昺疏：『大師摯適齊者，大師，樂官之長，名摯，去魯而適齊也。亞飯干適楚者，亞，次也。天子諸侯，每食奏樂，樂章各異，各有樂師。次飯樂師名干，往楚。三飯樂師名繚，往蔡。四飯樂師名缺，往秦。鼓方叔入於河者，擊鼓者名方叔，入於河內也。播鼗武入於漢者，播，搖也。鼗如鼓而小，有兩耳，持其柄搖之，旁耳還自擊搖。鼗鼓者名武，入居於漢中也。少師陽、擊磬襄入於海者，陽，襄皆名，二人入居於海內也。』

《史記・殷本紀》 於是使師涓作新淫聲，北里之舞，靡靡之樂。【略】殷之太師、少師乃持其祭樂器奔周。

又《周本紀》 太師疵、少師彊抱其樂器而奔周。

《漢書》卷二二《禮樂志》 故《書》序『殷紂斷棄先祖之樂，迺作淫聲，用變亂正聲，以説婦人』。樂官師瞽抱其器而犇散，或適諸侯，或入河海。

漢・桓譚《新論》卷二《王霸篇》 三年，聞紂殺比干，囚箕子，太師、少師抱樂器奔周。

舞臣

《甲骨文合集釋文》938 貞乎取舞臣。

又 28180 叀萬[illegible]盂田又雨。吉。

又 30028 叀萬乎[illegible]乎又大雨。

《小屯南地甲骨》662 丁酉卜，今日丁萬其敎。

《英國所藏甲骨集》1999 多萬……入教若。

事務官

農官

《甲骨文合集釋文》12 貞叀小臣令衆黍。一月。

5603 己亥卜，貞令小耤臣。

又 5606 貞令奇畯……於……

《尚書・酒誥》 薄違農父。偽《孔傳》：農父，司徒。

牧官

《甲骨文合集釋文》141正 貞乎芻正二二告。

又 1115正 ……[illegible]牛臣芻。

又 19209 叀豕司。

又 19210 ……羊豕司。

又 19884 叀彘司用。

又 20367 甲戌卜，自，司犬。

《殷周金文集成釋文》502　亞牧父戊。

《古本竹書紀年·殷紀》　太丁四年，周人伐余無之戎，克之。周王季命為殷牧師。

工官

《甲骨文合集釋文》5627　貞叀令……尹工。二月。

又　**11484**　乙未酒，多工率條遣。

又　**21772**　□□卜，余……左工……戊午。

又　**29685**　翌日戊王其省宂又工，湄日不雨。吉。

又　**32967**　己酉，貞王其令山司我工。

《小屯南地甲骨》2525　癸未卜，有禍百工。

《尚書·酒誥》　若保宏父定辟。偽《孔傳》：宏，大也。宏父，司空。

《尚書序》　咎單作《明居》。漢馬融注：咎單，湯司空。

山林川澤官

《甲骨文合集釋文》5602　小丘臣。

又　**27915**　王其田，叀犬𠂤人(從)，擒，亡𢦏。

又　**29700**　壬子卜，其𡧍司魚。

倉儲官

《甲骨文合集釋文》3508反　貞勿乎寧㐭衆。

又　**7061**　貞乎取亳寧。

又　**32115**　戊午，貞𠭯多寧𠂤圉自上甲。

《殷墟花園莊東地甲骨》255　乙亥卜：弜乎彈燕寧一。乙亥卜：弜乎多寧見。用。二

車馬官

《殷墟花園莊東地甲骨》63　辛亥卜，子其以婦好於戈大，子乎多𠂤正，見於婦好，㱿紟十往鑿。

《殷周金文集成釋文》5380　㱿辛，子王賜御八貝一具，用作父己尊彝。

《今本竹書紀年·太戊》　三十一年，命費侯中衍為車正。

人力官

又　《甲骨文合集釋文》5597　壬辰，貞亩吴乎小衆人臣。

又　**5717正**　丁亥卜，㝑，貞亩𦐅乎小多馬羌臣。

宗族官

《甲骨文合集釋文》19　□戌卜，[貞]共衆宗工。

《尚書·酒誥》　越獻臣百宗工。

武官

《甲骨文合集釋文》564正　甲辰卜，貞氣令吴氏多馬亞省，在南。

又　**27882**　□來告大方出伐我自，叀馬小臣令……

又　**27941**　迺乎歸衛射亞。

又　**28045**　己未卜，王其乎戍㦰，在……

又　**36346**　己亥卜，在𡆥，貞王(令)□亞其從𣥐伯伐……方。不𢦏。在十月又□。

《尚書·酒誥》　矧惟若疇圻父。偽《孔傳》：圻父，司馬。

內廷官

《甲骨文合集釋文》5599　乎小疾臣於……

又　5596　□少臣其又邑……

又　27876　丙……鬯小臣[illegible]立。

又　30989　……[illegible]見多食受……

又　35501　王曰剮大乙禮，於白録[illegible]，宰豐。

《殷周金文集成釋文》3941　辛亥，王在寢，賞寢敄□貝二朋，用作祖癸寶尊。

《尚書・酒誥》　矧惟爾事，服休、服採。唐孔穎達疏：鄭玄以服休為燕息之近臣，服採為朝祭之近臣。

《淮南子・主術訓》　湯有司直之人。漢高誘注：司直，官名，不曲也。

《莊子・則陽篇》　湯得其司御門尹登恒，為之傅之。晉向秀注：門尹，官名。登恒，人名。

外服官

《殷周金文集成釋文》2837　唯殷邊侯甸。

《尚書・盤庚》　邦伯、師長、百執事之人。

《酒誥》　越在外服，侯、甸、男、衛、邦伯。

又　汝劼毖殷獻臣，侯、甸、男、衛。

《召誥》　越七日甲子，周公乃朝用書命庶殷侯、甸、男、邦伯。

《白虎通義・德論上》　《尚書》曰：『侯、甸、任、衛作國伯。』謂殷也。

侯

《甲骨文合集釋文》98　貞侯氏[illegible]芻。

又　3286　丙戌卜，亘，貞[illegible]侯虎其[illegible]。

又　3291　貞亩象令從[illegible]侯。

又　6554　貞令[[illegible]王]從[illegible]侯虎伐[illegible]方受[illegible]又。

又　32187　壬戌卜，用侯屯自上甲十□。

又　36528反　乙丑王卜，貞[illegible]巫九[illegible]。余乍[illegible]遣告侯□册[illegible]方、[illegible]方、羞方、[illegible]方。余其從侯□[illegible]伐四邦方。

《小屯南地甲骨》1059　乙丑，貞王其奠[illegible]侯商於父庚告。

伯

《甲骨文合集釋文》3381　辛巳卜，[illegible]，貞亩易伯[illegible]從。

又　6827正　貞旨弗其伐[illegible]白[[illegible]]。

又　8947正　[辛]亥卜，[illegible]，貞[王]其乎共[illegible]白出牛。又正。

又　28086　壬戌卜，王其[illegible]二方白。王其[illegible]二方白於[illegible]。

又　28087　貞王其[illegible]方白[illegible]於之若。

又　32287　甲申，貞其[illegible]三……[illegible]白於父丁。

又　36481　……用又白[illegible]於大乙……用[illegible]白印……

漢・鄭玄《禮記注・王制》　殷之州長曰伯，虞夏及周皆曰牧。

田

《甲骨文合集釋文》27891　[illegible]田眔戍舞。

又　27893　㠯多田伐又封𨟻……

又　32992反　……㠯多田亞任……

又　36181　甲戌王卜，貞[令][illegible]盂方，西戉典西田，□妥余一人，從多田[illegible]正，又自上下於若。

男

《甲骨文合集釋文》3451　[貞]男不其……

又　3452　□□卜，貞雀男受[又]。

又　21954　庚辰卜，貞男[illegible]取亡𢦏。

任

《甲骨文合集釋文》3929 □□［卜］，界，貞戈妊疾亡□。

又 7049 丁卯卜，曰㞢任㞢征𢓊，允征。

又 7854正 己酉卜，㱿貞勿乎𠂤取［目］任伐，弗其氏。

衛

《甲骨文合集釋文》28009 丁亥卜，在陪衛酒邑□典冊又奏方𢦏，今𢀛王其［使］……吉。

又 28060 □巳卜，在𠂤衛……吉。

又 28061 □□卜，王其乎衛……

《小屯南地甲骨》1008 其取才演衛凡於𩁹王弗每。

論說

《禮記・曲禮下》 天子建天官，先六大，曰大宰、大宗、大史、大祝、大士、大卜，典司六典。漢鄭玄注：典，法也。此蓋殷時制也。周則大宰為天官，大宗曰宗伯，宗伯為春官，大史以下屬焉。大士，以神仕者。

天子之五官，曰司徒、司馬、司空、司士、司寇，典司五衆。漢鄭玄注：衆謂群臣也。此亦殷時制也。周則司士屬司馬，大宰、司徒、宗伯、司馬、司寇、司空為六官。

天子之六府，曰司土、司木、司水、司草、司器、司貨，典司六職。漢鄭玄注：六府主藏六物之稅者。此亦殷時制也。周則皆屬司徒。司土，土均也。司木，山虞也。司水，川衡也。司草，稻人也。司器，角人也。司貨，丱人也。

天子之六工，曰土工、金工、石工、木工、獸工、草工，典制六材。漢鄭玄注：此亦殷時制也。周則皆屬司空。土工，陶、旊也。金工，築、冶、鳧、栗、鍛、桃也。石工，玉人、磬人也。木工，輪、輿、弓、廬、匠、車、梓也。獸工，函、鮑、韗、韋、裘也。唯草工職亡，蓋謂作萑葦之器。

《左傳・定公四年》 分唐叔以大路密須之鼓，闕鞏、沽洗，懷姓九宗，職官五正。唐孔穎達《正義》：『職官五正』，杜云：『五官之長。』則謂五官之長子孫耳。《曲禮》云：『天子之五官曰司徒、司馬、司空、司士、司寇。』鄭玄云：『此殷時制也。』然則殷時五官，居在唐地，世為貴族，以賜唐叔，使主領之，所以榮寵唐叔也。殷之五官不必皆在唐地，但有三官、四官，亦得總五言之。劉炫云：職官五正，職，主也。正，長也。主官事者有五長，分九宗為五官使主之。此九宗蓋宗有一人，數少者當宗不足立官，并之為五，使五官領此九宗。或以為於懷姓之內立五正，使分主九宗。未知誰是，故備言之。或以為五官之長，謂如昭二十九年蔡墨所云五行之官長也。是天子之大臣，非唐之遺民。然姓而有五也，并賜唐叔，豈天子得以五行官長賜諸侯哉？

《史記》卷四《周本紀》 於是古公乃貶戎狄之俗，而營築城郭室屋，而邑別居之，作五官有司。南朝宋裴駰《集解》：駰案：《禮記》曰：『天子之五官曰司徒，司馬，司空，司士，司寇，典司五衆。』鄭曰：『此殷時制。』

唐・孔穎達《禮記正義》卷四《曲禮下第二》 案《甘誓》云『六事之人』，鄭云：『《周禮》六軍皆命卿，則三代同矣。』案《甘誓》及鄭注，則三王同有六卿。又鄭注《大傳・夏書》云：『所謂六卿者，后稷、司徒、秩宗、司馬、作士、共工也。』而不說殷家六卿之名。今此記所言，上非夏法，下異周典，鄭唯指為殷禮也。然天官以下，殷家六卿，何者？大宰、司徒、司馬、司空、司士、司寇是也。但周立六卿，故天地四時，而殷六卿所法，則有異也。殷以大宰為一卿以象天時，司徒以下五卿法於地事，故《鄭志》崇精問焦氏云：『鄭云三王同六卿，殷應六卿。此云五官，何也？』焦氏答曰：『殷立天官與五行，其取象異耳。是司徒以下法五行，并此大宰即為六官也。』但大宰既尊，故先列大宰，并顯大宰之下，隸屬大宰之官，既法於天，故同受大名，故云『先六大』。大宰一，大宗二，大史三，大祝四，大士五，大卜六也。典司六典者，結上也。上典是守典，下典是典則之典。言立此六官，以守主於六事之法。【略】天子之五官者，嚮立六官以法天之六氣，此又置五官以象地之五行也。天地五行踐立，故復云天子，不云建，從天官也。又天官尊陽，故一卿以攝衆；地官卑陰，故五卿俱陳也。不云地者，與前互也。天尊故沒其數，地卑故明言其五也。司徒一，司馬二，司空三，司士四，司寇五也。典司五衆者，結上也。言用此上五官，使各守其所，掌上之羣衆也。然此五官亦各有所領羣衆，如大宰領大宗以下也。而不條出其人者，略也。天言六典，地言五衆者，互言也。但天尊故云典，地卑故云衆也。【略】天子之六府者，殷六卿外，復別立此六官也。府者，藏物之處也。既法天地立官，天地應生萬物，故為萬物立府也。曰司土，一也，於周為土均也，均平地稅之政令

也。土生萬物，故為均也。司木，二也，於周則為山虞也。虞，度也，主量度山之大小，所生之物。司水，三也，於周則為川衡。衡，平也。掌巡行川澤，平其禁令。司草，四也。於周為稻人也。掌稼種下地，及除草萊。司器，五也，於周為角人也。掌以時徵齒角於山澤之農，供為器用也。司貨，六也，於周為丱人，言鑛器未成者也。掌金玉錫石之地，而為之守禁，以時取之，以供器物。金玉曰貨，故稱貨人。典司六職者，結上立此六官，使各主其所掌職也。【略】天子之六工者，工，能也，言能作器物者也。前既有六府之物，宜立六工以作之為器物，故為次也。亦有六者，依府以用事也。曰土工、金工、石工、木工、獸工、草工者，此六官於《周禮》並屬司空，而司空職散亡。漢購千金不得，今唯有《考工記》以代之。典制六材者，材謂材物，結上立此六工，使典制六府之材物。

宋・呂大臨《禮記解・曲禮下第二》 殷人尊神，率民以事神，先鬼而後禮。大宗以下，皆事鬼神、奉天時之官，故總謂之天官。太宰者，佐王代天工以治者也。大宗，掌事鬼神者也。大史，掌正歲年及頒朔，奉天時者也。大祝所以接神者也。士者即周司巫，巫所以降神者也。大卜主問龜，所以求神者也。六者皆天事也，人事也。人事可變，天事不可變者也。《周官》司士則夏官之屬，此別出司士為一官者，司士掌羣臣之版，及卿大夫、士庶子之數，則所統有衆，與司馬、司徒、司空、司寇略等矣，所以並立為五官也。司徒之衆，則六鄉六遂是也。司馬之衆，六軍是也。司空之衆，百工是也。司寇之衆，士師司隸之屬是也。故曰『典司五衆』。六府者，主藏之官，斂藏六者之入，以待國用者也。農以耕事貢九穀，則司土受之。山虞以山事貢木材，則司木受之。澤虞以澤事貢水物，則司水受之。圃以樹事貢薪芻疏材，則司草受之。工以飭材事貢器物，則司器受之。商以市事貢貨賄，則司貨受之。《周官》司土則廩人、倉人之職，司木則山虞林衡之職，司水則澤虞川衡之職，司草則委人之職，司器、司貨則玉府、內府之職。所入者乃農圃虞衡工商之民所貢，故曰『典司六職』。六工者，飭材為器以待國用者也。草工以萑葦莞蒲萑蒯之類為器用者，六工所治之材各有不同，故曰『典制六材』。歲終，則司徒以下五官，各致其功以獻於王，故謂之『享』。王得以行其誅賞，大宰不貢者，《周官》大宰詔王廢置，則殷制亦然也。

宋・劉彝《禮記中解・曲禮下》 此殷之官制也。雖與周官不同，然自唐虞以來，建官之義，莫不稽古而法天地四時以分其職，雖則名稱有所變更，而法象未始有異。是故羲氏、和氏，天地之官也。四岳，四時之官也。夏因有虞之制，《甘誓》曰『大戰於甘，乃召六卿』是也。殷之大宰、大宗、司徒、司馬、司空、司寇，乃周之六官也。而記者參以其屬，義雖大小不貫，而天地四時以成，變化之職理自有倫矣。而《疏》謂立六大以法天之六氣，置五官以法地之五行者，非也。陰陽之本，一氣也。判而為陽，所以作天；為陰，所以作地。二氣互有升降，乘其分至以為四時。四時以言其氣也，五行以言其形也。六典者象乾，所以始萬物之法也，故天官掌之。五衆者象坤，所以成萬物之法也，故地官掌之。而承之以六府、六工，則變化養吾民者，莫不備矣。《書》不云乎：『德惟善政，政在養民。水火金木土穀惟修，正德利用厚生惟和，九功惟敘，九敘惟歌。』夏承虞官，所致如此。舍天地四時，其能爾乎？

宋・葉夢得《禮記解》卷一《曲禮下第二》 自夫人以下至草工，其分列之先後，與名號之異同，亂於周官之序，宜康成以為殷禮也。蓋治天下必自內，始夫人嬪妾，莫不有所司，而不言司者，以其主於內而已。內治則家道正，可以推而及國。大宰，王者所賴以治國也，故建官特先之。其屬則大宗、大史、大祝、大士、大卜，皆有書，故言六典。六典所以奉天道也。天道主之以天官，而地道不可以無職，故次之以司徒。司徒所奉者地道，所掌者邦教也。有教不可以無政，故次之以司馬，司馬所掌者邦政。有政不可以無事，故次之以司空。有政事則財用足，人輕於從善而恥於犯法也，故次之以司士，正羣臣之版以詔爵祿。終之以司寇，詰邦國之禁以刑暴亂。五官各率其屬而治，故言五衆，所以奉地道也。天官先大宰以奉天道，地官先司徒以奉地道，人君於是可以輔相裁成之時也。然而萬物生於天，長於地，人所賴以相養，不可不急於先務，故六府典司六職，六工典制六材，亦先王之智，急於成物以養天下也。是以土也，木也，水也，草也，器也，貨也，聚之於人，則曰六府，分之於所治，則曰六職。金也，土也，石也，木也，獸也，草也，造之於人，則曰六工，見之於用，則曰六材。府以聚其物，而後命官以分治，故後言六職。材必待人而有成，非人則不能成其材，故先言六工。治天下至於萬物各得其成材，此先王所以裁成天地之道，輔相天地之宜，以左右民而治也。

清・齊召南《禮記注疏考證》卷四 鄭氏謂五官是殷制，亦非鑿空。

《史記・周本紀》古公作五官，有司民皆歌樂之，此即本《大雅》「乃召司空」、「乃召司徒」之文以為説耳。若《左傳》言職官五正，則殷制之明驗也。

清・任啓運《禮記章句》卷三之二《曲禮下》　按：此章鄭氏以爲殷制，而孔氏申之，謂夏六卿后稷、司徒、秩宗、司馬、士、共工，周六卿見於《周禮》，皆與此不同，故斷以爲殷禮。太宰尊，故先列太宰，并顯其隸屬之官，與下五官爲六卿，馬氏《通考》皆因之。獨陳氏訾其殷制爲臆説，而猶取孔氏天官合下五官爲六卿，謂六太皆天官之屬，五衆謂五官之屬。愚按：太宰卽冢宰，而以爲天官之屬。大史、大祝、大卜屬宗伯，而以爲屬天官。司士屬司馬，而以爲卽宗伯。殊不解。葉夢得謂大宗五官皆奉天道，故屬天官冢宰。司馬四官皆奉地道，故屬地官司徒。吾聞冢宰無所不統，故可以統五，未聞司徒得統司馬以下，而冢宰反不得統也。唯湯三才謂此天官，猶言天職，非《周禮》之天官。六大、五官分舉，庶幾近之。而大士、司士究不知爲何職。愚謂古今建官，因革異制。如共工、司空本爲一職，而唐虞以治水，故特分爲二，且躋司空於百揆。羲和列職爲最尊，而周之馮相保章下屬於宗伯。又如卿士一官，殷以伊尹、咎單、巫賢、傅説爲之。《詩》言皇父，《左傳》言鄭武莊，皆擅國柄。而《周禮》不列其官。蓋古記所傳，有開國初定此制，而後實不行者；有初制如是，而後人變易者。其源流難悉也。

清・顧炎武《日知録》卷二《少師》　古之官有職異而名同者，太師、少師是也。比干之為少師，《周官》所謂三孤也。《論語》之少師陽，則樂官之佐，而《周禮》謂之小師者也。故《史記》言紂之將亡，其大師疵、少師彊抱其樂器奔周，而後儒之傳，誤以為微子也。《周本紀》、《漢書・古今人表》亦有大師疵，少師彊。

清・王引之《經義述聞》卷一五《父師》　《文王世子》：「樂正司業，父師司成。」鄭發注於上文大司成，曰：「樂正司業，父師司成，則大司成，司徒之屬，師氏也。師氏掌以美詔王，教國子以三德三行，及國中失之事也。」引之謹案：古字父與甫通。《爾雅》曰：「甫，大也。」父師，大師也。大後人或作太，音泰，古但作大。《白虎通義》：「十二月律謂之大呂何？大者，大也。正月律謂之大蔟何？大亦大也。」《微子》「父師少師」，傳曰：「父師，大師也。」父與少相對爲文，少者，小也。父者，大也。故《史記・宋世家》作「大師少師」。《洛誥》正義引《尚書大傳》「致仕之臣教於州里，大夫為父師，士為少師」，父師亦大師也，故亦與少師對文。《禮書》卷四十九引《尚書大傳》「小師取小學之賢者登之大學，大師取大學之賢者登之天子」，小師，少師也。大師，父師也。大師主大學之事，故曰大司成，論説在東序，又曰父師司成。

清・黄以周《禮書通故》卷三四《職官禮通故二》　《曲禮》所記，與《左氏傳》郯子之言冣合。天子建天官，先六大，為治天事之官，與郯子首述五鳥歷正之官相似。次言天子之五官，為治民事之官，與郯子繼述五鳩鳩民之官正同。此外又有六府、六工以阜民財，利器用，與郯子卒述五雉為五官正，九扈為九農正，亦不甚殊。則此為周以前之古制，審矣。《逸周書・大明武解》云「順天行五官侯厥政」，是周初亦五官也。《墨子・節葬篇》「王公大人蚤朝五官六府」，與《曲禮》天子之五官、天子之六府並舉亦同。鄭君以此為殷制，焦氏謂殷之五官，并上大宰為六官，如其説，則《曲禮》所記官制，又為周六官所自昉矣。其實殷立五官為治民之正職，而別立大宰，則主事神之事，謂之天官，其制與少皞同。而《周官》則以官闕之事屬大宰，而以宗祝史卜之類別立宗伯。《曲禮》之五官，可無宗伯，而有司士，司士當依《左傳》讀為司事。士、事古通。《白虎通》云：「士者，事也。」《左氏傳》曰：「五行之官，謂之五官。」殷之五官，司徒主春為木官，司馬主夏為火官，司事主中央為土官，司寇主秋為金官，司空主冬為水官。董子《繁露・五行相生篇》説五官之制曰「司馬火，司營土，司徒金，司寇水，司農木」，説不可從。【略】

《記・王制》：「司會以歲之成質於天子，冢宰齊戒受質。大樂正、大司寇、市三官以其成從質於天子。大司徒、大司馬、大司空齊戒受質。百官各以其成質於三官，大司徒、大司馬、大司空以百官之成質於天子，百官齊戒受質。」鄭玄云：「司會，冢宰之屬。成，計要也。質，平也。平其計要。冢宰齊戒受質，贊王受之也。大樂正，於周宗伯之屬。市，司市也，於周司徒之屬。從，從於司會也。百官，三官之屬。百官齊戒受質，受平報也。」以周案：以《尚書・立政》、伏書《夏傳》、戴記《曲禮》諸文參之，此蓋殷制也。夏重司空，以司空公領司空，而上兼百揆。其司馬公領司馬，而又兼司寇，司徒公領司徒，而又兼秩宗。五官之職，以三公統攝之，是謂三宅。成湯因之，《書・立政》曰「三有宅克即宅」，此所謂大司徒、大司馬、大司空者，即司徒公、司馬公、司空公也。殷重司徒，以大司徒、大司馬、大司空為次。大樂正為殷之宗伯，大司徒領司徒，亦兼宗伯，故大樂正之質從大司徒。大司

馬領司馬，亦兼司寇，故大司寇之質從大司馬。大司空領司空，亦兼市，故市之質從大司空。《曲禮》記殷五官之制，曰司徒、司馬、司空、司士、司寇，《左傳》作司事，蓋即周之宗伯，此又謂之大樂正。於大司徒三官之外，又曰大樂正、大司寇者，明五官之制也。市本小官，故不言大，特欲配下大司空舉之耳。大樂正、大司寇、市之質，必從於大司徒、大司馬、大司空者，明殷之五官亦如夏制，以三公統攝之也。司會爲冢宰之屬，冢宰即大宰。《曲禮》記殷官制，天官大宰不與五官分職，故此司會之質，別受於冢宰，不從於大司徒三官。至周，乃以大宰與五官同分職，故歲終六官之長各致其屬，司會總主百官之歲會，小宰贊冢宰而致焉。此殷制之別也。殷官又有師、保、疑、丞，見《文王世子》；父師、少師，見《書》；左相，見《左傳》；卿士，見士，見《詩》；內史、車正，見《竹書》；大史，見《通典》；門尹，守藏史，見《莊子》；司直，見《淮南子》。宋為殷後，其官多承前制，見於《春秋傳》者，亦可備考。

清·皮錫瑞《禮記淺説》卷二 《白虎通》引《王度記》曰：天子冢宰一人，爵祿如天子之大夫。或曰：冢宰視卿，《周官》所云也。蓋《王度》所言是殷制，故云『如大夫』，與《周官》視卿不同。鄭君亦以此為殷制，而謂合下五官為六卿，則與《王度記》之説異。金鶚《五官攷》以唐虞至殷皆五官。《史記》云『大王置五官』，《左氏傳》云『職官五正』，是殷有五官，無六卿之明證。大宰與大宗、大史等並列，大宗、大史等皆非卿，則大宰亦必非卿，不得以周之冢宰解之也。宋承殷制，其六卿之名見於《左氏》文七年、十六年、昭二十二年、哀二十六年《傳》。其目曰右師、左師、司徒、司馬、司城、司寇，而無冢宰。惟成十六年於六卿之外，有向帶爲大宰，列於司寇之下，其非上卿可知。且魚府為少宰，非卿，出奔不書於經，則大宰亦非卿更可知。殷制冢宰當是天子之大夫，《王度記》似可據。此大宰卽《王度記》所云冢宰也。

清·崔述《商考信録》卷一《伊尹》 《史記·殷世家》云：『伊尹名阿衡。』鄭康成云：『阿，倚。衡，平也。伊尹，湯倚而取平，故以爲官名。』是以伊尹、阿衡爲一人也。僞《古文尚書》因之，遂曰：『惟嗣王不惠於阿衡，伊尹作書』云云。又曰：『昔先正保衡，作我先王。一夫不獲，則曰時予之辜。』皆以伊尹之事，爲阿衡、保衡之事。余按：《書》云『成湯既受命，時則有若伊尹格於皇天。在太甲時則有若保衡。』則是伊尹、保衡爲二人明甚。安有同是一人而兩舉之，一則屬之成湯，一則屬之太甲，變其稱謂以爲奇乎？謂保衡卽伊尹，亦可謂巫賢卽巫咸乎？《詩》曰：『昔在中葉，有震且業。允也天子，降於卿士。實維阿衡，實左右商王。』夫曰『中葉』，卽太甲世也。曰『有震且業』，卽太甲居桐宮事也。但言阿衡之輔太甲耳，初未嘗見有輔成湯之事也。《傳》曰：『伊尹放太甲而相之，卒無怨色。』孟子書記伊尹事尤多，皆無有稱之爲保衡、阿衡者。何由而知保衡、阿衡之必爲伊尹也哉？考古稱謂之例，多以官名冠人名者。《詩》曰：『維師尚父。』師，官名也。尚父，太公字也。《書》曰：『保奭，其汝克敬。』保，官名也。奭，召公名也。《春秋傳》中所載史佚、卜偃、祝鮀、師曠之屬尤多，不可悉數。然則阿、保當爲官名，而衡當爲人名矣。古者有師、有傅、有阿、有保，傳記所載，未聞有以衡名官者。蓋衡嘗爲阿，又嘗爲保，故或稱阿衡，或稱保衡耳。若以二字皆爲官名，則一官既不應兩稱，兩官又不必俱以衡名，而又皆使伊尹兼之，其不然審矣。

清·崔適《史記探源》卷二《殷本紀第三》 『伊尹名阿衡。』《索隱》：『《孫子兵書》：伊尹名摯。然解者以阿衡爲官名。阿，倚也。衡，平也。亦曰保衡。尹，正也。謂湯使之正天下。』案：尹亦官名。周之師尹、楚之令尹，義卽本此。曰尹，曰阿衡，曰保衡，皆以官名名之，而其人名則曰摯也。

清·馬瑞辰《毛詩傳箋通釋》卷三二《長發》 《説文》：『伊，殷聖人阿衡，尹治天下者。從人尹。』段玉裁曰：『伊與阿、尹與衡皆雙聲，卽一語之轉。』今按：段説是也。伊、阿、倚三字並雙聲，故《箋》訓阿為倚，倚猶伊也。《文王世子》云：『虞夏商周有師保，有疑丞，設四輔及三公，不必備，惟其人。』阿衡蓋師保之官，特設是官名以寵異之，後以聲轉而為伊尹，及太甲時改曰保衡。大臣之稱阿保，猶女師之稱阿保也。伊尹卽阿衡之轉，故毛傳以阿衡為伊尹，《箋》亦以阿衡為官名。《呂氏春秋》言伊尹生伊水之上，《史記·殷本紀》言伊尹名阿衡，並失之。伊尹名摯，見於《孫子·用閒篇》，不得以阿衡為其名也。

江慎修云：『周初官制，冢宰總百官。後來改制，總百官者謂之卿士。蓋卿士秉政，殷時已然，周之官制後改從殷制也。』今案：《商頌·長發》『降予卿士』，卽指阿衡。則江氏謂卿士秉政為殷制者是也。《竹書紀年》周穆王時有王命卿士蔡公謀父之文。江氏謂周官制後來改從殷制者，亦非無

據。大約卿士一職，即以六卿爲之，如鄭桓莊以司徒，王子虎以大宰之類。韋昭注《國語》：『大宰文公，王卿士王子虎也。』初非於六卿之外，更爲之都官也。

清・徐文靖《管城碩記》卷一三《禮二》 按《孔叢子》：『子思曰：吾聞諸子夏曰：殷王帝乙之時，王季以九命作伯於西。』《大雅・旱麓》云：『瑟彼玉瓚。』鄭《箋》云：『殷王帝乙之時，王季為西伯，以功德受此賜。』是殷之州長稱伯也。孔疏引《舜典》云：『覲四岳羣牧。』又云：『咨十有二牧。』是虞稱牧也。《左傳・宣三年》云：『夏之方有德也，貢金九牧。』是夏稱牧也。《周禮・宗伯》云：『八命作牧。』又《太宰》云：『建其牧。』是周稱牧也。然案《竹書紀年》云：『文丁四年，周公季歷伐余無之戎，克之，命為牧師。』《天問》云：『伯昌號衰，秉鞭作牧。』是殷亦稱牧也。

又 卷一四《楚辭集注一》 『巫咸將夕降兮，懷椒糈而要之。』《集注》曰：『巫咸，古神巫，當殷中宗之世。』按《世本》：『巫咸作筮。』《歸藏》曰：『昔黄帝將戰，筮於巫咸。』《周禮・簭人》『一巫更，二巫咸』，注曰：『巫當讀為筮者也。』《南華》逸篇曰：『黄帝立巫咸以通九竅。』郭氏《巫咸山賦序》：『巫咸以鴻術為帝堯醫師。』此巫咸主醫者也。《山海經》：『大荒之中有靈山，巫咸、巫即、巫肦十巫從此升降。』此則古所謂神巫者也。《史記・封禪書》曰：『太戊有桑穀生於廷，一暮大拱，懼，伊陟贊巫咸，巫咸之興自此始。』《索隱》曰：『《尚書》孔傳云：巫咸，臣名。今云巫咸之興自此始，則以巫咸為巫覡。然《楚詞》亦以巫咸主神，蓋史遷以巫咸是殷臣，以巫接神，事太戊，使禳桑穀之災，故云。』又《竹書紀年》：『太戊十一年，命巫咸禱於山川。』鄭康成亦曰：『巫咸謂之巫官。』以此證之，《集注》以巫咸為古神巫，當殷中宗之世，蓋有所本也。

清・陳逢衡《竹書紀年集證》卷一六 巫咸蓋卜筮而兼太祝之官者也。《山海經・海内西經》：『開明東有巫彭、巫抵、巫陽、巫履、巫凡、巫相。』又《大荒西經》：『大荒之中有山名曰豐沮玉門，日月所入。有靈山，十巫從此升降，百藥爰在。』此巫咸所托始也。故《南華》逸篇云：『黔首多疾，黄帝立巫咸以通九竅。』《論衡》云：『巫咸能以祝延人之疾。』《世本》云：『巫咸作筮。』其説大約相近。吳任臣謂商臣亦名巫咸，見《尚書》，非此。是蓋以《君奭》有巫咸乂王家之語，而謂古賢相必不出於祝筮也。夫祝筮則必何礙於相，何礙於賢哉？今考《竹書》，七年，有桑穀生於朝。十一年，命巫咸禱於山川。則予所謂卜筮而兼太祝之官者，其信矣。蓋是時亳有桑穀之祥，而占者曰『不吉』，則巫咸之辭也。太戊於是懼而修德，三年遠方重譯而至者七十六國，故伊陟贊於巫咸，作《咸乂》四篇贊美也。乂，安也。謂伊陟歸美巫咸，用能以此安乂我國家也。觀《書序》及《君奭篇》可見。不然，則所謂乂王家者，所指何事？而《書序》《咸乂》之作，又曷爲連敘於桑穀下也？及至三年而遠人來格，故又使巫咸禱於山川以報之耳。或曰：巫咸父子並爲大臣，今以巫官目之，得毋不倫歟？曰：殷之巫官即漢之太史公，主天官家者也。衛宏《漢儀註》：『太史公位在丞相上。』虞喜《志林》謂古主天官者皆上公，自周至漢，其職轉卑，然朝坐位猶居公上。夫所謂自周至漢，其職轉卑者，蓋以《周禮》九巫掌之簭人，漢之太史掌文書故也。若在殷時，則其位最重，故馬氏、鄭氏皆謂爲巫官，全謝山亦云：『周以前巫官非細職也，蓋重黎之流，周以後始賤之。』其與伊陟、臣扈比肩事主，又何疑焉？是則巫咸之名，黄帝時有之，帝堯時又有之。今此亦云巫咸，其即十巫之裔，有斷斷無可疑者。蓋殷人尚鬼，禱祀猶重，俾巫咸世世掌之耳。不然，何其號同其職同，而命禱於山川者，其事又同也？吾故曰：巫咸蓋卜筮而兼大祝之官者也。

清・俞樾輯《詁經精舍課藝七集》卷二《王行儉〈圻父農父宏父解〉》 考鄭氏、孔氏《酒誥》注，皆以圻父爲司馬，農父爲司徒，宏父爲司空。竊謂《虞書》伯禹作司空，契作司徒，司馬之職，則自周始。《周書》武王牧野之戰，其誓明言司徒、司馬、司空，《立政篇》亦明言司徒、司馬、司空，可知司徒、司空，自有虞至周，不改其號，司馬自周始，亦未聞改其名。如《左傳》云『晉以僖侯廢司徒』，『宋以武公廢司空』者，況《梓材》、《酒誥》皆是冊封孟侯之辭，《梓材》明言司徒、司馬、司空，而《酒誥》乃易司馬之名爲圻父，司徒之名爲農父，司空之名爲宏父，則又何説？近儒據《小雅・祈父》予王之爪牙，謂祈父帥爪牙之士，則其爲司馬可知。蒙竊以爲不然。《祈父》本刺宣王而呼祈父，猶《十月之交》本刺幽王而責皇父。徧考《周官》，無以父稱者，而人名以父稱者甚多，如尚父、仲父、孔父、程伯休父，皆是人名。前後相同

者亦甚多，如文王時有南仲，宣王時又有南仲；宣王時有皇父，幽王時又有皇甫，皆是。祈父通作圻父，然與《酒誥》之圻父不同。彼則宣王時之以祈父名者，此則當成王時也。考《史記・衛康叔世家》云：「周公旦懼康叔齒少，乃申誥康叔曰：必求殷之賢人君子長者，問其先殷所以興、所以亡，而務愛民。」此意正與《酒誥》「汝劼毖殷獻臣」合。在周公之告康叔，必有殷之賢人君子長者在其意中。意者圻父、農父、宏父，經雖無考，或即殷之賢人君子長者歟？至若注謂司馬、司徒、司空，蒙不敢據以爲信。

清・俞樾《群經平議》卷六　阿、保一也。阿即妿之叚字。《説文・女部》：「妿，女師也。讀若阿。」古書即以阿爲之。《史記・范雎傳》曰：「居深宫之中，不離阿保之手。」《列女傳・貞順傳》曰：「下堂必從傅母保阿。」竝以阿、保連文，可知阿猶保也。伊尹爲太保，故謂之保衡，保衡猶保奭也。保奭者，保其官，奭其名。保衡者，保其官，衡其字。蓋伊氏尹名而衡字也。鄭康成謂伊陟，伊尹之子，則伊是其氏明矣。伊尹自稱尹躬，則尹是其名明矣。尹之義爲正，衡之義爲平。楚屈原名平，而《離騷》曰「名余曰正」，則是平與正同，故名尹字衡也。《詩》謂之阿衡，《書》謂之保衡，阿、保字異而義同。鄭意伊尹在湯時稱阿衡，在太甲時稱保衡，殊非古義。其解阿衡、保衡，迂曲不合，更無論矣。至伊摯之稱，見於《孫子・用閒篇》。彼文曰：「殷之興也，伊摯在夏。周之興也，呂牙在殷。」以伊尹爲伊摯，以呂尚爲呂牙，蓋戰國時記載之異，皆與經不合，恐未足據也。此經先稱伊尹，後稱保衡，其氏、其官、其名、其字，具見於此矣。

清・俞樾《達齋書説・微子若曰父師少師》　枚傳以父師爲箕子，少師爲比干。下文「父師若曰」，鄭注言少師不答，志在必死，則意亦同也。近人有以爲是大師疵、少師彊者。按下文父師言「我罔爲臣僕」，而《周本紀》言「太師疵、少師彊抱其樂器而奔周」，則與「罔爲臣僕」之言不應矣。是父師少師非疵、彊也。若仍從古義，以爲箕、比，則《宋世家》先言殺王子比干，剖視其心，後言於是太師少師乃勸微子去。是少師非比干也，則父師亦非箕子也，古義亦不可從。愚按：《殷本紀》云：「微子數諫不聽，乃與太師少師謀，遂去。比干曰：『爲人臣者，不得不以死爭。』乃彊諫紂。紂怒曰：『吾聞聖人心有七竅。』剖比干，觀其心。箕子懼，乃詳狂爲奴，紂又囚之。殷之太師少師乃持其祭樂器奔周。」據此文上言「太師少師」，下又言「殷之太師少師」，特加「殷之」二字，可知微子所與謀者，乃微子自有太師少師，而非殷之太師少師也。《禮記・文王世子篇》：「凡三王教世子，立太傅少傅以養之，欲其知父子君臣之道也。太傅審父子君臣之道以示之，少傅奉世子以觀太傅之德行而審諭之。太傅在前，少傅在後。」是古世子必有太傅少傅。微子爲帝乙之首子，紂之同母庶兄，則其有太傅少傅，固古制也。此篇父師即謂太傅，少師即謂少傅，師傅固通稱耳。下文父師對而少師不對，蓋少傅之職，在奉世子以觀太傅之德行，太傅既有言，則少傅不必有言也。微子以去留大事諮商師傅，史録其辭以成此篇。父師少師，史失其名，以爲箕、比固非，以爲疵、彊，亦未為得也。

清・劉寶楠《論語正義》卷二一《微子》　太師摯等皆殷人，則太師少師等官是殷制也。《周官》有太師、少師、鼓人、磬師。又大司樂、膳夫皆以樂侑食，瞽矇、眡瞭皆掌播鼗。與此諸職尊卑同異，未聞也。亞飯、三飯、四飯者，《禮・王制》云：「天子日食舉樂。」《公羊》隱五年傳注：「《魯詩傳》曰：天子食日舉樂。」《白虎通・禮樂篇》：「王者食所以有樂何？樂食天下之太平，富積之饒也。明天子至尊，非功不食，非德不飽，故傳曰：『天子食時舉樂。』王者所以日四食者何？明有四方之物，食四時之功也。王者平居中央，制御四方，平旦食，少陽之始也。晝食，太陽之始也。餔食，少陰之始也。暮食，太陰之始也。《論語》曰：『亞飯干適楚，三飯繚適蔡，四飯缺適秦。』諸侯三飯，卿大夫再飯，尊卑之差也。」案：此班氏所説殷制，當為《論語》舊義。《周官・膳夫》云：「王齊日三舉。」則天子亦三飯。又鄭注《鄉黨》云：「不時，非朝夕日中時。」此通説大夫、士之禮，則周制自天子至士皆三飯，與殷異也。又《禮器》曰：「禮有以少為貴者，天子一食，諸侯再，大夫、士三。」注云：「謂告飽也。」既告飽，則侑之，乃更食，凡三侑。《儀禮・特牲》是士禮，有九飯。《少牢》是大夫禮，有十一飯。故鄭注以諸侯十三飯，天子十五飯，皆因侑更食之數，與《論語》亞飯、三飯、四飯之義不同。而近之儒者，若黄氏式三《後案》，淩氏曙《典故覈》，皆援之以釋《論語》，謂初飯不侑，始侑為亞飯，再侑爲三飯，三侑為四飯。案：亞飯諸義，《白虎通》言之最晰，舍可據之明文，而別為新義，未為得理。且三侑不

過須臾之頃，何得更人更爲樂也？《漢書·古今人表》，太師摯等同在智人之列，其次在殷末周前。顔師古注：『自師摯已下八人，皆紂時奔走分散而去。』又《禮樂志》云：『《書》序「殷紂斷棄先祖之樂，迺作淫聲，用變亂正聲，以説婦人」。樂官師瞽抱其器而奔散，或適諸侯，或入河海。』師古注：『《論語》云云。此《志》所云，及《古今人表》所敍，皆謂是也。云諸侯者，追繫其地，非爲當時已有國名。』又《董仲舒傳》：『對策曰：「至於殷紂，逆天暴物，殺戮賢知，殘賊百姓。伯夷、太公皆當世賢者，隱處而不為臣。守職之人皆奔走逃亡，人於河海。」』師古注：『謂若鼓方叔、播鼗武、少師陽之屬也。』然則以太師摯等爲殷人，董氏先有此義，而班氏承之。故其著《白虎通義》，於亞飯、三飯、四飯，卽據殷禮説之矣。惟齊、楚、蔡、秦皆周時國名，世多以為疑。毛氏奇齡《稽求篇》辨之云：『周成王封熊繹於楚蠻，孝王封非子為附庸而邑之秦，皆先名其地，而後封之者。《國語》「文王諏於蔡原」，注：「蔡公，殷臣。」《樂記》：「齊者，三代之遺聲也。」則齊在夏殷已先有之。』案：如毛説，則齊、蔡、秦、楚皆舊時國名，周人因而名之，如今府州縣，多沿先朝之稱之比。顔師古以爲追繫其地，尚未然也。毛氏又曰：『太師摯，摯字是疵字。其又云「師摯之始，《關雎》之亂」，此師摯是魯人，與《人表》所記不同。考《周本紀》：「太師疵、少師彊抱其樂器而奔周。」疵與彊卽摯與陽，兩音相近之名。《殷本紀》亦云「剖比干，囚箕子，殷之太師少師乃持其祭樂器奔周」是也。』段氏玉裁《尚書撰異》：『《尚書·微子篇》「父師少師」，《史記》作「太師少師」。《宋世家》於比干死之後云：「太師少師乃勸微子去。」則少師非比干、太師非箕子甚明。《殷本紀》亦云：「微子與太師少師謀去，而比干剖心，箕子為奴，殷之太師少師乃持其祭樂器奔周。」《周本紀》又云云。是則太師少師為殷之樂官，卽太師摯、少師陽也。摯卽疵，陽卽彊，音皆相近。惟傳聞異辭，則所載如不一，而其事則一。此《今文尚書》説也。』今案：毛、段説是也。上章逸民有夷、齊，爲殷末周初，下章八士亦周初人，則此章太師摯等自為殷末人。竊以太師適齊，少師入海，皆在奔周之前。伯夷、大公避紂居海濱，後皆適周，而大公仕為太師，亦其類也。鄭此注以為周平王時人，顔師古《古今人表》注卽不取之。案《史記·十二諸侯年表》：『大史公讀《春秋曆譜牒》，至周厲王，曰：師摯見之矣。』鄭或據此文，以為目及見之，則在厲王後，歷宣、幽而當平王矣。不知《年表》所言師摯，卽《泰伯篇》之師摯，當是魯之樂官，與此太師摯爲殷人異也。且師摯與夫子同時，以為平王時，亦非。【略】《説文》：『鞀，鞀遼也。從革，召聲。鞉，鞀或從兆聲。鼗，鞀或從鼓兆。磬籒文鞀，從殸召。』段氏玉裁注：『遼者，謂遼遠必聞其聲也。』案：此則今本作『鼗』，卽『鼗』之移寫。《釋文》：『鼗亦作鞉。』皇本作『鞀』，皆或體。《儀禮·大射儀》注：『鼗，如鼓而小，有柄。』《周官·小師》注：『鼗，如鼓而小，持其柄搖之，旁耳還自擊。』據《爾雅·釋樂》：『大鼗謂之麻，小者謂之料。』鼗有大小，鄭《禮》注據小者言之。《論語》播鼗，播為搖，亦小鼗矣。

清·宋翔鳳《過庭録》卷八《商容爲商禮樂之官非人姓名》　《史記·殷本紀》：『釋箕子之囚，封比干之墓，表商容之閭。』《索隱》曰：『皇甫謐云：商容與殷人觀周軍之入。則以爲人名。鄭玄云：商家樂官，知禮容，所以禮署稱容臺。』《樂記》：『釋箕子之囚，使之行商容而復其位。』鄭注：『行猶視也。使箕子視商禮樂之官，賢者所處，皆令反其居也。』《正義》曰：『鄭知容爲禮樂者，《漢書·儒林傳》孝文時徐生善爲容，是善禮樂者謂之容也。』詳鄭此注，知商容爲商禮樂之官，非一人名，故使箕子行視之，以當時惟箕子存也。後人見商容與箕子、比干並稱，遂亦謂人名。然《周本紀》云：『命召公釋箕子之囚，命畢公釋百公之囚，表商容之閭。』商容與百姓並稱，可知非一人。蓋紂使師涓作新淫聲，北里之舞，靡靡之樂，於是樂官師瞽抱器奔散。《殷本紀》又云：『商容賢者，百姓愛之，紂廢之。』謂紂廢知禮樂之官，其人卽太師疵、少師彊之屬也。《周本紀》又云：『殺王子比干，囚箕子，太師疵、少師彊抱其樂器而奔周。』三事並言，亦猶他書以箕子、比干、商容並舉也。武王行商容而復其位，卽脩廢官之事。《洛誥》『王肇稱殷禮』，鄭注：『王者未制禮樂，恒用先王之禮樂。伐紂以來皆用殷之禮，非始成王用之也。』武王稱殷禮，則必行商容，故《淮南·齊俗篇》亦云：『武王入殷而行其禮。』蓋克殷及商，而先謀於禮樂，所由致成周之盛也與。《漢書·古今人表》商容在弟四等，蓋但據《樂記》及《史記》載之，如晨門、何蕢丈人之類，皆非人姓名。《淮南·主術篇》『表商容之閭』，高誘注：『商容，殷之賢人，老子師，故表顯其里。』又《繆稱篇》云『老子業於商容，見舌而知守柔矣』是也。』按：老子不能與商容相接，商容卽殷禮，老子爲守藏室史，守藏謂歸藏，殷《易》，故所業亦殷禮。孔子問禮於老聃，故《曲禮》、《檀弓》、《曾子

問》諸記亦皆言殷禮。《文子》「商容」作「常樅」，音近而訛。

雜録

《尚書·酒誥》 惟御事厥棐有恭，不敢自暇自逸。偽《孔傳》：惟殷御治事之臣，其輔佐畏相之君，有恭敬之德，不敢自寬暇、自逸豫。【略】

惟殷之迪諸臣惟工，乃湎於酒，勿庸殺之，姑惟教之。偽《孔傳》：又惟殷家蹈惡俗諸臣，惟衆官化紂日久，乃沈湎於酒，勿用法殺之，姑惟教之。

又《召誥》 王先服殷御事，比介於我有周御事。偽《孔傳》：當先服治殷家御事之臣，使比近於我有周治事之臣。

漢·劉向《説苑》卷一《君道》 湯問伊尹曰：「三公、九卿、二十七大夫、八十一元士，知之有道乎？」伊尹對曰：「昔者堯見人而知，舜任人然後知，禹以成功舉之。夫三君之舉賢皆異道而成功，然尚有失者，況無法度而任己，直意用人，必大失矣。故君使臣自貢其能，則萬一之不失矣。」

又 卷二《臣術》 湯問伊尹曰：「三公、九卿、大夫、列士，其相去何如？」伊尹對曰：「三公者，知通於大道，應變而不窮，辯於萬物之情，通於天道者也。其言足以調陰陽，正四時，節風雨。如是者舉以為三公，故三公之事，常在於道也。九卿者，不失四時，通於溝渠，修堤防，樹五穀，通於地理者也。能通不能通，能利不能利，如是者舉以爲九卿，故九卿之事，常在於德也。大夫者，出入與民同衆，取去與民同利，通於人事，行猶舉繩，不傷於言，言足法於世，不害於身，通於關梁，實於府庫。如是者舉以爲大夫，故大夫之事，常在於仁也。列士者，知義而不失其心，事功而不獨專其賞，忠正彊諫而無有姦詐，去私立公而言有法度。如是者舉以為列士，故列士之事，常在於義也。故道德仁義定而天下正，凡此四者，明王臣而不臣。」湯曰：「何謂臣而不臣？」伊尹對曰：「君之所不名臣者四：諸父臣而不名，諸兄臣而不名，先王之臣臣而不名，盛德之士臣而不名。是謂大順也。」

湯問伊尹曰：「古者所以立三公、九卿、大夫、列士者，何也？」伊尹對曰：「三公者，所以參五事也。九卿者，所以參三公也。大夫者，所以參九卿也。列士者，所以參大夫也。故參而有參，是謂事宗。事宗不失，外内若一。」

兩周官制部

綜述

輔政官

三公

《左傳·成公二年》 王使委於三吏。晉杜預注：三吏，三公也。

《逸周書·史記解》 維正月，王在成周。昧爽，召三公左史戎夫。

《大戴禮記》卷三《保傅》 昔者周成王幼，在襁褓之中，召公為太保，周公為太傅，太公為太師。保，保其身體；傅，傅其德義；師，導之教順。

偽《古文尚書·周官》 立太師、太傅、太保，茲惟三公。論道經邦，燮理陰陽。官不必備，惟其人。

三少

《大戴禮記》卷三《保傅》 於是爲置三少，皆上大夫也，曰少保、少傅、少師。是與太子宴者也。

少師、少傅、少保，曰三孤。貳公弘化，寅亮天地，弼予一人。

大保

《周原甲骨文》H11 :15 大傒今二月𡉚□。

《殷周金文集成釋文》1735 大保鑄

又 2159 㴙作尊彝大保。

又 2703 匽侯令𦳃飴 大保於宗周，庚申，大保賞𦳃貝，用作大子癸寶

尊鬻。ㄐ冊。

又 **2728** 唯公大保來伐反夷年，在十又一月庚申，公在盩師，公賜旅貝十朋，旅用作父丁尊彝來。

又 **2749** 唯九月既生霸辛酉，在匽，侯賜富貝、金，揚侯休，用作召伯父辛寶尊彝，富萬年，子子孫孫寶，光用大保。

又 **2759** 公束鑄武王、成王禩鼎，唯四月既生霸己丑，賞作冊大白馬，大揚皇天尹大保宦，用作祖丁寶尊彝鳥丙。

又 **3790** 大保賜厥臣利否金，用作父丁尊彝。

又 **4132** 唯王禘於宗周，王姜史叔使於大保，賞叔鬱鬯、白金、芻牛，叔對大保休，用作寶尊彝。

又 **4140** 王伐彔子聖，𢧁厥反，王降征令於大保，大保克敬亡譴，王𠔇大保，賜休余土，用茲彝對令。

又 **5018** 大保鑄。

又 **9103** 唯四月既望丁亥，公大保賞御正良貝，用作父辛尊彝。

又 **10054** 大保鄀鑄。

《尚書·召誥》 惟太保先周公相宅。越若來三月，惟丙午朏。越三日戊申，太保朝至於洛，卜宅。厥既得卜，則經營。越三日庚戌，太保乃以庶殷攻位於洛汭。【略】大保乃以庶邦冢君出取幣，乃復入。

又 **《顧命》** 乃同召太保奭。【略】太保命仲桓、南宮毛，俾爰齊侯呂伋，以二幹戈、虎賁百人，逆子釗於南門之外。【略】太保、太史、太宗皆麻冕彤裳。太保承介圭，上宗奉同，瑁，由阼階隮。【略】太保受同，降，【略】太保受同，祭，嚌。【略】太保降，收。

又 **《康王之誥》** 太保率西方諸侯，入應門左。

《大戴禮記》卷三《保傅》 天子處位不端，受業不敬，言語不序，聲音不中律，進退節度無禮，升降揖讓無容，周旋俯仰視瞻無儀，安顧咳唾，趨行不得，色不比順，隱琴瑟。凡此，其屬太保之任也。

《國語》卷一《周語上》 太保六之。

偽《古文尚書·旅獒》 太保乃作《旅獒》，用訓於王。

保

《殷周金文集成釋文》5415 乙卯，王令保及殷東國五侯，延兄六品，蔑曆於保，賜賓，用作文父癸宗寶尊彝，遘於四方，會王大祀，祓於周，在二月既望。

又 **5991** 隹明保殷成周年，公賜作冊䌛鬯貝，䌛揚公休，用作父乙寶尊彝，冊𩁹。

又 **10106** 才敢作姜盤，用萬年，用楚保眔叔才。

《尚書·洛誥》 予乃胤保，大相東土，其基作民明辟。

又 **《君奭》** 公曰：『君，告汝朕允。保奭，其汝克敬以予，監於殷喪大否。』

《禮記·文王世子》 入則有保，出則有師。【略】保也者，慎其身以輔翼之而歸諸道者也。

媬

《殷周金文集成釋文》3743 保侃母賜貝於庚宮，作寶段。

又 **9646** 王姛賜保侃母貝，揚姛休，用作寶壺。

《禮記·內則》 保受乃負之。漢鄭玄注：保，保母。

輔

《殷周金文集成釋文》4286 唯王九月，既生霸甲寅，王在周康宮，格大室，即位。榮伯入佑輔師嫠。王呼作冊尹冊命嫠，曰：更乃祖考嗣輔，載賜汝截市、素黃、鑾旂。今余增乃命，賜汝玄衣黹純、赤市、朱黃、戈彤沙琱戟、旂五日，用事。嫠拜稽首，敢對揚王休命，用作寶尊段。嫠其萬年子子孫孫永寶用事。

又 **4324** 師𩛥父段嫠素市恐告於王，唯十又一年，九月初吉丁亥，王在周，格於大室，即位，宰琱生入佑師嫠，王呼尹氏冊命師嫠。王若曰：師

嫠，在昔先王小學，汝敏可使，既令汝更乃祖考嗣小輔，今余唯申京乃命，命汝嗣乃祖舊官小輔眔鼓鐘，賜汝素市、金黃、赤舄、鋚勒，用事敬夙夜勿廢朕命。師嫠拜手稽首，敢對揚天子休，用朕皇考輔伯尊毁，嫠其萬年，子子孫孫永寶用。

《禮記·文王世子》 立大傅、少傅以養之，欲其知父子君臣之道也。大傅審父子君臣之道以示之，少傅奉世子以觀大傅之德行而審喻之。大傅在前，少傅在後。

《大戴禮記》卷三《保傅》 天子無恩於父母，不惠於庶民，無禮於大臣，不中於制獄，無經於百官，不哀於喪，不敬於祭，不信於諸侯，不誠於戎事，不誠於賞罰，不厚於德，不強於行，賜與侈於近臣，鄰愛於疏遠卑賤，不能懲忿窒慾，不從大師之言。凡是之屬，太傅之任也。

清·孫星衍輯《漢官儀》卷上 太傅，古官也。周成王時，康叔爲之。

大師

《殷周金文集成釋文》133 唯王三年四月初吉甲寅，仲大師佑柞，柞賜載、朱黃、鑾，嗣五邑佃人事。柞拜手對揚仲大師休，用作大林鐘，其子孫孫永寶。

又 **2409** 大師作叔姜鼎，其永寶用。

又 **2469** 大師人䮵乎作寶鼎，其子孫孫用。

又 **2580** 大師小子伯虎父作寶鼎，其萬年子子孫孫永寶用。

又 **2668** 唯正月初吉己亥，大師鐘伯侵自作石沱，其子子孫永寶用之。

又 **2812** 大師小子師望曰：丕顯皇考究公，穆穆克明厥心，哲厥德，用辟於先王得純亡敃，望肇帥型皇考，虔夙夜，出入王命，不敢不兮不妻，王用弗忘聖人之後，多蔑曆賜休，望敢對揚天子丕顯魯休，用作朕皇考究公尊鼎，師望其萬年子子孫孫永寶用。

又 **2820** 唯十又二月初吉，辰在丁亥，王在宗周，王格大師宮。王曰：善，昔先王既令女佐胥𠑇侯，今余唯肇申先王命，命女佐胥𠑇侯，監𦃞師戍，賜女乃祖旂，用事。善敢拜稽首，對揚皇天子丕㔻休，用作宗室寶尊，唯用綏福，號前文人，秉德恭純，余其用格我宗子與百姓，余用介純魯於萬年，其永寶用之。

又 **2830** 唯王八祀正月，辰在丁卯。王曰：師𩛥，女克盡乃身，臣朕皇考穆王，用乃孔德璱純，乃用心引正乃辟安德，惠余小子肇淑先王德，賜女玄衮䵼純、赤市、朱衡、鑾旂、大師金膺、鋚勒，用型乃聖祖考，隣明令辟前王，事余一人。𩛥拜稽首，休伯大師肩𦔻𩛥臣皇辟天子，亦弗忘公上父㝬德，𩛥蔑曆伯大師，不自作小子，夙夕專由先祖烈德，用臣皇辟，伯亦克款由先祖𧽊孫子，一𦔻皇辟懿德，用保王身，𩛥敢釐王，俾天子萬年，餴禕伯大師武，臣保天子，用厥烈祖介德。𩛥敢對王休，用綏作公上父尊，於朕考墉季易父報宗。

又 **3633** 大師作孟姜餴毁。

又 **3682** 大師小子師望作䵼彝。

又 **3914** 大師事良父作寶毁，其萬年子子孫孫永寶用。

又 **4251** 正月既望甲午，王在周師量宮，旦，王格大室，即位。王呼師晨召大師虘入門，立中廷。王呼宰曶賜大師虘虎裘，虘拜稽首，敢對揚天子丕顯休，用作寶簋，虘其萬年永寶用。唯十又二年。

又 **4394** 伯大師作旅盨，其萬年永寶用。

又 **4397** 仲大師小子休爲其旅盨永寶用。

又 **4404** 伯大師釐作旅盨，其萬年永寶用。

又 **4628** 伯大師小子伯公父作固，擇之金，隹鐈隹盧，其金孔吉，亦玄亦黃，用盛𪏰稻糯粱。我用召卿事辟王，用召諸考諸兄，用祈眉壽，多福無疆。其子子孫孫永寶用享。

又 **9661** 大師小子師望作寶壺，其萬年子孫孫永寶用。

又 **9725** 唯十有六年七月既生霸乙未，伯太師賜伯克僕卅夫，伯克敢對揚天右王伯友，用作朕穆考後仲尊壺，克用介眉壽無疆，克克其子子孫孫永寶用享。

又 **10274** 大師子大孟姜作盤匜，用享用孝，用祈眉壽，子子孫孫用爲元寶。

《詩經·小雅·節南山》 赫赫師尹，民具爾瞻。漢鄭玄箋：師，大師，周

之三公也。【略】尹氏大師，維周之氏。

又《大雅·大明》 維師尚父，時維鷹揚，涼彼武王。漢毛萇傳：師，大師也。

又《常武》 赫赫明明，王命卿士，南仲大祖，大師皇父。

《左傳·僖公二十六年》 載在盟府，大師職之。晉杜預注：大公爲大師，兼主司盟之官。

又《成公二年》 夫齊，甥舅之國也，而大師之後也。

又《襄公十三年》 昔伯舅大公右我先生，股肱周室，師保萬民。世胙大師，以表東海。

《大戴禮記》卷三《保傅》 天子不論先聖王之德，不知國君畜民之道，不見禮義之正，不察應事之理，不博古之典傳，不閑於威儀之數，詩書禮樂無經，學業不法。凡是，其屬太師之任也。

又《文王官人》 王曰：「太師！慎維深思，內觀民務，察度情僞，變官民能，歷其才藝，女維敬哉！」

《禮記·文王世子》 入則有保，出則有師，是以教喻而德成也。師也者，教之以事而喻諸德者也。

《國語》卷一《周語上》 司徒省民，太師監之。

少師

《國語》卷一《周語上》 師箴。三國吳韋昭注：師，少師也。箴，箴刺王闕，以正得失也。

宰

《殷周金文集成釋文》2010 宰儂𡧊父丁。

又 2780 王呼宰雁，賜盛弓、象弭、矢臺、彤欮。

又 2815 宰訊佑趞，入門，立中廷。

又 2819 宰頵佑寰，入門，立中廷。

又 2827 宰引佑頌，入門，立中廷。

又 4191 王呼宰利，賜穆公貝廿朋。

又 4258 宰犀父佑害立。

又 4272 宰倗父佑望，入門，立中廷。

又 4324 宰琱生入佑師嫠。

又 4340 宰曶入佑蔡，立中廷。王呼史𡧊冊命蔡，王若曰：蔡，昔先王既令汝作宰，嗣王家。

又 9897 王呼宰利，錫師遽瑀圭一、環璋四。

《詩經·小雅·十月之交》 家伯維宰，仲允膳夫。漢鄭玄箋：冢宰掌建邦之六典。

又《大雅·雲漢》 鞫哉庶正，疚哉冢宰。

《儀禮·覲禮》 侯氏降自西階，東面授宰幣。

《左傳·隱公元年》 秋，七月，天王使宰咺來歸惠公、仲子之賵。

又《僖公九年》 夏，會於葵丘。尋盟，且脩好，禮也。王使宰孔賜齊侯胙。

又《僖公三十年》 冬，天王使宰周公來聘。晉杜預注：周公，天子三公兼冢宰也。

又《定公四年》 周公爲太宰。

《逸周書·嘗麥解》 宰乃承王中，升自客階。【略】宰用受其職戠，以爲之資。

《國語》卷一《周語上》 王使太宰忌父帥傅氏及祝、史奉犧牲、玉鬯往獻焉。

《荀子·王制》 本政教，正法則，兼聽而時稽之，度其功勞，論其慶賞，以時慎修，使百吏免盡而衆庶不偷，冢宰之事也。

僞《古文尚書·蔡仲之命》 惟周公位冢宰，正百工。

又《周官》 冢宰掌邦治，統百官，均四海。僞《孔傳》：《天官》卿稱太宰，主國政治，統理百官，均平四海之內邦國。言任大。

相

《戰國策》卷一《東周》 昭獻在陽翟，周君將令相國往，相國將不欲。

又：周相呂倉見客於周君。前相工師藉恐客之傷己也，因令人謂周君曰：『客者，辯士也，然而所以不可者，好毀人。』

《呂氏春秋·審應覽》 公子沓相周，申向説之而戰。

《史記》卷四《周本紀》 五十八年，三晉距秦。周令其相國之秦，以秦之輕也，還其行。

卿士

《詩經·小雅·十月之交》 皇父卿士，番維司徒。

又《大雅·假樂》 百辟卿士，媚於天子。

又《常武》 赫赫明明，王命卿士。

《尚書·洪範》 汝則有大疑，謀及卿士，謀及庶人，謀及卜筮。【略】卿士惟月。

又《顧命》 卿士、邦君麻冕蟻裳，入即位。

《左傳·僖公五年》 虢仲、虢叔，王季之穆也。爲文王卿士，勳在王室，藏於盟府。

又《定公四年》 周公舉之，以爲己卿士。

《國語》卷一《周語上》 榮公爲卿士。

又 卷一六《鄭語》 夫虢石父讒諂巧從之人也，而立以爲卿士，與剸同也。

《史記》卷四《周本紀》 厲王不聽，卒以榮公爲卿士，用事。

僞《古文尚書·周官》 戒爾卿士，功崇惟志，業廣惟勤，惟克果斷，乃罔後艱。

常伯

《尚書·立政》 王左右常伯、常任、準人、綴衣、虎賁。

清·孫星衍輯《漢官儀》卷上 侍中，周官。號曰常伯，選於諸伯，言其道德可常尊也。

常任

《尚書·立政》 王左右常伯、常任、準人、綴衣、虎賁。

政務官

司徒

《殷周金文集成釋文》143 唯□月初吉□寅，王在成周嗣土淲宮。王賜鮮吉金，鮮拜手稽首，敢對揚天子休，用作朕皇考林鐘，用侃喜上下，用樂好賓，用祈多福，子孫永寶。

又 181 嗣土南宮乎，作大林協鐘，茲鐘名曰無斁。

又 2814 唯九月既望甲戌，王格於周廟，述於圖室。嗣徒南仲佑許惠，入門，立中廷。

又 2821 唯十又七年十又二月既生霸乙卯，王在周康宮夷宮。旦，王格大室，即位，嗣徒毛叔佑此，入門，立中廷。王呼史翏冊命此，曰：旅邑人、膳夫，賜女玄衣黹純、赤市朱衡、鑾旂。此敢對揚天子丕顯休命，用作朕皇考癸公尊鼎，用享孝於文神，用介眉壽。此其萬年無疆，畯臣天子，靈終子子孫永寶用。

又 3696 嗣土嗣作厥考寶尊彝。

又 4197 唯元年三月丙寅，王格於大室，康公佑郃智，賜織衣、赤[illegible]市，曰：用司乃祖考事，作嗣土。智敢對揚王休，用作寶段，子子孫孫其永寶。

又 4255 唯正月乙巳，王格於大室，穆公入佑載，立中廷北嚮。王曰：載令汝作嗣土官嗣藉田，賜汝織衣赤[illegible]市、鑾旂、楚走馬，取債五鋝，用事。載拜稽首，對揚王休，用作朕文考寶段，其子子孫孫永用。

又 4303 唯十又七年，十又二既生霸乙卯，王在周康宮夷宮。旦，王格大室，即位，嗣土毛叔佑此，入門，立中廷。

又 4626 唯三月既生霸乙卯，王在周，令免作嗣土，嗣奠還歡眔虞、眔牧，賜戠衣鑾，對揚王休，用作旅䵼彝，免其萬年永寶用。

又 6013 用嗣六師、王行、參有嗣：嗣徒、嗣馬、嗣空。王令盠曰：䵼嗣六師眔八師。

又 9723 唯十又三年九月初吉戊寅，王在成周嗣土虎宮，格大室即位。

又 9728 唯正月初吉丁亥，王格於成宮，邢公内佑曶。王呼尹氏冊命曶，曰：更乃祖考，作家嗣土於成周八師。

又 11785 戲嗣徒北征蒿盧。

《詩經・小雅・十月之交》 皇父卿士，番維司徒。

又《大雅・緜》 迺召司空，迺召司徒。漢毛萇注：司徒掌徒役之事。

《尚書・牧誓》 御事司徒、司馬、司空。偽《孔傳》：司徒主民。

又《洪範》 五曰司徒。偽《孔傳》：主徒衆，教以禮義。

又《酒誥》 薄違農父。偽《孔傳》：農父，司徒。

又《立政》 司徒、司馬、司空亞旅。

又《梓材》 汝若恒，越曰：『我有師師。』司徒、司馬、司空、司旅曰：『予罔厲殺人。』

《左傳・襄公二十一年》 使司徒禁掠欒氏者歸所取焉。

又《昭公二十二年》 八月，辛酉，司徒醜以王師敗績於前城。

《國語》卷一《周語上》 王乃使司徒咸戒公卿、百吏、庶民。【略】司徒省民，太師監之。【略】司徒五之。

又 卷二《周語中》 司徒協旅。三國吴韋昭注：司徒，掌合師旅之衆也。

又 卷二《周語中》 司徒具徒。

又 卷一六《鄭語》 桓公爲司徒，甚得周衆與東土之人。

《荀子・王制》 司徒知百宗、城郭、立器之數。

偽《古文尚書・周官》 司徒掌邦教，敷五典，擾兆民。偽《孔傳》：地官卿，司徒主國教化，布五常之教，以安和天下衆民，使小大皆協睦。

司民

《國語》卷一《周語上》 司民協孤終。三國韋昭注：司民，掌登萬民之數，自生齒已上皆書於版。

稷

《國語》卷一《周語上》 宣王即位，不籍千畝。虢文公諫曰：『不可。夫民之大事在農，上帝之粢盛於是乎出，民之蕃庶於是乎生，事之供給於是乎在，和協輯睦於是乎興，財用蕃殖於是乎始，敦庬純固於是乎成，是故稷爲大官。』【略】先時九日，太史告稷曰：『自今至於初吉，陽氣俱蒸，土膏其動。弗震弗渝，脉其滿眚，穀乃不殖。』稷以告王曰：『史帥陽官以命我司事曰：「距今九日，土其俱動，王其祗祓，監農不易。」』【略】稷則徧誡百姓，紀農協功，曰：『陰陽公布，震雷出滯。』【略】後稷三之。

司虞

《殷周金文集成釋文》2831 厥吴喜皮二。

又 4270 同立中廷北嚮，王命同：佐佑吴大父，嗣場、林、虞、牧。

又 4626 眔虞眔牧。

又 10176 豆人虞丂。【略】原人虞芬。

《左傳・襄公四年》 於《虞人之箴》曰：【略】獸臣司原，敢告僕夫。晉杜預注：獸臣，虞人。

《國語》卷二《周語中》 虞人入材。三國吴韋昭注：虞人，掌山澤之官。祭祀賓客，供其材也。

《荀子・王制》 養山林藪澤草木魚鼈百索，使國家足用而財物不屈，虞師之事也。

治市

《荀子・王制》 易道路，謹盜賊，以時順修，使賓旅安而貨財通，治市之事也。

司場

《殷周金文集成釋文》4270　𤔲場林虞牧。

又　2805　王呼作冊尹冊命柳𤔲六師牧陽大□，𤔲義夷陽佃事。

《國語》卷一《周語上》　場協入。三國吴韋昭注：場人掌場圃，委積珍物，斂而藏之也。

牧

《殷周金文集成釋文》2818　王在周康宫夷大室，鬲比以攸告於王，曰：女覓我田，牧弗能許鬲比。

又　3651　牧共作父丁小食。

又　4069　牧師父弟叔㚤父御於君，作微姚寶𣪘，其萬年子子孫孫永寶用享。

又　10285　唯三月既死霸甲申，王在莽上，宫，伯揚父迺成賓，曰：牧牛，𢿏乃可湛，女敢以乃師訟，女上㐅先誓，今女亦既又御誓，專趞嗇覷𧶠，復亦兹五夫，亦既御乃誓，女亦既從辭從誓弋可，我義鞭女千，𪓐𪓐女，今我赦女，義鞭女千，黜𪓐女，今大赦女，鞭女五百，罰女三百鋝。伯揚父迺或使牧牛誓，曰：自今余敢擾乃小大事，乃師或以女告，則到，乃鞭千、黜𪓐，牧牛則誓，乃以告使𠭰吏曶於會，牧牛辭誓，成，罰金，𧶠用作旅盉。

《詩經·小雅·無羊》　爾牧來思，何蓑何笠，或負其餱。

《國語》卷一《周語上》　牧協職。三國吴韋昭注：《周禮》，牧人掌養犧牲，合其物色之數也。

司林

《殷周金文集成釋文》4270　𤔲場林虞牧。

司麓

《殷周金文集成釋文》10176　彔貞。

又　3936　彔旁仲駒父作仲姜𣪘，子子孫孫永寶，用享孝。

司九陂

《殷周金文集成釋文》2790　唯王廿又三年九月，王在宗周。王令微䜌䝨𤔲九陂，䜌作朕皇考𩰫彝。

職方

《逸周書》卷八《職方解》　職方氏掌天下之圖，辯其邦國、都鄙、四夷、八蠻、七閩、九貉、五戎、六狄之人民，與其財用九谷六蓄之數。周知其利害，乃辨九州之國，使同貫利。

司馬

《殷周金文集成釋文》2813　唯六月既生霸庚寅，王格於大室，𤔲馬邢伯佑師奎父。

又　2817　唯三年三月初吉甲戌，王在周師彔宫。旦，王格大室，即位。𤔲馬共佑師晨，入門，立中廷。

又　4243　唯二月初吉，王在師𤔲馬宫大室，即位。邢伯入佑救，立中廷。

又　4244　唯王十又二年三月既望庚寅，王在周，格大室，即位。𤔲馬邢伯〔入〕佑走。

又　4266　王若曰：趞，命汝作𢿢師冢𤔲馬。

又　4277　唯三年三月初吉甲戌，王在周師彔宫，旦，王格大室，即位。𤔲馬共佑師俞，入門，立中廷。

又 4283 唯二月初吉戊寅，王在周師嗣馬宮，格大室，即位。嗣馬邢伯親佑師𤸫，入門，立中廷。

又 4285 唯五年三月初吉庚寅，王在周師彔宮。旦，王格大室，即位。嗣馬共佑諫，入門，立中廷。

又 4462 嗣馬共佑𤸫。

又 6013 用嗣六師、王行、參有嗣：嗣徒、嗣馬、嗣空。

《詩經・小雅・祈父》 祈父，予王之爪牙。漢毛萇注：祈父，司馬也，職掌封圻之兵甲。

《尚書・牧誓》 御事司徒、司馬、司空。僞《孔傳》：司馬主兵。

又《梓材》 汝若恒，越曰：「我有師師。」司徒、司馬、司空、尹旅曰：「予罔厲殺人。」

又《酒誥》 矧惟若疇圻父。僞《孔傳》：圻父，司馬。

又《立政》 司徒、司馬、司空亞旅。

《左傳・昭公十二年》 祭公謀父作《祈招》之詩。晉杜預注：祈父，周司馬，世掌甲兵之職，招其名。

《國語》卷二《周語中》 司馬陳芻。三國吳韋昭注：司馬，掌師圉人養馬，故陳芻。圉人職屬司馬也。僞《古文尚書・周官》：司馬掌邦政，統六師，平邦國。僞《孔傳》：《夏官》卿，主戎馬之事，掌國征伐，統正六軍，平治王邦四方國之亂者。

《荀子・王制》 司馬知師旅、甲兵、乘白之數。

師

《周原甲骨文》H11.4 其敳楚乓㝅師氏舟㝅。

《殷周金文集成釋文》141 師臾肇作朕烈祖虢季、宄公、幽叔、朕皇考德叔大林鐘，用喜侃前文人，用祈純魯、永命，用介眉壽無疆。師臾其萬年永寶用享。

又 533 師□作寶鬲。

又 745 唯九月初吉庚寅，師趛作文考聖公文母聖姬尊䰜，其萬年子孫永寶用。

又 746 唯六月初吉，師湯父有嗣仲柟父作寶鬲，用敢饗孝於皇祖考，用祈眉壽，其萬年子子孫孫其永寶用。

又 884 師趣作旅甗尊。

又 948 唯六月既死霸丙寅，師雍父戍在古師，遇從師雍父，肩事遇使於𡧊侯。侯蔑遇曆，賜遇金，用作旅甗。

又 2046 仲師父作䵼。

又 2264 師作㻊仲寶尊彝。

又 2353 師奐父作季姞尊鼎。

又 2411 叔師父作尊鼎，其永寶用。

又 2552 師麻孝叔作旅鼎，其萬年子子孫孫永寶用。

又 2557 師良其作寶䵼鼎，其萬年子子孫孫永寶用。

又 2558 師賸父作䵼姬寶鼎，其萬年子子孫孫永寶用。

又 2704 唯八月初吉，王姜賜旗田三於待𠛬田師楷酤貺，用對王休，子子孫其永寶。

又 2705 兄厥師眉𧸘王爲周客，賜貝五朋，用爲寶器鼎二、段二，其用享於厥帝考。

又 2713 唯九月初吉庚寅，師趛作文考聖公、文母聖姬尊𩰫，其萬年子孫永寶用。

又 2721 唯十又一月，師雍父省道至於𡧊，𢉅從，其父蔑𢉅曆賜金對揚其父休，用作寶鼎。

又 2723 王如上侯，師俞從。王□，賜師俞金。俞則對揚厥德，其作厥文考寶鼎，孫[孫]子子寶用。

又 2727 師器父作尊鼎，用享孝於宗室，用祈眉壽、黃耇、吉康。師器父其萬年子子孫孫永寶用。

又 2744 仲師父作季㚸始寶尊鼎，其用享用孝，於皇祖帝考，用賜眉壽無疆。其子子孫萬年永寶用享。

又 2747 唯五月既望，王□於師秦宮，王格於享廟，王□賜□，敢對揚天子丕顯休，用作尊鼎。□□其萬年永寶用。

又 2779 𦥑𢍃其刑，師同從，折首執訊，俘車馬五乘，大車廿，羊百契，用造王，羞於𥦗，俘戎金□卅，戎鼎廿，鋪五十，劍廿。用鑄茲尊鼎，子子孫孫其永寶用。

又 2780 唯十又二月初吉丙午，王在周新宫，在射廬。王呼宰雁，賜盛弓、象弭、矢臺、彤欮。師湯父拜稽首，作朕文考毛叔䵼彝，其萬年孫孫子子永寶用。

又 2803 王大耤農於諆田，餳，王射，有𤔲眔師氏、小子䣄射。王歸自諆田，王馭溓仲僕，令眔奮先馬走。王曰：令眔奮乃克至，余其舍女臣十家。王至於溓宫，敀令拜稽首，曰：小子迺學，令對揚王休。

又 2809 唯三月丁卯，師旂眔僕不從王征於方雷，使厥友引以告於伯懋父，在𦎫，伯懋父迺罰得顯古三百鋝，今弗克厥罰。懋父令曰：宜播，𠭯厥不從厥右征，今毋播，其有納於師旂，引以告中史書，旂對厥賢於尊彝。

又 2813 唯六月既生霸庚寅，王格於大室，𤔲馬邢伯佑師奎父，賜緇市、絅衡、玄衣黹純、戈琱戟、旂，用𤔲乃父官友。奎父拜稽首，對揚天子丕㔻魯休，用追孝於烈仲，用作尊鼎，用介眉壽、黄耇、吉康。師奎父其萬年子子孫永寶用。

又 2817 唯三年三月初吉甲戌，王在周師彔宫。旦，王格大室，即位，𤔲馬共佑師晨，入門，立中廷。王呼作冊尹冊命師晨：胥師俗𤔲邑人，唯小臣、膳夫守、〔友〕、官、犬，眔奠人、膳夫、官守、友賜赤舄。晨拜稽首，敢對揚天子丕顯休命，用作朕文祖辛公尊鼎。晨其〔萬年〕世子子孫孫其永寶用。

又 2836 克曰：穆穆朕文祖師華父，悤䙴厥心，宖静於猷，淑哲厥德，肆克龏保厥辟恭王，諫辥王家，惠於萬民，柔遠能邇，肆克智於皇天，頊於上下，得純亡敃，賜釐無疆，永念於厥孫辟天子，天子明哲，覭孝於神，經念厥聖寶祖師華父，勵克王服，出入王命，多賜寶休，丕顯天子，天子其萬年無疆，保辥周邦，畯尹四方。王在宗周，旦，王格穆廟，即位，䌛季佑膳夫克，入門立中廷，北嚮。王呼尹氏冊命膳夫克。王若曰：克，昔余既令女出入朕命，今余唯申𦟀乃命，賜女素市、參絅、茀悤，賜女田於野，賜女田於渒，賜女邢寓𤔲田於峻，以厥臣妾，賜女田於康，賜女田於匽，賜女田於䧢原，賜女田於寒山，賜女史、小臣、靈龢鼓鐘，賜女邢、微𤔲、人𩁹賜女邢人奔於量敬夙夜用事，勿廢朕命。克拜稽首，敢對揚天子丕顯魯休，用作朕文祖師華父寶䵼彝，克其萬年無疆子子孫孫永寶用。

又 2841 王若曰：父厝，丕顯文武，皇天引厭厥德，配我有周，膺受大命，率懷不廷方，亡不閈於文武耿光，唯天將集厥命，亦唯先正䢅辥厥辟，𤔲勤大命，肆皇天亡斁，臨保我有周，丕鞏先王配命，旻天疾威，司余小子弗彶，邦將曷吉，𨘶𨘶四方，大縱不静。烏乎趯余小子圂湛於艱，永鞏先王。王曰：父厝，今余唯肇經先王命，命女辥我邦、我家外内，惷於小大政，屏朕位，虩許上下若否雩四方，死毋動余一人在位，引唯乃智，余非庸又昏，女毋敢荒寧，虔夙夕惠我一人，雍我邦小大猷，毋折緘，告余先王若德，用仰昭皇天，申恪大命，康能四國，欲我弗作先王憂。王曰：父厝，雩之庶出入事於外，敷命敷政，藝小大楚賦，無唯正昏，引其唯王智，迺唯是喪我國。歷自今，出入敷命於外，厥非先告父厝父，厝舍命，毋有敢惷敷命於外。王曰：父厝，今余唯申先王命，命女極一方，宏我邦、我家。女頧於政，勿雍逮庶人[illegible]，毋敢龏橐，龏橐，迺侮鰥寡，善效乃友正，毋敢湎於酒。女毋敢墜在乃服，恪夙夕敬念王威不惕。女毋弗帥用先王作明型，欲女弗以乃辟陷於艱。王曰：父厝，已曰，及茲卿事寮、大史寮於父即尹，命女䡞𤔲公族，雩參有𤔲、小子、師氏、虎臣，雩朕褻事，以乃族扞敔王身，取徵卅鋝，賜女秬鬯一卣、祼圭瓚寶、朱市、悤衡、玉環、玉瑹、金車、桒縟較、朱䵣䩙靳、虎冟熏裏、右軛、畫轉畫䡇、金甬、錯衡、金踵、金豙、約䡨、金簟笰、魚箙、馬四匹、鋚勒、金[illegible]、金膺、朱旂二鈴，賜女茲關，用歲用征。毛公厝對揚天子皇休，用作尊鼎，子子孫孫永寶用。

又 3545 仲師父作旅段。

又 3573 師䜌其作寶段。

又 3703 同師作旅段，其萬年用。

又 3705 師寏父作季姞寶尊段。

又 3753 仲師父作好旅段，其用萬年。

又 4004 師趯父孫孫叔叔多父作孟姜尊段，其萬年子子孫孫永寶用。

又 4068 牧師父弟叔㺇父御於君，作微姚寶段，其萬年子子孫孫永寶用享。

又 4097 旣厥師眉鹿王爲周客賜貝五朋，用爲寶器鼎二段二，其用享於厥帝考。

又 4116 麇生曶父師害□仲曶，以召其辟，休有成事。師害作文考尊段，子子孫孫永寶用。

又 4154 唯六月初吉，師湯父有𤔲仲枏父作寶段，用敢饗孝於皇祖

考，用祈眉壽，其萬年子子孫孫其永寶用。

又 **4195** 唯六月既生霸辛巳，王命𦬷眔叔𦬻父歸吳姬飴器，師黃賓𦬷璋一、馬兩，吳姬賓帛束。𦬷對揚天子休，用作尊𣪘。季姜。

又 **4196** 唯六月既生霸戊戌，旦，王格於大室，師毛父即位，邢伯佑，內史冊命：賜赤市，對揚王休，用作寶𣪘，其萬年子子孫孫永寶用。

又 **4206** 唯五月既望甲子，王〔在𦨶〕京，令師田父殷成周〔年〕，師田父令小臣傳非余，傳□朕考𬀱，師田父令余□□〔官〕，伯𠛌父賞小臣傳□，〔揚〕伯休，用作朕考日甲寶。

又 **4214** 唯王三祀四月既生霸辛酉，王在周，格新宮，王征正師氏。王呼師朕賜師遽貝十朋，遽拜稽首，敢對揚天子丕丕休，用作文考旄叔尊𣪘，世孫子永寶。

又 **4216** 唯王五年九月既生霸壬午，王曰：師旋，令汝羞追於齊，齎汝十五、錫登盾生皇、畫內戈琱戟、厚柲、彤沙，敬毋敗績。旋敢揚王休，用作寶𣪘子子孫孫永寶用。

又 **4240** 唯十又二月初吉，王在周。昧爽，王格於大廟，邢叔佑免，即命。王授作冊尹書，俾冊命免，曰：令汝疋周師𤔲𣪘，賜汝赤◎市，用事。免對揚王休，用作尊𣪘，免其萬年永寶用。

又 **4243** 唯二月初吉，王在師𤔲馬宮大室，即位，邢伯入佑救，立中廷。

又 **4246** 唯正月初吉丁亥，王格於康宮，仲倗父入佑楚，立中廷。內史尹氏冊命楚：赤◎市、鑾旂，取債五鋝，𤔲𦨶鄙官、內師舟。楚敢拜手稽首，疐揚天子丕顯休，用作尊𣪘，其子子孫孫萬年永寶用。

又 **4253** 唯五月初吉甲戌，王在𦨶，格於大室，即立中廷，邢叔入佑師察。王呼尹氏冊命師察：賜汝赤舄、鋚勒，用楚弭伯。師察拜稽首，敢對揚天子休，用作朕文祖寶𣪘，弭叔其萬年子子孫孫永寶用。

又 **4257** 唯八月初吉戊寅，王格於大室，榮伯入佑師藉，即立中廷。王呼內史尹氏冊命師藉：賜汝玄衣黹純、䊷市、金鈧、赤舄、戈琱戟彤沙鋚勒、鑾旂五日，用事。弭伯用作尊𣪘，其萬年子子孫孫永寶用。

又 **4274** 唯元年五月初吉甲寅，王在周，格康廟，即位。同仲佑師兌，入門，立中廷。王呼內史尹冊命師兌：疋師龢父，𤔲左右走馬、五邑走馬，賜汝乃祖市、五黃、赤舄。兌拜稽首，敢對揚天子丕顯魯休，用作皇祖城公𩰫𣪘，師兌其萬年子子孫孫永寶用。

又 **4276** 唯王二月既生霸，辰在戊寅，王格於師戲大室。

又 **4277** 唯三年三月初吉甲戌，王在周師彔宮。旦，王格大室，即位。𤔲馬共佑師俞，入門立中廷。王呼作冊內史冊命師俞：𣪘𤔲任人，賜赤市、朱黃、旂。俞拜稽首，天子其萬年，眉壽黃耇，畯在位。俞其蔑曆，日賜魯休。俞敢對揚天子丕顯休，用作寶，其萬年永保，臣天子。

又 **4279** 唯王元年四月既生霸，王在減应。甲寅，王格廟，即位。遅公入佑師旋，即立中廷。王呼作冊尹冊命師旋，曰：備於大左，官𤔲豐還，佐佑師氏，賜汝赤市、絅黃、麗鞶，敬夙夕用事。旋拜稽首，敢對揚天子丕顯魯休命，用作朕文祖益仲尊𣪘，其萬年子子孫孫永寶用。

又 **4283** 唯二月初吉戊寅，王在周師𤔲馬宮，格大室，即位。𤔲馬邢伯親佑師瘨，入門，立中廷。王呼內史吳冊命師瘨，曰：先王既命汝，今余唯申先王命，命汝官𤔲邑人、師氏，賜汝金勒。瘨拜稽首，敢對揚天子丕顯休，用作朕文考外季尊𣪘。瘨其萬年孫孫子子其永寶，用享於宗室。

又 **4285** 唯五年三月初吉庚寅，王在周師彔宮。

又 **4288** 唯王元年正月，王在吳，格吳大廟。公族𩁹釐入佑師酉，立中廷。王呼史𦍩冊命師酉：𤔲乃祖，嫡官邑人、虎臣、西門夷、𣬈夷、秦夷、京夷、畀身夷，薪賜汝赤市、朱黃、中絅鋚勒，敬夙夜勿廢朕命。師酉拜稽首，對揚天子丕顯休命，用作朕文考乙伯宄姬尊𣪘，酉其萬年子子孫孫永寶用。

又 **4298** 唯十又二年三月既生霸丁亥，王在𦨶侲宮。王呼吳師召大，賜趞睽里。王令膳夫豕曰趞睽曰：余既賜大乃里，睽賓豕璋、帛束。睽令豕曰天子：余弗敢吝，豕以睽導大賜里，大賓豕害璋、馬兩，賓睽害璋、帛束，大拜稽首，敢對揚天子丕顯休，用作朕皇考烈伯尊𣪘，其子子孫孫永寶用。

又 **4311** 唯王元年正月初吉丁亥，伯龢父若曰：師𤕌，乃祖考有爵於我家，汝有雖小子，余令汝死我家，𣪘𤔲我西偏、東偏，僕御百工、牧臣妾，董裁內外，毋敢否善。賜汝戈琱戟、厚柲、彤沙、毌五、錫鐘一磬五金，敬乃夙夜用事。𤕌拜稽首，敢對揚皇君休，用作朕文考乙仲𩰫𣪘，𤕌其萬年子子孫孫永寶用享。

又　**4312**　唯王元年九月既望丁亥，王在周康宮。旦，王格大室，䚄工液伯入佑師穎，立中廷，北嚮。王呼內史遺冊命師穎。王若曰：師穎，在先王既令汝作𤔲士，官𤔲汸闈，今余唯肇申乃令，賜汝赤巿、朱黃、鑾旂、鋚勒，用事。穎拜稽首，敢對揚天子丕顯休，用作朕文考尹伯尊㲃，師穎其萬年子子孫孫永寶用。

又　**4313**　王若曰：師寰，威淮夷，繇我貟晦臣，今敢搏厥衆叚，反工吏，弗迹東國。今余肇令汝，率師𡨨鷔僰，𡰥左右虎臣，征淮夷，即𧶠厥邦獸，曰冉，曰𦪋，曰鈴，曰達。師寰虔不墜，夙夜卹厥穡事，休既有功，首執訊，無諆徒御，毆俘士女、羊牛，俘吉金，今余弗叚組。余用作朕後男𦣪尊㲃，其萬年孫孫子子永寶用享。

又　**4316**　唯元年六月既望甲戌，王在杜宏，格於大室。邢伯入佑師虎，即立中廷，北嚮。王呼內史吳曰：冊命虎。王若曰：虎，載先王既令乃祖考事，嫡官𤔲左右戲緐荆，今余唯帥型先王令，令汝更乃祖考，嫡官𤔲左右戲緐荆，敬夙夜勿廢朕令，賜汝赤舄，用事。虎敢拜稽首，對揚天子丕㔻魯休，用作朕烈考日庚尊㲃，子子孫孫其永寶用。

又　**4318**　唯三年二月初吉丁亥，王在周，格大廟，即位。㲼伯佑師兌，入門，立中廷。王呼內史尹冊命師兌：余既命汝疋師龢父，𤔲左右走馬，今余唯申京乃命，䚄𤔲走馬，賜汝秬鬯一卣、金車、賁較、朱虢鞃靳、虎冟熏裏、右軛、畫轉、畫𨍭、金甬、馬四匹、鋚勒。師兌拜稽首，敢對揚天子☐。

又　**4321**　王若曰：訇，丕顯文武受命，則乃祖奠周邦。今余令汝嫡官𤔲邑人，先虎臣後庸：西門夷、秦夷、京夷、𣪘夷、師笭、側薪、☐華夷、甶身夷、𩣞人、成周走亞、戍、秦人、降人、服夷。賜汝玄衣黹純、載市、絅黃、戈琱戟、厚柲、彤沙、鑾旂、鋚勒，用事。訇稽首，對揚天子休命，用作文祖乙伯同姬尊㲃，訇萬年子子孫孫永寶用。唯王十又七祀，王在射日宮。旦，王格，益公入佑訇。

又　**4322**　唯六月初吉乙酉，在𡚸師，戎伐䝞，𢦚率有𤔲、師氏奔追禦戎於棫林，搏戎㝬。朕文母競敏啟行，休宕厥心，永襲厥身，俾克厥敵。獲馘百、執訊二夫，俘戎兵盾、矛戈、弓箙、矢、裨胄，凡百又卅又五款，捋戎俘人百又十又四人，衣搏，無肬於𢦚身。乃子𢦚拜稽首，對揚文母福烈，用作文母日庚寶尊㲃，俾乃子𢦚萬年，用夙夜尊享孝於厥文母，其子子孫孫永寶。

又　**4342**　王若曰：師訇，丕顯文武，膺受天命，亦則於汝乃聖祖考克佐佑先王，作厥肱股，用夾召厥辟，奠大命，盭龢雩政，肆皇帝亡斁，臨保我有周，雩四方民，亡不康靜。王曰：訇，哀哉！今日天疾威降喪，首德不克㚔，故亡承於先王，嚮汝彶純卹周邦，綏立余小子，載乃事，唯王身厚稽。今余唯申京乃命，命汝惠雍我邦小大猷，邦佑潢辥，敬明乃心，率以乃友捍禦王身，欲弗以乃辟陷於艱。賜汝秬鬯一卣、圭瓚、夷狁三百人。訇稽首，敢對揚天子休，用作朕烈祖乙伯同益姬寶㲃，訇其萬斯年子子孫孫永寶，用作州宮寶。唯元年二月既望庚寅，王格於大室。榮入佑訇。

又　**4348**　師奐父作旅盨。

又　**4429**　唯王正月既望，師趛作楷姬旅盨，子子孫其萬年永寶用。

又　**4453**　仲師父作季𡚶☐寶尊盨，其用享用孝於皇祖文考，用☐眉壽無疆，其子孫萬年永寶用享。

又　**4462**　唯四年二月既生霸戊戌，王在周師彔宮，格大室，即位。䚄馬共佑瘨，王呼史年冊賜𩋘靳、鞹巿、鋚勒，敢對揚天子休，用作文考寶㲃，瘨其萬年子子孫孫其永寶。木羊冊。

又　**4465**　唯十又八年十又二月初吉庚寅，王在周康穆宮。王令尹氏友史趛，典善夫克田人。克拜稽首，敢對天子丕顯魯休揚，用作旅盨，唯用獻於師尹、朋友、婚媾。克其用朝夕享於皇祖考，皇祖考其𣪘𣪘𩰫𩰫，降克多福，眉壽、永命畯臣天子，克其日賜休無疆，克其萬年子子孫孫永寶用。

又　**4467**　王若曰：師克，丕顯文武，膺受大命，匍有四方，則繇唯乃先祖考有爵於周邦，干害王身，作爪牙。王曰：克，余唯巠乃先祖考，克黺臣先王，昔余既令汝，今余唯申京乃命，令汝更乃祖考，䚄𤔲左右虎臣。賜汝秬鬯一卣、赤巿、五黃、赤舄、牙僰、駒車、賁較、朱鞹鞃靳、虎冟熏裏、畫轉、畫𨍭、金甬、朱旂、馬四匹、鋚勒、素鉞，敬夙夕勿廢朕命。克敢對揚天子丕顯魯休，用作旅盨，克其萬年子子孫孫永寶用。

又　**4469**　有進退，雩邦人、正人、師氏人，有辠有故，迺御倗即汝，迺繇宕，卑復虐逐厥君、厥師，迺作余一人咎。王曰：盄，敬明乃心，用辟我一人，善效乃友內辟，勿使𧹞虐縱獄，爰奪𠭁行道，厥非正命，迺敢疾訊人，則唯輔天降喪，不廷唯死。賜汝秬鬯一卣、乃父市、赤舄、駒車、賁較、朱鞹鞃靳、虎冟熏裏、畫轉、畫𨍭、金甬、馬四匹、鋚勒，敬夙夕勿廢朕命。盄拜稽首，對

揚天子丕顯魯休，用作寶盨，叔邦父叔姞萬年子子孫孫永寶用。

又 **4555** 師麻斿叔作旅匡，其萬年子子孫孫永寶用。

又 **5194** 師獲作尊彝。

又 **5246** 仲師父作旅彝。

又 **5411** 䌛從師雍父戍於古師，蔑曆，賜貝卅鋝。䌛拜稽首，對揚師雍父休，用作文考日乙寶尊彝，其子子孫永寶，戉。

又 **5419** 王令𢦏曰：䱷淮夷敢伐內國，汝其以成周師氏戍於古師，伯雍父蔑彔曆，賜貝十朋。彔拜稽首，對揚伯休，用作文考乙公寶尊彝。

又 **5995** 王如上侯，師俞從，王𡘋功，賜師俞金，俞則對揚厥德，用作厥文考寶彝，孫孫子子寶。

又 **6007** 唯六月初吉，辰在辛卯，侯格於耳，𥸨侯休於耳，賜臣十家。微師耳對揚侯休，肇作京公寶尊彝，京公孫子寶，侯萬年壽考黃耇，耳日受休。

又 **6008** 唯十又三月既生霸丁卯，爰從師雍父戍於[glyph]師之年，爰蔑曆仲競父賜赤金，爰拜稽首，對揚競父休，用作父乙寶旅彝，其子子孫孫永用。

又 **6011** 唯王十又二月，辰在甲申，王初執駒於㡿，王呼師豦召盠，王親旨盠，駒賜兩，拜稽首曰：王弗忘厥舊宗小子，𢿢皇盠身。盠曰：王倗下，不其則，萬年保我萬宗。盠曰：余其敢對揚天子休，余用作朕文考大仲寶尊彝。盠曰：其萬年世子子孫孫永寶之。

又 **6016** 明公賜亢師鬯金小牛，曰：用禖。賜令鬯金小牛，曰：用禖。迺令曰：今我唯令女二人亢眔矢[glyph]佐佑於乃寮以乃友事

又 **9401** 師轉作寶鎣。

又 **9410** 仲師父作旅盉。

又 **9672** 仲師父作□壺，仲師父其用友眔，以倗友飲。

又 **9726** 唯三年九月丁巳，王在鄭，饗醴，呼虢叔召瘐，賜羔俎。己丑，王在句陵，饗逆酒，呼師壽召瘐，賜彘俎。拜稽首，敢對揚天子休，用作皇祖文考尊壺瘐，其萬年永寶。

又 **9897** 唯正月既生霸丁酉，王在周康寢，饗醴，師遽蔑曆，侑王，呼宰利賜師遽瑚圭一、環璋四。師遽拜稽首，敢對揚天子丕顯休，用作文祖它公寶尊彝，用介萬年亡疆，百世孫子永寶。

又 **10111** 師寏父作季姬盤，其萬年子子孫孫永寶用。

又 **10168** 唯正月既生霸乙未，王在周。周師光守宮事，祼周師不𤔲，賜守宮絲束、𦯞隫五、𦯞莫二、馬匹、毳布三、𦍚俸三、㚔朋。守宮對揚周師釐，用作祖乙尊，其百世子子孫孫永寶用，勿墜。

又 **10176** 師氏右告眚。

又 **10248** 叔𢼄父作師姬寶匜，其萬年子子孫孫永寶用。

又 **10322** 唯十又二年初吉丁卯，益公內即命於天子，公迺出厥命，賜畀師永厥田：陰陽洛，疆眔師俗父田。厥眔公出厥命：邢伯、榮伯、尹氏、師俗父、遣仲。公迺命鄭嗣徒圅父、周人嗣工眉、敔史、師氏、邑人奎父、畢人師同，付永厥田。厥逹履厥疆宋洵。永拜稽首，對揚天子休命，永用作朕文考乙伯尊盂，永其萬年孫孫子子永其逹寶用。

又 **10565** 師高作寶尊毀。

《尚書·牧誓》 亞旅、師氏。偽《孔傳》：師氏，大夫，官以兵守門者。

又 **《顧命》** 師氏、虎臣、百尹、御事。偽《孔傳》：師氏，大夫官。

《詩經·小雅·十月之交》 楀維師氏，豔妻煽方處。

又 **《大雅·雲漢》** 趣馬師氏，膳夫左右。

虎臣

《殷周金文集成釋文》2814 官𤔲𠂤王逌側虎臣。

又 **2824** 𢦏曰：烏乎！王唯念𢦏辟烈考甲公，王用肇使乃子𢦏，率虎臣禦淮戎。

又 **2841** 命女𤔲𤔲公族，雩參有𤔲、小子、師氏虎臣，雩朕褻事，以乃族捍敔王身，取徵卅鋝。

又 **4288** 𤔲乃祖，嫡官邑人，虎臣，西門夷、𥡰夷、秦夷、京夷、㚇身夷。

又 **4313** 今余肇令汝，率師𠑇、釐、㭜、𡰥左右虎臣，征淮夷。

又 **4321** 王若曰：訇，丕顯文武受命，則乃祖奠周邦。今余令汝嫡官𤔲邑人，先虎臣後庸：西門夷、秦夷、京夷、𥡰夷、師笭、側薪□華夷、甶身夷、𠤳人、成周走亞、戍、秦人、降人、服夷。

又 4467 昔余既令汝，今余唯申京乃命，令汝更乃祖考，䟒𤔲左右虎臣。

《詩經·大雅·常武》 王奮厥武，如震如怒。進厥虎臣，闞如虓虎。漢鄭玄箋：前其虎臣之將闞然如虎之怒。

又《魯頌·泮水》 矯矯虎臣，在泮獻馘。

《尚書·立政》 王左右常伯、常任、準人、綴衣、虎賁。

又《顧命》 師氏、虎臣、百尹、御事。僞《孔傳》：虎臣，虎賁氏。

漢·司馬遷《史記》卷四《周本紀》 虎賁三千人。南朝宋裴駰《集解》：孔安國曰：「虎賁，勇士稱也。若虎賁獸，言其猛也。」

亞旅

《殷周金文集成釋文》4237 唯戎大出於軧，邢侯搏戎，征令臣諫以□□亞旅處於軧。

《尚書·牧誓》 亞旅、師氏。僞《孔傳》：亞，次。旅，衆也。衆大夫，大夫，其位次卿。

又《梓材》 汝若恒，越曰：「我有師師。」司徒、司馬、司空、尹旅曰：「予罔厲殺人。」

又《立政》 司徒、司馬、馬空亞旅。

千夫長

《尚書·牧誓》 千夫長、百夫長。

百夫長

《尚書·牧誓》 千夫長、百夫長。

軍正

《戰國策》卷二《西周策》 楚兵在山南，吾得將爲王屬怒於周。或謂周君曰：「不如令太子將軍正迎吾得於境，而君自郊迎，令天下皆知君之重吾得也。因泄之楚，曰：『周君所以事吾得者器，必名曰謀楚。』王必求之，而吾得無效也，王必罪之。」宋鮑彪注：軍正，猶卒正，軍之率也。

走亞

《殷周金文集成釋文》4321 成周走亞。

又 4420 走亞𢽾孟征作盨，征其萬年永寶，子子孫孫用。

左右戲繁荊

《殷周金文集成釋文》668 右戲仲夏父作豐鬲，子子孫孫永寶用。

又 4316 王若曰：虎，載先王既令乃祖考事，嫡官𤔲左右戲繁荊，今余唯帥型先王令，令汝更乃祖考，嫡官𤔲左右戲繁荊，敬夙夜勿廢朕令，賜汝赤舄，用事。

司旂

《殷周金文集成釋文》9898 王呼史戊冊命吳，𤔲旂眔叔金。

司弓矢

《殷周金文集成釋文》4276 王曰：閉，賜汝戠衣、⚭市、鑾旂，用併乃祖考事，𤔲窔俞邦君𤔲馬、弓、矢。

司箙

《殷周金文集成釋文》5968 服肇夙夕明享，作文考日辛寶尊彝。

司射

《殷周金文集成釋文》**4258** 王冊命害曰：賜汝桒朱帶、玄衣黹純、旂、鋚勒，賜戈琱戟、彤沙，用餴乃祖考事，官嗣夷僕、小射底魚。

又 **4266** 嫡官僕射士。

又 **4273** 唯六月初吉，王在葊京。丁卯，王令靜嗣射學宫，小子眔服、眔小臣、眔夷僕學射。

又 **4479** 射南自作其匿。

司戎

《殷周金文集成釋文》**10176** 戎微父。

王行

《殷周金文集成釋文》**6013** 用嗣六師王行。

大左

《殷周金文集成釋文》**4279** 備於大左，宫嗣豐還。

司效

《殷周金文集成釋文》**10176** 教杲父。

走馬

《殷周金文集成釋文》**2807** 王召走馬應，令取誰騆卅二匹賜大。

又 **4255** 賜汝織衣、赤◎市、鑾旂、楚走馬。

又 **4274** 王呼內史尹冊命師兑：疋師龢父，嗣左右走馬，五邑走馬。

又 **4318** 王呼內史尹冊命師兑：余既命汝疋師龢父，嗣左右走馬，今余唯申京乃命，耤嗣走馬。

又 **10170** 唯廿年正月既望甲戌，王在周康宫。旦，王格大室，即位。益公佑走馬休，入門，立中廷，北嚮。

《**詩經·小雅·十月之交**》 聚子內史，蹶維趣馬。漢鄭玄箋：趣馬，中士也，掌王馬之政。

又《**大雅·雲漢**》 趣馬師氏，膳夫左右。

《**尚書·立政**》 虎賁、綴衣。趣馬小尹。僞《孔傳》：趣馬，掌馬之官。

守堰

《殷周金文集成釋文》**4243** 內史尹冊賜救：玄衣黹純、旂四日，用大備於五邑守堰。

司工

《殷周金文集成釋文》**4294** 王若曰：揚，作嗣工。

又 **5418** 唯六月初吉，王在鄭。丁亥，王格太室，邢叔佑免，王蔑免曆，令史懋賜免：載市、冋黄，作嗣工。對揚王休，用作尊彝，免其萬年永寶用。

又 **8792** 嗣工□丁。

又 **9899** 用嗣六師王行，參有嗣：嗣土、嗣馬、嗣工。

《**詩經·大雅·緜**》 迺召司空，迺召司徒。漢毛萇注：司空掌營國邑。

《**尚書·牧誓**》 御事司徒、司馬、司空。

又《**洪範**》 四曰司空。僞《孔傳》：主空土以居民。

又《**立政**》 司徒、司馬、司空亞旅。

《**左傳·定公四年**》 聃季爲司空。

《**國語**》卷一《**周語上**》 司空除壇於籍。三國吴韋昭注：司空，掌地也。

又 卷二《**周語中**》 司空視塗。

《荀子·王制》　修隄梁，行水潦，安水臧，以時決塞，歲雖凶敗水旱，使民有所耘艾，司空之事也。

清·秦嘉謨輯《世本》卷七下《氏姓篇下》　司工氏，周宣王時司工錡，因官氏焉。

僞《古文尚書·周官》　司空掌邦土，居四民，時地利。僞《孔傳》：《冬官》卿，主國空土以居民，士農工商四人。使順天時，分地利，授之土。能吐生百穀，故曰土。

司寇

《殷周金文集成釋文》2781　唯五月既生霸庚午，伯俗父佑爾季。王賜赤⊙市、玄衣黹純、鑾旂曰：用佐佑俗父嗣寇。爾季拜稽首，對揚王休，用作寶鼎，其萬年子子孫孫永用。

又　4294　眔嗣寇。

又　9641　嗣寇良父作爲衛姬壺，子子孫孫永保用。

《尚書·洪範》　六曰司寇。僞《孔傳》：主姦盜，使無縱。

又《立政》　司寇蘇公。

《左傳·定公四年》　康叔爲司寇。

《國語》卷一《周語上》　土不備墾，辟在司寇。【略】司寇協姦。三國吳韋昭注：司寇，刑官，掌合姦民，以知死刑之數也。

《戰國策》卷二《西周策》　司寇布爲周最謂周君。

《荀子·王制》　抃急禁悍，防淫除邪，戮之以五刑，使暴悍以變，姦邪不作，司寇之事也。

僞《古文尚書·周官》　司寇掌邦禁，詰姦慝，刑暴亂。僞《孔傳》：《秋官》卿，主寇賊法禁，治姦惡，刑強暴作亂者。夏司馬討惡助長物，秋司寇刑姦順時殺。

士師

《逸周書·嘗麥解》　是月，士師乃命太宗序於天時，祠大暑。【略】士師用受其戠，以爲之資。

準人

《尚書·立政》　王左右常伯、常任、準人、綴衣、虎賁。僞《孔傳》：準人平法，謂士官。

尉氏

《左傳·昭公二年》　將歸死於尉氏。晉杜預注：尉氏，討姦之官。

司立

《殷周金文集成釋文》4294　眔嗣立。

司芻

《殷周金文集成釋文》4294　眔嗣芻。

中史

《殷周金文集成釋文》2809　引以告中史書。

緌史

《殷周金文集成釋文》10176　厥左執緌史正仲農。

嗇夫

《儀禮·覲禮》　嗇夫承命，告於天子。漢鄭玄注：嗇夫，蓋司空之屬也。爲末擯，承命於侯氏。

田畯

《詩經・豳風・七月》 同我婦子，饁彼南畝；田畯至喜。漢毛萇注：田畯，田大夫也。

又《小雅・甫田》 曾孫來止，以其婦子，饁彼南畝。田畯至喜，攘其左右，嘗其旨否。漢鄭玄箋：田畯，司嗇，今之嗇夫也。

《國語》卷一《周語上》 命農大夫咸戒農用。三國韋昭注：農大夫，田畯也。【略】農正再之。注：農正，后稷之佐，田畯也。

《禮記・郊特牲》 饗農及郵表畷、禽獸，仁之至，義之盡也。漢鄭玄注：農，田畯也。

《荀子・王制》 相高下，視肥墝，序五種，省農功，謹蓄藏，以時順修，使農夫樸力而寡能，治田之事也。唐楊倞注：治田，田畯也。

農師

《國語》卷一《周語上》 農師一之。三國吳韋昭注：農師，上士也。

甸人

《殷周金文集成釋文》133 唯王三年四月初吉甲寅，仲大師佑柞，柞賜載、朱黄、鑾，嗣五邑佃人事。

又 4294 王若曰：揚，作嗣工，官嗣量田甸。

《國語》卷二《周語中》 甸人積薪。三國吳韋昭注：甸人，掌薪蒸之事也。

火師

《國語》卷二《周語中》 火師監燎。三國吳韋昭注：火師，司火。燎，庭燎也。

水師

《國語》卷二《周語中》 水師監濯。三國吳韋昭注：水師，掌水，監滌濯之事也。

廩人

《國語》卷二《周語中》 廩人獻餼。

大矩

《殷周金文集成釋文》5403 唯六月既生霸乙卯，王在成周，令豐殷大矩。大矩賜豐金、貝，用作父辛寶尊彝，木羊冊。

司邑人

《殷周金文集成釋文》2817 王呼作冊尹冊命師晨，胥師俗嗣邑人。

又 2832 嗣徒邑人趞。

又 4283 王呼內史吳冊命師㾓，曰：先王既命汝，今余唯申先王命，命汝官嗣邑人、師氏。

又 4288 王呼史𦜴冊命師酉：嗣乃祖嫡官邑人。

又 4321 王若曰：詢，丕顯文武受命，則乃祖奠周邦，今余令汝嫡官嗣邑人。

又 9456 嗣工邑人服。

又 10322 邑人奎父。

鄉師

《荀子・王制》 順州里，定廛宅，養六畜，閒樹藝，以時順修，使百姓順

命，安樂處鄉，鄉師之事也。

司啚

《殷周金文集成釋文》4199 王曰：恒，令汝更𡨦克嗣直啚。

又 4246 嗣莽鄙官、內師舟。

司舟

《殷周金文集成釋文》4246 嗣莽鄙官、內師舟。

司陶

《殷周金文集成釋文》2832 嗣工陶矩。

《左傳・襄公二十五年》 昔虞閼父爲周陶正，以服事我先王。晉杜預注：當周之興，閼父爲武王陶正。

僕

《殷周金文集成釋文》4258 官嗣夷僕、小射、底魚。

又 4266 王若曰：趞，命汝作𤔲師冢嗣馬，嫡官僕、射、士。

又 4273 王令靜嗣射學宮，小子眔服、眔小臣、眔夷僕學射。

《逸周書・嘗麥解》 爽明，僕告既駕。

《史記》卷四《周本紀》 乃命伯臩申誡太僕國之政。漢應邵注：太僕，周穆王所置。蓋太御衆之長，中大夫也。

御士

《左傳・僖公二十四年》 王御士將禦之。唐孔穎達《正義》：《周禮》無御士之官，唯夏官大僕之屬有御僕，下士，十有二人，掌王之燕令。鄭玄云：『燕居時之令以親近王，故欲爲王禦寇。』

又《襄公三十年》 單公子愆期爲靈王御士。

小宮

《殷周金文集成釋文》4466 俾𤔲比復小宮吒𤔲比田。

罾夫

《殷周金文集成釋文》4466 章厥罾夫吒𤔲比田。

底漁

《殷周金文集成釋文》4258 用餴乃祖考事，官嗣夷僕、小射、底魚。

關尹

《國語》卷二《周語中》 關尹以告。三國吴韋昭注：關尹，司關，掌四方之賓客，叩關則爲之告。

行人

《左傳・襄公二十一年》 樂盈過於周，周西鄙掠之。辭於行人。

《國語》卷二《周語中》 行理以節逆之。三國吴韋昭注：理，吏也。逆，迎也。執瑞節爲信而迎之。行理，小行人也。

候人

《左傳・襄公二十一年》 使候出諸轘轅。晉杜預注：候，送迎賓客之官也。

《國語》卷二《周語中》 候人爲導。

《戰國策》卷一《東周策》 因使人告東周之候曰：『今夕有姦人當入者矣。』候得而獻東周，東周立殺昌他。宋鮑彪注：偵候之吏。

舌人

《國語》卷二《周語中》 故坐諸門外，而使舌人體委與之。三國吳韋昭注：舌人，能達異方之志，象胥之官。

宗教官

宗伯

《尚書・顧命》 太保、太史、太宗皆麻冕彤裳。太保承介圭，上宗奉同、瑁，由阼階隮。偽孔安國注：太宗，上宗，即宗伯也。

《逸周書・克殷解》 乃命宗祀崇賓，饗禱之於軍。

又 《嘗麥解》 即假於大宗、小宗、少秘於社。

《國語》卷一《周語上》 宗伯九之。三國吳韋昭注：宗伯，卿官，掌相王之大禮，若王不與祭則攝位。

又 卷二《周語中》 宗伯執祀。

清・秦嘉謨輯《世本》卷七下《氏姓篇下》 宗伯氏，周卿宗伯之後。

《史記》卷四《周本紀》 命宗祝享祠於軍。

偽《古文尚書・周官》 宗伯掌邦禮，治神人，和上下。偽《孔傳》：《春官》卿，宗廟官長，主國禮，治天地神祇人鬼之事，及國之吉、凶、賓、軍、嘉五禮，以和上下尊卑等列。

小宗

《逸周書・嘗麥解》 即假於大宗、小宗、少秘於社。

彌宗

《逸周書・王會解》 阼階之南，祝淮氏、榮氏次之，皆西南，彌宗旁之。晉孔晁注：彌宗，官名。

司商

《國語》卷一《周語上》 司商協民姓。三國吳韋昭注：司商，掌賜族受姓之官。商，金聲清。謂人始生，吹律合之，定其姓名也。

大史

《殷周金文集成釋文》915 大史友作召公寶尊彝。

又 2785 唯十又三月庚寅，王在寒餗，王令大史貺褔土。

又 2841 王曰：父厝，巳曰，及茲卿事寮、大史寮於父即尹。

又 4326 王令䵼𤔲公族、卿事、大史寮，取儥廿鋝。

又 4466 大史旟

又 5432 唯公大史見服於宗周年，在二月既望乙亥，公大史咸見服於辟王，辨於多正。雩四月既生霸庚午，王遣公大史，公大史在豐，賞作冊䰠馬，揚公休，用作日己旅尊彝。

又 9809 大史作尊彝。

《尚書・酒誥》 矧太史友。

又 《顧命》 太保、太史、太宗皆麻冕彤裳。【略】太史秉書，由賓階隮，御王冊命。

又 《立政》 周公若曰：『太史，司寇蘇公。』

《儀禮・覲禮》 諸公奉篋服，加命書於其上，升自西階，東面，大史是右。侯氏升，西面立。大史述命。侯氏降兩階之間，北面再拜稽首，升成拜。大史加書於服上，侯氏受。

《禮記・曾子問》 孔子曰：『吾聞諸老聃曰「昔者史佚有子而死，下

殤也，墓遠。召公謂之曰：『何以不棺斂於宮中？』史佚曰：『吾敢乎哉！』召公言於周公。周公曰：『豈，不可？』史佚行之。」下殤用棺衣棺，自史佚始也。」

《**左傳·莊公二十二年**》 周史有以《周易》見陳侯者。晉杜預注：周大史也。

又《**襄公四年**》 昔周辛甲之爲大史也，命百官，官箴王闕。晉杜預注：辛甲，周武王太史。

又《**襄公十五年**》 且史佚有言曰：『無始禍，無怙亂，無重怒。』晉杜預注：史佚，周武王時大史，名佚。

又《**哀公六年**》 是歲也，有雲如衆赤烏，夾日以飛三日。楚子使問諸周大史。周大史曰：『其當王身乎！若禜之，可移於令尹、司馬。』

《**國語**》**卷一**《**周語上**》 古者，太史順時覛土，陽癉憤盈，土氣震發，農祥晨正，日月底於天廟，土乃脈發。『先時九日，太史告稷曰：「自今至於初吉，陽氣俱蒸，土膏其動。弗震弗渝，脉其滿眚，穀乃不殖。」稷以告王曰：「史帥陽官以命我司事曰：『距今九日，土其俱動，王其祇祓，監農不易。』」【略】太史贊王，王敬從之。【略】其后稷省功，太史監之。【略】太史八之。

又　卷三《**周語下**》 吾非瞽、史，焉知天道？三國吳韋昭注：史，太史，掌抱天時，與太師同車。

又　卷五《**魯語下**》 少採夕月，與大史、司載糾虔天刑。

又　卷一六《**鄭語**》 桓公爲司徒，甚得周衆與東土之人，問於史伯曰：『王室多故，余懼及焉，其何所可以逃死？』三國吳韋昭注：史伯，周太史。

《**逸周書·商誓**》 今予維篤祐爾，予史太史違我。

又《**嘗麥解**》 乃命太史尚太正，即居於戶西南向。

《**大戴禮記**》**卷三**《**保傳**》 接給而善對者謂之承。承者，承天子之遺忘者也。常立於後，是史佚也。北齊盧辯注：史佚，周太史尹佚也。

又　卷八《**盛德**》 太史、內史，左右手也。

《**史記**》**卷四**《**周本紀**》 烈王二年，周太史儋見秦獻曰：『始周與秦國合而別，別五百載復合，合十七歲而霸王者出焉。』

又　卷三六《**陳杞世家**》 厲公二年，生子敬仲完。周太史過陳，陳厲公使以《周易》筮之。

史

《**殷周金文集成釋文**》**949** 史兒至。

又　2036 史㖟作旅鼎。

又　2164 史逨作寶方鼎。

又　2169 史戎作寶尊鼎。

又　2189 史昔其作旅鼎。

又　2196 史盄父作寶鼎。

又　2740 唯王伐東夷，溓公令寧眔史旗曰：以師氏眔有嗣，後或戠伐腞，寧俘貝，眔用作饔公寶尊鼎。

又　2762 史顯作朕皇考釐仲、王母泉母尊鼎，用追公孝，用祈介眉壽、永命、靈終，顯其萬年多福無疆，子子孫孫永寶用享。

又　2777 唯六年八月初吉己巳，史伯碩父追孝於朕皇考釐仲、皇母泉母尊鼎，用祈介百祿、眉壽、綰綽、永命，萬年無疆，子子孫孫永寶用享。

又　2778 尹令史獸泣工於成周，十又一月癸未，史獸獻工於尹，咸獻工，尹賞史獸祼，賜豕鼎一、爵一，對揚皇尹丕顯休，用作父庚永寶尊彝。

又　2784 唯十又五年五月既生霸壬午，恭王在周新宮，王射於射廬，史趞曹賜弓矢、虎盧、九胄、毌、殳。趞曹敢對，曹拜稽首，敢對揚天子休，用作寶鼎，用饗朋友。

又　2787 唯三年五月丁巳，王在宗周，令史頌省蘇瀾友、里君、百姓，帥覶盩於成周，休有成事。蘇賓璋、馬四匹、吉金，用作䵼彝，頌其萬年無疆，日遅天子覭命，子子孫孫永寶用。

又　2814 王呼史翏冊命許惠。

又　2815 史留受王命書。

又　2819 史㡀受王命書，王呼史減冊賜寰。

又　2821 王呼史翏冊命此。

又　4030 乙亥，王誥，畢公迺賜史䛗貝十朋，䛗古於彝，其於之朝

夕監。

又 4213 其佑子歆史孟，㕚敖覯用豹皮於史孟。

又 5387 員從史旟伐會，員先入邑，員俘金，用作旅彝。

又 9454 唯王大禴於宗周，祉饔莽京年，在五月既望辛酉，王令士上眔史寅殷於成周，㽙百姓豚，眔賞卣、鬯貝，用作父癸寶尊彝。

又 9714 唯八月既死霸戊寅，王在葊京溼宮，親令史懋路筮，咸，王呼伊伯賜懋貝。懋拜稽首，對王休，用作父丁寶壺。

又 10175 微史烈祖迺來見武王。【略】史牆夙夜不墜，其日蔑曆。

《尚書・金縢》 史乃冊，祝曰：「惟爾元孫某，遘厲虐疾。」【略】二公及王乃問諸史與百執事。

《詩經・小雅・賓之初筵》 凡此飲酒，或醉或否。既立之監，或佐之史。

《逸周書・嘗麥解》 史導王於北階，王涉階，在東序。

《大戴禮記》卷三《保傅》 及太子既冠，成人，免於保傅之嚴，則有司過之史，有徹虧膳之宰。太子有過，史必書之。史之義，不得不書過，不書過則死。

《呂氏春秋・仲春紀・當染》 魯惠公使宰讓請郊廟之禮於天子，桓王使史角往，惠公止之。

《六韜》卷一《文韜》 文王將田，史編布卜，曰：田於渭陽，將大得焉。非龍非彲，非虎非羆，兆得公侯，天遺汝師。以之佐昌，施及三王。

《史記》卷四《周本紀》 史厭謂周君曰：「何不令人謂韓公叔曰「秦之敢絕周而伐韓者，信東周也。公何不與周地，發質使之楚」？秦必疑楚不信周，是韓不伐也。又謂秦曰「韓彊與周地，將以疑周於秦也，周不敢不受」。秦必無辭而令周不受，是受地於韓而聽於秦。」

又 卷三九《晉世家》 成王與叔虞戲，削桐葉爲珪以與叔虞，曰：「以此封若。」史佚因請擇日立叔虞。成王曰：「吾與之戲耳。」史佚曰：「天子無戲言。言則史書之，禮成之，樂歌之。」

外史

《國語》卷一《周語上》 史獻書。三國吳韋昭注：史，外史也。《周禮》，外史掌三皇、五帝之書。

御史

《殷周金文集成釋文》4134 唯六月既死霸壬申，伯犀父蔑御史競曆，賞金，競揚伯犀父休，用作父乙寶尊彝殷。

又 9824 㳄御事作尊罍，其萬年無疆，子子孫孫永寶用享。

清・孫星衍輯《漢官儀》卷上 御史，秦官也。案：周有御史，掌邦國都鄙，及萬民之治，令以贊冢宰。

守藏室史

《莊子・天道篇》 孔子西藏書於周室，子路謀曰：「由聞周之徵藏史有老耼者，免而歸居。夫子欲藏書，則試往因焉。」

清・秦嘉謨輯《世本》卷七下《氏姓篇下》 籛氏，彭祖氏。彭祖姓籛名鏗，在商爲守藏史，在周爲柱下吏，年八百歲。

《史記》卷六三《老子韓非列傳》 老子者，楚苦縣厲鄉曲仁里人也，姓李氏，名耳，字耼，周守藏室之史也。唐司馬貞《索隱》：按：藏室史，周藏書室之史也。又《張蒼傳》「老子爲柱下史」，蓋卽藏室之柱下，因以爲官名。

清・孫星衍輯《漢官儀》卷上 老子爲周柱下史。

省史

《殷周金文集成釋文》4278 王令省史南以即虢旅。

書史

《殷周金文集成釋文》4262 厥書史戠武，立盄成壘。

筮史

《穆天子傳》卷五　飲逢公酒，賜之駿馬十六，絺紵三十篋。逢公再拜稽首，賜筮史狐。

盟府

《左傳·僖公五年》　爲文王卿士，勳在王室，藏於盟府。晉杜預注：盟府，司盟之官。

司載

《國語》卷五《魯語下》　少採夕月，與大史、司載糾虔天刑。三國吴韋昭注：載，天文也。司天文謂馮相、保章氏，與大史相儷偶也。

大祝

《殷周金文集成釋文》1937　大祝禽鼎。

又　4267　更乃祖考疋大祝，官嗣豐人眔九戲祝。

又　4296　毛伯入門，立中廷，佑祝鄭王呼內史冊命鄭。王曰：鄭昔先王既命汝作邑，𤔲五邑祝。

又　9455　唯三月初吉丁亥，穆王左下減应，穆王饗醴，即邢伯、大祝射。

《國語》卷二《周語中》　宗祝執祀。三國吴韋昭注：宗，宗保；祝，太祝也。

《逸周書·嘗麥解》　太祝以王命作筴筴告太宗。

少祝

《逸周書·嘗麥解》　少祝導王。

亞祝

《逸周書·嘗麥解》　亞祝迎王降階。

司卜

《殷周金文集成釋文》2838　曶，令女更乃祖考嗣卜事。

又　3577　卜孟作寶尊彝。

《左傳·隱公十一年》　滕侯曰：「我，周之卜正也。」

巫

《荀子·王制》　相陰陽，占祲兆，鑽龜陳卦，主攘擇五卜，知其吉凶妖祥，傴巫、跛擊之事也。唐楊倞注：擊，讀爲覡，男巫也。古者以廢疾之人主卜筮巫祝之事，故曰「傴巫、跛覡」。

日官

《左傳·襄公十七年》　天子有日官。

內史

《殷周金文集成釋文》2696　內史令𢦚事，賜金一鈞、非余，曰：內史龏朕天君，其萬年用爲考寶尊。

又 **2804** 王呼作命內史冊命利。

又 **4196** 內史冊命賜赤市。

又 **4243** 內史尹冊賜救：玄衣黹純、旂四日。

又 **4246** 內史尹氏冊命楚。

又 **4256** 王呼內史賜衛載市、朱衡、鑾。

又 **4257** 王呼內史尹氏冊命師耤。

又 **4276** 王呼內史冊命豆閉。

又 **4277** 王呼作冊內史冊命師俞。

又 **4285** 王呼內史㝵冊命諫。

又 **4294** 王呼內史史㝵冊命揚。

又 **4312** 王呼內史遺冊命師類。

又 **4316** 王呼內史吳曰冊命虎。

又 **4343** 王呼內史吳冊命牧。

又 **6516** 王呼內史冊命趩。

又 **10161** 唯五月初吉，王在周，令作冊內史賜免鹵百隆。免蔑靜女王休，用作盤盉，其萬年寶用。

《詩經·小雅·十月之交》 棸子內史，蹶維趣馬。漢鄭玄箋：內史，中大夫也，掌爵祿廢置、殺生予奪之法。

《左傳·桓公二年》 周內史聞之曰：『臧孫達其有後於魯乎！君違不忘諫之以德。』

又 **《莊公三十二年》** 秋，七月，有神降於莘。惠王問諸內史過曰：『是何故也？』

又 **《僖公十一年》** 天王使召武公、內史過賜晉侯命。

又 **《僖公十六年》** 十六年，春，『隕石於宋，五』，隕星也。『六鷁退飛，過宋都』，風也。周內史叔興聘於宋，宋襄公問焉，曰：『是何祥也？吉凶焉在？』

又 **《僖公二十八年》** 王命尹氏及王子虎、內史叔興父策命晉侯爲侯伯。

又 **《文公元年》** 元年，春，王使內史叔服來會葬。

又 **《文公十四年》** 有星孛入於北斗，周內史叔服曰：『不出七年，宋、齊、晉之君，皆將死亂。』

又 **《襄公十年》** 使周內史選其族嗣，納諸霍人，禮也。

《國語》卷一《周語上》 十五年，有神降於莘，王問於內史過。三國韋昭注：內史，周大夫，過，其名也，掌爵祿廢置及策命諸侯、孤、卿、大夫也。【略】內史過從至虢，虢公亦使祝、史請土焉。內史過歸，以告王曰：『虢必亡矣，不禋於神而求福焉，神必禍之；不親於民而求用焉，人必違之。精意以享，禋也；慈保庶民，親也。今虢公動匱百姓以逞其違，離民怒神而求利焉，不亦難乎！』

襄王使太宰文公及內史興賜晉文公命。【略】太宰以王命冕服，內史贊之，三命而後即冕服。既畢，賓、饗、贈、餞如公命侯伯之禮；而加之以宴好。內史興歸，以告王曰：『晉，不可不善也。其君必霸。』

清·秦嘉謨輯《世本》卷七下《氏姓篇下》 內史氏，周內史叔興之後，因官氏焉。

左史

《大戴禮記》卷八《盛德》 太史、內史，左右手也。

《穆天子傳》卷六 孟冬辛亥，邢侯、曹侯來弔，內史將之，以見天子，天子告不豫而辭焉。

《禮記·玉藻》 動則左史書之。

《逸周書·史記解》 維正月，王在成周。昧爽，召三公左史戎夫。

右史

《禮記·玉藻》 言則右史書之。

《殷周金文集成釋文》4131 王在𨙵師，賜右史利金。

清·秦嘉謨輯《世本》卷七下《氏姓篇下》 右史氏，右史記事，因氏焉。周右史戍。

膳夫

《殷周金文集成釋文》701　膳夫吉父作京姬尊鬲，其子子孫孫永寶用。

又 2561　膳夫伯辛父作尊鼎，其萬年子子孫孫永寶用。

又 2619　膳夫旅伯作毛仲姬尊鼎，其萬年子子孫孫永寶用享。

又 2796　王命膳夫克舍命於成周，遹正八師之年。

又 2817　唯小臣、膳夫、守、〔友〕、官、犬，眔奠人、膳夫、官、守、友。

又 2821　旅邑人、膳夫，賜女玄衣黹純、赤市、朱衡、䜌旂。

又 2825　南宮乎入佑膳夫山，入門，立中廷。

又 2836　王在宗周，旦，王格穆廟，即位。䰧季佑膳夫克，入門，立中廷，北嚮。王呼尹氏冊命膳夫克。

又 4147　膳夫沙其作朕皇考惠仲、皇母惠妀尊段。

又 4298　王呼吳師召大，賜趞睽里，王令膳夫豕曰趞睽曰：余既賜大乃里，睽賓豕璋、帛束。

又 4465　王令尹氏友史趛，典善夫克田人。

《詩經・小雅・十月之交》　家伯維宰，仲允膳夫。漢鄭玄箋：膳夫，上士也，掌王之飲食膳羞。

又《大雅・雲漢》　趣馬師氏，膳夫左右。

《儀禮・燕禮》　膳宰具官饌於寢東。漢鄭玄注：膳宰，天子曰膳夫，掌君飲食膳羞者也。

《左傳・莊公十九年》　王奪子禽、祝跪與詹父田，而收膳夫之秩。

《大戴禮記・保傅》　及太子既冠，成人，免於保傅之嚴，則有司過之史，有徹虧膳之宰。【略】過書而宰徹去膳。夫膳宰之義，不得不徹膳，不徹膳則死。【略】太史持銅而御戶左，太宰持升而御戶右。北周盧辯注：太宰，膳夫也，冢宰之屬。【略】所求滋味者非正味，則太宰倚升而言曰：『不敢以待王太子。』

《國語》卷一《周語上》　膳夫、農正陳籍禮。三國吳韋昭注：膳夫，上士也，掌王之飲食膳羞之饋食。【略】宰夫陳饗，膳宰監之。膳夫贊王，王歆大牢。

瀕史

《殷周金文集成釋文》643　姒休賜厥瀕史貝，用作隣寶彝。

作冊

《殷周金文集成釋文》2756　唯二月既生霸丁丑，王在莽京真□。戊寅，王蔑寓曆，使高羊大人賜作冊寓䘖□。寓拜稽首，對王休，用作尊彝。

又 2805　王呼作冊尹冊命柳。

又 2817　王呼作冊尹冊命師晨。

又 4240　王授作冊尹書，俾冊命免。

又 4244　王呼作冊尹〔冊賜〕走䵼疋〔益〕。

又 4279　王呼作冊尹命師旋。

又 4286　王呼作冊尹冊命嫠。

又 5407　唯十又九年，王在庈。王姜令作冊睘安夷伯，夷伯賓睘貝、布，揚王姜休，用作文考癸寶尊彝。

又 5427　作冊嗌作父辛尊。

又 5989　在庈，君令余作冊睘安夷伯。

又 6002　隹五月，王在庈。戊子，令作冊折貺望土於相侯。

又 9723　王呼作冊尹冊賜瘋。

又 9898　宰朏右作冊吳，入門，立中廷，北嚮。

又 10170　王呼作冊尹冊賜休。

《尚書・洛誥》　王命作冊，逸祝冊，惟告周公其後。王賓。殺禋，咸格，王入太室祼。王命周公後，作冊逸誥。

又《顧命》　丁卯，命作冊度。

《逸周書・嘗麥解》　作筴執筴從中。

《史記》卷四《周本紀》　康王命作策，畢公分居里，成周郊，作《畢命》。

又《周語中》 膳宰致饔。

《荀子・王制》 宰爵知賓客、祭祀、饗食、犧牲之牢數。唐楊倞注：宰，膳宰。

鬱人

《國語》卷一《周語上》 鬱人薦鬯。三國吳韋昭注：《周禮》：『鬱人掌祼器，凡祭祀賓客，和鬱鬯以實彝而陳之。』共王之齊鬯也。

犧人

《國語》卷一《周語上》 犧人薦醴。三國吳韋昭注：犧人司樽，掌共酒醴。

寺

《殷周金文集成釋文》2832 內史友寺芻。

《詩經・小雅・巷伯》 寺人孟子，作爲此詩。

巷伯

《詩經・小雅・巷伯序》 《巷伯》，刺幽王也。漢鄭玄箋：巷伯，奄官。寺人，內小臣也。奄官上士四人，掌王后之命，於宮中爲近，故謂之巷伯，與寺人之官相近。

小臣

《殷周金文集成釋文》2032 小臣作尊彝。

又 2351 小臣氏樊尹作寶用。

又 2556 召公建匽，休於小臣𣪘貝五朋，用作寶尊彝。

又 2581 小臣逋即事於西，休仲賜逋鼎，揚仲皇，作寶。

又 2595 公違省自東，在新邑，臣卿賜金，用作父乙寶彝。

又 2678 唯十月，使於曾，宓伯於成周休畀小臣金，弗敢喪，揚，用作寶旅鼎。

又 2765 休朕皇君弗忘厥寶臣。

又 2775 正月，王在成周，王弋於楚麓，令小臣夌先省楚应，王至於弋应，無譴，小臣夌賜貝、賜馬兩。夌拜稽首，對揚王休，用作季娟寶尊彝。

又 2817 唯小臣。

又 2831 東臣羔裘，顏下皮二眔受，衛小子□逆者，其睽衛臣虢朏。

又 2836 賜女史、小臣、靈龢鼓鐘。

又 2837 賜夷𤔲王臣十又三伯。

又 3790 大保賜厥臣利否金，用作父丁尊彝。

又 4042 易旁曰：趞叔休於小臣貝三朋、臣三家，對厥休，用作父丁尊彝。

又 4121 王休賜厥臣父榮瓚王祼、貝百朋。

又 4179 唯五月既死霸辛未，王使小臣守使於夷。

又 4184 虢仲令公臣𤔲朕百工。

又 4201 唯五月壬辰，同公在豐，令宅使伯懋父，伯賜小臣宅畫干戈九、錫金車、馬兩。

又 4206 師田父令小臣傳非余，傳□朕考[illegible]，師田父令余□□〔官〕伯𠑇父賞小臣傳□〔揚〕伯休，用作朕考日甲寶。

又 4237 唯戎大出於軧，邢侯搏戎，徙令臣諫以□□亞旅處於軧，從王□□。臣諫曰：拜手稽首，臣諫□亡，母弟引庸又長子□余關皇辟侯，令肄服作朕皇文考寶尊，唯用□康令於皇辟侯介□□。

又 4238 伯懋父承王命，賜師帥征自五齵貝，小臣謎蔑曆，眔賜貝。

又 4273 王令靜𤔲射學宮，小子眔服、眔小臣、眔夷僕學射。

又 4268 益公入佑王臣，既立中廷。

又 4466 令小臣成友逆□□。

又 5268 小臣作父乙寶彝。

又 5352 賞小臣豊貝，用作父乙彝。

又 6512 王後𠭰克商，在成師，周公賜小臣單貝十朋，用作寶尊彝。

小夫

《殷周金文集成釋文》5320　小夫作父丁宗尊彝。

守宮

《殷周金文集成釋文》5170　守宮作父辛。

又　**5359**　守宮作父辛尊彝，其永寶。

又　**5959**　守宮揚王休，作父辛尊，其永寶。

又　**10168**　唯正月既生霸乙未，王在周，周師光守宮事，祼周師不䢼，賜守宮絲束、蔮幎五、蔮幎二、馬匹、毳布三、䩛朋。守宮對揚周師釐，用作祖乙尊，其百世子子孫孫永寶用，勿墜。

世婦

《殷周金文集成釋文》4292　唯五年正月己丑，琱生有事，召來合事，余獻婦氏以壺，告曰：【略】余惠於君氏大璋，報婦氏帛束、璜。

女史

《詩經・邶風・靜女》　靜女其孌，貽我彤管。漢毛萇《傳》：古者后夫人必有女史彤管之法，史不記過，其罪殺之。后妃羣妾以禮御於君所，女史書其日月，授之以環，以進退之。生子月辰，則以金環退之。當御者，以銀環進之，著於左手；既御，著於右手。事無大小，記以成法。

工師

《荀子・王制》　論百工，審時事，辨功苦，便備用，使雕琢文採不敢專造於家，工師之事也。

《戰國策》卷一《東周》　周相呂倉見客於周君。前相工師藉恐客之傷己也，因令人謂周曰：『客者，辯士也，然而所以不可者，好毀人。』

又　周文君免士工師藉，相呂倉，國人不説也。君有閔閔之心。

監

《殷周金文集成釋文》883　應監作寶尊彝。

又　**2820**　王曰：昔先王既令女佐胥𣄨侯，今余唯肇申先王命，命女佐胥𣄨侯，監𣄨師戍。

又　**3954**　仲幾父史幾使於諸侯、諸監，用厥賓作丁寶𣪘。

又　**11719**　榮監。

《尚書・梓材》　王啓監，厥亂爲民。僞《孔傳》：言王者開置監官。

又　《多方》　今爾奔走臣我監五祀。僞《孔傳》：監謂成周之監。

《禮記・王制》　天子使其大夫爲三監，監於方伯之國，國三人。

《逸周書》卷四《大匡解》　惟十有三祀，王在管，管叔自作殷之監。

司裘

《殷周金文集成釋文》2831　廼舍裘衛林㫚里。【略】履付裘衛林㫚里。

又　**2832**　帥履裘衛厲田。【略】邦君厲眔付裘衛田。

又　**4256**　南伯入佑裘衛。

又　**9456**　矩伯庶人取瑾璋於裘衛。【略】裘衛廼誓告於伯邑父、榮伯、定伯、琼伯、單伯。

綴衣

《尚書・立政》　王左右常伯、常任、準人、綴衣、虎賁。僞《孔傳》：綴衣掌衣服。

司貯

《殷周金文集成釋文》2825　王曰：山，令女官嗣飲獻人於㝔，用作寍司貯。

又 2827　王曰：頌，令女官嗣成周貯廿家。

又 4553　尹氏貯良作旅�，其萬年子子孫孫永寶用。

小門人

《殷周金文集成》10176　小門人䌛。

門尹

《國語》卷二《周語中》　門尹除門。三國吳韋昭注：門尹，司門也。

職官泛稱

尹

《殷周金文集成釋文》247　疋尹余典厥威儀，用辟先王，瘝不敢弗帥祖考，秉明德，䜌夙夕，佐尹氏。

又 2351　小臣氏樊尹作寶用。

又 2499　□卯，尹賞斉貝三朋，用作父丁尊彝。

又 2729　楷仲賞厥䟣𢼸逐毛兩、馬匹，對揚尹休，用作己公寶尊彝。

又 2758　大揚皇天尹大保室。

又 2778　尹令史獸浴工於成周，十又一月癸未，史獸獻工於尹，咸獻工。尹賞史獸祼，賜豕鼎一、爵一，對揚皇尹丕顯休，用作父庚永寶尊彝。

又 2827　尹氏受王命書。

又 2836　王呼尹氏冊命膳夫克。

又 2841　及茲卿事寮、大史寮於父即尹。

又 4123　伯𢦚父使䵼省尹人於齊師。

又 4253　王呼尹氏冊命師察。

又 4287　王呼命尹封冊命伊。

又 4300　公尹伯丁父貺於戍。

又 4323　王蔑敔曆，使尹氏授釐敔：圭瓚、𩰫貝五十朋。

又 4324　王呼尹氏冊命師嫠。

又 4465　王令尹氏友史趛，典善夫克田人。

又 4553　尹氏貯良作旅匡，其萬年子子孫孫永寶用。

又 5431　尹賜臣唯小僰，揚尹休，高對作父丙寶尊彝，尹其亘萬年受厥永魯。

又 6013　王冊令尹，賜盠赤市、幽亢、攸勒。

又 6016　眔諸尹。【略】作冊令敢揚明公尹厥宔。

又 6515　萬諆茲晨用享爯尹人。

又 9728　王呼尹氏冊命曶。

又 9898　用作青尹寶尊彝。

又 10322　厥眔公出厥命：邢伯、榮伯、尹氏、師俗父、遣仲。

《尚書·大誥》　肆予告我友邦君，越尹氏、庶士御事。

《顧命》　師氏、虎臣、百尹、御事。偽《孔傳》：百尹，百官之長。

《立政》　太史、尹伯、庶常吉士。

有司

《殷周金文集成釋文》679　榮有嗣爯作齍鬲，用媵嬴女䰧母。

又 746　師湯父有嗣仲枏父作寶鬲。

又 2631　南公有嗣𢦚作尊鼎，其萬年子子孫孫永寶用，享於宗廟。

又 2831　舍顏有嗣壽商貉裘。

又 2832　迺令參有嗣。【略】厲有嗣䪞季。

又 2837　賜女邦嗣四伯。

又 2841　命女䵼嗣公族雩參有嗣。

又 4322　𢦏率有嗣、師氏奔追禦戎於棫林。

又 4246 𤔲莽鄙官、内師舟。

御事

《殷周金文集成釋文》2837 畯正厥民，在雩御事。

又 5428 叔趯父曰：余考不克御事。

《尚書·泰誓》 王曰：「嗟！我友邦冢君，越我御事庶士，明聽誓。」

又《牧誓》 王曰：「嗟！我友邦冢君，御事司徒、司馬、司空，亞旅、師氏，千夫長、百夫長。」

又《大誥》 王若曰：「猷！大誥爾多邦，越爾御事。【略】肆予告我友邦君，越尹氏、庶士御事。曰：『予得吉卜，予惟以爾庶邦，於伐殷逋播臣。』爾庶邦君，越庶士御事，罔不反曰：『艱大，民不静，亦惟在王宫邦君室。』」

又《酒誥》 厥誥毖庶邦庶士越少正、御事，朝夕曰：「祀兹酒。」【略】王曰：「封，我西土棐徂事、小子，尚克用文王教，不腆於酒。故我至於今克受殷之命。」

又《梓材》 王其效邦君，越御事，厥命曷以。

又《召誥》 誥告庶殷，越自乃御事。【略】王先服殷御事，比介於我有周御事。

又《洛誥》 予旦以多子越御事，篤前人成烈，答其師，作周孚先。

又《顧命》 師氏、虎臣、百尹、御事。僞《孔傳》：諸御治事者。

又《文侯之命》 即我御事，罔或耆壽俊在厥服，予則罔克。

寮

《殷周金文集成釋文》2841 及兹卿事寮、大史寮。

又 4300 用饗王逆復，用即寮人，婦子後人永寶。

又 4326 王令𩍂𤔲公族、卿事、大史寮。

又 4343 令汝辟百寮。

又 6016 隹八月，辰在甲申，王令周公子明保，尹三事四方，受卿事

正

《殷周金文集成釋文》2702 丁亥，𫹃賞有正㚸嬰貝在穆朋二百，𡱒𫹃賞，用作母己尊䵼。

又 2832 正迺訊厲。

又 2837 唯殷邊侯、甸雩殷正百辟。【略】若文王令二三正。【略】王曰：盂，若敬乃正。

又 2841 唯天將集厥命，亦唯先正略𡕍厥辟。【略】善效乃友正，毋敢湎於酒。

又 4469 雩邦人正人。

又 4627 用饗大正。

又 5432 公大史咸見服於辟王，辨於多正。

又 9893 辟邢侯光厥正事。

又 10176 厥左執繧史正仲農。

《詩經·小雅·節南山》 昊天不平，我王不寧。不懲其心，覆怨其正。

漢毛萇注：正，長也。

《逸周書·嘗麥解》 是月，王命大正正刑書。【略】乃命太史尚太正，即居於戶西南向。【略】宰坐，尊中於大正之前。【略】衆臣咸興，受太正書，乃降。太史筴形書九篇，以升，授太正，乃左還自兩柱之間。□箴大正曰：欽之哉，諸正！敬功爾頌，審三節，無思民因順。爾臨獄無頗，正刑有掇。夫循乃德，式監不遠，以有此人，保寧爾國，克戒爾服，世世是其不殆。維公咸若，太史乃降。太正坐，舉書，乃中降，再拜稽首。

僞《古文尚書·冏命》 今予命汝作大正，正於羣僕侍御之臣。

官

《殷周金文集成釋文》2817 王呼作册尹册命師晨：胥師俗𤔲邑人，唯小臣、膳夫、守、〔友〕、官、犬，眔奠人、膳夫、官、守、友。

又 4206 師田父令余□□〔官〕。

寮。丁亥，令矢告於周公宮，公令徃同卿事寮。隹十月月吉癸未，明公朝至於成周，徃令舍三事令，眔卿事寮。【略】今我唯令女二人亢眔矢，奭佐佑於乃寮。

又 **10321** 㓞后寮女寮。

《詩經·小雅·大東》 私人之子，百僚是試。

友

《殷周金文集成釋文》2660 辛作寶，其亡疆，厥家雍德，䍙用啚厥剚多友，多友釐辛，萬年唯人。

又 **2706** 唯十又五年三月既霸丁亥，王在䵼㡴宮，大以厥友守，〔大以厥友入攼〕。

又 **2809** 使厥友引以告於伯懋父。

又 **2813** 用𤔲乃父官、友。

又 **2817** 唯小臣、膳夫、守、〔友〕、官、犬，眔奠人、膳夫、官、守、友。

又 **2832** 內史友寺芻。

又 **2841** 善效乃友正，毋敢湎於酒。

又 **3848** 趞小子𩱦以其友，作𩱦男、王姬𩰫彝。

又 **4112** 命其永以多友𣪘飤。

又 **4342** 敬明乃心，率以乃友，捍禦王身。

又 **4466** 令小臣成友逆□□。

又 **4469** 善效乃友內辟，勿使䝨虐縱獄。

又 **4627** 弭仲受無疆福，諸友飲飤俱飽，弭仲具壽。

又 **5424** 毋俾農弋，使厥友妻。

又 **6016** 奭佐佑於乃寮以乃友事。

又 **6515** 用配侃多友。【略】用作念於多友。

守

《殷周金文集成釋文》2817 唯小臣、膳夫、守、〔友〕、官、犬，眔奠人、膳夫、官、守、友。

論説

宋·林之奇《尚書全解》卷三六《周官》 周之設官分職，比之前代最爲詳，而其大槩，蓋準唐虞之制。唐虞之百官，內有百揆四岳，外有州牧侯伯，此其百官之中，所謂要重者也。夏商雖倍於唐虞，其數可得而見之，而其職號統屬，無所傳聞。故漢表有曰：『夏商亡聞焉。』雖無所傳聞，要之，比於唐虞。雖閒有增損，而其大槩，亦不外是。觀之周，自可以見矣。三公、三孤者，百揆之任。六卿者，四岳之任。九牧五服與夫朝覲巡守之禮，則所謂州牧侯伯者也。建官之制，至於周室，至纖至備，無以復加。而其源流，則自唐虞以來，歷夏歷商，或損或益，而後大備也。太師、太傅、太保，此天子三公之官也。三公者，皆是教導天子之職，其曰師、曰傅、曰保者，所以別之也。賈生曰：『保保其身體，傅傅之德義，師導之教訓。』應劭《漢書注》曰：『師，訓也。傅，覆也。保，養也。』顏師古則曰：『傅，相也。』漢孔氏則曰：『師，天子所師法。傅，傅相天子。保，保安天子於德義者。』此皆是緣名以生義，蓋必欲釋其名，則其義當如此。然要之，三公之職同，皆是王者之師。既有三人，則必立名，以寓其尊卑之等。而王氏曰：『師道嚴，傅道親，保則尤親。尤親則幾於褻而不嚴，故師尊。於傅，傅尊於保。』此蓋強以其尊卑之等而爲之説。觀此篇自冢宰以下，各有所掌，其職不同，而於三公同曰『論道經邦，燮理陰陽』，於三孤同曰『貳公弘化，寅亮天地，弼予一人』，則其職無有異，安得以其名有尊親之義，以分其差等哉？漢表曰：『太師、太傅、太保，是爲三公。蓋參天子坐而議政，無不總統，故不以一職爲官名。』既謂不以一職爲官名，則安得以其名而區別之哉？夫天位乎上，地位乎下，而人主位乎天地之閒，則其心術蓋與天地通。天地之氣行，而有愆陽伏陰者，以人主之心術不正也。故必以三公與王論道也。以經緯邦國，而其心術正，則陰陽無有不和理者矣。《考工記》曰：『坐而論道，謂之三公。』正所謂論道也。蓋其朝夕之所啓沃，以格君心之非者，無非道也。故其精神之所感通，可以和理陰陽。爲是官也，自非道全德備，可以爲王者之師者，不足以稱其職。故無其人，則不必備建，寧闕之可也，蓋尤不可以非其人也。若六

卿之職，各有所掌，一職不建，則必有一事之不舉。故無司徒，則何以敷五典？無宗伯，則何以治神人？其他皆然，故不得不備。三公既不下掌有司之職，故可以不必備也。三孤者，三公之副也。故曰『貳公』。觀三公謂之太師、太傅、太保，而三孤曰少師、少傅、少保。曰太曰少，則其爲副貳可知矣。此猶六卿有大司徒，又有小司徒；有大宗伯，又有小宗伯。曰大曰小，是其貳也。惟六卿之長貳其職同，則三孤之於三公，其職豈有異哉？故三孤之所以洪大道化，以敬明於天地之道，而輔翼予一人者，皆以貳公也。蓋洪化寅亮天地，弼予一人，指三公言之，而三孤爲之貳焉。既曰『變理陰陽』，又曰『寅亮天地』，唐孔氏曰：『和理敬信，義亦同耳。以孤副貳三公，故其事所掌亦不異。』此説得之。王氏曰：『化待道而後立，天地待陰陽而後立，論道而不諭然後弼。本在於上，末在於下。故公論道，孤洪化；公變理陰陽，孤寅亮天地；公論於前，孤弼於後。』此意謂三孤之職，不若三公，果如是説，則以陰陽爲本，以天地爲末，可乎？以此一節觀之，則其説皆鑿矣。王氏又曰：『號曰公者，容乃公之謂。大臣之義，當特立而無朋，故曰孤。』此亦緣名以生義，夫天子之臣，其上爲公，其次爲孤，其次又爲卿，其次又爲大夫，其次又爲士。亦猶五等諸侯曰公、曰侯、曰伯、曰子、曰男，皆假其名以別之，不必求其義也。後世於九州十二牧之類，皆求其義於名，非也。少師、少傅、少保曰三孤，蓋卑於公，而在九卿之上。漢表曰：『立三少。』是孤卿與六卿爲九卿。此其爲説本於《禮記》『天子立六官，三公、九卿』，鄭氏注以此夏時制，亦不可得而見。然經言三孤、六卿，則孤與卿異，而乃爲九卿，既謂之孤，又謂之卿，可乎？且當以《書》爲正。冢宰而下，則六卿也。曾博士曰：『先王建官分治，未嘗不以正名爲先。名既正矣，然後分職以聽於上，而事各有所係焉。自冢宰以至司空，則所正之名也。自掌邦治之至掌邦土，則所分之職也。自統百官以至時地利，則事各有所係也。』此説是也。然冢宰之職，雖其與六卿分掌有司之事，不若三公之專以教導天子爲務，然又不若司徒而下，但掌一事而已。蓋冢宰爲六卿之首，故凡有司之事，又冢宰總之也。觀其所正之名，則自司徒而下，各取一事而名之。曰司徒者，以其掌徒役之事也。林子和曰：『徒，衆也。衆則必有所從，故士從其所教謂之徒，卒從其所將謂之徒。司徒者，主教之官也。』曾博士曰：『有戎曰師，無戎曰徒。名教官以司徒，則以其所司之衆，無事於戎故也。』此説泥於教字以爲説，殊不知先王之名官，但取其所掌之一事，以爲之別耳。故教官而曰徒也，不必以徒有教義也。宗伯者，《楚語》觀射父曰：『使名姓之後，能知四時之生，犧牲之物，玉帛之類，採服之儀，彝器之重，次主之度，屏攝之位，壇場之所，上下之神，氏姓之出，而心率舊典者，以爲之宗。』以其爲名姓之後，故曰宗也。惟以名姓之後而曰宗，不可以謂之司宗，故曰宗伯，言其爲長也。司馬者，主戎馬之事也。司寇者，主寇賊也。司空者，唐孔氏曰：『《冬官》既亡，不知其本。《禮記·王制》記司空之事云：量地以制邑，度地以居民。』此所以謂之司空。《考工記》曰：『國有六職，百工居一焉。』鄭氏曰：『百工，司空事官之屬。司空掌營城郭，建都邑，立社稷宗廟，車服器械，監百工者。』以此觀之，則名曰司空者，亦其一事，若司徒然也。皆取其一事以爲之別，惟冢宰則名曰宰，不以一事目之也。冢者，鄭氏《周禮注》曰：『《爾雅》曰：冢，大也。冢宰，太宰也。』蓋冢宰、太宰，一也。其所分之職，則司徒掌邦教，宗伯掌邦禮，司馬掌邦政，司寇掌邦禁，司空掌邦土，而冢宰則掌邦治。自教至土皆一事，而治則兼教、禮、政、刑、土而言之，不以一事目之也。其所係之事，則掌邦教者敷五典、擾兆民，敷五典者，教也。掌邦禮者治神人、和上下，治神人者，禮也。以至政也，禁也，土也，皆然，無非係之以所主也。事至冢宰，則曰『統百官，均四海』而已，不以一事係之也。觀太宰雖同爲六卿，而其掌建邦之六典，則一曰治典，二曰教典，三曰禮典，四曰政典，五曰刑典，六曰事典，六典無不掌也。小宰雖同爲六卿之貳，而以其官府之六屬舉邦治，則一曰天官，二曰地官，三曰春官，四曰夏官，五曰秋官，六曰冬官，其屬各六十，無不統也。以官府之六職辨邦治，則一曰治職，二曰教職，三曰禮職，四曰政職，五曰刑職，六曰事職，無不主也。此其所以爲統百官、平邦國歟！蘇氏曰：『冢宰必三公兼之，餘卿或特命。』蓋冢宰雖不若三公之爲尊，然其要重如此，故必以三公兼之。觀周成王世，周公以太師兼之，周公沒，召公則以太保兼之。《春秋》書宰周公，亦是以公兼冢宰之任。惟其以無所不統故也。均四海者，先儒曰：『均平四海之內邦國。』是也。《周官》亦曰：『以佐王均邦國。』而王氏曰：『爲其以賦式理財爲職，故曰均。』夫九賦斂財賄，九式均節財用，此特其一事而已。若夫均四海，則所言者大，非指此也。王氏謂《周官》一書，理財居其半，故以理財爲冢宰之職。王氏置制置三司條例，議者皆譏其以天子之宰

相，而下行有司之事，此言蓋自爲地爾。敷五典，即舜之命契敬敷五教也。擾，安也。夫民逸居而無教，則近於禽獸，其能一朝居乎？故敷五典者，所以安之也。宗伯以吉禮事邦國之鬼神，示所以治神也。凶、賓、軍、嘉，所以治人也。和上下，則神祇無不安其位，而人無不當其分也。六師平居無事，則屬於司徒，爲六鄉。及其有事，則爲六師，司馬統之以戰，伐叛討罪，則邦國無有倔強之人，此所以平也。詰，治也。姦慝言詰，暴亂言刑，駁文也。居四民，若管仲制法，令士、農、工、商四民不雜之類是也。時地利者，使人順天時以脩地利也。司寇不言刑而言禁，司空不言事而言土，曾博士以爲言禁者，期於無刑，言土者，期於無爲，此蓋鑿也。刑即禁也。事謂百工之事，土即百工之事，變刑言禁，變事言土，而以爲有深義存於其間，皆求之之過。程氏曰：『古之時分職，主察天時，以正四時遂居其方之官，主其時之政。在堯謂之四岳，於周乃六卿之任，統天下之治者也。』蓋周之六卿本於羲和之四子，羲和四子分主四時之政，周之六卿則不然矣。然本自準四子而爲之，故以六卿之故，加天地二字，而曰天官、地官、春官、夏官、秋官、冬官也。蓋雖不主四時之政，而其名猶有唐虞之遺意。如諸家之説，必求其如是而爲天官，如是而爲地官，皆有義焉，余恐非古人之本意也。分職即上文是也。各率其屬者，六官之屬各六十，共三百六十。以倡九牧者，爲九州州牧之倡率。此亦唐虞州牧侯伯統於四岳之遺意。

宋・洪邁《容齋四筆》卷一《周三公不特置》 周成王董正治官，立大師、太傅、太保，茲惟三公，而云：『官不必備，惟其人。』以書傳考之，皆兼領六卿，未嘗特置也。周公既爲師，然猶位冢宰，《尚書》所載召公以太保領冢宰，芮伯爲司徒，彤伯爲宗伯，畢公以太師領司馬，衛侯爲司寇，毛公以太傅領司空是已。其所次第惟以六卿爲先後，而師傅之尊乃居太保下也。

宋・葉時《禮經會元》卷一上《兼官》 《周官》曰：『唐虞官百，夏商官倍。』考之《周禮》，六官之屬凡三百六十，是周官又倍於夏商也。按天官之屬六十有三，在官七十有九，春官七十有一，夏官七十，秋官六十有六，凡三百五十有二，冬官不預。小宰言三百六十者，舉大數也。不特此爾，天官自太宰、小宰、宰夫，至旅、下士，凡六十有三，此卿、大夫、士之數也。為府者六，為胥為史者皆有二，為徒者百有二十，凡百者五十人，此庶人在官之數也。地官、春官、秋官皆然。夏官掌兵，則史十六人，胥三十二人，徒二百二十人，通六官計之，已一千五百有二人。其餘六官之屬，除地官鄉遂山澤等官，及庶人在官者，只合大夫、士計之，以多少相準，一官不下四百人。合長貳而言，則六官幾三千人矣。成周官吏可謂繁冗，然卿、大夫士之職，分為六官之屬，安知其不為兼官耶？且以三公言之，《君奭》曰：『召公為保，周公為師。』則太傅不備矣。《顧命》曰：『乃同召太保奭。』則太師、太傅不備矣。又有公兼冢宰者，惟周公位冢宰是也。有公兼司寇者，太史司寇蘇公是也。太保率西方諸侯，畢公率東方諸侯，又以公兼二伯也。至如召太保奭、芮伯、彤伯、畢公、衛侯、毛公，此六卿之長也。而以三公、侯、伯領之。大而公卿，必相兼攝，則下而百司庶府，獨不可兼攝採？按《周禮》言二鄉則公一人，是三公兼鄉老也。一鄉則卿一人，是六卿兼大夫也。六軍將皆命卿，是六卿又兼六軍之將也。世婦每官卿二人，是六卿又兼六宮之職也。世婦謂每宮二人，則十有二人，其六卿之長貳乎？以此推之，如地官鄉遂之官，夏官司馬之屬，必皆六卿之屬兼之。六卿之屬，雖各有名，大抵多兼攝也。而況官屬有不可以專置者，地官如迹人、角人、羽人、掌炭、掌茶等職，只征一物，秋官如庶氏、冥氏、穴氏、哲蔟氏、赤友氏等官，只攻一事，豈無可兼者乎？有不可常置者，田詛則有甸祝、詛祝，祭祀軍旅、共仗禁暉，則有伊耆氏，啣枚氏，喪紀則有職喪、喪祝，夏採，豈無可攝者乎？若夫地官比閭、族黨、鄰里、都鄙等官，並無府史胥徒，可知其使民興賢，出使長之也。其他如春官大司樂、大胥、太師、太卜、太祝、太史，夏官太僕、小臣、祭僕、戎右、齊右、道右、大馭、戎僕、齊僕、馭夫，秋官廣行人、小行人、司徒等官，亦無府史胥徒，非上下相兼，則它官相攝也。惟夫相兼攝也，則官制雖倍於古，而其職不冗於古也。大抵官惟其人，雖公不備，官事不攝，夫子譏之，然則成周之官，雖無慮三千員，而實不過三百六十屬也。蓋古者天子建官，三公、九卿、二十七大夫、八十一元士。今按《周禮》，鄉老即三公，鄉大夫、軍將、世婦即六卿，則如六官三百六十屬，亦惟以此等大夫、士為之。雖六官所謂大夫、士之數如彼其多，其為兼攝可知矣。至於府史胥徒之在官者，天官有三千六百六十有六人，春官有二千二百四十有一人，夏官有三千二百六十有五人，秋官有二千六百五十有七人，地官無常數，冬官不可考，只以四官計之，已萬人矣。是皆使民興能，入使治之也。其徒則大司徒起徒役而為之與？考論周之官制，大而公卿長貳，次而大夫、士之屬，既有兼攝，則官何嫌於冗？下而

比閭族黨，小而府史胥徒之衆，又興於民，則數何嫌於多乎？ 蓋周人因事以道官，《周禮》因官以存名。居官而不兼其職，則官冗； 兼官而不存其名，則官廢。知《周禮》兼官之職，又知《周禮》存官之名，則可與言官制矣。

又《相權》 《周禮》冢宰以天名官，為一王之相，兼三公之尊，而位六卿之長。自其宰一職而言，曰太宰； 自其主宰百官而言，曰冢宰。冢，太之上也。其權豈不重乎？ 今觀太宰之職，首曰「佐王均邦國」，又曰「佐王治邦國」，則是太宰以佐王為職也。臣民之馭，必曰「詔王」，廢置之聽，必曰「詔王」，是太宰詔王，而不敢自專也。大事戒官曰「贊王命」，王眡治朝曰「贊王治」，是太宰贊王，而不敢自用也。夫宰相無所不統，則亦無所不親。今一則曰佐王，二則曰詔王，三則曰贊王，一政一事，每每聽命於天子，又焉用彼相哉？ 蓋太君猶宗子也，大臣猶家相也。孰非宗子之家事，家相必禀命於宗子而後行。孰非大君之邦法，大臣必禀命於大君而後行。是以權自上出，而廢置不敢干焉； 令由上出，而聽斷若無與焉。此古大臣所以無擅權之失也。然而權在一人，固宰相不得擅； 權在大臣，亦宰相不得辭。蓋人主之職，在論一相，宰相者，人主所與論道經邦，而進退百官者也。古人任相，待之以誠而不疑，畀之以權而不忌，宰相固聽命於一人，百官實禀命於一相，豈有元首叢脞，股肱自惰者哉？ 是故六典、八法、八則之治，則太宰所得以自行者也； 九職、九賦、九貢之入，則太宰所得以自裁者也。九式節財，不嫌其專制國用也； 九兩繫民，不嫌其貳得民心也。四方賓客之小治，聽之而不以為猜； 三歲誅賞之大計，行之而不以為僭。若是，則太宰皆得以自用其權也。不特此爾，小宰則以歲會贊冢宰，宰夫則以官刑詔冢宰，司會則以廢置詔冢宰，御史則以治令贊冢宰，會計、官刑、廢置、治令，一惟冢宰之是聽，則宰相之權，豈不重乎？ 故觀冢宰之詔王，贊王，則知宰相之權，不至於太重； 觀百官之詔冢宰、贊冢宰，則知宰相之權，不至於太輕。

元·熊朋來《熊先生經說》卷六《司徒教民樂正教國子》 司徒以五典教民，樂正以樂教國子。自《虞書》分命夔、契，《王制》《周禮》尚遵其法。《王制》以樂正列於冢宰、司徒、司馬、司寇、司空。爲司徒者，修六禮以節民性，明七教以興民德，齊八政以防淫，一道德以同俗。爲樂正者，崇四術，立四教，順先王詩、書、禮、樂以造士，王太子、王子，羣后之太子、卿大夫元士之適子、國之俊選皆造焉。司徒論選士之秀者升之學。以《王制》言之，則司徒所教之成材，僅得升於樂正教國子之學。《周禮》大司樂即樂正之官，掌成均之法。成者，如簫韶九成； 均者，如樂律十二均。蓋以樂取名。其僚屬有樂師、大小胥、大師、鐘師、磬師、笙師、籥師等官，皆以明樂爲國子師。惟師氏、保氏非專以樂官教國子，保氏教六藝，樂亦在其中矣。以《周禮》言之，則司徒，卿也，大司樂，中大夫也。或者殷周官制不同爾。

明·馬明衡《尚書疑義》卷四 司徒、司馬、司空、亞旅，此皆《周禮》未定時制，或猶仍其舊也。雖稱王以誓衆，而於此等制度，未必盡備，但《周官》六卿，周公所制，亦不知殷人之制何如。《甘誓》「乃召六卿」，孔註與蔡氏皆以為六鄉之卿，非各率其屬之六卿也。不知夏制亦六卿否。《洪範》八政，只有司空、司徒、司寇，則商時亦未必是周之制也。《周官》云：「唐虞稽古，建官惟百。夏商官倍，亦克用乂。」至周有三百六十，則周制與夏商不同多矣。孔氏以時已稱王，而有六師，亦應已置六卿，此特以司徒主徒庶，司馬主軍旅，司空主壁壘，蓋特呼治事之三卿耳。是亦未可知也。

明·何喬新《何文肅公文集》卷一九《成周設官繁瑣辯》 或曰：聖人治天下，亦惟本於道化，舉其綱，執其要，使鬼神各受其職，民物各安其所而已。周公之作《周禮》，自巫祝之屬，以至除毒蠱，攻蠹物、除貍蟲、去鼃黽、除水蟲，驅妖鳥，煩瑣一至於此，豈聖人之法耶？ 曰： 上古之世，草木榛匕，鹿豕狉匕，生民之害多矣。聖人與民同吉凶之患，凡興妖而害物者，皆在所去焉。獸蹄鳥跡交於中國，不可以不去也。蛟蜃魑魅出而侮人，不可以不除也。虎豹犀象爲民之害，不可以不毆也。神降於莘墟，蛇鬬於鄭門，鳥鳴於亳社，鬼哭於齊闕，在春秋戰國之時猶有之，況上古洪荒之世乎？ 故因事設官，以禜禱而毆除之，凡以爲民也。周公之法猶堯擒猰㺄而殺之也，禹驅龍蛇而放之也，益烈山澤而焚之也，孰謂非聖人之法乎？ 或曰： 除蠹物用莽草，除貍蟲用炭灰，除鼃黽用牡蘜，除水蟲用牡橭，古未有是法也。周公何從而知之？ 曰： 聖人達萬物之理，以爲除害之方。如作舟車以致遠，古未有也，伏羲氏始爲之。嘗百草以療疾，古未有也，神農氏始爲之。豈有所受耶？ 世儒不務窮理，不知古今之異宜，乃謂巫祝之官可删，硩蔟氏可删，壺涿氏可删，是以己之不知，而果於非聖人也。且儺以逐疫，不近於戲乎？ 然《周禮》載之，《魯論》記之，古今行之，未有以爲非者。而獨致疑此數官，何哉？

清・毛奇齡《古文尚書冤詞》卷六　羅喻義謂：太師、太傅、太保，非三公也。然則何官？曰：此太子三公也。賈誼《新書・保傅》篇曰：『昔者周成王幼在襁褓之中，召公爲太保，周公爲太傅，太公爲太師，此三公之職也。於是置三少，曰少保、少傅、少師，皆上大夫也，是與太子燕居者也。』其文甚明，但其次則以保爲首，豈有人主已長而須保者乎？蓋初本宮僚，後遂入銜，故殷有保衡，周有保奭。《書》曰：『在成湯時，則有若伊尹。在太甲時，則有若保衡。』一曰阿衡，阿猶保也。然則《傳》之『世胙太師』，《詩》之『尹氏』、『太師』，夫猶是矣。儒者聞有其官，不能徵其人，則曰官不必備。豈有具官而可不備？又豈有既具而曰無官者乎？

此名《周官》，但列周之在朝長官以立訓。而《周禮》一書，則就其官而推類而備載之。故亦名《周官》。第《周禮》六卿與《周官》同，而獨無公、孤，因有疑《周官》爲僞者。實則三公、三孤俱無所職掌。且不必備官，但以六卿兼爲之。如召公以太保領冢宰，畢公以太師領司馬，一如後世宰相兼六卿類。故《周禮》六官以前雖不列公、孤，而其名儼然。如《典命》『王之三公八命，其卿六命』，《朝士》『掌三公、孤卿、大夫之位』，是明有三公、三孤在六官上也。蓋公、孤之名其來已久。《記》曰：『虞、夏、商、周皆有師保、疑丞，設四輔，及三公。』且皆是天子之官。《王制》：『天子有三公、九卿。』《傳》曰：『古者天子有三公，每一公三卿佐之。』今乃謂太師，太傅，太保不是三公，夫不是三公則是何物？豈可食者乎？然且但見賈誼文，遂謂此是太子官，不是天子官；又但見《君奭》有『保衡』語，遂謂伊尹以保太甲，故稱保，不知賈誼此文全襲《文王世子》及《家語》。凡三王教世子，立太傅、少傅以養之。太傅在前，少傅在後。入則有保，出則有師，是以教喻而德成也。此言太子亦有此官爾。今乃以太子有此，而反謂天子無之，則《詩》云『尹氏太師，維周之氐』，不聞曰『維太子之氐也』；『四方是維，天子是毗』，不聞曰『太子是毗』也。《板》詩『價人惟藩，太師惟垣』，則以三公爲屏翰；《常武》『太師皇父，整我六師』，則以三公領戎旅：無非天子所有事。學究見白金，稱爲束修；乞兒見王糧，指爲此給孤之米。不知度支倉庾之所用，不止是也。即伊尹保衡，亦何嘗是太甲師保之稱？《商頌》：『實維阿衡，實左右商王。』商王，湯也。《國語》白公子張謂高宗『得傅説以來，升以爲公』，故《書》曰『惟説命正百官』，又曰『爰立作相』，是以冢宰兼三公也。然傅説不曾教太子。《微子》以箕子爲父師，比干爲少師，《史記》稱箕子、比干爲太師、少師。《家語》比干官則少師。然而箕子、比干，何曾作太子之官？《史記》『師尚父牽牲』在伐紂時。《大戴禮・武王踐祚》：『召師尚父而問焉。』是武王初有天下，即以太公爲太師。此時未能立太子官也，故召公爲太保，命作二伯，領西方諸侯。畢公繼周公爲太師，即命之治東郊，並與太子無涉。若謂官之次第以太保爲首，此但見賈誼文『保』在前爾。《文王世子》：『師也者，教之以事，而喻諸德者也。保也者，慎其身以輔翼之，而歸諸道者也。』《大戴禮》：『天子不論先聖王之德，太師之任也；不厚於德，不強於行，太傅之任也；進退無度，升降揖讓無容，太保之任也。』皆以太師、太傅、太保爲先後次第。即推而三孤亦然。即或有時太保在前，如《顧命》敍太保召公在太師畢公上；有時太傅在前，《文王世子》少傅奉太傅之教，而後以出入師保繼之。總是命服尊卑同在一等，而以當事爲先後，並非定例。至謂官不必備，爲儒者不能徵人之故，世必無有官不備之理，則吾不知其所謂徵人者何説。若以官不必備爲無理，則《文王世子》見云：『設四輔及三公，官不必備，惟其人，語使能也。』《漢表》引《記》曰：『三公無官，言有其人然後充之。』已少所見，而謂世必無腫背之馬，可乎？

又謂三公，即《立政》之常伯、常任、準人也。按《白虎通》有『司馬主兵』、『司徒主民』、『司空主土』之言，因知常伯即司徒、常任即司空、準人即司馬。所云三事者，三公也。古公、卿只一等。王臣公，公臣大夫，即不言卿。君一位，卿一位，即不言公。凡『三公』、『九卿』、『六卿』皆漢儒之言，古無是稱。且六卿是軍制，非國制也。《牧誓》司徒、司馬、司空只是三卿，即魯三家三卿。季孫司徒、叔孫司馬，孟孫司空。皆無冢宰、宗伯二名。即虞氏九官，禹，司空也；稷，司馬也；契，司徒也。亦無冢宰、宗伯。然則『冢宰』非官也，『宗伯』亦非官也。

《立政》諸官名多不可考，即常伯、常任、準人三官，舊儒紛紛，皆不足據。若以司徒、司馬、司空當之，則尤無理。《立政》分序羣官，原有司徒、司馬、司空三名別列文內，何可相混？舊有謂準人近於庶獄，而人即非之曰：如此，則常伯、常任當是庶言、庶慎乎？若以爲司馬，則攻者接踵矣。若公、卿異等，則《孟子》明有六等、五等之分。即《周禮》，亦有九服、九命之別。甚至《易通卦驗》亦曰：『君有五期，輔有三名。』以公、卿、大夫判作三等。

其或言公不言卿，言卿不言公，只是互詞。猶稱歲爲春秋，非無夏冬；稱曰爲朝，非無昏也。今謂『三公』、『九卿』、『六卿』皆漢儒之言，則凡《公羊》、《荀子》稱『天子三公』，《周禮·考工》稱『九卿之朝』、『九卿之治』，皆不出自漢注。即《王制》『天子命三公、九卿、元士皆入學』，《月令》『天子親帥三公、九卿以迎春於東郊』，並非東晉僞書也。況『大戰於甘，乃召六卿』，則天子六卿本出自今文。而又謂六卿亦只三官，且必爲軍旅所用，非在朝之官，則六卿並不限於三，只以六者之中其三者更切民用，則又另稱之，如《洪範》以『三，八政』特稱司徒、司空、司寇類。故《漢·公卿表》專以司馬主兵，司徒主民，司空主土爲天、地、人三名，而《白虎通》因之。此即東漢三公之所始。而至於軍旅，則亦以營壘尺籍三者頗重，與冢宰統邦治、宗伯專主禮儀者稍有不同。故兵制用人，又以三官立師中之長，而實則天子六軍，則六卿齊將之；諸侯三軍，則三卿齊將之。凡出師，命將皆用命卿。故公、穀注《春秋》，直以三軍爲三卿，二軍爲二卿，並以官名軍，可驗也。彼第知三官爲三事，而不知六卿之科有曰『嗟六事之人』，則六官矣。且六官並列，隨所取用。太皞五鳩，於六官之外有司寇而多司事；《洪範》八政，於三官之外增司寇而反去司馬；殷宋九卿，於六官、三官外又增左右師司城，而獨無司空。至若唐虞九官，則賈公彦謂：『天官爲稷，地官爲司徒，秋官爲士，此堯時事。至舜，則命伯夷爲秩宗，即春官也；垂爲共工，即冬官也。』又曰：『堯初天官爲稷，至試舜天官之任，謂之百揆，即冢宰也。』是『九卿』、『六卿』皆三代習用之官，其必非漢儒妄言而限於軍制，已可見矣。如謂稷是司馬，吾不知所據。如謂唐虞無冢宰、宗伯，則百揆、秩宗所掌何事？恐舍此二官，定無所屬。若謂『冢宰』非官，『宗伯』亦非官，則此二者是何物？豈可食者乎？

何謂『冢宰』非官也？一見於《詩》曰：『鞠哉庶正，疚哉冢宰。』『庶正』非官，知『冢宰』非官也。一見於《荀子》曰『本政教云云，冢宰之事也』，『論禮樂云云，辟公之事也』，『全道德云云，天王之事也』。『天王』、『辟公』非官，知『冢宰』非官也。《傳》曰：『百官總己以聽於冢宰。』謂國有大故，推首位一人主之，猶『冢子』、『冢婦』云爾。『冢』與『大』不同。『大』與『少』對，凡官多有之。『冢』與『介』對，一人而已。猶後世宰執之類，非有是官也。故曰『冢宰』非官也。若『宗伯』之名，見於《春秋》『夏父弗忌爲宗伯』，然只是宗人。如宗人釁夏獻其禮類，猶曰宗司云爾。故曰『宗伯』亦非官也。

如是，則可笑之甚！吾向以二者爲食物爾。今曰『宰執』，曰『宗司』，則猶是人也。《雲漢》詩『庶正』虚名，與『冢宰』對，猶曰虚名不對實銜。若下文『趣馬、師氏、膳夫、左右』，則實銜矣，猶曰實銜與『冢宰』非對文爾。若《十月》詩：『皇父卿士，番維司徒。家伯冢宰，仲允膳夫。聚子内史，蹶惟趣馬，楀惟師氏。』則『冢宰』直與『司徒』、『膳夫』、『内史』、『趣馬』、『師氏』五實銜對文矣。若謂『冢宰』與『辟公』、『天子』對文便不是官，則尤爲可笑。《孟子》天子與公卿、大夫、士皆對列作一位，辟公與卿，大夫、士亦皆對列作一位，豈公卿、大夫、士皆非官乎？『天子穆穆』、『諸侯皇皇』、『大夫濟濟』、『士蹌蹌』，『大夫』、『士』亦官也。然或曰『公』、『卿』、『大夫』、『士』仍虚名，若《顧命》『王麻冕黼裳，卿士、邦君麻冕蟻裳，太保、太史、太宗皆麻冕彤裳』，則『太保』、『太史』皆以實銜與『王』與『邦君』相對，此非今文乎？人苦不讀書，不自揣量《論語》與《書》皆有『百官總己以聽於冢宰』，《内則》有『后王命冢宰降德於衆兆民』，《王制》有『司會以歲之成質於天子，冢宰齋戒受質』，《周禮》有『乃立天官冢宰，使率其屬而掌邦治；乃立春官宗伯，使率其屬而掌邦禮』，則便不宜置喙。乃又謂『百官總己以聽冢宰』只是宰執，是宰相虚稱，則《王制》『冢宰制國用，量入爲出』，明明穀禄出入實有職掌，此非宰相事也？若謂『冢』不是大，則《爾雅》云：『冢，大也。』馬融曰：『冢宰，大宰也。』鄭氏謂『變冢言大者，以進退異名爾。』至謂『宗伯』只是宗人、宗司之稱，則《左傳》文二年『夏父弗忌爲宗伯』，而《國語》曰『夏父弗忌爲宗』。韋昭注：『宗者，宗伯也。』然當時別有宗官。司事之臣名宗司，故宗伯欲躋僖公，而宗有司爭之曰：『非昭穆也。』宗伯曰：『我爲宗伯，何常之有？』而宗有司又爭之。是宗伯與宗司明明兩人，作主、客。而以兩人爲一人，可乎？若哀公欲以嬖爲夫人，使宗人釁夏獻其禮，公曰：『汝爲宗司。』則此宗人即宗司，正宗官司事之臣。故《國語》師亥曰：『男女之饗不及宗臣，宗室之謀不過宗人。』正以宗臣是宗伯、宗人是宗司，故兩稱之。雖宗伯亦有時稱宗人，如《曾子問》『大宰、太宗裨冕』，又云『宰宗人從』。一若對言之，則大宰、大宗與宰夫、宗人高卑截然。若通言之，則大宰、大宗有時可兼稱宰與宗人，而宰夫、宗人無時得稱太宰與宗伯者。是以《康王之誥》

『上宗曰饗』是宗伯，『授宗人同』是宗司，分稱了了。乃欲以宗人、宗司妄當宗伯，固已不通。不讀《書》矣！且斷斷曰宗伯非官。將宗人、宗有司都非官耶？何也？

清・王引之《經義述聞》卷八　《掌次》『孤卿有邦事，則張莫設案』，鄭注曰：『孤，王之孤三人，副三公論道者。』引之謹案：《漢書・百官公卿表》曰：『大師、大傅、大保，是爲三公。又立三少爲之副，少師、少傅、少保，是爲孤卿。與六卿爲九焉。』是鄭注所本也。今案三少出《大戴禮記・保傅篇》。《保傅篇》曰：『於是爲置三少，皆上大夫也。曰少保、少傅、少師。是與大子宴者也。』未嘗以爲《周禮》之孤。《周禮》言三公者，皆箸其數曰三。若孤實有三人，則亦當箸其數曰三孤矣。乃通考全經，言孤者凡二十有一，《掌次》：『孤卿有邦事，則張幕設案。』又曰：『凡喪，王則張簾三重，諸侯再重，孤卿大夫不重。』《春官・大宗伯》：『孤執皮帛。』《典命》：『公之孤四命。』《司服》『孤之服，自希冕而下，如子、男之服；卿大夫之服，自元冕而下，如孤之服。』《内史》：『凡命諸侯及孤卿大夫，則策命之。』《巾車》：『孤乘夏篆。』《司常》：『孤卿建旜。』《夏官・射人》：『掌國之三公孤、卿、大夫之位，東面其摯，孤執皮帛。』又曰：『孤、卿、大夫以三耦射，一侯。』又曰：『祭祀，則相孤、卿、大夫之灋儀。』《司士》：『正朝儀之位，孤東面北上，孤卿特揖。』《大僕》：『掌三公孤卿之弔勞。』又曰：『王不眡朝，則辭於三公及孤卿。』《小臣》：『掌三公及孤卿之復逆。』《弁師》：『諸侯及孤、卿、大夫之冕，各以其等爲之。』《秋官・朝士》：『掌建邦外朝之灋，左九棘，孤、卿、大夫位焉。』皆但謂之孤，無言三孤者。則孤之數必非三人，未可以《保傅篇》之三少當之也。且六卿之外，若又有孤三人，則其數九，經當總謂之九卿矣。及考全經，六官之長皆卿一人，《春官・敘官》：『世婦每宮卿二人。』疏曰：『賈馬皆云：奄卿也。不在六卿之列。』其他言六卿者凡四，《宰夫》：『掌治朝之灋，以正王及三公、六卿、大夫、羣吏之位。』《春官・司服》：『王爲三公、六卿錫衰。』《秋官・卿士》三公若有邦：『事，則爲之前驅而辟。』又曰：『若欲免之，則王令三公會其期。』《縣士》：『若欲免之，則王令六卿會其期。』絕無言九卿者。則卿之數實止六人，豈當有孤三人合而爲九者乎？《地官・敘官》：『鄉老，二鄉則公一人。鄉大夫，每鄉卿一人。』此六卿兼鄉大夫也。與《夏官・敘官》『軍將皆命卿』正合。賈公彥《周禮廢興》引賈逵云：『六鄉大夫，則冢宰以王。』是也。疏謂非六官典兼卿大夫，失之。六鄉，則三公六卿矣。若六卿之外，又有孤三人，則當有所主之鄉，何以《敘官》但言三公六卿掌六鄉，而不及三孤乎？尋檢前後經文，孤之爲官，蓋即在六卿之內，而非別有三人。故經但言六卿，而無九卿之文。六卿分掌六鄉，孤已在其中矣。故不別言孤所主之鄉也。再以《幕人》、《典命》、《掌客》考之，《幕人》『三公及卿大夫之喪，共其帟』。《典命》『王之三公八命，其卿六命』，《掌客》『從者，三公眡上公之禮，卿眡侯伯之禮』，皆言三公而不言孤，孤已在卿之內故也。經凡以孤、卿竝言者，皆不箸鄉之人數，見上注。以卿與三公對言，則曰六卿而不言孤，見上注。豈非以孤在六卿之內，則不得於孤之外更數六卿，亦不得於六卿之外更言孤乎？蓋六卿中有秉國政者，其位獨尊，故謂之孤。孤者，獨也。譬之大國之卿，晉士會受黻冕之命而將中軍，宣十六年《左傳》。宋樂喜爲司城以爲政，襄九年《傳》。位在六卿之列，而又獨尊也。《逸周書・大匡篇》『王乃召冢卿、三老、三吏、大夫、百執事之人，朝於大庭』，孔晁注曰：『冢卿，孤卿。』蓋冢，大也。見《爾雅》。六卿之中孤爲大，故曰冢卿也。《穆天子傳》『百辟冢卿』，冢卿亦孤也。郭注以爲冢宰，失之。昭四年《左傳》：『叔孫卒，杜洩將以路葬，南遺謂季孫曰：「冢卿無路，介卿以葬，不亦左乎？」』杜注曰：『冢卿，謂季孫。介，次也。』則季孫爲冢卿，孟孫叔孫爲介卿可知。季孫秉國政，故謂之冢卿也。其位在六卿之首，其數則一人而已，不得有三也。《保傅篇》之三少，與孤何涉乎？自班氏作表，誤以三少爲孤，而康成沿襲之，於是東晉《古文尚書》竊其說以入《周官》曰：『少師、少傅、少保，曰三孤。』而孤之爲官，遂失其本義矣。又案以《周禮》之孤爲三人，其誤始於新莽。《漢書・王莽傳》曰：『置大司馬司允、大司徒司直、大司空司若，位皆孤卿。更名大司農曰義和，大理曰作士，大常曰秩宗，大鴻臚曰典樂，少府曰共工，水衡都尉曰予虞，與三公司卿凡九卿，分屬三公。』蓋莽建立《周禮》見《經典釋文敘録》。見《周禮》屢言三公孤卿，則妄以孤爲三公之佐，而置三公司卿以放效之。至班氏作表，又以大師、大傅、大保爲三公，而少師、少傅、少保爲孤卿。官名雖異，而以孤爲三人，分屬三公，則沿新莽之誤。學者詳考經文以正其失可也。

又　卷二〇　『天子大採朝日，與三公九卿祖識地德，日中考政，與百官之政事，師尹維旅牧相，宣序民事』，韋注曰：『三君云師、尹、大夫官也。維，陳也。旅，衆士也。牧，州牧也。相，國相也。皆百官政事之所及也。』引之謹案：政事之政讀曰正。《爾雅》曰：『正，長也。』《說文》曰：『事，職也。』曰『官之政事』，謂百官府之爲長官，及任羣職者，猶《酒誥》言

『有正有事』，《立政》言『立政立事』也。說見《尚書》『凡厥正人』下。《周官·宰夫職》曰：『掌百官府之徵令，辨其八職。一曰正，掌官灋以治要；二曰師，掌官成以治凡；三曰司，掌官灋以治目；四曰旅，掌官常以治數。』『一曰正』即此所謂百官之政事也，『二曰師』即此所謂師尹也，『四曰旅』即此所謂旅也。襄二十五年《左傳》『百官之正長師旅』，成十八年《傳》『師不陵正，旅不偪師』，正所謂『百官之政事，師尹維旅』也。上文三公、九卿，官之大者也。此政事、師尹、旅、放、相，則大夫、士也，官之小者也。牧、相亦官名，說見下。故皆曰典。下文又言『與大史、司載糾虔天刑』，是所與者，非大臣即羣臣也。若謂百官所行之政事，則日中考政所考者，即百官所行之政事，何又言『與百官之政事』乎？《列女傳》載此文，『師尹』上有『使』字，則後人不解古訓而妄增之也。《中論·譴交篇》引此無『使』字。又案：上文之三公九卿，下文之大史司載，與此百官之政事，師尹維旅牧相，皆都內之公、卿、大夫、士，不得以爲州牧國相也。《齊語》『正之政聽屬，牧政聽縣，下政聽鄉』，韋彼注曰：『牧，五屬大夫也。』是大夫有稱牧者。《周語》『牧協職』，司民協孤終，司商協名姓，司徒協旅，司寇協姦，牧協職，工協革，場協入，廩協出。亦謂牧大夫任民以職事者。韋彼注以爲牧人，亦非也。相者，《淮南·時則篇》『五月官相』，正月官司空，二月官倉，三月官鄉，四月官田，五月官相，六月官少內，七月官庫，八月官尉，九月官候，十月官司馬，十一月官都尉，十二月官獄。高注曰：『是月陽氣長養，故官相。相，佐也。』《月令》『孟春，命相布德和令』，蓋即此官。鄭注以相爲三公，亦非也。《月令》稱三公者，前後凡八見，不得於此改稱相。『維旅牧相』者。維猶及也。『維』與『惟』通。《禹貢》曰：『齒革羽旄惟木。』《酒誥》曰：『百僚庶尹惟亞，惟服宗工。』《多方》曰：『告爾四國多方，惟爾殷侯，尹民惟字。』竝與『及』同義。言天子日中考政，與百官之政事，師尹及旅牧相宣序民事也。注訓維爲陳，亦失之。

清·黃以周《禮書通故》第三四《職官禮通故一》 《書》僞傳云：『常伯，常任，謂三公九卿。準人平法，謂士官。綴衣，掌衣服。虎賁，以武力事王。皆左右近臣。』王鳴盛云：『《文選》劉越石答盧諶詩注引揚雄《侍中箴》云「光光常伯」，又《耤田賦》注引應劭《漢官儀》云：「侍中，周成王常伯任侍中，殿下稱制。」然則常伯即漢侍中，與僞孔三公之說絕異。《古文苑》卷十六胡廣《侍中箴》云：「亦惟先正，克慎左右。常伯常任，實爲政首。」據此，則并常任亦爲侍中之職。《說文·支部》云：「攱，迮也。從支白聲。《周書》曰：常伯常任。」迮爲迫近之義，正與經左右合。蔡邕《石經》同。綴衣亦作贅衣，古通。』江聲云：『常攱、常任、準人，即夏商之三宅、文武之三事也。下文稱夏臣告其君曰「宅乃事，宅乃牧，宅乃準」，又稱湯「用三有宅克即宅」，是夏商官制皆有三宅。又稱文武立政，以「任人、準夫、牧作三事」。相爲比況，則準夫即宅乃準，牧即宅乃牧，而任人爲宅乃事亦可知。此文準人，即文武時之準夫，夏之宅乃準也。常任則文武之任人，其在夏則爲宅乃事矣。以此推之，則常攱即所謂牧。鄭注《王制》云「殷之州長曰伯，虞夏及周曰牧」，則牧伯同職也，而攱伯則同字。』以周案：常伯即下牧夫，常任即下任人，準人即下準夫。江氏推比經義甚當，其說本於蘇氏。但此總言官有此三等，而非實職，故下曰「作三事」。牧夫以作長民之官，任人以作任事之官，準夫以作平法之官。夏曰「宅乃事，宅乃牧，宅乃準」，湯曰「三有宅」，文武曰「作三事」，明三代之興王皆有此三等官也。夏商五官與周六官皆分作三等，如司徒掌教，宗伯掌禮，皆牧民之官，所謂牧是也。司馬掌政，司寇掌刑，皆準法之官。所謂準人是也。冢宰之屬主王飲食起居之事，司空之屬主國宮室溝洫之事，皆爲任事之官，所謂任人是也。分之爲六官，合之爲三事，故天子立六卿爲備官，諸侯立三卿亦稱具官，爲六官實三事也。古人統舉六官之屬，多賅之曰三事。《詩·十月之交》曰『擇三有事』，《雨無正》曰『三事大夫』，《常武》曰『三事就緒』，並是統舉六官之屬。春秋時謂之三吏。成二年注。《說文》事字從吏，古音義近。

文王武王『立政：任人、準夫、牧作三事，虎賁、綴衣、趣馬、小尹、左右携僕，百司庶府，大都、小伯、藝人、表臣百司，大史、尹伯，庶常吉士，司徒、司馬，司空，亞旅』。僞傳云：『文武法禹湯以立政，常任、準人及牧治爲天地人三事。虎賁、綴衣、趣馬三者雖小官長，必擇人；左右携持器物之僕及百官有司主券契藏吏，亦皆擇人。小臣猶擇人，況大都邑之小長，以道藝爲表幹之臣及百官有司之職，可以非其任乎。大史下大夫，掌邦六典之貳，尹伯長官大夫及衆掌常事之善士，皆得其人。此有三卿及次卿衆大夫，則是文武未伐紂。特舉文武之初以爲法則。』以周案：此文武爲諸侯時之官制也。《立政》首曰『常伯、常任、準人，綴衣、虎賁』，上舉三事之大夫，下及綴衣、虎賁之微臣，統辭也。此言文武之立政，曰『任人、準夫、牧作三事』，亦統舉之

辭。下又別言『虎賁、綴衣』、至『司徒、司馬、司空、亞旅』，明諸臣皆有三事之責也。文武爲諸侯時，國立司徒、司馬、司空三卿，《牧誓篇》同。司徒爲牧民之長官。司馬爲準夫之長官，司空爲任人之長官。虎賁、綴衣、趣馬、小尹、左右攜僕，蓋司馬之屬。百司庶府，總言司馬之屬官也。《周禮》司馬政官之屬，有虎賁、趣馬、大僕、小臣、祭僕、御僕、隸僕、弁師等官。綴衣蓋即弁師之類，孔疏『綴衣，大僕也』。小尹蓋即小臣，孔疏『馬一匹，圉師一人，是趣馬之下小官也』。左右攜僕即大僕之屬，孔疏以爲寺人、內小臣等，未是。大都、小伯、藝人，蓋司空之屬。表臣百司，總言司空之屬官也。司空掌邦事，度地居民，故有大都、小伯諸官。小伯即小都。藝人謂執藝之人，如《考工記》輪人諸職。或曰藝，古樹藝字，藝人即嗇夫，覲禮注云『嗇夫，司空之屬』。謂之表臣者，古之疆里各有表識也。上下兩言百司，皆屬總結之辭。大史、尹伯，蓋司徒之屬。庶常吉士，亦總言司徒之屬官也。殷制。大史屬天官大宰。諸侯三卿，以司徒兼大宰，故大史爲司徒之屬。尹伯蓋即其屬大夫。庶常吉士，庶之言衆，亦總結之辭。常之言典，謂典司也。庶常猶上文云百司、常伯、常任，義亦訓典，蓋殷有此官名也。司徒主教，故以吉士屬之。司徒、司馬、司空爲三卿，《酒誥》亦謂之農夫、圻父、宏父。亞旅次於卿。爲五大夫，《梓材》亦謂之尹旅。三卿五大夫於末總結之，與上『作三事』總舉相應。周制，諸侯立三卿五大夫，即本文武之立政。天子立六官，亦即本文武作三事而兩之，故周公戒成王以此。此下亦屢以立事、牧夫、準人統舉，而主重尤在牧夫、準人，牧夫爲教禮兩官，準人爲政刑兩官。全篇大義如此。

僞孔傳云：『伯相，邦伯爲相，則召公。』王肅云：『召公爲二伯相王室，故曰伯相。』孔穎達云：『非國相不得大命諸侯，故改言伯相。』劉逢祿云：『伯，長也。伯相即大僕正、射人師。』俞樾云：『經止言命士須材，非大命諸侯也。且事之大，孰如迎太子，經止稱大保；命士須材，乃以伯相爲尊，失輕重之辨矣。凡言相者，皆非官名。此相即上文相被冕服之相，鄭彼注云：「相者，正王服位之臣，謂大僕。」然則此相亦大僕也。伯者，《立政》所謂常伯也。《漢官儀》「侍中，周成王常伯任侍中，殿下稱制」，《漢百官表》「侍中得入禁中」，故士須材，伯與相二官並命之，一則出入禁中，於事爲便；一則正王服位，本其專職。』以周案：相取贊相之義。相國稱相，相家亦稱相，相禮亦稱相。諸言相者，皆宜視文立訓，初無定職。上文『相被冕服』，鄭注以事推之，以爲大僕，其職掌正王之服位，出入王之大命。茲言『伯相命士須材』，材謂椁及明器，非大僕之職掌也。伯，長也，上也。伯相，其大宗伯所謂上相者與？古者喪必有相，《太宗伯》云『朝覲會同則爲上相，大喪亦如之』，是王之大喪以大宗伯爲上相之證也。須材之須，江艮庭讀爲頒，引《檀弓》『既殯，旬而布材與明器』以證。竊謂《檀弓》之布材，即《士喪禮》之井椁，此材以椁言。《禮》云『獻材於殯門外，主人徧視之，如哭椁』，此材以明器言。《書》之『須材』該指椁與明器，孔疏所言是。凡視材、哭材，皆主人親之，王則使小宗伯代之。《小宗伯》云『王崩，及執事眡葬獻器，遂哭之』，是則小宗伯亦相者也。所命之士，亦即《小宗伯》所謂執事也。《小宗伯》亦爲大喪之相，故大宗伯謂之上相，亦謂之伯相。下文『大宗』，亦大宗伯。小宗伯之上者又與大宗伯同稱『上宗』，爲與諸臣並行吉事，故稱其官。此越七日癸酉，爲既殯之明月，欲別其相喪之專名，特曰伯相，所謂變文以見義也。

鄭衆云：『冢宰，大宰也，於百官之職無所不主。』鄭玄云：『冢宰，總御衆官，使不失職。不言司者，不主一官之事也。變冢言大者，百官總焉謂之冢，列職於王則稱大。冢，大之上也。』以周案：周之冢宰即唐虞之百揆也。上古之世惟立一相，《管子》云『黃帝得六相』，《左傳》云『舜舉十六相』，皆取輔相之義，非謂宰相也。《左傳》云『仲虺爲湯左相』，與『慶封爲左相』義同，謂輔相也。古輔佐字作左。自《孟子》趙注因仲虺左相之文，疑伊尹爲右相，《晉志》遂云『成湯居亳，初置二相，以伊尹、仲虺爲之』，非也。周之天官曰大宰，卿一人，六命，其八命爲公，總理百官者，謂之冢宰，冢宰一人，則舊說周有三相、二相者亦非矣。《公羊傳》曰：『天子三公者何？天子之相也。天子之相何以三？自陝而東，周公主之；自陝而西，召公主之；一相處乎內。』申其說者，或謂三公皆宰相，但不必備爾。或又謂周止以二伯爲相，一相處乎內，如周召分陝之時，周公處乎內而召公處乎外，所謂召伯之教明於南國者是；成王之時，召公處乎內而周公處乎外，所謂周公初於新邑洛者是。王氏《玉海》云：『召公、畢公並爲二伯，以相康王，時召公爲冢宰，畢公爲司馬，曷嘗不並立於王朝乎。至康王十二年，命畢公保釐東郊，於是畢公處乎外，而代周公爲東伯，則亦久矣。』王說是也。竊謂周之三公，虛爵也；三伯，兼官也。其宰相號曰冢宰。必大宰之職兼二伯而位

在諸公上者也。其單曰二伯，曰三公，曰大宰，未必皆是宰相。何以言之？三公八命，見《典命職》；二伯九命，見《大宗伯職》；大宰卿六命，亦見《典命職》。成王之末，召、畢、毛皆稱公，是三公也。召公主西方諸侯，畢公主東方諸侯，是二伯也。而《顧命》之召大保奭爲冢宰，而畢公位在芮伯、彤伯之下，毛公又居衛侯之下，皆非宰相，則三公非宰相之名，二伯亦非宰相之職也。三公二伯爲六卿之兼官，而六卿以天官爲長。故冢宰屬諸天官。然天官之屬，大宰卿一人，六命，而冢宰八命，則冢宰與大宰有別矣。大宰爲冢宰之兼官，而非即冢宰。諸侯三卿，立司徒兼大宰之事，可謂之宰，不可稱大宰，更不可稱冢宰。《聘禮》「宰命司馬」，《大射儀》「宰戒百官」，鄭注曰：「宰，上卿貳君事者。」《左傳》稱蔿敖爲宰，《國語》言鮑叔爲宰之類。皆正稱；其曰「武請於冢宰」，「翬求大宰」，皆僭也。春秋之世，以大宰、冢宰爲上卿執政者之號。武請於冢宰，請於上卿之執政者也。翬爲魯卿而非執政，「將以求大宰」，求以上卿執國政也。凡執政不必皆上卿，齊任管夷吾，魯任叔孫婼，皆位卑而執政。時國、高、季孫，位雖尊而權反下，並不得稱大宰。惟以上卿執國政，以是號之，此春秋之禮也。若宋之大宰向帶卑於六卿，鄭之大宰石㚟爲良霄之介，楚之大宰子商、大宰伯州犂班在令尹下，尤爲侯國變亂之制。

《白虎通義》云：「冢宰，冢者大也。故《王度記》曰：『天子冢宰一人，爵禄如天子之大夫』。或曰冢宰視卿，《周官》所云也。」以周案：《王度記》之「冢宰」，字當作「大宰」，其爵如天子之大夫，蓋據殷制言也。《曲禮篇》「天子建天官，先六大」，大宰之爵與大史、大祝同職，是大夫也。《周官》則太宰視卿。

鄭衆說，冢宰，大宰也。《詩》曰「家伯維宰」，謂冢宰，掌建邦之六典。王肅等說，「家伯維宰」謂小宰，若冢宰不當在司徒下。以周案：《詩》「家伯維宰」謂大宰，其文在司徒下者，便文以葉韻。《雲漢》冢宰亦在庶正下。此《詩》內史中大夫在膳夫上士之下，師氏中大夫在趣馬下士之下，皆同。王肅之說，非也。然鄭以爲即冢宰，亦未盡是。冢宰與大宰有別，冢宰爲執政，大宰爲庶職。時執政者皇父，故曰卿士，家伯特主天官之職而已。《漢書·古今人表》作「大宰家伯」，最是。

鄭玄云：「《公食禮》『宰東夾北，西面北上』，宰，宰夫之屬也。『宰右執鐙，左執蓋』。宰謂大宰，宰夫之長也。」胡匡衷云：「經云大夫立於東夾南，宰東夾北。諸侯之大宰是上大夫，何以不位於東夾南而位於東夾北？據下云『內官之士在宰東北』，則宰明內宰可知。」以周案：天子有大宰，有小宰，有宰夫，有內宰。凡單稱宰者，皆大宰也。諸侯無大宰，有小宰，而宰夫、內宰屬焉。《禮經》之稱宰者有四：《覲禮》之宰爲冢宰，《大射》、《聘禮》之宰爲司徒，《公食禮》之宰爲小宰，《士冠》、《士昏禮》之宰爲家宰。凡曰宰，皆稱其長。

《書·洪範》卿士、師尹。孔穎達云：「師。衆。尹，正。衆正官之吏，謂卿士之下有正官大夫，與其同類之官爲長。《詩》『赫赫師尹』，乃謂三公之官。此亦是衆官之長，故名同。」以周案：據《詩》毛傳鄭箋「赫赫師尹」之尹乃姓氏，非官名。此云師尹，謂司徒、司馬諸官，卿士則謂冢宰也。冢宰，唐虞謂之百揆，殷謂之卿士。《商頌》云「降予卿士，實維阿衡」，謂冢宰也。冢宰不必出天官，故其後天官亦列庶職。而別有執政。亦曰卿士，故《詩·十月之交》曰「皇父卿士」，在「番維司徒」之上，《常武》曰「王命卿士」，在「大師皇父」之前。孔氏此疏未是。《詩》鄭箋云「皇父兼擅羣職，故但目以卿士」，亦未得。

江永云：「周初官制，冢宰總百官。後來改制，總百官者謂之卿士。而宰爲庶職，故『皇父卿士』最尊，在司徒與宰之上。平王時，鄭桓公、武公雖爲司徒，而實爲卿士。後以虢公忌父爲之，則宰咺、宰渠伯糾、宰周公、宰孔皆非周初之冢宰也。說《春秋》者猶以冢宰言之，疏矣。」以周案：冢宰與大宰本別，總百官曰冢宰，主天官曰大宰。鄭注《序官》云：「百官總焉謂之冢，列職於王則稱大。冢。大之上也。」分別甚明。周初冢宰，以大宰主天官者爲之。故《周官》於《大宰職》曰冢宰。其後爲冢宰者不必天官。如鄭桓公、武公以司徒位冢宰，故當時又改從殷制，稱之曰卿士。其大宰退爲庶職，故亦不稱大，而但曰宰，《詩》之「家伯維宰」，《春秋》之宰孔、宰周公，皆大宰也。然宰雖列庶職，爵猶視卿。《白虎通》引《王度記》云「如天子之大夫」，非周制。

《書》僞傳云：「亞旅，亞，次；旅，衆也。衆大夫，其位次卿。」杜預云：「宋華耦請承於亞旅，上大夫也。」一說亞者，卿之貳，大夫是也；旅者，卿之屬，士是也。以周案：成二年，魯賜晉三帥三命之服，亞旅皆一命

之服。三師，上大夫卿，亞旅爲衆大夫。

《書·康誥》『矧惟外庶子、訓人，惟厥正人，越小臣諸節』。鄭玄云：『訓人謂師長。』僞傳云：『在外掌衆子之官主訓民者，惟其正官之人，於小臣諸有符節之吏。』以周案：庶子即諸子，掌國子之倅。訓人當依鄭注訓爲師長，《大宰》所謂師以賢得民是也。正人者，庶士之長也。《酒誥》曰『庶士有正』，《釋詁》曰：『正，長也。』其副謂之少正，《酒誥》曰：『庶邦庶士，越少正御事』。鄭有少正公孫僑，魯有少正卯，即此官也。庶士之正如師氏，少正其保氏與？庶子、訓人、正人皆有教人之責，經文『外』字統此庶子、訓人、正人三官言，對下『小臣』之左右君所者是內，故謂之外。正人所以亦稱外正。下文曰『越厥小臣外正』，即承此『惟厥正人，越小臣諸節』爲文，非別一官也。小臣爲大僕之屬，其職曰『掌王之小命』。凡傳命皆有節，馬注《泰誓》云：『諸節，諸受符節有司也。』彼爲軍中之節，此爲官中之節，故別曰『小臣諸節』，明此諸節非在外之傳命者也。舊解多謬。

《異義》云：『今《尚書》夏侯、歐陽說，天子三公，一曰司徒，二曰司馬，三曰司空。九卿，二十七大夫，八十一元士，凡百二十。在天爲星辰，在地爲山川。古《周禮》說，天子立三公，曰大師、大傅、大保，無官屬，與王同職，故曰「坐而論道謂之王公」。又立三少以爲之副，曰少師、少傅、少保，是謂三孤。冢宰、司徒、宗伯、司馬、司寇、司空，是謂六卿。之屬大夫、士、庶人在官者，凡萬二千。謹案：周公爲傅，召公爲保，大公爲師，無爲司徒、司空文，知師、保、傅三公官名也。五帝三王不同物，此周之制也。』以周案：許意古說爲周制，今說爲前代制也。但三公爲六卿兼官，非實職，師保傅又爲三公兼職，亦非其官名。故鄭注《地官·保氏》云：『《書序》「周公爲師，召公爲保，相成王爲左右」，聖賢兼此官也。』賈疏云：『鄭意謂三公之號無師保之名，兼此二官得師保之稱。《鄭志》趙商問：「成王《周官》「立大師、大傅、大保。兹惟三公」，則三公自有師保之名，何也？」鄭答曰：「周公左，召公右，兼師保，初時然矣。」』《禮注》、《鄭志》義皆精覈。知此，則宋儒之毀《周官》者謂『周公方條治事之官，未及師保，尚非成書』，其亦可以息喙矣。

清·江永《群經補義》卷二《春秋補義》 周初官制，冢宰總百官。後來改制，總百官者謂之卿士，而宰爲庶職，故皇父卿士最尊，在司徒與宰之上。《詩》本作『家伯維宰』，今《詩》誤作『冢宰』。平王時，鄭桓公、武公雖爲司徒，而實爲卿士，後以虢公忌父爲之。則宰咺、宰渠伯糾、宰周公、宰孔，皆非周初之冢宰也。説《春秋》者，猶以冢宰言之，疎矣。卿士秉政，殷時已然，故卿士惟月，在師尹之上。周之官制，後改從殷制也。

清·劉逢禄《書序述聞》 『立政：任人、準夫、牧作三事』者，古者官制，若六卿，若師保，若四輔，若牧伯，有專職者，有兼官者。三事大夫在王左右者，常數十人，不皆專職。傳以常任、準人、牧，治天地人三事，即《漢書》引司馬主天，司空主土，司徒主人之説，非周初官制也。曰『虎賁、綴衣、趣馬小尹、左右攜僕百司』者，虎賁掌宿衛，綴衣掌衣服，趣馬掌玉馬，各數百人，立小正以統之，若今領侍衛內大臣、內務府總管是也。左右攜僕百司者，如僕人師、射人師之屬，其屬亦百司也。曰『庶府、大都小伯、藝人表臣百司』者，庶府《周官》有九府，主貨財，鄭注：『大都在畺地，爲公及王子弟所食採邑。』立小伯以統之。藝人表臣百司者，古者工執藝事以諫，若今科道，亦百司也。曰『太史尹伯、庶常吉士』者，《周官》太史副貳太宰，尹伯對上小尹、小伯言之。董子以周、召、太公與史佚列四輔，則太史非下大夫。尹伯者，若今翰林院掌院學士，教習庶吉士者也。庶常吉士謂九德之士，總上三事以下言之。傳疏據《周官》，以趣馬爲下士，左右攜僕謂寺人、內小臣等。百司庶府謂百官有司之下，主券契府藏之吏，其下賤人，非百官有司之身。庶常吉士謂衆掌常事之善士，爲長官者，不爲長官，則百司也。皆非也。曰『司徒、司馬、司空、亞、旅』者，此侯國官制。司徒、司馬、司空，三卿也。亞下大夫也。旅，上士、中士、下士也。《周官》太宰施典於邦國，所謂設其參，傅其伍，陳其殷，置其輔是也。曰『夷、微、盧烝』者，夷、微、盧皆從武王伐紂之國。烝，君也。立之君而不爲官制，從其欲，《春秋》治夷狄無大夫之義也。曰『三亳阪尹』者，鄭云：『三亳，湯舊都之民，服文王者，分爲三邑。其長居險，故曰阪尹。蓋東成皋、南轘轅、西降谷。』云云。此泥『阪』字而爲之説，言蓋疑辭。皇甫謐以蒙爲北亳，穀熟爲南亳，偃師爲西亳，《後案》駮之，當矣。經意蓋以前代舊都，亦不以封諸侯，阪則九州之險，《王制》所謂名山大澤不以封諸侯者，皆立尹以統之。漢制郡國褋治，本此。《史記》序《立政》，在《周官》後，則此乃周公相成王時所定制。鄭以爲文王時，涉下文而誤也。曰『庶言、庶獄、庶慎』者，庶言，毀譽之言，出納之責，在準人。庶獄，訟獄之事，輕重之科，在司寇。庶慎，財賦之則，出入之總，在司會。有

司，百司也。牧夫，其長也。牧夫職其要以達於王，其言是者則順之，其言非者用違之，言文王務持大體，不以苛察爲明也。庶獄、庶慎言「罔敢知」，而不及庶言，聽言者人君之事，惟獄訟財賦，事有專職，陳平爲漢相，亦言有主者不敢兼也。末曰「太史司寇蘇公式敬爾由獄，以長我王國，兹式有慎，以列用中罰」者，「列」古「例」字。《禮·服問》「上附下附，列也」，鄭注：「等比也。」言蘇公能矜慎用獄，以永延國祚，兹用其條列，著爲中典，刑平國用之。若世輕世重則上附下附可也。戒後人無造獄至暴。秦用商鞅，法令如牛毛，不旋踵而亡。敬慎之訓，勿誤之戒，非保邦永祚之大本與？

清·皮錫瑞《駁五經異義疏證》卷二 《異義》，今《尚書》夏侯、歐陽説，天子三公，一曰司徒，二曰司馬，三曰司空。九卿二十七大夫、八十一元士，凡百二十。在天爲星辰，在地爲山川。古《周禮》説，天子立三公，曰太師、太傅、太保，無官屬，與王同職，故曰坐而論道，謂之三公。又立三少以爲之副，曰少師、少傅、少保，是爲三孤。冢宰、司徒、宗伯、司馬、司寇、司空，是爲六卿之屬。大夫，士，庶人在官者，凡萬二千。《北堂書鈔》五十。堯年案曰：一本「凡百二十」下無「在天爲星辰」十字。「凡萬二千」下衍「名」字。

謹案：周公爲傅，召公爲保，太公爲師，無爲司徒、司空文，知師、保、傅，三公官名也。五帝三王不同物，此周之制也。同上。堯年案曰：《大戴禮·保傅篇》云：「昔者周成王幼在繈褓之中，召公爲太保，周公爲太傅，太公爲太師。保保其身體，傅傅其德義，師導之教訓。此三公之職也。」盧注云：「今《尚書》説，三公，司馬、司徒、司空也。《古文尚書》及《周禮》説與此同。」盧氏此注，當本《異義》。《異義》引《古周禮》以辨今《尚書》之誤，其謹案蓋即用古《尚書》説，知此條亦説《書》，非説《禮》也。故列入《書》類。

疏證曰：陳壽祺案：《韓詩外傳》卷八曰：「三公者何？曰司空、司馬、司徒也。司馬主天，司空主土，司徒主人。」《周禮·司徒·序官》疏引《尚書傳》云：「天子三公，一曰司徒公，二曰司馬公，三曰司空公。」《論衡》卷十五《順鼓篇》引《尚書大傳》曰：「郊社不修，山川不祝，風雨不時，霖雪不降，責於天公。臣多弑主，孽多殺宗，五品不訓，責於人公。城郭不繕，溝池不修，水泉不隆，水爲民害，責於地公。」《太平御覽·職官部》引《尚書大傳》曰：「百姓不親，五品不訓，則責之司徒。蠻夷猾夏，寇賊奸宄，則責之司馬。溝瀆壅遏，水爲民害，田廣不墾，則責之司空。」然則天公即司馬公，人公即司徒公，地公即司空公，《韓詩》説與《書傳》合。以序言之，《書傳》一曰司徒公，當作司馬公；二曰司馬公，當作司徒公。《大戴禮·保傅篇》盧注引今《尚書》説，三公，司馬、司徒、司空也。以司馬在司徒先，可證。《續漢·百官志》注引《漢官儀》曰：「王莽時，議以漢無司徒官，故定三公之號曰大司馬、大司徒、大司空。世祖即位，因而不改。」此則漢言三公，蓋取今《尚書》及《韓詩》説，亦以大司馬先大司徒也。《周禮》鄉老，二鄉則公一人，鄭注：「王置六鄉，則公有三人也。三公者，内與王論道，中參六官之事，外與六鄉之教。」《鄭志》趙商問：「按成王周官，立太師、太傅、太保，兹惟三公。」《地官·序官》疏引鄭《書傳》注云：「《周禮》，天子六卿。與太宰、司徒同職者，則謂之司徒公，與宗伯、司馬同職者，則謂之司馬公；與司寇、司空同職者，則謂之司空公。一公兼二卿，舉下以爲稱。」《禮記·月令》正義曰：「《書傳》三公領三卿，此夏制也。」《考工記·序官》疏又引鄭《夏傳》注云：「坐而論道，謂之三公。」通職名，無正官名。是《書傳》三公乃夏制，故與《周禮》異。鄭注《周禮·保氏》，引《書序》曰：「周公爲師，召公爲保，相成王爲左右，聖賢兼此官也。」是用今《尚書》説注《考工記》。王公則以爲天子諸侯，不作三公解。錫瑞案：《禮記·王制》、《昏義》，《尚書大傳》，《公羊》疏引《元命苞》，《考工記》疏引《援神契》，《五行大義》引《合誠圖》，《春秋繁露·官制象天篇》，《説苑·臣道篇》，《白虎通·封公侯篇》，《公羊·桓八年傳》解詁，皆同今《尚書》説，以爲天子三公、九卿、二十七大夫、八十一元士，蓋周以前官制如是。古《周禮》説，則周公所定之制。《顧命》乃同召太保奭六人，爲六卿而兼三公，可證許君以古説爲周制是也。若《漢書·百官公卿表》云：「太師、太傅、太保，是爲三公，蓋參天子坐而議政。無不總統，故不以一職爲官名。又立三少爲之副，少師、少傅、少保，是爲孤卿，與六卿爲九焉。《記》曰：三公無官。言有其人然後居之。」班氏此説，似參用今古文爲之，乃僞古文《周官》之説所自出。然古有九卿，無六卿；周有六卿，無九卿。《甘誓》六卿，乃六軍之將。《考工》九卿，或前代之制。今古文家兩説，非可合而爲一。鄭《駁異義》無考，據鄭注《大傳》云：「自三公至元士，凡百二十，此夏時之官也。」鄭以今文説爲夏制，必以古文説爲周制，其於《異義》無駁可知。惟鄭引《周禮》六卿，以注《書傳》，今

古文説未免混淆。又引『三公論道，通職名，無正官名』，以注《夏傳》，此亦周之三公，而非夏之三公。《伏傳》、《韓詩》、《白虎通》諸書，皆云『司馬言天，司徒言人，司空言地』，非如周之三公，通職名，無正官名也。鄭注《周禮》，以周公、召公爲兼師氏、保氏，是用其師馬季長説，與今古文説皆不合。陳氏以爲是用今《尚書》説，非也。

清·王鳴盛《蛾術編》卷七一《牧誓官制》 《牧誓》『御事、司徒、司馬、司空、亞旅、師氏、千夫長、百夫長』，傳云：『治事三卿，司徒主民，司馬主兵，司空主土。指誓戰者。』疏云：『孔以時已稱王，應制六卿，今呼治事惟三卿者，司徒治徒庶之政令，司馬治軍旅之誓戒，司空治壁壘以營軍，是其誓戰者，故不及太宰、太宗、司寇也。』蔡云：『是時尚爲諸侯，惟有三卿，未備六卿。』此乃謬説。傳云：『亞，次；旅，衆也。衆大夫，其位次卿。』文十五年《傳》『宋華耦來盟，公與之宴，辭，請承命於亞旅』，杜注：『亞旅，上大夫也。』疏引《牧誓》爲證。成二年《傳》『魯賜晉三師三命之服，亞旅皆一命之服』，杜注同上。疏云：『《周禮·典命》：公之孤四命，其卿三命，其大夫再命，其士一命，侯伯之卿大夫、士亦如之。此三師皆卿，故魯賜以三命之服。亞旅大夫，故受一命之服。《周禮》大夫再命，此一命者，春秋時事，異於《周禮》。』據此則亞旅爲大夫甚明。而蔡以亞爲大夫，旅爲士，鑿空無據。況其下師氏秩大夫，中間獨夾一士，亦錯雜不倫。傳云：『師氏，大夫官以兵守門者。』疏云：『師氏亦大夫，其官掌以兵守門，所掌尤重，故别言之。《周禮》師氏，中大夫，使其屬帥四夷之隸，各以其兵服守王之門外，朝在野外。』則守內列。案《地官·敍官》云：『師氏，中大夫一人。』其職云：『掌以媺詔王。』此一節指平日無事，燕見詔王而言。又云：『居虎門之左。』王視朝於路寢門外，若有善道可行，則以詔王。此一節指視朝詔王而言。又云：『凡祭祀、賓客、會同、喪紀、軍旅，王舉則從。』王行之時，師氏則從，以王所在，皆須詔王善道。此一節承『以媺詔王』而别言之。又云：『聽治亦如之。』王舉於野外以聽朝，亦如虎門之左。此一節承虎門而别言之。蓋如祭祀則南北郊山川皆在野外，會同亦有在畿外者，軍旅更不待言，皆有聽朝之事。又云：『使其屬帥四夷之隸，各以其兵服守王之門外，且蹕。』門外，中門之外。此一節敍王在宮中守衛之事。又云：『朝在野外，則守內列。』內列，蕃營之在內者也。守之如守王宮。此一節敍王在野外守衛之事。綜計師氏前四節俱指詔王，後二節專指守衛。此經武王臨敵誓衆，呼師氏告之，當以兵守內鄰爲主。傳當云師氏中大夫，在王宮以兵守門，在野外則守內列，方爲明析。今反引守門，疏謬已甚。蔡則云：『師氏以兵守門者，猶《周禮·師氏》王舉則從者也。』此師氏、彼師氏，一官也，而蔡似誤分爲二。守宮門、從軍旅，二事也，而蔡似欲合爲一。且『王舉則從』，專指詔王，此時臨敵誓衆，當以兵守爲主。若千夫長，百夫長，鄭云：『師帥、旅帥也。』王云：『師長卒長。』傳云：『師帥、卒帥。』疏云：『《周禮》二千五百人爲師，師帥皆中大夫，百人爲卒，卒長皆上士。孔以師雖二千五百人，舉全數亦得爲千夫長。長、帥義同，故以千夫長爲師帥，百夫長爲卒帥。王與孔同，鄭與孔不同。』案：鄭惟解百夫長爲異，但以二千五百人之師，而舉全數但云千夫，則百夫長亦應以五百人爲旅之帥，舉全數而稱百夫。鄭説是也。蔡云：『千夫長統千人之帥，百夫長統百人之帥。』非是。鶴壽案：周公攝政致太平，始作《周禮》，所定官制，皆出周公。蓋武王誓師牧野，其時所從之官，乃是侯國制度，豈有未得天下，而即帝制自爲者哉？注疏雖引用《周禮》，亦聊以比擬耳。蔡九峯竝不以《周禮》之師氏，當《牧誓》之師氏，所謂守望宮門、從軍旅，亦是汎言之。獨先生所著《尚書後案》，將《牧誓》官制，與《周禮》官制，勉強傅會，合而爲一。甚至師氏一官，引其全文，而逐節剖析之。獨不思其時商受尚在，而定師氏之職曰『掌以媺詔王』，又曰『守王門』、『守內列』。有是理乎？

清·俞樾《群經平議》卷五 『四曰司空』，傳曰：『主空土以居民』。樾謹按：《史記集解》引馬融之説，亦與枚同。《白虎通·封公侯篇》曰：『司空主土，不言土言空者，空尚主之，何況於實？』此説殊爲迂曲。疑司空之『空』當讀爲『工』。以『空』爲『工』，猶以『功』爲『工』，以『紅』爲『工』也。《周官·肆師職》『凡師不功』，鄭注曰：『古者工與功同字』。《漢書·哀帝紀》『害女紅之物』，如淳曰：『紅亦工也。』是『工』字可從力作『功』，從系作『紅』，則亦可從穴作『空』矣。蓋古人作字，有省偏旁者，如以『臤』爲『賢』之類；亦有加偏旁者，如以『割』爲『害』之類。試以《尚書》言之：《大誥篇》『殷小腆』，王肅曰：『腆主也。』則『腆』即典字也。《呂刑篇》『明明棐常』，《墨子》作『明明不常』，則『棐』即『非』字也。然則『空』即『工』字，復何疑乎？冬官主百工之事，故謂之司工。其職雖亡，而《小宰職》曰『冬官掌邦事』，不曰『冬官掌邦土』，則司空之爲司工明矣。『工』與『功』通。功者，事也。惟其司工，故掌邦事也。《冬官》亡，而以

《考工記》補之，未爲無見。《王制》曰『司空執度度地居民』，此乃匠人之事，固亦《冬官》所屬。且其下文曰『興事任力』，則仍是掌邦事，非掌邦土也。後人不知『空』爲『工』之叚字，因有主空土之説，而僞古文遂曰『司空掌邦土』矣。

清・王棻《柔橋文鈔》卷一《三公三孤解》 三公三孤，其説有三：《書・周官》云：『立太師、太傅、太保，兹惟三公。』少師、少傅、少保，曰三孤。』孔傳：『師，天子所師法。傅，傅相天子。保，保安天子於德義者。此惟三公之任。孤，特也。言卑於公，尊於卿，特置此三者。』此《古文尚書》之説也。伏生《大傳》云：『天子三公：一司徒公，二司馬公，三司空公。百姓不親，五品不遜，責之司徒。蠻夷猾夏，寇賊姦宄，責之司馬。溝瀆壅遏，水爲民害，責之司空。』鄭注《大傳》云：『《周禮》天子六卿，與太宰、司徒同職者謂之司徒公，與宗伯、司馬同職者謂之司馬公，與司寇、司空同職者謂之司空公。一公兼二卿，舉下以爲稱。』此《今文尚書》之説也。《周禮・地官・序官》師氏，中大夫一人。保氏，下大夫一人。鄭注《書序》云：『周公爲師，召公爲保，相成王爲左右，聖賢兼此官也。』賈疏云：『召公、周公爲三公，分陝。以周公聖，下兼此師氏；召公賢，下兼此保氏。故云聖賢兼此官。』鄭意謂三公之號，本無師保之名，兼此二官，乃即師保之稱。』《鄭志》：趙商問：『成王《周官》「立太師、太傅、太保，兹惟三公」即三公之號，自有師保之名。成王《周官》是周公攝政三年事，此《周禮》是周公攝政六年事。則三公自名師保，起之在前，何也？鄭答曰：周公左，召公右，兼師保初時然矣。』若如此解，周公兼師，在成王《周官》前，成王《周官》改稱三公爲太師、太傅、太保。若孔君之義，三公之號，始終自名師保，不由兼師氏、保氏。王氏《尚書後案》申之曰：『三公兼師保是初制。成王作《周官》，改爲三公，直名師保。其後周公制《周禮》，仍用初制，不設三公。有其人，則以三公兼師、保；無其人，則闕但有師氏、保氏而已。』此鄭氏注《禮》之説也。今案：王氏墨守鄭義，其説非是。據趙商所稱，《周官》係攝政三年作，《周禮》係攝政六年作，同爲周公攝政時事，相去又僅三年，何至反汗如此之速？且果如其説，則自制《周禮》後，已無太師、太傅、太保之名矣。何以成王順命之時，尚有太保奭乎？若謂三公兼師氏者即名太師，兼保氏者即名太保，則三公固自有正名，而非師氏、保氏所可冒矣。況《顧命》三公列在六卿之中，六卿之下復有師氏，其非三公兼官，較然明白。師氏既爾，保氏可知。《周官》古文，容未可信，《顧命》今文，豈亦不足信乎？然則鄭君之説，固未可強通矣。至於《今文尚書》之説，漢儒亦多承用。《韓詩外傳》云：『三公之得者何？曰司馬、司空、司徒也。司馬主天，司空主土，司徒主人。』《漢官儀》云：『王莽時議以漢無司徒官，故定三公之號，曰大司馬、大司徒、大司空。世祖中興，因而不改。』《續漢・百官志》：『太尉公一人，司徒公一人，司空公一人。』案：前漢以大司馬、丞相、御史大夫爲三公，大司馬即太尉也，丞相即司徒也，御史大夫即司空也。此皆用《大傳》之説者。案：《王制》云：『大國三卿。』以魯言之，季氏爲上卿，司徒也；叔孫氏爲次卿，司馬也；孟氏爲下卿，司空也。《左氏・昭四年傳》『吾子爲司徒，實書名』，謂季孫；『夫子爲司馬與工正，書服』謂叔孫；『孟孫爲司空，以書勳』。是《大傳》所言，乃諸侯之禮，而非天子之禮。且三卿非三公也。況《虞書》無司馬之官，而所謂蠻夷猾夏，寇賊姦宄者，乃命皋陶作士之辭。而《尚書中候》、《論衡・吉驗篇》鄭氏《詩・魯頌》箋，皆言稷爲司馬，而非皋陶。其舛互已難盡信。即以《顧命》，攷之畢公爲司馬，毛公爲司空，似矣。然太保奭則以冢宰而兼三公者，非司徒也。鄭氏曲信《大傳》之説，故謂芮伯入爲宗伯，蓋以太保奭爲司徒，則次司徒者當爲宗伯耳。然芮伯爲宗伯，則爲司馬者必彤伯，而非畢公矣。何以又云『畢公入爲司馬』乎？此又鄭説之用《太傳》之失者，而《太傳》之失，不待言矣。今以諸書之説徵之：隱五年《公羊傳》：『天子三公者何？天子之相也。則何以三？自陝而東者，周公主之；自陝而西者，召公主之；一相處乎內。』《顧命》下篇：『太保率西方諸侯』，入應門左；畢公率東方諸侯，入應門右。』王注：畢公代周公爲東伯，故率東方諸侯。』《大戴禮・保傅篇》：『昔者周成王幼在繈褓之中，召公爲太保，周公爲太傅，太公爲太師。保保其身體，傅傅其德義，師導之教順，此三公之職也。於是爲置三少，皆上大夫也。曰少保、少傅、少師。』賈子《新書》：『太師之任，古者齊太公職之；太傅之任，古者魯周公職之；太保之任，古者燕召公職之；少師之任，古者史佚職之。』《漢書・百官公卿表》：『夏殷無聞焉，周官則備矣。太師、太傅、太保，是爲三公。又立三少爲之副，少師、少傅、少保，是爲孤卿，與六卿爲九

焉。』其説皆與《周官》合。然則《古文尚書》之説，不得疑其僞而廢之矣。

又　卷二《周官立政官制與周禮不同考》　《立政》與《周禮》同出周公，《周禮》紀設官分職之詳，《立政》陳用人行政之要，雖言官制，實非官名。惟虎賁趣馬見《夏官》，太史見《春官》而已。司徒、司馬、司空，則侯國三卿之制。司寇蘇公乃重其人而稱之，非重其官而録之也。且此篇鄭注既亡，無可依據，僞傳又不可盡信，則惟當遵蔡傳而已。今以蔡傳爲主，參以鄭注遺文，曁鄙見所及，攷之如左。案鄭注：『殷之州牧曰伯，虞夏及周曰牧。』是牧伯通稱也。然牧伯之上，唐虞尚有四岳，周則有二伯，亦可通稱爲牧。此所謂常伯，乃二伯之官，即唐虞之四岳也。觀堯舜屢詢四岳，而周召實爲二伯，則常伯之官，常在王之左右。或曰：左右常伯謂東伯爲左常伯，西伯爲右常伯即東西二伯也，亦通。最尊而親者也。故首舉之。乃《周禮》無三公二伯之官，此與《立政》異者一也。《地官·鄉老》『二鄉則公一人』，而無太師、太傅、太保之名。次則常任，蓋即唐虞之百揆，《周禮》之太宰也。次則準人，蓋《周禮》小宰之職，治王宮之政令，凡宮之糾禁者。猶漢之御史大夫掌副丞相，其屬中丞，内執法殿中，外督部刺史，實兼二伯太宰之副者也。此二官者亦常在王之左右，尊而親者也。而其親而不尊者，則有虎賁、綴衣、趣馬之屬，皆常在左右，爲王供奉侍衛者也。然虎賁、趣馬見《夏官》，而綴衣一官不見於《周禮》，僞傳謂綴衣掌衣服，孔疏謂此掌衣服者，當是太僕之官。案《顧命》『狄設黼扆、綴衣』則非《春官》司服、《夏官》太僕可知。傳疏之説非也。此與《立政》異者又一也。下文『宅乃事』即常任，『宅乃牧』即常伯，『宅乃準』即準人也。任人即常任，準夫即準人，牧即常伯也。而總之以『作三事』者，蓋準人雖亞於公卿，而其職任之重，不減於公卿，故漢以御史大夫爲三公也。《詩·小雅·十月之交》云『擇三有事』，毛傳：『有司，國之三卿。』夫亶侯以三卿為三事，則天子當以三公為三事矣。他如小尹，若《天官》内小臣，《春官》小胥、小師，《夏官》小子、小臣之屬；左右携僕，若《春官》車僕，《夏官》太僕、隸僕、戎僕、齊僕之屬；百司，若《天官》司裘、内司服，《春官》司服、司幾筵，《夏官》司隸、司儀之屬；庶府，若《天官》之太府、玉府、内府、外府，《地官》泉府，《春官》天府之屬；大都小伯，若《春官》之都宗人、家宗人，《夏官》之都司馬、家司馬，《秋官》之都則、都士、家士之屬。藝人則執技以事上者，如《天官》之庖人、亨人、酒人、漿人，《地官》之舂人、饎人，《春官》之鬱人、鬯人，《夏官》之繕人、槀人，及《考工記》之三十工，皆是也。表臣百司，若《天官》司會、司書，《地官》司諫、司救，《春官》司巫、司常，《夏官》司勳、司險，《秋官》司民、司刑之屬。蓋其所司皆屬外事，非切近王身者，故曰『表臣』，非謂侯國之臣也。惟下文司徒、司馬、司空、亞旅，塙是侯國三卿之制。一見於今文《泰誓》『乃告司徒、司馬、司空、諸節』，再見於《牧誓》與此文同。蓋周本侯國，伐紂之時，尚未有六卿也。三見於《梓材》，則曰『司徒、司馬、司空、尹旅』，可知上文尹伯，即王官之亞旅也。鄭注《禮記·内則》云：『諸侯並六卿爲三，或兼職焉。』《王制》疏引崔靈恩云：『三卿依周制而言，司徒兼冢宰，司馬兼宗伯，司空兼司寇。故《左傳》云：季孫爲司徒，叔孫爲司馬，孟孫爲司空。此是三卿，諸侯無冢宰、宗伯、司寇也。案：非無此三官，但侯國此三官乃大夫，非卿也。《左氏·文十五年傳》『請承命於亞旅』，杜預曰：『亞旅，上大夫也。』正義引《牧誓》爲證。成二年《傳》『魯賜晉三帥三命之服，亞旅皆受一命之服』，杜預曰：『亞旅亦大夫也。』蓋分言之，則《周禮》中大夫亞於卿，所謂亞也；下大夫，旅也。合而言之，則亞旅、尹旅、尹伯皆大夫之稱也。尹，正也。伯，長也。攷《周禮·地官》，州長，中大夫；黨正，下大夫。而《天官》宮正則上士爲之，宮伯、酒正則皆中士爲之。是尹伯實兼士言，不止稱大夫矣。夷、微、盧烝，三亳，阪尹者，此王官之監於四夷險要之地者也。夷謂東夷，《説文》：『夷，平也。東方之人也。』微、盧見《牧誓》，皆西夷也。烝，衆也。鄭注：『三亳者，湯舊都之民，服文王者，分爲三邑。其長居險，故言阪尹。蓋東成皋，南轘轅，西降谷也。』案：降谷即函谷，古音東冬江與侵覃鹽咸通也。此言東夷、西夷衆國，及三亳險要之區，皆立阪尹以監治之，即下文所謂『詰爾戎兵，陟禹之迹，方行天下，至於海表，罔有不服』者也。然服外必先安内，而安民必在善政，立政必在用人，取人必先修身，修身之道必在慎擇左右。故始言『左右常伯、常任、準人』，大臣之在左右者也。後言『虎賁、綴衣、趣馬小尹、左右携僕、百司庶府』，羣臣之在左右者也。又言『大都小伯、藝人、表臣、百司、太史、尹伯』，則泛言大小衆臣，凡有事君牧民之責者。而總之以『庶常吉士』，則小大臣工罔不得其人矣。下文『其惟吉士』，又曰『其惟克用常人』，蓋常則必吉，吉則無不常者，故此總之曰『庶常吉士』也。然後乃及侯國之制，以至夷蕃險要之官，而終之以『詰

戎兵，敬由獄」，蓋兵刑二者，民命攸關，尤王者所兢兢致慎者爾。此則與《周禮》所謂設官分職，以爲民極者，其意初不異矣。蓋《立政》與《周禮》，用意皆同，而立言迥異。陳其詳者，至纖至悉，無所不該，而三公二伯之穹官，其職掌反不暇及，舉其要者，意在正君身以正朝廷，正朝廷以正百官，正百官以正萬民，案：天子曰兆民，此言萬民者，專謂畿内之也。正萬民以正四方。而六卿分職，九畿異制，不及備陳，此其所以不同之故也與。

清·孫詒讓《籀廎述林》卷二《官人義》 周時王國侯國治事之人，其等有四：曰卿，曰大夫，曰士，曰庶人在官者。此四者，皆有秩於國者也。卿大夫士，《周官》及諸侯詳載之，庶人在官者，見於《孟子》及《王制》。鄭君以爲《周官》府史之屬，官長所辟除，不命於天子、國君者，是也。因其在官，故謂之官。《周官·載師》「官田」注「官田，庶人在官者，其家所受田也」。《呂氏春秋·愛士篇》：「陽城胥渠處廣門之官，夜款門而謁。」高注：「官，小臣。」是也。亦謂之官人，《荀子·榮辱篇》云：「志行修，臨官治，上則能順上，下則能保其職，是士大夫之所以取田邑也。循法則度量，刑辟圖籍不知其義，謹守其數，慎不敢損益，父子相傳以持王公，是故三代雖亡，治法猶存，是官人百吏之所以取禄秩也。孝弟原愨，軥録疾力，以敦比其事業，而不敢怠傲，是庶人之所以取煖衣飽食，長生久視，以免於刑戮也。」又《王霸篇》云：「若夫貫日而治平，權物而稱用，則是官人使吏之事也。」楊注：「官人，列官之人也。」又《彊國篇》云：「士大夫益爵，官人益秩，庶人益禄。」楊注：「官人，群吏也。」據《荀子》諸文，則官人在士大夫下，崖高於庶人一等，且與使吏同偁，是官人即庶人在官者無疑矣。或謂庶人益禄，乃是庶人在官者，不知此乃《周官》工賈奚隸之屬，又下府史胥徒一等者也。《禮古文經·聘禮》：「官人布幕於寢門外。」鄭從今文作管。注：「管，古文作官。」《記》：「管人爲客三日具沐，五日具浴。」《士喪禮》：「管人汲，不脱繘，屈之。」《周禮》及《士喪禮》注，不云古文作官，以前注推之，疑古文亦當作官。《穆天子傳》「官人陳牲」，又云：「官人膳鹿獻之。」《汲冢竹書》皆古文，故與《禮古經》合。此二書所謂官人，與《荀卿書》同，亦泛指衆小臣，無專官亦無專職，故凡布幕、具沐浴、汲水、陳牲、膳鹿諸勞辱事，無不役之也。蓋官本爲官府百吏之大名，故《説文·𠂤部》：「官，吏事君也。」其上者卿大夫謂之官正，故《國語·周語》云：「官正莅事，上卿監之。」《楚語》云：「天子貴也，唯其以公侯爲官正。」是也。其次士爲官師，《賈子·階級篇》云：「古者聖王制爲列等，内有公卿大夫士，外有公侯伯子男，然後有官師小吏，施及庶人。」是官師爲上中下士之稱。《左·襄十四年傳》「官師相規」，杜注：「官師，大夫。」又《十五年傳》：「官師從單靖公逆王后於齊。」注云：「官師，劉夏也。」孔疏引《釋例》，以劉夏爲元士中士。《祭法》：「官師一廟。」注云：「官師，中士下士也。」《國語·楚語》：「位寧有官師之典。」韋注云：「師，長也。」《國語·吳語》：「行頭皆官師。」韋注云：「三君皆云：「官師，大夫也。」」三君謂賈逵、虞翻、唐固。昭謂：下言「十行一嬖大夫」，此一行宜爲士。《周禮》：「百人爲卒長皆上士。」」鄭、韋説與《賈子》合，足正三君及杜説之誤。蓋自官師以上，皆有爵於朝，《左·襄二十五年傳》所謂百官之正長師旅是也，其下者爲庶人在官，則無爵而受職役，其秩卑而員衆，故稱官人以通包之，以其爲在官之庶人，别於官正、官師，或特爲制字，則謂之倌。《説文》云：「倌，小臣也。從人，官聲。《詩》曰：「命彼倌人。」」是也。毛公、鄭君，皆不知倌人、官人異文而同義，於是隨文立訓，《詩》有夙駕之文，傳遂云：「倌人主駕者。」《聘禮》「官人布幕」，今文藉管爲之，注即謂管猶館也，館人謂掌次舍帷幕者。館人見《左·昭元年傳》杜注：「館人守舍人，與官人異。」具沐浴在客館，則又云「掌客館者」。或又因官之爲管，則又以掌管鑰之義傅合之。見《喪大記》釋文。疏釋家又踵其誤，而求其官以實之。賈氏《禮疏》，遂謂天官有掌舍、掌次、幕人等，館人即掌舍，諸侯兼官，故掌次舍帷幕。近儒胡氏匡衷《儀禮釋官》亦沿其説。不知《穆天子傳》亦有官人，非徒侯國官名也。《説文》「倌」訓小臣。其説與毛異，而最精塙。段氏注乃云：「小臣，蓋《周禮》小臣上士四人，從僕之佐。」胡氏承珙《毛詩後箋》亦主其説。不知許所謂小臣，乃泛指臣之小者，猶閹下曰豎也，騶下曰廄御也之例，並非實指其官。且《周官》小臣，無掌駕之文，《鄘風》「命彼倌人」，不過因君出則小臣當從，故偶及之，非必命主駕也。儻倌人果爲《周官》小臣，則小臣即是官名，又何爲别制倌字以名之乎？此皆由不知倌人即官人，官人即庶人在官之稱，本無專職，故望文生義，而卒不可通也。《荀子·君子篇》：「天子口能言，待官人然後詔。」此官人蓋百官府長屬之通偁。與他篇小異。楊注云：「官人掌喉舌之官也。」尤非。

周禮六官部

天官分部

綜述

《周禮・天官・冢宰》 惟王建國，辨方正位，體國經野，設官分職，以爲民極。乃立天官冢宰，使帥其屬而掌邦治，以佐王均邦國。治官之屬：大宰，卿一人，小宰中大夫二人，宰夫下大夫四人，上士八人，中士十有六人，旅下士三十有二人，府六人，史十有二人，胥十有二人，徒百有二十人。宮正，上士二人，中士四人，下士八人，府二人，史四人，胥四人，徒四十人。宮伯，中士二人，下士四人，府一人，史二人，胥二人，徒二十人。膳夫，上士二人，中士四人，下士八人，府二人，史四人，胥十有二人，徒百有二十人。庖人，中士四人，下士八人，府二人，史四人，賈八人，胥四人，徒四十人。內饔，中士四人，下士八人，府二人，史四人，胥十人，徒百人。外饔，中士四人，下士八人，府二人，史四人，胥十人，徒百人。亨人，下士四人，府一人，史二人，胥五人，徒五十人。甸師，下士二人，府一人，史二人，胥三十人，徒三百人。獸人，中士四人，下士八人，府二人，史四人，胥四人，徒四十人。𩞁人，中士四人，下士四人，府二人，史四人，胥三十人，徒三百人。鼈人，下士四人，府二人，史二人，徒十有六人。腊人，下士四人，府二人，史二人，徒二十人。醫師，上士二人，下士四人，府二人，史二人，徒二十人。食醫，中士二人。疾醫，中士八人。瘍醫，下士八人。獸醫，下士四人。酒正，中士四人，下士八人，府二人，史八人，胥八人，徒八十人。酒人，奄十人，女酒三十人，奚三百人。漿人，奄五人，女漿十有五人，奚百有五十人。凌人，下士二人，府二人，史二人，胥八人，徒八十人。籩人，奄一人，女籩十人，奚二十人。醢人，奄一人，女醢二十人，奚四十人。醯人，奄二人，女醯二十人，奚四十人。鹽人，奄二人，女鹽二十人，奚四十人。冪人，奄一人，女冪十人，奚二十人。宮人，中士四人，下士八人，府二人，史四人，胥八人，徒八十人。掌舍，下士四人，府二人，史四人，徒四十人。幕人，下士一人，府二人，史二人，徒四十人。掌次，下士四人，府四人，史二人，徒八十人。大府，下大夫二人，上士四人，下士八人，府四人，史八人，賈十有六人，胥八人，徒八十人。玉府，上士二人，中士四人，府二人，史二人，工八人，賈八人，胥四人，徒四十有八人。內府，中士二人，府一人，史二人，徒十人。外府，中士二人，府一人，史二人，徒十人。司會，中大夫二人，下大夫四人，上士八人，中士十有六人，府四人，史八人，胥五人，徒五十人。司書，上士二人，中士四人，府二人，史四人，徒八人。職內，上士二人，中士四人，府四人，史四人，徒二十人。職歲，上士四人，中士八人，府四人，史八人，徒二十人。職幣，上士二人，中士四人，府二人，史四人，賈四人，胥二人，徒二十人。司裘，中士二人，下士四人，府二人，史四人，徒四十人。掌皮，下士四人，府二人，史四人，徒四十人。內宰，下大夫二人，上士四人，中士八人，府四人，史八人，胥八人，徒八十人。內小臣，奄上士四人，史二人，徒八人。閽人，王宮每門四人，囿遊亦如之。寺人，王之正內五人。內豎倍寺人之數。九嬪。世婦。女御。女祝四人，奚八人。女史八人，奚十有六人。典婦功，中士二人，下士四人，府二人，史四人，工四人，賈四人，徒二十人。典絲，下士二人，府二人，史二人，賈四人，徒十有二人。典枲，下士二人，府二人，史二人，徒二十人。內司服，奄一人，女御二人，奚八人。縫人，奄二人，女御八人，女工八十人，奚三十人。染人，下士二人，府二人，史二人，徒二十人。追師，下士二人，府一人，史二人，工二人，徒四人。屨人，下士二人，府一人，史一人，工八人，徒四人。夏采，下士四人，史一人，徒四人。

大宰之職，掌建邦之六典，以佐王治邦國：一曰治典，以經邦國，以治官府，以紀萬民；二曰教典，以安邦國，以教官府，以擾萬民；三曰禮典，以和邦國，以統百官，以諧萬民；四曰政典，以平邦國，以正百官，以均萬民；五曰刑典，以詰邦國，以刑百官，以糾萬民；六曰事典，以富邦國，以任百官，以生萬民。以八灋治官府：一曰官屬，以舉邦治；二曰官職，以辨邦治；三曰官聯，以會官治；四曰官常，以聽官治；五曰官成，以經邦治；六曰官灋，以正邦治；七曰官刑，以糾邦治；八曰官計，以弊邦治。

以八則治都鄙：一曰祭祀，以馭其神；二曰灋則，以馭其官；三曰廢置，以馭其吏；四曰祿位，以馭其士；五曰賦貢，以馭其用；六曰禮俗，以馭其民；七曰刑賞，以馭其威；八曰田役，以馭其衆。以八柄詔王馭羣臣：一曰爵，以馭其貴；二曰祿，以馭其富；三曰予，以馭其幸；四曰置，以馭其行；五曰生，以馭其福；六曰奪，以馭其貧；七曰廢，以馭其罪；八曰誅，以馭其過。以八統詔王馭萬民：一曰親親，二曰敬故，三曰進賢，四曰使能，五曰保庸，六曰尊貴，七曰達吏，八曰禮賓。以九職任萬民：一曰三農，生九穀；二曰園圃，毓草木；三曰虞衡，作山澤之材；四曰藪牧，養蕃鳥獸；五曰百工，飭化八材；六曰商賈，阜通貨賄；七曰嬪婦，化治絲枲；八曰臣妾，聚斂疏材；九曰閒民，無常職，轉移執事。以九賦斂財賄：一曰邦中之賦，二曰四郊之賦，三曰邦甸之賦，四曰家削之賦，五曰邦縣之賦，六曰邦都之賦，七曰關市之賦，八曰山澤之賦，九曰幣餘之賦。以九式均節財用：一曰祭祀之式，二曰賓客之式，三曰喪荒之式，四曰羞服之式，五曰工事之式，六曰幣帛之式，七曰芻秣之式，八曰匪頒之式，九曰好用之式。以九貢致邦國之用：一曰祀貢，二曰嬪貢，三曰器貢，四曰幣貢，五曰材貢，六曰貨貢，七曰服貢，八曰斿貢，九曰物貢。以九兩繫邦國之民：一曰牧，以地得民；二曰長，以貴得民；三曰師，以賢得民；四曰儒，以道得民；五曰宗，以族得民；六曰主，以利得民；七曰吏，以治得民；八曰友，以任得民；九曰藪，以富得民。正月之吉，始和布治於邦國都鄙，乃縣治象之灋于象魏，使萬民觀治象，挾日而斂之。乃施典於邦國，而建其牧，立其監，設其參，傅其伍，陳其殷，置其輔。乃施則於都鄙，而建其長，立其兩，設其伍，陳其殷，置其輔。乃施灋於官府，而建其正，立其貳，設其考，陳其殷，置其輔。凡治，以典待邦國之治，以則待都鄙之治，以灋待官府之治，以官成待萬民之治，以禮待賓客之治。祀五帝，則掌百官之誓戒與其具脩。前期十日，帥執事而卜日，遂戒。及執事，眡滌濯。及納享，贊王牲事。及祀之日，贊玉幣爵之事。祀大神祇亦如之。享先王亦如之，贊玉几玉爵。大朝覲，會同，贊玉幣、玉獻、玉几、玉爵。大喪，贊贈玉、含玉。作大事，則戒於百官，贊王命。王眡治朝，則贊聽治；眡四方之聽朝，亦如之。凡邦之小治，則冢宰聽之，待四方之賓客之小治。歲終，則令百官府各正其治，受其會，聽其致事，而詔王廢置。三歲，則大計羣吏之治而誅賞之。

小宰之職，掌建邦之宮刑，以治王宮之政令，凡宮之糾禁。掌邦之六典、八灋、八則之貳，以逆邦國、都鄙、官府之治。執邦之九貢、九賦、九式之貳，以均財節邦用。以官府之六敘正羣吏：一曰以敘正其位，二曰以敘進其治，三曰以敘作其事，四曰以敘制其食，五曰以敘受其會，六曰以敘聽其情。以官府之六屬舉邦治：一曰天官，其屬六十，掌邦治，大事則從其長，小事則專達；二曰地官，其屬六十，掌邦教，大事則從其長，小事則專達；三曰春官，其屬六十，掌邦禮，大事則從其長，小事則專達；四曰夏官，其屬六十，掌邦政，大事則從其長，小事則專達；五曰秋官，其屬六十，掌邦刑，大事則從其長，小事則專達；六曰冬官，其屬六十，掌邦事，大事則從其長，小事則專達。以官府之六職辨邦治：一曰治職，以平邦國，以均萬民，以節財用；二曰教職，以安邦國，以寧萬民，以懷賓客；三曰禮職，以和邦國，以諧萬民，以事鬼神；四曰政職，以服邦國，以正萬民，以聚百物；五曰刑職，以詰邦國，以糾萬民，以除盜賊；六曰事職，以富邦國，以養萬民，以生百物。以官府之六聯合邦治：一曰祭祀之聯事，二曰賓客之聯事，三曰喪荒之聯事，四曰軍旅之聯事，五曰田役之聯事，六曰斂弛之聯事。凡小事皆有聯。以官府之八成經邦治：一曰聽政役以比居，二曰聽師田以簡稽，三曰聽閭里以版圖，四曰聽稱責以傅別，五曰聽祿位以禮命，六曰聽取予以書契，七曰聽賣買以質劑，八曰聽出入以要會。以聽官府之六計弊羣吏之治：一曰廉善，二曰廉能，三曰廉敬，四曰廉正，五曰廉灋，六曰廉辨。以灋掌聚其財用，治其施捨，聽其治訟。凡祭祀，贊玉幣爵之事、祼將之事。凡賓客，贊祼，凡受爵之事，凡受幣之事。喪荒，受其含襚幣玉之事。月終，則以官府之敘受羣吏之要。贊冢宰受歲會，歲終，則令羣吏致事。正歲，帥治官之屬而觀治象之灋，徇以木鐸，曰：『不用灋者，國有常刑。』乃退，以宮刑憲禁于王宮，令於百官府曰：『各脩乃職，考乃灋，待乃事，以聽王命。其有不共，則國有大刑。』

宰夫之職，掌治朝之灋，以正王及三公、六卿、大夫、羣吏之位，掌其禁令。敘羣吏之治，以待賓客之令、諸臣之復、萬民之逆。掌百官府之徵令，辨其八職：一曰正，掌官灋以治要；二曰師，掌官成以治凡；三曰司，掌官灋以治目；四曰旅，掌官常以治數；五曰府，掌官契以治藏；六曰史，掌

官書以贊治；　七曰胥，掌官敘以治敘；　八曰徒，掌官令以徵令。掌治灋以考百官府羣都縣鄙之治，乘其財用之出入。凡失財用物辟名者，以官刑詔冢宰而誅之。其足用長財善物者，賞之。以式灋掌祭祀之戒具與其薦羞，從大宰而眂滌濯。凡禮事，贊小宰比官府之具。凡朝覲、會同、賓客，以牢禮之灋掌其牢禮、委積、膳獻、飲食、賓賜之飧牽與其陳數。凡邦之弔事，掌其戒令，與其幣器財用凡所共者。大喪、小喪，掌小官之戒令，帥執事而治之。三公、六卿之喪，與職喪帥官有司而治之。凡諸大夫之喪，使其旅帥有司而治之。歲終則令羣吏正歲會，月終則令正月要，旬終則令正日成，而以考其治。治不以時舉者，以告而誅之。正歲則以灋警戒羣吏，令脩宫中之職事，書其能者與其良者，而以告於上。

宫正：　掌王宫之戒令、糾禁。以時比宫中之官府、次舍之衆寡，爲之版以待，夕擊柝而比之。國有故則令宿，其比亦如之。辨外内而時禁，稽其功緒，糾其德行，幾其出入，均其稍食，去其淫怠與其奇衺之民，會其什伍而教之道藝。月終則會其稍食，歲終則會其行事。凡邦之大事，令于王宫之官府、次舍，無去守而聽政令。春秋以木鐸脩火禁。凡邦之事蹕宫中廟中，則執燭。大喪，則授廬舍，辨其親疏貴賤之居。

宫伯：　掌王宫之士庶子，凡在版者。掌其政令，行其秩敘，作其徒役之事。授八次八舍之職事。若邦有大事作宫衆，則令之。月終則均秩，歲終則均敘。以時頒其衣裘，掌其誅賞。

膳夫：　掌王之食飲膳羞，以養王及后、世子。凡王之饋，食用六穀，膳用六牲，飲用六清，羞用百有二十品，珍用八物，醬用百有二十罋。王日一舉，鼎十有二，物皆有俎。以樂侑食，膳夫授祭，品嘗食，王乃食。卒食，以樂徹於造。王齊日三舉。大喪則不舉，大荒則不舉，大札則不舉，天地有烖則不舉，邦有大故則不舉。王燕食，則奉膳贊祭。凡王祭祀、賓客食，則徹王之胙俎。凡王之稍事，設薦脯醢。王燕飲酒，則爲獻主。掌后及世子之膳羞。凡肉脩之頒賜，皆掌之，凡祭祀之致福者，受而膳之，以摯見者亦如之。歲終則會，唯王及后、世子之膳不會。

庖人：　掌共六畜、六獸、六禽，辨其名物。凡其死生鱻薨之物，以共王之膳與其薦羞之物，及后、世子之膳羞。共祭祀之好羞，共喪紀之庶羞、賓客之禽獻。凡令禽獻，以灋授之，其出入亦如之。凡用禽獻，春行羔豚，膳膏香；　夏行腒鱐，膳膏臊；　秋行犢麛，膳膏腥；　冬行鱻羽，膏羶。歲終則會，唯王及后之膳禽不會。

内饔：　掌王及后、世子膳羞之割亨煎和之事，辨體名肉物，辨百品味之物。王舉，則陳其鼎俎，以牲體實之。選百羞、醬物、珍物以俟饋。共后及世子之膳羞。辨腥臊羶香之不可食者。牛夜鳴，則庮；　羊泠毛而毳，羶；　犬赤股而躁，臊；　鳥皫色而沙鳴，貍；　豕盲眂而交睫，腥；　馬黑脊而般臂，螻。凡宗廟之祭祀，掌割亨之事。凡燕飲食亦如之。凡掌共羞、脩、刑、膴、胖、骨、鱐，以待共膳。凡王之好賜肉脩，則饔人共之。

外饔：　掌外祭祀之割亨，共其脯、脩、刑膴，陳其鼎俎，實之牲體、魚、腊。凡賓客之飧饔、饔食之事，亦如之。邦饗耆老孤子，則掌其割亨之事。饗士庶子，亦如之。師役，則掌共其獻賜脯肉之事。凡小喪紀，陳其鼎俎而實之。

亨人：　掌共鼎鑊，以給水火之齊。職外、内饔之爨亨煮，辨膳羞之物。祭祀，共大羹、鉶羹。賓客，亦如之。

甸師：　掌帥其屬而耕耨王藉，以時入之，以共齊盛。祭祀，共蕭茅，共野果蓏之薦。喪事，代王受眚烖。王之同姓有罪，則死刑焉。帥其徒以薪蒸役外、内饔之事。

獸人：　掌罟田獸，辨其名物。冬獻狼，夏獻麋，春秋獻獸物。時田，則守罟。及弊田，令禽注于虞中。凡祭祀、喪紀、賓客，共其死獸生獸。凡獸入於腊人，皮毛筋角入於玉府。凡田獸者，掌其政令。

𩰫人：　掌以時𩰫爲梁。春獻王鮪。辨魚物，爲鱻薨，以共王膳羞。凡祭祀、賓客、喪紀，共其魚之鱻薨。凡𩰫者，掌其政令。凡𩰫征入於玉府。

鼈人：　掌取互物。以時簎魚鼈龜蜃，凡貍物。春獻鼈蜃，秋獻龜魚。祭祀，共蠯、蠃、蚳，以授醢人。掌凡邦之簎事。

腊人：　掌乾肉，凡田獸之脯、腊、膴、胖之事。凡祭祀，共豆脯、薦脯、膴、胖，凡腊物。賓客、喪紀，共脯腊凡乾肉之事。

醫師：　掌醫之政令，聚毒藥以共醫事。凡邦之有疾病者，疕瘍者造焉，則使醫分而治之。歲終，則稽其醫事以制其食；　十全爲上，十失一次之，十失二次之，十失三次之，十失四爲下。

食醫：　掌和王之六食、六飲、六膳、百羞、百醬、八珍之齊。凡食齊眂春

時，羹齊眡夏時，醬齊眡秋時，飲齊眡冬時。凡和，春多酸，夏多苦，秋多辛，冬多鹹，調以滑甘。凡會膳食之宜，牛宜稌，羊宜黍，豕宜稷，犬宜粱，雁宜麥，魚宜苽。凡君子之食，恒放焉。

疾醫：掌養萬民之疾病。四時皆有癘疾：春時有痟首疾，夏時有癢疥疾，秋時有瘧寒疾，冬時有嗽、上氣疾。以五味、五穀、五藥養其病，以五氣、五聲、五色眡其死生。兩之以九竅之變，參之以九藏之動。凡民之有疾病者，分而治之。死終，則各書其所以，而入於醫師。

瘍醫：掌腫瘍、潰瘍、金瘍、折瘍之祝藥劀殺之齊。凡療瘍，以五毒攻之，以五氣養之，以五藥療之，以五味節之。凡藥，以酸養骨，以辛養筋，以鹹養脈，以苦養氣，以甘養肉，以滑養竅。凡有瘍者，受其藥焉。

獸醫：掌療獸病，療獸瘍。凡療獸病，灌而行之以節之，以動其氣，觀其所發而養之。凡療獸瘍，灌而劀之，以發其惡，然後藥之、養之、食之。凡獸之有病者，有瘍者，使療之，死則計其數，以進退之。

酒正：掌酒之政令，以式授酒材。凡爲公酒者，亦如之。辨五齊之名，一曰泛齊，二曰醴齊，三曰盎齊，四曰緹齊，五曰沈齊。辨三酒之物，一曰事酒，二曰昔酒，三曰清酒。辨四飲之物，一曰清，二曰醫，三曰漿，四曰酏。掌其厚薄之齊，以共王之四飲、三酒之饌，及后、世子之飲與其酒。凡祭祀，以灋共五齊、三酒，以實八尊。大祭三貳，中祭再貳，小祭壹貳，皆有酌數。唯齊酒不貳，皆有器量。共賓客之禮酒，共后之致飲於賓客之禮，醫酏糟皆使其士奉之。凡王之燕飲酒，共其計，酒正奉之。凡饗士庶子，饗耆老孤子，皆共其酒，無酌數。掌酒之賜頒，皆有灋以行之。凡有秩酒者，以書契授之。酒正之出，日入其成，月入其要，小宰聽之。歲終則會，唯王及后之飲酒不會。以酒式誅賞。

酒人：掌爲五齊三酒，祭祀則共奉之，以役世婦。共賓客之禮酒、飲酒而奉之。凡事，共酒而入於酒府。凡祭祀，共酒以往。賓客之陳酒亦如之。

漿人：掌共王之六飲，水、漿、醴、涼、醫、酏，入於酒府。共賓客之稍禮。共夫人致飲于賓客之禮清醴醫酏糟而奉之。凡飲共之。

凌人：掌冰正，歲十有二月，令斬冰，三其凌。春始治鑑。凡外、內饔之膳羞，鑑焉。凡酒、漿之酒醴亦如之。祭祀，共冰鑑。賓客，共冰。大喪，共夷槃冰。夏，頒冰掌事。秋，刷。

籩人：掌四籩之實。朝事之籩，其實麷、蕡、白、黑、形鹽、膴、鮑、魚、鱐。饋食之籩，其實棗、桃、乾、榛實。加籩之實，蔆、芡、脯。羞籩之實，糗餌、粉餈。凡祭祀，共其籩薦羞之實。喪事及賓客之事，共其薦籩羞籩。爲王及后、世子共其內羞。凡籩事，掌之。

醢人：掌四豆之實。朝事之豆，其實韭菹、醓醢，昌本、麋臡，菁菹、鹿臡，茆菹、麇臡。饋食之豆，其實葵菹、蠃醢，脾析、蠯醢，蜃、蚳醢，豚拍、魚醢。加豆之實，芹菹、兔醢，深蒲、醓醢，箈菹、雁醢，筍菹、魚醢。羞豆之實，酏食、糝食。凡祭祀，共薦羞之豆實，賓客、喪紀亦如之。爲王及后、世子共其內羞。王舉，則共醢六十罋，以五齊、七醢、七菹、三臡實之。賓客之禮，共醢五十罋。凡事，共醢。

醯人：掌共五齊、七菹，凡醯物。以共祭祀之齊菹，凡醯醬之物。賓客，亦如之。王舉，則共齊菹醯物六十罋。共后及世子之醬齊菹。賓客之禮，共醯五十罋。凡事，共醯。

鹽人：掌鹽之政令，以共百事之鹽。祭祀，共其苦鹽、散鹽。賓客，共其形鹽、散鹽。王之膳羞，共飴鹽，后及世子亦如之。凡齊事，鬻盬以待戒令。

冪人：掌共巾冪。祭祀，以疏布巾冪八尊，以畫布巾冪六彝。凡王巾，皆黼。

宮人：掌王之六寢之脩。爲其井匽，除其不蠲，去其惡臭。共王之沐浴。凡寢中之事，埽除、執燭、共鑪炭，凡勞事。四方之舍事亦如之。

掌舍：掌王之會同之舍。設梐枑再重。設車宮，轅門。爲壇壝宮，棘門。爲帷宮，設旌門。無宮則共人門。凡舍事，則掌之。

幕人：掌帷幕幄帟綬之事。凡朝覲、會同、軍旅、田役、祭祀，共其帷幕幄帟綬。大喪，共帷幕帟綬。三公及卿大夫之喪，共其帟。

掌次：掌王次之灋，以待張事。王大旅上帝，則張氈案，設皇邸。朝日、祀五帝，則張大次、小次，設重帟重案。合諸侯亦如之。師田，則張幕，設重帟重案。諸侯朝覲、會同，則張大次、小次；師田，則張幕設案。孤卿有邦事，則張幕設案。凡喪，王則張帟三重，諸侯再重，孤卿大夫不重。凡祭祀，張其旅幕，張尸次。射，則張耦次。掌凡邦之張事。

大府：掌九貢、九賦、九功之貳，以受其貨賄之人，頒其貨于受藏之府，

頒其賄於受用之府。凡官府都鄙之吏及執事者，受財用焉。凡頒財，以式灋授之。關市之賦，以待王之膳服；邦中之賦，以待賓客；四郊之賦，以待稍秣；家削之賦，以待匪頒；邦甸之賦，以待工事；邦縣之賦，以待幣帛；邦都之賦，以待祭祀；山澤之賦，以待喪紀；幣餘之賦，以待賜予。凡邦國之貢，以待弔用。凡萬民之貢，以充府庫。凡式貢之餘財，以共玩好之用。凡邦之賦用，取具焉。歲終，則以貨賄之入出會之。

玉府：掌王之金玉、玩好、兵器，凡良貨賄之藏。共王之服玉、佩玉、珠玉。王齊，則共食玉。大喪，共含玉、復衣裳、角枕、角柶。掌王之燕衣服、衽席、牀笫，凡褻器。若合諸侯，則共珠槃、玉敦。凡王之獻，金玉、兵器、文織、良貨賄之物，受而藏之。凡王之好賜，共其貨賄。

內府：掌受九貢、九賦、九功之貨賄、良兵、良器，以待邦之大用。凡四方之幣獻之金玉、齒革、兵器，凡良貨賄，入焉。凡適四方使者，共其所受之物而奉之。凡王及冢宰之好賜予，則共之。

外府：掌邦布之入出，以共百物，而待邦之用，凡有灋者。共王及后、世子之衣服之用。凡祭祀、賓客、喪紀、會同、軍旅，共其財用之幣齎，賜予之財用。凡邦之小用，皆受焉。歲終則會，唯王及后之服不會。

司會：掌邦之六典、八灋、八則之貳，以逆邦國、都鄙、官府之治。以九貢之灋致邦國之財用，以九賦之灋令田野之財用，以九功之灋令民職之財用，以九式之灋均節邦之財用。掌國之官府、郊野、縣都之百物財用，凡在書契版圖者之貳，以逆羣吏之治，而聽其會計。以互考日成，以月要考月成，以歲會考歲成。以周知四國之治，以詔王及冢宰廢置。

司書：掌邦之六典、八灋、八則、九職、九正、九事。邦中之版，土地之圖，以周知入出百物，以敘其財，受其幣，使入於職幣。凡上之用財用，必考于司會。三歲，則大計羣吏之治，以知民之財器械之數，以知田野夫家六畜之數，以知山林川澤之數，以逆羣吏之徵令。凡稅斂，掌事者受灋焉。及事成，則入要貳焉。凡邦治，考焉。

職內：掌邦之賦入，辨其財用之物而執其總，以貳官府都鄙之財入之數，以逆邦國之賦用。凡受財者，受其貳令而書之。及會，以逆職歲與官府財用之出，而敘其財以待邦之移用。

職歲：掌邦之賦出，以貳官府都鄙之財出賜之數以待會計而考之。凡官府都鄙羣吏之出財用，受式灋於職歲。凡上之賜予，以敘與職幣授之。及會，以式灋贊逆會。

職幣：掌式灋以斂官府都鄙與凡用邦財者之幣，振掌事者之餘財。皆辨其物而奠其録，以書楬之，以詔上之小用、賜予。歲終則會其出。凡邦之會事，以式灋贊之。

司裘：掌爲大裘，以共王祀天之服。中秋，獻良裘，王乃行羽物。季秋，獻功裘，以待頒賜。王大射，則共虎侯、熊侯、豹侯，設其鵠；諸侯，則共熊侯、豹侯；卿大夫，則共麋侯；皆設其鵠。大喪，廞裘，飾皮車。凡邦之皮事，掌之。歲終則會，唯王之裘與其皮事不會。

掌皮：掌秋斂皮，冬斂革，春獻之。遂以式灋頒皮革於百工。共其毳毛爲氈，以待邦事。歲終則會其財齎。

內宰：掌書版圖之灋，以治王內之政令，均其稍食，分其人民以居之。以陰禮教六宮，以陰禮教九嬪。以婦職之灋教九御，使各有屬，以作二事；正其服，禁其奇衺，展其功緒。大祭祀，后祼獻，則贊；瑤爵亦如之。正后之服位，而詔其禮樂之儀。贊九嬪之禮事。凡賓客之祼獻、瑤爵，皆贊。致后之賓客之禮。凡喪事，佐后使治外內命婦，正其服位。凡建國，佐后立市，設其次，置其敘，正其肆，陳其貨賄，出其度量淳制，祭之以陰禮。中春，詔后帥外內命婦始蠶於北郊，以爲祭服。歲終，則會內人之稍食，稽其功事。佐后而受獻功者，比其大小與其麤良而賞罰之。會內宮之財用。正歲，均其稍食，施其功事，憲禁令于王之北宮而糾其守。上春，詔王后帥六宮之人而生穜稑之種，而獻之于王。

內小臣：掌王后之命，正其服位。后出入，則前驅。若有祭祀、賓客、喪紀，則擯，詔后之禮事，相九嬪之禮事，正內人之禮事，徹后之俎。后有好事于四方，則使往；有好令於卿大夫，則亦如之。掌王之陰事陰令。

閽人：掌守王宮之中門之禁。喪服、凶器不入宮，潛服、賊器不入宮，奇服、怪民不入宮。凡內人、公器、賓客，無帥則幾其出入。以時啓閉。凡外內命夫命婦出入，則爲之闢。掌埽門庭。大祭祀、喪紀之事，設門燎，蹕宮門、廟門。凡賓客，亦如之。

寺人：掌王之內人及女宮之戒令，相道其出入之事而糾之。若有喪紀、賓客、祭祀之事，則帥女宮而致於有司，佐世婦治禮事。掌內人之禁令，

凡內人弔臨於外，則帥而往，立於其前而詔相之。

內豎：掌內外之通令。凡小事，若有祭祀、賓客、喪祀之事，則爲內人蹕。王后之喪，遷於宮中，則前蹕。及葬，執褻器以從遺車。

九嬪：掌婦學之灋，以教九御婦德、婦言、婦容、婦功，各帥其屬而以時御敘于王所。凡祭祀，贊玉齍，贊后薦。徹豆籩。若有賓客，則從后。大喪，帥敘哭者亦如之。

世婦：掌祭祀、賓客、喪紀之事，帥女宮而濯摡，爲盛。及祭之日，莅陳女宮之具，凡內羞之物。掌弔臨于卿大夫之喪。

女御：掌御敘于王之燕寢。以歲時獻功事。凡祭祀，贊世婦。大喪，掌沐浴。后之喪，持翣。從世婦而弔于卿大夫之喪。

女祝：掌王后之內祭祀，凡內禱祠之事。掌以時招、梗、禬、禳之事，以除疾殃。

女史：掌王后之禮職，掌內治之貳，以詔后治內政。逆內宮，書內令。凡后之事，以禮從。

典婦功：掌婦式之灋，以授嬪婦及內人女功之事齎。凡授嬪婦功，及秋獻功，辨其苦良、比其小大而賈之，物書而楬之。以共王及后之用，頒之於內府。

典絲：掌絲入而辨其物，以其賈楬之。掌其藏與其出，以待興功之時。頒絲於外內工，皆以物授之。凡上之賜予，亦如之。及獻功，則受良功而藏之，辨其物而書其數，以待有司之政令、上之賜予。凡祭祀，共黼畫組就之物。喪紀，共其絲纊組文之物。凡飾邦器者，受文織絲組焉。歲終，則各以其物會之。

典枲：掌布緦縷紵之麻草之物，以待時頒功而授齎。及獻功，受苦功，以其賈楬而藏之，以待時頒。頒衣服，授之，賜予亦如之。歲終，則各以其物會之。

內司服：掌王后之六服，褘衣、揄狄、闕狄、鞠衣、展衣、緣衣、素沙。辨外內命婦之服，鞠衣、展衣、緣衣、素沙。凡祭祀、賓客，共后之衣服；及九嬪世婦凡命婦，共其衣服。共喪衰亦如之。后之喪，共其衣服，凡內具之物。

縫人：掌王宮之縫線之事，以役女御，以縫王及后之衣服。喪，縫棺飾焉，衣翣柳之材。掌凡內之縫事。

染人：掌染絲帛。凡染，春暴練，夏纁玄，秋染夏，冬獻功。掌凡染事。

追師：掌王后之首服，爲副、編、次，追衡、笄，爲九嬪及外內命婦之首服，以待祭祀、賓客。喪紀，共笄經亦如之。

屨人：掌王及后之服屨，爲赤舄、黑舄，赤繶、黃繶，青句，素屨，葛屨。辨外內命夫命婦之命屨、功屨、散屨。凡四時之祭祀，以宜服之。

夏采：掌大喪以冕服復于大祖，以乘車建綏復於四郊。

論說

明・王樵《尚書日記》卷一四《周官》 冢宰掌邦治，至時地利。凡治事之長，謂之宰。故家相曰宰，天子之相謂之冢宰。貳王治事，百官總焉，則進異名而謂之冢宰；分職于王，與五卿並列，各與其亞貳為對，則退異名而謂之太宰。冢，太之上也，山頂曰冢。冢宰之職，內統百官，外均四海，是即所謂掌邦治也。百官異職，管攝使歸于一，是之謂統四海。異宜調劑，使得其平，是之謂均。

清・李紱《穆堂別稿》卷九《冢宰攷》 大即冢，冢即大也。故五官並以大對小，而天官以冢對小。今稱大冢宰，是『大大宰』、『冢冢宰』矣。安溪先生經學精熟，故能辨其失，然攷其失不自今日始也。《隋書・高祖本紀》稱，大象二年九月，以世子勇爲東京小冢宰；壬子，詔帝爲上柱國、大冢宰、隋國公。是大冢宰之訛，六朝已然。不惟有大冢宰，且有小冢宰，蓋駢麗盛行，古文衰歇，經學不明，不獨此誤而已。附記安溪公語以勸經學焉。或謂古人已用，即爲典故，後人因其語訛不自我始，亦可以無譏乎？曰，知其誤而又用之，是效尤也，是遂非也，尤可效乎？非可遂乎？惟敘隋文帝事則可用，彼雖誤用，當時固有是官矣。王莽自以爲舜後，據《虞書》改漢官名，惟士與虞止一字，不便於後世之稱，因以廷尉爲作士，連上一字用之虞之上，乃朕字不可以命官也，則改司空爲予虞。其文理不通至於如此，然當時既有此官，則論莽事者亦不得不循其實而稱之也。

清・洪頤煊《筠軒文鈔》卷一《周禮六官論》 《周禮》以天地四時分爲六官。大宰爲天官，司徒爲地官，宗伯爲春官，司馬爲夏官，司寇爲秋官，冬官雖亡，司空之職也。賈公彥《周禮正義序》據唐虞官制言之，稷爲天官，司

徒爲地官，秩宗爲春官，司馬爲夏官，士爲秋官，共工爲冬官，伯禹作司空，四時官不數者。鄭君云，初，堯冬官爲共工，舜舉禹治水，堯知其有聖德，必成功，故改命司空以官名，寵異之非常官也。至禹登百揆之任，捨司空之職爲共工與虞，故曰『垂作共工，益作朕虞』是也。頤煊謂，上古洪荒初闢，天與民近，故帝王設官必以天事爲首務。左氏述少皞氏之官曰，鳳鳥氏，曆正也；玄鳥氏，司分者也；伯趙氏，司至者也；青鳥氏，司啓者也；丹鳥氏，司閉者也。又，高辛氏之世命重爲南正，司天；黎爲火正，司地。《虞書》贊堯，首言『乃命羲和，欽若昊天，曆象日月星辰』，所首舉者，皆天官也。後世庶政繁興，民與天遠，故堯初年唯命羲和爲四嶽，分掌四時；末年庶績多闕，乃分嶽事，置八伯，皆王官。至舜即位，遂設百揆之職以總理庶政。夏、商以降，民事多而天事少，《周禮》六官凡言天者，憑相保章之職，僅屬春官。天官所掌，皆百揆之任，沿其名而改其實，其制與堯時異矣。鄭君云『稷爲天官』者，蓋堯時止有四官，司徒所掌，皆春官兼之，故《大戴禮·千乘篇》云，司徒典春，司馬司夏，司寇司秋，司空司冬，《周禮》既以百揆之任爲天官，而以稷所掌分屬地官，此亦一代之變制，非唐虞之舊法也。蓋自古帝王刱制，無不法天。《白虎通》云，爵有五等，以法五行，或三等者，法三光也。又云，京師者何？千里之邑號也。法日月之徑千里。諸侯封不過百里，象雷震百里，所潤雲雨同也。推之祭天圜丘象北極，祭地方，澤象后妃。三公法三臺，九卿法北斗，凡大祭祀、大典禮，莫不皆然。漢儒解經猶能窺見此指，至宋元以後，天學絶置不講，而反以六天帝爲荒謬不經之談。籲！是可怪也已。

章炳麟《太炎文録初編》卷一《官制索隱》 專制時代宰相用奴説。《尚書》載唐、虞之世，與天子議大事者，爲四嶽貴族世侯。去共主不過咫尺，議有怫忤，亦無以面折廷爭爲也。直持之使不得遂其行耳。小者卿尹之屬，雖貴不及嶽牧，其勢常足以自植。於是專制之君厭之，則爲己心腹者，惟奴僕與近侍，此義至易明。觀今時州縣，不任佐貳吏員，而獨任己之閽人。以佐貳有官位，吏員有世及，皆不能曲從己意，故惟閽人爲可恃。昔之人主，其心豈異是耶？蓋伊尹嘗爲阿衡，《商頌》。亦爲保衡。《書·君奭》。衡之義前已發之，所謂衡鹿，即光祿也。而阿保爲女師之稱。《後漢書·崔寔傳》：『或因常侍阿保，別自通達。』《注》：『阿保，謂傅母。』阿之爲名，見於《禮記》，稱爲『可者』，《説文》阿字作妿。然則《呂覽·本味》篇，稱『有侁氏以伊尹媵女』，斯不誣矣。孰謂其躬耕樂道耶？湯既引伊尹爲腹心，而阿保之名無改，其後相襲，遂以阿保爲三公。周有太保，王莽置太阿、少阿，皆自此出。而説者以爲阿，倚；衡，平。則不尋其本柢矣。又《本味》篇：『伊尹説湯以至味。』然則割烹要湯之説，亦不誣也。《曲禮》述夏、商之制，太宰尚卑，是其職本在治膳。然自伊尹任政，而冢宰之望始隆。孔子言高宗以前『君薨，則百官總己，以聽冢宰。』明冢宰之貴，商時已然。至《周禮·天官》，太宰遂正位爲五官長。然其所屬宂官，猶是宮中治膳之職。若膳夫、庖人、内饔、外饔、亨人、獸人、漁人、鼈人、腊人、酒正、酒人、漿人、籩人、醢人、醯人、鹽人，皆治庖宰之事者也。又伊尹能治湯液，故《周禮》沿之，醫師、食醫、疾醫、瘍醫、獸醫等官，亦隸太宰。伊尹本爲女師，故《周禮》沿之，使小宰治王宮之政令，而宮正、宮伯、宮人、内小臣、閽人、寺人、内豎皆屬之；以至九嬪、世婦、女御之屬，皆乙太宰爲其長官。後儒不審沿革，謂特使宮掖宂官，隸於冢宰，使不得阻撓外政，所謂宮中府中，皆爲一體者。不知周制實由沿襲而成，非別有深意也。宰夫之官，於《周禮》爲左右太宰者，掌治朝之法，羣吏之治，百官府之徵令，以治法考百官府羣都縣鄙之治，乘其財用之出入，其職崇矣。然見於《春秋傳》者，則列國之宰夫，猶是庖人。而漢世奉常屬官有雍太宰，專主熟食。由夏、商本是一官，其後分之，或從本職，則爲庖人；或從差遣，則爲執政。相沿有宰相之名，其源委至曖昧也。相之爲名，本瞽師之扶掖者耳。稍進而贊揖讓、槃辟之禮者，亦名爲相，其本皆至賤矣。然自堯時舉十六相，已漸崇貴。仲虺爲湯左相，召公爲周伯相，遂以其名被之執政。即觀孔子之在夾谷，本贊正服位之相耳，而《史記》言由大司寇行攝相事，則以執政歸之。蓋昵近之臣，易得君旨，故二者往往相兼。此又相國、丞相之名所由起矣。御之爲名，《詩》言『贄御』是也。周之御史，本居柱下，乃亦出巡邦國。至秦世遂以御史監郡。蓋其始，本以天子近臣，刺探邦國密事，猶後世以中貴人銜命也。秦之御史，已較周時爲貴，其長官御史大夫，則遂在三公之列。按《大雅·崧高》篇：『王命傅御，遷其私人。』鄭云：『傅御者，貳王治事，謂冢宰也。』是周世宰相，既以御名，而秦特沿襲其制耳。僕射者，亦賤官之名也。《禮記·檀弓》言：『君疾，僕人師扶右，射人師扶左。』此近臣最微末者。自春秋時，以僕人通書劄，《左傳》

言魏絳授僕人書，此猶近世投刺者，必由閽人傳入耳。秦時，謁者掌賓贊受事；尚書，屬少府；博士，通古今；與侍中皆天子近臣，而皆有僕射以領之。由是僕人、射人之名，始合爲一，其被名非無故也。《漢書·百官公卿表》：『古者重武，有主射以督課之。』其説不合。近孫仲容始以僕人、射人之説正之。漢時有尚書令一人，承秦所置。武帝初用宦者，其後更爲中書，司馬遷嘗爲之。後漢有尚書令、尚書僕射，爲國政之大湊，三公備位而已。至漢以後，中書又任朝政。及唐則尚書令、尚書僕射、中書令，皆爲真宰相。奄豎之稱，施於執政，而世不以爲恥者，由其習慣然矣。侍中者，又賤官之名也。漢初侍中，非奉唾壺，即執虎子。至東漢，則侍中比二千石。元魏以降，漸益顯著。唐時亦以侍中爲真宰相。然其所居猶曰門下，斯與閽之徒何異？形跡之不可掩如此。綜此數者，則知古之宰相，皆以僕從小臣，得人主之信任。其始權藉雖崇，階位猶下，最後乃直取其名以號公輔。然至於正位之後，而人主所信任者，又在彼不在此。

地官分部

綜　述

《周禮·地官·司徒》　惟王建國，辨方正位，體國經野，設官分職，以爲民極。乃立地官司徒，使帥其屬而掌邦教，以佐王安擾邦國。教官之屬：大司徒，卿一人。小司徒，中大夫二人。鄉師，下大夫四人。上士八人，中士十有六人，旅下士三十有二人；府六人，史十有二人，胥十有二人，徒百有二十人。鄉老，二鄉則公一人。鄉大夫，每鄉卿一人。州長，每州中大夫一人。黨正，每黨下大夫一人。族師，每族上士一人。閭胥，每閭中士一人。比長，五家下士一人。封人，中士四人，下士八人；府二人，史四人，胥六人，徒六十人。鼓人，中士六人；府二人，史二人，徒二十人。舞師，下士二人；胥四人，舞徒四十人。牧人，下士六人；府一人，史二人，徒六十人。牛人，中士二人，下士四人，府二人，史四人，胥二十人，徒二百人。充人，下士二人，史二人；胥四人，徒四十人。載師，上士二人，中士四人，府二人，史四人，胥六人，徒六十人。閭師，中士二人，史二人，徒二十人。縣師，上士二人，中士四人，府二人，史四人，胥八人，徒八十人。遺人，中士二人，下士四人；府二人，史四人，胥四人，徒四十人。均人，中士二人，下士四人；府二人，史四人，胥四人，徒四十人。師氏，中大夫一人，上士二人，府二人，史二人，胥十有二人，徒百有二十人。保氏，下大夫一人，中士二人，府二人，史二人，胥六人，徒六十人。司諫，中士二人，史二人，徒二十人。司救，中士二人，史二人，徒二十人。調人，下士二人，史二人，徒十人。媒氏，下士二人；史二人，徒十人。司市，下大夫二人，上士四人，中士八人，下士十有六人；府四人，史八人，胥十有二人，徒百有二十人。質人，中士二人，下士四人，府二人，史四人，胥二人，徒二十人。廛人，中士二人，下士四人，府二人，史四人，胥二人，徒二十人。胥師，二十肆則一人，皆二史。賈師，二十肆則一人，皆二史。司虣，十肆則一人；司稽，五肆則一人，胥，二肆則一人，肆長，每肆則一人。泉府，上士四人，中士八人，下士十有六人，府四人，史八人，賈八人，徒八十人。司門，下大夫二人，上士四人，中士八人，下士十有六人，府二人，史四人，胥四人，徒四十人。每門下士二人，府一人，史二人，徒四人。司關，上士二人，中士四人，府二人，史四人，胥八人，徒八十人。每關下士二人，府一人，史二人，徒四人。掌節，上士二人，中士四人，府二人，史四人，胥二人，徒二十人。遂人，中大夫二人，遂師，下大夫四人，上士八人，中士十有六人，旅下士三十有二人，府四人，史十有二人，胥十有二人，徒百有二十人。遂大夫，每遂中大夫一人；縣正，每縣下大夫一人，鄙師，每鄙上士一人，酇長，每酇中士一人。里宰，每里下士一人；鄰長，五家則一人。旅師，中士四人，下士八人，府二人，史四人，胥八人，徒八十人。稍人，下士四人；史二人，徒十有二人。委人，中士二人，下士四人，府二人，史四人，徒四十人。土均，上士二人，中士四人，下士八人，府二人，史四人，胥四人，徒四十人。草人，下士四人，史二人，徒十有二人。稻人，上士二人，中士四人，下士八人，府二人，史四人，胥十人，徒百人。土訓，中士二人，下士四人；史二人，徒八人。誦訓，中士二人，下士四人，史二人，徒八人。山虞，每大山，中士四人，下士八人，府二人，史四人，胥八人，徒八十人；中山，下士六人，史二人，胥六人，徒六十人，小山，下士二人，史一人，徒二十人。林衡，每大林麓，下士十有二人，史四人，胥十有二人，徒百有二十人；中林麓

如中山之虞，小林麓如小山之虞。川衡，每大川，下士十有二人，史四人，胥十有二人，徒百有二十人；中川，下士六人，史二人，胥六人，徒六十人；小川，下士二人，史一人，徒二十人。澤虞，每大澤大藪，中士四人，下士八人，府二人，史四人，胥八人，徒八十人；中澤中藪如中川之衡，小澤小藪如小川之衡。跡人，中士四人，下士八人；史二人，徒四十人。丱人，中士二人，下士四人，府二人，史二人，胥四人，徒四十人。角人，下士二人，府一人，徒八人。羽人，下士二人，府一人，徒八人。掌葛，下士二人，府一人，史一人，胥二人，徒二十人。掌染草，下士二人；府一人，史二人，徒八人。掌炭，下士二人，史二人，徒二十人。掌荼，下士二人，府一人，史一人，徒二十人。掌蜃，下士二人，府一人，史一人，徒八人。囿人，中士四人，下士八人；府二人，胥八人，徒八十人。場人，每場下士二人，府一人，史一人，徒二十人。廩人，下大夫二人，上士四人，中士八人，下士十有六人，府八人，史十有六人，胥三十人，徒三百人。舍人，上士二人，中士四人，府二人，史四人，胥四人，徒四十人。倉人，中士四人，下士八人；府二人，史四人，胥四人，徒四十人。司祿，中士四人，下士八人，府二人，史四人，徒四十人。司稼，下士八人，史四人，徒四十人。舂人，奄二人，女舂抌二人，奚五人。饎人，奄二人，女饎八人，奚四十人。槀人，奄八人，女槀，每奄二人，奚五人。

大司徒之職，掌建邦之土地之圖與其人民之數，以佐王安擾邦國。以天下土地之圖，周知九州之地域、廣輪之數，辨其山林、川澤、丘陵、墳衍、原隰之名物；而辨其邦國都鄙之數，制其畿疆而溝封之，設其社稷之壝而樹之田主，各以其野之所宜木，遂以名其社與其野。以土會之灋辨五地之物生：一曰山林，其動物宜毛物，其植物宜皁物，其民毛而方；二曰川澤，其動物宜鱗物，其植物宜膏物，其民黑而津；三曰丘陵，其動物宜羽物，其植物宜覈物，其民專而長；四曰墳衍，其動物宜介物，其植物宜莢物，其民皙而瘠；五曰原隰，其動物宜贏物，其植物宜叢物，其民豐肉而庳。因此五物者民之常，而施十有二教焉：一曰以祀禮教敬，則民不苟；二曰以陽禮教讓，則民不爭；三曰以陰禮教親，則民不怨；四曰以樂禮教和，則民不乖；五曰以儀辨等，則民不越；六曰以俗教安，則民不愉；七曰以刑教中，則民不虣；八曰以誓教恤，則民不怠；九曰以度教節，則民知足；十曰以世事教能，則民不失職；十有一曰以賢制爵，則民慎德；十有二曰以庸制祿，則民興功。以土宜之灋辨十有二土之名物，以相民宅而知其利害，以阜人民，以蕃鳥獸，以毓草木，以任土事。辨十有二壤之物而知其種，以教稼穡樹蓺。以土均之灋辨五物九等，制天下之地征，以作民職，以令地貢，以斂財賦，以均齊天下之政。以土圭之灋測土深，正日景，以求地中。日南則景短，多暑；日北則景長，多寒；日東則景夕，多風；日西則景朝，多陰。日至之景尺有五寸，謂之地中，天地之所合也，四時之所交也，風雨之所會也，陰陽之所和也。然則百物阜安，乃建王國焉，制其畿方千里而封樹之。凡建邦國，以土圭土其地而制其域：諸公之地，封疆方五百里，其食者半；諸侯之地，封疆方四百里，其食者參之一；諸伯之地，封疆方三百里，其食者參之一；諸子之地，封疆方二百里，其食者四之一；諸男之地，封疆方百里，其食者四之一。凡造都鄙，制其地域而封溝之。以其室數制之：不易之地家百畮，一易之地家二百畮，再易之地家三百畮。乃分地職，奠地守，制地貢，而頒職事焉，以爲地灋而待政令。以荒政十有二聚萬民：一曰散利，二曰薄征，三曰緩刑，四曰弛力，五曰舍禁，六曰去幾，七曰眚禮，八曰殺哀，九曰蕃樂，十曰多昏，十有一曰索鬼神，十有二曰除盜賊。以保息六養萬民：一曰慈幼，二曰養老，三曰振窮，四曰恤貧，五曰寬疾，六曰安富。以本俗六安萬民：一曰宮室，二曰族墳墓，三曰聯兄弟，四曰聯師儒，五曰聯朋友，六曰同衣服。正月之吉，始和布教於邦國都鄙，乃縣教象之灋於象魏，使萬民觀教象，挾日而斂之，乃施教灋於邦國都鄙，使之各以教其所治民。令五家爲比，使之相保；五比爲閭，使之相受；五閭爲族，使之相葬；五族爲黨，使之相救；五黨爲州，使之相賙；五州爲鄉，使之相賓。頒職事十有二於邦國都鄙，使以登萬民。一曰稼穡，二曰樹蓺，三曰作材，四曰阜藩，五曰飭材，六曰通財，七曰化材，八曰斂材，九曰生材，十曰學藝，十有一曰世事，十有二曰服事。以鄉三物教萬民而賓興之，一曰六德，知、仁、聖、義、忠、和；二曰六行，孝、友、睦、婣、任、恤；三曰六藝，禮、樂、射、御、書、數。以鄉八刑糾萬民：一曰不孝之刑，二曰不睦之刑，三曰不婣之刑，四曰不弟之刑，五曰不任之刑，六曰不恤之刑，七曰造言之刑，八曰亂民之刑。以五禮防萬民之僞而教之中，以六樂防萬民之情而教之和。凡萬民之不服教而有獄訟者，與有地治者聽而斷之；其附於刑者，歸於士。祀五帝，奉牛牲，羞其肆。享先王亦如之。大賓客，令野脩道委積。大喪，帥六鄉之衆庶，屬其六引，而

治其政令。大軍旅、大田役，以旗致萬民，而治其徒庶之政令。若國有大故，則致萬民於王門，令無節者不行於天下。大荒、大札，則令邦國移民、通財、舍禁、弛力、薄征、緩刑。歲終，則令教官正治而致事。正歲，令於教官曰：『各共爾職，脩乃事，以聽王命。其有不正，則國有常刑。』

小司徒之職，掌建邦之教灋，以稽國中及四郊都鄙之夫家、九比之數，以辨其貴賤、老幼、廢疾，凡征役之施捨與其祭祀、飲食、喪紀之禁令。乃頒比灋於六鄉之大夫，使各登其鄉之衆寡、六畜、車輦，辨其物，以歲時入其數，以施政教，行徵令。及三年，則大比；大比則受邦國之比要。乃會萬民之卒伍而用之：五人爲伍，五伍爲兩，四兩爲卒，五卒爲旅，五旅爲師，五師爲軍，以起軍旅，以作田役，以比追胥，以令貢賦。乃均土地以稽其人民而周知其數：上地家七人，可任也者家三人；中地家六人，可任也者二家五人；下地家五人，可任也者家二人。凡起徒役，毋過家一人，以其餘爲羨，唯田與追胥，竭作。凡用衆庶，則掌其政教與其戒禁，聽其辭訟，施其賞罰，誅其犯命者。凡國之大事，致民；大故，致餘子。乃經土地，而井牧其田野：九夫爲井，四井爲邑，四邑爲丘，四丘爲甸，四甸爲縣，四縣爲都，以任地事而令貢賦，凡稅斂之事。乃分地域而辨其守，施其職而平其政。凡小祭祀，奉牛牲，羞其肆。小賓客，令野脩道委積。大軍旅，帥其衆庶。小軍旅，巡役，治其政令。大喪，帥邦役，治其政教。凡建邦國，立其社稷，正其畿疆之封。凡民訟，以地比正之；地訟，以圖正之。歲終，則考其屬官之治成而誅賞，令羣吏正要會而致事。正歲，則帥其屬而觀教灋之象，徇以木鐸曰：『不用灋者，國有常刑。』令羣吏憲禁令，脩灋糾職，以待邦治。及大比六鄉四郊之吏，平教治，正政事，考夫屋及其衆寡、六畜、兵器，以待政令。

鄉師之職，各掌其所治鄉之教而聽其治。以國比之灋，以時稽其夫家衆寡，辨其老幼、貴賤、廢疾、馬牛之物，辨其可任者與其施捨者，掌其戒令糾禁，聽其獄訟。大役，則帥民徒而至，治其政令；既役，則受州里之役要，以考司空之辟，以逆其役事。凡邦事，令作秩敘。大祭祀，羞牛牲，共茅蒩。大軍旅、會同，正治其徒役與其輂輦，戮其犯命者。大喪用役，則帥其民而至，遂治之。及葬，執纛，以與匠師御匶而治役。及窆，執斧以涖匠師。凡四時之田，前期，出田灋於州里，簡其鼓鐸、旗物、兵器，修其卒伍。及期，以司徒之大旗，致衆庶而陳之，以旗物辨鄉邑，而治其政令刑禁，巡其前後之屯而戮其犯命者，斷其爭禽之訟。凡四時之徵令有常者，以木鐸徇於市朝。以歲時巡國及野，而賙萬民之囏阨，以王命施惠。歲終，則考六鄉之治，以詔廢置。正歲，稽其鄉器，比共吉凶二服，閭共祭器，族共喪器，黨共射器，州共賓器，鄉共吉凶禮樂之器。若國大比，則考教察辭，稽器展事，以詔誅賞。

鄉大夫之職，各掌其鄉之政教禁令。正月之吉，受教灋於司徒，退而頒之於其鄉吏，使各以教其所治，以考其德行，察其道藝。以歲時登其夫家之衆寡，辨其可任者。國中自七尺以及六十，野自六尺以及六十有五，皆征之。其舍者，國中貴者、賢者、能者、服公事者、老者、疾者，皆舍。以歲時入其書。三年則大比，考其德行道藝，而興賢者能者。鄉老及鄉大夫帥其吏與其衆寡，以禮禮賓之。厥明，鄉老及鄉大夫、羣吏獻賢能之書於王，王再拜受之，登於天府，內史貳之。退而以鄉射之禮五物詢衆庶：一曰和，二曰容，三曰主皮，四曰和容，五曰興舞。此謂使民興賢，出使長之；使民興能，入使治之。歲終，則令六鄉之吏皆會政致事。正歲，令羣吏考灋於司徒，以退，各憲之於其所治。國大詢於衆庶，則各帥其鄉之衆寡而致於朝。國有大故，則令民各守其閭，以待政令。以旌節輔令，則達之。

州長：各掌其州之教治政令之灋。正月之吉，各屬其州之民而讀灋，以考其德行道藝而勸之，以糾其過惡而戒之。若以歲時祭祀州社，則屬其民而讀灋，亦如之。春秋，以禮會民而射於州序。凡州之大祭祀、大喪，皆涖其事。若國作民而師田行役之事，則帥而致之，掌其戒令與其賞罰。歲終，則會其州之政令。正歲，則讀教灋如初。三年大比，則大考州里，以贊鄉大夫廢興。

黨正：各掌其黨之政令教治。及四時之孟月吉日，則屬民而讀邦灋，以糾戒之。春秋祭，亦如之。國索鬼神而祭祀，則以禮屬民而飲酒於序，以正齒位。壹命齒於鄉里，再命齒於父族，三命而不齒。凡其黨之祭祀、喪紀、婚冠、飲酒，教其禮事，掌其戒禁。凡作民而師田行役，則以其灋治其政事。歲終，則會其黨政，帥其吏而致事。正歲，屬民讀灋而書其德行道藝。以歲時涖校比。及大比，亦如之。

族師：各掌其族之戒令政事。月吉，則屬民而讀邦灋，書其孝、弟、睦、婣、有學者。春秋祭酺亦如之。以邦比之灋，帥四閭之吏，以時屬民而校，登其族之夫家衆寡，辨其貴賤、老幼、廢疾，可任者，及其六畜車輦。五家爲比，

十家爲聯；五人爲伍，十人爲聯；四閭爲族，八閭爲聯；使之相保相受，刑罰慶賞相及相共，以受邦職，以役國事，以相葬埋。若作民而師田行役，則合其卒伍，簡其兵器，以鼓鐸旗物帥而至，掌其治令、戒禁、刑罰。歲終，則會政致事。

閭胥：各掌其閭之徵令。以歲時各數其閭之衆寡，辨其施捨，凡春秋之祭祀、役政、喪紀之數，聚衆庶；既比，則讀灋，書其敬敏任恤者。凡事，掌其比、觵撻罰之事。

比長：各掌其比之治。五家相受，相和親；有辠奇衺，則相反。徒於國中及郊，則從而授之。若徙於他，則爲之旌節而行之。若無授無節，則唯圜土內之。

封人：掌設王之社壝，爲畿封而樹之。凡封國，設其社稷之壝，封其四疆。造都邑之封域者亦如之，令社稷之職。凡祭祀，飾其牛牲，設其楅衡，置其絼，共其水槀；歌舞牲，及毛炮之豚。凡喪紀、賓客、軍旅、大盟，則飾其牛牲。

鼓人：掌教六鼓、四金之音聲，以節聲樂，以和軍旅，以正田役。教爲鼓而辨其聲用。以雷鼓鼓神祀，以靈鼓鼓社祭，以路鼓鼓鬼享，以鼖鼓鼓軍事，以鼛鼓鼓役事，以晉鼓鼓金奏，以金錞和鼓，以金鐲節鼓，以金鐃止鼓，以金鐸通鼓。凡祭祀百物之神，鼓兵舞帗舞者。凡軍旅，夜鼓鼜；軍動，則鼓其衆。田役亦如之。救日月，則詔王鼓。大喪，則詔大僕鼓。

舞師：掌教兵舞，帥而舞山川之祭祀；教帗舞，帥而舞社稷之祭祀；教羽舞，帥而舞四方之祭祀；教皇舞，帥而舞旱暵之事。凡野舞，則皆教之。凡小祭祀，不興舞。

牧人：掌牧六牲而阜蕃其物，以共祭祀之牲牷。凡陽祀，用騂牲毛之；陰祀，用黝牲毛之；望祀，各以其方之色牲毛之。凡時祀之牲，必用牷物。凡外祭毀事，用尨可也。凡祭祀，共其犧牲，以授充人繫之。凡牲不繫者，共奉之。

牛人：掌養國之公牛，以待國之政令。凡祭祀，共其享牛、求牛，以授職人而芻之。凡賓客之事，共其牢禮積膳之牛；饗食、賓射，共其膳羞之牛；軍事，共其犒牛；喪事，共其奠牛。凡會同、軍旅、行役，共其兵車之牛與其牽徬，以載公任器。凡祭祀，共其牛牲之互與其盆簝，以待事。

充人：掌繫祭祀之牲牷。祀五帝，則繫於牢，芻之三月。享先王亦如之。凡散祭祀之牲，繫於國門，使養之。展牲，則告牷；碩牲，則贊。

載師：掌任土之灋，以物地事授地職，而待其政令。以廛里任國中之地，以場圃任園地，以宅田、士田、賈田任近郊之地，以官田、牛田、賞田、牧田任遠郊之地，以公邑之田任甸地，以家邑之田任稍地，以小都之田任縣地，以大都之田任畺地。凡任地，國宅無征，園廛二十而一，近郊十一，遠郊二十而三，甸、稍、縣、都皆無過十二，唯其漆林之征二十而五。凡宅不毛者，有里布；凡田不耕者，出屋粟；凡民無職事者，出夫家之征。以時徵其賦。

閭師：掌國中及四郊之人民、六畜之數，以任其力，以待其政令，以時徵其賦。凡任民，任農以耕事，貢九穀；任圃以樹事，貢草木；任工以飭材事，貢器物；任商以市事，貢貨賄；任牧以畜事，貢鳥獸；任嬪以女事，貢布帛；任衡以山事，貢其物；任虞以澤事，貢其物。凡無職者出夫布。凡庶民，不畜者祭無牲，不耕者祭無盛，不樹者無槨，不蠶者不帛，不績者不衰。

縣師：掌邦國、都鄙、稍甸、郊里之地域，而辨其夫家、人民、田萊之數，及其六畜、車輦之稽。三年大比，則以考羣吏而以詔廢置。若將有軍旅、會同、田役之戒，則受灋於司馬，以作其衆庶及馬牛車輦，會其車人之卒伍，使皆備旗鼓兵器，以帥而至。凡造都邑，量其地，辨其物，而制其域。以歲時徵野之賦貢。

遺人：掌邦之委積，以待施惠。鄉里之委積，以恤民之囏阸；門關之委積，以養老孤；郊里之委積，以待賓客；野鄙之委積，以待羇旅；縣都之委積，以待凶荒。凡賓客、會同、師役，掌其道路之委積。凡國野之道，十里有廬，廬有飲食；三十里有宿，宿有路室，路室有委；五十里有市，市有候館，候館有積。凡委積之事，巡而比之，以時頒之。

均人：掌均地政，均地守，均地職，均人民、牛馬、車輦之力政。凡均力政，以歲上下。豐年則公旬用三日焉，中年則公旬用二日焉，無年則公旬用一日焉。凶劄則無力政，無財賦，不收地守、地職，不均地政。三年大比，則大均。

師氏：掌以徵詔王。以三德教國子：一曰至德，以爲道本；二曰敏德，以爲行本；三曰孝德，以知逆惡。教三行：一曰孝行，以親父母；二

曰友行，以尊賢良；三曰順行，以事師長。居虎門之左，司王朝。掌國中失之事，以教國子弟。凡國之貴遊子弟學焉。凡祭祀、賓客、會同、喪紀、軍旅，王舉則從。聽治亦如之。使其屬帥四夷之隸，各以其兵服守王之門外，且蹕。朝在野外，則守內列。

保氏：掌諫王惡，而養國子以道。乃教之六藝：一曰五禮，二曰六樂，三曰五射，四曰五馭，五曰六書，六曰九數。乃教之六儀：一曰祭祀之容，二曰賓客之容，三曰朝廷之容，四曰喪紀之容，五曰軍旅之容，六曰車馬之容。凡祭祀、賓客、會同、喪紀、軍旅，王舉則從。聽治亦如之。使其屬守王闈。

司諫：掌糾萬民之德而勸之朋友，正其行而強之道藝，巡問而觀察之，以時書其德行道藝，辨其能而可任於國事者。以考鄉里之治，以詔廢置，以行赦宥。

司救：掌萬民之衺惡、過失而誅讓之，以禮防禁而救之。凡民之有衺惡者，三讓而罰，三罰而士加明刑，恥諸嘉石，役諸司空。其有過失者，三讓而罰，三罰而歸於圜土。凡歲時有天患民病，則以節巡國中及郊野，而以王命施惠。

調人：掌司萬民之難而諧和之。凡過而殺傷人者，以民成之。鳥獸，亦如之。凡和難，父之讎，辟諸海外；兄弟之讎，辟諸千里之外；從父兄弟之讎，不同國。君之讎眂父，師長之讎眂兄弟，主友之讎眂從父兄弟。弗辟，則與之瑞節而以執之。凡殺人有反殺者，使邦國交讎之。凡殺人而義者，不同國，令勿讎，讎之則死。凡有鬭怒者，成之；不可成者，則書之，先動者誅之。

媒氏：掌萬民之判。凡男女，自成名以上，皆書年月日名焉。令男三十而娶，女二十而嫁。凡娶判妻入子者，皆書之。中春之月，令會男女。於是時也，奔者不禁。若無故而不用令者，罰之。司男女之無夫家者而會之。凡嫁子娶妻，入幣純帛，無過五兩，禁遷葬者與嫁殤者。男女之陰訟，聽之於勝國之社；其附於刑者，歸之於士。

司市：掌市之治教、政刑、量度、禁令。以次敍分地而經市，以陳肆辨物而平市，以政令禁物靡而均市，以商賈阜貨而行布，以量度成賈而徵價，以質劑結信而止訟，以賈民禁僞而除詐，以刑罰禁虣而去盜，以泉府同貨而斂賒。大市，日昃而市，百族爲主；朝市，朝時而市，商賈爲主；夕市，夕時而市，販夫販婦爲主。凡市入，則胥執鞭度守門，市之羣吏平肆、展成奠賈。上旌於思次以令市，市師涖焉，而聽大治大訟；胥師、賈師涖於介次，而聽小治小訟。凡萬民之期於市者，辟布者、量度者、刑戮者，各於其地之敍。凡得貨賄、六畜者，亦如之，三日而舉之。凡治市之貨賄、六畜、珍異，亡者使有，利者使阜，害者使亡，靡者使微。凡通貨賄，以璽節出入之。國凶荒、劄、喪，則市無征而作布。凡市僞飾之禁，在民者十有二，在商者十有二，在賈者十有二，在工者十有二。市刑：小刑憲罰，中刑徇罰，大刑撲罰，其附於刑者，歸於士。國君過市則刑人赦，夫人過市罰一幕，世子過市罰一帟，命夫過市罰一蓋，命婦過市罰一帷。凡會同、師役，市司帥賈師而從，治其市政，掌其賣價之事。

質人：掌成市之貨賄、人民、牛馬、兵器、珍異。凡賣價者質劑焉，大市以質，小市以劑。掌稽市之書契，同其度量，壹其淳制，巡而考之，犯禁者舉而罰之。凡治質劑者，國中一旬，郊二旬，野三旬，都三月，邦國朞。期內聽，期外不聽。

廛人：掌斂市絘布、緫布、質布、罰布、廛布，而入於泉府。凡屠者，斂其皮角筋骨，入於玉府。凡珍異之有滯者，斂而入於膳府。

胥師：各掌其次之政令，而平其貨賄，憲刑禁焉。察其詐僞、飾行、價慝者，而誅罰之。聽其小治小訟而斷之。

賈師：各掌其次之貨賄之治，辨其物而均平之，展其成而奠其賈，然後令市。凡天患，禁貴價者，使有恒賈。四時之珍異亦如之。凡國之賣價，各帥其屬而嗣掌其月。凡師役、會同，亦如之。

司虣：掌憲市之禁令，禁其鬭囂者與其虣亂者、出入相陵犯者、以屬遊飲食於市者。若不可禁，則搏而戮之。

司稽：掌巡市，而察其犯禁者與其不物者而搏之。掌執市之盜賊，以徇，且刑之。胥：各掌其所治之政，執鞭度而巡其前。掌其坐作出入之禁令，襲其不正者。凡有罪者，撻戮而罰之。

肆長：各掌其肆之政令。陳其貨賄，名相近者相遠也，實相近者相爾也，而平正之。斂其緫布，掌其戒禁。

泉府：掌以市之征布斂市之不售貨之滯於民用者，以其賈買之，物楬

而書之，以待不時而買者。買者各從其抵，都鄙從其主，國人、郊人從其有
司，然後予之。凡賒者，祭祀無過旬日，喪紀無過三月。凡民之貸者，與其有
司辨而授之，以國服爲之息。凡國事之財用，取具焉。歲終，則會其出入而
納其餘。

司門：掌授管鍵，以啓閉國門。幾出入不物者，正其貨賄，凡財物犯禁
者舉之，以其財養死政之老與其孤。祭祀之牛牲繫焉，監門養之。凡歲時之
門，受其餘。凡四方之賓客造焉，則以告。

司關：掌國貨之節，以聯門市。司貨賄之出入者，掌其治禁與其征廛。
凡貨不出於關者，舉其貨，罰其人。凡所達貨賄者，則以節傳出之。國凶劄，
則無關門之征，猶幾。凡四方之賓客敂關，則爲之告。有外內之送令，則以
節傳出內之。

掌節：掌守邦節而辨其用，以輔王命。守邦國者用玉節，守都鄙者用
角節。凡邦國之使節，山國用虎節，土國用人節，澤國用龍節，皆金也，以英
蕩輔之。門關用符節，貨賄用璽節，道路用旌節，皆有期以反節。凡通達於
天下者，必有節，以傳輔之。無節者，有幾則不達。

遂人：掌邦之野。以土地之圖經田野，造縣鄙形體之灋。五家爲鄰，
五鄰爲里，四里爲酇，五酇爲鄙，五鄙爲縣，五縣爲遂，皆有地域，溝樹之。使
各掌其政令刑禁，以歲時稽其人民，而授之田野，簡其兵器，教之稼穡。凡治
野，以下劑致甿，以田里安甿，以樂昬擾甿，以土宜教甿稼穡，以興耡利甿，以
時器勸甿，以彊予任甿，以土均平政。辨其野之土，上地、中地、下地，以頒田
里。上地，夫一廛，田百畮，萊五十畮，餘夫亦如之。中地，夫一廛，田百畮，
萊百畮，餘夫亦如之。下地，夫一廛，田百畮，萊二百畮，餘夫亦如之。凡治
野，夫間有遂，遂上有徑；十夫有溝，溝上有畛；百夫有洫，洫上有涂；
千夫有澮，澮上有道；萬夫有川，川上有路，以達於畿。以歲時登其夫家之
衆寡及其六畜、車輦，辨其老幼、廢疾與其施捨者，以頒職作事，以令貢賦，以
令師田，以起政役。若起野役，則令各帥其所治之民而至，以遂之大旗致之，
其不用命者誅之。凡國祭祀，共野牲，令野職。凡賓客，令脩野道而委積。
大喪，帥六遂之役而致之，掌其政令；及葬，帥而屬六綍；及窆，陳役。凡
事，致野役，而師田作野民，帥而至，掌其政治禁令。

遂師：各掌其遂之政令戒禁。以時登其夫家之衆寡、六畜、車輦，辨其
施捨與其可任者。經牧其田野，辨其可食者，周知其數而任之，以徵財征。
作役事，則聽其治訟。巡其稼穡而移用其民，以救其時事。凡國祭祀，審其
誓戒，共其野牲。入野職、野賦於玉府。賓客，則巡其道脩，庀其委積。大
喪，使帥其屬以幄帟先，道野役；及窆，抱磨，共丘籠及蜃車之役。軍旅、田
獵，平野民，掌其禁令，比敘其事而賞罰。

遂大夫：各掌其遂之政令。以歲時稽其夫家之衆寡、六畜、田野，辨其
可任者與其可施捨者，以教稼穡，以稽功事，掌其政令戒禁，聽其治訟。令爲
邑者，歲終則會政致事。正歲，簡稼器，脩稼政。三歲大比，則帥其吏而興
甿，明其有功者，屬其地治者。凡爲邑者，以四達戒其功事，而誅賞廢興之。

縣正：各掌其縣之政令徵比，以頒田里，以分職事，掌其治訟，趨其稼
事而賞罰之。若將用野民師田、行役、移執事，則帥而至，治其政令。既役，
則稽功會事而誅賞。

鄙師：各掌其鄙之政令、祭祀。凡作民，則掌其戒令。以時數其衆庶，
而察其媺惡而誅賞。歲終，則會其鄙之政而致事。

酇長：各掌其酇之政令，以時校登其夫家，比其衆寡，以治其喪紀、祭
祀之事。若作其民而用之，則以旗鼓兵革帥而至。若歲時簡器，與有司數
之。凡歲時之戒令皆聽之，趨其耕耨，稽其女功。

里宰：掌比其邑之衆寡與其六畜、兵器，治其政令。以歲時合耦於耡，
以治稼穡，趨其耕耨，行其秩敘，以待有司之政令，而徵斂其財賦。

鄰長：掌相糾相受。凡邑中之政相贊。徙於他邑，則從而授之。

旅師：掌聚野之耡粟、屋粟、間粟而用之。以質劑致民，平頒其興積，
施其惠，散其利，而均其政令。凡用粟，春頒而秋斂之。凡新甿之治皆聽之，
使無征役，以地之媺惡爲之等。

稍人：掌令丘乘之政令。若有會同、師田、行役之事，則以縣師之灋作
其同徒、輂輦，帥而以至，治其政令，以聽於司馬。大喪，帥蜃車與其役以至，
掌其政令，以聽於司徒。

委人：掌斂野之賦，斂薪芻，凡疏材、木材，凡畜聚之物。以稍聚待賓
客，以甸聚待羈旅。凡其餘聚，以待頒賜。以式灋共祭祀之薪蒸木材。賓
客，共其芻薪。喪紀，共其薪蒸木材。軍旅，共其委積薪芻凡疏材。共野委
兵器，與其野囿財用。凡軍旅之賓客，館焉。

土均：掌平土地之政，以均地守，以均地事，以均地貢，以和邦國都鄙之政令刑禁與其施捨。禮俗、喪紀、祭祀，皆以地媺惡爲輕重之灋而行之，掌其禁令。

草人：掌土化之灋以物地，相其宜而爲之種。凡糞種，騂剛用牛，赤緹用羊，墳壤用麋，渴澤用鹿，鹹潟用貆，勃壤用狐，埴壚用豕，彊檻用蕡，輕爂用犬。

稻人：掌稼下地。以豬畜水，以防止水，以溝蕩水，以遂均水，以列舍水，以澮寫水，以涉揚其芟，作田。凡稼澤，夏以水殄草而芟荑之。澤草所生，種之芒種。旱暵，共其雩斂。喪紀，共其葦事。

土訓：掌道地圖，以詔地事。道地慝，以辨地物而原其生，以詔地求。王巡守，則夾王車。

誦訓：掌道方志，以詔觀事。掌道方慝，以詔辟忌，以知地俗。王巡守，則夾王車。

山虞：掌山林之政令，物爲之厲，而爲之守禁。仲冬斬陽木，仲夏斬陰木。凡服耜，斬季材，以時入之。令萬民時斬材，有期日。凡邦工入山林而掄材，不禁。春秋之斬木，不入禁。凡竊木者，有刑罰。若祭山林，則爲主，而脩除且蹕。若大田獵，則萊山田之野；及弊田，植虞旗於中，致禽而珥焉。

林衡：掌巡林麓之禁令，而平其守，以時計林麓而賞罰之。若斬木材，則受灋於山虞，而掌其政令。

川衡：掌巡川澤之禁令，而平其守。以時舍其守，犯禁者執而誅罰之。祭祀、賓客，共川奠。

澤虞：掌國澤之政令，爲之厲禁，使其地之人守其財物，以時入之於玉府，頒其餘於萬民。凡祭祀、賓客，共澤物之奠。喪紀，共其葦蒲之事。若大田獵，則萊澤野；及弊田，植虞旌以屬禽。

跡人：掌邦田之地政，爲之厲禁而守之。凡田獵者受令焉。禁麛卵者與其毒矢射者。

卝人：掌金玉錫石之地，而爲之厲禁以守之。若以時取之，則物其地，圖而授之。巡其禁令。

角人：掌以時徵齒角凡骨物於山澤之農，以當邦賦之政令。以度量受之，以共財用。

羽人：掌以時徵羽翮之政於山澤之農，以當邦賦之政令。凡受羽，十羽爲審，百羽爲摶，十摶爲縛。

掌葛：掌以時徵絺綌之材於山農，凡葛征，徵草貢之材於澤農，以當邦賦之政令。以權度受之。

掌染草：掌以春秋斂染草之物，以權量受之，以待時而頒之。

掌炭：掌灰物炭物之徵令，以時入之。以權量受之，以共邦之用，凡炭灰之事。

掌荼：掌以時聚荼，以共喪事。徵野疏材之物以待邦事，凡畜聚之物。

掌蜃：掌斂互物蜃物，以共闉壙之蜃。祭祀，共蜃器之蜃。共白盛之蜃。

囿人：掌囿遊之獸禁，牧百獸。祭祀、喪紀、賓客，共其生獸、死獸之物。

場人：掌國之場圃，而樹之果蓏珍異之物，以時斂而藏之。凡祭祀、賓客，共其果蓏，享亦如之。

廩人：掌九穀之數，以待國之匪頒、賙賜、稍食。以歲之上下數邦用，以知足否，以詔穀用，以治年之凶豐。凡萬民之食食者，人四鬴，上也；人三鬴，中也；人二鬴，下也。若食不能人二鬴，則令邦移民就穀，詔王殺邦用。凡邦有會同、師役之事，則治其糧與其食。大祭祀，則共其接盛。

舍人：掌平宮中之政，分其財守，以灋掌其出入。凡祭祀，共簠簋，實之，陳之。賓客，亦如之。共其禮，車米、筥米、芻米。喪紀，共飯米、熬穀。以歲時縣穜稑之種，以共王后之春獻種。掌米粟之出入，辨其物。歲終，則會計其政。

倉人：掌粟入之藏。辨九穀之物，以待邦用。若穀不足，則止餘灋用；有餘，則藏之，以待凶而頒之。凡國之大事，共道路之穀積、食飲之具。

司稼：掌巡邦野之稼，而辨穜稑之種，周知其名與其所宜地，以爲灋而縣於邑閭。巡野觀稼，以年之上下出斂灋。掌均萬民之食，而賙其急，而平其興。

舂人：掌共米物。祭祀，共其盛之米。賓客，共其牢禮之米。凡饗食，共其食米。掌凡米事。

饎人：掌凡祭祀共盛。共王及后之六食。凡賓客，共其簠簋之實。饗食亦如之。

槀人：掌共外內朝冗食者之食。若饗耆老、孤子、士庶子，共其食。掌豢祭祀之犬。

論說

清·戚學標《鶴泉文鈔續選》卷一《周官媒氏說》 媒氏『仲春之月，令會男女。於是時也，奔者不禁。若無故而不用令者，罰之』。此近於今之律文。令會男女者，核其婚嫁之數，恐失時也。奔者不禁，爲徇子女之私，此責在父母。無故而不用令，爲父母禁之而不聽，此責在子女。罰之。總上言。或金贖，或薄懲，止於罰者。事已成，免其離異也。若之爲言及也。《刑統》言某罪及某罪，皆以若言是也。經文自明，後人誤解耳。

清·鄭珍《巢經巢文集》卷一《調人》 予讀《周禮》，至《調人》乃廢書而歎曰，嗟乎！是天下殺人者無罪也，是治天下可不設刑政也，如其言將天下盡人皆可殺，盡人皆可以殺人，幾何不人類與人道俱絕哉！蓋天下盡人而已矣。人之類若君，若父母，若夫妻兄弟，若師友與諸親屬而已矣。今殺人者能外人之父兄、師長及凡有親屬者而殺之哉？殺人之父兄、師長及凡有親屬者，則所殺者之親戚，子弟心得讎之而力不得殺之，力即得殺之而法不得殺之，殺之必天子之法，故天子之法不當問其親戚，子弟之讎與不讎，而但問殺人者之罪在大辟，罪在小辟，夫是之謂人道。今乃曰：『凡和難父之讎，辟諸海外；兄弟之讎，辟諸千里之外；從父兄弟之讎，不同國。君之讎視父，師長之讎視兄弟，主友之讎視從父兄弟』，說之者曰，此特言其略也。自外不言者，皆據服爲斷，或從親爲斷焉。噫！爲天下至尊，不能明辟正刑，斯已矣！又使其讎遠避而禁，使不得讎之哉！如使殺人者遠適矣，而讎家怨室竟死志報復，殺之於數千里之外，有司者又以其就而讎之，取其人而殺之，不且殺二人耶？如不殺而仍使避之，而所殺者之父兄子弟又從而殺之，則愈讎愈殺，愈殺愈讎，不且讎殺無已時耶？人道絕，吾安知人類不與之絕也。且所謂君之讎者必弑君之人也，而亦和之？而亦使避之？假令調人之君爲人所弑，是其人即調人之讎也，調人將自與之和而使之避在海外耶？抑持此人與天下臣庶和而使之避在海外耶？吾恐一調人且不與之和，亦無此海外爲是人避地也。又曰，凡殺人而義者，令勿讎，讎之則死。孟子不云乎惟天吏始可以殺人，人而殺人，何義之有？如說者言父母、兄弟、師長嘗辱焉，而殺之者遂得爲義耶？夫辱亦大有辨矣。若彼辱之而是與，則辱人者無罪，而殺人者當治。彼父兄子弟豈終不一理而直受其殺也，有司者又豈終不一聽其理而直遣其避也！即彼辱之非與，而彼止辱之此，固殺之矣。雖弱敵亦不遽甘心焉。令勿讎，果不讎耶？彼不聽而讎之則死。是人已死，其父兄官又死其子弟也。如是則凡辱其父母、兄弟、師長者，皆可徑行殺之。彼若讎，則聲之官而致死焉。如是則凡爲所殺者之父兄、子弟，不惟不敢讎且視其父兄、子弟之辱人者爲殺其所當殺，而又無所用避諸海外，避諸千里之外也。是尚得爲天下哉！吾謂雖桀、紂立法，亦不若是，其言之謬也。何周公乎？如其言，幾何不人類與人道俱絕也。

春官分部

綜述

《周禮·春官宗伯》 惟王建國，辨方正位，體國經野，設官分職，以爲民極。乃立春官宗伯，使帥其屬而掌邦禮，以佐王和邦國。禮官之屬。大宗伯，卿一人。小宗伯，中大夫二人。肆師，下大夫四人。上士八人，中士十有六人，旅下士三十有二人，府六人，史十有二人，胥十有二人，徒百有二十人。鬱人，下士二人，府二人，史一人，徒八人。鬯人，下士二人，府一人，史一人，徒八人。雞人，下士一人，史一人，徒四人。司尊彝，下士二人，府四人，史二人，胥二人，徒二十人。司幾筵，下士二人，府二人，史一人，徒八人。天府，上士一人，中士二人，府四人，史二人，胥二人，徒二十人。典瑞，中士二人，府二人，史二人，胥一人，徒十人。典命，中士二人，府二人，史二人，胥一人，徒十人。司服，中士二人，府二人，史一人，胥一人，徒十人。典祀，中士二人，下士四人，府二人，史二人，胥四人，徒四十人。守祧，奄八人，女祧每廟二人，奚四人。世婦，每宮卿二人，下大夫四人，中士八人，女府二人，女史二

人，奚十有六人。內宗，凡內女之有爵者。外宗，凡外女之有爵者。冢人，下大夫二人，中士四人，府二人，史四人，胥十有二人，徒百有二十人。墓大夫，下大夫二人，中士八人，府二人，史四人，胥二十人，徒二百人。職喪，上士二人，中士四人，下士八人，府二人，史四人，胥四人，徒四十人。大司樂，中大夫二人；樂師，下大夫四人，上士八人，下士十有六人。府四人，史八人，胥八人，徒八十人。大胥，中士四人，小胥，下士八人，府二人，史四人，徒四十人。大師，下大夫二人；小師，上士四人；瞽矇，上瞽四十人，中瞽百人，下瞽百有六十人；眡瞭三百人。府四人，史八人，胥十有二人，徒百有二十人。典同，中士二人，府一人，史一人，胥二人，徒二十人。磬師，中士四人，下士八人，府四人，史二人，胥四人，徒四十人。鍾師，中士四人，下士八人，府二人，史二人，胥六人，徒六十人。笙師，中士二人，下士四人，府二人，史二人，胥一人，徒十人。鎛師，中士二人，下士四人，府一人，史二人，胥二人，徒二十人。韎師，下士二人，府一人，史一人，舞者十有六人，徒四十人。旄人，下士四人，舞者衆寡無數，府二人，史二人，胥二人，徒二十人。籥師，中士四人，府二人，史二人，胥二人，徒二十人。籥章，中士二人，下士四人，府一人，史一人，胥二人，徒二十人。鞮鞻氏，下士四人，府一人，史一人，胥二人，徒二十人。典庸器，下士四人，府四人，史二人，胥八人，徒八十人。司干，下士二人，府二人，史二人，徒二十人。大卜，下大夫二人；卜師，上士四人，卜人，中士八人，下士十有六人。府二人，史二人，胥四人，徒四十人。龜人，中士二人，府二人，史二人，工四人，胥四人，徒四十人。菙氏，下士二人，史一人，徒八人。占人，下士八人，府一人，史二人，徒八人。簭人，中士二人，府一人，史二人，徒四人。占夢，中士二人，史二人，徒四人。眡祲，中士二人，史二人，徒四人。大祝，下大夫二人，上士四人，小祝，中士八人，下士十有六人。府二人，史四人，胥四人，徒四十人。喪祝，上士二人，中士四人，下士八人，府二人，史二人，胥四人，徒四十人。甸祝，下士二人，府一人，史一人，徒四人。詛祝，下士二人，府一人，史一人，徒四人。司巫，中士二人，府一人，史一人，胥一人，徒十人。男巫，無數；女巫，無數。其師，中士四人。府二人，史四人，胥四人，徒四十人。大史，下大夫二人，上士四人，小史，中士八人，下士十有六人。府四人，史八人，胥四人，徒四十人。馮相氏，中士二人，下士四人，府二人，史四人，徒八人。保章氏，中士二人，下士四人，府二人，史四人，徒八人。內史，中大夫一人，下大夫二人，上士四人，中士八人，下士十有六人，府四人，史八人，胥四人，徒四十人。外史，上士四人，中士八人，下士十有六人，胥二人，徒二十人。御史，中士八人，下士十有六人，其史百有二十人，府四人，胥四人，徒四十人。巾車，下大夫二人，上士四人，中士八人，下士十有六人，府四人，史八人，工百人，胥五人，徒五十人。典路，中士二人，下士四人，府二人，史二人，胥二人，徒二十人。車僕，中士二人，下士四人，府二人，史二人，胥二人，徒二十人。司常，中士二人，下士四人，府二人，史二人，胥四人，徒四十人。都宗人，上士二人，中士四人，府二人，史四人，胥四人，徒四十人。家宗人，如都宗人之數。凡以神士者無數，以其藝爲之貴賤之等。

大宗伯之職，掌建邦之天神、人鬼、地示之禮，以佐王建保邦國。以吉禮事邦國之鬼神示：以禋祀祀昊天上帝，以實柴祀日月星辰，以槱燎祀司中、司命、飌師、雨師。以血祭祭社稷、五祀、五嶽，以貍沈祭山林、川澤，以疈辜祭四方百物。以肆獻祼享先王，以饋食享先王，以祠春享先王，以禴夏享先王，以嘗秋享先王，以烝冬享先王。以凶禮哀邦國之憂：以喪禮哀死亡，以荒禮哀凶札，以弔禮哀禍烖，以禬禮哀圍敗以恤禮哀寇亂。以賓禮親邦國：春見曰朝，夏見曰宗，秋見曰覲，冬見曰遇，時見曰同，殷見曰同，時聘曰問，殷覜曰視。以軍禮同邦國：大師之禮，用衆也；大均之禮，恤衆也；大田之禮，簡衆也；大役之禮，任衆也；大封之禮，合衆也。以嘉禮親萬民：以飲食之禮親宗族兄弟，以婚冠之禮親成男女，以賓射之禮親故舊朋友，以饗燕之禮親四方之賓客，以脤膰之禮親兄弟之國，以賀慶之禮親異姓之國。以九儀之命正邦國之位：壹命受職，再命受服，三命受位，四命受器，五命賜則，六命賜官，七命賜國，八命作牧，九命作伯。以玉作六瑞，以等邦國：王執鎮圭，公執桓圭，侯執信圭，伯執躬圭，子執穀璧，男執蒲璧。以禽作六摯，以等諸臣：孤執皮帛，卿執羔，大夫執雁，士執雉，庶人執鶩，工商執雞。以玉作六器，以禮天地四方：以蒼璧禮天，以黄琮禮地，以青圭禮東方，以赤璋禮南方，以白琥禮西方，以玄璜禮北方。皆有牲幣，各放其器之色。以天產作陰德，以中禮防之；以地產作陽德，以和樂防之。以禮樂合天地之化，百物之產，以事鬼神，以諧萬民，以致百物。凡祀大神，享大鬼，祭大示，帥執事而卜日，宿，眡滌濯，涖玉鬯，省牲鑊，奉玉，詔大號，治其大禮，

詔相王之大禮。若王不與祭祀，則攝位。凡大祭祀，王后不與，則攝而薦豆籩，徹。大賓客，則攝而載果。朝覲會同，則爲上相。大喪，亦如之。王哭諸侯，亦如之。王命諸侯，則儐。國有大故，則旅上帝及四望。王大封，則先告后土。乃頒祀於邦國、都家、鄉邑。

小宗伯之職，掌建國之神位，右社稷，左宗廟。兆五帝於四郊，四望、四類亦如之。兆山川、丘陵、墳衍，各因其方。掌五禮之禁令與其用等。辨廟祧之昭穆。辨吉凶之五服、車旗、宮室之禁。掌三族之别，以辨親疏。其正室皆謂之『門子』，掌其政令。毛六牲，辨其名物，而頒之於五官，使共奉之。辨六齍之名物與其用，使六宮之人共奉之。辨六彝之名物，以待果將。辨六尊之名物，以待祭祀、賓客。掌衣服、車旗、宮室之賞賜。掌四時祭祀之序事與其禮。若國大貞，則奉玉帛以詔號。大祭祀，省牲，眡滌濯。祭之日，逆，省鑊，告時於王，告備於王。凡祭祀、賓客，以時將瓚果。詔相祭祀之小禮。凡大禮，佐大宗伯。賜卿大夫士爵，則儐。小祭祀，掌事，如大宗伯之禮。大賓客，受其將幣之。若大師，則帥有司而立軍社，奉主車。若軍將有事，則與祭有司將事於四望。若大甸，則帥有司而饁獸於郊，遂頒禽。大烖，及執事禱祠於上下神祇。王崩，大肆以秬鬯渳。及執事涖大斂、小斂，帥異族而佐。縣衰冠之式於路門之外。及執事眡葬獻器，遂哭之。卜葬兆，甫竁，亦如之。既葬，詔相喪祭之禮。成葬而祭墓，爲位。凡王之會同、軍旅、甸役之禱祠，肄儀爲位。國有禍烖，則亦如之。凡天地之大烖，類社稷、宗廟，則爲位。凡國之大禮，佐大宗伯；凡小禮，掌事，如大宗伯之儀。

肆師之職，掌立國祀之禮，以佐大宗伯。立大祀，用玉帛、牲牷；立次祀，用牲幣；立小祀，用牲。以歲時序其祭祀及其祈珥。大祭祀，展犧牲，繫於牢，頒於職人。凡祭祀之卜日、宿，爲期，詔相其禮，眡滌濯亦如之。祭之日，表齍盛，告絜；展器陳，告備；及果，築鬻。相治小禮，誅其慢怠者。掌兆中、廟中之禁令。凡祭祀禮成，則告事畢。大賓客，涖筵几，築鬻，贊果將。大朝覲，佐儐，共設匪罋之禮，饗食，授祭。與祝侯禳於畺及郊。大喪，大渳以鬯，則築鬻；令外内命婦序哭；禁外内命男女之衰不中灋者，且授之杖。凡師甸，用牲於社宗，則爲位。類造上帝，封於大神，祭兵於山川，亦如之。凡師不功，則助牽主車。凡四時之大甸獵，祭表貉，則爲位。甞之日，涖卜來歲之芟。獮之日，涖卜來歲之戒。社之日，涖卜來歲之稼。若國有大故，則令國人祭。歲時之祭祀亦如之。凡卿大夫之喪，相其禮。凡國之大事，治其禮儀，以佐宗伯。凡國之小事，治其禮儀而掌其事，如宗伯之禮。

鬱人：掌裸器。凡祭祀、賓客之裸事，和鬱鬯以實彝而陳之。凡裸玉，濯之，陳之，以贊裸事。詔裸將之儀與其節。凡裸事，沃盥。大喪之渳，共其肆器；及葬，共其裸器，遂貍之。大祭祀，與量人受舉斝之卒爵而飲之。

鬯人：掌共秬鬯而飾之。凡祭祀，社壝用大罍，禜門用瓢齎，廟用脩。凡山川四方用蜃，凡裸事用概，凡疈事用散。大喪之大渳，設門，共其釁鬯。凡王之齊事，共其秬鬯。凡王弔臨，共介鬯。

雞人：掌共雞牲，辨其物。大祭祀，夜嘑旦以嘂百官。凡國之大賓客、會同、軍旅、喪紀，亦如之。凡國事爲期，則告之時。凡祭祀，面禳，釁，共其雞牲。

司尊彝：掌六尊、六彝之位，詔其酌，辨其用與其實。春祠、夏禴，裸用雞彝、鳥彝，皆有舟；其朝踐用兩獻尊，其再獻用兩象尊，皆有罍，諸臣之所昨也。秋嘗、冬烝，裸用斝彝、黄彝，皆有舟；其朝獻用兩著尊，其饋獻用兩壺尊，皆有罍，諸臣之所昨也。凡四時之閒祀，追享、朝享，裸用虎彝、蜼彝，皆有舟；其朝踐用兩大尊，其再獻用兩山尊，皆有罍，諸臣之所昨也。凡六彝、六尊之酌，鬱齊獻酌，醴齊縮酌，盎齊涚酌，凡酒脩酌。大喪，存奠彝，大旅亦如之。

司几筵：掌五几、五席之名物，辨其用與其位。凡大朝覲、大饗射，凡封國、命諸侯，王位設黼依，依前南鄉設莞筵紛純，加繅席畫純，加次席黼純，左右玉几。祀先王，昨席亦如之。諸侯祭祀席，蒲筵繢純，加莞席紛純，右彫几；昨席，莞筵紛純，加繅席畫純。筵國賓於牖前，亦如之；左彤几。甸役則設熊席，右漆几。凡喪事，設葦席，右素几。其柏席用萑黼純，諸侯則紛純，每敦一几。凡吉事變几，凶事仍几。

天府：掌祖廟之守藏與其禁令。凡國之玉鎮、大寶器，藏焉。若有大祭、大喪，則出而陳之；既事，藏之。凡官府鄉州及都鄙之治中，受而藏之，以詔王察羣吏之治。上春，釁寶鎮及寶器。凡吉凶之事，祖廟之中沃盥，執燭。季冬，陳玉，以貞來歲之媺惡。若遷寶，則奉之。若祭天之司民、司禄而獻民數、穀數，則受而藏之。

典瑞：掌玉瑞、玉器之藏，辨其名物與其用事，設其服飾。王晉大圭，

執鎮圭，繅藉五采五就，以朝日。公執桓圭，侯執信圭，伯執躬圭，繅皆三采三就；子執穀璧，男執蒲璧，繅皆二采再就，以朝、覲、宗、遇、會、同於王。諸侯相見亦如之。瑑圭璋璧琮，繅皆二采一就，以覜聘。四圭有邸，以祀天、旅上帝。兩圭有邸，以祀地、旅四望。裸圭有瓚，以肆先王，以裸賓客。圭璧，以祀日月星辰。璋邸射，以祀山川，以造贈賓客。土圭以致四時日月，封國則以土地。珍圭以徵守，以恤凶荒。牙璋以起軍旅，以治兵守。璧羨以起度。駔圭、璋、璧、琮、琥、璜之渠眉，疏璧琮以斂尸。穀圭以和難，以聘女。琬圭以治德，以結好。琰圭以易行，以除慝。大祭祀、大旅，凡賓客之事，共其玉器而奉之。大喪，共飯玉、含玉、贈玉。凡玉器出，則共奉之。

典命：掌諸侯之五儀、諸臣之五等之命。上公九命爲伯，其國家、宮室、車旗、衣服、禮儀，皆以九爲節；侯伯七命，其國家、宮室、車旗、衣服、禮儀，皆以七爲節；子男五命，其國家、宮室、車旗、衣服、禮儀，皆以五爲節；王之三公八命，其卿六命，其大夫四命；及其出封，皆加一等，其國家、宮室、車旗、衣服、禮儀亦如之。凡諸侯之適子誓於天子，攝其君，則下其君之禮一等；未誓，則以皮帛繼子男。公之孤四命，以皮帛眡小國之君，其卿三命，其大夫再命，其士壹命，其宮室、車旗、衣服、禮儀，各眡其命之數。侯伯之卿、大夫、士亦如之。子男之卿再命，其大夫壹命，其士不命，其宮室、車旗、衣服、禮儀，各眡其命之數。

司服：掌王之吉凶衣服，辨其名物與其用事。王之吉服：祀昊天上帝，則服大裘而冕，祀五帝亦如之；享先王則衮冕，享先公、饗、射則鷩冕，祀四望山川則毳冕，祭社稷、五祀則希冕，祭羣小祀則玄冕。凡兵事，韋弁服。眡朝，則皮弁服。凡甸，冠弁服。凡凶事，服弁服。凡弔事，弁絰服。凡喪，爲天王斬衰，爲王后齊衰。王爲三公六卿錫衰，爲諸侯緦衰，爲大夫士疑衰，其首服皆弁絰大劄、大荒、大烖，素服。公之服，自衮冕而下，如王之服。侯伯之服，自鷩冕而下，如公之服。子男之服，自毳冕而下，如侯伯之服。孤之服，自希冕而下，如子男之服。卿大夫之服，自玄冕而下，如孤之服。其凶服，加以大功、小功。士之服，自皮弁而下，如大夫之服，其凶服亦如之。其齊服有玄端、素端。凡大祭祀、大賓客，共其衣服而奉之。大喪，共其復衣服、斂衣服、奠衣服、廞衣服，皆掌其陳序。

典祀：掌外祀之兆守，皆有域，掌其禁令。若以時祭祀，則帥其屬而修除，徵役於司隸而役之。及祭，帥其屬而守其厲禁而蹕之。

守祧：掌守先王、先公之廟祧，其遺衣服藏焉。若將祭祀，則各以其服授尸。其廟，則有司脩除之；其祧，則守祧黝堊之。既祭，則藏其隋與其服。

世婦：掌女宮之宿戒，及祭祀，比其具，詔王后之禮事，帥六宮之人共盛，相外內宗之禮事。大賓客之饗食，亦如之。大喪，比外內命婦之朝莫哭，不敬者而苛罰之。凡王后有操事於婦人，則詔相。凡內事有達於外官者，世婦掌之。

內宗：掌宗廟之祭祀薦加豆籩；及以樂徹，則佐傳豆籩。賓客之饗食亦如之。王后有事則從。大喪，序哭者。哭諸侯亦如之。凡卿大夫之喪，掌其弔臨。

外宗：掌宗廟之祭祀佐王后薦玉豆，眡豆籩；及以樂徹，亦如之。王后以樂羞，則贊。凡王后之獻，亦如之。王后不與，則贊宗伯。小祭祀，掌事。賓客之事亦如之。大喪，則敍外內朝莫哭者。哭諸侯亦如之。

冢人：掌公墓之地，辨其兆域而爲之圖。先王之葬居中，以昭穆爲左右。凡諸侯居左右以前，卿大夫士居後，各以其族。凡死於兵者，不入兆域。凡有功者居前。以爵等爲丘封之度與其樹數。大喪既有日，請度甫，遂爲之尸。及竁，以度爲丘隧，共喪之窆器。及葬，言鸞車象人。及窆，執斧以涖，遂入藏凶器。正墓位，蹕墓域，守墓禁。凡祭墓，爲尸。凡諸侯及諸臣葬於墓者，授之兆，爲之蹕，均其禁。

墓大夫：掌凡邦墓之地域，爲之圖。令國民族葬，而掌其禁令；正其位，掌其度數，使皆有私地域。凡爭墓地者，聽其獄訟。帥其屬而巡墓厲，居其中之室而守之。

職喪：掌諸侯之喪及卿大夫士凡有爵者之喪，以國之喪禮涖其禁令，序其事。凡國有司以王命有事焉，則詔贊主人。凡其喪祭，詔其號，治其禮，凡公有司之所共，職喪令之趣其事。

大司樂：掌成均之灋，以治建國之學政，而合國之子弟焉。凡有道者、有德者，使教焉；死則以爲樂祖，祭於瞽宗。以樂德教國子：中、和、祗、庸、孝、友。以樂語教國子：興、道、諷、誦、言、語。以樂舞教國子舞《雲門》、《大卷》、《大咸》、《大磬》、《大夏》、《大濩》、《大武》。以六律、六同、五

聲、八音、六舞大合樂，以致鬼神祇，以和邦國，以諧萬民，以安賓客，以説遠人，以作動物。乃分樂而序之，以祭，以享，以祀。乃奏黄鍾，歌大吕，舞《雲門》，以祀天神。乃奏大蔟，歌應鍾，舞《咸池》，以祭地祇。乃奏姑洗，歌南吕，舞《大磬》，以祀四望。乃奏蕤賓，歌函鍾，舞《大夏》，以祭山川。乃奏夷則，歌小吕，舞《大濩》，以享先妣。乃奏無射，歌夾鍾，舞《大武》，以享先祖。凡六樂者，文之以五聲，播之以八音。凡六樂者，一變而致羽物及川澤之祇，再變而致蠃物及山林之祇，三變而致鱗物及丘陵之祇，四變而致毛物及墳衍之祇，五變而致介物及土祇，六變而致象物及天神。凡樂，圜鍾爲宫，黄鍾爲角，大蔟爲徵，姑洗爲羽，靁鼓靁鼗，孤竹之管，雲和之琴瑟，《雲門》之舞。冬日至，於地上之圜丘奏之，若樂六變，則天神皆降，可得而禮矣。凡樂，函鍾爲宫，大蔟爲角，姑洗爲徵，南吕爲羽，靈鼓靈鼗，孫竹之管，空桑之琴瑟，《咸池》之舞。夏日至，於澤中之方丘奏之，若樂八變，則地祇皆出，可得而禮矣。凡樂，黄鍾爲宫，大吕爲角，大蔟爲徵，應鍾爲羽，路鼓路鼗，陰竹之管，龍門之琴瑟，《九德》之歌，《九磬》之舞，於宗廟之中奏之，若樂九變，則人鬼可得而禮矣。凡樂事，大祭祀，宿縣，遂以聲展之。王出入則令奏《王夏》，尸出入則令奏《肆夏》，牲出入則令奏《昭夏》。帥國子而舞。大饗，不入牲，其他皆如祭祀。大射，王出入，令奏《王夏》；及射，令奏《騶虞》。詔諸侯以弓矢舞。王大食，三宥，皆令奏鍾鼓。王師大獻，則令奏愷樂。凡日月食，四鎮五嶽崩，大傀異烖，諸侯薨，令去樂。大劄、大凶、大烖、大臣死，凡國之大憂，令弛縣。凡建國，禁其淫聲、過聲、凶聲、慢聲。大喪，涖廞樂器；及葬，藏樂器，亦如之。

樂師：掌國學之政，以教國子小舞。凡舞，有帗舞，有羽舞，有皇舞，有旄舞，有干舞，有人舞。教樂儀，行以《肆夏》，趨以《采薺》，車亦如之。環拜，以鍾鼓爲節。凡射，王以《騶虞》爲節，諸侯以《貍首》爲節，大夫以《采蘋》爲節，士以《采蘩》爲節。凡樂，掌其序事，治其樂政。凡國之小事用樂者，令奏鍾鼓。凡樂成，則告備。詔來瞽皋舞；及徹，帥學士而歌徹，令相。饗食諸侯，序其樂事，令奏鍾鼓，令相，如祭之儀。燕射，帥射夫以弓矢舞。樂出入，令奏鍾鼓。凡軍大獻，教愷歌，遂倡之。凡喪，陳樂器，則帥樂官；及序哭，亦如之。凡樂官，掌其政令，聽其治訟。

大胥：掌學士之版，以待致諸子。春，入學，舍采，合舞。秋，頒學，合聲。以六樂之會正舞位，以序出入舞者，比樂官，展樂器。凡祭祀之用樂者，以鼓徵學士。序宫中之事。

小胥：掌學士之徵令而比之，觵其不敬者，巡舞列而撻其怠慢者。正樂縣之位，王宫縣，諸侯軒縣，卿大夫判縣，士特縣，辨其聲。凡縣鍾磬，半爲堵，全爲肆。

大師：掌六律、六同，以合陰陽之聲。陽聲：黄鍾、大蔟、姑洗、蕤賓、夷則、無射。陰聲：大吕、應鍾、南吕、函鍾、小吕、夾鍾。皆文之以五聲：宫、商、角、徵、羽；皆播之以八音：金、石、土、革、絲、木、匏、竹。教六詩：曰風，曰賦，曰比，曰興，曰雅，曰頌。以六德爲之本，以六律爲之音。大祭祀，帥瞽登歌，令奏擊拊；下管播樂器，令奏鼓朄。大饗亦如之。大射，帥瞽而歌射節。大師，執同律以聽軍聲，而詔吉凶。大喪，帥瞽而廞，作匶，謚。凡國之瞽矇，正焉。

小師：掌教鼓鼗、柷、敔、塤、簫、管、弦、歌。大祭祀，登歌，擊拊；下管，擊應鼓；徹，歌。大饗亦如之。大喪，與廞。凡小祭祀、小樂事，鼓朄。掌六樂聲音之節與其和。

瞽矇：掌播鼗、柷、敔、塤、簫、管、弦、歌。諷誦詩，世奠繫，鼓琴瑟。掌《九德》、六詩之歌，以役大師。

眡瞭：掌凡樂事播鼗，擊頌磬、笙磬。掌大師之縣。凡樂事，相瞽。大喪，廞樂器。大旅亦如之。賓射，皆奏其鍾鼓。鼜，愷獻，亦如之。

典同：掌六律、六同之和，以辨天地四方陰陽之聲，以爲樂器。凡聲，高聲䃂，正聲緩，下聲肆，陂聲散，險聲斂，達聲贏，微聲韽，回聲衍，侈聲筰，弇聲鬱，薄聲甄，厚聲石。凡爲樂器，以十有二律爲之數度，以十有二聲爲之齊量。凡和樂亦如之。

磬師：掌教擊磬，擊編鍾。教縵樂、燕樂之鍾磬。凡祭祀，奏縵樂。

鍾師：掌金奏。凡樂事，以鍾鼓奏《九夏》：《王夏》、《肆夏》、《昭夏》、《納夏》、《章夏》、《齊夏》、《族夏》、《祴夏》、《驁夏》。凡祭祀、饗食，奏燕樂。凡射，王奏《騶虞》，諸侯奏《貍首》，卿大夫奏《采蘋》，士奏《采蘩》。掌鼙，鼓縵樂。

笙師：掌教龡竽、笙、塤、籥、簫、篪、篴、管，舂牘、應、雅，以教祴樂。凡祭祀、饗、射，共有鍾笙龡樂。燕樂亦如之。大喪，廞其樂器；及喪，奉而藏

之。大旅，則陳之。

鎛師：掌金奏之鼓。凡祭祀，鼓其金奏之樂。饗食、賓射亦如之。軍大獻，則鼓其愷樂。凡軍之夜三鼜，皆鼓之；守鼜亦如之。大喪，廞其樂器，奉而藏之。

韎師：掌教韎樂。祭祀，則帥其屬而舞之。大饗亦如之。

旄人：掌教舞散樂、舞夷樂。凡四方之以舞仕者屬焉。凡祭祀、賓客，舞其燕樂。

籥師：掌教國子舞羽歈籥。祭祀，則鼓羽籥之舞。賓客、饗食，則亦如之。大喪，廞其樂器，奉而藏之。

籥章：掌土鼓、豳籥。中春，晝擊土鼓、歈《豳》詩，以逆暑。中秋，夜迎寒亦如之。凡國祈年於田祖，歈《豳》雅，擊土鼓，以樂田畯。國祭蠟，則歈《豳》頌，擊土鼓，以息老物。

鞮鞻氏：掌四夷之樂與其聲歌。祭祀，則歈而歌之。燕亦如之。

典庸器：掌藏樂器、庸器。及祭祀，帥其屬而設荀虡，陳庸器。饗食、賓射亦如之。大喪，廞荀虡。

司干：掌舞器。祭祀，舞者既陳，則授舞器，既舞則受之。賓饗亦如之。大喪，廞舞器；及葬，奉而藏之。

大卜：掌三兆之灋。一曰《玉兆》，二曰《瓦兆》，三曰《原兆》。其經兆之體，皆百有二十，其頌皆千有二百。掌三易之灋：一曰《連山》，二曰《歸藏》，三曰《周易》。其經卦皆八，其別皆六十有四。掌三夢之灋：一曰《致夢》，二曰《觭夢》，三曰《咸陟》。其經運十，其別九十。以邦事作龜之八命：一曰征，二曰象，三曰興，四曰謀，五曰果，六曰至，七曰雨，八曰瘳。以八命者贊三兆、三易、三夢之占，以觀國家之吉凶，以詔救政。凡國大貞，卜立君，卜大封，則眡高作龜。大祭祀，則眡高命龜。凡小事，涖卜。國大遷、大師，則貞龜。凡旅，陳龜。凡喪事，命龜。

卜師：掌開龜之四兆。一曰方兆，二曰功兆，三曰義兆，四曰弓兆。凡卜事，眡高。揚火以作龜，致其墨。凡卜，辨龜之上下左右陰陽，以授命龜者而詔相之。

龜人：掌六龜之屬，各有名物。天龜曰靈屬，地龜曰繹屬，東龜曰果屬，西龜曰靁屬，南龜曰獵屬，北龜曰若屬。各以其方之色與其體辨之。凡取龜用秋時，攻龜用春時，各以其物入於龜室。上春釁龜，祭祀先卜。若有祭事，則奉龜以往。旅亦如之。喪亦如之。

華氏：掌共燋契，以待卜事。凡卜，以明火爇燋，遂歈其焌契，以授卜師，遂役之。

占人：掌占龜，以八簭占八頌，以八卦占簭之八故，以眡吉凶。凡卜簭，君占體，大夫占色，史占墨，卜人占坼。凡卜簭，既事，則繫幣以比其命。歲終，則計其占之中否。

簭人：掌三易，以辨九簭之名。一曰《連山》，二曰《歸藏》，三曰《周易》。九簭之名：一曰巫更，二曰巫咸，三曰巫式，四曰巫目，五曰巫易，六曰巫比，七曰巫祠，八曰巫參，九曰巫環，以辨吉凶。凡國之大事，先簭而後卜。上春，相簭。凡國事，共簭。

占夢：掌其歲時觀天地之會，辨陰陽之氣，以日月星辰占六夢之吉凶。一曰正夢，二曰噩夢，三曰思夢，四曰寤夢，五曰喜夢，六曰懼夢。季冬，聘王夢，獻吉夢於王，王拜而受之。乃舍萌於四方，以贈惡夢，遂令始難毆疫。

眡祲：掌十煇之灋，以觀妖祥，辨吉凶。一曰祲，二曰象，三曰鑴，四曰監，五曰闇，六曰瞢，七曰彌，八曰敘，九曰隮，十曰想。掌安宅敘降。正歲則行事，歲終則弊其事。

大祝：掌六祝之辭，以事鬼神祇，祈福祥，求永貞。一曰順祝，二曰年祝，三曰吉祝，四曰化祝，五曰瑞祝，六曰筴祝。掌六祈以同鬼神祇：一曰類，二曰造，三曰禬，四曰禜，五曰攻，六曰說。作六辭以通上下、親疏、遠近：一曰祠，二曰命，三曰誥，四曰會，五曰禱，六曰誄。辨六號：一曰神號，二曰鬼號，三曰示號，四曰牲號，五曰齍號，六曰幣號。辨九祭：一曰命祭，二曰衍祭，三曰炮祭，四曰周祭，五曰振祭，六曰擩祭，七曰絕祭，八曰祭，九曰共祭。辨九拜：一曰稽首，二曰頓首，三曰空首，四曰振動，五曰吉拜，六曰凶拜，七曰奇拜，八曰褒拜，九曰肅拜，以享右祭祀。凡大禋祀、肆享、祭祇，則執明火而號祝。隋釁，逆牲，逆尸，令鍾鼓，右亦如之。來瞽，令臯舞，相尸禮。既祭，令徹。大喪，始崩，以肆鬯渳尸，相飯，贊斂，徹奠，言甸人讀禱：付、練、祥，掌國事。國有大故、天烖，彌祀社稷，禱祠。大師，宜於社，造於祖，設軍社，類上帝，國將有事於四望，及軍歸獻於社，則前祝。大會同，造於廟，宜於社，過大山川，則用事焉；反行，舍奠。建邦國，先告后土，

用牲幣。禁督逆祀命者。頒祭號於邦國都鄙。

小祝：掌小祭祀將事侯、禳、禱、祠之祝號，以祈福祥，順豐年，逆時雨，寧風旱，彌烖兵，遠辠疾。大祭祀，逆盛，送逆尸，沃尸盥，掌隋，贊徹，贊奠。凡事，佐大祝。大喪，贊渳，設熬，置銘；及葬，設道之奠，分禱五祀。大師，掌釁新號祝。有寇戎之事，則保郊，祀於社。凡外內小祭祀、小喪紀、小會同、小軍旅，掌事焉。

喪祝：掌大喪勸防之事。及辟，令啓。及朝，御匶，乃奠。及祖，飾棺，乃載，遂御之。及葬，御匶，出宮乃代。及壙，説載，除飾。小喪亦如之。掌喪祭祝號。王弔，則與巫前。掌勝國邑之社稷之祝號，以祭祀禱祠焉。凡卿大夫之喪，掌事，而斂飾棺焉。

甸祝：掌四時之田表貉之祝號。舍奠於祖廟，禰亦如之。師甸，致禽於虞中，乃屬禽。及郊，饁獸，舍奠於祖禰，乃斂禽。禂牲、禂馬，皆掌其祝號。

詛祝：掌盟、詛、類、造、攻、説、禬、禜之祝號。作盟詛之載辭，以敘國之信用，以質邦國之劑信。

司巫：掌羣巫之政令。若國大旱，則帥巫而舞雩。國有大烖，則帥巫而造巫恒。祭祀，則共匰主及道布及蒩館。凡祭事，守瘞。凡喪事，掌巫降之禮。

男巫：掌望祀、望衍授號，旁以茅。冬堂贈，無方無筭。春招弭，以除疾病。王弔，則與祝前。

女巫：掌歲時祓除、釁浴。旱暵，則舞雩。若王后弔，則與祝前。凡邦之大烖，歌哭而請。

大史：掌建邦之六典，以逆邦國之治，掌灋以逆官府之治，掌則以逆都鄙之治。凡辨灋者考焉，不信者刑之。凡邦國都鄙及萬民之有約劑者藏焉，以貳六官，六官之所登。若約劑亂，則辟灋，不信者刑之。正歲年以序事，頒之於官府及都鄙，頒告朔於邦國。閏月，詔王居門終月。大祭祀，與執事卜日。戒及宿之日，與羣執事讀禮書而協事。祭之日，執書以次位常，辯事者攷焉，不信者誅之。大會同、朝覲，以書協禮事。及將幣之日，執書以詔王。大師，抱天時與大師同車。大遷國，抱灋以前。大喪，執灋以涖勸防；遣之日，讀誄。凡喪事，攷焉。小喪，賜謚。凡射事，飾中，舍筭，執其禮事。

小史：掌邦國之志，奠繫世，辨昭穆。若有事，則詔王之忌諱。大祭祀，讀禮灋，史以書敘昭穆之俎簋。大喪、大賓客、大會同、大軍旅，佐大史。凡國事之用禮灋者，掌其小事。卿大夫之喪，賜謚，讀誄。

馮相氏：掌十有二歲、十有二月、十有二辰、十日、二十有八星之位，辨其敘事，以會天位。冬夏致日，春秋致月，以辨四時之敘。

保章氏：掌天星，以志星辰日月之變動，以觀天下之遷，辨其吉凶。以星土辨九州之地，所封封域，皆有分星，以觀妖祥。以十有二歲之相，觀天下之妖祥。以五雲之物，辨吉凶、水旱降、豐荒之祲象。以十有二風，察天地之和、命乖別之妖祥。凡此五物者，以詔救政，訪序事。

內史：掌王之八枋之灋，以詔王治。一曰爵，二曰祿，三曰廢，四曰置，五曰殺，六曰生，七曰予，八曰奪。執國灋及國令之貳，以攷政事，以逆會計。掌敘事之灋，受訥訪，以詔王聽治。凡命諸侯及孤卿大夫，則策命之。凡四方之事書，內史讀之。王制祿，則贊爲之，以方出之。賞賜亦如之。內史掌書王命，遂貳之。

外史：掌書外令，掌四方之志，掌三皇五帝之書，掌達書名於四方。若以書使於四方，則書其令。

御史：掌邦國都鄙及萬民之治令，以贊冢宰。凡治者受灋令焉。掌贊書。凡數從政者。

巾車：掌公車之政令，辨其用與其旗物而等敘之，以治其出入。王之五路：一曰玉路，鍚，樊纓十有再就，建大常，十有二斿，以祀；金路，鉤，樊纓九就，建大旂，以賓，同姓以封；象路，朱，樊纓七就，建大赤，以朝，異姓以封；革路，龍勒，條纓五就，建大白，以即戎，以封四衛；木路，前樊鵠纓，建大麾，以田，以封蕃國。王后之五路：重翟，鍚面朱總；厭翟，勒面繢總；安車，彫面鷖總；皆有容蓋；翟車，貝面，組總，有握；輦車，組輓，有翣，羽蓋。王之喪車五乘：木車，蒲蔽，犬尾櫜，疏飾，小服皆疏；素車，棼蔽，犬素飾，小服皆素；藻車，藻蔽，鹿淺，革飾；駹車，雚蔽，然，髹飾；漆車，藩蔽，豻，雀飾。服車五乘：孤乘夏篆，卿乘夏縵，大夫乘墨車，士乘棧車，庶人乘役車。凡良車、散車不在等者，其用無常。凡車之出入，歲終則會之，凡賜闕之；毀折，入於職幣。大喪，飾遣車，遂廞之行之；及葬，執蓋從車，持旌；及墓，嘑啓關，陳車。小喪，共匶路與其飾。歲時更

續，共其幣車。大祭祀，鳴鈴以應雞人。

典路：掌王及后之五路，辨其名物與其用説。若有大祭祀，則出路，贊駕説。大喪、大賓客，亦如之。凡會同、軍旅、弔於四方，以路從。

車僕：掌戎路之萃，廣車之萃，闕車之萃，蘋車之萃，輕車之萃。凡師，共革車，各以其萃；會同，亦如之。大喪，廞革車。大射，共三乏。

司常：掌九旗之名物，各有屬，以待國事。日月爲常，交龍爲旂，通帛爲旜，雜帛爲物，熊虎爲旗，鳥隼爲旟，龜蛇爲旐，全羽爲旞，析羽爲旌。及國之大，贊司馬頒旗物；王建大常，諸侯建旂，孤卿建，大夫士建物，師都建旗，州里建旟，縣鄙建旐，道車載旞，斿車載旌。皆畫其象焉。官府各象其事，州里各象其名，家各象其號。凡祭祀，各建其旗。會同、賓客亦如之；置旌門。大喪，共銘旌，建廞車之旌；及葬，亦如之。凡軍事，建旌旗；及致民，置旗弊之。甸，亦如之。凡射，共獲旌。歲時共更旌。

都宗人：掌都祭祀之禮。凡都祭祀，致福於國，正都禮與其服。若有寇戎之事，則保羣神之壝。國有大故，則令禱祠；既祭，反命於國。

家宗人：掌家祭祀之禮。凡祭祀，致福。國有大故，則令禱祠，反命；祭，亦如之。掌家禮與其衣服宮室車旗之禁令。

凡以神仕者，掌三辰之法，以猶鬼神之居，辨其名物。以冬日至致天神人鬼，以夏日至致地祇物魅，以禬國之凶荒、民之札喪。

論説

清·陳立《句溪雜箸》卷三《外宗内宗説》 内外宗之見於經者五：一、《周禮·春官·序官》：「内宗，凡内女之有爵者。外宗，凡外女之有爵者。」《注》：内女，王同姓之女，謂之内宗。有爵，其嫁於大夫及士者。外女，王諸姑姊妹之女謂之外宗。一、《雜記》「外宗爲君夫人，猶内宗也。」《注》皆謂嫁於國中者也，爲君服斬，夫人齊衰，不敢以其親服服至尊者也。外宗謂姑姊妹之女、舅之女、從母皆是也。内宗五屬之女也。一、《服問》『君爲天子三年，夫人如外宗之爲君也』。《注》：『外宗，君外親之婦也，其夫與諸侯爲兄弟，服斬，妻從服期。』諸侯爲天子服斬，夫人亦從服期。四、《喪大記》云，外命婦率外宗哭於堂上北面。《注》：外宗，姑姊妹之女。並下云，外宗房中南面爲五。熊氏《服問疏》因謂外宗有三：《周禮》外宗通卿大夫之妻，一也。《雜記》是君姑姊妹之女、從母之女，二也。《服問》此又是外宗，親之婦，若姑之子婦，從母之子婦，亦名外宗，三也。内宗有二：《周禮》内宗是同姓之女，一也。《雜記》，内宗是君之五屬之内女，二也。按熊氏此疏，即據鄭注晰言之。其實鄭氏各注當以《周禮注》爲準，蓋『宗』即宗族之『宗』，外此者，皆不得與宗之名，故知内宗包有同姓，外宗專指有服者，言如姊妹之子爲甥，姑之子爲外，昆弟女子之子爲外孫，鄭氏未及當補人。皆在緦麻。女子在室，應與子同記者，曰外宗。爲君夫人，猶内宗，明皆不得以本服服之也。而内宗何知不專指屬内者，以大夫、士之制，無服族人有爲宗子齊衰三月之制，諸侯以上奪宗，明五屬，内外皆不得服本服也。既曰君夫人，則皆指有爵者可知；蓋無爵，則入庶人爲國君章。且《周禮》内外宗皆與王后祭事，更非無爵者所能矣，則《服問》之『如外宗之爲君』，亦即《雜記》之『外宗爲君夫人』，不得容有外親之婦。外親緦麻，其婦自然無服記者，無庸贅及焉。若然，同姓之女以及姑姊妹女子子之女得有在國中者？《喪服·大功章》，君爲姑姊妹女子子嫁於國君者，《傳》曰，何以不降也？尊同也。經既設此條，則必有嫁於大夫、士而以尊降者矣。其實嫁於大夫、士，則絕並無所謂降，其姑姊妹女子子之子出嫁於大夫、士更可知矣。何知外宗無從母及舅之女者？古者諸侯不内娶，大夫不外娶，故宋殺大夫，春秋譏其三世内『娶逆婦姜於齊』，譏其略知舅與從母皆在他邦，其女不得嫁於本國之大夫，若嫁於國君，則當援尊同不降之例矣。又《雜記疏》載熊氏説，謂雖嫁在他國，皆爲本國諸侯服斬。出嫁降父母之服，嫁異國自宜降其君之服，服斬於義當。然熊氏生亂離之世，持此議或亦有故君、故國之思也。孟開包君説。若賀循、譙周等云，在己國則得爲君服斬，夫人齊衰；若在他國，則不得焉。孔兩存之。案：賀、譙之説近是。蓋既嫁於他國，則宜爲他國之君、夫人斬齊，亦即受我而厚之意，且彼國之大夫本無服可言，婦人隨夫，儼然爲本國之君、夫人持重服，無斯禮也。且古者大夫不外娶，亦無嫁於他國之制。若無爵庶人之家，則又不得持齊、斬之服矣。即使失禮之臣而有如莒慶、高固者，或持大夫在外，其妻長子爲舊國君齊衰三月之禮，其亦無於禮之禮乎！

夏官分部

綜述

《周禮·夏官·司馬》 惟王建國，辨方正位，體國經野，設官分職，以爲民極。乃立夏官司馬，使帥其屬而掌邦政，以佐王平邦國。政官之屬：大司馬，卿一人；小司馬，中大夫二人；軍司馬，下大夫四人；輿司馬，上士八人；行司馬，中士十有六人，旅下士三十有二人。府六人，史十有六人，胥三十有二人，徒三百有二十人。凡制軍，萬有二千五百人爲軍。王六軍，大國三軍，次國二軍，小國一軍，軍將皆命卿。二千有五百人爲師，師帥皆中大夫。五百人爲旅，旅帥皆下大夫。百人爲卒，卒長皆上士。二十五人爲兩，兩司馬皆中士。五人爲伍，伍皆有長。一軍則二府、六史，胥十人，徒百人。司勳，上士二人，下士四人，府二人，史四人，胥二人，徒二十人。馬質，中士二人，府一人，史二人，賈四人，徒八人。量人，下士二人，府一人，史四人，徒八人。小子，下士二人，史一人，徒八人。羊人，下士二人，史一人，賈二人，徒八人。司爟，下士二人，徒六人。掌固，上士二人，下士八人，府二人，史四人，胥四人，徒四十人。司險，中士二人，下士四人，史二人，徒四十人。掌疆，中士八人，史四人，胥十有六人，徒百有六十人。候人，上士六人，下士十有二人，史六人，徒百有二十人。環人，下士六人，史二人，徒十有二人。挈壺氏，下士六人，史二人，徒十有二人。射人，下大夫二人，上士四人，下士八人，府二人，史四人，胥二人，徒二十人。服不氏，下士一人，徒四人。射鳥氏，下士一人，徒四人。羅氏，下士一人，徒八人。掌畜，下士二人，史二人，胥二人，徒二十人。司士，下大夫二人，中士六人，下士十有二人，府二人，史四人，胥四人，徒四十人。諸子，下大夫二人，中士四人，府二人，史二人，胥二人，徒二十人。司右，上士二人，下士二人，府四人，史四人，胥八人，徒八十人。虎賁氏，下大夫二人，中士十有二人，府二人，史八人，胥八十人，虎士八百人。旅賁氏，中士二人，下士十有六人，史二人，徒八人。節服氏，下士八人，徒四人。方相氏，狂夫四人。大僕，下大夫二人。小臣，上士四人。祭僕，中士六人。御僕，下士十有二人，府二人，史四人，胥二人，徒二十人。隸僕，下士二人，府一人，史二人，胥四人，徒四十人。弁師，下士二人，工四人，史二人，徒四人。司甲，下大夫二人，中士八人，府四人，史八人，胥八人，徒八十人。司兵，中士四人，府二人，史四人，胥二人，徒二十人。司戈盾，下士二人，府一人，史二人，徒四人。司弓矢，下大夫二人，中士八人，府四人，史八人，胥八人，徒八十人。繕人，上士二人，下士四人，府一人，史二人，胥二人，徒二十人。稾人，中士四人，府二人，史四人，胥二人，徒二十人。戎右，中大夫二人，上士二人。齊右，下大夫二人。道右，上士二人。大馭，中大夫二人。戎僕，中大夫二人。齊僕，下大夫二人。道僕，上士十有二人。田僕，上士十有二人。馭夫，中士二十人，下士四十人。校人，中大夫二人，上士四人，下士十有六人，府四人，史八人，胥八人，徒八十人。趣馬，下士皁一人，徒四人。巫馬，下士二人；醫四人，府一人，史二人，賈二人，徒二十人。牧師，下士四人，胥四人，徒四十人。廋人，下士閑二人，史二人，徒二十人。圉師，乘一人，徒二人。圉人，良馬匹一人，駑馬麗一人。職方氏，中大夫四人，下大夫八人，中士十有六人，府四人，史十有六人，胥十有六人，徒百有六十人。土方氏，上士五人，下士十人，府二人，史五人，胥五人，徒五十人。懷方氏，中士八人，府四人，史四人，胥四人，徒四十人。合方氏，中士八人，府四人，史四人，胥四人，徒四十人。訓方氏，中士四人，府四人，史四人，胥四人，徒四十人。形方氏，中士四人，府四人，史四人，胥四人，徒四十人。山師，中士二人，下士四人，府二人，史四人，胥四人，徒四十人。川師，中士二人，下士四人，府二人，史四人，胥四人，徒四十人。邍師，中士四人，下士八人，府四人，史八人，胥八人，徒八十人。匡人，中士四人，史四人，徒八人。撢人，中士四人，史四人，徒八人。都司馬，每都上士二人，中士四人，下士八人，府二人，史八人，胥八人，徒八十人。家司馬，各使其臣以正於公司馬。

大司馬之職，掌建邦國之九灋，以佐王平邦國。制畿封國，以正邦國；設儀辨位，以等邦國；進賢興功，以作邦國；建牧立監，以維邦國；制軍詰禁，以糾邦國；施貢分職，以任邦國；簡稽鄉民，以用邦國；均守平則，以安邦國；比小事大，以和邦國。以九伐之灋正邦國：馮弱犯寡則眚之，賊賢害民則伐之，暴內陵外則壇之，野荒民散則削之，負固不服則侵之，

賊殺其親則正之，放弑其君則殘之，犯令陵政則杜之，外內亂，鳥獸行，則滅之。正月之吉，始和布政於邦國都鄙，乃懸政象之灋於象魏，使萬民觀政象，挾日而斂之。乃以九畿之籍，施邦國之政職。方千里曰國畿，其外方五百里曰侯畿，又其外方五百里曰甸畿，又其外方五百里曰男畿，又其外方五百里曰采畿，又其外方五百里曰衛畿，又其外方五百里曰蠻畿，又其外方五百里曰夷畿，又其外方五百里曰鎮畿，又其外方五百里曰蕃畿。凡令賦，以地與民制之。上地食者參之二，其民可用者家三人；中地食者半，其民可用者二家五人；下地食者參之一，其民可用者家二人。中春，教振旅，司馬以旗致民，平列陳，如戰之陳。辨鼓鐸鐲鐃之用，王執路鼓，諸侯執賁鼓，軍將執晉鼓，師帥執提，旅帥執鼙，卒長執鐃，兩司馬執鐸，公司馬執鐲，以教坐作、進退、疾徐、疏數之節。遂以蒐田，有司表貉，誓民；鼓，遂圍禁；火弊，獻禽以祭社。中夏，教茇舍，如振旅之陳。羣吏撰車徒，讀書契，辨號名之用，帥以門名，縣鄙各以其名，家以號名，鄉以州名，野以邑名，百官各象其事，以辨軍之夜事。其他皆如振旅。遂以苗田，如蒐之灋，車弊，獻禽以享礿。中秋，教治兵，如振旅之陳。辨旗物之用，王載大常，諸侯載旂，軍吏載旗，師都載旜，鄉遂載物，郊野載旐，百官載旟，各書事是與其號焉。其他皆如振旅。遂以獮田，如蒐田之灋，羅弊，致禽以祀祊。中冬，教大閱。前期，羣史戒衆庶修戰灋。虞人萊所田之野，爲表，百步則一，爲三表，又五十步爲一表。田之日，司馬建旗於後表之中，羣吏以旗物鼓鐸鐲鐃，各帥其民而致。質明，弊旗，誅後至者。乃陳車徒如戰之陳，皆坐。羣吏聽誓於陳前，斬牲，以左右徇陳，曰：『不用命者斬之！』中軍以鼙令鼓，鼓人皆三鼓，司馬振鐸，羣吏作旗，車徒皆作。鼓行，鳴鐲，車徒皆行，及表乃止。三鼓，摝鐸，羣吏弊旗，車徒皆坐。又三鼓，振鐸，作旗，車徒皆作。鼓進，鳴鐲，車驟徒趨，及表乃止，坐作如初。乃鼓，車馳徒走，及表乃止。鼓戒三闋，車三發，徒三刺。乃鼓退，鳴鐃且卻，及表乃止，坐作如初。遂以狩田，以旌爲左右和之門，羣吏各帥其車徒以敍和出，左右陳車徒，有司平之。旗居卒間以分地，前後有屯百步，有司巡其前後。險野，人爲主；易野，車爲主。既陳，乃設驅逆之車。有司表貉於陳前。中軍以鼙令鼓，鼓人皆三鼓，羣司馬振鐸，車徒皆作。遂鼓行，徒銜枚而進。大獸公之，小禽私之，獲者取左耳。及所弊，鼓皆駴，車徒皆譟。徒乃弊，致禽饁獸於郊；入，獻禽以享烝。及師，大合軍，以行禁令，以救無辜，伐有罪。若大師，則掌其戒令，涖大卜，帥執事涖釁主及軍器。及致，建大常，比軍衆，誅後至者。及戰，巡陳，眡事而賞罰。若師有功，則左執律，右秉鉞以先，愷樂獻於社。若師不功，則厭而奉主車。王弔勞士庶子，則相。大役，與慮事屬其植，受其要，以待考而賞誅。大會同，則帥士庶子而掌其政令。若大射，則合諸侯之六耦。大祭祀、饗食，羞牲魚，授其祭。大喪，平士大夫。喪祭，奉詔馬牲。

小司馬之職，掌漢鄭玄注：此下字脫滅，札爛文闕。漢興，求之不得，遂無識其數者。凡小祭祀、會同、饗射、師田、喪紀，掌其事，如大司馬之灋。

軍司馬。闕。

輿司馬。闕。

行司馬。闕。

司勳：掌六鄉賞地之灋，以等其功。王功曰勳，國功曰功，民功曰庸，事功曰勞，治功曰力，戰功曰多。凡有功者，銘書於王之大常，祭於大烝，司勳詔之。大功，司勳藏其貳。掌賞地之政令。凡賞無常，輕重眡功。凡頒賞地，參之一食，唯加田無國正。

馬質：掌質馬。馬量三物，一曰戎馬，二曰田馬，三曰駑馬，皆有物賈。綱惡馬。凡受馬於有司者，書其齒毛與其賈。馬死，則旬之內更，旬之外入馬耳，以其物更，其外否。馬及行，則以任齊其行。若有馬訟，則聽之。禁原蠶者。

量人：掌建國之灋，以分國爲九州，營國城郭，營后宮，量市朝、道巷、門渠。造都邑亦如之。營軍之壘舍，量其市朝、州塗、軍社之所里。邦國之地與天下之塗數，皆書而藏之。凡祭祀、饗賓，制其從獻脯燔之數量。掌喪祭奠竁之俎實。凡宰祭，與鬱人受嘏歷而皆飲之。

小子：掌祭祀羞羊肆、羊殽、肉豆。而掌珥於社稷，祈於五祀。凡沈辜侯禳，飾其牲，釁邦器及軍器。凡師田，斬牲以左右徇陳。祭祀，贊羞，受徹焉。

羊人：掌羊牲。凡祭祀，飾羔。祭祀，割羊牲，登其首。凡祈珥，共其羊牲。賓客，共其灋羊。凡沈辜、侯、禳、釁、積，共其羊牲。若牧人無牲，則受布於司馬，使其賈買牲而共之。

司爟：掌行火之政令，四時變國火，以救時疾。季春出火，民咸從之；

季秋內火，民亦如之。時則施火令。凡祭祀，則祭爟。凡國失火，野焚萊，則有刑罰焉。

掌固：掌脩城郭、溝池、樹渠之固，頒其士庶子及其衆庶之守，設其飾器，分其財用，均其稍食。任其萬民，用其材器。凡守者受灋焉，以通守政。有移甲與其役財用，唯是得通，與國有司帥之，以贊其不足者。晝三巡之，夜亦如之。夜三鼜以號戒。若造都邑，則治其固，與其守灋。凡國都之竟，有溝樹之固，郊亦如之。民皆有職焉。若有山川，則因之。

司險：掌九州之圖，以周知其山林、川澤之阻，而達其道路。設國之五溝五塗，而樹之林，以爲阻固，皆有守禁，而達其道路。國有故，則藩塞阻路而止行者，以其屬守之，唯有節者達之。

掌疆。闕。

候人：各掌其方之道治與其禁令，以設候人。若有方治，則帥而致於朝；及歸，送之於竟。

環人：掌致師，察軍慝，環四方之故。巡邦國，搏諜賊，訟敵國，揚軍旅，降圍邑。

挈壺氏：掌挈壺以令軍井，挈轡以令舍，挈畚以令糧。凡軍事，縣壺以序聚。凡喪，縣壺以代哭者。皆以水火守之，分以日夜。及冬，則以火爨鼎水而沸之，而沃之。

射人：掌國之三公、孤、卿、大夫之位，三公北面，孤東面，卿、大夫西面。其，三公執璧，孤執皮帛，卿執羔，大夫執雁。諸侯在朝，則皆北面。詔相其灋。若有國事，則掌其戒令，詔相其事。掌其治達。以射灋治射儀。王以六耦，射三侯，三獲三容，樂以《虞》，九節五正；諸侯以四耦，射二侯，二獲二容，樂以《貍首》，七節三正；孤卿大夫以三耦，射一侯，一獲一容，樂以《採蘋》，五節二正；士以三耦，射豻侯，一獲一容，樂以《採蘩》，五節二正。若王大射，則以貍步張三侯。王射，則令去侯，立於後，以矢行告，卒，令取矢。祭侯，則爲位。與大史數射中，佐司馬治射正。祭祀，則贊射牲，相、孤、卿、大夫之灋儀。會同、朝覲，作大夫介，凡有爵者。大師，令有爵者乘王之倅車。有大賓客，則作卿大夫從，戒大史及大夫介。大喪，與僕人遷尸，作卿大夫掌事，比其廬，不敬者苛罰之。

服不氏：掌養猛獸而教擾之。凡祭祀，共猛獸。賓客之事，則抗皮。射則贊張侯，以旌居乏而待獲。

射鳥氏：掌射鳥。祭祀，以弓矢敺烏鳶。凡賓客、會同、軍旅，亦如之。射則取矢，矢在侯高，則以並夾取之。

羅氏：掌羅烏鳥。蠟則作羅襦。中春，羅春鳥，獻鳩以養國老，行羽物。

掌畜：掌養鳥而阜蕃教擾之。祭祀，共卵鳥。歲時貢鳥物，共膳獻之鳥。

司士：掌羣臣之版，以治其政令。歲登下其損益之數，辨其年歲與其貴賤，周知邦國、都家、縣鄙之數，卿、大夫、士、庶子之數，以詔王治。以德詔爵，以功詔祿，以能詔事，以久奠食，唯賜無常。正朝儀之位，辨其貴賤之等。王南鄉，三公北面東上，孤東面北上，卿大夫西面北上；王族故士、虎士在路門之右，南面東上；大僕、大右、大僕從者在路門之左，南面西上。司士擯，孤卿特揖，大夫以其等旅揖，士旁三揖，王還揖門左，揖門右。大僕前。王入，內朝皆退。掌國中之士治，凡其戒令。掌擯士者，膳其摯。凡祭祀，掌士之戒令，詔相其灋事；及賜爵，呼昭穆而進之。帥其屬而割牲，羞俎豆。凡會同，作士從，賓客亦如之。作士適四方使，爲介。大喪，作士掌事，作六軍之士執披。凡士之有守者，令哭無去守。國有故，則致士而頒其守。凡邦國，三歲則稽士任而進退其爵祿。

諸子：掌國子之倅，掌其戒令與其教治，辨其等，正其位。國有大事，則帥國子而致於大子，唯所用之。若有兵甲之事，則授之車甲，合其卒伍，置其有司，以軍灋治之。司馬弗正，凡國正，弗及。大祭祀，正六牲之體。凡樂事，正舞位，授舞器。大喪，正羣子之服位。會同、賓客，作羣子從。凡國之政事，國子存遊倅，使之脩德學道。春合諸學，秋合諸射，以考其藝而進退之。

司右：掌羣右之政令。凡軍旅、會同，合其車之卒伍，而比其乘，屬其右。凡國之勇力之士能用五兵者屬焉，掌其政令。

虎賁氏：掌先後王而趨以卒伍。軍旅、會同亦如之。舍則守王閑。王在國，則守王宮。國有大故，則守王門。大喪亦如之。及葬，從遺車而哭。適四方使，則從士大夫。若道路不通，有徵事，則奉書以使於四方。

旅賁氏：掌執戈盾夾王車而趨，左八人，右八人，車止則持輪。凡祭

祀、會同、賓客，則服而趨。喪紀，則衰葛執戈盾。軍旅，則介而趨。

節服氏：掌祭祀、朝覲衮冕，六人維王之大常。諸侯則四人，其服亦如之。郊祀裘冕，二人執戈，送逆尸從車。

方相氏：掌蒙熊皮，黄金四目，玄衣朱裳，執戈揚盾，帥百隸而時難，以索室敺疫。大喪，先匶；及墓，入壙，以戈擊四隅，敺方良。

大僕：掌正王之服位，出入王之大命。掌諸侯之復逆。王眡朝，則前正位而退；入亦如之。建路鼓於大寢之門外，而掌其政，以待達窮者與遽令。聞鼓聲，則速逆御僕與御庶子。祭祀、賓客、喪紀，正王之服位，詔灋儀，贊王牲事。王出入，則自左馭而前驅。凡軍旅、田役，贊王鼓。救日月亦如之。大喪，始崩，戒鼓傳達於四方，窆亦如之。縣喪首服之灋於宫門。掌三公、孤卿之弔勞。王燕飲，則相其灋。王射，則贊弓矢。王眡燕朝，則正位，掌擯相。王不眡朝，則辭於三公及孤卿。

小臣：掌王之小命，詔相王之小灋儀。掌三公及孤卿之復逆，正王之燕服位。王之燕出入，則前驅。大祭祀、朝覲，沃王盥。小祭祀、賓客、饗食、賓射，掌事如大僕之灋。掌士大夫之弔勞。凡大事，佐大僕。

祭僕：掌受命於王以眡祭祀，而警戒祭祀有司，糾百官之戒具。既祭，帥羣有司而反命；以王命勞之，誅其不敬者。大喪，復於小廟。凡祭祀，王之所不與，則賜之禽，都家亦如之。凡祭祀致福者，展而受之。

御僕：掌羣吏之逆及庶民之復，與其弔勞。大祭祀，相盥而登。大喪，持翣。掌王之燕令。以序守路鼓。

隸僕：掌五寢之埽除糞灑之事。祭祀，脩寢。王行，洗乘石。掌蹕宫中之事。大喪，復於小寢、大寢。

弁師：掌王之五冕，皆玄冕、朱裏、延、紐，五采繅十有二就，皆五采玉十有二，玉笄、朱紘。諸侯之繅斿九就，瑉玉三采，其餘如王之事。繅斿皆就，玉瑱、玉笄。王之皮弁，會五采玉璂，象邸，玉笄。王之弁絰，弁而加環絰。諸侯及孤卿大夫之冕、韋弁、皮弁、弁絰，各以其等爲之，而掌其禁令。

司甲。闕。

司兵：掌五兵、五盾，各辨其物與其等，以待軍事。及授兵，從司馬之灋以頒之；及其受兵輸，亦如之。及其用兵，亦如之。祭祀，授舞者兵。大喪，廞五兵。軍事，建車之五兵。會同亦如之。

司戈盾：掌戈盾之物而頒之。祭祀，授旅賁殳、故士戈盾；授舞者兵亦如之。軍旅、會同，授貳車戈盾，建乘車之戈盾，授旅賁及虎士戈盾。及舍，設藩盾，行則斂之。

司弓矢：掌六弓、四弩、八矢之灋，辨其名物，而掌其守藏與其出入。中春獻弓弩，中秋獻矢箙。及其頒之，王弓、弧弓，以授射甲革、椹質者；夾弓、庾弓，以授射豻侯鳥獸者；唐弓、大弓，以授學射者、使者、勞者。其矢箙皆從其弓。凡弩，夾、庾利攻守，唐、大利車戰、野戰。凡矢，枉矢、絜矢利火射，用諸守城、車戰；殺矢、鍭矢，用諸近射、田獵；矰矢、茀矢，用諸弋射；恒矢、庳矢，用諸散射。天子之弓合九而成規，諸侯合七而成規，大夫合五而成規，士合三而成規，句者謂之弊弓。凡祭祀，共射牲之弓矢。澤，共射椹質之弓矢。大射、燕射，共弓矢如數並夾。大喪，共明弓矢。凡師役、會同，頒弓弩各以其物從，授兵甲之儀。田弋，充籠箙矢，共矰矢。凡亡矢者，弗用則更。

繕人：掌王之用弓、弩、矢、箙、矰、弋、抉、拾。掌詔王射，贊王弓矢之事。凡乘車，充其籠箙，載其弓弩。既射，則斂之，無會計。

槀人：掌受財於職金，以齎其工。弓六物爲三等，弩四物亦如之。矢八物皆三等，箙亦如之。春獻素，秋獻成。書其等以饗工。乘其事，試其弓弩，以下上其食而誅賞。乃入功於司弓矢及繕人。凡齎財與其出入，皆在槀人，以待會而考之，亡者闕之。

戎右：掌戎車之兵革使，詔贊王鼓，傳王命於陳中。會同，充革車；盟，則以玉敦辟盟，遂役之。

齊右：掌祭祀、會同、賓客前齊車，王乘則持馬，行則陪乘。凡有牲事，則前馬。

道右：掌前道車。王出入則持馬陪乘，如齊車之儀。自車上諭命於從車，詔王之車儀。王式，則下，前馬；王下，則以蓋從。

大馭：掌馭玉路以祀。及犯軷，王自左馭；馭下，祀，登，受轡，犯軷，遂驅之。及祭，酌僕，僕左執轡，右祭兩軹，祭軓，乃飲。凡馭路，行以《肆夏》，趨於《采薺》。凡馭路儀，以鸞和爲節。

戎僕：掌馭戎車。掌王倅車之政，正其服。犯軷，如玉路之儀。凡巡守及兵車之會，亦如之。掌凡戎車之儀。

齊僕：　掌馭金路以賓。朝覲、宗遇、饗食，皆乘金路，其灋儀各以其等爲車送逆之節。

道僕：　掌馭象路，以朝夕、燕出入，其灋儀如齊車。掌貳車之政令。

田僕：　掌馭田路，以田以鄙。掌佐車之政，設驅逆之車，令獲者植旌，及獻，比禽。凡田，王提馬而走，諸侯晉，大夫馳。

馭夫：　掌馭貳車、從車、使車。分公馬而駕治之。

校人：　掌王馬之政。辨六馬之屬，種馬一物，戎馬一物，齊馬一物，道馬一物，田馬一物，駑馬一物。凡頒良馬而養乘之。乘馬一師四圉；　三乘爲皁，皁一趣馬；　三皁爲繫，繫一馭夫；　六繫爲廄，廄一僕夫；　六廄成校，校有左右。駑馬三良馬之數；　麗馬一圉，八麗一師，八師一趣馬，八趣馬一馭夫。天子十有二閑，馬六種；　邦國六閑，馬四種；　家四閑，馬二種。凡馬，特居四之一。春祭馬祖，執駒；　夏祭先牧，頒馬，攻特；　秋祭馬社，臧僕；　冬祭馬步，獻馬，講馭夫。凡大祭祀、朝覲、會同，毛馬而頒之。飾幣馬，執撲而從之。凡賓客，受其幣馬。大喪，飾遣車之馬；　及葬，埋之。田獵，則帥驅逆之車。凡將事於四海、山川，則飾黄駒。凡國之使者，共其幣馬。凡軍事，物馬而頒之。等馭夫之祿、宮中之稍食。

趣馬：　掌贊正良馬，而齊其飲食，簡其六節。掌駕説之頒。辨四時之居治，以聽馭夫。

巫馬：　掌養疾馬而乘治之，相醫而藥攻馬疾，受財於校人。馬死，則使其賈粥之，入其布於校人。

牧師：　掌牧地，皆有厲禁而頒之。孟春焚牧，中春通淫，掌其政令。凡田事，贊焚萊。

庾人：　掌十有二閑之政教，以阜馬、佚特、教駣、攻駒，及祭馬祖、祭閑之先牧，及執駒、散馬耳、圉馬，正校人員選。馬八尺以上爲龍，七尺以上爲騋，六尺以上爲馬。

圉師：　掌教圉人養馬。春除蓐，釁廄，始牧；　夏庌馬，冬獻馬。射則充椹質，茨牆則翦闔。

圉人：　掌養馬芻牧之事，以役圉師。凡賓客、喪紀，牽馬而入陳。廞馬亦如之。

職方氏：　掌天下之圖，以掌天下之地。辨其邦國、都鄙、四夷、八蠻、七閩、九貉、五戎、六狄之人民，與其財用、九穀、六畜之數要，周知其利害。乃辨九州之國，使同貫利。東南曰揚州，其山鎮曰會稽，其澤藪曰具區，其川三江，其浸五湖，其利金錫竹箭，其民二男五女，其畜宜鳥獸，其穀宜稻。正南曰荆州，其山鎮曰衡山，其澤藪曰雲瞢，其川江、漢，其浸潁、湛，其利丹銀齒革，其民一男二女，其畜宜鳥獸，其穀宜稻。河南曰豫州，其山鎮曰華山，其澤藪曰圃田，其川熒雒，其浸波、溠，其利林漆絲枲，其民二男三女，其畜宜六擾，其穀宜五種。正東曰青州，其山鎮曰沂山，其澤藪曰望諸，其川淮、泗，其浸沂、沭，其利蒲魚，其民二男二女，其畜宜雞狗，其穀宜稻麥。河東曰兗州，其山鎮曰岱山，其澤藪曰大野，其川河、泲，其浸盧、維，其利蒲魚，其民二男三女，其畜宜六擾，其穀宜四種。正西曰雍州，其山鎮曰嶽山，其澤藪曰弦蒲，其川涇、汭，其浸渭、洛，其利玉石，其民三男二女，其畜宜牛馬，其穀宜黍稷。東北曰幽州，其山鎮曰醫無閭，其澤藪曰貕養，其川河、泲，其浸菑、時，其利魚鹽，其民一男三女，其畜宜四擾，其穀宜三種。河內曰冀州，其山鎮曰霍山，其澤藪曰楊紆，其川漳，其浸汾、潞，其利松柏，其民五男三女，其畜宜牛羊，其穀宜黍稷。正北曰並州，其山鎮曰恒山，其澤藪曰昭餘祁，其川虖池、嘔夷，其浸淶、易，其利布帛，其民二男三女，其畜宜五擾，其穀宜五種。乃辨九服之邦國：　方千里曰王畿，其外方五百里曰侯服，又其外方五百里曰甸服，又其外方五百里曰男服，又其外方五百里曰采服，又其外方五百里曰衛服，又其外方五百里曰蠻服，又其外方五百里曰夷服，又其外方五百里曰鎮服，又其外方五百里曰藩服。凡邦國千里，封公以方五百里，則四公。方四百里，則六侯；　方三百里，則七伯；　方二百里，則二十五子；　方百里，則百男。以周知天下。凡邦國，小大相維。王設其牧，制其職，各以其所能；　制其貢，各以其所有。王將巡守，則戒於四方曰：『各脩平乃守，考乃職事，無敢不敬戒，國有大刑！』及王之所行，先道，帥其屬而巡戒令。王殷國亦如之。

土方氏：　掌土圭之灋，以致日景，以土地相宅，而建邦國都鄙。以辨土宜、土化之灋，而授任地者。王巡守，則樹王舍。

懷方氏：　掌來遠方之民，致方貢，致遠物，而送逆之，達之以節。治其委積、館舍、飲食。

合方氏：　掌達天下之道路，通其財利，同其數器，壹其度量，除其怨惡，

同其好善。

訓方氏：掌道四方之政事與其上下之志，誦四方之傳道。正歲，則布而訓四方，而觀新物。

形方氏：掌制邦國之地域，而正其封疆，無有華離之地。使小國事大國，大國比小國。

山師：掌山林之名，辨其物與其利害，而頒之於邦國，使致其珍異之物。

川師：掌川澤之名，辨其物與其利害，而頒之於邦國，使致其珍異之物。

原師：掌四方之地名，辨其丘陵、墳衍、邍隰之名物之可以封邑者。

匡人：掌達灋則，匡邦國而觀其慝，使無敢反側，以聽王命。

撢人：掌誦王志，道國之政事，以巡天下邦國而語之，使萬民和説而正王面。

都司馬：掌都之士庶子及其衆庶、車馬、兵甲之戒令。以國灋掌其政學，以聽國司馬。家司馬亦如之。

論説

清·方苞《望溪先生文集》卷一《書〈周官·大司馬·四時田法〉後》

聖人之政盡萬物之理而不過者，不惟其大，惟其細。聖人之文盡萬事之情而無遺者，不以其詳，以其略。周公五官之典皆然，而大司馬四時田法尤其顯著者也。蓋觀春與秋而知冬夏之田，王及諸侯皆不與焉。春著王與諸侯所執之鼓。秋著所載之旗，冬、夏則特標羣吏。盛暑隆寒不宜以武事煩尊者，學士冬、夏不習舞亦此義。且官徒殷則勞費大也。觀虞人所萊之野，樹表者三百五十步，圍禁前後之屯百步，而知鄉遂、公邑、都家之車徒皆前期各習於其地而赴禁圍者無幾焉；鄉師前期出田法於州里，大司馬前期命修戰法，茇舍治兵所辨號名旗物，畿以内毋漏焉；則前期而備教之可知矣。使徧陳於禁圍，則一鄉、一遂之車徒有不能容矣，此所以事習而民不煩也。魯人大蒐，自根牟至於商衛，革車千乘，殆其遺教與戰法、田法之詳，至冬狩始見者，雖各修於其地，然必待築場納稼之後乃可徧簡。車徒稽人畜旗物軍器行於三時，則奪農功而無地以陳車馬。辨夜事於仲夏者，人可露處而衣裝約也。於茇舍特舉辨軍之夜事，則知以教坐作進退疾徐疏數之節通乎三時矣。於夏舉勺，於冬舉烝，則祠嘗視此矣。於春舉社，則秋報可知矣。於秋舉方，則春祈可知矣。《小雅》「以社以方」，《疏》謂，皆秋報也。《大雅》方社不暮承祈年之後，必春祈也。呂氏《月令》所述多周制。孟春，命祀山林、川澤，邦畿，四面皆有之。《月令》於春未及。方祭，疑即方也。仲春，命民社。二者正次祈穀之後，可與《大雅》相證。於秋冬曰致禽，則春夏獻禽之約可知矣。於冬特舉饁獸，則秋猶未敢備取而不足以供四郊之饁可知矣。田法、戰法，冬詳其目而春舉其綱，仲冬大閲司馬，建旗於後，表之中至，不用命者斬之，即春蒐以旗，致民平列，陳如戰之陳也，中軍以鼙令鼓至，鳴鐃且卻，坐作如初，即春蒐所教坐作進退疾徐疏數之節也。以旌爲左右和之門至車徒皆譟，即春蒐表貉誓民鼓遂圍禁也。前期修戰法，四時所同，而於冬乃出之，則「三時專辨其一而大閲備舉其全」具見矣。使以晚周、秦、漢人籍之，則倍其文尚不足以詳其事，經則略舉互備，括盡而無遺。是之謂聖人之文也。

秋官分部

綜述

《周禮·秋官·司寇》 惟王建國，辨方正位，體國經野，設官分職，以爲民極。乃立秋官司寇，使帥其屬而掌邦禁，以佐王刑邦國。刑官之屬：大司寇，卿一人；小司寇，中大夫二人；士師，下大夫四人；鄉士，上士八人，中士十有六人，旅下士三十有二人，府六人，史十有二人，胥十有二人，徒百有二十人。遂士，中士十有二人，府六人，史十有二人，胥十有二人，徒百有二十人。縣士，中士三十有二人，府八人，史十有六人，胥十有六人，徒百有六十人。方士，中士十有六人，府八人，史十有六人，胥十有六人，徒百有六十人。訝士，中士八人，府四人，史八人，胥八人，徒八十人。朝士，中士六人，府三人，史六人，胥六人，徒六十人。司民，中士六人，府三人，史六人，胥三人，徒三十人。司刑，中士二人，府一人，史二人，胥二人，徒二十人。司

刺，下士二人，府一人，史二人，徒四人。司約，下士二人，府一人，史二人，徒四人。司盟，下士二人，府一人，史二人，徒四人。職金，上士二人，下士四人，府二人，史四人，胥八人，徒八十人。司厲，下士二人，史一人，徒十有二人。犬人，下士二人，府一人，史二人，賈四人，徒十有六人。司圜，中士六人，下士十有二人，府三人，史六人，胥十有六人，徒百有六十人。掌囚，下士十有二人，府六人，史十有二人，徒百有二十人。掌戮，下士二人，史一人，徒十有二人。司隸，中士二人，下士十有二人，府五人，史十人，胥二十人，徒二百人。罪隸，百有二十人。蠻隸，百有二十人。閩隸，百有二十人。夷隸，百有二十人。貉隸，百有二十人。布憲，中士二人，下士四人，府二人，史四人，胥四人，徒四十人。禁殺戮，下士二人，史一人，徒十有二人。禁暴氏，下士六人，史三人，胥六人，徒六十人。野廬氏，下士六人，胥十有二人，徒百有二十人。蜡氏，下士四人，徒四十人。雍氏，下士二人，徒八人。萍氏，下士二人，徒八人。司寤氏，下士二人，徒八人。司烜氏，下士六人，徒十有二人。條狼氏，下士六人，胥六人，徒六十人。脩閭氏，下士二人，史一人，徒十有二人。冥氏，下士二人，徒八人。庶氏，下士一人，徒四人。穴氏，下士一人，徒四人。翨氏，下士二人，徒八人。柞氏，下士八人，徒二十人。薙氏，下士二人，徒二十人。硩蔟氏，下士一人，徒二人。翦氏，下士一人，徒二人。赤犮氏，下士一人，徒二人。蟈氏，下士一人，徒二人。壺涿氏，下士一人，徒二人。庭氏，下士一人，徒二人。銜枚氏，下士二人，徒八人。伊耆氏，下士一人，徒二人。大行人，中大夫二人；小行人，下大夫四人；司儀，上士八人，中士十有六人；行夫，下士三十有二人，府四人，史八人，胥八人，徒八十人。環人，中士四人，史四人，胥四人，徒四十人。象胥，每翟上士一人，中士二人，下士八人，徒二十人。掌客，上士二人，下士四人，府一人，史二人，胥二人，徒二十人。掌訝，中士八人，府二人，史四人，胥四人，徒四十人。掌交，中士八人，府二人，史四人，徒三十有二人。掌察，四方中士八人，史四人，徒十有六人。掌貨賄，下士十有六人，史四人，徒三十有二人。朝大夫，每國上士二人，下士四人，府一人，史二人，庶子八人，徒二十人。都則，中士一人，下士二人，府一人，史二人，庶子四人，徒八十人。都士，中士二人，下士四人，府二人，史四人，胥四人，徒四十人。家士亦如之。

大司寇之職，掌建邦之三典，以佐王刑邦國，詰四方。一曰刑新國用輕典，二曰刑平國用中典，三曰刑亂國用重典。以五刑糾萬民。一曰野刑，上功糾力；二曰軍刑，上命糾守；三曰鄉刑，上德糾孝；四曰官刑，上能糾職；五曰國刑，上願糾暴。以圜土聚教罷民。凡害人者，寘之圜土而施職事焉，以明刑恥之；其能改者，反於中國，不齒三年。其不能改而出圜土者，殺。以兩造禁民訟，入束矢於朝，然後聽之。以兩劑禁民獄，入鈞金，三日乃致於朝，然後聽之。以嘉石平罷民，凡萬民之有罪過而未麗於灋，而害於州里者，桎梏而坐諸嘉石，役諸司空；重罪，旬有三日坐，朞役；其次九日坐，九月役；其次七日坐，七月役；其次五日坐，五月役；其下罪三日坐，三月役。使州里任之，則宥而舍之。以肺石達窮民，凡遠近惸獨老幼之欲有復於上而其長弗達者，立於肺石三日，士聽其辭，以告於上，而罪其長。正月之吉，始和布刑於邦國都鄙，乃縣刑象之灋於象魏，使萬民觀刑象，挾日而斂之。凡邦之大盟約，涖其盟書而登之於天府，大史、內史、司會及六官皆受其貳而藏之。凡諸侯之獄訟，以邦典定之。凡卿大夫之獄訟，以邦灋斷之。凡庶民之獄訟，以邦成弊之。大祭祀，奉犬牲。若禋祀五帝，則戒之日，涖誓百官，戒於百族。及納亨，前王；祭之日亦如之。奉其明水火。凡朝覲、會同，前王；大喪亦如之。大軍旅，涖戮於社。凡邦之大事，使其屬蹕。

小司寇之職，掌外朝之政，以致萬民而詢焉。一曰詢國危，二曰詢國遷，三曰詢立君。其位，王南鄉，三公及州長、百姓北面，羣臣西面，羣吏東面，小司寇擯以敘進而問焉，以衆輔志而弊謀。以五刑聽萬民之獄訟，附於刑，用情訊之。至於旬，乃弊之，讀書則用灋。凡命夫命婦，不躬坐獄訟。凡王之同族有罪，不即市。以五聲聽獄訟，求民情。一曰辭聽，二曰色聽，三曰氣聽，四曰耳聽，五曰目聽。以八辟麗邦灋，附刑罰。一曰議親之辟，二曰議故之辟，三曰議賢之辟，四曰議能之辟，五曰議功之辟，六曰議貴之辟，七曰議勤之辟，八曰議賓之辟。以三刺斷庶民獄訟之中。一曰訊羣臣，二曰訊羣吏，三曰訊萬民。聽民之所刺宥，以施上服下服之刑。及大比，登民數，自生齒以上，登於天府。內史、司會、冢宰貳之，以制國用。小祭祀，奉犬牲。凡禋祀五帝，實鑊水，納亨亦如之。大賓客，前王而辟，后、世子之喪亦如之。小師，涖戮。凡國之大事，使其屬蹕。孟冬祀司民，獻民數於王，王拜受之，以圖國用而進退之。歲終，則令羣士計獄弊訟，登中於天府。正歲，帥其屬而觀刑象，令以木鐸，曰：『不用灋者，國有常刑！』令羣士，乃宣布於四

方，憲刑禁。乃命其屬入會，乃致事。

士師之職，掌國之五禁之灋，以左右刑罰。一曰宫禁，二曰官禁，三曰國禁，四曰野禁，五曰軍禁。皆以木鐸徇之於朝，書而縣於門閭。以五戒先後刑罰，毋使罪麗於民。一曰誓，用之於軍旅；二曰誥，用之於會同；三曰禁，用諸田役；四曰糾，用諸國中；五曰憲，用諸都鄙。掌鄉合州黨族閭比之聯，與其民人之什伍，使之相安相受，以比追胥之事，以施刑罰慶賞。掌官中之政令。察獄訟之辭，以詔司寇斷獄弊訟，致邦令。掌士之八成，一曰邦汋，二曰邦賊，三曰邦諜，四曰犯邦令，五曰撟邦令，六曰爲邦盜，七曰爲邦朋，八曰爲邦誣。若邦凶荒，則以荒辯之灋治之，令移民、通財、糾守、緩刑。凡以財獄訟者，正之以傅別、約劑。若祭勝國之社稷，則爲之尸。王燕出入，則前驅而辟。祀五帝，則沃尸及王盥，洎鑊水。凡刉珥，則奉犬牲。諸侯爲賓，則帥其屬而蹕於王宫；大喪亦如之。大師，帥其屬而禁逆軍旅者與犯師禁者而戮之。歲終，則令正要會。正歲，帥其屬而憲禁令於國及郊野。

鄉士：掌國中。各掌其鄉之民數而糾戒之。聽其獄訟，察其辭，辨其獄訟，異其死刑之罪而要之，旬而職聽於朝。司寇聽之，斷其獄，弊其訟於朝；羣士、司刑皆在，各麗其灋以議獄訟。獄訟成，士師受中；協日刑殺，肆之三日。若欲免之，則王會其期。大祭祀、大喪紀、大軍旅、大賓客，則各掌其鄉之禁令，帥其屬夾道而蹕。三公若有邦事，則爲之前驅而辟；其喪亦如之。凡國有大事，則戮其犯命者。

遂士：掌四郊。各掌其遂之民數，而糾其戒令。聽其獄訟，察其辭，辨其獄訟，異其死刑之罪而要之，二旬而職聽於朝。司寇聽之，斷其獄，弊其訟於朝；羣士、司刑皆在，各麗其灋以議獄訟。獄訟成，士師受中。協日就郊而刑殺，各於其遂，肆之三日。若欲免之，則王令三公會其期。若邦有大事，聚衆庶，則各掌其遂之禁令，帥其屬而蹕。六卿若有邦事，則爲之前驅而辟；其喪亦如之。凡郊有大事，則戮其犯命者。

縣士：掌野。各掌其縣之民數，糾其戒令而聽其獄訟。察其辭，辨其獄訟，異其死刑之罪而要之，三旬而職聽於朝。司寇聽之，斷其獄，弊其訟於朝；羣士司刑皆在，各麗其灋以議獄訟。獄訟成，士師受中。協日刑殺，各就其縣，肆之三日。若欲免之，則王命六卿會其期。若邦有大役，聚衆庶，則各掌其縣之禁令。若大夫有邦事，則爲之前驅而辟；其喪亦如之。凡野有大事，則戮其犯命者。

方士：掌都家。聽其獄訟之辭，辨其死刑之罪而要之，三月而上獄訟於國。司寇聽其成於朝，羣士司刑皆在，各麗其灋以議獄訟。獄訟成，士師受中，書其刑殺之成與其聽獄訟者。凡都家之大事，聚衆庶，則各掌其方之禁令。以時修其縣灋，若歲終，則省之而誅賞焉。凡都家之士所上治，則主之。

訝士：掌四方之獄訟，諭罪刑於邦國。凡四方之有治於士者，造焉。四方有亂獄，則往而成之。邦有賓客，則與行人送逆之。入於國，則爲之前驅而辟；野亦如之。居館，則帥其屬而爲之蹕，誅戮暴客者。客出入則道之，有治則贊之。凡邦之大事，聚衆庶，則讀其誓禁。

朝士：掌建邦外朝之灋。左九棘，孤、卿、大夫位焉，羣士在其後。右九棘，公、侯、伯、子、男位焉，羣吏在其後。面三槐，三公位焉，州長衆庶在其後。左嘉石，平罷民焉。右肺石，達窮民焉。帥其屬而以鞭呼趨且辟，禁慢朝、錯立、族談者。凡得獲貨賄、人民、六畜者，委於朝，告於士，旬而舉之。大者公之，小者庶民私之。凡士之治有期日，國中一旬，郊二旬，野三旬，都三月，邦國朞。期內之治聽，期外不聽。凡有責者，有判書以治，則聽。凡民同貨財者，令以國灋行之；犯令者，刑罰之。凡屬責者，以其地傅而聽其辭。凡盜賊軍鄉邑及家人，殺之無罪。凡報仇讎者，書於士，殺之無罪。若邦凶荒、劄喪、寇戎之故，則令邦國都家縣鄙慮刑貶。

司民：掌登萬民之數，自生齒以上皆書於版。辨其國中與其都鄙及其郊野，異其男女，歲登下其死生。及三年大比，以萬民之數詔司寇。司寇及孟冬祀司民之日，獻其數於王，王拜受之，登於天府。內史、司會、冢宰貳之，以贊王治。

司刑：掌五刑之灋，以麗萬民之罪。墨罪五百，劓罪五百，宫罪五百，刖罪五百，殺罪五百。若司寇斷獄弊訟，則以五刑之灋詔刑罰，而以辨罪之輕重。

司刺：掌三刺、三宥、三赦之灋，以贊司寇聽獄訟。壹刺曰訊羣臣，再刺曰訊羣吏，三刺曰訊萬民。壹宥曰不識，再宥曰過失，三宥曰遺忘。壹赦曰幼弱，再赦曰老旄，三赦曰惷愚。以此三灋者求民情，斷民中，而施上服下服之罪，然後刑殺。

司約：掌邦國及萬民之約劑。治神之約爲上，治民之約次之，治地之約次之，治功之約次之，治器之約次之，治摯之約次之。凡大約劑，書於宗彝；小約劑，書於丹圖。若有訟者，則珥而辟藏，其不信者服墨刑。若大亂，則六官辟藏，其不信者殺。

司盟：掌盟載之灋。凡邦國有疑會同，則掌其盟約之載及其禮儀，北面詔明神；既盟，則貳之。盟萬民之犯命者，詛其不信者亦如之。凡民之有約劑者，其貳在司盟。有獄訟者，則使之盟詛。凡盟詛，各以其地域之衆庶共其牲而致焉。既盟，則爲司盟共祈酒脯。

職金：掌凡金、玉、錫、石、丹、青之戒令。受其入征者，辨其物之媺惡與其數量，楬而璽之，入其金錫於爲兵器之府，入其玉石、丹青於守藏之府，入其要。掌受士之金罰、貨罰，入於司兵。旅於上帝，則共其金版。饗諸侯亦如之。凡國有大故而用金石，則掌其令。

司厲：掌盜賊之任器、貨賄，辨其物，皆有數量，賈而楬之，入於司兵。其奴，男子入於罪隸，女子入於舂、槀。凡有爵者與七十者與未齓者，皆不爲奴。

犬人：掌犬牲。凡祭祀，共犬牲，用牷物；伏、瘞亦如之。凡幾珥、沈、辜，用駹可也。凡相犬、牽犬者屬焉，掌其政治。

司圜：掌收教罷民。凡害人者，弗使冠飾而加明刑焉。任之以事而收教之，能改者，上罪三年而舍，中罪二年而舍，下罪一年而舍。其不能改而出圜土者，殺。雖出，三年不齒。凡圜土之刑人也，不虧體；其罰人也，不虧財。

掌囚：掌守盜賊，凡囚者。上罪梏而桎，中罪桎梏，下罪梏，王之同族，有爵者桎，以待弊罪。及刑殺，告刑於王，奉而適朝士，加明梏，以適士而刑殺之。凡有爵者與王之同族，奉而適甸師氏，以待刑殺。

掌戮：掌斬殺賊諜而搏之。凡殺其親者，焚之；殺王之親者，辜之。凡殺人者，踣諸市，肆之三日。刑盜於市。凡罪之麗於灋者，亦如之。唯王之同族與有爵者，殺之於甸師氏。凡軍旅田役斬殺刑戮，亦如之。墨者使守門，劓者使守關，宮者使守內，刖者使守囿，髡者使守積。

司隸：掌五隸之灋，辨其物而掌其政令。帥其民而搏盜賊，役國中之辱事，爲百官積任器，凡囚執人之事。邦有祭祀、賓客、喪紀之事，則役其煩辱之事。掌帥四翟之隸，使之皆服其邦之服，執其邦之兵，守王宮與野舍之厲禁。

罪隸：掌役百官府與凡有守者，掌使令之小事。凡封國若家，牛助爲牽徬。其守王宮與其厲禁者，如蠻隸之事。

蠻隸：掌役校人養馬。其在王宮者，執其國之兵以守王宮。在野外，則守厲禁。

閩隸：掌役畜養鳥，而阜蕃教擾之。掌子則取隸焉。

夷隸：掌役牧人養牛馬，與鳥言。其守王宮者與其守厲禁者，如蠻隸之事。

貉隸：掌役服不氏而養獸而教擾之。掌與獸言。其守王宮者與其守厲禁者，如蠻隸之事。

布憲：掌憲邦之刑禁。正月之吉，執旌節以宣布於四方，而憲邦之刑禁，以詰四方邦國及其都鄙，達於四海。凡邦之大事合衆庶，則以刑禁號令。

禁殺戮：掌司斬殺戮者、凡傷人見血而不以告者，攘獄者，遏訟者，以告而誅之。

禁暴氏：掌禁庶民之亂暴力正者、撟誣犯禁者，作言語而不信者，以告而誅之。凡國聚衆庶，則戮其犯禁者以徇。凡奚隸聚而出入者，則司牧之，戮其犯禁者。

野廬氏：掌達國道路，至於四畿。比國郊及野之道路、宿息、井、樹。若有賓客，則令守塗地之人聚柝之，有相翔者誅之。凡道路之舟車互者，敘而行之。凡有節者及有爵者至，則爲之辟。禁野之橫行徑踰者。凡國之大事，比脩除道路者。掌凡道禁。邦之大師，則令埽道路，且以幾禁行作不時者，不物者。

蜡氏：掌除骴。凡國之大祭祀，令州里除不蠲，禁刑者、任人及凶服者；以及郊野，大師、大賓客亦如之。若有死於道路者，則令埋而置楬焉，書其日月焉，縣其衣服、任器於有地之官，以待其人。掌凡國之骴禁。

雍氏：掌溝、瀆、澮、池之禁，凡害於國稼者。春令爲阱擭溝瀆之利於民者，秋令塞阱杜擭。禁山之爲苑澤之沈者。

萍氏：掌國之水禁。幾酒，謹酒，禁川遊者。

司寤氏：掌夜時。以星分夜，以詔夜士夜禁。禦晨行者，禁宵行者、夜

遊者。

司烜氏：掌以夫遂取明火於日，以鑑取明水於月，以共祭祀之明、明燭，共明水。凡邦之大事，共墳燭庭燎。中春，以木鐸修火禁於國中。軍旅，修火禁。邦若屋誅，則爲明竁焉。

條狼氏：掌執鞭以趨辟。王出入則八人夾道，公則六人，侯伯則四人，子男則二人。凡誓，執鞭以趨於前，且命之：誓僕右曰『殺』，誓馭曰『車轘』，誓大夫曰『敢不關，鞭五百』，誓師曰『三百』，誓邦之大史曰『殺』，誓小史曰『墨』。

脩閭氏：掌比國中宿互柝者與其國粥，而比其追胥者而賞罰之。禁徑踰者，與以兵革趨行者，與馳騁於國中者。邦有故，則令守其閭互，唯執節者不幾。

冥氏：掌設弧張。爲阱擭以攻猛獸，以靈鼓敺之。若得其獸，則獻其皮、革、齒、須、備。

庶氏：掌除毒蠱，以攻說禬之，嘉草攻之。凡敺蠱，則令之比之。

穴氏：掌攻蟄獸，各以其物火之。以時獻其珍異、皮革。

翨氏：掌攻猛鳥，各以其物爲媒而掎之。以時獻其羽翮。

柞氏：掌攻草木及林麓。夏日至，令刊陽木而火之；冬日至，令剝陰木而水之。若欲其化也，則春秋變其水火。凡攻木者，掌其政令。

薙氏：掌殺草。春始生而萌之，夏日至而夷之，秋繩而芟之，冬日至而耜之。若欲其化也，則以水火變之。掌凡殺草之政令。

硩蔟氏：掌覆夭鳥之巢。以方書十日之號，十有二辰之號，十有二月之號，十有二歲之號，二十有八星之號，縣其巢上，則去之。

翦氏：掌除蠹物，以攻禜攻之，以莽草熏之，凡庶蠱之事。

赤犮氏：掌除牆屋，以蜃炭攻之，以灰灑毒之。凡隙屋，除其貍蟲。

蟈氏：掌去鼃黽，焚牡蘜，以灰灑之，則死。以其煙被之，則凡水蟲無聲。

壺涿氏：掌除水蟲，以炮土之鼓敺之，以焚石投之。若欲殺其神，則以牡橭午貫象齒而沈之，則其神死，淵爲陵。

庭氏：掌射國中之夭鳥。若不見其鳥獸，則以救日之弓與救月之矢夜射之。若神也，則以大陰之弓與枉矢射之。

銜枚氏：掌司囂。國之大祭祀，令禁無囂。軍旅、田役，令銜枚。禁呼歎鳴於國中者，行歌哭於國中之道者。

伊耆氏：掌國之大祭祀共其杖咸。軍旅，授有爵者杖。共王之齒杖。

大行人：掌大賓之禮及大客之儀，以親諸侯。春朝諸侯而圖天下之事，秋覲以比邦國之功，夏宗以陳天下之謨，冬遇以協諸侯之慮，時會以發四方之禁，殷同以施天下之政，時聘以結諸侯之好，殷覜以除邦國之慝，間問以諭諸侯之志，歸脤以交諸侯之福，賀慶以贊諸侯之喜，致禬以補諸侯之烖。以九儀辨諸侯之命，等諸臣之爵，以同邦國之禮而待其賓客。上公之禮，執桓圭九寸，繅藉九寸，冕服九章，建常九斿，樊纓九就，貳車九乘，介九人，禮九牢；其朝位，賓主之間九十步，立當車軹；擯者五人，廟中將幣，三享，王禮再祼而酢，饗禮九獻，食禮九舉，出入五積，三問三勞。諸侯之禮，執信圭七寸，繅藉七寸，冕服七章，建常七斿，樊纓七就，貳車七乘，介七人，禮七牢；朝位，賓主之間七十步，立當前疾；擯者四人，廟中將幣，三享；王禮壹祼而酢，饗禮七獻，食禮七舉，出入四積，再問再勞。諸伯：執躬圭，其他皆如諸侯之禮。諸子：執穀璧五寸，繅藉五寸，冕服五章，建常五斿，樊纓五就，貳車五乘，介五人，禮五牢；朝位，賓主之間五十步，立當車衡；擯者三人；廟中將幣，三享；王禮壹祼不酢，饗禮五獻，食禮五舉，出入三積，壹問壹勞。諸男：執蒲璧，其他皆如諸子之禮。凡大國之孤，執皮帛以繼小國之君，出入三積，不問，壹勞，朝位當車前，不交擯，廟中無相，以酒禮之。其他皆眂小國之君。凡諸侯之卿，其禮各下其君二等以下，及其大夫、士，皆如之。邦畿方千里，其外方五百里謂之侯服，歲壹見，其貢祀物。又其外方五百里謂之甸服，二歲壹見，其貢嬪物。又其外方五百里謂之男服，三歲壹見，其貢器物。又其外方五百里謂之采服，四歲壹見，其貢服物。又其外方五百里謂之衛服，五歲壹見，其貢材物。又其外方五百里謂之要服，六歲壹見，其貢貨物。九州之外謂之蕃國，世壹見，各以其所貴寶爲摯。王之所以撫邦國諸侯者，歲徧存。三歲徧覜，五歲徧省；七歲屬象胥，諭言語，協辭命；九歲屬瞽史，諭書名，聽聲音；十有一歲達瑞節，同度量，成牢禮，同數器，修灋則；十有二歲王巡守、殷國。凡諸侯之王事，辨其位，正其等，協其禮，賓而見之。若有大喪，則詔相諸侯之禮。若有四方之大事，則受其幣，聽其辭。凡諸侯之邦交，歲相問也，殷相聘也，世相朝也。

小行人：　掌邦國賓客之禮籍，以待四方之使者。令諸侯春入貢，秋獻功，王親受之，各以其國之籍禮之。凡諸侯入王，則逆勞於畿。及郊勞、眡館、將幣，爲承而擯。凡四方之使者，大客則擯，小客則受其幣而聽其辭。使適四方，協九儀賓客之禮。朝、覲、宗、遇、會、同，君之禮也；存、覜、省、聘、問，臣之禮也。達天下之六節：山國用虎節，土國用人節，澤國用龍節，皆以金爲之；道路用旌節，門關用符節，都鄙用管節，皆以竹爲之。成六瑞：王用瑱圭，公用桓圭，侯用信圭，伯用躬圭，子用穀璧，男用蒲璧。合六幣：圭以馬，璋以皮，璧以帛，琮以錦，琥以繡，璜以黼。此六物者，以和諸侯之好故。若國劄喪，則令賻補之；若國凶荒，則令賙委之；若國師役，則令槁繪之；若國有福事，則令慶賀之；若國有禍裁，則令哀弔之。凡此五物者，治其事故。及其萬民之利害爲一書，其禮俗、政事、教治、刑禁之逆順爲一書，其悖逆、暴亂、作慝、猶犯令者爲一書，其劄喪、凶荒、厄貧爲一書，其康樂、和親、安平爲一書。凡此五物者，每國辨異之，以反命於王，以周知天下之故。

司儀：　掌九儀之賓客擯相之禮，以詔儀容、辭令、揖讓之節。將合諸侯，則令爲壇三成，宫，旁一門。詔王儀，南鄉見諸侯，土揖庶姓，時揖異姓，天揖同姓。及其擯之，各以其禮。公於上等，侯伯於中等，子男於下等。其將幣亦如之。其禮亦如之。王燕，則諸侯毛。凡諸公相爲賓，主國五積，三問，皆三辭，拜受，皆旅擯；再勞，三辭，三揖，登，拜受，拜送。主君郊勞，交擯，三辭，車逆，拜辱，三揖，三辭，拜受，車送，三還，再拜。致館亦如之。致飧，如致積之禮。及將幣，交擯，三辭；車逆，拜辱；賓車進，答拜；三揖，三讓，每門止一相，及廟，唯上相入；賓三揖三讓；登，再拜，授幣；賓拜送幣，每事如初，賓亦如之。及出，車送，三請三進，再拜；賓三還三辭，告辟。致饔餼，還圭，饗食，致贈，郊送，皆如將幣之儀。賓之拜禮，拜饔餼，拜饗食。賓繼主君，皆如主國之禮。諸侯、諸伯、諸子、諸男之相爲賓也，各以其禮相待也，如諸公之儀。諸公之臣相爲國客，則三積，皆三辭，拜受。及大夫郊勞，旅擯，三辭，拜辱；三讓，登，聽命；下拜，登受；賓使者，如初之儀。及退，拜送。致館，如初之儀。及將幣，旅擯，三辭；拜逆，客辟；三揖；每門止一相，及廟，唯君相入；三讓，客登；拜，客三辟；授幣，下，出。每事如初之儀。及禮，私面，私獻，皆再拜稽首，君答拜。出，及中門之外，問君；客再拜，對；君拜，客辟而對；君問大夫，客對；君勞客，客再拜稽首；君答拜，客趨辟。致饔餼，如勞之禮。饗食、還圭，如將幣之儀。君館客，客辟，介受命；遂送，客從拜辱於朝。明日，客拜禮賜，遂行，如入之積。凡侯伯子男之臣，以其國之爵相爲客而相禮，其儀亦如之。凡四方之賓客，禮儀、辭命、餼牢、賜獻，以二等從其爵而上下之。凡賓客，送逆同禮。凡諸侯之交，各稱其邦而爲之幣，以其幣爲之禮。凡行人之儀，不朝不夕，不正其主面，亦不背客。

行夫：　掌邦國傳遽之小事、媺惡而無禮者。凡其使也，必以旌節。雖道有難而不時，必達。居於其國，則掌行人之勞辱事焉，使則介之。

環人：　掌送邦國之通賓客，以路節達諸四方。舍則授館，令聚；有任器，則令環之。凡門關無幾，送逆及疆。

象胥：　掌蠻、夷、閩、貉、戎、狄之國使，掌傳王之言而諭説焉，以和親之。若以時入賓，則協其禮，與其辭，言傳之。凡其出入送逆之禮節、幣帛、辭令而賓相之。凡國之大喪，詔相國客之禮儀而正其位。凡軍旅、會同，受國客幣而賓禮之。凡作事，王之大事諸侯，次事卿，次事大夫，次事上士，下事庶子。

掌客：　掌四方賓客之牢禮、餼獻、飲食之等數與其政治。王合諸侯而饗禮，則具十有二牢，庶具百物備；諸侯長，十有再獻。王巡守、殷國，則國君膳以牲犢，令百官百牲皆具。從者，三公眡上公之禮，卿眡侯伯之禮，大夫眡子男之禮，士眡諸侯之卿禮，庶子壹眡其大夫之禮。凡諸侯之禮，上公五積，皆餼飧牽，三問皆脩。羣介、行人、宰、史皆有牢。飧五牢，食四十，簠十，豆四十，鉶四十有二，壺四十，鼎、簋十有二，牲三十有六，皆陳。饔餼九牢，其死牢如飧之陳，牽四牢，米百有二十筥，醯醢百有二十甕，車皆陳。車米眡生牢，牢十車，車秉有五籔，車禾眡死牢，牢十車，車三秅，芻薪倍禾，皆陳。乘禽日九十雙，殷膳大牢；以及歸，三饗、三食、三燕；若弗酌，則以幣致之。凡介、行人、宰、史，皆有飧、饔餼，以其爵等爲之牢禮之陳數，唯上介有禽獻。夫人致禮，八壺、八豆、八籩，膳大牢，致饗大牢，食大牢。卿皆見以羔，膳大牢。侯伯四積，皆眡飧牽，再問皆脩。飧四牢，食三十有二，簠八，豆三十有二，鉶二十有八，壺三十有二，鼎、簋十有二，腥二十有七，皆陳。饔餼七牢，其死牢如飧之陳，牽三牢，米百筥，醯醢百甕，皆陳。米三十車，禾四十

車，芻薪倍禾，皆陳。乘禽日七十雙，殷膳大牢，三饗、再食、再燕。凡介、行人、宰、史皆有飧、饔餼，以其爵等爲之禮，唯上介有禽獻。夫人致禮，八壺、八豆、八籩，膳大牢，致饗大牢。卿皆見以羔，膳特牛。子男三積，皆眡飧牽，壹問以脩。飧三牢，食二十有四，簠六，豆二十有四，鉶十有八，壺二十有四，鼎、簋十有二，牲十有八，皆陳。饔餼五牢，其死牢如飧之陳，牽二牢，米八十筥，醯醢八十罋，皆陳。米二十車，禾三十車，芻薪倍禾，皆乘。乘禽日五十雙，壹饗、壹食、壹燕。凡介、行人、宰、史皆有飧、饔餼，以其爵等爲之禮，唯上介有禽獻。夫人致禮，六壺、六豆、六籩，膳眡致饗。親見卿，皆膳特牛。凡諸侯之卿、大夫、士爲國客，則如其介之禮以待之。凡禮賓客，國新殺禮，凶荒殺禮，劄喪殺禮，禍烖殺禮，在野在外殺禮。凡賓客死，致禮以喪用。賓客有喪，唯芻稍之受。遭主國之喪，不受饗食，受牲禮。

掌訝：掌邦國之等籍，以待賓客。若將有國賓客至，則戒官修委積，與士逆賓於疆，爲前驅而入。及宿，則令聚。及委，則致積。至於國，賓入館；次於舍門外，待事於客。及將幣，爲前驅。至於朝，詔其位，入復；及退，亦如之。凡賓客之治，令訝，訝治之。凡從者出，則使人道之。及歸，送亦如之。凡賓客，諸侯有卿訝，卿有大夫訝，大夫有士訝，士皆有訝。凡訝者，賓客至而往，詔相其事而掌其治令。

掌交：掌以節與幣巡邦國之諸侯及其萬民之所聚者，道王之德意志慮，使咸知王之好惡，辟行之。使和諸侯之好，達萬民之說。掌邦國之通事而結其交好，以諭九稅之利，九禮之親，九牧之維，九禁之難，九戎之威。

掌察。闕。

掌貨賄。闕。

朝大夫：掌都家之國治。日朝，以聽國事故，以告其君長。國有政令，則令其朝大夫。凡都家之治於國者，必因其朝大夫，然後聽之；唯大事弗因。凡都家之治有不及者，則誅其朝大夫；在軍旅，則誅其有司。

都則。闕。

都士。闕。

家士。闕。

論說

劉師培《左盦文集》卷一《周禮行人諸職隸秋官説》 《周禮》大行人以下十一職，並掌四方賓客及使令事，同屬秋官。近孫氏《正義》謂，司寇佐王，刑邦國，詰四方，故以義類屬之。其說非是。行人爲掌使之官，古文『使』與『吏』同，周夷敦王吏小臣守，即王使小臣守也。《說文》云，吏，治人者也。賈子《新書・大政篇》云，吏之謂言理也。《漢書・王莽傳》云，夫吏者，理也。是『吏』與『理』同。古代『理』即法官。唐虞曰士，夏曰大理；鄭君《禮記・月令注》《管子・法法篇》作皋陶爲李，是吏、士、李、理均以同部之字互名。《說文》士，事也。古事字蓋與『使』、『吏』同，如『小子師敦饗事』即『享使』是也。而行人之官亦有行理、行李之稱，蓋古代之使爲出疆蒞訟之官，與刑官合一，曰吏，曰理，曰李，均在内之稱；曰使，曰行理，曰行李，均出境之稱。《山海經》言巴人請訟於孟塗，《史記》言召公巡行聽獄棠樹下，亦使臣察獄之徵。使臣所職，蓋與周代迓士往四方成獄職掌相同，故周以賓禮及使命掌於行人，然職屬秋官，仍符命使最初之意，故宣究其義，以俟考職官者採焉。

梁啓超《飲冰室文集》卷一《古議院考》 問泰西各國何以強？曰：議院哉！議院哉！問議院之立，其意何在？曰：君權與民權合，則情易通。議法與行法分，則事易就。二者斯強矣。問子言西政，必推本於古，以求其從同之跡，敢問議院，於古有徵乎？曰：法先王者法其意，議院之名，古雖無之，若其意則在昔哲王所恃以均天下也。其在《易》曰：『上下交泰。上下不交否。』其在《書》曰：『詢謀僉同。』又曰：『謀及卿士，謀及庶人』，其在《周官》曰：『詢事之朝，小司寇掌其政，以致萬人而詢焉。一曰詢國危，二曰詢國遷，三曰詢立君，以衆輔志而蔽謀。』其在《記》曰：『與國人交止於信』，又曰：『民之所好，好之，民之所惡，惡之。』此之謂民之父母，好民之所惡，惡民之所好，是謂拂人之性，災必逮乎身。其在《孟子》曰：『國人皆曰賢，然後察之，國人皆曰不可，然後察之，國人皆曰可殺，然後殺之。』《洪範》之卿士，《孟子》之諸大夫，上議院也。《洪範》之庶人，《孟子》之國人，下議院也。苟不由此，何以能詢？苟不由此，何以能交？苟

不由此，何以能見民之所好惡？故雖無議院之名而有其實也。漢制議員之職有三：一曰諫大夫，二曰博士，三曰議郎。《通典》云，諫大夫掌議論，無常員，多至數十人。《漢舊儀》云，博士國有疑事則承問，有大事則與中二千石會議。《史記·三王世家》言臣謹與列侯臣中二千石、二千石臣賀諫大夫博士臣安等議云云，又言臣青翟等與列侯吏二千石諫大夫博士臣慶等議云云，又言臣青翟臣湯博士臣將行等伏聞云云，又言臣謹與中二千石二千石諫大夫博士臣慶等昧死請云云，《儒林傳》言漢興太常臧博士平等議云云，蓋漢世有事無不與諫大夫博士會議者，而博士爲尤重，每一議必列其官且列其名史漢中多不具徵，蓋博士實議員之常職也。中世以後，博士多加給事中，入中朝，備顧問，稱爲腹心。上所折中定疑，《漢官解詁》云，議郎不屬署，不直事，國有大政大獄大禮，則與中二千石博士會議，夫曰多至數十人，則其數與西國同。曰不屬署，不直事，則其職與西國同，國有大事，乃承問會議，則其開院之例與西國同。或制書徵。《史記·儒林傳》伏生孝文時徵爲博士。或大臣舉，《漢書·孝成本紀》陽朔二年詔丞相、御史與中二千石、二千石雜舉可充博士位者。則其舉人之例，亦與西國略同。雖法之精密有未逮，而規模條理，亦略具矣。《史記·叔孫通傳》稱秦二世時，陳涉反，召博士與公卿會議，然則博士主議論，其制不始於漢，《鹽鐵論》云，齊宣王褒儒尊學，孟軻、淳於髡之徒，受上大夫之禄，不任職而論國事，蓋亦與議郎之不屬署不直事等。然則國家有議論之官，其制又不始於秦，齊、秦、漢輓近力征之邦，此良法美意，豈能特創，蓋必於三代明王遺制，有所受之矣，滕文公欲行三年之喪，而父兄百官皆不悅，此上議院之公案也。周厲無道，國人流之於彘，此下議院之公案也。鄭人遊於鄉校，以議執政，子產弗禁。漢昭帝始元六年，詔公卿問賢良文學，民所疾苦，遂以鹽鐵事相爭議，辨論數萬言，其後卒以此罷鹽鐵，是雖非國家特設之議員，而亦陰許行其權也。至於漢官之制，丞相有議曹，見《翟方進傳》，大司馬有議曹，見《匡衡傳》，車騎將軍有議曹史，見《匡衡傳》，行軍有軍正議郎，見《衛青傳》，其制尚足以補西法所未及。又郡國皆有議曹、門下、議史，見北海相景君碑陰，議曹、議曹史，見《倉頡廟碑陰》。多不具徵。《漢書·朱博傳》云，博不愛諸生，所至輒去議曹，曰，豈可復用謀曹邪？是前此各郡皆有議曹矣。西國每邦，謂合盟國之各邦。每城，皆有議會，亦即此意也。問古議院之亡，自何時乎？曰：議院者，民賊所最不利也，如朱博之徒，悍然以敗壞古制爲事者，蓋不知幾何人矣。問今日欲強中國，宜莫亟於覆議院，曰：未也，凡國必風氣已開，文學已盛，民智已成，乃可設議院。今日而開議院，取亂之道也，故強國以議院爲本，議院以學爲本。

冬官分部

綜述

《周禮·冬官·考工記》國有六職，百工與居一焉。或坐而論道；或作而行之；或審曲面埶，以飭五材，以辨民器；或通四方之珍異以資之；或飭力以長地財；或治絲麻以成之。坐而論道，謂之王公；作而行之，謂之士大夫；審曲面埶，以飭五材，以辨民器，謂之百工；通四方之珍異以資之，謂之商旅；飭力以長地財，謂之農夫；治絲麻以成之，謂之婦功。粵無鎛，燕無函，秦無廬，胡無弓車。粵之無鎛也，非無鎛也，夫人而能爲鎛也；燕之無函也，非無函也，夫人而能爲函也；秦之無廬也，非無廬也，夫人而能爲廬也；胡之無弓車也，非無弓車也，夫人而能爲弓車也。知者創物，巧者述之，守之世，謂之工。百工之事，皆聖人之作也。爍金以爲刃，凝土以爲器，作車以行陸，作舟以行水，此皆聖人之所作也。天有時，地有氣，材有美，工有巧。合此四者，然後可以爲良。材美、工巧，然而不良，則不時、不得地氣也。橘踰淮而北爲枳，鸜鵒不踰濟，貉踰汶則死，此地氣然也。鄭之刀，宋之斤，魯之削，吳粵之劍，遷乎其地而弗能爲良，地氣然也。燕之角，荊之幹，妢胡之笴，吳粵之金錫，此材之美者也。天有時以生，有時以殺；草木有時以生，有時以死；石有時以泐；水有時以凝，有時以澤，此天時也。凡攻木之工七，攻金之工六，攻皮之工五，設色之工五，刮摩之工五，摶埴之工二。攻木之工，輪、輿、弓、廬、匠、車、梓。攻金之工，築、冶、鳧、栗、段、桃。攻皮之工，函、鮑、韗、韋、裘。設色之工，畫、繢、鍾、筐、㡛。刮摩之工，玉、楖、雕、矢、磬。摶埴之工，陶、瓬。有虞氏上陶，夏后氏上匠，殷人上梓，周人上輿，故一器而工聚焉者，車爲多。車有六等之數。車軫四尺，謂之

一等；戈柲六尺有六寸，既建而迆，崇於人四尺，謂之二等；人長八尺，崇於戈四尺，謂之三等；殳長尋有四尺，崇於人四尺，謂之四等；車戟常，崇於殳四尺，謂之五等；酋矛常有四尺，崇於戟四尺，謂之六等。車謂之六等之數。凡察車之道，必自載於地者始也，是故察車自輪始。凡察車之道，欲其樸屬而微至。不樸屬，無以爲完久也；不微至，無以爲戚速也。輪已崇，則人不能登也；輪已庳，則於馬終古登阤也。故兵車之輪六尺有六寸，田車之輪六尺有三寸，乘車之輪六尺有六寸。六尺有六寸之輪，軹崇三尺有三寸也；加軫與轐焉，四尺也。人長八尺，登下以爲節。

輪人爲輪。斬三材必以其時。三材既具，巧者和之。轂也者，以爲利轉也。輻也者，以爲直指也。牙也者，以爲固抱也。輪敝，三材不失職，謂之完。望而眡其輪，欲其幎爾而下迆也；進而眡之，欲其微至也；無所取之，取諸圜也。望其輻，欲其掣爾而纖也；進而眡之，欲其肉稱也；無所取之，取諸易直也。望其轂，欲其眼也；進而眡之，欲其幬之廉也；無所取之，取諸急也。眡其綆，欲其蚤之正也。察其菑蚤不齵，則輪雖敝不匡。凡斬轂之道，必矩其陰陽。陽也者，稹理而堅；陰也者，疏理而柔。是故以火養其陰，而齊諸其陽，則轂雖敝不藃。轂小而長則柞，大而短則摯。是故六分其輪崇，以其一爲之牙圍。參分其牙圍而漆其二，椁其漆內而中詘之，以爲之轂長，以其長爲之圍，以其圍之防捎其藪。五分其轂之長，去一以爲賢，去三以爲軹。容轂必直，陳篆必正，施膠必厚，施筋必數，幬必負幹。既摩，革色青白，謂之轂之善。參分其轂長，二在外，一在內，以置其輻。凡輻，量其鑿深以爲輻廣。輻廣而鑿淺，則是以大扤，雖有良工，莫之能固。鑿深而輻小，則是固有餘而強不足也。故竑其輻廣以爲之弱，則雖有重任，轂不折。參分其輻之長而殺其一，則雖有深泥，亦弗之溓也。參分其股圍，去一以爲骹圍。揉輻必齊，平沈必均。直以指牙，牙得，則無槷而固；不得，則有槷必足見也。六尺有六寸之輪，綆參分寸之二，謂之輪之固。凡爲輪，行澤者欲杼，行山者欲侔。杼以行澤，則是刀以割塗也，是故塗不附。侔以行山，則是搏以行石也，是故輪雖敝，不甐於鑿。凡揉牙，外不廉而內不挫，旁不腫，謂之用火之善。是故規之以眡其圜也，萬之以眡其匡也，縣之以眡其輻之直也，水之以眡其平沈之均也，量其藪以黍，以眡其同也，權之以眡其輕重之侔也。故可規、可萬、可水、可縣、可量、可權也，謂之國工。輪人爲蓋，達常圍三寸。桯圍倍之，六寸。信其桯圍以爲部廣，部廣六寸。部長二尺。桯長倍之，四尺者二。十分寸之一謂之枚，部尊一枚。弓鑿廣四枚，鑿上二枚，鑿下四枚。鑿深二寸有半，下直二枚，鑿端一枚。弓長六尺謂之庇軹，四尺謂之庇軫。參分弓長而揉其一。參分其股圍，去一以爲蚤圍。參分弓長，以其一爲之尊。上欲尊而宇欲卑。則吐水疾而霤遠，蓋已崇則難爲門也，蓋已卑，是蔽目也，是故蓋崇十尺。良蓋弗冒弗紘，殷畝而馳，不隊，謂之國工。

輿人爲車。輪崇、車廣、衡長，參如一，謂之參稱。參分車廣，去一以爲隧。參分其隧，一在前，二在後，以揉其式。以其廣之半，爲之式崇。以其隧之半，爲之較崇。六分其廣，以一爲之軫圍。參分軫圍，去一以爲式圍。參分式圍，去一以爲較圍。參分較圍，去一以爲軹圍。參分軹圍，去一以爲轛圍。圜者中規，方者中矩，立者中縣，衡者中水，直者如生焉，繼者如附焉。凡居材，大與小無並，大倚小則摧，引之則絕。棧車欲弇，飾車欲侈。

輈人爲輈。輈有三度，軸有三理。國馬之輈，深四尺有七寸。田馬之輈，深四尺。駑馬之輈，深三尺有三寸。軸有三理，一者以爲媺也，二者以爲久也，三者以爲利也。軓前十尺，而策半之。凡任木，任正者，十分其輈之長，以其一爲之圍。衡任者，五分其長，以其一爲之圍。小於度，謂之無任。五分其軫間，以其一爲之軸圍。十分其輈之長，以其一爲之當兔之圍。參分其兔圍，去一以爲頸圍。五分其頸圍，去一以爲踵圍。凡揉輈，欲其孫而無弧深。今夫大車之轅摯，其登又難；既克其登，其覆車也必易。此無故，唯轅直且無橈也。是故大車平地既節軒摯之任，及其登阤，不伏其轅，必縊其牛。此無故，唯轅直且無橈也。故登阤者，倍任者也，猶能以登；及其下阤也，不援其邸，必緧其牛後。此無故，唯轅直且無橈也。是故輈欲頎典。輈深則折，淺則負。輈注則利準，利準則久，和則安。輈欲弧而無折，經而無絕。進則與馬謀，退則與人謀；終日馳騁，左不楗；行數千里，馬不契需；終歲御，衣衽不敝。此唯輈之和也。勸登馬力，馬力既竭，輈猶能一取焉。良輈環灂，自伏兔不至軓七寸，軓中有灂，謂之國輈。輈之方也，以象地也；蓋之圜也，以象天也；輪輻三十，以象日月也；蓋弓二十有八，以象星也。龍旂九斿，以象大火也；鳥旟七斿，以象鶉火也；熊旗六斿，以象伐也；龜蛇四斿，以象營室也；弧旌枉矢，以象弧也。

攻金之工，築氏執下齊，冶氏執上齊，鳧氏爲聲，栗氏爲量，段氏爲鎛器，

桃氏爲刃。金有六齊，六分其金而錫居一，謂之鍾鼎之齊；五分其金而錫居一，謂之斧斤之齊；四分其金而錫居一，謂之戈戟之齊；參分其金而錫居一，謂之大刃之齊；五分其金而錫居二，謂之削殺矢之齊；金錫半，謂之鑑燧之齊。

築氏爲削。長尺博寸，合六而成規。欲新而無窮，敝盡而無惡。

冶氏爲殺矢。刃長寸，圍寸，鋌十之，重三垸。戈廣二寸，內倍之，胡三之，援四之。已倨則不入，已句則不決，長內則折前，短內則不疾。是故倨句外博。重三鋝。戟廣寸有半寸，內三之，胡四之，援五之，倨句中矩，與刺重三鋝。

桃氏爲劍。臘廣二寸有半寸，兩從半之。以其臘廣爲之莖圍，長倍之。中其莖，設其後。參分其臘廣，去一以爲首廣而圍之。身長五其莖長，重九鋝，謂之上制，上士服之；身長四其莖長，重七鋝，謂之中制，中士服之；身長三其莖長，重五鋝，謂之下制，下士服之。

鳧氏爲鍾。兩欒謂之銑，銑間謂之於，於上謂之鼓，鼓上謂之鉦，鉦上謂之舞；舞上謂之甬，甬上謂之衡。鍾縣謂之旋，旋蟲謂之幹。鍾帶謂之篆，篆間謂之枚，枚謂之景。於上之攠謂之隧。十分其銑，去二以爲鉦，以其鉦爲之銑間，去二分以爲之鼓間。以其鼓間爲之舞脩，去二分以爲舞廣。以其鉦之長爲之甬長，以其甬長爲之圍；參分其圍，去一以爲衡圍。參分其甬長，二在上，一在下，以設其旋。薄厚之所震動，清濁之所由出，侈弇之所由興，有說。鍾已厚則石，已薄則播，侈則柞，弇則鬱，長甬則震。是故大鍾十分其鼓間，以其一爲之厚；小鍾十分其鉦間，以其一爲之厚。鍾大而短，則其聲疾而短聞；鍾小而長，則其聲舒而遠聞。爲遂，六分其厚，以其一爲之深而圜之。

栗氏爲量。改煎金錫則不耗，不耗然後權之，權之然後準之，準之然後量之。量之以爲鬴，深尺，內方尺而圜其外，其實一鬴。其臀一寸，其實一豆，其耳三寸，其實一升。重一鈞。其聲中黃鍾之宮，槩而不悅。其銘曰：『時文思索，允臻其極。嘉量既成，以觀四國。永啓厥後，茲器維則。』凡鑄金之狀，金與錫黑濁之氣竭，黃白次之；黃白之氣竭，青白次之；青白之氣竭，青氣次之。然後可鑄也。

段氏、函人爲甲。犀甲七屬，兕甲六屬，合甲五屬。犀甲壽百年，兕甲壽二百年，合甲壽三百年。凡爲甲，必先爲容，然後制革。權其上旅與其下旅，而重若一。以其長爲之圍。凡甲，鍛不摯則不堅，已敝則橈。凡察革之道，眡其鑽空，欲其惌也；眡其裏，欲其易也；眡其眹，欲其直也；櫜之，欲其約也；舉而眡之，欲其豐也；衣之，欲其無齘也。眡其鑽空而惌，則革堅也；眡其裏而易，則材更也；眡其眹而直，則制善也；櫜之而約，則周也；舉之而豐，則明也；衣之無齘，則變也。

鮑人之事：望而眡之，欲其荼白也；進而握之，欲其柔而滑也；卷而搏之，欲其無迆也；眡其著，欲其淺也；察其線，欲其藏也。革欲其荼白，而疾澣之，則堅；欲其柔滑，而腥脂之，則需。引而信之，欲其直也。信之而直，則取材正也。信之而枉，則是一方緩、一方急也。若苟一方緩、一方急，則及其用之也，必自其急者先裂。若苟自急者先裂，則是以博爲帴也。卷而搏之而不迆，則厚薄序也。眡其著而淺，則革信也。察其線而藏，則雖敝不甐。

韗人爲皋陶。長六尺有六寸，左右端廣六寸，中尺，厚三寸。穹者三之一，上三正。鼓長八尺，鼓四尺，中圍加三之一，謂之鼖鼓。爲皋鼓，長尋有四尺，鼓四尺，倨句，磬折。凡冒鼓，必以啓蟄之日。良鼓瑕如積環。鼓大而短，則其聲疾而短聞；鼓小而長，則其聲舒而遠聞。

韋氏。闕。

裘氏。闕。

畫繢之事：雜五色。東方謂之青，南方謂之赤，西方謂之白，北方謂之黑，天謂之玄，地謂之黃。青與白相次也，赤與黑相次也，玄與黃相次也，青與赤謂之文，赤與白謂之章，白與黑謂之黼，黑與青謂之黻，五采備謂之繡。土以黃，其象方；天時變，火以圜，山以章，水以龍；鳥、獸、蛇。雜四時五色之位以章之，謂之巧。凡畫繢之事，後素功。

鍾氏染羽。以朱湛丹秫，三月而熾之，淳而漬之。三入爲纁，五入爲緅，七入爲緇。

筐人。闕。

㡛氏湅絲。以涚水漚其絲，七日，去地尺暴之。晝暴諸日，夜宿諸井，七日七夜，是謂水湅。湅帛，以欄爲灰，渥淳其帛，實諸澤器，淫之以蜃。清其灰而盝之，而揮之；而沃之，而盝之；而塗之，而宿之。明日，沃而盝之。

晝暴諸日，夜宿諸井，七日七夜，是謂水湅。

玉人之事：鎮圭尺有二寸，天子守之；命圭九寸，謂之桓圭，公守之；命圭七寸，謂之信圭，侯守之；命圭七寸，謂之躬圭，伯守之。天子執冒，四寸，以朝諸侯。天子用全，上公用龍，侯用瓚，伯用將。繼子男，執皮帛。天子圭中必。四圭尺有二寸，以祀天。大圭長三尺，杼上終葵首，天子服之。土圭尺有五寸，以致日，以土地。祼圭尺有二寸，有瓚，以祀廟。琬圭九寸而繅，以象德。琰圭九寸，判規，以除慝，以易行。璧羨度尺，好三寸，以爲度。圭璧五寸，以祀日月星辰。璧琮九寸，諸侯以享天子。穀圭七寸，天子以聘女。大璋、中璋九寸，邊璋七寸，射四寸，厚寸。黄金勺，青金外，朱中。鼻寸，衡四寸。有繅。天子以巡守，宗祝以前馬。大璋亦如之，諸侯以聘女。瑑圭璋八寸，璧琮八寸，以覜聘。牙璋、中璋七寸，射二寸，厚寸，以起軍旅，以治兵守。駔琮五寸，宗後以爲權。大琮十有二寸，射四寸，厚寸，是謂内鎮，宗后守之。駔琮七寸，鼻寸有半寸，天子以爲權。兩圭五寸，有邸，以祀地，以旅四望。瑑琮八寸，諸侯以享夫人。案十有二寸，棗、十有二列，諸侯純九，大夫純五，夫人以勞諸侯。璋邸射，素功，以祀山川，以致稍餼。

楖人。闕。

雕人。闕。

磬氏爲磬。倨句一矩有半。其博爲一，股爲二，鼓爲三。參分其鼓博，去一以爲鼓博；參分其鼓博，以其一爲之厚。已上則摩其旁，已下則摩其耑。

矢人爲矢。鍭矢參分，茀矢參分，一在前，二在後。兵矢、田矢五分，二在前，三在後。殺矢七分，三在前，四在後。參分其長而殺其一，五分其長而羽其一，以其笴厚爲之羽深。水之以辨其陰陽，夾其陰陽以設其比，夾其比以設其羽，參分其羽以設其刃，則雖有疾風，亦弗之能憚矣。刃長寸，圍寸，鋌十之，重三垸。前弱則俛，後弱則翔；中弱則紆，中強則揚；羽豐則遲，羽殺則趮。是故夾而搖之，以眡其豐殺之節也；橈之，以眡其鴻殺之稱也。凡相笴，欲生而摶；同摶，欲重；同重，節欲疏；同疏，欲斷。

陶人爲甗，實二鬴，厚半寸，脣寸。盆，實二鬴，厚半寸，脣寸。甑實二鬴，厚半寸，脣寸，七穿。鬲，實五觳，厚半寸，脣寸。庾實二觳，厚半寸，脣寸。瓬人爲簋，實一觳，崇尺，厚半寸，脣寸。豆，實三而成觳，崇尺。凡陶瓬之事，髻墾薜暴不入市。器中膊，豆中縣。膊崇四尺，方四寸。

梓人爲筍虡。天下之大獸五：脂者，膏者，臝者，羽者，鱗者。宗廟之事，脂者、膏者以爲牲，臝者、羽者、鱗者以爲筍虡。外骨、内骨，卻行、仄行，連行、紆行，以脰鳴者，以注鳴者，以旁鳴者，以翼鳴者，以股鳴者，以胃鳴者，謂之小蟲之屬，以爲雕琢。厚脣弇口，出目短耳，大燿後，大體短脰，若是者謂之臝屬，恒有力而不能走，其聲大而宏。有力而不能走，則於任重宜；大聲而宏，則於鍾宜。若是者以爲鍾虡，是故擊其所縣，而由其虡鳴。鋭喙決吻，數目顅脰，小體騫腹，若是者謂之羽屬，恒無力而輕，其聲清陽而遠聞。無力而輕，則於任輕宜；其聲清陽而遠聞，於磬宜。若是者以爲磬虡，故擊其所縣，而由其虡鳴。小首而長，摶身而鴻，若是者謂之鱗屬，以爲筍。凡攫、援簭之類，必深其爪，出其目，作其鱗之而。深其爪，出其目，作其鱗之而，則於眡必撥爾而怒。苟撥爾而怒，則於任重宜，且其匪色，必似鳴矣。爪不深，目不出，鱗之而不作，則必穨爾如委矣。苟穨爾如委，則加任焉，則必如將廢措，其匪色必似不鳴矣。

梓人爲飲器。勺一升，爵一升，觚三升。獻以爵而酬以觚，一獻而三酬，則一豆矣。食一豆肉，飲一豆酒，中人之食也。凡試梓，飲器鄉衡而實不盡，梓師罪之。梓人爲侯。廣與崇方，參分其廣，而鵠居一焉。上兩個與其身三，下兩個半之。上綱與下綱出舌尋，縜寸焉。張皮侯而棲鵠，則春以功。張五采之侯，則遠國屬。張獸侯，則王以息燕。祭侯之禮，以酒脯醢。其辭曰：『惟若寧侯，毋或若女不寧侯，不屬於王所，故抗而射女。強飲強食，詒女曾孫諸侯百福。』

廬人爲廬器。戈柲六尺有六寸，殳長尋有四尺，車戟常，酋矛常有四尺，夷矛三尋。凡兵無過三其身，過三其身，弗能用也；而無已，又以害人。故攻國之兵欲短，守國之兵欲長。攻國之人衆，行地遠，食飲飢，且涉山林之阻，是故兵欲短。守國之人寡，食飲飽，行地不遠，且不涉山林之阻，是故兵欲長。凡兵，句兵欲無彈，刺兵欲無蜎。是故句兵椑，刺兵摶，兵同強，舉圍欲細，細則校。刺兵同強，舉圍欲重，重欲傅人；傅人則密，是故侵之。凡爲殳，五分其長，以其一爲之被而圍之。參分其圍，去一以爲晉圍。五分其晉圍，去一以爲首圍。凡爲酋矛，參分其長，二在前，一在後而圍之。五分其圍，去一以爲晉圍。參分其晉圍，去一以爲刺圍。凡試廬事，置而搖之，以眡

其蛸也；灸諸牆，以眂其橈之均也；橫而搖之以眂其勁也。六建既備，車不反覆，謂之國工。

匠人建國，水地以縣。置槷以縣，眂以景，爲規，識日出之景與日入之景。晝參諸日中之景，夜考之極星，以正朝夕。匠人營國，方九里，旁三門。國中九經九緯，經塗九軌。左祖右社，面朝後市。市朝一夫。夏后氏世室，堂修二七，廣四修一。五室，三四步，四三尺。九階。四旁兩夾，白盛。門堂，三之二；室，三之一。殷人重屋，堂脩七尋，堂崇三尺，四阿，重屋。周人明堂，度九尺之筵，東西九筵，南北七筵，堂崇一筵，五室，凡室二筵。室中度以幾，堂上度以筵，宮中度以尋，野度以步，塗度以軌。廟門容大扃七個，門容小扃參個，路門不容乘車之五個，應門二徹參個。內有九室，九嬪居之；外有九室，九卿朝焉。九分其國以爲九分，九卿治之。王宮門阿之制五雉，宮隅之制七雉，城隅之制九雉。經塗九軌，環塗七軌，野塗五軌。門阿之制，以爲都城之制。宮隅之制，以爲諸侯之城制。環塗以爲諸侯經塗，野塗以爲都經塗。匠人爲溝洫。耜廣五寸，二耜爲耦。一耦之伐，廣尺、深尺，謂之畎；田首倍之，廣二尺、深二尺，謂之遂。九夫爲井。井間廣四尺、深四尺，謂之溝。方十里爲成。成間廣八尺、深八尺，謂之洫。方百里爲同。同間廣二尋，深二仞，謂之澮。

專達於川，各載其名。凡天下之地埶，兩山之間必有川焉，大川之上必有塗焉。凡溝逆地防，謂之不行；水屬不理孫，謂之不行。梢溝三十里而廣倍。凡行奠水，磬折以參伍。欲爲淵，則句於矩。凡溝必因水埶，防必因地埶。善溝者水漱之，善防者水淫之。凡爲防，廣與崇方，其參分去一。大防外。凡溝防，必一日先深之以爲式，里爲式然後可以傅衆力。凡任，索約大汲其版，謂之無任。葺屋參分，瓦屋四分。囷窌倉城，逆牆六分。堂塗十有二分。竇，其崇三尺。牆厚三尺，崇三之。

車人之事：半矩謂之宣，一宣有半謂之欘，一欘有半謂之柯，一柯有半謂之磬折。車人爲耒，庛長尺有一寸，中直者三尺有三寸，上句者二尺有二寸。自其庛，緣其外，以至於首，以弦其內，六尺有六寸，與步相中也。堅地欲直庛，柔地欲句庛。直庛則利推，句庛則利發。倨句磬折，謂之中地。車人爲車。柯長三尺，博三寸，厚一寸有半。五分其長，以其一爲之首。轂長半柯，其圍一柯有半。輻長一柯有半，其博三寸，厚三之一。渠三柯者三。行澤者欲短轂，行山者欲長轂；短轂則利，長轂則安。行澤者反輮，行山者仄輮；反輮則易，仄輮則完。六分其輪崇，以其一爲之牙圍。柏車轂長一柯，其圍二柯，其輻一柯，其渠二柯者三。五分其輪崇，以其一爲之牙圍。大車崇三柯，綆寸，牝服二柯有參分柯之二。羊車二柯有參分柯之一。柏車二柯。凡爲轅，三其輪崇。參分其長，二在前，一在後，以鑿其鉤。徹廣六尺。鬲長六尺。

弓人爲弓。取六材必以其時。六材既聚，巧者和之。幹也者，以爲遠也。角也者，以爲疾也。筋也者，以爲深也。膠也者，以爲和也。絲也者，以爲固也。漆也者，以爲受霜露也。凡取幹之道七。柘爲上，檍次之，檿桑次之，橘次之，木瓜次之，荊次之，竹爲下。凡相幹，欲赤黑而陽聲。赤黑則鄉心，陽聲則遠根。凡析幹，射遠者用埶，射深者用直。居幹之道，菑不地，則弓不發。凡相角，秋黑巴者薄，稺牛之角直而澤，老牛之角紾而昔。疢疾，險中；瘠牛之角無澤。角欲青白而豐末。夫角之本，蹙於而休於氣，是故柔；柔故欲其埶也。白也者，埶之徵也。夫角之中，恒當弓之畏；畏也者必橈，橈故欲其堅也。青也者，堅之徵也。夫角之末，遠於　而不休於氣，是故胞；胞故欲其柔也。豐末也者，柔之徵也。角長二尺有五寸，三色不失理，謂之牛戴牛。凡相膠，欲朱色而昔。昔也深，深瑕而澤，紾而摶廉。鹿膠青白，馬膠赤白，牛膠火赤，鼠膠黑，魚膠餌，犀膠黃。凡昵之類不能方。凡相筋，欲小簡而長，大結而澤。小簡而長，大結而澤，則其爲獸必剽；以爲弓，則豈異於其獸？筋欲敝之敝。漆欲測，絲欲沈。得此六材之全，然後可以爲良。凡爲弓，冬析幹而春液角，夏治筋，秋合三材，寒奠體，冰析灂。冬析幹則易，春液角則合，夏治筋則不煩，秋合三材則合，寒奠體則張不流，冰析灂則審環，春被弦則一年之事。析幹必倫，析角無邪，斲目必荼。斲目不荼，則及其大脩也，筋代之受病。夫目也者必強，強者在內而摩其筋，夫筋之所由幨，恒由此作。故角三液而幹再液，厚其帤則木堅，薄其帤則需，是故厚其液而節其帤。約之不皆約，疏數必侔。斲摯必中，膠之必均。斲摯不中，膠之不均，則及其大脩也，角代之受病。夫懷膠於內而摩其角，夫角之所由挫，恒由此作。凡居角，長者以次需。恒角而短，是謂逆橈。引之則縱，釋之則不校。恒角而達，譬如終紲，非弓之利也。今夫茭解中有變焉，故挍；於挺臂中有柎焉，故剽。恒角而達，引如終紲，非弓之利。撟幹欲埶於火而無

贏，撟角欲孰於火而無燂，引筋欲盡而無傷其力，鬻膠欲孰而水火相得，然則居旱亦不動，居濕亦不動。苟有賤工，必因角幹之濕以爲之柔，善者在外，動者在内；雖善於外，必動於内，雖善，亦弗可以爲良矣。凡爲弓，方其峻而高其柎，長其畏而薄其敝；宛之無已，應。下柎之弓，末應將興。爲柎而發，必動於𢐀；弓而羽𢐀，末應將發。弓有六材焉，維幹強之，張如流水。維體防之，引之中參。維角之，欲宛而無負弦。引之如環，釋之無失體，如環。材美，工巧，爲之時，謂之參均。角不勝幹，幹不勝筋，謂之參均。量其力有三均，均者三，謂之九和。九和之弓，角與幹權，筋三侔，膠三鋝，絲三邸，漆三斞。上工以有餘，下工以不足。

爲天子之弓，合九而成規。爲諸侯之弓，合七而成規；大夫之弓，合五而成規；士之弓，合三而成規。弓長六尺有六寸，謂之上制，上士服之。弓長六尺有三寸，謂之中制，中士服之。弓長六尺，謂之下制，下士服之。凡爲弓，各因其君之躬志慮血氣。豐肉而短，寬緩以荼。若是者爲之危弓，危弓爲之安矢。骨直以立，忿埶以奔，若是者爲之安弓，安弓爲之危矢。其人安，其弓安，其矢安，則莫能以速中，且不深。其人危，其弓危，其矢危，則莫能以願中。往體多，來體寡，謂之夾臾之屬，利射侯與弋。往體寡，來體多，謂之王弓之屬，利射革與質。往體、來體若一，謂之唐弓之屬，利射深。大和無灂，其次筋角皆有灂而深，其次有灂而疏，其次角無灂。合灂若背手文。角環灂，牛筋蕡灂，麋筋斥蠖灂。和弓毄摩。覆之而角至，謂之句弓。覆之而幹至，謂之侯弓。覆之而筋至，謂之深弓。

論説

清・程廷祚《春秋識小録》卷一《春秋職官考略上・掌工之官》 按《周禮》缺《冬官》後人以《考工記》補之。其實司空掌土，非掌材者也。觀宋、魯俱有司空而復有工正可知。愚意周人百工之事，已散見於六官之屬，而太宰、司徒為多，至司空所掌，今不可考，學者不必强為之説。

清・朱彝尊《曝書亭集》卷三四《丘氏周禮定本序》 《考工記》可補《冬官》之闕乎？曰：周官三百六十，多以士為之。若《記》之所云，直百工焉爾矣。夫玉府有工有賈，而巾車、弁師、追師、屨人之屬，府史胥徒而外，咸有工以執事，亦猶大府、典絲、典婦功、庖人、羊人、馬質之各有其賈也。賈不與士齒，工顧可充司空之官乎？典絲則頒絲矣，掌皮則頒皮革矣，槀人則掌六弓、八矢、四弩矣。是則湅絲者，工也，而頒絲外内者，考工者也。函、鮑、韗、韋、裘者，工也，以式法頒皮革者，考工者也。刮摩攻木，以為弓矢者，工也，而受財於職金，以齎其工，書其等，乘其事，試其工弩者，考工者也。以是推之，則《記》之所載三十工，鄭氏以為司空之官，非矣。新昌黄氏度作《周禮説》，置《考工記》不解；至臨川俞氏廷椿《復古編》，謂司空之屬，分寄於五官。同安丘氏暢其旨，取五官所屬，歸於《冬官》，六屬適各得六十，著為《周禮定本》。昔人皆言《冬官》闕一篇，蓋讀此而宛如全書焉。

又 卷四二《錢氏冬官補亡跋》 按，説《周禮》者言《冬官》不亡，散見五官中，故自臨川俞氏而後，多以意取五官之屬，强補《冬官》。獨錢氏據《尚書》、《大小戴記》、《春秋内外傳》補亡，凡二十有一，曰司空，曰后稷，曰農正，曰農師，曰司商，曰甸人，曰火師，曰水師，曰舌人，曰工人，曰舟虞，曰匠師，則本諸《國語》；曰寄曰象，曰狄鞮曰譯，則本諸《王制》；曰野虞，曰工師，曰舟牧，則本諸《月令》；曰工正，曰圬人，則本諸《左氏傳》。不襲前人之言，可謂温故知新者矣。

清・程瑶田《考工創物小記》卷二《馬車三職分任記》 車一器而工聚，故馬車有三職，分任之而不相爲謀。車自輪始，故以輪人爲輪先之。輪之材三，曰轂，曰輻，曰牙。三材之外，輪人弗知也。其倚數也，自輪崇而定牙圍，牙圍厚廣數均乃徑一圍四之法，餘有設詳之。牙圍之數定，則三材之數皆從此出焉。由牙圍而知轂長，由轂長而知轂圍，由轂圍之數而捎其藪，捎藪即鑿深之數，餘有説詳之，又由轂長五分之以爲賢爲軹，又由轂長參分之以置輻鑿深之數，承圍防捎藪之言而知之。因鑿深而知輻廣，又因之而知股圍骹圍，蓋牙圍之數真而三材諸數靡弗得其真矣。輪人之職止於此，而蓋亦輪人爲之者。輪圜蓋亦圜，蓋弓之趨於部也，猶輪輻之趨於轂，故兼官也。其次曰輿人，車廣與輪崇如一。前見輪崇之數，則車廣之爲六尺六寸。數雖不必見，實爲輿人衆材出數之本，於是由車廣而知隧深，又由車廣而知式崇之數，由隧深而知較崇之數。車廣隧深其縱横之材，通謂之軫，其圍則一也。其圍數取節於車廣，與取節於隧深，亦一也。於是取節於車廣而知軫圍，由軫圍而知式圍，由式圍而知較圍，由較圍而知軹圍，其數皆由車廣順而摭之。輿

之外，輿人弗知也。又其次曰輈人，輈軸二事兼官。二事之外，非所知也。輈曰國馬、田馬、駑馬，輈之深其度起於馬也。軸曰熾，曰久，曰利，其理定於材也。其官二其材之數，不得出於一也。於是先定其任木之名，而求其任木之圍。輈，任木也。其在輿下者曰任正，任輿之正者也。其圍數出於輈，輈之數隧深與軓前並之，此其出數之本也。軸，任木也。其在輿下者曰衡任，任輿之衡者也。其圍數即出於衡任，衡任之數，軫間之數也。衡任與軫間同其長也，比例以爲出數之本也。於是求其軸圍之出輿外者，其圍蓋與衡任同，指軸圍之出於軫間，益知衡任之圍之出於其長者，實出於軸之在輿下者也。此亦其出數之本也。當兔者，任正之中焉者也。復見當兔圍者，欲見輈圍之即任正圍也。然輈之通長，其圍不皆與任正同，其頸圍殺於當兔之圍，其踵圍殺於頸圍，故必由輈之長而先知兔圍，然後由兔圍而知頸圍，由頸圍而知踵圍也。官可兼，而任正屬輈，衡任屬軸，其圍數之所從出不可紊也如此。三職分任，不相爲謀。其在三職外者，衡與車廣竝見而無其官，殆輿人兼之與？轐以持軸，策出數於軓前十尺，而皆無其官，殆輈人兼之與？

列國官制部

魯國官制分部

綜　述

大宰

《左傳·隱公十一年》　羽父請殺桓公，將以求大宰。

《論語·子罕》　大宰問於子貢曰：『夫子聖者與？何其多能也？』子貢曰：『固天縱之將聖，又多能也。』

左宰

《左傳·襄公二十三年》　故公鉏氏富，又出為公左宰。

司徒　司馬　司空

《左傳·隱公二年》　司空無駭入極，費庈父勝之。

又《昭公四年》（杜洩）曰：『夫子受命於朝，而聘於王。王思舊勳而賜之路。覆命而致之君，君不敢逆王命而復賜之，使三官書之。吾子為司徒，實書名。夫子為司馬，與工正書服。孟孫為司空，以書勳。今死而弗以，同棄君命也。書在公府而弗以，是廢三官也。』

司寇

《左傳·襄公二十一年》　於是魯多盜。季孫謂臧武仲曰：『子盍詰盜？』武仲曰：『不可詰也，紇又不能。』季孫曰：『我有四封，而詰其盜，何故不可？子為司寇，將盜是務去，若之何不能？』

又《定公元年》　秋七月癸巳，葬昭公於墓道南。孔子之為司寇也，溝而合諸墓。

《孔子家語》卷一《相魯》　於是二年，定公以為司空。乃別五土之性，而物各得其所生之宜，咸得厥所。【略】由司空為魯大司寇，設法而不用，無姦民。

士師

《論語·子張》　孟氏使陽膚為士師，問於曾子。曾子曰：『上失其道，民散久矣。如得其情，則哀矜而勿喜。』

相

漢·劉安《淮南子》卷一二《道應訓》　公儀休相魯而嗜魚，一國盡爭買魚而獻之，公儀子不受。

《史記》卷一一九《循吏列傳》　公儀休者，魯博士也。以高弟爲魯相。奉法循理，無所變更，百官自正。使食祿者不得與下民爭利，受大者不得

取小。

傳

《左傳・閔公二年》初，公傅奪卜齮田，公不禁，

亞旅

《左傳・文公十五年》三月，宋華耦來盟，其官皆從之。【略】公與之宴，辭曰：『君之先臣督，得罪於宋殤公，名在諸侯之策。臣承其祀，其敢辱君，請承命於亞旅。』

大史

《左傳・昭公二年》春，晉侯使韓宣子來聘，且告為政而來見，禮也。觀書於大史氏，見《易》、《象》與《魯春秋》，曰：『周禮盡在魯矣。』

又《哀公十一年》公使大史固歸國子之元，置之新篋，褽之以玄纁，加組帶焉。

司曆

《左傳・襄公二十七年》十一月乙亥朔，日有食之。辰在申，司曆過也，再失閏矣。

匠師

《國語》卷四《魯語上》莊公丹桓宮之楹，而刻其桷。匠師慶言於公曰：『【略】今先君儉而君侈，令德替矣。』

宗人

《左傳・哀公二十四年》公子荊之母嬖，將以爲夫人，使宗人釁夏獻其禮。

虞人

《左傳・哀公十四年》春，西狩於大野，叔孫氏之車子鉏商獲麟，以爲不祥，以賜虞人。

宰

《左傳・哀公十四年》初，孟孺子洩將圉馬於成，成宰公孫宿不受。

漢・劉向《新序》卷二《雜事二》魯君使宓子賤爲單父宰，子賤辭去，因請借善書者二人。

《孔子家語・相魯》孔子初仕為中都宰，制為養生送死之節，長幼異食，強弱異任，男女別塗，路無拾遺。

隧正

《左傳・襄公七年》南遺為費宰。叔仲昭伯為隧正，欲善季氏而求媚於南遺，謂遺：『請城費，吾多與而役。』故季氏城費。

疆吏

《左傳・桓公十七年》於是齊人侵魯疆，疆吏來告，公曰：『疆埸之事，慎守其一，而備其不虞。姑盡所備焉。事至而戰，又何謁焉？』

門（吏）

《論語・憲問》子路宿於石門。晨門曰：『奚自？』子路曰：『自孔氏。』曰：『是知其不可而為之者與？』

縣令侯吏

《韓非子》卷三三《外儲説左下》陽虎去齊走趙，簡主問曰：『吾聞子善樹人。』虎曰：『臣居齊，薦三人，一人得近王，一人爲縣令，一人爲候吏，及臣得罪，近王者不見臣，縣令者迎臣執縛，候吏者追臣至境上，不及而止。虎不善樹人。』

將軍

《孟子・告子下》魯欲使慎子爲將軍，孟子曰：『不教民而用之，謂

之殃民。殃民者不容於堯舜之世。戰勝齊，遂有南陽，然且不可。』

論説

宋·程公説《春秋分記》卷四一《職官書·内魯·論魯卿之序》 以昭四年《傳》三家三官之序言之，季孫為司徒，叔孫為司馬，孟孫為司空，尚周制之舊也。故前此臧武仲謂季孫為正卿，襄二十一年。而卜楚丘告莊叔得臣亦以叔孫豹為亞卿，昭五年。是司徒正卿，司馬為亞，司空為下矣。《周禮》司寇居司空之上，而魯司寇在三卿外，蓋由僭制增置司徒，不復兼行之舊，《傳》所以志其官之失也。

清·程廷祚《春秋識小録》卷二《春秋職官考略中·縣邑之官附·宰》 費、成、郈，魯三卿採邑也。宰本家臣之名，而亦不專為家臣，故哀八年有王犯嘗為武城宰，《論語》亦有武城及莒父宰。孔穎達謂公邑稱大夫，私邑稱宰。按昭二十六年又有成大夫公孫朝，是私邑亦稱大夫，公邑亦稱宰也。《正義》之云，非通論矣。

清·秦蕙田《五禮通考》卷二一六 蕙田案：魯自成、襄以後，司徒、司馬、司空三卿常以季、孟、叔三家居之，而子叔氏、臧氏亦以世卿見於春秋。又如成二年，戰於鞌，季孫行父、臧孫許、叔孫僑如、公孫嬰，齊四卿並行，其時尚有仲嬰、齊仲孫兩卿，則魯亦有六卿。但其官名惟臧孫許知是司寇，餘二卿則不可考耳。冉求稱孔子爲國老，而孔子之卒書於魯史，蓋昭、定之世，臧氏漸微，故以孔子代之。崔氏以爲小司寇者，疑非然也。

蕙田案：魯之夏父氏蓋世爲宗人之官，《左傳》以弗忌爲宗伯，蓋僭稱也。春秋諸國皆不立宗伯，以諸侯三卿、五大夫無宗伯、小宗伯故也。

晉國官制分部

綜　述

《左傳·成公二年》 公會晉師於上鄍，賜三帥先路三命之服，司馬、司空、輿帥、候正、亞旅，皆受一命之服。

又《成公十八年》 二月乙酉朔，晉侯悼公即位於朝。始命百官，【略】使魏相、士魴、魏頡、趙武為卿。荀家、荀會、欒黶、韓無忌為公族大夫，使訓卿之子弟共儉孝弟。使士渥濁為大傅，使修范武子之法。右行辛為司空，使修士蔿之法。弁糾御戎，校正屬焉，使訓諸御知義。荀賓為右，司士屬焉，使訓勇力之士時使。卿無共御，立軍尉以攝之。祁奚為中軍尉，羊舌職佐之，魏絳為司馬，張老為候奄。鐸遏寇為上軍尉，籍偃為之司馬，使訓卒乘親以聽命。程鄭為乘馬御，六騶屬焉，使訓群騶知禮。凡六官之長，皆民譽也。

又《襄公二十五年》 晉侯濟自泮，會於夷儀，伐齊，以報朝歌之役。齊人以莊公説，使隰鉏請成。慶封如師，男女以班。賂晉侯以宗器、樂器。自六正、五吏、三十帥、三軍之大夫、百官之正長、師旅及處守者，皆有賂。晉侯許之。

《國語》卷一三《晉語七》 辛巳，朝於武宫。定百事，立百官，育門子，選賢良，興舊族，出滯賞。【略】

二月乙酉，公即位。【略】君知士貞子之帥志博聞而宣惠於教也，使為太傅。知右行辛之能以數宣物定功也，使為司空。知欒糾之能御以和於政也，使為戎御。知荀賓之有力而不暴也，使為戎右。【略】使茲四人者為公族大夫。公知祁奚之果而不淫也，使為元尉。知羊舌職之聰敏肅給也，使佐之。知魏絳之勇而不亂也，使為司馬。知張老之智而不詐也，使為元候。知鐸遏寇之恭敬而信强也，使為輿尉。知籍偃之惇帥舊職而恭給也，使為輿司馬。知程鄭端而不淫，且好諫而不隱也，使為贊僕。始合諸侯於虚朾以救宋，【略】令狐文子卒，公以魏絳為不犯，使佐新軍。使張老為司馬，使范獻子為候奄。公譽達於戎。五年，諸戎來請服，使魏莊子盟之，於是乎始復霸。

大傅　大師

《左傳·文公六年》 （晉）宣子於是乎始為國政，制事典，正法罪。辟獄刑，董逋逃。由質要，治舊汙，本秩禮，續常職，出滯淹。既成，以授大傅陽子與大師賈佗，使行諸晉國，以為常法。

又《宣公十六年》 三月，獻狄俘。晉侯請於王。戊申，以黻冕命士

會將中軍，且為大傅。

大司空

《左傳·莊公二十六年》 春，晉士蔿為大司空。

又 《文公二年》 六月，穆伯會諸侯及晉司空士縠盟於垂隴，晉討衛故也。

大史

《左傳·宣公二年》 秋九月【略】乙丑，趙穿攻靈公於桃園。宣子未出山而復。大史書曰：「趙盾弒其君。」以示於朝。

又 《哀公二十四年》 晉師乃還。餽臧石牛，大史謝之。

左史

《左傳·襄公十四年》 欒黶曰：「晉國之命，未是有也。余馬首欲東。」乃歸。下軍從之。左史謂魏莊子曰：「不待中行伯乎？」

史

《左傳·昭公十五年》 王曰：「且昔而高祖孫伯黶，司晉之典籍，以為大政，故曰籍氏。及辛有之二子董之晉，於是乎有董史。女，司典之後也，何故忘之？」

又 《昭公三十二年》 夏，吳伐越，始用師於越也。史墨曰：「不及四十年，越其有吳乎！越得歲而吳伐之，必受其凶。」

又 《哀公九年》 晉趙鞅卜救鄭，遇水適火，占諸史趙、史墨、史龜。

祭史

《左傳·昭公十七年》 九月丁卯，晉荀吳帥師涉自棘津，使祭史先用牲於雒。

筮史

《左傳·僖公二十八年》 晉侯有疾，曹伯之豎侯獳貨筮史。

祝宗

《左傳·成公十七年》 晉范文子反自鄢陵，使其祝宗祈死。

祝史

《左傳·襄公二十七年》 乙酉，宋公及諸侯之大夫盟於蒙門之外。子木問於趙孟曰：「范武子之德何如？」對曰：「夫人之家事治，言於晉國無隱情。其祝史陳信於鬼神，無愧辭。」

《國語》卷一二《晉語六》 學反自鄢，范文子謂其宗、祝曰：「君驕泰而有烈，夫以德勝者猶懼失之，而況驕泰乎？君多私，今以勝歸，私必昭。昭私，難必作，吾恐及焉。凡吾宗、祝，為我祈死，先難為免。」

行人

《左傳·成公七年》 巫臣【略】寘其子狐庸焉，使為行人於吳。

又 《襄公八年》 知武子使行人子員對之，曰：「君有楚命，亦不使一介行李告於寡君，而即安於楚。」

《國語》卷一四《晉語八》 秦景公使其弟鍼來求成，叔向命召行人子員，行人子朱曰：「朱也在此。」叔向曰：「召子員。」子朱曰：「朱也當御。」

舟虞

《國語》卷五《魯語下》 諸侯伐秦，及涇，莫濟。晉叔向見叔孫穆子曰：「諸侯謂秦不恭而討之，及涇而止，於秦何益？」穆子曰：「豹之業，及《匏有苦葉》矣，不知其他。」叔向退，召舟虞與司馬，曰：「夫苦匏不材於人，共濟而已。魯叔孫賦《匏有苦葉》，必將涉矣。具舟除隧，不共有法。」

宰

《國語》卷一五《晉語九》 少室周為趙簡子之右，聞牛談有力，請與之戲，弗勝，致右焉。簡子許之，使少室周為宰，曰：「知賢而讓，可以訓矣。」

縣大夫

《左傳・僖公二十五年》 退一舍而原降。遷原伯貫於冀。趙衰為原大夫，狐溱為溫大夫。

又 《襄公二十七年》 子鮮【略】遂出奔晉。【略】托於木門，不鄉衛國而坐。木門大夫勸之仕，不可，【略】終身不仕。

縣師

《左傳・襄公三十年》 三月癸未，晉悼夫人食輿人之城杞者。絳縣人或年長矣，無子，而往與於食。有與疑年，【略】七十三年矣。【略】趙孟問其縣大夫，則其屬也。召之而謝過焉，【略】與之田，使為君復陶，以為絳縣師，而廢其輿尉。

又 《昭公二十八年》 秋，晉韓宣子卒，魏獻子為政。分祁氏之田以為七縣，分羊舌氏之田以為三縣。司馬彌牟為鄔大夫，賈辛為祁大夫，司馬烏為平陵大夫，魏戊為梗陽大夫，知徐吾為塗水大夫，韓固為馬首大夫，孟丙為盂大夫，樂霄為銅鞮大夫，趙朝為平陽大夫，僚安為楊氏大夫。

元帥 三軍將佐

《左傳・僖公二十七年》 於是乎蒐於被廬，作三軍。謀元帥。【略】乃使郤縠將中軍，郤溱佐之；使狐偃將上軍，讓於狐毛，而佐之；命趙衰為卿，讓於欒枝、先軫。使欒枝將下軍，先軫佐之。荀林父御戎，魏犨為右。

又 《文公七年》 宣子與諸大夫皆患穆嬴，且畏逼，乃背先蔑而立靈公，以禦秦師。箕鄭居守。趙盾將中軍，先克佐之。荀林父佐上軍。先蔑將下軍，先都佐之，步招御戎，戎津為右。

又 《宣公十二年》 夏六月，晉師救鄭。荀林父將中軍，先縠佐之。士會將上軍，郤克佐之。趙朔將下軍，欒書佐之。趙括、趙嬰齊為中軍大夫。鞏朔、韓穿為上軍大夫。荀首、趙同為下軍大夫。韓厥為司馬。

又 《成公十六年》 乃興師。欒書將中軍，士燮佐之。郤錡將上軍，荀偃佐之。韓厥將下軍，郤至佐新軍，荀罃居守。

軍司馬

《左傳・襄公三年》 於是使祁午為中軍尉，羊舌赤佐之。君子謂：「祁奚於是能舉善矣。」【略】晉侯以魏絳為能以刑佐民矣，反役，與之禮食，使佐新軍。張老為中軍司馬，士富為候奄。

又 《襄公十六年》 春，葬晉悼公。平公即位，羊舌肸為傅，張君臣為中軍司馬，祁奚、韓襄、欒盈、士鞅為公族大夫，虞丘書為乘馬御。

又 《定公十三年》 夏六月，上軍司馬籍秦圍邯鄲。

候奄

《國語》卷一三《晉語七》 令狐文子卒，公以魏絳為不犯，使佐新軍。使張老為司馬，使范獻子為候奄。

論說

宋・程公説《春秋分記》卷四二《職官書・晉・六卿》 晉諸卿皆以三軍將佐為號。僖二十七年《傳》：初作三軍。郤縠將中軍，郤溱佐之；狐毛將上軍，狐偃佐之；欒枝將下軍，先軫佐之。是僭六卿矣。自是而下，迭命為代。其詳見《晉卿年表》。襄二十五年《傳》：自六正五吏。杜預注：六正，三軍之六卿。

又 《散卿》 僖三十三年《傳》：襄公以一命命郤缺為卿，不在軍帥之數。又文十二年《傳》：趙穿不在軍事，出追秦師。宣子曰：「秦獲穿也，獲一卿矣。」是時趙盾、荀林父、郤缺、臾駢、欒盾、胥甲為三軍將佐，穿無軍行，亦曰卿，蓋皆彊族之子為之。杜預曰：晉自有散位從卿者。

又 《候正候奄》 成二年《傳》：候正受一命之服。杜預注：候正，主斥候大夫也。晉制，軍行有此大夫從者。又成十八年《傳》：張老為候奄。蓋中軍之候奄也。《晉語》云：知張老之知而不詐也，為元候。元，大也，中軍尊，故稱大。知而不詐，示取其信。《周禮・夏官》之屬候人，各掌其方之道治與其禁令。以設候正、候奄，疑同一官，或職掌相類而分任云。

清・程廷祚《春秋識小録》卷一《春秋職官考略上・司寇・晉》 按昭

十四年，晉士景伯如楚，叔魚攝理，則晉之刑官，又有理之名矣。

又《司空·晉》 按文二年，杜曰晉司空，非卿也。襄十九年有司馬，司空在軍尉、輿尉問，為六卿之屬，則非復從前所謂司空矣。《疏》云雖則非卿，職掌不異，故《傳》曰右行辛為司空，使修士蔿之法。

又 卷二《春秋職官考略中·縣邑之官附》 春秋縣邑之長，皆大夫也。其別有公邑，有私邑。公邑屬於公朝，如趙衰之於原，狐溱之於温是也。私邑則國卿採地，如費、成、郈之於魯三家是也。公邑、私邑雖分治於諸大夫，而皆以國卿聽其成。襄三十年，趙武問絳縣大夫，則其屬也。孔氏謂絳非趙武私邑而武分掌之。又昭二十八年，魏戊不能斷梗陽之獄，上之獻子是也。其時雖無監司、守令之名，而大概與後世亦復相似。

衛國官制分部

綜述

冢卿

《左傳·襄公十四年》 公出奔齊。【略】及竟，公使祝宗告亡，且告無罪。定姜曰：『無神何告？若有，不可誣也。【略】先君有冢卿以為師保而蔑之，二罪也。』

少師

《左傳·襄公二十七年》 （獻）公與免餘邑六十，【略】受其半，以為少師。公使為卿，辭曰：『太叔儀不貳，能贊大事。君其命之！』乃使文子為卿。

司徒

《左傳·哀公二十五年》 初，衛人翦夏丁氏，以其帑賜彭封彌子。彌子飲公酒，納夏戊之女，嬖，以為夫人。其弟期，大叔疾之從孫甥也，少畜於公，以為司徒。

司寇

《左傳·昭公二十年》 衛公孟縶狎齊豹，奪之司寇與鄄，有役則反之，無則取之。

又《哀公二十五年》 褚師與司寇亥乘，曰：『今日幸而後亡。』公之入也，奪南氏邑，而奪司寇亥政。公使侍人納公文懿子之車於池。

右宰

《左傳·隱公四年》 九月，衛人使右宰醜涖殺州吁於濮，石碏使其宰獳羊肩涖殺石厚於陳。

又《襄公二十六年》 寧喜告蘧伯玉，伯玉曰：『瑗不得聞君之出，敢聞其入？』遂行，從近關出。告右宰穀，右宰穀曰：『不可。獲罪於兩君，天下誰畜之？』

大史

《左傳·閔公二年》 狄人囚史華龍滑與禮孔以逐衛人。二人曰：『我，大史也，實掌其祭。不先，國不可得也。』

祝

《左傳·哀公十四年》 丙辰，衛侯在平壽，公孟有事於蓋獲之門外，齊子氏帷於門外而伏甲焉。使祝鼃寘戈於車薪以當門，使一乘從公孟以出。

又《定公四年》 將會，衛子行敬子言於靈公曰：『會同難，嘖有煩言，莫之治也。其使祝佗從！』公曰：『善。』乃使子魚。子魚辭，曰：『臣展四體，以率舊職，猶懼不給而煩刑書，若又共二，徼大罪也。且夫祝，社稷之常隸也。社稷不動，祝不出竟，官之制也。君以軍行，祓社釁鼓，祝奉以從，於是乎出竟。』

大師

《左傳·襄公十四年》 孫蒯入使。公飲之酒，使大師歌《巧言》之卒

章。大師辭，師曹請為之。

大士

《左傳・僖公二十八年》 衛侯與元咺訟，甯武子為輔，鍼莊子為坐，士榮為大士。衛侯不勝，殺士榮，刖鍼莊子，

士師

《孔子家語》卷二《致思》 季羔為衛之士師，刖人之足。

行人

《左傳・襄公十八年》 夏，晉人執衛行人石買於長子，執孫蒯於純留，為曹故也。

又 《定公七年》 齊人執衛行人北宮結以侵衛。

褚師

《左傳・昭公二十年》 公孟惡北宮喜、褚師圃，欲去之。【略】公載寶以出。褚師子申遇公於馬路之衢，遂從。

又 《哀公十五年》 司徒瞞成【略】歸告褚師比，欲與之伐公，不果。

論說

宋・程公説《春秋分記》卷四三《職官書・衛・卿官》 《酒誥》曰：『矧惟若疇，圻父薄違，農父若保，宏父定辟。』圻父司馬，農父司徒，宏父司空，衛三卿官也。定四年《傳》云：封康叔少皞之虚，聃季授土，陶叔授民。杜預注：聃季，司空；陶叔，司徒，皆衛受於王制之舊。春秋衛之政卿，世歸甯氏、孫氏。三卿僅見司徒而復有司寇，皆異乎舊矣。

又 《少師下於卿》 襄二十七年《傳》獻公以免餘為少師，使為卿，辭曰：『大叔儀能贊大事，君其命之。』乃使文子為卿。免餘辭卿而為少師，則衛以少師亞於卿矣。

鄭國官制分部

綜述

當國 為政

《左傳・襄公二年》 秋七月庚辰，鄭伯睔卒。於是子罕當國，子駟為政，子國為司馬。

又 《襄公十九年》 子革、子良出奔楚，子革為右尹。鄭人使子展當國，子西聽政，立子產為卿。

冢宰

《左傳・昭公元年》 趙孟辭，私於子產曰：『武請於冢宰矣。』乃用一獻。

大宰

《左傳・襄公十一年》 九月，諸侯悉師，以復伐鄭。鄭人使良霄、大宰石㚟如楚，告將服於晉。

少正

《左傳・襄公二十二年》 夏，晉人征朝於鄭。鄭人使少正公孫僑對。

司馬 司空 司徒

《左傳・襄公十年》 於是子駟當國，子國為司馬，子耳為司空，子孔為司徒。

司寇

《左傳・昭公十八年》 火作，子產辭晉公子、公孫於東門。使司寇出

新客，禁舊客勿出於宮。

行人

《左傳·襄公三十一年》 文子入聘。子羽為行人，馮簡子與子大叔逆客。

《論語·憲問》 子曰：『為命：裨諶草創之，世叔討論之，行人子羽脩飾之，東里子產潤色之。』

令正

《左傳·襄公二十六年》 印堇父與皇頡戍城麇，楚人囚之，以獻於秦。鄭人取貨於印氏以請之，子大叔為令正，以為請。

相

《史記》卷四二《鄭世家》（鄭繻公）二十五年，鄭君殺其相子陽。

大史

《左傳·襄公三十年》 伯有既死，使大史命伯石為卿，辭。大史退，則請命焉。覆命之，又辭。如是三，乃受策入拜。

又《昭公元年》 六月丁巳，鄭伯及其大夫盟於公孫段氏。【略】公孫黑強與於盟，使大史書其名。

大內史

《叔上匜銘》 唯十又二月初吉乙巳，鄭大內史叔上，作叔　媵匜，其萬年無疆，子子孫孫，永寶用之。

司宮

《左傳·昭公十八年》 商成公儆司宮，出舊宮人，置諸火所不及。

執訊

《左傳·文公十七年》 鄭子家使執訊而與之書，以告趙宣子。

馬師

《左傳·襄公三十年》 秋七月【略】癸丑，晨，自墓門之瀆入，因馬師頡介於襄庫，以伐舊北門。

外僕

《左傳·襄公二十八年》 子產相鄭伯以如楚，舍不為壇。外僕言曰：『昔先大夫相先君，適四國，未嘗不為壇。』

野司寇

《左傳·昭公十八年》 夏五月，【略】火作，子產【略】使野司寇各保其征。

司墓

《左傳·昭公二年》 三月，鄭簡公卒，將為葬除。【略】子產乃使辟之。司墓之室有當道者，毀之，則朝而堋；弗毀，則日中而堋。

室老　宗人

《左傳·襄公二十二年》 九月，鄭公孫黑肱有疾，歸邑於公。召室老、宗人立段，而使黜官、薄祭。

論　說

宋·程公説《春秋分記》卷四四《職官書·鄭·六卿》 桓十七年《傳》：以高渠彌為卿。宣六年《傳》：公子曼滿欲為卿。於時鄭止一卿也，至襄二年《傳》：子罕當國，子駟為政，子國為司馬。是為三卿，始有三卿，始有當國、為政、司馬之別。九年《傳》載鄭公子騑、公子發、公子嘉、公孫輒、公孫蠆、公孫舍之，是為六卿。越明年，《傳》言子駟騑當國，子國發為司馬，子耳輒為司空，子孔嘉為司徒。於是又有司空、司徒之號，雖以子耳叙子孔上，然司徒之制當上於司空，顧所從言異耳。

又《當國》 侯國政卿，以司徒為上。襄二年《傳》：鄭成公卒，於是子罕當國，子駟為政。為政之名亦異矣，又加以當國，杜預謂當國者，攝君事也。禮，君薨，聽於冢宰，不須攝行君事。鄭以子罕當國者，間於晉、楚，國家多難，喪代之際，或致傾危，蓋成公顧命，使之當國，非常法也，沈氏云：魯襄四歲，國家無虞。今僖公年雖長大，為偪於晉、楚，故令子罕當國。沈氏但以晉、楚之偪而言耳。自後魯襄十年，鄭簡公於是九歲，則子駟、子孔相繼當國，至襄十九年《傳》又云子展當國。杜預亦謂簡公猶幼，然是歲簡公蓋年十八矣。國有君而臣曰當國，沿而不革，非也。

又《政卿》 鄭制，首則當國之卿而政卿次之。按襄二年《傳》：子罕當國，子駟為政，子國為司馬。子駟為政卿也，而次於子罕。至十年《傳》，子駟當國，子國為司馬。不復言政卿，豈當國兼之耶？或司馬任之也？十九年《傳》：子展當國，子西聽政。若子罕、子駟同時之制。然自是而下，子產、大叔、駟歂相繼為上卿，則曰為政，不復有當國矣。當國惟在僖、簡之世，《傳》言罕氏常掌國政，以為上卿，襄二十九年。則當國蓋猶掌政而權任尤專，有卿而當國則以為政貳之。不然，為政者斯掌國政矣。

又《冢宰》 昭元年《傳》：趙孟辭五獻之禮，私於子產曰：『武請於冢宰矣。』杜預注：冢宰，子皮。以年考之，罕虎自襄二十九年代其父子展為政卿，至是四年，曰冢宰，謂其為上卿也。

清·程廷祚《春秋識小録》卷一《春秋職官考略上·鄭·太宰》 按石爲良霄之介，則太宰之官，非鄭所重矣。又昭元年趙孟曰武請於冢宰矣，杜曰冢宰子皮，則鄭上卿又有冢宰之稱，猶之曰蔿敖爲宰也。

清·秦蕙田《五禮通考》卷二一六 蕙田案：鄭有六卿。此傳七子之中惟公孫段未爲卿。三十年《傳》『伯有既死，使太史命伯石爲卿』，可證也。

【略】

蕙田案：六卿謂子蟜、子產、子太叔、子游、子旗、子柳也。罕氏世爲上卿，故子產雖執國政而位次猶在子蟜之下。**【略】**

蕙田案：昭十八年《傳》司寇與司馬並稱，疑司寇亦卿也。

宋國官制分部

綜　述

《左傳·成公十五年》 秋八月，葬宋共公。於是華元為右師，魚石為左師，蕩澤為司馬，華喜為司徒，公孫師為司城，向為人為大司寇，鱗朱為少司寇，向帶為大宰，魚府為少宰。

又《襄公九年》 春，宋災。樂喜為司城以為政。使伯氏司里，火所未至，徹小屋，塗大屋；陳畚挶，具綆缶，備水器；量輕重，蓄水潦，積土塗；巡丈城，繕守備，表火道。使華臣具正徒，令隧正納郊保，奔火所。使華閱討右官，官庀其司。向戌討左，亦如之。使樂遄庀刑器，亦如之。使皇鄖命校正出馬，工正出車，備甲兵，庀武守。使西鉏吾庀府守，令司宮、巷伯儆宮。二師令四鄉正敬享，祝宗用馬於四墉，祀盤庚於西門之外。

又《哀公二十六年》 宋景公無子，取公孫周之子得與啓，畜諸公宮，未有立焉。於是皇緩爲右師，皇非我爲大司馬，皇懷爲司徒，靈不緩爲左師，樂茷爲司城，樂朱鉏爲大司寇，六卿三族降聽政，因大尹以達。

右師

《左傳·哀公十七年》 子仲怒，弗從，故對曰：『右師則老矣，不識麇也。』公執之。皇瑗奔晉，召之。

《莊子》卷二《內篇·養生主》 公文軒見右師而驚曰：『是何人也？惡乎介也？』

左師

《左傳·哀公十四年》 向魋遂入於曹以叛。六月，使左師巢伐之。

司馬

《左傳·哀公十四年》 公知之，告皇野曰：『余長魋也，今將禍余，請

即救。』司馬子仲曰：『請以君命召之。』

司武

《左傳·襄公六年》 春，【略】宋華弱與樂轡少相狎，長相優，又相謗也。子蕩怒，以弓梏華弱於朝。平公見之，曰：『司武而梏於朝，難以勝矣！』

司城

《呂氏春秋》卷二〇《召類》 士尹池爲荊使於宋，司城子罕觴之。

相

《戰國策》卷二一《趙策四·魏敗楚於陘山》 魏敗楚於陘山，禽唐明。楚王懼，令昭應奉太子以委和於薛公。主父欲敗之，乃結秦連楚、宋之交，令郝相宋，樓緩相秦。

《呂氏春秋》卷一八《淫辭》 宋王謂其相唐鞅曰：『寡人所殺戮者衆矣，而羣臣愈不畏，其故何也？』

大宰

《莊子》卷一四《外篇·天運》 商大宰蕩問仁於莊子。

大尹

《戰國策》卷三二《宋衛策·請大尹曰》 謂大尹曰：『君日長矣，自知政，則公無事。公不如令楚賀君之孝，則君不奪太后之事矣，則公常用宋矣。』

行人

《左傳·定公六年》 秋，晉人執宋行人樂祁犂。

御士

《左傳·昭公二十一年》 宋華費遂生華貙、華多僚、華登。貙為少司馬，多僚為御士。

門尹

《左傳·哀公二十六年》 祝襄以載書告皇非我，皇非我因數潞、門尹得、左師謀。

國老

《戰國策》卷三二《宋衛策·宋康王之時有雀生》（宋康王）罵國老諫者，爲無顔之冠以示勇。

少庶子

《韓非子》卷三〇《内儲説上》 商太宰使少庶子之市。

史

《戰國策》卷三二《宋衛策·宋康王之時有雀生》 宋康王之時，有雀生於城之陬。使史占之，曰：『小而生巨，必霸天下。』

司星

《史記》卷三八《宋世家》（宋景公）三十七年，熒惑守心。心，宋之分野也。景公憂之。司星子韋曰：『可移於相。』景公曰：『相，吾之股肱。』

漆園吏

《史記》卷六三《老子韓非列傳》 莊子者，蒙人也，名周。周嘗爲蒙漆園吏。

論說

宋·程公説《春秋分記》卷四三《職官書·宋·六卿》 殷制六卿，大宰象天時，司徒、司馬、司空、司士、司寇法地事。宋六卿之次，則曰右師、左師、司馬、司徒、司城，司寇，其不合者有四：右師、左師命名特異，一也。大宰

列六卿之外，二也。司徒次司馬之後，三也。司士之名無聞焉，四也。然所為戾者多矣。

清・程廷祚《春秋識小録》卷一《春秋職官考略上・宰》　春秋宋國職官，備於他國。

又《司城》　春秋宋無司空而有司城，所謂以武公廢司空也。

又　卷二《春秋職官考略中・宋・左師右師》　宋之六卿，左右二師、司馬、司徒、司城、司寇也。置二師爲卿，不知何時之制，他國無之。

清・秦蕙田《五禮通考》卷二一六　蕙田案：春秋大夫以官名書於經者，惟宋有之。程子謂宋王者後，得自命卿，故書，疑或然也。

吴國官制分部

綜　述

大宰

《左傳・定公四年》　楚之殺郤宛也，伯氏之族出。伯州犁之孫嚭為吴大宰以謀楚。

又《哀公元年》　吴王夫差敗越於夫椒，報檇李也。遂入越。越子以甲楯五千，保於會稽。使大夫種因吴大宰嚭以行成，吴子將許之。

又《哀公七年》　大宰嚭召季康子。

少司馬

《國語》卷一九《吴語》　董褐將還，王稱左畸曰：『攝少司馬茲與王士五人，坐於王前。』乃皆進，自剄於客前以酬客。

行人

《左傳・襄公二十六年》　晉人與之邢，以為謀主。扞禦北狄，通吴於晉，教吴叛楚，教之乘車、射御、驅侵，使其子狐庸為吴行人焉。

《國語》卷一九《吴語》　吴王夫差既勝齊人於艾陵，乃使行人奚斯釋言於齊。

閽

《左傳・襄公二十九年》　吴人伐越，獲俘焉，以為閽，使守舟。吴子餘祭觀舟，閽以刀弑之。

論　説

宋・程公説《春秋分記》卷四四《職官書・吴・大宰》　哀七年《傳》：大宰嚭召季康子。大宰，吴執國政者。吴僭稱王，故卿亦僭稱大宰。

齊國官制分部

綜　述

《國語》卷六《齊語》　管子於是制國，以為二十一鄉，工商之鄉六，士鄉十五。公帥五鄉焉，國子帥五鄉焉，高子帥五鄉焉。參國起案，以為三官。臣立三宰，工立三族，市立三鄉，澤立三虞，山立三衡。【略】管子於是制國，五家為軌，軌為之長；十軌為里，里有司；四里為連，連為之長；十連為鄉，鄉有良人焉。以為軍令，五家為軌，故五人為伍，軌長帥之；十軌為里，故五十人為小戎，里有司帥之；四里為連，故二百人為卒，連長帥之；十連為鄉，故二千人為旅，鄉良人帥之；五鄉一帥，故萬人為一軍，五鄉之帥帥之。

二守

《左傳・僖公十二年》　管仲辭曰：『臣，賤有司也。有天子之二守國、高在。』

左相

《左傳·襄公二十五年》　慶封為左相，盟國人於大宮。

三公

《戰國縱橫家書十四·蘇秦謂齊王》　（蘇秦）謂齊王曰：『王舉霸王之業而以臣爲三公，臣有以矜於世矣。』

相

《孟子·告子下》　孟子居鄒，季任爲任處守，以幣交，受之而不報。處於平陸，儲子爲相，以幣交，受之而不報。

《戰國策》卷八《齊策一·成侯鄒忌爲齊相》　成侯鄒忌爲齊相，田忌爲將，不相說。

又　《靖郭君善齊貌辨》　靖郭君至，因請相之。靖郭君辭，不得已而受。七日，謝病強辭。靖郭君辭，不得，三日而聽。

又　卷一三《齊策六·齊閔王之遇殺》　（齊）君王后死，後后勝相齊，多受秦間金玉。

又　《燕攻齊齊破》　襄王立，田單相之。

《史記》卷四一《越王勾踐世家》　（范蠡）居無幾何，致產數十萬。齊人聞其賢，以爲相。范蠡喟然歎曰：『居家則致千金，居官則至卿相，此布衣之極也。久受尊名，不祥。』乃歸相印，盡散其財。

又　卷四六《田敬仲完世家》　田常立簡公弟驁，是爲平公。平公即位，田常爲相。行之五年，齊國之政皆歸田常。田常卒，子襄子盤代立，相齊。常謚爲成子。襄子卒，子莊子白立。田莊子相齊宣公。莊子卒，子太公和立。田太公相齊宣公。宣公卒，子康公貸立。（康公十八年）太公與魏文侯會濁澤，求爲諸侯。魏文侯乃使使言周天子及諸侯，請立齊相田和爲諸侯。周天子許之。康公之十九年，田和立爲齊侯，列於周室，紀元年。

又　卷七五《孟嘗君列傳》　（齊）宣王九年，田嬰相齊。【略】齊湣王不自得，以其遺孟嘗君。孟嘗君至，則以爲齊相，任政。

太傅

《戰國策》卷一一《齊策四·齊人有馮諼者》　齊王聞之，君臣恐懼，遣太傅齎黃金千斤，文車二駟，服劍一，封書謝孟嘗君。

右師

《孟子·離婁下》　公行子有子之喪，右師往弔，入門，有進而與右師言者，有就右師之位而與右師言者。

太史

《左傳·襄公二十五年》　大史書曰：『崔杼弒其君。』崔子殺之。其弟嗣書，而死者二人，其弟又書，乃舍之。南史氏聞大史盡死，執簡以往，聞既書矣，乃還。

又　《哀公十四年》　夏五月壬申，（齊簡）公與婦人飲酒於檀臺，成子遷諸寢。公執戈將擊之，太史子餘曰：『非不利也，將除害也。』

御史

《史記》卷一二六《滑稽列傳》　（淳於）髡曰：『賜酒大王之前，執法在傍，御史在後，髡恐懼俯伏而飲，不過一鬥徑醉矣。』

掌書

《呂氏春秋》卷二〇《驕恣》　齊宣王爲大室，春居問於宣王。王曰：『何諫寡人之晚也！寡人請今止之。』遽召掌書曰：『書之，寡人不肖而好爲大室，春子止寡人。』

侍史

《史記》卷七五《孟嘗君列傳》　孟嘗君待客坐語，而屏風後常有侍史，主記君所與客語，問親戚居處。

士師

《孟子・梁惠王下》 孟子謂齊宣王曰：『士師不能治士，則如之何？』王曰：『已之。』

又《公孫丑下》 孟子謂蚳鼃曰：『子之辭靈丘而請士師，似也，爲其可以言也。今既數月矣，未可以言與？』

大士

漢・劉向《説苑》卷二《臣術》 騶忌謂齊威王曰：『忌舉北郭刁勃子爲大士，而九族益親，民益富。』

祭酒

《史記》卷七四《孟子荀卿列傳》 荀卿，趙人。年五十始來遊學於齊。田駢之屬皆已死齊襄王時，而荀卿最爲老師。齊尚脩列大夫之缺，而荀卿三爲祭酒焉。

博士

漢・劉向《説苑》卷八《尊賢》 博士淳於髡仰天大笑而不應。

少庶子

《韓非子》卷三一《内儲説下》 濟陽君有少庶子，有不見知，欲入愛於君者。

謁者

《戰國策》卷一一《齊策四・先生王升造門而欲見齊宣王》 先生王升造門而欲見齊宣王，宣王使謁者延入。

漢・劉安《淮南子》卷一八《人間訓》 靖郭君將城薛，賓客多止之，弗聽。靖郭君謂謁者曰：『無爲賓通言。』

漢・劉向《説苑》卷九《正諫》 孟嘗君將西入秦，賓客諫之，百通則不聽也，曰：『以人事諫我，我盡知之，若以鬼道諫我，我則殺之。』謁者入曰：『有客以鬼道聞。』

五官

《戰國策》卷八《齊策一・靖郭君謂齊王》 靖郭君謂齊王曰：『五官之計，不可不日聽也而數覽也。』

門司馬

《戰國策》卷一三《齊策六・齊王建入朝於秦》 齊王建入朝於秦，雍門司馬横戟當馬前，曰：『所爲立王者，爲社稷耶？爲王耶？』

門尉

漢・韓嬰《韓詩外傳》卷七 宋燕相齊見逐，罷歸之舍，召門尉陳饒等二十六人曰：『諸大夫有能與我赴諸侯者乎？』陳饒等皆伏而不對。

令長

《史記》卷一二六《滑稽列傳》 王曰：『此鳥不飛則已，一飛沖天；不鳴則已，一鳴驚人。』於是乃朝諸縣令長七十二人，賞一人，誅一人，奮兵而出。諸侯振驚，皆還齊侵地。威行三十六年。

師

《史記》卷四六《田敬仲完世家》 齊因起兵，使田忌、田嬰將，孫子爲師，救韓、趙以擊魏，大敗之馬陵。

將

《戰國策》卷八《齊策一・成侯鄒忌爲齊相》 成侯鄒忌爲齊相，田忌爲將，不相説。

《史記》卷六五《孫子吳起列傳》 其後魏伐趙，齊威王欲將孫臏，臏辭謝曰：『刑餘之人不可。』於是乃以田忌爲將。

將軍

《史記》卷八二《田單列傳》 城中相與推田單，曰：『安平之戰，田單宗人以鐵籠得全，習兵。』立以爲將軍，以即墨距燕。

上將軍

漢·劉向《說苑》卷一五《指武》 田單爲齊上將軍，興師十萬將以攻翟，往見魯仲連子，仲連子曰：『將軍之攻翟，必不能下矣。』

論說

宋·程公說《春秋分記》卷四一《職官書·齊·管仲制國》 《齊語》云：管仲為桓公制國為二十一鄉，工商之鄉六，士鄉十五，參國起案，以為三官，臣立三宰，工立三族，市立三鄉，澤立三虞，山立三衡。此其大凡也。考之經傳，官制亦有合，而不詳見云。

清·程廷祚《春秋識小録》卷二《春秋職官考略中·齊·二守》 《王制》次國三卿，二卿命於天子，一卿命於其君。命於天子者，則曰王之守臣，其後諸侯之卿，皆自命之，不聞有守臣矣。

清·秦蕙田《五禮通考》卷二一六 蕙田案：《左傳》載齊之官制甚略，所可見者惟國、高二子世爲上卿，然亦不詳其官名。至二上卿之外，別立二相，亦他國所無也。《國語》稱桓公使鮑叔爲宰，韋昭以爲太宰也，則齊又有太宰矣。

楚國官制分部

綜述

《左傳·襄公十五年》 楚公子午為令尹，公子罷戎為右尹，蔿子馮為大司馬，公子槖師為右司馬，公子成為左司馬，屈到為莫敖，公子追舒為箴尹，屈蕩為連尹，養由基為宮廄尹，以靖國人。君子謂楚於是乎能官人。

令尹

《左傳·莊公四年》 春王三月，楚武王荊尸，授師孑焉，以伐隨。【略】王遂行，卒於樠木之下。令尹鬬祁、莫敖屈重，除道梁溠，營軍臨隨，隨人懼，行成。莫敖以王命入盟隨侯，且請爲會於漢汭而還，濟漢而後發喪。

《史記》卷四〇《楚世家》 （楚惠王）六年，白公請兵令尹子西伐鄭。八年，白公勝怒，乃遂與勇力死士石乞等襲殺令尹子西、子綦於朝。

小令尹

《戰國策》卷二六《韓策一·韓公仲謂向壽》 韓公仲謂向壽曰：『今公與楚解，中封小令尹以桂陽。』

相

《戰國策》卷三《秦策一·陳軫去楚之秦》 今楚王明主也，而昭陽賢相也。

《史記》卷七〇《張儀列傳》 （楚王）乃以相印授張儀，厚賂之。

相國

《戰國策》卷一《東周策·周共太子死》 周共太子死，司馬翦謂楚王曰：『何不封公子咎而爲之請太子？』左成謂司馬翦曰：『公若欲爲太子，因令人謂相國御展子、廧夫空曰：「王類欲令若爲之，此健士也，居中不便於相國。」』相國令之爲太子。

漢·劉向《說苑》卷八《尊賢》 田忌去齊奔楚，楚王郊迎至舍。（田忌）曰：『【略】齊使眄子將，則楚悉發四封之內，王自出將而忌從，相國、上將軍爲左右司馬，如是則王僅得存耳。』

柱國 上柱國

《戰國策》卷二七《韓策二·史疾爲韓使楚》 史疾謂楚王曰：『今王之國有柱國、令尹、司馬、典令，其任官置吏，必曰廉潔勝任。』

又　卷一五《楚策二・楚襄王爲太子之時》　楚王告慎子曰：『齊使來求東地，爲之奈何？』慎子曰：『王明日朝羣臣，皆令獻其計。』上柱國子良入見。

《呂氏春秋》卷一八《淫辭》　荊柱國莊伯。

《史記》卷四〇《楚世家》　（懷王）六年，楚使柱國昭陽將兵而攻魏，破之於襄陵，得八邑。

又　卷一五《六國年表》　楚考烈王十二年，柱國景伯死。

莫敖

《左傳・桓公十二年》　楚伐絞，軍其南門。莫敖屈瑕曰：『絞小而輕，輕則寡謀。請無扞採樵者，以誘之。』

又　《昭公五年》　楚子以屈申為貳於吳，乃殺之。以屈生為莫敖。

《戰國策》卷一四《楚策一・威王問於莫敖子華》　威王問於莫敖子華曰：『自從先君文王以至不穀之身，亦有不為爵勸、不為祿勉、以憂社稷者乎？』莫敖子華對曰：『如華，不足知之矣。』

太宰

《戰國策》卷二六《韓策一・鄭張之走張儀於秦》　鄭彊之走張儀於秦，曰：『儀之使者，必之楚矣。』故謂大宰曰：『公留儀之使者，彊請西圖儀於秦。』

司敗

《左傳・文公十年》　（子西）懼而辭曰：臣免於死，又有讒言謂臣將逃，臣歸死於司敗也。晉杜預注：陳、楚名司寇為司敗。

又　《宣公四年》　其孫箴尹克黄使於齊，【略】遂歸復命，而自拘於司敗。

又　《定公三年》　子常歸唐侯，自拘於司敗。

太師

《左傳・哀公十七年》　楚白公之亂，陳人恃其聚而侵楚。楚既甯，將取陳麥。楚子問帥於大師子穀與葉公諸梁。

太卜

《楚辭・卜居》　屈原既放，三年不得復見。竭知盡忠，而蔽鄣於讒。心煩慮亂，不知所從。往見太卜鄭詹君。

大司馬

《戰國策》卷一五《楚策二・楚襄王爲太子之時》　楚襄王立昭常爲大司馬，使守東地；又遣景鯉西索救於秦。

右司馬

《左傳・哀公十八年》　初，右司馬子國之卜也，觀瞻曰：『如志。』故命之。

左司馬

漢・韓嬰《韓詩外傳》卷一〇　楚有士曰申鳴，治園以養父母，孝聞於楚。王召之，遂之朝受命，楚王以爲左司馬。

典令

《戰國策》卷二七《韓策二・史疾爲韓使楚》　（史疾謂楚王曰）：『今王之國有柱國、令尹、司馬、典令，其任官置吏，必曰廉潔勝任。』

左徒

《史記》卷八四《屈原列傳》　屈原者，名平，楚之同姓也。爲楚懷王左徒。入則與王圖議國事，以出號令，出則接遇賓客，應對諸侯。

箴尹

《左傳・哀公十六年》　（葉公）乃免胄而進，遇箴尹固帥其屬，將與白公。

寢尹 工尹

《左傳·哀公十八年》 及巴師至，將卜帥，王曰：『寧如志，何卜焉？』使帥師而行。請承，王曰：『寢尹、工尹，勤先君者也。』

環列之尹

《左傳·文公元年》 穆王立，以其為大子之室與潘崇，使為大師，且掌環列之尹。

右尹

《史記》卷七《項羽本紀》 楚右尹項伯者，項羽季父也。

左領 左史

《左傳·哀公十七年》 楚子問帥於大師子穀與葉公諸梁。子穀曰：『右領差車與左史老，皆相令尹、司馬以伐陳，其可使也。』

《韓非子》卷二二《説林下》 越已勝吳，又索卒於荊而攻晉。左史倚相謂荊王曰：『夫越破吳，豪士死，鋭卒盡，大甲傷，今又索卒以攻晉，示我不病也，不如起師與分吳。』

郎中

《戰國策》卷一七《楚策四·楚考烈王無子》 朱英謂春申君曰：『君先仕臣爲郎中。』

中謝

《呂氏春秋》卷一六《去宥》 荊威王學書於沈尹華，昭釐惡之。威王好制，有中謝佐制者，爲昭釐謂威王曰：『國人皆曰王乃沈尹華之弟子也。』王不説，因疏沈尹華。中謝細人也，一言而令威王不聞先王之術，文學之士不得進，令昭釐得行其私。

中射

《韓非子》卷二二《説林上》 有獻不死之藥於荊王者，謁者操以入。中射之士問曰：『可食乎？』曰：『可。』因奪而食之。

守

漢·劉向《説苑》卷一五《指武》 吳起爲苑守行縣適息，問屈宜臼曰：『王不知起不肖，以爲苑守，先生將何以教之。』

公

《呂氏春秋》卷一六《察微》 楚之邊邑曰卑梁，【略】卑梁公怒，曰：『吳人焉敢攻吾邑。』

令

《戰國策》卷一四《楚策一·城渾出周》 城渾出周，三人偶行，南游於楚，至於新城。城渾説其令曰：『楚王何不以新城爲主郡也，邊邑甚利之。』新城公大説，楚王果以新城爲主郡。

《史記》卷七八《春申君列傳》 春申君相楚八年，爲楚北伐滅魯，以荀卿爲蘭陵令。

將軍

《戰國策》卷三〇《燕策二·燕饑趙將伐之》 燕饑，趙將伐之。楚使將軍之燕。

《史記》卷一一六《西南夷列傳》 始，楚威王時，使將軍莊蹻將兵循江上，略巴、黔中以西。

上將軍

漢·劉向《説苑》卷八《尊賢》 田忌去齊奔楚，楚王郊迎至舍，問曰：『楚，萬乘之國也，齊，亦萬乘之國也，常欲相並，爲之奈何？』對曰：『易知耳。齊使申孺將，則楚發五萬人，使上將軍將之，至禽將軍首而反耳。』

大將軍 裨將軍

《史記》卷四〇《楚世家》 （楚懷王）十七年，與秦戰丹陽，秦大敗我軍，斬甲士八萬，虜我大將軍屈匄、裨將軍逢侯醜等七十餘人，遂取漢中之郡。

將

漢・劉安《淮南子》卷一二《道應訓》 楚將子發好求技道之士。

《史記》卷四五《韓世家》 （宣惠王）二十一年，與秦共攻楚，敗楚將屈丐，斬首八萬於丹陽。【略】（襄王）十一年，與秦伐楚，敗楚將唐昧。

論説

宋・程公説《春秋分記》卷四四《職官書・楚・令尹為政卿》 尹，訓正也。楚之官，多以尹名而令尹為尊。僖二十七年《傳》子文治兵於睽，子玉治兵於蔿，蔿賈謂子文曰：子之傳政於子玉。曰：以靖國也。杜預注：子文時不為令尹，子玉為令尹，曰傳政，則楚以令尹為政卿矣。宣十二年《傳》：戰於邲，令尹南轅反旆。行軍進退，令尹亦專之。是知為政於內，統兵於外，皆令尹之任也。

又《令尹司馬莫敖皆卿》 哀六年《傳》：可移於令尹、司馬。楚以令尹為尊而司馬次之。又十六年《傳》云：王與二卿士，皆五百人當之。注：二卿士謂子西、子期。時子西為令尹，子期為司馬。是令尹、司馬，皆卿官也。又桓十一年《傳》：鬬廉呼莫敖為君。孔穎達曰：楚呼卿為君，則莫敖亦卿官矣。

又《令尹遷授之次》 楚卿令尹，而司馬次焉，莫敖又次焉。襄二十二年《傳》：薳子馮為令尹。則自大司馬而遷也。二十五年，子馮卒，屈建為令尹。則自莫敖而遷也。哀十六年《傳》：勝為白公，子西曰：楚國第，我死，令尹、司馬非勝而誰？白，楚邑，縣尹稱公，則白公蓋縣尹也。杜預注：楚國第，謂用士之次第。是楚制亦有自縣尹而遷司馬、令尹者矣。

又《莫敖》 桓十一年《傳》：莫敖患之。杜預注：莫敖，楚官名。孔穎達於襄十五年疏曰：楚官名，臨時所作。莫敖之徒，並不可解。嘗考楚初有莫敖，後來彊盛，却有令尹，故令尹之權重於莫敖。

清・程廷祚《春秋識小録》卷二《春秋職官考略中・楚・令尹》 《傳》曰蔿敖為宰，《疏》云《周禮》六卿，大宰為重，遂以宰為上卿之號。楚臣令尹為長，故從他國論之，謂令尹為宰也。【略】

按楚之官多以尹名者，然自箴尹以下，往往不得其命名之義，闕之可也。沈與武城皆地名，豈即縣邑之長，如所謂縣尹者與？《正義》曰：楚國名上卿為令尹者，《釋詁》曰：令，善也；《釋言》云：尹，正也。言用善人。正此官也。楚官多以尹為名，皆取其正直也。

清・秦蕙田《五禮通考》卷二一六 蕙田案：《傳》自子文授政子玉以後，繼之者蔿呂臣、子上、大孫伯、成嘉，凡五人。鬬般爲令尹當在成嘉之後，非即繼子文而爲令尹也。【略】

蕙田案：楚縣公之名見於傳者，如息公子朱、申公巫臣、期思公復遂、申公壽餘、葉公諸梁、白公勝，及子西爲商公，棄疾爲蔡公之類，與縣尹似少不同。【略】

蕙田案：春秋時，楚亦爲三軍，其軍將出於臨時。簡擇城濮之役，子玉以令尹將中軍，子西以司馬將左軍；邲之役，則沈尹將中軍，而令尹孫叔敖不爲軍帥；鄢陵之役，則子反以司馬將中軍，子重以令尹將左軍，皆無一定之例也。

燕國官制分部

綜述

大夫

《左傳・昭公三年》 燕簡公多嬖寵，欲去諸大夫而立其寵人。冬，燕大夫比以殺公之外嬖。公懼奔齊。

相

《戰國策》卷一四《楚策一・張儀爲秦破縱連横》　凡天下所信約從親堅者蘇秦，封爲武安君而相燕，即陰與燕王謀破齊，共分其地。

《史記》卷五一《荊燕世家》　蘇秦之在燕，與其相子之爲婚，而蘇代與子之交。子之相燕，貴重，主斷。

相國

《韓非子》卷三二《外儲説左上》　郢人有遺燕相國書者，夜書，火不明，因謂持燭者曰：「舉燭。」而誤書「舉燭」。舉燭，非書意也，燕相受書而説之，曰：「舉燭者，尚明也；尚明也者，舉賢而任之。」燕相白王，王大説，國以治。治則治矣，非書意也。

丞相

《史記》卷四三《趙世家》（趙孝成王）十五年，燕王令丞相栗腹約驩，以五百金爲趙王酒。

師

《戰國策》卷二九《燕策一・燕昭王收破燕後即位》　郭隗先生對曰：「帝者與師處，王者與友處，霸者與臣處。」於是昭王爲隗築宫而師之。

太子太傅

《戰國策》卷三一《燕策三・燕太子丹質於秦亡歸》　太子丹患之，謂其太傅鞠武曰：「燕、秦不兩立，願太傅幸而圖之。」

《史記》卷八六《刺客列傳》　太子丹患之，問其傅鞠武。太子曰：「太傅之計，曠日彌久，心惛然，恐不能須臾，願太傅更慮之。」

涓人

《戰國策》卷二九《燕策一・燕昭王收破燕即位》　郭隗先生曰：「臣聞古之君人，有以千金求千里馬者，三年不能得。涓人言於君曰：「請求之。」」

守

《戰國策》卷二一《趙策四・燕封宋人榮蚠爲高陽君》　馬服君謂平原君曰：「奢嘗抵罪居燕，燕以奢爲上谷守，燕之通谷要塞，奢習知之。」

將軍

《戰國策》卷二九《燕策一・燕王噲既立》　子之三年，燕國大亂，百姓恫怨。將軍市被、太子平謀，將攻子之。

《史記》卷五一《荊燕世家》　子之南面行王事，而噲老不聽政，顧爲臣，國事皆決於子之。三年，國大亂，百姓恫怨。將軍市被與太子平謀，將攻子之。

上將軍

《戰國策》卷二九《燕策一・燕昭王收破燕後即位》　昭王二十八年，燕國殷富，士卒樂佚輕戰，於是遂以樂毅爲上將軍，與秦、楚、三晉合謀以伐齊。

《史記》卷二四《樂毅列傳》　諸侯害齊湣王之驕暴，皆爭合從與燕伐齊。燕昭王悉起兵，使樂毅爲上將軍。

司馬

《戰國策》卷一三《齊策六・貂勃常惡田單》　貂勃曰：「安平君以惴惴之即墨，三里之城，五里之郭，敝卒七千，禽其司馬，而反千里之齊，安平君之功也。」

論　説

宋・程公説《春秋分記》卷四四《職官書・燕・大夫》　昭三年《傳》：燕簡公多嬖寵，欲去諸大夫而立其寵人。燕國僻在北陲，官制不詳，豈大夫即為政者歟？

韓國官制分部

綜　述

相

《戰國策》卷二七《韓策二·韓傀相韓》　韓傀相韓。嚴遂重於君，二人相害也。

《韓非子》卷二二《説林上》　嚴遂不善周君，患之。馮沮曰：『嚴遂相，而韓傀貴於君，不如行賊於韓傀，則君必爲嚴氏也。』

《史記》卷五五《留侯世家》　留侯張良者，其先韓人也。大父開地，相韓昭侯、宣惠王、襄哀王。父平，相釐王、悼惠王。

相國

《戰國策》卷二八《韓策三·或謂韓相國》　或謂韓相國曰：『今君以所事善平原君者，爲惡於秦也；而善平原君乃所以惡於秦也。願君之熟計之也。』

《史記》卷四五《韓世家》　安釐王二十三年，趙、魏攻我華陽。韓告急於秦，秦不救。韓相國謂陳筮曰：『事急，願公雖病，爲一宿之行。』

司空

《呂氏春秋》卷二一《開春》　韓氏城新城，期十五日而成。段喬爲司空，有一縣後二日，段喬執其吏而囚之。

少府

《戰國策》卷二六《韓策一·蘇秦爲楚合縱説韓王》　天下之強弓勁弩，皆自韓出。谿子，少府時力、距來，皆射六百步之外。

御史

《戰國策》卷二六《韓策一·張儀爲秦連横説韓王》　今王西面而事秦以攻楚，爲敝邑，秦王必喜。夫攻楚而私其地，轉禍而説秦，計無便於此者也。是故秦王使使臣獻書大王御史，須以決事。

中庶子

《戰國策》卷二七《韓策二·公叔與幾瑟爭國中庶子強謂太子》　韓公叔與幾瑟爭國。中庶子強謂太子曰：『不若及齊師未入，急擊公叔。』

謁者

《戰國策》卷二六《韓策一·顔率見公仲》　顔率見公仲，公仲不見。顔率謂公仲之謁者曰：『自今以來，率且正言之而已矣。』公仲之謁者以告公仲，公仲遽起而見之。

車令

《呂氏春秋》卷二五《處方》　（韓）昭釐侯至，詰車令，各避舍。

廩吏

《韓非子》卷三一《内儲説下》　韓昭侯之時，黍種嘗貴甚，昭侯令人覆廩吏果竊黍種而糶之甚多。

典衣　典冠

《韓非子》卷七《二柄》　昔者韓昭侯醉而寢，典冠者見君之寒也，故加衣於君之上，覺寢而説，問左右曰：『誰加衣者？』左右對曰：『典冠。』君因兼罪典衣與典冠。

尚宰

《韓非子》卷三一《内儲説下》　昭僖侯之時，宰人上食而羹中有生肝焉。昭侯召宰人之次而誚之曰：『若何爲置生肝寡人羹中？』宰人頓首服

死罪曰：「竊欲去尚宰人也。」

尚浴

《韓非子》卷三一《内儲説下》 一曰：僖侯浴，湯中有礫，僖侯曰：「尚浴免則有當代者乎？」左右對曰：「有。」

封人

《呂氏春秋》卷二一《開春》 韓氏城新城，期十五日而成。段喬爲司空，有一縣後二日，段喬執其吏而囚之，囚者之子走告封人子高曰：「唯先生能活臣父之死。」

守

《戰國策》卷二八《韓策三·張登請費緤》 張登請費緤曰：「請令公子年謂韓王曰：『費緤，西周讎之，東周寶之。此其家萬金，王何不召之以爲三川之守。』」

《史記》卷四五《韓世家》 韓氏上黨守馮亭使者至，曰：「韓不能守上黨，入之於秦，有城市邑十七，願再拜入之趙。」

將

《史記》卷四五《韓世家》 宣惠王八年，魏敗我將韓舉。

趙國官制分部

綜　述

相

《戰國策》卷一九《趙策二·張儀爲秦連横説趙王》 趙王曰：「先王之時，奉陽君相，專權擅勢，蔽晦先王，獨制官事。」

《史記》卷四三《趙世家》 （趙）成侯三年，太戊午爲相。

相國

《戰國策》卷二〇《趙策三·秦攻趙平原君使人請救於魏》 公孫龍聞之，見平原君曰：「趙國豪傑之士，多在君之右，而君爲相國者以親故。夫君封以東武城不讓無功，佩趙國相印不辭無能。」

《史記》卷四三《趙世家》 烈侯使使謂相國曰：「官牛畜爲師，荀欣爲中尉，徐越爲内史，賜相國衣二襲。」【略】

（趙武靈王）二十七年五月戊申，大朝於東宫，大夫悉爲臣，肥義爲相國。

丞相

《戰國策》卷二〇《趙策三·希寫見建信君》 希寫見建信君。建信君曰：「文信侯之於僕也，甚無禮。秦使人來仕，僕官之丞相，爵五大夫。」

柱國

《戰國策》卷二一《趙策四·翟章從梁來》 翟章從梁來，甚善趙王。趙王三延之以相，翟章辭不受。田駟謂柱國韓向曰：「臣請爲卿刺之。」宋鮑彪注：柱國，楚官。蓋趙亦有。

師

《史記》卷四三《趙世家》 牛畜侍烈侯以仁義，約以王道，烈侯逌然，官牛畜爲師。

傅

《戰國策》卷一九《趙策二·王立周紹爲傅》 王立周紹爲傅，遂賜周紹胡服衣冠，具帶黄金師比，以傅王子也。

左師

《戰國策》卷二一《趙策四·趙太后新用事》 左師觸讋願見太后，太后

盛氣而揖之。

博聞師 司過

《史記》卷四三《趙世家》 武靈王少，未能聽政，博聞師三人，左右司過三人。

司寇

《史記》卷四三《趙世家》 公子章死，公子成、李兑爲司寇。是時王少，成、兑專政。

内史

《史記》卷四三《趙世家》 徐越侍以節財儉用，察度功德。所與無不充。君説。烈侯使徐越爲内史。

御史

《戰國策》卷一九《趙策二·張儀爲秦連横説趙王》 張儀爲秦連横，説趙王曰：『敝邑秦王使臣敢獻書於大王御史。』

《史記》卷八一《廉頗藺相如列傳》 於是秦王不懌，爲一擊缻。相如顧召趙御史書曰『某年月日，秦王爲趙王擊缻』。

太卜

《戰國策》卷一《東周策·趙取周之祭地》 趙取周之祭地，周君患之，告於鄭朝。鄭朝曰：『君勿患也，臣請以三十金復取之。』周君予之，鄭朝獻之趙太卜，因告以祭地事。及王病，使卜之。太卜譴之曰：『周之祭地爲祟。』趙乃還之。

筮史

《史記》卷四三《趙世家》 （趙孝成王）四年，王夢衣偏裻之衣，乘飛龍上天，不至而墜，見金玉之積如山。明日，王召筮史敢占之。

行人

《戰國策》卷二一《趙策四·馮忌請見趙王》 馮忌請見趙王，行人見之。

中庶子

漢·劉向《説苑》卷一八《辨物》 扁鵲過趙王，王太子暴疾而死，鵲造宫門曰：『吾聞國中卒有壤土之事，得無有急乎？』中庶子之好方者應之曰：『然，王太子暴疾而死。』

田部吏

《史記》卷八一《廉頗藺相如列傳》 趙奢者，趙之田部吏也。收租税而平原君家不肯出租，奢以法治之，殺平原君用事者九人。

宦者令

《史記》卷八一《廉頗藺相如列傳》 藺相如者，趙人也，爲趙宦者令繆賢舍人。

郎中

《戰國策》卷二一《趙策四·秦召春平侯》 秦召春平侯，因留之。世鈞爲之謂文信侯曰：『春平侯者，趙王之所甚愛也，而郎中甚妬之，故相與謀曰：「春平侯入秦，秦必留之。」故謀而入之秦。今君留之，是空絕趙，而郎中之計中也。』

黑衣

《戰國策》卷二一《趙策四·趙太后新用事》 左師公曰：『老臣賤息舒祺，最少，不肖。而臣衰，竊愛憐之。願令得補黑衣之數，以衛王宫，沒死以聞。』

候

《戰國策》卷二一《趙策四·樓緩將使伏事辭行》 後以中牟反，入梁。候者來言，而王弗聽，曰：『吾已與樓子有言矣。』

《史記》卷八一《廉頗藺相如列傳》 軍中候有一人言急救武安，趙奢立斬之。

太守

《戰國策》卷一八《趙策一·秦王謂公子他》 趙使趙勝至上黨曰：『敝邑之王，使使者臣勝，太守有詔，使臣勝謂曰：「請以三萬戶之都封太守，千戶封縣令，諸吏皆益爵三級，民能相集者，賜家六金。」』

又 卷二〇《趙策三·齊人李伯見孝成王》 齊人李伯見孝成王，成王說之，以爲代郡守。

郡相

《史記》卷一〇二《馮唐列傳》 （馮）唐曰：『臣大父在趙時，爲官［率］將，善李牧。臣父故爲代相，善趙將李齊，知其爲人也。』

縣令

《呂氏春秋》卷一七《知度》 趙襄子之時，以任登爲中牟令。

《韓非子》卷三七《難二》 李兌治中山，苦陘令上計而入多。

《史記》卷四三《趙世家》 （趙孝成王）七年，武垣令傅豹、王容、蘇射率燕衆反燕地。

將

《史記》卷四三《趙世家》 （趙惠文王）九年，趙梁將，與齊合軍攻韓，至魯關下。【略】

（趙惠文王）十三年，韓徐爲將，攻齊。

將軍

《史記》卷四三《趙世家》 （趙王遷）七年，秦人攻趙，趙大將李牧、將軍司馬尚將，擊之。

大將軍

《史記》卷八一《廉頗藺相如列傳》 趙乃以李牧爲大將軍，擊秦軍於宜安，大破秦軍，走秦將桓齮。

大將

《史記》卷四三《趙世家》 （趙孝成王）十七年，假相大將武襄君攻燕，圍其國。

裨將

《史記》卷七三《白起列傳》 （秦昭王）四十七年，趙軍士卒犯秦斥兵，秦斥兵斬趙裨將茄。

官帥將

《漢書》卷七九《馮奉世傳》 趙封馮亭爲華陽君，與趙將括距秦，戰死於長平。宗族繇是分散，或留潞，或在趙。在趙者爲官帥將，官帥將子爲代相。

國尉

《史記》卷八一《廉頗藺相如列傳》 趙惠文王賜奢號爲馬服君，以許曆爲國尉。

都尉

《史記》卷七六《平原君列傳》 秦、趙戰於長平，趙不勝，亡一都尉。

中尉

《史記》卷四三《趙世家》　烈侯使使謂相國曰：『歌者之田且止。』官牛畜爲師，荀欣爲中尉。

左司馬

《戰國策》卷一八《趙策一・張孟談既固趙宗》　張孟談曰：『左司馬見使於國家，安社稷，不避其死，以成其忠，君其行之。』

魏國官制分部

綜　述

相

《莊子》卷一七《外篇・秋水》　惠子相梁，莊子往見之。或謂惠子曰：『莊子來，欲代子相。』於是惠子恐，蒐於國中三日三夜。

《呂氏春秋》卷一九《舉難》　魏文侯弟曰季成，友曰翟璜。文侯欲相之，而未能決，以問李克。李克對曰：『君欲置相，則問樂騰與王孫苟端孰賢。』文侯曰：『善。』以王孫苟端爲不肖，翟璜進之；以樂騰爲賢，季成進之，故相季成。

《戰國策》卷二一《趙策四・虞卿請趙王》　范座獻書魏王曰：『臣聞趙王以百里之地，請殺座之身。』又遺其後相信陵君書曰：『夫趙、魏，敵戰之國也。趙王以咫尺之書來，而魏王輕爲之殺無罪之座，座雖不肖，故魏之免相也。』

《韓非子》卷三一《内儲説下》　陳需，魏王之臣也，善於荊王，而令荊攻魏。荊攻魏，陳需因請爲魏王行解之，因以荊勢相魏。

漢・劉安《淮南子》卷一三《氾論訓》　孟卯妻其嫂，有五子焉，然而相魏，甯其危，解其患。

《史記》卷四四《魏世家》　（魏襄王）十三年，張儀相魏。

相國

《戰國策》卷二四《魏策三・秦敗魏於華魏王且入朝於秦》　支期説於長信侯曰：『王命召相國。』長信侯曰：『王何以臣爲？』支期曰：『臣不知也，王急召君。』

丞相

《史記》卷四四《魏世家》　（蘇）代曰：『莫若太子之自相。太子之自相，是三人者皆以太子爲非常相也，皆將務以其國事魏，欲得丞相璽也。』

師

《史記》卷六七《仲尼弟子列傳》　孔子既沒，子夏居西河教授，爲魏文侯師。

傅

《戰國策》卷二三《魏策二・魏惠王起境内衆》　魏惠王起境内衆，將太子申而攻齊。客謂公子理之傅曰：『何不令公子泣王太后，止太子之行？』

漢・韓嬰《韓詩外傳》卷八　魏文侯有子曰擊，次曰訴。訴少而立之以爲嗣。封擊於中山，三年莫往來。其傅趙倉唐諫。

《史記》卷四四《魏世家》　（魏文侯）十七年，伐中山，使子擊守之，趙倉唐傅之。

司徒

《戰國策》卷二一《趙策四・虞卿請趙王》　（趙王）乃使人以百里之地，請殺范座於魏。魏王許諾，使司徒執范座，而未殺也。

《呂氏春秋》卷一三《應言》　王喜，令起賈爲孟卯求司徒於魏王。魏王不説，應起賈曰：『孟卯，寡人之臣也。寡人甯以臧爲司徒？無用卯。』

御庶子

《戰國策》卷二二《魏策一・魏公叔痤病》 魏公叔痤病，惠王往問之，曰：『公叔病，即不可諱，將奈社稷何？』公叔痤對曰：『痤有御庶子公孫鞅，願王以國事聽之也。爲弗能聽，勿使出竟。』

中庶子

《史記》卷六八《商君列傳》 鞅少好刑名之學，事魏相公叔座爲中庶子。

少庶子

《韓非子》卷三〇《内儲説上》 卜皮爲縣令。其御史汙穢而有愛妾。卜皮乃使少庶子佯愛之，以知御史陰情。

主書

漢・劉向《説苑》卷六《復恩》 主書舉兩篋以進，令將軍視之，書盡難攻中山之事也。將軍還走，北面再拜曰：『中山之舉，非臣之力，君之功也。』

謁者

《韓非子》卷三四《外儲説右上》 薛公之相魏昭侯也，左右有欒子者曰陽胡、潘其，於王甚重，而不爲薛公。薛公患之，於是乃召與之博，予之人百金，令之昆弟博，俄又益之人二百金。方博有間，謁者言客張季之子在門，公怫然怒，撫兵而授謁者曰：『殺之！吾聞季之不爲文也。』

虞人

《韓非子》卷三四《外儲説右上》 文侯與虞人期獵。

計事内史

漢・劉向《説苑》卷二《臣術》 翟黄不悦曰：『觸何遽不爲相乎？西河之守，觸所任也，計事内史，觸所任也。』

守令

《韓非子》卷三一《内儲説下》 鄴令襄疵，陰善趙王左右，趙王謀襲鄴，襄疵常輒聞而先言之魏王，魏王備之，趙乃輒還。

《史記》卷四四《魏世家》 翟璜忿然作色曰：『以耳目之所覩記，臣何負於魏成子？西河之守，臣之所進也。君内以鄴爲憂，臣進西門豹。』

漢・劉向《新序》卷四《雜事四》 梁大夫有宋就者爲邊縣令，與楚鄰界。

三老 廷掾

《史記》卷一二六《滑稽列傳》 魏文侯時，西門豹爲鄴令。豹往到鄴，會長老，問之民所疾苦。長老曰：『苦爲河伯娶婦，以故貧。』豹問其故，對曰：『鄴三老、廷掾常歲賦斂百姓，收取其錢得數百萬，用其二三十萬爲河伯娶婦，與祝巫共分其餘錢持歸。』

將

《戰國策》卷二二《魏策一・魏公叔痤爲魏將》 魏公叔痤爲魏將，而與韓、趙戰澮北，禽樂祚。

《韓非子》卷三一《内儲説下》 宋石，魏將也。衛君，荊將也。兩國搆難，二子皆將。

漢・劉安《淮南子》卷一八《人間訓》 魏將樂羊攻中山，其子執在城中，城中縣其子以示樂羊。

《史記》卷六三《老子列傳》 老子之子名宗，宗爲魏將，封於段干。

大將

《戰國縱横家書》第二六章 令梁中都尉□□大將，其有親戚父母妻子，皆令從梁王葆(保)之東地單父，善爲守備。

將軍

《史記》卷四四《魏世家》 （魏惠王）三十一年，秦、趙、齊共伐我，秦將商君詐我將軍公子卬而襲奪其軍，破之。

上將軍

《戰國策》卷一一《齊策四·齊人有馮諼者》 於是梁王虚上位，以故相爲上將軍。

《史記》卷四四《魏世家》 （魏惠王）三十年魏伐趙，趙告急齊。齊宣王用孫子計，救趙擊魏。魏遂大興師，使龐涓將，而令太子申爲上將軍。

客將軍

《史記》卷八三《魯仲連列傳》 秦圍趙之邯鄲。魏王使客將軍新垣衍間入邯鄲。

持節尉

《戰國策》卷二五《魏策四·魏攻管而不下》 信陵君使人謂安陵君曰：『君其遣縮高，吾將仕之以五大夫，使爲持節尉。』

秦國官制分部

綜　述

相

《戰國策》卷三《秦策一·衛鞅亡魏入秦》 衛鞅亡魏入秦，孝公以爲相。

《韓非子》卷二《存韓》 杜倉相秦，起兵發將以報天下之怨而先攻荊。

《史記》卷五《秦本紀》 （秦惠文王更元）七年，樂池相秦。昭襄王元年，嚴君疾爲相。九年，孟嘗君薛文來相秦。十年，薛文以金受免。樓緩爲丞相。十二年，樓緩免，穰侯魏冉爲相。十六年冉免。二十四年，魏冉免相。

又 卷七九《范雎蔡澤列傳》 於是廢太后，逐穰侯、高陵、華陽、涇陽君於關外。秦王乃拜范雎爲相。

丞相

《史記》卷五《秦本紀》 （秦武王）二年，初置丞相。

又 卷八五《呂不韋列傳》 莊襄王元年，以呂不韋爲丞相，封爲文信侯，食河南洛陽十萬户。

又 卷八七《李斯列傳》 二十餘年，竟併天下，尊主爲皇帝，以斯爲丞相。

相國

《史記》卷七二《穰侯列傳》 昭王三十二年，穰侯爲相國。

又 卷八五《呂不韋列傳》 莊襄王即位三年，薨，太子政立爲王，尊呂不韋爲相國，號稱『仲父』。

《漢書》卷一九《百官公卿表上》 相國、丞相，皆秦官。金印紫綬，掌丞天子助理萬機。秦有左右。

御史大夫

《漢書》卷一九《百官公卿表上》 御史大夫，秦官，位上卿，銀印青綬，掌副丞相。

國正監

《商君書》卷五《境内》 將軍爲木壹，與國正監，與正御史參望之。

庶長

《左傳·襄公十一年》 秦庶長鮑、庶長武帥師伐晉以救鄭。

《史記》卷五《秦本紀》 憲公卒，大庶長弗忌、威壘、三父廢太子而立出子爲君。【略】

懷公四年，庶長鼂與大臣圍懷公，懷公自殺。【略】

出子二年，庶長改迎靈公之子獻公立之，殺出子及其母。【略】

惠文王更元七年，韓、趙、魏、燕、齊帥匈奴共攻秦，秦使庶長疾與戰，斬首八萬二千。

法官

《商君書》卷五《定分》　天子置三法官，殿中置一法官，御史置一法官及吏，丞相置一法官。諸侯郡縣皆各爲置一法官及吏，皆此秦一法官。

廷尉

《漢書》卷一九《百官公卿表上》　廷尉，秦官。掌刑辟，有正、左右監，秩皆千石。

奉常

《漢書》卷一九《百官公卿表上》　奉常，秦官，掌宗廟禮儀，有丞。

宗正

《漢書》卷一九《百官公卿表上》　宗正，秦官，掌親屬，有丞。

司農

《呂氏春秋》卷一二《季冬紀》　是月也，令告民，出五種，命司農計耦耕事。

治粟內史

《漢書》卷一九《百官公卿表上》　治粟內史，秦官，掌穀貨，有兩丞。

少府

《漢書》卷一九《百官公卿表上》　少府，秦官，掌山海池澤之稅，以給共養，有六丞。屬官有尚書、符節、太醫、太官、湯官、導官、樂府、若盧、考工室、左弋、居室、左右司空、東織、西織、東園匠十六官令丞，又胞人、都水、均官三長丞，又上林中十池監，又中書謁者、黄門、鉤盾、尚方、御府、永巷、內者、宦者八官令丞。諸僕射、署長、中黄門皆屬焉。

太僕

《漢書》卷一九《百官公卿表上》　太僕，秦官，掌輿馬，有兩丞。屬官有大、未央、家馬三令，各五丞一尉。又車府、路軨、騎馬、駿馬四令丞；又龍馬、閑駒、橐泉、騊駼、承華五監長丞；又邊郡六牧師菀令，各三丞；又牧橐、昆蹏令丞皆屬焉。中太僕掌皇太后輿馬，不常置也。

典屬國

《漢書》卷一九《百官公卿表上》　典屬國，秦官，掌蠻夷降者。

內史

《戰國策》卷五《秦策三・應侯謂昭王》　應侯謂昭王曰：『其令邑中自鬥食以上，至尉、內史及王左右，有非相國之人者乎？』

《史記》卷六《秦始皇本紀》　長信侯毒作亂，內史肆等二十人皆梟首。

《漢書》卷一九《百官公卿表上》　內史，周官，秦因之，掌治京師。

主爵中尉

《漢書》卷一九《百官公卿表上》　主爵中尉，秦官，掌列侯。

郎中令

《漢書》卷一九《百官公卿表上》　郎中令，秦官，掌宮殿掖門戶，有丞。

晉・常璩《華陽國志》卷三《蜀志》　文王大怒，遣司馬錯賜惲劍，使自裁。惲懼，夫婦自殺。秦誅其臣郎中令嬰等二十七人。

郎中

《戰國策》卷三一《燕策三・燕太子丹質於秦亡歸》　秦法，羣臣侍殿上者，不得持尺兵，諸郎中執兵皆陳殿下，非有詔不得上。

中尉

《漢書》卷一九《百官公卿表上》　中尉，秦官，掌徼循京師，有兩丞、候、司馬、千人。

給事中

《史記》卷八五《呂不韋列傳》　不韋又陰謂太后曰：『可事詐腐，則得給事中。』

尚書

《戰國策》卷七《秦策五・文信侯出走》　司空馬説趙王曰：『文信侯相秦，臣事之，爲尚書，習秦事。』

詹事

《漢書》卷一九《百官公卿表上》　詹事，秦官，掌皇后、太子家，有丞。屬官有太子率吏、家令丞，僕、中盾、衛率、廚廄長丞，又中長秋、私府、永巷、倉、祠祀、食官令長丞。諸宦官皆屬焉。

中庶子

《戰國策》卷三一《燕策三・燕太子丹質席於秦亡歸》　（荊軻）既至秦，持千金之幣物，厚遺秦王寵臣中庶子蒙嘉。

《漢書》卷五一《鄒陽傳》　（鄒）陽乃從獄中上書曰：『故秦皇帝任中庶子蒙［嘉］之言，以信荊軻，而匕首竊發。』

國司空

《商君書》卷五《境内》　其攻城圍邑也，國司空訾其城之廣厚之數。

邦司空

《睡虎地秦墓竹簡・秦律雜鈔》　軍人買（賣）稟稟所及過縣，貲戍二歲；同車食、敦（屯）長、僕射弗告，戍一歲；縣司空、司空佐史、士吏將者弗得，貲一甲；邦司空一盾。

監御史

《漢書》卷一九《百官公卿表上》　監御史，秦官，掌監郡。

郡守

《睡虎地秦墓竹簡・封診式》　令𨨏丙足，令吏徒將傳及恒書一封詣令史，可受代吏徒，以縣次傳成都，成都上恒書太守處，以律食。

《史記》卷五《秦本紀》　（秦昭襄王）十三年，任鄙爲漢中守。三十年，蜀守若伐楚，取巫郡及江南。

又　卷七三《白起列傳》　（秦昭王十三年）穰侯相秦，舉任鄙以爲漢中守。

又　卷七九《范睢蔡澤列傳》　昭王召王稽，拜爲河東守。王稽爲河東守，與諸侯通，坐法誅。

《漢書》卷一九《百官公卿表上》　郡守，秦官，掌治其郡，秩二千石。有丞，邊郡又有長史，掌兵馬，秩皆六百石。

郡尉

《漢書》卷一九《百官公卿表上》　郡尉，秦官，掌佐守典武職甲卒，秩比二千石。有丞，秩皆六百石。

尉計

《睡虎地秦墓竹簡・效律》　尉計及尉官吏節（即）有劾，其令、丞坐之，如它官然。

令長

《漢書》卷一九《百官公卿表上》　縣令、長，皆秦官，掌治其縣。萬户以上爲令，秩千石至六百石。減萬戶爲長，秩五百石至三百石。皆有丞、尉，秩四百石至二百石，是爲長吏。百石以下有門食、佐史之秩，是爲少吏。大率十里一亭，亭有長。十亭一鄉，鄉有三老、有秩、嗇夫、遊徼。三老掌教化。

嗇夫職聽訟，收賦稅。遊徼徼循禁賊盜。縣大率方百里，其民稠則減，稀則曠，鄉、亭亦如之，皆秦制也。

令丞

《商君書》卷五《禁使》　今恃多官衆吏，官立丞、監，夫置丞立監者，且以禁人之爲利也。而丞、監亦欲爲利，則何以相禁？故恃丞、監而治者，僅存之治也。

《睡虎地秦墓竹簡·效律》　同官而各有主殹（也），各坐其所主。官嗇夫免，縣令令人效其官，官嗇夫坐效以貲，大嗇夫及丞除。縣令免，新嗇夫自效殹（也），故嗇夫及丞皆不得除。

《史記》卷六八《商君列傳》　而集小鄉邑聚爲縣，置令、丞，凡三十一縣。

縣司馬

《睡虎地秦墓竹簡·秦律雜鈔》　驀馬五尺八寸以上，不勝任，奔摯（縶）不如令，縣司馬貲二甲，令、丞各一甲。

又　《效律》　司馬令史掾苑計，計有劾，司馬令史坐之，如令史坐官計劾然。

縣尉

《睡虎地秦墓竹簡·置吏律》　除吏、尉，已除之，乃令視事及遣之；所不當除而敢先見事，及相聽以遣之，以律論之。

縣司空

《睡虎地秦墓竹簡·秦律雜鈔》　軍人買（賣）稟稟所及過縣縣司空、司空佐史、士吏將者弗得，貲一甲。

甬官

《商君書》卷一《墾令》　令有甬官食槩，不可以辟役，而大官未可必得也。

鹽鐵市官

晉·常璩《華陽國志》卷三《蜀志》　（秦）惠王二十七年，儀與若城成都。成都縣，本治赤里街，若徙置少城，內城營廣府舍，置鹽鐵市官並長丞，脩整里闠，市張列肆，與咸陽同制。

署君子

《睡虎地秦墓竹簡·秦律雜鈔》　徒卒不上宿，署君子、敦（屯）長、僕射不告，貲各一盾。

又　《秦律·徭律》　興徒以爲邑中之紅（功）者，令結（嫴）堵卒歲。未卒堵壞，司空將紅（功）及君子主堵者有罪，令其徒復垣之。

屯長　僕射

《睡虎地秦墓竹簡·秦律雜鈔》　徒食、敦（屯）長、僕射弗告，貲戍一歲。

校長

《睡虎地秦墓竹簡·封診式·群盜》　爰書：　某亭校長甲、求盜才（在）某里曰乙、丙縛詣男子丁，斬首一，具弩二、矢廿。

吏部

《睡虎地秦墓竹簡·秦律雜鈔》　軍人稟所、所過縣百姓買其稟，貲二甲，入粟公；　吏部弗得。

士吏

《睡虎地秦墓竹簡·秦律雜鈔》　除士吏、發弩嗇夫射不中，貲二甲，免，嗇夫任之。

求盜

《睡虎地秦墓竹簡·秦律雜鈔》　求盜勿令送逆爲它，令送逆爲它事

者，貲二甲。

憲盜

《睡虎地秦墓竹簡・秦律・內史雜》　侯（候）、司寇及羣下吏毋敢爲官府佐、史及禁苑憲盜。

嗇夫

《睡虎地秦墓竹簡・法律答問》　可（何）謂『官長』？可（何）謂『嗇夫』？命都官曰『長』，縣曰『嗇夫』。

又　《語書》　廿年四月丙戌朔丁亥，南郡守騰謂縣、道嗇夫：『古者，民各有鄉俗。』

田嗇夫

《睡虎地秦墓竹簡・秦律・田律》　百姓居田舍者毋敢（酤）酉（酒），田嗇夫，部佐謹禁禦之，有不從令者有罪。

廄嗇夫

《睡虎地秦墓竹簡・秦律雜鈔》　馬勞課殿，貲廄嗇夫一甲，令、丞、佐、史各一盾。

皂嗇夫

《睡虎地秦墓竹簡・秦律雜鈔》　馬勞課殿，貲皂嗇夫一盾。

倉嗇夫

《睡虎地秦墓竹簡・秦律・倉律》　入禾倉，萬石一積而比黎之爲戶。縣嗇夫若丞及倉、鄉相雜以印之，而遺倉嗇夫及離邑倉佐主稟者各一戶以氣（餼），皆輒出，餘之索而更爲發戶。

庫嗇夫

《睡虎地秦墓竹簡・秦律雜鈔》　稟卒兵，不完善（繕），丞、庫嗇夫、吏貲二甲，法（廢）。

有秩

《睡虎地秦墓竹簡・秦律・金布律》　都官有秩吏及離官嗇夫，養各一人。

《史記》卷一五《六國年表》　（秦孝公）十三年，初爲縣，有秩史。

又　卷七九《范雎蔡澤列傳》　今自有秩以上至諸大吏，下及王左右，無非相國之人者。

《漢書》卷一九《百官公卿表上》　大率十里一亭，亭有長，十亭一鄉，鄉有三老、有秩、嗇夫、遊徼，皆秦制也。

里正伍老

《韓非子》卷三五《外儲説右下》　秦襄王病，百姓爲之禱，病癒，殺牛塞禱。王因使人問之何里爲之，訾其里正與伍老屯二甲。

里典

《睡虎地秦墓竹簡・秦律・廄苑律》　有以牛田，牛減絜，治（笞）主者寸十。有（又）里課之，最者，賜田典日旬，殿，治（笞）卅。

列伍長

《睡虎地秦墓竹簡・秦律・金布律》　賈市居列者及官府之吏，毋敢擇行錢、布；擇行錢、布者，列伍長弗告，吏循之不謹，皆有罪。

國尉

《商君書》卷五《境內》　國尉分地，以徒校分積尺而攻之。國尉分地，以中卒隨之。

《史記》卷七三《白起列傳》　其明年，白起爲左更，攻韓、魏於伊闕，斬首二十四萬，又虜其將公孫喜，拔五城。起遷爲國尉。

太尉

《呂氏春秋》卷四《孟夏紀》 是月也【略】命太尉贊傑俊，遂賢良，舉長大，行爵出祿，必當其位。

《漢書》卷一九《百官公卿表上》 太尉，秦官，金印紫綬，掌武事。

將

《史記》卷八八《蒙恬列傳》 秦莊襄王元年，蒙驁爲秦將，伐韓，取成皋、滎陽，作置三川郡。

始皇二十六年，蒙恬因家世得爲秦將，攻齊，大破之，拜爲內史。

又 卷七三《白起王翦列傳》 （太史公曰）王翦爲秦將，夷六國，當是時，翦爲宿將，始皇師之。

將軍

《商君書》卷五《境內》 其攻城圍邑也，國司空訾其城之廣厚之數。將軍爲木壹，與國正監，與正御史參望之。

《史記》卷七二《穰侯列傳》 昭王即位，以（魏）冉爲將軍，衛咸陽。誅季君之亂。

又 卷七三《王翦列傳》 於是始皇問李信：『吾欲攻取荆，於將軍度用幾何人而足？』李信曰：『不過用二十萬人。』始皇問王翦曰：『非六十萬人不可。』始皇曰：『王將軍老矣，何怯也！李將軍果勢壯勇，其言是也。』

上將軍

《史記》卷七三《白起列傳》 秦聞馬服子將，乃陰使武安君白起爲上將軍，而王齕爲尉裨將。

裨將軍

《史記》卷八八《蒙恬列傳》 始皇二十三年，蒙武爲秦裨將軍，與王翦攻楚，大破之，殺項燕。

尉

《史記》卷五《秦本紀》 （昭襄王）二十三年，尉斯離與三晉、燕伐齊，破之濟西。

護軍都尉

《漢書》卷一九《百官公卿表上》 護軍都尉，秦官。

論説

宋・程公説《春秋分記》卷四四《職官書・秦・為政》 文元年《傳》：秦穆公復使孟明為政。猶列國政卿也。

又 《不更》 成十三年《傳》獲秦成差及不更女父。杜預注：不更，秦爵。孔穎達曰：秦之官爵，有此不更之名，知女父是人之名字，不更是官爵之號。《漢書》稱商君為法於秦，戰斬一首者賜爵一級。其爵名一為公士，二上造，三簪裊，四不更，五大夫，六公大夫，七官大夫，八公乘，九五大夫，十左庶長，十一右庶長，十二左更，十三中更，十四右更，十五少上造，十六大上造，十七駟車庶長，十八大車庶長，十九關內侯，二十徹侯。商君蓋相孝公，按《傳》此年有不更女父，襄十一年有庶長鮑、庶長武，是春秋世，已有此名。後世以漸增之，至商君定為二十，非商君盡新作也。名之義難得而知，秦近夷，官制與中國殊。

清・秦蕙田《五禮通考》卷二一七 《通典》：秦，太尉、左右丞相、丞相、相國、侍中、黃門侍郎、散騎常侍，少府吏在殿中主發書謂之尚書四人，尚書令僕射、尚書丞、御史大夫、奉常、郎中令、衛尉、宗正、治粟內史、主爵中尉、廷尉、典客、典屬國、少府、將作少府、中尉、中書謁者令僕射、詹事、中庶子、庶子、太子家令、率更令、僕、率、內史、郡守、大中二大夫。

蕙田案：《通典》述秦所設官如此。以《漢書》考之，如博士、將行、護軍都尉、監御史、郡尉、關都尉、縣令長之類，亦皆秦官也。

三代暨列國封爵制度部

五等爵制分部

綜述

《尚書・舜典》 輯五瑞，既月，乃日覲四岳羣牧，班瑞於羣后。僞《孔傳》：舜斂公侯伯子男之瑞圭璧，盡以正月中，乃日日見四岳及九州牧監，還五瑞於諸侯，與之正始。

又《皋陶謨》 天秩有禮，自我五禮有庸哉！僞《孔傳》：天次秩有禮，當用我公、侯、伯、子、男五等之禮以接之，使有常。

《儀禮・覲禮》 上介皆奉其君之旂，置於宫，尚左。公侯伯子男皆就其旂而立。

《周禮・春官・大宗伯》 以玉作六瑞，以等邦國。公執桓圭，侯執信圭，伯執躬圭，子執穀璧，男執蒲璧。

又《典命》 典命掌諸侯之五儀、諸臣之五等之命。上公九命爲伯，其國家、宫室、車旗、衣服、禮儀，皆以九爲節；侯伯七命，其國家、宫室、車旗、衣服、禮儀，皆以七爲節；子男五命，其國家、宫室、車旗、衣服、禮儀，皆以五爲節。【略】公之孤四命，以皮帛眡小國之君，其卿三命，其大夫再命，其士一命，其宫室、車旗、衣服、禮儀，各眡其命之數。侯伯之卿大夫士亦如之。子男之卿再命，其大夫壹命，其士不命，其宫室、車旗、衣服、禮儀，各眡其命之數。

又《司服》 公之服，自衮冕而下如王之服；侯伯之服，自鷩冕而下如公之服；子男之服，自毳冕而下如侯伯之服。

又《地官・大司徒》 凡建邦國，以土圭土其地而制其域：諸公之地，封疆方五百里，其食者半；諸侯之地，封疆方四百里，其食者參之一；諸伯之地，封疆方三百里，其食者參之一；諸子之地，封疆方二百里，其食者四之一；諸男之地，封疆方百里，其食者四之一。

又《夏官・職方氏》 凡邦國千里，封公以方五百里則四公，方四百里則六侯，方三百里則七伯，方二百里則二十五子，方百里則百男，以周知天下。

又《秋官・朝士》 右九棘，公侯伯子男位焉，羣吏在其後。

又《條狼氏》 條狼氏掌執鞭以趨辟。王出入則八人夾道，公則六人，侯伯則四人，子男則二人。

又《大行人》 上公之禮，執桓圭九寸，繅藉九寸，冕服九章，建常九斿，樊纓九就，貳車九乘，介九人，禮九牢，其朝位，賓主之間九十步，立當車軹，擯者五人，廟中將幣三享，王禮再祼而酢，饗禮九獻，食禮九舉，出入五積，三問三勞。諸侯之禮，執信圭七寸，繅藉七寸，冕服七章，建常七斿，樊纓七就，貳車七乘，介七人，禮七牢，朝位賓主之間七十步，立當前疾，擯者四人，廟中將幣三享，王禮壹祼而酢，饗禮七獻，食禮七舉，出入四積，再問再勞。諸伯執躬圭，其他皆如諸侯之禮。諸子執穀璧五寸，繅藉五寸，冕服五章，建常五斿，樊纓五就，貳車五乘，介五人，禮五牢，朝位賓主之間五十步，立當車衡，擯者三人，廟中將幣三享，王禮壹祼不酢，饗禮五獻，食禮五舉，出入三積，壹問壹勞。諸男執蒲璧，其他皆如諸子之禮。

又《司儀》 及其擯之，各以其禮，公於上等，侯伯於中等，子男於下等。

又《掌客》 凡諸侯之禮：上公五積，皆眡飧牽，三問皆脩，群介、行人、宰、史皆有牢。飧五牢，食四十，簠十，豆四十，鉶四十有二，壺四十，鼎簋十有二，牲三十有六，皆陳。饔餼九牢，其死牢如飧之陳，牽四牢，米百有二十筥，醯醢百有二十罋，車皆陳。車米眡生牢，牢十車，車秉有五籔，車禾眡死牢，牢十車，車三秅，芻薪倍禾，皆陳。乘禽日九十雙，殷膳大牢，以及歸。三饗、三食、三燕，若弗酌則以幣致之。凡介、行人、宰、史皆有飧饔餼，以其爵等爲之牢禮之陳數，唯上介有禽獻。夫人致禮，八壺、八豆、八籩，膳大牢，致饗大牢，食大牢。卿皆見，以羔，膳大牢。侯伯四積，皆眡飧牽，再問皆脩。飧四牢，食三十有二，簠八，豆三十有二，鉶二十有八，壺三十有二，鼎簋十有二，腥二十有七，皆陳。饔餼七牢，其死牢如飧之陳，牽三牢，米百筥，醯醢百罋，皆陳。米三十車，禾四十車，芻薪倍禾，皆陳。乘禽日七十雙，殷膳大牢，

再饗、再食、再燕。凡介、行人、宰、史皆有飧饔餼，以其爵等爲之禮，唯上介有禽獻。夫人致禮，八壺、八豆、八籩，膳大牢，致饗大牢。卿皆見，以羔，膳特牛。子男三積，皆眡飧牽，壹問以修。飧三牢，食二十有四，簠六，豆二十有四，鉶十有八，壺二十有四，鼎簋十有二，牲十有八，皆陳。饔餼五牢，其死牢如飧之陳，牽二牢，米八十筥，醯醢八十甕，皆陳。米二十車，禾三十車，芻薪倍禾，皆陳。乘禽日五十雙，壹饗、壹食、壹燕。凡介、行人、宰、史皆有飧饔餼，以其爵等爲之禮，唯上介有禽獻。夫人致禮，六壺、六豆、六籩，膳眡致饗。親見卿皆膳特牛。

又《考工記・玉人》 命圭九寸，謂之桓圭，公守之。命圭七寸，謂之信圭，侯守之。命圭七寸，謂之躬圭，伯守之。【略】上公用龍，侯用瓚，伯用將，繼子男執皮帛。

《禮記・王制》 王者之制禄爵：公、侯、伯、子、男，凡五等。諸侯之上大夫卿、下大夫、上士、中士、下士，凡五等。天子之田方千里，公侯田方百里，伯七十里，子男五十里，不能五十里者，不合於天子，附於諸侯曰附庸。天子之三公之田視公侯，天子之卿視伯，天子之大夫視子男，天子之元士視附庸。制農田百畝，百畝之分，上農夫食九人，其次食八人，其次食七人，其次食六人，下農夫食五人，庶人在官者，其禄以是爲差也。諸侯之下士視上農夫，禄足以代其耕也。中士倍下士，上士倍中士，下大夫倍上士。卿四大夫禄，君十卿禄。次國之卿三大夫禄，君十卿禄，小國之卿倍大夫禄，君十卿禄。次國之上卿，位當大國之中，中當其下，下當其上大夫。小國之上卿，位當大國之下卿，中當其上大夫，下當其下大夫。其有中士下士者，數各居其上之三分。【略】天子賜諸侯樂，則以柷將之。賜伯子男樂，則以鼗將之。

又《文王世子》 有司告以樂闋，王乃命公、侯、伯、子、男及羣吏，曰：『反，養老幼於東序。』終之以仁也。

又《明堂位》 昔者周公朝諸侯於明堂之位，天子負斧依，南鄉而立。三公，中階之前，北面東上。諸侯之位，阼階之東，西面北上。諸伯之國，西階之西，東面北上。諸子之國，門東，北面東上。諸男之國，門西，北面東上。

又《雜記》《贊大行》曰：『圭，公九寸，侯、伯七寸，子、男五寸，博三寸，厚半寸，剡上左右各寸半，玉也。藻，三采六等。』

又《聘義》 聘禮：上公七介，侯伯五介，子男三介，所以明貴賤也。

《左傳・僖公四年》 許穆公卒於師，葬之以侯，禮也。凡諸侯薨於朝、會，加一等；死王事，加二等。

又《僖公二十九年》 在禮，卿不會公、侯，會伯、子、男可也。

又《襄公十五年》 王及公、侯、伯、子、男，甸、采、衛、大夫，各居其列。

又《昭公四年》 王使問禮於左師與子產。左師曰：『小國習之，大國用之，敢不薦聞。』獻公合諸侯之禮六。子產曰：『小國共職，敢不薦守。』獻伯、子、男會公之禮六。

《春秋公羊傳・隱公五年》 諸公者何？諸侯者何？天子三公稱公，王者之後稱公，其餘大國稱侯，小國稱伯、子、男。

又《桓公十一年》 鄭忽出奔衛。忽何以名？《春秋》伯、子、男，一也，辭無所貶。

《孟子・萬章下》 北宮錡問曰：『周室班爵禄也，如之何？』孟子曰：『其詳不可得聞也。諸侯惡其害己也，而皆去其籍，然而軻也嘗聞其略也。天子一位，公一位，侯一位，伯一位，子、男同一位，凡五等也。君一位，卿一位，大夫一位，上士一位，中士一位，下士一位，凡六等。天子之制，地方千里，公侯皆方百里，伯七十里，子、男五十里，凡四等。不能五十里，不達於天子，附於諸侯，曰附庸。天子之卿受地視侯，大夫受地視伯，元士受地視子、男。大國地方百里，君十卿禄，卿禄四大夫，大夫倍上士，上士倍中士，中士倍下士，下士與庶人在官者同禄，禄足以代其耕也。次國地方七十里，君十卿禄，卿禄三大夫，大夫倍上士，上士倍中士，中士倍下士，下士與庶人在官者同禄，禄足以代其耕也。小國地方五十里，君十卿禄，卿禄二大夫，大夫倍上士，上士倍中士，中士倍下士，下士與庶人在官者同禄，禄足以代其耕也。耕者之所獲，一夫百畝，百畝之糞，上農夫食九人，上次食八人，中食七人，中次食六人，下食五人。庶人在官者，其禄以是爲差。』

《孝經・孝治章》 子曰：『昔者明王之以孝治天下也，不敢遺小國之臣，而況於公侯伯子男乎？』

《逸周書・明堂解》 周公攝政君天下，弭亂六年而天下大治。乃會方國諸侯於宗周，大朝諸侯明堂之位。天子之位，負斧扆南面立，率公卿士侍於左右。三公之位，中階之前，北面東上。諸侯之位，阼階之東，西面北上。

諸伯之位，西階之西，東面北上。諸子之位，門内之東，北面東上。諸男之位，門内之西，北面東上。

又《職方解》凡國，公侯伯子男，以周知天下。

《國語》卷二《周語中》晉文公既定襄王於郟，王勞之以地，辭，請隧焉。王不許，曰：『昔我先王之有天下也，規方千里以爲甸服，以供上帝山川百神之祀，以備百姓兆民之用，以待不庭不虞之患。其餘以均分公侯伯子男，使各有寧宇，以順及天地，無逢其災害，先王豈有賴焉。』

又 卷五《魯語下》季武子爲三軍，叔孫穆子曰：『不可。天子作師，公帥之，以征不德。元侯作師，卿帥之，以承天子。諸侯有卿無軍，帥教衛以贊元侯。自伯、子、男有大夫無卿，帥賦以從諸侯。』

又 卷一六《鄭語》『夫成天地之大功者，其子孫未嘗不章，虞、夏、商、周是也。虞幕能聽協風，以成樂物生者也。夏禹能單平水土，以品處庶類者也。商契能和合五教，以保於百姓者也。周棄能播殖百穀蔬，以衣食民人者也。其後皆爲王公侯伯。祝融亦能昭顯天地之光明，以生柔嘉材者也，其後八姓於周未有侯伯。佐制物於前代者，昆吾爲夏伯矣，大彭、豕韋爲商伯矣。當周未有。』

又 卷一七《楚語上》天子之貴也，唯其以公侯爲官正，而以伯子男爲師旅。

《大戴禮記・朝事》典命諸侯之五儀，諸臣之五等，以定其爵，故貴賤有別，尊卑有序，上下有差也。命：上公九命爲伯，其國家、宫室、車旗、衣服、禮儀皆以九爲節；諸侯、諸伯七命，其國家、宫室、車旗、衣服、禮儀，皆以七爲節；子、男五命，其國家、宫室、車旗、衣服、禮儀，皆以五爲節。【略】公之孤四命，以皮帛，視小國之君。其卿二命，其大夫再命，士一命。其宫室、車旗、衣服、禮儀，各視其命之數。侯伯之卿大夫士亦如之。子男之卿再命。其大夫一命，其士不命。其宫室、車旗，衣服，禮儀，各如其命之數。《禮》大行人以九儀別諸侯之命，等諸臣之爵，以同域國之禮，而行其賓主。上公之禮，執桓圭九寸，繅籍九寸，冕服九章，建常九斿，樊纓九就，貳車九乘，介九人，禮九牢；其朝位，賓主之間九十步；饗禮九獻，食禮九舉。諸侯之禮，執信圭七寸，繅籍七寸，冕服七章，建常七斿，樊纓七就，貳車七乘，介七人，禮七牢；其朝位，賓主之間七十步；饗禮七獻，食禮七舉。諸伯執躬圭，其他皆如諸侯之禮，諸子執穀璧五寸，繅籍五寸，冕服五章，建常五斿，樊纓五就，貳車五乘，介五人，禮五牢；其朝位，賓主之間五十步；饗禮五獻，食禮五舉。諸男執蒲璧，其他皆如諸子之禮。【略】公侯伯子男各以其旂就其位：諸公之國，中階之前，北面東上；諸侯之國，東階之東，西面北上；諸伯之國，西階之西，東面北上；諸子之國，門東，北面東上；諸男之國，門西，北面東上。【略】聘禮：上公七介，侯伯五介，子男三介，所以明貴賤也。

《管子・度地》天子有萬諸侯也，其中有公侯伯子男焉，天子中而處。

《史記》卷一七《漢興以來諸侯王年表序》周封五等：公，侯，伯，子，男。

又 卷六〇《三王世家》昔五帝異制，周爵五等，春秋三等，皆因時而序尊卑。

《鹽鐵論・園池》古者，制地足以養民，民足以承其上。千乘之國，百里之地，公侯伯子男，各充其求贍其欲。

《漢書》卷二八上《地理志上》周爵五等，而土三等：公、侯百里，伯七十里，子、男五十里。不滿爲附庸，蓋千八百國。

又 卷九九上《王莽傳上》今制禮作樂，實考周爵五等，地四等，有明文；殷爵三等，有其說，無其文。

僞《古文尚書・武成》列爵惟五，分土惟三。

論説

漢・賈誼《新書》卷二《階級》古者聖王制爲列等，内有公卿大夫士，外有公侯伯子男，然後有官師小吏，施及庶人，等級分明，而天子加焉，故其尊不可及也。

漢・董仲舒《春秋繁露・三代改質文》何謂再而復，四而復？《春秋》鄭忽何以名？《春秋》曰：伯子男一也，辭無所貶。何以爲一？曰：周爵五等；《春秋》三等。《春秋》何三等？曰：王者以制，一商一夏，一質一文。商質者主天，夏文者主地，《春秋》者主人，故三等也。

又 《爵國》《春秋》曰：『會宰周公。』又曰：『公會齊侯、宋公、鄭

伯、許男、滕子。」又曰：「初獻六羽。」《傳》曰：「天子三公稱公，王者之後稱公，其餘大國稱侯，小國稱伯、子、男。」凡五等。故周爵五等，士三品，文多而實少。《春秋》三等，合伯、子、男爲一爵，士二品，文少而實多。《春秋》曰：「荆。」《傳》曰：「氏不若人，人不若名，名不若字。」凡四等，三代共之。然則其地列奈何？曰：天子邦圻千里，公侯百里，伯七十里，子男五十里，附庸字者方三十里，名者方二十里，人氏者方十五里。

漢·班固《白虎通義·爵》 爵有五等，以法五行也。或三等者，法三光也。或法三光，或法五行何？質家者據天，故法三光。文家者據地，故法五行。《含文嘉》曰：「殷爵三等，周爵五等。」各有宜也。《王制》曰：「王者之制禄爵，凡五等。」謂公侯伯子男也。此據周制也。《春秋傳》曰：「天子三公稱公，王者之後稱公，其餘大國稱侯，小者稱伯子男也。」《王制》曰：「公侯田方百里，伯七十里，子男五十里。」所以名之爲公侯者何？公者，通也。公正無私之意也。侯者，候也。候逆順也。人皆千乘，象雷震百里所潤同。伯者，白也。子者，孳也。孳孳無已也。男者，任也。人皆五十里。差次功德。小者不滿爲附庸。附庸者，附大國以名通也。百里兩爵，公侯共之。七十里一爵。五十里復兩爵何？公者，加尊二王之後；侯者，百里之正爵。上可有次，下可有第，中央故無二。五十里有兩爵者，所以加勉進人也。小國下爵，猶有尊卑，亦以勸人也。殷爵三等，謂公侯伯也。所以合子男從伯者何？王者受命，改文從質，無虚退人之義，故上就伯也。《尚書》曰「侯甸任衛作國伯」，謂殷也。《春秋傳》曰：「合伯子男爲一爵。」或曰：合從子，貴中也。以《春秋》名鄭忽，忽者，鄭伯也。此未踰年之君，當稱子，嫌爲改伯從子，故名之也。地有三等不變，至爵獨變者何？地比爵爲質，故不變。王者有改道之文，無改道之實。殷家所以令公居百里，侯居七十里，何也？封賢極於百里，其改也，不可空退人，示優賢之意，欲褒尊而上之。何以知殷家侯不過七十里？曰：土有三等，有百里，有七十里，有五十里。其地半者其數倍，制地之理體也，多少不相配。

又《號》 伯子男臣子，於其國中，褒其君爲公。王者臣子，獨不得褒其君謂之爲帝何？以爲諸侯有會聚之事，相朝聘之道，或稱公而尊，或稱伯子男而卑，爲交接之時不私其臣子之義，心俱欲尊其君父，故皆令臣子得稱其君爲公也。帝王異時，無會同之義，故無爲同也。何以知諸侯得稱公？《春秋》曰「葬齊桓公」，齊侯也。《尚書》曰「公曰嗟」，秦伯也。《詩》云「覃公維私」，覃子也。《春秋》「葬許穆公」，許男也。《禮大射經》曰：「公則釋獲。」大射者，諸侯之禮也，伯子男皆在也。

漢·王符《潛夫論》 天子三公采視公侯，蓋方百里。卿采視伯，方七十里。大夫視子男，方五十里。元士視附庸，方三十里。

漢·蔡邕《獨斷》卷上《五等爵之别名》 三公者，天之相。相，助也，助理天下。其地方百里。侯者，候也，候逆順也。其地方百里。伯者，白也，明白於德。其地方七十里。子者，滋也，奉天王之恩德。其地方五十里。男者，任也，立功業以化民。其地方五十里。

《禮含文嘉》 殷爵三等，周爵五等，各有宜也。殷爵三等，殷正尚白，白者兼正中，故三等，夏尚黑，亦從三等。周爵五等，凡南面之君，五者法五行之剛日，凡北面之臣，五者法五行之柔日。

《春秋元命苞》 周五等爵，法五精。公之言公，公正無私。侯之言候，候逆順，兼伺候王命矣。伯之言白，明白於德。子者孳恩宣德。男者任功立業。皆上奉王者之政教禮法，統理一國，修身絜行矣。公之爲言平也，公平正直。侯者候也，候王順逆。伯之爲言白也，明白於德也。子者奉恩宣德。男者任功立業。

漢·鄭玄《禮記·王制》注 此地，殷所因夏爵三等之制也。殷有鬼侯、梅伯，《春秋》變周之文，從殷之質，合伯、子、男以爲一，則殷爵三等者，公、侯、伯也。异畿内謂之子。周武王初定天下，更立五等之爵，增以子、男，而猶因殷之地，以九州之界尚狹也。周公攝政致太平，斥大九州之界，制禮成武王之意，封王者之後爲公，及有功之諸侯，大者地方五百里，其次侯四百里，其次伯三百里，其次子二百里，其次男百里。所因殷之諸侯，亦以功黜陟之，其不合者，皆益之地爲百里焉。是以周世有爵尊而國小，爵卑而國大者，唯天子畿内不增，以禄羣臣，不主爲治民。

宋·孫奭《孟子注疏》卷一〇上《萬章章句下》 「北宮錡問曰：周室班爵禄也，如之何」者，北宮錡問孟子，以謂周家班列其爵禄，高下等差，如之何也？「孟子曰：其詳不可得而聞也」至「嘗聞其略也」者，孟子答之，謂其詳悉則不可得而聞，諸侯放恣，憎惡其法度有妨於己之所爲，盡滅去其典籍，故今不復有，然而軻也但嘗聞得其大綱也。「天子一位，公一位，侯一

位，伯一位，子、男同一位，凡五等』至『上次食八人，中食七人，中次食六人，下食五人。庶人在官者，其禄以是爲差』者，此皆孟子言周室班爵禄之大綱也。云『天子一位』至『凡五等也』者，蓋父天母地，而爲之子者，天子也；爵位盛大，以無私爲德者，公也；斥候於外，以君人爲德者，侯也；體仁足以長人者，伯也；子，字也，字，養也，而其德足以養人者，故曰子也；男，任也，任，安也，而其德足以安人者，故曰男也。自天子至於子、男，皆有君道，故尊卑之位凡有五等，然公、侯、伯、子、男皆臣乎天子，而爵位之列自天子始，所以與天子同其班。『君一位，卿一位』至『凡六等』者，蓋出命足以正衆者，君也；知進退而其道上達者，卿也；智足以帥人者，大夫也，才足以事人者，士也。自君以下至於士，皆有臣道焉，故尊卑之位凡六等，然卿、大夫、士皆臣乎國君，而爵位之列自國君，所以與國君同其班。凡此者，是皆孟子所謂班君臣之爵也。『天子之制，地方千里』至『附庸』者，此孟子言土地之等差也。故天子尊於公、侯，故制地方廣千里，蓋不方千里，則無以待天下之諸侯故也；公、侯卑於天子，故地廣百里，蓋不廣百里則無以守宗廟之典籍故也；伯又卑於公、侯，子、男又卑於伯，故其地之廣狹亦莫不有七十里、五十里之差。凡是四等，如其德不足以合瑞於天子，而其地又不足以敵廣於公、侯，其勢又難以特達於天子者，故因大國以名通，則謂之附庸。『天子之卿受地視侯，大夫受地視伯，元士受地視子男』者，此言天子之卿、大夫、士所受採地之制也。《周禮》上公九命，侯、伯七命，子、男五命，王之三公八命，其卿六命，其大夫四命。鄭玄云『王之上士三命』，則元士者即上士也。蓋以六命之卿，其所受之地則視七命之諸侯；以四命之大夫，則所受之地而視七命之伯；以三命之元士，其所受之地則視五命之子、男故也。『大國地方百里，君十卿禄』至『禄足以代其耕也』者，蓋公、侯之國是爲大國者也，大國之地方百里，而國君之禄則十倍於卿，而卿之禄是爲居於君禄十分之一也；卿所居之禄又四倍於大夫，而大夫之禄是爲居卿禄四分之一也；大夫所受之地則一倍於上士，而上士之禄是爲居大夫二分之一也；中士、下士，亦皆轉爲相倍。而下士與庶人在官者同禄者，蓋庶人在官者，是未命爲士者也，謂府史之屬，官長所除，不命於天子、國君者也。其禄比於上農夫，然而不耕之者，蓋以士勞力於事人，不爲無庸也，而禄足以代其耕矣。『次國地方七十里，君十卿禄』至『禄足以代其耕也』者，蓋伯之國是爲次國者也，君、卿、大大、士之禄亦同大國之君、卿、大夫、士之禄相爲倍差，其下士與庶人在官者，亦以禄足以代其耕矣。『小國地方五十里，君十卿禄』至『禄足以代其耕也』者，蓋子、男者是爲小國者也，君、卿、大夫、士之禄亦相爲倍差，與上同，其禄足以代其耕亦然。『耕者之所獲，一夫百畝，百畝之糞，上農夫食九人，上次食八人，中食七人，中次食六人，下食五人。庶人在官者，其禄以是爲差』者，蓋耕者所得，一夫一婦佃世百畝，而百畝之田，加之以糞，是爲上農夫，其所得之穀足以食養其九口，上次則食八人，中食七人，中次則食六人，下食五人。其庶人在官者，食禄之等差，亦如農夫有上、中、下之次，有此五等矣，若今之斗食佐史、屬吏是也。《王制》云：『王者之制禄，爵，公、侯、伯、子、男凡五等。諸侯之上大夫卿、下大夫、上士、中士、下士，凡五等。』其不及天子，又無六等，殆與孟子不合者，蓋以孟子所言則周制，而《王制》所言則夏、商之制也。《王制》云：『公、侯田方百里，伯七十里，子、男五十里，不能五十里者，不合於天子，附於諸侯，曰附庸。』而孟子不言田而言地者，蓋禄以田爲主，《王制》主於分田以制禄，孟子主於制地以分國，而國以地爲主，此所以有田、地之異也。《王制》云：『天子之三公田視公侯，天子之卿視伯，天子之大夫視子、男，天子之元士視附庸。』而孟子則言天子之卿受地視伯，元士受地視子男，其視不同者，亦以周制與夏、商之制不同也。孟子所以不言天子之公受地視侯，而特言其卿者，蓋卿與公同其所受，是所謂舉卑以見尊之意也。此又孟子所云班臣之禄也。

宋・陳祥道《禮書》卷三一　《書》言舜之受禪曰『輯五瑞，修五玉，復五器』，言武王之政由舊曰『列爵惟五，分土惟三』，則自唐至周，五等之爵一也。鄭氏釋《王制》，謂商因夏爵，有公、侯、伯而無子、男。以微子、箕子爲畿内之爵。《公羊》釋《春秋》，謂《春秋》變周從商，合伯、子、男皆從子。鄭忽出奔衛，《公羊》曰：『忽何以名？《春秋》伯、子、男一也。辭無所貶。』何休曰：『《春秋》改周之文，從商之質，合伯、子、男爲一，辭無所貶，皆從子。』豈其然哉？夫列爵惟五，所以稱其德；分土惟三，所以等其功。德異而功有所同，故公、侯之地同於百里，子、男之地同於五十里。地同而附庸有所異，故諸公之地方五百里，諸侯之地方四百里，諸伯之地方三百里，諸子之地方二百里，諸男之地方百里。蓋三等之地，正封也；五等之附庸，廣封也。正封則尺地莫非其土，一民莫非其臣，尊者嫌於盛而無所屈，卑者嫌於削而無所立，故公之地必下

而從侯，男之地必上而從子。至於廣封，則欲上之政令有所統而不煩，下之職貢有所附而不費，又非諸侯得以擅之也。而尊者不嫌於太多，卑者不嫌於太寡，故公之地必五百里而異於侯，男之地止百里而異於子也。民功曰庸，先儒以庸爲城。朝會曰合。謂之附庸，以其有所附，然後有功於民也。謂之不能五十里，不合於天子，以其才不足以當五十里，則不足以特達於上也。古者天子之地象日月，諸侯之地象雷震，則《周官》所謂五百里比至百里，爲兼附庸明矣。鄭康成以大司徒之所言者爲正封，則曰：「公無附庸，侯附庸九同，伯附庸七同，子附庸五同，男附庸三同。魯於周法，不得有附庸，故言錫之，而附庸二十四。」此說非也。既曰「侯附庸九同」，魯侯爵也，不得有附庸，何耶？《詩》曰：「錫之山川，土田附庸。奄有龜蒙，遂荒大東。」《記》曰：「地方七百里。」此所謂錫之也。

宋·袁燮《絜齋家塾書鈔》卷四《禹貢》　公、侯、伯、子、男，五等諸侯之爵也。不言公與子，言侯服焉。蓋古者上公極少，除二王之後為上公，其他皆侯也。成周之時所謂公者，曰宋公、虢公，不過數人爾。自侯以下，皆謂之侯。言侯而便及男邦，舉其上下以包其中也。百里採，採者，採地。不封建諸侯，而使主者治之，納其貢賦焉，所謂都鄙從其主是也。二百里男邦，三百里諸侯，此兩百字各自不同。自百里而為採，又百里而為男邦，其外三百里則皆諸侯也。採地雖不封建諸侯，然亦各自有主，各有疆界。男邦小國，故在二百里內，使近於天子焉。蓋使之在遠，明君在上，固無足慮，苟當世衰道微之際，則必無以立國。所以先王處之近地，其餘諸侯卻在外也。

宋·衛湜《禮記集說》卷二四　永嘉徐氏曰：先王視賢以制爵，視庸以制祿。祿爵二柄，聖王所以辨儀等、定名分，立國維綱，與天下共守，而不相踰越者也。夫自寰外諸侯五等之差，而下及於五等諸侯之異，皆爵以命有德者也。自天子田千里之外，而下及於三等侯國之地，皆祿以命有功者也。祿爵之經制一定，使上下有紀，內外相維，而立國之大意見矣。叔季以來，王綱不舉，而諸侯卿大夫守先王之訓者無幾。子產相鄭，一知守周班列之爵，而晉楚不敢加兵。晏子、叔向之徒，獨不肯輕受祿地，以守先王之舊。蓋猶爲秉周禮者。自是之外，天子建國，而甸侯乃欲建國；天子一圻，而列國乃至數圻。魯三家至三分公室而各有其一，諸侯卿大夫迭相越等踰制，而爵位亂矣。伯氏之微，駢邑三百，施氏之宰，有百室之邑，祿地妄以予人，而不復古制矣。故周室班爵祿之制，諸侯知為己不利，而皆去其典籍。蓋先王班爵授祿之法，已亡於孟氏之時矣。天子自邦畿千里之外，皆分土以為諸侯守，而畿外有五等諸侯，交錯面內以尊天子。蓋自堯協和萬邦之諸侯，至舜輯五等諸侯之瑞而班之，脩五禮五玉而執圭璧者不相亂，則是五等之爵，自堯、舜以來，未有改。而謂殷爵為三等，非也。鄭氏謂公百里侯，七十里，伯五十里。武王爵列以五，土分以三，蓋襲殷之舊耳。至周公從而增損其制，上公五百里，至男百里，蓋指開方言之，其實去《王制》不大相遠矣。且《王制》五等之爵，猶天建地設，不可亂也。及春秋時，禮制既亡，伯者以意之嚮背為升降，諸國以勢之强弱相上下，會盟征伐又以先後易其序。如曹伯、杞伯也，而或居子男之下。僖公、成公時。楚子，夷也，而或居侯伯之上。僖二十一年、二十七年。諸侯不勝其紊，有如魯以周班後鄭，而鄭忽敢怒；桓六年。楚以先歃晉，而晉不敢辭。滕、薛争長，則曰「我先封」；蔡、衛争先，則曰「非尚年」也。逞其私意而不顧王爵，而使大小相維，上下相統之意蔑然矣。《春秋》嚴名分之書，以見亂之所由也。則儀位以為階，防微杜漸，且記《王制》之失也。秦壞封建為郡縣，而五等之爵亡矣。【略】

廬陵胡氏曰：鄭云：「此殷所因夏爵三等之制也。《春秋》變周之文，從殷之質，合伯、子、男以為一。則殷爵三等者，公、侯、伯也。」此說非也。《春秋公羊傳·桓十一年》：「鄭忽何以名？《春秋》伯、子、男一也。」何休乃云：「《春秋》改周之文，從殷之質，合伯、子、男為一。」故鄭據以為說。又《元命包》云：「周爵五等法五精，《春秋》三等象三光。」說者因此以為文家爵五等，質家爵三等。又《禮緯含文嘉》亦云：「殷爵三等，夏亦三等。」是以諸儒多從鄭說，皆不經也。案：《春秋》尊周，何嘗變周，亦何嘗合伯、子、男以為？一且如杞入春秋書侯，莊二十七年黜為伯，至僖二十三年貶稱子。若以伯、子、男為一，何必書侯、書伯、書子以貶杞？《公羊》妄爾。據《明堂位》云「脯鬼侯」，《天問》云：「梅伯受醢，箕子佯狂。」則殷有侯，有伯，有子也，則亦有男可知矣。是殷亦備五等也。鄭氏乃云微子、箕子是畿內採地之爵，不得爲子男之子，則天子三公，亦不得稱公侯之公乎？推此，則鄭云殷爵三等者，非也。夏有塗山之會，執玉帛者萬國，若止三等諸侯，則不得為萬國。又《孝經》，夏制也，而云公、侯、伯、子、男，是五等也。則鄭云殷所因夏爵三等者，又非矣。《元命包》與《含文嘉》之文，妄可知也。

且如孟子答北宮錡之問周室班爵禄也，曰『天子一位，公一位，侯一位，伯一位，子、男同一位，凡五等』，似合於文家爵五等之説。然又云『君一位，卿一位，大夫一位，上士一位，中士一位，下士一位』，則文家又有六等矣。又云『天子地方千里，諸侯百里，伯七十里，子男五十里』，則文家又有四等矣。又云『大國地方百里，次國七十里，小國五十里』。又《書·武成》云『分土惟三』，孔氏曰：『公、侯百里，伯七十里，子、男五十里，爲三品。』則文家亦有三等，而以爲周尚質，可乎？豈變文以從質乎？然則殷有三等，周亦有三等；周有四等、五等、六等，殷亦有四等、五等、六等矣。故自虞氏五瑞五玉以來，制爲五等，夏殷周因之，未之有改。不可謂虞周有公、侯、伯、子、男五等之制，殷獨三等也。借曰殷改虞夏之制，合爲三等，於《書》不見也，於《詩》不見也，而信《禮緯》之説，可哉？

宋·魏了翁《尚書要義》卷一〇《爵五等地三等武王從殷法》 列爵惟五，即所識政事而法之，爵五等，公、侯、伯、子、男五十里，爲三品。《正義》曰：爵五等，地三品。武王於此既從殷法，未知周公制禮亦然與否。《孟子》云：『北宮錡問於孟子曰：周之班爵禄如何？孟子曰：其詳不可得聞矣。嘗聞其略：天子之制地方千里，公侯方百里，伯七十里，子男五十里。』《漢書·地理志》亦云：『周爵五等，其土三等也。公侯百里，伯七十里，子男五十里。』漢世儒者多以爲然。包咸注《論語》云：千乘之國，百里之國也。謂大國惟百里耳。《周禮·大司徒》云：『諸公之地封疆方五百里，侯四百里，伯三百里，子二百里，男一百里。』蓋是周室既衰，諸侯相并，自以國土寬大，皆違禮文，乃除去本經，妄爲説耳。鄭玄之徒以爲武王時，大國百里，周公制禮，大國五百里。《王制》之注具矣。

元·陳則通《春秋提綱》卷九《春秋書公》 嗚呼！先王五等之爵，紊亂而至於春秋極矣。夫自夏商以前未聞也。分土惟三，建爵惟五，其昉於武王崇德報功之時乎？然當時，受王命，爵上公者有幾？唯是天子之老則稱公，周室之客則稱公。望，太公也，而爲師；旦，周公也，而爲宰。二公有大勳勞於王家，世公之爵，初不爲過。《書》稱齊侯呂伋，《詩》稱乃命魯侯，則呂伋禽父，猶以其子不得世其爵，況其後之曾若玄者乎？春秋以前，有衛武公者，有鄭武公者，縣外之諸侯入相天子者也。春秋以後，有祭公、州公者，有虞公、宰周公者，縣內之諸侯夾輔王室者也。舍是無稱公者矣。武王以胡公不淫，使封諸陳，以備三恪，其後陳平爲侯。杞，夏之餘也。東樓公，始封之君也。其後子孫之見於《春秋》者，自侯而書伯，自伯而書子，安在其爲公也哉？若陳若杞，雖能身公爵於其初而不能世公爵於其後，王賓且爾，矧在諸侯？春秋二百四十二年，終始得稱公者，惟宋爲然，蓋以武王伐殷作周之故。舍是而稱公者皆僭矣。魯隱之父曰惠侯，其正也。入春秋之初年，書曰『宰咺來歸惠公仲子之賵』，緣此諸侯爵無尊卑，國無大小，例稱之曰公，則息姑實俑之也。魯不特以不正之號加之父，而又以不正之號加之祖。自稱於諸侯則曰『徼福於周公、魯公』，周公、魯公，未聞其有此也。齊又效尤之曰『徼福於太公、丁公』，太公、丁公，未聞其有此也。獨晉仇生爵爲侯，歿謚爲侯，其後世之子孫循是而曰『我先君文侯』，此意猶古。文襄以下，何不視此爲的邪？攷《春秋》七十二國之君，不干先王之典禮，不紊先王之封爵，無得罪於《春秋》者，獨蔡季桓十七。忠於桓侯耳。其他則聖人先卒以爵，後葬以公，其能逃一字之斧鉞哉？吁！天子若能守先王之法度，則不至是。吾觀虢公晉侯朝王，王賜之玉、五瑴、馬二匹。王命諸侯，名位不同，禮亦異數。虢，公也。晉，侯也。而等是賜也。諸侯象之，其又何誅焉？雖然，諸侯之僭，尚可言也。鄭，伯也，而謂之公。伯有其大夫也，家臣或以呼之矣。大夫之僭，不可言也。吁！先王封爵，至於流弊之極，尤有不忍言者。蠢茲荆蠻，謂諸侯無疑於公之號，則已無疑於王之號。入陳之舉，哆然以諸侯縣公爲辭，則當時之諸侯，第班於夷狄之大夫爾。柳人亦有言：冠冕雖敝，不可加足；公爵雖輕，不可加之夷狄之大夫。吾不知息公子朱、葉公諸梁、蔡公棄疾，彼何爲者也？王不爲公而重其號，卒亦不自重其號。魯惠、衛桓之於春秋，天子不敢問，則齊宣、梁惠之於戰國，亦無足怪者矣。天子豈獨一荆楚乎？東周之鼎，幾何不遷之於函秦乎？然則如之何？《春秋》之法，正本澄源，當自上者始。

明·童品《春秋經傳辨疑》卷上 按：《春秋》書列國諸侯，有公、侯、伯、子、男五等之爵，其稱公者，惟宋、魯二國而已。雖齊桓、晉文之盛，止稱侯；吳、楚之僭王，止稱子。魯既侯爵，而孔子尊稱之曰公，胡氏以爲臣子之詞，是已。然謂宋王者之後，故稱公，竊恐未然。夫微子之封於宋，雖云上公，猶周公之封於魯，未嘗謂宋世襲公爵，而魯獨不然也。若以宋爲王者之後，故稱公，則杞乃夏之後，止稱侯，又降而稱伯，又稱子，亦獨何哉？愚竊

以爲魯固夫子父母之邦，宋亦夫子祖宗之國，故皆稱公，一以尊尊，一以親親，皆臣子之詞。況《孟子》謂『宋，小國也』，豈有齊魯大國，止皆侯爵，而宋小國，反公爵歟？ 觀其書卒不書薨，亦可見矣。魯獨書薨者，君臣之義，重於祖宗之親也。

明·茅元儀《禹貢匯疏》卷一二 《記》稱殷因夏爵三等，公、侯、伯也。周更立五等之爵，增以子、男。今此曰男邦，則夏時固有男爵矣。《禮記疏》云：「案：《孝經》夏制，而云公、侯、伯、子、男，是不爲三等也。」

清·顧炎武《日知録》卷四《滕子薛伯杞伯》 滕侯之降而子也，薛侯之降而伯也，杞侯之降而伯而子也，貶之乎？貶之者，人之可也，名之可也，至於名，盡之矣，降其爵，非情也。古之天下猶今也。崔呈秀、魏廣微，天下之人無字之者，言及之則名之，名之者惡之也，惡之則名之焉，盡之矣。若降其少師而為太子少師，降其尚書而為侍郎、郎中、員外，雖童子亦知其不可矣。然則三國之降焉何？沙隨程氏以為：「是三國者，皆微，困於諸侯之政而自貶焉。」春秋之世，衛稱公矣。及其末也，貶而侯，貶而君。夫滕、薛、杞猶是也，故魯史因而書之也。

小國貧，則滕、薛、杞降而稱伯、稱子；大國强，則齊世子光列於莒、邾、滕、薛、杞、小邾之上，時為之也。《左氏》謂以先至而進之，亦托辭焉爾。

又《鄭忽書名》 「鄭忽出奔衛」。《傳》曰：「忽何以名？《春秋》伯、子、男，一也，辭無所貶。」傳文簡而難曉。李因篤曰：「春秋之法，天子三公稱公，王者之後稱公，其餘大國稱侯，小國稱伯、子、男。是則公、侯為一等，伯、子、男為一等也。故子產曰『鄭伯，男也』。遭喪未逾年之君，公侯皆稱子，如宋子、衛子、陳子之類是也。以其等本貴於伯、子、男，故降而稱子。今鄭，伯爵也，伯與子、男為一等，下此更無所降，不得不降而書名矣。名非貶忽之辭，故曰辭無所貶。」

清·馬驌《左傳事緯》前集卷二《侯爵例》 五等之爵，公、侯、伯、子、男，以王命爲諸侯者也。其例稱爵。下此為附庸，附庸未命無爵，不得謂之諸侯，其例稱名。《春秋》朝聘會盟之國，宋為公，魯、晉、齊、衛、陳、蔡、邢、紀、鄧為侯，秦、鄭、曹、薛、杞、穀、滑、北燕為伯，楚莒、吳越、邾、小邾、滕、徐、部、郯、鄫、沈、胡、頓為子，許、宿為男，是三十四國，於經最顯云。二邾初為附庸，其後稱子。滕、薛、杞初稱為侯，其後滕降稱子，薛、杞降稱伯。或曰時王之所進黜也。魯為本國，在内不可自稱魯侯，故書曰公，從臣子之辭。五等皆稱公，死則謚曰某公，是以傳文於列國皆稱公，經於葬皆舉謚稱公，禮之常也。蔡葬或書爵，史氏異辭爾。夷狄雖大，爵不過子，吳、楚稱王，僭而不典，是以不葬。若葬則宜書某王，為是絕而不葬也。所以知附庸例稱名者，莊五年，郳犂來來朝，傳曰：「名，未王命也。」但釋稱名之故，而無貶責之說，是例之當名矣。五等之爵不生名，其或生名，則為貶之。桓七年，穀伯綏來朝，鄧侯吾離來朝，傳曰：「名，賤之也。」僖二十五年，衛侯燬滅邢，傳曰：「同姓也，故名。」貶而名，是例不當名也。諸侯之朝會征伐，例皆不名，至於奔執歸入，則或名或不名者，經不一法，傳無明例，蓋從告辭以書之爾。《公羊》曰：「失地之君名。」《穀梁》曰：「名失國也。」其説雖本《曲禮》，而難通於《左氏》，且於經復多違謬，姑無取焉。《春秋》嘉而書字，君臣同例。隱元年，公及邾儀父盟於蔑，傳曰：「未王命，故不書爵。曰儀父，貴之也。」此附庸之褒也。桓十七年，蔡季自陳歸於蔡，傳曰：「蔡人嘉之也。」此諸侯之褒也。是知六等之君，皆可褒而稱字。許叔紀季是其類矣。公侯之稱子何也？僖九年，宋子會於葵丘，傳曰：「宋桓公卒未葬，而襄公會諸侯，故曰子。凡大喪，王曰小童，公侯曰子。」在喪者，未葬之稱，既葬則稱爵也。《公羊》曰：「君薨稱子某，既葬稱子，踰年稱公。」非矣。彼既葬稱子者，文十八年，子卒，傳曰：「諱之也。」魯人諱殺，猶以未成君告，故以子書。僖二十五年，衛子盟於洮，成公上述父志，降名稱子，故嘉而從之。是皆有故焉，不得舉為例也。僖二十八年，衛子盟於踐土，衛無新喪，此亦稱子者，武叔攝位，未有成命，不得為君也。既公侯在喪稱子者，是例也，而非貶也，則宋共、衛惠、衛定之流，皆先君未葬而稱爵，非禮矣。既述父攝君者，猶不稱爵，則晉大子州蒲代父而稱侯非禮矣。是皆可觸類而知也。杞伯之稱子，變例以貶之也。僖二十三，杞子卒，傳曰：「書曰子，杞，夷也。」二十七年，杞子來朝，傳曰：「用夷禮，故曰子。」襄二十九年，杞子來盟，傳曰：「書子，賤之也。」三者異事，故重例以明之，其實同以貶責爾。荆者，楚之初號也，後乃改稱爲楚。國有二名，猶小邾之初名郳者，非貶也。《公羊》曰：「州名也，州不若國。」《穀梁》曰：「外之也。」夫貶之有道，何乃於國名生異？且楚之為狄久矣，猾夏日甚，何獨於初貶焉？諸侯之貶，或至沒而不書。成二年，盟於蜀，傳曰：「許、蔡不書，乘楚車也，謂之失位。」此仲尼削

之以示譏，亦變例之僅見者。乃知貶諸侯之例，或書名，或削之，或稱子，蓋矣，未有以人稱者。桓十五年，邾人、牟人、葛人來朝，《公》、《穀》皆以為外之，杜氏獨謂三人皆附庸之世子，其君應稱名，故其子降稱人。蓋《左氏》無貶君稱人之例，杜是以推其説也。按：經書人而傳言諸侯者十有一，丘明皆不發例，要亦當世告命記注之異。若謂貶諸侯而去爵稱人，是指責卿之例責君矣。登謝堂而問鳳毛，責坊州以貢杜若，何以異此？

清・朱彝尊《曝書亭集》卷五九《春秋論一》 春秋之義，莫大乎正名，何以正之？正之以天子之命而已。列爵有五，公、侯、伯、子、男，天子所命也。其進也，惟天子得進之，其黜也，惟天子得黜之。孔子特據之以大書於策，以明天子之命。故邾，附庸也，而進爲子。滕、薛來朝，侯也，其後滕降爲子，薛降為伯。州、虞、郭，小國也，而稱公。杞本公也，而或降爲侯，或降爲伯，或降爲子，或復爲伯。他若於葵丘，宋以公而稱子；於溫，於召陵，陳以侯而稱子。傳者見稱名之有異，因之據例發義。於宋、於陳則云：『在喪未葬也。』於州、於虞、於郭則云：『非爵也。』於杞則云：『用夷禮也。』夫曰未葬稱子，則桓公十有三年，衛之宣公未葬，而書衛侯，成公三年，宋之文公、衛之穆公皆未葬，而書宋公、衛侯；僖公二十五年，衛文公既葬矣，而盟於洮書衛子。是稱子不係乎葬不葬也。夫謂舍國、滅國、被執，雖生齊之於死，故稱公，則紀侯大去其國，不當復書侯，譚子、弦子、溫子、夔子、沈子、胡子不當書子，小邾子執於宋，徐子執於楚，衛侯、鄭伯、曹伯、莒子、邾子執於晉，皆不得復書爵也。其曰杞成公之卒，賤之終其身也，文公之來盟，既已賤之矣，其卒復書伯，其義何也？成公、文公之書子也，以其用夷禮，雖大曰子也。其先公降而侯，侯降而伯，其義何也？之衆説者，皆由尊聖人之過，謂聖人可以意予奪之，進以示褒，黜以示貶，測之愈深，而離之益遠矣。方周未衰，諸侯不享覲者，一貶其爵，再削其地，至於不朝者三，則六師移之。迨後戰於繻葛，敗績於貿戎，而成周之禾、溫之麥，可芟而踐。六師既不能移，土地又不能削，惟爵號之存，猶可操其柄，則因其罪貶之。當日之諸侯，未肯降心以從天子之命，其盟會慶弔，來告於宗國，必仍其舊而莫之改。孔子則因其時而考其事，書其爵以正其名，凡王之未嘗黜者，雖州虞之細，猶得稱公。其既黜者，杞雖二王之後，迭降爲子。俾知王命之不可犯，僭稱之不足恃，以取信後世，而當時之亂臣強國知所懼焉。故曰：《春秋》天子之事也。曰：然則宋、陳稱子，不以在喪未葬歟？曰：諸侯即位，必命之天子。既葬而稱子，未命於王也。受命矣，則雖未葬，可以書爵，宋公、衛侯是也。子言之矣：惟器與名，不可以假人。君之所司也。夫以君之所司，而在下之權得以進退予奪之，則孔子先自處於無王，何以使亂臣強國知懼，而示信於後世乎？顧羣儒之説，猶紛紛附會之不一，此乃孔子所云罪我者也。

清・胡渭《禹貢錐指》卷一九 《王制》曰：王者之制祿爵，公、侯、伯、子、男凡五等。公、侯田方百里，伯七十里，子、男五十里。此周制也。而鄭注以此爲殷所因夏爵三等之制。今案虞、夏邦君之爵，不知有幾等。據《舜典》『輯五瑞、條五玉』，是亦爲五等矣。陸機曰：五等之制，始於黄、唐。此言是也。周室班祿，《孟子》有明文，百里、七十里、五十里並附庸爲四等，然附庸不達於天子，則亦三等而已。殷制無可考。鄭據《公羊春秋》家謂殷合伯、子、男而爲一，説者以爲公一等、侯二等、伯子男三等，理或然也。至謂殷爵唯有公、侯、伯而無子、男，周武王復增之，則妄矣。虞、夏分土之制，亦無可考。據此《經》『二百里男邦，三百里諸侯』，則似公、侯爲大國，伯、子爲次國，男爲小國，與殷、周小異也。列爵惟五，分土惟三，蓋盛德之所同，但其間少有變通耳。

清・王鳴盛《蛾術編》卷七一《唐虞五等爵》 允子朱者，允國子爵之君，名朱也。《夏書・允征》、《顧命》允之舞衣，即此國也。崇伯鯀者，崇國伯爵之君，名鯀也。禹嗣其父之伯爵，入爲天子司空，故曰『伯禹作司空』。伯與伯益、伯夷，疑亦爵也。虞賓者，虞所封作賓於王家，丹國上公爵之君名朱也。《漢律秝志》云：『堯讓舜，使子朱處於丹淵爲諸侯。』孔疏『虞賓在位，羣後德讓』云：『王者立二代之後，獨言丹朱者，蓋高辛氏之後無文，二王之後竝爲上公，有與丹朱爵同，故丹朱亦讓。』由此推之，五等諸侯之制，在唐虞已班之矣。

清・黄以周《禮書通故》卷三四《職官禮通故一》 鄭玄云：『《王制》「公侯地方百里，伯七十里，子五十里」，此地，殷所因夏爵三等之制也。殷有鬼侯、梅伯。春秋變周之文，從殷之質，合伯子男以爲一，則殷爵三等者，公侯伯也。異畿内謂之子。周武王初定天下，更立五等之爵，增以子男。』以周案：鄭注與《白虎通義》同，皆用《公羊》家説。但《公羊》家分公侯伯爲三等，而子男上就伯。《左氏》家同。許穆公卒於師，加二等，以衮斂，是子男上

就伯爲一等之證。《王制》公侯合爲一等，伯别爲一等，其義自殊。鄭又謂殷外諸侯止有公侯伯，而内諸侯斯稱子，《春秋》家無此説。考《堯典》「輯五瑞」馬注云：「五瑞，公侯伯子男所執以爲信也。」又「修五禮」鄭注亦云「公侯伯子男之禮」。據此，則爵分五等，唐虞已然，夏亦因之，殷何獨異。舊説殷以前爵三等，言其五爵之分土有百里、七十里、五十里之三等耳，非外諸侯止有公侯伯而無子男也。又《王制》稱述畿内之爵，止曰公、卿、大夫、元士，並無子男名目。微子、箕子與比干同稱，蓋字也，非爵也。《洪範》之稱箕子，非舉其舊爵也。且畿内之爵不稱公侯伯子男，不獨殷制如此，周制亦然。《白虎通義》云「公卿大夫者何謂也？内爵稱也」，則謂内諸侯稱子，恐亦非事實也。

《春秋》家説，質家爵三等，法天之有三光也；文家爵五等，法地之有五行也。春秋變周之文，從殷之質。《禮》家説，殷爵三等，周爵五等。殷正尚白，白者兼中正，故三等。夏尚黑，亦從三等。以周案：二説不同。《春秋》家專以殷周立文，不言夏，夏之三等若五等不可知也。《禮》家以五等之爵至周始備，殷以前皆三等。鄭注《王制》云「殷因夏爵三等之制」，同《禮》家説。其注「公侯伯子男凡五等」云「象五行」，不取質家文家之説，蓋以夏亦尚文而爵三等，《春秋》家言文家五等，不可通之於《禮》説也。鄭注多參用各家師説，而取去甚精，率類是。

又案：《春秋》家説本之《元命包》，《禮》家説本之《含文嘉》，皆今文家説也。又考《禮疏》引《異義》：「古《左氏》説，唐虞之地萬里，容百里地萬國，其侯伯七十里，子男五十里。」是《左氏》説唐虞夏之制皆三等。《禮》今文家説與《春秋》古文家合。但此所云三等，言其分土之等耳，其爵自五等也。《虞書》曰「輯五瑞」，謂其爵有五也。《白虎通義》曰「地有三等不變」，此今文家説也。古文家祇言分土有變，五等之爵不變。

《白虎通義》云：「《含文嘉》曰：『殷爵三等，周爵五等。』《王制》爵五等謂公侯伯子男，此據周制也。殷爵三等，謂公侯伯也。所以合子男從伯者何？王者受命，改文從質，無虚退人之義，故上就伯也。《春秋傳》『合伯子男爲一爵』，或曰合從子，貴中也。以《春秋》名鄭忽，此未踰年之君當稱子，嫌爲改伯從子，故名之也。」以周案：此今文家説，當以上就伯爲正義。或曰合從子，今文家之别説也。何注《公羊傳》云：「合三從子者，制由中也。」從或説。鄭注《王制》云：「殷爵三等，公侯伯也，異畿内謂之子。」其意同前一説。

杜預説，《春秋》祭伯、凡伯、單伯，伯爵；尹子，王卿士，子爵。單伯稱子，蓋降。胡渭云：「天子之大夫，無五等之號。視公侯，視伯，視猶比也，謂其秩之等而已。《春秋》所書王臣來接於我者，如南季、榮叔之類，先儒皆以爲字。祭公、州公、周公，亦皆以爲天子之三公。獨子伯之説互異。其曰伯者，《公羊》以爲天子之大夫，《穀梁》以爲寰内之諸侯，是亦以伯爲五十之字也。至杜預注《左傳》，於祭伯、凡伯、單伯皆曰伯爵，而伯於是始爲爵矣。至宋趙鵬飛據黎錞之説，以伯與叔季皆爲字，人以其晚出而疑之。考《穀梁》范注，於凡伯、渠伯糾、單伯、毛伯，皆以伯爲字不以爲爵。范去杜未遠，已不從其説矣。王臣稱子，自文十年蘇子始。子者男子之美稱。」以周案：《春秋》之例，天子之三公稱爵，如祭公、周公是也。其卿稱官，如宰伯糾、宰周公是也。其大夫氏採，如蘇子、毛伯，仍叔是也。三公不名，卿大夫名若子。老則稱字，不名；貴則稱子，不字也。

清·俞樾《群經平議》卷二 「自我五禮有庸哉」，傳曰：「天次秩有禮，當用我公、侯、伯、子、男五等之禮以接之，使有常。」《正義》曰：「王肅云：五禮謂王、公、卿、大夫、士。鄭元云：五禮，天子也，諸侯也，卿大夫也，士也，庶民也。此無文可據，各以意説耳。」樾謹按：王肅本天子立三公、九卿、二十七大夫、八十一元士爲説，枚則專以諸侯言，其義皆有所未盡。鄭義盡之矣，而江氏聲據《曲禮》「禮不下庶人」，謂庶人通用士禮，不别爲庶人制禮，於是又自爲説，謂五等諸侯爲三，卿、大夫四，士五，而引《周禮》上公九命，侯伯七命，子、男五命，證五等諸侯爲三。其説似塙矣，然不及天子義，終未安。今按：五禮者天子也，公、侯也，伯、子、男也，卿、大夫也，士、庶人也。僖二十九年《左傳》曰：「在禮，卿不會公、侯，會伯、子男可也。」此可證公、侯與伯、子、男之禮不同。昭四年《傳》：「左師獻公合諸侯之禮六，子產獻伯、子、男會公之禮六。」其曰公者，蓋兼侯而言。公合諸侯，謂公、侯合伯、子、男也。伯、子、男會公謂伯、子、男會公、侯也。哀十三年《傳》：「伯合諸侯，則侯帥子、男以見於伯。」此「伯」字，杜注謂侯長，非五等之伯。其曰侯者，蓋兼公而言，其曰子、男者，蓋兼伯而言，謂公、侯帥伯、子、男以見於伯也。古者公、侯爲一等，伯、子、男爲一等。鄭合公、侯、伯、

子、男而一之，公士、庶人而二之，固其説之小疏矣。

清・閻鎮珩《六典通考》卷二〇《爵命考》　古者天子無爵，其內臣則公、卿、大夫、士，其外臣則公、侯、伯、子、男，各隨其大小而授之命，有命則有爵。自黃帝建三公以親黎元，堯始命羲和爲六卿，並掌方岳，謂之四岳。虞夏以來，或六或九。《甘誓》曰『乃召六卿』，《昏義》曰『天子立三公、九卿、二十七大夫、八十一元士』，鄭氏以爲夏制，是也。五瑞、五玉始記於《舜典》，先儒引《周官》文釋之，謂公執桓圭，侯執信圭，伯執躬圭，子執穀璧，男執蒲璧，其爵凡五等也。夏因於虞不改，至殷人易之以三，有公、侯、伯而無子、男。周監二代，三聖制法，立爵五等，始復唐虞之舊。《武成》之書曰：『列爵惟五，分土惟三。』何休説《公羊傳》曰：『質家爵三等，法天之三光也。文家爵五等，法地之五行也。天道本下，親親而質省；地道敬上，尊尊而文繁。』其言必有所受之矣。《尚書》不見三公之文，而伊尹爲阿衡，仲虺爲左相，蓋猶虞之百揆、周之太宰也。他書載湯問於伊尹曰：『三公、九卿、大夫、列士，相去何如？』伊尹對曰：『三公者，知通於大道，應變而不窮，辯於萬物，通於天道，其言足以調陰陽、正四時、節風雨，如是者舉以爲三公，故三公之事，常在於道也。九卿者，不失四時，通於溝渠，修堤防，樹五穀，通於地理，能通不能通，能利不能利，如此者舉以爲九卿，故九卿之事，當在於德也。大夫者，出入與民同衆，取去與民同利，通於人事，行有舉繩，不傷於言，言之於世，不害於身，通於關梁，實於府庫，如是者舉以爲大夫，故大夫之事，常在於仁也。列士者，知義而不失其心，事功而不獨專其賞，直言強諫而無有姦詐，去私立功而言有法度，如是者舉以爲列士，故列士之事，常在於義也。道德仁義定，而後天下正。故三公參王事，九卿參三公，大夫參九卿，列士參大夫。參而有參，是謂事宗，事宗不失，內外若一。』《曲禮》稱天子建官先六太，其次曰五官，五官之長曰伯，蓋殷制然也。周有六官，又有三孤，是爲九卿。其三公或兼六卿之任，周公爲師而兼冢宰字，召公爲保而兼宗伯，蘇公、畢公、毛公皆三公，而兼司寇、司馬、司空。《顧命》所記太保領冢宰，芮伯爲司徒，彤伯爲司空，衛侯爲司寇，是三公各兼一卿之徵也。《周禮》王畿六卿，二鄉公一人，自公而下，有卿、大夫、上士、中士、下士，凡六等。自天子外達於四海。公、侯、伯各一位，子、男同一位，凡五等。及周既衰，共和專政於內，五霸摟伐於外。至於戰國，僭竊日滋，上下無別，周遂以亡。秦漢以下，雖有三公、九卿之名，其制乖異。封國之爵，或二或九。又有所謂名號侯者，義益與古戾矣。【略】

論曰：周制，三公八命，王者之後九命。其稱名同，其等秩異。宋雖爵爲上公，不在加命之例，特以承祀上公而已。至三公進秩，出爲方伯，則四方有不庭者，得稟命而討伐焉。管仲述召康公之訓，所謂『五侯九伯，汝實征之』是也。專征而有功，例得進地，然其爵不過侯，故齊以侯爵而受上公之地，周公於魯亦然。天子六命之卿，加命得爲侯、伯；四命之大夫，加命得爲子、男。其元士三命，加命則爲附庸。附庸者，進命不進爵，以其德未周備，與士同稱名。《春秋傳》『附庸之君則名』是也。侯、伯功德兼備，物望攸隆，則加命而爲牧，故曰『八命作牧』。牧在外亦曰伯，以伸於羣侯之上；伯在內亦曰牧，以屈於二伯之下。至列國三命再命卿，亦必上聞天子，而不敢私自署置焉。若是者，所以一衆志而統萬國也。當宣王中興，韓侯在韓，申伯在荆，成、康舊制，猶未盡泯。及平王東遷，牧伯之職不舉，而外制於夷狄，內失其國都，徒特晉、鄭二邦，爲屏衛而已。然而文侯之賢，既歸之國，鄭伯之才，又奪之政，周之事勢，自是不可復爲矣。厥後强凌弱、衆暴寡，天下兵爭，靡有時已，而先王五等之封，僅存者無幾焉。然齊僖、衛宣，未嘗受命專討，而齊自以爲東伯黎之臣子，亦以方伯之職責衛侯。《春秋》於蒲之役，書曰胥命，蓋若有私冀然者。是時小國奔走流離，無所控訴，唯望大國之庇己，而共主拱默於其上，曾不聞發一策、出一令。故周之不競，莫兹爲甚。雖欲諸侯之不離叛，豈可得哉？然則五等之爵，後世不可復乎？曰：存五等之名，世其祿，不世其位，有能則進，有罪則黜，雖聖王復起，不可易也。【略】

論曰：鄭康成稱殷因夏制，建爵三等。至宋胡銓氏非之，以爲五等始於唐虞，歷三代未之有改。箕子，殷之子爵也。其時亦必有男爵。銓之説於古無徵，然其詞則辨矣。康成答張逸問，箕子、微子，畿內採地之爵，非畿外治民之君。銓駁之曰：微、箕非子、男之子。則三公亦非侯之公乎？愚攷之《書》微子將去，紂告於父師、少師。父師者，箕子也。是時爲太師，三公之官，故微子以師尊之。及後入周，武王訪範，封朝鮮，然後有子之稱焉。蓋朝鮮東夷之國，而夷狄之君爵不過子，故箕子之爲子始於周，非始於商也。若《書》記釋箕子之囚，亦周人從後追稱云耳。文王老於西伯，而《詩》、《書》

美之曰王；田成終於大夫，而齊人歌之曰子。豈可援以爲生前之本號哉？微子，帝乙元子也。當時父師、少師皆命曰王子，以爲封子爵者，經傳未有明文。予考三代之禮，迭有損益，而夏之於虞，獨不言損益。董仲舒曰：『繼治世者其道同，繼亂世者其道異。』當文命受終，塗山之會，執玉萬國，彼皆有虞之羣后也。因其號不改其制，聖人何所容心哉？若夫有夏昏德，韋顧、昆吾同惡相助，於時有爲湯所誅絶者，有爲強侯所幷吞者。度其勢之將窮，而通之以變，亦王者改物創制之義也。至於武成大告，勞臣者既酧以侯伯，庸薄者復錫以子男，反商季之政，率虞夏之舊。故曰『質家三等，文家五等』，因時立事，亦各從其便耳。攷鄭、孔二說，互有異同，而杜佑《通典》折衷孔氏，愚因之有取焉。至胡氏引據《天問》；欲以懸斷前典，而自是其臆說，非君子闕疑之道也。

藝文

明·高叔嗣《蘇門集》卷一《送管平田先生頒封秦府歸省》 五等周公國，三王漢世家。日聞敦帝族，時見遺皇華。翦土仍鶉首，疏邦自犬牙。秦關通使節，灞水渡征車。過邑恩難屢，登堂禮更嘉。何如北山客，行役動長嗟。

雜録

《漢書》卷九九上《王莽傳上》 王邑等還京師，西與王級等合擊明、鴻，皆破滅，語在《翟義傳》。莽大置酒未央宮白虎殿，勞賜將帥。詔陳崇治校軍功，第其高下。莽乃上奏曰：『明聖之世，國多賢人，故唐虞之時，可比屋而封，至功成事就，則加賞焉。至於夏后塗山之會，執玉帛者萬國，諸侯執玉，附庸執帛。周武王孟津之上，尚有八百諸侯。周公居攝，郊祀后稷以配天，宗祀文王於明堂以配上帝，是以四海之內各以其職來祭，蓋諸侯千八百矣。《禮記·王制》千七百餘國，是以孔子著《孝經》曰：「不敢遺小國之臣，而況於公侯伯子男乎？故得萬國之歡心以事其王。」此天子之孝也。秦爲亡道，殘滅諸侯以爲郡縣，欲擅天下之利，故二世而亡。高皇帝受命除殘，考功施賞，建國數百，後稍衰微，其餘僅存。太皇太后躬統大綱，廣封功德以勸善，興滅繼絶以永世，是以大化流通，旦暮且成。遭羌寇害西海郡，反虜流言東郡，逆賊惑衆西土，忠臣孝子莫不奮怒，所征殄滅，盡備厥辜，天下咸寧。今制禮作樂，實考周爵五等，地四等，有明文；殷爵三等，有其說，無其文。孔子曰：「周監於二代，鬱鬱乎文哉！吾從周。」臣請諸將帥當受爵邑者爵五等，地四等。』奏可。於是封者高爲侯伯，次爲子男，當賜爵關內侯者更名曰附城，凡數百人。擊西海者以『羌』爲號，槐里以『武』爲號，翟義以『虜』爲號。

清·陸世儀《思辨録輯要》卷一八 賈誼云『衆建諸侯而少其力』，此語最妙。今之州縣，大者方百里，小者不下五十里，此古諸侯之地也。愚謂今之封建者，常循古五等之爵，列爲定制。凡治一州者爲子爵，治一縣爲男爵，此則有分土、有分民，權位爵祿，一如古諸侯制。至如公、侯、伯爵，其位已尊，其勢已重，若更委以事權，恐有漢、唐跋扈之患，宜另爲制。伯爵一如今太守，有分地，無分民，雖處大郡，而所轄者各州縣之事，不得擄一郡以爲私，其職專主督察各屬子、男。合三四郡之地，則建一侯，今如司道之職，亦有分土，無分民，坐諸郡中要害之地，其職專主督察各屬之伯。合三四方伯，則建一公，如今布政之職，亦有分土，無分民，坐省城中，專主督察各屬諸侯。凡公之賢否，則聽於朝廷之冢宰。如此則節節有制，要而不繁，庶幾得爲治之條理。

清·惠棟《九經古義》卷三《尚書古義》 二百里男邦，《史記》云『任國』。漢諱『邦』，改爲『國』。棟案：《白虎通》引《書》云『侯甸任衛作國伯』，今《酒誥》作『男』。古『男』與『南』通，皆訓為任，故《詩》云『燕燕於飛，下上其音，子子於歸，遠送於南』，又云『凱風自南，吹彼棘心』。沈重音南爲乃林反。《外傳·周語》曰：『子產云：鄭伯，男也。』賈侍中云：『男當作南，謂南面之君。』王肅《家語》亦載子産語，云：『男、南古字通用。』鄭衆從《左傳》，改『南』為『男』，賈逵據《外傳》，易『男』為『南』，可以知二字之相通矣。《白虎通》又云：『南之為言任也。』故孔安國《傳》亦云：『男，任也。』《今文尚書》皆以任為南，太史公以訓詁易經文，故亦為任。《正義》云：『男聲近任，故訓為任。』

封君制分部

綜述

封君稱寡孤

《墨子・魯問》 魯陽文君曰：『魯四境之内，皆寡人之臣也。今大都攻其小都，大家伐其小家，奪之貨財，則寡人必將厚罰之。』

《韓非子・説林下》 靖郭君將城薛，客多以諫者。靖郭君謂謁者曰：『毋爲客通。』齊人請見曰：『臣請三言而已，過三言，臣請烹。』靖郭君因見之。客趨進曰：『海大魚。』因反走。靖郭君曰：『請聞其説。』客曰：『臣不敢以死爲戲。』靖郭君曰：『願爲寡人言之。』

《戰國策・秦策三・蔡澤見逐於趙》 君何不以此時歸相印，讓賢者授之，必有伯夷之廉；長爲應侯，世世稱孤，而有喬、松之壽。郭與以禍終哉！此則君何居焉？

又《齊策六・燕攻齊取七十餘城》 初，燕將攻下聊城，人或讒之。燕將懼誅，遂保守聊城，不敢歸。田單攻之歲餘，士卒多死，而聊城不下。魯連乃書，約之矢以射城中，遺燕將曰：【略】『請裂地定封，富比陶、衛，世世稱孤寡，與齊久存。』

《史記》卷六十八《商君列傳》 今君又左建外易，非所以爲教也。君又南面而稱寡人，日繩秦之貴公子。

漢・劉向《説苑・善説》 孟嘗君寄客於齊王，三年而不見用，故客反謂孟嘗君曰：『君之寄臣也，三年而不見用，不知臣之罪也？君之過也？』孟嘗君曰：『寡人聞之：縷因針而入，不因針而入，嫁女因媒而成，不因媒而親。夫子之材必薄矣，尚何怨乎寡人哉？』

擅權

《戰國策・秦策三・范雎至秦》 臣唐山東，聞齊之内有田單，不聞其王。聞秦王之有太后、穰侯、涇陽、華陽，不聞其有王。夫擅行不顧，穰侯出使不報，涇陽、華陽擊斷無諱，四貴備而國不危者，未之有也，爲此四者，下乃所謂地王已。然則權焉得不傾，而令焉得從王出乎？臣聞：『善爲國者，内固其威，而外熏其權。』穰侯使者操王之重，決裂諸侯，剖符於天下，征敵伐國，莫敢不聽。戰勝攻取，則利歸於陶；國弊，御於諸侯；戰敗，則怨結於百姓，而禍歸社稷。《詩》曰：『木實繁者披其桉者傷其心。大其都者危其國，尊其臣者卑其主。』淖齒管齊之權，縮閔王之筋，縣之廟梁，宿昔而死。李兑用趙，減食主父，百日而餓死。今案，太后、穰侯用事，高陵、涇陽佐之，卒無秦王，此亦淖齒、李兑之類已。臣今見王獨立於廟朝矣，且臣將恐後世之有秦國者，非王之子孫也。

又《應侯曰鄭人謂玉未理者璞》 今平原君自以賢，顯名於天下，然降其主父沙丘而臣之。

又《秦策五・濮陽人呂不韋賈於邯鄲》 乃説秦王后弟陽泉君曰：『君之罪至死，君之門下無不居高尊位，太子門下無貴者。君之府藏珍珠寶玉，君之駿馬盈外廐，美女充後庭。』

《史記》卷六《秦始皇本紀》 嫪毐封爲長信侯。予之山陽地，令毐居之。宮室車馬衣服苑囿馳獵恣毐。事無大小皆決於毐。

又卷四三《趙世家》 公子成爲相，號安平君，李兑爲司寇。公子章之敗，往走主父，主父聞之，成、兑因圍主父宮。公子章死，公子成、李兑謀曰：『以章故圍主父，即解兵，吾屬夷矣。』乃遂圍主父。令宮中人『後出者夷』，宮中人悉出。主父欲出不得，又不得食，探爵鷇而食之，三月餘而餓死沙丘宮。主父定死，乃發喪赴諸侯。

是時王少，成、兑專政，畏誅，故圍主父。【略】燕將成安君公孫操弑其王。

又卷六八《商君列傳》 商君相秦十年，宗室貴戚多怨望者。

又卷七〇《張儀列傳》 趙王曰：『先王之時，奉陽君專權擅勢，蔽欺先王，獨擅綰事，寡人居屬師傅，不與國謀計。』

又卷七二《穰侯列傳》 昭王少，宣太后自治，任魏冄爲政。【略】范睢言宣太后專制，穰侯擅權於諸侯，涇陽君、高陵君之屬太侈，富於王室。

又　卷七五《孟嘗君列傳》　宣王九年，田嬰相齊。【略】田嬰相齊十一年。【略】。齊湣王二十五年，復卒使孟嘗君入秦，昭王即以孟嘗君爲秦相。【略】齊湣王不自得，以其遺孟嘗君至，則以爲齊相，任政。【略】

又　卷七六《平原君虞卿列傳》　平原君相趙惠文王及孝成王，三去相，三復位。

又　卷七七《魏公子列傳》　魏王見公子，相與泣，而以上將軍印授公子，公子遂將。

又　卷七八《春申君列傳》　考烈王元年，以黄歇爲相，【略】春申君爲楚相四年，秦破趙之長平軍四十餘萬。五年，圍邯鄲。邯鄲告急於楚，楚使春申君將兵往救之，秦兵亦去，春申君歸。春申君相楚八年，爲楚北伐滅魯，以荀卿爲蘭陵令。當是時，楚復彊。

又　卷七九《范睢蔡澤列傳》　秦王乃拜范睢爲相。收穰侯之印，使歸陶，因使縣官給車牛以徒，千乘有餘。到關，關閱其寶器，寶器珍怪多於王室。

《漢書》卷三六《楚元王傳》　秦昭王舅穰侯及涇陽、葉陽君專國擅勢，上假太後之威，三人非條件反射權重於昭王，家富於秦國，國甚危殆，賴寤范睢之言，而秦復存。

任用官吏

《戰國策·趙策一·趙王封孟嘗君以武城》　趙王對孟嘗君以武城。孟嘗君擇舍人以爲武城吏。

《史記》卷八七《李斯列傳》　至秦會莊襄王卒，李斯乃求爲秦相文信侯呂不韋舍人；不韋賢之，任以爲郎。

養士

《墨子·貴義》　子墨子謂公良桓子曰：「衛小國也，處於齊晉之閒，猶貧之處於富家之閒也。貧家而學富家之衣食多用，則速亡必矣。今簡子之家，飾車數百乘，馬食菽粟者數百匹，婦人衣文繡者數百人。吾取飾車食馬之費與繡衣之財以畜士，必千人有餘。若有患難，則使數百人處於前，數百於後，與婦人數百人處前後孰安？吾以爲不若畜士之安也。」

《戰國策·齊策三·孟嘗君舍人有與君之夫人相愛者》　孟嘗君舍人有與君之夫人相愛者。或以問孟嘗君曰：「爲君舍人而內與夫人相受，亦甚不義矣，君其殺之。」君曰：「睹貌而相悅者，人之情也，其錯之勿言也。」

又　《齊策四·齊人有馮諼者》　齊人有馮諼者，貧乏不能自存，使人屬孟嘗君，願寄食門下。孟嘗君曰：「客何好？」曰：「客無好也。」曰：「客何能？」曰：「客無能也。」孟嘗君笑而受之曰：「諾。」左右以君賤之也，食以草具。居有頃，倚柱彈其劍，歌曰：「長鋏歸來乎！出無車。」左右皆笑之，以告。孟嘗君曰：「爲之駕，比門下之車客。」於是乘其車，揭其劍，過其友曰：「孟嘗君客我。」後有頃，復彈其劍鋏，歌曰：「長鋏歸來乎！無以爲家。」左右皆惡之，以爲貪而不知足。孟嘗君問：「馮公有親乎？」對曰：「有老母。」孟嘗君使人給其食用，無使乏。於是馮諼不復歌。

又　《魯仲連謂孟嘗》　魯仲連謂孟嘗：「君好士也！雍門養椒亦，陽得子養，飲食、衣裘與之同之，皆得其死。今君之家富於二公，而士未有爲君盡游者也。」

《史記》卷七五《孟嘗君列傳》　孟嘗君在薛，招致諸侯賓客及亡人有罪者，皆歸孟嘗君。孟嘗君舍業厚遇之，以故傾天下之士。食客數千人，無貴賤一與文等。孟嘗君待客坐語，而屏風後常有侍史，主記君所與客語，問親戚居處。客去，孟嘗君已使使存問，獻遺其親戚。孟嘗君曾待客夜食，有一人蔽火光。客怒，以飯不等，輟食辭去。孟嘗君起，自持其飯比之。客慚，自剄。士以此多歸孟嘗君。孟嘗君客無所擇，皆善遇之。人人各自以爲孟嘗君親己。【略】

自齊王毀廢孟嘗君，諸客皆去。後召而復之，馮驩迎之。未到，孟嘗君太息歎曰：「常好客，遇客無所敢失，食客三千有餘人，先生所知也。客見文一日廢，皆背文而去，莫顧文者。今賴先生得復其位，客亦有何面目復見文乎？如復見文者，必唾其面而大辱之。」

又　卷七六《平原君虞卿列傳》　平原君趙勝者，趙之諸公子也。諸子中勝最賢，喜賓客，賓客蓋至者數千人。【略】是時齊有孟嘗，魏有信陵，楚有春申，故爭相傾以待士。【略】平原已定從而歸，歸至於趙，曰：「勝不敢復相士。勝相士多者千人，寡者百數，自以爲不失天下之士，今乃於毛先生而失之也。毛先生一至楚，而使趙重於九鼎大呂。毛先生以三寸之舌，彊於

百萬之師。勝不敢復相士。』遂以爲上客。

又　卷七七《魏公子列傳》　公子爲人仁而下士，士無賢不肖皆謙而禮交之，不敢以其富貴驕士。士以此方數千里爭往歸之，致食客三千人。當是時，諸侯以公子賢，多客，不敢加兵謀魏十餘年。【略】

公子聞趙有處士毛公藏於博徒，薛公藏於賣漿家，公子欲見兩人，兩人自匿不肯見公子。公子聞所在，乃閒步往從此兩人遊，甚歡。平原君聞之，謂其夫人曰：『始吾聞夫人弟公子天下無雙，今吾聞之，乃妄從博徒賣漿者游，公子妄人耳。』夫人以告公子。公子乃謝夫人去，曰：『始吾聞平原君賢，故負魏王而救趙，以稱平原君。平原君之游，徒豪舉耳，不求士也。無忌自在大梁時，常聞此兩人賢，至趙，恐不得見。以無忌從之游，尚恐其不我欲也，今平原君乃以爲羞，其不足從游。』乃裝爲去。夫人具以語平原君。平原君乃免冠謝，固留子，半去平原君歸公子，天下士復往歸公子，公子傾平原君客。

又　卷七八《春申君列傳》　趙平原君使人於春申君，春申君舍之於上舍。趙使欲夸楚，爲瑇瑁簪，刀劍室以珠玉飾之，請命春申君客。春申君客三千餘人，其上客皆躡珠履以見趙使，趙使大慙。

又　卷八五《呂不韋傳》　當是時，魏有信陵君，楚有春申君，趙的平原君，齊有孟嘗君，皆下士喜賓客以相傾，呂不韋以秦之彊，羞不如，亦招致士，厚遇之，至食客三千人。

漢・王充《論衡・儒增篇》　書稱『齊之孟嘗，魏之信陵，趙之平原，楚之春申君，待士下客，招會四方，各三千人。』欲言下士之至，趨之者衆也。夫言士多，可也；言其三千增之也。四君雖好士，士至雖衆，不過各千餘人，書則言三千矣。夫言衆必言千數，言少則言無一，世俗之情，言事之失也。

收租稅

《戰國策・齊策四・齊人有馮諼者》　後孟嘗君出記，問門下諸客：『誰習計會，能爲文收責於薛者乎？』馮諼署曰：『能。』孟嘗君怪之，曰：『此誰也？』左右曰：『乃歌夫長鋏歸來者也。』孟嘗君笑曰：『客果有能也，吾負之，未嘗見也。』請而見之，謝曰：『文倦於事，憒於憂，而性懧愚，沉於國家之事，開罪於先生。先生不羞，乃有意欲爲收責於薛乎？』馮諼曰：『願之。』於是約車治裝，載券契而行，辭曰：『責畢收，以何市而反？』孟嘗君曰：『視吾家所寡有者。』

《史記》卷七五《孟嘗君傳》　孟嘗君時相齊，其舍人魏子爲孟嘗君收邑入，三反而不致一入。【略】居朞年，馮驩無所言。孟嘗君時相齊，封萬戶於薛。其食客三千人，邑入不足以奉客，使人出錢於薛。歲餘不入，貸錢者多不能與其息，客奉將不給。孟嘗君憂之，問左右：『何人可使收債於薛者？』傳舍長曰：『代舍客馮公形容狀貌甚辯，長者，無他伎能，宜可令收債。』

又　卷一二九《貨殖列傳》　封者食租稅，歲率戶二百。千戶之君則二十萬，朝覲聘享出其中。

築城

《戰國策・齊策一・靖郭君將城薛》　靖郭君將城薛，客多以諫。靖郭君謂謁者，無爲客通。齊人有請者曰：『臣請三言而已矣！益一言，臣請烹。』靖郭君因見之。客趨而進曰：『海大魚。』因反走。君曰：『客有於此。』客曰：『鄙臣不敢以死爲戲。』君曰：『亡，更言之。』對曰：『君不聞大魚乎？網不能止，鉤不能牽，蕩而失水，則螻蟻得意焉。今夫齊，亦君之水也。君長有齊陰，奚經薛爲？夫齊，雖隆薛之城城於天，猶之無益也。』君曰：『善。』乃輟城薛。

漢・劉安《淮南子・人間訓》　靖郭君將城薛，賓客多止之，弗聽。

世襲

《戰國策・魏策四・魏攻管而不下》　安陵君曰：『吾先君成侯，受詔襄王以守此地也。』

《史記》卷七五《孟嘗君傳》　諸侯皆使人請薛公田嬰以文爲太子，嬰許之。嬰卒，謚爲靖郭君。而文果代立於薛，是爲孟嘗君。

又　卷七六《平原君虞卿列傳》　平原君以趙孝成王十五年卒。子孫代，後竟與趙俱亡。

又　卷八〇《樂毅列傳》　於是燕王復以樂毅子樂閒爲昌國君。

廢逐

《戰國策・秦策三・范雎至秦》 秦王懼，於是乃廢太后，逐穰侯，出高陵，走涇陽於關外。

《史記》卷七二《穰侯列傳》 於是秦昭王悟，乃免相國，令涇陽之屬皆出關，就封邑。穰侯出關，輜車千乘有餘。

又 卷七三《白起王翦列傳》 武安君言曰：『秦不聽臣計，今如何矣！』秦王聞之，怒，彊起武安君，武安君遂稱病篤。應侯請之，不起。於是免武安君爲士伍，遷之陰密。武安君病，未能行。居三月，諸侯攻秦軍急，秦軍數卻，使者日至。秦王乃使人遣白起，不得留咸陽中。

又 卷七九《范雎蔡澤列傳》 秦王乃拜范雎爲相，收穰侯之印，使歸陶，因使縣官給車牛以徒，千乘有餘。

收爵祿封邑

《韓非子・和氏》 昔者吳起教楚悼王以楚國之俗曰：『大臣太重，封君太衆，若此則上偪主而下虐民，此貧國弱兵之道也。不如使封君之子孫三世而收爵祿，絶滅百吏之祿秩；損不急之枝官，以奉選練之士。』悼王行之期年而薨矣，吳起枝解於楚。

又 《喻老》 楚莊王既勝，狩於河雍，歸而賞孫叔敖，孫叔敖請漢間之地，沙石之處。楚邦之法，祿臣再世而收地，祿臣再世而收地，唯孫叔敖獨在。

《呂氏春秋・上德篇》 荊王薨，羣臣攻吳起，兵於喪所，陽城君與焉，荊罪之。陽城君走，荊收其國。

《史記》卷四三《趙世家》 武陽君鄭安平死，收其地。

又 卷七二《穰侯世家》 穰侯卒於陶，而因葬焉。秦復收陶爲郡。

論説

《漢書》卷九二《遊俠傳》 周室既微，禮樂征伐自諸侯出。桓文之後，大夫世權，陪臣執命。陵夷至於戰國，合從連衡，力政爭彊。繇是列國公子，魏有信陵，趙相虞卿棄國捐君，以周窮交魏齊之厄；信陵無忌竊符矯命，戮將傳師，以赴平原之急：皆以取重諸侯，顯名天下。搤掔而遊談者，以四豪稱首。於是背公死黨之議成，守職奉上之義廢矣。

宋・劉壎《隱居通議》卷二五《戰國四君》 孟嘗君之養客數千人，世皆以其能養士而司馬溫公獨不之取，以謂君子之養士，以為民也。夫孟嘗君之養客，世皆以為賢，而溫公獨比之於紂，何哉？蓋謂孟嘗君之養士，非能得天下之賢人而養之也。其所得者，皆出於一時亡命無賴、雞鳴狗吠之徒，蓋其所養非所養故也。當孟嘗君養客數千人，而不能得一孟子，安在其能養士者哉？正猶公孫弘之開東閣，以延天下之賢人，至於賢如汲黯則排之，如董仲舒則逐之。開東閣以延賢，而不能得仲舒、汲黯，則東閣之所延者可知矣。然孟嘗君以賤妾之子，而和靖郭君之嗣者，以其能招賓客而養之，其意蓋欲以此竊齊，其終不能得志者，亦為齊之幸也。

元・方回《古今考》卷四《沛公為碭郡長封武安侯》 周顯王十二年，齊威王封其相騶忌為成侯。呂東萊曰諸侯擅封同姓，見於書傳者，自晉昭侯封成師始。諸侯擅封異姓，見於書傳者，自齊威王封騶忌始。自是而後，秦魏冉封穰侯，范雎封應侯，即漢武帝宰相封侯之例也。又有所謂封君者，或在侯之上，或是在侯之下，與封侯者，或以地名，或以秩名。孟嘗、平原、春申、信陵四公子尤顯。樂毅之昌國，白起之武安，秦之華陽君、涇陽君、安國君，皆封君也。趙武靈王初不自王而稱君，則此其所貴，君之貴在侯之上。

明・周嬰《巵林》卷二《望諸澤天柱山》 《史記》『趙封樂毅於觀津，號曰望諸君』，《索隱》曰『望諸，澤名，在齊。蓋趙有之，故號焉。《戰國策》望作藍也。』又《平陽侯世家》『枉天侯反於衍氏，』《索隱》曰：『杜天侯不知其誰封。衍氏魏邑。《地理志》柱天在廬江潛縣。』非之曰：《周禮》『青州其藪澤曰望諸，』鄭玄曰：『望諸，明都也。在睢陽。』是時應屬魏氏，非趙有也。且望諸，美號耳。既食觀津，何必更以齊藪爲名乎？又《燕策》亦言樂毅奔趙，趙封以爲望諸君，不云藍諸。藍諸者，《巾山策》有之，乃中山之相，非樂毅也。柱天侯亦猶建成侯、奉春君之類，假以徽稱，不必指其食邑。且《漢青・地理志》廬江潛縣天柱山在南，復非柱天也。是時王武反外黃，程處反燕，柱天侯反衍氏，服虔云：『皆漢將。』則漢王所封也。漢元年，廬江屬楚，又安得以楚地封其將軍哉？ 孫云：案小司馬《史記》本作天柱侯，故引

天柱山爲證。方叔據今本駁之，蓋未見單行《索隱》也。

明·董説《七國考》卷一《剛成君》 余按戰國封君有二：一以封地爲號，如秦之華陽、涇陽、新城、陽泉，奢之安平，楚之彭城、襄城，魏之平者、中山之類是也；一特立名號，如秦之剛成、武信，齊之孟嘗，楚之春申，《春申傳》注云：『四君封邑，檢皆不獲，唯平原有地，又非趙境，並蓋號謚，而孟嘗是謚。』然余按孟嘗亦非謚，乃號耳。趙之馬服、信平、武襄、長安之類是也。

清·顧炎武《日知録》卷二二《封君》 七國雖稱王，而其臣不過稱君，孟嘗君、信陵君、春申君是也。秦則有稱侯者，如穰侯、應侯、文信侯，而蔡澤但爲剛成君。

二十等爵分部

綜　述

《商君書·境內》 爵自一級已下至小夫命曰校徒、操、出公。爵自二級已上至不更命曰卒。其戰也，五人來薄爲伍，一人羽而輕其四人，能人得一首則復。

夫勞爵，其縣過三日有不致士大夫勞爵能。五人一屯長，百人一將。其戰，百將屯長不得，斬首得三十三首以上盈論，百將屯長賜爵一級。五百主，短兵五十人，二五百主，將之主，短兵百；千石之令，短兵百人；八百之令，短兵八十人；七百之令，短兵七十人；六百之令，短兵六十人；國封尉，短兵千人；將短兵四千人。戰及死吏，而輕短兵，能一首則優。能攻城圍邑斬首八千已上則盈論，野戰斬首二千則盈論。大將盡賞行間之吏也。

故爵公士也，就爲上造也，就爵上造，就爲簪褭。就爲不更。故爵爲大夫。

爵吏而爲縣尉，則賜虜六加五千六百。爵大夫而爲國治，就爲大夫。故爵大夫，就爲公大夫。就爲公乘。就爲五大夫。則稅邑三百家。故爵五大夫，皆有賜邑三百家，有賜稅三百家。爵五大夫，有稅邑六百家者受客。大將御參皆賜爵三級。

故客卿相論盈就正卿。就爲大庶長就爲左更。故四更也就爲大良造。以戰，故暴首三，乃校三日，將軍以不疑致士大夫勞爵。其縣四尉，訾由丞尉。

賞爵一級，益田一頃，益宅九畝，一除庶子一人，乃得人兵官之吏。其獄法：高爵訾下爵級。

高爵能，無給有爵人隸僕。爵自二級以上有刑罪則貶，爵自一級以下有刑罪則已，小失死。

以上至大夫，其官級一等，其墓樹級一樹。

《荀子·議兵篇》 秦人，其生民也陿阸，其使民也酷烈，劫之以執，隱之以阸，忸之以慶賞，鰌之以刑罰，使天下之民所以要利於上者，非鬭無由也。功賞相長也，五甲首而隸五家，是最爲衆彊長久，多地以正。

《韓非子·定法》 商君之法曰：『斬一首者爵一級，欲爲官者爲五十石之官；斬二首者爵二級，欲爲官者爲百石之官。』官爵之遷與斬首之功相稱也。

《漢書》卷一九上《百官公卿表上》 爵：一級曰公士，二上造，三簪褭，四不更，五大夫，六官大夫，七公大夫，八公乘，九五大夫，十左庶長，十一右庶長，十二左更，十三中更，十四右更，十五少上造，十六大上造十七駟車庶長，十八大庶長，十九關內侯，二十徹侯。皆秦制，以賞功勞。

漢·應劭《漢舊儀》卷下 漢承秦爵二十等，以賜天下。爵者，禄位也。公士，一爵。賜一級爲公士，謂爲國君列士也。

上造，二爵。賜爵二級爲上造，上造乘兵車也。

簪褭，三爵。賜爵三級爲簪褭。

不更，四爵。賜爵四級爲不更，不更主一車四馬。

大夫，五爵。賜五級爲大夫，大夫主一車，屬三十六人。

官大夫，六爵。賜爵六級爲官大夫，官大夫領車馬。

公大夫，七爵。賜爵七級爲公大夫，公大夫領行伍兵。

公乘，八爵。賜爵八級爲公乘，與國君同車。

五大夫，九爵。賜爵九級爲五大夫。以上次年德者。

左庶長，十爵。

右庶長，十一爵。

左更，十二爵。

右更，十三爵。

少上造，十五爵。

大上造，十六爵。

駟車庶長，十七爵。

大庶長，十八爵。

侯，十九爵。

列侯，二十爵。

秦制二十爵。男子賜爵一級以上，有罪以減，年五十六免。無爵爲士伍，年六十乃免者，有罪，穩中有各盡其刑。凡有罪，男髡鉗爲城旦，城旦者，治城也；女爲舂，舂者，治米也，皆作五歲。完四歲，鬼薪三歲。鬼薪者，男當爲祠祀鬼神，伐山之薪蒸也；女爲白粲者，以爲祠祀擇米也，皆作三歲。罪爲司寇，司寇男備守，女爲作，如司寇，皆作二歲。男爲戍罰作，女爲復作，皆一歲到三月。令曰：秦時爵大大以上，令與亢禮。

漢・荀悦《漢紀》卷五《孝惠皇帝紀》 凡爵二十級：一曰公士，二曰上造，三曰簪（褭）、〔裊〕，四曰不更，五曰大夫，六曰官大夫，七曰公大夫，八曰公乘，九曰五大夫，十曰左庶長，十一曰右庶長，十二曰左更，十三曰中更，十四曰右更，十五曰少上造，十六曰大上造，十七曰駟（馬）車庶長，十八曰大庶長，十九曰關内侯。以賞功勞，皆秦制。

《後漢書・百官志五》劉昭注引劉劭《爵制》 商君爲政，備其法品爲十八級，合關内侯、列侯凡二十等，其制因古義。古者天子寄軍政於六卿，居則以戰，警則以戰，所謂入使治之，出使長之，秦信者與衆相得也。故啓伐有扈，乃召六卿，大夫之在軍爲將者也。乃召六卿，大夫之在軍爲將者也。及周之六卿，亦以居軍，在國也則以比長、閭胥、族師、黨正、州長、卿大夫爲稱，其在軍也則以卒伍、司馬、將軍爲號，所以異在國之名也。秦依古制，其在軍賜爵爲等級，其帥人皆更卒也，有功賜爵，則在軍吏之例。自一爵以上至不更四等，皆士也。大夫以上至五大夫等，比大夫也。九等，依九命之義也。自左庶長以上至大庶長，九卿之義也。關内侯者，依古圻内子男之義也。秦也。秦都山西，以關内爲王畿，故曰關内侯也。列侯者，依古列國諸侯之義也。然則大夫士下之品，皆放古，比朝之制而異其名，亦所以殊軍國也。古者以軍戰，兵車一乘，步卒七十二人，分翼左右。車，大夫在左，御者處中，勇士居右，凡七十五人。一爵曰公士者，步卒之有爵爲公士者。二爵曰上造。造，成也。古者成士升於司徒曰造士，雖依此名，皆步卒也。三爵曰簪褭，御駟馬者。要褭，古之名馬也。駕駟者其形似簪，故曰簪褭也。四爵曰不更。不更者，爲車右，不復與凡更卒同也。五爵曰大夫。大夫者，在車左者也。六爵爲官大夫，七爵爲公大夫，八爵爲公乘，九爵爲五大夫，皆軍吏也。吏民爵不得過公乘者，得貰與子若同産。然則公乘者，軍吏之爵最高者也。雖非臨戰，得公卒車，故曰公乘也。十爵爲左庶長，十一爵爲右庶長，十二爵爲左更，十三爵爲中更，十四爵爲右更，十五爵爲少上造，十六爵爲大上造，十七爵爲駟車庶長，十八爵爲大庶長，十九爵爲並内侯，二十爵爲列侯。自左庶長已上至大庶長，皆卿大夫，皆軍將也。所將皆庶人，更卒也，故以庶更爲名。大庶長即大將軍也，左右庶長即左右偏裨將軍也。

公士

《睡虎地秦墓竹簡・秦律十八種・司空》 公士以下居贖刑罪、死罪者，居於城旦舂，毋赤其衣，勿枸櫝欙杕。

又 《秦律雜抄》 有爲故秦人出，削籍，上造以上爲鬼薪，公士以下刑爲城旦。

又 《法律答問》 内公孫毋（無）爵者當贖刑，得比公士贖耐不得？得比焉。

又 《封診式》 □□某爰書：某里士五（伍）甲、公士鄭才（在）某里曰丙共詣斬首一。

上造

《睡虎地秦墓竹簡・秦律十八種・傳食律》 上造以下到官佐、史毋（無）爵者，及卜、史、司御、寺、府，□（糲）米一斗，有採（菜）羹，鹽廿二分升二。

又　**《秦律雜抄》**　有興，除守嗇夫、叚（假）佐居守者，上造以上不從令，貲二甲。【略】有爲故秦人出，削籍，上造以上爲鬼薪，公士以下刑爲城旦。

又　**《法律答問》**　上造甲盜一羊，獄未斷，誣人曰盜一猪，論可（何）殹（也）？當完城旦。【略】可（何）謂『贖宮』？臣邦真戎君長，爵當上造以上，有罪當贖者，其爲羣盜，令贖鬼薪鋈足；其有府（腐）罪，【贖】官。其它罪比羣盜者亦如此。

不更

《左傳・成公十三年》　五月丁亥，晉師以諸侯之師及秦師戰於麻隧。秦師敗績，獲秦成差及不更女父。

《睡虎地秦墓竹簡・秦律十八種・傳食律》　不更以下到謀人，粺米一斗，醬半升，採（菜）羹，芻稾各半石。宦奄如不更。

大夫

《睡虎地秦墓竹簡・秦律雜抄》　故大夫斬首者，遷（遷）。

《史記》卷四〇《楚世家》　二十七年，秦大夫有私與楚太子鬭，楚太子殺之而亡歸。

官大夫

《呂氏春秋・當賞》　獻公爲然，故復右主然之罪，而賜菌改官大夫。

《睡虎地秦墓竹簡・秦律十八種・傳食律》　其有爵者，自官士大夫以上，爵食之。使者之從者，食□（糲）米半斗；僕，少半斗。

公大夫

《漢書》卷一下《高帝紀下》　異日秦民爵公大夫以上，令丞與亢禮。

公乘

《漢書》卷一下《高帝紀下》　七大夫、公乘以上，皆高爵也。

五大夫

《呂氏春秋・論無義》　公孫竭與君之事，而反告之樗里相國，以仕秦五大夫，功非不大也。然而不得入三都，又況乎無此有功而有行乎？

《睡虎地秦墓竹簡・封診式・黥妾》　黥妾　爰書：某里公士甲縛詣大女子丙，告曰：『某里五大夫乙家吏。丙，乙妾殹（也）。乙使甲曰：丙悍，謁黥劓丙。』訊丙，辭曰：『乙妾殹（也），毋（無）它坐。』丞某告某鄉主：某里五大夫乙家吏甲詣乙妾丙，曰：『乙令甲謁黥劓丙。』其問如言不然？定名事里，所坐論云可（何），或覆問毋（無）有，以書言。

漢・劉向《列女傳》卷四《節義・魏節乳母》　秦王聞之，貴其守忠死羌，乃以卿禮葬之，祠以大牢，寵其兄為五大夫，賜金是鎰。

左庶長

《史記》卷五《秦本紀》　卒用鞅法，百姓苦之；居三年，百姓便之。乃拜鞅爲左庶長。

又　**卷一五《六國年表》**　（秦厲共公二十六年）左庶長城南鄭。

又　**卷六八《商君列傳》**　孝公既用衛鞅，鞅欲變法，恐天下議已。【略】以衛鞅爲左庶長，卒定變法之令。

又　**卷七三《白起王翦列傳》**　昭王十三年，而白起爲左庶長，將而擊韓之新城。【略】四十七年，秦使左庶長王齕攻韓，取上黨。

右庶長

《戰國秦封宗邑瓦書》　火良造庶長游出命曰：『取杜才（在）酆邱到於潏水，改為右庶長歜宗邑。』

右更

《史記》卷七一《樗里子甘茂列傳》　秦惠王八年，爵樗里子右更，使將而伐曲沃，盡出其人，取其城，地入秦。

中更

《史記》卷五《秦本紀》 三十八年，中更胡陽攻趙閼與，不能取。

左更

《史記》卷五《秦本紀》 十三年，向壽伐韓，取武始。左更白起攻新城。

【略】十六年，左更錯取軹及鄧。

大良造

《殷周金文集成》10372 十八年，【略】冬十二乙酉，大良造鞅爰積十六尊五公尊壹爲升。

又 11279 十三年，大良造鞅之造戟。

又 11911 十六年，大良造庶長鞅之造雍。

《近出殷周金文集録》1249 十九年，大良造友庶長鞅之造殳。

《戰國策・東周策・石行秦謂大梁造》 石行秦謂大梁造曰：『欲決霸王之名，不如備兩周辯知之士。』

《史記》卷五《秦本紀》 十年，衛鞅爲大良造，將兵圍魏安邑，降之。【略】五年，陰晉人犀首爲大良造。【略】十五年，大良造白起攻魏，取垣復予之。攻楚，取宛。

又 卷六八《商君列傳》 於是以鞅爲大良造。將兵圍魏安邑，降之。

又 卷七三《白起王翦列傳》 明年，白起爲大良造。攻魏，拔之，取城小大六十一。

大庶長

《史記》卷五《秦本紀》 寧公卒，大庶長弗忌、威壘、三父廢太子而立出子爲君。

庶長

《左傳・襄公十一年》 秦庶長鮑、庶長武帥師伐晉以救鄭。

《史記》卷五《秦本紀》 懷公四年，庶長鼂與大臣圍懷公，懷公自殺。【略】出子二年，庶長改迎靈公之子獻公於河西而立之。【略】七年，樂池相秦。韓、趙、魏、燕、齊帥匈奴共攻秦。秦使庶長疾與戰修魚，虜其將申差，敗趙公子渴、韓太子奂，斬首八萬二千。【略】十二年，王與梁王會臨晉。庶長疾攻趙，虜趙將莊張儀相楚。十三年，庶長章擊楚於丹陽，虜其將屈匄，斬首八萬。【略】楚圍雍氏，秦使庶長疾助韓而東攻齊，到滿助魏攻燕。【略】其秋，使甘茂、庶長封伐宜陽。【略】二年，彗星見。庶長壯與大臣、諸侯、公子爲逆，皆誅，及惠文后皆不得良死。【略】六年，蜀侯煇反，司馬錯定蜀。庶長奂伐楚，斬首二萬。

又 卷一五《六國年表》（秦厲共公十年）庶長將兵拔魏城。【略】

（秦惠文王七年）義渠内亂，庶長操將兵定之。

又 卷四三《趙世家》 三年，秦獻公使庶長國伐魏少梁，虜其太子、痤。

《後漢書》卷八七《西羌傳》 後四年，義渠國亂，秦惠王遣庶長操將兵定之，義渠遂臣於秦。

晉・常璩《華陽國志》卷三《蜀志》 六年，陳壯反，殺蜀侯通國。秦遣庶長甘茂、張儀、司馬錯復伐蜀，誅陳壯。

徹侯

《史記》卷五《秦本紀》 二十二年，衛鞅擊魏，虜魏公子卬。封鞅爲列侯，號商君。

論說

宋・林之奇《拙齋文集》卷十二《有功者各以率受上爵》 商鞅可謂能誘民於征戰者矣。民有軍功者，各以率受上爵；為私鬭者，各以輕重被刑。至使秦民强戰者必賞，私鬭者必戮，以重賞而誘之，以重刑而懲之，民安得而不趨於戰哉？此民之所以小大僇力，無足疑者。然鞅之既變秦法，興兵肆伐，無不如意，是以不數十年間，並六國而有天下。

宋·程公說《春秋分記》卷四四《職官書》 成十三年《傳》『復秦成差及不更女父』，杜預注：不更，秦爵。孔穎達曰：秦之官爵有此不更名。知女父是人之名字，不更是官爵之號。《漢書》稱商君為法於秦，戰斬一首者賜爵一級。其爵名一為公士，二上造，三簪裹，四不更五大夫，六公大夫，七官大夫，八公乘，九五大夫，十左庶長，十一右庶長，十二左更，十三中更，十四右更，十五少上造，十六大上造，十七駟車庶長，十八大車庶長，十九關內，二十徹侯。商君蓋相孝公。按《傳》，此年有不更女父，襄十一年有庶長鮑，庶長武是春秋世已有此名，後世以漸增之，至商居定為二十，非商君盡新作也。名之義難得而知，秦近夷官，制與中國殊。

宋·魏了翁《春秋左傳要義》卷二八《秦爵二十級春秋時已有》 秦之官爵有此不更之名，知女父是人之名字，不更是官爵之號。《漢書》稱商君為法於秦，戰斬一首者賜爵一級。其爵名一為公士，二上造，三簪裹，四不更，五大夫，六公大夫，七官大春，八公乘，九五大夫，十左庶長，十一右庶長，十二左更，十三中更，十四右更，十五少上造，十六大上造，十七駟車庶長，十八大車庶長，十九關內侯，二十徹侯。商君者，商鞅也。秦孝公之相，封於商，號為商君。案《傳》，此有不更女父，襄十一年有庶長鮑、庶長武，春秋之世，已有此名，蓋後世以漸增之，商君定為二十，非是商君盡新作也。其名之義難得而知。

元·方回《續古今考》卷一二《賜民爵》 臣瓚曰：『爵者，祿位。民賜爵，有罪得以減也。』按《漢書》，商鞅為法，戰斬一首，賜爵一級。欲為官曰五十石，故名曰爵級，又曰首級。今考《史記·秦記》，自孝公以前，未見秦爵之名。孝公三年，衛鞅說孝公變法；居三年，拜鞅為左庶長；十年，為大良造；二十二年，封列侯，號商君。考《商君傳》同，蓋相秦十年，其初見後三年而得左庶長，則秦之爵名，恐商君前已有之。戰士斬一首，賜爵一級，自商君始耳。《白起傳》長平之戰，秦王自之河內，賜民爵各一級，發年十五已上，悉詣長平。此河內郡民賜民爵之始也。《始皇本紀》呂不韋之死，秦人六百石以上奪爵，遷；五百石以下不臨，遷，勿奪爵。此賜爵而奪爵之可見者也。

明·董說《七國考》卷一《庶長》 《史記》：『惠文王更元七年，韓、趙、魏、燕、齊帥匈奴共攻秦，秦使庶長疾與戰修魚，虜其將申差。』余按：秦爵二十等，有左庶長，右庶長。此庶長當別是一官，如有五大夫、官大夫，又有大夫也。《左傳》：『秦庶是鮑、庶是武帥伐晉以救鄭。』又《亢倉子》：『秦景主將眎強兵於天下，使庶長武帥師侵晉。』余按：春秋時有秦景公，即景主也。蓋秦在春秋時即有庶長之官。

清·毛奇齡《春秋毛氏傳》卷二三 不更女父，是為秦不更之官，而名女父者。《漢書》稱商君為法於秦，戰斬一首，賜爵一級，其爵級凡二十，中有不更、左庶長、右庶長諸名。此《傳》有不更，而襄十一年《傳》又有庶長鮑、庶長武，則必春秋時，秦先有此官，而後漸增之，以至二十，非盡商君新立名也。唐啖助、趙匡所此疑左氏秦人，在戰國之後，故有此官，而陋儒遂謂其《傳》為漢所造。夫左氏即秦人，後於商君，然豈不知爵級二十為商君所定，而反以其名強入之魯成襄、秦桓景之間，以自取敗漏？是□兒也。且諸官實不自商君始也。《史記》秦懷公四年，庶長鼂與大臣圍懷公，懷公自殺。又出子二年，庶長改迎靈公之子獻公子河西。此皆在春秋之末，秦孝公用商君前者。即商君初說孝公，孝公拜為左庶長，是商君未立法前，且身為其官矣。即商君誅後，毀其所立法，而庶長疾戰修魚，庶長章擊楚，諸名仍存，未嘗以毀法而去之也。啖、趙本無學而陋者，又從而和之。夫爵級中有大夫名矣，將母大夫亦秦末官乎？

清·張尚瑗《三傳折諸》卷一五《秦庶長鮑庶長武帥師伐晉以救鄭》 先儒以此篇所稱庶長，及僖五年宮之奇曰『虞不臘矣』，襄二十二年子產見於嘗酎之語，疑左氏戰國時人。按：秦官之有庶長，猶楚之有令尹，宋有司城，列國自為爵號不遵周制，春秋時固然，無足怪。臘之為秦制，而見之於虞，酎之為漢制，而見之於鄭，誠考古者所宜討論耳。秦制，爵二十等，從二十至一，一為最下，十一右庶長，十左庶長，言為衆列之長。

清·俞正燮《癸巳類稿》卷一一《關內侯說》 《漢書·百官表》云：商君爲法於秦，戰斬一首，賜爵一級，欲爲官者二千石，其爵名『十九級關內侯，二十級列侯』。案秦漢之際，其制因非革即班固亦不詳知之，謂列侯制，通於天子，專生殺，關內侯不立國而食邑。《風俗通》言：『秦時，六國未平，將帥皆家關中，故稱關內侯。』《續漢志》注引魏劉劭官爵制言：『關內侯者，依古圻內子男之制也。秦都山西，以關內爲王圻，故曰關內侯也。』又引晉荀綽《晉百官表》注言：『秦時六國未平，將帥皆家關中，故以為號。』

《漢書・高后紀》注如淳言：『列侯出關就國，關内但爵耳。其有加惠者，與之關内邑，食其租稅。』此四説，於秦漢制皆不全。

《秦本紀》云：昭襄王四十二年九月，『穰侯出之陶』。陶本在函谷東。《穰侯列傳》云：『免相國，令涇陽之屬皆出關，就封邑。』涇陽封宛，高陵封鄧，爲侯邑，即不在崤函關内。當商君時，六國未平，列侯亦不能出崤函，何獨關内侯以崤函生義？列侯在秦，爲二十級之賜爵，乃虚封，不得爲實封立國。漢則徹侯爲諸侯，其列侯亦二十級之爵，關内侯食邑，亦不在崤函之西。是朝廷所行，與儒史所説不相蒙。案《管子・大匡篇》云：『魯去國五十里而爲之關，魯請比於關内以從於齊。』《小匡》云：『魯執玉經見，請爲關内之侯，而桓公不使也。刑執玉以見，請爲關内之侯，而桓公不使也。』《墨子・號令》云：『城將勝圍，城周里以上，封三十里地爲關内侯。』《呂氏春秋・貴信篇》云：『去魯五十里而封之，魯請比關内侯』，《韓非子・顯學篇》云：『敵國之君，吾弗入貢，而臣關内之侯，吾將執禽而朝。』《魏策》云：『爲寶屨謂王曰：「王不若與寶屨關内侯，而令之趙。」』蓋戰國時，大臣實封稱君，如孟嘗、昌國、安陵、龍陽、平原、信陵等，皆通名關内侯，故商君因其名。所謂關者，凡國皆有關。《燕策》蒙嘉云：『願舉國爲内臣，比諸侯之列，給貢賦，比郡縣。』是魯比關内侯之義，其地固不能遷也。《荀子・彊國篇》云：『秦聽咸陽，則兵不復出於塞外，而令行天下，雖爲築明堂於塞外，朝諸侯可矣。』所謂塞者，各國俱有邊塞，與言關同，非定崤函始謂關也。《秦策》云：『襟以山東之險，帶以河曲之利，韓必爲關中之侯。』以十萬戍鄭，梁氏寒心，許鄢陵嬰城，上蔡、召陵不相往來，而魏亦關内侯矣。王一善楚，而關内二萬乘之主』。覽此數文，知關是封彊之界。説者不深思以齊無崤函，《管子》文後人所孱，韓魏地終在關外，解《秦策》，謂是關内侯吏。信注多曲説也。

清・孫詒讓《墨子間詁》卷一五《號令》 《漢書・百官表》『秦爵：九，五大夫』顔注云：『大夫之尊也。』《呂氏春秋・真諫篇》，荆文王時的五大夫。《戰國策》趙、魏、楚策亦並有之，則非秦制也。

清・閻鎮珩《六典通考》卷二〇《爵命考》 秦制，爵二十等，以賞功勞。賜爵一級爲公士，謂爲國君列士也。有爵命，異於士卒。賜爵二級爲上造，上造乘兵車也。賜爵三級爲簪褭。經組帶馬曰褭簪褭者，言飾此馬。賜爵四級爲不更，不更主一車兩馬。賜爵五級爲大夫，大夫主一軍，屬三十六人。賜爵六級爲官大夫，官大夫領軍馬。賜爵七級爲公大夫，公大夫領行伍兵。加官，公者，未稱尊也。賜爵八級爲公乘，與國君同車。言得乘公家之車也。賜爵九級爲五大夫。左庶長十爵。右庶長十一爵。言爲衆列之長。左更十二爵。中更十三爵。右更十四爵。主領更卒，部其役使。少上造十五爵。大夫上造十六爵。駟馬庶長十七爵。乘駟馬之車，爲庶長。大庶長十八爵。侯十九爵。當作關内侯。列侯二十爵。劉邵曰：《春秋傳》有庶長鮑。商君爲政，備其法品爲十八級，合關内、列侯，凡二十等。其制因古義。古者天子寄軍政於六卿，居則以田，警則以戰，所謂人治之，出使長之也。故啟伐有扈，乃召六卿，大夫之在軍爲將者也。及周之六卿，亦以居軍。其在國也，則以比長、閭胥、族師、黨正、州長、卿大夫爲稱；其在軍也，則以卒伍、司馬、將軍為號。秦依古制，其在軍賜爵爲等級，其帥人皆更卒也。有功賜爵，則在軍吏之例。自列爵以上至不更四等，皆士也。大夫至五大夫五等，皆大夫也。九等依九命之義也。自左庶長至大庶長，九卿之義也。關内侯者，依古圻内子男之義也。秦都山西，以關内爲王畿，故曰關内侯也。列侯者，依古列國諸侯之義也。然則卿大夫士下之品，皆放古比朝之制而民其名，亦所以殊國君也。古者以車戰，兵車一乘，步卒七十二人，分異左右。車大夫任左，御者外中，勇士居右，凡七十五人。一爵曰公士者，步卒之有爵爲公士者。二爵曰上造，造，成也。古者成士，升於司徒，曰造士。雖依此名，皆步卒也。三爵曰簪褭，御駟馬者。要褭，古之名馬也。駕駟馬者其形似簪，故曰簪褭也。四爵曰不更，不更者，爲車右，不復與凡更卒同也。五爵曰大夫，大夫在車左者也。六爵宮大夫，七爵公大夫，八爵公乘，九爵五大夫，皆軍吏也。吏民爵，不得過公乘者，得貰與子若同產，然則公乘者，軍吏爵之最高者也。雖非臨陣，得公卒車，故曰公乘也。自左庶長以上至大庶長，皆卿大夫，皆軍將也。所將皆庶人更卒也，故以庶爲名。大庶長節大將軍也，左右庶長即左右偏裨將軍也。

論曰：古者爵人於朝，與衆共之，故慶賞之行，必在宗廟之中，示不敢自私也。自商鞅變法，伸公戰，抑私國，懸爵二十等，以激勸天下武勇之士，士非有軍功論，不得爲屬籍。於是百姓翕然嚮風，秦以富強，而六國憚其威。然而爵賞之濫，實自鞅始。當秦師之圍長平也；昭王自之河内，賜民爵各

一級，發年十五以上悉詣軍所。自是而後，有馳道之治則賜爵，有遷徙之役則賜爵，下至宦者，有斬級之功亦賜爵。原商君之意，以爲爵不尊，賞不優，則民不勸，故行之十有餘年，民皆奮迅以赴戰陣者，貪其利之重也。而及其既敝，則爵不擇人，流品淆雜，傭販徒隸之賤，皆得齒於搢紳士大夫之列，而禮義之俗泯然矣。漢衛宏曰：『秦制爵等，生以爲祿位死以爲謚號。』蓋是時內自鄉輔，外達守宰，莫不起於將卒之吏。人情擾擾，不見德義，唯勝敵之是求，唯詐力之欲聞。卒也一夫大呼，四方響應，殺守劫令，攘臂群起。其向時操戟荷戈之徒，果安所用也耶？趙高以宦者而殺逆，章邯以貴帥而請降，王離以宿將而被虜。其他賈豎，通謀受金，陰爲反間，疑幟一張，望風納款，至於符組係頸，軹道乞哀，曾不聞有一人一吏，仗節而死義者。故曰：國以此始，必以此終。唐安史之變，武臣悍卒徧列方鎮，數傳以後，驕佚難制，五代因之，篡弑滋起，至於三光滅絕，父子殘夷，其事亦可悲矣。嗟夫！人主以武功定天下，而不知修文德以守之，雖有高爵厚祿，不足以得忠賢之臣，適以自速其亂而已矣。秦、隋五季之事是也。

公文制度部

公文類型分部

綜述

典

《尚書・堯典》　慎徽五典，五典克從。

又　《皋陶謨》　天敘有典，勑我五典五惇哉！

又　《多士》　惟爾知，惟殷先人，有册有典。

《周禮・天官・太宰》　大宰之職，掌建邦之六典，以佐王治邦國：一曰治典，以經邦國，以治官府，以紀萬民；二曰教典，以安邦國，以教官府，以擾萬民；三曰禮典，以和邦國，以統百官，以諧萬民；四曰政典，以平邦國，以正百官，以均萬民；五曰刑典，以詰邦國，以刑百官，以糾萬民；六曰事典，以富邦國，以任百官，以生萬民。

又　《春官・大史》　大史掌建邦之六典，以逆邦國之治。

又　《秋官・大司寇》　大司寇之職，掌建邦之三典，以佐王刑邦國，詰四方。一曰刑新國用輕典，二曰刑平國用中典，三曰刑亂國用重典。

《左傳・文公六年》　宣子於是乎始爲國政。制事典，正法罪，辟獄刑，董逋逃，由質要，治舊洿，本秩禮，續常職，出滯淹。【略】古之王者，知命之不長，是以並建聖哲，樹之風聲，分之採物，著之話言，爲之律度，陳之藝極，引之表儀。予之法制，告之訓典。晉杜預注：訓典，先王之書。

又　《宣公十二年》　蔿敖爲宰，擇楚國之令典。

又　《成公二年》　余雖欲於鞏伯。其敢廢舊典以忝叔父？

又　《襄公十一年》　夫賞，國之典也，藏在盟府，不可廢也。

又　《定公四年》　分之土田陪敦，祝、宗、卜、史，備物、典策，官司、彝器。

又　《哀公十一年》　且子季孫若欲行而法，則周公之典在。若欲苟而行，又何訪焉？

《國語》卷一《周語上》　昔我先王世后稷，以服事虞、夏。及夏之衰也，棄稷不務，我先王不窋用失其官，而自竄於戎、狄之閒，不敢怠業，時序其德，纂修其緒，修其訓典，朝夕恪勤，守以敦篤，奉以忠信，奕世載德，不忝前人。

又　卷一四《晉語八》　及爲成師，居太傅，端刑法，緝訓典，國無姦隙，是以受郇、櫟。

又　卷一七《楚語上》　教之訓典，使知族類，行比義焉。三國吳韋昭注：訓典，五帝之書。【略】其《祭典》有之曰：國君有牛享，大夫有羊饋，士有豚犬之奠，庶人有魚炙之薦，籩豆、脯醢則上下共之。不羞珍異，不陳庶侈。夫子不以其私欲干國之典。

又　卷一八《楚語下》　又有左史倚相，能道訓典，以敘百物。

僞《古文尚書・君牙》　王若曰：『君牙，乃惟由先正舊典時式，民之治亂在茲。乃祖考之攸行，昭乃辟之有乂。』

謨

僞《古文尚書・大禹謨序》　皋陶矢厥謨，禹成厥功，帝舜申之。作《大禹》、《皋陶謨》、《益稷》。

訓

《尚書・顧命》　在後之侗，敬迓天威，嗣守文武大訓，無敢昏逾。

《詩經・大雅・烝民》　古訓是式，威儀是力。漢鄭玄箋：故訓，先王之遺典也。

《國語》卷二《周語中》　女今我王室之一二兄弟，以時相見，將和協典禮，以示民訓則。

又　卷三《周語下》　若啓先王之遺訓，省其典圖刑法，而觀其廢興者，皆可知也。

誓

《周禮・春官・太宰》　祀五帝，則掌百官之誓戒，與其具脩。

又　《秋官・士師》　一曰誓，用之於軍旅。漢鄭玄注：誓誥於《書》，則《甘誓》、《湯誓》、《大誥》、《康誥》之屬。

《左傳・文公十八年》　作誓命曰：「毁則爲賊，掩賊爲藏。竊賄爲盜，盜器爲姦。主藏之名，賴姦之用，爲大凶德，有常無赦。在《九刑》不忘！」

《國語》卷　《晉語三》　夫韓之誓曰：失次犯令，死；將止不面夷，死；僞言誤衆，死。

《墨子・號令》　凡有司不使去卒、吏民聞誓令，代之服罪。

漢・劉安《淮南子・氾論訓》　殷人誓。

《三國志》卷四七《吴志・吴主傳》　且古建大事，必先盟誓，故《周禮》有司盟之官，《尚書》有告誓之文。

誥

《尚書・洛誥》　王命周公後，作册逸誥。

《周禮・春官・大祝》　三曰誥。漢鄭衆注：誥，謂《康誥》、《盤庚之誥》之屬也。盤庚將遷於殷，誥其世臣卿大夫，道其先祖之善功，故曰以通上下親疏遠近。

又　《秋官・士師》　二曰誥，用之於會同。

命

《殷周金文集成釋文》2815　史留受王命書。

又　2827　尹氏受王命書。

《尚書・顧命》　兹既受命還，出綴衣於庭。

《儀禮・覲禮》　諸公奉篋服，加命書於其上，升自西階，東面，大史是右。

《周禮・天官・小宰》　五曰聽禄位以禮命。

又　《春官・大祝》　二曰命。

又　《内史》　内史掌書王命，遂貳之。

又　《御史》　掌贊書。漢鄭玄注：王有命，當以書致之，則贊爲辭，若今尚書作詔文。

《左傳・昭公四年》　其子蔡仲，改行帥德，周公舉之，以爲己卿士，見諸王，而命之以蔡。其命書云：「王曰：胡！無若爾考之違王命也！」

《睡虎地秦墓竹簡・秦律雜抄》　爲（僞）聽命書，法（廢）弗行，耐爲侯（候）；不辟（避）席立，貲二甲，法（廢）。【略】非歲紅（功）及毋（無）命書，敢爲它器，工師及丞貲各二甲。

又　《爲吏之道》　命書時會，事不且須。

南朝梁・劉勰《文心雕龍・詔策》　皇帝御寓，其言也神。淵嘿黼扆，而響盈四表，唯詔策乎！昔軒轅唐虞，同稱爲命。命之爲義，制性之本也。其在三代，事兼誥誓。誓以訓戎，誥以敷政，命喻自天，故授官錫胤。《易》之姤象，后以施命誥四方。誥命動民，若天下之有風矣。降及七國，並稱曰令。令者，使也。

令

《周禮・天官・職内》　凡受財者，受其貳令而書之。漢鄭玄注：貳令者，謂若今御史所寫下本奏，王所可者。書之，若言某月某日某甲，詔書出某物若干，給某

官某事。

又 《女史》 女史掌王后之禮職，掌內治之貳，以詔后治內政。書內令。

又 《地官・鄉大夫》 以旌節輔令，則達之。唐賈公彦疏：國有大事，故恐有姦寇，故使民徵令出入來往，皆須得旌節，輔此徵令文書，乃得通達使過。

又 《春官・外史》 外史掌書外令，掌四方之志，掌三皇五帝之書，掌達書名於四方。若以書使於四方，則書其令。

《國語》卷一《周語上》 有威讓之令。

又 卷一七《楚語上》 教之令，使訪物官。三國吳韋昭注：令，謂先王之官法、時令也。

漢・劉安《淮南子・氾論訓》 昔者，神農無制令而民從，唐虞有制令而無刑罰。

南朝梁・劉勰《文心雕龍・書記》 令者，命也。出命申禁，有若自天，管仲下命如流水，使民從也。

檄

《史記》卷七〇《張儀列傳》 張儀既相秦，爲文檄告楚相曰：『始吾從若飲，我不盜而璧，若笞我。若善守汝國，我顧且盜而城！』

南朝梁・劉勰《文心雕龍・檄移》 震雷始於曜電，出師先乎威聲。故觀電而懼雷壯，聽聲而懼兵威。兵先乎聲，其來已久。昔有虞始戒於國，夏后初誓於軍，殷誓軍門之外，周將交刃而誓之。故知帝世戒兵，三王誓師，宣訓我衆，未及敵人也。至周穆西征，祭公謀父稱古有威讓之令，令有文告之辭，即檄之本源也。及春秋征伐，自諸侯出，懼敵弗服，故兵出須名，振此威風，暴彼昏亂。劉獻公之所謂告之以文辭，董之以武師者也。齊桓征楚，詰苞茅之闕。晉厲伐秦，責箕郜之焚。管仲呂相，奉辭先路，詳其意義，即今之檄文。暨乎戰國，始稱爲檄。檄者，皦也。宣露於外，皦然明白也。張儀檄楚，書以尺二，明白之文，或稱露布，播諸視聽也。

祝

《尚書・金縢》 史乃册祝曰：『惟爾元孫某，遘厲虐疾。若爾三王，是有丕子之責於天，以旦代某之身。予仁若考能，多材多藝，能事鬼神。乃元孫不若旦多材多藝，不能事鬼神。乃命於帝庭，敷佑四方。用能定爾子孫於下地，四方之民，罔不祗畏。嗚呼！無墜天之降寶命，我先王亦永有依歸。今我即命於元龜，爾之許我，我其以璧與珪歸俟爾命。爾不許我，我乃屏璧與珪。』

《周禮・春官・大祝》 大祝掌六祝之辭，以事鬼神示，祈福祥，求永貞。一曰順祝，二曰年祝，三曰吉祝，四曰化祝，五曰瑞祝，六曰筴祝。

南朝梁・劉勰《文心雕龍・祝盟》 天地定位，祀徧群神。六宗既禋，三望咸秩，甘雨和風，是生黍稷，兆民所仰，美報興焉。犧盛惟馨，本於明德，祝史陳信，資乎文辭。昔伊耆始蜡，以祭八神。其辭云：土反其宅，水歸其壑，昆蟲無作，草木歸其澤。則上皇祝文，爰在茲矣。舜之祠田云：荷此長耜，耕彼南畝，四海俱有。利民之志，頗形於言矣。至於商履，聖敬日躋，玄牡告天，以萬方罪己，即郊禋之詞也；素車禱旱，以六事責躬，則雩禜之文也。及周之大祝，掌六祝之辭，是以庶物咸生，陳於天地之郊；旁作穆穆，唱於迎日之拜；夙興夜處，言於祔廟之祝；多福無疆，布於少牢之饋；宜社類禡，莫不有文。所以寅虔於神祇，嚴恭於宗廟也。春秋已下，黷祀諂祭，祝幣史辭，靡神不至。至於張老成室，致善於歌哭之禱；蒯聵臨戰，獲佑於筋骨之請；雖造次顛沛，必於祝矣。若夫《楚辭・招魂》，可謂祝辭之組纚也。

册

《殷周金文集成釋文》2827 頌拜稽首，受命册，佩以出，返入覲璋。

《尚書・金縢》 公歸，乃納册於金縢之匱中。王翼日乃瘳。

又 《洛誥》 王命作册，逸祝册，惟告周公其後。

又 《多士》 惟爾知，惟殷先人，有册有典。

又 《顧命》 太史秉書，由賓階隮，御王册命。漢鄭玄注：太史東面於殯西南而讀策書，以命王嗣位之事。

《周禮・春官・內史》 凡命諸侯及孤卿大夫，則策命之。

《左傳・昭公三年》 夏，四月，鄭伯如晉，公孫段相，甚敬而卑，禮無違者。晉侯嘉焉，授之以策曰：『子豐有勞於晉國，余聞而弗忘。賜女州田，

以胙乃舊勳。』伯石再拜稽首，受策以出。

上書

《左傳・昭公五年》 初作中軍，三分公室而各有其一。季氏盡征之，叔孫氏臣其子弟，孟氏取其半焉。及其舍之也，四分公室，季氏擇二，二子各一，皆盡征之，而貢於公。以書使杜洩告於殯，曰：『子固欲毀中軍，既毀之矣，故告。』杜洩曰：『夫子唯不欲毀也，故盟諸僖閎，詛諸五父之衢。』受其書而投之，帥士而哭之。

《戰國策・齊策一・鄒忌修八尺有餘》 上書諫寡人者，受中賞。

又《趙策一・趙收天下且以伐齊》 蘇秦爲齊上書説趙王。

南朝梁・劉勰《文心雕龍・章表》 夫設官分職，高卑聯事。天子垂珠以聽，諸侯鳴玉以朝。敷奏以言，明試以功。故堯咨四岳，舜命八元，固辭再讓之請，俞往欽哉之授，並陳辭帝庭，匪假書翰。然則敷奏以言，則章表之義也；明試以功，即授爵之典也。至太甲既立，伊尹書誡。思庸歸亳，又作書以讚。文翰獻替，事斯見矣。周監二代，文理彌盛，再拜稽首，對揚休命，承文受册，敢當丕顯，雖言筆未分，而陳謝可見。降及七國，未變古式，言事於主，皆稱上書。

書

《詩經・小雅・出車》 豈不懷歸？畏此簡書。漢毛萇注：簡書，戒命也。鄰國有急，以簡書相告，則奔命救之。

《儀禮・聘禮》 宰執書，告備具於君，授使者。使者受書，授上介。

《周禮・春官・内史》 凡四方之事書，内史讀之。

《左傳・文公十七年》 鄭子家使執訊而與之書，以告趙宣子。

又《成公七年》 巫臣自晋遺二子書，曰：『爾以讒慝貪惏事君，而多殺不辜，余必使爾罷於奔命以死！』

又《昭公四年》 書在公府而弗以，是廢三官也。

又《昭公六年》 叔向使詒子産書曰：『始吾有虞於子，今則已矣。昔先王議事以制，不爲刑辟，懼民之有争心也。』

又《哀公十一年》 公使大史固歸國子之元，寘之新篋，褽之以玄纁，加組帶焉。寘書於其上曰：『天若不識不衷，何以使下國？』

《睡虎地秦墓竹簡・法律答問》 『有投書，勿發，見輒燔之；能捕者購臣妾二人，毄（繫）投書者鞫審潚之』所謂者，見書而投者不得，燔書，勿發；投者［得］，書不燔，鞫審潚之之謂殹（也）。

南朝梁・劉勰《文心雕龍・書記》 大舜云：書用識哉！所以記時事也。蓋聖賢言辭，總爲之書，書之爲體，主言者也。揚雄曰：言，心聲也；書，心畫也。聲畫形，君子小人見矣。故書者，舒也。舒布其言，陳之簡牘，取象於夬，貴在明决而已。三代政暇，文翰頗疎。春秋聘繁，書介彌盛：繞朝贈士會以策，子家與趙宣以書，巫臣之遺子反，子産之諫范宣，詳觀四書，辭若對面。又子服敬叔進弔書於滕君，固知行人挈辭，多被翰墨矣。

盟

《周禮・春官・詛祝》 詛祝掌盟、詛、類、造、攻、説、禬、禜之祝號。作盟詛之載辭，以叙國之信用，以質邦國之劑信。漢鄭玄注：載辭，爲辭而載之於策，坎，用牲，加書於其上也。

又《秋官・大司寇》 凡邦之大盟約，涖其盟書，而登之於天府。

又《司盟》 司盟掌盟載之灋。凡邦國有疑會同，則掌其盟約之載及其禮儀。北面詔明神。既盟，則貳之。

《左傳・僖公二十五年》 宵，坎血加書，僞與子儀、子邊盟者。晋杜預注：掘地爲坎，以理盟之餘血，加盟書其上。

又《僖公二十六年》 恃先王之命，昔周公、大公股肱周室，夾輔成王。成王勞之而賜之盟，曰：『世世子孫，無相害也！』載在盟府，大師職之。晋杜預注：載，載書也。

又《襄公九年》 晋士莊子爲載書，曰：『自今日既盟之後，鄭國而不唯晋命是聽，而或有異志者，有如此盟。』晋杜預注：載書，盟書。

又《襄公十年》 子孔當國，爲載書，以位序，聽政辟。大夫、諸司、門子弗順，將誅之。子産止之，請爲之焚書。子孔不可，曰：『爲書以定國，衆怒而焚之，是衆爲政也，國不亦難乎？』子産曰：『衆怒難犯，專欲難成，合二難以安國，危之道也。不如焚書以安衆。子得所欲，衆亦得安，不亦可乎？專欲無成，犯衆興禍，子必從之！』乃焚書於倉門之外，衆而後定。

又《襄公十一年》 秋，七月，同盟於亳。范宣子曰：『不慎，必失諸侯。諸侯道敝而無成，能無貳乎？』乃盟。載書曰：『凡我同盟，毋蘊年。毋壅利，毋保姦，毋留慝，救災患，恤禍亂，同好惡，奬王室。或間茲命，司慎、司盟，名山，名川，羣神、羣祀，先王、先公，七姓十二國之祖，明神殛之。俾失其民，隊命亡氏，踣其國家。』

又《昭公元年》 楚令尹圍請用牲，讀舊書，加於牲上而已。晉杜預注：舊書，宋之盟書。

又《昭公二十五年》 臧昭伯率從者將盟，載書曰：『戮力壹心，好惡同之。信罪之有無，繾綣從公，無通外內！』

又《定公四年》 晉文公爲踐土之盟，衛成公不在，夷叔，其母弟也，猶先蔡。其載書云『王若曰：晉重、魯申、衛武、蔡甲午、鄭捷、齊潘、宋王臣、莒期。』藏在周府，可覆視也。

又《定公十年》 將盟，齊人加於載書曰：『齊師出竟，而不以甲車三百乘從我者，有如此盟！』

又《哀公二十六年》 使祝爲載書。六子在唐盂，將盟之。祝襄以載書告皇非我。

《穀梁傳・僖公九年》 葵丘之會，陳牲而不殺，讀書加於牲上，壹明天子之禁。

《國語》卷六《齊語》 與諸侯飾牲爲載，以約誓於上下庶神。三國吳韋昭注：爲載書加於牲上而已，不歃血。

《孟子・告子下》 五霸桓公爲盛，葵丘之會諸侯，束牲載書而不歃血。

南朝梁・劉勰《文心雕龍・祝盟》 盟者，明也。騂毛白馬，珠盤玉敦，陳辭乎方明之下，祝告於神明者也。在昔三王，詛盟不及，時有要誓，結言而退。周衰屢盟，以及要契，始之以曹沫，終之以毛遂。

牒

《左傳・昭公二十五件》 右師不敢對，受牒而退。

《戰國策・齊策四・孟嘗君逐於齊而復反》 孟嘗君乃取所怨五百牒削去之，不敢以爲言。

《睡虎帝秦墓竹簡・秦律十八種・倉律》 別粲、穤（糯）之襄，歲異積之，勿增積。以給客，到十月牒書數，上內【史】。

南朝梁・劉勰《文心雕龍・書記》 牒者，葉也。短簡編牒，如葉在枝，溫舒截蒲，即其事也。議政未定，故短牒咨謀。牒之尤密，謂之爲籤。籤者，纖密者也。

傳

《周禮・地官・司關》 凡所達貨賄者，則以節傳出之。漢鄭玄注：傳如今移過所文書。

又《司節》 凡通達於天下者，必有節，以傳輔之。

《韓非子・説林》 鴟夷子皮事田成子，田成子去齊，走而之燕，鴟夷子皮負傳而從。

《史記》卷七五《孟嘗君列傳》 孟嘗君得出，即馳去，更封傳，變名姓以出關。

銘

《周禮・夏官・司勳》 凡有功者，銘書於王之大常，祭於大烝司勳詔之。

《左傳・僖公二十五攫》 禮至爲銘曰：『余掖殺國子，莫余敢止。』

又《昭公三年》 《讒鼎之銘》曰：『昧旦丕顯，後世猶怠。』

南朝梁・劉勰《文心雕龍・銘箴》 昔帝軒刻輿幾以弼違，大禹勒筍簴而招諫，成湯盤盂，著日新之規，武王戶席，題必戒之訓，周公慎言於金人，仲尼革容於欹器，則先聖鑑戒，其來久矣。故銘者，名也，觀器必也正名，審用貴乎盛德。蓋臧武仲之論銘也，曰：天子令德，諸侯計功，大夫稱伐。夏鑄九牧之金鼎，周勒肅慎之楛矢，令德之事也，呂望銘功於昆吾，仲山鏤績於庸器，計功之義也；魏顆紀勳於景鐘，孔悝表勤於衛鼎，稱伐之類也。若乃飛廉有石槨之錫，靈公有蒿里之謚。銘發幽石，吁可怪矣！趙靈勒跡於番吾，秦昭刻博於華山，夸誕示後，吁可笑也！

箴

《逸周書・文傳解》 《夏箴》曰：中不容利，民乃外次。【略】《夏箴》

曰：小人無兼年之食，遇天饑，妻子非其有也；大夫無兼年之食，遇天饑，臣妾輿馬非其有也。

《左傳·宣公十二年》 箴之曰：「民生在勤，勤則不匱。」不可謂驕。

又《襄公四年》 昔周辛甲之爲大史也，命百官，官箴王闕，於《虞人之箴》曰：「芒芒禹迹，畫爲九州，經啓九道。民有寢廟，獸有茂草，各有攸處，德用不擾。在帝夷羿，冒於原獸，忘其國恤，而思其麀牡。武不可重，用不恢於夏家。獸臣司原，敢告僕夫。」《虞箴》如是，可不懲乎？

《呂氏春秋·應同》 《商箴》云：「天降災布祥，竝有其職。」

南朝梁·劉勰《文心雕龍·銘箴》 箴者，所以攻疾防患，喻鍼石也。斯文之興，盛於三代。夏商二箴，餘句頗存。及周之辛甲百官箴一篇，體義備焉。迄至春秋，微而未絕。故魏絳諷君於后羿，楚子訓民於在勤。

誄

《周禮·春官·大祝》 六曰誄。

又《大史》 遣之日，讀誄。

又《小史》 卿大夫之喪，賜謚讀誄。

《左傳·哀公十六年》 夏，四月，己丑，孔丘卒。公誄之曰：「旻天不弔，不憖遺一老。俾屏余一人以在位，煢煢余在疚。嗚呼哀哉！尼父，無自律。」

法

《周禮·天官·太宰》 以八灋治官府：一曰官屬，以舉邦治；二曰官職，以辨邦治；三曰官聯，以會官治；四曰官常，以聽官治；五曰官成，以經邦治；六曰官灋，以正邦治；七曰官刑，以糾邦治；八曰官計，以弊邦治。

又《春官·大史》 （太史）掌灋以逆官府之治。【略】凡辨灋者攷焉，不信者刑之。【略】大遷國，抱灋以前。大喪，執灋以涖勸防。

又《御史》 凡治者受灋令焉。漢鄭玄注：爲書寫其治之法令，來受則授之。

《文子·道德》 老子曰：「執一世之法籍，以非傳代之俗，譬猶膠柱調瑟。【略】今欲學其道，不得清明玄聖，守其法籍，行其憲令，必不能以爲治矣。」

漢·劉安《淮南子·覽冥訓》 逮至夏桀之時，主闇晦而不明，道瀾漫而不修，棄捐五帝之恩刑，推蹶三王之法籍。

憲

《戰國策·魏策·魏攻管而不下》 安陵君曰：「吾先君成侯，受詔襄王以守此地也，手受大府之憲。憲之上篇曰：『子弒父，臣弒君，有常不赦。國雖大赦，降城亡子不得與焉。』今縮高謹解大位，以全父子之義，而君曰『必生致之』，是使我負襄王詔而廢大府之憲也，雖死終不敢行。」

刑書

《尚書·呂刑》 哀敬折獄，明啓刑書，胥占，咸庶中正。

《左傳·文公十八年》 先君周公制《周禮》曰：「則以觀德，德以處事，事以度功，功以食民。」作誓命曰：「毀則爲賊，掩賊爲藏。竊賄爲盜，盜器爲姦。主藏之名，賴姦之用，爲大凶德，有常無赦。在《九刑》不忘！」晉杜預注：誓命以下皆《九刑》之書，《九刑》之書今亡。

又《昭公六年》 三月，鄭人鑄刑書。【略】夏有亂政，而作《禹刑》。商有亂政，而作《湯刑》。周有亂政，而作《九刑》。

又《昭公七年》 吾先君文王，作《僕區》之法。晉杜預注：《僕區》刑書名。

又《昭公二十九年》 冬，晉趙鞅、荀寅帥師城汝濱，遂賦晉國一鼓鐵，以鑄刑鼎，著范宣子所爲刑書焉。

又《定公九年》 鄭駟歂殺鄧析，而用其竹刑。晉杜預注：鄧析，鄭大夫。欲改鄭所鑄舊制，不受君命，而私造刑法，書之於竹簡，故云『竹刑』。

《呂氏春秋·離謂》 子產治鄭，鄧析務難之，與民之有獄者約，大獄一衣，小獄襦袴。民之獻衣襦袴而學訟者不可勝數。以非爲是，以是爲非，是非無度，而可與不可日變。所欲勝因勝，所欲罪因罪。鄭國大亂，民口讙譁。子產患之，於是殺鄧析而戮之，民心乃服，是非乃定，法律乃行。

《韓非子·外儲説右上》 荊莊王有茅門之法，曰：「羣臣大夫諸公子

入朝，馬蹄踐霤者，廷理斬其輈，戮其御。』

璽書

《左傳·襄公二十九年》 季武子取卞，使公冶問，璽書追而與之，曰：『守卞者將叛，臣帥徒以討之。既得之矣，敢告。』

《國語》卷五《魯語下》 襄公在楚，季武子取卞，使季治逆，追而予之璽書。

禮書

《周禮·春官·大史》 戒及宿之日，與羣執事讀禮書而協事。祭之日，執書以次位常，辨事者攷焉，不信者誅之。大會同朝覲，以書協禮事，及將幣之日，執書以詔王。

論說

僞《古文尚書序》 古者伏犧氏之王天下也，始畫八卦。造書契，以代結繩之政，由是文籍生焉。伏犧、神農、黄帝之書，謂之『三墳』，言大道也。少昊、顓頊、高辛、唐、虞之書，謂之『五典』，言常道也。至於夏、商、周之書，雖設教不倫，雅誥奥義，其歸一揆。是故歷代寶之，以爲大訓。

唐·孔穎達《尚書正義》卷二《堯典》 稱『典』者，以道可百代常行。若堯、舜禪讓聖賢，禹、湯傳授子孫，即是堯、舜之道不可常行，但惟德是與，非賢不授。授賢之事，道可常行，但後王德劣不能及古耳。然經之與典俱訓爲常，名典不名經者，以經是總名，包殷、周以上，皆可爲後代常法，故以經爲名。典者，經中之別。特指堯、舜之德，於常行之内道最爲優，故名典不名經也。其太宰六典及司寇三典者，自由當代常行，與此別矣。

宋·袁燮《絜齋家塾書鈔》卷二《皋陶謨》 堯、舜曰典，大禹、皋陶曰謨。典者，道之常行者也。謨者，言之至嘉者也。典即謨，謨即典，本一也。皋陶大略是論思獻納之官，禹則專理會平水土。皋陶雖是作士，然畢竟自在朝廷，朝夕於人主之側，可以啟沃人主。正如今刑部，雖云掌刑，畢竟是論思獻納之官也。惟皋陶多所獻納，故言謨。禹却專於平水土，理會地平天成底事，故言功。

宋·林之奇《尚書全解》卷五《皋陶謨》 謨如器之有模，立之於此，萬世之所取正也。謨有二：或出於祖宗之謨，所以循法於子孫，如《胤征》曰『聖有謨訓，明徵定保』，《伊訓》曰『聖謨洋洋』，是也。或出於臣之謨，所以告戒於君者，《大禹謨》、《皋陶謨》是也。據《皋陶謨》一篇，從首到尾皆是禹相與答問之言，而乃謂之謨者，蓋雖與禹相答問，其實陳於帝舜之前，此其所以謂之謨。《史記》曰『帝舜朝禹，皋陶相與語帝前』，此說是也。夫惟相語帝前，故揚子云曰『皋陶以之爲帝謨』，不曰『爲禹謨』也。

又 卷二四《洪範》 《書》之名篇，非成於一人之手，蓋歷代史官，各以其意標識其所傳之簡冊，以爲別異，非如《春秋》之書，盡出於夫子之所刪定，而可以一例通也。故《書》之爲體，雖盡於典、謨、訓、誥、誓、命之六者，然而以篇名求之，則不皆繫以此六者之名也。雖不皆繫於六者之名，然其體則無以出於六者之外。先儒拘於名篇之有無，而不知變，遂以征、貢、歌、範爲十體，殊不知《洪範》之作，蓋箕子爲武王歷陳治天下之大法，其實謨之體也。《洪範》者，徒以史官傳録之時，偶不以謨、訓名篇耳。凡有異者，各自爲體，則將至於數十篇而猶未足也。今徒見其篇名有一範字，遂以爲有範之體，如此則是《書》之篇名，非據篇中『洪範』二字，以爲簡冊之別也。學者能知《書》之篇名，雜出於史官之手，而不可以一例通，則典、謨、訓、誥、誓、命之體，昭昭然若日星而不可掩矣。

宋·真德秀《西山先生真文忠公文章正宗·綱目·辭命》 按：《周官》太祝作六辭，以通上下、親疏、遠近。曰辭，鄭氏曰：『辭謂辭令。』曰命，謂撰謀草創之命。曰誥，謂《康誥》《盤庚》之屬。曰會，謂胥命於蒲之命。曰禱，謂如衛太子戰禱。曰誄。謂如哀公誄子之誄。內史凡命諸侯及孤卿大夫，則策命之。策謂以簡策書王命。御史掌贊書。若今尚書作詔文。質諸先儒注釋之說，則辭命以下，皆王言也。太祝以下掌爲之辭，則所謂代言者也。以《書》攷之，其可見者有三：一曰誥，以之播告四方，《湯誥》、《盤庚》、《大誥》、《多士》、《多方》、《康王之誥》是也。二曰誓，以之行師誓衆，《甘誓》、《泰誓》、《牧誓》、《費誓》、《泰誓》是也。三曰命，以之封國命官，《微子》、《蔡仲》、《君陳》、《畢命》、《君牙》、《冏命》、《呂刑》、《文侯之命》是也。他皆無傳焉。意者王言之重惟此三者，故聖人録之，以示訓乎。

宋・王應麟《深寧先生文抄摭餘續編》卷二《踐祚篇跋》 有周盛時，《大訓》在西序，《河圖》在東序，三皇五帝之書，外史掌之。丹書蓋前聖傳心要典也。《學記》正義謂赤雀所銜丹書，乃《尚書帝命驗》，讖緯不經之言，君子無取焉。《武王銘》十有七章。蔡邕以爲十八章，豈有缺文與？《大戴禮》有盧辯注，今列於前。鄭康成所引、黄太史所書，考其文之異者，又採摭諸儒之説，爲集解。《金匱》、《陰謀》載《武王銘》書附著於末。至於《虞箴》、《飫歌》，見《春秋》内外傳，夫以聖王治己養心。表裏交正如此，況學者可不勉與！

元・何異孫《十一經問對》卷三《尚書》 問：典、謨二字，取義云何？對曰：典字本從冊，二帝朝書事之簡冊也。謂之謨者，禹、皋陶所陳之謨也。兩言皆舉實而稱，非有褒美也。

明・吴納《文章辯體序説・諭告》 按西山眞氏云：「《周官》大祝作六辭以通上下親疎遠近，曰辭、曰命、曰誥、曰會、曰禱、曰誄：皆王言也。大祝以下掌爲之辭，則所謂代言者也。以《書》考之，若《湯誥》、《甘誓》、《微子之命》之類是也。此皆聖人筆之爲經，不當與後世文辭同録。今獨取春秋《内外傳》所載周天子諭告諸侯之辭及列國應對之語附焉。」

又按東萊呂氏有曰：「文章從容委曲而意獨至，惟《左氏》所載當時君臣之言爲然。蓋繇聖人餘澤未遠，涵養自別，故其辭氣不迫如此，非後世專學語言者所可得而此焉。」

又《璽書》 按應劭曰：「璽，信也，古者尊卑共之。」《左傳》：魯襄公在楚，季武子使公治問璽書。至秦漢，臣下始避其稱。

漢初有三璽，天子用玉璽以封，故曰璽書。文帝元年，嘗賜南越尉佗璽書；佗愧感，頓首稱臣納貢。至今讀史者，未嘗不三復書辭以欽仰帝德於無窮也。

夫制、詔、璽書皆曰王言；然書之文，尤覺隨義委曲，命辭懇到者，蓋書中能盡褒勸警飭之意也。故今特取前代璽書，載於詔令之前，讀者其必有以得之矣。

又《制誥》 按《周官》太祝六辭，二曰「命」，三曰「誥」。考之於《書》，「命」者，以之命官，若《畢命》、《冏命》是也。「誥」則以之播誥四方，若《大誥》、《洛誥》是也。

又《檄》 按《釋文》：「檄，軍書也。」春秋時，祭公謀父稱文告之辭，即檄之本始。至戰國張儀爲檄告楚相，其名始著。

又《箴》 按許氏《説文》：「箴，誡也。」《商書・盤庚》曰：「無或敢伏小人之攸箴。」蓋箴者，規誡之辭，若鍼之療疾，故以爲名。古有夏商二箴，見於《尚書大傳解》、《呂氏春秋》，而殘缺不全。獨周太史辛甲命百官箴王闕，而虞氏掌獵，故爲《虞箴》，其辭備載《左傳》。後之作者，蓋本於此。

東萊先生云：「凡作箴，須用「官箴王闕」之意。箴尾須依《虞箴》「獸臣司原，敢告僕夫」之類。」。大抵箴、銘、贊、頌，雖或均用韻語而體不同。箴是規諷之文，須有警誡切劘之意。有志於文辭者，不可不之考也。

又《銘》 按銘者，名也，名其器物以自警也。漢《藝文志》稱道家有《黄帝銘》六篇，然亡其辭。獨《大學》所載成湯《盤銘》九字，發明日新之義甚切。迨周武王，則凡几席觴豆之屬，無不勒銘以致戒警。厥後又有稱述先人之德善勞烈爲銘者，如春秋時孔悝《鼎銘》是也。又有以山川、宮室、門關爲銘者，若漢班孟堅之《燕然山》，則旌征伐之功；晉張孟陽之《劍閣》，則戒殊俗之僭叛，其取義又各不同也。傳曰：「作器能銘，可以爲大夫。」陸士衡云：「銘貴博約而温潤。」斯蓋得之矣。

又《誄辭哀辭》 按《周禮》：「太祝作六辭，以通上下親疏遠近，六曰誄」。魯哀公十六年四月，孔子卒，公誄之曰：「旻天不弔，不慭遺一老，俾屏予一人以在位，煢煢予在疚，嗚呼，哀哉，尼父！」此即所謂誄辭也。鄭氏注云：「誄者，累也，累列生時行迹，讀之以作謚。此唯有辭而無謚，蓋唯累其美行示已傷悼之情爾。」是則後世有誄辭而無謚者，蓋本於此。

明・徐師曾《文體明辨序説・命》 按朱子云：「命猶令也」。字書：「大曰命，小曰令。」此命、令之別也。上古王言同稱爲命：或以命官，如《書・説命》、《冏命》是也；或以封爵，如《書・微子之命》、《蔡仲之命》是也；或以飭職，如《書・畢命》是也；或以錫賚，如《書・文侯之命》是也；或傳遺詔，如《書・顧命》是也。

又《誥》 按字書云：「誥者，告也，告上曰告，發下曰誥。」古者上下有誥，故下以告上，《仲虺之誥》是也；上以告下，《大誥》、《洛誥》之類是也。考於《書》可見矣。《周禮》：士師以五戒先後刑罰，其二曰誥，用之於會同，以諭衆也。

又《國書》 按國書者，鄰國相遺之書也。春秋列國各有詞命，以通彼此之情，而其文務協典禮，從容委曲，高卑適宜，乃爲盡善。觀鄭人詞命，迭更四手，國賴以存，良有以也。

又《誓》 按誓者，誓衆之詞也。蔡沈云：『戒也。』軍旅曰誓，古有誓師之詞，如《書》稱禹征有苗誓於師，以及《甘誓》、《湯誓》、《泰誓》、《牧誓》、《費誓》是也。又有誓告羣臣之詞，如《書·秦誓》是也。

又《上書》 按字書云：『書者，舒也，舒布其言而陳之簡牘也。』古人敷奏諫説之辭，見於《尚書》、《春秋内外傳》者詳矣。然皆矢口陳言，不立篇目，故《伊訓》、《無逸》等篇，隨意命名，莫協於一；然亦出自史臣之手，劉勰所謂『言筆未分』，此其時也。降及七國，未變古式，言事於王，皆稱上書。

又《盟》 按《禮記》：『涖物曰盟。』劉勰云：『盟者，明也，祝告於神明者也。』亦稱曰誓，謂結信之詞也。三代盛時，初無詛盟，雖有要誓，結言則退而已。周衰，人鮮忠信，於是刑牲歃血，要質鬼神，而盟繁興，然俄而渝敗者多矣。

又《檄》 按《釋文》云：『檄，軍書也。』《説文》云：『以木簡爲書，長尺二寸，用以號召，若有急則插鷄羽而遣之，故謂之羽檄，言如飛之急也。』古者用兵，誓師而已。至周乃有文告之辭，而檄之名則始見於戰國。《史記》載張儀爲檄以告楚相曰『始吾從若飲，我不盜而璧，若笞我；若善守汝國，我顧且盜而城』，是也。

又《箴》 按《説文》云：『箴者，戒也。』蓋醫者以箴石刺病，故有所諷刺而救其失者謂之箴，喻箴石也。古有夏、商二箴，見於《尚書大傳解》及《呂氏春秋》；然餘句雖存，而全文已缺。獨周太史辛甲命百官箴王闕，而《虞人》一篇，備載於《左傳》，於是揚雄倣而爲之。

又《銘》 按鄭康成曰：『銘者，名也。』劉勰云：『觀器而正名也。』故曰：『作器能銘，可以爲大夫矣。』考諸夏商鼎彝尊卣盤匜之屬，莫不有銘，而文多殘缺，獨《湯盤》見於《大學》，而《大戴禮》備載武王諸銘，使後人有所取法。

又《誄》 按誄者，累也，累列其德行而稱之也。《周禮》太祝作六辭，其六曰誄，即此文也。今考其時。賤不誄貴，幼不誄長，故天子崩則稱天以誄之，卿大夫卒則君誄之。魯哀公誄孔子曰：『旻天不弔，不慭遺一老，俾屏予一人以在位，笐笐予在疚！嗚呼，哀哉，尼父！』古誄之可見者止此。然亦略矣。竊意周官讀誄以定謚，則其辭必詳；仲尼有誄而無謚，故其辭獨略。豈制誄之初意然歟？抑或有變也？

又《祝文》 按祝文者，饗神之詞也，劉勰所謂『祝史陳信，資乎文辭』者，是也。昔伊祁始蜡以祭八神，其辭云：『土反其宅，水歸其壑，昆蟲毋作，草木歸其澤。』此祝文之祖也。厥後虞舜祠田，商湯告帝，《周禮》設太祝之職，掌六祝之辭。春秋已降，史辭寖繁，則祝文之來尚矣。考其大旨，實有六焉：一曰告，二曰脩，三曰祈，四曰報，五曰辟，六曰謁，用以饗天地山川社稷宗廟五祀羣神，而總謂之祝文。

清·姜宸英《湛園劄記》卷三 《左傳》『凡諸侯有命，告則書，不然則否』，杜註云：『承其告辭，史乃書之於策。若所傳聞行言，非將君命，則記在簡牘而已，不得記於典策。此蓋《周禮》之舊制。』按：策書存國之大體，故宜畧；簡牘載四方之傳聞，故宜詳。二者之史，缺一不可。後世《實録》，則策書之類也。而簡牘無聞焉。《實録》所書又不實，然後野史以興，究其原，亦簡牘之類與。

清·毛奇齡《毛詩寫官記》卷三 『畏此簡書』，朱子曰：『簡書，戒命也。隣國有急，則以簡書相戒命也。或曰：簡書，策命臨遣之辭也』。敢取是曰：謹荷簡書策書也。《獨斷》云：『策者，簡也』。然則簡書者，亦天子策命辭耳。若以爲鄰國戒命，則《左傳》有之。然攷之《左傳》管仲曰：『簡書，同惡相恤之謂也。請救邢以從簡書』。是固以同惡相恤之語，爲天子簡書所有，故仲特引之救邢，以爲從天子策命然耳。從天子之命，而即以爲隣國相戒之命也，得乎？《朱子語類》云：『簡書有二，一戒命，一策命也。特戒命據《左氏》耳。』此天子簡書，非戒命也」。則朱子亦自以戒命爲非義矣。然而戒命策命並無有二。

清·王兆芳《文章釋·譜》 譜者，籍録也，布也，普也，布事籍録，令周普也。劉熙曰：『布列見其事也。』劉勰曰：『事資周普。』亦謂之牒，牒借作『諜』，札也。譜諸牒札，猶云布事籍録也，後世以紙代竹木也。主於布列年世，先後普記。源出《五帝三代譜諜》，《史·三代世表、十二諸侯年表》、《漢志》目。流有漢揚子《家牒》，《藝文類聚》四十、《御覽》五百五十八引。後代世譜玉

牒、士大夫族譜、賢儒年譜、諸名物之譜，及漢鄭子《詩譜》，後魏李槩《音譜》。輯。

又《訓》 訓者，説教也，教道之文也。又詁説古言，亦爲訓也。主於説教道義，示以雅言。源出《大訓》、《書·顧命》目。《夏訓》，《左傳》襄四引。流有《商書·伊訓》，《孟子》、《漢志》、《堯典》疏引。祖乙作高宗之《訓》，《逸周書·度訓》《命訓》《常訓》，及漢蔡邕《女訓》，繁欽《川里先生訓》，後魏高允《酒訓》，北齊顔之推《家訓》，又《逸周書·時訓》，及漢淮南《周易道訓》，馬融《論語訓説》。二書輯。

又《典》 典者，册在丌上，尊閣之也，常法也。主於重視尊册，著明常法。源出《五典》，《左傳》昭十二引。即《五帝書》，惟《堯典》存。流有《逸周書·程典》、《寶典》、《本典》、《周官·六典》、《唐六典》、《明會典》、《大清會典》，及屈到《祭典》，見《楚語上》。吴陸景《典語》，輯。隋杜臺卿《玉燭寶典》，黎氏《古逸叢書》本。唐杜佑《通典》。

又《法》 法爲國制，古作『灋』，如水之平，觸不直者去之也，制也。制，裁斷也，裁斷用法也。《易》曰：『制而用之謂之法。』亦謂之憲。憲。敏也。法也，博識心敏以定法也。亦謂之禁。禁，忌也，止也，禁止所忌。以法防姦也。主於遏止邪枉，制以正道。源出《神農之法》，《文子·上義》、《淮南·齊俗》引。之禁》，《羣書治要》、《六韜·虎韜》引。流有黄帝《李法》、《漢·胡建傳》引。《兵法》，《隋志》著目，《開元占經》八卷十一、二十一引。《顓頊之法》，《淮南·齊俗》，《御覽》七十引。《禹禁》，《逸周書·大聚》引。《周官》諸『法』，『憲』、『邦禁』，《禮·王制》《祭法》，《逸周書·劉法》《謚法》諸篇。楚《僕區法》、《左傳》昭七引。《茅門法》，見《韓非·外儲説右》。魏《大府之憲》，見《魏策》。及漢張衡《靈憲》，諸子《兵法》。

又《册》 册者，古作『笧』，借作『策』，或作『筴』，符命也，諸侯進受於王者也，天子之命編簡作符册也。《詩》曰：『畏此簡書。』《聘禮》記曰：『百名以上書於策。』漢『帝命四書』，唐『王言七制』，皆一曰『册書』。今制立后。封王侯、上尊號諸事用『册』。主於視簡作命，首著『天子』之稱。古稱『王曰』，漢以後稱『皇帝曰』。漢篆書兩編，起年、月、日，『皇帝曰』，以命諸侯王、三公。隸書尺一木，賜以辠免。見胡廣《漢制度》、蔡邕《獨斷》。胡書輯。源出《大始天元册文》，《素問·天元紀大論》《五行運大論》引。流有《武王即位筴》，見《逸周書·克殷》、《史·周本紀》《齊世家》。周公《金縢册》，成王《命周公册》，襄王《策命晉文》，漢武《封三王策文》。《文選》、《文粹》列『册』。

又《命》 命者，使令也，教也。主於使令諸侯，順天命以爲教。源出《堯典》帝『命』，流有《商書·説命》，《禮·文王世子》《學記》《緇衣》、《楚語上》、《書大傳》引。《周書》諸《命》，召公述王命《命大公》，靈王《賜齊靈公命》。秦改『命』爲『制』。

又《令》 令者，發號也，教也，禁也，發號而教且禁也。古天子諸侯皆用令，秦改『令』爲『詔』，其後惟皇后、太子、王侯偁『令』。主於教善禁惡，號使畏服。源出《夏令》，《周語中》引。《明堂月朔令》，見《管子·輕重己》。流有伊尹作《四方獻令》、《禮·月令》、《逸周書·月令》，周《先王之令》，《周語中》引。列侯《令國中》，孔子《爲魯哀下救火令》，《韓非·内儲説上》引。及漢吴王濞《下令國中》，蕭何《令諸大夫》。

又《誥》 誥者，古通作『告』，告也。覺也。劉熙曰：『上敕下曰告。』使覺悟知己意也。《易》曰：『后以施命誥四方。』《周官》：大祝『作六辭以通上下、親疏、遠近』，三曰誥，士師『五戒』，二曰誥，用之於會同。秦廢誥。宋以贈封。今制昭垂訓行曰『誥』，贈封五品以上曰『誥命』。主於告示羣下，據事敕教。源出《商魯·湯誥》，見《史·殷本紀》。《仲虺之誥》，《左傳》宣十二、襄十四、三十、《墨子·非命》、《荀子·堯問》、《呂氏春秋·驕恣》引。虺蓋奉王命誥，或據僞書，謂下以告上，非。流有《周書》諸《誥》，漢張衡作《東巡誥》，及晉夏侯湛《昆弟誥》，劉宋顔延之《庭誥》。

又《誓》 誓者，約束也，謹也，束軍衆，使謹也。《毛詩傳》曰：『師旅能誓。』《周官》士師『五戒』，一曰誓，用之於軍旅。又不涉軍旅而束謹，亦爲誓也。主於約束身心，誠言示謹。源出《禹誓》，《墨子·兼愛下》引。流有《甘誓》，《湯誓》，《周書》諸《誓》，晉惠《韓誓》，句踐《誓衆》，及鮑叔《塞道誓》，漢郅惲《誓衆》，苻秦王猛《渭原誓》，又湯《與諸侯誓》，見《逸周書·殷祝》。周公《誓命》，《左傳》文十八引。及趙鞅《鐵誓》。

又《箴》 箴者，與『鍼』通，縫綴衣者也，刺病者也，儆誡若綴衣與刺病也。主於攻疾補闕。其箴人，終於『敢告某』，而箴己不拘。源出《夏箴》，《逸周書·文傳》引。流有《商箴》，《周箴》，《呂氏春秋·名類》《謹聽》引。衛武《耄箴》，及辛甲《虞箴》。

又《銘》　銘者，名之題勒者也。《禮・祭統》曰：「銘者，自名也。」《月令》曰：「物勒工名。」劉勰曰：「觀器必也正名。」《毛詩傳》曰：「作器能銘。」《春秋傳》曰：「天子令德，諸侯言時計功，大夫稱伐。」蔡邕《銘論》詳徵之。主於勵德揚功，名正詞實。源出黄帝《巾幾》、《金人》諸銘，《漢志》：《黄帝銘》六篇。《巾幾銘》，《路史・疏仡紀》引。《金人銘》，見《太公金匱》、《説苑・敬慎》。流有湯《盤》，周《量銘》，及正考父，孔悝《鼎銘》，歷代器銘甚多。

又《誄》　誄者，通作「讄」，謚也，累也，累列行事以爲謚也。《毛詩傳》曰：「喪紀能誄。」《禮・曾子問》曰：「賤不誄貴，幼不誄長。」又曰：「諸侯相誄非禮也。」《周官》：大祝「作六辭」，六曰誄，大史讀誄。源出周初，流有魯哀《誄孔子》，漢揚子作《元后誄》，及柳下妻《誄惠》，漢杜篤作《吴漢誄》。

又《祝》　祝者，祭主贊辭者也，祭神祈福之辭也。又不祭而祈神福，亦爲祝也。主於陳信立誠，不雜詛訓。源出伊耆氏《蠟祝》，鄭子、蔡邕指爲祝。流有祝雍《成王冠祝》，周人《請雨祝》，見《春秋・漢含孳》。《止雨祝》、《立社祝》，並見《御覽》七百三十六。漢桓《祠恭懷皇后祝文》，及《禮經・少牢》「祝嘏辭」、《士冠》「祝辭」，越文種《固陵》、《文臺》二《祝》，漢班固《涿邪山祝文》，又湯《網祝》及華封、麥邱人祝。

又《詛》　詛者詶俗作呪。也，沮也，詶神加殃沮事也。鄭子曰：「謂祝讀爲詶。之，使沮敗。」《詩》曰：「出此三物，以詛爾斯。」《周官》詛祝掌盟詛。主於詶人辠惡。請神加禍。源出黄帝《祝讀爲詶。邪文》，《軒轅記》目。流有秦王《詛楚文》。

又《盟誓》　盟誓者，「誓」義見前；盟，國有疑，殺牲歃血以要信也。盟神而誓之也。《禮・曲禮》曰：「約信曰誓，涖牲曰盟。」《春秋傳》曰：「申之以盟誓。」亦謂之載辭、載書。載，乘也。盟誓載於册，若車之乘，其辭曰載辭；加牲上，曰載書也。亦謂之要言，要，身中也，約也，約束之盟言如要束也。又不盟而質神要信者，爲自誓也。主於要約取信，意達神明。源出黄帝與雷公割臂盟，見《靈樞・禁服》。流有武王使召公與微子共頭盟辭，使周公與膠鬲四内盟辭並見《呂氏春秋・説誠廉》。王子虎《王庭要言》，齊桓、晉文述王命爲葵丘、踐土《盟辭》，士匄、士弱爲盟亳，盟戲二《載書》，鄭桓《與商人盟誓》，漢高盟誓，吴蜀盟文，及臧昭伯《盟從者載書》，寧俞《宛濮盟辭》，漢臧洪《酸棗盟》，袁紹《漳河盟》，晉劉琨盟段匹磾諸文，又晉王羲之《墓前自誓》，祖逖《渡江誓》。

又《書》　書者，著也，著文簡牘以通語也。主於著寫事情，擬同晤語，源出齊桓《與魯書》，流有燕惠《讓謝樂毅書》，秦昭襄《遺楚懷書》，及臧文仲《密遺魯公書》，見《列女傳》。子家《與趙盾書》，叔向《詒子産書》，子産《復叔向書》、《告士匄書》，鬼谷子《遺書責蘇、張》，見《類聚》三十六、《録異記》。燕丹《與麴武書》，麴武《報燕丹書》，《文選》、《文粹》列「書」。

又《上書》　上書者，上，高也，奏上也，奏上書而高進也。亦謂之獻書，獻。饋食進也，以書奏上若進饋也。主於進達情事，忠言獻替。源出祖朝《上晉獻書》，見《説苑・善説》。流有魏絳《授晉悼僕人書》，范蠡《辭句踐書》，蘇秦上秦，趙二王書，樂毅《獻書報燕王》，秦李斯上韓王。秦帝諸書，漢淮南王安《上書諫伐南越》，《文選》、《文粹》列「上書」。

又《璽書》　璽書者。璽，印信也，印封書以取信也。各書多璽封，其無主名者，專曰璽書。衛敬仲曰：「秦以前，民皆以金玉爲印，龍虎紐，惟其所好。秦以來，天子獨以印稱璽。又獨以玉，羣臣莫敢用也。」《漢舊儀》與此微異，此依《獨斷》引。主於立文徵信，慎重莊言。源出《周官》職金楬璽，掌節、小行人，司市用璽節，流有季武子《璽書》，及秦始皇《賜扶蘇璽書》，漢文《賜鼂錯璽書》，後世皇帝多璽書。

又《檄》　檄者，三尺書也，激也，軍書所徵召而激動者也。一曰皦也，皦然明白也。魏武《奏事》曰：「若有急，即插以雞羽。謂之羽檄。」《後漢・光武紀》注引。主於揚激軍情，施意急切。源出張儀《檄告楚相文》，流有漢司馬相如《喻巴蜀檄》，朱博《口占檄文》，王昌《移檄州郡》，任光《討王郎檄》，蜀呂凱《答雍闓檄》，及晉元《討石勒檄》，《文選》列「檄」。

清・吴曾祺《文體芻議・書牘類・書》　三代之上。此體少見。至春秋時。而列國大夫。相與往來。其文之傳者多矣。今不録，録自越大夫種遺吴王書始，蓋已近戰國之世矣。在文體中，惟此之用爲最廣，而佳篇偉製，亦以此爲最多。

又《詔令類・令》　三代之時，上之告下，則謂之命，如《微子之命》《文侯之命》皆見《尚書》。後世始廢命不用，而以令代之。劉勰所云「降及七國，並稱曰令」是也。秦孝公下令國中，始有文字可見。而《文選》六臣注

云：「秦法皇后及太子稱令。」然秦始皇有初幷天下，議帝號令，意尚在法制未定之先故可以通用歟。自秦以下，則天子與臣下俱用之，無定制。

又《**檄**》 周穆王命祭公謀父爲威猛之詞，以責敵人，其體想與檄相近。《戰國策》張儀爲檄告楚相，檄之名始見。軍中遇有急事，則以羽插之，故謂之羽檄。

又《**箴銘類・箴**》 與鍼同義。鍼所以治病，故有規戒之意，始於《虞箴》，漢時揚子雲、崔駰之徒，相與效爲之。

又《**銘**》 始自黃帝，其真僞不可知，然可信非三代以後之作。湯有《盤銘》，武有《十七銘》，後人因之。凡器物皆爲之銘，施之金石者爲多。

又《**訓**》 相告勉之辭。《尚書》有《伊訓》，即此體之濫觴也。惟古爲臣告君，今則施之自敵以下而已。

又《**誥**》 書之有誥，本與詔敕相似，而凡尊長之教卑幼，亦謂之誥，誥者，告也。取告戒之義，故與箴銘相近。

又《**哀祭類・祝**》 史稱帝堯時，有華封人三祝，祝字始見，而非籲神之語。《金縢》有冊祝，祝文權輿於此。其餘則如蒯聵之誓曰「無絕筋，無折骨」，《禮記》祭蠟之文曰「水歸其壑，土反其宅」。皆祝文也。

又《**盟文**》 《左傳》諸侯相與盟，則載其信約之詞於策，即盟文也。謂之盟者，盟者，明也，所以告於神明也。《文心雕龍》有祝盟一篇，二者本不相同，而其爲陳信之用者，則義固無殊也。

又《**誓文**》 誓之體於《尚書》屢見，所以告於神明者，亦與盟文相類。惟盟則多施之同等之國，而誓則用以約束羣下，爲稍異耳。

公文行用分部

綜　述

謄寫

《**周禮・春官・外史**》 外史掌書外令，掌四方之志，掌三皇五帝之書，掌達書名於四方。若以書使於四方，則書其令。

《**睡虎地秦墓竹簡・秦律十八種・内史雜**》 縣各告都官在其縣者，寫其官之用律。

存録副本

《**周禮・春官・内史**》 内史掌書王命，遂貳之。漢鄭玄注：副寫藏之。

又《**秋官・大司寇**》 大史、内史、司會及六官皆受其貳而藏之。

又《**司盟**》 既盟，則貳之。漢鄭玄注：貳之者，寫副當以授六官。

《**商君書・定分**》 法令皆副置。一副天子之殿中。爲法令爲禁室，有鋌鑰爲禁而以封之。内藏法令。一副禁室中，封以禁印。

保管

《**周禮・天官・宰夫**》 五曰府，掌官契以治藏。漢鄭玄注：治藏，藏文書及器物。

又《**女史**》 女史掌王后之禮職，掌内治之貳，以詔后治内政。漢鄭玄注：内治之法本在内宰，書而貳之。

又《**地官・鄉大夫**》 厥明，鄉老及鄉大夫羣吏獻賢能之書於王，王再拜受之，登於天府，内史貳之。漢鄭玄注：王上其書於天府。天府，掌祖廟之寶藏者。

又《**春官・天府**》 天府掌祖廟之守藏與其禁令。【略】凡官府鄉州及都鄙之治中，受而藏之，以詔王察羣吏之治。漢鄭衆注：治中，謂其治職簿書之要。

《**禮記・内則**》 宰告閭史，閭史書爲二：其一藏諸閭府，其一獻諸州史。州史獻諸州伯，州伯命藏諸州府。

《**左傳・僖公二十六年**》 載在盟府，大師職之。

《**商君書・定分**》 法令皆副置。一副天子之殿中。爲法令爲禁室，有鋌鑰爲禁而以封之。内藏法令。一副禁室中，封以禁印。

《**呂氏春秋・樂成**》 魏攻中山，樂羊將。已得中山，還反報文侯，有貴功之色。文侯知之，命主書曰：「羣臣賓客所獻書者，操以進之。」主書舉兩篋以進。

下行上行

《周禮·地官·鄉大夫》　正月之吉，受教灋於司徒，退而頒之於其鄉吏，使各以教其所治，以攷其德行，察其道藝。

又《秋官·小行人》　及其萬民之利害爲一書，其禮俗政事教治刑禁之逆順爲一書，其悖逆暴亂作慝猶犯令者爲一書，其札喪凶荒厄貧爲一書，其康樂和親安平爲一書。凡此五物者，每國辨異之，以反命於王，以周知天下之故。唐賈公彦疏：此總陳小行人使適四方，所採風俗善惡之事。各各條録，别爲一書，以報上也。

《睡虎地秦墓竹簡·爲吏之道》　發書，移書曹。【略】以次傳；别書江陵布，以郵行。

《内史雜》　有事請殹（也），必以書，毋口請，毋羈（羈）請。

又《行書》　行命書及書署急者，輒行之；不急者，日觱（畢），勿敢留。留者以律論之。行傳書，受書，必書其起及到日月夙莫（暮），以輒相報殹（也）。書有亡者，亟告官。隸臣妾老弱及不可誠仁者勿令。書廷辟有曰報，宜到不來者，追之。

宣布

《儀禮·覲禮》　侯氏升，西面立。大史述命。漢鄭玄注：讀王命書也。

又《聘禮》　史讀書展幣。

《周禮·天官·大宰》　正月之吉，始和布治於邦國都鄙，乃縣治象之灋於象魏，使萬民觀治象，挾日而斂之。漢鄭玄注：大宰以正月朔日，布王治之事於天下，至正歲，又書而縣於象魏，振木鐸以徇之，使萬民觀焉。

又《小宰》　正歲，帥治官之屬而觀治象之灋，徇以木鐸，曰：『不用灋者，國有常刑。』乃退，以宫刑憲禁於王宫。漢鄭玄注：憲謂表縣之，若今新有法令云。

又《地官·鄉大夫》　正歲，令羣吏攷灋於司徒，以退，各憲之於其所治之國。漢鄭玄注：憲者，表縣之也。

又《州長》　正月之吉，各屬其州之民而讀灋，以攷其德行道藝而勸之，以糾其過惡而戒之。唐賈公彦疏：『而讀法』者，謂對衆讀一年政令及十二教之法，使知之。

又《秋官·布憲》　布憲掌憲邦之刑禁。正月之吉，執旌節以宣布於四方，而憲邦之刑禁，以詰四方邦國及其都鄙，達於四海。漢鄭玄注：憲，表也，謂縣之也。刑禁者，國之五禁，所以左右刑罰者。司寇正月布刑於天下，正歲又縣其書於象魏。布憲於司寇布刑，則以旌節出宣令之。於司寇縣書，則亦縣之於門閭及都鄙邦國。

懲罰

《周禮·天官·宰夫》　凡失財用物辟名者，以官刑詔冢宰而誅之。漢鄭玄注：辟名，詐爲書，以空作見，文書與實不相應也。

《商君書·定分》　有擅發禁室印，及入禁室視禁法令，及禁剟一字以上，罪皆死不赦。

《睡虎地秦墓竹簡·秦律雜抄》　爲（僞）聽命書，法（廢）弗行，耐爲侯（候）；不辟（避）席立，貲二甲，法（廢）。【略】非歲紅（功）及毋（無）命書，敢爲它器，工師及丞貲各二甲。

又《法律答問》　亡久書、符券、公璽，衡羸（纍），已坐以論，後自得所亡，論當除不當？不當。

所用材質

《儀禮·聘禮》　束帛加書將命，百名以上書於策，不及百名書於方。

《睡虎地秦墓竹簡·秦律十八種·司空》　令縣及都官取柳及木楘（柔）可用書者，方之以書；毋（無）方者乃用版。其縣山之多荓者，以荓纏書；毋（無）荓者以蒲、藺以枲萷（製）之。各以其穫（穫）時多積之。

論說

宋·易祓《周官總義》卷二一　盟、約二事也。約爲之信書而已，盟則歃牲焉。大司寇兼言之，則宜兼掌其事。今以盟書爲重，而不及乎約，以司約、大史見之也。大史於邦國都鄙及萬民之有約劑書於丹圖。若大亂，則六官辟藏。非不藏其貳於六官也，畧焉而已矣。惟盟書則事大而體重，大司寇

則職嚴而令肅，弗信則人弗保也。盟於神者，其可已乎？弗敬則神弗福也。涖其書者，其可已乎？於是登乎天府而藏之，與玉鎮大寶器同寶於萬世。此書之正者也。史掌官書以贊治，司會則以攷治爲職，六官則治教政刑禮事之掌，又以攷信焉，皆受其貳而藏之，以待其不信者質之，是以公而任乎天者也。豈約劑可以並言哉？

清·王筠《湖海文傳》卷四《劉綸〈正月之吉始和布教於邦國都鄙乃縣教象之法於象魏使萬民觀教象挾日而斂之乃施法於邦國都鄙使之各以教其所治民〉》 成周端本正始之義，莫先於立教。故成法所在，既已垂諸方策，信及臣民，而歲首必舉而縣之。蓋天運周於上，人事應於下，此地官教法所由翼天官之治法以行也。顧考禮文所紀，布化承流之職，至備且詳。於邦國有諸侯，於都鄙有公卿大夫，次第以相及，則是司徒賢百執事率其所屬而禀承之，即萬民亦得各就其長上，而講明切究之矣。乃雉門魏闕之間，更爲之麗其教於象，且麗其象於挾日，而始斂者，亦以聖人之愛民周、坊民至，而目著心存之道寓焉爾。《易》曰：『風行地上，觀。先王以省方觀民設教。』《書》曰：『每歲孟春，遒人以木鐸徇於路。』《月令》曰：『孟春之月，命相布德和令，命大師守典奉法。』王者於順時播化、覺世牖民諸大政，常使天下飲食寤寐，莫不見其昭天地而燦日星，然後其教不肅而成，其政不嚴而治。是以周之導民也，溯其綱維所自振，則權必統乎尊；揆其服習所從親，則治必詳於近。如司徒始和教法，其職要，其屬繁，其去民亦遠，故其於法也，曰布，曰懸，曰斂，曰施，而不曰讀。下此爲小司徒，則曰頒法，鄉師準之。又下此爲鄉大夫，則曰受法，鄉吏從之。而猶未讀者，以其所統之州且有五也。至於州長，乃一歲而再讀法焉，謂正月及歲時祭祀是已。至於黨正，乃一歲而七讀法焉，謂四時孟月，及春秋祭禜，與正歲是已。至於族師，乃一歲而十四讀法焉，謂十二月之吉，及春秋祭酺是已。降而至於閭胥，並無常地，無定時。豈非與民愈親則數愈密，入愈漸而化愈深者歟？夫民者邦之本，親民者教化之本。聖人觀於鄉而識王道之易，此物此志也。故方其敷教也，勞來之詔固由上以逮民；而及其教成也，風俗之書又自民而登上。再稽鄉舉里選之典：閭胥選於二十五家，則敬敏任恤之小善可書矣。族師選於百家，則孝友睦婣有學之累善可書矣。黨正選於五百家，則德行道藝之大善又可書矣。由是州長考之，鄉大夫賓之，且以升於司徒，而象益驗其明，法益知其備，教益觀其成矣。夫是故成周端本正始之義，莫先乎立教也。

輿服印信制度部

輿服制度分部

綜述

《左傳·哀公二十五年》 衛侯爲靈台於藉圃，與諸大夫飲酒焉。褚師聲子韤而登席。晉杜預注：古者見君解韤。《左氏會箋》曰：《禮》但著脫屨納屨之文，不聞解韤，衹此一見。韤，足衣也。古者幅舄屨韤，各有其制。芾在股下，而過於膝，一名爲蔽膝。故曰赤芾在股，言在膝之上股之間。幅在膝下而邪纏之，以周於足，言在膝下也。韤不過短至足跗。《釋名》曰：韤者，末也，在足之末也。一名練，練足者也。其制淺而窄，一如屨然，止可弢足。韤，筏也。履曰舟，韤曰筏，其形同也。古人之韤，大抵以皮爲之。

《禮記·郊特牲》 冠義：始冠之，緇布之冠也。大古冠布，齊則緇之。其緌也，孔子曰：吾未之聞也。冠而敝之可也。適子冠於阼，以著代也。醮於客位，加有成也。三加彌尊，喻其志也。冠而字之，敬其名也。委貌，周道也。章甫，殷道也。毋追，夏后氏之道也。周弁，殷冔，夏收。

又《深衣》 古者深衣，蓋有制度，以應規、矩、繩、權、衡。短毋見膚，長毋被土。續衽，鉤邊。要縫半下；袼之高下，可以運肘；袂之長短，反詘之及肘。帶下毋厭髀，上毋厭脅，當無骨者。制：十有二幅以應十有二月；袂圜以應規；曲袷如矩以應方；負繩及踝以應直；下齊如權衡以應平。故規者，行舉手以爲容；負繩抱方者，以直其政，方其義也。故《易》曰：坤六二之動，直以方也。下齊如權衡者，以安志而平心也。五法已施，故聖人服之。故規矩取其無私，繩取其直，權衡取其平，故先王貴之。故可以爲文，可以爲武，可以擯相，可以治軍

旅，完且弗費，善衣之次也。

具父母大父母，衣純以繢；具父母，衣純以青。如孤子，衣純以素。純袂、緣、純邊，廣各寸半。

《荀子》卷六《富國》 禮者，貴賤有等，長幼有差，貧富輕重皆有稱者也。故天子袾裷衣冕，諸侯玄裷衣冕，大夫裨冕，士皮弁服，德必稱位。

又 卷一九《大略》 天子山冕，諸侯玄冠，大夫裨冕，士韋弁，禮也。天子御珽，諸侯御荼，大夫服笏，禮也。

又 卷三《非十二子》 士君子之容：其冠進，其衣逢，其容良；儼然，壯然，祺然，蕼然，恢恢然，廣廣然，昭昭然，蕩蕩然，是父兄之容也。其冠進，其衣逢，其容慤；儉然，恀然，輔然，端然，訾然，洞然，綴綴然，瞀瞀然，是子弟之容也。

吾語汝學者之嵬容：其冠絻，其纓禁緩，其容簡連；填填然，狄狄然，莫莫然，瞡瞡然，瞿瞿然，盡盡然，盱盱然。

《孟子·滕文公下》 彭更問曰：『後車數十乘，從者數百人，以傳食於諸侯，不以泰乎？』

《戰國策》卷一四《楚策一·威王問於莫敖子華》 莫敖子華對曰：『昔令尹子文，緇帛之衣以朝，鹿裘以處。』

漢·劉安《淮南子》卷九《主術訓》 趙武靈王貝帶鵔鸃而朝，趙國化之。使在匹夫布衣，雖冠獬冠，帶貝帶鵔鸃而朝，則不免爲人笑也。

《睡虎地秦墓竹簡·法律答問》 『諸侯客來者，以火炎其衡軛。』炎之何？當諸侯不治騷馬，騷馬蟲皆麗衡軛鞅韅轅靷，是以炎之。

又 《秦律·司空》 官府（叚）［假］公車牛者，或私用公車牛，大車（軲）［盬］；及不（芥）［介］車，車（蕃）［藩］蓋強折（列）［裂］，其主車牛者及吏、官長皆有罪。

《史記》卷六八《商君列傳》 趙良曰：『君之出也，後車十數，從車載甲，多力而駢脅者爲驂乘，持矛而操闟戟者旁車而趨。』

又 卷七九《范睢蔡澤列傳》 須賈曰：『吾馬病，車軸折，非大車駟馬，吾固不出。』范睢曰：『願爲君借大車駟馬於主人翁。』

漢·劉向《說苑》卷二《臣術》 田子方渡西河，造翟黃。翟黃乘軒車，戴華蓋，黃金之勒，約鎮簟席，如此者其駟八十乘。子方望之以爲人君也，道狹下抵車而待之。翟黃至，而睹其子方也，下車而趨，自投下風曰，觸田子方。曰：『子與吾鄉者望子疑以爲人君也。子至，而人臣也，將何以至此乎？』翟黃對曰：『此皆君之所以賜臣也，積三十歲，故至於此。』

又 卷一一《善說》 襄城君始封之日，衣翠衣，帶玉劍，履縞舄，立於遊水之上。

又 卷二〇《反質》 趙簡子乘敝車瘦馬，衣羖羊裘。其宰進諫曰：『車新則安，馬肥則往來疾，狐白之裘溫且輕。』

漢·蔡邕《獨斷》 高山冠，齊冠也，一曰『側注』。高九寸，鐵爲卷梁，不展筩，無山。秦制，行人使者所冠。

胡廣曰：『高山冠，蓋齊王冠也。秦滅齊，以其冠賜謁者。』

法冠，楚冠也。一曰『柱後惠文』，一曰『獬豸冠』。柱高五寸，以纚裹鐵柱卷。秦制，執法服之。

胡廣曰：《左氏傳》有『南冠而縶者』。國語曰：『南冠以如夏姬。』是知南冠，蓋楚之冠。秦滅楚，以其冠賜御史。

《晉書》卷二五《輿服志》 鶡冠，加雙鶡尾，竪插兩邊。鶡，鳥名也，形類鷂而微黑，性果勇，其鬬到死乃止。上黨貢之，趙武靈王以表顯壯士。至秦漢，猶施之武人。【略】

遠遊冠，傅玄曰：秦冠也。似通天而前無山述，有展筩橫於冠前。惟太子及王者後常冠焉。太子則以翠羽爲緌，綴以白珠。其餘但青絲而已。

唐·杜佑《通典》卷五七《禮一七》 獬豸冠，秦滅楚獲其君冠，賜御史以纚爲展筩鐵爲柱卷，取其不曲撓也。執法者服之，或謂之獬豸冠。獬豸神羊，一角縫別曲直，楚王獲之以爲冠。

後唐·馬縞《中華古今注》卷中 袍者，有虞氏即有之，故《國語》曰『袍以朝見』也。秦始皇制，三品以上，綠袍深衣，庶人白袍，皆以絹爲之。

宋·司馬光《資治通鑑》卷四《周紀四·赧王三十六年》 （燕昭王）賜樂毅妻以后服，賜其子以公子之服；輅車乘馬，後屬百兩，遣相國而致之樂毅，立樂毅爲齊王。

又 卷一三二《嘉禮五・朝車》 蕙田案：【略】卿大夫以下朝車經無明文，《玉藻》紀大夫朝車有鹿幦、豹犆之文，亦未詳何車。但以巾車孤乘夏篆，卿乘夏縵，大夫乘墨車，士乘棧車考之，則卿大夫朝車應即此四等之車也。

清・戴震《戴東原集》卷二《記朝服》 諸侯日視朝，緇衣，十五升布而積素裳，是謂朝服。大夫以爲祭服。其冠委貌，所謂冠弁也。王服以田，燕養老亦如之。《士冠禮》『主人玄冠、朝服、緇帶、素韠』，《特牲饋食禮》『其祭也，賓及兄弟皆朝服、玄冠、緇帶、緇韠』。《經》於士之朝服言玄冠，士以冠，異於大夫以上弁也。《玉藻》記曰：『羔裘豹飾，緇衣以裼之。』鄭氏以羔裘爲卿大夫之朝服，惟豹袪與君異。《毛詩》曰『古者素絲以英裘』，言織之爲紃，施諸縫中者也。

又 《記玄端》 玄端、玄冠，士以爲祭服。《特牲饋食禮》『主人冠端玄』是也。《士冠禮》曰：『服玄冠、玄端、爵韠，奠摯見於君。』又曰：『玄端、玄裳、黃裳、雜裳可也。』《玉藻》記曰：『韠，君朱，大夫素，士爵韋。』鄭氏以爲玄端之韠，因而推次其裳色，則天子諸侯，玄端朱裳，大夫素裳。天子諸侯冕服赤舄，素積白舄，玄端黑舄，凡冕服皆舄。大夫士爵弁、纁屨、素積、白屨、玄端、黑屨。素積者，皮弁服、朝服同也。大夫士聽私朝，玄端。《世子之記》曰：『若內豎言疾，則世子親齊玄而養。』於此見玄端玄冠，諸侯以下齊服也。玄端之裘，蓋羔裘、狐青裘、麛裘。士入廟宜羔裘，天子諸侯玄端以居，狐青裘歟？故《玉藻》記曰：『君子狐青裘、豹褎，玄綃衣以裼之。麛裘青豻褎，絞衣以裼之。』絞衣則非用之皮弁服者，大蠟，皮弁素服，或絞衣麛裘乎？喪用鹿裘無袪。《檀弓》記曰：『練，鹿裘，衡長，袪，袪，裼之可也。』謂練而爲裘，視初喪橫廣之又長之，有袪飾，又可加以裼衣。鄭氏以爲鹿裘之裼衣亦以絞，絞，蒼黃色也。綃者，綺屬，則天子諸侯玄端以繒，可知也。士玄端若深衣，狐黃及雜裘，宜無不可用之。《論語》『黃衣狐裘』，舊說息田夫黃衣黃冠而祭之裘也。《詩》『狐裘黃黃』，玄端深衣之裘也。

又 《記深衣》 深衣，連衣裳，殺幅而不積。鄭氏曰：『深衣，連衣裳而純之以采者，素純曰長衣，有表則謂之中衣。』《詩》『麻衣如雪』，言深衣也，此其純采者。布純亦曰麻衣，大祥，素縞麻衣是也。公子爲其母及

論說

《荀子》卷一九《大略》 魯哀公問於孔子曰：『吾欲論吾國之士與之治國，敢問何如取之邪？』孔子對曰：『生今之世，志古之道，居今之俗，服古之服，舍此而爲非者，不亦鮮乎？』哀公曰：『然則夫章甫、絇屨、紳帶而笏者此賢乎？』孔子對曰：『不必然，夫端衣、玄裳、絻而乘路者，志不在於食葷；斬衰、菅屨、杖而啜粥者，志不在於酒肉。生今之世，志古之道，居今之俗，服古之服，舍此而爲非者，雖有，不亦鮮乎！』哀公曰：『善！』

漢・桓寬《鹽鐵論》卷七《散不足》 賢良曰：『古者庶人耋老而後衣絲，其餘則麻枲而已，故命曰布衣。及其後，則絲裏枲表，直領無褘，袍合不緣。』

清・秦蕙田《五禮通考》卷六九《吉禮六九・服飾總》 蕙田案：【略】其王以下之冕服，則《司服》云，公之服自袞冕而下如王之服，侯伯之服自鷩冕而下如公之服，子男之服自毳冕而下如侯伯之服，孤之服自希冕而下如子男之服，卿大夫之服自玄冕而下如孤之服。《疏》云，上得兼下，下不得僭上也。案：諸侯於天子降殺以兩，上公雖與天子同袞冕，而服止九章，冕止九旒，三採九玉。以此推之，則侯伯鷩冕者，服七章，冕七旒，三採七玉；子男毳冕者，服五章，冕五旒，二採五玉；孤絺冕者，服三章，冕三旒，二採三玉；卿大夫玄冕者，服一章，冕無旒玉。天子五冕，旒數減而玉數不減；諸侯五冕，旒數減而玉數亦減，則同之中有不同者在也。又案：諸侯之服，其章數皆依命數，而侯國諸臣之服不隨命數爲章數，故孤四命而希冕三章，卿大夫有三命、再命之異，而玄冕一章則同服也。再命乃受服。子男之大夫一命，其士不命。公侯伯之士一命，俱未受冕服而服皮弁，其色如爵，所謂爵弁也。然則王朝諸臣之服，經雖不見，以義推之，其出封皆加一等，以四命之孤而服三章之希冕例推之，則王之三公八命必服七章之鷩冕，卿六命服五章之毳冕，大夫四命服三章之希冕，士之三命、再命同服一章之玄冕可知。一命之士未受服者，則但服爵弁。而鄭康成王昭明乃爲八旒、六旒、四旒、二旒諸服之說抑鑿矣。

妻，練冠、麻衣、縓緣，鄭氏以爲如小功布。深衣記曰：「具父母，大父母，衣純以繢。具父母，衣純以青。如孤子，衣純以素。」《曲禮》曰：「爲人子者，父母存，冠衣不純素。孤子當室，冠衣不純采。」《論語》曰：「君子不以紺緅飾。」古者，布幅廣二尺有二寸，謂之中量，凡削幅減寸者，二齊亦寸。衣左右，終幅屬袂，終幅減削幅，中人之手八(寸)[尺][五]，是其度也。長衣中衣過之，揜尺。袂之圍四尺四寸，自胡下殺而前，袂末謂之祛，圍二尺四寸，規胡下刳衣之幅。《記》曰：「袂圜以應規。」又曰：「袼之高下，可以運肘。」袼，胡下也。刳之，要中之圍七尺二寸，所謂深衣三祛也。裳以布六幅，幅分之尺一寸。正者八，減削幅則八九七尺二寸，與衣相屬。旁屬交裁，殺幅一端二寸，一端二尺在下，減削幅則尺八寸，殺而上。如是者四，是爲深衣之衽，所謂衽當旁也。衣裳之左前後續，右有曲裾鉤之，故曰續衽鉤邊，合十二幅，則下齊丈四尺四寸，倍於要。中衣交領謂之袷，廣二寸。緣謂之純，純邊謂之綼，裳下緣謂之緆，與純袂廣各寸半。

又《記中衣褐衣襦褶之屬》 中衣，凡絲衣以素，其餘以布。《郊特牲》記曰：「繡黼丹朱中衣，大夫之僭禮也。」《爾雅》：「黼領謂之襮。」孫叔然曰：「繡刺黼文以褗領。」《詩》「素衣朱襮」是也。言丹朱以爲純。襦，君朱，大夫纁。凡襦褶之屬，其外中衣，中衣之外上衣。若裘則有裼衣，裼衣之外上衣。夏則絺綌之外上衣。近體襌衣曰明衣，《玉藻》記曰：「裘之裼也，見美也，弔則襲，不盡飾也。君在則裼，盡飾也。服之襲也，充美也，是故尸襲，執玉、龜襲。無事則裼，弗敢充也。」鄭氏曰：「裼者，免上衣，見裼衣。」凡當盛禮者，以充美爲敬；非盛禮者，以見美爲敬。禮尚相變也。凡袒裼者左，《論語》當「暑袗絺綌，必表而出之」，無上衣曰袗。《記》曰：「振絺綌不入公門，表裘不入公門，襲裘不入公門。」然則固有不服上衣而袗絺綌表裘者矣。犬羊之裘不裼，不文飾也。不裼，則有雖裘而不以衣裼之者矣。君子之於褻，蓋亦無嫌質略也。

又《記冕弁冠》 古之爲冠者，辟而縮縫，所以覆乎前後，謂之冠；其下圍髮際者，自前而後及項，有以結之。缺而不周謂之缺，亦曰缺項。《士冠禮》「緇布冠缺項青組，纓屬於缺」是也。鄭氏曰：「隅爲四綴以固冠」，謂上與冠爲固也。《記》曰：「大古冠布，齊則緇之。」又曰：「大白冠，緇布冠，皆不蕤，委武，玄縞而後蕤。」然則古者冠無武，缺項，武之始也，是以惟緇布冠有之。後王之制，法大古冠以爲喪冠，而吉冠辟積無數，易之以衡縫，有冠卷而去缺項。冠卷謂之武，或謂之委。纓以組二屬於武，結頤下，既纓，飾以緌。《玉藻》記曰：「玄冠，朱組纓，天子之冠也。緇布冠，繢緌，諸侯之冠也。玄冠，丹組纓，諸侯之齊冠也。玄冠綦組纓，士之齊冠也。縞冠玄武，子姓之冠也。縞冠素紕，既祥之冠也。垂緌五寸，惰遊之士也。玄冠縞武，不齒之服也。居冠屬武，自天子下達，有事然後緌。」屬武者，纓也。不言纓，以緌見之，故省其文也。凡吉冠內聯武上。

清·錢大昕《潛研堂文集》卷三《冕衣裳説》 《論語》「子見齊衰者、冕衣裳者」，又云「見冕者與瞽者」，《魯論》「冕」皆作「絻」。按《士喪禮》「衆主人免於房」，《喪服記》「朋友皆在他邦，袒免」，先儒以爲免象冠，廣一寸，用麻布爲之。「免」亦作「絻」，齊衰服之重者；絻，服之輕者。舉其至重與至輕者，而五服統之矣。先言齊衰，後言絻，言之序也。古者「冕」、「絻」二字多相亂。《説文》「冕」或作「絻」。《管子》「衣服緷絻，盡有法度。」《荀子》「乘軒戴絻，卑絻黼黻。」《史記·禮書》「郊之麻絻。」《文選注》引《大戴禮》「絻而前旒，所以蔽明也。」是「冕」之訛爲「絻」也。《論語》「冕衣裳者」，是「絻」之訛爲「冕」也。包咸乃以冕爲大夫之服。大夫冕而祭於公，弁而祭於己，非助祭於公，無服冕之時。且不獨大夫也，天子視朝以皮弁，田獵以冠弁；諸侯視朝以玄冠，非朝覲、祭祀、會同不冕也。夫子不助祭於公，何爲見冕衣裳者乎？經以「冕衣裳」與「齊衰」與「瞽者」竝舉，則「冕」之爲「絻」，審矣。《古論》又作「弁」，弁亦大夫士之祭服，非燕居之服。惟《周禮·司服》職云：「凡弔事，弁絰服。」注：「弁絰者，如爵弁而素，加環絰。」此以「弁衣裳」與「齊衰」同言，意者其弁絰乎！弁之與絻，制雖不同，其爲凶服，一也。

清·胡培翬《研六室文鈔》卷一五《答章生遇鴻問韋弁書》 問：據《周禮·弁師注》士亦有韋弁，而《士冠禮》陳服何以無韋弁？

《儀禮·士冠禮》陳三服，有爵弁、皮弁，無韋弁。據《周禮·司服》，韋弁在皮弁之上，而士之服止云「自皮弁而下如大夫之服」，則士不必有韋弁也。《弁師》言諸侯及孤、卿、大夫之冕，韋弁、皮弁。弁絰亦未言士。鄭《注》兼士言者，以一命之大夫冕而無旒，疑與士同，故特言士變冕爲爵弁以

別之。又以士之皮弁會無結飾與一命大夫同，故退韋弁、皮弁之文，在下言之耳。《注》所云韋弁，自指大夫，非謂士亦有韋弁也。士無韋弁，兵事當服甲，故云甲士。甲則首服，胄不服弁，故云君子甲胄則有不可辱之色。《司服》凡兵事，韋弁服，蓋爲王言之。據《聘禮》，君使卿韋弁，歸饔餼；夫人使下大夫韋弁，歸禮。則大夫以上皆有韋弁矣。《荀子》有士韋弁之文，皮韋同類，當即謂皮弁耳。陳用之因《冠禮》有爵弁無韋弁，《周禮·司服》有韋弁無爵弁，遂謂爵弁、韋弁爲一物，不知《儀禮》有爵弁又有韋弁，爵弁用布，韋弁用韋，爵色近五入之緅而韋用一入之韎，固有不容強同者，陳氏説非也。

清·張錫恭《茹荼軒文集》卷二《修禮芻議五·服制》 聖人南面而治天下，必自人道始。人道者何？親親也，尊尊也，長長也，男女有別也。所不可得與民變革者也。而制服之六術，由此而生。六術之目：一曰親親；二曰尊尊；三曰名，所以著男女之別也；四曰長幼三殤之服，所以明長幼之序也；以是四者爲之經。五曰出入；六曰從服以緯之。親親有殺，尊賢有等，相愛有恩，相接有文。以經綸天下之大經，其詳在《禮經·喪服篇》。而劉氏《別録》序《禮經》目次，列於凶禮之首者，明不止爲凶禮用也。及讀《大清通禮》，乃僅記於官員喪禮成服節內，其故何哉？閒嘗紬繹而得其説矣。蓋自貞觀君臣定『嫂叔相爲小功』，而所謂異姓主名者失其義矣。上元中，武后表父在爲母齊衰三年，而所謂尊無二上者，又失其義矣。洎乎開元制禮書，則《禮經》中『君臣相爲之服，大夫尊降』之文，此唐人之失也。降及有明，太祖以寵孫貴妃之故，升父在爲母斬衰三年，庶子爲生母、慈母皆斬衰。據是以在臆斷紛更，舉凡尊親之信屈適庶之貴賤，一埽而盡空之。而三爲之服以廢長幼之節者，猶其次焉者已。泯泯棼棼，法大亂，曾何異厲王之制法則而詩人刺之，目爲憲憲泄泄也哉。此明人之大失也。然而沿襲既久，反古實難。非教化之有成，何能與斯民驟復古制！既不能驟復古制，則所謂喪服者，僅爲五屬之人制服而已。其記於成服節內者，蓋有不得已焉矣。伏考公羊氏春秋學有漸進之説，撥亂世爲升平，進升平爲大平也。今者奉詔修禮執簡諸臣，竊附公羊春秋漸進之義，據現行之制服附注古經及唐以後變革之源委，篇幅既繁，出之於成服節內，別自爲篇，次於王公喪禮之後，其不冠於凶禮首者，明。今日所編未能驟復古經也。其別自成篇者，不溢於卷帙，將以待久道化成，復隆周之盛典，替唐明之曲學也。喪服既復古經，據是以經緯萬端，祖述堯舜，憲章文武，小臣敢執筆以俟之。

印信制度分部

綜　述

璽印

《左傳·襄公二十九年》（夏四月）公還，及方城。季武子取卞，使公冶問，璽書追而與之。

《呂氏春秋·適威》 民之於上也，若璽之於塗也，抑之以方則方，抑之以圜則圜。

《戰國策》卷三二《宋衛策·衛嗣君病》 衛嗣君病。富術謂殷順且曰：『子謂君：「君之所行天下者甚謬。絏錯主斷於國，而挐薄輔之，自今以往者，公孫氏必不血食矣。」』君曰：『善。』與之相印，曰：『我死，子制之。』

《韓非子·外儲説左下》 梁車用法，而成侯收璽。

《睡虎地秦墓竹簡·秦律·金布律》 官錢受錢者，千錢一畚，以丞、令印印。不盈千者，亦封印之。

又 《法律答問》 『（僑）〔矯〕丞令』（可）〔何〕殹（也）？爲有秩僞寫其印爲大嗇夫。【略】

亡久書、符券、公璽，衡（羸）〔累〕，已坐以論，後自得所亡，論當除不當？不當。

《史記》卷四六《田齊世家》 騶忌子見三月而受相印。

又 卷七〇《張儀列傳》 （楚王）乃以相印授張儀，厚賂之。張儀已卒之後，犀首入相秦。嘗佩五國之相印。

又 卷七九《范雎蔡澤列傳》 秦王乃拜范雎爲相，收穰侯之印，使歸陶。蔡澤相秦數月，人或惡之，懼誅，乃謝病歸相印，號爲綱成君。【略】

蔡澤笑謝而去，謂其御者曰：『吾持粱刺齒肥，躍馬疾驅，懷黄金之印，結紫綬於要，揖讓人主之前，食肉富貴，四十三年足矣。』【略】夫虞卿躡屩簷簦，一見趙王，賜白璧一雙，黄金百鎰；再見，拜爲上卿；三見，卒受相印，封萬戶侯。夫魏齊窮困過虞卿，虞卿解相印，捐萬戶侯而閒行。

又 卷四四《魏世家》（魏哀王）九年，魏相田需死，楚害張儀、犀首、薛公。楚相昭魚謂蘇代曰：『田需死，吾恐張儀、犀首、薛公有一人相魏者也。』代曰：『莫若太子之自相。太子之自相，是三人者皆以太子爲非常相也，皆將務以其國事魏，欲得丞相璽也。以魏之彊，而三萬乘之國輔之，魏必安矣。故曰莫若太子之自相也。』遂北見梁王，以此告之。太子果相魏。

又 卷七七《魏公子列傳》 魏王見公子，相與泣，而以上將軍印授公子，公子遂將。

又 卷三四《燕世家》 王因收印自三百石吏已上而效之子之。子之南面行王事，而噲老不聽政，顧爲臣，國事皆決於子之。

《後漢書》卷一九《祭祀志下》 嘗聞儒言，三皇無文，結繩以治，自五帝始有書契。至於三王，俗化彫文，詐僞漸興，始有印璽以檢姦萌。

兵符

《左傳·哀公十四年》（司馬子仲）對曰：『魋之不共，宋之禍也，敢不唯命是聽。』司馬請瑞焉，以命其徒攻桓氏。晉杜預注：瑞，符節，以發兵。

《杜虎符》 兵甲之符，右在君，左在杜。凡興士被甲，用兵五十人以上，必會君符乃敢行之；燔燧之事，雖毋會符，行殹。

《秦新郪虎符》 甲兵之符，右(才)[在]王，左(才)[在]新郪。凡興士被甲，用兵五十人以上，必會王符，乃敢行之；燔燧事，雖(母)[毋]會符，行殹(也)。

《戰國策》卷五《秦策三·應侯謂昭王》 應侯謂昭王曰：『今太后使者分裂諸侯，而符布天下，操大國之勢，強徵兵，伐諸侯。』

又 《范睢至秦》 范睢曰：『穰侯使者操王之重，決裂諸侯，剖符於天下，征敵伐國，莫敢不聽。』宋鮑彪注：剖，猶分。符，信也，謂軍符。

《韓非子·孤憤》 故主失勢而臣得國，主更稱蕃臣，而相室剖符。

《史記》卷七七《魏公子列傳》 公子從其計，請如姬。如姬果盜晉鄙兵符與公子。

節傳

《周禮·地官司徒·司關》 掌國貨之節，以聯門市。司貨賄之出入者，掌其治禁與其征廛。凡貨不出於關者，舉其貨，罰其人。凡所達貨賄者，則以節傳出之。國凶劄，則無關門之征，猶幾。凡四方之賓客敂關，則爲之告。有外內之送令，則以節傳出內之。

又 《掌節》 掌守邦節而辨其用，以輔王命。守邦國者用玉節，守都鄙者用角節。凡邦國之使節，山國用虎節，土國用人節，澤國用龍節，皆金也，以英蕩輔之。門關用符節，貨賄用璽節，道路用旌節，皆有期以反節。凡通達於天下者，必有節，以傳輔之。無節者，有幾則不達。

又 《秋官司寇·小行人》 達天下之六節：山國用虎節，土國用人節，澤國用龍節，皆以金爲之；道路用旌節，門關用符節，都鄙用管節，皆以竹爲之。成六瑞：王用瑱圭，公用桓圭，侯用信圭，伯用躬圭，子用穀璧，男用蒲璧。合六幣：圭以馬，璋以皮，璧以帛，琮以錦，琥以繡，璜以黼。此六物者，以和諸侯之好故。

《墨子·號令篇》 諸城門若亭，謹候視往來行者符。符傳疑，若無符，皆詣縣廷言，請問其所使。其有符傳者，善舍官府。其有知識兄弟欲見之，爲召，勿令入里巷中。

《戰國策》卷二《西周策·雍氏之役》 雍氏之役，【略】蘇代遂往見韓相國公中曰：『與之高都，則周必折而入於韓，秦聞之必大怒而焚周之節，不通其使，是公以弊高都得完周也，何不與也？』公中曰：『善。』

又 卷三〇《燕策二·昌國君樂毅爲燕昭王合五國之兵而攻齊》 望諸君乃使人獻書報燕王曰：『先王命之曰「我有積怨深怒於齊，不量輕弱而欲以齊爲事」。臣乃口受令，具符節，南使臣於趙。顧反命，起兵隨而攻齊。』

《商君書》卷五《定分》 秦法，凡官吏及民有問法令者，主法令之吏，各以所問者明告之。爲尺六寸之符，明書年、月、日、時及問者名，以左券予之。謹藏其右券，封以法令之長印。

《韓非子·説林上》 田成子去齊，走而之燕，鴟夷子皮負傳而從。

《荀子·君道》 合符節，别契券者，所以爲信也。上好權謀，則臣下百吏誕詐之人乘是而後欺。

《史記》卷六九《蘇秦列傳》 蘇秦既相六國，使使盟於周室，焚秦符。

又 卷七〇《張儀列傳》 張儀曰：「臣奉王之節使楚。」

又 卷七五《孟嘗君列傳》 昭王釋孟嘗君，得出，即馳去，更封傳，以出關。昭王悔，即馳傳逐之。

清·孫楷《秦會要》卷九《輿服·符節》 秦法，凡官吏及民有問法令者，主法令之吏，各以所問者明告之。爲尺六寸之符，明書年、月、日、時及問者名，以左券予之。謹藏其右券，封以法令之長印。《商君書·定分篇》。案惠氏士奇《禮説》云：「秦符六寸。」此言尺六之符，蓋本於孝公，而始皇更定其制也。

又 《輿服·傳》 宋留以軍降秦，秦傳留至咸陽。《陳涉世家》。如淳注《漢書·文帝紀》曰：「兩行書繒帛，分持其一，出入關合之，乃得過，謂之傳也。」

政治嬗變總部

通紀概説部

春秋無義戰分部

論説

《孟子》卷一四《盡心下》　孟子曰：春秋無義戰。彼善於此，則有之矣。征者，上伐下也，敵國不相征也。

宋·孫覺《春秋經解》卷三《莊公四年》　紀侯大去其國。【略】孟子曰：春秋無義戰。彼善於此，則有之。以此施於《春秋》，不獨戰伐之一事。蓋《春秋》之意，孟子以一言盡之：『彼善於此，則有之。』此極至之論也。春秋之時，無德而固守其位，無道而固持其國者，天下皆是也。終於一身之不保而至於奔亡，生民之無辜而至於塗地。紀侯於是之時，不忍鬬傷其民而苟全一身之爵也。使其弟以酅入齊，以存其祀而脱身去之，宗祀復存，不可曰滅；其臣與民未嘗逐之，不可曰奔。聖人美其輕去一身之位，而重舉一國之民也，特變其文而曰『大去』。紀侯之所謂賢，蓋春秋之時賢也，非孔子之所謂賢也；大去之所謂褒，蓋春秋時之褒，非孔子之所謂褒也。太王去邠國，人從之，邠之地亡而人未嘗亡也；紀侯去國，國且至于亡而人亦亡也。邠之人，被太王之德，深如父母也。父母往，則子從之，故太王亡邠，不亡其人也。紀之人被紀侯之德淺，其爲紀民與爲齊民等耳。紀亦一君，齊亦一君，去紀而歸齊，則是失一君而得一君也。故紀侯去國，民不從之，紀侯亡紀，遂亡其人也。《春秋》之賢紀侯，乃爲當時忍鬬其民者設也。紀侯之賢，春秋之賢耳，非孔子之所謂賢也。蓋去其國而不若太王者，皆孔子所未與者也。孔子論羣弟子之行，未常與之爲仁。而管仲者，孔子謂之如其仁，蓋管仲之仁，齊小白時之仁也。然則紀侯之賢，乃春秋時之賢爾。此不可不辨。

宋·程頤、程顥《二程遺書》卷二五《暢潛道本》　子曰：王者之迹熄，而《詩》亡；《詩》亡，然後《春秋》作。春秋無義戰。彼善於此，則有之矣。征者，上伐下也，敵國不相征也。故知《春秋》者，莫若孟子。

宋·蕭楚《春秋辨疑》卷二《戰敗雜辨》　孟子曰：春秋無義戰。彼善於此，則有之。城濮之役，文所以攘夷狄，惟此可以當之。鄢陵之役，雖無桓、文之功，亦以中國而敗夷狄，抑其次歟？不然，比泓與邲之役，反見敗于夷狄者異矣。至于河曲之役，則又甚可惡也。《春秋》内戰始于郎，外戰始于宋。聖人于此二役特異文以書之，誅其首禍民也。由是知凡書戰，皆重其事也，其所予者，信乎『彼善於此』而已爾。至其書敗者亦然，春秋之時，四夷交侵中國，不絶如線，列國有能戰而敗之，比之中國而敗中國與夫反見敗于夷狄者有間矣。然中國之敗夷狄，夷狄之敗中國，聖筆無予奪于其間哉！曰：此《春秋》之微旨也。夫四夷之于中國，猶望舒之對大陽，雖不能相無而明暗自殊。至于猖狂跋扈，侵軼莫制，由中國之失其御也。《詩》不云乎：『雅盡廢，則四夷交侵。』《書》曰：『無怠無荒，四夷來王。』故聖筆一類書之，以見中國之失道而後四夷乘之也。且聖人于《春秋》，既予桓、文之攘夷狄，至于其他之伐敗侵戰夷狄者，又一一而予之，則後世徒知利兵堅甲以服四夷，而驅吾赤子麋爛于不毛之地，將接迹而記，則舞干因壘不足取信，文德來遠殆爲迂闊之談。于此見聖人防世之慮深矣。

宋·林之奇《尚書全解》卷一三《夏書·胤征》　孟子曰：春秋無義戰。彼善於此，則有之矣。征者，上伐下也，敵國不相征也。又曰：五霸者，摟諸侯以伐諸侯也。故曰：天子討而不伐，諸侯伐而不討。五霸者，三王之罪人也。春秋之世，五霸之戰，伐不爲不多矣，而孔子皆無取焉。蓋以命自己出，不由天子之命。征率敵王所愾而往伐之，其名曰征。征者，天子討有罪之辭也。古之人有行之者，禹之於有苗，胤侯之於羲和是也。舜曰：『咨，禹惟時有苗弗率，汝徂征。』禹乃會羣后誓於師，而往征之。羲和湎淫，廢時亂日，胤后承王命徂征。此皆奉天子之命而以

伐有罪。其用兵行師，皆以義而動，非五霸之摟諸侯以伐諸侯，爲敵國之相征也。然舜，大聖人也；禹，亦大聖人也。又適當至治之世，禹之居攝，奉舜之命以徂征有苗，雖其事則美然未見，其爲難也。至於仲康之嗣位，適當有夏中衰之運，羿以兵拒。太康執其國政，社稷安危在其掌握。仲康當此之時，乃能命胤侯以徂征。胤侯當此之時，乃能奉仲康之辭以伐有罪。彼羿雖挾震主之威，擅竊國之柄，不可得而制之者，惟其兵以義動故也。此誠天下之至難，而仲康、胤侯能之，則其智勇之絶人，蓋可見矣。故《夏史》録其書以爲後世法，其名曰《胤征》。仲尼定《夏書》纔四篇，而《胤征》在焉。蓋征之爲言，正也。以胤侯之征義和，奉天子之命而不敢專，以爲萬世法者也。學者能以此篇之義而觀之，則知《孟子》所謂『五霸者三王之罪人』，又謂『春秋無義戰』者，誠非過論也。此篇雖以《胤征》爲名，然以典、謨、訓、誥、誓、命之體求之，其實誓也。自『嗟予有衆』而下，皆胤侯誓師之辭也。唐孔氏徒見此篇無『誓』字，遂於六體之外，增其四以爲十，曰貢、歌、征、範。貢者，謂《禹貢》也；歌者，《五子之歌》；範者，《洪範》；而征者，則謂此篇也。夫苟以『征』字爲書之體，則《西伯戡黎》『戡』字亦當爲一體乎？漢孔氏曰：仲尼討論《墳》《典》，斷自唐虞以下，訖於周。芟夷煩亂，翦截浮辭，舉其宏綱，撮其樞要，足以垂世立教。典、謨、訓、誥、誓、命之文，凡百篇。據漢孔氏之意，蓋以謂書之體，盡於此而已。而唐孔氏則贅以爲十，甚失先儒之意。此不可不詳論也。

宋・朱熹《四書章句・孟子集註》卷七《盡心下章句》 孟子曰：春秋無義戰。彼善於此，則有之矣。《春秋》每書諸侯戰伐之事，必加譏貶，以著其擅興之罪，無有以爲合於義而許之者。但就中彼善於此者，則有之，如召陵之師之類是也。征者，上伐下也，敵國不相征也。征，所以正人也。諸侯有罪，則天子討而正之，此春秋所以無義戰也。

宋・張大亨《春秋通訓》卷二《桓公》 齊侯、衛侯、鄭伯來戰於郎。

宋・朱熹《孟子精義》卷一四《盡心章句下》 孟子曰：春秋無義戰。彼善於此，則有之矣。征者，上伐下也，敵國不相征也。

横渠曰：天子討而不伐，諸侯伐而不討。故雖湯武之舉，不謂之討，而謂之伐。陳恒弑君，孔子請討之，此必周制。鄰國有弑逆，諸侯當不請而討。孟子又謂：征者，上伐下，敵國不相征。然湯十一征，非賜鈇鉞，則征伐之名，至周始定耳。尹曰：征也者，王者之正天下也。春秋之際，敵國相殘耳，皆王者之罪人也。

宋・張栻《孟子説》卷七《盡心下》 孟子曰：春秋無義戰。彼善於此，則有之矣。征者，上伐下也，敵國不相征也。

謂春秋無義戰者，蓋不論其得失利害，循其本而言之也。夫以上征下，則有征，諸侯不禀命於天子而互相征討，動則爲不義矣。然而彼善於此，則有之，蓋本非盡善也。以此而方諸彼，則淺深輕重之間有庶幾者耳，而其爲不義則一也。如齊桓公侵蔡、伐楚，如晉文公城濮之戰。在當時，其事雖若善，至於不禀王命而擅用其師，則均爲不義而已矣。然則一時諸侯當如之何？寡怨息乎睦鄰撫衆以歲時承事於宰旅，或不幸而爲他國之所侵陵。理義所在，蓋不可得而屈也，若是則得之矣。

宋・郭雍《郭氏傳家易説》卷一《師・九二》 《九二》：在師中吉无咎，王三錫命象曰在師中吉承天寵也，王三錫命懷萬邦也。《九二》：以至剛之才，爲一卦之主，其行師用兵之道，宜一以剛濟矣，而能用中焉，此蓋丈人主師之道也。用中則吉而无過，何咎之有？是以王三錫命以寵其无咎之吉，非攻戰之功也。昔禹之徂征也，苗民逆命，而班師振旅。文王之命將也曰薄伐西戎，宣王之北征也曰薄伐玁狁，皆以用中爲貴也。用中，故无過之可補，又何必有戰勝之功而後爲吉乎？春秋無義戰，聖人貶之久矣。後世爭地以戰，殺人盈野；爭城以戰，殺人盈城。孟子辭而闢之，其言有曰：『徒取諸彼以與此，然且仁者不爲，而況殺人以求之乎？』又曰：『我能爲君約與國，戰必克。今之所謂良臣，古之所謂民賊也。』觀此則知殺獲之功，固非聖賢所尚矣。是知中吉之寵，爲懷萬邦之道，不然，以王命三錫民賊，則天下被不仁之害，適足以糜爛吾民，尚何懷萬邦之有？是以古之仁賢之將，率以安民，和衆爲先，恥爲孫、吴小人變詐之技，視殺獲首虜初无意焉。其安疆場之功，後世蒙其利而人无知者，《師卦》所謂『丈人之徒』歟？史氏既不能暴白于天下，徒誇大匹夫悍卒與夫權謀狙詐之士，以資委巷之談，識者悲之，安得以《師》中之道，發潛德之光哉？

宋·葉夢得《葉氏春秋傳》卷八《僖公三年》 遂伐楚，次于陘。

遂，繼事之辭也。齊之侵蔡，志在楚也，故蔡潰，遂伐楚。次于陘，伐之道也。古之伐罪者，必有威讓之令，文告之辭，不遽加之兵也。齊蓋命於楚曰：『爾貢包茅不入，昭王南征不反。』對曰：『貢之不入，寡君之罪也，敢不共給？昭王之不復，君其問諸水濱。』楚蓋未之服焉。進而次于陘，屈完來盟于師，始退，而盟于召陵。以是爲伐之道也。葉子曰：昔者稱管仲曰『相桓公，九合諸侯，一匡天下，微管仲，吾其被髮左衽矣。』其在此伐也歟？然而辭無所褒，何也？《春秋》，王道也。自伐楚而言，中國所賴以安，則雖管仲以爲仁可也；自王道而言，則小白亦霸而已矣。天下何取於爲霸？故小白之事，管仲之功，《春秋》未嘗有異辭。而爲《公羊》者，乃始進之爲王者之事，挈小白，以爲《春秋》每致意焉。盟不日會，不致有過，則爲之諱。《穀梁》從而和之，山戎之伐以人爲愛，葵丘之會以日爲美，梁丘之遇，以辭爲大。夫春秋豈區區於一小白哉？信斯言也，是將率天下以爲霸乎？孟子曰：春秋無義戰。彼善於此，則有之矣。然《春秋》未嘗與戰也，吾亦以爲小白於諸侯，亦彼善於此爾，而何褒焉？故曰『仲尼之徒，無道桓文之事』，必孟子而後能知也。

宋·葉夢得《春秋考》卷一三《僖公》 孟子言春秋無義戰，彼善于此，則有之，城濮之類是也。然則戰而義，君子亦有取歟？衛靈公問陳子曰：『俎豆之事，則嘗聞之矣；軍旅之事，未之學也。』明日遂行，君子之惡兵蓋是如。然而曰『我戰則克』，夫豈『填然鼓之，兵刃既接』，殺敵而後爲克乎？記《禮》者以爲『君親視社，以習軍旅，求服其志，不貪其得』，以爲克之道，此亦知爲戰之道而已。孟子曰：『以天下之所順，攻親戚之所畔，故君子有不戰，戰必勝矣。』此戰之道也。若然，所謂好仁而無敵于天下者，誰與之戰乎？故曰『各欲正己也，焉用戰？』是以不戰爲戰也。孔子欲以正道正天下，齊小白之興其功雖在所録，而徒稱之曰『九合諸侯，不以兵車』。至于伐國者九，未有不貶而人之者，知其爲王道者，在此不在彼也。然則《春秋》三十四戰，偏戰猶在所誅，况詐戰乎？故内書用兵皆不言勝敗，不使得以敗見也。自敗邾師于偃以前，凡見敗者四，此内勝也；自及邾人戰于升陘前，凡凡見戰者三，皆内敗也。勝則見公，敗則没公，蓋皆公之爲，而大夫無預焉。惟閔公書『公子友敗莒師于酈』，一見而已。有爲言之也，非無大夫之戰也，其所責者，以公當之，則大夫略而不足言矣。自僖二十二年升陘之後，公不復見，而大夫見焉。然亦惟文見以叔孫得臣敗狄，昭見以叔弓敗莒。終春秋之世，惟此兩勝，而戰皆不書，豈此百五十七年之間，皆公將以大夫之敗耶？蓋其之衰也，諱不以責公，而以大夫當之。而大夫之敗，亦吾之所不可言也。姑見其勝者二而已，而書外伐我者二十有二，則我之屈而求成與諱而不可言者，皆不得而知也。所責者愈緩，則受責者愈深；所諱者愈多，則可諱者愈廣。是皆君子之惡戰以内者之也。夫著于内者如是其詳，則責于外者不待言而可知也。由是言之，非如孟子所謂『正己而焉用戰』，則如孔子所謂『我戰則克』者，夫誰與爲敵乎？

宋·吕本中《春秋集解》卷九《僖公四年》 四年春王正月，公會齊侯、宋公、陳侯、衛侯、鄭伯、許男、曹伯侵蔡。蔡潰，遂伐楚，次於陘。【略】

武夷胡氏《傳》：潛師掠境曰侵，侵蔡者，奇也。聲罪致討曰伐，伐楚者，正也。遂者，繼事之辭，而有專意。次，止也。楚貢包茅不入，王祭不供，無以縮酒，桓公是徵，而楚人服罪，師則有名矣。孟氏何以獨言『春秋無義戰』也，譬諸殺人者，或曰人可殺歟？曰：可。孰可以殺之？曰：爲士師，則可以殺之矣。國可伐歟？曰：可。孰可以伐之？曰：爲天吏，則可以伐之矣。楚雖暴横，憑陵上國，齊不請命，擅合諸侯，豈所謂爲天吏以伐之乎？《春秋》以義正名，而樂與人爲善，以義正名，則君臣之分嚴矣。書遂伐楚，譏其專矣。樂與人爲善，苟志於善，斯善之矣。書次于陘，楚屈完來盟于師，盟于召陵，序其績也。

宋·高閌《春秋集註》卷一四《僖公四年》 四年春王正月，公會齊侯、宋公、陳侯、衛侯、鄭伯、許男、曹伯侵蔡。蔡潰，遂伐楚，次於陘。

此齊侯大舉伐楚，所以攘夷狄而尊中國也。曷爲而先侵蔡乎？曰：侵者，無名興師也。齊侯欲攘夷狄，尊中國，經營馳驟十數年矣，豈如《左氏》所載，直爲蔡姬舉哉？今以伐楚會諸侯，則諸侯之師，實爲楚動。而齊侯以蔡先附楚，不與中國盟會者，二十有三年乃先加兵于蔡。

聖人罪其行事之迹，殆若怒蔡興師而因以及楚爾，故書曰『公會齊侯、宋公、陳侯、衛侯、鄭伯、許男、曹伯侵蔡』，蓋明其以蔡故而勤諸侯也。以蔡故而勤諸侯，則是一人之私，而非天下之公舉也。是之謂齊桓之譎，但以伐楚之名正而掩其譎爾。聖人實書之，見私欲之爲害如此，然予其爵者正，爲下文遂事起也。以蔡國區區嘗困于楚，而諸侯之師遽及其境，彼何恃而不駭且潰乎？蔡侯以是忿齊，終身不與中國盟會。雖然，諸侯守國，鑿斯池也，築斯城也，與民守之效死而勿去可也。今兵一及境，而民遂潰散，則君之不能守其民可知矣。沈潰、莒潰之類，皆是也。書遂者，著齊侯怒蔡興師，因乘諸侯兵力以伐之，不由天子之命也。孟子曰：春秋無義戰，彼善于此，則有之矣。齊侯伐楚不能爲，而非所謂爲天吏而伐之也。然楚乃蠻夷之國，强暴僭逆，憑陵中夏，天王不能治，而齊侯能奮中國之威，一舉而服之，而天下不胥爲左衽者，乃其力也。聖人于齊侯滅遂之後，用兵侵伐，皆貶稱人，至此稱爵者，予其有攘夷狄，尊中國之功也。是舉也，非止八國之師也，蓋自陽穀之後，小國從令而行，故不復舉之，自曹，許以上乃書爾。陘，楚地。齊侯以師壓其境焉，屈完所謂『君之涉吾地』是也。是時，楚國方强，齊將綏之以德，故次于陘以待之。既而楚使屈完來遂，與之盟。此見齊不遽加兵而楚已服矣。

宋·沈棐《春秋比事》卷一七《戰》 嗟乎！楚自莊僖以來，交亂天下，鴟張虎踞近二百年。至定哀之間，雖稍稍衰息，而强吳繼起，復踵其轍。至哀十年，魯以吳强，遂會伐齊，齊以吳兩見伐。故十一年，國書帥師與吳爲艾陵之戰。是時，吳勢方熾，中原無霸。晉已不足爭諸侯，抗夷狄，所賴區區之齊，敢爲吳敵耳。而勢微力單，不免取敗。而國書見獲。循至黃池之會，吳遂雄主諸侯，則中國之削弱，蓋不可救。是以《春秋》終書艾陵之戰曰：齊師敗績，獲齊國。書傷中國之不振，疾强吳之暴虐也。雖然，詳考《春秋》，書戰雖多，唯晉文城濮之戰、厲公鄢陵之戰。蓋當時足以得聖筆之褒美，其餘或戰而敗績，或戰而致勝，無非起無名之師，快一時之憤，重使當時之民，彫殘兵革，暴骨原野，非《春秋》之所取也。《孟子》曰：春秋無義戰。彼善於此則有之矣。誠知言哉！

《春秋》三十有三戰，未有以來戰言者。言來戰而不言所與戰，知吾未嘗戰也。來戰，彼志也；不言所與戰，吾志也。春秋無義戰，而爭地爭城，至於糜爛其民，則又不仁之甚者。桓公即位十年，于此矣，雖無侵伐，而不忘武備；雖有武備，而不敢用戰。於是三國犯之，而已不與爭，亦庶幾乎保國之仁矣。魯鄭伐宋，丁未戰于宋，十二，亦不言所與戰，知宋未嘗戰也，猶若此矣，特内外之辭異耳。

宋·李明復《春秋集義》卷三《隱公四年》 秋，翬帥師會宋公、陳侯、蔡人、衛人伐鄭。【略】

程氏學曰：天下有道，則禮樂征伐自天子出；天下無道，則禮樂征伐自諸侯出。蓋自周室東遷，天下蕩蕩，王者威令不出畿甸，諸侯肆行，自尋干戈，以相敵讐，生民之禍，於斯爲酷。故侵、伐、圍、入、取、滅之類，《春秋》各隨其事書之，以明天下無王也。孟子亦曰：春秋無義戰。彼善於此，則有之。征者，上伐下也，敵國不相征也。凡就乎其中，有善惡輕重，則必變文以示貶。聖人精微之志大，中權衡之法也。侵伐之例，諸家言者多矣，質之前後，義類必舛，未如趙氏之爲得也。趙子曰：『凡師，稱罪致討曰伐，無名行師曰侵。』然則執言者爲伐，無名者爲侵。考諸行事，可以見矣。襲者，輕行掩襲，若披衣然，惟襄公八年，齊侯襲莒一事耳。惡其以諸侯之尊，非法用兵，而襲人之不備也。圍者，圍其城邑，入其國都。

又 卷一九《僖公四年》 四年春王正月，公會齊侯、宋公、陳侯、衛侯、鄭伯、許男、曹伯侵蔡。蔡潰，遂伐楚，次於陘。【略】

程氏學曰：孟子曰：春秋無義戰。彼善於此，則有之矣。若齊桓伐楚，不由王命，非所謂爲天吏，則可以伐之者也。然楚蠻夷之國，强暴僭逆，憑陵中夏，桓公能奮十國之威，一舉服之，而天下不胥爲左衽者，迺其力也。故書曰侵蔡。蔡潰，遂伐楚，次于陘，不遽加兵而楚已服矣。故書曰楚屈完來盟于師，盟于召陵，彼自服而來求盟于我也。然則伐楚之役，召陵之盟，于春秋之世可謂善矣。如成二年，袁婁之盟，則異于是。齊雖强大，數侵諸侯國，而未若荆楚之暴；諸侯爲復私怨，而無如桓公之義。齊侯使國佐如師，非服而來也，畏晉之强而賂晉也，晉受賂而與之盟，我反及彼也。故不曰來盟，而曰秋七月，齊侯使國佐如師。己酉，及國佐盟于袁婁。《春秋》于王道，信輕重之權衡，曲直之繩墨也。

宋·趙鵬飛《春秋經筌》卷八《文公二年》 二年春王二月甲子，晉

侯及秦師戰于彭衙。秦師敗績。

春秋無義戰，戰而無義，何責哉？誅其兵意而已。前日殽之役，秦以無故而伐鄭入滑，晉乘人不虞，而要敗之，均不義矣。然其兵端實起於秦，秦不入滑，則晉不敗秦也。殽之敗，穆公歸而悔過自咎，可謂賢矣。然悔其敗而弭兵息民修文，公之好十晉，則晉將愧耻若撻於市，而洗心事秦，其忍以兵相向乎？今悔其敗而治戎練卒，以圖再舉，則是禍方深矣。何悔之有？則夫彭衙之敗，非不幸也。其後三十年，秦晉之戰無虛歲，兵連禍結，荼毒生民，皆起於秦穆之悔：不悔於德而悔於力也。今秦伐晉，而以晉侯及戰爲文。晉不屈也，晉先嘗敗人之兵矣。何以不屈？以入滑之故也。秦無故而入滑，使晉得以藉口而興戎，既敗而歸，則又何報？今報敗而又敗焉，則是兵端未有止息之期也。故聖人於晉書爵，而秦書師，非褒晉也。曰侯，曰師，秦、晉曲直之辯也。然則秦曲歟？曰秦所不當報而報也，穆公之悔是矣，其所以悔者，非其道也。則夫穆公之誓，何以列於《書》？蓋《誓》取其文子其義而已，不保其往也。今觀《秦誓》之文，誠有合于君子之道，可以爲世法，聖人姑取之。若其異日之非，則有《春秋》之法在。

宋·呂大圭《春秋或問》卷一一《僖公·侵蔡伐楚次陘盟于召陵》

或問：春秋無義戰。召陵之師，亦非義戰乎？曰：此所謂『彼善於此』者也。召陵之役，齊桓三十年圖楚之謀，至是始遂，而可盡非之乎？荆自莊十年見於《經》，十三年而桓尸爲北杏之會以圖諸侯，十六年又爲幽之盟，大合八國，然而未敢遽勤兵以遠畧，二十年而後伐戎，始有事於東方也。三十年而後，伐山戎再有事於北方也。至僖四年而後，南伐。蓋山戎强於戎，而楚尤强於山戎也。方其始也，兵威未甚振，故伐戎而已；其繼也，兵威既漸振，則伐山戎矣；又其後也，兵威既大振，則伐楚矣。是故荆敗蔡師，以蔡侯獻舞歸，此桓公未圖伯之時，固不必論。十四年，荆入蔡而不能救；十六年，荆伐鄭而不能救，豈桓公顧忘楚哉？力未可以有爲，則姑隱忍而將以有待也。二十八年，荆伐鄭，始會魯、宋以救之，然而未大戰也，又豈赦楚哉？力未可以大有爲，則姑解吾中國之急，而大舉則以俟他日也。梁丘之遇，謀伐楚矣；檉之會，謀救鄭矣；貫之盟，得江、黄。楚之右臂斷矣；徐人取舒，楚之種落散矣；陽穀之會，處置定矣；公子友如齊涖盟，諸侯之大夫各受約束矣。而楚之侵伐鄭者再，於是輕兵侵蔡，以破其黨；重兵次陘，以懾其氣，而向時倔强之楚，屈服而不暇矣。楚雖欲不使屈完來盟，不可得矣。然則包含隱忍於前日者，固將以大伸於今日邪？至於召陵之師，又何其整暇而有謀持重而不迫也。先侵蔡，非陵弱也，以爲蔡者楚之屬也。不先侵蔡，則楚未可伐，而彼得以併力以拒，我勝負特未可知也。以吾兵力之强而加於蔡，雖不待大興討伐之師，而楚固折北而不支矣。夫然後盡其力以萃於楚，可以集事，此攻堅瑕之術也。次于陘，非有畏，以爲吾方大合八國之師以壓敵竟，彼誠不量事力出與吾戰，則吾因可以坐收一勝之功，如其不然，吾乃深入其地，頓兵於方城、漢水之下，則其勝負亦未可知也。故次于陘，以修文告之辭，要以得其屈服則止，此審進止之宜也。迨夫屈完來盟于師，而乃退師。召陵以與之盟，非示怯也。蓋叛則討之，服則舍之，此伯主之義也。方其叛也，則提重兵以壓敵竟，所以示其武。及其服也，則退師召陵，以與之盟，所以示其仁。武以震之，仁以懷之，則中國之義合而蠻荆之心服矣。此兼威懷之道也。此蓋齊桓節制之師，而管仲教之也。楊子雲曰：《春秋》美召陵，正謂此也。或者乃爲之説，曰：《春秋》書屈完來盟，而不稱楚子使之，是屈完之盟，非楚子意也。楚之侵暴中國，於是爲甚，必當大有以懲創之。縱曰不加兵而使之自服，猶當屈楚子於盟而後可。今楚子不至而徒聽屈完之自盟，是示弱於楚矣。以堂堂八國之師侵蔡，而蔡潰於楚子屈服之餘，乘其餘鋒，聲罪致討，彼雖有方城、漢水，果足恃乎？今乃示弱於楚，卒之盟血未乾，而圍許、滅弦、伐徐之師繼出，皆齊桓示弱之過也，故召陵之就盟，不如城濮之一戰。爲此説者，誤矣。予嘗攷之，屈完之盟與齊國佐之盟一例也。然成二年，《春秋》書齊之事曰『齊侯使國佐如師。己酉，及國佐盟于袁婁。』曰如師者，請盟之辭也，請盟則盟與不盟未可知也。此年書楚之事曰『楚屈完來盟于師』。曰來盟者，前定之辭也，前定則楚之來盟固其意也。且書曰『楚屈完來盟于師』，猶曰荆人來聘耳，來盟不稱使來聘，亦不稱使可言來聘，非楚子使之邪？蓋其使屈完來盟者，自是楚不敢與齊戰，而後屈完始來，屈完來則楚服矣。伯者之用兵，要以服人則止，豈必較區區之勝負於兩陳之間哉？視召陵之師，又與城濮不類。城濮之戰，當是時，楚人圍宋，楚人

救衛，楚師固在外也。楚師在外，是出穴之虎也，與之一戰而決勝負則易。召陵之師，當是時，楚雖以前年冬伐鄭，而未嘗駐兵於中原，是楚師固已在國也，楚師在國，是距穴之虎也，與之一戰而決勝負則難。故侵蔡以伐其援，使之左顧右盼而失其助；次陘以壓其竟，使之彷徨自救而懼其亡，而又不深入客地以自犯難，不急蹙窮犬以致反噬，此真知兵者也。城濮之戰，可以挫楚之氣；召陵之師，可以服楚之心。孰謂召陵之功顧劣於城濮哉？又況先修文告之辭而不急於戰，次退召陵之師而不逼其盟，蓋又有王道氣象，非詭譎以求功者之比，殆管仲之爲歟？孔子稱之曰：『桓公九合諸侯，不以兵車，管仲之力也。』又曰：『管仲相桓公，伯諸侯，一匡天下，民到於今受其賜，微管仲，吾其被髮左衽矣。』聖人之稱予也如此，而或者顧欲薄其功，可乎？《公羊》曰：『桓公救中國而攘夷狄，卒帖荆楚。』此言得之矣。雖然，是役也責楚貢不入，王祭不供，楚人服罪，師有名矣。而孟子何以言『春秋無義戰』也？胡氏曰：『譬諸殺人者，或曰人可殺歟？曰：可。曰：孰可以殺之？曰：爲士師則可以殺之矣。國可伐歟？曰：可。曰：孰可以伐之？曰：爲天吏則可以伐之矣。楚雖暴横中國，齊不請命擅合諸侯，豈所謂爲天吏以伐之乎？』邵堯夫亦曰：『《春秋》，孔子之刑書也，功過不相掩。五伯者，功之首，罪之魁也。春秋之間，有功者未有大於五伯者也，有過者亦未有大於五伯者也。』觀二先生之言，則可以知孟子之意矣。

元・朱公遷《四書通旨》卷六　春秋無義戰。彼善於此，則有之矣。征者，上伐下也，敵國不相征也。《盡心下》。

右明興師之義。

愚謂弔民伐罪，興師之義也，湯武之師是已。春秋，彼善於此者，假義而已。若魯欲伐齊，則貪昧而不知義；齊欲滅燕，則暴虐而不合義。季氏欲伐公臣，則强僭而犯義；宋不度德量力而稱兵於倍地之四鄰，是又衡行賊義，以取敗亡者也。

元・李廉《春秋會通》卷首《讀春秋綱領》　《禮運》：子曰：大道之行也，與三代之英，丘未之逮也，而有志焉。大道之行也，天下爲公，選賢與能，講信脩睦，故人不獨親其親，不獨子其子，是謂大同。今大道既隱，天下爲家，各親其親，各子其子，大人世及以爲禮，城郭溝池以爲固，禮義以爲紀，禹、湯、文、武、成王、周公由此其選也。此六君子者，未有不謹於禮者也。以著其義，以考其信，刑仁講讓，示民有常，是謂小康。孟子曰：春秋無義戰。彼善於此，則有之矣。

案此《春秋》志大道待衰世之微意也。

元・趙汸《春秋師説》卷中《論漢唐宋諸儒得失》　先儒云：《春秋》者，聖人之刑書，謂《春秋》不用刑亦不可。然若專以此求《春秋》，則是聖人尚刑不尚德也。孟子曰：春秋無義戰。彼善於此，則有之矣。又曰：其事則齊桓晋文，其文則史，其義則某竊取之。又曰：孔子懼，作《春秋》。《春秋》天子之事，自有《春秋》以來，惟孟子獨見大意，其次則莊周，亦説得較平。所謂《春秋》，經世先王之志，聖人議而不辯。此最説得好。

明・徐問《讀書劄記》卷八　孟子曰：春秋無義戰。義如蠻狄猾夏、盜賊姦宄、臣子篡弑之類。方伯諸侯，奉王命而伐之，六師九伐，乃大司馬所執，諸侯不得而專之也。周天子征伐不行自諸侯出，互相攻取，非利其土地，通其貨賂，則合其黨與，固其私援，故其書法自伐之外，曰侵，曰戰，曰圍，曰入，曰遷，曰滅，曰敗，曰取，曰襲，曰追，曰戍，曰以，皆所謂無義戰而正其輕重之罪者也。曰彼善於此，只是齊桓因狄伐邢而救之，滅衛而存之，召陵責楚包茅不貢可予也。若晋文踐土之盟，乃召王以諸侯見，其定王室之亂，則請隧因與以陽樊温原攢茅之田，乘時射利，所書皆一罪案耳。

明・熊過《春秋明志録》卷六《文公元年》　冬，晋人、宋人、陳人、鄭人伐秦。

此先且居、公子成、轅選、公子歸生也。陳君舉言：《春秋》之始，大夫將恒稱人，由救鄭之後，略之始稱人也。自陽處父專將稱大夫是也，而《左氏》以爲尊秦。非是也。程正叔、胡康侯、趙企明皆以爲結怨勤民，是以貶焉，此可謂知理而不知例者。《春秋》書帥師者則有矣，皆魯大夫也。非魯大夫，則列國諸侯自將也，此内外之辨也。隱五年，邾鄭伐宋。桓十四年，宋以齊、蔡、衛、陳伐鄭，齊桓會兵伐邸，伐鄭，伐英氏。晋襄伐許，伐沈。諸如此類，皆無主名。春秋無義戰者是也，然彼善于此者，則固有之矣。不達于例而專以稱人爲貶辭，則士縠之專盟，陽處

父之專將，《春秋》不没其大夫名將，二大夫得爲賢乎？

明・柯尚遷《周禮全經釋原》卷九《夏官・司馬第四》 原曰：疆者，侯國都鄙之疆界也。是故大國不過百里，次國七十里，小國五十里，不能五十里曰附庸，是建國之定制。其曰五百里、三百里、二百里者，其屬國也。先王之爲此制也，灋制必嚴，分守必明，疆界必定，使彊不得以侵弱，衆不得以暴寡。故大小相維，王設其牧，天下之定，其原蓋出於此。春秋之時，諸侯踰制。晉大數圻，漢陽諸姬，楚實盡之，司馬之職廢，天子不能問，方伯自違制封建，於是而大壞矣。《春秋》書侵書伐，何者而非兼幷之議也？故曰：春秋無義戰。及戰國之時，王制壞亂極矣。孟子曰：『諸侯惡害己而去籍。』其全書孟子已不得見，豈特司禄之職缺，而掌疆亦缺矣，况幷《冬官》於《司徒》，闕畧大小司馬之職掌，則諸侯之意，不益可見乎？

明・章世純《四書留書》卷六《孟子下・春秋無義戰章》 無義戰者，大義之不存；大義不存，則以小義相加而已。春秋會盟征伐，皆失義之本；本失而取末，不幸之中，猶有幸焉耳。

清・陸隴其《四書講義困勉録》卷三七《孟子・盡心下・春秋無義戰章總旨》 張彦陵曰：此章意在尊王。春秋無義戰節。按春秋無義戰，當從戰字説起。蓋此章孟子本因當時用兵不休，而有感於春秋之戰，見春秋之戰尚未至戰國之甚也，然已爲聖經所深斥，如此方切章旨。又義字只宜空説，蓋《春秋》用意最深，而立法最嚴，非獨書名書人者，顯示斧鉞於言中；即書爵書字者，亦寓刺譏於言外；微獨僭王問鼎者，罪迹昭然，而不與以義之實；即尊周伐楚者功施爛然，而亦不貸以義之名。翼註曰：彼善於此，亦是聖經僅善之，不但孟子泛論理。《四書脉》曰：註擅興字勿用，恐犯末節。征者，上伐下也節。翼註曰：上指天子，下指諸侯。敵國皆是諸侯。上伐下不必天子親伐，只是命方伯以伐之耳。

清・陳廷敬《御製日講四書解義》卷二六《孟子下之八》 孟子曰：春秋無義戰。彼善於此，則有之矣。征者，上伐下也，敵國不相征也。

此一章書，是追論春秋諸侯無王之罪，見征伐當自天子出也。孟子曰：凡諸侯，奉天子之命征討有罪，方謂之義戰。若《春秋》一書，所載戰伐之事不一，然或稱名以譏之，或稱人以賤之，隨事寓貶，未有以爲合義而許之者。即其中不無借尊王之號托仗義之名，如召陵、城濮之戰，固有彼善於此者，然亦僅勝於悖理犯順之人耳。要不可謂之義戰也。何也？上下者，天下之大分；征伐者，天子之大權。分不可僭，權不可假。惟以上伐下，於是有征之名。若同是諸侯，勢均力敵，則爲敵國，未聞以敵國而相征者。敵國相征，是無王也；無王，是無義也。春秋之時，征伐自諸侯出，此其所以無義戰也。然則春秋之諸侯，非先王之罪人耶？孔子一字之褒貶，嚴於衮鉞，豈偶然哉？

清・李光地《讀孟子劄記》卷下《盡心篇・孟子曰春秋無義戰章》 湯伐葛，文王伐崇密，未必有桀紂之命也，非敵國相征而何？然則前以摟伐爲三王罪人，此以相征爲無義戰者，亦言其師之不能以義動，而又無王命耳。大抵孟子之言，各爲一事而發，故前後或不相應。下章又言『國君好仁，天下無敵』，是又敵國相征之驗也。學者固不可摘抉文義以生疑，然亦不可不屬詞比事而致思。

清・方苞等《欽定化治四書文》卷六《下孟・春秋無義戰一章錢福》 聖經不與諸侯之師，以其不知有王而已。夫所謂義戰者，必其用天子之命者也，敵國相征則無王矣。人之稱斯師也，何義哉？此《春秋》尊王之義，而孟子述之，以詔當世也。蓋曰：夫《春秋》何爲者也？夫《春秋》假魯史以寓王法，撥亂世而反之正，如斯而已。是故來戰于郎，戰于艾陵，戰之終始也；鄭人伐衛，楚公子申伐鄭，伐之終始也。然或諱不書敗，或雖敗不諱，其辭不同，要皆隨事以示譏而已；以爲合於義而許之者誰與？或稱人以賤之，或稱師以譏之，所書不同，要皆因文以見貶而已。以爲合於義而許之者誰與？但就中而言，若召陵以義勝而猶有借名之力，城濮以威勝而不無假義之功。則固有彼善於此而已矣，而要之皆非義戰也。是何也？天下有大分，上下是已；天下有大權，征伐是已。其分也，不可得而犯也；其權也，不可得而僭也。故諸侯而有賊殺其親則正之，所以正之者，天子之命也，而大司馬不過掌其制而已矣；諸侯而有放弑其君則殘之，所以殘之者，天子之命也，而方伯連帥不過修其職而已矣。惟辟作威而勢無嫌於兩大，大君有命而柄不至於下移。是征也者，上伐下之謂也，未聞敵國而相征者也。敵國相征，是無王也；無王，是無義也。春秋之戰，皆敵國而相征者也，此春秋所以無義戰也。然則春

秋之諸侯，不皆先王之罪人耶？孔子之《春秋》，其容已於作耶？

止清題面，不旁雜閒意泛辭，而操縱斷續之勢畢備，稱人稱師，沿襲舊説，實非經義。九伐獨舉其二，以司馬、方伯分承，於文律亦疏。而規模骨格守溪而外，惟作者蕘然而秀出，故唐荆川代興以後，天下始不稱王、錢。

藝文

宋・邵雍《擊壤集》卷二〇《首尾吟一百三十五首》　堯夫非是愛吟詩，詩是堯夫試手時。善死自明非不死，有知誰道勝無知。楊朱眼淚惟能泣，宋王心胸只解悲。爲報西風漫相侮，堯夫非是愛吟詩。

皇帝王霸優劣分部

王霸論

論説

《孟子》卷一二《告子下》　孟子曰：『五霸者，三王之罪人也；今之諸侯，五霸之罪人也；今之大夫，今之諸侯之罪人也。天子適諸侯曰巡狩，諸侯朝於天子曰述職。春省耕而補不足，秋省斂而助不給。入其疆，土地辟，田野治，養老尊賢，俊傑在位，則有慶，慶以地。入其疆，土地荒蕪，遺老失賢，掊克在位，則有讓。一不朝，則貶其爵；再不朝，則削其地；三不朝，則六師移之。是故天子討而不伐，諸侯伐而不討。五霸者，摟諸侯以伐諸侯者也，故曰：五霸者，三王之罪人也。五霸，桓公爲盛。葵丘之會諸侯，束牲、載書而不歃血。初命曰：「誅不孝，無易樹子，無以妾爲妻。」再命曰：「尊賢育才，以彰有德。」三命曰：「敬老慈幼，無忘賓旅。」四命曰：「士無世官，官事無攝，取士必得，無專殺大夫。」五命曰：「無曲防，無遏糴，無有封而不告。」曰：「凡我同盟之人，既盟之後，言歸於好。」今之諸侯，皆犯此五禁，故曰：今之諸侯，五霸之罪人也。長君之惡其罪小，逢君之惡其罪大。今之大夫，皆逢君之惡，故曰：今之大夫，今之諸侯之罪人也。』

又　卷一三《盡心上》　孟子曰：『尧舜，性之也；汤武，身之也；五霸，假之也。久假而不归，恶知其非有也。』

《荀子》卷三《仲尼篇第七》　仲尼之門人，五尺之豎子，言羞稱乎五伯。是何也？曰：然！彼誠可羞稱也。齊桓五伯之盛者也，前事則殺兄而爭國；内行則姑姊妹之不嫁者七人，閨門之内，般樂奢汏，以齊之分奉之而不足；外事則詐邾襲莒，并國三十五。其事行也若是其險汙淫汏也。彼固曷足稱乎大君子之門哉！若是而不亡，乃霸，何也？曰：於乎！夫齊桓公有天下之大節焉，夫孰能亡之？倓然見管仲之能足以托國也，是天下之大知也。安忘其怒，出忘其讎，遂立爲仲父，是天下之大決也。立以爲仲父，而貴戚莫之敢妒也；與之高國之位，而本朝之臣莫之敢惡也；與之書社三百，而富人莫之敢距也；貴賤長少，秩秩焉，莫不從桓公而貴敬之，是天下之大節也。諸侯有一節如是，則莫之能亡也；桓公兼此數節者而盡有之，夫又何可亡也！其霸也，宜哉！非幸也，數也。然而仲尼之門，五尺之豎子，言羞稱五伯，是何也？曰：然！彼非本政教也，非致隆高也，非綦文理也，非服人之心也。鄉方略，審勞佚，畜積修鬬，而能顛倒其敵者也。詐心以勝矣。彼以讓飾爭，依乎仁而蹈利者也，小人之傑也，彼固曷足稱乎大君子之門哉！彼王者則不然：致賢而能以救不肖，致强而能以寬弱，戰必能殆之而羞與之鬬，委然成文，以示之天下，而暴國安自化矣。有災繆者，然後誅之。故聖王之誅也綦省矣。文王誅四，武王誅二，周公卒業，至於成王，則安以無誅矣。故道豈不行矣哉！文王載百里地，而天下一；桀紂舍之，厚於有天下之埶，而不得以匹夫老。故善用之，則百里之國足以獨立矣；不善用之，則楚六千里而爲讎人役。故人主不務得道，而廣有其埶，是其所以危也。

又　卷七《王霸篇第十一》　國者，天下之利用也；人主者，天下之利埶也。得道以持之，則大安也，大榮也，積美之源也；不得道以持

之，則大危也，大累也，有之不如無之；及其綦也，索爲匹夫不可得也，齊湣、宋獻是也。故人主天下之利勢也，然而不能自安也，安之者必將道也。故用國者，義立而王，信立而霸，權謀立而亡。三者明主之所謹擇也，仁人之所務白也。絜國以呼禮義，而無以害之，行一不義，殺一無罪，而得天下，仁者不爲也。擽然扶持心國，且若是其固也。之所與爲之者，之人則舉義士也；之所以爲布陳於國家刑法者，則舉義法也；主之所極然帥羣臣而首鄉之者，則舉義志也。如是則下仰上以義矣，是綦定也；綦定而國定，國定而天下定。仲尼無置錐之地，誠義乎志意，加義乎身行，箸之言語，濟之日，不隱乎天下，名垂乎後世。今亦以天下之顯諸侯，誠義乎志意，加義乎法則度量，箸之以政事，案申重之以貴賤殺生，使襲然終始猶一也。如是，則夫名聲之部發於天地之間也，豈不如日月雷霆然矣哉！故曰：以國齊義，一日而白，湯武是也。湯以亳，武王以鄗，皆百里之地也，天下爲一，諸侯爲臣，通達之屬，莫不從服，無它故焉，以義濟矣。是所謂義立而王也。德雖未至也，義雖未濟也，然而天下之理略奏矣，刑賞已諾信乎天下矣，臣下曉然皆知其可要也。政令已陳，雖睹利敗，不欺其民；約結已定，雖睹利敗，不欺其與。如是，則兵勁城固，敵國畏之；國一綦明，與國信之；雖在僻陋之國，威動天下，五伯是也。非本政教也，非致隆高也，非綦文理也，非服人之心也，鄉方略，審勞佚，謹畜積，修戰備，齺然上下相信，而天下莫之敢當。故齊桓、晉文、楚莊、吳闔閭、越句踐，是皆僻陋之國也，威動天下，强殆中國，無它故焉，略信也。是所謂信立而霸也。絜國以呼功利，不務張其義，齊其信，唯利之求，內則不憚詐其民，而求小利焉；外則不憚詐其與，而求大利焉，內不修正其所以有，然常欲人之有。如是，則臣下百姓莫不以詐心待其上矣。上詐其下，下詐其上，則是上下析也。如是，則敵國輕之，與國疑之，權謀日行，而國不免危削，綦之而亡，齊閔、薛公是也。故用强齊，非以修禮義也，非以本政教也，非以一天下也，綿綿常以結引馳外爲務。故强，南足以破楚，西足以詘秦，北足以敗燕，中足以舉宋。及以燕趙起而攻之，若振槁然，而身死國亡，爲天下大戮，後世言惡，則必稽焉。是無它故焉，唯其不由禮義，而由權謀也。三者明主之所以謹擇也，而仁人之所務白也。善擇者制人，不善擇者人制之。國者、天下之大器也，重任也，不可不善爲擇所而後錯之，錯險則危；不可不善爲擇道然後道之，塗薉則塞；危塞則亡。彼國錯者，非封焉之謂也，何法之道，誰子之與也。故道王者之法，與王者之人爲之，則亦王；道霸者之法，與霸者之人爲之，則亦霸；道亡國之法，與亡國之人爲之，則亦亡。三者明主之所以謹擇也，而仁人之所以務白也。故國者、重任也，不以積持之則不立。故國者，世所以新者也，是憚，憚、非變也，改王改行也。故一朝之日也，一日之人也，然而厭焉有千歲之國，何也？曰：援夫千歲之信法以持之也，安與夫千歲之信士爲之也。人無百歲之壽，而有千歲之信士，何也？曰：以夫千歲之法自持者，是乃千歲之信士矣。故與積禮義之君子爲之則王，與端誠信全之士爲之則霸，與權謀傾覆之人爲之則亡。三者明主之所以謹擇也，仁人之所以務白也。善擇之者制人，不善擇之者人制之。彼持國者，必不可以獨也，然則强固榮辱在於取相矣。身能相能，如是者王，身不能，知恐懼而求能者，如是者强；身不能，不知恐懼而求能者，安唯便僻左右親比己者之用，如是者危削；綦之而亡。國者，巨用之則大，小用之則小；綦大而王，綦小而亡，小巨分流者存。巨用之者，先義而後利，安不恤親疏，不恤貴賤，唯誠能之求，夫是之謂巨用之。小用之者，先利而後義，安不恤是非，不治曲直，唯便僻親比己者之用，夫是之謂小用之。巨用之者若彼，小用之者若此，小巨分流者，亦一若彼，一若此也。故曰：『粹而王，駁而霸，無一焉而亡。』此之謂也。

國無禮則不正。禮之所以正國也，譬之：猶衡之於輕重也，猶繩墨之於曲直也，猶規矩之於方圓也，既錯之而人莫之能誣也。《詩》云：『如霜雪之將將，如日月之光明，爲之則存，不爲則亡。』此之謂也。

國危則無樂君，國安則無憂民。亂則國危，治則國安。今君人者，急逐樂而緩治國，豈不過甚矣哉！譬之是由好聲色，而恬無耳目也，豈不哀哉！夫人之情，目欲綦色，耳欲綦聲，口欲綦味，鼻欲綦臭，心欲綦佚。此五綦者，人情之所必不免也。養五綦者有具。無其具，則五綦者不可得而致也。萬乘之國，可謂廣大富厚矣，加有治辨强固之道焉，若是則恬愉無患難矣，然後養五綦之具具也。故百樂者，生於治國者也；憂患者，生於亂國者也。急逐樂而緩治國者，非知樂者也。故明君者，必將先

治其國，然後百樂得其中。闇君者，必將急逐樂而緩治國，故憂患不可勝校也，必至於身死國亡然後止也，豈不哀哉！將以爲樂，乃得憂焉；將以爲安，乃得危焉；將以爲福，乃得死亡焉，豈不哀哉！於乎！君人者，亦可以察若言矣。故治國有道，人主有職。若夫貫日而治詳，一日而曲列之，是所使夫百吏官人爲也，不足以是傷遊玩安燕之樂。若夫論一相以兼率之，使臣下百吏莫不宿道鄉方而務，是夫人主之職也。若是則一天下，名配堯禹。之主者，守至約而詳，事至佚而功，垂衣裳，不下簟席之上，而海內之人莫不願得以爲帝王。夫是之謂至約，樂莫大焉。人主者，以官人爲能者也；匹夫者，以自能爲能者也。人主得使人爲之，匹夫則無所移之。百畝一守，事業窮，無所移之也。今以一人兼聽天下，日有餘而治不足者，使人爲之也。大有天下，小有一國，必自爲之然後可，則勞苦秏顇莫甚焉。如是，則雖臧獲不肯與天子易埶業。以是縣天下，一四海，何故必自爲之？爲之者，役夫之道也，墨子之説也。論德使能而官施之者，聖王之道也，儒之所謹守也。傳曰：農分田而耕，賈分貨而販，百工分事而勸，士大夫分職而聽，建國諸侯之君分土而守，三公摠方而議，則天子共己而已矣。出若入若，天下莫不平均，莫不治辨，是百王之所同也，而禮法之大分也。百里之地，可以取天下。是不虛；其難者在人主之知之也。取天下者，非負其土地而從之之謂也，道足以壹人而已矣。彼其人苟壹，則其土地奚去我而適它？故里之地，其等位爵服，足以容天下之賢士矣；其官職事業，足以容天下之能士矣；循其舊法，擇其善者而明用之，足以順服好利之人矣。賢士一焉，能士官焉，好利之人服焉，三者具而天下盡，無有是其外矣。故百里之地，足以竭埶矣。致忠信，箸仁義，足以竭人矣。兩者合而天下取，諸侯後同者先危。詩曰：『自西自東，自南自北，無思不服。』一人之謂也。

羿、蠭門者，善服射者也；王良、造父者，善服馭者也。聰明君子者，善服人者也。人服而埶從之，人不服而埶去之，故王者已於服人矣。故人主欲得善射，射遠中微，則莫若羿、蠭門矣；欲得善馭，及速致遠，則莫若王良、造父矣。欲得調壹天下，制秦楚，則莫若聰明君子矣。其用知甚簡，其爲事不勞，而功名致大，甚易處而極可樂也。故明君以爲寶，而愚者以爲難。夫貴爲天子，富有天下，名爲聖王，兼制人，人莫得而制也，是人情之所同欲也，而王者兼而有是者也。重色而衣之，重味而食之，重財物而制之，合天下而君之，飲食甚厚，聲樂甚大，臺謝甚高，園囿甚廣，臣使諸侯，一天下，是又人情之所同欲也，而天子之禮制如是者也。制度以陳，政令以挾，官人失要則死，公侯失禮則幽，四方之國，有侈離之德則必滅，名聲若日月，功績如天地，天下之人應之如景向，是又人情之所同欲也，而王者兼而有是者也。故人之情，口好味，而臭味莫美焉；耳好聲，而聲樂莫大焉；目好色，而文章致繁，婦女莫衆焉；形體好佚，而安重閑靜莫愉焉；心好利，而穀祿莫厚焉。合天下之所同願兼而有之，睪牢天下而制之若制子孫，人苟不狂惑戇陋者，其誰能睹是而不樂也哉！欲是之主，並肩而存；能建是之士，不世絶；千歲而不合，何也？曰：人主不公，人臣不忠也。人主則外賢而偏舉，人臣則爭職而妒賢，是其所以不合之故也。人主胡不廣焉，無恤親疏，無偏貴賤，惟誠能之求？若是，則人臣輕職業讓賢，而安隨其後。如是，則舜禹還至，王業還起；功壹天下，名配舜禹，物由有可樂，如是其美焉者乎！嗚呼！君人者，亦可以察若言矣。楊朱哭衢涂，曰：『此夫過舉蹞步，而覺跌千里者夫！』哀哭之。此亦榮辱、安危、存亡之衢已，此其爲可哀，甚於衢涂。嗚呼！哀哉！君人者，千歲而不覺也。

無國而不有治法，無國而不有亂法；無國而不有賢士，無國而不有罷士；無國而不有願民，無國而不有悍民；無國而不有美俗，無國而不有惡俗。兩者並行而國在，上偏而國安，在下偏而國危；上一而王，下一而亡。故其法治，其佐賢，其民願，其俗美，而四者齊，夫是之謂上一。如是則不戰而勝，不攻而得，甲兵不勞而天下服。故湯以亳，文王以鄗，皆百里之地也，天下爲一，諸侯爲臣，通達之屬，莫不從服，無它故焉，四者齊也。桀紂卽厚有天下之埶，索爲匹夫而不可得也，是無它故焉，四者並亡也。故百王之法不同，若是所歸者一也。

上莫不致愛其下，而制之以禮。上之於下，如保赤子，政令制度，所以接下之人百姓，有不理者如豪末，則雖孤獨鰥寡必不加焉。故下之親上，歡如父母，可殺而不可使不順。君臣上下，貴賤長幼，至於庶人，莫不以是爲隆正；然後皆內自省，以謹於分。是百王之所同也，而禮法之樞要也。然後農分田而耕，賈分貨而販，百工分事而勸，士大夫分職而

聽，建國諸侯之君分土而守，三公總方而議，則天子共己而止矣。出若入若，天下莫不均平，莫不治辨。是百王之所同，而禮法之大分也。若夫貫日而治平，權物而稱用，使衣服有制，宮室有度，人徒有數，喪祭械用皆有等宜，以是用挾於萬物，尺寸尋丈，莫得不循乎制度數量然後行，則是官人使吏之事也，不足數於大君子之前。故君人者，立隆政本朝而當，所使要百事者誠仁人也，則身佚而國治，功大而名美，上可以王，下可以霸。立隆正本朝而不當，所使要百事者非仁人也，則身勞而國亂，功廢而名辱，社稷必危，是人君者之樞機也。故能當一人而天下取，失當一人而社稷危。不能當一人，而能當千百人者，説無之有也。既能當一人，則身有何勞而爲？垂衣裳而天下定。故湯用伊尹，文王用呂尚，武王用召公，成王用周公旦。卑者五伯，齊桓公閨門之內，縣樂、奢泰、遊抏之修，於天下不見謂修，然九合諸侯，一匡天下，爲五伯長，是亦無他故焉，知一政於管仲也，是君人者之要守也。知者易爲之興力，而功名綦大。舍是而孰足爲也？故古之人，有大功名者，必道是者也。喪其國危其身者，必反是者也。故孔子曰：『知者之知，固以多矣，有以守少，能無察乎？愚者之知，固以少矣，有以守多，能無狂乎？』此之謂也。

治國者分已定，則主相臣下百吏，各謹其所聞，不務聽其所不聞；各謹其所見，不務視其所不見。所聞所見誠以齊矣。則雖幽閒隱辟，百姓莫敢不敬分安制，以化其上，是治國之徵也。主道治近不治遠，治明不治幽，治一不治二。主能治近則遠者理，主能治明則幽者化，主能當一則百事正。夫兼聽天下，日有餘而治不足者，如此也，是治之極也。既能治近，又務治遠；既能治明，又務見幽；既能當一，又務正百，是過者也，過猶不及也。辟之是猶立直木而求其影之枉也。不能治近，又務治遠；不能察明，又務見幽；不能當一，又務正百，是悖者也。辟之是猶立枉木而求其影之直也。故明主好要，而闇主好詳；主好要則百事詳，主好詳則百事荒。君者、論一相，陳一法，明一指，以兼覆之，兼照之，以觀其盛者也。相者，論列百官之長，要百事之聽，以飾朝廷臣下百吏之分，度其功勞，論其慶賞，歲終奉其成功以效於君。當則可，不當則廢。故君人勞於索之，而休於使之。用國者，得百姓之力者富，得百姓之死者强，得百姓之譽者榮。三得者具而天下歸之，三得者亡而天下去之；天下歸之之謂王，天下去之之謂亡。湯武者，修其道，行其義，興天下同利，除天下同害，天下歸之。故厚德音以先之，明禮義以道之，致忠信以愛之，賞賢使能以次之，爵服賞慶以申重之，時其事，輕其任，以調齊之，潢然兼覆之，養長之，如保赤子。生民則致寬，使民則綦理，辯政令制度，所以接天下之人百姓，有非理者如豪末，則雖孤獨鰥寡，必不加焉。是故百姓貴之如帝，親之如父母，爲之出死斷亡而不愉者，無它故焉，道德誠明，利澤誠厚也。亂世則不然，汙漫突盜以先之，權謀傾覆以示之，俳優、侏儒、婦女之請謁以悖之，使愚詔知，使不肖臨賢，生民則致貧隘，使民則極勞苦。是故，百姓賤之如尪，惡之如鬼，日欲司閒而相與投借之，去逐之。卒有寇難之事，又望百姓之爲己死，不可得也，説無以取之焉。孔子曰：『審吾所以適人，適人之所以來我也。』此之謂也。

傷國者，何也？曰：以小人尚民而威，以非所取於民而巧，是傷國之大災也。大國之主也，而好見小利，是傷國。其於聲色、臺榭、園囿也，愈厭而好新，是傷國。不好修正其所以有，啖啖常欲人之有，是傷國。三邪者在匈中，而又好以權謀傾覆之人，斷事其外，若是，則權輕名辱，社稷必危，是傷國者也。大國之主也，不隆本行，不敬舊法，而好詐故，若是，則夫朝廷羣臣，亦從而成俗於不隆禮義而好傾覆也。朝廷羣臣之俗若是，則夫衆庶百姓亦從而成俗於不隆禮義而好貪利矣。君臣上下之俗，莫不若是，則地雖廣，權必輕；人雖衆，兵必弱；刑罰雖繁，令不下通。夫是之謂危國，是傷國者也。儒者爲之不然，必將曲辨：朝廷必將隆禮義而審貴賤，若是，則士大夫莫不敬節死制者矣。百官則將齊其制度，重其官秩，若是，則百吏莫不畏法而遵繩矣。關市幾而不征，質律禁止而不偏，如是，則商賈莫不敦愨而無詐矣。百工將時斬伐，佻其期日，而利其巧任，如是，則百工莫不忠信而不楛矣。縣鄙則將輕田野之稅，省刀布之斂，罕舉力役，無奪農時，如是，農夫莫不樸力而寡能矣。士大夫務節死制，然而兵勁。百吏畏法循繩，然後國常不亂。商賈敦愨無詐，則商旅安，貨通財，而國求給矣。百工忠信而不楛，則器用巧便而財不匱矣。農夫樸力而寡能，則上不失天時，下不失地利，中得人和，而百事不廢。是之謂政令行，風俗美，以守則固，以征則强，居則有名，動則有功。此儒之所謂曲辨也。

《管子》卷二〇《形勢解》 古者三王五伯，皆人主之利天下者也，故身貴顯而子孫被其澤。桀、紂、幽、厲，皆人主之害天下者也，故身困傷而子孫蒙其禍。故曰：疑今者察之古，不知來者視之往。

唐·趙蕤《長短經》卷二《君德第九》 夫三皇無言，化流四海，故天下無所歸功。伏羲、女媧、神農，稱三皇也。帝者體天則地，有言有令，而天下太平。君臣讓功，四海化行，百姓不知其所以然。故使臣不用禮賞功，美而無害。黄帝者，順天地之紀，時播百穀，勤心力耳目，節用水火時物，有土德之瑞，故號黄帝；顓頊者，養材以任地，載時以象天，依鬼神以制義，治氣以教化，潔誠以祭祀，動靜之物，大小之神，日月所照，莫不砥礪；高辛者，取地之財而節用之，撫教萬人而利海之，歷日月而迎送之，明鬼神而敬事之，其色郁郁，其德嶷嶷；帝堯者，其仁如天，其智如神，就之如日，望之如雲，富而不驕，貴而不舒；虞舜者，善無微而不著，惡無隱而不彰，任自然以誅賞，委羣心而就制。故能造御乎無爲，運道於至和，百姓日用而不知，合德而若自有者，此五帝德也。王者制人以道，降心服志。議曰：韓信云：『項王所過無不殘滅，百姓不親特劫于威，强服耳。名雖爲霸，實失天下心。故曰其强易弱。』諸葛亮曰：『荆州之名附操者，逼兵勢耳，非心服。今將軍誠命猛將與豫州協規同力，破操軍必矣。』由此言之，人心不服，其勢易破。故王者之道，降心服志也。設矩備衰，有察察之政，兵甲之備，而無爭戰血刃之用，天下太平，君無疑於臣，臣無疑於主，國定主安，臣以義退，亦能美而無害。昔三代明王，啓建洪業，文質殊制，而令名一致。故曰，夏人尚忠，忠之弊也朴，救朴莫若敬，殷人革而修焉。敬之弊也鬼，救鬼莫若文，周人矯而變焉。文之弊也薄，則又反之于忠。三代相循，如水濟火，所謂隨時之宜，救弊之術，此三王之德也。霸主制士以權，結士以信，使士以賞。信衰士疏，賞毁士不爲用。《左傳》曰：楚圍宋，宋如晉告急。先軫曰：『報施救患，取威定伯，于是乎在矣。』狐偃曰：『楚始得曹而新婚于衛，若伐曹、衛，楚必救之，則齊、宋免矣。』于是乎蒐于被廬，作三軍，謀元帥，使郤縠將中軍，晉侯始入而教其民。二年，欲用之，子犯曰：『民未知義，未安其居。』于是乎出定襄王，入務利民，民懷生矣。將用之，子犯曰：『人未知信，未宣其用。』于是乎伐原以示之信。民易資者，不求豐焉，明徵其辭。公曰：『可矣乎？』子犯曰：『民未知禮，未生其恭。』于是乎大蒐以示之禮，作執秩以正其官，人聽不惑而後用之。出穀戍，釋宋圍，一戰而霸，文之教也。此五霸德也。故曰：理國之本，刑與德也。二者相須而行，相待而成也。天以陰陽成歲，人以刑德成治，故雖聖人爲政，不能偏用也。故任德多，用刑少者，五帝也；刑德相半者，三王也；仗刑多任德少者，五霸也；純用刑，强而亡者，秦也。議曰：古之理者，其政有三：王者之政化之，霸者之政威之，强國之政脅之。故化之不變而後威之，威之不變而後脅之，脅之不變而後刑之。故至于刑，則非王者之所貴矣。故虞南云：『彼秦皇者，棄仁義而用威力，此可以吞併，而不可以守成。此任刑之弊也。

又 卷三《適變第十五》 昔先王當時而立法度，臨務而制事，法宜其時則理，事適其務故有功。今時移而法不變，務易而事以古，是則法與時詭，而事與務易，是以法立而時益亂，務無而事益廢。此聖人之理國也，不法古，不修今，當時而立功，在難而能免。秦孝公用衛鞅。鞅欲變法，孝公恐天下議己，疑之。衛鞅曰：『疑行無名，疑事無功。夫有高人之行者，固見非于世；有獨智之慮者，必見敖于人，愚者闇於成事，智者見於未萌。人不可與慮始，而可與樂成。論至德者，不和於俗；成大功者，不謀於衆，是以聖人苟可以强國，不法其故；苟可以利人，不循其禮。』孝公曰：『善。』甘龍曰：『不然。聖人不易人而教，智者不變法而治。因人而教，不勞而功成。緣法而理，吏習而人安。』衛鞅曰：『龍之所言，世俗之言。常人安於習俗，學者溺于所聞。以此兩者居官守法可也，非所以與論于法之外也。三代不同禮而王；五霸不同法而霸。智者作法，愚者制焉。賢者更禮，不肖者拘焉。』杜贄曰：『利不百，不變法；功不十，不易器。法古無過，修禮無邪。』衛鞅又曰：『治代不一道，便國不法故。故湯武不循古而王，夏殷不易禮而亡。反古者不可非，而循禮者不足多。』孝公曰：『善。』遂變法也。由是言之，故知若人者，各固其時而建功立德焉。孟子曰：『雖有鎡基，不如遇時；雖有智慧，不如逢代。』范蠡曰：『時不至，不可强生；事不究，不可强成。』《語》曰：『聖人修備以待時也。』何以知其然耶？桓子曰：三皇以道治，五帝用德化，三王由仁義，五伯用權智。説曰：無制令刑罰謂之皇，有制令、無刑罰謂之帝；賞善誅惡，朝諸侯，朝事，謂之王；興兵衆，立約盟，以信義矯代謂之伯。文子曰：帝者，貴其德也；王者，尚其義也；霸者，迫於理也。道狹然後任智，德薄然後任刑，明淺然後任察。議曰：夫建國立功，其政不同也如此。五帝以上久遠，經傳無事，唯王霸二盛之美，以定古今之理焉。秦漢居帝王之位，所行者霸事也。故以爲德之次。夫王道之治，先除人害，而足其衣食。論曰：五畝之宅，樹之以桑，匹婦蠶之，年五十者，可以衣帛矣。百畝之田，數口之家，耕稼修理，可以無饑矣。雞豚狗彘之畜，不失其時，老者可以食肉矣。夫上無貪欲之求，下無奢淫之人，藉稅省少而徭役不繁，其仕者，食祿而已不與人爭利焉。是以産業均而貧富不能相懸也。然後教以禮儀。故明王審已正統，慎乃在位。宮室輿服不踰禮制，九女正序于内，三公分職于外。制井田以齊之，設諸侯以牧之，使饒不溢侈，少不匱乏，然後申

以辟雍之化，示以揖讓之容，是以和氣四塞，禍亂不生，此聖王之教也。而威以刑誅，使知好惡去就。虞帝先命禹平水土，后稷播植百穀，契班五教，皋陶修刑，故天下太平也。是故大化四湊，天下安樂，此王者之術。王者，父天母地，調和陰陽，順四時而理五行，養黎元而育羣生，故王之爲言往也。蓋言其惠澤，優游善養潤天下，天下歸往之，故曰王也。霸功之大者，尊君卑臣，權統由一，政不二門，賞罰必信，法令著明，百官修理，威令必行。夫霸君亦爲人除難興利以富國强兵，或承衰亂之後，或興兵征伐。皆未得遵法度，申文理，度代而制，因時施宜，以從便善之計，而務在於立功也。此霸者之術。王道純而任德，霸道駮而任法。此優劣之差也。

又　卷四《霸圖第十七》　臣聞周有天下，其理三百餘年。成康之隆也，刑措四十餘年而不用；及其衰也，亦三百餘年。太公説文王曰：『雖屈於一人之下，則申於萬人之上。唯賢人而後能爲之。』於是文王所就而見者六人，求而見者十人，所呼而友者千人，友之友謂之朋，朋之朋謂之黨，黨之黨謂之羣，以此友天下賢人者二，人而歸之。故曰：『三分天下有其二，以服事殷。』此之謂者也。故五伯更起，伯者常佐天子，興利除害，誅暴禁邪，匡正海内，以尊天子。

宋·司馬光《傳家集》卷七三《堯、舜，性之也；湯、武身之也；五霸，假之也》　疑曰：所謂性之者，天與之也；身之者，親行之也；假之者，外有之而内實亡也。堯、舜、湯、武之於仁義也，皆性得而身行之也。五霸則强焉而已。夫仁義者，所以治國家而服諸侯也，皇帝王霸皆用之，顧其所以殊者，大小高下遠近多寡之間耳。假者，文具而實不從之謂也。文具而實不從，其國家且不可保，況能霸乎？雖久假而不歸，猶非其有也。

宋·邵雍《皇極經世書》卷一一《觀物篇五十四》　修夫意者三皇之謂也，修夫言者五帝之謂也，修夫象者三王之謂也，修夫數者五伯之謂也。修夫仁者有虞之謂也，修夫禮者有夏之謂也，修夫義者有商之謂也，修夫智者有周之謂也。修夫性者文王之謂也，修夫情者武王之謂也，修夫形者周公之謂也，修夫體者召公之謂也。修夫聖者秦穆之謂也，修夫賢者晉文之謂也，修夫才者齊桓之謂也，修夫術者楚莊之謂也。

皇帝王伯者，《易》之體也。虞夏商周者，《書》之體也。文武周召者，《詩》之體也。秦晉齊楚者，《春秋》之體也。意言象數者，《易》之用也。仁義禮智者，《書》之用也。性情形體者，《詩》之用也。聖賢才術者，《春秋》之用也。用也者，心也；體也者，迹也。心迹之間，有權存焉者，聖人之事也。

三皇同意而異化，五帝同言而異教，三王同象而異勸，五伯同數而異率。同意而異化者必以道。以道化民者，民亦以道歸之，故尚自然。夫自然者，無爲無有之謂也。無爲者，非不謂也，不固爲者也，故能廣。無有者，非不有也，不固有者也，故能大。廣大悉備，而不固爲固有者，其惟三皇乎？是故知能以道化天下者，天下亦以道歸焉。所以聖人有言曰：『我無爲，而民自化；我無事，而民自富；我好静，而民自正；我無欲，而民自樸。』其斯之謂歟？

三皇同仁而異化，五帝同禮而異教，三王同義而異勸，五伯同智而異率。同禮而異教者必以德。以德教民者，民亦以德歸之，故尚讓。夫讓也者，先人後己之謂也。以天下授人而不爲輕，若素無之也。受人之天下而不爲重，若素有之也。若素無素有者，謂不己無己有之也。若己無己有，則舉一毛以取與于人，猶有貪鄙之心生焉，而況天下者乎？能知其天下之天下非己之天下者，其惟五帝乎？是故知能以德教天下者，天下亦以德歸焉。所以聖人有言曰：『垂衣裳而天下治，蓋取諸乾坤。』其斯之謂歟？

三皇同性而異化，五帝同情而異教，三王同形而異勸，五伯同體而異率。同形而異勸者必以功。以功勸民者，民亦以功歸之，故尚政。夫政也者，正也，以正正夫不正之謂也。天下之正莫如利民焉，天下之不正莫如害民焉。能利民者正，則謂之曰王矣。能害民者不正，則謂之曰賊矣。以利除害，安有去王耶？以王去賊，安有弑君耶？是故知王者，正也。能以功正天下之不正者，天下亦以功歸焉。所以聖人有言曰：『天地革而四時成。湯、武革命，順乎天而應乎人。』其斯之謂歟？

三皇同聖而異化，五帝同賢而異教，三王同才而異勸，五伯同術而異率。同術而異率者必以力。以力率民者，民亦以力歸之，故尚爭。夫爭也者，爭夫利者也。取以利不以義，然後謂之爭。小爭交以言，大爭交以兵。爭夫强弱者也，猶借夫名焉者，謂之曲直。名也者，命物正事之稱也。利也者，養人成務之具也。名不以仁，無以守業。利不以義，無以居功。利不以功居，名不以業守，則亂矣，民所以必爭之也。五伯者，借虚名以爭實利者也。帝不足則王，王不足則伯，伯又不足則左衽矣。然則五

伯不謂無功于中國，語其王則未也。過左衽則遠矣。周之東遷，文武之功德於是乎盡矣。猶能維持二十四君。王室不絶如綫，秦楚不敢屠害中原者，由五伯借名之力也。是故知能以力率天下者，天下亦以力歸焉。所以聖人有言曰：『眇能視，跛能履。履虎尾，咥人，凶。武人爲于大君。』其斯之謂歟？

宋・蘇轍《欒城後集》卷七《五伯》 五伯，桓、文爲盛。然觀其用兵，皆出於不得已。桓公帥諸侯以伐楚，次於陘而不進，以待楚人之變。楚使屈完如師，桓公陳諸侯之師，與之乘而觀之。屈完見齊之盛，懼而求盟。諸侯之師成列，而未試也，桓公退舍召陵，與之盟而去之。夫豈不能一戰哉？知戰之不必勝，而戰勝之利不過服楚。全師之功，大於克敵，故以不戰服楚，而不吝也。晉文公以諸侯遇楚於城濮，楚人請戰。文公思楚人之惠，退而避之三軍。軍吏皆諫，咎犯曰：『我退而楚還，我將何求？若其不還，君退，臣犯，曲在彼矣。』師退而楚不止，遂以破楚而殺子玉。使文公退而子玉止，則文公之服楚，亦與齊桓等，無戰勝之功矣。故桓、文之兵，非不得已不戰，此其所以全保保國無敵於諸侯者也。至宋襄公，國小德薄，而求諸侯，凌虐邾、鄫之君，爭鄭以怒楚，兵敗身死之不暇，雖竊伯者之名，而實非也。其後秦穆公東平晉亂，西伐楚戎；楚莊王克陳入鄭，得而不取，皆有伯者之風矣。然穆公聽杞子之計違蹇叔而用孟明，千里襲鄭，覆師於殽，雖悔自誓，列於《周書》，而不能能東征諸夏以終成伯業。莊王使申舟聘齊，命無假道於宋。舟知必死，而王不聽，宋人殺之。王聞其死，投袂而起，以兵伐宋，圍之九日，與之盟而去之。雖號能服宋，然君子以爲此不假道之師也。齊靈公、楚靈王之所爲，王亦爲之，而尚何以爲伯乎？於乎，此二君者，皆賢君也。兵一不義，而幾至於狼狽，不能與桓、文齒，而況其下者哉？

宋・王觀國《學林》卷二《伯》 《春秋・成公二年》：《左氏傳》曰：五伯之霸也，勤而撫之。杜預注曰：『夏伯昆吾、商伯大彭、豕韋、周伯齊桓、晉文。』《史記・鄒陽傳上》：吳王書曰：『秦用戎人由余而霸中國。』又曰：『誠能用齊秦之義，後宋魯之聽，則五霸不足稱，三王易爲比也。』《文選》載此，書五臣注曰：『五伯，齊桓、秦穆、晉文、宋襄、楚莊王。』《前漢・諸侯王表》曰：盛則周召相其治，致刑措，衰則五伯扶其弱，與共守。顔師古注曰：『伯，讀曰霸。此五伯，謂齊桓、宋襄、晉文、秦穆、吳王夫差也。』《異姓諸侯王表》曰：秦既稱帝十餘年，間猛敵横發乎不虞，適戍彊於五伯。顔師古注曰：『五伯，謂昆吾、大彭、豕韋、齊桓、晉文也。』曹子建《與楊德祖書》曰：田巴毁五帝。罪三王，呰五霸。五臣注《文選》曰：『五霸，秦穆、楚莊、齊桓、晉文、宋襄也。』觀國按：霸、伯二字，古人通用。然《左傳》曰：五伯之霸也，勤而撫之。杜預注曰：『夏伯昆吾、商伯大彭、豕韋、周伯齊桓、晉文。』則此伯字當音百，故曰五伯之霸也。一句之中用伯、霸二字，則伯音百可知矣。其他散言五霸，則或用霸字，或用伯字，可通用也。然鄒陽書曰：『秦用由余而霸』，又曰『五伯不足稱』，一篇文字用霸、伯二字也。《史記・李斯傳》曰：『秦穆公之霸終不東并六國者，諸侯尚衆，周德未衰，故五伯迭興，更尊周室。』一篇文中用霸、伯二字也。《春秋・閔公元年・左氏傳》曰：『霸王之器也。』《僖公二十二年・傳》曰：『是以知其不遂霸也。』《襄公元年・傳》曰：『以是求伯，必不行矣。』此《左氏》用霸字又用伯字也。《前漢・元帝紀》曰：『漢家自有制度，本以霸王道雜之。』《十二諸侯年表》曰：『周厲王奔於彘，亂自京師，始而政由五伯。』《郊祀志》曰：『合十七年而伯王出焉。』此班固用霸字又用伯字也。觀國竊謂一篇文中當用一色字，用霸則不須用伯，用伯則不須用霸。今一篇文中既用霸又用伯，二字音義皆同，别無兩意，何苦爲此多岐也！顔師古《漢書》於《諸侯王表》五伯注曰齊桓、晉文、宋襄、秦穆、吳王夫差，於《異姓諸侯王表》五伯注曰昆吾、大彭、豕韋、齊桓、晉文，師古自立二説，何耶？觀國案：師古於二表所釋者，皆周秦間事，不當用昆吾、大彭之説也。五臣注《文選》於鄒陽書曹、子建書有楚莊而無吳王夫差，顔師古於《諸侯王表》有吳王夫差而無楚莊，又何耶？觀國案：齊、晉、秦、楚爲大國，夫差雖亦霸而最在後，豈有捨楚而稱吳者？師古所引吳王夫差則誤矣。

宋・張九成《孟子傳》卷二八《告子章句下》 孟子學造精微，思入淵眇，静觀古今之變，如仰觀十二次、二十八舍之在天；俯察五嶽、四瀆、滄溟之在地，得以品題名目之，如析木大火，角亢氐房，華嵩泰衡，江河淮濟。一經討論，千古是之，不可少變，其盛矣哉！如目五霸爲三

王罪人，今之諸侯爲五霸罪人，今之大夫爲今之諸侯之罪人，閲實按據科别區分，總其罪而立其目，因其目而條其心，不知自何處見其然，何處得其要。余以是知學造精微，而思入微眇也。其罪之著，不煩訓解，一讀可知；獨逢君之惡，其罪大不可不辨也。以此知孟子不深罪當時之諸侯，而罪商鞅、孫臏、騶忌、蘇秦、張儀、沈同、陳賈、王驩及稷下諸子也。如伐燕之謀，王未有此心而沈同發之，既齊王甚慙而陳賈解之，則以惡逢迎人君之欲，於此可見前後左右，皆此輩流。所以使孟子有一暴十寒之喻，有衆楚人咻之之喻。是則諸侯所以爲五霸罪人，五霸所以爲三王罪人，端本清源，當案當時大夫之罪爲渠魁可也。此蓋《春秋》之法也，余又因以發之。

宋·魏了翁《春秋左傳要義》卷二六《成公元年至三年·二十三三代有五伯，鄭謂霸者，把也》　《鄭語》云：『祝融能昭顯天地之光明，其後八姓昆吾爲夏伯矣，大彭、豕韋爲商伯。』《論語》云：『管仲相桓公，霸諸侯。』昭九年，《傳》曰：『文之伯也，豈能改物。』是三代有五伯矣。伯者，長也，言爲諸侯之長也。鄭玄云：『天子衰，諸侯興，故曰霸。霸，把也，言把持王者之政教，故其字或作伯，或作霸也。』

又　卷二九《成公十六年至十八年·三十八鄭玄何休各言五霸霸無定限》　霸者，把也，把持王政。鄭玄云：『天子衰，諸侯興，故曰霸。』夏有昆吾，商有豕韋、大彭，周有齊桓、晉文，此最强者也。故《書》《傳》通謂彼五人爲五霸耳。但霸是强國爲之，天子既衰，諸侯無主，若有强者，即營霸業，其數無定限也。而何休以霸不過五，不許悼公爲霸，以鄉曲之學，足以忿人。《傳》稱文、襄之霸，襄承文後，紹繼其業，以後漸弱，至悼乃强，故云復霸。

宋·家鉉翁《春秋詳說》卷一六《綱領·明霸》　邵子曰：五霸者，功之首，罪之魁也。又曰：春秋之間有功者，未有大於四國；有過者亦未有大於四國。愚謂邵子立論高矣，美矣。而五霸之行事實，未可以槩言也。孔門所謂霸，齊桓、晉文而已矣。孟子曰：五霸，三王之罪人。説者以齊桓、晉文、宋襄、楚莊、秦穆爲五，一説謂夏伯昆吾、商伯大彭、豕韋、周伯齊桓、晉文爲五。邵子所云功之首罪之魁，謂衰周之五霸。愚以爲是五君者，功罪不同，復有貴賤内外之辨，殆未可以槩言也。蓋齊桓、晉文則中國之諸侯，以尊天子、扶王室而爲號者，楚莊則荆蠻，僭王而爲列國患者也。桓、文用心固未必純乎爲善，而楚莊則志乎僭，純乎利，與中國爲水火者，其處心行事可得與桓、文同日語乎？蓋《春秋》未嘗輕與諸侯以霸，尤不輕與荆蠻以霸。歷觀二百四十二年中，其内外之辨，至爲嚴謹，未有予荆蠻而霸中國者也。後儒爲《傳》義所惑，謂《春秋》與楚莊以霸，而桓、文與莊襄、穆並列爲五，此愚《霸辨》所以作，善讀《春秋》者，宜知所去取矣。當周之既東號令，賞罰不行於天下，楚僭王楚首叛，鄭莊王之卿士而侵犯王略鄭又叛，王人子突救衛，五國敵王而納朔，諸侯大率皆叛矣。幸而齊桓者出，仗義尊王，内正諸華，外卻戎狄，天下始復知有王。晉文踵其行事，德雖小不及功則過之。方是時，天若不生二霸，則蒼姬之卜世，殆未可知也。夫子論齊桓、晉文之譎正，未嘗及秦、宋、楚。及脩《春秋》，於二霸之行事有褒有貶，有激有揚，權衡衮斧，若造化之無私也。秦穆固賢君，而其功烈不及於中夏，特以不吝改過爲聖門所取，不以霸言也。宋襄者，當齊、桓之既歿，晉文之未興，能抗荆楚而敵之，故《春秋》於鹿上之盟，盂之會，長宋而賤楚，與其有志於中國，望其能霸，而卒無所成，君子無以議爲也。及若楚莊，則南蠻傑者，觀兵中原，問鼎之大小，推其無忌憚之心，將何所不爲？是豈可與齊桓、晉文俱以霸稱乎？若曰桓、文爲功之首，楚莊爲罪之魁，庶乎其可也。外此則有繼其父祖而霸者焉？晉襄也，晉悼也。襄能保文公之業，幹父用譽者也。悼得國羣卿之手，假之以權，漸至不制復以媚悦其卿者，媚悦諸侯之大夫。鄭人弑君於會，明知而不敢問。衛人逐君立君，不惟不討，又從而寵獎之甚，至諸侯在會而與大夫爲盟，既亂己之君臣，復亂人之君臣，於是諸侯之大夫，並起而抗其君。霸國紀綱，自兹始壞，後以襲鄢勝之餘威，復借援强吴以牽制荆楚。楚内懼於吴，不暇與晉爲敵，僥倖少安，何霸之足。言《左傳》備載，晉國諂史率多諛辭，後儒窮經不具眼，雷同稱譽甚者，謂悼優於文。愚每爲憤，歎用不能已於言。自是而後，有若平、昭、頃者，庸闇不君舉霸業而遜之荆楚，中國愈不競。至於晉定，卿權益尊，霸政掃地，不復能主夏盟矣。齊景公在位日久，當晉政衰亂，楚熖中撲，有可霸之機，而其才其志皆不足以有爲，桓、文之業至是始俱掃地無存。臣干君，强吞弱，大併小，春秋降爲戰國，階於此矣。

外此又有蠻荒之霸於其國者，吳闔閭、夫差也。吳本太伯之後，而乃干王略同楚之僭，闔閭猶有攘楚一節之可書。夫差用兵不戢，自底滅亡，然以削去僭名自同列國，故《春秋》於黄池之會，特示奬進，與晉俱書，然亦正其始封之號而已矣。《春秋》所謂霸，齊桓、晉文之二君，餘不録也。或曰：若子所言，《春秋》未嘗輕與人以霸，而《孟子》乃謂仲尼之門無道桓文之事者，其旨同乎否與？曰：《春秋》主垂法，《孟子》主明道。命德討罪，《春秋》教也；貴王賤霸，《孟氏》教也。當孟子之世，王道益遠，士論益卑，扶而植之，其用力與《春秋》同功。其言曰：『五霸，三王之罪人。今之諸侯，五霸之罪人。』公平正大，足以盡王霸之實，後之立言者，累千百不能及此也。讀《春秋》者，試以是觀之。

宋·朱熹《晦庵集》卷七三《雜著·温公疑孟》 疑曰：所謂性之者，天與之也；身之者，親行之也；假之者，外有之而内實亡也。堯、舜、湯、武之於仁，義也，皆性得而身行之也。五霸則强焉而已。夫仁，所以治國家而服諸侯也，皇帝王霸皆用之，顧其所以殊者，大小高下，遠近多寡之間耳。假者，文具而實不從之謂也，文具而實不從，其國家且不可保，況於霸乎？雖久假而不歸，猶非其有也。

辨曰：仁之爲道，有生者皆具，有性者同得，顧所行如何耳。堯舜之於仁，生而知之，率性而行也；湯武之於仁，學而知之，體仁而行也；五伯之於仁，困而知之，意謂非仁，則不足以治國家、服諸侯，於是假而行之，其實非仁也。而謂皇帝王霸皆用之，顧其所以殊者，大小高卑，遠近多寡之間耳，何所見之異也？孟子之言曰，『堯舜性之，湯武身之，五霸假之，假之而不歸，烏知其非有。』正合《中庸》所謂『或安而行，或利而行，或勉强而行，及其成功，一也。』孟子之意，以勉其君爲仁耳。惜乎五伯假之而不能久也。

『隱之以五伯，爲困知勉行者。』愚謂此七十子之事，非五伯所及也。假之之情與勉行固異，而彼於仁義亦習聞其號云爾，豈真知之者哉？温公云『假者，文具而實不從之謂也。文具而實不從，其國家且不可保，況於霸乎？雖久假而不歸，猶非其有也。』愚謂當時諸侯之於仁義，文實俱喪，惟五霸能具其文耳，亦彼善於此之謂也，又有大國資强輔，因竊仁義之號以令諸侯，則孰敢不從之也哉？使其有王者作而以仁義之實施焉，則爝火之光其息久矣。孟子謂『久假不歸，烏知其非有』，止謂當時之人不能察其假之之情，而遂以爲真有之耳。此正温公所惑，而反以病孟子，不亦誤哉？

宋·黄仲元《四如講稿》卷六《五伯》 五伯之稱有三：杜預注《左氏》曰：夏伯昆吾、商伯大彭、豕韋、周伯齊桓、晉文；趙岐釋《孟子》曰：齊桓、晉文、宋襄、秦穆、楚莊；《荀子·王伯篇》曰：齊桓、晉文、楚莊、吳闔閭、越句踐。按《史記·楚世家》，昆吾，夏之時嘗爲侯伯。桀之時，湯滅之。彭祖氏，殷之時嘗爲侯伯，殷之末世滅彭祖氏。《左氏傳》：范宣子曰：昔匄之祖，在商爲豕韋氏，在周爲唐杜氏。杜注：殷末，豕韋國於唐，周成王滅唐，遷之於杜，爲杜伯。論三代時五伯，杜之説非，遠而無據。謂之伯者，天子命之以長諸侯，如齊桓、晉文，亦是周王命之爲伯。自霸之名立，則是以智力把持天下，爭雄中國，宋襄圖霸不成之君，盂之會，楚人執之釋之如戲嬰兒，是以不得志乎泓，何嘗可謂之霸？荀卿生於戰國，去五伯爲甚近，其言似足信。考之於經，吳則黄池之會兩書於越入吳，卿之言近矣，而未盡也。論春秋五伯，當以《史記》爲證。《史記》自東遷以前皆紀周，事東遷以後雜記諸侯。凡齊桓、晉文、秦穆、楚莊，一一具載，所以見伯統，與王室相爲盛衰。遷之言曰：『平王之時，周室衰微，諸侯强并弱，齊、楚、秦、晉，始大。』蓋爲書齊桓、晉文、秦穆、楚莊張本，則宋襄之不列於五伯明矣。及《吳世家》却載夫差十四年春，吳王北會諸侯於黄池，欲霸中國以全周室。則五霸合以齊桓、晉文、秦穆、楚莊、吳夫差爲五。此有《漢史》可證。《漢史》注五伯有三：《表》：『適成彊於五伯。』師古曰：伯讀曰霸，五伯謂昆吾、大彭、豕韋、齊桓、晉文，《諸侯王表》：『衰則五伯扶其弱。』師古曰：此五伯謂齊桓、宋襄、晉文、秦穆、吳夫差。《地理志》：『春秋時，五伯迭興。』師古曰：此五伯，齊桓、宋襄、晉文、秦穆、楚莊。今以《春秋》始末考之，合以夫差與桓、文、穆、莊爲五。今考《春秋》，齊之霸以僖九年葵丘之會而盛，晉之霸以僖二十八年踐土之盟而盛，秦之霸以文三年焚舟之役而盛，楚之霸以宣十二年邲之戰而盛，吳之霸以哀十三年黄池之會而大。故莊僖而後，政出齊、晉，聖人書法自是一變；文宣以來，權在秦、楚，聖人書法自是再變；吳自成七年伐

鄭，始見于《經》，自是而後，聖人書法又三變矣。蓋至於黄池之會而極，《春秋》所以以是終焉。雖然，《春秋經》於文三年第書『秦人伐晉』，何嘗有一大盟會，霸諸侯，誰謂《春秋》而與秦霸？邲之戰，晉師大敗，以夷狄而敗中國之師，此《春秋》之所深痛，誰謂《春秋》而與楚霸？諸侯泯泯，制命在吴，吴之會，莫盛於黄池，而其亡也，亦自黄池之會，誰謂《春秋》而與吴霸？秦、楚、吴，皆夷也。説《春秋》者，只當論齊、晉二伯，不當言五伯，賓媚人言『四王之王，五霸之霸』，孟子言『五霸，三王之罪人』，是合三代時説。夫子曰：『齊桓公正而不譎，晉文公譎而不正』，此二句固是二伯斷案，然筆削之際，明示萬世法戒，略不少假於二伯。葵丘、踐土例書曰盟，則盟誓豈仲尼之所取，而其罪又在於致宰周公與召天王。當周不競，所賴扶持王室者，二伯也。小白不朝，重耳召狩，《春秋》又何望哉？誰謂《春秋》而與齊、晉？大抵《春秋》借事明義，有可以爲人君之訓者，有可以爲人臣之訓者，有爲人父立法者，有爲人子立法者。不明此義，區區計二伯之優劣，與謂《春秋》爲五伯之刑書者，皆非深知《春秋》者也。

宋・黎靖德《朱子語類》卷六〇《孟子十・盡心上・堯舜性之也章》

或問：仁，人心也。若假借爲之，焉能有諸己哉？而《孟子》却云：五伯久假而不歸，烏知其非有，何也？曰：此最難説。前輩多有辨之者，然卒不得其説。『烏知』二字，爲五伯設也，如云五伯，自不知也。五伯久假而不歸，安知其亦非己有也？去僞。

宋・張栻《孟子説》卷六《告子下》 此章述三王之事，以見五霸之罪；又述五霸之事，以見當時諸侯之罪。三王盛時，天子有巡狩之制，諸侯有朝王之禮，而又有省耕、省斂之常焉。天子之巡狩，入諸國之境，首察其土地、田野，遂詢其老者與其賢者，攷其在位者而賞罰之。蓋爲國之道，莫先於農桑，莫要於人才也。諸侯至於貶爵削地而不悛，則天子聲其罪，以六師臨之，所謂討而不伐；諸侯之君，各率其賦從天子之討而致伐焉，所謂伐而不討，未有諸侯得專其討者也。五霸徇利而棄義，不禀王命，擅率諸侯以伐人之國，雖使有成功，而廢制紊紀，啓禍兆亂，故以爲三王之罪人也。舉五霸之盛，無若齊桓葵丘之五禁，蓋亦假仁義而言者。而孟子之時，諸侯雖此五禁亦皆犯之，故以爲五霸之罪人也。長君之惡，謂君有惡從而順承以長之；逢君之惡，謂逆探其君之意而成之。長君之惡固爲罪矣，而逢君之惡者，其詭秘姦譎爲甚，而戕賊蠹害爲深。蓋人君萌不善之念，其始必有所未安，於心未敢以遽達也。已則迎而安之，安之則其發之也必果。君以爲己之意，未形於事而彼能先之，則其愛之也必篤。故長其惡於外者其罪易見，而逢其惡於中者其慝難知。易見者其害猶淺，而難知者其蠹爲不可言也。自古姦臣之得君，未有不自於逆探其君之意以成其惡，故君臣之相愛不可解，卒至於俱糜而後已。《易》曰：『入于左腹，獲明夷之心，于出門庭。』此之謂也。逢君之惡云者，可謂極小人之情狀矣。雖然，有五霸爲三王之罪人，則有諸侯爲五霸之罪人矣；有諸侯爲五霸之罪人，則有大夫爲諸侯之罪人矣。何者？理固爾也。有明君者出，本於三王之法以制治，則拔本塞源，不得罪於天下矣。

又 卷七《盡心上》 孟子曰：【略】堯舜，性之者，自誠而明，率性而安行也；湯武，身之者，自明而誠，體之於身，以盡其性也。性之，則不假人爲，天然純全；身之，則致其踐履之功，以極其至也，然而其至則一也。此生知、學知之所以異。堯舜湯武之聖，孟子特以兩言明之，而其所以聖者，亦無不盡矣。五霸則異乎是，特慕夫仁義之名有所爲，而爲之非能誠體之者也。夫假之則非真有矣，而孟子謂久假而不歸，惡知其非有，何哉？此闡幽以示人之意，蓋五霸暫假而暫歸者也。五霸，桓公爲盛，召陵之盟，仗王室之事以責楚，亦可謂義矣，而執陳轅、濤塗之舉，旋踵而起。葵丘之會，殺牲載書而不歃血，亦可謂信矣，震而矜之，叛者九國，此皆歸之遽者也。若使其久假而不歸，亦豈不美乎？夫假之者，未有不歸者也。使其假而能久，久之而不歸，則必有非苟然者矣。是必因其假而有所感，發於中而後能然也，至其不歸，則孰曰非己有乎？有之者，不係於假，而係於不歸也。孟子斯言，與人爲善，而開其自新之道，所以待天下與來世者，亦可謂弘裕矣。

宋・滕珙《經濟文衡後集》卷五《再論五霸假仁之説・答蔡西山》

此段謂孟子非予五霸之辭。道間思『久假』之説，欲下語云『五霸假之』，而至於功施當時，名顯後世，則是久假而不歸矣，人亦安能知其本非真有哉？孟子之言，蓋疾矯僞之亂真，傷時人之易惑，而非予五霸之辭也。煩爲呈似元禮、可大二兄商量看如何。今日因思此義，偶得一法。大抵思

索義理，到紛亂窒塞處，須是一切掃去，放教胸中空蕩地了，却舉起一看，自覺得有下落處。此説向見李先生曾説來，今日方真實驗得如此，非虚説也。

又《論霸者刑政德禮之事·答葉賀孫》 或問侯氏云：政刑，霸者之事。曰：專用刑政，只是霸者事。問：威、文亦須有德禮，如《左傳》所云。曰：他只是借德禮之名，如大蒐以示之禮，伐原以示之信，出定襄王以示之義。他那曾有躬行德禮之實，正是有所爲而爲之也。聖人只見得自家合着恁地躬行，那待臨時去做些。又如漢高祖爲義帝發喪，那曾出於誠心，只是因董公説，分明這些欺天下，看他本意也只要項羽殺了他，却一意與項羽做頭底。

宋·胡宏《五峰集》卷四《皇王大紀論·皇帝王霸》 劉道原博極羣書，以爲古無三皇、五帝、三王、五霸之數，其辭甚悉。愚以爲如是稱而逆理害義，雖人謂之聖賢之經，猶當改也。苟於理義無傷害，雖庸愚之説，猶可從也。皇帝王霸，雖經不稱其數，而雜見於前修之文，非有逆理害義之事也，奈何必欲去之乎？皇者，初冒天下者也；帝者，主宰天下者也；王者，天下歸往者也。自燧人氏而上，則三皇之世也。包羲、神農、黄帝、堯、舜，是五君者，有先天地開闢之仁，後天地制作之義，人至於今受其賜，故孔子曰：『包羲氏没，神農氏作，神農氏没，黄帝、堯、舜氏作。』按黄帝之後，少昊、顓頊、高辛皆嘗帝天下矣。孔子所以越而遺之必稱堯、舜者，以三君居位僅可持其世而已，未嘗有制作貽萬世故也。則五帝之名以定矣。夏禹、商湯、周文之爲三王，齊桓、晉文、秦穆、宋襄、楚莊之爲五霸，其迹詳甚，焉可誣也！

又 卷五《釋疑孟·霸》 二帝三王，施仁政定天下之功，盡道而已，非有利天下之心也。五霸仗義結信，摟諸侯，奬王室，謀自强大，非有正天下之心也。五霸，桓公爲盛，忿不懲而滅譚，欲不窒而窺魯，其心原不可考矣。雖力行信義，豈其如日之晝，如月之夜，不可掩乎？使其無死，要知其不至驕溢而復有失信棄義之事哉？唯其執之，不致中道而廢，是以得成霸者之名耳，此孟子之所謂假也。今有人假人之器以爲用，方其用也，謂之非己用，可乎？爲己用矣。謂之文具而實不從，可乎？用之來歸，以至於没身，孰知非己有乎？五霸假仁義而不歸，則既有之矣。其得罪於三王，何也？以有爲而爲之也。此王霸之所以分乎？

又《王》 孔子於周，自平王東遷等之於諸侯，聖人何容心哉？載其實也。故《黍離》降爲《國風》，而《春秋》作矣。《春秋》，天子之事也，人曷嘗務於尊周乎？區區務以尊周爲事者，五霸之虚名耳。孟子所以勸時君者，實行王政也。自春秋時，周室微弱，諸侯强大，互相譏議者，臣弑君，子弑父，周天子不能禁禦淪夷。至於戰國，天下横潰，人欲肆而天理滅矣。使天下諸侯有能知孟子之言，遏人欲，明天理於天下者，是《春秋》之法行也，豈與聖人異乎？且天生民而立之君，使司牧之，非爲一人也。故湯武雖聖，必征伐然後定，而天下與之，後世聖人與之。況周室微弱，威令不能行於家人，天命已去矣。而司馬子猶欲尊焉，昧於時變，豈非腐儒之論哉？

宋·陳淵《默堂集》卷二二《雜説十三假》 五霸，假之也。夫假之者，外也，聖人亦許其假乎？曰：此罪五霸之辭也，非許之也。孟子曰：五霸，三王之罪人也。又曰：春秋無義戰。而春秋之事，則齊桓、晉文也。其不許明矣。然則其説云何？曰：所謂久假而不歸者，不歸於帝王之誠也。烏知其非有，則以五霸終不知其非己有也。不知其非己有也者，以竊其名樂，其利不由乎中而爲之也。故曰五霸假之也，罪五霸之辭也。若夫堯舜，性之也。此由仁義行得之，自然而然也。湯武，身之也。此行仁義有心於爲之也，性之爲自誠而明，不勉而中，不思而得。身之爲自明而誠，勉而後中，思而後得，誠無淺深，皆由中而出也。既謂之假，則亦僞而已，誠與僞相去遠矣。此五霸之所以分也。

宋·王十朋《梅溪前集》卷一三《問策》 問：行帝道而帝，行王道而王，行伯道而伯，此五帝、三王、五伯之所以分，學者固已稔聞而熟論之矣。漢晁錯於大對之際，嘗品藻其君臣，其言有曰：『五帝神聖，其臣不及；三王臣主俱賢；五霸主不及臣。』抑嘗考其迹而驗錯之言，未免可疑也。五帝，唐虞爲盛，典、謨載其行事爲最詳。觀堯、舜、禹、皋陶、稷、契之徒，相與都俞，戒勑於廟堂之上。初不見其主優臣劣之迹，錯何以知其不及也？三代之君臣，可稱非一，其間固有主聖臣賢者，錯槩以俱賢目之，亦豈通論耶？五霸臣主，若無甚相遠者，以管仲之志小烈卑，止可爲桓公之佐耳，其他又可知謂主不及臣，抑又何耶？錯以賢

良文學哀然爲舉首，必有所據，而言諸君出入經史，商確古今，亦必有見其臣主不相及與俱賢處。如錯所言，敢問風后、力牧至元愷之徒，不及主者果何臣？齊、晉、宋、秦、楚之霸不及臣者果何主？夏商周之君臣所以俱賢者果何事也？幸明以告我，毋詆錯言爲非而詈之。

元・李廉《春秋諸傳會通》卷首《讀春秋綱領》 子曰：齊桓公正而不譎，晉文公譎而不正。又曰：管仲相桓公，一匡天下，民到於今受其賜。又曰：管仲之器小哉？孟子曰：五霸，桓公爲盛。又曰：五伯假之也。又曰：五伯，三王之罪人也；今之諸侯，五伯之罪人也。又曰：仲尼之徒，無道桓、文之事者。又曰：管仲得君如彼其專也，行乎國政如彼其久也，功烈如彼其卑也。邵子曰：五霸者，功之首罪之魁也。春秋之間，有功者未有大於四國，有過者亦未有大於四國。不先治五霸之功過，則事無統理，而不得聖人之心矣。

案此春秋子奪霸者之大意也。

元・趙汸《春秋屬辭》卷一二《謹内外之辯第五》 以上楚君將稱君者二十八，晉靈不君，趙盾非伯者之佐，晉不足以主夏盟。故《春秋》於靈公之世，盟會每略，諸侯不序，以明中國無伯，而楚君將稱君於是始。故次厥貉、伐麇以後，無役不稱爵，而伐鄭、伐吴稱爵主兵，無異中國之伯者矣。蓋中國有伯，則《春秋》略之以正其名；中國無伯，則《春秋》詳之以著其實。不正其名，則不足以信攘却之義；不著其實，則不足以見蠻荆之彊。然泓之戰，宋公稱爵，而楚子稱人，不使蠻荆之君得抗中國諸侯也。邲之戰，楚子稱爵，而荀林父稱氏名，見蠻荆侵叛，乃中國之所得討也。泓之戰，宋公身傷以卒，而但書師敗績，爲中國諱也；鄢陵之戰，直書楚子敗績，治其罪也。然則雖書君將而與待中國諸侯伯主之法，不可同年而語矣。學者見《左傳》、《孟子》、《戰國策》皆有五伯之文，而《荀卿書》以齊桓、晉文、楚莊、吴闔廬、越句踐爲五伯，因欲退闔廬、句踐而進宋襄、秦穆以當之。據《傳》記齊國佐之言曰：「四王之王也，樹德而濟同欲焉；五伯之伯也，勤而撫之，以役王命。」以「五伯」對「四王」言，與孟子以「五伯」對「三王」言不異。則杜氏謂夏伯昆吾、商伯大彭、豕韋、周伯齊桓、晉文者近之。若夫楚莊、吴闔廬、越句踐，乃中國大義所當攘却，而所謂「勤而撫之，以役王命」者，於宋襄、秦穆亦何取焉？《傳》又言：秦穆公遂伯西戎。孟子亦言，其用百里奚而伯。此蓋循習流俗矜尚之辭，如稱當時大國爲萬乘之君相類，皆因人所恒言而言之，不可通於《春秋》。至其論《春秋》之事，惟曰齊桓、晉文而已。

元・俞皐《春秋集傳釋義大成》卷首《春秋世次圖説・十三伯》 伯之名，何由而起乎？當王道流行，侯國受職，未始有也。自東遷日久，王澤壅而下權張，正理微而力爭起，徒有振王之號，而不循敬君之節，此伯之名所由立歟？齊桓公實肇其事，故以桓公爲始。然而有伯，非美事也，《春秋》何以與之乎？蓋黜其過而録其功耳。且以齊伯觀之，桓公以方伯之國，任賢良之佐，驟合諸侯，以紀綱中夏於波流風靡之中，使王室既卑而稍尊，四夷既抗而稍息，諸侯羣起而略定，故《春秋》不能不録其功。然而約束諸侯，幾於改物，盟會征討，皆專行之，使王室愈卑，王迹愈熄，故《春秋》不能不黜其過。功過不相掩，此伯者之事也。逮夫宋襄公繼齊桓之後，伯雖未成，而盟會必先序宋者，《春秋》與之，以内中夏也。楚雖盛彊，而不得主盟會者，不以夷亂華也。自此四年之後，晉文公繼起，城濮一戰，關夷夏之盛衰，王畿兩盟，平周室之内難。惜其享國之日淺，雖成功速而不能久也。自襄公以後，世主夏盟，《春秋》之拳拳與晉者，實憂天下之切也。至於靈、成、景、厲之世，晉伯稍衰，而於盟會必先序晉者，豈非與之以伯乎？及悼公之興，八年之間，九合諸侯，雖數與楚遇，而不與之戰，推誠待人，鄭不敢畔者二十四年，亦庶幾桓、文之績矣。然而楚雖弱而吴方張，其末也以士匄、荀偃主盟，則政在大夫，世變愈下矣，此又伯權之大壞也。至於平、昭、頃、定，愈降愈壞，列國之不若也。然終乎黄池之會，《春秋》猶以伯與晉，則雖晉不能伯。而《春秋》猶未絶晉也，蓋非爲晉也，爲王室也，爲天下也。愚故謂十三伯云。

明・楊慎《升菴集》卷五《二伯論上》 楊子曰：世儒多稱五伯濫矣，夫予見其二矣，未見其五也。五伯并稱，桓、文之意荒矣。夫伯，何爲者也？中國陵，四夷競，有能聯諸侯，同會盟，以役社稷，以固維城，是之取爾。由此其選者，桓其首也，伯之雄也，文其繼也。桓之匹也，未有三此者也。彼秦、宋、楚何爲者哉？秦伯之繆也，宋伯之虜也，楚伯之寇也，繆、虜、寇，何伯之有焉？自以爲伯不明也，人從而伯之逐聲

也。且言秦繆何業而爲伯哉？或曰：三置晉君，非業與？楊子曰：是狐埋之，而狐掘之也，奚其置？或曰：惠、懷失之重耳，得之矣，奚其不置？曰：君子之置，以已亂也。其上務正之，次定之，其下幸之。秦之置晉也，幸之而已矣。且不先置重耳，而置惠、懷，使晉亂者終一星而踰六閏。若繆公先惠懷而死，則有人誰置？否則重耳先繆公而死，則欲置誰人？是晉亂終無已也。重耳之立，天也，非秦也。或曰：《秦誓》之書，孔子何以録也？曰：秦繆公口一時悔過而心終身遂，非孔子録之於書，惜其違百里奚而用孟明。匪取之也，君子之悔過也，以貿小人之悔過也，以文秦繆公之悔文而已，故以爲書之終焉。感世變焉，蓋傷之也。書之《秦誓》也，猶《詩》之《黄鳥》也，皆刺也，非美也。如以《秦誓》爲美也，則《黄鳥》亦美乎？或曰：置惠、懷者，公子摯之爲也；用孟明者，公孫枝之爲也；殉三良者，康公之爲也。曰摯則謀而公實聽，是曰繆聽枝則舉，而公實任是。曰繆任康則承而公實命，是曰繆命三繆亦大矣，死謚曰繆，宜哉。予故曰『秦伯之繆者也。』宋襄之始求伯也，一會而虐二國之君，是酗之健嗔也；一戰而見執于盂，是嬰之抗虎也；再戰而夷於泓，以放乎死，是卵之鬭石也。是僇人耳，夷俘耳，而可以爼豆於桓文乎？予故曰：『宋伯之虜者也。』夫伯也者，攘夫夷者也。楚莊，身夫夷者也，是高宗之所伐也，周公之所膺也，而可進乎？況又負其蛇豕之力，凶其水草之性，聖人豈其以伯而與之？若以爲强而與之，則夫差也，泰伯之裔也；句踐也，大禹之裔也，且猶不與之，而豈以伯與楚哉？故曰：『楚伯之寇者也。』嗚呼！論世於《春秋》，考喪於孔子而已矣。孔子之言曰：『其事則齊桓、晉文』，稱管仲曰：『如其仁，如其仁！』又曰：『齊桓正而不譎，晉文譎而不正。』下此無譏焉，予故曰：『桓其首也，伯之雄也，文其繼也，桓之匹也。』未有三此者也。

明·章潢《圖書編》卷一五《五霸》 五霸，君臣天下之大分也，内外天下之大防也。大分嚴則臣不得以凌君，而天王不至下同於列國；大防峻則外不得以侵内，而兵戈不致變易乎禮樂。此其澤被生民，功在社稷，雖以義律之聖人，亦在所必取也。夫皇降而帝，帝降而王，至王降而霸焉，天地一大變也。觀世道者，不能不爲之重慨歎矣。聖人于霸，猶有取也，豈得已哉？分已亂矣，防已潰矣。有能嚴而峻之存，大分大防于萬一，則帝王遺績猶未至盡泯，征伐會盟之權尚統于一，愈於散而無所歸也。以此尚論春秋之世，五霸殆不可少矣。然世之品評五霸者，謂齊桓自北杏之會，國不受兵者三十八年。晉文自伐原之後，國不受兵者至于身没，是霸業之成也。宋襄爲鹿上之盟，以求諸侯于盂之會，遂爲楚子所執。秦穆三十六年，報晉，始霸西戎，前此未得志也。楚莊三年，猶爲戎濮所侮，既而滅庸。六年侵陳及宋。八年伐陸渾之戎，觀兵問鼎，始有欲霸之志，然與晉爭鄭，兵連禍結，師無寧日，皆霸業未成者也。故曰其事則齊桓、晉文，舉其成者言之耳。果如斯言，止以成敗論也。此卽蘇子由所謂桓、文之兵，不得已不戰，所以全師保國，無敵於諸侯。至宋襄則雖竊霸者之名而實非。秦穆則雖悔過自誓，列于周書，而不能東征諸夏。楚莊雖號爲服宋，君子以爲不假道之師。以此品論五霸，亦僅似矣。然霸者，見取于春秋之世也，果如斯而已哉？試觀當時綱常禮義，蕩然幾盡，能尊周室，正君臣之大分者，誰也？能攘夷狄，峻夷夏之大防者，誰也？使小國有所恃，强國有所懾，大夫陪臣各守其分，而不敢踰越者，誰也？蓋自有葵丘之會，踐土之盟，然後天下始知周室之當尊；自有召陵之師，城濮之戰，然後强楚始不敢憑陵乎上國。霸者，有功名義莫此爲大，而霸之優劣，亦于此乎定。故不特宋襄國小德薄以求諸侯，不自量而取敗。雖穆、莊亦見不及此，何足以望桓、文也耶？但管仲臨終勸桓公，以齊托之宋，在襄公亦必有可托者。穆公用孟明，不以一眚掩大德。莊王討夏徵舒，侵鄭及宋，皆服之而不取其國，殆無忝於霸也。已若止以威力言，則吳夫差，越句踐皆一時之雄，而列國畏服，不減齊晉，胡爲乎不得與宋襄齒耶？使全以王道律之，則五霸，三王之罪人；功之首，罪之魁，固已有定論矣。雖尊周攘夷之烈，何足數哉？雖然以霸視王，何啻霄壤。而維持王迹，存大分、大防于萬一，不無取于霸之力也。況列國卿大夫尚知有名分禮義而不敢犯，故事君行已間，有三代遺風存焉。逮孟子謂今之諸侯五霸之罪人也，今之大夫今之諸侯之罪人也。田常簒齊，六卿分晉，紀綱蕩盡，思見霸功不可得矣。所以聖人之論人也，公而恕，功過不相掩也。『管仲相桓公，霸諸侯，一匡天下，民到于今受其賜。微管仲，吾其被髮左衽。』聖人稱仲如此，其稱桓公可知，今以二霸並稱，如齊桓翼王室、定世子；晉文殺叔帶、復王位。桓服楚，退舍而盟；文服楚，

退舍而戰。桓忘仇而相管仲，文釋怨見寺人披。均之乎不可及也。孟子乃曰：『五霸，桓公爲盛。』豈獨有取于五禁爲然哉？晉文初則恃樊陽之績而請隧，終則爲河陽之會以召君。若桓公則雖王人致胙命無下拜，乃曰『天威不違顔咫尺』，卽此可以槩其生，而救邢存衛，庶幾王迹。故孔子有譎正之分，而《春秋》獨書齊桓公之績，此亦可見矣。是故論世而及乎《春秋》，則稱五霸；論霸而定以尊攘，則稱桓、文；論功而別其譎正，則稱齊桓公，要皆彼善于此也。至論道而辨乎王霸，則聖門童子羞稱之矣，于五霸乎何有？

又　《二伯論下》　或曰：然則五伯并稱何昉乎？曰：昉乎戰國之世。戰國之士，所以鼓譟其君者，則伯而已矣。曰：桓與文，怵其高而畫也，故下及秦、宋、楚。曰：繆亦可伯也，虜亦可伯也，寇亦可伯也。盛鼓於時，遂弗改於後耳。或曰：謂秦爲伯者，《孟子》之言也，《左氏》之言也；謂宋爲伯者，《公羊》之言也；謂楚爲伯者，又《左氏》之言也。三子之言，非與？曰：《孟子》激辭也，《左氏》誣辭也，《公羊》偏辭也。《孟子》嘗稱百里奚曰：『秦繆公用之而伯矣。』又曰：『相秦而顯其君於天下矣。』又曰：『仲尼之徒，無道桓文之事者。』又曰：『管仲，曾西之所不爲也，而子爲我願之乎？』且桓文之事不道矣，秦繆反可道乎？管仲不足爲矣，百里奚反可爲乎？當究其説矣，時則有以伯軋己者，故貶管仲以拒之；時則有以游説軋己者，故又申百里奚以抑之。亦不思秦於百里奚，曷嘗盡用其言乎？秦曷嘗伯乎？君曷嘗顯乎？故曰：《孟子》激辭也。《左氏》於百里奚如遺而譽，孟明如不及既歸而執，則曰：『不以一眚掩大德』，又曰：孟明念德矣焚舟，則曰：『遂霸西戎，用孟明也。』夫孟明不智無勇，違父誤君，百里奚不幸而生此不肖之子，秦繆公不幸而畜此不令之臣。千里而襲人，强賊之行也；臨戎而見執，没世之耻也。焚舟之後，晉特不出秦，無少加于晉也，封尸而歸，何捄于塗地之敗也。曰德何德，曰念何念？西戎素服于秦，豈由封尸而伯也？《左氏》之筆，於是爲曲矣。舍其父而稱其子，掩其是而飾其非，後人又溺其文而信其事不可哉？故曰：《左氏》誣辭也。《公羊》之言曰：『不鼓不成列，不禽二毛。』雖文王之師，不是過。君子不暇責其重許襄公而恨其輕待文王也。今夫卵也，而與流丸齊注，不自虞螺，而籍石以綿，纖兒知笑之矣。然則公羊不出户之臞儒也，其習鄙，其言贛，故曰：《公羊》偏辭也。一泓之戰，《左氏》假借楚子，滔滔千言，沛若有餘。楚子夷且陋，又臨戎當陣，而引三詩、援七德，若横經之儒，其誣可知，予無責耳矣。或曰：是則然矣，子以秦伯之謚爲繆，何哉？曰：子不觀謚法乎？名與實爽曰繆，布德執義曰穆，之二者，判然殊也。古之得此謚者，秦、魯以之。學者疑秦伯霸主，魯公尊賢，而皆遂更名繆爲穆，不思其終違蹇叔，徒尊子思，是爽實之大者也。繆不亦宜乎？或曰：然有證乎？曰：有墨家之徒纆子佑鬼神，而引秦繆公上帝賜之年九十事，儒者董無心難以秦繆、晉文，且曰：『繆者誤亂之名，文者德惠之表。有誤亂之行者，天賜之年；有德惠之表者，天奪其命乎？』《史記·蒙恬傳》曰：『昔者秦殺三良而死，罪百里奚而非其罪也，故立號曰繆。』古之可證者若此，予言豈無稽哉？

又　卷四五　《霸伯同》　《論語·憲問篇》註曰：『霸，與伯同長也。』《左傳·成公二年》：齊國佐對晉人曰：『四王之王也，樹德而濟同欲焉；五伯之霸也，勤而撫之，以役王命。』黄震曰：『天下之主謂之王，諸侯之長謂之伯，此指其定位而名也。以德方興而爲天下所歸則王，平聲，轉聲而爲王，去聲，王政不綱而諸侯之長自整率其諸侯則伯，入聲，轉聲而爲伯，去聲，皆有爲之稱也。正音爲静字，轉聲爲動字，以此證之。《左傳》四王之王，上如字，下音旺。五伯之霸，上伯字，入聲，下霸字，去聲。王字無別體，故同用王字。伯字有霸字爲別體，故上用伯，下用霸。』《左傳》不惟文精，用字亦不苟矣。註疏未發明，故特著之。

明·陳士元《孟子雜記》卷四《五伯》　《孟子》言五伯屢矣，但言齊桓、晉文之事，其三則未聞也。先儒有以秦穆、宋襄、楚莊足其數者，考春秋行事，宋襄何足言霸？秦穆、楚莊本夷狄而恃强以脅中國，於霸何有？按：《白虎通》云：五伯者，夏昆吾、商大彭、韋豕、周齊桓、晉文。故曰：五伯者，三王之罪人也。《史記·諸侯王表》云：五伯扶其弱。師古注云：謂齊威、宋襄、晉文、秦穆、吳夫差也。《異姓諸侯王表》云：適戍强於五伯。師古注云：謂昆吾、大彭、韋豕、齊威、晉文也。師古注五伯前後不同，又不言齊桓而言齊威，殆不可曉。

明·卓爾康《春秋辯義》卷首七《書義四·五伯二》　鄧元錫氏曰：

或曰：桓文之未出也，其權散；桓文之既出也，其權聚。較利害則權散而交鬭，不若權之聚可紓禍而息民；語王道則權之聚而疑主，不若其散而未有屬也。是惡聚而喜散也，惡聚而喜散有激者之心也，非王心也。夫齊桓之功，莫大于存三亡國矣。而衛、杞其尤也，乃《春秋》書城楚丘、城緣陵，畧美績而不序，何也？進之王也。進之王者，公之天下也，天下之危與天下安之，天下之亡與天下存之。我無功焉，故不著之齊；人無德焉，故不著之衛、著之杞也。故救邢大其師，城衛大其績，《木瓜》著其感功之矣。而終進之于王，一泯其怨，德之報，聖人之善救人也。乃晉文之功，莫大于城濮矣。然伐衛以致楚，分曹、衛田以怒楚，賂齊、秦以軼楚。雖其克捷，而召陵以義勝，城濮終以智計勝也。故子玉請戰，晉師避舍，若不汲汲然者，《經》探其志而書。及踐土載盟，晉敵王所愾而陳俘，王享醴，命侑，賜弓矢、秬鬯，命之伯也。而《經》畧不書，以爲是譎而不正也。《春秋》之義大居正也，踐土尊王之功，不後于首止，而義不得比于首止，以爲是文具而寡忠也。會河陽稱狩，全天王也；執衛侯稱歸京師，尊京師也。《春秋》之義，致用忠也。翟泉之會，比美于召陵，而義不得比于召陵，以爲王霸之道自此失也。於王圻而盟，致王人而盟，乃其所與盟者，晉列國之大夫也，而大夫專盟之漸萌始矣。故五霸，桓公爲盛，晉文下之，宋襄霸之反也，秦穆霸之修也，楚莊霸之變也，其每下者也。曰霸之反，奈何彼其人憤烈似義，復言似信，小不忍似仁，而施之不當爲悖也。《周書》有之曰：『大邦畏其力，小邦懷其德。』小邦懷德，懷于仁也；大邦畏力，屈于義也。滕之爲滕，弱小矣，不與于中國之會盟，終齊桓之世不加兵，亦恕其不及也已爾。而首執之鄫，受盟而用之，何虐也；曹、宋之怨舊矣，始受盟而復圍之，斯遵何義也。乃會楚則乘車以示信，戰泓則不鼓不成列，不獲二毛，以示仁。威加于小國莫之懷也，德狃于大國莫之畏也。是宋襄之仁義也，其設之不當也，仁義之不繇衷也。仁不繇衷故愛不著于惻隱，義不繇衷故威不斷于羞惡，而徒以煦煦孑孑爲也。霸而見執，《經》以自執爲文，故曰霸之反也。秦穆霸之脩也。《誓》殿乎《典誥》，《詩》列之《國風》，重之矣，乃畧不見《經》，何也？曰：《春秋》爲中國王，統而脩也。秦穆無志乎中國者也，置惠建文立晉君矣。城濮之戰，與攘楚矣。而踐土、河陽之會，無列則無志焉，故也無志乎合中國。而專鬭土以爲功，盡岐雍之地而闢之，極西戎以爲利，是翟秦之所以并天下也。故聖人没其事于《春秋》，而列其言於《書》《詩》。曰：湯湯乎《風》，肅肅乎《誓》，茲胡爲乎來哉？没其事者薄其迹，列其言者著其微，故《春秋》知微也。乃楚莊《經》見何也？楚莊有志乎中國者也，莊有志乎諸侯，而中國之霸統適中絶而莫振，故謹志于《春秋》。及巴秦滅庸書曰，是索中國之西南而疆之也，非志庸巴已也；滅舒蓼又書曰，是索中國之東南而疆之也，非志滑汭已也。于是乎有陳、鄭、宋之師，然滅陳而能復比于仁，其滅也未滅而書入。入鄭而退舍比于禮，其入也未滅而書圍。辰陵之盟，陳、鄭合矣，歸父如宋齊魯往矣。邲之戰，晉失伯，《經》書晉及，傷中國失道，屑屑于爭鄭而不知其本也，其自言曰『夷狄之有君，不如諸夏之亡』，蓋歎之也。至宋人及楚人平，不盟不誓，釋然而去之，曰非君國之故而平也，從宋人所同欲而平也，非宋人所欲而平，亦楚人所同欲而平也，故《經》不書楚子，不舉楚師，一公之于人，蓋君子大其平乎已也。充斯義也，蕩蕩乎欲惡與人同而己不與焉，于是知《春秋》之與善弘憂生民者大，而尊王以天也。故治《春秋》者治五霸而已矣，治五霸治之以天道而已矣。

明·吴桂森《周易像象述》卷二《履·初九》　邵子曰：五伯者，借虚名以爭實利者也。帝不足則王，王不足則伯，伯又不足則夷狄矣。若然，則五伯不謂无功於中國，語其王則未也，過夷狄則遠矣。猶能維持二十四君，王室不絶如綫，夷狄不敢屠害中原者，猶五伯借名之力也。所以聖人有言曰：『眇能視，跛能履，履虎尾，咥人凶，武人爲于大君。』其斯之謂歟？按邵子説

明·張萱《疑耀》卷一《五霸》　霸之有五，《春秋》《傳》皆謂齊桓、晉文、秦穆、宋襄、楚莊，而《孟子》止言齊桓、晉文，不言其三，故有以宋襄何足言霸，秦穆、楚莊本皆夷狄，皆不足稱霸，而以夏之昆吾、商之大彭、豕韋，與齊桓、晉文爲五者。何燕泉亦從其説。余謂不然。《孟子》曰：五霸者，三王之罪人也。昆吾、大彭、豕韋，亦皆三王之罪人乎？五霸之名，當以《春秋》爲正。

明·胡應麟《少室山房集》卷九九《辯十二首·五霸辯》　學者多譚五霸而不得其説，于桓、文之外，于是取昆吾乎夏，取豕韋、取大彭乎

商，以合乎周之齊、晉而五之。自遷《史・夏商本紀》既絶弗載，而春秋、秦、漢雜傳子書又往往掇拾其一而軼其二三，是以後世之惑滋甚。蓋余讀《汲冢紀年》而始得其説焉。夫霸之取，稱其大旨二。諸侯而有勞，王室錫之茅土，俾專征伐而人服之，若文王之爲西伯，是其伯，伯以功也。諸侯而弗共王室，恃其强大，自專征伐而人畏之，若共工之伯九州，是其伯，伯以力也。自徐偃、宋襄攘竊仁義，卒以削亡，爲天下笑。而戰國之君盛，以甲兵土地相凌，于是乎孟軻氏大明王道以辟之，而霸之云者，祇以爲尚力之事，槩之三代盛時之所謂伯，迥不侔矣。考《竹書》所紀三氏，其始之伯也，要皆得之于功，而其末之亡，皆失之于力者也。夏仲康六年，錫昆吾命作伯；帝芬三十三年，封昆吾氏子于有蘇；帝廑元年，昆吾氏出居許；帝癸二十八年，昆吾氏伐商；三十年，商師征昆吾；三十一年，商克昆吾。此昆吾氏之始末，紀于《竹書》者也。夏孔甲元年，廢豕韋氏，使劉累豢龍；帝昊元年，使豕韋氏復國商外；壬四年，邳人、侁人叛，河亶甲元年，彭伯克邳；五年，侁人入于班方，彭伯、韋伯伐班方，侁人來賓；祖乙元年，王即位，自相遷于耿，命彭伯、韋伯；武丁四十三年，王師滅大彭；五十年，征豕韋，克之。此豕韋氏、大彭氏之始末，紀于《竹書》者也。合前後而較之，昆吾也，豕韋也，大彭也，其詳不可得聞，其興滅之大都槩以具矣。夫昆吾氏之霸，霸于仲康之代，而亡于桀；豕韋大彭之霸，霸于亶甲、祖乙之代，而亡于武丁。夫昆吾氏其興，弗可考，自彭伯、韋伯之命于商，而昆吾氏可知也。大彭、豕韋，其滅弗可考，自昆吾氏之黨于商而豕韋、大彭可知也。然則世之談五霸者，以其始之以功霸而合之桓文乎，則可；以其末之以力霸而合之桓文乎，則弗可。夫桓文固尚力而厥功，實弗容掩也。迹三氏于始則類，迹三氏于末弗類也。是昆吾、大彭、豕韋、齊桓、晉文之説也。

明・馮從吾《少墟集》卷三《語録・疑思録六・讀孟子下》　仁義，一也。堯舜曰仁義，湯武曰仁義，五霸亦曰仁義，不知堯舜性之也，湯武身之也，五霸假之也，至于老莊則絶而棄之矣。然五霸之假，老莊之絶棄，揔只是不知性善；五霸之意，以爲吾性中本無仁義，故不得不假之，以自附于湯武之列，而不知一假之則其弊無窮。故令人欺世盜名，假公濟私，使吾儒之教，視爲虚文爲體面者，五霸爲之作俑也，是率天下而爲僞也。老莊目擊其僞，于是憤憤然有絶仁棄義之説。若曰吾性中既無仁義，何必去假？與其假之而爲僞，毋寧絶而棄之，猶不失其爲真乎！而不知絶仁棄義以爲真，是爲真小人非爲真君子也。而其弊更益甚，故令人毁裂綱常，蔑棄禮法，使吾儒之教視爲桎梏爲糟粕者，老莊爲之作俑也，是又率天下而爲亂也。五霸假之，其弊爲僞君子；老莊絶而棄之，其弊爲真小人，世教人心可勝慨哉？孟子于此不辨五霸，該假不該假，老莊該絶棄不該絶棄，而第曰性善，若曰吾性中自有仁義，何必去假？吾性中自有仁義，何所絶而棄之？如以仁義爲可假，吾性亦可假耶？如以仁義爲可絶棄，吾性亦可絶棄耶？仁義即性，性即仁義，故曰性善。使五霸而早知性善當自悟，其不待假老莊；而早知性善當自悟，其不能絶而棄之矣。此孟子道性善，所以大有功于天下後世也。或曰：孟子何獨言五霸而不及老莊？曰：五霸之假是陰附于仁義之内者也，不容不辨。若老莊之絶棄，則明叛于仁義之外矣，何待辨哉！何待辨哉！

清・顧炎武《日知録》卷四《五伯》　五伯之稱有二，有三代之五伯，有春秋之五伯。《左氏・成公二年》：齊國佐曰：五伯之霸也，勤而撫之，以役王命。杜元凱云：夏伯昆吾、商伯大彭、豕韋、周伯齊桓、晉文。《詩・正義》引服虔云：五伯謂夏伯昆吾，商伯大彭、豕韋，周伯齊桓、晉文，與此同。應劭《風俗通》亦主此説。《孟子》：五霸者，三王之罪人也。趙臺卿注：齊桓、晉文、秦繆、宋襄、楚莊，二説不同。顔師古注：《漢書・異姓諸侯王表》：五伯，則以爲昆吾、大彭、豕韋、齊桓、晉文。《同姓諸侯王表》：五伯，則以爲齊桓、宋襄、晉文、秦穆、吴夫差。《白虎通》並存二説，其後一説謂齊桓、晉文、秦繆、楚莊、吴闔閭。據國佐對晉人言，其時楚莊之卒甫二年，不當遂列爲五，亦不當繼此無伯。而定於五也，其通指三代無疑。《國語》：祝融能昭顯天地之光明，其後八姓昆吾爲夏伯，大彭、豕韋爲商伯。《莊子》：彭祖得之上，及有虞下及五伯，李軌注：彭祖，名鏗，堯臣，封於彭城，歷虞、夏至商，年七百歲。是所謂五伯者，亦商時也。《淮南子》：至於昆吾，夏后之世。高誘注：昆吾，夏之伯，夏后桀世也。是知國佐以前，其有五伯之名也久矣。據此，周時但有二伯。《穀梁傳》：交質子不及二伯。《左傳・昭公四年》：椒舉對楚子言：六王二公，亦但指齊桓、晉文。若《孟子》

所稱五而以桓公爲盛，則止就東周以後言之。如嚴安所謂周之衰三百餘歲，而五霸更起者也。然趙氏以宋襄並列，亦未爲允。宋襄求霸不成，傷於泓以卒，未嘗霸也。《史記》言越王句踐遂報彊吳，觀兵中國，稱號五伯。子長在臺卿之前，所聞異辭。《越世家》言周元王使人賜句踐胙命爲伯，又言越兵横行於江淮東，諸侯畢賀，號稱霸王。《淮南子》亦言越王句踐勝夫差於五湖，南面而霸天下，泗上十二諸侯皆朝之。然則言三代之五伯，當如杜氏之説；言春秋之五伯，當列句踐而去宋襄。《荀子》以桓、文及楚莊、闔閭、句踐爲五伯，江都易王問越王句踐，董仲舒對以五伯。是當時以句踐爲五伯之數。斯得之矣。

清·李光地《御纂性理精義》卷三《皇極經世書》。五霸者，功之首，罪之魁也；《春秋》者，孔子之刑書也。功過不相掩，聖人先褒其功，後貶其罪，故罪人有功，亦必録之，不可不恕也。

某人受《春秋》於尹師魯，師魯受於穆伯長，某人後復攻伯長，曰：《春秋》無褒，皆是貶也。田述古曰，孫復亦云，《春秋》有貶而無褒。曰：《春秋》禮法廢，君臣亂，其間有能爲小善者，安得不進之也？治《春秋》者，不辨名實，不定五霸之功過，則未可言治《春秋》。先定五霸之功過而治《春秋》，則大意立。若事事求之，則無緒矣。

清·張玉書《聖祖仁皇帝御製文集》卷一八《論·王道論》 治天下必審擇所以爲治之道，然後運之有本，而措之也不勞。蓋得其道，則一時無赫赫之功，而久大之業可以永建而不拔；不得其道，則雖殫精敝形而終無以幾於治。故治理之方，不可不審也，其要在仁義而已矣。昔三代之盛也，蠲煩去苛，屏飾斥僞，先躬行而後文告，崇禮讓而緩刑罰，優游漸漬，不期效於旦夕。迨積之既久，風俗日茂，人心日醇，大化敦龐，號爲上理，此行仁義之所致也。秦漢而下，務爲一切苟且之政，以檢束其民，民生其時，亦皆匿情飾貌以應其上，上下相蒙，競趨婾薄，治功之降遠不古，若此則不行仁義之過也。故曰：仁以育之，義以正之。仁以育之所以養也，義以正之所以教也。孔子曰：『如有王者，必世而後仁』；又曰：『聖人久于其道，而天下化成。』蓋言王道之成，仁義之效也。是以聖王在上，制田里，廣樹畜，省刑而薄斂，崇本而抑末，使天下之民家給人足，有俯仰之樂，而無阽危之患。由是立庠序之制，置慈惠之師，修六禮以節其性，播六樂以淑其情，明七教以興其德，齊八政以禁其非。當是之時，六合之遠，一家之積也；四海之廣，一身之推也。天下之久安而長治，猶泰山而四維之也。其去夫驩虞之治，不亦遠乎？嗚呼，天下重器也，有天下大業也，彼挈缾之智猶必厝之於至安，況夫居重器而履大業者哉！盍亦知所擇矣。

又《辨·王霸辯》 禪繼之統分而後有三王，會盟之事興而後有五霸。世之儒者，尚論古今，推明已事，語仁義則尊隆王道，言權術則崇尚霸功。要其同異得失之辨，可得而言也，大約出之有誠僞，行之有公私耳。天下之民，其阽於危而思即安也，不啻如飢之待哺，寒之待衣。上之人有萬物一體之懷，有天下爲家之意，仁以漸之，義以摩之；而下之人亦皆愛之如父母，敬之如師保，咸有不忍去其上之心，此王道也。法立而政明，令行而禁止，有市德於下之心，而下亦有所懾服，此霸功也。故誅伐同也，而應天順人之與克威立慬不同也；播告同也，而至誠惻怛之與噢咻嘔喻不同也。此誠僞之分，公私之辨，可以見王霸之大端矣。世或有謂古今異，宜王霸貴乎雜用者，不知古今雖異，而天命民彝之理，豈有異乎？春秋戰國之時，三綱淪，九法斁，世風日下，人心日偷矣。而孔子、孟子生於其時，不聞有隨時遷就之説，所守者一以道德仁義爲歸。雖其不能見用於時君，而萬世之天下，皆得以其空言治之，孰謂王道之宜於古，而不宜於今乎？若以雜霸之術，而欲奏熙隆之治，猶適越者而北其轅也，故作王霸辯云。

清·張尚瑗《左傳折諸》卷首上《五霸辯》 自趙岐注《孟子》以秦繆、宋襄、楚莊與桓、文並列爲五霸，而朱子取之。雖續引丁氏之説，並及夏商之昆吾、大彭、豕韋，傳習之家，屏置弗問，蓋未嘗于孔孟之正文求之耳。『晉文公譎而不正，齊桓公正而不譎』，孔子之言也。『其事則齊桓、晉文』，孟子之言也。霸者之功罪事迹，載于《春秋傳》文鄄之會，曰：『齊始霸也』。晉文公伐曹、衛以救宋，曰：『一戰而霸』，二百四十年之小國不亡，大國不篡，賴二霸之功業維持之。』《傳》之推崇，亦止於是。秦繆公濟茅津，封殽尸，則曰：『遂霸西戎』，中夏之霸主，固傳文所未許。並《左氏》而爲三傳者有《穀梁》，其言曰：『交質子不及二伯。』霸之見于《傳》者止此。若楚者，齊桓、晉文連諸侯以討之以制楚，

而始成其爲霸，則受制于伯之楚，焉得復以霸名？宋襄者，亦嘗繼桓以圖霸，而見執于楚，請釋于諸侯，旋戰敗于楚以死。《孟子》曰：『食志乎？食功乎？』志在圖霸而卽以霸許之，則前之徐偃，後之宋偃，皆將名列霸册矣。孔子作《春秋》，尊周室，抑强諸侯。諸侯之恃其强而倍叛王室，吞滅小國者則惡之，非比今之諸侯而誅之也；比今之諸侯而誅之，則武王周公衆建諸侯，實爲禍始矣。且禹之執玉帛者萬國，湯之諸侯三千，夏商之時未嘗無諸侯也。夏商先有諸侯，故其衰也亦有霸。《鄭語》：史伯對桓公曰：『昆吾爲夏伯，大彭、豕韋爲商伯。』此丁氏之所宗，其説較之臺卿爲正。二代之伯，皆受命天子，子孫世及，其後裔助桀爲虐，爲湯所誅，見于《長發篇》『昆吾夏桀』之文。《春秋》：齊以五公子爭立，而霸業無承。晉則世爲諸侯盟主，若合符節。或曰：楚與晉嘗狎主諸侯盟矣，楚何以不得云霸？曰：霸必有天子之命，而霸者之功，全在尊王。齊桓公召陵伐楚，責以王祭，不共其會葵丘也，曰：『天威不違顔咫尺。』晉文公之盟踐土也，載書曰：同奬王室，召伯廖賜齊侯命，出于惠王，宰孔賜齊侯胙，尹氏、王子虎賜晉侯以大路、彤弓、秬鬯，皆出自襄王。天子之命累加于二霸，《傳》文所録本于簡册，所傳楚則特自王耳。莊之勝晉于邲，曰：作先君宫，不請命于王。知王之必不以命予之，迨靈既合諸侯于申，其臣伍舉曰：『霸之濟否，在此會也。』則前此莊共之不得爲霸可見矣。霸者，伯也。太保率西方諸侯，畢公率東方諸侯，成康時之伯，召公疆理南海，申伯蕃宣四國。宣王時之伯，特成、康、宣王，王室彊而伯統于王，伯仍爲王道之伯。惠襄以下，王室微，而伯以扶王，伯遂爲霸道之伯矣。吳夫差亦自稱王，顧其會黄池也，使王孫苟告勞于周，周天子有秉德侈大之詔，及身而亡敗，有甚于宋襄。若其志奬王室與親被天子之錫命，幾幾與齊桓、晉文並駕齊驅，所以《荀子》論霸，并及吳、越。越句踐之事，則在獲麟絶筆以後元王之賜胙也，殆與顯王賜黼黻之服于秦相等。世屢降而王命亦不足爲重。越之滅吳，秦之敗三晉之師，斬首六萬，較諸夫差之伐魯以衂邾，伐齊以衂魯，仁暴又復懸殊。總之，春秋之霸，止有齊桓、晉文，合夏商之昆吾、彭韋，而後得爲五霸。丁氏之説，更無異議。《漢書》曰：『二霸之後，寖以凌遲。』曹同《六代論》、李康《命運論》、漢魏諸儒皆止就桓、文立論。元凱注國佐語：五霸之霸，以爲兼三代而言，總無有及于宋、秦、楚三君者。《孟子集註》、明楊升菴作論以駁之。近日顧亭林謂有三代之五霸，春秋之五霸，分别言之，趙氏之訛愈著。夫其注《孟子》而不熟復《孟子》之書，其言何足取也！尚瑗。

又　卷一二《五伯之霸也》　杜注五霸，兼三代而言，昆吾、豕韋、大彭、齊桓、晉文是也，顧亭林謂有三代之五霸，有春秋之五霸。其實春秋之五霸，卽三代之五霸。夷考二百四十年間，無有及于宋、秦、楚三君之説。蓋伯也者，奉王命以令列國者也。楚則自稱王矣，靈王爲會于申，謂其臣伍舉曰：『吾用齊桓始懼然有降居牧伯之意。』伍舉亦告之曰：『霸之濟否，在此會也。』所稱六王、二公，未嘗以其先莊王列于桓、文，明乎楚之不得爲霸矣。宋襄敗衄無足道。秦穆則霸西戎，不復東征，由晉爲之梗，其先有納襄王之功，爲晉文所掩，未嘗受王命。觀桓、文之盛，召伯、廖宰、周公、王子虎、叔興父，王臣，王命交錯稠疊，意文王爲西伯，周、召二公分陝爲二伯，規制氣象當髣髴乎？此但文王、周、召王道也，故不得以霸名。霸爲王之衰，所以昆吾、大彭、豕韋際夏殷之衰，而亦稱霸。杜氏之説，確然不可移易。或曰：宣、成以降，王室逾替，何命之奉？曰：實則替之而名，未始不畏之，内外《傳》之文可證者不一而足。《荀子》論五伯，並及闔閭、句踐。顔師古注《漢書》則及夫差。然于秦穆、楚莊去取難定，無以合五伯之數。厥後列王時，齊威王來朝，顯王嘗賜秦以黼黻之服，此其去春秋之世逾遠，猶以王命爲兢兢，則實替之而名畏之之故也。《孟子》曰：五霸假之也。楚莊伐陸渾，觀兵周疆而不朝，慙于王孫滿之對而返。秦穆侵鄭師，過周北門，而孟明視不知入朝，王孫滿以無禮訶之。此猶不知假者也。不知假故知其未嘗以伯自居也。

清·閻若璩《四書釋地三續》卷下《五伯》　崑山顧寧人炎武謂：五伯有二，有三代之五伯，杜元凱註《左傳·成二年》者是。昆吾、大彭、豕韋、齊桓、晉文，有春秋之五伯，趙臺卿註《孟子·五霸章》是。今焦註竝列二説而無折衷，非是，當止存趙註。蓋《孟子》止就東周後言之，而以桓爲盛，如嚴安所謂周之衰三百餘歲，而五伯更起者也。然寧人欲去宋襄而進句踐，亦未允襄雖未成霸，然當時以其有志承桓，故竝數爲五，有是稱謂云爾。豈惟趙氏，卽董仲舒亦云然矣。仲舒云：仲尼之門，五尺

童子皆羞稱五伯。夫惟宋襄輩在仲尼之前，故言羞稱，不然句踐也霸，且不出仲尼後哉？

清・汪琬《堯峰文鈔》卷九《辨二首・吳越無伯辨》 伯之稱始見於《左氏傳》，絶無名號可考。荀卿子乃以齊桓、晉文、楚莊、吳闔廬、越句踐當之。後之學者，或黜吳、越易以秦穆、宋襄，其説謂吳、越夷狄，不當有伯。然則秦爲西戎，楚爲南荆，亦夷狄也，何以遂得與於齊、晉之列乎？荀卿子距孔子世未遠，其説必有據依，恐未可盡廢也。予聞《春秋》之法，諸侯入於夷狄則夷狄之，如杞、邾是也；進於中國則中國之，如吳、越、秦、楚之類皆是也。而顧獨黜吳、越夫，豈孔子意哉？且吳、越亦非純乎夷狄者也。吳固泰伯之後，於姬姓爲長，而越亦禹之苗裔也。杞既微矣，是當與陳若宋同備，三恪於周者也。不幸此二君者，介在鼋鼍魚鱉鼃黽之鄉，宜其自安乎僻陋而莫之能奮矣。然猶内恃富强之資，外託尊攘之説以爭衡中國，而自達於天子，其得黜之以非伯乎？故謂闔廬、句踐不及與於五伯之數則可，謂不當爲伯則不可。晉自景公始通吳，而悼公尤汲汲於與吳爲會，欲借以撓楚。劉文公合十有八國之師於召陵而莫能救蔡，卒之入郢者，闔廬也，然則吳之有功諸夏，不爲不多且久矣。其國中之賢者如言偃，既已登孔子之堂，而延陵季子又爲孔子所重，則吳且儼然衣冠禮樂之邦，而可以夷狄黜之邪？晏子至吳，吳行人曰：『天子請見。』晏子慼然者三，曰：『臣受命將使於吳，不佞而迷入天子之朝。敢問吳惡乎存？』於是夫差遂見以諸侯之禮。吳、晉爭盟，晉令董褐對曰：『命圭有命，固曰吳伯，不曰吳王。君若無卑天子，而干其不祥，而曰吳公，敢不順從。』夫差許諾。予然後知吳之從善而好禮也，故雖孔子亦嘗從而大之。越爲吳讐，吳人入越，而不有其地。使其後不誅子胥，與公孫聖不受宰嚭之讒，則是舉也，雖鄭莊之封許，楚莊之封陳，晉文之復曹、衛，何以加此？惟其不終而被夷於强敵，故口實者至今不絶，不亦過乎？予不忍吳之見誣，故并論之。

藝文

唐・高適《高常侍集》卷一《詩・宋中十首》 五霸遞征伐，宋人無戰功。解圍幸奇説，易子傷吾衷。唯見盧門外，蕭條多轉蓬。

宋・邵雍《擊壤集》卷五《十三日遊上寺在縣北及黄澗在縣西》 堪嗟五霸爭周燼，可笑三分拾漢餘。何似不才閒處坐，平時雲水遶衣裾。

又 卷一三《四公子吟》 時去三王，事歸五霸。七雄既爭，四子乃詫。孟嘗居先，信陵居亞。平原居中，春申居下。

又 《三王》 三王之世正如秋，權重權輕事有由。深谷爲陵岸爲谷，陵遷谷變不知休。

又 《五伯》 五伯之時正似冬，雖然三代莫同風。當初管晏權輕重，父子君臣尚且宗。

又 卷一五《觀三王吟》 一片中原萬里餘，殆非孱德所宜居。夏商正朔猶能布，湯武干戈未便驅。澤火有名方受革，水天無應不成需。詳知又云請觀仁義爲心者，肯作人間淺丈夫。

又 《觀五伯吟》 刻意尊名名愈虧，人人奔命不勝疲。生靈劍戟林中活，公道貨財心裏歸。雖則餼羊能愛禮，奈何鳴鳳未來儀。東周五百餘年内，歎息惟聞一仲尼。

宋・韓淲《澗泉集》卷一六《七言絶句・雜題》 人之二帝三王道，加之孔孟雜佛老。存心養性以事天，五伯秦漢誠草草。

元・郝經《陵川集》卷五《古詩・幽思》 宓犧地中復，唐虞天下泰。三王當革命，五伯極破壞。孤秦龍戰野，塗地儘一敗。既有昔時寅，復到後來亥。消長數相因，治亂更萬代。無爲我生初，委順從運會。

元・曹伯啓《曹文貞公詩集》卷八《七言絶句・九日省舅氏郭西獨行因書所見十首》 五霸兵爭総禍機，三王仁治但垂衣。老農不解興亡事，唯説今年豆角稀。

元・張憲《玉笥集》卷五《古詩五言・懷古》 魯人不傷麟，楚狂豈歌鳳。王風逝莫追，五伯才一閧。古今等飄風，興廢迭醒夢。舉手招黝生，今古兩相送。

明・楊基《眉菴集》卷一《五言古體・感懷十四首・其二》 清霜凋百草，亦令脆者堅。士不遇患難，智慮何由全。玄德髀肉生，重耳十九年。一爲三國雄，一稱五伯賢。苟不辨菽麥，何足攬大權。至今巴蜀人，歎息後主禪。

明·李攀龍《滄溟集》卷三《五言古詩·詠古十六首·其十二》 貪吏常苦富，廉吏常苦貧。不見孫叔敖，其子行負薪。五霸相代興，主烈難爲臣。令名有遺封，餘財喜没人。寢丘雖言惡，千載功無湮。

明·顧允成《小辨齋偶存》卷八《詩·題孔壇四景》 五霸之時洌似冬，杏壇松柏轉茂蓊。於今留得青青在，萬象回春領聖功。

清·愛新覺羅·弘曆《御製詩集三集》卷一一《古今體一百二十一首辛巳三·唐縣懷古》 萬年祠宇溯初封，並祀光華協帝重。風雨晦明神近接，危微精一法開宗。望山南北傳徒舛，滱水東西辨底庸。巍蕩仰欽太古象，三王五霸渺春冬。

清·愛新覺羅·弘曆《御製詩集五集》卷二四《古今體八十二首丙午六·題古玉英雄珮》 世代商周杳莫窮，鷹熊刻珮擬英雄。爾時尚述三王法，喻意何開五霸風。孔處月圍淡雲白，浸來日射曉霞紅。物之聚也必於好去聲，好古微慙訓召公。

傳説時代演進部

三皇初起分部

綜　述

三皇

《世本·夏世系》 太昊伏羲氏。宋衷注：『孫氏曰：伏羲、神農、黄帝，是爲三皇。』

漢·伏勝《尚書大傳》卷五《三五傳》 遂人爲遂皇，伏羲爲戲皇，神農爲農皇也。遂人以火紀。火，太陽也。陽尊，故託遂皇於天。伏羲以人事紀，故託戲皇於人。神農悉地力，種穀疏，故託農皇於地。天、地、人道備，而三五之運興矣。

漢·劉安《淮南子》卷一《原道訓》 泰古二皇，得道之柄，立於中央。莊逵吉注：二皇，伏羲、神農也。

漢·應劭《風俗通義·三皇》 《春秋運斗樞》説：『伏羲、女媧、神農，是三皇也。』皇者天，天不言，四時行焉，百物生焉；三皇垂拱無爲，設言而民不違，道德玄泊，有似皇天，故稱曰皇。【略】《禮號謚記》説：『伏羲、祝融、神農。』『《含文嘉記》：』虙戲、燧人、神農。伏者，别也，變也；戲者，獻也，法也，伏羲始别八卦，以變化天下，天下法則，咸服責獻，故曰伏羲也。【略】神農，神者，信也；農者，濃也，始作耒耜，教民耕種，美其衣食，德濃厚若神，故爲神農也。』

漢·班固《白虎通義》卷一《號》 三皇者，何謂也？謂伏羲、神農、燧人也。或曰：伏羲、神農、祝融也。禮曰：『伏羲、神農、祝融、三皇也。』

晉·皇甫謐《帝王世紀》 伏羲、神農、黄帝，爲三皇。

清·馬驌《繹史》卷二《皇王異説》 《春秋運斗樞》：伏羲、女媧、神農，是三皇也。

伏羲

《周易·繫辭上》 聖人設卦，案：『聖人』謂伏羲也。始作八卦，重爲六十四卦矣。《禮緯含文嘉》『伏羲德治上下，天應以鳥獸文章，地應以河圖洛書，則而象之乃作《易》』，故『聖人謂伏羲也』。觀象繫辭焉，而明吉凶。

又《繫辭下》 古者庖犧氏之王天下也，虞翻曰：『庖犧太昊氏以木德王天下，位乎乾五，五動見離，離生于木，故知火化。炮啖犧牲，號庖犧氏也。』仰則觀象於天，俯則觀法於地。觀鳥獸之文，與地之宜。近取諸身，遠取諸物。於是始作八卦，以通神明之德，以類萬物之情。

《尸子》卷下 虙犧氏之世，天下多獸，故教民以獵。【略】伏羲始畫

八卦，列八節而化天下。

漢·孔安國《〈尚書〉序》 古者伏犧氏之王天下也，始畫八卦，造書契，以代結繩之政，由是文籍生焉。陸德明音義：伏犧氏，伏古作虙，犧，本又作羲，亦作戲，許皮反。《説文》云：『賈侍中説此犧非古字。』張揖字詁云：『羲，古字；戲，今字。』一號庖犧氏，三皇之最先，風姓，母曰華胥，以木德王，卽太皞也。王，于況反。畫，乎麥反。卦，俱賣反。契，苦計反。書者，文字；契者，刻木而書其側。故曰『書契』也。云以書契約其事也。鄭玄注：『以書書木邊，言其事，刻其木，謂之書契也。』結繩，《易繫辭》云：『上古結繩以治，後世聖人易之以書契。』文，字也；籍，籍書。孔穎達疏：古者以聖德伏物，教人取犧牲，故曰『伏犧』。字或作『宓犧』，音亦同。《律曆志》曰：『結作網罟，以取犧牲，故曰伏犧。或曰「包犧」，言取犧而包之。』

漢·王符《潛夫論》卷八《五德志》 大人迹出雷澤，華胥履之生伏羲。其相日角，世號太皞。都於陳。其德木，以龍紀，故爲龍師而龍名。作八卦，結繩爲網以漁。

晉·皇甫謐《帝王世紀》卷一《自開闢至三皇》 太昊帝庖犧氏，風姓也，母曰華胥。燧人之世，有巨人迹，出於雷澤，華胥以足履之，有娠，生伏羲。長于成紀，蛇身人首，有聖德。燧人氏没，庖犧氏代之，繼天而王，首德于木，爲百王先。帝出于震，未有所因，故位在東方，主春，象日之明，是稱太昊，都陳。作瑟三十六弦，長八尺一寸，制嫁娶之禮。未有文章，取犧牲以充庖廚，以食天下，故號曰庖犧氏，是爲犧皇。後世音謬，故謂之伏犧，或謂之虙犧。在位一百二十年，崩，葬南郡，或曰冢在山陽高平之西也。

太昊庖犧氏，風姓。有景龍之瑞，故以龍紀官。

伏羲氏仰觀象於天，俯觀法於地；觀鳥獸之文與地之宜；近取諸身，遠取諸物。於是造書契以代結繩之政，畫八卦以通神明之德，以類萬物之情。所以六氣、六府、五藏、五行、陰陽、四時、水火升降，得以有象。百病之理，得以有類。乃嘗味百藥，而制九針，以拯夭枉焉。【略】

女媧氏没，大庭氏王有天下。次有柏皇氏、中央氏、栗陸氏、驪連氏、赫胥氏、尊盧氏、混沌氏、皞英氏、有巢氏、朱襄氏、葛天氏、陰康氏、無懷氏，凡十五世，皆襲庖犧氏之號。

晉·王嘉《拾遺記》卷一《春皇庖犧》 春皇者，庖犧之别號。【略】自爾以來，爲陵成谷，世歷推移，難可計算。比于聖德，有踰前皇，禮義文物，於兹始作。去巢穴之居，變茹腥之食，立禮教以導文，造干戈以飾武，絲桑爲瑟，均土爲塤，禮樂於是興矣。調和八風，以畫八卦，分六位以正六宗。于時未有書契，規天爲圖，矩地取法，視五星之文，分晷景之度，使鬼神以致羣祠，審地勢以定川岳，始嫁娶以修人道。庖者包也，言包含萬象；以犧牲登薦于百神，民服其聖，故曰庖犧，亦謂伏羲。變混沌之質，文宓其教，故曰宓犧。布至德于天下，元元之類，莫不尊焉。以木德稱王，故曰春皇。其明叡照于八區，是謂太昊。昊者明也。位居東方，以含養蠢化，叶于木德，其音附角，號曰『木皇』。

唐·司馬貞《補史記·三皇本紀》 太皞庖犧氏，風姓，代燧人氏繼天而王。母曰華胥，履大人迹於雷澤而生庖犧於成紀，蛇身人首。按：『伏犧風姓』出《國語》，其『華胥』以下出《帝王世紀》。然雷澤，澤名，卽舜所漁之地，在濟陰。成紀，亦地名。按：天水有成紀縣。有聖德，仰則觀象於天，俯則觀法於地，旁觀鳥獸之文，與地之宜。近取諸身，遠取諸物。始畫八卦，以通神明之德，以類萬物之情。造書契以代結繩之政。於是始制嫁娶以儷皮爲禮，按：譙周《古史考》：伏犧制嫁娶以儷皮爲禮也。結網罟以教佃漁，故曰宓犧氏。按：事出《漢書·曆志》。宓音伏。養犧牲以庖廚，故曰庖犧。有龍瑞，以龍紀官，號曰龍師。作三十五弦之瑟。木德王，注春令。故《易》稱帝出乎震，《月令·孟春》：『其帝大皞』是也。按：位在東方，象日之明，故稱太皞。皞，明也。都於陳，東封太山，立百一十一年崩。按：皇甫謐：伏犧葬南郡。或曰，冢在山陽高平之西也。其後裔當春秋時有任宿、須句、顓臾，皆風姓之胤也。

宋·王欽若等《冊府元龜·總序》 庖犧氏之王天也，繼天之統，爲百王先。

宋·羅泌《路史》卷一〇《太昊紀上》 太昊伏羲氏，昊本作昦。按：太昊幣文作昊又作奭。奭並太昊字。方牙，《易道卦驗》云：『伏羲方牙，精作易。無書，以畫事，謂以嘗卦事爲治也。故《論衡》云：『伏羲以卦治天下』。鄭氏《六藝論》云：『易者，陰陽之象，天地之所變化，政教之所生。』人皇初起，鄭康成注以爲

伏羲世質作易，以爲政令而不書，止畫其卦之形象，非也。

一曰蒼牙，《通卦驗》云：「遂皇出，握機矩表，計寘而其刻曰「蒼牙」。通靈昌之成謂伏羲也。說者以爲文王，非。按雷吏有蒼牙，所謂蒼牙利鋒者。風姓，孔演《明道經》云：『燧皇在伏羲前，風姓。始王天下，是伏羲因燧皇之姓矣。《三墳書》言：『因風而生，爲風姓。』鄧氏《姓書》云：『東方之帝。木能生風，故爲姓。』豈其然哉？予固謂，上世嘗有風國，因爲姓爾。故帝後有風后。風國之后，蓋久而後得之。《玄女經》云：『禹問風后』，知其後云。詳《國名記》。是爲春皇。《寶櫝記》王子年云：『以木德王，故曰春皇。太昊氏居東方，叶于木德，故曰木皇。』包羲，世多作庖犧，轉矣。亦號天皇。《帝王世紀》人帝、皇雄氏，一作熊。《世紀》云：『一作雄皇。』蒼精之君也。見鄭《禮記注》、《梁武祠像碑》云：『伏羲，蒼精。始造工業，畫卦結繩以理。』母華胥，居于華胥之渚。《記》云：『所都國有華胥之淵。』蓋因華胥居之而名，乃閬中俞水之地。子年以華胥爲九江神女，誣。【略】生于仇夷，《遁甲開山圖》云：『仇夷山，四面絶立，太昊之治也。即今仇池，伏羲之生處，地與彭池、成紀，皆西土。知雷澤之説妄也。長于起城。今秦治成紀縣，本秦之小山谷名，《開山圖》云：『伏羲生成起，徙治陳倉。』《輿地廣記》以成紀爲伏羲生處，起紀本通用。《詩》有紀、有堂，作有起。龍身牛首，《玄中記》云：『伏羲龍身。』《靈光賦》乃云：『麟身。』《文子》云：『虵身麟首，有聖德。』故《周變傳》注云：『麟身牛首。』非也。《補史記》、《世紀》、《帝繫》皆云虵身牛首。詳《女媧紀》。渠肩達掖，亦同臂也，今作腋。山準日角，衰目珠衡，駿毫翁鬣，龍唇龜齒。《孝經援神契》云：『伏羲大目、山準、日角而連珠衡。』宋均注云：『木精之人，日角，額有骨表，取象日所出房，所立有星也。珠衡、衡中，有骨表，如連珠，象玉衡星。』長九尺有一寸，望之廣，視之專，《春秋合誠圖》繼天出震，恩明睿智，蓋承歲而王，以立治紀，而萬世循用之。本木德建以王。肇脩文教，爲百王典。以其載德。自木，木實麗，東道不可尚，同乎元氣，是偁太昊。亦作皡。元氣皡皡之義。詳《少昊紀》。得乎中央，別而能全，宿而有成，因號伏羲。伏、虙、羲、戲，字義皆同。史傳或謂：『服牛乘馬，因號伏犧；取犧牲以充庖，因號庖犧。』最爲鄙妄。按莊周等古書皆作『虙戲』，無作『犧』者；且『伏羲』古或用『義』而『犧牛』之字未有用『戲』者；況『伏』豈得爲『服御』字乎？故《世紀》云：『後世音謬，或謂「伏犧」或作「虙犧」。』皆失其旨。然史傳一書元有異辭，予攷古書，獨《禮緯含文嘉》云：『伏者，別也。羲者，獻也。』斯爲最近。《王莽傳》立斗獻亦音爲『義』，謂北斗之魁，標若勺形。然《集韻》亦同稀勺而禮器之義。尊乃周禮之獻，尊則知義，獻在古同義，而叔獻之爲叔戲，有以也。義有純之義；獻有成之義。然『義』、『獻』字雖通，理且有異。《集韻》定用『虙戲』，非正。《書》疏謂『伏羲以聖德代物』，亦未然。自有句而應世，故又曰有句氏。『句』卽『庖』，乃國名，蓋其始迹之地，其後復封之。故《潛夫論》：『太昊之後有庖國，姒姓。』今庖水在山陽平樂，而帝墓又在山陽。則其故迹無疑也。後世弗知，謂爲庖廚已。失大妄。而班志更以爲『炮』，鄙陋甚矣！方是時也，天下多罟。教人以獵，《尸子》豢育犧牲，服牛乘馬，草鞮皮蒙。引重致遠，以利天，下而下服度。世所有啻，因存之。天出文章，河出馬圖。于是觀象于天，效法于地，近參乎身，遠取諸物。兆三畫，著八卦。以逆陰陽之微，以順性命之理。成神明之德，類萬物之情。而君、民事則陰陽，家、國之事始明焉。《禮含文嘉》云：『伏羲德洽上下。天應以鳥獸文章；地應以《河圖》、《洛書》。乃則象而作易。』故《大傳》云：『伏羲氏作八卦。』此卽文王之所用者。壺子云：『伏羲法八極作八卦；黄帝體九竅以定九宮。皆近取諸身，遠取諸物，作枝榦衍爲甲子。』而魏博士淳于後乃以爲，伏羲因燧皇之圖以制卦。故高貴鄉公以孔子不言『燧人氏没，伏羲氏作』難之也。《三墳書》云：『伏羲三十二易，草木，草生月，雨降日，河汎時。龍馬負圖，始畫卦也。』蓋以草木紀歲也。雨降或以雨水言，然河汎時非所紀。伏羲文成萬代，貴八卦作而曆數興，疑未然也。微顯闡幽，章往察來。于是申六畫，作十言，以明陰陽之中，以厚君民之德。于以洗心，退藏于密。《管子·輕重》云：『伏羲造六畫以迎陰陽，作九九之數而天下化之。』《六藝論》云：『伏羲作十啻之教以厚君民之別，十言乾、坤、艮、巽、坎、離、震、兑、消、息也。』消退而息，進謂天地。萬物之間，無非易，非可以文字見，直在消息中爾。或作不言之教，啻不立文字，或作十二言，皆非畫。舊云古『畫』字蓋『法』字爾，古之爲『畫』亦爲『法』，法至是而乏，故有用九用六或作畫。非。觀象之變、爻之動，于是窮天地之用，極數之原，參天兩地，而倚數以成變化，而行鬼神八卦，而小成因，而重之以盡生生之理，而天地之蘊盡矣。所謂先天易也，八卦小成卽八卦自重者，是造六畫矣。因而重之，則六十四矣。揚雄以爲，文王六十四，非有辨別見。原始反終，神明幽贊，于是神蓍著地，靈龜出洛，乃窮天地之賾，極天下之動，以龜爲策，以蓍爲筮，獻南占之一十八變而成卦，以斷天下之吉凶。《説卦》言：『昔者聖人作易，幽贊于神明而生蓍。』故《鄭魴記》云：『黄帝受河圖而定玉籙，伏羲得神蓍而乘皇策。《易乾鑿度》所謂『乘皇策者』，義也。《古史攷》云：『伏羲作卦，始有筮。其後，敫巫咸善占筮。則筮自

伏羲始矣。聖人之智非不足以立事也，而人之于事不容無心以故。是非吉凶有時而謬，爰取信于無心之物爾。夫卦不六十四不可以筮，今先天圖始乾而終夬，豈止小成而已。』出言惟辭，制器惟象，動作惟變，卜筮惟占。《三墳》書四事皆云：『伏羲。』政治小大，無非取于易者。如罔罟取離，離有麗之象，又離中虛。罔亦中虛。然結繩以爲罔罟，以畋以漁所取，乃重離也。離爲目，巽爲繩，以巽變離，結繩而爲罔罟之象。罟罔目也，重目爲罔離，爲雉巽，爲魚自二至四有巽體。自三至五有兑體。巽爲風，兑爲澤，以畋以漁之象也。是六爻。果自伏羲，重又可見矣。一十三卦皆取兩象，學者宜卽此思之爾。紾離象法，螢狐作，爲罔罟以畋以魚。《世本》：『伏羲臣芒氏作羅。或作句芒。』化蠶桑爲繐帛，《皇圖要覽》因罔罟以制都市，《白氏帖》云：『伏羲作布，是以神農有不織之令。』《黄帝内傳》云：黄帝斬蚩尤，蠶神獻絲，乃稱織維之功。因之廣織，廣之爾。而《淮南子》乃有『黄帝指經縷挂』之説，妄也。王逸機《賦》云：『機織功用大矣！上自太始，下迄羲皇，帝軒龍躍，庾業是創。』語彼織女始制布帛，蓋始機織爾。給其衣服。古者，衣被卽服製也。特衣裳未辨。羲炎以來，裳衣已分，至黄帝而突章等衰大立，非謂始衣服也。《三禮義宗》云。靇龍時瑞，因以龍紀官，百師服，皆以龍名。《文曜鉤》云：『伏羲作易名。』《官命曆叙》云：《九頭紀》時有臣無官，但立尊卑之别。故《周禮疏序》謂政教君臣起自人皇之世，伏羲因之。郯子以爲龍紀，而漢儒説左氏者乃出春官青龍之類，杜君卿從之。蓋臆説。作爲龍書，以立制號而同文。《字源》云：『《龍書》、《太平御覽》作景龍書。稽夬象，肇書契，以代結繩之政，百官以治，萬民以察，而文籍由是興矣。書契代繩取之夬，百官以治豈自後世神農之法？一君二臣三佐四使，言有虞氏官五十者誣矣。或謂太昊結繩而治，黄帝始有書契，尤非也。有説别見。于是盡地之制，分壤時穀，以利國用。功業德望皆在于此，能者有餘，拙者不足。董逌以爲伏羲之制。必不自聖庸，委師于宛華。卽鬱華子。爰興神鼎，《封禪書》云：『昔泰帝興神鼎一，一統天地萬物所繫終也。黄帝作寶鼎三，象天地人。禹鑄九鼎，嘗鬺饗上帝鬼神。《漢志》師古云：『泰帝，伏羲也。』制郊禪。卽命臣芒庖犧，登鼈使鬼物，以致羣祠，而升薦之。見《拾遺記》。尋攷古書，取犧充庖之説，不可解于後世。崔氏《正論》更謂太昊設九庖之官。甚妄，學者所宜領會。正姓氏，通媒妁，以重萬民之麗。麗皮薦之，以嚴其禮。示合姓之難拼，人情之不瀆。麗，鹿皮也。《古史攷》云：『伏羲制嫁娶，以儷皮爲禮，作琴瑟以爲樂。《通典》、《唐志》等皆作『儷』。《白虎通義》作『離』，云：『雙皮也。婚聘薦皮爲可裘服，不忘古也。』《禮外傳》云：『伏羲以儷皮爲幣，豈若漢武之皮？幣以白鹿皮，方尺，緣以藻繢，王侯朝以薦璧者。』何休云：『儷皮玄纁，取其順天地也。鹿皮所以重古也。』法乾坤以正君臣、父子、夫婦之義。聚天下之銅，仰視俯觀，以爲棘幣。好員法天，肉方法地，以舂輕重，以通有亡。太昊幣謂之『九棘』，詳見《發揮》。昔寶鼎尉王鏄家有一布長寸六分，肩廣八分，首廣五分，足間二分，重六銖。面文作『行昊』，乃帝昊字。幕文作『引』。李彦美所謂，了旁斜畫者蓋『羲』字也。錢書目爲異布。又，董令昇家有一種，長寸八分，額廣六分，肩廣寸一分，足間五分，重十二銖。面文作『父昊』，幕文作『奭』，皆太昊字也。攷之盄鍾，『帝』直作『二』，則此立之爲『川』，信爲『帝』字。又《封禪文》『昊』作『炅』可見按三五古幣，皆員内而方外，爲睥既之形。垂則象天之示，置則象地之勢。北會而南分，而坦之則人也，蓋本三才之義。取象如此，豈若後世之苟簡也哉！察六氣，審陰陽，以賚之身，而四時水火陞降得以有象，百病之理得以有類。于是嘗草治砭以制民疾，而人滋信。世謂神農嘗百草。而《孔叢子》、《世紀》皆以爲伏羲，蓋不有其始，曷善其終？伯禹治水，猶資九載之功；黄帝制宫，亦藉古茅蒼之制。羲、炎二聖既盡其性，而後世猶有攷嘗之患。咀蟲蛆，齧草木，而宫嬪多致死者，況不爲之度邪？《世紀》云：『太昊制九針以拯天柱。』而《傳》亦謂：『黄帝命岐伯爲之。』按，靈樞岐伯對黄帝以九針，則亦古有之。古者以砭，後代以針。高氏之山多砭，此也。【略】

命鳥明建方泭窾木，絶港道，以濟不通。奠八方，旌九位，而分九土。《真源賦》：『伏羲别九宫，因此置九州。』《法語》云：『始定四海之廣，作八卦，分九州。』據共工氏霸九州，則州之九分，不自帝嚳，若黄帝矣。亦自然之勢也。視地之壙，物之夥，其爭日大，勢不可以偏制而獨任。于是經國求賢，以極治寄，而閔瀍制。故不慮不圖而人正。世謂黄帝始分土建國，非也。按：神農以伐補，遂攻夙沙。伏羲時有紀侯、陽侯。而《傳》亦記神農有遠國、近國之制矣。非始于黄帝也。《論語摘輔象》曰：『燧人之佐成，博受古諸家。衷以爲受諸侯之事。蓋土地壙絶，非賢共理，則雖聖人，有所不偏，從古然也。命視冒爲胜，志災惡，察虚實，居百鴅以平民。《摘輔象》曰：『鳥明主建福，視墨主災惡。命紀侗中職，定于中邦。二八目作紀通。宋均云：『爲田主，主内職。』仲起司陸，均云：『主平地，一作司陽。』陽侯司海。宋衷云：『陽侯，伏羲之臣。蓋大江之神者。』許叔重云：『陽侯，陵陽國侯也。國近江以溺死。』應劭謂：『以罪自沈。』二説不同。《宣和博古圖》有『陽侯』，『彝』字作『陽』。六佐職而天地位，陰陽得乃體春秪。明刑政，脩兵仗，以威懷。《太白陰經》云：『伏羲以木爲兵，神農以石爲兵，蚩尤以金爲兵。』今藤州俗以金石爲

刀劍。蹇修爲士，以之御敗，而下情至。《楚辭》所謂『命蹇修以爲理』者，王逸、五臣、洪慶善等皆云伏羲臣謂爲媒。『理』云時理官主婚姻。蓋『理』，士也。士主萬民之判，或以騷經復有簡，吾法乎前修，何博蹇而好修之？語非必人也。慶善以爲，宓妃，伏羲之女。故使臣以爲，『理修』，『修』字異，蓋異事。五臣作『謇』。于是穌率萬民，平水土，道泉原，因水居方，而置城邑。見《三墳書》。或以《世本》諸書皆言鯀置城郭。非也。【略】

斲桐爲七尺二寸之琴，繩絲以爲絃，絃二十有七，命之曰『離』。《琴操》云：『伏羲作琴，以御邪辟，防心淫。』《舊琴譜》：『伏羲之琴曰「龍吟」。』故盧仝云：『五音六律十二徽，龍吟雀響思庖犧。』《爾雅》云：『大琴謂之「離」、「事源」。』及《太平御覽》云：『傳此琴伏羲所制。』《樂綠》云：『大琴二十七，絃中華。』《古今注》乃以爲，伏羲造二十五絃之琴，而《琴式》謂：『琴二十絃。』郭璞又云：『十絃。』皆失之。切攷伏羲以木王者，三與八者木之數也。故三其九爲之絃，八其九以爲其長，非苟然也。《廣雅》云：『伏羲琴七尺二寸，或云三尺六寸六分，五絃。』蔡氏《琴操》亦云：『伏羲作琴，五絃。』非也。徽天音，揬駕辨，以通神明之況，以合天人之穌。《楚辭》云：『伏羲駕辨。』吳通賦所謂『超延露而駕辨』者。劉淵林云：『伏羲作琴，制此曲。』絙桑爲三十六絃之瑟，以脩身理性，反其天真。灼土爲塤，而禮樂于是興焉。《文子》、《世紀》：『伏羲作瑟，三十六絃。』蓋瑟屬陰，故用十六之數。《世本》云：『庖羲瑟，五十絃。後黃帝使素女鼓之，哀不自勝，破爲二十五絃。具二均聲。』故小司馬《三皇紀》及《小史》皆云伏羲所作之瑟二十五絃。按：揚雄《主爲論》云：『夫心與治游乎太和，惟唐虞能充其任；神與化蕩乎無境，惟伏羲能承其統。故二十五絃之具，非牙曠不能以爲神；弓矢質的之具，非羿逢不能以爲妙。』《隋志》又云：『二十七絃乃《爾雅》之所謂「儷」。』非此。負方州，抱員天，體泰乙，統乾元，紹天體，寂明一。垂策寢方而枕繩蕩乎亡竟；以因應而覺悟乎天地之間。不是賢而非愚，不沽巧而尚行。去羨去慕，惟以道化，上亡求欲于下，下亡干進于上。是以百姓足而宇宙洪寧。官亡共備之民，而死不用郭。鳥罟蟲蛇，懷于瓜毒；陰陽之所，雖沈不通者，竅理之逆、氣之戾物傷民積者，絶止之。是以事簡民純，亡言而化天下之人，浮游罔養而莫知所如往。臣子以順，君親以尊。故星宿温潤，而鬼神受職功。揆上下，洞八方，而後世不可及也。乃封泰山，禪云云。以昭姓攷，瑞而曾報。攷瑞者，輯羣玉。如虞舜之輯瑞，黃帝之合符爾。非云符。『瑞』字從『玉』，可見。在治百六十有四載落。《真源賦》而女弟妽媧立字與『包』同。年百九十有四，葬山陽。《世紀》云：『葬南郡，在襄陽。』按：帝冢今在山陽高平西北，高平襄陽之境。然《九域志》兖、單皆有伏羲陵。又河中府有庖王廟，引戴氏《西征記》云：『潼關直北，隔河望層阜，巋然獨秀，謂之風陵。』伏羲氏風姓也，此當是女媧墓。然古帝王墓冢皆非一所，宜必有説。都于宛丘，故陳爲太昊之虚。《世紀》『天皇庖羲，都陳留。』《遁甲注》云：『伏羲徙治陳倉。』地非陳國，則不必宛邱矣。然歷代以宛邱爲太昊之虚。今宛邱北一里有伏羲廟、八卦壇。《寧宇記》云：『伏羲于蔡水得龜，因畫八卦之壇。有長史張齊賢文，李邑易之。』然《九域志》陳、蔡俱有八卦壇。此後人之附會。按：姚睦亦云『黃帝都陳』者，則羲黃俱在西方矣。豈其先後徙邪？始其父没，《黃囊經》云伏羲父葬震山下，作丙放巽，或代王世言。伏羲無父，其母感迹而生者妄也。華胥死之，葬覆車之源。即藍田山也。《長安志》云：『冢在藍田縣西三十里。』《寧宇》同。厥妃殞洛，是爲洛神。代所謂妃者。即虙《漢書音義》如淳以爲伏羲之女溺洛而死，爲洛水之神。非也。明曰『虙妃』，豈女哉！伏羲生咸鳥，咸鳥生乘釐，是司水土。生后炤，后炤生顧相，夅處于巴，是生巴人。郭氏云：『巴之始祖。後武王封宗姬支庶于巴。曰子，循古之故。』古者，遠國雖大，爵不過子。巴主乃其後僭號。秦惠虜之，有其地。《寧宇》作后，晧因唐人。巴滅，《華陽志》：『順王五年，張儀、司馬錯伐蜀，因取巴地，分爲三十一縣。』巴子五季流于黔而君之，生黑穴四姓。辰酉巫武元，是爲五溪。赤狄巴氏，服四姓，爲廪君，有巴氏、務相氏。《世本》云：巴郡蠻本有五姓，皆出武落鍾離山。巴氏生黑穴，樊、瞫、相、鄭四姓之子俱事鬼神。後巴氏臣四姓，居夷城，爲廪君，世尚秦女。事詳《蜀紀》、《後漢書》。

清・馬驌《繹史》卷三《太皞紀》 《三墳》伏犧氏，燧人子也，因風而生，故風姓。

神農

《管子》卷二〇《形勢解》 神農教耕生穀，以致民利。

《商君書》卷四《畫策篇》 神農之世，男耕而食，婦織而衣，刑政不用而治，甲兵不起而王。

《尸子》卷下 神農氏夫負妻戴，以治天下。堯曰：『朕之比神農，猶旦與昏也』【略】有虞氏身有南畝，妻有桑田，神農並耕而王，所以勸耕也。

《莊子》卷九《盜跖》　古者民不知衣服，夏多積薪，冬則煬之，故命之曰知生之民。神農之世，臥則居居，起則于于，民知其母，不知其父，與麋鹿共處，耕而食，織而衣，无有相害之心，此至德之隆也。

漢·劉安《淮南子》卷一九《修務訓》　古者，民茹草飲水，采樹木之實，食蠃蛖之肉，時多疾病毒傷之害。於是神農乃始教民播種五穀，相土地宜燥濕肥墝高下，嘗百草之滋味，水泉之甘苦，令民知所辟就。

漢·王符《潛夫論箋》卷八《五德志》　有神龍首出常羊，感任姒，生赤帝魁隗。身號炎帝，世號神農，代伏羲氏。其德火紀，故爲火師而火名。是始斲木爲耜，揉木爲耒耨。日中爲市，致天下之民，聚天下之貨，交易而退，各得其所。

漢·宋衷注《世本·夏世系》　宋仲子曰：『炎帝卽神農氏。炎帝，身號；神農氏，代號也。

晉·皇甫謐《帝王世紀》　《易》稱：庖犧氏沒，神農氏作。是爲炎帝。炎帝神農氏，姜姓也。母曰任姒，有蟜氏之女。名女登，爲少典正妃。遊於華山之陽，有神龍首感女登於常羊，生炎帝，人身牛首，長於姜水，因以氏焉。有聖德，繼無懷氏後，以火承木，位在南方，主夏，故謂之炎帝。都於陳，作五絃之琴，始教天下種穀，故人號曰神農氏。又曰本起烈山，或稱烈山氏。一號魁隗氏，是爲農皇，或曰炎帝。時諸侯夙沙氏叛，不用命，箕文諫而殺之。炎帝退而修德，夙沙之民，自攻其君而歸炎帝。炎帝自陳營都于魯曲阜。重八卦之數，究八八之體，爲六十四卦。在位一百二十年而崩，葬長沙。納奔水氏女，曰聽訞，生帝臨魁，次帝承，次帝哀，次帝榆罔。凡八世，合五百三十年。

炎帝神農氏，長於江水，始教天下耕種五穀而食之，以省殺生。嘗味草木，宣藥療疾，救天傷人命，百姓日用而不知，著《本草》四卷。

晉·王嘉《拾遺記》卷一《炎帝神農》　炎帝始教民耒耜，躬勤畎畝之事，百穀滋阜。【略】當斯之時，漸革庖犧之朴，辨文物之用。

唐·司馬貞《補史記·三皇本紀》　炎帝神農氏，姜姓，母曰女登，有媧氏之女。爲少典妃，感神龍而生炎帝，人身牛首，長於姜水，因以爲姓。按《國語》，炎帝、黃帝皆少典之子，其母又皆有媧氏之女。據《諸子》及《古史考》，炎帝之後凡八代，五百餘年，軒轅氏代之。豈炎帝、黃帝是昆弟而同母氏乎？皇甫謐以爲，少典，有媧氏諸侯國號。然則姜、姬二帝同出少典氏，黃帝之母又是神農母氏之後代女，所以同是有媧氏之女也。火德王，故曰炎帝。以火名官。斲木爲耜，揉木爲耒。耒耨之用，以教萬人。始教耕，故號神農氏。於是作蜡祭以赭鞭，鞭草木。始嘗百草，始有醫藥。又作五絃之瑟。教人日中爲市，交易而退，各得其所。遂重八卦爲六十四爻。初都陳，後居曲阜。按：今淮陽有神農井。又，《左傳》：魯有大庭氏之庫，是也。立一百二十年崩，葬長沙。神農本起烈山，故左氏稱烈山氏之子，曰柱，亦曰厲山氏。《禮》曰：『厲山氏之有天下』，是也。按：鄭玄云：厲山神農所起，亦曰有烈山。皇甫謐曰：『厲山今隨之厲鄉也。』神農納奔水氏之女曰聽訞爲妃，生帝哀，哀生帝克，克生帝榆罔。凡八代，五百三十年而軒轅氏興焉。按：『神農之後凡八代』事見《帝王世紀》及《古史考》。然古典亡矣！況譙皇二氏皆前聞君子考，按古書而爲此說。豈至今鑿空乎？此紀亦據以爲說。其易稱神農氏沒卽榆罔，榆罔猶龍神農之號也。其後有州甫、甘許、戲露、齊紀、怡向、申呂，皆姜姓之後，並爲諸侯，或分四岳。當周室甫侯，申伯爲王，賢相齊許列爲諸侯，霸於中國。蓋聖人德澤廣大，故其祚胤繁昌久長云。

宋·羅泌《路史》卷一二《炎帝紀上》　炎帝神農氏，『農』從『晨』，囟聲。弊文作『由』，古作『畾』。故《呂春秋》、《管法》（法）皆云堯使稷爲田。『畾』之訛也。農，厚也。《籀》作䢉《洞靈經》䢉皆滋于此。姓伊耆，一作『祈』。世以爲堯姓，非也。熊安云：『伊耆氏，卽神農。』詳《詩禮正義》。《集韻》作『帆』云：『古天子號。』蓋誤。當作『吼』。名軌，見《春秋鉤命訣注》。一曰石年。見《春秋命曆序》，或作『耳』，訛。是爲後帝皇君，見《洞神部》。《禮記正義》云：『神農下爲地皇，作耒耜播百穀。』炎精之君也。乘火德。

母安登，感神于常羊，《春秋元命苞》云：『少典妃安登，游于華陽，有神童。首感之于常羊，生神子。人面龍顏，好耕，是謂神農。《詩含神霧》云：『龍首，顏似龍也。』此亦後世劉媼、潘夫人之事爾。常羊華陽之常陽也，安登《傳》多作女登。生神農于列山之石室。卽烈山，厲山也。見《荆州記》。《水經》：『賴山，今江夏隋縣北界厲鄉，村南重山也。』生而九井出焉。《荆記》云：『井在山北重塹，周之廣一頃二十畝，內有地，云神農宅，神農所生。神農既育九井，自穿。舊言汲一井，則八井震動。《寰宇記》云：『縣北百里，人不敢觸。』按：今一穴大木，木傍蔭，人卽其處，爲神農社，年常祠之。《荆州圖》言：『永陽縣西北二百三十，厲鄉山東有石穴，高三十丈，長二百丈，謂之神農穴，神農生此，老子亦生于此。故崔玄

《山瀨鄉記》以爲老子教堂之故處。初，少典氏取于有蟜氏，是曰安登。有蟜國也。《世紀》云：『神農母任姒，有蟜氏女，曰女登。』非也。孰有一姓而任蟜兩國者？蓋任姒乃帝魁之母，世多以帝魁爲神農，因合之爾。生子二人，一爲黄帝之先，襲少典氏。一爲神農，是爲炎帝。詳《譜圖》。炎帝長于姜水，成爲姜姓。姜姓之祖也。扶風姜陽。鄭駁《異義》云：『炎帝姜姓，太昊所賜；黄帝姬姓，炎帝所賜。』其初國伊，繼國耆，故氏伊耆。

黄帝

《商君書》卷四《畫策篇》 神農既没，以彊勝弱，以衆暴寡。故黄帝作爲君臣上下之義，父子兄弟之禮，夫婦妃匹之合，内行刀鋸，外用甲兵，故時變也。

《國語》卷一〇《晋語四》 昔少典娶于有蟜氏，生黄帝、炎帝。黄帝以姬水成，炎帝以姜水成。成而異德，故黄帝爲姬，炎帝爲姜，二帝用師以相濟也，異德之故也。

《世本·夏世系》 黄帝有熊氏，娶于西陵氏之子，謂之纍祖，產青陽及昌意。宋衷注：玄囂青陽，即少昊也。

《尸子》卷下 黄帝斬蚩尤於中冀。**【略】**四夷之民，有貫匈者，有深目者，有長肱者，黄帝之德嘗致之。

《呂氏春秋》卷一《孟春紀》 黄帝言曰：『聲禁重，色禁重，衣禁重，味禁重，室禁重。』

又 《仲夏紀》 昔黄帝令伶倫作爲律。伶倫自大夏之西，乃之阮隃之陰，取竹於嶰谿之谷，以生空竅厚鈞者，斷兩節間，長三寸九分，而吹之以爲黄鐘之宫，吹曰舍少。次制十二筒，以之阮隃之下，聽鳳皇之鳴，以别十二律。其雄鳴爲六，雌鳴亦六，以比黄鐘之宫適合。黄鐘之宫皆可以生之，故曰『黄鐘之宫，律呂之本』。

漢·賈誼《新書》卷一《益壤》 黄帝者，炎帝之兄也。炎帝無道，黄帝伐之涿鹿之野，血流漂杵，誅炎帝而兼其地，天下乃治。

漢·劉安《淮南子》卷六《覽冥訓》 昔者黄帝治天下，而力牧、太山稽輔之，以治日月之行，律治陰陽之氣，節四時之度，正律曆之数；別男女，異雌雄，明上下，等贵賤，使强不掩弱，衆不暴寡；人民保命而不夭，歲時孰而不凶，正而無私，上下調而無尤，法令明而不闇，輔佐公而不阿，田者不侵畔，漁者不爭限，道不拾遺，市不豫賈，城郭不關，邑無盗賊，鄙旅之人，相讓以財，狗彘吐菽粟於路，而無忿爭之心。

漢·桓寬《鹽鐵論》卷八《結和》 軒轅戰涿鹿，殺兩皞、蚩尤而爲帝。**【略】**以戰成功。

晋·皇甫謐《帝王世紀》 黄帝有熊氏，少典之子，姬姓也。母曰附寶。其先即炎帝母家有蟜氏之女。世與少典氏婚，故《國語》兼稱焉。及神農氏之末，少典氏又取附寶。見大電光繞北斗樞星照郊野，感附寶，孕二十五月，生黄帝於壽丘。長於姬水，因以爲姓。日角龍顔，有聖德。受國于有熊，居軒轅之邱，故因以爲名，又以爲號。治五氣，設五量。及神農氏衰，蚩尤氏叛，不用帝命，黄帝於是修德撫民，始垂衣裳以班上下。刳木爲舟，剡木爲楫，舟楫之利，以濟不通。服牛乘馬，以引重致遠。重門擊柝，以待暴客。斷木爲杵，掘地爲臼，杵臼之用，以利萬人。弦木爲弧，剡木爲矢，弧矢之利，以威天下。諸侯咸叛神農而歸之。黄帝於是乃擾馴猛獸，與神農氏戰於阪泉之野。三戰而克之，使應龍殺之于凶黎之邱。或曰，黄帝斬蚩尤于中冀，因名其地曰絶轡之野。諸侯有不服者，從而征之。凡五十二戰，而天下大服。俯仰天地，置衆官，故以風后配上台，天老配中台，五聖配下台，謂之三公。其餘知天規，紀地典。力牧、常先、大鴻、神皇直；封鉅、大鎮、大山稽、鬼臾區、封胡、孔甲等，或以爲師，或以爲將。分掌四方，各如己視。故號曰黄帝四目。**【略】**

自黄帝以上，穴居而野處，死則厚衣以薪，葬之中野。結繩以治。及至黄帝爲築宫室，上棟下宇，以待風雨，而易以棺槨，制以書契。百官以序，萬民以察。神而化之，使民不倦。後作雲門咸池之樂，《周禮》所謂『大咸』者也。於是人事畢具，得寶鼎，興封禪。有景雲之瑞，故以雲紀官，爲雲師，以土德王。黄帝在位百年而崩，年百一十歲矣。**【略】**黄帝亦號帝鴻氏，或曰歸藏氏，或曰帝軒。次律、定姓、紀鐘、甄聲。**【略】**黄帝臣容成造曆。

晋·王嘉《拾遺記》卷一《軒轅黄帝》 軒轅出自有熊之國。母曰昊樞，以戊巳之日生，故以土德稱王也。時有黄星之祥。考定曆紀，始造書契。服冕垂衣，故有袞龍之頌。變乘桴以造舟楫，水物爲之祥踴，滄海爲

之恬波。泛河沉璧，有澤馬羣鳴，山車满野。吹玉律，正璇衡。置四史以主圖籍，使九行之士以統萬國。九行者，孝、慈、文、信、言、忠、恭、勇、義。以觀天地，以祠萬靈，亦爲九德之臣。

宋·羅泌《路史》卷一四《黄帝紀上》 黄帝有熊氏，或作「雄」。姓公孫，初姓。後改姬。馬總以來多没其公孫者，非也。名荼，《河圖挺輔佐》云：「黄帝告天老曰：「荼昔夢兩龍以白圖授予。」天老曰：「河有河圖，洛有龜書。天其授帝圖乎？」帝乃齊往河洛，有大魚泝流而泛白圖，帝跪受。」「荼」，古「舒」字，或作「余」。故《世本》云：「伯余製衣裳。」《淮南子》：「伯余之初作衣。」許註亦云：「黄帝王水。」《黄帝經序》及《難經疏》乃云：「黄帝名全。」字轉訛。一曰軒。《河圖握拒》云：「黄帝名軒，北斗黄神之精。」《孝經鉤命決》云：「附寶出降大靈，生帝軒。」注：軒，黄帝名。電，黄精軒之氣。故《文選》言：「登封降禪齊德黄軒牽秀云邈矣。帝軒。」《世紀》云：「或曰帝軒。」《尚書中侯》云：「黄帝提象。」又云：「黄帝巡洛，龜書赤文成字象軒。」而《論語撰考》亦有「軒知地利，九牧倡教」之語，是黄帝名性曰軒，不曰軒轅。軒之字曰玄律，見《黄帝經序》及《難經疏》。按：軒星謂之玄軒。《廣韻》、《九合内志文》云：「竹受氣于玄軒之宿。」是矣。然則名軒而字玄律，理或然也。《山海經》：「帝律生帝鴻。」則帝之字律尤信。小典氏之子，黄精之君也。【略】

年三十七，戮蚩尤于中冀。于是炎帝諸侯咸進委命，乃即帝位，都彭城。

論説

三皇總論

漢·王符《潛夫論》卷八五《帝德》 世傳三皇五帝，多以爲伏羲、神農爲二皇；其一者或曰燧人或曰祝融，或曰女媧。其是與非，未可知也。我聞古有天皇、地皇、人皇，以爲或及此謂，亦不敢明。

漢·應劭《風俗通義·三皇》 《春秋運斗樞》説：「伏羲、女媧、神農，是三皇也。」皇者天，天不言，四時行焉，百物生焉；三皇垂拱無爲，設言而民不違，道德玄泊，有似皇天，故稱曰皇。皇者，中也，光也，弘也；含弘履中，開陰陽，布剛上，含皇極，其施光明，指天畫地，神化潛通，煌煌盛美，不可勝量。《禮號謚記》説：「伏羲、祝融、神農。」《含文嘉記》：「虙戲，燧人，神農。伏者，别也，變也；戲者，獻也，法也；伏羲始别八卦，以變化天下，天下法則，咸伏貢獻，故曰伏羲也。燧人始鑽木取火，炮生爲熟，令人無復腹疾，有異於禽獸，遂天之意，故曰遂人也。神農，神者，信也；農者，濃也；始作耒耜，教民耕種，美其衣食，德濃厚若神，故爲神農也。」《尚書大傳》説：「遂人爲遂皇，伏羲爲戲皇，神農爲農皇也。遂人以火紀，火，太陽也，陽尊，故託遂皇於天；伏羲以人事紀，故託戲皇於人；蓋天非人不因，人非天不成也。神農以地紀，悉地力，種穀琉，故託農皇於地：天地人之道備，而三五之運興矣。」

宋·李昉等《太平御覽》卷二七一引漢·劉向《新序》 上古之時，其民敦朴。故三皇教而不誅，無師而威。

宋·王欽若等《册府元龜》卷五八《帝王部·勤政》 三皇以前，風俗簡朴，雖曰無爲，無不爲也。

宋·田況《儒林公議》卷上 三皇官天下，五帝家天下。

宋·鄭樵《通志》卷一《三皇紀》 三皇者，天皇、地皇、人皇是也。其説不經，無所取證。當取伏羲爲天皇、神農爲人皇、黄帝爲地皇之説爲正。其説出《三皇太古書》。然太昊以明天事，故曰太昊；炎帝以明民事，故曰神農；黄帝以明地事，故曰黄帝。此理甚明。伏羲作《連山》，神農作《歸藏》，黄帝作《坤乾》。易之始自伏羲，三易之本自三皇。夏人因《連山》而作《連山》，商人因《歸藏》而作《歸藏》，周人因《坤乾》而作《周易》，八卦具而六十四卦成。世言伏羲畫卦，文王重之。皆沿襲之言也。《傳》曰：「法始乎伏羲。」言圖象、書契於此乎始。

元·胡一桂《史纂通要》卷一《三皇總論》 三皇之號昉於《周禮》，外史掌三皇五帝之書。《周禮註》云：「楚靈王所謂《三墳》、《五典》是也。」而不指其名。其次則見於秦博士有「天皇、地皇、人皇」之議。《史記》：「秦初并天下，令議尊號。丞相綰、御史大夫劫、廷尉斯與博士等議曰：「古有天皇、地皇、泰皇。」唐司馬貞《索隱》謂：秦皇當作人皇。」今從之。秦去古未遠，意三皇之稱，此或庶幾焉。漢孔安國《書》序乃始以伏羲、神農、黄帝爲三皇；少昊、顓頊、高辛、堯、舜爲五帝，不知果何所本。蓋孔子於《家

語》：『自伏羲以下皆稱曰帝。』《家語》有宰我問五帝德、季康子問五帝二篇，或疑《家語》非孔子書，恐不可以爲據。然亦嘗思之矣！西漢去夫子未遠，太史公明言孔子所傳宰予問五帝德，《史記》又多引用五帝篇語，固已信之。況《大戴禮》亦有五帝德篇，又與《家語》合。縱《家語》未必真夫子書，而皇與帝名稱自不可離也。《易大傳》、《春秋内外傳》有黄帝、炎帝之稱。《易下繫》稱黄帝。《春秋内傳》、《左氏傳》、《外傳》、《國語》皆有炎帝、黄帝之稱。《呂氏》、《月令》雖不可爲據，然有曰帝太昊、帝炎帝、帝黄帝，亦足以表先秦未嘗以伏羲、神農、黄帝爲三皇也。至宋五峰胡氏直斷以孔子《易大傳》，以伏羲、神農、黄帝、堯、舜爲五帝，不信傳而信經，其論始定。然三皇之號不可泯也，則亦以天皇、地皇、人皇言之。但此三者，本無所稽意。混茫初開，先有天而後有地，既有天地，則氣化而人生焉。《皇極經世書》以元經會所，謂天開於子，地闢於丑，人生於寅，至寅始爲開物之初。意三皇之號由此而稱，而所謂《三墳》者亦必因文籍既生之後，述上古之事而有是書。大抵鴻荒闊遠，不可得而詳矣！《索隱》：《三皇補紀》曰：『天皇氏兄弟十二人，地皇氏兄弟十一人，人皇氏兄弟九人，皆分掌九州。』然亦不知其何所據。今姑附注以備觀覽。《大紀》又謂：『人皇後有有巢氏，教民構木爲橧巢，夏暑居之。穴地爲營窟，冬寒居之。未知稼穡，食草木之食，未有火化。飲禽獸之血，而茹其毛。先取其皮蔽前，後取而蔽後。又有燧人氏，始教民出火。民未知衣服，夏多積薪，冬則煬之。未有烹炮，飲血而茹腥。始教之燔炙，後世聖人遂有鑽燧改火之法。況夫子於《書》首唐虞，於《易》首伏羲。伏羲以前，皆未嘗道，闕之可也。胡氏曰：『鴻荒之時亦猶日之夜、月之晦、時之冬焉。生消升降，終而復始。於穆天命不已，而成四時之造化。於皇羣聖體，是以爲三綱之禮樂。事本乎道，道藏於事。天生人，人成天。三皇尸其體，五帝妙其用。禹、湯、文、武成其功，孔子、孟軻傳其學。軻之死雖未有得其傳者，惟皇上帝降衷于下民，若有恒性，何莫由斯道也。』

明・潘士藻《讀易述》卷首　上治猶云盛治。三皇以道治；五帝以德治；三王以功治。皆大人尊居五位治之上者也。

清・崔述《補上古考信録》卷上《前論一則》　三皇、五帝之文見於《周官》，而其説各不同。《呂氏春秋》以黄帝、炎帝、太皞、少皞、顓頊爲五帝，蓋本之《春秋傳》；而《月令》因之。《大戴記》以黄帝、顓頊、帝嚳、堯、舜爲五帝，蓋本之《國語》；而史記因之。至《三統曆》則又以包羲、神農、黄帝、堯、舜爲五帝，其説以《易傳》爲據，而近代五峰、雙湖兩胡氏並用之。《秦本紀》有天皇、地皇、泰皇之名；而鄭康成則以女媧配羲、農爲三皇；譙周易以燧人；宋均又易以祝融；惟《三五歷》本《秦本紀》爲説，而易泰皇爲人皇，其語尤荒唐不經。鄭康成以下，並本《補三皇本紀》。後之編古史者，各從所信，至今未有定説。余按《書》云『皇帝哀矜庶戮之不辜』，『皇帝清問下民』，是『帝』亦稱『皇』也。《詩》云『皇王惟辟』，『皇王烝哉』，是『王』亦稱『皇』也。《書》云『惟皇作極』，又云『皇后憑玉几』。《詩》云『皇尸載起』。又云『獻之皇祖』，《傳》云『皇祖文王』，又云『皇祖伯父昆吾』，《離騷》云『朕皇考曰伯庸』，然則『皇』乃尊大之稱，王侯祖考皆可加之，非『帝』『王』之外別有所謂『皇』者也。見經傳述上古皆無三皇之號，《春秋傳》僅溯至黄帝，《易傳》亦僅至伏羲，則謂羲、農以前別有三皇者妄也。燧人不見於《傳》，祝融乃顓頊氏臣，女媧雖見於記而文亦不類天子，則以此三人配羲、農以足三皇之數者亦妄也。

伏羲

漢・劉安《淮南子》卷二《俶真訓》　及世之衰也，至伏羲氏，其道昧昧芒芒然，吟德懷和，被施頗烈，而知乃始昧昧晽晽，皆欲離其童蒙之心，而覺視於天地之間，是故其德煩而不能一。

漢・班固《白虎通》卷一《號》　古之時，未有三綱六紀，民人但知其母，不知其父。能覆前而不能覆後。卧之詓詓，行之吁吁，飢卽求食，飽卽棄餘，茹毛飲血，而衣皮葦。于是伏羲仰觀象于天，俯察法于地，因夫婦，正五行，始定人道。畫八卦以治下，下伏而化之，故謂之伏羲也。

《漢書》卷二一下《律曆志下》　《易》曰：『炮犧氏之王天下也。』言炮犧繼天而王，爲百王先，首德始於木，故爲帝太昊。作罔罟以田漁，取犧牲，故天下號曰炮犧氏。

漢・應劭《風俗通義・五帝》　四時施生，法度明察，春夏慶賞，秋冬刑卦，以變化天下，天下法則，咸伏貢獻，故曰伏羲也。

神農

《管子》卷二四《輕重戊》 神農作，樹五穀淇山之陽，九州之民乃知穀食，而天下化之。

《尸子》卷下 神農氏七十世有天下，豈每世賢哉？牧民易也。

《呂氏春秋》卷一二《誠廉》 昔者神農氏之有天下也，時祀盡敬而不祈福也。其於人也，忠信盡治而無求焉。樂正與爲正，樂治與爲治，不以人之壞自成也，不以人之庳自高也。

又 卷一七《審分覽》 神農十七世有天下，與天下同之也。

又 卷二一《開春論》 神農之教曰：『士有當年而不耕者，則天下或受其飢矣。女有當年而不績者，則天下或受其寒矣。』

漢・劉安《淮南子》卷一《原道訓》 禹之決瀆也，因水以爲師；神農之播穀也，因苗以爲教。

又 卷九《主術訓》 昔者，神農之治天下也，神不馳於胸中，智不出於四域，懷其仁誠之心，甘雨時降，五穀蕃植，春生夏長，秋收冬藏，月省時考，歲終獻功，以時嘗穀，祀于明堂。明堂之制，有蓋而無四方，風雨不能襲，寒暑不能傷。遷延而入之，養民以公。不忿爭而財足，不勞形而功成，因天地之資而與之和同。是故威厲而不殺，刑錯而不用，法省而不煩，故其化如神。

又 卷一一《齊俗訓》 治國之道，上無苛令，官無煩治，士無僞行，工無淫巧，其事經而不擾，其器完而不飾。【略】故神農之法曰：『丈夫丁壯而不耕，天下有受其飢者。婦人當年而不織，天下有受其寒者。』

又 卷一三《氾論訓》 昔者，神農無制令而民從，唐虞有制令而無刑罰，夏后氏不負言，殷人誓，周人盟。

漢・班固《白虎通》卷一《號》 謂之神農何？古之人民，皆食禽獸肉。至於神農，人民衆多，禽獸不足。於是神農因天之時，分地之利，制耒耜，教民農作。神而化之，使民宜之，故謂之神農也。

《漢書》卷二一下《律曆志下》 炎帝【略】以火承木，故爲炎帝。教民耕農，故天下號曰神農氏。

漢・應劭《風俗通義・五帝》 神農，神者，信也；農者，濃也；始作耒耜，教民耕種，美其衣食，德濃厚若神，故爲神農也。

漢・袁康、吴平《越絶書・越絶外傳記地傳》 神農嘗百草、水土甘苦，黄帝造衣裳，后稷産穡，制器械，人事備矣。

清・馬驌《繹史》卷一《開闢原始》 陽子居之言曰：『太古之事滅矣，孰誌之哉？』屈原曰：『遂古之初，誰傳道之？』三復斯言，而知稽古之難信，考論者之無徵也。夫二子者，生當周季，去古未遠，而已歎古初之莫紀，矧百世以下，遭秦燔滅之餘，而妄稱上世之遺事，豈不亦迂哉？夫物必有所自始，事必有所由起。乾坤定位，萬彙繁滋，民生總總，氣稟不一，意必有人焉，首出庶物以爲之主者，由是君道立矣。第文字未興，史官未設，伊昔之政教約束，固甚簡略也，孰能默識傳述，俾歷世罔或失墜。然則盤古以上，謂無君乎？吾不得而知也。天皇以下之君，謂盡可指數乎？吾亦弗敢信也。

人壽之不齊，今猶古矣。黄帝在位百年，繼此者唐帝殷宗，越周文考，多歷年所，顧不數見也。何獨洪濛之辟，皆身歷運會。抑堯、舜齊聖，朱、均不移，武、周並生，管、蔡用畔，高陽、高辛氏之子，有才有不才矣，安得九頭五龍，德皆神異，分理寰區，無或殂落，兄弟各一萬八千歲哉？信如十紀之説，名不雅馴，薦紳之所難言，即所稱二百二十六餘萬年，分爲十紀，則紀約二十餘萬年，因提六十八世，禪通九十餘世，世當得三千年，而一姓或止二三世，則是享年有永，祚世爲不長也。疏仡始黄帝以訖獲麟，不過二千年耳。方之以前，修短不倫，忽焉與魯史《春秋》同時絶筆，何其舛與！太古未嘗無君也，泰山、梁父之形兆垠堮，仲尼不能盡識，與夫管、莊之所稱道，戎夫之所訓戒，倚相之所能讀，或在書契以前，或經孔子删棄，是皆無裨於政治，罔資於問學者也。舍詩、書、六藝之文，而妄信諸子讖緯之雜説，未能悉三代之世及，而遠求洪荒以上之氏號，斯好奇者之過也。尚論者，斷自庖犧氏可矣。

黄帝

《管子》卷一八《桓公問》 黄帝立明臺之議者，上觀於賢也。

又　卷二四《輕重戊》　黄帝作，鑽鐩生火，以熟葷臊，民食之，無茲胃之病，而天下化之。

《尸子》卷下　子貢問孔子曰：『古者黄帝四面，信乎？』孔子曰：『黄帝取合己者四人，使治四方，不謀而親，不約而成，大有成功，此之謂四面也。』【略】

人之欲見毛嬙、西施，美其面也。夫黄帝、堯舜、湯武，美者非其面也，人之所欲觀焉，其行也；欲聞焉，其言也，而言之與行皆在《詩》《書》矣。【略】

欲觀黄帝之行於合宮，觀堯舜之行於總章。

《呂氏春秋》卷一九《離俗覽》　以德以義，不賞而民勸，不罰而邪止，此神農、黄帝之政也。

《大戴禮記・五帝德》　黄帝黼黻衣，大帶，黼裳，乘龍扆雲，以順天地之紀，幽明之故，死生之説，存亡之難。

漢・賈誼《新書》卷九《修政語上》　黄帝曰：『道若川谷之水，其出無已，其行無止。』故服人而不爲仇，分人而不譐者，其惟道矣。故播之於天下而不忘者，其惟道矣。是以道高比於天，道明比於日，道安比於山。故言之者見謂智，學之者見謂賢，守之者見謂信，樂之者見謂仁，行之者見謂聖人。故惟道不可竊也，不可以爲虛也。故黄帝職道義，經天地，紀人倫，序萬物，以信與仁爲天下先。然後濟東海，入江內取绿圖，西濟積石，涉流沙，登於崑崙。於是還居中國，以平天下。天下太平，唯躬道而已。

漢・劉安《淮南子》卷一五《兵略》　兵之所由來者遠矣！黄帝嘗與炎帝戰矣。顓頊嘗與共工爭矣。故黄帝戰於涿鹿之野，堯戰於丹水之浦，舜伐有苗，啓攻有扈，自五帝而弗能偃也，又況衰世乎！各有家室。

漢・班固《白虎通》卷一《號》　黄帝有天下，號曰有熊。

又《謚》　黄帝先黄後帝者何？古者質，生死同稱，各持行合而言之。美者在上，黄帝始制法度，得道之中，萬世不易，後世雖聖，莫能與同也。後世德與天同，亦得稱帝，不能制作，故不得復稱黄也。

又《崩薨》　禮始於皇帝，至舜堯而備。

又《爵》　《獨斷》云：『上古天子，庖羲氏神農氏稱皇，堯舜稱帝，殷周稱王。稱謂不同，明德有優劣也。』

漢・桓譚《新論・王霸篇》　三皇以道治，而五帝用德化，三王由仁義，五伯以權智。其説之曰：無制令刑罰，謂之皇；有制令而無刑罰，謂之帝；賞善誅惡，諸侯朝事，謂之王；興兵衆，約盟誓，以信義矯世，謂之伯。

又《號》　皇者，何謂也？亦號也。皇，君也，美也，大也。天人之總，美大之稱也。時質，故總稱之也。號言爲帝何？帝者，諦也。象可承也。王者，往也。天下所歸往。《鉤命決》曰：『三皇步，五帝趨。三王馳，五伯騖。』【略】

號之爲皇者，煌煌人莫違也。煩一夫，擾一士，以勞天下，不爲皇也。不擾匹夫匹婦，故爲皇。《獨斷》云：『皇者，煌也。盛德煌煌，無所不照。』【略】

［謂之伏羲者何？］古之時，未有三綱六紀，民人但知其母，不知其父。能覆前而不能覆後。卧之詓詓，行之吁吁，飢即求食，飽即棄餘，茹毛飲血，而衣皮葦。于是伏羲仰觀象于天，俯察法于地，因夫婦，正五行，始定人道。畫八卦以治下，下伏而化之，故謂之伏羲也。謂之神農何？古之人民，皆食禽獸肉。至於神農，人民衆多，禽獸不足。於是神農因天之時，分地之利，制耒耜，教民農作。神而化之，使民宜之，故謂之神農也。謂之燧人何？鑽木燧取火，教民熟食，養人利性，避臭去毒，謂之燧人也。謂之祝融何？祝者，屬也。融者，續也。言能屬續三皇之道而行之，故謂祝融也。

《漢書》卷二一下《律曆志下》　《易》曰：『神農氏没，黄帝氏作。』火生土，故爲土德。與炎帝之後戰於阪泉，遂王天下。始垂衣裳，有軒冕之服，故天下號曰軒轅氏。

宋・胡宏《皇王大紀》卷二《五帝紀》　黄帝軒轅氏，少典之後，曰公孫氏。母曰附寶，有蟜氏女也。感大電光，繞北斗樞星，照於郊野之祥，生軒轅於壽丘。長於姬水，爲姬姓。生而龍顔，幼而徇齊，學於大真。長而敦敏，成而聰明。有風后、老天五聖，知命、規紀、地典、力牧或作墨。七聖爲之輔。又有常光、大鴻、容光三臣爲之佐。神農侵暴諸侯，軒轅興師征之神農氏。大戰于阪泉之野。三戰，神農氏敗績。黄龍負圖出

于河。有璽馬，章曰『天皇』符璽。軒轅遂踐天子位，在所則有景雲，若金枝玉葉蔭其上。因以雲紀官：春官爲青雲氏，夏官爲缙雲氏，秋官爲白雲氏，冬官爲黑雲氏，中官爲黃雲氏。置三公之職，以象三台。侍中風后配上台，老天配中台，五聖配下台。推五德之運，以土承火，號曰歸藏氏始作軒車，故曰軒轅氏，都于有熊。作布政之所，曰合宮，又曰明庭。神農氏之臣蚩尤起，九治始作鎧戟戈矛，以賊亂爲政，平民化之，罔不寇賊。鴟義姦宄，奪攘矯虔。軒轅征之，值天霧晦冥，軍行迷。乃作指南車，載之以旌，前朱雀而後玄武，左青龍，而右白虎。招摇在上，進退有度。左右有局，各司其局。進擊蚩尤，殺之於涿鹿之阿。徙其徒於有北。天下有不道，從而征之。凡五十三征，奄有中區。東至於海，登九山及岱宗；西至崆峒，登鷄頭；南至於江，登熊湘；北逐葷粥，合符釜山。置左右大監，監於萬國。命倫氏訪大夏之西、崑崙之陰。取嶰谿之竹空竅厚均者，斷兩節間而吹之，中黃鐘之宮。於是制十二籥，以聽鳳凰之鳴。其雄聲六，雌聲亦六，故黃鐘之宮聲發於自然，爲十二律之本。其長九寸，實秬黍其中，容秬黍一千二十五，是故，度起於黃鍾之長；量起於黃鍾之虛；衡起於黃鍾之重。或曰，度始於忽。十忽爲毫，十毫爲釐。以十積之而成分寸，尺丈引是爲五。度量者，始於一粟。六十粟爲一抄，十抄爲撮。以十積之而成龠，合升斗斛是爲五。量後至於周，四升爲豆，四豆爲區，四區爲鬴。量實一鬴，獻實二鬴，盆實二鬴，甑實二鬴，豆實三而成觳，簋實一觳，庾實二觳，鬲實五觳。衡者始於絫黍，粒百爲銖，二十銖爲兩，十六兩爲斤，三十斤爲鈞，四鈞爲石。是爲五權。度量權合於律，然後措諸天下，無所不行。田可分，祿可均，法一政平，禮可制，樂可作。故律也者，萬事根本也。【略】

軒轅既上觀天文，大明時令，乃周行天下。觀地理，遷徙往來無常處，以兵師爲營衛。按《洛書》之文，方者土也。於是畫天下爲九州，以井制地，使民存亡更守，出入相司，嫁娶相媒，有無相貸，疾病相救。六尺爲步，步百爲畝，畝百爲夫，夫三爲屋，屋三爲井。井方一里，里五爲邑，邑十爲丘，丘十爲都，都十爲師，師十爲州。以總人心，以詳民數，塞欺陵之路，弭姦宄之望。治五氣，藝五種，撫萬民，度四方。上古牛未穿，馬未絡。至是服牛乘馬，引重致遠，而民力裕。上古山處於穴，棲於木。至是營宮室，制户牖而猛暴禁。作杵臼而穀粟始鑿，作釜竈而民始粥，作甑而民始飯，以烹以炰，以爲醴酪。行而有屝，草爲之。屨，串爲之。履皮爲之。焉，死而有棺椁焉。城城築邑，重門擊柝以待暴客。弦木爲弧，剡木爲矢，弩、刀、槍、鉞皆是時所作。習熊、虎、貔、貅之士，以威天下，後世因之以有六弓、四弩、八矢、五兵、五盾之法，所以養民而保之者。至矣！於是制軒冕，目垂旒，耳充纊，玄衣黃裳，旁觀翬翟草木之英華，畫繢五色爲文章，東青，西白，南赤，北黑。天地玄黃，青與白相次也，赤與黑相次也，玄與黃相次也。青與赤謂之文，赤與白謂之章，白與黑謂之黼，黑與青謂之黻。五采備謂之繡。土以黃其象，方天時變，象以園山，以章水，以龍鳥獸。虵雜四時，五色以章之。凡畫繢之事後，素工以別貴賤，而上下有序，各安其分。五行之動，迭相息也，五行四時十二月還相爲本也，五聲六律十二管還相爲宮也，五味六和十二食還相爲滋也，五色六章十二衣還相爲質也。軒轅明於天地之道，體神而起數，倚數而觀象，見象而制器。是以成而人用之，用而人利之，利而人安之，安而人守之，守而人不可變。是謂德配天地，道之至也。制度之經也，其可變者，禮樂污隆而已。書契作而史官建，左史記言，右史記動，倉頡、沮誦軒轅史官也，見鳥獸蹏迒之迹有文理之可滋，作鳥迹篆以乂百工，以察萬品。其文分類象形而生，故謂之字。字有六義：一曰指事，上、下之類。二曰象形，日、月之類。三曰諧聲，園、圓之類。四曰會意，止戈爲武之類。五曰轉注，考、老之類。六曰假借，令、長之類。【略】

軒轅居寶位百年而殁，葬於橋山，天下哀慕。黃帝以其生而居中土，宰制羣動者也。帝推曆生律，制器，規圓矩方，法一置而變，順天地之紀，幽明之占，死生之説，存亡之難，時播百穀草木，淳化鳥獸蟲蛾，旁羅水波土石金玉，勞動心思耳目，節用水火材物，故民安樂，不使而成，不禁而止，百官無私，天下和，風雨時，五穀登而人民壽。鳳凰巢阿閣，麒麟遊於郊，猶作輿几之箴，以警宴安。作金几之銘，以戒逸欲。成功大致豐利，不自高其道，不自聖其躬。德澤流天下，至今人蒙其惠，雖死猶生也。世有方士家，鼓惑愚人，僥倖榮利，言世有仙術，帝得之騎龍上升天。羣臣思慕，葬弓劍衣冠者。真妖妄矣！帝四妃，二十五子，其得姓者十有四人，爲十二姓：姬、酉、祁、己、滕、箴、任、荀、僖、姞、

儇、依。元妃西陵之女嫘祖，親蠶爲絲，以率天下。生二子，長曰玄囂，是爲青陽摯，次曰昌意。

宋・鄭樵《通志》卷一《三皇紀》 《晉語》：『黄帝之子，二十五宗，其得姓者十四人。』爲十二姓：姬、酉、祁、己、滕、箴、任、荀、僖、姞、儇、依是也。二人爲姬，二人爲己。自神農至榆罔，凡七世，襲炎帝之號，皆神農之裔也。黄帝在位百年，五帝三王皆黄帝之裔也。據《晉語》，少典娶于有蟜氏，生黄帝。然炎帝至榆罔更八世，五百年何由有同父兄弟？故知《國語》之言不可盡信。先儒本之，今不遽易也。臣又按：方士之言曰：『黄帝採首山之銅，鑄鼎於荆山之下，鼎既成有龍垂胡髯，下迎黄帝，帝上騎，羣臣後宫從上者七十餘人，龍乃升天，餘小臣不得上，悉持龍髯，髯拔，墮。黄帝之弓，百姓仰望，乃抱其弓與胡髯而號，故後世名其地曰鼎湖弓，曰烏號。』又曰：『黄帝迎日推策，後率二十歲，復朔旦，冬至凡二十，推三百八十年，黄帝仙登於天。』又按《外紀》：黄帝與蚩尤戰於涿鹿之野，蚩尤爲大霧，軍士昏迷，軒轅作指南車，以示四方。《山海大荒北經》曰：『蚩尤伐黄帝，帝命應龍攻於冀州之野，應龍蓄水，蚩尤請風伯、雨師作大風雨，黄帝下天女曰魃，止雨。』《河圖》曰：『蚩尤兄弟八十一人，並獸身人語，食沙石，作兵仗、刀戟、大弩，威振天下，誅殺無度。天授軒轅神符，伏蚩尤。蚩尤没後，亂未定，軒轅畫蚩尤象以威海内。』管仲曰：『葛盧山交而出水，金從之出，蚩尤受之以作劍戟。任昉《述異記》：『蚩尤兄弟七十二人，銅頭鐵額，食鐵石，能作雲霧。』軒轅誅之於涿鹿，今冀州也。有蚩尤神，俗云人身牛蹄，四目六手，冀州人掘地得髑髏如銅鐵者，即蚩尤骨齒，長二寸，堅不可碎。秦漢間説蚩尤者，耳鬢如劍戟，頭有角，與軒轅鬭，以角抵人，人不能向，今冀州有樂名蚩尤戲，其民三三兩兩，頭戴牛角，而相觝。漢造角觝戲，蓋其遺制也。』《皇覽》曰：『蚩尤冢在東平壽張闞鄉，高七尺，居民常以十月食之。有赤氣如匹絳而出，鄉人呼爲蚩尤旗。』又按崔實《月令》曰：『祖者，道祭也。黄帝之子好遠遊，死爲道路神。故後人出行有祖餞之事。《述異記》：『蒼頡墓在北海，俗呼爲藏書室。有碑文。周時莫識，遂藏故府。逮秦時，李斯始識八字，云：「上天作命，皇辟迭王。」漢叔孫通識十二字。』又云：『南海中有軒轅丘，鸞自歌，鳳自舞。』古云天帝樂也。臣又按：伏羲有河圖之應矣，而黄帝復受河圖。伏羲命子襄作六書矣，而黄帝復命蒼頡制文字。伏羲已造律曆矣，而黄帝復有律曆之作。伏羲作易矣，而神農黄帝復作易。學者不能無疑於古。帝王受命之符，皆有其應。所以伏羲、黄帝各受河圖者也。古者書契未一，用字亦希。故隨時而作，務在應用。所以周有史籀，秦有李斯，皆一時制字之人也。乃若律曆之所更，易象之所作，亦在適時。所以三代之前，律曆不同而易亦異。

元・胡一桂《史纂通要》卷一《黄帝》 帝四妃，二十五子，得姓者十有四人。爲十二姓。姬、酉、祈、己、滕、箴、任、荀、嬉、姞、儇、依。生人以來，得姓之始，實由於此。自今觀之，伏羲、神農二聖人，去洪荒之世未遠也。其風猶爲朴略，至黄帝之世，實爲文明之漸，故昔之穴居野處者，今始有宫室。昔之污樽抔飲者，今始有什器。昔之結繩而治者，今始有書契文字。昔之皮草蔽體者，今始有冠冕章服。其諸制器利用，難以枚舉。駸駸乎非復前日朴野之俗矣！胡氏曰：『是謂德配天地，道之至也。制度之經也，德澤流天下，至于今，人蒙其惠，雖死猶生也。後世乃傳帝得僊術，騎龍升天者，真妖妄矣！』旨哉言乎！在位一百年。

明・孫瑴《古微書》卷一七《禮含文嘉》 禮有三起。禮理起于太一，禮事起于遂皇，禮名起于黄帝。

藝文

《楚辭・天問》 登立爲帝，孰道尚之？

《後漢書》卷一〇〇《天文志上》 三皇邁化，協神醇朴，謂五星如連珠，日月若合璧。

唐・來鵠《聖政紀頌》 古師官鳥。昔聖官雲。

唐・吴筠《覽古十四首》 棟宇代巢穴。其來自三皇。

宋・文彦博《文潞公集》卷二《德號繼明頌序》 圓象高明，運四時而不言所利。方祇博厚，載萬物而罔矜厥功。然則藏用顯仁，其來尚矣！仰觀俯察，無能名焉。及乎太古造書，先王畫卦，鈎慣崇卑之理，範圍清濁之原，必也正名。

宋・邵雍《伊川擊壤集》卷一三《三皇吟》 三皇之世正熙熙，烏鵲之巢俯可窺。當日一般情味好，初春天氣早晨時。

又 卷一五《觀三皇吟》 許火乾坤自我宣，乾坤之外復何言。初分大道非常道，纔有先天未後天。作法極微難看迹，收功最久不知年。若教世上論動業，料得更無人在前。

宋・范仲淹《范文正公文集》卷一《四民詩》 聖人作耒耜，蒼蒼民乃粒。

宋・陳傑《自堂存稿》卷一五《淮南看雪歌》 出門看雪一萬里，閉門讀書一萬年。讀書只讀三皇後，看雪還看太始前。

宋・陳普《石堂先生遺集》卷一五《歷代傳授歌》 伏羲神農黄帝氏，名曰三皇居上世。

宋・方回《桐江詩集》卷一八《送醫工郭耕道》 上古三皇軒農羲，天始有柱地有基。

雜録

唐・司馬貞《補史記・三皇本紀》 注：太史公作《史記》，古今君臣，宜應上自開闢，下迄當代，以爲一家之首尾。今闕三皇而以五帝爲首者，正以《大戴禮》有《五帝德》篇，又《帝系》皆敘自黄帝以下，故因以《五帝本紀》爲首。其實三皇已還，載籍罕備。然君臣之始，教化之先，既論古史，不合全闕。近代皇甫謐作《帝王世紀》，徐整作《三五曆》，皆論三皇已來事。斯亦近古之一證。今並採而集之，作《三皇本紀》，雖復淺近，聊補闕云。

宋・鄭樵《通志》卷二五《氏族略》 五帝之前無帝號，有國者不稱國，惟以名爲氏，所謂無懷氏、葛天氏、伏羲氏、燧人氏者也。至神農氏、軒轅氏，雖曰炎帝、黄帝，而猶以名爲氏，然不稱國。

宋・羅泌《路史》卷七《軒轅氏》 軒轅氏，古封禪之帝也，在黄帝氏之前。承學之士，乃皆以爲卽黄帝氏。失厥所謂，莫此甚焉。昔蒙莊氏論至德之世，軒轅氏後，乃有赫胥，而尊盧、祝融次之，又後乃有伏羲、神農、黄帝。其明著若是。訊諸幣款，有黄帝金，而又有軒轅金；封禪文識有軒轅氏，而又有黄帝氏，則軒轅自爲古帝，信矣！後世惟見史遷紀黄帝名軒轅，更弗復攷，於古失之。

又 卷一〇《太昊紀上》 孔演《明道經》云：『燧皇在伏羲前，風姓，始王天下。』是伏羲因燧皇，國因爲姓爾。故帝後有風后，風國之后，蓋久而後得之。《玄女經》云：『禹問風后。』知其後云。

又 卷一三《炎帝紀下》 《通系外紀》以帝臨爲臨魁，非也。夫帝臨在帝承前，《年代曆》等。而帝魁乃在帝承之後。《補史紀》等。蓋自異代。《世本》書言：『夙沙民叛以歸帝魁。』則非臨也。惟諸歷紀炎帝八世，故臨與帝魁遞爲存廢，或合臨魁以爲一，復有不知。神農嘗有後代者，則又以帝魁爲卽神農，如《南都賦注》等以帝魁爲神農名。尤妄。而更以神農爲魁傀氏。《潛夫論》云：『炎帝身號魁隗。《帝堯碑》作塊隗。陶潛云：『在炎帝、帝魁之世，獨砥脩以自勤。』非帝臨也。嘻儒之無特操如此。夫彼又烏知黄帝之元孫帝魁哉！【略】

事固不可以概論。有顯然之是，而世以爲非，有皭然之非，而世以爲是者。神農有天下，傳七十世。而《書傳》止存八葉。年眇記落，固無足惑。然運曆諸書，復俱張爭，詭其爲政之日，而世交引以爲是。《春秋命曆叙》：『炎帝八世，五百二十年。』《古今通系年代曆》、《世紀》、《補史記》、《外紀》、《紹運紀》、《運圖》等，並因乎此。《眞誥》有『炎慶甲』。而《國語》：『烈山氏有子，曰柱。』二者記並無有以今內簡炎氏爲世以十挫者，亦七首于二帝。然自是至帝臨，汔亦無紀。楊長史《手録》云：『炎慶甲，古之炎帝也。』楊君《受旨書》云：『今爲北大帝君，隱居。』《眞誥》乃疑其爲神農。又謂神農功高無應而爲鬼帝，當是黄帝所伐大庭氏，稱炎帝者失之。夫古之有天下最長世者，無神農若也。故尸子曰：『神農七十世有天下，豈每世賢哉？牧民易也。』《呂覽》亦曰：『神農七十世有天下，豈不足信如後世之書耶？』尸子之言記爲孔子，然世猶以爲非。宜乎，士之不攷古也！

明・孫瑴《古微書》卷九《女媧以下至神農七十二姓》 伏羲、女媧、神農是謂三皇。

皇者天，天不言四時行焉，百物生焉，三皇垂拱無爲，設言而民不違，道德玄泊，有似皇天，故稱曰皇。皇者，中也，光也，弘也。含弘履中，開陰布綱，上合皇極。其施光明，指天畫地，神化潛通，煌煌盛美，

不可勝量。

按：鄭玄《六藝論》以伏羲、女媧、神農爲三皇，引《運斗樞》之說也。宋均引《甄耀度》，數燧人、伏羲、神農爲三皇。《禮含文嘉》、《尚書大傳》、譙周《古史考》並同。惟《白虎通》取伏羲、神農、祝融爲三皇。而孔安國則以伏羲、神農、黄帝爲三皇，皆與鄭異。

清・陸隴其《讀禮志疑》卷四　孔氏《禮記》卷首疏云：『《古史考》：「遂皇至于伏羲，唯經三姓。」鄭康成《六藝論》曰：「遂皇之後，歷六紀、九十一代，至伏羲。」其文不同，未知孰是。』方叔機註《六藝論》云：『六紀者，九頭紀、五龍紀、攝提紀、合洛紀、連通紀、序命紀，凡六紀也。九十一代者，九頭一，五龍五，攝提七十二，合洛三，連通六，序命四，凡九十一代也。但伏羲之前、伏羲之後年代參差，所說不一。緯侯紛紜，各相乖背，且復繁而無用，今並畧之。唯據《六藝論》之文及《帝王世紀》以爲說也。案：《易繫辭》云：『包犧氏没，神農氏作。』《帝王世紀》云：『伏羲之後女媧氏，亦風姓也。女媧氏没，次有大庭氏、柏皇氏、中央氏、栗陸氏、驪連氏、赫胥氏、尊盧氏、渾沌氏、昊英氏、有巢氏、朱襄氏、葛天氏、陰康氏、無懷氏，凡十五代，皆襲伏羲之號。』然鄭玄以大庭氏是神農之別號。《封禪》云：『無懷氏在伏羲之前。』今在伏羲之後。則《世紀》之文未可信用。又『太上貴德』鄭注云：『太上，帝皇之世。』孔疏云：『熊氏謂三皇。稱皇者，皆行合天皇之星。』鄭玄意則以伏羲、女媧、神農爲三皇。故註《中候敕省圖》引《運斗樞》：『伏羲、女媧、神農爲三皇也。』然宋均註《援神契》引《甄耀度》，數燧人、伏羲、神農爲三皇。譙周《古史考》亦然。《白虎通》取伏羲、神農、祝融爲三皇。孔安國則以伏羲、神農、黄帝爲三皇，並與鄭不同。此皆無所據，其言非也。鄭數伏羲、女媧、神農，非謂其人身自相接其閒，代之王多矣！其五帝者，鄭註《中候敕省圖》云：『德合五帝坐星者，稱帝。』則黄帝金天氏、高陽氏、高辛氏、陶唐氏、有虞氏是也。實六人而稱五者，以其俱合五帝坐星也。散而言之，則三皇亦稱帝。《月令》云：『其帝太昊』，是也。五帝亦稱皇。《呂刑》云：『皇帝清問下民』，是也。愚按：此等處只宜分別諸家之說，存而不論可也。

五帝相承分部

綜　述

五帝

《世本・五帝世系》　帝少皞金天氏。宋衷注：孫氏曰：『少昊、顓頊、高辛、唐、虞爲五帝。』

《史記》卷一《五帝本紀》　黄帝者，少典之子，姓公孫，名曰軒轅。生而神靈，弱而能言，幼而徇齊，長而敦敏，成而聰明。

軒轅之時，神農氏世衰。諸侯相侵伐，暴虐百姓，而神農氏弗能征。於是軒轅乃習用干戈，以征不享，諸侯咸來賓從。而蚩尤最爲暴，莫能伐。炎帝欲侵陵諸侯，諸侯咸歸軒轅。軒轅乃修德振兵，治五氣，蓺五種，撫萬民，度四方，教熊羆貔貅貙虎，以與炎帝戰於阪泉之野。三戰，然後得其志。蚩尤作亂，不用帝命。於是黄帝乃徵師諸侯，與蚩尤戰於涿鹿之野，遂禽殺蚩尤。而諸侯咸尊軒轅爲天子，代神農氏，是爲黄帝。天下有不順者，黄帝從而征之，平者去之，披山通道，未嘗寧居。

東至于海，登丸山，及岱宗。西至于空桐，登雞頭。南至于江，登熊、湘。北逐葷粥，合符釜山，而邑于涿鹿之阿。遷徙往來無常處，以師兵爲營衛。官名皆以雲命，爲雲師。置左右大監，監于萬國。萬國和，而鬼神山川封禪與爲多焉。獲寶鼎，迎日推筴。舉風后，力牧、常先、大鴻以治民。順天地之紀，幽明之占，死生之說，存亡之難。時播百穀草木，淳化鳥獸蟲蛾，旁羅日月星辰水波土石金玉，勞勤心力耳目，節用水火材物。有土德之瑞，故號黄帝。

黄帝二十五子，其得姓者十四人。

黄帝居軒轅之丘，而娶於西陵之女，是爲嫘祖。嫘祖爲黄帝正妃，生二子，其後皆有天下：其一曰玄囂，是爲青陽，青陽降居江水；其二曰

昌意，降居若水。昌意娶蜀山氏女，曰昌僕，生高陽，高陽有聖惠焉。黄帝崩，葬橋山。其孫昌意之子高陽立，是爲帝顓頊也。

帝顓頊高陽者，黄帝之孫而昌意之子也。靜淵以有謀，疏通而知事；養材以任地，載時以象天，依鬼神以制義，治氣以教化，絜誠以祭祀。北至于幽陵，南至于交阯，西至于流沙，東至于蟠木。動靜之物，大小之神，日月所照，莫不砥屬。

帝顓頊生子曰窮蟬。顓頊崩，而玄囂之孫高辛立，是爲帝嚳。

帝嚳高辛者，黄帝之曾孫也。高辛父曰蟜極，蟜極父曰玄囂，玄囂父曰黄帝。自玄囂與蟜極皆不得在位，至高辛即帝位。高辛於顓頊爲族子。

高辛生而神靈，自言其名。普施利物，不於其身。聰以知遠，明以察微。順天之義，知民之急。仁而威，惠而信，脩身而天下服。取地之財而節用之，撫教萬民而利誨之，曆日月而迎送之，明鬼神而敬事之。其色郁郁，其德嶷嶷。其動也時，其服也士。帝嚳溉執中而徧天下，日月所照，風雨所至，莫不從服。

帝堯者，放勳。其仁如天，其知如神。就之如日，望之如雲。富而不驕，貴而不舒。黄收純衣，彤車乘白馬。能明馴德，以親九族。九族既睦，便章百姓，百姓昭明，合和萬國。

乃命羲、和，敬順昊天，數法日月星辰，敬授民時。分命羲仲，居郁夷，曰暘谷。敬道日出，便程東作。日中，星鳥，以殷中春。其民析，鳥獸字微。申命羲叔，居南交。便程南爲，敬致。日永，星火，以正中夏。其民因，鳥獸希革。申命和仲，居西土，曰昧谷。敬道日入，便程西成。夜中，星虚，以正中秋。其民夷易，鳥獸毛毨。申命和叔，居北方，曰幽都。便在伏物。日短，星昴，以正中冬。其民燠，鳥獸氄毛。歲三百六十六日，以閏月正四時。信飭百官，衆功皆興。

堯曰：『誰可順此事？』放齊曰：『嗣子丹朱開明。』堯曰：『吁！頑凶，不用。』堯又曰：『誰可者？』讙兜曰：『共工旁聚布功，可用。』堯曰：『共工善言，其用僻，似恭漫天，不可。』堯又曰：『嗟，四嶽，湯湯洪水滔天，浩浩懷山襄陵，下民其憂，有能使治者？』皆曰鯀可。堯曰：『鯀負命毁族，不可。』嶽曰：『异哉，試不可用而已。』堯於是聽嶽用鯀。九歲，功用不成。

堯曰：『嗟！四嶽：朕在位七十載，汝能庸命，踐朕位？』嶽應曰：『鄙悳忝帝位。』堯曰：『悉舉貴戚及疏遠隱匿者。』衆皆言於堯曰：『有矜在民閒，曰虞舜。』堯曰：『然，朕聞之。其何如？』嶽曰：『盲者子。父頑，母嚚，弟傲，能和以孝，烝烝治，不到姦。』堯曰：『吾其試哉。』於是堯妻之二女，觀其德於二女。舜飭下二女於嬀汭，如婦禮。堯善之，乃使舜慎和五典，五典能從。乃徧入百官，百官時序。賓於四門，四門穆穆，諸侯遠方賓客皆敬。堯使舜入山林川澤，暴風雷雨，舜行不迷。堯以爲聖，召舜曰：『女謀事至而言可績，三年矣。女登帝位。』舜讓於德不懌。正月上日，舜受終於文祖。文祖者，堯大祖也。

於是帝堯老，命舜攝行天子之政，以觀天命。舜乃在璿璣玉衡，以齊七政。遂類于上帝，禋于六宗，望于山川，辯于羣神。揖五瑞，擇吉月日，見四嶽諸牧，班瑞。歲二月，東巡狩，至於岱宗，祡，望秩於山川。遂見東方君長，合時月正日，同律度量衡，脩五禮五玉三帛二生一死爲摯，如五器，卒乃復。五月，南巡狩；八月，西巡狩；十一月，北巡狩：皆如初。歸，至于祖禰廟，用特牛禮。五歲一巡狩，羣后四朝。徧告以言，明試以功，車服以庸。肇十有二州，決川。象以典刑，流宥五刑，鞭作官刑，扑作教刑，金作贖刑。眚災過，赦；怙終賊，刑。欽哉，欽哉，惟刑之靜哉！

讙兜進言共工，堯曰不可而試之工師，共工果淫辟。四嶽舉鯀治鴻水，堯以爲不可，嶽彊請試之，試之而無功，故百姓不便。三苗在江淮、荆州數爲亂。於是舜歸而言於帝，請流共工於幽陵，以變北狄；放讙兜於崇山，以變南蠻；遷三苗於三危，以變西戎；殛鯀於羽仙，以變東夷：四辠而天下咸服。

堯立七十年得舜，二十年而老，令舜攝行天子之政，薦之於天。堯辟位凡二十八年而崩。百姓悲哀，如喪父母。三年，四方莫舉樂，以思堯。堯知子丹朱之不肖，不足授天下，於是乃權授舜。授舜，則天下得其利而丹朱病；授丹朱，則天下病而丹朱得其利。堯曰『終不以天下之病而利一人』，而卒授舜以天下。堯崩，三年之喪畢，舜讓辟丹朱於南河之南。諸侯朝覲者不之丹朱而之舜，獄訟者不之丹朱而之舜，謳歌者不謳歌丹朱而謳歌舜。舜曰『天也』，夫而後之中國踐天子位焉，是爲帝舜。

虞舜者，名曰重華。重華父曰瞽叟，瞽叟父曰橋牛，橋牛父曰句望，句望父曰敬康，敬康父曰窮蟬，窮蟬父曰帝顓頊，顓頊父曰昌意：以至舜七世矣。自從窮蟬以至帝舜，皆微爲庶人。

舜父瞽叟盲，而舜母死，瞽叟更娶妻而生象，象傲。瞽叟愛後妻子，常欲殺舜，舜避逃；及有小過，則受罪。順事父及後母與弟，日以篤謹，匪有解。《索隱》皇甫謐云：『舜母名握登，生舜于姚墟，因姓姚氏也。』

舜，冀州之人也。舜耕歷山，漁雷澤，陶河濱，作什器於壽丘，就時於負夏。舜父瞽叟頑，母嚚，弟象傲，皆欲殺舜。舜順適不失子道，兄弟孝慈。欲殺，不可得；即求，嘗在側。

舜年二十以孝聞。三十而帝堯問可用者，四嶽咸薦虞舜，曰可。於是堯乃以二女妻舜以觀其內，使九男與處以觀其外。舜居媯汭，內行彌謹。堯二女不敢以貴驕事舜親戚，甚有婦道。堯九男皆益篤。舜耕歷山，歷山之人皆讓畔；漁雷澤，雷澤上人皆讓居；陶河濱，河濱器皆不苦窳。一年而所居成聚，二年成邑，三年成都。堯乃賜舜絺衣，與琴，爲築倉廩，予牛羊。瞽叟尚復欲殺之，使舜上塗廩，瞽叟從下縱火焚廩。舜乃以兩笠自扞而下，去，得不死。後瞽叟又使舜穿井，舜穿井爲匿空旁出。舜既入深，瞽叟與象共下土實井，舜從匿空出，去。瞽叟、象喜，以舜爲已死。象曰：『本謀者象。』象與其父母分，於是曰：『舜妻堯二女，與琴，象取之。牛羊倉廩予父母。』象乃止舜宮居，鼓其琴。舜往見之。象鄂不懌，曰：『我思舜正鬱陶！』舜曰：『然，爾其庶矣！』舜復事瞽叟愛弟彌謹。於是堯乃試舜五典百官，皆治。

昔高陽氏有才子八人，世得其利，謂之『八愷』。高辛氏有才子八人，世謂之『八元』。此十六族者，世濟其美，不隕其名。至於堯，堯未能舉。舜舉八愷，使主后土，以揆百事，莫不時序。舉八元，使布五教于四方，父義，母慈，兄友，弟恭，子孝，內平外成。

昔帝鴻氏有不才子，掩義隱賊，好行凶慝，天下謂之渾沌。少暤氏有不才子，毀信惡忠，崇飾惡言，天下謂之窮奇。顓頊氏有不才子，不可教訓，不知話言，天下謂之檮杌。此三族世憂之。至于堯，堯未能去。縉雲氏有不才子，貪于飲食，冒于貨賄，天下謂之饕餮。天下惡之，比之三凶。舜賓於四門，乃流四凶族，遷于四裔，以御螭魅，於是四門辟，言毋凶人也。

舜入于大麓，烈風雷雨不迷，堯乃知舜之足授天下。堯老，使舜攝行天子政，巡狩。舜得舉用事二十年，而堯使攝政。攝政八年而堯崩。三年喪畢，讓丹朱，天下歸舜。而禹、皋陶、契、后稷、伯夷、夔、龍、倕、益、彭祖自堯時而皆舉用，未有分職。於是舜乃至於文祖，謀於四嶽，辟四門，明通四方耳目，命十二牧論帝德，行厚德，遠佞人，則蠻夷率服。舜謂四嶽曰：『有能奮庸美堯之事者，使居官相事？』皆曰：『伯禹爲司空，可美帝功。』舜曰：『嗟，然！禹，汝平水土，維是勉哉。』禹拜稽首，讓於稷、契與皋陶。舜曰：『然，往矣。』舜曰：『弃，黎民始飢，汝后稷播時百穀。』舜曰：『契，百姓不親，五品不馴，汝爲司徒，而敬敷五教，在寬。』舜曰：『皋陶，蠻夷猾夏，寇賊姦軌，汝作士，五刑有服，五服三就；五流有度，五度三居：維明能信。』舜曰：『誰能馴予工？』皆曰垂可。於是以垂爲共工。舜曰：『誰能馴予上下草木鳥獸？』皆曰益可。於是以益爲朕虞。益拜稽首，讓于諸臣朱虎、熊羆。舜曰：『往矣，汝諧。』遂以朱虎、熊羆爲佐。舜曰：『嗟！四嶽，有能典朕三禮？』皆曰伯夷可。舜曰：『嗟！伯夷，以汝爲秩宗，夙夜維敬，直哉維靜絜。』伯夷讓夔、龍。舜曰：『然。以夔爲典樂，教穉子，直而溫，寬而栗，剛而毋虐，簡而毋傲；詩言意，歌長言，聲依水，律和聲，八音能諧，毋相奪倫，神人以和。』夔曰：『於！予擊石拊石，百獸率舞。』舜曰：『龍，朕畏忌讒說殄僞，振驚朕衆，命汝爲納言，夙夜出入朕命，惟信。』舜曰：『嗟！女二十有二人，敬哉，惟時相天事。』三歲一考功，三考絀陟，遠近衆功咸興。分北三苗。

此二十二人咸成厥功：皋陶爲大理，平，民各伏得其實；伯夷主禮，上下咸讓；垂主工師，百工致功；益主虞，山澤辟；弃主稷，百穀時茂；契主司徒，百姓親和；龍主賓客，遠人至；十二牧行而九州莫敢辟違；唯禹之功爲大，披九山，通九澤，決九河，定九州，各以其職來貢，不失厥宜。方五千里，至于荒服。南撫交阯、北發，西戎、析枝、渠廋、氐、羌，北山戎、發、息慎，東長、鳥夷，四海之內咸戴帝舜之功。於是禹乃興九招之樂，致異物，鳳皇來翔。天下明德皆自虞帝始。

舜年二十以孝聞，年三十堯舉之，年五十攝行天子事，年五十八堯

崩，年六十一代堯踐帝位。踐帝位三十九年，南巡狩，崩於蒼梧之野。葬於江南九疑，是爲零陵。舜之踐帝位，載天子旗，往朝父瞽叟，夔夔唯謹，如子道。封弟象爲諸侯。舜子商均亦不肖，舜乃豫薦禹於天。十七年而崩。三年喪畢，禹亦乃讓舜子，如舜讓堯子。諸侯歸之，然後禹踐天子位。堯子丹朱，舜子商均，皆有疆土，以奉先祀。服其服，禮樂如之。以客見天子，天子弗臣，示不敢專也。

自黃帝至舜、禹，皆同姓而異其國號，以章明德。故黃帝爲有熊，帝顓頊爲高陽，帝嚳爲高辛，帝堯爲陶唐，帝舜爲有虞。帝禹爲夏后而別氏，姓姒氏。契爲商，姓子氏。弃爲周，姓姬氏。

漢・孔安國《〈尚書〉序》 伏犧、神農、黃帝之書謂之《三墳》，言大道也，少昊、顓頊、高辛、唐、虞之書謂之《五典》，言常道也。陸德明《音義》：神農，炎帝也，姜姓，母曰女登。以火德王，三皇之二也。黃帝，軒轅也，姬姓，少典之子，母曰付寶。以土德王，三皇之三也。《史記》云：姓公孫，名軒轅，一號有熊氏。墳，大也。少昊金天氏，名摯，字青陽，一曰玄囂。己姓，黃帝之子，母曰女節。以金德王，五帝之最先。顓頊高陽氏，姬姓，黃帝之孫，昌意之子，母曰景僕，謂之女樞。以水德王，五帝之二也。高辛，帝嚳也，姬姓。母名不見。以木德王，五帝之三也。唐，帝堯也，姓伊耆氏。堯初爲唐侯，後爲天子，都陶，故號陶唐氏。帝嚳之子，帝華之弟，母曰慶都。以火德王，五帝之四也。虞，帝舜也。姓姚氏，國號有虞，顓頊六世孫，瞽叟之子，母曰握登。以土德王，五帝之五也。先儒解三皇、五帝，多與孔不同，並見發題。

漢・應劭《風俗通義・五帝》 易傳、禮記、春秋國語、太史公記：黃帝、顓頊、帝嚳、帝堯、帝舜是五帝也。

晉・皇甫謐《帝王世紀》 少昊、高陽、高辛、唐、虞爲五帝。

少昊

《世本・五帝世系》 黃帝而有天下，號曰金天氏。少皞氏身號，金天氏代號也。

《尸子》卷下 少昊金天氏，邑於窮桑。

漢・王符《潛夫論》卷八《五德志》 大星如虹，下流華渚，女節夢接，生白帝摯青陽。世號少皞。代皇帝氏，都於曲阜。其德金行。其立也，鳳皇適至，故紀於鳥。鳳鳥氏曆正也，玄鳥氏司分者也，伯趙氏司至者也，青鳥氏司啓者也，丹鳥氏司閉者也。祝鳩氏司徒也，雎鳩氏司馬也，尸鳩氏司空也，爽鳩氏司寇也，鶻鳩氏司事也。五鳩，鳩民者也。五雉爲五工正，利器用，夷民者也。是始作書契，百官以治，萬民以察。有才子四人，曰重，曰該，曰修，曰熙，實能金木及水，故重爲勾芒，該爲蓐收，修及熙爲玄冥。恪恭厥業，世不失職，遂濟窮桑。

晉・皇甫謐《帝王世紀》 少昊帝名摯，字青陽，姬姓也。母曰女節。黃帝時有大星如虹，下流華渚，女節夢接，意感而生少昊，是爲元囂。降居江水，有聖德，邑於窮桑，以登帝位。都曲阜，故或謂之窮桑帝。以金承土，即《圖讖》所謂白帝朱宣者也，故稱少昊，號曰金天氏，在位百年而崩。

少昊時有鳳鳥之瑞，以鳥紀官，於是修其方利器，用政度量，户無淫民，天下大治。作樂曰九淵也。

晉・王嘉《拾遺記》卷一《少昊》 少昊以金德王。母曰皇娥。【略】號曰窮桑氏，亦曰桑丘氏。至六國時，桑丘子著陰陽書，即其餘裔也。少昊以主西方，一號金天氏，亦曰金窮氏。時有五鳳，隨方之色，集於帝庭，因曰鳳鳥氏。金鳴於山，銀湧於地，或如龜蛇之類，乍似人鬼之形，有水屈曲亦如龍鳳之狀，有山盤紆亦如屈龍之勢，故有龍山、龜山、鳳水之目也。亦因以爲姓，末代爲龍丘氏，出班固《藝文志》；蛇丘氏，出《西王母神異傳》。

宋・胡宏《皇王大紀》卷二《五帝紀》 青陽摯之生，螺祖感大星如虹，下臨華渚之祥。黃帝之時，降居江水。爲己姓，以金德王，故號曰金天氏。能修太昊之法，象日月之明，故曰少昊氏，都于曲阜。青陽初立，鳳鳥適至，因作鳳凰之書，以鳥紀官；鳳鳥知天時，故立鳳鳥氏爲曆正。玄鳥春分來，秋分去，故立玄鳥氏以司分；伯趙夏至鳴，冬至止，故立伯趙氏以司至；青鳥立春鳴，立夏止，故立青鳥氏以司啓；丹鳥立秋來，立冬去，故立丹鳥氏以司閉。是爲曆正之四屬。祝鳩性馴順，故立司教化者，爲祝鳩氏；雎鳩摯而有別，故立司政法者，爲雎鳩氏；鳲鳩均平，故立司田土者，爲鳲鳩氏；異鳩鷙，故立司刑禁者，爲異鳩氏；鶻鳩春來冬去，故立司事者，爲鶻鳩氏。是爲鳩民之五氏。西曰鷷雉，東曰鶅雉，南曰翟雉，北曰鵗雉，伊洛之間曰翬雉。立五雉爲五工，正利器

用、正度量以夷民者也。立春、夏、秋、冬、行宵、桑老、九扈爲九農，正扈民無淫者也。少昊氏有四叔焉，曰重，曰該，曰修，曰熙。重明木之性，爲勾芒。該明金之性，爲蓐收。修及熙明水之性，爲玄冥，世不失職，遂濟窮桑。青陽在位八十四年，樂作九淵之歌。帝既歿，少昊氏衰，九黎亂德，天下之人相懼以神相惑，以怪家爲巫史，民匱於祀，災禍薦至。

清·馬驌《繹史》卷六《少皞紀》 《古史考》：『少昊以金德王，故號金天氏，或曰宗師太皞之道，故曰少皞。少昊之樂曰九淵。』

顓頊

《世本·五帝世系》 帝顓頊高陽氏。

宋衷注：顓頊名，高陽有天下號也。

昌意生高陽，是爲帝顓頊。母濁山氏之子，名昌僕。

《呂氏春秋》卷五《季夏紀》 帝顓頊生自若水，實處空桑，乃登爲帝。

《大戴禮記·五帝德》 顓頊，黄帝之孫，昌意之子也，曰高陽。洪淵以有謀，疏通而知事，養材以任地，履時以象天，依鬼神以制義，治氣以教民，絜誠以祭祀。

漢·班固《白虎通·號》 顓頊有天下，號曰高陽。

晉·皇甫謐《帝王世紀》 帝顓頊高陽氏，黄帝之孫，昌意之子，姬姓也。母曰景僕，蜀山氏之女，爲昌意正妃，謂之女樞。金天氏之末，瑶光之星貫月如虹，感女樞於幽房之宫，生顓頊於若水。首戴干戈，有聖德。父昌意雖黄帝之嫡，以劣降居若水爲諸侯。及顓頊生十年而佐少昊，十二年而冠，二十年而登帝位。平九黎之亂，以水承金，位在北方，主冬。【略】世有才子八人，號八凱。顓頊在位七十八年，年九十八歲。

晉·王嘉《拾遺記·顓頊》 帝顓頊高陽氏，黄帝孫，昌意之子。及顓頊居位，奇祥衆祉，莫不總集；不稟正朔者越山航海而皆至也。帝乃揖四方之靈，羣后執珪以禮，百辟各有班序。受文德者，錫以鐘磬；受武德者，錫以干戈。

宋·胡宏《皇王大紀》卷二《五帝紀》 顓頊高陽氏，昌意正妃，蜀山氏曰女樞，感瑶光貫月如虹之祥而生顓頊。學於緑圖，師於伯夷，靜淵有謀，疏通知遠。養財以任地，載時以象天，依鬼神以制義，治氣以教化，潔誠以祭祀，四方歸之。以水德王，都于濮陽。被世謂濮陽，爲帝丘。始以民事紀官。覩蛞蟲之形，而作科斗書。地純陰凝聚於中，天浮陽轉旋於外。周旋無端，其體渾渾。顓頊始爲儀制，以驗其盈井虚降，治乙卯曆以明四時。命少昊氏子重爲南正，司天以屬神；高陽氏子黎爲火正，司地以屬民。絶地天通，使無相侵瀆。革九黎之亂，神人不雜，萬物有序，民安其生。作五基之樂，五莖之歌。少昊子昧爲玄冥，師，生允格臺駘，能業其官。宣汾洮、障大澤以處大原。帝用嘉之，封諸汾川。帝爲天子，北自幽陵，南自交趾，西自流沙，東自蟠木，動靜之物，大小之神，日月所照，莫不砥屬。在位七十八年而歿。適子曰窮蟬。別子曰鯀，封爲崇伯。

帝嚳

《世本·五帝世系》 帝嚳高辛氏。

宋衷注：高辛地名，因以爲號，嚳名也。

黄帝生玄囂，玄囂生僑極，僑極生帝嚳。

《大戴禮記·五帝德》 宰我曰：『請問帝嚳。』

孔子曰：『玄囂之孫，蟜極之子也，曰高辛。』生而神靈，自言其名。博施利物，不於其身。聰以知遠，明以察微。順天之義，知民之急。仁而威，惠而信，修身而天下服。

漢·班固《白虎通》卷一《號》 帝嚳有天下，號曰高辛。

晉·皇甫謐《帝王世紀》 帝嚳高辛氏，姬姓也，其母不見。生而神異，自言其名曰夋，齗齒有聖德，能順三辰，年十五而佐顓頊，三十而登帝位，都亳。以木承水，以人事紀官，故以勾芒爲木正，祝融爲火正，蓐收爲金正，元冥爲水正，后土爲土正。是爲五行之官，分職而治諸侯。於是化被天下，遂作樂六莖，以康帝位，世有才子八人。亦納四妃，卜其子皆有天下。元妃有邰氏女曰姜嫄，生后稷。次妃有娀氏女曰簡狄，生卨。次妃陳豐氏女曰慶都，生放勛。次妃娵訾氏女曰常儀，生帝摯。帝嚳在位七十五年，年一百五歲而崩。葬東郡頓邱城南廣陽里。子帝摯立，在位九

年。摯立不肖而崩，弟放勛代立，是爲帝堯。

晉・王嘉《拾遺記・帝嚳》 帝嚳之妃，鄒屠氏之女也。軒轅去蚩尤之凶，遷其民善者於鄒屠之地，遷惡者於有北之鄉。其先以地命族，後分爲鄒氏、屠氏。

宋・胡宏《皇王大紀》卷二《五帝紀》 帝嚳高辛氏，青陽之孫，生而神靈，自言其名。師於伯招，聰以知遠，明以察微，順天之義，知民之急，仁而威，惠而信。其動衆也時，其服喪也哀。普施利物，不私其身，天下歸之。都于亳，次序三辰以治曆明時，教民稼穡執中而尹天下。取地之財而節用之，撫教萬民而利誨之，歷日月而迎送之，明鬼神而敬事之。其色郁郁，其德嶷嶷。制鞞鼓鐘磬塤篪，作六英之樂。

堯

《呂氏春秋》卷二《恃君覽》 堯戰於丹水之浦，以服南蠻。

《尚書・虞書・堯典》 昔在帝堯，聰明文思，光宅天下。孔安國注：言聖德之遠著。陸德明音義：堯，唐帝名。又引馬融：「謚也。翼善傳聖曰堯。」將遜于位，讓于虞舜，作堯典。孔穎達疏：此堯身智無不知聰也，神無不見明也。以此聰明之神智，足可以經緯天地，即文也。又神智之運，深敏於機謀，即思也。聰明文思，即其聖性。行之於外，無不備知，故此德充滿居止，於天下而遠著。德既如此，政化有成，天道沖盈，功成者退。以此，故將遜遁避於帝位，以禪其有聖德之虞舜。史序其事，而作《堯典》之篇。

曰若稽古帝堯，孔安國注：若，順；稽，考也。能順考古道而行之者帝堯。曰放勳欽明文思安安，孔安國注：勳，功；欽，敬也。言堯放上世之功化，而以敬、明、文、思之四德安天下之當安者。孔穎達疏：欽明文思，馬云：「威儀表備謂之欽，照臨四方謂之明，經緯天地謂之文，道德純備謂之思。」允恭克讓，光被四表，格于上下。克明俊德，以親九族。孔安國注：能明俊德之士，任用之，以睦高祖玄孫之親。九族既睦，平章百姓。百姓昭明，協和萬邦，黎民於變時雍。

乃命羲、和欽若昊天，曆象日月星辰，敬授人時。孔安國注：重、黎之後羲氏、和氏，世掌天地四時之官，故堯命之，使敬順昊天。昊天，言元氣廣大。星，四方中星；辰，日月所會。曆象其分節，敬記天時，以授人也。

分命羲仲宅嵎夷曰暘谷，寅賓出日，平秩東作。日中星鳥，以殷仲春。厥民析，鳥獸孳尾。申命羲叔宅南交，平秩南訛，敬致。日永星火，以正仲夏。厥民因，鳥獸希革。分命和仲宅西曰昧谷，寅餞納日，平秩西成。宵中星虛，以殷仲秋。厥民夷，鳥獸毛毨。申命和叔宅朔方曰幽都，平在朔易。日短星昴，以正仲冬。厥民隩，鳥獸氄毛。帝曰：「咨，汝羲暨和！朞三百有六旬有六日，以閏月定四時成歲。允釐百工，庶績咸熙。」

帝曰：「疇咨若時？登庸。」放齊曰：「胤子朱啓明。」帝曰：「吁！嚚訟，可乎？」帝曰：「疇咨若予采？」驩兜曰：「都！共工方鳩僝功。」帝曰：「吁！靜言庸違，象恭滔天。」帝曰：「咨！四岳：湯湯洪水方割，蕩蕩懷山襄陵，浩浩滔天，下民其咨。有能俾乂？」僉曰：「於，鯀哉！」帝曰：「吁，咈哉！方命圮族。」岳曰：「异哉！試可，乃已。」帝曰：「往，欽哉！」九載，績用弗成。

帝曰：「咨，四岳！朕在位七十載，汝能庸命，巽朕位。」岳曰：「否！德忝帝位。」曰：明明揚側陋。師錫帝曰：「有鰥在下，曰虞舜。」帝曰：「俞，予聞。如何？」岳曰：「瞽子。父頑，母嚚，象傲。克諧以孝，烝烝乂，不格姦。」帝曰：「我其試哉！」女于時，觀厥刑于二女。釐降二女于嬀汭，嬪于虞。帝曰：「欽哉！」

《戰國楚竹書・容成氏》 昔堯處於丹府與藋陵之間，堯戔貤而時時賽，不勸而民力，不刑殺而無盜賊，甚緩而民服。

《世本・五帝世系》 帝堯陶唐氏。帝嚳生堯。

《大戴禮記・五帝德》 宰我曰：「請問帝堯。」

孔子曰：「高辛之子也，曰放勳。黃黼黻衣，丹車白馬，伯夷主禮，龍、夔教舞，舉舜、彭祖而任之，四時先民治之。流共工於幽州，以變北狄；放驩兜于崇山，以變南蠻；殺三苗于三危，以變西戎；殛鯀于羽山，以變東夷。其言不貳，其行不回，四海之內，舟輿所至，莫不説夷。」

漢・劉安《淮南子》卷一九《修務訓》 堯立孝慈仁愛，使民如子弟。西教沃民，東至黑齒，北撫幽都，南道交趾。放讙兜於崇山，竄三苗於三危，流共工於幽州，殛鯀於羽山。【略】

堯之治天下也，舜爲司徒，契爲司馬，禹爲司空，后稷爲大田，師奚仲爲工。其導萬民也，水處者漁，山處者木，谷處者牧，陸處者農，地宜

其事，事宜其械，械宜其用，用宜其人，澤臯織網，陵阪耕田，得以所有易所無，以所工易所拙，是故離叛者寡，而聽從者衆。

漢・班固《白虎通》卷一《號》 唐，蕩蕩也。蕩蕩者，道德至大之貌也。

晉・皇甫謐《帝王世紀》 帝堯陶唐氏，祁姓也。母曰慶都，生而神異，常有黄雲覆其上。爲帝嚳妃，出以觀河，遇赤龍晻然，陰風而感慶都，孕十四月，而生堯於丹陵，名曰放勛。鳥庭荷勝，眉有八采，豐下鋭上。或從母姓伊氏。堯初生時，其母在三阿之南，寄於伊長孺之家，故從母所居爲姓也。年十五而佐帝摯，受封于唐，爲諸侯。身長十尺，常夢攀天而上之，故年二十而登帝位，以火承木，都平陽。置敢諫之鼓。命羲和四子羲仲、羲叔、和仲、和叔，分掌四時方嶽之職，故名曰四嶽也。諸侯有苗氏，處南蠻而不服，堯征而克之于丹水之浦。乃以尹壽、許由爲師，命伯夔放山川谿之音，作樂大章，天下大和。百姓無事，有八十老人，擊壤于道，觀者歎曰：『大哉帝之德也！』老人曰：『吾日出而作，日入而息，鑿井而飲，耕田而食，帝何力於我哉！』【略】始封稷契，咎繇，褒進伯禹，納舜於大麓。後年二月，又率羣臣刻璧爲書，東沈于洛，言命當傳舜之意。今《中候運衡》之篇是也。始堯在位五十年，登舜二十年而老，使舜攝政，攝政二十八年，堯與方回遊陽城而崩。《尚書》所謂『二十有八載放勛乃殂落』是也。凡堯即位九十八年，通舜攝二十八年也。凡年百一十八歲乃殂，百姓如喪考妣，三載四海遏密八音。葬于濟陰之成陽西北四十里。【略】堯取散宜氏女，曰女皇，生丹朱，又有庶子九人，皆不肖。故以天下命舜，曰：『咨爾舜，天之曆數在爾躬。允執其中。四海困窮，天禄永終。』及堯三年喪畢，舜踐天子位。

堯流共工於幽洲，以竄北狄，遷三苗於三危，以竄西戎，放驩兜於崇山，以竄南蠻殛鯀於羽山，以竄東夷。

舜爲堯司徒，子孫氏焉。

禹爲堯司空，子孫氏焉。

晉・王嘉《拾遺記》卷一《唐堯》 帝堯在位，聖德光洽。【略】四凶既除，善人來服，分職設官，彝倫攸敍。乃命大禹，疏川瀦澤。

晉・張華《博物志》卷一《異聞》 堯別九州，舜爲十二。

宋・胡宏《皇王大紀》卷二《五帝紀》 堯自唐侯升爲天子，時年十六，都于平陽。奉養儉素，富而不汰，貴而不驕。黄收純衣，彤車白馬。物不尚奇異，器不寶玩好，樂不聽淫泆。其仁如天，其知如神，就之如日，望之如雲。巡狩行教，周流五嶽。心周率土，意加窮獨民饑寒。曰：『我饑寒之也。』民有罪，曰：『我陷之也。』放則天命，勤於君道，日月勞之，來之，匡之，直之，輔之，翼之，使自得之，又從而振德之。作布政之宮曰『衢室』，立誹謗之木，使天下得盡其言；建進善之旌，使天下得盡其才；置諫鼓於朝，使天下得攻其過。天下之人無有異心，不賞而勸，不罰而治。戴之如日月，親之如父母，仁昭而義立，德溥而化廣。有蓂莢之草生於庭，朔後日生一葉，望後日落一葉，月二十九日而晦則一葉厭而不落。羲和立渾儀之制，以銅爲壺，再疊差置，實以清水，吐以玉虬，轉注兩壺，右爲夜，左爲晝，一晝夜十二辰。百刻一辰，得四刻六分刻之，一着之，箭置之壺內，浮箭壺以出刻爲準，漏水壺以没刻爲度。鑄金爲胥，銅爲徒，居壺之左右，左手握箭右手指刻，以別早暮。地居天中，日出地上爲晝，日入地下爲夜。其制肇於蓋天，羲和、祝融之後也，世世相傳。爲疇師以達寅，月爲歲首，十二載甲寅。

二十一載甲子。

三十一載甲戌。

四十一載甲申。有闕伯實沈者亦高辛氏之子兄弟也，居於曠林，而不相能，日尋干戈以相征討。堯遷闕伯於商丘；主辰遷實沈於大夏。主參契仁聖，帝使爲司徒，教天下以人倫。父子有親，君臣有義，夫婦有別，長幼有序，朋友有信。

五十一載甲午。有苗暴，殺戮無辜。始大爲，割耳截鼻，椓陰黥面，五虐之刑，民相漸化，泯泯棼棼，反覆詛盟。堯與戰于丹水之浦，以遏止其惡，夷絶其世。

六十一載甲辰。大荒之開自帝太昊，炎帝、黄帝保聚生養，至於堯時，人民衆多，耕牧之地日少，西北則龍底横濁河之衝，西南則灔澦、巫峽塞岷江之口。淮濟萬川未由地中，行氾濫於天下，蛇龍居之，草木暢茂，禽獸偪人，五穀不登，獸蹄鳥迹之道交於中國，民無所定，下者爲巢，上者爲營窟。堯有憂之，羣臣薦崇伯鯀往治之。七十載，許由居于沛

澤，養性無欲，堯聞而往見之。曰：『日月出矣，而爝火不息。其於光也，不亦難乎！時雨降矣，而猶浸灌，其於澤也，不亦勞乎！天生夫子於天下，而我猶尸之。吾自視缺然，請致天下。』許由對曰：『子治天下，天下既已治矣。而我猶代子，吾將爲名乎？名者，實之賓也。吾將爲賓乎？鷦鷯巢林，不過一枝，偃鼠飲河，不過滿腹。歸休乎！君予無所用天下。爲庖人雖不治庖，尸祝不越樽俎而代之矣！』他日由以告其友巢父。巢父曰：『汝何不隱汝光而見若身，揚若名令聞於君，而又告予？子行矣，母汙我！』乃臨清泠之水以洗其耳。由悵然而不自得，遂遯於箕山之下，潁水之陽，終身不復見。初，窮蟬生敬康，敬康生勾芒，勾芒生蟜牛，蟜牛生瞽瞍。瞽瞍之妻握登，有大虹之祥而生舜於諸馮之姚墟。故爲有姚，居于嬀汭，故爲有嬀。好學樂，善寬裕，溫良善與人同樂，取諸人以爲善，學於務成昭。務成昭曰：『避天下之逆，從天下之順，則身降而萬物得矣！』握登死，瞽瞍再娶，生象，愛象而惡舜，必欲殺之。舜大杖則走，小杖則受，順適孝慈，欲殺不可得。年二十，孝友聞於人。有友七人：馬雄、陶方回、續牙、伯陽東、或作『陳』。不訾、秦不虛、或作『宇』。靈甫，常輔翼之。耕於歷山，歷山之人皆讓畔；漁於雷澤，雷澤之人皆讓居。陶甄於河濱，器不苦窳。作什器於壽丘，就時於負夏。一遷而所居成聚；二遷成邑；三遷成都。至鄧之墟，十有萬家。克供子職，號泣于旻天，曰：『父母之不我愛，於我何加焉？』念未順於父母，如窮人無所歸。孟子曰：『舜之居深山之中，與木石居，與鹿豕遊，其所以異於深山之野人者幾希。及其聞一善言，見一善行，若決江河，沛然莫之能禦也。』堯欲以位讓四岳，四岳辭。堯命悉舉貴戚及疏遠隱匿者。於是衆以舜言之於堯。堯曰：『然朕聞之，舜生三十年矣，父母不使娶。』堯知舜告則不得娶也。遂女以二女娥皇、女英。九男百官，牛羊倉廩，備以養舜於畎畝之中。舜內行彌謹，釐降二女，不敢貴驕，於嬀汭事舜親戚，甚有婦道，九男皆益篤。舜事父母彌至，於是瞽瞍信其孝而順其道焉。舜尚見堯，堯館甥於貳室，亦饗舜，迭爲賓主。【略】堯問舜曰：『人情如何？』舜對若曰：『天命理微，人心情慢。妻子具而孝衰于親；嗜欲得而信衰於友；爵祿盈而忠衰於君。操志以事天者，其唯君子乎？成性而配天者，其唯聖人乎？』舜問於堯曰：『天王之用心何如？』堯曰：『吾不敖無告。不廢窮民，苦死者，嘉孺子而哀婦人，此吾所以用心已。』舜曰：『美而美矣，則未大也。』堯曰：『然則如何？』舜曰：『天德而出寧，日月照而四時行。若晝夜之有經，雲行而雨施矣。』堯曰：『子天之合也。與之語禮樂而不逸，道廣大而不窮。』於是以爲大蔚。孟子曰：『天下大悅而將歸己。視天下悅而歸，猶草芥也。惟舜爲然。不得手親，不可以爲人；不順手親，不可以爲子。舜盡事親之道，瞽瞍底豫而天下化。瞽瞍底豫而天下之爲父子者定。此之謂大孝。

七十一載甲寅。堯命舜朝廷之大位，理天下之大事。時高陽氏有才子八人：蒼舒、隤敳、檮戭、大臨、厖降、庭堅、仲容、叔達，齊聖廣淵，明允篤誠，天下謂之『八凱』。高辛氏有才子八人：伯奮、仲堪、叔獻、季仲、伯虎、仲熊、叔豹、季貍，忠肅恭懿，宣慈惠和，天下謂之『八元』。舜悉舉而用之。共工者，金天氏子也。毀信廢忠，崇飾惡言，靖譖庸回服，讒蒐慝以誣盛德，天下謂之『窮奇』，舜北流之於幽陵。讙兜者，有熊氏之子也，掩義隱賊，好行凶德，醜類惡物，頑嚚不友，是與比周，天下謂之『渾敦』，舜南放之。崇山三苗之君，貪于飲食，冒於貨賄，侵欲崇侈，不可盈厭，聚斂積實，不知紀極，不分孤寡，不恤窮匱，天下謂之『饕餮』，舜西竄之三危。崇伯鯀不可教訓，不知話言，告之則頑，合之則嚚，傲狠明德，以亂天常，築堤城以湮洪水，九載，績用弗成，天下謂之『檮杌』，舜東殛之于羽山，遷四族於四裔，以禦魑魅。《虞書·堯典》敘曰：『昔在帝堯，聰明文思，光宅天下。將遜於位，讓於虞舜，作《堯典》。』《堯典》曰：『若稽古帝堯，曰放勳，欽明文思安安，允恭克讓，光被四表，格于上下。克明峻德，以親九族。九族既睦，平章百姓。百姓昭明，協和萬邦，黎民於變時雍。乃命羲和，欽若昊天，曆象日月星辰，敬授人時。分命羲仲宅嵎夷曰暘谷，寅賓出日，平秩東作，日中星鳥，以殷仲春。厥民析，鳥獸孳尾。申命羲叔宅南交，平秩南訛，敬致。日永星火，以正仲夏。厥民因，鳥獸希革。分命和仲宅西曰昧谷，寅餞納日，平秩西成。宵中星虛，以殷仲秋。厥民夷，鳥獸毛毨。申命和叔宅朔方曰幽都，平在朔易。日短星昴，以正仲冬。厥民隩，鳥獸氄毛。帝曰：『咨，汝羲暨和！朞三百有六旬有六日，以閏月定四時成歲。允釐百工，庶績咸熙。』帝曰：『疇咨若時？登庸。』放齊曰：『胤子朱啓明。』帝

曰：『吁囂訟！可乎？』帝曰：『疇咨若予采？』驩兜曰：『都！共工方鳩僝功。』帝曰：『吁！靜言庸違，象恭滔天。』帝曰：『咨！四岳：湯湯洪水方割，蕩蕩懷山襄陵，浩浩滔天，下民其咨。有能俾乂？』僉曰：『於，鯀哉！』帝曰：『吁，咈哉！方命圮族。』岳曰：『异哉！試可，乃已。』帝曰：『往，欽哉！』九載，績用弗成。帝曰：『咨，四岳！朕在位七十載，汝能庸命，巽朕位。』岳曰：『否！德忝帝位。』曰：『明明揚側陋。』師錫帝曰：『有鰥在下，曰虞舜。』帝曰：『俞，予聞。如何？』岳曰：『瞽子。父頑，母嚚，象傲。克諧以孝，烝烝乂，不格姦。』帝曰：『我其試哉！』女于時，觀厥刑于二女。釐降二女于嬀汭，嬪于虞。帝曰：『欽哉！』

七十二載堯娶散宜氏女曰女皇，生子丹朱，丹朱不肖。於是堯生八十七年，老而衰矣！將命舜攝天子事。或曰：『奈何！舍胤子朱？』堯曰：『私一人病天下，可乎？』鯀之妻有莘氏女曰脩紀，感流星之祥，生子禹于石紐。長於西羌，師于大成摯，學于西王國，傷先人之非度，將釐改制量。乃潛心圖書，南遊衡山，東登宛委，見石匱，發之，得金簡玉字《洪範九疇》，究天地之理，知萬物之性。舜薦禹爲司空，往平水土。顓頊裔孫伯益，大費能議百物，堯命益作虞。棄自幼而遊戲樹藝五穀，輒美大，及長，便弓矢，有殊能，爲大司馬，甚好農事。堯命爲后稷，與禹偕行。

七十三載，堯曰：『格！汝舜詢事考言，乃言底可績三載。汝陟帝位！』舜讓于德，弗嗣。堯曰：『咨，爾舜，天之曆數在爾躬！人心惟危，道心惟微。惟精惟一，允執厥中！四海困窮，天祿永終。』堯授終于文祖，舜遂攝天子事。

舜

《尚書・虞書・舜典》　虞舜側微，堯聞之聰明，將使嗣位，歷試諸難，作舜典。

日若稽古帝舜，曰重華協于帝，孔安國注：華謂文德，日其光文重合於堯，俱聖明。濬哲文明，溫恭允塞，孔安國注：濬，深；哲，智也。舜有深智文明溫恭之德，信允塞上下。玄德升聞，乃命以位。玄，謂幽潛。潛行道德，升聞天朝，遂見徵用。愼徽五典，五典克從；納于百揆，百揆時叙；賓于四門，四門穆穆；納于大麓，烈風雷雨弗迷。帝曰：『格，汝舜！詢事考言，乃言底可績三載，汝陟帝位。』舜讓于德，弗嗣。

正月上日，受終于文祖。在璿璣玉衡，以齊七政。肆類于上帝，禋于六宗，望于山川，徧于羣神。輯五瑞，既月，乃日覲四岳、羣牧，班瑞于羣后。歲二月東巡守，至于岱宗，柴。望秩于山川，肆覲東后。協時、月正日，同律、度、量、衡。修五禮、五玉、三帛、二生、一死，贄。如五器，卒乃復。五月南巡守，至于南岳，如岱禮。八月西巡守，至于西岳，如初。十有一月朔巡守，至于北岳，如西禮。歸，格于藝祖，用特。五載一巡守，羣后四朝。敷奏以言，明試以功，車服以庸。【略】流共工于幽洲，放驩兜于崇山，竄三苗于三危，殛鯀于羽山，四罪而天下咸服。

二十有八載，帝乃殂落。百姓如喪考妣。三載，四海遏密八音。月正元日，舜格于文祖。詢于四岳，闢四門，明四目，達四聰。咨十有二牧曰：『食哉，惟時！柔遠能邇，惇德允元，而難任人，蠻夷率服。』舜曰：『咨！四岳：有能奮庸熙帝之載，使宅百揆，亮采惠，疇？』僉曰：『伯禹作司空。』帝曰：『俞。咨，禹：汝平水土，惟時懋哉！』禹拜稽首，讓于稷、契暨臯陶。帝曰：『俞。汝往哉！』

帝曰：『棄：黎民阻飢，汝后稷播時百穀。』

帝曰：『契：百姓不親，五品不遜，汝作司徒，敬敷五教，在寬。』

帝曰：『臯陶：蠻夷猾夏，寇、賊、姦、宄，汝作士，五刑有服。五服三就。五流有宅，五宅三居。惟明克允。』【略】

舜生三十徵庸，三十在位，五十載陟方，乃死。

帝釐下土，方設居方，別生分類，作汨作、九共九篇、槀飫。

《戰國楚竹書・子羔》　孔子曰：『昔者［授］而弗世也，善與善相授也。故能治天下，平萬邦，使無有小大肥脆，使皆得其社稷百姓而奉守之。堯見舜之德賢，故讓之。』

《孟子・滕文公上》　當堯之時，天下猶未平，洪水橫流，氾濫於天下，草木暢茂，禽獸繁殖，五穀不登，禽獸偪人，獸蹄鳥迹之道交於中

國。堯獨憂之，舉舜而敷治焉。舜使益掌火，益烈山澤而焚之，禽獸逃匿。

《尸子》卷下　舜兼愛百姓，務利天下。其田歷山也，荷彼耒耜，耕彼南畝，與四海俱有其利；其【略】舜事親養老，爲天下法。其遊也，得六人，曰雒陶、方回、續牙、伯陽、東不識、【略】秦不空，皆一國之賢者也。【略】

舜一徙成邑，再徙成都，三徙成國，其致四方之士。堯聞其賢，徵之草茅之中，與之語禮樂而不逆；與之語政，至簡而易行；與之語道，廣大而不窮。於是妻之以媓，媵之以娥，九子事之，而託天下焉。【略】

舜受天下，顔色不變；堯以天下與舜，顔色不變。知天下無能損益於己也。【略】

舜云：『從道必吉，反道必凶，如影如響。』【略】

舜舉三后，而四死除。何爲四死？飢渴、寒暍、勤勞、鬭爭。

《世本·五帝世系》　帝舜有虞氏。顓頊生窮係，窮係生敬康，敬康生句望，句望生蟜牛，蟜牛生瞽瞍，瞽瞍生重華，是爲帝舜。宋衷注：一云窮，係謚也。舜取帝堯之二女，曰娥皇、女瑩。

《呂氏春秋》卷二〇《恃君覽》　舜却苗民，更易其俗。

《大戴禮記·五帝德》　宰我曰：『請問帝舜。』孔子曰：『蟜牛之孫，瞽叟之子也，曰重華。』好學孝友，聞于四海，陶家事親，寬裕温良，敦敏而知時，畏天而愛民，恤遠而親親。承受大命，依于倪皇。叡明通知，爲天下工：使禹敷土，主名山川，以利於民；使后稷播種，務勤嘉穀，以作飲食；羲和掌厤，敬授民時；使益行火，以辟山萊；伯夷主禮，以節天下；夔作樂，以歌籥舞，和以鐘鼓；皋陶作士，忠信疏通，知民之情；契作司徒，教民孝友，敬政率經。其言不惑，其德不慝，舉賢而天下平。南撫交阯大教，鮮支、渠廋、氐、羌，北山戎、發、息慎，東長、鳥夷羽民。舜之少也，惡顇勞苦，二十以孝聞乎天下，三十在位，嗣帝所，五十乃死，葬於蒼梧之野。』

漢·劉安《淮南子》卷一九《修務訓》　舜作室，築牆茨屋，辟地樹穀，令民皆知去巖穴，各有家室。南征三苗，道死蒼梧。

晉·皇甫謐《帝王世紀》　帝舜卽有虞氏，姚姓也，其先出自顓頊。顓頊生窮蟬，窮蟬有子曰敬康，敬康生勾芒，勾芒有子曰橋牛，橋牛生瞽瞍，瞽瞍妻曰握登，陶唐之世，握登見大虹，意感而生舜於姚墟，故姓姚氏。目重瞳子，故名重華，字都君。龍顔大口，黑色，身長六尺一寸。有聖德。始遷於負夏，販於頓邱，責於傅虚。家本冀州，每徙則百姓歸之。其母早死，瞽瞍更娶，生象，象傲，而父頑，母嚚，咸欲殺舜。舜能和諧，大杖則避，小杖則受。年二十，始以孝聞。堯求賢，而四嶽薦舜，堯乃命于順澤之陽，以二女娥皇女英妻之。耕于歷山之陽，耕者讓畔；漁于雷澤，漁者讓淵；陶于河濱，陶者器不窳。堯於是見舜於貳宫，設饗禮，迭爲賓主。南面而問政，然後賜以絺衣琴瑟，爲築宫室，封之於虞。故《尚書》云：『釐降二女於嬀汭，嬪於虞。』卽此也。堯乃命舜爲司徒太尉，試以五典，遂舉八凱，使佐后土，以揆百事；舉八元，使布五教于四方。四惡除，而天下咸服。舜於是有大功二十，故夢眉長與髮等。遂納于大麓，烈風雷雨弗迷。堯乃賜舜以昭華之玉，老而命舜代己攝政。明年正月上日，舜始受終于文祖，以太尉行事。舜攝政二十八年而堯崩，三年喪畢，舜年八十一，以仲冬甲子月次于畢，始卽真，改正朔。以土承火，色尚黄，《尚書中候》所謂『建黄，授正改朔。』以正月元日格于文祖，乃詢四岳，闢四門，明四目，達四聰。東巡狩，登泰山，觀河渚，受圖書。褒賜羣臣，尊任伯禹、稷、契、皋繇、伯益地。有苗氏負固不服，禹請征之。舜曰：『我德不厚而行武，非道也。吾前教由未也。』乃修文教三年，執干戚而舞之，有苗請服。立誹謗之木，申命九官十二牧，及殳戕朱虎熊羆等二十五人，三載一考績。三載，黜陟幽明。禹爲司空，功被天下；棄爲后稷，播時百穀；契爲司徒，敬敷五教；皋繇爲士，典刑惟明；倕爲共工，莫不致力；益爲朕虞，庶物繁植；伯夷爲秩宗，三禮不闕；夔爲樂正，神人以和；龍爲納言，出內惟允。於是俊乂在官，羣后德讓，百僚師師。以五采章施於五色爲服，以六律五聲八音協治，治用之和，蒸民乃粒，萬邦作乂，庶績咸熙，乃作大韶之樂，簫韶九成。【略】初，舜既踐帝位，而父瞽瞍尚存，舜常戴天子車服而朝焉。天下大之，故曰大舜。都乎咸陽，或營蒲坂嬀汭嬪于虞，故因號有虞氏。有三妃：元妃娥皇無子，次妃女英生商均，次妃登北氏，生二女霄明、燭光。有庶子八人，皆不肖。故以天下禪禹。舜年八十一卽真，八十三而薦禹于

天，九十五而使禹攝政。攝政五年，有苗氏叛，舜南征，崩于鳴條，年百歲，殯以瓦棺，葬於蒼梧九疑山之陽，是爲零陵，謂之紀市，在今營道縣。

舜恭己無爲，彈五弦琴，歌《南風》之詩，詩曰：『南風之時兮，可以阜吾民之財兮。南風之薰兮，可以解吾民之慍兮。』

舜以堯之二十一年甲子生，三十一年甲午徵用，七十九年壬午即真。百歲，癸卯崩。

晉·王嘉《拾遺記》卷一《高辛》 舜南巡至衡山，百辟羣后皆得露泉之賜。

又《虞舜》 虞舜在位十年，有五老遊於國都，舜以師道尊之，言則及造化之始。舜禪於禹，五老去，不知所從。【略】

冀州之西二萬裡，有孝養之國。【略】昔黄帝伐蚩尤，除諸凶害，獨表此處爲孝養之鄉，萬國莫不欽仰，故舜封爲孝讓之國。舜受堯禪，其國執玉帛來朝，特加賓禮，異於餘戎狄也。

當堯時，懷山爲害，大蛟縈天，縈天則三河俱溢，海瀆同流。三河者，天河、地河、中河是也。【略】舜乃禱海岳之靈，萬國稱聖。

宋·胡宏《皇王大紀》卷二《五帝紀》 舜行戊午曆，作布政之宫，曰『五府』，又曰『總章』。畏天而愛民，恤遠而親近，好問而好察邇言，隱惡而揚善，執其兩端用其中於民。于是日月光華，卿雲叢聚。作五絃之琴，詠《南風》之詩曰：『南風之薰兮，可以解吾民之慍兮。南風之時兮，可以阜吾民之財兮。』巧於使民，不窮其力，天下無佚民。

宋·鄭樵《通志》卷二五《氏族略》 虞氏。姚姓。舜之建國也，舜以天下授禹，禹封舜之子商均於虞城，爲諸侯。後世國絶，以國爲氏。

論說

五帝總論

《戰國策》卷六《趙策》 宓羲、神農，教而不誅；黄帝、堯、舜，誅而不怒。

《呂氏春秋》卷三《先己》 五帝先道而後德，故德莫盛焉。

《漢書》卷四九《晁錯傳》 五帝神聖，其臣莫能及，故自親事，處于法宫之中，明堂之上；動静上配天，下順地，中得人。

《漢書》卷二一下《律曆志下》 《考德》曰少昊曰清。清者，黄帝之子清陽也，是其子孫名摯立。土生金，故爲金德，天下號曰金天氏。

漢·班固《白虎通》卷一《號》 帝王者何？號也。號者，功之表也。所以表功明德，號令臣下者也。德合天地者稱帝，仁義合者稱王，别優劣也。《禮記謚法》曰：『德象天地稱帝，仁義所生稱王。』帝者天號，王者五行之稱也。【略】

五帝者，何謂也？《禮》曰：『黄帝、顓頊、帝嚳、帝堯、帝舜，五帝也。』《易》曰：『黄帝、堯、舜氏作。』《書》曰：『帝堯』、『帝舜』。黄者，中和之色，自然之性，萬世不易。黄帝始作制度，得其中和，萬世常存。故稱黄帝也。謂之顓頊何？顓者，專也。頊者，正也。能專正天人之道，故謂之顓頊也。謂之帝嚳者何也？嚳者，極也。言其能施行窮極道德也。謂之堯者何？堯猶嶤嶤也。至高之貌。清妙高遠，優游博衍，衆聖之主，百王之長也。謂之舜者何？舜猶僢僢也。言能推信堯道而行之。

晉·皇甫謐《帝王世紀》 論曰：孔子稱古者三皇五帝，設防而不犯，故無陷刑之民。是以或結繩而治，或畫象而化，自庖犧至于堯舜，神道設教，可謂至政，無所用刑矣。夫三載考績，黜陟幽明。善無微不著，惡無隱不章。任自然以誅賞，委羣心以就制，故能造御乎無爲，運道於至和，百姓日用而不知，含德若自有者也。《詩》云：『上天之載，無聲無臭。』其斯之謂乎！

唐·孔穎達《尚書正義·堯典》 言『帝』者，天之一名，所以名帝。帝者，諦也，言天蕩然無心，忘於物我，言公平通遠，舉事審諦，故謂之帝也。五帝道同，於此亦能審諦，故取其名。若然，聖人皆能同天，故曰『大人』。大人者與天地合其德，即三王亦大人。不得稱帝者，以三王雖實聖人，内德同天，而外隨時運，不得盡其聖，用逐迹爲名，故謂之爲王。《禮運》曰『大道之行，天下爲公』，即帝也；『大道既隱，各親其親』，即王也。則聖德無大於天，三皇優於帝，豈過乎天哉？然則三皇

亦不能過天，但逐同天之名以爲優劣。五帝有爲而同天，立名以爲優劣耳。但有爲、無爲，亦逐多少以爲分。三王亦順帝之則而不盡，故不得名帝。然天之與帝，義爲一也。人主可得稱帝，不可得稱天者，以天隨體而立名，人主不可同天之體也。無由稱天者，以天德立號，王者可以同其德焉，所以可稱於帝，故繼天則謂之天子。其號謂之帝，不得云帝子也。

宋·王欽若等《冊府元龜·總序》 由虞氏以上，皆承運更起，應期正位，參列五辰之次而克當統紀。至於正朔服色之改度，戎祀朝會之所尚，記籍斯逸，罕得而述焉。

又 卷一《帝王部·帝德》 自古王者受命，以有德而後昌也。《書》稱：『皇天無親，惟德是輔。』《易》曰：『日新之謂盛德。』若夫創業之后，天下樂推，守文之主，人心欣戴。何哉？蓋聖人以順動則悅隨，暨聲教則咸服者也。昔三皇無爲而化，五帝垂拱而治，巍巍蕩蕩，無得而稱，顒顒卬卬，恭己而化。

又 《勤政》 五帝神聖，其臣莫能及，故自親事，處乎法宮之中，明堂之上，朝以聽政，晝以訪問，暮以修令。

宋·蘇轍《古史·三皇本紀》 蘇子曰：孔子刪《詩》及《書》起於堯、舜、稷、契之際，以爲自是以上其事不可詳矣。至司馬遷紀五帝首黃帝遺犧、農而黜少昊，以爲帝王皆出於黃帝。蓋紀其世，非紀其事也。故余因之。然黃帝本神農之後，少典之子。神農豈非五帝世耶？蓋黃帝、高陽、高辛子孫代有天下，而少昊之後不傳。《周禮》六樂無少昊之樂，《易》叙古帝王亦不道也。遷由是黜而不紀，後世多以遷爲非者。於是作《三皇本紀》復紀少昊於五帝首。

宋·胡宏《皇王大紀論·皇帝王霸》 劉道原博極羣書，以爲古無三皇五帝、三王五霸之數，其辭甚悉。

愚以爲如是稱而逆理害義，雖人謂之聖賢之經，猶當改也；苟於理義無傷害，雖庸愚之説，猶可從也。皇帝王霸，雖經不稱其數而雜見於前修之文，非有逆理害義之事也，奈何必欲去之乎？皇者，初冒天下者也；帝者，主宰天下者也；王者，天下歸往者也。自燧人氏而上，則三皇之世也。包犧、神農、黃帝、堯、舜，是五君者，有先天地開闢之仁，後天地製作之義，人至於今受其賜。故孔子曰：『包羲氏没，神農氏作；神農氏没，黃帝、堯、舜氏作。』

按，黃帝之後，少昊、顓頊、高辛皆嘗帝天下矣。孔子所以越而遺之，必稱堯、舜者，以三君居位，僅可持其世而已，未嘗有製作貽萬世故也。則五帝之名以定矣。夏禹、商湯、周文之爲三王，齊桓、晉文、秦穆、宋襄、楚莊之爲五霸，其迹詳甚，焉可誣也？

元·胡一桂《史纂通要》卷一《五帝總論》 天地肇判，邃古遐邈，厥詳曷聞？孔子定《書》，斷自唐虞。他經則自《周禮》外，惟《易擊辭》、《傳》稱『古者包羲氏王天下』、『包羲氏没，神農氏作』、『神農氏没，黃帝堯舜氏作』，如斯而已。

《家語》記孔子答宰我問五帝德，（《家語·五帝德》篇答宰我問黃帝、顓頊、帝嚳、帝堯、帝舜。）答季康子問五帝，（《家語·五帝》篇答季康子問大昊配木、炎帝配火、黃帝配土、少昊配金、顓頊配水。）及《春秋內外傳》於黃帝、堯、舜閒又有少昊、顓頊、帝嚳焉。《大戴禮》亦有《五帝德》篇。又帝世皆叙自黃帝、次顓頊、高辛、堯、舜。（見司馬《索隱》。）與宰我所問合。司馬氏《史記》紀五帝又與《大戴禮》宰我所問合。意其本，此二書也。然皆缺而未備。（黃帝而上缺伏羲、神農，黃帝而下缺少昊不當。）善乎胡氏之論曰：『皇者初冒天下者也，帝者主宰天下者也。』自燧人而上卽三皇之世也，包羲、神農、黃帝、堯、舜是五君者，有先天地開闢之仁，後天地製作之義，民到于今受其賜，故孔子稱之黃帝之後。少昊、顓頊、高辛雖嘗帝天下，孔子所以越而遺之，必稱堯舜者，以三君居位僅可持其世而已，未嘗有制作貽萬世故也。則五帝之名，實定矣！今愚本之，易參之胡氏以定五帝之世，亦庶幾仲尼之意云耳。

清·馬驌《繹史》卷二《皇王異説》 三皇、五帝，人之恒言也。尚書序曰，伏犧、神農、黃帝之書，謂之《三墳》，言大道也。少昊、顓頊、高辛、唐、虞之書，謂之《五典》，言常道也。故黃帝以上爲三皇，少昊以下爲五帝。五帝既没，三王繼統。三王世衰，五霸遞興。是以論世者必稱三五，其來久矣。太史公作《五帝本紀》，首黃帝而無少昊氏。説者曰少昊不居帝位，率鳥師以理西方。信然，則《月令》何以列少昊爲金行之帝？郯子自述其祖，何得言繼黃帝而立也？自遷之書出，遂令言三皇

者，欲備其數而不得，則紛然聚訟，或曰燧人，或曰女媧，或曰祝融矣。夫遷之所本者，《帝繫》與《世本》也。然而《帝繫》、《世本》，或出於周末，采録固有不可依據者。舜祖虞幕，見於《左氏》、《國語》者明甚，而脱漏失紀，是豈可盡信乎？且遷之所記，往往乖剌疑誤，合重、黎而爲一，是楚有二祖也。齊爲四岳之裔，又爲伯翳之後，是齊亦有二祖也。以伯翳爲皋陶之子，秦、趙方興，何臧孫有不祀之歎？伯翳佐禹治水，以馴服鳥獸，即《書》所謂益作朕虞，《孟子》所謂使益掌火者矣。《史》於《本紀》既兩歧其名，於《世家》又分爲二人，何其謬邪！故『益』之爲『翳』，亦猶『昊』之爲『皞』，『伏羲』之爲『宓戲』，『嚳』之爲『俈』，『紂』之爲『受』，與夫『契』之爲『卨』，『垂』之爲『倕』，『皋陶』之爲『咎繇』，『仲虺』之爲『偪』、或爲『䨓』、或爲『蘬』，『伯冏』之爲『臩』，『君牙』之爲『雅』。古文之通用類然，皆謂之二人可乎？《周官》：外史氏掌三皇五帝之書。今三皇之書泯闕，五帝僅存《二典》。《易》叙庖羲氏以來略舉之而不悉，俾後世無所折衷，無怪乎人人異端牴牾，更僕未可問也。伯夷之作秩宗，《虞書》載之，而以爲四岳姜姓之祖；庭堅，高陽氏之才子也，而以爲咎繇之字；放勳、重華、文命，各言其德業也，而以爲堯、舜、禹之名；堯、舜，名也，而《謚法》載之。若此者，其皆信乎？共工氏與女媧爭，任知刑以霸九域；而《列子》云共工與顓頊爭爲帝，是已有兩共工矣。其作亂於帝嚳之世，重黎誅之而不盡，與振滔洪水，舜流幽州者，又有兩共工也。燧人之前有有巢氏，昊英之後又有有巢氏，而皆教民居。禪通之帝爲倉頡，黄帝之史爲倉頡，而皆造書契。帝堯之時有羿，夏后太康之時有羿，而皆以善射名。若此者，其盡然乎？信如《世紀》所稱，女媧、祝融皆襲庖羲氏之號，而竝稱二皇，是一姓而再皇也。據《鄒子》五德之運，五行相生以承其位也。燧人、祝融皆以火德王，而與炎帝竝稱皇，是以火濟火也。皇者美大難名，帝者克配上帝，王者貫通三才，其名不同，其實一也。皇神化而莫違，帝高居而丕冒，王天下所歸往，天祐之，民戴之，其德同也。三皇之世如春，五帝之世如夏，三王之世如秋。非春不生，非夏不長，非秋不成，其時不同也而功同。三王異世不相襲禮，五帝殊時不相沿樂。曰作曰述，或革或因，其政不同也而道同。天覆地載，四時運行，寒暑代謝，以成歲功，其爲成物均也。日月照臨，金水内景，火外景，聖德光照，旁及四海，其爲明一也。饑者思食，渴者思飲，寒者就暄，暍者趨蔭，其欲不同，而皆得所欲也。故皇、帝、王，皆有天下者之通號也。是以三皇以來，皆曰王天下，而夏、殷之主，猶然以帝稱。《傳》曰：今之王，古之帝也。是豈有高下隆汙之殊哉？故諸侯不得稱王。稱王者，僭也。自徐偃、吴、楚始也。天無二日，民無二王，國無二主，尊無二上，故諸侯不得相推爲王。相推者亂也，自徐州之役始也。既列國皆稱王矣，復以王爲不足而相尊以帝，若此者悖也，自秦昭、齊閔始也。王者天子之稱，霸者彊侯之號，未有兼稱霸王者，而兼稱之陋也，自項籍爲之也。《書》曰：皇帝清問下民。古之稱帝以皇者，皇帝猶皇王也，言大君也。而云古有泰皇，因去泰著皇，采帝號而合稱之以爲有天下者之尊名，自秦政始也。古者五等之爵，公、侯、伯、子、男，未有以王命其臣者，而功臣子弟皆得以封王，自漢高始也。

顓頊

漢・賈誼《新書》卷九《修政語上》 帝顓頊曰：『至道不可過也至義不可易也。』是故以後者復迹也。故上緣黄帝之道而行之，學黄帝之道而賞之，弗加弗損，天下亦平也。

顓頊曰：『功莫美於去惡而爲善，罪莫大於去善而爲惡。故非吾善善而已矣，善緣善也；非惡惡而已也，惡緣惡也。吾日慎一日，其此已也。』

《漢書》卷二一下《律曆志下》 《春秋外傳》曰，少昊之衰，九黎亂德，顓頊受之，乃命重黎。蒼林昌意之子也。金生水，故爲水德。天下號曰高陽氏。周遷其樂，故《易》不載，序於行。

帝嚳

漢・賈誼《新書》卷九《修政語上》 帝嚳曰：『緣道者之辭而與爲道已，緣巧者之事而學爲巧已，行仁者之操而與爲仁也。』故節仁之器以修其財，而身專其美矣。故上緣黄帝之道而明之，學帝顓頊之道而行之，而天下亦平矣。

帝嚳曰：『德莫高於博愛人，而政莫高於博利人。故政莫大於信，治莫大於仁，吾慎此而已矣。』

《漢書·律曆志下》《春秋外傳》曰，顓頊之所建，帝嚳受之。清陽玄囂之孫也。［水］生木［故］，故爲木德。天下號曰高辛氏。帝摯繼之，不知世數。周遷其樂，故《易》不載。

堯

《管子》卷一八《桓公問》　堯有衢室之問者，下聽於人也。

《論語》卷四《泰伯》　子曰：『大哉，堯之爲君也！巍巍乎，唯天爲大，唯堯則之。何晏注：孔曰：『則，法也。美堯能法天而行化。』蕩蕩乎，民無能名焉。何晏引包咸：『蕩蕩，廣遠之稱。言其布德廣遠，民無能識其名焉。』巍巍乎，其有成功也。何晏注：功成化隆，高大巍巍。煥乎，其有文章。』

又　《衛靈公》　子曰：『無爲而治者，其舜也與？夫何爲哉？恭己正南面而已矣。』何晏注：言任官得其人，故無爲而治。邢昺疏：美帝舜也。帝王之道，貴在無爲清靜而民化之，然後之王者，以罕能及，故孔子曰：『無爲而天下治者，其舜也與？』所以無爲者，以其任官得人。夫舜何必有爲哉，但恭敬己身，正南面嚮明而已。

《呂氏春秋》卷一《孟春季》　堯有子十人，不與其子而授舜；舜有子九人，不與其子而授禹，至公也。

又　卷一一《仲冬紀》　堯有不慈之名。

又　卷二〇《恃君覽》　伯成子高曰：『當堯之時，未賞而民勸，未罰而民畏，民不知怨，不知説，愉愉其如赤子。』

漢·賈誼《新書》卷九《修政語上》　帝堯曰：『吾存心於先古，加志於窮民，痛萬姓之罹罪，憂衆生之不遂也。故一民或饑，曰此我饑之也；一民或寒，曰此我寒之也；一民有罪，曰此我陷之也。』仁行而義立，德博而化富。故不賞而民勸，不罰而民治，先恕而後行，是故德音遠也。是故堯教化及雕題、蜀、越，撫交趾，身涉流沙，地封獨山，西見王母，訓及大夏、渠叟，北中幽都，及狗國與人身，而鳥面及焦僥，好賢而隱不還，彊於行而菑於志，率以仁而恕，至此而已矣。

漢·劉安《淮南子》卷七《精神訓》　人之所以樂爲人主者，以其窮耳目之欲，而適躬體之便也。今高臺層榭，人之所麗也，而堯樸桷不斲，素題不枅；珍怪奇異，人之所美也，而堯糲粢之飯，藜藿之羹；文繡狐白，人之所好也，而堯布衣揜形，鹿裘御寒。養性之具不加厚，而增之以任重之憂，故舉天下而傳之於舜，若解重負然。【略】堯不以有天下爲貴，故授舜。

又　卷九《主術訓》　堯之有天下也，非貪萬民之富，而安人主之位也。以爲百姓力征，強凌弱，衆暴寡；於是堯乃身服節儉之行，而明相愛之仁，以和輯之。是故茅茨不翦，采椽不斲，大路不畫，越席不緣，大羹不和，粢食不毇，巡狩行教，勤勞天下，周流五嶽。豈其奉養不足樂哉？舉天下而以爲社稷，非有利焉。

《漢書》卷二一下《律曆志下》　《帝系》曰，帝嚳四妃，陳豐生帝堯，封於唐。蓋高辛氏衰，天下歸之。木生火，故爲火德，天下號曰陶唐氏。讓天下於虞，使子朱處于丹淵爲諸侯。即位七十載。

漢·袁康、吴平《越絶書》卷三《越絶吴内傳》　堯有不慈之名。堯太子丹朱倨驕懷禽獸之心，堯知不可用，退丹朱而以天下傳舜。此之謂堯有不慈之名。

晉·王嘉《拾遺記》卷一《虞舜》　自稽考羣籍，伏羲至於軒轅、少昊、高辛、唐、虞之際，禪業相襲，符表名類，未若堯之盛也。

唐·孔穎達《尚書正義·堯典》　言『堯』者，孔無明解，案下傳云：『虞，氏，舜，名。』然『堯』、『舜』相配爲義，既『舜』爲名，則『堯』亦名也。

宋·王欽若等《册府元龜》卷一六《帝王部·尊號》　若乃欽明文思，温恭允塞，堯舜之德，垂於緗素。

又　《奉先》　有虞氏禘黄帝而郊嚳，祖顓頊而宗堯。

宋·歐陽修《歐陽文忠公全集》卷一七《朋黨論》　堯之時，小人共工、讙兜等四人爲一朋，君子八元、八凱十六人爲一朋。舜佐堯退四凶小人之朋，而進元凱君子之朋，堯之天下大治。

宋·蘇轍《古史·五帝本紀》　蘇子曰：四岳薦鯀於堯，堯知鯀之不可用而屈於四岳，民被其害者九年。後世疑之，知其不可而用之，不仁。屈於四岳而不能信，不知。予嘗論之。水之爲害不可一日不治，而人

之知治水者，雖聖賢有不能也。是以堯、舜皆不自治，得禹而後濟。方禹之未見也，天下言治水者莫如鯀，棄鯀而不試，有不仁焉！斯堯之所以用鯀也歟！【略】

蘇子曰：學者言堯舜之事有三妄焉，太史公得其一，不得其二。莊子稱堯以天下讓許由，許由不受，恥之，逃隱。莊子蓋寓言焉，而後世信之。太史公曰，舜禹之間，岳牧咸薦試之於位。典職數十年，功用既興，然後授政。示天下重器，王者大統，傳天下若斯之難，而許由何以稱焉？

宋・胡宏《皇王大紀論・帝堯知人》 某聞諸先君子曰：『知人之哲，無過於堯。』有言丹朱可登庸者，已知其嚚訟；有言共工若予采者，已知其象恭；有言伯鯀可治水者，已知其方命；有言舜可遜以位者，則曰俞聞之矣。妻舜以二女，觀其刑家，二女嬪虞，瞽瞍底豫而家齊。乃命以位，觀其治國，五典克從，百揆時叙，四門穆穆而國治。納於大麓，使大録萬幾之政，觀其平天下無烈風雷雨之迷。天地之和應而天下平，然後授以帝位。此事理之次，不可易者也。

司馬子長曰：『堯使舜入山林川澤，暴風雷雨，舜行不迷，堯以爲聖。』吁！安得此淺陋之言哉？夫處己之難，莫難於正心誠意；處物之難，莫難於齊家治國平天下。觀其家齊國治天下平，則知其意誠心正矣。意誠心正，與天地參，不可以有加矣，於是又使入山林川澤，豈所以試乎？且烈風雷雨非可期者也，設若不遇，堯將遂無以知其聖耶？此真齊東野人之語，而子長不察也。

孟子曰：『盡信《書》，則不如無《書》。』故君子於文詞有滯者，取其理與義可矣。

清・崔述《唐虞考信録》卷一《堯建極》 曰：然則堯何以有天下？曰：《經》固嘗言之，但後人不之察耳。《經》曰：『克明俊德，以親九族，九族既睦。』言堯能明其德以施於同姓，而同姓皆歸之，而堯始立家也。姓同，故以族別之。柳子所謂『智而明者，所伏必衆，故近者聚而爲羣』是也。《經》曰：『平章百姓，百姓昭明。』言堯能推其德以漸於異姓，而異姓之長亦各率其九族歸之，而堯始建國也。邦同，故以姓別之。柳子所謂『德又大者，衆羣之長又就而聽命焉，於是有諸侯之列』是也。《經》曰：『協和萬邦，黎民於變時雍。』言堯能推其德以大布於天下，而天下之君亦無不各率其百姓歸之，而堯始爲海内生民主也。柳子所謂『德又大者，諸侯之列，方伯連帥之類又就而聽命焉，然後天下會於一』是也。蓋古之天下原無父子相傳之事，故孰爲有德則人皆歸之；雖有一二敗俗拒命之人待兵刑而後服，要之上古人情淳厚，慕義嚮風者爲多，故其得天下之次第大概如此，不必盡藉於先業也。若堯不藉父兄之業即不能有天下，則羲、農、黄帝又何所藉而能得天下也哉？且使堯之天下果傳之於父兄，則堯當世守之；丹朱雖不肖，廢而他立可也，舜雖大聖，相堯之子以治天下，如伊尹之於太甲可也；堯安得而授之舜，舜安得而受之於堯哉！孟子曰：『子噲不得與人燕；子之不得受燕於子噲。』非獨以子之之非其人也，即令其賢而能治燕，而世傳之業亦非子噲之所得專；父兄之天下，堯安得而專之哉！漢儒考古不詳，誤信戰國無稽之説而列之於《記》，載之於《史》，遂致王莽假之以篡嬰，曹操假之以篡獻。不獨嬰與獻之實未嘗禪也，即令果禪，而其臣亦不可以受。何者？漢之天下非嬰、獻之所得專也。使莽、操之得自託於禪讓者，乃漢儒考古不詳之有以啓之也。故今於《大戴》、《史記》之文并不載而爲之辨。

舜

《論語・泰伯》 舜有臣五人而天下治。何晏注：孔曰：『禹、稷、契、臯陶、伯益。』

又《顔淵》 舜有天下，選於衆，舉臯陶，不仁者遠矣。

《管子》卷二〇《形勢解》 堯、舜，古之明主也，天下推之而不倦，譽之而不猒，久遠而不忘者，有使民不忘之道也，故其位安而民來之。故曰：久而不忘焉，可以來矣。

《逸周書》卷九《太子晉解》 如舜者天。舜居其所，以利天下，奉翼遠人，皆得己仁。此之謂天。【略】

穆穆虞舜，明明赫赫，立義治律，萬物皆作。分均天財，萬物熙熙，非舜而誰能？

又 卷九《萬章上》 萬章曰：『堯以天下與舜，有諸？』

《孟子・盡心上》 舜之居深山之中，與木石居，與鹿豕遊，其所以異於深山之野人者，幾希！

孟子曰：『否。天子不能以天下與人。』

『然則舜有天下也，孰與之？』

曰：『天與之。』

『天與之者，諄諄然命之乎？』

曰：『否。天不言，以行與事示之而已矣。』趙岐注：孟子曰，天不言語，但以其人之所行善惡，又以其事從而示天下也。

《呂氏春秋》卷一一《仲冬紀》　舜有不孝之行。

又　卷一三《有始覽》　昔舜欲旗古今而不成，既足以成帝矣。

又　卷一四《孝行覽》　夫舜遇堯，天也。舜耕於歷山，陶於河濱，釣於雷澤，天下説之，秀士從之，人也。

又　卷一五《慎大覽》　舜一徙成邑，再徙成都，三徙成國，而堯授之禪位，因人之心也。

漢・劉安《淮南子》卷一《原道訓》　昔舜耕於歷山，朞年而田者爭處墝埆，以封壤肥饒相讓；釣於河濱，朞年而漁者爭處湍瀨，以曲隈深潭相予。當此之時，口不設言，手不指麾，執玄德於心，而化馳若神。使舜無其志，雖口辯而户説之，不能化一人。是故不道之道，莽乎大哉！夫能理三苗，朝羽民，徙裸國，納肅慎，未發號施生而移風易俗者，其唯心行者乎！

又　卷一一《齊俗訓》　當舜之時，有苗不服，於是舜脩政偃兵，執干戚而舞之。

又　卷一四《詮言訓》　舜脩之歷山而海内從化。【略】

舜彈五絃之琴，而歌南風之詩，以治天下。

又　卷一九《修務訓》　舜作室，築牆茨屋，辟地樹穀，令民皆知去巖穴，各有家室。南征三苗，道死蒼梧。

漢・袁康、吴平《越絶書》卷三《越絶吴内傳第四》　舜有不孝之行，舜親父假母，母常殺舜，舜去耕歷山，三年大熟。身自外養，父母皆饑，舜父頑，母嚚，兄狂，弟敖，舜求爲變心易志。舜爲瞽瞍子也，瞽瞍欲殺舜，未嘗可得；呼而使之，未嘗不在側。此舜有不孝之行。【略】

舜之時，鯀不從令，堯遭帝嚳之後亂，洪水滔天，堯使鯀治之，九年弗能治。堯七十年而得舜，舜明知人情，審於地形，知鯀不能治，數諫不去，堯殛殛之羽山。此之謂舜之時，鯀不從令也。

唐・柳宗元《柳河東集》卷二〇《舜禹之事》　凡易姓授位，公與私，仁與强，其道不同；而前者忘，後者繫，其事同。使以堯之聖，一日得舜而與之天下，能乎？吾見小爭於朝，大爭於野，其爲亂，堯無以已之。何也？堯未忘於人，舜未繫於人也。堯之得於舜也以聖，舜之得於堯也以聖，兩聖獨得於天下之上，奈愚人何？其立於朝者放齊猶曰『朱啓明』，而況在野者乎？堯知其道不可，退而自忘；舜知堯之忘己而繫舜於人也，進而自繫。舜舉十六族，去四凶族，使天下咸得其人；命二十二人，興五教，立禮刑，使天下咸得其理；合時月，正曆數，齊律、度、量、權衡，使天下咸得其用。積十餘年，人曰：『明我者舜也，齊我者舜也，資我者舜也。』天下之在位者，皆舜之人也。而堯隤然，聾其聰，昏其明，愚其聖。人曰：『往之所謂堯者果烏在哉？』或曰：『耄矣』，曰『匿矣』。又十餘年，其思而問者加少矣。至於堯死，天下曰：『久矣，舜之君我也。』夫然後能揖讓受終於文祖。

宋・曾鞏《元豐類稿》卷一〇《洪範傳》　昔舜治天下，以諸侯百官，而總之以四岳，舜於視聽，欲無蔽於諸侯百官，則詢於四岳，欲無蔽於四岳，則闢四門，欲無蔽於四門，則明四目，達四聰。夫然故舜在士民之上，非家至户察而能立於無蔽之地，得其要而已矣。

宋・蘇轍《古史・五帝本紀》　《孟子》曰：『堯將舉舜，妻以二女。瞽叟不順，不告而娶。既而猶欲殺舜，而分其室。然舜終不以爲怨。』余考之於《書》，孟子蓋失之矣！世豈有不能順其父母而能治天下者哉？四岳之薦舜曰，烝烝，乂不格姦。益之稱舜曰，夔夔齊栗，瞽亦允若。則舜之爲庶人，既已能順其親，使不至於姦矣。父母兄弟之際，智力之所不施也。有頑父、嚚母、傲弟，而能和之以不失，其親惟至仁能之。此堯之所以用舜而不疑者也。父子相賊，姦之大也。豈其既已用之，而猶欲殺之哉！

宋・史浩《尚書講義》卷三　《書》曰：虞舜側微，堯聞之聰明，將使嗣位，歷試諸難，作《舜典》。《孟子》曰：『舜爲法於天下，可傳於後世。』此天意也。夫自開闢以來，天地廣大，純厚之氣停蓄於上。下歷鴻荒，至三皇四帝而有舜。舜得其氣之大全，蓋欲使之爲天下後世作法，

不得不生於側微。側微者，隱陋也。夫既起於隱陋，則萬古耕稼、陶漁者皆得以取法。夫既父頑、母嚚、象傲，則萬古處父子兄弟之間者，皆得以取法。夫既百官事之，二女女焉，則萬古爲朋友長幼夫婦者，皆得以取法。夫既齊七政、頒五瑞、巡狩以覲諸侯，協時月正日，同律、度、量、衡，舉賢去不肖，則萬古爲君者皆得以取法。向使舜不生於側微，則人倫五者，政化百爲，可以爲法爾。耕稼陶漁，何所法乎？是故孰不爲耕使人遜畔者，舜也。孰不爲漁使人遜居者，舜也。然則天固生舜於側微之中，其意蓋爲天下後世作大模楷。欲使天下後世自天子至於庶人，皆當法舜也。嗚呼！非孟子不能形容大舜，非深明大舜者，不能知天意之所在也。

清·顧炎武《日知録》卷二《懋遷有無化居》 舜作《南風》之歌，所謂勸之以『九歌』者也。讀之然後知『解吾民之愠』者，必在乎『阜吾民之財』。而自阜其財，乃以來天下之愠。

清·崔述《唐虞考信録》卷二《舜相堯》 世之論者皆謂堯舍其子丹朱而以天下與舜。余按：不以天下與子，自古聖人皆然，不獨堯也。蓋上古之時，諸侯各君其國，各子其民，有大德之聖人出焉則相率而歸之，聖人没則已耳；非若後世創業之主以兵受命，征伐攻取而後能得天下，而子孫世守其業者比也。是以上古有天下者，其前皆無所受，其後皆無所授。自羲、農、黄帝以降皆若是而已矣，非堯以丹朱不肖故獨不傳之子也。且堯亦未嘗傳天下於舜也，堯之初意但欲讓舜以天下耳。故《堯典》曰：『咨，四岳；朕在位七十載，汝能庸命巽朕位？』又曰：『格汝舜，詢事考言，乃言底可績，三載；汝陟帝位。』是堯本期得舜之後即以天下與之，但以舜不肯受而讓於德弗嗣，不得已乃使舜受終攝政，至堯崩而後踐位焉；初非慮身後之天下無所屬而始屬之舜也。曰：堯不慮身後之天下無所屬，何爲汲汲焉以天下與舜也？曰：此堯之所以爲大也。堯以天下未治，故授之舜使治之也。

藝文

《楚辭·天問》 舜服厥弟，終然爲害。何肆犬豕，而厥身不危敗？【略】簡狄在臺嚳何宜？玄鳥致貽女何喜？

三國魏·阮籍《阮籍集·通老論》 三皇依道，五帝仗德。

唐·司马貞《史記索隱·十二本紀述贊》 帝出少典，居于軒丘。既代炎曆，遂禽蚩尤。高陽嗣位，静深有謀。大小遠近，莫不懷柔。爰洎帝嚳，列聖同休。帝摯之弟，其名放勳。就之如日，望之如雲。郁夷東作，昧谷西曛。明揚側陋，玄德升聞。能讓天下，賢哉二君！

唐·王維《王右丞集·偶然作》 五帝與三王，古來稱君子。

唐·杜甫《杜工部集·劍門》 惟天有設險，劍門天下壯。連山抱西南，石角皆北向。兩崖崇墉倚，刻畫城郭狀。一夫怒臨關，百萬未可傍。珠玉走中原，岷峨氣悽愴。三皇五帝前，雞犬各相放。

唐·杜光庭《紀道德》 三皇高拱兮任以自然，五帝垂衣兮修之不忒。

唐·胡曾《詠史詩·唐堯》 祆氛不起瑞煙輕，端拱垂衣日月明。傳事四方無外役，茅茨深處土階平。

又《湘川》 虞舜南捐萬乘君，靈妃揮涕竹成紋。不知精魄遊何處，落日瀟湘空白雲。

唐·來鵠《聖政紀頌》 三皇不書，五帝不紀。有聖有神，風銷日已。何教何師，生來死止。無典無法，頑肩寡比。三皇實作，五帝實治。

唐·佚名《覆追崇廟號奏》 雲鳥紀官之制，五帝皆殊。

宋·范仲淹《范文正公文集》卷五《帝王好尚論》 聖帝明王豈得無好？在其正而已。堯設敢諫鼓，建進善旌，舜好問而成至化。

宋·邵雍《伊川擊壤集》卷一三《五帝》 五帝之時似日中，聲明文物正融融。古今世盛無如此，過此其來便不同。

又 卷一五《觀五帝吟》 進退肯將天下讓，着何言語狀雍容。衣裳垂處威儀盛，玉帛修時意思恭。物物盡能循至理，人人自願立殊功。當時何故得如此，只被聲明類日中。

又 卷二《聖人無名賦》 蛇身牛首兮，非吾之耦。雲官鳥紀矣，莫我爲徒。孰躋王而黜霸，孰追堯而禪虞？

宋·王禹偁《小畜集》卷八《佘田調》 穀聲獵獵酒醺醺，斫上高山入亂雲。自種自收還自足，不知堯舜是吾君。

明·孫承恩《文簡集》卷二《唐堯帝》 帝莫陶唐盛，巍巍冠百王。德於天並運，道合地無疆。聖學傳千古，欽明照萬方。有生窮宇宙，孰不戴休光。

雜録

宋·楊傑《無爲集》卷九《補編年圖序》 皇甫謐曰堯。生甲申歲。孔安國曰，堯年十六以唐侯升爲天子。故即位於己亥也。《書》試舜之年，曰朕在位七十載，故試舜於戊申也。試舜三載，曰：『汝陟帝位。』故舜攝於辛亥也。二十八載帝乃殂落，自舜攝之年。其崩於戊寅也。舜生三十徵庸，故舜生於己卯也。三十在位，歷試二年。攝位二十八年。故即位於庚辰也，禪禹於壬寅也。

宋·胡宏《皇王大紀》卷三《五帝紀》 或傳自開闢，或曰自燧皇至於春秋獲麟之歲，二百七十六萬年，分爲十紀，六紀在包羲前，三紀在包羲後，而末紀流訖於黄帝者也。

謹按，包羲始畫卦，造書契，夫孰知其前之六紀。五百年必有王者興，自包羲至於黄帝，兩紀五十餘萬年間，作者惟神農氏一人，其妄可知。故自盤古至於帝嚳，雖有記其年者，皆不敢信，姑載其事而已。西洛先覺邵雍氏作皇極經世書，紀堯即位之年，起於甲辰。惟雍精及天地之數，必不妄也。故用以表時序事，庶幾其可以傳信乎！

又 卷四《帝王别姓》 按史載五帝三王，惟包羲爲别姓，自炎帝而下，皆同宗也。歷世綿遠，雖不可考其然否，以理推之，則或可信。

今夫在天，則日月遞照，而五星二十八宿不得與之爭光；在水，則大江濁河貫注華夏，而衆水演迤不得與之爭道；在山，則岍、嶓冢横亘四海之内，而萬山低伏，不得與之爭勢；在人，則包羲、神農、黄帝、堯、舜、禹、湯、文、武、仲尼傑出一世，獨與天地相似，而俊材異能之士委命陳力，不得與之爭聖。何獨至於姓而疑之？其可疑者，世數多寡長短耳。故愚特載其苗裔，而於世數則略之云。

宋·魏了翁《周易要義·序》 孔君以黄帝上數爲皇，少昊爲五帝之首耳。若然。案：今《世本》、《帝繫》及《大戴禮·五帝德》并《家語·宰我問》、太史公《五帝本紀》皆以黄帝爲五帝，此乃史籍明文，而孔君不從之者。孟軻曰：『信書不如其無書。吾於武成取二三策而已。』言書以漸染之濫也。孟已然，況後之説者乎？又《帝繫》、《本紀》、《家語》、《五帝德》皆云少昊即黄帝子青陽是也，顓頊黄帝孫昌意子，帝嚳高辛氏爲黄帝曾孫，玄囂孫僑極子堯爲帝嚳子，舜爲顓頊七世孫。此等之書説五帝而以黄帝爲首者，原由《世本》。《經》於暴秦爲儒者所亂，《家語》則王肅多私定，《大戴禮》、《本紀》出於《世本》，以此而同。蓋以少昊而下皆出黄帝，故不得不先説黄帝。因此謬爲五帝耳。亦由《繫辭》以爲帝與堯、舜同事，故儒者共數之焉。孔君今者意以《月令》『春曰太昊、夏曰炎帝、中央曰爲帝』，依次以爲三皇，又依《繫辭》先『包犧氏没，神農氏作』，又没，『黄帝氏作』，亦文相次，皆著作見於《易》。此三皇之明文也。《月令》『秋曰少昊、冬曰顓頊』，自此爲五帝。然皇帝是皇。今言帝不云皇者，以皇亦帝也，别其美名耳。太昊爲皇，《月令》亦曰『其帝太昊』。《易》曰『帝出於震』，是也。又軒轅之稱黄帝，猶神農之云炎帝。神農於《月令》爲炎帝。不怪炎帝爲皇，何怪軒轅稱帝？

明·陳士元《論語類考》卷七《人物考》 元按：《史記·五帝本紀》惟云帝堯，不書姓氏。《索隱》云：『姓伊祁氏。』然伊祁乃炎帝之姓，蓋以堯與炎帝俱火德王，故謂堯爲炎帝後。而《漢書》遂以堯爲炎帝子，姓伊祁。謬矣！《世紀》云：『慶都寄居於伊長孺家，故堯從母所居爲姓。』《靈臺碑》云：『昔者慶都氏姓曰伊。』則伊其母姓，豈得爲堯姓乎？《路史》云：『帝堯姬姓，帝嚳之第二子也。母陳豐氏曰慶都，生堯於丹陵，是曰放勳。年十有三佐摯封墳。受封於陶，又改封於唐。年十六以唐侯踐帝，曰陶唐氏，都於平陽安邑，以火紀德，在位七十載。欲遜位，於是四岳舉舜，又三載，堯已八十九歲，薦舜於天，以攝事。一百載堯乃殂落，壽一百十六歲。』《春秋元命苞》云：『堯眉八采是謂通明。』《尚書中侯》云：『帝堯即政，榮光，出河龍，馬銜甲。』《世紀》云：『堯二十登帝位，厨生翣脯，階生蓂莢。在位九十八年，壽一百十八歲，後世稱爲堯云。』夫堯乃陶唐氏之名，而《索隱》則以堯、舜、禹爲謚。然堯曰：『咨，汝舜！』舜曰：『咨，汝禹！』汝棄、汝契若以爲謚，則棄、契、垂、益、夔龍皆謚乎？孟子云：『放勳乃殂落。』屈原云：『就

重華而陳辭。」故《路史》又以堯名放勳，舜名重華。夫放勳者，總名帝堯德業之大也。重華者，帝舜重堯之華也。豈可以爲堯、舜之名號乎？鄭玄氏云：『堯遊城陽而死葬焉。』《外紀》云：『堯葬於穀林，子十人，長曰監明，先死。監明之子，式封於劉。其後有劉累。』事存《漢紀》。堯娶富宜氏，生朱，朱傲使出就丹。堯崩，舜封朱於房，爲房侯。謂之虞賓。夏后封之唐。朱之庶弟九。傳鑄、冀、鄃、櫟、函、高唐、上唐、唐杜，皆其後也。而御龍、豕韋、范隨、士劉之姓，見《左傳》。【略】

元按：帝舜有虞氏姚姓。其先國於虞，爲虞姓。王符氏《姓志》云：『舜姓虞，而史伯亦稱虞幕。則其上世爲虞矣！』《書》云：『有鰥在下，曰虞舜。』則虞舜微時，止姓虞而名舜。可知《史記》云舜『祖句望出於顓頊』非也。予嘗著《荒史》有辨矣。《風俗通》云：『舜祖幕。』《左傳》云：『舜祭幕。』《路史》云：『虞幕生喬牛，喬牛生瞽叟。』是虞幕爲舜祖而舜姓虞也。《綱目前編》云：『堯即位四十有一載，甲申舜生於諸馮。』《索隱》云：『舜母曰握登。』蘇氏《古史》云：『舜生於諸馮之姚墟，故爲姚姓。居於溈汭，故爲溈姓。』金履祥氏云：『諸馮、溈汭，皆在今河東縣。』孟子以舜生諸馮爲東夷之人，蓋對文王西夷而言。猶云東方、西方耳，故曰地之相去千有餘里，蓋自河中至岐周千餘里也。而說者指齊之歷山、濮之雷夏爲舜耕漁之地。或又指會稽上虞、牛羊村、百官渡爲舜所居。其謬殊甚！舜本虞帝之名，一徙成市，再徙成都。《萬章》云：『謀蓋都君。』而皇甫謐遂以都君爲舜之字。《路史》云：『目瞳重曜，故曰舜，而字曰重華。』《世紀》云：『因瞳子名重華。』《春秋演孔圖》云：『舜目四瞳，謂之重明。』《尸子》與《淮南子》皆云：『舜兩瞳子，是爲重明。』羅苹氏云：『目動曰舜，與瞬同。』諸説皆非也。堯、舜、禹字義古無定註。《廣雅》云：『堯，曉也。』鄭玄氏《禮記註》云：『舜，充也。』《王篇》云：『禹，舒也。』或云：『堯，遜也；舜，運也；禹，舉也。《餘冬録》云：『舜，准也，循也；禹，輔也；湯，攘也。』又《謚法》云：『翼善傳聖曰堯，仁聖盛明曰舜，受禪成功曰禹。』此皆後人臆説耳。舜年三十爲百揆，三十三攝天子事，六十而堯崩。服堯三年喪，即天子位，在位四十八載而崩於鳴條，壽一百十歲。三妃。娥皇盲，無子。女英生義均及季釐。義均封於商，是爲商均。季釐封於緡。次妃癸比氏，生二女，曰宵明，曰燭光，是爲湘神。庶子七人而圭、胡、負、遂、盧、蒲、衛、甄、潘、鐃、番、傳、鄒、息、其、何、毋、轅、餘姚、上虞、濮陽、餘虞、西虞、無錫、巴陵、衡山、長沙，皆其裔也。

明・陳耀文《五經稽疑》卷二《放勳非堯號》 程正叔曰：『放勳非堯號。』蓋史稱堯之道也，謂三皇而上，以神道設教，不言而化，至堯方見於事功也。後人以放勳爲堯號，故記。孟子者遂以堯爲放勳也。若以堯爲放勳，則皋陶曰『允迪』，禹曰『文命』，下言敷於四海，有甚義？

清・馬驌《繹史・世系圖》 司馬貞補史，以伏羲女媧神農爲三皇，史記以黄帝、顓頊、帝嚳、帝堯、帝舜爲五帝，自黄帝以至三王皆同族異號。今依以爲圖，然黄帝下當有少皞，而帝舜不宜祖黄帝，皆史遷之疏也。

清・李鍇《尚史》卷一《五帝三王世系新圖》 《漢書》曰：『少皞帝，《考德》曰清。清者，黄帝之子清陽也。是其子孫名摯，立號曰金天氏。是少皞出自清陽而非黄帝之子也。《國語》曰：『少皞之衰，九黎亂德，顓頊受之。』所謂少皞者，指其後世而言。少皞生而有聖德，豈及其身而遽衰也？《傳》曰：『少皞有裔子曰昧，生允格、臺駘。允格、臺駘能業其官，帝顓頊嘉之，封諸汾川。』是顓頊出自昌意而非昌意之子、黄帝之孫也。《世紀》曰：『帝嚳年十五而佐顓頊。』顓頊且不得父昌意而祖黄帝，帝嚳亦不得祖玄囂而爲黄帝之曾孫也。《春秋命曆序》曰：『顓頊傳十世。』是帝嚳且不得與顓頊親承接也。《傳》曰：『高陽氏有才子八人，世謂之「八愷」；高辛氏有才子八人，世謂之「八元」。』此十六族者，世濟其美不隕其名。至于堯，堯未能舉所謂世濟者，累世之謂也。夫八元既出自高辛，而堯爲帝嚳之子，是帝堯兄弟，八元又何世美之不隕而舉且未能也？以高辛之聖、舍稷之適與堯之德而立摯，先儒亦疑之矣！《傳》又曰：『八元者，高辛氏之裔也。』其文明甚是。堯出自玄囂而非帝嚳之子也。《呂梁碑》以舜祖虞幕。《左傳》史趙之言曰：『自幕至于瞽叟，無違命是已。』《國語》又曰：『幕，能帥顓頊者也。』《傳》又曰：『陳，顓頊之族也。』是舜出自顓頊，而幕又非即顓頊之子也。《漢書》曰：『顓頊五代而生鯀。』是禹亦不得祖顓頊而爲黄帝之玄孫，而五代之說猶有未得也。譙周曰：『契生堯代，舜始舉之。』必非嚳子。以其父微，

故不著名。又曰：『弃帝嚳之胄。』其父亦不著。是譙知稷、契非帝嚳之子而不知帝堯亦非帝嚳之子也。《國語》曰：『自后稷之始基靖民，十五王而文始平之。』又曰：『基德十五而始平。』所謂十五王者，論其德，非論其世。而史乃以十五世足之。謬矣！《吕梁碑》以后稷生漦璽，漦璽生叔均，叔均又數世而生不窋。《世本》：公非以下復有辟方侯、牟雲都諸盩。是不窋非后稷之子，而下距武王且十七世也。』《春秋命曆序》曰：『少皞傳八世，顓頊傳十世，帝嚳傳十世』。《讖緯》之言，殊不足信。要其世數，雖不可知，然自帝堯以上，大抵如三代之迭興，非唐虞之授受也。

又　卷二《軒轅本紀》　世傳三皇多，以伏羲、神農，其一或曰燧人，曰祝融，曰女媧。漢孔氏《書序》曰：『伏羲、神農、黄帝之書謂之《三墳》，少皞、顓頊、高辛、唐、虞之書謂之《五典》。』故黄帝以上爲三皇，少皞以下爲五帝。雖不知其所本，然其序五帝與《家語·宰我問》及《春秋》內、外傳、《大戴禮》畧合。至宋，五峰胡氏直斷以《易大傳》，以伏羲、神農、黄帝、堯、舜爲五帝。然亦非《繫辭》本旨，不足以爲定論。

清·崔述《唐虞考信録》卷一《堯求舜》　《大戴記·帝繫篇》云：『黄帝產昌意；昌意產高陽，是爲帝顓頊。顓頊產窮蟬；窮蟬產敬康；敬康產勾芒；勾芒產蟜牛；蟜牛產瞽瞍；瞽瞍產重華，是爲帝舜。』《史記·五帝本紀》因之。余按《春秋傳》云：『陳，顓頊之族也；自幕至於瞽瞍無違命。』《國語》云：『幕，能帥顓頊者也；有虞氏報焉。』則舜之先，顓頊之後之有一幕必也，何以《記》之世次無之？而勾芒，據《春秋傳》乃少皞氏之子，亦不得爲顓頊裔也。且《大戴記》以堯爲黄帝之玄孫，則是堯與舜之高祖敬康爲同高祖兄弟：男女辨姓，人道之大防也，況於近屬，堯安得以其女妻舜，舜安得遂取之！而上下相距至四五世，舜之年又安得與堯之女等乎！蓋謂舜之出於顓頊，可也；謂顓頊、舜與古帝王之皆出於黄帝，則不可。謂幕有功德而傳於世，可信也；謂舜先世之名無不歷歷皆傳於世，則不可信。然則《大戴》之文不若《春秋傳》之爲近理矣。而《傳》文又與《國語》同，或當不誣。故棄彼而采此。

又　卷二《舜相堯》　《史記》稱舜得舉二十年而堯使攝政，攝政八年而堯崩，蓋以《經》之『二十八載』爲自舉舜時數之也。《蔡傳》云：『歷試三年，居攝二十八年。』則是自舜『受終』時計之矣。余按：《經》云：『乃言底可績，三載。』不容舜舉已二十年而底可績者止三載。孟子云：『舜相堯二十有八載。』不容初舉歷試之時即以相堯稱之。蔡氏之説是也。

清·崔述《補上古考信録》卷下《後論一則》　近代纂古史者咸云：『伏羲以木德王；神農以火德王；黄帝以土德王；少皞以金德王；顓頊以水德王；帝嚳、堯、舜以降，皆以五行周而復始。』余按：帝王之興果以五德終始，則此乃天下之大事也，二帝之典，三王之誓誥必有言之者。卽不言，若易、春秋傳窮陰陽之變，徵黄、炎之事，述神怪之説，詳矣，亦何得不置一言也？下至國語、大戴記，所稱五帝事最爲荒唐，然猶絶無一言及之。然則是戰國以前原無此説也明矣。

異説雜記分部

綜　述

天皇、地皇、人皇

《史記》卷六《秦始皇本紀》　古有天皇，有地皇，有泰皇，泰皇最貴。

唐·司馬貞《補史記·三皇本紀》　一説三皇，謂天皇、地皇、人皇爲三皇。既是開闢之初，君臣之始，圖緯所載，不可全弃。故兼序之。天地初立，有天皇氏，十二頭，澹泊無所施爲，而俗自化。木德王，歲起攝提，兄弟十二人，立各一萬八千歲。地皇十一頭，火德王，姓十一人，興於熊耳、龍門等山，亦各萬八千歲。人皇九頭，乘雲車，駕六羽，出谷口。兄弟九人，分長九州，各立城邑，凡一百五十世，合四萬五千六百

年。自人皇已後有五龍氏、大庭氏、柏皇氏、中央氏、卷須氏、栗陸氏、驪連氏、赫胥氏、尊盧氏、渾沌氏、昊英氏、有巢氏、朱襄氏、葛天氏、陰康氏、無懷氏。斯蓋三皇已來，有天下者之號。

宋・胡宏《皇王大紀》卷一《三皇紀》 天皇氏之先，與乾曜合德，君有五期，輔有三名。《三五曆紀》：『歲在攝提，一姓十三頭。十三人也。零陵山中民俗，至今謂一人爲一頭。閼逢、甲。旃蒙、乙。柔兆、丙。彊圉、丁。著雍、戊。屠維、己。上章、庚。重光辛。、玄黓壬。、昭陽，癸。十干也。困敦子。、赤奮若丑。、攝提格寅。、單閼卯。、執徐辰。、大荒落巳。、敦牂午。、協洽未。、涒灘申。、作噩酉。、閹茂戌。、大淵獻亥。，十二支也。【略】

地皇氏一姓十二頭，定星辰，分晝夜，以三十日爲月，朔以十一月爲冬至。【略】

人皇氏之世，萬物羣生，連屬其鄉，禽獸成羣，草木遂長，淳風沕穆兄弟，九頭分理九州。

宋・羅泌《路史》卷一《初三皇紀》 天地之初，有渾敦氏者出爲之治。繼之以天皇氏、地皇氏、人皇氏。在《洞神部》又有所謂初三皇君而以此爲中三皇。蓋難得而稽，据然既揄之矣。此予之所以旁搜，旅摭紀三靈，而復著夫三皇也。渾敦氏之世，但聞罕漫而不昭晰，有不得而云矣。王充曰：『古之水火，今之水火也。今之聲色，後之聲色也。鳥獸、草木、人民好惡，以今而見古，由此而知來。千世之前，萬歲之後，無以異也。事可知者，聖賢所共知也，不可知者，雖聖人不能知也。非學者之急，今一切隔之。』

明・孫瑴《古微書》卷一三《春秋命曆序》 按《路史》考之，正閏五德終始之傳，乃謂天地之初，有渾敦氏者出之爲治，卽代所謂盤古氏也。繼之以天皇氏、地皇氏、人皇氏。在《洞神部》又有所謂初三皇君。而以此爲中皇，蓋難得而稽矣！

清・馬驌《繹史》卷一《開闢原始》 《眞源賦》：『盤古氏後有天皇君一十三人，時遭劫火，乃有地皇君一十一人，各萬八千餘年，乃有人皇君兄弟九人，結繩刻木，四萬五千六百年。

有巢氏

《莊子》卷九《盜跖》 古者禽獸多而人少，於是民皆巢居以避之，晝拾橡栗，暮栖木上，故命之曰有巢氏之民。

《韓非子》卷一九《五蠹》 上古之世，人民少而禽獸衆，人民不勝禽獸蟲蛇；有聖人作構木爲巢，以避羣害，而民悅之，使王天下，號之曰有巢氏。

宋・胡宏《皇王大紀》卷一《三皇紀》 上古之民，同與禽獸居，族與萬物並。於是始教民構木爲橧巢，夏暑居之。穴地爲營窟，冬寒居之。未知稼穡，食草木之食。未有火化，飲禽獸而茹其毛。先取其皮而蔽前；後取而蔽後。或曰，古者禽獸多而人民少，於是民皆巢居以避之。晝拾橡栗，暮栖木上，故命之曰有窠之民。

宋・羅泌《路史》卷五《有巢氏》 太古之民，穴居而野處，搏生而咀華，與物相反，人無妎物之心，而物亦無傷人之意。逮乎後世，人氓機智，而物始爲敵。爪牙角毒，㔾不足以勝禽獸。有聖者作，棲木而巢，教之巢居以避之，號大巢氏。其爲民也，登巢椓蠡，惰食鳥獸之肉。若不能餘者，飲其血，嘬其濡，茹其皮毛。未有火化，捆橡栗以爲食，草棲木末，令之曰：『有巢氏之民。』先是時，民稔血食而有爭心，有剝林木而戰者矣。勝者以長，長猶不足涖之。則就其無欲者而聽令焉。又不足以定之，於是刻木結繩以爲政。木皮未委于復，塞其羽革。紩衣攣領，着兜冒以賁體。民之葬者，猶未詳焉。過者顙泚，於是厚衣之薪而瘞之，不封不植也，掩覆而已。喪期無數也，哀除而已。其政好生而惡殺，節上而羨下，故天下之人，不歸其服而歸其義。治三百餘載，栖於石樓之顏。

宋・鄭樵《通志》卷一《三皇紀》 厥初生民，穴居野處，聖人教之，結巢以避蟲豸之害，而食草木之實，故號有巢氏，亦曰大巢氏。亦謂之始君，言君臣之道，於是乎始也。有天下百餘代。民知巢居，未知熟食。

清・馬驌《繹史》卷一《開闢原始》 《三墳》：有巢氏生太古之先，俾人居巢穴，積鳥獸之肉，聚草木之實，天下九頭，咸歸有巢，始君也。

燧人氏

《尸子》卷下　燧人上觀辰星，下察五木，以爲火。【略】燧人之世，天下多水，故教民以漁。

《韓非子》卷一九《五蠹》　上古之世，【略】民食果蓏蚌蛤，腥臊惡臭而傷害腹胃，民多疾病；有聖人作，鑽燧取火，以化腥臊，而民説之，使王天下，號之曰燧人氏。

漢·班固《白虎通義》卷一《號》　謂之燧人何？鑽木燧取火，教民熟食，養人利性，避臭去毒，謂之燧人也。

漢·應劭《風俗通義》卷一《三皇》　《易》稱：『古者，伏羲氏之王天下也，仰則觀象於天，俯則觀法於地，始作八卦，以通神明之德，以類萬物之情，結繩爲網罟，以田以漁。伏羲氏没，神農氏作，斲木爲耜，揉木爲耒，耒耜之利，以教天下，日中爲市，致天下之民。通其變，使民不倦，神而化之，使民宜之。』唯獨敍二皇，不及遂人；遂人功重於祝融、女媧，文明大見，《大傳》之義，斯近之矣。

又《五帝》　燧人始鑽木取火，炮生爲熟，令人無復腹疾，有異於禽獸，遂天之意，故曰遂人也。

宋·胡宏《皇王大紀》卷一《三皇紀》　人之初生，倥侗顓蒙，未知五行之用。燧人氏上觀星辰，握機矩，教人出火。民未知衣服，夏多積薪，冬則煬之。未知烹炮，飲血而茹腥。始教之燔炙，養人利性，遂天之意。後世聖人有鑽燧改火之法，春以榆柳夏以棗杏，季夏以桑柘，秋以柞楢，冬以槐檀。燧人氏有四佐焉，明由必育。

宋·羅泌《路史》卷五《燧人氏》　不周之巔，有宜城焉。日月之所不屆，而無四時昏晝之辨。有聖人者，游於日月之都，至于南垂。有木焉，鳥啄其枝，則轟然火出。聖人感之，於是仰察辰心，取以出火，作鑽燧，別五木以改火。上古之人，茹毛而哺血，食果蓏螺鱸，膻腐餕漫，內傷榮衛，殞其天年。乃教民取火以灼以焫，以熟臊胜，以燔黍捭豚，然後人無腥臊之疾，人民益夥。羽皮之茹，有不給於寒，乃誨之蘇。冬而煬之，使人得遂其性，號遂人氏。或曰，燧人順而不一，於是窮火之用，而爲之政。春季以出，樵終以納，異其時也，以濟時疾。鬱攸之司，九變七化，火爲之紀，謂木器液。於是范金合土爲釜，臿作烓鬲甗瓾，成物化物，而火之功用洽矣。當是時也，天下多水，教人以漁。雒出四佐，以代天理物。乃大臣職命，明繇改乎陞級，畢旒辨乎方色，成博受乎古諸，隕藍録乎、延嬉，四后職而天道平，人事理，龍圖逞瑞，龜字效靈。於是占建而正方握幾，短表計，寘指天，以佈躔而齊七政。始注物蟲鳥獸之名，而通國之輕重，以轉民之貲。人滋反醇，情欲蠢動，好嗜外迫，則冒禮而忘形，以賤其神。乃制男子三十而取，女子二十而歸，以息其民，爲之進退，以耻其凡。是故父老而慈，子壽而孝。著之世姓，而法自是作，禮繇此顯矣！

宋·鄭樵《通志》卷一《三皇紀》　燧人氏出焉，觀星辰而察五木，知空有火，麗木則明。故鑽木取火，教民以烹飪之利，號燧人氏。以夫燧者，火之所生也。時無文字，未有甲曆紀年。始作結繩之政，而立傳教之臺。始爲日中之市，而興交易之道。亦謂之遂皇。或言遂皇持斗機運轉之法，以施政教。此亦『欽若昊天、以授民時』之義也。

清·馬驌《繹史》卷一《開闢原始》　《古史考》：太古之初，人吮露精，食草木實，穴居野處。山居則食鳥獸，衣其羽皮，飲血茹毛；近水則食魚鼈螺蛤。未有火化，腥臊多害腸胃，於是有聖人以火德王，造作鑽燧出火，教人熟食，鑄金作刃，民人大説，號曰燧人。注引《拾遺記》：遂明國有大樹名遂，屈盤萬頃。後世有聖人遊日月之外，至於其國，有鳥啄樹，粲然火出，聖人感焉，因用小枝鑽火，號燧人氏。又引《三墳》：燧人氏，有巢子也，生而神靈，教人炮食，鑽木取火，天下生靈尊事之，始有日中之市，交易其物，有傳教之臺，有結繩之政，壽一太易，本通姓氏之後也。

《尸子》：燧人上觀星辰、下察五木以爲火。燧人之世，天下多水，故教人以漁。説文磔禳，祀除癘殃也。古者燧人，榮子所造。

《論語摘輔象》：燧人四佐：明由曉升級，必育受稅俗，成博受古諸，隕丘受延嬉。燧人出天，四佐出世。注引《易通卦驗》：燧皇始出握機矩表計寘圖，其刻曰：蒼牙通靈，昌之成，孔演命，明道經，虙羲作易，仲命德，維紀衡，周文增通八八之節，轉序三百八十四爻，以繫王命之瑞。故正其本而萬物理，失之毫氂，差以千里。

女媧

漢·劉安《淮南子》上卷六《覽冥訓》 往古之時，四極廢，九州裂，天不兼覆，地不周載，火爁炎而不滅，水浩洋而不息，猛獸食顓民，鷙鳥攫老弱。於是女媧鍊五色石以補蒼天，斷鼇足以立四極，殺黑龍以濟冀州，積蘆灰以止淫水。蒼天補，四極正，淫水涸，冀州平，狡蟲死，顓民生。

晉·皇甫謐《帝王世紀》 庖犧氏没，女媧氏代立，亦風姓也。承庖犧制度，始作笙簧，無所革造。故《易》不載，不序於行。亦蛇身人首，一號女希，是爲女皇。

唐·司馬貞《補史記·三皇本紀》 女媧氏亦風姓，蛇身人首。有神聖之德，代宓犧立號，曰女希氏。無革造，惟作笙簧。按：《禮明堂位》及《世本》皆云『女媧作簧。』故《易》不載，不承五運。一曰女媧亦木德王，蓋宓犧之後，已經數世，金木輪環，周而復始。特舉女媧，以其功高而充三皇，故頻木王也。

唐·李白《李太白集》卷三《上雲樂》 女媧戲黄土。團作愚下人。散在六合間。濛濛若沙塵。

女皇氏㚿媧 『媧』一作『去』。『㚿』與『庖』同。出《唐文集》雲姓。按《洞神部》，伏羲姓風，女媧姓雲，號女皇，名媧。虵身人首。一曰女希，是爲女皇。而《姓書》：希氏出于伏羲。《風俗通》亦云：女媧，伏羲之妹。知『羲』、『希』古通用。虵身，牛首，宣髮。《玄中記》云：『伏羲龍身，女媧虵軀。』《列子》以爲皆虵身、牛首、虎鼻，故曹植贊女媧云：『二皇牛首虵形。』蓋人之形自有同乎物者。今相家者流取象禽獸之形體者，是矣。非真首牛而身虵也。韓愈、柳宗元且不之達。至今繪畫羲、炎者，猶真爲太牢委虵之狀。夫宛然戢然作于堂上，而何以君人哉？王充云：世圖女媧爲婦人形，斯得之矣。至陶弘景遂疑佛氏地獄中有所謂牛頭阿旁者，爲是三皇五帝。尤可怪笑。太昊氏之女弟，盧仝云：女媧本是伏羲婦。非也。蓋以女媧一曰女婦。妄之。出于承匡。山名。在任城縣東南七十里。《寰宇記》云：『女媧生處。』今山下有女媧廟。生而神靈，亡景亡韻。少佐太昊，禱于神祇，而爲女婦。正姓氏，職昏因，通行媒，以重萬民之判，是曰神媒。《風俗通》云：『女媧禱祠神祈而爲女媒，因置昏姻。行媒始此，明矣。夫昏，以昏時而昏，由此因以因姻而因乎人。烟者，姻之始。媒者，煤之聚。所謂昏因姻媒如此。太昊氏衰，共工爲始作亂，振滔洪水以禍天下，隳天綱，絶地紀，覆中冀，人不堪命。于是女皇氏役其神力以與共工氏較，滅共工氏而遷之，然後四極正，冀州寧，地平天成，萬民復生。㚿媧氏乃立號曰女皇氏。冀州卽中冀，如蚩尤亦滅于此，蓋屢亂矣。或曰，中國總謂之冀州。詳今《福地記》。治于中皇山之原，所謂女媧山也。山在金之平利，上有女媧廟，與伏羲山接。廟起伏羲山，在西域。女媧山在平利。《寰宇》引《十道要録》云：『抛錢二山，焚香合于此山。』亦見《九域志》并《守令圖》。繼興于麗。《長安志》云：『驪山有女媧治處。』又云：『藍田谷次北有女媧氏谷。三皇舊居之所卽驪山也』。爰絶瑞，席蘿圖。許氏云：『殊絶之瑞。』承庖制度，襲水勝主于東方。喬潭《女媧陵記》云：『予謂媧皇受命在火。火以示水，谷不爲陵。蓋謂太昊以木生火爾。』非也。《年代曆》云：『女媧、共工、大庭，皆不承五運。』理或可信。而《古史考》以爲，女媧水德，神農木德。妄矣。《論語疏》云：『女媧尚白；神農赤；黄帝黑；少昊白；高陽赤；高辛黑；唐白；虞赤。』此以三正言之也。造天立極，惟虚亡醇一而不喋于苛事。『喋』猶深算也。上際九天，下契黄壚，合元履中，開陰布綱，而下服度。許云《春秋運斗樞》云：『虙羲、女媧、神農爲三皇。皇者，中也。合元履中，開陰布綱，上合皇極，其施元明。指天畫地，神化潛通者也。』乃命臣隨作制笙簧，以通殊風，以才民用。《禮記明堂位》云：『女媧之笙簧。』《世本》以爲，隨作，衷注以爲女媧氏之臣。笙、簧二器，《詩》云：『吹笙鼓簧。』並坐鼓簧。鼓而不吹，則非笙也。許《説文》云：『隨作笙，女媧作簧。』明爲二物。《仙傳·王遙》有五舌竹簧。《漢武内傳》：『鼓振靈之簧。』説者皆爲笙中之簧。非也。蓋箏筑之類。命娥陵氏制都良之筦，以一天下之音。命聖氏制頌筦，以合日月星辰。以易兆之晨作充樂。《帝系譜》以都良管班管，名曰充樂。樂成，天下幽微，無不得其理也。用五絃之瑟于澤丘，動陰聲，極其數而爲五十絃，以交天侑。神聽之，悲不能克，乃破爲二十五絃，以仰其情。具二均，聲樂成，而天下幽微，亡不得其理。《傳》言『帝女鼓瑟。』而云泰帝，謂伏羲女媧也。故何晏謂，伏羲滅瑟。而《補史記》言：『伏羲之瑟二十五絃也。』五絃乃朱襄氏之瑟，女媧用之，非伏羲也。《世本》云：『庖羲五十絃，黄帝使素女鼓之。哀不自勝，乃破爲二十五絃，具兩均聲。』而《拾遺記》亦謂，『黄帝使素女鼓庖羲氏之瑟，滿席悲不已，後破爲二十五絃，長七尺二寸。』則以爲黄帝減之。故宋《世本注》：『女媧笙簧，爲黄帝臣。』謬矣！總紒而笄，加之髽帶，而頭飾用。髽帶絡頭繻也。《二儀寔録》云：『燧人時爲髻，但

以髮相乘而無繫。女媧之女以羊毛爲繩向後繫之。後世名之頭須。』又云：『以荆梭及竹爲笄，以貫髮。至堯以銅爲之，横貫焉。』于是乘雷車，轉六蜚，以御天。《山海經》云：『女媧乘雷車，服駕應龍。』《淮南冥覽》云：『女媧功烈上際九天，下契黄壚，「乘靁車，服應龍，驂青虯，援絶瑞，席蘿圖，雲黄璐。前白螭，後奔虵，浮游逍遥。道鬼神，登九天，朝帝于靈門。宓穆乎太祖之下。』以此。申祠祝而枚占之曰吉。詞曰：『昭昭九州，日月代極。平均土地，合和萬國。』乃設雲幄，而致神明。道標萬物，神化七十。《淮南子》等以摶土爲人之類爲七十化，且有鍊五石以補蒼天，斷鼇足以立四極，積蘆灰以止淫水等事，世遂有鍊石成霞、地勢北高南下之説。按《易内篇》云：『福萬民，壽九州，莫大乎真氣。鍊五石，立四極，莫大乎神明。而《麻姑仙人紫壇歌》云：『女媧鍊得五方氣，變化成形補天地。三十六變世應知，七十二化處其位。』王逸《楚辭注》亦謂，一日七十化其體。』則特軀中之事爾。故安期生尚鍊五石。踐脩者宜知之有補天。罟車出，澤馬來，川嶽效靈，敓緯應理。是故馨烈彌拗，不設法度而以至德遺後世。《鴻烈解》。治百有三十載而落。見《真源賦》元年中元甲子。其腸爰化而神居于栗廣之野，横道而處，坫王裕于堇，龍古塞洪河之流，是爲風陵堆也。墓今在潼關口河潭上，圪然分河，有木數株，雖瀑漲不漂没，今屬陜之閿鄉縣。按《元和郡縣志》，風陵堆在河東縣南五十，與潼關對；《寰宇記》：『風陵城在其下閿鄉，津去縣三里，卽風陵故關也。』女媧之墓，秦漢以下俱係祀典。然《九域》、《寰宇》：『濟之任城東南三十九里又有女媧陵。』《成冢記》云：『女娃墓有五。其一在趙簡子城東，今在晉之趙城東南五里，高三丈。』《九域志》：『晉州有帝女媧廟。』《寰宇記》：『在趙城。』故皇朝列祀亦在趙城。【略】或云三皇之一也。見《洞神部》。鄭玄注《中候敇省圖》以伏羲、女媧、神農爲三皇。云女媧脩伏羲之道，無所改作。故孔穎達謂大易興佔之條，不見有女媧。難信。

宋·胡宏《皇王大紀》卷一《三皇紀》　世傳往古天不兼覆，女媧煉五色石以補天。其言雖陋甚，推其本旨，蓋言女媧以婦人能理男子之事耳，乃婦人而有雄才大略者也。後世唐武氏其似之乎？此非常之變也。

宋·鄭樵《通志》卷一《三皇紀》　言伏羲氏者，爲以木德王天下，『帝出乎震』之義。伏羲氏没女媧氏作是爲女皇。《春秋世譜》云：『華胥生男子爲伏羲，女子爲女媧。』故世言女媧伏羲之妹，風姓，人首蛇身，乘伏羲制度，作笙簧，張雲幕，枚占神明，能變化萬物。往古之時，四極廢，九州裂；天不兼覆，地不周載；火爁炎而不滅，水浩洋而不息；猛獸食精民，鷙鳥攫老弱。女媧鍊五色石以補蒼天，斷鼇足以立四極，殺黑龍以濟冀川，積蘆灰以止淫水。天不足西北，故日月移焉；地不足東南，故百川注焉。蒼天神，四極正，淫水涸，冀川平，狡蟲死，精民生。女媧之後有大庭氏，有柏皇氏，有中央氏，有栗陸氏，有驪連氏，有赫胥氏，有尊盧氏，有混沌氏，有昊英氏，有朱襄氏，有葛天氏，有陰康氏，有無懷氏，據女媧氏天子也。自大庭之後十三氏，皆臣於伏羲。諸家以爲天子臣，每疑此。在伏羲時爲諸侯，如夏商周在唐虞之世是也。不然，當伏羲之世，分九牧而理天下，各君一方，以效其治。後世之訛以爲相繼爲天子也。或言朱襄之時多風，而陽氣蓄精，萬物解散，果實不實。士達作五絃瑟以來陰氣，以定羣生。葛天之時，民俗熙熙，其作樂也，三人摻牛尾，投足以歌八闋，一曰《載民》，二曰《元鳥》，三曰《遂草木》，四曰《奮五穀》，五曰《謹天當》，六曰《達帝功》，七曰《依地德》，八曰《總萬物之極》。或言自伏羲至無懷，千二百六十年，自女媧至無懷凡十五君，襲庖羲之號，千一百五十年。【略】

（帝太昊）主四海之内一百有一十年，而魂氣歸于天，體魄降于地。生民追思其德，號曰帝太昊。女媧襲據尊位。世傳女媧者，帝女弟也，循帝之迹，無所革造，始制笙簧，號曰女帝。

明·孫瑴《古微書》卷九《女媧以下至神農七十二姓》　按：譙周《古史》以爲，伏羲以次，有三姓始至女媧，女媧之後五十姓至神農，神農至炎帝一百三十三姓。是不當身相接。譙周以神農、炎帝爲別人，非古義也。鄭玄《六藝論》云：《燧人至伏羲一百八十七代。》未知孰是。

共工

《尚書·虞書·舜典》　流共工于幽洲。

漢·劉安《淮南子》卷一《原道訓》　昔共工之力，觸不周之山，使地東南傾，與高辛爭爲帝，遂潛于淵，宗族殘滅，繼嗣絶祀。

又　卷三《天文訓》　共工與顓頊爭爲帝，怒而觸不周之山。

又　卷一五《兵略訓》　炎帝爲火災，故黄帝禽之；共工爲水害，故顓頊誅之。

《漢書》卷二一下《律曆志下》 祭典曰：『共工氏伯九域。』言雖有水德，在火木之間，非其序也。任知刑以彊，故伯而不王。【略】《易》曰：『炮犧氏没，神農氏作。』言共工伯而不王，雖有水德，非其序也。

漢・王符《潛夫論》卷八《五德志》 摇光如月正白，感女樞幽防之宫，生黑帝顓頊。其相駢幹。身號高陽，世號共工。

晉・皇甫謐《帝王世紀》 （女媧）末，有諸侯共工氏，任智刑以强伯而不王，以水承木非行次，故《易》不載。

唐・司馬貞《補史記・三皇本紀》 當（女媧）末年也，諸侯有共工氏，任智刑以强霸而不王，以水乘木，乃與祝融戰，不勝，而怒乃頭觸不周，山崩，天柱折，地維缺，女媧乃鍊五色石以補天，斷鼇足以立四極，聚蘆灰以止滔水，以濟冀州。按：其事出《淮南子》也。

宋・王欽若等《册府元龜・總序》 共工氏任智刑以御九域，霸而不王，雖承太昊之後而不齒五德之序。

宋・胡宏《皇王大紀》卷一《三皇紀》 女媧死，共工氏伯九州，自謂水德。失五行之叙，不能奄有天下。虞其湛樂，淫失其身。欲壅防百川，墮高湮下以害天下，皇天弗福，庶民弗助，禍亂並興，而天下歸於大庭氏。共工氏有子曰勾龍，能辨土之所宜，以教兆民，後世有天下者，祀勾龍以配社。

宋・鄭樵《通志》卷二《五帝紀》 按：共工氏在伏羲之後，專任知刑，以水德居木火之間，霸而不王，亦以水紀官。《周語》曰：『共工欲壅防百川，墮高堙庳，以害天下，皇天弗福，庶民弗佑，是以滅亡。』賈逵曰：『共工，諸侯也，炎帝之後，姜姓。高陽氏衰，共工與高辛爭而王歸藏。』《啓筮》曰：『共工人面蛇身，朱髮。』《淮南子》曰：『共工之力觸不周之山，使地傾東南，與高辛爭，而帝遂潛于淵。』又曰：『舜時有共工，振滔洪水，以薄空桑。』《文子》曰：『共工水害，顓帝誅之。』荀卿曰：『禹伐共工。』據此所言，皆不足信。然共工氏當始於伏羲之後，子孫承傳，以至堯舜之世，皆謂之共工氏。

三代更替部

大禹受禪分部

綜　述

《尚書・虞書・大禹謨》 帝曰：『格，汝禹。朕宅帝位三十有三載，耄期，倦于勤。汝惟不怠，總朕師。』孔安國注：八十、九十曰耄，百年曰期頤。言己年老，厭倦萬機，汝不懈怠於位，稱總我衆。欲使攝。禹曰：『朕德罔克，民不依。皋陶邁種德，德乃降，黎民懷之，帝念哉！念兹在兹，釋兹在兹。名言兹在兹，允出兹在兹，惟帝念功。』【略】

帝曰：來，禹。降水儆予，成允成功，惟汝賢。克勤于邦，克儉于家，不自滿假，惟汝賢。汝惟不矜，天下莫與汝爭能；汝惟不伐，天下莫與汝爭功。予懋乃德，嘉乃丕績。天之曆數在汝躬，汝終陟元后。人心惟危，道心惟微，惟精惟一，允執厥中。無稽之言勿聽，弗詢之謀勿庸。可愛非君？可畏非民？衆非元后何戴？后非衆罔與守邦。欽哉！慎乃有位，敬修其可願，四海困窮，天禄永終。惟口出好興戎。朕言不再。孔穎達疏：帝不許禹讓，呼之曰：來，禹。下流之水儆戒於我，我恐不能治之。汝成聲教之信，能成治水之功，惟汝之賢。汝能勤勞於國，謂盡力於溝洫。能節儉於家，謂薄飲食，卑宫室。常執謙沖，不自滿溢誇大，惟汝之賢也。又申美之：汝惟不自矜誇，故天下莫敢與汝爭能；汝惟不自稱伐，故天下莫敢與汝爭功。美功之大也。我今勉汝之德，善汝大功，天之曆運之數，帝位當在汝身，汝終當升此大君之位，宜代我爲天子。因戒以爲君之法：民心惟甚危險，道心惟甚幽微。危則難安，微則難明，汝營精心，惟當一意，信執其中王之道，乃得人安而道明耳。又爲人君，不當妄受用人語，無可考驗之言，勿聽受之；不是詢衆之謀，勿信用之。

禹曰：『枚卜功臣，惟吉之從。』帝曰：『禹，官占惟先蔽志，昆命于元龜。朕志先定，詢謀僉同，鬼神其依，龜筮協從，卜不習吉。』禹拜稽首固辭。帝曰：『毋！惟汝諧。』正月朔旦，受命于神宗。孔安國注：受舜終事之命。神宗，文祖之宗廟。率百官，若帝之初。

帝曰：『咨！禹：惟時有苗弗率，汝徂征。』禹乃會羣后，誓于師曰：『濟濟有衆，咸聽朕命：蠢兹有苗，昏迷不恭，侮慢自賢，反道敗德。君子在野，小人在位。民棄不保，天降之咎。肆予以爾衆士奉辭罰罪。爾尚一乃心力，其克有勳。』三旬，苗民逆命。益贊于禹曰：『惟德動天，無遠弗屆。滿招損，謙受益，時乃天道。帝初于歷山，往于田，日號泣于旻天、于父母。負罪引慝，祗載見瞽瞍，夔夔齋慄，瞽亦允若。至誠感神，矧兹有苗？』禹拜昌言，曰：『俞。』班師振旅。帝乃誕敷文德，舞干、羽于兩階。七旬，有苗格。

又《皋陶謨》 曰若稽古皋陶。曰：『允迪厥德，謨明弼諧。』禹曰：『俞。如何？』皋陶曰：『都！慎厥身修，思永。惇叙九族，庶明勵翼，邇可遠，在兹。』

禹拜昌言曰：『俞。』皋陶曰：『都！在知人，在安民。』禹曰：『吁！咸若時，惟帝其難之。知人則哲，能官人；安民則惠，黎民懷之。能哲而惠，何憂乎驩兜，何遷乎有苗？何畏乎巧言令色孔壬？』孔穎達疏：皋陶以禹然其言，更述修身親親之道，歎而言曰：人君行此道者，在於知人善惡，擇善而信任之，在於能安下民，爲政以安定之也。禹聞此言，乃驚而言曰：吁，人君皆如是，能知人，惟帝堯猶其難之，況餘人乎？知人善惡則爲大智，能压官得其人矣。能安下民，則爲惠政，衆民皆歸之矣。此甚不易也。若帝堯能智而惠，則當朝無姦佞，何愛懼於驩兜之佞而流放之，何須遷徙於有苗之君，何所畏懼於彼巧言令色爲甚佞之人。三凶見惡，帝堯方始去之，是知人之難。

皋陶曰：『都！亦行有九德。亦言其人有德，乃言曰載采采。』禹曰：『何？』皋陶曰：『寬而栗，柔而立，愿而恭，亂而敬，擾而毅，直而溫，簡而廉，剛而塞，彊而義。彰厥有常，吉哉！』

日宣三德，夙夜浚明，有家。日嚴祗敬六德，亮采，有邦。翕受敷施，九德咸事，俊乂在官。百僚師師，百工惟時。撫于五辰，庶績其凝。

無教逸欲有邦，兢兢業業，一日二日萬幾。無曠庶官，天工人其代之。天叙有典，敕我五典五惇哉！天秩有禮，自我五禮有庸哉！同寅協恭和衷哉！天命有德，五服五章哉！天討有罪，五刑五用哉！政事懋哉懋哉！『天聰明，自我民聰明。天明畏，自我民明威。達于上下，敬哉！有土。』皋陶曰：『朕言惠，可厎行。』禹曰：『俞，乃言厎可績。』皋陶曰：『予未有知思，日贊贊襄哉。』

又《益稷》 帝曰：『來，禹！汝亦昌言。』禹拜曰：『都，帝！予何言？予思日孜孜。』皋陶曰：『吁！如何？』禹曰：『洪水滔天，浩浩懷山襄陵，下民昏墊。予乘四載，隨山刊木。暨益，奏庶鮮食。予決九川，距四海；濬畎、澮，距川。暨稷，播奏庶艱食鮮食。懋遷有無化居，烝民乃粒，萬邦作乂。』皋陶曰：『俞，師汝昌言。』

禹曰：『都！帝：慎乃在位。』帝曰：『俞。』禹曰：『安汝止，惟幾惟康，其弼直。惟動丕應，徯志。以昭受上帝，天其申命用休。』帝曰：『吁！臣哉鄰哉，鄰哉臣哉！』禹曰：『俞。』

帝曰：『臣作朕股肱耳目。予欲左右有民，汝翼。予欲宣力四方，汝爲。予欲觀古人之象，日、月、星辰、山、龍、華、蟲，作會宗彝。藻、火、粉、米、黼、黻，絺繡，以五采彰施于五色，作服，汝明。

予欲聞六律、五聲、八音，在治忽，以出納五言，汝聽。予違，汝弼。汝無面從，退有後言。欽四鄰，庶頑讒説若不在時，侯以明之，撻以記之。書用識哉，欲並生哉！工以納言，時而颺之，格則承之，庸之，否則威之。』

禹曰：『俞哉！帝：光天之下，至于海隅蒼生，萬邦黎獻，共惟帝臣。惟帝時舉，敷納以言，明庶以功，車、服以庸。誰敢不讓，敢不敬應？帝不時，敷同日奏罔功。無若丹朱傲，惟慢遊是好。傲虐是作，罔晝夜頟頟。罔水行舟，朋淫于家，用殄厥世。予創若時，娶于塗山，辛、壬、癸、甲。啓呱呱而泣，予弗子，惟荒度土功。弼成五服，至于五千，州十有二師。外薄四海，咸建五長。各迪有功，苗頑弗卽工，帝其念哉！』帝曰：『迪朕德，時乃功惟叙。』

又《夏書・禹貢》 禹别九州，隨山濬川，任土作貢。

禹敷土，隨山刊木，奠高山大川。

冀州既載。壺口治梁及岐。既修太原，至於岳陽。覃懷厎績，至于衡漳。厥土惟白壤，厥賦惟上上錯，厥田惟中中。恒、衛既從，大陸既作。

島夷皮服。夾右碣石，入于河。濟、河惟兗州。九河既道，雷夏既澤，灉、沮會同。桑土既蠶，是降丘宅土。厥土黑墳，厥草惟繇，厥木惟條。厥田惟中下，厥賦貞。作十有三載，乃同。厥貢漆、絲，厥篚織文。浮于濟、漯，達于河。

海、岱惟青州。嵎夷既略，濰、淄其道。厥土白墳，海濱廣斥。厥田惟上下，厥賦中上。厥貢鹽、絺，海物惟錯。岱畎絲、枲、鉛、松、怪石，萊夷作牧。厥篚檿絲。浮于汶，達于濟。

海、岱及淮惟徐州。淮沂其乂，蒙羽其藝。大野既豬，東原厎平。厥土赤埴墳，草木漸包。厥田惟上中，厥賦中中，厥貢惟土五色。羽畎夏翟，嶧陽孤桐。泗濱浮磬，淮、夷蠙珠暨魚。厥篚玄纖縞。浮于淮、泗，達于河。

淮、海惟揚州。彭蠡既豬，陽鳥攸居。三江既入，震澤厎定，篠、簜既敷。厥草惟夭，厥木惟喬。厥土惟塗泥，厥田惟下下，厥賦下上上錯，厥貢惟金三品。瑤、琨、篠、簜，齒、革、羽、毛惟木。島夷卉服。厥篚織貝。厥包橘、柚，錫貢。沿于江海，達于淮、泗。

荆及衡陽惟荆州。江、漢朝宗于海，九江孔殷，沱、潛既道，雲土夢作乂。厥土惟塗泥，厥田惟下中，厥賦上下。厥貢羽、毛、齒、革，惟金三品。杶、榦、栝、柏，礪、砥、砮、丹，惟箘、簵、楛，三邦厎貢，厥名。包，匭菁、茅。厥篚玄纁、璣組。九江納錫大龜。浮于江、沱、潛、漢，逾于洛，至于南河。

荆、河惟豫州。伊、洛、瀍、澗，既入于河。滎波既豬，導菏澤，被孟豬。厥土惟壤，下土墳壚。厥田惟中上，厥賦錯上中。厥貢漆、枲、絺、紵，厥篚纖纊。錫貢磬錯。浮于洛，達于河。

華陽、黑水惟梁州。岷、嶓既藝，沱、潛既道，蔡、蒙旅平，和夷厎績。厥土青黎，厥田惟下上，厥賦下中三錯。厥貢璆、鐵、銀、鏤、砮、磬，熊、羆、狐、貍織皮。西傾因桓是來，浮于潛，逾于沔，入于渭，亂于河。

黑水、西河惟雍州。弱水既西，涇屬渭汭，漆、沮既從，灃水攸同。荆、岐既旅，終南、惇物，至于鳥鼠。原隰厎績，至于豬野。三危既宅，三苗丕叙。厥土惟黃壤，厥田惟上上，厥賦中下。厥貢惟球、琳、琅、玕。浮于積石，至于龍門西河，會于渭汭。織皮崐崘、析支、渠、搜，西戎卽叙。

導岍及岐，至于荆山，逾于河。壺口、雷首，至于太岳。厎柱、析城，至于王屋。太行、恒山，至于碣石，入于海。西傾、朱圉、鳥鼠，至于太華。熊耳、外方、桐柏，至于陪尾。導嶓冢至于荆山。内方，至于大別。岷山之陽，至于衡山。過九江，至于敷淺原。導弱水至于合黎，餘波入于流沙。導黑水至于三危，入于南海。導河積石，至于龍門。南至于華陰，東至于厎柱，又東至于孟津。東過洛汭，至于大伾。北過降水，至于大陸。又北，播爲九河，同爲逆河，入于海。嶓冢導漾，東流爲漢。又東，爲滄浪之水。過三澨，至于大別，南入于江。東匯澤爲彭蠡，東爲北江，入于海。岷山導江，東別爲沱。又東至于澧。過九江，至于東陵。東迆，北會于匯。東爲中江，入于海。導沇水，東流爲濟，入于河，溢爲滎。東出于陶丘北，又東至于菏，又東北會于汶，又北東入于海。導淮自桐柏，東會于泗、沂，東入于海。導渭自鳥鼠同穴，東會于灃，又東會于涇，又東過漆、沮，入于河。導洛自熊耳，東北會于澗、瀍，又東會于伊，又東北入于河。

九州攸同，四隩既宅，九山刊旅，九川滌源，九澤既陂，四海會同，六府孔修。庶土交正，厎慎財賦。咸則三壤，成賦中邦。

錫土姓，祗台德先，不距朕行。

五百里甸服。百里賦納總，二百里納銍，三百里納秸服，四百里粟，五百里米。

五百里侯服。百里采，二百里男邦，三百里諸侯。

五百里綏服。三百里揆文教，二百里奮武衛。

五百里要服。三百里夷，二百里蔡。

五百里荒服。三百里蠻，二百里流，東漸于海，西被于流沙，朔、南暨聲教。訖于四海，禹錫玄圭，告厥成功。

《左傳·哀公七年》 禹合諸侯於塗山，執玉帛者萬國。

《孟子》卷五《滕文公上》 禹疏九河，瀹濟、漯而注諸海，決汝、漢，排淮、泗而注之江，然後中國可得而食也。當是時也，禹八年於外，三過其門而不入。趙岐注：疏，通也。瀹，治也。排，壅也。於是水害除，故中

國之地可得耕而食也。禹勤事於外，八年之中，三過其家門而不得入。

又 卷九《萬章上》 昔者舜薦禹於天，十有七年。舜崩，三年之喪畢，禹避舜之子於陽城，天下之民從之，若堯崩之後不從堯之子而從舜也。

《戰國楚竹書·容成氏》（㚖）［舜］又子七人，不（㠯）［以］（亓）［丌］子爲（逡）［後］，見（埅）［禹］之（㪅）［䝼］也，而（欲）［欲］（㠯）［以］爲（後）。（埅）［禹］乃五（𧷡）［壤］（㠯）［以］天下之（㪅）［䝼］者，不（旻）［得］巳，然句（敔）［敢］（𡟬）［受］之。

《尸子》卷下 古者龍門未闢，吕梁未鑿。河出於孟門之上，大溢逆流，無有丘陵高阜，滅之，名曰洪水。禹於是疏河決江，十年不窺其家，手不爪，脛不生毛，生偏枯之病，步不相過，人曰禹步。山行乘樏，泥行乘蕝。【略】

禹興利除害，爲萬民種也。

《世本·三皇世系》 黄帝生昌意，昌意生顓頊，顓頊生鯀，鯀取有辛氏女，謂之女志。是生高密。宋衷曰：『高密，禹所封國。』

《韓非子》卷一七《説疑》 舜偪堯，禹偪舜。

《呂氏春秋》卷五《尊師》 禹立，勤勞天下，日夜不懈，通大川，決壅塞，鑿龍門，降通漻水以導河，疏三江五湖，注之東海，以利黔首。於是命皋陶作爲夏籥九成，以昭其功。

又 卷一九《離俗覽》 三苗不服，禹請攻之，舜曰：『以德可也。』行德三年而三苗服。

漢·劉安《淮南子》卷一《原道訓》 昔者，夏鯀作三仞之城，諸侯背之，海外有狡心。禹知天下之叛也，乃壞城平池，散財物，焚甲兵，施之以德，海外賓伏，四夷納職，合諸侯於塗山，執玉帛者萬國。

又 卷一九《修務訓》 禹沐浴霪雨，櫛扶風，決江疏河，鑿龍門，闢伊闕，脩彭蠡之防，乘四載，乘四載，隨山栞木，平治水土，定千八百國。

《史記》卷二《夏本紀》 夏禹，名曰文命。禹之父曰鯀，鯀之父曰帝顓頊，顓頊之父曰昌意，昌意之父曰黄帝。禹者，黄帝之玄孫而帝顓頊之孫也。禹之曾大父昌意及父鯀皆不得在帝位，爲人臣。

當帝堯之時，鴻水滔天，浩浩懷山襄陵，下民其憂。堯求能治水者，羣臣四嶽皆曰鯀可。堯曰：『鯀爲人負命毀族，不可。』四嶽曰：『等之未有賢於鯀者，願帝試之。』於是堯聽四嶽，用鯀治水。九年而水不息，功用不成。於是帝堯乃求人，更得舜。舜登用，攝行天子之政，巡狩。行視鯀之治水無狀，乃殛鯀於羽山以死。天下皆以舜之誅爲是。於是舜舉鯀子禹，而使續鯀之業。

堯崩，帝舜問四嶽曰：『有能成美堯之事者使居官？』皆曰：『伯禹爲司空，可成美堯之功。』舜曰：『嗟，然！』命禹：『女平水土，維是勉之。』禹拜稽首，讓於契、后稷、皋陶。舜曰：『女其往視爾事矣。』

禹爲人敏給克勤；其悳不違，其仁可親，其言可信；聲爲律，身爲度，稱以出；亹亹穆穆，爲綱爲紀。

禹乃遂與益、后稷奉帝命，命諸侯百姓興人徒以傅土，行山表木，定高山大川。禹傷先人父鯀功之不成受誅，乃勞身焦思，居外十三年，過家門不敢入。薄衣食，致孝于鬼神。卑宮室，致費於溝淢。陸行乘車，水行乘船，泥行乘橇，山行乘檋。左準繩，右規矩，載四時，以開九州，通九道，陂九澤，度九山。令益予衆庶稻，可種卑溼。命后稷予衆庶難得之食。食少，調有餘相給，以均諸侯。禹乃行相地宜所有以貢，及山川之便利。

禹行自冀州始。冀州：既載壺口，治梁及岐。既脩太原，至于嶽陽。覃懷致功，至於衡漳。其土白壤。賦上上錯，田中中，常、衛既從，大陸既爲。鳥夷皮服。夾右碣石，入于海。

濟、河維沇州：九河既道，雷夏既澤，雍、沮會同，桑土既蠶，於是民得下丘居土。其土黑墳，草繇木條。田中下，賦貞，作十有三年乃同。其貢漆絲，其篚織文。浮於濟、漯，通於河。

海岱維青州：堣夷既略，濰、淄其道。其土白墳，海濱廣潟，厥田斥鹵。田上下，賦中上。厥貢鹽絺，海物維錯，岱畎絲、枲、鉛、松、怪石，萊夷爲牧，其篚酓絲。浮於汶，通於濟。

海岱及淮維徐州：淮、沂其治，蒙、羽其藝。大野既都，東原底平。其土赤埴墳，草木漸包。其田上中，賦中中。貢維土五色，羽畎夏狄，嶧陽孤桐，泗濱浮磬，淮夷蠙珠臮魚，其篚玄纖縞。浮于淮、泗，通于河。

淮海維揚州：彭蠡既都，陽鳥所居。三江既入，震澤致定。竹箭既布。其草惟夭，其木惟喬，其土涂泥。田下下，賦下上上雜。貢金三品，瑤、琨、竹箭，齒、革、羽、旄，島夷卉服，其篚織貝，其包橘、柚錫貢。均江海，通淮、泗。

荆及衡陽維荆州：江、漢朝宗于海。九江甚中，沱、涔已道，雲土、夢爲治。其土塗泥。田下中，賦上下。貢羽、旄、齒、革，金三品，杶、榦、栝、柏，礪、砥、砮、丹，維箘簵、楛，三國致貢其名，包匭菁茅，其篚玄纁璣組，九江入賜大龜。浮于江、沱、涔、［于］漢，踰于雒，至于南河。

荆河惟豫州：伊、雒、瀍、澗既入于河，滎播既都，道荷澤，被明都。其土壤，下土墳壚。田中上，賦雜上中。貢漆、絲、絺、紵，其篚纖絮，錫貢磬錯。浮於雒，達於河。

華陽黑水惟梁州：汶、嶓既藝，沱、涔既道，蔡、蒙旅平，和夷底績。其土青驪。田下上，賦下中三錯。貢璆、鐵、銀、鏤、砮、磬，熊、羆、狐、貍、織皮。西傾因桓是來，浮于潛，踰于沔，入于渭，亂于河。

黑水西河惟雍州：弱水既西，涇屬渭汭。漆、沮既從，灃水所同。荆、岐已旅，終南、敦物至于鳥鼠。原隰底績，至于都野。三危既度，三苗大序。其土黄壤。田上上，賦中下。貢璆、琳、琅玕。浮于積石，至于龍門西河，會于渭汭。織皮昆侖、析支、渠搜，西戎既序。

道九山：汧及岐至于荆山，踰于河；壺口、雷首至于太嶽；砥柱、析城至于王屋；太行、常山至于碣石，入于海；西傾、朱圉、鳥鼠至于太華；熊耳、外方、桐柏至于負尾；道嶓冢，至于荆山；内方至于大别；汶山之陽至衡山，過九江，至于敷淺原。

道九川：弱水至於合黎，餘波入于流沙。道黑水，至于三危，入于南海。道河積石，至于龍門，南至華陰，東至砥柱，又東至于盟津，東過雒汭，至于大邳，北過降水，至于大陸，北播爲九河，同爲逆河，入于海。嶓冢道瀁，東流爲漢，又東爲蒼浪之水，過三澨，入于大别，南入于江，東匯澤爲彭蠡，東爲北江，入于海。汶山道江，東别爲沱，又東至于醴，過九江，至于東陵，東迆北會于匯，東爲中江，入于海。道沇水，東爲濟，入于河，泆爲滎，東出陶丘北，又東至于荷，又東北會于汶，又東北入于海。道淮自桐柏，東會于泗、沂，東入于海。道渭自鳥鼠同穴，東會于灃，又東北至于涇，東過漆、沮，入于河。道雒自熊耳，東北會于澗、瀍，又東會于伊，東北入于河。

於是九州攸同，四奥既居，九山栞旅，九川滌原，九澤既陂，四海會同。六府甚脩，衆土交正，致慎財賦，咸則三壤成賦。中國賜土姓：「祗台德先，不距朕行。」

令天子之國以外五百里甸服：百里賦納總，二百里納銍，三百里納秸服，四百里粟，五百里米。甸服外五百里侯服：百里采，二百里任國，三百里諸侯。侯服外五百里綏服：三百里揆文教，二百里奮武衛。綏服外五百里要服：三百里夷，二百里蔡。要服外五百里荒服：三百里蠻，二百里流。

東漸于海，西被于流沙，朔、南暨：聲教訖于四海。於是帝錫禹玄圭，以告成功于天下。天下於是太平治。

皋陶作士以理民。帝舜朝，禹、伯夷、皋陶相與語帝前。皋陶述其謀曰：『信其道德，謀明輔和。』禹曰：『然，如何？』皋陶曰：『於！慎其身脩，思長，敦序九族，衆明高翼，近可遠在已。』禹拜美言，曰：『然。』皋陶曰：『於！在知人，在安民。』禹曰：『吁！皆若是，惟帝其難之。知人則智，能官人；能安民則惠，黎民懷之。能知能惠，何憂乎驩兜，何遷乎有苗，何畏乎巧言善色佞人？』皋陶曰：『然，於！亦行有九德，亦言其有德。』乃言曰：『始事事，寬而栗，柔而立，愿而共，治而敬，擾而毅，直而温，簡而廉，剛而實，彊而義，章其有常，吉哉。日宣三德，蚤夜翊明有家。日嚴振敬六德，亮采有國。翕受普施，九德咸事，俊乂在官，百吏肅謹。毋教邪淫奇謀。非其人居其官，是謂亂天事。天討有皋，五刑五用哉。吾言底可行乎？』禹曰：『女言致可績行。』皋陶曰：『余未有知，思贊道哉。』

帝舜謂禹曰：『女亦昌言。』禹拜曰：『於，予何言！予思日孳孳。』皋陶難禹曰：『何謂孳孳？』禹曰：『鴻水滔天，浩浩懷山襄陵，下民皆服於水。予陸行乘車，水行乘舟，泥行乘橇，山行乘檋，行山栞木。與益予衆庶稻鮮食。以決九川致四海，浚畎澮致之川。與稷予衆庶難得之食。食少，調有餘補不足，徙居。衆民乃定，萬國爲治。』皋陶曰：『然，此

而美也。」

禹曰：『於，帝！慎乃在位，安爾止。輔德，天下大應。清意以昭待上帝命，天其重命用休。』帝曰：『吁，臣哉，臣哉！臣作朕股肱耳目。予欲左右有民，女輔之。余欲觀古人之象。日月星辰，作文繡服色，女明之。予欲聞六律五聲八音，來始滑，以出入五言，女聽。予卽辟，女匡拂予。女無面諛。退而謗予。敬四輔臣。諸衆讒嬖臣，君德誠施皆清矣。』禹曰：『然。帝卽不時，布同善惡則毋功。』

帝曰：『毋若丹朱傲，維慢游是好，毋水行舟，朋淫于家，用絶其世。予不能順是。』禹曰：『予（辛壬）娶塗山，（辛壬）癸甲，生啓予不子，以故能成水土功。輔成五服，至于五千里，州十二師，外薄四海，咸建五長，各道有功。苗頑不卽功，帝其念哉。』帝曰：『道吾德，乃女功序之也。』

皋陶於是敬禹之德，令民皆則禹。不如言，刑從之。舜德大明。

於是夔行樂，祖考至，羣后相讓，鳥獸翔舞，簫韶九成，鳳皇來儀，百獸率舞，百官信諧。帝用此作歌曰：『陟天之命，維時維幾。』乃歌曰：『股肱喜哉，元首起哉，百工熙哉！』皋陶拜手稽首揚言曰：『念哉，率爲興事，慎乃憲，敬哉！』乃更爲歌曰：『元首明哉，股肱良哉，庶事康哉！』（舜）又歌曰：『元首叢脞哉，股肱惰哉，萬事墮哉！』帝拜曰：『然，往欽哉！』於是天下皆宗禹之明度數聲樂，爲山川神主。

帝舜薦禹於天，爲嗣。十七年而帝舜崩。三年喪畢，禹辭辟舜之子商均於陽城。天下諸侯皆去商均而朝禹。禹於是遂卽天子位，南面朝天下，國號曰夏后，姓姒氏。

《大戴禮記·五帝德》 宰我曰：『請問禹。』

孔子曰：『高陽之孫，鯀之子也，曰文命。敏給克濟，其德不回，其仁可親，其言可信；聲爲律，身爲度，稱以上士；亹亹穆穆，爲綱爲紀。巡九州，通九道，陂九澤，度九山。爲神主，爲民父母；左準繩，右規矩；履四時，據四海，平九州，戴九天，明耳目，治天下。舉皋陶與益以贊其身，舉干戈以征不享不庭無道之民，四海之內，舟車所至，莫不賓服。』

《漢書》卷二一下《律曆志下》 《帝系》曰，顓頊生窮蟬，五世而生瞽叟，瞽叟生帝舜，處虞之嬀汭，堯嬗以天下火生土，故爲土德。天下號曰有虞氏。讓天下於禹，使子商均爲諸侯。卽位五十載。

漢·趙曄《吳越春秋·越王無余外傳》 於是周行寓內，東造絶迹，西延積石，南踰赤岸，北過寒谷，徊崑崙，察六扈脈地理，名金石。寫流沙於西隅，決弱水於北漢。青泉、赤淵分入洞穴，通江東流，至於碣石。疏九河於涽淵，開五水於東北。鑿龍門，闢伊闕。平易相土，觀地分州。殊方各進，有所納貢。民去崎嶇，歸於中國。

堯曰：『俞！以固冀於此。』乃號禹曰伯禹，官曰司，賜姓姒氏，領統州伯，以巡十二部。堯崩，禹服三年之喪，如喪考妣，晝哭夜泣，氣不屬聲。堯禪位于舜，舜薦大禹，改官司徒，內輔虞位，外行九伯。舜崩，禪位命禹。禹服喪三年，形體枯槁，面目黎黑。讓位商均，退處陽山之南，陰阿之北。萬民不附商均，追就禹之所，狀若驚鳥揚天，駭魚入淵。晝歌夜吟，登高號呼，曰：『禹棄我，如何所戴！』禹三年服畢，哀民不得已，卽天子之位。三載考功，五年政定。周行天下，歸還大越。登茅山，以朝四方羣臣，觀示中州。諸侯防風後至，斬以示衆，示天下悉屬禹也。乃大會計治國之道，內美釜山州慎之功，外演聖德，以應天心。遂更名茅山曰會稽之山。因傳國政，休養萬民，國號曰夏后。

漢·袁康、吳平《越絶書》卷八《越絶吳內傳第四》 疇糞桑麻，播種五穀，必以手足。大越海濱之民，獨以鳥山，小大有差，進退有行，莫將自使，其故何也？曰：禹始也，憂民救水，到大越，上茅山，大會計，爵有德，封有功，更名茅山曰會稽。及其王也，巡狩大越，見耆老，納詩書，審銓衡，平斗斛。因病亡死，葬會稽。葦槨桐棺，穿壙七尺；上無漏泄，下無印水；壇高三尺，土階三等，延袤一畝。尚以爲居之者樂，爲之者苦，無以報民功，教民鳥田，一盛一衰。當禹之時，舜死蒼梧，象爲民田也。禹至此者，亦有因矣，亦覆釜也。覆釜者，州土也，填德也。禹美而告至焉。禹知時晏歲暮，年加申酉，求書其下，祠白馬禹井。井者，法也。

晉·皇甫謐《帝王世紀》 伯禹夏后氏，姒姓也，其先出顓頊。顓頊生鯀，堯封爲崇伯，納有莘氏女曰志，是爲修己山行。見流星貫昴，夢接意感慄然。又吞神珠薏苡，胸拆而生禹於石紐。虎鼻大口，兩耳參漏。首

戴鉤鈐，胸有玉斗，右足文履己字，故名文命，字高密，身長九尺二寸。長於西羌，西夷人也。初，禹未登用之時，其父既放，降在匹庶，有聖德。夢自洗于河，觀於河，始受圖，括地象也，圖言治水之意。四嶽師舉之，舜進之堯，堯命以爲司空，繼鯀治水。乃勞身勤苦，不重徑尺之璧，而愛日之寸陰，手足胼胝。故世傳禹病偏枯，足不相過，至今巫稱禹步是也。又納禮賢士，一沐三握髮，一食三吐餐。十三年而洪水平，堯美其績，乃賜姓姒氏，封爲夏伯，故謂之伯禹，天下宗之，謂之大禹。及堯崩，舜復命居故官。禹年二十始用，三十二而洪水平，年七十四，舜始薦之於天，薦後十二年，舜老，始使禹代攝，行天子事五年。舜崩，禹除舜喪，明年始即眞，以金承土，都平陽，或都安邑。年百歲，崩于會稽，因葬會稽山陰縣之南。

論說

《論語》卷四《泰伯》 子曰：『巍巍乎，舜、禹之有天下也，而不與焉。』何晏注：美舜、禹也。言己不與求天下而得之。邢昺疏：此章美舜、禹也。巍巍，高大之稱。言舜、禹之有天下，自以功德受禪，不與求而得之，所以其德巍巍然高大也。【略】

子曰：『禹，吾無間然矣。何晏引孔安國曰：『孔子推禹功德之盛美，言己不能復間廁其間。』而致孝乎鬼神，惡衣服而致美乎黻冕，卑宮室而盡力乎溝洫。禹，吾無間然矣。』邢昺疏：孔子推禹功德之盛美，言己不能復間廁其間也。

又 卷七《憲問》 禹、稷躬稼而有天下。

《上海博物館藏楚竹書・緇衣》第七章 子曰：『（𡍬）［禹］立（厽）［三］年，百（眚）［姓］（㠯）［以］（悬）［仁］（䢐）［道］，豈必盡仁？』

《左傳・昭公元年》 劉子曰：『美哉禹功！明德遠矣。微禹，吾其魚乎！吾與子弁冕、端委，以治民、臨諸侯，禹之力也。子盍亦遠續禹功而大庇民乎！』

《呂氏春秋》卷一三《有始覽》 昔者禹一沐而三捉髮，一食而三起，以禮有道之士，通乎己之不足也。【略】

禹欲帝而不成，既足以正殊俗矣。

漢・韓嬰《韓詩外傳》卷三《第二十三章》 當舜之時，有苗氏不服。其不服者，衡山在南，岐山在北，左洞庭之波，右彭澤之水，由此險也。以其不服，禹請伐之，而舜不許，曰：『吾喻教猶未竭也。』久喻教，而有苗氏請服。天下聞之，皆薄禹之義，而美舜之德。詩曰：『載色載笑，匪怒伊教。』舜之謂也。問曰：然則禹之德不及舜乎？曰：非然也。禹之所以請伐者，欲彰舜之德也。故善則稱君，過則稱己，臣下之義也。假使禹爲君，舜爲臣，亦如而已矣。夫禹可謂達乎人臣之大體也。

《史記》卷二《夏本紀》 太史公曰：禹爲姒姓，其後分封，用國爲姓，故有夏后氏、有扈氏、有男氏、斟尋氏、彤城氏、褒氏、費氏、杞氏、繒氏、辛氏、冥氏、斟（氏）戈氏。孔子正夏時，學者多傳《夏小正》云。自虞、夏時，貢賦備矣。或言禹會諸侯江南，計功而崩，因葬焉，命曰會稽。會稽者，會計也。

漢・班固《白虎通》卷一《號》 三王者，何謂也？夏、殷、周也。故禮士冠經曰『周弁殷冔夏收，三王共皮弁』也。所以有夏、殷、周號何？以爲王者受命，必立天下之美號以表功自克，明易姓爲子孫制也。夏、殷、周者，有天下之大號也。百王同天下，無以相別，改制天子之大禮，號以自別于前，所以表著己之功業也。必改號者，所以明天命已著，欲顯揚己于天下也。己復襲先王之號，與繼體守文之君無以異也。不顯不明，非天意也。故受命王者，必擇天下美號，表著己之功業，明當致施是也。所以預自表克于前也。不以姓爲號何？姓者，一字之稱也，尊卑所同也。諸侯各稱一國之號，而有百姓矣，天子至尊，即備有天下之號，而兼萬國矣。夏者，大也。明當守持大道。

《漢書》卷二一下《律曆志下》 《帝系》曰，顓頊五世而生鯀，鯀生禹，虞舜嬗以天下。土生金，故爲金德。天下號曰夏后氏。繼世十七王，四百三十二歲。

唐・蘇鶚《蘇氏演義》卷上 堯禪位於舜，舜復禪位於禹，經史稱其聖德。《汲冢竹書》乃云：堯禪位後爲舜王之，而相州湯陰縣遂有堯城。舜禪位後爲禹王之，而任昉云：朝歌有獄基，爲禹置虞舜之宮。劉子玄引《竹書》，以爲摭實，非也。夫堯、舜、夏禹，聖人也，以禪代爲盛德，

後聖仰而傚之。凡善惡必書，謂之良史。湯武王，聖人也。湯放桀於南巢，武王伐紂，伯夷、叔齊不食周粟，而經史不爲之諱，則豈獨諱舜禹之事而反褒之乎？知小説者之爲濫矣。蓋堯之耄，舜功之高，舜之耄，禹功之高，耄者必怠於政事，功高者人心之所歸，聖人知進退存亡之道，將以副天下人之心，不得不禪其位也。後儒意以爲篡奪而取禪代之名，如曹孟德、司馬仲達之流，則不然也。

明・邵寶《學史》卷四 禹，聖人也。舜之用之豈專爲世業哉？任大事而求人於世，抑舜不可謂無意焉！

明・孫承恩《文簡集》卷二《大禹王》 禹之爲君也，一饋十起，一沐三握，以勞天下之民。懸鐘鼓之類，以求善言。制典則以遺其後嗣，絶旨酒以示有國者之戒，見罪人而悲其民之異心。至於因神龜之出而畫九疇，皇極建中，萬世爲君之道莫加焉！漢儒董仲舒所謂『三聖相授守一道』者，以此。

清・馬驌《繹史》卷一《禹平水土》 帝堯在位，萬邦時雍，越六十載而有洪水之患。此天行之運，抑聖人不能違乎？帝用憂之，命鯀俾帝堯在位，萬邦時雍，越六十載而有洪水之患。此天行之運，抑聖人不能違乎？帝用憂之，命鯀俾乂，九載無成，於是舉舜輔治。舜乃殛鯀於羽山，是始命禹治水，纘成厥功，爰暨益、稷焚山澤，導河、濟，決江、淮，濬畎澮，治溝洫，定田賦，八年而奏績，地平无成，四海艾安，功施於三代。世稱堯有九年之水，其當湯湯方割，鯀績弗成之日乎？夫洪水之害急矣，鯀至九載無功，然後廢之，何也？《傳》曰：『禹能修鯀之功。』蓋九年之閒，鯀之所經營捍禦者，非盡無功，但不能成功耳。方僉之舉鯀也，方命圮族，帝固明知之，但是時舜、禹未升，諸臣之才，未有如鯀者，故命之以欽而遣之。鯀若能用帝之欽，而濟之以才，水患之平，何必九載？夫惟自恃其才，違棄帝命，功既有緒，自任益專，咈戾衆議，訖潰於成，此其所以敗也。故鯀之治水也障之，禹之治水也導之。障之則隍高堙庳，不知幾費民力，非不暫愈，及有潰決，爲患滋深。禹則順而導之，因水之性，相地之宜，濬之以利其流，分之以殺其勢，注海注江，行所無事而功成矣。是鯀之敗，專與水爭地；禹之成，能以地讓水。其事正相反也，然則何以謂之修鯀之功？方當泛濫之時，鯀務多爲隄防以堙之，水性逆，故其患不息。禹導水由地中行，向鯀所爲隄防以障水者，皆可用之以輔水。事固有因敗以爲功者，存乎其人之善用耳，寧獨治水哉！禹不惟克勤于邦，功濟天下，且以蓋前人之愆，其大孝尤不可及也已。其始也，乘四載，隨山刊木，焚敺鳥獸，且以相度大勢，知水患所由起，則與益共其事，然後酌其緩急，因其高下，首自冀都，次及兖、青，而終於梁、雍，決川以距海，濬畎澮以距川；播奏艱食，則與稷共其事，禹惟以不矜不伐之德，孜孜勤勞，三聖協心，用襄厥成。八年之内，不但疏瀹決排而已也，畫疆制井，任土作貢，分封胙土，弼五服以至五千，聲教訖於四海，八年而垂萬世之功。故曰禹之明德遠矣，功成於唐、虞之際，而禹貢一篇，則夏史之所追書也。叙爲夏《書》之首，所以昭王業所由起，於斯義有竊取焉。至如《山海》志怪，太史公所不敢言，然諸子類多稱述，後世所有奇詭靈異，往往指爲禹迹，號曰神禹，豈有由乎？

又 卷一二《大禹受禪》 昔者，堯老舜攝，自文祖受終以後，堯無事焉。及舜即位三十三載，命禹總師，總師亦攝位也。既而有苗弗率，帝命徂征，千羽敷德，是舜猶行天子事也。若此者，與堯異，其故何邪？帝曰：堯、舜之禪讓，其心則同，其時勢則異也，何也？堯之禪舜，創舉也，前此未有也。舜在畎畝之中，登試任職三年，即欲遜以帝位，舜不受然後命之攝方。是時也，堯唯恐天下之戴舜不專而欲天下之忘己也，唯恐其不速，故巡守賞罰諸大政悉委之舜而已不與焉。遺後施澤既久，堯乃殂落。若其受攝之時，則猶未久耳。舜之與禹，則同事帝堯者也。禹平水土，其施功於民最切，天下之載禹，猶之乎載舜，以之禪授，則帝堯之前事可循矣，舜何必遽忘百姓哉？今有人於此，爲其子得一慈母，而慮其子之不相依也，則己從而避之。今有人於此，其子於慈母，既相依矣，猶之依己也，則己又從而顧之，是故或避或顧，兩父之心一也。堯、舜之子民，亦一也，詎有異哉？商均之不肖，未必如朱之傲虐嚚訟，然舜以其德不若禹，終不以天下私其子，猶復躬勤民事，南崩蒼梧，舜之不能恝然於百姓有如此者。

清・崔述《唐虞考信録》卷四《舜治定功成》 自秦、漢以來，世之論者皆謂堯以天下與舜，舜以天下與禹。故世所傳東晉《古文尚書・大禹謨》云：『帝曰：「格汝禹：朕宅帝位三十有三載，耄期倦于勤；汝惟

不怠，總朕師。」正月朔旦，受命于神宗，率百官若帝之初。』余按：堯以天下與舜，誠有之矣；若舜以天下與禹，以經考之則殊不然。堯之禪舜也，《經》書之詳矣。曰：『帝曰：「咨，四岳，朕在位七十載，汝能庸命巽朕位？」』是堯未得舜而久欲以天下與人矣。曰：『師錫帝曰：「有鰥在下，曰虞舜。」帝曰：「我其試哉！」』是堯舉舜之意卽欲以天下與之矣。曰：『帝曰：「格汝舜，詢事考言，乃言厎可績，三載；汝陟帝位」，舜讓于德，弗嗣；正月上日，受終于文祖。』是堯既試舜，欲與以天下，舜讓不肯受，而堯乃使之攝政也。自舜卽位以後，但記其詢岳，咨牧，命官，考績，而禪禹之事未有一言及之者，則舜未嘗以帝位授禹明矣。以天下授人，千古之大事也。堯之授舜也，言之詳，詞之累；舜果亦以天下授禹，何得終舜之身略之而不記乎！

藝 文

《楚辭·天問》 禹之力獻功，降省下土方。焉得彼嵞山女，而通之于台桑？

漢·陳琳《陳記室集·應譏》 昔洪水滔天，汎濫中國，伯禹躬之，過門而不入，率萬方之民，致力乎溝洫。及至《簫韶》九成，百獸率舞，垂拱無爲，而天下晏如。

唐·司馬貞《史記索隱·十二本紀述贊》 堯遭鴻水，黎人阻饑。禹勤溝洫，手足胼胝。言乘四載，動履四時。娶妻有日，過門不私。九土既理，玄珪錫茲。

唐·李白《李太白集》卷三《公無渡河》 大禹理百川，兒啼不窺家。

宋·范仲淹《范文正公文集》卷五《帝王好尚論》 禹拜昌言，而立大功。

宋·楊簡《慈湖遺書》卷六《歷代詩·夏》 堯舜天位傳禹王，禹之子啓傳太康。

宋·程大昌《禹貢論》 禹之水功，被賴萬世。

明·孫承恩《文簡集卷二大禹王》 大禹爲君日，勤勞恤萬民。鐘韶求善切，典則貽謀真。飲酒疏儀狄，當車泣罪人。龜疇叙常道，三聖實同倫。

清·王夫之《王船山詩文集·有所思》 水無歸，神禹爲。

雜 録

《孟子》卷五《滕文公上》 夏后氏五十而貢。趙岐注：夏禹之世，號夏后氏。后，君也。禹受禪於君，故夏稱后。

宋·楊傑《無爲集》卷九《補編年圖序》 舜生於己卯也，三十在位。歷試二年，攝位二十八年。故卽位於庚辰也，禪禹於壬寅也。正月朔旦受命於神宗，故禹攝於癸卯也，五十載陟方乃死，故崩於己巳也。史遷曰：『舜崩三年而禹卽天子位。』故禹卽位於壬申也。皇甫謐曰：『夏啓元年，歲在甲辰。』禹當先啓三年而崩，故崩於辛丑也。

元·許謙《詩集傳名物鈔》卷七 《孟子注》：『夏禹之世，號夏后氏。』后，君也。禹受禪於君，故夏稱后。

明·陳士元《論語類考》卷七《人物考》 元按：夏后，姒姓，名禹，一曰伯禹，又曰大禹。《索隱》以禹爲謚。《史記》以文命爲名，或又以文命爲字。薛應旂氏云：『禹字高密。』蓋據《世紀》之說。皆非也。前已辨矣。《路史》云：『禹之先出於顓頊，顓頊生駱明，駱明生白馬，生是爲伯鯀，字熙，汶山廣柔人也，封於崇，故曰崇伯。舜遏之羽山，三年而死。初，鯀納有莘氏日志，是爲修己，生禹於僰道之石紐鄉。長於西羌，西夷之人也。三十娶塗山氏。』《綱目前編》云：『堯在位七十有二載。乙卯，舜使禹平水土。八十有一載，甲子，封於有夏。舜在位三十有二載。丁巳，命禹總師。戊午，敍《洪範九疇》。四十有八載，甲戌，舜崩。乙亥，禹避於陽城。丙子，禹卽位，在位八歲，崩於會稽，年百有六歲。以金紀德，故又稱白帝。』《禮緯含文嘉》云：『禹卑宫室，垂意於溝洫，百穀用成，神龍至，靈龜服。』《尚書璇璣鈐》云：『禹開龍門，導積石，玄圭出，刻曰「延喜。」』《鬻子》云：『禹飯一饋而七起。』《世紀》云：『禹手足胼胝。故世傳禹病編枯，足不相過，至今巫稱禹步焉。』《禹廟謚議》云：『禹桀皆後世易名。周人革民視聽，故以行爲謚，乃謚夏之

末王爲桀，而追謚其始祖爲禹也。」豈其然哉！

清・李鍇《尚史》卷三《夏本紀》 伯禹夏后氏，姒姓也。父鯀，顓頊五世孫。《漢書》：『顓頊五世而生鯀。』《大戴禮記》：『顓頊產鯀，鯀產文命，是爲禹。』《史記》：『夏禹名文命，禹父曰鯀，鯀父曰顓頊。』二說非是。今從《漢書》。《書》曰：『文命敷于四海。』其曰名文命者，亦非是。

夏啓開國分部

綜述

《戰國楚竹書・容成氏》 （垔）（禹）又子五人，不（㠯）（以）（亓）（其）子爲（逡）（後），見㕣咎之（臤）（臤）也，而（欲）（欲）（㠯）（以）爲（逡）（後）。㕣秀乃五（襄）（讓）（㠯）（以）天下之（臤）（臤）者，述（爯）（稱）疾不出而死。（垔）（禹）於是（虐）（乎）（襄）（讓）（咠）（嗌），啓於是（虐）（乎）攻（咠）（嗌）自取。

《世本・夏世系》 禹取塗山氏女，名女媧，生啓。

《史記》卷二《夏本紀》 十年，帝禹東巡狩，至于會稽而崩。以天下授益。三年之喪畢，益讓帝禹之子啓，而辟居箕山之陽。禹子啓賢，天下屬意焉。及禹崩，雖授益，益之佐禹日淺，天下未洽。故諸侯皆去益而朝啓，曰『吾君帝禹之子也』。於是啓遂即天子之位，是爲夏后帝啓。

夏后帝啓，禹之子，其母塗山氏之女也。

《穀梁傳・隱公八年》 范寧注：夏后有鈞臺之享。

漢・趙曄《吴越春秋・越王無餘外傳》 禹崩，傳位與益。益服三年，思禹，未嘗不言。喪畢，啓於箕山之陽，諸侯去益而朝啓，曰：『吾君帝禹子也。』啓遂即天子之位，治國於夏，遵禹貢之美，悉九州之土，以種五穀，累歲不絕。【略】

啓即天子之位，治國於夏，遵《禹貢》之美，悉九州之十以種五穀。啓升后十年，舞九韶。三十五年征河西。

晉・皇甫謐《帝王世紀》 帝啓，一名建，一名余德。教施於四海，貴爵而尚齒，養庶老於西序，在位九年，年八十餘而崩。

《晉書》卷五一《束晳傳》 （《紀年》）：益干啓位，啓殺之。

清・惠棟《惠氏春秋左傳補註》卷二一《夏啓有鈞臺之享》 《汲郡古文》曰：『夏啓元年，帝即位于夏邑。大饗諸侯于鈞臺。』《歸藏啓筮》曰：『昔夏后啓筮亨神于大陵而上鈞臺，枚占，皋陶曰：「不吉。」』《連山易》曰：『啓筮亨神于大陵之上。』酈元曰：『即鈞臺也。』《魏大饗碑》云：『夏啓均臺之亨』，『均』古『鈞』字，『亨』古『享』字。

論說

《孟子》卷九《萬章上》 萬章問曰：『人有言，至於禹而德衰，不傳於賢而傳於子；有諸？』

孟子曰：『否。不然也。』天與賢則與賢，天與子則與子。趙岐注：言隨天也。【略】

禹薦益於天，七年。禹崩，三年之喪畢，益避禹之子於箕山之陰，朝覲訟獄者不之益而之啓，曰：『吾君之子也。』謳歌者不謳歌益而謳歌啓，曰：『吾君之子也。』丹朱之不肖，舜之子亦不肖。舜之相堯、禹之相舜也，歷年多，施澤於民久。啓賢，能敬承繼禹之道。益之相禹也，歷年少，施澤於民未久。

漢・袁康、吴平《越絕書》卷三《吴内傳》 夏啓獻犧於益。啓者，禹之子。益與禹臣於舜，舜傳之禹，薦益而封之百里。禹崩啓立，曉知王事，達於君臣之義。益死之後，啓歲善犧牲以祠之。

宋・王欽若等《冊府元龜》卷九《繼統》 及夏后氏之興，櫛風沐雨，乘四載，掭横流。鳥獸咸若，烝民粒食，功無間然。子啓賢明，用克永世。

宋・蘇轍《古史・五帝本紀》 孟子又言，堯舜禹之終皆薦人於天。堯崩，舜辟堯子於南河之南。舜崩，禹辟舜子於陽城，天下皆往歸之，然後之中國，踐天子位。禹崩，益辟禹子於箕山之陰。朝覲、獄訟者皆不之

益而之啓，故益不得爲天子。以《書》觀之，此亦非君子之言也。舜、禹之攝，格于祖考。郊祀天地，朝見諸侯，巡守方岳，行天子之事矣。及其終而又辟之，何哉？使舜、禹辟之，天下歸之，而其子不順，將從天下而廢其子歟？將奉其子而違天下歟？此事之至逆，由辟致之也。至益不度天命而受位於禹，辟之而天下不從，然後不敢爲匹夫，猶且耻之，而謂益爲之哉？

又《夏本紀》 蘇子曰：聖人之於天下，苟可以安民，不求爲異也。堯舜傳之賢，而禹傳之子，後世以爲禹無聖人而傳之，而後授之其子孫。此以好異期聖人也。昔者湯有伊尹，武王有周公，而周公又武王之弟也。湯之太甲、武之成王，皆可以爲天下，而湯不以予其臣、武王不以予其弟，誠以爲其子之才不至於亂天下者，無事乎授之它人而以爲異也。而天下何獨疑禹哉？今夫人之愛其子是天下之通義也，有得焉而以予其子孫，又情之所皆然也。聖人以是爲不可易，故因而聽之，使之父子相繼而無相亂，以至於堯。堯舉天下而授之舜，舜得堯之天下而又授之禹。舉天下而授之人，此聖人之所以大過人，而天下後世之所不能也。天下後世之所不能，而聖人獨爲之，豈以爲異哉？天下之人不能皆賢而有異人焉，爲異而震之，則天下皆將喜其名而失其真。故夫堯舜之傳賢者，是不得已而然也。使堯之丹朱、舜之商均，僅可以守天下而堯肯傳之舜、舜肯傳之禹以爲異而疑天下哉？然則禹之不以天下授益，非以益爲不足授也。使天下復有禹，予知禹之不以天下授之矣。何者？啓足爲天下故也。啓爲天下而益爲之佐，是益不失爲伊尹、周公，其功猶可以及天下也。聖人之不喜異也！

宋・楊簡《先聖大訓》卷四 禹未嘗不薦益於天。及其後，天下朝覲、訟獄者不之益而之啓，曰：『吾君之子也。』謳歌者不謳歌益而謳歌啓，曰：『吾君之子也。』啓在當時，往往固辭，辭不獲而後嗣位。則啓之繼，即唐虞之禪也。

元・胡一桂《史纂通要》卷二《夏》 吁！孝也者，天之經也，地之義也，民之行也，中心仁愛誠敬之至也。堯舜之道，亦孝悌而已。一孝立而萬善從之，其於立功也乎！何有禹崩啓遂繼世，以有天下。後世不傳賢而傳子，實自此始。

清・馬驌《繹史》卷一二《夏禹受禪》 有夏之受命方新，嗣子之敬承又賢，天眷正殷，不可移也，而況益德未洽，禹遂以崩，天下之人，舍啓其曷歸哉？而或者曰：帝堯禪舜，共、鯀不服。夏禹傳子，有扈以叛，豈當時人情狃於習見，或借以稱亂乎？然考《甘誓》之辭，不過數其威侮怠棄之罪。用是恭奉天討，明正賞罰，而鈞臺大饗，復有塗山之餘烈焉！恢業承家，綿祚四百，三代守成之主，斷以夏啓爲首稱矣。

藝　文

唐・司馬貞《史記索隱・十二本紀述贊》 帝啓嗣立，有扈違命。

宋・徐鉉《騎省集》卷四《文獻太子挽歌詞五首》 夏啓吾君子，周儲上帝賓。音容一飄忽，功業自紛綸。

宋・佚名《宋文選》卷七《代伯益上夏啓書》 臣益言：臣與先帝比肩而事堯舜，在二十二人之數。先帝以老臣爲賢，以天下授臣。臣德薄、力寡，不足當之。且知天意、人事盡歸於吾君矣！今君身臨大寶，手握神器，老臣得伸一言，以爲裨益哉！夫天下者，非一人之天下也，天下之天下也。理之得其道則民輔之，失其道則民去之。民既去，又孰與同其天下乎？故帝堯不授於子而授於大舜，大舜不傳於家而傳於先帝，蓋恐失道而民去矣。是知親一子則不能子兆人，成一家則不能家六合。聖人之用心也如是。先帝得之雖勤，吾君繼之，忽忘其勤，臣恐失大寶而毀神器也。先帝力拯横流，爲民粒食。得九疇，定九州，乘四載，距四海，櫛風沐雨，奠山濬川，却昏墊之。憂平水土之患，以父殛而是念，聞子哭而不名，然後六府孔修，四隩攸宅。興播植之科，定貢賦之差，億兆熙熙以成淳化。是以授禪而有天下，可謂艱難矣！及其在位也，卑宫室，惡衣食，見罪人而泣，聞昌言而拜。故能會諸侯於塗山，執玉帛於萬國，可謂勤儉矣！今君得不思其艱難乎？念其勤儉乎？且創業者易，守文者難。始則苦於焦勞，終或流於逸樂。今君生居帝宫，坐即大位，勿謂家傳之，勿謂已有之。宜惕惕而懼其失也。矧乎天無所親，親於有德；人無所懷，懷於有仁。苟不肖而毀先業，亦爲臣羞。吾君以臣言爲何哉？聽用之則銘於案几可也，罪咎之則斥於荒裔可也。庶幾老臣朽骨泉壤，見先

帝而無愧色矣！斯言非佞，君其念之！臣益頓首。

明·孫承恩《文簡集》卷二《啓王》 繼世家天下，承傳啓有爲。恭行知聖學，伐叛凜皇威。不有仁賢譽，其誰遠邇歸。鈞臺朝玉帛，編簡有光輝。臣惟夏啓嗣位之初，即有扈氏之亂，啓能奮發率六師以征之。觀其誓師也，恭行天罰之一言，足以見其能敬承繼父之道。然其仁賢之譽，固已預得天下之歸心。是以鈞臺一享，玉帛咸會。繼世若啓者，亦可謂賢矣！

商湯滅夏分部

綜述

《尚書·商書·湯誓》 伊尹相湯伐桀，升自陑，遂與桀戰于鳴條之野，作湯誓。

王曰：格，爾衆庶，悉聽朕言：非台小子敢行稱亂，有夏多罪，天命殛之。今爾有衆，汝曰我后不恤我衆，舍我穡事而割正夏。予惟聞汝衆言，夏氏有罪，予畏上帝，不敢不正。今汝其曰夏罪其如台。夏王率遏衆力，率割夏邑，有衆率怠弗協，曰：時日曷喪？予及汝皆亡！夏德若茲，今朕必往。爾尚輔予一人致天之罰，予其大賚汝。爾無不信，朕不食言。爾不從誓言，予則孥戮汝，罔有攸赦。

湯既勝夏，欲遷其社，不可，作夏社、疑至、臣扈。

夏師敗績，湯遂從之。遂伐三朡，俘厥寶玉。誼伯、仲伯作典寶。

又《仲虺之誥》 湯歸自夏，至于大坰，仲虺作誥。

成湯放桀于南巢，惟有慚德，曰：予恐來世以台爲口實。仲虺乃作誥，曰：嗚呼！惟天生民有欲，無主乃亂。惟天生聰明，時乂。有夏昏德，民墜塗炭，天乃錫王勇智，表正萬邦，纘禹舊服。茲率厥典，奉若天命。

夏王有罪，矯誣上天，以布命于下。帝用不臧，式商受命，用爽厥師。簡賢附勢，實繁有徒。肇我邦于有夏，若苗之有莠，若粟之有秕。小大戰戰，罔不懼于非辜，矧予之德言足聽聞？惟王不邇聲色，不殖貨利。德懋懋官，功懋懋賞。用人惟己，改過不吝。克寬克仁，彰信兆民。乃葛伯仇餉，初征自葛。東征西夷怨，南征北狄怨，曰：奚獨後予？攸徂之民，室家相慶，曰：徯予后，后來其蘇。民之戴商，厥惟舊哉！佑賢輔德，顯忠遂良，兼弱攻昧，取亂侮亡，推亡固存，邦乃其昌。

德日新，萬邦惟懷；志自滿，九族乃離。

王懋昭大德，建中于民，以義制事，以禮制心，垂裕後昆。予聞曰：能自得師者王，謂人莫己若者亡。好問則裕，自用則小。嗚呼！慎厥終，惟其始。殖有禮，覆昏暴。欽崇天道，永保天命。

《逸周書》卷九《殷祝解》 湯將放桀于中野。士民聞湯在野，皆委貨扶老攜幼奔，國中虛。桀請湯曰：國所以爲國者以有家，家所以爲家者以有人也。今國無家無人矣。君有人，請致國，君之有也。

湯曰：否，昔大帝作道，明教士民，今君王滅道殘政，士民惑矣。吾爲王明之。士民復，致於桀曰：以薄之居，濟民之賤，何必君更。桀與其屬五百人南徙千里，止於不齊，民往奔湯於中野。桀復請湯，言君之有也。湯曰：否，我爲君王明之。士民復，重請之。桀與其屬五百人徙於魯，魯士民後奔湯。

桀又曰：國，君之有也。吾則外人，有言，彼以吾道是邪，我將爲之。湯曰：此君王之士也，君王之民也，委之何，湯不能止桀。湯曰：欲從者從君。桀與其屬五百人去。

湯放桀而復薄，三千諸侯大會。湯退再拜，從諸侯之位。湯曰：此天子位，有道者可以處之。天子非一家之有也，有道者之有也，故天下者唯有道者理之，唯有道者紀之，唯有道者宜久湯以此讓，三千諸侯莫敢即位，然後湯即天子之位。

《尸子》卷下 桀爲璇室、瑶臺、象廊、玉牀，權天下，虐百姓。於是湯以革車三百乘伐於南巢，收之夏宮，天下寧定，百姓和輯。

《戰國楚竹書·容成氏》 傑不述（亓）［其］先王之道。【略】湯（聑）［聞］之，於是（虐）［乎］（新）［慎］（𢦏）［戒］（陞）［徵］（叚）［臤］，（悳）［德］惠而不賀，秖三十（𡰥）［尸］而能之。女

是而不可，夶句從而攻之。（隍）〔徵〕自戎述，（內）（入）自北門□。傑乃逃之鬲山是。湯或從而攻之，（隆）〔降〕自（鄓）〔鳴〕攸之述，（巳）〔以〕伐高神之門。傑乃逃之南菓是。湯或從而攻之，述逃（迲）（去），之桑（虛）〔吾〕之（埜）〔野〕，湯於是（虐）〔乎〕（誁）〔徵〕九州之市，（巳）〔以〕宪四（海）〔海〕之內。於是（虐）〔乎〕天下之兵大（记）〔起〕，於是（虐）〔乎〕䢜宗鹿族（戋）〔戔〕（羣）〔羣〕（女）〔安〕備。【略】（恖）〔惻〕逃，是（巳）〔以〕（叟）〔得〕衆而王天下。

《呂氏春秋》卷五《古樂》 殷湯卽位，夏爲無道，暴虐萬民，侵削諸侯，不用軌度，天下患之。湯於是率六州以討桀罪，功名大成，黔首安寧。湯乃命伊尹作爲大護，歌晨露，修九招、六列，以見其善。

又 卷八《簡選》 殷湯良車七十乘，必死六千人，以戊子戰於郕，遂禽推移、大犧，高誘注：桀多力，能推移大犧，因以爲號，而禽克之。登自鳴條，乃入巢門，遂有夏。

又 卷一六《先識》 夏桀迷惑，暴亂愈甚，太史令終古乃出奔如商。湯喜而告諸侯曰：『夏王無道，暴虐百姓，窮其父兄，耻其功臣，輕其賢良，棄義聽讒，衆庶咸怨，守法之臣，自歸于商。』

《史記》卷二《夏本紀》 湯修德，諸侯皆歸湯，湯遂率兵以伐夏桀。桀走鳴條，裴駰集解引孔安國曰：『地在安邑之西。』又引鄭玄曰『南夷，地名。』遂放而死。張守節《正義》引《括地志》云：『廬州巢縣有巢湖，卽《尚書》「成湯伐桀，放於南巢」者也。《淮南子》云：「湯敗桀於歷山，與末喜同舟浮江，奔南巢之山而死」。《國語》云「滿於巢湖」。又云「夏桀伐有施，施人以妹喜女焉」。』

又 卷三《殷本紀》 成湯，自契至湯八遷。湯始居亳，從先王居，作帝誥。尹曰：『明哉！言能聽，道乃進。君國子民，爲善者皆在王官。勉哉，勉哉！』湯曰：『汝不能敬命，予大罰殛之，無有攸赦。』作《湯征》。【略】

湯出，見野張網四面，祝曰：『自天下四方皆入吾網。』湯曰：『嘻，盡之矣！』乃去其三面，祝曰：『欲左，左。欲右，右。不用命，乃入吾網。』諸侯聞之，曰：『湯德至矣，及禽獸。』

當是時，夏桀爲虐政淫荒，而諸侯昆吾氏爲亂。湯乃興師率諸侯，伊尹從湯，湯自把鉞以伐昆吾，遂伐桀。湯曰：格女衆庶，來，女悉聽朕言。匪台小子敢行舉亂，有夏多罪，予維聞女衆言，夏氏有罪。予畏上帝，不敢不正。今夏多罪，天命殛之。今女有衆，女曰『我君不恤我衆，舍我嗇事而割政』。女其曰『有罪，其奈何』？夏王率止衆力，率奪夏國。有衆率怠不和，曰『是日何時喪？予與女皆亡』！夏德若茲，今朕必往。爾尚及予一人致天之罰，予其大理女。女毋不信，朕不食言。女不從誓言，予則帑僇女，無有攸赦。以告令師，作《湯誓》。於是湯曰『吾甚武』，號曰武王。

桀敗於有娀之虛，桀犇於鳴條，夏師敗績。湯遂伐三㚇，俘厥寶玉，義伯、仲伯作《典寶》。湯既勝夏，欲遷其社，不可，作《夏社》。伊尹報。於是諸侯畢服，湯乃踐天子位，平定海內。

論說

《管子》卷二三《輕重甲》 桓公問管子曰：『夫湯以七十里之薄兼桀之天下，其故何也？』管子對曰：『桀者，冬不爲杠，夏不束柎，以觀凍溺。弛牝虎充市，以觀其驚駭。至湯而不然，夷競而積粟，飢者食之，寒者衣之，不資者振之，天下歸湯若流水。此桀之所以失其天下也。』桓公曰：『桀使湯得爲是，其故何也？』管子曰：『女華者，桀之所愛也，湯事之以千金。曲逆者，桀之所善也，湯事之以千金。內則有女華之陰，外則有曲逆之陽，陰陽之議合，而得成其天子。此湯之陰謀也。』

《國語》卷三《周語下》 玄王勤商，十有四世而興。韋昭注：玄王，契也。殷祖契由玄鳥而生，湯亦水德，故曰玄王。勤者，勤身修德，以興其國。自契至湯十四世，而有天下，言其難也。

漢·袁康、吳平《越絶書》卷三《越絶吳內傳第四》 殷湯遭夏桀無道，殘賊天下，於是湯用伊尹，行至聖之心。見桀無道虐行，故伐夏放桀，而王道興躍。革亂補弊，移風易俗，改制作新，海內畢貢，天下承風。湯以文聖，此之謂也。

《周易·革》 湯武革命，順乎天而應乎人。孔穎達注：夏桀殷紂凶狂無度，天既震怒，人亦叛主，殷湯週五，聰明睿智，上順天命，下應人心，放桀鳴條，誅紂牧野，革其王命，改其惡俗。故曰『湯武革命，順乎天而應乎人』。

宋・歐陽修《歐陽文忠公全集・居士集》卷一六《正統論》　夏世衰而桀爲昏暴，湯救其亂而起，稍治諸侯而誅之，其《書》曰『湯征自葛』、是也。其後卒以攻桀而滅夏。

宋・林之奇《尚書全解》卷一四《仲虺之誥》　蓋湯伐夏而歸，内不自安，有慙德之言，故仲虺作誥，言其所以不得不伐之義，以廣湯之意也。此數語者，亦是史官録此語之時撮其大旨，以見其君臣之間，所以相告勉者。卽班孟堅所謂言其作意者也。【略】

南巢，地名。薛氏曰：『盧江六縣東有居巢城。』《書》有『巢伯來朝。』春秋楚人圍巢，蓋桀奔於此，湯不殺也。湯武之事皆是爲天下之民除殘去虐，不得已而以臣伐君。然湯之於桀也，惟放南巢而已，至武王則殺受者。蓋湯之伐桀而桀避位出奔，既已竄於南巢矣。於是湯縱不誅，以見其順天應人，有黽勉不得已之意也。至紂之事，則異乎此。荀子曰：『武王選馬而進，厭旦於牧之野，鼓之，而紂卒易鄉，遂棄殷人而進誅紂。蓋殺之者非周人，固殷人也。以是觀之，則是武王本無誅之、奪之、謀以利之者。故忸怩然慙其德之不及古而慨歎曰：『予恐來世以台爲口實。』彼其意誠以謂以臣伐君，眞吾之罪，不以順天應人之舉爲是，固當然者。其始終之際，一出於誠實，内不以自欺，外不以欺人，未嘗巧爲文飾，以爲解免，此所以不失爲聖也。湯既負慙德，有不安之心矣，仲虺於是推明湯之本意以爲迫天人之望，誠有不得已而不可以已者。既已釋成湯之疑，於是解天下後世之惑也。

宋・夏僎《夏氏尚書詳解》卷二《湯誥》　此篇成湯勝夏而歸至于亳邑，四方畢朝新君。故湯誕誥其衆以伐夏之意，所以正始也。黜廢也，謂廢其命，使不得復承大統也。此蓋叙《書》者推原湯所以作誥之意，謂既勝夏，黜廢其命而已。爲天子復至于新都亳邑，故作湯誥以誕誥萬方，故其序所以言『湯既黜夏命，復歸于亳，作《湯誥》。』林少穎謂，湯勝夏命而廢之，武王勝商而《武成》不言黜，及殺武庚封微子于宋，然後言黜殷命者，蓋湯之伐桀，桀奔而竄于南，湯既因而不追，以全君臣之義，故既勝夏，卽黜其命，而不復爲之立後于其所都之國。至武王牧野之戰，前徒倒戈而紂見殺，既違武王本意，故封武庚于殷故都，使之承嗣宗廟，因而不改，亦所以存君臣之義。及武庚作亂，自絶于周，然後黜殷命而立微子于宋，不復居殷都。此說是也。林少穎又謂，此篇與《武成》意同，皆武功既成布維新之命也。然《武成》本于叙事，故自王來自商至于周，皆先叙其事之曲折，然後告以弔民伐罪之意。其叙事則詳，而其所以告諸侯之言則首尾不甚備。此篇既載其所以告諸侯之言，又載其作誥之言首尾甚備，其叙事則畧。體雖不同，而其辭則皆是始居大位而告諸侯以正始也，皆可以互見也。此說極然。胡益之不知察此，乃謂湯滅夏告萬方，武王滅商不告者，蓋伐桀本以亳衆，諸侯無會者，故不得不告；武王伐紂，友邦冢君無不會者，以伐商之意既稔聞矣，何所用誥。此蓋弗深察之過也。

清・馬驌《繹史》卷一四《商湯滅夏》　天生民而樹之君，俾司牧之。古昔帝王，禪繼不同，神農以上，不可得而聞已。黃帝革命，實用干戈，謂堯以前盡禪讓與，則鴻、軒後之世及可數也。謂禪授昉於堯與，則五帝官天下又何以稱焉。竊謂聖人之興，因乎時會，順天應人，古今一揆。五帝聖君代出，頊、嚳起於族屬，姚、姒拔自側微，揖遜而天下治矣。夏后傳子，禹之德及民者遠，卜年有永，雖有中主，亨國保世。其後孔甲淫亂，夏政始衰。傳及后癸，昏暴縱恣，任威信讒，陵鑠諸侯，武傷百姓，而天下始離畔矣。湯之代夏政也，迫而後起，不得已而後取之，然有慙德，何也？曰：始湯未有取天下之心，無取心而得之，湯之慙，湯之所以爲聖乎！自司徒敷教，功業著於唐、虞，賜姓胙土，作基於商，《詩》稱『相土烈烈』，《記》稱『冥勤水官』，世有明德，天所祚也。湯之篤生，當夏后之末造，大命固有攸屬矣。初征自葛，而四海歸心，民情既有攸繫矣。湯方幣聘伊尹於畎畝之中，舉而進之於桀，桀不能用。尹既醜夏，復歸于亳。湯以事桀爲心，故尹亦以湯之心爲心，五就五去，冀幸君之一悟，政之一改也。若是，則夏不亡，商不興，民免塗炭，湯守臣節，又何憾焉。及其不可訓諫，語以還善則不從，告以危亡則不聽，啞然而笑曰：『吾有天下，如天之有日矣。』伊尹曰：『是不可以救矣，吾其舍此而歸爾。』湯亦曰：『是必割正，不可以須矣，吾惟取此以救吾民爾。』故湯之事桀，四海歸心而不貳，身拘重泉而無懟，遲之二十年，桀已耄矣，諫臣誅戮，讒邪日昌，韋、顧、昆吾之屬，播惡助虐，而不可止，是始出師鳴條，爲南巢之放，豈非迫而後起，不得已而後取之？然湯猶以爲慙，此聖人之用心，異乎後世之利天下者矣。至夫千金陰謀，往視曠夏，諸子

之雜説，無足深辯。惟是義師弔伐，而亳衆有不恤之怨者，何也？蓋自亳衆觀之，知商邑之安，不知夏民之危，知己之有穡事，不知夏民之在水火中也。常人狃於便安，聖心公於天下，故陳師誓衆，喻以天命民心，動以賞罰威勸，一戰而弔伐之義申，兵已輯，民已安矣。號曰武湯，不亦宜乎！

藝文

《詩經·商頌·那》 猗與那與！置我鞉鼓。奏鼓簡簡，衎我烈祖。湯孫奏假，綏我思成！鞉鼓淵淵，嘒嘒管聲。既和且平，依我磬聲。於赫湯孫！穆穆厥聲：庸鼓有斁，萬舞有奕。我有嘉客，亦不夷懌？自古在昔，先民有作。温恭朝夕，執事有恪。顧予烝嘗，湯孫之將！

《楚辭·天問》 帝乃降觀，下逢伊摯，何條放致罰，而黎服大説？

明·孫承恩《文簡集》卷二《商湯王》 勇智由天錫，寬仁實性成。執中不偏倚，樂善絶驕矜。改過風雷厲，澄源玉雪清。日新傳聖學，萬古誦盤銘。

臣惟湯以勇智寬仁之資，而又能誠於與善勇於改過，利欲不污，日新自警，是其檢身之功有如此者。故能執中建極。紹舜禹之統者，非湯而誰哉？

雜録

宋·吴仁傑《兩漢刊誤補遺》卷三《羲和三》 按，《天問》：「湯謀易旅，何以厚之？覆舟斟尋，何道取之？」則桀蓋居斟尋，而爲商人所取。其言與《汲冢書》若符契。然豈可謂誣也哉？王逸注《天問》云「少康滅斟尋」，洪慶善郎中云「取斟尋」者，乃有高澆。《天對》云「康復舊物，尋焉保之。覆舟喻易，尚或艱之」，承逸之誤也。今以《汲冢書》考之，《天問》所言「斟尋」自是湯伐桀事。

武王克殷分部

綜述

《殷周金文集成釋文》卷三《利簋》 珷征商，唯甲子朝，歲鼎克聞，夙有商。辛未，王在管師，賜右史利金，用作檀公寶尊彝。

《尚書·牧誓》 《序》：武王戎車三百兩，虎賁三百人，與受戰于牧野，作《牧誓》。

時甲子昧爽，王朝至於商郊牧野，乃誓。王左杖黄鉞，右秉白旄以麾，曰：「逖矣！西土之人。」王曰：「嗟！我友邦冢君，御事：司徒、司馬、司空，亞旅、師氏，千夫長、百夫長，及庸、蜀、羌、髳、微、盧、彭、濮人，稱爾戈，比爾干，立爾矛，予其誓。」

王曰：「古人有言曰：『牝雞無晨，牝雞之晨，惟家之索。』今商王受，惟婦言是用，昏棄厥肆祀弗答，昏棄厥遺王父母弟不迪，乃惟四方之多罪逋逃是崇是長，是信是使，是以爲大夫卿士，俾暴虐于百姓，以姦宄于商邑。今予發，惟恭行天之罰。今日之事，不愆于六步、七步乃止，齊焉。夫子勗哉！不愆于四伐、五伐、六伐、七伐乃止，齊焉。勗哉夫子！尚桓桓，如虎如貔，如熊如羆，于商郊。弗迓克奔，以役西土。勗哉夫子！爾所弗勗，其于爾躬有戮。」

又《泰誓上》 《序》：惟十有一年，武王伐殷。一月戊午，師渡孟津，作《泰誓》三篇。

惟十有三年春，大會于孟津。王曰：「嗟！我友邦冢君，越我御事庶士，明聽誓。惟天地萬物父母，惟人萬物之靈。亶聰明，作元后，元后作民父母。今商王受，弗敬上天，降災下民。沈湎冒色，敢行暴虐。罪人以族，官人以世。惟宫室臺榭陂池侈服，以殘害于爾萬姓。焚炙忠良，刳剔孕婦。皇天震怒，命我文考肅將天威，大勳未集。肆予小子發，以爾友邦冢君觀政于商。惟受罔有悛心，乃夷居弗事上帝神祇，遺厥先宗廟弗

祀，犧牲粢盛既于凶盗，乃曰吾有民有命，罔懲其侮。天佑下民，作之君，作之師。惟其克相上帝，寵綏四方。有罪無罪，予曷敢有越厥志？同力度德，同德度義。受有臣億萬，惟億萬心。予有臣三千，惟一心。商罪貫盈，天命誅之。予弗順天，厥罪惟鈞。予小子夙夜祗懼，受命文考，類于上帝，宜于冢土，以爾有衆底天之罰。天矜于民，民之所欲，天必從之。爾尚弼予一人，永清四海，時哉弗可失！』

又《泰誓中》　惟戊午，王次于河朔。羣后以師畢會，王乃徇師而誓。曰：『嗚呼！西土有衆，咸聽朕言。我聞吉人爲善，惟日不足；凶人爲不善，亦惟日不足。今商王受，力行無度，播棄犁老，昵比罪人，淫酗肆虐。臣下化之，朋家作仇，脅權相滅，無辜籲天，穢德彰聞。惟天惠民，惟辟奉天。有夏桀弗克若天，流毒下國，天乃佑命成湯，降黜夏命。惟受罪，浮于桀。剝喪元良，賊虐諫輔，謂己有天命，謂敬不足行，謂祭無益，謂暴無傷。厥鑑惟不遠，在彼夏王。天其以予乂民，朕夢協朕卜，襲于休祥，戎商必克。受有億兆夷人，離心離德。予有亂臣十人，同心同德。雖有周親，不如仁人。天視自我民視，天聽自我民聽。百姓有過，在予一人。今朕必往，我武惟揚，侵于之疆，取彼凶殘，我伐用張，于湯有光。勗哉夫子！罔或無畏，寧執非敵，百姓懔懔若崩厥角。嗚呼！乃一德一心，立定厥功，惟克永世。』

又《泰誓下》　時厥明，王乃大巡六師，明誓衆士。王曰：『嗚呼！我西土君子。天有顯道，厥類惟彰。今商王受，狎侮五常，荒怠弗敬，自絶于天，結怨于民。斮朝涉之脛，剖賢人之心，作威殺戮，毒痡四海。崇信姦回，放黜師保，屏棄典刑，囚奴正士。郊社不修，宗廟不享。作奇技淫巧，以悦婦人。上帝弗順，祝降時喪。爾其孜孜奉予一人，恭行天罰。古人有言曰：「撫我則后，虐我則讎。」獨夫受，洪惟作威，乃汝世讎。樹德務滋，除惡務本。肆予小子，誕以爾衆士，殄殲乃讎。爾衆士其尚迪果毅，以登乃辟。功多有厚賞，不迪有顯戮。嗚呼！惟我文考，若日月之照臨，光于四方，顯于西土。惟我有周，誕受多方。予克受，非予武，惟朕文考無罪。受克予，非朕文考有罪，惟予小子無良。』

又《武成》　《序》：武王伐殷，往伐歸獸，識其政事，作《武成》。

惟一月壬辰旁死魄，越翼日癸巳，王朝步自周，于征伐商。厥四月哉生明，王來自商，至于豐，乃偃武修文，歸馬于華山之陽，放牛于桃林之野，示天下弗服。丁未，祀于周廟，邦甸侯衛駿奔走，執豆籩。越三日庚戌，柴望，大告武成。既生魄，庶邦冢君暨百工受命于周。

王若曰：『嗚呼羣后！惟先王建邦啓土，公劉克篤前烈，至于大王肇基王迹，王季其勤王家。我文考文王，克成厥勳，誕膺天命，以撫方夏。大邦畏其力，小邦懷其德。惟九年大統未集，予小子其承厥志。底商之罪，告于皇天后土、所過名山大川曰：惟有道曾孫周王發，將有大正于商。今商王受無道，暴殄天物，害虐烝民，爲天下逋逃主，萃淵藪。予小子既獲仁人，敢祗承上帝，以遏亂略。華夏蠻貊，罔不率俾，恭天成命，肆予東征，綏厥士女。惟其士女，篚厥玄黄，昭我周王，天休震動，用附我大邑周。惟爾有神，尚克相予，以濟兆民，無作神羞。』

既戊午，師逾孟津。癸亥，陳于商郊，俟天休命。甲子昧爽，受率其旅若林，會于牧野，罔有敵于我師，前徒倒戈，攻于後以北，血流漂杵。一戎衣，天下大定。乃反商政，政由舊。釋箕子囚，封比干墓，式商容閭，散鹿臺之財，發鉅橋之粟，大賚于四海而萬姓悦服。列爵惟五，分土惟三。建官惟賢，位事惟能。重民五教，惟食喪祭，惇信明義，崇德報功，垂拱而天下治。

宋・蔡沈《書經集傳》卷四《今考定武成》　惟一月壬辰旁死魄，越翼日癸巳，王朝步自周，于征伐商。底商之罪，告于皇天后土，所過名山大川，曰：『惟有道曾孫周王發，將有大正于商。今商王受無道，暴殄天物，害虐烝民，爲天下逋逃主，萃淵藪。予小子既獲仁人，敢祗承上帝，以遏亂略。華夏蠻貊，罔不率俾。惟爾有神，尚克相予，以濟兆民，無作神羞。』

既戊午，師逾孟津。癸亥，陳于商郊，俟天休命。甲子昧爽，受率其旅若林，會于牧野。罔有敵于我師，前徒倒戈，攻于後以北，血流漂杵。一戎衣，天下大定。乃反商政，政由舊。釋箕子囚，封比干墓，式商容閭，散鹿臺之才，發鉅橋之粟，大賚于四海而萬姓悦服。

厥四月哉生明，王來自商，至于豐。乃偃武修文，歸馬于華山之陽，放牛于桃林之野，示天下弗服。既生魄，庶邦冢君暨百工受命于周。丁

未，祀于周廟，邦甸侯衛駿奔走，執豆籩。越三日庚戌，柴望，大告武成。王若曰：『嗚呼羣后！惟先王建邦啓土，公劉克篤前烈，至於大王肇基王迹，王季其勤王家。我文考文王，克成厥勳，誕膺天命，以撫方夏。大邦畏其力，小邦懷其德。惟九年大統未集。予小子其承厥志，恭天成命，肆予東征，綏厥士女。惟其士女，篚厥玄黄，昭我周王，天休震動，用附我大邑周。』列爵惟五，分土惟三。建官惟賢，位事惟能。重民五教，惟食喪祭，惇信明義，崇德報功，垂拱而天下治。

《逸周書》卷四《克殷解》　周車三百五十乘，陣於牧野。帝辛從。武王使尚父與伯夫致師。王既以虎賁戎車馳商師，商師大敗。商辛奔内，登於廩臺之上，屏遮而自燔于火。武王乃手太白，以麾諸侯，諸侯畢拜，遂揖之。商庶百姓咸俟于郊，羣賓僉進曰：『上天降休！』再拜稽首。武王答拜。先入，適王所，乃克射之，三發，而後下車。而擊之以輕呂，斬之以黄鉞，折懸諸太白。適二女之所，既縊。王又射之三發。乃右擊之以輕呂，斬之以玄鉞，懸諸小白。乃出，場于厥軍。

翼日，除道，修社及商紂宫。及期，百夫荷素質之旗于王前。叔振奏拜假，又陳常車。周公把大鉞，召公把小鉞，以夾王。泰顛、閎夭皆執輕呂，以奏王。王入，即位于社，太卒之左，羣臣畢從。毛伯鄭奉明水，衛叔傅禮，召公奭贊采，師尚父牽牲。尹逸筴曰：『殷末孫受德，迷先成湯之明，侮滅神祇不祀，昏暴商邑百姓，其彰顯聞於昊天上帝。』武王再拜稽首。『膺受大命，革殷，受天明命。』武王又再拜稽首。乃出。

立王子武庚，命管叔相。乃命召公釋箕子之囚，命畢公、衛叔出百姓之囚，表商容之閭。乃命南宫忽振鹿臺之財，散巨橋之粟。乃命南宫百達、史佚遷九鼎三巫。乃命閎夭封比干之墓，乃命宗祝崇賓饗禱之于軍，乃班。

又《世俘解》　維四月乙未日，武王成辟，四方通殷命有國。惟一月丙辰旁生魄，若翼日丁巳，王乃步自于周，征伐商王紂。越若來二月既死魄，越五日甲子朝至，接于商，則咸劉商王紂，執夫惡臣百人。太公望命禦方來。丁卯，望至，告以馘俘。戊辰，王遂禦，循自祀文王。時日，王立政。呂他命伐越戲方。壬申，荒新至，告以馘俘。侯來命伐靡集于陳。辛巳，至，告以馘俘。甲申，百弇以虎賁誓，命伐衛，告以馘俘。辛亥，薦俘殷王鼎。武王乃翼矢珪矢憲，告天宗上帝。王不革服，格於廟。秉語治庶國，籥人九終。王烈祖自太王、太伯、王季、虞公、文王、邑考以列升，維告殷罪。籥人造，王秉黄鉞正國伯。壬子，王服袞衣矢琰，格廟。籥人造，王秉黄鉞正邦君。癸酉，薦殷俘王士百人。籥人造，王矢琰，秉黄鉞執戈。王奏庸大享一終，王拜首稽首。王定，奏其大享三終。甲寅，謁我殷于牧野。王佩赤白旂。籥人奏《武》。王入，進《萬》，獻《明明》三終。乙卯，籥人奏《崇禹生開》三鐘終，王定。

庚子，陳本命伐磨，百韋命伐宣方，新荒命伐蜀。乙巳，陳本命新荒、蜀、磨至，告禽霍侯，俘艾佚侯小臣四十有六，禽御八百有三百兩，告以馘俘。百韋至，告以禽宣方，禽御三十兩，告以馘俘。百韋命伐厲，告以馘俘。武王狩，禽虎二十有二，貓二，麋五千二百三十五，犀十有二，氂七百二十有一，熊百五十有一，羆百一十有八，豕三百五十有二，貉十有八，麈十有六，麝五十，麇三十，鹿三千五百有八。武王遂征四方，凡憝國九十有九國，馘魔億有十萬七千七百七十有九，俘人三億萬有二百三十。凡服國六百五十有二。

時四月既旁生魄，越六日庚戌，武王朝至燎于周。維予沖子綏文。武王降自車，乃俾史佚繇書于天號。武王乃廢于紂矢惡臣人百人，伐右厥甲小子鼎大師。伐厥四十夫家君鼎帥，司徒、司馬初厥于郊號。武王乃夾于南門用俘，皆施佩衣衣，先或入。武王在祀，太師負商王紂懸首白旂，妻二首赤旂，乃以先馘入，燎于周廟。若翼日辛亥，祀于位，用籥于天位。越五日乙卯，武王乃以庶祀馘于國周廟，翼予沖子。斷牛六，斷羊二。庶國乃竟。告于周廟，曰：『古朕聞文考修商人典，以斬紂身，告于天于稷。』用小牲羊犬豕於百神水土，于誓社。曰：『惟予沖子綏文考，至於沖子。』用牛于天于稷五百有四，用小牲羊豕于百神水土社二千七百有一。商王紂于商郊。時甲子夕，商王紂取天智玉琰瑹身厚以自焚。凡厥有庶告焚玉四千。五日，武王乃俾於千人求之，四千庶則銷；天智玉五，在火中不銷。凡天智玉，武王則寳與同。凡武王俘商舊玉億有百萬。

《詩經・大雅・大明》　《序》：《大明》，文王有明德，故天復命武王也。

有命自天，命此文王，于周于京，纘女維莘。長子維行，篤生武王，

保右命爾，燮伐大商。

殷商之旅，其會如林。矢於牧野，維予侯興。上帝臨女，無貳爾心。牧野洋洋，檀車煌煌，駟源彭彭。維師尚父，時維鷹揚，涼彼武王，肆伐大商，會朝清明。

又《魯頌·閟宫》 后稷之孫，實維大王。居岐之陽，實始翦商。至於文、武，纘大王之緒。致天之届，于牧之野。無貳無虞，上帝臨女。敦商之旅，克咸厥功。

《左傳·桓公二年》 武王克商，遷九鼎於雒邑，義士猶或非之。

又《桓公十一年》 師克在和，不在衆。商、周之不敵，君之所聞也。

又《僖公六年》 許男面縛銜璧，大夫衰絰，士輿櫬。楚子問諸逢伯，對曰：『昔武王克殷，微子啓如是。武王親釋其縛，受其璧而祓之；焚其櫬，禮而命之，使復其所。』楚子從之。

又《僖公十九年》 昔周饑，克殷而年豐。

又《昭公四年》 周武有孟津之誓。

又《昭公十五年》 闕鞏之甲，武所以克商也。

又《昭公二十四年》 《太誓》曰：『紂有億兆夷人，亦有離德。余有亂臣十人，同心同德。』此周所以興也。

《國語》卷三《周語下》 昔武王代殷，歲在鶉火，月在天駟，日在析木之津，辰在斗柄，星在天黿。星與日辰之位，皆在北維，顓頊之所建也，帝嚳受之。我姬氏出自天黿，及析木者，有建星及牽牛焉，則我皇妣大姜之姪伯陵之後，逢公之所馮神也。歲之所在，則我有周之分野也。月之所在，辰馬農祥也，我太祖后稷之所經緯也。王欲合是五位三所而用之。自鶉及駟七列也，南北之揆七同也，凡神人以數合之，以聲昭之。數合聲和，然後可同也。故以七同其數，而以律和其聲，於是乎有七律。王以二月癸亥夜陳，未畢而雨。以夷則之上宫畢之，當辰。辰在戌上，故長夷則之上宫，名之曰羽，所以藩屏民則也。王以黄鐘之下宫，布戎于牧之野，故謂之厲，所以厲六師也。以大蔟之下宫，布令于商，昭顯文德，底紂之多辠，故謂之宣，所以宣三王之德也。反及嬴内，以無射之上宫，布憲施舍於百姓，故謂之嬴亂，所以優柔容民也。

《上海博物館藏戰國楚竹書（二）·容成氏》 文王崩，武王卽位。武王曰：『成德者，吾悦而代之；其次，吾伐而代之。今紂爲無道，聞諸百姓。至約諸侯，天將誅焉。吾勴天威之。』武王於是乎作爲革車千乘，帶甲萬人，戊午之日，涉於孟津，至於共、縢之間，三軍大犯。武王乃出革車五百乘，帶甲三千，以小會諸侯之師于牧之野。紂不知其未有成政，而得失行於民之辰也，或亦起師以逆之。武王於是乎素冠冕以告吝于天，曰：『紂爲無道，聞諸百姓。至約諸侯，絶種侮姓，土玉水酒，天將誅焉。吾勴天威之。』

《墨子》卷五《非攻下》 赤鳥銜珪，降周之岐社，曰：『天命周文王，伐殷有國。』泰顛來賓，河出綠圖，地出乘黄。武王踐功，夢見三神曰：『予既沈漬殷紂於酒德矣，往攻之，予必使汝大堪之。』武王乃攻狂夫。反商之周，天賜武王黄鳥之旗。王既已克殷，成帝之來，分主諸神，祀紂先王，通維四夷，而天下莫不賓焉，襲湯之緒。此卽武王之所以誅紂也。

又卷八《明鬼下》 武王以革車百兩，虎賁之卒四百人，先庶國節窺戎，與殷人戰乎牧之野。王手禽費中、惡來，衆畔百走。武王逐奔入宫，萬年梓株，折紂而繫之赤環，載之白旗，以爲天下諸侯僇。故昔者殷王紂貴爲天子，富有天下，有勇力之人費中、惡來、崇侯虎，指寡殺人，人民之衆兆億，侯盈厥澤陵，然不能以此圉鬼神之誅。

《管子》卷二一《版法解》 武王伐紂，士卒往者，人有書社，入殷之日，決鉅橋之粟，散鹿臺之錢，殷民大説。此所謂能以所不有予人者也。

《尸子》卷下 武王伐紂，魚辛諫曰：『歲在北方，不北征。』武王不從。

武王親射惡來之口，親斫殷紂之頸，手汙於血，不温而食。當此之時，猶猛獸者也。

《尉繚子》卷一《天官》 天官時日，不若人事也。按天官曰：背水陣爲絶地，向阪陣爲廢軍。武王伐紂，背濟水，向山阪，而陳以二萬二千五百人，擊紂之億萬而滅商。豈紂不得天官之陳哉？

又卷二《武議》 武王伐紂，師渡盟津，右旄左鉞，死士三百，戰

士三萬。紂之臣億萬，飛廉、惡來身先戟斧，陳開百里。武王不罷士民，兵不血刃而克商誅紂，無祥異也，人事修不修而然也。

《孟子》卷一四《盡心下》 武王之伐殷也，革車三百兩，虎賁三千人。王曰：『無畏！寧爾也，非敵百姓也。』若崩厥角稽首。

《古本竹書紀年·周紀》 十一年庚寅，周始伐商。

周武王率西夷諸侯伐殷，敗之于坶野。

武王親禽帝受辛于南單之臺，遂分天之明。

《荀子》卷四《儒效篇》 武王之誅紂也，行之日，以兵忌，東面而迎太歲，至汜而汎，至懷而壞，至共頭而山隧。霍叔懼曰：『出三日而五災至，無乃不可乎？』周公曰：『刳比干而囚箕子，飛廉、惡來知政，夫又惡有不可焉？』遂選馬而進，朝食於戚，暮宿於百泉，厭旦於牧之野，鼓之而紂卒易鄉，遂乘殷人而進誅紂。蓋殺者，非周人，因殷人也。

《韓非子》卷一《初見秦》 昔者紂爲天子，將率天下甲兵百萬，左飲於淇溪，右飲於洹谿，淇水竭而洹水不流，以與周武王爲難。武王將素甲三千戰，一夜而破紂之國，禽其身，據其地，而有其民，天下莫傷。

《呂氏春秋》卷一五《貴因》 武王使人候殷，反報岐周，曰：『殷其亂矣。』武王曰：『其亂焉至？』對曰：『讒慝勝良。』武王曰：『尚未也。』又復往，反報曰：『其亂加矣。』武王曰：『焉至？』對曰：『賢者出走矣。』武王曰：『尚未也。』又往，反報曰：『其亂甚矣。』武王曰：『焉至？』對曰：『百姓不敢誹怨矣。』武王曰：『嘻！』遽告太公。太公對曰：『讒慝勝良，命曰戮；賢者出走，命曰崩；百姓不敢誹怨，命曰刑勝。其亂至矣，不可以駕矣。』故選車三百，虎賁三千，朝要甲子之期，而紂爲禽。則武王固知其無與爲敵也，因其所用，何敵之有矣。

武王至鮪水，殷使膠鬲候周師。武王見之，膠鬲曰：『西伯將何之？無欺我也。』武王曰：『不子欺，將之殷也。』膠鬲曰：『朅至？』武王曰：『將以甲子，至殷郊。子以是報矣。』膠鬲行，天雨，日夜不休。武王疾行不輟，軍師皆諫曰：『卒病，請休之。』武王曰：『吾已令膠鬲以甲子之期報其主矣。今甲子不至，是令膠鬲不信也；膠鬲不信也，其主必殺之。吾疾行，以救膠鬲之死也。』武王果以甲子至殷郊，殷已先陳矣；至殷因戰，大克之。此武王之義也。人爲人之所欲，己爲人之所惡，先陳何益？適令武王不耕而穫。

又 卷二四《不苟》 武王至殷郊，係墮。五人御于前，莫肯之爲，曰：『吾所以事君者，非係也。』武王左釋白羽，右釋黃鉞，勉而自爲係。孔子聞之，曰：『此五人者，之所以爲王者佐也，不肖主之所弗安也。』

又 卷八《簡選》 武王虎賁三千人，簡車三百乘，以要甲子之事於牧野，而紂爲禽。顯賢者之位，進殷之遺老，而問民之所欲，行賞及禽獸，行罰不辟天子，親殷如周，視人如己，天下美其德，萬民說其義，故立爲天子。

又 卷一五《慎大》 武王勝殷，入殷未下轝，命封黃帝之後於鑄，封帝堯之後於黎，封帝舜之後於陳；下轝，命封夏后之後於杞，立成湯之後於宋，以奉桑林。武王乃恐懼，太息流涕，命周公旦進殷之遺老，而問殷之亡故；又問衆之所說，民之所欲。殷之遺老對曰：『欲復盤庚之政。』武王於是復盤庚之政，發巨橋之粟，賦鹿臺之錢，以示民無私。出拘救罪，分財棄責，以振窮困。封比干之墓，靖箕子之宮，表商容之閭，士過者趨，車過者下。三日之內，與謀之士封爲諸侯，諸大夫賞以書社，庶士施政去賦。然後旋濟河西歸，報於廟。乃稅馬於華山，稅牛於桃林，馬弗復乘，牛弗服釁。鼓旗甲兵，藏之府庫，終身不復用。此武王之德也。故周明堂外戶不閉，示天下不藏也。唯不藏也，可以守至藏。

唐·李善《文選》卷三六《[南朝梁]任昉〈宣德皇后令〉》注引《鬻子》 武王率兵車以伐紂，紂虎旅百萬，陣於商郊，起自黃鳥，至於赤斧。三軍之士靡不失色，武王乃命太公把白旄以麾之，紂軍反走。

漢·伏勝《尚書大傳》卷二《泰誓傳》 太子發升舟中流，白魚入於王舟。王跪取出燎，羣公咸曰：『休哉！』

惟丙午，王還，師乃鼓譟師乃慆，前歌後舞，格於上天下地，咸曰『孜孜無怠。』

又 卷二《牧誓傳》 唯四月，太子發上祭於畢，下至於盟津之上，乃告於司馬、司徒、司空諸節亢才：『予無知，以先祖先父之有德之臣左右。小子予，受先公，戮力賞罰，以定厥功，明于先祖之遺。』

武王伐紂，戰於牧野。紂之卒輻分，紂之車瓦裂，紂之甲如鱗下，賀於武王也。

漢・賈誼《新書》卷五《保傅》　紂，聖天子之後也，有天下而宜然，苟背道棄義，釋敬慎而行驕肆，則天下之人其離之若崩，其背之也不約而若期。夫爲人主者，誠奈何而不慎哉？紂將與武王戰，紂陳其卒，左臆右臆，鼓之不進，皆還其刃，顧以鄉紂也。紂走還於寢廟之上，身鬬而死，左右弗肯助也。紂之官位，與紂之軀棄之玉門之外，民之觀者皆進蹴之，蹈其腹，蹷其腎，踐其肺，履其肝。周武王乃使人帷而守之，民之觀者搴帷而入提石之者，猶未肯止。可悲也夫！勢爲民主，直與民爲仇，殃忿若此，夫民尚踐盤其軀，而況有其民政教乎？羞甚。

漢・韓嬰《韓詩外傳》卷三　武王伐紂，到于邢丘，楯折爲三，天雨三日不休。武王心懼，召太公而問，曰：『意者紂未可伐乎？』太公對曰：『不然。楯折爲三者，軍當分爲三也。天雨三日不休，欲灑吾兵也。』武王曰：『然何若矣。』太公曰：『愛其人，及屋上烏。惡其人者，憎其骨餘。咸劉厥敵，靡使有餘。』武王曰：『於戲！天下未定也。』周公趨而進曰：『不然。使各度其宅而佃其田，無獲舊新。百姓有過，在予一人。』武王曰：『於戲！天下已定矣。』乃修武勒兵於甯，更名邢丘曰懷甯，曰修武。行，克紂於牧之野。《詩》曰：『牧野洋洋，檀車皇皇，駟騵彭彭。維師尚父，時維鷹揚，涼彼武王，肆伐大商，會朝清明。』

又　卷二　商容嘗執羽籥，馮於馬徒，欲以伐紂而不能，遂去，伏於太行。及武王克殷，立爲天子，欲以爲三公。商容辭曰：『吾嘗馮於馬徒，欲以伐紂而不能，愚也；不爭而隱，無勇也；愚且無勇，不足以備乎三公。』遂固辭不受命。君子聞之曰：『商容可謂內省而不誣能矣，君子哉！去素餐遠矣。』《詩》曰：『彼君子兮，不素餐兮。』商先生之謂也。

漢・劉安《淮南子》卷六《覽冥訓》　武王伐紂，渡于孟津，陽侯之波逆流而擊，疾風晦冥，人馬不相見。於是武王左操黃鉞，右秉白旄，瞋目而撝之曰：『余任天下，誰敢害吾意者？』於是風濟而波罷。

又　卷一一《齊俗訓》　武王伐紂，載尸而行，海內未定，故不爲三年之喪。

又　卷一五《兵略訓》　武王伐紂，東面而迎歲，至汜而水，至共頭而墜，彗星出而授殷人其柄。當戰之時，十日亂於上，風雨擊於中，然而前無蹈難之賞而後無遁北之刑，白刃不畢拔而天下得矣。

故紂之卒，百萬之心；武王之卒三千人，皆專而一。故千人同心，則得千人力；萬人異心，則無一人之用。

《史記》卷三《殷本紀》　西伯既卒，周武王之東伐，至盟津，諸侯叛殷會周者八百。諸侯皆曰：『紂可伐矣。』武王曰：『爾未知天命。』乃復歸。紂愈淫亂不止。【略】周武王於是遂率諸侯伐紂。紂亦發兵，距之牧野。甲子日，紂兵敗，紂走，入登鹿臺，衣其寶玉衣，赴火而死。周武王遂斬紂頭，縣之白旗。殺妲己。釋箕子之囚，封比干之墓，表商容之閭。封紂子武庚祿父，以續殷祀，令修行盤庚之政。殷民大說。於是周武王爲天子。其後世貶帝號，號爲王。而封殷後爲諸侯，屬周。

又　卷二五《律書》　武王伐紂，吹律聽聲，推孟春以至於季冬，殺氣相并而音尚宮。同聲相從，物之自然，何足怪哉？

漢・桓寬《鹽鐵論》卷二《復古》　文王受命伐崇，作邑於豐。武王繼之，載尸以行，破商擒紂，遂成王業。

漢・劉向《說苑》卷一三《權謀》　武王伐紂，過隧斬岸，過水折舟，過谷發梁，過山焚萊，示民無返志也。至於有戎之隧，大風折旆。散宜生諫曰：『此其妖歟？』武王曰：『非也，天落兵也。』風霽，而乘以大雨水，準地而嗇。散宜生又諫曰：『此其妖歟？』武王曰：『非也，天灑兵也。』卜而龜熸，散宜生又諫曰：『此其妖歟？』武王曰：『不利以禱祠，利以擊衆。是熸之已。』故武王順天地，犯三妖而禽紂於牧野。其所獨見者，精也。

又　卷一五《指武》　武王將伐紂，召太公望而問之曰：『吾欲不戰而知勝，不卜而知吉，使非其人，爲之有道乎？』太公對曰：『有道。王得衆人之心以圖不道，則不戰而知勝矣；以賢伐不肖，則不卜而知吉矣。彼害之，我利之，雖非吾民，可得而使也。』武王曰：『善。』乃召周公而問焉，曰：『天下之圖事者，皆以殷爲天子，以周爲諸侯。以諸侯攻天子，勝之有道乎？』周公對曰：『殷信天子，周信諸侯，則無勝之道矣。何可攻乎？』武王忿然，曰：『汝言有說乎？』周公對曰：『臣聞之，攻禮者爲賊，攻義者爲殘。失其民，制爲匹夫。王攻其失民者也，何攻天子乎？』武王曰：『善。』乃起衆舉師，與殷戰於牧之野，大敗殷人。上堂

見玉，曰：『誰之玉也？』曰『諸侯之玉』，卽取而歸之於諸侯。天下聞之，曰：『武王廉於財矣。』入室見女，曰：『誰之女也？』曰『諸侯之女也』，卽取而歸之於諸侯。天下聞之，曰：『武王廉於色也。』於是發巨橋之粟，散鹿臺之財，金錢以與士民。黜其戰車而不乘，弛其甲兵而弗用，縱馬華山，放牛桃林，示不復用。天下聞者，咸謂武王行義於天下，豈不大哉？

漢・袁康等《越絶書》卷三《吴内傳》 武王以禮信。文王死九年，天下八百諸侯皆一旦會於孟津之上，不言同辭，不呼自來，盡知武王忠信，欲從武王，與之伐紂。當是時，比干、箕子、微子尚在，武王賢之，未敢伐也，還諸侯。歸二年，紂賊比干，囚箕子，微子去之，刳妊婦，殘朝涉。武王見賢臣已亡，乃朝天下，興師伐紂，殺之。武王未下車，封比干之墓，發太倉之粟，以贍天下，封微子於宋。此武王以禮信也。

又 卷六《外傳紀策考》 昔者武王伐紂，時彗星出而興周。武王問太公，曰：『臣聞以彗鬭，倒之則勝。』

漢・桓譚《新論》卷二《王霸篇》 維四月，太子發上祭于畢，下至孟津之上，此武王已畢三年之喪，欲卒父業。升舟而得魚，則地應也；燎祭降烏，天應也。二年聞殺比干，囚箕子，太師、少師抱樂器奔周。甲子，日月若合璧，五星若連珠；昧爽，武王朝至於商郊牧野，從天以討紂，故兵不血刃而定天下。

漢・焦贛《易林》卷二《復》 周師伐紂，剋於牧野，甲子平旦，天下悦喜。

《漢書》卷二一下《律曆志下》 文王受命九年而崩，再期，在大祥而伐紂，故《書序》曰：『惟十有一年，武王伐紂，[作]《太誓》。』八百諸侯會。還歸二年，乃遂伐紂克殷，以箕子歸，十三年也。故《書序》曰：『武王克殷，以箕子歸，作《洪範》。』《洪範》篇曰：『惟十有三祀，王訪于箕子。』自文王受命而至此十三年，歲亦在鶉火，故《傳》曰：『歲在鶉火，則我有周之分壄也。』師初發，以殷十一月戊子，日在析木箕七度，故《傳》曰：『日在析木。』是夕也，月在房五度，房爲天駟，故《傳》曰：『月在天駟。』後三日得周正月辛卯朔，合辰在斗前一度，斗柄也，故《傳》曰：『辰在斗柄。』明日壬辰，晨星始見。癸巳武王始發，丙午還師，戊午度于孟津。孟津去周九百里，師行三十里，故三十一日而度。明日己未冬至，晨星與婺女伏，歷建星及牽牛，至於婺女天黿之首，故《傳》曰：『星在天黿。』《周書・武成》篇：『惟一月壬辰，旁死霸，若翌日癸巳，武王乃朝步自周，于征伐紂。』《序》曰：『一月戊午，師度于孟津。』至庚申，二月朔日也。四日癸亥，至牧壄，夜陳，甲子昧爽而合矣。故《外傳》曰：『王以二月癸亥夜陳。』《武成》篇曰：『粤若來三月，既死霸，粤五日甲子，咸劉商王紂。』是歲也，閏數餘十八，正大寒中，在周二月己丑晦。明日閏月庚寅朔。三月二日庚申驚蟄。四月己丑朔死霸。死霸，朔也；生霸，望也。是月甲辰望，乙巳，旁之。故《武成》篇曰：『惟四月既旁生霸，粤六日庚戌，武王燎于周廟。翌日辛亥，祀于天位。粤五日乙卯，乃以庶國祀馘于周廟。』

晉・皇甫謐《帝王世紀・殷商》 武王乃率諸侯來伐紂。紂有億兆夷人，起師自容閭至浦水，與同惡諸侯五十國，凡七十萬人，拒周于商郊之牧野。紂師皆倒戈而戰，紂卽位三十二年正月甲子敗績，赴宫登鹿臺，蒙寶衣玉，自投於火而死。周武王封其子武庚爲殷後。

又 《周》 商容及殷民觀周軍之入，見畢公至，殷民曰：『是吾新君也。』容曰：『非也。視其爲人，嚴乎將有急色，故君子臨事而懼見。』太公至，民曰：『是吾新君也。』容曰：『非也。視其爲人，虎據而鷹趾，當敵將衆，威怒自倍，見利卽前，不顧其後。故君子臨衆，果於進退。』見周公至，民曰：『是吾新君也。』容曰：『非也。視其爲人，忻忻休休，志在除賊，是非天子，則周之相國也。故聖人臨衆，不惡而嚴，是以知之。』見武王至，民曰：『是吾新君也。』容曰：『然。聖人爲海内討惡，見惡不怒，見善不喜，顔色相副，是以知之。』

晉・張華《博物志》卷八《史補》 武王伐殷，舍于幾，逢大雨焉。革輿三百乘，甲三千，一日一夜行三百里，以戰于牧野。

晉・常璩《華陽國志》卷一《巴志》 周武王伐紂，實得巴蜀之師，著乎《尚書》。巴師勇鋭，歌舞以淩，殷人倒戈。故世稱之曰：武王伐紂，前歌後舞也。武王既克殷，封其宗姬於巴，爵之以子。古者遠國，雖大爵不過子，故吴、楚及巴皆曰子。

晉・王嘉《拾遺記》卷二《殷湯》 周武王東伐紂，夜濟河，時雲明

如畫，八百之族皆齊而歌，有大蜂狀如丹鳥，飛集王舟，因以鳥畫其旗，翌日而梟紂，名其船曰蜂舟。【略】武王使畫其像於幡旗，以爲吉兆。今人幡信，皆爲鳥畫，則遺像也。

《新唐書》卷二七上《曆志三上》 《國語》曰：『武王伐商，歲在鶉火，月在天駟，日在析木之津，辰在斗柄，星在天黿。』舊説歲在己卯，推其朏魄，迺文王崩、武王成君之歲也。其明年，武王即位，新曆孟春定朔丙辰，於商爲二月，故《周書》曰：『維王元祀二月丙辰朔，武王訪于周公。』《竹書》『十一年庚寅，周始伐商。』而《管子》及《家語》以爲十二年，蓋通成君之歲也。先儒以文王受命九年而崩；至十年，武王觀兵盟津；十三年，復伐商。推元祀二月丙辰朔，距伐商日月，不爲相距四年。所説非是。武王十年，夏正十月戊子，周師始起。於歲差日在箕十度，則析木津也。晨初，月在房四度。於《易》，雷乘乾曰大壯，房、心象焉。心爲乾精，而房，升陽之駟也。房與歲星實相經緯，以屬靈威仰之神，后稷感之以生。故《國語》曰：『月之所在，辰馬農祥，我祖后稷之所經緯也。』又三日，得周正月庚寅朔，日月會南斗一度，故曰『辰在斗柄』。壬辰，辰星夕見，在南斗二十度。其明日，武王自宗周次于師所。凡月朔而未見曰『死魄』，夕而成光則謂之『朏』。朏或以二日，或以三日，故《武成》曰：『維一月壬辰，旁死魄。翌日癸巳，王朝步自周，于征伐商。』是時辰星與周師俱進，由建星之末，歷牽牛、須女，涉顓頊之虚。戊午，師渡盟津，而辰星伏于天黿。辰星，叶光紀之精，所以告顓頊而終水行之運，且木帝之所繇生也。故《國語》曰：『星與日辰之位皆在北維，顓頊之所建也，帝嚳受之。我周氏出自天黿，及析木，有建星、牽牛焉，則我皇妣太姜之姪伯陵之後，逢公之所憑神也。』

是歲，歲星始及鶉火。其明年，周始革命。歲又退行，旅於鶉首，而後進及鳥帑，所以返復其道，經綸周室。鶉火直軒轅之虚，以爰稼穡，稷星繫焉，而成周之大萃也。鶉首當山河之右，太王以興，后稷封焉，而宗周之所宅也。歲星與房實相經緯，而相距七舍；木與水代終，而相及七月。故《國語》曰：『歲之所在，則我有周之分也。自鶉及駟七列，南北之揆七月。』其二月戊子朔，哉生明。王自克商還，至于酆，於周爲四月。新曆推定望甲辰，而乙巳旁之。故《武成》曰：『維四月，既旁生魄，粤六月庚戌，武王燎于周廟。』《麟德曆》：周師始起，歲在降婁，月宿天根，日躔心而合辰在尾，水星伏于星紀，不及天黿。《周書》：革命六年而武王崩。《管子》、《家語》以爲七年，蓋通克商之歲也。周公攝政七年二月甲戌朔，己丑望，後六日乙未。三月定朔甲辰，三日丙午。故《召誥》曰：『惟二月既望，越六日乙未，王朝步自周，至于酆』；『三月，惟丙午朏，越三日戊申，太保朝至于洛』。其明年，成王正位，三十年四月己酉朔甲子，哉生魄。故《書》曰：『惟四月，才生魄』，甲子作《顧命》。康王十二年，歲在乙酉，六月戊辰朔，三日庚午。故《畢命》曰：『惟十有二年六月庚午朏，越三日壬申，王以成周之衆命畢公。』自伐紂及此，五十六年，朏魄日名，上下無不合。而《三統曆》以己卯爲克商之歲，非也。夫有效於古者，宜合於今。《三統曆》自太初至開元，朔後天三日。推而上之，以至周初，先天，失之蓋益甚焉。是以知合於歆者，必非克商之歲。

清·錢大昕《十駕齋養心餘録》卷上《武王克殷之年》 武王克殷，《國語》以爲歲在鶉火。古法：歲星與太歲恒相應，星在鶉火，則太歲必在未。孔穎達《詩正義》謂是歲辛未，此用古法超辰之率定之。後世不用超辰，則斷以爲己卯，干支雖有不同，於積算元無多少，似異而實非異也。《竹書》周武王十二年辛卯伐紂，十七年陟。皇甫謐云：武王定位元年，歲在乙酉。六年庚寅，崩。見《史記集解》。唐一行以康王十一年歲在甲申，上溯武王克商之歲，當在壬辰。《唐書·曆志》。三説皆非是。

清·馬驌《繹史》卷二〇《武王克殷》引《汲冢書》 武王十三年，率虎賁三千人渡河，伯夷、叔齊叩馬而諫，武王不聽，去，隱於首陽山。或告伯夷、叔齊曰：『胤子在郱，父師在夷，奄孤竹而君之，以夾煽王，燼商可復也。子其勉之！』伯夷、叔齊曰：『此非吾事也。』曰：『然則叩馬而諫何爲？』曰：『爲萬世之君臣也。』曰：『然則今何爲？』曰：『有死耳。』曰：『有死而何以采薇？』『爲天下。』『周之天下，則山亦周山也，薇亦周薇也。采薇而食，無乃欲死而求生乎？』遂餓而死。

《莊子》卷九《讓王》 昔周之興，有士二人，處於孤竹，曰伯夷、叔齊。二人相謂曰：『吾聞西方有人，似有道者，試往觀焉。』至於岐陽，武王聞之，使叔旦往見之，與之盟曰：『加富二等，就官一列。』血牲而

埋之。二人相視而笑曰：『嘻，異哉！此非吾所謂道也。昔者神農之有天下也，時祀盡敬而不祈喜；其于人也，忠信盡治而無求焉。樂與政爲政，樂與治爲治，不以人之壞自成也，不以人之卑自高也，不以遭時自利也。今周見殷之亂而遽爲政，上謀而行貨，阻兵而保威，割牲而盟以爲信，揚行以説衆，殺伐以要利，是推亂以易暴也。吾聞古之士，遭治世不避其任，遇亂世不爲苟存。今天下闇，周德衰，其並乎周以塗吾身也，不如避之以絜吾行。』二子北至於首陽之山，遂餓而死焉。若伯夷、叔齊者，其於富貴也，苟可得已，則必不賴。高節戾行，獨樂其志，不事於世，此二十之節也。

《呂氏春秋》卷一二《誠廉》 昔周之將興也，有士二人，處於孤竹，曰伯夷、叔齊。二人相謂曰：『吾聞西方有偏伯焉，似將有道者。今吾奚爲處乎此哉？』二子西行如周，至於岐陽，則文王已殁矣。武王卽位，觀周德則王，使叔旦就膠鬲於次四內，而與之盟，曰：『加富三等，就官一列。』爲三書同辭，血之以牲，埋一於四內，皆以一歸。又使保召公就微子開於共頭之下，而與之盟，曰：『世爲長侯，守殷常祀，相奉桑林宜私孟諸。』爲三書同辭，血之以牲，埋一於共頭之下，皆以一歸。伯夷、叔齊聞之，相視而笑曰：『譆，異乎哉！此非吾所謂道也。昔者神農氏之有天下也，時祀盡敬而不祈福也。其於人也，忠信盡治而無求焉。樂正與爲正，樂治與爲治，不以人之壞自成也，不以人之庳自高也。今周見殷之僻亂也，而遽爲之正與治，上謀而行貨，阻丘而保威也。割牲而盟以爲信，因四內與共頭以明行，揚夢以説衆，殺伐以要利。以此紹殷，是以亂易暴也。吾聞古之士，遭乎治世，不避其任，遭乎亂世，不爲苟在。今天下闇，周德衰矣，與其並乎？周以漫吾身也。不若避之，以潔吾行。』二子北行，至首陽之下，而餓焉。人之情，莫不有重，莫不有輕，有所重則欲全之，有所輕則以養所重。伯夷、叔齊此二士者，皆出身棄生，以立其意，輕重先定也。

《史記》卷六一《伯夷列傳》 其傳曰：伯夷、叔齊，孤竹君之二子也。父欲立叔齊，及父卒，叔齊讓伯夷。伯夷曰：『父命也。』遂逃去。叔齊亦不肯立而逃之。國人立其中子。於是伯夷、叔齊聞西伯昌善養老，盍往歸焉。及至，西伯卒，武王載木主，號爲文王，東伐紂。伯夷、叔齊叩馬而諫曰：『父死不葬，爰及干戈，可謂孝乎？以臣弑君，可謂仁乎？』左右欲兵之。太公曰：『此義人也。』扶而去之。武王已平殷亂，天下宗周，而伯夷叔齊耻之，義不食周粟，隱於首陽山，采薇而食之。及餓且死，作歌。其辭曰：『登彼西山兮，采其薇矣。以暴易暴兮，不知其非矣。神農虞夏，忽焉没兮，我安適歸矣。于嗟徂兮，命之衰矣！』遂餓死於首陽山。

清·俞正燮《癸巳存稿》卷七《讀史記伯夷列傳》 伯夷叔齊，《論語義疏》曰：伯夷名允，叔齊名致。《釋文》云：允字公信，致字公達；夷、齊，謚也。見《春秋少陽篇》。《史記索隱》亦同。《論語正義》、《孟子正義》俱引《少陽篇》。《釋文》、《正義》作『智』，《義疏》、《索隱》作『致』，《史記·傳》亦不言其姓名。《史記》『其傳曰』，《索隱》謂是《韓詩外傳》、《呂氏春秋》。今檢《韓詩外傳》，不得其事；《呂氏春秋·誠廉》篇則與《莊子·讓王》篇略同。《誠廉》云：『二子北行，至首陽之下，餓焉。』《讓王》云：『遂饑餓而死。』扣馬之事，他書無所見。《左傳》云：『武王克商，遷九鼎於雒邑，義士猶或非之。』或謂義士，伯夷之屬，追數觀兵時事也。《管子·制分》篇云：『伯夷、叔齊非死之日而後有名也，其前行多修矣。』史爲記載之書，凡行事皆直書之。此云『考信六藝』，蓋孔子序列古之仁聖賢人有吳泰伯、伯夷，而不見許由、務光。泰伯既有《世家》，言伯夷者孔子所稱，宜立傳。又或伯夷事，史官不詳，而《論語》云『民到於今稱之』，故采民間所説著於篇。其人見於六藝，卽爲考信，而特表之以『其傳曰』，此變例也。《索隱》見其文與二書相似，卽謂其書是《韓詩外傳》、《呂氏春秋》，不深思耳。

史公以伯夷爲孔子論許，得仁不怨，其名益顯；民間所稱説者，又未嘗不怨。舍其所稱，又無以爲傳，其怨又未嘗違理，故網羅放失，不使其事更湮没，亦孔子意也。孔子言夷齊不怨者，兄弟間事也；不怨者，仁也。其《傳》言夷齊怨者，君臣間事也；怨者，亦仁也。《傳》言夷齊餓死，《游俠列傳》言『夷齊醜周，餓死首陽山，文、武不以之貶王。』《莊子》言『遂饑餓而死』，《莊子》注云：『《論語》言餓於首陽之下，不言其死也。莊子言死焉，亦明其守餓以終，非必餓死。』其言怪異。俗人乃言二子之事凡孔孟所不言，無取也；又言司馬遷《傳》空言成實；又

言孟子謂伯夷歸文王，不應舍武王而餓。文王事殷，武王伐紂，時有不同；伯夷去就，亦時有不同。且諫不聽則必去，去則不食其祿，老貧入首陽，焉得不餓？餓焉得不死？何謂孔孟不言夷齊死哉！

《曾子制言》云：『伯夷、叔齊死于溝澮之間，其仁成名於天下。夫二子者，居河濟之間，非有土地之厚，貨粟之富。』是曾子言伯夷、叔齊窮餓死。《史記・蘇秦列傳》云：『廉如伯夷，義不爲孤竹君之嗣，不肯爲武王臣，不受封侯而餓死。』《莊子・盜蹠》篇云：『伯夷、叔齊辭孤竹之君，而餓死首陽之山，骨肉不葬。』周時賢不肖，皆知夷齊餓死，而後人又多增益其事者。《論語義疏》云：夷齊反首陽山，責身不食周粟，唯食草木而已。後遼西令支縣祐家白張石虎，《莊子・天地》篇有赤張滿稽，《韓非子・説林下》、《呂覽・權勳》有赤章蔓枝，《莊子釋文》引李云：『赤章，姓也。』此白張，亦古姓。往蒲阪採材，謂夷齊曰：『汝不食周粟，何食周草木？』夷齊聞言，即遂不食，餓死。《文選・辨命論》注引譙周《古史考》云：伯夷叔齊者，殷之末世孤竹君之二子也。隱于首陽山，采薇而食之。野有婦人謂之曰：『子義不食周粟，此亦周之草木也。』於是餓死。《路史・餘論》注引《三秦記》云：夷齊食薇，三年顔色不變。武王戒之，不食而死。《後紀》注引《列士傳》云：王俾摩子往難之，遂不食。《金樓子・興王》云：餓于首陽，依麋鹿以爲羣。叔齊起害鹿，伯夷恚之而死。《類林》云：夷齊棄薇不食，有白鹿乳之。《繹史》引《列士傳》云：夷齊私念：此鹿肉食之必美。鹿知其意，不復來。二人遂不食死。今案《南史》明僧紹所謂『不食周粟而食周薇，古猶發議』者，告以義也。《楚辭・天問》云：驚女采薇，鹿何佑？北至回水，萃何喜？注云：有女子采薇，驚而北走，至於回水之上，止而得鹿。注義難明。《天問》所言，當是夷齊事。屈原問者皆廟畫典故，『采薇』則女子諫之，後乳鹿又北去也，惟不得戒之之説。

《韓非子》言古有伯夷叔齊者，武王讓以天下而弗受，或讓即戒之。又言二人餓死首陽之陵，以將軍葬於首陽之下。蓋武王使人戒備，死即厚葬之。韓非見其墓如戰國時將軍制，韓地實包首陽，韓非目驗之，最可信也。《水經河水注》河北雷首山，引闞駰《十三州志》云：山一名獨頭，山南有古冢，陵柏蔚然，攢茂丘阜，俗謂之夷齊墓。于孟津上又云：首戴夷齊廟，前有二碑，後漢時立，事見其碑。惜悼古賢，人情所同。《少陽》言謚夷、齊，亦是周初制謚，爲之易名。後人乃言餓死首陽，誰謚之哉？亦不推事理，輕爲議論矣。

《曾子制言中》篇注云：伯夷叔齊者，孤竹君之子，初無父母也。其言奇崛，蓋以孤竹君爲竹王，不可爲典要。《論衡・定賢篇》云：伯夷昆弟相讓以國，耻有分爭之名。《書虛篇》云：伯夷委國餓死，不嫌偷刀鉤。而或云伯夷叔齊爲庶兄奪國，餓死首陽山，非讓國庶兄也，豈得謂賢？兄奪弟讓，無損弟賢，此不必辨者。史言國人立其中子，是無庶兄立之事。《博物志》、《水經濡水注》俱言漢靈帝時，遼西太守廉翻夢人謂己曰：『余孤竹君之子，伯夷之弟。墓爲水所漂。』是即仲子，非庶兄也。今盧龍雙子山有孤竹長君墓，團子山有次君墓，馬鞍山有少君墓。蓋古墓，非伯夷兄弟也。伯夷父或云名朝初，《金樓子・興王》云名夷雍。孤竹初封，或言湯十八祀正月三日丙寅，或言十二月己丑。《帝王世紀》言湯十有八祀封墨胎氏孤竹國，後九葉，孤竹君二子伯夷、叔齊以讓國逃去。九世豈能及六百祀？皇甫謐亦有所聞而思之未精，宜史公所不采也。

論説

《周易・革・象》 天地革而四時成。湯、武革命，順乎天而應乎人。革之時，大矣哉！

《墨子》卷一三《魯問》 昔者三代之聖王禹、湯、文、武，百里之諸侯也，説忠行義取天下。三代之暴王桀、紂、幽、厲，讐怨行暴失天下。

《吴子》卷上《圖國》 是以聖人綏之以道，理之以義，動之以禮，撫之以仁。此四德者，修之則興，廢之則衰。故成湯討桀而夏民喜悦，周武伐紂而殷人不非。舉順天人，故能然矣。

《孟子》卷二《梁惠王下》 齊宣王問曰：『湯放桀，武王伐紂，有諸？』孟子對曰：『於《傳》有之。』曰：『臣弒其君，可乎？』曰：『賊仁者謂之賊，賊義者謂之殘，殘賊之人謂之一夫。聞誅一夫紂矣，未聞弒君也。』

又　卷一四《盡心下》　孟子曰：盡信《書》，則不如無《書》。吾於《武成》，取二三策而已矣。仁人無敵於天下，以至仁伐至不仁，而何其血之流杵也！

《莊子》卷五《天運》　文王順紂而不敢逆，武王逆紂而不肯順。故曰不同。

又　卷九《盜跖》　湯放其主，武王殺紂。自是之後，以强凌弱，以衆暴寡。湯、武以來，皆亂人之徒也。

堯不慈，舜不孝，禹偏枯，湯放其主，武王伐紂，文王拘羑里。此六子者，世之所高也。孰論之皆以利惑其真，而强反其情性？其行乃甚可羞也。

湯放桀，武王伐紂，貴賤有義乎？

《鶡冠子》卷下《世兵》　湯能以七十里放桀，武王以百里伐紂，知一不煩，千方萬曲，所雜齊同，勝道不一，知者計全。

《戰國策》卷二二《魏策一》　蘇子爲趙合從，説魏王曰：【略】『臣聞越王句踐，以散卒三千，禽夫差於干遂。武王卒三千人，革車三百乘，斬紂於牧之野。豈其士卒衆哉？誠能振其威也。』

《荀子》卷一〇《議兵篇》　湯武之誅桀紂也，拱揖指麾，而彊暴之國莫不趨使，誅桀紂若誅獨夫。故《泰誓》曰『獨夫紂』，此之謂也。

故湯之放桀也，非其逐之鳴條之時也。武王之誅紂也，非以甲子之朝而後勝之也。皆前行素修也。此所謂仁義之兵也。

古者湯以薄，武王以滈，皆百里之地，天下爲一，諸侯爲臣，無他故焉，能凝之也。

又　卷一二《正論》　昔者武王伐有商誅紂，斷其首，懸之赤旆。夫征暴誅悍，治之盛也。

《韓非子》卷一七《説疑》　舜偪堯，禹偪舜，湯放桀，武王伐紂。此四王者，人臣弑其君者也，而天下譽之。察四王之情，貪得人之意也。度其行，暴亂之兵也。然四王自廣措也，而天下稱大焉；自顯名也，而天下稱明焉。則威足以臨天下，利足以蓋世，天下從之。

《禮記·禮器》　禮，時爲大，順次之，體次之，宜次之，稱次之。堯授舜，舜授禹，湯放桀，武王伐紂，時也。《詩》云：『匪革其猶，聿追來孝。』

《尹文子·大道上》　觀堯、舜、湯、武之成，或順或逆，得時則昌；桀、紂、幽、厲之敗，或是或非，失時則亡。

漢·賈誼《新書》卷一〇《立後義》　殷湯放桀，武王伐紂，此天下之所同聞也。爲人臣而放其君，爲人下而弑其上，天下之至逆也。而所以有天下者，以爲天下開利除害，以義繼之也。故聲名稱於天下而傳於後世，隱其惡而揚其德美，立其功烈，而傳之於久遠。

漢·劉安《淮南子》卷九《主術訓》　紂兼天下，朝諸侯，人迹所及，舟楫所通，莫不賓服。然而武王甲卒三千人，擒之於牧野。豈周民死節而殷民背叛哉？其主之德義厚而號令行也。

又　卷二〇《泰族訓》　所謂有天下者，非謂其履勢位，受傳籍，稱尊號也，言運天下之力而得天下之心。紂之地，左東海，右流沙，前交趾，後幽都，師起容關至浦水，士億有餘萬，然皆倒矢而射，傍戟而戰。武王左操黄鉞，右執白旄以麾之，則瓦解而走，遂土崩而下。紂有南面之名而無一人之德，此失天下也。故桀、紂不爲王，湯、武不爲放。

漢·董仲舒《春秋繁露》卷七《堯舜不擅移湯武不專殺》　君也者，掌令者也，令行而禁止也。今桀、紂，令天下而不行，禁天下而不止，安在其能臣天下也？果不能臣天下，何謂湯、武弑？

漢·王充《論衡》卷五《感虚篇》　傳書言：武王伐紂，渡孟津，陽侯之波逆流而擊，疾風晦冥，人馬不見，於是武王左操黄鉞，右執白旄，瞋目而麾之，曰：『余在，天下誰敢害吾意者？』於是風霽波罷。此言虚也。武王渡孟津時，士衆喜樂，前歌後舞，天人同應，人喜天怒，非實宜也。前歌後舞，未必其實，麾風而止之迹，近爲虚。夫風者，氣也，論者以爲天地之號令也。武王誅紂是乎，天當安静以祐之。如誅紂非乎，而天風者，怒也。武王不奉天令，求索已過，瞋目言曰：『余在，天下誰敢害吾者？』重天怒，增己之惡也，風何肯止？

又　卷七《語增篇》　傳語又稱：紂力能索鐵伸鉤，撫梁易柱，言其多力也。蜚廉、惡來之徒，並幸受寵。言好伎力之主，致伎力之士也。或言武王伐紂，兵不血刃。夫以索鐵伸鉤之力，輔以蜚廉、惡來之徒，與周軍相當。武王德雖盛，不能奪紂素所厚之心。紂雖惡，亦不失所與同行

之意。雖爲武王所擒，時亦宜殺傷十百人。今言不血刃，非紂多力之效，蜚廉、惡來助紂之驗也。

世稱紂力能索鐵伸鉤，又稱武王伐之，兵不血刃。夫以索鐵伸鉤之力當人，則是孟賁、夏育之匹也。以不血刃之德取人，是則三皇五帝之屬也。以索鐵之力，不宜受服；以不血刃之德，不宜頓兵。今稱紂力，則武王德貶；譽武王，則紂力少。索鐵、不血刃，不得兩立；殷、周之稱，不得二全；不得二全，則必一非。孔子曰：『紂之不善，不若是之甚也。是以君子惡居下流，天下之惡皆歸焉。』孟子曰：『吾於《武成》，取二三策耳。以至仁伐不仁，如何其血之浮杵也？』若孔子言，殆沮浮杵；若孟子之言，近不血刃，浮杵過其實，不血刃亦失其正。一聖一賢，共論一紂，輕重殊稱，多少異實。

又 卷一七《指瑞篇》 推此以況白魚赤烏，猶此類也。魚木精白者，殷之色也。烏者孝鳥，赤者周之應氣也。先得白魚，後得赤烏，殷之統絶，色移在周矣。據魚、烏之見，以占武王，則知周之必得天下也。世見武王誅紂，出遇魚、烏，則謂天用魚、烏，命使武王誅紂。事相似類，其實非也。

又 《是應篇》 師尚父爲周司馬，將師伐紂，到孟津之上，杖鉞把旄，號其衆曰『倉光』。倉光者，水中之獸也，善覆人船，因神以化，欲令急渡，不急渡倉光害汝，則復鮭觽之類也。河中有此異物，時出浮揚，一身九頭，人畏惡之，未必覆人之舟也。尚父緣河有此異物，因以威衆。夫鮭觽之觸罪人，猶倉光之覆舟也。蓋有虚名，無其實效也。人畏怪奇，故空褒增。

又 卷一八《齊世篇》 舜承堯，不墮洪業；禹襲舜，不虧大功。其後至湯，舉兵伐桀，武王把鉞討紂，無巍巍蕩蕩之文，而有動兵討伐之言。蓋其德劣而兵試，武用而化薄，化薄不能相逮之明驗也。

又 卷一九《恢國篇》 傳書或稱武王伐紂，太公陰謀食小兒以丹，令身純赤長大，教言殷亡。殷民見兒身赤，以爲天神，及言殷亡，皆謂商滅。兵至牧野，晨舉脂燭，姦謀惑民，權掩不備，周之所諱也。世謂之虚。《武成》之篇，言周伐紂，血流浮杵。以《武成》言之，食兒以丹，晨舉脂燭，殆且然矣。

或云武王伐紂，紂赴火死，武王就斬以鉞，懸其首於大白之旌。齊宣王憐釁鍾之牛，睹其色之觳觫也，楚莊王赦鄭伯之罪，見其肉袒而形暴也。君子惡，不惡其身。紂屍赴於火中，所見悽愴，非徒色之觳觫，袒之暴形也，就斬以鉞，懸乎其首，何其忍哉！

宋・王開祖《儒志編》 湯伐桀，先伐葛，伐韋，伐顧，桀不悟，而後放之。文王伐紂，先伐崇，伐密，伐共，伐黎，紂不悟，武王又觀兵於孟津，卒不悔，而後伐之。大戒而不戒者，自亡而已，何有於我哉？戒之，吾之志也；放之伐之，非吾之志也。非其志而得天下者，湯武是也。

宋・邵雍《皇極經世書》卷一二《觀物篇五十七》 昔者孔子語堯、舜，則曰垂衣裳而天下治；語湯、武，則曰順乎天而應乎人。斯言可以該古今帝王受命之理也。堯禪舜以德，舜禪禹以功。以德，帝也；以功，亦帝也。然而德下一等，則入於功矣。湯伐桀以放，武伐紂以殺。以放，王也；以殺，亦王也。然而放下一等，則入於殺矣。是知時有消長，事有因革，前聖後聖，非出乎一途哉！

又 卷一三《觀物外篇上》 湯放桀，武王伐紂，而不以爲弑者，若孟子言男女授受不親，禮也；嫂溺則援之以手，權也。故孔子既尊夷齊，亦與湯武。夷齊，仁也；湯武，義也。唯湯武則可，非湯武，是篡也。

宋・劉恕《資治通鑑外紀》卷三《周紀一・武王》 劉恕曰：《易》稱『湯武革命，順乎天而應乎人。』孔子曰：『伯夷叔齊，求仁而得仁，又誰怨？』二者意殊志戾，聖人並稱之。蓋言湯武所以懼後世之爲人君者，舉夷齊所以戒後世之爲人臣者，道悖而同歸於教，雖萬世無弊焉。

宋・胡宏《五峰集》卷四《皇王大紀論・武王事紂》 論曰：孔子曰：『三分天下有其二，以服事殷。周之德，其可謂至德也已矣。』先儒以爲此言文王者也。及觀《下武》『媚茲一人，應侯順德』及『矢於牧野，維予侯興』之辭，然後知孔子概以周爲言者。方紂天命未絶，武王固盡臣禮，繩其祖武，嗣服西伯，媚于天子，如文王之時矣。及紂無天命，爲獨夫，然後伐之，而爲王周之德，其可謂至德也已矣。

又 卷四《觀兵之説》 先儒謂文王受命，改元稱王，九年而崩。武王以大統未集，故即位而不改元，因文王九年爲十一年，觀兵於商，至十三年，乃復伐商。夫元原於一，不可再者也。若文王可以大統未集而改元

稱王，武王承文王之業，何以不可？書『武王卽位』而不改元，是無元也，無元何以爲君？故紂之二十四祀，武王之元年，而此十一年者，武王之十一年也。夫文王、武王盡道以事紂，未嘗不冀其悛改也。改而有天命，則固君之；不改而無天命，則將臣之。文、武何容心哉，順天而已。一日天命未絶，則猶君也，君可以兵脇乎？君子之能事君者，猶卑遜而不矜，温恭而不厲，況聖人天性慈和，發而中節者乎！先儒不知君臣之義，乃造觀兵之説，則其事君不能道義以爲本，可知矣。

夫文、武，本列諸侯也，而得列諸侯，心悦誠服，咸率道由義，治其國以事紂。自非與天地合德、日月齊明、鬼神合其變化者，不能感人如是也。豈後世因便乘利、僥倖成功於一時、不知命者所可比擬乎？《泰誓叙》曰十有一年，經曰十有三年者，『三』之文誤也。曷爲知其然？以《皇極經世書》知之也。

宋・游酢《游鷹山集》卷一《中庸義》　君臣之分，猶天尊地卑。紂未可去而文王稱王，是二天子也。服事商之道，固如是耶？《書》所謂『九年大統未集』者，後世以虞芮質厥成爲文王受命之始故也。當六國時，秦固以長雄天下，而周之位號微矣。辛垣衍欲帝秦，魯仲連以片言折之，衍不敢復出口。蓋名分之嚴如此。故以曹操之英雄，逡巡於獻帝之末而不得逞，彼蓋知利害之實也。曾謂至德如文王，一言一動，順帝之則，而反盜虚名而拂天理乎？且武王觀政於商，而須假之五年，非僞爲也。使紂一日有悛心，則武王當與天下共尊之，必無牧野之事。然則文王已稱之名，將安所歸乎？此天下之大戒，故不得不辨，亦所以正人心也。

宋・魏天應《論學繩尺》卷六《呂祖謙〈武成二三策如何論〉》　論曰：聖人之心不白於天下，後世之儒者始有言外之意。夫以聖人之心，何至於有所不白者，而事變之來，不能不蒙人之疑也。而聖人適遭其時，不得已焉而爲之，聖人之心始晦矣。夫惟其心之晦於此，而《書》復紀於此，使後之人得借是以自便其無忌憚之爲，儒者憂之，而有言焉。意謂寧以吾言病聖人，無寧以聖人之故病天下。此《武成》二三策之説所由發也。嗚呼！軻其有憂天下後世之心乎！

《武成》二三策如何？此孟軻言外之意，而亦悲武王之不幸也。人徒見武王聖人也，而孟軻有『盡信《書》不如無《書》』之言，遂謂軻非知武王者。嗟夫！軻豈不知武王者哉？七篇之書，其論武王詳矣。故舉武王之言，則曰無畏寧爾也，又曰非敵百姓也。其論武王之勇，則曰安天下之民也，又曰救民於水火之中也。夫以軻之舉其言也如此，而論其勇也又如此，武王之心，軻知之矣。然則『《武成》取二三策』之言，是果何爲而發耶？夫亦憂武王仁天下之心不白於後世，恐或者因辭以害意，得以啓其不仁之念，故不得不借此以喻彼也。不然，聖人豈果不足於中者哉？

昔仲虺作《誥》，嘗述湯之慚，不釋於伐夏之日。夫以湯升陑之師，是皆應天順人之舉，則亦何慚之有？湯乃不待人之慚身，自爲之而身自慚之，誠恐吾之心不白於天下，而後世或得以貽口實也。是故湯寧自貶，而不忍以自隱也。雖然，湯之不自隱而得仲虺陳義以白之，湯無慚矣。若武王之心則未白，而《武成》之書則實言，孟軻則不容以不辨。嗚呼！孟軻之意，其亦仲虺之慮天下後世也歟？是亦悲武王之不幸而無《仲虺之誥》，又有《武成》之書歟？且商之作威，非一日也，武王嘗觀政矣，而商不悛；嘗師次於河朔矣，而商復不悛。然則武王何拳拳於商之悛也？悛不悛，何足介也？而無辜則籲天也，百姓則暴虐也，四海則毒痛也。武王雖無心於商而有心於民也，是則武王之事，誠有大不得已者。士女一綏，而我師罔敵；牧野一誓，而前徒倒戈。武王豈得已哉？故歸馬放牛爲天下也，非爲己也；散財發粟爲天下也，非爲己也。武王仁民之心遂，而《武成》之書所由作也。

《武成》之書雖作，而《武成》之辭則未白也；《武成》之辭未白，是聖人以無心待天下後世。奈之何天下後世，不以無心待聖人也。戰國之世，用兵爭强，以相侵奪。爭城以戰，則殺人盈城；爭地以戰，則殺人盈野。甚而長平之川，陰山之北，皆且血流而鬼哭矣。想夫孟軻之意，以謂聖人之心不白於天下，而後世黷武之慘，得非《武成》之書有以啓之乎？於是有『盡信《書》不如無《書》，吾於《武成》取二三策』之言。軻之所取二三策，固未易輕指，而其所不取者，則『血流漂杵』之一語矣。

夫其所取者不必論，所以不取者則不容以不論。漂杵之説，是固爲『攻其後以北』者而設，非謂武王也，特《武成》之辭不白耳。而孟軻之憂，則恐『己亥』之誤不止於『三豕』也。故嘗謂聖人仁天下之意，昭如

日星，越千載猶一日。吾言《書》之不可信，於聖人乎何損，而於天下後世則可以遏其不仁之心，而其利則博矣。軻之言在此，而意實在彼也。論者當因其言而遡其意，不可泥其意而信其言也。蓋嘗因是而觀之，牧野之師，伯夷固嘗非之矣，然則伯夷非武王之非也，憂天下後世無君者見之誤而非之也。夫《武》之樂，仲尼之在周末，又嘗謂其未盡善矣。然仲尼非謂武王之未盡善也，憂天下後世用武者失之黷而未善之也。吾亦曰：孟子言《書》不可盡信，非不取武王也，憂天下後世殺人者流於慘而不取也。伯夷也，孔孟也，是或一道也。吾於孟子，夫何議？而亦悲武王之不幸而生於商之末也。謹論。

宋・項安世《項氏家説》卷三《癸亥陳于商郊》 紂之爲人，與桀不同。桀不過昏庸暴虐，如秦二世、漢桓靈而已。紂好勇而善疑，有伸鉤索鐵之力，而專養亡命逋逃之人，以爲親兵。百戰百克，天下畏之。其失在於恃兵狂酗，殺人爲嬉，不恤國事。此正如前趙之劉曜，北齊之高歡，未可以脆敵待也。故武王伐紂，其規模與湯不同。武王先取壺關，以塞紂西向之路，然後自洛陽渡河攻之。初以戊子日，離宗周，整衆徐行，日三十里。自周至洛九百里，凡一月而後至，人力不勞，兵勢不急。紂固恃兵之强與大河之固，安坐而未出也。既戊午涉河，一日而誓師，明日復誓遂行，自盂津至朝歌四百餘里，凡五日而至。癸亥之夕，徑陳於國門之外。甲子之朝，紂狼狽出師，人心震駭，皆望塵而奔。周人自後攻之，盡剿其多罪逋逃之衆，血流漂杵，舊惡無餘，於是善良奠枕而天下定矣。

宋・黎靖德《朱子語類》卷七九《武成》 顯道問：紂若改過遷善，則武王當何以處之？曰：他別自從那一邊去做。他既稱王，無倒殺，只著自去做。

宋・金履祥《資治通鑑前編》卷五《殷高宗武丁》 履祥讀《西伯戡黎》、《微子》之書，而知商之所以亡，周之所以王也。夫祖伊之辭，在於警紂，而初不及於咎周。微子、箕子諸公，在于歎紂之必亡，而未嘗忌周之必興。蓋祖伊、箕子、王子比干與武王、周公，皆大聖賢，其於商周之際，皆可謂仁之至，義之盡。其有以知紂之必亡商之信，不可以不伐，審矣。諸子豈舍理而論勢？武王豈以一毫私意利欲行乎其間哉？然觀微子之所自處與箕子之所以處，微子者，不過遯出而已，而孔氏遂有知紂必亡而奔周之説，何微子叛棄君親而求爲後之速也？此必不然矣。而《傳》又有武王克商，微子面縛銜璧，衰絰輿櫬之説，是尤《傳》之訛也。夫武王伐紂，非討微子也。使微子而未遯，則面縛銜璧，亦非其事也。且如孔氏之説，則微子久已奔周矣；如左氏之説，則微子面縛請降矣。武王豈不聞微子之賢？縱其時周家三分天下有其二，業已伐商，無復拘廢昏立明之節，然賓王家，備三恪，何不即以處微子，而顧首以處武庚也？武王不亦失人，而微子不亦見却，可羞之甚乎！故子王子謂面縛銜璧，必武庚也，後世失其傳也。

武王爲生民請命，其於紂，放廢之而已矣，必不果加兵其頸也。既而入商，則紂已自焚矣。武庚爲紂嫡冢，父死子繼，則國家乃其責，故面縛銜璧，衰絰輿櫬，造軍門以聽罪焉。武王悼紂之自焚，故憐武庚之無罪，是以釋其縛，焚其櫬，使奉有殷之祀，亦不絶紂也。若微子，則遯于荒野一時。武王釋箕子之囚，封比干之墓，百爾恩禮，舉行悉徧，而未及微子，以微子遯野，未之獲也。迨武庚再叛，卒于就戮，始求微子，以代殷後。而微子於此，義始不可辭爾。前日奔周之説，毋乃躁謬已乎？

至于箕子、比干，俱以死諫，偶比干逢紂之怒而殺之，箕子偶不見殺而因之爲奴耳。因而爲奴，如漢法髡鉗，爲城旦舂，論爲鬼薪是也。而説者又謂箕子之不死，以道未及傳也。夫道在可死，而曰吾將生以傳道，則異日楊雄之美新擬《易》，可以自附于箕子之列矣。且箕子豈知它日之必訪己，而顧不死以待之哉？此皆二千餘載間誣罔聖賢之論，故予不可以不辯。

宋・羅璧《識遺》卷四《天即理》 凡合於理之自然，非人私智所爲者，皆謂之天。桀紂之暴如是，東征西怨，南征北怨，三千臣而同心，八百侯而畢會，乃是人智力不可得而致者。湯武順之則天，逆之則人，其謂之天，不誣也。

元・胡一桂《史纂通要》卷三《周》 三分天下有其二，以服事殷。孔子曰：『周之德，其可謂至德也已矣。』史乃謂其陰行善，諸侯皆來決平，毋乃以小人之心度君子之腹者乎！愚嘗讀《周頌》，至太王『實始翦商』；讀《魯論》，至文王『三分天下有其二』，未嘗不慨後之論者，皆不能不以辭害意也。何以言之？太王蓋當祖甲之時，去高宗中興未遠也。

後一百有六年，殷始亡。且武王十三年以前，尚無非事商之心。則翦商之云太王，非但不出之於其口，亦決不萌之於其心；特以其有賢子聖孫，有傳之志，於以望其國祚之綿洪焉爾，豈有一毫覬覦之私心哉？議者乃謂太王有是心，太伯不從，遂逃荊蠻，則是太王固已嘗形之於言矣。夫以唐高祖，尚能駭世民之言，曾謂太王之賢，反不逮之乎？

《詩》稱『實始翦商』，特謂王季、文王之立，由於太王，以至武王有天下。推原其故，則翦商實自太王始爾，非謂太王真有翦商之心也。至於文王三分有二之説，夫文王雖大聖，諸侯也，紂雖下愚，天子也，安得以諸侯而有天子三分有二之天下哉？縱使果有之，以紂之暴惡，肯容之乎？以崇侯虎之讒害，乃不譖毀之乎？此必無之事也，而夫子有是言者，特以文王之聖，道化所及，極其形容之廣云爾，豈謂天下三分有二之版圖，誠歸之於周哉？且以虞芮一質成之後，歸文王者四十餘國。四十國之疆土，未必爲文王有，而四十國之諸侯，四十國之人心，則歸文王矣。蓋至於武王孟津之會，諸侯不期而集者八百國。豈八百國之疆土人民，先爲武王有哉？亦心悦誠服，而趨之者如歸市爾。文、武之心，蓋有推之而不能去、逃之而不能免者矣。如必曰太王實始翦商，必曰文王三分天下有其二，聖賢立言之意胥失之矣。請得以暴白二王之心於千百載之上者。

元·劉將孫《養吾齋集》卷二三《武成二三策論》　言有大而無證，衆人信之而達者概之。夫事之出於古聖人者，固衆人之所信者也。出於古聖人而又出於古書之所紀載，此豈有一毫之不實者哉？而聖賢顧姑取其大概而不敢盡信者，何也？嗟夫，自古書行而有願其無書者矣。生乎百世之下，徒見洋洋紀述，布在方策，而一時之事實，得而知之，一時之事實既得而知，而後來者方取此以爲名，執此以爲信，夫固曰吾有所受之也。聖賢欲破其説而不可，獨想像當時之概，庶幾息兵安民，崇德尚功之數事，猶若古聖人之爲。至於哆然自詭，常有喜功好戰之心，則稍有識者，有所不敢爲矣，曾謂聖人爲之乎？竊意出於一時紀載者，夸大之辭，而不知爲他日無窮之害。向使其親見末流餘弊之極，當亦自悔其言之過也。故吾於此，誠有所不敢盡信也。非不敢信也，事果出於聖人而有弊於後世，則吾猶將屈聖人於不足信，而況未必出於聖人者乎！則亦無有乎爾，則亦無有乎爾。

孟子曰：『吾於《武成》，取二三策而已。』夫《武成》者，好事者爲之也，故其言大而無證。此蓋衆人之所共信，而識者之所深疑也。不然，孟子何獨於《武成》而止取其二三哉？蓋嘗以人情推之：奇聞異迹，得之於故老之口，史傳之間，雖茫然無證而感慨動悟，如見當日；至於里閭鄉井之近事，有出於尋常之外，則雖耳目之所及接，而每有且疑且信之心。無他，其所貴者，以古也。文字之古，莫古於《書》，而《書》難言也。夫《書》者，史也，此出於一時臣子求聞其君之心，而非以爲訓也。後來者貿貿焉執是以爲用，則亦以古貴也。嗟夫，《書》之爲物，有善用、不善用。百篇之中，其可以爲萬世大經大法者，條目有幾？有十六字而可以爲百世之師，有數百言而無補於盛衰存亡之故。若習其一句一字，守之如律，惟恐不能用，則所載衰世之事，亦或有取而用之者矣。又況夫《書》之作也，遠矣。其辭意之出於先王與否，皆不得而知也。百世之下，千載之遠，惟見故府流傳，照映方冊，闊焉異代，自非身親目覩，何由知其故？其中雖有流於夸、入於矜者，讀者亦不敢以矜夸待之也。大抵人臣之於其君，鼓舞一時之盛，其矜之夸之者，不能免也。而豈料後世執之，以爲法哉？仁人君子，有意於斯世，使聖人之言其末流積弊，猶將深懲而痛抑之，況其未必出於聖人者乎！又況出於一時之矜夸者乎！

蓋嘗觀吾夫子之論樂也，謂《武》爲未盡善焉。夫子之以爲未盡善者，非謂武王之心有所不滿也，亦非謂有司之失其傳也，其所以深嗟而歎惜者，其意深矣。夫君臣之戚，家國之感，此宜流涕道之而猶有餘憾者也。今也總干山立，發揚蹈厲，與歌詠太平之盛者無異，每使聽者有洋洋然不倦之意，此則作樂者之過也。嗚呼！武王之心，質之百聖而無愧，而武王之事，常爲後聖人之所疑，何哉？其樂矜，其書夸故也。夫以其矜以其夸者示後世，而使後世企望模倣，戕民以逞，則武王之心，諒亦不願人之矜之夸之也。故夫子不滿於《武》樂，孟子不取於《武成》。

蓋嘗取《武成》而讀之，而知孟子之言之信也。夫紂雖大惡，蓋嘗北面而事之，今也不得已而起兵，此宜咨嗟歎息，自咎之不暇，而祭告山川之辭，乃有聲其罪而誅之之意。皇天后土，其謂斯何？武王決不爲此也。此不足信者一也。天下已定，此宜返於故國，听天下之所之，以待朝覲謳

歌之屬，而柴望祭告，指麾諸侯，前徒倒戈，戎衣一定之語，何其矜也！武王決不至此也。此不足信者二也。仁人之兵不血刃，今也何其血之流杵也？推此以往，蓋愈不足信矣。孟子生乎戰國之遠，讀其書，想其時，如見當日麾斥鼓舞之盛，固亦不敢不信，亦不敢盡信。約略千古，懷思昔人，獨於其數事深致其意焉。放牛歸馬，散財發粟者，其一也。封比干墓，式商容閭者，其二也。他如爵土之分，喪祭之重，功賞之定，若此三四事，髣髴類是定商開周時事。其規模大概，雖不止此，而反覆數百言之間，庶幾四五，亦使斯世斯人知夸大之辭不足信，聖人之事自有體，猶或識古昔用兵治人之概，斯民其殆庶幾乎！

或者曰：百篇之中，何獨於《武成》而疑之深也？嗟乎，此史官之筆也。《書》雖盡出於史官，而史所稱，數句而止，獨《武成》曲折上下，皆其形容模寫之筆。其初欲夸聖人，以震天下。使史臣有知，亦必自謂其言之過矣。然則夫子定《書》之時，何以不删？曰：非然也。秦魯一言之善，猶將繫之帝王之後，况有二三之策足取耶！而况夫子於《書》，未嘗删也。嗚呼！《書》難言也。武王之事偉矣，不見於《詩》而見於《書》，抑有説矣，而難爲言也。異時周公獨嘐嘐然曰文王，文王其辭之及於武王者一二而止，甚者或闕焉而無聞。蓋其説愈長而愈難言也，獨奈何信其區區之空言，而使來者受其實害哉？

孟子曰：盡信《書》不如無《書》，蓋欲滅此書而不可得也。或者又曰：孟子何以不責備於湯？噫！湯常有慚德於此矣。古人風氣樸厚，未知諫君當作何語，故其書猶有慊然退託，交相警勅之意焉。嗚呼！觀於此者，亦可以知世變矣。

明・方孝孺《遜志齋集》卷四《武王誅紂》 余讀《春秋》，見其紀時書事，少者止一二言，多者不過數十言，斷斷然傳其所信而不敢肆，竊嘗疑之。以爲當時史官所載必詳矣，孔子曷不盡舉而書之，奚爲簡畧若是哉？及觀左氏、穀梁、公羊三子之《傳》，各述其所聞甚詳，或曲説以傳經，或因經而搆事，肆情極論，無復顧忌。初若可喜，徐而推之，率多虚詞而鮮事實，往往不足以得其要領而愈致人之惑，然後知孔子謹嚴其詞若不敢盡者，憂天下後世之至也。孔子嘗繫《易》以辭矣，反覆詰難，至於理彰意竭而後止，何獨於《春秋》而不盡其辭？蓋道可以智窮而事必以實著，與其循疑而失實，以爲後世害，不若著其可信者之爲愈也。故曰『多聞闕疑』，又曰『吾猶及史之闕文也』，此孔子之意也。

司馬遷之爲《史記》，其志以作《春秋》自擬，亦非不知《春秋》者矣。至於紀載往昔之事，奇聞怪説，無所不録，而於三代之《本紀》，多背經而信傳，好立異而誣聖人。其他微者未足論，若武王與紂之事，見於《書》最詳，而遷非亂之尤甚。牧野之兵，非武王之志也，聖人之不幸也。《武成》載其時事，但曰『一戎衣，天下大定』，不書紂之死者，爲武王諱，且不忍書也。他書謂紂自焚死，意爲近之。武王之於紂，非有深讐宿怨，特爲民去亂耳。當斯時，使紂悔過遷善，武王必不興師而踰孟津；及紂兵已北，使紂不死而降，武王必將封之以百里之邑，俾奉其宗廟，必不忍加兵於其身也，况紂已死乎！吾意武王見紂之死也，必踊而哭之，命商之羣臣以禮葬之矣，豈復有餘怒及其既死之身乎？遷乃謂武王至紂死所，三射之，躬斬其首，懸於太白之旗；又斬其二嬖妾，懸於小白之旗。此皆戰國薄夫之妄言，齊東野人之語，非武王之事。遷信而取之，謬也。漢高祖、魏文帝皆中才之主，非有聖智之度。高祖猶能不殺子嬰，文帝猶能奉山陽終其身，曾謂武王聖人而忍其君至此乎？吾決知其不然矣。苟信遷之言，是使後世强臣凌上者，菹醢其君而援武王以藉口，其禍君臣之大義，不亦甚哉！吾故辨之，以爲好奇信怪者之戒。

明・胡居仁《居業録》卷八《經傳》 天下只是箇公與私，義與利，而所爲所成迥别。天地革而四時成與湯武革命，皆是至公，義所當革。如春革冬，非春要革冬，乃天地之氣，自然而然。夏革春，秋革夏皆然。如湯革夏命，武革殷命，皆是理勢之自然，非有心於得天下。若有心謀天下，便是私而不義。湯武只是存天理，以治國愛民及德盛民歸，自不容已，而桀紂之惡日甚，天下之民皆引領望之救己，戴之爲君。湯武亦不得徇私逆理，違天拂民而不救也。桀紂失君道，天命已去；湯武盡君道，不得不奉天命以伐之。既誅桀紂，則天下之人，固不肯舍湯武而别求君，湯武亦不當舍天下而不爲君。此如四時之革，理勢氣數之自然，非有心於革也。

或謂武王伐紂，既無心謀天下，當擇商之賢子孫如微子、箕子者，而立爲天子，自居諸侯之位，豈不可乎？曰：此亦私也。夫天下者，天下

之天下，商豈得而專有之？若使一家可以專有之，則肆淫虐而無害也。以理論之，當以首出庶物者爲君，次者爲臣，下者爲民。君所以總理民物，臣所以分任庶職，民則受治而安生。若肆暴虐，則君道失，臣民無主，自當歸於有德，況周之德盛民歸，又伐暴救民，天下之人，豈肯釋周？故孔子以天理四時之革，同乎湯武之革，一循乎理，無一毫人欲之私也。

又 卷四《帝王》 桀紂失了君道，故湯武不得已而伐之。蓋君者，所以爲天下主，代天理物，以養天下之民。今桀紂非惟失君道，又殘民害物，乃天地間一大賊也。湯武不幸適在其時，當救民之任，故不得避伐上之嫌而坐視也。

清・顧炎武《日知録》卷二《武王伐紂》 上古以來，無殺君之事。湯之與桀也，放之而已。使紂不自焚，武王未必不以湯之所以待桀者待紂。紂而自焚也，此武王之不幸也。當時八百諸侯，雖並有除殘之志，然一聞其君之見殺，則天下之人亦且恫疑震駭，而不能無歸過於武王，此伯夷所以斥言其暴也。及其反商之政，封殷之後人，而無利於其土地焉，天下於是知武王之兵非得已也，然後乃安於紂之亡，而不以爲周師之過。故箕子之歌，怨狡童而已，無餘恨焉。非伯夷親而箕子疏，又非武王始暴而終仁也，其時異也。

《論語》卷三《公冶長》 子曰：『伯夷叔齊，不念舊惡，怨是用希。』

又 卷四《述而》 冉有曰：『夫子爲衛君乎？』子貢曰：『諾。吾將問之。』入曰：『伯夷叔齊，何人也？』曰：『古之賢人也。』曰：『怨乎？』曰：『求仁而得仁，又何怨？』出曰：『夫子不爲也。』

又 卷八《衛靈公》 （孔子曰）『齊景公有馬千駟，死之日，民無德而稱焉。伯夷叔齊，餓於首陽之下，民到於今稱之。其斯之謂與？』

又 卷九《微子》 子曰：『不降其志，不辱其身，伯夷叔齊與！』

《管子》卷一〇《制分》 凡兵之所以先爭，聖人賢士不爲愛尊爵，道術知能不爲愛官職，巧伎勇力不爲愛重祿，聰耳明目不爲愛金財。故伯夷、叔齊非於死之日而後有名也，其前行多修也。武王非於甲子之朝而後勝也，其前政多善矣。

《孟子》卷一四《盡心下》 孟子曰：『聖人，百世之師也，伯夷、柳下惠是也。故聞伯夷之風者，頑夫廉，懦夫有立志。聞柳下惠之風者，薄夫敦，鄙夫寬。奮乎百世之上，百世之下，聞者莫不興起也。非聖人而能若是乎？而況於親炙之者乎！』

又 卷三《公孫丑上》 （孟子）曰：『不同道，非其君不事，非其民不使，治則進，亂則退，伯夷也。』

孟子曰：『伯夷非其君不事，非其友不友。不立於惡人之朝，不與惡人言；立於惡人之朝，與惡人言，如以朝衣朝冠坐於塗炭。推惡惡之心，思與鄉人立，其冠不正，望望然去之，若將浼焉。是故諸侯雖有善其辭命而至者，不受也。不受也者，是亦不屑就已。』

孟子曰：『伯夷隘，柳下惠不恭。隘與不恭，君子不由也。』

又 卷一〇《萬章下》 孟子曰：『伯夷目不視惡色，耳不聽惡聲，非其君不事，非其民不使，治則進，亂則退。橫政之所出，橫民之所止，不忍居也。思與鄉人處，如以朝衣朝冠坐於塗炭也。當紂之時，居北海之濱，以待天下之清也。故聞伯夷之風者，頑夫廉，懦夫有立志。』

孟子曰：『伯夷，聖之清者也。』

又 卷一二《告子下》 孟子曰：『居下位，不以賢事不肖者，伯夷也。五就湯，五就桀者，伊尹也。不惡汙君，不辭小官者，柳下惠也。三子者不同道，其趨一也。一者何也？曰仁也。君子亦仁而已矣，何必同？』

《莊子》卷四《駢拇》 伯夷死名於首陽之下，盜跖死利於東陵之上。二人者所死不同，其於殘生傷性，均也。奚必伯夷之是而盜跖之非乎？

《大戴禮記》卷五《曾子制言中》 昔者伯夷、叔齊死于溝澮之間，其仁成名于天下。夫二子者，居河濟之間，非有土地之厚，貨粟之富也；言爲文章，行爲表綴于天下。是故君子思仁義，晝則忘食，夜則忘寐，日旦就業，夕而自省，以役其身，亦可謂守業矣。

《列子》卷七《楊朱》 伯夷、叔齊實以孤竹君讓而終亡其國，餓死於首陽之山。實僞之辯，如此其省也。

伯夷非亡欲，矜清之郵，以放餓死。

漢・劉安《淮南子》卷一〇《繆稱訓》 君子時則進，得之以義，何

幸之有？不時則退，讓之以義，何不幸之有？故伯夷餓死首山之下，猶不自悔，棄其所賤，得其所貴也。

又　卷一一《齊俗訓》　王子比干，非不知箕子被髮佯狂，以免其身也，然而樂直行盡忠以死節，故不爲也。伯夷叔齊，非不能受祿任官，以致其功也，然而樂離世伉行以絶衆，故不務也。【略】今從箕子視比干，則愚矣；從比干視箕子，則卑矣。從管、晏視伯夷，則戇矣；從伯夷視管、晏，則貪矣。趍舍相非，嗜欲相反，而各樂其務，將誰使正之？

漢·焦贛《易林》卷一《剥》　伯夷叔齊，貞廉之師。以德防患，憂禍不存。

漢·揚雄《法言》卷一一《淵騫篇》　或問：『子，蜀人也。請人。』曰：『有李仲元者，人也。』『其爲人也奈何？』曰：『不屈其意，不累其身。』曰：『是夷、惠之徒歟？』曰：『不夷不惠，可否之間也。』『如是，則奚名之不彰也？』曰：『無仲尼，則西山之餓夫與東國之絀臣。惡乎聞？』

北齊·顔之推《顔氏家訓》卷上《名實篇》　或問曰：『夫神滅形消，遺聲餘價，亦猶蟬殼蛇皮，獸迒鳥迹耳，何預於死者！而聖人以爲教乎？』對曰：『勸也。勸其立名，則獲其實。且勸一伯夷，而千萬人立清風矣；勸一季札，而千萬人立仁風矣；勸一柳下惠，而千萬人立真風矣；勸一史魚，而千萬人立直風矣。故聖人欲其魚鱗鳳翼，雜沓參差，不絶於世，豈不弘哉？四海悠悠，皆慕名者，蓋因其情而致其善耳。』

唐·皇甫湜《皇甫持正集》卷二《夷惠清和論》　伯夷不降其志，不辱其身，非其君不事，非其人不使，乃至餓死而不顧，是以孟子謂之清。柳下惠辱其身，降其志，不羞汚君，不辭小官，乃至三黜而不去，是以孟子謂之和。若較之聖人之道可以進則進，可以止則止，是天下之是，非天下之非，出攣拘之域，不凝滯于物，通塞若水，變化若龍，動之謂聖，静之謂道，非可以一善目，非可以一行稱，安肯立惡人之朝黜而不羞，耻武王之粟餓而至死？故曰彼之所行，皆一方之士也。若卽而平處，在于清和，互有短長，請列而辯之。

彼伯夷者，揭標表于不滅，蹈臣子之所難行，信道之篤，執之如山，嫉惡之心，惡之如鬼，清風所激，有心必動，此其所長也；至于《傳》之汎愛，《易》之隨時，聖人之權，濟物之義，豈止未暇？亦將有妨！若柳下惠辱己以求利物，潔身以事無道，唯斯人是哀，唯吾道是存，薰蕕雖同，河濟不雜，此其所長也；至於無道則隱，亂邦不居，而飲盜泉水，食不仁粟，垂傲物之迹，近寛身之仁，又君子所不由矣。則清、和之用于與奪，功雖均，然清之流，矯于前而激于後，使萬年亂臣賊子懼，貪夫惡人耻，且衆人之難爲者也。和之迹，疑于往而敝于今，使夫偷苟之輩有容，貪利之徒得語，且衆人之所易爲者也。

顔回曰：『舜何人也！』孟軻曰：『謂其身不能，是賊其身。』夫然，則士之率性飭躬，立志希古，當以聖人爲準的，中庸爲慕尚，力苟不足，寧中止焉；則清與和，皆非通道，不可準則。若循迹而辯，以矯俗爲心，不得已願附清者。

唐·李德裕《會昌一品集·外集》卷一《夷齊論》　昔夷、齊不食周粟，餓於首陽之下，仲尼稱其仁，孟軻美其德，蓋以取其節而激貪也。所謂周粟者，周王所賦之祿是也。諫而不從，不食其祿可矣，至於聞淑媛之言，輟殞薇蕨，斯可謂不智矣。夫薇蕨者，元氣之所發生，四時之所順成，日月之所燭，風雨之所育，周焉得而有之哉？若以粟者，周人之播殖，則夷、齊得非周人乎？反覆其道，盡未當理。然夷、齊之行，實誤後人。於陵仲子，慕夷齊者也，乃至不義其兄之祿，潔則潔矣，仁豈然哉？厥後商洛四友，畏秦之酷，避秦之禍，豈止潔其身而已！然餐紫芝以爲糧，飲清泉以爲漿，終老南山，以養其壽，斯可謂仁智兼矣。

唐·林慎思《伸蒙子》卷中《明諫》　如愚子曰：夷齊諫周武，欲存商紂，其爲義乎？伸蒙子曰：然。曰：商紂肆湯火之威，下民罹煎熬之痛，周武不忍而伐之。是時天下咸欲速兵救世，何夷齊獨諫周武之伐，存商紂之暴，而爲義乎？曰：夷齊之諫，不獨吐一時之忠，抑垂千古之戒也。且人皆曰紂可伐也，獨夷齊不以爲然者，其意不亦深乎！故諫不貴納於一時之周武，而貴納於後代之諸侯；不貴存於一時之商紂，而貴存於後代之王室。知後代王室必有肖商紂之暴，後代諸侯必有習周武之志，故損身諷諫，用譏後代伐君者。恐中損身之譏，無生易國之志，此非夷齊之意深乎！若謂止周武、縱商紂爲心，是不能立昭代之謀，救下民之難，而遁迹餓死，真曰愚矣，後聖曷稱爲賢哉？蓋立謀救難，不乏

其臣，所以去之，將持終身之仁，用全諷諫之道。故有知者，謂之仁義，不其然乎！迨後幽、厲有商紂之暴，不爲諸侯易其國，是恐中損身之譏也。故得周室不翅于卜數，非由夷齊忠諫所致哉？

如愚子釋然曰：夷齊之意深矣。有傚夷齊者，惟知慕夷齊去周之名，豈知懷夷齊全周之義乎？

唐・黄滔《黄御史集》卷八《夷齊輔周》 列位於朝，無言於君，曰輔歟？

抗迹於野，有言於君，非輔歟？麟鳳龜龍，王者之嘉瑞，朝其庭乎，暮其沼乎？武王，聖人也；周公，聖人也；召公，賢人也。天下三分，以其二分，以火殷辛，且致夷齊之扣馬。設使盡天下之三分，姑至殷辛之自火，然若太伯之君吴，則百穀合穎於舜耕，九鼎同波乎禹珪。仲尼之又盡善也，寧獨《韶》乎？既而異諸則周之道，首陽之餓乃諫死。作《夷齊輔周》。

唐・佚名《無能子》卷中《首陽子説》 文王歿，武王伐紂，滅之。伯夷、

叔齊叩馬諫曰：『父死不葬而起大事，動大衆，非孝也。爲臣弑君，非忠也。』左右欲兵之，武王義而釋之。伯夷叔齊乃反，隱首陽山，號首陽子。夫天下自然之時，君臣無分乎？其間爲之君臣，以別尊卑謂之聖人者，以智欺愚也，以智欺愚，妄也。予與汝嘗言之矣。妄爲君臣之中妄。殷有稱妄，殷之中妄；辛有稱妄，辛之中妄。肆妄虐以充妄欲，姬發之動，亦欲也，欲則妄，所謂以妄取妄者也。夫無爲，則淳正而當天理，父子君臣何有哉？有爲則嗜欲而亂人性。孝不孝，忠不忠，何異哉？今汝妄，吾之常言又以妄説，突其妄兵，是求義聲也。以必朽之骨而迎虚聲，是以風掇焰也。姬發不兵，汝幸也；兵之而得義聲，朽骨何有哉？夫龍暴其鱗，鳳舒其翼，必伺於漁者弋者。悲乎，殆非吾之友也。夷齊於是逃入首陽山，罔知所終，後人以爲餓死。

宋・王開祖《儒志編》 或曰：文王爲西伯，太公、伯夷，天下之元老，相率而歸之，其心同。文王建一善謀，行一善制，二老相與佐之，其心亦同，思救天下之民也，不啻如出諸水火。武王伐紂，太公爲之將兵，天下已歸周，北面而受封焉。伯夷獨以爲不義，不食周粟而死。其心若不同，何也？曰：紂之殘賊天下，仁人之心危若綴旒。然太公相武王，惟恐天下一日不得武王也，思救天下之民也如此。伯夷自謀曰：武王之佐有若旦、望，有若君奭、南宫适，有若散宜生、虢叔，居其左右前後，不少我也。吾亦何爲哉？吾其救萬世之民乎！於是非武王而去之。武王猶非，況不至武王乎！其救萬世之民也如此。故去就於周者異，所以救民者同，是二老之心一也。

宋・鄭獬《鄖溪集》卷一六《伯夷論》 特立之士有大功於聖之教，桀然喬於百世之上者，後世皆得而公傳焉。司馬氏作《史記》，序七十列傳，非公其傳者歟？而以伯夷首之，善乎司馬氏之爲史矣。伯夷、叔齊力於仁義，有激於當世，輔聖人之教得其深者也。爲之《傳》首，豈謬哉？孤竹君欲以位其子叔齊，叔齊讓於兄伯夷，伯夷曰：『父命也。』卒不受。遂更相讓，而俱逃之。及武王順天下，號義兵以伐紂，天下無賢不肖皆曰武王是，爲恐恐然，恐武之不勝。獨伯夷排天下之義，非之曰：『父死不葬，謀及干戈，非孝也；以臣伐君，非仁也。』武王不聽，遂取商天下，既已宗周，伯夷耻，不食其粟乃餓死。嗚呼！一國之君，民之所奉，亦已尊矣，而伯夷不敢廢父之命，甘於遁去，天下之讓孰加焉？武王既興，聖賢皆爲之助，亦足以樹勳矣，而伯夷不敢廢君之分，而甘於餓死，天下之仁孰加焉？讓齊之心，非爲齊也，而爲萬世之爲國者焉；諫君之心，非爲武也，而爲萬世之爲臣者焉。故後世之爲國者，子奪於父，弟奪於兄，交挺白刃，以爭繼立者，必宿慄挫縮，不敢耀芒角，以其有伯夷之讓然也。後世之爲臣者，幸君之亂，以肆姦謀，紾君臂而欲其位者，必靦汗驚爆，不敢出氣，以其有伯夷之仁然也。是仁節者，得不謂有大功於聖人之教者歟！如天之覆，健然其高也；如日月之昭，烈然其明也；而萬百千世，愈高愈明，義風洗然照人毛髮，使爭子賊臣畏服之如是，顧其功可較也。

昔堯既公天下以讓舜，而夫子首之於《書》；吴太伯讓於季歷，而遷亦首之於《世家》；《春秋》之説左氏者，亦以隱公能讓而首之於《春秋》。雖然，堯大聖也，則安敢以擬議？以太伯、隱公止於一讓，後世乃稱之爲至德，爲賢君，遂以首之於《春秋》，而況伯夷哉！雖欲不爲之《傳》首，其亦可得乎？噫！目之久瞀忽開，則大明；耳之久聵忽震，

則大驚。當伯夷不生，天下孰知讓國之爲美歟？伯夷不死，天下孰知伐君之爲非歟？伯夷生死之節，盡之矣。渾渾之俗，其不大明而大驚也哉？夫子嘗罕言仁，而於伯夷曰『求仁而得仁』哉！孟子學夫子者也，而稱之曰：『伯夷，聖人之清。』又曰：『聞伯夷之風，貪夫廉，懦夫有立志。』太公望從武王伐紂，而親爲之師者也，亦曰『義人』也。夫子謂之仁，孟子謂之清，太公謂之義，嗚呼！其爲人也，果如何哉？

宋・王安石《臨川文集》卷六三《伯夷》　事有出於千世之前，聖賢辯之甚詳而明，然後世不深考之，因以偏見獨識，遂以爲説，既失其本，而學士大夫共守之不爲變者，蓋有之矣，伯夷是已。夫伯夷，古之論有孔子、孟子焉。以孔孟之可信而又辯之，反復不一，是愈益可信也。孔子曰：不念舊惡，求仁而得仁，餓於首陽之下，逸民也。孟子曰：伯夷非其君不事，不立惡人之朝，避紂居北海之濱，目不視惡色，不事不肖，百世之師也。故孔孟皆以伯夷遭紂之惡，不念以怨，不忍事之，以求其仁，餓而避不自降辱，以待天下之清，而號爲聖人耳。然則司馬遷以爲武王伐紂，伯夷叩馬而諫，天下宗周而耻之，義不食周粟，而爲《采薇》之歌。韓子因之，亦爲之《頌》，以爲微二子，亂臣賊子接迹於後世。是大不然也。

夫商衰而紂以不仁殘天下，天下孰不病紂？而尤者，伯夷也。嘗與太公聞西伯善養老，則往歸焉。當是之時，欲夷紂者，二人之心豈有異耶？及武王一奮，太公相之，遂出元元於塗炭之中。伯夷乃不與，何哉？蓋二老，所謂天下之大老，行年八十餘，而春秋固已高矣。自海濱而趨文王之都，計亦數千里之遠，文王之興以至武王之世，歲亦不下十數。豈伯夷欲歸西伯而志不遂，乃死於北海耶？抑來而死於道路耶？抑其至文王之都而不足以及武王之世而死耶？如是而言，伯夷其亦理有不存者也。且武王倡大義於天下，太公相而成之，而獨以爲非，豈伯夷乎？天下之道二：仁與不仁也。紂之爲君，不仁也；武王之爲君，仁也。伯夷固不事不仁之紂，以待仁而後出，武王之仁，焉又不事之？則伯夷何處乎！余故曰：聖賢辯之甚明，而後世偏見獨識者之失其本也。嗚呼！使伯夷之不死，以及武王之時，其烈豈獨太公哉？

宋・程頤、程顥《二程遺書》卷一八　問：伯夷叩馬諫武王，義不食周粟，有諸？曰：叩馬則不可知，非武王，誠有之也。只此便是佗隘處。君尊臣卑，天下之常理也。伯夷知守常理而不知聖人之變，故隘。不食周粟，只是不食其禄，非餓而不食也。至如《史記》所載諫詞，皆非也。武王伐商，卽位已十一年矣。安得父死不葬之語？

又　卷二二《伊川語録》　或問伯夷叔齊不念舊惡，如何？曰：觀其清處，其衣冠不正，便望望然去之，可謂隘矣。疑若有惡矣，然卻能不念舊惡，故孔子特發明其情。武王伐紂，伯夷只知君臣之分不可，不知武王順天命，誅獨夫也。【略】石曼卿有詩言伯夷：『耻居湯武干戈地，來死唐虞揖讓墟』，亦有是理。首陽乃在河中府虞鄉也。

宋・蘇轍《古史》卷二四《伯夷列傳》　蘇子曰：武王以大義伐商，而伯夷、叔齊亦以義非之。二者不得兩立，而孔子與之，何哉？夫文、武之王，非其求而得之也，天下從之，雖欲免而不得；紂之存亡，不復爲損益矣。文王之置之，知天命之不可先也；武王之伐之，知天命不可後也。然湯以克夏爲慚，而孔子謂《武》未盡善，則伯夷之義，豈可廢哉？

宋・陳師道《後山集》卷一四《策問》　商放桀，武伐紂，《書》載其事。伯夷、叔齊扣馬而諫，《論語》賢之。四人之行不同，而孔子皆取焉，是非不明，學者莫知所從。孟子以謂伊尹、伯夷皆聖人也，而其所爲，若是之異乎，豈清、任之行，不同如此，則其所同者何也？韓子曰：若伯夷者，特立獨行，窮天地，亘萬世而不恕者也。夫以伯夷爲是，則武王、周公舍己而從人矣；以武王、周公爲是，則伯夷行怪矣，二者不得皆是也。至其耻食粟而餓死，豈真違世而取名者乎？二三子何取焉？

宋・胡宏《五峰集》卷四《皇王大紀論・夷齊讓國》　先儒以爲伯夷叔齊讓國，不義武王，不食周粟，爲天下之清。以愚觀之，不然。二子蓋行天下正大之理，彌縫父子兄弟之間者也。其彌縫父子兄弟之間奈何？孤竹君欲舍長子伯夷而立少子叔齊。夫父子，天性也；兄弟，天倫也。舍長立少，虧天性，亂天倫矣。使伯夷立，則無父而天性遂虧；使叔齊立，則無兄而天倫遂亂。天下豈有無父子兄弟之國哉？故二子者，寧舍君國之富貴尊榮，潔身而去之。既爲是，以辭先君之國矣，豈復可徒守空

乏？其身處微賤而不悔，所以成吾仁，非以讓國不仕立一節爲高者也。此所以爲聖之清乎！若太史遷之説，二子以武王伐紂而不食周粟，是介僻淺陋，不知天命，難乎與語仁者，烏得爲聖之清者哉？蓄德之君子，可不審諸？

宋・范浚《香溪集》卷九《夷齊諫武王論》 或曰武王伐商，伯夷、叔齊諫之而不用；商亂已平，天下宗周，夷、齊恥之遂去，隱乎首陽之山；且曰義不食周粟，而終以餓死。有諸，否乎？曰有之，曰然，則孔子以夷齊爲賢，武王其非耶？曰：夷齊固賢矣，而武王不非也。夫以紂之不道，不可不伐者也。惟武王能將天命，取而伐之，易昏以明，使四海赤子得脱虎口而乳慈母。君子稱之曰『順乎天而應乎人』，又曰『《武》盡美矣』。此胡可非耶？惟夷齊之心，以爲臣伐君，蓋甚逆之道。使君非紂，不當伐也；臣非武王，不可伐也。後世有亂賊之臣，必將曰：武王聖人也而伐紂，當年無一人非之者。是則臣伐君，乃聖人之教，其於簒奪竊取，將多有之。故於武王杖鉞指商之初，叩馬陳諫，以明君臣之分。既不從，則又恥而去之，雖餓死不悔，期於殺身以愈後世之亂，使後世之人皆曰：武王之伐商，當也；而夷齊猶非之，是則伐君者乃臣子之深罪。雖有簒奪竊取之志，將逡巡而不敢發。夷齊之心蓋如是，初不以武王爲非也。不然，諫而不入，胡不死之，以示爭切之心，以開武王之惑，以見紂之决不可伐。乃於有商既亡之後，空自餓死，何益耶？

且學者之所取信，不惟孔孟耶！孔子嘗言夷齊之無怨矣。使其羞諫君之不用，至於不食而死，且不爲怨乎？孟子曰：伯夷避紂，居北海之濱，以待天下之清。其所以避紂而待天下之清，豈無望乎易紂以清者？予是以知夷齊之心，初不以武王爲非也，而諫之，是欲以愈後世之亂也。武王之於紂，不得不伐；夷齊之於武王，不得不諫。非武王，無以戡亂於一時；非夷齊，無以救亂於萬世。予故曰：夷齊賢而武王不非也。

或曰：議者以伯夷之諫無有也。其所不與伐商者，蓋二老春秋已高，自海濱趨文王之都，遠計數千里；自文王之興至武王之世，歲亦不下十數。意伯夷欲歸西伯而志不遂，乃死於北海；又意其死於道路；又意其至文王之都，不及武王之世而死。此有諸乎？曰：無之。此非折中之言，無稽之論也。夫伯夷之與太公俱稱大老，年相若也；伯夷處北海而太公處東海，地相似也。若曰伯夷之志不遂，此固無所證信。若曰死於道路，則太公疑亦不能至文王之都。若曰歲久而死，則太公疑亦不及武王之世。此實無稽之論，非折中之言也。《論語》曰：伯夷叔齊餓于首陽之下。《春秋左氏傳》曰：武王伐商，遷九鼎于洛邑，義士猶或非之。噫！使二書不出於孔氏之門人，其可也；若其書果足傳，則或人之言，吾不敢聽。

宋・周紫芝《太倉稊米集》卷四四《伯夷論》 自古聖賢立言以垂世，其意之所主，蓋不一而足。後之誦其言者，當略其辭而取其意，則庶幾其有得矣。孔子、孟子、列禦寇、莊周，此四人者，皆所謂立言以垂世者也。然而孔子、孟子，其立言也正，此道之所以明也。至於列禦寇、莊周之徒，則其立言也怪，其衛道也緩，乃旁引而曲説，陽攻而陰援之，使人因怪以歸於正。其爲言雖不切於事，亦不可謂無力於天下後世者矣。

孔子之論武王也，曰『《武》盡美矣，未盡善也。』孟子之論武王也，曰『湯武反之。』是二聖人之言，固已微寓其意，以曉天下後世，使天下後世知武王之用心，爲不得已也。至於莊周之言，則曰『堯不慈，舜不孝，禹偏枯，湯放桀，武王伐紂』。其爲言，得無少貶乎？若周之意，則將以使後之取天下者，不得以湯武而爲之辭，則武王之道尊矣。其於武王，陽雖攻之，陰實有助焉。西伯即位五十年而武王立，九年而上祭於畢，畢蓋文王之墓也。是歲東觀兵，至於孟津，而載木主以伐紂。伯夷叩馬而諫曰：『父死不葬，可謂孝乎？』天下苦於紂久矣，武王仗大義，順人心，以救民塗炭之中，其爲仁也，亦大矣。今伯夷叩馬而諫曰：『以臣弑君，可謂仁乎？』余嘗疑其言之不出於孔子、孟子、司馬子，而出於莊周之徒，爲寓言以陰援武王者也。學者不復求遷之意，遂以遷爲多舛，以謂遷自立此論，亦已誤矣。《史記》一書，皆遷博採先秦古書而備載之，則亦安知其説之不出於莊周之徒歟？

或曰：伯夷之不食周粟，何也？曰：伯夷以周之粟爲不義之粟而不食也。曰：周之粟義乎，其不義乎？曰：伯夷之心，天下之心也；天下之心，聖人之心也。天下以爲義，聖人亦以爲義，而伯夷獨以爲不義，則伯夷無乃幾於愚乎？此無他，蓋武王得聖人之義，而伯夷得聖人之清也。若孟子，則可謂善言伯夷者矣。不然，則伯夷之餓而死也，與陳

仲子之餓而死也，是或一道爾。此豈所以論伯夷者哉？

宋・葉適《習學記言》卷一一《左氏》　伯夷叔齊與季札同爲讓國之賢，季子又稱願附于子臧，則子臧者亦夷齊之倫也。夷齊之言語予奪，不傳於世；若季子者，宜其外事物而不存矣。然而憂患險阻，皆究達世故，無異於有利名愛惡之交者，蓋其不以讓自高而常以德自考故也。然則孟子之所以推論伯夷，亦有未必然者矣。

宋・陳淳《北溪大全集》卷八《三仁夷齊顔子之仁》　某向者以三仁、夷齊之仁及顔子等仁不相協合，久爲之礙，未能洒落，屢次具問，後再思之，覺釋然，已無礙矣，敢請質之。蓋仁，一也，而言各不同。以理言，則天理之公也；以心言，則此心純是天理而無私之謂；以事言，則當理而無私心之謂。若顔子之所謂仁，是平時此身上純天理而無私欲；三仁、夷齊之所謂仁，是臨大變中，做事當理而無私心。自有其辨，亦必須平時此身上純天理而無私欲，然後能於大變中做事當理而無私心，而非有二也。但顔子無遭變之事，而三仁、夷齊不可見其平時之功，亦不必區區爲是優劣之較矣。

宋・佚名《歷代名賢確論》卷七《伯夷叔齊》　章表民曰：伯夷之道，古今之難能也。不以死生撓其志，而以仁義殞其身。始沮武王之代紂，非剛也；終餓死首陽，非懦也，篤仁義而已。夫紂爲暴君，其醜行昭昭矣。武王一天下之心以伐之。當是時也，非人之棄商，蓋商之棄人，譬隄必決焉，而水流乃潰也。是紂之爲惡，非湯德可能掩之也；天下之怒，非一人可能遏之也。惟伯夷、叔齊乃諫而止之。或謂武王宜其諫焉，或謂之好異耳矣，是皆未然也。二聖賢之事，蓋非常人之所爲也。

濟天下而絶一夫者，武王也，非私天下於己也；一言而靖萬世之亂者，伯夷也，非咎武王於伐紂也。武王之視紂虐民，如與同虐之也；伯夷恐後人之賊君，如與同賊之也。其道同歸於救人，所以救者不同而已。故使不君者聞武王之誅，則欲得其爲君；不臣者聞伯夷之諫，則欲得其爲臣。君臣定則國家定，國家定則天下定矣。噫！武王之功，世亦有之，是功可能也，與數而興者也。伯夷之死，今數十百千年矣。前有能繼者，獨未之聞也；後有能繼者，未可易知也。是死不可能也，與身而廢者也。故平桀紂者，莫仁於湯武，而能救人於治亂之際者，莫仁於伯夷。商之敗，周之興，伯夷所不動心焉，動心於理亂之際而已。猶衆人之鬬，鬬者既繁，而力能止之，所救者將不少也。

元・閻復《靜軒集》卷二《追封伯夷叔齊制》　蓋聞古者伯夷、叔齊，逃孤竹之封，甘首陽之餓，讓爵以明長幼之序，諫伐以嚴君臣之分，可謂行義以達道，殺身以成仁者也。昔居北海之濱，遺廟東山之上，休光垂乎千載，餘澤被于一方，永懷孤峻之風，庸示褒崇之典。於戲！去宗國而辭周粟，曾是列爵之可縻；揚義烈以激清塵，期於世教之有補。可追封伯夷爲昭義清惠公，叔齊崇讓仁惠公。

元・何異孫《十一經問對》卷三《尚書》　問：湯放桀，武王伐紂，皆不顧義理者何？對曰：俗諺云：終是題目不好。昔一婦人詩云：『吾愛嵇中散，到底薄商周。』此伯夷叩馬之心也。

元・戴表元《剡源文集》卷二二《史論・伯夷叔齊列傳》　某按上古國以萬計，其各國之所賢者，則自推以爲各國之君；其衆國之所賢者，則共推以爲天下之君。雖堯之唐，舜之虞，其初不過萬國之一耳。惟其德盛，故衆國環而宗之。宗之矣，而有不宗者在焉，則衆國環而攻之。夏殷以來，主於傳子，故天下之共君者不能世賢而分，則略定矣。

孤竹之爲國也，不知其所從始，相傳云墨胎氏，又云成湯所封，則是古或有其國，而成湯革命，始更封之耳。此於商人，固無骨肉相連之親與心誠悦服之舊也。自成湯至紂凡幾世，自孤竹始封至於伯夷，亦已久矣。然澤足配天，無以過周，紂惡可誅，不浮於桀，而湯武之伐君，伯仲之間也。孤竹之始封，不辭鳴條之爵；而其子孫，乃非牧野之師乎？嗚呼，商之未亡也，孤竹之事吾不得而知其何如也。然但云成湯所封，則伯夷之先世已臣於商矣。不特伯夷世臣之，雖武王，亦且世臣之。夫君之不能世賢，其亂猶小也。紂雖天子，與諸侯分國而治，盡紂之身，亂止其政令之所及而已，諸國未大害也。幸而紂死，一中主代之，雖國之所以自治者，可以不亂。以一君之惡而易天下之共主者，湯一行之，既以爲世駭，豈可數數然階亂教叛，使爲羿、浞者接迹於後來耶？故其歌曰：『以暴易暴兮，不知其非矣。神農虞夏忽焉没兮，我安適歸矣？』此伯夷之志也。若夫國存而爲之君臣，國亡而視之塗人，不待其賢如伯夷而能羞之矣。吾太史公表伯夷爲列傳首，而怪世儒言伯夷皆過，故詳論之。

元・吴萊《淵穎集》卷七《伯夷辨》 予讀《呂氏春秋》，伯夷自北海而歸周，至岐陽，文王已卒。武王即位，使召公奭盟微子，使周公旦盟膠鬲，由是伯夷去之以自潔，隱焉而餓死。豈其然乎？當紂之世，天下紛亂，伯夷之欲爲聖人氓者久矣。聞善養老，而往就養岐梁之間，固不在文王將卒之秋也。且武王初政，又豈果有勝殷殺紂之心哉？膠鬲，紂賢臣也，嘗與之約戰矣；雖天甚雨，猶不欲失期，往救其死，況先使周公要之以加富就官之盟乎？將已有篡弑一定之謀，必陷賢臣於死地乎！不然，膠鬲非賢者乎？又微子遭時之變，猶念念不忘宗國，雖不得已而去，未肯自通於周以爲己。他日利世爲長侯，守殷祭祀，召公亦何以有是盟乎？

武王克殷，復立武庚，不幸三監之流言，共爲王室之不靖，成王、周公然後起而殺之也。不然，則請後七廟，世守天子之禮樂，豈有待於東夏之別封乎？夫如是，微子、膠鬲二盟皆非也。二盟既非，則伯夷嘗至周而就養矣。孟子曰：天下之大老，歸之文王，蓋未卒也。藉令武王繼之，紂而改行，將先天下率諸侯修朝事，未嘗欲推亂而易暴也。殺牲埋書而煩褻鬼神，行貨要利而離間天子左右，伯夷當聞其風，不入其境，豈暇到岐陽而後去哉？去之以自潔，隱焉而餓死，扣馬諫伐之後也。然則雖受文王之養，亦且必受武王之養矣。太史公迷於文王受命改元，作《伯夷列傳》，有曰『父死不葬，爰及干戈』，此又以爲不見文王而遽去，胥失之矣。

明・方孝孺《遜志齋集》卷五《夷齊》 聖人之道，中而已矣。堯舜禹三聖人，爲萬世法一，允執厥中也。不及不謂之中，過亦不謂之中，請即此而論之，伯夷叔齊，孤竹君之二子，其父將死，遺命立叔齊；父卒，叔齊遜伯夷，伯夷曰：『父命也』，遂逃去。叔齊亦不立而逃之。其後周武王伐商，去隱於首陽山，恥食周粟，遂餓而死。孔子嘗稱之曰古之賢人，孟子嘗稱之曰聖之清，誰得而議之哉？

雖然，抑有説也。先君之國，受之於祖宗者也；父子傳次，以嫡以長，古之制也，易此必亂。昔周太王三子：長泰伯，次仲雍，次季歷。太王欲傳位季歷，以及昌。泰伯知之，即與仲雍逃之荆蠻，以順父志，以成王業。孔子稱之以至德，且曰『民無得而稱焉』。夷也苟知父志欲立齊，當效泰伯順父之志，隱然退避於治命之日，不當行己之志，顯然辭讓於亂命之餘也；叔齊亦不立而逃之，幸有中子以托國焉。苟無其人，其如先君之社稷何？湯武之征伐，即堯舜之揖讓。天下歸周，天之命也。潔身自遠，斯可已矣，何乃恥食其粟，獨食其薇也！庸非周土之毛乎？斯皆過乎中者也。於乎！廉頑立懦，足可爲百世師；過中失正，恐未臻乎堯舜禹之道。此孟子之所以譏乎其隘，而孔子至德之稱在泰伯而不在夷齊也。厥旨深矣。

明・鄭善夫《少谷集》卷二二《子通論道》 紂，君也，武王爲救民，則曰紂爲獨夫。夷齊扣馬，不食周粟，則曰臣無伐君之理。聖人兩是之。武王、夷齊，正所謂仁者見之謂仁，智者見之謂智，殊途同歸，百慮一致也。

明・高拱《本語》卷二 湯武、夷齊，其趨不一。然湯武革命，應乎天而順乎人，既不妨稱湯武；求仁而得仁，又何怨？又不妨稱夷齊。上下四方，各見其是，此聖人之道所以大而通也。若非聖人斷之於前，而使後人言之，稱湯武必貶夷齊，稱夷齊必非湯武，亦見其一隅而已。

明・胡應麟《少室山房集》卷九九《夷齊叩馬辯》 甚哉！三代而上史氏之説之不足憑也。司馬遷列傳七十，而首伯夷，而其傳伯夷也，始之以逃堯之文，卒之以伐紂之諫。蓋歷數百千年，未有核其實者也。夫讓王之謬，有識概能辯之，獨叩馬一事，其所關涉甚鉅，宜其所紀載特詳，乃遷所取証，茫無一焉；而世之儒者萬喙一詞，即博涉自信如宋羅泌之流，亦僅啓其端，而其説迄靡竟也。

夫三代之書，遷所取証者，六經孔孟之外，《國語》、《短長》、《莊》、《列》、《韓》、《呂》數子已爾。孔子于夷則賢之矣，孟子于夷則聖之矣，而未嘗概叩馬之事也；孔子于夷稱其餓矣，孟子于夷述其清矣，而未嘗概叩馬之言也。《采薇》一歌，足發明《武》未盡善，而孔則刪之；食粟之恥，有大于弗聽惡聲，而孟則置之。揆之事理，胡剌謬也？先秦之文，詳于識文、武者，宜莫踰《左氏》；勇于非湯、武者，宜莫踰《莊周》；而《左》、《國》諸書，談者弗引；《莊》、《列》諸書，引而弗言。書出于漢之後而足以証周之前者《汲冢》，而《汲冢》諸篇又始終無一語及也。然則叩馬之諫，大史所采據果何書也？夫三代之書，其傳于後世常寡；

而三代之迹，其軼于上古常多。至聖賢大節，未有不具載于六經而互見于子史者。若之何合六經、諸子、諸史而茫亡一証也？故吾斷以爲夷齊無叩馬之説也。然斯語非遷創之，蓋戰國遊談之口而遷信之大果也。夫戰國之談，其起于見夷齊之遜位，而遂疑武王之有爭；聞夷齊之居周，而遂疑伐紂之當沮，因委曲傳會，而爲是與？夫叩馬一節，在夷齊誠優爲，而『君臣父子』一言，足以樹天地古今之大戒。顧以之垂訓則偉，而以之紀實則疏也，則君子之讀斯《傳》者，尚亦取其言而姑略其事也哉！

仲尼曰：『伯夷叔齊，餓于首陽之下。』餓之云者，蓋以夷齊遜國而貧，弗若景公之擅國而富，曷嘗謂餓而死也？夫孔子餓于陳蔡，靈輒餓於翳桑，而皆未嘗死，胡首陽之下，夷齊獨死于餓也？食粟、采薇，其因餓之一言而附會歟？夫武王非愎諫者，二子之難，難遜國，弗難叩馬，難無怨，弗難采薇。莊周稱夷、齊之成陽，見武伐殷，曰『天下亂，周德衰，不若避之』，遂至于首陽之山，因餓而死。此太史之説所從出，然莊生滑稽口也，而亦愈可証其無叩馬而諫之事矣。

清・黄宗羲《明文海》卷一一一《郭造卿〈夷齊辨〉》 尚論夷齊者，當觀之三仁。三仁與凡爲殷臣殊，既尊尊親親，居元子、太師、少師，不能易位而去，不能潔身而奴，不能匡君而死。其同仁焉，何居？蓋死生大矣，而莫難於得死。故微、箕議去留，干未嘗有異辭。微曰耄遜於荒，箕曰我罔臣僕，干曷曰必死於諫乎？夫諫，非臣之幸，必不聽，乃去；不幸於去者奴，不幸於奴者死，死而君臣恝。觀貴戚，則國可知矣。倘死者與之奴，奴者與之去焉，其有去而請奴，奴而請死者乎？非惜身也，爲愛國也。奴而周戢于西土，尚爲其諫之或悛；死而兵觀于孟津，則知其言之始絶。是身關國之存亡，寧忍以死而塞責哉？觀《戡黎》及《箕子》篇，祖伊但警紂，曷嘗以咎周？微、箕傷殷之必亡，未嘗忌周之必興。苟可以無死，干其有以異乎？蓋君爲社稷死則死之，非社稷而死之，謂何？必君命無所逃，斯蹈仁而死矣，何必同？況於夷齊乎！身非貴戚，何以死爲？若任綱常，懼亂賊，自軒轅放伐以來，三聘五就爲己任，乃壞綱常之俑，爲長亂賊之階矣。彼卞隨、務光者，其義不已高乎？亦有疑其誣者。乃不疑於夷齊，豈未觀之三仁，及乎孔孟之旨哉？

孟言非其君不仕，避居北海，以待天下之清，將就文王而養老焉。孔言餓於首陽之下，未言所以餓而死者，且稱之曰逸民。寧非不降不辱，因避紂而餓乎？史從爲之辭，而有叩馬之諫及《采薇》之歌。以死於不食周粟，則会朝清明非其君，而天下清不可待矣。亦有言其遜國者，史並採之，以爲傳。孔何以稱泰伯而不少及乎？此若以齊景並言，因衛君而問也。觀彼之得國，則此失國可知。然好名能以千乘讓，爲聖之讓而何怨？故稱是用希者，謂不念舊惡而已。其何以失國，未嘗言之矣。蓋紂醢九侯，脯鄂侯，囚西伯，皆有國者也，而孤竹無聞，世多以爲讓事之有無，不可知，而於諫伐乎何有？故孔謂求仁得仁，而有可有不可。孟謂聖之清者，若隘，君子不由也。然風爲百世師，廉頑立懦而已。未嘗言遜國，而況於諫伐乎！聖賢所論如此，他不敢知之矣。且史於伯夷，削大老之事，其《齊世家》尤譎，故讀者疑之。

善爲之辭者，蓋有三人焉。王充曰：太公、伯夷，俱賢也，並出周國，皆見武王，太公行耦而伯夷操違。羅大經曰：鷹揚叩馬，其道並行而不相悖也。處東海之濱者進，以功名濟世；處北海之濱者退，以名節勵世。豈故相爲矛盾哉？觀伯夷之諫，太公曰義士，可見矣。唐順之曰：夷之歸周，歸文王也。文王終身事殷，故夷叩馬而諫。夫子稱文至德而未盡善乎武，則微意可知矣。夷不嫌其同於父而不同其子，亦不嫌于太公，始同而終異也，然則遷之説，亦未可以爲誣哉！

按太公爲大老，興渭之年可考，而伯夷共稱焉，乃其年則何如？詎鷹揚獨遺乎？一老下車，不聞有異典。倘叩馬有是事也，既知其爲義士，豈以爲紂之所播棄，而以同於頑民歟？然嘉亡國之守節，三代以下之主類能之，況十亂克廣德心，而武王之稱義師哉？若叩馬無是事也，然有讓國之義在焉，則天下惟二老，太公何忘于斯？即未嘗與同事，亦必相聞矣。下車不表此，而表者何人哉？夫既同避於亂世，而不同出於清時，則或當就養之後而年不待，或當文王既歿而歸首陽，影響無傳久矣，故不見于《周書》及孔孟之言焉。必如史所云，則以三仁而論二子，彼諫而戮者，本出於不幸；諫而餓者，實其所自取。意之也，非仁也。故孟言夷、尹所同，《淮南子》謂異道同仁者是也。乃於龍戰之郊而抗鷹揚之師，非惟勢所不行，於義無乃不可乎？謂始與太公同其父，而終與太公異其子者，心雖不可知，事則未嘗有也。其可以事所無者而斷其心之所必有哉？

予故不敢舍孔孟而爲之辭。

清・顧炎武《日知録》卷二七《史記注》 《伯夷傳》其重若彼，謂俗人之重富貴也；其輕若此，謂清士之輕富貴也。

清・陸隴其《三魚堂賸言》卷六 學生問伯夷、伊尹、柳下惠與楊、墨同異。愚因思：夷、尹、惠是中道上之偏，楊、墨是中道外之偏。譬如三間廳，夷、尹、惠皆在中一間，但略有些偏；若楊、墨，則偏在兩旁，着壁去了。

清・毛奇齡《西河集》卷一二二《辨忠臣不徒死文》 向時從六經、諸子求一唐虞三代忠臣國亡身死者，而必不可得，無已庶或以夷齊當之，然殊不相類。按夷齊避紂，久已歸周，並非以商亡作殉死計者；祇因諫周不合，幾被殺身，則義不可留，因逃首陽，然且採薇而食，並未求死，即死亦有爲而死，與今所云國亡身死者大別。且此正是義士，不是忠臣，又且當時未必死。《論語》祇稱餓首陽，不稱餓死。其曰死者，郭象曰《莊子》之誤也。

清・邵泰衢《史記疑問》卷下《伯夷傳》 既云『盍往歸焉』，是夷、齊與太公同歸者也，所謂待天下之清，去腥聞之紂也。夫商之太師尚陳《洪範》於周，而微子之親亦且受封於宋，何北海來歸之老，獨枵腹而死義也？況夷與太公爲天下之二老，武王伐商，未有不咨而詢之者。若不即我謀，當孑然而去；若即我謀，亦當廷諍。否則仍北海之北耳。今不言於帷幄定謀之初，而乃諫於干戈既出之日，不徒托之空言與？夫子曰『餓于首陽之下』，未聞其餓而死也。田之粟曰周粟，山之薇獨非周薇乎？蓋採薇而食，不食周祿，如顔子簞瓢可也。若云餓死，其殆過矣。

清・李鍇《尚史》卷二四《商逸民傳・伯夷叔齊》 論曰：太史公聞《采薇》之歌，曰『由此觀之，怨邪非邪？或曰「天道無親，常與善人。」若伯夷、叔齊，可謂善人者非邪？積仁絜行如此而餓死。天之報施善人，其何如哉？」』斯言也，有所激耳。若夫八百會同而二人叩馬，所持卓然，固萬世之經；采薇而死，含笑得天，夫何怨哉？泰伯讓周，比干殉殷，夷齊兼之。《詩》曰：『惟其有之，是以似之。』偉哉！

清・愛新覺羅・弘曆《御製文二集》卷三五《讀伯夷列傳》 夷、齊不食周粟，蓋謂義不仕周受祿，貧餓以終其身而死耳。自司馬遷有『采薇食之，遂餓死首陽山』之言，而譙周《古史考》遂舉野婦之語以實之，後世率謂夷、齊果不食而餓餒以死。夫夷、齊大節，固在不仕周而不在死與不死也。而遷乃更舉顔淵、盜跖之事，謂天之報施善惡，有或爽者，夷、齊之死，有或怨者。此則大謬，而不可以不辨也。蓋窮通壽夭，人事之適然；而善惡邪正，天道之至公。千載之下，以夷、齊、顔淵爲何如人，以盜跖爲何如人？則夷、齊之死固不怨。使其怨，當早食周粟而求生矣。殺身成仁者，豈皆怨乎？孔子曰：『不怨天，不尤人。』遷實未知此耳。彼其犯國法，身殘處穢，動而見尤，憤懣不堪，怨天尤人，謬論天道之是非，是以遷之心爲夷、齊之心，而夷、齊必不若是也。余故以爲大謬，而不可以不辨也。

藝文

《楚辭》卷三《屈原〈天問〉》 會鼂爭盟，何踐吾期？蒼鳥羣飛，孰使萃之？到擊紂躬，叔旦不嘉，何親揆發，足周之命以咨嗟？

爭遣伐器，何以行之？並驅擊翼，何以將之？

武發殺殷，何所悒？載屍集戰，何所急？

三國魏・曹植《曹子建集》卷六《丹霞蔽日行》 紂爲昏亂，虐殘忠正。周室何隆，一門三聖！牧野致功，天亦革命。

唐・柳宗元《柳河東集》卷一四《天對》 膠鬲比漦，雨行踐期。捧盎救灼，仁興以畢隨。鷹之咸同，得使萃之。頸紂黄鉞，旦孰喜之？民父有釐，嗟以美之。

咸逭厥死，爭徂器之。翼鼓顛禦，讙舞靡之。

發殺曷逞，寒民於烹。惟栗厥文考，而虔子以徂征。

唐・胡曾《詠史詩》卷上《孟津》 秋風颯颯孟津頭，立馬沙邊看水流。見説武王東渡日，戎衣曾此叱陽侯。

宋・范仲淹《范文正集》卷三《詠史・周人》 斧鉞爲藩忍內侵，商人塗炭奈何深。不煩魚火明天意，自有諸侯八百心。

元・耶律鑄《雙溪醉隱集》卷二《前結襪子》 五鳳聲騰白日光，牧野昏荒慘無色。精誠感激致師人，叱咤雷霆覺天窄。

明・張烈《元音遺響》卷一〇《劉紹〈孟津〉》 飲馬臨盟津，濟河侯横舟。天空浪濤急，歲晏風雲愁。懷古睇平皋，神州浩悠悠。憶昔誓白旄，師征遏虔劉。軒裳不期來，飛旆迷層丘。伐暴奉天吏，來蘇慰民憂。至今川嶽輝，尚識鷹揚秋。桓武頌日遠，興亡慨殷周。干戈未偃息，洶洶悲洪流。

明・李夢陽《空同集》卷三七《歸途覽詠古迹》 昔日武王東閱師，龍爭虎鬭至今悲。漂血化爲商地水，白雲翻作孟津旗。

清・陳邦彦等《歷代題畫詩類》卷三三《［明］張鳳翼〈題牧野圖〉》 風塵高牧野，殺氣暗全軍。百六當龍戰，三千出虎賁。旌旗揮落日，鼓角動寒雲。知有磻溪老，鷹揚翊聖君。

清・愛新覺羅・弘曆《御製詩四集》卷四九《殷湯》 桀以日亡，湯則天與，紂有自燔之嫌，武無慚德之語。是湯武之甲乙，定於斯矣。況乎一曾薦尹，一未進呂。湯薦伊尹於桀，有冀其改過之心；武王未進呂望於紂，是本有伐殷之意。雖然以爭，而得天下者，實自兹始焉。是湯之不幸也，乃適逢其時之所處。

清・愛新覺羅・顒琰《全史詩・讀尚書・泰誓上》 商受行暴虐，下民視若仇。后稷積世德，天命歸有周。武王繼文考，創業揚前休。明誓一衆志，孟津會諸侯。同力度德義，討罪無稽留。四海庶安定，時哉恢大猷。

又《泰誓中》 羣后會河朔，徇師申誓言。肆虐臣下化，穢德趨冥昏。罪浮于夏桀，流毒哀黎元。上天鑑視聽，一人責攸存。侵疆揚我武，取殘除苛煩。衆棄不足畏，同心定業原。

又《泰誓下》 安民承上天，大巡復申命。五常至顯明，荒怠意弗敬。奸回遍褒崇，師保皆散迸。郊社祭不修，奇技淫巧競。樹德務滋培，除惡必窮竟。賞戮既著彰，克敵士氣勁。

又《牧誓》 弔民伐有罪，逖矣來自西。牧野軍旅集，聽命宣鼓鼙。家索婦言用，司晨戒牝雞。逋逃是寵信，肆暴及羣黎。行罰不愆律，步伐知止齊。除强宥降者，寬嚴義共稽。

又《武成》 告天正于商，順則民心應。無道害羣生，淫刑任邪佞。若林反倒戈，不戰以義勝。基開一戎衣，四海遂大定。釋囚復式閭，爵士五三贈。武成信德昭，治功垂拱聽。

漢・東方朔《東方大中集・嗟伯夷》 窮隱處兮，窟穴自藏。與其隨佞而得志，不若從孤竹於首陽。

三國魏・曹操《魏武帝集・善哉行》 伯夷叔齊，古之遺賢。讓國不用，餓殂首山。

晉・陶潛《陶淵明集》卷五《讀史述九章・夷齊》 二子讓國，相將海隅。天人革命，絶景窮居。采薇高歌，慨想黄虞。貞風凌俗，爰感懦夫。

清・王士禎《唐賢三昧集》卷中《李頎〈登首陽山謁伯夷廟〉》 古人已不見，喬木竟誰過。寂寞首陽山，白雲空復多。蒼苔歸骨地，皓首采薇歌。畢命無怨色，成仁其若何。我來入遺廟，時候辨淳和。落日弔山鬼，迴風吹女蘿。石門正西豁，引領望洪河。千里一飛鳥，孤光東逝波。驅車層城路，惆悵此巖阿。

唐・吴筠《宗玄集》卷下《伯夷叔齊》 夷齊互崇讓，棄國從所欽。聿來及宗周，乃復非其心。世（獨）［濁］不可處，冰清首陽岑。采薇詠羲農，高義越古今。

唐・胡曾《詠史詩》卷上《首陽山》 孤竹夷齊恥戰爭，望塵遮道請休兵。首陽山倒爲平地，應始無人説姓名。

宋・洪邁《萬首唐人絶句》卷七五《盧綸〈題伯夷廟〉》 中條山下黄礓石，疊作夷齊廟裏神。樹葉滿階塵滿座，不知澆酒爲何人。

清・彭定求等《全唐詩》卷七二八《周曇〈詠史詩・夷齊〉》 讓國由衷義亦乖，不知天命匹夫才。將除暴虐誠能阻，何異崎嶇助紂來。

宋・王禹偁《小畜集》卷八《讀史記列傳》 西山薇蕨蜀山銅，可見夷齊與鄧通。佞倖聖賢俱餓死，若無史筆等頭空。

宋・石延年《石曼卿集・首陽》 夷齊在孟津諫伐紂，而死于首陽。其山在蒲，乃舜都也，豈非二子之意！何古人之所不思哉？

遜國同來訪聖謨，適觀爭國誓師徒。恥生湯武干戈日，寧死唐虞揖讓區。大義充身安是餓？清魂有所未應無。始終天地亡前後，名骨雖雙此行孤。

宋・李覯《盱江集》卷三五《三賢詠》 魯連誓蹈海，夷齊甘采薇。

秦王不得帝，周武見終非。輕死議萬乘，强哉三布衣。凡人欺貧賤，貧賤豈易欺？

宋・强至《祠部集》卷一《伯夷詩》　昔紂爲不道，毒心無生靈。四海如在鼎，誰能救將烹。周武從天人，戎衣舉仁兵。伯夷獨何爲？乃諫不聽行。紂徒久厭主，一朝倒戈迎。天下既宗周，大冊書《武成》。夷義愈爲耻，寧死弗苟生。周粟惡不食，雙目且餓瞑。紂無王者實，徒有王者名。雖曰臣伐君，紂德匹夫輕。籲夷豈不知，意在銷姦萌。

宋・司馬光《傳家集》卷八《夷齊》　夷齊雙骨已成塵，獨有清名日日新。餓死溝中人不識，可憐今古幾何人。

宋・陳耆卿《篔窗集》卷一〇《夷齊詠》　商道昔波蕩，周王綱九圍。二子如冥鴻，翩然獨高飛。周粟固可耻，薇亦周之薇。云胡挾孤憤，了不悟衆誹。天地有正氣，日月無斜暉。惜哉權一字，謬誤無已時。武德紂之虐，賢者誠知之。爲欲扶此教，之死不顧違。籲嗟臣道薄，千載常淒其。欲上西山望，草際露未晞。

宋・方嶽《秋崖集》卷一三《雙頭蘭》　夷齊首陽餓，宇宙難弟兄。同心倚雪厓，世外一羽輕。紫莖孕雙茁，豈有兒女情？賢哉二丈夫，萬古《離騷》情。

宋・劉克莊《後村集》卷一四《伯夷》　木主來西土，檀車濟孟津。只應千萬世，瞻仰首陽人。

宋・文天祥《文山集》卷一九《因成一詩》　高人名若浼，烈士死如歸。智滅猶吞炭，商亡正採薇。豈因徼後福，其肯蹈危機。萬古《春秋》義，悠悠雙淚揮。

宋・鄭思肖《一百二十四圖詩集・夷齊西山圖》　扣馬癡心諫不休，既棄一死百無憂。因何留得首陽在？只説商家不説周。

金・趙秉文《滏水集》卷四《夷齊墓》　讓伐理難全，求仁豈怨天？乾坤吾道獨，宇宙此山傳。不肯飡周粟，猶應飲舜泉。冥鴻飢欲死，落日哭昏煙。

元・楊奐《還山遺稿》卷下《題二賢祠》　從經操懿狎孤兒，世事尤非扣馬時。若道後人真可誑，空山焉有二賢祠？　癸丑二月望，奉天楊奐題首陽山夷齊廟。同里王璨、張端平、陸員擇從行。石刻在首陽小廟。

明・曹學佺《石倉歷代詩選》卷二三六《元詩六・宋无〈夷齊〉》
干戈爰及父君間，叩馬難令木主還。向使曾飡周粟活，千年誰説首陽山？

元・楊公遠《野趣有聲畫》卷下《夷齊》　因請休兵諫不行，首陽遁迹似沽名。既言不食周家粟，薇蕨誰家土上生？

元・王惲《秋澗集》卷一二《夷齊墓》　遠避東鄰塵，還遮北伐頻。與天重立極，叩馬死成仁。落日悲歌壯，東風紫蕨春。一饑雖可療，終愧是商臣。

元・戴表元《剡源文集》卷二九《夷齊》　夷齊棄封國，虞芮讓閒田。如何後世士，尺寸事爭喧。鄰居有愧耻，況復兄弟間！掩卷三歎息，古風何時還？

元・仇遠《山村遺集》卷三《采薇吟》　采薇采薇，西山之西。薇死復生，不生夷齊。陟彼西山，我心悲兮！

元・同恕《榘菴集》卷一五《夷齊首陽圖》　畫裏依然見首陽，至今薇蕨滿山香。馬前不有磻溪老，西伯幾爲後世王。

明・孫原理《元音》卷一《盧摯〈采薇圖〉》　服藥求長年，孰與孤竹子？一食西山薇，萬古猶不死。

清・史簡《鄱陽五家集》卷一一《[元] 葉懋〈僅存詩・感興〉》　太公起東海，伯夷餓西山。殷祀既革命，武王乃誅殘。如何叩馬諫，英氣凛莫干。聖賢一出處，節義斯得完。俯仰百世下，懿德兩不刊。嗚呼振倫教，沉思良獨難。

元・錢惟善《江月松風集》卷三《題夷齊採薇圖》　海濱二老共歸周，扣馬鷹揚似不侔。寂寞西山採薇後，清風未許屬巢由。

明・鄧雅《玉笥集》卷一《擬古》　夷齊聖之清，天地鍾間氣。仁哉讓國心，忠矣諫伐意。首陽雖餓死，萬古終無愧。俯仰懷高風，吁嗟勸來世。

明・謝肅《密庵集》卷一《謁伯夷叔齊廟》　孤山起千仞，不與衆峰儷。飛甍冠其椒，中列夷齊位。爰從秦漢來，時節修祀事。此鄉嘗過化，仰止宜不替。何必覩光儀，始覺頑懦厲。至此聖之清，師表向百世。讓國播高風，諫伐明大義。餓死無所悔，於仁得深詣。精明一寸心，終古照天地。云胡孤竹城，雲暗遼水裔。矧乃首陽山，豺虎正相噬。三復《采薇

歌》，憑危獨流涕。

明·王翰《梁園寓稿》卷二《叩馬圖》 商家社稷垂年久，如何竟落獨夫手。妖姬一寵四海毒，犬馬紛紛鹿臺走。周侯神聖天命新，渭濱晚起釣璜臣。旌旗東指盟津野，朝歌王氣空沉淪。兄弟遼海古墨胎，數言馬首驚風雷。君臣義分固如此，天意喪殷誰能回？歸來懷義腹應飽，周粟無食可終老。首陽山暖蕨薇甘，想見形容不枯槁。黃河水渾難濯纓，世賢豈待文王興？一窮直與天地並，景公千駟鴻毛輕。披圖一見長太息，習習清風生几席。衣冠儼若見儀刑，貪夫而廉懦夫立。

明·胡奎《斗南老人集》卷六《夷齊扣馬圖》 牧野興師日，商賢扣馬時。要將忠與孝，説向後人知。

明·薛瑄《敬軒文集》卷二《擬古》 端居憶遠遊，路經首陽山。山有二賢祠，青松蔭重關。斯人難再得，守餓心獨安。清風激頹俗，高義越人寰。去之幾千載，可慕不可攀。

明·李賢《古穰集》卷二二《夷齊》 父命天倫不忍違，弟兄辭國世應稀。能存大義慚周粟，萬古清風重採薇。

明·徐有貞《武功集》卷五《夷齊採薇》 扣馬歸來意若何？西山愁絶《採薇歌》。能存萬世君臣義，功比周家尚父多。

明·張寧《方洲集》卷一一《夷齊圖》 弟兄相遜入蠻荆，嚙雪茹芝不爲名。薇葉日蕃山日在，幾人曾上首陽行？

明·黄佐《泰泉集》卷四《讀伯夷傳有感》 求仁本無怨，感義聞盍歸？清風滿孤竹，首陽何巍巍！拜誦孔孟言，永矣旭日輝。何哉馬遷《傳》，復與《周紀》違。左右兵義士，采彼西山薇。充蚓亦土毛，否臧非德威。《武成》一二策，撫卷悲噓依。

明·楊爵《楊忠介集》卷一二《謁夷齊祠》 孟津河下謁夷齊，悽愴風霜盈陌衢。願借首陽方丈處，藏吾天地一殘軀。

晨朝停馬拜荒祠，想見當年叩諫時。却笑史遷傳謬罔，武王安肯遽兵之？

明·孫承恩《文簡集》卷一一《首陽操》 夷齊二子，伸大義於千載之上，所謂特立獨行，以俟後聖者。想其清風高致，既無怨尤不平之私，而毅氣剛腸，亦非有掩抑可憐之態。史遷之《傳》，既無以知其心，而世之所傳《採薇》之歌，又何其委靡而衰颯也！豈好事者附託之歟？爲擬《首陽操》一章：

西山之岑兮，上有蕨薇。我採以食兮，足以療飢。勛華不作兮世道隳，玄雲杳冥兮將何歸？睠大義兮余其敢違，茫茫九州兮孰余知？後聖作兮，謂余是非。吁嗟兮，彼厲階者其殆而。

又 卷二五《夷齊圖》 炮烙烟消四海蘇，文孫威德已弘敷。鉅橋雖有陳粟，不濟空山兩餓夫。

孤竹先生鐵肺肝，採薇甘死首陽山。乾坤不朽君臣義，萬古清風激懦頑。

明·趙完璧《海壑吟稿》卷三《夷齊廟》 二賢千載尚餘休，古廟荒涼過客留。秋圃空聞寒雁度，棠梨惟見野蜂遊。拾薇谿壑孤忠老，棄國烟霞百世謀。一掃寒蕪倍惆悵，可堪聾瞽更遺羞。

清·陳廷敬《午亭文編》卷一一《夷齊廟》 清聖祠堂滄海邊，首陽往事尚依然。崢嶸泰伯興周日，寂寞成湯放桀年。萬世君臣今論定，古來兄弟幾人傳？只將一勺灤江水，捋取山薇薦豆籩。

清·愛新覺羅·玄燁《聖祖仁皇帝御製文集》卷三六《夷齊廟》 永平府治西古孤竹城，夷齊廟在焉。灤水經其前，清風臺峙其後，倚巖俯流，足以登眺。夫夷、齊，孤竹君之二子也。能讓侯封，不食周粟，採薇首陽山，獨行其志，孟子以『聖之清』稱之。蓋人惟能立節，自可垂名。夷齊之去國，潔身不求人知，而廟貌千古，迄今猶存。吁！造詣其可忽乎哉？

灤河水清駛，荒山屹然峙。上有孤竹城，亂石半傾圮。堂廡既具觀，廟貌亦儼爾。緬惟商代末，天下漸披靡。兹地實藩封，人民差可恃。兄弟以義讓，富貴如敝屣。叩馬諫周王，數語昭青史。遯迹首陽山，薇蕨何其美。萬載挹高風，頑懦聞之起。蒼蒼臺下松，湯湯臺前水。勁節與澄流，不愧相比擬。停鑾碧山阿，懷古未能已。

清·愛新覺羅·弘曆《御製詩初集》卷一九《夷齊廟》 盧龍孤竹城夷齊廟在焉。史稱夷齊耻食周粟，餓死首陽。《詩》云『采苓采苓，首陽之巔』，疏謂在河南蒲坂，而《莊子》則曰首陽山在岐山西北，曹大家云在隴西，《元和郡國志》謂首陽山在河南偃師，《説文》又謂在遼西，則是

首陽凡五，各有証據，而其爲夷齊餓死之處，則一也。將孰之從？惟《遼史》所載營州鄰海軍下刺史，本商孤竹國。今之盧龍，卽遼營州地也。《爾雅》所舉孤竹北戶，注謂孤竹在北。周時幅員不廣，其以此處爲極北固宜，然則《説文》所謂首陽山在遼西者，此爲近之。殆以《詩》在《唐風》，而叩馬而諫，當武王伐紂之時。由是岐、隴、蒲、偃，皆附會其説耳。夫夷齊清風在天下，何處非首陽，豈爭疆域乎？冕旒而墨胎以祀者，尤非其志。因係以詩，而考其説如此。

軒冕泥塗是本腸，肯容儒雅污冠裳。薇苓依舊西山岵，頑懦羞登夫子堂。只爲心惝踪異武，敢將口實罪歸湯。豈爭隴右還蒲左？天下清風盡首陽。

清・愛新覺羅・弘曆《御製詩二集》卷五三《夷齊廟》 得聖之清孰與齊？首山途便此憑躋。爲傳公信及公達，底較遼西復隴西。宋代何須錫圭冕？伊人本自視塗泥。史遷慨羡青雲士，未識浮名本稗稊。

又《夷齊廟四景・孤竹城》 今支讓國先延陵，孤竹誰知中子名。太白一篇真卓識，淮南尺布獨何情。

又《揖遜堂》 堂名揖遜是誰題，回跖評量語不稽。遷也亦知天道否，千秋尸祝屬夷齊。

又《屈蟠松》 清風臺畔屈蟠松，偃折盤盤翠越濃。高咏西山采薇句，果然無碍後凋逢。

又《清風臺》 灤水迴環曲抱洲，崇臺百尺枕清流。喬松古籟拂衣落，快與前賢共唱酬。

清・愛新覺羅・弘曆《御製詩四集》卷五二《夷齊廟卽事》 廿餘年復翠華臨，往事依然一摘吟。祇愜西文養老志，未俞周武弔民心。水如孫楚肱曲枕，石耐米顛罄折尋。叩不足當當下拜，清風千載故應欽。

又 卷五四《題夷齊廟四景疊甲戌舊作韻・孤竹城》 秋蹕恭因謁祖陵，途經孤竹舊聞名。夢傳太守雖鄰妄，《寰宇記》引《隋圖經》云：漢靈帝時，遼西太守廉翻夢人曰：『余孤竹君之子，伯夷之弟。遼海漂吾棺，願見藏覆。』明日，果見浮棺於津際，乃爲改葬云云。其説荒唐，不足信。今《志》載府城西北有三塚，其一卽次君塚，蓋國人所立中子也。祠奉邦人實近情。

又《揖遜堂》 堂額依然揖遜題，伐商叩馬事堪稽。殷周往迹胥歸幻，伯叔令名孰與齊。

又《屈蟠松》 諫武其人性本松，故應千載蓋陰濃。言之不足圖形去，古松偃折可愛，甲戌經此，曾圖其形以歸，并系之詩。幸復今朝覿面逢。

又《清風臺》 高臺瞰遠據中洲，灤水溶溶臺下流。此地已欣清不了，松風更與唱而酬。

又 卷一〇〇《夷齊廟》 墨胎或謂夷齊姓，劭謂夷之君姓然。司馬貞《史記索隱》云：孤竹君是殷湯所封，夷、齊之父名初，字子朝。伯夷名允，字公信。叔齊名智，字公達。應劭云：伯夷之國君，姓墨胎氏。是夷、齊乃其民，非墨胎氏矣。又俗以泥塑像爲墨胎，戊戌《姜女祠詩》曾注明其事。千古氏誰能辨實？二人行果足稱賢。頑夫廉以懦夫立，公信原兼公達傳。古廟瓣香仍下拜，清風颯颯起遥天。

又《融理堂詠夷齊事》 昔駐灤州行館時，曾以融理顏堂額。清風臺近因詠古，聖之清論誠不易。公望庶幾聖之任，所同者心殊者迹。理則在心弗在迹，心理同融迹殊得。雖然予更有後言，任也其仲清實伯。苟爲君者理融心，二者胥無民免阨。

又《題夷齊廟四景再疊甲戌舊作韻・孤竹城》 大節千秋孰敢陵，直言扣馬豈沽名？廉翻改葬雖鄰妄，《寰宇記》引《隋圖經》云：漢靈帝時，遼西太守廉翻夢人曰：『予孤竹君之子，伯夷之弟。遼海漂吾棺，願見藏覆。』明日，果見浮棺於津際，乃爲改葬。語雖鄰妄，然亦善善欲長之意。今《志》載府城西北有三冢，其一卽次君冢，蓋史所稱國人立其中子者。或卽廉翻所改葬耶？善善由來萬古情。

又《揖遜堂》 斯堂經不可無題，揖遜清風道足稽。冀北河東漫徵地，首陽高致有誰齊。

又《屈蟠松》 詩以詠松圖寫松，廟前古松虬枝偃，蓋甲戌經此，寫其圖以歸，並系以詩。今來仍看翠雲濃。斯人斯地自萬古，奚歎神農時未逢。

又《清風臺》 北枕灤江臺據洲，秋過潦盡束中流。祇宜喚得富春叟，來此忘年作倡酬。

唐·佚名《古文苑》卷五《［漢］杜篤〈首陽山賦〉》 嗟首陽之孤嶺，形勢崛其盤曲。面河源而抗巖，隴塠隈而相屬。長松落落，卉木濛濛，青蘿落漠而上覆，穴溜滴瀝而下通。高岫帶乎巖側，洞房隱於雲中。忽吾覩兮二老，時采薇以從容。於是乎乃訊其所求，問其所修，州域鄉黨，親戚疋儔，何務何樂，而並茲遊矣。二老乃答余曰：吾殷之遺民者也，厥胤孤竹，作蕃北湄，少名叔齊，長曰伯夷。聞西伯昌之善政，育年艾於黄耇，遂相攜而隨之，冀寄命乎餘壽。而天命之不常，伊事變而無方，昌服事而畢命，子忽覩其不祥，乃興師於牧野，遂干戈以伐商。乃棄之而來遊，誓不步於其鄉。余閉口而不食，並卒命乎山傍。

三國魏·阮籍《阮步兵集·首陽山賦》 聊仰首以廣頫兮，瞻首陽之岡岑。樹叢茂以傾倚兮，紛蕭爽而揚音。下崎嶇而無薄兮，上洞徹而無依。鳳翔過而不集兮，鳴梟羣而並棲。颺遥逝而遠去兮，二老窮而來歸。寔囚軋而處斯兮，焉暇豫而敢誹。嘉粟屏而不存兮，故甘死而採薇。彼背殷而從昌兮，投危敗而弗遲。此進而不合兮，又何稱乎仁義。肆壽夭而弗豫兮，競毁譽以爲度。察前載之是云兮，何美論之足慕。苟道求之在細兮，焉子誕而多辭。且清虚以守神兮，豈慷慨而言之。

唐·徐夤《釣磯文集》卷一《首陽山懷古賦》 首陽山兮非秀非隆，因其賢而名高碧空。偶巖谷之逋客，問夷齊之古風。厚殷紂而薄宗周，曷稱仁智？棄三隅而執一向，可謂昏蒙。且紂以斮脛求歡，剖心取樂，空寰瀛不足以充其欲，罄竹帛不足以編其惡。民驚而萬國崩離，天怒而三光舛錯。肉爲林也，怪山岳之非高；酒爲池焉，笑江湖之易涸。姬乃畋於渭濱，會於盟津，右白旄而左黄鉞，應乎天而順其人。莫不洗塗炭於四海，解仇讎於萬民。著《金縢》者，乃昆乃仲；釣玉璜者，持衡秉鈞。鴻何不弔紂之不德，慶周之有國？而乃助于紂以申謙，怨于周而不食！鴻飛豹隱，亡情於濁浪之湄；蟬腹龜腸，化骨於孤峰之側。逋客曰：夷齊以讓國無爲，求仁立規，何曆數之不究，曷興亡而不知？非不知周之可輔，紂之可隳，所憂者萬紀千齡，所救者非一朝一夕。恐後代謂國之可犯，謂君之可迫，强者以之而起亂，勇者以之而思逆。所以激其時，抗其迹，往者勗而來可懲，義要行而身不惜。余乃陟彼高岡，遐思耿光，嶺上之松筠抱直，邱中之黍稷非香。未知靈氣何化，身魂曷彰，爲聖賢則孔子顔子，作嘉瑞則麒麟鳳凰。縱天柱折而地軸摧，斯民不泯；任月兔死而日烏銷，厥德愈芳。於戲！鍾其濁則爲佞爲邪，稟其清則爲英爲異。垂名之士餓林藪，飽食之人硋天地。是宜徵繪事而寫高山仰止，先賢之志。

元·楊維楨《鐵崖賦稿》卷下《首陽山賦》 太虚既判，一氣一源。地濁以黄，天清以玄。森而融者爲水，結而峙者爲山。東岱宗而雄竦，西太華而高騫；南祝融之拔地，北恒岳之連天。惟首陽之環偉兮，曰華山之中劃。掌跖迨乎巨靈兮，河流忽其開坼。矧孤竹之二子兮，聿高風之是宅。宜名光乎天壤，若尼山之名洙泗而傅巖之名虞虢也。爾其地鎮乎冀兖，疆蕃乎豫梁。回崖疊嶂，若馳若騖；文嵐翠靄，若翱若翔。深根亘乎洪河，高標出乎太行。吐雷首之氣宇，揮龍門之輝光。觀其雲堂參差，天磴岐嶒，崒嵂嶔岑，硍磊崢嶸。白帝高司兮，運金精之浩顥；三峰却立兮，俯汾流之清泠。至若玉井有蓮，玉女有盆，蘿月掛鏡，石窊引尊，酌醴泉而爲飲，茹瓊蕤以爲飧；茅龍杞狗之異狀，玉芝瑶草之殊芬，則有霓裳仙子，鶴駕神人，出没飄忽，御風抉雲。其狀萬萬，胡可殫論？

於是余與客攝衣而上，若躡星虹。陟峭崿，搴蒙茸。扳古柏兮奉奉，披幽莖兮叢叢；掇薇茁兮樂饑，恍箭括兮天通。是知秋雨既霽，翳日初晶，曠余情兮太白，遊余目兮西傾。訪二墨之故家，覽孤竹之遺城；頌采苓兮坐石，賦秋興兮滿亭。嗟荒祠之就圮，缺封冊于仁清。羌沈吟而悲感，吾將酹而些其神之靈也。曰：商受之爲君兮，撥前人之所植；迨周德之勃興兮，滌凶殘之蠹螫。嗟先生之遁迹兮，處北海而濱流；聞聖昌之作興兮，因躡屩而歸周。當重鼎之遷洛兮，既天命之有屬；何扣馬之一諫兮，異八百之歸國？寧暴骨於山椒兮，毋寧岐土之食粟；寧巢軒以爲徒兮，毋寧周家之臣僕。歌《采薇》之歌兮，信孤清之警俗。嗚呼！彼獨夫之是誅兮，吾三綱之是扶；彼有讓乎荆蠻兮，吾亦返德乎唐虞。故知蒼姬八百之祚鼎，鼎而有盡；首陽千仞之節落，落而有餘也。不亦百世之師乎！

賦已，客復爲之歌曰：盜跖兮高墳，穴爲田兮木爲薪，彼莩死兮何人？首陽之丘兮嶙峋，與天齊高兮與地不淪。特立獨往兮，孰匹與鄰？噫！彼君萬乘而馬千駟兮，又何足較亡之與存！

清·黄宗羲《明文海》卷二〇《李濂〈首陽山賦〉》 首陽山在蒲州

南四十五里，即雷首山也。《禹貢》曰：『壺口雷首，至於太華。』昔伯夷、叔齊，隱居茲山。李子按部河東，過首陽，謁二子墓，憫其祠宇頽廢，乃下令葺焉。夫二子篤萬世君臣之大義，孔子褒之。裴徊祠墓，緬懷懿德，於是作《首陽山賦》。

黄鉞兮白旄，諫不聽兮予逃。予逃兮何之？望首陽兮棲遲。山有林莽兮，乃遯而匿。山有薇蕨兮，乃饑而食。神農虞夏兮，邈弗可追。聊隨鹿豕兮，朝夕娛嬉。孰抱祭器兮，西歸於周？孰陳《洪範》兮，載衍其疇？予寧溘死兮，弗忍事仇。綱絶柱壞兮，孰知予憂！周粒不可餐，商命不可延，予將曷歸兮，雷首之巔。夜汲沆瀣兮，晝玩雲煙。吁嗟二子兮，求仁得仁。舉世非之兮，爾獨真。自有兩儀兮，即有君臣。天冠地屨兮，上下攸分。文王泰伯兮，没齒事殷。同稱至德兮，何意孟津！不降其志兮，不辱其身。許由伯成兮，異代同神。子臧季札兮，挹厥光塵。大道之準兮，夷齊二人諄曰。叩馬遮説兮，丹心瀝血。君臣大義兮，爾扶其楻。旦、奭適望兮，一時之傑。目睹危行兮，故緘厥舌。順天應人兮，固權之絜。堅守臣節兮，實士之潔。謂《韶》盡善兮，《武》僅盡美。仲尼垂訓兮，意亦如此。民到於今兮，歌頌二子。首陽之殍兮，死猶不死。廉貪立懦兮，聞者興起。維聖之清兮，萬世仰止。

明·王世貞《弇州四部稿》卷二《賦部·弔夷齊有序》 盧龍，故孤竹也，城西有伯夷叔齊祠。吳人王世貞奉使過此，酌水酹焉，而爲之辭曰：

予奉輶以東逝兮，束馬放乎令支。山巑岏而嵬㠑兮，衆草贊藿而條緯。俞兒道余於卑耳兮，武夫磷磷其參差。曰青帝之握樞兮，顓改煦沉寥而憯悽。玄宫承雲而黕䨴兮，僉告余二子之所都。羌回慮以返照兮，澳㴸踖靡而内疑。足次且欲卻兮，又雀躍而前趨。段含光劀余之素兮，挽清泠使濯余之歲裛。招沆瀣以醞醴兮，裹朝霞以爲餦餭。噓玄冥之竅機兮，噫噫拊歌之懭悢。受哀絃於太娥兮，涓延和之以淸商。靈蕭蕭而若覩兮，冀回熿燭乎微躬。又惝怳其不可即兮，掌夢疏帝以奚從。眺孤竹之亶曼兮，台要靈以故祊。生剽舉而脱屣兮，寧鬱鬱處彼幽方。溟波委輸濊貉兮，箕蒙難而延宗。靈庶偕以翱游兮，語侏離而不可通。北海泱漭靈所辟兮，受涔涌使不得寧。將岐豐沃以愉兮，靈又薄周德而莫宫。諸毗綿延具區兮，太虞夷猶於其旁。羌德配而耦娛兮，靈謂狎附乎周盟。陂陀首陽忽崋崒兮，益薇以荃之芬芳。靈閶闔而下臨兮，將絏駕以憩息。掌夢申申以表誠兮，豐隆臾而來假霓。車殷殷以翩繽兮，皎雙鴻之次翼。匪寶璐而陸離兮，舍蘺芷以彌馥。介九賓而見予兮，祝史要予以靡忒。伯從父以成命兮，叔違親以成德。俶舍君以明志兮，既殉主以明極。昔巢許之讓皇兮，托勳華而稍佚。尹五就而拯塗兮，愀然面故主以惶怩。謂題跂以死名兮，莊任誕而廢節。還嘵嘵於驥尾兮，嗜微聲之有托。彼纍脩辭而求白兮，卒牢慅沈乎湘澤。縲鄒人之無怨兮，迺從容于天則。世滔滔而崈涌兮，戰伐莽其相仍。顧蒿目以挨攩兮，競含沙而蟲光。騶虞草以伏食兮，於菟誇咀夫衡生。陽鱎之鬡鱵鱗兮，蝘蜓神龍以自矜。靈既悼農虞之忽没兮，氓躑躅而殷慕。愧突梯之苟容兮，將捐足乎靈御。胡司命之不斷微兮，抑餔糟以昏騖。盼媌娥之要渺兮，涓濁軀而不反顧。

唐·黄滔《黄御史集》卷一《周以龍興賦》 周以創三十代，啓八百年。既鳴鳳以授德，復興龍而御乾。奔天下之二分，豈惟雨驟；擎雒中之九鼎，寧止波旋。當其韜仁聖以表威靈，湧禎祥而呈氣色，歧梁燿銜燿之所，汧隴湛蟠泥之域。幾年貪餌，吞將呂望之鈎；一旦飛天，霹破殷辛之國。觀夫或屈或伸，非假非真，澤霈六合，恩濡兆民。以息虞芮，作在田之迹；以卻夷齊，爲逆物之鱗。掀陸海之波濤，固殊鯨浪；擴九重之宫室，肯類鮫人？則知指縱而或仗爪牙，善戰而靡資血肉，火兵戈而雖假燒尾，鏡今古而未嘗寐目。遂使盟津契會，此時莫愧於雲從；羑里棲遲，昔日何傷於魚服。下蟄如此，高翔曷量！子鑾貊而蟲沙附，申忠信而鬐鬣張，足以雄飛革命，首冠興王。駕木德於震宫，蒼然被彩；應陽精於乾象，赫矣飛光。所謂建皇基，立寶位，模日楷月，規天矩地，非三聖之尤異，焉可以神物而取類？邈罔象，乘鴻濛，奔霆迸電，驅雷走風，非四靈之感通，焉可以與周而同功？豈徒角樹臣佐，穴居域中！挈開粟而攫散財，滂沲有截；毒九齡而豢十亂，振奮無窮。懿乎後煥放牛，前光播穀，愈彰聖德於王者，益驗神蹤於介族。則老聃之道，漢祖之顔，永宜雌伏。

唐·韓愈《昌黎集》卷一二《伯夷頌》 士之特立獨行，適於義而已。不顧人之是非，皆豪傑之士，通道篤而自知明者也。一家非之，力行

而不惑者，寡矣。至於一國、一州非之，力行而不惑者，蓋天下一人而已矣。至若舉世非之，力行而不惑者，則千百年，乃一人而已耳。若伯夷者，窮天地，亙萬世而不顧者也。昭乎日月，不足爲明；崒乎泰山，不足爲高；巍乎天地，不足爲容也。當殷之亡，周之興，微子賢也，抱祭器而去之。武王、周公，聖人也。率天下之賢士與天下之諸侯，而往攻之，未嘗聞有非之者也。彼伯夷、叔齊者，乃獨以爲不可。殷既滅矣，天下宗周，彼二子者，獨耻食其粟，餓死而不顧。繇是而言，夫豈有求而爲哉？通道篤而自知明者也。今世之所謂士者，凡一人譽之，則自以爲有餘；凡一人沮之，則自以爲不足。彼獨非聖人，而自是如此。夫聖人，乃萬世之標準也。余故曰：若伯夷者，特立獨行，窮天地、亙萬世而不顧者也。雖然，微二子，亂臣賊子接迹於後世矣。

宋·蘇籀《雙溪集》卷一五《伯夷頌》 人而巍然百世之下，豈非以其道也義也？其積不善，遺臭永久，至於寒浞、盜蹠，豈非反此而嗜利貪得乎？故義利之分，夷、蹠之徒。今夫長國家者，豈患無賄？患無令名。調盈虛、論取予者，豈患無獲？患辭不正耳。遠佞人而國强矣，百姓足而君足矣。義之所在，則勢之當然也。此論非高也，此理易行也。而或者以爲不然，何也？貪利者不顧義也。偉哉伯夷！正心誠意。非其義也，非其道也，捨生以求其志，委之以天下且不受也。其治國家，範來世，係安危，得失之重，確乎凜乎，揭日月，塞天地，何其顯且大也。斯道也，窮之益闢，仰之益高，從之則治，違之則亂，於今天下，澤不泯焉。彼伐國之謀與賊民之政，求富之志，彼何人哉？予聞耆德語近時風俗之敝，曰數十年來，士風頽陋，公卿言利於國，蘊利於身，遞相視傚，惟官惟賄，謀家奉己，而無愛君憂國之意。謂古人爲迂闊，賤守節爲不通，背正路而趨市道，所謂能者如此。喜事邀功者爲目前之計，興無名之兵，誅求斂刻，半錢無遺，一毫必析，所謂賢者如此。斯謀斯猷，未嘗廉也。四維由是喪，邦國由是亡，其禍至於噬臍天下塗炭，豈不聞伯夷之風乎？嗚呼，伯夷所謂不可者，武未盡善也，鄙夫何足算哉？伯夷之與世人，相去何啻萬牛毛也！噫，鄙夫聽焉，豈不稍廉耶？理亂之機，予忍默而不言乎？世之君子能附伯夷之末光，孟子所謂興起者此也。譬如鳳凰翔於千仞，顧餘人碌碌如烏鳶輩，攫搏以爭腐餘，良可悲也。彼分寸錐刀，汩没而不疑者，固未聞此耳。

宋·劉敞《公是集》卷四九《周二賢贊》 劉子曰：世皆以伯夷、叔齊諫武王不用，退而隱於首陽之山，不食周粟，採薇而食之，以至於餓死。以予考之不然。彼伯夷、叔齊者，仁人也，愛其君如恐傷之，故矯世厲俗，達天下之大義而不私焉。其進以道，其退以義，此孔子所謂求仁而得仁者也。豈若小丈夫哉？諫其君而用，則欣欣然見於色；諫其君而不用，則悻悻然見於色，終身不向國而坐也。彼所謂不食其粟者，言致爲臣而去，不在廩餼之例，是乃所謂爲餓也，安得採薇之事乎？蓋少餙者矣。自堯舜以來，高世之士不可勝紀，然夷、齊爲之首，學者皆稱之。始周之亂，鮑焦疾之，不忍食其粟，採蔬於道而食。人謂鮑焦曰：今不食其粟而食其蔬，此非焦所濟也。於是鮑焦輟蔬吐哺，立斃其處。然孔子不以爲仁，學者無稱焉。

明·孫承恩《文簡集》卷四一《古像贊·伯夷》 求仁得仁，去國如屣。叩馬一諫，君臣大義。乾坤清氣，萃子一身。獨立萬古，邈焉無倫。

漢·李尤《李伯仁集·孟津銘》 洋洋河水，赴宗於海。經自中州，龍圖所在。黄函白神，赤符以信。昔在周武，集會孟津。魚入王舟，乃往克殷。

唐·陸龜蒙《笠澤叢書》卷二《冶家子言》 武王既伐殷，懸紂首，有泣於白旗之下者。有司責之，其人曰：『吾冶家孫也。數十年間，再易其鎔範矣。今又將易之，不知其所業，故泣。吾祖始鑄田器，歲東作，必大售。殷賦重，秉耒耜者一墢不敢起，吾父易之爲工器。屬宫室臺榭侈，其售益倍。民彫力窮，土木中輟，吾易之以爲兵器。會諸侯伐殷，師旅戰陳興，其售又倍前也。今周用鉞斬獨夫，四海將奉文理，吾之業必壞，吾亡無日矣。』武王聞之懼，於是包干戈，勸農事，冶家子復祖之舊。

漢·蔡邕《蔡中郎集·伯夷叔齊碑》 熹平五年，【略】因樹碑爲銘曰：惟君之質，體清良兮。昔佐殷姬，忠孝彰兮。委國捐爵，諫國亡兮。譏武伐紂，欲喻匡兮。時不可救，曆運蒼兮。追念先侯，受命皇兮。憂懷感□，□□□兮。雖没不朽，名字芳兮。

唐·皮日休《皮子文藪》卷四《首陽山碑》 天必從道，道不由天，其曰人乎哉！大聖應千百年之運，仁發於祥，義動於瑞，上聖帝也，次

素王也，莫不應乎天地，亙乎日月，動乎鬼神。或有守道以介死，秉志以窮生，確然金石，不足以爲貞；澹然冰玉，不足以爲潔。非其上古聖人，不以動其心，況當世富貴之士哉？斯其自信乎道，則天地不可得而應也。嗚呼！夷、齊之志，嘗以神農、虞夏形於言。由是觀之，豈有意於文、武者哉？然迹其歸周，不從諫而死，彼當求西伯也，而得武王，不曰得仁乎？既得其仁而不取其諫，則夷、齊之死宜矣。太史公以其餓死，責乎天道。嗚呼，若夷、齊之行，可謂道不由天者乎！如不得仁而餓死，天可責也。苟夷、齊以殷亂，可乎？而臣於周，則周、召之列矣，奚有首陽之阨乎？若夷、齊者自信其道，天不可得而應者也。天尚不可應，況於人乎，況於鬼神乎！

宋・黄庭堅《山谷集》卷一七《伯夷叔齊廟記》 伯夷叔齊墓在河東蒲坂雷首之陽，見於水經地志，可考不妄。其卽墓爲廟，則不知所始。以二子之賢，意其爲唐晉之典祀也舊矣。元祐六年，予同年進士臨菑王闢之爲河東縣，政成，乃用四年九月大享赦書，以公錢七萬及廢徹淫祠之屋，作新廟，凡三十有二楹。貴德尚賢，聞者興起，貌象祠器，皆中法程。某月某甲子有事於廟，乃相與謀記歲月，乞文於豫章黄庭堅。謹按伯夷、叔齊，孤竹君之二子，逃其國而不有者也。予嘗求其説：伯夷之不得立也，其宗與國人必有不説者矣；叔齊之立也，其宗與國人必有不説者矣。於是時，紂又在上，虐用諸侯，則二子之去，亦以避紂耶？二子雖去其國，其社稷必血食如初也。雖不經見，以曹子臧、吳季札之《傳》考之，意其若是也。故孔子以爲不降其志，不辱其身，身中清，廢中權，求仁而得仁，又何怨？又曰『齊景公有馬千駟，死之日，民無德而稱焉。伯夷叔齊，餓於首陽之下，民到于今稱之。』孟子以爲非其君不事，非其民不使，不立於惡人之朝，不與惡人言，故聞伯夷之風者，貪夫廉，懦夫有立志。此則二子之行也。至於諫武王不用，去而餓死，則爲疑之。陽夏謝景平曰：二子之事，凡孔子、孟子之所不言，可無信也。其初蓋出莊周，空無事實；其後司馬遷作《史記列傳》，韓愈作《頌》，事傳三人，而空言成實。若三家之學，皆有罪於聖人者也。徒以文章擅天下，學者又弗深考，故從而信之。以予觀謝氏之論，可謂篤信好學者矣，然可爲智者道也。予觀今之爲吏，愒日玩歲，及爲政者鮮矣。政且不舉，又何暇於教民？今河東爲縣，吏治膚敏，政成而舉典祀以教民，可謂知本矣。故樂爲之書，并書予所聞二子事，以告來者。

元・王惲《秋澗集》卷五三《重修孤竹二賢廟碑》 首陽山孤竹二賢祠，肇建於李唐，增隆於前宋，金貞祐末爲戍兵撤而樵之。國初，郡人徐帥因廢基而屋焉。後四十載，當至元九年玄默歲，某自御史裏行來官河東，以是年冬十有一月，按部至於蒲坂，適致祭令下，遂齋沐奉祝，祗拜墟墓，庭序蕪緊，路寢傾圮，遺像黯昧，陊剝就滅。於戲，前政之不舉，至於斯邪！非惟不稱明詔尊顯風烈之義，而大懼不職，下隕教條，吏隳不恭，惡可徇狃？於是祇會屬吏，作新是圖。資聚既營，衆工趨事，仍命府掾長吳舉董治厥役，改新肖像，以儼神儀。迨明年夏五月，復行縣次蒲，吏告訖功用。六月丁亥，躬率僚屬以少牢之奠，敬妥神棲。帶河表華，新宫敞然，山烟庭木，奕奕動色。守吏不任之責，庶乎其少塞矣。知府楊君寬請書其事于石，以詔來者。噫！二賢聖之清者也。其出處大節，求仁本心，興懦厲貪之操，息邪懼亂之功，孔孟稱之詳矣。揭若日月，亘終古而不熄，小子其敢僭諸？然讀黄太史所述，去國諫伐，蓋宗國有不説，好事者爲之説耳，竊有所疑焉。若曰非讓而逃，國人惡而逐之，烏在其爲賢也？且以避紂，不有其位，孔子何爲稱求仁得仁？子貢何以審夫子不爲衛君乎？至於義抗白旄，耻食周粟，亦謂事不經見，臧哀伯何獨稱武王克商，義士猶或非之？不然，二賢者北自海濱聞善養來歸，當周命維新、明義崇德之世，不知俯仰，何所愧怍，僵踣於兹山之下乎？故特表而出之，必有能辨之者。仍爲蒲人作迎享神辭，俾歲時歌以祀焉。

瓊靡潔兮蘭馨，錯薇蔬兮薦神。庭絛之山兮河之水，回風蕭蕭兮波瀰瀰。神之遠遊兮邇何歸？南叫虞舜兮帝禹與追。以暴易暴兮吾知其非，國極所欽兮祀典載熙。粲非周粒兮桂酒芬菲，民之戴神兮清風庶幾。偃迴旆兮入室，陳鐘鼓兮載考載擊。千秋兮萬歲，於焉兮永息。

漢・王粲《王侍中集・弔夷齊文》 歲旻秋之仲月，從王師以南征。濟河津而長驅，踰芒阜之崢嶸。覽首陽於東隅，見孤竹之遺靈。心於悒而感懷，意惆悵而不平。望壇宇而遥弔，抑悲古之幽情。知養老之可歸，忘除暴之爲仁。潔己躬以騁志，愆聖哲之大倫。忘舊惡而希古，退採薇以窮居。守聖人之清概，要既死而不渝。厲清風於貪士，立果志於懦夫。到于

今而見稱，爲作者之表符。雖不同於大道，含尼父之所譽。

漢・阮瑀《阮元瑜集・弔伯夷文》　余以王事，適彼洛師，瞻望首陽，敬弔伯夷。東海讓國，西山食薇，重德輕身，隱景潛暉。求仁得仁，報之仲尼，没而不朽，身沈名飛。

宋・李昉等《文苑英華》卷一〇〇〇《[唐]柳識〈弔夷齊文〉》　洪河之東兮，首陽穹崇。側聞孤竹二子，昔也餒在其中偕隱，胡爲得仁而死？青苔古木，蒼雲秋水，魂兮來何依兮，去何止？掇澗谿之毛薦，精誠而已。初先生鴻逸中洲，鸞伏西山，顧薇蕨之離離，歌唐虞之不還，謂易暴兮文武，謂墨縗兮胡顔。時一吒兮忘饑，若有誚兮于巖之間。豈不以冠弊在於上，履新居於下，且曰一人之正位，孰知三聖之純嘏。讓周之意，不其然乎！是以知先生所恤者偏矣。夫當昔夷羊在牧，商綱解結，乾道息，坤維絶，鯨吞噬兮鬼妖孽，王奮厥武。天意若曰覆昏暴，資濬哲，於是二老歸而八百會，一戎衣而九有截。況乎旗錫黄鳥，珪命赤烏，俾荷巨橋之施，俾伸羑里之辜。故能山立雨集，電掃風驅，及下車也，五刃不礪於武庫，九駿伏轅於文途。雖二士不食，而兆人其蘇。既其溥天率土，咸爲周人，吁嗟先生，逃將何臻？萬姓歸飾兮，獨黷乎方寸。六合莽蕩兮，終跼於一身。雖忤時而過周，固臣心而惻殷。所以不食其食，求仁得仁。然非一端，事各其志，若皆旁通，以阜厥躬，以濟其利，則焉有貞節之規，君親之事？靈乎靈乎，雖非與道而保生，可朂爲臣之不二。

元・王惲《秋澗集》卷六三《拜奠夷齊墓文》　維大元國至元九祀、歲玄默涒灘冬十二月既望，承直郎平陽路總管府判官王某恭以牢醴之奠，致祭于孤竹二賢之墓。嗚呼！天下有當然難舍之事，惟特立者能成之；天下有至中大正之道，惟齊聖者能明之。三代而下，建天地之極，定君臣之義，揭若日月，亘萬古而不息者，其惟二賢而已。壬申之冬，某以守吏按事蒲坂，仰止高山，其立卓爾，所謂聞凛凛之風者，貪夫廉，懦夫有立志也。趨拜几像，山烟四起，奠以牲醪，若恐將浼，有薇在山，有粒在篚，潔以馨誠，薦我明水。尚享！

清・方苞《正嘉四書文》卷六《唐順之〈盡信書〉》　大賢言《書》不可以盡信，而質以《周書》之誣也。蓋《書》不可以盡信而《周書》之可疑者，乃其證也。君子觀于《書》也，容可以無見哉？孟子因世之泥《書》而害理者，故其好古之下有感而爲之言曰：《書》所以録當世之迹而垂後世之規，固不可以不信者。但傳疑本史氏之體，容非綜核之真，愛憎出一時之情，或有揄揚之過，蓋學者誦其言而斷之以理，無病於《書》也。苟不度其是非而盡信之，則不道之心滋於見聞之誤，而私意之惑起於影響之憑，以古人垂世之迹而反爲誤世之文，則又不若無《書》之爲愈矣，他固未暇辨也。《武成》之書所以紀武王之事者，宜若皆實録矣。吾觀其始終顛末之詳而稽其會文切理之要，其可取者，僅二三策而已焉，他固未足信也。是何也？蓋仁者好生之德足以得民，神武之威至於不殺無敵於天下者，乃其理之常也。今武王至仁也，紂至不仁也，以至仁伐至不仁，而猶曰血之流杵，則聖人之取天下必假於殺戮之功，而仁人之於天下，不見乎無敵之驗矣，吾固以知《書》之不足盡信也。學者能因言而會之以心，考迹而斷之以理，則天下之書皆吾益矣。不然，寧不反爲書之所誤也哉？

清・方苞《本朝四書文》卷一〇《韓菼〈伯夷隘〉》　究兩聖之行之所極，君子有以自命矣。夫隘與不恭，亦從乎其行之所極而爲言，非必爲夷、惠隱也。學夷、惠而無失焉，是在君子。且夫古聖人各行其是於天下，豈必後人之我從？而流風餘思，每感動於不自已。夫事之獨居，其至以示於後，未有必能無失者，故爲聖人曲掩其失之所必然，斯亦小於視聖人，而知其失而以爲無傷，斯又過於信聖人者也。予述夷、惠之行詳矣。兩人各較然立意，若此而往而輒窮，然閲數百年，聲稱益偉，後之君子往往慨然而興曰：是可以風也。且夫聖固有不可知者，有可知者。不可知者，無不至者也，而得其似者，亦寡矣。有可知者，偏至者也，而每易於有所似，以成名於天下。是故吾竊知夫後之欲爲夷、惠者衆也，而之乎其途而失焉以轉咎。夫始爲之者之開其端，即夷、惠何以解免哉？是不若早窺其所極而爲之説，此君子之責也，抑亦夷、惠之志也。且夫古人亦安所得百全之行而居之？假令旁皇審顧，必求無幾微之累於吾身，是必中立依違而後可也。夫古之君子，欲行其志，且犯天下之不韙而不辭，而如夷、惠，猶未爲其甚者也。即論世亦安所盡得快意之古人而論之？假令爲書所愚，不敢加毫髮之疑於古人，是必雷同傅會而後已也。夫誠爲君子，獨行其斷，且反古今之所是以爲言，而如論夷、惠，猶未離乎衆説

者也。則吾得目夷以隘，加惠以不恭，是亦夷、惠之行之所必至，而君子之決擇，誠不可以輕也。蓋古人立身，自有其本，隘不恭，充其類之盡焉耳。而世必將曰：惟夷而後能爲隘，惟惠而後能爲不恭。推其失而轉以爲美，是何以處夫聖人之時乎夷，時乎惠，而卒不至隘與不恭者也。君子落落焉，挾是非之權，一無護惜之私，正欲審美善之微而已矣。古人措行，自有其全，隘不恭，舉其疵之小者耳。而世又將曰：非隘不成其爲夷，非不恭不見其爲惠。摘其瑕以概乎其餘，是何其便於後世之卽於隘，卽於不恭，而遂以貌於夷、惠者也。君子卓卓焉，定從違之志，不恕古人之隙，正欲別留古人之真而已矣。故曰君子不由也。嗟夫！隘與不恭，自夷、惠開之，而將不知所極也，則直隘與不恭爾，豈復有夷、惠哉？君子勿於此中求夷、惠也，惟不由而後可以不爲夷，不爲惠；卽不然，亦可爲夷爲惠。是在君子。

雜録

清·顧炎武《日知録》卷二《泰誓》 商之德澤深矣，尺地莫非其有也，一民莫非其臣也，武王伐紂乃曰『獨夫受，洪惟作威，乃汝世讎』，曰『肆予小子，誕以爾衆士，殄殲乃讎』，何至於此？紂之不善，亦止其身，乃至并其先世而讎之，豈非《泰誓》之文出於魏晉間人之僞撰者邪？蔡氏曰：『《泰誓》、《武成》一篇之中，似非盡出一人之口』；又引吳氏言：『疑其書之晚出，或非盡當時之本文』。蓋已見及乎此，特以注家之體，未敢直言其僞耳。

又《召誥》 古者吉行，日五十里，故召公營洛，乙未自周，戊申朝至於洛，凡十有四日。師行，日三十里，故武王伐紂，癸巳自周，戊午師渡孟津，凡二十有五日。《漢書》以爲三十一日，誤。

清·閻若璩《尚書古文疏證》卷一《第五》 古文《武成篇》，建武之際亡。當建武以前，劉向、劉歆父子校理祕書，其篇固具在也。故劉向著《別録》，云《尚書》五十八篇。班固志《藝文》：《尚書》五十七篇，則可見矣。劉歆作《三統曆》，引《武成篇》八十二字，其辭曰：『惟一月壬辰旁死霸，若翌日癸巳，武王迺朝，步自周，于征伐紂。粤若來二月既死霸，粤五日甲子，咸劉商王紂。惟四月既旁生霸，粤六日庚戌，武王燎于周廟。翌日辛亥，祀於天位。粤五日乙卯，乃以庶國祀，馘于周廟。』質之今安國《傳》迥異。無論此篇已亡，而復出相距三百年，中間儒者如班固、鄭康成，皆未之見，而直至梅賾，始得而獻之，可疑之甚。

卽其事迹時日，亦多未合。武王以一月三日癸巳伐商，二月五日甲子誅紂。是歲閏二月庚寅朔，三月己未朔，四月己丑朔，十六日甲辰望，十七日乙巳旁，之所謂惟四月既旁生霸是也。粤六日庚戌，是爲二十二日，武王燎于周廟。翌日辛亥，是爲二十三日，武王祀於天位。粤五日乙卯，是爲二十七日，乃以庶國祀，馘于周廟。皆劉歆占之於象緯，驗之於時令，考之於經傳，無不脗合，而後著其説如此，班固所謂推法最密者也。今後出之《武成》，以四月哉生明爲王至於豐，其説既無所本；以丁未祀周廟，越三日庚戌柴望，又與其事相乖；且尤可議者，古人之書時記事，有一定之體。《召誥篇》『惟三月丙午朏』，越三日則爲戊申。《顧命篇》『丁卯命作冊度』，越七日則爲癸酉。所謂越三日、七日者，皆從前至今爲三日、七日耳，非離其日而數之也。今丁未既祀于周廟矣，越三日柴望，則爲己酉，豈庚戌乎？甲子之不詳而可以記事乎？夫一古文也，劉歆見之於三百年前，信而有徵如此；梅賾獻之於三百年後，僞而無稽如此。學者將從遠而可信者乎，抑從近而不足信者乎？

又《第七》 僞《泰誓》三篇，或云宣帝時得，或云武帝時得，皆非也。武帝建元元年，董仲舒對策，卽引僞《泰誓》書曰：『白魚入於王舟，有火復於王屋，流爲烏。周公曰：復哉！復哉！』則知此書出於武帝之前，決矣。或武帝時，方立於學官，故曰武帝時得，亦未可知。東漢馬融始竊疑之，云《泰誓》後得，案其文似若淺露，稽其事頗涉神怪，得無在子所不語中乎？《春秋》引《泰誓》曰：『民之所欲，天必從之。』《國語》引《泰誓》曰：『朕夢協朕卜，襲於休祥，戎商必克。』孟子引《泰誓》曰：『我武惟揚，侵於之疆，取彼凶殘，殺伐用張，于湯有光。』孫卿引《泰誓》曰：『獨夫受。』《禮記》引《泰誓》曰：『予克受，非予武，惟朕文考無罪。受克予，非朕文考有罪，惟予小子無良。』今文《泰誓》，皆無此語。吾見書傳多矣，所引《泰誓》而不在《泰誓》者甚多，弗復悉記。略舉五事以明之，亦可知矣。馬融之言如此。姚際恒立方曰：

融此言，本辨偽書，乃竟教人以作偽書法矣。逮東晉元帝時，梅賾忽獻《古文尚書》，有《泰誓》三篇，凡馬融所疑不在者，悉在焉，人烏得不信以爲真，而不知其偽之愈不可掩也。何也？馬融明言書傳所引《泰誓》甚多，弗復悉記，略舉五事以明之，非謂盡於此五事也，而偽作古文者不能博極羣書，止據馬融之所及，而不據馬融之所未及。故《墨子·尚同篇》有引《大誓曰》：「小人見姦巧，乃聞不言也，發罪鈞。」墨子又從而釋之曰：「此言見淫辟不以告者，其罪亦猶淫辟者也。」可謂深切著明矣。墨子生孔子後、孟子前，《詩》、《書》完好，未遭秦焰，且其書甚真，非依託者比，而晚出之古文，獨遺此數語，非一大破綻乎？余嘗謂作偽書者，譬如說謊，雖極意彌縫，宛轉可聽，然自精心察之，未有不露出破綻來者。其此書之謂乎！

或問：偽《泰誓》三篇，唐世僅存，而《宋史·藝文志》已無馬融、鄭康成、王肅所注《尚書》，是偽《泰誓》已不傳，蔡沈謂其亦知剽竊經傳所引，蔡何從而知之乎？余曰：以今度之，蓋可知也。如趙岐注《孟子》，於「天視自我民視」云：《泰誓》，《尚書》篇名。于「我武惟揚」云：《泰誓》，古《尚書》百二十篇之時《泰誓》也，與今《泰誓》不同。則偽《泰誓》所剽竊有「天視自我民視」二語，而無「我武惟揚」五語，可知矣。杜預注《左氏》，于成二年《傳》「《大誓》所謂商兆民離，周十人同者衆也」，云《大誓》，周書。于襄三十一年《傳》《大誓》云「民之所欲，天必從之」，云今《尚書·大誓》無此文。于昭二十四年《傳》《大誓》曰「紂有億兆夷人，亦有離德；余有亂臣十人，同心同德」，云今《大誓》無此語。則偽《泰誓》所剽竊有「商兆民離」二語而無「民之所欲」、「紂有億兆夷人」六語，可知矣。然晚出之古文，除馬融所舉五事外，亦知剽竊「紂有億兆夷人」；即於《墨子》，亦知剽竊「文王若日若月，乍照光于四方，于西土」；亦知剽竊「紂夷處不肯事上帝鬼神，禍厥先，神禔不祀，乃曰吾民有命，無廖排扇，天亦縱之，棄而弗葆」；亦知剽竊「於去發曰：惡乎君子，天有顯德，其行甚章。爲鑑不远，在彼殷王。謂人有命，謂敬不可行，謂祭無益，謂暴無傷。上帝不常，九有以亡。上帝不順，祝降其喪。惟我有周，受之大帝。」獨未及引「小人見姦巧之言」，遂爲逗漏，然亦幸而有此逗漏矣。

或又問：劉向《說苑·臣術篇》引《泰誓》曰：「附下而罔上者死，附上而罔下者刑。與聞國政而無益於民者退，在上位而不能進賢者逐。」此所以勸善而黜惡也，與《武帝紀》所載有司奏議語正同。劉向親校古文祕典，其引《泰誓》，得毋即真安國書乎？余曰：非也。安國得多二十四篇，原無《泰誓》，故偽《泰誓》在當時亦存而不廢，至馬融、王肅始覺其偽耳。愚嘗笑偽作古文者，正當據安國所傳篇數，爲之補綴，不當別立名目，自爲矛盾。然揣其意，如作《泰誓》三篇，則因馬融所舉之五事也；《太甲》三篇則因《禮記》、《孟子》、《左傳》所引用也；《說命》三篇則因《禮記》、《孟子》、《國語》所引用也。以及《仲虺之誥》、《蔡仲之命》、《君陳》、《君牙》，莫不皆然。蓋作偽書者，不能張空拳，冒白刃，與直自吐其中之所有，故必依託往籍，以爲之主。摹擬聲口，以爲之役，而後足以售吾之欺也。不然，此書出於魏晉之間，去康成未遠，而康成所注百篇，《書序》明云某篇亡，某篇逸。彼豈無目者，而乃故與之牴牾哉？蓋必據安國所傳篇目，一一補綴，則《九共》九篇，將何從措手耶？此其避難就易，雖自出於矛盾，而有所不恤也。嗚呼！百世而下，猶可以洞見其肺腑，作偽者亦奚益哉？

按鄭端簡曉亦疑古文《泰誓》，謂偽《泰誓》無《孟子》諸書所引用者，人遂不之信。安知好事者不又取《孟子》諸書所引用者，以竄入之，以圖取信於人乎？其見與余合。嘗謂此即偽作《鶡冠子》也。柳宗元辯之曰：人以賈誼《鵩賦》，盡出《鶡冠子》。吾意好事者偽爲其書，反用《鵩賦》以充入之，非誼有取於《鶡冠子》，決也。故非《孟子》有取於今古文《泰誓》，亦決也。從來後人引前，無前人引後。獨此乃前人引後，非後人引前，聊爲點破，正可一笑。

漢·袁康等《越絕書》卷五《請糴內傳》 申胥曰：「臣聞聖人有急，則不羞爲人臣僕，而志氣見人。今越王爲吾蒲伏約辭，服爲臣下，其執禮過吾君，不知省也而已，故勝威之。臣聞狼子野心，仇讎之人不可親也。夫鼠忘壁，壁不忘鼠。今越人，不忘吳矣。胥聞之，拂勝則社稷固，諛勝則社稷危。胥，先王之老臣，不忠不信，則不得爲先王之老臣。君王胡不覽觀夫武王之伐紂也？今不出數年，鹿豕遊於姑胥之臺矣。」太宰嚭從旁對曰：「武王非紂臣耶？率諸侯以殺其君，雖勝，可謂義乎？」申

胥曰：『武王則已成名矣。』太宰嚭曰：『親僇主成名，弗忍行。』申胥曰：『美惡相入，或甚美以亡，或甚惡以昌。故在前世矣。嚭何惑吾君王也？』

《史記》卷四《周本紀》 太史公曰：學者皆稱周伐紂，居洛邑，綜其實不然。武王營之，成王使召公卜居，居九鼎焉，而周復都豐、鎬。至犬戎敗幽王，周乃東徙于洛邑。所謂『周公葬于畢』，畢在鎬東南杜中。秦滅周，漢興九十有餘載，天子將封泰山，東巡狩至河南，求周苗裔，封其後嘉三十里地，號曰周子南君，比列侯，以奉其先祭祀。

又 卷一二一《儒林列傳・轅固生》 清河王太傅轅固生者，齊人也。以治《詩》，孝景時爲博士，與黃生爭論景帝前。黃生曰：『湯武非受命，乃弒也。』轅固生曰：『不然。夫桀紂虐亂，天下之心皆歸湯武。湯武與天下之心而誅桀紂，桀紂之民不爲之使而歸湯武，湯武不得已而立，非受命爲何？』黃生曰：『冠雖敝，必加於首；履雖新，必關於足。何者？上下之分也。今桀紂雖失道，然君上也；湯武雖聖，臣下也。夫主有失行，臣下不能正言匡過，以尊天子，反因過而誅之，代立踐南面，非弒而何也？』轅固生曰：『必若所云，是高帝代秦，即天子之位，非邪？』於是景帝曰：『食肉不食馬肝，不爲不知味。言學者無言湯武受命，不爲愚。』遂罷。是後學者，莫敢明受命放殺者。

《三國志》卷三七《蜀志七・龐統傳》 先主然其中計，即斬懷沛，還向成都，所過輒克，於涪大會，置酒作樂。謂統曰：『今日之會，可謂樂矣。』統曰：『伐人之國而以爲歡，非仁者之兵也。』先主醉，怒曰：『武王伐紂，前歌後舞，非仁者邪？卿言不當，宜速起出。』於是統逡巡引退。先主尋悔，請還統復故位，初不顧謝，飲食自若。先主謂曰：『向者之論，阿誰爲失？』統對曰：『君臣俱失。』先主大笑，宴樂如初。

《晉書》卷一一四《苻堅載記下》 堅引羣臣會議，曰：『吾統承大業，垂二十載，芟夷逋穢，四方略定，惟東南一隅，未賓王化。吾每思天下不一，未嘗不臨食輟餔。今欲起天下兵以討之，略計兵仗精卒，可有九十七萬。吾將躬先啓行，薄伐南裔。於諸卿意，何如？』祕書監朱肜曰：『陛下應天順時，恭行天罰，嘯吒則五嶽摧覆，呼吸則江海絕流，若一舉百萬，必有征無戰。晉主自當銜璧輿櫬，啓顙軍門；若迷而弗悟，必逃死江海，猛將追之，即可賜命南巢。中州之人，還之桑梓，然後迴駕岱宗，告成封禪，起白雲於中壇，受萬歲於中嶽爾。則終古一時，書契未有。』堅大悦曰：『吾之志也。』

左僕射權翼進曰：『臣以爲晉未可伐。夫以紂之無道，天下離心，八百諸侯不謀而至，武王猶曰彼有人焉，迴師止旆；三仁誅放，然後奮戈牧野。今晉道雖微，未聞喪德，君臣和睦，上下同心。謝安、桓沖，江左偉才，可謂晉有人焉。臣謂師克在和，今晉和矣，未可圖也。』堅默然久之，曰：『諸君各言其志。』

太子左衛率石越對曰：『吳人恃險偏隅，不賓王命，陛下親御六師，問罪衡越，誠合神人四海之望。但今歲鎮星守斗牛，福德在吳，懸象無差，不可犯也。且晉中宗，藩王耳，夷夏之情，咸共推之，遺愛猶在於人。昌明，其孫也，國有長江之險，朝無昏貳之釁。臣愚以爲，利用修德，未宜動師。孔子曰：遠人不服，修文德以來之。願保境養兵，伺其虛隙。』堅曰：『吾聞武王伐紂，逆歲犯星。天道幽遠，未可知也。昔夫差威陵上國，而爲句踐所滅。仲謀澤洽全吳，孫晧因三代之業，龍驤一呼，君臣面縛。雖有長江，其能固乎？以吾之衆旅，投鞭於江，足斷其流。』越曰：『臣聞紂爲無道，天下患之。夫差淫虐，孫晧昏暴，衆叛親離，所以敗也。今晉雖無德，未有斯罪。深願厲兵積粟，以待天時。』羣臣各有異同，庭議者久之。堅曰：『所謂築室於道，沮計萬端。吾當內斷於心矣。』

《周書》卷四五《儒林傳・熊安生》 俄而高祖幸其第，詔不聽拜，親執其手，引與同坐，謂之曰：『朕未能去兵，以此爲愧。』安生曰：『黃帝尚有阪泉之戰，況陛下龔行天罰乎！』高祖又曰：『齊氏賦役繁興，竭民財力。朕救焚拯溺，思革其弊，欲以府庫及三臺雜物，散之百姓。公以爲何如？』安生曰：『昔武王克商，散鹿臺之財，發鉅橋之粟。陛下此詔，異代同美。』高祖又曰：『朕何如武王？』安生曰：『武王伐紂，縣首白旗。陛下平齊，兵不血刃。愚謂聖略爲優。』高祖大悦。

《金史》卷一二九《佞幸傳・李通》 將至廬州，見白兔馳，射不中，既而後軍獲之以進。海陵大喜，以金帛賜之。顧謂李通曰：『昔武王伐紂，白魚躍於舟中。今朕獲此，亦吉兆也。』

明・孫一奎《醫旨緒餘》卷下《張劉李朱滑六名師小傳》　張戴人醫，亦奇傑也。世人不究其用意，議其治疾，惟事攻擊，即明理如丹溪《格致餘論》，亦譏其偏。【略】且戴人名其書曰《儒門事親》，豈有儒者事親而行霸道，以害其親者哉？必不然矣。譬彼武王伐殷，先懸紂於太白，而後散財發粟。漢高入秦，降子嬰，而後約法三章。彼拘拘然進調補而詘攻擊，是猶治國專用賞而不用罰也。

明・繆希雍《神農本草經疏》卷一〇《大黄》　大黄氣味，大苦大寒，性稟直遂，長於下通。【略】袪邪止暴，有撥亂反正之殊功，第具峻利之性，猛烈之氣，長驅直搗，一往不返，如武王伐紂前徒倒戈，血流漂杵，雖應天順人，救民水火，然亦不免於未盡善之議矣。

周室東遷分部

綜　述

《清華大學藏楚竹書・系年》第一章　周乃亡。邦君（者）［諸］正乃立幽王之弟（酓）［余］臣于（虢）［號］，是（嶲）［攜］惠王。立（廿）［二十］又一年，晉文侯（敎）［仇］乃殺惠王于（虢）［號］。周亡王九年，邦君（者）［諸］侯（女）（焉）（刣）［始］不朝于周，晉文侯乃逆（坪）［平］王于少鄂，立之于京（自）［師］。三年，乃東（遑）［徙］，止于成周。

《史記》卷四《周本紀》　平王立，東遷于雒邑，辟戎寇。平王之時，周室衰微，諸侯彊并弱，齊、楚、秦、晉始大，政由方伯。

又　卷五《秦本紀》　西戎犬戎與申侯伐周，殺幽王酈山下。而秦襄公將兵救周，戰甚力，有功。周避犬戎難，東徙雒邑，襄公以兵送周平王。平王封襄公爲諸侯，賜之岐以西之地。

晉・皇甫謐《帝王世紀》　平王元年，鄭武公爲司徒，與晉文侯股肱周室，夾輔平王，率諸侯勠力一心，東遷洛邑。【略】平王時，王室微弱，詩人怨而爲刺，今王風自《黍離》至《中谷有蓷》五篇是也。

論　說

《左傳・襄公十年》　瑕禽曰：「昔平王東遷，吾七姓從王，牲用備具，王賴之。」

又　《昭公二十六年》　攜王奸命，諸侯替之，而建王嗣，用遷郟鄏。

唐・柳宗元《柳河東集》卷三《封建論》　陵夷迄於幽、厲，王室東徙，而自列爲諸侯矣。

宋・歐陽修《歐陽文忠公全集・居集》卷一六《正統論》　有居其正而不能合天下於一者，周平王之有吴、徐是也。【略】襄公與立平王，遂受岐、豐之賜。當是之時，周衰固已久矣，亂始於穆王，而繼以厲、幽之禍，平王東遷，遂同列國。

又　《外集》卷九《東晉論》　厲王之亂，周室無君者十四年，而天下諸侯不敢僥倖而窺周。於此然後見周德之深，而文、武、周公之作，真聖人之業。故雖天下無君，而正統猶在，不得而改。况平王之遷，國地雖蹙，然周德之在人者未厭，而法制制之臨人者未移。平王以子繼父，自西而東，不出王畿之内。

又　《梁論》　昔周之東，其政雖弱，而周猶在也。

宋・朱震《漢上易傳》卷二　周室東遷，齊、晉二伯託公義以令諸侯，中未亡也！

明・林希元《易經存疑》卷三　周室東遷，號令不行於天下。其後爲東周，君獨守河南二邑，即此爻之義也。雖貞亦吝者，自邑告命，未必無善事。然終不能有爲也。

清・黄宗羲《周易象辭》卷五《泰》　天子一位，其禍莫大於唯言莫違，其惡德莫甚於好剛自用。三代之季，桀紂之失天下也，俱以剛暴，非君弱臣强也。唯周室東遷，乃君弱臣强爾。然其所以失此權勢者，則又由於幽厲之剛暴也。乃以君道貴剛，勗之得无近於使民戰栗之意乎？歷觀

後世君天下之敗亡，其有不自用自專惡聞其過者否？間有强臣竊柄、尾大不掉者，則必昏愚迷惑之所至。是當責其不明，不當責其不剛也。

清・顧炎武《日知録》卷二《惟彼陶唐有此冀方》 古之天子失其故都，未有能國者也。周失豐、鎬，而平王以東。

又《文侯之命》 後之人徒以成敗論，而不察其故，遂謂平王能繼文武之緒，而惜其棄岐豐七百里之地，豈爲能得當日之情者哉！孔子生於二百年以後，蓋有所不忍言，而録《文侯之命》於《書》，録《揚之水》之篇於《詩》，其旨微矣。《傳》言平王東遷，蓋周之臣子美其名爾。綜其實不然。凡言遷者，自彼而之此之辭，盤庚遷於殷是也。幽王之亡宗廟社稷，以及典章文物，蕩然皆盡，鎬京之地已爲戎狄之居；平王乃自申東保於洛，天子之國與諸侯無異，而又有擕王與之頡頏，並爲人主者二十年，其得存周之祀幸矣，而望其中興哉！

清・馬驌《繹史》卷三〇《周室東遷》 是時與幽王之難者惟鄭，定亂立平王者，秦、晉與衛也。平遭宗社覆敗之禍，切君父不共戴天之讎，倘因諸侯之推戴，奉辭伐罪，志雪國耻，東周之王業，猶可以振；乃苟以得位爲幸，罷師行賞，錫命晉侯，施施若盛世之典策焉，此無他，滅周者西戎，而召戎者申侯也。治戎固不能矣，顧方以申侯之立己爲德，舍是不討，安所用討？若以春秋之法，則直書曰太子宜臼弑其君可矣，平亦安足望乎？且在朝諸臣，又非其人也，自幽王棄親遠賢，虢石父巧佞用事，在位者憂讒畏罪，無復遠圖，播遷以來，九族被棄，賢士困於下僚，中興之業，誰與爲謀者。足時從王之國，不過秦、晉、鄭、衛已爾，秦與西戎世爲仇讎，當其力戰，蓋不獨爲王室也。平王以岐、豐之地許之，西戎方據其郊，在平王不得不予，在秦亦不得不自取。然戎、狄强盛，秦伯父子力爭二十餘年而後得之，固不暇東略矣，況其僭臚郊祀，有無王之心乎？晉啓河内，表裏山河，足以蕃屏王室，然文侯雖賢，前有殤叔之難，後有曲沃之偪，晉之内亂，寅自此始，而平王錫命，固論以歸視寧邦矣，其委任又可知也。王爲申出，鄭武公娶于申，當桓公敗亡之際，其族散入南鄭，僅收餘衆，迎王於申立之，東取虢、鄶以爲國，其願已足，以申、鄭昏姻之好，平王以武公爲司徒，世有其職，而遣役戍申，其事蓋可推矣。惟衛武之賢足以有爲，而權任不在焉。自四國之外，諸侯未有至者，且王既以罷兵息民示天下，即有志懷忠憤，繼起勤王者，將何所用之？況當時之列國，咸思自樹，更相侵伐，又未必乃心王室哉？平忘申侯之罪，即欲號令天下，恢復舊業，抑又難矣。東遷之事勢如此，此王風所以降於列國，陵遲而不復振也。

清・愛新覺羅・弘曆《御製樂善堂全集定本・周平王東遷論》 夫武王營洛邑，使周公居之，以監殷頑民，非有意於遷也。卜居九鼎以象天下之中，以撫殷民而已。其後平王遷居洛邑，而周室遂微。雖未即亡，然終以不振矣！故蘇子瞻曰：『周之失計，未有如東遷之謬。』信哉是言！蓋王都者，本也。本摇而末安者，未之有也。今平王舍其本而求其末，欲求其安，其可得乎？《詩》曰：『古公亶父，來朝走馬。』説者謂古公遷岐而興周。當是時，太王一小侯耳，迫於狄難，不得已遷岐以立國也。盤庚之遷，復殷之舊也，迫於河患，非捐所有以與人也。今夫有盜賊之患者，必隆其牆焉，防其户焉，斯盜無由而入矣，未有一遇盜而棄其宅者也。平王之東遷也，一遇盜而遂棄其宅者也。棄其宅而求安，此平王之所以謬也。羿浞之亂也，少康能興之；厲王之中衰也，宣王能興之。是皆不棄其舊物，而有所恃以爲安者也。東遷之後，諸侯不朝，政歸盟主，雖有天子之名，而無天子之權。非平王之過，其誰之過哉？故曰：『周之失計，未有如東遷之謬者也。』

藝文

唐・周曇《詠史詩・幽王》 犬戎西集殺一作犯滅幽王，邦土何由不便亡。宜臼東來年更遠，川流難一作雖絶信源長。

宋・楊簡《慈湖遺書・歷代詩・東周》 平王避難遷洛陽，桓莊僖惠襄頃匡。

五霸迭興部

鄭莊公小霸分部

綜　述

《詩經·鄭風·將仲子》　將仲子，刺莊公也。不勝其母，以害其弟。弟叔失道而公弗制，祭仲諫而公弗聽，小不忍以致大亂焉。將仲子兮，無逾我里，無折我樹杞。豈敢愛之？畏我父母。仲可懷也，父母之言，亦可畏也。將仲子兮，無踰我牆，無折我樹桑。豈敢愛之？畏我諸兄。仲可懷也，諸兄之言，亦可畏也。將仲子兮，無踰我園，無折我樹檀。豈敢愛之？畏人之多言。仲可懷也，人之多言，亦可畏也。

又　《叔于田》　叔于田，刺莊公也。叔處於京，繕甲治兵，以出於田，國人説而歸之。叔于田，巷無居人；豈無居人，不如叔也，洵美且仁。叔于狩，巷無飲酒；豈無飲酒，不如叔也，洵美且好。叔適野，巷無服馬；豈無服馬，不如叔也。洵美且武。

又　《大叔于田》　大叔于田，刺莊公也。叔多才而好勇，不義而得衆也。叔于田，乘乘馬。執轡如組，兩驂如舞。叔在藪，火烈具舉。袒裼暴虎，獻於公所。將叔勿狃，戒其傷女。叔于田，乘乘黄。兩服上襄，兩驂雁行。叔在藪，火烈具揚。叔善射忌，又良御忌。抑磬控忌，抑縱送忌。叔于田，乘乘鴇。兩服齊首，兩驂如手。叔在藪，火烈具阜。叔馬慢忌，叔發罕忌，抑釋掤忌，抑鬯弓忌。

《左傳·隱公元年》　初，鄭武公娶於申，曰武姜。生莊公及共叔段。莊公寤生，驚姜氏，故名曰寤生，遂惡之。愛共叔段，欲立之。亟請於武公，公弗許。

及莊公即位，爲之請制。公曰：『制，巖邑也，虢叔死焉。佗邑唯命。』請京，使居之，謂之京城大叔。

祭仲曰：『都城過百雉，國之害也。先王之制，大都不過參國之一，中五之一，小九之一。今京不度，非制也。君將不堪。』公曰：『姜氏欲之，焉辟害？』對曰：『姜氏何厭之有！不如早爲之所，無使滋蔓，蔓難圖也。蔓草猶不可除，況君之寵弟乎！』公曰：『多行不義必自斃，子姑待之。』

既而大叔命西鄙、北鄙貳於己。公子吕曰：『國不堪貳，君將若之何？欲與大叔，臣請事之；若弗與，則請除之。無生民心。』公曰：『無庸，將自及。』大叔又收貳以爲己邑，至於廩延。子封曰：『可矣，厚將得衆。』公曰：『不義不暱，厚將崩。』

大叔完聚，繕甲兵，具卒乘，將襲鄭。夫人將啓之。公聞其期，曰：『可矣！』命子封帥車二百乘以伐京。京叛大叔段，段入於鄢，公伐諸鄢。五月辛丑，大叔出奔共。書曰：『鄭伯克段於鄢。』段不弟，故不言弟；如二君，故曰克；稱鄭伯，譏失教也；謂之鄭志，不言出奔，難之也。

遂置姜氏於城潁，而誓之曰：『不及黄泉，無相見也。』既而悔之。潁考叔爲潁谷封人，聞之，有獻於公。公賜之食，食舍肉。公問之，對曰：『小人有母，皆嘗小人之食矣，未嘗君之羹，請以遺之。』公曰：『爾有母遺，繄我獨無！』潁考叔曰：『敢問何謂也？』公語之故，且告之悔。對曰：『君何患焉！若闕地及泉，隧而相見，其誰曰不然？』公從之。公入而賦：『大隧之中，其樂也融融！』姜出而賦：『大隧之外，其樂也洩洩。』遂爲母子如初。君子曰：『潁考叔，純孝也，愛其母，施及莊公。《詩》曰：「孝子不匱，永錫爾類。」其是之謂乎！』【略】

鄭共叔之亂，公孫滑出奔衛。衛人爲之伐鄭，取廩延。鄭人以王師、虢師伐衛南鄙。請師於邾。邾子使私於公子豫，豫請往，公弗許，遂行。及邾人、鄭人盟於翼。不書，非公命也。

又　《隱公二年》　鄭人伐衛，討公孫滑之亂也。

又　《隱公十一年》　夏，公會鄭伯於郲，謀伐許也。鄭伯將伐許，五月甲辰，授兵於大宮。公孫閼與潁考叔爭車，潁考叔挾輈以走，子都拔

棘以逐之，及大逵，弗及，子都怒。

秋七月，公會齊侯、鄭伯伐許。庚辰，傅於許。潁考叔取鄭伯之旗蝥弧以先登。子都自下射之，顛。瑕叔盈又以蝥弧登，周麾而呼曰：「君登矣！」鄭師畢登。壬午，遂入許。許莊公奔衛。

齊侯以許讓公。公曰：「君謂許不共，故從君討之。許既伏其罪矣，雖君有命，寡人弗敢與聞。」乃與鄭人。

鄭伯使許大夫百里奉許叔以居許東偏，曰：「天禍許國，鬼神實不逞於許君，而假手於我寡人，寡人唯是一二父兄不能共億，其敢以許自爲功乎？寡人有弟，不能和協，而使糊其口於四方，其況能久有許乎？吾子其奉許叔以撫柔此民也，吾將使獲也佐吾子。若寡人得没於地，天其以禮悔禍於許，無寧茲許公復奉其社稷。唯我鄭國之有請謁焉，如舊婚媾，其能降以相從也。無滋他族，實逼處此，以與我鄭國爭此土也。吾子孫其覆亡之不暇，而況能禋祀許乎？寡人之使吾子處此，不唯許國之爲，亦聊以固吾圉也。」

乃使公孫獲處許西偏，曰：「凡而器用財賄，無置於許。我死，乃亟去之。吾先君新邑於此，王室而既卑矣，周之子孫日失其序。夫許，大嶽之胤也，天而既厭周德矣，吾其能與許爭乎？」

君子謂：「鄭莊公於是乎有禮。禮，經國家，定社稷，序民人，利後嗣者也。許無刑而伐之，服而舍之，度德而處之，量力而行之，相時而動，無累後人，可謂知禮矣。」

鄭伯使卒出豭，行出犬雞，以詛射潁考叔者。君子謂：「鄭莊公失政刑矣。政以治民，刑以正邪，既無德政，又無威刑，是以及邪。邪而詛之，將何益矣！」

又　《桓公五年》　王奪鄭伯政，鄭伯不朝。

秋，王以諸侯伐鄭，鄭伯禦之。王爲中軍；虢公林父將右軍，蔡人、衛人屬焉；周公黑肩將左軍，陳人屬焉。

鄭子元請爲左拒以當蔡人、衛人，爲右拒以當陳人，曰：「陳亂，民莫有鬬心，若先犯之，必奔。王卒顧之，必亂。蔡、衛不枝，固將先奔。既而萃於王卒，可以集事。」從之。曼伯爲右拒，祭仲足爲左拒，原繁、高渠彌以中軍奉公，爲魚麗之陳，先偏後伍，伍承彌縫。戰於繻葛，命二拒曰：「旝動而鼓。」蔡、衛、陳皆奔，王卒亂。鄭師合以攻之，王卒大敗。祝聃射王中肩，王亦能軍。祝聃請從之。公曰：「君子不欲多上人，況敢陵天子乎！苟自救也，社稷無隕，多矣。」

北戎伐齊，齊侯使乞師於鄭。鄭大子忽帥師救齊。六月，大敗戎師，獲其二帥大良、少良，甲首三百，以獻於齊。於是，諸侯之大夫戍齊，齊人饋之餼，使魯爲其班，後鄭。鄭忽以其有功也，怒，故有郎之師。

公之未昏於齊也，齊侯欲以文姜妻鄭大子忽。大子忽辭，人問其故，大子曰：「人各有耦，齊大，非吾耦也。《詩》云：『自求多福。』在我而已，大國何爲？」君子曰：「善自爲謀。」及其敗戎師也，齊侯又請妻之，固辭。人問其故。大子曰：「無事於齊，吾猶不敢。今以君命奔齊之急，而受室以歸，是以師昏也。民其謂我何？」遂辭諸鄭伯。

又　《桓公十年》　冬，齊、衛、鄭來戰于郎，我有辭也。初，北戎病齊，諸侯救之。鄭公子忽有功焉。齊人餼諸侯，使魯次之。魯以周班後鄭。鄭人怒，請師于齊。齊人以衛師助之。故不稱侵伐。先書齊、衛，王爵也。

又　《桓公十一年》　十一年春，齊、衛、鄭、宋盟于惡曹。

又　《桓公十五年》　許叔入于許，公會齊侯于艾，謀定許也。

又　《莊公二十九年》　夏，鄭人侵許。凡師有鐘鼓曰伐，無曰侵，輕曰襲。

《公羊傳·隱公元年》　克之者何？殺之也。殺之則曷爲謂之克？大鄭伯之惡也。曷爲大鄭伯之惡？母欲立之，己殺之，如勿與而已矣。段者何？鄭伯之弟也。何以不稱弟？當國也。其地何？當國也。齊人殺無知，何以不地？在内也。在内，雖當國，不地也。不當國，雖在外，亦不地也。

《穀梁傳·隱公元年》　克者何？能也。何能也？能殺也。何以不言殺？見段之有徒衆也。段，鄭伯弟也。何以知其爲弟也？殺世子母弟目君，以其目君，知其爲弟也。段，弟也，而弗謂弟；公子也，而弗謂公子，貶之也。段失子弟之道矣。賤段而甚鄭伯也。何甚乎鄭伯？甚鄭伯之處心積慮，成於殺也。于鄢，遠也，猶曰取之其母之懷中而殺之云爾，甚之也。然則爲鄭伯者宜奈何？緩追逸賊，親親之道也。

又　《桓公十五年》　許叔，許之貴者也，莫宜乎許叔，其曰人，何也？其歸之道，非所以歸也。

《史記》卷四《周本紀》　（周）桓王三年，鄭莊公朝，桓王不禮。五年，鄭怨，與魯易許田。許田，天子之用事太山田也。十三年，伐鄭，鄭射傷桓王，桓王去歸。

又　卷五《秦本紀》　（秦宣公）三年，鄭伯、虢叔殺子頽而入惠王。

又　卷三二《齊太公世家》　頃公元年，楚莊王彊，伐陳；二年，圍鄭，鄭伯降，已復國鄭伯。

又　卷三三《魯周公世家》　宣公俀十二年，楚莊王彊，圍鄭。鄭伯降，復國之。

又　卷三八《宋微子世家》　（宋文公）十四年，楚莊王圍鄭。鄭伯降楚，楚復釋之。

又　卷三九《晉世家》　（晉文公五年）初，鄭助楚，楚敗，懼，使人請盟晉侯。晉侯與鄭伯盟。

成公元年，賜趙氏爲公族。伐鄭，鄭倍晉故也。三年，鄭伯初立，附晉而棄楚。楚怒，伐鄭，晉往救之。

又　卷四〇《楚世家》　十七年春，楚莊王圍鄭，三月而克。入自皇門，鄭伯肉袒牽羊以逆，曰：『孤不天，不能事君，君用懷怒，以及敝邑，孤之罪也。敢不惟命是聽！賓之南海，若以臣妾賜諸侯，亦惟命是聽。若君不忘厲、宣、桓、武，不絶其社稷，使改事君，孤之願也，非所敢望也。敢布腹心。』楚羣臣曰：『王勿許。』莊王曰：『其君能下人，必能信用其民，庸可絶乎！』莊王自手旗，左右麾軍，引兵去三十里而舍，遂許之平。

又　卷四二《鄭世家》　武公十年，娶申侯女爲夫人，曰武姜。生太子寤生，生之難，及生，夫人弗愛。後生少子叔段，段生易，夫人愛之。二十七年，武公疾。夫人請公，欲立段爲太子，公弗聽。是歲，武公卒，寤生立，是爲莊公。

莊公元年，封弟段於京，號太叔。祭仲曰：『京大於國，非所以封庶也。』莊公曰：『武姜欲之，我弗敢奪也。』段至京，繕治甲兵，與其母武姜謀襲鄭。二十二年，段果襲鄭，武姜爲内應。莊公發兵伐段，段走。伐京，京人畔段，段出走鄢。鄢潰，段出奔共。於是莊公遷母武姜於城潁，誓言曰：『不至黄泉，毋相見也。』居歲餘，已悔思母。潁谷之考叔有獻于公，公賜食。考叔曰：『臣有母，請君食賜臣母。』莊公曰：『我甚思母，惡負盟，奈何？』考叔曰：『穿地至黄泉，則相見矣。』於是遂從之，見母。

二十四年，宋繆公卒，公子馮奔鄭。鄭侵周地，取禾。二十五年，衛州吁弑君桓公自立，與宋伐鄭，以馮故也。二十七年，始朝周桓王。桓王怒其取禾，弗禮也。二十九年，莊公怒周弗禮，與魯易祊、許田。三十三年，宋殺孔父。三十七年，莊公不朝周，周桓王率陳、蔡、虢、衛伐鄭。莊公與祭仲、高渠彌發兵自救，王師大敗。祝聸射中王臂。祝聸請從之，鄭伯止之，曰：『犯長且難之，況敢陵天子乎？』乃止，夜令祭仲問王疾。

三十八年，北戎伐齊，齊使求救，鄭遣太子忽將兵救齊。齊釐公欲妻之，忽謝曰：『我小國，非齊敵也。』時祭仲與俱，勸使取之，曰：『君多内寵，太子無大援將不立，三公子皆君也。』所謂三公子者，太子忽，其弟突，次弟子亹也。

四十三年，鄭莊公卒。

北魏・酈道元《水經注》卷二二《洧水》　南有鄭莊公望母臺，莊公居夫人于城潁，故城臺以望母，用伸在心之思。

論　説

唐・陸淳《春秋集傳辨疑》卷一《隱公・鄭伯克段于鄢》　《左氏》曰：如二君，故曰克。趙子曰：克者，能勝之名，無有二君之義。又曰：不言出奔，難之也。啖子曰：此乃夫子譏其志在於殺，故不言奔。若言奔，則鄭伯但有逐弟之惡，而無殺弟之罪，又不知段之有拒兄之逆也。又曰：遂置姜氏于城潁而誓之曰：『不及黄泉，無相見也。』啖子曰：按：莊公云：『姜氏欲之，焉避害。』又曰：『不義不暱，厚將崩。』此皆避惡名矣，但以不知大義乃陷于殺弟，豈子囚母乎？此《傳》

近誣矣。

《公羊》曰：克者，殺之也。趙子曰：按《五經》：春秋前後，例未有以克爲殺者。又曰：不稱弟，當國也。不稱弟者，見其不弟也。《左氏》之義當矣。又曰：其地何？當國也。按：解地之義，《穀梁》當矣。

《穀梁》曰：克者何？能殺也。趙子曰：其釋克，字雖不當，然其《傳》意得骨肉情意之中，故除其殺字之義，存其餘也。《穀梁》又曰：不稱公子，段失子弟之道。趙子曰：《春秋》舉重不稱弟爲重矣，不可更求公子之義。且又非命卿，例不書公子，非獨段也。趙子曰：鄢當作鄔，鄭地也，在緱氏縣西南，至十一年乃屬周。《左氏》曰：王取鄔、劉、蒍、邘之田于鄭。是也。《傳》寫誤爲『鄢』字。杜注云：今潁川鄢陵，誤甚矣。按：從京至鄔非遠，又是鄭地，段所以有兵衆，故曰克。若遠走至鄢陵，已出境，即無復兵衆，何得云克？《傳》曰：自鄢出奔共，即自鄔過河向共城，爲便路。若已南行至鄢陵，即不當奔共也。

又《八年，鄭伯使宛來歸祊》《左氏》曰：鄭伯請釋泰山之祀而祀周公。啖子曰：鄭人請祀周公，已不近人情矣。泰山非鄭封內，本不當祀，又何釋乎？

《公羊》曰：泰山之下諸侯，有湯沐邑焉。啖子曰：列國至衆，若言皆有邑，泰山之下何能容之？故去其『皆』字。《穀梁》曰：名『宛』，所以貶鄭伯，惡易地也。按：不命之卿來魯例名之，不可妄爲異説。

又《（十年）六月壬戌，公敗宋師于菅。辛未，取郜。辛巳，取防》《左氏》曰：庚午，鄭師入郜。辛未，歸于我。庚辰，鄭師入防。辛巳，歸于我。君子謂：鄭莊公於是乎可謂正矣。以王命討不庭，不貪其土，以勞王爵，正之體也。趙子曰：諸侯專取他國之邑，而以與人罪之大者，而云合正，何其妄乎？

《公羊》曰：外大惡書，小惡不書；內大惡不書，小惡書。趙子曰：立教之體，事無巨細，皆記可否，以爲後世之規，豈得簡其大小乎？據例小惡皆諱不書敗。是也。長勺之戰，爲納讎人之子，故書『敗』，是大惡不諱也。又云：取邑不日，此何以日？一月再取，甚之也。趙子曰：按此緣與敗不同日，又取二邑，亦不同日，故各書之以記實。何得曲爲義説？凡取皆罪也，何論一月再取乎？若其異月而取，則無罪乎？

《穀梁》曰：不正乘人之敗，而深爲利，故謹而日之。趙子曰：安有彼不敗而能取其邑乎？假如兵不敗我直取得其邑，則無罪乎？

又《宋人、蔡人、衛人，伐戴，鄭伯伐取之》《左氏》曰：蔡人、衛人、郕人不會王命。鄭師在郊。宋人、衛人入鄭。蔡人從之，伐戴。八月壬戌，鄭伯圍戴，克之，取三師焉。宋、衛既入鄭，以伐戴，召蔡人，故不和而敗。九月戊寅，鄭伯入宋。趙子曰：按三國並大於鄭，鄭之兵力可知，何能悉取乎？假令三國入戴城，鄭總取得之，則合言『圍取之』；若不圍，無由總取得，三國在城外，則合云『伐敗之』，不得云『取』。詳據《經》文，鄭因三國伐戴之後，戴已病矣。乘其病而遂伐取之。至九月，鄭又伐宋。明年，又言鄭以虢師伐宋，報其入鄭。若此時已取三師，其報怨雪耻，斯過當矣，何得重重更報？益見其紕繆也。

《穀梁》曰：不正其因人之力而易取之，故主其事也。趙子曰：假如自取，豈爲正乎？何乃須言『因人之力』？始言不正，按《經》文，實是鄭取不得云主其事也。

又《（十一年）公及齊侯鄭伯入許》《左氏》曰：鄭伯將伐許。公孫閼與潁考叔爭車，至于君登矣。此皆煩碎，不足爲訓，故畧之他放此，又曰：鄭莊公使許大夫奉許叔居許東偏，又使公孫獲佐之，戒獲云：『我死乃速去之。』君子謂：『鄭莊公於是知禮。禮，經國家，定社稷，序人民，利後嗣也。許無刑而伐之，服而舍之，度德而處之，量力而行之，相時而動，無累後人。』趙子曰：諸侯無王命入人之國，罪已大矣。又使大夫守之。不容誅矣，而以爲有禮，是長亂階也。

又 卷二《桓公·（元年正月）鄭伯以璧假許田》《左氏》曰：鄭人請復祀周公。按鄭莊之言無所不知。安肯請祀非其祖乎？不近人情矣。説已具《隱八年》。

《公羊》曰：天子之郊，諸侯皆有朝宿之邑。啖子曰：其『皆』字，義同《隱八年》。又曰：曷爲謂之許田？諱取周田也。按：許田實魯朝宿之邑，不得謂之周田。又曰：繫之許，近許也。按：許田自是其邑

名，何關近許之事乎？若近許卽謂之，許田近鄭，亦謂之鄭田乎？若然，則無常名矣。

又《公及鄭伯盟于越》 《穀梁》曰：越，盟地之名。按：此不要解，自可知矣。

又《（十年）齊侯衛侯鄭伯來戰于郎》 《左氏》曰：來戰于郎，我有辭。初，北戎病齊。諸侯救之，齊人致餼，魯以周班後鄭。鄭人怒。趙子曰：據《左氏》，魯以周班後鄭，既是正禮，鄭雖小恨，豈至興師？卽合當年構禍，豈有經五年之後，方合諸侯報此小怨乎？夫五年之後，諸侯讐黨亦已改矣，怨望之心亦已衰矣。理在目前不足疑也，但爲無過，故異耳。《左氏》遂引往前小隙附會之故，但存其『我有辭』一句而已。《公羊》曰：郎者何？吾近邑也。按《經》但書戰地，本不分其近遠，假如遠則不書戰地乎？

《穀梁》曰：來戰者，前定之戰也。趙子曰：此說非也。言來者，責三國不當來爾。言戰者，諱敗之常也。又曰：不言其人，以吾敗也。趙子曰：按：爲公戰敗，故不言敗以諱之。若大夫戰則當書之，不容悉隱也。又曰：不言及者，爲内諱也。趙子曰：按：直言來戰，言其不當來爾。若爲内諱，則但不書敗，何須不言及諸内戰，皆言及豈是不諱哉？

宋·劉敞《春秋權衡》卷一《隱公》 鄭伯克段于鄢。《左氏》曰：『段出奔共，不言出奔，難之也。』非也。若段得生奔他國，則鄭伯有伐弟之惡，無殺弟之惡。《春秋》但當云『鄭伯伐段于鄢』卽解。云『段不弟故不言弟，稱鄭伯譏失教也，不言出奔，難之也』乃可爾，何有改『伐』爲『克』哉？《傳》例又曰：『得儁曰克。』若太叔奔共，是不得儁也，何以書『克』邪？此年十月《傳》曰：共叔之亂，公孫滑奔衛。公孫滑爲是段子，父子宜相從。今以《傳》數見段子，不見段身也。蓋段見殺之後，其子出奔，《左氏》所據注記誤云『段身出奔』爾。又云『如二君，故曰克。』《春秋》二君相伐多矣，皆曰『伐』不曰『克』，不知何據而以爲二君言『克』邪？《傳》曰：『不言出奔，難之也。』此語無乃非《左氏》之例而自疚病乎？如此是《春秋》之作删除者多矣，《左氏》何獨解此一事，而二百四十二年之閒遂默不言，而皆以爲『史闕文從赴告』，因舊史不赴告乎？且此事也，如《左氏》之說，史策乃本有『段出奔共而仲尼除之』者也，則鄭伯公子五爭、晉文公不言出入之類，亦爲仲尼有所避匿而捐之矣，何不一一解之曰爲此不書乎？爲此不書乎？若彼不書者，爲史策所無也，安知此共叔出奔非史策所無者，而必云仲尼除之乎？觀此一節，似《左氏》亦以《春秋》爲據百二十國寶書作者。

《傳》曰：鄭祭足帥師取温之麥，又取成周之禾。按：《春秋》乃惡相伐者，況伐人喪乎？伐人喪尚惡之，況伐天子乎？今不獨伐天子又伐其喪也，則《春秋》何以無貶鄭文邪？左丘明，魯之太史也，鄭氏事若不赴告魯，左丘明無由知之。苟赴告魯，則必書於策；苟書於策，則《春秋》必當有之。今《春秋》無此，是不書於策也；不書於策，則丘明何從見此邪？非傳聞道聽者乎？學者莫如信《春秋》則外物不能惑矣。《春秋》云甲，《傳》云乙，《傳》雖可信，勿信也。孰信哉？信《春秋》而已矣。

又曰：周鄭交惡。君子曰：『信不由中，質無益也。』非也。王欲分政虢公何以不可？而鄭伯怨王，此鄭之過一。王以子狐質鄭，鄭當辭曰『君臣無質』，而遂以子忽質周，比周於諸侯，此鄭之罪二。王崩，周人將畀虢公政，實未畀也，鄭當送往事居以待天命，而遂伐王之喪，此鄭之罪三。鄭有三罪，不患無辭貶之，而君子但惡『信不由中』，使周與鄭儕，此爲縱鄭之惡，急周之信。《孟子》所謂『人紾其兄之臂，教之徐徐云爾』者也。

又 卷二 《傳》曰：宋公不王。鄭伯爲王左卿士。以王命討之。伐宋、宋以入郛之役怨公，不告命。公怒，絶宋使。推驗此文及其前後，知宋之怨公，不獨以不救入郛也。何者？宋、魯相睦而同怨鄭，鄭伯伐宋，宋人請救，而使者失辭，故公不肯救宋。明年，則鄭人來輸平，此必鄭伯知公與宋有隙也。鄭雖輸平，公亦未許，又因爲宋伐邾，則未知公欲結宋邪？欲市於鄭也。而宋尚銜之，故明年鄭遂致其祊田，公因受之，許其爲平，自然宋人怨公與鄭和，而不告命也。宋之怨公，不以入郛明矣。其端自入郛起，則誠有之，然此《傳》事爾，吾聊明之。

十年，公會齊侯、鄭伯于中丘。《左氏》云：癸丑，盟於鄧，爲師期。按：《經》無盟鄧之文。杜氏以謂『告會不告盟』。非也。國史所記

皆時君政事，政事既行，則皆書之，豈待告廟乃書哉？唯公行而還告廟則致，不告廟則不致，此乃君有境外之事，歸當告致也，不謂政事大小一一告廟也。公盟則書盟，會則書會，豈在告廟乃書乎？明此，本無盟鄧之事，《左氏》所得記注橫生此語，而杜氏飾説之，又據其癸丑，謂《經》書『二月』誤，《傳》書『正月』眞，皆倍《經》任《傳》，不可信者也。

翬帥師會齊人、鄭人伐宋。杜氏云：翬不待公命貪會二國之君，疾其專進，故去『氏』。非也。按：元年，公子豫亦不待公命，帥師而出。彼則都不書姓名，此但去氏而已，輕重頗矣，非《春秋》意也。

辛未，取郜。辛巳，取防。《左氏》曰：公會齊侯、鄭伯于老桃，公敗宋師于菅。庚午，鄭師入郜。辛，未歸於我。庚辰，鄭師入防。辛巳，歸於我。此皆不實也。《經》無會老桃之事，又但書云：敗宋師，取郜，取防，曾不言鄭伯居閒者，豈得如《傳》言哉？且如《傳》言，《春秋》爲縱漏鄭伯取邑之罪，反移之其君也，爲人臣子固如此邪？《傳》又曰：『君子謂：鄭莊公可謂正矣，不貪其土以勞王爵。』亦非也。鄭雖以王命討宋，得其土地，當歸之王，鄭何得專而有之、專而裂之邪？專而有之、專而裂之，不臣甚矣，反謂之正乎？周之末世，人尤不知義哉？其以此類爲正也，此丘明不學於仲尼之蔽也。宋人、蔡人、衛人伐戴，鄭伯伐取之。《左氏》曰：『取三師焉』。非也。三國之師衆矣，鄭何以能悉取之邪？且三國伐戴爾，不入戴也，鄭伯圍戴爾，何以能取三師邪？假令三國已擊戴居之，鄭來圍戴，則三國亦各自去戴，非其社稷所寄也，何爲共守此地邪？是不足信。然爲此説者，蓋讀《春秋》而不曉其趣，乃飾而説之耳。

又

《桓公》　桓公元年，鄭伯以璧假許田。《左氏》曰：『爲周公祊故也。』非也。祊自祊田，許自許田，以祊易許，改云以璧易許，乃是爲鄭伯諱，不爲魯公諱也。且入祊久矣，《經》有明文，何故至此乃卒易祊田乎？若實以祊易許，則《隱·八年》『我入祊』爲《春秋》增誣其君。若實以祊易許，强諱云『璧假』，是《春秋》諱鄭不諱魯。實説祊者，鄭所以平怨於魯也；許者，鄭見桓簒位利得其地，以璧易之，桓既不肖貪嗜寶貨，又逼初立，欲得鄭歡，故聽其易也。許則《詩》所謂『居常與許』，蓋周公受封之地，非謂近許也。《傳》本誤謂許田者，近許之田，又見鄭、許鄰國，數相侵伐，疑鄭欲求近許之田；又見鄭前入祊，遂牽引《傳》，致成此説爾，不然，無爲倍《經》害義也。故學者莫若信《經》，莫若信義。

十年，齊侯、衛侯、鄭伯來戰于郎。《左氏》曰：『我有辭也。鄭人請師於齊。齊人以衛師助之，故不稱侵伐，先書齊、衛王爵也。』非也。《經》云『衛侯』，《傳》云『衛師』，自不同矣。又主爲此戰者，鄭人也。鄭當先序以見其罪，何故反推齊爲先乎？雖欲明魯不失周班，不虞反匿鄭人之惡也。且魯之以周班後鄭，乃在數年之前，今此三國固顛倒班次而來矣，順其事以書之，足以見鄭人首惡；不言侵伐而言來戰，足以明魯人有辭，而反蔽匿鄭志，非褒貶之旨也。且鄭忽救齊之時，《經》無魯人往齊者，又明其妄矣。

宋·蘇軾《東坡全集》卷四一《論鄭伯克段于鄢隱元年》　《春秋》之所深譏、聖人之所哀傷而不忍言者三：晉趙鞅帥師納衛世子蒯聵于戚，齊國夏、衛石曼姑帥師圍戚，而父子之恩絶；公與夫人姜氏遂如齊，而夫婦之道喪；鄭伯克段于鄢，而兄弟之義亡。此三者，天下之大戚也。夫子傷之，而思其所以至此之由，故其言尤爲深且遠也。且夫蒯聵之得罪於靈公，逐之可也，逐之而立其子，是召亂之道也。使輒上之不得從王父之言，下之不得從父之令者，靈公也。故書曰『晉趙鞅帥師納衛世子蒯聵于戚。』蒯聵之不去世子者，是靈公不得乎逐之之道。靈公何以不得乎逐之之道？逐之而立其子也。魯桓公千乘之君，而陷於一婦人之手，夫子以爲文姜之不足譏，而傷乎桓公制之不以漸也，故書曰『公與夫人姜氏遂如齊』，言其禍自公作也。段之禍生於愛。鄭莊公之愛其弟也，足以殺之耳。孟子曰：『舜封象於有庳，使之源源而來不及以政。』孰知夫舜之愛其弟之深，而鄭莊公賊之也。當太叔之據京城，取廩延以爲己邑，雖舜復生不能全兄弟之好，故書曰『鄭伯克段于鄢』，而不曰『鄭伯殺其弟段』，以爲當斯時，雖聖人亦殺之而已矣。夫婦、父子、兄弟之親，天下之至情也，而相殘之禍至如此，夫豈一日之故哉。《穀梁》曰：『克，能也，能殺也。不言殺，見段之有徒衆也。段不稱弟，不稱公子，賤段而甚鄭伯也。于鄢，遠也。猶曰取之其母之懷中而殺之云爾。甚之也。然則爲鄭伯宜奈何？緩追逸賊，親親之道也。』嗚呼！以兄弟之親，至交兵而戰，

固親親之道絶已久矣。雖緩追逸賊，而其存者幾何？故曰於斯時也，雖聖人亦殺之而已矣。然而聖人固不使至此也。《公羊傳》曰：母欲立之，己殺之，如勿與而已矣。』而又區區於當國内外之言，是何思之不遠也。《左氏》以爲段不弟，故不稱弟，如二君故曰克，稱鄭伯譏失教，求聖人之意，若《左氏》可以有取焉。

又 《論鄭伯以璧假許田桓元年》 鄭伯以璧假許田，先儒之論多矣，而未得其正也。先儒皆知夫《春秋》立法之嚴，而不知其甚寬且恕也；皆知其譏不義，而不知其譏不義之所由起也。鄭伯以璧假許田者，譏隱而不譏桓也。始其謀以周公之許田而易泰山之祊者，誰也？受泰山之祊而入之者，誰也？隱既已與人謀而易之，又受泰山之祊而入之，然則爲桓公者，不亦難乎！夫子知桓公之無以辭於鄭也，故譏隱而不譏桓。何以言之？《隱・八年》書曰：『鄭伯使宛來歸祊』，又曰：『庚寅，我入祊。』入祊云者，見魯之果入泰山之祊也，則是隱公之罪既成而不可變矣，故《桓・元年》書曰：『鄭伯以璧假許田』而已。夫許田之入鄭，猶祊之入魯也。書魯之入祊，而不書鄭之入許田，是不可以不求其説也。『鄭伯使宛來歸』，『祊庚寅我入祊』，見鄭之來歸，而魯之入之也。『鄭伯以璧假許田』，者見鄭之來請，不見魯之與之也。見鄭之來請而不見魯之與之者，見桓公之無以辭於鄭也。嗚呼，作而不義，使後世無以辭焉，則夫子之罪隱深矣。夫善觀《春秋》者，觀其意之所嚮而得之，故雖夫子之復生，而無以易之也。《公羊》曰：『曷爲繫之許？近許也，諱取周田也。』《穀梁》曰：『假不言以，以，非假也。非假而曰假，諱易地也。』《春秋》之所爲諱者三，爲尊者諱敵，爲親者諱敗，爲賢者諱過。魯，親者也，非敗之爲諱，而取易之爲諱，是夫子之私魯也。

宋・蘇轍《蘇氏春秋集解》卷一《隱公》 （元年）夏五月，鄭伯克段于鄢。

段，鄭伯之母弟也。其母愛之，封之於京，將作亂。大夫請禁之，鄭伯不許。及聞其將襲鄭，而後伐之。段出奔共。段之不稱弟，及公子何也？段將爲君，非復臣也。不稱段之奔，而稱鄭伯之克，何也？段之亂，鄭伯成之也。克者，何能勝也，段之欲爲亂久矣。鄭人知之，而鄭伯不禁，非不能也。將養之，使至於亂，而加之以大戮，故雖逐之而國人不敢爭，母不敢愛，此鄭伯之所謂能也。故書曰『鄭伯克段于鄢』，以示得其情也。凡諸侯之事告則書，不然則否。雖及滅國，滅不告敗，勝不告克，不書于策。《公羊》《穀梁》以爲諸侯之事，盡於《春秋》也，而事爲之説，則過矣。

又 卷二《桓公元年》 夏四月丁未，公及鄭伯盟于越。秋，大水。冬，十月。

二年春，王正月戊申，宋督弑其君與夷及其大夫孔父。此弑其君與殺其大夫，其言及何也？由弑及之也。華督殺孔父而取其妻，公怒。督懼，遂弑殤公。君子以督爲有無君之心而後動於惡，故先書弑其君。《公羊》曰：孔父，字也，其不名賢也，諸侯不生名，死猶名之；大夫生名，死而名正也。孔父之死，何賢而字乎？且方名其君而字其臣，禮乎？

五年春正月，甲戌、己丑，陳侯鮑卒。夏，齊侯鄭伯如紀。天王使仍叔之子來聘。葬陳桓公。城祝丘。秋，蔡人、衛人、陳人從王伐鄭。

鄭世爲周卿士，王貳於虢，故周鄭交惡，王以諸侯伐鄭，不言王及蔡人、衛人、陳人伐鄭，君臣之詞也。不言王以蔡人、衛人、陳人伐鄭諸侯之師，王之所得用也。於是鄭人及王戰于繻葛，大敗王師，射王中肩。不言戰，王者無敵，莫敢與之戰也。不言敗，諱之也。

十有一年春正月，齊人、衛人、鄭人盟于惡曹。夏五月癸未，鄭伯寤生卒。秋七月，葬鄭莊公。九月，宋人執鄭祭仲。突歸于鄭。鄭忽出奔衛。

祭仲有寵於鄭莊公，爲公娶鄧曼，生忽，故祭仲立之。宋雍氏女於鄭莊公曰雍姞，生突。雍氏有寵於宋。莊公故誘祭仲而執之，曰：『不立突，將死。』祭仲與宋人盟，以突歸，而立之。書曰『宋人執鄭祭仲』，而繼之以突之入，與忽之出，仲以出君易死罪之也。突之不稱公子，何也？將以爲君，非復臣也。其曰『歸于鄭』，何也？凡反其國，無難曰『歸』，有難曰『入』，無難而内不喜曰『復歸』，有難而内不喜曰『復入』，復者厭之之詞也。突從祭仲以歸于鄭，則無難矣。鄭忽，未逾年之君也。未逾年之君稱子，不稱子，何也？不能君也。忽之爲太子也，齊侯將妻之。忽辭，人問其故，忽曰：『自求多福，在我而已，大國何爲？』及其敗戎師也，齊侯又請妻之，固辭。或問之曰：『無事於齊，吾猶不敢，而況以

師昏乎？』故其立也，國人不附，大國不援，以至於出奔。蓋未嘗君也，故不稱子。《公羊》曰：『祭仲何以不名？賢。其知權也。忽何以名？《春秋》伯、子、男一也，詞無所貶。』夫以出君爲知權，亂之道也。故祭仲，名也，非字也。且方名二君，而可以字其臣乎？嫡子稱子，禰先君也；庶子不得稱子，不敢禰先君也，非伯、子、男之謂也，且雖伯、子、男，其可一乎？

宋・葉夢得《葉氏春秋傳》卷一《隱公》　（元年）夏五月，鄭伯克段于鄢。

段，鄭伯母弟也。挈鄭伯、殺世子，母弟目君甚之也。不曰『殺』，曰『克』，著其以力勝之，必於殺而後已也。于鄢，遠也。大夫三命而後氏，段不稱公子，未三命也。諸侯之尊弟兄，不得以屬通，必有見焉。而後挈之罪在兄，而舉屬不友也，罪在弟，而舉屬不恭也。段何以不言弟？兩責之也。視之若非兄弟，然鄭伯與段蓋爭國者也。卽位而與之京，祭仲以爲過制而不禁，曰：『多行不義必自斃』，既命二鄙貳於己。公子吕言之而不聽，曰：『無庸將自及』。至收貳以爲己邑，吕復以爲得衆而不顧，曰：『不義不暱，厚將崩。』不已禍於將萌，稔而至於襲我，然後一舉而以二百乘伐之。內有武姜之愛而不之恤，必殺而後已者，鄭伯之志也。去而之鄢，可以反矣。又往及焉，殺不足以言之。天叙五典，兄弟居其一，賊其親而棄其天，鄭伯無與立於天下矣。

又　卷四《桓公》　冬十有二月丙午，齊侯、衛侯、鄭伯來戰于郎。

內言戰敗之辭也，何以不曰及？齊侯、衛侯、鄭伯戰于郎，外爲志也。魯以周班後鄭，而鄭來伐，然命魯者，實齊也，齊於是不能正，又爲之出兵，而衛亦佐焉。二國之罪有大於鄭者，故不以鄭主兵，而變其文曰『來』。來聘，來盟，來歸，來奔可矣，未有戰而可來者。是以君子之惡戰也。

十有一年春正月，齊人、衛人、鄭人盟于惡曹。

三國何以稱人？大夫貶而人者也。大夫則何以貶？正大夫之始盟也。大夫交政於中國，自是其强矣，故於始焉一貶之。葉子曰：惡曹之盟，三《傳》皆不著其事，而先儒有爲貶大夫之始盟者，吾何以信其言哉？前乎此有以諸侯而盟者矣，未有大夫而盟者也；後乎此有以大夫而盟者矣，未有人而盟者也。人而盟惟此與鹿上兩見爾。鹿上執宋公而貶諸侯者也，《春秋》謹名，惟稱人爲多義，各主其事以別之。微者稱人，與衆稱人，貶諸侯及大夫稱人，此其大法也。微者之盟不志，既不得目微者，以爲衆則不可，貶諸侯則無事，非大夫而誰歟？大夫之同盟衆矣，其皆稱人者，惟清丘一見。《左氏》以爲貶晉原縠、宋華椒、衛孔達，然則惡曹、清丘，其罪同《春秋》，固正其法而一施之者也。是以雞澤書『叔孫豹及諸侯之大夫及陳袁僑盟』，君命之也。溴梁書『大夫盟』，君在而大夫自爲盟也，各原其事而爲之辭矣。則大夫之盟始於此宜於是焉，而正之也。故曰：大夫之盟始惡曹，大夫之會始北杏，大夫之同盟始清丘。皆貶而稱人，是《春秋》之旨也。

宋・范處義《詩補傳》卷七《將仲子》　將仲子，刺莊公也。不勝其母以害其弟，弟叔失道而公弗制，祭仲諫而公弗聽，小不忍以致大亂焉。

莊公克段之事，論者多過其實，非聖人以恕待人之意。獨《將仲子》之序與《左氏》合。信乎《詩序》經聖人之手，而《左氏》之好惡果與聖人同也。《左氏》稱姜氏愛共叔段，《詩》：京使居之。公曰：『姜氏欲之，焉辟害？』卒成叔段之惡，以致死亡。所謂不勝其母而害其弟也。段既失道，莊公爲兄，當制其初，乃曰：『多行不義必自斃』，又曰：『不義不暱，厚將崩。』是莊公以路人視其弟，豈得爲賢父兄哉？《左氏》曰：書鄭伯，譏失教也。所謂弟叔失道而公弗制也。祭仲始言都城過百雉爲國之害，卒言不如早爲之，所毋使滋蔓。公皆不能用，所謂祭仲諫而公弗聽也。初，不忍違其母，制其弟，末乃伐弟誓母，幾滅天理，所謂小不忍以致大亂也。以是數端責鄭伯，夫亦何辭，安所逃罪。彼《穀梁》乃謂：『何甚乎鄭伯？甚鄭伯處心積慮成于殺也。』《公羊》乃謂：『曷爲大鄭伯之惡母欲立之己殺之如勿與而已矣。』使莊公能思慮，亦當知飾詞以自解，今乃直謂焉辟害？又謂『必自斃』，又謂『厚將崩』，觀其發言似愚俗之人，無所隱情，亦足以見其城府之不深矣。使其果處心積慮成于殺弟，果以母欲立之而已欲殺之，則《春秋》當深貶之，豈得猶稱鄭伯，而《詩序》豈得謂之小不忍？由是言之，莊公亦不得爲大惡，特以庸暗無識，不能權利害之輕重，舉措乖違。故聖人以恕待之。不然，則一聞考叔之對遽能改過，惡人安能爾耶？然人患不知過，知則當卽改，乃猶告

之悔，似悔前日之舉，以爲今無可奈何者，此『焉辟害』、『必自斃』、『厚將崩』之一律也。考叔爲闕地及泉之説，姑隨其資識而開道之故，少迂緩有所不暇恤也。

又 **《遵大路》** 《遵大路》，思君子也。莊公失道，君子去之，國人思望焉。

鄭莊公失道，君子舍之而去，蓋出於不得已。詩人思念君子，而望其留，爲國計忠厚之意見之終篇，誠爲懇切也。

宋・洪邁《容齋續筆》卷六《鄭莊公》 《左傳》載諸國事於第一卷，首書鄭莊公，自後紀其所行尤詳，然每事必有君子一説，唯詛射潁考叔以爲失政刑，此外率稱其善。杜氏注文又從而獎與之。按：莊公爲周卿士，以平王貳於虢而取王子爲質，以威王畀虢公政，而取温之麥，取成周之禾。以王奪不使知政，忿而不朝，拒天子之師，射王中肩。謂天子不能復巡守，以泰山之祊易許田。不勝其母，以害其弟，至有城潁及泉之誓。是其事君、事親可謂亂臣賊子者矣！而曾無一語以貶之。書姜氏爲母子如初，杜注云：『公雖失之於初，而孝心不忘，故考叔感而通之。』書鄭伯以齊人朝王曰：『禮也。』杜云：『莊公不以虢公得政而背王，故禮之。』書息侯伐鄭曰：『不度德。』杜云：『鄭莊賢。』書取郜與防歸於魯曰：『可謂正矣。以王命討不庭，不貪其土，以勞王爵。』書使許叔居許東偏曰：『於是乎有禮，度德而處，量力而行，相時而動，可謂知禮。』書周鄭交惡曰：『信不由中，質無益也。』是乃以天子諸侯混爲一區，無復有上下等威之辨。射王之夜，使祭足勞王，杜云：『鄭志在苟免，王討之非也。』此段尤爲悖理。唯《公羊子》於『克段于鄢』之下，書曰：『大鄭伯之惡』，爲得之。

元・梁益《詩傳旁通》卷一二《大雅・韓奕・不庭》 《左傳》：鄭莊公以王命討不庭。説者曰：下之事上皆成禮於庭中。不庭，言不趍走於庭，故討其罪。

明・劉基《誠意伯文集》卷一四《春秋明經下・齊侯、衛侯、鄭伯來戰于郎。齊人、衛人、鄭人盟于惡曹》 諸侯連兵以搆怨，又結言以固黨，《春秋》所以直書于前而貶之於後也。夫征伐會盟已非諸侯之所得爲，而況以不道行之者乎？鄭憾魯之後，已而挾齊、衛之君爲郎之戰，是謂連兵以搆怨，非義甚矣。既戰而爲惡曹之盟，又結言以固黨，夫何義乎？《春秋》存其爵于戰，所以見其實；貶其爵于盟，所以正其罪。聖人之筆削嚴矣哉。嗚呼！九伐之法，職在《司馬》，王者所以討不庭；盟載之法，掌於司盟，聖人所以待衰世。有天子在，夫豈諸侯所得而私用哉？彼齊者，太師之胤；衛者，康叔之後；而鄭者，宣王之懿親也。我周東遷，子孫日失其序，惟是一二伯父叔舅所當，戮力以爲藩屏，豈如弁髦而因以敝之。今也不然，先王、先公而私相樹黨，以侵敗王略，使宗周之卑日益滋甚，其何罪大焉！嗚呼，此《春秋》之所必誅而不以聽也。且郎之戰何爲耶？魯桓天下之大惡人，人所得而討也。彼鄭伯既首盟于越，以定其位；齊侯則繼會于稷，以濟其奸。衛亦坐視而不問也，則皆與之爲徒矣。今乃以周班後鄭之故，合三國之君，親將戎卒壓周公之封境，以快心于一戰，尚爲知類也夫。是故《春秋》列序三國之爵而曰『來戰于郎』，若曰三國之志爲此戰也，則其動衆無名、殘民不道之罪可見矣。鄭伯主兵而先齊者，所以治惡黨，猶衛州吁主兵而先宋也。惡曹之盟又何爲耶？方其來戰也，既曰同心以從事于兵革矣，復何嫌隙而結盟哉？蓋其合也，不以義則其中不無疑矣，於是刑牲歃血，質之以鬼神，矢之以約誓，將以固其黨與，而求其所大欲，而不知信之不由中，盟何益哉？徒足以長亂耳。《春秋》於此貶其爵而稱人，賤之也。若曰無道之君不足以當王爵也，則其慢鬼神、犯刑政之罪可見矣。是故始不書爵，則不知其爲三國之君；後不書人，則不足以瘴三國之惡。故前書爵而以來戰著罪，後書其盟而以奪爵示貶。屬詞比事之教，不亦深切著明矣哉？厥後不出三年，鄭伯果合紀、魯而戰齊、衛。明年，齊、衛又聽宋人之言而伐鄭，誓言果足恃乎？卒之連兵結黨，惟利之從，今日取賂而納突，明日納朔而歸俘，使兄弟之倫，君臣之義，委諸草莽而不存也。然後王綱澌盡，而天下變爲伯矣。吁！《春秋》深貶惡曹之盟，其有以也夫！

又 **《齊人、鄭人入郕。蔡人、衛人、陳人從王伐鄭》** 假王命以逞其私忿，抗王威而肆其不臣，甚矣，鄭莊公之不道也。夫諸侯而不知有王惡之大者也，鄭伯憾郕之不會伐宋，於是託于王命而挾齊人以入其國。入者，不順之詞也。則其假王命以逞私忿者，可見矣。既而以不朝得罪于王，王師諸侯以討其罪，乃敢用兵交戰于繻葛。王非諸侯之敵也，抗王威

以肆其不臣，其罪又何如哉？《春秋》于入郕書人，書入以著齊鄭之罪，於伐鄭不言戰敗，所以存天下之防也。嗚呼！鄭者，宣王之懿親。我周之東遷，晉、鄭焉依，則鄭實王室之藩屏也。奈何寤生以小人之雄，連諸侯而逞其不義。東遷之初，實爲無主之首，是故伐衛而專征伐之權，盟石門而亂司盟之法，温麥周禾，君臣道喪，取邑易田，滅紀廢典，則其不知有王也久矣。至是以兵入郕，果欲尊王室哉？觀繻葛之一戰，可以究其姦雄不道之心矣。夫郕者，文之昭也。當魯之九年，鄭人伐宋召郕，而郕不與，非郕罪也。鄭莊以其嘗爲王之卿士，而託于王命，以敗諸侯。於是合齊人以虐郕，而誣以違命之罪，干戈戎馬，造其國都，而王臣不行，王師不出，則其矯假之罪已明，而猶未也。一旦王奪其政，遂懷忿而不朝，以致天王奮怒，躬率三國以伐之。此舉雖非天討，而鄭之見伐于王，尤足信其入郕之爲矯矣。不然，鄭方糾逖王慝，何至自受王師之伐也哉？王師既至，乃不俯首請命，而敢執干戈與天子周旋繻葛之役，至以一矢加之乘輿，逆理悖道而有若此者乎？《春秋》不言其戰與敗，所以爲王諱而存天下之大防也。雖然，鄭之所以敢抗王者，未始不由入郕之役致之也。《易》曰：『履霜堅冰至』。矯制入郕而王不問，然後大假王命以制諸侯，于是而入許，于是而納馮，志得意滿，遂有繻葛之舉矣。自繻葛以後，而王命不行，伯圖遂啓，故夫東周之不振，皆寤生之所爲也。論而至此，鄭莊之罪不容誅矣。而齊以太公之苗裔，賜履之命，非不重也，乃不能以義制鄭，而從其所欲，然則禄父者，亦寤生之徒與！

明·程敏政《篁墩文集》卷五五《答仇東之教授》 承問胡氏繻葛倒懸之説，此在《春秋》。周桓王奪鄭莊公之政，莊公不朝，王牽諸侯伐之，戰於繻葛，王師大敗，鄭人射中王肩。蓋自是而後，王命不行於天下。《左氏》所謂周鄭交惡如敵國然。故胡氏以爲戰國之漸。倒懸者，倒置之義也。暑熾目昏，未暇詳檢，彷彿記是如此。雨後稍涼，不惜見過，閒叙爲佳。

明·鄭善夫《少谷集》卷二二《論著》 莊公克叔段，吕成公以爲封京之後，伐鄢之前，其處心積慮未嘗須臾忘叔段，得之矣。又曰：魯隱之十一年，莊公封許叔曰：寡人有弟，不能和協，而使餬其口於四方，況能久有許乎？其爲此言，是莊公欲以欺天下也。魯莊之十六年，鄭公父定叔出奔衛，三年而復之，曰：不可使共叔無後于鄭，段之有後，于鄭，是莊公欲以欺後世也。噫，是何言歟！聖人大改過許遷善，莊公亦人矣。豈無愛弟之心？實以姜氏意立段，故至此。今人爭小利至殺身而不悔，況國乎？莊公非聖賢，能免克段之險哉？惻隱之心未泯，一聞考叔之言，遂爲子母如初。其後入許而復封許，叔實充其友愛之良心，遂使許之宗廟得血食，段之不絶于鄭，莊公之改過遷善，不可誣也。吕公之意必欲不發此言，必絶其後，而後謂之不欺乎文法，太深有過者無路矣。

明·梁寅《詩演義》卷四《叔于田》 鄭莊公弟共叔段不義而得衆，國人愛而美之也。

清·張尚瑗《左傳折諸》卷一《隱公·君若伐鄭以除君害》 張溥《春秋列國論》曰：春秋之初，强諸侯不仁者莫如鄭莊。宋公子馮出居其地，閤闢用之，猶股掌也。州吁揣宋殤之志，以伐鄭來請，使殤而知義，絶其使，聲其罪，正告天下。鄭莊雖狡，不能挾馮爲難也。一念猜忍與吁合兵，反授鄭以辭，宋連歲出師，其國人曰『伐鄭也』，鄭赴告于諸侯，則曰『惡馮也』。于是列國之與宋者，亦起而疑宋矣。數戰民疲，國中難作，華督蓋外倚鄭莊，内援公子。立馮之謀先定而後動于惡也。

又《鄭人大敗戎師》 莊之用兵，可謂奇譎。《左氏》必極道之，雖無與于《經》，要之有當于聖人之意。蓋莊實聖人之所惡也。

又《鄭伯將伐許》 伐許之役，主兵者鄭也。《春秋》爲魯史之書，《左氏》爲《春秋》而作傳，故非特《經》文，于凡盟會征伐，必以公及公與領之，於是篇亦云。公會齊侯，鄭伯伐許而先之，以此著鄭之主兵，既得許而處分宰制，皆出自鄭，所謂鄭志也。直至許都五遷而終見滅于鄭。滎陽、許昌壤地，鄰逼所固然爾。

又 卷二《桓公·戰于繻葛》 王源曰：戰法之妙，千古名將不出此範圍。然非《左氏》知兵，安能敍之，簡而明，精而備如此。文人每叙戰功，不能傳古人兵法之妙者，以不知奇正虚實、分合之術也。他家無論，卽以馬遷之雄，亦不能辨，非不知兵之故乎？故千古以文章兼兵法者，唯《左傳》。

又《戰于郎》 《春秋》惡主兵，原不專序王爵，此以周班後鄭而致伐，故仍後鄭以抑之。

又　《鄭莊公卒》　《詩》亡然後《春秋》作。《詩》亡者，《雅》亡也。《國風》邶、鄘、衛、鄭、齊諸詩，皆作于隱、桓、莊之世。所刺者，衛宣、惠、鄭莊、齊襄、州吁、頑、段、忽、突五公子。魯無風而文、姜、莊公之事附見于《齊風》，夫子諱内惡之旨也。陳止齋曰：春秋之初，罪莫甚于鄭莊。宋、魯、齊、衛次之。父子兄弟之禍，亦莫甚於此五國者。

清・馬驌《繹史》卷三二《鄭莊公克段入許》　城潁以寘母，黄泉而誓之，鄭伯之人道絶矣。夫姜氏有子而愛憎分焉，婦人也，愛憎分而以廢立請，婦人也；已嗣先君而有國矣，善事母而友愛厥弟，段也不才，夫豈不可教誨？親愛之，富貴之，抑亦可以慰母氏之心。乃姜之所愛，莊滋不能容矣。與之制，則曰歲邑，懼其陰險而難制也；與之京，則使居之，庶乎處大都以驕其志，因以蔽罪焉。當讀《詩》至《鄭風大叔》之篇，曰：『叔善射忌，又良御忌。』段一馳馬試劍之公子耳，非能如晉之沃伯，楚之蔡公也。且以莊、段同母之子，以武姜言之，處鄭國而爲鄭君母，亦復何求，而啓弟殺兄，事之未集，厥謀先漏，處京而京人叛，奔鄢而鄢不保，設能母子陰慮合謀，當不輕舉速禍如是也。鄭伯處心積慮，以成其殺，欲加之罪，何患無辭，於以正千天下，則曰段將襲我也，姜將啓段也。在段之餬口四方尚幸不殺之福；在莊之按兵未動，先邀愛弟之名，闕地而賦大大隧，以爲天性之樂，母子獨初也，孰其信之。内患既除，復思外攘，許亦人國，文叔之封，炎帝之祀，是神明之胤也，屬以疆埸相接，賓偪處此，虢、鄶既滅，用兵將在許矣。披實利其土壤，而援諸侯以爲助，魯宗國也，齊僖小伯也，皆躬親擐甲以從之，時來蓄謀，大宫授兵，其計已成，謂直取之，則任滅國之名，置之復無自利之實，故外爲甘言以欺兩國，而内則攘之，不然，奚爲處之東偏，又使獲佐之也？齊、魯遠處東海，卽裂許而分之，亦未能踰曹越衛而有其土，則入許誠鄭利也。陰爲厚利而陽爲名高，狡爾寤生獨然克弟見母之故智耳。既已攘許求利，後人孰知。身没而忽、突交爭，許叔因亂復國，大岳之胤，獨未宜絶，鄭固無如之何也已。

清・高士奇《左傳紀事本末》卷四一《鄭莊强國》　臣士奇曰：鄭莊公，『春秋』諸侯中梟雄之姿也，其陰謀忮忍，先自翦弟始，而後上及於王，下及於四鄰與國。夫兄弟一本，天屬最親，而養驕長惡，以行其芟夷之計。及泉誓母，敢施於所生，況他人乎？自是雄心弗戢，脩廩延之郄，則伐衛；報東門之役，則侵衛；爲邾人釋取田之憾，則伐宋；仇請成之弗許，則侵陳；假王命以興師，則伐宋；兼三國之師，則取戴；託違命以虐小，則入郕；飾鬼神之不逞，則入許；怒周班之見後，則戰郎。其他連衡黨，相從牲歃，雖一二數，莊公亦一世之雄哉！然而不能崇固國本。内多寵嬖。三公子皆疑於君，致忽、突、子亹、子儀之際，爭殺禍興，國内大亂，則皆陰謀忮忍之所積有以取之，而後知天道之不誣也。昭公屢經行陣，其救齊也，大敗戎師，獲甲首三百，功最多，亦非盡柔弱者。其辭文姜曰，『在我而已，大國何爲？』不可謂不自立，而當時因其見逐於突，惋惜歡恨於坐失齊援，至引有女同車之詩爲刺，不知忽不幸而錯於齊，則彭生之禍不在魯桓而在鄭忽矣，安見人各有耦之言爲失計也？仲足有寵莊公，使爲卿，爲公娶鄧曼，而生忽，故祭仲立之。則祭仲者，忽之所倚爲腹心者也。古有『託六尺之孤、寄百里之命、臨大節而不可奪』者，仲見執於宋，遽歸而立厲公，逐昭公；又復以專見忌，出厲公而納昭公，把面事仇，行同狗彘。子亹之會於首止也，齊人討高渠彌之殺，並殺之。仲知之，故稱疾不往。人謂其能以知免，不知仲特一貪生畏死之小人耳。人臣而盡如仲，國家奚賴哉？若原繁乃可謂守死不貳者矣。忽人而終出，突出而終人，子亹、子儀立而不終。當是時，鄭有四君，棼若亂絲矣。蛇妖千變，是非偶然。厲公存共叔之後，以其篡逆之氣類同也。然而君子原四公子之禍，未嘗不追恨於莊公也。

藝　文

宋・王十朋《梅溪前集》卷一〇《詠史詩・鄭莊公》　天地深恩詎可忘，寤生忠孝兩俱亡。身從何出翻囚母，國是誰封敢射王。

齊桓公首霸分部

綜　述

《詩經・齊風・莆田》　甫田，大夫刺襄公也。無禮義而求大功，不脩德而求諸侯，志大心勞，所以求者非其道也。

無田甫田，維莠驕驕。無思遠人，勞心忉忉。無田甫田，維莠桀桀。無思遠人，勞心怛怛。婉兮孌兮，總角丱兮，未幾見兮，突而弁兮。

又《盧令》　盧令，刺荒也。襄公好田獵畢弋而不脩民事，百姓苦之，故陳古以風焉。畢盧令令，其人美且仁。盧重環，其人美且鬈。盧重鋂，其人美且偲。

《左傳・莊公八年》　齊侯使連稱、管至父戍葵丘。瓜時而往，曰：『及瓜而代。』期戍，公問不至。請代，弗許。故謀作亂。僖公之母弟曰夷仲年，生公孫無知，有寵於僖公，衣服禮秩如適，襄公絀之。二人因之以作亂。連稱有從妹在公宮，無寵，使間公，曰：『捷，吾以女爲夫人。』

冬十二月，齊侯游於姑棼，遂田於貝丘。見大豕，從者曰：『公子彭生也。』公怒曰：『彭生敢見！』射之，豕人立而啼。公懼，隊於車，傷足喪屨。反，誅屨於徒人費。弗得，鞭之，見血。走出，遇賊於門，劫而束之。費曰：『我奚御哉！』袒而示之背，信之。費請先入，伏公而出鬬，死於門中。石之紛如死於階下。遂入，殺孟陽於床。曰：『非君也，不類。』見公之足於户下，遂弑之而立無知。

初襄公立，無常。鮑叔牙曰：『君使民慢，亂將作矣。』奉公子小白出奔莒。亂作，管夷吾、召忽奉公子糾來奔。初，公孫無知虐於雍廩。

又《莊公九年》　九年春，雍廩殺無知。公及齊大夫盟於蔇，齊無君也。夏，公伐齊，納子糾。桓公自莒先入。秋，師及齊師戰於乾時，我師敗績，公喪戎路，傳乘而歸。秦子、梁子以公旗辟於下道，是以皆止。

鮑叔帥師來言曰：『子糾，親也，請君討之。管、召，讎也，請受而甘心焉。』乃殺子糾於生竇，召忽死之。管仲請囚，鮑叔受之，及堂阜而稅之。歸而以告曰：『管夷吾治於高傒，使相可也。』公從之。

又《莊公十年》　十年春，齊師伐我。公將戰，曹劌請見。其鄉人曰：『肉食者謀之，又何間焉。』劌曰：『肉食者鄙，未能遠謀。』乃入見。

問何以戰。公曰：『衣食所安，弗敢專也，必以分人。』對曰：『小惠未徧，民弗從也。』公曰：『犧牲玉帛，弗敢加也，必以信。』對曰：『小信未孚，神弗福也。』公曰：『小大之獄，雖不能察，必以情。』對曰：『忠之屬也，可以一戰，戰則請從。』公與之乘。戰於長勺。公將鼓之。劌曰：『未可。』齊人三鼓，劌曰：『可矣。』齊師敗績。公將馳之。劌曰：『未可。』下視其轍，登軾而望之，曰：『可矣。』遂逐齊師。

既克，公問其故。對曰：『夫戰，勇氣也，一鼓作氣，再而衰，三而竭。彼竭我盈，故克之。夫大國難測也，懼有伏焉。吾視其轍亂，望其旗靡，故逐之。』

齊侯之出也，過譚，譚不禮焉。及其入也，諸侯皆賀，譚又不至。冬，齊師滅譚，譚無禮也。譚子奔莒，同盟故也。

又《莊公十一年》　冬，齊侯來逆王姬。

又《莊公十三年》　十三年春，會於北杏以平宋亂，遂人不至。夏，齊人滅遂而戍之。冬，盟於柯，始及齊平也。宋人背北杏之會。

又《莊公十四年》　十四年春，諸侯伐宋，齊請師於周。夏，單伯會之，取成於宋而還。【略】冬，會於鄄，宋服故也。

又《莊公十七年》　十七年春，齊人執鄭詹，鄭不朝也。夏，遂因氏、頜氏、工婁氏、須遂氏饗齊戍，醉而殺之，齊人殲焉。

又《莊公二十七年》　夏，同盟於幽，陳、鄭服也。

又《莊公三十年》　冬，遇於魯濟，謀山戎也，以其病燕故也。

又《莊公三十一年》　三十一年夏六月，齊侯來獻戎捷，非禮也。凡諸侯有四夷之功，則獻於王，王以警於夷。中國則否。諸侯不相遺俘。

又《莊公三十二年》　三十二年春，城小穀，爲管仲也。

齊侯爲楚伐鄭之故，請會於諸侯。宋公請先見於齊侯。夏，遇於

梁丘。

又《閔公元年》狄人伐邢。管敬仲言於齊侯曰：『戎狄豺狼，不可厭也。諸夏親暱，不可棄也。宴安酖毒，不可懷也。《詩》云：「豈不懷歸，畏此簡書。」簡書，同惡相恤之謂也。請救邢以從簡書。』齊人救邢。

又《僖公元年》諸侯救邢。邢人潰，出奔師。師遂逐狄人，具邢器用而遷之，師無私焉。

夏，邢遷於夷儀，諸侯城之，救患也。凡侯伯救患分災討罪，禮也。

秋，楚人伐鄭，鄭卽齊故也。盟於犖，謀救鄭也。

又《僖公二年》二年春，諸侯城楚丘而封衛焉。不書所會，後也。

秋，盟於貫，服江、黄也。【略】冬，楚人伐鄭，鬭章囚鄭聃伯。

又《僖公三年》秋，會於陽穀，謀伐楚也。

齊侯爲陽穀之會，來尋盟。冬，公子友如齊涖盟。

楚人伐鄭，鄭伯欲成，孔叔不可。曰：『齊方勤我，棄德不祥。』

齊侯與蔡姬乘舟於囿，蕩公。公懼變色，禁之不可。公怒，歸之，未之絶也。蔡人嫁之。

又《僖公四年》四年春，齊侯以諸侯之師侵蔡。蔡潰，遂伐楚。楚子使與師言曰：『君處北海，寡人處南海，唯是風馬牛不相及也。不虞君之涉吾地也，何故？』管仲對曰：『昔召康公命我先君大公曰：「五侯九伯，女實征之，以夾輔周室。」賜我先君履，東至於海，西至於河，南至於穆陵，北至於無棣。爾貢包茅不入，王祭不共，無以縮酒，寡人是征。昭王南征而不復，寡人是問。』對曰：『貢之不入，寡君之罪也，敢不共給。昭王之不復，君其問諸水濱。』師進，次於陘。

夏，楚子使屈完如師。師退，次於召陵。齊侯陳諸侯之師，與屈完乘而觀之。齊侯曰：『豈不穀是爲？先君之好是繼。與不穀同好如何？』對曰：『君惠徼福於敝邑之社稷，辱收寡君，寡君之願也。』齊侯曰：『以此衆戰，誰能禦之？以此攻城，何城不克？』對曰：『君若以德綏諸侯，誰敢不服？君若以力，楚國方城以爲城，漢水以爲池，雖衆，無所用之。』屈完及諸侯盟。

陳轅濤涂謂鄭申侯曰：『師出於陳、鄭之間，國必甚病。若出於東方，觀兵於東夷，循海而歸，其可也。』申侯曰：『善。』濤涂以告，齊侯許之。申侯見，曰：『師老矣，若出於東方而遇敵，懼不可用也。若出於陳、鄭之間，共其資糧屝屨，其可也。』齊侯説，與之虎牢。執轅濤涂。

秋，伐陳，討不忠也。

許穆公卒於師，葬之以侯，禮也。凡諸侯薨於朝會，加一等；死王事，加二等。於是有以衮斂。

冬，叔孫戴伯帥師，會諸侯之師侵陳。陳成，歸轅濤涂。

又《僖公五年》會於首止，會王大子鄭，謀寧周也。

陳轅宣仲怨鄭申侯之反己於召陵，故勸之城其賜邑，曰：『美城之，大名也，子孫不忘。吾助子請。』乃爲之請於諸侯而城之，美。遂譖諸鄭伯曰：『美城其賜邑，將以叛也。』申侯由是得罪。

秋，諸侯盟。

王使周公召鄭伯，曰：『吾撫女以從楚，輔之以晉，可以少安。』鄭伯喜於王命，而懼其不朝於齊也，故逃歸不盟。孔叔止之曰：『國君不可以輕，輕則失親。失親患必至，病而乞盟，所喪多矣，君必悔之。』弗聽，逃其師而歸。

又《僖公六年》夏，諸侯伐鄭，以其逃首止之盟故也。圍新密，鄭所以不時城也。

秋，楚子圍許以救鄭，諸侯救許，乃還。冬，蔡穆侯將許僖公以見楚子於武城。許男面縛銜璧，大夫衰絰，士輿櫬。楚子問諸逢伯，對曰：『昔武王克殷，微子啓如是。武王親釋其縛，受其璧而祓之。焚其櫬，禮而命之，使復其所。』楚子從之。

又《僖公七年》七年春，齊人伐鄭。孔叔言於鄭伯曰：『諺有之曰：「心則不競，何憚於病。」既不能强，又不能弱，所以斃也。國危矣，請下齊以救國。』公曰：『吾知其所由來矣。姑少待我。』對曰：『朝不及夕，何以待君？』夏，鄭殺申侯以説於齊，且用陳轅濤涂之譖也。

初，申侯，申出也，有寵於楚文王。文王將死，與之璧，使行，曰：『唯我知女，女專利而不厭，予取予求，不女疵瑕也。後之人將求多於女，女必不免。我死，女必速行。無適小國，將不女容焉。』既葬，出奔鄭，

又有寵於厲公。子文聞其死也，曰：『古人有言曰「知臣莫若君。」弗可改也已。』

秋，盟於寧母，謀鄭故也。管仲言於齊侯曰：『臣聞之，招携以禮，懷遠以德，德禮不易，無人不懷。』齊侯修禮於諸侯，諸侯官受方物。

鄭伯使大子華聽命於會。言於齊侯曰：『洩氏、孔氏、子人氏三族，實違君命。若君去之以爲成，我以鄭爲内臣，君亦無所不利焉。』齊侯將許之。管仲曰：『君以禮與信屬諸侯，而以姦終之，無乃不可乎？子父不姦之謂禮，守命共時之謂信。違此二者，姦莫大焉。』公曰：『諸侯有討於鄭，未捷，今苟有釁，從之不亦可乎？』對曰：『君若綏之以德，加之以訓辭，而帥諸侯以討鄭，鄭將覆亡之不暇，豈敢不懼？若總其罪人以臨之，鄭有辭矣，何懼？且夫合諸侯以崇德也，會而列姦，何以示後嗣？夫諸侯之會，其德刑禮義，無國不記。記姦之位，君盟替矣。作而不記，非盛德也。君其勿許，鄭必受盟。夫子華既爲大子而求介於大國，以弱其國，亦必不免。鄭有叔詹、堵叔、師叔三良爲政，未可間也。』齊侯辭焉。子華由是得罪於鄭。

冬，鄭伯請盟於齊。

又《僖公八年》　八年春，盟於洮，謀王室也。鄭伯乞盟，請服也。

又《僖公九年》　夏，會於葵丘，尋盟，且修好，禮也。王使宰孔賜齊侯胙，曰：『天子有事於文武，使孔賜伯舅胙。』齊侯將下拜。孔曰：『且有後命。天子使孔曰：「以伯舅耋老，加勞，賜一級，無下拜」。』對曰：『天威不違顔咫尺，小白餘敢貪天子之命無下拜！恐隕越於下，以遺天子羞。敢不下拜！』下拜登受。

秋，齊侯盟諸侯於葵丘曰：『凡我同盟之人，既盟之後，言歸於好。』宰孔先歸，遇晋侯曰：『可無會也。齊侯不務德而勤遠略，故北伐山戎，南伐楚，西爲此會也。東略之不知，西則否矣。其在亂乎。君務靖亂，無勤於行。』晋侯乃還。

又《僖公十三年》　夏，會於咸，淮夷病杞故，且謀王室也。

又《僖公十四年》　十四年春，諸侯城緣陵而遷杞焉。不書其人，有闕也。

又《僖公十五年》　十五年春，楚人伐徐，徐卽諸夏故也。三月，盟於牡丘，尋蔡丘之盟，且救徐也。孟穆伯帥師及諸侯之師救徐，諸侯次於匡以待之。【略】

秋，伐厲，以救徐也。【略】冬，宋人伐曹，討舊怨也。

楚敗徐於婁林，徐恃救也。

又《僖公十六年》　夏，齊伐厲不克，救徐而還。【略】

十二月會於淮，謀鄫，且東略也。城鄫，役人病。有夜登丘而呼曰：『齊有亂。』不果城而還。

又《僖公十七年》　十七年春，齊人爲徐伐英氏，以報婁林之役也。師滅項。淮之會，公有諸侯之事，未歸而取項。齊人以爲討而止公。秋，聲姜以公故，會齊侯於卞。九月，公至。書曰，至自會，猶有諸侯之事焉，且諱之也。

《管子》卷七《大匡》　齊僖公生公子諸兒、公子糾、公子小白。使鮑叔傅小白，鮑叔辭，稱疾不出。管仲與召忽往見之，曰：『何故不出？』鮑叔曰：『先人有言曰：「知子莫若父，知臣莫若君」，今君知臣不肖也，是以使賤臣傅小白也，鮑叔以小白年幼，又不肖而賤，故難爲之傅也。賤臣知棄矣。』召忽曰：『子固辭無出，吾權任子以死亡，必免子。』任，保也。君若有疑，我當保子以疾困，至於死亡，此可以免子之身。鮑叔曰：『子如是，何不免之有乎？』言必免也。管仲曰：『不可。以召忽言非。持社稷宗廟者，不讓事，不廣閒。社稷宗廟至重，故不可讓難事而事而廣求閑安。將有國者，未可知也。於三公子未可的知其人。子其出乎。』召忽曰：『不可。吾三人者之於齊國也，譬之猶鼎之有足也，去一焉則必不立矣。言三人不可異其出處。吾觀小白必不爲後矣。』管仲曰：『不然也。夫國人憎惡糾之母，以及糾之身，而憐小白之無母也。諸兒長而賤，事未可知也。夫所以定齊國者，非此二公子者，將無已也。二公子，謂諸兒、子糾。言二子既不能定齊國，而又不立小白，卽是將更無所用。謂小白必得立矣。小白之爲人，無小智，惕而有大慮。言無小智，能惕遐懼而有大慮。非夷吾莫容小白，小白既無小智，必乖迕於俗人，故非夷吾莫能容。天不幸降禍加殃於齊，糾雖得立，事將不濟。非子定社稷，其將誰也？』糾既不濟，次在小白，輔小白而定社稷者，非子而誰？子謂召忽。召忽曰：『百歲之後，吾君卜世，犯吾君命而廢吾所立，

奪吾糺也，雖得天下，吾不生也，吾君卜也，謂僖公之子小白等也。君命，謂僖公之命使立子糾。今而奪焉，我當致死。兄與我齊國之政也。受君令而不改，奉所立而不濟，是吾義也。』召忽稱管仲爲兄。與我齊國之政，謂使知政也。今受君令而立子糺，不改其所奉，更有所立，不濟而死，是爲臣之義也。管仲曰：『夷吾之糺君臣也，言已立君臣之義，與召忽異。將承君命，奉社稷以持宗廟，豈死一糺哉！言當爲宗廟社稷致死，不死於一糺。夷吾之所死者，社稷破，宗廟滅，祭祀絶，則夷吾死之。非此三者，則夷吾生。夷吾生則齊國利，夷吾死則齊國不利。』鮑叔曰：『然則奈何？』管子曰：『子出奉令則可。』子出奉令，則小白有所依，故口可。鮑叔許諾，乃出奉令，遂傅小白。【略】

或曰：明年集書者更聞異説，故言『或曰』。明年，襄公立之明年也。襄公逐小白，小白走莒。三年，襄公薨，公子糺踐位。國人召小白，鮑叔曰：『胡不行矣？』。小白曰：『不可。夫管仲知，召忽强武，雖國人召我，我猶不得入也。』鮑叔曰：『管仲得行其知於國，國可謂亂乎？管仲得行其智於國，國則不亂。今亂，是不得行其智。召忽强武，豈能獨圖我哉？』國人既召小白，則不與召忽圖我。小白曰：『夫雖不得行其知，豈且不有焉乎？直是智不行，不得言無智。召忽雖不得衆，其及豈不足以圖我哉？』召忽雖不得衆，若及獨能圖我。鮑叔對曰：『夫國之亂也，智人不得作内事，智人作内事，則其國理。朋友不能相合摎，而國乃可圖也。』摎，交入也。朋友不能相交合，則當與弱，故乃可圖。乃命車駕，鮑叔御，小白乘而出於莒。小白曰：『夫二人者奉君令，吾不可以試也。』二人，謂管仲、召忽。奉君令，則致死拒我，故不可試也。乃將下。鮑叔履其足曰：『事之濟也在此時，事若不濟，老臣死之，公子猶之免也。』鮑叔言事若不濟，則己致死，公子猶可得免脱。乃行，至於邑郊，鮑叔令車二十乘先，十乘後。二十乘先，鮑叔欲與之入國。十乘後，令衛公子。鮑叔乃告小白曰：『夫國之疑二三子，莫忍老臣，二三子，謂從小白者。不忍違老臣，故相從，中心實疑。事之未濟也，老臣是以塞道。』以事未濟，故以二十乘先行塞道。鮑叔乃誓曰：『事之濟也，聽我令。事之不濟也，免公子者爲上，死者爲下。吾以五乘之實距路。』鮑叔於前二十乘，更將五乘先行距路，不令子糺之黨得及小白。鮑叔乃爲前驅，遂入國，逐公子糺。管仲射小白中鈎，管仲與公子糺、召忽遂走魯。桓公踐位，魯伐齊，納公子糺而不能。【略】

又 卷七《大匡》 桓公問於鮑叔曰：『將何以定社稷。』鮑叔曰：『得管仲與召忽，則社稷定矣。』公曰：『夷吾與召忽，吾賊也。』鮑叔乃告公其故圖。故圖，謂管仲本使鮑叔傳小白，將立之。公曰：『然則可得乎？』鮑叔曰：『若亟召則可得也。不亟，不可得也。夫魯施伯知夷吾爲人之有慧也，其謀必將令魯致政於夷吾。夷吾受之，則彼知能弱齊矣。夷吾不受，彼知其將反於齊也，必將殺之。』既不受魯政而反於齊，恐其將爲魯害，故殺之。公曰：『然則夷吾將受魯之政乎，其否也？』鮑叔對曰：『不受，夫夷吾之不死糺也，爲欲定齊國之社稷也。今受魯之政，是弱齊也。夷吾之事君無二心，雖知死，必不受也。』君，謂桓公。公曰：『其於我也曾若是乎？』曾，則也。則能無二心如是乎！鮑叔對曰：『非爲君也，爲先君也，其於君不如親糺也，言管仲親糾多於小白也。糺之不死。而况君乎！親尚不死，疏則可知。君若欲定齊之社稷，則亟迎之。』管仲既志在定齊社稷，故須急迎之。公曰：『恐不及，奈何？』鮑叔曰：『夫施伯之爲人也，敏而多畏。多畏則念慮深。公若先反，恐注怨焉，必不殺也。』若先反管仲，而施伯殺之，齊必注怨，故不敢。公曰：『諾』。從鮑叔之言也。施伯進對魯君曰：『管仲有急，其事不濟。今在魯，君其致魯之政焉。有急難之事，與小白爭國。其事既不濟，故來在魯，可因此事而致政。若受之，則齊可弱也。若不受，則殺之。殺之以説於齊也。與同怒，尚賢於已。』施伯恐管仲反齊爲害，欲殺之。有若與齊同怒，如此猶賢於不殺也。君曰諾，魯未及致政，而齊之使至，曰：『夷吾與召忽也，寡人之賊也，今在魯，寡人願生得之。若不得也，是君與寡人賊比也。』魯君問施伯，施伯曰：『君與之。臣聞齊君愓而亟驕，雖得賢，庸必能用之乎？庸，猶何也。及齊君之能用之也，管子之事濟也。及，猶就也。就令能用之，管子之事必濟也。夫管仲，天下之大聖也。今彼反齊，天下皆鄉之，豈獨魯乎？今若殺之，此鮑叔之友也，鮑叔因此以作難，君必不能待也，齊國强，鮑叔賢，故不能待。待，猶擬。不如與之。』魯君乃遂束縛管仲與召忽。管仲謂召忽曰：『子懼乎？』召忽曰：『何懼乎？吾不蚤死，將胥有所定也。胥，待。今既定矣，謂小白已定齊。令子相齊之左，必令忽相齊之右。雖然，殺君而用吾身，是再辱我也。君，謂子糾。子爲生臣，忽爲死臣，生則定社稷，死則顯忠義。忽也知得萬乘之政而死，公子糺可謂有死臣矣。子生而霸諸侯，公子糺可謂有生臣矣。死者成

行，死成忠義之行。生者成名。生定社稷之名。名不兩立，既成生名，不可又成死名。行不虛至。改致身受命，乃謂之行也。子其勉之，死生有分矣。』乃行，入齊境，自刎而死。管仲遂入。君子聞之曰：『召忽之死也，賢其生也。召忽之生，不能霸諸侯。管仲之生也，賢其死也。』管仲之死，不成九合之功。

【略】

桓公踐位十九年，弛關市之征，征，賦也。五十而取一，取其貨賄五十之一。賦祿以粟，案田而稅，案知其壤埆而稅之。二歲而稅一。率二歲而一稅之。上年什取三，中年什取二，下年什取一，歲饑不稅。歲飢，謂時歲總飢，故不稅。桓公使鮑叔識君臣之有善者，晏子識不仕與耕者之有善者，不仕，謂餘子未仕者。高子識工賈之有善者，國子爲李，李，獄官也。隰朋爲東國，賓胥無爲西土，弗鄭爲宅。爲宅，掌脩除宮室。凡仕者近公，仕者有公事，職務故近公。不仕與耕者近門，不仕與耕者，當出入田野，故近於外門。工賈近市，三十里置遽委焉，有司職之。遽，今之郵驛也。委，謂當有儲擬，以供過者，立官以主之。從諸侯欲通，謂從諸侯欲通於齊。吏從行者，令一人爲負以車，其吏從行而來者，遽之有司，當令一人以車爲負載其行裝。若宿者，令人養其馬，食其委。其客若宿，即以所委食之。客與有司別契，別契，謂分別其契，以知真僞也。至國八契。自郊至國八契，則一百五十五十里之郊地，相距爲五百里，以周之大闔也。費義數而不當，有罪。義爲供客之禮。從費義數，而於事不當者，罪之。凡庶人欲通，鄉吏不通，七日囚。庶人有所陳訴通於君，鄉吏抑而不通，事經七日者，則囚其吏，鞫劾其所以也。出欲通，吏不通，五日囚。出，謂欲適他國。貴人子欲通，吏不通，三日囚。凡縣吏進諸侯士而有善，觀其能之大小以爲之賞，有過無罪。賞雖過能，亦不罪也。令鮑叔進大夫勸國家，升進大夫，令之勉管國家之事。得之成而不悔爲上舉。得此大夫，故有成功。終然允當，無有可悔。如此者舉，善之上。從政治爲次。所進大夫，從政而能理者，次上成功也。野爲原，又多不發起，訟不驕，次之。所進大夫，有能勸勉農人，開闢荒野，皆爲原田。又教之和通，不相告發。賄有起而訟者，莫不恭恪，不爲驕傲。此又其次也。勸國家，得之成而悔，從政雖治，而不能野原，又多發，起訟驕，行此三者爲下。令晏子進貴人之子，晏子，平仲之先。出不仕，不仕，則樂道深。處不華，不華，則無過失。而友有少長，友有少長，則遵禮經。爲上舉，全此三者，故爲上。得二爲次，得二，三之二也。得一爲下。士處靖，靖，卑敬兒。敬老與貴，敬老近於親，敬貴近於君。交不失禮，行此三者爲上舉，得二爲次，得一爲下。耕者農農用力，勤而不惰。應於父兄，孝且義。事賢多，押善而從，故能多。行此三者爲上舉，得二爲次，得一爲下。令高子進工賈，應於父兄，事長養老，承事敬，承奉君敬而從之也。行此三者爲上舉，得二者爲次，得一者爲下。令國子以情斷獄，定罪罰者，貴得其情。三大夫既已選舉，使縣行之。三大夫，謂鮑叔、晏子、高子。管仲進而舉言，上而見之於君，見三大夫所選舉者。此言選舉者，國子主斷獄，故不在三大夫之數。以卒年君舉。卒年，謂終年如此。管仲進者，君舉用之也。管仲告鮑叔曰：『勸國家不得成而悔，從政不治，不能野原，又多而發，言相告發。訟驕，既訟而驕。凡三者，有罪無赦。』告晏子曰：『貴人子處華，下處華屋之下，則淫泆。交，好飲食，重交好，則挾朋黨。嗜飲食，則道情薄。行此三者，有罪無赦。士出入無常，不敬老而營富，行此三者，有罪無赦。耕者出入不應於父兄，用力不農，不事賢，行此三者，有罪無赦。』告高子曰：『工賈出入不應父兄，承事不敬，而違老治危，危，傾險也。行此三者，有罪無赦。』凡於父兄無過，州里稱之，吏進之，君用之。無過於父兄，見稱於州里，吏進此人，君必用之。有善無賞，有過無罰，吏不進，廉意。有善不能賞，有過不能罰，吏則苟免而已，故不進，廉意也。於父兄無過，於州里莫稱，吏進之，君用之。善，爲上賞；不善，吏有罰。雖無過於父兄，而州里不稱，吏進此人，君承用之，其人善則吏受上賞，不善則吏當罰。君謂國子：『凡貴賤之義，入與父俱，父貴而子賤也。出與師俱，師貴而資賤也。上與君俱，君貴而臣賤。凡三者遇賊不死，不知賊，則無赦。言人於此三者所在當致死，所謂在三如一。今賊將害此三者，遇之而不能死，有賊而又不知，則不臣不子也，故無赦也。斷獄情與義易，義與祿易，凡斷獄者，所以止罪邪。止罪邪，所以美禮義。今犯罪者，非以乖僻易義，則以姦僞易祿也。易祿可無斂，有可無赦。』姦僞祿者，既當罰其罪，可無斂其祿，然今所有罪必無赦之也。

又 卷八《小匡》 桓公自莒反於齊，使鮑叔牙爲宰，鮑叔辭曰：『臣，君之庸臣也。君有加惠於其臣，使臣不凍饑，則是君之賜也。若必治國家，則非臣之所能也，其唯管夷吾乎！臣之所不如管夷吾者五：寬惠愛民，臣不如也。治國不失秉，臣不如也。秉，柄也。柄所操以作事。國柄者，賞罰之紀要也。忠信可結於諸侯，臣不如也。制禮義可法於四方，臣不

如也。介冑執枹，立於軍門，使百姓皆加勇，臣不如也。枹，擊鼓槌。夫管仲，民之父母也。將欲治其子，不可棄其父母。』公曰：『管夷吾親射寡人，中鉤，殆於死，今乃用之，可乎？』鮑叔曰：『彼爲其君動也，君若宥而反之，其爲君亦猶是也。』公曰：『然則爲之奈何？』鮑叔曰：『君使人請之魯。』公曰：『施伯，魯之謀臣也。彼知吾將用之，必不吾予也。』鮑叔曰：『君詔使者曰：「寡君有不令之臣在君之國，願請之以戮羣臣。」戮以徇羣臣。魯君必諾。且施伯之知夷吾之才，必將致魯之政。既知其材，故授以國政。夷吾受之，則魯能弱齊矣。夷吾不受，彼知其將反於齊，必殺之。』公曰：『然則夷吾受乎？』鮑叔曰：『不受也。夷吾事君無二心。』公曰：『其於寡人猶如是乎？』對曰：『非爲君也。爲先君與社稷之故，君若欲定宗廟，則亟請之。不然，無及也。』公乃使鮑叔行成，成，平也。與魯平。曰：『公子糾，親也，請君討之。』魯人爲殺公子糾。又曰：『管仲，讎也，請受而甘心焉。』魯君許諾。施伯謂魯侯曰：『勿予，非戮之也，將用其政也。用之使知政。管仲者，天下之賢人也，大器也。在楚則楚得意於天下，在晉則晉得意於天下，在狄則狄得意於天下。今齊求而得之，則必長爲魯國憂，君何不殺而受之其屍。』魯君曰：『諾。』將殺管仲。鮑叔進曰：『殺之齊是戮齊也，言戮以徇齊也。殺之魯是戮魯也。以誡羣臣。弊邑寡君願生得之，以徇於國，爲羣臣戮。戮之以誡羣臣。若不生得，是君與寡君賊比也。言親吾賊。非弊邑之君所謂也，使臣不能受命。』於是魯君乃不殺，遂生束縛而柙以予齊。柙，檻。鮑叔受而哭之，三舉，三舉其聲，僞哀其將死也。施伯從而笑之。笑其僞也。謂大夫曰：『管仲必不死。夫鮑叔之忍不僇賢人，言多所容忍，必不僇賢人。其智稱賢以自成也。稱，舉也。鮑叔相公子小白，先入得國。得國人心。管仲、召忽奉公子糾後入，與魯以戰，能使魯敗。與魯師與齊戰，能使魯敗而齊克也。功足以得天與失天，其人事一也。管仲本圖將立小白，今能敗魯勝齊，是其功也。故於齊爲得天，於魯爲失天，至於能成人事則一。今魯懼，殺公子糾、召忽，囚管仲以予齊，鮑叔知無後事，既得管仲，則知後禍難之事也。必將勸管仲以勞其君，必操管仲本敗魯勝齊之意，以成其功，動而慰勞其君也。願以顯其功。衆必予之願君試用管仲，以顯其定齊之功。如此，衆必與之。與，許也。有得。力死之功，猶尚可加也。顯生之功，將何如？是假令管仲力死成功，但一時之事耳，猶尚可加，況不耻垢辱，忍而生全，齊將得之而霸，以顯其本謀之功，何善如之乎？昭德以貳君也。言昭管仲之德，以爲君之副貳。鮑叔之知是不失也。』以鮑叔之智，能及此圖，必不失也。至於堂阜之上，堂阜，地名。鮑叔祓而浴之三，祓，謂除其凶邪之氣。桓公親迎之郊。管仲詘纓插衽，示將就戮。使人操斧而立其後。操斧者，將受斧鉞之誅也。公辭斧三，然後退之。退操斧者。公曰：『垂纓下衽，寡人將見。』管仲再拜稽首，曰：『應公之賜，殺之黃泉，死且不朽。』言君賜之死，尚感恩不朽，況生之乎！公遂與歸，禮之於廟，三酌而問爲政焉。【略】

葵丘之會，天子使大夫宰孔致胙於桓公曰：『余一人之命有事於文、武，有祭事於文王、武王之廟也。使宰孔致胙，且有後命，曰：「以爾自卑勞，以爾自卑而勞弊。實謂爾伯舅，毋下拜。」』桓公召管仲而謀，管仲對曰：『爲君不君，君命臣無下拜，是不君也。爲臣不臣，臣承命而不讓，是不臣也。亂之本也。』桓公曰：『余乘車之會三，兵車之會六，九合諸侯，一匡天下，北至於孤竹、山戎、穢貉，拘秦夏。西至流沙、西虞，南至吳、越、巴、牂柯、𤬪、不庾、雕題、黑齒，皆南夷之國號也。荆夷之國，莫違寡人之命，而中國卑我。中國之人，不尊崇推，使居臣位，是卑我也。昔三代之受命者，其異於此乎？』管子對曰：『夫鳳皇鸞鳥不降，而鷹隼鴟梟豐。庶神不格，庶神不至，則未歆其祭享。守龜不兆。守龜，國之守龜。不兆，謂不以信誠告之。握粟而筮者屢中。長者不告而短者告，是德之不至。《傳》曰：「龜長筮短。」《詩》曰：「握粟出卜。」時雨甘露不降，飄風暴雨數臻，五穀不蕃，六畜不育，而蓬蒿藜藋並興。夫鳳皇之文，前德義，後日昌，前包德義，後有日昌，明先德義，乃可以日昌也。昔人之受命者，龍龜假，假，至也。河出圖，雒出書，地出乘黃。乘黃，神馬也。坤利牝。馬之貞，故從地出，若漢之渥洼神馬之比。今三祥未見有者，三祥，謂龜龍、圖書、乘黃也。雖曰受命，無乃失諸乎？』桓公懼。

又　卷八《中匡》　桓公謂管仲曰：『請致仲父。』仲父者，尊老有德之稱。桓公欲尊事管仲，故以仲父之號致之。公與管仲父而將飲之。行飲酒禮以尊顯之。掘新井而柴焉。新井而又柴蓋之，令人欲以澄清，示敬之。十日齋戒，召管仲。管仲至，公執爵，夫人執尊，觴三行，管仲趨出。公怒曰：『寡人齋戒十日而飲仲父，寡人自以爲脩矣。仲父不告寡人而出，其故何也？』謂

不辭而出，所以怒。鮑叔、隰朋趨而出。及管仲於途，曰：『公怒。』管仲反，入，倍屏而立，公不與言。少進中庭，公不與言。少進傅堂，公曰：『寡人齋戒十日而飲仲父，自以爲脱於罪矣，仲父不告寡人而出，未知其故也。』對曰：『臣聞之，沉於樂者洽於憂，樂過則憂博。厚於味者薄於行，慢於朝者緩於政，害於國家者危於社稷。臣是以敢出也。』公遽下堂曰：『寡人非敢自爲脩也，仲父年長。雖寡人亦衰矣，吾願一朝安仲父也。』言俱至於衰老，故欲一朝樂飲而爲安。對曰：『臣聞壯者無怠，老者無偷，順天之道，必以善終者也。三王失之也，非一朝之萃，其所由來者漸矣，非一朝萃也。君奈何其偷乎？』管仲走出，君以賓客之禮再拜送之。【略】

管仲會國用，三分二在賓客，二以供賓客。其一在國，管仲懼而復之。復，白也。以賓客之費太半，故白之。公曰：『吾子猶如是乎？以吾子爲賢，當以共賓之義爲急務，尚懼而白之乎？四鄰賓客，入者説，出者譽，入見禮而悦者，出必爲延譽也。光名滿天下。入者不説，出者不譽，汙名滿天下。壤可以爲粟，播壤則生粟。木可以爲貨。破木成器則貨。粟盡則有生，貨散則有聚。君人者，名之爲貴，財安可有？』有財則失名，故不可有。管仲曰：『此君之明也』。公曰：『民辦軍事矣，則可乎？』對曰：『不可。甲兵未足也。請薄刑罰以厚甲兵。』於是死罪不殺，刑罪不罰，使以甲兵贖。有罪使出甲兵以贖之也。死罪以犀甲一戟，刑罰以脅盾一戟，脅盾也，既出盾又令出一戟也。過罰以金，過誤致罰，出金以贖之。軍無所計而訟者，成以束矢。不計於軍事，而以私訟者，令出束矢，以平其罪。成，平也。公曰：『甲兵既足矣，吾欲誅大國之不道者可乎？』對曰：『愛四封之內，而後可以惡竟外之不善者。先施愛於四封之內，則士致死，故可以惡竟外之不善。安卿大夫之家，而後可以危救敵之國。卿大夫家安，則大臣盡力，故以危救敵之國。賜小國地，而後可以誅大國之不道者。舉賢良而後可以廢慢法鄙賤之民。是故先王必有置也，而後必有廢也。必有利也，而後必有害也。』【略】

明日，管仲朝，公曰：『寡人願聞國君之信。』對曰：『民愛之，鄰國親之，天下信之，此國君之信。』公曰：『善。請問信安始而可？』對曰：『始於爲身，中於爲國，成於爲天下。』公曰：『請問爲身。』對曰：『道血氣以求長年，長心，長德，長心，謂謀慮遠也。長德，謂思施廣也。此爲身也。』公曰：『請問爲國？』對曰：『遠舉賢人，慈愛百姓，外存亡國，繼絶世，起諸孤，孤，謂死王事者子孫。薄稅斂，輕刑罰，此爲國之大禮也。法行而不苛，刑廉而不赦，有司寬而不凌，不虐俘獨。菀濁困滯，皆法度不亡，菀濁，謂穢塞不潔清者也。困滯，謂疲羸微隱者也。有如此者，皆以法度加之，不令有所失亡也。往行不來，而民游世矣，其行法度者，但往行而進，不卻來而退，而人以此自得行於世也。此爲天下也。』

又　卷一六《小問》　桓公使管仲求甯戚。甯戚應之曰：『浩浩乎！』管仲不知，至中食而慮之，婢子曰：『公何慮？』管仲曰：『非婢子之所知也。』婢子曰：『公其毋少少，毋賤賤，昔者吳、干戰，干，江邊地也。未齔不得入軍門。齔，毀齒也。國子擿其齒，遂入，爲干國多。戰功曰多。言於干戰，國子功多也。百里徯，秦國之飯牛者也，穆公舉而相之，遂霸諸侯。由是觀之，賤豈可賤，少豈可少哉？』管仲曰：『然。公使我求甯戚，甯戚應我曰：「浩浩乎！」吾不識。』婢子曰：『《詩》有之，「浩浩者水，育育者魚。水浩浩然盛大，魚育育然相與而遊其中。喻時人皆得配偶以居室家。甯戚有伉儷之思，故陳此詩以見意。未有室家，而安召我居。」言誰當召我，授之配疋，與之爲居乎也。甯子其欲室乎？』【略】

楚伐莒，莒君使人求救於齊，桓公將救之。管仲曰：『君勿救也。』公曰：『其故何也？』管仲對曰：『臣與其使者言，三辱其君，顏色不變。辱其君而色不變，則無羞恥也。臣使官無滿其禮，三三加其禮，皆不滿足。强。其使者爭之以死，不識不滿之意，纔激强之，則爭之以死，是不智。莒君，小人也。君勿救。』其使不賢，故知其君小人也。桓公果不救而莒亡。

又　卷一一《小稱》　桓公、管仲、鮑叔牙、甯戚四人飲。飲酣，桓公謂鮑叔牙曰：『闔不起爲寡人壽乎？』奉尊者酒祝令增壽。鮑叔牙奉杯而起曰：『使公毋忘出如莒時也，使管子毋忘束縛在魯也，使甯戚毋忘飯牛車下也。』桓公辟席再拜曰：『寡人與二大夫能無忘夫子之言，則國之社稷必不危矣。』【略】

桓公北伐孤竹，未至卑耳之谿十里，闟然止，瞠然視，闟，住立皃；瞠，驚視皃。援弓將射，引而未敢發也。謂左右曰：『見是前人乎？』左右對曰：『不見也。』公曰：『事其不濟乎？寡人大惑。今者寡人見人，長尺而人物具焉，冠，右祛衣，走馬前疾，事其不濟乎！寡人大惑。豈

有人若此者乎？」管仲對曰：「臣聞登山之神，有俞兒者，長尺而人物具焉。霸王之君興而登山，神見，且走馬前疾，道也。袪衣，示前有水也。右袪衣，示從右方涉也。」至卑耳之谿，有贊水者謂贊引渡水者。曰：「從左方涉，其深及冠。從右方涉，其深至膝。若右涉，其大濟。」桓公立拜管仲於馬前曰：「仲父之聖至若此，寡人之抵罪也久矣。」抵，當也。不知仲父之聖，是寡人當有罪久矣。管仲對曰：「夷吾聞之，聖人先知無形。今已有形而後知之，臣非聖也，善承教也。」善承古人之法。

又《四稱》 桓公問於管子曰：「寡人幼弱惛愚，不通諸侯四鄰之義，仲父不當盡語我昔者有道之君乎？吾亦鑑焉。」管子對曰：「夷吾之所能與所不能，盡在君所矣，君胡有辱令？」言已能不皆盡之於君，無所隱藏。今何勞辱君令，而使己言之乎。桓公又問曰：「仲父，寡人幼弱惛愚，不通四鄰諸侯之義，仲父不當盡告我昔者有道之君乎？吾亦鑑焉。」管子對曰：「夷吾聞之於徐伯曰：昔者有道之君，敬其山川、宗廟、社稷，及至先故之大臣，收聚以忠而大富之。先故之臣，謂祖考時舊臣也。今以忠誠收聚而賙恤之，令其大富也。固其武臣，宣用其力。聖人在前，貞廉在側，競稱於義，上下皆飾。形正明察，四時不貸，民亦不憂，五穀蕃殖。外內均和，諸侯臣伏，國家安寧，不用兵革。受其幣帛，以懷其德，昭受其令，以爲法式。鄰國以弊帛來聘，當取之，以懷來有德。其或以制令來告者，則君受之，以爲法式乎。此亦可謂昔者有道之君矣。」桓公曰：「善哉。」

桓公曰：「仲父既已語我昔者有道之君矣，不當盡語我昔者無道之君乎？吾亦鑑焉。」管子對曰：「今若君之美好而宣通也，既官職美道，又何以聞惡爲？」言君既美好宣通，官又合於美道，脩而行之，自可爲理，何須聞於惡事乎？以此抑桓公，欲觀其意也。桓公曰：「是何言邪？以繢緣繢，吾何以知其美也？以素緣素，吾何以知其善也？仲父已語我其善，而不語我其惡，吾豈知善之爲善也？」管子對曰：「夷吾聞之於徐伯曰：昔者無道之君，大其宮室，高其臺榭。良臣不使，讒賊是舍。舍，止也。謂止讒賊於其旁與之近也。有家不治，借人爲國。言自不能理其家，借他人圖也。政令不善，墨墨若夜。言其昏闇之甚也。辟若野獸，無所朝處。野獸各恣意爲生，不相統屬，故無朝處也。不脩天道，不鑑四方。有家不治，辟若生狂。狂惑者失其性，不分善惡也。衆所怨詛，詛，祝之也。希不滅亡。進其諛優，繁其鐘鼓。流於博塞，戲其工瞽，誅其良臣，敖其婦女。唯與婦女爲敖從也。獠獵畢弋，暴遇諸父。其所接遇諸父，惟以凶暴。馳騁無度，戲樂笑語。式政既輮，刑罰則烈。言其法式之致既已輕曲，至於刑罰惟益酷烈。內削其民，以爲攻伐。反以削生爲伐功也。辟猶漏釜，豈能無竭？漏釜則江海不能滿，故必有竭也。此亦可謂昔者無道之君矣。」桓公曰：「善哉。」

桓公曰：「仲父既已語我昔者有道之君，與昔者無道之君矣，仲父不當盡語我昔者有道之臣乎？吾以鑑焉。」管子對曰：「夷吾聞之徐伯曰：昔者有道之臣，委質爲臣，不賓事左右。賓，敬也。君知則仕，不知則已。若有事必圖國家，徧其發揮，良臣皆私其所有，必能於國家，及其發，又普徧之也。循其祖德，辯其順逆。推育賢人，讒慝不作。事君有義，使下有禮。貴賤相親，若兄若弟。忠於國家，上下得體。居處則思義，語言則謀謨。動作則事。居國則富，處軍則克。臨難據事，雖死不悔。近君爲拂，遠君爲輔。義以與交，廉以與處。臨官則治，酒食則慈。不謗其君，不毀其辭。君若有過，進諫不疑。君若有憂，則臣服之。」服，行也。此亦可謂昔者有道之臣矣。」桓公曰：「善哉。」

桓公曰：「仲父既已語我昔者有道之臣矣，不當盡語我昔者無道之臣乎？吾亦鑑焉。」管子對曰：「夷吾聞之於徐伯曰：昔者無道之臣，委質爲臣，賓事左右，執說以進，不蘄亡己。執佞説以進於君，專固寵位，無求去也。遂進不退，所謂知進而不知退。假寵鬻貴。假，因也。因君之寵，必能鬻其貴。尊其貨賄，卑其爵位。不令入，未必能貴其爵位，但尊其貨賄而已。進曰輔之，退曰不可。進於君，則言己能爲輔弼。退而私議，則曰君不可輔。以敗其君，皆曰非我。由斯之人不肖，故君有敗，乃更推過於君，云此非我。不仁羣處，以攻賢者。小人所忌者君子，故其羣處，常有陷賢之見。見賢若貨，其見賢人，無敬恭之心，反欲規利，若求貨然。見賤若過。其見賤人無矜恤之心，蕭然不顧，若行者之過。貪於貨賄，競於酒食。不與善人，唯其所事。人有曲而事己與之交也。倨敖不恭，不友善士。讒賊與鬬，不彌人爭。其人見爭則恣令鬬，無彌縫之心。唯趣人詔。人有制命，不問可不，則向而順之，言其佞諛。湛湎於酒，行義不從。從，順也。不脩先故，變易國常。擅創爲令，迷或其君。生奪之政，生猶奪政，況於死後乎。保貴寵矜。懼寵而矜夸者，則保依而貴。頡損善士，善士則遭改而損棄之。捕援貨人。其所捕追而援引者，唯財貨之人。入則乘等，

出則黨駢。其貨賄之人，與之入國則同乘而等，至其出也，又朋黨而駢並。貨賄相入，酒食相親。俱亂其君。君若有過，各奉其身。奉身自潔，推過於君也。此亦可謂昔者無道之臣矣。」桓公曰：「善哉。」

又　卷一八《桓公問》　齊桓公問管子曰：「吾念有而勿失，得而勿忘，爲之有道乎？」對曰：「勿創勿作，時至而隨。毋以私好惡害公正，察民所惡，以自爲戒。人有所惡己行之罪。黄帝立明臺之議者，上觀於賢也。堯有衢室之問者，下聽於人也。舜有告善之旌，而主不蔽也。禹立諫鼓於朝，而備訊唉。訊，問也。唉，驚問也。湯有總街之庭，以觀人誹也。武王有靈臺之復，而賢者進也。復，謂白也。此古聖帝明王所以有而勿失，得而勿忘者也。」桓公曰：「吾欲效而爲之，其名云何？」對曰：「名曰嘖室之議。謂議論者言語讙嘖。曰法簡而易行，刑審而不犯，事約而易從，求寡而易足。人有非上之所過，謂之正士。見上有過而非之，可謂正士。內於嘖室之議，納正士之言，著爲嘖室之議。有司執事者，咸以厥事奉職，而不忘爲此嘖室之事也。請以東郭牙爲之，此人能以正事爭於君前者也。」桓公曰：「善。」

又　卷二一《巨乘馬》　桓公問管子曰：「請問乘馬？」管子對曰：「國無儲在令。」桓公曰：「何謂國無儲在令？」管子對曰：「一農之量壤百畝也，春事二十五日之內。」桓公曰：「何謂春事二十五日之內？」管子對曰：「日至六十日而陽凍釋，七十日而陰凍釋，陰凍釋而杌稷，百日不杌稷，故春事二十五日之內耳也。今君立扶臺，五衢之衆皆作。君過春而不止，民失其二十五日，則五衢之內阻棄之地也。起一人之繇，百畝不舉。起十人之繇，千畝不舉。起百人之繇，萬畝不舉。起千人之繇，十萬畝不舉。春已失二十五日，而尚有起夏作，是春失其地，夏失其苗，秋起繇而無止，此之謂穀地數亡；穀失於時，君之衡藉而無止。民食十伍之穀，則君已藉九矣。有衡求幣焉，此盜暴之所以起，刑罰之所以衆也，隨之以暴，謂之內戰。」桓公曰：「善哉！」

「筴乘馬之數求盡也，彼王者不奪民時，故五穀興豐，五穀興豐，則士輕祿，民簡賞。彼善爲國者，使農夫寒耕暑耘，力歸於上；女勤於織微，而織歸於府者，非怨民心，傷民意，高下之筴，不得不然之理也。」桓公曰：「爲之奈何？」管子曰：「虞國得筴乘馬之數矣。」桓公曰：「何謂筴乘馬之數？」管子曰：「百畝之夫予之筴，率二十七日爲子之春事，資子之幣。春秋子穀大登，國穀之重去分，謂農夫曰：幣之在子者，以爲穀而廪之州里。國穀之分在上，國穀之重再十倍，謂遠近之縣，里邑百官，皆當奉器械備。曰：國無幣，以穀准幣。國穀之櫎，一切什九。還穀而應穀，國器皆資，無藉於民。此有虞之筴乘馬也。」

又　卷一四《乘馬數》　桓公問管子曰：「有虞筴乘馬，已行矣。吾欲立筴乘馬，爲之奈何？」管子對曰：「戰國脩其城池之功，故其國常失其地用。王國則以時行也。」桓公曰：「何謂以時行？」管子對曰：「出准之令，守地用人筴，故開闔皆在上，無求於民。朝國守，分上分下，游於分之閒而用足。王國守始，國用一不足，則加一焉。國用二不足則加二焉，國用三不足則加三焉，國用四不足則加四焉，國用五不足則加五焉，國用六不足則加六焉，國用七不足則加七焉，國用八不足則加八焉，國用九不足則加九焉，國用十不足則加十焉。人君之守高下，歲藏三分，十年則必有三年之餘。若歲凶旱水泆，民失本則，修宫室臺榭，以前無狗、後無彘者爲庸。故修宫室臺榭，非麗其樂也，以平國筴也。今至於其亡筴乘馬之君，春秋冬夏不知時終始，作功起衆，立宫室臺榭，民失其本事，君不知其失諸春筴，又失諸夏秋之筴數也。民無糧賣子，數也。猛毅之人淫暴，貧病之民乞請。君行律度焉，則民被刑戮而不從於主上，此筴乘馬之數亡也。乘馬之准，與天下齊准。彼物輕則見泄，重則見射。此鬭國相泄，輕重之家相奪也。至於王國，則持流而止矣。」桓公曰：「何謂持流？」管子對曰：「有一人耕而五人食者，有一人耕而四人食者，有一人耕而三人食者，有一人耕而二人食者。此齊力而功地，田筴相員。此國筴之時守也。君不守以筴，則民且守於上，此國筴流已。」

桓公曰：「乘馬之數盡於此乎？」管子對曰：「布織財物，皆立其貲。財物之貲與幣高下，穀獨貴獨賤。」桓公曰：「何謂獨貴獨賤？」管子對曰：「穀重而萬物輕，穀輕而萬物重。」公曰：「賤筴乘馬之數奈何？」管子對曰：「郡縣上奥之壤守之若干，閒壤守之若干，下壤守之若干。故相壤定籍而民不移，振貧補不足，下樂上。故以上壤之滿，補下壤之衆，章四時，守諸開闔，民之不移也。如廢方於地。此之謂筴乘馬之數也。」

又　卷二二《山國軌》　桓公問管子曰：『請問官國軌？』管子對曰：『田有軌，人有軌，用有軌，鄉有軌，人事有軌，幣有軌，縣有軌，國有軌。不通於軌數，而欲爲國，不可。』桓公曰：『行軌數奈何？』對曰：『某鄉田若干？人事之准若干？穀重若干？曰：某縣之人若干？田若干？幣若干而中用？穀重若干而中幣？終歲度人食，其餘若干？曰：某鄉女勝事者終歲績，其功業若干？以功業直時而櫎之，終歲，人己衣被之後，餘衣若干？別羣軌，相壤宜。』桓公曰：『何謂別羣軌，相壤宜？』管子對曰：『有莞蒲之壤，有竹箭檀柘之壤，有氾下漸澤之壤，有水潦魚鼈之壤。今四壤之數，君皆善官而守之，則籍於財物，不籍於人。畝十鼓之壤，君不以軌守，則民且守之。民有過移長力，不以本爲得，此君失也。』

桓公曰：『軌意安出？』管子對曰：『不陰據其軌皆下制其上。』桓公曰：『此若言何謂也？』管子對曰：『某鄉田若干？食者若干？某鄉之女事若干？餘衣若干？謹行州里曰：「田若干？人若干？人衆，田不度食若干？」曰：「田若干？餘食若干？必得軌程，此調之泰軌也。然後調立環乘之幣。田軌之有餘於其人食者，謹置公幣焉。大家衆，小家寡。」山田閒田曰：終歲其食不足於其人若干？則置公幣焉，以滿其准。重歲豐年，五穀登。謂高田之萌，曰：吾所寄幣於子者若干，鄉穀之櫎若干，請爲子什減三。」穀爲上，幣爲下。高田撫閒田。山田不被穀，十倍山田，以君寄幣，振其不贍，未淫失也。高田以時撫於主上，坐長加十也。女貢織帛，苟合于國奉者，皆置而券之，以鄉櫎市准，曰：「上無幣，有穀，以穀准幣。」環穀而應筴，國奉決。穀反准，賦軌幣。穀廩，重有加十。謂大家委貲家曰：「上且脩遊，人出若干幣。」謂鄰縣曰：「有實者，皆勿左右。不贍，則且爲人馬假其食。」民鄰縣四面皆櫎，穀坐長而十倍。上下令曰：「貲家假幣，皆以穀准幣，直幣而庚之。」穀爲下，幣爲上。百都百縣軌據，穀坐長十倍。環穀而應假幣。國幣之九在上，一在下。幣重而萬物輕，斂萬物，應之以幣。幣在下，萬物皆在上，萬物重十倍。官府以市櫎出萬物，隆而止。國軌：布於未形，據其已成，乘令而進退，無求於民，謂之國軌。』

桓公問於管子曰：『不籍而贍國，爲之有道乎？』管子對曰：『軌守其時，有官天財，何求於民！』桓公曰：『何謂官天財？』管子對曰：『泰春，民之功繇。泰夏，民令之所止，令之所發。謂山澤之所禁發。泰秋，民令之所止，令之所發。泰冬，民令之所止，令之所發。此皆民所以時守也，此物之高下之時也，此民之所以相幷兼之時也。君守諸四務。』桓公曰：『何謂四務？』管子對曰：『泰春，民之且所用者，君已廩之矣。泰夏，民之且所用者，君已廩之矣。泰秋，民之且所用者，君已廩之矣。泰冬，民之且所用者，君廩，歲也，言四時人之所要，皆先備之，所謂耒耜器械種饟糧食，必取要焉，則豪人大賈不得擄其利。已廩之矣，泰春功布日，春縑衣，夏單衣，捍寵累箕勝籯屑糗，若干日之功，用人若干。無貲之家，皆假之械器勝籯糗公衣。功已而歸公，衣折券。故力出於民，而用出於上。春十日不害耕事，夏十日不害芸事，秋十日不害斂實，冬二十日不害除田。此之謂時作。』桓公曰：『善。』

『吾欲立軌官，爲之奈何？』管子對曰：『鹽鐵之筴，足以立軌官。』桓公曰：『奈何？』

管子對曰：『龍夏之地，布黃金九千，以幣貲金，巨家以金，小家以幣。周岐山至於峥丘之西塞丘者，山邑之田也，布幣稱貧富而調之。周壽陵而東至少沙者，中田也，據之以幣，巨家以金，小家以幣。三壤已撫，而國穀再什倍。梁、渭、陽瑣之牛馬滿齊衍，請毆之顛齒，量其高壯，曰：「國爲師旅，戰車毆就斂子之牛馬。上無幣，請以穀視市櫎而庚子牛馬，爲上粟二家。」二家散其粟，反准，牛馬歸於上。』

管子曰：『請立貲於民，有田倍之內，毋有其外，外皆爲貲壤。被鞍之馬千乘，齊之戰車之具具於此，無求於民，此去丘邑之籍也。國穀之朝夕在上，山林廩械器之高下在上，春秋冬夏之輕重在上。行田疇，田中有木者，謂之穀賊。宮中四榮，樹其餘，曰害女功。宮室械器，非山無所仰，然後君立三等之租於山，曰：握以下者爲柴楂，把以上者爲室奉，三圍以上爲棺槨之奉。柴楂之租若干，室奉之租若干，棺槨之租若干。』管子曰：『鹽鐵撫軌，穀一廩十，君常操九，民衣食而繇，下安無怨咎。去其田賦，以租其山。巨家重葬其親者，服重租。小家菲葬其親者，服小租。巨家美修其宮室者，服重租。小家爲室廬者，服小租。上立軌於國，民之貧富如加之以繩，謂之國軌。』

又　卷二二《海王》　桓公問管子曰：『吾欲藉於臺雉，何如？』管子對曰：『此毀成也。』『吾欲藉於樹木。』管子對曰：『此伐生也。』『吾欲藉於六畜。』管子對曰：『此殺生也。』『吾欲藉於人，何如？』管子對曰：『此隱情也。』桓公曰：『然則吾何以爲國？』管子對曰：『唯官山海爲可耳。』桓公曰：『何謂官山海？』管子對曰：『海王之國，謹正鹽筴。』海王，言以負海之利而王其業。桓公曰：『何謂正鹽筴？』正，稅也。管子對曰：『十口之家十人食鹽，百口之家百人食鹽。終月，大男食鹽五升少半，少半，猶劣薄也。大女食鹽三升少半，吾子食鹽二升少半。吾子，謂小男小女也。此其大曆也。曆，數。鹽百升而釜。鹽十二兩七銖一黍十分之一爲升。當米六合四勺也。百升之鹽，七十六斤十二兩十九銖二纍。爲釜，當米六斗四升。今鹽之重升加分彊，釜五十也。分彊，半彊也。今使鹽官稅其鹽重，每一升加半合爲彊而取之，則一釜之鹽得五十合而爲之彊。升加一彊，釜百也。升加二彊，釜二百也。鍾二千，十釜之鹽，七百六十八斤。爲鍾，當米六斛四斗是也。十鍾二萬，百鍾二十萬，千鍾二百萬。萬乘之國，人數開口千萬也。舉其大數而言之也。開口，謂大男大女之所食鹽也。禺筴之，商日二百萬，偶，對也。商，計也。封其大男大女食鹽者之口數而立筴，以計所稅之鹽。一日計二百萬合，爲二百鍾。十日二千萬，一月六千萬。萬乘之國正九百萬也。萬乘之國，大男大女食鹽者千萬人，而稅之鹽一日二百鍾，十日二千鍾，一月六千鍾也。今又施其稅數以千萬人如九百萬人之數，則所稅之鹽一日八十鍾，十日千八百鍾，一月五千四百鍾。月人三十錢之籍，爲錢三千萬。又變其五千四百鍾之鹽而籍其錢，計一月每人籍錢三十，凡千萬人，爲錢三萬萬矣。以籍之數而比其常籍，則當一國而有三千萬人矣。今吾非籍之諸君吾子，而有二國之籍者六千萬。諸君，謂老男老女也。六十已上爲老男，五十已上爲老女也。既不籍於老男老女，又不籍於小男小女，乃能以千萬人而當三千萬人者。蓋鹽官之利耳。鹽官之利既然，則鹽官之利可知也。鹽官之利當一國而三萬人焉，故能有二國之籍者六千萬人耳。其常籍人之數猶在此外。使君施令曰：「吾將籍於諸君吾子」，則必囂號。今夫給之鹽筴，則百倍歸於上，人無以避此者，數也。

『今鐵官之數曰：一女必有一鍼一刀，若其事立。若，猶然後。耕者必有一耒一耜一銚，若其事立。大鋤謂之銚。行服連輂名，所以載任器，人挽者。軺輂者，大車駕馬。必有一斤一鋸一錐一鑿，若其事立。不爾而成事者，天下無有。今鍼之重加一也，三十鍼一人之籍。鐵之重，每十分加一分爲彊而取之，則一女之籍得三十鍼也矣。刀之重加六，五六三十，五刀一人之籍也。刀之重，每十分加六分以爲彊而取之。五六爲三十也，則一女之籍得五刀。耜鐵之重加七，三耜鐵一人之籍也。耜鐵之重，每十分加七分以爲彊而取之，則一農之籍得三耜鐵也。其餘輕重皆准此而行。其器彊重，其加彊多。然則舉臂勝事，無不服藉者。』桓公曰：『然則國無山海不王乎？』管子曰：『因人之山海，假之名有海之國雖無海而假名有海，則亦雖無山而假名有山。讎鹽於吾國，彼國有鹽，而羅於吾國，爲集耳。釜十五，吾受而官出之以百。受，取也。假令彼鹽平價釜當十錢者，吾又加五錢而取之，所以來之也。既得彼鹽，則令吾國鹽官又出而鹽之，釜以百錢也。我未與其本事也，與，用也。本事，本鹽也。受人之事。以重相推。以重推，謂加五錢之類也。推，猶度也。此人用之數也。』彼人所有，而皆爲我用之。

又　卷二二《山權數》　桓公問管子曰：『請問權數？』管子對曰：『天以時爲權，地以財爲權，人以力爲權，君以令爲權。失天之權，則人地之權亡。』桓公曰：『何爲失天之權則人地之權亡？』管子對曰：『湯七年旱，禹五年水，民之無糧賣子者，湯以莊山之金鑄幣，而贖民之無糧賣子者；禹以歷山之金鑄幣，而贖民之無糧賣子者。故天權失，人地之權皆失也。故王者歲守十分之參，三年與少半成歲。三十一年而藏十一年，與少半藏參之，一不足以傷民，而農夫敬事力作，故天毀埊古地字。凶旱水泆，民無入於溝壑乞請者也。此守時以待天權之道也。』桓公曰：『善。』

『吾欲行三權之數，爲之奈何？』管子對曰：『梁山之陽綪絲，夜石之幣，天下無有。管子曰：以守國穀。歲守一分，以行五年，國穀之重，什倍異日。管子曰：請立幣，國銅，以二年之粟顧之，立黔落，力重與天下調。彼重則見射，輕則見泄，故與天下調。泄者，失權也。見射者，失筴也。不備天權下相求，備准下陰相隸，此刑罰之所起，而亂之之本也。故平則不平，民富則不如貧，委積則虛矣。此三權之失也已。』桓公曰：『守三權之數奈何？』管子對曰：『大豐則藏分，阨亦藏分。』桓公曰：『阨者，所以益也，何以藏分？』管子對曰：『隘則易益也。一可以爲十，十可以爲百。以阨守豐，阨之准數一上十，豐之筴數十去九，則吾

九爲餘。於數筴豐，則三權皆在君。此之謂國權。』

桓公問於管子曰：『請問國制。』管子對曰：『國無制，地有量。』桓公曰：『何謂國無制地有量。』管子對曰：『高田十石，閒田五石，庸田三石，其餘皆屬諸荒田。地量百畝，一夫之力也。粟賈一，粟賈十，粟賈三十，粟賈百。其在流筴者，百畝從中千畝之筴也。然則百乘從千乘也，千乘從萬乘也。故地無量，國無筴。』桓公曰：『善。』『今欲爲大國，大國欲爲天下，不通權筴，其無能者矣！』桓公曰：『今行權數奈何？』管子對曰：『君通於廣狹之數，不以狹畏廣；通於輕重之數，不以少畏多。此國筴之大者也。』桓公曰：『善。蓋天下，視海內，長譽而無止，爲之有道乎？』管子對曰：『有。曰軌守其數，准平其流，動於未形，而守事已成。物一也而十，是九爲用。徐疾之數，輕重之筴也。一可以爲十，十可以爲百，引十之半而藏四，以五操事，在君之決塞。』桓公曰：『何謂決塞？』管子曰：『君不高仁，則問不相被，君不高慈孝，則民簡其親而輕過。此亂之至也。則君請以國筴十分之一者，樹表置高，鄉之孝子聘之幣，孝子兄弟衆寡不與師旅之事。樹表置高，而高仁慈孝，財散而輕。乘輕而守之以筴，則十之五有在上。運五如行事，如日月之終復。此長有天下之道，謂之准道。』

桓公問於管子曰：『請問教數？』管子對曰：『民之能明於農事者，置之黄金一斤，直食八石。民之能蕃育六畜者，置之黄金一斤，直食八石。民之能樹藝者，置之黄金一斤，直食八石。民之能樹瓜瓠葷菜百果使蕃衮者，置之黄金一斤，直食八石。民之能已民疾病者，置之黄金一斤，直食八石。民之知時，曰歲且阸，曰某穀不登，曰某穀豐者，置之黄金一斤，直食八石。民之通於蠶桑，使蠶不疾病者，皆置之黄金一斤，直食八石。謹聽其言而藏之官，使師旅之事無所與，此國筴之者也。國用相靡而足，相因揲而咨，然後置四限高下，令之徐疾，毆屏萬物，守之以筴，有五官技。』桓公曰：『何謂五官技？』管子曰：『詩者，所以記物也。時者，所以記歲也。春秋者，所以記成敗也。行者，道民之利害也。易者，所以守凶吉成敗也。卜者，卜凶吉利害也。民之能此者，皆一馬之田，一金之衣。此使君不迷妄之數也。六家者，既見其時，使豫先蚤閑之日受之。故君無失時，無失筴，萬物興豐無失利。遠占得失以爲末教，詩記人無失辭，行殫道無失義，易守禍福凶吉不相亂，此謂君棅。』《説文》與柄同。

桓公問於管子曰：『權棅之數，吾已得聞之矣。守國之固奈何？』曰：『能皆已官，時皆已官，得失之數，萬物之終始，君皆已官之矣。其餘皆以數行。』桓公曰：『何謂以數行？』管子對曰：『穀者，民之司命也。智者，民之輔也。民智而君愚，下富而君貧，下貧而君富，此之謂事名二。國機，徐疾而已矣。君道，度法而已矣。人心，禁繆而已矣。』桓公曰：『何謂度法？何謂禁繆？』管子對曰：『度法者，量人力而舉功。禁繆者，非往而戒來。故禍不萌通，而民無患咎。』桓公曰：『請問心禁。』管子對曰：『晉有臣不忠於其君，慮殺其主，謂之公過。諸公過之家，毋使得事君。此晉之過失也。齊之公過，坐立長差。惡惡乎來刑，善善乎來榮，戒也。此之謂國戒。』

桓公問管子曰：『輕重准施之矣，筴盡於此乎？』管子曰：『未也。將御神用寶。』桓公曰：『何謂御神用寶？』管子對曰：『北郭有掘闕而得龜者，掘，穿也。穿地至泉曰闕。此檢數百里之地也。』檢，猶比也。以此龜爲用者，其數可比百里之地。桓公曰：『何謂得龜百里之地？』管子對曰：『北郭之得龜者，令過之平盤之中。過之，猶置之也。平盤者，大盤也。君請起十乘之使，百金之提，起，發也。提，裝也。命北郭得龜之家曰：「賜若服中大夫。」若，汝也。中大夫，齊爵也。曰：「東海之子類於龜，東海之子，其狀類龜。假言此龜東海之子耳。東海之子者，海神之子也。託舍於若。託舍，猶寄居也。賜若大夫之服以終而身，而，若也。勞若以百金。」勞，賜也。之龜爲無貲，之，是也。是龜至寶而無貲也。無貲，無價也。而藏諸泰臺，泰臺，高臺也。一日而釁之以四牛，立寶曰無貲。立龜爲寶，號曰無貲。還四年，伐孤竹。還四年，後四年。丁氏之家粟丁氏，齊之富人，所謂丁惠也。可食三軍之師行五月，行五月，經五月。召丁氏而命之曰：「吾有無貲之寶於此。吾今將有大事，請以寶爲質於子，以假子之邑粟。」即家粟也。丁氏北鄉再拜入粟，不敢受寶質。桓公命丁氏曰：「寡人老矣，爲子者不知此數。終受吾質！」丁氏歸，革築室賦籍藏龜。革，更也。賦，敷也。藉，席也。還四年，伐孤竹，謂丁氏之粟中食三軍五月之食。桓公立貢數，文行中七年龜中四千金，黑白之子當千金。凡貢制，中二齊之壤筴也。用貢，國危出寶，國

安行流。」桓公曰：「何謂行流？」管子對曰：「物有豫，則君失筴而民失生矣。故善爲天下者，操於二豫之外。」桓公曰：「何謂二豫之外？」管子對曰：「萬乘之國，不可以無萬金之蓄飾。千乘之國，不可以無千金之蓄飾。百乘之國，不可以無百金之蓄飾。以此與令進退，此之謂乘時。」

又 卷二三《國准》 桓公問於管子曰：「國准可得聞乎？」管子對曰：「國准者，視時而立儀。」桓公曰：「何謂視時而立儀？」對曰：「黄帝之王，謹逃其爪牙。有虞之王，枯澤童山。夏后之王，燒增藪，焚沛澤，不益民之利。殷人之王，諸侯無牛馬之牢，不利其器。周人之王，官能以備物，五家之數殊，而用一也。」桓公曰：「然則五家之數，籍何者爲善也？」管子對曰：「燒山林，破增藪，焚沛澤，禽獸衆也。童山竭澤者，君智不足也。燒增藪，焚沛澤，不益民利。逃械器，閉智能者，輔己者也。諸侯無牛馬之牢，不利其器者，曰淫器而一民心者也。以人御人，逃戈刃，高仁義，乘天國以安己者也。五家之數殊，而用一也。」

桓公曰：「今當時之王者，立何而可？」管子對曰：「請兼用五家而勿盡。」桓公曰：「何謂？」管子對曰：「立祈祥以固山澤，立械器以使萬物，天下皆利而謹操重筴，童山竭澤，益利搏流。出金山立幣，成菹丘，立駢牢，以爲民饒。彼菹菜之壤，非五穀之所生也，麋鹿牛馬之地，春秋賦生殺老，立施以守五穀。此以無用之壤臧民之贏，五家之數皆用而勿盡。」

桓公曰：「五代之王以盡天下數矣，來世之王者可得而聞乎？」管子對曰：「好譏而不亂，亟變而不變。時至則爲，過則去。王數不可豫致。此五家之國唯也。」

又 卷一〇《戒》 管仲復於桓公曰：「無翼而飛者，聲也。出言門庭，千里必應，故曰無翼而飛。無根而固者，情也。同舟而濟，胡、越不患異心，知其情也，故曰『無根而固』。無方而富者，生也。生全則萬方幅湊，生盡則鴻毛不振，故曰『無方而富』也。莫知生所在，故曰『無方』也。公亦固情謹聲，以嚴尊生，言當固物情，謹聲教，戰爲防禦，以尊其生。此謂道之榮。」謂此三順道而光榮。桓公退。再拜，請若此言。若，順也。

管仲復於桓公曰：「任之重者莫如身，萬事萬行，非身不舉，故曰重任。塗之畏者莫如口，樞極之發，榮辱之主，故可畏也。期而遠者莫如年。殤夭日聞，期頤實寡，故曰遠期也。以重任行畏塗，至遠期，唯君子乃能矣。」桓公退，再拜之曰：「夫子數以此言者教寡人。」管仲對曰：「滋味動静，生之養也。好惡喜怒哀樂，生之變也。聰明當物，生之德也。非禮勿視聽，故曰當物。是故聖人齊滋味而時動静，所以養其生。御正六氣之變，所以循其變也。六氣，卽好、惡、喜、怒、哀、樂。禁止聲色之淫。所以成其德。邪行亡乎體，違言不存口，體無邪行，口言必順。静然定生，聖也。欲静則生定，如此者聖也。仁從中出，義從外作。仁自心生，故曰中出。義因事斷，故曰外作。仁，故不以天下爲利，義，故不以天下爲名。若以天下爲名利，則非仁義也。仁，故不代王。不以道輔君，而代之王者，非仁也。義，故七十而致政。老而不致政，貪冒者耳，非義也。是故聖人上德而下功，尊道而賤物。物，謂名利之事。道德當身，故不以物惑。身苟有道德，豈名利之物能惑哉。是故身在草茅之中，而無懾意。道德爲量，何懼之有。南面聽天下，而無驕色。神器備來，何驕之有。如此而後可以爲天下王。所以謂德者，不動而疾，德必冥通，故不動而疾。不相告而知，不出戶牖，以知天下。不爲而成，無爲而無不爲。不召而至，是德也。同聲相應，同氣相求，如此者，可謂至德也。故天不動，四時云下而萬物化。天常無爲，故曰不動。然四時云下，故萬物化。云，運動貌也。君不動，政令陳下而萬功成。君亦常無爲，故曰不動。然政令陳列而下，故萬物成也。心不動，使四枝耳目而萬物情。心亦當無爲，故曰不動。然四枝耳目，自心使萬物，莫不得其情也。寡交多親，謂之知人。以其知人，故能交寡而親多。寡事成功，謂之知用。以其知用，故能事寡而功成。聞一言以貫萬物，謂之知道。以其知道，故能聞一言而得物貫也。多言而不當，不如其寡也。故曰：狗不以善吠爲良，人不以多言爲賢。博學而不自反，必有邪。博學而不反修於其身，心曼衍者，故必有邪行。孝弟者，仁之祖也。仁從孝弟生，故爲仁祖。忠信者，交之慶也。有忠信之心，故能慶交友之善。内不考孝弟，言不仁。外不正忠信，澤其四經而誦學者，是亡其身者也。」四經，謂《詩》、《書》、《禮》、《樂》。既無孝弟忠信，空使四經流澤，徒爲誦學者，卽四經可以亡身也。

又 卷一〇《戒》 桓公明日弋在廪，廪所以盛米粟，禽鳥或多集焉，故於此弋也。管仲、隰朋朝，公望二子，弛弓脱釬，所以杅弦。而迎之曰：「今夫鴻鵠，春北而秋南，而不失其時。夫唯有羽翼以通其意於天下乎？今孤之不得意於天下，非皆二子之憂也。」二子不能爲羽翼，所以當憂。桓公

再言，二子不對。桓公曰：『孤既言矣，二子何不對乎？』管仲對曰：『今夫人患勞，而上使不時。人患饑，而上重斂焉。人患死，而上急刑焉。如此而又近有色親治容。而遠有德。疏賢俊。雖鴻鵠之有翼，濟大水之有舟楫也，其將若君何！』不飛，雖羽翼無益。不齊，雖舟楫徒施。不聽，雖讜言空設。故曰『其將若君何』！桓公蹙然逡遁。管仲曰：『昔先王之理人也，蓋人有患勞，而上使之以時，則人不患勞也。人患饑，而上薄斂焉，則人不患饑矣。人患死，而上寬刑焉，則人不患死矣。如此而近有德而遠有色，則四封之內視君其猶父母邪！四方之外歸君其猶流水乎！』公輟射，援綏而乘，自御，管仲爲左，隰朋參乘，朔月三日，進二子於里官。里官，謂里尉也。齊國之法，舉賢必自里尉始，故令里官進二子，將旌別而用之。再拜頓首，曰：『孤之聞二子之言也，耳加聰而視加明，於孤不敢獨聽之，薦之先祖。』謂陳其所言，以薦祖廟。管仲、隰朋再拜頓首，曰：『如君之王也，君能如此，可以王也。此非臣之言也，君之教也。』此雖臣言，必君用之，然後成教，故曰：『君之教』。於是管仲與桓公盟誓爲令，曰：『老弱勿刑，參宥而後弊，老弱犯罪者，無卽刑之，必三寬宥而後斷罪。三宥，卽《周禮》三宥，一曰不識，二曰過悞，三曰悼耄也。關幾而不正，市正而不布。布，謂錢也。卽其物而正之，不必分錢。山林梁澤以時禁發，而不正也。』獺祭魚，然後入澤梁。豺祭獸，然後入山林。草封澤鹽者之歸之也，譬若市人。草封澤，謂澤多草。刈積成封，可用煮鹽者也。其處既多鹽，故歸者譬若市人，言不設禁也。三年教人，四年選賢以爲長，五年始興車踐乘。遂南伐楚，門傅施城。施城，楚城名。謂附至其下。北伐山戎，出冬葱與戎叔，布之天下，山戎有冬葱、戎叔。今伐之，故其物布天下。戎叔，胡豆。果三匡天子而九合諸侯。【略】

桓公外舍而不鼎饋。外舍，謂出宿於外。不以鼎饋食，言饌不盛也。中婦諸子謂宮人：『盍不出從乎？君將有行。』中婦諸子，內官之號。君將有行，何不出乎。盍，何不也。宮人皆出從。公怒曰：『孰謂我有行者？』宮人曰：『賤妾聞之中婦諸子。』公召中婦諸子曰：『女焉聞吾有行也？』對曰：『妾人聞之，君外舍而不鼎饋，非有內憂，必有外患。今君外舍而不鼎饋，君非有內憂也，妾是以知君之將有行也。』公曰：『善。此非吾所與女及也。而言乃至焉，言我本不與汝及此謀，今汝言乃能至於此，謂能知我謀也。吾是以語女。吾欲致諸侯而不至，爲之奈何？』我欲諸侯之至，而乃不至。今欲令其至，如何乎？中婦諸子曰：『自妾之身之不爲人持接也，爲，猶與也。言妾身在深宮之中，未嘗得出與人相持而接對。未嘗得人之布織也。意者更容不審耶？』宮中既少織紝之事，又得外人之布織。言此者既昧於人事，不當訪以軍謀。蓋託不知以止君之行也，故言更當容我思其不審之事。明日，管仲朝，公告之。管仲曰：『此聖人之言也，君必行也。』謂中婦諸子止君不行，此合聖人之言也，故令君行之。【略】

桓公將東游，問於管仲曰：『我游猶軸轉斛，言我之遊必有所濟，猶軸之轉斛石。南至琅邪。司馬曰：「亦先王之遊已。」何謂也？』春游而南行，故司馬正令之爲先王之游。公未遠其意，故問管仲。管仲對曰：『先王之遊也，春出，原農事之不本者，謂之遊。原，察也。農事不依本務，當原察之。秋出，補人之不足者，謂之夕。秋爲西成，尚有足者，當補之。夫師行而糧食其民者，謂之亡。師行無成功，空費糧食，如此者必亡。從樂而不反者，謂之荒。先王有遊夕之業於人，無亡荒之行於身。』桓公退再拜命曰寶法也。謂其法可寶也。

又《輕重甲》桓公曰：『天下之國，莫彊於越。今寡人欲北舉事孤竹、離枝，恐越人之至，爲此有道乎？』管子對曰：『君請遏原流，大夫立沼池，令以矩游爲樂，則越人安敢至？』桓公曰：『行事奈何？』管子對曰：『請以令隱三川，立員都，立大舟之都。大身之都有深淵，壘十仞，令曰：「能游者賜千金」』，未能用金千，齊民之游水不避吳、越。桓公終北舉事於孤竹、離枝，越人果至，隱曲菑以水齊。管子有扶身之士五萬人，以待戰於曲菑，大敗越人。此之謂水豫。【略】

桓公曰：『四夷不服，恐其逆政游於天下而傷寡人。寡人之行，爲此有道乎？』管子對曰：『吳、越不朝，珠象而以爲幣乎？發、朝鮮不朝，請文皮毤落毛也。服而以爲幣乎？禺氏不朝，請以白璧爲幣乎？崐崘之虛不朝，請以璆琳琅玕爲幣乎？故夫握而不見於手，含而不見於口，而辟千金者珠也，然後八千里之吳、越可得而朝也。一豹之皮，容金而金也，然後八千里之發、朝鮮可得而朝也。懷而不見於抱，挾而不見於掖，而辟千金者，白璧也，然後八千里之禺氏可得而朝也。簪珥而辟千金者，璆琳琅玕也，然後八千里之崐崘之虛可得而朝也。故物無主，事無接，遠近無以相因，則四夷不得而朝矣。』

桓公二年，踐位，入國二年，方得踐位。召管仲，管仲至，公問曰：『社稷可定乎？』管仲對曰：『君霸王，社稷定。君不霸王，社稷不定。』公曰：『吾不敢至於此其大也，定社稷而已。』管仲又請，君曰：『不能。』管仲辭於君曰：『君免臣於死，臣之幸也；然臣之不死糾也，爲欲定社稷也。社稷不定，臣祿齊國之政而不死糾也，臣不敢。』既不死糾，空食齊政之祿，而不定社稷，臣則不敢。言將致死。乃走出。至門，公召管仲。管仲反，公汗出曰：『勿已，其勉霸乎！』必欲令霸王而不已，我將勉力而求霸也。管仲再拜稽首而起，曰：『今日君成霸，臣貪承命。』趨立於相位，君既許霸，臣貪於承命，故趨立相位。乃令五官行事。

異日，公告管仲曰：『欲以諸侯之間無事也，小脩兵革。』管仲曰：『不可。百姓病，公先與百姓而藏其兵。百姓困病，當先賦與之，而兵事且可藏。與其厚於兵，不如厚於人。人厚兵自强。齊國之社稷未定，公未始於人而始於兵，外不親於諸侯，內不親於民。』公曰：『諾。』政未能有行也，二年，桓公彌亂，不盡行夷吾之言，故彌亂。又告管仲曰：『欲繕兵。』管仲又曰：『不可。』公不聽，果爲兵。桓公與宋夫人飲舡中，夫人蕩舡而懼公，公怒出之。宋受而嫁之蔡侯。明年，公怒告管仲曰：『欲伐宋。』管仲曰：『不可。臣聞內政不脩，外舉事不濟。』公不聽，果伐宋，諸侯興兵而救宋，大敗齊師；公怒，歸告管仲曰：『請脩革。吾士不練，吾兵不實，諸侯故敢救吾讎，內修兵革。』管仲曰：『不可。齊國危矣。內奪民用，士勸於勇外，亂之本也。脩兵則用廢，故曰奪人用。士所勸者唯勇，則輕敵故爲外亂之本也。外犯諸侯，民多怨也。外犯必多殘害，故爲人所怨。爲義之士，不入齊國，君爲不義，故義士不歸也。安得無危？』鮑叔曰：『公必用夷吾之言。』公不聽，乃令四封之內脩兵，關市之征侈之。侈，謂過常也。謂重其稅賦。公乃遂用以勇授祿。士勇則與之祿。鮑叔謂管仲曰：『異日者，公許子霸，今國彌亂，子將何如？』管仲曰：『吾君惕，其智多誨。智多則可試誨之也。姑少胥，其自及也。』胥，待也。待其自能及道。鮑叔曰：『比其自及也，國無闕亡乎？』管仲曰：『未也。國中之政，夷吾尚微爲，焉亂乎？尚可以待。國政微爲則未至亂，可待君自及。外諸侯之佐，既無有吾二人者，未有敢犯我者。』諸侯之佐，既無有如我二人，故不敢犯我。明年，朝之爭祿相刺，裚領而刎頸者不絕。裚，謂掣斷之也。鮑叔謂管仲曰：『國死者衆矣，毋乃害乎？』管仲曰：『安得已然，此皆其貪民也。食人爭祿自殘，亦未能自爲害也。夷吾之所患者，諸侯之爲義者莫肯入齊，齊之爲義者莫肯仕。此夷吾之所患也。有義之士，內外不歸，亂亡立至，故可患也。若夫死者，吾安用而愛之？』貪人自相殺傷，吾何能惜之！公又內脩兵。

三年，桓公將伐魯，曰：『魯與寡人近，謂國鄰。於是其救宋也疾，謂先諸侯至。寡人且誅焉。』管仲曰：『不可。臣聞有土之君，不勤於兵，不忌於辱，不輔其過，則社稷安。勤於兵，忌於辱，輔其過，則社稷危。』公不聽，興師伐魯。造於長勺，魯莊公興師逆之，大敗之。桓公曰：『吾兵猶尚少，吾參圍之，安能圉我？』吾以三倍之兵圍之，則何能圉我！

四年，脩兵，同甲十萬，同甲，謂完堅齊等。車五千乘。謂管仲曰：『吾士既練，吾兵既多，寡人欲服魯。』管仲喟然嘆曰：『齊國危矣，君不競於德而競於兵！人君當以德義服遠，不當競於兵也。天下之國，帶甲十萬者不鮮矣。吾欲發小兵以服大兵，欲以齊國服諸侯而致霸王，故曰：以小兵而服大兵也。內失吾衆。謂數摇動之，則衆疲而散。諸侯設備，數見侵伐，故設備。吾人設詐，力不足，則詐以繼之。國欲無危，得已乎？』公不聽，果伐魯，魯不敢戰，去國五十里而爲之關。更立國界，而爲之關。魯請比於關內，以從於齊，齊亦毋復侵魯。魯請從服於齊，供其徵求，比於齊之關內。桓公許諾。魯人請盟曰：『魯，小國也，固不帶劍，今而帶劍，是交兵聞於諸侯。君不如已，若以交兵聞於諸侯，不如止而不盟也。請去兵。』桓公曰：『諾。』乃令從者毋以兵。管仲曰：『不可。諸侯加忌於君，君如是以退，可。忌，怨也。諸侯欲以結盟致怨於君，今請不盟，從此卽退可也。君果弱魯君，諸侯又加貪於君，若果弱魯，諸侯又以貪名加君。後有事，小國彌堅，大國設備，既有貪忌之名，故皆設備。非齊國之利也。』桓公不聽，管仲又諫曰：『君必不去魯，胡不用兵？曹劌之爲人也，堅强以忌，不可以約取也。』不可以盟取信也。桓公不聽，果與之遇。莊公自懷劍，曹劌亦懷劍。踐壇，莊公抽劍其懷，曰：『魯之境，去國五十里，亦無不死而已。』左椹桓公，右自承，曰：『均之死也，戮死於君前。』左手舉劍，將椹桓公，且以右手自承而言曰：『齊迫魯境亦死，今殺君亦死。同是死也，將殺君，次自殺。』故曰『均之死也，戮死於君前』。管仲走君，曹劌抽劍當兩階之間，曰：『二君將改圖，無有進

者。』拔劍當階，所以拒管仲。言魯、齊二君將欲改先者之所圖，今不當有進者也。管仲曰：『君與地，以汶爲竟。』桓公許諾，以汶爲竟而歸。桓公歸而修於政，不修於兵革，自圉辟人，以過弭師。

五年，宋伐杞，桓公謂管仲與鮑叔曰：『夫宋，寡人固欲伐之，無若諸侯何！無若諸侯救宋何。夫杞，明王之後也。今宋伐之，予欲救之，其可乎？』管仲對曰：『不可。臣聞內政之不脩，外舉義則不信，君將外舉義，以行先之，以內行先之。則諸侯可令附。』桓公曰：『於此不救，後無以伐宋。』今不救杞，後無辭以伐宋。管仲曰：『諸侯之君，不貪於土，貪於土必勤於兵，勤於兵必病於民，民病則多詐，夫詐，密而後動者勝，密，靜。詐則不信於民。夫不信於民則亂內動。則危於身。是以古之人聞先王之道者，不競於兵。』兵者凶器，競之則危。桓公曰：『然則奚若？』管仲對曰：『以臣則不，以臣之意，則不與君同。而令人以重幣使之，以重幣使宋，令罷杞兵。使之而不可。謂宋不從令。君受而封之。』受杞告命而建封之。桓公問鮑叔曰：『奚若？』鮑叔曰：『公行夷吾之言。』公乃命曹孫宿使於宋。宋不聽，果伐杞，宋果伐杞。桓公築緣陵以封之，緣陵，杞城。予車百乘，甲一千。謂與杞也。明年，狄人伐邢，邢君出致於齊，致命於齊以告急。桓公築夷儀以封之。夷儀，邢城。予車百乘，卒千人。明年，狄人伐衛，衛君出致於虛。虛，地名。《詩》所謂『升彼虛矣，以望楚矣。』桓公且封之，隰朋、賓胥無諫曰：『不可，三國所以亡者，絕以小。小國之亡，理則然矣，不當封也。今君鞼封亡國，國盡若何？』國之車盡於封亡國，其若之何？桓公問管仲曰：『奚若？』管仲曰：『君有行之名，安得有其實。既有行封之名，則當虛國而爲之，安得有其富實乎？君其行也。』公又問鮑叔，鮑叔曰：『君行夷吾之言。』桓公築楚丘以封之，予車三百乘，甲五千。

既以封衛，明年，桓公問管仲：『將何行？』更問以所行之政也。管仲對曰：『公內修政而勸民，可以信於諸侯矣。』君許諾，乃輕稅，弛關市之征，爲賦祿之制，既已謂已行上事。管仲又請曰：『問病臣，臣有病者，君當慰問之。願賞而無罰。五年，諸侯可令傳。』行此五年，可令諸侯親附。公曰：『諾。』既行之。管仲又請曰：『諸侯之禮，請諸侯交聘之禮。令齊以豹皮往，小侯以鹿皮報，齊以馬往，小侯以犬報。』往重報輕，所謂大國善下小國則取小國。桓公許諾，行之。管仲又請賞於國，以及諸侯。君曰：『諾。』行之。管仲賞於國中，君賞於諸侯。諸侯之君，有行事善者，以重幣賀之。從列士以下有善者，衣裳賀之。列士，謂齊之列士。管仲自以衣裳賀之。凡諸侯之臣，有諫其君而善者，以璽問之，以信其言。謂桓公以璽問之，以信驗其所諫之言爲善。公既行之，又問管仲曰：『何行。』管仲曰：『隰朋聰明捷給，可令爲東國。東國，謂自齊東之國。令隰朋理之。賓胥無堅強以良，可以爲西土。西土，齊西之土，令胥無之國與士交兵。衛國之教，危傅以利。謂其教既高危，且相傳以利，謂以利成俗。公子開方之爲人也，慧以給，不能久而樂始，可游於衛。其人性輕率，不能持久，所謂靡不有初，鮮克有終，故曰樂始。使此人游於衛，誘動之，令歸於齊也。魯邑之教，好邇而訓於禮。既訓學於禮，禮者所以飾貌，故曰好邇。邇，近也。季友之爲人也，恭以精，博於糧，多小信，可游於魯。博於糧，謂多委積。楚國之教，巧文以利，不好立大義，而好立小信。蒙孫博於教，而文巧於辭，不好立大義，而好結小信，可游於楚。小侯既服，大侯既附，厚往輕報，所以服小侯。游三人於三國，所以附大侯。夫如是，則始可以施政矣。君曰：『諾。』乃游公子開方於衛，游季友於魯，游蒙孫於楚。

五年，諸侯附，狄人伐。謂入伐齊。桓公告諸侯曰：『請救伐。』諸侯許諾，大侯車二百乘，卒二千人；小侯車百乘，卒千人，諸侯皆許諾。齊車千乘，卒可致緣陵，先者使卒戍緣陵，今有狄難，故致之。戰於後故，敗狄。後故，地名。其車甲與貨，小侯受之。謂敗狄所得車甲及貨，盡與小侯。大侯近者，以其縣分之，不踐其國。近齊之大侯，則以齊縣分之，終不踐其國以侵之。北州侯莫來，謂不來救齊北州。謂北之州，卽幽州、營州等。桓公遇南州侯於召陵，謂伐楚，盟於召陵也。曰：『狄爲無道，犯天子令，以伐小國，小國，齊自謂。以天子之故，敬天之命，令以救伐。言諸侯以敬順天命，救齊伐狄。北州侯莫至，上不聽天子令，下無禮諸侯。寡人請誅於北州之侯。』諸侯許諾，桓公乃北伐令支，令支，國名。下鳧之山，斬孤竹，孤竹，國名。斬其君。遇山戎。顧問管仲曰：『將何行？』管仲對曰：『君教諸侯爲民聚食，諸侯之兵不足者，君助之發，如此則始可以加政矣。』既使諸侯足食足兵，然後可以加之政也。桓公乃告諸侯，必足三年之食安，有三年食，然後可安。以其餘脩兵革。兵革不足以引其事，告齊，齊助之發。諸侯兵之不足，當引其事之闕者以告齊，齊當發卒以助之也。既行之，公又問管仲曰：『何

行？』管仲對曰：『君會其君臣父子，會，謂考合其君臣父子之宜。則可以加政矣。』公曰：『會之道奈何？』曰：『諸侯無專立妾以爲妻，毋專殺大臣，無國勞，毋專予祿，於國無勞者，不得專予祿。士庶人毋專棄妻，毋曲隄，所謂無障谷也。毋貯粟，毋禁材，山澤之材，當與人共之也。行此卒歲，則始可以罰矣。』行之終歲，而有不從者，可以加刑罰。君乃布之於諸侯，諸侯許諾，受而行之。卒歲，吳人伐穀。穀，齊之下都，後以封管仲。桓公告諸侯未遍，諸侯之師竭至，以待桓公，竭至，言其盡來。桓公以車千乘會諸侯於竟，都師未至，吳人逃。齊都之師尚未至至，而吳人逃也。諸侯皆罷。桓公歸，問管仲曰：『將何行？』管仲曰：『可以加政矣。』諸侯服從如此，故可以加之政。曰：『從今以往二年，適子不聞孝，不聞愛其弟，不聞敬老國良，其老者，國之賢良也。三者無一焉，可誅也。無一尚可誅，況無三乎。諸侯之臣及國事，三年不聞善，可罰也；及國事，預知國政。三年不聞善，則不賢也，故可罰。君有過，大夫不諫，士庶人有善，而大夫不進，可罰也。士庶人聞之吏，賢孝悌可賞也。』士庶人有賢孝悌聞之於吏，則可賞也。桓公受而行之，近侯莫不請事。近齊之諸侯，皆請齊徵賦之事。兵車之會六，兵車之會，謂興兵有所伐。乘車之會三，乘車之會，謂結好息人之會也。饗國四十有二年。

又 卷九《霸形》

桓公在位，管仲隰朋見，立有間，有貳鴻飛而過之，桓公歎曰：『仲父，今彼鴻鵠有時而南，有時而北，有時而往，有時而來，四方無遠，所欲至而至焉，非唯有羽翼之故，是以能通其意於天下乎？』管仲、隰朋不對。桓公曰：『二子何故不對？』管子對曰：『君有霸王之心，而夷吾非霸王之臣也，是以不敢對。』桓公曰：『仲父胡爲然，盍不當言，寡人其有鄉乎？何不陳當言，令寡人有所歸向。寡人之有仲父也，猶飛鴻之有羽翼也，若濟大水有舟楫也，仲父不一言教寡人，寡人之有耳，將安聞道而得度哉？』言何以自度得。

管子對曰：『君若將欲霸王，舉大事乎，則必從其本事矣。』桓公變躬遷席，拱手而問曰：『敢問何謂其本？』管子對曰：『齊國百姓，公之本也。人甚憂饑，而稅斂重。人甚懼死，而刑政險。人甚傷勞，而上舉事不時。公輕其稅斂，則人不憂饑。緩其刑政，則人不懼死。舉事以時，則人不傷勞。』桓公曰：『寡人聞仲父之言，此三者聞命矣。不敢擅也，將薦之先君。』不敢專權，自發此命，將進之宗廟，告先君而後行。所謂以神道設教者也。於是令百官有司，削方墨筆。方，謂版牘也。凡此欲書其所定令也。明日皆朝於太廟之門，朝定令於百吏，因朝廟而定百吏之令也。使稅者百一鍾，假令百石而取一鍾。孤幼不刑，澤梁時縱，放人入，不設禁。關譏而不征，市書而不賦。書，謂録其名籍。近者示之以忠信，遠者示之以禮義。行此數年，而民歸之如流水。

此其後，宋伐杞，狄伐邢、衛。桓公不救，裸體紉胸稱疾，紉，猶摩也。自摩其胸，若有所痛患也。召管仲曰：『寡人有千歲之食，而無百歲之壽，今有疾病，姑樂乎！』管子曰：『諾。』於是令之懸鐘磬之榬，榬所以嚴飾之。陳歌舞竽瑟之樂，日殺數十牛者數旬。羣臣進諫曰：『宋伐杞，狄伐邢、衛，君不可不救。』桓公曰：『寡人有千歲之食，而無百歲之壽，今又疾病，姑樂乎？且彼非伐寡人之國也，伐鄰國也，子無事焉。』宋已取相，狄已拔邢、衛矣。桓公起行筍虡之間，管子從，至大鍾之西，桓公南面而立，管仲北鄉對之。大鍾鳴，桓公親管子曰：『樂夫，仲父！』管子對曰：『此臣之所謂哀，非樂也。臣聞之，古者之言樂於鍾磬之間者，不如此。言脫於口，而令行乎天下。脫，出也。遊鍾磬之間，而無四面兵革之憂。今君之事，言脫於口，令不得行於天下；在鍾磬之間，而有四面兵革之憂，此臣之所謂哀，非樂也。』桓公曰：『善。』於是伐鍾磬之縣，伐，謂斫斷也。併歌舞之樂。併，除也。宮中虛無人。不令人掌守之。桓公曰：『寡人已伐鍾磬之縣，並歌舞之樂矣，請問所始，於國將爲何行？』管子對曰：『宋伐杞，狄伐邢、衛，而君之不救也，臣請以慶。以不救爲是，故慶之。臣聞之，諸侯爭於强者，勿與分於彊，若救三國，是分於彊。今君何不定三君之處哉？』三君既失國，當定其居處也。於是桓公曰：『諾。』因命以車百乘，卒千人，以緣陵封杞。車百乘，卒千人，以夷儀封邢。車五百乘，卒五千人，以楚丘封衛。桓公曰：『寡人以定三君之居處矣，今又將何行？』管子對曰：『臣聞諸侯貪於利，勿與分於利，君何不發虎豹之皮、文錦以使諸侯，令諸侯以縵帛、鹿皮報。』桓公曰：『諾』。於是以虎豹皮、文錦使諸侯，諸侯以縵帛鹿皮報。則令固始行於天下矣。

此其後，楚人攻宋、鄭，燒焫熯焚鄭地，使城壞者不得復築也。屋之燒者不得復葺也，令其人有喪雌雄，失男女之偶。居室如鳥鼠處穴，要宋田夾塞兩川，使水不得東流。楚人又遮取宋田，夾兩川築堤而壅塞之，故水不得

東流。兩川，蓋睢、汴也。東山之西，水深滅埦，埦，敗墻也。四百里而後可田也。楚欲吞宋，鄭而畏齊。日思人衆兵强能害己者必齊也，於是乎楚王號令於國中曰：『寡人之所明於人君者，莫如桓公。所賢於人臣者，莫如管仲。明其君而賢其臣，寡人願事之，既以其君臣爲明賢，故願事之。誰能爲我交齊者，寡人不愛封侯之君焉。』於是楚國之賢士，皆抱其重寶幣帛以事齊。桓公之左右，無不受重寶幣帛者。於是桓公召管仲曰：『寡人聞之，善人者，人亦善之，今楚王之善寡人一甚矣，寡人不善，將拂於道。拂，違也。若不報善之，是違於道也。仲父何不遂交楚哉？』管子對曰：『不可。楚人攻宋、鄭，燒焫熯焚鄭地，使城壞者不得復築也，屋之燒者不得復葺也。令人有喪雌雄，居室如鳥鼠處穴。要宋田夾塞兩川，使水不得東流，東山之西，水深滅埦，四百里而後可田也。楚欲吞宋、鄭，思人衆兵强而能害己者必齊也，是欲以文克齊，以實幣賂齊，而齊自服，故曰以文克齊。而以武取宋、鄭也。楚取宋、鄭而不止禁，是失宋、鄭也。禁之，則是又不信於楚也。知失於內，兵困於外，非善舉也。』桓公曰：『善。然則若何？』管子對曰：『請興兵而南存宋、鄭，而令曰無攻楚，言與楚王遇。冬會曰遇。至於遇上，而以鄭城與宋水爲請。楚若許，則是我以文令也。楚若不許，則遂以武令焉。』桓公曰：『善。』於是遂興兵而南存宋、鄭，與楚王遇於召陵之上，而令於遇上曰：『毋貯粟，毋曲堤，無擅廢適子，無置妾以爲妻。』因以鄭城與宋水爲請於楚。楚人不許，遂退七十里而舍。使軍人城鄭南之地，立百代城焉。取其雖百代而無敢毀者也。曰：『自此而北，至於河者，鄭自城之。』而楚不敢隳也。東發宋田，夾兩川，使水復東流，而楚不敢塞也。遂南伐，及踰方城，濟於汝水，望汶山。汶音岷。岷山，江水所從出。南致楚、越之君，而西伐秦，北伐狄，東存晉公於南，自伐秦而遂存晉。於晉之南，故曰東存。北伐孤竹，還，存燕公。兵車之會六，乘車之會三，九合諸侯，反位已霸，修鍾磬而復樂。管子曰：『此臣之所謂樂也。』

又 卷二四《輕重戊》 桓公曰：『魯梁之於齊也，千穀也，蠭螫也，齒之有脣也。蠭，古蜂字。言魯、梁二國常爲齊患也。今吾欲下魯梁，何行而可？』管子對曰：『魯梁之民，俗爲綈，繒之厚者謂之綈。公服綈，令左右服之，民從而服之。公因令齊勿敢爲，必仰於魯梁，則是魯梁釋其農事而作綈矣。』桓公曰：『諾。』即爲服於泰山之陽，魯、梁二國在泰山之南，故爲服於此，近其境也，欲魯、梁人速知之。十日而服之。管子告魯梁之賈人曰：『子爲我致綈千匹，賜子金三百斤，什至而金三千斤』，則是魯梁不賦於民而財用足也。魯梁之君聞之，則教其民爲綈。十三月，而管子令人之魯梁，魯梁郭中之民，道路揚塵，十步不相見，絏繑而踵相隨，絏繑，謂連續也。車轂齺騎連伍而行。齺，齧也。言其車轂往來相齧，而騎東西連而行，皆越綈利耳。管子曰：『魯、梁可下矣。』公曰：『奈何？』管子對曰：『公宜服帛，率民去綈。閉關，毋與魯梁通使。』公曰：『諾。』後十月，管子令人之魯梁，魯梁之民餓餒相及，相及，猶相繼也。應聲之正無以給上。應聲之正，謂急速之賦。魯梁之君即令其民去綈修農，穀不可以三月而得。魯梁之人糴十百，穀斗千錢。齊糶十錢。穀斗十錢。二十四月，魯梁之民歸齊者十分之六。三年，魯梁之君請服。【略】

桓公問管子曰：『民飢而無食，寒而無衣，應聲之正無以給上，室屋漏而不居，牆垣壞而不築，爲之奈何？』管子對曰：『沐涂樹之枝也。』桓公曰：『諾。』令謂左右伯沐涂樹之枝。左右伯受沐涂樹之枝闊。其年，民被白布，清中而濁，應聲之正有以給上，室屋漏者得居，牆垣壞者得築。公召管子問曰：『此何故也？』管子對曰：『齊者，夷萊之國也，一樹而百乘息其下者，以其不捎也。衆鳥居其上，丁壯者胡丸操彈居其下，終日不歸。父老柎枝而論，終日不歸。歸市者亦惰倪，終日不歸。今吾沐涂樹之枝，日中無尺寸之陰，出入者長時，行者疾走，父老歸而治生，丁壯者歸而薄業，彼，臣歸其三不歸，此以鄉不資也。』

又 《輕重丁》 桓公曰：『四郊之民貧，商賈之民富。寡人欲殺商賈之民，以益四郊之民，爲之奈何？』管子對曰：『請以令決瓁、洛之水，通之杭、莊之間。』桓公曰：『諾。』行令未能一歲，而郊之民殷然益富，商賈之民廓然益貧。桓公召管子而問曰：『此其故何也？』管子對曰：『決瓁、洛之水通之杭、莊之間，則屠酤之汁肥流水，則蟁虻巨雄、翡燕小鳥皆歸之，宜昏飲。此水上之樂也。賈人蓄物，而賣爲讎，買爲取，市未央畢，而委舍其守列，投蟁蛇巨雄。新冠五尺，請挾彈懷丸游水上，彈翡燕小鳥，被於暮。故賤賣而貴買。四郊之民賣賤，何爲不富哉！商賈之人何爲不貧乎！』桓公曰：『善。』

桓公曰：『五衢之民衰然多衣弊而屨穿，寡人欲使帛布絲纊之賈賤，爲之有道乎？』管子曰：『請以令沐途旁之樹枝，使無尺寸之陰。』桓公曰：『諾。』行令未能一歲，五衢之民皆多衣帛完屨。桓公召管子而問曰：『此其何故也？』管子對曰：『途旁之樹未沐之時，五衢之民，男女相好往來之市者，罷市，相睹樹下，談語終日不歸。男女當壯，扶輦推輿，相睹樹下，戲笑超距，終日不歸。父兄相睹樹下，論議玄語，終日不歸。是以田不發，五穀不播，麻桑不種，璽縷不治。內嚴一家而三不歸，則帛布絲纊之賈安得不貴？』桓公曰：『善。』

又　卷一六《小問》　客或欲見於齊桓公，請仕上官，授祿千鍾。公以告管仲，曰：『君予之。』客聞之，曰：『臣不仕矣。』公曰：『何故？』對曰：『臣聞取人以人者，以人之言然後取人。其去人也亦用人。吾不仕矣。』【略】

桓公觀於廄，問廄吏曰：『廄何事最難？』廄吏未對。管仲對曰：『夷吾嘗爲圉人矣。圉，養馬者。傅馬棧最難，謂編次之棧馬所立木也。先傅曲木，曲木又求曲木，編棧者先附曲木，其次還須曲木，求其類。曲木已傅，直木毋所施矣。既用曲木，又施直木，則失其類而棧敗矣。喻小人用則君子退也。先傅直木，直木又求直木，直木已傅，曲木亦無所施矣。』喻君子用則小人退。

【略】

桓公乘馬，虎望見之而伏。桓公問管仲曰：『今者寡人乘馬，虎望見寡人而不敢行，其故何也？』管仲對曰：『意者君乘駮馬而洀桓，迎日而馳乎？』洀，古盤字。公曰：『然』。管仲對曰：『此駮象也，駮食虎豹，故虎疑焉。』【略】

桓公放春三月觀於野。春物放發，故曰放春。桓公曰：『何物可比於君子之德乎？』隰朋對曰：『夫粟，內甲以處，中有卷城，外有兵刃。種粟者，甲在內而處，葉居外而卷若城，苗之纖芒在外，有兵刃。未敢自恃，自命曰粟，粟之物用雖如此，然不敢自恃，故自名曰粟。粟則謹促之名也。此其可比於君子之德乎？』管仲曰：『苗，始其少也，眴眴目搖也。乎，何其孺子也！眴眴，柔順皃。穀苗始則柔順，故似孺子也。至其壯也，莊莊乎何其士也！壯，謂苗轉長大。莊莊，矜直皃也。至其成也，由由乎茲免，何其君子也！由由，悅也。實皃。茲免，謂益有謹動。天下得之則安，人以穀爲命。不得則危，故命之曰禾，以其和調人之性命。此其可比於君子之德矣。』桓公曰：『善。』

《國語》卷六《齊語》　桓公自莒反于齊，使鮑叔爲宰，辭曰：『臣，君之庸臣也。君加惠於臣，使不凍餒，則是君之賜也。若必治國家者，則非臣之所能也。若必治國家者，則其管夷吾乎。臣之所不若夷吾者五：寬惠柔民，弗若也；治國家不失其柄，弗若也；忠信可結于百姓，弗若也；制禮義可法于四方，弗若也；執枹鼓立於軍門，使百姓皆加勇焉，弗若也。』桓公曰：『夫管夷吾射寡人中鉤，是以濱於死。』鮑叔對曰：『夫爲其君動也。君若宥而反之，夫猶是也。』桓公曰：『若何？』鮑子對曰：『請諸魯。』桓公曰：『施伯，魯君之謀臣也，夫知吾將用之，必不予我矣。若之何？』鮑子對曰：『使人請諸魯，曰：「寡君有不令之臣在君之國，欲以戮之於羣臣，故請之。」則予我矣。』桓公使請諸魯，如鮑叔之言。

莊公以問施伯，施伯對曰：『此非欲戮之也，欲用其政也。夫管子，天下之才也，所在之國，則必得志於天下。令彼在齊，則必長爲魯國憂矣。』莊公曰：『若何？』施伯對曰：『殺而以其屍授之。』莊公將殺管仲，齊使者請曰：『寡君欲親以爲戮，若不生得以戮於羣臣，猶未得請也。請生之。』於是莊公使束縛以予齊使，齊使受之而退。

比至，三釁、三浴之。桓公親逆之於郊，而與之坐而問焉，曰：『昔吾先君襄公築臺以爲高位，田、狩、畢、弋，不聽國政，卑聖侮士，而唯女是崇。九妃、六嬪，陳妾數百，食必粱肉，衣必文繡。戎士凍餒，戎車待游車之剪，戎士待陳妾之餘。優笑在前，賢材在後。是以國家不日引，不月長。恐宗廟之不掃除，社稷之不血食，敢問爲此若何？』管子對曰：『昔吾先王昭王、穆王，世法文、武遠績以成名，合羣叟，比校民之有道者，設象以爲民紀，式權以相應，比綴以度，竱本肇末，勸之以賞賜，糾之以刑罰，班序顛毛，以爲民紀統。』桓公曰：『爲之若何？』管子對曰：『昔者，聖王之治天下也，參其國而伍其鄙，定民之居，成民之事，陵爲之終，而慎用其六柄焉。』

桓公曰：『成民之事若何？』管子對曰：『四民者，勿使雜處，雜處則其言哤，其事易。』公曰：『處士、農、工、商若何？』管子對曰：『昔聖王之處士也，使就閑燕；處工，就官府；處商，就市井；處農，

就田野。

『令夫士，羣萃而州處，閒燕則父與父言義，子與子言孝，其事君者言敬，其幼者言弟。少而習焉，其心安焉，不見異物而遷焉。是故其父兄之教不肅而成，其子弟之學不勞而能。夫是，故士之子恒爲士。

『令夫工，羣萃而州處，審其四時，辨其功苦，權節其用，論比協材，旦暮從事，施于四方，以飭其子弟，相語以事，相示以巧，相陳以功。少而習焉，其心安焉，不見異物而遷焉。是故其父兄之教不肅而成，其子弟之學不勞而能。夫是，故工之子恒爲工。

『令夫商，羣萃而州處，察其四時，而監其鄉之資，以知其市之賈，負、任、擔、荷，服牛、軺馬，以週四方，以其所有，易其所無，市賤鬻貴，旦暮從事於此，以飭其子弟，相語以利，相示以賴，相陳以知賈。少而習焉，其心安焉，不見異物而遷焉。是故其父兄之教不肅而成，其子弟之學不勞而能。夫是，故商之子恒爲商。

『令夫農，羣萃而州處，察其四時，權節其用，耒、耜、枷、芟，及寒，擊菒除田，以待時耕；及耕，深耕而疾耰之，以待時雨；時雨既至，挾其槍、刈、耨、鎛，以旦暮從事于田野。脫衣就功，首戴茅蒲，身衣襏襫，沾體塗足，暴其髮膚，盡其四支之敏，以從事于田野。少而習焉，其心安焉，不見異物而遷焉。是故其父兄之教不肅而成，其子弟之學不勞而能。夫是，生物農之子恒爲農，野處而不暱。其秀民之能爲士者，必足賴也。有司見而不以告，其罪五。有司已於事而竣。』

桓公曰：『定民之居若何？』管子對曰：『制國以爲二十一鄉。』桓公曰：『善。』管子於是制國以爲二十一鄉：工商之鄉六；士鄉十五，公帥五鄉焉，國子帥五鄉焉，高子帥五鄉焉。參國起案，以爲三官，臣立三宰，工立三族，市立三鄉，澤立三虞，山立三衡。

桓公曰：『吾欲從事于諸侯，其可乎？』管子對曰：『未可。國未安。』桓公曰：『安國若何？』管子對曰：『修舊法，擇其善者而業用之；遂滋民，與無財，而敬百姓，則國安矣。』桓公曰：『諾。』遂修舊法，擇其善者而業用之；遂滋民，與無財，而敬百姓。國既安矣，桓公曰：『國安矣，其可乎？』管子對曰：『未可。君若正卒伍，修甲兵，則大國亦將正卒伍，修甲兵，則難以速得志矣。君有攻伐之器，小國諸侯有守禦之備，則難以速得志矣。君若欲速得志于天下諸侯，則事可以隱令，可以寄政。』桓公曰：『爲之若何？』管子對曰：『作內政而寄軍令焉。』桓公曰：『善。』

管子於是制國：『五家爲軌，軌爲之長；十軌爲里，里有司；四里爲連，連爲之長；十連爲鄉，鄉有良人焉。以爲軍令：五家爲軌，故五人爲伍，軌長帥之；十軌爲里，故五十人爲小戎，里有司帥之；四里爲連，故二百人爲卒，連長帥之；十連爲鄉，故二千人爲旅，鄉良人帥之；五鄉一帥，故萬人爲一軍，五鄉之帥帥之。三軍，故有中軍之鼓，有國子之鼓，有高子之鼓。春以蒐振旅，秋以獮治兵。是故卒伍整於里，軍旅整於郊。內教既成，令勿使遷徙。伍之人祭祀同福，死喪同恤，禍災共之。人與人相疇，家與家相疇，世同居，少同遊。故夜戰聲相聞，足以不乖；晝戰目相見，足以相識。其歡欣足以相死。居同樂，行同和，死同哀。是故守則同固，戰則同强。君有此士也三萬人，以方行於天下，以誅無道，以屏周室，天下大國之君莫之能禦。』

正月之朝，鄉長復事。君親問焉，曰：『於子之鄉，有居處好學、慈孝于父母、聰慧質仁、發聞於鄉里者，有則以告。有而不以告，謂之蔽明，其罪五。』有司已於事而竣。桓公又問焉，曰：『於子之鄉，有拳勇股肱之力秀出於衆者，有則以告。有而不以告，謂之蔽賢，其罪五。』有司已於事而竣。桓公又問焉，曰：『於子之鄉，有不慈孝于父母、不長悌於鄉里、驕躁淫暴、不用上令者，有則以告。有而不以告，謂之下比，其罪五。』有司已於事而竣。是故鄉長退而修德進賢，桓公親見之，遂使役官。

桓公令官長期而書伐，以告且選，選其官之賢者而復用之，曰：『有人居我官，有功休德，惟慎端愨以待時，使民以勸，綏謗言，足以補官之不善政。』桓公召而與之語，訾相其質，足以比成事，誠可立而授之。設之以國家之患而不疚，退問其鄉，以觀其所能而無大厲，升以爲上卿之贊。謂之三選。國子、高子退而修鄉，鄉退而修連，連退而修里，里退而修軌，軌退而修伍，伍退而修家。是故匹夫有善，可得而舉也；匹夫有不善，可得而誅也。政既成，鄉不越長，朝不越爵，罷士無伍，罷女無家。夫是，故民皆勉爲善。與其爲善於鄉也，不如爲善於里；與其爲善

於里也，不如爲善於家。是故士莫敢言一朝之便，皆有終歲之計；莫敢以終歲之議，皆有終身之功。

桓公曰：『伍鄙若何？』管子對曰：『相地而衰征，則民不移；政不旅舊，則民不偷；山澤各致其時，則民不苟；陸、阜、陵、墐、井、田、疇均，則民不憾；無奪民時，則百姓富；犧牲不略，則牛羊遂。』桓公曰：『定民之居若何？』管子對曰：『制鄙。三十家爲邑，邑有司；十邑爲卒，卒有卒帥；十卒爲鄉，鄉有鄉帥；三鄉爲縣，縣有縣帥；十縣爲屬，屬有大夫。五屬，故立五大夫，各使治一屬焉；立五正，各使聽一屬焉。是故正之政聽屬，牧政聽縣，下政聽鄉。』桓公曰：『各保治爾所，無或淫怠而不聽治者！』

正月之朝，五屬大夫復事。桓公擇是寡功者而謫之，曰：『制地、分民如一，何故獨寡功？教不善則政不治，一再則宥，三則不赦。』桓公又親問焉，曰：『於子之屬，有居處爲義好學、慈孝於父母、聰慧質仁、發聞於鄉里者，有則以告。有而不以告，謂之蔽明，其罪五。』有司已於事而竣。桓公又問焉，曰：『於子之屬，有拳勇股肱之力秀出於衆者，有則以告。有而不以告，謂之蔽賢，其罪五。』有司已於事而竣。桓公又問焉，曰：『於子之屬，有不慈孝於父母、不長悌於鄉里、驕躁淫暴、不用上令者，有則以告。有而不以告，謂之下比，其罪五。』有司已於事而竣。五屬大夫於是退而修屬，屬退而修縣，縣退而修鄉，鄉退而修卒，卒退而修邑，邑退而修家。是故匹夫有善，可得而舉也；匹夫有不善，可得而誅也。政既成矣，以守則固，以征則彊。

桓公曰：『吾欲從事于諸侯，其可乎？』管子對曰：『未可。鄰國未吾親也君欲從事於天下諸侯，則親鄰國。』桓公曰：『若何？』管子對曰：『審吾疆埸，而反其侵地；正其封疆，無受其資；而重爲之皮幣，以驟聘眺于諸侯，以安四鄰，則四鄰之國親我矣。爲遊士八十人，奉之以車馬、衣裘，多其資幣，使周遊于四方，以號召天下之賢士。皮幣玩好，使民鬻之四方，以監其上下之所好，擇其淫亂者而先征之。』

桓公問曰：『夫軍令則寄諸內政矣，齊國寡甲兵，爲之若何？』管子對曰：『輕過而移諸甲兵。』桓公曰：『爲之若何？』管子對曰：『制重罪贖以犀甲一戟，輕罪以贖盾一戟，小罪謫以金分，宥間罪。索訟者三禁而不可上下，坐成以束矢。美金以鑄劍戟，試諸狗馬；惡金以鑄鉏、夷、斤、斸，試諸壤土。』甲兵大足。

桓公曰：『吾欲南伐，何主？』管子對曰：『以魯爲主。反其侵地棠、潛，使海於有蔽，渠弭于有渚，環山於有牢。』桓公曰：『吾欲西伐，何主？』管子對曰：『以衛爲主。反其侵地臺、原、姑與漆里，使海於有蔽，渠弭於有渚，環山於有牢。』桓公曰：『吾欲北伐，何主？』管子對曰：『以燕爲主。反其侵地柴夫、吠狗，使海於有蔽，渠弭於有渚，環山於有牢。』四鄰大親。既反侵地，正封疆，地南至於䲒陰，西至於濟，北至於河，東至於紀酅，有革車八百乘。擇天下之甚淫亂者而先征之。

即位數年，東南多有淫亂者，萊、莒、徐夷、吳、越，一戰帥服三十一國。遂南征伐楚，濟汝，逾方城，望汶山，使貢絲于周而反。荆州諸侯莫敢不來服。遂北伐山戎，刜令支、斬孤竹而南歸。海濱諸侯莫敢不來服。與諸侯飾牲爲載，以約誓於上下庶神，與諸侯戮力同心。西征攘白狄之地，至於西河，方舟設泭，乘桴濟河，至於石枕。懸車束馬，逾太行與辟耳之谿拘夏，西服流沙、西吳。南城于周，反胙於絳。岳濱諸侯莫敢不來服，而大朝諸侯于陽穀。兵車之屬六，乘車之會三，諸侯甲不解累，兵不解翳，弢無弓，服無矢。隱武事，行文道，帥諸侯而朝天子。

葵丘之會，天子使宰孔致胙於桓公，曰：『余一人之命有事于文、武，使孔致胙。』且有後命，曰：『以爾自卑勞，實謂爾伯舅，無下拜。』桓公召管子而謀，管子對曰：『爲君不君，爲臣不臣，亂之本也。』桓公懼，出見客曰：『天威不違顔咫尺，小白余敢承天子之命曰「爾無下拜」，恐隕越於下，以爲天子羞。』遂下拜，升受命。賞服大輅，龍旗九旒，渠門赤旂，諸侯稱順焉。

桓公憂天下諸侯。魯有夫人、慶父之亂，二君弑死，國絶無嗣。桓公聞之，使高子存之。

狄人攻邢，桓公築夷儀以封之，男女不淫，牛馬選具。狄人攻衛，衛人出廬于曹，桓公城楚丘以封之。其畜散而無育，桓公與之繫馬三百。天下諸侯稱仁焉。於是天下諸侯知桓公之非爲己動也，是故諸侯歸之。

桓公知諸侯之歸己也，故使輕其幣而重其禮。故天下諸侯罷馬以爲幣，縷綦以爲奉，鹿皮四個；諸侯之使垂橐而入，稇載而歸。故拘之以

利，結之以信，示之以武，故天下小國諸侯既許桓公，莫之敢背，就其利而信其仁、畏其武。桓公知天下諸侯多與己也，故又大施忠焉。可爲動者爲之動，可爲謀者爲之謀，軍譚、遂而不有也，諸侯稱寬焉。通齊國之魚鹽於東萊，使關市幾而不征，以爲諸侯利，諸侯稱廣焉。築葵茲、晏、負夏、領釜丘，以禦戎、狄之地，所以禁暴于諸侯也；築五鹿、中牟、蓋與、牡丘，以衛諸夏之地，所以示權於中國也。教大成，定三革，隱五刃，朝服以濟河而無怵惕焉，文事勝矣。是故大國慚愧，小國附協。唯能用管夷吾、甯戚、隰朋、賓胥無、鮑叔牙之屬而伯功立。

又　卷四《魯語上》　長勺之役，曹劌問所以戰于莊公。公曰：『余不愛衣食於民，不愛牲玉於神。』對曰：『夫惠本而後民歸之志，民和而後神降之福。若布德於民而平均其政事，君子務治而小人務力；動不違時，財不過用；財用不匱，莫不能使共祀。是以用民無不聽，求福無不豐。今將惠以小賜，祀以獨恭。小賜不咸，獨恭不優。不咸，民不歸也；不優，神弗福也。將何以戰？夫民求不匱於財，而神求優裕於享者也，故不可以不本。』公曰：『余聽獄雖不能察，必以情斷之。』對曰：『是則可矣。知夫苟中心圖民，智雖弗及，必將至焉。』

又　卷八《晉語二》　葵丘之會，獻公將如會，遇宰周公，曰：『君可無會也。夫齊侯好示，務施與力而不務德，故輕致諸侯而重遺之，使至者勸而叛者慕。懷之以典言，薄其要結而厚德之，以示之信。三屬諸侯，存亡國三，以示之施。是以北伐山戎，南伐楚，西爲此會也。譬之如室，既鎮其甍矣，又何加焉？吾聞之，惠難遍也，施難報也。不遍不報，卒於怨讎。夫齊侯將施惠如出責，是以不果奉，而暇晉是皇，雖後之會，將在東矣。君無懼矣，其有勤也！』公乃還。

宰孔謂其御曰：『晉侯將死矣！景霍以爲城，而汾、河、涑、澮以爲渠，戎、狄之民實環之。汪是土也，苟違其違，誰能懼之！今晉侯不量齊德之豐否，不度諸侯之勢，釋其閉修，而輕于行道，失其心矣。君子失心，鮮不夭昏。』是歲也，獻公卒。八年，爲淮之會。桓公在殯，宋人伐之。

《呂氏春秋》卷二一《開春論·貴卒》　齊襄公即位，憎公孫無知，收其祿。無知不說，殺襄公。公子糾走魯，公子小白奔莒。既而國殺無知，未有君，公子糾與公子小白皆歸，俱至，爭先入公家。管仲扜弓射公子小白，中鉤。鮑叔御，公子小白僵。管子以爲小白死，告公子糾曰：『安之。公孫小白已死矣！』鮑叔因疾驅先入，故公子小白得以爲君。鮑叔之智應射而令公子小白僵也，其智若鏃矢也。

又　卷二四《不苟論·贊能》　管子束縛在魯。桓公欲相鮑叔。鮑叔曰：『吾君欲霸王，則管夷吾在彼，臣弗若也。』桓公曰：『夷吾，寡人之賊也，射我者也。不可。』鮑叔曰：『夷吾，爲其君射人者也。君若得而臣之，則彼亦將爲君射人。』桓公不聽，强相鮑叔。固辭讓而相，桓公果聽之。於是乎使人告魯曰：『管夷吾，寡人之讎也，願得之而親加手焉。』魯君許諾，乃使吏鞹其拳，膠其目，盛之以鴟夷，置之車中。至齊境，桓公使人以朝車迎之，祓以爟火，釁以犧猳焉，生與之如國，命有司除廟筵几而薦之，曰：『自孤之聞夷吾之言也，目益明，耳益聰，孤弗敢專，敢以告於先君。』因顧而命管子曰：『夷吾佐予。』管仲還走，再拜稽首，受令而出。管子治齊國，舉事有功，桓公必先賞鮑叔，曰：『使齊國得管子者，鮑叔也。』桓公可謂知行賞矣。凡行賞欲其本也，本則過無由生矣。

又　卷一五《慎大覽·順説》　管子得於魯，魯束縛而檻之，使役人載而送之齊，其謳歌而引。管子恐魯之止而殺己也，欲速至齊，因謂役人曰：『我爲汝唱，汝爲我和。』其所唱適宜走，役人不倦，而取道甚速。管子可謂能因矣。役人得其所欲，己亦得其所欲。以此術也，是用萬乘之國，其霸猶少，桓公則難與往也。

又　卷一九《離俗覽·舉難》　寧戚欲干齊桓公，窮困無以自進，於是爲商旅將任車以至齊，暮宿於郭門之外。桓公郊迎客，夜開門，辟任車，爝火甚盛，從者甚衆。甯戚飯牛居車下，望桓公而悲，擊牛角疾歌。桓公聞之，撫其僕之手曰：『異哉！之歌者非常人也。』命後車載之。桓公反，至，從者以請。桓公賜之衣冠，將見之。甯戚見，説桓公以治境內。明日復見，説桓公以爲天下。桓公大説，將任之。羣臣爭之曰：『客，衛人也。衛之去齊不遠，君不若使人問之，而固賢者也，用之未晚也。』桓公曰：『不然。問之，患其有小惡。以人之小惡，亡人之大美，此人主之所以失天下之士也已。』凡聽必有以矣。今聽而不復問，合其所

以也。且人固難全，權而用其長者。當舉也，桓公得之矣。

又《**貴信**》 齊桓公伐魯，魯人不敢輕戰，去魯國五十里而封之。魯請比關內侯以聽，桓公許之。曹翽謂魯莊公曰：『君寧死而又死乎？其寧生而又生乎？』莊公曰：『何謂也？』曹翽曰：『聽臣之言，國必廣大，身必安樂，是生而又生也；不聽臣之言，國必滅亡，身必危辱，是死而又死也。』莊公曰：『請從。』於是明日將盟，莊公與曹翽皆懷劍至於壇上。莊公左搏桓公，右抽劍以自承，曰：『魯國去境數百里。今去境五十里，亦無生矣。鈞其死也，戮於君前。』管仲、鮑叔進。曹翽按劍當兩陛之間曰：『且二君將改圖，毋或進者！』莊公曰：『封於汶則可，不則請死。』管仲曰：『以地衛君，非以君衛地。君其許之！』乃遂封於汶南，與之盟。歸而欲勿予，管仲曰：『不可。人特劫君而不盟，君不知，不可謂智；臨難而不能勿聽，不可謂勇；許之而不予，不可謂信。不智不勇不信，有此三者，不可以立功名。予之，雖亡地亦得信。以四百里之地見信於天下，君猶得也。』莊公，仇也；曹翽，賊也。信於仇賊，又況於非仇賊者乎？夫九合之而合，壹匡之而聽，從此生矣。管仲可謂能因物矣。以辱爲榮，以窮爲通，雖失乎前，可謂後得之矣。物固不可全也。

又 卷一七《**審分覽・勿躬**》 管子復於桓公，曰：『墾田大邑，辟土藝粟，盡地力之利，臣不若甯遬，請置以爲大田。登降辭讓，進退閑習，臣不若隰朋，請置以爲大行。蚤入晏出，犯君顔色，進諫必忠，不辟死亡，不重貴富，臣不如東郭牙，請置以爲大諫臣。平原廣城，車不結軌，士不旋踵，鼓之，三軍之士，視死如歸，臣不若王子城父，請置以爲大司馬。決獄折中，不殺不辜，不誣無罪，臣不若弦章，請置以爲大理。君若欲治國彊兵，則五子者足矣；君欲霸王，則夷吾在此。』桓公曰：『善。』令五子皆任其事，以受令於管子。十年，九合諸侯，一匡天下，皆夷吾與五子之能也。

又 卷一一《**仲冬紀・長見**》 荆文王曰：『莧譆數犯我以義，違我以禮，與處則不安，曠之而不穀得焉，不以吾身爵之，後世有聖人，將以非不穀。』於是爵之五大夫。『申侯伯善持養吾意，吾所欲則先我爲之，與處則安，曠之而不穀喪焉，不以吾身遠之，後世有聖人，將以非不穀。』於是送而行之。申侯伯如鄭，阿鄭君之心，先爲其所欲，三年而知鄭國之政也，五月而鄭人殺之。是後世之聖人，使文王爲善於上世也。

又 卷一八《**審應覽・精論**》 齊桓公合諸侯，衛人後至。公朝而與管仲謀伐衛，退朝而入，衛姬望見君，下堂再拜，請衛君之罪。公曰：『吾於衛無故，子曷爲請？』對曰：『妾望君之入也，足高氣彊，有伐國之志也。見妾而有動色，伐衛也。』明日君朝，揖管仲而進之。管仲曰：『君舍衛乎？』公曰：『仲父安識之？』管仲曰：『君之揖朝也恭，而言也徐，見臣而有慚色，臣是以知之。』君曰：『善。仲父治外，夫人治內，寡人知終不爲諸侯笑矣。』桓公之所以匿者不言也，今管子乃以容貌音聲，夫人乃以行步氣志，桓公雖不言，若暗夜而燭燎也。

又《**重言**》 齊桓公與管仲謀伐莒，謀未發而聞於國，桓公怪之，曰：『與仲父謀伐莒，謀未發而聞於國，其故何也？』管仲曰：『國必有聖人也。』桓公曰：『譆！日之役者，有執蹠痛而上視者，意者其是邪！』乃令復役，無得相代。少頃，東郭牙至。管仲曰：『此必是已。』乃令賓者延之而上，分級而立。管子曰：『子邪言伐莒者？』對曰：『然。』管仲曰：『我不言伐莒，子何故言伐莒？』對曰：『臣聞君子善謀，小人善意。臣竊意之也。』管仲曰：『我不言伐莒，子何以意之？』對曰：『臣聞君子有三色：顯然喜樂者，鐘鼓之色也；湫然清靜者，衰絰之色也；艴然充盈、手足矜者，兵革之色也。日者臣望君之在臺上也，艴然充盈、手足矜者，兵革之色也。君呿而不唫，所言者「莒」也；君舉臂而指，所當者莒也。臣竊以慮諸侯之不服者，其惟莒乎！臣故言之。』凡耳之聞，以聲也。今不聞其聲，而以其容與臂，是東郭牙不以耳聽而聞也。桓公、管仲雖善匿，弗能隱矣。故聖人聽於無聲，視於無形。詹何、田子方、老耽是也。

又 卷二〇《**恃君覽・達鬱**》 管仲觴桓公。日暮矣，桓公樂之而徵燭。管仲曰：『臣卜其晝，未卜其夜。君可以出矣。』公不說，曰：『仲父年老矣，寡人與仲父爲樂將幾之！請夜之。』管仲曰：『君過矣。夫厚於味者薄於德，沈於樂者反於憂。壯而怠則失時，老而解則無名。臣乃今將爲君勉之，若何其沈於酒也？』管仲可謂能立行矣。凡行之墮也於樂，今樂而益飭；行之壞也於貴，今主欲留而不許。伸志行理，貴樂弗爲變，以事其主。此桓公之所以霸也。

《韓非子》卷八《説林下》　公子糾將爲亂，桓公使使者視之。使者報曰：『笑不樂，視不見，必爲亂。』乃使魯人殺之。【略】

管仲、鮑叔相謂曰：『君亂甚矣，必失國。齊國之諸公子其可輔者，非公子糾則小白也。與子人事一人焉，先達者相收。』管仲乃從公子糾，鮑叔從小白。國人果弑君。小白先入爲君，魯人拘管仲而效之，鮑叔言而相之。故諺曰：『巫咸雖善祝，不能自祓也；秦醫雖善除，不能自彈也。』以管仲之聖而待鮑叔之助，此鄙諺所謂『虜自賣裘而不售，士自譽辯而不信』者也。

又　卷七《説林上》　管仲、隰朋從於桓公而伐孤竹，春往冬反，迷惑失道。管仲曰：『老馬之智可用也。』乃放老馬而隨之，遂得道。行山中無水，隰朋曰：『蟻冬居山之陽，夏居山之陰。蟻壤寸而有水。』乃掘地，遂得水。以管仲之聖而隰朋之智，至其所不知，不難師于老馬與蟻。今人不知以其愚心而師聖人之智，不亦過乎？【略】

晉人伐邢，齊桓公將救之。鮑叔曰：『太蚤。邢不亡，晉不敝；晉不敝，齊不重。且夫持危之功，不如存亡之德大。君不如晚救之以敝晉，齊實利；待邢亡而復存之，其名實美。』桓公乃弗救。子胥出走，邊候得之。子胥曰：『上索我者，以我有美珠也；今我已亡之矣，我且曰子取吞之。』候因釋之。

又　卷八《説林下》　桓公問管仲：『富有涯乎？』答曰：『水之以涯，其無水者也。富之以涯，其富已足者也。人不能自止於足，而亡其富之涯乎。』

又　卷九《内儲説上七術》　齊國好厚葬，布帛盡於衣衾，材木盡於棺槨。桓公患之，以告管仲曰：『布帛盡則無以爲幣，材木盡則無以爲守備，而人厚葬之不休，禁之奈何？』管仲對曰：『凡人之有爲也，非名之則利之也。』於是乃下令曰：『棺槨過度者戮其屍，罪夫當喪者。』夫戮死無名，罪當喪者無利，人何故爲之也？

又　卷一一《外儲説左上》　蔡女爲桓公妻，桓公與之乘舟。夫人蕩舟，桓公大懼，禁之不止，怒而出之。乃且復召之，因復更嫁之，桓公大怒，將伐蔡。仲父諫曰：『夫以寢席之戲，不足以伐人之國，功業不可冀也，請無以此爲稽也。』桓公不聽。仲父曰：『必不得已，楚之菁茅不貢于天子三年矣，君不如舉兵爲天子伐楚。楚服，因還襲蔡，曰：「余爲天子伐楚，而蔡不以兵聽從」，遂滅之。此義於名而利於實，故必有爲天子誅之名，而有報讎之實。』【略】

齊桓公好服紫，一國盡服紫。當是時也，五素不得一紫。桓公患之，謂管仲曰：『寡人好服紫，紫貴甚，一國百姓好服紫不已，寡人奈何？』管仲曰：『君欲止之，何不試勿衣紫也，謂左右曰：「吾甚惡紫之臭。」於是左右適有衣紫而進者，公必曰：「少卻，吾惡紫臭。」』『公曰：「諾。」於是日，郎中莫衣紫，其明日，國中莫衣紫；三日，境内莫衣紫也。一曰：齊王好衣紫，齊人皆好也。齊國五素不得一紫。齊王患紫貴，《傳》説王曰：『《詩》云：「不躬不親，庶民不信。」今王欲民無衣紫者，王請自解紫衣而朝，羣臣有紫衣進者，曰：「益遠！寡人惡臭。」』是日也，郎中莫衣紫；是月也，國中莫衣紫；是歲也，境内莫衣紫。

又　卷一二《外儲説左下》　管仲束縛，自魯之齊，道而饑渴，過綺烏封人而乞食。烏封人跪而食之，甚敬。封人因竊謂仲曰：『適幸，及齊不死而用齊，將何報我？』曰：『如子之言，我且賢之用，能之使，勞之論。我何以報子？』封人怨之。【略】

齊桓公將立管仲，令羣臣曰：『寡人才將立管仲爲仲父。善者入門而左，不善者入門而右。』東郭牙中門而立。公曰：『寡人立管仲爲仲父，令曰「善者左，不善者右。」今子何爲中門而立？』牙曰：『以管仲之智，爲能謀天下乎？』公曰：『能。』『以斷，爲敢行大事乎？』公曰：『敢。』牙曰：『君知能謀天下，斷敢行大事，君因專屬之國柄焉。以管仲之能，乘公之勢以治齊國，得無危乎？』公曰：『善。』乃令隰朋治内，管仲治外，以相參。【略】

管仲相齊，曰：『臣貴矣，然而臣貧。』桓公曰：『使子有三歸之家。』曰：『臣富矣，然而臣卑。』桓公使立於高、國之上。曰：『臣尊矣，然而臣疏。』乃立爲仲父。孔子聞而非之曰：『泰侈逼上。』曰：管仲父出，朱蓋青衣，置鼓而歸，自朝歸設鼓吹之樂。庭有陳鼎，家有三歸。孔子曰：『良大夫也，其侈逼上。』【略】

桓公問置吏于管仲，管仲曰：『辯察于辭，清潔于貨，習人情，夷吾不如弦商，請立以爲大理。登降肅讓，以明禮待賓，臣不如隰朋，請立以

爲大行。墾草仞邑，「仞」，入也。所食之邑，能入其租稅也。辟地生粟，臣不如甯武，請以爲大田。三軍既成陣，使士視死如歸，臣不如公子成父，請以爲大司馬。犯顏極諫，臣不如東郭牙，請立以爲諫臣。治齊，此五子足矣；將欲霸王，夷吾在此。」

又　卷一三《外儲説右上》　宋人有酤酒者，升概甚平，遇客甚謹，爲酒甚美，縣幟甚高，然而不售，酒酸。怪其故，問其所知閭長者楊倩，倩曰：「汝狗猛耶？」曰：「狗猛則酒何故而不售？」曰：「人畏焉。或令孺子懷錢挈壺甕而往酤，而狗迓而齕之，此酒所以酸而不售也。」夫國亦有狗，有道之士懷其術而欲以明萬乘之主，大臣爲猛狗迎而齕之，此人主之所以蔽脅，而有道之士所以不用也。故桓公問管仲：「治國最奚患？」對曰：「最患社鼠矣。」公曰：「何患社鼠哉？」對曰：「君亦見夫爲社者乎？樹木而塗之，鼠穿其間，掘穴託其中。燻之則恐焚木，灌之則恐塗阤，此社鼠之所以不得也。今人君之左右，出則爲勢重而收利於民，入則比周而蔽惡於君，內間主之情以告外，外內爲重，諸臣百吏以爲富，吏不誅則亂法，誅之則君不安。據而有之，此亦國之社鼠也。」故人臣執柄而擅禁，明爲己者必利，而不爲己者必害，此亦猛狗也。夫大臣爲猛狗而齕有道之士矣，左右又爲社鼠而間主之情，人主不覺。如此，主焉得無壅，國焉得無亡乎！

又　卷一四《外儲説右下》　齊桓公微服以巡民家，人有年老而自養者，桓公問其故，對曰：「臣有子三人，家貧無以妻之，傭未及反。」桓公歸，以告管仲。管仲曰：「畜積有腐棄之財，則人饑餓；宮中有怨女，則民無妻。」桓公曰：「善。」乃論宮中有婦人而嫁之，下令於民曰：「丈夫二十而室，婦人十五而嫁。」一曰：桓公微服而行於民間，有鹿門稷者，行年七十而無妻。桓公問管仲曰：「有民老而無妻者乎？」管仲曰：「有鹿門稷者，行年七十矣而無妻。」桓公曰：「何以令之有妻？」管仲曰：「臣聞之：上有積財，則民臣必匱乏於下；宮中有怨女，則有老而無妻者。」桓公曰：「善。」令於宮中女子未嘗御出嫁之。乃令男子年二十而室，女年十五而嫁，則內無怨女，外無曠夫。

又　《難一》　桓公解管仲之束縛而相之。管仲曰：「臣有寵矣，然而臣卑。」公曰：「使子立高、國之上。」管仲曰：「臣貴矣，然而臣貧。」公曰：「使子有三歸之家。」管仲曰：「臣富矣，然而臣疏。」於是立以爲仲父。霄略曰：「管仲以賤爲不可以治國，故請高、國之上；以貧爲不可以治富，故請三歸；以疏爲不可以治親，故處仲父。管仲非貪，以便治也。」

或曰：今使臧獲奉君令詔卿相，莫敢不聽，非卿相卑而臧獲尊也，主令所加，莫敢不從也。今使管仲之治不緣桓公，是無君也，謂擅出其令，故曰「不緣」也。國無君不可以爲治。若負桓公之威，下桓公之令，是臧獲之所以信也，奚待高、國、仲父之尊而後行哉！當世之行事都丞「都丞」，宦官之卑者也。之下徵令者，不辟尊貴，不就卑賤。二官雖卑，奉命徵令，亦不以尊卽避，卑卽就也。故行之而法者，雖巷伯信乎卿相；行之而非法者，雖大吏詘乎民萌。今管仲不務尊主明法，而事增寵益爵，是非管仲貪欲富貴，必暗而不知術也。故曰：「管仲有失行，霄略有過譽。」

又　《難二》　齊桓公之時，晉客至，有司請禮。桓公曰「告仲父」者三。有司三請，皆曰「告仲父」。而優笑曰：「易哉爲君，一曰仲父，二曰仲父。」「優」，俳優，樂者名。桓公曰：「吾聞君人者勞于索人，佚於使從。吾得仲父已難矣，得仲父之後，何爲不易乎哉？」

或曰：桓公之所應優，非君人者之言也。桓公以君人爲勞于索人，何索人爲勞哉？伊尹自以爲宰干湯，百里奚自以爲虜干穆公。虜，所辱也；宰，所羞也。蒙羞辱而接君上，賢者之憂世急也。然則君人者無逆賢而已矣，索賢不爲人主難。且官職所以任賢也，爵祿所以賞功也，設官職，陳爵祿，而士自至，君人者奚其勞哉！使人又非所佚也，人主雖使人，必以度量準之，以刑名參之；以事遇於法則行，不遇於法則止；功當其言則賞，不當則誅。以刑名收臣，以度量準下，此不可釋也，君人者焉佚哉！索人不勞，使人不佚，而桓公曰「勞於索人，佚於使人」者，不然。且桓公得管仲又不難，管仲不死其君而歸桓公，鮑叔輕官讓能而任之，桓公得管仲又不難明矣。已得管仲之後，奚遽易哉！管仲非周公旦。周公旦假爲天子七年，成王壯，授之以政，非爲天下計也，爲其職也。夫不奪子而行天下者，必不背死君而事其讎；背死君而事其讎者，必不難奪子而行天下；不難奪子而行天下者，必不難奪其君國矣。管仲，公子糾之臣也，謀殺桓公而不能，其君死而臣桓公，管仲之取捨非周公旦，未

可知也。若使管仲大賢也，且爲湯、武。湯、武，桀、紂之臣也，桀、紂作亂，湯、武奪之。今桓公以易居其上，是以桀、紂之行居湯、武之上，桓公危矣。若使管仲不肖人也，且爲田常。田常，簡公之臣也，而弑其君。今桓公以易居其上，是以簡公之易居田常之上也，桓公又危矣。管仲非周公旦以明矣，然爲湯、武與田常，未可知也。爲湯、武，有桀、紂之危；爲田常，有簡公之亂也。已得仲父之後，桓公奚遽易哉？若使桓公之任管仲，必知不欺己也，是知不欺主之臣也。然雖知不欺主之臣，今桓公以任管仲之專借豎刁、易牙，蟲流出屍而不葬，桓公不知臣欺主與不欺主已明矣，而任臣如彼其專也，故曰：『桓公闇主。』【略】

齊桓公飲酒醉，遺其冠，恥之，三日不朝。管仲曰：『此非有國之恥也，公胡其不雪之以政？』公曰：『善！』因發倉囷賜貧窮，論囹圄出薄罪。處三日而民歌之曰：『公乎，公乎，胡不復遺其冠乎！』

或曰：管仲雪桓公之恥於小人，而生桓公之恥於君子矣。使桓公發倉囷而賜貧窮，論囹圄而出薄罪，非義也，不可以雪恥使之而義也。桓公宿義，須遺冠而後行之，則是桓公行義非爲遺冠也。是雖雪遺冠之恥於小人，而亦遺義之恥於君子矣。且夫發囷倉而賜貧窮者，是賞無功也；論囹圄而出薄罪者，是不誅過也。夫賞無功則民偷幸而望於上，遺冠得賜，當望遺冠。不誅過則民不懲而易爲非，此亂之本也，安可以雪恥哉？

又 《難一》 齊桓公時，有處士曰小臣稷，桓公三往而弗得見。桓公曰：『吾聞布衣之士不輕爵祿，無以易萬乘之主；萬乘之主不好仁義，亦無以下布衣之士。』於是五往乃得見之。

《莊子》卷五《天道》 桓公讀書於堂上。輪扁斫輪於堂下，釋椎鑿而上，問桓公曰：『敢問：『公之所讀者，何言邪？』

曰：『然則君之所讀者，古人之糟魄已夫！』

桓公曰：『寡人讀書，輪人安得議乎！有説則可，無説則死！』

輪扁曰：『臣也以臣之事觀之。斲輪，徐則甘而不固，疾則苦而不入。不徐不疾，得之於手而應於心，口不能言，有數存焉於其間。臣不能以喻臣之子，臣之子亦不能受之於臣，是以行年七十而老斲輪。古之人與其不可傳也死矣，然則君之所讀者，古人之糟魄已夫！』

又 卷七《達生》 桓公田於澤，管仲御，見鬼焉。公撫管仲之手曰：『仲父何見？』對曰：『臣無所見。』

公反，誒詒爲病，數日不出。齊士有皇子告敖者曰：『公則自傷，鬼惡能傷公！夫忿滀之氣，散而不反，則爲不足；上而不下，則使人善怒；下而不上，則使人善忘；不上不下，中身當心，則爲病。』

桓公曰：『然則有鬼乎？』

曰：『有。沈有履，竈有髻。戶內之煩壤，雷霆處之；東北方之下者，倍阿鮭蠪躍之；西北方之下者，則泆陽處之。水有（岡）［罔］象，丘有莘，山有夔，野有彷徨，澤有委蛇。』

公曰：『請問，委蛇之狀何如？』

皇子曰：『委蛇，其大如轂，其長如轅，紫衣而朱冠。其爲物也，惡聞雷車之聲，則捧其首而立。見之者殆乎霸。』

桓公辴然而笑曰：『此寡人之所見者也。』於是正衣冠與之坐，不終日而不知病之去也。

《荀子》卷三《仲尼篇》 仲尼之門人，五尺之豎子言羞稱乎五伯。是何也？曰：然。彼誠可羞稱也。齊桓，五伯之盛者也，前事則殺兄而爭國；內行則姑姊妹之不嫁者七人，閨門之內，般樂奢汏，以齊之分奉之而不足；外事則詐邾，襲莒，并國三十五。其事行也若是其險汙淫汏也，彼固曷足稱乎大君子之門哉！若是而不亡，乃霸，何也？曰：於乎！夫齊桓公有天下之大節焉，夫孰能亡之？倓然見管仲之能足以託國也，是天下之大知也。安忘其怒，出忘其讎，遂立以爲仲父，是天下之大決也。立以爲仲父，而貴戚莫之敢妬也；與之高、國之位，而本朝之臣莫之敢惡也；與之書社三百，而富人莫之敢距也。貴賤長少，秩秩焉莫不從桓公而貴敬之，是天下之大節也。諸侯有一節如是，則莫之能亡也；桓公兼此數節者而盡有之，夫又何可亡也？其霸也宜哉！非幸也，數也。然而仲尼之門人，五尺之豎子言羞稱乎五伯，是何也？曰：然。彼非本政教也，非致隆高也，非綦文理也，非服人之心也。鄉方略，審勞佚，畜積修鬬而能顛倒其敵者也。詐心以勝矣。彼以讓飾爭，依乎仁而蹈利者也，小人之傑也，彼固曷足稱乎大君子之門哉！

《禮記》卷四三《雜記下》 孔子曰：『管仲遇盜，取二人焉，上以爲公臣，曰：「其所與遊，辟也，可人也。」管仲死，桓公使爲之服。宦

於大夫者之爲之服也，自管仲始也，有君命焉爾也。」

又《公羊傳・莊公九年》　公及齊大夫盟於暨。公曷爲與大夫盟？齊無君也。然則何以不名？爲其諱與大夫盟也，使若衆然。

夏，公伐齊，納糾。納者何？入辭也。其言伐之何？伐而言納者，猶不能納也。糾者何？公子糾也。何以不稱公子？君前臣名也。齊小白入於齊。曷爲以國氏？當國也。其言入何？篡辭也。【略】

八月，庚申，及齊師戰于乾時，我師敗績。内不言敗，此其言敗何？伐敗也。曷爲伐敗？復讎也此复讎乎大國，曷为使微者？公也。公則曷为不言公？不与公复讎也。曷为不与公复讎？复讎者，在下也。

九月，齊人取子糾殺之。其言取之何？内辭也。脅我，使我殺之也。其稱子糾何？貴也。其貴奈何？宜爲君者也。

又《莊公九年》　冬，浚洙。洙者何？水也。浚之者何？深之也。曷爲深之？畏齊也。曷爲畏齊也？辭殺子糾也。

又《莊公十年》　冬，十月，齊師滅譚，譚子奔莒。何以不言出？國已滅矣，無所出也。

又《莊公十一年》　冬，王姬歸於齊。何以書？過我也。

又《莊公十三年》　冬，公會齊侯盟于柯。何以不日，易也，其易奈何？桓之盟不日，其會不致，信之也。其不日以始乎此？莊公將會乎桓，曹子進曰：『君之意何如？』莊公曰：『寡人之生，則不若死矣。』曹子曰：『然則君請當其君，臣請當其臣。』莊公曰：『諾。』於是會乎桓，莊公升壇，曹子手劍而從之。管子進曰：『君何求乎？』曹子曰：『城壞壓竟，君不圖與？』管子曰：『然則君將何求？』曹子曰：『願請汶陽之田。』管子顧曰：『君許諾。』桓公曰：『諾。』曹子請盟，桓公下與之盟。已盟，曹子摽劍而去之。要盟可犯，而桓公不欺；曹子可讎，而桓公不怨，桓公之信著乎天下，自柯之盟始焉。

又《莊公十四年》　夏，單伯會伐宋。其言會伐宋何？後會也。

又《莊公十六年》　冬，十有二月，公會齊侯、宋公、陳侯、衛侯、鄭伯、許男、曹伯、滑伯、滕子同盟於幽。同盟者何？同欲也。

又《莊公十七年》　十有七年，春，齊人執鄭瞻。鄭瞻者何？鄭之微者也。此鄭之微者，何言乎齊人執之？書甚佞也。

夏，齊人瀐於遂。瀐者何？瀐積也。衆殺戍者也。

秋，鄭瞻自齊逃來。何以書？書甚佞也，曰：『佞人來矣！佞人來矣！』

又《莊公十九年》　秋，公子結媵陳人之婦於鄄，遂及齊侯、宋公盟。媵者何？諸侯娶一國，則二國往媵之，以姪娣從。姪者何？兄之子也。娣者何？弟也。諸侯壹聘九女，諸侯不再娶。媵不書，此何以書？爲其有遂事書。大夫無遂事，此其言遂何？聘禮，大夫受命，不受辭。出竟有可以安社稷利國家者，則專之可也。

又《莊公三十年》　齊人伐山戎。此齊侯也，其稱人何？貶。曷爲貶？子司馬子曰：『蓋以操之爲已蹙矣。』此蓋戰也，何以不言戰？《春秋》敵者言戰。桓公之與戎狄，驅之爾。

又《莊公三十一年》　六月，齊侯來獻戎捷。齊，大國也。曷爲親來獻戎捷？威我也。其威我奈何？旗獲而過我也。

又《僖公元年》　齊師、宋師、曹師次於聶北，救邢。救不言次，此其言次何？不及事也。不及事者何？邢已亡矣。孰亡之？蓋狄滅之。曷爲不言狄滅之？爲桓公諱也。曷爲爲桓公諱？上無天子，下無方伯，天下諸侯有相滅亡者，桓公不能救，則桓公耻之。曷爲先言次，而後言救？君則其稱師何？不與諸侯專封也。曷爲不與？實與，而文不與。文曷爲不與？諸侯之義，不得專封也。諸侯之義不得專封，則其曰實與之何？上無天子，下無方伯，天下諸侯有相滅亡者，力能救之，則救之可也。

夏，六月，邢遷於陳儀。遷者何？其意也。遷之者何？非其意也。齊師、宋師、曹師城邢。此一事也，曷爲復言齊師、宋師、曹師？不復言師，則無以知其爲一事也。

又《僖公二年》　二年，春，王正月，城楚丘。孰城之？城衛也。曷爲不言城衛？滅也。孰滅之？蓋狄滅之。曷爲不言狄滅之？爲桓公諱也。曷爲爲桓公諱？上無天子，下無方伯，天下諸侯有相滅亡者，桓公不能救，則桓公耻之也。然則孰城之？桓公城之。曷爲不言桓公城之？不與諸侯專封也。曷爲不與？實與而文不與。文曷爲不與？諸侯之義，不得專

封。諸侯之義不得專封，則其曰實與之何？上無天子，下無方伯，天下諸侯有相滅亡者，力能救之，則救之可也。

秋，九月，齊侯、宋公、江人、黄人盟於貫澤。江人、黄人者何？遠國之辭也。遠國至矣，則中國曷爲獨言齊、宋至爾？大國言齊、宋，遠國言江、黄，則以其餘爲莫敢不至也。徐人取舒。其言取之何？易也。

【略】

秋，齊侯、宋公、江人、黄人會於陽穀。此大會也，曷爲末言爾？桓公曰：『無障谷，無貯粟，無易樹子，無以妾爲妻。』

冬，公子友如齊莅盟。莅盟者何？往盟乎彼也。其言來盟者何？來盟於我也。

又《僖公四年》　四年，春，王正月，公會齊侯、宋公、陳侯、衛侯、鄭伯、許男、曹伯侵蔡。蔡潰。潰者何？下叛上也。國曰潰，邑曰叛。遂伐楚，次於陘。其言次於陘何？有俟也。孰俟？俟屈完也。夏，許男新臣卒。楚屈完來盟於師，盟於召陵。屈完者何？楚大夫也。何以不稱使？尊屈完也。曷爲尊屈完？以當桓公也。其言盟於師，盟師在召陵也。師在召陵，則曷爲再言盟？喜服楚也。何言乎喜服楚？無王者則先夷狄也，而亟病中國。南夷與北夷交，中國不絶若綫。桓公救中國，而攘夷狄，卒怗荆，以此爲王者之事也。其言來何？與桓爲主也。前此者有事矣，後此者有事矣。則曷爲獨於此焉？與桓公爲主，序績也。

齊人執陳袁濤塗。濤塗之罪何？闢軍之道也。其闢軍之道奈何？濤塗謂桓公曰：『君既服南夷矣，何不還師濱海而東，服東夷，且歸？』桓公曰：『諾。』於是還師濱海而東，大陷於沛澤之中。顧而執濤塗。執者曷爲或稱侯，或稱人？稱侯而執者，伯討也；稱人而執者，非伯討也。此執有罪，何以不得爲伯討？古者周公，東征則西國怨，西征則東國怨。桓公假塗於陳而伐楚，則陳人不欲其反由己者，師不正故也。不脩其師而執濤塗，古人之討，則不然也。【略】

八月，公至自伐楚。楚已服矣，何以致伐？楚叛盟也。

又《僖公五年》　公及齊侯、宋公、陳侯、衛侯、鄭伯、許男、曹伯會王世子於首戴。曷爲殊會王世子？世子貴也。世子，猶世世子也。

秋，八月，諸侯盟於首戴。諸侯何以不序？一事而再見者，前目而後凡也。鄭伯逃歸不盟。其言逃歸不可盟者何？不可使盟，則其言逃歸何？魯子曰：『蓋不以寡犯衆也。』

又《僖公六年》　夏，公會齊侯、宋公、陳侯、衛侯、曹伯伐鄭，圍新城。邑不言圍，此其言圍何？彊也。

又《僖公七年》　鄭殺其大夫申侯。其稱國以殺何？稱國以殺者，君殺大夫之辭也。

又《僖公八年》　八年，春，王正月，公會王人、齊侯、宋公、衛侯、許男、曹伯、陳世子款、鄭世子華盟於洮。王人者何？微者也。曷爲序乎諸侯之上？先王命也。

鄭伯乞盟。乞盟者何？處其所而請與也。其處其所而請與奈何？蓋酌之也。

又《僖公九年》　夏，公會宰周公、齊侯、宋子、衛侯、鄭伯、許男、曹伯於癸丘。宰周公者何？天子之爲政者也。【略】

九月，戊辰，諸侯盟於葵丘。桓之盟不日，此何以日？危之也。何危爾？貫澤之會，桓公有憂中國之心。不召而至者，江人、黄人也。葵丘之會，桓公震而矜之，叛者九國。震之者何？猶曰振振然。矜之者何？猶曰莫若我也。

又《僖公十四年》　十有四年，春，諸侯城緣陵。孰城之？城杞也。曷爲城杞？滅也。孰滅之？蓋徐、莒脅之。曷爲不言徐、莒脅之？爲桓公諱也。曷爲爲桓公諱？上無天子，下無方伯，天下諸侯有相滅亡者，桓公不能救，則桓公耻之也。然則孰城之？桓公城之。曷爲不言桓公城之？不與諸侯專封也。曷爲不言桓公城之？不與諸侯專封也。曷爲不與？實與而文不與。文曷爲不與？諸侯之義不得專封，則其曰實與之何？上無天子，下無方伯，天子諸侯有相滅亡者，力能救之，則救之可也。

又《僖公十五年》　九月，公至自會。桓公之會不致，此何以致？久也。

又《僖公十七年》　十有七年，春，齊人、徐人伐英氏。夏，滅項。孰滅之？齊滅之。曷爲不言齊滅之？爲桓公諱也。《春秋》爲賢者諱，此滅人之國，何賢爾？君子之惡惡也疾始，善善也樂終。桓公嘗有

繼絕。存亡之功，故君子爲之諱也。

《穀梁傳·莊公八年》 冬，十有一月，癸未，齊無知弑其君諸兒。大夫弑其君，以國氏者，嫌也，弑而代之也。

又 《莊公九年》 九年，春，齊人殺無知。無知之挈，失嫌也。稱人以殺大夫，殺有罪也。

公及齊大夫盟于暨。公不及大夫。大夫不名，無君也。盟納子糾也。不日，其盟渝也。當齊無君，制在公矣。當可納而不納，故惡內也。

夏，公伐齊，納糾。當可納而不納，齊變而後伐，故乾時之戰不諱敗，惡內也。

九月，齊人取子糾殺之。外不言取，言取，病內也。取，易辭也，猶曰取其子糾而殺之云爾。十室之邑，可以逃難。百室之邑，可以隱死。以千乘之魯而不能存子糾，以公爲病矣。

又 《莊公九年》 冬，浚洙。浚洙者，深洙也。著力不足也。

又 《莊公十年》 十年，春，王正月，公敗齊師於長勺。不日，疑戰也。疑戰而曰敗，勝內也。

又 《莊公十一年》 冬，王姬歸於齊。其志，過我也。

又 《莊公十三年》 十有三年，春，齊人、宋人、陳人、蔡人、邾人會於北杏。是齊侯、宋公也。其曰人，何也？始疑之。何疑焉？桓非受命之伯也，將以事授之者也。曰：『可以乎？未乎？』舉人，衆之辭也。

夏，六月，齊人滅遂。遂，國也。其不日，微國也。

冬，公會齊侯，盟於柯。曹劌之盟也，信齊侯也。桓盟雖內與，不日，信也。

又 《莊公十四年》 夏，單伯會伐宋。會，事之成也。

又 《莊公十五年》 十有五年，春，齊侯、宋公、陳侯、衛侯、鄭伯會于鄄。復同會也。

又 《莊公十六年》 冬，十有二月，會齊侯、宋公、陳侯、衛侯、鄭伯、許男、曹伯、滑伯、滕子，同盟於幽。同者，有同也，同尊周也。不言公，外內寮一，疑之也。

又 《莊公十七年》 十有七年春，齊人執鄭詹。人者，衆辭也。以人執，與之辭也。鄭詹，鄭之卑者。卑者不志，此其志，何也？以其逃來志之也。逃來則何志焉？將有其末，不得不録其本也。鄭詹，鄭之佞人也。

夏，齊人殲於遂。殲者，盡也。然則何爲不言遂人盡齊人也？無遂之辭也。無遂則何爲言遂？其猶存遂也。存遂奈何？曰，齊人滅遂，使人戍之。遂之因氏飲戍者酒而殺之，齊人殲焉。此謂狎敵也。

秋，鄭詹自齊逃來。逃義曰逃。

又 《莊公十九年》 秋，公子結媵陳人之婦于鄄，遂及齊侯、宋公盟。媵，淺事也，不志。此其志，何也？辟要盟也。何以見其辟要盟也？媵，禮之輕者也；盟，國之重也。以輕事遂乎國重，無説。其曰陳人之婦，略之也。其不日，數渝，惡之也。夫人姜氏如莒。婦人既嫁不踰竟，踰竟，非正也。

冬，齊人、宋人、陳人伐我西鄙。其曰鄙，遠之也。其遠之，何也？不以難邇我國也。

又 《莊公二十七年》 夏，六月，公會齊侯、宋公、陳侯、鄭伯，同盟于幽。同者，有同也，同尊周也。於是而後授之諸侯也。其授之諸侯，何也？齊侯得衆也。桓會不致，安之也。桓盟不日，信之也。信其信，仁其仁。衣裳之會十有一，未嘗有歃血之盟也，信厚也。兵車之會四，未嘗有大戰也，愛民也。

又 《莊公三十年》 冬，公及齊侯遇于魯濟。及者，內爲志焉爾。遇者，志相得也。齊人伐山戎。齊人者，齊侯也。其曰人，何也？愛齊侯乎山戎也。其愛之何也？桓內無因國，外無從諸侯，而越千里之險北伐山戎，危之也。則非之乎？善之也。何善乎爾？燕，周之分子也，貢職不至，山戎爲之伐矣。

又 《莊公三十一年》 六月，齊侯來獻戎捷。齊侯來獻捷者，內齊侯也。不言使，內與同，不言使也。獻戎捷，軍得曰捷。戎菽也。

又 《莊公三十二年》 夏，宋公、齊侯遇于梁丘。遇者，志相得也。梁丘，在曹、邾之間，去齊八百里。非不能從諸侯而往也，辭所遇，遇所不遇，大齊桓也。

又 《閔公元年》 齊人救邢。善救邢也。

又 《僖公元年》 齊師、宋師、曹師次於聶北，救邢。救不言次，言次非救也。非救而曰救，何也？遂齊侯之意也。是齊侯與？齊侯也。何用見其是齊侯也？曹無師，曹師者曹伯也。其不言曹伯，何也？以其不言齊侯，不可言曹伯也。其不言齊侯，何也？以其不足乎揚，不言齊侯也。

夏，六月，邢遷於夷儀。遷者，猶得其國家以往者也。其地，邢復見也。

齊師、宋師、曹師城邢。是向之師也，使之如改事然，美齊侯之功也。

又 《僖公二年》 二年，春，王正月，城楚丘。楚丘者何？衛邑也。國而曰城，此邑也，其曰城，何也？封衛也。則其不言城衛何也？衛未遷也。其不言衛之遷焉，何也？不與齊侯專封也。其言城之者，專辭也。故非天子不得專封諸侯。諸侯不得專封諸侯，雖通其仁以義而不與也。故曰，仁不勝道。【略】

秋，九月，齊侯、宋公、江人、黃人盟於貫。貫之盟，不期而至者，江人、黃人也。江人、黃人者，遠國之辭也。中國稱齊、宋，遠國稱江、黃，以爲諸侯皆來至也。

又 《僖公三年》 秋，齊侯、宋公、江人、黃人會于陽穀。陽穀之會，桓公委端搢笏而朝諸侯，諸侯皆諭乎桓公之志。

冬，公子季友如齊莅盟。莅者，位也。其不日，前定也。不言及者，以國與之也。不言其人，亦以國與之也。

又 《僖公四年》 四年，春，王正月，公會齊侯、宋公、陳侯、衛侯、鄭伯、許男、曹伯侵蔡，蔡潰。潰之爲言，上下不相得也。君臣不各，而自潰散。侵，淺事也。侵蔡而蔡潰，以桓公爲知所侵也。不土其地，不分其民，明正也。遂伐楚，次於陘。遂，繼事也。次，止也。

夏，許男新臣卒。諸侯死于國，不地；死於外，地。死于師，何爲不地？內桓師也。楚屈完來盟于師，盟於召陵。楚無大夫，其曰屈完，何也？以其來會桓，成之爲大夫也。其不言使，權在屈完也。則是正乎？曰，非正也。以其來會諸侯，重之也。來者何？內桓師也。于師，前定也。于召陵，得志乎桓公也。得志者，不得志也。以桓公得志爲僅矣。屈完曰：「大國之以兵向楚，何也？」桓公曰：「昭王南征不反，菁茅之貢不至，故周室不祭。」屈完曰：「菁茅之貢不至，則諾。昭王南征不反，我將問諸江。」齊人執陳袁濤塗。齊人者，齊侯也。其人之，何也？於是哆然外齊侯也，不正其逾國而執也。

秋，及江人、黃人伐陳。不言其人及之者何？內師也。

八月，公至自伐楚。有二事偶，則以後事致，後事小，則以先事致。其以伐楚致，大伐楚也。

又 《僖公五年》 公及齊侯、宋公、陳侯、衛侯、鄭伯、許男、曹伯會王世子于首戴。及以會，尊之也。何尊焉？王世子云者，唯王之貳也。云可以重之存焉，尊之也。何重焉？天子世子，世天下也。

秋，八月，諸侯盟于首戴。無中事而復舉諸侯，何也？尊王世子而不敢與盟也。尊則其不敢與盟，何也？盟者，不相信也，故謹信也，不敢以所不信而加之尊者。桓，諸侯也，不能朝天子，是不臣也。王世子，子也，塊然受諸侯之尊己，而立乎其位，是不子也。桓不臣，王世子不子，則其所善焉何也？是則變之正也。天子微，諸侯不享覲，桓控大國，扶小國，統諸侯，不能以朝天子，亦不敢致天王，尊王世子于首戴，乃所以尊天王之命也。世子含王命會齊桓，亦所以尊天王之命也。世子受之可乎？是亦變之正也。天子微，諸侯不享覲，世子受諸侯之尊己，而天王尊矣，世子受之可也。

鄭伯逃歸不盟。以其去諸侯，故逃之也。

又 《僖公六年》 夏，公會齊侯、宋公、陳侯、衛侯、曹伯伐鄭，圍新城。伐國不言圍邑，此其言圍，何也？病鄭也，著鄭伯之罪也。

又 《僖公七年》 鄭殺其大夫申侯。稱國以殺大夫，殺無罪也。

又 《僖公八年》 八年，春，王正月，公會王人、齊侯、宋公、衛侯、許男、曹伯、陳世子款，盟於洮。王人之先諸侯，何也？貴王命也：朝服雖敝，必加於上；弁冕雖舊，必加于首；周室雖衰，必先諸侯。兵車之會也。

鄭伯乞盟。以向之逃歸乞之也。乞者，重辭也，重是盟也。乞者，處其所而請與也。蓋汋之也。

又 《僖公九年》 夏，公會宰周公、齊侯、宋子、衛侯、鄭伯、許

男、曹伯于葵丘。天子之宰，通于四海。【略】

九月，戊辰，諸侯盟于葵丘。桓盟不日，此何以日？美之也。爲見天子之禁，故備之也。葵丘之會，陳牲而不殺，讀書加於牲上，壹明天子之禁，曰：毋雍泉，毋訖糴，毋易樹子，毋以妾爲妻，毋使婦人與國事。

又　《**僖公十三年**》　夏，四月，葬陳宣公。公會齊侯、宋公、陳侯、衛侯、鄭伯、許男、曹伯于鹹。兵車之會也。

又　《**僖公十四年**》　十有四年，春，諸侯城緣陵。其曰諸侯，散辭也。聚而曰散何也？諸侯城，有散辭也，桓德衰矣。

又　《**僖公十五年**》　三月，公會齊侯、宋公、陳侯、衛侯、鄭伯、許男、曹伯，盟于牡丘。兵車之會也。

遂次於匡。遂，繼事也。次，止也，有畏也。公孫敖帥師及諸侯之大夫救徐。善救徐也。

楚人敗徐于婁林。夷狄相敗，志也。

又　《**僖公十六年**》　冬，十有二月，公會齊侯、宋公、陳侯、衛侯、鄭伯、許男、邢侯、曹伯于淮。兵車之會也。

又　《**僖公十七年**》　十有七年春，齊人、徐人伐英氏。

夏，滅項。孰滅之？桓公也。何以不言桓公也？爲賢者諱也。項，國也，不可滅而滅之乎？桓公知項之可滅也，而不知己之不可以滅也。既滅人之國矣，何賢乎？君子惡惡，疾其始，桓公嘗有存亡繼絶之功，故君子爲之諱也。

《**史記**》**卷四**《**周本紀**》　（桓王）十五年，莊王崩，子釐王胡齊立。釐王三年，齊桓公始霸。【略】

（襄王三年）齊桓公使管仲平戎於周，使隰朋平戎於晉。王以上卿禮管仲。管仲辭曰：『臣賤有司也，有天子之二守國、高在。若節春秋來承王命，何以禮焉。陪臣敢辭。』王曰：『舅氏，餘嘉乃勳，毋逆朕命。』管仲卒受下卿之禮而還。

又　**卷五**《**秦本紀**》　（秦武公十三年）齊雍廩殺無知、管至父等而立齊桓公。齊、晉爲彊國。十九年，晉曲沃始爲晉侯。齊桓公伯於鄄。

（秦）成公元年，梁伯、芮伯來朝。齊桓公伐山戎，次於孤竹。

（秦繆公四年）齊桓公伐楚，至邵陵。

（秦繆公）九年，齊桓公會諸侯於葵丘。

（秦繆公）十八年，齊桓公卒。

又　**卷一四**《**十二諸侯年表**》　齊桓公七年　始霸，會諸侯於鄄。

（齊桓公二十三年）伐山戎，爲燕也。

（齊桓公二十八年）爲衛築楚丘。救戎、狄伐。

（衛文公二年）齊桓公率諸侯爲我城楚丘。

（齊桓公三十年）率諸侯伐蔡，蔡潰，遂伐楚，責包茅貢。

（齊桓公三十五年）夏，會諸侯於葵丘。天子使宰孔賜胙，命無拜。

（齊桓公四十二年）王以戎寇千齊，齊徵諸侯。戍周。

又　**卷三二**《**齊太公世家**》　桓公元年春，齊君無知游于雍林。雍林人嘗有怨無知，及其往游，雍林人襲殺無知，告齊大夫曰：『無知弑襄公自立，臣謹行誅。唯大夫更立公子之當立者，唯命是聽。』

初，襄公之醉殺魯桓公，通其夫人，殺誅數不當，淫於婦人，數欺大臣，羣弟恐禍及，故次弟糾奔魯。其母魯女也。管仲、召忽傅之。次弟小白奔莒，鮑叔傅之。小白母，衛女也，有寵於釐公。小白自少好善大夫高傒。及雍林人殺無知，議立君，高、國先陰招小白於莒。魯聞無知死，亦發兵送公子糾，而使管仲别將兵遮莒道，射中小白帶鉤。小白詳死，管仲使人馳報魯。魯送糾者行益遲，六日至齊，則小白已入，高傒立之，是爲桓公。

桓公之中鉤，詳死以誤管仲，已而載温車中馳行，亦有高、國内應，故得先入立，發兵距魯。秋，與魯戰於乾時，魯兵敗走，齊兵掩絶魯歸道。齊遺魯書曰：『子糾兄弟，弗忍誅，請魯自殺之。召忽、管仲讎也，請得而甘心醢之。不然，將圍魯。』魯人患之，遂殺子糾於笙瀆。召忽自殺，管仲請囚。桓公之立，發兵攻魯，心欲殺管仲。鮑叔牙曰：『臣幸得從君，君竟以立。君之尊，臣無以增君。君將治齊，即高傒與叔牙足也。君且欲霸王，非管夷吾不可。夷吾所居國國重，不可失也。』於是桓公從之。乃詳爲召管仲欲甘心，實欲用之。管仲知之，故請往。鮑叔牙迎受管仲，及堂阜而脱桎梏，齋祓而見桓公。桓公厚禮以爲大夫，任政。

桓公既得管仲，與鮑叔、隰朋、高傒修齊國政，連五家之兵，設輕重魚鹽之利，以贍貧窮，禄賢能，齊人皆説。

二年，伐滅郯，郯子奔莒。初，桓公亡時，過郯，郯無禮，故伐之。五年，伐魯，魯將師敗。魯莊公請獻遂邑以平，桓公許，與魯會柯而盟。魯將盟，曹沫以匕首劫桓公於壇上，曰：『反魯之侵地！』桓公許之。已而曹沫去匕首，北面就臣位。桓公後悔，欲無與魯地而殺曹沫。管仲曰：『夫劫許之而倍信殺之，愈一小快耳，而棄信于諸侯，失天下之援，不可。』於是遂與曹沫三敗所亡地于魯。諸侯聞之，皆信齊而欲附焉。七年，諸侯會桓公于甄，而桓公於是始霸焉。

十四年，陳厲公子完，號敬仲，來奔齊。齊桓公欲以爲卿，讓；於是以爲工正。田成子常之祖也。

二十三年，山戎伐燕，燕告急于齊。齊桓公救燕，遂伐山戎，至於孤竹而還。燕莊公遂送桓公入齊境。桓公曰：『非天子，諸侯相送不出境，吾不可以無禮于燕。』於是分溝割燕君所至與燕，命燕君復修召公之政，納貢于周，如成康之時。諸侯聞之，皆從齊。

二十七年，魯湣公母曰哀姜，桓公女弟也。哀姜淫于魯公子慶父，慶父弒湣公，哀姜欲立慶父，魯人更立釐公。桓公召哀姜，殺之。

二十八年，衛文公有狄亂，告急于齊。齊率諸侯城楚丘而立衛君。

二十九年，桓公與夫人蔡姬戲船中。蔡姬習水，蕩公，公懼，止之，不止，出船，怒，歸蔡姬，弗絶。

三十年春，齊桓公率諸侯伐蔡，蔡潰。遂伐楚。楚成王興師問曰：『何故涉吾地？』管仲對曰：『昔召康公命我先君太公曰：「五侯九伯，若實征之，以夾輔周室。」賜我先君履，東至海，西至河，南至穆陵，北至無棣。楚貢包茅不入，王祭不具，是以來責。昭王南征不復，是以來問。』楚王曰：『貢之不入，有之，寡人罪也，敢不共乎！昭王之出不復，君其問之水濱。』齊師進次於陘。夏，楚王使屈完將兵陘齊，齊師退次召陵。桓公矜屈完以其衆。屈完曰：『君以道則可；若不，則楚方城以爲城，江、漢以爲溝，君安能進乎？』乃與屈完盟而去。過陳，陳袁濤塗詐齊令出東方，覺。秋，齊伐陳。是歲，晉殺太子申生。

三十五年夏，會諸侯于葵丘。周襄王使宰孔賜桓公文武胙、彤弓矢、大路，命無拜。桓公欲許之，管仲曰『不可』，乃下拜受賜。秋，復會諸侯于蔡丘，益有驕色。周使宰孔會。諸侯頗有叛者。晉侯病，後，遇宰孔。宰孔曰：『齊侯驕矣，弟無行。』從之。是歲，晉獻公卒，里克殺奚齊、卓子，秦穆公以夫人入公子夷吾爲晉君。桓公於是討晉亂，至高梁，使隰朋立晉君，還。

是時周室微，唯齊、楚、秦、晉爲强。晉初與會，獻公死，國内亂。秦穆公辟遠，不與中國會盟。楚成王初收荆蠻有之，夷狄自置。唯獨齊爲中國會盟，而桓公能宣其德，故諸侯賓會。於是桓公稱曰：『寡人南伐至召陵，望熊山；北伐山戎、離枝、孤竹；西伐大夏，涉流沙；束馬懸車登太行，至卑耳山而還。諸侯莫違寡人。寡人兵車之會三，乘車之會六，九合諸侯，一匡天下。昔三代受命，有何以異於此乎？吾欲封泰山，禪梁父。』管仲固諫，不聽，乃説桓公以遠方珍怪物至乃得封，桓公乃止。

三十八年，周襄王弟帶與戎、翟合謀伐周，齊使管仲平戎于周。周欲以上卿禮管仲，管仲頓首曰：『臣陪臣，安敢！』三讓，乃受下卿禮以見。三十九年，周襄王弟帶來奔齊。齊使仲孫請王，爲帶謝。襄王怒，弗聽。

四十一年，秦穆公虜晉惠公，復歸之。是歲，管仲、隰朋皆卒。管仲病，桓公問曰：『羣臣誰可相者？』管仲曰：『知臣莫如君。』公曰：『易牙如何？』對曰：『殺子以適君，非人情，不可。』公曰：『開方如何？』對曰：『倍親以適君，非人情，難近。』公曰：『豎刀如何？』對曰：『自宫以適君，非人情，難親。』管仲死，而桓公不用管仲言，卒近用三子，三子專權。

四十二年，戎伐周，周告急于齊，齊令諸侯各發卒戍周。是歲，晉公子重耳來，桓公妻之。

四十三年，初，齊桓公之夫人三：曰王姬、徐姬、蔡姬，皆無子。桓公好内，多内寵，如夫人者六人，長衛姬生無詭，少衛姬生惠公元，鄭姬生孝公昭，葛嬴生昭公潘，密姬生懿公商人，宋華子生公子雍。桓公與管仲屬孝公于宋襄公，以爲太子。雍巫有寵于衛共姬，因宦者豎刀以厚獻於桓公，亦有寵，桓公許之立無詭。管仲卒，五公子皆求立。冬十月乙亥，齊桓公卒。易牙入，與豎刀因内寵殺羣吏，而立公子無詭爲君。太子昭奔宋。

桓公病，五公子各樹黨爭立。及桓公卒，遂相攻，以故宫中空，莫敢

棺。桓公屍在牀上六十七日，屍蟲出於戶。十二月乙亥，無詭立，乃棺赴。辛巳夜，斂殯。

漢·韓嬰《韓詩外傳》卷一〇《第十五章》 齊桓公出遊，遇一丈夫褒衣應步，帶著桃殳。桓公怪而問之曰：「是何名？何經所在，何篇所居？何以斥逐，何以避余？」丈夫曰：「是名戒桃。桃之爲言亡也。夫日日慎桃，何患之有。故亡國之社以戒諸侯，庶人之戒在於桃殳。」桓公説其言，與之共載。來年正月庶人皆佩。《詩》曰：「殷監不遠。」

又 《第十六章》 齊桓公置酒，令諸大夫曰：「後者飲一經程。」管仲後，當飲一經程。飲其一半，而棄其半。桓公曰：「仲父當飲一經程，而棄之何也？」管仲曰：「臣聞之，酒入口者舌出，舌出者言失，言失者棄身。與其棄身，不寧棄酒乎？」桓公曰：「善！」《詩》曰：「荒湛於酒。」

又 卷四《第十八章》 齊桓公問於管仲曰：「王者何貴？」曰：「貴天。」桓公仰而視天，管仲曰：「所謂天，非蒼莽之天也。王者以百姓爲天。百姓與之則安，輔之則强，非之則危，倍之則亡。」《詩》曰：「民之無良，相怨一方。」民皆居一方，而怨其上，不亡者未之有也。

漢·劉向《説苑》卷八《尊賢》 齊桓公使管仲治國，管仲對曰：「賤不能臨貴。」桓公以爲上卿，而國不治，桓公曰：「何故？」管仲對曰：「貧不能使富。」桓公賜之齊國市租一年，而國不治，桓公曰：「何故？」對曰：「疏不能制親。」桓公立以爲仲父。齊國大安，而遂霸天下。孔子曰：「管仲之賢，而不得此三權者，亦不能使其君南面而霸矣。」

又 卷一一《善説》 桓公立仲父，致大夫曰：「善吾者入門而右，不善吾者，入門而左。」有中門而立者，桓公問焉。對曰：「管子之知，可與謀天下，其强，可與取天下。君恃其信乎？內政委焉；外事斷焉。驅民而歸之，是亦可奪也。」桓公曰：「善。」乃謂管仲：「政則卒歸於子矣，政之所不及，唯子是匡。」管仲故築三歸之臺，以自傷於民。

又 卷七《政理》 齊桓公謂管仲曰：「吾欲舉事於國，昭然如日月，無愚夫愚婦皆曰善，可乎？」仲曰：「可。然非聖人之道。」桓公曰：「何也？」對曰：「夫短綆不可以汲深井，知鮮不可以與聖人言，慧士可與辨物，智士可與辨無方，聖人可與辨神明；夫聖人之所爲，非衆人之所及也。民知十己，則尚與之爭，曰不如吾也，百己則疵其過，千己則誰而不信。是故民不可稍而掌也，可并而牧也；不可暴而殺也，可麾而致也；衆不可戶説也，可舉而示也。」

又 卷八《尊賢》 桓公問於管仲曰：「吾欲使爵腐於酒，肉腐於俎，得無害於霸乎？」管仲對曰：「此極非其貴者耳；然亦無害於霸也。」桓公曰：「何如而害霸？」管仲對曰：「不知賢，害霸；知而不用，害霸；用而不任，害霸；任而不信，害霸；信而復使小人參之，害霸。」桓公：「善。」

又 卷一《君道》 管子曰：「權不兩錯，政不二門。」故曰：脛大於股者難以步，指大於臂者難以把，本小末大，不能相使也。

又 卷一三《權謀》 齊桓公將伐山戎孤竹，使人請助於魯。魯君進羣臣而謀，皆曰：「師行數十里，入蠻夷之地，必不反矣。」於是魯許助之而不行。齊已伐山戎孤竹，而欲移兵於魯。管仲曰：「不可！諸侯未親，今又伐遠而還誅近鄰，鄰國不親，非霸王之道。君之所得山戎之寶器者，中國之所鮮也，不可不進周公之廟乎？」桓公乃分山戎之寶，獻之周公之廟。明年，起兵伐莒，魯下令丁男悉發，五尺童子皆至。孔子曰：「聖人轉禍爲福，報怨以德。」

又 卷一五《指武》 齊桓公之時，霖雨十旬。桓公欲伐漅陵，其城之値雨也未合。管仲、隰朋以卒徒造於門，桓公曰：「徒衆何以爲！」管仲對曰：「臣聞之，雨則有事。夫漅陵不能雨，臣請攻之。」公曰：「善。」遂興師伐之。既至，天卒閒外，士在內矣，桓公曰：「其有聖人乎？」乃還旗而去之。

又 卷二〇《反質》 齊桓公謂管仲曰：「吾國甚小，而財用甚少，而羣臣衣服輿馬甚汰，吾欲禁之，可乎？」管仲曰：「臣聞之，君嘗之，臣食之；君好之，臣服之。今君之食也，必桂之漿，衣練紫之衣，狐白之裘。此羣臣之所奢大也。《詩》云：「不躬不親，庶民不信。」君欲禁之，胡不自親乎？」桓公曰：「善。」於是更制練帛之衣，大白之冠，朝一年，而齊國儉也。

又 卷五《貴德》 桓公之平陵，見家人有年老而自養者，公問其故。對曰：「吾有子九人，家貧無以妻之，吾使傭而未返也。」桓公取外

御者五人妻之。管仲入見曰：『公之施惠，不亦小矣。』公曰：『何也？』對曰：『公待所見而施惠焉，則齊國之有妻者少矣。』公曰：『若何？』管仲曰：『令國丈夫三十而室，女子十五而嫁。』

又 卷七《政理》 齊桓公出獵，逐鹿而走，入山谷之中，見一老公，而問之曰：『是爲何谷？』對曰：『爲愚公之谷。』桓公曰：『何故？』對曰：『以臣名之。』桓公曰：『今視公之儀狀，非愚人也，何爲以公名云？』對曰：『臣請陳之，臣故畜牸牛，生子而大，賣之而買駒，少年曰：「牛不能生馬。」遂持駒去。傍鄰聞之，以臣爲愚，故名此谷爲愚公之谷。』桓公曰：『公誠愚矣！夫何爲而與之？』桓公遂歸，明日朝，以告管仲，管仲正衿再拜曰：『此夷吾之過也。使堯在上，咎繇爲理，安有取人之駒者乎？若有見暴如是叟者，又必不與也，公知獄訟之不正，故與之耳。請退而修政。』孔子曰：『弟子記之，桓公霸君也；管仲賢佐也，猶有以智爲愚者也，況不及桓公、管仲者也！』

又 卷八《尊賢》 齊桓公設庭燎，爲士之欲造見者。期年，而士不至。於是東野鄙人有以九九之術見者，桓公曰：『九九何足以見乎？』鄙人對曰：『臣非以九九爲足以見也，臣聞主君設庭燎以待士，期年而士不至；夫士之所以不至者，以君天下賢君也；四方之士，皆自以論而不及君，故不至也。夫九九薄能耳，而君猶禮之，況賢於九九者乎？夫太山不辭壤石，江海不逆小流，所以成大也。《詩》云：「先民有言，詢于芻蕘。」言博謀也。』桓公曰：『善』。乃因禮之。期月，四方之士相而並至矣。《詩》曰：『自堂徂基，自羊徂牛。』言以內及外，以小及大也。

又 卷一《君道》 齊桓公問於甯戚曰：『筦子今年老矣，爲棄寡人而就世也。吾恐法令不行，人多失職，百姓疾怨，國多盜賊，吾何如而使姦邪不起，民衣食足乎？』甯戚對曰：『要在得賢而任之。』桓公曰：『得賢奈何？』甯戚對曰：『開其道路，察而用之，尊其位，重其祿，顯其名，則天下之士，騷然舉足而至矣。』桓公曰：『既以舉賢士而用之矣，微夫子幸而臨之，則未有布衣屈奇之士，踵門而求見寡人者！』甯戚對曰：『是君察之不明，舉之不顯；而用之疑，官之卑，祿之薄也；且夫國之所以不得士者，有五阻焉：主不好士，諂諛在旁，一阻也；言便事者，未嘗見用，二阻也；壅塞掩蔽，必因近習，然後見察，三阻也；訊獄詰窮其辭，以法過之，四阻也；執事適欲，擅國權命，五阻也。去此五阻，則豪俊並興，賢智求處；五阻不去，則上蔽吏民之情，下塞賢士之路。是故明王聖主之治，若夫江海無不受，故長爲百川之主，明王聖君無不容，故安樂而長久。因此觀之，則安主利人者，非獨一士也。』桓公曰：『善！吾將著夫五阻，以爲戒本也。』

又 卷五《貴德》 孟簡子相梁并衛，有罪而走齊，筦仲迎而問之，曰：『吾子相梁并衛之時，門下使者幾何人矣？』孟簡子曰：『門下使者有三千餘人。』筦仲曰：『今與幾何人來？』對曰：『臣與三人俱。』仲曰：『是何也？』對曰：『其一人父死無以葬，我爲葬之；一人母死無以葬，亦爲葬之；一人兄有獄，我爲出之。是以得三人來。』筦仲上車曰：『嗟茲乎！我窮必矣，吾不能以春風風人；吾不能以夏雨雨人，吾窮必矣！』

又 卷七《政理》 復槁之君朝齊，桓公問治民焉，復槁之君不對，而循口操衿抑心，桓公曰：『與民共甘苦饑寒乎？夫以我爲聖人也，故不用言而諭。』因禮之千金。

又 卷九《正諫》 齊桓公謂鮑叔曰：『寡人欲鑄大鐘，昭寡人之名焉，寡人之行，豈避堯舜哉！』鮑叔曰：『敢問君之行？』桓公曰：『昔者，吾圍譚三年，得而不自與者，仁也；吾北伐孤竹，剗令支而反者，武也；吾爲葵丘之會，以偃天下之兵者，文也；諸侯抱美玉而朝者九國，寡人不受者，義也。然則文武仁義，寡人盡有之矣，寡人之行，豈避堯舜哉？』鮑叔曰：『君直言，臣直對。昔者公子糾在上位而不讓，非仁也；背太公之言而侵魯境，非義也；壇場之上，詘於一劍，非武也；姪娣不離懷衽，非文也。凡爲不善遍於物，不自知者，無天禍，必有人害。天處甚高，其聽甚下。除君過言，天且聞之。』桓公曰：『寡人有過，子幸記之，是社稷之福也；而子不幸教，幾有大罪，以辱社稷。』

又 卷八《尊賢》 或曰：『將謂桓公仁義乎？殺兄而立，非仁義也。將謂桓公恭儉乎？與婦人同輿馳於邑中，非恭儉也。將謂桓公清潔乎？閨門之內，無可嫁者，非清潔也。此三者，亡國失君之行也，然而桓公兼有之，以得管仲、隰朋，九合諸侯，一匡天下，畢朝周室，爲五霸長，以其得賢佐也。失管仲，隰朋，任豎刁，易牙，身死不葬，蟲流出

戶。一人之身，榮辱俱施者何？其所任異也。』由此觀之，則任佐急矣。

漢·劉向《古列女傳》卷六《辯通傳》 妾婧者，齊相管仲之妾也。甯戚欲見桓公，道無從，乃爲人僕。將車宿齊東門之外，桓公因出，甯戚擊牛角而商歌甚悲，桓公異之，使管仲迎之，甯戚稱曰：『浩浩乎白水！』管仲不知所謂，不朝五日，而有憂色。其妾婧進曰：『今君不朝五日，而有憂色，敢問國家之事耶，君之謀也？』管仲曰：『非汝所知也。』婧曰：『妾聞之也，毋老老，毋賤賤，毋少少，毋弱弱。』管仲曰：『何謂也？』『昔者太公望年七十，屠牛於朝歌市，八十爲天子師，九十而封於齊。由是觀之，老可老邪？夫伊尹，有㜪氏之媵臣也。湯立以爲三公，天下之治太平。由是觀之，賤可賤邪？皋子生五歲而贊禹。由是觀之，少可少邪？駃騠生七日而超其母。由是觀之，弱可弱邪？』於是管仲乃下席而謝曰：『吾請語子其故。昔日，公使我迎甯戚，甯戚曰：「浩浩乎白水！」吾不知其所謂，是故憂之。』其妾笑曰：『人已語君矣，君不知識邪？古有《白水》之詩。詩不云乎：「浩浩白水，儵儵之魚，君來召我，我將安居。國家未定，從我焉如？」此甯戚之欲得仕國家也。』管仲大悅，以報桓公。桓公乃脩官府，齊戒五日，見甯子，因以爲佐，齊國以治。君子謂妾婧爲可與謀。《詩》云：『先民有言，詢于芻蕘。』此之謂也。

頌曰：桓遇甯戚，命管迎之。甯稱《白水》，管仲憂疑。妾進問焉，爲説其詩。管嘉報公，齊得以治。

漢·劉向《新序》卷四《雜事第四》 桓公田，至於麥丘，見麥丘邑人，問之：『子何爲也？』對曰：『麥丘邑人也。』公曰：『年幾何？』對曰：『八十有三矣。』公曰：『美哉壽乎！子其以子壽祝寡人。』麥丘邑人曰：『祝主君，使主君萬壽，金玉是賤，人爲寶。』桓公曰：『善哉！至德不孤，善言必再，吾子其復之。』麥丘邑人曰：『祝主君，使主君無羞學，無下問，賢者在傍，諫者得人。』桓公曰：『善哉！至德不孤，善言必三，吾子其復之。』麥丘邑人曰：『祝主君，使主君無得罪羣臣百姓。』桓公拂然作色曰：『吾聞之，子得罪于父，臣得罪於君，未嘗聞君得罪於臣者也，此一言者，非夫二言者之匹也，子更之。』麥丘邑人坐拜而起曰：『此一言者，夫二言之長也，子得罪於父，可以因姑姊叔父而解之，父能赦之。臣得罪於君，可以因便辟左右而謝之，君能赦之。昔桀得罪于湯，紂得罪于武王，此則君之得罪於其臣者也。莫爲謝，至今不赦。』公曰：『善，賴國家之福，社稷之靈，使寡人得吾子於此。』扶而載之，自御以歸，禮之于朝，封之以麥丘，而斷政焉。【略】

昔者，齊桓公出遊於野，見亡國故城郭氏之墟。問於野人曰：『是爲何墟？』野人曰：『是爲郭氏之墟。』桓公曰：『郭氏者曷爲墟？』野人曰：『郭氏者善善而惡惡。』桓公曰：『善善而惡惡，人之善行也，其所以爲墟者，何也？』野人曰：『善善而不能行，惡惡而不能去，是以爲墟也。』桓公歸，以語管仲，管仲曰：『其人爲誰？』桓公曰：『不知也。』管仲曰：『君亦一郭氏也。』於是桓公招野人而賞焉。

又 卷五《雜事第五》 齊桓公見小臣稷，一日三至不得見也，從者曰：『萬乘之主，見布衣之士，一日三至而不得見，亦可以止矣。』桓公曰：『不然，士之傲爵祿者，固輕其主；其主傲霸王者，亦輕其士，縱夫子傲爵祿，吾庸敢傲霸王乎？』五往而後得見，天下聞之，皆曰：『桓公猶下布衣之士，而況國君乎？』於是相率而朝，靡有不至。桓公所以九合諸侯，一匡天下者，遇士於是也。《詩》云：『有覺德行，四國順之。』桓公其以之矣。

漢·劉安《淮南鴻烈》卷九《主術訓》 桓公立政，去食肉之獸，食粟之鳥，係置之網，三舉而百姓説。

漢·王充《論衡》卷四《書虛篇》 傳書言：齊桓公負婦人朝諸侯。《藝文類聚》三五、《御覽》三七一、《黄氏日鈔》此言桓公之淫亂無禮甚也。

夫桓公大朝之時，負婦人於背，其游宴之時，何以加此？方修士禮，崇厲肅敬，負婦人於背，何以能率諸侯朝事王室？葵丘之會，桓公驕矜，當時諸侯畔者九國。《公羊》僖九年《傳》：『葵丘之會，桓公震而矜之，叛者九國。震之者何？猶曰振振然。矜之者何？猶曰莫若我也。』睚眦不得，《文選·長楊賦》注引晉灼曰：『睚眦，瞋目貌，又猜忌不和貌。』《左》哀二十四年《傳》：『公如越，得太子適郢。』杜注：『得，相親説也。』九國畔去，況負婦人淫，亂之行，何以肯留？

或曰：『管仲告諸侯[曰]：吾君背有疽創，《類聚》三五引『創』作『瘡』，《御覽》引同。《説文·刃部》：『刃，傷也。或作創。』徐曰：『俗別作瘡。』不

得婦人，瘖不衰愈。諸侯信管仲，故無畔者。』夫十室之邑，必有忠信若孔子。當時諸侯，千人以上，必知方朮治疸，不用婦人，管仲爲君諱也。諸侯知［苟］仲爲君諱而欺己，必恚怒而畔去，何以能久統會諸侯，成功於霸？

或曰：『桓公實無道，任賢相管仲，故能霸天下。』夫無道之人，與狂無異，信讒遠賢，反害仁義，安能任管仲？能養人令之？成事：『成事』冒下文。劉敞曰：『漢時人言行事、成事，皆謂已行、已成事也。王充書亦有之。』見彼校《漢書・翟方進傳》又於《陳湯傳》曰：『行事者，言已行之事，舊例成法也。漢時人作文言行事、成事者，意皆同。』王念孫《漢書・雜志》曰：『行者，往也，行事即往事，亦作近事，亦和故事。』桀殺關龍逢，紂殺王子比干。無道之君。莫能用賢，使管仲賢，桓公不能用；用管仲，故知桓公無亂行也。有賢明之君，故有貞良之臣。臣賢，君明之驗，奈何謂之有亂？

論説

《史記》卷三二《齊太公世家》 太史公曰：吾適齊，自泰山屬之琅邪，北被於海，膏坑壤二千里，其民闊達多匿知，其天性也。以太公之聖，建國本，桓公之盛，修善政，以爲諸侯會盟，稱伯，不宜亦乎？洋洋哉，固大國之風也！

漢・陸賈《新語》卷上《無爲》 齊桓公好婦人之色，妻姑姊妹，而國中多淫於骨肉。

漢・董仲舒《春秋繁露》卷五《滅國下第八》 紀侯之所以滅者，乃九世之讎也。一旦之言，危百世之嗣，故曰大去。衛人侵成，鄭入成，及齊師圍成，三被大兵，終滅，莫之救，所恃者安在？齊桓公欲行霸道，譚遂違命，故滅而奔莒。不事大而事小。曹伯之所以戰死於位，諸侯莫助憂者，幽之會，齊桓數合諸侯，曹小，未嘗來也。魯大國，幽之會，莊公不往。戎人乃窺兵於濟西，由見魯孤獨而莫之救也。此時大夫廢君命，專救危者。魯莊公二十七年，齊桓爲幽之會，衛人不來，其明年，桓公怒而大敗之；及伐山戎，張旗陳獲，以驕諸侯；於是魯一年三築臺，亂臣比三起於內，夷狄之兵仍滅於外；衛滅之端，以失幽之會；亂之本，存親內蔽。邢未嘗會齊桓也，附晉又微，晉侯獲於韓而背之，淮之會是也，齊桓卒，豎刁、易牙之亂作。邢與狄伐其同姓，取之，其行如此，雖爾親，庸能親爾乎！是君也，其滅於同姓，衛侯毀滅邢是也。齊桓爲幽之會，衛不至，桓怒而伐之，狄滅之，桓憂而立之。魯莊爲柯之盟，劫汶陽，魯絶，桓立之。邢杞未嘗朝聘，齊桓見其滅，率諸侯而立之，用心如此，豈不霸哉！故以憂天下與之。

宋・司馬光《傳家集》卷六五《管仲論》 孔子稱『管仲之器小哉』，先儒以爲管仲得君如此，不勉之以王而僅止於霸，此其所以爲小也。愚以爲，周天子存而管仲勉齊桓公以王，是教之篡也，此管仲所耻，而不爲孔子顧欲其爲之邪？夫大人者，顧時不用則已用，則必以禮樂正天下，使綱紀文章粲然有萬世之安，豈直一時之功名而已邪？管仲相桓公，霸諸侯，禹迹所及，冠帶所加，未能使之皆率職也，而偃然自以天下爲莫己若也。朱紘而鏤簋，反坫而三歸，此其器豈不小哉？揚子曰：『大器，其猶規矩準繩乎？先自治而後治人。』斯言得之矣。

宋・呂祖謙《左氏傳説》卷二《莊公・會于鄄齊始霸十五年》 莊九年，齊桓公自莒入齊。十五年，始霸。鄉者説《左傳》須分三節：看五霸未興以前是一節，五霸迭興之際是一節，五霸既衰之後是一節。五霸，桓公爲盛，孔子稱『微管仲，吾其被髮左衽矣。』則桓公之有大功於天下，固可知也。然看得桓公之有大功，又須看得他有可憾者。當王綱解紐，國自爲政，彊者陵弱，衆者暴寡，當時之人，思大國之正已如《褰裳》之詩，此時得桓公出來總集天下之勢，整頓天下之事，豈非有大功於當世？然所謂猶有可憾者，蓋五霸未出，先王之遺風餘澤猶有存者，天下之人猶有可見者；霸主一出，則天下之人見霸者之功而無復見先王之澤矣。大抵重新總集整頓，一次必十分是當方可，或有一毫之憾，則前美皆失之矣。試以二事明之：傳註之學，漢之諸儒，專門名家，以至於魏、晉、梁、隋、唐全經固失，然而王肅、鄭元之徒説存而猶有可見之美，自唐太宗命孔穎達集諸家之説爲《正義》，纔經一番總集，後之觀經者便只知有《正義》，而諸儒之説無復存。詩詞之作，自漢魏而下，如建安七子，如顔、謝、徐、庾，雖爲淫麗，而古人之遺風餘韻猶間見也，至唐杜子美以大才爲之一切蓋了，故後世惟見子美之詩，而前日之詩無復見矣。

又《公敗齊師于乘丘十年》 齊桓公霸業，在《春秋》涉三公：莊、閔、僖。若莊公，正是桓公當時初歸經營霸業。桓公規模，自用管仲後，與未用管仲及管仲新得政時，事體不同。桓公以莊九年入齊卽位，是時敗魯師，是年取管仲歸國而相之。管仲雖初入國，是時尚新得政，若莊公十年，此一兩年事，未是管仲經營，所以與後來不相似。大抵管仲圖霸，規模緩而不迫。看莊公十年前，既敗魯師于乾時，次年又舉師伐魯，長勺之戰爲魯所敗。到六月，齊又與宋次于郎。看得涉兩年間，三加師於魯，規模促迫，大抵與後不同。以此知正緣管仲新得政，未得盡施其術，不惟三加師於魯，規模迫促，後面兩爲魯敗，長勺之戰爲魯人三鼓而敗。後來郎之次，又爲公子偃先敗宋師、齊師乃還。若當時管仲便謀慮計，無緣得兩敗，以此看得管仲規模，不惟外面經營諸侯緩而不迫，他裏面所以得君得政，亦緩而不迫。何故？前年桓公因鮑叔之言相管仲，若是管仲規模促迫時，便須諫桓公不可加兵於魯。使加兵於魯，管仲必紛然建謀，出其所長。蓋管仲初得政，當時自有國子、高子，政未專出他。他且袖手旁觀一兩年，以此見管仲得君得政，亦緩而不迫。自此以後，桓公之規模大率不同。十三年北杏之會，是時管仲全得政，且如楚當時憑陵諸國，管仲且放二三十年不問，直到屈完之盟，不戰而自屈。晉獻公父子憑陵諸國，亦放而不問，到得後來葵丘之會，晉侯自來。蓋管仲不去歲月間見效，常要自家政事脩舉，兵乘修整，本彊則精神折衝，所謂崛强不服之國，教他自入管仲規模中。此其所以爲管仲，此其所以五霸桓公爲盛。大抵王之與霸，論來王者不計功謀利，霸者計功謀利；王者不求近功速效，霸者求近功速效。然而就霸者論之，以桓、文對説時，桓公計功謀利，比文公時便少。桓公不急功效勝文公，桓公却做得王者事。何故？晉文公事業，在僖二十八年都做了。如侵曹伐衛，敗楚朝王，聲績赫然，震蕩人耳目，一年都做盡。桓公規模，三十餘年尚熾。其用功之所以遲速時，便是桓、文才之高與下，管仲、舅犯規模之深與淺，以是知晉文不如管仲。

宋・呂祖謙《左氏博議》卷一一《于葵丘尋盟》 天下之爲治者，未嘗無所期也。王期於王，伯期於伯，强期於强，不有以的之，孰得而射之？不有以望之，孰得而趨之？志也者，所以立是期也；動也者，所以赴是期也；效也者，所以應是期也。汎然而議，卒然而行，忽然而罷，汗漫荒忽，無所歸宿者，是豈足與爲治哉？故期者，聖君賢臣所以先天下之治者也。期固爲治之先，亦或爲治之害。自期於强者，至强則止，欲挽之使進於伯，不可得也。自期於伯者，至伯則止，欲挽之使進於王，不可得也。何則？其素所期者，止於如是也。强而止於强，伯而止於伯，是特安於小耳。雖不足肩盛世而追遐，軌然下視弱國陋邦，所獲不既多矣乎？謂之無志則可，謂之有害則不可也。抑不知天下之勢，不盛則衰；天下之治，不進則退。强而止於强者，必不能保其强也；伯而止於伯者，必不能保其伯也。驅駿馬而馳，峻坂中間，豈有駐足之地乎？齊桓公拔管仲於縲紲桎梏之中，屬之國政，立談之間遽以伯功相期，何其壯也！所期既立，左國右高，前鮑後隰，下逮比閭族黨之民，夙興夜寐，淬厲奮發，以赴吾君之所期。至於葵丘之會，威加諸侯，名震四海，天子致胙，王人下臨，環以旌旄，崇以壇陛，幕張燎舉，有司戒期，騂圭交舄，抑首就位，弁冕秩秩，穆然無聲，於是桓公降虺遵廷，下拜王命，興俯跪起之容翼如也，環佩衝牙之音鏘如也。隆寵榮光，焜燿在列，申以五命之嚴，示以載書之信，明約顯命，若掞河漢而轟雷霆。區區曹許之君，出於鼠壤蟻封之中，驟見曠古駭俗之偉觀，目眩氣奪，莫敢仰視，雖平日跋扈倔强，不受控御如晉侯者，猶膏車秣馬奔走道路，恐干後至之誅。五伯莫高於桓公，而桓公九合之盟，葵丘之會，實居其最。一時文物之盛，騷人墨客，誇談矜語，至于今不衰。嗚呼！桓公素所期者，及葵丘之會，悉償所願，滿足無餘。種之累年，而穫之於今日，信可謂不負所期矣。所期既滿，其心亦滿。滿則驕，驕則怠，怠則衰。近以來宰孔之譏，遠以召五公子之亂，僖十七年孰知盛之極乃衰之始乎？吾嘗譬桓公之功業，葵丘未會之前，猶自旦至望之月也，浸長而浸盈；葵丘既會之後，猶自望至晦之月也，浸缺而浸盡。蓋未滿則有增，既滿則招損而已，尚安能復增乎？甚矣，人心之不可滿也。桓公非不知滿之可戒也，所期既滿，其心不得不滿也。使桓公所自期者，不止於伯，詎肯至伯而滿哉？桓公之罪在於自期之時，而不在於既滿之時也。雨驟而沼溢，非雨之罪，鑿沼者之罪也；酒暴而巵翻，非酒之罪，造巵者之罪也。沼之所受有常限，巵之所容有常量，人之所期有常願。踰其限，過其量，塞其願，雖不欲滿，而不自知其滿矣。我不爲沼，何憂乎十日之霖？我不爲巵，何憂乎千釀之醴？桓公

素不以伯自期，則下視伯功，亦蚊虻之過前耳。吾是以知自期之不可小也。進伯而至於王，極天下之所期，無在其上者，其亦可以息乎？曰：王道果可息，則禹之孜孜，湯之汲汲，文之純，亦不已何爲者耶？

宋・劉攽《彭城集》卷三三《論・桓公不用伊尹論》　予向與友人王深甫論齊桓公不能用伊尹，著爲文詞，後失其書。今深甫既歿，追念前語，尚未忘也，因復叙而記之，以寄思深甫之悲云。王深甫喟然嘆曰：世之無良臣也，夫以齊桓公之用管仲，豈非大有爲之君也哉？由管仲之器小，故桓公不至于王也。使齊桓公與伊尹並生，其有不能用之乎？劉貢甫曰：時無伊尹則已矣，幸而有之，桓公必不能用也。深甫曰：何以言之？貢甫曰：仲尼有言：中人以下，不可以語上也，徒語之云爾。聖人猶難之，況信其道而用其身乎？夫度量之不同，人之情也。或相倍蓰，或相什伯。聖人之所以爲聖，賢者不能喻焉；賢人之所以爲賢，不肖者不能知焉。譬夫醫巫百工，智相師巧，相視雖錙銖不可及也。故學于仲尼者甚衆，其得道惟顔氏而已。故曰終日不違，如愚，于吾言無所不説，其餘則嘗違而不説矣。彼學于聖人如是其難，而用聖人者獨以爲易乎？桓公無顔氏之明審矣，智足以用管氏而已矣。雖有伊尹，吾知桓公必不能舉國以從也。雖然，桓公比于他諸侯爲賢；他諸侯雖得管仲，亦不能用，猶桓公之于伊尹然無可疑也。深甫曰：昔者衛靈公之無道也，仲尼賓之；齊宣王之不智也，孟子臣之。桓公之賢，猶足以高于二君，顧不足以用伊尹哉？貢甫曰：子所謂用之，畏聖人之言，暫而禮之之謂乎？將聽從其謀以奉事，而大有功乎？如畏其名而禮之也，則豈特桓公哉？雖甚不肖之君，亦將勉而一舉矣；如將奉事而大有功，則孔子行乎季氏矣，三月不違而已耳。彼聽其至言，不知此其美也，而以爲迂循其至道，不知此其要也，而以爲誣伥乎？茫然若蹈滄海而窺青天，雖强爲之容，而心已離矣。故仲尼亦未嘗三年淹而歷聘者七十國也，獨如桓公也乎哉？深甫曰：桓公之才，子惡乎知之？貢甫曰：聖人，吾不得而議之矣，有仁者之言焉。仲尼曰：仁者静。夫静者，天地之大，死生之變，無足以動其心者，若是故可以王也。夫桓公之事，殺兄簒國，姑姊妹之不嫁七人，其猶足以謂之静哉？不至于静而欲用聖人，此商君之干説孝公以帝王之道，甚矣其欺于時也。深甫曰：噫！子之尚勝也，以世無伊尹與桓公並生故慇焉，畢子之説也。貢甫曰：予之所尊信者孟子也。孟子嘗言曰：伊尹、伯夷、柳下惠得百里之地，皆可以王。若是則三人者之爲聖均矣。方桓公之時，柳下惠，魯國之士師也，桓公審能用伊尹，則胡不求展禽而相之，而顧得管仲之説而止焉？夫可説以淺近，可謾以卑汙，則桓公之智亦可知矣。深甫于是默而不言。

宋・李杞《用易詳解》卷三《比・初六》　齊桓公于柯之會，要盟可犯而桓公不欺，故天下諸侯皆翕然歸之，而伯業以成。傳者以爲桓公之信著於天下，自柯之盟始焉，此豈非所謂『有孚盈缶，終來有他，吉者哉？』

宋・袁燮《絜齋家塾書鈔》卷五《太甲下》　若升高必自下，若若陟遐必自邇。【略】

齊桓公九合諸侯，不以兵車，非無功也。然所以止於霸者，只爲不從下與邇處做。去内嬖如夫人者六人，只此一事，其荒淫如此，而徒夸耀於外，果何益哉？所以桓公一死，五公子爭立，齊國大亂。

宋・陳經《尚書詳解》卷四二《顧命》　齊桓公之霸，全在管仲。管仲只爲下卿，及平戎于王，王以上卿之禮享之。仲不敢受，且曰：有天子之二守國、高在。當時國子、高子嘗爲齊上卿，然國、高初無功于齊，而管乃甘處于國、高之下。

宋・李樗、黄櫄《毛詩集解》卷八《木瓜》　《木瓜》，美齊桓公也。衛國有狄之敗，出處于漕。齊桓公救而封之，遺之車馬器服焉。衛人思之，欲厚報之，而作是詩也。

論曰：齊桓公之於衛，其恩固大矣。出民於水火之中，而免於豺狼之患，使康叔得以復享其祭祀，而衛之人民亦得以養其父母而保其子孫，則齊桓公可謂生死肉骨者矣。衛人雖盡其所有而報之，而衛人之心猶以爲未足以報之。《序》言欲厚報之，非衛人之所欲。如此乎齊桓公於是假仁義而行然。至於邢遷如歸，衛國忘亡，其與武王之興滅國、繼絶世，亦可謂庶幾矣。衛人感齊桓之德欲厚報之，則知邢之心亦必然矣。劉内翰曰：桓公之封衛，德莫大焉，雖衛亦自以爲桓公之於我，德莫大焉。《春秋》之書『城楚丘』者，曾無以異常諸侯矣。彼衛已滅矣，無王命而擅封之，是擅王命，諸侯之大罪也。故以小惠許之，則桓公有德，以大法論之，則

諸侯爲專封。某竊以此説爲不然，夫專封者，天子黜之，諸侯封之，則可以謂之專封；若狄人伐衛，桓公救之，亦伯者之所當爲也。謂之小惠，亦不可也。

宋・蕭楚《春秋辨疑》卷二《言伐言圍辨》 齊桓公方伯也，不能敦德崇禮，以服叛懷遠，惟兵戎師武是賴，豈方伯之道哉？故討鄭之役再言『圍』，以方伯之道責之，是責賢備之義也。且桓公自即位以來，盟會則書爵，侵伐則書人，至召陵之役後，侵伐用兵，始出其爵，則聖人貴文德、賤兵戎可知矣。

宋・葉夢得《葉氏春秋傳》卷九《僖公二》 （九年）九月戊辰，諸侯盟于葵丘。

諸侯不序，一事而再見也。冉地葵丘善之也。首止之會，既已正父子而尊王室矣，故於是合諸侯而授王政焉。初命曰：『誅不孝，無易樹子，無以妾爲妻。』再命曰：『尊賢育材，以彰有德。』三命曰：『敬老慈幼，無忘賓旅。』四命曰：『士無世官，官事無攝，取士必得，無專殺大夫。』五命曰：『無曲防，無遏糴，無有封而不告。』曰：『凡我同盟之人，既盟之後，言歸於好。』諸侯於是束牲載書而不歃血，咸諭乎小白之志，君子蓋以是善之也。葉子曰：惠王崩而襄王始立，天子在喪，可以王臣而會諸侯歟？襄王之立，非惠王之意，而惠后猶在，首止之盟雖已定，而諸侯不能保，其無如鄭伯之逃盟者，則襄王固未知得終安其位也。此霸主之所當憂，則請於王而與之盟，王亦出内臣而臨之有不得已者，是以『無易樹子』，猶載之初命，如是而僅終喪，猶有子帶之難，則齊侯之慮，君子不得不與也。

宋・沈棐《春秋比事》卷二《齊桓公小白會十五》 莊十三年，北杏。十四年，鄄。十五年，鄄。十六年，幽。二十七年，幽。僖元年，檉。二年，貫。三年，陽穀。五年，首止。七年，甯母。八年，洮。九年，葵邱。十三年，鹹。十五年，牡邱。十六年，淮。孔子稱『齊侯九合諸侯不以兵車』，攷之《春秋》，自莊十三年終僖十六年，大會諸侯凡十有五。谷云衣裳之會十有一，自北杏至葵邱是也；兵車之會四，自洮至淮是也。按莊十三年北杏之會，《左氏》謂『平宋亂』，然此會小白未霸，而《經》獨書其爵，諸侯皆稱人者，先儒謂聖人望其攘夷狄救中國，以尊周室，始合諸侯，首圖大舉，故獨尊小白。蓋欲責之深，必先待之重也。十四年鄄之會，《左氏》謂『宋服故』，蓋宋雖預北杏之會，而復叛齊，故十四年《經》書齊、陳、曹伐宋。既伐而宋服。故是年爲鄄之會，此《左氏》所謂『宋服也』。十五年又會於鄄，《左氏》謂『齊始霸也』。夫齊侯之會，已三合諸侯，至是而始霸也。蓋中國諸侯莫難服於陳、鄭，今宋、鄭再會，而陳又始服，則小白之霸業成矣，此所謂齊始霸也。十六年，同盟于幽，《左氏》云『鄭成也』。蓋宋、鄭兩預鄄會，宜其同好相結，不復相侵，而鄄會始伯，鄭乃侵宋，故十六年宋、齊、衛三國伐之，於是率諸侯爲幽之盟。蓋桓自主霸，未嘗脩盟，而宋有貳於北杏，鄭有貳於鄄，必待兵威乃始克服；齊既服宋鄭，非盟無以結之，所以稱同盟者，以諸侯同志於桓也。然魯、鄭既同盟，而十七年書『齊人執鄭詹』、十九年書『齊、宋、鄭伐魯西鄙』者，《左氏》謂：鄭不朝齊，執鄭詹。疑其説未然切意。鄭介於楚，有貳齊之志，故齊侯執之，既而詹逋於魯，此三國所以伐魯也。二十七年復同盟于幽，《左氏》謂『陳鄭服』。按二十八年，荆伐鄭，公會齊，宋救鄭，則知是盟鄭已服齊也。然十六年同盟於幽，衛侯與盟，而此盟不與，故二十八年齊人伐衛，討其不與盟也。元年檉之會，《左氏》謂『謀救鄭』，蓋自二十七年與盟于幽，而楚再伐鄭，故小白會諸侯，謀以救之，此《左氏》所謂『謀救鄭』也。二年貫之盟，《左》云『服江、黄也』。三年陽穀之會，《左》云『謀伐楚也』，蓋江、黄楚之與國，既背楚而歸齊，則齊之威德至此爲盛，於是可以伐楚矣。是以四年諸侯伐楚，屈完請盟，强楚挫辱，使斯民免於左衽之患，則其功被當世無以加於此者。《左》云『謀伐楚』者，蓋在是也。然楚服之後，齊人執陳轅濤塗，及江、黄伐陳；冬，又大會諸侯，侵陳，則知陳復叛齊矣。逮五年首止之會，《左》云『謀寧周也』，陳再見伐與盟。首止之會，而鄭伯逃歸不盟，則鄭又叛齊而從楚也。故六年公會齊侯，合六國伐鄭，而楚人圍許救之。七年齊又伐鄭，故是年甯母之盟，鄭使子華聽命於會，此《左氏》所謂『謀鄭』也。八年洮之盟，《左》謂『謀王室也，鄭伯乞盟請服也』。蓋襄王有叔帶之難，故小白會盟以謀之，而鄭伯自七年再被齊伐，再來乞盟，《左氏》謂『謀王室』，鄭服者此也。九年會于葵邱，《左》云尋盟且脩好，然小白九會諸侯，莫盛於葵邱，而霸業之衰，亦自此始，故

《孟子》特舉是會以警戰國諸侯，而《三傳》例皆不取。《經》文又稱『諸侯盟于葵邱』，没齊侯爵而稱諸侯者，所以貶之，則知桓德之衰自此始也。十三年會于鹹，《左》云『淮夷病杞，故且謀王室』，蓋杞迫東夷，故會以謀之。觀十四年諸侯城緣陵，則知此會爲杞謀也。十五年，會于牡邱，《左氏》：『救徐』。蓋是年春，楚人伐徐，故齊侯會諸侯以救之。觀《經》書『遂次于匡，公孫敖及諸侯之大夫救徐』，則此會爲救徐可知也。然楚至是稍横，而齊攘救之心亦怠，故《經》言『次』言『救』，諸侯救徐，而遣大夫往，見其緩於救患也。十六年，會于淮，《左》云『謀鄫，且東畧也』。按齊侯前後盟會，鄫未嘗與，《左氏》之説疑爲未然。攷《十七年春》：齊人、徐人伐英氏，滅項，先儒謂『英，楚與國』，蓋齊既救徐，遂連徐人伐楚之與國，切意淮之會，謀伐英氏非爲鄫也。凡此皆齊侯主霸盟會之始終也，總而言之，諸侯與會者十四，宋、陳、蔡、邾、魯、衛、許、滑、曹、滕、江、黄、邢、鄭。結盟者八。而孔子稱其九合者，蓋洮之盟爲謀王室，鹹之會城杞，牡邱之會爲救徐，淮之會爲伐英氏，此皆兵車之會也。而北杏與鄄之始會，齊侯未霸，故孔氏稱其九。先儒以謂聖人貴禮義，賤武力之深旨，其説是矣。

又《小白抑强楚衛諸侯》 當小白始霸之時，方合諸侯，未暇兵楚。楚雖有易齊之心，然是時中國既有盟主，楚有侵擾者不過蔡、鄭而已。其於宋、衛諸國，未嘗有小窺伺也。故莊十年，敗蔡師，以獻舞歸。十四年，入蔡。十六年，伐鄭。二十八年，又伐鄭。僖元年，稱楚人伐鄭。二年，侵鄭。三年，伐鄭。小白懼其暴横浸入中國。四年，遂九合諸侯，問罪於楚，而陘次之兵威未加，楚已恂懼，遂遣使請盟，自是楚人帖服不敢犯中國者十五年。其間遠小之國，間或被害，若滅弦圍許，滅黄伐徐，雖略見《經》，而鄰楚如陳、鄭者，亦賴召陵之威，不復如曩日之侵擾矣。其後小白既没，重耳未興，楚於是復肆强暴，憑陵中國，始與會盟，馴致盂之會執宋公，泓之戰敗宋師，虎狼之威，日以煽熖。嗚呼！小白之功其大矣哉。

又《小白侵伐并吞執大夫》 先儒謂小白貪土地之廣，恃甲兵之衆，驅逐脅逼，强制諸侯，假尊周之名以自封殖。夫當春秋時，列國諸侯務相侵伐，强者肆凌暴，弱者受并吞，殘民暴骨，不勝其患。聖人幸伯者之出，以禮義交大邦，以仁恩綏小國；革干戈之亂，還敦厚之風，庶幾乎西周之治也。奈何小白之興伯德不純，二十六年之間盟會諸侯，雖假仁義號尊王室，然其實則逞志威侮肆侵奪以尊己也。故自入齊以來，大國則侵伐之，小國則并吞之。而《春秋》皆例稱『人』者，所以惡齊侯也。攷之於《經》：莊十四年伐宋，十六年伐鄭，十九年伐魯，二十八年伐衛，僖四年伐陳、侵陳，六年伐鄭，七年又伐鄭，凡此皆侵伐大國者也；莊十年滅譚，十三年滅遂，十五年伐郳，二十六年伐徐，三十年降鄣，閔二年遷陽，僖十七年伐英氏、滅項，凡此皆并吞小國者也；莊十七年執鄭詹，僖四年執陳轅、濤塗，此則執諸侯之大夫也。雖然，宋、衛不服，陳、鄭卽楚，則用兵侵伐，雖害伯德，其罪尚輕，至若凌虐小國，則罪之重者；而滅譚、滅遂、滅項尤爲甚焉。蓋恃兵威以滅國，非霸者事也。小白主伯中原，攘却强暴，不以德服諸侯，而反蹈肆虐之惡，不亦可耻哉？例貶稱『人』，宜矣。

又《救國城國》 救難恤災，存亡繼絶，伯者之美事也。當小白時，楚與夷狄交侵中原，鄭、許、徐三國則病楚，邢、衛二國則病狄，所賴以驅攘者，唯小白也。攷之《春秋》：齊侯主伯，書『救國』者五，書『城國』者三。然有救之而成功者，有雖救而不成功者。若莊二十八年救鄭，鄭遂與檉之會；僖六年救許，許遂與洮之盟，使背强楚卽中國，此則救之成功者；閔元年救邢，僖元年又救邢，而邢不免於夷儀之遷，僖十五年救徐而徐不免於婁林之敗，此則救之而不成功者也。夫以伯主之威合諸侯之師救一小國，則旌麾所向，宜其蔑不濟矣。然而救難之師，或濟或否，其故何耶？蓋二十八年荆伐鄭，《經》書『公會齊人、宋人救鄭』，僖六年楚人圍許，《經》書『諸侯遂救許』，是皆合中國之兵赴難，直前而無所次，故能折楚之暴，收救患之功也。至莊三十二年，狄伐邢，閔元年齊人救之，則未能率諸侯以往，故其功未見，《春秋》稱『人』以譏之。至僖元年，雖舉三國之師，聲言曰『救』，然次于聶北，逡巡顧望，是致邢人有夷儀之遷，則實非救也。又僖十五年，楚人伐徐，齊侯雖合諸，侯盟于牡邱，以謀救徐，方且遠次于匡，遣諸侯之大夫以爲救援之名，是致徐有婁林之敗，則亦非救。嗚呼！既不能力救諸侯于被難之時，待其社稷喪亡，國祀遷徙，則雖往城之，何益哉？故《經》書二年『城楚邱』，

蓋譏其不救患而城之也。僖元年書邢遷「夷儀三師城邢」，蓋譏其緩于救患而城之也。十四年書「諸侯城緣陵」，蓋譏其不能攘却東夷而城之也。先儒曰：「與其既亡而城之，不若未亡而救之。」小白之罪，蓋見於此。

又《三伐戎》　按齊侯伐戎者三：莊二十年伐戎，三十年伐山戎，皆稱「人」；僖十年伐北戎，則稱「齊侯」，何也？説者謂貶之，故稱「人」；與之，故書爵。夫伐山戎，正中夏，此正伯者之政耳，《春秋》何所貶哉？蓋稱「人」者，非病小白也，此《春秋》垂世之法也。夫小白有北戎之功，《春秋》例許之，則後世有襲其事，勤遠畧而殘中國者也，故《春秋》兩「人」之，以戒後世之勤兵者；然而後不書爵，則以小白之功終不可見，故復書「齊侯」以與之。一以戒後世，一以顯齊侯，此所以爲《春秋》也。

又《總論》　孔子曰：「晉文公譎而不正，齊桓公正而不譎」，此聖人卽《春秋》之旨，以定二伯之優劣也。昔者宣王中興，伐玁狁，威荆蠻，使之竄伏荒陲，屏氣遁迹，不敢内顧。自平王東遷，周道復衰時，無宣王之明，無吉甫方叔之佐，是以荆蠻醜類浸爾跳梁，入蔡伐鄭，侵陳圍宋，鴟狠狼戾，所向披靡。幸賴小白、重耳，相望而興，或盟會以聲其威，或克伐以折其氣，是以虐焰不逞，中原少寧，則二伯之功亦云盛矣。攷之《經》筆，其行事終始相背馳，請備論之，以伸孔子之説。周惠王以惠后之愛，欲廢太子鄭立王子帶，而小白親率諸侯會世子於首止以定其位，此正天下之功也；至重耳敗楚未幾，已致天王於踐土，則與首止之盟異矣。及惠王卽位，襄王以叔帶之難懼不得立，使告於齊，小白於是率諸侯以謀之，此定王室之功也；至重耳會温未幾，又盟王人于翟泉，則與洮之盟又異矣。小白以禮義柔中國，故盟會諸侯八，然後有陘之師，則先禮義而後征伐者也；重耳以兵革威中國，故未嘗盟諸侯，而遽有城濮之戰，則先征伐而後禮義者也。小白之服楚，先侵蔡以示其威，又次于陘以耀其衆，及楚畏服，遣師乞盟，於是結盟而還，未嘗接刃，則志在於全師而已；及重耳戰楚城濮，則侵曹伐衛，乃又執曹伯畀宋人以怒之，然後合四國之師，一戰屠楚，兵革之威，疾若風雷，則服楚之功與小白異矣。小白盟楚之後，楚雖不敢憑陵大國，而滅弦圍許，滅黄伐徐，連歲侵軼，不少衰止；至重耳既敗楚師，小見《經》筆七年，雖徐、許小國，亦無楚患，則服楚之功與小白又異矣。小白之霸，諸侯未服，固嘗侵伐之，然不過伐其國，執其臣，使諸侯自懼而後已，故莊十七年執鄭詹，鄭伯遂同盟于幽，僖四年執陳轅、濤塗，陳侯遂盟于首止，此皆未嘗執諸侯也；至重耳則執曹伯以畀宋人，執衛侯以助元咺，而曹衛兩國終不與其盟會，其所以服諸侯者異矣。小白之霸也，伐戎者三，救諸侯者四，城國者三，雖不能盡其成功，然驅攘强暴，救恤灾患，其於諸侯亦不可謂無功也；至重耳則戰楚之外，不復有攘却之功，故三年狄侵齊，而晉侯不能救，三十一年衛遷帝邱，而晉侯不能城，則其所以勤諸侯者又異矣。夫二霸行事，載在《春秋》，其不相侔如此，切嘗究其心矣。方小白之伐楚，非不欲戰也，然當春秋時，諸侯恣横，干戈相尋，殘民暴骨，不勝其患，小白主霸，方崇禮義，去侵伐以救當時之弊，故端委正笏雍容乎壇陛之間，兵革不施而諸侯已諭其志矣。况當時楚雖浸强，其患尚小，不過侵擾鄰境，若蔡、鄭諸國而已，及齊侯一出，楚既畏服，則召陵之師，盟而不戰，小白之心也。然而楚人之横，易以威制難以信結，故自齊之霸，而楚之驕暴甚於曩時，至伐宋，大國執天子，上公脅制諸侯，使束身從己，齊魯之君俛首帖耳，委命下吏，無復慙色，中國諸姬幾爲楚盡矣。使重耳之興，尚懷仁厚不奮兵威，則何以折楚之暴以懲艾諸侯？然則晉文之霸，又不得不用征伐也。雖然，小白之會止致世子，重耳之興乃召天王，其罪之輕重固不待較而明矣。然循流塞源，則小白之罪又加於重耳，何則？《春秋》之作，爲尊王也。當周之衰，諸侯跋扈，陵傲天子，君臣之禮掃地殆盡，所賴於振興者，二霸而已。使小白主霸之後，卽帥諸侯朝天子以令天下，則重耳雖不臣，安敢致天王哉？惟小白不朝京師致王世子，是以晉文得侈其惡，無復嚴憚。論《春秋》之義，則小白之罪誠過於重耳也。嗚呼！賢如二霸，且假尊周之名而忘其實，况當世諸侯哉！《孟子》謂「三王之罪人」，諒矣。

宋·俞德鄰《佩韋齋輯聞》卷四　桓公九合諸侯，不以兵車，管仲之力也。先儒謂《春秋傳》作糾，督也，古字通用，余嘗疑之。按《史記》云：兵車之會三，乘車之會六，而《穀梁傳》云：衣裳之會十有一，蓋莊十三年會于北杏，十四年會于鄄，十五年又會于鄄，十六年同盟于幽，十七年同盟于幽，僖元年會于檉，二年盟于貫，三年會于陽。《穀》：五

年盟于首止，七年盟于甯母，九年盟于葵丘，實有十一也。孔氏註曰：鄭氏不取北杏及陽穀，故曰九合。北杏之會平宋，宋亂也，宋有弑君之事而齊平之，何不取也？縱以遂人不至，宋人背盟而不取之，猶云可也。陽穀之會，謀伐楚也，何爲亦不取之？或者又曰：會雖十有一，再會于鄄，再盟于幽，其地凡九，故曰九合。然亦有所未盡也。夫子此語正以齊桓公霸諸侯，一匡天下，以故稱之。北杏之盟，遂人不服；鄄之始會，請師于周，僅取成于宋而還，霸業皆未成也。自莊十五年再會于鄄，則霸業成矣。《左氏》于是會也爲之傳，曰：春復會焉，齊始霸也。夫自始霸之年，歷數至于葵丘之會，其合諸侯凡九，是以謂之九合也。此可以祛諸儒之惑矣。

元・趙汸《春秋集傳》卷五《僖公上・十七年》 夏，滅項，孰滅之？我滅之也。我滅之則何以不言師？據《傳》例用大師曰滅。爲僖公諱也。齊桓公率天下諸侯，伐强暴以安中國，且有存亡繼絶之功於魯，於是會淮無功，而魯又滅項以間之，故略不言師。使若不出公命而微者在國爲之，然爲僖公諱也，爲之諱者，乃所以責之也，不月，據滅國不月。異其事也。中國有伯而諸侯相滅，故不月以異之。據《襄六年》莒人滅鄫，同。譏在齊也。桓公得諸侯，莫先於宋，其次莫親於魯，其卒貳於齊也，亦莫先於宋魯。夫桓公率諸侯，以伐强暴、安中國而尊天子，諸侯實有賴焉，則曰以譏齊，何也？桓公無尊周救患之誠也，桓公以尊王爲名，以帖荆爲績，而朝覲歸于己，獄訟歸于己，禮樂征伐自我而出，其所以從諸侯於盟會者，皆以自爲而已。楚人滅弦，桓公不能問，滅黄不能救，於是楚復張，而宋貳魯亦滅項以間之，以桓公無尊周救患之誠也。使桓公誠，不私其國以自爲，而合諸侯以事天子，朝覲歸于天子，獄訟歸于天子，禮樂征伐必自天子出，而躬率方伯之職以討其不庭，則雖以復文、武、周公之竟土可也。天下諸侯，其孰非天子之臣，而敢有二心也？然而桓公計不出於此，則雖微宋、魯，諸侯孰不欲閒桓公之怠以求利其國哉？《春秋》是以譏在齊也。凡諸侯相滅，以不日爲略，據齊滅譚、滅遂日爲詳，據衛侯燬邢，晉會諸侯于相，滅偪陽，則不月爲異也。晉文之興，大抵率桓之爲而莫能尚焉，卒皆無以善其後。故夫有可以興周之勢而不爲，以求利其國而遂失之者，桓、文是也。

明・卓爾康《春秋辯義》卷首五《書義二・會盟》 《春秋》有特盟，有參盟，有同盟。石門于鹹，特盟之始終也；瓦屋郪陵，參盟之始終也。凡伯之未起與伯之已衰，則特盟、參盟作；同盟則在伯之方起與伯之將衰者也。齊桓公定伯先交魯，魯望國又援國也，得魯而天下可圖。十三年與魯有柯之盟，特盟也；至十六年而齊與八國，同盟于幽，齊桓初合諸侯，爲盟主也。

明・葉山《葉八白易傳》卷九《大壯・九二》 昔者齊桓公合八國之師，而聲罪致討以振中國之威，舉江黄之衆而按兵不動以爲八國之援。師已强矣，然惟以律用之而不暴。及楚人已服，使屈完來盟，又必以禮下之而不驕。

明・朱睦㮮《五經稽疑》卷三《毛詩・木瓜》 《木瓜》，美齊桓公也。衛國爲狄所滅，出處於漕，齊桓救而封之，遺以車馬器服，而衛人感之，言我爲狄所滅之時，但有遺我以微物，猶當報以瓊瑶，況齊桓贈遺之厚如此，則當何以爲報？此感其救患之恩，謂爲瓜瓊不等之喻，非尋常施報者之意也。㮮少小聞大父豫齋府君向余曰：昔高祖憲園與鄭長史論《詩》，及此曰：『爾以《木瓜》爲今之所食者邪？』鄭君曰：『然』。憲園曰：『以桃李爲木桃、木李邪？詩人取意以贈，雖輕而報之，不可不重也。』

明・楊慎《升庵集》卷五一《齊桓晉文優劣》 桓、文雖並稱，而文固非桓匹也。或曰：桓公二十餘年，養晦蓄威，始能向楚；文公一駕而城濮之功多於召陵。桓公屢盟數會，遲回晚歲始會宰周公；文公再合而于温之會，捷於葵丘。桓公終身與諸侯周旋，會鄄失魯，盟幽失衛，首止失鄭，葵丘失陳；文公三會，則大侯小伯莫有不至，其得諸侯又盛於桓公。子今曰：文非桓匹，何也？曰：文公之功多於桓公者，罪亦多於桓公者也；事速於桓公者，義先壞於桓公者也；名盛於桓公者，實衰於桓公者也。《春秋》不以功蓋罪，不以事掩義，不以名誣實，文豈桓匹哉？桓公得江、黄而不用以伐楚，文公則謂非致秦不足與楚爭，楚抑而秦興矣，此桓公之所不肯爲者也。桓公會則不邇三川，盟則不加王人；文會畿内則伉矣，盟子虎則悖矣，此桓公之所不敢爲者也。桓公寧不得鄭，不納子華，懼其獎臣抑君，不可以訓；文公爲元咺執衛侯，則三綱

五常于是紊矣，此又桓公之所不忍爲者也。觀此則吾夫子正譎之論，《孟子》獨表桓公五禁而不及晉文，余謂文非桓匹，豈一人之私言乎？

清·庫勒納、李光地《日講春秋解義》卷一三《莊公三十二年》 齊桓公時，諸侯彊大者莫如晉、宋，望國莫如魯。晉擁河山之固不與諸侯會盟，非齊所能致也。故於魯、宋未服，懾之以威，既合懷之以德，下之以禮，遇濟則遠至魯境，獻捷則親至魯庭，既爲宋出師而再推以主兵，復遠遇於宋地而推以主兵，所以服魯、宋之心，使爲諸侯倡而成其霸事也。

又 卷一八《僖公十八年》 諸侯五月而葬。桓公之卒，至此十一月然後葬，亂故也。自管仲歿，豎刁、易牙競進，桓公不能慎終。如始付託非人，幾亡其國，雖威令加乎四海，亦何益哉？以是知霸德之淺與功利之不足尚，而《春秋》明道正誼之旨，不可一日不講也。

清·梁國治《高宗御製文集》卷三《齊桓公論》 齊桓公有管仲而霸諸侯，無管仲而致危亂，此足以爲千古炯戒矣。紀其事者，或務奇而失之誣，則不可不辨也。夫五霸以力假仁，心皆不正，然害不以孔孟之言爲折衷乎？孔子曰：『齊桓公正而不譎』，孟子曰：『五霸，桓公爲盛。葵邱之會，諸侯束牲載書而不歃血。』是則桓公九合一匡亦有足取於聖賢者，且能任管仲以究其材，非桓公之善乎？而司馬遷《史記》則稱『易牙殺子以適君』，王充《論衡》則稱『負婦人以朝諸侯，而管仲爲之。』解説不經孰甚焉！夫人肉不可食，人誰不知之？非甚饑饉不得已，誰肯食之？而桓公不至此也。易牙雖善煎熬燔炙，其不能以人肉勝羊豕雞鴨明矣。且先告其君以殺子乎？抑殺子而後告其君乎？若先告，桓公必不從；既食而告，桓公將嘔吐致病。豈有反以爲愛己之理哉？桓公雖好內也，然亦應有間時，豈有會諸侯之頃而不能離乎？即頃刻不能離，亦無負之身後之理。且管仲賢臣也，豈有不力諫其君，而反從而爲之曲解者哉？是二事也，智者觀之，必斥其謬記，笑其怪誕。而耳食之流，方且信以爲誠有，詫以爲奇談，則有害於人心者不淺，茲故闢而正之。

清·馬驌《繹史》卷四四《齊桓公霸業》 霸之名何昉乎？《祭法》曰：『共工氏之霸九州。』然則霸之名，不已舊乎？或曰，古者，有伯而無霸，其在唐、虞，有州牧侯伯，商以文王爲西伯，周有二伯是矣。霸之名，我未之前聞也，其當周之末季，齊桓、晉文之事乎？國佐有言曰：『五伯之霸也，勤而撫之，以役王命。』解者曰，是夏之昆吾，商之大彭、豕韋，周之齊桓、晉文也。《白虎通》曰：『三王之道衰，而五霸存其政。』則霸之名，若不自周起矣。蓋必有翼戴天子之功，而後可以稱霸，秦穆公受甘言以縱鄭國，違黄髮而敗殽師，誅賢臣百里，而以子車氏殉，《黄鳥》刺焉；宋襄公不度德量力，求諸侯而虐用小國，敗泓身死，爲天下笑；楚莊王僭號陵上，憑威肆彊，觀兵以窺周鼎，倚怒以殘宋郊，易子析骸，力有餘而仁不足；此三君者，皆不聞有翼戴天子之功。粵稽昆吾、大彭、豕韋，蓋嘗於夏、殷之中葉，匡輔王室，則並桓、文而爲五矣。五霸之名，所由起乎！即《春秋》『之稱五霸，亦有進闔盧而黜宋襄者，循名責實，咸無稽焉。《孟子》曰：『五霸，桓公爲盛。』當周室東遷之後，王綱不振，而能起自危難，尊内攘外，其功誠足述也。昔襄公不道，殺魯桓而誅彭生，既而戶下難發，襄公殲焉，魯於此時，仗義問罪，別立賢君，將讎復而先君之恥雪矣；奈何莊非其人，無知之立，晏然弗知，阻小白而助子糾，佐其不當立者，以攻其當立者，乾時一敗，僅獲傳乘，鮑子來言，糾亦不保，穀梁氏譏之曰：『以千乘之魯，不存一子糾』，以公爲病矣。桓公圖霸，亟欲得魯，而魯人懷納糾之隙，猶豫未前，桓獨捐棄前怨，爲柯之盟，信義是尚，彼曹沬者手劍劫田，何爲也哉？夫齊洋洋表海，是太公之遺也，而桓公能起而修之，釁沐施於羈囚，連帥置之都鄙，煮海通賈，國用富彊，衣裳兵車之會，唯是尊天子而睦諸侯，抑彊楚而保小國，使當盛周之際，抑且膺方伯之命，以長率諸侯，惜乎！王室不競，一君一臣，經營四十年而克濟焉。是以北杏肇績，魯、衛不至，鄄、幽繼盟，鄭、宋懷疑，迨三國存而大義始昭，江、黄服而蠻方始懼，至貫澤、陽穀之會，遠邇畢集矣。桓公端委搢笏以朝之，盛之至也。而或謂包茅責貢以來，不聞南下之師，葵丘震矜，九國以畔，弦、黄滅而不能救，東略則西否，功高志滿，於晚節見其漸衰焉，無他，管仲死也。故桓公中主也，得管子而名彰，讀《山高》、《牧民》、《輕重》、《九府》諸篇，其規模宏焉，其經制詳且備焉，兵力甲於天下，而不敢教其君以請隧問鼎之事，此管子所以稱仁與！至尊莫如王子，定其位而覬覦絶矣；至親莫如哀姜，誅其罪而淫亂息矣。侵伐不勞大師，盟誓不煩小國，功高來天王之錫，猶凜天威而懼隕越，君子是以知管子之所以賢也，能輔君也；桓

公之所以霸也，能用賢也。故曰，五霸桓公爲盛。

藝文

宋・郭茂倩《樂府詩集》卷八三《商歌二首・甯戚》《淮南子》曰：甯越欲干齊桓公，困窮無以自達，於是爲商旅，將任車，以商於齊，暮宿於郭門外。桓公郊迎客，夜開門，辟任車，爝火甚盛，從者甚衆。越飯牛車下，望見桓公而悲，擊牛角而疾商歌。桓公聞之曰：『異哉，非常人也！』命後車載之。越一作戚。

南山矸，白石爛。生不遭堯與舜禪，短布單衣適至骭。從昏飯牛薄夜半，長夜漫漫何時旦。

滄浪之水白石粲，中有鯉魚長尺半。獘布單衣裁至骭，清朝飯牛至夜半。黄犢上坂且休息，吾將捨汝相齊國。

宋・王十朋《梅溪前集》卷一〇《詠史詩・齊桓公》 諸侯九合霸圖成，晉宋江黄盡會盟。惟有召陵功最直，包茅不貢故來征。

元・張雨《句曲外史集補遺》卷上《古詩十首》 昔者齊桓公，往見小臣稷。一日凡三至，欲見且弗得。驁爵固輕主，驁霸亦輕士。大夫縱驁爵，驁霸吾敢爾。所以終見之，不爲從者止。誰云内行缺，論霸亦可矣。

【略】

桓公遇甯戚，飯牛中夜起。賜之以衣冠，一説境内理。再説爲天下，桓公以師事。衛與齊不遠，安用疑客子。不患有小惡，所患亡大美。且人固難全，用長當若此。

元・王逢《梧溪集》卷一《衛女琴操二首・思歸作有序》《琴操》曰：衛有賢女，邵王聞其賢請聘之，未至而王薨。太子曰：『吾聞齊桓公得衛姬而霸，今衛女賢，欲留之。』大夫曰：『不可。若賢女必不我聽，若聽必不賢，不可取也。』太子留之，果不聽。拘於深宮，思歸不得，援琴作歌，曲終，縊而死。古有絃無歌，今絃亦絶矣。因補一章。

恭承母命兮奉先王，晐姓後宫兮備酒漿。中路王薨兮妾或未亡，遂太子之過兮何有三綱。淇水沄沄兮菀乎女桑，目泠絃絶兮義也難忘。

元・胡祗遹《紫山大全集》卷七《偶成》 小白雄開五霸原，一時賢相炫乘軒。只知國富兵强術，不向尊周掛一言。

元・王惲《秋澗集》卷二五《七言絶句・甯戚叩角圖》 舜授堯傳老不逢，商歌愁絶國門東。小哉恨煞夷吾器，竟列齊桓五霸中。

明・王禕《王忠文集》卷一三《擬・齊桓公請成于魯》 齊桓公將圖伯，諸侯與之。既爲會于北杏，魯獨後從，乃使請成于魯，曰：『昔文武之造周也，時則有若周公及我先君太公，任居股肱，有大勳勞於天下。是以周公封魯，太公封齊，以藩屏周。及成王嗣位，使召康公，錫命太公曰：五侯九伯，女實征之，以夾輔周室，載在盟府，世世子孫，其曷爲敢忘？平王之東遷，周有衰德，我先君僖公屬東諸侯，將修其先職，惟魯克念周公之故。隱公實與同好，而僖公無祿業用弗就。爰及今茲，王綱日弛，内而兄弟之國隳廢侯制，外則四方多壘侵敗王略。寡君圖惟率先王之命，承先君之志，而侯伯之職是修以尊王室，外撫邊鄙而綏和。我諸夏非賴我一二兄弟同心僇力，其曷有濟？大國周公之胤祚，世秉周禮，諸侯之望於是乎在。譬諸衣焉，君猶領也；網焉，君猶綱也。大國若惠徼周公之靈，率先諸侯與我同好，諸侯其孰有不從？於以崇信明義，弘濟大業，寡君之願而非所敢望也。敢布以請，唯大國實重圖之。』於是莊公及齊平而盟于柯。

又《濟桓公告諸侯盟首止》 惠王將廢世子鄭而立王子帶，齊桓公定其位，既合諸侯，會世子于首止。且使管仲言於諸侯曰：『諸侯之國，藩翰王室，猶手足之衛元首，王室之寧，諸侯之福也。昔在文、武，父作子述，用建王業。成、康繼之，持盈守成，日靖四方。至于厲王，躬秉虐德，流居于彘。而宣王在幼，則有召公虎長而輔之。克祇厥紹，以中興周，則以名之，素定故也。天不靖周，幽王昏庸，溺愛少子，伯服將授之位，而太子宜臼是害。宜臼奔申，申伯與西戎伐周，幽王戰死，諸侯乃舍伯服而立宜臼，是爲平王。平王東遷，王室用微。是則王室之不寧，由王嗣之建乖，其適孽有以致之。抑非我兄弟之能，致力於王室亂，其曷有救寧？今世子名則適嗣，其猶平王之當立，而叔帶效尤，伯服將反易天倫，自作不靖，以貽王室憂。且先王之命曰：王后無適則擇立長貴，適賤孽，名之正也。今我兄弟奉先王之命，會世子而定其位以正名也。名者，義之經也；義者，禮之宗也；禮者，政之本也。名以正義，義以生禮，禮以

出政，政以立國，治之道也。王室之治而亂靡有生，我一二兄弟其何福如之？我兄弟其或名之，弗共而棄禮畔義，崇慝黨僭，以奸先王之命而啓亂原。文武成康之靈如天在上，其誰敢弗虔？而猶敢弗虔，是棄文武成康之命，而以幽厲待我天子也。我兄弟盍終圖之。』諸侯乃尋盟。

明·王彝《王常宗集》卷四《雜詩·齊桓公》 召陵初服荆，首止復寧周。瓜瓞既云茂，楚氛亦奚憂。偉哉一匡功，首盟至葵丘。胡爲曾西子，興言貽彼羞。宣王有遺烈，江漢至今流。舍彼僭王罪，世遠及膠舟。孝子貴幾諫，忠臣納嘉猷。羽翼制君父，嗟茲乃詭謀。圖伯已如此，震矜何足尤。春秋不獲已，世降日滔滔。將無彼善者，桓公誰與侔。

清·彭定求等《全唐詩》卷七二八《[唐]周曇〈齊桓公〉》 三往何勞萬乘君，五來方見一微臣。微臣傲爵能輕主，霸主如何敢傲人。

雜録

晉·張華《博物志》 齊桓公出，因與管仲故道，自燉煌西涉流沙往外國，沙石千餘里中無水，時則有沃流處，人莫能知，皆乘駱駝，駱駝知水脉，遇其處輒停不肯行，以足蹋地，入於其蹋處掘之，輒得水。

南朝梁·蕭繹《金樓子》卷四《立言篇上》 齊桓公臥於柏寢，謂仲父曰：『吾國富民殷，無餘憂矣，一物失所，寡人猶爲之悒悒。今白鳥營營，饑而未飽，寡人憂之。』因開翠紗之幬，進蚊子焉。其蚊有知禮者，不食公之肉而退。其蚊有知足者，嚪公之肉而退。其蚊有不知足者，遂噓短吸而食之，及其飽也，腹腸爲之破潰。公曰：『嗟乎！民生亦猶是。』乃宣下齊國，脩止足之鑑，節民玉食，節民錦衣，齊國大化。

宋·李昉等《太平御覽》卷三七八《人事部十九·短中國人》 《博物志》曰齊桓公獵得一鳴鵠，宰之，得一人，長三寸三分，執圭，著白袍，帶劍，馳車，罵詈瞋目。又得一折齒，方圓二尺。問羣臣曰：『天下有此及小兒否？』陳章答曰：『昔秦胡乞一舉渡河，與齊、魯戰，折傷板齒。昔李子昂敖於鳴鵠嗉中遊，長三寸三分。』

晉文公繼霸分部

綜述

《詩經·唐風·采苓》 采苓，刺晉獻公也。獻公好聽讒焉。

采苓采苓，首陽之巔。人之爲言，苟亦無信。舍旃舍旃，苟亦無然。人之爲言，胡得焉。

采苦采苦，首陽之下。人之爲言，苟亦無與。舍旃舍旃，苟亦無然。人之爲言，胡得焉。

采葑采葑，首陽之東。人之爲言，苟亦無從。舍旃舍旃，苟亦無然。人之爲言，胡得焉。

又《秦風·渭陽》 渭陽，康公念母也。康公之母，晉獻公之女。文公遭麗姬之難，未反，而秦姬卒。穆公納文公，康公時爲大子，贈送文公于渭之陽，念母之不見也。我見舅氏，如母存焉。及其即位，思而作是詩也。

我送舅氏，曰至渭陽。何以贈之？路車乘黄。我送舅氏，悠悠我思。何以贈之？瓊瑰玉佩。

《左傳·莊公二十八年》 晉獻公娶於賈，無子。烝於齊姜，生秦穆夫人及大子申生。又娶二女於戎，大戎狐姬生重耳，小戎子生夷吾。晉伐驪戎，驪戎男女以驪姬。歸生奚齊。其娣生卓子。

驪姬嬖，欲立其子，賂外嬖梁五，與東關嬖五，使言於公曰：『曲沃，君之宗也。蒲與二屈，君之疆也。不可以無主。宗邑無主則民不威，疆埸無主則啓戎心。戎之生心，民慢其政，國之患也。若使大子主曲沃，而重耳、夷吾主蒲與屈，則可以威民而懼戎，且旌君伐。』使俱曰：『狄之廣莫，於晉爲都。晉之啓土，不亦宜乎？』晉侯説之。夏，使大子居曲沃，重耳居蒲城，夷吾居屈。羣公子皆鄙，唯二姬之子在絳。二五卒與驪姬譖羣公子而立奚齊，晉人謂之『二五耦。』

又《閔公元年》 晉侯作二軍，公將上軍，大子申生將下軍。趙夙御戎，畢萬爲右，以滅耿、滅霍、滅魏。

還，爲大子城曲沃。賜趙夙耿，賜畢萬魏，以爲大夫。士蔿曰：『大子不得立矣，分之都城而位以卿，先爲之極，又焉得立。不如逃之，無使罪至，爲吴大伯，不亦可乎。猶有令名，與其及也。且諺曰：「心苟無瑕，何恤乎無家。」天若祚大子，其無晉乎。』

又《閔公二年》 晉侯使大子申生伐東山皋落氏。里克諫曰：『大子奉冢祀社稷之粢盛，以朝夕視君膳者也，故曰冢子。君行則守，有守則從，從曰撫軍，守曰監國，古之制也。夫帥師，專行謀，誓軍旅，君與國政之所圖也，非大子之事也。師在制命而已。禀命則不威，專命則不孝。故君之嗣適，不可以帥師。君失其官，帥師不威，將焉用之。且臣聞皋落氏將戰，君其舍之。』公曰：『寡人有子，未知其誰立焉。』不對而退。見大子，大子曰：『吾其廢乎？』對曰：『告之以臨民，教之以軍旅，不共是懼，何故廢乎？且子懼不孝，無懼弗得立，修己而不責人，則免於難。』

大子帥師，公衣之偏衣，佩之金玦。狐突御戎，先友爲右，梁餘子養御罕夷，先丹木爲右。羊舌大夫爲尉。先友曰：『衣身之偏，握兵之要，在此行也，子其勉之。偏躬無慝，兵要遠灾，親以無灾，又何患焉！』狐突嘆曰：『時，事之徵也；衣，身之章也；佩，衷之旗也。故敬其事則命以始，服其身則衣之純，用其衷則佩之度。今命以時卒，閟其事也；衣之尨服，遠其躬也；佩以金玦，棄其衷也。服以遠之，時以閟之，尨凉冬殺，金寒玦離，胡可恃也？雖欲勉之，狄可盡乎？』梁餘子養曰：帥師者受命於廟，受脤於社，有常服矣。不獲而尨，命可知也。死而不孝，不如逃之。』罕夷曰：『尨奇無常，金玦不復，雖復何爲，君有心矣。』先丹木曰：『是服也，狂夫阻之。曰「盡敵而反」，敵可盡乎！雖盡敵，猶有内讒，不如違之。』狐突欲行。羊舌大夫曰：『不可。違命不孝，棄事不忠。雖知其寒，惡不可取，子其死之。』大子將戰，狐突諫曰：『不可。昔辛伯諗周桓公云：「内寵並後，外寵二政，嬖子配適，大都耦國，亂之本也。」周公弗從，故及於難。今亂本成矣，立可必乎？孝而安民，子其圖之，與其危身以速罪也。』

又《僖公四年》 初，晉獻公欲以驪姬爲夫人，卜之不吉，筮之吉。公曰：『從筮。』卜人曰：『筮短龜長，不如從長。且其繇曰：「專之渝，攘公之羭。一薰一蕕，十年尚猶有臭。」必不可。』弗聽。立之，生奚齊。其娣生卓子。及將立奚齊，既與中大夫成謀，姬謂大子曰：『君夢齊姜，必速祭之。』大子祭於曲沃，歸胙於公。公田，姬寘諸宫六日。公至，毒而獻之。公祭之地，地墳；與犬，犬斃；與小臣，小臣亦斃。姬泣曰：『賊由大子。』大子奔新城。公殺其傅杜原款。或謂大子：『子辭，君必辯焉。』大子曰：『君非姬氏，居不安，食不飽。我辭，姬必有罪。君老矣，吾又不樂。』曰：『子其行乎！』大子曰：『君實不察其罪，被此名也以出，人誰納我？』十二月戊申，縊於新城。姬遂譖二公子曰：『皆知之。』重耳奔蒲。夷吾奔屈。

又《僖公五年》 晉侯使以殺大子申生之故來告。初，晉侯使士蔿爲二公子築蒲與屈，不慎，寘薪焉。夷吾訴之。公使讓之。士蔿稽首而對曰：『臣聞之，無喪而慼，憂必讎焉。無戎而城，讎必保焉。寇讎之保，又何慎焉！守官廢命不敬，固讎之保不忠，失忠與敬，何以事君？《詩》云：「懷德惟寧，宗子惟城。」君其修德而固宗子，何城如之？三年將尋師焉，焉用慎？』退而賦曰：『狐裘尨茸，一國三公，吾誰適從？』及難，公使寺人披伐蒲。重耳曰：『君父之命不校。』乃徇曰：『校者吾讎也。』逾垣而走。披斬其袪，遂出奔翟。

又《僖公六年》 六年春，晉侯使賈華伐屈。夷吾不能守，盟而行。將奔狄。郤芮曰：『後出同走，罪也。不如之梁。梁近秦而幸焉。』乃之梁。

又《僖公八年》 晉里克帥師，梁由靡御，虢射爲右，以敗狄於采桑。梁由靡曰：『狄無耻，從之必大克。』里克曰：『拒之而已，無速衆狄。』虢射曰：『期年，狄必至，示之弱矣。』夏，狄伐晉，報采桑之役也。復期月。

又《僖公九年》 九月，晉獻公卒，里克、丕鄭欲納文公，故以三公子之徒作亂。

初，獻公使荀息傅奚齊，公疾，召之，曰：『以是藐諸孤，辱在大夫，其若之何？』稽首而對曰：『臣竭其股肱之力，加之以忠貞。其濟，

君之靈也；不濟，則以死繼之。」公曰：「何謂忠貞？」對曰：「公家之利，知無不爲，忠也。送往事居，耦俱無猜，貞也。」及里克將殺奚齊，先告荀息曰：「三怨將作，秦、晉輔之，子將何如？」荀息曰：「將死之。」里克曰：「無益也。」荀叔曰：「吾與先君言矣，不可以貳。能欲復言而愛身乎？雖無益也，將焉辟之？且人之欲善，誰不如我？我欲無貳而能謂人已乎？」

冬十月，里克殺奚齊於次。書曰：「殺其君之子。」未葬也。荀息將死之，人曰：「不如立卓子而輔之。」荀息立公子卓以葬。

十一月，里克殺公子卓於朝，荀息死之。君子曰：「詩所謂『白圭之玷，尚可磨也；斯言之玷，不可爲也』，荀息有焉。」齊侯以諸侯之師伐晉，及高梁而還，討晉亂也。令不及魯，故不書。

晉郤芮使夷吾重賂秦以求入，曰：「人實有國，我何愛焉。入而能民，土於何有。」從之。齊隰朋帥師會秦師，納晉惠公。秦伯謂郤芮曰：「公子誰恃？」對曰：「臣聞亡人無黨，有黨必有仇。夷吾弱不好弄，能鬬不過，長亦不改，不識其他。」

公謂公孫枝曰：「夷吾其定乎？」對曰：「臣聞之，唯則定國。《詩》曰：『不識不知，順帝之則。』文王之謂也。又曰：『不僭不賊，鮮不爲則。』無好無惡，不忌不克之謂也。今其言多忌克，難哉！」公曰：「忌則多怨，又焉能克？是吾利也。」

又 《僖公十年》 夏四月，周公忌父、王子黨會齊隰朋立晉侯。晉侯殺里克以說。將殺里克，公使謂之曰：「微子則不及此。雖然，子弒二君，與一大夫，爲子君者不亦難乎？」對曰：「不有廢也，君何以興？欲加之罪，其無辭乎？臣聞命矣。」伏劍而死。於是丕鄭聘於秦，且謝緩賂，故不及。

晉侯改葬共大子。秋，狐突適下國，遇大子，大子使登僕而告之曰：「夷吾無禮，余得請於帝矣。將以晉畀秦，秦將祀余。」對曰：「臣聞之，神不歆非類，民不祀非族。君祀無乃殄乎？且民何罪。失刑乏祀，君其圖之。」君曰：「諾。吾將復請。七日新城西偏，將有巫者而見我焉。」許之，遂不見。及期而往，告之曰：「帝許我罰有罪矣，敝於韓。」

丕鄭之如秦也，言於秦伯曰：「呂甥、郤稱、冀芮實爲不從，若重問以召之，臣出晉君，君納重耳，蔑不濟矣。」

冬，秦伯使泠至報問，且召三子。郤芮曰：「幣重而言甘，誘我也。」遂殺丕鄭、祁舉及七輿大夫：左行共華、右行賈華、叔堅、騅歂、纍虎、特宮、山祁，皆里、丕之黨也。丕豹奔秦，言於秦伯曰：「晉侯背大主而忌小怨，民弗與也，伐之必出。」公曰：「失衆，焉能殺。違禍，誰能出君。」

又 《僖公十一年》 十一年春，晉侯使以丕鄭之亂來告。天王使召武公、內史過賜晉侯命。受玉惰。過歸，告王曰：「晉侯其無後乎。王賜之命而惰於受瑞，先自棄也已，其何繼之有？禮，國之幹也。敬，禮之輿也。不敬則禮不行，禮不行則上下昏，何以長世？」

又 《僖公十三年》 冬，晉薦饑，使乞糴於秦。

秦伯謂子桑：「與諸乎？」對曰：「重施而報，君將何求。重施而不報，其民必携，携而討焉，無衆必敗。」謂百里：「與諸乎？」對曰：「天災流行，國家代有，救災恤鄰，道也。行道有福。」

丕鄭之子豹在秦，請伐晉。秦伯曰：「其君是惡，其民何罪？」秦於是乎輸粟於晉，自雍及絳，相繼。命之曰「汎舟之役」。

又 《僖公十五年》 晉侯之入也，秦穆姬屬賈君焉，且曰：「盡納羣公子。」晉侯烝於賈君，又不納羣公子，是以穆姬怨之。晉侯許賂中大夫，既而皆背之。賂秦伯以河外列城五，東盡虢略，南及華山，內及解梁城，既而不與。晉饑，秦輸之粟；秦饑，晉閉之糴，故秦伯伐晉。

卜徒父筮之，吉。涉河，侯車敗。詰之。對曰：「乃大吉也，三敗必獲晉君。其卦遇《蠱》䷑，曰：『千乘三去，三去之餘，獲其雄狐。』夫狐蠱，必其君也。《蠱》之貞，風也；其悔，山也。歲云秋矣，我落其實而取其材，所以克也。實落材亡，不敗何待？」三敗及韓。

晉侯謂慶鄭曰：「寇深矣，若之何？」對曰：「君實深之，可若何？」公曰：「不孫。」卜右，慶鄭吉，弗使。步揚御戎，家僕徒爲右，乘小駟，鄭入也。慶鄭曰：「古者大事，必乘其產，生其水土而知其人心，安其教訓而服習其道，唯所納之，無不如志。今乘异產以從戎事，及懼而變，將與人易。亂氣狡憤，陰血周作，張脉僨興，外強中乾。進退不可，周旋不能，君必悔之。」弗聽。

九月，晉侯逆秦師，使韓簡視師，復曰：『師少於我，鬬士倍我。』公曰：『何故？』對曰：『出因其資，入用其寵，饑食其粟，三施而無報，是以來也。今又擊之，我怠秦奮，倍猶未也。』公曰：『一夫不可狃，況國乎。』遂使請戰，曰：『寡人不佞，能合其衆而不能離也。君若不還，無所逃命。』秦伯使公孫枝對曰：『君之未入，寡人懼之，入而未定列，猶吾憂也。苟列定矣，敢不承命。』韓簡退曰：『吾幸而得囚。』

壬戌，戰於韓原，晉戎馬還濘而止。公號慶鄭。慶鄭曰：『愎諫違卜，固敗是求，又何逃焉。』遂去之。梁由靡御韓簡，虢射爲右，輅秦伯，將止之。鄭以救公誤之，遂失秦伯。秦獲晉侯以歸。晉大夫反首拔舍從之。秦伯使辭焉，曰：『二三子何其感也？寡人之從君而西也，亦晉之妖夢是踐，豈敢以至。』晉大夫三拜稽首曰：『君履后土而戴皇天，皇天后土實聞君之言，羣臣敢在下風。』

穆姬聞晉侯將至，以大子罃、弘與女簡、璧登臺而履薪焉，使以免服衰絰逆，且告曰：『上天降灾，使我兩君匪以玉帛相見，而以興戎。若晉君朝以入，則婢子夕以死；夕以入，則朝以死。唯君裁之。』乃舍諸靈臺。

大夫請以入。公曰：『獲晉侯，以厚歸也。既而喪歸，焉用之？大夫其何有焉？且晉人慼憂以重我，天地以要我。不圖晉憂，重其怒也；我食吾言，背天地也。重怒難任，背天不祥，必歸晉君。』公子縶曰：『不如殺之，無聚慝焉。』子桑曰：『歸之而質其大子，必得大成。晉未可滅而殺其君，祇以成惡。且史佚有言曰：「無始禍，無怙亂，無重怒。」重怒難任，陵人不祥。』乃許晉平。

晉侯使郤乞告瑕呂飴甥，且召之。子金教之言曰：『朝國人而以君命賞，且告之曰：「孤雖歸，辱社稷矣。其卜貳圉也。」』衆皆哭。晉於是乎作爰田。呂甥曰：『君亡之不恤，而羣臣是憂，惠之至也。將若君何？』衆曰：『何爲而可？』對曰：『征繕以輔孺子，諸侯聞之，喪君有君，羣臣輯睦，甲兵益多，好我者勸，惡我者懼，庶有益乎！』衆說。晉於是乎作州兵。

初，晉獻公筮嫁伯姬於秦，遇《歸妹》䷵之《睽》䷥。史蘇占之曰：『不吉。其繇曰：「士刲羊，亦無衁也。女承筐，亦無貺也。西鄰責言，不可償也。《歸妹》之《睽》，猶無相也。」《震》之《離》，亦《離》之《震》，爲雷爲火。爲嬴敗姬，車說其輹，火焚其旗，不利行師，敗於宗丘。《歸妹》《睽》孤，寇張之弧，姪其從姑，六年其逋，逃歸其國，而棄其家，明年其死於高梁之虛。』

及惠公在秦，曰：『先君若從史蘇之占，吾不及此夫。』韓簡侍，曰：『龜，象也；筮，數也。物生而後有象，象而後有滋，滋而後有數。先君之敗德及，可數乎？史蘇是占，勿從何益？《詩》曰：「下民之孽，匪降自天，僔沓背憎，職競由人。」』

震夷伯之廟，罪之也。於是展氏有隱慝焉。

冬，宋人伐曹，討舊怨也。

楚敗徐於婁林，徐恃救也。

十月，晉陰飴甥會秦伯，盟於王城。秦伯曰：『晉國和乎？』對曰：『不和。小人耻失其君而悼喪其親，不憚征繕以立圉也，曰：「必報讎，寧事戎狄。」君子愛其君而知其罪，不憚征繕以待秦命，曰：「必報德，有死無二。」以此不和。』秦伯曰：『國謂君何？』對曰：『小人慼，謂之不免。君子恕，以爲必歸。小人曰：「我毒秦，秦豈歸君？」君子曰：「我知罪矣。秦必歸君。貳而執之，服而舍之，德莫厚焉，刑莫威焉，服者懷德，貳者畏刑。此一役也，秦可以霸。納而不定，廢而不立，以德爲怨，秦不其然。」』秦伯曰：『是吾心也。』改館晉侯，饋七牢焉。

蛾析謂慶鄭曰：『盍行乎？』對曰：『陷君於敗，敗而不死，又使失刑，非人臣也。臣而不臣，行將焉入？』十一月，晉侯歸。丁丑，殺慶鄭而後入。

是歲，晉又饑，秦伯又餼之粟，曰：『吾怨其君而矜其民。且吾聞唐叔之封也，箕子曰：「其後必大。」晉其庸可冀乎！姑樹德焉以待能者。』於是秦始征晉河東，置官司焉。

又《僖公十六年》 秋，狄侵晉，取狐厨、受鐸，涉汾，及昆都，因晉敗也。

又《僖公十七年》 夏，晉大子圉爲質於秦，秦歸河東而妻之。惠公之在梁也，梁伯妻之。梁嬴孕過期，卜招父與其子卜之。其子曰：『將生一男一女。』招曰：『然。男爲人臣，女爲人妾。』故名男曰圉，女曰

妾。及子圉西質，妾爲宦女焉。

又《僖公二十二年》 晉大子圉爲質於秦，將逃歸，謂嬴氏曰：「與子歸乎？」對曰：「子，晉大子，而辱於秦，子之欲歸，不亦宜乎？寡君之使婢子侍執巾櫛，以固子也。從子而歸，棄君命也。不敢從，亦不敢言。」遂逃歸。

又《僖公二十三年》 九月，晉惠公卒。懷公命無從亡人。期，期而不至，無赦。狐突之子毛及偃從重耳在秦，弗召。冬，懷公執狐突曰：「子來則免。」對曰：「子之能仕，父教之忠，古之制也。策名委質，貳乃辟也。今臣之子名在重耳，有年數矣。若又召之，教之貳也。父教子貳，何以事君？刑之不濫，君之明也，臣之願也。淫刑以逞，誰則無罪？臣聞命矣。」乃殺之。卜偃稱疾不出，曰：「《周書》有之：『乃大明服。』己則不明而殺人以逞，不亦難乎？民不見德而唯戮是聞，其何後之有？」

晉公子重耳之及於難也，晉人伐諸蒲城。蒲城人欲戰，重耳不可，曰：「保君父之命而享其生祿，於是乎得人。有人而校，罪莫大焉。吾其奔也。」遂奔狄。從者狐偃、趙衰、顛頡、魏武子、司空季子。狄人伐廧咎如，獲其二女：叔隗、季隗，納諸公子。公子取季隗，生伯儵、叔劉；以叔隗妻趙衰，生盾。將適齊，謂季隗曰：「待我二十五年，不來而後嫁。」對曰：「我二十五年矣，又如是而嫁，則就木焉。請待子。」處狄十二年而行。

過衛。衛文公不禮焉。出於五鹿，乞食於野人，野人與之塊，公子怒，欲鞭之。子犯曰：「天賜也。」稽首，受而載之。

及齊，齊桓公妻之，有馬二十乘，公子安之。從者以爲不可。將行，謀於桑下。蠶妾在其上，以告姜氏。姜氏殺之，而謂公子曰：「子有四方之志，其聞之者吾殺之矣。」公子曰：「無之。」姜曰：「行也。懷與安，實敗名。」公子不可。姜與子犯謀，醉而遣之。醒，以戈逐子犯。

及曹，曹共公聞其駢脅。欲觀其裸。浴，薄而觀之。僖負羈之妻曰：「吾觀晉公子之從者，皆足以相國。若以相，夫子必反其國。反其國，必得志於諸侯。得志於諸侯而誅無禮，曹其首也。子盍蚤自貳焉。」乃饋盤飧，寘璧焉。公子受飧反璧。

及宋，宋襄公贈之以馬二十乘。

及鄭，鄭文公亦不禮焉。叔詹諫曰：「臣聞天之所啓，人弗及也。晉公子有三焉，天其或者將建諸，君其禮焉。男女同姓，其生不蕃。晉公子，姬出也，而至於今，一也。離外之患，而天不靖晉國，殆將啓之，二也。有三士足以上人而從之，三也。晉、鄭同儕，其過子弟，固將禮焉，況天之所啓乎？」弗聽。

及楚，楚子饗之，曰：「公子若反晉國，則何以報不穀？」對曰：「子女玉帛則君有之，羽毛齒革則君地生焉。其波及晉國者，君之餘也，其何以報君？」曰：「雖然，何以報我？」對曰：「若以君之靈，得反晉國，晉、楚治兵，遇於中原，其辟君三舍。若不獲命，其左執鞭弭，右屬櫜鞬，以與君周旋。」子玉請殺之。楚子曰：「晉公子廣而儉，文而有禮。其從者肅而寬，忠而能力。晉侯無親，外内惡之。吾聞姬姓，唐叔之後，其後衰者也，其將由晉公子乎。天將興之，誰能廢之。違天必有大咎。」乃送諸秦。

秦伯納女五人，懷嬴與焉。奉匜沃盥，既而揮之。怒曰：「秦、晉匹也，何以卑我！」公子懼，降服而囚。他日，公享之。子犯曰：「吾不如衰之文也。請使衰從。」公子賦《河水》，公賦《六月》。趙衰曰：「重耳拜賜。」公子降拜稽首，公降一級而辭焉。衰曰：「君稱所以佐天子者命重耳，重耳敢不拜。」

又《僖公二十四年》 二十四年春，王正月，秦伯納之，不書，不告入也。及河，子犯以璧授公子曰：「臣負羈絏從君巡於天下，臣之罪甚多矣。臣猶知之，而況君乎？請由此亡。」公子曰：「所不與舅氏同心者，有如白水。」投其璧於河。濟河，圍令狐，入桑泉，取臼衰。二月甲午，晉師軍於廬柳。秦伯使公子縶如晉師，師退，軍於郇。辛丑，狐偃及秦、晉之大夫盟於郇。壬寅，公子入於晉師。丙午，入於曲沃。丁未，朝於武宮。戊申，使殺懷公於高梁。不書，亦不告也。

呂、郤畏逼，將焚公宮而弒晉侯。寺人披請見，公使讓之，且辭焉。曰：「蒲城之役，君命一宿，女即至。其後余從狄君以田渭濱，女爲惠公來求殺余，命女三宿，女中宿至。雖有君命，何其速也。夫袪猶在，女其行乎。」對曰：「臣謂君之入也，其知之矣。若猶未也，又將及難。君命無二，古之制也。除君之惡，唯力是視。蒲人、狄人，余何有焉。今君即

位，其無蒲、狄乎？齊桓公置射鉤而使管仲相，君若易之，何辱命焉？行者甚衆，豈唯刑臣。」公見之，以難告。三月，晉侯潛會秦伯於王城。己丑晦，公宮火，瑕甥、郤芮不獲公，乃如河上，秦伯誘而殺之。晉侯逆夫人嬴氏以歸。秦伯送衛於晉三千人，實紀綱之僕。

初，晉侯之豎頭須，守藏者也。其出也，竊藏以逃，盡用以求納之。及入，求見，公辭焉以沐。謂僕人曰：『沐則心覆，心覆則圖反，宜吾不得見也。居者爲社稷之守，行者爲羈绁之僕，其亦可也，何必罪居者？國君而仇匹夫，懼者甚衆矣。』僕人以告，公遽見之。【略】

晉侯賞從亡者，介之推不言禄，禄亦弗及。推曰『獻公之子九人，唯君在矣。惠、懷無親，外内棄之。天未絶晉，必將有主。主晉祀者，非君而誰。天實置之，而二三子以爲己力，不亦誣乎？竊人之財，猶謂之盜，況貪天之功，以爲己力乎？下義其罪，上賞其姦，上下相蒙，難與處矣！』其母曰：『盍亦求之，以死誰懟？』對曰：『尤而效之，罪又甚焉，且出怨言，不食其食。』其母曰：『亦使知之若何？』對曰：『言，身之文也。身將隱，焉用文之？是求顯也。』其母曰：『能如是乎？與女偕隱。』遂隱而死。晉侯求之，不獲，以緜上爲之田，曰：『以志吾過，且旌善人。』

又《僖公二十五年》 秋，秦、晉伐鄀。楚鬬克、屈禦寇以申、息之師戍商密。秦人過析隈，入而係輿人以圍商密，昏而傅焉。宵，坎血加書，僞與子儀、子邊盟者。商密人懼曰：『秦取析矣，戍人反矣。』乃降秦師。秦師囚申公子儀、息公子邊以歸。楚令尹子玉追秦師，弗及，遂圍陳，納頓子於頓。

又《僖公二十六年》 宋以其善於晉侯也，叛楚卽晉。冬，楚令尹子玉、司馬子西帥師伐宋，圍緡。

又《僖公二十七年》 楚子將圍宋，使子文治兵於睽，終朝而畢，不戮一人。子玉復治兵於蔿，終日而畢，鞭七人，貫三人耳。國老皆賀子文，子文飲之酒。蔿賈尚幼，後至不賀。子文問之，對曰：『不知所賀。子之傳政於子玉，曰：「以靖國也。」靖諸内而敗諸外，所獲幾何？子玉之敗，子之舉也。舉以敗國，將何賀焉？子玉剛而無禮，不可以治民。過三百乘，其不能以入矣。苟入而賀，何後之有？』

冬，楚子及諸侯圍宋，宋公孫固如晉告急。先軫曰：『報施救患，取威定霸，於是乎在矣。』狐偃曰：『楚始得曹而新昏於衛，若伐曹、衛，楚必救之，則齊、宋免矣。』於是乎蒐於被廬，作三軍。謀元帥。趙衰曰：『郤縠可。臣亟聞其言矣，説《禮》《樂》而敦《詩》《書》。《詩》、《書》，義之府也。《禮》《樂》，德之則也。德義，利之本也。《夏書》曰：「賦納以言，明試以功，車服以庸。」君其試之。』及使郤縠將中軍，郤溱佐之；使狐偃將上軍，讓於狐毛而佐之；命趙衰爲卿，讓於欒枝、先軫。使欒枝將下軍，先軫佐之。荀林父御戎，魏犨爲右。

晉侯始入而教其民，二年欲用之。子犯曰：『民未知義，未安其居。』於是乎出定襄王，入務利民，民懷生矣，將用之。子犯曰：『民未知信，未宣其用。』於是乎伐原以示之信。民易資者不求豐焉，明徵其辭。公曰：『可矣乎？』子犯曰：『民未知禮，未生其共。』於是乎大蒐以示之禮，作執秩以正其官，民聽不惑而後用之。出穀戍，釋宋圍，一戰而霸，文之教也。

又《僖公二十八年》 二十八年春，晉侯將伐曹，假道於衛，衛人弗許。還，自南河濟。侵曹伐衛。正月戊申，取五鹿。二月，晉郤縠卒。原軫將中軍，胥臣佐下軍，上德也。晉侯、齊侯盟於斂盂。衛侯請盟，晉人弗許。衛侯欲與楚，國人不欲，故出其君以説於晉。衛侯出居於襄牛。

公子買戍衛，楚人救衛，不克。公懼於晉，殺子叢以説焉。謂楚人曰：『不卒戍也。』

晉侯圍曹，門焉，多死，曹人尸諸城上，晉侯患之，聽輿人之謀曰稱：『稱舍於墓。』師遷焉，曹人凶懼，爲其所得者棺而出之，因其凶也而攻之。三月丙午，入曹。數之，以其不用僖負羈而乘軒者三百人也。且曰：『獻狀。』令無入僖負羈之宮而免其族，報施也。魏犨、顛頡怒曰：『勞之不圖，報於何有！』爇僖負羈氏。魏犨傷於胸，公欲殺之而愛其材，使問，且視之。病，將殺之。魏犨束胸見使者曰：『以君之靈，不有寧也。』距躍三百，曲踊三百。乃舍之。殺顛頡以徇於師，立舟之僑以爲戎右。

宋人使門尹般如晉師告急。公曰：『宋人告急，舍之則絶，告楚不

許。我欲戰矣，齊、秦未可，若之何？」先軫曰：「使宋舍我而賂齊、秦，藉之告楚。我執曹君而分曹、衛之田以賜宋人。楚愛曹、衛，必不許也。喜賂怒頑，能無戰乎？」公説，執曹伯，分曹、衛之田以畀宋人。

楚子入居於申，使申叔去穀，使子玉去宋，曰：「無從晉師。晉侯在外十九年矣，而果得晉國。險阻艱難，備嘗之矣；民之情僞，盡知之矣。天假之年，而除其害。天之所置，其可廢乎？《軍志》曰：『允當則歸。』又曰：『知難而退。』又曰：『有德不可敵。』此三《志》者，晉之謂矣。」

子玉使伯棼請戰，曰：「非敢必有功也，願以間執讒慝之口。」王怒，少與之師，唯西廣、東宮與若敖之六卒實從之。

子玉使宛春告於晉師曰：「請復衛侯而封曹，臣亦釋宋之圍。」子犯曰：「子玉無禮哉！君取一，臣取二，不可失矣。」先軫曰：「子與之。定人之謂禮，楚一言而定三國，我一言而亡之。我則無禮，何以戰乎？不許楚言，是棄宋也。救而棄之，謂諸侯何？楚有三施，我有三怨，怨仇已多，將何以戰？不如私許復曹、衛以攜之，執宛春以怒楚，既戰而後圖之。」公説，乃拘宛春於衛，且私許復曹、衛。曹、衛告絶於楚。

子玉怒，從晉師。晉師退。軍吏曰：「以君辟臣，辱也。且楚師老矣，何故退？」子犯曰：「師直爲壯，曲爲老。豈在久乎？微楚之惠不及此，退三舍辟之，所以報也。背惠食言，以亢其讎，我曲楚直。其衆素飽，不可謂老。我退而楚還，我將何求？若其不還，君退臣犯，曲在彼矣。」退三舍。楚衆欲止，子玉不可。夏四月戊辰，晉侯、宋公、齊國歸父、崔夭、秦小子憖次於城濮。楚師背酅而舍，晉侯患之，聽輿人之誦，曰：「原田每每，舍其舊而新是謀。」公疑焉。子犯曰：「戰也。戰而捷，必得諸侯。若其不捷，表裏山河，必無害也。」公曰：「若楚惠何？」欒貞子曰：「漢陽諸姬，楚實盡之，思小惠而忘大恥，不如戰也。」晉侯夢與楚子搏，楚子伏己而盬其腦，是以懼。子犯曰：「吉。我得天，楚伏其罪，吾且柔之矣。」

子玉使鬭勃請戰，曰：「請與君之士戲，君馮軾而觀之，得臣與寓目焉。」晉侯使欒枝對曰：「寡君聞命矣。楚君之惠未之敢忘，是以在此。爲大夫退，其敢當君乎？既不獲命矣，敢煩大夫謂二三子，戒爾車乘，敬爾君事，詰朝將見。」

晉車七百乘，韅、靷、鞅、靽。晉侯登有莘之虛以觀師，曰：「少長有禮，其可用也。」遂伐其木以益其兵。己巳，晉師陳於莘北，胥臣以下軍之佐當陳、蔡。子玉以若敖六卒將中軍，曰：「今日必無晉矣。」子西將左，子上將右。胥臣蒙馬以虎皮，先犯陳、蔡。陳、蔡奔，楚右師潰。狐毛設二旆而退之。欒枝使輿曳柴而僞遁，楚師馳之。原軫、郤溱以中軍公族横擊之。狐毛、狐偃以上軍夾攻子西，楚左師潰。楚師敗績。子玉收其卒而止，故不敗。

晉師三日館穀，及癸酉而還。甲午，至於衡雍，作王宫於踐土。鄉役之三月，鄭伯如楚致其師，爲楚師既敗而懼，使子人九行成於晉。晉欒枝入盟鄭伯。五月丙午，晉侯及鄭伯盟於衡雍。丁未，獻楚俘於王，駟介百乘，徒兵千。鄭伯傅王，用平禮也。己酉，王享醴，命晉侯宥。王命尹氏及王子虎、内史叔興父策命晉侯爲侯伯，賜之大輅之服，戎輅之服，彤弓一，彤矢百，玈弓矢千，秬鬯一卣，虎賁三百人。曰：「王謂叔父，敬服王命，以綏四國，糾逖王慝。」晉侯三辭，從命。曰：「重耳敢再拜稽首，奉揚天子之丕顯休命。」受策以出，出入三覲。

癸亥，王子虎盟諸侯於王庭，要言曰：「皆獎王室，無相害也。有渝此盟，明神殛之，俾隊其師，無克祚國，及而玄孫，無有老幼。」君子謂是盟也信，謂晉於是役也，能以德攻。

初，楚子玉自爲瓊弁玉纓，未之服也。先戰，夢河神謂己曰：「畀余，余賜女孟諸之麋。」弗致也。大心與子西使榮黄諫，弗聽。榮季曰：「死而利國，猶或爲之，況瓊玉乎？是糞土也，而可以濟師，將何愛焉？」弗聽。出，告二子曰：「非神敗令尹，令尹其不勤民，實自敗也。」既敗，王使謂之曰：「大夫若入，其若申、息之老何？」子西、孫伯曰：「得臣將死。」二臣止之曰：「君其將以爲戮。」及連穀而死。晉侯聞之，而後喜可知也，曰：「莫余毒也已！蔿吕臣實爲令尹，奉己而已，不在民矣。」【略】

城濮之戰，晉中軍風於澤，亡大旆之左旃。祁瞞奸命，司馬殺之，以徇於諸侯，使茅茷代之。師還。壬午，濟河。舟之僑先歸，士會攝右。秋七月丙申，振旅，愷以入於晉。獻俘授馘，飲至大賞，征會討貳。殺舟之僑以徇於國，民於是大服。君子謂：「文公其能刑矣，三罪而民服。《詩》

云：「惠此中國，以綏四方。」不失賞刑之謂也。』

冬，會於温，討不服也。【略】

是會也，晉侯召王，以諸侯見，且使王狩。仲尼曰：『以臣召君，不可以訓。』故書曰：『天王狩於河陽。』言非其地也，且明德也。壬申，公朝於王所。

丁丑，諸侯圍許。

晉侯有疾，曹伯之豎侯獳貨筮史，使曰：『以曹爲解。齊桓公爲會而封异姓，今君爲會而滅同姓。曹叔振鐸，文之昭也。先君唐叔，武之穆也。且合諸侯而滅兄弟，非禮也。與衛偕命，而不與偕復，非信也。同罪异罰，非刑也。禮以行義，信以守禮，刑以正邪，舍此三者，君將若之何？』公説，復曹伯，遂會諸侯於許。

又《僖公二十九年》 夏，公會王子虎、晉狐偃、宋公孫固、齊國歸父、陳轅濤涂、秦小子慭，盟於翟泉，尋踐土之盟，且謀伐鄭也。卿不書，罪之也。在禮，卿不會公、侯，會伯、子、男可也。

又《僖公三十年》 三十年春，晉人侵鄭，以觀其可攻與否。狄間晉之有鄭虞也，夏，狄侵齊。【略】

九月甲午，晉侯、秦伯圍鄭，以其無禮於晉，且貳於楚也。晉軍函陵，秦軍氾南。佚之狐言於鄭伯曰：『國危矣，若使燭之武見秦君，師必退。』公從之。辭曰：『臣之壯也，猶不如人，今老矣，無能爲也已。』公曰：『吾不能早用子，今急而求子，是寡人之過也。然鄭亡，子亦有不利焉。』許之，夜縋而出，見秦伯曰：『秦、晉圍鄭，鄭既知亡矣。若亡鄭而有益於君，敢以煩執事。越國以鄙遠，君知其難也，焉用亡鄭以陪鄰。鄰之厚，君之薄也。若舍鄭以爲東道主，行李之往來，共其乏困，君亦無所害。且君嘗爲晉君賜矣，許君焦、瑕，朝濟而夕設版焉，君之所知也。夫晉何厭之有？既東封鄭，又欲肆其西封，若不闕秦，將焉取之？闕秦以利晉，唯君圖之。』秦伯説，與鄭人盟，使杞子、逢孫、揚孫戍之，乃還。

子犯請擊之，公曰：『不可。微夫人力不及此。因人之力而敝之，不仁。失其所與，不知。以亂易整，不武。吾其還也。』亦去之。

又《僖公三十一年》 三十一年春，取濟西田，分曹地也。使臧文仲往，宿於重館。重館人告曰：『晉新得諸侯，必親其共，不速行，將無及也。』從之，分曹地，自洮以南，東傅於濟，盡曹地也。

襄仲如晉，拜曹田也。

又《僖公三十二年》 三十二年春，楚鬭章請平於晉，晉陽處父報之。晉、楚始通。

《國語》卷一《周語上》 襄王使邵公過及內史過賜晉惠公命，呂甥、郤芮相晉侯不敬，晉侯執玉卑，拜不稽首。

內史過歸，以告王曰：『晉不亡，其君必無後，且呂、郤將不免。』王曰：『何故？』對曰：『《夏書》有之曰：「衆非元后，何戴？后非衆，無與守邦。」在《湯誓》曰：「余一人有罪，無以萬夫；萬夫有罪，在余一人。」在《盤庚》曰：「國之臧，則惟女衆。國之不臧，則惟余一人，是有逸罰。」如是則長衆使民，不可不慎也。民之所急在大事，先王知大事之必以衆濟也，是故祓除其心，以和惠民，考中度衷以莅之，昭明物則以訓之，制義庶孚以行之。祓除其心，精也；考中度衷，忠也；昭明物則，禮也；制義庶孚，信也。然則長衆使民之道，非精不和，非忠不立，非禮不順，非信不行。今晉侯即位而背外內之賂，虐其處者，棄其信也；不敬王命，棄其禮也；施其所惡，棄其忠也；以惡實心，棄其精也。四者皆棄，則遠不至而近不和矣，將何以守國？

『古者，先王既有天下，又崇立上帝、明神而敬事之，於是乎有朝日、夕月以教民事君。諸侯春秋受職於王以臨其民，大夫、士日恪位著以儆其官，庶人、工、商各守其業以共其上。猶恐其有墜失也，故爲車服、旗章以旌之，爲贄幣、瑞節以鎮之，爲班爵、貴賤以列之，爲令聞嘉譽以聲之。猶有散、遷、懈慢而著在刑辟、流在裔土，於是乎有蠻、夷之國，有斧鉞、刀墨之民，而況可以淫縱其身乎？

『夫晉侯非嗣也，而得其位，亹亹怵惕，保任戒懼，猶曰未也。若將廣其心而遠其鄰，陵其民而卑其上，將何以固守？

『夫執玉卑，替其贄也；拜不稽首，誣其王也。替贄無鎮，誣王無民。夫天事恒象，任重享大者必速及。故晉侯誣王，人亦將誣之；欲替其鎮，人亦將替之。大臣享其禄，弗諫而阿之，亦必及焉。』

襄王三年而立晉侯，八年而隕於韓，十六年而晉人殺懷公。懷公無

冑，秦人殺子金、子公。

晉饑，乞糴於秦。丕豹曰：『晉君無禮於君，衆莫不知。往年有難，今又薦饑。已失人，又失天，其有殃也多矣。君其伐之，勿予糴！』公曰：『寡人其君是惡，其民何罪？天殃流行，國家代有。補乏薦饑，道也，不可以廢道於天下。』謂公孫枝曰：『予之乎？』公孫枝曰：『君有施於晉君，晉君無施於其衆。今旱而聽於君，其天道也。君若弗予，而天予之。苟衆不說其君之不報也，則有辭矣。不若予之，以說其衆。衆說，必咎於其君。其君不聽，然後誅焉。雖欲禦我，誰與？』是故汜舟於河，歸糴於晉。【略】

秦饑，公令河上輸之粟。虢射曰：『弗予賂地而予之糴，無損於怨而厚於寇，不若勿予。』公曰：『然。』慶鄭曰：『不可。已賴其地，而又愛其實，忘善而背德，雖我必擊之。弗予，必擊我。』公曰：『非鄭之所知也。』遂不予。

六年，秦歲定，帥師侵晉，至於韓。公謂慶鄭曰：『秦寇深矣，奈何？』慶鄭曰：『君深其怨，能淺其寇乎？非鄭之所知也，君其訊射也。』公曰：『舅所病也？』卜右，慶鄭吉。公曰：『鄭也不遜。』以家僕徒爲右，步揚御戎；梁由靡御韓簡，虢射爲右，以承公。

公禦秦師，令韓簡視師，曰：『師少於我，鬬士衆。』公曰：『何故？』簡曰：『以君之出也處己，入也煩己，饑食其糴，三施而無報，故來。今又擊之，秦莫不慍，晉莫不怠，鬬士是故衆。』公曰：『然。今我不擊，歸必狃。一夫不可狃，而況國乎！』公令韓簡挑戰，曰：『昔君之惠也，寡人未之敢忘。寡人有衆，能合之弗能離也。君若還，寡人之願也。君若不還，寡人將無所避。』穆公衡彫戈出見使者，曰：『昔君之未入，寡人之憂也。君入而列未成，寡人未敢忘。今君既定而列成，君其整列，寡人將親見。』

客還，公孫枝進諫曰：『昔君之不納公子重耳而納晉君，是君之不置德而置服也。置而不遂，擊而不勝，其若爲諸侯笑何？君盍待之乎？』穆公曰：『然。昔吾之不納公子重耳而納晉君，是吾不置德而置服也。然公子重耳實不肯，吾又奚言哉？殺其內主，背其外賂，彼塞我施，若無天乎？若有天，吾必勝之。』君揖大夫就車，君鼓而進之。晉師潰，戎馬濘而止。公號慶鄭曰：『載我！』慶鄭曰：『忘善而背德，又廢吉卜，何我之載？鄭之車不足以辱君避也！』梁由靡御韓簡，輅秦公，將止之，慶鄭曰：『釋來救君！』亦不克救，遂止于秦。

穆公歸，至于王城，合大夫而謀曰：『殺晉君與逐出之，與以歸之、與復之，孰利？』公子縶曰：『殺之利。逐之恐搆諸侯，以歸則國家多慝，復之則君臣合作，恐爲君憂，不若殺之。』公孫枝曰：『不可。恥大國之士於中原，又殺其君以重之，子思報父之仇，臣思報君之讎。雖微秦國，天下孰弗患？』公子縶曰：『吾豈將徒殺之？吾將以公子重耳代之。晉君之無道莫不聞，公子重耳之仁莫不知。戰勝大國，武也。殺無道而立有道，仁也。勝無後害，智也。』公孫枝曰：『恥一國之士，又曰余納有道以臨女，無乃不可乎？若不可，必爲諸侯笑。戰而取笑諸侯，不可謂武。殺其弟而立其兄，兄德我而忘其親，不可謂仁。若弗忘，是再施不遂也，不可謂智。』君曰：『然則若何？』公孫枝曰：『不若以歸，以要晉國之成，復其君而質其適子，使子父代處秦，國可以無害。』是故歸惠公而質子圉，秦始知河東之政。

公在秦三月，聞秦將成，乃使郤乞告呂甥。呂甥教之言，令國人於朝曰：『君使乞告二三子曰：「秦將歸寡人，寡人不足以辱社稷，二三子其改置以代圉也。」』且賞以悅衆，衆皆哭，焉作轅田。

呂甥致衆而告之曰：『吾君慙焉其亡之不卹，而羣臣是憂，不亦惠乎？君猶在外，若何？』衆曰：『何爲而可？』呂甥曰：『以韓之病，兵甲盡矣。若征繕以輔孺子，以爲君援，雖四鄰之聞之也，喪君有君，羣臣輯睦，兵甲益多，好我者勸，惡我者懼，庶有益乎？』衆皆說，焉作州兵。

呂甥逆君於秦，穆公訊之曰：『晉國和乎？』對曰：『不和。』公曰：『何故？』對曰：『其小人不念其君之罪，而悼其父兄子弟之死喪者，不憚征繕以立孺子，曰：「必報讎，吾寧事齊、楚，齊、楚又交輔之。」其君子思其君，且知其罪，曰：「必事秦，有死無他。」故不和。比其和之而來，故久。』公曰：『而無來，吾固將歸君，國謂君何？』對曰：『小人曰不免，君子則否。』公曰：『何故？』對曰：『小人忌而不思，願從其君而與報秦，是故云。其君子則否，曰：「吾君之入也，君之

惠也。能納之，能執之，則能釋之。德莫厚焉，惠莫大焉。納而不遂，廢而不起，以德爲怨，君其不然？」』秦君曰：『然。』乃改館晉君，饋七牢焉。

惠公未至，蛾析謂慶鄭曰：『君之止，子之罪也。今君將來，子何俟？』慶鄭曰：『鄭也聞之曰：「軍敗，死之；將止，死之。」二者不行，又重之以誤人，而喪其君，有大罪三，將安適？君若來，將待刑以快君志；君若不來，將獨伐秦。不得君，必死之。此所以待也。臣得其志，而使君瞢，是犯也。君行犯，猶失其國，而況臣乎？』

公至于絳郊，聞慶鄭止，使家僕徒召之，曰：『鄭也有罪，猶在乎？』慶鄭曰：『臣怨君始入而報德，不降；降而聽諫，不戰；戰而用良，不敗。既敗而誅，又失有罪，不可以封國。臣是以待卽刑，以成君政。』君曰：『刑之！』慶鄭曰：『下有直言，臣之行也；上有直刑，君之明也。臣行君明，國之利也。君雖弗刑，必自殺也。』蛾析曰：『臣聞奔刑之臣，不若赦之以報讎。君盍赦之，以報于秦？』梁由靡曰：『不可。我能行之，秦豈不能？且戰不勝，而報之以賊，不武；出戰不克，入處不安，不智；成而反之，不信；失刑亂政，不威。出不能用，入不能治，敗國且殺孺子，不若刑之。』君曰：『斬鄭，無使自殺！』家僕徒曰：『有君不忌，有臣死刑，其聞賢於刑之。』梁由靡曰：『夫君政刑，是以治民。不聞命而擅進退，犯政也；快意而喪君，犯刑也。鄭也賊而亂國，不可失也！且戰而自退，退而自殺；臣得其志，君失其刑，後不可用也。』君令司馬說刑之。司馬說進三軍之士而數慶鄭曰：『夫韓之誓曰：失次犯令，死；將止不面夷，死；僞言誤衆，死。今鄭失次犯令，而罪一也；鄭擅進退，而罪二也；女誤梁由靡，使失秦公，而罪三也；君親止，女不面夷，而罪四也：鄭也就刑！』慶鄭曰：『說！三軍之士皆在，有人能坐待刑，而不能面夷？趣行事乎！』丁丑，斬慶鄭，乃入絳。

十五年，惠公卒，懷公立，秦乃召重耳於楚而納之。晉人殺懷公於高梁，而授重耳，實爲文公。

襄王使太宰文公及內史興賜晉文公命，上卿逆於境，晉侯郊勞，館諸宗廟，饋九牢，設庭燎。及期，命于武宮，設桑主，布几筵，太宰莅之，晉侯端委以入。太宰以王命命冕服，內史贊之，三命而後卽冕服。既畢，賓、饗、贈、餞如公命侯伯之禮，而加之以宴好。內史興歸，以告王曰：『晉，不可不善也，其君必霸。逆王命敬，奉禮義成。敬王命，順之道也；成禮義，德之則也。則德以導諸侯，諸侯必歸之。且禮所以觀忠、信、仁、義也，忠所以分也，仁所以行也，信所以守也，義所以節也。忠分則均，仁行則報，信守則固，義節則度。分均無怨，行報無匱，守固不偷，節度不攜。若民不怨而財不匱，令不偷而動不攜，其何事不濟！中能應外，忠也；施三服義，仁也；守節不淫，信也；行禮不疚，義也。臣入晉境，四者不失，臣故曰：「晉侯其能禮矣，王其善之。」樹于有禮，艾人必豐。』

襄王十六年，立晉文公。二十一年，以諸侯朝王于衡雍，且獻楚捷，遂爲踐土之盟，於是乎始霸。

又　卷四《魯語上》　晉文公解曹地以分諸侯。僖公使臧文仲往，宿於重館，重館人告曰：『晉始伯而欲固諸侯，故解有罪之地以分諸侯。諸侯莫不望分而欲親晉，皆將爭先；晉不以固班，亦必親先者，吾子不可以不速行。魯之班長而又先，諸侯其誰望之？若少安，恐無及也。』從之，獲地於諸侯爲多。反，既復命，爲之請曰：『地之多也，重館人之力也。臣聞之曰：「善有章，雖賤賞也；惡有釁，雖貴罰也。」今一言而辟境，其章大矣，請賞之。』乃出而爵之。

文公學讀書於臼季，三日，曰：『吾不能行也咫，聞則多矣。』對曰：『然而多聞以待能者，不猶愈也？』

文公問於郭偃曰：『始也，吾以治國爲易，今也難。』對曰：『君以爲易，其難也將至矣。君以爲難，其易也將至焉。』

文公問於胥臣曰：『我欲使陽處父傅讙也而教誨之，其能善之乎？』對曰：『是在讙也。蘧蒢不可使俯，戚施不可使仰，僬僥不可使舉，侏儒不可使援，矇瞍不可使視，嚚瘖不可使言，聾聵不可使聽，童昏不可使謀。質將善而賢良贊之，則濟可竢。若有違質，教將不入，其何善之爲！臣聞昔者大任娠文王不變，少溲於豕牢，而得文王不加疾焉。文王在母不憂，在傅弗勤，處師弗煩，事王不怒，孝友二虢，而惠慈二蔡，刑于大姒，比於諸弟。《詩》云：「刑于寡妻，至于兄弟，以御于家邦。」於是乎

用四方之賢良。及其卽位也，詢于「八虞」，而諮于「二虢」，度於閎夭而謀於南宮，諏於蔡、原而訪於辛、尹，重之以周、邵、畢、榮，億寧百神，而柔和萬民。故《詩》云：「惠于宗公，神罔時恫。」若是，則文王非專教誨之力也。」公曰：『然則教無益乎？』對曰：『胡爲文，益其質。故人生而學，非學不入。』公曰：『奈夫八疾何！』對曰：『官師之所材也，戚施直鎛，蘧篨蒙璆，侏儒扶盧，矇瞍修聲，聾聵司火。童昏、嚚瘖、僬僥，官師之所不材也，以實裔土。夫教者，因體能質而利之者也。若川然有原，以卬浦而後大。』

文公卽位二年，欲用其民，子犯曰：『民未知義，盍納天子以示之義？』乃納襄王于周。公曰：『可矣乎？』對曰：『民未知信，盍伐原以示之信？』乃伐原。曰：『可矣乎？』對曰：『民未知禮，盍大蒐，備師尚禮以示之。』乃大蒐于被廬，作三軍。使郤縠將中軍，以爲大政。郤溱佐之。子犯曰：『可矣。』遂伐曹、衛，出穀戍，釋宋圍，敗楚師于城濮，於是乎遂伯。

又 卷七《晉語一》 獻公卜伐驪戎，史蘇占之，曰：『勝而不吉。』公曰：『何謂也？』對曰：『遇兆，挾以銜骨，齒牙爲猾，戎、夏交捽。交捽，是交勝也，臣故云。且懼有口，攜民，國移心焉。』公曰：『何口之有！口在寡人，寡人弗受，誰敢興之？』對曰：『苟可以攜，其入也必甘受，逞而不知，胡可壅也？』公弗聽，遂伐驪戎，克之。獲驪姬以歸，有寵，立以爲夫人。公飲大夫酒，令司正實爵與史蘇，曰：『飲而無肴。夫驪戎之役，女曰「勝而不吉」，故賞女以爵，罰女以無肴。克國得妃，其有吉孰大焉！』史蘇卒爵，再拜稽首曰：『兆有之，臣不敢蔽。蔽兆之紀，失臣之官，有二罪焉，何以事君？大罰將及，不唯無肴。抑君亦樂其吉而備其凶，凶之無有，備之何害？若其有凶，備之爲瘳。臣之不信，國之福也，何敢憚罰。』

飲酒出，史蘇告大夫曰：『有男戎必有女戎。若晉以男戎勝戎，而戎亦必以女戎勝晉，其若之何！』里克曰：『何如？』史蘇曰：『昔夏桀伐有施，有施人以妹喜女焉，妹喜有寵，於是乎與伊尹比而亡夏。殷辛伐有蘇，有蘇氏以妲己女焉，妲己有寵，於是乎與膠鬲比而亡殷。周幽王伐有褒，褒人以褒姒女焉，褒姒有寵，生伯服，於是乎與虢石甫比，逐太子宜臼而立伯服。太子出奔申，申人、鄫人召西戎以伐周，周於是乎亡。今晉寡德而安俘女，又增其寵，雖當三季之王，不亦可乎？且其兆云：「挾以銜骨，齒牙爲猾。」我卜伐驪，龜往離散以應我。夫若是，賊之兆也，非吾宅也，離則有之。不跨其國，可謂挾乎？不得其君，能銜骨乎？若跨其國而得其君，雖逢齒牙，以猾其中，誰云不從？諸夏從戎，非敗而何？從政者不可以不戒，亡無日矣！』

郭偃曰：『夫三季王之亡也宜。民之主也，縱惑不疚，肆侈不違，流志而行，無所不疚，是以及亡而不獲追鑑。今晉國之方，偏侯也。其土又小，大國在側，雖欲縱惑，未獲專也。大家、鄰國將師保之，多而驟立，不其集亡。雖驟立，不過五矣。且夫口，三五之門也。是以讒口之亂，不過三五。且夫挾，小鯁也。可以小戕，而不能喪國。當之者戕焉，于晉何害？雖謂之挾，而猾以齒牙，口弗堪也，其與幾何？晉國懼則甚矣，亡猶未也。商之衰也，其銘有之曰：「嗛嗛之德，不足就也，不可以矜，而祇取憂也。嗛嗛之食，不足狃也，不能爲膏，而祇罹咎也。」雖驪之亂，其罹咎而已，其何能服？吾聞以亂得聚者，非謀不卒時，非人不免難，非禮不終年，非義不盡齒，非德不及世，非天不離數。今不據其安，不可謂能謀；行之以齒牙，不可謂得人；廢國而向己，不可謂禮；不度而迂求，不可謂義；以寵賈怨，不可謂德；少族而多敵，不可謂天。德義不行，禮義不則，棄人失謀，天亦不贊。吾觀君夫人也，若爲亂，其猶隸農也。雖獲沃田而勤易之，將不克饗，爲人而已。』

士蔿曰：『誡莫如豫，豫而後給。夫子誡之，抑二大夫之言其皆有焉。』

既，驪姬不克，晉正于秦，五立而後平。【略】

驪姬賂二五，使言於公曰：『夫曲沃，君之宗也；蒲與二屈，君之疆也，不可以無主。宗邑無主，則民不威；疆場無主，則啓戎心。戎之生心，民慢其政，國之患也。若使太子主曲沃，而二公子主蒲與屈，乃可以威民而懼戎，且旌君伐。』使俱曰：『狄之廣莫，于晉爲都。晉之啓土，不亦宜乎？』公說，乃城曲沃，太子處焉；又城蒲，公子重耳處焉；又城二屈，公子夷吾處焉。驪姬既遠太子，乃生之言，太子由是得罪。【略】

獻公伐驪戎，克之，滅驪子，獲驪姬以歸，立以爲夫人，生奚齊。其

娣生卓子。驪姬請使申生主曲沃以速懸，重耳處蒲城，夷吾處屈，奚齊處絳，以儆無辱之故。公許之。

史蘇朝，告大夫曰：『二三大夫其戒之乎，亂本生矣！日，君以驪姬爲夫人，民之疾心固皆至矣。昔者之伐也，興百姓以爲百姓也，是以民能欣之，故莫不盡忠極勞以致死也。今君起百姓以自封也，民外不得其利，而内惡其貪，則上下既有判矣；然而又生男，其天道也？天彊其毒，民疾其態，其亂生哉！吾聞君之好好而惡惡，樂樂而安安，是以能有常。伐木不自其本，必復生；塞水不自其源，必復流；滅禍不自其基，必復亂。今君滅其父而畜其子，禍之基也。畜其子，又從其欲，子思報父之耻而信其欲，雖好色，必惡心，不可謂好。好其色，必授之情。彼得其情以厚其欲，從其惡心，必敗國且深亂。亂必自女戎，三代皆然。』驪姬果作難，殺太子而逐二公子。君子曰：『知難本矣。』

驪姬生奚齊，其娣生卓子。公將黜太子申生而立奚齊。里克、丕鄭、荀息相見，里克曰：『夫史蘇之言將及矣！其若之何？』荀息曰：『吾聞事君者，竭力以役事，不聞違命。君立臣從，何貳之有？』丕鄭曰：『吾聞事君者，從其義，不阿其惑。惑則誤民，民誤失德，是棄民也。民之有君，以治義也。義以生利，利以豐民，若之何其民之與處而棄之也？必立太子。』里克曰：『我不佞，雖不識義，亦不阿惑，吾其靜也。』三大夫乃别。

蒸于武公，公稱疾不與，使奚齊莅事。猛足乃言於太子曰：『伯氏不出，奚齊在廟，子盍圖乎！』太子曰：『吾聞之羊舌大夫曰：「事君以敬，事父以孝。」受命不遷爲敬，敬順所安爲孝。棄命不敬，作令不孝，又何圖焉？且夫間父之愛而嘉其貺，有不忠焉；廢人以自成，有不貞焉。孝、敬、忠、貞，君父之所安也。棄安而圖，遠於孝矣，吾其止也。』

獻公田，見翟柤之氛，歸寢不寐。郤叔虎朝，公語之。對曰：『床笫之不安邪？抑驪姬之不存側邪？』公辭焉。出遇士蔿，曰：『今夕君寢不寐，必爲翟柤也。夫翟柤之君，好專利而不忌，其臣競諂以求媚，其進者壅塞，其退者拒違。其上貪以忍，其下偷以幸，有縱君而無諫臣，有冒上而無忠下。君臣上下各饜其私，以縱其回，民各有心而無所據依。以是處國，不亦難乎！君若伐之，可克也。吾不言，子必言之。』士蔿以告，公悦，乃伐翟柤。郤叔虎將乘城，其徒曰：『棄政而役，非其任也。』郤叔虎曰：『既無老謀，而又無壯事，何以事君？』被羽先升，遂克之。

【略】

十六年，公作二軍，公將上軍，太子申生將下軍以伐霍。師未出，士蔿言於諸大夫曰：『夫太子，君之貳也。恭以俟嗣，何官之有？今君分之土而官之，是左之也。吾將諫以觀之。』乃言於公曰：『夫太子，君之貳也，而帥下軍，無乃不可乎？』公曰：『下軍，上軍之貳也。寡人在上，申生在下，不亦可乎？』士蔿對曰：『下不可以貳上。』公曰：『何故？』對曰：『貳若體焉，上下左右，以相心目，用而不倦，身之利也。上貳代舉，下貳代履，周旋變動，以役心目，故能治事，以制百物。若下攝上，與上攝下，周旋不動，以違心目，其反爲物用也，何事能治？故古之爲軍也，軍有左右，闕從補之，成而不知，是以寡敗。若以下貳上，闕而不變，敗弗能補也。變非聲章，弗能移也。聲章過數則有釁，有釁則敵入，敵入而凶，救則不暇，誰能退敵？敵之如志，國之憂也。可以陵小，難以征國。君其圖之！』公曰：『寡人有子而制焉，非子之憂也。』對曰：『太子，國之棟也。棟成乃制之，不亦危乎？』公曰：『輕其所任，雖危何害？』

士蔿出語人曰：『太子不得立矣。改其制而不患其難，輕其任而不憂其危，君有異心，又焉得立？行之克也，將以害之；若其不克，其因以罪之。雖克與否，無以避罪。與其勤而不入，不如逃之。君得其欲，太子遠死，且有令名，爲吳太伯，不亦可乎？』太子聞之，曰：『子輿之爲我謀，忠矣。然吾聞之：爲人子者，患不從，不患無名；爲人臣者，患不勤，不患無禄。今我不才而得勤與從，又何求焉？焉能及吳太伯乎？』太子遂行，克霍而反，讒言彌興。

優施教驪姬夜半而泣謂公曰：『吾聞申生甚好仁而彊，甚寬惠而慈於民，皆有所行之。今謂君惑於我，必亂國，無乃以國故而行彊於君。君未終命而不歿，君其若之何？盍殺我，無以一妾亂百姓。』公曰：『夫豈惠其民而不惠於其父乎？』驪姬曰：『妾亦懼矣。吾聞之外人之言曰：爲仁與爲國不同。爲仁者，愛親之謂仁；爲國者，利國之謂仁。故長民者無親，衆以爲親。苟利衆而百姓和，豈能憚君？以衆故不敢愛親，衆況

厚之，彼將惡始而美終，以晚蓋者也。凡民利是生，殺君而厚利衆，衆孰沮之？殺親無惡於人，人孰去之？苟交利而得寵，志行而衆悅，欲其甚矣，孰不惑焉？雖欲愛君，惑不釋也。今夫以君爲紂，若紂有良子，而先喪紂，無章其惡而厚其敗。鈞之死也，無必假手於武王，而其世不廢，祀至于今，吾豈知紂之善否哉？君欲勿恤，其可乎？若大難至而恤之，其何及矣！』公懼曰：『若何而可？』驪姬曰：『君盍老而授之政。彼得政而行其欲，得其所索，乃其釋君。且君其圖之，自桓叔以來，孰能愛親？唯無親，故能兼翼。』公曰：『不可與政。我以武與威，是以臨諸侯。未殁而亡政，不可謂武；有子而弗勝，不可謂威。我授之政，諸侯必絶；能絶於我，必能害我。失政而害國，不可忍也。爾勿憂，吾將圖之。』

驪姬曰：『以皋落狄之朝夕苛我邊鄙，使無日以牧田野，君之倉廩固不實，又恐削封疆。君盍使之伐狄，以觀其果於衆也，與衆之信輯睦焉。若不勝狄，雖濟其罪，可也。若勝狄，則善用衆矣，求必益廣，乃可厚圖也。且夫勝狄，諸侯驚懼，吾邊鄙不儆，倉廩盈，四鄰服，封疆信，君得其賴，不知可否，其利多矣。君其圖之！』公說，是故使申生伐東山，衣之偏裻之衣，佩之以金玦。僕人贊聞之，曰：『太子殆哉！君賜之奇，奇生怪，怪生無常，無常不立。使之出征，先以觀之，故告之以離心，而示之以堅忍之權，則必惡其心而害其身矣。惡其心，必内險之；害其身，必外危之。危自中起，難哉！且是衣也，狂夫阻之衣也。其言曰：「盡敵而反。」雖盡敵，其若内讒何！』申生勝狄而反，讒言作於中。君子曰：『知微。』

十七年冬，公使太子伐東山。里克諫曰：『臣聞皋落氏將戰，君其釋申生也！』公曰：『行也！』里克對曰：『非故也。君行，太子居，以監國也；君行，太子從，以撫軍也。今君居，太子行，未有此也。』公曰：『非子之所知也。寡人聞之，立太子之道三：身鈞以年，年同以愛，愛疑決之以卜、筮。子無謀吾父子之間，吾以此觀之。』公不說。里克退，見太子。太子曰：『君賜我以偏衣、金玦，何也？』里克曰：『孺子懼乎？衣躬之偏，而握金玦，令不偷矣。孺子何懼？夫爲人子者，懼不孝，不懼不得。且吾聞之曰：「敬賢於請。」孺子勉之乎！』君子曰：『善處父子之間矣。』

太子遂行，狐突御戎，先友爲右，衣偏衣而佩金玦。出而告先友曰：『君與我此，何也？』先友曰：『中分而金玦之權，在此行也。孺子勉之乎！』狐突歎曰：『以厖衣純，而玦之以金銑者，寒之甚矣，胡可恃也？雖勉之，狄可盡乎？』先友曰：『衣躬之偏，握兵之要，在此行也，勉之而已矣。偏躬無慝，兵要遠災，親以無災，又何患焉？』至於稷桑，狄人出逆，申生欲戰。狐突諫曰：『不可。突聞之：國君好艾，大夫殆；好内，適子殆，社稷危。若惠於父而遠於死，惠於衆而利社稷，其可以圖之乎？況其危身於狄以起讒於内也？』申生曰：『不可。君之使我，非歡也，抑欲測吾心也。是故賜我奇服，而告我權。又有甘言焉。言之大甘，其中必苦。譖在中矣，君故生心。雖蝎譖，焉避之？不若戰也。不戰而反，我罪滋厚；我戰死，猶有令名焉。』果敗狄於稷桑而反。讒言益起，狐突杜門不出。君子曰：『善深謀也。』

又 卷八《晉語二》 反自稷桑，處五年，驪姬謂公曰：『吾聞申生之謀愈深。日，吾固告君曰得衆，衆不利，焉能勝狄？今矜狄之善，其志益廣。狐突不順，故不出。吾聞之，申生甚好信而彊，又失言於衆矣，雖欲有退，衆將責焉。言不可食，衆不可弭，是以深謀。君若不圖，難將至矣！』公曰：『吾不忘也，抑未有以致罪焉。』

驪姬告優施曰：『君既許我殺太子而立奚齊矣，吾難里克，奈何！』優施曰：『吾來里克，一日而已。子爲我具特羊之饗，吾以從之飲酒。我優也，言無郵。』驪姬許諾，乃具，使優施飲里克酒。中飲，優施起舞，謂里克妻曰：『主孟啗我，我教茲暇豫事君。』乃歌曰：『暇豫之吾吾，不如鳥烏。人皆集於苑，己獨集於枯。』里克笑曰：『何謂苑，何謂枯？』優施曰：『其母爲夫人，其子爲君，可不謂苑乎？其母既死，其子又有謗，可不謂枯乎？枯且有傷。』

優施出，里克辟奠，不飧而寢。夜半，召優施，曰：『曩而言戲乎？抑有所聞之乎？』曰：『然。君既許驪姬殺太子而立奚齊，謀既成矣。』里克曰：『吾秉君以殺太子，吾不忍。通復故交，吾不敢。中立其免乎？』優施曰：『免。』

旦而里克見丕鄭，曰：『夫史蘇之言將及矣！優施告我，君謀成矣，

將立奚齊。』丕鄭曰：『子謂何？』曰：『吾對以中立。』丕鄭曰：『惜也！不如曰不信以疏之，亦固太子以攜之，多爲之故，以變其志，志少疏，乃可閒也。今子曰中立，況固其謀也，彼有成矣，難以得閒。』里克曰：『往言不可及也，且人中心唯無忌之，何可敗也！子將何如？』丕鄭曰：『我無心。是故事君者，君爲我心，制不在我。』里克曰：『弑君以爲廉，長廉以驕心，因驕以制人家，吾不敢。抑撓志以從君，爲廢人以自利也，利方以求成人，吾不能。將伏也！』明日，稱疾不朝。三旬，難乃成。

驪姬以君命命申生曰：『今夕君夢齊姜，必速祠而歸福。』申生許諾，乃祭于曲沃，歸福于絳。公田，驪姬受福，乃寘鴆于酒，寘堇于肉。公至，召申生獻，公祭之地，地墳。申生恐而出。驪姬與犬肉，犬斃；飲小臣酒，亦斃。公命殺杜原款。申生奔新城。

杜原款將死，使小臣圉告于申生，曰：『款也不才，寡智不敏，不能教導，以至于死。不能深知君之心度，棄寵求廣土而竄伏焉；小心狷介，不敢行也。是以言至而無所訟之也，故陷於大難，乃逮于讒。然款也不敢愛死，唯與讒人鈞是惡也。吾聞君子不去情，不反讒，讒行身死可也。猶有令名焉。死不遷情，彊也。守情説父，孝也。殺身以成志，仁也。死不忘君，敬也。孺子勉之！死必遺愛，死民之思，不亦可乎？』申生許諾。

人謂申生曰：『非子之罪，何不去乎？』申生曰：『不可。去而罪釋，必歸於君，是怨君也。章父之惡，取笑諸侯，吾誰鄉而入？內困於父母，外困於諸侯，是重困也。棄君去罪，是逃死也。吾聞之：「仁不怨君，智不重困，勇不逃死。」若罪不釋，去而必重。去而罪重，不智。逃死而怨君，不仁。有罪不死，無勇。去而厚怨，惡不可重，死不可避，吾將伏以俟命。』

驪姬見申生而哭之，曰：『有父忍之，況國人乎？忍父而求好人，人孰好之？殺父以求利人，人孰利之？皆民之所惡也，難以長生！』驪姬退，申生乃雉經于新城之廟。將死，乃使猛足言於狐突曰：『申生有罪，不聽伯氏，以至于死。申生不敢愛其死，雖然，吾君老矣，國家多難，伯氏不出，奈吾君何？伯氏苟出而圖吾君，申生受賜以至于死，雖死何悔！』是以謚爲共君。

驪姬既殺太子申生，又譖二公子曰：『重耳、夷吾與知共君之事。』公令閹楚刺重耳，重耳逃于狄；令賈華刺夷吾，夷吾逃于梁。盡逐羣公子，乃立奚齊焉。始爲令，國無公族焉。

二十二年，公子重耳出亡，及柏谷，卜適齊、楚。狐偃曰：『無卜焉。夫齊、楚道遠而望大，不可以困往。道遠難通，望大難走，困往多悔。困且多悔，不可以走望。若以偃之慮，其狄乎！夫狄近晉而不通，愚陋而多怨，走之易達。不通可以竄惡，多怨可與共憂。今若休憂於狄，以觀晉國，且以監諸侯之爲，其無不成。』乃遂之狄。

處一年，公子夷吾亦出奔，曰：『盍從吾兄竄於狄乎？』冀芮曰：『不可。後出同走，不免於罪。且夫偕出偕入難，聚居異情惡，不若走梁。梁近於秦，秦親吾君。吾君老矣，子往，驪姬懼，必援於秦。以吾存也，且必告悔，是吾免也。』乃遂之梁。居二年，驪姬使奄楚以環釋言。四年，復爲君。【略】

二十六年，獻公卒。里克將殺奚齊，先告荀息曰：『三公子之徒將殺孺子，子將如何？』荀息曰：『死吾君而殺其孤，吾有死而已，吾蔑從之矣！』里克曰：『子死，孺子立，不亦可乎？子死，孺子廢，焉用死？』荀息曰：『昔君問臣事君於我，我對以忠貞。君曰：「何謂也？」我對曰：「可以利公室，力有所能，無不爲，忠也。葬死者，養生者，死人復生不悔，生人不媿，貞也。」吾言既往矣，豈能欲行吾言而又愛吾身乎？雖死，焉避之？』

里克告丕鄭曰：『三公子之徒將殺孺子，子將何如？』丕鄭曰：『荀息謂何？』對曰：『荀息曰「死之」。』丕鄭曰：『子勉之。夫二國士之所圖，無不遂也。我爲子行之。子帥七輿大夫以待我。我使狄以動之，援秦以搖之。立其薄者可以得重賂，厚者可使無入。國，誰之國也！』里克曰：『不可，克聞之，夫義者，利之足也；貪者，怨之本也。廢義則利不立，厚貪則怨生。夫孺子豈獲罪於民？將以驪姬之惑蠱君而誣國人，讒羣公子而奪之利，使君迷亂，信而亡之，殺無罪以爲諸侯笑，使百姓莫不有藏惡於其心中，恐其如壅大川，潰而不可救禦也。是故將殺奚齊而立公子之在外者，以定民弭憂，於諸侯且爲援，庶幾曰諸侯義而撫之，百姓欣而奉之，國可以固。今殺君而賴其富，貪且反義。貪則民怨，反義則富

不爲賴。賴富而民怨，亂國而身殆，懼爲諸侯載，不可常也。』丕鄭許諾。於是殺奚齊、卓子及驪姬，而請君于秦。

既殺奚齊，荀息將死之。人曰：『不如立其弟而輔之。』荀息立卓子。里克又殺卓子，荀息死之。君子曰：『不食其言矣。』

既殺奚齊、卓子，里克及丕鄭使屠岸夷告公子重耳於狄，曰：『國亂民擾，得國在亂，治民在擾，子盍入乎？吾請爲子鉥。』重耳告舅犯曰：『里克欲納我。』舅犯曰：『不可。夫堅樹在始，始不固本，終必槁落。夫長國者，唯知哀樂喜怒之節，是以導民。不哀喪而求國，難；因亂以入，殆。以喪得國，則必樂喪，樂喪必哀生。因亂以入，則必喜亂，喜亂必怠德。是哀樂喜怒之節易也，何以導民？民不我導，誰長？』重耳曰：『非喪誰代？非亂誰納我？』舅犯曰：『偃也聞之，喪亂有小大。大喪大亂之判也，不可犯也。父母死爲大喪，讒在兄弟爲大亂。今適當之，是故難。』公子重耳出見使者，曰：『子惠顧亡人重耳，父生不得供備洒掃之臣，死又不敢涖喪以重其罪，且辱大夫，敢辭。夫固國者，在親衆而善鄰，在因民而順之。苟衆所利，鄰國所立，大夫其從之，重耳不敢違。』

呂甥及郤稱亦使蒲城午告公子夷吾于梁，曰：『子厚賂秦人以求入，吾主子。』夷吾告冀芮曰：『呂甥欲納我。』冀芮曰：『子勉之。國亂民擾，大夫無常，不可失也。非亂何入？非危何安？幸苟君之子，唯其索之也。方亂以擾，孰適禦我？大夫無常，苟衆所置，孰能勿從？子盍盡國以賂外內，無愛虛以求入，既入而後圖聚。』公子夷吾出見使者，再拜稽首許諾。

呂甥出告大夫曰：『君死自立則不敢，久則恐諸侯之謀，徑召君於外也，則民各有心，恐厚亂，盍請君于秦乎？』大夫許諾。乃使梁由靡告于秦穆公曰：『天降禍于晉國，讒言繁興，延及寡君之紹續昆裔，隱悼播越，託在草莽，未有所依。又重之以寡君之不祿，喪亂並臻。以君之靈，鬼神降衷，罪人克伏其辜，羣臣莫敢寧處，將待君命。君若惠顧社稷，不忘先君之好，辱收其逋遷裔胄而建立之，以主其祭祀，且鎮撫其國家及其民人，雖四鄰諸侯之聞之也，其誰不儆懼於君之威，而欣喜於君之德？終君之重愛，受君之重貺，而羣臣受其大德，晉國其誰非君之羣隸臣也？』

秦穆公許諾。反使者，乃召大夫子明及公孫枝，曰：『夫晉國之亂，吾誰使先，若夫二公子而立之？以爲朝夕之急。』大夫子明曰：『君使縶也。縶敏且知禮，敬以知微。敏能竄謀，知禮可使；敬不墜命，微知可否。君其使之。』

乃使公子縶弔公子重耳于狄，曰：『寡君使縶弔公子之憂，又重之以喪。寡人聞之，得國常於喪，失國常於喪。時不可失，喪不可久，公子其圖之！』重耳告舅犯。舅犯曰：『不可。亡人無親，信仁以爲親，是故置之者不殆。父死在堂而求利，人孰仁我？人實有之，我以徼倖，人孰信我？不仁不信，將何以長利？』公子重耳出見使者，曰：『君惠弔亡臣，又重有命。重耳身亡，父死不得與於哭泣之位，又何敢有他志以辱君義？』再拜不稽首，起而哭，退而不私。

公子縶退，弔公子夷吾于梁，如弔公子重耳之命。夷吾告冀芮曰：『秦人勤我矣！』冀芮曰：『公子勉之。亡人無狷潔，狷潔不行。重賂配德，公子盡之，無愛財！人實有之，我以徼倖，不亦可乎？』公子夷吾出見使者，再拜稽首，起而不哭，退而私於公子縶曰：『中大夫里克與我矣，吾命之以汾陽之田百萬。丕鄭與我矣，吾命之以負蔡之田七十萬。君苟輔我，蔑天命矣！亡人苟入掃宗廟，定社稷，亡人何國之與有？君實有郡縣，且入河外列城五。豈謂君無有，亦爲君之東游津梁之上，無有難急也。亡人之所懷挾纓纕，以望君之塵垢者。黄金四十鎰，白玉之珩六雙，不敢當公子，請納之左右。』

公子縶反，致命穆公。穆公曰：『吾與公子重耳，重耳仁。再拜不稽首，不没爲後也。起而哭，愛其父也。退而不私，不没於利也。』公子縶曰：『君之言過矣。君若求置晉君而載之，置仁不亦可乎？君若求置晉君以成名於天下，則不如置不仁以猾其中，且可以進退。臣聞之曰：「仁有置，武有置。仁置德，武置服。」』是故先置公子夷吾，寔爲惠公。

穆公問冀芮曰：『公子誰恃於晉？』對曰：『臣聞之，亡人無黨，有黨必有讎。夷吾之少也，不好弄戲，不過所復，怒不及色，及其長也弗改。故出亡無怨於國，而衆安之。不然，夷吾不佞，其誰能恃乎？』君子曰：『善以微勸也。』

又　卷九《晉語三》　惠公入而背外內之賂。輿人誦之曰：『佞之見

佞，果喪其田。詐之見詐，果喪其賂。得國而狃，終逢其咎。喪田不懲，禍亂其興。』既里、丕死，禍，公隕於韓。郭偃曰：『善哉！夫衆口禍福之門。是以君子省衆而動，監戒而謀，謀度而行，故無不濟。內謀外度，考省不倦，日考而習，戒備畢矣。』

惠公即位，出共世子而改葬之，臭達於外。國人誦之曰：『貞之無報也。孰是人斯，而有是臭也？貞爲不聽，信爲不誠。國斯無刑，偷居倖生。不更厥貞，大命其傾。威兮懷兮，各聚爾有，以待所歸兮。猗兮違兮，心之哀兮。歲之二七，其靡有徵兮。若狄公子，吾是之依兮。鎮撫國家，爲王妃兮。』郭偃曰：『甚哉，善之難也！君改葬共君以爲榮也，而惡滋章。夫人美於中，必播於外，而越於民，民實戴之。惡亦如之。故行不可不慎也。必或知之，十四年，君之冢嗣其替乎？其數告於民矣。公子重耳其入乎？其魄兆於民矣。若入，必伯諸侯以見天子，其光耿於民矣。數，言之紀也。魄，意之術也。光，明之曜也。紀言以敍之，述意以導之，明曜以昭之。不至何待？欲先導者行乎？將至矣！』

惠公既即位，乃背秦賂。使丕鄭聘於秦，且謝之。而殺里克，曰：『子殺二君與一大夫，爲子君者，不亦難乎？』

丕鄭如秦謝緩賂，乃謂穆公曰：『君厚問以召呂甥、郤稱、冀芮而止之，以師奉公子重耳，臣之屬內作，晉君必出。』穆公使泠至報問，且召三大夫。鄭也與客將行事，冀芮曰：『鄭之使薄而報厚，其言我於秦也，必使誘我。弗殺，必作難。』是故殺丕鄭及七輿大夫：共華、賈華、叔堅、騅歂、纍虎、特宮、山祁，皆里、丕之黨也。丕豹出奔秦。

丕鄭之自秦反也，聞里克死，見共華曰：『可以入乎？』共華曰：『二三子皆在而不及，子使於秦，可哉！』丕鄭入，君殺之。共賜謂共華曰：『子行乎？其及也！』共華曰：『夫子之入，吾謀也，將待也。』賜曰：『孰知之？』共華曰：『不可。知而背之不信，謀而困人不智，困而不死無勇。任大惡三，行將安入？子其行矣，我姑待死。』

丕鄭之子曰豹，出奔秦，謂穆公曰：『晉君大失其衆，背君賂，殺里克，而忌處者，衆固不說。今又殺臣之父及七輿大夫，此其黨半國矣。君若伐之，其君必出。』穆公曰：『失衆安能殺人？且夫禍唯無斃，足者不處，處者不足，勝敗若化。以禍爲違，孰能出君？爾俟我！』【略】

又 卷一〇《晉語四》 文公在狄十二年，狐偃曰：『日，吾來此也，非以狄爲榮，可以成事也。吾曰：「奔而易達，困而有資，休以擇利，可以戾也。」今戾久矣，戾久將底。底著滯淫，誰能興之？盍速行乎！吾不適齊、楚，避其遠也。蓄力一紀，可以遠矣。齊侯長矣，而欲親晉。管仲歿矣，多讒在側。謀而無正，衷而思始。夫必追擇前言，求善以終，饜邇逐遠，遠人入服，不爲郵矣。會其季年可也，茲可以親。』皆以爲然。

乃行，過五鹿，乞食於野人。野人舉塊以與之，公子怒，將鞭之。子犯曰：『天賜也。民以土服，又何求焉！天事必象，十有二年，必獲此土。二三子志之。歲在壽星及鶉尾，其有此土乎！天以命矣，復於壽星，必獲諸侯。天之道也，由是始之。有此，其以戊申乎！所以申土也。』再拜稽首，受而載之。遂適齊。

齊侯妻之，甚善焉。有馬二十乘，將死於齊而已矣。曰：『民生安樂，誰知其他？』

桓公卒，孝公即位。諸侯叛齊。子犯知齊之不可以動，而知文公之安齊而有終焉之志也，欲行，而患之，與從者謀於桑下。蠶妾在焉，莫知其在也。妾告姜氏，姜氏殺之，而言於公子曰：『從者將以子行，其聞之者吾以除之矣。子必從之，不可以貳，貳無成命。《詩》云：「上帝臨女，無貳爾心。」先王其知之矣，貳將可乎？子去晉難而極於此。自子之行，晉無寧歲，民無成君。天未喪晉，無異公子，有晉國者，非子而誰？子其勉之！上帝臨子，貳必有咎。』

公子曰：『吾不動矣，必死於此。』姜曰：『不然。《周詩》曰：「莘莘征夫，每懷靡及。」夙夜征行，不遑啓處，猶懼無及。況其順身縱欲懷安，將何及矣！人不求及，其能及乎？日月不處，人誰獲安？西方之書有之曰：「懷與安，實疚大事。」《鄭詩》云：「仲可懷也，人之多言，亦可畏也。」昔管敬仲有言，小妾聞之，曰：「畏威如疾，民之上也。從懷如流，民之下也。見懷思威，民之中也。畏威如疾，乃能威民。威在民上，弗畏有刑。從懷如流，去威遠矣，故謂之下。其在辟也，吾從中也。《鄭詩》之言，吾其從之。」此大夫管仲之所以紀綱齊國，裨輔先君而成霸者也。子而棄之，不亦難乎？齊國之政敗矣，晉之無道久矣，從者之謀

忠矣，時日及矣，公子幾矣。君國可以濟百姓，而釋之者，非人也。敗不可處，時不可失，忠不可棄，懷不可從，子必速行。吾聞晉之始封也，歲在大火，閼伯之星也，實紀商人。商之饗國三十一王。瞽史之紀曰：「唐叔之世，將如商數。」今未半也。亂不長世，公子唯子，子必有晉。若何懷安？』公子弗聽。

姜與子犯謀，醉而載之以行。醒，以戈逐子犯，曰：『若無所濟，吾食舅氏之肉，其知饜乎！』舅犯走，且對曰：『若無所濟，余未知死所，誰能與豺狼爭食？若克有成，公子無亦晉之柔嘉，是以甘食。偃之肉腥臊，將焉用之？』遂行。

過衛，衛文公有邢、狄之虞，不能禮焉。甯莊子言於公曰：『夫禮，國之紀也；親，民之結也；善，德之建也。國無紀不可以終，民無結不可以固，德無建不可以立。此三者，君之所慎也。今君棄之，無乃不可乎！晉公子善人也，而衛親也，君不禮焉，棄三德矣。臣故云君其圖之。康叔，文之昭也。康叔，武之穆也。周之大功在武，天祚將在武族。苟姬未絶周室，而俾守天聚者，必武族也。武族唯晉實昌，晉胤公子實德。晉仍無道，天祚有德，晉之守祀，必公子也。若復而修其德，鎮撫其民，必獲諸侯，以討無禮。君弗蚤圖，衛而在討。小人是懼，敢不盡心。』公弗聽。

自衛過曹，曹共公亦不禮焉，聞其骿脅，欲觀其狀，止其舍，諜其將浴，設微薄而觀之。僖負羈之妻言於負羈曰：『吾觀晉公子賢人也，其從者皆國相也，以相一人，必得晉國。得晉國而討無禮，曹其首誅也。子盍蚤自貳焉？』僖負羈饋飧，寘璧焉。公子受飧反璧。

負羈言於曹伯曰：『夫晉公子在此，君之匹也，不亦禮焉？』曹伯曰：『諸侯之亡公子其多矣，誰不過此！亡者皆無禮者也，余焉能盡禮焉！』對曰：『臣聞之：愛親明賢，政之幹也。禮賓矜窮，禮之宗也。禮以紀政，國之常也。失常不立，君所知也。國君無親，以國爲親。先君叔振，出自文王，晉祖唐叔，出自武王，文、武之功，實建諸姬。故二王之嗣，世不廢親。今君棄之，不愛親也。晉公子生十七年而亡，卿材三人從之，可謂賢矣，而君蔑之，是不明賢也。謂晉公子之亡，不可不憐也。比之賓客，不可不禮也。失此二者，是不禮賓，不憐窮也。守天之聚，將施於宜。宜而不施，聚必有闕。玉帛酒食，猶糞土也，愛糞土以毁三常，失位而闕聚，是之不難，無乃不可乎？君其圖之。』公弗聽。

公子過宋，與司馬公孫固相善，公孫固言於襄公曰：『晉公子亡，長幼矣，而好善不厭，父事狐偃，師事趙衰，而長事賈佗。狐偃其舅也，而惠以有謀。趙衰其先君之戎御，趙夙之弟也，而文以忠貞。賈佗公族也，而多識以恭敬。此三人者，實左右之。公子居則下之，動則諮焉，成幼而不倦，殆有禮矣。樹於有禮，必有艾。《商頌》曰：「湯降不遲，聖敬日躋。」降，有禮之謂也。君其圖之。』襄公從之，贈以馬二十乘。

公子過鄭，鄭文公亦不禮焉。叔詹諫曰：『臣聞之：親有天，用前訓，禮兄弟，資窮困，天所福也。今晉公子有三祚焉，天將啓之。同姓不婚，惡不殖也。狐氏出自唐叔。狐姬，伯行之子也，實生重耳。成而雋才，離違而得所，久約而無釁，一也。同出九人，唯重耳在，離外之患，而晉國不靖，二也。晉侯日載其怨，外内棄之；重耳日載其德，狐、趙謀之，三也。在《周頌》曰：「天作高山，大王荒之。」荒，大之也。大天所作，可謂親有天矣。晉、鄭兄弟也，吾先君武公與晉文侯戮力一心，股肱周室，夾輔平王，平王勞而德之，而賜之盟質，曰：「世相起也。」若親有天，獲三祚者，可謂大天。若用前訓，文侯之功，武公之業，可謂前訓。若禮兄弟，晉、鄭之親，王之遺命，可謂兄弟。若資窮困，亡在長幼，還軫諸侯，可謂窮困。棄此四者，以徼天禍，無乃不可乎？君其圖之。』弗聽。

叔詹曰：『若不禮焉，則請殺之。諺曰：「黍稷無成，不能爲榮。黍不爲黍，不能蕃廡。稷不爲稷，不能蕃殖。所生不疑，唯德之基。」』公弗聽。

遂如楚，楚成王以周禮享之，九獻，庭實旅百。公子欲辭，子犯曰：『天命也，君其饗之。亡人而國薦之，非敵而君設之，非天，誰啓之心！』既饗，楚子問於公子曰：『子若克復晉國，何以報我？』公子再拜稽首對曰：『子女玉帛，則君有之。羽旄齒革，則君地生焉。其波及晉國者，君之餘也，又何以報？』王曰：『雖然，不穀願聞之。』對曰：『若以君之靈，得復晉國，晉、楚治兵，會于中原，其避君三舍。若不獲命，其左執鞭弭，右屬櫜鞬，以與君周旋。』

令尹子玉曰：『請殺晉公子。弗殺，而反晉國，必懼楚師。』王曰：『不可。楚師之懼，我不修也。我之不德，殺之何爲！天之祚楚，誰能懼之？楚不可祚，冀州之土，其無令君乎？且晉公子敏而有文，約而不諂，三材待之，天祚之矣。天之所興，誰能廢之？』子玉曰：『然則請止狐偃。』王曰：『不可。《曹詩》曰：「彼己之子，不遂其媾。」郵之也。夫郵而效之，郵又甚焉。效郵，非禮也。』於是懷公自秦逃歸。秦伯召公子於楚，楚子厚幣以送公子于秦。

秦伯歸女五人，懷嬴與焉。公子使奉匜沃盥，既而揮之。嬴怒曰：『秦、晉匹也，何以卑我？』公子懼，降服囚命。秦伯見公子曰：『寡人之適，此爲才。子圉之辱，備嬪嬙焉，欲以成婚，而懼離其惡名。非此，則無故。不敢以禮致之，懽之故也。公子有辱，寡人之罪也。唯命是聽。』

公子欲辭，司空季子曰：『同姓爲兄弟。黄帝之子二十五人，其同姓者二人而已，唯青陽與夷鼓皆爲己姓。青陽，方雷氏之甥也。夷鼓，彤魚氏之甥也。其同生而異姓者，四母之子别爲十二姓。凡黄帝之子，二十五宗，其得姓者十四人爲十二姓。姬、酉、祁、己、滕、箴、任、荀、僖、姞、儇、依是也。唯青陽與蒼林氏同于黄帝，故皆爲姬姓。同德之難也如是。昔少典娶于有蟜氏，生黄帝、炎帝。黄帝以姬水成，炎帝以姜水成。成而異德，故黄帝爲姬，炎帝爲姜，二帝用師以相濟也，異德之故也。異姓則異德，異德則異類。異類雖近，男女相及，以生民也。同姓則同德，同德則同心，同心則同志。同志雖遠，男女不相及，畏黷敬也。黷則生怨，怨亂毓災，災毓滅姓。是故娶妻避其同姓，畏亂災也。故異德合姓，同德合義。義以導利，利以阜姓。姓利相更，成而不遷，乃能攝固，保其土房。今子於子圉，道路之人也，取其所棄，以濟大事，不亦可乎？』

公子謂子犯曰：『何如？』對曰：『將奪其國，何有於妻，唯秦所命從也。』謂子餘曰：『何如？』對曰：『《禮志》有之曰：「將有請於人，必先有入焉。欲人之愛己也，必先愛人。欲人之從己也，必先從人。無德於人，而求用於人，罪也。」今將婚媾以從秦，受好以愛之，聽從以德之，懼其未可也，又何疑焉？』乃歸女而納幣，且逆之。

他日，秦伯將享公子，公子使子犯從。子犯曰：『吾不如衰之文也，請使衰從。』乃使子餘從。秦伯享公子如享國君之禮，子餘相如賓。卒事，秦伯謂其大夫曰：『爲禮而不終，耻也。中不勝貌，耻也。華而不實，耻也。不度而施，耻也。施而不濟，耻也。耻門不閉，不可以封。非此，用師則無所矣。二三子敬乎！』

明日宴，秦伯賦《采菽》，子餘使公子降拜。秦伯降辭。子餘曰：『君以天子之命服命重耳，重耳敢有安志，敢不降拜？』成拜卒登，子餘使公子賦《黍苗》。子餘曰：『重耳之仰君也，若黍苗之仰陰雨也。若君實庇廕膏澤之，使能成嘉穀，薦在宗廟，君之力也。君若昭先君之榮，東行濟河，整師以復彊周室，重耳之望也。重耳若獲集德而歸載，使主晉民，成封國，其何實不從。君若恣志以用重耳，四方諸侯，其誰不惕惕以從命！』秦伯歎曰：『是子將有焉，豈專在寡人乎！』秦伯賦《鳩飛》，公子賦《河水》。秦伯賦《六月》，子餘使公子降拜。秦伯降辭。子餘曰：『君稱所以佐天子匡王國者以命重耳，重耳敢有惰心，敢不從德？』

公子親筮之，曰：『尚有晉國。』得貞《屯》、悔《豫》，皆八也。筮史占之，皆曰：『不吉。閉而不通，爻無爲也。』司空季子曰：『吉。是在《周易》，皆利建侯。不有晉國，以輔王室，安能建侯？我命筮曰「尚有晉國」，筮告我曰「利建侯」，得國之務也，吉孰大焉！《震》，車也。《坎》，水也。《坤》，土也。《屯》，厚也。《豫》，樂也。車班外內，順以訓之，泉原以資之，土厚而樂其實。不有晉國，何以當之？《震》，雷也，車也。《坎》，勞也，水也，衆也。主雷與車，而尚水與衆。車有震，武也。衆而順，文也。文武具，厚之至也。故曰《屯》。其繇曰：「元亨利貞，勿用有攸往，利建侯。」主震雷，長也，故曰元。衆而順，嘉也，故曰亨。內有震雷，故曰利貞。車上水下，必伯。小事不濟，壅也。故曰勿用有攸往，一夫之行也。衆順而有武威，故曰「利建侯」。《坤》，母也。《震》，長男也。母老子彊，故曰《豫》。其繇曰：「利建侯行師。」居樂、出威之謂也。是二者，得國之卦也。』

十月，惠公卒。十二月，秦伯納公子。及河，子犯授公子載璧，曰：『臣從君還軫，巡於天下，怨其多矣！臣猶知之，而況君乎？不忍其死，請由此亡。』公子曰：『所不與舅氏同心者，有如河水。』沈璧以質。

董因迎公於河，公問焉，曰：『吾其濟乎？』對曰：『歲在大梁，將集天行。元年始受，實沈之星也。實沈之墟，晉人是居。所以興也。今君

當之，無不濟矣。君之行也，歲在大火。大火，閼伯之星也，是謂大辰。辰以成善，后稷是相，唐叔以封。瞽史記曰：『嗣續其祖，如穀之滋，必有晉國。臣筮之，得《泰》之八。曰：是謂天地配亨，小往大來，今及之矣，何不濟之有？且以辰出而以參入，皆晉祥也，而天之大紀也。濟且秉成，必霸諸侯。子孫賴之，君無懼矣。』

公子濟河，召令狐、臼衰、桑泉，皆降。晉人懼，懷公奔高梁。呂甥、冀芮帥師，甲午，軍于廬柳。秦伯使公子縶如師，師退，次于郇。辛丑，狐偃及秦、晉大夫盟于郇。壬寅，公入于晉師。甲辰，秦伯還。丙午，入于曲沃。丁未，入絳，即位于武宮。戊申，刺懷公于高梁。

初，獻公使寺人勃鞮伐公於蒲城，文公踰垣，勃鞮斬其袪。及入，勃鞮求見，公辭焉，曰：『驪姬之讒，爾射余於屏內，困余於蒲城，斬余衣袪。又爲惠公從余於渭濱，命曰三日，若宿而至。若干二命，以求殺余。余於伯楚屢困，何舊怨也？退而思之，異日見我。』對曰：『吾以君爲已知之矣，故入；猶未知之也，又將出矣。事君不貳是謂臣，好惡不易是謂君。君君臣臣，是謂明訓。明訓能終，民之主也。二君之世，蒲人、狄人，余何有焉？除君之惡，唯力所及，何貳之有？今君即位，其無蒲、狄乎？伊尹放太甲而卒以爲明王，管仲賊桓公而卒以爲侯伯。乾時之役，申孫之矢集于桓鉤，鉤近於袪，而無怨言，佐相以終，克成令名。今君之德宇，何不寬裕也？惡其所好，其能久矣？君實不能明訓，而棄民主。余，罪戾之人也，又何患焉？且不見我，君其無悔乎！』

於是呂甥、冀芮畏偪，悔納文公，謀作亂，將以己丑焚公宮，公出救火而遂殺之。伯楚知之，故求見公。公遽出見之，曰：『豈不如女言，然是吾惡心也，吾請去之。』伯楚以呂、郤之謀告公。公懼，乘馹自下，脫會秦伯于王城，告之亂故。及己丑，公宮火，二子求公不獲，遂如河上，秦伯誘而殺之。

文公之出也，豎頭須，守藏者也，不從。公入，乃求見，公辭焉以沐。謂謁者曰：『沐則心覆，心覆則圖反，宜吾不得見也。從者爲羈紲之僕，居者爲社稷之守，何必罪居者！國君而讎匹夫，懼者衆矣。』謁者以告，公遽見之。

元年春，公及夫人嬴氏至自王城。秦伯納衛三千人，實紀綱之僕。公屬百官，賦職任功。棄責薄斂，施舍分寡。救乏振滯，匡困資無。輕關易道，通商寬農。懋穡勸分，省用足財。利器明德，以厚民性。舉善援能，官方定物，正名育類。昭舊族，愛親戚，明賢良，尊貴寵，賞功勞，事耇老，禮賓旅，友故舊。胥、籍、狐、箕、欒、郤、柏、先、羊舌、董、韓，寔掌近官。諸姬之良，掌其中官。異姓之能，掌其遠官。公食貢，大夫食邑，士食田，庶人食力，工商食官，皁隸食職，官宰食加。政平民阜，財用不匱。【略】

冬，襄王避昭叔之難，居于鄭地汜。使來告難，亦使告于秦。子犯曰：『民親而未知義也，君盍納王以教之義。若不納，秦將納之，則失周矣，何以求諸侯？不能修身而又不能宗人，人將焉依？繼文之業，定武之功，啓土安疆，於此乎在矣，君其務之。』公說，乃行賂于草中之戎與麗土之狄，以啓東道。

二年春，公以二軍下，次於陽樊。右師取昭叔于溫，殺之於隰城。左師迎王于鄭。王入于成周，遂定之于郟。王饗醴，命公胙侑。公請隧，弗許。曰：『王章也，不可以二王，無若政何。』賜公南陽陽樊、溫、原、州、陘、絺、組、攢茅之田。陽人不服，公圍之，將殘其民，倉葛呼曰：『君補王闕，以順禮也。陽人未狎君德，而未敢承命。君將殘之，無乃非禮乎！陽人有夏、商之嗣典，有周室之師旅，樊仲之官守焉，其非官守，則皆王之父兄甥舅也。君定王室而殘其姻族，民將焉放？敢私布於吏，唯君圖之！』公曰：『是君子之言也。』乃出陽人。

文公伐原，令以三日之糧。三日而原不降，公令疏軍而去之。諜出曰：『原不過一二日矣！』軍吏以告，公曰：『得原而失信，何以使人？夫信，民之所庇也，不可失。』乃去之，及孟門，而原請降。

文公立四年，楚成王伐宋，公率齊、秦伐曹、衛以救宋。宋人使門尹班告急於晉，公告大夫曰：『宋人告急，舍之則宋絶，告楚則不許我。我欲擊楚，齊、秦不欲，其若之何？』先軫曰：『不若使齊、秦主楚怨。』公曰：『可乎？』先軫曰：『使宋舍我而賂齊、秦，藉之告楚，我分曹、衛之地以賜宋人。楚愛曹、衛，必不許齊、秦。齊、秦不得其請，必屬怨焉，然後用之，蔑不欲矣。』公說，是故以曹田、衛田賜宋人。

令尹子玉使宛春來告曰：『請復衛侯而封曹，臣亦釋宋之圍。』舅犯

惱曰：『子玉無禮哉！君取一，臣取二，必擊之。』先軫曰：『子與之。我不許曹、衛之請，是不許釋宋也。宋衆無乃彊乎！是楚一言而有三施，子一言而有三怨。怨已多矣，難以擊人。不若私許復曹、衛以攜之，執宛春以怒楚，既戰而後圖之。』公說，是故拘宛春於衛。

子玉釋宋圍，從晉師。楚既陳，晉師退舍，軍吏請曰：『以君避臣，辱也。且楚師老矣，必敗。何故退？』子犯曰：『二三子忘在楚乎？偃也聞之：戰鬭，直爲壯，曲爲老。未報楚惠而抗宋，我曲楚直，其衆莫不生氣，不可謂老。若我以君避臣，而不去，彼亦曲矣。』退三舍避楚。楚衆欲止，子玉不肯，至于城濮，果戰，楚衆大敗。君子曰：『善以德勸。』

文公誅觀狀以伐鄭，反其陴。鄭人以名寶行成，公弗許，曰：『予我詹而師還。』詹請往，鄭伯弗許，詹固請曰：『一臣可以赦百姓而定社稷，君何愛於臣也？』鄭人以詹予晉，晉人將烹之。詹曰：『臣願獲盡辭而死，固所願也。』公聽其辭。詹曰：『天降鄭禍，使淫觀狀，棄禮違親。臣曰：「不可。夫晉公子賢明，其左右皆卿才，若復其國，而得志於諸侯，禍無赦矣。」今禍及矣。尊明勝患，智也。殺身贖國，忠也。』乃就烹，據鼎耳而疾號曰：『自今以往，知忠以事君者，與詹同。』乃命弗殺，厚爲之禮而歸之。鄭人以詹伯爲將軍。

《韓非子》卷一一《外儲說左上》　文公反國，至河，令籩豆捐之，席蓐捐之，手足胼胝、面目黧黑者後之。咎犯聞之而夜哭。公曰：『寡人出亡二十年，乃今得反國。咎犯聞之，不喜而哭，意不欲寡人反國邪？』犯對曰：『籩豆所以食也，席蓐所以卧也，而君捐之；手足胼胝、面目黧黑，勞有功者也，而君後之。今臣有與在後，中不勝其哀，故哭。且臣爲君行詐僞以反國者衆矣，臣尚自惡也，而況於君？』再拜而辭。文公止之曰：『諺曰：「築社者，攓撅而置之，端冕而祀之。」今子與我取之，而不與我治之；與我置之，而不與我祀之；焉可？』解左驂而盟于河。

又　卷三《十過》　重耳卽位三年，舉兵而伐曹矣。因令人告曹君曰：『懸叔瞻而出之，我且殺而以爲大戮。』又令人告釐負羈曰：『軍旅薄城，吾知子不違也。其表子之閭，寡人將以爲令，令軍勿敢犯。』曹人聞之，率其親戚而保釐負羈之閭者七百餘家。

又　卷一〇《內儲說下六微》　文公之時，宰臣上炙而髮繞之。文公召宰人而譙之曰：『女欲寡人之哽邪？奚以髮繞炙？』宰人頓首再拜請曰：『臣有死罪三：援礪砥刀，利猶干將也，切肉，肉斷而髮不斷，臣之罪一也；援木而貫臠而不見髮，臣之罪二也；奉熾爐，炭火盡赤紅，炙熟而髮不燒，臣之罪三也。堂下得無微有疾臣者乎？』公曰：『善。』乃召其堂下而譙之，果然，乃誅之。

又　卷一一《外儲說左上》　文公伐宋，乃先宣言曰：『吾聞宋君無道，蔑侮長老，分財不中，教令不信，余來爲民誅之。』

又　卷一二《外儲說左下》　一曰。晉文公與楚戰，至黃鳳之陵，履繫解，因自結之。左右曰：『不可以使人乎？』公曰：『吾聞上君所與居，皆其所畏也；中君之所與居，皆其所愛也；下君之所與居，皆其所侮也。寡人雖不肖，先君之人皆在，是以難之也。』

又　卷一三《外儲說右上》　晉文公問於狐偃曰：『寡人甘肥周於堂，卮酒豆肉集於宮，壺酒不清，生肉不布，殺一牛徧於國中，一歲之功盡以衣士卒，其足以戰民乎？』狐子曰：『不足。』文公曰：『吾弛關市之征而緩刑罰，其足以戰民乎？』狐子曰：『不足。』文公曰：『吾民之有喪資者，寡人親使郎中視事；有罪者赦之；貧窮不足者與之；其足以戰民乎？』狐子對曰：『不足。此皆所以慎產也。而戰之者，殺之也。民之從公也，爲慎產也，公因而迎殺之，失所以爲從公矣。』曰：『然則何如足以戰民乎？』狐子對曰：『令無得不戰。』公曰：『無得不戰奈何？』狐子對曰：『信賞必罰，其足以戰。』公曰：『刑罰之極安至？』對曰：『不辟親貴，法行所愛。』文公曰：『善。』明日令田於圃陸，期以日中爲期，後期者行軍法焉。於是公有所愛者曰顛頡後期，吏請其罪，文公隕涕而憂。吏曰：『請用事焉。』遂斬顛頡之脊，以徇百姓，以明法之信也。而後百姓皆懼曰：『君於顛頡之貴重如彼甚也，而君猶行法焉，況於我則何有矣？』文公見民之可戰也，於是遂興兵伐原，克之。伐衛，東其畝，取五鹿。攻陽，勝虢，伐曹。南圍鄭，反之陴。罷宋圍。還與荊人戰城濮，大敗荊人，返爲踐土之盟，遂成衡雍之義。一舉而八有功。所以然者，無他故異物，從狐偃之謀，假顛頡之脊也。

又　卷一五《難一》　晉文公將與楚人戰，召舅犯問之，曰：『吾將

與楚人戰，彼衆我寡，爲之奈何？』舅犯曰：『臣聞之：「繁禮君子，不厭忠信；戰陣之間，不厭詐僞。」君其詐之而已矣。』文公辭舅犯，因召雍季而問之，曰：『我將與楚人戰，彼衆我寡，爲之奈何？』雍季對曰：『焚林而田，偷取多獸，後必無獸；以詐遇民，偷取一時，後必無復。』文公曰：『善。』辭雍季，以舅犯之謀與楚人戰以敗之。歸而行爵，先雍季而後舅犯。羣臣曰：『城濮之事，舅犯謀也。夫用其言而後其身，可乎？』文公曰：『此非君所知也。夫舅犯言，一時之權也；雍季言，萬世之利也。』仲尼聞之，曰：『文公之霸也，宜哉！既知一時之權，又知萬世之利。』

或曰：雍季之對，不當文公之問。凡對問者，有因問小大緩急而對也。所問高大而對以卑狹，則明主弗受也。今文公問以少遇衆，而對曰『後必無復』，此非所以應也。且文公不知一時之權，又不知萬世之利。戰而勝，則國安而身定，兵强而威立，雖有後復，莫大於此，萬世之利奚患不至？戰而不勝，則國亡兵弱，身死名息，拔拂今日之死不及，安暇待萬世之利？待萬世之利，在今日之勝；今日之勝，在詐於敵；詐敵，萬世之利而已。故曰：雍季之對，不當文公之問。且文公又不知舅犯之言。舅犯所謂不厭詐僞者，不謂詐其民，請詐其敵也。敵者，所伐之國也，後雖無復，何傷哉？文公之所以先雍季者，以其功耶？則所以勝楚破軍者，舅犯之謀也；以其善言耶？則雍季乃道其後之無復也，此未有善言也。舅犯則以兼之矣。舅犯曰『繁禮君子，不厭忠信』者：忠，所以愛其下也；信，所以不欺其民也。夫既以愛而不欺矣，言孰善於此？然必曰『出於詐僞』者，軍旅之計也。舅犯前有善言，後有戰勝，故舅犯有二功而後論，雍季無一焉而先賞。『文公之霸，不亦宜乎！』仲尼不知善賞也。

又 卷一六《難三》 或曰：齊、晉絶祀，不亦宜乎？桓公能用管仲之功而忘射鉤之怨，文公能聽寺人之言而棄斬袪之罪，桓公、文公能容二子者也。後世之君，明不及二公；後世之臣，賢不如二子。以不忠之臣事不明之君，君不知，則有燕操、子罕、田常之賊；知之，則以管仲、寺人自解。君必不誅，而自以爲有桓、文之德，是臣讐而明不能燭，多假之資，自以爲賢而不戒，則雖無後嗣，不亦可乎？且寺人之言也，直飾君令而不貳者，則是貞於君也。死君後生臣不愧而復爲貞。今惠公朝卒而暮事文公，寺人之不貳何如？

《禮記》卷六《檀弓上》 晉獻公將殺其世子申生，公子重耳謂之曰：『子蓋言子之志於公乎！』世子曰：『不可，君安驪姬，是我傷公之心也。』曰：『然則蓋行乎？』世子曰：『不可，君謂我欲弑君也，天下豈有無父之國哉！吾何行如之？』使人辭於狐突曰：『申生有罪，不念伯氏之言也，以至于死，申生不敢愛其死；雖然，吾君老矣，子少，國家多難，伯氏不出而圖吾君，伯氏苟出而圖吾君，申生受賜而死。』再拜稽首，乃卒。是以爲『恭世子』也。

又 卷九《檀弓下》 晉獻公之喪，秦穆公使人弔公子重耳，且曰：『寡人聞之，亡國恒於斯，得國恒於斯。雖吾子儼然在憂服之中，喪亦不可久也，時亦不可失也。孺子其圖之。』以告舅犯，舅犯曰：『孺子其辭焉！喪人無寶。仁親以爲寶。父死之謂何？又因以爲利，而天下其孰能説之？孺子其辭焉！』公子重耳對客曰：『君惠弔亡臣重耳，身喪父死，不得與於哭泣之哀，以爲君憂。父死之謂何？或敢有他志以辱君義。』稽顙而不拜，哭而起，起而不私。子顯以致命於穆公。穆公曰：『仁夫公子重耳！夫稽顙而不拜，則未爲後也，故不成拜。哭而起，則愛父也。起而不私，則遠利也。』

《公羊傳·僖公五年》 春，晉侯殺其世子申生。曷爲直稱晉侯以殺？殺世子母弟直稱君者，甚之也。

又 《僖公九年》 冬，晉里克弑其君之子奚齊。此未逾年之君，其言弑其君之子奚齊何？殺未踰年君之號也。

又 《僖公十年》 晉里克弑其君卓子，及其大夫荀息。及者何？累也。弑君多矣，舍此無累者乎？曰有，孔父、仇牧皆累也。舍孔父、仇牧無累者乎？曰有。有則此何以書？賢也。何賢乎荀息？荀息可謂不食其言矣。其不食其言奈何？奚齊、卓子者，驪姬之子也，荀息傅焉。驪姬者，國色也。獻公愛之甚，欲立其子，於是殺世子申生。申生者，里克傅之。獻公病將死，謂荀息曰：『士何如，則可謂之信矣？』荀息對曰：『使死者反生，生者不愧乎其言，則可謂信矣。』獻公死，奚齊立。里克謂荀息曰：『君殺正而立不正，廢長而立幼，如之何？願與子慮

之。」荀息曰：『君嘗訊臣矣，臣對曰：「使死者反生，生者不愧乎其言，則可謂信矣」。』里克知其不可與謀，退，弑奚齊。荀息立卓子，里克弑卓子，荀息死之。荀息可謂不食其言矣。【略】

晉殺其大夫里克。里克弑二君，則曷爲不以討賊之辭言之？惠公之大夫也。然則孰立惠公？里克也。里克殺奚齊、卓子，逆惠公而入。里克立惠公，則惠公曷爲殺之？惠公曰：『爾既殺夫二孺子矣，又將圖寡人。爲爾君者，不亦病乎？』於是殺之。然則曷爲不言惠公之入？晉之不言出入者，踊爲文公諱也。齊小白入于齊，則曷爲不爲桓公諱？桓公之享國也長，美見乎天下，故不爲之諱本惡也。文公之享國也短，美未見乎天下，故爲之諱本惡也。

又**《僖公二十八年》** 二十有八年，春，晉侯侵曹。晉侯伐衛。曷爲再言晉侯？非兩之也。然則何以不言遂？未侵曹也。未侵曹，則其言侵曹何？致其意也。其意侵曹，則曷爲伐衛？晉侯將侵曹，假塗于衛，衛曰：『不可得。』則固將伐之也。

公子買戍衛，不卒戍，刺之。不卒戍者何？不卒戍者，內辭也，不可使往也。不可使往，則其言戍衛何？遂公意也。刺之者何？殺之也。殺之，則曷爲謂之刺之？內諱殺大夫，謂之刺之也。

三月，丙午，晉侯入曹，執曹伯畀宋人。畀者何？與也。其言畀宋人何？與使聽之也。曹伯之罪何？甚惡也。其甚惡奈何？不可以一罪言也。

夏，四月，己巳，晉侯、齊師、宋師、秦師及楚人戰于城濮，楚師敗績。此大戰也，曷爲使微者？子玉得臣也。子玉得臣，則其稱人何？貶。曷爲貶？大夫不敵君也。

五月，癸丑，公會晉侯、齊侯、宋公、蔡侯、鄭伯、衛子、莒子盟于踐土。陳侯如會。其言如會何？後會也。

公朝于王所。曷爲不言公如京師？天子在是也。天子在是，則曷爲不言天子在是？不與致天子也。

冬，公會晉侯、齊侯、宋公、蔡侯、鄭伯、陳子、莒子、邾婁子、秦人于溫。

天王狩于河陽。狩不書，此何以書？不與再致天子也。魯子曰：『溫近而踐土遠也。』

又**《僖公三十一年》** 三十有一年，春，取濟西田。惡乎取之？取之曹也。曷爲不言取之曹？諱取同姓之田也。此未有伐曹者，則其言取之曹何？晉侯執曹伯，班其所取侵地于諸侯也。晉侯執曹伯，班其所取侵地于諸侯，則何諱乎取同姓之田？久也。

《穀梁傳·僖公五年》 五年，春，晉侯殺其世子申生。目晉侯斥殺，惡晉侯也。

又**《僖公九年》** 冬，晉里克殺其君之子奚齊。其君之子云者，國人不子也。國人不子，何也？不正其殺世子申生而立之也。

又**《僖公十年》** 晉殺其大夫里克。稱國以殺，罪累上也。里克弑二君與一大夫，其以累上之辭言之，何也？其殺之不以其罪也。其殺之不以其罪，奈何？里克所爲殺者，爲重耳也。夷吾曰：『是又將殺我乎？』故殺之，不以其罪也。其爲重耳弑奈何？晉獻公伐虢，得麗姬，獻公私之。有二子，長曰奚齊，稚曰卓子。麗姬欲爲亂，故謂君曰：『吾夜者夢夫人趨而來，曰：「吾苦畏！」胡不使大夫將衛士而衛冢乎？』公曰：『孰可使？』曰：『臣莫尊於世子，則世子可。』故君謂世子曰：『麗姬夢夫人趨而來曰：「吾苦畏！」女其將衛士而往衛冢乎！』世子曰：『敬諾！』築宮，宮成。麗姬又曰：『吾夜者夢夫人趨而來曰：「吾苦飢！」世子之宮已成，則何爲不使祠也？』故獻公謂世子曰：『其祠！』世子祠。已祠，致福於君。君田而不在。麗姬以酖爲酒，藥脯以毒。獻公田來，麗姬曰：『世子已祠，故致福於君。』君將食，麗姬跪曰：『食自外來者，不可不試也。』覆酒於地而地賁。以脯與犬，犬死。麗姬下堂而啼，呼曰：『天乎，天乎！國，子之國也，子何遲於爲君？』君喟然歎曰：『吾與女未有過切，是何與我之深也！』使人謂世子曰：『爾其圖之！』世子之傅里克謂世子曰：『入自明！入自明則可以生，不入自明則不可以生。』世子曰：『吾君已老矣，已昏矣！吾若此而入自明，則麗姬必死；麗姬死，則吾君不安。所以使吾君不安者，吾不若自死，吾寧自殺以安吾君，以重耳爲寄矣！』刎脰而死。故里克所爲弑者，爲重耳也。夷吾曰：『是又將殺我也。』

又**《僖公二十八年》** 二十有八年，春，晉侯侵曹。晉侯伐衛。再

稱晉侯，忌也。

公子買戍衛。不卒戍，刺之。先名後刺，殺有罪也。公子啓曰：「不卒戍者，可以卒也。可以卒而不卒，譏在公子也，刺之可也。」

三月，丙午，晉侯入曹，執曹伯，畀宋人。入者，内弗受也。日入，惡入者也。以晉侯而斥執曹伯，惡晉侯也。畀，與也。其曰人，何也？不以晉侯畀宋公也。

夏，四月，己巳，晉侯、齊師、宋師、秦師及楚人戰于城濮。楚師敗績。

五月，癸丑，公會晉侯、齊侯、宋公、蔡侯、鄭伯、衛子、莒子，盟于踐土。諱會天王也。陳侯如會。如會，外乎會也，於會受命也。公朝於王所。朝不言所，言所者，非其所也。

冬，公會晉侯、宋公、蔡侯、鄭伯、陳子、莒子、邾子、秦人于温。諱會天王也。天王守于河陽。全天王之行也，爲若將守而遇諸侯之朝也。爲天王諱也。水北爲陽，山南爲陽。温，河陽也。

壬申，公朝於王所。朝於廟，禮也，於外，非禮也。獨公朝與？諸侯盡朝也。其日，以其再致天子，故謹而日之。主善以内，目惡以外。言曰公朝，逆辭也，而尊天子。會于温，言小諸侯。温，河北地，以河陽言之，大天子也。日繫於月，月繫於時。壬申，公朝于王所，其不月，失其所繫也。以爲晉文公之行事，爲已傎矣。

《呂氏春秋》卷一二《季冬紀・介立》　晉文公反國，介子推不肯受賞，自爲賦詩曰：「有龍于飛，周徧天下。五蛇從之，爲之丞輔。龍反其鄉，得其處所。四蛇從之，得其露雨。一蛇羞之，橋死於中野。」懸書公門，而伏於山下。文公聞之曰：「譆！此必介子推也。」避舍變服，令士庶人曰：「有能得介子推者，爵上卿，田百萬。」或遇之山中，負釜蓋簦，問焉曰：「請問介子推安在？」應之曰：「夫介子推苟不欲見而欲隱，吾獨焉知之？」遂背而行，終身不見。

又　卷一四《孝行覽・義賞》　昔晉文公將與楚人戰於城濮，召咎犯而問曰：「楚衆我寡，奈何而可？」咎犯對曰：「臣聞繁禮之君，不足於文，繁戰之君，不足於詐。君亦詐之而已。」文公以咎犯言告雍季，雍季曰：「竭澤而漁，豈不獲得？而明年無魚；焚藪而田，豈不獲得？而明年無獸。詐僞之道，雖今偷可，後將無復，非長術也。」文公用咎犯之言，而敗楚人於城濮。反而爲賞，雍季在上。左右諫曰：「城濮之功，咎犯之謀也。君用其言而賞後其身，或者不可乎！」文公曰：「雍季之言，百世之利也。咎犯之言，一時之務也。焉有以一時之務先百世之利者乎？」孔子聞之，曰：「臨難用詐，足以却敵。反而尊賢，足以報德。文公雖不終始，足以霸矣。」

《列子》卷八《説符》　晉文公出會欲伐衛，公子鋤仰天而笑。公問何笑。曰：「臣笑鄰之人，有送其妻適私家者，道見桑婦，説而與言。然顧視其妻，亦有招之者矣。臣竊笑此也。」公寤其言，乃止。引師而還，未至而有伐其北鄙者矣。

漢・劉安《淮南子》卷一八《人間訓》　晉公子重耳過曹，曹君欲見其骿脅，使之袒而捕魚。

又　卷一一《齊俗訓》　晉文君大布之衣，大布，粗布也。牂羊之裘，韋以帶劍，威立於海内。【略】

昔齊桓公合諸侯以乘車，退誅於國以斧鉞；晉文公合諸侯以革車，退行於國以禮義。桓公前柔而後剛，文公前剛而後柔，然而令行乎天下，權制諸侯鈞者，審於勢之變也。

漢・韓嬰《韓詩外傳》卷一〇《第三章》　晉文公重耳亡過曹，里鳬須從，因盜重耳資而亡。重耳無糧，餒不能行，子推割股肉以食重耳，然後能行。及重耳反國，國中多不附重耳者。於是里鳬須造見曰：「臣能安晉國。」文公使人應之曰：「子尚何面目來見寡人欲安晉也！」里鳬須曰：「君沐邪？」使者曰：「否。」里鳬須曰：「臣聞沐者其心倒，心倒者其言悖。今君不沐，何言之悖也？」使者以聞。文公見之，里鳬須仰首曰：「離國久，臣民多過君，君反國而民皆自危。里鳬須又襲竭君之資，避於深山，而君以餒，介子推割股，天下莫不聞。臣之爲賊亦大矣，罪至十族，未足塞責。然君誠赦之罪，與驂乘遊於國中，百姓見之，必知不念舊惡，人自安矣。」於是文公大悦，從其計，使驂乘於國中。百姓見之，皆曰：「夫里鳬須且不誅而驂乘，吾何懼也！」是以晉國大寧。故《書》云：「文王卑服，即康功田功。」若里鳬須，罪無赦者也。《詩》曰：「濟濟多士，文王以寧。」

漢·劉向《新序》卷七《節士》 晉文公反，酌士大夫酒，召咎犯而將之，召艾陵而相之，授田百萬。介子推無爵齒而就位，觴三行，介子推奉觴而起曰：『有龍矯矯，將失其所，有蛇從之，周流天下，龍既入深淵，得其安所，蛇脂盡乾，獨不得甘雨，此何謂也？』文公曰：『嘻！是寡人之過也。吾爲子爵，與待旦之朝也；吾爲子田，與河東陽之間。』介子推曰：『推聞君子之道，謁而得位，道士不居也；爭而得財，廉士不受也。』文公曰：『使我得反國者，子也，吾將以成子之名。』介子推曰：『推聞君子之道，爲人子而不能成其父者，則不敢當其後；爲人臣而不見察於其君者，則不敢立於其朝，然推亦無索於天下矣。』遂去而之介山之上。文公使人求之不得，爲之避寢三月，號呼期年。《詩》曰：『逝將去汝，適彼樂郊，誰之永號。』此之謂也。文公待之不肯出，求之不能得，以謂焚其山宜出，及焚其山，遂不出而焚死。

又 卷二《雜事第二》 晉文公出田逐獸，碭入大澤，迷不知所出，其中有漁者，文公謂曰：『我若君也，道安從出，我且厚賜若。』漁者曰：『臣願有獻。』公曰：『出澤而受之。』於是遂出澤。公令曰：『子之所欲以教寡人者，何等也？願受之。』漁者曰：『鴻鵠保河海之中，厭而欲移徙之小澤，則必有丸繒之憂；黿鼉保深淵，厭而出之淺渚，則必有羅網釣射之憂。今君逐獸，碭入至此。何行之太遠也？』文公曰：『善哉！』謂從者記漁者名。漁者曰：『君何以名，爲君尊天事地，敬社稷，固四國，慈愛萬民，薄賦斂，輕租稅者，臣亦與焉。君不敬社稷，不固四國，外失禮於諸侯，內逆民心，一國流亡，漁者雖得厚賜，不能保也。』遂辭不受。曰：『君亟歸國，臣亦反吾漁所。』

晉文公逐麋而失之，問農夫老古曰：『吾麋何在？』老古以足指曰：『如是往。』公曰：『寡人問子，子以足指，何也？』老古振衣而起曰：『一不意人君如此也，虎豹之居也，厭閑而近人，故得；魚鼈之居也，厭深而之淺，故得；諸侯之居也，厭衆而遠遊，故亡其國。《詩》云：「維鵲有巢，維鳩居之。」君放不歸，人將君之。』於是文公恐，歸遇欒武子。欒武子曰：『獵得獸乎？而有悅色！』文公曰：『寡人逐麋而失之，得善言，故有悅色。』欒武子曰：『其人安在乎？』曰：『吾未與來也。』欒武子曰：『居上位而不恤其下，驕也；緩令急誅，暴也；取人之善言而棄其身，盜也。』文公曰：『善。』還載老古，與俱歸。

又 卷四《雜事第四》 晉文公伐原，與大夫期五日，五日而原不降，文公令去之。軍吏曰：『原不過三日，將降矣，君不待之？』君曰：『得原失信，吾不爲也。』原人聞之曰：『有君義若此，不可不降也。』遂降，溫人聞之，亦請降。故曰：『伐原而溫降。』此之謂也。於是諸侯歸之，遂侵曹伐衛，爲踐土之會，溫之盟後南破强楚，尊事周室，遂成霸功，上次齊桓，本信由伐原也。【略】

晉文公將伐鄴，趙衰言所以勝鄴，文公用之而勝鄴，將賞趙衰。趙衰曰：『君將賞其末乎？賞其本乎？賞其末則騎乘者存；賞其本則臣聞之郄虎。』公召郄虎曰：『衰言所以勝鄴，遂勝，將賞之。』曰：「蓋聞之子，子當賞郄虎。」』對曰：『言之易，行之難，臣言之者也。』公曰：『子無辭。』郄虎不敢固辭，乃受賞。【略】

晉文公田於虢，遇一老夫而問曰：『虢之爲虢久矣，子處此故矣，虢亡其有説乎？』對曰：『虢君斷則不能，諫則無與也。不能斷又不能用人，此虢之所以亡。』文公以輟田而歸，遇趙衰而告之。趙衰曰：『今其人安在？』君曰：『吾不與之來也。』趙衰曰：『古之君子，聽其言而用其人，今之君子，聽其言而棄其身，哀哉！晉國之憂也。』文公乃召賞之，於是晉國樂納善言，文公卒以霸。

漢·劉向《説苑》卷一三《權謀》 城濮之戰，文公謂咎犯曰：『吾卜戰而龜熸。我迎歲，彼背歲；彗星見，彼操其柄，我操其標；吾又夢與荆王搏，彼在上，我在下。吾欲無戰，子以爲何如？』咎犯對曰：『卜戰龜熸，是荆人也；我迎歲，彼背歲，彼去我從之也；彗星見，彼操其柄，我操其標，以掃則彼利，以擊則我利；君夢與荆王搏，彼在上，君在下，則君見天而荆王伏其罪也。「見」疑「尋」之誤，《傳》作「得」。且吾以宋、衛爲主，齊、秦輔我，我合天道，「合」疑「舍」。獨以人事，固將勝之矣。』文公從之，荆人大敗。案：《左氏·僖二十八年傳》云：『晉侯夢與楚子搏，楚子伏己而監其腦，是以懼。』

又 卷一《君道》 晉文公與楚人戰，大勝之，燒其軍，火三日不滅，文公退而有憂色，侍者曰：『君大勝楚，今有憂色，何也？』文公曰：『吾聞能以戰勝而安者，其唯聖人乎！若夫詐勝之徒，未嘗不危也，

吾是以憂。』

又　卷三《建本》　文公見咎季，其廟傅於西牆，公曰：『孰處而西？』對曰：『君之老臣也。』公曰：『西益而宅。』對曰：『臣之忠，不如老臣之力，其牆壞而不築。』公曰：『何不築？』對曰：『一日不稼，百日不食。』公出而告之僕，僕頓首於軫曰：《呂刑》云：『一人有慶，兆民賴之。』君之明，羣臣之福也，乃令於國曰：『毋淫宮室，以妨人宅，板築以時，無奪農功。』

晉文公時，翟人有獻封狐、文豹之皮者，文公喟然嘆曰：『封狐文豹何罪哉？以其皮爲罪也。』大夫欒枝曰：『地廣而不平，財聚而不散，獨非狐豹之罪乎？』文公曰：『善哉！説之。』欒枝曰：『地廣而不平，人將平之；財聚而不散，人將爭之。』於是列地以分民，盧曰：「『列』『裂』同。」散財以賑貧。

又　卷二〇《反質》　晉文公合諸侯而盟曰：『吾聞國之昏，不由聲色，必由姦利。好樂聲色者，淫也。貪姦者，惑也。夫淫惑之國，不亡必殘。自今以來，無以美妾疑妻，無以聲樂妨正，無以姦情害公，無以貨利示下。其有之者，是謂伐其根素，流於華葉。若此者，有患無憂，有寇勿弭。不如言者，盟示之。』於是君子聞之曰：『文公其知道乎？其不王者，猶無佐也。』盧曰：「『猶』、『由』同。」

又　卷七《政理》　晉文侯問政於舅犯，舅犯對曰：『分熟不如分腥，分腥不如分地。割以分民，而益其爵祿，是以上得地而民知富，上失地而民知貧，古之所謂致師而戰者，其此之謂也。』【略】

又　卷八《尊賢》　晉文侯行地登隧，大夫皆扶之，隨會不扶，文侯曰：『會，夫爲人臣而忍其君者，其罪奚如？』對曰：『其罪重死。』文侯曰：『何謂重死？』對曰：『身死，妻子爲戮焉。』隨會曰：『君奚獨問爲人臣忍其君者，而不問爲人君而忍其臣者耶？』文侯曰：『爲人君而忍其臣者，其罪何如？』隨會對曰：『爲人君而忍其臣者，智士不爲謀，辨士不爲言，《新序》『辨』作『辯』，古通。『言』作『使』。仁士不爲行，勇士不爲死。』『死』《新序》作『鬬』。《新序》此下云：『知者不爲謀則社稷危，辯者不爲使則使不通，勇者不爲鬬則邊境侵。』文侯援綏下車，辭大夫曰：『寡人有腰髀之病，願諸大夫勿罪也。』

又　卷一〇《敬慎》　大功之效，在於用賢積道，浸章浸明；衰滅之過，在於得意而怠，浸蹇浸亡，關曰：「『蹇』，難也。」晉文公是其效也。晉文公出亡，修道不休，得至于饗國，饗國之時，上無明天子，下無賢方伯，二句《公羊傳》文。強楚主會，諸侯背畔，天子失道，出居於鄭。文公於是憫中國之微，任咎犯、先軫、陽處父，畜愛百姓，厲養戎士，四年，政治內定，則舉兵而伐衛，執曹伯，還敗强楚，威震天下，明王法，率諸侯而朝天子，莫敢不聽，天下曠然平定，周室尊顯，故曰：大功之效，在於用賢積道，浸章浸明，文公於是霸功立，期至意得，湯、武之心作而忘其衆，一年三用師，且弗休息。遂進而圍許，兵亟弊，不能服，罷諸侯而歸。自此而怠政事，爲狄泉之盟不親至，信衰誼缺，如羅不補，威武詘折不信，則諸侯不朝，鄭遂叛，夷、狄內侵，衛遷於商邱。故曰：衰滅之過，在於得意而怠，浸蹇浸亡。

又　卷一三《權謀》　晉文公伐衛，入郭，坐士令食，曰：『今日必傅大垣。』公子慮俛而笑之。文公曰：『奚笑？』對曰：『臣之妻歸，臣送之，反見桑者而助之。顧臣之妻則亦有送之者矣。』文公懼，還師而歸，至國，而貉人攻其地。

又　卷一四《至公》　晉文公問於咎犯曰：『誰可使爲西河守者？』咎犯對曰：『虞子羔可也。』公曰：『子羔非汝之讎也？』對曰：『君問可爲守者，非問臣之讎也。』子羔見咎犯而謝之曰：『幸赦臣之過，薦之於君，得爲西河守。』咎犯曰：『薦子者，公也，怨子者，私也。吾不以私事害公事，子其去矣，顧吾射子也！』

《史記》卷四《周本紀》　（襄王）十七年，襄王告急于晉，晉文公納王而誅叔帶。襄王乃賜晉文公珪鬯弓矢，爲伯，以河內地與晉。二十年，晉文公召襄王，襄王會之河陽、踐土，諸侯畢朝，《書》諱曰『天王狩于河陽』。

又　卷五《秦本紀》　晉旱，來請粟。丕豹説繆公勿與，因其饑而伐之。繆公問公孫支，支曰：『饑穰更事耳，不可不與。』問百里傒，傒曰：『夷吾得罪於君，其百姓何罪？』於是用百里傒、公孫支言，卒與之粟。以船漕車轉，自雍相望至絳。

十四年，秦饑，請粟於晉。晉君謀之羣臣。虢射曰：『因其饑伐之，

可有大功。』晉君從之。十五年，興兵將攻秦。繆公發兵，使丕豹將，自往擊之。九月壬戌，與晉惠公夷吾合戰於韓地。晉君弃其軍，與秦爭利，還而馬鷙。繆公與麾下馳追之，不能得晉君，反爲晉軍所圍。晉擊繆公，繆公傷。於是岐下食善馬者三百人馳冒晉軍，晉軍解圍，遂脱繆公而反生得晉君。初，繆公亡善馬，岐下野人共得而食之者三百餘人，吏逐得，欲法之。繆公曰：『君子不以畜産害人。吾聞食善馬肉不飲酒，傷人。』乃皆賜酒而赦之。三百人者聞秦擊晉，皆求從，從而見繆公窘，亦皆推鋒爭死，以報食馬之德。於是繆公虜晉君以歸，令於國，齊宿，吾將以晉君祠上帝。周天子聞之，曰『晉我同姓』，爲請晉君。夷吾姊亦爲繆公夫人，夫人聞之，乃衰絰跣，曰：『妾兄弟不能相救，以辱君命。』繆公曰：『我得晉君以爲功，今天子爲請，夫人是憂。』乃與晉君盟，許歸之。

二十四年春，秦使人告晉大臣，欲入重耳。晉許之，於是使人送重耳。二月，重耳立爲晉君，是爲文公。文公使人殺子圉。子圉是爲懷公。**【略】**

（繆公）二十八年，晉文公敗楚於城濮。三十年，繆公助晉文公圍鄭。鄭使人言繆公曰：『亡鄭厚晉，於晉而得矣，而秦未有利。晉之彊，秦之憂也。』繆公乃罷兵歸。晉亦罷。三十二年冬，晉文公卒。

又　卷一四《十二諸侯年表》（晉文公元年）大夫，趙衰为原大夫。咎犯曰：『求霸莫如内王。』

（文公三年）宋服。

（文公四年）救宋，報曹、衛耻。

（文公五年）侵曹伐衛，取五鹿，執曹伯。諸侯敗楚而朝河陽，周命賜公土地。**【略】**

（楚成王四十年）晉敗子玉于城濮。

又　卷三二《齊太公世家》昭公元年，晉文公敗楚於城濮，而會諸侯踐土，朝周，天子使晉稱伯。

又　卷三四《燕召公世家》（燕）襄公二十六年，晉文公爲踐土之會，稱伯。

又　卷三五《管蔡世家》（蔡莊侯）十四年，晉文公敗楚於城濮。

（曹）共公十六年，初，晉公子重耳其亡過曹，曹君無禮，欲觀其駢脅。釐負羈諫，不聽，私善於重耳。二十一年，晉文公重耳伐曹，虜共公以歸，令軍毋入釐負羈之宗族閭。或説晉文公曰：『昔齊桓公會諸侯，復異姓；今君囚曹君，滅同姓，何以令於諸侯？』晉乃復歸共公。

又　卷三六《陳杞世家》（陳穆公）十六年，晉文公敗楚師于城濮。

又　卷三七《衛康叔世家》（衛文公二十五年）晉文公重耳伐衛，分其地予宋，討前過無禮及不救宋患也。衛成公遂出犇陳。二歲，如周求入，與晉文公會。晉使人鴆衛成公，成公私於周主鴆，令薄，得不死。已而周爲請晉文公，卒入之衛，而誅元咺，衛君瑕出犇。

又　卷三八《宋微子世家》（宋成公）五年，晉文公救宋，楚兵去。

又　卷三九《晉世家》（晉獻公）五年，伐驪戎，得驪姬、驪姬弟，俱愛幸之。**【略】**

十二年，驪姬生奚齊。獻公有意廢太子，乃曰：『曲沃吾先祖宗廟所在，而蒲邊秦，屈邊翟，不使諸子居之，我懼焉。』於是使太子申生居曲沃，公子重耳居蒲，公子夷吾居屈。獻公與驪姬子奚齊居絳。晉國以此知太子不立也。太子申生，其母齊桓公女也，曰齊姜，早死。申生同母女弟爲秦穆公夫人。重耳母，翟之狐氏女也。夷吾母，重耳母女弟也。獻公子八人，而太子申生、重耳、夷吾皆有賢行。及得驪姬，乃遠此三子。**【略】**

（二十年）獻公私謂驪姬曰：『吾欲廢太子，以奚齊代之。』驪姬泣曰：『太子之立，諸侯皆已知之，而數將兵，百姓附之，奈何以賤妾之故廢適立庶？君必行之，妾自殺也。』驪姬詳譽太子，而陰令人譖惡太子，而欲立其子。**【略】**

（晉獻公）二十五年，晉伐翟，翟以重耳故，亦擊晉於齧桑，晉兵解而去。

當此時，晉彊，西有河西，與秦接境，北邊翟，東至河内。**【略】**

惠公夷吾元年，使邳鄭謝秦曰：『始夷吾以河西地許君，今幸得入立。大臣曰：「地者先君之地，君亡在外，何以得擅許秦者？」寡人爭之弗能得，故謝秦。』**【略】**

邳鄭使秦，聞里克誅，乃説秦繆公曰：『呂省、郤稱、冀芮實爲不

從。若重賂與謀，出晉君，入重耳，事必就。』秦繆公許之，使人與歸報晉，厚賂三子。三子曰：『幣厚言甘，此必邳鄭賣我於秦。』遂殺邳鄭及里克、邳鄭之黨七輿大夫。邳鄭子豹奔秦，言伐晉，繆公弗聽。【略】

晉文公重耳，晉獻公之子也。自少好士，年十七，有賢士五人：曰趙衰；狐偃咎犯，文公舅也；賈佗；先軫；魏武子。自獻公爲太子時，重耳固已成人矣。獻公卽位，重耳年二十一。獻公十三年，以驪姬故，重耳備蒲城守秦。獻公二十一年，獻公殺太子申生，驪姬譖之，恐，不辭獻公而守蒲城。獻公二十二年，獻公使宦者履鞮趣殺重耳。重耳踰垣，宦者逐斬其衣袪。重耳遂奔狄。狄，其母國也。是時重耳年四十三。從此五士，其餘不名者數十人，至狄。

狄伐咎如，得二女：以長女妻重耳，生伯鯈、叔劉；以少女妻趙衰，生盾。居狄五歲而晉獻公卒，里克已殺奚齊、悼子，乃使人迎，欲立重耳。重耳畏殺，因固謝，不敢入。已而晉更迎其弟夷吾立之，是爲惠公。惠公七年，畏重耳，乃使宦者履鞮與壯士欲殺重耳。重耳聞之，乃謀趙衰等曰：『始吾奔狄，非以爲可用與，以近易通，故且休足。休足久矣，固願徙之大國。夫齊桓公好善，志在霸王，收恤諸侯。今聞管仲、隰朋死，此亦欲得賢佐，盍往乎？』於是遂行。重耳謂其妻曰：『待我二十五年不來，乃嫁。』其妻笑曰：『犁二十五年，吾冢上柏大矣。雖然，妾待子。』重耳居狄凡十二年而去。

過衛，衛文公不禮。去，過五鹿，飢而從野人乞食，野人盛土器中進之。重耳怒。趙衰曰：『土者，有土也，君其拜受之。』

至齊，齊桓公厚禮，而以宗女妻之，有馬二十乘，重耳安之。重耳至齊二歲而桓公卒，會豎刀等爲內亂，齊孝公之立，諸侯兵數至。留齊凡五歲。重耳愛齊女，毋去心。趙衰、咎犯乃於桑下謀行。齊女侍者在桑上聞之，以告其主。其主乃殺侍者，勸重耳趣行。重耳曰：『人生安樂，孰知其他！必死於此，不能去。』齊女曰：『子一國公子，窮而來此，數士者以子爲命。子不疾反國，報勞臣，而懷女德，竊爲子羞之。且不求，何時得功？』乃與趙衰等謀醉重耳，載以行。行遠而覺，重耳大怒，引戈欲殺咎犯。咎犯曰：『殺臣成子，偃之願也。』重耳曰：『事不成，我食舅氏之肉。』咎犯曰：『事不成，犯肉腥臊，何足食！』乃止，遂行。

過曹，曹共公不禮，欲觀重耳駢脅。曹大夫釐負羈曰：『晉公子賢，又同姓，窮來過我，奈何不禮！』共公不從其謀。負羈乃私遺重耳食，置璧其下。重耳受其食，還其璧去。

過宋。宋襄公新困兵於楚，傷於泓，聞重耳賢，乃以國禮禮於重耳。宋司馬公孫固善於咎犯，曰：『宋小國新困，不足以求入，更之大國。』乃去。

過鄭，鄭文公弗禮。鄭叔瞻諫其君曰：『晉公子賢，而其從者皆國相，且又同姓。鄭之出自厲王，而晉之出自武王。』鄭君曰：『諸侯亡公子過此者衆，安可盡禮！』叔瞻曰：『君不禮，不如殺之，且後爲國患。』鄭君不聽。

重耳去之楚，楚成王以適諸侯禮待之，重耳謝不敢當。趙衰曰：『子亡在外十餘年，小國輕子，況大國乎？今楚大國而固遇子，子其毋讓，此天開子也。』遂以客禮見之。成王厚遇重耳，重耳甚卑。成王曰：『子卽反國，何以報寡人？』重耳曰：『羽毛齒角玉帛，君王所餘，未知所以報。』王曰：『雖然，何以報不穀？』重耳曰：『卽不得已，與君王以兵車會平原廣澤，請辟王三舍。』楚將子玉怒曰：『王遇晉公子至厚，今重耳言不孫，請殺之。』成王曰：『晉公子賢而困於外久，從者皆國器，此天所置，庸可殺乎？且言何以易之！』居楚數月，而晉太子圉亡秦，秦怨之；聞重耳在楚，乃召之。成王曰：『楚遠，更數國乃至晉。秦晉接境，秦君賢，子其勉行！』厚送重耳。

重耳至秦，繆公以宗女五人妻重耳，故子圉妻與往。重耳不欲受，司空季子曰：『其國且伐，況其故妻乎！且受以結秦親而求入，子乃拘小禮，忘大醜乎！』遂受。繆公大歡，與重耳飲。趙衰歌《黍苗》詩。繆公曰：『知子欲急反國矣。』趙衰與重耳下，再拜曰：『孤臣之仰君，如百穀之望時雨。』是時晉惠公十四年秋。惠公以九月卒，子圉立。十一月，葬惠公。十二月，晉國大夫欒、郤等聞重耳在秦，皆陰來勸重耳、趙衰等反國，爲內應甚衆。於是秦繆公乃發兵與重耳歸晉。晉聞秦兵來，亦發兵拒之。然皆陰知公子重耳入也。唯惠公之故貴臣呂、郤之屬不欲立重耳。重耳出亡凡十九歲而得入，時年六十二矣，晉人多附焉。

文公元年春，秦送重耳至河。咎犯曰：『臣從君周旋天下，過亦多

矣。臣猶知之，況於君乎？請從此去矣。』重耳曰：『若反國，所不與子犯共者，河伯視之！』乃投璧河中，以與子犯盟。是時介子推從，在船中，乃笑曰：『天實開公子，而子犯以爲己功而要市於君，固足羞也。吾不忍與同位。』乃自隱渡河。秦兵圍令狐，晉軍于廬柳。二月辛丑，咎犯與秦晉大夫盟于郇。壬寅，重耳入于晉師。丙午，入于曲沃。丁未，朝于武宮，即位爲晉君，是爲文公。羣臣皆往。懷公圉奔高梁。戊申，使人殺懷公。

懷公故大臣呂省、郤芮本不附文公，文公立，恐誅，乃欲與其徒謀燒公宮，殺文公。文公不知。始嘗欲殺文公宦者履鞮知其謀，欲以告文公，解前罪，求見文公。文公不見，使人讓曰：『蒲城之事，女斬予袪。其後我從狄君獵，女爲惠公來求殺我。惠公與女期三日至，而女一日至，何速也？女其念之。』宦者曰：『臣刀鋸之餘，不敢以二心事君倍主，故得罪於君。君已反國，其毋蒲、翟乎？且管仲射鉤，桓公以霸。今刑餘之人以事告而君不見，禍又且及矣。』於是見之，遂以呂、郤等告文公。文公欲召呂、郤，呂、郤等黨多，文公恐初入國，國人賣己，乃爲微行，會秦繆公於王城，國人莫知。三月己丑，呂、郤等果反，焚公宮，不得文公。文公之衛徒與戰，呂、郤等引兵欲奔，秦繆公誘呂、郤等，殺之河上，晉國復而文公得歸。夏，迎夫人於秦，秦所與文公妻者卒爲夫人。秦送三千人爲衛，以備晉亂。

文公修政，施惠百姓。賞從亡者及功臣，大者封邑，小者尊爵。未盡行賞，周襄王以弟帶難出居鄭地，來告急晉。晉初定，欲發兵，恐他亂起，是以賞從亡未至隱者介子推。推亦不言祿，祿亦不及。推曰：『獻公子九人，唯君在矣。惠、懷無親，外內弃之；天未絕晉，必將有主，主晉祀者，非君而誰？天實開之，二三子以爲己力，不亦誣乎？竊人之財，猶曰是盜，況貪天之功以爲己力乎？下冒其罪，上賞其姦，上下相蒙，難與處矣！』其母曰：『盍亦求之，以死誰懟？』推曰：『尤而效之，罪有甚焉。且出怨言，不食其祿。』母曰：『亦使知之，若何？』對曰：『言，身之文也；身欲隱，安用文之？文之，是求顯也。』其母曰：『能如此乎？與女偕隱。』至死不復見。

介子推從者憐之，乃懸書宮門曰：『龍欲上天，五蛇爲輔。龍已升雲，四蛇各入其宇，一蛇獨怨，終不見處所。』文公出，見其書，曰：『此介子推也。吾方憂王室，未圖其功。』使人召之，則亡。遂求所在，聞其入緜上山中，於是文公環緜上山中而封之，以爲介推田，號曰介山，『以記吾過，且旌善人』。

從亡賤臣壺叔曰：『君三行賞，賞不及臣，敢請罪。』文公報曰：『夫導我以仁義，防我以德惠，此受上賞。輔我以行，卒以成立，此受次賞。矢石之難，汗馬之勞，此復受次賞。若以力事我而無補吾缺者，此[復]受次賞。三賞之後，故且及子。』晉人聞之，皆說。

二年春，秦軍河上，將入王。趙衰曰：『求霸莫如入王尊周。周晉同姓，晉不先入王，後秦入之，毋以令于天下。方今尊王，晉之資也。』三月甲辰，晉乃發兵至陽樊，圍温，入襄王于周。四月，殺王弟帶。周襄王賜晉河內陽樊之地。

四年，楚成王及諸侯圍宋，宋公孫固如晉告急。先軫曰：『報施定霸，於今在矣。』狐偃曰：『楚新得曹而初婚於衛，若伐曹、衛，楚必救之，則宋免矣。』於是晉作三軍。趙衰舉郤縠將中軍，郤臻佐之；使狐偃將上軍，狐毛佐之，命趙衰爲卿；欒枝將下軍，先軫佐之；荀林父御戎，魏犨爲右：往伐。冬十二月，晉兵先下山東，而以原封趙衰。

五年春，晉文公欲伐曹，假道於衛，衛人弗許。還自河南度，侵曹，伐衛。正月，取五鹿。二月，晉侯、齊侯盟于斂盂。衛侯請盟晉，晉人不許。衛侯欲與楚，國人不欲，故出其君以説晉。衛侯居襄牛，公子買守衛。楚救衛，不卒。晉侯圍曹。三月丙午，晉師入曹，數之，以其不用釐負羈言，而用美女乘軒者三百人也。令軍毋入僖負羈宗家以報德。楚圍宋，宋復告急晉。文公欲救則攻楚，爲楚嘗有德，不欲伐也；欲釋宋，宋又嘗有德於晉：患之。先軫曰：『執曹伯，分曹、衛地以與宋，楚急曹、衛，其勢宜釋宋。』於是文公從之，而楚成王乃引兵歸。

楚將子玉曰：『王遇晉至厚，今知楚急曹、衛而故伐之，是輕王。』王曰：『晉侯亡在外十九年，困日久矣，果得反國，險阸盡知之，能用其民，天之所開，不可當。』子玉請曰：『非敢必有功，願以間執讒慝之口也。』楚王怒，少與之兵。於是子玉使宛春告晉：『請復衛侯而封曹，臣亦釋宋。』咎犯曰：『子玉無禮矣，君取一，臣取二，勿許。』先軫曰：

『定人之謂禮。楚一言定三國，子一言而亡之，我則毋禮。不許楚，是弃宋也。不如私許曹、衛以誘之，執宛春以怒楚，既戰而後圖之。』晉侯乃囚宛春於衛，且私許復曹、衛。曹、衛告絶於楚。楚得臣怒，擊晉師，晉師退。軍吏曰：『爲何退？』文公曰：『昔在楚，約退三舍，可倍乎！』楚師欲去，得臣不肯。四月戊辰，宋公、齊將、秦將與晉侯次城濮。己巳，與楚兵合戰，楚兵敗，得臣收餘兵去。甲午，晉師還至衡雍，作王宫于踐土。

初，鄭助楚，楚敗，懼，使人請盟晉侯。晉侯與鄭伯盟。

五月丁未，獻楚俘於周，駟介百乘，徒兵千。天子使王子虎命晉侯爲伯，賜大輅，彤弓矢百，玈弓矢千，秬鬯一卣，珪瓚，虎賁三百人。晉侯三辭，然后稽首受之。周作《晉文侯命》：『王若曰：父義和，丕顯文、武，能慎明德，昭登於上，布聞在下，維時上帝集厥命于文、武。恤朕身、繼予一人永其在位。』於是晉文公稱伯。癸亥，王子虎盟諸侯於王庭。

晉焚楚軍，火數日不息，文公歎。左右曰：『勝楚而君猶憂，何？』文公曰：『吾聞能戰勝安者唯聖人，是以懼。且子玉猶在，庸可喜乎！』子玉之敗而歸，楚成王怒其不用其言，貪與晉戰，讓責子玉，子玉自殺。晉文公曰：『我擊其外，楚誅其内，内外相應。』於是乃喜。

六月，晉人復入衛侯。壬午，晉侯度河北歸國。行賞，狐偃爲首。或曰：『城濮之事，先軫之謀。』文公曰：『城濮之事，偃説我毋失信。先軫曰「軍事勝爲右」，吾用之以勝。然此一時之説，偃言萬世之功，奈何以一時之利而加萬世功乎？是以先之。』

冬，晉侯會諸侯於温，欲率之朝周。力未能，恐其有畔者，乃使人言周襄王狩于河陽。壬申，遂率諸侯朝王於踐土。孔子讀史記至文公，曰『諸侯無召王』、『王狩河陽』者，《春秋》諱之也。』

丁丑，諸侯圍許。曹伯臣或説晉侯曰：『齊桓公合諸侯而國異姓，今君爲會而滅同姓。曹，叔振鐸之後；晉，唐叔之後。合諸侯而滅兄弟，非禮。』晉侯説，復曹伯。

於是晉始作三行。荀林父將中行，先縠將右行，先蔑將左行。

七年，晉文公、秦繆公共圍鄭，以其無禮於文公亡過時，及城濮時鄭助楚也。圍鄭，欲得叔瞻。叔瞻聞之，自殺。鄭持叔瞻告晉。晉曰：『必得鄭君而甘心焉。』鄭恐，乃間令使謂秦繆公曰：『亡鄭厚晉，於晉得矣，而秦未爲利。君何不解鄭，得爲東道交？』秦伯説，罷兵。晉亦罷兵。

九年冬，晉文公卒，子襄公歡立。是歲鄭伯亦卒。

論説

《史記》卷三九《晉世家》 太史公曰：晉文公，古所謂明君也，亡居外十九年，至困約，及即位而行賞，尚忘介子推，況驕主乎？

唐·柳宗元《柳河東集》卷四《議辯一十首·晉文公問守原議》 晉文公問守原議不詳其作之年月，然觀公旨意當作於憲宗元和間。蓋自德宗懲刘泚賊，故以左右神策、天威等軍，委宦者主之，置護軍中尉、中護軍，分提禁兵，是以威柄下遷，政在宦人。其視晉文問守原於寺人殆有甚焉。故首論晉文公之失，而終之以景監弘石之亂，國政其曰不公議於朝，而私議於宫；不博謀於卿相，而獨謀於寺人。雖或衰之賢足以守國之政不爲敗，而賊賢失政之端由是滋矣。蓋亦深憫當時宦者之禍，當時之君由之而不知也。憲宗元和十五年，而陳洪志之亂作，至是驗矣。

晉文公既受原於王，難其守。問寺人勃鞮，以畀趙衰。《春秋·僖公二十五年·傳》：夏晉侯朝王，請隧弗許與之陽樊、温、原、攢茅之田。陽樊不服，圍之，出其民。冬，晉侯圍原，原又不降。命去之，諜出，曰：原將降矣。軍吏曰：請待之。公曰：信，國之寶也，民之所芘也，得原失信，何以芘之？退一舍而原降。晉侯於是問原守於寺人勃鞮，對曰：昔趙衰以壺飱從徑，餒而弗食。故使處原。勃音孛。鞮音低。《史記》或作履鞮，或作勃鞮，注云：勃鞮，披也。衰，初危切。晉大夫。余謂守原，政之大者也，所以承天子，樹霸功，致命諸侯，不宜謀及媟近，以忝王命。《説文》：嬻也。而晉君擇大任，不公議於朝，而私議於宫。不博謀於卿相，而獨謀於寺人。雖或衰之賢足以守，國之政不爲敗，而賊賢失政之端由是滋矣。況當其時不乏言議之臣乎？狐偃爲謀臣，先軫將中軍，是時，楚及諸侯圍宋，宋如晉告急。先軫狐偃爲晉謀，若伐曹衛，楚必救之，則宋免矣。於是晉作三軍。狐偃將上軍，先軫佐下軍。事見《史》。晉君疏而不咨，外而不求，乃卒定於内豎，其可以爲法乎？且晉君將襲齊桓之業，以翼天子，乃大志也。然而齊桓任管仲以興，進豎刁以敗。周莊王十一年，齊桓公立。鮑叔牙曰：君欲伯王，非管夷吾不可。桓公從之。自仲用，而齊以大治。及桓公四十一年，管仲病，桓以豎刁、易牙、開方三子問誰可相？仲歷數其不可。公

卒用三子，三子專權。自是，因内寵殺羣吏，擅廢立，無所不至矣。則獲原啓疆，適其始政，所以觀示諸侯也。而乃背其所以興，迹其所以敗。然而能霸諸侯者，以土則大，以力則强，以義則天子之册也。誠畏之矣，烏能得其心服哉！其後景監得以相衛鞅，按《史》景監，秦孝公之寵臣也。衛鞅，公孫氏，衛之諸庶孽公子。始事魏相公叔痤，其後去魏之秦，因景監以見孝公，凡乙再以帝王爲說，孝公不納，終獻强國之説，孝公始善之，謂景監曰：汝客可與語矣。鞅遂用於秦。弘石得以殺望之。按《史》：弘恭、石顯，自宣帝時，久典樞機，明習文法。元帝即位，多病，委以政事。蕭望之等頗疾恭顯擅權，建白：以爲中書政本，國家樞機，用宦者非古制也。宜罷中書宦官，應古不近刑人之義。由是大與恭顯，忤恭顯，遂譖望之，令自殺。誤之者，晉文公也。誤，一作設。嗚呼！得賢臣以守大邑，則問非失問，舉非失舉，一作問非失舉蓋失問也。然猶羞當時、陷後代若此，況於問與舉又兩失者，其何以救之哉？余故著晉君之罪，以附《春秋》許世子、止趙盾之義。《春秋·宣公二年》書晉趙盾弑其君夷皋。《左氏》云：趙穿攻靈公於桃園，宣子未出山而復。太史書曰：『趙盾弑其君』，以示於朝。宣子曰：『不然。』對曰：『子爲正卿，亡不越竟，反不討賊，非子而誰？』昭公十九年，書許世子止弑其君買。《左氏》云：許悼公瘧，五月飲太子之藥而卒。太子奔晉，書曰：弑其君。君子曰：盡心力以事君，舍藥物可也。盾，徒本切，宣子名。

宋·李杞《用易詳解》卷七《遁·九三》 君子之遯必决然，勇往而後可，苟去之不果而有所係焉，則爲疾而且危矣。蓋有所係者，有所牽于私愛之謂也。夫欲圖大事，必不顧其私，乃今中有所昵，而爲私情之是牽，是畜臣妾之道也，而尚安能圖其大者哉？懷與安，實敗名，此桑下之謀所以成晉文公之霸也。

宋·李樗、黄櫄《毛詩集解》卷一七 論曰：古者天子之於諸侯，入其疆，土地闢，田野治，養老尊賢，俊傑在位，則有慶；入其疆，土地荒蕪，遺老失賢，掊克在位，則有讓。天子之於諸侯如此，惟恐其不能偏察，故分天下爲二伯，又每州而置一伯，則雖諸侯有侵虐之政，其可得哉？曹共公肆掊克而民不得其所，蓋上無天子，下無方伯故也。惟其無明王賢伯，則諸侯侵虐，放恣無所不爲。當時雖無明天子，而晉文公爲方伯，亦可謂賢矣。《左僖公二十八年》：晉侯圍曹，亦可謂能正共公之罪矣，又何必思賢伯哉？蓋湯之征葛也，四海之内皆曰『非富天下也，爲匹夫匹婦復讐也』。湯征自葛始，十一征而無敵於天下，東面而征西夷怨，南面而征北狄怨，曰『奚爲後我？』民之望之，若大旱之望雲霓也。歸市者不止，耕者不變，誅其君而弔其民。如時雨降，民大悦。使晉文公以共公之侵虐下民，遂以伯主之威而合諸侯之師以正其罪，則曹人之望也，豈不如黍苗之得陰雨乎？今晉文公之伐曹，但以其私憾而伐之，其意只報其私憾，而無意於救民，雖曰賢方伯，與無方伯何以異？此所以思之也。

宋·王晳《春秋皇綱論》卷一《尊王下》 春秋列國莫大於齊、晉、楚。楚僭王號，固不足取；而齊、晉之君，莫盛於桓、文，故孟子謂：《春秋》其事，則齊桓、晉文；其文則史。孔子曰：其義則丘竊取之矣。其故何哉？夫豈以其執中國之權，制天下之命而云乎？夫周室雖衰，天命未改，桓、文襲侯爵，臣子也。而執中國之權，制天下之命，則是彊僭之臣也，奚足議邪？然聖人以其有尊周室、安中國之心故爾，何以知其然哉？謹案惠王以惠后故寵其子帶，欲廢太子，於是齊桓帥諸侯會王世子于首止，以定其位。厥後太子踐阼，是爲襄王，此仲尼所謂『一正天下』也。桓公既殁，叔帶卒，亂周室，天王出居于鄭，幾不能復，於是晉文公帥師迎王以歸于王城，遂誅叔帶。故《傳》曰：『出定襄王以示之義』。由是觀之，則二君之大節可見矣。此聖人所以褒其功、稱其仁也。又齊桓之會，葵丘爲盛，以其一明天子之禁也；晉文之盟，踐土稱信，以其胥奬王室之忠也。夫以東周之微，不絶如綫，桓、文之勢，震於天下，卒能尊周室、安中國，厥功茂哉！然不能推至公，血誠力遵王道之正，征伐自出，賦貢自專，則其罪爾。《荀子》曰：『粹而王，駮而伯』，此之謂也。故仲尼因桓、文之事而辭，以致其義焉。義者何？明於君臣之分，篤於仁義之心，離其駮、會于粹而已矣。或曰：然則桓、文之功並邪？曰：然。又曰：如此，則仲尼何以云『齊桓公正而不譎，晉文公譎而不正』乎？曰：仲尼之云譎者，一時權譎之謂也，非謂詐也。苟專以譎爲詐，則當云『湯、武正而不譎，桓、文譎而不正』，聖人不當云齊桓正而不譎也。且齊桓用兵脅魯，使殺子糾，又以無名侵蔡，遂伐楚，責王貢之不入；甯母之會，又欲聽子華之言。凡如此類，豈不譎哉？晉文伐原以存信，辟楚以示報，躬率諸侯，朝事天子，豈不正哉？但齊桓之定太子也，不欲使惠王廢嫡庶之正，是其本志，故仲尼謂之『一正天下，首止之會』是也。以其猶有彊君之嫌，故謂之『正而不譎』也。晉文

之逆襄王也，藉以求諸侯信義之名，非其至誠，而狐偃勸以繼文之業，王城之師是也。以其不本尊王之義，故謂之『譎而不正』也。噫！聖人發於精愬，章爲大訓，如此之極也。而後世猶有簒奪之臣，亦末如之何也已。

宋·文彦博《潞公文集》卷九《譎正論》 孔子曰：『齊桓公正而不譎，晉文公譎而不正。』愚嘗詰注疏家流止云：齊桓公正而不譎者，以其伐楚而責包茅不入，問昭王南征不返，有以見臣節而尊王室也，故稱其正焉；晉文公譎而不正者，謂天王狩於河陽，因而朝之，以臣召君，非禮也，故稱其譎焉。以愚觀之，則所謂只知其一未知其二也。夫聖人之道，言以尚辭，語無重出，故云一字爲褒貶者，取其簡而當也。至於品藻諸弟子，但云『柴也愚，參也魯，由也喭』而已。若謂齊之正焉，但云齊桓公正可矣；謂晉之譎焉，但云晉文公譎可矣。復云『正而不譎，譎而不正』者，其故何哉？愚嘗議之，蓋有以也。按《春秋》曰：齊侯與蔡姬乘舟於囿，蕩公。公懼變色，禁之，不可。公怒，歸之，未之絶也。蔡人嫁之。明年春，齊侯遂以諸侯之師侵蔡，蔡潰，遂伐楚。楚子使與師言曰：『君處北海，寡人處南海，惟是風馬牛不相及。不虞君之涉吾地也，何故？』管仲對曰：『昔召康公命我先君太公曰：「五侯九伯，汝實征之，以夾輔周室。」賜我先君履：東至於海，西至於河，南至於穆陵，北至於無棣。爾貢包茅不入，王祭不供，無以縮酒，寡人是責；昭王南征不復，寡人是問。』對曰：『貢之不入，寡君之罪也，敢不供給？昭王之不復，君其問諸水濱也。』且齊侯之始也，以姬之忿而侵於蔡；侵蔡得利，因而伐楚；楚既問罪，乃託爲勤王之師。夫然則測其始志，得不謂之譎乎？及責楚之罪，則爲正矣，既得其正乃爲不譎矣。夫晉文公之始也，伐原以示信，大蒐以示禮，一戰而霸，可謂正矣。及其天王將狩於河陽，君子譏其以臣召君，又朝王而請隧，王不許焉，曰：『王章也。未有代德而有二王，亦叔父之所惡也。』噫！晉之始也，正則正矣，及其此也，臣節何在？如此則始雖正，今乃爲譎矣。愚謂聖人之意，以齊桓有管仲之佐，雖始譎終乃復正，故正而不譎矣；以晉文公季年無良臣輔弼，始雖正終乃復譎，故譎而不正矣。先師之旨，不其然乎？

宋·張大亨《春秋通訓》卷四《僖公》 天子以四海爲家，天下皆其所也，故朝不言所；朝而言所者，失其所也。諸侯出會，必自其國故會不言自會；而言自者，非其自者也。周衰，諸侯莫肯行朝事，晉文公行霸，再致天子，使諸侯朝于野，此之謂失其所；晉厲公伐秦，欲挾王師，使諸侯過而朝之，此之謂非其自。然則文公非誠尊天子也，欲大己功以爲名耳；厲公非誠朝天子也，欲重己師以爲名耳。而《春秋》志之曰：『公朝于王所』，則若魯公之自朝者。又曰『公如京師』，則若專以朝事行者。彼以名爲之，我以實應之，聖人幸其有是名也，則不敢不爲是實也。此所以正君臣之分，明經世之法也。《書》曰：『爾其敬識百辟享，亦識其有不享。惟不役志于享。凡民惟曰不享。』此《春秋》所惡之説也。《孟子》曰：『君子務引其君以當道，志於仁而已矣』。此《春秋》所志之意也。

宋·楊萬里《誠齋易傳》卷一五《旅·六二》 六二，公侯大臣之顯者喪而在旅者也，然能柔順以下人，中正以立己，故所至有次舍安焉，即之而不危，所挾有資用。退然懷之而不露，所從有臣僕，翕然得其心而不離，雖曰爲旅而无悔尤矣。晉文公之奔也，見秦伯則拜，見野人亦拜，不曰『柔順以下人』乎？文而有禮，好學而不貳凡十九年，守志彌篤，不曰『中正以立己』乎？廣而儉懷，安而能遷，不曰『懷其資而不露』乎？其貞正如此，故至楚，楚饗之，楚送之；至齊、秦，齊、秦妻之，秦納而歸之，可謂旅即次矣。腹心則子犯、子餘，股肱則魏犨、賈佗，紀綱則秦之三千人，可謂得童僕矣。豈惟在旅而无悔尤哉！旅而歸而霸，孰禦焉？

宋·呂祖謙《左氏傳説》卷二《僖公·晉文退舍避子玉喜二十八年》 看桓公之所以霸，須看得管仲規模。當時桓公之霸，蓋將以尊内攘外爲功也。楚之憑陵中國者，非一日矣，如伐鄭、伐蔡，而桓公皆不之問。桓公以莊之十五年霸中國，而以僖之四年始伐楚，置楚於度外而不問且二十年者，何故？仲之意豈不以吾驟加兵於楚，萬一不勝，則霸威屈矣。故遵養時晦，至於力彊威盛，而後一舉以臨之，則楚無不服矣。夫以堂堂之楚，而不敢以兵抗齊，不過使人如師及使屈完來盟，則齊之盛彊蓋可知。至於晉文公則不然。桓公以兵加楚，而楚不敢抗；文公退舍辟子玉，而子玉犯之。文公之規模小於管仲也明矣。文公蓋數年便欲服楚，雖力戰而

僅勝之，然傷威損重已多。仲之相桓，則遲楚以二十年之久，則文豈足以及桓哉？其服晉也，規模猶大於服楚。晉獻公之滅耿、滅霍、滅魏、伐東山，而齊皆不問者，何故？仲之意豈不欲以晉之於齊猶家也，楚之於齊猶鄰也？以至彊之晉，吾驟臨之以兵，萬一不勝，爲晉所敗，則吾家人猶不能勝之，何以服其鄰？故一切置而不問。逮夫諸侯盡服，外域皆從，光焰既大，聲勢既盛。故葵邱之會，晉侯不召而自至，服楚以兵，服晉以不召而自來，則以聲勢光焰臨之耳。其服晉過於服楚遠矣。蓋其遲速之不同，故其力有厚薄，威有輕重。論至於此，非惟王道不可要近功，而霸者亦然。齊桓遲之以二十餘年，而晉文求之於六七年間，須要做盡許多事，故晉文之霸，不及齊桓之盛。當時葵邱之會，晉侯欲往，而宰孔止之而不會。蓋宰孔見得齊侯之驕，故如此。於此又須看得，管仲之事桓公，專去事上做工夫，却不去君心上做工夫。惟其去事上做工夫，故鋪排次叙二三十年，皆如其規模；惟其不去君心上做工夫，故訑訑之聲音顔色，拒人於千里之外。管仲之事，蓋積數十年而成。桓公之驕，止一日而壞。不能格君心之非，其禍蓋如此也。

又　卷四**《戰于城濮二十八年》**　晉文公凡出外許多時，直到成霸業，皆是趙衰、狐偃二人爲之謀主。文公自僖之二十四年入國，至僖二十七年蒐于被廬，方始命狐偃將上軍，狐偃則讓於狐毛而佐之。命趙衰爲卿，則又讓於欒枝、先軫。若以後世論之，二人自入國便合處於高官大職可也，何故經涉許多年，方命他將上軍及爲卿之任，他又相遜，二人初不曾計較官職，以此知二人是心腹宗臣，與社稷同休戚。初不論職位之高下，又見得古之體國之臣，但欲成國事，不曾計較官職。且如齊桓公之伯，全在管仲。仲只爲下卿，及平戎于王，王以上卿之禮享之。仲不敢受，曰：『有天子之二守國、高在。』當時國子高子常爲齊上卿。然國高初無功於齊，所以讓者，是不計較官職之高下。漢高祖之興張良，實在三傑之列，叔孫通初無大功，後來立太子，使叔孫通爲太傅，良止爲少傅。自常人處之，必有憤然不平之心。凡此皆國之宗臣，初不曾計較官職高下，專以推賢讓能使之利害相謀，是非相參而已。又見人材不厭多。夫晉文之有子犯，亦猶齊桓之有管仲相似。晉文一箇霸諸侯之規模，皆是子犯出。然文公之規模，與齊桓大段不同。桓公是三十年工夫方做得成，所以優游。文公兩三年，盡做許多事，所以急迫。桓公雖有兵車之會，然史無可書之事，亦無可喜之功；至於文公事業，載在史冊，粲然可觀，如城濮一戰，功業森然在目。齊桓成霸業却無迹，晉文公霸業便有迹；桓公霸業緩成，文公霸業速就。此晉文所以不如齊桓處。試又舉其大者言之。如齊桓之興便去封已滅之衛，歸公乘馬，凡牛羊豕雞狗、門材，皆以與衛。閔二年，救邢，復具邢器用而遷之。又與城邢，其存植亡國如此。晉文公於僖二十八年伐衛，使衛失國。其一國君臣互相屠戮，又執曹伯，至使其國亂亡。方復曹伯。桓公封衛遷邢以存亡國，文公執曹伯衛侯使其國亂；桓公遷邢封衛一舉便得安迹，文公復曹衛反使其國家危亂。足見文公不如桓公處。然不特此。初，晉文公於僖之二十三年，欲歸國，及鄭，鄭文公不爲之禮，後來於僖之二十八年城濮既勝之後，鄭伯使子人九行成于晉。晉使欒枝與盟。五月，文公及鄭伯盟于衡雍。凡與鄭盟者再矣，亦可以釋怨。至僖三十年，復與秦圍鄭，看得文公度量不廣，未到坦然大度處。所以記人之怨而不忘，其不及齊桓又如此。齊桓九合諸侯，一正天下，無非尊王室，天子亦未嘗親出慰勞；若文公踐土之盟，河陽之狩，兩屈天子之尊。蓋周王不畏齊而畏晉，天子視齊桓乃忠臣，不過一誠實；而晉文權謀高大，所以畏晉不畏齊也。舉天子畏與不畏，又見文公不如桓公。看得晉文公既種種不如桓公，然桓公霸業不繼，而文公雖死霸業不絶，何故？只緣有一件勝如齊威，此晉文所以霸業相繼不絶。前説管仲一身任事不能，爲齊求人材，而晉專務收人材。看得晉國人材之盛，皆出於狐、趙。初，間使狐偃將上軍，則讓於狐毛而佐之；命趙衰爲卿，則讓於欒枝、先軫。及先軫死，復使且居將中軍，又佐之。晉人材之所以盛，緣狐、趙之徒倡推賢讓能之風於上，一國所以皆有此風。至臼季見冀缺於田野之間，其夫婦敬相待如賓。臼季歸，既薦之於文公，文公以爲下軍大夫。以此見非特朝廷如此相遜，而田野之間亦莫不皆然；一國所以皆有推賢讓能之風，趙衰、狐偃實倡之也。直至悼公時，范宣子讓，其下皆讓，其波流之及直至如此。故晉之霸業所以長久，桓公之霸業所以不永也。

又　**《晉侯秦伯圍鄭、鄭使燭之武説秦、秦伯説與鄭人盟三十年》**　秦穆公當時納晉文公，使之有晉國者，其德可謂甚大。文公既立之後，鑑晉惠公之事，與秦穆公左右周旋，盟會征伐，未嘗不同。然而，後來秦晉

同伐鄭，秦納燭之武之説，私與鄭盟而戍之。秦之背晉，亦要察其由。若以惠公之事，甚易見。如秦納晉惠公時，晉許秦地，及歸，又不與秦。晉饑，秦輸之粟；秦饑，晉閉之糴。其曲直甚分明，此固是曲在晉直在秦。若以曲直未察之時論之，曲全不在晉，直全不在秦，何故？秦晉連兵伐鄭，而穆公獨與鄭盟。及子犯請擊秦，晉文公却又説『微夫人之力不及此』，此見晉文公不忘舊德處。若把此一段看似乎直，在文公到得殽之役，又不是晉先犯秦。秦先襲鄭，然後先軫遂發命兵，端又不在晉，似乎曲又不在晉。考其實事論之，則不然。晉之失秦有自來矣，不獨因鄭。當時，天王出居于鄭，晉與秦本要同出兵納王，晉專功求霸，故辭秦師，順流而下。秦穆公是曉了人，豈不知他辭師之意，其間隙已自形見於此，但未見於事。晉文公驪姬之難，受恩於秦，其結好如此。及到圍鄭，一使燭之武説秦，秦穆公便欣然與鄭盟，何故？以此知曲全在晉不在秦。觀秦穆公恩意之於晉文甚拳拳，不獨納他歸國既歸之後。如後來吕郤之難，將焚公宫，晉侯潛會秦伯於王城，瑕甥郤芮不獲公，乃如河上，秦伯誘而殺之。又以三千紀綱之僕爲晉文之衛，其拳拳於晉，當是時尚無疑晉文公之心，自晉文辭師專功掠美之後，其間隙已自形見。以此事迹上稽之，則秦合與鄭盟，不是曲在秦，曲全在晉。

宋・吕祖謙《左氏博議》卷一三《晉重耳奔狄至降服而囚》　晉文公自出亡至於霸天下，拔身流離阨困之中，而成閎大豐顯之業，一時諸臣狐、趙、胥、郤、推、挽、翊、贊之功居多焉。疇諸臣之功次者，文公未入之前，必以反晉之謀爲冠；文公既入之後，必以城濮之戰爲冠。吾獨以爲反晉之功，不若去齊；而城濮之諸將序績論勳，曾未及寺人披頭須之萬一也。天之生物，自蘖而條，自華而實，特造化之小者耳。霜焉雪焉，勁烈刻厲，翦擊其枝葉，剝傷其膚理，然後能反膏收液，鬱積磅礴，發而爲陽春之滋榮，此天下之大造化也。必有大彫落，然後有大發生；必有大摧折，然後有大成就。文公安齊之富，無復四方之志。苟從行諸臣，亦徇其欲，則終身營丘一布衣耳。幸而從行者，識高慮遠，謀於桑下，載而去齊，奪其燕安之雨露，而壓以禍患之雪霜。激之觀浴沃盥，以起其憤；激之鄭文、子玉，以作其憂。乃切乃磋，乃琢乃磨，向來弛墮驕怠之氣，掃除咸盡，伯心勃然而生。朝於武宫，不失舊物。向非奪其安齊，亦安能進文公之志而霸之耶！文公始所以眷眷於齊者，屬意於二十乘之馬耳。從者奪文公二十乘之馬，而與文公全晉四千乘之賦。使之棄鴻毛而得泰山，可謂知取予矣。苟不去齊，烏能入晉，然則策復國之勳，安得不以去齊爲首乎？文公既入晉，席未及煖，已忘其初，於寺人披頭須之見，忿然有不平之心，若肆行忿戮，則懼者甚衆，雖幸免焚宫之變，安知他日無蒯聵戎州之釁乎？哀二年。賴披與須力抗，危言以警之。文公一聞其警，忿戾俱消，變淺陋褊急之襟量爲廣大易直之規模，降寛盡下，人皆思奮，以取城濮之勝，豈非披與須一警之力乎？回萬里之迷途者，一呼之力也；瘳十年之廢疾者，一鍼之力也。登五霸之盛烈者，一警之力也。自披須而視城濮諸將之功，則我源而彼流，我根而彼榦，其小大輕重判然矣。此吾所以高披須而下城濮也。文公方安其小，遽奪之，而使不得安於小；文公方驕其大，遽警之，而使不敢驕於大。奪於前而警於後，置文公於不得不霸之地，信矣，諸臣之功也。雖然，此非專諸臣之功也，其本實在於文公焉。文公當出亡之初，不校君父之命，既有君人之資矣。其未安齊之前，危於渭濱，餓於五鹿，所以動心忍性，增益其所不能者，亦非一日也。雖時有所蔽，一奪一警，初心遽還，遷移改悔，速不容瞬。若文公先無所資，二三臣者雖有斡旋之妙用，亦安所施乎？其君有如是之資，其臣有如是之用，反僅成霸業而止此，吾所以爲文公恨也。洙泗之濱，席間函丈，聖化天運，奪子貢之學而一貫自通，奪顔淵之才而卓爾自見，並《論語》。或謦或咳，或顧或盼，或語或笑，一警之下，萬慮消亡。吾未嘗不恨文公生夫子之前，而又自恨今之學者，生夫子之後也。嗚呼！夫子則遠矣。乃若夫子之神化，蓋通萬世古今爲一爐冶，初未嘗息也，孰謂吾生之晚乎？

又　卷一四《晉文請隧，啓南陽，圍陽樊，圍原，問原守》　言周秦之强弱者，必歸之形勢，其説蓋始於婁敬。敬之言曰：周公營成周，都雒，以爲有德易以興，無德易以亡，不欲阻險令後世驕奢以虐民也。及周之衰，天下莫朝，周不能制。非德薄，形勢弱也。秦地被山帶河，四塞以爲固，此所謂天府。見《高帝紀》。論周秦之形勢者，皆宗於敬，吾獨謂敬所見者，特平王之周耳，曷嘗見文、武、成、康之周哉？敬以周之形勢爲弱，秦之形勢爲强，抑不知敬之所謂秦，乃文、武、成、康之周也。

文、武、成、康之世，岐豐乃周之都，如敬之言，『被山帶河，四塞以爲固』者，蓋皆周之形勢。當是時，安得有所謂秦者耶？迨至平王東遷，輕捐岐豐之地以封秦，遂成秦之强。是秦非能自强也，得周之形勢而强也。秦得周之形勢以無道行之，猶足以雄視諸侯，并吞天下，況文、武、成、康，本之以盛德，輔之以形勢，其孰能禦之耶！是天下形勢之强者，莫周若也。敬何所見，而遽以弱名周耶？吾故曰：敬所見者平王之周，而未見文、武、成、康之周也。敬論周之形勢既謬，其論周之德益謬。形勢與德，夫豈二物？形勢猶身也，德猶氣也。人未有恃氣之充而置身於易死之地者，亦未有恃德之盛而置國於易亡之地者。王者之興，其德必有以先天下，其形勢亦必有以先天下。文、武、成、康之德，天下莫如也；岐豐伊雒之形勢，天下亦莫如也。兩盡其極，而未嘗有所隆殺也。君子無所不用其極者，隆其德而殺其形勢，是有時而不用其極矣，烏得爲王者之道耶！陋矣哉，敬之論也！非特敬爲然，雖周之子孫，莫不皆然。晉文公既定子帶之難，請隧以自寵，襄王弗許，曰：『王章也。未有代德，而有二王，亦叔父之所惡也。』與之陽樊、温、原、欑茅之田。襄王之意，以謂吾周之爲周，在德而不在形勢。典章文物之制，子孫當世守之，不可一毫之假人。至於區區土壤，吾何愛而以犯强國之怒耶？抑不知隧，固王章也；千里之畿甸，亦王章也。襄王惜禮文，不以與晉，自謂能守王章，抑不知割地自削，則畿甸之王章，既不全矣。惜其一而墮其一，烏在其能守王章耶？形勢猶身也，德猶氣也，披其肩背，斷其手足，自謂能守氣者，吾不信也。嗚呼！周自平王捐岐豐以封秦，既失周之半矣。以破裂不全之周，兢兢自保，猶恐難立，豈容復有所侵削耶？奈何子孫猶不知惜。今日割虎牢畀鄭，明日割酒泉畀虢。文武境土，歲朘月耗，至襄王之時，鄰於亡矣。又頓捐數邑於晉，猶棄糧於陳蔡之間，揮金於原曾之室，果何以堪乎！周之堙替至此見之者，皆爲之憫惻。晉文乃忍於此時，多取其地以自肥，亦猶奪糧於陳蔡之間，攫金於原曾之室，其亦不仁甚矣。噫！晉文獨非周之苗裔耶？坐視宗國之危蹙，不能附益，反從而漁奪之，是而可忍孰不可忍。議者反屑屑然，論其伐原之信，問守之非，何其捨本而求末也！晉文之不仁至是，固自不可以人理責，向使爲襄王者，知祖宗之地，尺寸不可以與人，以正義大法明告於晉，晉雖强暴，未必敢遽加無道於周也。雖然，仲叔于奚有功於衛，賞之繁纓，夫子以爲不如多與之邑，隧之與繁纓，不亦大乎？襄王重隧而輕邑，適合夫子之訓，夫子是則襄王亦是，襄王非則夫子亦非，必居一於此矣。曰：不類仲叔于奚，内臣也，雖多與之邑，猶衛地也。晉文公外臣也，朝受圖而夕設版矣。是不同。

宋·沈棐《春秋比事》卷二《晉文公重耳》　攷之《春秋》，重耳主伯五年，侵伐各一：僖二十八年，侵曹伐衛是也。入國一：二十八年，入曹是也。圍國二：二十八年，圍許；三十年，圍鄭是也。執諸侯二：二十八年，曹伯、衛侯是也。盟諸侯二：踐土、翟泉是也。會諸侯一：會温是也。按《左氏》：晉侯將伐曹，假道於衛，衛人弗許。還，自河南濟。曹伐衛，蓋曹、衛，楚之與國，爲楚之捍蔽者。晉侯將服楚救宋，然不得曹、衛，楚未可服，是以先侵曹伐衛而後戰楚也。是年，晉侯入曹，執曹伯畀宋人。蓋晉爲宋，楚爲曹。楚既不爲宋矣，故晉執曹伯以畀宋，所以怒楚使戰也。及四月，合四國之師及楚，戰於城濮，楚師敗績。經於三國稱師，獨書晉侯，所以顯晉侯伯功之成。晉既敗楚，于是率諸侯爲踐土之盟，而致天王於會，故《經》於下又書『公朝於王所』，蓋不使晉侯得以致天子，故上文不言王，又不言諸侯朝，特言『公朝于王所』，以明晉侯召君之惡也。冬，會諸侯于温，晉侯復致天王，則其惡又甚矣。故《經》書『天王狩于河陽』。《左氏》以謂仲尼曰：『以臣召君，不可以訓』。故書曰『天王狩』，蓋諱以天王之尊而從霸主之脅，致若王巡狩而諸侯會方岳也。及二十九年，會王人，六國盟於翟泉。説者以謂皆諸國大夫，故稱『人』。然王人不可與盟，今使大夫盟之，則晉文之惡又可知也。嗚呼！晉文一戰敗楚，於是恃其威勢驕傲不臣，至以身召天子，以大夫盟王人，豈非萬世之罪人哉！其不及小白遠矣。

又　《六國背服始終》　自小白没楚，乘中國無伯，欲驅率諸侯驟主盟會。宋襄雖有紹伯之志，而力不敵楚，反貽挫辱，故盂之會執於楚子，泓之戰敗於楚人。僖二十六年，楚伐宋，圍緡。二十七年，又合諸侯，圍宋。逮重耳之出，始終。仇楚者，唯宋一人。其他國，若曹、衛、許，則一於附楚；至齊、魯、陳、鄭之屬，則又視晉之成敗而爲向背者也。故城濮之戰，從晉侯止。齊、宋、秦三國，蓋齊以霸者之後，宋以疾楚深，

秦以納公之好，故當時無顧望之心，而皆鋭於從晉也。至陳、鄭、魯、衛、蔡、邾、莒，則自敗楚之後，始從晉盟。故踐土之盟，鄭、魯、蔡、衛及莒子始至；温之會，邾子始至。踐土之盟稱陳侯，如會者蓋以陳侯畏楚，猶緩於從晉，特稱如會，以見其不與盟也。至衛則始終從楚，唯元咺及國人力於附晉，故敗楚之後，衛侯懼晉而奔楚。是時，衛國無君，元咺奉公瑕以受盟，於此見衛侯雖奔楚，其國人皆欲從晉也。晉以子瑕結盟，故許衛侯復歸於衛。衛侯既入而殺叔武，則猶有二晉之心，是以元咺奔晉以訴之。及温之會，陳、鄭畢至，衛獨不來，於是晉人執衛侯，歸之於京師，且歸元咺于衛。然則當時諸侯畏楚之威，憚於從晉者唯衛爲甚，故《經》書衛事亦多也。至許則踐土與温皆不從盟會，故温會之後，諸侯圍許，鄭，雖兩與盟會，而翟泉之盟有貳晉之心，乃復不至。是以三十年，晉、秦圍鄭以討之也。夫小白之伯，經營中國者二十五年，諸侯懷德畏威，從服既久，然後率衆以伐楚，故當時諸侯信附不疑，而盟會之間攜貳者少。及小白没，距晉之伯已十一年，諸侯事楚，其心已固。重耳無盟會之素，一旦大興征伐，驟伯中夏，宜乎諸侯信服不堅，而糾合之難也。

又《總論》 孔子曰：『晉文公譎而不正，齊桓公正而不譎。』此聖人即《春秋》之旨以定二伯之優劣也。昔者宣王中興，伐玁狁，威荆蠻，使之竄伏荒陲，屏氣遁迹，不敢内顧。自平王東遷，周道復衰時，無宣王之明，無吉甫方叔之佐。是以荆蠻醜類，浸爾跳梁，入蔡伐鄭，侵陳圍宋，齮狠狼戾，所向披靡。幸賴小白、重耳相望而興，或盟會以聲其威，或克伐以折其氣。是以虐焰不逞，中原少寧，則二伯之功亦云盛矣。攷之《經》筆，其行事終始相背馳，請備論之，以伸孔子之説。周惠王以惠后之愛，欲廢太子，鄭立王子帶，而小白親率諸侯會世子於首止，以定其位，此正天下之功也。至重耳敗楚未幾已，致天王於踐土，則與首止之盟異矣。及惠王即位，襄王以叔帶之難，懼不得立，使告於齊。小白於是率諸侯以謀之，此定王室之功也。至重耳會温未幾，又盟王人于翟泉，則與洮之盟又異矣。小白以禮義柔中國，故盟會諸侯八，然後有陘之師，則先禮義而後征伐者也。重耳以兵革威中國，故未嘗盟諸侯而遽有城濮之戰，則先征伐而後禮義者也。小白之服楚，先侵蔡以示其威，又次于陘以耀其衆。及楚畏服，遣師乞盟，於是結盟而還，未嘗接刃，則志在於全師而已。及重耳戰楚城濮，則侵曹伐衛，乃又執曹伯畀宋人以怒之，然後合四國之師，一戰屠楚，兵革之威，疾若風雷，則服楚之功與小白異矣。小白盟楚之後，楚雖不敢憑陵大國，而滅弦圍許，滅黄伐徐，連歲侵軼，不少衰止。至重耳既敗楚師，小見經筆，七年雖徐許小國，亦無楚患，則服楚之功與小白又異矣。小白之霸，諸侯未服，固嘗侵伐之，然不過伐其國，執其臣，使諸侯自懼而後已，故莊十七年執鄭詹，鄭伯，遂同盟于幽。僖四年執陳轅濤塗，陳侯，遂盟于首止，此皆未嘗執諸侯也。至重耳則執曹伯以畀宋人，執衛侯以助元咺，而曹、衛兩國，終不與其盟會，其所以服諸侯者異矣。小白之霸也，伐戎者三，救諸侯者四，城國者三，雖不能盡其成功，然驅攘强暴，救恤灾患，其於諸侯亦不可謂無功也。至重耳則戰楚之外，不復有攘却之功，故三年狄侵齊而晉侯不能救，三十一年衛遷帝邱而晉侯不能城，則其所以勤諸侯者又異矣。夫二霸行事，載在《春秋》，其不相侔如此。切嘗究其心矣。方小白之伐楚，非不欲戰也，然當春秋時，諸侯恣横，干戈相尋，殘民暴骨，不勝其患。小白主霸，方崇禮義，去侵伐以救當時之弊，故端委正笏，雍容乎壇陛之間，兵革不施而諸侯已諭其志矣。況當時楚雖浸强，其患尚小，不過侵擾鄰境，若蔡、鄭諸國而已。及齊侯一出，楚既畏服，則召陵之師，盟而不戰，小白之心也。然而楚人之横，易以威制，難以信結。故自齊之霸，而楚之驕暴甚於曩時。至伐宋，大國執天子，上公脅制諸侯，使束身從已。齊魯之君，俛首帖耳，委命下吏，無復慙色，中國諸姬幾爲楚盡矣。使重耳之興，尚懷仁厚，不奮兵威，則何以折楚之暴，以懲艾諸侯？然則晉文之霸，又不得不用征伐也。雖然，小白之會，止致世子。重耳之興，乃召天王，其罪之輕重，固不待較而明矣。然循流塞源，則小白之罪又加於重耳。何則《春秋》之作爲尊王也，當周之衰，諸侯跋扈，陵傲天子，君臣之禮掃地殆盡，所賴於振興者，二霸而已。使小白主霸之後，即帥諸侯朝天子以令天下，則重耳雖不臣，安敢致天王哉？惟小白不朝京師，致王世子，是以晉文得侈其惡，無復嚴憚。論《春秋》之義，則小白之罪誠過於重耳也。嗚呼！賢如二霸且假尊周之名，而忘其實，況當世諸侯哉！《孟子》謂『三王之罪人』。諒矣。

宋・戴溪《春秋講義》卷二下《文公元年》 晉侯伐衛。

《孟子》曰：『夫人必自侮，然後人侮之。』晉文公之霸也，嘗執衛侯，及其季年，衛人不朝，亦人情然也。晉襄公不能反已，甫及祥祭，親自伐衛，雖僅能一勝，而衛人有報復之師，視霸主如敵國，不復有晉矣。《春秋》書晉侯伐衛，見晉侯之自輕；書衛人伐，晉見衛人之無霸也。不特此也，公孫敖以大夫會晉侯于戚，雖魯亦有輕晉之心矣。

宋・黄仲炎《春秋通説》卷六《僖公下・二十八年》 晉文公城濮一戰，大挫楚鋒，不惟立濟霸業，而南郢之兵自是不窺中國者久之，比齊桓盟召陵之明年，而楚遂稱兵弦許，無所忌憚，優劣相遠矣。何以書？曰：《春秋》正其誼明其道而已矣，功利不與也。齊桓無王命而專征，卒不以侵陵問楚，聖人以王道律之，誠有罪矣。然齊桓必先得諸侯而後加師于楚，氣象雍容，奉辭而致，討以直情，使人未有他技巧也。至晉文乃欲因挫楚以霸諸侯，成功於期月，於是奇謀詭計，無所不用矣。當宋被楚兵而告急於晉，晉侯曰：『宋人告急，舍之則絶，告楚不許，我欲戰矣，齊、秦未可，若之何？』先軫曰：『使宋舍我而賂齊、秦，藉之告楚。我執曹君分曹、衛之田以賜宋人。楚愛曹、衛，必不許也。喜賂、怒頑，能無戰乎？』又曰：『楚有三施，我有三怨。怨讎已多，將何以戰？不如私許復曹、衛以攜之。執宛春以怒楚，既戰而後圖之。』凡先軫所以爲文公謀者，皆詭道也。晉文卒用其計，故能合齊、秦之力，堅宋人之志，攜曹、衛之心，而挑子玉以速戰。雖荆楚頓挫，霸業亟成，而人謀益以黠、世變益以下矣。故孔子曰：『晉文公譎而不正，齊桓公正而不譎。』正之爲言，猶直也。聖人合二霸而論之，若曰齊桓雖爲有罪，然較諸晉文之譎，則猶直爾。自晉文以譎濟霸圖，而後世之君臣凡求得志之速勝敵之驟者，咸祖之，巧詐百出，機穽横生，化生人爲鬼魅，使天下不得休息，可勝嘆哉！惟蜀諸葛亮用兵行師，本於仁義，不用詐謀，如魏延每隨亮出，輒欲請兵萬人，與亮異道會于潼關。亮制而不許，又欲請兵五千，循秦嶺而東，直取長安，以爲一舉而咸陽以西可定，而亮亦不從。蓋亮之規摹，直欲以數十萬衆據正道而臨有罪，建旗鳴鼓，直指魏都，豈肯翳行竊步，事一旦之譎以窺咸陽哉？斯可謂明《春秋》之義矣。

宋・吕大圭《春秋或問》卷一二《晉侯重耳卒》 或謂《左氏》載秦伯納晉文公，及殺懷公于高梁，其事甚詳。而《春秋》不書，或以爲不告也。然乎？曰：否。徐邈曰：『諸侯有朝聘之禮，赴告之命，所以厚交好，通憂虞。若鄰國相望而情志否隔，存亡禍福，不以相關，則他國之史，無由得書。』魯政雖陵，典刑猶在，史策所録，不失常法，其文足證仲尼修之事，仍本史有可損而不能益也。或曰：重耳、小白之優劣，亦有可論乎？曰：蓋嘗攷論重耳之行事，而質諸小白之所爲，然後知聖人譎正之辨。小白三十餘年，蓄威養晦，始得召陵之盟；重耳一駕，而城濮之功多於召陵。小白屢盟屢會，遲回晚歲，始會宰周公；重耳一年再致天王，而温之事敏于葵丘。小白終身與諸侯周旋會，鄄失魯盟，幽失衛，首止失蔡，葵丘失陳；重耳三會，則大侯小伯莫敢不至，其得諸侯又盛乎小白也。然重耳之功多於小白，罪亦多於小白者也；事速於小白，而義尤壞於小白者也。小白殊會世子，不敢盟宰周公，所以尊王室；而重耳兩致天王，盟王子虎，則悖矣。小白首止之會爲定世子，洮之會爲謀王室。而首止，衛地也；洮，曹地也。無逼尊之嫌。而重耳盟于翟泉，洛陽城内地，則逼矣。小白凡大盟會，未嘗使大夫預盟；而重耳翟泉之盟，使大夫主之，則大夫交政，自此始矣。小白之伯也，諸侯未服，不過伐其國，執其臣，未嘗執諸侯也；重耳則執曹伯、復曹伯，執衛侯、復衛侯，惟己所恣矣。小白寧不得鄭，不納子華之請，懼其獎臣抑君，不可以訓也；重耳爲元咺執衛侯，使元咺得以自恣，則三綱五常廢矣。小白得江、黄，不用以伐楚，蓋但使之爲吾聲援耳，不借二國之力也；重耳謂非致秦則不可與楚，爭楚之抑而秦之興矣。小白之伯，王臣無下聘諸侯者；而重耳之伯，則宰周公下聘列國矣。小白之伯，伐戎三，救諸侯四，城國三，猶以中國諸侯爲念；重耳之伯，則狄侵齊而不救，衛遷帝丘而不之卹矣。大抵小白緩於圖事，重耳急於成功；小白猶志於尊周室，重耳乃敢於致天王；小白猶有救災恤鄰之心，重耳惟以立威於己爲念。城濮之役，其所以折楚人之氣者，正欲以爭諸侯耳。豈真有攘寇亂、安中國之誠心哉？然則聖人譎正之辨，可謂深切著明也矣。

宋・家鉉翁《春秋集傳詳説》卷一二《僖公四 襄王二十一年晉文五年》 晉文公才有餘而量不足，於處置衛事而見之。衛固當有比楚之罪，伐之未爲過也。及齊、晉盟于斂盂，衛侯請盟，而弗許，致衛人出其君以求説，則爲已甚矣。元咺相叔武，聽命於踐土，以臣禮進之可也。文公既列之於

會，《經》書衛子，則待之如君矣。未幾復衛侯，致衛侯移怒於叔武而殺之，晉實殺之也。及元咺訟衛侯，乃以臣之訴而執其君，執之未幾而釋之，致衛侯復移怒於公子瑕，又殺之，晉實殺之也。夫使衛之君臣兄弟更相殘殺，則文公不善處事有以致之。竊嘗妄謂晉文才有餘而量不足，齊桓量有餘而才不足。與其爲晉文，寧若爲齊桓。衛侯奔不名《春秋》，所以責晉。【略】

（三十二年）冬十有二月己卯，晉侯重耳卒。晉文公才有餘而德不足，先儒論之備矣。愚嘗比桓文之規模氣象與其行事而觀，竊謂齊桓優游不迫，猶有周家盛時氣象；至晉文則淺狹迫急，漸有戰國秦漢之風。蓋申商之萌蘖也，如城濮之役，《左傳》所謂『三罪而民服』者，皆失刑也。顛頡從亡十九年，勞亦甚矣，以爇僖負羈之宫而殺之，私也；中軍風于澤，亡大旆之左旃，亦細故耳，而祁瞞坐以戮；舟之僑爲戎右，戰城濮有功未賞，乃以及河先歸而殺之。是三人者，皆當在議勳議能之科，雖有罪猶當宥，况罪不至死而殺之乎？蓋晉文執心不弘，而狐、趙諸人濟以深刻，故其見之於事，每每若此。最是顛頡之死，尤爲少恩。《左氏》以爲『三罪而民服』，愚以爲三罪皆不當人心，何服之有？周家忠厚氣象，當齊桓而未替，及晉文則所存鮮矣。善讀書者勿爲史傳所惑。

又 卷一四《文公下》 （十五年）晉郤缺帥師代蔡，戊申入蔡。晉文之霸也，踐土，于温、翟泉會，蔡皆與。及晉襄殁，楚有厥貉之次，從之者亦蔡而已。蔡從而後宋、衛、鄭皆從，蔡實爲罪首伐之是也。然捨强大而治細弱，晉之用事者能不愧於心乎？齊桓公潰蔡而後臨楚，意不在蔡也；晉文公侵曹伐衛而後及楚戰，意不在曹衛也。今趙盾爲晉政，南不能敵楚，西不能輯秦，東不能制齊，乃使郤缺以師伐蔡入，其邪避强梗而侮細弱，雖入蔡益見其無能爲也。其入而不有懼楚師之來追耳。

宋・朱熹《論語精義》卷七下《憲問第十四》 子曰：『晉文公譎而不正，齊桓公正而不譎。』

伊川解曰：譎，不正也。《詩序》云：主文而譎，諫是也。晉文欲率諸侯以朝天子，正也，懼其不能，故譎而行之，召王就之人，獨見其召王之非，而不見其欲朝之本心，是以譎而揜其正也。齊桓本侵蔡，遂至於楚而伐之，責其職貢，其行非正也。然其所執之事正，故人但稱其伐之正，而不見其行事之本譎也，是以正而揜其譎也。聖人發其心迹，使晉文勤王之志顯，且使後世之慎所舉而不失其正也。又《語録》曰：此爲作《春秋》而言也，晉文公實有勤王之心，而不知召王之爲不順，故譎揜其正。齊桓公伐楚，責包茅，雖其心未必尊王而其事則正，故正揜其譎。孔子言之以爲戒，正者，正行其事耳，非大正也，亦猶管仲之仁，止以事功而言也。

范曰：此爲《春秋》而言也。晉文公心正而行譎，召王是也，故終之以譎；齊桓公心譎而行正，伐楚是也，故終之以正。夫苟有善心必行正事，行不正而曰『我心善』，未之聞也。晉文公心非不善也，而所行不正，是以爲譎。初雖不善，其後能改者，聖人貴之，故周公稱祖甲列於三宗。齊桓公心非不譎也，而所行復正，是以爲正。考桓、文之事，人君可不慎其所行也？

謝曰：張先生謂重耳婉而不直，小白直而不婉。

楊曰：晉文公召王以諸侯見，而《春秋》書曰：『天王狩于河陽』，蓋不與其召也。又書曰：『公朝于王』，所言諸侯自朝于王，蓋不與其以也。文公有勤王之心，而不知以臣召君，不可以訓。故曰『譎而不正』。齊桓公責楚以包茅不入，故其有夾輔王室之誠心，而其事則正矣，故曰『正而不譎』。然此特假之彼善於此而已，非至正也，與管仲稱『如其仁』同義。

尹曰：臣師程頤曰：晉文公欲率諸侯以朝王也，懼其不能，而召王就見之人，見其召王之罪，而不明其欲朝之本心，是以譎而揜其正也。齊桓公本怒蔡姬而侵蔡，懼其不義也，因伐楚而責其職貢，其用心本譎，而其所執者正，是以正而揜其譎也。聖人發其心迹，顯晉、文勤王之志，且使後世之君知所行之不正則無以明其心，當慎其所行也。

宋・洪邁《容齋隨筆》卷四《晉文公》 晉公子重耳，自狄適他國，凡七，衛成公、曹共公、鄭文公皆不禮焉，齊桓公妻以女，宋襄公贈以馬，楚成王享之，秦穆公納之，卒以得國。衛、曹、鄭皆同姓，齊、宋、秦、楚皆異姓，非所謂豈無他人不如同姓也。晉文公卒未葬，秦師伐鄭滅滑，無預晉事，晉先軫以爲秦不哀吾喪而伐吾同姓，背秦大惠，使襄公墨衰絰而伐之，雖幸勝於殽，終啓焚舟之戰，兩國交兵，不復修睦者數百

年。先軫是年死於狄，至孫穀而誅滅，天也。

宋・趙彦衛《雲麓漫抄》卷一〇 楚世爲强國，以齊威公之霸，與之爲敵，謂之齊楚。晉文公之霸，亦與之爲敵，謂之晉楚。秦雄曰秦楚，吴强曰吴楚，自三代以來，有國歷年可謂久矣。其國方城以爲城，漢水以爲池。方城在唐汝之間，則是鄧唐汝皆其北境，鍾離居巢爲東界。及滅越至以徐沂爲東疆地，亦可謂廣矣。

宋・陳亮《龍川集》卷四《問答》 晉文公在外十九年，從亡者非一，而三士稱焉。及其反國也，郤縠實當國政，狐偃、趙衰蓋始爲卿，而賈佗、臼季之徒，未有列也。郤縠死，先軫以下軍之佐代之。當時以爲上德，則從亡之勞不論矣。顛頡就誅，魏犨幾不免，而介之推不及禄，榮辱可否，與衆同之幸不幸，一歸諸命，不以親疏厚薄爲等降也。《易》曰：『君子知柔知剛，知微知彰。萬夫之望。』自古聖賢之舉事，與夫後世英雄豪傑，必寄腹心於同起共事之人者，彼其察事見情常先乎衆人，非以其爲故舊，而特親之也。至於左右親暱，詎肯以得國有天下而任之以政哉？富厚安榮，不欲以天下國家而儉其素所親耳。《春秋》之義，所以重君臣恩義之始終而不及其私者，固所以防人心之流也。文帝裁絳侯以大義，而卒不任宋昌、張武以國政，彼其輕重淺深必有以知之矣。丙吉之端簡厚重，雖微舊故，是可不任之以政乎？宣帝忍於霍光而惓惓於五人者，非但親疏有以蔽之，而權利所在固爭之端而怨之府也。周公謂魯公曰：『君子不施其親，不使大臣怨乎不以，故舊無大故則不棄也，無求備於一人。』此聖人所以裁恩義而中持衡者，其諸《春秋》之所不廢歟？豐、沛、南陽以生長之地，而霈異恩雨露之所，被日月之所，照近而易入者，常先得之。此亦天下之公義，而厚薄之殊絶，則爲私心耳。夫人心之正，萬世之常法也。苟其不役於喜怒哀樂愛惡之私，則曲折萬變而周道常如砥也。唐太宗惓惓於天策學士，而秦府舊人則與東宫秦府均其用捨，蓋亦庶幾於恩義之平矣。嗚呼！安得皇極之主而共叙之哉？

聖人以常典衛中國，以封疆限外裔，明其不可參也。然民命之所在，不當以外裔中國爲别，故兼愛之説興，而通和之義行焉。甚者至欲以女妻之冀，以舅甥之恩，而獲一日之安，彼惟不習於禮義也，故敢爲亂階，而可以人倫而縻之乎？暗哉，婁敬之智也。一日作俑，而其流至於不可勝言矣。然合中國而君之，既不能却天驕於塞外，又不能忍一日之辱，坐視民生之塗炭而莫之救，是誠何心哉？此齊景公所以涕出而女於吴也。孟子之所不敢廢，則婁敬豈得爲過乎？畧其事而取其心，雖宋虢之息民，聖人不得正色而誅之也。

明・王褘《王忠文集》卷一三《晉文公請王狩》 晉文公會諸侯于温，將以諸侯見，乃召王狩，使請于王曰：『臣聞之，天子五載一巡狩方岳，而諸侯會同，咸述所職，昭王制，謹侯度也。肇自唐虞，於禮爲古，故我周之制，因而仍之。昔有宣王承厲王之亂，爰巡狩東都，諸侯畢會，故業用中興，功昭復古。自是以來，茲禮不講，王室之不競，豈職此之故？惟平王之東遷時，則先臣仇實資依輔，勳在王室。今臣重耳率諸侯信大義，共先臣之業，以同奬王室，惟是巡狩之典，不宜久曠。故願親舉玉趾，照臨下土，式遵先王之舊則，豈惟我諸夏列國各脩朝覲，以行述職之禮，將威靈所被，四夷荒服莫不震疊來享來王，其誰敢或，後臣重耳敢用，稽首再拜，以請天王。』遂狩於河陽。

明・倪岳《青谿漫稿》卷一〇《五月癸丑，公會晉侯、齊侯、宋公、蔡侯、鄭伯、衛子、莒子盟于踐土》 這是魯僖公二十八年，晉文公率諸侯攘楚以尊周的事。公是魯僖公，晉侯是晉文公，齊侯是齊昭公，宋公是宋成公，蔡侯是蔡莊公，鄭伯是鄭文公，衛子是衛叔武，莒子是莒世子，踐土是鄭地。當時楚以荆蠻之國恃其强横，侵陵諸夏，滅黄而伯，主不能恤敗，徐而諸大夫不能救。執宋公而諸侯不敢與之爭，以至成穀逼齊，合兵圍宋，戰勝中國，威動天下，其勢如水横流，無人止遏，於是晉文公奮然以攘夷狄、安中國爲心，率諸侯之兵，敗楚師于城濮，乃還兵踐土，致周襄王下勞其功，文公於是作王宮以獻楚俘。襄王加之以策命之榮，命之爲諸侯之長，賜以大輅、戎輅、彤弓、彤矢、盧弓、盧矢、秬鬯之酒、虎賁之士，且勉其敬服王命以安中國。文公拜受天子之命，會諸國之君，盟于王庭，戮力同心，以奬王室，無相侵害。一時諸侯翕然信從，不敢有貳。於此可以見晉文公有攘夷狄、尊王室之功矣。然文公之爲是盟，初不能率諸侯以朝王而獻俘，乃致天子屈尊而下勞，則非禮矣。故《春秋》削而不書，所以正名責實，以見天子無下勞諸侯之禮，諸侯無上致天子之道，此孔子筆削深意也。臣嘗考之，孔子曰：『天下有道，則禮樂征伐自

天子出；天下無道，則禮樂征伐自諸侯出。』周自東遷，王綱不振，夷狄侵陵，諸侯强横。故荆楚有猾夏之罪，既不能如《采薇》之遣，戍役以禦之，諸侯有攘夷之功；又不能如《出車》之勞，還率以美之。蓋因文武之政不修，以致冠屨之勢倒置，以天子之尊而下勞諸侯，其於君道父道也謂何？以諸侯之卑而上致天子，其於臣道、子道也謂何？所謂上無道揆，則下無法守矣。後世人主失統御之權，人臣挾跋扈之勢，以至興不當興之兵，行不必行之賞，啓釁召禍，往往有之，未必不昉於此。孔子修《春秋》，斟酌王法損益時，宜以明尊卑大分，以正君臣大倫。於城濮略文公勝楚之功，於踐土削襄王勞晉之實。於是名實不至於俱喪，禮制由之而永存，其爲天下萬世慮，豈淺淺哉？伏惟聖明留意。

明・湛若水《春秋正傳》卷一七《文公元年》　晉侯伐衛。

《正傳》曰：書『晉侯伐衛』，紀伐不庭也，其可伐而不可伐之義見矣。《左氏》曰：晉文公之季年，諸侯朝晉，衛成公不朝，使孔達侵鄭，伐緜、訾及匡。晉襄公既祥，使告於諸侯而伐衛，及南陽。先且居曰：『效尤，禍也。請君朝王，臣從師。』晉侯朝王于温。先且居、胥臣伐衛。五月辛酉朔，晉師圍戚。六月戊戌，取之，獲孫昭子。愚謂此實傳也。夫以衛侯之不朝而侵鄭，伐緜、匡，彼固謂之可伐矣。然惟正己者，則可以伐之也。襄公能聽且居之言，先自朝王而後伐衛之不朝，而伐人所謂先正己而後正人者也。然其不奉天王之討而伐之，則非所可伐矣。又爲將伐衛而先朝王，則亦非出於敬君之誠焉。所謂五霸假之也。

明・佚名《歷代名賢確論》卷一九《文公霸柳州》　柳州曰：文公之霸也，援秦破楚，囊括齊宋，曹衛解裂，魯鄭震恐，定周于温，奉册受錫，夾輔糾逖，以爲侯伯，齊盟踐土，低昂玉帛。天子恃焉，以有諸侯；諸侯恃焉，以有其國；百姓恃焉，以有妻子而食其力。叛者力取，附者仁撫，推德義，立信讓；示必行，明所嚮；達禁止，一好尚。《春秋》之事，公侯大夫策文馬，馳軒車，出入環連，貫于國都，則有五筵之堂，九几之室，大小定位，左右有職，禽牢餼饋，交錯文質，饗有嘉樂，宴有庭實，登降好賦，犧象畢出，犒勞贈賄，率禮無失。六卿理兵，大戎小戎，鐘鼓不寧，以討不恭。車埒萬乘，卒半天下，鼓之則震，旆之則畏。其號令之動，若水之源，若輪之旋，莫不如志。當此之時，咸能驩虞以奉其上，故其民至於今，好義而任力。此以民力自固，假仁義而用天下，其遺風尚有存者。

明・楊慎《升菴集》卷四五《桓文譎正》　五霸莫大于桓、文，桓、文之事莫大于會盟，會盟之舉莫大于葵丘、踐土。然葵丘之會，定太子以安王室，公義也，故曰『齊桓公正而不譎』。踐土之會，挾天子以令諸侯，私情也，故曰『晉文公譎而不正』。此宋横浦、張九成之説，殊爲理長。《集注》所言，雖皆二公之事，乃其小者爾，當表出之，聖人復起，不易斯言矣。

清・姜炳璋《詩序補義》卷七《褰裳》　晉文公之復國，所賴狐偃、趙衰諸人；衛成公之復國，亦賴甯、俞諸人。未有無謀臣奇士而能成其事者。鄭忽羈衛四年，其從亡諸臣皆猥瑣之才，始既昧于所從，繼復戀棧不去，卒至一籌莫展。非鄭無其人也，有人而忽不知用也。詩人作詩招之，忽猶未悟必藉祭仲之迎而復國，未幾身死賊手。藉有賢人，何爲至斯？

清・馬驌《繹史》卷五一《晉文公霸業》　《唐風・采苓》之篇，刺信讒也，曰：『人之爲言，苟亦無信，苟無從。』夫知爲讒而從信寡矣。父子之親，其天性也，而謂信讒以殺之，有是理哉？嗟乎！讒人亦多術矣，陽譽陰譖，以深其謀；歌笑流涕，以堅其説；牀第之閒，燕居之際，每乘人之昏昧閒隙而巧中之，讒人誠可畏哉！晉獻公滅國辟土，亦雄傑之主也，卒不能勝一驪姬之讒，愛色授情，二五成耦，中大夫比黨爲謀，大臣方疑於苑枯；爲申生者，仁孝性生，遭家多難，處偏鄙則進退咸幸，委彊翟則勝敗交罪，衛骨有日，毒胙忽發，無論獻公不及察，申生亦不忍辯也。於是寧甘己罪，而惡傷君心，再拜受賜，不敢愛死，讀史者至此，誰能不三復流涕焉。重耳、夷吾，弗敢寧處，彼讒人者，自謂羽翼已成矣，抑知三怨之伏，晉禍正未有艾乎？荀息忠貞而善謀，獻公知其賢也，以奚齊屬之。原夫廢立之謀，荀息未嘗與聞也，唯是公疾方篤，二公子越在鄰國，先君之子，聊主社稷，舍其君而外求君，寧云易乎？既已頓首受命，不得不奉先君之志以周旋。迨夫里克作難，申大義以殄女戎，荀息至是，雖心知其不能勝任，顧白圭之義，已不可爽矣。重耳既長且賢，其出亡也，國士從之，是內外所欲援立者也。乃夷吾乘閒得入，輒

復食言，烝賈君而閉公子，背兩賂景忘汎舟，秦、晉交絶，夷吾孤矣，韓原被獲，幸而得反，身死而子爲戮，固惠、懷之無親，亦天之有以啓霸主也。文公之反國，年已六十二矣，路車乘黄，方報秦施，而呂、郤之難内作，以遲暮之年，當禍亂之後，霸業一成，數世因之，何其遇之艱而功之偉乎！昔齊桓既歿，楚氛日惡，泓戰敗則宋公求成，頓子納則陳侯聽命，且齊孝廢職，魯人乞援，以宗國之大，儼然托重於豖焉，晉若不興，中國之勢，必至大潰，楚將肆其彊暴，以薦食上國，區區齊、宋，而可與抗乎？文公見晉業之成，在此一舉也，即諸夏之振，在此一舉也，先信義以服民，敦《詩》、《書》以選將，謀定計成，奮志決策，挾必勝之勢，而後用兵焉，一戰得雋，荆、蠻敗衄，楚方收其殘夷，而晉之霸業已赫然於天下矣。當齊桓之世，楚人非不彊也，然而用師不過江、淮之閒，既而召陵觀兵，屈完來盟，齊無亡矢遺鏃之費，而楚服焉。今也，楚方號召中國，盟薄以來，諸夏咸拱手聽命，非用大創，楚豈肯服？即泗上之諸侯，亦未敢輕相信也。文公復二國以自助，執宛春以怒敵，我得其利，楚受其患，會城濮，諸侯幷力協謀，又出奇兵以擊之，楚師大潰，於是天王錫命，王子涖盟，中國睦而楚人不敢北視矣。故召陵之師，以不戰爲武，城濮之役，以克敵爲威，時勢不同，遲速異效，齊桓、晉文之事，所由並著於《春秋》也。説者謂文之入也，龍蛇作歌，胼胝居後，誅觀狀於鄭國，責乘軒於曹人，請隧召王，威陵天子，凡其所爲，往往報私怨而遠禮義，君子猶有譏焉。曰，是則然，譎而不正，孔子固言之矣。《春秋》之於霸者，姑略其心而言其事，若夫齊桓死，五子爭立，霸業遂衰，晉則文公既卒，而襄公能繼之，墨絰敗秦，獲狄子，討楚黨，一歲而服三彊，文、襄之烈，是以並稱，此又晉之踰於齊者也。

清・張尚瑗《公羊折諸》卷三《僖公・衛之禍文公爲之也》　蕭梁送北海王顥入洛，而魏困高齊，立貞陽侯淵明爭梁，而梁亡。仇讎勍敵，乘亂侮亡者，往往用此術。而晉文公之於衛也亦然，踐土之會，叔武受盟，《經》書之曰『衛子』，已嫌乎嗣君書子之例。觀祝鮀所述衛武、蔡甲午之書，則徑成乎君矣。叔武讓國之誠，皎然不欺，而成公不能無芥蒂焉。永王璘保據江表之忌恒，情所固然也。歂犬之射成公，豈無主使？亦歸罪鄧扈樂之故，智耳以兄殺弟，實以君戮臣。晉文惟宜引咎，曰『伯仁由我而死』可矣。必受元咺之訴，君臣坐獄何爲者。幸也僖公納玉醫、衍薄酖，得免衛侯於死；使衛侯復，死將如前，此晉國之惠懷。後此衛國之蹟輒，而衛尚可以爲國乎？齊桓公存三亡國以致霸，其行事心術固如是乎？城濮之戰，踐土之盟，尊周攘楚，功不可謂不偉，而一執曹伯，再執衛君，披地易君，以自快其宿忿。《孟子》論伯，止曰桓公爲盛，而不及晉、文。孔子曰：『晉文公譎而不正』，又亟稱甯武子不可及，其有意乎？忠衛之臣，蓋所以病晉也。

清・張尚瑗《穀梁折諸》卷三《僖公・以爲晉文公之行事爲已傎矣》

齊桓、晉文相繼爲春秋之霸，獨穀梁子于齊桓稱其信厚，稱其愛民，以爲『信其信，仁其仁』，且曰『端委搢笏而朝諸侯』，諸侯皆諭乎桓公之志。其于晉文也，以爲晉文公之行事『爲已傎矣』。前乎此者曰『惡晉侯也』，于此又曰『逆辭也』。蓋先儒之論《三傳》，謂《左氏》傳事不傳義，《公》、《穀》傳義不傳事。朱子亦謂《左氏》事詳而理差，《公》、《穀》理精而事誤。今《公》、《穀》所傳之事，較之《左傳》十不逮一，間有所傳而事誤者亦有矣。就事而言，孰有大于城濮之勝，孰有大于踐土之盟？而《公》、《穀》不一傳其事，明明于事必無所誤，而必不屑與之傳。蓋孔子曰：『齊桓公正而不譎，晉文公譎而不正』。正、譎分而二霸之品定矣，《公》、《穀》作傳之指出矣。學者知以理義求《公》、《穀》，無徒以事核《公》、《穀》，可也。僖三十二年，《經》書『晉侯重耳卒』，無傳，注引徐邈曰：『魯政雖陵遲典刑猶存，史策所録，不失常法。其文獻之實足徵，故孔子因而修之，仍本史，而辭有損益，所以成詳略之例，起褒貶之意。若夫可以寄微指而通王道者，存乎精義窮理，不在記事多少，此蓋修《春秋》之本旨。師資辨説，日用之常義，故穀梁子可不復發文，而體例自舉也。』

清・閻若璩《四書釋地三續》卷中《晉文公》　《史記・晉世家》：『重耳奔狄，是時，年四十三』。又云：『重耳出亡凡十九歲，而得入時，年六十二矣』。果爾，誠可爲老，然還多妄説，不若《左傳》、《國語》足信。《左傳・昭十三年》：叔向曰：『我先君文公生十七年，亡十九年』。《國語》：僖負羈曰：『晉公子生十七年而亡』。按此則文公入國甫三十六歲即薨，亦只四十四耳。杜元凱言，戰城濮文公年四十，安得有如陳際泰

『譎而不正』，文老而舉事，故慮日暮而計挺者邪？

藝文

宋・王十朋《梅溪前集》卷一〇《詠史詩・晉文公》 逆旅栖栖十九年，五蛇夾負遂升天。却慚不及齊桓正，卿相由無管仲賢。

秦穆公霸西戎分部

綜述

《尚書・周書・秦誓》 秦穆公伐鄭，遣三帥帥師往伐之。事見魯僖公三十三年。三帥，謂孟明視、西乞術、白乙丙。晉襄公帥師敗諸崤，還歸，作《秦誓》。晉舍三帥，還歸秦，穆公悔過作誓。

秦誓公曰：『嗟！我士，聽，無嘩。臣通稱士。予誓告汝羣言之首。衆言之本要。古人有言曰：『民訖自若，是多盤。』言民之行己，盡用順道，是多樂。稱古人言，悔前不順忠臣。責人斯無難，惟受責俾如流，是惟艱哉！人之有非，以義責之，此無難也。若己有非，惟受人責，即改之如水流下，是惟難哉。我心之憂，日月逾邁，若弗雲來。

惟古之謀人，則曰未就予忌。惟爲我執古義之謀人，謂忠賢蹇叔等也，則曰未成我所欲，反忘之耳。惟今之謀人，姑將以爲親。惟指今事爲我所謀之人，我且將以爲親而用之。悔前違古從今，以取破敗。『雖則云然，尚猷詢茲黄髮，則罔所愆。言前雖則有云然之過，今我庶幾以道谋此黄髮賢老，則行事無所過矣。番番良士，旅力既愆，我尚有之。勇武番番之良士，雖衆力已過老，我今庶幾欲。有此人而用之。仡仡勇夫，射御不違，我尚不欲。仡仡壯勇之夫，雖射御不違，我庶幾不欲用，自悔之至。惟截截善諞言，俾君子易辭，我皇多有之。昧昧我思之。惟察察便巧善爲辨佞之言，約損明，大辨佞之人。如有一介臣，斷斷猗無他技，其心休休焉，其如有容。人之有技，若己有之。人之彦聖，其心好之，不啻若自其口出。是能容之。以保我子孫黎民，亦職有利哉！用此好技聖之人，安我子孫衆民亦主有利益哉！言其能興邦也。人之有技，冒疾以惡之。人之彦聖，而違之，俾不達。見人之有技藝，蔽冒疾害以惡之。人之美聖，而違背壅塞之，使不得上通。是不能容，以不能保我子孫黎民，亦曰殆哉！冒疾之人，是不能容人用之，不能安我子孫衆通，皆是佞人害賢不行也。邦之杌隉，曰由一人。杌隉，不安，言危也。一人所任用，國之傾危，曰由所任不用賢。邦之榮懷，亦尚一人之慶。』

《詩經・秦風・黄鳥》 《黄鳥》，哀三良也。國人刺穆公以人从死，而作是詩也。

交交黄鳥止於棘。誰從穆公，子車奄息。維此奄息，百夫之特。臨其穴，惴惴其慄。彼蒼者天，殲我良人，如可贖兮，人百其身。交交黄鳥止於桑。誰從穆公，子車仲行。維此仲行，百夫之防。臨其穴，惴惴其慄。彼蒼者天，殲我良人。如可贖兮，人百其身。交交黄鳥止於楚，誰從穆公，子車鍼虎。維此鍼虎，百夫之御。臨其穴，惴惴其慄。彼蒼者天，殲我良人。如可贖兮，人百其身。

又《晨風》 晨風，刺康公也。忘穆公之業，始棄，其賢臣焉。鴥彼晨風，鬱彼北林。未見君子，憂心欽欽。如何如何，忘我實多。山有苞櫟，隰有六駁。未見君子，憂心靡樂。如何如何，忘我實多。山有苞棣，隰有樹檖。未見君子，憂心如醉。如何如何？忘我實多。

又《權輿》 權輿，刺康公也。忘先君之舊臣，與賢者有始而無終也。

於我乎夏屋渠渠，今也每食無餘。于嗟乎，不承權輿。於我乎每食四簋，今也每食不飽。于嗟乎，不承權輿。

《左傳・桓公三年》 芮伯萬之母芮姜惡芮伯之多寵人也，故逐之，出居於魏。

又《桓公四年》 秋，秦師侵芮，敗焉，小之也。冬，王師、秦師圍魏，執芮伯以歸。

又《桓公十年》 秋，秦人納芮伯萬於芮。

又《僖公十八年》 梁伯益其國而不能實也，命曰新里，秦取之。

又《僖公十九年》 十九年春，遂城而居之。【略】

梁亡。不書其主，自取之也。初，梁伯好土功，亟城而弗處，民罷弗堪。則曰：『某寇將至。』乃溝公宮，曰：『秦將襲我。』民懼而潰，秦遂取梁。

又 《僖公三十二年》 冬，晉文公卒。庚辰，將殯於曲沃。出絳，柩有聲如牛。卜偃使大夫拜，曰：『君命大事。將有西師過軼我，擊之，必大捷焉。』杞子自鄭使告於秦，曰：『鄭人使我掌其北門之管，若潛師以來，國可得也。』穆公訪諸蹇叔。蹇叔曰：『勞師以襲遠，非所聞也。師勞力竭，遠主備之，無乃不可乎！師之所爲，鄭必知之。勤而無所，必有悖心。且行千里，其誰不知？』公辭焉。召孟明、西乞、白乙，使出師於東門之外。蹇叔哭之，曰：『孟子，吾見師之出而不見其入也。』公使謂之曰：『爾何知。中壽，爾墓之木拱矣！』蹇叔之子與師，哭而送之，曰：『晉人禦師必於殽。殽有二陵焉：其南陵，夏后皋之墓也；其北陵，文王之所辟風雨也。必死是間，余收爾骨焉。』秦師遂東。

又 《僖公三十三年》 三十三年春，秦師過周北門，左右免胄而下。超乘者三百乘。王孫滿尚幼，觀之，言於王曰：『秦師輕而無禮，必敗。輕則寡謀，無禮則脱。入險而脱。又不能謀，能無敗乎？』及滑，鄭商人弦高將市於周，遇之。以乘韋先牛十二犒師，曰：『寡君聞吾子將步師出於敝邑，敢犒從者。不腆敝邑，爲從者之淹，居則具一日之積，行則備一夕之衛。』且使遽告於鄭。鄭穆公使視客館，則束載、厲兵、秣馬矣。使皇武子辭焉，曰：『吾子淹久於敝邑，唯是脯資餼牽竭矣。爲吾子之將行也，鄭之有原圃，猶秦之有具囿也。吾子取其麋鹿以閒敝邑，若何？』杞子奔齊，逢孫、揚孫奔宋。孟明曰：『鄭有備矣，不可冀也。攻之不克，圍之不繼，吾其還也。』滅滑而還。【略】

晉原軫曰：『秦違蹇叔而以貪勤民，天奉我也。奉不可失，敵不可縱。縱敵患生，違天不祥。必伐秦師。』欒枝曰：『未報秦施而伐其師，其爲死君乎？』先軫曰：『秦不哀吾喪而伐吾同姓，秦則無禮，何施之爲？吾聞之，一日縱敵，數世之患也。謀及子孫，可謂死君乎？』遂發命，遽興姜戎。子墨衰絰，梁弘御戎，萊駒爲右。

夏四月辛巳，敗秦師於殽，獲百里孟明視、西乞術、白乙丙以歸。遂墨以葬文公。晉於是始墨。

文嬴請三帥，曰：『彼實構吾二君，寡君若得而食之，不厭，君何辱討焉！使歸就戮於秦，以逞寡君之志，若何？』公許之。先軫朝，問秦囚。公曰：『夫人請之，吾舍之矣。』先軫怒曰：『武夫力而拘諸原，婦人暫而免諸國。墮軍實而長寇讎，亡無日矣。』不顧而唾。公使陽處父追之，及諸河，則在舟中矣。釋左驂，以公命贈孟明。孟明稽首曰：『君之惠不以纍臣釁鼓，使歸就戮於秦，寡君之以爲戮，死且不朽。若從君惠而免之，三年將拜君賜。』

秦伯素服郊次，鄉師而哭曰：『孤違蹇叔以辱二三子，孤之罪也。不替孟明，孤之過也。大夫何罪？且吾不以一眚掩大德。』

又 《文公元年》 殽之役，晉人既歸秦帥，秦大夫及左右皆言於秦伯曰：『是敗也，孟明之罪也，必殺之。』秦伯曰：『是孤之罪也。周芮良夫之《詩》曰：「大風有隧，貪人敗類，聽言則對，誦言如醉，匪用其良，覆俾我悖。」是貪故也，孤之謂矣。孤實貪以禍夫子，夫子何罪？』復使爲政。

又 《文公二年》 二年春，秦孟明視帥師伐晉，以報殽之役。二月，晉侯禦之。先且居將中軍，趙衰佐之。王官無地御戎，狐鞫居爲右。甲子，及秦師戰於彭衙。秦師敗績。晉人謂秦『拜賜之師』。

戰於殽也，晉梁弘御戎，萊駒爲右。戰之明日，晉襄公縛秦囚，使萊駒以戈斬之。囚呼，萊駒失戈，狼瞫取戈以斬囚，禽之以從公乘，遂以爲右。箕之役，先軫黜之而立續簡伯。狼瞫怒。其友曰：『盍死之？』瞫曰：『吾未獲死所。』其友曰：『吾與女爲難。』瞫曰：『《周志》有之，「勇則害上，不登於明堂。」死而不義，非勇也。共用之謂勇。吾以勇求右，無勇而黜，亦其所也。謂上不我知，黜而宜，乃知我矣。子姑待之。』及彭衙，既陳，以其屬馳秦師，死焉。晉師從之，大敗秦師。君子謂：『狼瞫於是乎君子。《詩》曰：「君子如怒，亂庶遄沮。」又曰：「王赫斯怒，爰整其旅。」怒不作亂而以從師，可謂君子矣。』

秦伯猶用孟明。孟明增修國政，重施於民。趙成子言於諸大夫曰：『秦師又至，將必辟之，懼而增德，不可當也。《詩》曰：「毋念爾祖，聿修厥德。」孟明念之矣，念德不怠，其可敵乎？』【略】

冬，晉先且居、宋公子成、陳轅選、鄭公子歸生伐秦，取汪，及彭衙

而還，以報彭衙之役。卿不書，爲穆公故，尊秦也，謂之崇德。

又《文公三年》 秦伯伐晋，濟河焚舟，取王官，及郊。晋人不出，遂自茅津濟，封殽屍而還。

遂霸西戎，用孟明也。

君子是以知秦穆公之爲君也，舉人之周也，與人之壹也；孟明之臣也，其不解也，能懼思也；子桑之忠也，其知人也，能舉善也。《詩》曰：『「於以采蘩，於沼於沚，於以用之，公侯之事」，秦穆有焉。「夙夜匪解，以事一人」，孟明有焉。「詒厥孫謀，以燕翼子」，子桑有焉。』

又《文公四年》 秋，晋侯伐秦，圍邧、新城，以報王官之役。

又《文公五年》 初，鄀叛楚即秦，又貳於楚。夏，秦人入鄀。

又《文公六年》 秦伯任好卒。以子車氏之三子奄息、仲行、鍼虎爲殉。皆秦之良也。國人哀之，爲之賦黄鳥。君子曰：『秦穆之不爲盟主也，宜哉。死而棄民。先王違世，猶詒之法，而況奪之善人乎！《詩》曰：「人之云亡，邦國殄瘁。」無善人之謂。若之何奪之？』

古之王者知命之不長，是以並建聖哲，樹之風聲，分之采物，著之話言，爲之律度，陳之藝極，引之表儀，予之法制，告之訓典，教之防利，委之常秩，道之以禮，則使毋失其土宜，衆隸賴之而後即命。聖王同之。今縱無法以遺後嗣，而又收其良以死，難以在上矣。君子是以知秦之不復東征也。

《國語》卷二《周語中》 二十四年，秦師將襲鄭，過周北門。左右皆免胄而下拜，超乘者三百乘。王孫滿觀之，言于王曰：『秦師必有謫。』王曰：『何故？』對曰：『師輕而驕，輕則寡謀，驕則無禮。無禮則脱，寡謀自陷。入險而脱，能無敗乎？秦師無謫，是道廢也。』是行也，秦師還，晋人敗諸崤，獲其三帥丙、術、視。

《韓非子》卷三《十過》 奚謂耽于女樂？昔者，戎王使由余聘於秦，穆公問之曰：『寡人嘗聞道而未得目見之也，願聞古之明主得國失國何常以？』由余對曰：『臣嘗得聞之矣，常以儉得之，以奢失之。』穆公曰：『寡人不辱而問道於子，子以儉對寡人何也？』由余對曰：『臣聞昔者堯有天下，飯於土簋，飲於土鉶。其地南至交趾，北至幽都，東西至日月所出入者，莫不賓服。堯禪天下，虞舜受之。作爲食器，斬山木而財之，削鋸脩其迹，磨其斧迹。流漆墨其上，「流」，布也。輸之於宮，以爲食器。諸侯以爲益侈，國之不服者十三。舜禪天下而傳之於禹，禹作爲祭器，墨漆其外，而朱畫其内，縵帛爲茵，蔣席頗緣，觴酌有采而樽俎有飾，此彌侈矣，而國之不服者三十三。夏后氏没，殷人受之，作爲大路而建九旒，食器雕琢，觴酌刻鏤，白壁堊墀，茵席雕文，此彌侈矣，而國之不服者五十三。君子皆知文章矣，而欲服者彌少，臣故曰儉其道也。』由余出，公乃召内史廖而告之曰：『寡人聞鄰國有聖人，敵國之憂也。今由余聖人也，寡人患之，吾將奈何？』内史廖曰：『臣聞戎王之居，僻陋而道遠，未聞中國之聲。君其遺之女樂以亂其政，而後爲由余請期，以疏其諫。彼君臣有間而後可圖也。』君曰：『諾。』乃使内史廖以女樂二八遺戎王，因爲由余請期。戎王許諾。見其女樂而説之，設酒張飲，日以聽樂，終幾不遷，牛馬半死。由余歸，因諫戎王，戎王弗聽，由余遂去之秦。秦穆公迎而拜之上卿，問其兵勢與其地形；既以得之，舉兵而伐之，兼國十二，開地千里。故曰：『耽于女樂，不顧國政，則亡國之禍也。』

又卷七《説林上》 秦康公築臺三年。荆人起兵，將欲以兵攻齊。任妄曰：『饑召兵，疾召兵，勞召兵，亂召兵。君築臺三年，今荆人起兵，將攻齊，臣恐其攻齊爲聲，而以襲秦爲實也，不如備之。』戍東邊，荆人輟行。

《莊子》卷七《外篇·田子方》 百里奚爵禄不入於心，故飯牛而牛肥，使秦穆公忘其賤，與之政也。

《呂氏春秋》卷一四《孝行覽·慎人》 百里奚之未遇時也，亡虢而虜晋，飯牛於秦，傳鬻以五羊之皮。公孫枝得而説之，獻諸繆公，三日，請屬事焉。繆公曰：『買之五羊之皮而屬事焉，無乃天下笑乎？』公孫枝對曰：『信賢而任之，君之明也；讓賢而下之，臣之忠也。君爲明君，臣爲忠臣。彼信賢，境内將服，敵國且畏，夫誰暇笑哉？』繆公遂用之。謀無不當，舉必有功，非加賢也。使百里奚雖賢，無得繆公，必無此名矣。今焉知世之無百里奚哉？故人主之欲求士者，不可不務博也。

又卷一六《先識覽·悔過》 昔秦繆公興師以襲鄭，蹇叔諫曰：『不可。臣聞之，襲國邑，以車不過百里，以人不過三十里，皆以其氣之趫與力之盛，至，是以犯敵能滅，去之能速。今行數千里，又絶諸侯之地

以襄國，臣不知其可也。君其重圖之。』繆公不聽也。蹇叔送師於門外而哭曰：『師乎！見其出而不見其入也。』蹇叔有子曰申與視，與師偕行。蹇叔謂其子曰：『晉若遏師必於殽。女死不於南方之岸，必於北方之岸，爲吾屍女之易。』繆公聞之，使人讓蹇叔曰：『寡人興師，未知何如。今哭而送之，是哭吾師也。』蹇叔對曰：『臣不敢哭師也。臣老矣，有子二人，皆與師行。比其反也，非彼死，則臣必死矣，是故哭。』師行過周，王孫滿要門而窺之，曰：『嗚呼！是師必有疵。若無疵，吾不復言道矣。夫秦非他，周室之建國也。過天子之城，宜橐甲束兵，左右皆下，以爲天子禮。今袀服回建，左不軾，而右之超乘者五百乘，力則多矣，然而寡禮，安得無疵？』師過周而東。鄭賈人弦高、奚施將西市於周，道遇秦師，曰：『嘻！師所從來者遠矣，此必襲鄭。』遽使奚施歸告，乃矯鄭伯之命以勞之，曰：『寡君固聞大國之將至久矣。大國不至，寡君與士卒竊爲大國憂，日無所與焉，惟恐士卒罷弊與糗糧匱乏。何其久也！使人臣犒勞以璧，膳以十二牛。』秦三帥對曰：『寡君之無使也，使其三臣丙也、術也、視也於東邊候晉之道，過是，以迷惑陷入大國之地。』不敢固辭，再拜稽首受之。三帥乃懼而謀曰：『我行數千里，數絶諸侯之地以襲人，未至而人已先知之矣，此其備必已盛矣。』還師去之。當是時也，晉文公適薨，未葬。先軫言於襄公曰：『秦師不可不擊也，臣請擊之。』襄公曰：『先君薨，屍在堂，見秦師利而因擊之，無乃非爲人子之道歟！』先軫曰：『不弔吾喪，不憂吾哀，是死吾君而弱其孤也。若是而擊，可大强。臣請擊之。』襄公不得已而許之。先軫遏秦師於殽而擊之，大敗之，獲其三帥以歸。繆公聞之，素服廟臨，以說於衆曰：『天不爲秦國，使寡人不用蹇叔之諫，以至於此患。』此繆公非欲敗於殽也，智不至也。智不至則不信。言之不信，師之不反也從此生。故不至之爲害大矣。

又　卷二三《貴直論·壅塞》　秦繆公時，戎强大。秦繆公遺之女樂二八與良宰焉。戎主大喜，以其故數飲食，日夜不休。左右有言秦寇之至者，因扞弓而射之。秦寇果至，戎主醉而臥於樽下，卒生縛而擒之。未擒則不可知，已擒則又不知。雖善説者猶若此，何哉？

又　卷二四《不苟論·不苟》　秦繆公相百里奚。晉使叔虎、齊使東郭蹇如秦，公孫枝請見之。公曰：『請見客，子之事歟？』對曰：『非也。』『相國使子乎？』對曰：『不也。』公曰：『然則子事非子之事也。秦國僻陋戎夷，事服其任，人事其事，猶懼爲諸侯笑，今子爲非子之事！退！將論而罪。』公孫枝出，自敷於百里氏。百里奚請之。公曰：『此所聞於相國歟？枝無罪，奚請？有罪，奚請焉？』百里奚歸，辭公孫枝。公孫枝徙，自敷於街。百里奚令吏行其罪。定分官，此古人之所以爲法也。今繆公鄉之矣。其霸西戎，豈不宜哉？

《列子》卷八《説符》　秦穆公謂伯樂曰：『子之年長矣，注：伯樂，善相馬者。子姓有可使求馬者乎？』注：問伯樂之種姓有能相馬繼樂者不。伯樂對曰：『良馬可形容筋骨相也。注：馬之良者可以形骨取也。天下之馬者，若滅若没，若亡若失。注：天下之絶倫者，不於形骨毛色中求，故髣髴恍惚，若存若亡，難得知也。若此者絶塵弭𨏒。注：言迅速之極。臣之子皆下才也，可告以良馬，不可告以天下之馬也。臣有所與共擔纆薪菜者，注：負索薪菜，蓋賤役者。有九方皋，此其於馬非臣之下也。請見之。』注：非臣之下言有過於己。解：擔纆薪菜者，賤役者也。子姓者，子弟之同姓者也。穆公見之，使行求馬。三月而反報曰：『已得之矣，在沙丘。』注：地名。穆公曰：『何馬也？』對曰：『牝而黄。』使人往取之，牡而驪。穆公不説，召伯樂而謂之曰：『敗矣，子所使求馬者！注：謂九方皋。色物、牝牡尚弗能知，又何馬之能知也？』伯樂喟然太息曰：『一至於此乎！是乃其所以千萬臣而無數者也。注：言其相馬之妙乃如此也，是以勝臣千萬而不可量。解：皋之相馬，相其神，不相其形也。形者，常人之所辯也。伯樂歎其忘形而得神，用心一至於此，自以爲不及皋之無數倍也。故穆公以爲敗，伯樂以爲能也。若皋之所觀天機也，注：天機，形骨之表所以使蹄足者；得之於心，不顯其見。得其精而忘其麤，在其内而忘其外；注：精内謂天機，麤外謂牝牡毛色。見其所見，注：所見者，唯天機也。不見其所不見；注：所不見，毛色牝牡也。視其所視，注：視所宜視者，不忘其所視。而遺其所不視。注：所不應視者，不以經意也。若皋之相者，乃有貴乎馬者也。』注：言皋之此術豈止於相馬而已，神明所得，必有貴於相馬者，言其妙也。馬至，果天下之馬也。解：夫形質者，萬物之著也；神氣者，無象之微也。運有形者，無象也；用無象者，形物也。終日用之而不知其功，終年運之而不以爲勞，知而養之者，道之主也。皋之見乎所見者以神也。契其神者而貴於馬也，代人皆不知所貴矣。

《公羊傳·僖公三十三年》 夏，四月，辛巳，晉人及姜戎敗秦於殽。其謂之秦何？夷狄之也。曷爲夷狄之？秦伯將襲鄭，百里子與蹇叔子諫曰：『千里而襲人，未有不亡者也。』秦伯怒曰：『若爾之年者，宰上之木拱矣，爾曷知！』師出，百里子與蹇叔子送其子而戒之曰：『爾即死，必於殽之嶔岩，是文王之所辟風雨者也，吾將屍爾焉。』子揖師而行。百里子與蹇叔子從其子而哭之。秦伯怒曰：『爾曷爲哭吾師？』對曰：『臣非敢哭君師，哭臣之子也。』弦高者，鄭商也，遇之殽，矯以鄭伯之命而犒師焉。或曰往矣，或曰反矣。然而晉人與姜戎要之殽而擊之，匹馬隻輪無反者。其言及姜戎何？姜戎，微也。稱人，亦微者也。何言乎姜戎之微？先軫也，或曰襄公親之。襄公親之則其稱人何？貶。曷爲貶？君在乎殯而用師危，不得葬也。詐戰不日，此何以日？盡也。

又《文公十二年》 秦伯使遂來聘。遂者何？秦大夫也。秦無大夫，此何以書？賢繆公也。何賢乎繆公？以爲能變也。其爲能變奈何？惟諓諓善竫言。俾君子易怠。而況乎我多有之，惟一介斷斷焉，無他技。其心休休。能有容，是難也。

《穀梁傳·僖公三十三年》 夏，四月，辛巳，晉人及姜戎敗秦師於殽。不言戰而言敗何也？狄秦也。其狄之何也？秦越千里之險入虛國，進不能守，退敗其師，徒亂人子女之教，無男女之別，秦之爲狄，自殽之戰始也。秦伯將襲鄭，百里子與蹇叔子諫曰：『千里而襲人，未有不亡者也。』秦伯曰：『子之冢木已拱矣，何知！』師行，百里子與蹇叔子送其子而戒之，曰：『女死，必於殽之巖唫之下。我將屍女於是！』師行，百里子與蹇叔子隨其子而哭之。秦伯怒曰：『何爲哭吾師也？』二子曰：『非敢哭師也。哭吾子也。我老矣，彼不死則我死矣！』晉人與姜戎要而擊之殽，匹馬倚輪無反者。晉人者，晉子也。其曰人，何也？微之也。何謂微之？不正其釋殯而主乎戰也。

癸巳，葬晉文公。日葬，危不得葬也。

漢·韓嬰《韓詩外傳》卷九《第二十四章》 《傳》曰：昔戎將由余使秦。秦繆公問以得失之要，對曰：『古有國者，未嘗不以恭儉也，失國者未嘗不以驕奢也。』由余因論五帝三王之所以衰，及至布衣之所以亡，繆公然之。於是告內史王廖曰：『鄰國有聖人，敵國之憂也。由余聖人也，將奈之何？』王廖曰：『夫戎王居僻陋之地，未嘗見中國之聲色也，君其遺之女樂以淫其志，亂其政，其臣下必疏。因爲由余請緩期，使其君臣有間，然後可圖。』繆公曰：『善。』乃使王廖以女樂二列遺戎王，爲由余請期。戎王大悅，許之。於是張酒聽樂，日夜不休，終歲淫縱，牛馬多死。由余歸，數諫不聽，去之秦，秦公子迎而拜之上卿。遂幷國十二，辟地千里。

又 卷一〇《第十二章》 秦繆公將田，而喪其馬，求三日而得之莖山之陽，有鄙夫乃相與食之。繆公曰：『此駮馬之肉，不得酒者死。』繆公乃求酒，遍飲之然後去。明年，晉師與繆公戰，晉之左路右者圍繆公而擊之，甲已墮者六札矣。食馬者三百餘人，皆曰：『吾君仁而愛人，不可不死。』還擊晉之右路石，免繆公之死。

漢·劉向《說苑》卷二《臣術》 秦穆公使賈人載鹽於衛，微諸賈人。賈人買百里奚以五羖羊之皮，使將車之秦。秦穆公觀鹽，見百里奚牛肥，曰：『任重！道遠以險，牛何以肥也？』對曰：『臣飲食以時，使之不以暴，有險，先後之以身，是以肥也。』秦穆公知其君子也，令有司具沐浴爲衣冠與坐，公大悅。異日，與公孫支論政，公孫支大不寧，曰：『君耳目聰明，思慮審察，君其得聖人乎？』公曰：『然，吾悅夫奚之言，彼類聖人也。』公孫支遂歸，取鴈以賀，曰：『君得社稷之聖臣，敢賀社稷之福。』公不辭，再拜而受。明日，公孫支乃致上卿以讓百里奚，曰：『秦國處僻民陋，以愚無知，危亡之本也；臣自知不足以處其上，請以讓之。』公不許，公孫支曰：『君不用賓相，而得社稷之聖臣，君之祿也；臣見賢而讓之，臣之祿也；今君既得其祿矣，而使臣失祿，可乎？請終致之。』公不許，公孫支曰：『臣不肖而處上位，是君失倫也。不肖失倫，臣之過。進賢退不肖，君之明也。今臣處位，廢君之德，而逆臣之行也。臣將逃。』公乃受之，故百里奚爲上卿以制之，公孫支爲次卿以佐之也。

又 卷一〇《敬慎》 先軫欲要功獲名，則以秦不假道之故，請要秦師。【略】則聽先軫興兵，要之殽，擊之，匹馬隻輪無脫者。大結怨構禍於秦。接刃流血，伏尸暴骸，糜爛國家，十有餘年，卒喪其師衆，禍及大夫，憂累後世。故好戰之臣，不可不察也。

漢·劉向《列仙傳》卷上《蕭史》 蕭史者，秦穆公時人也。善吹簫，能致孔雀白鶴於庭。穆公有女字弄玉，好之，公遂以女妻焉。日教弄玉作鳳鳴，居數年，吹似鳳聲，鳳凰來止其屋，公爲作鳳臺，夫婦止其上，不下數年。一日，皆隨鳳凰飛去，故秦人爲作鳳女祠于雍宮中，時有簫聲而已。

漢·劉安《淮南子》卷一八《人間訓》 秦穆公使孟盟舉兵襲鄭，過周以東。鄭之賈人弦高、蹇他相與謀曰：『師行數千里，數絶諸侯之地，其勢必襲鄭。凡襲國者，以爲無備也。今示以知其情，必不敢進。』乃矯鄭伯之命，以十二牛勞之。三率相與謀曰：『凡襲人者，以爲弗知。今已知之矣，守備必固，進必無功。』乃還師而反。晉先軫舉兵擊之，大破之殽。鄭伯乃以存國之功賞弦高，弦高辭之曰：『誕而得賞，則鄭國之信廢矣。爲國而無信，是俗敗也。賞一人而敗國俗，仁者弗爲也。以不信得厚賞，義者弗爲也。』遂以其屬徙東夷，終身不反。故仁者不以欲傷生，知者不以利害義。聖人之思脩，愚人之思叕。

《史記》卷五《秦本紀》 （秦繆公）五年，晉獻公滅虞、虢，虜虞君與其大夫百里傒，以璧馬賂於虞故也。既虜百里傒，以爲秦穆公夫人媵于秦。百里傒亡秦走宛，楚鄙人執之。穆公聞百里傒賢，欲重贖之，恐楚人不與，乃使人謂楚曰：『吾媵臣百里傒在焉，請以五羖羊皮贖之。』楚人遂許與之。當是時，百里傒年已七十餘。穆公釋其囚，與語國事。謝曰：『臣亡國之臣，何足問！』穆公曰：『虞君不用子，故亡，非子罪也。』固問，語三日，穆公大説，授之國政，號曰五羖大夫。百里傒讓曰：『臣不及臣友蹇叔，蹇叔賢而世莫知。臣常游困于齊而乞食銍人，蹇叔收臣。臣因而欲事齊君無知，蹇叔止臣，臣得脱齊難，遂之周。周王子頹好牛，臣以養牛干之。及頹欲用臣，蹇叔止臣，臣去，得不誅。事虞君，蹇叔止臣。臣知虞君不用臣，臣誠私利祿爵，且留。再用其言，得脱；一不用，及虞君難。是以知其賢。』於是穆公使人厚幣迎蹇叔，以爲上大夫。

（繆公）二十年，秦滅梁、芮。

（繆公三十四年）戎王使由余於秦。由余，其先晉人也，亡入戎，能晉言。聞繆公賢，故使由余觀秦。秦繆公示以宮室、積聚。由余曰：『使鬼爲之，則勞神矣。使人爲之，亦苦民矣。』繆公怪之，問曰：『中國以詩書禮樂法度爲政，然尚時亂，今戎夷無此，何以爲治，不亦難乎？』由余笑曰：『此乃中國所以亂也。夫自上聖黄帝作爲禮樂法度，身以先之，僅以小治。及其後世，日以驕淫。阻法度之威，以責督於下，下罷極則以仁義怨望於上，上下交爭怨而相篡弑，至於滅宗，皆以此類也。夫戎夷不然。上含淳德以遇其下，下懷忠信以事其上，一國之政猶一身之治，不知所以治，此真聖人之治也。』於是繆公退而問内史廖曰：『孤聞鄰國有聖人，敵國之憂也。今由余賢，寡人之害，將奈之何？』内史廖曰：『戎王處辟匿，未聞中國之聲。君試遺其女樂，以奪其志；爲由余請，以疏其間；留而莫遣，以失其期。戎王怪之，必疑由余。君臣有間，乃可虜也。且戎王好樂，必怠於政。』繆公曰：『善。』因與由余曲席而坐，傳器而食，問其地形與其兵勢盡察，而後令内史廖以女樂二八遺戎王。戎王受而説之，終年不還。於是秦乃歸由余。由余數諫不聽，繆公又數使人間要由余，由余遂去降秦。繆公以客禮禮之，問伐戎之形。

三十六年，繆公復益厚孟明等，使將兵伐晉，渡河焚船，大敗晉人，取王官及鄗，以報殽之役。晉人皆城守不敢出。於是繆公乃自茅津渡河，封殽中尸，爲發喪，哭之三日。乃誓於軍曰：『嗟士卒！聽無譁，余誓告汝。古之人謀黄髮番番，則無所過。』以申思不用蹇叔、百里傒之謀，故作此誓，令後世以記余過。君子聞之，皆爲垂涕，曰：『嗟乎！秦繆公之與人周也，卒得孟明之慶。』

三十七年，秦用由余謀伐戎王，益國十二，開地千里，遂霸西戎。天子使召公過賀繆公以金鼓。三十九年，繆公卒，葬雍。從死者百七十七人，秦之良臣子輿氏三人名曰奄息、仲行、鍼虎，亦在從死之中。秦人哀之，爲作歌《黄鳥》之詩。君子曰：『秦繆公廣地益國，東服彊晉，西霸戎夷，然不爲諸侯盟主，亦宜哉。死而棄民，收其良臣而從死。且先王崩，尚猶遺德垂法，況奪之善人良臣百姓所哀者乎？是以知秦不能復東征也。』繆公子四十人，其太子罃代立，是爲康公。

又 卷三九《晉世家》 邳鄭使秦，聞里克誅，乃説秦繆公曰：『呂省、郤稱、冀芮實爲不從。若重賂與謀，出晉君，入重耳，事必就。』秦繆公許之，使人與歸報晉，厚賂三子。三子曰：『幣厚言甘，此必邳鄭賣

我於秦。」遂殺邳鄭及里克、邳鄭之黨七輿大夫。邳鄭子豹奔秦，言伐晉，繆公弗聽。

四年，晉饑，乞糴於秦。繆公問百里傒，百里傒曰：『天菑流行，國家代有，救菑恤鄰，國之道也。與之。』邳鄭子豹曰：『伐之。』繆公曰：『其君是惡，其民何罪！』卒與粟，自雍屬絳。

五年，秦饑，請糴於晉。晉君謀之，慶鄭曰：『以秦得立，已而倍其地約。晉饑而秦貸我，今秦饑請糴，與之何疑？而謀之！』虢射曰：『往年天以晉賜秦，秦弗知取而貸我。今天以秦賜晉，晉其可以逆天乎？遂伐之。』惠公用虢射謀，不與秦粟，而發兵且伐秦。秦大怒，亦發兵伐晉。

六年春，秦繆公將兵伐晉。晉惠公謂慶鄭曰：『秦師深矣，奈何？』鄭曰：『秦內君，君倍其賂；晉饑秦輸粟，秦饑而晉倍之，乃欲因其饑伐之：其深不亦宜乎！』晉卜御右，慶鄭皆吉。公曰：『鄭不孫。』乃更令步陽御戎，家僕徒爲右，進兵。九月壬戌，秦繆公、晉惠公合戰韓原。惠公馬鷙不行，秦兵至，公窘，召慶鄭爲御。鄭曰：『不用卜，敗不亦當乎！』遂去。更令梁繇靡御，虢射爲右，輅秦繆公。繆公壯士冒敗晉軍，晉軍敗，遂失秦繆公，反獲晉公以歸。秦將以祀上帝。晉君姊爲繆公夫人，衰絰涕泣。公曰：『得晉侯將以爲樂，今乃如此。且吾聞箕子見唐叔之初封，曰「其後必當大矣」，晉庸可滅乎！』乃與晉侯盟王城而許之歸。晉侯亦使呂省等報國人曰：『孤雖得歸，毋面目見社稷，卜日立子圉。』晉人聞之，皆哭。秦繆公問呂省：『晉國和乎？』對曰：『不和。小人懼失君亡親，不憚立子圉，曰「必報讎，寧事戎、狄」。其君子則愛君而知罪，以待秦命，曰「必報德」。有此二故，不和。』於是秦繆公更舍晉惠公，餽之七牢。十一月，歸晉侯。晉侯至國，誅慶鄭，修政教。謀曰：『重耳在外，諸侯多利內之。』欲使人殺重耳於狄。重耳聞之，如齊。【略】

（晉襄公元年）鄭人或賣其國於秦，秦繆公發兵往襲鄭。十二月，秦兵過我郊。襄公元年春，秦師過周，無禮，王孫滿譏之。兵至滑，鄭賈人弦高將市于周，遇之，以十二牛勞秦師。秦師驚而還，滅滑而去。

晉先軫曰：『秦伯不用蹇叔，反其衆心，此可擊。』欒枝曰：『未報先君施於秦，擊之，不可。』先軫曰：『秦侮吾孤，伐吾同姓，何德之報？』遂擊之。襄公墨衰絰。四月，敗秦師於殽，虜秦三將孟明視、西乞秫、白乙丙以歸。遂墨以葬文公。文公夫人秦女，謂襄公曰：『秦欲得其三將戮之。』公許，遣之。先軫聞之，謂襄公曰：『患生矣。』軫乃追秦將。秦將渡河，已在船中，頓首謝，卒不反。

漢·王充《論衡》卷八《儒增篇》　儒書言：『禽息薦百里傒，繆公未聽，禽息出當門，仆頭碎首而死。繆公痛之，乃用百里傒。』

又　卷一四《遣告篇》　秦繆公好淫樂，華陽後爲不聽鄭、衛之音。

北魏·酈道元《水經注》卷四《河水》　《竹書紀年》曰：【略】晉武公七年，芮伯萬之母芮姜逐萬，萬出奔魏。八年，周師、虢師圍魏，取芮伯萬而東。九年，戎人逆芮伯萬于郊。

宋·李昉等《太平御覽》卷三七五《人事部十六·腦》　《韓詩外傳》曰禽息秦大夫，薦百里奚不見納。繆公出，當車，以頭擊闑，腦乃精出。曰：『臣生無補於國，不如死也。』繆公感寤而用百里奚，秦以大化。

論説

《孟子》卷九《萬章上》　萬章問曰：『或曰：「百里傒自鬻於秦養牲者，五羊之皮，食牛，以要秦穆公。」信乎？』孟子曰：『否，不然。好事者爲之也。百里傒，虞人也。晉人以垂棘之璧與屈產之乘，假道於虞以伐虢。宮之奇諫，百里傒不諫。知虞公之不可諫而去，之秦，年已七十矣，曾不知以食牛干秦穆公之爲污也，可謂智乎？不可諫而不諫，可謂不智乎？知虞公之將亡而先去之，不可謂不智也。時舉於秦，知穆公之可與有行也而相之，可謂不智乎？相秦而顯其君於天下，可傳於後世，不賢而能之乎？自鬻以成其君，鄉黨自好者不爲，而謂賢者爲之乎？』

漢·董仲舒《春秋繁露》卷四《王道第六》　秦穆公將襲鄭，百里、蹇叔諫曰：『千里而襲人者，未有不亡者也。』穆公不聽，師果大敗殽中，匹馬隻輪無反者。

唐·柳宗元《柳河東集》卷四五《非國語下三十六篇·獲晉侯》　秦穆公歸，至於王城，晉惠公五年，秦帥師侵晉，獲晉侯以歸。合大夫而謀曰：『殺晉君與逐出之，與以歸與復之，孰利？』公子縶曰：『殺之利。』公孫

質其適子，使子代父處秦，國可以無害。』

枝曰：『不可。』公子縶曰：『吾將以重耳代之。晉之君無道莫不聞，重耳之仁莫不知。殺無道，立有道，仁也。』公孫枝曰：『耻一國之士』，又曰『余納有道以臨汝』，無乃不可乎？不若以歸，要晉國之成，復其君而質其適子，使子代父處秦，國可以無害。』

非曰：秦伯之不霸天下也，以枝之言也。且曰『納有道以臨汝』，何故不可？縶之言殺之也，則果而不仁；其言立重耳，則義而順。當是時，天下之人君莫能宗周，而能宗周者則大國之霸基也。向使穆公既執晉侯，以告於王曰：『晉夷吾之無道莫不聞，重耳之仁莫不知，且又不順，既討而執之矣。』於是以王命黜夷吾而立重耳，咸告於諸侯曰：『吾討惡而進仁，既得命於天子矣，吾將達公道於天下。』諸侯無道者畏，有德者莫不『莫不』一作『慕』字，皆知嚴恭欣戴而霸秦矣。周室雖卑，猶是王命，命穆公以爲侯伯，則誰敢不服？夫如是，秦之所耻者耻一作集亦大矣。棄至公之道一作『至公大同之道』而不知求，姑欲離人父子，而要河東之賂。是役也，秦取晉河東之地而置官司。其舍大務小，違義從利也甚矣。霸之不能也以是夫。

宋·李杞《用易詳解》卷五《復·六三》　頻復，厲无咎。

《象》曰：頻復之厲，義无咎也。

頻，數也。以陰居陽，不中不正，見善不明，用心不剛，故屢失而屢復；屢失屢復，其亦危矣。然猶愈于不能復者，是以雖危而義无咎也。秦穆公既悔于殽之敗，而又有彭衙之衄，然能懼而修德，而晉不敢當頻復之厲，君子猶取之。

宋·林之奇《尚書全解》卷四〇《周書·秦誓》　秦穆公伐鄭，晉襄公帥師敗諸崤，還歸，作《秦誓》。《秦誓》：公曰：嗟！我士，聽無譁！予誓告汝羣言之首。古人有言曰：『民訖自若，是多盤。』責人斯無難，惟受責俾如流，是惟艱哉！我心之憂，日月逾邁，若弗云來。惟古之謀人，則曰未就予忌；惟今之謀人，姑將以爲親。雖則云然，尚猷詢茲黄髮，則罔所愆。番番良士，旅力既愆，我尚有之；仡仡勇夫，射御不違，我尚不欲。惟截截善諞言，俾君子易辭，我皇多有之！昧昧我思之，如有一介臣，斷斷猗無他技，其心休休焉，其如有容。人之有技，若已有之。人之彦聖，其心好之，不啻如自其口出。是能容之，以保我子孫黎民，亦職有利哉！人之有技，冒疾以惡之；人之彦聖而違之，俾不通是不能容，以不能保我子孫黎民，亦曰殆哉！邦之杌隉，曰由一人；邦之榮懷，亦尚一人之慶。

《秦誓》之所由作，其略見於此序，而其事迹之詳，則載於《左傳》。案僖三十年，秦穆公以鄭之無禮於晉文公故，與晉合兵而圍之。晉軍函陵，秦軍汜南，既而秦納燭之武之言，私與鄭人盟而背晉，使杞子戍之而還，秦晉之不睦蓋自此始。其後二年，晉文公卒。穆公因杞子掌鄭北門之管，而欲潛師以襲之，出於晉地殽陵之閒，訪諸蹇叔。蹇叔曰：『勞師以襲遠，非所聞也。』公辭焉，召孟明、西乞、白乙使出師於東門之外。蹇叔之子與師哭而送之，曰：『晉人禦師必於殽，殽有二陵焉，必死是閒。』秦師及滑，聞鄭人既有備矣，滅滑而還。晉原軫曰：『秦違蹇叔，而以貪勤民，天奉我也，奉不可失，敵不可縱。必伐秦師。』遂發命，襄公墨衰絰以從戎，遂敗秦師于殽，陵獲百里、孟明、西乞、白乙以歸。襄公之嫡母文嬴請三帥而歸之，秦伯素服郊次，鄉師而哭曰：『孤違蹇叔，以辱二三子，孤之罪也！不替孟明，孤之過也，大夫何罪？』《秦誓》之作，實在此時。漢王嘉曰：『秦穆公不從百里傒、蹇叔之言，以敗其師，其悔過自責，疾詿誤之臣，思黄髮之言，名垂於後世。』《左氏》所載穆公之將襲鄭，但以爲訪于蹇叔而已，初未嘗及於百里傒也。至《公羊》、《穀梁傳》所載蹇叔事迹，與《左氏》正同；而其異者，則以諫伐鄭而哭秦師者，不惟蹇叔，而百里奚實在焉。』王嘉之言，蓋取諸《公》《穀》之傳而云也，以是知《左氏》之不載百里奚者，失其傳焉爾，當以《公》《穀》爲正。夫穆公於汜南之役，既背晉而與晉不睦矣，乃欲潛師於其險阻之地，以出鄭人之不意。則其進不足以襲鄭，而退將爲晉所襲者，蓋必然之勢也。故其時老成人之沈幾先物如蹇叔、百里奚者，則知其必敗，惟其輕進小生，鋭於功名，淺慮無謀如孟明、西乞、白乙則以爲必勝。穆公勇於前而不顧其後，蹇叔之言逆於其心，則不復求諸其道也，徒以其拂己而怒之。孟明、西乞、白乙之言遜於其志，則不復求諸非道，徒以其順己而喜之，徇於喜怒之私而不慮。夫成敗之所在，果覆師於殽陵，匹馬隻輪無反者，此蓋既往之咎不可復追矣。然而，因殽師之不復還，而能深自懲創，不怨天，不尤人，惟責夫己之不審於聽謀，且懼其無以爲善後之計也，故

於是誓其衆而告之以自怨自艾之意。此篇之所爲作，而夫子有取焉，録其書於帝王誓命之末也。『嗟！我士，聽無譁。』謂凡爾衆士，靜以聽命，我將告汝以古人之言，可以爲羣言之首者。其言則曰：『民訖自若，是多盤。』責人斯無難，惟受責俾如流，是惟艱哉！』蘇氏曰：孔子曰：人之言曰：予無樂乎爲君，惟其言而莫予違也。孔子蓋以爲一言而喪邦者，此言也，民既盡順我而不違我，樂則樂矣。不幾於游盤，無度以亡其國如夏大康乎？此言爲善，蓋常人之情，莫不樂人之順己而惡人之拂己，惟以人之若己爲多盤，則是人之責己者在常人之情，蓋多不樂於此矣。故自己而責人者未足爲艱人，以逆耳之言而責己己能受之如水之流而不以爲忤，此實常情之至難也。今我之爲此役也，蹇叔、百里傒之謀，謀之其臧，則具是；違孟明、西乞白乙之謀，謀之不臧，則具是。依此蓋以若己爲多盤，而不能以受責如流爲艱，既取禍敗於前矣，而思有以轉禍爲福，易危爲安，則我心之憂，惟恐日月逾邁難得易失若不復反，雖欲悔之而無所及也。是以深咎其聽言之不審，謂我之始欲背鄭人氾南之盟也，誠有所疑忌於鄭而不信之，故欲潛師以襲之，勇於利而不顧其害。彼老成之人，執古義而爲我謀者，如百里傒、蹇叔，可謂善矣，我則以爲未能成就我之所忌而違之，其新進小生之昧於古義而指今事，以爲我謀，如孟明、西乞、白乙之徒，可謂不善矣。我雖知其未必有成功，而僥倖於萬一也。故姑將以爲親而從之，是以自取殽陵之敗。夫既喪師之禍至於此，極秦之社稷亦已危矣，而尚未至於爲敵國外患之所乘者，蓋以襲鄭之役，雖不從老成人之謀，而其他爲治之道尚能詢於黄髮而用之，是以無所愆過，兵雖敗而國不摇也。案《左氏傳》：僖十三年晉薦饑，使乞糴于秦。秦伯謂百里奚『與諸乎？』對曰：『天災流行，國家代有，救災恤鄰，道也。行道，有福。』於是丕豹在秦，請伐晉。秦伯曰：『其君是惡，其民何罪？』於是輸粟于晉。夫丕豹之請伐晉，無以異於杞子之請襲鄭也；百里傒欲與之粟，無以異於蹇叔之以襲鄭爲不可也。穆公卒從百里奚而不從丕豹，則知其平日之謀國，詢於黄髮而違新進小生之謀者亦多矣。一昧於襲鄭之舉，遂取敗衄，故誠有悔於是，而欲改過遷善，卒用黄髮之言以爲善。後之計焉，良士之番然而老者，雖旅力既已愆過我，庶幾欲有此人而用之，至於仡仡然壯勇之夫，雖能射御而不有違失我，庶幾踈而遠之不欲用此人也。仡仡勇夫，尚且不欲，而況於截截利口捷給之善，諞言者能變亂是非，利害之實，使君子回心而易辭，我何暇復多有之哉？其所謂『番番良士，旅力既愆』者，蓋指百里奚、蹇叔之徒而言也，而其『仡仡勇夫』與夫『截截善諞』言者，則指孟明、西乞、白乙之徒也。截截，猶察察也；諞，《説文》曰：『便，巧言也。』穆公之謀伐鄭也惟昧夫君子小人之際，故於老成之言則違之，於新進小生則從之。是以覆師於殽陵，及其既敗而悔過，昧昧焉以思之，困於心衡於慮而後作也，於是審知夫君子之所以爲君子，小人之所以爲小人，與治亂安危之所在，以謂苟有一介之賤臣，斷斷乎朴魯無它技，而其心休休焉。寬裕温柔而有所容於人之有技，若已之所自有；人之彦聖，而其心好之不啻若自其口出是人也。蓋質直，樂善之人也，吾昔日以爲椎鈍而忽之，今乃知其爲君子。君子之質直樂善，是可以保我子孫黎民者也。故自今以往，我欲容斯人於朝，以爲國家社稷之利，其有心不休休然以有容，而挾其技能以傲物於人之有技，則冒蔽疾害以惡之人之彦聖，則違而拒之，使不得通於上是人也。蓋忌克嫉害之人也，吾昔日以爲果鋭而善之，今乃知其小人。小人之忌克嫉害，是不可以保我子孫黎民者也。故自今以往，我不欲容斯人於朝，懼其將危我國家社稷，而至於不可救也。夫我之所以敗者，良由廢弃老成人之言而樂用新進小生，不明夫君子小人之心術，故秦之爲國，遂至杌隉而不安，既國之杌隉由我一人聽謀之不審。以是推之，則知欲致邦之榮懷者，亦庶幾惟在一人之有慶而已。苟能用質直樂善之君子，不用忌克嫉害之小人，則是我一人無取杌隉之道；既無取杌隉之道，則將轉禍而爲福，易敗而爲成，社稷無窮之休，豈有既邪？嗚呼！君子小人之情狀，與夫治亂安危之機，蓋盡於此矣。『斷斷猗無他技』，猗者，語辭。唐孔氏曰：《禮記·大學》引此作『斷斷兮』，『猗』是兮之類，懷安也。《論語》曰：『君子之過，如日月之食焉。過也，人皆見之；更也，人皆仰之。』穆公當大喪師之後，其操心也危，其慮患也深，思得番番良士而用之，惟恐仡仡之勇。夫『截截之諞言』乘間而進，其心之憂，日月逾邁，若將弗克見者，誦言其過而無所文飾於其間，則雖有過不足以爲過矣。故夫子善之而録其書，以附益於帝王誓命之末，其與之也可謂至矣。然考之《左氏傳》，則穆公雖有此言，而終不能踐之者也。《秦誓》之作在於殽師既敗之後，使其果

能踐此言，則固宜尊事百里奚、蹇叔而用之，退孟明之徒而遠之，休兵息民而不報殽陵之師，如是則豈惟霸諸侯而已哉？雖王業亦可成也。今則不然，其所以尊事黄髮者，蓋未之聞也。方且不替孟明而更委之以政，以遂其拜賜之言。後二年，復敗于彭衙而尚不悔。明年，又使孟明焚舟以戰，出於萬死一生之計，然後僅能勝晉于王官。又明年，晉復伐秦，圍邧新城，以報王官之役，未及報晉，而穆公遂死矣。貪功弃民終其身而不改，惡在其爲悔過自訟邪？其所以欲用旅力既愆之良士，與夫能容斷斷無他技之臣者，殆爲虚語耳。然夫子志其言於書無少貶焉者，蓋彼雖終不能踐其言，而其一時悔過自艾之意，誠合夫帝王之用心。與其潔也，不保其往也，其《秦誓》之謂乎？

宋·史浩《尚書講義》卷二〇《秦誓》 秦穆公伐鄭，晉襄公帥師敗諸崤，還歸，作《秦誓》。穆公以列國霸者，不聽忠言，咈人自用，敗而還師，實不足道。而聖人乃取其書，終百篇之義，疑弗類也。然卽其悔過，憂畏自責，若無所容，其軀一念之萌發於誠，實天地爲之震動，鬼神爲之辟易，聖人豈不有感於中而爲之登載其言乎？《傳》曰：『禹湯罪已，其興也勃焉』，穆公之謂也。

宋·王應麟《困學紀聞》卷二《書》 《史記·秦紀》：繆公三十三年，敗於殽。三十六年，自茅津渡河，乃誓於軍，申思不用蹇叔、百里奚之謀，令後世以記余過。君子聞之，皆爲垂涕，曰：嗟乎！秦繆公之與人周也，卒得孟明之慶。《書序》云：敗殽，歸，作《誓》，與《史》不同。邵子謂修夫聖者，秦穆之謂也。穆公是霸者第一，悔過自誓之言幾於王道，此聖人所以録於書末。

宋·夏僎《尚書詳解》卷二六《秦誓》 伯禽、穆公等諸侯耳，虞夏、商、周帝王之書也，而以諸侯之誓係之也，乃孔子之深意。王者之迹熄，則《大雅》降爲《國風》，王者之道亡，故秦、魯升而係三代于《詩》，見其言于《書》，見其意曰『平王錫晉文侯』，而言不及于復讎，王道不可望也。得如伯禽之用兵，則申侯、犬戎庶幾可戮，得如穆公之悔過，則聽言用賢而周家可興，如此則庶幾于王道矣。故取秦、魯以補王道，所以深痛王道之不復興也。夫《國風》始平王，王道終于平王而以秦、魯補之，則平王之罪可勝言哉？故特存之。

秦穆公伐鄭，晉襄公帥師敗諸崤，還歸，作《秦誓》。

按《左傳》及《史記》：魯僖公三十年，晉文公與秦穆公圍鄭，鄭使燭之武説秦伯。秦伯竊與鄭人盟，使杞子、逢孫、楊孫戍之，乃還。三十二年，杞子自鄭使告于秦曰：『鄭人使我掌北門之管，若潛師以來，國可得也。』穆公訪諸蹇叔，蹇叔曰：『不可。』公辭焉，而召孟明、西乞、白乙，使帥師伐鄭。《禮》：征伐朝聘，過人之國，必遣使假道。今秦伐鄭，道經晉之南境，蓋于河南之南崤關之東，而秦乃不假道于晉。是歲晉文公卒，襄王卽位。三十三年，秦師及滑。滑，晉地也。鄭商人弦高將牛十二欲市于周，遇秦師，恐爲所掠，乃矯鄭伯之命，以十二犒師孟明，曰：『鄭有備矣，不可冀也。攻之不克，圍之不繼，吾其還也。』秦人既謀泄，又以不假道于晉之故，乃滅晉之滑邑而還。晉襄公以國有大喪，而秦越境伐鄭，師行不告，又因來伐，襄公乃墨衰絰，以夏四月俟其師還，扼之于崤澠，敗其師而獲三帥焉。是時，晉文公夫人文嬴，秦女也，乃爲三帥請于襄公曰：『彼實搆吾二君，寡君穆公若得而食之，不厭，君何辱請焉，使歸就戮于秦，以逞寡君穆公之志，若何？』襄公許之，乃歸其三帥百里、孟明視、西乞術、白乙丙，穆公素服郊迎，鄉師而哭曰：『孤違蹇叔，以辱二三子，孤之罪，不替孟明，孤之過也。』穆公于是悔過，作爲此書。史官録之，乃作此《秦誓》之書。由是言之，則伐鄭者雖穆公之意，其實乃孟明、西乞、白乙三帥將兵以行，非穆公親行也；逮三帥還歸，穆公素服郊迎，乃悔過作此書，非穆公還歸作此《誓》也。今叙書者言秦穆公伐鄭，晉襄公帥師敗諸崤，還歸，作《秦誓》，若秦穆公親將兵伐鄭，既還，乃作《誓》自悔，此其故何也？蓋將兵伐鄭，乃三帥自行，實穆公使之；今穆公既引過歸已，則崤澠之辱，實若穆公身自致之故。序書者發明此意，言穆公伐鄭，而不言三帥之行言，還歸，作《秦誓》，若穆公還歸作《誓》，而不言三帥之歸。蓋所以深明穆公今日之悔，非矯情飾僞，以冀孟明異日焚舟之舉也。其悔者，蓋實若已之自爲也。此孔子所以有取于《秦誓》也。

《秦誓》：公曰：嗟！我士，聽無譁！予誓告汝羣言之首。古人有言曰：『民訖自若，是多盤。』責人斯無難，惟受責俾如流，是惟艱哉！我心之憂，日月逾邁，若弗云來。帷古之謀人，則曰未就予忌；惟今之

謀人，姑將以爲親。雖則云然，尚猷詢茲黄髮，則罔所愆。番番良士，旅力既愆，我尚有之；仡仡勇夫，射御不違，我尚不欲。惟截截善諞言，俾君子易辭，我皇多有之。

此『秦誓』二字，亦竹簡所標之題也。无垢謂心静則氣一，心亂則語譁。心静氣一則言出于口而理入于心，故誓三軍多以無譁爲戒，此論甚善。穆公謂嗟哉，我此朝廷之士常静聽我戒，無諠譁，我以告汝者，皆衆言之總要。无垢謂天下言之至要者，莫大乎悔過。人君而悔過，則改過而知非舜跖之分，堯桀之判，在此一念則悔過之言，不得不爲羣言之首乎？穆公將出悔言，故先引古人之言曰：『民訖自若，是多盤。』孔氏以訖訓盡，自訓用，若訓順，盤訓樂，謂人能盡用順道，則有福；有福則身樂。无垢則謂自若者，自如也；自如者，民安俗樂業，仰事俯育，皆得其所，如漢文帝時深遠之民，如八九十者，嬉戲如小兒狀，此自若也。使民盡自若，皆得其所，天下之樂其有多于此者乎？此二意孔氏則謂人盡用順道，則多樂事。其意則以違老成之言，取崤澠之辱，乃不用順道。所以无垢則謂民得自如，則君有餘樂。今日違老成之言使崤師之敗，斯則肝腦塗地，豈得爲自如乎？此所以不樂而悔過也。此二説皆有意味，无垢最爲明白，故特從之。穆公既言民自如則君多樂，然以此理而責人，則亦何難之有？惟我不明此理，一旦人以此理而責之，我乃受其所責，不旋踵而改過，如水流下，無有滯礙，此乃難耳。穆公言此，蓋悔前日不能受蹇叔之責也。『我心之憂，日月逾邁，若弗云來』，穆公言此，以前日不能受蹇叔之責至于敗衄，其心憂思，欲改過自新，而日月益以疾行，我深恐日月不復再來，而我改過之無日也。此蓋穆公急欲改過也。『惟古之謀人，則曰未就予忌』者，此穆公指蹇叔而言。謂執古義與我謀者，我則曰此未能就我闕士之功，而我實忌而惡之，不用其言，惟今之謀人姑將以爲親者，此穆公指杞子等而言也。謂徇今日目下一時之利，以爲我謀者，我則不暇遠慮，而姑且親而信之，此乃穆公力陳已過，備述所以致敗之由也。『雖則云然，尚猶詢茲黄髮，則罔所愆』者，穆公謂我所陳己過，其言雖如此，然我從今日已往，庶幾謀事必問，此黄髮之老如蹇叔之流者，則必可以無過矣。此乃穆公悔過而求所以自新之意，謂今日之事莫如違杞子而用蹇叔也。无垢謂觀穆公之意，自此待蹇叔益隆，而卒用孟明之師以伐晉，似與此《誓》不同，何也？曰：崤之敗，非三帥之罪。觀弦高以牛犒師，遂以師還，不可謂不謹也。蹇叔之諫，非謂三帥謂不當信杞子之説耳。今茲再遣孟明之師，所以勝晉者，乃蹇叔之秘謀也。然蹇叔不知《春秋》之義，克己悔過而以報復爲能，豈三代之師哉？此説甚高，故特録之。穆公既言自今以往，庶幾以道謀，此黄髮而無過，遂言所欲用者若而人，所不欲用者若而人。番番老成之士，旅力衆力，謂目力耳。力，手足之力也，謂老成番番然之良士，其旅力雖過，然血氣之習既除，則義理之心自定，故穆公則庶幾欲有此人而用之，此段謂蹇叔也。『仡仡勇夫』，穆公又謂若有人勇武仡仡，然能習射御馬，悉皆中的合度，無有違失，此人則徒恃血氣，不明義理，故我今日庶幾不欲得此人也，此謂杞子等輩也。截截，猶察察也；諞，辯也。其有察察，徒恃小慧，察人所不及察，而又善爲辯説之辭，使君子之人聞之者迴心改慮，變易其辭，此人則本無幹爲，徒矜口舌，以言語眩人者，我前則大多有之，言昔有而今則不願有也。无垢謂穆公始也以血氣爲我，故不喜見老成而喜新進；今也以義理爲我，故喜見老成而惡新進。揆其前後，蓋不啻若相反矣。不如是，安得爲悔過？此説極當。

昧昧我思之，如有一介臣，斷斷猗無他技，其心休休焉，其如有容。人之有技，若已有之。人之彦聖，其心好之，不啻如自其口出。是能容之，以保我子孫黎民，亦職有利哉！人之有技，冒疾以惡之；人之彦聖而違之，俾不通是不能容，以不能保我子孫黎民，亦曰殆哉！邦之杌隉，曰由一人；邦之榮懷，亦尚一人之慶。

《正義》曰：既言賢佞行異，又言邦之安否。蓋國家用賢則榮，背賢則危。穆公自誓，將改前過而用賢人也。

宋・金履祥《尚書表注》卷下《秦誓》 秦穆公伐鄭，晉襄公帥師敗諸崤，還歸，作《秦誓》。【略】此篇秦穆公晚年悔過之書也。秦晉交兵之故，本末具見《左氏傳》，而不言作《誓》之事。《書序》誤云殽敗退歸之作。惟《史記》載誓辭於取王官及郊封殽尸之後。穆公自是，師不復東矣。此篇老成懲艾之言，極爲真切。穆公平日貪利，功於五伯爲末，而晚年之悔若此。蓋髣髴乎王者之意象焉，但所欠剛明之力，而尚有悠緩之意，所望於人者大，而所以自爲者或尚小。此所以爲穆公歟？

宋·劉敞《春秋權衡》卷一三《昭公》（五年）秦伯卒。《公羊》曰：『秦者，夷也，匿嫡之名也』。非也。謂秦爲夷，則《經》書『秦伐晉』，乃其理自適然矣，非貶之也。或謂秦是夷，或謂秦非夷，何哉？且諸侯卒不名者多矣，可以悉謂之夷乎？凡夷狄之爵，雖大不過子，秦爵伯也，非夷亦明矣。又《詩序》：獻公之女爲秦穆公夫人，而生康公；康公爲太子時，贈送晉文公于渭之陽，作《渭陽》之詩，則康公者，嫡子也。今尋《公羊》以文十八年秦伯罃卒，爲穆公，則宣四年秦伯稻卒，爲康公。驗此兩者，又各有名，非匿之也。《公羊》乃云：嫡得之，然則秦伯亦未盡用夷禮，安知彼不名者，自與中國諸侯不名同哉？

又　卷一六（僖公）三十三年，晉人及姜戎敗秦師于殽。《穀梁》曰：『不言戰，而言敗，狄秦也。』非也。此《傳》云：晉人及姜戎要而擊之殽。夫要而擊之，則非戰矣。《春秋》可得强書戰乎？且平心論之，晉則背殯厄人於險，而秦反見狄，不亦誤哉？又曰：『徒亂人子女之教，無男女之别』，此吾所不知也。又云：『秦之爲狄，自殽之戰始也』。吾則知之矣，此《傳》妄也。《穀梁》《公羊》《左氏》三家説《經》多同異不相能久矣。此之所是彼以爲非，彼之所是此以爲非，未易據此難彼也。吾欲且置彼二家之言秦穆賢，而以《詩》《書》決之，儻可乎？按《詩》：秦自襄公始爲諸侯，及穆公而大矣。言穆公之事，不聞自殽之戰而狄也。若求於《書》：秦穆公敗於殽，悔過自責，作《秦誓》。仲尼取以次三王之末，因此論之，秦之不爲狄，自殽之戰始，則可矣，未見其始爲狄也。

宋·劉敞《劉氏春秋意林》卷下　晉放其大夫胥甲父于衛，秦穆公悔不用百里奚之言，以亡三師，自狀其過而作《秦誓》；晉靈公恥不得志於秦，而追咎善謀放胥甲父于衛人之度量，相越豈不遠哉？仲尼删《書》以秦穆爲賢，而措之帝王之末；及修《春秋》，以胥甲父無罪而譏晉之濫。從此觀之，明莫要於自見，智莫先於自知，善莫大於自反矣。假使晉之君臣因胥甲父之言推而廣之，修己而不責人，鄰國將來服，奚患秦哉？不恥政之不修，而疾戰之不勝；不憂德之不仁，而忿民之不爲用；不責己不中義，而疾人之爲謀。忠未有用此而保其國者也。晉靈公之弑不亦宜乎？乃其兆先見矣。

宋·孫覺《春秋經解》卷六《僖公》（三十三年）夏四月辛巳，晉人及姜戎敗秦師于殽。

《春秋》之法，內敗外不言戰，言戰則敗也；中國敗外裔不言戰，言戰則敗也。殽之戰，晉敗秦師，不曰戰而曰敗者，外秦也。晉文之興，主盟中國，以攘却彊楚，數年之間，中夏復盛；而夷狄屏息，天王狩于河陽，而諸侯率朝，周之不亡威文更伯之力也。重耳之卒，未逾一年，而秦由僻陋，乘中國之無伯，越數千里以伐鄭；鄭中國之諸侯，而晉同姓之國，秦越千里而伐之，其無晉也甚矣。襄公于是墨縗行師，敗秦于殽。書曰『敗秦師』，所以甚秦之惡，而與晉之勝也。晉襄居喪，禮當稱『子』，不曰『子』而曰『人』者，諸侯居喪，已葬稱君，未葬稱子，承父之志而繼其位，不忍有變於柩前也。晉文之伯功未泯，而秦人亡之，出千里之遠，越晉而伐其所與之國，晉襄不忍隳其父之業，往救而敗之。書曰『晉子』，則不免背殯出師之罪；變例而書之曰『人』，則是全晉之人敗秦師于殽也。《春秋》之例，有稱『人』以爲褒，有稱『子』以爲貶。弑君之賊，雖國君討之，而書之曰『人』，蓋亦與之稱『人』，與晉敗秦師，其例等爾。《尚書·秦誓》之序曰：『秦穆公伐鄭，晉襄公帥師敗諸殽。』雖其自誓之辭，有可取。然伐鄭而見敗，則其過不得掩焉。』《春秋》書晉人敗秦師，則與晉而狄秦。《尚書》載其自誓，則許其改過而新之，蓋聖人之意惟其事之善否所在爾。《公》《穀》皆曰晉襄之稱『人』，貶而微之也，是皆不得孔子與之之意。陸氏曰：許其以權變禮，異乎匹夫之孝。此説是也。

宋·吕祖謙《左氏傳説》卷四《僖公》　晉侯、秦伯圍鄭，鄭使燭之武説秦，秦伯説，與鄭人盟。三十年。

秦穆公當時納晉文公，使之有晉國者，其德可謂甚大。文公既立之後，鑑晉惠公之事，與秦穆公左右周旋，盟會征伐未嘗不同，然而，後來秦、晉同伐鄭，秦納燭之武之説，私與鄭盟而戍之，秦之背晉亦要察其由。若以惠公之事甚易見，如秦納晉惠公時，晉許秦地，及歸，又不與秦。晉饑，秦輸之粟；秦饑，晉閉之糴。其曲直甚分明，此固是曲在晉，直在秦。若以曲直未察之時論之，曲全不在晉，直全不在秦，何故？秦、晉連兵伐鄭，而穆公獨與鄭盟。及子犯請擊秦，晉文公却又説『微夫人之力，不及此』，此見晉文公不忘舊德處。若把此一段看，似乎直在文公。

《書序》：秦穆公伐鄭，晉襄公帥師敗諸殽；而《經》書『晉人及姜戎敗秦于殽。』先儒謂晉襄不稱爵而人之，所以貶晉；秦穆不稱爵而國之，所以外秦。然乎？曰：《春秋》有書滅而爵之者，如楚子滅蕭是也，若以爵爲褒，滅人之國，何善之可褒？有書救而人之國之者，如齊人救邢、吳救陳是也，若以人國爲貶，恤人之患，何惡之可貶？大抵《春秋》據事爲褒貶之實，非以人爵爲褒貶之例。晉襄父喪在殯，而結戎師以伐，婚姻且阨人於險，晉之惡可知。秦穆客人之館而謀其主，利人之危而襲其國，越人之竟而不哀其喪，不虞其棄師也，秦之惡可知。書曰『晉人及姜戎敗秦師于殽』，則晉人之罪著矣。先書秦人入滑，繼書敗秦師于殽，則秦人之罪著矣。又書於晉侯卒之後，則秦人間晉之喪，晉人背殯出兵之罪又著矣。故子謂晉書人者卽先軫也，不必以爲晉襄敗秦師。當從《左氏》，不必以爲外秦。若謂《書序》之言與《左傳》合，則襲鄭之役，《左傳》固以爲孟明而非秦穆也，《書序》亦可憑邪？若謂敗秦于殽，當從《公羊》，則《穀梁》固亦書秦師，不但《左氏》也，況書曰『秦師』，不愈見其棄師邪？蓋後此晉侯及秦師戰于彭衙，書曰『晉侯』，則晉人及姜戎敗秦師，但當爲先軫可也，況書曰『晉人』，不愈見其背殯用兵邪？故曰書晉人及姜戎敗秦師于殽，而秦晉之罪兩無所逃矣，不必貶晉外秦，而後見其惡也。

元·劉瑾《詩傳通釋》卷六《晨風》 《春秋傳》曰：君子曰：秦穆公之不爲盟主也，宜哉。死而棄民，先王違世，猶貽之法，而況奪之善人乎？今縱無法以遺後嗣，而又收其良以死，難以在上矣。君子是以知秦之不復東征也。愚按：穆公於此其罪不可逃矣。但或以爲穆公遺命如此，而三子自殺以從，則三子亦不得爲無罪。今觀臨穴惴慄之言，則是康公從父之亂，命迫而納之於壙。其罪有所歸矣。董氏曰：陳乾昔子、魏顆皆從其治命，不以爲殉，君子美之。然則康公得無罪乎？陳少南曰：穆公悔過自誓，見於《泰誓》，舉人之周，用人之一，未易得如穆公者。至從死一事，說者以爲穆公之命，夫屬纊方亂，未可遽從，帷堂未徹，無所復請，以未可從之命，而康公從之，是不孝也。以不可復請之命，而康公行之，是不仁也。又按《史記》秦武公卒，初以人從死死者六十六人，至穆公遂用百七十七人，而三良與焉。蓋其初，特出於戎翟之俗，而無明王賢伯以討其罪，於是習以爲常，則雖以穆公之

到得殽之役，又不是晉先犯秦；秦先襲鄭，然後先軫遂發命兵，端又不在晉，似乎曲又不在晉。考其實事論之，則不然。晉之失秦有自來矣，不獨因鄭。當時天王出居于鄭，晉與秦本要同出兵納王，晉專功求霸，故辭秦師，順流而下。秦穆公是曉了人，豈不知他辭師之意？其間隙已自形見於此，但未見於事。晉文公驪姬之難，受恩於秦，其結好如此；及到圍鄭，一使燭之武說秦，秦穆公便欣然與鄭盟，何故？以此知曲全在晉，不在秦。觀秦穆公恩意之於晉文甚拳拳，不獨納他歸國。既歸之後，如後來呂郤之難，將焚公宮，晉侯潛會秦伯於王城，瑕甥郤芮不獲公，乃如河上，秦伯誘而殺之，又以三千紀綱之僕爲晉文之衛，其拳拳於晉，當是時，尚無疑晉文公之心。自晉文辭師專功掠美之後，其間隙已自形見，以此事迹上稽之，則秦合與鄭盟，不是曲在秦，曲全在晉。【略】

蹇叔言師之所爲，鄭必知之。三十二年。

勤而無所，必有悖心。三十二年。

秦穆公興兵伐鄭，而蹇叔諫：『勞師襲遠，非所聞也』，『師之所爲，鄭必知之』，『且行千里，其誰不知？』秦伯不用蹇叔之言，終於出師，所以有殽之敗。論蹇叔諫秦伯一段，爲秦穆公謀甚忠，後世論蹇叔能料事情於千里之外，如此之審。自今觀之，大抵看書考古今成敗，不當隨成敗論。若以成敗看，蹇叔爲秦穆公逆料事情於千里之外，如此精審，雖蓍龜亦不過如是，此未免爲隨事迹論人。若深考事情，蹇叔意甚忠，所以諫秦伯之辭，當時所料未爲精審，如謂『師之所爲，鄭必知』，幸然鄭商人弦高將市於周，方知秦師之出，以牛十二犒秦師，詐爲鄭辭，以款秦師，使傳告於鄭。鄭聞其言，然後使視客館，方見束載厲兵秣馬，以此知秦師出路上。不遇弦高，鄭未必知，秦未必不成功，則蹇叔『師行千里其誰不知』之言未爲精審。這未見得事情。舉此一段看古今成敗，不當以迹看。雖然，蹇叔之言其中自有精審處，若『勤而無所，必有悖心』，此兩句却最精審，何故？其勞師千里，既無所成，必不肯空手歸，所以滅滑。當時本要滅鄭，不要滅滑，所以既勤而無所，所以滅滑而還。果中蹇叔之所料。當時，秦聞鄭知便歸時，尚可以全師。蹇叔前幾句雖忠未料得事情，惟是此兩句料得事情出，所以最爲精審。

宋·呂大圭《春秋或問》卷一二《晉人及姜戎敗秦師于殽》 或問：

賢而不免。論其事者，亦徒閔三良之不幸，而歎秦之衰。至於王政不綱，諸侯擅命，殺人不忌，至於如此，則莫知其爲非也。嗚呼！俗之敝也久矣，其後始皇之葬後宫，皆令從死，工匠生閉墓中，尚何怪哉！始皇葬驪山下，錮三泉，令匠作機弩，有穿近者，輒射之。上具天文，下具地理。後宫無子者皆令從死，工匠爲機者，皆閉之墓也。愚按古之葬者有明器，但備物而不可用，如芻靈亦其類也。不幸流俗之敝，而至於作俑；又不幸而至於用人。然作俑者，夫子且以爲不仁，而謂其無後，況秦武公既用殉，五傳至穆公，而又用殉。夫子之言，反似無驗。孰知穆公之後，二十一傳至莊襄王，而呂氏之子遂絶嬴氏之統。維夫始皇不知所監，驪山葬後未三年，而呂氏之祀又絶。嗚呼！不仁之禍及子孫如此。《序》哀三良也，國人刺穆公以人從死，而作是詩也。

此序最爲有據。

元·鄭玉《春秋闕疑》卷一九《文公三年》　秦人伐晉。

秦伯伐晉，濟河焚舟，取王官，及郊。晉人不出，遂自茅津濟，封殽尸而還。遂霸西戎，用孟明也。胡氏曰：聖人作《易》以懲忿窒慾，爲《損》卦之象。其辭曰：損德之修也。《春秋》諸侯之知德者鮮矣。穆公初聽杞子之請，違蹇叔之言，其名爲貪兵，是慾而不能窒也。及敗于殽，歸作《秦誓》，庶幾將窒其欲矣。復起彭衙之師，殽函之役，其名爲憤兵，是忿而不能懲也。今又濟河取郊，人之稱斯師也，何義哉？晉人畏秦而不出，穆公逞其忿而後悔，自是見伐不報，始能踐自誓之言矣。是故于此貶而稱『人』，備責之也。楊龜山曰：或曰：《書》之終《秦誓》，以見聖人之樂人悔過也，故凡過而能悔者，取其悔而不追其過可也。今有殺人而被刑者，臨刑而曰：『吾惟殺人以至此也』，仁者于此亦必哀而取之。夫《書》之有《秦》《費》二誓，以誌帝王之誥命于是絶故也，其大意則言有國者不可廢誓。于誓之中，其事又有可取者，則秦之罪已而不責人是也。若曰取其悔而已，不咎其過。其既悔而有過也，亦不當罪乎？聖人以恕待人，于人之悔也，嘉之可也；如以悔爲是，而不問其改與不改，則改過者鮮矣。故君子之取人也，取其改不取其悔。且殺人至于被刑而自狀其過，蓋傷其死之不善也。使殺人而不必死，其肯悔乎？殽之戰不敗，則秦自以爲功矣。何以知之？抑以濟河之師知之也。樸鄉呂氏曰：始書秦人入滑，明秦人之犯中國也；繼書晉人及姜戎敗秦師于殽，明晉之背喪用戎，以薄人于險也。二年，書『晉侯及秦師戰于彭衙』，用見秦之不悔而伐晉，晉之志戰而敵秦也。冬，書『晉人、宋人、秦人、鄭人伐秦』，用見晉人再勝，而猶用師也。三年，書『秦人伐晉』，用見秦人再敗而不知悔也。四年書『晉侯伐秦』，用見彼此報復，結怨連兵之無已也。然自是而後，秦穆不復報晉，蓋知悔也。向也殽函之役，秦伯向師而哭，作《秦誓》之書以自警，蓋其一經喪師之後，深懲力創，好惡向背，從是一變，方寸既改，羣動皆移，克此心也。帝王何遠之有？惟其能懲創于師徒，方喪之初，而不能堅定于瘡痍僅瘳之日，未及數年，又興彭衙之師，蓋其積怨深憤，務欲得報而後已，本其僻處西陲，與戎狄雜居，好攻戰而事詐力，其俗然也。其臣如孟明等又冒戰不已，此所以頓忘前日自誓之言，與彭衙之役不得志而去，未肯已也。至三年，濟河焚舟，取王官，及郊，封殽尸而還，然後秦人之憾得逞矣。四年，晉人圍邧新城，以報王官之役，而秦不復報，此則秦穆之雄也。彼其蓄憾特在于殽函一敗之耻，故自取王官，雪殽耻之後，而不復求以報晉，所以全其勝也。程子曰：結怨連禍，殘民以逞，晉人畏之而不出，秦人極其忿而後悔過，聖人取其能終改耳。愚謂夫子於秦穆公録其悔過之辭于書，所以爲後世法；著其窮兵之禍於《春秋》，所以爲後世戒。猶化工之于物，生殺並行而不相悖，斯其所以爲聖人也與？故小東萊呂氏曰：秦穆在《春秋》中，朝譏暮貶，左瑕右玷，雖擢髮不足以數其罪；及入于《書》，温然粹然，不見微隙，是《典》《謨》《誓》《誥》之秦穆，而非《春秋》之秦穆也。然則學者當合而觀之。

元·趙汸《春秋屬辭》卷一一《辯名實之際第四》　宣十五年夏，秦人伐晉。《傳》：秋七月，秦桓公伐晉，次於輔氏。案：是年夏，無秦伐晉。《傳》而七月，《傳》不見不書之由，疑是一事，而時月有誤。

以上秦君將稱人者四：秦穆公既倍晉而戍鄭，又將因戍人以襲鄭，其心事如此，使秦得志於諸國，其禍豈減於楚哉？喪師於殽，雖嘗悔過，自誓而終不能自克，既歸，闘克使求成於楚；又以忿兵敗績於彭衙；令狐之役曲雖在晉，然夫人、大子猶在，而外求君，康公無先見之明，以敗其衆而報怨不已。蓋自穆至景，連兵於晉者四世，而楚世昏於秦矣。故秦晉連兵，晉君將恒稱爵，而秦君自將五，四稱人，一但稱國，以其始於倍

盟以賊中國，中亟於報怨，而卒自附於蠻荆以爲中國之罪人。《春秋》既以繼伯討罪之義與晉襄，則秦君不得稱君，以敵伯主，明王者之政，當出於一，所以渙羣疑而尊王室也。其稱『人』之義，與楚君同，而又非中國諸侯之比矣。胡氏乃謂聖人以常情待晉襄，以王事責秦穆，豈經世之義乎？《春秋》之末，多流俗之論。《左氏》不能辯其弊，至今猶在，所謂尊穆公者，亦其一也。

元・吴萊《淵穎集》卷五《秦誓論上》 秦穆公因杞子之謀以伐鄭，鄭人知之。既還，而晉人又敗之于殽。内愧蹇叔，外爲諸侯所笑，咨嗟痛惜，發言自誓。且以咎其聽言之失而已，欲戰之心固自若也，修而車賦，儆而師徒，逞其憤怒，求以報復，非不欲詢老成棄新進也。言猶未已，而兵遽出於晉郊，然則夫子何以獨列之書乎？將不取其悔過乎？曰：夫人誰無過，過而能悔然後能改；改過，君子之心也。以君子之心行王者之事，將已亂非生亂，將寡怨非積怨，穆公有一於此乎？今徒信其區區自誓之言，不察其無道用兵之罪，雖説《春秋》者，亦不敢少責於秦，反以深責於晉，是不知秦猶晉也。且曰：晉人三敗秦師，秦之見報，人之常情也。未至如晉之甚，晉人又輒報之，則過矣。故《春秋》常情待晉襄，王事待秦穆。文之四年，穆公雖見伐而不報，然後可以實其悔過之言，是又非也。夫以秦之所謂悔過云者，吾知其心矣。必也追念既往之敗，引咎歸己，作爲言語，以自解於國人，使國人不徒忘其死傷暴骨之戚，且又作其迅奮欲戰之情，封殽地之死骨，啓隴西之霸圖，蓋已盡在於自誓之一日。是則因敗爲勝，轉禍爲福而鬭士自倍者也。若夫文之四年，穆公非不欲報伐也，兵出累年，民勞國敝，又復有事西戎，闢國十二，固少惕耳。未始一飯不在晉也。六年之夏，穆公卒矣。不然，晉不先動而秦輒加兵，非結怨亂之甚者乎？雖以康、靈、桓、景繼體之君出，事已隔世，讎猶未釋。自僖三十三年殽之戰迄宣十五年輔氏之戰，凡幾戰矣。三四十年之間，和好未嘗恊，兵釁未嘗解，不顧義理之是非，而專以干戈爲報復，非正之道也。《春秋》且以是而狄之矣，穆公爲有以基之者也，烏在其能悔過乎？雖然，自其言而論，君子不以人廢言，此夫子所以獨列之書也。自其事而考二帝三王以來，世變至此極矣，是未可以王事待之者也。齊宣王伐燕而敗，慚見孟子而陳賈乃教之以文過。由是較之，則穆公之所以爲賢者，豈不遠矣！

又 《秦誓論下》 方周之東遷，平王之命，蓋與成、康太平之世無以異，於是哀痛慘惻之心亡矣。周道不幾於衰乎？雖然，聖人猶有望於魯，魯周公之胄，秉禮之國也。魯不足望，則天下之勢不併於秦而不止，是故帝王之末簡，而秦魯之誓《書》附之。予嘗論其不然，當春秋之時，秦幾霸矣，殆無與於王室之盛衰。自殽之戰，大敗於晉，兵戈日尋，無有寧歲，東諸侯不復與盟會。又且南合於楚，晉楚爭衡，秦何有焉？晉人曰：齊、秦、楚、狄方强，今三强服矣，敵楚而已。楚人曰：捨齊、秦，他國請相見也。是秦不啻楚若也。且秦之興始於孝公之用商鞅，成於惠王之取巴蜀，地形便，兵力壯，蠶食六國，併吞二周，戰國之秦也，非春秋之秦也，此其去吾聖人之卒也亦久矣。雖吾聖人之荅子張以百世可知，必曰：其所因者在乎禮，其所損益者在乎制度，文爲小過，不及之間耳，非若後世讖緯術數之學也，烏知周之必併於秦哉？聖人不作，諸子雜説並起，左丘明《國語》載史伯之言亦曰：『夫楚，重黎之後也。黎爲高辛氏火正，昭顯天地，以生柔嘉。姜、嬴、荆、芊，實與諸姬代相干也。姜，伯夷之後；嬴，伯益之後也。伯夷能禮於神以佐堯，伯益能儀於物以佐舜，其後皆不失祀，而未有興者，周衰將起矣。』又曰：『武王之子不在應韓，必在邘晉，且使鄭桓公勿偪焉，而別寄孥於虢檜。』然亦何以異嚮所云哉？夫西周之末，王政舛錯，史伯知其必亂則當矣。齊固大國也，雖晉文侯帥師以救周難，猶次國耳。楚亦蠻夷蕞爾，子男之邑，秦仲方入仕于周，尚未得岐豐地，未列於諸侯，豈得與諸姬代干也哉？必周之東遷，齊始霸，晉亦相繼而霸，秦則桀驁於西，楚則暴横於南，惟鄭也適居四方之會，交南北之衝，彼四國者恒困之矣。丘明特與魯悼公同時，且推其所見而言，皆傅會無誠實，猶戰國之世，見秦之强，遂謂聖人叙《書》之際，已覩其勢之若此，而特以感傷之微意寓焉，非行事之深切著明者也。然則《書》何以列《費誓》《秦誓》？曰：伯禽初封，適有淮夷之寇，以修内備，以扞外侮，井井然各有條法。蓋聖人善之者也，非有望於魯也。若夫《秦誓》則吾前論及之，亦《詩》之取《魯頌》《商頌》也，如是而已矣。

明・何楷《詩經世本古義》卷二四下《晨風》 《晨風》，秦穆公悔

過也。此詩與《秦誓》相表裏。秦穆公信杞子潛師襲鄭之言，而不聽蹇叔、百里奚之諫，果爲晉師所敗，獲其三帥：百里、孟明視、西乞術、白乙丙於殽以歸，乃作《誓》以自悔。其曰：『尚猷詢茲黄髪，則罔所愆，番番良士，旅力既愆，我尚有之。』又曰：『昧昧我思之，如有一个臣，斷斷兮無他技，其心休休焉，其如有容，人之有技，若已有之。人之彦聖，其心好之，不啻如自其口出。寔能容之，以能保我子孫黎民，尚亦有利哉？』即此詩思見君子之意。

明・湛若水《春秋正傳》卷一七《文公三年》 秦人伐晉。

《正傳》曰：書『秦人伐晉』，著貪憤之兵也，不待稱『人』以貶，而其罪自見矣。《左氏》曰：秦伯伐晉，濟河焚舟，取王官，及郊，晉人不出，自茅津濟，封殽尸而還。遂霸西戎，用孟明也。君子是以知『秦穆公之爲君也，舉人之周也，與人之壹也；孟明之臣也，其不解也，能懼思也；子桑之忠也，其知人也，能舉善也。』愚謂此實録也。吾於濟河焚舟以見其憤矣，於取王官及郊見其貪矣，貪憤之兵謂之不義。《孟子》曰：『爲善戰者服上刑』，『長君之惡其罪小，逢君之惡其罪大』。穆公惡能知人，三子惡得爲賢臣。程子曰：搆怨連禍，殘民以逞，晉人畏之，而不敢出。秦人極其忿而後悔過，聖人取其終能悔耳。

明・卓爾康《春秋辯義》卷一三《文公一》 秦人伐晉。

《左傳》：『秦伯伐晉，濟河焚舟，取王官，及郊。晉人不出，遂自茅津濟，封殽尸而還。』秦伯而稱人，《春秋》于秦、楚未有純與，或始而稱國、稱人，或終而稱國、稱人，無定辭也。秦自韓原不以爵見于《經》至康公而遂狄之。杜元凱曰：晉恥不出以微者告，非也。秦伯此舉，濟河焚舟，取王官，及郊。晉人不出，遂自茅津濟，封殽尸而還，遂霸西戎。《左氏》艷稱之，後世遂列秦穆于五伯，而夫子書《春秋》曰：秦人伐晉而已，掀天功業若毫無事，然至于《書》載《秦誓》，舉列國偏善，而續之于二帝三王之後，又何其赫奕焜燿也。善無小，功無大。一言之善，功莫大焉；一念之悔，善莫大焉。

仁山金氏曰：按《秦誓》，秦穆公晚年悔過之書也。《左氏》記秦晉之故甚詳，而不記作誓之事。《書序》誤以爲敗殽還之作，惟《史記》繫于『取王官，封殽尸』之後。蓋穆公自是不復東征矣。

郝仲輿曰：孟明三敗，博一勝，得不補亡。而是役也，晉堅壁清野，秦師空還，何足以雪三敗之耻？穆公稱伯在定夷吾納重耳之時，不待取王官之後矣。豈孟明之功與？

鍾伯敬曰：秦伯伐晉，濟河焚舟，秦計固必勝晉，而晉亦不當復勝秦矣。晉人不出，處之亦自高；封殽尸而還，使秦勝而晉不見其敗，持功守威，人知秦之勝晉而不知晉之妙于待秦也。又曰：敗于滑而用孟明，人所能也；敗于彭衙又用之，人所不能也。不以成敗論英雄，古今惟秦穆一人。

明・邵寶《簡端録》卷八《春秋凡八十二》 秦伯成師於納王而不屑於爭功，敗師於伐鄭而不憚於改過，蓋度越常情遠矣。

秦穆公未嘗主中國之會盟，曷爲而稱五伯也？伯，西戎也。古者受命之伯，亦惟一方而已。故文王爲西伯，周公陝以東，召公陝以西，太公東至海、西至河南，至穆陵北至無棣。穆公之稱伯也，不亦可乎？宋志於伯而不量力，卒於辱華；楚成乎伯而不率義，卒於猾夏。故得罪於《春秋》，秦窺中國，惟鄭之役爲大敗，而亟悔猶無窺也。故君子予之。

殽之敗，天下之幸也。秦蔑王室而猾諸夏，其惡甚矣。譬之於國，誠有所謂門庭之寇者。晉子釋殯即戎宜若無罪然，其所謀豈爲天下攘夷哉？故《春秋》不以秦恕晉，蹇叔諫穆公知勝敗之理，而不知華夷之分，故能使敗而悔，不能使勝而悔。

已上並僖公三十三年，晉人及姜戎敗秦于殽之簡，處父去族示變也。大夫與公盟可謂變矣，變而爲公諱，禮也。

右文公二年，及晉處父盟之簡。

清・顧炎武《日知録》卷二《秦誓》 有秦誓故列《秦誓》，有秦詩故録《秦詩》，述而不作也。謂夫子逆知天下之將并於秦而存之者邵子説小之乎？知聖人矣。秦穆公之盛，僅霸西戎，未嘗爲中國盟主，無論齊桓、晉文，即亦不敢望楚之靈王、吳之夫差，合諸侯而制天下之柄。春秋以後，秦蓋中衰。吳淵穎萊曰：秦之興始於孝公之用商鞅，成於惠王之取巴蜀。蠶食六國，并吞二周，戰國之秦也，非春秋之秦也。其去夫子之卒也久矣。自獲麟之歲，以至始皇滅六國，并天下二百六十年。夫子惡知周之必并於秦哉？若所云後世男子自稱秦始皇，入我房顛，倒我衣裳，至沙丘而亡者，近於圖澄寶誌之流，非所以言孔子矣。《甘誓》，天子之事也；《胤

征》，諸侯之事也。並存之，見諸侯之事，可以繼天子也。《費誓》《秦誓》之存，猶是也。

清・張尚瑗《左傳折諸》卷五《僖公・此一役也秦可以霸》 觀此，秦實以此稱霸矣。《史記》趙良以三置晉君爲穆公之霸業，韓策言秦穆公一勝于韓原而霸西州，顧此事爲晉所深諱，故于王官之役而後云『遂霸西戎』，出晉乘之偏詞。然秦穆既先霸矣，而霸必以齊、晉爲首者，桓文之功大且皆受王命，孔子並予之。秦穆、楚莊皆勝敵而自爲霸者耳。

又 卷八《文公・遂霸西戎》 秦穆公三置晉君，得與中國會盟。襄王之出，亦嘗師於河上，以謀納王三十餘年，厥功爛然而不得稱霸，迨殽陵兵敗，耄年之餘，氣強弩之末，力僅以能用孟明，不致削弱與晉抗衡，乃反以霸歸之。且晉既主盟中夏矣，西略而不復東征，何霸之能爲？蓋《左氏》之書，皆本列國冊書，晉自殽陵之後，與秦日尋干戈，中原衣冠之國，皆服從于晉，相率而擯秦，閱二百七十年。至孝公之立，猶以山東擯斥爲恥，此穆公之霸業所以不得方駕桓文也。曰霸云者追其前事而姑予之以名耳。《國策》有曰：『秦穆公一勝於韓原而霸西州』，知其霸爲獲晉惠公時事，晉人之所諱也。李斯《諫逐客書》亦云：『幷國二十，遂霸西戎』。穆公當日固嘗吞諸戎以自廣，趙良所謂『巴人致貢，八戎來服』者也。襄十四年，晉會諸侯於向，稱惠公以南鄙之田賜戎人，而云秦有迫逐瓜州之事，愈知幷國西戎者，非晉襄時矣。【略】

馬宛斯曰：中國不可一日無霸也。齊桓既没，晉文未興，曠八年無霸矣。無霸而有霸，則秦穆之爲也。穆公初立，齊桓方盛，征伐盟會不一及秦，亦不及晉。晉獻内亂，易樹子以妾爲妻。葵丘載書所首戒者，興師致討宜莫如晉，而桓公若不聞焉，何則？桓猶獻也，如夫人者六人，宫中姊妹不嫁已先多瑕，何以正人？秦穆公奮然再置晉君，定晉之亂，成文之功，晉之霸也，秦穆有力焉。左右霸主，中原再振，桓所不能爲者，穆能爲之。即以此定其爲霸，未嘗不可。

清・張尚瑗《穀梁折諸》卷三《僖公・秦之爲狄自殽之戰始也》 劉原父曰：平心論之，晉則背殯厄人于險，而秦反見狄，不亦誤哉？曰：亂子女之教，無男女之别，此吾所不知也。若求于《書》，秦穆公敗于殽，悔過自責。仲尼取《秦誓》以次三王之末，因此論之，秦之不爲狄自殽之戰始則可矣，未見其始爲狄也。【略】

王伯厚曰：秦自殽之敗即楚，見呂相絶秦，故穀梁子云。然止齋曰：楚之霸，秦之力也。自滅庸以後，秦爲楚役。按秦、晉、楚離合之故，見于經傳者甚悉。迨定四年，吳入郢，而秦起兵救之，楚以不亡。凡桓、文攘楚之功，皆僨于晉襄、先軫君臣，見利忘義，殽之一戰，二百四十年之樞軸轉焉。《穀梁》立説，自是責秦論世之君子于此觀變。

清・馬驌《繹史》卷五四《秦穆公霸西戎》 中國不可一日無霸也，齊桓既没，晉文未興，曠八年而無霸矣，無霸而有霸，則秦穆公爲之也。穆公之初年，齊桓方盛，會盟征伐，不一及秦，不惟不及秦，且不及晉，晉獻公内亂，易樹子，以妾爲妻，葵丘之首戒也，興師致討，宜莫如晉，而桓公若罔聞焉，何居？桓猶獻也，如夫人者六人，五公子皆求立，已則多瑕，何以正人？故里克兩弑，莫能問也。穆公於是再置晉君，輔以紀綱之僕，文公得是藉也，以霸諸侯，故曰，晉之霸也，秦穆公其有焉，定獻之亂，成文之功，中國再振，是齊桓所不能爲者，穆能爲之矣。秦、晉世好，締以昏媾，乃圍鄭之役，秦受私盟，二國之畔，於兹焉始。而秦復襲鄭，晉襄墨絰以擊之，隻輪不反，《春秋》於是大惡秦也，斥而貶之，爲其貪遠國，違黄髮，亂人男女，喪其師徒也。穆公悔過，而能用賢，彭衙再敗，又復修德，三舉而晉不能爭，轉敗爲功，賢孰大焉。内削戎患，辟地千里，《左氏》大其悔過也，爲張其辭曰：『遂霸西戎。』豈不韙哉！《書》載《秦誓》，取其悔過，《詩》録《黄鳥》，譏其殺良。其亂命可戒，其用人可法，秦穆之爲秦穆，盡於此矣。

清・顧棟高《春秋大事表》卷七四《秦自穆公始東境至河宜從史記不宜從鄭詩譜論》 鄭康成《詩譜》：秦襄公當平王初，興兵討西戎救周，平王東遷以岐豐之地賜之，遂横有周西，都畿内八百里之地。《史記・秦本紀》云：平王封襄公爲諸侯，賜之岐以西之地。與誓曰：戎侵奪我岐豐，秦能攻逐戎即有其地。襄公十二年，伐戎至岐，卒。至襄公之子文公以兵伐戎，戎敗走，遂收周餘民有之地，至岐，岐以東獻之周岐爲今陝西鳳翔府岐山縣，是秦至文公未嘗越岐以西一步，豐鎬故物依然尚在也。是時，周之號令猶行，西土虢、鄭，懿親雖從王東遷，而其故封無恙，呼吸可通。魯莊之二十一年，惠王與虢酒泉，酒泉在今同州府澄城縣。計東遷

至此，已歷平、桓、莊、僖四世九十四年矣。而金甌尚無缺也，直至魯僖之二年。而秦穆公滅芮即其地築王城以臨晉，濱河而守，晉亦于僖五年滅虢守桃林之塞。秦、晉遂以河爲界，豐鎬故都淪入于秦而不可反矣。計至此距初遷已及百有二十年，此豈一朝一夕之故哉？藉令如鄭氏之説，則西都久已在秦封内，天朝宫殿當已條茸，王使至秦當有設館迎侯之禮，何至有《黍離》之痛，滿目悲凉，破瓦頽垣，依然故物哉？孔氏穎達曲獲鄭説，引《終南》之詩爲證，謂襄公時已得岐東，非唯自岐以西。案終南山凡八百里，亘鳳翔、岐山、郿三縣及西安一府之境，是岐西亦有終南，不得援以爲據。况此詩原係興體，言山之高大必有美材，以稱其穹窿；人君尊崇必有令德，以稱其顯服。未嘗指終南爲當日之實境也。惟朱《傳》謂至止爲至終南之下，似指爲本國之境。而鄭《箋》則謂受命服于天子而來，爲下句作起耳，于當日之封域無與也。孔氏又謂如《本紀》説，文公獻岐東于周，而春秋時秦境東至河，計襄公以後，更有何功德之君得之？噫！此又不思之甚也。据《史記》，秦武公十年，伐邽冀戎，初縣之。十一年，初縣杜，鄭滅小虢。而《汲冢周書》穆公二年滅芮，《春秋傳》所載僖十九年秦取新里，遂滅梁，是其累世蠶食，非一日之故，而謂東遷之初，一舉手而横有西都八百里之地，此理勢所必無者。余反覆《左傳》《史記》及《詩·秦風》，而斷謂《詩譜》之不足信如此，後之尚論者尚其有取于余言。乾隆十年七月中浣九日，復初氏識。

藝文

北周·庾信《庾子山集》卷一〇《讚·秦穆公飲盜駿馬讚》　《吕氏春秋》曰：昔者，秦穆公乘馬，右服失之野人取之。穆公自往求之，見野人方將食之於岐山之陽。繆公笑曰：「食駿馬之肉不飲酒，余恐傷汝也。」徧飲而去。韓原之戰，晉人已環穆公之車矣。晉梁靡已扣公左驂矣，野人嘗食馬於岐山之陽者三百有餘人，畢力爲穆公疾鬬於車下，遂大剋晉，乃獲惠公以歸。

駿馬遇盜，秦王不嗔。先傾美酒，翻畏傷人。鄰兵向國，窮寇侵秦。於時大盜，還作功臣。

宋·蘇軾《東坡全集》卷一《詩四十七首·秦穆公墓》　槖泉在城東，墓在城中無百步。乃知昔未有此城，秦人以泉識公墓。昔公生不誅孟明，豈有死之日而忍用其良。乃知三子狥公意，亦如齊之二子從田横。古人感一飯，尚能殺其身。今人不復見此等，乃以所見疑古人。古人不可望，今人益可傷。

宋·蘇轍《欒城集》卷二《詩六十九首·秦穆公墓在槖泉上》　泉上秦伯墳，下埋三良士。三良百夫特，豈爲無益死。當年不幸見迫脇，詩人尚記臨穴惴。豈如田横海中客，中原皆漢無報所。秦國吞西周，康公穆公子。盡力事康公，穆公不爲負。豈必殺身從之遊，夫子乃以侯嬴所爲疑三子。王澤既未竭，君子不爲詭。三良徇秦穆，要自不得已。

宋·王十朋《梅溪前集》卷一〇《詠史詩·秦穆公》　秦穆平生善用兵，孟明三敗始功成。後人不識兵家勢，異議紛從勝負生。

元·張雨《句曲外史集補遺》卷上《古詩十首》　虞人百里奚，所鬻五羊皮。有得其説者，乃是公孫枝。獻諸秦穆公，四境不足治。賢者倘不遇，後世誰當知。

明·馮惟訥《古詩紀》卷二七《詠史詩二首》　誤哉秦穆公，身没從三良。忠臣不違命，隨軀就死亡。低頭闚壙户，仰視日月光。誰謂此何處，恩義不可忘。路人爲流涕，黄鳥鳴高桑。

清·彭定求等《全唐詩》卷四九三《沈亞之·夢别秦穆公》　擊髀舞，恨滿煙光無處所。淚如雨，欲擬著辭不成語。金鳳銜紅舊繡衣，幾度宫中同看舞。人間春日正歡樂，日暮東風何處去。

清·愛新覺羅·弘曆《御製詩集五集》卷七一《古今體六十三首壬子三·題趙簡子祠》　識人從諫智謀奇，宜得千秋畱故祠。獨笑重僮秦繆事，史遷立傳費虚詞。

按：秦繆公之帝所，已屬荒唐謬悠，至趙簡子亦有之帝所，聞鈞天廣樂及射熊羆諸事，不過欲神奇。其滅二卿、立毋卹之意，史遷好爲奇誕，諸皆類此。

清·王士禎《精華録》卷一〇《秦穆公墓》　雨霽陳倉曉日紅，杖藜來訪槖泉宫。千年斷碣荒烟裏，一片殘春秀麥中。黄鳥哀時良士盡，碧雞飛去霸圖空。子車遺冢猶鄰近，長與坑儒恨不窮。

宋襄公圖霸分部

綜述

《詩經·衛風·河廣》 《河廣》，宋襄公母歸于衛，思而不止故作是詩也。

誰謂河廣？一葦杭之。誰謂宋遠？跂予望之。誰謂河廣？曾不容刀。誰謂宋遠？曾不崇朝。

《左傳·僖公八年》 宋公疾，太子茲父固請曰：『目夷長，且仁，君其立之。』公命子魚。子魚辭曰：『能以國讓，仁孰大焉？臣不及也，且又不順。』遂走而退。

又 《僖公九年》 九年春，宋桓公卒，未葬而襄公會諸侯，故曰子。凡在喪，王曰小童，公侯曰子。【略】

宋襄公即位，以公子目夷爲仁，使爲左師以聽政。於是宋治。故魚氏世爲左師。

又 《僖公十八年》 鄭伯始朝于楚，楚子賜之金，既而悔之，與之盟曰：『無以鑄兵。』故以鑄三鍾。

又 《僖公十九年》 宋人執滕宣公。

夏，宋公使邾文公用鄫子于次睢之社，欲以屬東夷。司馬子魚曰：『古者六畜不相爲用，小事不用大牲，而況敢用人乎？祭祀以爲人也，民，神之主也，用人，其誰饗之？齊桓公存三亡國以屬諸侯，義士猶曰薄德。今一會而虐二國之君，又用諸淫昏之鬼，將以求霸，不亦難乎？得死爲幸！』【略】

宋人圍曹，討不服也。子魚言於宋公曰：『文王聞崇德亂而伐之，軍三旬而不降，退修教而復伐之，因壘而降。《詩》曰：「刑于寡妻，至于兄弟，以御于家邦。」今君德無乃猶有所闕，而以伐人，若之何？盍姑內省德乎？無闕而後動。』

陳穆公請脩好於諸侯，以無忘齊桓之德。冬，盟于齊，脩桓公之好也。

又 《僖公二十年》 宋襄公欲合諸侯，臧文仲聞之，曰：『以欲從人則可，以人從欲鮮濟。』

又 《僖公二十一年》 二十一年春，宋人爲鹿上之盟，以求諸侯於楚。楚人許之。公子目夷曰：『小國爭盟，禍也。宋其亡乎，幸而後敗。』【略】

秋，諸侯會宋公于盂。子魚曰：『禍其在此乎！君欲已甚，其何以堪之？』於是楚執宋公以伐宋。冬，會于薄以釋之。子魚曰：『禍猶未也，未足以懲君。』

又 《僖公二十二年》 三月，鄭伯如楚。夏，宋公伐鄭。子魚曰：『所謂禍在此矣。』【略】

楚人伐宋以救鄭。宋公將戰，大司馬固諫曰：『天之棄商久矣，君將興之，弗可赦也已。』弗聽。冬十一月己巳朔，宋公及楚人戰于泓。宋人既成列，楚人未既濟。司馬曰：『彼衆我寡，及其未既濟也請擊之。』公曰：『不可。』既濟而未成列，又以告。公曰：『未可。』既陳而後擊之，宋師敗績。公傷股，門官殲焉。

國人皆咎公。公曰：『君子不重傷，不禽二毛。古之爲軍也，不以阻隘也。寡人雖亡國之餘，不鼓不成列。』子魚曰：『君未知戰。勍敵之人隘而不列，天贊我也。阻而鼓之，不亦可乎？猶有懼焉。且今之勍者，皆吾敵也，雖及胡耇，獲則取之，何有於二毛？明耻教戰，求殺敵也，傷未及死，如何勿重？若愛重傷，則如勿傷；愛其二毛，則如服焉。三軍以利用也，金鼓以聲氣也，利而用之，阻隘可也，聲盛致志，鼓儳可也。』

丙子晨，鄭文夫人芈氏、姜氏勞楚子於柯澤。楚子使師縉示之俘馘。君子曰：『非禮也。婦人送迎不出門，見兄弟不踰閾，戎事不邇女器。』

丁丑，楚子入享于鄭，九獻，庭實旅百，加籩豆六品。享畢，夜出文芈送于軍，取鄭二姬以歸。叔詹曰：『楚王其不没乎！爲禮卒於無別，無別不可謂禮，將何以没？』諸侯是以知其不遂霸也。

又 《僖公二十三年》 二十三年春，齊侯伐宋，圍緡，以討其不與

盟于齊也。夏五月，宋襄公卒，傷於泓故也。

秋，楚成得臣帥師伐陳，討其貳於宋也。遂取焦、夷，城頓而還。子文以爲之功，使爲令尹。叔伯曰：『子若國何？』對曰：『吾以靖國也。夫有大功而無貴仕，其人能靖者與，有幾？』

又 **《僖公二十四年》** 宋及楚平。宋成公如楚，還入於鄭。鄭伯將享之，問禮於皇武子。對曰：『宋，先代之後也，於周爲客，天子有事膰焉，有喪拜焉，豐厚可也。』鄭伯從之，享宋公有加，禮也。

《禮記》卷八《檀弓上》 宋襄公葬其夫人，醯醢百甕。曾子曰：『既曰明器矣，而又實之。』

《韓非子》卷一一《外儲説左上》 宋襄公與楚人戰於涿谷上，宋人既成列矣，楚人未及濟。右司馬購强趨而諫曰：『楚人衆而宋人寡，請使楚人半涉，未成列而擊之，必敗。』襄公曰：『寡人聞君子曰：「不重傷，不擒二毛，不推人於險，不迫人於阨，不鼓不成列。」今楚未濟而擊之，害義。請使楚人畢涉成陳，而後鼓士進之。』右司馬曰：『君不愛宋民，腹心不完，特爲義耳。』公曰：『不反列，且行法。』右司馬反列，楚人已成列撰陳矣，公乃鼓之。宋人大敗，公傷股，三日而死。此乃慕自親仁義之禍。夫必恃人主之自躬親而後民聽從，是則將令人主耕以爲上，服戰鴈行也民乃肯耕戰，則人主不泰危乎！而人臣不泰安乎！

《公羊傳·僖公九年》 九年，春，王三月，丁丑，宋公禦説卒。何以不書葬？爲襄公諱也。

又 **《僖公十九年》** 夏，六月，宋人、曹人、邾婁人盟于曹南。鄫子會盟于邾婁。其言會盟何？後會也。己酉，邾婁人執鄫子用之。惡乎用之？用之社也。其用之社奈何？蓋叩其鼻以血社也。

又 **《僖公二十一年》** 秋，宋公、楚子、陳侯、蔡侯、鄭伯、許男、曹伯會于霍，執宋公以伐宋。孰執之？楚子執之。曷爲不言楚子執之？不與夷狄之執中國也。

冬，公伐邾婁。

楚人使宜申來獻捷。此楚子也，其稱人何？貶。曷爲貶？爲執宋公貶。

曷爲爲執宋公貶？宋公與楚子期以乘車之會，公子目夷諫曰：『楚，夷國也，彊而無義，請君以兵車之會往。』宋公曰：『不可。吾與之約以乘車之會，自我爲之，自我墮之，曰不可。』終以乘車之會往，楚人果伏兵車，執宋公以伐宋。宋公謂公子目夷曰：『子歸守國矣。國，子之國也。吾不從子之言，以至乎此。』公子目夷復曰：『君雖不言國，國固臣之國也。』於是歸，設守械而守國。楚人謂宋人曰：『子不與我國，吾將殺子君矣。』宋人應之曰：『吾賴社稷之神靈，吾國已有君矣。』楚人知雖殺宋公，猶不得宋國，於是釋宋公。宋公釋乎執，走之衛。公子目夷復曰：『國，爲君守之，君曷爲不入？』然後逆襄公歸。惡乎捷？捷乎宋。曷爲不言捷乎宋？爲襄公諱也。此圍辭也，曷爲不言其圍？爲公子目夷諱也。

十有二月，癸丑，公會諸侯盟于薄。

釋宋公。執未有言釋之者，此其言釋之何？公與爲爾也。公與爲爾奈何？公與議爾也。

又 **《僖公二十二年》** 冬，十有一月，己巳，朔，宋公及楚人戰于泓，宋師敗績。偏戰者日爾，此其言朔何？《春秋》辭繁而不殺者，正也。何正爾？宋公與楚人期戰于泓之陽。楚人濟泓而來。有司復曰：『請迨其未畢濟而擊之。』宋公曰：『不可。吾聞之也，君子不厄人。吾雖喪國之餘，寡人不忍行也。』既濟，未畢陳。有司復曰：『請迨其未畢陳而擊之。』宋公曰：『不可。吾聞之也，君子不鼓不成列。』已陳，然後襄公鼓之，宋師大敗。故君子大其不鼓不成列，臨大事而不忘大禮，有君而無臣。以爲雖文王之戰，亦不過此也。

又 **《僖公二十三年》** 二十有三年，春，齊侯伐宋，圍緡。邑不言圍，此其言圍何？疾重故也。

夏，五月，庚寅，宋公慈父卒。何以不書葬？盈乎諱也。

《穀梁傳·僖公九年》 宋其稱子，何也？未葬之辭也。禮：柩在堂上，孤無外事。今背殯而出會，以宋子爲無哀矣。

又 **《僖公十九年》** 繒子會盟于邾。己酉，邾人執繒子，用之。微國之君，因邾以求與之盟。人因己以求與之盟，己迎而執之。惡之，故謹而日之也。用之者，叩其鼻以衈社也。

又 **《僖公二十一年》** 秋，宋公、楚子、陳侯、蔡侯、鄭伯、許

男、曹伯會于雩。執宋公以伐宋。以，重辭也。

冬，公伐邾。楚人使宜申來獻捷。捷，軍得也。其不曰宋捷，何也？不與楚捷於宋也。

十有二月，癸丑，公會諸侯盟于薄。會者，外爲主焉爾。釋宋公。外釋不志，此其志何也？以公之與之盟目之也。不言楚，不與楚專釋也。

又《僖公二十二年》 冬，十有一月，己巳，朔，宋公及楚人戰于泓。宋師敗績。日事遇朔曰朔。《春秋》三十有四戰，未有以尊敗乎卑，以師敗乎人者也。以尊敗乎卑，以師敗乎人，則驕其敵。襄公以師敗乎人，而不驕其敵，何也？責之也。泓之戰，以爲復雩之恥也。雩之恥，宋襄公有以自取之。伐齊之喪，執滕子，圍曹，爲雩之會，不顧其力之不足，而致楚成王，成王怒而執之，故曰：禮人而不荅，則反其敬；愛人而不親，則反其仁；治人而不治，則反其知。過而不改，又之，是謂之過。襄公之謂也。古者被甲嬰冑，非以興國也，則以征無道也，豈曰以報其恥哉！宋公與楚人戰于泓水之上，司馬子反曰：『楚衆我少，鼓險而擊之，勝無幸焉。』襄公曰：『君子不推人危，不攻人厄，須其出。』既出，旌亂於上，陳亂於下。子反曰：『楚衆我少，擊之，勝無幸焉。』襄公曰：『不鼓不成列。』須其成列而後擊之，則衆敗而身傷焉，七月而死。倍則攻，敵則戰，少則守。人之所以爲人者，言也。人而不能言，何以爲人？言之所以爲言者，信也。言而不信，何以爲言？信之所以爲信者，道也。信而不道，何以爲道？道之貴者時，其行勢也。

又《僖公二十三年》 二十有三年，春，齊侯伐宋，圍閔。伐國不言圍邑，此其言圍，何也？不正其以惡報惡也。

夏，五月，庚寅，宋公茲父卒。茲父之不葬，何也？失民也。其失民何也？以其不教民戰，則是棄其師也。爲人君而棄其師，其民孰以爲君哉！

漢·劉向《説苑》卷四《立節》 宋襄公茲父爲桓公太子，桓公有後妻子曰公子目夷，公愛之，茲父爲公愛之也，欲立之，請於公曰：『請使目夷立，臣爲之相以佐之。』公曰：『何故也？』對曰：『臣之舅在衛，愛臣，若終立，則不可以往，絶迹於衛，是背母也。且臣自知不足以處目夷之上。』公不許，彊以請公，公許之。將立公子目夷，目夷辭曰：『兄立而弟在下，是其義也。今弟立而兄在下，不義也。不義而使目夷爲之，目夷將逃。』乃逃之衛，茲父從之。三年，桓公有疾，使人召茲父：『若不來，是使我以憂死也。』茲父乃反，公復立之，以爲太子，然後目夷歸也。

《史記》卷一四《十二諸侯年表》 （宋襄公十二年）召楚盟。

（楚成王三十三年）執宋襄公，復歸之。

（宋襄公十三年）泓之戰，楚敗公。

（宋襄公十四年）公疾死泓戰。

又 卷三八《宋微子世家》 （宋襄公）八年，齊桓公卒，宋欲爲盟會。十二年春，宋襄公爲鹿上之盟，以求諸侯於楚，楚人許之。公子目夷諫曰：『小國爭盟，禍也。』不聽。秋，諸侯會宋公盟于盂。目夷曰：『禍其在此乎？君欲已甚，何以堪之！』於是楚執宋襄公以伐宋。冬，會于亳，以釋宋公。子魚曰：『禍猶未也。』十三年夏，宋伐鄭。子魚曰：『禍在此矣。』秋，楚伐宋以救鄭。襄公將戰，子魚諫曰：『天之弃商久矣，不可。』冬，十一月，襄公與楚成王戰于泓。楚人未濟，目夷曰：『彼衆我寡，及其未濟擊之。』公不聽。已濟未陳，又曰：『可擊。』公曰：『待其已陳。』陳成，宋人擊之。宋師大敗，襄公傷股。國人皆怨公。公曰：『君子不困人於阸，不鼓不成列。』子魚曰：『兵以勝爲功，何常言與！必如公言，卽奴事之耳，又何戰爲？』

是年，晉公子重耳過宋，襄公以傷於楚，欲得晉援，厚禮重耳，以馬二十乘。

十四年夏，襄公病傷於泓而竟卒，子成公王臣立。【略】

襄公之時，修行仁義，欲爲盟主。其大夫正考父美之，故追道契、湯、高宗，殷所以興，作《商頌》。襄公既敗於泓，而君子或以爲多，傷中國闕禮義，褒之也，宋襄之有禮讓也。

又 卷四〇《楚世家》 （楚成王）三十三年，宋襄公欲爲盟會，召楚。楚王怒曰：『召我，我將好往襲辱之。』遂行，至盂，遂執辱宋公，已而歸之。三十四年，鄭文公南朝楚。楚成王北伐宋，敗之泓，射傷宋襄公，襄公遂病創死。

論説

《韓非子》卷一一《外儲説左上第三十二》　宋襄公與楚人戰於涿谷上。宋人既成列矣，楚人未及濟。右司馬購强趨而諫曰：『楚人衆而宋人寡，請使楚人半涉未成列而擊之，必敗。』襄公曰：『寡人聞君子曰：「不重傷，不擒二毛，不推人於險，不迫人於阨，不鼓不成列。」今楚未濟而擊之，害義。請使楚人畢涉成陣而後鼓士進之。』右司馬曰：『君不愛宋民，腹心不完，特爲義耳。』公曰：『不反列，且行法。』右司馬反列。楚人已成列撰陣矣，公乃鼓之。宋人大敗，公傷股，三日而死。此乃慕自親仁義之禍。

夫必恃人主之自躬親而後民聽從，是則將令人主耕以爲上，服戰鴈行也民乃肯耕戰，則人主不泰危乎？而人臣不泰安乎？

漢・董仲舒《春秋繁露》卷六《俞序第十七》　宋襄公不厄人，不由其道而勝，不如由其道而敗，《春秋》貴之，將以變習俗，而成王化也。故子夏言：『《春秋》重人，諸譏皆本此，或奢侈使人憤怨，或暴虐賊害人，終皆禍及身。』

漢・鄭玄《起廢疾》　何休曰：《春秋》以執之爲罪，不以釋之爲罪。責楚子專釋宋公。非其理也。《公羊》以爲公會諸侯，釋之，故不復書楚耳。釋曰：不與楚專釋者，非以責之也。《傳》云：外釋不志，此其志何也？以公之與之盟目之也。言公與諸侯盟而釋宋公，公有功焉，與《公羊》義無違錯。

何休曰：泓之戰卽宋公身傷，當言公不當言師。成十六年，楚子敗績是也。又成十六年，《傳》曰：不言師，君重於師也。卽成十六年，是二十二年，虚言也；卽二十二年，是十六年，非也。釋曰：《傳》説楚子敗績，曰四體偏斷，此則目也，此言君之目與手足有破斷者，乃爲敗矣。今宋襄公身傷耳，當持鼓，軍事無所害而師猶敗，故不言宋公敗績也。《傳》所以言則衆敗身傷焉者，疾其信而不道以取大辱。

何休曰：所謂教民戰者，習之也。《春秋》貴偏戰而惡詐戰，宋襄公所以敗於泓者，守禮偏戰也，非不教其民也。孔子曰：君子去仁，惡乎成名？造次必於是，顛沛必於是，未有守正以敗而惡之者。《公羊》以爲不書葬爲襄公諱，背殯出會，所以美其有承齊桓尊周室之美志。釋曰：教民習戰而不用，是亦不教也。詐戰謂不期也，既期矣，當觀敵爲策，倍則攻，敵則戰，少則守。今宋襄公於泓之戰違之，又不用其臣之謀而敗，故徒善不用賢良，不足以興霸主之功；徒言不知權譎之謀，不足以交鄰國，會遠疆，故《易》譏鼎折足。《詩》刺不用良，此説善也。

宋・蘇軾《東坡全集》卷四二《宋襄公論》　魯僖公二十二年冬十有一月己巳，朔，宋公及楚人戰于泓，宋師敗績。《春秋》書戰，未有若此之嚴而盡也。曰：宋公，天子之上公。宋，先代之後，於周爲客，天子有事膰焉，有喪拜焉，非列國諸侯之所敢敵也。而曰『及楚人戰於泓。』楚，夷狄之國。人，微者之稱。以天子之上公，而當夷狄之微者，至於敗績，宋公之罪，蓋可見矣。而《穀梁》之傳以爲文王之師不過是，學者疑焉，故不可以不辨。宋襄公非獨行仁義而不終者也。以不仁之資，盜仁者之名爾。齊宣有牽牛而過堂下者，曰：『牛何之？』曰：『將以釁鐘。』王曰：『舍之，吾不忍其觳觫，若無罪而就死地。』夫舍一牛，於德未有所損益者，而孟子與之以王。所謂以不忍人之心，行不忍人之政，三代之所共也。而宋襄公執鄫子用於次睢之社，君子殺一牛猶不忍，而宋公戕一國君若犬豕然，而忍爲之，天下孰有不忍者耶！泓之役，身敗國衄，乃欲以不重傷、不禽二毛欺諸侯。人能紾其兄之臂以取食，而能忍飢於壺餐者，天下知其不情也。襄公能忍於鄫子，而不忍於重傷二毛，此豈可謂其情也哉？桓文之師，存亡繼絶，猶不齒於仲尼之門，況用人於夷鬼以求霸，而謂王者之師可乎？使鄫子有罪而討之，雖聲於諸侯而戮於社，天下不以爲過。若以喜怒興師，則秦穆公獲晉侯，且猶釋之，而況敢用諸淫昏之鬼乎？以愚觀之，宋襄公，王莽之流。襄公以諸侯爲可以名得，王莽以天下爲可以文取也。其得喪小大不同，其不能欺天下則同也。其不鼓不成列，不能損襄公之虐。其抱孺子而泣，不能蓋王莽之篡。使莽無成則宋襄公，襄公得志亦一莽也。古人有言：『圖王不成，其弊猶足以霸。』襄公行王者之事，猶足以當桓公之師，一戰之餘，救死扶傷不暇。此獨妄庸耳。齊桓、晉文得管仲、子犯而興，襄公有一子魚不能用，豈可同日而語哉？自古失道之君，如是者多矣，死而論定，未有如襄公之欺於後世

者也。

宋・蘇軾《書傳》卷七《太甲下第七》　堯、舜讓而帝，之、噲讓而絶。湯、武行仁義而王，宋襄公行仁而亡。與治同道罔不興，與亂同事罔不亡也。必同道而後興，道同者事未必同也。周厲王弭謗，秦始皇禁偶語，周景王鑄大錢，王莽作泉貨，紂積鉅橋之粟，隋煬帝洛口諸倉。其事同，其道無不同者，故與亂同，事則亡矣。

宋・蘇轍《詩集傳》卷一九《殷武》　司馬遷言：宋襄公脩仁行義，欲爲盟主，其大夫正考父美之。故追道契、湯、高宗，殷之所以興，作《商頌》。其説蓋出於《韓詩》，近世學者因此詩有『奮伐荆楚』，則以襄公伐楚之事當之，遂以韓嬰之説爲信。予考《商頌》五篇，皆盛德之事，非宋之所宜有，且其詩有『邦畿千里，維民所止，肇域彼四海』，『命于下國，封建厥福』。此類非復諸侯之事，無可疑者。襄公伐楚而敗於泓，幾以亡國，此宋之大耻，既非其所當頌，而《長發》之詩謂湯武王，苟誠襄公之頌，周有武王，豈復以命湯哉？

宋・陳師道《後山集》卷一三《取守論》　世之説曰：文武異道，取守異宜。武夫策義可以進取，儒者用仁可與守成。秦以用武而亡，宋襄公以用儒而敗。故漢取以詐力，守以仁義，文武迭用，而各得其宜也。是不然，猶之於人也。有喜則有怒，可笑則可哭，未有喜而不怒，笑而不哭者也。喜怒同出於人，武文同出於道。譬之人焉，自本觀之，手足耳目皆身也，言動視聽皆用也；自末觀之，手足異號，耳目異使，而世以爲異者有見於前也。古之取天下者以身，其守之者亦以身，故君子脩身而天下平，脩身非以致天下而天下歸之。林非慕鳥也，淵非召魚也，而魚鳥從之者，從其所也。古之人行之者，文王是也，而於《詩》見之，《周南》所以取也，《小雅》所以守也，而孔子著之以爲法也。後之取天下者以兵，兵者，爭而已矣。以詐勝詐，以力勝力，致其爭也，至其盡敵則無所與爭，而君臣相屠矣。故其語曰：『兔死犬烹，鳥盡弓藏。』蓋其所取者，乃所以殺其身也。譬之于盜，足以致財，而不足以爲生，秦漢是也。湯武之兵非取天下也，取有罪也。古之守者以天下計，故堯禪舜，舜禪禹，湯放桀，武王伐紂，周公居洛，曰：有德易以興，無德易以亡，豈爲子孫計哉？其取之以天下，其守之以天下，故五伯迭興，不得而私也。後之守者以子孫計，其得之以爭，其守之也畏人之有爭心也，故秦墮名城，銷鋒鏑，殺豪傑，愚黔首以止爭也。漢高祖曰：『安得壯士守四方』，以禦爭也。此其所異也，私故也，故世以爲異者，有見於後也。『儒者難與慮始，可與守成』，叔孫通之言也。通之佐漢，而進羣盜壯士，其學既不足於取，而天下既定，因時便事，使爲朝會祭祀弁服之制，以爲仁義守天下之具。孟子曰：禮節文仁義者也，禮以爲節，儀以爲文。夫朝會祭祀弁服之制，是儀也，禮之文也，豈仁義之實哉？則通之學文不足於守也。然而漢之所以持世而遺後者，其蕭何之法乎？通何與焉！古之於仁義有四焉，由之者，道也，無爲而無不爲，舜禹是也；爲之者，善也，好仁而惡不仁，湯武是也；假之者，爲人者也，不善其身而善其政，五霸是也；脩之者，爲道者也，故曰『回，心三月不違仁』，其餘日月至焉而已矣，七十子是也。漢之於仁義，非善其身也，善其政而已；非明於己也，有見於古而已。其不迨於五霸者，所謂政者未盡善，而所謂義者未盡明也。其假之而不至乎宋襄公，有亡國殘民喪身之道，而以不鼓不成列、不禽二毛爲仁，是不知務也。譬之於盜，寡取以爲廉，忘其財之盜也。子魚曰：『愛其重傷則如勿傷，愛其二毛則如服焉。』此仁人之言也，襄公何知焉？

宋・劉敞《劉氏春秋意林》卷上　宋公、曹伯、衛人、邾人伐齊。宋襄公有憂中國之心，伯天下之意，而道不足也。故合諸侯，舉大衆，不務率義而先爲不正以矜其力，此其所以無成功也。凡人之情，以謂『仁有置，武有置。仁置德，武置服』，自公孫枝而有此言，是故莫勉於爲正，而皆勉於爲不正。勉於爲不正，此乃其所以失也。秦穆、宋襄既不遂伯，而臧武仲又因以奔其身。吾以此觀之，順事恕施，王事之始也。

宋・孫覺《春秋經解》卷三《莊公上》　（三年冬，公次於滑）故兵者量力爲上，中節次之，蓋有不量力而亡其國家者矣，宋襄公之敗於泓是也。力雖强而不中節者，又不可勝罪也。當是之時，紀雖危亡，然爲莊公者宜量其力之如何。可往也，則往救也；力不可救，則不如勿往而已矣。内空虛其國家，外無救於危亡，徒至於郎而次止焉。聖人罪其勞衆而無功也，書曰『公次于郎』。『郎』，《左氏》作『滑』，《公》、《穀》作『郎』，當以《公》、《穀》爲定。《左氏》之例曰：凡師一宿爲舍，再宿爲信，過

信爲次。《春秋》書『次』十六，未有『舍』、『信』之文，書『次』但譏其次，不論其久也。《左氏》之例不通矣，《公》、《穀》皆是。

宋・張大亨《春秋通訓》卷四《僖公》　宋公與楚人戰于泓，宋師敗績。二十二。

孟子謂『仲尼之徒無道桓文之事者』，又曰『管仲、晏子之功不足爲也』。是皆欲勉其君以至於王道云耳。今宋襄公慕王者之術，欲爲王者之師，不幸而敗於泓，宜聖人之所與？而《春秋》乃不之貴，何也？豈非慕其名不既其實，非其人輒效其事故歟？夫王者之術，其施仁行義，蓋非一日之積，天下信之而不疑，然後可以有爲。宋公乘中國無伯之時，伐齊喪，虐邾、滕，圍曹國，皆不由德，大臣忠諫而不能用，及與楚爭，始欲以仁義勝之，王者之術故如是乎？所謂『非其人輒效其事』者也。夫王者之師，其誓衆教民亦非一日之積，衆習民安而後可以制敵。宋公平日之兵以殺伐爲事，及與楚戰乃始戒之以『不重傷，不禽二毛，不鼓不成列』，事非素習，易其常守，至於殄民喪己，禍及他國，王者之師果如是乎？所謂『慕其名不既其實』者也。然則齊宣有愛牛之心，孟子取之，謂足以王，而宋公慕王者之名，效王者之事，乃不得比於愛牛，何也？曰：齊宣之愛牛出諸仁心之誠，非有爲爲之也，舉斯心而加之，則王道之本也。孟子取之，所以勸德義也。宋襄之慕效，出於求伯之心，有爲爲之也。原其實而論之，則王道之賊也，《春秋》黜之，所以辨情僞也。然宋襄公雖不善，而楚之亦見貶，則抗中國懲荊舒之義見矣。

宋・葉夢得《葉氏春秋傳》卷九《僖公二・二十一年》　秋，宋公、楚子、陳侯、蔡侯、鄭伯、許男、曹伯會于盂。

楚子何以先諸侯？宋襄公欲圖霸而會楚子，諸侯推先楚子也。楚子先諸侯，則何以不貶楚？所以正諸侯也。一人衡行於天下，武王耻之，諸侯知宋襄公不足霸，則勿會而已，會而先楚子，遂使楚子得以爭中國，則宋與諸侯之罪也。葉子曰：宋襄公可謂不量力矣。齊桓公自同盟于幽而霸，歷楚文王堵敖未嘗與之通，至成王立而以人來聘，已而連侵伐鄭者四年。桓公於是遂伐楚，雖成王之强，以屈完來盟于師，則楚服矣。然相繼八合諸侯而楚不與，知成王未可以致，則外之而不使得與中國諸侯齒也。今襄公一圖霸而遽召楚，豈以桓公所不能爲而已爲之乎？鹿上之盟，公子目夷固知小國爭盟之爲禍矣，楚子僞從之，以觀其釁。而襄公弗悟，遂再爲此會，則宜楚子之所易也，故偃然欲與之爭中國而不肯爲諸侯下，諸侯亦莫敢復先焉者，蓋以王爵推之也。襄公乃反從之以相敵，則惡在其爲霸，此楚子所以知其無能爲而遂執之歟？故《春秋》不貶楚子，而以爵書之，以爲宋與諸侯之罪，而未可以專責楚子也。

宋・沈棐《春秋比事》卷八《襄公名茲父僖九年立二十三年卒》　襄公卽位之初，小白尚霸，故從齊盟會者三：九年會葵丘，十三年會鹹，十五年盟牡丘是也。及十七年小白卒，襄公欲紹齊霸，顯名諸侯，故十八年戰齊師以示義，十九年執滕子以示威。夏盟曹南以服曹、邾，鄫子後曹南之盟于邾，遂使邾人執而用之。秋又圍曹以討其貳，則襄公急於定霸，殘虐諸侯，蓋如此其甚也。夫施虐於弱小之國，則其强易逞而遇强則折矣。襄公不度德量力，憑此暴氣。至二十一年，敢邀齊楚而主盟之。是年秋，親合楚子、陳、蔡、鄭、許、曹六國同盟于盂，其意求霸莫如服楚，吾能長楚，則霸業成矣。然楚勢十倍於宋，謂宋能屈楚，非愚則誣，故爲會未幾，襄公遂爲楚所執，雖見釋於薄盟，然其屈辱，猶有甚於滕子也。滕子微弱，不數於諸侯，則見執於宋，猶未足爲中國耻。今宋公以先代之後，天子之上公，而執於楚，是非特茲父之深耻，實中國之大辱也。襄公於是發憤於一戰，故二十二年，連衞、許、滕伐鄭，以先病楚之與國。至冬，又侵其楚之微者，戰于泓，竟敗，以死不能一奮。或者傷襄公之志，期翌戴之功，經營中夏，俾不陷於荊楚，而志不克就，國挫身殞，徒長楚人之殘暴，是可憫也。然以《春秋》之法責之，罪不在楚而在宋。夫人操十金之産者，不敢覬百金之資；操百金之産者，不敢覬千金之資。蓋利有所止，而力之小者不可圖大也。襄公無小白之德，而苟求大功，其敗亡固宜，又何憾焉？原襄公之始，以十八年戰齊師而敗之，妄意兵威可以陵轢諸侯，謂莫吾若也，故肆行暴虐，不恤禮義，求長楚人以至憂殞，盍亦反而思之，而規摹小白之爲乎？小白之霸也，諸侯不服，不過伐之，甚則執其臣耳。今則執滕子嬰齊，用鄫子，其威制諸侯不亦異乎？齊自北杏之會，糾合諸侯者二十五年，諸侯奔走其命者十四國，僅能伐楚而盟之。今曹南之盟，從宋者惟曹、邾二小國；大夫伐鄭之役，從宋者惟衞、許、滕三國，而猥欲服楚于泓之戰，其懷從諸侯不亦異乎？小白衣裳之

會十有一，兵車之會四，救國五，城國三，伐國九，侵陳一，招攜撫貳救急災，可謂至矣。今戰甗、盟曹南、圍曹，皆一而止，則其撫柔之功，又不逮小白遠矣。由是觀之，不鑑小白之所爲，而欲比肩其功，是猶適燕而南轅，終不可至，必頓斃而後已也。然則如襄公者，誠圖霸之覆轍矣。

又　**《宋襄公仇曹》**　襄公病曹者二：僖十五年，宋人伐曹；十九年，宋人圍曹是也。夫以襄公始紹齊霸，伐齊之役、曹南之盟，而從宋者惟曹、邾二國而已，若陳、鄭則一於附楚，蔑然不忘，至魯與齊又視宋楚勝敗以爲向背，而襄公無可勝之理，蓋已絶義於宋。衛雖與伐齊之役，而曹南之盟又復不來，則其待宋已可見矣。爲襄公者，蓋亦增修於德，善遇曹伯以親諸侯可也，而專事威强，殘蔑小國，欲以力爭，不亦難乎？昔鄭朝桓王，桓王不禮，周桓公言於王曰：『我周之東遷，晉鄭焉依。善鄭以勸來者，猶恐不蔇，況不禮焉？鄭不來矣。』襄公欲霸中國，而伐曹爲威，將以致諸侯之服，宜乎身敗國辱而莫之振也。

宋·時瀾《增修東萊書説》卷六《夏書·胤征第四》　愛者私愛，姑息之謂；威者振厲，奮發之謂。人臨戰陣，多爲私愛，所牽惜身顧家，安能用命？又如宋襄公之不忍，何以集事？非振厲奮發不可。蓋威非殘忍酷烈之謂，卻有愛存焉。仁者，必有勇是也。大抵威愛當觀其所發，發於私乎，雖愛非愛；發於公乎，雖威非威。威雖非聖人之所尚，苟當威而不威，則不知時措者也，況軍旅主於威乎？《夏書》存於後世者最少，因《胤征》可以考官名、法度、人物、軍旅之事，顯然備具。想當時廢職者，惟羲和一人而已。觀《書》之要，觀其略當知其詳，觀其存當知其不存者。

宋·袁燮《絜齋家塾書鈔》卷六《盤庚上》　如商鞅之徒，但知行一切之政；一等人如宋襄公之徒，號爲行仁義之道。二者皆非也。若如商鞅一切不顧，上有所爲必欲强民之從，一時之間，固能立事矣，而所謂寬大優游之意何有焉。然一於寬大優遊，而無森然不可犯者存乎其間，則失之委靡，民無所畏懼，亦豈能立事？所以二者皆不得中道。

宋·陳經《陳氏尚書詳解》卷九《夏書·胤征》　嗚呼！威克厥愛，允濟；愛克厥威，允罔功。大抵軍事以嚴，終當以威爲主。威非慘酷之謂，卽嚴毅也；愛非仁愛之謂，卽姑息也。當用兵行師之際，不以嚴爲主，而反拘于姑息之愛，則其所傷者必衆，則反失其愛也。如宋襄公不擒二毛，不鼓不列，卒敗于泓是也。威愛各施于其所，當用而已，若泥于言而不明古人之意，則威克厥愛豈非流于慘酷者歟？其爾衆士懋戒哉。當勉之而致其戒，庶乎其有成功也。

宋·李樗、黄櫄《毛詩集解》卷一一《甫田》　《甫田》，大夫刺襄公也。無禮義而求大功，不修德而求諸侯，志大心勞，所以求者非其道也。

李曰：此詩言齊襄公有求諸侯求大功之意，不先修德而無禮義，是猶不耕而求穫，無是理也。夫不耕而穫，雖心有所求望者，切徒勞其志耳。故曰『志大心勞，所以求者非其道也』。甫田，大田也。『無田甫田』者，言無得田此大田也，田此大田而力不及，則其莠驕驕然。『無思遠人』者，言無得思遠人也，思遠人而德不及，是徒勞耳。驕驕，徐氏曰『柔且茂也』桀。桀，徐曰『强立也』。忉忉、怛怛，皆是心之勞也。『婉兮孌兮，總角丱兮』，上二章既言所以求之者非其道，此章又言所以得之之道也：婉兮孌女兮，少好貌總角，聚兩髦也，亦猶所謂總角之宴也。丱，童稚也。突，《方言》曰凡卒相見謂之突，是忽然之意也。弁，周禮掌冠冕者也，其職謂之弁師，則弁者冠之大號也。此章言總角之童而至於突然而弁者，豈其求之哉？理之自然也，亦猶修其德而諸侯至，豈待求之哉？不待求而自至也。蘇氏曰：人之於物，聽其自附，而任其自去，則人重而物輕，物之附人也堅。物之所以去人，分裂四出而不可禁者，物重人輕也。古之聖人，其取天下，非其驅而來之也；其守天下，非其劫而留之也，使天下自至。夫是以去就之權在君，而不在民，是謂人重而物輕。夫湯之興也，諸侯歸者三千，武王之興也，諸侯歸者八百，豈湯武驅而使歸哉？亦曰積行累功，其有自矣，故不求而自至也。如齊之桓公、晉之文公，其行事雖不及於湯武遠甚，然能假仁義而行，至於召陵之盟、城濮之戰，亦能會諸侯以成伯功。若夫宋襄公，且異於是矣。其假仁義則不及於威公，而又執滕子嬰齊，圍曹伐鄭，其虐如此，雖不鼓不成列，天下其誰與之？宋襄公者可謂志大心勞不修德而求諸侯矣。況爲齊襄公者何人哉？鳥獸之行，淫乎其妹，其惡不容於天地之間，又且志大心勞，雖欲驅諸侯而徒之，諸侯肯徒之哉？

黄曰：詳味此詩，如孟子告齊王之意，齊王言將以求吾所以大欲，而孟子曰王之所大欲可知矣，欲闢土地，朝秦楚，莅中國，撫四夷也。以若所爲，求若所欲，猶緣木而求魚也。王曰若是其甚歟，曰殆有甚焉，緣木求魚雖不得魚，無後災也。以若所爲求若所欲，盡心力而爲之，後必有災。至於終而又告以發政施仁，孰能禦之之説。夫齊王之欲求所大欲，即齊襄公之無禮義而求大功，不修德而求諸侯之意也。末一章即孟子發政施仁之説，以是求之，則詩人之意明矣。

宋・呂祖謙《左氏傳説》卷三《宋襄盟于鹿上二十一年》 齊、晉所以霸，皆先弱楚，蓋楚於中國，其勢不兩立，惟齊、晉能攘戎狄，尊中國，此所以成霸業。桓公有葵丘之會以弱楚，晉文有城濮之戰以服楚，所以子子孫孫服晉。且宋襄本不足以預五霸之列，人見他亦曾會諸侯故列之於五霸。夫宋襄尚且不識霸者題目，霸者欲尊周、會諸侯，大要在擯楚。蓋楚與中國相爲消長，宋襄欲成霸業，反求諸侯於楚，便不能攘戎狄、尊中國，與齊晉皆異，此霸業所以不成，宜其見辱於楚也。然宋襄公之終始，此一卷大可見，若去事迹上看，無緣看得出，觀其初用鄫子于次睢之社，那時之暴虐，雖桀紂不過如此。及其泓之戰，不禽二毛，其慈仁又如此。若以事迹上看，甚難曉，人處世皆當明此。若以理推之，其仁、其暴雖不同，其失則一，此皆是襄公一箇昏暗處。惟其暗於前，故欲徼一時之福，而用鄫子于次睢之社；惟其暗於後，故泥古之陳言，而不禽二毛，自取敗亡之禍。以理論之，宋襄之所爲，不過一箇『暗』字，所以求諸侯於楚，使其稍知事體，必不如此，所以終於此而亡也。

宋・呂祖謙《左氏博議》卷一二 宋襄公欲合諸侯僖二十年，宋襄公欲合諸侯。臧文仲聞之，曰：『以欲從人則可，以人從欲鮮濟。』宋爲鹿上之盟。僖二十一年春，宋人爲鹿上之盟，以求諸侯於楚。楚人許之。公子目夷曰：『小國爭盟，禍也。宋其亡乎？』幸而後敗。楚執宋公。秋，諸侯會宋公于盂。子魚曰：『禍其在此乎？君欲已甚，其何以堪之？』於是楚執宋公以伐宋。宋公伐鄭。僖二十二年夏，宋公伐鄭。子魚曰：『所謂禍在此矣。』楚宋戰于泓。僖二十二年，秋，楚人伐宋以救鄭。宋公將戰，大司馬固諫曰：『天之棄商久矣，君將興之，弗可赦也已。』弗聽。宋公及楚人戰于泓。宋人既成列，楚人未既濟。司馬曰：『彼衆我寡，及其未既濟也，請擊之。』公曰：『不可。』既濟而未成列，又以告。公曰：『未可。』既陳而後擊之，宋師敗績。公傷股，門官殲焉。國人皆咎公。公曰：『君子不重傷，不禽二毛。古之爲軍也，不以阻隘也。寡人雖亡國之餘，不鼓不成列。』子魚曰：『君未知戰，勍敵之人，隘而不列，天贊我也。阻而鼓之，不亦可乎？猶有懼焉！且今之勍者，皆吾敵也。雖及胡耇，獲則取之，何有於二毛！明耻教戰，求殺敵也。傷未及死，如何勿重？若愛重傷，則如勿傷；愛其二毛，則如服焉。三軍以利用也，金鼓以聲氣也。利而用之，阻隘可也；聲盛致志，鼓儳可也。』宋襄公卒。僖二十三年，夏五月，宋襄公卒，傷於泓故也。

由涿鹿而至牧野，舉帝王之兵更數十戰；由六經而至諸子，談帝王之兵踰數萬言，效非不明，而説非不詳也。及宋襄公爲泓之役，而以帝王之兵自許，反至喪敗，後世指其一戰之失盡疑數十戰之功爲不可信，指其一言之謬盡廢數萬言之理爲不可行，果哉説之遽也。是説既行，帝王之兵，人共視以爲迂闊遲鈍之具，儒者相與力挽而極辨之，終莫能勝意者，未知爭之之説乎？輿薪之不見而自謂能見秋毫者，愚也；責其不見者，亦愚也。撞鐘之不聞而自謂能聞蚋飛者，愚也；責其不聞者，亦愚也。信之在前，責之在後，不見輿薪者，方自譽其目之明，人固已不信之矣，豈待其真不見秋毫而始責之乎？不聞撞鐘者，方自譽其耳之聰，人固已不信之矣，豈待其真不聞蚋飛而後責之乎？古之難知秋毫也蚋飛也，今之易知輿薪也撞鐘也。欲驗宋襄言古道之是非，當先觀宋襄料今事之中否。宋襄生於宋，豈不知宋之弱？迫於楚，豈不知楚之强？乃不量宋之力，偃然自爲盟主，欲屈强楚之君於會，其愚而不能料事一矣。齊桓之霸，宋襄公耳目所接也，宋襄自觀信義，與齊桓孰愈？壤地，與齊桓孰愈？兵甲，與齊桓孰愈？齊桓九合諸侯，終不能屈致楚子，而宋襄乃驟欲致之，其愚而不能料事二矣。盂之會，宋襄身見執於楚，幾不免虎口，僅能縱釋。曾未閲時，忘前日之辱，忘前日之懼，忘前日之禍，尚敢稱兵與楚爭鄭，自取傷敗，其愚而不能料事三矣。是三者，皆匹夫匹婦之共曉，宋襄尚不能知，況所謂帝王之兵制，遠在千百年之外，斷編遺簡，若滅若没，若存若亡，是豈宋襄之所能知乎？觀其料今事之疎，即可驗其談古道之謬，雖未交鋒之前，固預知其必敗也。説者乃以宋襄之敗，爲古道之累，是猶見瞶者之誤評宫角，遂欲并廢大樂，豈不過甚矣哉！或者又謂宋襄無帝王之德，而欲效帝王之兵，所以致敗，亦非也。使帝王之世，人皆服其德，則固不待於用兵矣。德不能服，是以有兵。則兵者，生

於人之不服也。彼既不服矣，豨縱豕突亦何所不至，我乃欲從容揖遜以待之，適遺之禽耳。吾恐帝王之兵不如是之拙也。古之誓師者曰『殄殲乃讎』，曰『取彼凶殘』，凜然未嘗有毫髮貸其所寬者，惟『弗迓克奔』而已。奔而歸我，所以弗擊，苟推鋒而與爭一旦之命，胡爲而縱之哉？是縱降者帝王之兵，縱敵者宋襄之兵也。烏可置之一域耶？公羊子以宋襄之戰爲文王之過，嗚呼！宋襄何足以知文王，若子魚乃真知文王者也。子魚諫宋襄之伐曹曰：『文王聞崇德亂而伐之，軍三旬而不降，退修教而復伐之，因壘而降。』其言薰然而不傷，退然而不伐，妙得文王之本心。至於泓之戰，其諫宋襄之辭，發揚激厲，奮起勁悍，驟與前日異，若與文王不相似，與變推移，不主故常，此真學文王者也。知子魚之善學文王，則知宋襄之不善學文王矣。

宋·真德秀《西山讀書記》卷二五《廣大學之二》　問：宋襄公不鼓不成列，如何？曰：此愚也。

既與他戰，又卻不鼓不成列，必待他成列，圖个甚？

元·程端學《春秋本義》卷一二《僖公》　十有六年。春，王正月。戊申，朔，隕石于宋五。是月，六鷁退飛，過宋都。隕，《公羊》作賈。是，《公羊》作提，誤也。鷁，《穀梁》作鶂。【略】

康侯胡氏曰：聖人因災異以明天人感應之理，而著之於《經》，垂戒後世。如石隕于宋，而書曰『隕石』，此天應之也。和氣致祥，乖氣致異。苟知其故，恐懼修省，變可消矣。宋襄公亡國之餘，欲圖伯業，不自省其德也。後有盂之執、泓之戰，天之示人顯矣，聖人所書之義明矣，可不察哉？【略】

十有九年。春，王三月。宋人執滕子嬰齊。

左氏曰：宋人執滕宣公。高氏曰：此宋求伯也。莊十六年，幽之會，齊桓始伯，滕子與焉，既而背之，至齊侯卒，凡三十七年。衣裳兵車之會，未嘗列於其間。宋襄既有求伯之心，而首執滕子以令諸侯也，然宋襄圖伯，當以德懷徠之，今乃肆己之彊，擅執國君，以陵轢諸夏，亦已甚矣。孫氏曰：五等之國，皆諸侯也。其或有辠方伯請於天子，天子命之，執則執之，不得專執也。存耕趙氏曰：齊桓之伯，執不及君，已爲薄矣。宋襄效之，而執虐人之君，以是求伯，難以免矣。愚謂出乎爾者反乎爾，故楚人效尤而執宋公矣。【略】

秋，宋人圍曹。

左氏曰：宋人圍曹，討不服也。子魚言於宋公曰：『文王聞崇德亂而伐之，軍三旬而不降，退修教而復伐之，因壘而降。《詩》曰：「刑于寡妻，至于兄弟，以御于家邦。」今君德無乃猶有所闕，而以伐人，若之何？盍姑內省德乎？無闕而後動。』康侯胡氏曰：盟于曹南，口血未乾，今復圍曹。愛人不親反其仁，治人不治反其知。襄公不能內自省德，急於令諸侯。執嬰齊，非伯討不足以示威；盟曹南，非同志不足以示信。卒於兵敗身傷，不知反求諸己，欲速見小利之過也。《經》書襄公不越數端，而知其操心之若此者，仲尼筆削如化工賦像并其情不得遯焉，非特畫筆之肖其形耳。愚謂諸侯之國天子所封，以諸侯圍諸侯，辠可知矣。君舉陳氏曰：諸夏之書圍國，自此始。【略】

（二十一年）秋，宋公、楚子、陳侯、蔡侯、鄭伯、許男、曹伯會于盂，執宋公以伐宋。盂，《公羊》作霍，《穀梁》作雩。

葉氏曰：楚子何以先諸侯？宋襄欲圖伯而會楚子，諸侯推先楚子也。杜氏曰：盂，宋地。左氏曰：諸侯會宋公于盂。子魚曰：『禍其在此乎？君欲已甚，其何以堪之？』於是楚執宋公以伐宋。陳岳氏曰：聯諸侯之會書之，明與楚國共執之，宋既服諸侯，復盟於薄以釋之，則共執之義顯矣。愚謂五伯盟會，皆辠也。然齊桓猶有攘楚之功，宋襄不度德量力以圖伯，反躋楚人於諸侯之上，其辱身害國固宜。然五國諸侯，畏楚從令，共執伐同類，辠可知矣。彼楚子者，南蠻之雄，先王之所膺擊驅逐不與同中國者也，尚何責哉？《春秋》書此，見中國之衰，楚人之橫，由諸侯之自取也。【略】

十有二月癸丑，公會諸侯盟于薄，釋宋公。

高氏曰：書會諸侯者，以諸侯皆在，是故前目後凡，且見公之續至也。任氏曰：薄，《史記》作亳，漢山陽薄縣，湯所都也。張氏曰：案《地譜》：拱州考城，漢薄縣即湯都，古字通用。左氏曰：會於薄以釋之。子魚曰：『禍猶未也，不足以懲君。』愚謂魯不能告天王、明大義，以正諸侯，與楚人執宋公之辠，顧以一獻捷之威出爲會盟，求釋宋公，魯既失義矣。五國諸侯從楚之謀，俟魯、宋屈辱而後釋之，則五國自損其中

國之體矣。宋公以諸侯而見釋於諸侯，難以在人上矣，況楚人主此謀哉？宜楚之益無忌憚而中國之益衰也。故張氏曰：書公會諸侯於薄，釋宋公，蓋以爲中國之大恥，而臯魯與諸侯之無能爲也。康侯胡氏曰：此正天下之大變，《春秋》所謹也，或以爲嘉我公之救患。誤矣。【略】

冬，十有一月己巳朔，宋公及楚人戰于泓，宋師敗績。

不書楚伐宋，而書及楚人戰，書法亦與桓十七年戰於奚同，蓋宋公主乎此戰也。戰稱公者，君行師從，師不待言也。敗稱師者，見師衆大敗，紀實事也。杜氏曰：泓，水名。左氏曰：楚人伐宋以救鄭，宋公將戰。大司馬固諫曰：『天之棄商久矣，君將興之，弗可赦也已。』弗聽。宋公及楚人戰於泓，宋人既成列，楚人未既濟。司馬曰：『彼衆我寡，及其未既濟也，請擊之。』公曰：『不可。』既濟，而未成列，又以告。公曰：『未可。』既陳而後擊之，宋師敗績。公傷股，門官殲焉。國人皆咎公。公曰：『君子不重傷，不禽二毛。古之爲軍也，不以阻隘也。寡人雖亡國之餘，不鼓不成列。』子魚曰：『君未知戰。勍敵之人隘而不列，天贊我也。阻而鼓之，不亦可乎？猶有懼焉。且今之勍者，皆吾敵也，雖及胡耇，獲則取之，何有於二毛？明恥教戰，求殺敵也，傷未及死，如何勿重？若愛重傷，則如勿傷；愛其二毛，則如服焉。三軍以利用也，金鼓以聲氣也。利而用之，阻隘可也；聲盛致志，鼓儳可也。』孫氏曰：宋襄無齊桓之資，而欲紹齊桓之烈，帥諸侯而致强楚，故盂之會見執受伐。今復與楚爭鄭，以起此戰，師喪身傷，七月而死，爲中國羞。義又見莊十年，荆敗蔡師。《穀梁》曰：泓之戰，以爲復雩之耻也。雩之耻，宋襄有以自取之也。治人而不治，則反其知。過而不改，又之，是謂之過，襄公之謂也。劉氏曰：宋襄不厄人於險，不鼓不成列，此至仁大義，雖文王之戰不能過之。《春秋》惡之，以其好戰而不務本，飾小名而妨大德，此無異盜跖之『分均爲仁，出後爲義』也。

元・程端學《三傳辨疑》卷九《僖公》　冬十一月己巳朔，宋公及楚人戰于泓，宋師敗績。

《公羊》曰：偏戰者，日爾，此其言朔何？《春秋》辭繁而不殺者，正也。何正爾？宋公與楚人期戰于泓之陽，楚人濟泓而來，有司復曰：『請迨其未畢濟而擊之。』宋公曰：『不可。吾聞之也，君子不厄人，吾雖喪國之餘，寡人不忍行也。』既濟，未畢陳，有司復曰：『請迨其未畢陳而擊之。』宋公曰：『不可。吾聞之也，君子不鼓不成列。』已陳，然後襄公鼓之，宋師大敗。故君子大其不鼓不成列，臨大事而不忘大禮，有君而無臣，以爲雖文王之戰，亦不過此也。

啖氏曰：文王以仁義行師，不應似宋襄徒守匹夫之信，不知事機也。王氏曰：昔文王積善累德，諸侯皆向之。天子賜之弓矢，以爲西伯。聞崇德亂而伐之，軍三旬不降，退修教，而復伐之，因壘而降。詩人道之，曰：『文王受命，有此武功。既伐于崇，作邑于豐。』今宋襄求伯，不修仁義，而欲力服諸侯，及其戰敗，乃曰不鼓不成列，是不好文王之德而好文王之戰者也。宜其衆敗身死，蒙耻夷狄。劉氏曰：如《公羊》意惑于泓及河曲而已。泓雖水名，其陸地猶可以水名之，若謂必令如河曲者，遇于魯濟，豈真遇于水中乎？敗于濆泉，豈真戰于泉中乎？今天下以水名者尤多，不必居水中乃得以水名也。且文王何容易哉？德不加焉，則不以力爭；義不過焉，則不以威制。漸之以道，摩之以仁，而四方自服爾。《詩》曰：『肆不殄厥愠，亦不隕厥問。』如是而伐崇，猶再駕而降，愛民之至也。今襄公退不務修文王之業，而進徒守尺寸之信，夫其守信誠是也，則不若緩修吾德，無亟大功以殘百姓也。今論其守信之節，而忘其殘民之本，而以比之文王，其不知聖人亦深矣。且夫守信而不詐戰，於楚人則有惠矣；無德而求大功，於己國則大有害矣。未知文王獨爲爾乎？愚謂紀晦朔，史書之常，而《公羊》卽據之以爲義，以見辭繁而不殺，因明宋襄之正，穿鑿甚矣。

《穀梁》曰：日事遇朔曰朔。《春秋》三十有四戰，未有以尊敗乎卑，以師敗乎人者也。以尊敗乎卑，以師敗乎人，則驕其敵。襄公以師敗乎人，而不驕其敵，何也？責之也。泓之戰，以爲復雩之耻也。雩之耻，宋襄公有以自取之。伐齊之喪，執滕子，圍曹，爲雩之會，不顧其力之不足而致楚成王，成王怒而執之。故曰禮人不答，則反其敬；愛人不親，則反其仁；治人不治，則反其智。過而不改，又之，是謂之過。襄公之謂也。古者被甲嬰胄，非以興國也，則以征無道也，豈曰以報其耻哉？宋公與楚人戰于泓水之上，司馬子反曰：『楚衆我少，鼓險而擊之，勝無幸焉。』襄公曰：『君子不推人危，不攻人厄。須其出。』既出，旌亂於

上，陳亂於下。子反曰：『楚衆我少，擊之，勝無幸焉。』襄公曰：『不鼓不成列。』須其成列而後擊之，則衆敗而身傷焉。七月而死。倍則攻，敵則戰，少則守。人之所以爲人者，言也。人而不能言，何以爲人？言之所以爲言者，信也。言而不信，何以爲言？信之所以爲信者，道也。信而不道，何以爲道？道之貴者時，其行勢也。

陳岳氏曰：凡戰伐，或日不日，皆不以爲義例，斯日而朔，蓋朔日而戰，書其實也。二傳之義，俱不足取，以人敵公，亦非外黜。苟曰卑不可敵尊，則文二年晉侯及秦師戰于彭衙，宣十二年，晉孫林父及楚子戰于邲，豈敵也哉？啖氏曰：王師敗績于貿戎，豈非尊敗于卑乎？又稱人者，亦常法爾。皆不可爲義。

元・王元傑《春秋讞義》卷五《僖公》 冬十有一月己巳朔，宋公及楚人戰于泓，宋師敗績。

程子曰：宋襄不鼓不成列，愚也。既與他戰，又卻不鼓不成列。

胡氏曰：泓之戰，宋襄公不厄人于險，不鼓不成列，先儒謂至仁大義。然襄公伐齊之喪，奉少奪長，一會虐二國之君，不仁非義，襄公敢行，而獨愛重傷與二毛乎？

讞曰：襄公圖伯，先失諸侯，不務修德以來之，欲以兵威服衆。伐鄭之役，司馬子魚諫曰：『禍在此矣。』違其忠諫，決意出師。及其師敗身傷，反以不重傷、不擒二毛爲解。《春秋》人楚子，以宋公主此戰，存中外之綱也。

元・鄭玉《春秋闕疑》卷一六 十有九年，春，王三月。宋人執滕子嬰齊。

高氏曰：此宋襄求霸也。求霸而執滕子，春秋之俗也。俗者何？雖齊桓亦滅譚、滅遂、降鄣，皆無名也，特兼弱以威而已。滕子何以名？執而名之者，不反之辭也。莊十六年幽之會，齊桓始霸，滕子與焉，既而背之。自此之後，至齊侯卒，凡三十七年。衣裳兵車之會，未嘗列于其間，故此年宋襄既有圖霸之心，而首執滕子，以令諸侯也。然宋襄圖霸，當以德懷來之，今乃肆己之强，擅執國君以凌轢諸夏，執而不反，亦以甚矣。此《春秋》所以人宋也。【略】

夏六月，宋公、曹人、邾人盟于曹南。

臨江劉氏曰：曹南，曹之南也。謝氏曰：宋襄内無遠略，而欲隆霸業，以紹齊桓，于是首爲曹南之盟，從之者曹人、邾人而已，諸侯不服可知也，與北杏之會異矣。高郵孫氏曰：曹、邾皆稱人者，蓋宋襄威德未著，曹、邾但使其臣會之。【略】

鄫子會盟于邾。己酉，邾人執鄫子，用之。

宋公使邾文公用鄫子于次睢之社，欲以屬東夷。司馬子魚曰：『古者六畜不相爲用，小事不用大牲，而況敢用人乎？祭祀以爲人也。民，神之主也。用人，其誰饗之？齊桓公存三亡國以屬諸侯，義士猶曰薄德。今一會而虐二國之君，又用諸淫昏之鬼，將以求霸，不亦難乎？得死爲幸！』劉氏《意林》曰：曹南之會，雖有邾人，卽非邾子。今此會盟于邾者，詳驗《經》文，是邾國自爲盟會，非復向者曹南之盟也。若宋公使邾人執鄫子，而《春秋》越宋治邾，是爲首惡者不誅，而脅從者見討也。《春秋》原心定罪，豈其若是哉？吾固曰：宋不使邾用鄫子也。家氏曰：槩觀宋襄公平日，則好名而畏義者也。方其爲太子以讓國，聞其後與楚人戰，欲以不禽二毛，不鼓不成列，而取仗義之名，豈有今日？而用同盟國君于淫昏之社，無道若此者乎？高郵孫氏曰：邾之與鄫，世讐之國，故宣十八年又戕鄫子于其國都，但邾、鄫小國，其相讐之迹不能悉見，《經》惟紀其無道之甚者爾。『用之』之說，《三傳》不同。左氏以爲用之于次睢之社，《公》《穀》皆以爲叩其鼻血，至昭十一年，楚人執蔡世子友以歸用之。杜預以爲祭山，《公羊》則以爲築防趙子之徒，又以爲用爲盟歃之牲，皆不同也。然考之于《經》，但曰『用之』，不云所用之迹，蓋春秋之時，有用人爲牲者。大亂之極，聖人所不忍言，但曰『用之』，則知以人爲用也，不必以正其名，所重者用之而已。愚按劉氏之說，與《傳》文雖異，於《經》爲合，然無所據。又會盟于邾之文，他無此例，不敢以爲決然，姑著其疑，以俟知者。【略】

秋，宋人圍曹。

討不服也。子魚言于宋公曰：『文王聞崇德亂而伐之，軍三旬而不降，退修教而復伐之，因壘而降。《詩》曰：「刑于寡妻，至于兄弟，以御于家邦。」今君德無乃猶有所闕，而以伐人，若之何？盍姑内省德乎？無闕而後動。』陳氏曰：諸夏之書圍國自此始。胡氏曰：盟于曹南，口

血未乾。今復圍曹者，討不服也。愛人不親，反其仁；治人不治，反其智。襄公不能内自省德，而急于合諸侯、執嬰齊，非霸討不足以示威；盟曹南，非同志不足以示信。卒于兵敗身傷，不知反求諸己，欲速見小利之過也。張氏曰：齊桓之霸，屈意去忿，盟魯平宋，以致諸侯先近故也。今襄公欲圖諸侯，近于宋者，莫如曹、滕，滕既執矣，曹又被圍，宜其不遂霸也。家氏曰：當是時，鄭入滑，狄侵衛，魯伐邾，以中國無霸而動也。宋襄苟能治其所當治，則義聲暢，而霸業成矣。此《春秋》所望于宋襄者，故比事以見義。【略】

宋人、齊人、楚人盟于鹿上。

二十年，宋襄公欲合諸侯。臧文仲聞之曰：『以欲從人則可，以人從欲鮮濟。』至是，宋人爲鹿上之盟，以求諸侯于楚。楚人許之。公子目夷曰：『小國爭盟，禍也。宋其亡乎？』幸而後敗。師氏曰：齊侯圖伯，惟以尊中國爲辭，故能假仁義以爲盟主。凡與諸侯會盟，或主王人，或主王世子，或主宰周公，不然，則中國五等之諸侯而止耳。今宋欲圖霸，乃與楚人爲鹿上之盟，以求諸侯，不知何以令諸侯而成霸業乎？小東萊呂氏曰：宋襄欲霸，乃求楚所會之諸侯。蓋楚子有意執之，故許之也。齊、晉所以霸，皆先弱楚，楚與中國其勢不兩立。桓公有葵丘之會，晉文有城濮之戰，所以攘僭亂、安中國而成霸業也。宋襄欲霸，反求諸侯于楚，是與亂同事也。安能與齊、晉並霸乎？宜其見辱于楚也。張氏曰：霸中國者，宋之欲也；亂中國者，楚之欲也。欲霸中國而求之于淫名，亂常之楚與之同盟，此《春秋》所以列序而人之，以著襄公之自取敗辱也。陳氏曰：齊桓卒，宋襄欲繼之而霸，而求諸侯于楚，楚于是爭長于宋，則是盟也，莫適爲主人自爲盟而已矣。【略】

秋，宋公、楚子、陳侯、蔡侯、鄭伯、許男、曹伯會于盂。執宋公以伐宋。

諸侯會宋公于盂。子魚曰：『禍其在此乎？君欲已甚，其何以堪之？』于是楚執宋公以伐宋。陳氏曰：宋、楚初爭長也，是故楚稱子，而序陳、蔡、鄭、許、曹之上，不知諸侯之從楚與？從宋與？不予宋以霸也。公羊氏曰：曷爲不言楚子執之？不與楚子之執諸侯也。高氏曰：執宋公者楚也，而繫于在會諸侯執之之辭，何也？所以深罪在會之諸侯也。南面之君，兵非不多，而力非不足也，而聽楚人執辱中國主盟之君，而莫之敢違，其不勇于爲義亦甚矣。雖宋德不足懷，慮不及遠，力求諸侯以及于難，而諸侯甘心事楚人，以致楚人侵凌中國，此罪不可貸，故以諸侯共執爲文，不使楚人專執中國諸侯也。張氏曰：按：《公羊傳》曰：宋公與楚子期以乘車之會，公子目夷諫曰：『楚，夷國也，强而無義，請以兵車往會。』宋公曰：『不可！吾與之約爲乘車之會。自我爲之，自我墮之，不可。』楚人果伏兵車，執宋公以伐宋。夫孔子相定公，會齊侯乃甥舅之國，猶以爲文事不可無武備，請司馬以行。楚，南蠻也，而可信其詐僞之約，徒手出會之，是輕以其身，溷于虎狼之羣也，不免宜矣。胡氏曰：《春秋》爲賢者諱。宋公見執，不少隱之，何也？夫盟主者，所以合天下之諸侯，攘僭亂尊王室者也。宋公欲繼齊桓之烈而與楚盟會，豈攘僭亂尊王室之義乎？故人宋公于鹿上之盟。而盂之會，直書而不隱，所以深貶之也。家氏曰：《春秋》，正名之書也。楚自熊通以來，妄自尊大，遂僭王者之隆名。《春秋》每以號舉，不使之得與中國諸侯齒。今楚益强盛，合諸侯，詐以執宋公，中國一大變也。《春秋》以楚子書，夫豈進而爵之乎？蕃服雖大，曰子彼革，號僭王以兵猾夏。《春秋》序以子爵，所以正其始封之名，辨中外之分，孰云其漸進楚人乎？自是而後，楚始書子，正名也。或曰如子所言，始何以書荆人，今何以書楚子乎？曰：始其來聘，僭號于國中耳。《春秋》姑以號舉，今會于齊，盟于鹿上，諸侯畏其强大，有以事王者而事之。《春秋》于是正其始封之名，書之曰子，示天王之尊乃天下共主，非僭竊所得干也。自是而後，楚之憑陵無不書子，何爵之有哉？高郵孫氏曰：《春秋》因會而執諸侯惟二處：盂之會，楚人執宋公，而不言楚人；溴梁之會，晉侯執莒子、邾子而斥言晉人。二事畧同而書之異辭者，聖人之意也。盂之會，中國之諸侯隨盟主而會楚子，楚子執宋公以伐宋，又代楚子而伐之，罪不責于楚子，諸侯實同之也。溴梁之會，晉侯以大義帥諸侯而會焉，執莒、邾之君者晉侯也，以信會而以詐執之，可責者晉侯也。蓋《春秋》之輕重與奪，惟義所在爾。【略】

十有二月癸丑，公會諸侯盟于薄，釋宋公。

會于薄以釋之。子魚曰：『禍猶未也，未足以懲君。』公羊氏曰：執

未有言釋者，此其言釋之何？公與議爾也。穀梁氏曰：不言楚，不與楚專釋也。高氏曰：公本不附楚，因宜申來獻宋捷之故，不敢不與楚會，而書會諸侯者，以諸侯皆在，是故前目後凡，且見公之續至也。執宋公，釋宋公，皆楚子耳。前之執宋公，既以諸侯共執爲文，此又蒙上諸侯共釋爲文者，聖人抑制僭竊，不使楚子得以專執釋中國之諸侯，懲荆舒之意也。蘇氏曰：凡諸侯見執而不失國者，于歸名之，書曰某侯，某歸于某，此其不名而言釋，何也？以爲執之，釋之，皆在諸侯也。若是而尚可求諸侯乎？師氏曰：盂之會，宋爲主，而楚次之，諸侯皆居其中，今執宋公，伐宋之後，乃有薄之盟也，是此盟也，楚爲主矣，不序以惡之。且著會盟之濫，不復有上下尊卑焉。《春秋》扶持中國而攘卻僭竊之意，不亦嚴乎？胡氏曰：會未有言其所爲獨會于稷，書成宋亂者，爲受郜鼎立華督也。會于澶淵言宋災故者，爲葬蔡侯不討般也。盟不書所爲，而盟于薄，言釋宋公者，宋方主會，楚人執而伐之，以其俘獲來遺，是萋菲追琢之嘉賓，幾殄于僭竊亂賊之手，此正天下大變，《春秋》之所謹也。魯既不能申大義以抑其强暴，使宋公見釋，出自天王與中國，而顧與歃血。要言求楚子以釋之，是操縱大權，自楚人出，其事已傎甚矣。故書會盟、書釋，皆不言楚子。謝氏曰：襄公爲宗廟社稷人民主，始也諸侯會于盂，若罪人執之于會；終也諸侯盟于薄，若罪人釋之于盟。其危辱至此者，皆以不量力，不度德取之而已，有國家其動可不戒耶？【略】

夏，宋公、衛侯、許男、滕子伐鄭。

三月，鄭伯如楚。夏，宋公伐鄭。子魚曰：『所謂禍在此矣。』高氏曰：齊桓既没，楚又强大。鄭伯比楚以圖自安，宋襄雖被執見釋，而圖霸之心未已。鄭伯度宋之不霸，首背中國而改事楚，故宋率衛、許、滕，四國共伐之。《春秋》皆與其爵，以明討得其正也。愚謂宋襄有志無才，卒于自敗。其伐鄭也，亦異于齊桓矣。惜哉！【略】

冬，十有一月己巳朔，宋公及楚人戰于泓，宋師敗績。

楚人伐宋以救鄭，宋公將戰，大司馬固諫曰：『天之棄商久矣，君將興之，弗可赦也已。』弗聽。冬，十一月己巳朔，宋公及楚人戰于泓。宋人既成列，楚人未既濟。司馬曰：『彼衆我寡，及其未既濟也，請擊之。』公曰：『不可。』既濟而未成列，又以告。公曰：『未可。』既陳而後擊之，宋師敗績。公傷股，門官殲焉。國人皆咎公，公曰：『君子不重傷，不禽二毛。古之爲軍也，不以阻隘也。寡人雖亡國之餘，不鼓不成列。』子魚曰：『君未知戰，勍敵之人隘而不列，天贊我也。阻而鼓之，不亦可乎？猶有懼焉。且今之勍者，皆吾敵也，雖及胡耇，獲則取之，何有于二毛？明耻教戰，求殺敵也，傷未及死，如何勿重？若愛重傷，則如勿傷，愛其二毛，則如服焉。三軍以利用也，金鼓以聲氣也。利而用之，阻隘可也，聲盛致志，鼓儳可也。』師氏曰：前乎宋公，齊桓嘗圖霸矣，與諸侯會盟養威近三十年，而後伐楚；後乎宋公，晋文嘗圖霸矣，與賢臣謀議，作三德以示民，然後伐楚，此無他，定而後發，發期必中，自度不辱于楚人而後可動。故齊桓、晋文既服楚，而霸業遂定。今宋公欲圖霸，未見如何養威，如何作德，既嘗失計而與楚會盟，又無備而爲楚所執，如是而欲圖霸，不亦難乎？復不自悟，懷忿不平，及楚人而與之戰，則是忿兵也。徒知楚自會盂叛信以來，我曲彼直，獨不念動非其念誰與爲援，姑恃理直而可以必成功耶？自謂可成功而卒爲楚所敗，故書曰『宋師敗績』。謝氏曰：不書楚人侵伐者，楚來救鄭，而襄公與之戰也。戰由宋起，故以宋人主戰而罪之。選賢才，緝政治，親内睦外，以振國綱，服楚之道也。襄公乃於危難之中，逞復讐之怨，率破傷之衆，以當强楚之鋒，襲古人陳迹以待楚之變詐，是以衆敗身傷，終以取亡。前書『伐鄭』，後書『戰敗』，罪其不知反也。隕石于宋，六鷁退飛過宋，異之大者也。襄公不知恐懼修省，且又輕舉妄動以遂私欲，而禍不旋踵及身。然則上天變異，其可不畏耶？胡氏曰：宋襄公不扼人于險，不鼓不成列。《公羊》以謂至仁大義，雖文王之戰不能過也。而《春秋》不與，何哉？物有本末，事有終始，順事恕施者，王政之本也。襄公伐齊之喪，奉少奪長，使齊人有殺無虧之惡，有敗績之傷，此晋獻公之所以亂其國者，罪一也；桓公存三亡國以屬諸侯，義士猶曰薄德，而一會虐二國之君，罪二也；曹人不服，盍姑省德無闕，然後動而興師圍之，罪三也。凡此三者，不仁非義，襄公敢行，而愛重傷與二毛，則亦何異盗跖之『以分均出，後爲仁義』、陳仲子以避兄離母居於陵爲廉乎？夫計末遺本，飾小名妨大德者，《春秋》之所惡也。故辭繁不殺，而宋公書及以深貶之也。高郵孫氏曰：孔子曰：我戰則勝，非謂能戰而勝也。勝之道素修而無敵于天下也。豈

若宋襄之道不修而苟拘小信乎？《公羊》殆未知文王之戰爾。胡安定先生曰：襄公無桓公之資，欲紹桓公之烈，以宗諸侯以致强楚，故盂之會被執受伐。今復與楚爭鄭，衆敗身傷喪師泓水，七月而死，爲中國羞，惜哉！蓋有善志無其才取辱强楚，而羞及中國也。

明・程敏政《明文衡》卷五〇《宋濂》 宋襄公繼伯，將與楚子會于盂。以乘車往而不設兵備，通國人皆憂之，莫敢言。昆吾之叟曰：『君安則臣寧，君設有難，宋社且不血食，吾屬將焉寘諸？請昧死言焉。』俟宋襄公出，歌而過之曰：『有虓者貔，其毛栩栩，冠弁而揖，吾不知死。所密密者，陡鱗鱗者，矛仡仡者。夫始可貔與居，貔乎貔乎，良足畏乎，君何之乎？』襄王怪之，召而問焉。昆吾之叟對曰：『聞君將與楚子會，有諸？』曰：『然。』曰：『聞君武備弗之戒，有諸？』曰：『然。』曰：『禮務從時，政在體要。佩玉鏘鏘，不可薪於山；何戈與祋，不可酹於廟，其理然也。今楚人貔而冠者也，君欲以文德合之，其術迂矣。君之蒞政，動法文王，使文王遇貔，亦使勇士操戟逐之，未必朝服與之揖也。』襄公曰：『人皆相率約君以禮，子奈何欲興戎乎？壇坫之間，玉帛交錯，而使甲士厠之，人其謂我何？』不聽，往與楚子會。楚子以兵車至，執襄公。君子曰：宋襄公爲萬世笑者，以膠柱而鼓瑟也。膠柱而鼓瑟且不可，況往會强國而不知變乎？

明・業山《業八白易傳》卷一一《夬・九四》 昔者宋襄公乘齊桓之卒，欲襲霸統，而急於合諸侯，偲偲然不安於從令，而必欲出令，不肯爲衆諸侯，而必欲霸諸侯，何其志之厲而進之猛也。然而以暗弱之才，冒雄豪之事，借小道之詐，犯虎狼之威，卒之執於盂，釋於薄，敗死於泓，爲天下笑。不審己力，不量彼勢，不乘天時，不藉人力之禍也。向使不虐二國之君，重結齊魯之好，使天下諸侯不我疾而我親，然後因其勢而動，乘夫時而起，得霸不難矣。不知此術，夫何益哉？雖然，無闕然後動，子魚勸其以德攻於始；小國爭盟，君欲已甚，子魚戒其以禍敗於終。而茲父聽之爲塵談草説也，何以得死？《易》曰：『臀无膚，其行次且，牽羊悔亡，聞言不信。』

又 卷一六《小過》 又曰：『疆埸之事，慎守其一。』可也。不然，而爲宋襄公以亡國之餘與强楚抗霸，欲主天下之盟，禍其得免乎？致曲之道，卑有所就則宜，高有所舉則不宜。《傳》曰：『先爲之弱。』又曰：『犧牲玉帛，待于二境，以待强有力者而庇民焉。』可也。不然而爲齊頃公，處衰弱之世，而以笑辱之，故與强晉爲釁，敗其可得免乎？嗚呼！此齊景之所以可尚也。《易》曰：『小過，亨，利貞。可小事，不可大事。飛鳥遺之音，不宜上，宜下。大吉。』

明・湛若水《春秋正傳》卷一四《僖公》 （十六年春）是月，六鷁退飛，過宋都。

《正傳》曰：鷁，水鳥。民所聚曰都。書『六鷁退飛，過宋都』，紀異也。順飛者，其常；退飛者，其異也。物之反常而異則爲災，此過宋者，宋災也，何以魯史書之？有報，則史書之，以紀天下之異也。其在天者，天下之異也。《公羊》以爲王者之後記異，非也。退飛，左氏以爲風，非也。程子曰：倒逆飛，必有氣驅之也。《春秋》所書災異，皆天人響應有致之之道，故石隕于宋而言隕石，夷伯之廟震而言震夷伯之廟，此天應之也。人以淺狹之見，以爲無應，其實皆應之。然漢儒言災異，皆牽合不足信，儒者見此，因盡廢之。胡氏曰：宋異書于魯史，亦見當時諸侯有非所當告而告者矣。何以不削乎？聖人因災異以明天人感應之理而著之於經，垂戒後世，如石隕于宋而書曰『隕石』，此天應之也。和氣致祥，乖氣致異，人事感於下，則天變應於上。苟知其故，恐懼脩省，變可消矣。宋襄公以亡國之餘，欲圖霸業。五石隕，六鷁退飛，不自省其德也。後五年，有盂之執；又明年，有泓之敗。天之示人顯矣，聖人所書之義明矣，可不察哉？【略】

（十八年）春，王正月，宋公、曹伯、衛人、邾人伐齊。

《正傳》曰：書宋公、曹伯、衛人、邾人伐齊。《穀梁》以爲譏伐喪是也。左氏曰：宋襄公以諸侯伐齊。三月，齊人殺無虧。愚謂無虧爲易牙、豎貂所爲，殺羣吏以立，立之不正，故羣國討之也。討之，誠是也。伐喪，何爲焉？齊之民何罪焉？【略】

（十九年）春，王三月，宋人執滕子嬰齊。

《正傳》曰：嬰齊，滕子名，名之，無他義。胡氏以爲名之有罪者，非也。他國之史之稱必書名，然後天下後世知其爲滕子某也，獨稱滕子，則孰知其爲誰乎？稱宋人者，亦他國之史之詞耳。書宋人執滕子嬰齊，

罪宋之擅執也。諸侯有罪，則方伯連帥上告於天子，然後執之以歸京師，問其罪焉，義也。今宋人無故執之，是擅專矣。擅專者，無王；輕執者，無義。二者皆非也。胡氏曰：是亦有罪焉爾。夫以齊桓之盛，九合諸侯，不以兵車，雖江、黄遠國，猶相繼來盟。而滕介齊、宋之間，不與衣裳之會者三十有七年。及宋襄繼起，又不尊事大國，其見執則有由矣。愚謂以此執之，亦不足以服之也。夫犯上殃民，罪之可也，猶當請命于天子以示不專，況以私乎？今春秋之諸侯，上不朝王，下不保民，而專事糾黨動兵戈，以立威而陵下，皆犯上殃民之君也，則又何以獨責滕乎？《孟子》曰：『惟天吏則可以伐之』，『春秋無義戰』。【略】

夏六月，宋公、曹人、邾人盟于曹南，鄫子會盟于邾。

《正傳》曰：曹南，曹之南。鄫書宋公、曹人、邾人盟于曹南，紀非盟也。書鄫子會盟于邾，非後盟也。《春秋》無善盟。盟者，忠信之薄也，然而盟必以結忠信之事。今觀曹南既盟之後，未見其有忠信之事，故曰非盟也。若夫鄫子之會盟，則又怠矣。《公羊》曰：言會盟後會也。杜氏曰：不及曹南之盟，諸侯既罷。鄫子乃會之于邾，是後時也。是以取罪焉。【略】

秋，宋人圍曹。

《正傳》曰：書宋人圍曹，譏妄動也。未有罪而伐之者，無名；於與盟而伐之者，無義。無義無名，皆妄動也。左氏曰：討不服也。子魚言於宋公曰：『文王聞崇德亂而伐之，軍三旬而不降，退脩教而復伐之，因壘而降。《詩》曰：「刑于寡妻，至于兄弟，以御于家邦。」今君德無乃猶有所闕，而以伐人，若之何？盍姑内省德乎？無闕而後動。』愚謂曹屢與盟，則非不服矣。無義無名是之謂，有闕而妄動，何以服人？胡氏曰：盟于曹南，口血未乾，今復圍曹，愛人不親反其仁，治人不治反其智。襄公不能内自省德而急於合諸侯，執嬰齊，非伯討不足以示威；盟曹南，非同志不足以示信，卒於兵敗身傷，不知反求諸己，欲速見小利之過也。欲速則不達，見小利則大事不成。《經》書襄公不越數端，而知其操心之若此者，仲尼筆削推見至隱如化工賦像，并其情不得遯焉，非特畫筆之肖其形耳。故《春秋》者，化工也，非畫筆也。愚謂仲尼之作《春秋》如化工之妙，物各付物，而物之妍媸自見，豈物物而雕刻之哉？今之治《春秋》者，皆物物而雕刻之之類也，何足以知天地造化之心哉？【略】

（二十一年春）宋人、齊人、楚人盟于鹿上。

《正傳》曰：書盟于鹿上，譏要盟也。盟者，聖人所不與也。同心而盟，猶恐寒之，況要盟乎？左氏曰：宋人爲鹿上之盟，以求諸侯於楚，楚人許之。公子目夷曰：『小國爭盟，禍也，宋其亡乎？幸而後敗。』愚謂楚不自來而宋求于楚，是要盟也。宜乎其見執也。宋襄欲令諸侯，臧文仲聞之曰：『以欲從人則可，以人從欲鮮濟。』可謂知言矣。【略】

秋，宋公、楚子、陳侯、蔡侯、鄭伯、許男、曹伯會于盂，執宋公以伐宋。

《正傳》曰：書會于盂，執宋公以伐宋，交譏之也。夫宋公不知夷狄之楚不足以講信而要之盟，爲不智；楚不念宋公之爲會主而執之於會，爲不義；五國之君斂手傍觀而不爲之謀，爲不勇。故曰：交譏之也。左氏曰：諸侯會宋公于盂。子魚曰：『禍其在此乎？君欲已甚，其何以堪之？』於是楚執宋公以伐宋。程子曰：宋率諸侯爲會，而蠻夷執會主，諸侯莫違，故以執書之。胡氏曰：夫以楚之强莫能勝秦，五國之衆何弱於趙。然澠池之會，藺相如一奮，其氣威信列國。秦雖虎狼猶不敢動，況以五國之君，而不能得志於荆楚乎？宋以乘車之會往，而楚伏兵車以執之，則宋直楚曲，其義已明。雖以匹夫自反而縮，猶爲可耻，矧南面之君也哉？然《春秋》爲賢者諱。宋公見執，不少隱之，何也？夫盟主者，所以合天下之諸侯，扶大義，尊王室者也。宋公欲繼齊桓之烈，而與楚盟會，豈扶大義、尊王室之義乎？【略】

十有二月癸丑，公會諸侯盟于薄，釋宋公。

《正傳》曰：諸侯，卽上五國與楚也，書公會諸侯盟于薄，釋宋公，著魯僖非義之舉也。夫見大義者，不見小惠，方楚以宋捷來獻，是已無中國，無天王、無魯矣。爲魯僖者，當上告天王，下連諸侯，聲大義以王命討之，舍一宋以尊中國可也。而乃爲婦人之仁，會諸侯以求釋于楚，尚爲中國有人乎？左氏曰：冬，會于薄，以釋之。子魚曰：『禍猶未也，未足以懲君。』胡氏曰：盟不書所爲盟于薄，言釋宋公者，宋方主會，而蠻夷執而伐之，以其俘獲來遺，是荆舒反爲吾與國，逞其志將滅宋縣之矣。此正霸業之衰，《春秋》之所謹也。魯既不能申大義以抑其强暴，使宋公

見釋，出自天王與中國而顧與歃血要言，求楚子以釋之，是操縱大權自蠻夷出，其事已傎甚矣。故書會、書盟、書釋，皆不言楚子，爲魯諱以深貶之也。《穀梁》謂不與楚專釋，是已。或以爲嘉我公之救患，誤矣。愚謂此論是也。至謂不言楚子爲魯諱以深貶之，非也。楚不待貶，魯亦豈能諱？聖人之心，無意必固我之私。【略】

（二十二年）夏，宋公、衛侯、許男、滕子伐鄭。

《正傳》曰：書宋公、衛侯、許男、滕子伐鄭，著非義之兵也。左氏曰：三月，鄭伯如楚。夏，宋公伐鄭。子魚曰：『所謂禍在此矣。』愚謂兵以義舉，非義而舉，輕舉也。宋公非有王命奉義之舉，徒以不勝其怒鄭歸楚之私，遂率諸侯之兵以伐之，所以兆楚釁而致泓之敗也。子魚謂『禍在此』，蓋先知之矣。【略】

冬，十有一月己巳朔，宋公及楚人戰于泓，宋師敗績。

《正傳》曰：泓，水名；及，與也。胡氏以書『及』爲深貶宋公者，非也。書宋公及楚人戰于泓，宋師敗績，著召釁玩敵之罪也。夫宋不自知，其德不足以服鄭，鄭歸于楚，乃伐鄭，以致楚兵，是之謂召釁，又不知好謀而成，乃執不重傷、不禽二毛以致敗，是之謂玩敵。召釁者不智，玩敵者不義。《孟子》曰：『夫人必自侮，然後人侮之；國必自伐，然後人伐之。』此之謂也。左氏曰：楚人伐宋以救鄭，宋公將戰。大司馬固諫曰：『天之棄商久矣，君將興之，弗可赦也已。』弗聽。冬，十一月己巳朔，宋公及楚人戰于泓。宋人既成列，楚人未既濟。司馬曰：『彼衆我寡，及其未既濟也，請擊之。』公曰：『不可。』既濟而未成列，又以告。公曰：『未可。』既陳而後擊之，宋師敗績。公傷股，門官殲焉。國人皆咎公。公曰：『君子不重傷，不禽二毛。古之爲軍也，不以阻隘也。寡人雖亡國之餘，不鼓不成列。』子魚曰：『君未知戰，勍敵之人隘而不列，天贊我也。阻而鼓之，不亦可乎？猶有懼焉。且今之勍者，皆吾敵也。雖及胡耇，獲則取之，何有于二毛？明耻教戰，求殺敵也。傷未及死，如何勿重？若愛重傷，則如勿傷；愛其二毛，則如服焉。三軍以利用也，金鼓以聲氣也。利而用之，阻隘可也，聲盛致志，鼓儳可也。』愚謂此實傳也。胡氏又曰：泓之戰，宋襄公不阨人於險，不鼓不成列。先儒以爲至仁大義，雖文王之戰不能過也。而《春秋》不與，何哉？物有本末，事有終始。順事恕施者，王政之本也。襄公伐齊之喪，奉少奪長，使齊人有殺無虧之惡，有敗績之傷，此晉獻公之所以亂其國者，罪一也；桓公存三亡國以屬諸侯，義士猶曰薄德，而一會虐二國之君，罪二也；曹人不服，盍姑省德無闕，然後動而興師圍之，罪三也。凡此三者，不仁非義。襄公敢行而獨愛重傷與二毛，則亦何異盜跖之『以分均出，後爲仁義』，陳仲子以避兄離母居於陵爲廉乎？夫計末遺本，飾小名防大德者，《春秋》之所惡也。愚謂此《經》外之意也。

明·唐順之《武編後集》卷一《愛民可擊》　春秋時，宋襄公及楚人戰于泓。宋人既成列，楚人未既濟。司馬子魚曰：『彼衆我寡，及其未濟也，請擊之。』公曰：『不可。』既濟，而未成列，又以告。公曰：『未可。』既陣而後擊之，宋師敗績。國人皆咎公。公曰：『君子不重傷，不禽二毛。古之爲軍也，不以阻隘也。寡人雖亡國之餘，不鼓不成列。』子魚曰：『君未知戰，勍敵之人隘而不列，天贊我也。阻而鼓之，不亦可乎？猶有懼焉。且今之勍者皆吾敵也。雖及胡耇，獲則取之，何有於二毛？明耻教戰，求殺敵也。傷未及死，如何弗重？若愛重傷，則如弗傷；愛其二毛，則如服焉。三軍以利用也，金鼓以聲氣也。利而用之，阻隘可也。聲盛致志，鼓儳可也。』二十二年夏五月，宋襄公卒，傷於泓故也。

清·朱鶴齡《詩經通義》卷一二《商頌》　朱子曰：太史公云：宋襄公修行仁義，欲爲盟主，其大夫正考父美之，故追道契、湯、高宗，所以興作《商頌》，蓋本《韓詩》之説，諸儒多惑之者。今考此《頌》，皆天子之事，非宋所有。且其辭古奧，亦不類周世之文。而《國語》閔馬父之言，亦與《序》合，《韓詩》、太史公之説謬矣。蘇氏同。

清·黃宗羲《孟子師説》卷下《仁之勝不仁章》　此爲當時諸侯言之新安陳氏之説是也，如徐偃王以仁義而失國，宋襄公不擒二毛、不鼓不成列而敗，死而滅國。闢土地者多出自殘忍詐謀之人，謂水不勝火。當時想有此論，故孟子以杯水概此一流。

清·張尚瑗《三傳折諸·左傳折諸》卷六《僖公·公與管仲屬孝公于宋襄公》　蘇潁濱曰：古之聖人，爲君臣、父子、夫婦之禮，皆有本末，不徒設也。威公內嬖如夫人者六人，其行甚穢，管仲以爲不害伯而不之禁。季年，知其將有適庶之禍，與威公屬孝公于宋襄。夫使威公妻妾適庶

之分素明，家事素定，則太子一言定矣，他人何與哉？次公此論蓋祖孔子對齊景公之語，桓公不早定世子，故啓無虧之禍，伯業以衰；景公不早定世子，以成陽生之禍，齊祚遂移于陳矣。豈管、晏二賢而皆短于此乎？甚矣，國本之難言也。【略】

楚執宋公以伐宋。冬，會于薄，以釋之。

合觀《左》、《公》二傳，宋茲父之在《春秋》，大略與晉夷吾相伯仲。其見執于盂，猶晉之敗于韓而被執也；諸侯請于楚而釋之，猶晉大夫行成于秦而惠得歸也；公子目夷之設守械以拒楚，猶瑕呂飴甥之作爰田、州兵以抗秦也。夷吾戮里丕，七輿大夫虐止行于國中，茲父殺鄫子、執滕君，虐乃熾于鄰封，獨子魚初能讓國，故不爲亡人重耳之見忌，終又卽能歸國，故又異于衛叔武之見殺。而宋襄身後世子晏然嗣立，則與惠、懷之內外棄之，胥壤不可同日語矣。若其既爲楚執，輒不量力而與之戰，戰而不擊之于未濟、未成列，以衄國師，而并喪其身。後世論霸者，猶或齒及之，遂其求霸之心而卽假以名。彼楚靈嘗合諸侯于申，何嘗不自命齊桓，而論霸者于楚則稱莊而不稱靈。曹用公孫彊言霸說於曹伯，戰國宋之君偃欲霸之速成。此皆亡國之末造，亦沾沾以霸是圖者。《史記·十二諸侯年表》止以齊、晉、秦、楚爲霸，未嘗及宋。謂宋襄爲五霸者，真妄說也。【略】

宋公楚人戰于泓。

張元德曰：《春秋》以襄公主是戰，則知聖人罪其愎諫求欲，昧大義而徇小節，以取敗國殄民，自及其身之禍。

又《公羊折諸》卷三《僖公·與襄公之征齊也》 齊桓公以儲嗣不早定，五公子爭立，挻禍三十五六年。昭、潘、商人、元，更迭爲君，伯業遂以不振，先儒論世者責之備矣。宋襄公之扶翊孝公，本於桓公之治，命國人不勝四公子之黨而用兵。《春秋》書及罪主兵者，《公羊》則善襄公之征齊而與之，與《穀梁》惡宋各持一說。論法者原無定評，趙企明撰《經筌》，不喜學者以《傳》溷《經》，獨至此二氏牴牾不可考而求《左傳》。左氏之紀事則彰彰矣，而猶深訾宋襄，以爲齊之荀息擬人不倫，何乃若是？荀息者輔遺之臣也，襄公者外援之主也。論齊國之屬藐諸者宜求之管仲，既已前没，顧仲正而息邪？不可同日語。仲之奉君命而屬孝公，若後世長孫無忌之輔晉王治；無虧倚雍巫、豎貂以竊立，則如潁王瀍立於仇士良，鄆王漼立於王宗貫；閹人擅柄內寵憑依得國而旋被殺，正如奚齊之國人不可者耳。宋襄之主齊，比諸秦繆之納賂而立夷吾，猶爲較正。公、穀二氏說《經》往往異同，戰甗一事，其襃貶孰是孰非，若辨黑白。康侯引宣王立魯戲括，專從長幼起見而不明邪正之辯，豎貂亂齊，今古熟聞，而顧向其所立之黨，欲以立訓也夫。

清·劉統勳《評鑑闡要》卷一《宋襄公敗于泓目》 愚而好自用者，莫如宋襄。其道古論，今不值一噱。宜乎子魚直斥之，而彼尚不知羞也。

清·愛新覺羅·弘曆《御製樂善堂全集定本》卷三《宋襄公論》 夫修內者王，修外者霸。湯、武行仁義而王天下，齊桓假仁義而霸天下。修內者本於心，物來則應事，畢則止；修外者以一人之智力應天下之萬事，故一日少懈而智力窮焉。此齊桓之所以九合諸侯，一匡天下，功盛業熾，而終不免於意滿心怠，身没國危，何則？修外而不修內也。若宋襄者，內不修德，外不修政，至愚而可嗤，至陋而可憫者也。夫齊桓用管仲而信任之，城邢救許，存衛圖伯之日，如是其勤也，協比諸侯，輯寧東夏垂二十年，內外無患，然後問包茅之不貢，而楚受盟定伯之功，如是其難也。而宋襄欲以頃刻霸天下，甫納孝公而謂霸統在己矣，邾、曹來會而謂諸侯歸己矣。至於用鄫子、執滕子、圍曹邑，其暴虐無道已甚矣，而欲求諸侯於楚，不求之己而求之人。盂之會，執之自楚，薄之會釋之自楚，辱亦甚矣。爲宋襄者，當修己睦鄰，養威植德以圖後舉，而不自量力伐鄭。致楚泓之戰，猶狃於迂論，以爲不鼓不成列，不禽二毛，身傷而死，亦可憫矣。夫襄公無所樹立，而列於五霸之中，諸儒多論其愚謬，而不言其所以霸及其所以敗者。余嘗考之《左氏傳》，宋襄公之爲世子也，讓國於目夷，目夷不肯，既卽位，以目夷爲仁，使爲左師以聽政，於是宋治。則知宋之所以治，與其所以霸，及其所以敗，皆由目夷之用與不用也。使目夷聽政而信任之，則宋治。用鄫子，目夷常諫矣；圍曹、盟鹿上、伐鄭，目夷皆諫矣，而皆不聽，於是前有被執之辱，後有身死之耻。由是觀之，用一賢而一國治，失一賢而一國亂。不惟國亂，身且死焉，豈不可鑑也哉？桓公用管仲而霸，文公用子犯而霸，秦穆用百里奚而霸，楚莊用孫叔敖而霸，宋襄始用子魚而霸，後不聽其言而死。霸天下者，猶當以用賢納諫爲急，則欲行王道而正身以正天下者，豈可不以用賢納諫爲急乎？

清·馬驌《繹史》卷四七《宋襄公圖霸》 宋桓公之立也，適當北杏之會，齊桓之霸，首在得宋，自兩鄄以來，每會先從，三十餘年，武勇不黷，兵甲不頓，國家晏然無事焉。襄公乘數十年休養之餘，復際齊桓謝霸之日，奮志有爲，首定齊亂，史以爲《商頌》之作，由茲而興，當日之中外，未嘗不大有望於襄公也。卒之，失敗身死，以爲天下笑，此其故何與？蓋嘗聞之，以力假仁謂之霸，宋之力，自固有餘，服人不足。襄公未見齊霸之盛，而會逢其衰，鹹也，淮也，牡丘也，非不身從，然而救徐不克，謀鄫不成，襄公心竊易之，以爲取而代之無難也，其視霸也易，故其志遂驕，於是執滕，用鄫，伐曹，圍曹，一歲之中，三國交病，乃爲鹿上之盟，以求諸侯於楚，嗚呼，宋亦愚矣。中國之所以曰患者唯楚耳。以齊桓之彊，合召陵之師徒，包茅責貢，僅亦服楚；蕞爾宋國，輒欲狎主齊盟乎？楚人佯許而實誘之，秋執冬釋，宋國之無君也，閲三月矣，顧猶不悟，以至敗泓辱國，楚頵不逞，得肆志以闚上國者，宋襄啓之也。叩鼻衈社，小國是殘，重傷二毛，大敵是恤，師敗自解，欲以要名，文王之師，豈其然邪？初，公之立也，以子魚爲左師，自是以來，每事必諫，倘能用其一言，猶堪振禍，曷爲知其仁而不聽其謀，剛愎自信，固敗是求，宋國之不亡也幸耳，列之於五霸，不亦悪乎！

藝文

宋·王十朋《梅溪前集》卷一〇《詠史詩·宋襄公》 小國爭盟禍莫逃，託名仁義直徒勞。殺人祭鬼寧非忍，猶自臨戎惜二毛。

楚莊王稱霸分部

綜述

《左傳·僖公三十三年》 晉陽處父侵蔡，楚子上救之，與晉師夾泜而軍。陽子患之，使謂子上曰：『吾聞之文不犯順，武不違敵。子若欲戰，則吾退舍，子濟而陳，遲速唯命，不然紓我。老師費財，亦無益也。』乃駕以待。子上欲涉，大孫伯曰：『不可。晉人無信，半涉而薄我，悔敗何及，不如紓之。』乃退舍。陽子宣言曰：『楚師遁矣。』遂歸。楚師亦歸。大子商臣譖子上曰：『受晉賂而辟之，楚之恥也，罪莫大焉。』王殺子上。

又《文公元年》 初，楚子將以商臣爲大子，訪諸令尹子上。子上曰：『君之齒未也，而又多愛，黜乃亂也。楚國之舉，恒在少者。且是人也，蜂目而豺聲，忍人也，不可立也。』弗聽。

既又欲立王子職而黜大子商臣。商臣聞之而未察，告其師潘崇曰：『若之何而察之？』潘崇曰：『享江芈而勿敬也。』從之。江芈怒曰：『呼，役夫！宜君王之欲殺女而立職也。』告潘崇曰：『信矣。』潘崇曰：『能事諸乎？』曰：『不能。』『能行乎？』曰：『不能。』『能行大事乎？』曰：『能。』冬十月，以宮甲圍成王。王請食熊蹯而死。弗聽。丁未，王縊。謚之曰靈，不瞑；曰成，乃瞑。穆王立，以其爲大子之室與潘崇，使爲大師，且掌環列之尹。

又《文公九年》 范山言於楚子曰：『晉君少，不在諸侯，北方可圖也。』楚子師于狼淵以伐鄭。囚公子堅、公子尨及樂耳。鄭及楚平。公子遂會晉趙盾、宋華耦、衛孔達、許大夫救鄭，不及楚師。卿不書，緩也，以懲不恪。

夏，楚侵陳，克壺丘，以其服於晉也。秋，楚公子朱自東夷伐陳，陳人敗之，獲公子茷。陳懼，乃及楚平。

冬，楚子越椒來聘，執幣傲。叔仲惠伯曰：『是必滅若敖氏之宗。傲其先君，神弗福也。』

又《文公十年》 初，楚范巫矞似謂成王與子玉、子西曰：『三君皆將强死。』城濮之役，王思之，故使止子玉曰：『毋死。』不及。止子西，子西縊而縣絶，王使適至，遂止之，使爲商公。沿漢泝江，將入郢。王在渚宮，下見之。懼而辭曰：『臣免於死，又有讒言，謂臣將逃，臣歸死於司敗也。』王使爲工尹，又與子家謀弒穆王。穆王聞之。五月，殺鬬宜申及仲歸。【略】

陳侯、鄭伯會楚子于息。冬，遂及蔡侯次于厥貉。將以伐宋。宋華御事曰：『楚欲弱我也。先爲之弱乎，何必使誘我？我實不能，民何罪？』乃逆楚子，勞，且聽命。遂道以田孟諸。宋公爲右盂，鄭伯爲左盂。期思公復遂爲右司馬，子朱及文之無畏爲左司馬。命夙駕載燧，宋公違命，無畏抶其僕以徇。或謂子舟曰：『國君不可戮也。』子舟曰：『當官而行，何强之有？《詩》曰：「剛亦不吐，柔亦不茹。」「毋從詭隨，以謹罔極。」是亦非辟强也，敢愛死以亂官乎！』

又《文公十一年》 十一年春，楚子伐麇，成大心敗麇師於防渚。潘崇復伐麇，至于錫穴。夏，叔仲惠伯會晉郤缺于承筐，謀諸侯之從於楚者。

又《文公十三年》 冬，公如晉，朝，且尋盟。衛侯會公于沓，請平于晉。公還，鄭伯會公于棐，亦請平于晉。公皆成之。鄭伯與公宴于棐。子家賦《鴻鴈》。季文子曰：『寡君未免於此。』文子賦《四月》。子家賦《載馳》之四章，文子賦《采薇》之四章。鄭伯拜，公荅拜。

又《文公十四年》 邾文公元妃齊姜生定公，二妃晉姬生捷菑。文公卒，邾人立定公，捷菑奔晉。六月，同盟于新城，從於楚者服，且謀邾也。【略】

晉趙盾以諸侯之師八百乘納捷菑于邾。邾人辭曰：『齊出貜且長。』宣子曰：『辭順而弗從，不祥。』乃還。

又《文公十五年》 新城之盟，蔡人不與。晉郤缺以上軍、下軍伐蔡，曰：『君弱，不可以怠。』戊申，入蔡，以城下之盟而還。凡勝國，曰『滅之』；獲大城焉，曰『入之』。【略】

冬十一月，晉侯、宋公、衛侯、蔡侯、陳侯、鄭伯、許男、曹伯盟于扈，尋新城之盟，且謀伐齊也。齊人賂晉侯，故不克而還。於是有齊難，是以公不會。書曰：『諸侯盟于扈。』無能爲故也。凡諸侯會，公不與，不書，諱君惡也。與而不書，後也。

又《文公十七年》 晉侯蒐于黃父，遂復合諸侯于扈，平宋也。公不與會，齊難故也。書曰『諸侯』，無功也。

於是，晉侯不見鄭伯，以爲貳於楚也。

鄭子家使執訊而與之書，以告趙宣子，曰：『寡君即位三年，召蔡侯而與之事君。九月，蔡侯入于敝邑以行。敝邑以侯宣多之難，寡君是以不得與蔡侯偕。十一月，克減侯宣多而隨蔡侯以朝于執事。十二年六月，歸生佐寡君之嫡夷，以請陳侯于楚而朝諸君。十四年七月，寡君又朝，以蕆陳事。十五年五月，陳侯自敝邑往朝于君。往年正月，燭之武往朝夷也。八月，寡君又往朝。以陳、蔡之密邇於楚而不敢貳焉，則敝邑之故也。雖敝邑之事君，何以不免？在位之中，一朝于襄，而再見于君。夷與孤之二三臣相及於絳，雖我小國，則蔑以過之矣。今大國曰：「爾未逞吾志。」敝邑有亡，無以加焉。古人有言曰：「畏首畏尾，身其餘幾。」又曰：「鹿死不擇音。」小國之事大國也，德則其人也，不德則其鹿也，鋌而走險，急何能擇。命之罔極，亦知亡矣。將悉敝賦以待於鯈，唯執事命之。文公二年六月壬申，朝于齊。四年二月壬戌，爲齊侵蔡，亦獲成於楚。居大國之間而從於强令，豈其罪也。大國若弗圖，無所逃命。』

晉鞏朔行成於鄭，趙穿、公婿池爲質焉。【略】

冬十月，鄭大子夷、石楚爲質于晉。

又《宣公元年》 宋人之弑昭公也，晉荀林父以諸侯之師伐宋，宋及晉平。宋文公受盟于晉，又會諸侯于扈，將爲魯討齊，皆取賂而還。

鄭穆公曰：『晉不足與也。』遂受盟于楚。陳共公之卒，楚人不禮焉。陳靈公受盟于晉。秋，楚子侵陳，遂侵宋。晉趙盾帥師救陳、宋。會于棐林，以伐鄭也。楚蔿賈救鄭，遇于北林。囚晉解揚，晉人乃還。【略】

晉人伐鄭，以報北林之役。

於是，晉侯侈，趙宣子爲政，驟諫而不入，故不競於楚。

又《宣公二年》 二年春，鄭公子歸生受命于楚，伐宋。宋華元、樂呂御之。二月壬子，戰于大棘，宋師敗績，囚華元，獲樂呂，及甲車四百六十乘，俘二百五十人，馘百人。狂狡輅鄭人，鄭人入于井，倒戟而出之，獲狂狡。君子曰：『失禮違命，宜其爲禽也。戎昭果毅以聽之之謂禮，殺敵爲果，致果爲毅。易之，戮也。』

將戰，華元殺羊食士，其御羊斟不與。及戰，曰：『疇昔之羊，子爲政，今日之事，我爲政。』與入鄭師，故敗。君子謂：『羊斟非人也，以其私憾，敗國殄民。於是刑孰大焉。《詩》所謂「人之無良」者，其羊斟之謂乎，殘民以逞。』

宋人以兵車百乘、文馬百駟以贖華元于鄭。半入，華元逃歸，立于門外，告而入。見叔牂，曰：『子之馬然也。』對曰：『非馬也，其人也。』既合而來奔。

宋城，華元爲植，巡功。城者謳曰：『睅其目，皤其腹，棄甲而復。于思于思，棄甲復來。』使其驂乘謂之曰：『牛則有皮，犀兕尚多，棄甲則那？』役人曰：『從其有皮，丹漆若何？』華元曰：『去之，夫其口衆我寡。』【略】

夏，晉趙盾救焦，遂自陰地，及諸侯之師侵鄭，以報大棘之役。楚鬬椒救鄭，曰：『能欲諸侯而惡其難乎？』遂次于鄭以待晉師。趙盾曰：『彼宗競於楚，殆將斃矣。姑益其疾。』乃去之。

又《宣公三年》 晉侯伐鄭，及郔，鄭及晉平，士會入盟。楚子伐陸渾之戎，遂至于雒，觀兵于周疆。定王使王孫滿勞楚子，楚子問鼎之大小輕重焉。對曰：『在德不在鼎。昔夏之方有德也，遠方圖物，貢金九牧，鑄鼎象物，百物而爲之備，使民知神姦。故民入川澤山林，不逢不若，螭魅罔兩，莫能逢之。用能協于上下，以承天休。桀有昏德，鼎遷于商，載祀六百。商紂暴虐，鼎遷于周。德之休明，雖小重也；其姦回昏亂，雖大輕也。天祚明德，有所厎止。成王定鼎于郟鄏，卜世三十，卜年七百，天所命也。周德雖衰，天命未改，鼎之輕重，未可問也。』夏，楚人侵鄭，鄭即晉故也。

又《宣公四年》 初，楚司馬子良生子越椒。子文曰：『必殺之。是子也，熊虎之狀，而豺狼之聲，弗殺，必滅若敖氏矣。諺曰：「狼子野心。」是乃狼也，其可畜乎？』子良不可。子文以爲大戚，及將死，聚其族曰：『椒也知政，乃速行矣，無及於難。』且泣曰：『鬼猶求食，若敖氏之鬼，不其餒而？』及令尹子文卒，鬬般爲令尹，子越爲司馬，蔿賈爲工正。譖子揚而殺之，子越爲令尹，己爲司馬。子越又惡之，乃以若敖氏之族圄伯嬴於轑陽而殺之，遂處烝野，將攻王。王以三王之子爲質焉，弗受，師于漳澨。

秋七月戊戌，楚子與若敖氏戰于皋滸。伯棼射王，汏輈，及鼓跗，著於丁寧。又射汏輈，以貫笠轂。師懼，退。王使巡師曰：『吾先君文王克息，獲三矢焉。伯棼竊其二，盡於是矣。』鼓而進之，遂滅若敖氏。

初，若敖娶于䢵，生鬬伯比。若敖卒，從其母畜於䢵，淫於䢵子之女，生子文焉。䢵夫人使棄諸夢中，虎乳之。䢵子田，見之，懼而歸，夫人以告，遂使收之。楚人謂乳穀，謂虎於菟，故命之曰鬬穀於菟。以其女妻伯比，實爲令尹子文。其孫箴尹克黄使於齊，還，及宋，聞亂。其人曰：『不可以入矣。』箴尹曰：『棄君之命，獨誰受之？君，天也，天可逃乎？』遂歸，復命而自拘於司敗。王思子文之治楚國也，曰：『子文無後，何以勸善？』使復其所，改命曰生。

冬，楚子伐鄭，鄭未服也。

又《宣公五年》 楚子伐鄭，陳及楚平。晉荀林父救鄭伐陳。

又《宣公六年》 六年春，晉、衛侵陳，陳即楚故也。【略】楚人伐鄭，取成而還。

又《宣公七年》 七年春，衛孫桓子來盟，始通。且謀會晉也。【略】

鄭及晉平，公子宋之謀也，故相鄭伯以會。冬，盟于黑壤。王叔桓公臨之，以謀不睦。

晉侯之立也，公不朝焉，又不使大夫聘，晉人止公於會。盟于黄父，公不與盟。以賂免。故黑壤之盟不書，諱之也。

又《宣公八年》 陳及晉平。楚師伐陳，取成而還。

又《宣公九年》 滕昭公卒。

會于扈，討不睦也。陳侯不會。晉荀林父以諸侯之師伐陳。晉侯卒于扈，乃還。

冬，宋人圍滕，因其喪也。【略】

楚子爲厲之役故，伐鄭。

晉郤缺救鄭，鄭伯敗楚師于柳棼。國人皆喜，唯子良憂曰：『是國之災也，吾死無日矣。』

又《宣公十年》 滕人恃晉而不事宋，六月，宋師伐滕。

鄭及楚平。諸侯之師伐鄭，取成而還。【略】

楚子伐鄭。晉士會救鄭，逐楚師于潁北。諸侯之師戍鄭。

又《宣公十一年》 十一年春，楚子伐鄭，及櫟。子良曰：『晉、楚不務德而兵爭，與其來者可也。晉、楚無信，我焉得有信。』乃從楚。

夏，楚盟于辰陵，陳、鄭服也。

楚左尹子重侵宋，王待諸郔。令尹蔿艾獵城沂，使封人慮事，以授司徒。量功命日，分財用，平板榦，稱畚築，程土物，議遠邇，略基趾，具餱糧，度有司，事三旬而成，不愆于素。【略】

厲之役，鄭伯逃歸，自是楚未得志焉。鄭既受盟于辰陵，又徼事于晉。

又《宣公十二年》 十二年春，楚子圍鄭。旬有七日，鄭人卜行成，不吉。卜臨于大宮，且巷出車，吉。國人大臨，守陴者皆哭。楚子退師，鄭人修城，進復圍之，三月克之。入自皇門，至于逵路。鄭伯肉袒牽羊以逆，曰：『孤不天，不能事君，使君懷怒以及敝邑，孤之罪也。敢不唯命是聽。其俘諸江南以實海濱，亦唯命。其翦以賜諸侯，使臣妾之，亦唯命。若惠顧前好，徼福於厲、宣、桓、武，不泯其社稷，使改事君，夷於九縣，君之惠也，孤之願也，非所敢望也。敢布腹心，君實圖之。』左右曰：『不可許也，得國無赦。』王曰：『其君能下人，必能信用其民矣，庸可幾乎？』退三十里而許之平。潘尪入盟，子良出質。

夏六月，晉師救鄭。荀林父將中軍，先縠佐之。士會將上軍，郤克佐之。趙朔將下軍，欒書佐之。趙括、趙嬰齊爲中軍大夫。鞏朔、韓穿爲上軍大夫。荀首、趙同爲下軍大夫。韓厥爲司馬。

及河，聞鄭既及楚平，桓子欲還，曰：『無及於鄭而勦民，焉用之？楚歸而動，不後。』隨武子曰：『善。會聞用師，觀釁而動。德刑政事典禮不易，不可敵也，不爲是征。楚軍討鄭，怒其貳而哀其卑，叛而伐之，服而舍之，德刑成矣。伐叛，刑也；柔服，德也。二者立矣。昔歲入陳，今茲入鄭，民不罷勞，君無怨讟，政有經矣。荊尸而舉，商農工賈不敗其業，而卒乘輯睦，事不奸矣。蔿敖爲宰，擇楚國之令典，軍行，右轅左追蓐，前茅慮無，中權後勁，百官象物而動，軍政不戒而備，能用典矣。其君之舉也，內姓選於親，外姓選於舊，舉不失德，賞不失勞，老有加惠，旅有施舍，君子小人，物有服章，貴有常尊，賤有等威，禮不逆矣。德立刑行，政成事時，典從禮順，若之何敵之？見可而進，知難而退，軍之善政也。兼弱攻昧，武之善經也。子姑整軍而經武乎，猶有弱而昧者，何必楚？仲虺有言曰：「取亂侮亡。」兼弱也。《汋》曰：「於鑠王師，遵養時晦。」耆昧也。《武》曰：「無競惟烈。」撫弱耆昧以務烈所，可也。』彘子曰：『不可。晉所以霸，師武臣力也。今失諸侯，不可謂力。有敵而不從，不可謂武。由我失霸，不如死。且成師以出，聞敵强而退，非夫也。命爲軍師，而卒以非夫，唯羣子能，我弗爲也。』以中軍佐濟。知莊子曰：『此師殆哉。《周易》有之，在《師》䷆之《臨》䷒，曰：「師出以律，否臧凶。」執事順成爲臧，逆爲否，衆散爲弱，川壅爲澤，有律以如己也。故曰律否臧。且律竭也，盈而以竭，夭且不整，所以凶也。不行之謂《臨》，有帥而不從，臨孰甚焉！此之謂矣。果遇必敗，彘子尸之。雖免而歸，必有大咎。』韓獻子謂桓子曰：『彘子以偏師陷，子罪大矣。子爲元帥，師不用命，誰之罪也？失屬亡師，爲罪已重，不如進也。事之不捷，惡有所分，與其專罪，六人同之，不猶愈乎？』師遂濟。楚子北，師次於郔。沈尹將中軍，子重將左，子反將右，將飲馬於河而歸。聞晉師既濟，王欲還，嬖人伍參欲戰。令尹孫叔敖弗欲，曰：『昔歲入陳，今茲入鄭，不無事矣。戰而不捷，參之肉其足食乎？』參曰：『若事之捷，孫叔爲無謀矣。不捷，參之肉將在晉軍，可得食乎？』令尹南轅反旆，伍參言於王曰：『晉之從政者新，未能行令。其佐先縠剛愎不仁，未肯用命。其三帥者專行不獲，聽而無上，衆誰適從。此行也，晉師必敗。且君而逃臣，若社稷何？』王病之，告令尹，改乘轅而北之，次於管以待之。

晉師在敖、鄗之間。鄭皇戌使如晉師曰：『鄭之從楚，社稷之故也，未有貳心。楚師驟勝而驕，其師老矣，而不設備，子擊之，鄭師爲承，楚師必敗。』彘子曰：『敗楚服鄭，於此在矣，必許之。』欒武子曰：『楚自克庸以來，其君無日不討國人而訓之，于民生之不易，禍至之無日，戒懼之不可以怠。在軍無日不討軍實而申儆之，于勝之不可保，紂之百克而卒無後。訓之以若敖、蚡冒，篳路藍縷以啓山林。箴之曰：「民生在勤，勤則不匱。」不可謂驕。先大夫子犯有言曰：「師直爲壯，曲爲老。」我則不德而徼怨于楚，我曲楚直，不可謂老。其君之戎，分爲二廣，廣有一卒，卒偏之兩。右廣初駕，數及日中；左則受之，以至于昏。內官序當其夜，以待不虞，不可謂無備。子良，鄭之良也。師叔，楚之崇也。師叔入盟，子良在楚，楚、鄭親矣。來勸我戰，我克則來，不克遂往，以我卜也，鄭

不可從。』趙括、趙同曰：『率師以來，唯敵是求，克敵得屬，又何俟？必從彘子。』知季曰：『原、屏，咎之徒也。』趙莊子曰：『欒伯善哉，實其言，必長晉國。』

楚少宰如晉師，曰：『寡君少遭閔凶，不能文。聞二先君之出入此行也，將鄭是訓定，豈敢求罪于晉。二三子無淹久。』隨季對曰：『昔平王命我先君文侯曰：「與鄭夾輔周室，毋廢王命。」今鄭不率，寡君使羣臣問諸鄭，豈敢辱候人？敢拜君命之辱。』彘子以爲諂，使趙括從而更之，曰：『行人失辭。寡君使羣臣遷大國之迹於鄭，曰：「無辟敵。」羣臣無所逃命。』

楚子又使求成于晉，晉人許之，盟有日矣。楚許伯御樂伯，攝叔爲右，以致晉師，許伯曰：『吾聞致師者，御靡旌摩壘而還。』樂伯曰：『吾聞致師者，左射以菆，代御執轡，御下兩馬，掉鞅而還。』攝叔曰：『吾聞致師者，右入壘折馘，執俘而還。』皆行其所聞而復。晉人逐之，左右角之。樂伯左射馬而右射人，角不能進，矢一而已。麋興於前，射麋麗龜。晉鮑癸當其後，使攝叔奉麋獻焉，曰：『以歲之非時，獻禽之未至，敢膳諸從者。』鮑癸止之，曰：『其左善射，其右有辭，君子也。』既免。

晉魏錡求公族，未得而怒，欲敗晉師。請致師，弗許。請使，許之。遂往，請戰而還。楚潘黨逐之，及熒澤，見六麋，射一麋以顧獻曰：『子有軍事，獸人無乃不給於鮮，敢獻於從者。』叔黨命去之。趙旃求卿未得，且怒於失楚之致師者。請挑戰，弗許。請召盟，許之。與魏錡皆命而往。郤獻子曰：『二憾往矣，弗備必敗。』彘子曰：『鄭人勸戰，弗敢從也。楚人求成，弗能好也。師無成命，多備何爲。』士季曰：『備之善。若二子怒楚，楚人乘我，喪師無日矣。不如備之。楚之無惡，除備而盟，何損於好？若以惡來，有備不敗。且雖諸侯相見，軍衛不徹，警也。』彘子不可。士季使鞏朔、韓穿帥七覆于敖前，故上軍不敗。趙嬰齊使其徒先具舟于河，故敗而先濟。

潘黨既逐魏錡，趙旃夜至於楚軍，席於軍門之外，使其徒入之。楚子爲乘廣三十乘，分爲左右。右廣雞鳴而駕，日中而說。左則受之，日入而說。許偃御右廣，養由基爲右。彭名御左廣，屈蕩爲右。乙卯，王乘左廣以逐趙旃。趙旃棄車而走林，屈蕩搏之，得其甲裳。晉人懼二子之怒楚師也，使軘車逆之。潘黨望其塵，使騁而告曰：『晉師至矣。』楚人亦懼王之入晉軍也，遂出陳。孫叔曰：『進之。寧我薄人，無人薄我。《詩》云：「元戎十乘，以先啓行。」先人也。《軍志》曰：「先人有奪人之心」，薄之也。』遂疾進師，車馳卒奔，乘晉軍。桓子不知所爲，鼓於軍中曰：『先濟者有賞。』中軍、下軍爭舟，舟中之指可掬也。

晉師右移，上軍未動。工尹齊將右拒卒以逐下軍。楚子使唐狡與蔡鳩居告唐惠侯曰：『不穀不德而貪，以遇大敵，不穀之罪也。然楚不克，君之羞也，敢藉君靈以濟楚師。』使潘黨率游闕四十乘，從唐侯以爲左拒，以從上軍。駒伯曰：『待諸乎？』隨季曰：『楚師方壯，若萃於我，吾師必盡，不如收而去之。分謗生民，不亦可乎？』殿其卒而退，不敗。王見右廣，將從之乘。屈蕩户之曰：『君以此始，亦必以終。』自是楚之乘廣先左。

晉人或以廣隊不能進，楚人惎之脫扃，少進，馬還，又惎之拔旆投衡，乃出。顧曰：『吾不如大國之數奔也。』

趙旃以其良馬二，濟其兄與叔父，以他馬反，遇敵不能去，棄車而走林。逢大夫與其二子乘，謂其二子無顧。顧曰：『趙傁在後。』怒之，使下，指木曰：『尸女於是。』授趙旃綏以免。明日以表尸之，皆重獲在木下。

楚熊負羈囚知罃。知莊子以其族反之，厨武子御，下軍之士多從之。每射，抽矢菆，納諸厨子之房。厨子怒曰：『非子之求而蒲之愛，董澤之蒲，可勝既乎？』知季曰：『不以人子，吾子其可得乎？吾不可以苟射故也。』射連尹襄老，獲之，遂載其尸。射公子穀臣，囚之。以二者還。及昏，楚師軍於邲，晉之餘師不能軍，宵濟，亦終夜有聲。

丙辰，楚重至於邲，遂次于衡雍。潘黨曰：『君盍築武軍，而收晉尸以爲京觀。臣聞克敵必示子孫，以無忘武功。』楚子曰：『非爾所知也。夫文，止戈爲武。武王克商。作《頌》曰：「載戢干戈，載櫜弓矢，我求懿德，肆于時夏，允王保之。」又作《武》，其卒章曰「耆定爾功」。其三曰：「鋪時繹思，我徂求定。」其六曰：「綏萬邦，屢豐年。」夫武，禁暴、戢兵、保大、定功、安民、和衆、豐財者也。故使子孫無忘其章。今我使二國暴骨，暴矣；觀兵以威諸侯，兵不戢矣。暴而不戢，安能保

大？猶有晉在，焉得定功？所違民欲猶多，民何安焉？無德而强爭諸侯，何以和衆？利人之幾，而安人之亂，以爲己榮，何以豐財？武有七德，我無一焉，何以示子孫？其爲先君宮，告成事而已。武非吾功也。古者明王伐不敬，取其鯨鯢而封之，以爲大戮，於是乎有京觀，以懲淫慝。今罪無所，而民皆盡忠以死君命，又可以爲京觀乎？」祀于河，作先君宮，告成事而還。

是役也，鄭石制實入楚師，將以分鄭而立公子魚臣。辛未，鄭殺僕叔及子服。君子曰：『史佚所謂毋怙亂者，謂是類也。《詩》曰：「亂離瘼矣，爰其適歸？」歸於怙亂者也夫。』

鄭伯、許男如楚。

秋，晉師歸，桓子請死，晉侯欲許之。士貞子諫曰：『不可。城濮之役，晉師三日穀，文公猶有憂色。左右曰：「有喜而憂，如有憂而喜乎？」公曰：「得臣猶在，憂未歇也。困獸猶鬭，況國相乎！」及楚殺子玉，公喜而後可知也，曰：「莫余毒也已。」是晉再克而楚再敗也，楚是以再世不競。今天或者大警晉也，而又殺林父以重楚勝，其無乃久不競乎？林父之事君也，進思盡忠，退思補過，社稷之衛也，若之何殺之？夫其敗也，如日月之食焉，何損於明？』晉侯使復其位。

冬，楚子伐蕭，宋華椒以蔡人救蕭。蕭人囚熊相宜僚及公子丙。王曰：『勿殺，吾退。』蕭人殺之。王怒，遂圍蕭。蕭潰。申公巫臣曰：『師人多寒。』王巡三軍，拊而勉之。三軍之士，皆如挾纊。遂傅於蕭。還無社與司馬卯言，號申叔展。叔展曰：『有麥麴乎？』曰：『無』。『有山鞠窮乎？』曰：『無』。『河魚腹疾奈何？』曰：『目於眢井而拯之。』『若爲茅絰，哭井則己。』明日蕭潰，申叔視其井，則茅絰存焉，號而出之。

晉原穀、宋華椒、衛孔達、曹人同盟于清丘。曰：『恤病討貳。』於是卿不書，不實其言也。宋爲盟故，伐陳。衛人救之。孔達曰：『先君有約言焉，若大國討，我則死之。』

又 《宣公十三年》 夏，楚子伐宋，以其救蕭也。君子曰：『清丘之盟，唯宋可以免焉。』

秋，赤狄伐晉，及清，先穀召之也。

冬，晉人討邲之敗，與清之師，歸罪於先穀而殺之，盡滅其族。君子曰：『惡之來也，己則取之，其先穀之謂乎。』

清丘之盟，晉以衛之救陳也討焉。使人弗去，曰：『罪無所歸，將加而師。』孔達曰：『苟利社稷，請以我說。罪我之由。我則爲政而亢大國之討，將以誰任？我則死之。』

又 《宣公十四年》 十四年春，孔達縊而死。衛人以説于晉而免。遂告于諸侯曰：『寡君有不令之臣達，構我敝邑于大國，既伏其罪矣，敢告。』衛人以爲成勞，復室其子，使復其位。

夏，晉侯伐鄭，爲邲故也。告於諸侯，蒐焉而還。中行桓子之謀也。曰：『示之以整，使謀而來。』鄭人懼，使子張代子良于楚。鄭伯如楚，謀晉故也。鄭以子良爲有禮，故召之。

楚子使申舟聘于齊，曰：『無假道于宋。』亦使公子馮聘于晉，不假道于鄭。申舟以孟諸之役惡宋，曰：『鄭昭宋聾，晉使不害，我則必死。』王曰：『殺女，我伐之。』見犀而行。及宋，宋人止之。華元曰：『過我而不假道，鄙我也。鄙我，亡也。殺其使者必伐我，伐我亦亡也。亡一也。』乃殺之。楚子聞之，投袂而起，屨及於窒皇，劍及於寢門之外，車及于蒲胥之市。秋九月，楚子圍宋。【略】

孟獻子言於公曰：『臣聞小國之免於大國也，聘而獻物，於是有庭實旅百。朝而獻功，於是有容貌采章嘉淑，而有加貨。謀其不免也。誅而薦賄，則無及也。今楚在宋，君其圖之。』公説。

又 《宣公十五年》 十五年春，公孫歸父會楚子于宋。宋人使樂嬰齊告急于晉。晉侯欲救之。伯宗曰：『不可。古人有言曰：「雖鞭之長，不及馬腹。」天方授楚，未可與爭。雖晉之强，能違天乎？諺曰：「高下在心，川澤納汙，山藪藏疾，瑾瑜匿瑕。」國君含垢，天之道也。君其待之。』乃止。使解揚如宋，使無降楚，曰：『晉師悉起，將至矣。』鄭人囚而獻諸楚，楚子厚賂之，使反其言，不許，三而許之。登諸樓車，使呼宋人而告之。遂致其君命。楚子將殺之，使與之言曰：『爾既許不穀而反之，何故？非我無信，女則棄之，速卽爾刑。』對曰：『臣聞之，君能制命爲義，臣能承命爲信，信載義而行之爲利。謀不失利，以衛社稷，民之主也。義無二信，信無二命。君之賂臣，不知命也。受命以出，有死無霣，又可賂乎？臣之許君，以成命也。死而成命，臣之禄也。寡君有信

臣，下臣獲考死，又何求？』楚子舍之以歸。

夏五月，楚師將去宋。申犀稽首於王之馬前，曰：『毋畏知死而不敢廢王命，王棄言焉。』王不能答。申叔時僕，曰：『築室反耕者，宋必聽命。』從之。宋人懼，使華元夜入楚師，登子反之床，起之曰：『寡君使元以病告，曰：敝邑易子而食，析骸以爨。雖然，城下之盟，有以國斃，不能從也。去我三十里，唯命是聽。』子反懼，與之盟而告王。退三十里。宋及楚平，華元爲質。盟曰：『我無爾詐，爾無我虞。』

又《成公三年》 三年春，諸侯伐鄭，次于伯牛，討邲之役也，遂東侵鄭。鄭公子偃帥師禦之，使東鄙覆諸鄤，敗諸丘輿。皇戌如楚獻捷。

【略】

晉人歸公子穀臣與連尹襄老之尸于楚，以求知罃。於是荀首佐中軍矣，故楚人許之。王送知罃曰：『子其怨我乎？』對曰：『二國治戎，臣不才，不勝其任，以爲俘馘。執事不以釁鼓，使歸即戮，君之惠也。臣實不才，又誰敢怨？』王曰：『然則德我乎？』對曰：『二國圖其社稷，而求紓其民，各懲其忿以相宥也，兩釋纍囚以成其好。二國有好，臣不與及，其誰敢德？』王曰：『子歸，何以報我？』對曰：『臣不任受怨，君亦不任受德，無怨無德，不知所報。』王曰：『雖然，必告不穀。』對曰：『以君之靈，纍臣得歸骨於晉，寡君之以爲戮，死且不朽。若從君之惠而免之，以賜君之外臣首；首其請於寡君而以戮于宗，亦死且不朽。若不獲命，而使嗣宗職，次及於事，而帥偏師以修封疆，雖遇執事，其弗敢違。其竭力致死，無有二心，以盡臣禮，所以報也。』王曰：『晉未可與爭。』重爲之禮而歸之。**【略】**

荀罃之在楚也，鄭賈人有將寘諸褚中以出。既謀之，未行，而楚人歸之。賈人如晉，荀罃善視之，如實出己。賈人曰：『吾無其功，敢有其實乎？吾小人，不可以厚誣君子。』遂適齊。

《國語》卷一七《楚語上》 莊王使士亹傅太子箴，辭曰：『臣不才，無能益焉。』王曰：『賴子之善善之也。』對曰：『夫善在太子，太子欲善，善人將至；若不欲善，善則不用。故堯有丹朱，舜有商均，啓有五觀，湯有太甲，文王有管、蔡。是五王者，皆有元德也，而有姦子。夫豈不欲其善，不能故也。若民煩，可教訓。蠻、夷、戎、狄，其不賓也久矣，中國所不能用也。』王卒使傅之。

問於申叔時，叔時曰：『教之春秋，而爲之聳善而抑惡焉，以戒勸其心；教之世，而爲之昭明德而廢幽昏焉，以休懼其動；教之詩，而爲之導廣顯德，以耀明其志；教之禮，使知上下之則；教之樂，以疏其穢而鎮其浮；教之令，使訪物官；教之語，使明其德，而知先王之務用明德於民也；教之故志，使知廢興者而戒懼焉；教之訓典，使知族類，行比義焉。

『若是而不從，動而不悛，則文詠物以行之，求賢良以翼之。悛而不攝，則身勤之，多訓典刑以納之，務慎惇篤以固之。攝而不徹，則明施舍以導之忠，明久長以導之信，明度量以導之義，明等級以導之禮，明恭儉以導之孝，明敬戒以導之事，明慈愛以導之仁，明昭利以導之文，明除害以導之武，明精意以導之罰，明正德以導之賞，明齊肅以耀之臨。若是而不濟，不可爲也。

『且夫誦詩以輔相之，威儀以先後之，體貌以左右之，明行以宣翼之，制節義以動行之，恭敬以臨監之，勤勉以勸之，孝順以納之，忠信以發之，德音以揚之，教備而不從者，非人也。其可興乎！夫子踐位則退，自退則敬，否則赧。』

《莊子》卷七《田子方》 肩吾問於孫叔敖曰：『子三爲令尹而不榮華，三去之而無憂色。吾始也疑子，今視子之鼻間栩栩然，子之用心獨奈何？』

孫叔敖曰：『吾何以過人哉！吾以其來不可卻也，其去不可止也，吾以爲得失之非我也，而无憂色而已矣。我何以過人哉！且不知其在彼乎？其在我乎？其在彼邪？亡乎我；在我邪？亡乎彼。方將躊躇，方將四顧，何暇至乎人貴人賤哉！』

仲尼聞之曰：『古之眞人，知者不得説，美人不得濫，盜人不得劫，伏戲、黄帝不得友。死生亦大矣，而无變乎己，況爵祿乎！若然者，其神經乎大山而無介，入乎淵泉而不濡，處卑細而不憊，充滿天地，既以與人，己愈有。』

《吳子》卷上《圖國》 武侯嘗謀事，羣臣莫能及，罷朝而有喜色。起對曰：『昔楚莊王嘗謀事，羣臣莫能及，朝罷而有憂色。申公問曰：

「君有憂色，何也？」曰：「寡人聞之，世不絶聖，國不乏賢。能得其師者王，能得其友者霸。今寡人不才而羣臣莫及者，楚國其殆矣。」此楚莊王之所憂而君悅之，臣竊懼矣。」於是武侯有慚色。

《韓非子》卷七《喻老》　楚莊王莅政三年，無令發，無政爲也。右司馬御座而與王隱曰：「有鳥止南方之阜，三年不翅，不飛不鳴，嘿然無聲，此爲何名？」王曰：「三年不翅，將以長羽翼；不飛不鳴，將以觀民則。雖無飛，飛必沖天；雖無鳴，鳴必驚人。子釋之，不穀知之矣。」處半年，乃自聽政，所廢者十，所起者九，誅大臣五，舉處士六，而邦大治。舉兵誅齊，敗之徐州，勝晉於河雍，合諸侯於宋，遂霸天下。莊王不爲小（害）善，故有大名；不蚤見示，故有大功。故曰：「大器晚成，大音希聲。」**【略】**

楚莊王既勝，狩于河雍，歸而賞孫叔敖，孫叔敖請漢間之地，沙石之處。楚邦之法，禄臣再世而收地，唯孫叔敖獨在。此不以其邦爲收者，瘠也，故九世而祀不絶。故曰：「善建不拔，善抱不脱，子孫以其祭祀，世世不輟」，孫叔敖之謂也。

楚莊王欲伐越，莊子諫曰：「王之伐越何也？」曰：「政亂兵弱。」莊子曰：「臣患智之如目也，能見百步之外，而不能自見其睫。王之兵自敗蹻秦晉，喪地數百里，此兵之弱也；莊蹻爲盜於境內，而吏不能禁，此政之亂也。王之弱亂非越之下也，而欲伐越，此智之如目也。」王乃止。故知之難，不在見人，在自見。故曰：「自見之謂明。」

又　卷一三《外儲説右上》　荆莊王有茅門之法，曰：「羣臣大夫諸公子入朝，馬蹏踐霤者，廷理斬其輈，戮其御。」於是太子入朝，馬蹏踐霤，廷理斬其輈，戮其御。太子怒，入爲王泣曰：「爲我誅戮廷理。」王曰：「法者所以敬宗廟，尊社稷。故能立法從令，尊敬社稷者，社稷之臣也，焉可誅也！夫犯法廢令，不尊敬社稷者，是臣乘君而下尚校也。臣乘君則主失威，下尚校則上位危。威失位危，社稷不守，吾將何以遺子孫？」於是太子乃還走，避舍露宿三日，北面再拜請死罪。一曰：楚王急召太子。楚國之法，車不得至於茆門。天雨，廷中有潦，太子遂驅車至於茆門。廷理曰：「車不得至茆門，非法也。」太子曰：「王召急，不得須無潦。」遂驅之。廷理舉殳而擊其馬，敗其駕。太子入爲王泣曰：「廷中多潦，驅車至茆門，廷理曰『非法也』，舉殳擊臣馬，敗臣駕。王必誅之。」王曰：「前有老主而不踰，後有儲主而不屬，矜矣。是真吾守法之臣也。」乃益爵二級，而開後門出太子，勿復過。

《荀子》卷二〇《堯問》　語曰：「繒丘之封人見楚相孫叔敖曰：『吾聞之也：處官久者士妒之，禄厚者民怨之，位尊者君恨之。今相國有此三者而不得罪楚之士民，何也？』孫叔敖曰：『吾三相楚而心瘉卑，每益禄而施瘉博，位滋尊而禮瘉恭，是以不得罪於楚之士民也。』」

《公羊傳・文公九年》　冬，楚子使椒來聘。椒者何？楚大夫也。楚無大夫，此何以書？始有大夫也。始有大夫，則何以不氏？許夷狄者，不一而足也。

又　《文公十三年》　鄭伯會公于斐。還者何？善辭也。何善爾？往黨，衛侯會公于沓，至得與晉侯盟。反黨，鄭伯會公于斐，故善之也。

又　《文公十四年》　晉人納接菑于邾婁，弗克納。納者何？入辭也。其言弗克納何？大其弗克納也。何大乎其弗克納？晉郤缺帥師，革車八百乘，以納接菑于邾婁，力沛若有餘，而納之。邾婁人言曰：「接菑，晉出也。貜且，齊出也。子以其指，則接菑也四，貜且也六。子以大國壓之，則未知齊、晉孰有之也。貴則皆貴矣。雖然，貜且也長。」郤缺曰：「非吾力不能納也，義實不爾克也。」引師而去之，故君子大其弗克納也。此晉郤缺也，其稱人何？貶。曷爲貶？不與大夫專廢置君也。曷爲不與？實與，而文不與。文曷爲不與？大夫之義，不得專廢置君也。

又　《文公十五年》　晉郤缺帥師伐蔡。戊申，入蔡。入不言伐，此其言伐何？至之日也。

又　《宣公元年》　楚子、鄭人侵陳，遂侵宋。

晉趙盾帥師救陳。宋公、陳侯、衛侯、曹伯會晉師于斐林，伐鄭。此晉趙盾之師也，曷爲不言趙盾之師？君不會大夫之辭也。

又　《宣公十二年》　夏，六月，乙卯，晉荀林父帥師及楚子戰于邲，晉師敗績。大夫不敵君，此其稱名氏以敵楚子何？不與晉而與楚子爲禮也。曷爲不與晉而與楚子爲禮也？莊王伐鄭，勝乎皇門，放乎路衢。鄭伯肉袒，左執茅旌，右執鸞刀，以逆莊王，曰：「寡人無良邊垂之臣，以干天禍，是以使君王沛焉。辱到敝邑。君如矜此喪人，錫之不毛之地，

使帥一二耋老而綏焉。請唯君王之命。」莊王曰：『君之不令臣交易爲言，是以使寡人得見君之玉面，而微至乎此。」莊王親自手旌，左右撝軍，退舍七里。將軍子重諫曰：『南郢之與鄭，相去數千里，諸大夫死者數人，廝役扈養死者數百人。今君勝鄭而不有，無乃失民臣之力乎？』莊王曰：『古者杅不穿，皮不蠹，則不出於四方。是以君子篤於禮而薄于利，要其人而不要其土，告從，不赦，不詳。吾以不詳道民，災及吾身，何日之有？』既則晉師之救鄭者至，曰：『請戰。』莊王許諾。將軍子重諫曰：『晉，大國也。王師淹病矣，君請勿許也。』莊王曰：『弱者吾威之，彊者吾辟之，是以使寡人無以立乎天下。』令之還師而逆晉寇。莊王鼓之，晉師大敗。晉衆之走者，舟中之指可掬矣。莊王曰：『嘻！吾兩君不相好，百姓何罪？』令之還師，而佚晉寇。

又《宣公十五年》　夏，五月，宋人及楚人平。外平不書，此何以書？大其平乎己也。何大乎其平乎己？莊王圍宋，軍有七日之糧爾，盡此不勝，將去而歸爾。於是使司馬子反乘堙而闚宋城，宋華元亦乘堙而出見之。司馬子反曰：『子之國何如？』華元曰：『憊矣。』曰：『何如？』曰：『易子而食之，析骸而炊之。』司馬子反曰：『嘻！甚矣憊。雖然，吾聞之也，圍者，柑馬而秣之，使肥者應客，是何子之情也？』華元曰：『吾聞之，君子見人之厄則矜之，小人見人之厄則幸之。吾見子之君子也，是以告情于子也。』司馬子反曰：『諾。勉之矣！吾軍亦有七日之糧爾，盡此不勝，將去而歸爾。』揖而去之，反于莊王。莊王曰：『何如？』司馬子反曰：『憊矣！』曰：『何如？』曰：『易子而食之，析骸而炊之。』莊王曰：『嘻！甚矣憊。雖然，吾今取此，然後而歸爾。』司馬子反曰：『不可。臣已告之矣，軍有七日之糧爾。』莊王怒曰：『吾使子往視之，子曷爲告之？』司馬子反曰：『以區區之宋，猶有不欺人之臣，可以楚而無乎？是以告之也。』莊王曰：『諾。舍而止。雖然，吾猶取此然後歸爾。』司馬子反曰：『然則君請處于此，臣請歸爾。』莊王曰：『子去我而歸，吾孰與處于此？吾亦從子而歸爾。』引師而去之。故君子大其平乎己也。此皆大夫也，其稱人何？貶。曷爲貶？平者在下也。

《穀梁傳・文公三年》　冬，十月，丁未，楚世子商臣弒其君髡。日髡之卒，所以謹商臣之弒也。夷狄不言正不正。

又《文公九年》　冬，楚子使萩來聘。楚無大夫，其曰萩何也？以其來，我褒之也。

又《文公十三年》　十有二月己丑，公及晉侯盟。還自晉。還者，事未畢也。自晉，事畢也。

又《文公十四年》　六月，公會宋公、陳侯、衛侯、鄭伯、許伯、曹伯、晉趙盾。癸酉，同盟于新城。同者，有同也，同外楚也。

晉人納捷菑于邾，弗克納。是郤克也。其曰人，何也？微之也。何爲微之也？長轂五百乘，緜地千里，過宋、鄭、滕、薛，夐入千乘之國，欲變人之主，至城下，然後知，何知之晚也！弗克納，未伐而曰弗克何也？弗克其義也。捷菑，晉出也。貜且，齊出也。貜且，正也。捷菑，不正也。

又《宣公元年》　楚子、鄭人侵陳，遂侵宋。遂，繼事也。

晉趙盾帥師救陳。善救陳也。

宋公、陳侯、衛侯、曹伯會晉師于棐林，伐鄭。列數諸侯而會晉趙盾，大趙盾之事也。其曰師，何也？以其大之也。于棐林，地而後伐鄭，疑辭也。此其地何？則著其美也。

又《宣公十五年》　十有五年，春，公孫歸父會楚子于宋。夏，五月，宋人及楚人平。平者，成也，善其量力而反義也。人者，衆辭也。平稱衆，上下欲之也。外平不道，以吾人之存焉道之也。

《尸子》卷下　天雨雪，楚莊王被裘當户，曰：『我猶寒，彼百姓賓客甚矣。』乃使巡國中，求百姓賓客之無居宿，絶糧者賑之，國人大說。

《列子》卷八《說符》　楚莊王問詹何曰：『治國奈何！』詹何，蓋隱者也。詹何對曰：『臣明於治身而不明於治國也。』楚莊王曰：『寡人得奉宗廟社稷，願學所以守之。』詹何對曰：『臣未嘗聞身治而國亂者也，又未嘗聞身亂而國治者也。故本在身，不敢對以末。』楚王曰：『善。』損物以厚生，小人之常情也；損生以利物，好名之詭行也。安社稷者，後其身也。善理身者。國自理之矣。君者國之主，神者形之主。理國在乎安君，理身在乎安神。神安則道崇，道崇則國理。神者身之本，道者神之功，故不敢以末對。

《呂氏春秋》卷一八《審應覽・重言》　荆莊王立三年，不聽而好讔。成公賈入諫。王曰：『不穀禁諫者，今子諫，何故？』對曰：『臣非敢諫

也，願與君王讔也。』王曰：『胡不設不穀矣。』對曰：『有鳥止於南方之阜，三年不動不飛不鳴，是何鳥也？』王射之曰：『有鳥止於南方之阜，其三年不動，將以定志意也；其不飛，將以長羽翼也；其不鳴，將以覽民則也。是鳥雖無飛，飛將沖天；雖無鳴，鳴將駭人。賈出矣，不穀知之矣。』明日朝，所進者五人，所退者十人。羣臣大説，荆國之衆相賀也。故《詩》曰『何其久也，必有以也，何其處也，必有與也』，其莊王之謂邪？成公賈之讔也，賢於太宰嚭之説也。太宰嚭之説，聽乎夫差，而吳國爲墟；成公賈之讔，喻乎荆王，而荆國以霸。

又 卷二《仲春紀·情慾》 世人之事君者，皆以孫叔敖之遇荆莊王爲幸，自有道者論之則不然，此荆國之幸。荆莊王好周遊田獵，馳騁弋射，歡樂無遺，盡傅其境内之勞與諸侯之憂於孫叔敖，孫叔敖日夜不息，不得以便生爲故，故使莊王功迹著乎竹帛，傳乎後世。

又 卷一一《仲冬紀·至忠》 荆莊哀王獵於雲夢，射隨兕，中之。申公子培劫王而奪之。王曰：『何其暴而不敬也？』命吏誅之。左右大夫皆進諫曰：『子培，賢者也，又爲王百倍之臣，此必有故，願察之也。』不出三月，子培疾而死。荆興師，戰於兩棠，大勝晉，歸而賞有功者。申公子培之弟進請賞於吏曰：『人之有功也於軍旅，臣兄之有功也於車下。』王曰：『何謂也？』對曰：『臣之兄犯暴不敬之名，觸死亡之罪於王之側，其愚心將以忠於君王之身，而持千歲之壽也。臣之兄嘗讀故記曰：「殺隨兕者，不出三月。」是以臣之兄驚懼而爭之，故伏其罪而死。』王令人發平府而視之，於故記果有，乃厚賞之。申公子培，其忠也可謂穆行矣。穆行之意，人知之不爲勸，人不知不爲沮，行無高乎此矣。

又 卷二〇《恃君覽·行論》 楚莊王使文無畏於齊，過於宋，不先假道。還反，華元言於宋昭公曰：『往不假道，來不假道，是以宋爲野鄙也。楚之會田也，故鞭君之僕於孟諸。請誅之。』乃殺文無畏於揚梁之隄。莊王方削袂，聞之曰：『譆！』投袂而起，履及諸庭，劍及諸門，車及之蒲疏之市，遂舍於郊，興師圍宋九月。宋人易子而食之，析骨而爨之。宋公肉袒執犧，委服告病，曰：『大國若宥圖之，唯命是聽。』莊王曰：『情矣宋公之言也。』乃爲卻四十里，而舍於盧門之闔，所以爲成而歸也。凡事之本在人主，人主之患，在先事而簡人，簡人則事窮矣。今人臣死而不當，親帥士民以討其故，可謂不簡人矣。宋公服以病告而還師，可謂不窮矣。夫舍諸侯於漢陽而飲至者，其以義進退邪？彊不足以成此也。

又 卷二四《不苟論·贊能》 孫叔敖、沈尹莖相與友。叔敖遊於郢三年，聲問不知，修行不聞。沈尹莖謂孫叔敖曰：『説義以聽，方術信行，能令人主上至於王，下至於霸，我不若子也。耦世接俗，説義調均，以適主心，子不若我也。子何以不歸耕乎？吾將爲子游。』沈尹莖遊於郢五年，荆王欲以爲令尹，沈尹莖辭曰：『期思之鄙人有孫叔敖者，聖人也。王必用之，臣不若也。』荆王於是使人以王輿迎叔敖以爲令尹，十二年而莊王霸，此沈尹莖之力也。功無大乎進賢。

漢·賈誼《新書》卷七《先醒》 昔楚莊王即位，自靜三年，以講得失，乃退辟邪而進忠正，能者任事而後在高位，内領國政，辟草而施教，百姓富，民恒一，路不拾遺，國無獄訟。當是時也，周室壞微，天子失制矣，宋鄭無道，欺昧諸侯。莊王圍宋伐鄭，鄭伯肉袒牽羊，奉簪而獻國。莊王曰：『古之伐者，亂則整之，服則舍之，非利之也。』遂弗受，乃與晉人戰於兩棠，大克晉人，會諸侯於漢陽，申天子之辟禁，而諸侯説服。莊王歸過申侯之邑，申侯進飯，日中而王不食。申侯請罪曰：『臣齋而具食甚潔，日中而不飯，臣敢請罪。』莊王喟然嘆曰：『非子之罪也。吾聞之曰，其君賢君也，而又有師者王；其君中君也，而又有師者伯；其君下君也，而羣臣又莫若者亡。今我下君也，而羣臣又莫若不穀，恐亡有也。吾聞之，世不絶賢。天下有賢，而我獨不得，若吾生者，何以食爲？』故莊王戰服大國，義從諸侯，戚然憂恐，聖智在身，而自錯不肖，思得賢佐，日中忘飯，可謂明君矣。此之謂『先寤所以存亡』，此先醒者也。

漢·劉向《新序》卷二《雜事二》 楚莊王莅政三年，不治，而好隱戲。社稷危，國將亡，士慶問左右羣臣曰：『王莅政三年，不治，而好隱戲，社稷危，國將亡，胡不入諫？』左右曰：『子其入矣。』士慶入再拜而進曰：『隱有大鳥，來止南山之陽，三年不蜚不鳴，不審其故何也？』王曰：『子其去矣，寡人知之矣。』士慶曰：『臣言亦死，不言亦死，願聞其説。』王曰：『此鳥不蜚，以長羽翼；不鳴，以觀羣臣之慝，是鳥雖不蜚，蜚必沖天；雖不鳴，鳴必驚人。』士慶稽首曰：『所願聞已。』王

大悦士慶之問，而拜之以爲令尹，授之相印。士慶喜，出門顧左右笑曰：『吾王成王也。』中庶子聞之，跪而泣曰：『臣尚衣冠，御郎十三年矣，前爲豪矢，而後爲藩蔽。王賜士慶相印而不賜臣，臣死將有日矣。』王曰：『寡人居泥塗中，子所與寡人言者，內不及國家，外不及諸侯。如子者，可富而不可貴也。』於是乃出其國寶璧玉以賜之。曰：『忠信者，士之行也；言語者，士之道路也。道路不修，士無所行矣。』【略】

楚莊王問於孫叔敖曰：『寡人未得所以爲國是也。』孫叔敖曰：『國之有是，衆非之所惡也。臣恐王之不能定也。』王曰：『不定獨在君乎？亦在臣乎？』孫叔敖曰：『國君驕士曰：「士非我無逌富貴。」士驕君曰：「國非士無逌安强。」人君或失國而不悟，士或至飢寒而不進，君臣不合，國是無逌定矣。夏桀殷紂，不定國是，而以合其取舍者爲是，以不合其取舍者爲非，故致亡而不知。』莊王曰：『善哉！願相國與諸侯士大夫共定國是，寡人豈敢以褊國驕士民哉！』

又　卷四《雜事四》　楚莊王伐鄭，克之。鄭伯肉袒，左執茅旌，右執鸞刀，以迎莊王。曰：『寡人無良邊陲之臣，以干天下之禍。是以使君王昧焉，辱到弊邑，君如憐此喪人，錫之不毛之地，唯君王之命。』莊王曰：『君之不令臣交易爲言，是以使寡人得見君王之玉面也，而微至乎此！』莊王親自手旌，左右麾軍，還舍七里。將軍子重進諫曰：『夫南郢之與鄭相去數千里，諸大夫死者數人，斯役死者數百人，今剋而不有，無乃失民力乎？』莊王曰：『吾聞之，古者盂不穿，皮不蠹，不出四方，以是君子重禮而賤利也，要其人不要其土，人告徙而不赦，不祥也，吾以不祥立乎天下，菑之及吾身，何日之有矣。』

既而晉人之救鄭者至，請戰，莊王許之，將軍子重進諫曰：『晉，强國也，道近力新，楚師疲勢，君請勿許。』莊王曰：『不可。强者我避之，弱者我威之，是寡人無以立乎天下也。』遂還師以逐晉寇，莊王援枹而鼓之，晉師大敗，晉人來渡河而南，及敗，犇走欲渡而北，卒爭舟，而以刃擊引，舟中之指可掬也，莊王曰：『嘻，吾兩君之不能相也，百姓何罪。』乃退師，以軼晉寇。《詩》曰：『柔亦不茹，剛亦不吐。不侮鰥寡，不畏强禦。』莊王之謂也。

晉人伐楚，三舍不止。大夫曰：『請擊之。』莊王曰：『先君之時，晉不伐楚，及孤之身，而晉伐楚，是寡人之過也。如何其辱諸大夫也？』大夫曰：『先君之時，晉不伐楚，及臣之身，而晉伐楚，是臣之罪也。請擊之。』莊王俛泣而起，拜諸大夫。晉人聞之曰：『君臣爭以過爲在己，且君下其臣猶如此，所謂上下一心，三軍同力，未可攻也。』乃夜還師。孔子聞之曰：『楚莊王霸其有方矣。下士以一言而敵還，以安社稷，其霸不亦宜乎？』《詩》曰：『柔遠能邇，以定我王。』此之謂也。

又　卷五《雜事五》　楚人有善相人，所言無遺策，聞於國。莊王見而問於情，對曰：『臣非能相人，能觀人之交也。布衣也，其交皆孝悌，篤謹畏令，如此者其家必日益，身必日安，此所謂吉人也。官事君者也，其交皆誠信，有好善如此者，事君日益，官職日益，此所謂吉士也。主明臣賢，左右多忠，主有失皆敢分爭正諫，如此者國日安，主日尊，天下日富，此所謂吉主也。臣非能相人，能觀人之交也。』莊王曰：『善。』於是乃招聘四方之士，夙夜不懈，遂得孫叔敖，將軍子重之屬，以備卿相，遂成霸功。《詩》曰：『濟濟多士，文王以寧。』此之謂也。

漢・劉向《古列女傳》卷二《楚莊樊姬》　樊姬，楚莊王之夫人也。莊王卽位，好狩獵。樊姬諫不止，乃不食禽獸之肉。王改過，勤於政事。王嘗聽朝罷晏，姬下殿迎曰：『何罷晏也？得無飢倦乎？』王曰：『與賢者語，不知飢倦也。』姬曰：『王之所謂賢者何也？』曰：『虞丘子也。』姬掩口而笑。王曰：『姬之所笑何也？』曰：『虞丘子賢則賢矣，未忠也。』王曰：『何謂也？』對曰：『妾執巾櫛十一年，遣人之鄭、衛，求美人進於王，今賢於妾者二人，同列者七人。妾豈不欲擅王之愛寵哉？妾聞堂上兼女，所以觀人能也。妾不能以私蔽公，欲王多見，知人能也。今虞丘子相楚十餘年，所薦非子弟則族昆弟，未聞進賢退不肖，是蔽君而塞賢路。知賢不進，是不忠；不知其賢，是不智也。妾之所笑，不亦可乎？』王悅。明日，王以姬言告虞丘子，丘子避席，不知所對。於是避舍，使人迎孫叔敖而進之，王以爲令尹，治楚三年，而莊王以霸。楚史書曰：『莊王之霸，樊姬之力也。』《詩》曰：『大夫夙退，無使君勞。』其『君』者，謂女君也。又曰：『溫恭朝夕，執事有恪。』此之謂也。

頌曰：樊姬謙讓，靡有嫉妒。薦進美人，與己同處。非刺虞丘，蔽賢之路。楚莊用焉，功業遂伯。

漢・劉向《説苑》卷九《正諫》　楚莊王立爲君，三年不聽朝，乃令於國曰：「寡人惡爲人臣而遽諫其君者。今寡人有國家，立社稷，有諫則死無赦。」蘇從曰：「處君之高爵，食君之厚祿，愛其死而不諫其君，則非忠臣也。」乃入諫。莊王立鐘鼓之間，左伏楊姬，右擁越姬，左裯衽，右朝服，曰：「吾鼓鐘之不暇，何諫之聽！」蘇從曰：「臣聞之：好道者多資，好樂者多迷，好道者多糧，好樂者多亡。荆國亡無日矣，死臣敢以告王。」王曰：「善。」左執蘇從手，右抽陰刀，刎鐘鼓之懸，明日授蘇從爲相。

又　卷一《君道》　楚莊王好獵，大夫諫曰：「晉、楚敵國也，楚不謀晉，晉必謀楚，今王無乃耽於樂乎？」王曰：「吾獵將以求士也，其榛藂刺虎豹者，吾是以知其勇也；其攫犀搏兕者，吾是以知其勁有力也；罷田而分所得，吾是以知其仁也。」因是道也，而得三士焉，楚國以安。故曰「苟有志則無非事者」，此之謂也。【略】

楚莊王見天不見妖而地不出孽，則禱於山川曰：「天其忘予歟？」此能求過於天，必不逆諫矣。安不忘危，故能終而成霸功焉。

又　卷六《復恩》　楚莊王賜羣臣酒，日暮，酒酣，燈燭滅，乃有人引美人之衣者，美人援絶其冠纓，告王曰：「今者燭滅，有引妾衣者，妾援得其冠纓，持之，趣火來上，視絶纓者。」王曰：「賜人酒，使醉失禮，奈何欲顯婦人之節而辱士乎？」乃命左右曰：「今日與寡人飲，不絶冠纓者不歡。」羣臣百有餘人皆絶去其冠纓而上火，卒盡歡而罷。居二年，晉與楚戰，有一臣常在前，五合五獲首，卻敵，卒得勝之。莊王怪而問曰：「寡人德薄，又未嘗異子，子何故出死不疑如是？」對曰：「臣當死。往者醉失禮，王隱忍不暴而誅也。臣終不敢以蔭蔽之德，而不顯報王也。常願肝腦塗地，用頸血湔敵，久矣。臣乃夜絶纓者也。」遂斥晉軍，楚得以强。此有陰德者必有陽報也。

又　卷九《正諫》　楚莊王伐陽夏，師久而不罷，羣臣欲諫而莫敢。莊王獵於雲夢，椒舉進諫曰：「王所以多得獸者馬也，而王國亡，王之馬豈可得哉？」莊王曰：「善！不穀知詘强國之可以長諸侯也，知得地之可以爲富也，而忘吾民之不用也。」明日飲諸大夫酒，以椒舉爲上客，罷陽夏之師。【略】

楚莊王築層臺，延石千重，延壤百里，士有反三月之糧者。大臣諫者七十二人，皆死矣。有諸御己者，違楚百里而耕，謂其耦曰：「吾將入見於王。」其耦曰：「以身乎？吾聞之，説人主者，皆閒暇之人也，然且至而死矣。今子特草茅之人耳！」諸御己曰：「若與子同耕，則比力也；至於説人主，則不與子比智矣。」委其耕而入見莊王。莊王謂之曰：「諸御己來！汝將諫邪？」諸御己曰：「君有義之用，有法之行。且己聞之，土負水者平，木負繩者正，君受諫者聖。君築層臺，延石千重，延壤百里，民之釁咎，血成於通塗，然且未敢諫也，己何敢諫乎？顧臣愚竊聞昔者，虞不用宫之奇而晉并之，陳不用子家羈而楚并之，曹不用僖負羈而宋并之，萊不用子猛而齊并之，吴不用子胥而越并之，秦不用蹇叔之言而秦國危，桀殺關龍逢而湯得之，紂殺王子比干而武王得之，宣王殺杜伯而周室卑，此三天子六諸侯，皆不能尊用賢人辯士之言，故身死而國亡。」遂趨而出。楚王遽而追之，曰：「己！子反矣！吾將用子之諫！先日説寡人者，其説也不足以動寡人之心，又危加諸寡人，故皆至而死；今子之説，足以動寡人之心，又不危加諸寡人，故吾將用子之諫。」明日令曰：「有能入諫者，吾將與爲兄弟。」遂解層臺而罷民。楚人歌之曰：「薪乎萊乎！無諸御己，訖無子乎！萊乎薪乎！無諸御己，訖無人乎！」

又　卷一〇《敬慎》　孫叔敖爲楚令尹，一國吏民皆來賀，有一老父，衣麤衣，冠白冠，後來弔。孫叔敖正衣冠而出見之，謂老父曰：「楚王不知臣不肖，使臣受吏民之垢，人盡來賀，子獨後來弔，豈有説乎？」父曰：「有説。身已貴而驕人者，民去之；位已高而擅權者，君惡之；祿已厚而不知足者，患處之。」孫叔敖再拜曰：「敬受命，願聞餘教。」父曰：「位已高而意益下，官益大而心益小，祿已厚而慎不敢取。君謹守此三者，足以治楚矣。」

又　卷一二《奉使》　楚莊王舉兵伐宋，宋告急，晉景公欲發兵救宋，伯宗諫曰：「天方開楚，未可伐也。」乃求壯士，得霍人解揚，字子虎，往命宋毋降。道過鄭。鄭新與楚親，乃執解揚而獻之楚。楚王厚賜，與約，使反其言，令宋趣降。三要，解揚乃許。於是楚乘揚以樓車，令呼宋使降。遂倍楚約而致其晉君命曰：「晉方悉國兵以救宋，宋雖急，慎毋

降楚，晉兵今至矣！」楚莊王大怒，將亨之。解揚曰：「君能制命爲義，臣能承命爲信。受吾君命以出，雖死無二。」王曰：「汝之許我，已而倍之，其信安在？」解揚曰：「所以許王，欲以成吾君命，臣不恨也。」顧謂楚軍曰：「爲人臣無忘盡忠而得死者！」楚王諸弟皆諫王赦之，於是莊王卒赦解揚而歸之。晉爵之爲上卿，故後世言「霍虎」。

楚莊王欲伐晉，使豚尹觀焉。反，曰：「不可伐也！其憂在上，其樂在下。且賢臣在焉，曰沈駒。」明年，又使豚尹觀焉，反，曰：「可矣！初之賢人死矣，諂諛多在君之廬者，其君好樂而無禮，其下危處以怨上。上下離心，興師伐之，其民必先反。」莊王從之，果如其言矣。

又 卷一三《權謀》 楚莊王與晉戰，勝之。懼諸侯之畏己也，乃築爲五仞之臺。臺成而觴諸侯。諸侯請約，莊王曰：「我薄德之人也。」諸侯請爲觴，乃仰而曰：「將將之臺，窅窅其謀。我言而不當，諸侯伐之。」於是遠者來朝，近者入賓。

又 卷一四《至公》 楚令尹虞邱子，復於莊王曰：「臣聞奉公行法，可以得榮；能淺行薄，無望上位；不名仁智，無求顯榮；才之所不著，無當其處。臣爲令尹十年矣，國不加治，獄訟不息，處士不升，淫禍不討，久踐高位，妨羣賢路，尸禄素餐，貪欲無厭，臣之罪當稽於理。臣竊選國俊下里之士曰孫叔敖，秀羸多能，其性無欲，君舉而授之政，則國可使治，而士民可使附。」莊王曰：「子輔寡人，寡人得以長於中國，令行於絶域，遂霸諸侯，非子如何！」虞邱子曰：「久固禄位者，貪也；不進賢達能者，誣也；不讓以位者，不廉也。不能三者，不忠也。爲人臣不忠，君王又何以爲忠？臣願固辭。」莊王從之，賜虞邱子菜地三百，號曰國老。以孫叔敖爲令尹。少焉，虞邱子家干法，孫叔敖執而戮之。虞邱子憙，入見於王曰：「臣言孫叔敖，果可使持國政。奉國法而不黨，施刑戮而不骩，可謂公平。」莊王曰：「夫子之賜也已。」**【略】**

楚莊王之時，太子車立於茅門之内，少師慶逐之。太子怒，入謁王曰：「少師慶逐臣之車。」王曰：「舍之，老君在前而不踰，少君在後而不豫，是國之寶臣也。」

漢·劉安《淮南子》卷一八《人間訓》 孫叔敖決期思之水，而灌雩婁之野，莊王知其可以爲令尹也。子發辯擊劇而勞佚齊，楚國知其可以爲兵主也。此皆形於小微，而通於大理者也。

又 卷九《主術訓》 楚莊王好獬冠，楚國效之。

又 卷一一《齊俗訓》 楚莊王裾衣博袍，令行乎天下，遂霸諸侯。

又 卷一二《道應訓》 令尹子佩請飲莊王，莊王許諾，子佩疏揖，北面立於殿下，曰：「昔者君王許之，今不果往，意者臣有罪乎？」莊王曰：「吾聞子具於强臺，强臺者，南望料山以臨方皇，左江而右淮，其樂忘死；若吾薄德之人，不可以當此樂也，恐留而不能反。」故老子曰：「不見可欲，使心不亂。」**【略】**

楚莊王問詹何，曰：「治國奈何？」對曰：「何明於治身，而不明於治國。」楚王曰：「寡人得立宗廟社稷，願學所以守之。」詹何對曰：「臣未嘗聞身治而國亂者也，未嘗聞身亂而國治者也，故本任於身，不敢對以末。」楚王曰：「善。」楚莊謂共雍曰：「有德者受吾爵禄，有功者受吾田宅，是二者女無一焉，吾無以與女，可謂不踰於理乎？」

《史記》卷四《周本紀》 定王元年，楚莊王伐陸渾之戎，次洛，使人問九鼎。王使王孫滿應設以辭，楚兵乃去。十年，楚莊王圍鄭，鄭伯降，已而復之。十六年，楚莊王卒。

又 卷五《秦本紀》 （秦共公）三年，楚莊王彊，北兵至雒，問周鼎。**【略】**

（桓公）十年，楚莊王服鄭，北敗晉兵於河上。當是之時，楚霸，爲會盟合諸侯。

又 卷一四《十二諸侯年表》 （楚莊王六年）伐宋、陳，以倍我服晉故。**【略】**

（楚莊王八年）伐陸渾，至雒，問鼎輕重。**【略】**

（楚莊王九年）若敖氏爲亂，滅之。伐鄭。**【略】**

（楚莊王十三年）伐陳，滅舒、蓼。**【略】**

（楚莊王十四年）伐鄭，晉郤缺救鄭，敗我。**【略】**

（楚莊王十六年）率諸侯誅陳夏徵舒，立陳靈公子午。**【略】**

（楚莊王十七年）圍鄭，鄭伯肉袒謝，釋之。**【略】**

（楚莊王十九年）圍宋，爲殺使者。**【略】**

（楚莊王二十年）圍宋。五月，華元告子反以誠，楚罷。

又　卷三二《齊太公世家》（齊）頃公元年，楚莊王彊，伐陳；二年，圍鄭，鄭伯降，已復國鄭伯。

又　卷三三《魯周公世家》（魯）宣公俀十二年，楚莊王彊，圍鄭。鄭伯降，復國之。

又　卷三五《管蔡世家》（蔡）文侯十四年，楚莊王伐陳，殺夏徵舒。

又　卷三六《陳杞世家》（陳）靈公元年，楚莊王卽位。六年，楚伐陳。十年，陳及楚平。

成公元年冬，楚莊王爲夏徵舒殺靈公，率諸侯伐陳。謂陳曰：『無驚，吾誅徵舒而已。』已誅徵舒，因縣陳而有之，羣臣畢賀。申叔時使於齊來還，獨不賀。莊王問其故，對曰：『鄙語有之，牽牛徑人田，田主奪之牛。徑則有罪矣，奪之牛，不亦甚乎？今王以徵舒爲賊弒君，故徵兵諸侯，以義伐之，已而取之，以利其地，則後何以令於天下！是以不賀。』莊王曰：『善。』乃迎陳靈公太子午於晉而立之，復君陳如故，是爲成公。孔子讀史記至楚復陳，曰：『賢哉楚莊王！輕千乘之國而重一言。』

又　卷三七《衛康叔世家》（衛）穆公二年，楚莊王伐陳，殺夏徵舒。三年，楚莊王圍鄭，鄭降，復釋之。

又　卷三八《宋微子世家》（宋文公）十四年，楚莊王圍鄭。鄭伯降楚，楚復釋之。

十六年，楚使過宋，宋有前仇，執楚使。九月，楚莊王圍宋。十七年，楚以圍宋五月不解，宋城中急，無食，華元乃夜私見楚將子反。子反告莊王。王問：『城中何如？』曰：『析骨而炊，易子而食。』莊王曰：『誠哉言！我軍亦有二日糧。』以信故，遂罷兵去。

又　卷三九《晉世家》（晉成公）七年，成公與楚莊王爭彊，會諸侯于扈。陳畏楚，不會。晉使中行桓子伐陳，因救鄭。【略】

（晉景公）二年，楚莊王伐陳，誅徵舒。

三年，楚莊王圍鄭，鄭告急晉。晉使荀林父將中軍，隨會將上軍，趙朔將下軍，郤克、欒書、先縠、韓厥、鞏朔佐之。六月，至河。聞楚已服鄭，鄭伯肉袒與盟而去，荀林父欲還。先縠曰：『凡來救鄭，不至不可，將率離心。』卒度河。楚已服鄭，欲飲馬于河爲名而去。楚與晉軍大戰。鄭新附楚，畏之，反助楚攻晉。晉軍敗，走河，爭度，船中人指甚衆。楚虜我將智罃。歸而林父曰：『臣爲督將，軍敗當誅，請死。』景公欲許之。隨會曰：『昔文公之與楚戰城濮，成王歸殺子玉，而文公乃喜。今楚已敗我師，又誅其將，是助楚殺仇也。』乃止。

五年，伐鄭，爲助楚故也。是時楚莊王彊，以挫晉兵河上也。

六年，楚伐宋，宋來告急晉，晉欲救之，伯宗謀曰：『楚，天方開之，不可當。』乃使解揚紿爲救宋。鄭人執與楚，楚厚賜，使反其言，令宋急下。解揚紿許之，卒致晉君言。楚欲殺之，或諫，乃歸解揚。

又　卷四〇《楚世家》　穆王十二年卒，子莊王侶立。

莊王卽位三年，不出號令，日夜爲樂，令國中曰：『有敢諫者死無赦！』伍舉入諫。莊王左抱鄭姬，右抱越女，坐鐘鼓之閒。伍舉曰：『願有進隱。』曰：『有鳥在於阜，三年不蜚不鳴，是何鳥也？』莊王曰：『三年不蜚，蜚將沖天；三年不鳴，鳴將驚人。舉退矣，吾知之矣。』居數月，淫益甚。大夫蘇從乃入諫。王曰：『若不聞令乎？』對曰：『殺身以明君，臣之願也。』於是乃罷淫樂，聽政，所誅者數百人，所進者數百人，任伍舉、蘇從以政，國人大說。是歲滅庸。六年，伐宋，獲五百乘。

八年，伐陸渾戎，遂至洛，觀兵於周郊。周定王使王孫滿勞楚王。楚王問鼎小大輕重，對曰：『在德不在鼎。』莊王曰：『子無阻九鼎！楚國折鉤之喙，足以爲九鼎。』王孫滿曰：『嗚呼！君王其忘之乎？昔虞夏之盛，遠方皆至，貢金九牧，鑄鼎象物，百物而爲之備，使民知神姦。桀有亂德，鼎遷於殷，載祀六百。殷紂暴虐，鼎遷於周。德之休明，雖小必重；其姦回昏亂，雖大必輕。昔成王定鼎于郟鄏，卜世三十，卜年七百，天所命也。周德雖衰，天命未改。鼎之輕重，未可問也。』楚王乃歸。

九年，相若敖氏。人或讒之王，恐誅，反攻王，王擊滅若敖氏之族。十三年，滅舒。

十六年，伐陳，殺夏徵舒。徵舒弒其君，故誅之也。已破陳，卽縣之。羣臣皆賀，申叔時使齊來，不賀。王問，對曰：『鄙語曰，牽牛徑人田，田主取其牛。徑者則不直矣，取之牛不亦甚乎？且王以陳之亂而率諸侯伐之，以義伐之而貪其縣，亦何以復令於天下！』莊王乃復國陳後。

十七年春，楚莊王圍鄭，三月克之。入自皇門，鄭伯肉袒牽羊以逆，曰：『孤不天，不能事君，君用懷怒，以及敝邑，孤之罪也。敢不惟命是聽！賓之南海，若以臣妾賜諸侯，亦惟命是聽。若君不忘厲、宣、桓、武，不絶其社稷，使改事君，孤之願也，非所敢望也。敢布腹心。』楚羣臣曰：『王勿許。』莊王曰：『其君能下人，必能信用其民，庸可絶乎！』莊王自手旗，左右麾軍，引兵去三十里而舍，遂許之平。潘尪入盟，子良出質。夏六月，晉救鄭，與楚戰，大敗晉師河上，遂至衡雍而歸。

二十年，圍宋，以殺楚使也。圍宋五月，城中食盡，易子而食，析骨而炊。宋華元出告以情。莊王曰：『君子哉！』遂罷兵去。

二十三年，莊王卒，子共王審立。

又　卷四二《鄭世家》（鄭襄公）七年，鄭與晉盟鄢陵。八年，楚莊王以鄭與晉盟，來伐，圍鄭三月，鄭以城降楚。楚王入自皇門，鄭襄公肉袒掔羊以迎，曰：『孤不能事邊邑，使君王懷怒以及弊邑，孤之罪也。敢不惟命是聽。君王遷之江南，及以賜諸侯，亦惟命是聽。若君王不忘厲、宣王，桓、武公，哀不忍絶其社稷，錫不毛之地，使復得改事君王，孤之願也，然非所敢望也。敢布腹心，惟命是聽。』莊王爲卻三十里而後舍。楚羣臣曰：『自郢至此，士大夫亦久勞矣。今得國舍之，何如？』莊王曰：『所爲伐，伐不服也。今已服，尚何求乎？』卒去。晉聞楚之伐鄭，發兵救鄭。其來持兩端，故遲，比至河，楚兵已去。晉將率或欲渡，或欲還，卒渡河。莊王聞，還擊晉。鄭反助楚，大破晉軍於河上。十年，晉來伐鄭，以其反晉而親楚也。

十一年，楚莊王伐宋，宋告急于晉。晉景公欲發兵救宋，伯宗諫晉君曰：『天方開楚，未可伐也。』乃求壯士得霍人解揚，字子虎，誆楚，令宋毋降。過鄭，鄭與楚親，乃執解揚而獻楚。楚王厚賜與約，使反其言，令宋趣降，三要乃許。於是楚登解揚樓車，令呼宋。遂負楚約而致其晉君命曰：『晉方悉國兵以救宋，宋雖急，慎毋降楚，晉兵今至矣！』楚莊王大怒，將殺之。解揚曰：『君能制命爲義，臣能承命爲信。受吾君命以出，有死無隕。』莊王曰：『若之許我，已而背之，其信安在？』解揚曰：『所以許王，欲以成吾君命也。』將死，顧謂楚軍曰：『爲人臣無忘盡忠得死者！』楚王諸弟皆諫王赦之，於是赦解揚使歸。晉爵之爲上卿。

又　卷一二六《滑稽列傳》　優孟者，故楚之樂人也。長八尺，多辯，常以談笑諷諫。楚莊王之時，有所愛馬，衣以文繡，置之華屋之下，席以露牀，啗以棗脯。馬病肥死，使羣臣喪之，欲以棺槨大夫禮葬之。左右爭之，以爲不可。王下令曰：『有敢以馬諫者，罪至死。』優孟聞之，入殿門，仰天大哭。王驚而問其故。優孟曰：『馬者王之所愛也，以楚國堂堂之大，何求不得，而以大夫禮葬之，薄，請以人君禮葬之。』王曰：『何如？』對曰：『臣請以彫玉爲棺，文梓爲椁，楩楓豫章爲題湊，發甲卒爲穿壙，老弱負土，齊趙陪位於前，韓魏翼衛其後，廟食太牢，奉以萬戶之邑。諸侯聞之，皆知大王賤人而貴馬也。』王曰：『寡人之過一至此乎！爲之奈何？』優孟曰：『請爲大王六畜葬之。以壠竈爲槨，銅歷爲棺，齎以薑棗，薦以木蘭，祭以糧稻，衣以火光，葬之於人腹腸。』於是王乃使以馬屬太官，無令天下久聞也。

楚相孫叔敖知其賢人也，善待之。病且死，屬其子曰：『我死，汝必貧困。若往見優孟，言我孫叔敖之子也。』居數年，其子窮困負薪，逢優孟，與言曰：『我，孫叔敖子也。父且死時，屬我貧困往見優孟。』優孟曰：『若無遠有所之。』卽爲孫叔敖衣冠，抵掌談語。歲餘，像孫叔敖，楚王及左右不能別也。莊王置酒，優孟前爲壽。莊王大驚，以爲孫叔敖復生也，欲以爲相。優孟曰：『請歸與婦計之，三日而爲相。』莊王許之。三日後，優孟復來。王曰：『婦言謂何？』孟曰：『婦言慎無爲，楚相不足爲也。如孫叔敖之爲楚相，盡忠爲廉以治楚，楚王得以霸。今死，其子無立錐之地，貧困負薪以自飲食。必如孫叔敖，不如自殺。』因歌曰：『山居耕田苦，難以得食。起而爲吏，身貪鄙者餘財，不顧恥辱。身死家室富，又恐受賕枉法，爲姦觸大罪，身死而家滅。貪吏安可爲也！念爲廉吏，奉法守職，竟死不敢爲非。廉吏安可爲也！楚相孫叔敖持廉至死，方今妻子窮困負薪而食，不足爲也！』於是莊王謝優孟，乃召孫叔敖子，封之寢丘四百戶，以奉其祀。後十世不絶。此知可以言時矣。

漢·趙煜《吴越春秋》卷三《王僚使太子光傳》　王卽位三年，不聽國政，沉湎於酒，淫於聲色，左手擁秦姬，右手抱越女，身坐鐘鼓之間而令曰：『有敢諫者，死！』於是伍舉進諫曰：『有一大鳥，集楚國之庭，三年不飛亦不鳴，此何鳥也？』於是莊王曰：『此鳥不飛，飛則沖天；

不鳴，鳴則驚人。」伍舉曰：『不飛不鳴，將爲射者所圖，絃矢卒忽遽貌，倉卒也。發，豈得沖天而驚人乎？』於是莊王棄其秦姬、越女，罷鐘鼓之樂，用孫叔敖，任以國政，《史記》曰：『任伍舉、蘇從以政，國人大説。』遂霸天下，威伏諸侯。【略】

楚莊王寢疾，卜之，曰：『河爲祟。』大夫曰：『請用牲。』莊王曰：『止。古者聖王之制，祭不過望。濉、漳、江、漢，楚之望也。寡人雖不德，河非所獲罪也。』遂不祭。三日而疾有瘳。孔子聞之曰：『楚莊王之霸，其有方矣。制節守職，反身不貳，其霸不亦宜乎！』《詩》曰：『嗟嗟保介。』莊王之謂也。

又 卷九 楚莊王使使賫金百斤聘北郭先生。先生曰：『臣有箕箒之使，願入計之。』即謂婦人曰：『楚欲以我爲相，今日相，即結駟列騎，食方丈於前，如何？』婦人曰：『夫子以織屨爲食，食粥毚履，無怵惕之憂者何哉？與物無治也。今如結駟列騎，所安不過容膝，食方丈於前，所甘不過一肉。以容膝之安，一肉之味，而殉楚國之憂，其可乎？』於是遂不應聘，與婦去之。《詩》曰：『彼美淑姬，可與晤言。』

漢・韓嬰《韓詩外傳》卷一〇 楚莊王將興師伐晉，告士大夫曰：『有敢諫者死無赦。』孫叔敖曰：『臣聞畏鞭箠之嚴而不敢諫其父，非孝子也。懼斧鉞之誅而不敢諫其君，非忠臣也。』於是遂進諫曰：『臣園中有榆，其上有蟬。蟬方奮翼悲鳴，欲飲清露，不知螳螂之在後，曲其頸，欲攫而食之也。螳螂方欲食蟬，而不知黄雀在後，舉其頸，欲啄而食之也。黄雀方欲食螳螂，不知童子挾彈丸在榆下，迎而欲彈之。童子方欲彈黄雀，不知前有深坑，後有掘株也。此皆貪前之利，而不顧後害者也。非獨昆蟲衆庶若此也，人主亦然。君今知貪彼之土，而樂其士卒。』楚國不殆，而晉以寧，孫叔敖之力也。

南朝梁・任昉《述異記》卷下 楚莊王時，宫人一旦而化爲野蛾飛去。

唐・佚名《古文苑》卷一九《楚相孫叔敖碑》 楚相孫君，諱饒，字叔敖，本是縣人也。君受純靈之精，懷絶世之材，有大賢次聖之質，少見枝首蛇，對其母泣，吾將死，母問其故，曰：『吾聞見枝首蛇者死，今日見之。』母曰：『若奈之何？』『吾放，行數十步，念獨吾死，可空復令他人見之死，爲因埋掩其荆。』母曰：『若無憂焉。』其陰德玄善，遂爲父母九族所異。及其爲相，布政以道，考天象之度，敬授民時，聚藏於山，殖物於藪，宣導川谷，波障源泉，溉灌沃澤，堤防湖浦，以爲池沼，鍾天地之美，收九罣之利，以慇潤國家，家富人喜，優贍樂業，式序在朝，野無螟蟘，豐年蕃庶，人有曾、閔貞孝之行，四民美好，從容中節，高梱改幣，一朝而化。其憂國忘私，乘馬三季，不別牝牡，繼高陽、重黎、五舉、子文之統，其忠信廉勇，禮樂文章，軌儀同制。其富國充民，明天時，盡地力，霆堅、禹、稷，不能踰也。專國權寵，而不榮華，一旦可得百金，至於歿齒，而無分銖之蓄，破玉玦，不以寳財遺子孫，終始若失，去不善如絶弦，辟患害於無刑，徹節高義，敦良奇介，自曹臧、孤竹、吴札、子罕之倫，不能驂也。生於季末，仕於靈王，立溷濁而澄清，處幽暗而照明，其遺武餘典，恨不與戲皇帝代同世，世爲列妊國。在朝廷，其意常墨墨，若冠章甫而坐塗炭也。病其臨卒，將無棺槨，令其子曰：『優孟曾許千金貸吾。』孟故楚之樂長，與相君相善，雖言千金，實不貸也。卒後數季，莊王置酒以爲樂，優孟乃言孫君相楚之功，即慨慷高歌曲曰：『貪吏而可爲，而不可爲；廉吏而可爲，而不可爲。貪吏而不可爲者，當時有污名，而可爲者，子孫以家成。廉吏而可爲者，當時有清名，而不可爲者，子孫困窮，披褐而負薪。貪吏常苦富，廉吏常苦貧，獨不見楚相孫叔敖，廉潔不受錢。』涕泣數行，若投首王，王心感動覺悟，問孟，孟具列對，即來其子，而加封焉。子辭父有命，如楚不忘亡臣社稷圖，而欲有賞，必於潘國下濕墝埆，人所不貪，遂封潘鄉。

唐・歐陽詢等《藝文類聚》卷二四引《王孫子新書》 楚莊王攻宋，廚有臭肉，罇有敗酒，將軍子重諫曰：『今君廚肉臭而不可食，罇酒敗而不可飲，而三軍之士皆有饑色，欲以勝敵，不亦難乎？』莊王曰：『請有酒投之士，有食饋之賢。』

論説

漢・董仲舒《春秋繁露》卷一《楚莊王第一》 『楚莊王殺陳夏徵舒，《春秋》貶其文，不予專討也；靈王殺齊慶封，而直稱楚子，何

也？」曰：『莊王之行賢，而徵舒之罪重，以賢君討重罪，其於人心善，若不貶，孰知其非正經，《春秋》常於其嫌得者，見其不得也。是故齊桓不予專地而封，晉文不予致王而朝，楚莊弗予專殺而討，三者不得，則諸侯之得，殆此矣。此楚靈之所以稱子而討也。《春秋》之辭多所況，是文約而法明也。』問者曰：『不予諸侯之專封，復見於陳蔡之滅；不予諸侯之專討，獨不復見慶封之殺，何也？』曰：『《春秋》之用辭，已明者去之，未明者著之。今諸侯之不得專討，固已明矣，而慶封之罪，未有所見也，故稱楚子，以伯討之，著其罪之宜死，以爲天下大禁，曰：人臣之行，貶主之位，亂國之臣，雖不篡殺，其罪皆宜死。比於此，其云爾也。』『《春秋》曰：「晉伐鮮虞。」奚惡乎晉，而同夷狄也？』曰：『《春秋》尊禮而重信，信重於地，禮尊於身。何以知其然也？宋伯姬疑禮而死於火，齊桓公疑信而虧其地，《春秋》賢而舉之，以爲天下法。曰禮而信，禮無不答，施無不報，天之數也。今我君臣同姓適女，女無良心，禮以不答，有恐畏我，何其不夷狄也！公子慶父之亂，魯危殆亡，而齊桓安之，於彼無親，尚來憂我，如何與同姓而殘賊遇我。《詩》云：「宛彼鳴鳩，翰飛戾天。我心憂傷，念彼先人。明發不昧，有懷二人。」人皆有此心也。今晉不以同姓憂我，而强大厭我，我心望焉，故言之不好，謂之晉而已，婉辭也。』問者曰：『晉惡而不可親，公往而不敢至，乃人情耳，君子何恥，而稱公有疾也？』曰：『惡無故自來，君子不恥，內省不疚，何憂於志是已矣。今《春秋》恥之者，昭公有以取之也。臣陵其君，始於文而甚於昭，公受亂陵夷，而無懼惕之心，囂囂然輕計妄討，犯大禮而取同姓，接不義而重自輕也。人之言曰：「國家治則四鄰賀，國家亂則四鄰散。」是故季孫專其位，而大國莫之正，出走八年，死乃得歸，身亡子危，困之至也。君子不恥其困，而恥其所以窮。昭公雖逢此時，苟不取同姓，詎至於是；雖取同姓，能用孔子自輔，亦不至如是。時難而治簡，行枉而無救，是其所以窮也。』

《春秋》分十二世以爲三等：有見、有聞、有傳聞。有見三世，有聞四世，有傳聞五世。故哀、定、昭，君子之所見也，襄、成、文、宣，君子之所聞也，僖、閔、莊、桓、隱，君子之所傳聞也。所見六十一年，所聞八十五年，所傳聞九十六年。於所見，微其辭，於所聞，痛其禍，於傳聞，殺其恩，與情俱也。是故逐季氏，而言又雩，微其辭也；子赤殺，弗忍書日，痛其禍也；子般殺，而書乙未，殺其恩也。屈伸之志，詳略之文，皆應之，吾以其近近而遠遠、親親而疏疏也，亦知其貴貴而賤賤、重重而輕輕也，有知其厚厚而薄薄、善善而惡惡也，有知其陽陽而陰陰、白白而黑黑也。百物皆有合偶，偶之合之，仇之匹之，善矣。《詩》云：『成儀抑抑，德音秩秩，無怨無惡，率由仇匹。』此之謂也。然則《春秋》義之大者也，得一端而博達之，觀其是非，可以得其正法，視其温辭，可以知其塞怨，是故於外道而不顯，於內諱而不隱，於尊亦然，於賢亦然，此其別內外、差賢不肖，而等尊卑也。義不訕上，智不危身，故遠者以義諱，近者以智畏。畏與義兼，則世逾近，而言逾謹矣，此定、哀之所以微其辭。以故用則天下平，不用則安其身，《春秋》之道也。

《春秋》之道，奉天而法古。是故雖有巧手，弗修規矩，不能正方圓；雖有察耳，不吹六律，不能定五音；雖有知心，不覽先王，不能平天下；然則先王之遺道，亦天下之規矩六律已！故聖者法天，賢者法聖，此其大數也；得大數而治，失大數而亂，此治亂之分也；所聞天下無二道，故聖人異治同理也，古今通達，故先賢傳其法於後世也。《春秋》之於世事也，善復古，譏易常，欲其法先王也。然而介以一言曰：『王者必改制。』自僻者得此以爲辭，曰：『古苟可循，先王之道，何莫相因。』世迷是聞，以疑正道而信邪言，甚可患也。答之曰：『人有聞諸侯之君射《貍首》之樂者，於是自斷貍首，懸而射之，曰：「安在於樂也？」此聞其名，而不知其實者也。今所謂新王必改制者，非改其道，非變其理，受命於天，易姓更王，非繼前王而王也，若一因前制，修故業，而無有所改，是與繼前王而王者無以別。受命之君，天之所大顯也；事父者承意，事君者儀志，事天亦然；今天大顯已，物襲所代，而率與同，則不顯不明，非天志，故必徙居處，更稱號，改正朔，易服色者，無他焉，不敢不順天志，而明自顯也。若夫大綱，人倫道理，政治教化，習俗文義盡如故，亦何改哉！故王者有改制之名，無易道之實。孔子曰：「無爲而治者，其舜乎！」言其王堯之道而已，此非不易之效與！』問者曰：『物改而天授，顯矣，其必更作樂，何也？』曰：『樂異乎是，制爲應天改之，樂爲應人作之，彼之所受命者，必民之所同樂也。是故大改制於初，所以

明天命也；更作樂於終，所以見天功也；緣天下之所新樂，而爲之文，且以和政，且以興德，天下未偏合和，王者不虛作樂，樂者，盈於內而動發於外者也，應其治時，制禮作樂以成之，成者本末質文，皆以具矣。是故作樂者，必反天下之所始樂於己以爲本。舜時，民樂其昭堯之業也，故《韶》，韶者，昭也；禹之時，民樂其三聖相繼，故《夏》，夏者，大也；故湯之時，民樂其救之於患害也，故《護》。護者，救也；文王之時，民樂其興師征伐也，故《武》。武者，伐也。四者天下同樂之，一也，其所同樂之端，不可一也。作樂之法，必反本之所樂，所樂不同事，樂安得不世異！是故舜作《韶》而禹作《夏》，湯作《護》而文王作《武》，四樂殊名，則各順其民始樂於己也，吾見其效矣。《詩》云：「文王受命，有此武功；既伐于崇，作邑于豐。」樂之風也。又曰：「王赫斯怒，爰整其旅。」當是時，紂爲無道，諸侯大亂，民樂文王之怒，而歌詠之也。周人德已洽天下，反本以爲樂，謂之《大武》，言民所始樂者，武也云爾。故凡樂者，作之於終，而名之以始，重本之義也。由此觀之，正朔服色之改，受命應天，制禮作樂之異，人心之動也，二者離而復合，所爲一也。』

宋·林之奇《尚書全解》卷一九《尚書·盤庚中》 曰：無戲怠，懋建大命。

楚莊王訓其民以若敖、蚡冒，篳路藍縷，以啓山林。箴之曰：民生在勤，勤則不匱。蓋創業之君，其艱難險阻以遺其子孫，有永之業者，無非率民以勤苦也。然子孫而率民以勤苦者，亦必推本先王艱難之意。

宋·葉夢得《春秋左傳讞》卷五《成公二年》 楚莊王，賢君也。以夏徵舒之惡討陳而殺之，《經》與之以討賊之辭，豈有復納夏姬者乎？至言君召諸侯以討罪。按《經》但書『楚人殺夏徵舒』。楚子入陳，諸侯無在焉，何召之有？則莊王之納巫臣之諫，皆無實也。

宋·呂祖謙《左氏傳説》卷五《宣公·楚子問鼎之大小輕重三年》 楚莊王之在春秋時皆謂之賢君，如左氏載其築京觀之事甚詳，亦以爲賢君。攷其觀兵於周，問鼎之大小輕重，則傲然有簒逆，無君之心暴露於此，雖有終身之小善，亦蓋覆不過。今左氏不見其大惡，而特取其末節，何故？蓋緣當時之人，風聲氣習都不知君臣之大義。人皆有此患，視簒奪之禍不以爲怪，以爲常事看了。以此知學者最不可不識大義。

又 《楚滅舒蓼及滑汭盟吴越而還八年》 當楚莊王時，楚之威北加於中國，南被蠻夷，所謂盟吴越而還。看《傳》所載則與舒、絞、州、蓼相似。到得十一二年，莊王既没，共王繼之，吴始大，不憚楚。晉申公巫臣以五乘車教吴，楚自此疲於奔命，其閒爭得二三十年。莊王時，吴越與羣舒之徒同受盟於楚，其時可謂微弱。何故數十年閒吴便爲害，後來至於郢，幾滅楚？以此知天下形勢，不獨中國與外域相爲盛衰，外域自處亦自相爲盛衰。何故？楚盛時，吴越衰，到莊王死，楚衰，吴越盛。吴出來威加中國，到得夫差墮，越卻起。

又 《邲之戰楚莊不築武軍十三年》 春秋霸者，到志得意滿之後，未有不自滿者。所謂五霸，是齊桓、晉文、楚莊、秦穆、宋襄。如宋公不度德、不量力，不當受霸者之名。今且論四者，齊自葵丘之盟滿，至用易牙、豎刁；晉自踐土之盟滿，以私酖衛侯；秦自焚舟之役滿，後用三良殉葬；到楚莊王邲之戰勝後亦滿。看楚莊王邲戰之前，規模警戒，晉之所稱，上下相規，截然可見。可謂戰戰兢兢，不築武軍，不作京觀。如此到後來，志得意滿，使申舟無假道於宋，公子馮無假道於鄭，分明逞大國之威，憑陵小國。論來假道禮之常，載在《聘禮》，假道之禮甚明。楚使兩使經涉兩國而不假道，此見得楚莊王滿處。前三人未足論，唯楚莊王之滿最要看。大抵天下之事，當能謙退時，猶得意未深，去警戒近，所以能不築武軍，不作京觀。然而必竟到後面移換了，至於憑陵中夏，吞滅小國，而不自知。正如人飲酒，正飲時猶自得，酒過了方作。以此知人遇得意事，當時能謙損者，未足名喜，須防在後作，這要人深察。

又 卷六《宣公·晉楚戰于邲晉師敗績十二年》 楚子圍鄭，宣成之間，正是楚莊王霸業强盛之時。舉邲之戰，晉楚之强弱可知。當是時，晉景公但循常襲，故政事少怠；楚莊王方厲精爲治，政事修明，晉楚之强弱大綱在此。楚之所以强，蓋得孫叔敖整齊軍政，訓教卒伍，細大本末無不具舉，兵威所向，雖中國亦不敢當其鋒。楚之盛不特兵之不可敵，亦莊王善能持勝，何故？其能縣陳又復封之，既而克鄭，鄭伯肉袒牽羊以逆，又復其社稷。夫楚用兵以取兩國，而又復封其社稷，此見楚王有其功而不居其功。齊桓、晉文以來，未之有也。當邲之戰，晉楚正欲爭衡，荀林父、欒書之徒，一見楚師便欲斂軍避楚，則其强弱又易曉。要之，邲之

敗，其罪固在先縠，然林父亦不能無罪。以縠之剛愎不仁，固不可信用。林父以晉之名臣，統元帥之權而不能制一先縠者，蓋其新進之徒，威德未孚于人，故如此以楚嬖人伍參之言觀之，謂晉之從政者新，此言論林父最切當。大抵賢才處事或至敗事者，未必其才之不足，處事之不審，特其素望之未熟於人，所以至於敗事。古之人所以四十而仕，五十而爲大夫，蓋欲涵養積習，使威望在人，已熟然後可以從政。若是養之無素，驟然居人上，鮮有不敗事者，良以此也。故邲之敗，雖是彘子之罪，然荀林父亦有不是處。觀彘子以中軍佐先濟，林父不得已而從之，此彘子之罪。又使趙括更行人之辭，是以惡言以激楚之怒，亦彘子之罪。不設備而爲楚所乘。三者雖彘子之罪，然荀林父乃元帥，至於魏錡、趙旃以不得官職挾憾而往，楚欲敗晉師，是人皆知其不可用，獨林父不察焉，一請往卽許之，遂至於敗國事，此乃林父之罪。先縠先濟而林父亦從之，此亦林父之罪。及後爲楚軍所乘，鼓於軍中，曰：『先濟者有賞』，遂致中軍下軍爭舟，舟中之指可掬，此亦林父之罪。原邲之敗，皆是晉羣帥浮躁不協，遂至於敗師。晉自邲敗之後，大率規模與前不同，故常厚蓄自養，不敢有事乎他。既不急於報楚，亦不急於報鄭，如伐鄭但蒐焉，示之以整而還。及楚圍宋，亦不過使解揚致命而已，惟其如此所以有鞌之勝。夫以滅夷數者之事觀之，林父之謀慮亦可謂明矣。至於邲之戰，何如此之昏亂？蓋人心最不可昏，當邲之戰，緣先縠强狠，必欲先濟，林父又不得已勉强從之，惟其自相矛盾，自相攻奪如此，故林父方寸精明都昏亂了。其徒先濟之時，心已不在軍事，是以舉措乖錯。邲之戰，先縠曰：『由我失霸，不如死』，欒書從傍而止之。至鄢陵之戰，欒書爲元帥，乃曰：『不可以當吾世失諸侯。』反蹈先縠之覆轍而不自知，范武子從傍而止之。何智於前而昏於後也？蓋天下之事，傍觀之時，無不精審。及自臨事時，利害切於己，私心難克，所以如此。楚莊既勝晉，不肯築京觀，此亦是不敢自居功之意。既伐陳，因申叔之言，卽封之；既入鄭，因其君有禮，復封其地，退然不敢自滿。引《詩》、《書》之言，宛有儒者氣象。及其過周問鼎之輕重，遽然陵轢天子，聘齊不假道于宋，聘晉不假道於鄭，而又陵辱諸侯。所謂儒者之氣象已不復見，何故？蓋生乎其地，安乎其俗，風聲氣習易於漸染，故難轉移。楚自武王以來，其君臣日夜所講者，無非此等事。觀其僭號稱王，其迫脅陵轢氣象，亦有定本。此亦家法所使，故雖莊王之賢，不能免乎氣習。故莊王視以爲常做了，以此知居移氣、養移體，學者不可不知。晉自莊王在時，其兵未嘗輕動，觀林父略狄土以廣，晉初未嘗與楚爭也。及其伐鄭，亦但蒐以示之整而已。初未嘗急於服鄭，但積習培養，其力遂致有鞌之勝。至鞌之戰，莊王已死，方敢用威以治中夏，蓋當是時，莊王之威加於諸侯。自齊桓、晉文之後，襄公以下皆不及楚，楚所以霸，其根本安在？惟欒書之言最得其要，其曰：『楚自克庸以來，其君無日不討國人而訓之于民生之不易、禍至之無日、戒懼之不可以怠。在軍，無日不討軍實而申儆之于勝之不可保、紂之百克而卒無後。訓之以若敖、蚡冒，篳路藍縷，以啓山林。箴之曰：民生在勤，勤則不匱，不可謂驕。』此數句是得楚君臣自相警戒，雖王之所以王，霸之所以霸，强國之所以爲强國，聖賢之所以爲聖賢，皆不出此，最學者所宜用工夫處。邲之所以敗，以羣帥之情不一，自相矛盾，不能降心相從，所以致敗。至鞌之戰，深以相從爲先，且以郤克爲元帥，韓厥爲司馬。元帥之尊，司馬之卑，韓厥欲斬人，克救之，無及，從而勸之使徇，且曰：『吾以分謗也。』克之意未必止於分謗，所以先自降尊貶重如此，則羣帥安得不和，正欲啓將帥降心下志相從之意。其後晉師有功，師歸范文子，後入其羣帥，亦皆相讓，皆郤克啓之也。以是知邲之敗，其條目雖多，一言以蔽之，曰爭而已；鞌之勝，其條目雖多，一言以蔽之，曰和而已。其後君臣不無自滿之心，雖比厲公鄢陵之勝後，臣下相戕賊不同。當時君臣不能不爲勝心所動，何故見得？觀魯來朝晉，晉景公以不敬之，遂至魯捨晉以從楚。其君未免爲勝心所動，以驕魯侯也。又齊侯來朝晉，郤克曰：『此行也，君爲婦人之笑辱也。』以臣對君前，乃敢如是，則其臣亦爲勝心所動，以驕諸侯也。君臣皆爲勝心所動，而驕心生，以是知楚莊善持勝，有是功而不居其功，所以霸中國，而景公之所以止爲景公。此晉之所以不如楚也。

又　卷七《襄公·秦景公使士雅乞師于楚，將以伐晉，楚子許之。子囊曰：不可。九年》　秦景公使士雅乞師于楚，將以伐晉，楚子許之，子囊止之。子囊初不曾立晉朝之上，歷數晉國之德政，自任賢使能至於工賈皂隸，政事本末無不備知，如親立於晉朝。此一段當以邲之戰參看。當時楚莊王方强，如晉士會欒武子雖晉之臣，而能歷數楚國之德刑政事、卒乘

軍旅之事。士會欒武子不在楚之朝，言楚之政如親歷楚之朝；子囊不在晉朝，言晉國之政亦如親立晉之朝。蓋晉楚兩强國所以兩立百有餘年者，蓋其國各有腹心之臣，互觀兩國之政，表裏洞見，不敢輕略，故如此。凡一盛一衰，一治一亂，其腹心骨髓一一見得，是以晉楚之霸業各至於百餘年。至如陳隋之際，一在江南，一在江北，但有一江之隔，隋脩德政欲取陳，而陳懵然不知，此陳隋不能兩立。而晉楚相距如此之遠，所以相持百餘年者，以其國各有人常察兩國之政，以是見國之有人無人之閒也。

宋・楊萬里《誠齋易傳》卷一四《艮・六四》 六四，艮其身，无咎。《象》曰：艮其身，止諸躬也。

六四，居大臣之任，上欲止其君之不善，下欲止天下之不善。惟不止諸人，不咎諸人，而自止諸躬，則得之矣。楚莊王好獵，而樊姬不食禽獸之肉；太宗喜武功，而魏徵不視七德之舞。此其事也。王吉之賢，能疏昌邑之獵；楊綰之清，能減汾陽之樂。此其效也。四居體之半身之象也。

宋・戴溪《春秋講義》卷三上《宣公元年》 晉、楚二國不務德而力爭陳、鄭，一彼一此，皆不足以得二國之心。鄭伯以晉人受賂之故，而受盟于楚；陳人以楚人無禮之故，而受盟于晉。故楚子、鄭人侵陳及宋，而趙盾亦帥師救陳，陳宋怨鄭伯者也。故復與衛、曹會晉師以伐鄭，既歸之後，晉、宋再復伐鄭。當是之時，晉靈公年少而侈，楚莊王方有事于諸侯，故晉不競于楚。未幾而有桃園之難，楚莊得盡力以圖諸侯，入陳、入鄭，楚卒得志于二國，楚莊以此稱霸。《春秋》紀晉、楚之爭霸，陳、鄭之叛服，于此特詳焉。

又《宣公六年》 楚莊王圖霸，刻意以爭陳、鄭。此豈一手一足所能定哉？晉時有難，趙盾之志不在諸侯，僅與衛孫免侵陳，示諸侯以爲名而已，非能回陳人從楚之心也。

明・高拱《本語》卷四 楚莊王無災禱於山川，曰：『此天亡我』。其説何如？曰：驕言也。夫災而懼，懼而修政，則國愈治，乃俗所謂因病求醫，因醫致壯者也。但人患不知，故必災而始懼耳。彼楚莊也，既知其理矣，則無日不懼，無日不修政，其機固在我也，而何以災爲乎？災而後懼，而後修政，則既已災矣。孰與夫無災而懼，而修政之尤爲得乎！人以無病爲安，病而後謹，固不如無病而謹爲尤安也。而乃以無病爲不可，豈理也哉？故曰驕言也。

清・馬驌《繹史》卷五七《楚莊王爭霸》 楚成王在位四十餘年，無日不以爭霸爲事，召陵之會，楚人斂翼，及齊桓公没，遂越漢東以陵上國。晉文公爲城濮之戰以挫之，楚氛始息，伺釁則起，勢阻則退，鷙伏狐攫，戰守並用，其才類有能過人者，而卒不能得志於中國，則中國之有霸故也。及乎穆王弒立，而中國少衰矣，楚得肆其詐力以蠶食小國，江、六之區，騷然不寧。既而晉襄卽世，益復不支，穆王於是乘閒竊發，覬兵汝、潁之上，陳、蔡、鄭、宋，靡然服從，其圖北方也，鋭於成王矣。夫穆王遙目豺聲，其殘忍不亞於父，其遠畧未必及也，然而戰勝攻取，師出必利，其故何與？晉靈公少，趙盾專政，秦、晉日戰，楚反休息，盾也弗能和輯國家，務爲殺戮，處父、姑射之倫，相繼死亡焉，晉之不在諸侯也，夫人而知之矣。荆蠻伺隙，誰其禦之？厥貉之會，宋人望風而服，固其宜也。天祐其衷，穆王隕命，晉是以稍得息肩，而從楚者漸服，穆若不死，野戰伏尸，恐不俟鄭伯牽羊之日也。莊王初立，外有庸、濮之憂，內有儀、燮之亂，方擁姬抱女，身坐鐘鼓之閒，晉不能於此時謀楚，坐而失時，暨乎三年之後，莊則奮發有爲，蒙故業，進賢人，修甲兵，築城郭，辰陵之役，諸侯俛首而請從焉。經無貶辭，説《春秋》者，至此竟以霸目楚子矣。嗚呼！病霸者楚也，一旦而予楚以霸，聖人豈得已哉！晉自靈公無道，會盟皆出於大夫，文、襄之業遂衰，然猶曰晉侯弱故也，諸侯失望久矣。至於成公之立，國有長君，執魯伐陳，聲罪討貳，《春秋》猶有幸焉。而究之陳、鄭之郊，無歲不有楚患，曰：『政由趙氏。』成公猶靈公也，在位不永，志弗克終。彼楚莊王者，深謀遠畧，非穆王儔也，晉方多故，奚堪與敵邪？楚欲效桓、文之事，故强爲仁義之言，其於陳也，既縣而復封之，則曰：『不貪其富。』於是乎釋陳而得陳矣。其於鄭也，既入而復和之，則曰：『其君下人。』於是乎釋鄭而得鄭矣。其於宋也，既因而復盟之，則曰：『爾無我虞。』於是乎釋宋而得宋矣。邲戰不競，晉國震驚，清丘弗信，衛人渝盟，莊王至此，尚何憚于晉乎？知三國之不可取而不取，以德爲威，諸夏盡得，故申叔不賀，而獻蹊田之喻，子反在師，而受登牀之盟，君臣之閒，若有成謀，操之舍之，總以收中國

之霸權而已。信哉，晉人之料楚也！欒武子曰：『楚自克庸以來，其君不驕。』隨武子曰：『民不罷勞，君無怨讟。』楚莊之不可與敵也，晉固已知之矣。知之而不能避之，是諸卿之智，不若楚一嬖人也，寧可歸罪於彘子哉？

藝文

宋・王十朋《梅溪前集》卷一〇《詠史詩・楚莊王》 周衰外國最跳梁，楚入春秋勢更強。能用一言存滅國，賢哉猶有一莊王。

明・歸有光《震川别集》卷一〇《詠史》 昔在齊威王，選人以治氓。惟彼阿大夫，籍籍日有聲。唯此即墨宰，小人共讒傾。是非並顛倒，四境交侵兵。安得召左右，阿黨盡爲烹。昔在楚莊王，三年不聽政。膝上置美女，飲酒不曾醒。有鳥止于阜，不蜚亦不鳴。安得任伍舉，一朝霸名成。昔在帝武丁，三年不出令。恭默以思道，殷國未能寧。安得夢聖人，求之傅岩形。

晉悼公復霸分部

綜述

《左傳・成公十八年》 使荀罃、士魴逆周子于京師而立之，生十四年矣。大夫逆于清原，周子曰：『孤始願不及此。雖及此，豈非天乎！抑人之求君，使出命也，立而不從，將安用君？二三子用我今日，否亦今日，共而從君，神之所福也。』對曰：『羣臣之願也，敢不唯命是聽。』庚午，盟而入，館于伯子同氏。辛巳，朝于武宮，逐不臣者七人。周子有兄而無慧，不能辨菽麥，故不可立。【略】

二月乙酉朔，晉悼公即位于朝。始命百官，施舍已責，逮鰥寡，振廢滯，匡乏困，救災患，禁淫慝，薄賦斂，宥罪戾，節器用，時用民，欲無犯時。使魏相、士魴、魏頡、趙武爲卿。荀家、荀會、欒黶、韓無忌爲公族大夫，使訓卿之子弟共儉孝弟。使士渥濁爲大傅，使修范武子之法。右行辛爲司空，使修士蔿之法。弁糾御戎，校正屬焉，使訓諸御知義。荀賓爲右，司士屬焉，使訓勇力之士時使。卿無共御，立軍尉以攝之。祁奚爲中軍尉，羊舌職佐之。魏絳爲司馬。張老爲候奄。鐸遏寇爲上軍尉。籍偃爲之司馬，使訓卒乘親以聽命。程鄭爲乘馬御，六騶屬焉，使訓羣騶知禮。凡六官之長，皆民譽也。舉不失職，官不易方，爵不踰德，師不陵正，旅不偪師，民無謗言，所以復霸也。

公如晉，朝嗣君也。【略】

公至自晉。晉范宣子來聘，且拜朝也。君子謂：『晉於是乎有禮。』

又《襄公元年》 夏五月，晉韓厥、荀偃帥諸侯之師伐鄭，入其郛，敗其徒兵於洧上。於是東諸侯之師次于鄫，以待晉師。晉師自鄭以鄫之師侵楚焦夷及陳，晉侯、衛侯次于戚，以爲之援。

秋，楚子辛救鄭，侵宋吕、留。鄭子然侵宋，取犬丘。

又《襄公二年》 二年春，鄭師侵宋，楚令也。【略】

鄭成公疾，子駟請息肩於晉。公曰：『楚君以鄭故，親集矢於其目，非异人任，寡人也。若背之，是棄力與言，其誰暱我？免寡人，唯二三子！』秋七月庚辰，鄭伯睔卒。於是子罕當國，子駟爲政，子國爲司馬。晉師侵鄭，諸大夫欲從晉。子駟曰：『官命未改。』

會于戚，謀鄭故也。孟獻子曰：『請城虎牢以偪鄭。』知武子曰：『善。鄫之會，吾子聞崔子之言，今不來矣。滕、薛、小邾之不至，皆齊故也。寡君之憂不唯鄭。罃將復於寡君，而請於齊。得請而告，吾子之功也。若不得請，事將在齊。吾子之請，諸侯之福也，豈唯寡君賴之。』【略】

冬，復會于戚，齊崔武子及滕、薛、小邾之大夫皆會，知武子之言故也。遂城虎牢，鄭人乃成。

楚公子申爲右司馬，多受小國之賂，以偪子重、子辛，楚人殺之。故書曰：『楚殺其大夫公子申。』

又《襄公三年》 晉爲鄭服故，且欲修吴好，將合諸侯。使士匄告于齊曰：『寡君使匄以歲之不易，不虞之不戒，寡君願與一二兄弟相見，

以謀不協。請君臨之，使匄乞盟。』齊侯欲勿許，而難爲不協，乃盟於耏外。

祁奚請老，晉侯問嗣焉。稱解狐，其讎也，將立之而卒。又問焉，對曰：『午也可。』於是羊舌職死矣，晉侯曰：『孰可以代之？』對曰：『赤也可。』於是使祁午爲中軍尉，羊舌赤佐之。君子謂：『祁奚於是能舉善矣。稱其讎，不爲諂。立其子，不爲比。舉其偏，不爲黨。《商書》曰：「無偏無黨，王道蕩蕩。」其祁奚之謂矣！解狐得舉，祁午得位，伯華得官，建一官而三物成，能舉善也夫！唯善，故能舉其類。《詩》云：「惟其有之，是以似之。」祁奚有焉。』

六月，公會單頃公及諸侯。己未，同盟于雞澤。晉侯使荀會逆吳子于淮上，吳子不至。

楚子辛爲令尹，侵欲於小國。陳成公使袁僑如會求成，晉侯使和組父告于諸侯。秋，叔孫豹及諸侯之大夫及陳袁僑盟，陳請服也。

晉侯之弟揚干亂行於曲梁，魏絳戮其僕。晉侯怒，謂羊舌赤曰：『合諸侯以爲榮也，揚干爲戮，何辱如之？必殺魏絳，無失也！』對曰：『絳無貳志，事君不辟難，有罪不逃刑，其將來辭，何辱命焉？』

言終，魏絳至，授僕人書，將伏劍。士魴、張老止之。公讀其書曰：『日君乏使，使臣斯司馬。臣聞師衆以順爲武，軍事有死無犯爲敬。君合諸侯，臣敢不敬？君師不武，執事不敬，罪莫大焉。臣懼其死，以及揚干，無所逃罪。不能致訓，至於用鉞。臣之罪重，敢有不從，以怒君心，請歸死於司寇。』公跣而出，曰：『寡人之言，親愛也。吾子之討，軍禮也。寡人有弟，弗能教訓，使干大命，寡人之過也。子無重寡人之過，敢以爲請。』

晉侯以魏絳爲能以刑佐民矣。反役，與之禮食，使佐新軍。張老爲中軍司馬，士富爲候奄。

楚司馬公子何忌侵陳，陳叛故也。

許靈公事楚，不會于雞澤。冬，晉知武子帥師伐許。

又 《襄公四年》 四年春，楚師爲陳叛故，猶在繁陽。韓獻子患之，言於朝曰：『文王帥殷之叛國以事紂，唯知時也。今我易之，難哉！』三月，陳成公卒。楚人將伐陳，聞喪乃止。陳人不聽命。臧武仲聞之，曰：『陳不服於楚，必亡。大國行禮焉而不服，在大猶有咎，而況小乎？』夏，楚彭名侵陳，陳無禮故也。【略】

楚人使頓間陳而侵伐之，故陳人圍頓。

無終子嘉父使孟樂如晉，因魏莊子納虎豹之皮，以請和諸戎。

晉侯曰：『戎狄無親而貪，不如伐之。』魏絳曰：『諸侯新服，陳新來和，將觀於我，我德則睦，否則携貳。勞師於戎，而楚伐陳，必弗能救，是棄陳也，諸華必叛。戎，禽獸也，獲戎失華，無乃不可乎？《夏訓》有之曰：「有窮后羿。」』公曰：『后羿何如？』對曰：『昔有夏之方衰也，后羿自鉏遷于窮石，因夏民以代夏政。恃其射也，不修民事而淫于原獸。棄武羅、伯因、熊髡、尨圉而用寒浞。寒浞，伯明氏之讒子弟也。伯明后寒棄之，夷羿收之，信而使之，以爲己相。浞行媚于内而施賂于外，愚弄其民而虞羿于田，樹之詐慝以取其國家，外内咸服。羿猶不悛，將歸自田，家衆殺而亨之，以食其子。其子不忍食諸，死于窮門。靡奔有鬲氏。浞因羿室，生澆及豷，恃其讒慝詐僞而不德于民。使澆用師，滅斟灌及斟尋氏。處澆于過，處豷于戈。靡自有鬲氏，收二國之燼，以滅浞而立少康。少康滅澆于過，后杼滅豷于戈。有窮由是遂亡，失人故也。昔周辛甲之爲大史也，命百官，官箴王闕。於《虞人之箴》曰：「芒芒禹迹，畫爲九州。經啓九道，民有寢廟，獸有茂草，各有攸處，德用不擾。在帝夷羿，冒于原獸，忘其國恤，而思其麀牡。武不可重，用不恢于夏家。獸臣司原，敢告僕夫。」《虞箴》如是，可不懲乎？』於是晉侯好田，故魏絳及之。

公曰：『然則莫如和戎乎？』對曰：『和戎有五利焉：戎狄薦居，貴貨易土，土可賈焉，一也。邊鄙不聳，民狎其野，穡人成功，二也。戎狄事晉，四鄰振動，諸侯威懷，三也。以德綏戎，師徒不勤，甲兵不頓，四也。鑑于后羿，而用德度，遠至邇安，五也。君其圖之！』公說，使魏絳盟諸戎，修民事，田以時。

又 《襄公五年》 楚人討陳叛故，曰：『由令尹子辛實侵欲焉。』乃殺之。書曰：『楚殺其大夫公子壬夫。』貪也。君子謂：『楚共王於是不刑。《詩》曰：「周道挺挺，我心扃扃，講事不令，集人來定。」己則無信，而殺人以逞，不亦難乎？《夏書》曰：「成允成功。」』

九月丙午，盟於戲，會吴，且命戍陳也。【略】

楚子囊爲令尹。范宣子曰：『我喪陳矣！楚人討貳而立子囊，必改行而疾討陳。陳近於楚，民朝夕急，能無往乎？有陳，非吾事也，無之而後可。』冬，諸侯戍陳。子囊伐陳。十一月甲午，會于城棣以救之。

又《襄公七年》冬十月，晋韓獻子告老。公族穆子有廢疾，將立之。辭曰：『《詩》曰：「豈不夙夜，謂行多露。」又曰：「弗躬弗親，庶民弗信。」無忌不才，讓其可乎？請立起也！與田蘇游，而曰好仁。《詩》曰：「靖共爾位，好是正直。神之聽之，介爾景福。」恤民爲德，正直爲正，正曲爲直，參和爲仁。如是，則神聽之，介福降之。立之，不亦可乎？』庚戌，使宣子朝，遂老。晋侯謂韓無忌仁，使掌公族大夫。【略】

楚子囊圍陳，會于鄬以救之。【略】

陳人患楚。慶虎、慶寅謂楚人曰：『吾使公子黄往而執之。』楚人從之。二慶使告陳侯于會，曰：『楚人執公子黄矣！君若不來，羣臣不忍社稷宗廟，懼有二圖。』陳侯逃歸。

又《襄公八年》八年春，公如晋朝，且聽朝聘之數。【略】

庚寅，鄭子國、子耳侵蔡，獲蔡司馬公子燮。鄭人皆喜，唯子産不順，曰：『小國無文德，而有武功，禍莫大焉。楚人來討，能勿從乎？從之，晋師必至。晋、楚伐鄭，自今鄭國，不四五年，弗得寧矣。』子國怒之曰：『爾何知？國有大命，而有正卿。童子言焉，將爲戮矣。』

五月甲辰，會于邢丘，以命朝聘之數，使諸侯之大夫聽命。季孫宿、齊高厚、宋向戌、衛寧殖、邾大夫會之。鄭伯獻捷于會，故親聽命。大夫不書，尊晋侯也。【略】

冬，楚子囊伐鄭，討其侵蔡也。子駟、子國、子耳欲從楚，子孔、子蟜、子展欲待晋。子駟曰：『《周詩》有之曰：「俟河之清，人壽幾何？兆云詢多，職競作羅。」謀之多族，民之多違，事滋無成。民急矣，姑從楚以紓吾民。晋師至，吾又從之。敬共幣帛，以待來者，小國之道也。犧牲玉帛，待於二竟，以待彊者而庇民焉。寇不爲害，民不罷病，不亦可乎？』子展曰：『小所以事大，信也。小國無信，兵亂日至，亡無日矣。五會之信，今將背之，雖楚救我，將安用之？親我無成，鄙我是欲，不可從也。不如待晋。晋君方明，四軍無闕，八卿和睦，必不棄鄭。楚師遼遠，糧食將盡，必將速歸，何患焉？舍之聞之：「杖莫如信。」完守以老楚，杖信以待晋，不亦可乎？』子駟曰：『《詩》云：「謀夫孔多，是用不集，發言盈庭，誰敢執其咎？如匪行邁謀，是用不得于道。」請從楚，騑也受其咎。』

乃及楚平，使王子伯駢告于晋，曰：『君命敝邑：「修而車賦，儆而師徒，以討亂略。」蔡人不從，敝邑之人，不敢寧處，悉索敝賦，以討于蔡，獲司馬燮，獻于邢丘。今楚來討曰：「女何故稱兵于蔡？」焚我郊保，馮陵我城郭。敝邑之衆，夫婦男女，不皇啓處，以相救也。翦焉傾覆，無所控告。民死亡者，非其父兄，即其子弟，夫人愁痛，不知所庇。民知窮困，而受盟于楚，孤也與其二三臣不能禁止。不敢不告。』知武子使行人子員對之曰：『君有楚命，亦不使一个行李告于寡君，而即安于楚。君之所欲也，誰敢違君。寡君將帥諸侯以見于城下，唯君圖之！』

晋范宣子來聘，且拜公之辱，告將用師于鄭。公享之，宣子賦《摽有梅》。季武子曰：『誰敢哉！今譬於草木，寡君在君，君之臭味也。歡以承命，何時之有？』武子賦《角弓》。賓將出，武子賦《彤弓》。宣子曰：『城濮之役，我先君文公獻功于衡雍，受《彤弓》于襄王，以爲子孫藏。匄也，先君守官之嗣也，敢不承命？』君子以爲知禮。

又《襄公九年》夏，季武子如晋，報宣子之聘也。【略】

冬十月，諸侯伐鄭。庚午，季武子、齊崔杼、宋皇鄖從荀罃、士匄門于鄟門。衛北宫括、曹人、邾人從荀偃、韓起門于師之梁。滕人、薛人從欒黡、士魴門于北門。杞人、郳人從趙武、魏絳斬行栗。甲戌，師于汜，令於諸侯曰：『修器備，盛餱糧，歸老幼，居疾于虎牢，肆眚，圍鄭。』鄭人恐，乃行成。中行獻子曰：『遂圍之，以待楚人之救也而與之戰。不然，無成。』知武子曰：『許之盟而還師，以敝楚人。吾三分四軍，與諸侯之鋭以逆來者，於我未病，楚不能矣，猶愈於戰。暴骨以逞，不可以爭。大勞未艾。君子勞心，小人勞力，先王之制也。』諸侯皆不欲戰，乃許鄭成。

十一月己亥，同盟于戲，鄭服也。將盟，鄭六卿公子騑、公子發、公子嘉、公孫輒、公孫蠆、公孫舍之及其大夫、門子皆從鄭伯。晋士莊子爲載書，曰：『自今日既盟之後，鄭國而不唯晋命是聽，而或有异志者，有

如此盟。」公子騑趨進曰：『天禍鄭國，使介居二大國之間。大國不加德音而亂以要之，使其鬼神不獲歆其禋祀，其民人不獲享其土利，夫婦辛苦墊隘，無所底告。自今日既盟之後，鄭國而不唯有禮與强可以庇民者是從，而敢有异志者，亦如之。』荀偃曰：『改載書。』公孫舍之曰：『昭大神，要言焉。若可改也，大國亦可叛也。』知武子謂獻子曰：『我實不德，而要人以盟，豈禮也哉！非禮，何以主盟？姑盟而退，修德息師而來，終必獲鄭，何必今日？我之不德，民將棄我，豈唯鄭？若能休和，遠人將至，何恃於鄭？』乃盟而還。

晋人不得志於鄭，以諸侯復伐之。十二月癸亥，門其三門。閏月戊寅，濟于陰阪，侵鄭。次於陰口而還。子孔曰：『晋師可擊也，師老而勞，且有歸志，必大克之。』子展曰：『不可。』

公送晋侯。晋侯以公宴于河上，問公年，季武子對曰：『會于沙隨之歲，寡君以生。』晋侯曰：『十二年矣！是謂一終，一星終也。國君十五而生子。冠而生子，禮也。君可以冠矣！大夫盍爲冠具？』武子曰：『君冠，必以祼享之禮行之，以金石之樂節之，以先君之祧處之。今寡君在行，未可具也。請及兄弟之國而假備焉！』晋侯曰：『諾。』公還及衛，冠于成公之廟，假鐘磬焉，禮也。

楚子伐鄭，子駟將及楚平。子孔、子蟜曰：『與大國盟，口血未乾而背之，可乎？』子駟、子展曰：『吾盟固云：「唯强是從。」今楚師至，晋不我救，則楚强矣。盟誓之言，豈敢背之？且要盟無質，神弗臨也，所臨唯信。信者，言之瑞也，善之主也，是故臨之。明神不蠲要盟，背之可也。』乃及楚平。公子罷戎入盟，同盟于中分。楚莊夫人卒，王未能定鄭而歸。

晋侯歸，謀所以息民。魏絳請施舍，輸積聚以貸。自公以下，苟有積者，盡出之。國無滯積，亦無困人。公無禁利，亦無貪民。祈以幣更，賓以特牲。器用不作，車服從給。行之期年，國乃有節。三駕而楚不能與爭。

又《襄公十年》 十年春，會于柤，會吴子壽夢也。三月癸丑，齊高厚相大子光以先會諸侯于鍾離，不敬。士莊子曰：『高子相大子以會諸侯，將社稷是衛，而皆不敬，棄社稷也，其將不免乎？』夏四月戊午，會于柤。

晋荀偃、士匄請伐偪陽，而封宋向戌焉。荀罃曰：『城小而固，勝之不武，弗勝爲笑。』固請。丙寅，圍之，弗克。孟氏之臣秦堇父輦重如役。偪陽人啓門，諸侯之士門焉。縣門發，郰人紇抉之以出門者。狄虒彌建大車之輪而蒙之以甲以爲櫓，左執之，右拔戟，以成一隊。孟獻子曰：『《詩》所謂「有力如虎」者也。』主人縣布，堇父登之，及堞而絶之。隊則又縣之，蘇而復上者三。主人辭焉，乃退，帶其斷以徇於軍三日。

諸侯之師久於偪陽，荀偃、士匄請於荀罃曰：『水潦將降，懼不能歸，請班師。』知伯怒，投之以機，出於其間，曰：『女成二事而後告余。余恐亂命，以不女違。女既勤君而興諸侯，牽帥老夫以至於此，既無武守，而又欲易余罪，曰：「是實班師，不然克矣。」余羸老也，可重任乎？七日不克，必爾乎取之！』

五月庚寅，荀偃、士匄帥卒攻偪陽，親受矢石。甲午，滅之。書曰『遂滅偪陽』，言自會也。以與向戌，向戌辭曰：『君若猶辱鎮撫宋國，而以偪陽光啓寡君，羣臣安矣，其何貺如之？若專賜臣，是臣興諸侯以自封也，其何罪大焉？敢以死請。』乃予宋公。

宋公享晋侯於楚丘，請以《桑林》。荀罃辭。荀偃、士匄曰：『諸侯宋、魯，於是觀禮。魯有禘樂，賓祭用之。宋以《桑林》享君，不亦可乎？』舞師題以旌夏，晋侯懼，而退入于房。去旌，卒享而還。及著雍，疾。卜，《桑林》見。荀偃、士匄欲奔請禱焉。荀罃不可，曰：『我辭禮矣，彼則以之。猶有鬼神，於彼加之。』晋侯有間，以偪陽子歸，獻于武宫，謂之夷俘。偪陽，妘姓也。使周内史選其族嗣，納諸霍人，禮也。

師歸，孟獻子以秦堇父爲右。生秦丕茲，事仲尼。

六月，楚子囊、鄭子耳伐宋，師于訾毋。庚午，圍宋，門于桐門。

【略】

衛侯救宋，師于襄牛。鄭子展曰：『必伐衛，不然，是不與楚也。得罪於晋，又得罪於楚，國將若之何？』子駟曰：『國病矣！』子展曰：『得罪於二大國，必亡。病不猶愈於亡乎？』諸大夫皆以爲然。故鄭皇耳帥師侵衛，楚令也。孫文子卜追之，獻兆於定姜。姜氏問繇。曰：『兆如山陵，有夫出征，而喪其雄。』姜氏曰：『征者喪雄，禦寇之利也。大夫

秋七月，楚子囊、鄭子耳伐我西鄙。還圍蕭，八月丙寅，克之。九月，子耳侵宋北鄙。孟獻子曰：『鄭其有災乎！師競已甚。周猶不堪競，況鄭乎？有災，其執政之三士乎！』【略】

諸侯伐鄭。齊崔杼使大子光先至于師，故長於滕。己酉，師于牛首。【略】

諸侯之師城虎牢而戍之。晉師城梧及制，士魴、魏絳戍之。書曰『戍鄭虎牢』，非鄭地也，言將歸焉。

鄭及晉平。楚子囊救鄭。十一月，諸侯之師還鄭而南，至於陽陵，楚師不退。知武子欲退，曰：『今我逃楚，楚必驕，驕則可與戰矣。』欒黶曰：『逃楚，晉之恥也。合諸侯以益恥，不如死！我將獨進。』師遂進。己亥，與楚師夾潁而軍。子蟜曰：『諸侯既有成行，必不戰矣。從之將退，不從亦退。退，楚必圍我。猶將退也。不如從楚，亦以退之。』宵涉潁，與楚人盟。欒黶欲伐鄭師，荀罃不可，曰：『我實不能禦楚，又不能庇鄭，鄭何罪？不如致怨焉而還。今伐其師，楚必救之，戰而不克，爲諸侯笑。克不可命，不如還也！』丁未，諸侯之師還，侵鄭北鄙而歸。楚人亦還。

又《襄公十一年》 鄭人患晉、楚之故。諸大夫曰：『不從晉，國幾亡。楚弱於晉，晉不吾疾也。晉疾，楚將辟之。何爲而使晉師致死於我，楚弗敢敵，而後可固與也。』子展曰：『與宋爲惡，諸侯必至，吾從之盟。楚師至，吾又從之，則晉怒甚矣。晉能驟來，楚將不能，吾乃固與晉。』大夫説之，使疆埸之司惡於宋。宋向戌侵鄭，大獲。子展曰：『師而伐宋可矣。若我伐宋，諸侯之伐我必疾，吾乃聽命焉，且告於楚。楚師至，吾又與之盟，而重賂晉師，乃免矣。』夏，鄭子展侵宋。

四月，諸侯伐鄭。己亥，齊大子光、宋向戌先至于鄭，門于東門。其莫，晉荀罃至于西郊，東侵舊許。衛孫林父侵其北鄙。六月，諸侯會于北林，師于向，右還，次于瑣，圍鄭。觀兵于南門，西濟于濟隧。鄭人懼，乃行成。

秋七月，同盟于亳。范宣子曰：『不慎，必失諸侯。諸侯道敝而無成，能無貳乎？』乃盟，載書曰：『凡我同盟，毋蘊年，毋壅利，毋保姦，毋留慝，救災患，恤禍亂，同好惡，奬王室。或間茲命，司慎司盟，名山名川，羣神羣祀，先王先公，七姓十二國之祖，明神殛之。俾失其民，隊命亡氏，踣其國家。』

楚子囊乞旅于秦，秦右大夫詹帥師從楚子，將以伐鄭。鄭伯逆之。丙子，伐宋。

九月，諸侯悉師以復伐鄭。鄭人使良霄、大宰石㚟如楚，告將服于晉，曰：『孤以社稷之故，不能懷君。君若能以玉帛綏晉，不然則武震以攝威之，孤之願也。』楚人執之，書曰『行人』，言使人也。諸侯之師觀兵于鄭東門，鄭人使王子伯駢行成。甲戌，晉趙武入盟鄭伯。冬十月丁亥，鄭子展出盟晉侯。十二月戊寅，會于蕭魚。庚辰，赦鄭囚，皆禮而歸之。納斥候，禁侵掠。晉侯使叔肸告于諸侯。公使臧孫紇對曰：『凡我同盟，小國有罪，大國致討，苟有以藉手，鮮不赦宥。寡君聞命矣。』鄭人賂晉侯以師悝、師觸、師蠲，廣車、軘車淳十五乘，甲兵備。凡兵車百乘，歌鐘二肆，及其鎛磬，女樂二八。

晉侯以樂之半賜魏絳，曰：『子教寡人和諸戎狄，以正諸華。八年之中，九合諸侯，如樂之和，無所不諧。請與子樂之。』辭曰：『夫和戎狄，國之福也。八年之中，九合諸侯，諸侯無慝，君之靈也，二三子之勞也，臣何力之有焉？抑臣願君安其樂而思其終也！《詩》曰：「樂只君子，殿天子之邦。樂只君子，福禄攸同。便蕃左右，亦是帥從。」夫樂以安德，義以處之，禮以行之，信以守之，仁以厲之，而後可以殿邦國，同福禄，來遠人，所謂樂也。《書》曰：「居安思危。」思則有備，有備無患。敢以此規。』公曰：『子之教，敢不承命。抑微子，寡人無以待戎，不能濟河。夫賞，國之典也，藏在盟府，不可廢也。子其受之！』魏絳於是乎始有金石之樂，禮也。

又《襄公十二年》 夏，晉士魴來聘，且拜師。【略】

冬，楚子囊、秦庶長無地伐宋，師于揚梁，以報晉之取鄭也。【略】公如晉，朝，且拜士魴之辱，禮也。

又《襄公十三年》 十三年春，公至自晉，孟獻子書勞于廟，禮也。【略】

荀罃、士魴卒。晉侯搜于緜上以治兵，使士匄將中軍，辭曰：『伯游長。昔臣習於知伯，是以佐之，非能賢也。請從伯游。』荀偃將中軍，士

匄佐之。使韓起將上軍，辭以趙武。又使欒黶，辭曰：『臣不如韓起。韓起願上趙武，君其聽之！』使趙武將上軍，韓起佐之。欒黶將下軍，魏絳佐之。新軍無帥，晋侯難其人，使其什吏，率其卒乘官屬，以從於下軍，禮也。晋國之民，是以大和。諸侯遂睦。君子曰：『讓，禮之主也。范宣子讓，其下皆讓。欒黶爲汰，弗敢違也。晋國以平，數世賴之。刑善也夫！一人刑善，百姓休和，可不務乎？《書》曰：「一人有慶，兆民賴之，其寧惟永。」其是之謂乎？周之興也，其《詩》曰：「儀刑文王，萬邦作孚。」言刑善也。及其衰也，其《詩》曰：「大夫不均，我從事獨賢。」言不讓也。世之治也，君子尚能而讓其下，小人農力以事其上，是以上下有禮，而讒慝黜遠，由不爭也，謂之懿德。及其亂也，君子稱其功以加小人，小人伐其技以馮君子，是以上下無禮，亂虐並生，由爭善也。謂之昏德。國家之敝，恒必由之。』【略】

鄭良霄、大宰石㚟猶在楚。石㚟言於子囊曰：『先王卜征五年，而歲習其祥，祥習則行。不習則增，修德而改卜。今楚實不競，行人何罪？止鄭一卿，以除其偪，使睦而疾楚，以固於晋，焉用之？使歸而廢其使，怨其君以疾其大夫，而相牽引也，不猶愈乎？』楚人歸之。

又 **《襄公十四年》** 十四年春，吴告敗于晋。會于向，爲吴謀楚故也。范宣子數吴之不德也，以退吴人。執莒公子務婁，以其通楚使也。

將執戎子駒支。范宣子親數諸朝，曰：『來！姜戎氏，昔秦人迫逐乃祖吾離于瓜州，乃祖吾離被苫蓋，蒙荆棘，以來歸我先君。我先君惠公有不腆之田，與女剖分而食之。今諸侯之事我寡君，不如昔者，蓋言語漏泄，則職女之由。詰朝之事，爾無與焉！與將執女！』對曰：『昔秦人負恃其衆，貪于土地，逐我諸戎。惠公蠲其大德，謂我諸戎是四嶽之裔胄也，毋是翦棄。賜我南鄙之田，狐狸所居，豺狼所嗥。我諸戎除翦其荆棘，驅其狐狸豺狼，以爲先君不侵不叛之臣，至于今不貳。昔文公與秦伐鄭，秦人竊與鄭盟而舍戍焉，於是乎有殽之師。晋禦其上，戎亢其下，秦師不復，我諸戎實然。譬如捕鹿，晋人角之，諸戎掎之，與晋踣之，戎何以不免？自是以來，晋之百役，與我諸戎相繼于時，以從執政，猶殽志也。豈敢離逷？今官之師旅，無乃實有所闕，以携諸侯，而罪我諸戎！我諸戎飲食衣服，不與華同，贄幣不通，言語不達，何惡之能爲？不與於會，亦無瞢焉！』賦《青蠅》而退。宣子辭焉，使即事於會，成愷悌也。於是，子叔齊子爲季武子介以會，自是晋人輕魯幣，而益敬其使。

吴子諸樊既除喪，將立季札。季札辭曰：『曹宣公之卒也，諸侯與曹人不義曹君，將立子臧。子臧去之，遂弗爲也，以成曹君。君子曰：「能守節。」君，義嗣也。誰敢奸君？有國，非吾節也。札雖不才，願附於子臧，以無失節。』固立之。棄其室而耕。乃舍之。

又 **《襄公十五年》** 秋，邾人伐我南鄙。使告于晋，晋將爲會以討邾、莒。晋侯有疾，乃止。冬，晋悼公卒，遂不克會。

鄭公孫夏如晋奔喪，子蟜送葬。

《國語》卷三《周語下》 晋孫談之子周適周，事單襄公，立無跛，視無還，聽無聳，言無遠；言敬必及天，言忠必及意，言信必及身，言仁必及人，言義必及利，言智必及事，言勇必及制，言教必及辯，言孝必及神，言惠必及和，言讓必及敵；晋國有憂未嘗不戚，有慶未嘗不怡。

襄公有疾，召頃公而告之，曰：『必善晋周，將得晋國。其行也文，能文則得天地。天地所胙，小而後國。夫敬，文之恭也；忠，文之實也；信，文之孚也；仁，文之愛也；義，文之制也；智，文之輿也；勇，文之帥也；教，文之施也；孝，文之本也；惠，文之慈也；讓，文之材也。象天能敬，帥意能忠，思身能信，愛人能仁，利制能義，事建能智，帥義能勇，施辯能教，昭神能孝，慈和能惠，推敵能讓。此十一者，夫子皆有焉。

『天六地五，數之常也。經之以天，緯之以地。經緯不爽，文之象也。文王質文，故天胙之以天下。夫子被之矣，其昭穆又近，可以得國。且夫立無跛，正也；視無還，端也；聽無聳，成也；言無遠，慎也。夫正，德之道也；端，德之信也；成，德之終也；慎，德之守也。守終純固，道正事信，明令德矣。慎成端正，德之相也。爲晋休戚，不背本也。被文相德，非國何取！

『成公之歸也，吾聞晋之筮之也，遇《乾》之《否》，曰：「配而不終，君三出焉。」一既往矣，後之不知，其次必此。且吾聞成公之生也，其母夢神規其臀以墨，曰：「使有晋國，三而畀驩之孫。」故名之曰「黑臀」，於今再矣。襄公曰驩，此其孫也。而令德孝恭，非此其誰？且其夢

臀」，於今再矣。襄公曰驩，此其孫也。而令德孝恭，非此其誰？且其夢曰：「必驩之孫，實有晉國。」其卦曰：「必三取君於周。」其德又可以君國，三襲焉。吾聞之大誓，故曰：「朕夢協朕卜，襲于休祥，戎商必克。」以三襲也。晉仍無道而鮮胄，其將失之矣。必早善晉子，其當之也。」頃公許諾。及厲公之亂，召周子而立之，是爲悼公。

又 卷一三《晉語七》 既弒厲公，欒武子使智武子、彘恭子如周迎悼公。庚午，大夫逆于清原。公言於諸大夫曰：「孤始願不及此，孤之及此，天也。抑人之有元君，將稟命焉。若稟而棄之，是焚穀也；其稟而不材，是穀不成也。穀之不成，孤之咎也；成而焚之，二三子之虐也。孤欲長處其願，出令將不敢不成，二三子爲令之不從，故求元君而訪焉。孤之不元，廢也，其誰怨？元而以虐奉之，二三子之制也。若欲奉元以濟大義，將在今日；若欲暴虐以離百姓，反易民常，亦在今日。圖之進退，願由今日。」大夫對曰：「君鎮撫羣臣而大庇廕之，無乃不堪君訓而陷於大戮，以煩刑、史，辱君之允令，敢不承業。」乃盟而入。

辛巳，朝于武宮。定百事，立百官，育門子，選賢良，興舊族，出滯賞，畢故刑，赦囚繫，宥閒罪，薦積德，逮鰥寡，振廢淹，養老幼，恤孤疾，年過七十，公親見之，稱曰王父，敢不承。

二月乙酉，公即位。使呂宣子將下軍，曰：「邲之役，呂錡佐智莊子於上軍，獲楚公子穀臣與連尹襄老，以免子羽。鄢之役，親射楚王而敗楚師，以定晉國而無後，其子孫不可不崇也。」使彘恭子將新軍，曰：「武子之季、文子之母弟也。武子宣法以定晉國，至於今是用。文子勤身以定諸侯，至於今是賴。夫二子之德，其可忘乎！」故以彘季屏其宗。使令狐文子佐之，曰：「昔克潞之役，秦來圖敗晉功，魏顆以其身卻退秦師于輔氏，親止杜回，其勳銘於景鍾。至于今不育，其子不可不興也。」

君知士貞子之帥志博聞而宣惠於教也，使爲太傅。知右行辛之能以數宣物定功也，使爲元司空。知欒糾之能御以和于政也，使爲戎御。知荀賓之有力而不暴也，使爲戎右。

欒伯請公族大夫，公曰：「荀家惇惠，荀會文敏，黶也果敢，無忌鎮靜，使茲四人者爲之。夫膏粱之性難正也，故使惇惠者教之，使文敏者導之，使果敢者諗之，使鎮靜者修之。惇惠者教之，則偏而不倦；文敏者導之，則婉而入；果敢者諗之，則過不隱；鎮靜者修之，則壹。使茲四人者爲公族大夫。

公知祁奚之果而不淫也，使爲元尉。知羊舌職之聰敏肅給也，使佐之。知魏絳之勇而不亂也，使爲元司馬。知張老之智而不詐也，使爲元候。知鐸遏寇之恭敬而信彊也，使爲輿尉。知籍偃之惇帥舊職而恭給也，使爲輿司馬。知程鄭端而不淫，且好諫而不隱也，使爲贊僕。

始合諸侯于虛朾以救宋，使張老延君譽于四方，且觀道逆者。呂宣子卒，公以趙文子爲文也，而能恤大事，使佐新軍。三年，公始合諸侯。四年，諸侯會于雞丘，於是乎布命、結援、修好、申盟而還。令狐文子卒，公以魏絳爲不犯，使佐新軍。使張老爲司馬，使范獻子爲候奄。公譽達于戎。五年，諸戎來請服，使魏莊子盟之，於是乎始復霸。【略】

祁奚辭於軍尉，公問焉，曰：「孰可？」對曰：「臣之子午可。人有言曰：『擇臣莫若君，擇子莫若父。』午之少也，婉以從令，遊有鄉，處有所，好學而不戲。其壯也，彊志而用命，守業而不淫。其冠也，和安而好敬，柔惠小物，而鎮定大事，有直質而無流心，非義不變，非上不舉。若臨大事，其可以賢於臣。臣請薦所能擇而君比義焉。」公使祁午爲軍尉，歿平公，軍無秕政。【略】

四年，會諸侯於雞丘，魏絳爲中軍司馬，公子揚干亂行於曲梁，魏絳斬其僕。公謂羊舌赤曰：「寡人屬諸侯，魏絳戮寡人之弟，爲我勿失。」赤對曰：「臣聞絳之志，有事不避難，有罪不避刑，其將來辭。」言終，魏絳至，授僕人書而伏劍。士魴、張老交止之。僕人授公，公讀書曰：「臣誅於揚干，不忘其死。日君乏使，使臣狃中軍之司馬。臣聞師衆以順爲武，軍事有死無犯爲敬，君合諸侯，臣敢不敬，君不說，請死之。」公跣而出，曰：「寡人之言，兄弟之禮也。子之誅，軍旅之事也，請無重寡人之過。」反役，與之禮食，令之佐新軍。【略】

悼公使張老爲卿，辭曰：「臣不如魏絳。夫絳之智能治大官，其仁可以利公室不忘，其勇不疚於刑，其學不廢其先人之職。若在卿位，外內必平。且雞丘之會，其官不犯而辭順，不可不賞也。」公五命之，固辭，乃使爲司馬。使魏絳佐新軍。【略】

五年，無終子嘉父使孟樂因魏莊子納虎豹之皮以和諸戎。公曰：

『戎、狄無親而好得，不若伐之。』魏絳曰：『勞師於戎，而失諸華，雖有功，猶得獸而失人也，安用之？且夫戎、狄荐處，貴貨而易土。予之貨而獲其土，其利一也；邊鄙耕農不儆，其利二也；戎、狄事晉，四鄰莫不震動，其利三也。君其圖之！』公説，故使魏絳撫諸戎，於是乎遂伯。

韓獻子老，使公族穆子受事於朝。辭曰：『厲公之亂，無忌備公族，不能死。臣聞之曰：「無功庸者，不敢居高位。」今無忌，智不能匡君，使至於難，仁不能救，勇不能死，敢辱君朝以忝韓宗，請退也。』固辭不立。悼公聞之，曰：『難雖不能死君而能讓，不可不賞也。』使掌公族大夫。【略】

十二年，公伐鄭，軍于蕭魚。鄭伯嘉來納女、工、妾三十人，女樂二八，歌鐘二肆，及寶鎛，輅車十五乘。公錫魏絳女樂一八、歌鐘一肆，曰：『子教寡人和諸戎、狄而正諸華，於今八年，七合諸侯，寡人無不得志，請與子共樂之。』魏絳辭曰：『夫和戎、狄，君之幸也。八年之中，七合諸侯，君之靈也。二三子之勞也，臣焉得之？』公曰：『微子，寡人無以待戎，無以濟河，二三子何勞焉！子其受之。』君子曰：『能志善也。』

悼公與司馬侯升臺而望曰：『樂夫！』對曰：『臨下之樂則樂矣，德義之樂則未也。』公曰：『何謂德義？』對曰：『諸侯之爲，日在君側，以其善行，以其惡戒，可謂德義矣。』公曰：『孰能？』對曰：『羊舌肸習於春秋。』乃召叔向使傅太子彪。

《呂氏春秋》卷一《孟冬紀·去私》 晉平公問於祁黃羊曰：『南陽無令，其誰可而爲之？』祁黃羊對曰：『解狐可。』平公曰：『解狐非子之讎邪？』對曰：『君問可，非問臣之讎也。』平公曰：『善。』遂用之。國人稱善焉。居有間，平公又問祁黃羊曰：『國無尉，其誰可而爲之？』對曰：『午可。』平公曰：『午非子之子邪？』對曰：『君問可，非問臣之子也。』平公曰：『善。』又遂用之。國人稱善焉。孔子聞之曰：『善哉！祁黃羊之論也，外舉不避讎，內舉不避子。』祁黃羊可謂公矣。

《公羊傳·襄公二年》 冬，仲孫蔑會晉荀罃、齊崔杼、宋華元、衛孫林父、曹人、邾婁人、滕人、薛人、小邾婁人于戚，遂城虎牢。虎牢者何？鄭之邑也。其言城之何？取之也。取之則曷爲不言取之？爲中國諱也。曷爲爲中國諱？諱伐喪也。曷爲不繫乎鄭？爲中國諱也。大夫無遂事，此其言遂何？歸惡乎大夫也。

又 《襄公三年》 六月，公會單子、晉侯、宋公、衛侯、鄭伯、莒子、邾婁子、齊世子光。己未，同盟于雞澤。

陳侯使袁僑如會。其言如會何？後會也。

戊寅，叔孫豹及諸侯之大夫，及陳袁僑盟。曷爲殊及陳袁僑？爲其與袁僑盟也。

又 《襄公五年》 公會晉侯、宋公、陳侯、衛侯、鄭伯、曹伯、莒子、邾婁子、滕子、薛伯、齊世子光、吳人、鄫人于戚。吳何以稱人？吳鄫人云則不辭。

冬，戍陳。孰戍之？諸侯戍之。曷爲不言諸侯戍之？離至不可得而序，故言我也。

又 《襄公八年》 鄭人侵蔡，獲蔡公子燮。此侵也，其言獲何？侵而言獲者，適得之也。

又 《襄公十一年》 公會晉侯、宋公、衛侯、曹伯、齊世子光、莒子、邾婁子、滕子、薛伯、杞伯、小邾婁子伐鄭，會于蕭魚。此伐鄭也，其言會于蕭魚何？蓋鄭與會爾。

《穀梁傳·襄公二年》 晉師、宋師、衛寧殖侵鄭。其曰衛寧殖，如是而稱于前事也。

冬，仲孫蔑會晉荀罃、齊崔杼、宋華元、衛孫林父、曹人、邾人、滕人、薛人、小邾人于戚，遂城虎牢。若言中國焉，內鄭也。

又 《襄公三年》 六月，公會單子、晉侯、宋公、衛侯、鄭伯、莒子、邾子、齊世子光。己未，同盟于雞澤。同者，有同也。同外楚也。

陳侯使袁僑如會。如會，外乎會也。於會受命也。

戊寅，叔孫豹及諸侯之大夫，及陳袁僑盟。及以及，與之也。諸侯以爲可與則與之，不可與則釋之。諸侯盟，又大夫相與私盟，是大夫張也。故雞澤之會，諸侯始失正矣。大夫執國權，曰袁僑，異之也。

又 《襄公五年》 公會晉侯、宋公、衛侯、鄭伯、曹伯、莒子、邾子、滕子、薛伯、齊世子光救陳。

十有二月，公至自救陳。善救陳也。

又《襄公八年》 鄭人侵蔡，獲蔡公子濕。人，微者也。侵，淺事也。而獲公子，公子病矣。

季孫宿會晉侯、鄭伯、齊人、宋人、衛人、邾人于邢丘。見魯之失正也，公在而大夫會也。

又《襄公十年》 十年，春，公會晉侯、宋公、衛侯、曹伯、莒子、邾子、滕子、薛伯、杞伯、小邾子、齊世子光會吳于柤。會又會，外之也。

夏，五月，甲午，遂滅傅陽。遂，直遂也。其曰遂何？不以中國從夷狄也。

公至自會。會夷狄不致，惡事不致，此其致何也？存中國也。

又《襄公十一年》 公會晉侯、宋公、衛侯、曹伯、齊世子光、莒子、邾子、滕子、薛伯、杞伯、小邾子伐鄭，會于蕭魚。

公至自會。伐而後會，不以伐鄭致，得鄭伯之辭也。

《史記》卷五《秦本紀》 （秦景公十五年）是時晉悼公爲盟主。十八年，晉悼公彊，數會諸侯，率以伐秦，敗秦軍。秦軍走，晉兵追之，遂渡涇，至棫林而還。

又 卷一四《十二諸侯年表》 （晉悼公元年）圍宋彭城。

（晉悼公二年）率諸侯伐鄭，城虎牢。

（晉悼公四年）魏絳説和戎、狄，狄朝晉。

（晉悼公九年）率齊、魯、宋、衛、曹伐鄭。秦伐我。

（晉悼公十年）率諸侯伐鄭。荀罃伐秦。

（晉悼公十一年）率諸侯伐鄭，秦敗我櫟。公曰『吾用魏絳九合諸侯』，賜之樂。

（晉悼公十四年）率諸侯大夫伐秦，敗棫林。

又 卷三二《齊太公世家》 （齊靈公）十年，晉悼公伐齊，齊令公子光質晉。

又 卷三九《晉世家》 智罃迎公子周來，至絳，刑雞與大夫盟而立之，是爲悼公。辛巳，朝武宮。二月乙酉，即位。

悼公周者，其大父捷，晉襄公少子也，不得立，號爲桓叔，桓叔最愛。桓叔生惠伯談，談生悼公周。周之立，年十四矣。悼公曰：「大父、父皆不得立而辟難於周，客死焉。寡人自以疏遠，毋幾爲君。今大夫不忘文、襄之意而惠立桓叔之後，賴宗廟大夫之靈，得奉晉祀，豈敢不戰戰乎？大夫其亦佐寡人！」於是逐不臣者七人，修舊功，施德惠，收文公入時功臣後。秋，伐鄭。鄭師敗，遂至陳。

三年，晉會諸侯。悼公問羣臣可用者，祁傒舉解狐。解狐，傒之仇。復問，舉其子祁午。君子曰：『祁傒可謂不黨矣！外舉不隱仇，內舉不隱子。』方會諸侯，悼公弟楊干亂行，魏絳戮其僕。悼公怒，或諫公，公卒賢絳，任之政，使和戎，戎大親附。十一年，悼公曰：『自吾用魏絳，九合諸侯，和戎、翟，魏子之力也。』賜之樂，三讓乃受之。冬，秦取我櫟。

十四年，晉使六卿率諸侯伐秦，度涇，大敗秦軍，至棫林而去。

十五年，悼公問治國於師曠。師曠曰：『惟仁義爲本。』冬，悼公卒，子平公彪立。

漢・劉向《説苑》卷一四《至公》 趙宣子言韓獻子於晉侯曰：『其爲人不黨，治衆不亂，臨死不恐。』晉侯以爲中軍尉。河曲之役，趙宣子之車干行，韓獻子戮其僕。人皆曰：『韓獻子必死矣！其主朝昇之，而暮戮其僕，誰能待之？』役罷，趙宣子觴大夫，爵三行，曰：『二三子可以賀我。』二三子曰：『不知所賀。』宣子曰：『我言韓厥於君。言之而不當，必受其刑。今吾車失次而戮之僕，可謂不黨矣。是吾言當也。』二三子再拜稽首曰：『不惟晉國適享之，乃唐叔是賴之，敢不再拜稽首乎。』

論説

宋・蘇轍《春秋集解》卷九《襄公三年》 禮諸侯不親盟於他國。成二年公如晉，晉人使陽處父盟公。三年雖改盟而猶盟於其國，亦非禮也。晉悼公修禮於諸侯，故去其國而與公盟於長樗，禮也。

宋・張大亨《春秋通訓》卷五《成公》 魚石之入彭城，彭城未去宋也，故不言宋，於是楚取以封魚石，則彭城非宋有矣。而曰宋彭城者，明不與楚也，且不使叛人得據其地也。諸侯之城虎牢，虎牢已去鄭也，故不言鄭。於是鄭人請服，則虎牢復爲鄭有矣。鄭再從楚，虎牢宜不繫之鄭，

而曰鄭虎牢者，言終與鄭也，且不使外裔間中國也。夫楚取宋地以封叛臣，中國之所當攘也，故彭城未嘗去宋。鄭脅於兵以從楚，中國之所當援也，故虎牢終以與鄭。晉悼公尊周室而誅叛亂，援中國而赦脅從，比於義而不貪其利，雖桓文未能過此。晉所以復霸，鄭所以卒服於晉，而楚所以不能與之爭有由也。孔子曰：『遠人不服，則修文德以來之。既來之，則安之。』鄭人所以數叛晉者，以晉與楚爭而虐用之故也。南蒯以費叛，季孫命見費人執之。冶區夫曰：『若寒者衣之，飢者食之，費來如歸，南氏亡矣。若以威怒，費人無歸，不歸南氏，將焉入矣。』戍虎牢之明年，晉爲亳北之盟。蕭魚之會諸侯悦從，而後楚人卒服。信乎，德之可以來遠也。

又　卷六《襄公》　雞澤之會，諸侯已盟，而陳袁僑至，晉悼公又使大夫盟之，故名叔孫豹。以及諸侯之大夫，大夫承命也。溴梁之會，齊高厚不服，晉平公與諸侯皆在而不盟。苟偃使諸侯之大夫盟之，故略稱大夫而不名大夫，專命也。宋之會，視溴梁則君不見，視雞澤則君不命，故録諸侯之大夫而黜叔孫之族。此三者所以正君臣之分，明治亂之本，亦所以顯悼公之霸、平公之弱也。然而宋之會，趙武以弭兵息民爲心，盛德之舉也。當是時，雖晉主夏盟，寔無文、悼之霸德，執政者糾合諸侯之臣，以成此功，俾四海之民，十年無兵革之禍，聖人有取焉。於是録諸侯之大夫，以示有功；黜叔孫之族，以明專命；舉一物而善惡具焉，賞罰行焉。孔子曰：『不以兵革，管仲之力也。』又孟子曰：『爾何曾比予於管仲？』聖人之於人，與奪抑揚，義蓋如此。【略】

《傳》曰：以力假仁者霸，霸必有大國。以德行仁者王，王不待大。桓文之霸，所謂大國也。桓執鄭詹、陳轅、濤塗，文執曹伯、衛侯，所謂以力假仁者。當二君之世，諸侯服從，既没而叛者起，非心悦誠服故也。楚武王爲盂之會，執宋公；靈王爲申之會，執徐子，則又恃力而爲不仁者。諸侯叩叛，宜哉。晉悼公之初，脩德以求霸功，十五年間，南服吳、楚，北獲陳、鄭、杞、宋，浸浸於桓文矣。然身未及没，而齊、衛、邾、莒已不受令。平公嗣立，執其君，據其地。威之以兵，然後僅勝。由此觀之，以德、以力，行仁、假仁之異，豈不信哉？然則爲天下國家者，欲長世保民，無思不服，非明於王道，何以致之！

宋・呂本中《春秋集解》卷一九《襄公六年》　呂氏曰：莒、鄫小國而自相滅亡，晉悼公爲時盟主，亦莫之恤。蓋當是時，禮義衰絶之後，滅國弑君，世所謂大惡者，皆目見之熟，不以爲甚異。故雖晉悼，號爲賢君，爲諸夏宗，亦莫能正也。嗚呼！天下之禍莫大於目見之熟，而遂以爲常事而不顧也。

宋・李如篪《東園叢説》卷上《左傳説・魏絳》　用兵之道，要歸於廟算。晉悼公之霸，其功全在魏絳。方無終子嘉父納虎豹之皮，以請和諸戎，悼公將弗許。魏絳曰：『諸侯新服，陳新來和，將觀於我。我德則睦，否則攜貳。勞師於戎，而楚伐陳，必弗能救，是棄陳也，諸華必叛。戎，禽獸也，獲戎失華，無乃不可乎？』於是和戎三駕，而楚不敢與之爭，楚人不敢加兵於中夏者二十有五年，豈非廟算之勝乎？蓋不肯勞師於所緩之地，蓄其勇鋭以全制楚人也。至於章邯爲秦將兵以臨關東，關東諸雄所可慮者劉、項。雖項梁之軍再破，猶未可以蔑視也。而邯以爲楚不足慮，方且左馳右鶩，以獵羣寇。又且引兵渡河，盡鋭以攻鉅鹿，故項救趙而邯力不能支，一敗而不可復振，其廟算爲何如哉？

宋・張嵲《紫微集》卷二四《論御將》　臣嘗觀晉悼公之命百官也，有使訓諸御知義者，有使訓勇力之士時，使訓卒乘親以聽命者，有使訓羣騶知禮者，故能終至於師不陵正，旅不偪師，以成復霸之功。蓋司武之士，所尚者勇，非知有禮義之習揖遜之事也。賞或不足以勸，賞至而益驕；恩或不足以懷，恩極而益戾，何者？素無以柔服其心故也。然則先導之以禮義，然後申之以賞罰，此固御將之至術也。若或既不導之以禮義，又不申之以刑威，徒恃誘之以賞，則賞亦有時而盡；徒恃懷之以恩，則恩有時而竭。恩賞已盡，而谿壑未盈，適足以爲啓寵納侮之道而已，是又不可恃之尤者也。是故必先訓之以禮義，次懷之以恩賞，終肅之以威罰，然後爲得也。禮義既有以滲漉其心，而威罰又有以聳動其意。如此則襦袴之賞，顧盼之恩，皆足以使之德上之賜矣。臣竊觀朝廷之御將帥，未有摽末之功，而賞已重於邱山；未有横草之勞，而恩已竭於府庫，非徒賞已僭，而恩已黷也。又且有賞而無罰，有恩而無威。譬之天地有陽而無陰，能生殖而不能肅殺，其弊可勝道哉？且自用師以來，涉淮北未有寸尺之地復歸於版籍者也，而將帥之賞既已如此，今又重之。以不戴天之讎

踰時而未報，此外而將帥不任其責，而誰實任其責哉？使其禮義素有以周訓之則，必知所愧耻，將有納官以自效者矣；使其威罰素有以震懾之則，必蹈躇無厝將有席藁以請罪者矣。而乃或自營而去位，或效尤而接踵，彼胡恃而敢然哉？然尚有可諉者曰：禮義不素導之於前，威罰不申警之於後耳。自今以往，盍亦訓之以威，棄前尤而責後效乎？昔賈生之論有曰：主上之遇人臣，如遇犬馬，彼將犬馬自爲也；如遇官徒，彼將官徒自爲也。今且以禮義遇之，而不以禮義自處者，豈人也哉？禮義一入其心，彼將知恩賞之不足恃，威罰之不可忽也。念恩賞之已過，則自愧功之未稱；慮威罰之將來，則自懼責之未塞。如此則國勢日尊，臣節日嚴。古之所以乂安國家保全臣子者，用此道也。若或因仍不革，則陛廉將有陵替之漸，將帥將有跋扈之萌，甚非所以安上而全下之道也。捨此之不圖，顧彼之久行，臣竊以爲過矣。臣願陛下深詔辭臣，多爲訓辭，務極深切，且擇忠信慈祥而宣惠於教者，往來訓廸，使禮義之言日聞於將帥之耳，然後申嚴憲法以懾威之，使知恩寵之不可怙，而刑威之將必行也。庶幾有以消未然之變，而盡全安之道矣。昔諸葛孔明與法正論治道，其畧以謂威刑不肅，君臣之道，漸以陵替。寵之以位，位極則賤。威之以法，法行則知恩；限之以爵，爵加則知榮。恩榮並濟，上下有節。爲治之要也。此正可以救今日之弊矣。伏惟陛下遠覧晉悼公之事，先導之教訓，次察孔明之言，不全務於姑息。行之期年，俗必大變，而後大功可成矣。狂瞽之言，不達時變，惟陛下赦其進越萬死之罪，曲賜采擇，冒犯天威，無任震越之至。

宋·綦崇禮《北海集》卷二〇《論衛文公晉悼公事》 《左傳·閔二年》：衛文公大布之衣，大帛之冠，務財訓農，通商惠工，敬教勸學，授方任能。元年革車三十乘，季年乃三百乘。襄九年，晉侯歸，謀所以息民。魏絳請施舍，輸積聚以貸。自公以下，苟有積者，盡出之。國無滯積，亦無困人。公無禁利，亦無貪民。祈以幣更，賓以特牲，器用不作，車服從給。行之期年，國乃有節，三駕而楚不能與爭。

臣觀自昔興衰，致彊必先自治。自治之道，未有不本於民者。衛文公承懿公失國之後，徙於楚丘，能以道化民，而建城市，營宮室，得其時制，百姓説之，歌於《國風》，亦可謂賢君矣。考《傳》所載則大布之衣，大帛之冠，約已以禮，務財訓農，通商惠工，裕民以政也。敬教勸學，知所以作人矣；授方而任能，知所以官人矣。用能安富其國家，而革車之盛，終致十倍，衛之所以復興者如此。晉悼公承厲公失道之後，修政事，建官師，舉不失職，官不易方，爵不踰德，而民無謗言，亦可謂賢君矣。以楚鄭之故，厭於屢戰，謀所以息民者，魏絳首以施舍爲請，於是輸積聚以貸焉。國無滯積，亦無困人，則藏之百姓，而家給人足也；公無禁利，亦無貪民，則與衆共利而廉遜興行也。祈以幣更，賓以特牲，省費以蓄其生爾；器用不作，車服從給，嗇用以蓄其力爾。行之期年，其效足以勝楚，晉之所以復霸者如此。然則文公所以興衛，悼公所以彊晉，皆以約已息民爲本，曷嘗設法立禁，務以興利而富國爲哉？伍員言越之伐吴，亦期以生聚，教訓于二十年之後，雖小大之遲速，各因其力，未有不由於是者。苟不出此，顧以大讎之未復，國用之未充，務速效而忽遠圖，乃欲於喪亂之餘，求生財之道。有司或不知恤將，巧爲法制，陰取罷民，以濟目前之急，使其僥倖以成一旦之功，而吾民之心已離矣。蓋亦反其本歟！

宋·李石《方舟集》卷二二《左氏詩如例中》 晉悼公自以八年九合諸侯者：五年戚，又城棣救陳，七年鄬，八年邢丘，九年戲，十年柤伐鄭，城虎牢，十一年亳城北。以年計之則十一，以會計之則七。有一年三合者，戚之會與柤之會是也。孔子曰：『桓公九合諸侯，不以兵車，管仲之力。』悼公所願效於齊侯者，意欲自比於桓公，而以魏絳比管仲也。然管仲不以兵車，晉則以兵抗楚伐鄭。桓公不受賂，晉乃受鄭人兵車、樂師、歌鐘女樂，自以爲樂。故魏絳以《小雅》之賦規之，欲其樂不忘憂也。殿天子之邦尊周也，如是則同福禄，來遠人，可以受便蕃之賜，而君臣同樂可也。惜夫晉人不悟，是年果敗績於櫟，以秦人之戰也。

春秋治兵擇將，未有如晉悼公之得禮且法所當然，而公議所自出也。上者蒐簡而求其才，下者謙遜而居其位，至於無其人則缺之，晉悼公之霸業修矣。且荀罃、士魴之卒，繼者難其人，士匄辭以伯游，韓起辭以趙武，欒黶之佐；至於新軍無帥，則併卒乘官屬，以從下軍，俾欒黶、魏絳兼其任。上下君臣，雍容進退，粲然可觀，雖帝王之舉，不過如是。況春秋之際乎？《大、小雅》二詩之賦，取文王、幽王爲治亂之别，治則文王之儀刑，亂則幽王之矜伐，此君子之言，足以爲有國馭將之戒。

宋・吕祖謙《左氏傳説》卷七《成公・晉悼公即位於朝始命百官十八年》 厲公既弑，悼公初立。若論事勢，晉自襄公以來，權柄浸移臣下，至靈公之弑，臣下之權漸重，到得厲公既弑之後，最是難爲時節。然悼公即位之後，自朝廷至於田野，曠然大變，使復見文公之威儀綱紀，此見得悼公得要領處。悼公自大夫逆於清原之日，先與之定要約，凡晉之驕臣，皆聳然股栗，此亦是正其紀綱。此一段正與惠公相反。惠公未入之初，許賂中大夫惟恐不得入。今悼公先與羣臣要約而後肯入。大抵天下之事，須是初時做得是，若太阿倒持，已授他柄，那時如何正得？是時悼公即位之始，先逐不臣者七人，以明君臣之義，使威令赫然，始命百官施舍己責，逮鰥寡，振廢滯，匡乏困，救災患，禁淫慝，薄賦斂，宥罪戾，節器用，時用民，大布曠蕩之澤，使霸業復興，是知霸業之所以興者，一則明要約，如悼公初入之言曰『二三子用我今日，否亦今日』，如此等言是也；二則立威令，如逐不臣者七人是也；三則布恩惠，如施舍己責是也；四則定規模，如命荀家等使訓卿之子弟恭儉孝悌是也；五則舉賢才，如六官之長舉，不失職以下是也。晉悼公之所以霸，其規模根本皆在於此。

又《襄公・孟獻子請城虎牢以逼鄭，知武子曰善二年》 晉悼公戚之會，以鄭從楚，故謀討鄭。孟獻子請城虎牢以逼鄭，知武子善其言，遂城虎牢，鄭乃服。此一段事雖小，見得悼公所以霸處。蓋孟獻子魯國之臣也，當戚之會，獻城虎牢之謀，知武子遂從其言。此見悼公之君臣惟善是用，初無親疏内外之間。孟獻子雖魯之臣，言一可用，則欣然從之，亦見悼公規模稍闊處。晉之君臣能用善，所以致得孟獻子敢言。雖然是如此，又須觀孟獻子納忠之由，亦緣悼公初即位，大率規模足以服諸侯之心。且魯君初朝晉，歸，語杞桓公以晉侯之德。是時，魯之君臣已心服於晉，孟獻子雖不立，晉之朝於戚之會，便獻城虎牢之謀，武子欣然從之。又須看獻子所以不外於晉，晉亦不外於獻子。這兩句須兼看，晉之君臣視諸侯爲一體，此晉之所以霸。

又《晉侯以魏絳爲能，以刑佐民，反役，與之禮食，使佐新軍三年》 晉悼公怒，魏絳戮楊干之僕。晉侯私愛其弟，初欲殺絳，及觀授僕人書，公遽翻然改悔，至不及履跣出，以止其死；又與之禮食，不特食之；又使佐新軍；又使之聽國事，從和戎之謀。初疾之如仇讎，後乃委之如腹心，此最見悼公天資易曉，無固必處。晉之所以霸，雖一時私愛私忿，未能克除根殺魏絳之不速，及其悔過，不特是克除私愛，又且因以知其人之賢，委之以腹心。看得這一段，晉悼公之資質大段高。以春秋時論之，自悼公資質已難得，在後世獨有漢高帝。二君皆無意無必，當其觸物，髮上衝冠，不可止遏；及其事過，毫髮不留。此二人有過人資質，然高帝總理事物尚有疏略，若悼公規模，纖悉備具，樞機周密，則天資又在高帝上。惜乎當時人臣如韓獻子、知武子等，不過輔之以才能事功，無有知道之士引而達之。此悼公之所以止於悼公。

又《鄭子駟使賊夜弑僖公，而以瘧疾赴於諸侯七年》 鄭僖公將會諸侯，在道中，子駟使賊夜弑僖公，僞以瘧疾赴諸侯。晉悼公當時方圖霸業，何故受他僞赴，都不考究，明正其罪，求子駟戕弑之實，遂從而隱忍不問？以此見霸者本原不是處。大抵霸者，本心只在於强國，初無誠心爲天下賞善罰惡，其所以賞有功，罰有罪，不過假此以濟霸業耳。至於事有不可掩者，不得已而興師討罪，若其可以苟免，便因循鹵莽過了。初不曾有爲天下討亂臣賊子之誠心，此晉國所以止於悼公一霸而已。

又《荀偃言雞鳴而駕，塞井夷竈十四年》 晉悼公再脩文公之霸業，復使晉之威令赫然布於諸侯，自襄公、厲公未有如悼公者。所以後世論晉之霸，必須稱悼公。然其閒，亦有得有失。其小處固不足論，今則論其大處。所謂得之大者，向者固已言之，至其大失，却未有説出。晉自厲公以來，政事弛墮，權移臣下。悼公初立，方其朝於武宫，逐不臣者七人，固已能攬權柄，使上下知所畏，到此爲之一新，固是得之大。若失之大者是何處？晉自襄公以後，權在臣下，世世都如此。自襄公時，先軫不顧而唾，已有臣强之漸。後來靈公以下馴，至厲公威令在臣下，以悼公之霸一時，收晉國之權。及細考之政在臣下，君弱臣强根本之患，元不曾除去。悼公事不一，如十年，荀罃爲元帥，荀偃、士匄請伐偪陽，罃不能違，卒從之。及十四年，偃爲元帥，令軍中曰：『雞鳴而駕，塞井夷竈，唯余馬首是瞻。』欒黶狼僻從下軍而歸。當時此事甚不一。自此數事觀之，以悼公之明，其臣尚如此，後六卿遂至分晉。在悼公論固如是，今則論時，深爲晉惜。自晉傳之悼公出來，禍亂萌芽，當盡掃去。悼公自以在自家，粗

可以辨事，止論目前不能深憂遠慮，此是悼公大失，後不免至於六卿分晉。【略】晉自襄公、厲公以來，都不能去權臣。至於悼公，亦晉之賢君，却都不理會。後來如何去得？以此見悼公規模狹小，雖有違命之臣，反將就容養，悼公自以爲辨事得一時之便，不知亂根所在，子孫之所深憂。惜乎以悼公之明，臣强可削而不能削，偪陽之役，其獻俘反謂夷俘。偪陽乃宋之附庸國，而謂之夷俘。晉自獻公以來，滅耿、滅霍、滅虞、滅虢，非不多也，皆未嘗隱其名，而謂之夷俘，悼公君臣稍賢，獨知中國自相屠戮之耻，遮蓋其名，謂之夷俘，又不欲盡滅其嗣，使内史選其族嗣，納諸霍人，其賢可見。然就此責之，既知其非自當不爲，乃隱其名，上欺先君，下欺國人，此可見悼公大失所在。所以不忍盡滅使周内史者，可見制度尚在周官。内史之職掌八柄，曰爵曰賞，以封諸侯。晉要封偪陽必命周内史，此周之官制尚在。《左氏》與《周禮》源流體統相承接。

又《晉侯問衛故於中行獻子十四年》　晉悼公之霸，至蕭魚之會，霸業成就與齊桓公葵邱之會、晉文公踐土之盟一同。晉悼公自卽位以來，許多工夫積累到三駕而楚不敢與爭，此是悼公一時之盛處。然雖盛於蕭魚，亦衰於蕭魚。想蕭魚未會之前，君臣兢兢，上下一心，唯恐不及，同力以興霸業。如十一年，范宣子盟於亳，曰：『不慎，必失諸侯。』其警戒固如此，及既會蕭魚之後，君臣之間志得意滿，且以樂賞魏絳，言『八年之中，九合諸侯，如樂之和，無所不諧。』其君之驕，可見於此。如戚之會，范宣子假羽毛於齊，齊人有之已僭了。悼公不能正其罪，今宣子假羽毛而私有之，以一大夫而僭天子之禮，則其臣之驕亦可知，而悼公之衰墮亦可見。就宣子身上看，未盟之前如此謹嚴，到後來如此僭，一身之謹與僭不同如此。更就悼公實事上看，如衛孫林父逐君，若是蕭魚以前，晉必討之。今十四年，悼公問中行獻子，獻子却説不如因而定之，皆是君臣苟簡弛墮之語。況林父自衛獻公卽位時，已善晉大夫了，到得中行獻子受林父結托，故不討其罪。悼公自蕭魚已會之後，霸業日衰，不無自也。

又《晉悼賜魏絳樂，曰：子教寡人和諸戎狄，以正諸華十一年》

悼公所以成霸業，規模皆可見得，如政事用人，此不必論。其一，更出迭入，不戰屈楚；其二，使魏絳和戎，欲無後顧之慮，故得專意南方。觀其賜魏絳，有言曰：『子教寡人和諸戎狄，以正諸華』，『抑微子，寡人無以待戎，不能濟河。』此和戎之策，正如諸葛亮出來，欲一統天下，興漢社稷，欲與魏爭衡。五月渡瀘，先去降孟獲，前整頓南邊羌夷，使無後顧之慮，然後出師爲進取之計。看諸葛亮之規模，正得晉悼公之遺意。

宋·沈棐《春秋比事》卷六《晉悼公。名周成，十八年立，襄十五年卒，在位十六年》　晉自文公興霸，其子孫更五君，皆無顯迹足以昭前人。悼公自外至，國人賢而立之，遂能率服諸侯，外强内安，用成霸業，比功重耳，可謂盛矣。考其大，要始勤宋，次服陳、鄭，次又服鄭，後制秦定衛。垂休身後，猶能杜强楚之侵陵，而中國賴以不擾，自襄靈以來未之有也。請列其事而言之。宋共公卒，蕩澤作亂，殺公子肥，華元奔晉，魚石奔楚。逮十八年，楚、鄭聞晉之亂，伐宋彭城以納魚石。冬，又侵宋。宋人告難於晉，悼公遂會諸侯，同盟於朾。《左氏》謂『謀救宋也』。宋辭諸侯，而請師以圍彭城，故十八年晉侯盟以謀之。襄元年，晉欒黶合九國大夫圍宋彭城。《左氏》謂『彭城，非宋地，追書也。』於是爲宋討魚石，遂稱宋，且不登叛人也。蓋楚子伐宋，取彭城，使魚石守之，所以逼宋也。伐取宋邑，寵其叛臣，則楚之惡可知矣。故雖入楚，孔子還繫之，宋所以抑强狄而黜叛逆也。按《左氏》云『彭城降晉，晉人以魚石置諸瓠丘。』若此者，悼公動宋之績也。

晉憤鄭之比楚，故是年韓厥帥師伐之，而楚使公子壬夫侵宋以救鄭。明年鄭師伐宋，又帥宋衛侵之。是年秋，晉荀罃會六國大夫於戚。冬，又會九國大夫於戚，遂城虎牢以逼鄭，鄭乃求成。《公羊》謂『虎牢，鄭邑』，言城之不敢取之，爲中國諱伐喪也。是年，鄭伯卒故。夫不言伐取，且不繫之於鄭，皆所以與晉也。鄭叛，去中國與楚比周，荀罃再會於戚，城虎牢以逼之，然後始服，故不繫之於鄭。使若自城中國之邑，然後鄭服以安諸侯，晉之美也。《公羊》以爲諱伐喪，豈不陋哉！且戚之始會齊，滕、薛、小邾不與；而次會皆與者，《左氏》謂：『元年，鄫之會，崔氏有背晉之言。滕、薛、小邾不至，皆齊故也。』晉請於齊，齊懼晉伐故戚之；再會，齊帥小國從之。然終悼公時，盟會侵伐唯崔氏太子在列，齊侯未嘗親至。其間如彭城之圍鄬之會，齊又不來，則知齊雖名爲從晉，而其實有貳晉之心也。逮三年，晉已得鄭，故大合諸侯，盟於雞澤，以結鄭之好，而陳侯使袁僑如會，遂以諸侯大夫共盟袁僑。夫陳之比楚久矣，唯

重耳定霸於城濮，始來會盟。自後一於附楚，雖間從晉好，不旋踵而叛之，則晉之得陳尤難於得鄭也。今悼加兵於鄭，僅得就盟於陳，不舉一戢，乃能使慕德悦義，背强楚而即中國，則其霸業之强，殆不減於重耳焉。若此者，悼公服陳鄭之績也。雖然，陳之勢不與鄭等，蓋其地遠國弱，脅制於楚，雖中國盛强可使暫來，而不可使久，故鄭可爭也，陳不可得也。五年，晉尋戚之會，合十四國以戍陳。未幾，而楚師伐之。晉侯雖以諸侯之師，戮力救陳。而七年鄬之會，陳侯逃歸，自是不復盟會矣。非悼公，德不足以懷之，强不足以服之，蓋其勢不可也。楚既得陳，復欲爭鄭，故八年，晉侯會諸侯於邢邱，《左氏》謂鄭伯獻蔡捷於會，遂親聽命。故是年冬，楚公子貞帥師伐之，封其侵蔡也。鄭懼楚之伐，遂與楚平。故九年，晉侯合十一國以伐鄭，鄭又克復，於是同盟於戲。盟會方罷，楚復伐鄭，鄭人又與楚平。是以十年，楚鄭連師伐宋，而晉侯合十二國伐鄭以報之，遂城鄭虎牢。二年城虎牢而鄭服，此年戍虎牢而鄭不服。故城虎牢，則不繫之；鄭戍虎牢，則以鄭言之。蓋諸侯與楚爭久矣，自襄二年至於此年，鄭凡再服而再叛。始也，諸侯大夫城虎牢而鄭服，今以十二國之師重兵戍之而不能得鄭，是諸侯之無能也。故虎牢雖諸侯所戍，孔子還繫之鄭，蓋譏之也。至十一年，鄭帥師侵宋，晉以諸侯伐鄭，同盟於亳城北，鄭雖受盟，旋以叛晉，故與楚子伐宋，而晉侯又以諸侯伐之，會於蕭魚，鄭始服也。至此蕭魚之會，鄭凡三服而三叛，自是一服之後，中國能有鄭二十年。蓋自二霸以來，服鄭之功，未有若此之懿也。夫言伐而復言會者，得鄭伯之辭也。故下文云『公至自會，不以伐鄭。』致文云『楚人執鄭行人良霄』，則其得鄭可知矣。然既得而不以盟結之，乃獨書會者，蓋九年戲之會。是年，亳城比之盟，非不盟也，然其反側之心，雖盟無益。今鄭知楚不足恃，而堅從晉好，不假盟約，故特會之而已。若此者，悼公服鄭之績也。

夫楚已懼矣，鄭已服矣，爲晉之敵者，惟秦而已。蓋秦、晉結怨自襄，至悼凡六君矣。交兵不息，償報無時。而悼公於襄十四年服鄭之後，使荀偃合十三大夫并力伐秦，自此終於春秋，秦不復窺晉，若此者，悼公制秦之績也。

是年，衛侯不君爲甯殖、孫林父所逐，出奔於齊，晉士匄合七國大夫於戚。《左氏》謂『謀定衛也』。是時，衛已立剽，晉侯欲討之。中行獻子曰：『伐之，未可以得志而勤諸侯，不如因而定之。』蓋使衛侯無罪而見逐，則剽不可不定，衛不可不討。今衛侯得罪於衛，自取奔逐之禍，則立衛剽而安諸侯可也。若此者，悼公定衛之績也。至若强吳，則自厲公之時，與之會於鍾離，悼公繼好，凡三與吳會。襄五年，晉侯合十四諸侯於戚，吳人聽命於會。夫吳負夷狄之性，强狡獪狼，不易制也，今茲遠慕中國來會諸侯，非悼公威命足以制之也。故聖人於此特書吳人，所以進之也。十年，晉侯合十一諸侯會於柤，《左氏》謂『吳子壽夢也』。於是荀偃、士匄請伐偪陽，而封宋向戌焉，遂滅之而戍偪陽，乃與宋公。偪陽，中夏之微國也。夫遠會强夷以滅中夏之微國，此則悼公之罪也。至十四年，晉士匄合十三大夫會吳於向，《左氏》謂『吳告敗於晉』。爲楚敗會於向，吳謀楚也。范宣公子數吳之不德，以退吳人，考之《經》，楚伐吳在襄三年，距向之會踰十年矣，何爲至此始會晉以謀之？以吳之强，中國諸侯猶憚而從之，何畏楚哉？《左氏》之説似未安也。雖然，吳者，楚之仇讎而中國之聲援也，故中國得吳可以餌楚之暴，而吳楚交横，則中國益微，而夷狄益盛矣。然則晉凡三會强吳，進不與之結盟，退不與之攻伐，特爲會以禮之，誠得所以權時之宜。而以霸主臨帥諸侯而往會焉，亦足以傷中國之衰微也。夫悼公盟諸侯者三，莫盛於三年雞澤之盟；會諸侯者八，莫盛於五年戚之會；伐國者六，莫盛於十一年伐鄭之役。欲觀晉霸之盛，即此三者可以曉然矣。

宋·黄仲炎《春秋通説》卷一〇《襄公九年》　晉悼公三歲之間而伐鄭者四。伐而鄭服則盟，盟而楚師至，則又叛。叛而又伐，此不可專罪鄭之反覆也。觀《左氏》八年，鄭及楚平使伯駢告於晉，曰：『君命敝邑：「脩而車賦，儆而師徒，以討亂略」。蔡人不從。敝邑之人，不敢寧居，悉索敝賦，以討於蔡。今楚來討曰：「爾何故稱兵於蔡？」焚我郊保，馮陵我城郭，翦焉傾覆，無所控告。民死亡者，非其父兄，即其子弟，夫人愁痛，不知所庇。而受盟於楚。』是則鄭人之情亦可哀已。當時晉大夫惟荀罃能自知其過，曰：『我實不能禦楚，又不能庇鄭。鄭何罪？』由此言之，夫不能庇鄭而徒以責鄭之不服，是伐無罪之國，戮無辜之民爾。勞師徒費盟歃道，敝諸侯而不知止焉。蓋自霸國爭鄭以來，未有如晉悼之不

仁也。

又 《襄公十一年》 先儒多謂蕭魚之會不以盟書，蓋晉悼公推誠以感鄭，故鄭亦以誠應之，自是鄭不叛晉者二十有四年。殊不思至誠感人，帝王盛德也，晉悼公三歲之間，大舉兵以加鄭者四，挾瘠牛僨豚之勢，惟恐鄭之不速斃也。蕭魚之會，特諸侯會爾，若悼公待鄭，則未能推赤心忘盟誓也。當伯駢行成之際，晉趙武入盟鄭伯，鄭子展出盟晉侯，而《經》不書，以其不勝書故略之爾，誠何有焉？然自是不復叛者，蓋鄭被晉楚之師，至是不勝憊矣。不惟鄭憊，而諸侯之師亦疲矣；不惟諸侯疲，而楚人之力亦困矣。楚力既困，故其怒止於執鄭，告絶之行人。明年，楚子審卒，國内多事，自是有吴人之敵疲於戰爭，故不暇及鄭爾。向使蕭魚之後，楚之討鄭未已，則鄭人必又將受盟於楚，而晉人必又將帥諸侯，悉師以起矣。夫論事不窮其實，而舉盛德之譽加於黷武之人，使不仁者得竊仁之名，則夫人何畏而不爲不仁哉！

宋·家鉉翁《春秋集傳詳説》卷一九《襄公一·元年》 《左傳》曰：『非宋地，追書也。』杜注：『成十八年，楚取彭城以封魚石，故曰非宋地。夫子作《春秋》追書繫之宋。』胡文定亦曰：『圍彭城者，魯史舊文；圍宋彭城者，仲尼親筆。』其義正矣。愚謂繫彭城於宋者，不與楚以得彭城也。魚石自宋奔楚，楚以兵納之彭城，則彭城既爲楚所得矣。由常情而觀，必謂彭城已非宋之有，《春秋》正名之。書於魚石則曰宋，魚石於彭城則曰宋彭城，不以列國叛人、列國境土而屬之於楚，所以辨逆順内外之分也。書諸侯之大夫圍宋彭城，褒之也，爲宋圍彭城而不私其有同盟之義也。晉悼公在位十五年，惟此事可書，故當時諸侯翕然歸之。外是，實多可疵，論者惑於《左傳》之浮辭，譽過其實甚者，以爲悼優於文、襄。讀書不具眼，其弊至此，具論於下。

又 卷二五《昭公三·二十二年》 晉悼公之討魚石也，以諸侯之師圍彭城，《春秋》書以美之。今華、向爲亂晉，荀吴、齊苑何忌、衛公子朝皆以師救宋，共討華、向於南里。而《春秋》略之不書，爲其有畏於楚，討之不能，力叛者皆得逸去也。晉楚交兵百有餘年，宋人爲之出力弭兵，楚得以竊霸權，號召天下。今宋大夫爲亂於内，楚乃從而羽翼之，背施忘義利人之難，而伐取其國，謂楚非夷不可也。先書叛，繼書奔楚，罪楚之納叛臣也。然宋之强族華魚、向鱗自彭城以來，世爲亂，再有討芟翦幾無存者，而宋得以少事。視魯之季、齊之田、晉之智，韓趙魏日爲亂，而其君付之無可奈何者，有間矣。《春秋》詳著三叛之始末，嘉宋討叛有成功也。

元·趙汸《春秋集傳》卷一〇《襄公上·五年》 晉命也，不言其人微者也。《穀梁傳》曰：内辭也。《公羊傳》曰：孰戍之？諸侯戍之。曷爲不言諸侯戍之？離至不可得而序，故言我也。陳氏《傳》曰：戍不書桓六年戍齊，宣六年戍鄭之類。晉悼公之戍陳也，特書之君子，以悼公之伯業，桓文之所不屑爲也。桓公不戰而屈楚，文公戰而屈楚，自悼公而通吴以制楚矣。會於戚、於向、於柤，皆東境也。而又戍陳、鄭以守之，楚誠强而晉亦誠下策也。

明·葉山《葉八白易傳》卷九《大壯·九二》 晉悼公圍彭城，而天下懷其義，城虎牢而天下畏其威，宜可横行江漢以肆楚矣。然乃用智武子之謀，而不與楚戰，聽魏絳之計，而專務息民，良有以也。

明·劉基《誠意伯文集》卷一四《會于蕭魚，秦人伐晉，莒人伐我東鄙，圍臺》 伯主既服貳國而不能制外患，此《春秋》之所惜也。夫功不在大，而患不在小也。惟不慮患於功成之後，則未有不失之者矣。晉悼公疊三駕之勞，以得鄭於蕭魚之會，此中國莫大之功也。奈何秦人繼之以伐晉，借曰秦晉仇也。蕞爾莒，乃敢伐我東鄙而圍台，彼固有以覘晉之怠矣，而當悼公之世有是焉，寧不深可惜哉！故自蕭魚而晉伯衰矣云云。吾嘗觀於齊桓公矣，方其伯之盛也，攘夷狄、恤與國，糾逖王慝，如恐弗逮，何其勤耶。至於葵丘既盟，怠心遽肆，由是楚狄交熾，公不能抑，君子傷之，以爲有始而無終也。然而緣陵之城，救徐之役，功雖不及，猶有事焉。而未至如晉悼之遽，自畫於服鄭也。人徒知葵丘爲桓公盛衰之會，又孰知夫蕭魚爲悼公勤怠之機耶！何也？悼公之入國也，逐不臣七人以治内，圍宋彭城以治外，而復伯之權輿已在此矣。由是而睦諸侯、和戎狄，三分四軍，以待來者，其勤爲何如耶？故鄭人之未服也。申之以五會，震之以三駕，屢盟而屢叛，屢叛而屢伐。公亦知服人以威之未盡善矣，於是乎肆青圍鄭，聊以張吾三軍；而納斥堠，禁侵掠，旋繼於行成之後，講好會而却誓盟，推至誠以待鄭使。反覆之人，不惟面革，而并有

以服其心，庶幾乎王者之氣象矣。奈何服鄭之後，遂有縱弛。秦，虎狼也，黨楚而來謀我，盍亦預爲之防乎？今也徒知一鄭之服爲可喜，而不知外侮之至爲可憂。蜂蠆有毒，況敵國乎？秦人來伐，乃使士魴以孤軍禦之，卒易秦而不設備於櫟之戰，不敢以告諸侯，亦可恥矣。比及明年，僻陋在夷之莒，亦敢興師伐晉而圍其邑。夫魯、晉之同姓，事晉最謹，而莒敢陵之，豈徒弱魯而已？知晉之怠而不畏也。觀《春秋》書蕭魚之會，而繼書秦人伐晉。明年，又書莒人伐我東鄙，圍臺，無乃與盟于葵丘，而繼書狄滅溫，楚人伐黄之事類乎？雖然，蕭魚之會，晉悼之終也。諸侯賴之稍獲息，肩當衰亂之世，亦可謂之小康。然以聖人之王道律之，則不然矣。悼公以清明之資而止於此，寧不深可惜哉？悼公没，晉伯替矣。推原其由，悼公之政，大抵以大夫分之。當其盛也，有荀罃、魏絳之良；及其衰也，伐秦制於欒黶，而會戚惑於荀偃、師曠，然後駸駸不振，而溴梁之兆見矣。『無競維人』，豈虛語哉？

明·湛若水《春秋正傳》卷二四《成公·十有八年》 公如晉。

《正傳》曰：書『公如晉』，志禮也，而非禮見矣。《左氏》曰：朝嗣君也。夫晉悼公初立，逐不臣者七人，舉六官之長，皆民譽霸業復振，故公首朝之。朝嗣君，似禮矣，然公卽位十有八年矣，未嘗正行朝王之禮，而乃首朝同列，可得爲禮乎？

又 卷二六《襄公·十有一年》 《正傳》曰：蕭魚，鄭地。何以兩書，善之也。先書諸侯伐鄭，繼書會於蕭魚，則伐而服之，然後與之會。《春秋》與人遷善之意見矣。《左氏》曰：九月，諸侯悉師以復伐鄭。諸侯之師觀兵於鄭東門，鄭人使王子伯駢行成。甲戌，晉趙武入盟鄭伯。冬十月丁亥，鄭子展出盟晉侯。十二月戊寅，會於蕭魚。庚辰，赦鄭囚，皆禮而歸之，納斥候，禁侵掠。晉侯使叔肸告於諸侯，公使臧孫紇對曰：『凡我同盟，小國有罪，大國致討。苟有以籍手，鮮不赦宥。寡君聞命矣。』鄭人賂晉侯，以師悝、師觸、師蠲，三人皆鄭樂師廣車、軘車淳十五乘，甲兵備，凡兵車百乘，歌鐘二肆，及其鎛磬，女樂二八。愚謂始伐，其犯中國，鄭服而卽與之會盟，與人遷善之意則善矣。然而晉受其賂焉，而欲鄭之心服，得乎？程氏謂：會于蕭魚，鄭又服而請會，是也；又謂不書鄭會謂其不可信，非也。晉悼公猶與之會而不疑，豈有既書與之會，而又去其鄭字，以見其不可信耶？胡氏曰：晉悼公推至誠以待人，信鄭不疑，禮其囚而歸焉，納斥候，禁侵掠，遣叔肸告於諸侯，而鄭自此不復背晉者二十四年，至哉，誠之能感人也。自悼公能謀於魏絳以息民，聽於知武子而不與楚戰，故三駕而楚不能與之爭，雖城濮之績不越是矣。

明·夏良勝《中庸衍義》卷五《達道之義》 晉悼公卽位於朝。始命百官，施舍己責，逮鰥寡，振廢滯，匡乏困，救灾患，禁淫慝，薄賦斂，宥罪戾，節器用，時用民，欲無犯時。使魏相、士魴、魏頡、趙武爲卿。荀家、荀惠、欒黶、韓無忌爲公族大夫，使訓卿之子弟共儉孝弟。使士渥濁爲大傅，使脩范武子之法。右行辛爲司空，使脩士蔿之法。弁糾御戎，校正屬焉，使訓諸御知義。荀賓爲右，司士屬焉，使訓勇力之士時使。卿無共御，立軍尉以攝之。祁奚爲中軍尉，羊舌職佐之。魏絳爲司馬。張老爲侯奄。鐸遏寇爲上軍尉。籍偃爲之司馬，使訓卒乘親以聽命。程鄭爲乘馬御，六騶屬焉，使訓羣騶知禮。凡六官之長，皆民譽也。舉不失職，官不易方，爵不踰德，師不陵正，旅不偪師，民無謗言，所以復霸也。

李廉曰：晉悼公其猶有君子之資乎？不獨伯功之美也。齊桓歷變履險，以數十年之經營，而行事未免過舉；晉文老於奔走，晚而復國，然血氣之驕悍未除；悼公之齒淺矣，乃能忠厚而不迫，堅忍而持重，有回顧郤慮之謀，無輕逞輒快之舉，其亦稍知以道養心者與？

臣良勝曰：若晉悼亦知有君道乎？惜乎其施止於晉國而已。然皆自其己君而言權力足以任，是亦其恒也。方初迎立之時，皆出欒書、中行偃之策，使程滑弑厲公者，亦二子也。其依違蘊畜之念，待悼公啓口以爲向背者，未嘗置也。今其言曰：『孤始願不及此，雖及此，豈非天乎？二三子用我今日，否亦今日。』天命君威一時伸令，縱有奸雄喪心讐氣而不敢動，故入國而逐不臣者七人，舉六官於民譽，自負迎立之功如欒如偃者，卒不齒焉。君臣大義凛然可畏，但恨其未正法爾。

清·張廷玉《聖祖仁皇帝御製文第三集》卷二六《晉悼公復霸成公十八年》 晉悼公初政，發令用人，一時井然，釐舉壁壘頓新，文亦簡嚴有法。

清·愛新覺羅·弘曆《御製樂善堂全集定本》卷三《晉悼公論》 自晉文倡霸，後之子孫世嗣其業，然靈、成、景、厲四公之時，楚勢漸張，

晉霸不振。靈公政墮柄分，無抗霸業之志；成公力弱事淺，無霸諸侯之權；景公心勞謀舛，無馭天下之略；厲公外彊中乾，無服人心之道。至於悼公，乃能以幼沖振霸略。其入國也，施舍己責，逮鰥寡，振廢滯，匡乏困，救災患，禁淫慝，薄賦斂，宥罪戾，節器用，時用民，欲無犯時，以定國本。其圖霸也，舉不失職，官不易方，爵不踰德，師不陵正，旅不逼師，以靖內而撫外，忠厚而不迫，堅忍而持重，有長慮却顧之思，無逞志快意之舉，是以無滅譚、滅遂執曹、衛之失，而諸侯從之，不令而來，豈非霸業之盛？方之桓、文爲已過哉！然稱霸者獨許桓、文爲盛，而不言晉悼者，豈其蕭魚之後，霸業遂衰，大夫用事之故歟？且不討孫林父、甯殖之惡，而盟之以定衛剽，則桓、文必不若是也，豈非中行偃貽之患哉？蓋其始之盛也，以用知罃；其後之衰也，以用中行偃。用知罃，則討宋魚石，九合諸侯服鄭弱楚，而悼公亦清明而無失政；用中行偃，則伐秦遷延，不討衛賊，悼公亦怠終而不振。余故表而出之，以明君天下者，必自擇相始。

清·朱鶴齡《讀左日鈔》卷六《成公四年》 愚謂晉悼公，英武人也。其好田，豈淫於原獸者之比？不過爲諸戎荐居，欲一舉滅之，所以不忘武事耳。魏絳先有和戎一策在其胸中，恐遽陳吾說，未必迎刃而解，故以后羿遊田之戒，及辛甲虞人之箴，層次引入。悼公遂恍然悟到和戎，然後以五利之說進。此納諫英主之法也。

清·張尚瑗《左傳折諸》卷一三《成公·生十四年矣》 朱子曰：晉悼公甚次第，才甚高。只十四歲說話便有操有縱，纔歸晉做得便別。當時，晉室大段費力，及悼公歸來，不知如何，便做得恁地好，如久雨積陰，忽遇天晴，光景爲之一新。問勝桓文否？曰：儘勝，但桓文是白地起來，悼公是現成基址。某嘗謂晉悼公、宇文周武帝、周世宗三人之才，一般做得事，都是一做便成。

又《二月乙酉朔晉悼公卽位於朝》 杜注：厲公弒絕，故悼公不以嗣子居喪。疏：《喪服小記》：與諸侯爲兄弟者服斬。康成云：不敢以輕服服之。明雖在異國，猶來爲三年也。悼之父祖，去晉適周，無往來恩義，厲見殺而悼被迎，迎之以爲君，卽與悼公敵體。且葬厲公以車一乘，國內不以爲君。《晉語》公卽位從本國之文，比於魯桓之書公卽位遇變而用常禮。東晉元帝太興元年，愍帝凶，問至建康，晉王斬縗居廬，不可以此盛德之事望之矣。

又 卷一五《襄公·晉悼公卒遂不克會》 李竹湖曰：晉悼公其猶有君子之資乎？更事變未多，閱義理未熟也，乃能忠信而不迫，堅忍而持重，稍知以道養其心者。九合諸侯，則勤於安夏也；三分四軍，則謹於用民也；不登叛人，則識名義也；稟命王官，則知所尊也；屈己和戎，則不貪功夷狄也。雞澤之召諸侯，曰：『寡君願與一二兄弟相見，以謀不協。』以謙德臨之也。故十三國相與周旋，不令而從。鄭子展曰：『晉君方明，必不棄鄭，以誠心待之也。』故五會之信，至於蕭魚而終於不盟。楚之子囊亦曰：『晉不可敵，事之而後可。其君明臣忠，上讓下競，威服乎强敵也。』故三駕而楚弗敢與爭，惟能服諸侯而不能杜大夫之漸。魏絳、荀罃老成殂謝，荀偃、士匄、欒黶不睦於棫林，命之曰：遷延之役不能振前之澶淵，且啓後之溴梁强家執政於是乎始，蓋時會爲之乎？

清·馬驌《繹史》卷六四《晉悼公復霸》 楚共王奮志圖霸，晉厲公無道，鄭服於楚，幸而有鄢陵之捷，乃恃勝而驕，亂自內作，此楚人所以輕晉也。悼公新立，楚納叛人以病宋，未幾，而又侵之，楚之讎宋，以撓晉也。諸侯合圍，叛臣就執，宋乃定焉。韓獻子曰：『成霸安彊，必自宋始。』晉有成謀，悼能復彊，而楚於是乎始挫哉！虛朾一會，而晉得宋，虎牢再役，而晉得鄭。得宋易，得鄭難者，宋故屬晉，鄭實屬楚也。陳近於楚，久非晉有，雞澤來盟，於是陳既服晉，晉亦輒爲陳動。無何，陳侯以國難逃歸，邢丘不至，晉不復問焉，悼公之於陳也，其來則字之，去則舍之，急在宋、鄭，故緩在陳，此晉國君臣之善謀也。夫楚人忿於鄢陵之恥，每欲肆其馮陵，以圖報晉，故狼貪鷙攫，日逞兵於陳、鄭之郊，虎牢城而殺申，陳叛而殺壬夫，蓄怒强忍，詎宜驟當其鋭乎？鄭起蔡釁，子囊來伐，國僑識禍亂之萌，子駟持兩待之論，晉、楚之勢，既不相下矣。悼公不欲交其鋒也，卷甲息民，守之以靜，彼出我還，示之以怯，以退爲進，以不戰爲勇，故五會以著信，三駕以著威，九合以著和，服鄭卽止，未嘗暴骨原野，殘民鋒鏑，而霸業成矣。或謂悼公之復霸也，衛人逐君而弗誅，邾、莒侵魯而弗討，雖外攘日動，而治夏爲疏。不知悼公所處之勢，艱於文、襄遠矣，齊、秦方梗，彊楚方盛，享國未久，志弗良終，奚

暇稱兵小弱乎？君臣之間，長慮卻顧，故先急後緩，不以黷武爲能也。和戎睦夏，得安內攘外之權，通吳制楚，得近攻遠交之法，會鄢釋陳，賢於齊桓之盟貫，蕭魚服鄭，易於晉文之勝楚，天假之年，功烈當倍，惜年未三十而薨，謚之曰悼，不亦誠可悼哉！

清・顧棟高《春秋大事表》卷二八《晉悼公論》 悼公乘再伯之餘，再合諸侯，天下翕然。宗晉論者，謂較文公之創始稍易，然文公一戰而伯，而晉悼蕭魚服鄭，則八年九合而後定之。何遲速之相懸若此？曰：此其故未可以一概論也。當文公之時，天下之勢已盡屬楚，曹、衛、魯、宋，延及北方之諸侯，此如陰之進而至於《剥》，《剝》極當《復》，故文公一出而如日再中，是循環之理。則然至悼公時，所未服者鄭耳，鄭舊屬楚，其勢未可以旦夕服，而當日楚之執政如子囊者，又堅忍持重，非如得臣之輕脱以僨事，故其勢常迭進而迭退，非要之以持久，而老之以不戰。則徒暴骨以逞而無當於服楚之大計，故當日之謀臣知長慮卻顧爲國本計者，無如魏絳；制勝廟堂不戰而屈人之兵者，無如知罃。此兩人均非如狐偃、先軫爲推鋒出奇，慓鋭果敢之計者。魏絳之最得者，在定和戎之策，以專事中夏，建息民之謀，使國力不竭，則既得於國本矣。然後知罃復用孟獻子之言，城虎牢以扼地勢，卻荀偃速戰之策，三分四軍以道敝楚人，而其要尤莫如戍虎牢。何則鄭爲南北之中，其距晉楚道里俱各半，若徒道敝楚人，恐楚敝而諸侯之力亦敝，故留宿勁兵於虎牢，則我爲主而楚爲客，諸侯散則各歸其國，聚則兵衆不勞而畢，具反客爲主，静以待動，以逸制勞。此固不待交鋒，而楚已望風而卻避矣。或者謂遠人不服，則脩文德以來之，未聞道敝諸侯以來之也。曰：戍虎牢者，所以保鄭非以爭鄭也。鄭未嘗不願服於晉，特慮爲楚所擾，故欲兩事以苟免其心，蓋不得已成之，則鄭在晉之宇下，楚不敢北向以爭鄭，以鄭屏楚，而東侯始得晏然。攘楚以安中夏，其計無出于此。吾怪夫世之好爲議論者，以服鄭爲勞民，而以范匄之棄陳爲失策，此皆一偏之見，而不審時勢之論。夫陳、蔡與許，服楚已久，其國去楚又近，必欲致三國之服。從此如齊桓之伐楚，合江、黄而適，以速楚之滅也。當春秋襄昭之世，中國至服鄭而止，以鄭爲南北之界，使曹、衛、魯、宋常服晉，而陳、蔡與許常服楚，各共犧牲玉帛以事其大國，豈至使晉、楚之從交相見帥，天下之諸侯僕僕哉？愚嘗反覆究悼公之事，善其君臣，能識大勢，持重以服鄭，卽趙充國屯田以制羌之計；棄陳而不事，卽賈捐之棄珠厓之計。蓋其集效，視文公爲遲；而其規模，較可經久。使晉之君臣世世守之，伯業常存可也。

諸侯弭兵分部

綜述

《左傳・襄公二十五年》 趙文子爲政，令薄諸侯之幣而重其禮。穆叔見之。謂穆叔曰：『自今以往，兵其少弭矣！齊崔、慶新得政，將求善於諸侯。武也知楚令尹。若敬行其禮，道之以文辭，以靖諸侯，兵可以弭。』

又《襄公二十六年》 齊人城郟之歲，其夏，齊烏餘以廩丘奔晉，襲衛羊角，取之。遂襲我高魚。有大雨，自其竇入，介於其庫，以登其城，克而取之。又取邑於宋。於是范宣子卒，諸侯弗能治也，及趙文子爲政，乃卒治之。文子言於晉侯曰：『晉爲盟主。諸侯或相侵也，則討而使歸其地。今烏餘之邑，皆討類也，而貪之，是無以爲盟主也。請歸之！』公曰：『諾。孰可使也？』對曰：『胥梁帶能無用師。』晉侯使往。

又《襄公二十七年》 二十七年春，胥梁帶使諸喪邑者，具車徒以受地，必周。使烏餘車徒以受封，烏餘以衆出。使諸侯僞效烏餘之封者，而遂執之，盡獲之。皆取其邑而歸諸侯，諸侯是以睦於晉。【略】

宋向戌善於趙文子，又善於令尹子木，欲弭諸侯之兵以爲名。如晉，告趙孟。趙孟謀於諸大夫，韓宣子曰：『兵，民之殘也，財用之蠹，小國之大灾也。將或弭之，雖曰不可，必將許之。弗許，楚將許之，以召諸侯，則我失爲盟主矣。』晉人許之。如楚，楚亦許之。如齊，齊人難之。陳文子曰：『晉、楚許之，我焉得已。且人曰弭兵，而我弗許，則固攜吾民矣！將焉用之？』齊人許之。告於秦，秦亦許之。皆告於小國，爲會於宋。

五月甲辰，晉趙武至於宋。丙午，鄭良霄至。六月丁未朔，宋人享趙文子，叔向爲介。司馬置折俎，禮也。仲尼使舉是禮也，以爲多文辭。戊申，叔孫豹、齊慶封、陳須無、衛石惡至。甲寅，晉荀盈從趙武至。丙辰，邾悼公至。壬戌，楚公子黑肱先至，成言於晉。丁卯，宋向戌如陳，從子木成言於楚。戊辰，滕成公至。子木謂向戌：『請晉、楚之從交相見也。』庚午，向戌復於趙孟。趙孟曰：『晉、楚、齊、秦，匹也。晉之不能於齊，猶楚之不能於秦也。楚君若能使秦君辱於敝邑，寡君敢不固請於齊。』壬申，左師復言於子木。子木使馹謁諸王，王曰：『釋齊、秦，他國請相見也。』秋七月戊寅，左師至。是夜也，趙孟及子皙盟，以齊言。庚辰，子木至自陳。陳孔奐、蔡公孫歸生至。曹、許之大夫皆至。以藩爲軍，晉、楚各處其偏。伯夙謂趙孟曰：『楚氛甚惡，懼難。』趙孟曰：『吾左還入於宋，若我何？』

辛巳，將盟於宋西門之外，楚人衷甲。伯州犁曰：『合諸侯之師，以爲不信，無乃不可乎？夫諸侯望信於楚，是以來服。若不信，是棄其所以服諸侯也。』固請釋甲。子木曰：『晉、楚無信久矣，事利而已。苟得志焉，焉用有信？』大宰退，告人曰：『令尹將死矣，不及三年。求逞志而棄信，志將逞乎？志以發言，言以出信，信以立志，參以定之。信亡，何以及三？』趙孟患楚衷甲，以告叔向。叔向曰：『何害也？匹夫一爲不信，猶不可，單斃其死。若合諸侯之卿，以爲不信，必不捷矣。食言者不病，非子之患也。夫以信召人，而以僭濟之。必莫之與也，安能害我？且吾因宋以守病，則夫能致死，與宋致死，雖倍楚可也。子何懼焉？又不及是。曰弭兵以召諸侯，而稱兵以害我，吾庸多矣，非所患也。』

季武子使謂叔孫以公命，曰：『視邾、滕。』既而齊人請邾，宋人請滕，皆不與盟。叔孫曰：『邾、滕，人之私也。我列國也，何故視之？宋、衛，吾匹也。』乃盟。故不書其族，言違命也。

晉、楚爭先。晉人曰：『晉固爲諸侯盟主，未有先晉者也。』楚人曰：『子言晉、楚匹也，若晉常先，是楚弱也。且晉、楚狎主諸侯之盟也久矣！豈專在晉？』叔向謂趙孟曰：『諸侯歸晉之德只，非歸其尸盟也。子務德，無爭先！且諸侯盟，小國固必有尸盟者。楚爲晉細，不亦可乎？』乃先楚人。書先晉，晉有信也。

壬午，宋公兼享晉、楚之大夫，趙孟爲客。子木與之言，弗能對。使叔向侍言焉，子木亦不能對也。乙酉，宋公及諸侯之大夫盟於蒙門之外。子木問於趙孟曰：『范武子之德何如？』對曰：『夫人之家事治，言於晉國無隱情。其祝史陳信於鬼神，無愧辭。』子木歸，以語王。王曰：『尚矣哉！能歆神人，宜其光輔五君以爲盟主也。』子木又語王曰：『宜晉之伯也！有叔向以佐其卿，楚無以當之，不可與爭。』晉荀盈遂如楚涖盟。

【略】

宋左師請賞，曰：『請免死之邑。』公與之邑六十。以示子罕，子罕曰：『凡諸侯小國，晉、楚所以兵威之。畏而後上下慈和，慈和而後能安靖其國家，以事大國，所以存也。無威則驕，驕則亂生，亂生必滅，所以亡也。天生五材，民並用之，廢一不可，誰能去兵？兵之設久矣，所以威不軌而昭文德也。聖人以興，亂人以廢，廢興存亡昏明之術，皆兵之由也。而子求去之，不亦誣乎？以誣道蔽諸侯，罪莫大焉。縱無大討，而又求賞，無厭之甚也！』削而投之。左師辭邑。向氏欲攻司城，左師曰：『我將亡，夫子存我，德莫大焉，又可攻乎？』君子曰：『「彼己之子，邦之司直。」樂喜之謂乎？「何以恤我，我其收之。」向戌之謂乎？』【略】

楚薳罷如晉莅盟，晉侯享之。將出，賦既醉。叔向曰：『薳氏之有後於楚國也，宜哉！承君命，不忘敏。子蕩將知政矣。敏以事君，必能養民。政其焉往？』

又《襄公二十八年》 夏，齊侯、陳侯、蔡侯、北燕伯、杞伯、胡子、沈子、白狄朝於晉，宋之盟故也。齊侯將行，慶封曰：『我不與盟，何爲於晉？』陳文子曰：『先事後賄，禮也。小事大，未獲事焉，從之如志，禮也。雖不與盟，敢叛晉乎？重丘之盟，未可忘也。子其勸行！』

【略】

孟孝伯如晉，告將爲宋之盟故如楚也。

蔡侯之如晉也，鄭伯使游吉如楚。及漢，楚人還之，曰：『宋之盟，君實親辱。今吾子來，寡君謂吾子姑還！吾將使馹奔問諸晉而以告。』子大叔曰：『宋之盟，君命將利小國，而亦使安定其社稷，鎮撫其民人，以禮承天之休，此君之憲令，而小國之望也。寡君是故使吉奉其皮幣，以歲之不易，聘於下執事。今執事有命曰：「女何與政令之有？必使而君棄

而封守，跋涉山川，蒙犯霜露，以逞君心。」小國將君是望，敢不唯命是聽。無乃非盟載之言，以闕君德，而執事有不利焉，小國是懼。不然，其何勞之敢憚？」

子大叔歸，復命，告子展曰：「楚子將死矣！不修其政德，而貪昧於諸侯，以逞其願，欲久得乎？《周易》有之，在《復》䷗之頤䷚，曰：『迷復，凶。』其楚子之謂乎？欲復其願，而棄其本，復歸無所，是謂迷復。能無凶乎？君其往也！送葬而歸，以快楚心。楚不幾十年，未能恤諸侯也。吾乃休吾民矣。」裨竈曰：「今兹周王及楚子皆將死。歲棄其次，而旅於明年之次，以害鳥帑。周、楚惡之。」

九月，鄭游吉如晉，告將朝於楚，以從宋之盟。【略】

爲宋之盟故，公及宋公、陳侯、鄭伯、許男如楚。公過鄭，鄭伯不在。伯有廷勞於黄崖，不敬。穆叔曰：「伯有無戾於鄭，鄭必有大咎。敬，民之主也，而棄之，何以承守？鄭人不討，必受其辜。濟澤之阿，行潦之蘋藻，置諸宗室，季蘭尸之，敬也。敬可棄乎？」及漢，楚康王卒。公欲反，叔仲昭伯曰：「我楚國之爲，豈爲一人？行也！」子服惠伯曰：「君子有遠慮，小人從邇。飢寒之不恤，誰遑其後？不如姑歸也。」叔孫穆子曰：「叔仲子專之矣，子服子始學者也。」榮成伯曰：「遠圖者，忠也。」公遂行。宋向戌曰：「我一人之爲，非爲楚也。飢寒之不恤，誰能恤楚？姑歸而息民，待其立君而爲之備。」宋公遂反。

楚屈建卒。趙文子喪之如同盟，禮也。【略】

夏四月，葬楚康王。公及陳侯、鄭伯、許男送葬，至於西門之外。諸侯之大夫皆至於墓。

又《襄公二十九年》 二十九年春，王正月，公在楚，釋不朝正於廟也。楚人使公親襚，公患之。穆叔曰：「祓殯而襚，則布幣也。」乃使巫以桃列先祓殯。楚人弗禁，既而悔之。【略】

葬靈王，鄭上卿有事，子展使印段往。伯有曰：「弱，不可。」子展曰：「與其莫往，弱不猶愈乎？《詩》云：『王事靡盬，不遑啓處。』東西南北，誰敢寧處？堅事晉、楚，以蕃王室也。王事無曠，何常之有？」遂使印段如周。

又《襄公三十一年》 鄭子皮使印段如楚，以適晉告，禮也。

又《昭公元年》 元年春，楚公子圍聘於鄭，且娶於公孫段氏，伍舉爲介。將入館，鄭人惡之，使行人子羽與之言，乃館於外。既聘，將以衆逆。子産患之，使子羽辭，曰：「以敝邑褊小，不足以容從者，請墠聽命！」令尹命大宰伯州犁對曰：「君辱貺寡大夫圍，謂圍：『將使豐氏撫有而室。』圍布幾筵，告於莊、共之廟而來。若野賜之，是委君貺於草莽也！是寡大夫不得列於諸卿也！不寧唯是，又使圍蒙其先君，將不得爲寡君老，其蔑以復矣。唯大夫圖之！」子羽曰：「小國無罪，恃實其罪。將恃大國之安靖己，而無乃包藏禍心以圖之。小國失恃而懲諸侯，使莫不憾者，距違君命，而有所壅塞不行是懼！不然，敝邑，館人之屬也，其敢愛豐氏之祧？」伍舉知其有備也，請垂櫜而入。許之。正月乙未，入，逆而出。遂會於虢，尋宋之盟也。

祁午謂趙文子曰：「宋之盟，楚人得志於晉。今令尹之不信，諸侯之所聞也。子弗戒，懼又如宋。子木之信稱於諸侯，猶詐晉而駕焉，況不信之尤者乎？楚重得志於晉，晉之恥也。子相晉國以爲盟主，於今七年矣！再合諸侯，三合大夫，服齊、狄，寧東夏，平秦亂，城淳於，師徒不頓，國家不罷，民無謗讟，諸侯無怨，天無大災，子之力也。有令名矣，而終之以恥，午也是懼。吾子其不可以不戒！」文子曰：「武受賜矣！然宋之盟，子木有禍人之心，武有仁人之心，是楚所以駕於晉也。今武猶是心也，楚又行僭，非所害也。武將信以爲本，循而行之。譬如農夫，是穮是蓘，雖有饑饉，必有豐年。且吾聞之：『能信不爲人下。』吾未能也。《詩》曰：『不僭不賊，鮮不爲則。』信也。能爲人則者，不爲人下矣。吾不能是難，楚不爲患。」

楚令尹圍請用牲，讀舊書，加於牲上而已。晉人許之。

《國語》卷一四《晉語八》 諸侯之大夫盟於宋，楚令尹子木欲襲晉軍，曰：「若盡晉師而殺趙武，則晉可弱也。」文子聞之，謂叔向曰：「若之何？」叔向曰：「子何患焉。忠不可暴，信不可犯，忠自中，而信自身，其爲德也深矣，其爲本也固矣，故不可拘也。今我以忠謀諸侯，而以信覆之，荆之逆諸侯也亦云，是以在此。若襲我，是自背其信而塞其忠也。信反必斃，忠塞無用，安能害我？且夫合諸侯以爲不信，諸侯何望焉，爲此行也，荆敗我，諸侯必叛之，子何愛於死，死而可以固晉國之盟

主，何懼焉？』是行也，以藩爲軍，攀輦卽利而舍，候遮扞衛不行，楚人不敢謀，畏晉之信也。自是沒平公無楚患。

宋之盟，楚人固請先歃。叔向謂趙文子曰：『夫霸王之勢，在德不在先歃，子若能以忠信贊君，而裨諸侯之闕，歃雖在後，諸侯將載之，何爭於先？若違於德而以賄成事，今雖先歃，諸侯將棄之，何欲於先？昔成王盟諸侯於岐陽，楚爲荆蠻，置茅蕝，設望表，與鮮卑守燎，故不與盟。今將與狎主諸侯之盟，唯有德也，子務德無爭先，務德，所以服楚也。』乃先楚人。

又　卷五《魯語下》　襄公如楚，及漢，聞康王卒，欲還。叔仲昭伯曰：『君之來也，非爲一人也，爲其名與其衆也。今王死，其名未改，其衆未敗，何爲還？』諸大夫皆欲還。子服惠伯曰：『不知所爲，姑從君乎！』叔仲曰：『子之來也，非欲安身也，爲國家之利也，故不憚勤遠而聽於楚；非義楚也，畏其名與衆也。夫義人者，固慶其喜而弔其憂，況畏而服焉？聞畏而往，聞喪而還，苟芊姓實嗣，其誰代之任喪？王太子又長矣，執政未改，予爲先君來，死而去之，其誰曰不如先君？將爲喪舉，聞喪而還，其誰曰非侮也？事其君而任其政，其誰由己貳？求說其侮，而亟於前之人，其仇不滋大乎？說侮不懦，執政不貳，帥大仇以憚小國，其誰云待之？若從君而走患，則不如違君以避難。且夫君子計成而後行，二三子計乎？有禦楚之術而有守國之備，則可也；若未有，不如往也。』乃遂行。

《禮記》卷一〇《檀弓下》　使之襲。襄公朝於荆，康王卒。荆人曰：『必請襲。』魯人曰：『非禮也。』荆人强之。巫先拂柩，荆人悔之。

《公羊傳·襄公二十七年》　秋，七月，辛巳，豹及諸侯之大夫盟於宋。曷爲再言豹？殆諸侯也，也曷爲殆諸侯？據首戴不殆。爲衛石惡在是也，曰惡人之徒在是矣。

《穀梁傳·襄公二十七年》　秋，七月，辛巳，豹及諸侯之大夫盟於宋。湨梁之會，諸侯在而不曰諸侯之大夫，大夫不臣也，晉趙武恥之。豹云者，恭也。諸侯不在而曰諸侯之大夫，大夫臣也，其臣恭也，晉趙武爲子會也。

又　《襄公二十九年》　夏五月，公至自楚。喜之也。致君者，殆其往，而喜其反，此致君之意義也。

論説

宋·高閌《春秋集註》卷三一《昭公》　（四年）遂滅賴。

遂者，繼事之辭，見楚肆禍於中國，假義爲利以惡終也。夫晉固不能霸矣，楚以僭王而以吴故乃勤於營霸。維不知尊周，而其規模則小焉者也，諸夏之幸也。嗚呼，彼以夷狄既會中國之諸侯，又帥之以伐吴，又因以專殺中國之大夫。今遂以諸侯之兵滅人之國，其流毒如此，蓋出於宋向戌弭兵之謀也。然則謀人之國者，其可忽哉？

宋·吕祖謙《左氏傳説》卷八《襄公》　宋向戌欲弭諸侯之兵以爲名。二十七年。

宋左師請免死之邑。

宋向戌欲會晉、楚諸侯以弭兵。《左氏》書曰：欲弭諸侯之兵以爲名。《左氏》書得極好，最得法觀。《左氏》書『以爲名』三字，便見得向戌之弭兵，非是果欲息民，欲求息民之名耳。當時大國惟晉與楚，向戌善於趙文子又善於令尹子木，晉、楚既從諸小國，自不得不赴，故卒成弭兵之一事，其後向戌挾弭兵之事。又書左師請賞公與之邑六十，則向戌弭兵之意，非果欲息天下之民、平諸侯之爭，區區爲一己之利而已。上而爲名，下而爲利，《左氏》於前書弭兵爲名，既有以誅其心，於後則記其請邑之事，又有以正其罪，《左氏》真有書法。則戌弭兵之謀，其心固可知矣。當時子罕之言，猶有可論者，以是而論弭兵以爲名是固可辭。及其以邑示子罕，子罕削而投之，左師便辭邑。向氏欲攻司城，左師曰：『夫子存我德莫大焉，又可攻乎？』其初可罪至此，而能悔亦可嘉，又須看弭兵是全生靈之事、息戰爭之苦固善，然惟聖人能内外無患，自非聖人内寧必有外憂，此意正與《孟子》『入則無法家拂士』之意同。又如本朝李文靖爲相，當時南北皆未寧，或至旰食羽檄，日至廟堂。王文正每以爲憂，歎曰：『我輩安能坐致太平，得優游無事耶？』文靖公曰：『少有憂勤，足爲警戒。參政謂今日多事，萬一邊鄙既寧，竊恐朝廷事反多於今日。參政自將見之。』其後澶淵既盟之後，及北講和，西戎納款，而東封西祀，蒐

講墜典，靡有暇日。丁謂、王欽若諸人相繼更進迭用，天下紛紛，果如文靖之言。子罕之言，亦文靖之意。

宋·家鉉翁《春秋集傳詳說》卷二二《襄公四》　（二十七年）夏，叔孫豹會晉趙武、楚屈建、蔡公孫歸生、衛石惡、陳孔奐、鄭良霄、許人、曹人於宋。

宋向戌善於楚令尹子木，又善於晉趙武，欲弭諸侯之兵。告於晉、楚、齊、秦而爲此會，其名則善矣，而未知所以爲弭兵之説也。宋牼以秦、楚搆兵欲告之以不利，使皆罷兵。而《孟子》所以語之者，則有仁義而已矣。今向戌弭兵與宋牼罷兵事有相類者，謂弭兵爲非不可也，而所以弭兵者，則未得其説。强楚之勢自是而愈張。夫豈中國之利哉？蓋征伐天子事也，晉、楚及其與國雖有内外之辨，而皆天子之建國也。向戌而欲弭兵，當先稟命京師，已而馳告晉、楚，俾各率其與國朝王而受命焉。盟於王庭，自今以往，有罪當討，王命之討而後討；强暴内侵，王使之伐而後伐，一如周家盛時之制，夫如是兵庶可弭矣。今徒以弭兵爲説，俾晉楚之從交相見，而中國諸侯一朝爲楚人役，而天下乃有二霸。趙武、向戌豈非中國之罪人乎？或曰：如子之説，晉人猶知有尊王之義，其如楚之弗率何？曰：楚自用兵以來，令尹死者三、四人，内困於吴，外困於晉，其力已憊矣。徒以耻出晉下，是以日尋干戈而不得息。今使之聽命於王，而南北罷兵，亦楚國之福。彼胡爲而不從？不從則奉王命以臨之，我則有辭矣。是之謂弭兵之説。餘義又見『豹及諸侯大夫盟』。

又　卷二三《昭公一》　叔孫豹會晉趙武、楚公子圍、齊國弱、宋向戌、衛齊惡、陳公子招、蔡公孫歸生、鄭罕虎、許人、曹人於虢。義已見《襄二十七年》會盟於宋。

宋之盟，虢之會，夷之利，而非中國福也。愚前已論之，因木訥所評，有云趙武爲宋盟而弭天下之兵，諸侯安之，於是復率諸侯之大夫而爲天下之利甚大，故《春秋》褒之。吁，誤矣！木訥每以利害而談《春秋》，愚恐爲後人之惑不容已於言也。夫夷夏有常分，中國之尊不與夷狄對峙並存於宇宙之内也。帝王盛時，事不復可談，於衰世自入春秋以來百七十年，楚僻居南服，雖崛强自大，而不得與晉齒也。中國諸侯依盟主以自存，其有屈於夷者，暫也，非其常也。宋向戌持弭兵之説，以内交於二國，辭曰『弭兵』，始謀未嘗欲驅中國諸侯而爲楚役也。趙武不明内外之分，苟偷目前之安於宋之盟，首紊常經，倒置冠履，俾晉楚之與國交相見，而中國諸侯宋、魯、鄭、衛，咸北面於夷楚之庭爲辱，實大其甚悖義者。始以弭兵而合晉、楚之成，既而楚盛兵以臨諸侯，滅陳，滅蔡，滅賴，芟夷小國，憑陵諸夏，人有左衽之憂，夷狄之禍至是爲烈。而陋儒苟見目前之暫安，遂以盟楚爲天下之大利，是之謂邪説。有國有家者，所當深懲而痛絶，雖加以正卯之戮，殆不爲過也。所謂讀舊書不歃血者，楚再爲長而晉不敢與爭，中國之耻也。而謂《春秋》與之，豈非誣乎？蓋《春秋》爲中國惜不使夷得以僭華，是故長晉，夫豈謂晉人所行爲是褒之而無貶乎？會盟於中原，遜裔夷以爲長，此豈小失？而謂晉人以信爲本，故《春秋》每書必先，豈不大失《春秋》之本旨乎？蓋《穀梁》《左傳》倡之，後之儒者，借説經以迎合時論，愚讀書至此，不能不爲憤歎也！

宋·葉適《習學記言》卷九《春秋·襄》　宋之盟以弭兵爲事，用極而鈍，亂極而息也。舜、禹班師舞干羽，君臣相戒兵，猶不可用，況可弭乎？人紀壞，道統滅，皆始於宋之盟。自是以來，號爲治世，不過弭兵而已，此又世變之大者。賈誼所謂『足反居上，首顧居下』倒懸者也。至唐太宗窮追遠討，乃云『雪耻酬百王，除凶報千古』，斯又悖矣。

又　卷一〇《成至襄十三年》　華元始合晉、楚之成，其後遂至於弭兵者。方齊桓爲兵車之會，是欲討不庭，合不一。晉文以來，全是用諸侯之力，自封殖其國，自此晉、楚迭爭，無復寧歲。及兵亂既極，則又從而弭之，遂變天地之常經。然則或用或弭，皆以人而勝天也。後世之論不知，反以惡殺好生若是者爲天道。非也。

宋·王應麟《困學紀聞》卷六《春秋》　或求名而不得，如向戌欲以弭兵爲名，而宋之盟其名不列焉；或欲蓋而名章，如趙盾僞出奔，崔杼殺太史，將以蓋弑君之惡，而其惡益著焉。推此類言之，可見謹嚴之法。求名非謂齊豹，名章不止三叛也。

宋·李石《方舟集》卷二二《古詩》　彼其之子，邦之司直。《鄭風》何以恤我，我其收之。《逸詩》。

晉、楚以兵敵也。晉爲盟主，趙文子得政，宋向戌欲弭諸侯之兵。晉

既許之，因以强令迫諸侯而從之。齊、秦之大亦從之，其餘小國靡然從風無疑矣，於是有宋之會。凡諸侯之大夫，與邾、滕、曹之君，無不至者。大抵《春秋》有厭兵之實，雖弭兵虚文，且可息吾民於年歲，亦一幸也。楚人衷甲入宋，彼其君臣肯置晉於度外乎？既曰『成言』，又曰『齊言』，亦既信矣。乃又有宋之盟乎？楚人衷甲不肯履齊秦他國之地，則有疑於諸侯間矣。諸侯亦有不與盟者，弭兵虚名果何恃爲久利乎？宋左師乃欲以此幸賞命之，曰『免死之邑』，以書爲請子罕削而投之，君子於是有二詩之賦。《鄭風》『司直』謂子罕也，《逸詩》『知過』謂向戌也。此弭兵之舉，起於宋向戌，趙文子主其事。

《既醉》《大雅》 諸侯弭兵息民，盛德之舉也。宋人之請，晉人主盟之，賜也。雖楚人倔强亦將屈而受盟者，周家忠厚之懿，有征無戰矣。爰自文王以文德傳子孫，武王繼代，耀德以廣文王之聲。初無戰也。楚薳罷如晉涖盟，報荀盈之聘，以弭兵而來。晉侯享之，賦《既醉》，以晉侯爲太平君子，如成王之持盈守成，偃武修文，不失周家忠厚之懿，意不薄矣。故叔向知《詩》旨以能養民許之。夫能養民，則知政矣。楚政將焉歸哉？

元・程端學《春秋本義》卷二三《襄公》 （二十七年）夏，叔孫豹會晉趙武、楚屈建、蔡公孫歸生、衛石惡、陳孔奐、鄭良霄、許人、曹人於宋。奐，《公羊》作瑗。

不序宋大夫者，在宋故也。在宋，則宋與會可知。後盟同。《左氏》曰：宋向戌善於趙文子，又善於令尹子木，欲弭諸侯之兵以爲名。如晉告趙孟，趙孟謀於諸大夫。韓宣子曰：『兵，民之殘也，財用之蠹，小國之大菑也。將或弭之，雖曰不可，必將許之。弗許，楚將許之，以召諸侯，則我失爲盟主矣。』晉人許之。如楚，楚亦許之。皆告於小國，爲會於宋。五月甲辰，晉趙武至於宋。丙午，鄭良霄至。戊申，叔孫豹、衛石惡至。楚公子黑肱先至，成言於晉。宋向戌如陳，從子木成言於楚。子木謂向戌，請晉、楚之從交相見也。陳孔奐、蔡公孫歸生、曹、許之大夫皆至。以藩爲軍，晉、楚各處其偏。孫氏曰：隱、桓之際，天子失道，諸侯擅權；宣、成之間，諸侯錯命，大夫專國。至宋之會，則又甚矣，何哉？宋之會諸侯日微，天下之政、中國之事，皆大夫專持之也。故二十九年城杞，三十年會澶淵，昭元年會虢，諸侯莫有見者。此天下之政、中國之事，皆大夫專持之可知也。君舉陳氏曰：晉、楚初同主夏盟也，以諸侯分爲晉、楚之從，於是始則是南北二伯也。天下之大變也，於溴梁而無君臣之分，於宋而無夷夏之辨。昭、定、哀之《春秋》，將以終於吳越焉爾矣。邦衡胡氏曰：諸侯之大夫會，屈建欲以弭兵，是以兵爲可弭，而楚人可以信結乎？愚亦甚矣。自後三、四年，楚子大合諸侯於申，伐吳滅賴，執中國之君，殺中國之大夫，則弭兵之説果可信邪？楚人果可以久處邪？高氏曰：此事利害甚重，不可輕舉也。而諸侯大夫不詳其故，始循其弭兵之名，遂會於宋而與之盟。自是大啓戎心，干盟偪好，晉楚之從請交相見，而諸侯亦俛首兩事晉楚。嗟乎！桓文數十年之功業一朝而壞之，天下之勢遂大潰而不可收矣。彼豈知天下之大計哉？

又 卷二四《昭公》 （四年）秋七月，楚子、蔡侯、陳侯、許男、頓子、胡子、沈子、淮夷伐吳，執齊慶封，殺之，遂滅賴。《公羊》《穀梁》作厲。

張氏曰：賴國，蔡州褒信縣有賴亭。蘇氏曰：申之諸侯有不與伐吳者，故復序。愚謂執齊慶封殺之者，先執而後殺也。《左氏》曰：楚子以諸侯伐吳，宋太子、鄭伯先歸。使屈申圍朱，方克之，執齊慶封而盡滅其族。高氏曰：申之會，楚靈不脩德而求諸侯，諸侯畏楚之强，守宋之盟而從之，然猶不敢致魯、衛、曹、薛、邾、杞。至伐吳之役，中國諸侯皆去，惟楚屬從之耳。伐吳而執慶封殺之者，以慶封在吳，故爲齊討之。假中國仁義，以重其會，所謂盜亦有道也。彼以南蠻既會中國之諸侯，又帥之以伐吳，專殺中國之大夫，以諸侯之兵滅人之國，流毒如此，蓋出於宋向戌弭兵之謀也。愚謂楚殺慶封以其從吳且示威也，非真爲齊討也。義又見《僖三年》徐取舒。君舉陳氏曰：申之會，《春秋》之大變也。宋、虢之事猶曰二伯，至是而楚始合諸侯，執齊慶封，放陳招，殺蔡般，假討賊之義，以號令於天下，由是而滅賴、滅陳、蔡矣。黄氏曰：晉主夏盟正以抗楚也。楚日以强而晉通吳於會，正結之以犄楚也。自宋向戌謀弭兵合晉楚之成，有宋之盟，至今申之會，晉不敢復出而盡遜之楚矣，皆宋之盟啓之也。楚昔之所仇者在晉，今晉既遜之爲盟主，則所仇者吳耳。故一出而執徐子者，以徐子爲吳之出也。伐吳而殺慶封，以慶封吳所封也。而又

滅賴，亦以示威於吳也。《春秋》之有伯主，正以楚之害中國。今反遜楚爲中國伯主，此莫大之變也。

元·鄭玉《春秋闕疑》卷三三《襄公》（二十七年）夏，叔孫豹會晉趙武、楚屈建、蔡公孫歸生、衛石惡、陳孔奐、鄭良霄、許人、曹人於宋。

二十五年，趙文子爲政令，薄諸侯之幣而重其禮。穆叔見之，謂穆叔曰：自今以往，兵其少弭矣。齊崔慶新得政，將求善於諸侯。武也知楚令尹。若敬行其禮，道之以文，辭以靖諸侯，兵可以弭。至是，宋向戌善於趙文子，又善於令尹子木，欲弭諸侯之兵以爲名。如晉告趙孟，趙孟謀於諸大夫。韓宣子曰：『兵，民之殘也，財用之蠹，小國之大菑也，將或弭之，雖曰不可，必將許之。弗許，楚將許之，以召諸侯，則我失爲盟主矣。』晉人許之。如楚，楚亦許之。如齊，齊人難之。陳文子曰：『晉、楚許之，我焉得已。且人曰弭兵，而我弗許，則固攜吾民矣。將焉用之？』齊人許之。告於秦，秦亦許之。皆告於小國爲會於宋。五月甲辰，晉趙武至於宋。丙午，鄭良霄至。六月丁未朔，宋人享趙文子，叔向爲介。戊申，叔孫豹、齊慶封、陳須無、衛石惡至。甲寅，晉荀盈從趙武至。丙辰，邾悼公至。壬戌，楚公子黑肱先至，成言於晉。丁卯，宋向戌如陳，從子木成言于楚。戊辰，滕成公至。子木謂向戌，請晉楚之從交相見也。庚午，向戌復於趙孟。趙孟曰：『晉、楚、齊、秦匹也。晉之不能於齊，猶楚之不能於秦也。楚君若能使秦君辱於敝邑，寡君敢不固請於齊？』壬申，左師復言於子木，子木使驛謁諸王。王曰：『釋齊秦，他國請相見也。』秋七月戊寅，左師至。是夜也，趙孟及子皙盟，以齊言。庚辰，子木至自陳。陳孔奐、蔡公孫歸生至。曹、許之大夫皆至。以藩爲軍，晉楚各處其偏。伯夙謂趙孟曰：『楚氛甚惡，懼難。』趙孟曰：『吾左還，入於宋，若我何？』高氏曰：此何以會？楚意也。楚人患吳而結諸夏也。於宋者，宋向戌善於趙武，又善於楚屈建，實爲之會。晉、楚以求弭諸侯之兵，且使晉、楚之從得交相見，此事利害甚重，不可輕與也。而諸侯大夫不詳其故，始循其弭兵之名，遂會於宋而與之盟。自是大啓戎心，干盟偪好，華夏蠻貊莫知其辨，而諸國亦俛首兩事晉楚。此見當時天下之事、中國之政，皆大夫專持之，諸侯亦弗能制也。泰山孫氏曰：隱、桓之際，天子失道，諸侯擅權；宣、成之間，諸侯僭命，大夫專國，至宋之會則又甚矣，何哉？自宋之會，諸侯日微，天下之政、中國之事，皆大夫專持之。故二十九年城杞，三十年會澶淵，昭元年會虢諸侯，莫有見者。此天下之政、中國之事，皆大夫專持之可知也。陳氏曰：晉、楚嘗盟矣，會於瑣澤之歲。宋華元克合晉、楚之成，士燮會公子，罷於宋西門之外不書，猶曰『特相盟也』。兩君之好，而非天下之大變也。以諸侯分爲晉、楚之從而交相見也。於是始則是南、北二霸也，天下之大變也。於溴梁而無君臣之分，於宋而無中外之辨。昭、定、哀之《春秋》將以終於吳，越焉爾矣。家氏曰：宋牼以秦、楚構兵欲告之以不利，使皆罷兵。而《孟子》所以語之者，則有仁義而已矣。今向戌弭兵，與宋牼罷兵事有相類者。謂弭兵爲非不可也，而所以弭兵者，則未得其說。荆蠻之勢，自是而愈張，夫豈中國之利哉？蓋征伐天子事也，晉、楚及其與國雖有中外之辨，而皆天子之建國也。向戌而欲弭兵，當先稟命京師，已而馳告晉、楚，俾各率其與國朝王而受命焉。盟於王庭，自今以往，有罪當討王命之討而後討，四夷內侵，王使之伐而後伐，一如周家盛時之制。夫如是，兵庶可弭矣。今徒以弭兵爲説，俾晉、楚之從交相見，而中國諸侯一朝爲外夷役，而天下乃有二霸，趙武、向戌豈非中國之罪人乎？或曰：如子之説，晉人猶知有尊王之義，其如楚之弗率何？曰：楚自用兵以來，令尹死者三、四人。內困於吳，外困於晉，其力已憊，徒以耻出晉下，是以日尋干戈而不得息。今使之聽命於王而南北罷兵，亦楚之福。彼胡爲而不從，不從則奉王命以臨之，我有辭矣。

明·湛若水《春秋正傳》卷二八《襄公》（二十七年）夏，叔孫豹會晉趙武、楚屈建、蔡公孫歸生、衛石惡、陳孔奐、鄭良霄、許人、曹人於宋。

《正傳》曰：書叔孫豹會諸侯大夫於宋，聖人憂喜之情見矣。弭兵息民，固聖人之所喜，混夷夏而召外侮，亦聖人之所甚憂也。《左氏》曰：宋向戌善於趙文子，又善於令尹子木，欲弭諸侯之兵以爲名。如晉告趙孟，趙孟謀於諸大夫。韓宣子曰：『兵，民之殘也，財用之蠹，小國之大菑也，將或弭之，雖曰不可，必將許之。弗許，楚將許之，以召諸侯，則我失爲盟主矣。』晉人許之。如齊，齊人難之。陳文子曰：『晉、楚許之，

我焉得已。且人曰弭兵，而我弗許，則固攜吾民矣，將焉用之？』齊人許之。告於秦，秦亦許之。皆告於小國，爲會於宋。五月甲辰，晉趙武至於宋。丙午，鄭良霄至。六月丁未朔，宋人享趙文子，叔向爲介。司馬置折俎，禮也。仲尼使舉是禮也，以爲多文辭。戊申，叔孫豹、齊慶封、陳須無、衛石惡至。甲寅，晉荀盈從趙武至。丙辰，邾悼公至。壬戌，楚公子黑肱先至成，言於晉。丁卯，宋向戌如陳，從子木成言於楚。戊辰，滕成公至。子木謂向戌請晉、楚之從交相見也。庚午，向戌復於趙孟，趙孟曰：『晉、楚、齊、秦匹也，晉之不能於齊，猶楚之不能於秦也。楚君若能使秦君辱於敝邑，寡君敢不固請於齊？』壬申，左師復言於子木，子木使驛謁諸王。王曰：『釋齊、秦，他國請相見也。』秋七月戊寅，左師至。是夜也，趙孟及子皙盟，以齊言。庚辰，子木至自陳。陳孔奐、蔡公孫歸生至。曹、許之大夫皆至。以藩爲軍，晉楚各處其偏。伯夙謂趙孟曰：『楚氛甚惡，懼難。』趙孟曰：『吾左還入於宋，若我何？』愚謂觀此，則斯會楚反主之以外齊、秦，而晉、楚各處其偏。趙孟知楚氛之甚惡，則此會雖以弭兵爲名，而兵甲藏於其間，楚勢益張，不但混華夷之分爲可憂已也。

明・姜寶《春秋事義全考》卷一二《襄公》 （二十七年）夏，叔孫豹會晉趙武、楚屈建、蔡公孫歸生、衛石惡、陳孔奐、鄭良霄、許人、曹人於宋。

陳氏曰：晉、楚始同主夏盟也。以諸侯分爲晉楚之從而交相見，於是始則是南北二伯也，天下之大變也。高氏曰：此會楚意也，楚人患吳而結諸夏也。諸侯之大夫不詳其故，始徇其弭兵之名，遂會於宋而與之盟。自是蠻貊莫辯，而諸國俛首兩事晉、楚，桓文數十年之功業，一朝而壞之。百姓雖暫免於兵革之苦，而天下之大勢遂大潰而不可收矣。彼向戌者，又豈足知天下之大計哉？王氏《經世》按：是時晉、楚皆厭兵矣，故向戌得迎兩國之意而和合爲此舉也。告於小國而喜躍勇赴，告於齊、秦而齊秦許之，是可以見人情之所在矣。戰國之世，衛人專搆諸侯使相攻伐而從人，則合東方六國爲從以擯秦從人之意，向戌之意也。《季氏私考》：趙武，朔之子，盾之孫也，是爲文子。趙武始用，蓋在晉悼公初年，以韓厥欲爲趙氏立後也。夫趙盾弑逆之賊，其世宜絶而武，其嫡孫何以得立？蓋趙衰之勳不可無後，而趙宗得罪同括子孫必無有存者，故復立武耳。於衰則賞延於世，於盾則罰不及嗣之意也。況悼公初年，當大臣危疑之時，烏得不以此安巨室之心乎？屈建，字子木，屈瑕之後，與屈完同族。公孫歸生，字子家，石惡買之子。孔奐，其孔寧之後歟？

明・楊于庭《春秋質疑》卷一〇《昭公・附録》 向戌倡弭兵之説，趙孟與諸大夫謀曰：『弭兵而我弗許，楚必許之，以召諸侯，則我失爲盟主矣。然乎曰弭兵，美名也，我弗許，是攜諸侯也。許之而脩德行仁，君臣輯睦以覬釁於諸侯，其可也。』宋華元嘗合晉楚之成于西門外矣。欒書、韓厥之徒俟楚背盟，而我有詞於伐，遂捷鄢陵，晉霸如故也，則向戌弭兵之説於晉何傷乎？唯盟宋之後，而晉失其政，君弱臣强，遂一切無志於諸侯。杞不當城而合諸侯以城之，蔡般弑父，莒人弑君而不能討馴，至於楚滅陳、蔡而不能救，而晉亦不復主夏盟矣。此則晉君臣偷安之罪，非盟宋之罪也。

明・卓爾康《春秋辯義》卷二二《襄公三》 （二十七年）夏，叔孫豹會晉趙武、楚屈建、蔡公孫歸生、衛石惡、陳孔奐、鄭良霄、許人、曹人於宋。

《左傳》：宋向戌善於趙文子，又善於令尹子木，欲弭諸侯之兵以爲名。晉人許之，楚亦許之，齊人許之，秦亦許之。向戌如陳，從子木成言於楚。子木謂向戌，請晉楚之從交相見也。趙孟曰：『晉、楚、齊、秦匹也。晉之不能於齊，猶楚之不能於秦也。』子木使驛謁諸王。王曰：『釋齊秦，他國請相見也。』陳氏曰：《傳》曰：晉、楚初同主夏盟也，晉、楚嘗盟矣。會於瑣澤之歲，宋華元克合晉楚之成，士燮會公子罷盟于宋西門之外，不書，猶曰『特相盟也』，兩君之好而非天下之大變也，以諸侯分爲晉、楚之從而交相見也，於是始天下之大變也。王樵氏曰：有因其罷兵息民而取之者，則曰宋之盟中國不出，夷狄不入，玉帛之使交乎天下，百姓免兵革之患者十餘年。趙武、屈建之力，可以當齊桓也，其執乎內夏外夷。而議之者則曰：南、北二伯諸侯兩事，贄玉帛死生于蠻夷之庭，以至于申之會，蠻夷之君篡弑之賊，大合十有一國之衆而用齊桓召陵之禮，是舉啓之也。盟鹿上，楚始進也。孟之會，楚子與宋公並序於諸侯之上。而二伯兆宋之會，使晉、楚之從交相見而二伯成，皆宋爲之也。是

清・傅恒等《御纂春秋直解》卷九下《襄公》（二十七年）夏，叔孫豹會晉趙武、楚屈建、蔡公孫歸生、衛石惡、陳孔奐、鄭良霄、許人、曹人於宋。

晉引楚爲會，以弭兵也。春秋之季，其亂極矣。周有明王，亦必用兵平亂。趙武何人，輕言弭乎？是厝火積薪之下也。緣晉君暗臣私，無志諸侯。武受向戌之愚，悅其名之美，遂欲博以爲功。然以此約楚，楚可信乎？楚敝於晉，吴又撓之，其勢已挫，以弭兵招楚，楚反張矣。既引爲會，必有所要，請晉楚之從交相見，楚計必出於此。晉慮不及而無以拒之。紊中外之防，褻王爵之貴，假荆蠻之權，重諸侯之困，天下之大變也。故書以謹之。

清・馬驌《繹史》卷七二《諸侯弭兵》　弭兵，美名也，美名不可逆，故一號而諸侯皆至焉。盟於宋也，秦、齊不相交見，邾、滕爲私屬，咸不興盟，宋爲地主，盟者十國，晉、楚同爲盟主，而兩國之從交相見。是時，魯、衛、宋、曹，從晉者也，陳、蔡、鄭、許，從楚者也，會分二主，列國共屬，是直以諸夏之權，授之荆楚，而令諸侯之國，奔走不寧也。嗚呼！兵而可弭乎哉！晉自夷儀再會，諸侯多攜，趙孟執政，霸業浸衰，兵不止則北方之勢漸急，宋實首當其鋭，故向戌啓謀，欲令兩國偃兵，以紓其難，是舉也，宋之志，楚之利也。告於晉，晉大夫之言曰：『兵，民之殘，財用之蠹。』其辭也順，國君聽之。雖然，入春秋以來，楚之薦食中國舊矣，中國不得已而修霸令，豈好兵哉？文公躬擐甲冑，勠力同心，不辭黷兵之名，以禦彊楚，凡以存天下之大防也。使晉蚤以諸侯讓楚，則兵之不用久矣。楚自成、穆北圖，動務稱兵，以恐嚇諸侯，諸侯從之者半，疑之者半，故霸主起而攘之，侵伐盟會，不遑寧處，誠欲使諸侯之從晉者不復從楚，而從楚者亦皆從晉，如是，則中國之勢常伸矣。今也楚不能多得志於諸侯，又欲借弭兵之説，以收天下之權；而晉乃貪弭兵之名，以求一時之利，宴安酖毒，廢棄前業，何楚計之狡，而晉謀之疏邪？且楚以成王之彊，莊王之賢，師徒勞頓，未嘗號召中國；而康王乃不煩一卒，不亡一矢，晏然爲諸侯之盟主，復衷甲以先晉歃，於是諸夏之勢，盡移於楚，楚誠得矣，晉何以自處哉？向戌不知，而蹈誣蔽之罪，反自喜爲不世之功，徽子罕之言，終不悟也。《春秋》痛諸姬之國，皆服二説者，固皆一道也，楚誠夷狄，然有弭兵之心則固善矣。聖人於此豈無用夏變夷之道而必絶之乎？抑爲會以弭兵而晉楚之從不交相見，則中國之大勢猶未盡失，故楚人此請其關係甚大。而趙武泛然以應，無以拒之，則以晉、楚、齊、秦爲説，曰『四國匹也，晉之不能於齊，猶楚之不能於秦也。』趙武之答嘗不合機，而楚人之應嘗得機。於是楚王曰：『釋齊秦，他國請相見也。』吁！斯言一墮而國事去矣，甚矣趙武之愚也！然則武欲塞子木交相見之請，則何辭而可如鄭子太叔之對楚人善矣。

汪氏曰：是時晉、楚皆怠於出師，偶有六、七年之安靖，然楚人衷甲苟非伯州黎之言，則趙孟爲宋襄之執矣。況魯帥師以取鄆，晉帥師以敗狄兵，亦未嘗戢也楚圍。既讀舊書，未幾篡國，大合諸侯伐吴滅賴，安在其爲弭兵也哉？

春秋日尋干戈，民生酷烈，一滴之水，亦是清涼，況得十數年無事，豈不小康？《穀梁》之傳，澶淵之會，中國不侵伐夷狄，夷狄不入中國，無侵伐者八年，善之也，晉趙武、楚屈建之力也。此實録也。汪氏以爲數年之中，兵未嘗戢，不知當時弭兵息民，亦不過保得鄭、衛諸大國自相侵伐耳。魯之於鄆固向所欲，晉之於狄正自當攘伐。吴治蠻滅賴。併小楚圍篡國，亦非盟宋所能免者。故是數者，皆非所以論其不弭兵也。

明・王世貞《弇州四部稿》卷一四一《説部・左逸三十條》　宋之盟，叔向歸而有德色。祁奚曰：『異哉，肹也。吾聞之，先王之於夷也德兼之，霸者之於夷也力外之，未聞其柔之也。召陵之役，齊桓大張其兵辭楚懾而後成伯也，是則仲父之教也。城濮之役辭不足矣，劉之兵楚，劘而後成伯也，是則先成季之教也。楚雖强爲莊若穆，寔不得志於諸侯而以求晉，晉爲盟主絛棄諸侯倒阿授之，毋乃逆損乎？肹佐上卿，不預其筭，喝懾衷甲，陽辭以誘南冠之臣，偃然歃先小國尸盟，固若是乎？物不兩大，楚既先之，則主之矣。晉既不能大寛諸侯之力，聘朝饗助，日歲孳孳焉，又令楚得役之，是重困也，安在息民？楚爲封豕，貪婪無厭，輕重異供，薄厚生怨，爭未艾也，安在弭兵？六君之衡，一旦失之，猶以爲多，何所非績。晉侯耄而厭武，上卿是藉，寧無先文君之討。肹也及身而已，後其殆哉。』叔向聞之，愧三日不出。曰：『吾知罪矣。夫子再生我者也。』

事於楚也，故既書『公如楚』，又書『在楚』，以宗國而北面荆蠻，自周公以來，未之有也。晉不惡宋，而反以爲德，澶淵之會，合十三國之大夫，天下意晉必有大征伐焉，而孰知其宋災故爾。是時，吴、蔡之國，臣殺其君，子殺其父，不聞爲會以討之，而忽急宋災，非愍共姬之死，實以其首倡弭兵，故集四方而走其國也。虢之會，楚仍先晉，其爲盟主也，若故有之。趙孟畏楚，而兩爲之下，其何信之有焉？《春秋》至此，猶書晉國於前者，爲中國抑楚，爲天下扶晉，爲《春秋》二百四十條年惜晉也。子木盟而謁諸王，楚之權實在上，晉則趙武自爲政矣。大夫專，諸侯替，而荆、蠻得志天下，一大變也。昔華元合晉、楚之成，盟宋西門，而《春秋》不書，猶曰此特相盟，未甚害也；今則晉、楚並列，而諸侯從之，故書宋，所以痛其始，書虢，所以痛其成。既而楚子會申，晉人不出，中國之事去矣。宋前有華元，而兩霸之端起，後有向戌而兩霸之勢成，宋誠晉之蠹，兩臣誠宋之罪人哉！

清·高士奇《左傳紀事本末》卷三〇《晉楚弭兵》　臣士奇曰：自晉、楚爭伯，而宇下苦戰鬬不休。至是師武謀臣，力殫智索，亦倦而思息。會趙文子善於令尹子木，而宋向戌又與二子交，從而約劑其閒，此弭兵之好所自來也。夫兵者，民之殘而財用之蠹也。使晉、楚、齊、秦果能罷兵結好，誰曰非數世之利？然而兵之不可去也久矣，宋子罕責左師之言甚爲明晰；況弭兵則必仗信，而楚可信乎？西門歃而子木衷甲以爭，伯州犁止之而不聽也。其言曰：『事利百已，苟得志焉，焉用有信？』則當始事，而楚人之狡已見矣。向令趙武亦猶子木，則西門之外且爲戰壘，弭兵之約安在哉？且其中尤有大不便者，楚負淫名於天下非一日矣，諸侯雖畏其執，而竊從之，其心猶畏伯主之議其後也。楚卽奄然受諸侯之成，其心亦必有所顧畏而不安也。自好合使成，令諸侯之從交見於楚，而内外無復辨，冠履任其倒置矣。所以紊大防而蔑大分者，莫此爲甚。故當時欲弭兵，則必令楚削去僭號，脩其職貢於周，而後與之爲好，可也。不如是，則楚必不可邇。楚必不可邇，則兵必不可弭。今乃舍其禦楚之具，進荆蠻於壇坫，使中原冠帶之幫相率而朝焉。卽魯公之親襚，爲辱亦大矣。諸大夫暗於大較，貪虚名而忘實害。子罕雖知兵之不可弭，而不知其所以不可弭者在楚，不在兵也。於虢之會，仍讀舊書。趙武終守弭失之信，蓋亦賢者。然使楚得狎主諸侯，視先大夫之戮力以攘楚者，不有愳耶？尋盟未退，而魯卽伐莒，不信之尤，先自中國開之，於楚乎何誅？

吴王夫差之霸分部

綜　述

《左傳·定公十四年》　吴伐越，越子句踐禦之，陳于檇李。句踐患吴之整也，使死士再禽焉，不動。使罪人三行，屬劍於頸，而辭曰：『二君有治，臣奸旗鼓。不敏於君之行前，不敢逃刑，敢歸死。』遂自剄也。師屬之目，越子因而伐之，大敗之。靈姑浮以戈擊闔廬，闔廬傷將指，取其一屨。還，卒於陘，去檇李七里。夫差使人立於庭，苟出入，必謂己曰：『夫差！而忘越王之殺而父乎？』則對曰：『唯。不敢忘！』三年乃報越。

又《哀公元年》　吴王夫差敗越于夫椒，報檇李也。遂入越。越子以甲楯五千保于會稽，使大夫種因吴大宰嚭以行成。吴子將許之。伍員曰：『不可。臣聞之：「樹德莫如滋，去疾莫如盡。」昔有過澆殺斟灌以伐斟鄩，滅夏后相，后緡方娠，逃出自竇，歸于有仍，生少康焉。爲仍牧正，惎澆能戒之。澆使椒求之，逃奔有虞，爲之庖正，以除其害。虞思於是妻之以二姚，而邑諸綸，有田一成，有衆一旅。能布其德，而兆其謀，以收夏衆，撫其官職；使女艾諜澆，使季杼誘豷。遂滅過、戈，復禹之績，祀夏配天，不失舊物。今吴不如過，而越大於少康，或將豐之，不亦難乎！句踐能親而務施，施不失人，親不棄勞。與我同壤，而世爲仇讎。於是乎克而弗取，將又存之，違天而長寇讎，後雖悔之，不可食已。姬之衰也，日可俟也。介在蠻夷，而長寇讎，以是求伯，必不行矣。』弗聽。退而告人曰：『越十年生聚，而十年教訓，二十年之外，吴其爲沼乎！』三月，越及吴平。吴入越，不書，吴不告慶、越不告敗也。【略】

吳之入楚也，使召陳懷公。懷公朝國人而問焉，曰：『欲與楚者右，欲與吳者左。陳人從田，無田從黨。』逢滑當公而進，曰：『臣聞：國之興也以福，其亡也以禍。今吳未有福，楚未有禍，楚未可棄，吳未可從。而晉，盟主也；若以晉辭吳，若何？』公曰：『國勝君亡，非禍而何？』對曰：『國之有是多矣，何必不復？小國猶復，況大國乎？臣聞：國之興也，視民如傷，是其福也；其亡也，以民爲土芥，是其禍也。楚雖無德，亦不艾殺其民。吳日敝於兵，暴骨如莽，而未見德焉。天其或者正訓楚也，禍之適吳，其何日之有？』陳侯從之。及夫差克越，乃修先君之怨。秋，八月，吳侵陳，修舊怨也。【略】

吳師在陳，楚大夫皆懼，曰：『闔廬惟能用其民，以敗我於柏舉。今聞其嗣又甚焉，將若之何？』子西曰：『二三子恤不相睦，無患吳矣。昔闔廬食不二味，居不重席，室不崇壇，器不彤鏤，宮室不觀，舟車不飾；衣服財用，擇不取費。在國，天有災癘，親巡孤寡而共其乏困。在軍，熟食者分而後敢食，其所嘗者，卒乘與焉。勤恤其民，而與之勞逸，是以民不罷勞，死知不曠。吾先大夫子常易之，所以敗我也。今聞夫差，次有臺榭陂池焉，宿有妃嬙嬪御焉；一日之行，所欲必成，玩好必從；珍異是聚，觀樂是務；視民如讎，而用之日新。夫先自敗也已，安能敗我？』

又《哀公六年》 吳伐陳，復修舊怨也。楚子曰：『吾先君與陳有盟，不可以不救。』乃救陳，師于城父。

又《哀公七年》 夏，公會吳于鄫。吳來徵百牢。子服景伯對曰：『先王未之有也。』吳人曰：『宋百牢我，魯不可以後宋。且魯牢晉大夫過十，吳王百牢，不亦可乎？』景伯曰：『晉范鞅貪而棄禮，以大國懼敝邑，故敝邑十一牢之，君若以禮命於諸侯，則有數矣。若亦棄禮，則有淫者矣。周之王也，制禮，上物不過十二，以爲天之大數也。今棄周禮，而曰必百牢，亦唯執事。』吳人弗聽。景伯曰：『吳將亡矣，棄天而背本。不與，必棄疾於我。』乃與之。

大宰嚭召季康子，康子使子貢辭。大宰嚭曰：『國君道長，而大夫不出門，此何禮也？』對曰：『豈以爲禮？畏大國也。大國不以禮命於諸侯，苟不以禮，豈可量也？寡君既共命焉，其老豈敢棄其國？大伯端委以治周禮，仲雍嗣之，斷髮文身，裸以爲飾，豈禮也哉？有由然也。』反自鄫，以吳爲無能爲也。【略】

秋，伐邾，及范門，猶聞鐘聲。大夫諫，不聽。茅成子請告於吳，不許，曰：『魯擊柝聞於邾；吳二千里，不三月不至，何及於我？且國內豈不足？』成子以茅叛，師遂入邾，處其公宮。衆師晝掠，邾衆保于繹。師宵掠，以邾子益來，獻于亳社，囚諸負瑕，負瑕故有繹。邾茅夷鴻以束帛乘韋自請救於吳，曰：『魯弱晉而遠吳，馮恃其衆，而背君之盟，辟君之執事，以陵我小國。邾非敢自愛也，懼君威之不立。君威之不立，小國之憂也。若夏盟於鄫衍，秋而背之，成求而不違，四方諸侯其何以事君？且魯賦八百乘，君之貳也；邾賦六百乘，君之私也。以私奉貳，唯君圖之！』吳子從之。

又《哀公八年》 三月，吳伐我，子泄率，故道險，從武城。初，武城人或有因於吳竟田焉，拘鄫人之漚菅者，曰：『何故使吾水滋？』及吳師至，拘者道之以伐武城，克之。王犯嘗爲之宰，澹臺子羽之父好焉，國人懼。懿子謂景伯：『若之何？』對曰：『吳師來，斯與之戰，何患焉？且召之而至，又何求焉？』吳師克東陽而進，舍於五梧。明日，舍於蠶室。公賓庚、公甲叔子與戰于夷，獲叔子與析朱鉏，獻於王。王曰：『此同車，必使能，國未可望也。』明日，舍于庚宗，遂次於泗上。微虎欲宵攻王舍，私屬徒七百人三踴於幕庭，卒三百人，有若與焉。及稷門之內，或謂季孫曰：『不足以害吳，而多殺國士，不如已也。』乃止之。吳子聞之，一夕三遷。

吳人行成，將盟，景伯曰：『楚人圍宋，易子而食，析骸而爨，猶無城下之盟；我未及虧，而有城下之盟，是棄國也。吳輕而遠，不能久，將歸矣，請少待之。』弗從。景伯負載，造於萊門。乃請釋子服何於吳，吳人許之，以王子姑曹當之，而後止。吳人盟而還。

又《哀公九年》 九年，春，齊侯使公孟綽辭師于吳。吳子曰：『昔歲寡人聞命，今又革之，不知所從，將進受命於君。』【略】

冬，吳子使來儆師伐齊。

又《哀公十年》 齊人弒悼公，赴于師。吳子三日哭于軍門之外。徐承帥舟師將自海入齊，齊人敗之，吳師乃還。【略】

秋，吳子使來復儆師。

爲郊戰故，公會吳子伐齊。五月，克博。壬申，至于嬴。中軍從王，胥門巢將上軍，王子姑曹將下軍，展如將右軍。齊國書將中軍，高無丕將上軍，宗樓將下軍。陳僖子謂其弟書：『爾死，我必得志。』宗子陽與閭丘明相厲也。桑掩胥御國子。公孫夏曰：『二子必死。』將戰，公孫夏命其徒歌虞殯。陳子行命其徒具含玉。公孫揮命其徒曰：『人尋約，吳髮短。』東郭書曰：『三戰必死，於此三矣。』使問弦多以琴，曰：『吾不復見子矣。』陳書曰：『此行也，吾聞鼓而已，不聞金矣。』

又《哀公十一年》　甲戌，戰于艾陵。展如敗高子，國子敗胥門巢，王卒助之，大敗齊師，獲國書、公孫夏、閭丘明、陳書、東郭書，革車八百乘，甲首三千，以獻于公。將戰，吳子呼叔孫曰：『而事何也？』對曰：『從司馬。』王賜之甲、劍鈹，曰：『奉爾君事，敬無廢命！』叔孫未能對。衛賜進，曰：『州仇奉甲從君。』而拜。公使大史固歸國子之元，寘之新篋，褽之以玄纁，加組帶焉。寘書于其上，曰：『天若不識不衷，何以使下國？』

吳將伐齊，越子率其衆以朝焉，王及列士皆有饋賂。吳人皆喜，唯子胥懼，曰：『是豢吳也夫！』諫曰：『越在我，心腹之疾也，壤地同，而有欲於我。夫其柔服，求濟其欲也，不如早從事焉。得志於齊，猶獲石田也，無所用之。越不爲沼，吳其泯矣。使醫除疾，而曰「必遺類焉」者，未之有也。《盤庚》之誥曰：「其有顛越不共，則劓殄無遺育，無俾易種于茲邑」，是商所以興也。今君易之，將以求大，不亦難乎？』弗聽。使於齊，屬其子於鮑氏，爲王孫氏。反役，王聞之，使賜之屬鏤以死。將死，曰：『樹吾墓檟，檟可材也。吳其亡乎！三年，其始弱矣。盈必毁，天之道也。』

又《哀公十二年》　公會吳于橐臯，吳子使大宰嚭請尋盟。公不欲，使子貢對曰：『盟，所以周信也，故心以制之，玉帛以奉之，言以結之，明神以要之。寡君以爲苟有盟焉，弗可改也已。若猶可改，日盟何益？今吾子曰「必尋盟」，若可尋也，亦可寒也。』乃不尋盟。

吳徵會于衛。初，衛人殺吳行人且姚而懼，謀於行人子羽。子羽曰：『吳方無道，無乃辱吾君，不如止也。』子木曰：『吳方無道，國無道，必棄疾於人。吳雖無道，猶足以患衛。往也！長木之斃，無不摽也；國狗之瘈，無不噬也，而況大國乎！』

秋，衛侯會吳于鄖。公及衛侯、宋皇瑗盟，而卒辭吳盟。吳人藩衛侯之舍。子服景伯謂子貢曰：『夫諸侯之會，事既畢矣，侯伯致禮，地主歸餼，以相辭也。今吳不行禮於衛，而藩其君舍以難之，子盍見大宰？』乃請束錦以行。語及衛故，大宰嚭曰：『寡君愿事衛君，衛君之來也緩，寡君懼，故將止之。』子貢曰：『衛君之來，必謀於其衆，其衆或欲或否，是以緩來。其欲來者，子之黨也；其不欲來者，子之讎也。若執衛君，是墮黨而崇讎也，夫墮子者得其志矣。且合諸侯而執衛君，誰敢不懼？墮黨崇讎，而懼諸侯，或者難以霸乎！』大宰嚭説，乃舍衛侯。衛侯歸，效夷言。子之尚幼，曰：『君必不免，其死於夷乎！執焉而又説其言，從之固矣。』

又《哀公十三年》　夏，公會單平公、晉定公、吳夫差于黄池。

六月丙子，越子伐吳，爲二隧，疇無餘、謳陽自南方，先及郊。吳太子友、王子地、王孫彌庸、壽於姚自泓上觀之。彌庸見姑蔑之旗，曰：『吾父之旗也。不可以見讎而弗殺也。』太子曰：『戰而不克，將亡國，請待之。』彌庸不可，屬徒五千，王子地助之。乙酉，戰，彌庸獲疇無餘，地獲謳陽。越子至，王子地守。丙戌，復戰，大敗吳師，獲太子友、王孫彌庸、壽於姚。丁亥，入吳。吳人告敗于王。王惡其聞也，自剄七人於幕下。

秋，七月辛丑盟，吳、晉爭先。吳人曰：『於周室，我爲長。』晉人曰：『於姬姓，我爲伯。』趙鞅呼司馬寅曰：『日旰矣，大事未成，二臣之罪也。建鼓整列，二臣死之，長幼必可知也。』對曰：『請姑視之。』反，曰：『肉食者無墨。今吳王有墨，國勝乎？太子死乎？且夷德輕，不忍久，請少待之。』乃先晉人。

吳人將以公見晉侯，子服景伯對使者曰：『王合諸侯，則伯帥侯牧以見於王；伯合諸侯，則侯帥子、男以見於伯。自王以下，朝聘玉帛不同；故敝邑之職貢於吳，有豐於晉，無不及焉，以爲伯也。今諸侯會，而君將以寡君見晉君，則晉成爲伯矣，敝邑將改職貢：魯賦於吳八百乘，若爲子、男，則將半邾以屬於吳，而如邾以事晉。且執事以伯召諸侯，而以侯終之，何利之有焉？』吳人乃止。既而悔之，將囚景伯。景伯曰：

『何也立後於魯矣，將以二乘與六人從，遲速唯命。』遂囚以還。及戶牖，謂大宰曰：『魯將以十月上辛有事於上帝、先王，季辛而畢，何世有職焉，自襄以來，未之改也。若不會，祝宗將曰「吳實然」，且謂魯不共，而執其賤者七人，何損焉？』大宰嚭言於王曰：『無損於魯，而只爲名，不如歸之。』乃歸景伯。

吳申叔儀乞糧於公孫有山氏，曰：『佩玉蘂兮，余無所繫之；旨酒一盛兮，余與褐之父睨之。』對曰：『粱則無矣，粗則有之。若登首山以呼曰「庚癸乎」，則諾。』王欲伐宋，殺其丈夫而囚其婦人。大宰嚭曰：『可勝也，而弗能居也。』乃歸。

冬，吳及越平。

又《哀公十五年》夏，楚子西、子期伐吳，及桐汭，陳侯使公孫貞子弔焉，及良而卒，將以尸入。吳子使大宰嚭勞，且辭曰：『以水潦之不時，無乃廪然隕大夫之尸，以重寡君之憂，寡君敢辭。』上介芋尹蓋對曰：『寡君聞楚爲不道，薦伐吳國，滅厥民人，寡君使蓋備使，弔君之下吏。無祿，使人逢天之戚，大命隕隊，絶世于良。廢日共積，一日遷次。今君命逆使人曰「無以尸造于門」，是我寡君之命委于草莽也。且臣聞之曰：「事死如事生，禮也。」於是乎有朝聘而終、以尸將事之禮，又有朝聘而有遭喪之禮。若不以尸將命，是遭喪而還也，無乃不可乎！以禮防民，猶或逾之，今大夫曰「死而棄之」，是棄禮也，其何以爲諸侯主？先民有言曰：「無穢虐士。」備使奉尸將命，苟我寡君之命達于君所，雖隕于深淵，則天命也，非君與涉人之過也。』吳人內之。

又《哀公十七年》三月，越子伐吳，吳子禦之笠澤，夾水而陳。越子爲左右句卒，使夜或左或右，鼓譟而進；吳師分以御之。越子以三軍潛涉，當吳中軍而鼓之，吳師大亂，遂敗之。

又《哀公二十年》吳公子慶忌驟諫吳子曰：『不改，必亡。』弗聽。出居于艾，遂適楚。聞越將伐吳，冬，請歸平越，遂歸。欲除不忠者以説于越。吳人殺之。

十一月，越圍吳，趙孟降於喪食。楚隆曰：『三年之喪，親暱之極也，主又降之，無乃有故乎？』趙孟曰：『黄池之役，先主與吳王有質，曰：「好惡同之。」今越圍吳，嗣子不廢舊業而敵之，非晉之所能及也，吾是以爲降。』楚隆曰：『若使吳王知之，若何？』趙孟曰：『可乎？』隆曰：『請嘗之。』乃往，先造于越軍，曰：『吳犯間上國多矣，聞君親討焉，諸夏之人莫不欣喜，唯恐君志之不從，請入視之。』許之。告于吳王曰：『寡君之老無恤使陪臣隆，敢展謝其不共：黄池之役，君之先臣志父得承齊盟，曰「好惡同之」。今君在難，無恤不敢憚勞，非晉國之所能及也，使陪臣敢展布之。』王拜稽首曰：『寡人不佞，不能事越，以爲大夫憂，拜命之辱。』與之一簞珠，使問趙孟曰：『句踐將生憂寡人，寡人死之不得矣。』王曰：『溺人必笑，吾將有問也。史黯何以得爲君子？』對曰：『黯也進不見惡，退無謗言。』王曰：『宜哉！』

又《哀公二十二年》夏，四月，邾隱公自齊奔越，曰：『吳爲無道，執父立子。』越人歸之，太子革奔越。

冬，十一月丁卯，越滅吳，請使吳王居甬東。辭曰：『孤老矣，焉能事君？』乃縊。越人以歸。

《國語》卷一九《吳語》 吳王夫差起師伐越，越王句踐起師逆之。大夫種乃獻謀曰：『夫吳之與越，唯天所授，王其無庸戰。夫申胥、華登簡服吳國之士於甲兵，而未嘗有所挫也。夫一人善射，百夫決拾，勝未可成也。夫謀必素見成事焉，而後履之，不可以授命。王不如設戎，約辭行成，以喜其民，以廣侈吳王之心。吾以卜之於天，天若棄吳，必許吾成而不吾足也，將必寬然有伯諸侯之心焉。既罷弊其民，而天奪之食，安受其燼，乃無有命矣。』

越王許諾，乃命諸稽郢行成于吳，曰：『寡君句踐使下臣郢不敢顯然布幣行禮，敢私告於下執事曰：昔者越國見禍，得罪於天王。天王親趨玉趾，以心孤句踐，而又宥赦之。君王之於越也，緊起死人而肉白骨也。孤不敢忘天災，其敢忘君王之大賜乎！今句踐申禍無良，草鄙之人，敢忘天王之大德，而思邊垂之小怨，以重得罪于下執事？句踐用帥二三之老，親委重罪，頓顙於邊。

「今君王不察，盛怒屬兵，將殘伐越國。越國固貢獻之邑也，君王不以鞭箠使之，而辱軍士使寇令焉。句踐請盟：一介嫡女，執箕帚以晐姓於王宮；一介嫡男，奉槃匜以隨諸御；春秋貢獻，不解於王府。天王豈辱裁之？亦征諸侯之禮也。

『夫諺曰：「狐埋之而狐搰之，是以無成功。」今天王既封植越國，以明聞於天下，而又刈亡之，是天王之無成勞也。雖四方之諸侯，則何實以事吴？敢使下臣盡辭，唯天王秉利度義焉！』【略】

吴王夫差乃告諸大夫曰：『孤將有大志於齊，吾將許越成，而無拂吾慮。若越既改，吾又何求？若其不改，反行，吾振旅焉。』

申胥諫曰：『不可許也。夫越非實忠心好吴也，又非懾畏吾甲兵之强也。大夫種勇而善謀，將還玩吴國於股掌之上，以得其志。夫固知君王之蓋威以好勝也，故婉約其辭，以從逸王志，使淫樂於諸夏之國，以自傷也。使吾甲兵鈍弊，民人離落，而日以憔悴，然後安受吾燼。夫越王好信以愛民，四方歸之，年穀時熟，日長炎炎。及吾猶可以戰也，爲虺弗摧，爲蛇將若何？』

吴王曰：『大夫奚隆於越，越曾足以爲大虞乎？若無越，則吾何以春秋曜吾軍士？』乃許之成。

將盟，越王又使諸稽郢辭曰：『以盟爲有益乎？前盟口血未乾，足以結信矣。以盟爲無益乎？君王舍甲兵之威以臨使之，而胡重於鬼神而自輕也？』吴王乃許之。荒成不盟。【略】

吴王夫差既許越成，乃大戒師徒，將以伐齊。申胥進諫曰：『昔天以越賜吴，而王弗受。夫天命有反，今越王句踐恐懼而改其謀，舍其愆令，輕其征賦，施民所善，去民所惡，身自約也。裕其衆庶，其民殷衆，以多甲兵。越之在吴，猶人之有腹心之疾也。夫越王之不忘敗吴，於其心也侙然，服士以伺吾間。今王非越是圖，而齊、魯以爲憂。夫齊、魯譬諸疾，疥癬也，豈能涉江、淮而與我爭此地哉？將必越實有吴土。

『王其盍亦鑑於人，無鑑於水。昔楚靈王不君，其臣箴諫以不入。乃築臺於章華之上，闕爲石郭，陂漢，以象帝舜。罷弊楚國，以閒陳、蔡。不修方城之内，踰諸夏而圖東國，三歲於沮、汾以服吴、越。其民不忍饑勞之殃，三軍叛王於乾谿。王親獨行，屏營仿偟於山林之中，三日乃見其涓人疇。王呼之曰：「余不食三日矣。」疇趨而進，王枕其股以寢於地。王寐，疇枕王以墣而去之。王覺而無見也，乃匍匐將入於棘闈，棘闈不納，乃人芋尹申亥氏焉。王縊，申亥負王以歸，而土埋之其室。此志也，豈遽忘於諸侯之耳乎？

『今王既變鮌、禹之功，而高高下下，以罷民於姑蘇。天奪吾食，都鄙薦饑。今王將很天而伐齊。夫吴民離矣，體有所傾，譬如羣獸然，一個負矢，將百羣皆奔，王其無方收也。越人必來襲我，王雖悔之，其猶有及乎？』【略】

吴王夫差既勝齊人於艾陵，乃使行人奚斯釋言於齊，曰：『寡人帥不腆吴國之役，遵汶之上，不敢左右，唯好之故。今大夫國子興其衆庶，以犯獵吴國之師徒，天若不知有罪，則何以使下國勝！』【略】

吴王還自伐齊，乃訊申胥曰：『昔吾先王體德明聖，達於上帝，譬如農夫作耦，以刈殺四方之蓬蒿，以立名於荆，此則大夫之力也。今大夫老，而又不自安恬逸，而處以念惡，出則罪吾衆，撓亂百度，以妖孼吴國。今天降衷於吴，齊師受服。孤豈敢自多，先王之鐘鼓，寔式靈之。敢告于大夫。』

申胥釋劍而對曰：『昔吾先王世有輔弼之臣，以能遂疑計惡，以不陷於大難。今王播棄黎老，而孩童焉比謀，曰：「余令而不違。」夫不違，乃違也。夫不違，亡之階也。夫天之所棄，必驟近其小喜，而遠其大憂。王若不得志於齊，而以覺寤王心，而吴國猶世。吾先君得之也，必有以取之；其亡之也，亦有以棄之。用能援持盈以没，而驟救傾以時。今王無以取之，而天祿亟至，是吴命之短也。員不忍稱疾辟易，以見王之親爲越之擒也。員請先死。』遂自殺。將死，曰：『以懸吾目於東門，以見越之人，吴國之亡也。』王慍曰：『孤不使大夫得有見也。』乃使取申胥之尸，盛以鴟鴺，而投之於江。

吴王夫差既殺申胥，不稔於歲，乃起師北征。闕爲深溝，通於商、魯之間，北屬之沂，西屬之濟，以會晉公午於黄池。

於是越王句踐乃命范蠡、舌庸，率師沿海泝淮以絶吴路。敗王子友於姑熊夷。越王勾踐乃率中軍泝江以襲吴，入其郛，焚其姑蘇，徙其大舟。

吴、晉爭長未成，邊遽乃至，以越亂告。吴王懼，乃合大夫而謀曰：『越爲不道，背其齊盟。今吾道路修遠，無會而歸，與會而先晉，孰利？』王孫雒曰：『夫危事不齒，雒敢先對。二者莫利。無會而歸，越聞章矣，民懼而走，遠無正就。齊、宋、徐、夷曰：「吴既敗矣！」將夾溝而廖我，我無生命矣。會而先晉，晉既執諸侯之柄以臨我，將成其志以見天

子。吾須之不能，去之不忍。若越聞愈章，吾民恐叛。必會而先之。』

王乃步就王孫雒曰：『先之，圖之將若何？』王孫雒曰：『王其無疑，吾道路悠遠，必無有二命，焉可以濟事。』王孫雒進，顧揖諸大夫曰：『危事不可以爲安，死事不可以爲生，則無爲貴智矣。民之惡死而欲貴富以長没也，與我同。雖然，彼近其國，有遷；我絶慮，無遷。彼豈能與我行此危事也哉？事君勇謀，於此用之。今夕必挑戰，以廣民心。請王勵士，以奮其朋勢。勸之以高位重畜，備刑戮以辱其不勵者，令各輕其死。彼將不戰而先我，我既執諸侯之柄，以歲之不獲也，無有誅焉，而先罷之，諸侯必説。既而皆入其地，王安挺志，一日惕，一日留，以安步王志。必設以此民也，封於江、淮之間，乃能至於吳。』吳王許諾。【略】

吳王昏乃戒，令秣馬食士。夜中，乃令服兵擐甲，係馬舌，出火竈，陳士卒百人，以爲徹行百行。行頭皆官師，擁鐸拱稽，建肥胡，奉文犀之渠。十行一嬖大夫，建旌提鼓，挾經秉枹。十旌一將軍，載常建鼓，挾經秉枹。萬人以爲方陣，皆白裳、白旗、素甲、白羽之矰，望之如荼。王親秉鉞，載白旗以中陳而立。左軍亦如之，皆赤裳、赤旟、丹甲、朱羽之矰，望之如火。右軍亦如之，皆玄裳、玄旗、黑甲、烏羽之矰，望之如墨。爲帶甲三萬，以勢攻，雞鳴乃定。既陳，去晉軍一里。昧明，王乃秉枹，親就鳴鐘鼓、丁寧、錞于振鐸，勇怯盡應，三軍皆譁釦以振旅，其聲動天地。

晉師大駭不出，周軍飭壘，乃令董褐請事，曰：『兩君偃兵接好，日中爲期。今大國越録，而造於弊邑之軍壘，敢請亂故。』

吳王親對之曰：『天子有命，周室卑約，貢獻莫入，上帝鬼神而不可以告。無姬姓之振也，徒遽來告。孤日夜相繼，匍匐就君。君今非王室不平安是憂，億負晉衆庶，不式諸戎、狄、楚、秦；將不長弟，以力征一二兄弟之國。孤欲守吾先君之班爵，進則不敢，退則不可。今會日薄矣，恐事之不集，以爲諸侯笑。孤之事君在今日，不得事君亦在今日。爲使者之無遠也，孤用親聽命於藩籬之外。』

董褐將還，王稱左畸曰：『攝少司馬兹與王士五人，坐於王前。』乃皆進，自剄於客前以酬客。

董褐既致命，乃告趙鞅曰：『臣觀吳王之色，類有大憂，小則嬖妾、嫡子死，不則國有大難；大則越人吳。將毒，不可與戰。主其許之先，無以待危，然而不可徒許也。』趙鞅許諾。

晉乃令董褐復命曰：『寡君未敢觀兵身見，使褐復命曰：「曩君之言，周室既卑，諸侯失禮於天子，請貞於陽卜，收文、武之諸侯。孤以下密邇於天子，無所逃罪，訊讓日至，曰：昔吳伯父不失，春秋必率諸侯以顧在余一人。今伯父有蠻、荊之虞，禮世不續，用命孤禮佐周公，以見我一二兄弟之國，以休君憂。今君掩王東海，以淫名聞於天子，君有短垣，而自踰之，況蠻、荊則何有於周室？夫命圭有命，固曰吳伯，不曰吳王。諸侯是以敢辭。夫諸侯無二君，而周無二王，君若無卑天子，以干其不祥，而曰吳公，孤敢不順從君命長弟！」許諾。』

吳王許諾，乃退就幕而會。吳公先歃，晉侯亞之。吳王既會，越聞愈章，恐齊、宋之爲己害也，乃命王孫雒先與勇獲帥徒師，以爲過賓於宋，以焚其北郛焉而過之。【略】

吳王夫差既退于黄池，乃使王孫苟告勞于周，曰：『昔者楚人爲不道，不承共王事，以遠我一二兄弟之國。吾先君闔廬不貫不忍，被甲帶劍，挺鈹搢鐸，以與楚昭王毒逐於中原柏舉。天舍其衷，楚師敗績，王去其國，遂至于郢。王總其百執事，以奉其社稷之祭。其父子、昆弟不相能，夫概王作亂，是以復歸於吳。今齊侯壬不鑑於楚，又不承共王命，以遠我一二兄弟之國。夫差不貫不忍，被甲帶劍，挺鈹搢鐸，遵汶伐博，簦笠相望於艾陵。天舍其衷，齊師還。夫差豈敢自多，文、武寔舍其衷。歸不稔於歲，余沿江泝淮，闕溝深水，出於商、魯之間，以徹於兄弟之國。夫差克有成事，敢使苟告於下執事。』

周王答曰：『苟，伯父令女來，明紹享余一人，若余嘉之。昔周室逢天之降禍，遭民之不祥，余心豈忘憂恤，不唯下土之不康靖。今伯父曰：「戮力同德。」伯父若能然，余一人兼受而介福。伯父多歷年以没元身，伯父秉德已侈大哉！』

吳王夫差還自黄池，息民不戒。越大夫種乃唱謀曰：『吾謂吳王將遂涉吾地，今罷師而不戒以忘我，我不可以怠。日臣嘗卜於天，今吳民既罷，而大荒薦饑，市無赤米，而囷鹿空虚，其民必移就蒲蠃於東海之濱。天占既兆，人事又見，我蔑卜筮矣。王若今起師以會，奪之利，無使夫

悛。夫吳之邊鄙遠者，罷而未至，吳王將耻不戰，必不須至之會也，而以中國之師與我戰。若事幸而從我，我遂踐其地，其至者亦將不能之會也已，吾用禦兒臨之。吳王若慍而又戰，奔遂可出。若不戰而結成，王安厚取名而去之。』越王曰：『善哉！』乃大戒師，將伐吳。

楚申包胥使於越，越王句踐問焉，曰：『吳國爲不道，求殘我社稷宗廟，以爲平原，弗使血食。吾欲與之徼天之衷，唯是車馬、兵甲、卒伍既具，無以行之。請問戰奚以而可？』包胥辭曰：『不知。』王固問焉，乃對曰：『夫吳，良國也，能博取於諸侯。敢問君王之所以與之戰者？』王曰：『在孤之側者，觴酒、豆肉、簞食，未嘗敢不分也。飲食不致味，聽樂不盡聲，求以報吳。願以此戰。』包胥曰：『善則善矣，未可以戰也。』王曰：『越國之中，疾者吾問之，死者吾葬之，老其老，慈其幼，長其孤，問其病，求以報吳。願以此戰。』包胥曰：『善則善矣，未可以戰也。』王曰：『越國之中，吾寬民以子之，忠惠以善之。吾修令寬刑，施民所欲，去民所惡，稱其善，掩其惡，求以報吳。願以此戰。』包胥曰：『善則善矣，未可以戰也。』王曰：『越國之中，富者吾安之，貧者吾與之，救其不足，裁其有餘，使貧富皆利之，求以報吳。願以此戰。』包胥曰：『善則善矣，未可以戰也。』王曰：『越國南則楚，西則晉，北則齊，春秋皮幣、玉帛、子女以賓服焉，未嘗敢絶，求以報吳。願以此戰。』包胥曰：『善哉，蔑以加焉，然猶未可以戰也。夫戰，智爲始，仁次之，勇次之。不智，則不知民之極，無以銓度天下之衆寡；不仁，則不能與三軍共饑勞之殃；不勇，則不能斷疑以發大計。』越王曰：『諾。』

越王句踐乃召五大夫，曰：『吳爲不道，求殘吾社稷宗廟，以爲平原，不使血食。吾欲與之徼天之衷，唯是車馬、兵甲、卒伍既具，無以行之。吾問於王孫包胥，既命孤矣；敢訪諸大夫，問戰奚以而可？句踐願諸大夫言之，皆以情告，無阿孤，孤將以舉大事。』大夫舌庸乃進對曰：『審賞則可以戰乎？』王曰：『聖。』大夫苦成進對曰：『審罰則可以戰乎？』王曰：『猛。』大夫種進對曰：『審物則可以戰乎？』王曰：『辯。』大夫蠡進對曰：『審備則可以戰乎？』王曰：『巧。』大夫臯如進對曰：『審聲則可以戰乎？』王曰：『可矣。』王乃命有司大令於國曰：『苟任戎者，皆造於國門之外。』王乃命於國曰：『國人欲告者來告，告孤不審，將爲戮不利，及五日必審之，過五日，道將不行。』

王乃入命夫人。王背屏而立，夫人向屏。王曰：『自今日以後，內政無出，外政無入。內有辱，是子也；外有辱，是我也。吾見子於此止矣。』王遂出，夫人送王，不出屏，乃闔左闔，填之以土，去笄側席而坐，不掃。王背檐而立，大夫向檐。王命大夫曰：『食土不均，地之不修，內有辱於國，是子也；軍士不死，外有辱，是我也。自今日以後，內政無出，外政無入，吾見子於此止矣。』王遂出，大夫送王不出檐，乃闔左闔，填之以土，側席而坐，不掃。

王乃之壇列，鼓而行之，至於軍，斬有罪者以徇，曰：『莫如此以環瑱通相問也。』明日徙舍，斬有罪者以徇，曰：『莫如此不從其伍之令。』明日徙舍，斬有罪者以徇，曰：『莫如此不用王命。』明日徙舍，至於禦兒，斬有罪者以徇，曰：『莫如此淫逸不可禁也。』

王乃命有司大徇於軍，曰：『有父母耆老而無昆弟者，以告。』王親命之曰：『我有大事，子有父母耆老，而子爲我死，子之父母將轉於溝壑，子爲我禮已重矣。子歸，歿而父母之世。後若有事，吾與子圖之。』明日徇於軍，曰：『有兄弟四五人皆在此者，以告。』王親命之曰：『我有大事，子有昆弟四五人皆在此，事若不捷，則是盡也。擇子之所欲歸者一人。』明日徇於軍，曰：『有眩瞀之疾者，以告。』王親命之曰：『我有大事，子有眩瞀之疾，其歸若已。後若有事，吾與子圖之。』明日徇於軍，曰：『筋力不足以勝甲兵，志行不足以聽命者歸，莫告。』明日，遷軍接龢，斬有罪者以徇，曰：『莫如此志行不果。』於是人有致死之心。王乃命有司大徇於軍，曰：『謂二三子歸而不歸，處而不處，進而不進，退而不退，左而不左，右而不右，身斬，妻子鬻。』

於是吳王起師，軍於江北，越王軍於江南。越王乃中分其師以爲左右軍，以其私卒君子六千人爲中軍。明日將舟戰於江，及昏，乃令左軍銜枚泝江五里以須，亦令右軍銜枚踰江五里以須。夜中，乃命左軍、右軍涉江鳴鼓中水以須。吳師聞之，大駭，曰：『越人分爲二師，將以夾攻我師。』乃不待旦，亦中分其師，將以禦越。越王乃令其中軍銜枚潛涉，不鼓不譟以襲攻之，吳師大北。越之左軍、右軍乃遂涉而從之，又大敗之於沒，又郊敗之，三戰三北，乃至於吳。越師遂入吳國，圍王臺。

吴王懼，使人行成，曰：『昔不穀先委制於越君，君告孤請成，男女服從。孤無奈越之先君何，畏天之不祥，不敢絶祀，許君成，以至於今。今孤不道，得罪於君王，君王以親辱於弊邑。孤敢請成，男女服爲臣御。』越王曰：『昔天以越賜吴，而吴不受；今天以吴賜越，孤敢不聽天之命，而聽君之令乎？』乃不許成。因使人告於吴王曰：『天以吴賜越，孤不敢不受。以民生之不長，王其無死！民生於地上，寓也，其與幾何？寡人其達王於甬句東，夫婦三百，唯王所安，以没王年。』夫差辭曰：『天既降禍於吴國，不在前後，當孤之身，寔失宗廟社稷。凡吴土地人民，越既有之矣，孤何以視於天下！』夫差將死，使人説於子胥曰：『使死者無知，則已矣；若其有知，吾何面目以見員也！』遂自殺。

越滅吴，上征上國，宋、鄭、魯、衛、陳、蔡執玉之君皆入朝。夫唯能下其羣臣，以集其謀故也。

《韓非子》卷一〇《内儲説下·六微》 越王攻吴王，吴王謝而告服，越王欲許之，范蠡、大夫種曰：『不可。昔天以越與吴，吴不受，今天反夫差，亦天禍也。以吴予越，再拜受之，不可許也。』太宰嚭遺大夫種書曰：『狡兔盡則良犬烹，敵國滅則謀臣亡。大夫何不釋吴而患越乎？』大夫種受書讀之，太息而歎曰：『殺之，越與吴同命。』【略】

吴政荆，子胥使人宣言于荆曰：『子期用，將擊之。子常用，將去之。』荆人聞之，因用子常而退子期也。吴人擊之，遂勝之。

《吕氏春秋》卷一四《孝行覽·長攻》 越國大饑，王恐，召范蠡而謀。范蠡曰：『王何患焉？今之饑，此越之福而吴之禍也。夫吴國甚富而財有餘，其王年少，智寡材輕，好須臾之名，不思後患。王若重幣卑辭以請糴於吴，則食可得也。食得，其卒越必有吴，而王何患焉？』越王曰：『善。』乃使人請食於吴，吴王將與之。伍子胥進諫曰：『不可與也。夫吴之與越，接土鄰境，道易人通，仇讎敵戰之國也，非吴喪越，越必喪吴。若燕、秦、齊、晉，山處陸居，豈能踰五湖九江、越十七阨以有吴哉？故曰非吴喪越，越必喪吴。今將輸之粟，與之食，是長吾讎而養吾仇也。財匱而民恐，悔無及也。不若勿與而攻之，固其數也，此昔吾先王之所以霸。且夫饑，代事也，猶淵之與阪，誰國無有？』吴王曰：『不然。吾聞之：「義兵不攻服，仁者食饑餓。」今服而攻之，非義兵也；饑而不食，非仁體也。不仁不義，雖得十越，吾不爲也。』遂與之食。不出三年而吴亦饑，使人請食於越，越王弗與，乃攻之，夫差爲禽。

又 卷二三《貴直論·知化》 吴王夫差將伐齊，子胥曰：『不可。夫齊之與吴也，習俗不同，言語不通，我得其地不能處，得其民不得使。夫吴之與越也，接土鄰境，壤交通屬，習俗同，言語通，我得其地能處之，得其民能使之。越於我亦然。夫吴、越之勢不兩立。越之於吴也，譬若心腹之疾也，雖無作，其傷深而在内也。夫齊之於吴也，疥癬之病也，不苦其已也，且其無傷也。今釋越而伐齊，譬之猶懼虎而刺猏，雖勝之，其後患未央。』太宰嚭曰：『不可。君王之令所以不行於上國者，齊、晉也。君王若伐齊而勝之，徙其兵以臨晉，晉必聽命矣，是君王一舉而服兩國也，君王之令必行於上國。』夫差以爲然，不聽子胥之言，而用太宰嚭之謀。子胥曰：『天將亡吴矣，則使君王戰而勝。天將不亡吴矣，則使君王戰而不勝。』夫差不聽。子胥兩袪高蹶而出於廷，曰：『嗟乎！吴朝必生荆棘矣。』夫差興師伐齊，戰於艾陵，大敗齊師，反而誅子胥。子胥將死曰：『與！吾安得一目以視越人之入吴也？』乃自殺。夫差乃取其身而流之江，抉其目，著之東門，曰：『女胡視越人之入我也？』居數年，越報吴，殘其國，絶其世，滅其社稷，夷其宗廟，夫差身爲擒。夫差將死曰：『死者如有知也，吾何面以見子胥於地下？』乃爲幎以冒面死。夫患未至，則不可告也；患既至，雖知之無及矣。故夫差之知慙於子胥也，不若勿知。

《史記》卷三一《吴太伯世家》 十九年夏，吴伐越，越王句踐迎擊之檇李。越使死士挑戰，三行造吴師，呼，自剄。吴師觀之，越因伐吴，敗之姑蘇，傷吴王闔廬指，軍卻七里。吴王病傷而死。闔廬使立太子夫差，謂曰：『爾而忘句踐殺汝父乎？』對曰：『不敢！』三年，乃報越。

王夫差元年，以大夫伯嚭爲太宰。習戰射，常以報越爲志。二年，吴王悉精兵以伐越，敗之夫椒，報姑蘇也。越王句踐乃以甲兵五千人棲於會稽，使大夫種因吴太宰嚭而行成，請委國爲臣妾。吴王將許之，伍子胥諫曰：『昔有過氏殺斟灌以伐斟尋，滅夏后帝相。帝相之妃后緡方娠，逃於有仍而生少康。少康爲有仍牧正。有過又欲殺少康，少康奔有虞。有虞思夏德，於是妻之以二女而邑之於綸，有田一成，有衆一旅。後遂收夏衆，

撫其官職。使人誘之，遂滅有過氏，復禹之績，祀夏配天，不失舊物。今吳不如有過之彊，而句踐大於少康。今不因此而滅之，又將寬之，不亦難乎！且句踐爲人能辛苦，今不滅，後必悔之。』吳王不聽，聽太宰嚭，卒許越平，與盟而罷兵去。

七年，吳王夫差聞齊景公死而大臣爭寵，新君弱，乃興師北伐齊。子胥諫曰：『越王句踐食不重味，衣不重采，弔死問疾，且欲有所用其衆。此人不死，必爲吳患。今越在腹心疾而王不先，而務齊，不亦謬乎！』吳王不聽，遂北伐齊，敗齊師於艾陵。至繒，召魯哀公而徵百牢。季康子使子貢以周禮説太宰嚭，乃得止。因留略地於齊魯之南。九年，爲騶伐魯，至，與魯盟乃去。十年，因伐齊而歸。十一年，復北伐齊。

越王句踐率其衆以朝吳，厚獻遺之，吳王喜。唯子胥懼，曰：『是棄吳也。』諫曰：『越在腹心，今得志於齊，猶石田，無所用。且《盤庚之誥》有顛越勿遺，商之以興。』吳王不聽，使子胥於齊，子胥屬其子於齊鮑氏，還報吳王。吳王聞之，大怒，賜子胥屬鏤之劍以死。將死，曰：『樹吾墓上以梓，令可爲器。抉吾眼置之吳東門，以觀越之滅吳也。』

齊鮑氏弑齊悼公。吳王聞之，哭於軍門外三日，乃從海上攻齊。齊人敗吳，吳王乃引兵歸。

十三年，吳召魯、衛之君會於橐皋。

十四年春，吳王北會諸侯於黄池，欲霸中國以全周室。六月（戊）［丙］子，越王句踐伐吳。乙酉，越五千人與吳戰。丙戌，虜吳太子友。丁亥，入吳。吳人告敗於王夫差，夫差惡其聞也。或泄其語，吳王怒，斬七人於幕下。七月辛丑，吳王與晉定公爭長。吳王曰：『於周室我爲長。』晉定公曰：『於姬姓我爲伯。』趙鞅怒，將伐吳，乃長晉定公。吳王已盟，與晉別，欲伐宋。太宰嚭曰：『可勝而不能居也。』乃引兵歸國。國亡太子，內空，王居外久，士皆罷敝，於是乃使厚幣以與越平。

十五年，齊田常殺簡公。

十八年，越益彊。越王句踐率兵（使）［復］伐敗吳師於笠澤。楚滅陳。

二十年，越王句踐復伐吳。二十一年，遂圍吳。二十三年十一月丁卯，越敗吳。越王句踐欲遷吳王夫差於甬東，予百家居之。吳王曰：『孤老矣，不能事君王也。吾悔不用子胥之言，自令陷此。』遂自剄死。越王滅吳，誅太宰嚭，以爲不忠，而歸。

漢・劉向《説苑》卷一三《權謀》 吳王夫差破越，又將伐陳。楚大夫皆懼，曰：『昔闔廬能用其衆，故破我于柏舉。今聞夫差又甚焉。』子西曰：『二三子恤不相睦也，無患吳矣。昔闔廬食不貳味，處不重席，擇不取費。在國，天有災，親戚乏困而供之；在軍，食熟者半而後食，其所嘗者，卒乘必與焉。是以民不罷勞，死知不曠。今夫差，次有臺榭陂池焉；宿有妃嬙御焉；一日之行，所欲必成，玩好必從，珍異是聚。夫差先自敗已，焉能敗我！』

漢・趙曄《吳越春秋》卷五《夫差内傳》 十一年，夫差北伐齊，齊使大夫高氏當是高無平，時將上軍。謝吳師，曰：『齊孤立於國，倉庫空虛，民人離散，齊以吳爲强輔，今未往告急，而吳見伐，請伏國人於郊，不敢陳戰爭之辭，惟吳哀齊之不濫也。』吳師卽還。《左傳・哀公九年》：『吳子使來儆師伐齊。』十年：『吳子使來復儆師。』是爲夫差十年，十一年也。此二年方謀伐齊。而此書於十一年云：『夫差北伐齊。』十二年云：『夫差復北伐齊。』是二年間吳再伐齊也。與《傳》不合。豈十一年吳嘗伐齊。齊謝吳師不敢戰，至明年復伐，乃有艾陵之戰耶。

十二年，夫差復北伐齊。《左傳・哀公十一年》：『公會吳子伐齊。』是爲夫差十二年，與此書合。《史・世家》乃書之夫差十一年，誤也。越王聞之，率衆以朝於吳，而以重寶厚獻太宰嚭，嚭喜受越之賂，愛信越殊甚，日夜爲言於吳王，王信用嚭之計。伍胥大懼，曰：『是棄吾也。』乃進諫曰：『越，在心腹之病，不前除其疾，今信浮辭僞詐而貪齊。破齊，譬由磐石之田，無立其苗也。願王釋齊而前越。不然，悔之無及。』吳王不聽，使子胥使于齊，通期戰之會。子胥謂其子曰：『我數諫王，王不我用，今見吳之亡矣。汝與吾俱亡，亡無爲也。』乃屬其子於齊鮑氏而還。鮑氏，鮑牧也。屬其子改姓爲王孫氏，欲以避吳禍。太宰嚭既與子胥有隙，因讒之曰：『子胥爲强暴力諫，願王少厚焉。』王曰：『寡人知之。』未興師，會魯使子貢聘於吳。

十三年，齊大夫陳成恒欲弑簡公，陰憚高國鮑晏，鮑叔牙，晏嬰。故前興兵伐魯，魯君憂之。孔子患之，召門人而謂之曰：『諸侯有相伐者，丘

常耻之。夫魯，父母之國也，丘墓在焉。今齊將伐之，子無意一出耶？」子路辭出，孔子止之。子張、子石請行，孔子弗許。子貢辭出，孔子遣之。子貢北之齊，見成恒，《史記·子貢傳》作「田常」。因謂曰：「夫魯者，難伐之國，而君伐，過矣。」成而曰：「魯何難伐也？」子貢曰：「其城薄以卑，其池狹以淺，其君愚而不仁，大臣無用，士惡甲兵，不可與戰。君不若伐吳。夫吳，城厚而崇，池廣以深，甲堅士選，器飽弩勁，又使明大夫守之，此易邦也。」

成恒忿然作色，曰：「子之所難，人之所易；子之所易，人之所難。而以教恒，何也？」子貢曰：「臣聞君三封而三不成者，大臣有所不聽者也。今君又欲破魯以廣齊，隳魯以自尊，而君功不與焉，是君上驕，《越絶》「驕」字下有「主心」二字，爲是，《子貢傳》同。下恣羣臣，而求以成大事，難矣。且夫上驕則犯，臣驕則爭，此君上於王有遽《越絶》及《子貢傳》皆「王」作「主」，「遽」作「卻」，「卻」與「隙」同。而下與大臣交爭，如此則君立於齊，危於累卵。故曰不如伐吳。且吳王剛猛而毅，能行其令，百姓習于戰守，明於法禁，齊遇爲擒，必矣。今君悉四境之中出大臣以環之，人民外死，大臣內空，是君上無强敵之臣，下無黔首之士，孤主制齊者，君也。」陳恒曰：「善！雖然，吾兵已在魯之城下矣。吾去之，吳大臣將有疑我之心，爲之奈何？」子貢曰：「君按兵無伐，請爲君南見吳王，請之救魯而伐齊，君因以兵迎之。」陳恒許諾。子貢南見吳王，謂吳王曰：「臣聞之，王者不絶世，而霸者無强敵，千鈞之重，加銖而移。今萬乘之齊，而私千乘之魯，而與吳爭强，臣竊爲君恐焉。且夫救魯顯名也，伐齊大利也，義存亡魯，《越絶》「義」字下有「在」字，「害」字下有「勇在」二字，爲是。害暴齊而威强晉，則王不疑也。」吳王曰：「善。雖然，吾嘗與越戰，棲之會稽，入臣於吳，不即誅之。三年使歸。夫越君賢主，苦身勞力，夜以接日，內飾兵政，外事諸侯，必將有報我之心。子待我伐越而聽子。」子貢曰：「不可。夫越之强，不過於魯，吳之强，不過於齊。主以伐越而不聽臣，齊亦已私魯矣。且畏小越而惡强齊，不勇也。見小利而忘大害，不智也。臣聞仁人不因居《越绝》「因居」作「困厄」，以廣其德，智者不棄時，以舉其功，王者不絶世，以立其義。且夫畏越如此，臣誠東見越王，使出師以從下吏。」吳王大悅。子貢東見越王，王聞之，除道郊迎，身御至舍，問曰：「此僻狹之國，蠻夷之民，大夫何索然若不辱，乃至於此？」子貢曰：「君處故來。」「處」字不通。《越絶》作「弔君故來」與下文「弔」字相應。越王句踐再拜稽首，曰：「孤聞禍與福爲鄰，今大夫之弔，孤之福矣。孤敢不問其說？」子貢曰：「臣今者見吳王，告以救魯而伐齊，其心畏越。且夫無報人之志，而使人疑之，拙也。有報人之意，而使人知之，殆也。事未發而聞之《子貢傳》「聞之」作「先聞」者是。者，危也。三者，舉事之大忌也。」越王再拜，曰：「孤少失前人，內不自量，與吳人戰，軍敗身辱，遁逃上棲會稽，下守海濱，唯魚鱉見矣。《國語》作「是見」。今大夫辱弔而身見之，又發玉聲以教孤，孤賴天之賜也。敢不承教？」子貢曰：「臣聞明主任人不失其能，直士舉賢不容於世。故臨財分利則使仁，涉患犯難則使勇，用智圖國則使賢，正天下定諸侯則使聖。兵强而不能行其威勢，在上位而不能施其政令於下者，其君幾乎？難矣！臣竊自擇可與成功而至王者，惟幾乎？「惟幾乎」，《越絶》作其「惟臣幾乎。」今吳王有伐齊晉之志。君無愛重器以喜其心，無惡卑辭以盡其禮。而伐齊，齊必戰。不勝，君之福也。彼戰而勝，必以其兵臨晉。騎士鋭兵弊乎齊，重寶車騎羽毛盡乎晉，則君制其餘矣。」越王再拜，曰：「昔者吳王分其民之衆以殘吾國，殺敗吾民，鄙吾百姓，夷吾宗廟，國爲墟棘，身爲魚鱉《國語》「鱉」下有「餌」字。孤之怨吳，深於骨髓；而孤之事吳，如子之畏父，弟之敬兄。此孤之死言也。今大夫有賜，故孤敢以報情。《越絶》作「以疑語」者是。孤身不安重席，口不嘗厚味，目不視美色，耳不聽雅音，既已三年矣。焦脣乾舌，苦身勞力，上事羣臣，下養百姓，願一與吳交戰於天下平原之野，正身臂《越絶》作「整襟交臂」而奮吳，越之士繼踵連死，肝腦塗地者，孤之願也。思之三年，不可得也。今內量吾國不足以傷吳，外事諸侯而不能也。願空國，棄羣臣，變容貌，易姓名，執箕帚，養牛馬以事之。孤雖知要領不屬，手足異處，四支布陳，爲鄉邑笑，孤之意出焉。今大夫有賜，存亡國，舉死《國語》舉作興人，孤賴天賜，敢不待令乎？」子貢曰：「夫吳王爲人，貪功名而不知利害。」越王慥然避位。子貢曰：「臣觀吳王爲數戰伐，士卒不恩，《國語》「恩」作息。大臣內引，讒人益衆。夫子胥爲人，精誠中廉，外明而知時，不以身死隱君之過，正言以忠君，直行以爲國，其身死而不聽。太宰嚭爲人，智而愚，强

而弱，巧言利辭以內其身，善爲詭詐以事其君，知其前而不知其後，順君之過以安其私，是殘國傷君之佞臣也。』越王大悅。子貢去，越王送之金百鎰、寶劍一、良馬《子貢傳》「馬」作「矛」。二，子貢不受。至吳，謂吳王曰：『臣以下吏之言告於越王，越王大恐，曰：「昔者孤身不幸，少失前人，內不自量，抵罪於吳。軍敗身辱，逋逃出走，棲於會稽，國爲墟莽，身爲魚鱉。《國語》鱉下有餌字賴大王之賜，使得奉俎豆，修祭祀，死且不敢忘，何謀之敢？」其志甚恐，將使使者來謝於王。』子貢館五日，越使果來，曰：『東海役臣句踐之使者臣種，敢修下吏，少聞於左右：昔孤不幸，少失前人，內不自量，抵罪上國，軍敗身辱，逋逃會稽，賴王賜得奉祭祀，死且不忘。今竊聞大王興大義，誅強救弱，困暴齊而撫周室，故使賤臣以奉前王所藏甲二十領、屈盧之矛、步光之劍，以賀軍吏。若將遂大義，弊邑雖小，請悉四方之內士卒三千人以從，下吏請躬被堅執銳，以前受矢石，君臣死無所恨矣。』吳王大悅，乃召子貢曰：『越使果來，請出士卒三千，其君從之，與寡人伐齊，可乎？』子貢曰：『不可。夫空人之國，悉人之衆，又從其君，不仁也。受幣，許其師，辭其君，卽可。』吳王許諾。子貢去晉，見定公曰：『臣聞慮不預定，不可以應卒。兵不預辦，不可以勝敵。今吳、齊將戰，戰而不勝，越亂之必矣。與戰而勝，必以其兵臨晉，君爲之奈何？』定公曰：『何以待之？』子貢曰：『修兵伏卒《子貢傳》「伏」作「休」。以待之。』晉君許之。子貢返魯，吳王果興九郡之兵，將與齊戰。道出胥門，因過姑胥之臺，忽晝假寐於姑胥之臺而得夢。及寤而起，其心恬然悵焉。乃命太宰嚭，告曰：『寡人晝臥有夢，覺而恬然悵焉。請占之，得無所憂哉？夢入章明宮，見兩鑩蒸而不炊，兩黑犬嘷以南嘷以北，兩鋘殖吾宮牆，流水湯湯，越吾宮堂，後房鼓震篋篋有鍛工，前園橫生梧桐。子爲寡人占之。』太宰嚭曰：『美哉！王之興師伐齊也。臣聞章者，德鏘鏘也。明者，破敵聲聞功朗明也。兩鑩蒸而不炊者，大王聖德氣有餘也。兩黑犬嘷以南嘷以北者，四夷已服朝諸侯也。兩鋘殖宮牆者，農夫就成田夫耕也。湯湯越宮堂者，鄰國貢獻財有餘也。後房篋篋鼓震有鍛工者，宮女悅樂琴瑟和也。前園橫生梧桐者，樂府鼓聲也。』吳王大悅，而其心不已。召王孫駱問曰：『寡人忽晝夢，爲予陳之。』王孫駱曰：『臣鄙淺於道，不能博大，今王所夢，臣不能占。其有所知者，東掖門亭長長城公弟《越絶》「長城公弟」作「越公弟子」。公孫聖。聖爲人少而好游，長而好學，多見博觀，知鬼神之情狀，願王問之。』王乃遣王孫駱，往請公孫聖曰：『吳王晝臥姑胥之臺，忽然感夢，覺而悵然，使子占之，急詣姑胥之臺。』公孫聖伏地而泣，有頃而起，其妻從旁謂聖曰：『子何性鄙！希睹人主，卒得急召，涕泣如雨。』公孫聖仰天歎曰：『悲哉！非子所知也。今日壬午，時加南方，命屬上天，不得逃亡，非但自哀，誠傷吳王。』妻曰：『子以道自達於主，有道當行，上以諫王，下以約身。今聞急召，憂惑潰亂，非賢人所宜。』公孫聖曰：『愚哉！女子之言也。吾受道十年，隱身避害，欲紹壽命，不意卒得急召，中世自棄，故悲與子相離耳。』遂去，詣姑胥臺。吳王曰：『寡人將北伐齊魯，道出胥門，過姑胥之臺，忽然晝夢。子爲占之，其言吉凶。』公孫聖曰：『臣不言，身名全，言之，必死百段於王前。然忠臣不顧其軀。』乃仰天歎曰：『臣聞好船者必溺，好戰者必亡。臣好直言，不顧於命，願王圖之。臣聞章者，戰不勝敗走偉偟也。明者，去昭昭就冥冥也。入門見鑩蒸而不炊者，大王不得火食也。兩黑犬嘷以南嘷以北者，黑者，陰也，北者，匿也。兩鋘殖宮牆者，越軍入吳國，伐宗廟，掘社稷也。流水湯湯越宮堂者，宮空虛也。後房鼓震篋篋者，坐太息也。前園橫生梧桐者，梧桐心空，不爲用器，但爲盲僮，《越絶》「盲」做「甬」，「僮」作「當」者是。與死人俱葬也。願大王按兵修德，無伐於齊，則可銷也。遣下吏太宰嚭、王孫駱解冠幘，肉袒徒跣，稽首謝於句踐，國可安存也，身可不死矣。』吳王聞之，索然作怒，乃曰：『吾天之所生，神之所使。』顧力士石番以鐵錘擊殺之，聖乃仰頭向天而言曰：『吁嗟！天知吾之冤乎。忠而獲罪，身死無辜。以葬我以爲直者，不如相隨爲柱，提我至深山，後世相屬爲聲響。』於是吳王乃使門人提之蒸丘，一名蒸山，又名陽山，在吳縣西北三十里。『豺狼食汝肉，野火燒汝骨，東風數至，飛揚汝骸，骨肉糜爛，何能爲聲響哉？』太宰嚭趨進曰：『賀大王喜，災已滅矣，因舉行觴，兵可以行。』吳王乃使太宰嚭爲右校司馬，王孫駱爲左校，及從句踐之師伐齊。伍子胥聞之，諫曰：『臣聞興十萬之衆，奉師千里，百姓之費，國家之出，日數千金。不念士民之死，而爭一日之勝，臣以爲危國亡身之甚。且與賊居，不知其禍，外復求怨，徼幸他國，猶治救瘺疥，而棄心腹之疾，發當死

矣。瘑疥，皮膚之疾，不足患也。今齊陵遲千里之外，更歷楚趙之界，齊爲疾，其疥耳。越之爲病，乃心腹也。不發則傷，動則有死。願大王定越而後圖齊。臣之言決矣，敢不盡忠？臣今年老，耳目不聰，以狂惑之心，無能益國。竊觀《金匱》第八，其可傷也。』吳王曰：『何謂也？』子胥曰：『今年七月辛亥平旦，大王以首事。辛，歲位也。亥，陰前之辰也。合壬子歲前合也，利以行武，武決勝矣，然德在。合斗擊丑，丑，辛之本也。大吉爲白虎而臨辛，功曹爲太常所臨亥。大吉得辛爲九醜，又與白虎并重。有人若以此首事，前雖小勝，後必大敗，天地行殃，禍不久矣。』吳王不聽，遂九月使太宰嚭伐齊。軍臨北郊，吳王謂嚭曰：『行矣，無忘有功，無赦有罪。愛民養士，視如赤子。與智者謀，與仁者友。』太宰嚭受命，遂行。吳王召大夫被離，問曰：『汝常與子胥同心合志，并慮一謀，寡人興師伐齊，子胥獨何言焉？』被離曰：『子胥欲盡誠於前王，自謂老狂，耳目不聰，不知當世之所行，無益吳國。』王遂伐齊，齊與吳戰於艾陵之上，齊師敗績。吳王既勝，乃使行人成好於齊，曰：『吳王聞齊有没水之慮，帥軍來觀，而齊興師蒲草，吳不知所安集，設陣爲備，不意頗傷齊師。願結和親而去。』齊王曰：『寡人處此北邊，無出境之謀。今吳乃濟江淮，踰千里而來我壤土，戮我衆庶。賴上帝哀存，國猶不至顛隕。王今讓以和親，敢不如命？』吳齊遂盟而去。吳王還，乃讓子胥曰：『吾前王履德明達於上帝，垂功用力，爲子西結强讎於楚。今前王譬若農夫之艾，殺四方蓬蒿，以立名於荆蠻，斯亦大夫之力。今大夫昏耄而不自安，生變起詐，怨惡而出，出則罪吾士衆，亂吾法度，欲以妖孽挫衄吾師。賴天降衷，齊師受服。寡人豈敢自歸其功？乃前王之遺德，神靈之祐福也。若子于吳則何力焉？』伍子胥攘臂大怒，釋劍而對曰：『昔吾前王，有不庭之臣，以能遂疑計，不陷於大難。今王播棄，所患外不憂，此孤僮之謀，非霸王之事。天所未棄，必趨其小喜，而近其大憂。王若覺寤，吳國世世存焉，若不覺寤，吳國之命斯促矣。員不忍稱疾辟易，乃見王之爲擒。員誠前死，掛《子胥傳》作『抉』。吾目於門，以觀吳國之喪。』吳王不聽，坐於殿上，獨見四人向庭相背而倚。王怪而視之，羣臣問曰：『王何所見？』王曰：『吾見四人相背而倚，聞人言則四分走矣。』子胥曰：『如王言，將失衆矣。』吳王怒曰：『子言不祥！』子胥曰：『非惟不祥，王亦亡矣。』後五日，吳王復坐殿上，望見兩人相對，北向人殺南向人。王問羣臣：『見乎？』曰：『無所見。』子胥曰：『王何見？』王曰：『前日所見四人，今日又見二人相對，北向人殺南向人。』子胥曰：『臣聞四人走，叛也。北向殺南向，臣殺君也。』王不應。吳王置酒文臺之上，羣臣悉在，太宰嚭執政，越王侍坐，子胥在焉。王曰：『寡人聞之：君不賤有功之臣，父不憎有力之子。今太宰嚭爲寡人有功，吾將爵之上賞。越王慈仁忠信，以孝事於寡人，吾將復增其國，以還助伐之功。於衆大夫如何？』羣臣賀曰：『大王躬行至德，虛心養士，羣臣並進，見難爭死，名號顯著，威震四海，有功蒙賞，亡國復存，霸功王事，咸被羣臣。』於是，子胥據地垂涕曰：『於乎，哀哉！遭此默默，忠臣掩口，讒夫在側；政敗道壞，諂諛無極；邪說僞辭，以曲爲直；舍讒攻忠，將滅吳國；宗廟既夷，社稷不食，城郭丘墟，殿生荆棘。』吳王大怒曰：『老臣多詐，爲吳妖孽。乃欲專權擅威，獨傾吾國。寡人以前王之故，未忍行法。今退自計，無沮吳謀。』子胥曰：『今臣不忠不信，不得爲前王之臣。臣不敢愛身，恐吾國之亡矣。昔者桀殺關龍逢，紂殺王子比干，今大王誅臣，參於桀紂。大王勉之，臣請辭矣。』子胥歸，謂被離曰：『吾貫弓接矢於鄭楚之界，越渡江淮，自致於斯。前王聽從吾計，破楚見凌之讎，欲報前王之恩而至於此。吾非自惜，禍將及汝。』被離曰：『未諫不聽，自殺何益？何如亡乎？』子胥曰：『亡臣安往？』吳王聞子胥之怨恨也，乃使人賜屬鏤之劍。子胥受劍，徒跣褰裳，下堂中庭，仰天呼怨，曰：『吾始爲汝父忠臣立吳，設謀破楚，南服勁越，威加諸侯，有霸王之功。今汝不用吾言，反賜我劍。吾今日死，吳宮爲墟，庭生蔓草，越人掘汝社稷。安忘我乎？昔前王不欲立汝，我以死爭之，卒得汝之願，公子多怨於我。我徒有功於吳，今乃忘我定國之恩，反賜我死，豈不謬哉！』吳王聞之，大怒曰：『汝不忠信，爲寡人使齊，託汝子於齊鮑氏，有我外之心。』急令自裁。『孤不使汝得有所見。』子胥把劍仰天歎曰：『自我死後，後世必以我爲忠。上配夏殷之世，亦得與龍逢、比干爲友。』遂伏劍而死。《左傳·哀公十一年》：『吳王賜子胥屬鏤以死。』是爲夫差十二年，此書載其事於十三年，或者子胥十二年使齊，十三年反役，左氏連書之耳。吳王乃取子胥屍，盛以鴟夷之器，《子胥傳》『盛以鴟夷革。』應劭曰：『取馬革爲鴟夷。鴟夷，榼形。』投

之於江中，言曰：『胥，汝一死之後，何能有知？』即斷其頭，置高樓上，謂之曰：『日月炙汝肉，飄風飄汝眼，炎光燒汝骨，魚鱉食汝肉，汝骨變形灰，有何所見？』乃棄其軀，投之江中。子胥因隨流揚波，依潮來往，蕩激崩岸。於是吳王謂被離曰：『汝嘗與子胥論寡人之短。』乃髡被離而刑之。王孫駱聞之，不朝。王召而問曰：『子何非寡人而不朝乎？』駱曰：『臣恐耳！』曰：『子以我殺子胥爲重乎？』駱曰：『大王氣高，子胥位下，王誅之。臣命何異於子胥？臣以是恐也。』王曰：『非聽宰嚭以殺子胥，胥圖寡人也。』駱曰：『臣聞人君者，必有敢諫之臣。在上位者，必有敢言之交。夫子胥，先王之老臣也。不忠不信，不得爲前王臣。』吳王中心悷然，悔殺子胥：『豈非宰嚭之讒子胥？』而欲殺之。駱曰：『不可。王若殺嚭，此爲二子胥也。』於是不誅。

十四年，夫差既殺子胥，連年不熟，民多怨恨。吳王復伐齊。闕『闕』，義與『掘』同。《左傳》：『闕地及泉』是也。《國語解》：『闕，穿也。』爲闌溝於商魯之間，北屬蘄，西屬濟，欲與魯晉合攻於黃池之上。恐羣臣復諫，乃令國中曰：『寡人伐齊，有敢諫者死！』太子友知子胥忠而不用，太宰嚭佞而專政，欲切言之，恐罹尤也，乃以諷諫激於王。清旦懷丸持彈，從後園而來，衣袷履濡。王怪而問之曰：『子何爲袷衣濡履，體如斯也？』太子友曰：『適游後園，聞秋蜩之聲，往而觀之。夫秋蟬登高樹，飲清露，隨風撟撓，長吟悲鳴，自以爲安，不知螳螂超枝緣條，曳腰聳距，而稷其形。夫螳螂翕心而進，志在有利，不知黃雀盈綠林，徘徊枝陰，踙躍微進，欲啄螳螂。夫黃雀但知伺螳螂之有味，不知臣挾彈危擲，蹭蹬飛丸而集其背。今臣但虛心志在黃雀，不知空陷其旁，闇忽陷中，陷於深井。臣故袷體濡履，幾爲大王取笑。』王曰：『天下之愚，莫過於斯。但貪前利，不睹後患。』太子曰：『天下之愚，復有甚者。魯承周公之末，有孔子之教，守仁抱德，無欲於鄰國，而齊舉兵伐之，不愛民命，惟有所獲。夫齊徒舉而伐魯，不知吳悉境內之士，盡府庫之財，暴師千里而攻之。夫吳徒知踰境征伐非吾之國，不知越王將選死士，出三江之口，三江，一說松江、錢塘、浦陽江也。《吳郡賦》註：『松江下七十里分流，東北入海者爲婁江，東南流者爲東江，併松江爲三江。』今其地亦名三江口，即范蠡乘舟所出之地。入五湖之中，五湖，一說貢湖、遊湖、胥湖、梅梁湖、金鼎湖也。韋昭曰：『胥湖、蠡湖、洮湖、滆湖，就太湖而五。』虞翻云：『太湖之水通五道，謂之五湖。』屠我吳國，滅我吳宮。天下之危，莫過於斯也！』吳王不聽太子之諫，遂北伐齊。越王聞吳王伐齊，使范蠡、洩庸率師屯海通江，以絕吳路。敗太子友于始熊夷，『始』當作『姑』。《國語》：『敗王子友於姑熊夷。』韋昭解：『姑熊夷，吳郊也。』通江淮轉襲吳，遂入吳國，燒姑胥臺，徙其大舟。即餘皇舟也。吳敗齊師於艾陵之上，還師臨晉，與定公爭長未合。邊候。吳王夫差大懼，合諸侯謀曰：『吾道遼遠，無會前進，孰利？』王孫駱曰：『不如前進，則執諸侯之柄，以求其志。請王屬士，以明其令，勸之以高位，辱之以不從。令各盡其死。』夫差昏秣馬食士，服兵被甲，勒馬銜枚，出火於造，闇行而進。吳師皆文犀、長盾、扁諸之劍，闔廬既鑄成干將、莫耶二劍，餘鑄得三千，並號扁諸之劍。方陣而行。中校之軍皆白裳、白髦、素甲、素羽之矰，望之若荼。《周禮》：『望而眡之，欲其荼白也。』註：『韋革遠眡之，當如茅秀之色。』《詩》：『有女如荼。』箋：『荼，英荼也。』孔氏曰：『荼是茅草秀出之穗，英是白貌。』王親秉鉞，戴旗以陣而立。左軍皆赤裳、赤髦、丹甲、朱羽之矰，望之若火。右軍皆玄裳、玄輿、黑甲、烏羽之矰，望之如墨。帶甲三萬六千，雞鳴而定陣，去晉軍一里。天尚未明，王乃親鳴金鼓，三軍譁吟，以振其旅，其聲動天徙地。晉大驚，不出，反距堅壘。乃令童褐請軍，《國語》作『董褐請事』，董褐，晉大夫司馬演也。請問也。曰：『兩軍邊兵接好，日中無期。今大國越次而造弊邑之軍壘，敢請辭故。』吳王親對曰：『天子有命，周室卑弱，約諸侯貢獻，莫入王府，上帝鬼神而不可以告，無姬姓之所振懼，遣使來告，冠蓋不絕於道。始周依負於晉，故忽於夷狄。會晉今反叛如斯，吾是以蒲服就君，《史記·范雎傳》：『膝行蒲服。』《詩》：『匍匐救之。』《檀弓》作『扶服』。其義皆同，言盡力也。不肯長弟，徒以爭强。孤進不敢去，君不命長爲諸侯笑。孤之事君決在今日，不得事君命在今日矣。』敢煩使者往來，孤躬親聽命於藩籬之外。』童褐將還，吳王躡左足與褐決矣。及報，與諸侯、大夫列坐於晉定公前。既以通命，乃告趙鞅曰：『臣觀吳王之色，類有大憂，小則嬖妾、嫡子死，否則吳國有難，大則越人入，不得還也。其意有愁毒之憂，進退輕難，不可與戰。主君宜許之以前期，無以爭行而危國也。然不可徒許，必明其信。』趙鞅許諾，入謁定公曰：『姬姓於周，吳爲先老可長，以盡國禮。』定公許諾，命童

褐復命。於是，吳王愧晉之義，乃退幕而會。二國君臣並在，吳王稱公前黃池。越聞吳王久留未歸，乃悉士衆將踰章山，章山，即《禹貢》所謂「內方」在江夏郡竟陵縣東北，今荆門長林縣。濟三江，而欲伐之。吳又恐齊、宋之爲害，乃命王孫駱告勞于周，曰：『昔楚不承供貢，辟遠兄弟之國，吾前君闔閭不忍其惡，帶劍挺鈹，與楚昭王相逐於中原。天舍其忠，《國語》作『衷』。楚師敗績。今齊不賢《國語》作『堅』。於楚，又不恭王命，以遠辟兄弟之國。夫差不忍其惡，被甲帶劍，徑至艾陵，天福於吳，齊師還鋒而退。夫差豈敢自多其功？是文武之德所祐助。時歸吳，不熟於歲，遂緣江泝淮『緣』當作『沿』，順流而下。泝，逆流而上。開溝深水，出於商、魯之間，而歸告於天子執事。』周王答曰：『伯父令子來乎，盟國一人則依矣，余實嘉之。伯父若能輔余一人，則兼受永福，周室何憂焉？』乃賜弓弩王阼，以增號謚。以上所記與《國語》大同小異。帷太子友之諫，《國語》不載。吳王還歸自池，『池』字上當有『黃』字。息民散兵。

二十年，越王興師伐吳，吳與越戰於檇李。吳師大敗，軍散，死者不可勝計。越追破吳，吳王困急，使王孫駱稽首請成，如越之來也。越王對曰：『昔天以越賜吳，吳不受也。今天以吳賜越，其可逆乎？吾請獻勾甬東之地，勾，句章。甬，甬江。東，東境也。杜預曰：『甬東，會稽句章縣，東海中洲也。』今鄞縣境。吾與君爲二君乎！』吳王曰：『吾之在周，禮前王一飯。如越王不忘周室之義，而使爲附邑，亦寡人之願也。』行人請成列國之義，惟君王有意焉。』大夫種曰：『吳爲無道，今幸擒之，願王制其命。』越王曰：『吾將殘汝社稷，夷汝宗廟。』吳王默然。請成七反，越王不聽。

二十三年，十月，越王復伐吳。魯哀公十三年、十七年，越一再伐吳。二十年，越圍吳，皆夫差十四年、十八年、二十一年事。此書皆不載。《史》於夫差二十年書『越復伐吳』，乃哀公十九年也。《傳》止云『侵楚誤吳』，杜預解：『誤吳，使不爲備。』初無伐吳事，此云『越復伐吳』，即哀公二十二年，《傳》書『越滅吳』之歲也。吳國困不戰，士卒分散，城門不守，遂屠吳。吳王率羣臣遁去，晝馳夜走，三日三夕，達於秦餘杭山，即陽山別名。胸中愁憂，目視茫茫，行步倡狂，腹餒口饑，顧得生稻而食之，伏地而飲水。顧左右曰：『此何名也？』對曰：『是生稻也。』吳王曰：『是公孫聖所言不得火食走偉偟也。』王孫駱曰：『飽食而去，前有胥山，在吳縣西四十里，《子胥傳》云：『吳王取子胥屍，浮之江中，吳人憐之，爲立祠於江上，因命曰胥山。』《寰宇記》亦同。西坂中可以匿止。』王行，有頃，因得生瓜已熟，吳王掇而食之。謂左右曰：『何冬而生瓜，近道人不食何也？』左右曰：『謂糞種之物，人不食也。』吳王曰：『何謂糞種？』左右曰：『盛夏之時，人食生瓜，起居道傍，子復生，秋霜惡之，故不食。』吳王歎曰：『子胥所謂旦食者也。』謂太宰嚭曰：『吾戮公孫聖，投胥山之巔，吾以畏責天下之慚，吾足不能進，心不能往。』太宰嚭曰：『死與生，敗與成，故有避乎？』王曰：『然。曾無所知乎？子試前呼之，聖在，當即有應。』吳王止秦餘杭山，呼曰：『公孫聖！』三反呼，聖從山中應曰：『公孫聖。』三呼三應。吳王仰天呼曰：『寡人豈可返乎，寡人世世得聖也。』『得』字下當有『事』字。《越絕》云：『今寡人得邦，誠世世相事。』須臾，越兵至，三圍吳。范蠡在中行，左手提鼓，右手操枹而鼓之。吳王書其矢而射種、蠡之軍，辭曰：『吾聞狡兔以死，良犬就烹，敵國如滅，謀臣必亡。今吳病矣，大夫何慮乎？』大夫種、相國蠡急而攻。大夫種書矢射之，曰：『上天蒼蒼，若存若亡。越君句踐下臣種敢言之：昔天以越賜吳，吳不肯受，是天所反。句踐敬天而功，既得返國，今上天報越之功，敬而受之，不敢忘也。且吳有大過六，以至於亡，王知之乎？有忠臣伍子胥忠諫而身死，大過一也。公孫聖直説而無功，大過二也。太宰嚭愚而佞言，輕而讒諛，妄語恣口，聽而用之，大過三也。夫齊、晉無返逆行，無僭侈之過，而吳伐二國，辱君臣，毀社稷，大過四也。且吳與越同音共律，上合星宿，下共一理，而吳侵伐，大過五也。昔越親戕吳之前王，罪莫大焉，而幸伐之，不從天命而棄其仇，後爲大患，大過六也。徐天祐曰：夫差惑於宰嚭之言，忘父之讎，釋越不誅，爲不孝。然在越，則幸矣。越欲責吳，若曰：因辱吾君與君夫人，使苹芻養馬，給水除糞，猶爲有辭。今而曰越之罪莫大焉，而以吳赦越爲大過，種也無乃失辭乎。越王謹上列青天，敢不如命？』大夫種謂越君曰：『中冬氣定，天將殺戮，不行天殺，反受其殃。』越王敬拜曰：『諾。今圖吳王，將爲何如？』大夫種曰：『君被五勝之衣，帶步光之劍，仗屈盧之矛，瞋目大言以執之。』越王曰：『諾。』乃如大夫種辭吳王曰：『誠以今日聞命。』言有頃，吳王不自殺。越王復使謂曰：『何王之忍辱厚恥也！世無萬歲之

君，死生一也。今子尚有遺榮，何必使吾師衆加刃于王。」吳王仍未肯自殺。句踐謂種、蠡曰：「二子何不誅之？」種、蠡曰：「臣，人臣之位，不敢加誅於人主。願主急而命之。天誅當行，不可久留。」越王復瞋目怒曰：「死者，人之所惡。惡者，無罪於天，不負於人。今君抱六過之罪，不知愧辱而欲求生，豈不鄙哉？」吳王乃太息，四顧而望，言曰：「諾！」乃引劍而伏之死。越王謂太宰嚭曰：「子爲臣，不忠無信，亡國滅君。」乃誅嚭并妻子。《吳世家》曰：「越王滅吳，誅太宰嚭。」《越世家》亦曰：「越王乃葬吳王而誅太宰嚭。」此書又云并誅其妻子。則吳王之自殺也，嚭亦同時就誅矣。徐天祐曰：愚按，越滅吳之後二年，是爲哀公二十四年，公如越，將妻公而多與之地。季孫懼，使因太宰嚭而納賂焉，乃止。然則吳之亡也，嚭遂臣越，夫固無恙也。《史·世家》及此書所載，何其與左氏相戾也？且嚭貪而佞，至於亡國喪君，死有餘戮。越人既生之，又從而信任之，豈以其實嘗私越，而不以其不忠爲罪耶？漢丁公之戮，可以教天下之爲人臣者。越於是乎失刑矣。吳王臨欲伏劍，顧謂左右曰：「吾生既慚，死亦愧矣。使死者有知，吾羞前君地下，不忍睹忠臣伍子胥及公孫聖。使其無知，吾負於生。死必連繴組以罩吾目，恐其不蔽，願復重羅繡三幅，以爲掩明。生不昭我，死勿見我形，吾何可哉？」越王乃葬吳王以禮於秦餘杭山卑猶。《越絶》曰：「夫差冢在猶亭西卑猶位，近太湖，去縣十七里。」《索隱》曰：「猶亭，亭名。」卑猶位，三字共爲地名。《吳地記》曰：「餘杭山，一名卑猶山」是也。越王使軍士集於我戎之功，人一隰土以葬之。宰嚭亦葬卑猶之旁。《越絶》言宰嚭之死者五：曰擒夫差殺太宰嚭，曰殺太宰嚭，逢同與其妻子，曰殺夫差而戮其相，曰殺太宰嚭戮其妻子，曰禽夫差而戮太宰嚭與其妻子。又曰：「三臺者，嚭妻子死所也。」常疑《越絶書》非子貢作。特後人托名耳。何以知其非子貢作？《越絶内傳》於説陳恒曰之事，終之曰：「子貢一出，存魯、亂齊、破吳、彊晉、霸越」是也。斯言也，乃後之人多其功，是非子貢之言也。且他文亦不類，或者所載未必盡實。宰嚭得保首領以没，蓋幸而免，前既備論之矣。此書謂「亦葬卑猶之旁」。豈其後嚭死於越而返葬於吳耶。然吳時諸冢墓如巫臣、要離、干將之類，皆具載圖志，獨不及宰嚭冢，何也？

漢·袁康等《越絶書》卷五《越絶請糴内傳第六》 昔者，越王句踐與吳王夫差戰，大敗，保棲於會稽山上，乃使大夫種求行成于吳。吳許之。越王去會稽，入官于吳。三年，吳王歸之。大夫種始謀曰：「昔者吳夫差不顧義而媿吾王。種觀夫吳甚富而財有餘，其刑繁法逆；民習于戰守，莫不知也；其大臣好相傷，莫能信也；其德衰而民好負善。且夫吳王又喜安佚而不聽諫，細誣而寡智，信讒諛而遠士，數傷人而亟亡之，少明而不信人，希須臾之名而不顧後患。君王盍少求卜焉？」越王曰：「善。卜之道何若？」大夫種對曰：「君王卑身重禮，以素忠爲信，以請糴于吳，天若棄之，吳必許諾。」

於是乃卑身重禮，以素忠爲信，以請于吳。將與，申胥進諫曰：「不可。夫王與越也，接地鄰境，道徑通達，仇讎敵戰之邦，三江環之，其民無所移，非吳有越，越必有吳。且夫君王兼利而弗取，輸之粟與財，財去而凶來，凶來而民怨其上，是養寇而貧邦家也。與之不爲德，不若止。且越王有智臣曰范蠡，勇而善謀，將修士卒，飾戰具，以伺吾間也。胥聞之，夫越王之謀，非有忠素。請糴也，將以此試我，以此卜要君王，以求益親，安君王之志。我君王不知省也而救之，是越之福也。」吳王曰：「我卑服越，有其社稷。句踐既服爲臣，爲我駕舍，却行馬前，諸侯莫不聞知。今以越之饑，吾與之食，我知句踐必不敢。」申胥曰：「越無罪，吾君王急之，不遂絶其命，又聽其言，此天之所反也。忠諫者逆，而諛諫者反親。今狐雉之戲也，狐體卑而雉懼之。夫獸蟲尚以詐相就，而況於人乎？」吳王曰：「越王句踐有急，而寡人與之，其德章而未靡，句踐其敢與諸侯反我乎？」申胥曰：「臣聞聖人有急，則不羞爲人臣僕，而志氣見人。今越王爲吾浦伏約辭，服爲臣下，其執禮過，吾君不知省也而已，故勝威之。臣聞狼子野心，仇讎之人，不可親也。夫鼠忘壁，壁不忘鼠，今越人不忘吳矣！胥聞之，拂勝，則社稷固；諛勝，則社稷危。胥，先王之老臣，不忠不信，則不得爲先王之老臣。君王胡不覽觀夫武王之伐紂也？今不出數年，鹿豕游于姑胥之臺矣。」

太宰嚭從旁對曰：「武王非紂臣耶？率諸侯以殺其君，雖勝，可謂義乎？」申胥曰：「武王則已成名矣。」太宰嚭曰：「親僇主成名，弗忍行。」申胥曰：「美惡相入，或甚美以亡；或甚惡以昌，故在前世矣。嚭何惑吾君王也？」太宰嚭曰：「申胥爲人臣也，辨其君何必翽翽乎？」申胥曰：「太宰嚭面諛以求親，乘吾君王，幣帛以求，威諸侯以成富焉。今我以忠辨吾君王。譬浴嬰兒，雖啼勿聽，彼將有厚利。嚭無乃諛吾君王之欲，而不顧後患乎？」吳王曰：「嚭止。子無乃向寡人之欲乎？此非忠

臣之道。』大宰嚭曰：『臣聞春日將至，百草從時。君王動大事，羣臣竭力以佐謀。』

因遜遯之舍，使人微告申胥於吳王曰：『申胥進諫，外貌類親，中情甚疏，類有外心。君王常親睹其言也，胥則無父子之親、君臣之施矣。』吳王曰：『夫申胥，先王之忠臣，天下之健士也。胥殆不然乎哉！子毋以事相差，毋以私相傷，以動寡人，此非子所能行也。』太宰嚭對曰：『臣聞父子之親，張户别居，贈臣妾、馬牛，其志加親，若不與一錢，其志斯疏。父子之親猶然，而況於士乎？且有知不竭，是不忠；竭而顧難，是不勇；下而令上，是無法。』

吳王乃聽太宰嚭之言，果與粟。申胥遜遯之舍，歎曰：『於乎嗟！君王不圖社稷之危，而聽一日之説。弗對，以斥傷大臣，而王用之。不聽輔弼之臣，而信讒諛容身之徒，是命短矣！以爲不信。胥願廓目於邦門，以觀吳邦之大敗也。越人之入，我王親所禽哉！』

太宰嚭之交逢同，謂太宰嚭曰：『子難人申胥，請爲卜焉。』因往見申胥，胥方與被離坐。申胥謂逢同曰：『子事太宰嚭，又不圖邦權而惑吾君王，君王之不省也，而聽衆彘之言。君王忘邦，嚭之罪也。亡日不久也。』逢同出，造太宰嚭曰：『今日爲子卜於申胥，胥誹謗其君不用胥，則無後。而君王覺而遇矣。』謂太宰嚭曰：『子勉事後矣。吳王之情在子乎？』太宰嚭曰：『智之所生，不在貴賤長少，此相與之道。』

逢同出見吳王，慚然有憂色。逢同垂泣不對。吳王曰：『夫嚭，我之忠臣；子爲寡人遊目長耳，將誰怨乎？』逢同對曰：『臣有患也。臣言而君行之，則無後憂；若君王弗行，臣言而死矣！』王曰：『子言，寡人聽之。』逢同曰：『今日往見申胥，申胥與被離坐，其謀慚然，類欲有害我君王。今申胥進諫類忠，然中情至惡，内其身而心野狼。君王親之不親？逐之不逐？親之乎？彼聖人也，將更然有怨心不已。逐之乎？彼賢人也，知能害我君王。殺之爲乎？可殺之，亦必有以也。』吳王曰：『今圖申胥，將何以？』逢同對曰：『君王興兵伐齊，申胥必諫曰不可；王無聽而伐齊，必大克，乃可圖之。』

於是吳王欲伐齊。召申胥，對曰：『臣老矣，耳無聞，目無見，不可與謀。』吳王召太宰嚭而謀，嚭曰：『善哉，王興師伐齊也。越在我猶疥癬，是無能爲也。』吳王復召申胥而謀，申胥曰：『臣老矣，不可與謀。』吳王請申胥謀者三，對曰：『臣聞愚夫之言，聖主擇焉。胥聞越王句踐罷吳之年，宫有五竈，食不重味；省妻妾，不别所愛；妻操斗，身操概，自量而食，適饑不費，是人不死，必爲國害！越王句踐食不殺而饜，衣服純素，不袀不玄，帶劍以布，是人不死，必爲大故；越王句踐寢不安席，食不求飽，而善貴有道，是人不死，必爲邦寶；越王句踐衣弊而不衣新，行慶賞，不刑戮，是人不死，必成其名。越在我，猶心腹有積聚，不發則無傷，動作者有死亡。欲釋齊，以越爲憂。』吳王不聽，果興師伐齊，大克。還，以申胥爲不忠，賜劍殺申胥，髡被離。

申胥且死，曰：『昔者桀殺關龍逢，紂殺王子比干。今吳殺臣，參桀紂而顯吳邦之亡也。』王孫駱聞之，旦卽不朝。王召駱而問之：『子何非寡人而旦不朝？』王孫駱對曰：『臣不敢有非，臣恐矣。』吳王曰：『子何恐？以吾殺胥爲重乎？』王孫駱對曰：『君王氣高胥之下位而殺之，不與羣臣謀之，臣是以恐矣。』王曰：『我非聽子而殺胥，胥乃圖謀寡人。』王孫駱曰：『臣聞君人者，必有敢言之臣；在上位者，必有敢言之士。如是，卽慮日益進而智益生矣。胥，先王之老臣，不忠不信，不得爲先王臣矣。』王意欲殺太宰嚭，王孫駱對曰：『不可。王若殺之，是殺二胥矣。』吳王近駱如故。

太宰嚭又曰：『圖越，雖以我邦爲事，王無憂。』王曰：『寡人屬子邦，請早暮無時。』太宰嚭對曰：『臣聞駟馬方馳，驚前者斬，其數必正。若是，越難成矣。』王曰：『子制之，斷之。』

居三年，越興師伐吳，至五湖。太宰嚭率徒謂之曰。謝戰者五父。越王不忍，而欲許之。范蠡曰：『君王圖之廊廟，失之中野，可乎？謀之七年，須臾棄之。王勿許，吳易兼也。』越王曰：『諾。』居軍三月，吳自罷。太宰嚭遂亡，吳王率其有祿與賢良遯而去。越追之，至餘杭山，禽夫差，殺太宰嚭。越王謂范蠡殺吳王。蠡曰：『臣不敢殺主。』王曰：『刑之。』范蠡曰：『臣不敢刑主。』越王親謂吳王曰：『昔者上蒼以越賜吳，吳不受也；夫申胥無罪，殺之；進讒諛容身之徒，殺忠信之士。大過者三，以至滅亡，子知之乎？』吳王曰：『知之。』越王與之劍，使自圖之。吳王乃旬日而自殺也。越王葬於卑猶之山，殺太宰嚭、逢同與其妻、子。

又　卷六《越絶外傳紀策考第七》　昔者，吳王夫差興師伐越，敗兵就李。大風發狂，日夜不止；車敗馬失，騎士墮死；大船陵居，小船没水。吳王曰：『寡人晝卧，夢見井嬴溢大，與越爭彗，越將掃我，軍其凶乎？孰與師還？』此時越軍大號，夫差恐越軍入，驚駭。子胥曰：『王其勉之哉，越師敗矣！臣聞井者，人所飲，溢者，食有餘；越在南，火；吳在北，水。水制火，王何疑乎？風北來，助吳也。昔者武王伐紂時，彗星出而興周。武王問，太公曰：「臣聞以彗鬭，倒之則勝。」胥聞災異或吉或凶，物有相勝，此乃其證。願大王急行，是越將凶，吳將昌也。』

又　卷七《越絶内傳陳成恒第九》　子貢南見吳王，謂吳王曰：『臣聞之，王者不絶世，而霸者不彊敵；千鈞之重，加銖而移。今萬乘之齊，私千乘之魯，而與吳爭彊，臣切爲君恐，且夫救魯，顯名也；而伐齊，大利也。義在存亡魯，勇在害彊齊而威申晉邦者，則王者不疑也。』吳王曰：『雖然，我常與越戰，棲之會稽。夫越君，賢主也。苦身勞力，以夜接日；内飾其政，外事諸侯，必將有報我之心。子待吾伐越而還。』子貢曰：『不可。夫越之彊不下魯，而吳之彊不過齊，君以伐越而還卽齊也，亦私魯矣。且夫伐小越而畏彊齊者不勇，見小利而忘大害者不智，兩者臣無爲君取焉。且臣聞之，仁人不困厄，以廣其德；智者不棄時，以舉其功；王者不絶世，以立其義。今君存越勿毁，親四鄰以仁；救暴困齊，威申晉邦以武，救魯，毋絶周室，明諸侯以義。如此，則臣之所見，溢乎負海，必率九夷而朝，卽王業成矣。且大吳畏小越，如此，臣請東見越王，使之出鋭師以從下吏，是君實空越，而名從諸侯以伐也。』吳王大悦，乃行子貢。

又　卷一〇《越絶外傳記吳王占夢第十二》　昔者，吳王夫差之時，其民殷衆，禾稼登熟，兵革堅利，其民習于鬬戰，闔廬剬子胥之教，行有日，發有時。道于姑胥之門，晝臥姑胥之臺。覺寤而起，其心惆悵，如有所悔。卽召太宰而占之，曰：『向者晝臥，夢入章明之宮。入門，見兩䥶炊而不蒸；見兩黑犬嘷以北，嘷以南；見兩鏵倚吾宮堂；見流水湯湯，越吾宮牆；見前園橫索生樹桐；見後房鍛者扶挾鼓小震。子爲寡人精占之，吉則言吉，凶則言凶，無諛寡人之心所從。』太宰嚭對曰：『善哉！大王興師伐齊。夫章明者，伐齊克，天下顯明也。見兩䥶炊而不蒸者，大王聖氣有餘也。見兩黑犬嘷以北，嘷以南，四夷已服，朝諸侯也。兩鏵倚吾宮堂，夾田夫也。見流水湯湯，越吾宮牆，獻物已至，財有餘也。見前園橫索生樹桐，樂府吹巧也。見後房鍛者扶挾鼓小震者，宮女鼓樂也。』吳王大悦，而賜太宰嚭雜繒四十疋。

王心不已，召王孫駱而告之。對曰：『臣智淺能薄，無方術之事，不能占大王夢。臣知有東掖門亭長越公弟子公孫聖，爲人幼而好學，長而憙游，博聞彊識，通于方來之事，可占大王所夢。臣請召之。』吳王曰：『諾。』王孫駱移記，曰：『今日壬午，左校司馬王孫駱，受教告東掖門亭長公孫聖：吳王晝卧，覺寤而心中惆悵也，如有悔。記到，車馳詣姑胥之臺。』

聖得記，發而讀之，伏地而泣，有頃不起。其妻大君從旁接而起之，曰：『何若子性之大也！希見人主，卒得急記，流涕不止。』公孫聖仰天歎曰：『嗚呼，悲哉！此固非子之所能知也。今日壬午，時加南方，命屬蒼天，不可逃亡。伏地而泣者，不能自惜，但吳王諛心而言，師道不明；正言直諫，身死無功。』大君曰：『汝彊食自愛，慎勿相忘。』伏地而書，既成篇，卽與妻把臂而決，涕泣如雨。上車不顧，遂至姑胥之臺，謁見吳王。

吳王勞曰：『越弟子公孫聖也，寡人晝卧姑胥之臺，夢入章明之宮。入門，見兩䥶炊而不蒸；見兩黑犬嘷以北，嘷以南；見兩鏵倚吾宮堂；見流水湯湯，越吾宮牆；見前園橫索生樹桐；見後房鍛者扶挾鼓小震。子爲寡人精占之，吉則言吉，凶則言凶，無諛寡人心所從。』公孫聖伏地，有頃而起，仰天歎曰：『悲哉！夫好船者溺，好騎者墮，君子各以所好爲禍。諛讒申者，師道不明。正言切諫，身死無功。伏地而泣者，非自惜，因悲大王。夫章者，戰不勝，走偉偉；明者，去昭昭，就冥冥。見兩䥶炊而不蒸者，王且不得火食。見兩黑犬嘷以北，嘷以南者，大王身死，魂魄惑也。見兩鏵倚吾宮堂者，越人入吳邦，伐宗廟，掘社稷也。見流水湯湯，越吾宮牆者，大王宮堂虛也。前園橫索生樹桐者，桐不爲器用，但爲甬，當與人俱葬。後房鍛者鼓小震者，大息也。王毋自行，使臣下可矣。』太宰嚭、王孫駱惶怖，解冠幘，肉袒而謝。吳王忿聖言不祥，

乃使其身自受其殃。王乃使力士石番，以鐵杖擊聖，中斷之爲兩頭。聖仰天歎曰：『蒼天知冤乎！直言正諫，身死無功。令吾家無葬我，提我山中，後世爲聲響。』吳王使人提於秦餘杭之山：『虎狼食其肉，野火燒其骨，東風至，飛揚汝灰，汝更能爲聲哉！』太宰嚭前再拜，曰：『逆言已滅，讒諛已亡，因酌行觴，時可以行矣。』吳王曰：『諾。』

王孫駱爲左校司馬，太宰嚭爲右校司馬，王從騎三千，旌旗羽蓋，自處中軍。伐齊，大剋。師兵三月不去，過伐晉。晉知其兵革之罷倦，糧食盡索，興師擊之，大敗吳師。涉江，流血浮尸者，不可勝數。吳王不忍，率其餘兵，相將至秦餘杭之山。饑餓，足行乏糧，視瞻不明。據地飲水，持籠稻而飡之。顧謂左右曰：『此何名？』羣臣對曰：『是籠稻也。』吳王曰：『悲哉！此公孫聖所言，王且不得火食。』太宰嚭曰：『秦餘杭山西阪閑燕，可以休息，大王亟飡而去，尚有十數里耳。』吳王曰：『吾嘗戮公孫聖於斯山，子試爲寡人前呼之，即尚在耶，當有聲響。』太宰嚭即上山三呼，聖三應。吳王大怖，足行屬腐，面如死灰色，曰：『公孫聖令寡人得邦，誠世世相事。』言未畢，越王追至。兵三圍吳，大夫種處中。范蠡數吳王曰：『王有過者五，寧知之乎？殺忠臣伍子胥、公孫聖。胥爲人先知、忠信，中斷之入江；聖正言直諫，身死無功。此非大過者二乎？夫齊無罪，空復伐之，使鬼神不血食，社稷廢蕪，父子離散，兄弟異居。此非大過者三乎？夫越王句踐，雖東僻，亦得繫于天皇之位，無罪，而王恒使其芻莖秩馬，比於奴虜。此非大過者四乎？太宰嚭讒諛佞諂，斷絶王世，聽而用之。此非大過者五乎？』吳王曰：『今日聞命矣。』

越王撫步光之劍，杖屈盧之矛，瞠目謂范蠡曰：『子何不早圖之乎？』范蠡曰：『臣不敢殺主。臣存主若亡，今日遜敬，天報微功。』越王謂吳王曰：『世無千歲之人，死一耳。』范蠡左手持鼓，右手操枹而鼓之，曰：『上天蒼蒼，若存若亡。何須軍士，斷子之頸，挫子之骸，不亦繆乎？』吳王曰：『聞命矣。以三寸之帛，冥吾兩目，使死者有知，吾慚見伍子胥、公孫聖，以爲無知吾恥生。』越王則解綬以冥其目，遂伏劍而死。越王殺太宰嚭，戮其妻子，以其不忠信，斷絶吳之世。

論說

《墨子》卷一《所染第三》 吳夫差染於王孫雒、太宰嚭，知伯瑶染於智國、張武，中山尚染於魏義、偃長，宋康染於唐鞅、佃不禮。此六君者，所染不當，故國家殘亡，身爲刑戮，宗廟破滅，絶無後類，君臣離散，民人流亡，舉天下之貪暴苛擾者，必稱此六君也。

又　卷五《非攻中》 古者吳闔閭教七年，奉甲執兵，奔三百里而舍焉，次注林，出於冥隘之徑，戰於柏舉，中楚國而朝宋與及魯。至夫差之身，北面攻齊，舍於汶上，戰於艾陵，大敗齊人而葆之泰山，東面攻越，濟三江五湖，而葆之會稽。九夷之國莫不賓服。於是退不能賞孤，施舍羣萌，自恃其力，伐其功，譽其智，怠於教，遂築姑蘇之臺，七年不成。及若此，則吳有離罷之心。越王句踐視吳上下不相得，收其衆以復其讎，入北郭，徙大內，圍王宮，而吳國以亡。

《鶡冠子》卷下《世兵第十二》 失反爲得，成反爲敗。吳大兵强，夫差以困。越棲會稽，句踐霸世。

《呂氏春秋》卷七《孟秋紀・禁塞》 兵不義，攻伐不可，救守不可。使夏桀、殷紂無道至於此者，幸也；使吳夫差、智伯瑶侵奪至於此者，幸也；使晉厲、陳靈、宋康不善至於此者，幸也。若令桀、紂知必國亡身死，殄無後類，吾未知其厲爲無道之至於此也。吳王夫差、智伯瑶知必國爲丘墟，身为刑戮，吾未知其爲不善無道侵奪之至於此也。

又　卷九《季秋季・順民》 （越王）曰：【略】今吳、越之國，相與俱殘，士大夫履肝肺，同日而死，孤與吳王接頸交臂而僨，此孤之大願也。若此而不可得也，內量吾國不足以傷吳，外事之諸侯不能害之，則孤將棄國家，釋羣臣，服劍臂刃，變容貌，易名姓，執箕帚而臣事之，以與吳王爭一旦之死。孤雖知要領不屬，首足異處，四枝布裂，爲天下戮，孤之志必將出焉。』於是異日果與吳戰於五湖，吳師大敗，遂大圍王宮，城門不守，禽夫差，戮吳相，殘吳二年而霸，此先順民心也。

又　卷一九《離俗覽・勢威》 魏武侯之居中山也，問於李克曰：『吳之所以亡者何也？』李克對曰：『驟戰而驟勝。』武侯曰：『驟戰而驟

勝，國家之福也。其獨以亡，何故？』對曰：『驟戰則民罷，驟勝則主驕。以驕主使罷民，然而國不亡者，天下少矣。驕則恣，恣則極物；罷則怨，怨則極慮。上下俱極，吳之亡猶晚，此夫差之所以自歿於干隧也。』

漢・韓嬰《韓詩外傳》卷一〇　魏文侯問里克曰：『吳之所以亡者何也？』里克對曰：『數戰而數勝。』文侯曰：『數戰數勝，國之福也，其獨亡何也？』里克對曰：『數戰則民疲，數勝則主驕。驕則恣，恣則極。物疲則怨，怨則極慮。上下俱極，吳之亡猶晚矣。此夫差所以自喪於干遂。』《詩》曰：『天降喪亂，滅我立王。』

漢・袁康等《越絶書》卷九《越絶外傳計倪第十一》　哀哉！夫差不信伍子胥，而任太宰嚭，乃此禍晉之驪姬、亡周之褒姒，盡妖妍於圖畫，極凶悖於人理。傾城傾國，思昭示於後王，麗質冶容，宜求監於前史。古人云：『苦藥利病，苦言利行。』伏念居安思危，日謹一日。易曰：『知進而不知退，知存而不知亡，知得而不知喪。』又曰：『進退存亡，不失其正者，唯聖人乎！』由此而言，進有退之義，存有亡之幾，得有喪之理。愛之如父母，仰之如日月，敬之如神明，畏之如雷霆，此其可以卜祚遐長，而禍亂不作也。

宋・葉夢得《葉氏春秋傳》卷二〇《哀公十三年》　夏，許男成卒。公會晉侯及吳子于黄池。

會未有言及者，此何以言及？會兩伯之辭也。吳何以謂之伯？進吳子也。吳子與晉會黄池，晉侯問師故，吳子曰：『天子有命，周室卑弱，貢獻莫入，上帝鬼神而不可以告。無姬姓之振也。今君將不長弟，以力征於一二兄弟之國。孤欲守先君之班爵。』用親聽會晉侯，以其僭王。稱使復命曰：『周室既卑，諸侯失禮於天子。孤以下無所逃罪。今君掩王東海，以淫名聞。夫命圭有命，固曰吳伯，不曰吳王。諸侯是以敢辭。君若無卑天子，以干其不祥，而曰吳公，孤敢不順從君命長弟。』吳子許諾，辭尊稱居卑稱，乃退而會。吳先歃，晉侯亞之。吳遂以伯，君子以是進吳子也。何以先晉侯？不使吳子得主中國也。葉子曰：吳、楚皆非中國者也。吳晚見，《春秋》抑之，常甚於楚。楚屢會中國以長諸侯，皆不免於貶。雖莊王之賢，不得一以伯稱，吳自季札之聘、柏舉之戰，僅得以爵見。然與中國會未嘗不殊，惟一見於戚者，下與鄫人齒而已。今夫差胡爲遽許之以伯哉？蓋莊王之會，欲以强奪諸侯而陵晉；夫差之會，欲以禮尊天子而責晉。從莊王之義則干戈必至於中國，從夫差之義則朝會必能尊中國，此其所以異也。夫差之志雖未必然，而《春秋》之義，蓋以其道不以其人，故曰：『苟以是心至，斯受之而已矣。』

宋・葉夢得《春秋穀梁傳讞》卷六《哀公十三年》　公會晉侯及吳子于黄池。

黄池之會，吳子進乎哉！遂子矣。吳，夷狄之國也，祝髮文身，欲因魯之禮，因晉之權，而請冠、端而襲其籍于成周，以尊天王。吳進矣！吳，東方之大國也，累累致小國以會諸侯，以合乎中國。吳能爲之，則不臣乎？吳進矣！王，尊稱也。子，卑稱也。辭尊稱而居卑稱，以會乎諸侯，以尊天王。吳王夫差曰：『好冠來！』孔子曰：『大矣哉！夫差未能言冠而欲冠也。』

吳得以子見《經》者三，始襄二十九年，以札來聘稱，已而伐越，復稱吳；定四年，以敗楚于柏舉稱，已而入郢，復稱吳；今又以會黄池得稱。其乍進乍退不常，吳進而得子，豈始此哉？夷狄在四海之外，雖大稱子，禮也。《傳》乃以吳子爲辭尊稱、居卑稱爲美意，謂能降王稱而稱子。若是，吳可以王稱乎？按《外傳》吳乃稱王，與晉爭長，晉詰之而後去王以先晉，與《傳》正相反。是時，晉政已衰，吳能爲齊伐楚，復爲此會，若欲與晉共援中國者。故《經》書『公會晉侯及吳子』，以兩伯之辭書之，此吳子所以得進。然夫差自是歸而亡矣，亦非《經》之所深與不得如《傳》所言也。

宋・吕祖謙《左氏傳説》卷二〇《定公》　於越敗吳于檇李。十四年。

吳與越戰，越子句踐禦之，陳于檇李。句踐患吳之整也，使死士，再禽焉，不動。使罪人三行，屬劍於頸，而辭曰：『二君有治，臣奸旗鼓。不敏於君之行前，不敢逃刑，敢歸死。』遂自剄也。師屬之目，越子因而伐之，大敗之。靈姑浮以戈擊闔廬，闔廬傷將指，取其一屨。還，卒於陘。到此吳方爲越所敗。闔廬傷而死，吳之陳所以如此整，乃當時申公巫臣、孫武之餘教，何故他當時適吳？舍偏兩之卒於吳，教他伍乘之法；後來又從孫武教宫人戰陳，斬其犯命者，則陳法吳人講之精。雖闔廬末年

尚承餘教遺習，以越之剽悍，輕易猶畏而不敢前，以此知用兵不可無法制，何故越出其計，變吳人耳目，終爲所敗？蓋兵有正有奇，正則可效，奇則不可效。所謂行列卒伍分布之法，固可傳得，千變萬化，移换耳目則不可教。若使巫臣、孫武之法便不到陳亂地位；既無巫臣、孫武之臣，徒守巫臣、孫武之法，便到敗處。以此知天下之事，有傳者有不可傳者。闔廬既敗死，其子夫差使人立於庭，苟出入必謂己曰：『夫差而忘越王之殺而父乎？』其復讎之志甚堅，惟其立志之堅，所以幾滅越國。後來何故爲句踐甘言重幣所誘？聽太宰嚭讒臣之説，志滿意得，終爲越滅。若以常理論之，坐薪嘗膽之時爲之則易，志滿意得之時持之甚難。然觀夫差本源發處，其志已不全了，所以常使人立於庭，出入必謂己，是常要人喚省他。使其志堅如火之必熱，如水之必濕，如江河之不可轉移，則復讎之念豈有間斷？今必待人提起他意思，則知他當時工夫已自有間斷隔絶處了。所以終至於志滿意得，爲越所滅。學者觀此事，最當警戒。今學者能親直諒之友，朝夕警省，亦是大段有志之人，然而須以夫差事自警戒。見得人終靠不得志滿意得地位便自見，學者做工夫須到不待人地位方堅固。

宋·家鉉翁《春秋集傳詳説》卷二九《哀公元年》 冬，仲孫何忌帥師伐邾。【略】

據《左傳·哀公元年》，吳夫差敗越于夫椒，遂入越。越子以甲楯五千保于會稽，使大夫種因太宰嚭以行成。吳子將許之。伍員力諫，不從。退而告人曰：『越十年生聚，十年教訓，二十年之外，吳其爲沼乎？』《春秋》不書，或曰《春秋》貴復讎。夫差始立，即厲復讎之志。今而入越，讎既復矣，事亦難矣，《春秋》何以不書曰復讎？大義也。力之不逮者，猶欲因人之力以伸己之志，力可以爲而不能盡用其力，其志怠矣。怠而驕而失其初心，不能斃讎反爲讎所斃，併太伯、仲雍所以遺其子孫者，而失之身死，宗社爲墟，尚何復讎之有哉？是以《春秋》略而不書。嗟夫！夫差父子以一國之力，用兵制勝，無敵於宇内，由得子胥而用之爾。子胥既復其父兄之讎，以師入郢，又爲夫差復其父讎，以師入越。古大丈夫秉義據正，志其所志，爲無不成者，子胥其人也。惜乎生於夷國，行於楚荆，不獲大展布於當世，天實靳之。使之身佐桓、文，管、狐、趙不足多遜。

又 卷三〇《哀公十年》 十年春，王二月，邾子益來奔。

邾子得返其國，曾未期年，而復以奔，告責吳也。《左傳》謂邾子又無道，吳人囚之，栫之以棘，使太子革爲政。愚謂邾子原無立志之人，非怙惡不悛者也。豈失國而返，猶能無道者乎？此吳人責賂不得，而加之以罪也。夫差有可霸之才，而不能將之以德，威震宇内，終以無成，惜哉！

又 《公會吳伐齊》 甚矣夫差之不仁也。齊請兵伐魯，爲邾故耳。邾子既得返國，齊人辭吳師，齊、魯無事，吳亦得以息其民。夫豈不善，乃以是爲怒，移伐魯之兵而伐齊，遂使齊之亂臣假外寇以弒其君。愚於此知夫差之將亡。夫以太伯之後，起而圖霸，使之率循於義，固《春秋》之所與。而負才矜力，日尋干戈，聞伐國則喜而勇往，聞止師則怒而移伐。是故《春秋》惡之。書『會吳伐齊』，公與吳皆有貶也。孫泰山謂齊中國，而公乃會吳伐齊，其惡可知，此固《春秋》經世之常法。然據《左傳》，齊先召吳以伐魯，魯復會吳以伐齊，事有曲直，理有是非。吳人不擇於義，兩從二國之請，齊、魯不惟義之所在，各藉强國以求勝，兩有罪焉耳。

又 《哀公十三年》 公會晉侯及吳子于黄池。

《穀梁》曰：黄池之會，吳子進乎哉！遂子矣。王，尊稱也；子，卑稱也。辭尊稱而居卑稱，以會諸侯，以尊天王。《春秋》進之。《公羊》曰：吳何以稱子？吳主會也。其言及吳子何？兩伯之辭也。或以兩伯爲疑曰：伯可兩乎？曰：伯者，霸也，整領諸夏之名也。周家盛時，周公居東，召公居西，分陝而治，是爲二伯，此兩伯之從始。幹方之任也。自入春秋，齊桓始霸中夏，晉文繼之，中國諸侯未有與之伉者。楚自莊、共，挾其强大，欲與晉俱霸，《春秋》不與也。彼僭王之大號，常懷睥睨周鼎之心。《春秋》用是抑之，不使之得抗衡於諸夏，此聖人繼世之大法。論者謂《春秋》與楚莊以霸，愚固不謂然也。吳太伯之後，自壽夢以來，輔晉攘楚，至闔廬以兵入郢，成攘楚之大功。《春秋》常進而書『吳子』矣。闔廬死，夫差立，始者用兵不戢，《春秋》貶之。今而自請削去僭號，預於衣冠之會，楚之不能而吳能之，《春秋》是以亟加奬進書『公會晉侯及吳子于黄池。』其義甚明也。或曰：進而書子，進之矣，而又與之以霸，何哉？曰：二伯云者，乃周家承平之盛典。是時晉衰，不

能號召諸侯。吳子在是，諸侯畢至，前既有功，此又削去僭號，踐尊王之實。且太伯之後，使之齒晉，庶幾夏盟之猶有主，此春秋末年，聖人拳拳望治之意。《公羊》兩伯之説，其必有所授矣。諸儒喜爲異説，楚莊之强僭不軌，憑陵上國，則謂《春秋》與之以霸；夫差削去僭號，率循周爵，則謂《春秋》擯之於夷。愚讀書至此，每爲之不能平，故於此而獨有取《公》《穀》之説。不然，吳、楚僭號百年，吳革僞而無褒，楚怙終而無貶，豈《春秋》垂法之本旨乎？高郵孫氏謂：天王之事，見於《經》者必曰『京師』。昭二十二年，書『城成周』，不曰『城京師』，天王竟衰而同之列國也。魯爲他國侵伐，必曰『某鄙』，而哀公八年、十一年，再書『伐我』，不言『四鄙』，魯竟無道而同之諸侯也。外國之會稱『國』，而離《春秋》之常法也。而公會晉侯及吳子于黄池，進吳稱子，又書晉侯及之諸夏，竟弱而吳主夏盟也。是三書皆非《春秋》本旨，不可不辨也。《春秋》書法，當貶則貶，當削則削，自外于禮則貶之，未聞天子衰而同之列國，魯衰而同之諸侯，霸國衰而同之荆蠻者也。前輩或以爲名言，愚三復而未喻，當與知《春秋》者共講焉。

楚公子申帥師伐陳。於越入吳。胡氏謂：吳嘗破越，遂有輕楚之心；及其破楚，又有驕齊之志；既勝齊師，復與晉人爭長。自謂莫之敵，而越已入其國都，吳侵中國而越滅之，越又不監而楚滅之，楚又不監而秦滅之，秦又不監而漢滅之。《春秋》初書『於越入吳』在柏舉之後，再書『於越入吳』在黄池之後，所以垂戒後世。此論善矣。然《春秋》之意，則有在也。蓋自晉政不綱，而楚人横行於中原，不有柏舉之勝，中國之存亡未可知也。而越乘其後，闔廬卒以是死，夫差繼之。雖用兵不戢，自取覆亡，而與楚人爲水火者，惟夫差而已矣。會魯伐齊至於再，固有好鬬之罪，翦楚摧越，有功於中國甚大，末又去其僭名，以爲此會修職貢而尊天子，襲衣冠而自同於諸夏，皆其可書之實，《春秋》是以進之。而越復乘其不戒而議其後，遂入其國都，吳以是不能國。《春秋》深爲太伯之後惜，是以爵而進之，居晉之亞，是謂末年之兩伯。再書『於越入吳』，賤越而貴吳也。論者不原《春秋》之本旨，以成敗而論一時之事，於書爵而曰『正名』，於書及而曰『不與』。吳以主中國有功者無褒，有罪者無貶，非《春秋》垂法之意也。

宋・真德秀《大學衍義》卷二二《格物致知之要二・辨人材》　吳王闔閭以伍子胥之謀，西破彊楚，北威齊晉，南伐越人。後闔閭伐越，越迎擊敗吳於姑蘇，闔閭死。子夫差立，習戰射，敗越于夫椒。越王句踐乃以餘兵五千人棲會稽之上，使大夫種厚幣遺吳，太宰嚭以請和，求委國爲臣。吳王將許之。伍子胥曰：『越王爲人，能辛苦，今王不滅，後必悔之。』吳王不聽，用太宰嚭計，與越平。其後吳王夫差興師北伐齊，子胥諫曰：『吳之有越，腹心之疾也。王不先越而務齊，不亦謬乎？』吳王不聽，大敗齊師以歸，益疏子胥之謀。其後吳王又將伐齊。越王句踐乃率衆助吳，而重寶以獻遺太宰嚭。嚭既數受越賂，日夜爲言，而吳王信嚭之計。伍子胥諫，願釋齊而先越。吳王不聽。太宰嚭因讒曰：『子胥爲人，剛暴少恩。前日王欲伐齊，子胥以爲不可。王卒伐之而有大功。子胥恥其計謀不用，常鞅鞅怨望。願王早圖之。』王曰：『微子之言，吾亦疑之。』乃使使賜子胥屬鏤之劍，曰：『子以此死。』子胥仰天嘆曰：『嗟乎！讒臣嚭爲亂矣。』告其舍人曰：『而縣吾目於東門，以觀越之入吳也。』乃自到。吳王怒取子胥尸，盛於鴟夷，革囊也，浮之江。吳人憐之，祠於江上，因命曰胥山。

臣按子胥先王之謀臣，與國同體，故其諫夫差也，欲專意于越而後齊，金石之忠，蓍龜之智，未有加焉者也。宰嚭身爲大臣，受越重賂而反讒之。子胥之死曾未十年，而越滅吳矣。觀嚭讒胥之辭，一曰怨望，二曰怨望。夫爲人臣而怨其君，此必誅之罪也，故嚭以此中之。後之讒人欲陷大臣之忠直者，率祖此術。然則人臣有怨于其君，果可誅乎？曰：怨若一而情不同。夫子之事親，雖勞不怨。臣之事君亦然，而大舜之有怨慕，《小雅》之有怨誹，何耶？蓋勞不怨其常也。至于懷誠抱義而君親不之察，則或呼天以自訴，曰父母之不我愛于我，何哉？曰：天之生我，我辰安在。至《離騷》之作，亦自怨生而存國安君之義，一篇之中，三致意焉。斯怨也，衹所以爲忠且孝，與若子胥之怨，有無固未可知；縱使有之，亦必爲憂國愛君而發。夫差以嚭之讒而遽誅之，宜其亡國也。後之讒臣有以怨望誣君子者，其深察之。

宋・葉適《習學記言》卷一一《左氏・昭二十四至哀公終》　子胥勸夫差勿許越成而不從，卒滅於越，後世莫不恨其言之不用。以余考之，吳

越相攻，彼此常事，各入國都，互有勝負，磨以歲月，或可得之，固未能一舉而滅越也。夫差虛内事外，輕用民力，驕侈不度，貪冒無厭，亡形已成。而子胥不知救正其本，將急於滅越以求霸，且使越可滅，霸可成，不待二十年，夫差要亦不免於亡，又將安所歸罪？闔閭之能入楚，雖曰子胥之謀，其無一獲而以困還。爲越所斃，亦未聞更有策畫。孔子謂『智及之，仁不能守之，雖得之，必失之。』子胥之不仁，豈能存人之國哉？微虎欲宵攻王舍，卒三百人，有若與焉。頃歲余守金陵，與敵沿江上下謀劫其師以撓之。宣司以爲疑，滕晟云：『有子尚劫寨，何況他人？』余嘆曰：『如此讀書不枉有子傳孔子之道，如此鄙暴事亦爲之。冉有用矛於齊師，故能入其軍。急病先難，古人之義。《左氏》特表出，蓋有意也。』

又　卷一二《國語·鄭至越》　按《吳語》載王孫雒教夫差挑戰爭長，遂得先歃。《左氏》乃曰：日旰矣，大事未成，二臣之罪也。建鼓整列，二臣死之，長幼必可知也。乃先晉人。自宋之盟言之，楚衷甲而晉不備，楚得歃而先書晉。然《傳》必當紀其實，安有吳求挑戰而反以晉爲建鼓整列，吳實先歃，而乃稱先晉人者。蓋《國語》出於辨士浮夸之詞，又言晉御吳稱王。吳楚雖自王其國，其會諸侯固未嘗稱王，何御之爲？皆謬妄不足信也。

元·陳應潤《周易爻變易緼》卷三《蠱》　九三：變陰下卦爲《坎》，《坎》爲中男，當爲父幹蠱矣。然《坎》中有險，恐爲人所陷，爲人子者，不避險難而幹父之蠱，縱有小悔，无大咎矣。《春秋傳》載夫差使人立於庭曰，苟出入必謂己曰：『夫差而忘越王之殺而父乎？』則對曰：『唯不敢。』三年乃報越。苟使夫差慎終如始，能報父之讎，慄慄危懼以保身，安得有悔而至于喪身敗國？故《象》之辭曰：終則有始，以成幹蠱之德也。

元·鄭玉《春秋闕疑》卷四四《哀公十年》　公會吳伐齊。

九年秋，吳城邗溝，通江淮。冬，吳子使來儆師伐齊，至是，公會吳子、邾子、郯子伐齊南鄙，師于鄎。泰山孫氏曰：公會吳伐齊。齊，中國也；吳，夷狄也。會夷狄，伐中國，其惡可知也。家氏曰：甚矣，夫差之不仁也。齊請兵伐魯，爲邾故耳。邾子既得返國，齊人辭吳師，齊魯無事，吳亦得息其民。夫豈不善，乃以是爲怒，移伐魯之兵以伐齊，于此知夫差之將亡。夫以太伯之後，已起而圖霸，使之率循于義，亦無不可。而負才矜力，日尋干戈，聞伐國則喜而勇往，聞止師則怒而移伐。是故《春秋》惡之，書『會吳伐齊』，公與吳皆有貶也。

明·湛若水《春秋正傳》卷三五《定公十四年》　五月，於越敗吳於檇李。吳子光卒。

《正傳》曰：何以書？著詐兵也。《左氏》曰：吳伐越，越子句踐禦之，陳於檇李。句踐患吳之整也，使死士再禽焉，不動。使罪人三行，屬劍於頸，而辭曰：『二君有治，臣奸旗鼓。不敏於君之行前，不敢逃刑，敢歸死。』遂自剄也。師屬之目，越子因而伐之，大敗之。靈姑浮以戈擊闔廬，傷將指，取其一屨。還，卒於陘，去檇李七里。夫差使人立於庭，苟出入，必謂己曰：『夫差！而忘越王之殺而父乎？』則對曰：『唯。不敢忘！』三年乃報越。愚按：此乃越詐兵陰謀以取勝者也。先使死士再禽而不動，又使罪人三行屬劍自剄，以亂吳師之心，目而伐之，此句踐敗吳之詭謀也。吳雖有擅興首禍之罪，然而越之以詐而敗人之兵，其罪更甚矣。胡氏曰：書敗者，詐戰也。定公五年，於越入吳，至是敗吳於檇李；會黃池之歲，越又入吳，悉書於史，以其告也。哀之元年，吳子敗越，棲句踐於會稽之上，豈獨不告？而史策不書，疑仲尼削之也。吳子光卒，夫差使人立於庭，苟出入必謂己曰：『而忘越王之殺而父乎？』則對曰：『唯。不敢忘！』三年乃報越，然則夫椒之戰，復父讎也，非報怨也。《春秋》削而不書，以爲常事也，其旨微矣。愚謂非仲尼削之以爲常事也。夫春秋無義戰，而書之者多矣。夫差爲父報讎，庶幾義戰矣。仲尼乃削而不書，烏乎書？大抵史之法爲報書也，不報則不書。聖人因史之文而不改耳。

又　卷三七《哀公十三年》　公會晉侯及吳子於黃池。

《正傳》曰：黃池，衛地。吳子，夫差。先言公，史先内也；先言公會晉侯，而後及吳子，先王國而後荒服，史之序也。吳子者，魯史稱之之詞也。《公羊》謂主會。《穀梁》謂進之。皆非也。曰吳王者，彼國人僭稱之詞也。何以書志？善會也，善其會而不盟也，衣冠之會也。《公羊》曰：吳在是，則天下諸侯莫敢不至也。《穀梁》：子曰：吳，夷狄之國也。祝髮文身，欲因魯之禮，因晉之權，而請冠端而襲。其藉於成

周，以尊天王。又曰：吳，東方之大國也，累累致小國以會諸侯，以合乎中國。吳能爲之，則不臣乎！吳進矣。王，尊稱也；子，卑稱也。辭尊稱而居卑稱，以會乎諸侯，以尊天王。吳王夫差曰：『好冠來。』孔子曰：『大矣哉！夫差未能言冠而欲冠也。』愚故曰：書會於黄池，志善會也，爲其會諸侯以尊天王也。夷狄而中國，則中國之，固《春秋》之志也。胡氏曰：其言及者，會兩伯之詞也。《春秋》内王國而外荒服。吳人主會其先晉，紀常也。《春秋》四夷雖大皆曰子。吳僭王矣，其稱子，正名也。以會兩伯之詞而言及者，先吳，則拂經而失序列，書則泯實而傳疑。書曰及，順天地之經，著盟會之實，又以見勾吳之强，而抑其横也。定公以來，晉失霸業，不主夏盟。夫差暴横，勢傾上國，自稱周室於已爲長。蓋太伯之後，以族屬言則伯父也。而黄池之會，聖人書法如此，則訓後世人君治國經邦之道也。明此義，則知漢宣帝待單于位在諸侯王上，蕭傅之議，非矣；唐高祖稱臣於突厥倚以爲助，劉文靖之策，失矣。何況於以父事之如石晉者，將欲保國而免其侵暴得乎？或曰：苟不爲此至於亡國，則如之何？曰：存亡者，天也；得失者，人也；不可逆者，理也。以人勝天，則事有在我者矣。必若顛倒冠履而得天下，其能一朝居乎？《春秋》撥亂反正之書，不可以廢焉者也。【略】

於越入吳。

《正傳》曰：書於越入吳，志詭謀也。《左氏》曰：六月丙子，越子伐吳，爲二隧，疇無餘、謳陽自南方，先及郊。吳太子友、王子地、王孫彌庸、壽於姚自泓上觀之。彌庸見姑蔑之旗，曰：『吾父之旗也。不可以見讎而弗殺也。』太子曰：『戰而不克，將亡國，請待之。』彌庸不可，屬徒五千，王子地助之。乙酉，戰，彌庸獲疇無餘，地獲謳陽。越子至，王子地守。丙戌，復戰，大敗吳師，獲太子友、王孫彌庸、壽於姚。丁亥，入吳。吳人告敗於王。王惡其聞也，自剄七人於幕下。愚謂吳子不自量力度德，舍其國，遠會於黄池以圖霸業，而不知越議其後。語曰：螳蜋捕蟬，黄雀在其後。蓋善喻也。夫惟先王之制，諸侯各守封疆以奉天子之命，可以無後患矣。胡氏曰：吳自柏舉以來，憑陵中國。黄池之會，遂及夏盟，可謂强矣。而《春秋》繼書『於越入吳』，所謂因事屬辭，垂戒後世，而見深切著明之義也。曾子曰：戒之戒之，出乎爾者反乎爾。老氏曰：佳兵，不祥之器。其事好還。夫以力勝人者，人亦以力勝之矣。吳嘗破越，遂有輕楚之心；及其破楚，又有驕齊之志；既勝齊師，復與晉人爭長。自謂莫之敵也，而越已入其國都矣。吳侵中國而越滅之，越又不監而楚滅之，楚又不監而秦滅之，秦又不監而漢滅之。老氏、曾子其言，豈欺也哉！《春秋》初書『於越入吳』在柏舉之後，再書『於越入吳』在黄池之後，皆因事屬辭，垂戒後世，不待貶絶，而見深切著明之義也。而可廢乎？

明・湛若水《格物通》卷七八《抑浮末上禁淫巧奢侈附》 哀公元年，吳師在陳，楚大夫皆懼曰：『闔廬惟能用其民，以敗我於柏舉。今聞其嗣又甚焉，將若之何？』子西曰：『二三子恤不相睦，無患吳矣。昔闔廬食不二味，居不重席，室不崇壇，器不彤鏤，宫室不觀，舟車不飾；衣服財用，擇不取費。在國，天有菑癘，親巡其孤寡而共其乏困。在軍，熟食者分而後敢食，其所嘗者，卒乘與焉。勤恤其民，而與之勞逸，是以民不罷勞，死不知曠。吾先大夫子常易之，所以敗我也。今聞夫差，次有臺榭陂池焉，宿有妃嬙嬪御焉；一日之行，所欲必成，玩好必從；珍異是聚，觀樂是務；視民如讎，而用之日新。夫先自敗也已，安能敗我？』

臣若水通曰：闔廬，吳先君光也；子西，楚令尹子申也。宫室不觀，謂所居宫室無觀美臺榭也；三宿以上曰次，一宿曰宿；用之日新，謂用之爭戰日新不已也。昔孟子有言：『生於憂患，死於安樂。』闔廬以勤身節用而興，生於憂患者也；夫差以過慾敗度而亡，死於安樂者也。二君奢約之政不同，成敗之迹頓異。無他，亦一在乎敬肆之間而已。後之爲君者宜鑑焉。

明・王介之《春秋四傳質》卷下《哀公》 公會晉侯及吳子于黄池。

荆、吳、徐、越以僭王故而絶之于中國。蓋天無二日，萬古爲昭，而列國雖各君長，其邦必奉一王，而安于侯服封建之所以一天下，而不可廢也。聖人之大寶曰位，雖名也，實天經地義之所存矣。楚之稱王，齊侯攘之，而陘亭之詞，不訟言其僭。蓋彼枵然自大，君臣相怙之已久，不能以片詞折也。然桓公之所以不能定天下之亂者，在此名義在人心而不泯，誠使昌言以使革其僞，亦庸詎不可以奪其魄哉。夫差之凶悍，視楚爲甚，而黄池之會，晉曰命圭有命，固曰吳伯，不曰吳王。夫差終以伯自居而不敢

以王臨晉。夫豈晉定之爲君，趙鞅之爲相威逾于齊桓而制之哉？義不可泯于人心，雖桀驁者勿能倔强以爭也。或疑晉之爭長無力，姑借是以釋慙而墮其霸業，于是謂稱及者，爲會兩霸之辭，以哀晉之失霸。夫失霸之與失王也孰大？奪其王而卽子之以霸不猶愈乎？太伯爲文王之伯父，吴爲諸姬之長，亦可有辭，而何慙之有？乘其爭長之機餌之，以不成霸而褫其久僭之王。趙鞅此舉差快人心。宋爭獻納，未能如此之得也。故鍾離祖向皆言會吴，而此言及。及者，我爲志幸晉志之伸也。然則何以稱吴子而不稱吴伯？非吴之能自爲不遠之復奪于晉之直而姑自抑，稱伯則善在吴矣。名義可以折强暴，雖以趙鞅之無能爲，而名以正抱志義者，何憚而不危言哉？

清・葉方藹等《御定孝經衍義》卷七九《諸侯之孝》　臣按夫差志復父仇，廷立，人出入誚讓己三年，竟成其志，棲越於會稽之山，可謂孝矣。迹其所以禍亡，以得志後不思先君之儉德，内躭于逸樂，外競於會盟，暴師中原，疲民以逞，仇讎在邇，曾莫之懼，臣以坐爲所乘，悲夫！人君以多難興，以無外患亡者衆矣。故范文子以惟聖人能内外無患，自非聖人，外寧必有内憂。杜預以爲平吴之後，方勞聖慮哲哉！其言之也。

清・張尚瑗《穀梁折諸》卷六《大矣哉夫差》　夫差之慕義，宋襄、徐偃之徒也；句踐之陰忍，鄭莊、厲、楚、武、文之亞也。故越成而吴敗。孔子歿于哀公十六年，其時吴之亡徵決矣。而黄池書法猶少進之，可知聖人不以成敗論人猶之。趙鞅爲趙氏得國之祖，而孔子曰：『趙氏其世有亂乎？』興廢之理不必其盡驗，故謂《書》終《秦誓》，預知秦有天下。真妄誕也。

藝　文

唐・釋貫休《禪月集》卷二五《七言律詩・經吴宫》　夫差昏暗霸圖傾，千古淒凉地不靈。妖艷恩餘宫露濁，忠臣心苦海山青。蕭條陵隴侵寒水，彷彿樓臺出杳冥。此是前車况非遠，六朝何更不惺惺。

唐・殷璠《河嶽英靈集》卷下《祖詠・古意》　夫差日淫放，舉國求妃嬪。自謂得王寵，代間無美人。碧羅象天閣，坐輦乘芳春。宫女數千騎，常遊江水濱。年深玉顔老，時薄花粧新。拭淚下金殿，嬌多不顧身。生前妬歌舞，死後同灰塵。塚墓令人哀，哀於銅雀臺。

唐・皮日休、陸龜蒙《松陵集》卷七《奉和五絶・陸龜蒙》　三千雖衣水犀珠，半夜夫差國暗屠。猶有八人皆二八，獨教西子占亡吴。

宋・洪邁《萬首唐人絶句》卷五二《羅虬・比紅兒詩・其九》　越山重疊越溪斜，西子休憐解浣紗。得似紅兒今日貌，肯教將去與夫差。

又　卷五三《胡曾・吴江》　子胥今日委東流，吴國明朝亦古丘。大笑夫差諸將相，更無人解守蘇州。

又　《會稽山》　越王兵敗已山棲，豈望全生出會稽。何事夫差無遠慮，更開羅網放鯨鯢。

又　卷五四《盧汪・不第失意賦》　惆悵興亡繫綺羅，世人猶自選青娥。越王解破夫差國，一箇西施已太多。

又　卷七四《汪遵・越女》　玉貌何曾爲浣沙，只圖句踐獻夫差。蘇臺日夜唯歌舞，不覺干戈犯翠華。

宋・張詠《乖崖集》卷五《絶句・夫差廟》　由來邪正是安危，不信忠良任伯嚭。自古家家有容冶，何須亡國殢西施。

宋・趙湘《南陽集》卷一《賦・姑蘇臺賦》　句踐病使西施來，夫差悦作姑蘇臺。於是闐椒築蘭基，煙搆月屹屹而立。出巖谷之超絶，雕沉鏤檀，塗霞甃雪。搜瓊取瑰，疑山之枯；懸珠錯金，畏海之竭。參其上若天門之欲逼，壓其下若地軸之將折。楹飛鳥凝欄，倚雲截山，其節藻其棁，欲使西施慰其心，而旦夕望越，復慮其神魂之未樂。命金石絲竹，發宫商羽角，秦聲鄭聲，日月更作衆喧，吞之於管，萬籟沈之於索。霓裳參差，若晴霞之未移；歌喉宛轉，若貫珠之在兹。肉如山焉，或腐而棄之；酒如河焉，或厭而傾之。遂使一人兩人笑，而千人萬人悲；一人兩人飫，而千人萬人饑。悲者之聲，百倍於歌之聲；饑者之情，千倍於酒之酲。嗚呼！夫差之心也，西施樂則知，天下人不樂則不知，知者則憂其憂，不知者亦不增其羞；夫差之耳也，西施懽則聞，天下人哀則不聞，聞者則憂其不懽，不聞者亦不察其哀。使人惶惶，不知所裁。忠臣之言，賤如紅埃。一旦樂極，越兵東來，歌變舞罷，榱崩桷摧，以金以玉，爲塵爲灰，麋兮鹿兮，優哉游哉。噫！吾不知西子登是臺也，望越耶？待越

耶？樂吴耶？醉吴耶？向使夫差憂吴之民如西子，固吴之壘如姑蘇，則雖鴟夷之籌自救無憀，何暇爲人謀？吴之滅也，人或悲之；吴之後也，秦其鄰之。秦人亦悲，悲之未終，變之爲阿房宫。阿房之後，魏人復哀，哀之未已，變之爲銅雀臺。銅雀之後，陳人知之，陳不自見，變之爲水殿。水殿之間，隋君及之，隋不自憂，變之爲迷樓。迷樓之後，知之而不自知者，雖百世可知也吁！

宋·蔡襄《端明集》卷一《姑胥行》 香涇無故流，胥臺有餘基。太伯以德啓，後王結心師。夫差昔好戰，戈矛臨越陲。天蟹須食稻，未拯吴人饑。于今十一貢，貧甚吴王時。全吴古都會，腴田溉湖陂。雨暘適小變，數米不足炊。吾知事本末，本末何由知。家户徼福利，坐輪黄衣兒。平羅連拖漕，入朶天兵頤。困窮不夕儲，勢若偷生爲。長慮且後顧，荀卿有良規。

宋·邵雍《擊壤集》卷一五《吴越吟二首》 乙未闔廬凌楚歲，戊辰句踐破吴時。正如當日乘虚事，三十四年人不知。

夫差丁未曾囚越，句踐戊辰還滅吴。二十二年時返復，一如當日却乘虚。

宋·蘇軾《東坡全集》卷九四《延州來季子贊并引》 魯襄公十二年，吴子壽夢卒。延州來季子，其少子也，以讓國聞於諸侯，則非童子矣。至哀公十年冬，楚令尹子期伐陳，季子救陳，謂子期曰：『二君不務德而力争諸侯，民何罪焉？我請退，以爲子名，務德而安民。』乃還。時去壽夢卒，蓋七十七年矣，而能千里將兵，季子何其壽而康也。然其卒不書於《春秋》。哀公之元年，吴王夫差敗越於夫椒，句踐使大夫種因太宰嚭以行成於吴，吴王許之，子胥諫不聽，則吴之亡形成矣。季子觀樂於魯，知列國之廢興於百年之前。方其救陳也，去吴之亡十三年耳，而謂季子不知，可乎？闔廬之自立也，曰：『季子雖至，不吾廢也。』是季子德信於吴人，而言行於其國也。且帥師救陳，不戰而去之，以爲敵國名，則季子之於吴，蓋亦少專矣。救陳之明年，而子胥死。季子知國之必亡，而終無一言於夫差，知言之無益也。夫子胥以闔廬霸，而夫差殺之如皂隸，豈獨難於季子乎！烏乎！悲夫。吾是以知夫差之不道，至於使季子不敢言也。蘇子曰：延州來季子、張子房，皆不死者也。江左諸人好談子房、季札之賢，有以也夫。此可與知者論，難與俗人言也。作《延州來季子贊》曰：

泰伯之德，鍾於先生。棄國如遺，委蛻而行。坐閲《春秋》，幾五之二。古之真人，有化無死。

宋·王十朋《梅溪前集》卷一〇《詠史詩·吴王夫差》 西施未必解亡吴，祇爲讒臣害霸圖。早使夫差誅宰嚭，不應麋鹿到姑蘇。

宋·范成大《石湖詩集》卷二八《題夫差廟》 縱敵稽山禍已胎，垂涎上國更荒哉。不知養虎自遺患，只道求魚無後災。夢見梧桐生後圃，眼看麋鹿上高臺。千齡只有忠臣恨，化作濤江雪浪堆。

宋·楊冠卿《客亭類稿》卷一三《自檇李至毘陵道中》 滿目江山無限情，夫差城郭暮雲平。當時不競黄池長，一再何由致越兵。

宋·趙師秀《清苑齋詩集·姑蘇臺作》 何人可與話登臨，徙倚危欄日又沈。千古蒼茫青史夢，一年迢遞故鄉心。天無雨雪梅花早，地有波濤鴈影深。爲是夫差舊臺榭，愁來不敢越人吟。

宋·姜夔《白石道人詩集》卷上《五言古詩·華藏寺雲海亭望具區寺爲張循王功德院》 茫茫復茫茫，中有山蒼蒼。大哉夫差國，坐占天一方。夫差醉蓮宫，巨浪摇不醒。越師何從來，奪我玉萬頃。年年亭上秋，一笛千古愁。誰能知許事，飛下雙白鷗。

宋·張堯同《嘉禾百咏·禦兒》 用此臨吴戰，何人爲越謀。夫差曾不寤，亡國始知羞。

附考：水在郡西南，去崇德縣治東南一里，舊名禦兒，中涇俗名沙渚塘。吴越時棲兵于此。《越語》：『句踐之地，北至禦兒。』《左傳》《吴越春秋》皆作『禦』。《史記·年表》作『蘌』，《西漢》易爲『語』，而《年表》又作『蓹』。《水經》曰：『由拳西鄉有産兒便能語，因詔爲語兒鄉。』元豐中，朱長文《續吴郡圖經》云：『范蠡獻西施于吴，道中生子，至此能語。』張宫諭《廣皇輿考》亦云。又《越絶書》曰：『語兒鄉，故越界。大夫種曰：吾以禦兒臨之。』又女陽亭者，句踐入官于吴，夫人産女此亭，養于李鄉。句踐勝吴，更名女陽。《三朝國史》云：『有語兒亭，又名女兒亭，俗呼囡兒亭。漢元封初，封轅終古爲禦兒侯。』

又《檇李城》 螳螂方捕楚，黄雀遽乘吴。交怨終亡國，君王到

死愚。

附考：城在郡城西南四十五里，春秋時越敗吴于檇李，因其地産佳李，故名。《越絶書》作『就李』，《公羊傳》作『醉里』，《史記》載吴王闔閭傷指，卒于陘，去檇李七里。夫差敗越于夫椒，報檇李也。又曰：西施醉于此，卽今濮院析屬桐鄉。

元·釋善住《谷響集》卷二《七言律詩·送日上人還吴淞》 秋雲秋水雨悠悠，白首何堪動别愁。岱嶺月明寒鴈過，楚江木落晚禾收。夫差既賜申胥劍，句踐難回范蠡舟。今古興亡無限事，願因歸路問沙鷗。

元·馬祖常《石田文集》卷五《西施怨三首》 吴王水殿看芙蓉，十二簾櫳罨畫重。新重一作得西施顔似玉，不教宫漏滴銅龍。

妾家本在苧羅山，一入吴宫便不還。自是夫差心未醒，枉將亡國怨朱顔。

爲妾輕身作館娃，妾心刺血報夫差。范生事主還無策，教妾傾身亦可嗟。

元·吴師道《禮部集》卷四《十臺懷古·姑蘇》 百花洲上姑蘇臺，吴王宴時花正開。半空畫燭西子醉，三更鉄甲東門來。吴波渺渺吴山簇，不見嬌顰倚闌曲。丹楓落月怨啼烏，碧草東風驚走鹿。闔閭丘墓相連處，應恨夫差迷不悟。斷指千年血未乾，游魂夜哭臺前路。

元·張翥《蜕菴集》卷四《送景初漕史還平江各賦一詩寄吴下諸友》 近報崐岡亦被兵，知君撫劍氣崢嶸。夫差强弩風生海，姑蔑戰旗雲繞城。天詔屢傳寬宥下，王師行見掃除平。草堂無恙玉山好，我欲南轅尋舊盟。顧仲瑛。

元·陳高《不繫舟漁集》卷三《五言古詩·感興》 策馬吴城西，攬轡姑蘇臺。寒林噪烏雀，故址叢蒿萊。登高忍悽愴，懷古思悠哉。夫差藉世烈，起土殫民財。曲木搆華館，離宫蔽層厓。嬌嬈醉越女，歌舞環吴娃。觀樂方未畢，爭霸心已灰。不須百歲後，已見麋鹿來。興亡雖古有，窮欲乃先摧。覆車不自戒，長使後人哀。

元·汪克寬《環谷集》卷一《吴山賦》 天泬寥而清曠兮，金風淅淅而蕭森。駕言馳騖於西浙兮，緤予馬於虎林。寓遐矚於此邦兮，爰陟吴山之高岑。苔梯石磴，縈九折之委蛇兮，躡巉嵓而登臨，躋華嵬之峻頂兮，眺奇巘之嶔崟。倚太虛而峭拔兮，峭崒崱屴不知其幾層根。盤數千里而廣袤兮，周廻紆鬱於坤垠。層崕倚披而鵬翅兮，叠峰峻嶒而虬鱗。烟雲歕薄其萬狀兮，日月蔽虧於夕晨。草木暢茂而異香芬郁兮，靈奇怳惝而升沉。東望則海門之岩嶺兮，三島負鼇而贔屭。天目渺以西至兮，萬石飛來而錯峙。左西湖之瀇瀁兮，匯冰壺而清泚。浙江右帶而混瀚兮，驚湍滮潏而淵潗。紛總總其上下兮，艅艎舳艫相屬於千里。下窺闤闠之衍迤兮，樓觀巍峩而叠起。衢道衡縱而如畫兮，車馬駢闐於九軌。異珍輻輳以咸萃兮，委南金而象齒。大府屹立於雄藩兮，甍棟翬飛而麗美。台星耿耿而旁燭兮，閣婆流球會同而至止。挹佳氣而拄笏兮，偉翠屏之若倚。緊是山之鍾秀兮，肇玄黄之開闢。顧名號之曷從始兮，繇泰伯文身而建國。闔閭揮戈而駕楚兮，夫差奮矛而栖越。何西施之嬋媛吾以爲好兮，賜屬鏤於婞直。句踐長驅而沼吴兮，胥泛遺忠於潮汐。銀屏雪屋衝突於山趾兮，存英雄之遺迹。叢祠屹於崇岡兮，薦馨香於明德。高風稜稜而與此終古兮，鎮坤輿以無極。歌曰：大塊流形，峙危阜兮。句吴祚土，錫分守兮。伍員鯁直，忠肝剖兮。命祀千載，怒潮吼兮。聖人馭極，一宇宙兮。拳石海堧，如培塿兮。雄藩重鎮，永遐久兮。蠻夷卉服，拜稽手兮。我皇撫運，億萬壽兮。抽思作頌，貽不朽兮。

元·周巽《性情集》卷四《七言古詩·姑蘇臺》 吴山高，吴水長，烏啼霜楓落，鹿遊煙草荒，百花洲在春無主，曾見蛾眉花下舞。袛憐西子捧心顰，那覺越王嘗膽苦。山圍水繞闔閭城，故國臺傾空有名。子胥伏劍夫差死，悲風哀動寒潮聲。

元·沈夢麟《花谿集》卷三《水殿納凉圖》 百頃荷花水殿開，館娃日暮采香回。夫差只玩宫中樂，不道溪南報越來。

明·劉基《誠意伯文集》卷二《感懷》 晨登吴山上，四望長嘆嗟。借問胡嘆嗟，狹路險且邪。子胥竭忠諫，抉目爲夫差。宰嚭善逢迎，越刃復相加。守正累則多，從人禍亦奢。遭逢貴明良，不爾俱泥沙。

又《詠史》 夫差卧薪日，句踐嘗膽時。人生各有志，況乃身踐之。寧知姑蘇鹿，已與西施期。空令千載下，痛恨於鴟夷。

又 卷一九《郁離子三》 吴王夫差與羣臣夜飲，有鵋鵙鳴於庭，王惡，使弾之。子胥曰：『是好音也，弗可弾也。』王怪而問之。子胥曰：

『王何爲而惡是也？夫有口則有鳴，物之常也，王何惡焉？』王曰：『是妖鳥也，鳴則不祥，是以惡之。』子胥曰：『王果以爲不祥而惡之與？則有口而爲不祥之鳴者，非直一鳥矣。王之左右皆能鳴者也，故王有過則鳴以文之，王有欲則鳴以道之，王有事則鳴以持之，王有聞則鳴以蔽之。王臣之順己者則鳴以譽之，其不順己者則鳴以毁之。凡有鳴必有爲，故其鳴也，能使王喜，能使王怒，能使王聽之而不疑。是故王國之吉凶惟其鳴，王弗知也，則其不祥孰大焉？王胡不此之虞而鳥鳴是虞？夫吉凶在人，禽鳥何知，若以爲不祥，則慮而先爲之防，求吾闕而補焉，所益多矣。臣故曰是好音也。』

明·汪廣洋《鳳池吟稿》卷七《七言律詩·讀吴越春秋》　口血纔乾又復讎，總無誠意爲東周。夫差只愛容狂佞，句踐殊能用智謀。檇李郡還輿土廣，姑蘇臺就鹿麋遊。高情獨羨陶朱子，萬頃滄波一葉舟。

又《姑蘇臺有感丙午秋，大軍圍蘇州，余奉命計議軍務，感而賦此》　何事夫差日漸淫，都將興廢付登臨。霸圖反手歸嘗膽，醉魄流涎屬捧心。臺土尚存芳草合，鹿麋空卧古苔深。唯應胥口波濤急，百折東流感至今。

明·高啓《大全集》卷五《五言古詩·練瀆》　吴越水爲國，行師利舟戰。夫差開此河，艅艎試親練。十萬凌潮兒，材比佽飛健。鼓棹激風濤，揚舲逐雷電。當時意氣盈，謂已無句踐。鷗避去沙洲，龍愁閉淵殿。恃强非伯圖，倏忽市朝變。臺上失嬌姿，泉間掩慚面。至今西山月，恨浸秋一片。猶有網魚人，時時得沉箭。

明·楊基《眉菴集》卷一〇《六言絶句·遊靈巖懷古》　靈巖，吴城西山名也，舊爲吴王夫差離宫名館娃者在焉。今琴臺、西施洞、響屧廊、採香徑、八角井，皆其遺迹。尚存。

塵埋洞裏金蓮，誰調臺上朱絃。屧廊春盡花落，香徑雲深鹿眠。　抉目臣亡此處，捧心人去何年。莫洗館娃遺耻，山頂空流石泉。

明·陶宗儀《南邨詩集》卷二《遊靈岩》　靈岩拔起拱諸峰，林壑深幽與昔同。誰念夫差罷敝後，莫逃范蠡計謀中。彈琴石老莓花紫，響屧廊空夕照紅。里叟不諳亡國恨，至今猶説館娃宫。

明·袁華《耕學齋詩集》卷三《五言古詩·賦得館娃宫送友人之武岡城步巡檢》　驅車閶闔門，息駕靈岩下。靈岩信清麗，維茲館娃所。稚子停宵征，於焉同覽古。夫差昔好奢，築宫置歌舞。璇題麗層霄，丹碧耀平楚。藻幄曳華幔，妒寵爭媚嫵。采香朝艤舟，響屧暮清暑。代謝人事遷。商飆動禾黍。俛懷諸宫勝，亦復一丘土。不作楚囚悲，將軍本雄武。

明·王鏊《震澤集》卷五《靈巖懷古》　夫差霸業今何在，香徑琴臺鹿自游。天際青山還故國，夜深明月有荒丘。濤聲不盡英雄恨，草色猶含粉黛羞。莫爲吴宫多悵望，今來古往總悠悠。

清·張玉書等《聖祖仁皇帝御製文第三集》卷二六《雜著·古文評論·左傳》　楚子西論夫差將敗。哀公元年。

國之强弱，視其君之志氣。志氣振舉則國勢日强，志氣頹靡則國勢日削。自古未有不勤恤其民，而可以戰勝攻取者也。觀闔廬、夫差之勝敗，益可見矣。

又　卷二七《國語》　吴王夫差起師伐越。

越君臣之陰謀全在廣侈吴王之心一語，麋鹿遊姑蘇者以此。

吴王夫差告諸大夫。

申胥事前之言，洞若觀火，吴越之興亡決矣，固不待鴟夷投江時也。

吴王還自伐齊。

吴之申胥，楚之范增，老謀不用，屈志而死，千古同慨。

吴王夫差還自黄池。

陰謀猛鷙，君臣夫婦，致死一心，積之二十年，吴安得不亡？記者歸美之於下，羣臣集衆謀有以也夫。

清·吴偉業《梅村集》卷一四《七言律詩四·登縹緲峰》　絶頂江湖放眼明，飄然如欲御風行。最高尚有魚龍氣，半嶺全無鳥雀聲。芳草青蕪迷近遠，夕陽金碧變陰晴。夫差霸業銷沉盡，楓葉蘆花釣艇横。

又　卷一五《七言律詩五·鳳凰山》　碧樹丹山千仞岡，夫差親獵雉媒場。五茸風動琅玕實，三泖雲流沆瀣漿。鳥聽和鳴巢翡翠，花舒錦翼照文章。西施醉唱秦樓曲，天半吹簫引鳳凰。

清·汪琬《堯峰文鈔》卷四二《游姑蘇臺臺之左一僧廬焉》　吴王在時高築臺，吴娃一笑相隨來。粉綿撲面脂拭口，共唱吴歈舞垂手。吴王一去臺已傾，酒城豨巷空從横。土華法露侵官道，胡蜨紛紛抱華老。千年社酒澆鴟夸，鼓聲不到夫差祠。君不見，臺前盡屬民家地，漸有山僧規作寺。

越王句踐之霸分部

綜述

《左傳·昭公三十四年》 夏，吳伐越，始用師於越也。史墨曰：「不及四十年，越其有吳乎！越得歲而吳伐之，必受其凶。」

又 《定公五年》 越入吳，吳在楚也。

又 《定公十四年》 吳伐越。越子句踐禦之，陳于檇李。句踐患吳之整也，使死士再，禽焉，不動。使罪人三行，屬劍於頸，而辭曰：「二君有治，臣奸旗鼓，不敏於君之行前，不敢逃刑，敢歸死。」遂自剄也。師屬之目，越子因而伐之，大敗之。靈姑浮以戈擊闔廬，闔廬傷將指，取其一屨。還卒於陘，去檇李七里。夫差使人立于庭，苟出入，必謂己曰：「夫差，而忘越王之殺而父乎？」則對曰：「唯，不敢忘！」三年，乃報越。

又 《哀公元年》 吳王夫差敗越於夫椒，報檇李也。遂入越。越子以甲楯五千，保於會稽。使大夫種因吳太宰嚭以行成，吳子將許之。伍員曰：「不可。臣聞樹德莫如滋，去疾莫如盡。昔有過澆殺斟灌以伐斟鄩，滅夏后相。后緡方娠，逃出自竇，歸於有仍，生少康焉，爲仍牧正。惎澆，能戒之。澆使椒求之，逃奔有虞，爲之庖正，以除其害。虞思於是妻之以二姚，而邑諸綸。有田一成，有衆一旅，能布其德，而兆其謀，以收夏衆，撫其官職。使女艾諜澆，使季杼誘豷，遂滅過、戈，復禹之績。祀夏配天，不失舊物。今吳不如過，而越大於少康，或將豐之，不亦難乎。句踐能親而務施，施不失人，親不棄勞，與我同壤，而世爲仇讎。於是乎克而弗取，將又存之，違天而長寇讎，後雖悔之，不可食已。姬之衰也，日可俟也。介在蠻夷，而長寇讎，以是求伯，必不行矣。」弗聽。退而告人曰：「越十年生聚，而十年教訓，二十年之外，吳其爲沼乎！」三月，越及吳乎。吳入越，不書，吳不告慶，越不告敗也。【略】

吳師在陳，楚大夫皆懼，曰：「闔廬惟能用其民，以敗我于柏舉。今聞其嗣又甚焉。將若之何？」子西曰：「二三子恤不相睦，無患吳矣。昔闔廬食不二味，居不重席，室不崇壇，器不彤鏤，宮室不觀，舟車不飾，衣服財用，擇不取費。在國，天有菑癘，親巡孤寡，而共其乏困。在軍，熟食者分，而後敢食。其所嘗者，卒乘與焉。勤恤其民而與之勞逸，是以民不罷勞，死知不曠。吾先大夫子常易之，所以敗我也。今聞夫差，次有臺榭陂池焉，宿有妃嬙嬪御焉。一日之行，所欲必成，玩好必從。珍異是聚，觀樂是務，視民如讎，而用之日新。夫先自敗也已，安能敗我？」

又 《哀公七年》 夏，公會吳於鄫，吳來徵百牢，子服景伯對曰：「先王未之有也。」吳人曰：「宋百牢我，魯不可以後宋。且魯牢晉大夫過十，吳王百牢，不亦可乎？」景伯曰：「晉范鞅貪而棄禮，以大國懼敝邑，故敝邑十一牢之。君若以禮命于諸侯，則有數矣。若亦棄禮，則有淫者矣。周之王也，制禮，上物不過十二，以爲天之大數也。今棄周禮，而曰必百牢，亦唯執事。」吳人弗聽。景伯曰：「吳將亡矣，棄天而背本。不與，必棄疾於我。」乃與之。

大宰嚭召季康子，康子使子貢辭。大宰嚭曰：「國君道長，而大夫不出門，此何禮也？」對曰：「豈以爲禮，畏大國也。大國不以禮命于諸侯，苟不以禮，豈可量也？寡君既共命焉，其老豈敢棄其國？大伯端委以治周禮，仲雍嗣之，斷髮文身，臝以爲飾，豈禮也哉？有由然也。」反自鄫，以吳爲無能爲也。

又 《哀公九年》 秋，吳城邗溝，通江、淮。

又 《哀公十一年》 爲郊戰故，公會吳子伐齊。五月克博，壬申，至於嬴。中軍從王。胥門巢將上軍，王子姑曹將下軍，展如將右軍。齊國書將中軍，高無丕將上軍，宗樓將下軍。陳僖子謂其弟書：「爾死，我必得志。」宗子陽與閭丘明相厲也。桑掩胥御國子。公孫夏曰：「二子必死。」將戰，公孫夏命其徒歌《虞殯》。陳子行命其徒具含玉。公孫揮命其徒曰：「人尋約，吳髮短。」東郭書曰：「三戰必死，於此三矣。」使問弦多以琴，曰：「吾不復見子矣。」陳書曰：「此行也，吾聞鼓而已，不聞金矣。」

甲戌，戰于艾陵，展如敗高子，國子敗胥門巢。王卒助之，大敗齊

師。獲國書、公孫夏、閭丘明、陳書、東郭書，革車八百乘，甲首三千，以獻於公。將戰，吳子呼叔孫，曰：『而事何也？』對曰：『從司馬。』王賜之甲劍鈹，曰：『奉爾君事，敬無廢命。』叔孫未能對，衛賜進曰：『州仇奉甲從君而拜。』公使大史固歸國子之元，寘之新篋，褽之以玄纁，加組帶焉。寘書于其上曰：『天若不識不衷，何以使下國？』

吳將伐齊，越子率其衆以朝焉，王及列士，皆有饋賂。吳人皆喜，唯子胥懼，曰：『是豢吳也夫！』諫曰：『越在我，心腹之疾也。壤地同而有欲於我。夫其柔服，求濟其欲也，不如早從事焉。得志於齊，猶獲石田也，無所用之。越不爲沼，吳其泯矣。使醫除疾，而曰：「必遺類焉」者，未之有也。《盤庚》之誥曰：「其有顛越不共，則劓殄無遺育，無俾易種于茲邑。」是商所以興也。今君易之，將以求大，不亦難乎？』弗聽。使於齊，屬其子於鮑氏，爲王孫氏。反役，王聞之，使賜之屬鏤以死。將死，曰：『樹吾墓檟，檟可材也，吳其亡乎！三年，其始弱矣。盈必毀，天之道也。』

秋，季孫命修守備，曰：『小勝大，禍也，齊至無日矣。』

又 《哀公十二年》 公會吳於橐皋。吳子使大宰嚭請尋盟。公不欲，使子貢對曰：『盟所以周信也，故心以制之，玉帛以奉之，言以結之，明神以要之。寡君以爲苟有盟焉，弗可改也已。若猶可改，日盟何益？今吾子曰：必尋盟。若可尋也，亦可寒也。』乃不尋盟。

吳徵會于衛。初，衛人殺吳行人且姚而懼，謀于行人子羽。子羽曰：『吳方無道，無乃辱吾君，不如止也。』子木曰：『吳方無道，國無道，必棄疾於人。吳雖無道，猶足以患衛。往也！長木之斃，無不摽也。國狗之瘈，無不噬也。而況大國乎？』秋，衛侯會吳於鄖。公及衛侯、宋皇瑗盟，而卒辭吳盟。吳人藩衛侯之舍。子服景伯謂子貢曰：『夫諸侯之會，事既畢矣，侯伯致禮，地主歸餼，以相辭也。今吳不行禮於衛，而藩其君舍以難之，子盍見大宰？』乃請束錦以行。語及衛故，大宰嚭曰：『寡君願事衛君，衛君之來也緩，寡君懼，故將止之。』子貢曰：『衛君之來，必謀於其衆。其衆或欲或否，是以緩來。其欲來者，子之黨也。其不欲來者，子之讎也。若執衛君，是墮黨而崇讎也。夫墮子者得其志矣！且合諸侯而執衛君，誰敢不懼？墮黨崇讎，而懼諸侯，或者難以霸乎！』大宰嚭説，乃舍衛侯。衛侯歸，效夷言。子之尚幼，曰：『君必不免，其死於夷乎！執焉，而又説其言，從之固矣。』

又 《哀公十三年》 夏，公會單平公、晉定公、吳夫差于黄池。

六月丙子，越子伐吳，爲二隧。疇無餘、謳陽自南方，先及郊。吳大子友、王子地、王孫彌庸、壽于姚自泓上觀之。彌庸見姑蔑之旗，曰：『吾父之旗也。不可以見讎而弗殺也。』大子曰：『戰而不克，將亡國。請待之。』彌庸不可，屬徒五千，王子地助之。乙酉，戰，彌庸獲疇無餘，地獲謳陽。越子至，王子地守。丙戌，復戰，大敗吳師。獲大子友、王孫彌庸、壽于姚。丁亥，入吳。吳人告敗于王，王惡其聞也，自剄七人於幕下。

秋七月辛丑，盟，吳、晉爭先。吳人曰：『于周室，我爲長。』晉人曰：『于姬姓，我爲伯。』趙鞅呼司馬寅曰：『日旰矣，大事未成，二臣之罪也。建鼓整列，二臣死之，長幼必可知也。』對曰：『請姑視之。』反曰：『肉食者無墨。今吳王有墨，國勝乎？大子死乎？且夷德輕，不忍久，請少待之。』乃先晉人。吳人將以公見晉侯，子服景伯對使者曰：『王合諸侯，則伯帥侯牧以見於王。伯合諸侯，則侯帥子男以見於伯。自王以下，朝聘玉帛不同。故敝邑之職貢於吳，有豐於晉，無不及焉，以爲伯也。今諸侯會，而君將以寡君見晉君，則晉成爲伯矣，敝邑將改職貢。魯賦於吳八百乘，若爲子男，則將半邾以屬於吳，而如邾以事晉。且執事以伯召諸侯，而以侯終之，何利之有焉？』吳人乃止。既而悔之，將囚景伯，景伯曰：『何也立後於魯矣。將以二乘與六人從，遲速唯命。』遂囚以還。及戶牖，謂大宰曰：『魯將以十月上辛，有事於上帝先王，季辛而畢。何世有職焉，自襄以來，未之改也。若不會，祝宗將曰：「吳實然。」且謂魯不共，而執其賤者七人，何損焉？』大宰嚭言於王曰：『無損於魯，而祗爲名，不如歸之。』乃歸景伯。吳申叔儀乞糧於公孫有山氏，曰：『佩玉縈兮，餘無所繫之。旨酒一盛兮，余與褐之父睨之。』對曰：『粱則無矣，麤則有之。若登首山以呼曰，庚癸乎，則諾。』王欲伐宋，殺其丈夫而囚其婦人。大宰嚭曰：『可勝也，而弗能居也。』乃歸。

冬，吳及越平。

又 《哀公十七年》 三月，越子伐吳。吳子禦之笠澤，夾水而陳。

越子爲左右句卒，使夜或左或右，鼓譟而進。吳師分以禦之。越子以三軍潛涉，當吳中軍而鼓之，吳師大亂，遂敗之。

又 《哀公十九年》 十九年春，越人侵楚，以誤吳也。夏，楚公子慶、公孫寬追越師至冥，不及，乃還。

秋，楚沈諸梁伐東夷，三夷男女及楚師盟於敖。

又 《哀公二十年》 吳公子慶忌驟諫吳子曰：『不改，必亡。』弗聽。出居於艾，遂適楚。聞越將伐吳。冬，請歸平越，遂歸。欲除不忠者以説於越。吳人殺之。

十一月，越圍吳，趙孟降於喪食。楚隆曰：『三年之喪，親暱之極也。主又降之，無乃有故乎！』趙孟曰：『黄池之役，先主與吳王有質，曰：「好惡同之。」今越圍吳，嗣子不廢舊業而敵之，非晉之所能及也，吾是以爲降。』楚隆曰：『若使吳王知之，若何？』趙孟曰：『可乎？』隆曰：『請嘗之。』乃往。先造於越軍，曰：『吳犯間上國多矣，聞君親討焉，諸夏之人莫不欣喜，唯恐君志之不從。請入視之。』許之。告于吳王曰：『寡君之老無恤，使陪臣隆敢展謝其不共。黄池之役，君之先臣志父得承齊盟，曰：「好惡同之。」今君在難，無恤不敢憚勞。非晉國之所能及也，使陪臣敢展布之。』王拜稽首曰：『寡人不佞，不能事越，以爲大夫憂，拜命之辱。』與之一簞珠，使問趙孟，曰：『句踐將生憂寡人，寡人死之不得矣。』王曰：『溺人必笑，吾將有問也，史黯何以得爲君子？』對曰：『黯也進不見惡，退無謗言。』王曰：『宜哉。』

又 《哀公二十二年》 冬十一月丁卯，越滅吳。請使吳王居甬東。辭曰：『孤老矣，焉能事君？』乃縊。越人以歸。

又 《哀公二十七年》 二十七年春，越子使後庸來聘，且言邾田，封於駘上。二月，盟于平陽，三子皆從。康子病之，言及子贛，曰：『若在此，吾不及此夫！』武伯曰：『然。何不召？』曰：『固將召之。』文子曰：『他日請念。』

《國語》卷一九《吳語》 吳王夫差起師伐越，越王句踐起師逆之。大夫種乃獻謀曰：『夫吳之與越，唯天所授，王其無庸戰。夫申胥、華登簡服吳國之士於甲兵，而未嘗有所挫也。夫一人善射，百夫決拾，勝未可成也。夫謀必素見成事焉，而後履之，不可以授命。王不如設戎，約辭行成，以喜其民，以廣侈吳王之心。吾以卜之於天，天若棄吳，必許吾成而不吾足也，將必寬然有伯諸侯之心焉。既罷弊其民，而天奪之食，安受其燼，乃無有命矣。』

越王許諾，乃命諸稽郢行成於吳，曰：『寡君句踐使下臣郢不敢顯然布幣行禮，敢私告於下執事曰：昔者越國見禍，得罪於天王。天王親趨玉趾，以心孤句踐，而又宥赦之。君王之於越也，緊起死人而肉白骨也。孤不敢忘天災，其敢忘君王之大賜乎！今句踐申禍無良，草鄙之人，敢忘天王之大德，而思邊垂之小怨，以重得罪於下執事？句踐用帥二三之老，親委重罪，頓顙於邊。

『今君王不察，盛怒屬兵，將殘伐越國。越國固貢獻之邑也，君王不以鞭箠使之，而辱軍士使寇令焉。句踐請盟：一介嫡女，執箕箒以晐姓於王宮；一介嫡男，奉槃匜以隨諸御；春秋貢獻，不解於王府。天王豈辱裁之？亦征諸侯之禮也。

『夫諺曰：「狐埋之而狐搰之，是以無成功。」今天王既封植越國，以明聞於天下，而又刈亡之，是天王之無成勞也。雖四方之諸侯，則何實以事吳？敢使下臣盡辭，唯天王秉利度義焉！』

吳王夫差乃告諸大夫曰：『孤將有大志於齊，吾將許越成，而無拂吾慮。若越既改，吾又何求？若其不改，反行，吾振旅焉。』

申胥諫曰：『不可許也。夫越非實忠心好吳也，又非懾畏吾兵甲之彊也。大夫種勇而善謀，將還玩吳國於股掌之上，以得其志。夫固知君王之蓋威以好勝也，故婉約其辭，以從逸王志，使淫樂於諸夏之國，以自傷也。使吾甲兵鈍弊，民人離落，而日以憔悴，然後安受吾燼。夫越王好信以愛民，四方歸之，年穀時熟，日長炎炎。及吾猶可以戰也，爲虺弗摧，爲蛇將若何？』

吳王曰：『大夫奚隆於越，越曾足以爲大虞乎？若無越，則吾何以春秋曜吾軍士？』乃許之成。

將盟，越王又使諸稽郢辭曰：『以盟爲有益乎？前盟口血未乾，足以結信矣。以盟爲無益乎？君王舍甲兵之威以臨使之，而胡重於鬼神而自輕也？』吳王乃許之，荒成不盟。【略】

吳王夫差既許越成，乃大戒師徒，將以伐齊。申胥進諫曰：『昔天以

越賜吳，而王弗受。夫天命有反，今越王句踐恐懼而改其謀，舍其愆令，輕其征賦，施民所善，去民所惡，身自約也，裕其衆庶，其民殷衆，以多甲兵。越之在吳，猶人之有腹心之疾也。夫越王之不忘敗吳，於其心也侙然，服士以伺吾閑。今王非越是圖，而齊、魯以爲憂。夫齊、魯譬諸疾，疥癬也，豈能涉江、淮而與我爭此地哉？將必越實有吳土。

『王其盍亦鑑於人，無鑑於水。昔楚靈王不君，其臣箴諫以不入。乃築臺於章華之上，闕爲石郭，陂漢，以象帝舜。罷弊楚國，以閑陳、蔡。不修方城之內，踰諸夏而圖東國，三歲於沮、汾以服吳、越。其民不忍饑勞之殃，三軍叛王於乾谿。王親獨行，屏營仿偟於山林之中，三日乃見其涓人疇。王呼之曰：「余不食三日矣。」疇趨而進，王枕其股以寢於地。王寐，疇枕王以墣而去之。王覺而無見也，乃匍匐將入於棘闈，棘闈不納，乃入芋尹申亥氏焉。王縊，申亥負王以歸，而土埋之其室。此志也，豈遽忘於諸侯之耳乎？

『今王既變鮌、禹之功，而高高下下，以罷民於姑蘇。天奪吾食，都鄙薦饑。今王將很天而伐齊。夫吳民離矣，體有所傾，譬如羣獸然，一個負矢，將百羣皆奔，王其無方收也。越人必來襲我，王雖悔之，其猶有及乎？』

王弗聽。十二年，遂伐齊。齊人與戰於艾陵，齊師敗績，吳人有功。

吳王夫差既勝齊人於艾陵，乃使行人奚斯釋言於齊，曰：『寡人帥不腆吳國之役，遵汶之上，不敢左右，唯好之故。今大夫國子興其衆庶，以犯獵吳國之師徒，天若不知有罪，則何以使下國勝！』【略】

吳王還自伐齊，乃訊申胥曰：『昔吾先王體德明聖，達於上帝，譬如農夫作耦，以刈殺四方之蓬蒿，以立名於荆，此則大夫之力也。今大夫老，而又不自安恬逸，而處以念惡，出則罪吾衆，撓亂百度，以妖孽吳國。今天降衷於吳，齊師受服。孤豈敢自多，先王之鐘鼓，寔式靈之。敢告於大夫。』

申胥釋劍而對曰：『昔吾先王世有輔弼之臣，以能遂疑計惡，以不陷於大難。今王播棄黎老，而孩童焉比謀，曰：「余令而不違。」夫不違，乃違也。夫不違，亡之階也。夫天之所棄，必驟近其小喜，而遠其大憂。王若不得志於齊，而以覺寤王心，而吳國猶世。吾先君得之也，必有以取之；其亡之也，亦有以棄之。用能援持盈以没，而驟救傾以時。今王無以取之，而天禄亟至，是吳命之短也。員不忍稱疾辟易，以見王之親爲越之擒也。員請先死。』遂自殺。將死，曰：『以懸吾目於東門，以見越之入，吳國之亡也。』王慍曰：『孤不使大夫得有見也。』乃使取申胥之尸，盛以鴟鶫，而投之於江。【略】

吳王夫差既殺申胥，不稔於歲，乃起師北征。闕爲深溝，通於商、魯之間，北屬之沂，西屬之濟，以會晉公午於黃池。

於是越王句踐乃命范蠡、舌庸，率師沿海泝淮以絶吳路。敗王子友於姑熊夷。越王句踐乃率中軍泝江以襲吳，入其郛，焚其姑蘇，徙其大舟。

吳、晉爭長未成，邊遽乃至，以越亂告。吳王懼，乃合大夫而謀曰：『越爲不道，背其齊盟。今吾道路修遠，無會而歸，與會而先晉，孰利？』王孫雒曰：『夫危事不齒，雒敢先對。二者莫利。無會而歸，越聞章矣，民懼而走，遠無正就。齊、宋、徐、夷曰：「吳既敗矣！」將夾溝而廢我，我無生命矣。會而先晉，晉既執諸侯之柄以臨我，將成其志以見天子。吾須之不能，去之不忍。若越聞愈章，吾民恐叛。必會而先之。』

王乃步就王孫雒曰：『先之，圖之將若何？』王孫雒曰：『王其無疑，吾道路悠遠，必無有二命，焉可以濟事。』王孫雒進，顧揖諸大夫曰：『危事不可以爲安，死事不可以爲生，則無爲貴智矣。民之惡死而欲富貴以長没也，與我同。雖然，彼近其國，有遷；我絶虜，無遷。彼豈能與我行此危事也哉？事君勇謀，於此用之。今夕必挑戰，以廣民心。請王勵士，以奮其朋勢，勸之以高位重畜，備刑戮以辱其不勵者，令各輕其死。彼將不戰而先我，我既執諸侯之柄，以歲之不獲也，無有誅焉，而先罷之，諸侯必說。既而皆入其地，王安挺志，一日惕，一日留，以安步王志。必設以此民也，封於江、淮之間，乃能至於吳。』吳王許諾。

吳王昏乃戒，令秣馬食士。夜中，乃令服兵擐甲，係馬舌，出火竈，陳士卒百人，以爲徹行百行。行頭皆官師，擁鐸拱稽，建肥胡，奉文犀之渠。十行一嬖大夫，建旌提鼓，挾經秉枹。十旌一將軍，載常建鼓，挾經秉枹。萬人以爲方陣，皆白裳、白旂、素甲、白羽之矰，望之如荼。王親秉鉞，載白旗以中陣而立。左軍亦如之，皆赤裳、赤旟、丹甲、朱羽之矰，望之如火。右軍亦如之，皆玄裳、玄旗、黑甲、烏羽之矰，望之如

墨。爲帶甲三萬，以勢攻，雞鳴乃定。既陳，去晉軍一里。昧明，王乃秉枹，親就鳴鐘鼓、丁甯、錞於振鐸，勇怯盡應，三軍皆譁釦以振旅，其聲動天地。

晉師大駭不出，周軍飭壘，乃令董褐請事，曰：『兩君偃兵接好，日中爲期。今大國越録，而造於弊邑之軍壘，敢請亂故。』

吳王親對之曰：『天子有命，周室卑約，貢獻莫入，上帝鬼神而不可以告。無姬姓之振也，徒遽來告。孤日夜相繼，匍匐就君。君今非王室不平安是憂，億負晉衆庶，不式諸戎、狄、楚、秦；將不長弟，以力征一二兄弟之國。孤欲守吾先君之班爵，進則不敢，退則不可。今會日薄矣，恐事之不集，以爲諸侯笑。孤之事君在今日，不得事君亦在今日。爲使者之無遠也，孤用親聽命於藩籬之外。』

董褐將還，王稱左畸曰：『攝少司馬茲與王士五人，坐于王前。』乃皆進，自剄於客前以酬客。

董褐既致命，乃告趙鞅曰：『臣觀吳王之色，類有大憂，小則嬖妾、嫡子死，不則國有大難；大則越入吳。將毒，不可與戰。主其許之先，無以待危，然而不可徒許也。』趙鞅許諾。

晉乃令董褐復命曰：『寡君未敢觀兵身見，使褐復命曰：「曩君之言，周室既卑，諸侯失禮于天子，請貞於陽卜，收文、武之諸侯。孤以下密邇於天子，無所逃罪，訊讓日至，曰：昔吳伯父不失，春秋必率諸侯以顧在余一人。今伯父有蠻、荆之虞，禮世不續，用命孤禮佐周公，以見我一二兄弟之國，以休君憂。今君掩王東海，以淫名聞于天子，君有短垣，而自踰之，況蠻、荆則何有于周室？夫命圭有命，固曰吳伯，不曰吳王。諸侯是以敢辭。夫諸侯無二君，而周無二王，君若無卑天子，以干其不祥，而曰吳公，孤敢不順從君命長弟！」』許諾。

吳王許諾，乃退就幕而會。吳公先歃，晉侯亞之。吳王既會，越聞愈章，恐齊、宋之爲己害也，乃命王孫雒先與勇獲帥徒師，以爲過賓於宋，以焚其北郛焉而過之。【略】

吳王夫差既退于黄池，乃使王孫苟告勞于周，曰：『昔者楚人爲不道，不承共王事，以遠我一二兄弟之國。吾先君闔廬不貰不忍，被甲帶劍，挺鈹搢鐸，以與楚昭王毒逐于中原柏舉。天舍其衷，楚師敗績，王去其國，遂至於郢。王總其百執事，以奉其社稷之祭。其父子、昆弟不相能，夫概王作亂，是以復歸於吳。今齊侯壬不鑑於楚，又不承共王命，以遠我一二兄弟之國。夫差不貰不忍，被甲帶劍，挺鈹搢鐸，遵汶伐博。簦笠相望于艾陵。天舍其衷，齊師還。夫差豈敢自多，文、武實舍其衷。歸不稔於歲，余沿江泝淮，闕溝深水，出於商、魯之間，以徹于兄弟之國。夫差克有成事，敢使苟告於下執事。』

周王答曰：『苟，伯父令女來，明紹享余一人，若余嘉之。昔周室逢天之降禍，遭民之不祥，余心豈忘憂恤，不唯下土之不康靖。今伯父曰：「戮力同德。」伯父若能然，余一人兼受而介福。伯父多歷年以没元身，伯父秉德已侈大哉！』【略】

吳王夫差還自黄池，息民不戒。越大夫種乃唱謀曰：『吾謂吳王將遂涉吾地，今罷師而不戒以忘我，我不可以怠。日臣嘗卜於天，今吳民既罷，而大荒薦饑，市無赤米，而囷鹿空虚，其民必移就蒲蠃於東海之濱。天占既兆，人事又見，我蔑卜筮矣。王若今起師以會，奪之利，無使夫悛。夫吳之邊鄙遠者，罷而未至，吳王將恥不戰，必不須至之會也，而以中國之師與我戰。若事幸而從我，我遂踐其地，其至者亦將不能之會也已，吾用禦兒臨之。吳王若慍而又戰，奔遂可出。若不戰而結成，王安厚取名而去之。』越王曰：『善哉！』乃大戒師，將伐吳。

楚申包胥使於越，越王句踐問焉，曰：『吳國爲不道，求殘我社稷宗廟，以爲平原，弗使血食。吾欲與之徼天之衷，唯是車馬、兵甲、卒伍既具，無以行之。請問戰奚以而可？』包胥辭曰：『不知。』王固問焉，乃對曰：『夫吳，良國也，能博取于諸侯。敢問君王之所以與之戰者？』王曰：『在孤之側者，觴酒、豆肉、簞食，未嘗敢不分也。飲食不致味，聽樂不盡聲，求以報吳。願以此戰。』包胥曰：『善則善矣，未可以戰也。』王曰：『越國之中，疾者吾問之，死者吾葬之，老其老，慈其幼，長其孤，問其病，求以報吳。願以此戰。』包胥曰：『善則善矣，未可以戰也。』王曰：『越國之中，吾寬民以子之，忠惠以善之。吾修令寬刑，施民所欲，去民所惡，稱其善，掩其惡，求以報吳，願以此戰。』包胥曰：『善則善矣，未可以戰也。』王曰：『越國之中，富者吾安之，貧者吾與之，救其不足，裁其有餘，使貧富皆利之，求以報吳。願以此戰。』包胥

曰：『善則善矣，未可以戰也。』王曰：『越國南則楚，西則晉，北則齊，春秋皮幣、玉帛、子女以賓服焉，未嘗敢絶，求以報吴，願以此戰。』包胥曰：『善哉，蔑以加焉，然猶未可以戰也。夫戰，智爲始，仁次之，勇次之。不智，則不知民之極，無以銓度天下之衆寡；不仁，則不能與三軍共饑勞之殃；不勇，則不能斷疑以發大計。』越王曰：『諾。』

越王句踐乃召五大夫，曰：『吴爲不道，求殘吾社稷宗廟，以爲平原，不使血食。吾欲與之徼天之衷，唯是車馬、兵甲、卒伍既具，無以行之。吾問于王孫包胥，既命孤矣；敢訪諸大夫，問戰奚以而可？句踐願諸大夫言之，皆以情告，無阿孤，孤將以舉大事。』大夫舌庸乃進對曰：『審賞則可以戰乎？』王曰：『聖。』大夫苦成進對曰：『審罰則可以戰乎？』王曰：『猛。』大夫種進對曰：『審物則可以戰乎？』王曰：『辯。』大夫蠡進對曰：『審備則可以戰乎？』王曰：『巧。』大夫皋如進對曰：『審聲則可以戰乎？』王曰：『可矣。』王乃命有司大令於國曰：『苟任戎者，皆造於國門之外。』王乃命於國曰：『國人欲告者來告，告孤不審，將爲戮不利，及五日必審之，過五日，道將不行。』

王乃入命夫人。王背屏而立，夫人向屏。王曰：『自今日以後，內政無出，外政無入。內有辱，是子也；外有辱，是我也。吾見子於此止矣。』王遂出，夫人送王，不出屏，乃闔左闔，填之以土。去笄側席而坐，不掃。王背檐而立，大夫向檐。王命大夫曰：『食土不均，地之不修，內有辱於國，是子也；軍士不死，外有辱，是我也。自今日以後，內政無出，外政無入，吾見子於此止矣。』王遂出，大夫送王不出檐，乃闔左闔，填之以土，側席而坐，不掃。

王乃之壇列，鼓而行之，至於軍，斬有罪者以徇，曰：『莫如此以環瑱通相問也。』明日徙舍，斬有罪者以徇，曰：『莫如此不從其伍之令。』明日徙舍，斬有罪者以徇，曰：『莫如此不用王命。』明日徙舍，至於禦兒，斬有罪者以徇，曰：『莫如此淫逸不可禁也。』

王乃命有司大徇於軍，曰：『有父母耆老而無昆弟者，以告。』王親命之曰：『我有大事，子有父母耆老，而子爲我死，子之父母將轉于溝壑，子爲我禮已重矣。子歸，歿而父母之世。後若有事，吾與子圖之。』明日徇於軍，曰：『有兄弟四五人皆在此者，以告。』王親命之曰：『我有大事，子有昆弟四五人皆在此，事若不捷，則是盡也。擇子之所欲歸者一人。』明日徇於軍，曰：『有眩瞀之疾者，以告。』王親命之曰：『我有大事，子有眩瞀之疾，其歸若已。後若有事，吾與子圖之。』明日徇於軍，曰：『筋力不足以勝甲兵，志行不足以聽命者歸，莫告。』明日，遷軍接龢，斬有罪者以徇，曰：『莫如此志行不果。』於是人有致死之心。王乃命有司大徇於軍，曰：『謂二三子歸而不歸，處而不處，進而不進，退而不退，左而不左，右而不右，身斬，妻子鬻。』

於是吴王起師，軍於江北，越王軍於江南。越王乃中分其師以爲左右軍，以其私卒君子六千人爲中軍。明日將舟戰于江，及昏，乃令左軍銜枚泝江五里以須，亦令右軍銜枚逾江五里以須。夜中，乃命左軍、右軍涉江鳴鼓中水以須。吴師聞之，大駭，曰：『越人分爲二師，將以夾攻我師。』乃不待旦，亦中分其師，將以禦越。越王乃令其中軍銜枚潛涉，不鼓不譟以襲攻之。吴師大北。越之左軍、右軍乃遂涉而從之，又大敗之於沒，又郊敗之，三戰三北，乃至於吴。越師遂入吴國，圍王臺。

吴王懼，使人行成，曰：『昔不穀先委制於越君，君告孤請成，男女服從。孤無奈越之先君何，畏天之不祥，不敢絶祀，許君成，以至於今。今孤不道，得罪于君王，君王以親辱於弊邑。孤敢請成，男女服爲臣御。』越王曰：『昔天以越賜吴，而吴不受；今天以吴賜越，孤敢不聽天之命，而聽君之令乎？』乃不許成。因使人告于吴王曰：『天以吴賜越，孤不敢不受。以民生之不長，王其無死！民生於地上，寓也，其與幾何？寡人其達王於甬句東，夫婦三百，唯王所安，以沒王年。』夫差辭曰：『天既降禍於吴國，不在前後，當孤之身，實失宗廟社稷。凡吴土地人民，越既有之矣，孤何以視於天下！』夫差將死，使人說於子胥曰：『使死者無知，則已矣；若其有知，吾何面目以見員也！』遂自殺。

越滅吴，上征上國，宋、鄭、魯、衛、陳、蔡執玉之君皆入朝。夫唯能下其羣臣，以集其謀故也。

又 卷二〇《越語上》 越王句踐棲於會稽之上，乃號令於三軍曰：『凡我父兄昆弟及國子姓，有能助寡人謀而退吴者，吾與之共知越國之政。』大夫種進對曰：『臣聞之賈人，夏則資皮，冬則資絺，旱則資舟，水則資車，以待乏也。夫雖無四方之憂，然謀臣與爪牙之士，不可不養而

擇也。譬如蓑笠，時雨既至必求之。今君王既棲於會稽之上，然後乃求謀臣，無乃後乎？」句踐曰：「苟得聞子大夫之言，何後之有？」執其手而與之謀。

遂使之行成於吳，曰：「寡君句踐乏無所使，使其下臣種，不敢徹聲聞於天王，私于下執事曰：寡君之師徒不足以辱君矣。願以金玉、子女賂君之辱；請句踐女女於王，大夫女女於大夫，士女女於士。越國之寶器畢從，寡君帥越國之衆，以從君之師徒，唯君左右之。若以越國之罪爲不可赦也，將焚宗廟，係妻孥，沈金玉於江，有帶甲五千人將以致死，乃必有偶。是以帶甲萬人事君也，無乃卽傷君王之所愛乎？與其殺是人也，寧其得此國也，其孰利乎？」

夫差將欲聽與之成，子胥諫曰：「不可。夫吳之與越，仇讎敵戰之國也。三江環之，民無所移，有吳則無越，有越則無吳，將不可改於是矣。員聞之，陸人居陸，水人居水。夫上黨之國，我攻而勝之，吾不能居其地，不能乘其車。夫越國，吾攻而勝之，吾能居其地，吾能乘其舟。此其利也，不可失也已，君必滅之。失此利也，雖悔之，必無及已。」

越人飾美女八人納之太宰嚭，曰：「子苟赦越國之罪，又有美於此者將進之。」太宰嚭諫曰：「嚭聞古之伐國者，服之而已。今已服矣，又何求焉？」夫差與之成而去之。

句踐說於國人曰：「寡人不知其力之不足也，而又與大國執讎，以暴露百姓之骨於中原，此則寡人之罪也。寡人請更。」於是葬死者，問傷者，養生者，弔有憂，賀有喜，送往者，迎來者，去民之所惡，補民之不足。然後卑事夫差，宦士三百人於吳，其身親爲夫差前馬。【略】

句踐之地，南至於句無，北至於禦兒，東至於鄞，西至於姑蔑，廣運百里。乃致其父母昆弟而誓之曰：「寡人聞，古之賢君，四方之民歸之，若水之歸下也。今寡人不能，將帥二三子夫婦以蕃。」令壯者無取老婦，令老者無取壯妻。女子十七不嫁，其父母有罪；丈夫二十不娶，其父母有罪。將免者以告，公令醫守之。生丈夫，二壺酒，一犬；生女子，二壺酒，一豚。生三人，公與之母；生二人，公與之餼。當室者死，三年釋其政；支子死，三月釋其政。必哭泣葬埋之，如其子。令孤子、寡婦、疾疹、貧病者，納宦其子。其達士，潔其居，美其服，飽其食，而摩厲之於義。四方之士來者，必廟禮之。句踐載稻與脂於舟以行，國之孺子之遊者，無不餔也，無不歠也，必問其名。非其身之所種則不食，非其夫人之所織則不衣，十年不收於國，民俱有三年之食。

國之父兄請曰：「昔者夫差恥吾君于諸侯之國，今越國亦節矣，請報之。」句踐辭曰：「昔者之戰也，非二三子之罪也，寡人之罪也。如寡人者，安與知恥？請姑無庸戰。」父兄又請曰：「越四封之內，親吾君也，猶父母也。子而思報父母之仇，臣而思報君之讎，其有敢不盡力者乎？請復戰。」句踐既許之，乃致其衆而誓之曰：「寡人聞古之賢君，不患其衆之不足也，而患其志行之少恥也。今夫差衣水犀之甲者億有三千，不患其志行之少恥也，而患其衆之不足也。今寡人將助天滅之。吾不欲匹夫之勇也，欲其旅進旅退。進則思賞，退則思刑，如此則有常賞。進不用命，退則無恥，如此則有常刑。」果行，國人皆勸，父勉其子，兄勉其弟，婦勉其夫，曰：「孰是君也，而可無死乎？」是故敗吳於囿，又敗之於沒，又郊敗之。【略】

夫差行成，曰：「寡人之師徒，不足以辱君矣。請以金玉、子女賂君之辱。」句踐對曰：「昔天以越予吳，而吳不受命；今天以吳予越，越可以無聽天之命，而聽君之令乎？吾請達王甬句東，吾與君爲二君乎。」夫差對曰：「寡人禮先壹飯矣，君若不忘周室，而爲弊邑宸宇，亦寡人之願也。君若曰：『吾將殘汝社稷，滅汝宗廟。』寡人請死，余何面目以視於天下乎！」越君其次也。遂滅吳。

又 卷二一《越語下》 越王句踐卽位三年而欲伐吳。范蠡進諫曰：「夫國家之事，有持盈，有定傾，有節事。」王曰：「爲三者，奈何？」對曰：「持盈者與天，定傾者與人，節事者與地。王不問，蠡不敢言。天道盈而不溢，盛而不驕，勞而不矜其功。夫聖人隨時以行，是謂守時。天時不作，弗爲人客；人事不起，弗爲之始。今君王未盈而溢，未勝而驕，不勞而矜其功，天時不作而先爲人客，人事不起而創爲之始，此逆於天而不和於人。王若行之，將妨於國家，靡王躬身。」王弗聽。

范蠡進諫曰：「夫勇者，逆德也；兵者，凶器也；爭者，事之末也。陰謀逆德，好用凶器，始於人者，人之所卒也；淫佚之事，上帝之禁也，先行此者，不利。」王曰：「無是貳言也，吾已斷之矣！」果興師

而伐吳，戰於五湖，不勝，棲於會稽。

王召范蠡而問焉，曰：『吾不用子之言，以至於此，爲之奈何？』范蠡對曰：『君王其忘之乎？持盈者與天，定傾者與人，節事者與地。』王曰：『與人奈何？』對曰：『卑辭尊禮，玩好女樂，尊之以名。如此不已，又身與之市。』王曰：『諾。』乃命大夫種行成於吳，曰：『請士女女於士，大夫女女於大夫，隨之以國家之重器。』吳人不許。大夫種來而復往，曰：『請委管籥屬國家，以身隨之，君王制之。』吳人許諾。王曰：『蠡爲我守於國。』對曰：『四封之內，百姓之事，蠡不如種也。四封之外，敵國之制，立斷之事，種亦不如蠡也。』王曰：『諾。』令大夫種守于國，與范蠡入宦於吳。

三年，而吳人遣之。歸及至於國，王問於范蠡曰：『節事奈何？』對曰：『節事者與地。唯地能包萬物以爲一，其事不失。生萬物，容畜禽獸，然後受其名而兼其利。美惡皆成，以養其生。時不至，不可彊生；事不究，不可彊成。自若以處，以度天下。待其來者而正之，因時之所宜而定之。同男女之功，除民之害，以避天殃。田野開闢，府倉實，民衆殷。無曠其衆，以爲亂梯。時將有反，事將有間，必有以知天地之恒制，乃可以有天下之成利。事無間，時無反，則撫民保教以須之。』

王曰：『不穀之國家，蠡之國家也，蠡其圖之！』對曰：『四封之內，百姓之事，時節三樂，不亂民功，不逆天時，五穀睦熟，民乃蕃滋，君臣上下交得其志，蠡不如種也。四封之外，敵國之制，立斷之事，因陰陽之恒，順天地之常，柔而不屈，彊而不剛，德虐之行，因以爲常；死生因天地之刑，天因人，聖人因天；人自生之，天地形之，聖人因而成之。是故戰勝而不報，取地而不反，兵勝於外，福生於內，用力甚少而名聲章明，種亦不如蠡也。』王曰：『諾。』令大夫種爲之。【略】

四年，王召范蠡而問焉，曰：『先人就世，不穀卽位。吾年既少，未有恒常，出則禽荒，入則酒荒。吾百姓之不圖，唯舟與車。上天降禍於越，委制於吳。吳人之那不穀，亦又甚焉。吾欲與子謀之，其可乎？』對曰：『未可也。蠡聞之，上帝不考，時反是守，彊索者不祥。得時不成，反受其殃。失德滅名，流走死亡。有奪，有予，有不予，王無蚤圖。夫吳，君王之吳也，王若蚤圖之，其事又將未可知也。』王曰：『諾。』

又一年，王召范蠡而問焉，曰：『吾與子謀吳，子曰「未可也」。今吳王淫樂而忘其百姓，亂民功，逆天時；信讒喜優，憎輔遠弼，聖人不出，忠臣解骨；皆曲相御，莫適相非，上下相偷。其可乎？』對曰：『人事至矣，天應未也，王姑待之。』王曰：『諾。』【略】

又一年，王召范蠡而問焉，曰：『吾與子謀吳，子曰「未可也」。今其稻蟹不遺種，其可乎？』對曰：『天應至矣，人事未盡也，王姑待之。』王怒曰：『道固然乎，妄其欺不穀邪？吾與子言人事，子應我以天時；今天應至矣，子應我以人事，何也？』范蠡對曰：『王姑勿怪。夫人事必將與天地相參，然後乃可以成功。今其禍新民恐，其君臣上下，皆知其資財之不足以支長久也，彼將同其力，致其死，猶尚殆。王其且馳騁弋獵，無至禽荒；宮中之樂，無至酒荒；肆與大夫觴飲，無忘國常。彼其上將薄其德，民將盡其力，又使之望而不得食，乃可以致天地之殛，王姑待之。』【略】

至於玄月，王召范蠡而問焉，曰：『諺有之曰：「觥飯不及壺飧。」今歲晚矣，子將奈何？』對曰：『微君王之言，臣故將謁之。臣聞從時者，猶救火、追亡人也，蹶而趨之，唯恐弗及。』王曰：『諾。』遂興師伐吳，至於五湖。

吳人聞之，出而挑戰，一日五反。王弗忍，欲許之，范蠡進諫曰：『夫謀之廊廟，失之中原，其可乎？王姑勿許也。臣聞之，得時無怠，時不再來，天予不取，反爲之災。贏縮轉化，後將悔之。天節固然，唯謀不遷。』王曰：『諾。』弗許。

范蠡曰：『臣聞古之善用兵者，贏縮以爲常，四時以爲紀，無過天極，究數而止。天道皇皇，日月以爲常，明者以爲法，微者則是行。陽至而陰，陰至而陽；日困而還，月盈而匡。古之善用兵者，因天地之常，與之俱行。後則用陰，先則用陽；近則用柔，遠則用剛。後無陰蔽，先無陽察，用人無藝，往從其所。剛彊以禦，陽節不盡，不死其野。彼來從我，固守勿與。若將與之，必因天地之災，又觀其民之饑飽勞逸以參之。盡其陽節，盈吾陰節而奪之。宜爲人客，剛彊而力疾；陽節不盡，輕而不可取。宜爲人主，安徐而重固；陰節不盡，柔而不可迫。凡陣之道，設右以爲牝，益左以爲牡，蚤晏無失，必順天道，周旋無究。今其來也，

剛强而力疾，王姑待之。」王曰：『諾。』弗與戰。

居軍三年，吴師自潰。吴王帥其賢良，與其重祿，以上姑蘇。使王孫雒行成於越，曰：『昔者上天降禍於吴，得罪於會稽。今君王其圖不穀，不穀請復會稽之和。』王弗忍，欲許之。范蠡進諫曰：『臣聞之，聖人之功，時爲之庸。得時不成，天有還形。天節不遠，五年復反，小凶則近，大凶則遠。先人有言曰：「伐柯者其則不遠。」今君王不斷，其忘會稽之事乎？』王曰：『諾。』不許。

使者往而復來，辭愈卑，禮愈尊，王又欲許之。范蠡諫曰：『孰使我蚤朝而晏罷者，非吴乎？與我爭三江、五湖之利者，非吴耶？夫十年謀之，一朝而棄之，其可乎？王姑勿許，其事將易冀已。』王曰：『吾欲勿許，而難對其使者，子其對之。』范蠡乃左提鼓，右援枹，以應使者，曰：『昔者上天降禍於越，委制於吴，而吴不受。今將反此義而報此禍，吾王敢無聽天之命，而聽君王之命乎？』王孫雒曰：『子范子，先人有言曰：「無助天爲虐，助天爲虐者不祥。」今吴稻蟹不遺種，子將助天爲虐，不忌其不祥乎？』范蠡曰：『王孫子，昔吾先君固周室之不成子也，故濱於東海之陂，黿鼉魚鱉之與處，而鼃黽之與同渚。余雖靦然而人面哉，吾猶禽獸也，又安知是淺淺者乎？』王孫雒曰：『子范子將助天爲虐，助天爲虐不祥。雒請反辭於王。』范蠡曰：『君王已委制於執事之人矣。子往矣，無使執事之人得罪於子。』

使者辭反。范蠡不報於王，擊鼓興師以隨使者，至於姑蘇之宫，不傷越民，遂滅吴。【略】

反至五湖，范蠡辭於王曰：『君王勉之，臣不復入越國矣。』王曰：『不穀疑子之所謂者何也？』對曰：『臣聞之，爲人臣者，君憂臣勞，君辱臣死。昔者君王辱于會稽，臣所以不死者，爲此事也。今事已濟矣，蠡請從會稽之罰。』王曰：『所不掩子之惡，揚子之美者，使其身無終没於越國。子聽吾言，與子分國。不聽吾言，身死，妻子爲戮。』范蠡對曰：『臣聞命矣。君行制，臣行意。』遂乘輕舟以浮於五湖，莫知其所終極。

王命工以良金寫范蠡之狀而朝禮之，浹日而令大夫朝之，環會稽三百里者以爲范蠡地，曰：『後世子孫，有敢侵蠡之地者，使無終没於越國，皇天后土、四鄉地主正之。』

《墨子》卷四《兼愛中》　昔越王句踐好士之勇，教馴其臣和合之，焚舟失火，試其士曰：『越國之寶盡在此！』越王親自鼓其士而進之，曰：『士聞鼓音，破碎亂行，蹈火而死者，左右百人有餘。』越王擊金而退之。

《韓非子》卷七《喻老》　句踐入宦於吴，身執干戈爲吴王洗馬，故能殺夫差於姑蘇。文王見詈於王門，顔色不變，而武王擒紂於牧野。故曰：『守柔曰强。』越王之霸也不病宦，武王之王也不病詈。故曰：『聖人之不病也，以其不病，是以無病也。』【略】

越王入宦於吴，而觀之伐齊以弊吴。吴兵既勝齊人于艾陵，張之于江、濟，强之于黄池，故可制於五湖。故曰：『將欲翕之，必固張之；將欲弱之，必固强之。』晉獻公將欲襲虞，遺之以璧馬。知伯將襲仇由，遺之以廣車。故曰：『將欲取之，必固與之。』起事於無形，而要大功於天下，『是謂微明』。處小弱而重自卑，謂損弱勝强也。

又　卷一一《外儲説左上》　越伐吴，乃先宣言曰：『我聞吴王築如皇之臺，掘深池，罷苦百姓，煎靡財貨，以盡民力，余爲民誅之。』

又　卷九《内儲説上七術》　越王問于大夫種曰：『吾欲伐吴，可乎？』對曰：『可矣。吾賞厚而信，罰嚴而必。君欲知之，何不試焚宫室。』於是遂焚宫室，人莫救之。乃下令曰：『人之救火者死，比死敵之賞；救火而不死者，比勝敵之賞；不救火者，比降北之罪。』人之塗其體，被濡衣而赴火者，左三千人，右三千人。此知必勝之勢也。【略】

越王慮伐吴，欲人之輕死也，出見怒鼃，乃爲之式。從者曰：『奚敬於此？』王曰：『爲其有氣故也。』明年之請以頭獻王者歲十餘人。由此觀之，譽之足以殺人矣。一曰：越王句踐見怒鼃而式之。御者曰：『何爲式？』王曰：『鼃有氣如此，可無爲式乎？』士人聞之曰：『鼃有氣，王猶爲式，況士人有勇者乎！』是歲人有自剄死，以其頭獻者。故越王將復吴而試其教，燔臺而鼓之，使民赴火者，賞在火也；臨江而鼓之，使人赴水者，賞在水也；臨戰而使人絶頭刳腹而無顧心者，賞在兵也。又況據法而進賢，其助甚此矣。

又　卷一〇《内儲説下六微》　越王攻吴王，吴王謝而告服，越王欲許之。范蠡、大夫種曰：『不可。昔天以越與吴，吴不受。今天反夫差，

亦天禍也。以吳予越，再拜受之，不可許也。』太宰嚭遺大夫種書曰：『狡兔盡則良犬烹，敵國滅則謀臣亡。大夫何不釋吳而患越乎？』大夫種受書讀之，太息而歎曰：『殺之，越與吳同命。』

又 **卷八《說林下》** 越已勝吳，又索卒於荆而攻晉。左史倚相謂荆王曰：『夫越破吳，豪士死，鋭卒盡，大甲傷。今又索卒以攻晉，示我不病也。不如起師與分吳。』荆王曰：『善。』因起師而從越。越王怒，將擊之。大夫種曰：『不可。吾豪士盡，大甲傷。我與戰，必不剋，不如賂之。』乃割露山之陰五百里以賂之。

《公羊傳·定公五年》 於越入吳。於越者何？於越者，未能以其名通也。越者，能以其名能也。

又 **《哀公十三年》** 公會晉侯及吳子于黃池。吳何以稱子？吳主會也。吳主會，則曷爲先言晉侯？不與夷、狄之主中國也。其言及吳子何？會兩伯之辭也。不與夷、狄之主中國，則曷爲以會兩伯之辭言之？重吳也。曷爲重吳？吳在是則天下諸侯莫敢不至也。

《穀梁傳·哀公十三年》 公會晉侯及吳子于黃池。黃池之會，吳子進乎哉？遂子矣。吳，夷狄之國也，祝髮文身，欲因魯之禮，因晉之權，而請冠端而襲，其藉于成周，以尊天王。吳進矣！吳，東方之大國也，累累致小國以會諸侯，以合乎中國，吳能爲之，則不臣乎？吳進矣。王，尊稱也。子，卑稱也，辭尊稱而居卑稱，以會乎諸侯，以尊天王。吳王夫差曰：『好冠來！』孔子曰：『大矣哉！夫差未能言冠而欲冠也。』

《呂氏春秋》卷九《季秋紀·順民》 越王苦會稽之耻，欲深得民心，以致必死於吳，身不安枕席，口不甘厚味，目不視靡曼，耳不聽鐘鼓。三年苦心勞力，焦脣乾肺。內親羣臣，下養百姓，以來其心。有甘肥不足分，弗敢食；有酒流之江，與民同之。身親耕而食，妻親織而衣。味禁珍，衣禁襲，色禁二。時出行路，從車載食，以視孤寡老弱之漬病、困窮顔色愁悴不贍者，必身自食之。於是屬諸大夫而告之，曰：『願一與吳徼天之衷。今吳越之國，相與俱殘，士大夫履肝肺，同日而死，孤與吳王接頸交臂而僨，此孤之大願也。若此而不可得也，內量吾國不足以傷吳，外事之諸侯不能害之，則孤將棄國家，釋羣臣，服劍臂刃，變容貌，易姓名，執箕帚而臣事之，以與吳王爭一旦之死。孤雖知要領不屬，首足異處，四枝布裂，爲天下戮，孤之志必將出焉。』於是異日果與吳戰於五湖，吳師大敗，遂大圍王宮，城門不守，禽夫差，戮吳相，殘吳二年而霸，此先順民心也。

又 **卷一四《孝行覽·長攻》** 越國大饑，王恐，召范蠡而謀。范蠡曰：『王何患焉？今之饑，此越之福而吳之禍也。夫吳國甚富而財有餘，其王年少，智寡才輕，好須臾之名，不思後患。王若重幣卑辭以請糴於吳，則食可得也。食得，其卒越必有吳，而王何患焉？』越王曰：『善！』乃使人請食於吳，吳王將與之。伍子胥進諫曰：『不可與也！夫吳之與越，接土鄰境，道易人通，仇讎敵戰之國也，非吳喪越，越必喪吳。若燕、秦、齊、晉，山處陸居，豈能逾五湖九江、越十七阨厄以有吳哉？故曰非吳喪越，越必喪吳。今將輸之粟，與之食，是長吾讎而養吾仇也。財匱而民恐，悔無及也。不若勿與而攻之，固其數也。此昔吾先王之所以霸。且夫饑，代事也，猶淵之與阪，誰國無有？』吳王曰：『不然。吾聞之，「義兵不攻服，仁者食饑餓。」今服而攻之，非義兵也；饑而不食，非仁體也。不仁不義，雖得十越，吾不爲也。』遂與之食。不出三年，而吳亦饑。使人請食於越，越王弗與，乃攻之，夫差爲禽。

漢·賈誼《新書》卷七《耳痺》 夫差卽位，乃與越人戰江上，棲之會稽。越王之窮至乎喫山草，飲腑水，易子而食。於是履甓戴璧，號唫告毋罪，呼皇天，使大夫種行成于吳王，吳王將許，子胥曰：『不可，越國之俗，勤勞而不慍，好亂而無禮，谿徼而輕絶，好詛而倍盟。放此類者，鳥獸之儕徒，狐狸之醜類也，生之爲患，殺之無咎，請無與成。』大夫種拊心嗥啼，沫泣而言信，割白馬而爲犧，指九天而爲證，請婦人爲妾，大夫爲臣，百世名寶因閑官爲積，孤身爲關內諸侯，世爲忠臣。吳王不忍，縮師與成。【略】

事濟功成，范蠡負石而蹈五湖，大夫種絜領謝室，渠如處車裂回泉。自此之後，句踐不樂，憂悲薦至，內崩而死。

漢·劉安《淮南子》卷一八《人間訓》 越王句踐一決獄不幸，援龍淵而切其股，血流至足，以自罰也。而戰，武士必其死。

《史記》卷三一《吳太伯世家》 十九年夏，吳伐越，越王句踐迎擊之檇李。越使死士挑戰，三行造吳師，呼，自剄。吳師觀之，越因伐吳，

敗之姑蘇，傷吳王闔廬指，軍卻七里。吳王病傷而死。闔廬使立太子夫差，謂曰：『爾而忘句踐殺汝父乎？』對曰：『不敢！』三年，乃報越。

王夫差元年，以大夫伯嚭爲太宰。習戰射，常以報越爲志。二年，吳王悉精兵以伐越，敗之夫椒，報姑蘇也。越王句踐乃以甲兵五千人棲於會稽，使大夫種因吳太宰嚭而行成，請委國爲臣妾。吳王將許之，伍子胥諫曰：『昔有過氏殺斟灌以伐斟尋，滅夏后帝相。帝相之妃后緡方娠，逃於有仍而生少康。少康爲有仍牧正。有過又欲殺少康，少康奔有虞。有虞思夏德，於是妻之以二女而邑之於綸，有田一成，有衆一旅。後遂收夏衆，撫其官職。使人誘之，遂滅有過氏，復禹之績，祀夏配天，不失舊物。今吳不如有過之彊，而句踐大於少康。今不因此而滅之，又將寬之，不亦難乎！且句踐爲人能辛苦，今不滅，後必悔之。』吳王不聽，聽太宰嚭，卒許越平，與盟而罷兵去。

又　卷三三《魯周公世家》（魯哀公）二十二年，越王句踐滅吳王夫差。

又　卷四〇《楚世家》（楚昭王）二十一年，吳王闔閭伐越。越王句踐射傷吳王，遂死。吳由此怨越而不西伐楚。

又　卷四一《越王句踐世家》越王句踐，其先禹之苗裔，而夏后帝少康之庶子也。封於會稽，以奉守禹之祀。文身斷髮，披草萊而邑焉。後二十餘世，至於允常。允常之時，與吳王闔廬戰而相怨伐。允常卒，子句踐立，是爲越王。

元年，吳王闔廬聞允常死，乃興師伐越。越王句踐使死士挑戰，三行，至吳陳，呼而自剄。吳師觀之，越因襲擊吳師，吳師敗於檇李，射傷吳王闔廬。闔廬且死，告其子夫差曰：『必毋忘越。』

三年，句踐聞吳王夫差日夜勒兵，且以報越，越欲先吳未發往伐之。范蠡諫曰：『不可。臣聞兵者凶器也，戰者逆德也，爭者事之末也。陰謀逆德，好用凶器，試身於所末，上帝禁之，行者不利。』越王曰：『吾已決之矣。』遂興師。吳王聞之，悉發精兵擊越，敗之夫椒。越王乃以餘兵五千人保棲於會稽。吳王追而圍之。

越王謂范蠡曰：『以不聽子故至於此，爲之奈何？』蠡對曰：『持滿者與天，定傾者與人，節事者以地。卑辭厚禮以遺之，不許，而身與之市。』句踐曰：『諾。』乃令大夫種行成於吳，膝行頓首曰：『君王亡臣句踐使陪臣種敢告下執事：句踐請爲臣，妻爲妾。』吳王將許之。子胥言於吳王曰：『天以越賜吳，勿許也。』種還，以報句踐。句踐欲殺妻子，燔寶器，觸戰以死。種止句踐曰：『夫吳太宰嚭貪，可誘以利，請間行言之。』於是句踐以美女寶器令種間獻吳太宰嚭。嚭受，乃見大夫種於吳王。種頓首言曰：『願大王赦句踐之罪，盡入其寶器。不幸不赦，句踐將盡殺其妻子，燔其寶器，悉五千人觸戰，必有當也。』嚭因說吳王曰：『越以服爲臣，若將赦之，此國之利也。』吳王將許之。子胥進諫曰：『今不滅越，後必悔之。句踐賢君，種、蠡良臣，若反國，將爲亂。』吳王弗聽，卒赦越，罷兵而歸。

句踐之困會稽也，喟然歎曰：『吾終於此乎？』種曰：『湯繫夏臺，文王囚羑里，晉重耳犇翟，齊小白犇莒，其卒王霸。由是觀之，何遽不爲福乎？』

吳既赦越，越王句踐反國，乃苦身焦思，置膽於坐，坐臥即仰膽，飲食亦嘗膽也。曰：『女忘會稽之耻邪？』身自耕作，夫人自織，食不加肉，衣不重采，折節下賢人，厚遇賓客，振貧弔死，與百姓同其勞。欲使范蠡治國政，蠡對曰：『兵甲之事，種不如蠡；填撫國家，親附百姓，蠡不如種。』於是舉國政屬大夫種，而使范蠡與大夫柘稽行成，爲質於吳。二歲而吳歸蠡。

句踐自會稽歸七年，拊循其士民，欲用以報吳。大夫逢同諫曰：『國新流亡，今乃復殷給，繕飾備利，吳必懼，懼則難必至。且鷙鳥之擊也，必匿其形。今夫吳兵加齊、晉，怨深於楚、越，名高天下，實害周室，德少而功多，必淫自矜。爲越計，莫若結齊，親楚，附晉，以厚吳。吳之志廣，必輕戰。是我連其權，三國伐之，越承其弊，可克也。』句踐曰：『善。』

居二年，吳王將伐齊。子胥諫曰：『未可。臣聞句踐食不重味，與百姓同苦樂。此人不死，必爲國患。吳有越，腹心之疾，齊與吳，疥瘲也。願王釋齊先越。』吳王弗聽，遂伐齊，敗之艾陵，虜齊高、國以歸。讓子胥。子胥曰：『王毋喜！』王怒，子胥欲自殺，王聞而止之。越大夫種曰：『臣觀吳王政驕矣，請試嘗之貸粟，以卜其事。』請貸，吳王欲與，

子胥諫勿與，王遂與之，越乃私喜。子胥言曰：『王不聽諫，後三年吳其墟乎！』太宰嚭聞之，乃數與子胥爭越議，因讒子胥曰：『伍員貌忠而實忍人，其父兄不顧，安能顧王？王前欲伐齊，員彊諫，已而有功，用是反怨王。王不備伍員，員必爲亂。』與逢同共謀，讒之王。王始不從，乃使子胥於齊，聞其託子於鮑氏，王乃大怒，曰：『伍員果欺寡人！』役反，使人賜子胥屬鏤劍以自殺。子胥大笑曰：『我令而父霸，我又立若，若初欲分吳國半予我，我不受，已，今若反以讒誅我。嗟乎，嗟乎，一人固不能獨立！』報使者曰：『必取吾眼置吳東門，以觀越兵入也！』於是吳任嚭政。

居三年，句踐召范蠡曰：『吳已殺子胥，導諛者衆，可乎？』對曰：『未可。』

至明年春，吳王北會諸侯於黃池，吳國精兵從王，惟獨老弱與太子留守。句踐復問范蠡，蠡曰『可矣』。乃發習流二千人，教士四萬人，君子六千人，諸御千人，伐吳。吳師敗，遂殺吳太子。吳告急於王，王方會諸侯於黃池，懼天下聞之，乃祕之。吳王已盟黃池，乃使人厚禮以請成越。越自度亦未能滅吳，乃與吳平。

其後四年，越復伐吳。吳士民罷弊，輕鋭盡死於齊、晉。而越大破吳，因而留圍之三年，吳師敗，越遂復棲吳王於姑蘇之山。吳王使公孫雄肉袒膝行而前，請成越王曰：『孤臣夫差敢布腹心，異日嘗得罪於會稽，夫差不敢逆命，得與君王成以歸。今君王舉玉趾而誅孤臣，孤臣惟命是聽，意者亦欲如會稽之赦孤臣之罪乎？』句踐不忍，欲許之。范蠡曰：『會稽之事，天以越賜吳，吳不取。今天以吳賜越，越其可逆天乎？且夫君王蚤朝晏罷，非爲吳邪？謀之二十二年，一旦而棄之，可乎？且夫天與弗取，反受其咎。「伐柯者其則不遠」，君忘會稽之戹乎？』句踐曰：『吾欲聽子言，吾不忍其使者。』范蠡乃鼓進兵，曰：『王已屬政於執事，使者去，不者且得罪。』吳使者泣而去。句踐憐之，乃使人謂吳王曰：『吾置王甬東，君百家。』吳王謝曰：『吾老矣，不能事君王！』遂自殺。乃蔽其面，曰：『吾無面以見子胥也！』越王乃葬吳王而誅太宰嚭。

句踐已平吳，乃以兵北渡淮，與齊、晉諸侯會於徐州，致貢於周。周元王使人賜句踐胙，命爲伯。句踐已去，渡淮南，以淮上地與楚，歸吳所侵宋地於宋，與魯泗東方百里。當是時，越兵横行於江、淮，東諸侯畢賀，號稱霸王。

范蠡遂去，自齊遺大夫種書曰：『蜚鳥盡，良弓藏；狡兔死，走狗烹。越王爲人長頸鳥喙，可與共患難，不可與共樂。子何不去？』種見書，稱病不朝。人或讒種且作亂，越王乃賜種劍曰：『子教寡人伐吳七術，寡人用其三而敗吳，其四在子，子爲我從先王試之。』種遂自殺。

句踐卒，子王鼫與立。【略】

范蠡事越王句踐，既苦身戮力，與句踐深謀二十餘年，竟滅吳，報會稽之恥，北渡兵於淮以臨齊、晉，號令中國，以尊周室，句踐以霸，而范蠡稱上將軍。還反國，范蠡以爲大名之下，難以久居，且句踐爲人可與同患，難與處安，爲書辭句踐曰：『臣聞主憂臣勞，主辱臣死。昔者君王辱於會稽，所以不死，爲此事也。今既以雪恥，臣請從會稽之誅。』句踐曰：『孤將與子分國而有之。不然，將加誅於子。』范蠡曰：『君行令，臣行意。』乃裝其輕寶珠玉，自與其私徒屬乘舟浮海以行，終不反。於是句踐表會稽山以爲范蠡奉邑。

范蠡浮海出齊，變姓名，自謂鴟夷子皮，耕于海畔，苦身戮力，父子治産。居無幾何，致産數十萬。齊人聞其賢，以爲相。范蠡喟然嘆曰：『居家則致千金，居官則至卿相，此布衣之極也。外受尊名，不祥。』乃歸相印，盡散其財，以分與知友鄉黨，而懷其重寶，閒行以去，止于陶，以爲此天下之中，交易有無之路通，爲生可以致富矣。於是自謂陶朱公。復約要父子耕畜，廢居，候時轉物，逐什一之利。居無何，則致貲累巨萬。天下稱陶朱公。

朱公居陶，生少子。少子及壯，而朱公中男殺人，囚於楚。朱公曰：『殺人而死，職也。然吾聞千金之子不死於市。』告其少子往視之。乃裝黃金千溢，置褐器中，載以一牛車。且遣其少子，朱公長男固請欲行，朱公不聽。長男曰：『家有長子曰家督，今弟有罪，大人不遣，乃遣少弟，是吾不肖。』欲自殺。其母爲言曰：『今遣少子，未必能生中子也，而先空亡長男，奈何？』朱公不得已而遣長子，爲一封書遺故所善莊生。曰：『至則進千金于莊生所，聽其所爲，慎無與爭事。』長男既行，亦自私齎數百金。

至楚，莊生家負郭，披藜藋到門，居甚貧。然長男發書進千金，如其父言。莊生曰：『可疾去矣，慎毋留！卽弟出，勿問所以然。』長男既去，不過莊生而私留，以其私齎獻遺楚國貴人用事者。

莊生雖居窮閻，然以廉直聞於國，自楚王以下皆師尊之。及朱公進金，非有意受也，欲以成事後復歸之以爲信耳。故金至，謂其婦曰：『此朱公之金。有如病不宿誡，後復歸，勿動。』而朱公長男不知其意，以爲殊無短長也。

莊生閒時入見楚王，言『某星宿某，此則害於楚』。楚王素信莊生，曰：『今爲奈何？』莊生曰：『獨以德爲可以除之。』楚王曰：『生休矣，寡人將行之。』王乃使使者封三錢之府。楚貴人驚告朱公長男曰：『王且赦。』曰：『何以也？』曰：『每王且赦，常封三錢之府。昨暮王使使封之。』朱公長男以爲赦，弟固當出也，重千金虛弃莊生，無所爲也，乃復見莊生。莊生驚曰：『若不去邪？』長男曰：『固未也。初爲事弟，弟今議自赦，故辭生去。』莊生知其意欲復得其金，曰：『若自入室取金。』長男卽自入室取金持去，獨自歡幸。

莊生羞爲兒子所賣，乃入見楚王曰：『臣前言某星事，王言欲以修德報之。今臣出，道路皆言陶之富人朱公之子殺人囚楚，其家多持金錢賂王左右，故王非能恤楚國而赦，乃以朱公子故也。』楚王大怒曰：『寡人雖不德耳，奈何以朱公之子故而施惠乎！』令論殺朱公子，明日遂下赦令。朱公長男竟持其弟喪歸。

至，其母及邑人盡哀之，唯朱公獨笑，曰：『吾固知必殺其弟也！彼非不愛其弟，顧有所不能忍者也。是少與我俱，見苦，爲生難，故重弃財。至如少弟者，生而見我富，乘堅驅良逐狡兔，豈知財所從來，故輕弃之，非所惜吝。前日吾所爲欲遺少子，固爲其能弃財故也。而長者不能，故卒以殺其弟，事之理也，無足悲者。吾日夜固以望其喪之來也。』

故范蠡三徙，成名於天下，非苟去而已，所止必成名。卒老死于陶，故世傳曰陶朱公。

太史公曰：禹之功大矣，漸九川，定九州，至於今諸夏艾安。及苗裔句踐，苦身焦思，終滅彊吳，北觀兵中國，以尊周室，號稱霸王。句踐可不謂賢哉！蓋有禹之遺烈焉。

又 卷四三《趙世家》 趙襄子元年，越圍吳。襄子降喪食，使楚隆問吳王。

又 卷一二九《貨殖列傳》 范蠡既雪會稽之耻，乃喟然而歎曰：『計然之策七，越用其五而得意。既已施於國，吾欲用之家。』乃乘扁舟浮於江湖，變名易姓，適齊爲鴟夷子皮，之陶爲朱公。朱公以爲陶天下之中，諸侯四通，貨物所交易也。乃治產積居，與時逐而不責於人。故善治生者，能擇人而任時。十九年之中三致千金，再分散與貧交疏昆弟。此所謂富好行其德者也。後年衰老而聽子孫，子孫脩業而息之，遂至巨萬。故言富者皆稱陶朱公。

漢・劉向《説苑》卷一《君道》 越王句踐與吳人戰，大敗之，兼有九夷。當是時也，南面而立，近臣三，遠臣五，令羣臣曰：『聞吾過而不告者其罪刑。』

漢・袁康等《越絶書》卷六《越絶外傳記策考》 昔者，吳王闔廬始得子胥之時，甘心以賢之，以爲上客，曰：『聖人前知乎千歲，後睹萬世。深問其國，世何昧昧，得無衰極？子其精焉，寡人垂意，聽子之言。』子胥唯唯不對。王曰：『子其明之。』子胥曰：『對而不明，恐獲其咎。』王曰：『願一言之，以試直士。夫仁者樂，知者好，誠秉禮者探幽索隱。明告寡人。』子胥曰：『難乎言哉！邦其不長，王其圖之，存無忘傾，安無忘亡。臣始入邦，伏見衰亡之證，當霸吳厄會之際，後王復空。』王曰：『何以言之？』子胥曰：『後必將失道。王食禽肉，坐而待死。佞諂之臣，將至不久。安危之兆，各有明紀。虹蜺牽牛，其異女，黄氣在上，青黑於下。太歲八會，壬子數九。王相之氣，自十一倍。死由無氣，如法而止。太子無氣，其異三世。日月光明，歷南斗。吳越爲鄰，同俗并土；西州大江，東絶大海；兩邦同城，相亞門戶，憂在於斯，必將爲咎。越有神山，難與爲鄰，願王定之，毋泄臣言。』【略】

范蠡其始居楚也，生於宛橐，或伍戶之虛。其爲結僮之時，一癡一醒，時人盡以爲狂。然獨有聖賢之明，人莫可與語，以內視若盲，反聽若聾。大夫種入其縣，知有賢者，未睹所在，求邑中，不得其邑人，以爲狂夫多賢士，衆賤有君子，汎求之焉。得蠡而悅，乃從官屬，問治之術。蠡修衣冠，有頃而出。進退揖讓，君子之容。終日而語，疾陳霸王之道。志

合意同，胡越相從。俱見霸兆出於東南，捐其官位，相要而往臣。小有所虧，大有所成。捐止於吳。或任子胥，二人以爲胥在，無所關其辭。種曰：『今將安之？』蠡曰：『彼爲我，何邦不可乎？』去吳之越，句踐賢之。種躬正內，蠡治出外，內濁不煩，外無不得。臣主同心，遂霸越邦。種善圖始，蠡能慮終。越承二賢，邦以安寧。始有災變，蠡專其明，可謂賢焉，能屈能申。

又　卷一《越絶外傳本事》　問曰：『吳亡而越興，在天與？在人乎？』『皆人也。夫差失道，越亦賢矣。濕易雨，饑易助。』曰：『何以知獨在人乎？』『子貢與夫子坐，告夫子曰：「太宰死。」夫子曰：「不死也。」如是者再。子貢再拜而問：「何以知之？」夫子曰：「天生宰嚭者，欲以亡吳。吳今未亡，宰何病乎？」後人來言不死。聖人不妄言，是以明知越霸矣。』『何以言之？』曰：『種見蠡之時，相與謀道：「東南有霸兆，不如往仕。」相要東遊，入越而止。賢者不妄言，以是知之焉。』

又　卷二《越絶外傳記吳地傳》　闔廬冢，在閶門外，名虎丘。下池廣六十步，水深丈五尺。銅槨三重。澒池六尺。玉鳧之流。扁諸之劍三千，方圓之口三千。時耗、魚腸之劍在焉。千萬人築治之。取土臨湖口。葬三日而白虎居上，故號爲虎丘。

又　卷三《越絶吳內傳》　吳人敗于就李，吳之戰地。敗者，言越之伐吳，未戰，吳闔廬卒，敗而去也。卒者，闔廬死也。天子稱崩，諸侯稱薨，大夫稱卒，士稱不祿。闔廬，諸侯也，不稱薨而稱卒者，何也？當此之時，上無明天子，下無賢方伯，諸侯力政，彊者爲君。南夷與北狄交爭，中國不絶如綫矣。臣弑君，子弑父，天下莫能禁止。於是孔子作《春秋》，方據魯以王。故諸侯死皆稱卒，不稱薨，避魯之謚也。【略】

越王句踐反國六年，皆得士民之衆，而欲伐吳。於是乃使之維甲。維甲者，治甲系斷。修內矛赤雞稽繇者也，越人謂『人鎩』也。方舟航買儀塵者，越人往如江也。治須慮者，越人謂船爲『須慮』。亟怒紛紛者，怒貌也，怒至。士擊高文者，躍勇士也。習之於夷。夷，海也。宿之於萊。萊，野也。致之於單。單者，堵也。

又　卷四《越絶計倪內經》　昔者，越王句踐既得反國，欲陰謀吳。乃召計倪而問焉，曰：『吾欲伐吳，恐弗能取。山林幽冥，不知利害所在。西則迫江，東則薄海，水屬蒼天，下不知所止。交錯相過，波濤浚流，沈而復起，因復相還。浩浩之水，朝夕既有時，動作若驚駭，聲音若雷霆。波濤援而起，船失不能救，未知命之所維。念樓船之苦，涕泣不可止。非不欲爲也，時返不知所在，謀不成而息，恐爲天下咎。以敵攻敵，未知誰負。大邦既已備，小邑既已保，五穀既已收。野無積庾，廩糧則不屬，無所安取？恐津梁之不通，勞軍紆吾糧道。吾聞先生明于時交，察於道理，恐動而無功，故問其道。』計倪對曰：『是固不可。興師者必先蓄積食、錢、布、帛。不先蓄積，士卒數饑。饑則易傷，重遲不可戰。戰則耳目不聰明，耳不能聽，視不能見，什部之不能使，退之不能解，進之不能行。饑饉不可以動，神氣去而萬里。伏弩而乳，郅頭而皇皇。彊弩不彀，發不能當。旁軍見弱，走之如犬逐羊。靡從部分，伏地而死，前頓後僵。與人同時而戰，獨受天之殃。未必天之罪也，亦在其將。王興師以年數，恐一旦而亡。失邦無明，筋骨爲野。』越王曰：『善。請問其方。吾聞先生明于治歲，萬物盡長。欲聞其治術，可以爲教常。子明以告我，寡人弗敢忘。』

計倪對曰：『人之生無幾，必先憂積蓄，以備妖祥。凡人生或老或弱，或彊或怯，不早備生，不能相葬。王其審之。必先省賦斂，勸農桑。饑饉在問，或水或塘。因熟積以備四方。師出無時，未知所當。應變而動，隨物常羊。卒然有師，彼日以弱，我日以彊。得世之和，擅世之陽，王無忽忘。慎無如會稽之饑，不可再更。王其審之。嘗言息貨，王不聽，臣故退而不言，處於吳、楚、越之間，以魚三邦之利，乃知天下之易反也。臣聞君自耕，夫人自織，此竭於庸力，而不斷時與智也。時斷則循，智斷則備。知此二者，形於體萬物之情，短長逆順，可觀而已。臣聞炎帝有天下，以傳黃帝。黃帝於是上事天，下治地。故少昊治西方，蚩尤佐之，使主金。玄冥治北方，白辨佐之，使主水。太皞治東方，袁何佐之，使主木。祝融治南方，僕程佐之，使主火。后土治中央，后稷佐之，使主土。並有五方，以爲綱紀。是以易地而輔，萬物之常。王審用臣之議，大則可以王，小則可以霸，于何有哉？』

越王曰：『請問其要。』計倪對曰：『太陰三歲處金則穰，三歲處水則毀，三歲處木則康，三歲處火則旱。故散有時積，糴有時領，則決萬物

不過三歲而發矣。以智論之，以決斷之，以道佐之。斷長續短，一歲再倍，其次一倍，其次而反。水則資車，旱則資舟，物之理也。天下六歲一穰，六歲一康，凡十二歲一饑，是以民相離也。故聖人早知天地之反，爲之預備。故湯之時，比七年旱而民不饑，禹之時，比九年水而民不流。其主能通習源流，以任賢使能，則轉轂乎千里外，貨可來也。不習，則百里之內，不可致也。人主所求，其價十倍，其所擇者，則無價矣。夫人主利源流，非必身爲之也。視民所不足，及其有餘，爲之命以利之，而來諸侯。守法度，任賢使能，償其成事，傳其驗而已。如此，則邦富兵强而不衰矣。羣臣無空恭之禮、淫佚之行，務有於道術。不習源流，又不任賢使能，諫者則誅，則邦貧兵弱。刑繁，則羣臣多空恭之禮、淫佚之行矣。夫諛者反有德，忠者反有刑，去刑就德，人之情也，邦貧兵弱致亂，雖有聖臣，亦不諫也，務在諛主而已矣。今夫萬民有明父母，亦如邦有明主。父母利源流，明其法術，以任賢子，徼成其事而已，則家富而不衰矣。不能利源流，又不任賢子，賢子有諫者憎之，如此者，不習於道術也。愈信其意而行其言，後雖有敗，不自過也。夫父子之爲親也，非得不諫。諫而不聽，家貧致亂，雖有聖子，亦不治也，務在於諛之而已。父子不和，兄弟不調，雖欲富也，必貧而日衰。」

越王曰：「善。子何年少，於物之長也？」計倪對曰：「人固不同。慧種生聖，癡種生狂。桂實生桂，桐實生桐。先生者未必能知，後生者未必不能明。是故聖主置臣不以少長，有道者進，無道者退。愚者日以退，聖者日以長，人主無私，賞者有功。」

越王曰：「善。論事若是，其審也。物有妖祥乎？」計倪對曰：「有。陰陽萬物，各有紀綱。日月、星辰、刑德，變爲吉凶，金木水火土更勝，月朔更建，莫主其常。順之有德，逆之有殃。是故聖人能明其刑而處其鄉，從其德而避其衡。凡舉百事，必順天地四時，參以陰陽。用之不審，舉事有殃。人生不如臥之頃也，欲變天地之常，數發無道，故貧而命不長。是聖人并苞而陰行之，以感愚夫。衆人容容，盡欲富貴，莫知其鄉。」越王曰：「善，請問其方。」計倪對曰：「從寅至未，陽也。太陰在陽，歲德在陰，歲美在是。聖人動而應之，制其收發。常乙太陰在陰而發，陰且盡之歲，亟賣六畜貨財，以益收五穀，以應陽之至也。陽且盡之歲，亟發糴，以收田宅、牛馬，積斂貨財，聚棺木，以應陰之至也。此皆十倍者也。其次五倍。天有時而散，是故聖人反其刑，順其衡，收聚而不散。」

越王曰：「善。今歲比熟，尚有貧乞者，何也？」計倪對曰：「是故不等，猶同母之人，異父之子，動作不同術，貧富故不等。如此者，積負於人，不能救其前後。志意侵下，作務日給，非有道術，又無上賜，貧乏故長久。」越王曰：「善。大夫佚同、若成，嘗與孤議於會稽石室，孤非其言也。今大夫言獨與孤比，請遂受教焉。」計倪曰：「糴石二十則傷農，九十則病末。農傷則草木不辟，末病則貨不出。故糴高不過八十，下不過三十，農末俱利矣。故古之治邦者本之，貨物官市開而至。」越王曰：「善。」計倪乃傳其教而圖之，曰：「審金木水火，別陰陽之明，用此不患無功。」越王曰：「善。從今以來，傳之後世以爲教。」

乃著其法，治牧江南，七年而禽吳也。甲貨之戶曰粢，爲上物，賈七十。乙貨之戶曰黍，爲中物，石六十。丙貨之戶曰赤豆，爲下物，石五十。丁貨之戶曰稻粟，令爲上種，石四十。戊貨之戶曰麥，爲中物，石三十。己貨之戶曰大豆，爲下物，石二十。庚貨之戶曰穬，比疏食，故無賈。辛貨之戶曰菓，比疏食，無賈。壬、癸無貨。

又 卷五《越絶請糴内傳》 昔者，越王句踐與吳王夫差戰，大敗，保棲於會稽山上，乃使大夫種求行成於吳。吳許之。越王去會稽，入官於吳。三年，吳王歸之。大夫種始謀曰：「昔者吳夫差不顧義而媿吾王。種觀夫吳甚富而財有餘，其刑繁法逆，民習於戰守，莫不知也。其大臣好相傷，莫能信也。其德衰而民好負善。且夫吳王又喜安佚而不聽諫，細誣而寡智，信讒諛而遠士，數傷人而亟亡之，少明而不信人，希須臾之名而不顧後患。君王盍少求卜焉？」越王曰：「善。卜之道何若？」大夫種對曰：「君王卑身重禮，以素忠爲信，以請糴於吳，天若棄之，吳必許諾。」

於是乃卑身重禮，以素忠爲信，以請於吳。將與，申胥進諫曰：「不可。夫王與越也，接地鄰境，道徑通達，仇讎敵戰之邦；三江環之，其民無所移，非吳有越，越必有吳。且夫君王兼利而弗取，輸之粟與財，財去而凶來，凶來而民怨其上，是養寇而貧邦家也。與之不爲德，不若止。且越王有智臣曰范蠡，勇而善謀，將修士卒，飾戰具，以伺吾間也。胥聞

之，夫越王之謀，非有忠素。請糴也，將以此試我，以此卜要君王，以求益親，安君王之志。我君王不知省也而救之，是越之福也。』吳王曰：『我卑服越，有其社稷。句踐既服爲臣，爲我駕舍，卻行馬前，諸侯莫不聞知。今以越之饑，吾與之食，我知句踐必不敢。』申胥曰：『越無罪，吾君王急之，不遂絶其命，又聽其言，此天之所反也。忠諫者逆，而諛諫者反親。今狐雉之戲也，狐體卑而雉懼之。夫獸蟲尚以詐相就，而況於人乎？』吳王曰：『越王句踐有急，而寡人與之，其德章而未靡，句踐其敢與諸侯反我乎？』申胥曰：『臣聞聖人有急，則不羞爲人臣僕，而志氣見人。今越王爲吾蒲伏約辭，服爲臣下，其執禮過，吾君不知省也而已，故勝威之。臣聞狼子野心，仇讎之人，不可親也。夫鼠忘壁，壁不忘鼠，今越人不忘吳矣！胥聞之，拂勝，則社稷固，諛勝，則社稷危。胥，先王之老臣，不忠不信，則不得爲先王之老臣。君王胡不覽觀夫武王之伐紂也？今不出數年，鹿豕遊于姑胥之臺矣。』

太宰嚭從旁對曰：『武王非紂臣耶？率諸侯以殺其君，雖勝，可謂義乎？』申胥曰：『武王則已成名矣。』太宰嚭曰：『親僇主成名，弗忍行。』申胥曰：『美惡相入，或甚美以亡，或甚惡以昌，故在前世矣。嚭何惑吾君王也？』太宰嚭曰：『申胥爲人臣也，辨其君何必翽翽乎？』申胥曰：『太宰嚭面諛以求親，乘吾君王，幣帛以求，威諸侯以成富焉。今我以忠辨吾君王。譬浴嬰兒，雖啼勿聽，彼將有厚利。嚭無乃諛吾君王之欲，而不顧後患乎？』吳王曰：『嚭止。子無乃向寡人之欲乎？此非忠臣之道。』大宰嚭曰：『臣聞春日將至，百草從時。君王動大事，羣臣竭力以佐謀。』

因遜遯之舍，使人微告申胥于吳王曰：『申胥進諫，外貌類親，中情甚疏，類有外心。君王常親睹其言也，胥則無父子之親、君臣之施矣。』吳王曰：『夫申胥，先王之忠臣，天下之健士也。胥殆不然乎哉！子毋以事相差，毋以私相傷，以動寡人，此非子所能行也。』太宰嚭對曰：『臣聞父子之親，張戶別居，贈臣妾、馬牛，其志加親，若不與一錢，其志斯疏。父子之親猶然，而況於士乎？且有知不竭，是不忠；竭而顧難，是不勇；下而令上，是無法。』

吳王乃聽太宰嚭之言，果與粟。申胥遜遯之舍，歎曰：『於乎嗟！君王不圖社稷之危，而聽一日之說。弗對，以斥傷大臣，而王用之。不聽輔弼之臣，而信讒諛容身之徒，是命短矣！以爲不信。胥願廓目於邦門，以觀吳邦之大敗也。越人之入，我王親爲禽哉！』

太宰嚭之交逢同，謂太宰嚭曰：『子難人申胥，請爲卜焉。』因往見申胥，胥方與被離坐。申胥謂逢同曰：『子事太宰嚭，又不圖邦權而惑吾君王，君王之不省也，而聽衆彘之言。君王忘邦，嚭之罪也。亡日不久也。』逢同出，造太宰嚭曰：『今日爲子卜于申胥，胥誹謗其君不用胥，則無後。而君王覺而遇矣。』謂太宰嚭曰：『子勉事後矣。吳王之情在子乎？』太宰嚭曰：『智之所生，不在貴賤長少，此相與之道。』

逢同出見吳王，慚然有憂色。逢同垂泣不對。吳王曰：『夫嚭，我之忠臣；子爲寡人遊目長耳，將誰怨乎？』逢同對曰：『臣有患也。臣言而君行之，則無後憂；若君王弗行，臣言而死矣！』王曰：『子言，寡人聽之。』逢同曰：『今日往見申胥，申胥與被離坐，其謀慚然，類欲有害我君王。今申胥進諫類忠，然中情至惡，內其身而心野狼。君王親之不親？逐之不逐？親之乎？彼聖人也，將更然有怨心不已。逐之乎？彼賢人也，知能害我君王。殺之爲乎？可殺之，亦必有以也。』吳王曰：『今圖申胥，將何以？』逢同對曰：『君王興兵伐齊，申胥必諫曰不可，王無聽而伐齊，必大克，乃可圖之。』

於是吳王欲伐齊。召申胥，對曰：『臣老矣，耳無聞，目無見，不可與謀。』吳王召太宰嚭而謀，嚭曰：『善哉，王興師伐齊也。越在我猶疥癬，是無能爲也。』吳王復召申胥而謀，申胥曰：『臣老矣，不可與謀。』吳王請申胥謀者三，對曰：『臣聞愚夫之言，聖主擇焉。胥聞越王句踐罷吳之年，宮有五灶，食不重味；省妻妾，不別所愛；妻操斗，身操概，自量而食，適饑不費，是人不死，必爲國害！越王句踐食不殺而饜，衣服純素，不袀不玄，帶劍以布，是人不死，必爲大故；越王句踐寢不安席，食不求飽，而善貴有道，是人不死，必爲邦寶；越王句踐衣弊而不衣新，行慶賞，不刑戮，是人不死，必成其名。越在我，猶心腹有積聚，不發則無傷，動作者有死亡。欲釋齊，以越爲憂。』吳王不聽，果興師伐齊，大克還，以申胥爲不忠，賜劍殺申胥，髡被離。

申胥且死，曰：『昔者桀殺關龍逢，紂殺王子比干。今吳殺臣，參桀

紂而顯吳邦之亡也。」王孫駱聞之，旦卽不朝。王召駱而問之：『子何非寡人而旦不朝？』王孫駱對曰：『臣不敢有非，臣恐矣。』吳王曰：『子何恐？以吾殺胥爲重乎？』王孫駱對曰：『君王氣高，胥之下位而殺之，不與羣臣謀之，臣是以恐矣。』王曰：『我非聽子而殺胥，胥乃圖謀寡人。』王孫駱曰：『臣聞君人者，必有敢言之臣，在上位者，必有敢言之士。如是，卽慮日益進而智益生矣。胥，先王之老臣，不忠不信，不得爲先王臣矣。』王意欲殺太宰嚭，王孫駱對曰：『不可。王若殺之，是殺二胥矣。』吳王近駱如故。

太宰嚭又曰：『圖越，雖以我邦爲事，王無憂。』王曰：『寡人屬子邦，請早暮無時。』太宰嚭對曰：『臣聞駟馬方馳，驚前者斬，其數必正。若是，越難成矣。』王曰：『子制之、斷之。』

又　卷六《越絶外傳紀策考》　子胥至直，不同邪曲。捐軀切諫，虧命爲邦；愛君如軀，憂邦如家；是非不諱，直言不休，庶幾正君，反以見疏！讒人間之，身且以誅。范蠡聞之，以爲不通：『知數不用，知懼不去，豈謂智與？』胥聞，歎曰：『吾背楚荆，挾弓以去，義不止窮。吾前獲功，後遇戮，非吾智衰，先遇闔廬，後遭夫差也。胥聞事君猶事父也，愛同也，嚴等也。太古以來，未嘗見人君虧恩，爲臣報仇也。臣獲大譽，功名顯著，胥知分數，終於不去。先君之功，且猶難忘，吾願腐髪弊齒，何去之有？蠡見其外，不知吾內。今雖屈冤，猶止死焉！』子貢曰：『胥執忠信，死貴於生，蠡審凶吉，去而有名，種留封侯，不知令終。二賢比德，種獨不榮。』范蠡智能同均，於是之謂也。【略】

太宰者，官號；嚭者，名也，伯州之孫。伯州爲楚臣，以過誅，嚭以困奔於吳。是時吳王闔廬伐楚，悉召楚仇而近之。嚭爲人覽聞辯見，目達耳通，諸事無所不知。因其時自納於吳，言伐楚之利。闔廬用之伐楚，令子胥，孫武與嚭將師入郢，有大功。還，吳王以嚭爲太宰，位高權盛，專邦之柄。未久，闔廬卒，嚭見夫差內無柱石之堅，外無斷割之勢，諛心自納，操獨斷之利，夫差終以從焉。而忠臣籥口，不得一言。嚭知往而不知來，夫差至死，悔不早誅。《傳》曰：『見清知濁，見曲知直；人君選士，各象其德。』夫差淺短，以是與嚭專權，伍胥爲之惑，是之謂也。

又　卷七《越絶外傳記范伯第八》　昔者，范蠡其始居楚，曰范伯。自謂衰賤，未嘗世祿，故自菲薄。飲食則甘天下之無味，居則安天下之賤位。復被髪佯狂，不與於世。謂大夫種曰：『三王則三皇之苗裔也，五伯乃五帝之末世也。天運曆紀，千歲一至。黄帝之元，執辰破已。霸王之氣，見於地戶。子胥以是挾弓干吳王。』於是要大夫種入吳。

此時馮同相與，共戒之：伍子胥在，自與不能關其辭。蠡曰：『吳越二邦，同氣共俗，地戶之位，非吳則越。』乃入越。越王常與言盡日。大夫石買，居國有權，辯口，進曰：『炫女不貞，炫士不信。客歷諸侯，渡河津，無因自致，殆非真賢。夫和氏之璧，求者不爭賈；騏驥之才，不難阻險之路。□□□□之邦，歷諸侯無所售，道聽之徒，唯大王察之。』於是范蠡退而不言，游於楚越之間。大夫種進曰：『昔者市偷自炫於晉，晉用之而勝楚，伊尹負鼎入殷，遂佐湯取天下，有智之士，不在遠近取也，謂之帝王求備者亡。《易》曰：「有高世之材，必有負俗之累；有至智之明者，必破庶衆之議。」成大功者不拘於俗，論大道者不合於衆。唯大王察之。』

於是石買益疏。其後使將兵於外，遂爲軍士所殺。是時句踐失衆，棲於會稽之山，更用種、蠡之策，得以存。故虞舜曰：『以學乃時而行，此猶良藥也。』王曰：『石買知往而不知來，其使寡人棄賢。』後遂師二人，竟以禽吳。

子貢曰：『薦一言，得及身；任一賢，得顯名。』傷賢喪邦，蔽能有殃；負德忘恩，其反形傷。壞人之善毋後世，敗人之成天誅行。故冤子胥戮死，由重譖子胥於吳，吳虚重之，無罪而誅。《傳》曰：『寧失千金，毋失一人之心。』是之謂也。【略】

昔者，陳成恒相齊簡公，欲爲亂，憚齊邦鮑、晏，故徙其兵而伐魯。魯君憂也。孔子患之，乃召門人弟子而謂之曰：『諸侯有相伐者，尚恥之。今魯，父母之邦也，丘墓存焉，今齊將伐之，可無一出乎？』顔淵辭出，孔子止之，子路辭出，孔子止之，子貢辭出，孔子遣之。

子貢行之齊，見陳成恒，曰：『夫魯，難伐之邦，而伐之，過矣。』陳成恒曰：『魯之難伐，何也？』子貢曰：『其城薄以卑，池狹而淺，其君愚而不仁，其大臣僞而無用，其士民有惡聞甲兵之心，此不可與戰。君不如伐吳。吳城高以厚，池廣以深，甲堅以新，士選以飽，重器精弩在其

中，又使明大夫守，此邦易也。君不如伐吳。』成恒忿然作色曰：『子之所難，人之所易也，子之所易，人之所難也。而以教恒，何也？』子貢對曰：『臣聞憂在內者攻彊，憂在外者攻弱。今君憂內。臣聞君三封而三不成者，大臣有不聽者也。今君破魯以廣齊，墮魯以尊臣，而君之功不與焉。是君上驕主心，下恣羣臣，而求成大事，難矣。且夫上驕則犯，臣驕則爭，是君上於主有卻，下與大臣交爭也。如此，則君立于齊，危於重卵矣。臣故曰不如伐吳。且夫吳明猛以毅而行其令，百姓習于戰守，將明於法，齊之愚，爲禽必矣。今君悉擇四疆之中，出大臣以環之，黔首外死，大臣內空，是君上無彊臣之敵，下無黔首之士，孤立制齊者，君也。』陳恒曰：『善。雖然，吾兵已在魯之城下，若去而之吳，大臣將有疑我之心，爲之奈何？』子貢曰：『君按兵無伐，臣請見吳王，使之救魯而伐齊，君因以兵迎之。』陳成恒許諾，乃行。

子貢南見吳王，謂吳王曰：『臣聞之，王者不絕世，而霸者不彊敵，千鈞之重，加銖而移。今萬乘之齊，私千乘之魯，而與吳爭彊，臣切爲君恐，且夫救魯，顯名也，而伐齊，大利也。義在存亡魯，勇在害彊齊而威申晉邦者，則王者不疑也。』吳王曰：『雖然，我常與越戰，棲之會稽。夫越君，賢主也。苦身勞力，以夜接日，內飾其政，外事諸侯，必將有報我之心。子待吾伐越而還。』子貢曰：『不可。夫越之彊不下魯，而吳之彊不過齊，君以伐越而還卽齊也、亦私魯矣。且夫伐小越而畏彊齊者不勇，見小利而忘大害者不智，兩者臣無爲君取焉。且臣聞之，仁人不困厄，以廣其德；智者不棄時，以舉其功；王者不絕世，以立其義。今君存越勿毀，親四鄰以仁；救暴困齊，威申晉邦以武；救魯，毋絕周室，明諸侯以義。如此，則臣之所見，溢乎負海，必率九夷而朝，卽王業成矣。且大吳畏小越，如此，臣請東見越王，使之出銳師以從下吏，是君實空越，而名從諸侯以伐也。』吳王大悅，乃行子貢。

子貢東見越王，越王聞之，除道郊迎至縣，身御子貢至舍而問曰：『此乃僻陋之邦，蠻夷之民也。大夫何索，居然而辱，乃至於此？』子貢曰：『弔君，故來。』越王句踐稽首再拜，曰：『孤聞之，禍與福爲鄰，今大夫弔孤，孤之福也，敢遂聞其說。』子貢曰：『臣今見吳王，告以救魯而伐齊。其心申，其志畏越，曰：「嘗與越戰，棲於會稽山上。夫越君，賢主也。苦身勞力，以夜接日，內飾其政，外事諸侯，必將有報我之心。子待我伐越而聽子。」且夫無報人之心而使人疑之者，拙也；有報人之心而使人知之者，殆也；事未發而聞者，危也。三者，舉事之大忌。』越王句踐稽首再拜，曰：『昔者，孤不幸少失先人，內不自量，與吳人戰，軍敗身辱，遺先人耻。遯逃出走，上棲會稽山，下守溟海，唯魚鱉是見。今大夫不辱而身見之，又出玉聲以教孤，孤賴先人之賜，敢不奉教乎？』子貢曰：『臣聞之，明主任人不失其能，直士舉賢不容於世。故臨財分利則使仁，涉危拒難則使勇，用衆治民則使賢，正天下、定諸侯則使聖人。臣竊練下吏之心，兵彊而不并弱，勢在其上位而行惡令其下者，其君幾乎？臣竊自練可以成功至王者，其唯臣幾乎？今夫吳王有伐齊之志，君無惜重器，以喜其心，毋惡卑辭，以尊其禮，則伐齊必矣。彼戰而不勝，則君之福也。彼戰而勝，必以其餘兵臨晉。臣請北見晉君，令共攻之，弱吳必矣。其騎士、銳兵弊乎齊，重器、羽旄盡乎晉，則君制其敝，此滅吳必矣。』越王句踐稽首再拜，曰：『昔者吳王分其人民之衆，以殘伐吾邦，殺敗吾民，屠吾百姓，夷吾宗廟，邦爲空棘，身爲魚鱉餌。今孤之怨吳王，深於骨髓。而孤之事吳王，如子之畏父，弟之敬兄，此孤之外言也。大夫有賜，故孤敢以疑？』請遂言之：『孤身不安床席，口不甘厚味，目不視好色，耳不聽鐘鼓者，已三年矣。焦脣乾嗌，苦心勞力，上事羣臣，下養百姓。願一與吳交天下之兵于中原之野，與吳王整襟交臂而奮，吳越之士，繼迹連死，士民流離，肝腦塗地，此孤之大願也。如此不可得也。今內自量吾國，不足以傷吳；外事諸侯，不能也。孤欲空邦家，措策力，變容貌，易名姓，執箕箒，養牛馬，以臣事之。孤雖要領不屬，手足異處，四支布陳，爲鄉邑笑，孤之意出焉。大夫有賜，是存亡邦而興死人也，孤賴先人之賜，敢不待命乎？』子貢曰：『夫吳王之爲人也，貪功名而不知利害。』越王慥然避位，曰：『在子。』子貢曰：『賜爲君觀夫吳王之爲人，賢彊以恣下，下不能逆，數戰伐，士卒不能忍。太宰嚭爲人，智而愚，彊而弱，巧言利辭以內其身；善爲僞詐以事其君；知前而不知後，順君之過，以安其私，是殘國之吏、滅君之臣也。』越王大悅。

子貢去而行，越王送之金百鎰、寶劍一、良馬二，子貢不受，遂行。至吳，報吳王曰：『敬以下吏之言告越王，越王大恐，乃懼曰：「昔

孤不幸，少失先人。內不自量，抵罪於縣。軍敗身辱，遯逃出走，棲於會稽。邦爲空棘，身爲魚鱉餌。賴大王之賜，使得奉俎豆而修祭祀。大王之賜，死且不忘，何謀敢慮？」其志甚恐，似將使使者來。」

子貢至五日，越使果至，曰：「東海役臣孤句踐，使使臣種，敢修下吏，問於左右：昔孤不幸，少失先人。內不自量，抵罪於縣。軍敗身辱，遯逃出走，棲於會稽。邦爲空棘，身爲魚鱉餌。賴大王之賜，使得奉俎豆而修祭祀。大王之賜，死且不忘！今竊聞大王將興大義，誅彊救弱，困暴齊而撫周室，故使越賤臣種，以先人之藏器：甲二十領、屈盧之矛、步光之劍，以賀軍吏。大王將遂大義，則弊邑雖小，悉擇四疆之中，出卒三千，以從下吏；孤請自被堅執銳，以受矢石。」吳王大悅，乃召子貢而告之曰：「越使果來，請出卒三千，其君又從之，與寡人伐齊，可乎？」子貢曰：「不可。夫空人之邦，悉人之衆，又從其君，不仁也。君受其幣，許其師，而辭其君。」吳王許諾。

子貢去之晉，謂晉君曰：「臣聞之，慮不先定，不可以應卒；兵不先辨，不可以勝敵。今齊吳將戰，勝則必以其兵臨晉。」晉君大恐，曰：「爲之奈何？」子貢曰：「修兵休卒以待吳，彼戰而不勝，越亂之必矣。」晉君許諾。子貢去而之魯。

吳王果興九郡之兵，而與齊大戰于艾陵，大敗齊師，獲七將。陳兵不歸。果與晉人相遇黃池之上。吳晉爭彊，晉人擊之，大敗吳師。越王聞之，涉江襲吳，去邦七里而軍陣。吳王聞之，去晉從越。越王迎之，戰於五湖。三戰不勝，城門不守，遂圍王宮，殺夫差而僇其相。伐吳三年，東鄉而霸。故曰子貢一出，存魯，亂齊，破吳，彊晉，霸越，是也。

又　卷八《越絶外傳記地傳》　句踐與吳戰於浙江之上，石買爲將。耆老、壯長進諫曰：「夫石買，人與爲怨，家與爲仇，貪而好利，細人也，無長策。王而用之，國必不遂。」王不聽，遂遣之。石買發行至浙江上，斬殺無罪，欲專威服軍中，動摇將率，獨專其權。士衆恐懼，人不自聊。兵法曰：「視民如嬰兒，故可與赴深溪。」士衆魚爛而買不知，尚猶峻法隆刑。子胥獨見可奪之證，變爲奇謀，或北或南，夜舉火擊鼓，畫陳詐兵，越師潰墜，政令不行，背叛乖離。還報其王，王殺買，謝其師，號聲聞吳。吳王恐懼，子胥私喜：「越軍敗矣。胥聞之，狐之將殺，噆唇吸齒。今越句踐其已敗矣，君王安意，越易兼也。」使人入問之，越師請降，子胥不聽。越棲於會稽之山，吳退而圍之。句踐喟然用種、蠡計，轉死爲霸。一人之身，吉凶更至。盛衰存亡，在於用臣。治道萬端，要在得賢。越棲於會稽日，行成於吳，吳引兵而去。句踐將降，西至浙江，待詔入吳，故有雞鳴墟。其入辭曰：「亡臣孤句踐，故將士衆，入爲臣虜。民可得使，地可得有。」吳王許之。子胥大怒，目若夜光，聲若哮虎：「此越未戰而服，天以賜吳，其逆天乎？臣唯君王急剬之。」吳不聽，遂許之浙江是也。【略】

會稽山上城者，句踐與吳戰，大敗，棲其中。因以下爲目魚池，其利不祖。【略】

女陽亭者，句踐入官於吳，夫人從，道產女此亭，養於李鄉，句踐勝吳，更名女陽，更就李爲語兒鄉。

麻林山，一名多山。句踐欲伐吳，種麻以爲弓弦，使齊人守之，越謂齊人「多」，故曰「麻林多」，以防吳。以山下田封功臣。去縣一十二里。【略】

射浦者，句踐教習兵處也。今射浦去縣五里。射卒陳音死，葬民西，故曰陳音山。【略】

獨婦山者，句踐將伐吳，徙寡婦致獨山上，以爲死士示，得專一也。去縣四十里。後說之者，蓋句踐所以遊軍士也。【略】

雞山、豕山者，句踐以畜雞豕，將伐吳，以食士也。雞山在錫山南，去縣五十里。豕山在民山西，去縣六十三里。洹江以來屬越。疑豕山在餘暨界中。【略】

浙江南路西城者，范蠡敦兵城也。其陵固可守，故謂之固陵。所以然者，以其大船軍所置也。【略】

舟室者，句踐船宮也，去縣五十里。【略】

石塘者，越所害軍船也。塘廣六十五步，長三百五十三步。去縣四十里。【略】

杭塢者，句踐杭也。二百石長、買卒七十人，度之會夷。去縣四十里。【略】

巫里，句踐所徙巫爲一里，去縣二十五里。其亭祠今爲和公羣社

稷墟。

巫山者，越魁，神巫之官也，死葬其上，去縣十三里許。【略】

句踐伐吳，霸關東，徙琅玡起觀臺。臺周七里，以望東海。死士八千人，戈船三百艘。居無幾，躬求賢聖。孔子從弟子七十人，奉先王雅琴，治禮往奏。句踐乃身被賜夷之甲，帶步光之劍，杖物盧之矛，出死士三百人，爲陣關下。孔子有頃姚稽到越。越王曰：『唯唯。夫子何以教之？』孔子對曰：『丘能述五帝三王之道，故奉雅琴至大王所。』句踐喟然嘆曰：『夫越性脆而愚，水行而山處；以船爲車，以楫爲馬；往若飄風，去則難從；鋭兵任死，越之常性也。夫子異則不可。』於是孔子辭，弟子莫能從乎。

又　卷九《越絶外傳計倪》　昔者，越王句踐近侵於彊吳，遠媿于諸侯，兵革散空，國且滅亡，乃脅諸臣而與之盟：『吾欲伐吳，奈何有功？』羣臣默然而無對。王曰：『夫主憂臣辱，主辱臣死，何大夫易見而難使也？』計倪官卑年少，其居在後，舉首而起，曰：『殆哉！非大夫易見難使，是大王不能使臣也。』王曰：『何謂也？』計倪對曰：『夫官位財幣，王之所輕，死者，是士之所重也。王愛所輕，責士所重，豈不艱哉？』王自揖，進計倪而問焉。

計倪對曰：『夫仁義者，治之門，士民者，君之根本也。闓門固根，莫如正身。正身之道，謹選左右。左右選，則孔主日益上，不選，則孔主日益下。二者貴質浸之漸也。願君王公選于衆，精煉左右，非君子至誠之士，無與居家。使邪僻之氣無漸以生，仁義之行有階，人知其能，官知其治。爵賞刑罰，一由君出，則臣下不敢毁譽以言，無功者不敢干治。故明主用人，不由所從，不問其先，説取一焉。是故周文、齊桓，躬于任賢，太公、管仲，明於知人。今則不然，臣故曰殆哉。』越王勃然曰：『孤聞齊威淫泆，九合諸侯，一匡天下，蓋管仲之力也。寡人雖愚，唯在大夫。』計倪對曰：『齊威除管仲罪，大責任之，至易。此故南陽蒼句。太公九十而不伐，磻溪之餓人也。聖主不計其辱，以爲賢者。一乎仲，二乎仲，斯可致王，但霸何足道！桓稱仲父，文稱太公，計此二人，曾無跬步之勞、大呼之功，乃忘弓矢之怨，授以上卿。《傳》曰：「直能三公。」今置臣而不尊，使賢而不用，譬如門戶像設，倚而相欺，蓋智士所耻，賢者所羞。君王察之。』越王曰：『誠者不能匿其辭，大夫既在，何須言哉！』計倪對曰：『臣聞智者不妄言，以成其勞，賢者始於難動，終於有成。《傳》曰：「易之謙遜對過問，抑威權勢，利器不可示人。」言賞罰由君，此之謂也。故賢君用臣，略責于絶，施之職而成其功；遠使，以效其誠。內告以匿，以知其信。與之講事，以觀其智。飲之以酒，以觀其態。選士以備，不肖者無所置。』

越王大媿，乃壞池填塹，開倉穀，貸貧乏；乃使羣臣身問疾病，躬視死喪；不厄窮僻，尊有德；與民同苦樂，激河泉井，示不獨食。行之六年，士民一心，不謀同辭，不呼自來，皆欲伐吳。遂有大功而霸諸侯。孔子曰：『寬則得衆。』此之謂也。

又　卷一〇《越絶外傳記吳王占夢》　吳王不忍，率其餘兵，相將至秦餘杭之山。饑餓，足行乏糧，視瞻不明。據地飲水，持籠稻而餐之。顧謂左右曰：『此何名？』羣臣對曰：『是籠稻也。』吳王曰：『悲哉！此公孫聖所言，王且不得火食。』太宰嚭曰：『秦餘杭山西阪閒燕，可以休息，大王亟餐而去，尚有十數里耳。』吳王曰：『吾嘗戮公孫聖於斯山，子試爲寡人前呼之，卽尚在耶，當有聲響。』太宰嚭卽上山三呼，聖三應。吳王大怖，足行屬腐，面如死灰色，曰：『公孫聖令寡人得邦，誠世世相事。』言未畢，越王追至。兵三圍吳，大夫種處中。范蠡數吳王曰：『王有過者五，寧知之乎？殺忠臣伍子胥、公孫聖。胥爲人先知、忠信，中斷之入江；聖正言直諫，身死無功。此非大過者二乎？夫齊無罪，空復伐之，使鬼神不血食，社稷廢蕪，父子離散，兄弟異居。此非大過者三乎？夫越王句踐，雖東僻，亦得繫于天皇之位，無罪，而王恒使其芻莖秩馬，比於奴虜。此非大過者四乎？太宰嚭讒諛佞諂，斷絶王世，聽而用之。此非大過者五乎？』吳王曰：『今日聞命矣。』

越王撫步光之劍，杖屈盧之矛，瞋目謂范蠡曰：『子何不早圖之乎？』范蠡曰：『臣不敢殺主。臣存主若亡，今日遜敬，天報微功。』越王謂吳王曰：『世無千歲之人，死一耳。』范蠡左手持鼓，右手操枹而鼓之，曰：『上天蒼蒼，若存若亡。何須軍士，斷子之頸，挫子之骸，不亦繆乎？』吳王曰：『聞命矣。以三寸之帛，幎吾兩目，使死者有知，吾慚見伍子胥、公孫聖，以爲無知吾耻生。』越王則解綬以幎其目，遂伏劍而

死。越王殺太宰嚭，戮其妻子，以其不忠信。斷絶吴之世。

又 卷一二《越絶内經九術》 昔者，越王句踐問大夫種曰：『吾欲伐吴，奈何能有功乎？』大夫種對曰：『伐吴有九術。』王曰：『何謂九術？』對曰：『一曰尊天地，事鬼神；二曰重財幣，以遺其君；三曰貴糴粟槀，以空其邦；四曰遺之好美，以爲勞其志；五曰遺之巧匠，使起宫室高臺，盡其財，疲其力；六曰遺其諛臣，使之易伐；七曰彊其諫臣，使之自殺；八曰邦家富而備器；九曰堅厲甲兵，以承其弊。故曰九者勿患，戒口勿傳，以取天下不難，況於吴乎？』越王曰：『善。』

於是作爲策楯，嬰以白璧，鏤以黄金，類龍蛇而行者。乃使大夫種獻之於吴，曰：『東海役臣孤句踐，使者臣種，敢修下吏，問於左右。賴有天下之力，竊爲小殿，有餘財，再拜獻之大王。』吴王大悦。申胥諫曰：『不可。王勿受。昔桀起靈門，紂起鹿臺，陰陽不和，五穀不時，天與之災，邦國空虚，遂以之亡。大王受之，是後必有災。』吴王不聽，遂受之而起姑胥臺。三年聚材，五年乃成。高見二百里。行路之人，道死屍哭。

又 卷一三《越絶外傳枕中》 昔者，越王句踐問范子曰：『古之賢主、聖王之治，何左何右？何去何取？』范子對曰：『臣聞聖主之治，左道右術，去末取實。』越王曰：『何謂道？何謂術？何謂末？何謂實？』范子對曰：『道者，天地先生，不知老；曲成萬物，不名巧。故謂之道。道生氣，氣生陰，陰生陽，陽生天地。天地立，然後有寒暑、燥濕，日月、星辰、四時，而萬物備。術者，天意也。盛夏之時，萬物遂長。聖人緣天心，助天喜，樂萬物之長。故舜彈五弦之琴，歌南風之詩，而天下治。言其樂與天下同也。當是之時，頌聲作。所謂末者，名也。故名過實，則百姓不附親，賢士不爲用。而外□諸侯，聖主不爲也。所謂實者，穀□也，得人心，任賢士也。凡此四者，邦之寶也。』

越王曰：『寡人躬行節儉，下士求賢，不使名過實，此寡人所能行也。多貯穀，富百姓，此乃天時水旱，寧在一人耶？何以備之？』范子曰：『百里之神，千里之君。湯執其中和，舉伊尹，收天下雄雋之士，練卒兵，率諸侯兵伐桀，爲天下除殘去賊，萬民皆歌而歸之。是所謂執其中和者。』越王曰：『善哉，中和所致也！寡人雖不及賢主、聖王，欲執其中和而行之。今諸侯之地，或多或少，彊弱不相當。兵革暴起，何以應之？』范子曰：『知保人之身者，可以王天下；不知保人之身，失天下者也。』越王曰：『何謂保人之身？』范子曰：『天生萬物而教之而生。人得穀即不死，穀能生人，能殺人。故謂人身。』

越王曰：『善哉。今寡人欲保穀，爲之奈何？』范子曰：『欲保，必親於野，睹諸所多少爲備。』越王曰：『所少，可得爲因其貴賤，亦有應乎？』范子曰：『夫八穀貴賤之法，必察天之三表，即決矣。』越王曰：『請問三表。』范子曰：『水之勢勝金，陰氣蓄積大盛，水據金而死，故金中有水。如此者，歲大敗，八穀皆貴。金之勢勝木，陽氣蓄積大盛，金據木而死，故木中有火。如此者，歲大美，八穀皆賤。金、木、水、火更相勝，此天之三表者也，不可不察。能知三表，可爲邦寶。不知三表之君，千里之神，萬里之君。故天下之君，發號施令，必順於四時。四時不正，則陰陽不調，寒暑失常。如此，則歲惡，五穀不登。聖主施令，必審於四時，此至禁也。』越王曰：『此寡人所能行也。願欲知圖穀上下貴賤，欲與他貨之内以自實，爲之奈何？』范子曰：『夫八穀之賤也，如宿穀之登，其明也。諦審察陰陽消息，觀市之反覆，雌雄之相逐，天道乃畢。』

越王問范子曰：『何執而昌？何行而亡？』范子曰：『執其中則昌，行奢侈則亡。』越王曰：『寡人欲聞其説。』范子曰：『臣聞古之賢主、聖君，執中和而原其終始，即位安而萬物定矣；不執其中和，不原其終始，即尊位傾，萬物散。文、武之業，桀紂之迹，可知矣。古者天子及至諸侯，自滅至亡，漸漬乎滋味之費，没溺於聲色之類，牽攣於珍怪貴重之器，故其邦空虚。困其士民，以爲須臾之樂，百姓皆有悲心，瓦解而倍畔者，桀紂是也。身死邦亡，爲天下笑。此謂行奢侈而亡也。湯有七十里地。務執三表，可謂邦寶；不知三表，身死棄道。』越王問范子曰：『春肅，夏寒，秋榮，冬泄，人治使然乎？將道也？』范子曰：『天道三千五百歲，一治一亂，終而復始，如環之無端，此天之常道也。四時易次，寒暑失常，治民然也。故天生萬物之時，聖人命之曰春。春不生遂者，故天不重爲春。春者，夏之父也。故春生之，夏長之，秋成而殺之，冬受而藏之。春肅而不生者，王德不究也；夏寒而不長者，臣下不奉主命也；秋順而復榮者，百官刑不斷也；冬温而泄者，發府庫賞無功也。此所謂四時者，邦之禁也。』越王曰：『寒暑不時，治在於人，可知也。願聞歲

之美惡，穀之貴賤，何以紀之？」范子曰：『夫陰陽錯繆，即爲惡歲；人生失治，即爲亂世。夫一亂一治，天道自然。八穀亦一賤一貴，極而復反。言亂三千歲，必有聖王也。八穀貴賤更相勝。故死淩生者，逆，大貴；生淩死者，順，大賤。』越王曰：『善。』越王問於范子曰：『寡人聞人失其魂魄者，死；得其魂魄者，生。物皆有之，將人也？』范子曰：『人有之，萬物亦然。天地之間，人最爲貴。物之生，穀爲貴，以生人，與魂魄無異，可得豫知也。』越王曰：『其善惡可得聞乎？』范子曰：『欲知八穀之貴賤、上下、衰極，必察其魂魄，視其動靜，觀其所舍，萬不失一。』問曰：『何謂魂魄？』對曰：『魂者，橐也；魄者，生氣之源也。故神生者，出入無門，上下無根，見所而功自存，故名之曰神。神主生氣之精，魂主死氣之舍也。魄者主賤，魂者主貴，故當安靜而不動。魂者，方盛夏而行，故萬物得以自昌。神者，主氣之精，主貴而雲行，故方盛夏之時不行，即神氣槁而不成物矣。故死淩生者，歲大敗；生淩死者，歲大美。故觀其魂魄，即知歲之善惡矣。』

越王問於范子曰：『寡人聞陰陽之治，不同力而功成，不同氣而物生，可得而知乎？願聞其説。』范子曰：『臣聞陰陽氣不同處，萬物生焉。冬三月之時，草木既死，萬物各異藏，故陽氣避之下藏，伏壯於內，使陰陽得成功於外。夏三月盛暑之時，萬物遂長，陰氣避之下藏，伏壯於內，然而萬物親而信之，是所謂也。陽者主生，萬物方夏三月之時，大熱不至，則萬物不能成。陰氣主殺，方冬三月之時，地不內藏，則根荄不成，即春無生。故一時失度，即四序爲不行。』

越王曰：『善。寡人已聞陰陽之事，穀之貴賤，可得而知乎？』范子曰：『陽者主貴，陰者主賤。故當寒而不寒者，穀爲之暴貴；當温而不温者，穀爲之暴賤。譬猶形影、聲響相聞，豈得不復哉！故曰秋冬貴陽氣施於陰，陰極而復貴；春夏賤陰氣施於陽，陽極而不復。』越王曰：『善哉！』以丹書帛，置之枕中，以爲國寶。

越五日，困於吳，請於范子曰：『寡人守國無術，負於萬物，幾亡邦危社稷，爲旁邦所議，無定足而立。欲捐軀出死，以報吳仇，爲之奈何？』范子曰：『臣聞聖主爲不可爲之行，不惡人之謗己；爲足舉之德，不德人之稱己。舜循之歷山，而天下從風。使舜釋其所循，而求天下之利，則恐不全其身。昔者神農之治天下，務利之而已矣，不望其報。不貪天下之財，而天下共富之。所以其智能自貴於人，而天下共尊之。故曰富貴者，天下所置，不可奪也。今王利地貪財，接兵血刃，僵屍流血，欲以顯於世，不亦謬乎？』

越王曰：『上不逮於神農，下不及於堯舜，今子以至聖之道以説寡人，誠非吾所及也。且吾聞之也，父辱則子死，君辱則臣死。今寡人親已辱於吳矣。欲行一切之變，以復吳仇，願子更爲寡人圖之。』范子曰：『君辱則死，固其義也。立死。下士人而求成邦者，上聖之計也。且夫廣天下，尊萬乘之主，使百姓安其居，樂其業者，唯兵。兵之要在於人，人之要在於穀。故民衆則主安，穀多則兵疆。王而備此二者，然後可以圖之也。』越王曰：『吾欲富邦疆兵，地狹民少，奈何爲之？』范子曰：『夫陽動於上，以成天文，陰動於下，以成地理。審察開置之要，可以爲富。凡欲先知天門開及地戶閉，其術：天高五寸，減天寸六分以成地。謹司八穀，初見出於天者，是謂天門開，地戶閉，陽氣不得下入地戶。故氣轉動而上下、陰陽俱絕，八穀不成，大貴必應其歲而起，此天變見符也。謹司八穀，初見入於地者，是謂地戶閉。陰陽俱會，八穀大成，其歲大賤，來年大饑，此地變見瑞也。謹司八穀，初見半於人者，糴平，熟，無災害。故天倡而見符，地應而見瑞。聖人上知天，下知地，中知人，此之謂天平地平，以此爲天圖。』

越王既已勝吳三日，反邦未至，息，自雄，問大夫種曰：『夫聖人之術，何以加於此乎？』大夫種曰：『不然。王德范子之所言，故天地之符應邦，以藏聖人之心矣。然而范子豫見之策，未肯爲王言者也。』越王愀然而恐，面有憂色。請於范子，稱曰：『寡人用夫子之計，幸得勝吳，盡夫子之力也。寡人聞夫子明于陰陽進退，豫知未形，推往引前，後知千歲，可得聞乎？寡人虛心垂意，聽於下風。』范子曰：『夫陰陽進退，前後幽冥。未見未形，此持殺生之柄，而王制于四海，此邦之重寶也。王而毋泄此事，臣請爲王言之。』越王曰：『夫子幸教寡人，願與之自藏，至死不敢忘。』范子曰：『陰陽進退者，固天道自然，不足怪也。夫陰入淺者即歲善，陽入深者則歲惡。幽幽冥冥，豫知未形。故聖人見物不疑，是謂知時，固聖人所不傳也。夫堯舜禹湯，皆有豫見之勞，雖有凶年而民不

窮。」越王曰：「善。」以丹書帛，置之枕中，以爲邦寶。

范子已告越王，立志入海，此謂天地之圖也。【略】

越王既已勝吳三日，反邦未至，息，自雄，問大夫種曰：「夫聖人之術，何以加於此乎？」大夫種曰：「不然。王德范子之所言，故天地之符應邦，以藏聖人之心矣。然而范子豫見之策，未肯爲王言者也。」越王愀然而恐，面有憂色。請於范子，稱曰：「寡人用夫子之計，幸得勝吳，盡夫子之力也。寡人聞夫子明于陰陽進退，豫知未形，推往引前，後知千歲，可得聞乎？寡人虛心垂意，聽於下風。」范子曰：「夫陰陽進退，前後幽冥。未見未形，此持殺生之柄，而王制于四海，此邦之重寶也。王而毋泄此事，臣請爲王言之。」越王曰：「夫子幸教寡人，願與之自藏，至死不敢忘。」范子曰：「陰陽進退者，固天道自然，不足怪也。夫陰入淺者卽歲善，陽入深者則歲惡。幽幽冥冥，豫知未形。故聖人見物不疑，是謂知時，固聖人所不傳也。夫堯舜禹湯，皆有豫見之勞，雖有凶年而民不窮。」越王曰：「善。」以丹書帛，置之枕中，以爲邦寶。

范子已告越王，立志入海，此謂天地之圖也。

又　卷一四《越絶德序外傳記》　子胥賜劍將自殺，歎曰：「嗟乎！衆曲矯直，一人固不能獨立。吾挾弓矢以逸鄭楚之間，自以爲可復吾見淩之仇，乃先王之功，想得報焉，自致於此。吾先得榮，後僇者，非智衰也：先遇明，後遭險，君之易移也已矣。坐不遇時，復何言哉。此吾命也，亡將安之？莫如早死，從吾先王於地下，蓋吾之志也。」吳王將殺子胥，使馮同徵之。胥見馮同，知爲吳王來也。洩言曰：「王不親輔弼之臣而親衆豕之言，是吾命短也。高置吾頭，必見越人入吳也，我王親爲禽哉！捐我深江，則亦已矣！」胥死之後，吳王聞，以爲妖言，甚咎子胥。王使人捐于大江口。勇士執之，乃有遺響，發憤馳騰，氣若奔馬；威淩萬物，歸神大海。仿佛之間，音兆常在。後世稱述，蓋子胥，水僊也。

【略】

昔者，越王句踐困於會稽，歎曰：「我其不伯乎！」欲殺妻子，角戰以死。蠡對曰：「殆哉！王失計也，愛其所惡。且吳王賢不離，不肖不去，若卑辭以地讓之，天若棄彼，彼必許。」句踐曉焉，曰：「豈然哉！」遂聽能以勝。越王句踐卽得平吳，春祭三江，秋祭五湖。因以其時，爲之立祠，垂之來世，傳之萬載。鄰邦樂德，以來取足。范蠡內視若盲，反聽若聾，度天關，涉天機，後衽天人，前帶神光。當是時言之者，□其去甚微甚密，王已失之矣，然終難復見得。於是度兵徐州，致貢周室。元王以之中興，號爲州伯，以爲專句踐之功，非王室之力。是時越行伯道，沛歸於宋；浮陵以付楚；臨期、開陽，復之於魯。中邦侵伐，因斯衰止。以其誠行於內，威發於外，越專其功，故曰越絶是也。故《傳》曰：「桓公迫於外子，能以覺悟；句踐執於會稽，能因以伯。」堯舜雖聖，不能任狼致治。管仲能知人，桓公能任賢；蠡善慮患，句踐能行焉：臣主若斯，其不伯，得乎？《易》曰：「君臣同心，其利斷金。」此之謂也。【略】

吳越之事煩而文不喻，聖人略焉。賢者垂意，深省厥辭，觀斯智愚。夫差狂惑，賊殺子胥，句踐至賢，種曷爲誅？范蠡恐懼，逃於五湖，蓋有說乎？夫吳知子胥賢，猶昏然誅之。《傳》曰：「人之將死，惡聞酒肉之味；邦之將亡，惡聞忠臣之氣。」身死不爲醫，邦亡不爲謀，還自遺災，蓋木土水火，不同氣居，此之謂也。

又　卷一五《越絶篇叙外傳記》　問曰：「子胥未賢耳！賢者所過化，子胥賜劍，欲無死，得乎？」「盲者不可示以文繡，聾者不可語以調聲。瞽瞍不移，商均不化；湯繫夏臺，文王拘於殷。時人謂舜不孝，堯不慈，聖人不悅下愚，而況乎子胥？當困於楚，劇於吳，信不去耳，何拘之有？孔子貶之奈何？其報楚也，稱子胥妻楚王母，及乎夷狄，貶之，言吳人也。」【略】

問曰：「子胥妻楚王母，無罪而死於吳，其行如是，何義乎？」曰：「孔子固貶之矣。賢其復仇，惡其妻楚王母也。然《春秋》之義，量功掩過也。賢之，親親也。」「子胥與吳何親乎？」曰：「子胥以困干闔廬，闔廬勇之甚，將爲復仇，名譽甚著，《詩》云：『投我以桃，報之以李。』夫差下愚不移，終不可奈何。言不用，策不從，昭然知吳將亡也。受闔廬厚恩，不忍去而自存，欲著其諫之功也。故先吳敗而殺也。死人且不負，而況面在乎？昔者管仲生，伯業興；子胥死，伯名成；周公貴一概，不求備於一人，及外篇各有差叙，師不說。」【略】

問曰：「句踐何德也？」曰：「伯德，賢君也。」《傳》曰：「危人自安，君子弗爲；奪人自與，伯夷不多。」行僞以勝，滅人以伯，其賢奈

何？」曰：『是固伯道也。祺道厭駁，一善一惡。當時無天子，疆者爲右，使句踐無權，滅邦久矣。子胥信而得衆道，范蠡善偽以勝。當明王天下太平，諸侯和親，四夷樂德，款塞貢珍，屈膝請臣，子胥何由乃困于楚？范蠡不久乃爲狂者？句踐何當屬莝養馬？遭逢變亂，權以自存，不亦賢乎？行伯非賢，晉文之能因時順宜，隨而可之。故空社易爲福，危民易爲德，是之謂也。」【略】

問曰：『子胥、范蠡何人也？』『子胥勇而智，正而信；范蠡智而明，皆賢人。』問曰：『子胥死，范蠡去，二人行違，皆稱賢，何？』『《論語》曰：「陳力就列，不能者止。」事君以道言耳。范蠡單身入越，主于伯，有所不合，故去也。』問曰：『不合何不死？』曰：『去止，事君之義也。義無死，胥死者，受恩深也。今蠡猶重也，不明甚矣。』問曰：『受恩死，死之善也。臣事君，猶妻事夫，何以去？』『《論語》曰：「三日不朝，孔子行。」行者，去也。《傳》曰：「孔子去魯，燔俎無肉；曾子去妻，藜蒸不熟。」微子去，比干死，孔子並稱仁。行雖有異，其義同。』『死與生，敗與成，其同奈何？』『《論語》曰：「有殺身以成仁。」子胥重其信，范蠡貴其義。信從中出，義從外出。微子去者，痛殷道也。比干死者，忠於紂也。箕子亡者，正其紀也。皆忠信之至，相爲表裏耳。』問曰：『二子孰愈乎？』曰：『以爲同耳。然子胥無爲能自免於無道之楚，不忘舊功，滅身爲主。合，即能以霸；不合，可去則去，可死則死。范蠡遭世不明，被髮佯狂，無正不行，無主不止。色斯而舉，不害於道。億則屢中，貨財殖聚。作詐成伯，不合乃去。三遷避位，名聞海內。去越入齊，老身西陶。仲子由楚，傷中而死。二子行有始終。子胥可謂兼人乎？』

漢·趙曄《吳越春秋》卷七《句踐入臣外傳》　越王句踐五年，五月，與大夫種、范蠡《呂氏春秋》高誘解：『范蠡楚三户人也，字少伯，大夫種，姓文氏，字會，楚之鄒人。』按，鄒本邾子之國，此云楚之鄒人，蓋鄒爲楚所幷爾。又太史公《素王妙論》曰：『范蠡本南陽人。』《列仙傳》云：徐人。《索隱》曰：「大夫，官，種，名也。一云：大夫，姓，猶司馬，司空之比。」今按：大夫，官名，如以爲姓也，則大夫逢同、大夫皐如等，豈皆其姓耶？入臣於吳，羣臣皆送至浙江之上，臨水祖道，祖，錢行也。軍陣固陵。范蠡教兵城也。《水經註》：「浙江又逕固陵城北，昔范蠡築城於浙江之濱，言可以固守，謂之固陵，今之西陵也。」即今西興。大夫文種前爲祝，其詞曰：『皇天祐助，前沉後揚。禍爲德根，憂爲福堂。威人者滅，服從者昌。王雖牽致，其後無殃。君臣生離，感動上皇。衆夫哀悲，莫不感傷。臣請薦脯，行酒二觴。』越王仰天太息，舉杯垂涕，默無所言。種復前祝曰：『大王德壽，無疆無極，乾坤受靈，神祇輔翼。我王厚之，祉佑在側。德銷百殃，利受其福。去彼吳庭，來歸越國。觴酒既升，請稱萬歲。』越王曰：『孤承前王餘德，守國於邊，幸蒙諸大夫之謀，遂保前王丘墓。今遭辱恥，爲天下笑，將孤之罪耶，諸大夫之責也，吾不知其咎，願二三子論其意。』大夫扶同「史記」作「逢同」。曰：『何言之鄙也？昔湯繫於夏臺，《史夏紀》：『桀曰：吾悔不遂殺湯於夏臺。』《索隱》：『夏臺，獄名。夏曰鈞臺。』皇甫謐云：『地在陽翟。』伊尹不離其側；文王囚於石室，《地理志》：『河内湯陰有羑里城，西伯所拘處。』此云石室，疑即所囚之室也。羑音酉。太公不棄其國。興衰在天，存亡繫於人。湯改儀而媚於桀，文王服從而幸於紂；夏殷恃力而虐二聖，兩君屈己以得天道。故湯王不以窮自傷，周文不以困爲病。』越王曰：『昔堯任舜、禹而天下治，雖有洪水之害，不爲人災。變異不及於民，豈況於人君乎？』大夫若成曰：『不如君王之言。天有曆數，德有薄厚。黄帝不讓，堯傳天子。三王臣弑其君，五霸子弑其父。德有廣狹，氣有高下。今之世猶人之市，置貨以設詐。抱謀以待敵。不幸陷厄，求伸而已。大王不覽於斯而懷喜怒？』越王曰：『任人者不辱身，自用者危其國。大夫皆前圖未然之端，傾敵破讎，坐招泰山之福。今寡人守窮若斯，而云湯文困厄後必霸，何言之違禮儀？夫君子爭寸陰而棄珠玉，今寡人冀得免於軍旅之憂，而復反係獲「獲」當作「於」敵人之手，身爲傭隸，妻爲僕妾，往而不返，客死敵國。若魂魄有，此下當有「知」字。愧於前君，其無知，體骨棄捐。何大夫之言不合於寡人之意？』於是大夫種、范蠡曰：『聞古人曰：「居不幽，志不廣；形不愁，思不遠。」聖王賢主皆遇困厄之難，蒙不赦之恥。身拘而名尊，軀辱而聲榮；處卑而不以爲惡，居危而不以爲薄。五帝德厚而「五」當作「無」。窮厄之恨，然尚有汜濫之憂。此下疑有闕文。三守暴困之辱，不離三獄之囚，泣涕而受冤，行哭而爲隸，演《易》作卦，司馬遷《書》，西伯拘而演《周易》。」天道祐之。時過於期，否終則泰，諸侯並救王

命，見符朱鬛玄狐，《太公六韜》曰：『拘周伯昌於羑里，太公與散宜生以金千鎰求天下珍物以免君之罪，於是得犬戎氏文馬，豪毛朱鬛，目如黃金，名鷄斯之乘。』《淮南子》：『曰散宜生以千金得騶虞之乘，玄玉百穀。大貝百朋，玄豹、黃熊、青犴、白虎、文皮、千合，獻紂以免西伯羑里之囚。』此云玄狐，當作玄豹。輔臣結髮拆獄破械，反國修德，遂討其讎。擢假海內，若覆手背，天下宗之，功垂萬世。大王屈厄，臣誠盡謀，夫截骨之劍無削剟之利；臽鐵之矛無分髮之便；建策之士無暴興之說。今臣遂天文，案墜籍，二氣共萌，存亡異處，彼興則我辱，我霸則彼亡。二國爭道，未知所就。君王之危，天道之數，何必自傷哉！夫吉者凶之門；福者禍之根。今大王雖在危困之際，孰知其非暢達之兆哉？』大夫計硯《越絶》『硯』作『倪』。《史·貨殖傳》：『越王句踐困於會稽之上，乃用范蠡計然。』註徐廣曰：『計然者，范蠡之師也，名研，故諺曰：研桑心筭。』裴駰案：『范子曰計然者，葵丘濮上人，姓辛氏，字文子，其先晉國亡公子也。南游於越，范蠡師事之。』蔡謨曰：『蠡所著書名計然。』蓋非也。《漢書·古今人表》，計然列在第四，『倪』與『研』聲相近而相亂耳。曰：『今君王國於會稽，窮於入吳，言悲辭苦，羣臣泣之。雖則恨悷之心，莫不感動。而君王何爲謾辭譁說，用而相欺？臣誠不取。』越王曰：『寡人將去入吳，以國累諸侯大夫，願各自述，吾將屬焉。』大夫臯如曰：『臣聞大夫種忠而善慮，民親其知，士樂爲用。今委國一人，其道必守，何順心佛命羣臣？』佛，大也。《詩》：『佛時仔肩』，註亦作大。言一人足矣，何必從心所欲，大命羣臣也？大夫曳庸《左傳》作『后庸』，《國語》作『舌庸』。曰：『大夫文種者，國之梁棟，君之爪牙。夫驥不可與匹馳，日月不可並照。君王委國於種，則萬綱千紀無不舉者。』越王曰：『夫國者，前王之國。孤力弱勢劣，不能遵守社稷，奉承宗廟。吾聞父死子代，君亡臣親。今事棄諸大夫，客官於吳，委國歸民以付二三子。吾之由也，亦子之憂也。君臣同道，父子共氣，天性自然。豈得以在者盡忠，亡者爲不信乎？何諸大夫論事，一合一離，令孤懷心不定也？夫推國任賢，度功績成者，君之命也；奉教順理，不失分者，臣之職也。吾顧諸大夫以其所能而云委質而已。於乎，悲哉！』計硯曰：『君王所陳者，固其理也。昔湯入夏，付國於文祀，西伯之殷，委國於二老。今懷夏將滯，志在於還。夫適市之妻，教嗣糞除，出亡之君，敕臣守禦。子問以事，臣謀以能。今君王欲士之所志，各陳其情，舉其能者，議其宜也。』越王曰：『大夫之論是也。吾將逝矣，願『願』下當有『聞』字。諸君之風。』大夫種曰：『夫內修封疆之役，外修耕戰之備，荒無遺土，百姓親附，臣之事也。』大夫范蠡曰：『輔危主，存亡國，不耻屈厄之難，安守被辱之地，往而必反，與君復讎者：『臣之事也。』大夫苦成曰：『發君之令，明君之德，窮與俱厄，進與俱霸，統煩理亂，使民知分。臣之事也。』大夫曳庸曰：『奉令受使，結和諸侯，通命達旨，賂往遺來，解憂釋患，使無所疑。出不忘命，入不被尤。臣之事也。』大夫皓進曰：『一心齊志，上與等之。下不違令，動從君命。修德履義，守信溫故。臨非決疑，君誤臣諫。直心不撓；舉過列平。不阿親戚，不私於外。推身致君，終始一分。臣之事也。』大夫諸稽郢曰：『望敵設陣，飛矢揚兵。履腹涉屍，血流滂滂。貪進不退；二師相當。破敵攻衆，威凌百邦。臣之事也。』大夫臯如曰：『修德行惠，撫慰百姓；身臨憂勞，動輒躬親；弔死存疾，救活民命；蓄陳儲新，食不二味。國富民實，爲君養器。臣之事也。』大夫計硯曰：『候天察地，紀曆陰陽。觀變參災，分別妖祥。日月含色，五精錯行。福見知吉，妖出知凶。臣之事也。』越王曰：『孤雖入於北國，爲吳窮虜，有諸大夫懷德抱術，各守一分，以保社稷，孤何憂焉？』遂別於浙江之上。羣臣垂泣，莫不咸哀。越王仰天歎曰：『死者，人之所畏。若孤之聞死，其於心胸中曾無怵惕。』遂登船徑去，終不返顧。越王夫人乃據船哭，顧烏鵲啄江渚之蝦，飛去復來，因哭而歌之曰：『仰飛鳥兮烏鳶，凌玄虛號『號』當作『兮』。翩翩。集洲渚兮優恣，啄蝦矯翮兮雲間，任厥此闕一字兮往還。妾無罪兮負地，有何辜兮譴天。颿颿馬疾步。獨兮西往，孰知返兮何年！心惙惙憂也，《詩》：『憂心惙惙。』兮若割，淚泫泫淚流貌。兮雙懸。』又哀今曰：『彼飛鳥兮鳶鳥，已回翔兮翕蘇。心在專兮素蝦，何居食兮江湖。徊復翔兮遊揚，去復返兮於乎！始事君兮去家，終我命兮君都。終來遇兮何幸，『幸』當作『辜』。離我國兮去吳。妻衣褐兮爲婢，夫去冕兮爲奴。歲遙遙兮難極，冤悲痛兮心惻。腸千結兮服膺，於乎哀兮忘食。願我身兮如鳥，身翱翔兮矯翼。去我國兮心搖，情憤惋兮誰識？』越王聞夫人怨歌，心中內慟，乃曰：『孤何憂？吾之六翮備矣。』於是入吳，見夫差稽首再拜稱臣，曰：『東海賤臣句踐，上愧皇天，下負後土，不裁功力，污辱王之軍

士，抵罪邊境。大王赦其深辜，裁加役臣，使執箕帚。誠蒙厚恩，得保須臾之命，不勝仰感俯愧。臣句踐叩頭頓首。』吳王夫差曰：『寡人於子亦過矣。子不念先君之讎乎？』越王曰：『臣死則死矣，惟大王原之。』伍胥在旁，目若熛火，聲如雷霆，乃進曰：『夫飛鳥在青雲之上，尚欲繳（生絲縷也。）微矢以射之，豈況近臥於華池，集於庭廡乎？今越王放於南山之中，遊於不可存之地，幸來涉我壤土，入吾梐梱，此乃廚宰之成事食也，豈可失之乎？』吳王曰：『吾聞誅降殺服，禍及三世。吾非愛越而不殺也，畏皇天之咎教而赦之。』太宰嚭諫曰：『子胥明於一時之計，不通安國之道。願大王遂其所執，無拘羣小之口。』夫差遂不誅越王，令駕車養馬，秘於宮室之中。三月，吳王召越王入見，越王伏於前，范蠡立於後。吳王謂范蠡曰：『寡人聞貞婦不嫁破亡之家，仁賢不官絕滅之國。今越王無道，國已將亡，社稷壞崩，身死世絕，爲天下笑。而子及主俱爲奴僕，來歸於吳，豈不鄙乎？吾欲赦子之罪，子能改心自新，棄越歸吳乎？』范蠡對曰：『臣聞亡國之臣，不敢語政，敗軍之將，不敢語勇。臣在越不忠不信，今越王不奉大王命號，用兵與大王相持，至今獲罪，君臣俱降。蒙大王鴻恩，得君臣相保，願得入備掃除，出給趨走，臣之願也。』此時越王伏地流涕，自謂遂失范蠡矣。吳王知范蠡不可得爲臣，謂曰：『子既不移其志，吾復置子於石室之中。』范蠡曰：『臣請如命。』吳王起入宮中，越王、范蠡趨入石室。越王服犢鼻，著樵頭夫人衣無緣之裳，施左關之襦。夫斫剉養馬，妻給水、除糞、灑掃。三年不慍怒，面無恨色。吳王登遠臺，望見越王及夫人、范蠡坐於馬糞之旁，君臣之禮存，夫婦之儀具。王顧謂太宰嚭曰：『彼越王者，一節之人。范蠡，一介之士，雖在窮厄之地，不失君臣之禮。寡人傷之。』太宰嚭曰：『願大王以聖人之心，哀窮孤之士。』吳王曰：『爲子赦之。』後三月，乃擇吉日而欲赦之，召太宰嚭謀曰：『越之與吳，同土連域。句踐愚黠，親欲爲賊。寡人承天之神靈，前王之遺德，誅討越寇，囚之石室。寡人心不忍見而欲赦之，於子奈何？』太宰嚭曰：『臣聞無德不復。大王垂仁恩加越，越豈敢不報哉？願大王卒意。（終其意也。）』越王聞之，召范蠡告之曰：『孤聞於外，心獨喜之，又恐其不卒也。』范蠡曰：『大王安心，事將有意，在玉門第一。今年十二月，戊寅之日，時加日出。戊，囚日也。寅，陰後之辰也。合庚辰歲後會也。夫以戊寅日聞喜，不以其罪罰，日也。時加卯而賊戊，功曹爲騰蛇而臨戊，謀利事在青龍。青龍在，勝先。而臨酉，死氣也。而克寅，是時克其日，用又助之。所求之事，上下有憂。此豈非天網四張，萬物盡傷者乎？王何喜焉？』果子胥諫吳王曰：『昔桀囚湯而不誅，紂囚文王而不殺，天道還反，禍轉成福。故夏爲湯所誅，殷爲周所滅。今大王既囚越君而不行誅，臣謂大王惑之深也。得無夏殷之患乎？』吳王遂召越王，久之不見。范蠡、文種憂而占之曰：『吳王見擒也。』有頃太宰嚭出，見大夫種、范蠡而言越王復拘於石室。伍子胥復諫吳王曰：『臣聞，王者攻敵國，克之則加以誅，故後無報復之憂，遂免子孫之患。今越王已入石室，宜早圖之，後必爲吳之患。』太宰嚭曰：『昔者齊桓割燕所至之地以貺燕公，（齊桓公救燕，北伐山戎而還，燕君送桓公出境，桓公因割燕所至地予燕。）而齊君獲其美名；宋襄濟河而戰，（宋襄公與楚成王戰于泓，目夷曰：『及其未濟，擊之。』公不聽，已濟，陣成。宋人擊之，宋師大敗，公曰：『君子不困人於阨，不鼓不成列。』）春秋以多其義：功立而名稱，軍敗而德存。今大王誠赦越王，則功冠於五霸，名越於前古。』吳王曰：『待吾疾愈，方爲大宰赦之。』後一月，越王出（『出』當作『坐』。）石室，召范蠡曰：『吳王疾，三月不愈。吾聞人臣之道，主疾臣憂，且吳王遇孤，恩甚厚矣。疾之無瘳，惟公卜焉。』范蠡曰：『吳王不死，明矣。到己巳日，當瘳。惟大王留意。』越王曰：『孤所以窮而不死者，賴公之策耳，中復猶豫，豈孤之志哉！可與不可，惟公圖之。』范蠡曰：『臣竊見吳王真非人也。數言成湯之義，而不行之。願大王請求問疾，得見，因求其糞而嘗之，觀其顔色，當拜賀焉。言其不死，以瘳起日期之。既言信後，則大王何憂。』越王明日謂太宰嚭曰：『囚臣欲一見問疾。』太宰嚭卽入言於吳王，王召而見之。適遇吳王之便，太宰嚭奉溲惡以出，（溲，卽便也，惡，大溲也，大小溲亦曰前後溲，見《史·倉公傳》。）逢戶中。越王因拜：『請嘗大王之溲，以決吉凶。』卽以手取其便與惡而嘗之。因入曰：『下囚臣句踐賀於大王，王之疾至己巳日有瘳，至三月壬申病愈。』吳王曰：『何以知之？』越王曰：『下臣嘗事師聞糞者，順穀味、逆時氣者死，順時氣者生。今者臣竊嘗大王之糞，其惡味苦且楚酸。是味也，應春夏之氣，臣以是知之。』吳王大悅，曰：『仁人也。』乃赦越王得離其石室，去就其宮室，執牧養之事如故。越王從

嘗糞惡之後，遂病口臭。范蠡乃令左右皆食岑草，以亂其氣。《會稽賦》註：「岑草，蕺也，菜名，擷之小有臭氣，凶年民劚其根食之。《會稽志》：「蕺山在府西北六里，越王嘗採蕺於此。」其後，吳王如越王期日疾愈，心念其忠，臨政之後，大縱酒於文臺。吳王出令曰：「今日爲越王陳北面之坐，羣臣以客禮事之。」伍子胥趨出，到舍上，不御坐。酒酣，太宰嚭曰：「異乎！今日坐者，各有其詞。不仁者逃，其仁者留。臣聞：同聲相和，同心相求。今國相剛勇之人，意者內慚至仁之存也，而不御坐，其亦是乎？」吳王曰：「然。」於是范蠡與越王俱起，爲吳王壽，其辭曰：「下臣句踐從小臣范蠡，奉觴上千歲之壽。辭曰：皇在上，令昭下四時，並心察慈仁者。大王躬親鴻恩，立義行仁，九德四塞，威服羣臣。於乎休哉！傳德無極，上感太陽，降瑞翼翼，大王延壽萬歲，長保吳國。四海咸承，諸侯賓服。觴酒既升，永受萬福。」於是吳王大悅。明日，伍子胥入諫曰：『昨日大王何見乎？臣聞內懷虎狼之心，外執美詞之説，但爲外情以存其身。豺不可謂廉，狼不可親。今大王好聽須臾之説，不慮萬歲之患。放棄忠直之言，聽用讒夫之語。不滅瀝血之讎，不絕懷毒之怨。猶縱毛爐炭之上幸其「其」當作「不」。焦，投卵千鈞之下望必全，豈不殆哉？臣聞桀登高自知危，然不知所以自安也；前據白刃自知死，而不知所以自存也。惑者知返，迷道不遠。願大王察之。」吳王曰：「寡人有疾三月，曾不聞相國一言，是相國之不慈也；又不進口之所嗜，心不相思，是相國之不仁也。夫爲人臣，不仁不慈，焉何也。能知其忠信者乎？越王迷惑，棄守邊之事，親將其臣民來歸寡人，是其義也；躬親爲虜，妻親爲妾，不慍寡人，寡人有疾，親嘗寡人之溲，是其慈也；虛其府庫，盡其寶幣，不念舊故，是其忠信也。三者既立，以養寡人，寡人曾聽相國而誅之，是寡人之不智也，而爲相國快私意耶，豈不負皇天乎？」子胥曰：「何大王之言反也？夫虎之卑勢，將以有擊也；狸之卑身，將求所取也。雉以眩移拘於網，魚以有悅死於餌。且大王初臨政，負玉門之第九，誡事之敗，無咎矣。今年三月甲戌，時加雞鳴。甲戌，歲位之會將也。青龍在酉，德在土，刑在金，是日賊其德也。知父將有不順之子，君有逆節之臣。大王以越王歸吳爲義，以飲溲食惡爲慈，以虛府庫爲仁。是故，爲無愛於人，其不可親，面聽貌觀，以存其身。今越王入臣於吳，是其謀深也。虛其府庫，不見恨色，是欺我王也。下飲王之溲者，是上食王之心也。下嘗王之惡者，是上食王之肝也。大哉！越王之崇吳，吳將爲所擒也。惟大王留意察之，臣不敢逃死以負前王。一旦社稷丘墟，宗廟荆棘，其悔可追乎？」吳王曰：「相國置之，勿復言矣，寡人不忍復聞。」於是，遂赦越王歸國，送於蛇門之外，羣臣祖道。吳王曰：「寡人赦君，使其返國，必念終始，王其勉之。」越王稽首曰：「今大王哀臣孤窮，使得生全還國，與種蠡之徒，願死於轂下。上天蒼蒼，臣不敢負。」吳王曰：「於乎！吾聞君子一言不再，今已行矣，王勉之。」越王再拜跪伏，吳王乃引越王登車，范蠡執御，遂去。至三津之上，仰天歎曰：「嗟乎！孤之屯厄，誰念復生渡此津也？」謂范蠡曰：「今三月甲辰，時加日昳，日昃也，梁元帝《纂要》：「日在未曰昳。」孤蒙上天之命，還歸故鄉，得無後患乎？」范蠡曰：「大王勿疑，直視道行。越將有福，吳當有憂。」至浙江之上，望見大越山川重秀，天地再清。王與夫人歎曰：「吾已絕望，永辭萬民。豈料再還，重復鄉國。」言竟掩面，涕泣闌干。《文選》注：「闌干，多貌。」此時萬姓咸歡，羣臣畢賀。

又 卷五《夫差內傳》 十四年，夫差既殺子胥，連年不熟，民多怨恨。吳王復伐齊。闕「闕」，義與「掘」同，《左傳》：「闕地及泉。」是也。《國語解》：「闕，穿也。」爲闌溝於商魯之間，北屬蘄，《國語》作「沂」者是。西屬濟，欲與魯晉合攻於黃池之上。恐羣臣復諫，乃令國中曰：「寡人伐齊，有敢諫者死。」太子友知子胥忠而不用，太宰嚭佞而專政，欲切言之，恐罹尤也，乃以諷諫激於王。清旦懷丸持彈，從後園而來，衣袷「袷」當作「洽」，沾也。履濡，王怪而問之曰：「子何爲袷衣濡履，體如斯也？」太子友曰：「適游後園，聞秋蜩之聲，往而觀之。夫秋蟬登高樹，飲清露，隨風撝撓，長吟悲鳴，自以爲安。不知螳蜋超枝緣條，曳腰聳距，而稷其形。夫螳蜋翕心而進，志在有利。不知黃雀盈綠林，徘徊枝陰，踙蹴微進，欲啄螳螂。夫黃雀但知伺螳螂之有味，不知臣挾彈危擲，蹭蹬飛丸而集其背。今臣但虛心志在黃雀，不知空埳其旁，闇忽埳中，陷於深井。臣故袷體濡履，幾爲大王取笑。」王曰：「天下之愚，莫過於斯。但貪前利，不睹後患。」太子曰：「天下之愚，復有甚者。魯承周公之末，有孔子之教，守仁抱德，無欲於鄰國，而齊舉兵伐之，不愛民命，惟有所獲。夫齊

徒舉而伐魯，不知吴悉境内之士，盡府庫之財，暴師千里而攻之。夫吴徒知踰境征伐非吾之國，不知越王將選死士，出三江之口，三江，一説松江、錢塘、浦陽江也。《吴郡賦》註：『松江下七十里分流，東北入海者爲婁江，東南流者爲東江，并松江爲三江。』今其地亦名三江口，即范蠡乘舟所出之地。入五湖之中，五湖，一説貢湖、遊湖、胥湖、梅梁湖、金鼎湖也。韋昭曰：『胥湖、蠡湖、洮湖、滆湖，就太湖而五。』虞翻云：『太湖之水通五道，謂之五湖。』屠我吴國，滅我吴宮。天下之危，莫過於斯也。』吴王不聽太子之諫，遂北伐齊。

又　卷八《句踐歸國外傳》　越王句踐臣吴，至歸越，句踐七年也。《國語》：『句踐與范蠡入臣於吴，三年，而吴人遣之。』當魯哀公五年，是爲句踐七年，正與此合。此書於句踐五年書入吴事，至是歸國，首尾三年也。百姓拜之於道，曰：『君王獨無苦矣。今王受天之福，復於越國，霸王之迹自斯而起。』王曰：『寡人不慎天教，無德於民。今勞萬姓擁於岐路，將何德化以報國人？』顧謂范蠡曰：『今十有二月己巳之日，時加禺中，「禺中」，時加巳也。《淮南子》曰：「臻於衡陽，是謂禺中，封於昆吾，是謂正中。」孤欲以此到國，何如？』蠡曰：『大王且留，以臣卜日。』於是范蠡進曰：『異哉！大王之擇日也。王當疾趨，車馳人走。』越王策馬飛輿，遂復宮闕。吴封地百里於越，東至炭瀆，《越舊經》：『炭瀆在會稽以東六十里。』《越絶》曰：『句踐炭聚戰，從。』《會稽志》作『炭浦』。西止周宗，南造於山，北薄於海。越王謂范蠡曰：『孤獲辱連年，勢足以死，得相國之策，再返南鄉。今欲定國立城，人民不足，其功不可以興。爲之奈何？』范蠡對曰：『唐虞卜地，夏殷封國，古公營城，周雒威折萬里，德致八極，豈直欲破强敵收鄰國乎？』越王曰：『孤不能承前君之制，修德自守，亡衆棲於會稽之山，請命乞恩，受辱被耻，囚結吴宮。幸來歸國，追以百里之封。將遵前君之意，復於會稽之上，而宜釋吴之地。』范蠡曰：『昔公劉去邰而德彰於夏，亶父讓地而名發於岐。今大王欲國樹都，『欲』字下當有『立』字。并敵國之境，不處平易之都，據四達之地，將焉立霸王之業？』越王曰：『寡人之計未有決定，欲築城立郭，分設里閭，欲委屬於相國。』於是范蠡乃觀天文，擬法於紫宮，築作小城。周千一百二十一步，一圓三方。西北立龍飛翼之樓，以象天門。東南伏漏石竇，以象地戶。陵門四達，以象八風。外郭築城而缺西北，示服事吴也，不敢壅塞，内以取吴，故缺西北，而吴不知也。北向稱臣，委命吴國。左右易處，不得其位，明臣屬也。城既成，而怪山自生者，琅琊東武海中山也。一夕自來，故名怪山。即龜山也。在府東南二里，一名飛來，一名寶林，一名怪山。《越絶》曰：『龜山，句踐所起遊也。』《寰宇記》：『龜山即琅琊東武山，一夕移於此。』范蠡曰：『臣之築城也，其應天矣。崑崙之象存焉。』越王曰：『寡人聞崑崙之山乃地之柱，上承皇天，氣吐宇内，下處后土，稟受無外，滋聖生神，嘔養帝會，『帝』字上當有『五』字。故帝處其陽陸，三王居其正地。吾之國也，扁天地之壤，『扁』疑當『偏』。乘東南之維，斗去極北，非糞土之城，何能與王者比隆盛哉？』范蠡曰：『君徒見外，未見於内。臣乃承天門制城，合氣於后土，嶽象已設，崑崙故出，越之霸也。』越王曰：『苟如相國之言，孤之命也。』范蠡曰：『天地卒號，以著其實，名東武。起遊臺其上，東南爲司馬門，立增樓『增』與『層』同。冠其山巔，以爲靈臺。《水經注》：『怪山者，越起靈臺於山上，又作三層樓，以望露物。』起離宮於淮陽，《越絶》云：『諏臺周五百六十步，在淮陽里丘。』《越舊經》：『淮陽宮在會稽縣東南二里。』中宿臺在於高平，《越絶》『宿』作『指』，云『中指臺，馬丘周六百步，在高平里。』《越舊經》『中宿在會稽縣東七里。』駕臺在於成丘，《越絶》：『駕臺馳於離丘。』立苑於樂野，《越絶》曰：『越工弋獵之處大樂，故謂樂野。其山上石臺，越王所休謀也。』《十道志》：『樂野，句踐以此臺爲苑。今有樂清村。』燕臺在於石室，《越舊經》：『宴臺在州東南十里。』齋臺在於襟山。按：越無襟山。《越絶》曰：『稷山者，句踐齊戒處也。』既曰齊臺，則『襟』當作『稷』。稷山在會稽縣東五十三里。句踐之出游也，休息食室於冰廚。一曰『冰室』，所以備膳羞也。越王乃召相國范蠡、大夫種、大夫郢，問曰：『孤欲以今日上明堂臨國政，專恩致令，以撫百姓，何日可矣？惟三聖謂聖臣也。指上三人而言。子胥曰：『越有聖臣范蠡。』紀綱維持。』范蠡曰：『今日丙午日也。丙，陽將也，是日吉矣。又因良時，臣愚以爲可無始有終得，天下之中。』大夫種曰：『前車已覆，後車必戒，願王深察。』范蠡曰：『夫子故不一二見也。吾王今以丙午復初臨政，解救其本，是一宜。夫金制始，而火救其終，是二宜。蓄金之憂，轉而及水，是三宜。君臣有差，不失其理，是四宜。王相俱起，天下立矣，是五宜。臣願急升明堂臨政。』越王是日立政，翼翼小心。出不敢奢，入不敢侈。越王念復吴讎，非一旦也。苦身勞心，夜以接日。目卧，則攻之以蓼，足寒則

漬之以水。冬常抱冰，夏還握火。愁心苦志，懸膽於戶，出入嘗之，不絶於口。中夜潸泣，泣而復嘯。

越王曰：『吳王好服之離體，吾欲采葛，《詩》毛氏箋：『葛，所以爲絺綌。』使女工織細布獻之，以求吳王之心，於子何如？』羣臣曰：『善。』乃使國中男女入山采葛，會稽縣東十里有葛山，《越絶》曰：『句踐種葛，使越女治葛布獻吳王。』以作黄絲之布。欲獻之。未及遣使，吳王聞越王盡心自守，食不重味，衣不重彩，雖有五臺之游，未嘗一日登翫。『吾欲因而賜之以書，增之以封。』東至於勾甬，西至於檇李，南至於姑末，即春秋越姑蔑之地，姑蔑地名，有二，魯國卞縣有南姑蔑城，越之姑蔑至秦屬會稽，爲太末縣，今衢州。北至於平原，《越絶》作『武原』，今海鹽縣。縱横八百餘里。越王乃使大夫種索葛布十萬，甘蜜九欓，《韻會》引《吳越春秋》：『越以甘蜜丸欓報吳增封之禮。』謂『欓』爲越椒。今此書無『丸欓』二字，詳下文文笥之類皆以數計，則『甘蜜』當作『丸𧀼』。《玉篇》：『𧀼』，盆也。此『党』字誤。文笥七枚，狐皮五雙，晉竹十廋，『庚』當作『搜』，《漢・溝洫志》：『漕船五百搜』，今文作『艘』，音騷，船總名也。或作『㮴』。以復封禮。吳王得之，曰：『以越僻狄『狄』當作『狹』之國無珍，今舉其貢貨而以復禮，此越小心念功，不忘吳之效也。夫越本興國千里，吾雖封之，未盡其國。』子胥聞之，退臥於舍，謂侍者曰：『吾君失其石室之囚，縱於南林之中，今但因虎豹之野而與荒外之草。於吾之心，其無損也？』吳王得葛布之獻，乃復增越之封，賜羽毛之飾，機杖，諸侯之服。越國大悦，采葛之婦傷越王用心之苦，乃作苦之詩，《事類賦》引《吳越春秋》曰：『乃作苦何之歌。』《會稽賦》注亦引此書曰：『乃作何苦之詩。』曰：『葛不連蔓棻台台，我君心苦命更之。嘗膽不苦甘如飴，《事類賦》及《越舊紀》皆作『味若飴。』令我采葛以作絲。《文選》註引采葛婦詩，有『饑不遑食四體疲』一句，此書無之，闕文也。女工織兮不敢遲。弱於羅兮輕霏霏，號絺素兮將獻之。越王悦兮忘罪除，吳王歡兮飛尺書。增封益地賜羽奇，機杖茵褥諸侯儀。羣臣拜舞天顔舒，我王何憂能不移？』於是，越王内修其德，外布其道，君不名教，臣不名謀，民不名使，官不名事。國中蕩蕩，無有政令。越王内實府庫，墾其田疇，民富國强，衆安道泰。越王遂師八臣與其四友，時問政焉。大夫種曰：『愛民而已。』越王曰：『奈何？』種曰：『利之無害，成之無敗，生之無殺，與之無奪。』越王曰：『願聞。』種曰：『無奪民所好，則利也。民不失其時，則成之。省刑去罰，則生之。薄其賦斂，則與之。無多臺遊，則樂之。靜而無苛，則喜之。民失所好，則害之。農失其時，則敗之。有罪不赦，則殺之。重賦厚斂，則奪之。多作臺遊以罷民，則苦之。勞擾民力，則怒之。詳文意，上文『與之無奪』以下，當有『樂之無苦，喜之無怒』二句。臣聞善爲國者，遇民如父母之愛其子，如兄之愛其弟，聞有饑寒爲之哀，見其勞苦爲之悲。』越王乃緩刑薄罰，省其賦斂。於是，人民殷富，皆有帶甲之勇。

九年，正月，越王召五大夫而告之曰：『昔者，越國遁棄宗廟，身爲窮虜，恥聞天下，辱流諸侯。今寡人念吳，猶躃者不忘走，盲者不忘視。孤未知策謀，惟大夫誨之。』扶同曰：『昔者亡國流民，天下莫不聞知。今欲有計，不宜前露其辭。臣聞擊鳥之動，故前俯伏。此上八字文衍。猛獸將擊，必餌『餌』當作『弭』毛帖伏。鷙鳥將搏，必卑飛戢翼。聖人將動，必順辭和衆。聖人之謀，不可見其象，不可知其情。臨事而伐，故前無剽過之兵，後無伏襲之患。今大王臨敵破吳，宜損少辭，無令泄也。臣聞吳王兵强於齊晉，而怨結於楚。大王宜親於齊，深結於晉，陰固於楚，而厚事於吳。夫吳之志猛驕而自矜，必輕諸侯而凌鄰國。三國決權，還爲敵國，必角勢交爭。越承其弊，因而伐之，可克也。雖五帝之兵，無以過此。』范蠡曰：『臣聞謀國破敵，動觀其符。孟津之會，諸侯曰可，武王辭之。方今吳楚結讎，構怨不解。齊雖不親，外爲其救。晉雖不附，猶效其義。夫內臣謀而決讎其策，鄰國通而不絶其援，斯正吳之興霸，諸侯之上尊。臣聞峻高者隤，亦作『頹』，下墜也。葉茂者摧。日中則移，月滿則虧。四時不並盛，五行不俱馳。陰陽更唱，『唱』當作『倡』。氣有盛衰。故溢堤之水，不淹其量，熻乾之火，不復其熾。水靜則無漚瀴之怒，火消則無熹毛之熱。今吳乘諸侯之威，以號令於天下，不知德薄而恩淺，道狹而怨廣，權懸而智衰，力竭而威折，兵挫而軍退，士散而衆解。臣請按師整兵，待其壞敗，隨而襲之。兵不血刃，士不旋踵，吳之君臣爲虜矣。臣願大王匿聲，無見其動，以觀其靜。』大夫苦成曰：『夫水能浮草木，亦能沉之。地能生萬物，亦能殺之。江海能下谿谷，亦能朝之。聖人能從衆，亦能使之。今吳承闔閭之軍制，子胥之典教，政平未虧，戰勝未敗。大夫嚭者，狂佞之人，達於策慮，輕於朝事。子胥力於戰伐，死於諫議。二人

權，必有壞敗。願王虛心自匿，無示謀計。則吳可滅矣。』大夫浩曰：『今吳君驕臣奢，民飽軍勇，外有侵境之敵，內有爭臣之震，其可攻也。』大夫句如《左傳》、《國語》皆作『皋如』。曰：『天有四時，人有五勝。五德迭相勝也。《史·曆書》：『秦滅六國，頗推五勝，而自以爲獲水德之瑞。』《前漢·律曆志》同。昔湯武乘四時之利而制夏殷，桓繆據五勝之便而列六國。此乘其時而勝者也。』王曰：『未有四時之利，五勝之便，願各就職也。』

又 卷九《句踐陰謀外傳》 大夫種曰：『夫欲報怨復讎，破吳滅敵者，有九術，《史記》作『七術』。君王察焉。』越王曰：『寡人被辱懷憂，內慚朝臣，外愧諸侯，中心迷惑，精神空虛，雖有九術。安能知之？』大夫種曰：『夫九術者，湯文得之以王，桓穆得之以霸，其攻城取邑，易於脫屣，願大王覽之。【略】凡此九術，君王閉口無傳，守之以神，取天下不難。而況於吳乎？』越王曰：『善！』乃行第一術，立東郊以祭陽，名曰東皇公。立西郊以祭陰，名曰西王母。祭陵山於會稽，陵山，禹陵之山。先秦古書帝王冢皆不稱陵，陵之名自漢始。祀水澤於江州。今之江州，春秋時爲吳國境，楚東境，越不得祀水澤於其地。兼晉以前，亦未有江州之名。蜀之巴郡，古有江縣，又去越遼遠，亦非當時祀水澤之地。『州』字義當作『洲』。按《說文》：『州，渚也。』字本作『州』，水中可居者，州，今作洲，蓋後人加水以別州縣之字。事鬼神二年，國不被災。越王曰：『善哉！大夫之術。願論其餘。』種曰：『吳王好起宮室，用工不輟。王選名山神材，奉而獻之。』越王乃使木工三千餘人，入山伐木。一年，師無所幸。作士工作之士。思歸，皆有怨望之心，而歌木客之吟。《水經注》：『句踐使工人伐榮楯，欲以獻吳。久不得歸，工人憂思，作木客吟。』一夜，天生神木一雙，大二十圍，長五十尋，陽爲文梓，陰爲楩柟。巧工施校，制以規繩，雕治圓轉，刻削磨礱，分以丹青，錯畫文章，嬰以白璧，鏤以黃金，狀類龍蛇，文彩生光。乃使大夫種獻之於吳王，曰：『東海役臣臣孤句踐使臣種，敢因下吏聞於左右，賴大王之力，竊爲小殿，有餘材，謹再拜獻之。』吳王大悅。【略】

十一年，越王深念永思，惟欲伐吳，乃請計硯問曰：『吾欲伐吳，恐不能破，早欲興師，惟問於子。』計研對曰：『夫興師舉兵，必且內蓄五穀，實其金銀，滿其府庫，勵其甲兵。凡此四者，必察天地之氣，原於陰陽，明於孤虛，《史·龜策傳》：『日辰不全，故有孤虛。』《六甲孤虛法》：『甲子旬中無戌亥，戌亥卽爲孤，辰巳卽爲虛。』蓋旬空爲孤，對衝爲虛，餘五句可以類推，劉歆《七略》有《風候孤虛》二十卷。審於存亡，乃可量敵。』越王曰：『天地存亡，其要奈何？』計硯曰：『天地之氣，物有死生。原陰陽者，物貴賤也。明孤虛者，知會際也。審存亡者，別真僞也。』越王曰：『何謂死生真僞乎？』計硯曰：『春種八穀，夏長而養，秋成而聚，冬畜而藏。夫天時有生以四時言，則『有生』當作『春生』。而不救種，是一死也。夏長無苗，二死也。秋成無聚，三死也。冬藏無畜，四死也。雖有堯舜之德，無如之何。夫天時有生，勸者老，作者少，反氣應數，不失厥理，一生也。留意省察，謹除苗穢，穢除苗盛，二生也。前時設備，物至則收，國無逋稅，民無失穗，三生也。倉已封塗，除陳入新，君樂臣歡，男女及信，四生也。夫陰陽者，太陰所居之歲，留息三年，貴賤見矣。夫孤虛者，謂天門地戶也。存亡者，君之道德也。』越王曰：『何子之年少於物之長也？』計硯曰：『有美之士，不拘長少。』越王曰：『善哉！子之道也。』乃仰觀天文，集察緯宿，天象定者爲經，動者爲緯，故五星亦曰五緯，宿音秀，列星也。曆象四時，以下者上，虛設八倉，從陰收著。置也。望陽出糶，筴『筴』通作『策』。其極計，三年五倍，越國熾富。句踐歎曰：『吾之霸矣。善！計硯之謀也。』

十二年，越王謂大夫種曰：『孤聞吳王淫而好色，惑亂沉湎，不領政事，因此而謀，可乎？』種曰：『可破。夫吳王淫而好色，宰嚭佞以曳心，往獻美女，其必受之。惟王選擇美女二人而進之。』越王曰：『善。』乃使相者國中，得苧蘿山鬻薪之女，曰西施、鄭旦。《會稽志》：『苧蘿山在諸暨縣南五里。』《輿地志》：『諸暨縣苧蘿山，西施鄭旦所居。』《十道志》：『句踐索美女以獻吳王，得之諸暨苧蘿山，賣薪女也。』西施山下有浣沙石。飾以羅縠，教以容步，習於土城，《越舊經》：『土城在會稽東六里。』臨於都巷，三年學服而獻於吳。乃使相國范蠡進曰：『越王句踐竊有二遺女，越國洿下困迫，不敢稽留，謹使臣蠡獻之大王，不以鄙陋寢容，貌不揚曰寢，通作寑，《廣韻》：『寑，陋。又貌醜，或作侵。』《史·魏其傳》：『武安貌侵。』短小，謂醜惡也。願納以供箕箒之用。』吳王大悅，曰：『越貢二女，乃句踐之盡忠於吳之證也。』子胥諫曰：『不可，王勿受也。臣聞五色令人目盲，五音令人耳聾。昔桀易湯而滅，紂易文王而亡。大王受之，後必有殃。臣聞越王朝書不

倦，晦誦竟夜，且聚敢死之士數萬，是人不死，必得其願；越王服誠行仁，聽諫進賢，是人不死，必成其名。越王夏被毛裘，冬御絺綌，是人不死，必爲對隙。臣聞：賢士，國之寶，美女，國之咎。夏亡以妹喜，殷亡以妲己，周亡以褒姒。」桀伐有施，有施氏以妹喜女焉，有寵而亡夏。紂伐有蘇，有蘇氏以妲己女焉，有寵而亡殷。幽王伐有褒，有褒人以褒姒女焉，有寵，生伯服，逐太子宜臼，太子奔申，申人與繒、西戎攻幽王，周於是乎亡。吳王不聽，遂受其女。【略】

越王又問相國范蠡曰：「孤有報復之謀，水戰則乘舟，陸行則乘輿，輿舟之利，頓於兵弩。今子爲寡人謀事，莫不謬者乎？」范蠡對曰：「臣聞古之聖君莫不習戰用兵，然行陣隊伍軍鼓之事，吉凶決在其工。今聞越有處女，出於南林，《越舊經》：「南林在山陰縣南。」國人稱善。願王請之，立可見。」越王乃使使聘之，問以劍戟之術。處女將北見於王，道逢一翁，自稱曰袁公。問於處女：「吾聞子善劍，願一見之。」女曰：「妾不敢有所隱，惟公試之。」於是，袁公卽杖箖箊竹，箖箊，竹名。《吳都賦》：「其竹則篔簹箖箊。」竹枝上頡橋木墮地，女卽捷末。《藝文類聚》引《吳越春秋》處女善劍事與此小異，曰：「袁公卽挽林内之竹，似枯槁，末折墮地，女接取其末。」按此書，「末」字當作「未」，「捷」，通作「接」。《易》：「晝日三接。」《禮記》：「太子生接以太牢。」《左傳》：「子同生接以太牢。」袁公則飛上樹，變爲白猿。遂別去，見越王。越王問曰：「夫劍之道則如之何？」女曰：「妾生深林之中，長於無人之野，無道不習。不達諸侯，竊好擊之道，誦之不休。妾非受於人也，而忽自有之。」越王曰：「其道如何？」女曰：「其道甚微而易，其意甚幽而深。道有門戶，亦有陰陽，開門閉戶，陰衰陽興。凡手戰之道，內實精神，外示安儀，見之似好婦，奪之似懼虎。布形候氣，與神俱往。杳之若日，偏如滕「滕」當作「騰」。兔。追形逐影，光若彿彷。呼吸往來，不及法禁。縱橫逆順，直復不聞。斯道者，一人當百，百人當萬。王欲試之，其驗卽見。」越王卽加女號，號曰「越女」。乃命五板之墮長高習之教軍士。《詩》註：「一丈爲版，五版爲堵。」《左傳》：「五版爲堵，五堵爲雉。」「版」亦作「板」，此「墮」字疑當作「隊」。「長」疑是上聲。「高」或人名也。當世「勝」字上疑當有「莫能」二字。勝越女之劍。於是范蠡復進善射者陳音。音，楚人也。越王請音而問曰：「孤聞子善射，道何所生？」音曰：「臣，楚之鄙人，嘗步於射術，未能悉知其道。」越王曰：「然，願子一二其辭。」音曰：「臣聞弩生於弓，弓生於彈，彈起古之孝子。」越王曰：「孝子彈者奈何？」音曰：「古者，人民朴質，饑食鳥獸，渴飲霧露，死則裹以白茅，投於中野。孝子不忍見父母爲禽獸所食，故作彈以守之，絕鳥獸之害。故歌曰『斷竹續竹，飛土逐害』之謂也。於是神農皇帝「皇」當作「黃」。弦木爲弧，剡木爲矢，《世本》：「黃帝臣牟夷作矢。」弧矢之利，以威四方。黃帝之後，楚有弧父。弧父者，生於楚之荊山，生不見父母。爲兒之時，慣用弓矢，所射無脫。以其道傳於羿，羿傳逢蒙，逢蒙傳於楚琴氏。琴氏以爲弓矢不足以威天下。當是之時，諸侯相伐，兵刃交錯，弓矢之威不能制服。琴氏乃橫弓着臂，施機設樞，《釋名》：「弩柄曰臂，鉤弦曰牙，牙外曰郭，郭下有懸刀，合而名之曰機，言機巧也。亦言如門戶之樞機，開闔有節。」加之以力，然後諸侯可服。琴氏傳之楚三侯，《文選》註所引與此畧同，但云「琴氏傳大魏，大魏傳楚三侯。」少異耳。所謂句亶、鄂、章，人號麋侯、翼侯、魏侯也。熊渠三子，長子康爲句亶王，紅爲鄂王，少子執疵爲越章王。三侯者，未僭王號時所稱也。自楚之三侯傳至靈王，自稱之楚累世，蓋以桃弓棘矢而備鄰國也。楚右尹子革曰：「惟是桃弧棘矢，以共御王事。」自靈王之後，射道分流，百家能人用，莫得其正。臣前人受之於楚，五世於臣矣。臣雖不明其道，惟王試之。」越王曰：「弩之狀何法焉？」陳音曰：「郭爲方城，守臣子也。教爲人君，命所起也。牙爲執法，守吏卒也。牛爲中將，主內裏也。關爲守禦，檢去止也。錡爲侍從，聽人主也。臂爲道路，通所使也。弓爲將軍，主重負也。弦爲軍師，禦戰士也。矢爲飛客，主教使也。金爲實敵，往不止也。衛爲副使，正道里也。又爲受教，知可否也。縹爲都尉，執左右也。敵爲百死，不得駭也。鳥不及飛，獸不暇走，弩之所向，無不死也。臣之愚劣，道悉如此。」越王曰：「願聞正射之道。」音曰：「臣聞正射之道，道衆而微。古之聖人，射弩未發而前名其所中。射，命中也。臣未能如古之聖人，請悉其要。夫射之道，身若戴板，頭若激卵。左蹉右足橫，句。左手若附枝，右手若抱兒。舉弩望敵，翕心咽煙。與氣俱發，得其和平。神定思去，去止分離。右手發機，左手不知。一身異教，豈況雄雌。此正射持弩之道也。」「願聞望敵儀表，投分飛矢之道。」音曰：「夫射之道，從分望敵，合以參連。《周禮》：「五射，二曰參連。」

前放一矢，後三矢連續而去也。」弩有斗石，矢有輕重，石取一兩，其數乃平，遠近高下，求之銖分。道要在斯，無有遺言。」越王曰：『善。盡子之道，願子悉以教吾國人。』音曰：『道出於天，事在於人。人之所習，無有不神。』於是，乃使陳音教士習射於北郊之外。三月，軍士皆能用弓弩之巧。陳音死，越王傷之，葬於國西，號其葬所曰『陳音山』。在山陰縣西南四里，《寰宇記》曰：屬上虞縣，非也。

又 卷一〇《句踐伐吳外傳》 王乃令國中不行者，與之訣而告之曰：『爾安土守職，吾方往征討我宗廟之讎，以謝於二三子。』令國人各送其子弟於郊境之上，軍士各與父兄昆弟取訣。國人悲哀，皆作離別相去之詞，曰：『躁躁摧長恧兮，擢戟馭殳，殳音殊，兵器。《詩》：『伯也執殳。』《周禮》：『殳以積竹八觚，長文二尺，建於兵車，旅賁以先驅。』《說文》：『積竹，謂削去白，取其青處合之，取其有力。』《釋名》：『殳，殊也。長一丈二尺，無刃，有所撞挃於車上，使殊離也。』所離不降兮，以洩我王氣蘇。三軍一飛降兮，所向皆殂。一士判死兮，而當百夫。道祐有德兮，吳卒自屠。雪我王宿恥兮，威振八都。軍伍難更兮，勢如貔貙。貔，猛獸。陸機曰：『似虎，或曰似羆。』貙，椿倶切。似貍，能捕獸祭天。陸佃曰：『虎五指爲貙。』行行各努力兮，於乎於乎！』於是，觀者莫不悽惻。【略】

吳王大懼，夜遁。越王追奔，攻吳兵，入於江陽松陵，欲入胥門，來至六七里，望吳南城，見伍子胥頭，巨若車輪，目若耀電，鬚髮四張，射於十里。越軍大懼，留兵假道。即日夜半，暴風疾雨，雷奔電激，飛石揚砂，疾於弓弩。越軍壞敗，松陵却退，兵士僵斃，人衆分解，莫能救止。范蠡、文種乃稽顙肉袒，拜謝子胥，願乞假道。子胥乃與種、蠡夢，曰：『吾知越之必入吳矣，故求置吾頭於南門，以觀汝之破吳也。惟欲以窮夫差。定汝入我之國，吾心又不忍，故爲風雨以還汝軍。然越之伐吳，自是天也，吾安能止哉？越如欲入，更從東門，我當爲汝開道貫城，以通汝路。』於是，越軍明日更從江出，入海陽於三道之翟水，乃穿東南隅以達，越軍遂圍吳。【略】

越王還於吳，當歸而問於范蠡曰：『何子言之其合於天？』范蠡曰：『此素女之道，一言即合大王之事。王問爲，「爲」當作「焉」。實《金匱》之要在於上下。』越王曰：『善哉。吾不稱王，其可悉乎？』蠡曰：『不可。昔吳之稱王，僭天子之號，天變於上，日爲陰蝕。今君遂僭號不歸，恐天變復見。』越王還於吳，置酒文臺，羣臣爲樂。乃命樂作伐吳之曲，樂師曰：『臣聞即事作操，功成作樂。君王崇德，誨化有道之國，誅無義之人，復讎還恥，威加諸侯，受霸王之功。功可象於圖畫，德可刻於金石，聲可託於弦管，名可留於竹帛。臣請引琴而鼓之。』遂作章暢辭曰：『屯乎，今欲伐吳，可未耶？』大夫種、蠡曰：『吳殺忠臣伍子胥，今不伐吳，人「人」當作「又」。何須？』大夫種進祝酒，其辭曰：『皇天佑助，我王受福。良臣集謀，我王之德。宗廟輔政，鬼神承翼。君不忘臣，臣盡其力。上天蒼蒼，不可掩塞。觴酒二升，萬福無極。』於是，越王默然無言。大夫種曰：『我王賢仁，懷道抱德。滅讎破吳，不忘返國。賞無所悋，羣邪杜塞。君臣同和，福祐千億。觴酒二升，萬歲難極。』臺上羣臣大悦而笑，越王面無喜色。范蠡知句踐愛壤土，不惜羣臣之死，以其謀成國定，必復不須功而返國也。故面有憂色而不悅也。范蠡從吳欲去，恐句踐未返，失人臣之義，乃從入越。行謂文種曰：『子來去矣，越王必將誅子。』種不然言。蠡復爲書遺種曰：『吾聞天有四時，春生冬伐；人有盛衰，泰終必否。知進退存亡而不失其正，惟賢人乎？蠡雖不才，明知進退。高鳥已散，良弓將藏。狡兔已盡，良犬就烹。夫越王爲人長頸鳥啄，鷹視狼步，可與共患難而不可共處樂，可與履危，不可與安。子若不去，將害於子，明矣。』文種不信其言。越王陰謀，范蠡議欲去，徼幸。

二十四年，九月丁未，范蠡辭於王曰：『臣聞主憂臣勞，主辱臣死，義一也。今臣事大王，前則無滅未萌之端，後則無救已傾之禍。雖然，臣終欲成君霸國，故不辭一死一生。臣竊自惟，乃使於吳。王之慚辱，蠡所以不死者，誠恐讒於太宰嚭，成伍子胥之事。故不敢前死，且須臾而生。夫恥辱之心不可以大，承上文而言，則「大」當作「久」。流汗之愧不可以忍。幸賴宗廟之神靈，大王之威德，以敗爲成，斯湯武克夏商而成王業者。定功雪恥，臣所以當席日久。臣請從斯辭矣。』越王惻然，泣下霑衣，言曰：『國之士大夫是子，國之人民是子，使孤寄身託號以俟命矣。今子云去，欲將逝矣，是天之棄越而喪孤也，亦無所恃者矣。孤竊有言，公位乎，「位」當作「住」。分國共之，去乎，妻子受戮。』范蠡曰：『臣聞君子俟時，計不數謀，死不被疑，內不自欺。臣既逝矣，妻子何法乎？王其

勉之，臣從此辭。』乃乘扁舟，出三江，入五湖，人莫知其所適。范蠡既去，越王愀然變色，召大夫種曰：『蠡可追乎？』種曰：『不及也。』王曰：『奈何！』種曰：『蠡去時，陰畫六，陽畫三，日前之神莫能制者，玄武天空威行，孰敢止者？度天關，涉天梁，後入天一。前翳神光，言之者死，視之者狂。臣願大王勿復追也。蠡終不還矣。』越王乃收其妻子，封百里之地，有敢侵之者，上天所殃。於是，越王乃使良工鑄金象范蠡之形，置之坐側，朝夕論政。【略】

二十五年，丙午平旦，越王召相國大夫種而問之：『吾聞知人易，自知難。其知相國何如人也？』種曰：『哀哉，大王知臣勇也，不知臣仁也。知臣忠也，不知臣信也。臣誠數以損聲色，滅淫樂，奇説怪論，盡言竭忠，以犯大王，逆心咈耳，必以獲罪。臣非敢愛死不言，言而後死。昔子胥於吴矣，夫差之誅也，謂臣曰：「狡兔死，良犬烹。敵國滅，謀臣亡。」范蠡亦有斯言。何大王問犯《玉門》之第八？臣見王志也。』越王默然不應，大夫亦罷。哺其耳以成人惡。大渡。其妻曰：『君賤！一國之相，少王禄乎？臨食不亨，「亨」當作「享」。哺以恶何？妻子在側，匹夫之能，自致相國，尚何望哉？無乃爲貪乎？何其志忽忽若斯？』種曰：『悲哉，子不知也。吾王既免於患難，雪耻於吴，我悉徙宅自投死亡之地，盡九術之謀，於彼爲佞，在君爲忠，王不察也。乃曰：知人易，自知難。吾答之又無他語，是凶妖之證也。吾將復入，恐不再還，與子長訣，相求於玄冥之下。』妻曰：『何以知之？』種曰：『吾見王時，正犯《玉門》之第八也。辰剋其日，上賊於下，是爲亂醜，必害其良。今日剋其辰，上賊下止，吾命須臾之間耳。』越王復召相國，謂曰：『子有陰謀兵法，傾敵取國。九術之策，今用三已破强吴，其六尚在子所，願幸以餘術爲孤前王於地下謀吴之前人。』於是種仰天歎曰：『嗟乎！吾聞大恩不報，大功不還，其謂斯乎？吾悔不隨范蠡之謀，乃爲越王所戮。吾不食善言，故哺以人惡。』越王遂賜文種屬盧「盧」當作「鏤」。之劍，種得劍，又歎曰：『南陽之宰而爲越王之擒。』自笑曰：『後百世之末，忠臣必以吾爲喻矣。』遂伏劍而死。徐天祐曰：句踐脱囚虜之辱，苦身勞思，君臣相與謀報吴者，二十餘年，卒以越霸。諸臣雖與有力，而種、蠡之功居多。蠡見幾而作，可謂明且哲矣。種之死也，無罪而越王誅之也。無名其辭，乃曰：『幸以餘術爲孤前王於地下謀吴之前人。』是何言歟，令死者有知，謀之地下何益！如其無知，焉用謀之？夫大功不賞而淫刑以報，此種所以仰天而歎，又自笑也。越王葬種於國之西山，即臥龍山，又名種山，一曰重山。《太平御覽》曰：『種山之名，因大夫種，以語訛，成重也。』樓船之卒三千餘人，造鼎足之羡，《周禮》：『冢人丘隧。』註：『羡，道也。』疏曰：『天子有隧，諸侯以下有羡道。』《史·衛世家》：『共伯入釐侯羡。』《索隱》曰：『羡音延，延，墓道。又以戰切。』《始皇紀》曰：『大事畢，閉中羡，下外羡。』上卷《夫差傳》：『羡門』當亦與此同義。或入三峰之下。葬一年，伍子胥從海上穿山脅而持種去，與之俱浮於海。故前潮水潘候者，伍子胥也。後重水者，大夫種也。【略】

越王使人如木客山，取元常之喪，木客山，去會稽縣十五里。《越絶》曰：『木客大冢者，允常冢也。』欲徙葬琅邪。三穿元常之墓，墓中生熛風，飛砂石以射人，人莫能入。《水經註》：『冢中分風飛砂射人，不得近。』句踐曰：『吾前君其不徙乎？』遂置而去。句踐乃使使號令齊楚秦晉，皆輔周室，血盟而去。秦桓公不如越王之命，按《史·年表》：句踐二十五年是爲秦厲共公六年，此書爲『秦桓公不如越王之命』，非也。由句踐二十五年上距秦桓公之卒，蓋一百有六年矣。『桓公』當作『厲共公』云。句踐乃選吴越將士，西渡河以攻秦。軍士苦之。會秦怖懼，逆自引咎，越乃還軍。軍人悦樂，遂作《河梁之詩》，曰：『渡河梁兮渡河梁，舉兵所伐攻秦王。孟冬十月多雪霜，隆寒道路誠難當。陣兵未濟秦師降，諸侯怖懼皆恐惶。聲傳海内威遠邦，稱霸穆桓齊楚莊。天下安寧壽考長，悲去歸兮何無梁。』自越滅吴，中國皆畏之。【略】

二十七年，冬，句踐寢疾，將卒，《通鑑外紀》：『句踐三十三年薨。』謂太子興夷曰：『吾自禹之後，承元常之德，蒙天靈之佑、神祇之福，從窮越之地，籍楚之前鋒，以摧吴王之干戈。跨江涉淮，從晉齊之地，功德巍巍。自致於斯，其可不誡乎？夫霸者之後，難以久立，其慎之哉！』遂卒。

漢·韓嬰《韓詩外傳》卷八 越王句踐使廉稽獻民于荆王。荆王使者曰：『越，夷狄之國也。臣請欺其使者。』荆王曰：『越王，賢人也，其使者亦賢，子其慎之。』使者出見廉稽，曰：『冠則得以俗見。不冠不得見。』廉稽曰：『夫越亦周室之列封也，不得處於大國，而處江海之陂，

與魭鱣魚鱉爲伍，文身翦髮而後處焉。今來至上國，必曰冠得俗見，不冠不得見，如此，則上國使適越，亦將劓墨文身翦髮而後得以俗見，可乎？』荆王聞之，披衣出謝。孔子曰：『使於四方，不辱君命，可謂士矣。』

又　卷一〇　吳王夫差爲無道，至驅一市之民以葬闔閭。然所以不亡者，有伍子胥之故也。胥以死，越王句踐欲伐之。范蠡諫曰：『子胥之計策，尚未忘於吳王之腹心也。』子胥死後三年，越乃能攻之。

晉・王嘉《拾遺記》卷三《周靈王》　越謀滅吳，蓄天下奇寶、美人、異味進於吳。殺三牲以祈天地，殺龍蛇以祠川岳。矯以江南億萬戶民，輸吳爲傭保。越又有美女二人，一名夷光，二名修明，（卽西施、鄭旦之別名。）以貢於吳。吳處以椒華之房，貫細珠爲簾幌，朝下以蔽景，夕捲以待月。二人當軒並坐，理鏡靚妝於珠幌之內。竊窺者莫不動心驚魄，謂之神人。吳王妖惑忘政。及越兵入國，乃抱二女以逃吳苑。越軍亂入，見二女在樹下，皆言神女，望而不敢侵。今吳城蛇門內有朽株，尚爲祠神女之處。初，越王入吳國，有丹烏夾王而飛，故句踐之霸也，起望烏臺，言丹烏之異也。

又　卷一〇《昆吾山》　昆吾山，其下多赤金，色如火。昔黄帝伐蚩尤，陳兵於此地，掘深百丈，猶未及泉，惟見火光如星。地中多丹，鍊石爲銅，銅色青而利。泉色赤。山草木皆勁利，土亦剛而精。至越王句踐，使工人以白馬白牛祠昆吾之神，採金鑄之，以成八劍之精：一名掩日，以之指日，則光晝暗。金陰也，陰盛則陽滅。二名斷水，以之劃水，開卽不合。三名轉魄，以之指月，蟾兔爲之倒轉。四名懸翦，飛鳥遊過觸其刃，如斬截焉。五名驚鯢，以之泛海，鯨鯢爲之深入。六名滅魂，挾之夜行，不逢魑魅。七名却邪，有妖魅者，見之則伏。八名真剛，以切玉斷金，如削土木矣。以應八方之氣鑄之也。其山有獸，大如兔，毛色如金，食土下之丹石，深穴地以爲窟；亦食銅鐵，膽腎皆如鐵。其雌者色白如銀。昔吳國武庫之中，兵刃鐵器，俱被食盡，而封署依然。王令檢其庫穴，獵得雙兔，一白一黄，殺之，開其腹，而有鐵膽腎，方知兵刃之鐵爲兔所食。王乃招其劍工，令鑄其膽腎以爲劍，一雌一雄，號『干將』者雄，號『鏌鋣』者雌，其劍可以切玉斷犀，王深寶之，遂霸其國。後以石匣埋藏。及晉之中興，夜有紫色衝斗牛。張華使雷煥爲豐城縣令，掘而得之。華與煥各寶其一。拭以華陰之土，光耀射人。後華遇害，失劍所在。煥子佩其一劍，過延平津，劍鳴飛入水。及入水尋之，但見雙龍纏屈於潭下，目光如電，遂不敢前取矣。

論說

宋・蘇軾《東坡全集》卷一〇五《志林十三條・論古》　越既滅吳，范蠡以爲句踐爲人長頸烏喙，可與共患難，不可與共逸樂，乃以其私徒屬浮海而行。至齊，以書遺大夫種曰：『蜚鳥盡，良弓藏，狡兔死，走狗烹。子可以去矣。』蘇子曰：范蠡獨知相其君而已，以吾相蠡，蠡亦鳥喙也。夫好貨，天下賤士也。以蠡之賢，豈聚斂積實者？何至耕於海濱？父子力作，以營千金，屢散而復積，此何爲者哉？豈非才有餘而道不足，故功成名遂身退，而心終不能自放者乎？使句踐有大度，能始終用蠡，蠡亦非清淨無爲以老於越者也。故曰蠡亦鳥喙也。魯仲連既退秦軍，平原君欲封連，以千金爲壽。笑曰：『所貴於天下士者，爲人排難解紛而無所取也。卽有取，是商賈之事，連不忍爲也。』遂去，終身不復見。逃隱於海上，曰：『吾與富貴而詘於人，寧貧賤而輕世肆志焉。』使范蠡之去如魯連，則去聖人不遠矣。嗚呼！春秋以來，用舍進退未有如蠡之全者也，而不足於此。吾是以累嘆而深悲焉。蘇子曰：子胥、種、蠡皆人傑，而揚雄曲士也，欲以區區之學，疵瑕此三人者。以三諫不去鞭尸，籍館爲子胥之罪。以不强諫句踐，而栖之會稽，爲種、蠡之過。雄聞古有三諫當去之說，卽欲以律天下士，豈不陋哉！三諫而去，爲人臣交淺者言也，如宮之奇、洩冶乃可耳。至如子胥，吳之宗臣，與國存亡者也，去將安往哉？百諫不聽，繼之以死可也。孔子去魯，未嘗一諫，又安用三。父受誅，子復讐，禮也。生則斬首，死則鞭尸，發其至痛，無所擇也。是以昔之君子，皆哀而恕之，雄獨非人子乎？至於籍館，闔閭與羣臣之罪，非子胥意也。句踐困於會稽，乃能用二子。若先戰而强諫以死之，則雄又當以子胥之罪罪之矣。此皆兒童之見無足論者，不忍三子之見誣，故爲一言。

宋·蘇轍《古史》卷一九《越世家第十二》 蘇子曰：吳以蠻夷爭盟上國，陵蔑齊、晉，結怨楚、越，再世而亡，何者？地遠而民勞，勢不順也。越王句踐既克夫差，雖號伯王，而實斂兵自守，無大征伐，分吳故土，以畀楚、宋、魯，遂以保國傳世。彼親見其害，知所以自監矣哉？至王無彊，無闔閭之知而有夫差之患，其殘國宜矣。昔楚莊王克陳、宋、鄭，力能取之而不有，諸侯安之，而楚遂以興。靈王大城陳、蔡、不羹，經營中夏，貪而不止，則身受其咎，蓋東南之常勢於是可見矣。自東晉以來至於陳，皆國於吳越之墟，成敗之迹無不然者。雖桓温、劉裕善用兵，或能一勝，而民以罷弊訖於無成，至殷浩、庾亮蓋不足數也。如謝安之賢，猶勉彊北征，失策而死，亦眩於其名，而未安其實故耶？嗟夫！謀國如蔡謨，吾有取焉。

宋·呂祖謙《左氏傳説》卷二〇《定公·於越敗吳于檇李十四年》 吳與越戰，越子句踐禦之，陳于檇李。句踐患吳之整也，使死士再禽焉，不動，使罪人三行，屬劍於頸，而辭曰，二君有治，臣奸旗鼓，不敏於君之行前，不敢逃刑，敢歸死，遂自剄也。師屬之目，越子因而伐之，大敗之。靈姑浮以戈擊闔廬，闔廬傷將指，取其一屨還，卒於陘。到此，吳方爲越所敗，闔廬傷而死。吳之陳所以如此整，乃當時申公巫臣、孫武之餘教，何故？他當時適吳，舍偏兩之卒於吳，教他伍乘之法。後來又從孫武教宫人戰陳，斬其犯命者。則陳法吳人講之精，雖闔廬末年尚承餘教遺習。以越之剽悍輕易，猶畏而不敢前，以此知用兵不可無法制，何故？越出其計，變吳人耳目，終爲所敗。蓋兵有正有奇，正則可效，奇則不可效。所謂行列卒伍分布之法，固可傳得千變萬化，移換耳目，則不可教。若使巫臣、孫武之法，便不到陳亂地位，既無巫臣、孫武之臣，徒守巫臣、孫武之法，便到敗處。以此知天下之事，有傳者，有不可傳者。闔廬既敗死，其子夫差使人立於庭，苟出入，必謂己曰：『夫差，而忘越王之殺而父乎？』其復讎之志甚堅，惟其立志之堅，所以幾滅越國。後來何故爲句踐甘言重幣所誘？聽太宰嚭讒臣之説，志滿意得，終爲越滅。若以常理論之，坐薪嘗膽之時爲之則易，志滿意得之時持之甚難。然觀夫差本源發處，其志已不全了，所以常使人立於庭，出入必謂，已是常要人喚省他。使其志堅如火之必熱，如水之必濕，如江河之不可轉移，則復讎之念豈有間斷？今必待人提起他，意思則知他當時工夫已自有間斷隔絶處了，所以終至於志滿意得爲越所滅。學者觀此事最當警戒，今學者能親直諒之。友朝夕警省，亦是大段有志之人，然而須以夫差事自警戒，見得人終靠不得，志滿意得，地位便自見。學者做工夫須到不待人地位，方堅固。

又《哀公·越子伐吳爲二隧十三年》 越之謀吳自哀公元年，句踐棲於會稽，自此便做謀吳工夫。其次第機謀甚密，當時有大夫種、范蠡深於知兵。始者事吳，皆如臣妾，到得吳伐齊，率其衆卑身以朝，蓋欲以此驕吳之心，使皆無後顧之患，一意從事於中原。到得十三年，夫差空國盡出，以爭諸侯，爲黄池之會，正是可乘之機，越王於此方出兵伐吳。蓋吳腹心臣既死，又空國出在外，所以守國者皆庸人，此越所以沼吳之師。其戰亦有本末，當時所謂信臣精卒，悉皆在外，所與抗越師者，不過太子友、王孫彌庸之徒，皆孱弱不足勝之人。然，初間與越戰，彌庸尚且獲疇無餘，王子地獲謳陽，如何能以孱弱之兵勝越養鋒蓄鋭之師？蓋此正是兵法示之以不能，先與他一敗，所以驕吳人。到得越全師至，果然大敗吳師，入吳。他當時分兵爲兩道，所謂越子全師是一道，疇無餘、謳陽所將皆寡弱之師，委之於敵。此有兩意：一是驕吳人之心，一是吳人敗越孱弱之師，其兵已困，及全師至，所以不能敵。然越既入吳國，何故不盡滅？必先退而後復滅之。蓋當時越入吳，不過能勝孱弱不足勝之人，精鋭之卒，隨吳王在外者尚多。若便滅吳，吳王之歸雖無道，若收合餘燼以戰，却自未可必。故越之退所以嘗試吳王，若吳王經此大變，側身修行，吳如何便滅得？惟其經大變而不以爲事，遂一舉而滅之，此是大夫種、范蠡之深謀。

又《越滅吳二十二年》 越之伐吳，始也因吳人爲黄池之會，乘其虚以入其國，自太子以下皆見執；其再也，以三軍潛涉敗吳；及其三也，以二十年方圍吳。夫越已三加師於吳，方能圍吳之國，論來夫差自黄池之會以前，勞民力，肆彊暴，其國根本虚了。到得歸自會，則已爲越所入，覆其根本，何故又須到三加兵，方能圍吳？到此已二十年了，而師在吳城下，又且兩年，方能滅人之國，何故？只緣他基業厚了，吳自巫臣教戰法，自諸樊以至闔廬，撫循其民，從事於耕戰甚久。雖夫差二十年，戕賊其本根；句踐二十年養成兵力也，須用二十年工夫。觀越三師

於吴，在吴城下又兩年方能入其國，以此知非二十年工夫也不能克。以此見古人立國，其根本之固皆如此。若後世則不然，秦并吞六國，全有天下，其基業非不壯，然陳勝、劉、項一呼，不一二年便滅秦；隋并吞南北，兼有天下，卻到李、王、劉、唐一起，三兩年便滅隋。所以如此，正緣無根本了。大抵觀人之國，惟於國勢危亡時，方見得根本厚薄，譬如兩人同受病，固是必死之病，然一人元氣盛，其死必緩；一人元氣弱，其死必速。

宋・程公説《春秋分記》卷八〇《次國第一・越・句踐》 右越，自句踐滅吴，霸中國，卒。春秋後七世，大爲楚所破，遂以微弱。

論曰：越句踐，其可謂有志也已，奮於僻陋之邦，苦心焦思，卒滅强吴。時方春秋季世，霸降爲强。以句踐之功，雖不敢望五霸，而於忍苦雪耻，君子猶有取焉。惜其自是遂安於蠻夷，忘意於中國，故自句踐後，皆固陋無聞。然惟其無聞也，故亦不至驟以覆亡也。豈以見吴之崛强而知鑑之歟？

金・王若虚《滹南集》卷二七《臣事實辨》 退之《論范蠡招文種事畧》曰：爲人謀而不忠，有臣君之智而無事君之義，若以長頸之狀，難以同樂，則舉吴之後，還越之日，泛輕舟遊五湖者，豈唯范子乎？其移文種之書，猶拔句踐之劍也。句踐何過哉？其文辭不甚佳，此必少年所作，故黜於《外集》，而世亦無稱道者。獨宋孫漢公謂其意出千古。予以爲然。蠡雖功成，然句踐之眷方隆，而所期望者未艾也，盍亦爲之勉留，而徐以禮請，則終始之義，庶幾兩全，而決意不回，若棄仇讐者。王以誅賞動之，則曰：君行令，臣行義。卒潛遁去。揆以人情，王既不能堪矣。乃又移書同志，誦王之短，而示己之見，幾種也不智，亦因謝病不朝。王未嘗負二子，而二子負王，安得不發怒而殺之乎？以史傳考之，句踐無不道之事，惟種受誅，而實其自取，則長頸之相，蓋亦無驗也。嗚呼！蠡，春秋之豪，才畧有餘而仁義不足者也。以今日待其君如此其薄，則向來所以黽勉從事者，特假之以爲功名之資耳，夫豈誠意哉？然而千古高之以爲美談，其視貪榮嗜利死而不悔者，固爲賢矣。以君子忠愛之道律之，殆未滿人意也。

元・陳師凱《書蔡氏傳旁通》卷六下《文侯之命》 平王宜若衛文公、越句踐然。

《左傳・閔二年》：狄人侵衛，衛懿公戰於熒澤，衛師敗績，遂滅衛。宋威公逆諸河，宵濟，衛之遺民男女七百有三十人，益之以共，滕之民爲五千人，立戴公以廬于漕。齊桓公使公子無虧帥車三百乘以戍漕。戴公卒，文公立。文公徙居楚丘，大布之衣，大帛之冠，務材訓農，通商惠工，敬教勸學，授方任能。元年，革車三十乘。季年，乃三百乘。哀元年，吴王夫差敗越于夫椒。越子句踐以甲楯五千保于會稽，使大夫種因吴大宰嚭以行成，越及吴平。伍員諫，弗聽，退而告人曰：『越十年生聚十年教訓，二十年之外，吴其爲沼乎？』二十二年，越伐吴，棲吴王於姑蘇之山，自殺。句踐已平吴，乃以兵北渡淮，與齊、晉諸侯會於徐州，致貢於周。周元王賜句踐胙，命爲伯，諸侯畢賀，號稱霸王。

清・張尚瑗《左傳折諸》卷二七《哀公・越子以甲楯五千保于會稽》 《紹興志・會稽山上》：句踐與吴戰，大敗，棲其中。下爲牧魚池，其利不租。《舊經》：越王城在縣東南一十里。《十道志》云：城，天門也。天門當閉，開必致虎。嘗觀吴之勝越，越雖大敗，猶以甲楯五千保險拒之，故得不亡。此與漢伐宛無異。宛之得存者，亦以中城不下故也，豈徒以納賂請盟而得存哉？吴之亡也，乃束手請以越之事吴者事越，必不得矣。

清・顧棟高《春秋大事表》卷四《列國疆域表・越疆域論》 論曰：越自允常始見《春秋》，再世至句踐，遂成伯業，天子致胙，五傳而至無疆，而卒爲楚所滅。竊怪句踐以廣運百里之地，而能覆二千里之吴，其後世地兼吴越，而楚滅之如反掌之易，其故何也？曰：其故仍句踐自貽之也。當其滅吴，而不能正江淮以北，使楚東侵，廣地至泗上，是爲畫江自守之計，棄其地利以與人，其得延至五世，幸矣。昔人有言守江不如守淮，守淮必宿重兵于廬、鳳、徐、泗，而後進可以戰，退可以守。當吴之與楚角也，爭鍾離、州來、居巢三邑七十餘年，而後取之，迨既得州來而入郢之勢已兆。故孫氏之保江東也，守濡須與魏爭合肥；東晉之有江左也，覆苻堅之兵八十萬于淝水；蕭梁之都建業也，敗拓跋之衆二十萬於鍾離。至汴宋稍稍不振矣，而劉、楊諸將猶力爭於壽春、藕塘間，而後劉豫不敢南渡。夫非昔日吴、楚之已事乎？越既有吴，不能守吴，故轍北

公嘗欲以越伐魯，而去季氏，公又嘗如越。曾子居武城，有越寇，見于《孟子》。武城在今沂州府費縣西南九十里。季氏之私邑，亦在費，與琅琊之説相合。夫越既滅吳，與齊、晉諸侯會于徐州。徐州本薛地，今爲兗州府滕縣，非江南之徐州也。天子致胙，方欲正邾魯山東諸侯之侵界，豈其棄江淮不事？且既棄之以予楚矣，如后庸使命之往來，及出兵侵魯，豈反假道于楚耶？又范蠡既雪會稽之耻，變姓名寓于陶，陶爲今曹州府曹縣。蓋先時吳屢伐齊、魯、沂、曹之邊地，吳蓋略而有之。哀八年，吳嘗伐魯，入武城。武城人或有田于吳，竟拘鄫人之漚菅者，曰：何故使吾水滋？及吳師至，拘者遂道之以伐武城。觀此，則沂州之地，久已爲吳之錯壤。越滅吳，因有其地，則其遷都琅琊，蓋盡吳之境，與北方諸侯爭衡，豈有反棄江淮之地，以資勍敵之楚耶？且即如《史記》所云，越自句踐以後五世至無疆，中間嘗欲伐齊，齊舊與吳接境，與越之故土，遠隔江淮。若句踐棄江淮以北，則其後世必不能復拓有吳境，與齊遠不相及，無緣有伐齊之事，則《史記》之自相矛盾更較然矣。蘇子由謂史遷淺陋而不學，疏畧而輕信，而于地理尤疏舛。余既據其説作《越封疆論》，復附識他書，所見于此，以俟後之博學者攷焉。

又　卷三四《吳越交兵表》　世嘗恨吳王不聽子胥滅越，致越卒治吳，余以爲不然。吳之亡以驕淫黷武，耽樂忘禍，輕用民力，馳騁於數千里之外，雖微越，吳亦必亡。若使守其四境，和其人民，任賢使能，而增脩其政，越雖切齒思報，亦且慴伏而不敢動，動即滅國矣。雖百越，能爲吳患哉？且吳之會晉黄池，聞有越師，遑遽而奔歸也。太子戰死，國之不亡者如髮，而越未嘗不與吳平。此時若能效句踐會稽之志，則吳之封疆大于越國，而吳之受創未至如會稽，將見越能復吳，而吳亦能復越。瀦越之國，數句踐背德之罪而戮之，天下其孰敢議？乃因循至十年之久，再受越師，卒迷不悟。慶忌驟諫而至見殺，則非越之能滅吳，吳自滅耳。嗚呼！古今存亡之理，雖曰天命，豈非人事？吳嘗破楚入郢，乃不踰年而楚卒返國。越一入吳，而泰伯之後遂以不祀，此又非特夫差之過也。楚能信任宗族，其執政皆公子，昭王奔隨，而子西爲王輿服于脾洩以靖國人，子期至身爲王，以與吳。其大臣多捐軀盡忠之士，譬如百足之蟲，至死不僵矣。向使夫差雖亡，而夫概尚在，以其精于用兵，得吳旁郡邑而守之，扼州來，西阻豫章，而戀戀于三江五湖之利，志意驕滿，號稱伯王，此猶項氏之棄關中而都彭城，同一沐猴之見耳。楚人既得上游而復兼有廣陵、徐、泗之地，長江帶水，策馬可渡，句踐當日豈爲子孫計長久者哉？曰：句踐本爲報怨，值吳之荒怠，而幸勝之。以范蠡之謀，畧而不爲一言，何也？曰：吳壽夢之爭州來也，是申公教之也；闔閭之舍舟淮汭，自豫章與楚夾漢也，是子胥教之也。皆當創業之始，志意明鋭，故其言易入，至諫夫差與越行成，子胥且以屬鏤死耳。使少伯復進説于志得意滿之餘，夫安知不從文種之誅乎？宜其卷舌高蹈以去也。曰：項氏棄關中，及身而亡，而越延至五世，何也？曰：項氏實有雄據天下之志，故漢高并力而取之。而楚既得廣陵、徐、泗，知越無爭雄之心，視爲掌中物，而不之忌，而越兵力尚强，故且相與遷延，待其自發兵端而後取之也。噫！古來披堅執鋭如項氏，卧薪嘗膽如句踐，而皆坐失天下之大計，人皆知爲項氏惜，而不知爲句踐惜也，其猶有目睫之見也夫！

案此論猶仍《史記》舊説，謂越滅吳後，棄江淮以北。此説非也，當從《吳越春秋》《越絶》諸書，越徙都瑯琊爲是，另有論，見後。

又　《〈史記·越句踐世家〉與〈吳越春秋〉〈越絶書〉〈竹書紀年〉所書越事各不同論》　《史記》：越滅吳，而不能正江淮以北，故楚得東侵，廣地至泗上，與魯泗東之地方百里。張守節《正義》曰：泗上謂廣陵、徐、泗等州，則今揚、淮以及徐州、泗州之地皆棄與楚。余嘗著論，謂越棄地利不守，得延至五世爲楚所滅，幸矣。後閲《吳越春秋》有云：越既平吳，北渡淮，會齊、晉諸侯，徙都于琅琊。《竹書紀年》云：晉出公七年，越徙都琅琊。《水經注》亦云：琅琊，越句踐之故都也。《越絶書》：句踐平吳，霸關東，從琅琊，起觀臺，周七里，以望東海。諸書所載，較若畫一。案：春秋時琅琊爲今山東沂州府，其所屬日照縣，向係海曲，爲沿海要地，疑所謂『觀臺望東海』即于此。又《吳越春秋》：句踐聽范蠡謀，築會稽小城，城成而怪山自生，本琅琊東武海中山也。一夕自來，後因徙都琅琊。余考越徙都琅琊事，不見于《左傳》、《國語》亦無之。《吳越春秋》與《越絶》所書皆怪誕不足信。然《史記》云：越滅吳，棄江淮以北。徵之《左傳》，他事多不合。據《傳》文：哀公二十二年，越滅吳。二十七年，越使后庸來正邾魯之界，公與之盟于平陽。後哀

安見死灰不可復然？而吴自闔閭以來，世疏忌骨月王僚之弑，掩餘、燭庸逃竄無所。夫概有破楚大功，而卒奔楚，爲堂谿氏盡斬其枝葉，而欲以孤幹特立于二千里之地，故以吴之强，而越摧之如拉朽，豈不哀哉？爲著其始終得失之故，明鑑戒焉。輯《春秋·吴越交兵表》第三十四。

清·馬驌《繹史》卷九六《越滅吴下》 吴、越之事，見於《左氏内、外傳》、《史記世家》、《越絶書》、《吴越春秋》，詳哉！其言之矣。吴、越同域，世爲讎敵，非吴有越，越將有吴，勢使然也。二國之兵端，始於魯昭公三十二年，釁自吴起，越受其伐。既而闔盧入郢，允常乘虚以襲吴都，越獲報矣。檇李之役，句踐敗吴，闔盧傷趾而死。夫差嗣立，卧薪嘗膽，義不與共戴天，戰勝夫椒，遂以入越。子報父讎，何其壯也！夫吴、楚交惡，累年玩兵，吴獲勝楚，越議其後，是越人黨楚以撓吴也。夫差積謀深計，而克勝焉。師保會稽，國存一綫，若滅越則楚國可定，吴霸可成，以之尊周，固同姓也。《春秋》進霸，亟許齊、晉寧，獨外吴？不虞夫差驟勝而驕，信其詐諛，許以行成。伍員强諫不聽，伯嚭貪佞取容。於是稱兵上國，老師齊、陳，俾越人生聚教訓，陰謀沈慮，朝夕欲圖其後，而夫差不悟也。哀公十三年，越入吴，二十年，圍吴，二十二年，滅吴。越人兼有吴土，號稱霸王，驅役中國，誰實使然？曰：夫差爲之也。然則夫椒之勝，適以誤吴而速共斃耳。艾陵之戰，吴獲齊卿，黄池之會，吴先晉歃，中國之胥而爲吴，不知吴之胥而爲越也。吴入郢，《經》所特書，而入吴隨之。會於黄池，《經》所特書，而入吴又隨之。唯哀公元年，吴實入越，不見於《經》，越人究竟滅吴。《經》若曰，吾見越之入吴，不見吴之入越也。《春秋》喜闔盧之攘楚，又懼夫差之先晉，於赫然兩霸之日，忽繫入吴之文。曰，夫差而欲圖中國，而果忘越乎？越人一舉而殺闔盧，再舉而沼吴國，其君含垢蒙耻，其臣忠計善謀，讀史至此，孰不悲其志而感慨焉。惟是魯以宗國，弗能自振，崇吴以會，復動吴以兵，使夫差師頓於疆外，禍深於國中者，魯爲之也。《史記》曰：『子貢一出，存魯、亂齊、破吴、彊晉而霸越。』亦非無因也。

清·高士奇《左傳紀事本末》卷五一《句踐滅吴》 臣士奇曰：越王句踐既棲會稽，含垢忍耻，以豢吴而臣之。石室纍囚，命懸掌股。卒能出艱濟險，重見越山。其歸國也，弔死問孤，生聚教訓，夏還抱火，冬則握冰，目倦至攻之以蓼。懸膽於户，出入必嘗。刻苦淬厲，極人世所不堪。又有范蠡、文種，計硯諸賢佐，或撫其内，或營其外。句踐危心深慮，言無不入，計無不從，遂環沼吴疆，快償宿怨，豈非堅忍志士之所爲哉？當闔閭之死檇李也，夫差使人立庭而訓之曰：『夫差！而忘越王之殺而父乎？』則對曰：『不敢忘。』三年卒報越，降其君夫人而僕妾之，不可謂非孝。赦句踐不殺，不可謂非仁。乃其器小易盈，破楚以來，雄心益肆，稱兵上國，結釁齊、魯，戰勝攻克驕其中，臺池嬪御蠱其外，由是棄忠言而不納，心腹之疾忽爲疥瘍矣。夫吴之與越，勢不並存。句踐忍辱習苦，以小忠曲謹爲釣吴之餌，下嘗其糞，而上食王之心，其爲隱憂近患，豈待抉東門之目而後見哉？而夫差方且信宰嚭之讒，争黄池之長，淫侈不道，自取敗亡，身死餘杭，爲天下笑。概觀前後，何賢不肖之大相懸也？子胥，吴之老臣，灑泣披肝，忠貫日月。少伯，句踐之甯武子也，相從羈紲，卒反故君。文種實爲居者，九術用三，吴已爲沼。此三人者，皆吴、越之所倚爲存亡，而没猶百世祀者也。一則不免鴟夷之湛，一則卒就屬盧之誅。藉令少伯不見幾遠引，則亦藏弓烹狗之屬耳。夫差固荒肓無足深責。若句踐，則真長頸鳥喙哉！且夫檇李之戰，闔閭傷將指，還卒於陘，則句踐者，夫差不共之仇讎也。夫椒之報，理實宜然。既已納土歸命，待以不死，而又縱之，而又封之，不大有造於句踐乎！幸反故國，守一言不再之信，終身事吴。夫差雖貪，子胥雖忌，未必即翦焉以肆東封也。而乘虚伺釁，俘其大子，而襲其都，何義乎？及再破吴師，夫差請成弗許，卽懲天與不取之覆轍，亦當委曲而善全之，奈何迫令自殺，遂使至德之裔忽焉不祀，報施之道顧如是耶？少伯覘微而亟去，蓋亦有見於此也。夫差不忍甬東之辱，與項王之不復渡江，其事略同。以比之烏喙，不猶有烈士風哉！

藝文

唐·李白《李太白文集》卷一九《歌詩六十一首·懷古·西施吴越》

西施越溪女，出自苧羅山。秀色掩今古，荷花羞玉顔。浣紗弄碧水，自與清波閑。皓齒信難開，沈吟碧雲間。句踐徵絶艷，揚蛾入吴關。提攜館娃

官，杳渺詎可攀。一破夫差國，千秋竟不還。

唐・呂温《呂衡州集》卷二《詩・讀句踐傳》 丈夫可殺不可羞，如何送我海西頭。更生更聚終須報，二十年間死即休。

唐・陸龜蒙《甫里集》卷一一《和館娃宮懷古五絶》 江色分明練遶臺，戰帆遥隔綺疏開。波神自厭荒淫主，句踐樓船穩帖來。

又 卷一二《七言絶句・范蠡》 平吴專越禍胎深，豈是功成有去心。句踐不知嫌鳥喙，歸來猶自鑄良金。

唐・徐寅《徐正字詩賦》卷一《句踐獻西施賦》 惑人之心兮，惟巧惟僭。破人之國兮，以妖以艷。當句踐之密謀，進西施而果驗。昔者二國相吞，淩卑恃尊。殊不知卑則自亡而固存，尊則爲明而反昏。鳥喙年年，誓啄夫差之肉。稽山日日，拜聽范蠡之言。言曰：『伍員之賢，東吴之德，伯嚭之佞，東吴之賊。德之盛兮越可憂，賊之興兮吴可殛。今欲狂敵國之君，須中傾城之色。待其聲色內伐外惑，自紂妲己以亡宗，晉驪姬而亂國。今苧羅之山，越水之灣，恐是神仙之化，忽生桃李之顔。楊柳羞弱，芙蓉耻妍。可以變柳惠於貞莊，悦荆王於魂夢。臣請進焉。』王乃喜，曰：『此蓋神假卿之奇畫，天雪越之前耻。』乃命迎織女於銀漢，聘姮娥於月宫。炫燿雲外，喧閙洞中。粧成而瑞玉凝彩，服麗而朝霞剪紅。昨宵猶賤，今晨不同。曉别越溪，暮歸吴苑。歌一聲兮君魄醉，笑百媚兮君心眷。句踐乃走雹驅雷，星馳箭催。投醪而士卒皆醉，嘗膽而胸襟洞開。虎噬骨碎，山崩卵摧。楚腰衛鬢化爲鬼，鳳閣龍樓燼作灰。於是命屠蘇之酒，上姑蘇之臺。伊霸業以俄去，我英風而聿來。於戲！殺忠良而受佳麗，欲弗敗其難哉？

唐・釋齊己《白蓮集》卷二《秋日錢塘作》 秋光明水國，遊子倚長亭。海浸全吴白，山澄百越青。英雄貴黎庶，封土絶精靈。句踐魂如在，應慙戰血腥。

宋・趙湘《南陽集》卷一《姑蘇臺賦》 句踐病使西施來，夫差悦作姑蘇臺。於是闐椒築蘭，基煙搆月，屹屹而立，出巖谷之超絶，雕沉鏤檀，塗霞甃雪，搜瓊取瑰，疑山之枯懸。珠錯金畏，海之竭參。其上若天門之欲逼壓，其下若地軸之將折傴。飛鳥礙欄，倚雲截山。其節藻其棁，欲使西施慰其心。而旦夕望越，復慮其神魂之未樂。命金石絲竹，發宫商羽角。秦聲鄭聲，日月更作。衆喧香之於管，萬籟沈之於索。霓裳參差，若晴霞之未移；歌喉宛轉，若貫珠之在兹。肉如山焉，或腐而棄之；酒如河焉，或厭而傾之。遂使一人兩人笑，而千人萬人悲；一人兩人飫，而千人萬人饑。悲者之聲百倍於歌之聲，饑者之情千倍於酒之醒。嗚呼！夫差之心也，西施樂則知，天下人不樂則不知。知者則憂其憂，不知者亦不增其羞。夫差之耳也，西施懽則聞，天下人哀則不聞。聞者則憂其不懽，不聞者亦不察其哀。使人惶惶不知所裁，忠臣之言賤如紅埃。一旦樂極，越兵東來。歌變舞罷，榱崩桷摧。以金以玉，爲塵爲灰。麋兮鹿兮，優哉游哉。噫！吾不知西子登是臺也，望越耶，待越耶？樂吴耶，醉吴耶？向使夫差憂吴之民如西子，固吴之壘如姑蘇，則雖鴟夷之籌，自救無憀，何暇爲人謀。吴之滅也，人或悲之，吴之後也，秦其鄰之。秦人亦悲，悲之未終，變之爲阿房宫。阿房之後，魏人復哀，哀之未已，變之爲銅雀臺。銅雀之後，陳人知之，陳不自見，變之爲水殿。水殿之間，隋君及之，隋不自憂，變之爲迷樓。迷樓之後，知之而不自知者，雖百世可知也吁！

宋・蔡襄《端明集》卷七《西施篇》 越國無雙艷，吴宫未始知。誰言句踐黠，不自愛西施。

宋・邵雍《擊壤集》卷一五《吴越吟二首》 乙未闔廬淩楚歲，戊辰句踐破吴時。正如當日乘虚事，三十四年人不知。

夫差丁未曾囚越，句踐戊辰還滅吴。二十二年時返復，一如當日却乘虚。

宋・黄庭堅《山谷外集》卷一四《律詩・蓋郎中惠詩有二强攻一老不戰而勝之嘲次韻解之》 詩翁琢句玉無瑕，淡墨稀行秋鴈斜。讀罷清風生麈尾，吟餘新月度簷牙。自知拙學無師匠，要且强一作狂言遮眼花。筆力有餘先示怯，真成句踐勝夫差。

宋・張耒《柯山集》卷二〇《五言絶句・蛙》 越國未亡吴，曾動君王意。句踐自有心，憑車汝無恃。

宋・阮閲《郴江百詠・王履巖》 句踐因何渡楚川，蒼蒼雙石卧寒烟。當時縱使爲淫巧，片石安能作履穿。

宋・范浚《香溪集》卷一《姑蘇臺賦辛丑年作》 歲崢嶸其聿遒兮，

冬隆寒老；訪蘇臺之遺址兮，遵吴都之古道。日下平林，煙横衰草；慨傷時而感往，增予心之愮愮。念昔吴王，盤游怠荒。次陂池兮臺榭，宿嬪妃兮御嬙。雖生人已困於頳尾，而土木之工未央。於是越人仇之，冬冰是棲，蠡也決策，種焉建奇。蓋君臣鳴鐘，而謀于漸臺者，窮日夜而吴初不知。種有七術，越行其三，取文梓楩楠，以奉吴王之宫室。吴乃營茲榮臺，歷三年兮聚材。斧集刃兮疊雪，杵攢林兮殷雷。金碧塗橑，琳珉城階。巖巍兮嶢[峴]，干霄兮切霓。佩長洲兮茂苑，帶潮汐兮濬池。意將遠眺數百里，而下窺雲海之涯。

當其虐用吾民，骸髗莽暴。天厭其酷，故啓越之謀，而夜生神木。人罹其毒，故勞愁慘悽，而塗嗟巷哭。使臺土未乾兮，已羣游乎麋鹿。至若朝歌淫淫，夕管愔愔，困醪醴之酣沈；則有西施蠱其心，是助越人之侵。又若姦讒回惑，膏唇鼓舌，吠正人而媒孽；則有宰嚭間其説，是誨越人之伐。嗟乎！吴王知西施之姝，而不知宰嚭之諛；知歌管之娱，而不知吴民之痛；知華其居，而不知其國之墟；知句踐之爲奴，而不知身之爲獨夫。信茲臺也，實亡吴之權輿，吁！

宋·王十朋《梅溪前集》卷一〇《詠史詩·越王句踐》　機會由來貴速投，姑蘇事與會稽侔。謀臣不早麾兵進，嘗膽徒勞二十秋。

宋·員興宗《九華集》卷二三《老子解略·守柔曰强》　湯囚夏臺夏桀蹶，文囚羑里商氏滅。句踐洗馬於吴，十世有越。故曰守柔曰强。

宋·蘇泂《泠然齋詩集》卷五《七言律詩·懷古》　故宫何在緑離離，逆順興亡世所知。草木尚懷句踐德，山川仍識夏王悲。行人月下誰吹笛，遊客街前自買碑。欲倚闌干問陳迹，蒼煙白露兩遲疑。

宋·張堯同《嘉禾百詠·禦兒》　用此臨吴戰，何人爲越謀。夫差曾不寤，亡國始知羞。

附考：水在郡西南，去崇德縣治東南一里。舊名禦兒中涇，俗名沙渚塘，吴越時棲兵于此。《越語》：句踐之地北至禦兒。《左傳》《吴越春秋》皆作『禦』。《史記·年表》作『蘌』。《西漢易》爲『語』，而《年表》又作『蘌水』。《經》曰：由拳西鄉有産兒便能語，因詔爲語兒鄉。元豐中，朱長文《續吴郡圖經》云：范蠡獻西施于吴道中，生子至此能語，張宫諭《廣皇輿考》亦云。又《越絶書》曰：語兒鄉，故越界大夫種曰：吾以禦兒臨之。又女陽亭者，句踐入官于吴，夫人産女此亭，養于李鄉。句踐勝吴更名女陽。《三朝國史》云：有語兒亭，又名女兒亭，俗呼因兒亭。漢元封初封輳終古爲禦兒侯。

宋·柴望《秋堂集》卷一《七律·越王句踐墓》　秦望山頭自夕陽，傷心誰復賦淒涼。今人不見亡吴事，故墓猶傳霸越鄉。雨打亂花迷鎮道，鳥翻黄葉下宫牆。登臨莫向高臺望，煙樹中原正渺茫。

宋·于石《紫巖詩選》卷一《五言古詩·送趙宰之上虞二首》　吾聞句踐國，昔有鴟夷子。沼吴收雋功，扁舟五湖裏。又聞越東山，安石真奇士。一局別墅棊，失笑屐折齒。緬懷百世風，可以肅頑鄙。峩峩禹穴山，滔滔浙江水。山川今猶昔，寧無安與蠡。爲我謝二公，幸爲蒼生起。

元·趙文《青山集》卷七《古體詩·句踐夫人歌》　句踐入臣于吴，夫人哭而歌。有『妻衣褐兮爲婢，夫去冕兮爲奴』之語。

君爲王，我爲后，結髮相從期白首。君爲奴，我爲婢，人間反覆何容易。爲婢不離家，爲奴去適吴。死生未可測，離別在斯須。君謂妾勿悲，忍恥乃良圖。自憐兒女情，能不啼烏烏。仰看庭前樹，一歲一榮枯。與君若有重榮日，匆匆未可棄褕翟。

元·釋善住《谷響集》卷二《七言律詩·送日上人還吴淞》　秋雲秋水雨悠悠，白首何堪動別愁。岱嶺月明寒鴈過，楚江木落晚禾收。夫差既賜申胥劍，句踐難回范蠡舟。今古興亡無限事，願因歸路問沙鷗。

元·馬臻《霞外詩集》卷二《王昭君圖》　窈窕佳人絶代無，一辭漢殿盡嗟吁。丹青若恨毛延壽，句踐何功得破吴。

元·侯克中《艮齋詩集》卷九《秋日懷古》　老樹多黄葉，閒庭半緑苔。鴈銜霜信過，菊趁雨晴開。句踐仍無國，姑蘇空有臺。莫因前日錯，復使後人哀。

元·陳基《夷白齋稿》卷八《次韻彦文寄謝省院諸公·其六》　雪湧潮頭萬疊多，秋風飄擊吼鼉鼉。直疑碧海金鰲擲，復恐陰山鐵騎過。句踐功名今寂寞，麻姑消息近如何。憑君更騁神明力，翻却蓬萊弱水波。

明·朱元璋《明太祖文集》卷一九《古詩·題西施》　天生兩奇絶，越地多羣山。萬古垂青史，西施世美顏。窈窕精神綏，悠然體態閑。笑擁丹唇臉，皓齒出其間。一召起閭里，句踐扼雄關。伐謀應得志，西浙徑親

攀。鐵甲乘潮渡，黃池兵未還。

明・劉基《誠意伯文集》卷二《覆瓿集二・古樂府・詠史二十一首》 夫差臥薪日，句踐嘗膽時。人生各有志，況乃身踐之。寧知姑蘇鹿，已與西施期。空令千載下，痛恨於鴟夷。

明・汪廣洋《鳳池吟稿》卷七《七言律詩・讀吳越春秋》 口血纔乾又復讐，總無誠意爲東周。夫差只愛容狂佞，句踐殊能用智謀。檇李郡還輿土廣，姑蘇臺就鹿麋遊。高情獨羨陶朱子，萬頃滄波一葉舟。

明・釋妙聲《東皋録》卷上《東皋雜興》 夫椒風卷太湖波，句踐兵來踏浪過。野老不知亡國恨，至今猶唱越人歌。

明・高啓《大全集》卷五《五言古詩・練瀆》 吳越水爲國，行師利舟戰。夫差開此河，艅艎試親練。十萬淩潮兒，材比佽飛健。鼓棹激風濤，揚舲逐雷電。當時意氣盈，謂已無句踐。鷗避去沙洲，龍愁閉淵殿。恃强非伯圖，倏忽市朝變。臺上失嬌姿，泉間掩慚面。至今西山月，恨浸秋一片。猶有網魚人，時時得沉箭。

明・董紀《西郊笑端集》卷一《短歌行次韻俞仲基》 君不見，朱門空鎖春，冥寞粉墻，影斷秋千索。昨夜歡娛今已非，空有閒花自開落。人生何必多苦思，得失興亡俱有時。捧心嘗膽事何異，越看句踐吳夫差。館娃姑蘇極佳麗，策獻西施比魑魅，機深烏喙亦徒然。蜀道難行却云易，朝爲桑田暮白波。此理誰知藍采和，少年不飲復不歌，百歲光陰能幾何。

明・袁凱《海叟集》卷四《七言絶句・陪鄭明德倪元鎮遊天平山四首》 高臺千尺對層巒，只許吳王醉裏看。山色不隨句踐去，遊人還得倚闌干。

又《賦得西施》 當時生長苧蘿村，山色無光水亦渾。句踐得時方自喜，吳王見後卽消魂。

明・鄭真《滎陽外史集》卷九七《二十七日登舟而行賦懷古一首》 闔廬城上姑蘇臺，東風三月春花開。華車紅幰輪轇轕，滿街人看西施來。傾國傾城好顔面，笙管酣歌情戀戀。卧薪嘗膽良苦心，誰道强鄰有句踐。三千鐵甲聲如雷，重重樓閣飛塵灰。黃池霸氣盡銷歇，甬東乞死空徘徊。往事悠悠竟千古，豪傑紛爭何足數。假王來卧齊雲樓，傲睨凶强卒爲虜。祇今疆宇歸聖明，鼓桴息警風煙清。上國輸肝天不遠，東風一棹扁舟輕。吳中山川看春色，美人不見空相憶。尚憐三讓有遺風，江上黎民歌至德。

明・何喬新《椒邱文集》卷二一《五言古詩・越王臺懷古次南谷韻》 甌閩古建國，釣龍有遺臺。臺空龍已逝，泬穆祠宇開。劍履掩虚幌，丹青雜荒苔。念茲句踐胄，桓桓亦奇才。援戈逐秦鹿，土宇日以恢。疏封受赤社，組練咸陽回。貢篚來百粤，威聲振九垓。緬懷全盛日，意氣亦雄哉。至今奠椒醑，猶有遺民來。魚燈已黯黯，馬鬣尚纍纍。故宮渺禾黍，落日潮聲哀。感此發長喟，登臨爲低徊。

明・王守仁《王文成全書》卷二〇《外集二・詩・豐城阻風前歲遇難於此得北風倖免》 北風休嘆北船窮，此地曾經拜北風。句踐敢忘嘗膽地，齊威長憶射鈎功。橋邊黃石機先授，海上陶朱意頗同。況是倚門衰白甚，歲寒茅屋萬山中。

明・王世貞《弇州四部稿》卷四〇《詩部・岳王墓》 落日松杉黯自垂，英風蕭颯動靈祠。空傳赤帝中興詔，自折黃龍大將旗。三殿有人朝北極，六陵無樹對南枝。莫將烏喙論句踐，鳥盡弓藏也不悲。

清・愛新覺羅・弘曆《御製詩集二集》卷二四《古今體一百五首辛未三・嘉興道中雜詠》 射襄橋下水長流，句踐夫差兩並休。只有王涇一彎月，入波影尚學吳鈎。

又 卷六九《采香逕》 句踐用心苦，陰謀藏弗露。采葛不連蔓，作絲織絺素。獻吳逞其欲，吳歡墮迷霧，羣娃猶采香，曲逕春風暮。

清・張英《文端集》卷一五《存誠堂詩集十一・越州懷古詩八首・越王城》 句踐平吳後，東南霸業豪。登山思采蕺，飲水問投醪。戰士空黃壤，歌臺盡碧蒿。可能衣錦日，還憶抱冰勞。蕺山，越王采蕺處。蕺，蔬屬。

清・毛奇齡《西河集》卷一七四《七言律詩一・登會城望江仝金二鎏何四十二之傑沈太史孫吳二徵君》 江水滔滔接遠空，登城遥望海門東。秦皇弩仗驅三島，句踐船軍散五戎。斥地鹽潮賓雁白，蠻天蕉雨客帆紅。津亭飲宴當年事，努力神州藉數公。

又 卷一七七《七言律詩四・重陽日城山晚眺同姚監郡張廣文徐徵君作。城山，一名越王城》 清秋高眺萬山中，句踐曾經此築宮。拔地鷲峰何巀嵲，當年烏喙本英雄。巖垂橘柚侵衣緑，酒汎茱萸映面紅。讀罷荒碑歸去晚，前溪新月漸朦朧。

清・田雯《古歡堂集》卷一五《七言絶句・題范蠡歸湖圖二首》 千載休詩句踐雄，數年便見霸圖空。黄金用盡全無味，不鑄西施鑄范公。

公室卑弱部

三桓專魯政分部

綜　述

仲遂殺適立庶

《左傳・僖公三十年》 東門襄仲將聘於周，遂初聘於晉。

又 《文公二年》 襄仲如齊納幣，禮也。凡君卽位，好舅甥，修昏姻，娶元妃以奉粢盛，孝也。孝，禮之始也。

又 《文公四年》 逆婦姜於齊，卿不行，非禮也。君子是以知出姜之不允於魯也。曰：『貴聘而賤逆之，君而卑之，立而廢之，棄信而壞其主，在國必亂，在家必亡。不允宜哉。《詩》曰：「畏天之威，于時保之。」敬主之謂也。』

又 《文公十六年》 有蛇自泉宫出，入於國，如先君之數。秋八月辛未，聲姜薨，毁泉臺。

又 《文公十七年》 夏四月癸亥，葬聲姜。有齊難，是以緩。

又 《文公十八年》 二月丁丑，公薨。【略】六月，葬文公。

秋，襄仲、莊叔如齊，惠公立故，且拜葬也。

文公二妃敬嬴生宣公。敬嬴嬖而私事襄仲。宣公長而屬諸襄仲，襄仲欲立之，叔仲不可。仲見於齊侯而請之。齊侯新立而欲親魯，許之。冬十月，仲殺惡及視而立宣公。書曰『子卒』，諱之也。仲以君命召惠伯。其宰公冉務人止之，曰：『入必死。』叔仲曰：『死君命可也。』公冉務人曰：『若君命可死，非君命何聽？』弗聽，乃入，殺而埋之馬矢之中。公冉務人奉其帑以奔蔡，既而復叔仲氏。

夫人姜氏歸於齊，大歸也。將行，哭而過市曰：『天乎，仲爲不道，殺適立庶。』市人皆哭，魯人謂之哀姜。

莒紀公生大子僕，又生季佗，愛季佗而黜僕，且多行無禮於國。僕因國人以弑紀公，以其寶玉來奔，納諸宣公。公命與之邑，曰：『今日必授。』季文子使司寇出諸竟，曰：『今日必達。』公問其故。季文子使大史克對曰：『先大夫臧文仲教行父事君之禮，行父奉以周旋，弗敢失隊。曰：「見有禮於其君者，事之如孝子之養父母也。見無禮於其君者，誅之如鷹鸇之逐鳥雀也。」先君周公制曰：「則以觀德，德以處事，事以度功，功以食民。」作《誓命》曰：「毁則爲賊，掩賊爲藏，竊賄爲盜，盜器爲姦。主藏之名，賴姦之用，爲大凶德，有常無赦，在《九刑》不忘。」行父還觀莒僕，莫可則也。孝敬忠信爲吉德，盜賊藏姦爲凶德。夫莒僕，則其孝敬，則弑君父矣；則其忠信，則竊寶玉矣。其人則盜賊也，其器則姦兆也，保而利之則主藏也。以訓則昏，民無則焉。不度於善，而皆在於凶德，是以去之。

『昔高陽氏有才子八人：蒼舒、隤敳、檮戭、大臨、尨降、庭堅、仲容、叔達，齊聖廣淵，明允篤誠，天下之民謂之「八愷」。高辛氏有才子八人：伯奮、仲堪、叔獻、季仲、伯虎、仲熊、叔豹、季貍，忠肅共懿，宣慈惠和，天下之民謂之「八元」。此十六族也，世濟其美，不隕其名，以至於堯，堯不能舉。舜臣堯，舉八愷使主后土，以揆百事，莫不時序，地平天成；舉八元，使布五教于四方，父義、母慈、兄友、弟共、子孝，內平外成。昔帝鴻氏有不才子，掩義隱賊，好行凶德，醜類惡物，頑嚚不友，是與比周，天下之民謂之「渾敦」。少皞氏有不才子，毁信廢忠，崇飾惡言，靖譖庸回，服讒蒐慝，以誣盛德，天下之民謂之「窮奇」。顓頊有不才子，不可教訓，不知話言，告之則頑，舍之則嚚，傲很明德，以亂天常，天下之民謂之「檮杌」。此三族也，世濟其凶，增其惡名，以至於

堯，堯不能去。縉雲氏有不才子，貪于飲食，冒於貨賄，侵欲崇侈，不可盈厭，聚斂積實，不知紀極，不分孤寡，不恤窮匱，天下之民以比三凶，謂之「饕餮」。舜臣堯，賓於四門，流四凶族渾敦、窮奇、檮杌、饕餮，投諸四裔，以禦魑魅。是以堯崩而天下如一，同心戴舜以爲天子，以其舉十六相，去四凶也。故《虞書》數舜之功曰「慎徽五典，五典克從」，無違教也；曰「納於百揆，百揆時序」，無廢事也；曰「賓於四門，四門穆穆」，無凶人也。舜有大功二十而爲天子，今行父雖未獲一吉人，去一凶矣，於舜之功，二十之一也，庶幾免於戾乎！」

又《**宣公元年**》 元年春，王正月，公子遂如齊逆女，尊君命也。三月，遂以夫人婦姜至自齊，尊夫人也。

夏，季文子如齊，納賂以請會。【略】

會於平州以定公位。東門襄仲如齊拜成。六月，齊人取濟西之田，爲立公故，以賂齊也。

又《**宣公五年**》 五年春，公如齊，高固使齊侯止公，請叔姬焉。

夏，公至自齊，書過也。

秋九月，齊高固來逆女，自爲也。故書曰：『逆叔姬。』卿自逆也。

冬，來，反馬也。

又《**宣公七年**》 夏，公會齊侯伐萊，不與謀也。凡師出，與謀曰及，不與某曰會。

又《**宣公八年**》 有事於大廟，襄仲卒而繹，非禮也。【略】

冬，葬敬嬴。旱，無麻，始用葛茀。雨，不克葬，禮也。禮，卜葬先遠日，辟不懷也。

又《**宣公十年**》 十年春，公如齊。齊侯以我服故，歸濟西之田。

夏，齊惠公卒。【略】

公如齊奔喪。【略】

季文子初聘於齊。【略】

國武子來報聘。

又《**宣公十四年**》 冬，公孫歸父會齊侯於穀。見晏桓子，與之言魯樂。桓子告高宣子曰：『子家其亡乎，懷於魯矣。懷必貪，貪必謀人。謀人，人亦謀己。一國謀之，何以不亡？』

又《**宣公十五年**》 初税畝，非禮也。穀出不過藉，以豐財也。

又《**宣公十七年**》 冬，公弟叔肸卒。公母弟也。凡大子之母弟，公在曰公子，不在曰弟。凡稱弟，皆母弟也。

又《**宣公十八年**》 公孫歸父以襄仲之立公也有寵，欲去三桓以張公室。與公謀而聘于晉，欲以晉人去之。冬，公薨。季文子言於朝曰：『使我殺適立庶，以失大援者，仲也夫。』臧宣叔怒曰：『當其時不能治也，後之人何罪？子欲去之，許請去之。』遂逐東門氏。子家還及笙，壇帷，復命於介。既復命，袒、括髮，即位哭，三踊而出。遂奔齊。書曰：『歸父還自晉。』善之也。

《**國語**》**卷二**《**周語中**》 定王八年，使劉康公聘於魯，發幣於大夫。季文子、孟獻子皆儉，叔孫宣子、東門子家皆侈。

歸，王問魯大夫孰賢？對曰：『季、孟其長處魯乎？叔孫、東門其亡乎！若家不亡，身必不免。』王曰：『何故？』對曰：『臣聞之：爲臣必臣，爲君必君。寬肅宣惠，君也；敬恪恭儉，臣也。寬所以保本也，肅所以濟時也，宣所以教施也，惠所以和民也。本有保則必固，時動而濟則無敗功，教施而宣則徧，惠以和民則阜。若本固而功成，施徧而民阜，乃可以長保民矣，其何事不徹？敬所以承命也，恪所以守業也，恭所以給事也，儉所以足用也。以敬承命則不違，以恪守業則不懈，以恭給事則寬於死，以儉足用則遠於憂。若承命不違，守業不懈，寬於死而遠於憂，則可以上下無隙矣，其何任不堪？上任事而徹，下能堪其任，所以爲令聞長世也。今夫二子者儉，其能足用矣，用足則族可以庇。二子者侈，侈則不恤匱，匱而不恤，憂必及之，若是則必廣其身。且夫人臣而侈，國家弗堪，亡之道也。』王曰：『幾何？』對曰：『東門之位不若叔孫，而泰侈焉，不可以事二君。叔孫之位不若季、孟，而亦泰侈焉，不可以事三君。若皆蚤世猶可，若登年以載其毒，必亡。』

十六年，魯宣公卒。赴者未及，東門氏來告亂，子家奔齊。簡王十一年，魯叔孫宣伯亦奔齊，成公未殁二年。

又 卷四《**魯語上**》 莒太子僕弑紀公，以其寶來奔。宣公使僕人以書命季文子曰：『夫莒太子不憚以吾故殺其君，而以其寶來，其愛我甚矣。爲我予之邑。今日必授，無逆命矣。』里革遇之而更其書曰：『夫莒

太子殺其君而竊其寶來，不識窮固又求自邇，爲我流之於夷。今日必通，無逆命矣。』明日，有司復命，公詰之，僕人以里革對。公執之，曰：『違君命者，女亦聞之乎？』對曰：『臣以死奮筆，奚啻其聞之也！臣聞之曰：「毁則者爲賊，掩賊者爲藏，竊寶者爲宄，用宄之財者爲姦」，使君爲藏姦者，不可不去也。臣違君命者，亦不可不殺也。』公曰：『寡人實貪，非子之罪。』乃舍之。【略】

宣公夏濫於泗淵，里革斷其罟而棄之，曰：『古者大寒降，土蟄發，水虞於是乎講罛罶，取名魚，登川禽，而嘗之寢廟，行諸國，助宣氣也。鳥獸孕，水蟲成，獸虞於是禁罝羅，矠魚鱉以爲夏犒，助生阜也。鳥獸成，水蟲孕，水虞於是禁罝罜麗，設穽鄂，以實廟庖，畜功用也。且夫山不槎蘖，澤不伐夭，魚禁鯤鮞，獸長麑麇，鳥翼鷇卵，蟲舍蚳蝝，蕃庶物也，古之訓也。今魚方別孕，不教魚長，又行網罟，貪無藝也。』

《公羊傳·僖公三十年》 公子遂如京師，遂如晉。大夫無遂事，此其言遂何？公不得爲政爾。

又 《文公四年》 夏，逆婦姜于齊。其謂之逆婦姜於齊何？略之也。高子曰：『娶乎大夫者，略之也。』

又 《文公十六年》 秋，八月，辛未，夫人姜氏薨。毁泉臺。泉臺者何？郎臺也。

郎臺則曷爲謂之泉臺？未成爲郎臺，既成爲泉臺。毁泉臺何以書？譏。何譏爾？築之譏，毁之譏。先祖爲之，己毁之，不如勿居而已矣。

又 《文公十八年》 冬，十月，子卒。子卒者孰謂？謂子赤也。何以不日？隱之也。何隱爾？弑也。弑則何以不日？【略】

莒弑其君庶其。稱國以弑何？稱國以弑者，衆弑君之辭。

又 《宣公元年》 元年，春，王正月，公即位。繼弑君不言即位，此其言即位何？其意也。【略】

三月，遂以夫人婦姜至自齊。遂何以不稱公子？一事而再見者，卒名也。夫人何以不稱姜氏？貶。曷爲貶？譏喪娶也。喪娶者公也，則曷爲貶夫。内無貶於公之道也。内無貶於公之道，則曷爲貶夫人？夫人與公一體也。

其稱婦何？有姑之辭也。【略】

六月，齊人取濟西田。外取邑不書，此何以書？所以賂齊也。曷爲賂齊，爲殺子赤之賂也。

又 《宣公五年》 冬，齊高固及子叔姬來。何言乎高固之來？言叔姬之來，而不言高固之來，則不可。子公羊子曰：『其諸爲其雙雙而俱至者與？』

又 《宣公八年》 夏，六月，公子遂如齊，至黄乃復。其言至黄乃復何？譏。何譏爾？大夫以君命出，聞喪徐行而不反。仲遂者何？公子遂也。何以不稱公子？貶。曷爲貶？爲弑子赤貶。然則曷爲不於其弑焉貶？於文則無罪，於子則無年。繹者何？祭之明日也。萬者何？干無也。籥者何？籥舞也。其言萬入去籥何？去其有聲者，廢其無聲者，存其心焉爾。存其心焉爾者何？知其不可而爲之也。猶者何？通可以已也。【略】

冬，十月，己丑，葬我小君頃熊，雨不克葬。庚寅，日中而克葬。頃熊者何？宣公之母也。熊氏楚女。宣公，即僖公妾子。而者何？難也。乃者何？難也。曷爲或言而，或言乃？乃難乎而也。

又 《宣公十年》 十年，春，公如齊。公至自齊。齊人歸我濟西田。齊已取之矣，其言我何？言我者，未絶於我也。曷爲未絶於我？解何言未絶於我乎？故難之。齊已言取之矣，其實未之齊也。

又 《宣公十五年》 初税畝。初者何？始也。税畝者何？履畝而税也。初税畝，何以書？譏。何譏爾？譏始履畝而税也。何譏乎始履畝而税？古者什一而藉。古者曷爲什一而藉？什一者，天下之中正也。多乎什一，大桀小桀；寡乎什一，大貉小貉。什一者，天下之中正也。什一行而頌聲作矣。

又 《宣公十八年》 歸父還自晉，至檉，遂奔齊。還者何？善辭也。何善爾？歸父使于晉，還自晉，至檉，聞君薨家遣，家爲魯所遂遣，墠帷，哭君成踊，反命乎介，自是走之齊。

又 《成公十五年》 三月，乙巳，仲嬰齊卒。仲嬰齊者何？故公孫嬰齊也。公孫嬰齊，則曷爲謂之仲嬰齊？爲兄後也。爲兄後，則曷爲謂之仲嬰齊？爲人後者，爲之子也。爲人後者爲其子，則其稱仲何？孫以王父字爲氏也。然則嬰齊孰後？後歸父也。歸父使于晉而未反。何以

後之？叔仲惠伯，傅子赤者也。文公死，子幼。公子遂謂叔仲惠伯曰：『君幼，如之何？願與子慮之。』叔仲惠伯曰：『吾子相之，老夫抱之，何幼君之有？』公子遂知其不可與謀，退而殺叔仲惠伯，弑子赤而立宣公。宣公死，成公幼，臧宣叔者相也。君死不哭，聚諸大夫而問焉，曰：『昔者叔仲惠伯之事，孰爲之？』諸大夫皆雜然曰：『仲氏也，其然乎？』於是遣歸父之家，然後哭君。歸父使乎晉，還自晉，至檉，聞君薨家遣，墠帷哭君成踊，反命於介，自是走之齊。魯人徐傷歸父之無後也。於是使嬰齊後之也。

《穀梁傳·僖公三十年》　公子遂如京師，遂如晉。以尊遂乎卑，此言不敢叛京師也。

又《文公四年》　夏，逆婦姜於齊。其曰婦姜，爲其禮成乎齊也。其逆者誰也？親逆而稱婦，或者公與？何其速婦之也！曰，公也。其不言公，何也？非成禮于齊也。曰婦，有姑之辭也。其不言氏何也？貶之也。何爲貶之也？夫人與有貶也。

又《文公十六年》　秋，八月，辛未，夫人姜氏薨。

毁泉臺。喪不貳事，貳事，緩喪也，以文爲多失道矣。自古爲之，今毁之，不如勿處而已矣。

又《文公十八年》　十有八年，春，王二月，丁丑，公薨於臺下。臺下，非正也。

秋，公子遂、叔孫得臣如齊。使舉上客，而不稱介，不正其同倫而相介，故列而數之也。

冬，十月，子卒。子卒不日，故也。

夫人姜氏歸於齊。惡宣公也。有不待貶絶而罪惡見者，有待貶絶而惡從之者。侄娣者，不孤子之意也，一人有子，三人緩帶。一曰就賢也。

又《宣公元年》　元年，春，王正月，公卽位。繼故而言卽位，與聞乎故也。【略】

三月，遂以夫人婦姜至自齊。其不言氏，喪未畢，故略之也。其曰婦，緣姑言之之辭也。遂之挈，由上致之也。【略】

內不言取，言取授之也，以是爲賂齊也。

又《宣公五年》　秋，九月，齊高固來逆子叔姬。諸侯之嫁子于大夫，主大夫以與之。來者，接內也。不正其接內，故不與夫婦之稱也。【略】

冬，齊高固及子叔姬來。及者，及吾子叔姬也。爲使來者，不使得歸之意也。

又《宣公八年》　夏，六月，公子遂如齊，至黄乃復。乃者，亡乎人之辭也。復者，事畢也，不專公命也。

辛巳，有事於大廟。仲遂卒於垂。爲若反命而後卒也。此公子也，其曰仲，何也？疏之也。何爲疏之也？是不卒者也。不疏，則無用見其不卒也。則其卒之何也？以譏乎宣也。其譏乎宣何也？聞大夫之喪，則去樂、卒事。

壬午，猶繹。猶者，可以已之辭也。繹者，祭之旦日之享賓也。萬入，去籥。以其爲之變，譏之也。冬，十月，己丑，葬我小君頃熊。葬既有日，不爲雨止，禮也。雨，不克葬，喪不以制也。

庚寅，日中而克葬。而，緩辭也，足乎日之辭也。

又《宣公十年》　齊人歸我濟西田。公娶齊，齊由以爲兄弟，反之。不言來，公如齊受之也。

又《宣公十五年》　初稅畝。初者，始也。古者什一，藉而不稅，初稅畝，非正也。古者，三百步爲里，名曰井田。井田者，九百畝，公田居一，私田稼不善，則非吏；公田稼不善，則非民。初稅畝者，非公之去公田，而履畝十取一也，以公之與民爲已悉矣。古者，公田爲居，井竈葱韭盡取焉。

又《宣公十七年》　冬，十有一月，壬午，公弟叔肸卒。其曰公弟叔肸，賢之也。其賢之何也？宣弑而非之也。非之，則胡爲不去也？曰：兄弟也，何去而之？與之財，則曰我足矣。織屨而食，終身不食宣公之食。君子以是爲通恩也，以取貴乎《春秋》。

又《宣公十八年》　冬，十月，壬戌，公薨于路寢。正寢也。歸父還自晉。還者，事未畢也。自晉，事畢也。與人之子守其父之殯，捐殯而奔其父之使者，是以奔父也。至檉，遂奔齊。遂，繼事也。

又《成公十五年》　三月，乙巳，仲嬰齊卒。此公孫也。其曰仲，何也？子由父疏之也。

《史記》卷三三《魯周公世家》（魯釐公）魯由此公室卑，三桓彊。

叔孫僑如之亂

《左傳·成公十一年》秋，宣伯聘於齊，以修前好。

又《成公十三年》三月，公如京師。宣伯欲賜，請先使，王以行人之禮禮焉。孟獻子從，王以爲介，而重賄之。

又《成公十四年》秋，宣伯如齊逆女。稱族，尊君命也。【略】九月，僑如以夫人婦姜氏至自齊。舍族，尊夫人也。故君子曰：「《春秋》之稱，微而顯，志而晦，婉而成章，盡而不汙，懲惡而勸善。非聖人誰能修之？」

又《成公十六年》戰之日，齊國佐、高無咎至於師。衛侯出於衛。公出於壞隤。宣伯通于穆姜，欲去季、孟，而取其室。將行，穆姜送公，而使逐二子。公以晉難告，曰：「請反而聽命。」姜怒，公子偃、公子鉏趨過，指之曰：「女不可，是皆君也。」公待於壞隤，申宮儆備，設守而後行，是以後。使孟獻子守于公宮。

宣伯使告郤犨曰：「魯侯待於壞隤以待勝者。」郤犨將新軍，且爲公族大夫，以主東諸侯。取貨于宣伯而訴公于晉侯，晉侯不見公。【略】

七月，公會尹武公及諸侯伐鄭。將行，姜又命公如初。公又申守而行。【略】

宣伯使告郤犨曰：「魯之有季、孟，猶晉之有欒、范也，政令於是乎成。今其謀曰：『晉政多門，不可從也。甯事齊、楚，有亡而已，蔑從晉矣。』若欲得志于魯，請止行父而殺之，我斃蔑也而事晉，蔑有貳矣。魯不貳，小國必睦。不然，歸必叛矣。」

九月，晉人執季文子於苕丘。公還，待於鄆。使子叔聲伯請季孫於晉，郤犨曰：「苟去仲孫蔑而止季孫行父，吾與子國親於公室。」對曰：「僑如之情，子必聞之矣。若去蔑與行父，是大棄魯國而罪寡君也。若猶不棄，而惠徼周公之福，使寡君得事晉君。則夫二人者，魯國社稷之臣也。若朝亡之，魯必夕亡。以魯之密邇仇讎，亡而爲讎，治之何及？」郤犨曰：「吾爲子請邑。」對曰：「嬰齊，魯之常隸也，敢介大國以求厚焉！承寡君之命以請，若得所請，吾子之賜多矣。又何求？」范文子謂欒武子曰：「季孫於魯，相二君矣。妾不衣帛，馬不食粟，可不謂忠乎？信讒慝而棄忠良，若諸侯何？子叔嬰齊奉君命無私，謀國家不貳，圖其身不忘其君。若虛其請，是棄善人也。子其圖之！」乃許魯平，赦季孫。冬十月，出叔孫僑如而盟之，僑如奔齊。

十二月，季孫及郤犨盟於扈。歸，刺公子偃，召叔孫豹於齊而立之。

齊聲孟子通僑如，使立於高、國之間。僑如曰：「不可以再罪。」奔衛，亦間於卿。

又《成公十七年》初，聲伯夢涉洹，或與己瓊瑰，食之，泣而爲瓊瑰，盈其懷。從而歌之曰：「濟洹之水，贈我以瓊瑰。歸乎！歸乎！瓊瑰盈吾懷乎！」懼不敢占也。還自鄭，壬申，至於狸脤而占之，曰：「余恐死，故不敢占也。今衆繁而從余，三年矣，無傷也。」言之之莫而卒。

《國語》卷二《周語中》簡王八年，魯成公來朝，使叔孫僑如先聘且告。見王孫説，與之語。説言於王曰：「魯叔孫之來也，必有異焉。其享覲之幣薄而言諂，殆請之也；若請之，必欲賜也。魯執政唯强，故不歡焉而後遣之；且其狀方上而鋭下，宜觸冒人。王其勿賜。若貪陵之人來而盈其願，是不賞善也，且財不給。故聖人之施舍也議之，其喜怒取與亦議之。是以不主寬惠，亦不主猛毅，主德義而已。」王曰：「諾。」使私問諸魯，請之也。王遂不賜，禮如行人。及魯侯至，仲孫蔑爲介，王孫説與之語，説讓。説以語王，王厚賄之。

《公羊傳·成公十六年》秋，公會晉侯、齊侯、衛侯、宋華元、邾婁人于沙隨。不見公。公至自會。不見公者何？公不見見也。公不見見，大夫執，何以致會？不恥也。曷爲不恥？公幼也。【略】

九月，晉人執季孫行父，舍之於招丘。執未可言舍之者，此其言舍之何？仁之也。曰在招丘，悕矣。執未有言仁之者，此其言仁之何？代公執也。其代公執奈何？前此者，晉人來乞師而不與。公會晉侯，將執公。季孫行父曰：「此臣之罪也。」於是執季孫行父。成公將會厲公，會不當期，將執公。季孫行父曰：「臣有罪，執其君；子有罪，執其父，此聽失之大者也，今此臣之罪也。舍臣之身而執臣之君，吾恐聽失之爲宗廟羞也。」於是執季孫行父。

又《成公十七年》 壬申，公孫嬰齊卒於貍軫。非此月日也，曷爲以此月日卒之？待君命然後卒大夫。曷爲待君命然後卒大夫？前此者，嬰齊走之晉。公會晉侯，將執公，嬰齊爲公請，公許之反爲大夫。歸，至於貍軫而卒。無君命，不敢卒大夫。公至曰：『吾固許之反爲大夫。』然後卒之。

又《穀梁傳・成公十四年》 九月，僑如以夫人婦姜氏至自齊。大夫不以夫人，以夫人，非正也，刺不親迎也。僑如之挈，由上致之也。

又《成公十六年》 秋，公會晉侯、齊侯、衛侯、宋華元、邾人于沙隨，不見公。不見公者，可以見公也。可以見公而不見公，譏在諸侯也。

九月，晉人執季孫行父，舍之於苕丘。執者不舍，而舍，公所也。執者致，而不致，公在也。何其執而辭也？猶存公也。存意，公亦存也？公存也。

又《成公十七年》 壬申，公孫嬰齊卒於貍蜃。十一月無壬申，壬申乃十月也，致公而後録臣子之義也，其地未逾竟也。

季文子相魯

《左傳・成公十八年》 己丑，公薨於路寢，言道也。【略】丁未，葬我君成公，書順也。

又《襄公元年》 冬，衛子叔、晉知武子來聘，禮也。凡諸侯即位，小國朝之，大國聘焉。以繼好結信，謀事補闕，禮之大者也。

又《襄公二年》 夏，齊姜薨。初，穆姜使擇美檟，以自爲櫬與頌琴。季文子取以葬。君子曰：『非禮也。禮無所逆，婦養姑者也，虧姑以成婦，逆莫大焉。《詩》曰：「其惟哲人，告之話言，順德之行。」季孫於是爲不哲矣。且姜氏，君之妣也。《詩》曰：「爲酒爲醴，烝畀祖妣，以洽百禮，降福孔偕。」【略】

穆叔聘于宋，通嗣君也。

又《襄公三年》 公如晉，始朝也。

夏，盟於長樗。孟獻子相，公稽首。知武子曰：『天子在，而君辱稽首，寡君懼矣。』孟獻子曰：『以敝邑介在東表，密邇仇讎，寡君將君是望，敢不稽首。』

又《襄公四年》 穆叔如晉，報知武子之聘也，晉侯享之。金奏《肆夏》之三，不拜。工歌《文王》之三，又不拜。歌《鹿鳴》之三，三拜。韓獻子使行人子員問之，曰：『子以君命，辱於敝邑。先君之禮，藉之以樂，以辱吾子。吾子舍其大，而重拜其細，敢問何禮也？』對曰：『《三夏》，天子所以享元侯也，使臣弗敢與聞。《文王》，兩君相見之樂也，使臣不敢及。《鹿鳴》，君所以嘉寡君也，敢不拜嘉。《四牡》，君所以勞使臣也，敢不重拜。《皇皇者華》，君教使臣曰：「必諮于周。」臣聞之，訪問於善爲咨，咨親爲詢，咨禮爲度，咨事爲諏，咨難爲謀。臣獲五善，敢不重拜？』

秋，定姒薨。不殯於廟，無櫬，不虞。匠慶謂季文子曰：『子爲正卿，而小君之喪不成，不終君也。君長，誰受其咎？』

初，季孫爲己樹六檟於蒲圃東門之外。匠慶請木，季孫曰：『略。』匠慶用蒲圃之檟，季孫不御。君子曰：『《志》所謂「多行無禮，必自及也」，其是之謂乎！』

又《襄公五年》 季文子卒。大夫入斂，公在位。宰庀家器爲葬備，無衣帛之妾，無食粟之馬，無藏金玉，無重器備。君子是以知季文子之忠於公室也。相三君矣，而無私積，可不謂忠乎？

《國語》卷四《魯語上》 季文子相宣、成，無衣帛之妾，無食粟之馬。仲孫它諫曰：『子爲魯上卿，相二君矣，妾不衣帛，馬不食粟，人其以子爲愛，且不華國乎！』文子曰：『吾亦願之。然吾觀國人，其父兄之食粗而衣惡者猶多矣，吾是以不敢。人之父兄食粗衣惡，而我美妾與馬，無乃非相人者乎！且吾聞以德榮爲國華，不聞以妾與馬。』

文子以告孟獻子，獻子囚之七日。自是，子服之妾衣不過七升之布，馬餼不過稂莠。文子聞之，曰：『過而能改者，民之上也。』使爲上大夫。

又 卷五《魯語下》 叔孫穆子聘于晉，晉悼公饗之，樂及《鹿鳴》之三，而後拜樂三。晉侯使行人問焉，曰：『子以君命鎮撫弊邑，不腆先君之禮，以辱從者，不腆之樂以節之。吾子舍其大而加禮於其細，敢問何禮也？』

對曰：『寡君使豹來繼先君之好，君以諸侯之故，貺使臣以大禮。夫

先樂金奏《肆夏》、《樊》、《遏》、《渠》，天子所以饗元侯也；夫歌《文王》、《大明》、《綿》，則兩君相見之樂也。皆昭令德以合好也，皆非使臣之所敢聞也。臣以爲肄業及之，故不敢拜。今伶簫詠歌及《鹿鳴》之三，君之所以貺使臣，臣敢不拜貺。夫《鹿鳴》，君之所以嘉先君之好也，敢不拜嘉。《四牡》，君之所以章使臣之勤也，敢不拜章。《皇皇者華》，君教使臣曰「每懷靡及」，諏、謀、度、詢，必咨于周。敢不拜教。臣聞之曰：「懷和爲每懷，咨才爲諏，咨事爲謀，咨義爲度，咨親爲詢，忠信爲周。」君貺使臣以大禮，重之以六德，敢不重拜。』

《公羊傳・襄公二年》 己丑，葬我小君齊姜。齊姜者何？齊姜與繆姜，則未知其爲宣夫人與？成夫人與？

漢・劉向《説苑》卷一一《善説》 衛將軍文子問子貢曰：『季文子三窮而三通，何也？』子貢曰：『其窮事賢，其通舉窮，其富分貧，其貴禮賤。窮以事賢則不悔，通而舉窮則忠於朋友，富而分貧則宗族親之，貴而禮賤則百姓戴之；其得之固道也，失之命也。』曰：『失而不得者，何也？』曰：『其窮不事賢，其通不舉窮，其富不分貧，其貴不理賤；其得之命也，其失之固道也。』

又 卷二〇《反質》 季文子相魯，妾不衣帛，馬不食粟。仲孫它諫曰：『子爲魯上卿，妾不衣帛，馬不食粟，人其以子爲愛，且不華國也。』文子曰：『然乎？吾觀國人之父母衣麤食蔬，吾是以不敢。且吾聞君子以德華國，不聞以妾與馬。夫德者，得於我，又得於彼，故可行。若淫於奢侈，沈於文章，不能自反，何以守國？』仲孫它慚而退。

孟獻子之賢

《左傳・襄公十五年》 十五年春，宋向戌來聘，且尋盟。見孟獻子，尤其室，曰：『子有令聞，而美其室，非所望也！』對曰：『我在晉，吾兄爲之，毀之重勞，且不敢間。』

《韓非子》卷一〇《内儲説下》 魯孟孫、叔孫、季孫相戮力劫昭公，遂奪其國而擅其制。魯三桓公偪，昭公攻季孫氏。而孟孫氏、叔孫氏相與謀曰：『救之乎？』叔孫氏之御者曰：『我，家臣也，安知公家？凡有季孫與無季孫於我孰利？』皆曰：『無季孫必無叔孫。』『然則救之。』於是撞西北隅而入。孟孫見叔孫之旗入，亦救之，三桓爲一。昭公不勝，逐之，死於乾侯。

又 卷一二《外儲説左下》 孟獻伯相魯，堂下生藿藜，門外長荆棘，食不二味，坐不重席，無衣帛之妾，居不粟馬，出不從車。叔向聞之，以告苗賁皇，賁皇非之曰：『是出主之爵禄以附下也。』一曰：孟獻伯拜上卿，叔向往賀，門有御，馬不食禾。向曰：『子無二馬二輿，何也？』獻伯曰：『吾觀國人尚有饑色，是以不秣馬；班白者多以徒行，故不二輿。』向曰：『吾始賀子之拜卿，今賀子之儉也。』向出，語苗賁皇曰：『助吾賀獻伯之儉也。』苗子曰：『何賀焉！夫爵禄旂章，所以異功伐、別賢不肖也。故晉國之法，上大夫二輿二乘，中大夫二輿一乘，下大夫專乘，此明等級也。且夫卿必有軍事，是故循車馬，比卒乘，以備戎事。有難則以備不虞，平夷則以給朝事。今亂晉國之政，乏不虞之備，以成節，以絜私名，獻伯之儉也可與？又何賀？』

《莊子》卷七《田子方》 莊子見魯哀公。哀公曰：『魯多儒士，少爲先生方者。』莊子曰：『魯少儒。』哀公曰：『舉魯國而儒服，何謂少乎？』莊子曰：『周聞之，儒者冠圜冠者，知天時；履句屨者，知地形；緩佩玦者，事至而斷。君子有其道者，未必爲其服也；爲其服者，未必知其道也。公固以爲不然，何不號于國中曰：「無此道而爲此服者，其罪死！」』於是哀公號之五日，而魯國無敢儒服者，獨有一丈夫儒服而立乎公門。公卽召而問以國事，千轉萬變而不窮。莊子曰：『以魯國而儒者一人耳，可謂多乎？』

又 卷一〇《列禦寇》 魯哀公問乎顔闔曰：『吾以仲尼爲貞幹，國其有瘳乎？』曰：『殆哉圾乎仲尼！方且飾羽而畫，從事華辭，以支爲旨，忍性以視民而不知不信，受乎心，宰乎神，夫何足以上民！彼宜女與？予頤與？誤而可矣。今使民離實學僞，非所以視民也，爲後世慮，不若休之。難治也。』施於人而不忘，非天布也。商賈不齒，雖以事齒之，神者弗齒。

爲外刑者，金與木也；爲内刑者，動與過也。宵人之離外刑者，金木訊之；離内刑者，陰陽食之。夫免乎外内之刑者，唯真人能之。

《禮記》卷六《檀弓上》　孟獻子禫，縣而不樂，比御而不入。夫子曰：「獻子加於人一等矣。」【略】

孟獻子之喪，司徒旅歸四布，夫子曰：「可也。」

季孫宿專政

《左傳·襄公七年》　南遺爲費宰。叔仲昭伯爲隧正，欲善季氏而求媚于南遺，謂遺：「請城費，吾多與而役。」故季氏城費。【略】

秋，季武子如衛，報子叔之聘，且辭緩報，非貳也。

又　《襄公九年》　公送晉侯。晉侯以公宴於河上，問公年，季武子對曰：「會于沙隨之歲，寡君以生。」晉侯曰：「十二年矣！是謂一終，一星終也。國君十五而生子。冠而生子，禮也。君可以冠矣！大夫盍爲冠具？」武子對曰：「君冠，必以裸享之禮行之，以金石之樂節之，以先君之祧處之。今寡君在行，未可具也。請及兄弟之國而假備焉！」晉侯曰：「諾。」公還及衛，冠于成公之廟，假鐘磬焉，禮也。

又　《襄公十一年》　十一年春，季武子將作三軍，告叔孫穆子曰：「請爲三軍，各征其軍。」穆子曰：「政將及子，子必不能。」武子固請之，穆子曰：「然則盟諸？」乃盟諸僖閎，詛諸五父之衢。正月，作三軍，三分公室而各有其一。三子各毁其乘。季氏使其乘之人，以其役邑入者，無征；不入者，倍征。孟氏使半爲臣，若子若弟。叔孫氏使盡爲臣。不然，不舍。

又　《襄公二十年》　冬，季武子如宋，報向戌之聘也。褚師段逆之以受享，賦《常棣》之七章以卒。宋人重賄之。歸復命，公享之。賦《魚麗》之卒章。公賦《南山有臺》。武子去所，曰：「臣不堪也。」

又　《襄公二十九年》　公還，及方城。季武子取卞，使公冶問，璽書追而與之，曰：「聞守卞者將叛，臣帥徒以討之，既得之矣，敢告。」公冶致使而退，及舍而後聞取卞。公曰：「欲之而言叛，祇見疏也。」公謂公冶曰：「吾可以入乎？」對曰：「君實有國，誰敢違君！」公與公冶冕服。固辭，强之而後受。公欲無入，榮成伯賦《式微》，乃歸。五月，公至自楚。公冶致其邑于季氏，而終不入焉。曰：「欺其君，何必使余？」季孫見之，則言季氏如他日。不見，則終不言季氏。及疾，聚其臣，曰：「我死，必無以冕服斂，非德賞也。且無使季氏葬我。」

《國語》卷五《魯語下》　季武子爲三軍，叔孫穆子曰：「不可。天子作師，公帥之，以征不德。元侯作師，卿帥之，以承天子。諸侯有卿無軍，帥教衛以贊元侯。自伯、子、男有大夫無卿，帥賦以從諸侯。是以上能征下，下無姦慝。今我小侯也，處大國之間，繕貢賦以共從者，猶懼有討。若爲元侯之所，以怒大國，無乃不可乎？」弗從。遂作中軍。自是齊、楚代討于魯，襄、昭皆如楚。【略】

反，及方城，聞季武子襲卞，公欲還，出楚師以伐魯。榮成伯曰：「不可。君之於臣，其威大矣。不能令於國，而恃諸侯，諸侯其誰暱之？若得楚師以伐魯，魯既不違夙之取卞也，必用命焉，守必固矣。若楚之克魯，諸姬不獲闚焉，而況君乎？彼無亦置其同類以服東夷，而大攘諸夏，將天下是王，而何德於君，其予君也？若不克魯，君以蠻、夷伐之，而又求入焉，必不獲矣。不如予之。夙之事君也，不敢不悛。醉而怒，醒而喜，庸何傷？君其入也！」乃歸。【略】

襄公在楚，季武子取卞，使季冶逆，追而予之璽書，以告曰：「卞人將畔，臣討之，既得之矣。」公未言，榮成子曰：「子股肱魯國，社稷之事，子實制之。唯子所利，何必卞？卞有罪而子征之，子之隸也，又何謁焉？」子冶歸，致禄而不出，曰：「使予欺君，謂予能也。能而欺其君，敢享其禄而立其朝乎？」

《禮記》卷六《檀弓上》　季武子成寢，杜氏之葬在西階之下，請合葬焉，許之。入宫而不敢哭。武子曰：「合葬，非古也。自周公以來，未之有改也。吾許其大而不許其細，何居？」命之哭。

又　卷九《檀弓下》　季武子寢疾，蟜固不説齊衰而入見，曰：「斯道也將亡矣，士唯公門説齊衰。」武子曰：「不亦善乎！君子表微。」及其喪也，曾點倚其門而歌。

《公羊傳·襄公十一年》　十有一年，春，王正月，作三軍。三軍者何？三卿也。

作三卿何以書？譏。何譏爾？古者上卿下卿，上士下士。

《穀梁傳·襄公十一年》　十有一年，春，王正月，作三軍。作，爲也。古者天子六卿，諸侯一軍。作三軍，非正也。

季孫斯專政

《國語》卷五《魯語下》 季康子欲以田賦，使冉有訪諸仲尼。仲尼不對，私于冉有曰：『求來！女不聞乎？先王制土，籍田以力，而砥其遠邇；賦里以入，而量其有無；任力以夫，而議其老幼。於是乎有鰥、寡、孤、疾，有軍旅之出則徵之，無則已。其歲，收田一井，出稯禾、秉芻、缶米，不是過也。先王以爲足。若子季孫欲其法也，則有周公之籍矣；若欲犯法，則苟而賦，又何訪焉！』

《禮記》卷九《檀弓下》 季康子之母死，陳褻衣。敬姜曰：『婦人不飾，不敢見舅姑，將有四方之賓來，褻衣何爲陳於斯？』命徹之。

又 卷一〇《檀弓下》 季康子之母死，公輸若方小。斂，般請以機封，將從之，公肩假曰：『不可，夫魯有初，公室視豐碑，三家視桓楹，般爾以人之母嘗巧，則豈不得以，其母以嘗巧者乎？則病者乎？噫！』弗果從。【略】

季孫之母死，哀公弔焉。曾子與子貢弔焉，閽人爲君在，弗内也。曾子與子貢入於其廄而脩容焉，子貢先入，閽人曰：『鄉者已告矣。』曾子後入，閽人辟之，涉内霤，卿大夫皆辟位，公降一等而逆之，君子言之曰：『盡飾之道，斯其行者遠矣。』

又 卷二九《玉藻》 朝服之以縞也，自季康子始也。

漢・劉安《淮南子》卷五《雜事》 田饒事魯哀公而不見察。田饒謂哀公曰：『臣將去君而鴻鵠舉矣。』哀公曰：『何謂也？』田饒曰：『君獨不見夫雞乎？頭戴冠者，文也；足傅距者，武也。敵在前敢鬭者，勇也；見食相呼，仁也；守夜不失時，信也。雞雖有此五者，君猶日瀹而食之，何則？以其所從來近也。夫鴻鵠一舉千里，止君園池，食君魚鱉，啄君菽粟，無此五者，君猶貴之，以其所從來遠也。臣請鴻鵠舉矣。』哀公曰：『止，吾書子之言也。』田饒曰：『臣聞食其食者，不毀其器；蔭其樹者，不折其枝。有士不用，何書其言爲？』遂去之燕，燕立爲相。三年，燕之政太平，國無盜賊。哀公聞之，慨然太息，爲之避寢三月，抽損上服，曰：『不慎其前，而悔其後，何可復得？』《詩》曰：『逝將去汝，適彼樂土；適彼樂土，爰得我所？』《春秋》曰：『少長於君，則君輕之。』此之謂也。

又 卷一八《人間訓》 魯哀公爲室而大，公宣子諫公宣子，魯大夫。曰：『室大，衆與人處則譁，少與人處則悲。願公之適。』公曰：『寡人聞命矣。』築室不輟。公宣子復見曰：『國小而室大，百姓聞之必怨吾君，諸侯聞之必輕吾國。』魯君曰：『聞命矣。』築室不輟。公宣子復見曰：『左昭而右穆，昭穆，先君之宗廟。爲大室以臨二先君之廟，得無害於子乎？』公乃令罷役除版而去之。

漢・劉向《新序》卷六《刺奢》 魯孟獻子聘于晉，宣子觴之三徙，鍾石之縣，不移而具。獻子曰：『富哉家！』宣子曰：『子之家孰與我家富？』獻子曰：『吾家甚貧，惟有二士，曰顔回，茲無靈者，使吾邦家安平，百姓和協，惟此二者耳！吾盡於此矣。』客出，宣子曰：『彼君子也，以養賢爲富。我鄙人也，以鐘石金玉爲富。』孔子曰：『孟獻子之富，可著於春秋。』

清・馬驌《繹史》卷八〇《三桓弱魯》引《古文瑣語》 魯國多盜，季康子治之，獲一人焉，詰之曰：『汝胡以盜？』對曰：『此猶之乎蟻羶也，慕羶而附，寧可已邪？子夫夫爲政，不能不盜，何以詰吾盜？』柳下蹠，魯之民盜也，嘯其徒數千人驪山之陽，抉人肝而食之，享年九十，而邑宰不得問也。子大夫陪臣陽貨，魯之家盜也，國命出其手，叛費囚桓，以意行國中，自如竇玉大弓，夫誰非先王所遺，子孫世守之謂何，今貨偃然竊以逋也，而子大夫不得問也。子大夫之家，魯之國盜也，名則魯臣，實魯君焉，國政爲家事，國賦爲家賦，藐然魯君，如無有焉，而魯君不得問也。魯君，魯之大盜也，乾侯之難，亦惟季孫意如之故，不得正其終，魯君覥然不斥季孫之立，而以爲身則，魯何以有王章也？逐一君，復易一君，而周天子不得問也。吾儕小人，其何知？知則於人而已矣。子大夫與吾儕小人，其俱負翳以謀朝夕耳，詰安用之？康子曰：『辨哉盜也。』去之，繫於獄中。

臧紇出奔

《左傳・襄公二十二年》 二十二年春，臧武仲如晉，雨，過御叔。御叔在其邑，將飲酒，曰：『焉用聖人！我將飲酒而已，雨行，何以聖

爲？」穆叔聞之曰：「不可使也，而傲使人，國之蠹也。」令倍其賦。

又《襄公二十三年》 季武子無適子，公彌長，而愛悼子，欲立之。訪于申豐，曰：「彌與紇，吾皆愛之，欲擇才焉而立之。」申豐趨退，歸，盡室將行。他日，又訪焉，對曰：「其然！將具敝車而行。」乃止。訪于臧紇，臧紇曰：「飲我酒，吾爲子立之。」季氏飲大夫酒，臧紇爲客。既獻，臧孫命北面重席，新尊絜之。召悼子，降逆之，大夫皆起。及旅，而召公鉏，使與之齒。季孫失色。

季氏以公鉏爲馬正，慍而不出。閔子馬見之，曰：「子無然！禍福無門，唯人所召。爲人子者，患不孝，不患無所。敬共父命，何常之有？若能孝敬，富倍季氏可也。姦回不軌，禍倍下民可也。」公鉏然之。敬共朝夕，恪居官次。季孫喜，使飲己酒，而以具往，盡舍旃。故公鉏氏富，又出爲公左宰。

孟孫惡臧孫，季孫愛之。孟氏之御騶豐點好羯也，曰：「從余言，必爲孟孫。」再三云，羯從之。孟莊子疾，豐點謂公鉏：「苟立羯，請讎臧氏。」公鉏謂季孫曰：「孺子秩，固其所也。若羯立，則季氏信有力于臧氏矣。」弗應。己卯，孟孫卒，公鉏奉羯立於户側。季孫至，入哭而出，曰：「秩焉在？」公鉏曰：「羯在此矣！」季孫曰：「孺子長。」公鉏曰：「何長之有？唯其才也。且夫子之命也。」遂立羯。秩奔邾。

臧孫入，哭甚哀，多涕。出，其御曰：「孟孫之惡子也，而哀如是。季孫若死，其若之何？」臧孫曰：「季孫之愛我，疾疢也。孟孫之惡我，藥石也。美疢不如惡石。夫石猶生我，疢之美，其毒滋多。孟孫死，吾亡無日矣。」

孟氏閉門告于季孫曰：「臧氏將爲亂，不使我葬。」季孫不信。臧孫聞之，戒。冬十月，孟氏將辟，藉除于臧氏。臧孫使正夫助之，除於東門，甲從己而視之。孟氏又告季孫。季孫怒，命攻臧氏。乙亥，臧紇斬鹿門之關以出，奔邾。

初，臧宣叔娶于鑄，生賈及爲而死。繼室以其姪，穆姜之姨子也。生紇，長於公宫。姜氏愛之，故立之。臧賈、臧爲出在鑄。臧武仲自邾使告臧賈，且致大蔡焉，曰：「紇不佞，失守宗祧，敢告不弔。紇之罪，不及不祀。子以大蔡納請，其可。」賈曰：「是家之禍也，非子之過也。賈聞命矣。」再拜受龜。使爲以納請，遂自爲也。臧孫如防，使來告曰：「紇非能害也，知不足也。非敢私請！苟守先祀，無廢二勳，敢不辟邑。」乃立臧爲。

臧紇致防而奔齊。其人曰：「其盟我乎？」臧孫曰：「無辭。」將盟臧氏，季孫召外史掌惡臣，而問盟首焉，對曰：「盟東門氏也，曰：『毋或如東門遂，不聽公命，殺適立庶。』盟叔孫氏也，曰：『毋或如叔孫僑如，欲廢國常，蕩覆公室。』」季孫曰：「臧孫之罪，皆不及此。」孟椒曰：「盍以其犯門斬關？」季孫用之。乃盟臧氏曰：「無或如臧孫紇，干國之紀，犯門斬關。」臧孫聞之，曰：「國有人焉！誰居？其孟椒乎！」

【略】

齊侯將爲臧紇田。臧孫聞之，見齊侯。與之言伐晉。對曰：「多則多矣！抑君似鼠。夫鼠晝伏夜動，不穴於寢廟，畏人故也。今君聞晉之亂而後作焉。寧將事之，非鼠如何？」乃弗與田。仲尼曰：「知之難也。有臧武仲之知，而不容于魯國，抑有由也。作不順而施不恕也。《夏書》曰：『念茲在茲。』順事恕施也。」

叔孫豎牛之亂

《左傳・襄公二十四年》 齊人城郟。穆叔如周聘，且賀城。王嘉其有禮也，賜之大路。

又《昭公四年》 初，穆子去叔孫氏，及庚宗，遇婦人，使私爲食而宿焉。問其行，告之故，哭而送之。適齊，娶于國氏，生孟丙、仲壬。夢天壓己，弗勝。顧而見人，黑而上僂，深目而豭喙，號之曰：「牛助余」，乃勝之。旦而皆召其徒，無之。且曰：「志之。」及宣伯奔齊，饋之。宣伯曰：「魯以先子之故，將存吾宗，必召女。召女何如？」對曰：「願之久矣。」魯人召之，不告而歸。既立，所宿庚宗之婦人，獻以雉。問其姓。對曰：「余子長矣，能奉雉而從我矣。」召而見之，則所夢也。未問其名，號之曰「牛」，曰：「唯」。皆召其徒，使視之，遂使爲豎。有寵，長使爲政。公孫明知叔孫于齊，歸，未逆國姜，子明取之。故怒其子，長而後使逆之。田於丘蕕，遂遇疾焉。豎牛欲亂其室而有之，强與孟盟，不可。叔孫爲孟鐘，曰：「爾未際，饗大夫以落之。」既具，使豎牛

請曰。入弗謁。出，命之日。及賓至，聞鐘聲。牛曰：『孟有北婦人之客。』怒，將往。牛止之。賓出，使拘而殺諸外。牛又强與仲盟，不可。仲與公御萊書觀於公，公與之環，使牛入示之。入，不示。出，命佩之。牛謂叔孫：『見仲而何？』叔孫曰：『何爲？』曰：『不見，既自見矣，公與之環而佩之矣。』遂逐之，奔齊。疾急，命召仲，牛許而不召。

杜洩見，告之饑渴，授之戈。對曰：『求之而至，又何去焉？』竪牛曰：『夫子疾病，不欲見人。』使置饋於個而退。牛弗進，則置虛，命徹。十二月癸丑，叔孫不食。乙卯卒。牛立昭子而相之。

公使杜洩葬叔孫。竪牛賂叔仲昭子與南遺，使惡杜洩于季孫而去之。杜洩將以路葬，且盡卿禮。南遺謂季孫曰：『叔孫未乘路，葬焉用之？且冢卿無路，介卿以葬，不亦左乎？』季孫曰：『然。』使杜洩舍路。不可，曰：『夫子受命于朝，而聘于王。王思舊勳而賜之路。復命而致之君。君不敢逆王命而後賜之，使三官書之。吾子爲司徒，實書名。夫子爲司馬，與工正書服。孟孫爲司空，以書勳。今死而弗以，是棄君命也。書在公府而弗以，是廢三官也。若命服，生弗敢服，死又不以，將焉用之？』乃使以葬。

季孫謀去中軍。竪牛曰：『夫子固欲去之。』

又 《昭公五年》 五年春，王正月，舍中軍，卑公室也。毁中軍于施氏，成諸臧氏。初作中軍，三分公室而各有其一。季氏盡征之，叔孫氏臣其子弟，孟氏取其半焉。及其舍之也，四分公室，季氏擇二，二子各一。皆盡征之，而貢於公。以書。使杜洩告於殯，曰：『子固欲毁中軍，既毁之矣，故告。』杜洩曰：『夫子唯不欲毁也，故盟諸僖閎，詛諸五父之衢。』受其書而投之，帥士而哭之。叔仲子謂季孫曰：『帶受命于子叔孫曰，葬鮮者自西門。』季孫命杜洩。杜洩曰：『卿喪自朝，魯禮也。吾子爲國政，未改禮，而又遷之。羣臣懼死，不敢自也。』既葬而行。

仲至自齊，季孫欲立之。南遺曰：『叔孫氏厚則季氏薄。彼實家亂，子勿與知，不亦可乎？』南遺使國人助竪牛以攻諸大庫之庭。司宫射之，中目而死。竪牛取東鄙三十邑，以與南遺。

昭子卽位，朝其家衆，曰：『竪牛禍叔孫氏，使亂大從，殺適立庶，又披其邑，將以赦罪，罪莫大焉。必速殺之。』竪牛懼，奔齊。孟仲之子殺諸塞關之外，投其首于寧風之棘上。

仲尼曰：『叔孫昭子之不勞，不可能也。周任有言曰：「爲政者不賞私勞，不罰私怨。」《詩》云：「有覺德行，四國順之。」』

初，穆子之生也，莊叔以《周易》筮之，遇《明夷》䷣之《謙》䷎，以示卜楚丘。曰：『是將行，而歸爲子祀。以讒人入，其名曰牛，卒以餒死。《明夷》，日也。日之數十，故有十時，亦當十位。自王已下，其二爲公，其三爲卿。日上其中，食日爲二，旦日爲三。《明夷》之《謙》，明而未融，其當旦乎。故曰爲子祀。日之《謙》，當鳥，故曰明夷於飛。明而未融，故曰垂其翼。象日之動，故曰君子于行。當三在旦，故曰三日不食。《離》，火也。《艮》，山也。《離》爲火，火焚山，山敗。于人爲言，敗言爲讒。故曰有攸往。主人有言，言必讒也。純《離》爲牛。世亂讒勝，勝將適《離》，故曰其名曰牛。《謙》不足，飛不翔，垂不峻，翼不廣。故曰其爲子後乎。吾子，亞卿也，抑少不終。』

《公羊傳·昭公五年》 五年，春，王正月，舍中軍。舍中軍者何？復古也。然則曷不言三卿？五亦有中，三亦有中。

《穀梁傳·昭公五年》 五年，春，王正月，舍中軍。貴復正也。

季孫意如逐昭公

《左傳·襄公三十一年》 公作楚宫。穆叔曰：『《大誓》云：「民之所欲，天必從之。」君欲楚也夫！故作其宫。若不復適楚，必死是宫也。』六月辛巳，公薨于楚宫。叔仲帶竊其拱璧，以與御人，納諸其懷而從取之，由是得罪。立胡女敬歸之子子野，次於季氏。秋九月癸巳，卒，毁也。【略】

立敬歸之娣齊歸之子公子裯，穆叔不欲，曰：『大子死，有母弟則立之，無則立長。年鈞擇賢，義鈞則卜，古之道也。非適嗣，何必娣之子？且是人也，居喪而不哀，在慼而有嘉容，是謂不度。不度之人，鮮不爲患。若果立之，必爲季氏憂。』武子不聽，卒立之。比及葬，三易衰，衰衽如故衰。於是昭公十九年矣，猶有童心。君子是以知其不能終也。【略】

癸酉，葬襄公。

又 **《昭公五年》** 公如晉，自郊勞至於贈賄，無失禮。晉侯謂女叔

齊曰：『魯侯不亦善於禮乎？』對曰：『魯侯焉知禮？』公曰：『何爲？自郊勞至於贈賄，禮無違者，何故不知？』對曰：『是儀也，不可謂禮。禮所以守其國，行其政令，無失其民者也。今政令在家，不能取也。有子家羈，弗能用也。姦大國之盟，陵虐小國。利人之難，不知其私。公室四分，民食於他。思莫在公，不圖其終。爲國君，難將及身，不恤其所。禮之本末，將於此乎在，而屑屑焉習儀以亟。言善於禮，不亦遠乎？』君子謂：『叔侯於是乎知禮。』

又《昭公十一年》九月，葬齊歸，公不慼。晉士之送葬者，歸以語史趙。史趙曰：『必爲魯郊。』侍者曰：『何故？』曰：『歸，姓也。不思親，祖不歸也。』叔向曰：『魯公室其卑乎。君有大喪，國不廢蒐。有三年之喪，而無一日之戚。國不恤喪，不忌君也。君無慼容，不顧親也。國不忌君，君不顧親，能無卑乎？殆其失國。』

又《昭公二十一年》夏，晉士鞅來聘，叔孫爲政。季孫欲惡諸晉，使有司以齊鮑國歸費之禮爲士鞅。士鞅怒，曰：『鮑國之位下，其國小，而使鞅從其牢禮，是卑敝邑也。將復諸寡君。』魯人恐，加四牢焉，爲十一牢。

又《昭公二十五年》二十五年春，叔孫婼聘於宋。桐門右師見之，語卑宋大夫，而賤司城氏。昭子告其人曰：『右師其亡乎！君子貴其身而後能及人，是以有禮。今夫子卑其大夫而賤其宗，是賤其身也。能有禮乎？無禮必亡。』宋公享昭子，賦《新宮》。昭子賦《車轄》。

明日宴，飲酒樂。宋公使昭子右坐，語相泣也。樂祁佐，退而告人曰：『今茲君與叔孫，其皆死乎？吾聞之，哀樂而樂哀，皆喪心也。心之精爽，是謂魂魄。魂魄去之，何以能久？』

季公若之姊爲小邾夫人，生宋元夫人，生子以妻季平子。昭子如宋聘，且逆之。公若從，謂曹氏勿與，魯將逐之。曹氏告公，公告樂祁。樂祁曰：『與之。如是，魯君必出。政在季氏三世矣，魯君喪政四公矣。無民而能逞其志者，未之有也。國君是以鎮撫其民。《詩》曰：「人之云亡，心之憂矣。」魯君失民矣，焉得逞其志？靖以待命猶可，動必憂。』【略】

初，季公鳥娶妻於齊鮑文子，生甲。公鳥死，季公亥與公思展與公鳥之臣申夜姑相其室。及季姒與饔人檀通，而懼，乃使其妾抶己，以示秦遄之妻，曰：『公若欲使余，余不可而抶余。』又訴於公甫，曰：『展與夜姑將要余。』秦姬以告公之，公之與公甫告平子。平子拘展於卞而執夜姑，將殺之。公若泣而哀之曰：『殺是，是殺余也。』將爲之請。平子使豎勿內，日中不得請。有司逆命，公之使速殺之。故公若怨平子。

季、郈之雞鬭。季氏介其雞，郈氏爲之金距。平子怒，益宮於郈氏，且讓之。故郈昭伯亦怨平子。臧昭伯之從弟會，爲讒于臧氏，而逃于季氏，臧氏執旃。平子怒，拘臧氏老。將禘於襄公，萬者二人，其衆萬於季氏。臧孫曰：『此之謂不能庸先君之廟。』大夫遂怨平子。公若獻弓於公爲，且與之出射於外，而謀去季氏。公爲告公果、公賁。公果、公賁使侍人僚柤告公。公寢，將以戈擊之，乃走。公曰：『執之。』亦無命也。懼而不出，數月不見，公不怒。又使言，公執戈以懼之，乃走。又使言，公曰：『非小人之所及也。』公果自言，公以告臧孫，臧孫以難。告郈孫，郈孫以可勸。告子家懿伯，懿伯曰：『讒人以君徼倖，事若不克，君受其名，不可爲也。舍民數世以求克，事不可必也。且政在焉，其難圖也。』公退之。辭曰：『臣與聞命矣，言若洩，臣不獲死。』乃館於公。

叔孫昭子如闞，公居於長府。九月戊戌，伐季氏，殺公之於門，遂入之。平子登臺而請曰：『君不察臣之罪，使有司討臣以干戈，臣請待於沂上以察罪。』弗許。請囚于費，弗許。請以五乘亡，弗許。子家子曰：『君其許之！政自之出久矣，隱民多取食焉。爲之徒者衆矣，日入慝作，弗可知也。衆怒不可蓄也。蓄而弗治，將蘊。蘊畜，民將生心；生心，同求將合。君必悔之。』弗聽。郈孫曰：『必殺之。』公使郈孫逆孟懿子。叔孫氏之司馬鬷戾言於其衆曰：『若之何？』莫對。又曰：『我，家臣也，不敢知國。凡有季氏與無，於我孰利？』皆曰：『無季氏，是無叔孫氏也。』鬷戾曰：『然則救諸。』帥徒以往，陷西北隅以入。公徒釋甲，執冰而踞。遂逐之。孟氏使登西北隅，以望季氏。見叔孫氏之旌，以告。孟氏執郈昭伯，殺之于南門之西，遂伐公徒。子家子曰：『諸臣僞劫君者，而負罪以出，君止。意如之事君也，不敢不改。』公曰：『余不忍也。』與臧孫如墓謀，遂行。己亥，公孫于齊，次於陽州。齊侯將唁公於平陰，公先於野井。齊侯曰：『寡人之罪也。』使有司待於平陰，爲近故也。書曰：『公孫于齊，次於陽州，齊侯唁公於野井。』禮也。將求於人，則先

下之，禮之善物也。齊侯曰：『自莒疆以西，請致千社，以待君命。寡人將帥敝賦以從執事，唯命是聽。君之憂，寡人之憂也。』公喜。子家子曰：『天祿不再，天若胙君，不過周公，以魯足矣。失魯，而以千社爲臣，誰與之立？且齊君無信，不如早之晉。』弗從。臧昭伯率從者將盟，載書曰：『戮力壹心，好惡同之。信罪之有無，繾綣從公，無通外內。』以公命示子家子。子家子曰：『如此，吾不可以盟。羈也不佞，不能與二三子同心，而以爲皆有罪。或欲通外內，且欲去君。二三子好亡而惡定，焉可同也？陷君於難，罪孰大焉？通外內而去君，君將速入，弗通何爲？而何守焉？』乃不與盟。

昭子自闞歸，見平子。平子稽顙曰：『子若我何？』昭子曰：『人誰不死？子以逐君成名，子孫不忘，不亦傷乎！將若子何？』平子曰：『苟使意如得改事君，所謂生死而肉骨也。』昭子從公於齊，與公言。子家子命適公館者執之。公與昭子言於幄內，曰：『將安衆而納公。』公徒將殺昭子，伏諸道。左師展告公，公使昭子自鑄歸。平子有異志。冬十月辛酉，昭子齊於其寢，使祝宗祈死。戊辰，卒。左師展將以公乘馬而歸，公徒執之。

十一月，宋元公將爲公故如晉。夢大子欒即位於廟，己與平公服而相之。旦召六卿。公曰：『寡人不佞，不能事父兄，以爲二三子憂，寡人之罪也。若以羣子之靈，獲保首領以沒，唯是楄柎所以藉幹者，請無及先君。』仲幾對曰：『君若以社稷之故，私降昵宴，羣臣弗敢知。若夫宋國之法，死生之度，先君有命矣。羣臣以死守之，弗敢失隊。臣之失職，常刑不赦。臣不忍其死，君命祇辱。』宋公遂行。己亥，卒于曲棘。

十二月庚辰，齊侯圍鄆。

初，臧昭伯如晉，臧會竊其寶龜僂句。以卜爲信與僭，僭吉。臧氏老將如晉問，會請往。昭伯問家故，盡對。及內子與母弟叔孫，則不對。再三問，不對。歸及郊，會逆，問，又如初。至，次於外而察之，皆無之。執而戮之，逸奔郤。郈魴假使爲賈正焉。計于季氏。臧氏使五人以戈盾伏諸桐汝之閭。會出，逐之。反奔，執諸季氏中門之外。平子怒曰：『何故以兵入吾門？』拘臧氏老。季、臧有惡。及昭伯從公，平子立臧會。會曰：『僂句不余欺也。』

又《昭公二十六年》 二十六年春，王正月庚申，齊侯取鄆。

葬宋元公，如先君，禮也。

三月，公至自齊，處於鄆，言魯地也。夏，齊侯將納公，命無受魯貨。申豐從女賈，以幣錦二兩，縛一如瑱，適齊師。謂子猶之人高齮：『能貨子猶，爲高氏後，粟五千庾。』高齮以錦示子猶，子猶欲之。齮曰：『魯人買之，百兩一布，以道之不通，先入幣財。』子猶受之，言于齊侯曰：『羣臣不盡力于魯君者，非不能事君也。然據有異焉。宋元公爲魯君如晉，卒于曲棘。叔孫昭子求納其君，無疾而死。不知天之棄魯耶，抑魯君有罪於鬼神，故及此也？君若待於曲棘，使羣臣從魯君以卜焉。若可，師有濟也。君而繼之，茲無敵矣。若其無成，君無辱焉。』齊侯從之，使公子鉏帥師從公。成大夫公孫朝謂平子曰：『有都以衛國也，請我受師。』許之。請納質，弗許，曰：『信女足矣。』告于齊師曰：『孟氏，魯之敝室也。用成已甚，弗能忍也，請息肩於齊。』齊師圍成。成人伐齊師之飲馬於淄者，曰：『將以厭衆。』魯成備而後告曰：『不勝衆。』師及齊師戰於炊鼻。齊子淵捷從洩聲子，射之，中楯瓦。繇朐汰輈，匕入者三寸。聲子射其馬，斬鞅，殪。改駕，人以爲鬷戾也而助之。子車曰：『齊人也。』將擊子車。子車射之，殪。其御曰：『又之。』子車曰：『衆可懼也，而不可怒也。』子囊帶從野洩，叱之。洩曰：『軍無私怒，報乃私也，將亢子。』又叱之。亦叱之。冉豎射陳武子，中手，失弓而罵。以告平子曰：『有君子白皙，鬒鬚眉，甚口。』平子曰：『必子强也，無乃亢諸？』對曰：『謂之君子，何敢亢之？』林雍羞爲顔鳴右，下。苑何忌取其耳。顔鳴去之。苑子之御曰：『視下顧。』苑子刜林雍，斷其足。鑋而乘于他車以歸，顔鳴三入齊師，呼曰：『林雍乘！』【略】

秋，盟於鄟陵，謀納公也。

又《昭公二十七年》 二十七年春，公如齊。公至自齊，處於鄆，言在外也。【略】

秋，會于扈，令戍周，且謀納公也。宋、衛皆利納公，固請之。范獻子取貨於季孫，謂司城子梁與北宮貞子曰：『季孫未知其罪，而君伐之，請囚，請亡，於是乎不獲。君又弗克，而自出也。夫豈無備而能出君乎？季氏之復，天救之也。休公徒之怒，而啓叔孫氏之心。不然，豈其伐人而

說甲執冰以遊？叔孫氏懼禍之濫，而自同于季氏，天之道也。魯君守齊，三年而無成。季氏甚得其民，淮夷與之，有十年之備，有齊、楚之援，有天之贊，有民之助，有堅守之心，有列國之權，而弗敢宣也，事君如在國。故鞅以爲難。二子皆圖國者也，而欲納魯君，鞅之願也。請從二子以圍魯，無成，死之。」二子懼，皆辭。乃辭小國，而以難復。

孟懿子、陽虎伐鄆。鄆人將戰。子家子曰：『天命不慆久矣。使君亡者，必此衆也。天既禍之，而自福也，不亦難乎？猶有鬼神，此必敗也。嗚呼！爲無望也夫，其死於此乎！』公使子家子如晉，公徒敗於且知。

【略】

冬，公如齊，齊侯請饗之。子家子曰：『朝夕立於其朝，又何饗焉？其飲酒也。』乃飲酒，使宰獻而請安。子仲之子曰重，爲齊侯夫人，曰：『請使重見。』子家子乃以君出。

又《昭公二十八年》 二十八年春，公如晉，將如乾侯。子家子曰：『有求於人，而卽其安，人孰矜之？其造於竟。』弗聽。使請逆于晉。晉人曰：『天禍魯國，君淹恤在外。君亦不使一個辱在寡人，而卽安于甥舅，其亦使逆君。』使公復於竟而後逆之。

又《昭公二十九年》 二十九年春，公至自乾侯，處於鄆。齊侯使高張來唁公，稱主君。子家子曰：『齊卑君矣，君祇辱焉。』公如乾侯。

【略】

平子每歲賈馬，具從者之衣屨而歸之于乾侯。公執歸馬者賣之，乃不歸馬。衛侯來獻其乘馬曰啓服，塹而死。公將爲之櫝。子家子曰：『從者病矣，請以食之。』乃以幃裹之。

公賜公衍羔裘，使獻龍輔于齊侯，遂入羔裘。齊侯喜，與之陽穀。公衍、公爲之生也，其母偕出。公衍先生。公爲之母曰：『相與偕出，請相與偕告。』三日，公爲生，其母先以告。公爲爲兄。公私喜于陽穀而思于魯，曰：『務人爲此禍也。且後生而爲兄，其誣也久矣。』乃黜之，而以公衍爲大子。

又《昭公三十年》 三十年春，王正月，公在乾侯。不先書鄆與乾侯，非公，且徵過也。

又《昭公三十一年》 三十一年春，王正月，公在乾侯，言不能外內也。晉侯將以師納公。范獻子曰：『若召季孫而不來，則信不臣矣。然後伐之，若何？』晉人召季孫，獻子使私焉，曰：『子必來，我受其無咎。』季孫意如會晉荀躒於適歷。荀躒曰：『寡君使躒謂吾子，何故出君？有君不事，周有常刑。子其圖之！』季孫練冠麻衣跣行，伏而對曰：『事君，臣之所不得也，敢逃刑命？君若以臣爲有罪，請囚于費，以待君之察也，亦唯君。若以先臣之故，不絕季氏，而賜之死。若弗殺弗亡，君之惠也，死且不朽。若得從君而歸，則固臣之願也。敢有異心？』

夏四月，季孫從知伯如乾侯。子家子曰：『君與之歸。一慚之不忍，而終身慚乎？』公曰：『諾。』衆曰：『在一言矣，君必逐之。』荀躒以晉侯之命唁公，且曰：『寡君使躒以君命討於意如，意如不敢逃死，君其入也！』公曰：『君惠顧先君之好，施及亡人，將使歸糞除宗祧以事君，則不能夫人。己所能見夫人者，有如河！』荀躒掩耳而走，曰：『寡君其罪之恐，敢與知魯國之難？臣請復於寡君。』退而謂季孫：『君怒未怠，子姑歸祭。』子家子曰：『君以一乘入于魯師，季孫必與君歸。』公欲從之，衆從者脅公，不得歸。

又《昭公三十二年》 三十二年春，王正月，公在乾侯。言不能外內，又不能用其人也。【略】

十二月，公疾，偏賜大夫，大夫不受。賜子家子雙琥，一環，一璧，輕服，受之。大夫皆受其賜。己未，公薨。子家子反賜於府人，曰：『吾不敢逆君命也。』大夫皆反其賜。書曰：『公薨于乾侯。』言失其所也。

趙簡子問於史墨曰：『季氏出其君，而民服焉，諸侯與之，君死於外，而莫之或罪也。』對曰：『物生有兩，有三，有五，有陪貳。故天有三辰，地有五行，體有左右，各有妃耦。王有公，諸侯有卿，皆有貳也。天生季氏，以貳魯侯，爲日久矣。民之服焉，不亦宜乎？魯君世從其失，季氏世修其勤，民忘君矣。雖死於外，其誰矜之？社稷無常奉，君臣無常位，自古以然。故《詩》曰：「高岸爲谷，深谷爲陵。」三后之姓，於今爲庶，王所知也。在《易》卦，雷乘《乾》曰《大壯》䷡，天之道也。昔成季友，桓之季也，文姜之愛子也，始震而卜，卜人謁之，曰：「生有嘉聞，其名曰友，爲公室輔。」及生，如卜人之言，有文在其手曰「友」，遂以名之。既而有大功于魯，受費以爲上卿。至於文子、武子，世增其

業，不廢舊績。魯文公薨，而東門遂殺適立庶，魯君於是乎失國，政在季氏，於此君也，四公矣。民不知君，何以得國？是以爲君，慎器與名，不可以假人。」

又《定公元年》 夏，叔孫成子逆公之喪於乾侯。季孫曰：「子家子亟言於我，未嘗不中吾志也。吾欲與之從政，子必止之，且聽命焉。」子家子不見叔孫，易幾而哭。叔孫請見子家子，子家子辭曰：「羈未得見，而從君以出。君不命而薨，羈不敢見。」叔孫使告之曰：「公衍、公爲實使羣臣不得事君。若公子宋主社稷，則羣臣之願也。凡從君出而可以入者，將唯子是聽。子家氏未有後，季孫願與子從政，此皆季孫之願也，使不敢以告。」對曰：「若立君，則有卿士大夫與守龜在，羈弗敢知。若從君者，則貌而出者，入可也。寇而出者，行可也。若羈也，則君知其出也，而未知其入也。羈將逃也。」

喪及壞隤，公子宋先入，從公者皆自壞隤反。六月癸亥，公之喪至自乾侯。戊辰，公卽位。季孫使役如闞，公氏將溝焉。榮駕鵝曰：「生不能事，死又離之，以自旌也。縱子忍之，後必或耻之。」乃止。

季孫問于榮駕鵝曰：「吾欲爲君謚，使子孫知之。」對曰：「生弗能事，死又惡之，以自信也。將焉用之？」乃止。秋七月癸巳，葬昭公於墓道南。孔子之爲司寇也，溝而合諸墓。

昭公出，故季平子禱於煬公。九月，立煬宫。

又《定公十五年》 十五年春，邾隱公來朝。子貢觀焉。邾子執玉高，其容仰。公受玉卑，其容俯。子貢曰：「以禮觀之，二君者，皆有死亡焉。夫禮，死生存亡之體也。將左右周旋，進退俯仰，於是乎取之。朝祀喪戎，於是乎觀之。今正月相朝，而皆不度，心已亡矣。嘉事不體，何以能久？高仰，驕也；卑俯，替也。驕近亂，替近疾。君爲主，其先亡乎。」【略】

夏五月壬申，公薨。仲尼曰：「賜不幸言而中，是使賜多言者也。」

秋七月壬申，姒氏卒。不稱夫人，不赴，且不祔也。

葬定公。雨，不克襄事，禮也。葬定姒。不稱小君，不成喪也。

又《哀公十二年》 夏五月，昭夫人孟子卒。昭公娶於吳，故不書姓。死不赴，故不稱夫人。不反哭，故言不葬小君。孔子與弔，適季氏。季氏不絻，放經而拜。

又《哀公二十三年》 二十三年春，宋景曹卒。季康子使冉有弔，且送葬，曰：「敝邑有社稷之事，使肥與有職競焉，是以不得助執紼，使求從輿人。曰：『以肥之得備彌甥也，有不腆先人之産馬，使求薦諸夫人之宰，其可以稱旌繁乎？』」

《公羊傳·昭公二十五年》 齊侯唁公於野井。唁公者何？昭公將弑季氏，告子家駒曰：「季氏爲無道，僭於公室久矣，吾欲弑之，何如？」子家駒曰：「諸侯僭於天子，大夫僭於諸侯，久矣。」昭公曰：「吾何僭矣哉？」子家駒曰：「設兩觀，乘大路，朱干，玉戚，以舞《大夏》，八佾以舞《大武》，此皆天子之禮也。且夫牛馬維婁，委己者也，而柔焉。季氏得民衆久矣，君無多辱焉。」昭公不從其言，終弑而敗焉，走之齊，齊侯唁公于野井，曰：「奈何君去魯國之社稷？」昭公曰：「喪人不佞，失守魯國之社稷，執事以羞。」再拜顙，慶子家駒曰：「慶子免君於大難矣。」子家駒曰：「臣不佞，陷君於大難，君不忍加之以鈇鑕，賜之以死。」再拜顙，高子執簞食，與四脡脯，國子執壺漿，曰：「吾寡君聞君在外，餕饔未就，敢致糗於從者。」昭公曰：「君不忘吾先君，延及喪人，錫之以大禮，再拜稽首，以衽受。」高子曰：「有夫不祥，君無所辱大禮。」昭公蓋祭而不嘗。景公曰：「寡人有不腆先君之服，未之敢服，有不腆先君之器，未之敢用，敢以請。」昭公曰：「喪人不佞，失守魯國之社稷，執事以羞，敢辱大禮，敢辭。」景公曰：「寡人有不腆先君之服，未之敢服，有不腆先君之器，未之敢用，敢固以請。」昭公曰：「以吾宗廟之在魯也，有先君之服，未之能以服，有先君之器，未之能以出，敢固辭。」景公曰：「寡人有不腆先君之服，未之敢服，有不腆先君之器，未之敢用，請以饗乎從者。」昭公曰：「喪人其何稱？」景公曰：「孰君而無稱？」昭公於是曒然而哭，諸大夫皆哭。既哭以人爲菑，以幣爲席，以鞍爲几，以遇禮相見。孔子曰：「其禮與！其辭足觀矣。」

十有一月，己亥，宋公佐卒於曲棘。曲棘者何？宋之邑也。諸侯卒其封內不地，此何以地？憂內也。

十有二月，齊侯取運。外取邑不書，此何以書？爲公取之也。

又《定公元年》 定何以無正月？正月者，正卽位也，定無正月

者，卽位後也。卽位何以後？昭公在外，得入不得入，未可知也。曷爲未可知？在季氏也。定、哀多微辭，主人習其讀，而問其傳，則未知己之有罪焉爾。【略】

戊辰，公卽位。癸亥，公之喪至自乾侯，則曷爲以戊辰之日然後卽位？正棺於兩楹之間，然後卽位。子沈子曰：『定君乎國，然後卽位。』卽位不日，此何以日？録乎内也。【略】

立煬宫。煬宫者何？煬公之宫也。立者何？立者不宜立也。立煬宫，非禮也。

《穀梁傳·定公元年》 元年，春，王。不言正月，定無正也。定之無正，何也？昭公之終，非正終也。定之始，非正始也。昭無正終，故定無正始。不言卽位，喪在外也。【略】

戊辰，公卽位。殯然後卽位也。定無正，見無以正也。逾年不言卽位，是有故公也。言卽位，是無故公也。卽位，授受之道也。先君無正終，則後君無正始也。先君有正終，則後君有正始也。戊辰，公卽位，謹之也。定之卽位，不可不察也。公卽位，何以日也？

戊辰之日，然後卽位也。癸亥，公之喪至自乾侯，何爲戊辰之日，然後卽位也？正君乎國，然後卽位也。沈子曰：『正棺乎兩楹之間，然後卽位也。』内之大事，日。卽位，君之大事也，其不日何也？以年決者，不以日決也。此則其日，何也？著之也。何著焉？逾年卽位，厲也。於厲之中，又有義焉。未殯，雖有天子之命猶不敢，況臨諸臣乎？周人有喪，魯人有喪。周人弔，魯人不弔。周人曰：『固吾臣也，使人可也。』魯人曰：『吾君也，親之者也，使大夫則不可也。』故周人弔，魯人不弔，以其下成、康爲未久也。君，至尊也，去父之殯而往弔猶不敢，況未殯而臨諸臣乎？

又 **《定公十五年》** 其言來奔喪何？奔喪非禮也。姒氏者何？哀公之母也。何以不稱夫人，哀未君也。定姒何以書葬？未踰年之君也，有子則廟，廟則書葬。

《禮记》卷四三《雜記下》 夫人之不命於天子，自魯昭公始也。

漢·劉向《説苑》卷一九《修文》 《春秋》曰：『壬申，公薨于高寢。』傳曰：『高寢者何？正寢也。曷爲或言高寢，或言路寢？曰：諸侯正寢三：一曰高寢，二曰左路寢，三曰右路寢。高寢者，始封君之寢也。二路寢者，繼體之君寢也。其二何？曰：子不居父之寢，故二寢。繼體君世世不可居高祖之寢，故有高寢。名曰高也。路寢其立奈何？高寢立中，路寢立左右。』《春秋》曰：『天王入于成周。』傳曰：『成周者何？東周也。』然則天子之寢奈何？曰：亦三。承明繼體守文之君之寢，曰左右之路寢。謂之承明何？曰：承乎明堂之後者也。故天子諸侯三寢立而名實正，父子之義章，尊卑之事别，大小之德異矣。

哀公孫越

《左傳·哀公三年》 秋，季孫有疾，命正常曰：『無死。南孺子之子，男也，則以告而立之。女也，則肥也可。』季孫卒，康子卽位。既葬，康子在朝。南氏生男，正常載以如朝，告曰：『夫子有遺言，命其圉臣曰：「南氏生男，則以告于君與大夫而立之。」今生矣，男也，敢告。』遂奔衛。康子請退。公使共劉視之，則或殺之矣，乃討之。召正常，正常不反。

又 **《哀公十一年》** 季孫欲以田賦，使冉有訪諸仲尼。仲尼曰：『丘不識也。』三發，卒曰：『子爲國老，待子而行，若之何子之不言也？』仲尼不對。而私於冉有曰：『君子之行也，度於禮，施取其厚，事舉其中，斂從其薄，如是則以丘亦足矣。若不度於禮，而貪冒無厭，則雖以田賦，將又不足。且子季孫若欲行而法，則周公之典在。若欲苟而行，又何訪焉？』弗聽。

又 **《哀公十二年》** 十二年春，王正月，用田賦。

又 **《哀公二十一年》** 二十一年夏五月，越人使來。

又 **《哀公二十三年》** 秋八月，叔青如越，始使越也。越諸鞅來聘，報叔青也。

又 **《哀公二十四年》** 公子荆之母嬖，將以爲夫人，使宗人釁夏獻其禮。對曰：『無之。』公怒曰：『女爲宗司，立夫人，國之大禮也，何故無之？』對曰：『周公及武公娶于薛，孝、惠娶于商，自桓以下娶于齊，此禮也則有。若以妾爲夫人，則固無其禮也。』公卒立之，而以荆爲大子。國人始惡之。

閏月，公如越，得大子適郢，將妻公，而多與之地。公孫有山使告于季孫。季孫懼，使因大宰嚭而納賂焉，乃止。

又《哀公二十五年》 六月，公至自越。季康子、孟武伯逆于五梧。郭重僕，見二子曰：『惡言多矣，君請盡之。』公宴於五梧。武伯爲祝，惡郭重，曰：『何肥也！』季孫曰：『請飲彘也。以魯國之密邇仇讎，臣是以不獲從君，克免於大行，又謂重也肥。』公曰：『是食言多矣，能無肥乎？』飲酒不樂，公與大夫始有惡。

又《哀公二十七年》 夏四月己亥，季康子卒。公弔焉，降禮。【略】

公患三桓之侈也，欲以諸侯去之。三桓亦患公之妄也，故君臣多間。公游於陵阪，遇孟武伯于孟氏之衢，曰：『請有問于子，余及死乎？』對曰：『臣無由知之。』三問，卒辭不對。公欲以越伐魯，而去三桓。秋八月甲戌，公如公孫有陘氏，因孫於邾，乃遂如越。國人施公孫有山氏。

《禮記》卷一〇《檀弓下》 魯人有周豐也者，哀公執摯請見之，而曰不可。公曰：『我其已夫。』使人問焉，曰：『有虞氏未施信於民，而民信之。夏后氏未施敬於民，而民敬之。何施而得斯於民也？』對曰：『墟墓之間，未施哀於民而民哀。社稷宗廟之中，未施敬於民而民敬。殷人作誓而民始畔，周人作會而民始疑。苟無禮義、忠信、誠愨之心以涖之，雖固結之，民其不解乎？』【略】

孺子䵣之喪，哀公欲設撥，問於有若。有若曰：『其可也。君之三臣猶設之。』顏柳曰：『天子龍輴而椁幬，諸侯輴而設幬，爲榆沈，故設撥。三臣者廢輴而設撥，竊禮之不中者也，而君何學焉？』【略】

悼公之母死，哀公爲之齊衰。有若曰：『爲妾齊衰，禮與？』公曰：『吾得已乎哉？魯人以妻我。』

悼公之哀

《禮記》卷九《檀弓下》 悼公之喪，季昭子問於孟敬子曰：『爲君何食？』敬子曰：『食粥，天下之達禮也。吾三臣者之不能居公室也，四方莫不聞矣。勉而爲瘠，則吾能，毋乃使人疑夫不以情居瘠者乎哉？我則食食。』

《史記》卷三三《魯周公世家》 （魯宣公）十八年，宣公卒，子成公黑肱立，是爲成公。季文子曰：『使我殺適立庶失大援者，襄仲。』襄仲立宣公，公孫歸父有寵。宣公欲去三桓，與晉謀伐三桓。會宣公卒，季文子怨之，歸父奔齊。【略】

（魯襄公）十一年，三桓氏分爲三軍。

季氏與郈氏鬬雞，季氏芥雞羽，郈氏金距。季平子怒而侵郈氏，郈昭伯亦怒平子。臧昭伯之弟會僞讒臧氏，匿季氏，臧昭伯囚季氏人。季平子怒，囚臧氏老。臧、郈氏以難告昭公。昭公九月戊戌伐季氏，遂入。平子登臺請曰：『君以讒不察臣罪，誅之，請遷沂上。』弗許。請囚於鄪，弗許。請以五乘亡，弗許。子家駒曰：『君其許之。政自季氏久矣，爲徒者衆，衆將合謀。』弗聽。郈氏曰：『必殺之。』叔孫氏之臣戾謂其衆曰：『無季氏與有，孰利？』皆曰：『無季氏是無叔孫氏。』戾曰：『然，救季氏！』遂敗公師。孟懿子聞叔孫氏勝，亦殺郈昭伯。郈昭伯爲公使，故孟氏得之。三家共伐公，公遂奔。己亥，公至於齊。齊景公曰：『請致千社待君。』子家曰：『棄周公之業而臣於齊，可乎？』乃止。子家曰：『齊景公無信，不如早之晉。』弗從。叔孫見公還，見平子，平子頓首。初欲迎昭公，孟孫、季孫後悔，乃止。

二十六年春，齊伐魯，取鄆而居昭公焉。夏，齊景公將內公，令無受魯賂。申豐、汝賈許齊臣高齕、子將粟五千庾。子將言於齊侯曰：『羣臣不能事魯君，有異焉。宋元公爲魯如晉，求內之，道卒。叔孫昭子求內其君，無病而死。不知天棄魯乎？抑魯君有罪於鬼神也？願君且待。』齊景公從之。

二十八年，昭公如晉，求入。季平子私於晉六卿，六卿受季氏賂，諫晉君，晉君乃止，居昭公乾侯。二十九年，昭公如鄆。齊景公使人賜昭公書，自謂『主君』。昭公恥之，怒而去乾侯。三十一年，晉欲內昭公，召季平子。平子布衣跣行，因六卿謝罪。六卿爲言曰：『晉欲內昭公，衆不從。』晉人止。三十二年，昭公卒於乾侯。魯人共立昭公弟宋爲君，是爲定公。

定公立，趙簡子問史墨曰：『季氏亡乎？』史墨對曰：『不亡。季友有大功於魯，受鄪爲上卿，至于文子、武子，世增其業。魯文公卒，東門

遂殺適立庶，魯君於是失國政。政在季氏，於今四君矣。民不知君，何以得國！是以爲君慎器與名，不可以假人。』

定公五年，季平子卒。陽虎私怒，囚季桓子，與盟，乃捨之。七年，齊伐我，取鄆，以爲魯陽虎邑以從政。八年，陽虎欲盡殺三桓適，而更立其所善庶子以代之；載季桓子將殺之，桓子詐而得脱。三桓共攻陽虎，陽虎居陽關。九年，魯伐陽虎，陽虎奔齊，已而奔晉趙氏。十年，定公與齊景公會於夾谷，孔子行相事。齊欲襲魯君，孔子以禮歷階，誅齊淫樂，齊侯懼，乃止，歸魯侵地而謝過。十二年，使仲由毁三桓城，收其甲兵。孟氏不肯墮城，伐之，不克而止。季桓子受齊女樂，孔子去。

（魯哀公）二十七年春，季康子卒。夏，哀公患三桓，將欲因諸侯以劫之，三桓亦患公作難，故君臣多間。公游於陵阪，遇孟武伯於街，曰：『請問余及死乎？』對曰：『不知也。』公欲以越伐三桓。八月，哀公如陘氏。三桓攻公，公奔于衛，去如鄒，遂如越。國人迎哀公復歸，卒于有山氏。子寧立，是爲悼公。

悼公之時，三桓勝，魯如小侯，卑於三桓之家。

論説

《漢書》卷二七上《五行志第七上》　成公三年『二月甲子，新宫災』。《穀梁》以爲宣宫，不言謚，恭也。劉向以爲時魯三桓子孫始執國政，宣公欲誅之，恐不能，使大夫公孫歸父如晉謀。未反，宣公死。三家譖歸父於成公。成公父喪未葬，聽讒而逐其父之臣，使奔齊，故天災宣宫，明不用父命之象也。一曰，三家親而亡禮，猶宣公殺子赤而立。亡禮而親，天災宣廟，欲示去三家也。董仲舒以爲成居喪亡哀戚心，數興兵戰伐，故天災其父廟，示失子道，不能奉宗廟也。一曰，宣殺君而立，不當列於羣祖也。

宋·呂祖謙《左氏傳説》卷一五《昭公》　魯人侵邾，邾人訴於晉。晉人來討，執行人叔孫婼。二十三年。

魯人侵邾，邾人訴於晉。晉人來討，執行人叔孫婼。初時，晉使婼與邾大夫坐論曲直，婼則曰：『列國之卿，當小國之君，請以寡君之命介子服回當之。』既歷舉周制爲辭，乃不果坐。其後韓宣子使邾人聚其衆，欲以叔孫與之。叔孫聞之，則去衆與兵而朝。宣子悟士彌牟之言，弗與，乃館諸箕。及范獻子欲求貨於叔孫，使以請冠爲名。叔孫與之兩冠，而不與貨。到得申豐以貨如晉，而叔孫又禁之，使他不得行貨。惟其如此，所以卒免於難，而魯亦免大國之討。及其歸，所館者雖一日必葺其牆屋，去之如始至。觀叔孫處艱難險阻之際，措置經畫，纖悉曲折，件件皆當，故能不辱君命。叔孫之能，固可取也。學者於叔孫之事，但知叔孫處死生艱危之際，如此以身衛社稷，其所以能此者，則有所自。當究其源流，蓋古之大臣，有世職者，必有家學。當時魯三家，叔出季處，蓋魯之季世，季氏掌國中之事，叔孫氏則世掌四方之事。凡魯之出使，無非叔孫。觀昭元年叔孫豹曰：『叔出季處，有自來矣』。此便見叔孫氏世世專掌此職。平日父詔其子，兄詔其弟，無不專講論此一事，則當時纖悉曲折，無不知之。

又《隱公三年》　夫執政大臣，國命所寄，不能公選天下之賢，而使尹氏得世世居之，蓋其間必有弗克象賢者。以壞法亂政，此東周所以衰微也。不惟周也，魯三桓、晉六卿、齊崔氏、陳氏，皆世其官以執國政，卒成僭逆之禍。《春秋》備書其事，爲有國者之戒嚴矣哉。

宋·呂大圭《呂氏春秋或問》卷一三《公孫傲會晉侯於戚》　公孫敖會晉侯於戚。【略】

襄公又舉其權以委之伐楚之役，而陽處父帥師始出主名矣。自是而後，中國諸侯凡大會盟、大征伐，皆以大夫主之。其極至於三桓專魯、六卿分晉，其所由來者漸矣。劉敞曰：『《春秋》自文公以來，多變文以示義，蓋當是時諸侯失政，大夫擅權，盟會侵伐之事，始專於臣下。』今攷之《經·元年》『公孫敖會晉侯于戚』，此專會始也。

宋·洪邁《容齋續筆》卷九《三家七穆》　春秋列國卿大夫世家之盛，無越魯三家、鄭七穆者。魯之公族如臧氏、展氏、施氏、子叔氏、叔仲氏、東門氏、郈氏之類固多，唯孟孫、叔孫、季孫實出於桓公，其傳序累代，皆秉國政與魯相爲久長。若揆之以理，則桓公弒兄奪國，得罪於天，顧使有後如此。鄭靈公亡無嗣，國人立穆公之子子良，子良辭，以公子堅長，乃立，堅是爲襄公。襄公將去，穆氏子良爭之，願與偕亡，乃舍之。皆爲大夫，其後位卿大夫而傳世者，罕、駟、豐、印、游、國、良，

故曰七穆。然則諸家不逐而獲存，子良之力也。至其孫良霄，乃先覆族，而六家爲卿如故，此又不可解也。

宋・黄仲炎《春秋通説》卷一《隱公元年》 公子益師卒。【略】若夫古者諸侯貢士於天子，天子親命之，使還其國爲卿大夫，蓋以賢選也。春秋列國之大夫惟取公族甚者，如魯三桓之子孫，世執國政，不復以賢選矣。故《春秋》書公子、公弟、公孫、叔仲、季孫，卒無他姓者，所以見魯專用公族爲大夫之非也。使後之人君行其所教，則遇臣有恩，當不以土芥犬馬視其臣矣；用其所戒，則任官惟賢，當不以天位私於公族矣。

又 卷一一《昭公五年》 （正月）戊辰叔弓帥師敗莒師於蚡泉。

魯三家者，納莒之叛臣而受其賂邑。莒人來討則設詐以敗之，豈復有禮義廉恥之心哉？苟無禮義廉恥之心，則宜其無所不至矣。孟子曰：『無禮義則上下亂。』此季氏所以逐其君也。

宋・徐元傑《楳埜集》卷一《經筵講義》 臣聞孟懿子仲孫氏，名何忌，魯三家之僭禮者也。一旦能以孝爲問，聖人不直指其僭，以爲不孝，而但婉其辭曰『無違』意，其因此發問，舉一隅而三隅反也。惜乎不能問而遂已，聖人懼其以從親之令爲孝，故因樊遲執御之頃舉，所以告懿子者告之遲。孔子之高弟果能扣請其所謂『無違』之旨，聖人遂語之以生事葬祭之各以其禮。蓋人子愛親心雖無窮，分則有限。苟得爲而不爲是人而不仁甚矣。至於不當爲而爲之，又所以陷其親於不義。夫子此言蓋爲三家僭禮者發，而語意渾然，徹上徹下皆通行也。

宋・趙鵬飛《春秋經筌》卷八《文公十八年》 天子諸侯尊卑雖異，而均有南面之權，權之去就顧所操何如爾。是故古先哲王秉之以乾剛，則權常在已而無倒持鏌鋣之患。天反剛則制於陰，君反剛則制於臣。魯三家之横，始于文而成於昭，吾嘗論之，以爲魯之權去公室，文公之罪也。三家子孫雖自僖公，而僖之世固未嘗敢專也；至文之世，孟氏則公孫敖爲戚之會、垂隴之盟；叔孫氏則得臣會晉伐沈，敗狄於鹹；季氏則行父如陳如晉，帥師城邑；東門氏則襄仲。見於經者凡九，非會則盟，非盟則如，非如則伐，其横尤甚於三家，故魯之受其禍尤速。然極其源，若非文公怠懦不君，則大夫亦未遽專也。

又 卷一五《定公十二年》 季孫斯、仲孫何忌帥師墮費。

三都之叛，三家患之，則墮三都固三家之利也。是以季路一言而叔氏墮郈、季氏墮費，而説者乃以爲孔子爲之。噫！聖人豈如是之謬哉？公山弗擾以費叛召子欲往，子路不悦，曰：『何必公山氏之之也。』子曰：『夫召我者，而豈徒哉？如有用我者，吾其爲東周乎？』此孔子之志也。孔子卽公山氏以興東周，亦豈欲爲季氏墮其邑乎？蓋將教公山氏臣於季氏，教季氏臣於公，教公朝於天子爾。以魯先之，而率天下；天下皆然，是東周之從而興也。豈苟爲季氏墮費而滋季氏之勢乎？此好勇不顧義之謀，蓋出於季路審矣。彼不悦孔子之卽公山氏是欲墮其邑之義也，然公山弗狃果帥費人以襲魯人及公側孔子爲司寇，命伐之，乃北。嗚呼危哉。微孔子爲司寇，公其不死於難乎？故夫墮三都者，爲三家除患爾，何益於魯。三家病則魯之利，三家之患既除，則勢從而張，吾未見其利也。墮郈，墮費，謂之忠於三家則然爾，謂之忠於魯則不可。或曰古者家不藏甲，大夫無百雉之城。今叔氏之郈，公山氏之費，皆過制也，故不能以不墮。此又不然，以爲過制則宜奪之於初今勢逼叛成安能奪之哉？聖人不爲此僥倖萬有一捷之功，以危宗社也。今墮郈、墮費幸而捷，及圍成則不能克矣。聖人之技無乃亦有窮乎？則夫之公山氏而化其服者，聖人之志也。墮郈、墮費以幸其成者，非聖人之心也。

宋・黄震《黄氏日抄》卷一三《讀春秋七・定公十二年》 十有二月，公圍成公至自圍成。

《左氏》載：將墮成，公斂處父謂孟孫：『墮成，齊人必至於北門。且成，孟氏之保障也；無成，是無孟氏也。子僞不知，我將不墮。』冬十二月，公圍成不克。張氏洽曰：『墮三都，毁其所恃以爲固者，所以制陪臣，抑私家，而復强幹弱枝之勢也。仲由之舉此議，蓋因南蒯、侯犯之叛而爲三家，忠謀使强臣不敢恃强以叛君，陪臣不敢負固以跋扈，而上下皆順。然侯犯、南蒯皆以叛，爲季氏、叔氏之害，故郈、費皆墮，獨公斂處父方恃强以敗陽虎，而孟孫用之。故二邑雖墮而成獨不服，雖定公圍之而卒不克也。聖人雖用於魯，而季氏三月之餘受女樂而違孔子。孟孫惑於僞不知之説，陰與公斂處父比成既方命而聖人去魯，豈非天哉！』戴氏溪曰：『《公羊》謂孔子行乎季氏，三月不違，於是墮郈、墮費。學者承舛，皆言夫子欲墮三都。嗟夫！使聖人而欲墮三都也成，卒不墮費幾生變，

元・程端學《春秋本義》卷一《隱公元年》　公子益師卒【略】周室既東，其禮遂廢，故魯三桓子孫終於定、哀之世並執其政，不復請於天子。故孔子書之也。

元・魏初《青崖集》卷四《奏議》　在朝廷而失其防，則有民不知君，如魯三桓之專；在邊境而失其防，則有尾大不掉，如唐藩鎮之亂；在諸侯而失其防，則有號令不行，如秦楚吳越之僭；在百姓而失其防，則有掉臂大呼睚眦殺人，如陳勝、郭解之徒。是固不可不防也。

明・熊過《春秋明志録》卷一一《定公六年》　夏季孫斯仲孫何忌如晉。

《左氏傳》曰：『季桓子如晉，獻鄭俘也。陽虎强使孟懿子往報夫人之幣，晉人兼享之。』夫一卿將命可兼他事，今每事一卿故累數之見，二卿爲陽虎所制也。于是陪臣執國命，而三桓之子孫微矣。魯自東門氏以後，仲孫聘晉者三，叔孫五，季孫十有二。説《經》者別之曰仲之事簡，叔之情忠，季主范荀借外權以逼公室耳。春秋之義大夫非君命不越境。其初聘問尚簡，故不得外交；其後寢繁而交始固，于是始得借外權爲内患。宋樂祁主范，鄭伯石主韓衛，孫林父善晉大夫，不獨魯三桓也。然孰知天道好還，陪臣執國命以叛之哉？梁嬰父、董安于疊見於《春秋》，遂以是終矣。

明・歸有光《震川集別集》卷三《請致仕疏》　問孔子之在當時人皆知其爲聖，魯三桓蓋僭竊之尤者。而孟僖子臨殁使其子師事孔子，季桓子病輦而視魯城。歎曰：昔此國幾興矣，以吾得罪孔子，故不興也。嘗讀其言而悲之。

清・牛鈕等《御製日講易經解義》卷一四《小過・六二》　王風既降，君弱臣强，如魯三家、晉六卿之類。蔑棄名分，駸駸乎有及其君之勢，罪莫大焉。

清・張尚瑗《左傳折諸》卷二三《昭公・高齮能貨子猶》　《春秋》爲亂臣賊子而作，然自靈、景以前，惟鄭突、楚棄疾以諸公子篡奪得國，自餘卿族躬蹈大逆，鮮有保全者。崔杼、歸生皆斲棺於没後，欒書、趙盾子孫誅夷，未始不以討賊爲名逐君倖免。如孫林父、亦終身不敢入國，蓋猶有恐懼之心焉。自意如逐昭公而齊梁丘據晉范鞅荀躒爲之繫援，陳常弑則聖人之謀疏矣，綏來動和之功果安在乎？《左氏》言仲由爲季氏宰，將墮三都。是果出於仲由之謀，無可疑也。由勇而無謀，率意所爲，不顧其難也，故幾於亂。當費人攻公及於臺下，微夫子命，申句須樂頎下伐之，豈不甚危哉？説者猶以墮三都爲聖人之謀，過矣。趙氏鵬飛曰：三都之叛，三家患之，則墮三都固三家之利也。是以季路一言而叔孫墮郈、季氏墮費，而説者乃以爲孔子爲之。噫！聖人豈如是之謬哉？公山不擾以費叛召，子欲往，蓋將教公山氏臣於季氏，教季氏臣於公，教公朝於天子。以魯先之，天下皆然，是東周之從而興也。豈苟爲季氏墮費而滋季氏之勢乎？此好勇不顧之謀，蓋出於季路審矣。故夫墮三都者，爲三家除患爾，何益於魯？三家病則魯之利，三家之患除則勢復張。墮郈、墮費謂之忠於二家則可，謂之忠於魯則不可。至於圍成，則失計大矣。得之未必歸公，失之實損於魯。郈費之墮，説者以爲孔子，此豈亦孔子爲之與？愚按叔孫邑郈、季孫邑費、孟孫邑成，此三家植私以弱公室也。侯犯以郈叛，公山弗狃以費叛，此又家隸效尤以背三家，出乎爾者反乎爾也。仲由乘其機建議墮三都，故叔孫、季孫樂於墮郈、墮費，不幸成之。公斂處父私於孟孫，孟孫亦中覺而不受其墮，墮三都之事於是乎不及竟。三都若盡墮，豈惟三家除跋扈之臣，公室亦除三家之窟。所謂惟禮可以已之，若善行之公室可復張也。郈、費之墮，非公之能也。叔孫、季孫憤家臣之叛，已而自欲除之也，成之不果墮，非公之不能也。家臣與孟孫比而孟孫自不欲墮之也。墮三都固子路之謀，三都果墮，亦孔子之願，不幸事不竟，世因以責子路、譏定公，而力言非孔子之心，皆以成敗論也。

元・許衡《魯齋遺書》卷二《語録下》　孔子不通於時只爲欲尊君父，當時魯三家、晉六卿、齊田氏僭逼如此，孔子之道不能行也，故筆之於《經》。或曰：六卿之徒，陵僭如此，後嗣如何有國享數世，何也？曰：在二氏説，便別在。吾道只得言理。《易》曰：小人而乘君子之器，盜斯奪之矣。上慢下暴，盜斯伐之矣。當時禮法廢壞，上下如此，故小人乘時奪取之，君子不得也。

元・劉因《四書集義精要》卷一七《論語・十三章》　後世只管説當時人君不能用，聖人不知亦用不得。每國有世臣把住了如魯三桓、齊田氏、晉六卿，比比皆然，如何容外人插手。

簡公，魯三桓以爲不可討褚師，比公孫彌牟逐出公，越皋如納而弗克。列國大夫聲勢相倚，欣欣然各萌嬗代之心，而人君有餘及死乎之問。若王琨之頻見此事，馮道之歷事四朝，可悼歎也已。

清・王懋竑《白田雜著》卷一《公子有宗道論》　公子各爲祖，以魯三桓、鄭七穆爲例，此非禮之正也。周公、康叔、蔡叔各分封，而周公爲長，故以魯爲宗國。至戰國蓋歷七八百年，而滕之臣猶稱吾宗國魯先君，是所謂大宗百世不遷者也。一君後爲一大宗，如太王之昭爲一宗，王季之穆爲一宗，文王之昭又爲一宗，武王之穆又爲一宗。則宗廟之禮所以序昭穆者亦可推矣。若魯三桓、鄭七穆，則雜亂而不可以紀，此末世之失，而非禮之正也。此以國君爲例，而卿大夫士從此推之。

清・庫勒納等《御製日講春秋解義》卷四《隱公八年》　春秋之初，猶爲近古，故無駭與挾皆書其名而不氏耳。其後大夫世官無不賜之族，如魯三桓、鄭七穆以字族也，宋戴氏、衛齊氏以謚族也，晉士氏、中行氏以官族也，韓氏、魏氏以邑族也。子孫相繼亦世其官而不改，而先王之禮亡矣。故其弊至於三家專魯，華、向亂宋，六卿分晉。諸侯失國而出奔者相繼，則惟其不遵先王世禄，而不世官之禮是以至此極也。觀《春秋》所書，而是非之迹、治亂之效，昭然可覩矣。

又　卷二四《文公八年》　及魯公沮焉，以大夫而專會盟，自衛雍始。其後趙盾、仲遂皆爲弑君之賊，而有後於魯晉三桓專魯、六卿分晉，其兆早見於斯矣。

清・傅恒等《御纂春秋直解》卷八《成公二年》　十有一月公會楚，公子嬰齊于蜀。

據傳楚師侵衛，遂侵我師於蜀，而不書侵，何也？師方向魯，三桓遽使公出迎，未成乎侵也。以望國之君會荆蠻之臣，不諱公，何也？著三桓之惡也。楚師本爲救齊，而鞌之戰季與叔實主之。恐身被執辱，故以公當之也。侯伯以嘉禮會盟，三桓往與抗禮，楚臣帥師以來使公辱焉，比事以觀不臣之惡著矣。楚卿書公子自此始，其勢日强，不得不詳之也。

清・惠士奇《禮説》卷一《天官上》　魯三家分其國之民，而各有其一。季氏盡征之，叔孫氏臣其子弟，孟氏則若子若弟取其半焉。子弟謂閒民，臣謂共官力役，若今之丁載師所謂民無職事者出。夫家之征也，康成以爲傭誤矣。

清・俞汝言《春秋平義》卷七《宣公十五年》　仲孫蔑會齊高固於無婁。

禮之始失也，諸侯非王事而自相會，不自天子出矣；無何諸侯與大夫會，無何大夫與大夫會，又不自諸侯出矣。田氏篡齊、三桓專魯、六卿分晉，職此之由。郝解。

清・陸隴其《三魚堂文集》卷三《衛公子荆善居士論》　春秋之大夫，驕侈極矣。魯三桓、鄭七穆、齊田鮑、晉趙魏、衛孫甯之徒，紛紛以豪富相尚，無有紀極。大者竊國，小者僭擬，其禍皆始於貪冒之無已。務富其室而不恤其他。曩令盡如荆之循序有節，不凌上，不踰分，何至横溢如此之極哉？

清・馬驌《繹史》卷八〇《三桓弱魯》　史稱魯文公卒，襄仲殺惡及視而立宣公，由此公室卑，三桓彊。顧三桓之彊，起於東門之汏也。僖公末年，季友卒而公子遂進，至文公而得君益專。夫文公，魯之惰君也，三書不雨，無勤民之心，四不視朔，鮮自强之志，其政日媮，權柄下移，遂則交聘列國，史不絶書，雒戎之盟，不待君命，外挾齊、晉之大，内操震主之威，勢重所積，不至易君之嗣不止也。宣公即位，唯齊是依，請婚請盟，齊人聽焉，惡與視，齊出也，齊何以棄惡而親宣？蓋姜母無寵於齊，齊又兩易君矣，其視出姜，不若魯市人也。既而仲遂卒，齊惠薨，魯之君臣，改轍事晉，東門氏之子歸父，復欲借晉之力，去三桓以張公室，計不克成，宣公隕命，行父巧獄，蔽以殺適之罪而除之。論仲遂之罪，固在殺適，而行父所忌，在去三桓，公償私怨，子任父愆，其孰信焉。東門既去，季氏遂彊，此魯政所以逮三桓也。成公嗣立，事晉無懈，晉厲不道，數以無禮加魯，魯猶繾綣聽命，無失常職，此何以故？晉，霸主也，魯多内難，庶幾大國之鎮撫我乎！詎意叔孫之孽子僑如，通於君母，欲去季、孟而兼其室，讒人罔極，郤犨黷貨，致令成公以後會得罪，季孫以從君被執，豈晉之君臣剛愎自用，不可以禮義諫誨乎？抑中冓之羞，魯方諱之，未肯直言邪？聲伯抗論，晉難乃平，歸而刺子偃，寘穆姜，俾君蹈城潁之名，國有克段之禍者，僑如爲之，而僑如不殺，魯於是爲失刑矣。當成、襄之際，政固在大夫矣，然而孟獻子家貧好士，國有令聞，行

父馬不食粟，死無餘財，季、孟之忠儉，公室猶賴以不替。及季孫宿爲政，專務自樹，而公室替矣。其城費則都大於國，其作三軍則權歸於家。亦嘗考伯禽之封魯乎？《費誓》曰：「三郊三遂。」魯故有三軍也。僖公克復舊宇，《詩》曰：「公車千乘，公徒三萬。」依然大國之賦也。宣、成以來，軍政日壞，私乘反多於公車，宿欲專國之柄，爲毀私以補公，三家各帥一軍，而公臣不能成三耦，至昭公五年，復毀中軍，季孫有其二焉，政由季氏，祭則寡人而已。其作也，魯政猶可爲也；其毀也，魯政不可問矣。宿也，將欲毀之，必姑作之。叔孫穆叔位居亞卿，幹蠱承家，爲魯良臣，弗能禁其不作也，猶欲禁其不毀，於是詛於僖閎，盟於五父，然則穆叔生而存，中軍不可得而毀已。天未贊魯，豎牛作難，南遺之流，因助逆以滋禍，昭子賢而未定位，亦莫如之何也。《春秋》痛公室之大壞，自季孫宿始，是以作軍必書，舍軍必書。意如嗣政，益成鴟張之形，昭公不度，遂應鸜鵒之讖矣。始昭公之立，年十九而猶有童心，穆叔知其不終，而季孫必立之，彼固利其有童心也。伐莒取郠之役，意如身爲主兵，而孟叔爲之副，其恣肆無君，將而不誅，豈一日之積哉？昭公弗忍，一旦欲起而圖之，其勢固已難濟，況事出倉卒，非有深謀遠慮，卽公亦原無去之之心，皆左右讒人交構，以成其難，輕舉速禍，固敗是求，異乎亡國之君，不可與圖存也。方公之將伐季氏也，子家羈曰：「季氏得民久矣，君無多辱。」及公徒之敗也，又曰：「諸臣僞劫君者。」而公止。及公之出奔也，又曰：「齊君無信，不如早之晉。」公皆不聽。居鄆五年，莫能反國。其在乾侯也，荀躒以意如來羈，曰：「君與之歸。」又曰：「君以一乘入魯師。」公欲聽之，而脅於從者，卒至客死，其舉事也無謀，難也無斷，是誠天下之至愚矣。且鄆雖小邑，若能撫而有之，其爲少康一旅，未可知也。奈何與役無度，民弗堪命，未幾而鄆潰矣。《傳》曰：「昭公出奔，民如釋重負。」民之所棄，用一邑猶不足，矧能用一國邪？春秋亟欲存公，每書公在於歲首，而魯人則無公久矣。宋元邡公卒於曲棘，叔詣、叔婼無病而死，季氏卽詭於衆曰：「天將棄公，非我罪也。」晉、齊受賂，借口緩師，孟叔之子，藉季自庇，用以陰陽休咎之説，煽惑震動，外結據、鞅之權佞，內離成、鄆之人心，公既孤立，反集衆尤，越在外野，噭然而哭，誰能無君，不聞攘臂以討亂賊，而皆緩追以長姦宄，爲季孫者，何所忌憚而不逐君也哉？且意如於公之初伐，則登臺請罪，於叔孫之歸，則稽顙求改，於乾侯則賈馬歸衣，於適歷則跣行伏對，哀色巽辭，僞守臣節，大國亦將信之，公乃奮怒誓河，罔肯悔禍，是臣愈姦而君愈疏，臣愈黠而君愈庸，始猶惴焉懷可去之罪，終則汏然成不可去之形矣。公薨喪歸，廢嗣立弟，定公在位，如贅旒爾，三世之專已成，四君之弱不振，尚何望於後之人乎？既而魯用孔子，弗克有終，三家並僭，不復知有冠之在上，履之在下也。降及哀公，式微已甚，乃欲結越以除內患，是昭公所不行於季氏者，哀公欲行於三家，越師未出，吾見公之亡而不反矣。讀《春秋》終篇，爲齊痛田氏，爲晉痛三卿，爲魯痛三恒，乃至三卿公晉，田氏傾齊之後，三恒之子孫亦微，公族自戕其本根，未見有克昌厥世者也。然則周公其遂衰乎！

清·高士奇《左傳紀事本末》卷九《三桓弱公室》　臣士奇曰：三桓者，孟孫、叔孫、季孫，皆桓公之所出也。自慶父、叔牙首行弒逆，爲公室削弱之由。成季酖叔牙，走慶父，擁立閔、僖二君，其忠莫比，而專魯國之政亦自此始。蓋從古權臣，未有不廢置在手，而太阿因以倒授之者也。《傳》稱成風聞成季之繇，私事之，而屬僖公。夫人臣無私，僖公之屬將以何爲哉？卽是觀之，而季已非純臣矣。敗莒獲挐，奄然受汶陽及費之賞。大都耦國，强私弱公，已有其端。至僖公方會于淮，而輒自取項，雖未知其何人，而先儒以爲季氏爲之。仲遂殺惡及視，援立宣公。當是時，將順其意，爲之納賂通殷勤於齊者，行父也。歸父欲去三桓以張公室，行父一言而東門見逐。炎炎之勢，真可畏也。夫行父以上，號稱忠賢者也。及宿，而心術愈不可問矣。其父甫没，而費城矣，三軍作矣，取卞以自封矣；范獻子來聘，而公臣不能具三耦矣，未幾而中軍復舍矣；四分公室，而季氏且有其二矣。益以意如之凶逆，是時魯君浮寄旦夕，莫必其命，幸而逃死，寧俟孫齊適越之後哉？故魯之削，成於三桓，而季爲之魁，宿及意如不容誅。而責備賢者乃在季友、行父，以其爲事權所由始也。昭公習儀，以亟居喪而無慼容，骫骳鮮恥，受制於權臣，固不能以有立。然伐亦亡，不伐亦亡。觀公之兩以戈逐獻謀者，不可謂不密。卒傷困辱，投袂興師，此亦山陽密詔、高貴登車之概也。惜乎！登臺之請，不達權變，違棄子家之言，坐取奔敗，天實爲之，謂之何哉！至其流離瑣

尾，內制於左右，外辱於大國。梁丘據、范鞅之徒溺於貨賓，黨護意如，百計以阻，徒使宋元殞身，叔舍含恨，而昭公又昧於小不忍之義，終以老死乾侯。賦《旄丘之葛》，誠不能不痛心疾首於齊、晉之君臣也。哀公之時，視稠父微弱益甚。五梧之逆，杯酒失歡，又不及昭之沈密，乃欲恃鞭長以去三桓，適越不復，悲夫！

雜録

《史記》卷一四《十二諸侯年表》　魯昭公二十五年　公欲誅季氏，三桓氏攻公，公出居鄆。

魯定公五年　陽虎執季桓子，與盟釋之。

魯定公八年　陽虎欲伐三桓，三桓攻陽虎，虎奔陽關。

魯定公九年　伐陽虎，虎奔齊。

魯定公十二年　齊來歸女樂，季桓子受之，孔子行。

《後漢書》卷三七《丁鴻傳》　永和四年，鴻上封事曰：【略】覽觀往古，近察漢興，傾危之禍，靡不由之。是以三桓專魯，田氏擅齊，六卿分晉；諸呂握權，統嗣幾移；哀、平之末，廟不血食。故誰有周公之親，而無其德，不得行其勢也。

《新唐書》卷一一九《武平一傳》　初，崔日用自言明《左氏春秋》，諸侯官族。它日，學士大集，日用折平一曰：『君文章固耐久，若言經，則敗績矣。』時崔湜、張説素知平一該習，勸令酬詰，平一乃請所疑。日用曰：『魯三桓，鄭七穆，奈何？』答曰：『慶父、叔牙、季友，桓三子也。孟孫至彘凡九世，叔孫舒、季孫肥凡八世。鄭穆公十一子，子然及士子子孔三族亡，子羽不爲卿，故稱七穆，子罕、子駟、子良、子國、子游、子印、子豐也。』一坐驚服。

宋·王益之《西漢年紀》卷一八《昭帝》　六年二月，詔有司問郡國所舉賢良文學民所疾苦，文學對曰：【略】王者不畜聚，下藏於民，遠浮利，務民之義。義禮立，則民化，上若是，雖湯武生存於世，無所容其慮。工商之事，歐治之任，何姦之能成？三桓專魯，六卿分晉，不以鹽鐵。故權利深者不在山海，在朝廷。一家害百家，在蕭牆，而不在朐邴也。

宋·林之奇《尚書全解》卷二九《周書·梓材》　大家者，天子建國，諸侯立家。故魯三桓謂之三家。其曰大家，猶孟子之所謂巨室也。既言大家矣，則其上之言暨厥臣者，自大家之外皆是也。無所不通謂之達，自古天下之患，常起於上下之情不通。上之情莫不願通於下，下之情莫不願通於上。然而上下之情常蔽塞而不通者，無以達之也。故成王之誥康叔汝能以殷之庶民，暨其臣之情而達之於大家，而又能以周之臣之情而達之於上。如此則自天子至於庶民，其好惡喜怒莫不曉然而可知，上下交通而無間，此則邦君之任也。

宋·黄震《黄氏日抄》卷一五《讀禮記二·檀弓上第三》　輴，魯哀公之少子撥以撥發榆汁灑於道，使輴車滑而易行者也。三臣，魯三家，孟孫、叔孫、季孫，輴殯車，天子畫龍於轅爲龍輴，諸侯不畫龍，止稱輴。幬，覆也。天子之殯，以菆木爲椁而幬之；諸侯無椁，設幬而已。榆，沈者，榆木名。沈，即瀋，蓋汁也。水澆榆白皮汁。哀公欲設撥有若以三家之設爲比，顔柳以三家之設爲非，蓋天子諸侯之殯，以輴車之重也。故爲榆。沈以滑之，欲榆沈之散也，故設撥以發之，無輴則無用。沈，無沈則無用，發三臣既知輴之可廢，而不知撥之不可設，是竊取禮之不中者。故顔柳戒哀公之勿學也。方氏。

宋·趙彦衛《雲麓漫抄》卷七　盤庚將治亳商，《三篇》之書，諄諄訓誨，既言其不得已，又言諸臣之先以誘之。三代之臣皆世族大家，枝葉扶疏，根株盤固。如魯三桓、鄭七穆是也。本朝尚科舉，顯人魁士，皆出寒畯，觀此可見世家氣象。

宋·衛湜《禮記集説》卷二四《王制第五》　永嘉徐氏曰：【略】自是之外，天子建國而甸侯乃欲建國，天子一圻而列國乃至數圻。魯三家至三分公室而各有其一，諸侯、卿大夫迭相越等踰制，而爵位亂矣。

宋·葉適《習學記言》卷三〇《晉書·列傳》　東晉權歸王、謝、桓、庾四族，而四族亦人材所自出。殆如齊諸田、魯三桓、晉六卿矣。漢魏無是也，材非偏聚也，勢之所趨，則激而爲材，其不得爲樗櫟臃腫者，亦勢也。

宋·王應麟《小學紺珠》卷七《士族類·魯三桓又曰三家三臣》　慶

父爲仲孫氏，亦曰孟氏。至㢞九世，叔牙爲叔孫氏。至舒八世，季友爲季孫氏，至肥八世。魯哀公三子，世秉魯政，《左傳》《論語·檀弓》云三臣。

明·卓爾康《春秋辯義》卷二四《昭公二十一年》 公如晉至河乃復。

郝仲輿曰：《左傳》謂晉有鮮虞之役，辭公非也。晉六卿、魯三桓之黨，昭公不見悅於魯而欲見禮於晉乎？往則郤，豈必鮮虞耳。

又 卷二九《哀公十三年》 秋公至自會。

郝仲輿曰：是時三桓專魯，哀公幼昏，每書公，尊君也；哀以前國有長君，每書臣，誌專也。是故《春秋》有義無例。

清·陳元龍《御定歷代賦彙》卷六一《文學·宋·徐晉卿·春秋經傳類賦》 魯三桓獨季孫太盛，昭公五年。鄭七穆唯罕氏後亡。襄公二十六年

清·方苞《儀禮析疑》卷一三《既夕禮》 遷于祖用軸【略】按檀弓記惟天子諸侯用輴，魯三家猶未敢用。註乃謂大夫宜用輴，疏既知大夫殯葬不用輴，又以士朝廟用軸爲大夫朝廟當用輴之徵。皆曲說也。

七穆專鄭政分部

綜 述

《左傳·宣公四年》 楚人獻黿于鄭靈公。公子宋與子家將見。子公之食指動，以示子家，曰：『他日我如此，必嘗異味。』及入，宰夫將解黿，相視而笑。公問之，子家以告。及食大夫黿，召子公而弗與也。子公怒，染指於鼎，嘗之而出。公怒，欲殺子公。

子公與子家謀先。子家曰：『畜老，猶憚殺之，而況君乎？』反譖子家，子家懼而從之。夏，弒靈公。書曰：『鄭公子歸生弒其君夷。』權不足也。君子曰：『仁而不武，無能達也。』凡弒君：稱君，君無道也；稱臣，臣之罪也。

鄭人立子良，辭曰：『以賢則去疾不足，以順則公子堅長。』乃立襄公。襄公將去穆氏，而舍子良。子良不可，曰：『穆氏宜存，則固願也。若將亡之，則亦皆亡，去疾何爲？』乃舍之，皆爲大夫。

又 《宣公九年》 楚子爲厲之役故，伐鄭。

晉郤缺救鄭，鄭伯敗楚師于柳棼。國人皆喜，唯子良憂曰：『是國之災也，吾死無日矣。』

又 《宣公十一年》 十一年春，楚子伐鄭，及櫟。子良曰：『晉、楚不務德而兵爭，與其來者可也。晉、楚無信，我焉得有信。』乃從楚。夏，楚盟於辰陵，陳、鄭服也。

又 《宣公十二年》 十二年春，楚子圍鄭。旬有七日，鄭人卜行成，不吉。卜臨於大宮，且巷出車，吉。國人大臨，守陴者皆哭。楚子退師，鄭人修城，進復圍之，三月克之。入自皇門，至於逵路。鄭伯肉袒牽羊以逆，曰：『孤不天，不能事君，使君懷怒以及敝邑，孤之罪也。敢不唯命是聽。其俘諸江南以實海濱，亦唯命。其翦以賜諸侯，使臣妾之，亦唯命。若惠顧前好，徼福于厲、宣、桓、武，不泯其社稷，使改事君，夷於九縣，君之惠也，孤之願也，非所敢望也。敢布腹心，君實圖之。』左右曰：『不可許也，得國無赦。』王曰：『其君能下人，必能信用其民矣，庸可幾乎？』退三十里而許之平。潘尩入盟，子良出質。

又 《宣公十四年》 夏，晉侯伐鄭，爲邲故也。告於諸侯，蒐焉而還。中行桓子之謀也。曰：『示之以整，使謀而來。』鄭人懼，使子張代子良於楚。鄭伯如楚，謀晉故也。鄭以子良爲有禮，故召之。

又 《成公三年》 三年春，諸侯伐鄭，次於伯牛，討邲之役也，遂東侵鄭。鄭公子偃帥師禦之，使東鄙覆諸鄤，敗諸丘輿。皇戌如楚獻捷。

【略】

（夏）許恃楚而不事鄭，鄭子良伐許。

又 《成公四年》 冬十一月，鄭公孫申帥師疆許田，許人敗諸展陂。鄭伯伐許，取鉏任泠敦之田。晉欒書將中軍，荀首佐之，士燮佐上軍，以救許伐鄭，取氾、祭。楚子反救鄭，鄭伯與許男訟焉。皇戌攝鄭伯之辭，子反不能決也。曰：『君若辱在寡君，寡君與其二三臣，共聽兩君之所欲，成其可知也。不然，側不足以知二國之成。』

又 《成公六年》 六年春，鄭伯如晉拜成，子遊相，授玉於東楹之

東。士貞伯曰：『鄭伯其死乎？自棄也已！視流而行速，不安其位，宜不能久。』

（六月）楚子重伐鄭，鄭從晉故也。

又《成公七年》 秋，楚子重伐鄭，師於氾。諸侯救鄭。鄭共仲、侯羽軍楚師，囚鄖公鍾儀，獻諸晉。八月，同盟於馬陵，尋蟲牢之盟，且莒服故也。晉人以鍾儀歸，囚諸軍府。

又《成公十年》 鄭公子班聞叔申之謀。三月，子如立公子繻。夏四月，鄭人殺繻，立髡頑。子如奔許。欒武子曰：『鄭人立君，我執一人焉，何益？不如伐鄭，而歸其君以求成焉。』晉侯有疾。五月，晉立大子州蒲以爲君，而會諸侯伐鄭。鄭子罕賂以襄鐘，子然盟于修澤，子駟爲質。辛巳，鄭伯歸。

又《成公十三年》 六月丁卯夜，鄭公子班自訾求入於大宮，不能，殺子印、子羽。反軍於市。己巳，子駟帥國人盟於大宮，遂從而盡焚之，殺子如、子駹、孫叔、孫知。

又《成公十四年》 八月，鄭子罕伐許，敗焉。戊戌，鄭伯復伐許。庚子，入其郛。許人平以叔申之封。

又《成公十五年》 楚將北師。子囊曰：『新與晉盟而背之，無乃不可乎？』子反曰：『敵利則進，何盟之有？』申叔時老矣，在申，聞之，曰：『子反必不免。信以守禮，禮以庇身，信禮之亡，欲免得乎？』楚子侵鄭，及暴隧，遂侵衛，及首止。鄭子罕侵楚，取新石。

又《成公十六年》 十六年春，楚子自武城使公子成以汝陰之田求成於鄭。鄭叛晉，子駟從楚子盟於武城。

夏四月，滕文公卒。鄭子罕伐宋，宋將鉏、樂懼敗諸汋陂。退舍于夫渠，不儆，鄭人覆之，敗諸汋陵，獲將鉏、樂懼。宋恃勝也。

衛侯伐鄭，至於鳴鴈，爲晉故也。晉侯將伐鄭，范文子曰：『若逞吾願，諸侯皆叛，晉可以逞。若唯鄭叛，晉國之憂，可立俟也。』欒武子曰：『不可以當吾世而失諸侯，必伐鄭。』乃興師。欒書將中軍，士燮佐之。郤錡將上軍，荀偃佐之。韓厥將下軍，郤至佐新軍，荀罃居守。郤犨如衛，遂如齊，皆乞師焉。欒黶來乞師，孟獻子曰：『有勝矣。』戊寅，晉師起。

鄭人聞有晉師，使告於楚，姚句耳與往。楚子救鄭，司馬將中軍，令尹將左，右尹子辛將右。過申，子反入見申叔時，曰：『師其何如？』對曰：『德、刑、詳、義、禮、信，戰之器也。德以施惠，刑以正邪，詳以事神，義以建利，禮以順時，信以守物。民生厚而德正，用利而事節，時順而物成。上下和睦，周旋不逆，求無不具，各知其極。故《詩》曰：「立我烝民，莫匪爾極。」是以神降之福，時無災害，民生敦厖，和同以聽，莫不盡力以從上命，致死以補其闕。此戰之所由克也。今楚內棄其民，而外絶其好，瀆齊盟，而食話言，姦時以動，而疲民以逞。民不知信，進退罪也。人恤所底，其誰致死？子其勉之！吾不復見子矣。』姚句耳先歸，子駟問焉，對曰：『其行速，過險而不整。速則失志，不整喪列。志失列喪，將何以戰？楚懼不可用也。』

又《成公十七年》 十七年春，王正月，鄭子駟侵晉虛、滑。衛北宮括救晉侵鄭，至於高氏。

夏五月，鄭大子髡頑、侯獳爲質于楚，楚公子成、公子寅戍鄭。公會尹武公、單襄公及諸侯伐鄭，自戲童至於曲洧。

又《襄公二年》 鄭成公疾，子駟請息肩於晉。公曰：『楚君以鄭故，親集矢於其目，非異人任，寡人也。若背之，是棄力與言，其誰暱我？免寡人，唯二三子！』秋七月庚辰，鄭伯睔卒。於是子罕當國，子駟爲政，子國爲司馬。晉師侵鄭，諸大夫欲從晉。子駟曰：『官命未改。』

會于戚，謀鄭故也。孟獻子曰：『請城虎牢以偪鄭。』知武子曰：『善。鄫之會，吾子聞崔子之言，今不來矣。滕、薛、小邾之不至，皆齊故也。寡君之憂不唯鄭。罃將復於寡君，而請于齊。得請而告，吾子之功也。若不得請，事將在齊。吾子之請，諸侯之福也，豈唯寡君賴之。』

又《襄公七年》 鄭僖公之爲大子也，於成之十六年，與子罕適晉，不禮焉。又與子豐適楚，亦不禮焉。及其元年，朝於晉。子豐欲訴諸晉而廢之，子罕止之。及將會於鄬，子駟相，又不禮焉。侍者諫，不聽。又諫，殺之。及鄵，子駟使賊夜弑僖公，而以瘧疾赴於諸侯。簡公生五年，奉而立之。

又《襄公八年》 鄭羣公子以僖公之死也，謀子駟。子駟先之。夏四月庚辰，辟殺子狐、子熙、子侯、子丁。孫擊、孫惡出奔衛。

庚寅，鄭子國、子耳侵蔡，獲蔡司馬公子燮。鄭人皆喜，唯子產不順，曰：『小國無文德，而有武功，禍莫大焉。楚人來討，能勿從乎？從之，晉師必至。晉、楚伐鄭，自今鄭國，不四五年，弗得寧矣。』子國怒之曰：『爾何知？國有大命，而有正卿。童子言焉，將爲戮矣。』【略】

冬，楚子囊伐鄭，討其侵蔡也。子駟、子國、子耳欲從楚，子孔、子蟜、子展欲待晉。子駟曰：『《周詩》有之曰：「俟河之清，人壽幾何？兆云詢多，職競作羅。」謀之多族，民之多違，事滋無成。民急矣，姑從楚以紓吾民。晉師至，吾又從之。敬共幣帛，以待來者，小國之道也。犧牲玉帛，待於二竟，以待强者而庇民焉。寇不爲害，民不罷病，不亦可乎？』子展曰：『小所以事大，信也。小國無信，兵亂日至，亡無日矣。五會之信，今將背之，雖楚救我，將安用之？親我無成，鄙我是欲，不可從也。不如待晉。晉君方明，四軍無闕，八卿和睦，必不棄鄭。楚師遼遠，糧食將盡，必將速歸，何患焉？舍之聞之：「杖莫如信。」完守以老楚，杖信以待晉，不亦可乎？』子駟曰：『《詩》云：「謀夫孔多，是用不集。發言盈庭，誰敢執其咎？如匪行邁謀，是用不得於道。」請從楚，騑也受其咎。』乃及楚平。

使王子伯駢告於晉，曰：『君命敝邑：「修而車賦，儆而師徒，以討亂略。」蔡人不從，敝邑之人，不敢寧處，悉索敝賦，以討于蔡，獲司馬燮，獻于邢丘。今楚來討曰：「女何故稱兵于蔡？」焚我郊保，馮陵我城郭。敝邑之衆，夫婦男女，不皇啓處，以相救也。翦焉傾覆，無所控告。民死亡者，非其父兄，卽其子弟，夫人愁痛，不知所庇。民知窮困，而受盟于楚，孤也與其二三臣不能禁止。不敢不告。』知武子使行人子員對之曰：『君有楚命，亦不使一个行李告於寡君，而卽安于楚。君之所欲也，誰敢違君？寡君將帥諸侯以見於城下，唯君圖之！』

又 《襄公九年》 冬十月，諸侯伐鄭。庚午，季武子、齊崔杼、宋皇鄖從荀罃、士匄門於鄟門。衛北宮括、曹人、邾人從荀偃、韓起門于師之梁。滕人、薛人從欒黶、士魴門於北門。杞人、郳人從趙武、魏絳斬行栗。甲戌，師於氾，令于諸侯曰：『修器備，盛餱糧，歸老幼，居疾於虎牢，肆眚，圍鄭。』鄭人恐，乃行成。中行獻子曰：『遂圍之，以待楚人之救也而與之戰。不然，無成。』知武子曰：『許之盟而還師，以敝楚人。吾三分四軍，與諸侯之鋭以逆來者，於我未病，楚不能矣，猶愈于戰。暴骨以逞，不可以爭。大勞未艾，君子勞心，小人勞力，先王之制也。』諸侯皆不欲戰，乃許鄭成。

十一月己亥，同盟於戲，鄭服也。將盟，鄭六卿公子騑、公子發、公子嘉、公孫輒、公孫蠆、公孫舍之及其大夫、門子皆從鄭伯。晉士莊子爲載書，曰：『自今日既盟之後，鄭國而不唯晉命是聽，而或有異志者，有如此盟。』公子騑趨進曰：『天禍鄭國，使介居二大國之間。大國不加德音而亂以要之，使其鬼神不獲歆其禋祀，其民人不獲享其土利，夫婦辛苦墊隘，無所底告。自今日既盟之後，鄭國而不唯有禮與强可以庇民者是從，而敢有異志者，亦如之。』荀偃曰：『改載書。』公孫舍之曰：『昭大神，要言焉。若可改也，大國亦可叛也。』知武子謂獻子曰：『我實不德，而要人以盟，豈禮也哉！非禮，何以主盟？姑盟而退，修德息師而來，終必獲鄭，何必今日？我之不德，民將棄我，豈唯鄭？若能休和，遠人將至，何恃於鄭？』乃盟而還。

晉人不得志於鄭，以諸侯復伐之。十二月癸亥，門其三門。閏月戊寅，濟于陰阪，侵鄭。次於陰口而還。子孔曰：『晉師可擊也，師老而勞，且有歸志，必大克之。』子展曰：『不可。』

公送晉侯。晉侯以公晏於河上，問公年，季武子對曰：『會于沙隨之歲，寡君以生。』晉侯曰：『十二年矣！是謂一終，一星終也。國君十五而生子。冠而生子，禮也。君可以冠矣！大夫盍爲冠具？』武子曰：『君冠，必以祼享之禮行之，以金石之樂節之，以先君之祧處之。今寡君在行，未可具也。請及兄弟之國而假備焉。』晉侯曰：『諾。』公還及衛，冠於成公之廟，假鐘磬焉，禮也。

楚子伐鄭，子駟將及楚平。子孔、子蟜曰：『與大國盟，口血未乾而背之，可乎？』子駟、子展曰：『吾盟固云：「唯强是從。」今楚師至，晉不我救，則楚强矣。盟誓之言，豈敢背之？且要盟無質，神弗臨也，所臨唯信。信者，言之瑞也，善之主也，是故臨之。明神不蠲要盟，背之可也。』乃及楚平。公子罷戎入盟，同盟於中分。楚莊夫人卒，王未能定鄭而歸。

又 《襄公十年》 六月，楚子囊、鄭子耳伐宋，師于訾毋。庚午，

圍宋，門於桐門。

衛侯救宋，師於襄牛。鄭子展曰：『必伐衛，不然，是不與楚也。得罪於晉，又得罪於楚，國將若之何？』子駟曰：『國病矣！』子展曰：『得罪於二大國，必亡。病不猶愈於亡乎？』諸大夫皆以爲然。故鄭皇耳帥師侵衛，楚令也。孫文子卜追之，獻兆于定姜。姜氏問《繇》。曰：『兆如山陵，有夫出征，而喪其雄。』姜氏曰：『征者喪雄，禦寇之利也。大夫圖之！』衛人追之，孫蒯獲鄭皇耳於大丘。

秋七月，楚子囊、鄭子耳伐我西鄙。還圍蕭，八月丙寅，克之。九月，子耳侵宋北鄙。孟獻子曰：『鄭其有災乎！師競已甚。周猶不堪競，況鄭乎？有災，其執政之三士乎！』【略】

諸侯伐鄭。齊崔杼使大子光先至於師，故長於滕。己酉，師于牛首。

初，子駟與尉止有爭，將禦諸侯之師而黜其車。尉止獲，又與之爭。子駟抑尉止曰：『爾車，非禮也。』遂弗使獻。初，子駟爲田洫，司氏、堵氏、侯氏、子師氏皆喪田焉。故五族聚羣不逞之人，因公子之徒以作亂。於是子駟當國，子國爲司馬，子耳爲司空，子孔爲司徒。冬十月戊辰，尉止、司臣、侯晉、堵女父、子師僕帥賊以入，晨攻執政於西宮之朝，殺子駟、子國、子耳，劫鄭伯以如北宮。子孔知之，故不死。書曰『盜』，言無大夫焉。

子西聞盜，不儆而出，尸而追盜，盜入於北宮，乃歸授甲。臣妾多逃，器用多喪。子產聞盜，爲門者，庀羣司，閉府庫，慎閉藏，完守備，成列而後出，兵車十七乘，尸而攻盜於北宮。子蟜帥國人助之，殺尉止、子師僕，盜衆盡死。侯晉奔晉。堵女父、司臣、尉翩、司齊奔宋。

子孔當國，爲載書，以位序，聽政辟。大夫諸司門子弗順，將誅之。子產止之，請爲之焚書。子孔不可，曰：『爲書以定國，衆怒而焚之，是衆爲政也，國不亦難乎？』子產曰：『衆怒難犯，專欲難成，合二難以安國，危之道也。不如焚書以安衆，子得所欲，衆亦得安，不亦可乎？專欲無成，犯衆興禍，子必從之。』乃焚書於倉門之外，衆而後定。

諸侯之師城虎牢而戍之。晉師城梧及制，士魴、魏絳戍之。書曰『戍鄭虎牢』，非鄭地也，言將歸焉。

鄭及晉平。楚子囊救鄭。十一月，諸侯之師還鄭而南，至於陽陵，楚師不退。知武子欲退，曰：『今我逃楚，楚必驕，驕則可與戰矣。』欒黶曰：『逃楚，晉之恥也。合諸侯以益恥，不如死！我將獨進。』師遂進。己亥，與楚師夾潁而軍。子蟜曰：『諸侯既有成行，必不戰矣。從之將退，不從亦退。退，楚必圍我。猶將退也。不如從楚，亦以退之。』宵涉潁，與楚人盟。欒黶欲伐鄭師，荀罃不可，曰：『我實不能禦楚，又不能庇鄭，鄭何罪？不如致怨焉而還。今伐其師，楚必救之，戰而不克，爲諸侯笑。克不可命，不如還也！』丁未，諸侯之師還，侵鄭北鄙而歸。楚人亦還。

又《襄公十一年》　鄭人患晉、楚之故。諸大夫曰：『不從晉，國幾亡。楚弱於晉，晉不吾疾也。晉疾，楚將辟之。何爲而使晉師致死于我，楚弗敢敵，而後可固與也。』子展曰：『與宋爲惡，諸侯必至，吾從之盟。楚師至，吾又從之，則晉怒甚矣。晉能驟來，楚將不能，吾乃固與晉。』大夫説之，使疆埸之司惡於宋。宋向戌侵鄭，大獲。子展曰：『師而伐宋可矣。若我伐宋，諸侯之伐我必疾，吾乃聽命焉，且告於楚。楚師至，吾又與之盟，而重賂晉師，乃免矣。』夏，鄭子展侵宋。【略】

九月，諸侯悉師以復伐鄭。鄭人使良霄、大宰石㚟如楚，告將服於晉，曰：『孤以社稷之故，不能懷君。君若能以玉帛綏晉，不然則武震以攝威之，孤之願也。』楚人執之。書曰『行人』，言使人也。諸侯之師觀兵於鄭東門，鄭人使王子伯駢行成。甲戌，晉趙武入盟鄭伯。冬十月丁亥，鄭子展出盟晉侯。十二月戊寅，會於蕭魚。庚辰，赦鄭囚，皆禮而歸之。納斥候，禁侵掠。晉侯使叔肸告于諸侯。公使臧孫紇對曰：『凡我同盟，小國有罪，大國致討，苟有以藉手，鮮不赦宥。寡君聞命矣。』鄭人賂晉侯以師悝、師觸、師蠲，廣車、軘車淳十五乘，甲兵備。凡兵車百乘，歌鐘二肆，及其鎛磬，女樂二八。

又《襄公十五年》　鄭尉氏、司氏之亂，其餘盜在宋。鄭人以子西、伯有、子產之故，納賂于宋，以馬四十乘與師茷、師慧。三月，公孫黑爲質焉。司城子罕以堵女父、尉翩、司齊與之。良司臣而逸之，托諸季武子，武子寘諸卞。鄭人醢之，三人也。

師慧過宋朝，將私焉。其相曰：『朝也。』慧曰：『無人焉。』相曰：『朝也，何故無人？』慧曰：『必無人焉。若猶有人，豈其以千乘之相，

易淫樂之矇？必無人焉故也。」子罕聞之，固請而歸之。【略】

鄭公孫夏如晉奔喪，子蟜送葬。

宋人或得玉，獻諸子罕。子罕弗受。獻玉者曰：「以示玉人，玉人以爲寶也，故敢獻之。」子罕曰：「我以不貪爲寶，爾以玉爲寶，若以與我，皆喪寶也。不若人有其寶。」稽首而告曰：「小人懷璧，不可以越鄉。納此以請死也。」子罕寘諸其里，使玉人爲之攻之，富而後使復其所。

又《襄公十八年》 鄭子孔欲去諸大夫，將叛晉而起楚師以去之。使告子庚，子庚弗許。楚子聞之，使楊豚尹宜告子庚曰：「國人謂不穀主社稷，而不出師，死不從禮。不穀即位，於今五年，師徒不出，人其以不穀爲自逸，而忘先君之業矣。大夫圖之！其若之何？」子庚歎曰：「君王其謂午懷安乎！吾以利社稷也。」見使者，稽首而對曰：「諸侯方睦于晉，臣請嘗之。若可，君而繼之。不可，收師而退，可以無害，君亦無辱。」子庚帥師治兵於汾。於是子蟜、伯有、子張從鄭伯伐齊。子孔、子展、子西守。二子知子孔之謀，完守入保。子孔不敢會楚師。

又《襄公十九年》 鄭子孔之爲政也專。國人患之，乃討西宫之難，與純門之師。子孔當罪，以其甲及子革、子良氏之甲守。甲辰，子展、子西率國人伐之，殺子孔而分其室。書曰：「鄭殺其大夫。」專也。子然、子孔，宋子之子也。士子孔，圭嬀之子也。圭嬀之班，亞宋子而相親也。二子孔亦相親也。僖之四年，子然卒。簡之元年，士子孔卒。司徒孔實相子革、子良之室。三室如一，故及於難。子革、子良出奔楚，子革爲右尹。鄭人使子展當國，子西聽政，立子產爲卿。

又《襄公二十二年》 十二月，鄭游販將歸晉，未出竟，遭逆妻者，奪之，以館於邑。丁巳，其夫攻子明殺之，以其妻行。子展廢良而立大叔，曰：「國卿，君之貳也，民之主也，不可以苟。請舍子明之類。」求亡妻者，使復其所。使游氏勿怨，曰：「無昭惡也。」

又《襄公二十六年》 秋七月，齊侯、鄭伯爲衛侯故，如晉，晉侯兼享之。晉侯賦《嘉樂》。國景子相齊侯，賦《蓼蕭》。子展相鄭伯，賦《緇衣》。叔向命晉侯拜二君曰：「寡君敢拜齊君之安我先君之宗祧也，敢拜鄭君之不貳也。」

國子使晏平仲私於叔向曰：「晉君宣其明德於諸侯，恤其患而補其闕，正其違而治其煩，所以爲盟主也。今爲臣執君，若之何？」叔向告趙文子，文子以告晉侯。晉侯言衛侯之罪，使叔向告二君。國子賦《轡之柔矣》，子展賦《將仲子兮》，晉侯乃許歸衛侯。叔向曰：「鄭七穆，罕氏其後亡者也。子展儉而壹。」

又《襄公二十九年》 鄭子展卒，子皮即位。於是鄭饑而未及麥，民病。子皮以子展之命，餼國人粟，户一鍾，是以得鄭國之民。故罕氏常掌國政，以爲上卿。宋司城子罕聞之，曰：「鄰於善，民之望也。」宋亦饑，請于平公，出公粟以貸。使大夫皆貸。司城氏貸而不書，爲大夫之無者貸。宋無饑人。叔向聞之，曰：「鄭之罕，宋之樂，其後亡者也！二者其皆得國乎！民之歸也，施而不德，樂氏加焉，其以宋升降乎？」

【略】

鄭伯有使公孫黑如楚，辭曰：「楚、鄭方惡，而使余往，是殺余也。」伯有曰：「世行也。」子皙曰：「可則往，難則已，何世之有？」伯有將強使之。子皙怒，將伐伯有氏，大夫和之。十二月己巳，鄭大夫盟于伯有氏。裨諶曰：「是盟也，其與幾何？《詩》曰：『君子屢盟，亂是用長。』今是長亂之道也。禍未歇也，必三年而後能紓。」然明曰：「政將焉往？」裨諶曰：「善之代不善，天命也，其焉辟子產？舉不踰等，則位班也。擇善而舉，則世隆也。天又除之，奪伯有魄。子西即世，將焉辟之？天禍鄭久矣，其必使子產息之，乃猶可以戾。不然，將亡矣。」

又《襄公三十年》 鄭伯有耆酒，爲窟室，而夜飲酒，擊鐘焉，朝至未已。朝者曰：「公焉在？」其人曰：「吾公在壑谷。」皆自朝布路而罷。既而朝，則又將使子皙如楚，歸而飲酒。庚子，子皙以駟氏之甲伐而焚之。伯有奔雍梁，醒而後知之，遂奔許。大夫聚謀，子皮曰：「《仲虺之志》云：『亂者取之，亡者侮之。推亡固存，國之利也。』罕、駟、豐同生。伯有汰侈，故不免。」

人謂子產：「就直助強！」子產曰：「豈爲我徒。國之禍難，誰知所敝？或主強直，難乃不生。姑成吾所。」辛丑，子產斂伯有氏之死者而殯之，不及謀而遂行。印段從之。子皮止之。衆曰：「人不我順，何止焉？」子皮曰：「夫人禮于死者，況生者乎？」遂自止之。壬寅，子產入。癸卯，子石入。皆受盟於子皙氏。

乙巳，鄭伯及其大夫盟於大宮。盟國人於師之梁之外。伯有聞鄭人之盟己也怒，聞子皮之甲不與攻己也喜，曰：『子皮與我矣。』癸丑，晨，自墓門之瀆入，因馬師頡介於襄庫，以伐舊北門。駟帶率國人以伐之。皆召子產。子產曰：『兄弟而及此，吾從天所與。』伯有死于羊肆，子產襚之，枕之股而哭之，斂而殯諸伯有之臣在市側者。既而葬諸斗城。子駟氏欲攻子產，子皮怒之曰：『禮，國之幹也，殺有禮，禍莫大焉。』乃止。

於是游吉如晉還，聞難不入，復命於介。八月甲子，奔晉。駟帶追之，及酸棗。與子上盟，用兩珪質於河。使公孫肸入盟大夫。己巳，復歸。書曰『鄭人殺良霄。』不稱大夫，言自外入也。

於子蟜之卒也，將葬，公孫揮與裨竈晨會事焉。過伯有氏，其門上生莠。子羽曰：『其莠猶在乎？』於是歲在降婁，降婁中而旦。裨竈指之曰：『猶可以終歲，歲不及此次也已。』及其亡也，歲在娵訾之口。其明年，乃及降婁。

僕展從伯有，與之皆死。羽頡出奔晉，爲任大夫。雞澤之會，鄭樂成奔楚，遂適晉。羽頡因之，與之比，而事趙文子，言伐鄭之説焉。以宋之盟故，不可。子皮以公孫鉏爲馬師。

《史記》卷四二《鄭世家》 釐公五年，鄭相子駟朝釐公，釐公不禮。子駟怒，使廚人藥殺釐公，赴諸侯曰『釐公暴病卒』。立釐公子嘉，嘉時年五歲，是爲簡公。

簡公元年，諸公子謀欲誅相子駟，子駟覺之，反盡誅諸公子。二年，晉伐鄭，鄭與盟，晉去。冬，又與楚盟。子駟畏誅，故兩親晉、楚。三年，相子駟欲自立爲君，公子子孔使尉止殺相子駟而代之。子孔又欲自立。子產曰：『子駟爲不可，誅之，今又效之，是亂無時息也。』於是子孔從之而相鄭簡公。

四年，晉怒鄭與楚盟，伐鄭，鄭與盟。楚共王救鄭，敗晉兵。簡公欲與晉平，楚又囚鄭使者。

十二年，簡公怒相子孔專國權，誅之，而以子產爲卿。十九年，簡公如晉請衛君還，而封子產以六邑。子產讓，受其三邑。二十二年，吳使延陵季子於鄭，見子產如舊交，謂子產曰：『鄭之執政者侈，難將至，政將及子。子爲政，必以禮；不然，鄭將敗。』子產厚遇季子。二十三年，諸公子爭寵相殺，又欲殺子產。公子或諫曰：『子產仁人，鄭所以存者子產也，勿殺！』乃止。

宋・沈棐《春秋比事》卷九《鄭・鄭大夫》 鄭大夫見《經》者二十四人，宛及詹不氏未命也。祭仲、申侯非鄭之公族，蓋祭仲初一封人有寵於莊公，遂執鄭政；而申侯自楚奔鄭，則皆非公族明矣。自穆公以來終春秋，專鄭政者皆鄭之族裔，考之於《經》公子七人：公子歸生、子家穆公弟。公子棄疾、子良。公子喜、子罕。公子鰌、公子發、子國。公子騑、子駟。公子嘉子孔。是也；公孫五人：公孫輒、子耳。舍之、子展。蠆、子僑。夏、子西。段伯左子子印。是也；公族七人：良霄、輒子伯有。罕虎、子皮。罕達、游吉、子太叔。游速、太叔子。國參、子產子。駟弘是也。按《唐・武平一傳》：穆公生十一子，子然及三子孔三族亡，子羽不爲卿，惟子罕、子駟、子良、子國、子游、子印、子豐七族子孫世執國政，故稱七穆。然見於《經》者惟罕、駟、良、國、游五人，而印與豐無聞焉。罕虎、罕達出於子罕，游吉、游速出於子游，國參出於子國，良宵出於子良，駟弘出於子駟，是皆穆公之裔也。其他繫於行事者，請按《經傳》言之。

宛以歸祊見於隱八年，或者以謂去宛之族，所以深貶。鄭伯擅易天子之田。是不然，歸祊易田，罪在鄭伯，於宛何與？杜謂未賜族故不氏，其説當矣。祭仲以宋人見執，桓十一年或謂祭氏仲孫天子命大夫。是不然，《春秋》凡書字貴之也。祭仲專鄭之權不能死義命見執於宋，廢忽立突，乃春秋之罪人，安得而貴之哉？然則仲當書名稱人以執者，罪祭仲也。詹以莊十七年齊人執之，及自齊逃來，兩見於《經》，蓋當時小白既霸，鄭既伐宋，又不朝齊，故齊侯因幽之盟，遂執其臣，討前惡以辱鄭伯。然詹爲鄭國之臣，不能伏節守死以解國難，迺自齊而逃魯，其罪大矣。故稱人以執。又曰：自齊逃來者，貶鄭詹也。申侯以鄭殺之見於僖七年，按《左氏》申侯以結憾於陳轅濤塗，遂譖於鄭伯，曰申侯美城虎牢將有叛意，故鄭伯因齊之逼用濤塗之譖，殺申侯以説於齊。觀《經》上下，是年齊人伐鄭。秋，鄭世子華聽命於會，則左謂説于齊，信矣。凡此四人者，不繫於公侯者也。

公子歸生以宣二年與宋戰，獲華元。四年，弑其君夷，兩見於《經》。

先儒謂大棘之戰，既敗其師又獲其帥，惡其戕艾中國，故聖人備書之以甚歸生之惡。然靈公之弑，實子公，書子家，知君之不可弑，而不能制子公，其權不足故也。其餘若公子去疾以成三年伐許，公子嘉以成四年伐許，十六年侵宋，公子鰌以十六年會吳，公子發以襄五年聘魯，公孫輒以十年伐宋，舍之以十一年侵宋，二十五年入陳，良霄以二十六年會澶淵，二十七年會于宋，蠆以十四年會吳伐秦會戚，夏以二十五年伐陳，段以二十九年城杞，罕達以昭元年會厥，愸游吉以二十五年會黃父，國參以昭三十二年城成周，游速以定六年滅許、十年會安甫，罕達以定十五年伐宋、哀二年與晉戰、十三年取宋師，駟弘以哀七年救曹。凡此盟會侵伐，或出於盟主之命，或出於國君之命，其善惡襃貶雖不專在於臣下，然七穆子孫遞遞相繼盤根固節，侵權逼上漸不可制。聖人顯其名字著於筆削者，所以傷君之弱而疾臣之專也。

至若襄十年盜殺公子騑、公子發、公孫輒，三十年良霄奔許入鄭，鄭人殺之，十九年殺其大夫公子嘉，昭二年殺公孫黑，則著之《經傳》，幾可以探筆削之義。按襄十年，諸侯伐鄭，師于牛首。初，子駟與尉止有爭，將禦諸侯之師而黜其車。尉止獲，又與之爭。子駟抑尉止曰：『爾車，非禮也。』遂弗使獻。子駟爲田洫，司氏、堵氏、侯氏、子師氏皆喪田焉，故五族聚羣不逞之人，因公子之徒以作亂。於是子駟當國，子國爲司馬，子耳爲司空，子孔爲司徒。冬十月，尉止、司臣、侯晉、堵女父、子師僕帥賊殺子駟、子國、子耳，劫鄭伯以如北宮。子孔知之，故不死。夫盜者，微賤之稱，一日而殺三卿，其惡固不必言。然鄭伯爲國，不能選賢而委柄於公族，三卿執國政不能御下而見夷於羣盜。以《春秋》之法責之，則君臣皆不免爲罪人也。聖人列數之，蓋所以著其惡歟？襄十九年，鄭子孔之爲政也專，國人患之，乃討尉止之難。子孔知而不言，及前年楚師伐鄭，至純門，子孔實召之，子展、子西率國人殺之。書曰『鄭殺其大夫』，以國討爲文，罪子孔之專也。夫子孔已爲公族，與三卿同秉國政，知尉止作亂，默而不言，是亦爲盜而已。且賣國召師，專權恣寵，人臣之惡，無以過此，其見殺於國人，豈不宜哉？襄三十年，鄭伯有嗜酒，爲窟室而夜飲酒，將使子皙如楚。子皙伐之，伯有奔許，鄭伯盟國人。伯有怒，伐鄭北門，駟帶帥國人以伐之，伯有死於羊肆。書曰：『鄭人殺良霄。』不稱大夫，言自外入也。昭二年，公孫黑將作亂，欲去游氏而代其位，駟氏與諸大夫欲殺之。子産使吏數黑之罪，使就吏，黑遂縊。《經》曰：『鄭殺其大夫。』以國討爲文，罪在黑也。夫伯有嗜酒而侈飲，取怨國人，負罪出奔，不能悔過自咎，乃回戈以攻其國；黑覩伯有之亂，不鑑覆轍，反欲夷艾手足，攘據其位。二子見殺於國人，皆自取之也。故《經》於良霄不稱大夫，於黑稱鄭殺，其歸罪二子明矣。嗚呼，以鄭小國介於晉楚之間，左右攻討，扶持不暇，固當選賢任德，君臣協心，同濟國難，以保其宗社可也。乃以一國委於公族，使致爭權固黨，稱兵相殘者躡迹而起。向無子産之賢，焚載書，安公室，左提右挈，相持鞏固，則鄭國之邱墟，當不終於春秋矣。

宋·王當《春秋臣傳》卷一一《宣公·鄭子良去疾》 子良，名去疾，鄭穆公之庶子也，爲鄭卿。初，文公有賤妾曰燕姞，夢天與已蘭，曰：『予爲伯鯈。予，而祖也，以是爲而子。以蘭有國香，人服媚之如是。』既而文公見之，與之蘭而御之。辭曰：『妾不才，幸而有子，將不信，敢徵蘭乎？』公曰：『諾。』生穆公，命之曰蘭。石癸曰：『吾聞姬姞，耦姞，吉人也，后稷之元妃也。今公子蘭，姞甥也。天或啓之，必將爲君，其後必蕃。』穆公生十一子，子然及子孔亡，子羽不爲卿，子罕、子駟、子良、子國、子印、子豐、子游是爲七穆。靈公卒，鄭人欲立子良。辭曰：『以賢則去疾不足，以順則公子堅長。』乃立襄公。襄公將去，穆氏而舍子良。子良不可，曰：『穆氏宜存，則固願也。若將亡之，則亦皆亡，去疾何爲？』乃舍之，皆爲大夫。十年，楚伐鄭，晉救鄭，鄭敗楚師于柳棼。國人皆喜，唯子良憂曰：『是國之災也，吾死無日矣。』自是晉楚交伐。卒，子子耳嗣。襄十年，子耳侵宋北鄙，孟獻子曰：『鄭其有災乎！師競已甚。周猶不堪競，況鄭乎？有災。其執政之三士乎！』十月，五族聚羣不逞之人，因公子之徒以作亂，殺子駟、子國、子耳。

又 卷一七《襄公·鄭子展》 子展，鄭卿，公孫舍之也，父曰公子喜，字子罕，穆公之子也。襄二十五年六月，鄭子展、子産伐陳，陳及鄭平。明年，鄭伯賞入陳之功，享子展，賜之先路三命之服，先八邑；賜子産次路再命之服，先六邑。晉人討衛，疆戚田，執衛侯。七月，齊侯、鄭伯爲衛侯故如晉，晉侯兼享之。國景子相齊侯，賦《蓼蕭》。子展相鄭

伯，賦《緇衣》，遂與國弱請釋衛侯。叔向曰：『鄭七穆，罕氏其後亡者也。子展儉而壹。』

論説

清・馬驌《繹史》卷五〇《鄭穆公之立》　鄭文公有子六人，惟穆存焉。穆公之生也，有夢蘭之祥，有姞甥之吉，是以子孫孔多，七穆蕃庶，石癸之言卒驗焉。蓋其先，桓、武嘗爲天子司徒，匡定王室，和集周民，殆有必興之理。卽微燕姞，穆公固將生也。穆公之子十有三人，靈公弑而襄公嗣立，諸子雖或誅亡，而七族列爲大夫，曰罕氏，曰駟氏，曰良氏，曰游氏，曰豐氏，曰國氏，曰印氏，是爲七穆，宋之盟，七子賦詩，則七族也；韓起來聘，六卿賦詩，時則良氏微矣。終春秋之世，穆族代爲政也，嗚呼盛哉！

清・李鍇《尚史》卷五四《列傳三十二》　論曰：鄭穆十一子，二子孔子然三族亡，子羽不爲卿，故曰七穆。余序列七穆，次以四子，所以昭有德、理亂緒也。至若子孔之始比盜，而終合楚迹，其所懷務專而已身，以是敗。且沈三族雅有之受爵不讓，至於已死亡。又曰：『如彼泉流，無淪胥以亡。』

雜録

宋・呂祖謙《左氏傳續説》卷七《宣公》　鄭穆公卒三年。

鄭穆公事《左氏》所以詳載者，蓋鄭自穆公以後，七穆之盛直至春秋末。故石癸曰：『其後必蕃。』此皆是氏族，《左傳》多留意氏族，氏族是一件大事。唐時尚有人專平生之功理會氏族者，蓋緣難理會，後世氏族紊亂，亦難盡考。蓋有公卿數世之後，又有轉爲皂隸者。

宋・洪邁《容齋續筆》卷九《三家七穆》　春秋列國卿大夫世家之盛，無越魯三家、鄭七穆者。魯之公族如臧氏、展氏、施氏、子叔氏、叔仲氏、東門氏、郈氏之類固多，唯孟孫、叔孫、季孫實出於桓公，其傳序累代，皆秉國政與魯相爲久長。若揆之以理，則桓公弑兄奪國，得罪於天，顧使有後如此。鄭靈公亡無嗣，國人立穆公之子子良，子良辭，以公子堅長，乃立，堅是爲襄公。襄公將去，穆氏子良爭之，願與偕亡，乃舍之。皆爲大夫，其後位卿大夫而傳世者，罕、駟、豐、印、遊、國、良，故曰七穆。然則諸家不逐而獲存，子良之力也。至其孫良霄，乃先覆族，而六家爲卿如故，此又不可解也。

清・張尚瑗《左傳折諸》卷一〇《宣公・初鄭文公有賤妾曰燕姞》　此蓋七穆已盛，追所自始而歸美之言。其得力自天宜乎？子孫之世祀也。文章言外之意，讀者不見，則文之美惡，終身不能言。

又　卷一七《襄公・子展伯有子西子産子太叔二子石從》　《唐書》：崔日用自言明《左氏春秋》諸侯官族，與武平一相酬詰。日用曰：『鄭七穆奈何？』平一曰：『鄭穆公十一子，子然及二子孔三族皆亡，子羽不爲卿，故稱七穆，子罕、子駟、子良、子國、子遊、子印、子豐也。』時崔湜、張説在坐，皆驚服。愚按：文公之子六人，四子或先卒，或以罪死。俞彌見惡于文公不得立，獨公子蘭自晉歸嗣位，是爲穆公。載于《宣四年》。鄭穆公卒，《傳》內穆公諸子散見諸傳。而總此七子於垂隴之從饗，在魯襄二十七年。先二十六年叔向曰：『鄭七穆，罕氏其後亡者也』杜注云云，爲平一之言所自出。

六卿專晉政分部

綜述

《左傳・襄公二十七年》　二十七年春，胥梁帶使諸喪邑者，具車徒以受地，必周。使烏餘具車徒以受封，烏餘以其衆出。使諸侯僞效烏餘之封者，而遂執之，盡獲之。皆取其邑而歸諸侯，諸侯是以睦於晉。【略】

宋向戌善於趙文子，又善於令尹子木，欲弭諸侯之兵以爲名。如晉，告趙孟。趙孟謀於諸大夫，韓宣子曰：『兵，民之殘也，財用之蠹，小國之大菑也。將或弭之，雖曰不可，必將許之。弗許，楚將許之，以召諸

侯，則我失爲盟主矣。」晉人許之。如楚，楚亦許之。如齊，齊人難之。陳文子曰：「晉、楚許之，我焉得已。且人曰弭兵，而我弗許，則固攜吾民矣！將焉用之？」齊人許之。告於秦，秦亦許之。皆告於小國，爲會於宋。

五月甲辰，晉趙武至於宋。丙午，鄭良霄至。六月丁未朔，宋人享趙文子，叔向爲介，司馬置折俎，禮也。仲尼使舉是禮也，以爲多文辭。戊申，叔孫豹、齊慶封、陳須無、衛石惡至。甲寅，晉荀盈從趙武至。丙辰，邾悼公至。壬戌，楚公子黑肱先至，成言於晉。丁卯，宋向戌如陳，從子木成言於楚。戊辰，滕成公至。子木謂向戌：「請晉、楚之從，交相見也。」庚午，向戌復於趙孟。趙孟曰：「晉、楚、齊、秦，匹也。晉之不能於齊，猶楚之不能於秦也。楚君若能使秦君辱於敝邑，寡君敢不固請於齊。」壬申，左師復言於子木。子木使馹謁諸王。王曰：「釋齊、秦，他國請相見也。」秋七月戊寅，左師至。是夜也，趙孟及子皙盟以齊言。庚辰，子木至自陳。陳孔奐、蔡公孫歸生至。曹、許之大夫皆至。以藩爲軍，晉、楚各處其偏。伯夙謂趙孟曰：「楚氛甚惡，懼難。」趙孟曰：「吾左還入於宋，若我何？」

辛巳，將盟於宋西門之外，楚人衷甲。伯州犁曰：「合諸侯之師，以爲不信，無乃不可乎？夫諸侯望信於楚，是以來服。若不信，是棄其所以服諸侯也。」固請釋甲。子木曰：「晉、楚無信久矣，事利而已。苟得志焉，焉用有信？」大宰退，告人曰：「令尹將死矣，不及三年。求逞志而棄信，志將逞乎？志以發言，言以出信，信以立志，參以定之。信亡，何以及三？」趙孟患楚衷甲，以告叔向。叔向曰：「何害也。匹夫一爲不信，猶不可，單斃其死。若合諸侯之卿，以爲不信，必不捷矣。食言者不病，非子之患也。夫以信召人，而以僭濟之，必莫之與也，安能害我？且吾因宋以守病，則夫能致死。與宋致死，雖倍楚可也。子何懼焉？又不及是。曰「弭兵」以召諸侯，而稱兵以害我，吾庸多矣，非所患也。」

季武子使謂叔孫以公命，曰：「視邾、滕。」既而齊人請邾，宋人請滕，皆不與盟。叔孫曰：「邾、滕，人之私也。我列國也，何故視之？宋、衛，吾匹也。」乃盟。故不書其族，言違命也。

晉、楚爭先。晉人曰：「晉固爲諸侯盟主，未有先晉者也。」楚人曰：「子言晉、楚匹也，若晉常先，是楚弱也。且晉、楚狎主諸侯之盟也久矣！豈專在晉？」叔向謂趙孟曰：「諸侯歸晉之德只，非歸其尸盟也。子務德，無爭先！且諸侯盟，小國固必有尸盟者。楚爲晉細，不亦可乎？」乃先楚人。書先晉，晉有信也。

壬午，宋公兼享晉、楚之大夫，趙孟爲客。子木與之言，弗能對。使叔向侍言焉，子木亦不能對也。乙酉，宋公及諸侯之大夫盟于蒙門之外。子木問於趙孟曰：「范武子之德如何？」對曰：「夫子之家事治，言於晉國無隱情。其祝史陳信於鬼神，無愧辭。」子木歸，以語王。王曰：「尚矣哉！能歆神人，宜其光輔五君以爲盟主也。」子木又語王曰：「宜晉之伯也！有叔向以佐其卿，楚無以當之，不可與爭。」晉荀盈遂如楚涖盟。

鄭伯享趙孟于垂隴，子展、伯有、子西、子產、子大叔、二子石從。趙孟曰：「七子從君，以寵武也。請皆賦以卒君貺，武亦以觀七子之志。」子展賦《草蟲》，趙孟曰：「善哉！民之主也。抑武也不足以當之。」伯有賦《鶉之賁賁》，趙孟曰：「牀笫之言不踰閾，況在野乎？非使人之所得聞也。」子西賦《黍苗》之四章，趙孟曰：「寡君在，武何能焉！」子產賦《隰桑》，趙孟曰：「武請受其卒章。」子大叔賦《野有蔓草》，趙孟曰：「吾子之惠也。」印段賦《蟋蟀》，趙孟曰：「善哉！保家之主也，吾有望矣。」公孫段賦《桑扈》，趙孟曰：「匪交匪敖，福將焉往？若保是言也，欲辭福祿得乎？」卒享。文子告叔向曰：「伯有將爲戮矣！詩以言志，志誣其上，而公怨之，以爲賓榮，其能久乎？幸而後亡。」叔向曰：「然。已侈！所謂不及五稔者，夫子之謂矣。」文子曰：「其餘皆數世之主也。子展其後亡者也，在上不忘降。印氏其次也，樂而不荒。樂以安民，不淫以使之，後亡，不亦可乎？」【略】

楚薳罷如晉涖盟，晉侯享之。將出，賦《既醉》。叔向曰：「薳氏之有後於楚國也，宜哉！承君命，不忘敏。子蕩將知政矣。敏以事君，必能養民。政其焉往？」

又 《襄公二十八年》 夏，齊侯、陳侯、蔡侯、北燕伯、杞伯、胡子、沈子、白狄朝于晉，宋之盟故也。齊侯將行，慶封曰：「我不與盟，何爲於晉？」陳文子曰：「先事後賄，禮也。小事大，未獲事焉，從之如志，禮也。雖不與盟，敢叛晉乎？重丘之盟，未可忘也。子其勸行！」

【略】

蔡侯之如晉也，鄭伯使游吉如楚。及漢，楚人還之，曰：『宋之盟，君實親辱，今吾子來，寡君謂吾子姑還！吾將使馹奔問諸晉而以告。』子大叔曰：『宋之盟，君命將利小國，而亦使安定其社稷，鎮撫其民人，以禮承天之休，此君之憲令，而小國之望也。寡君是故使吉奉其皮幣，以歲之不易，聘於下執事。今執事有命曰，女何與政令之有？必使而君棄而封守，跋涉山川，蒙犯霜露，以逞君心。小國將君是望，敢不唯命是聽。無乃非盟載之言，以闕君德，而執事有不利焉，小國是懼。不然，其何勞之敢憚？』

子大叔歸，復命，告子展曰：『楚子將死矣！不修其政德，而貪昧於諸侯，以逞其願，欲久得乎？《周易》有之，在《復》䷗之《頤》䷚，曰：「迷復，凶。」其楚子之謂乎？欲復其願，而棄其本，復歸無所，是謂迷復。能無凶乎？君其往也！送葬而歸，以快楚心。楚不幾十年，未能恤諸侯也。吾乃休吾民矣。』裨竈曰：『今茲周王及楚子皆將死。歲棄其次，而旅於明年之次，以害鳥帑。周、楚惡之。』

九月，鄭游吉如晉，告將朝于楚，以從宋之盟。子產相鄭伯以如楚，舍不爲壇。外僕言曰：『昔先大夫相先君，適四國，未嘗不爲壇。自是至今，亦皆循之。今子草舍，無乃不可乎？』子產曰：『大適小，則爲壇。小適大，苟舍而已。焉用壇？僑聞之，大適小有五美：宥其罪戾，赦其過失，救其菑患，賞其德刑，教其不及。小國不困，懷服如歸，是故作壇以昭其功，宣告後人，無怠於德。小適大有五惡：說其罪戾，請其不足，行其政事，共其職貢，從其時命。不然，則重其幣帛，以賀其福而弔其凶，皆小國之禍也。焉用作壇以昭其禍。所以告子孫，無昭禍焉可也。』

又《襄公二十九年》 晉平公，杞出也，故治杞。六月，知悼子合諸侯之大夫以城杞，孟孝伯會之。鄭子大叔與伯石往。子大叔見大叔文子，與之語。文子曰：『甚乎！其城杞也。』子大叔曰：『若之何哉？晉國不恤周宗之闕，而夏肄是屏。其棄諸姬，亦可知也已。諸姬是棄，其誰歸之？吉也聞之，棄同即異，是謂離德。《詩》曰：「協比其鄰，昏姻孔云。」晉不鄰矣，其誰云之？』

齊高子容與宋司徒見知伯，女齊相禮。賓出。司馬侯言於知伯曰：『二子皆將不免。子容專，司徒侈，皆亡家之主也。』知伯曰：『何如？』對曰：『專則速及，侈將以其力斃；專則人實斃之，將及矣。』

范獻子來聘，拜城杞也。公享之，展莊叔執幣。射者三耦，公臣不足，取於家臣。家臣：展瑕、展玉父爲一耦。公臣：公巫召伯、仲顏莊叔爲一耦，鄫鼓父、黨叔爲一耦。

晉侯使司馬女叔侯來治杞田，弗盡歸也。晉悼夫人慍曰：『齊也取貨。先君若有知也，不尚取之！』公告叔侯，叔侯曰：『虞、虢、焦、滑、霍、揚、韓、魏，皆姬姓也，晉是以大。若非侵小，將何所取？武、獻以下，兼國多矣，誰得治之？杞，夏餘也，而即東夷。魯，周公之後也，而睦於晉。以杞封魯猶可，而何有焉？魯之於晉也，職貢不乏，玩好時至，公卿大夫相繼於朝，史不絕書，府無虛月。如是可矣！何必瘠魯以肥杞？且先君而有知也，毋寧夫人，而焉用老臣？』杞文公來盟，書曰『子』，賤之也。

又《襄公三十一年》 三十一年春，王正月，穆叔至自會，見孟孝伯，語之曰：『趙孟將死矣。其語偷，不似民主。且年未盈五十，而諄諄焉如八九十者，弗能久矣。若趙孟死，爲政者其韓子乎！吾子盍與季孫言之，可以樹善，君子也。晉君將失政矣，若不樹焉，使早備魯，既而政在大夫，韓子懦弱，大夫多貪，求欲無厭，齊、楚未足與也，魯其懼哉！』孝伯曰：『人生幾何？誰能無偷？朝不及夕，將安用樹？』穆叔出而告人曰：『孟孫將死矣。吾語諸趙孟之偷也，而又甚焉。』又與季孫語晉故，季孫不從。

及趙文子卒，晉公室卑，政在侈家。韓宣子爲政，不能圖諸侯。魯不堪晉求，讒慝弘多，是以有平丘之會。

又《昭公元年》 晉中行穆子敗無終及羣狄於大原，崇卒也。將戰，魏舒曰：『彼徒我車，所遇又阨，以什共車必克。困諸阨，又克。請皆卒，自我始。』乃毀車以爲行，五乘爲三伍。荀吳之嬖人不肯即卒，斬以徇。爲五陳以相離，兩於前，伍於後，專爲右角，參爲左角，偏爲前拒，以誘之。翟人笑之。未陳而薄之，大敗之。

晉侯有疾，鄭伯使公孫僑如晉聘，且問疾。叔向問焉，曰：『寡君之疾病，卜人曰：「實沈、臺駘爲祟」，史莫之知，敢問此何神也？』子產

曰：『昔高辛氏有二子，伯曰閼伯，季曰實沈，居於曠林，不相能也。日尋干戈，以相征討。后帝不臧，遷閼伯于商丘，主辰。商人是因，故辰爲商星。遷實沈于大夏，主參。唐人是因，以服事夏、商。其季世曰唐叔虞。當武王邑姜方震大叔，夢帝謂己：「余命而子曰虞，將與之唐，屬諸參，其蕃育其子孫。」及生，有文在其手曰「虞」，遂以命之。及成王滅唐而封大叔焉，故參爲晉星。由是觀之，則實沈，參神也。昔金天氏有裔子曰昧，爲玄冥師，生允格、臺駘。臺駘能業其官，宣汾、洮，障大澤，以處大原。帝用嘉之，封諸汾川。沈、姒、蓐、黄，實守其祀。今晉主汾而滅之矣。由是觀之，則臺駘，汾神也。抑此二者，不及君身。山川之神，則水旱癘疫之災，於是乎禜之。日月星辰之神，則雪霜風雨之不時，於是乎禜之。若君身，則亦出入飲食哀樂之事也。山川星辰之神，又何爲焉？僑聞之，君子有四時：朝以聽政，晝以訪問，夕以脩令，夜以安身。於是乎節宣其氣，勿使有所壅閉湫底，以露其體。茲心不爽，而昏亂百度。今無乃壹之，則生疾矣。僑又聞之，內宮不及同姓，其生不殖。美先盡矣，則相生疾，君子是以惡之。故《志》曰：「買妾不知其姓，則卜之。」違此二者，古之所慎也。男女辨姓，禮之大司也。今君內實有四姬焉，其無乃是也乎？若由是二者，弗可爲也已。四姬有省猶可，無則必生疾矣。』叔向曰：『善哉！肸未之聞也。此皆然矣。』

叔向出，行人揮送之。叔向問鄭故焉，且問子皙。對曰：『其與幾何？無禮而好陵人，怙富而卑其上，弗能久矣。』

晉侯聞子產之言，曰：『博物君子也。』重賄之。

晉侯求醫於秦。秦伯使醫和視之，曰：『疾不可爲也。是謂：「近女室，疾如蠱。非鬼非食，惑以喪志。良臣將死，天命不祐。」』公曰：『女不可近乎？』對曰：『節之。先王之樂，所以節百事也，故有五節，遲速本末以相及，中聲以降，五降之後，不容彈矣。於是有煩手淫聲，慆堙心耳，乃忘平和，君子弗聽也。物亦如之，至於煩，乃舍也已，無以生疾。君子之近琴瑟，以儀節也，非以慆心也。天有六氣，降生五味，發爲五色，徵爲五聲，淫生六疾。六氣曰陰、陽、風、雨、晦、明也。分爲四時，序爲五節。過則爲菑，陰淫寒疾，陽淫熱疾，風淫末疾，雨淫腹疾，晦淫惑疾，明淫心疾。女，陽物而晦時，淫則生內熱惑蠱之疾。今君不節不時，能無及此乎？』

出告趙孟。趙孟曰：『誰當良臣？』對曰：『主是謂矣！主相晉國，於今八年，晉國無亂，諸侯無闕，可謂良矣。和聞之，國之大臣，榮其寵祿，任其大節，有菑禍興而無改焉，必受其咎。今君至於淫以生疾，將不能圖恤社稷，禍孰大焉！主不能御，吾是以云也。』

趙孟曰：『何謂蠱？』對曰：『淫溺惑亂之所生也。於文，皿蟲爲蠱。穀之飛亦爲蠱。在《周易》，女惑男，風落山謂之《蠱》䷑。皆同物也。』趙孟曰：『良醫也。』厚其禮而歸之。

又　《昭公二年》　二年春，晉侯使韓宣子來聘，且告爲政而來見，禮也。觀書於大史氏，見《易象》與《魯春秋》，曰：『周禮盡在魯矣。吾乃今知周公之德，與周之所以王也。』公享之。季武子賦《緜》之卒章。韓子賦《角弓》。季武子拜曰：『敢拜子之彌縫敝邑，寡君有望矣。』武子賦《節》之卒章。既享，宴于季氏，有嘉樹焉，宣子譽之。武子曰：『宿敢不封殖此樹，以無忘《角弓》。』遂賦《甘棠》。宣子曰：『起不堪也，無以及召公。』

宣子遂如齊納幣。見子雅。子雅召子旗，使見宣子。宣子曰：『非保家之主也，不臣。』見子尾。子尾見彊。宣子謂之如子旗。大夫多笑之。唯晏子信之，曰：『夫子，君子也。君子有信，其有以知之矣。』自齊聘於衛。衛侯享之，北宮文子賦《淇澳》。宣子賦《木瓜》。

夏四月，韓須如齊逆女。齊陳無宇送女，致少姜。少姜有寵於晉侯，晉侯謂之少齊。謂陳無宇非卿，執諸中都。少姜爲之請曰：『送從逆班，畏大國也，猶有所易，是以亂作。』

叔弓聘于晉，報宣子也。晉侯使郊勞。辭曰：『寡君使弓來繼舊好，固曰：「女無敢爲賓！」徹命於執事，敝邑弘矣。敢辱郊使？請辭。』致館，辭曰：『寡君命下臣來繼舊好，好合使成，臣之祿也。敢辱大館？』叔向曰：『子叔子知禮哉！吾聞之曰：「忠信，禮之器也。卑讓，禮之宗也。」辭不忘國，忠信也。先國後己，卑讓也。《詩》曰：「敬慎威儀，以近有德。」夫子近德矣。』

又　《昭公三年》　齊侯使晏嬰請繼室於晉，曰：『寡君使嬰曰：「寡人願事君，朝夕不倦，將奉質幣，以無失時，則國家多難，是以不獲。

不腆先君之適，以備內官，焜燿寡人之望，則又無祿，早世殞命，寡人失望。君若不忘先君之好，惠顧齊國，辱收寡人，徼福於大公、丁公，照臨敝邑，鎮撫其社稷，則猶有先君之適及遺姑姊妹若而人。君若不棄敝邑，而辱使董振擇之，以備嬪嬙，寡人之望也。』

韓宣子使叔向對曰：『寡君之願也。寡君不能獨任其社稷之事，未有伉儷。在縗絰之中，是以未敢請。君有辱命，惠莫大焉。若惠顧敝邑，撫有晉國，賜之內主，豈惟寡君，舉羣臣實受其貺。其自唐叔以下，實寵嘉之。』

既成昏，晏子受禮。叔向從之宴，相與語。叔向曰：『齊其何如？』晏子曰：『此季世也，吾弗知。齊其爲陳氏矣！公棄其民，而歸於陳氏。齊舊四量，豆、區、釜、鍾。四升爲豆，各自其四，以登於釜。釜十則鍾。陳氏三量，皆登一焉，鍾乃大矣。以家量貸，而以公量收之。山木如市，弗加於山。魚鹽蜃蛤，弗加於海。民參其力，二入於公，而衣食其一。公聚朽蠹，而三老凍餒。國之諸市，屨賤踊貴。民人痛疾，而或燠休之，其愛之如父母，而歸之如流水，欲無獲民，將焉辟之？箕伯、直柄、虞遂、伯戲，其相胡公、大姬，已在齊矣。』

叔向曰：『然。雖吾公室，今亦季世也。戎馬不駕，卿無軍行。公乘無人，卒列無長。庶民罷敝，而宮室滋侈。道殣相望，而女富溢尤。民聞公命，如逃寇讎。欒、郤、胥、原、狐、續、慶、伯，降在皁隸。政在家門，民無所依。君日不悛，以樂慆憂。公室之卑，其何日之有？讒鼎之銘曰：「昧旦丕顯，後世猶怠。」況日不悛，其能久乎？』

晏子曰：『子將若何？』叔向曰：『晉之公族盡矣。肸聞之，公室將卑，其宗族枝葉先落，則公從之。肸之宗十一族，唯羊舌氏在而已。肸又無子。公室無度，幸而得死，豈其獲祀？』【略】

夏四月，鄭伯如晉，公孫段相，甚敬而卑，禮無違者。晉侯嘉焉，授之以策曰：『子豐有勞於晉國，余聞而弗忘。賜女州田，以胙乃舊勳。』伯石再拜稽首，受策以出。君子曰：『禮，其人之急也乎！伯石之汰也，一爲禮於晉，猶荷其祿，況以禮終始乎？《詩》曰：「人而無禮，胡不遄死。」其是之謂乎？』

初，州縣，欒豹之邑也。及欒氏亡，范宣子、趙文子、韓宣子皆欲之。文子曰：『溫，吾縣也。』二宣子曰：『自郤稱以別，三傳矣。晉之別縣不唯州，誰獲治之？』文子病之，乃舍之。二子曰：『吾不可以正議而自與也。』皆舍之。及文子爲政，趙獲曰：『可以取州矣。』文子曰：『退！二子之言，義也。違義，禍也。余不能治余縣，又焉用州？其以徼禍也。君子曰：「弗知實難。」知而弗從，禍莫大焉。有言州必死。』

豐氏故主韓氏，伯石之獲州也，韓宣子爲之請之，爲其復取之之故。

又《昭公五年》 晉韓宣子如楚送女，叔向爲介。鄭子皮、子大叔勞諸索氏。大叔謂叔向曰：『楚王汏侈已甚，子其戒之。』叔向曰：『汏侈已甚，身之災也，焉能及人？若奉吾幣帛，慎吾威儀，守之以信，行之以禮；敬始而思終，終無不復。從而不失儀，敬而不失威，道之以訓辭，奉之以舊法，考之以先王，度之以二國，雖汏侈，若我何？』

及楚，楚子朝其大夫曰：『晉，吾仇敵也。苟得志焉，無恤其他。今其來者，上卿、上大夫也。若吾以韓起爲閽，以羊舌肸爲司宮，足以辱晉，吾亦得志矣，可乎？』大夫莫對。薳啓彊曰：『可。苟有其備，何故不可？恥匹夫不可以無備，況恥國乎？是以聖王務行禮，不求恥人。朝聘有珪，享頫有璋，小有述職，大有巡功，設机而不倚，爵盈而不飲，宴有好貨，飧有陪鼎，入有郊勞，出有贈賄，禮之至也。國家之敗，失之道也，則禍亂興。城濮之役，晉無楚備，以敗於邲。邲之役，楚無晉備，以敗於鄢。自鄢以來，晉不失備，而加之以禮，重之以睦，是以楚弗能報而求親焉。既獲姻親，又欲恥之，以召寇讎，備之若何？誰其重此？若有其人，恥之可也。若其未有，君亦圖之。晉之事君，臣曰可矣。求諸侯而麇至。求昏而薦女，君親送之，上卿及上大夫致之。猶欲恥之，君其亦有備矣。不然，奈何？韓起之下，趙成、中行吳、魏舒、范鞅、知盈；羊舌肸之下，祁午、張趯、籍談、女齊、梁丙、張骼、輔躒、苗賁皇，皆諸侯之選也。韓襄爲公族大夫，韓須受命而使矣。箕襄、邢帶、叔禽、叔椒、子羽，皆大家也。韓賦七邑，皆成縣也。羊舌四族，皆彊家也。晉人若喪韓起、楊肸，五卿八大夫輔韓須、楊石，因其十家九縣，長轂九百，其餘四十縣，遺守四千，奮其武怒，以報其大恥，伯華謀之，中行伯、魏舒帥之，其蔑不濟矣。君將以親易怨，實無禮以速寇，而未有其備，使羣臣往遺之禽，以逞君心，何不可之有？』王曰：『不穀之過也，大夫無

辱。』厚爲韓子禮。王欲敖叔向以其所不知，而不能。亦厚其禮。

韓起反，鄭伯勞諸圉。辭不敢見，禮也。【略】

夏，莒牟夷以牟婁及防茲來奔。非卿而書，尊地也。莒人訴于晉。晉侯欲止公。范獻子曰：『不可。人朝而執之，誘也。討不以師，而誘以成之，惰也。爲盟主而犯此二者，無乃不可乎？請歸之，間而以師討焉。』乃歸公。秋七月，公至自晉。

又《昭公六年》　夏，季孫宿如晉，拜莒田也。晉侯享之，有加籩。武子退，使行人告曰：『小國之事大國也，苟免於討，不敢求貺。得貺不過三獻。今豆有加，下臣弗堪，無乃戾也。』韓宣子曰：『寡君以爲驩也。』對曰：『寡君猶未敢，況下臣，君之隸也，敢聞加貺？』固請徹加而後卒事。晉人以爲知禮，重其好貨。

又《昭公七年》　鄭子產聘于晉。晉侯有疾。韓宣子逆客，私焉曰：『寡君寢疾，於今三月矣，並走羣望，有加而無瘳。今夢黃熊入于寢門，其何厲鬼也？』對曰：『以君之明，子爲大政，其何厲之有？昔堯殛鯀于羽山，其神化爲黃熊，以入于羽淵，實爲夏郊，三代祀之。晉爲盟主，其或者未之祀也乎？』韓子祀夏郊，晉侯有間，賜子產莒之二方鼎。

子產爲豐施歸州田於韓宣子，曰：『日君以夫公孫段爲能任其事，而賜之州田，今無祿早世，不獲久享君德。其子弗敢有，不敢以聞於君，私致諸子。』宣子辭。子產曰：『古人有言曰，其父析薪，其子弗克負荷。施將懼不能任其先人之祿，其況能任大國之賜？縱吾子爲政而可，後之人若屬有疆埸之言，敝邑獲戾，而豐氏受其大討。吾子取州，是免敝邑於戾，而建寘豐氏也，敢以爲請。』宣子受之，以告晉侯。晉侯以與宣子。宣子爲初言，病有之，以易原縣於樂大心。

又《昭公九年》　周甘人與晉閻嘉爭閻田。晉梁丙、張趯率陰戎伐潁。王使詹桓伯辭於晉，曰：『我自夏以后稷，魏、駘、芮、岐、畢，吾西土也。及武王克商，蒲姑、商奄，吾東土也。巴、濮、楚、鄧，吾南土也。肅慎、燕、亳，吾北土也。吾何邇封之有？文、武、成、康之建母弟，以蕃屏周，亦其廢隊是爲，豈如弁髦而因以敝之。先王居檮杌于四裔，以禦螭魅，故允姓之姦，居于瓜州。伯父惠公歸自秦，而誘以來，使偪我諸姬，入我郊甸，則戎焉取之。戎有中國，誰之咎也？后稷封殖天下，今戎制之，不亦難乎？伯父圖之。我在伯父，猶衣服之有冠冕，木水之有本原，民人之有謀主也。伯父若裂冠毀冕，拔本塞原，專棄謀主，雖戎狄其何有余一人？』

叔向謂宣子曰：『文之伯也，豈能改物？翼戴天子而加之以共。自文以來，世有衰德而暴滅宗周，以宣示其侈，諸侯之貳，不亦宜乎？且王辭直，子其圖之。』宣子說。

王有姻喪，使趙成如周弔，且致閻田與襚，反潁俘。王亦使賓滑執甘大夫襄以說於晉。晉人禮而歸之。

又《昭公十一年》　楚師在蔡，晉荀吳謂韓宣子曰：『不能救陳，又不能救蔡，物以無親，晉之不能，亦可知也已！爲盟主而不恤亡國，將焉用之？』

秋，會于厥慭，謀救蔡也。鄭子皮將行。子產曰：『行不遠，不能救蔡也。蔡小而不順，楚大而不德，天將棄蔡以壅楚。盈而罰之，蔡必亡矣。且喪君而能守者，鮮矣。三年，王其有咎乎！美惡周必復，王惡周矣。』晉人使狐父請蔡于楚，弗許。

又《昭公十二年》　齊侯、衛侯、鄭伯如晉，朝嗣君也。公如晉，至河乃復。取郠之役，莒人訴于晉，晉有平公之喪，未之治也。故辭公。公子慭遂如晉。晉侯享諸侯，子產相鄭伯辭於享，請免喪而後聽命。晉人許之，禮也。晉侯以齊侯宴，中行穆子相。投壺，晉侯先。穆子曰：『有酒如淮，有肉如坻。寡君中此，爲諸侯師。』中之。齊侯舉矢曰：『有酒如澠，有肉如陵。寡人中此，與君代興。』亦中之。伯瑕謂穆子曰：『子失辭。吾固師諸侯矣，壺何爲焉？其以中儁也。齊君弱吾君，歸弗來矣。』穆子曰：『吾軍帥彊禦，卒乘競勸，今猶古也，齊將何事？』公孫傁趨進曰：『日旰君勤，可以出矣。』以齊侯出。【略】

晉荀吳僞會齊師者，假道於鮮虞，遂入昔陽。秋八月壬午，滅肥，以肥子綿皋歸。

又《昭公十三年》　晉成虒祁，諸侯朝而歸者，皆有貳心。爲取郠故，晉將以諸侯來討。叔向曰：『諸侯不可以不示威。』乃並徵會，告于吳。秋，晉侯會吳子于良。水道不可，吳人辭，乃還。七月丙寅，治兵于邾南，甲車四千乘，羊舌鮒攝司馬，遂合諸侯于平丘。

子產、子大叔相鄭伯以會。子產以幄幕九張行。子大叔以四十，既而悔之，每舍損焉。及會，亦如之。

次于衛地，叔鮒求貨於衛，淫芻蕘者。衛人使屠伯饋叔向羹，與一篋錦，曰：『諸侯事晉，未敢攜貳，況衛在君之宇下，而敢有異志？芻蕘者異於他日，敢請之。』叔向受羹反錦，曰：『晉有羊舌鮒者，瀆貨無厭，亦將及矣，爲此役也。子若以君命賜之，其已。』客從之。未退，而禁之。

晉人將尋盟，齊人不可。晉侯使叔向告劉獻公曰：『抑齊人不盟，若之何？』對曰：『盟以厎信。君苟有信，諸侯不貳，何患焉？告之以文辭，董之以武師，雖齊不許，君庸多矣。天子之老，請帥王賦，元戎十乘，以先啓行。遲速唯君。』叔向告于齊曰：『諸侯求盟，已在此矣。今君弗利，寡君以爲請。』對曰：『諸侯討貳，則有尋盟。若皆用命，何盟之尋？』叔向曰：『國家之敗，有事而無業，事則不經。有業而無禮，經則不序。有禮而無威，序則不共。有威而不昭，共則不明。不明棄共，百事不終，所由傾覆也。是故明王之制，使諸侯歲聘以志業，間朝以講禮，再朝而會以示威，再會而盟以顯昭明。志業於好，講禮於等，示威於衆，昭明於神，自古以來，未之或失也。存亡之道，恒由是興。晉禮主盟，懼有不治，奉承齊犧，而布諸君，求終事也。君曰：「余必廢之，何齊之有？」唯君圖之，寡君聞命矣！』齊人懼，對曰：『小國言之，大國制之，敢不聽從？既聞命矣，敬共以往，遲速唯君。』

叔向曰：『諸侯有間矣，不可以不示衆。』八月辛未，治兵，建而不旆。壬申，復旆之。諸侯畏之。

邾人、莒人訴于晉曰：『魯朝夕伐我，幾亡矣。我之不共，魯故之以。』晉侯不見公，使叔向來辭曰：『諸侯將以甲戌盟，寡君知不得事君矣，請君無勤。』子服惠伯對曰：『君信蠻夷之訴，以絶兄弟之國，棄周公之後，亦唯君。寡君聞命矣。』叔向曰：『寡君有甲車四千乘在，雖以無道行之，必可畏也。況其率道，其何敵之有？牛雖瘠，僨於豚上，其畏不死？南蒯、子仲之憂，其庸可棄乎？若奉晉之衆，用諸侯之師，因邾、莒、杞、鄫之怒，以討魯罪，間其二憂，何求而弗克？』魯人懼，聽命。

甲戌，同盟于平丘，齊服也。令諸侯日中造于除。癸酉，退朝。子產命外僕速張於除，子大叔止之，使待明日。及夕，子產聞其未張也，使速往，乃無所張矣。

及盟，子產爭承曰：『昔天子班貢，輕重以列，列尊貢重，周之制也，卑而貢重者，甸服也。鄭，伯男也。而使從公侯之貢，懼弗給也。敢以爲請。諸侯靖兵，好以爲事。行理之命，無月不至。貢之無藝，小國有闕，所以得罪也。諸侯修盟，存小國也。貢獻無極，亡可待也。存亡之制，將在今矣。』自日中以爭，至于昏，晉人許之。

既盟，子大叔咎之曰：『諸侯若討，其可瀆乎？』子產曰：『晉政多門，貳偷之不暇，何暇討？國不競亦陵，何國之爲？』

公不與盟。晉人執季孫意如，以幕蒙之，使狄人守之。司鐸射懷錦奉壺飲冰以蒲伏焉。守者御之，乃與之錦而入。晉人以平子歸，子服湫從。

子產歸，未至，聞子皮卒，哭，且曰：『吾已無爲爲善矣，唯夫子知我。』仲尼謂：『子產於是行也，足以爲國基矣。《詩》曰：「樂旨君子，邦家之基。」子產，君子之求樂者也。』且曰：『合諸侯，藝貢事，禮也。』

鮮虞人聞晉師之悉起也，而不警邊，且不脩備。晉荀吳自著雍以上軍侵鮮虞，及中人，驅衝競，大獲而歸。

又《昭公十四年》 晉邢侯與雍子爭鄐田，久而無成。士景伯如楚，叔魚攝理。韓宣子命斷舊獄，罪在雍子。雍子納其女於叔魚，叔魚蔽罪邢侯。邢侯怒，殺叔魚與雍子於朝。宣子問其罪於叔向。叔向曰：『三人同罪，施生戮死可也。雍子自知其罪而賂以買直，鮒也鬻獄，刑侯專殺，其罪一也。己惡而掠美爲昏，貪以敗官爲墨，殺人不忌爲賊。《夏書》曰：「昏、墨、賊，殺。」皋陶之刑也。請從之。』乃施邢侯而尸雍子與叔魚於市。

仲尼曰：『叔向，古之遺直也。治國制刑，不隱於親，三數叔魚之惡，不爲末減。曰義也夫，可謂直矣。平丘之會，數其賄也，以寬衛國，晉不爲暴。歸魯季孫，稱其詐也，以寬魯國，晉不爲虐。邢侯之獄，言其貪也，以正刑書，晉不爲頗。三言而除三惡，加三利，殺親益榮，猶義也夫？』

又《昭公十五年》 晉荀吳帥師伐鮮虞，圍鼓。鼓人或請以城叛，穆子弗許。左右曰：『師徒不勤，而可以獲城，何故不爲？』穆子曰：

『吾聞諸叔向曰：「好惡不愆，民知所適，事無不濟。」或以吾城叛，吾所甚惡也。人以城來，吾獨何好焉。賞所甚惡，若所好何？若其弗賞，是失信也，何以庇民？力能則進，否則退，量力而行。吾不可以欲城而邇姦，所喪滋多。』使鼓人殺叛人而繕守備。圍鼓三月，鼓人或請降，使其民見，曰：『猶有食色，姑修而城。』軍吏曰：『獲城而弗取，勤民而頓兵，何以事君？』穆子曰：『吾以事君也。獲一邑而教民怠，將焉用邑？邑以賈怠，不如完舊。賈怠無卒，棄舊不祥。鼓人能事其君，我亦能事吾君。率義不爽，好惡不愆，城可獲而民知義所，有死命而無二心，不亦可乎！』鼓人告食竭力盡，而後取之。克鼓而反，不戮一人，以鼓子鳶鞮歸。

又 《昭公十六年》 十六年春，王正月，公在晉，晉人止公。不書，諱之也。

齊侯伐徐。楚子聞蠻氏之亂也，與蠻子之無質也，使然丹誘戎蠻子嘉殺之，遂取蠻氏。既而復立其子焉，禮也。

二月丙申，齊師至于蒲隧。徐人行成。徐子及郯人、莒人會齊侯，盟于蒲隧，賂以甲父之鼎。叔孫昭子曰：『諸侯之無伯，害哉！齊君之無道也，興師而伐遠方，會之有成而還，莫之亢也。無伯也夫。《詩》曰：「宗周既滅，靡所止戾。正大夫離居，莫知我肄。」其是之謂乎！』【略】

公至自晉。子服昭伯語季平子曰：『晉之公室，其將遂卑矣。君幼弱，六卿彊而奢傲，將因是以習。習實爲常，能無卑乎？』平子曰：『爾幼，惡識國？』

秋八月，晉昭公卒。

冬十月，季平子如晉葬昭公。平子曰：『子服回之言猶信，子服氏有子哉。』

又 《昭公三十年》 夏六月，晉頃公卒。秋八月，葬。鄭游吉弔，且送葬。魏獻子使士景伯詰之曰：『悼公之喪，子西弔，子蟜送葬。今吾子無貳，何故？』對曰：『諸侯所以歸晉君，禮也。禮也者，小事大，大字小之謂。事大在共其時命，字小在恤其所無。以敝邑居大國之間，共其職貢，與其備御不虞之患，豈忘共命。先王之制，諸侯之喪，士弔，大夫送葬。唯嘉好聘享三軍之事，於是乎使卿。晉之喪事，敝邑之間，先君有所助執紼矣。若其不間，雖士大夫有所不獲數矣。大國之惠，亦慶其加，而不討其乏，明厎其情，取備而已，以爲禮也。靈王之喪，我先君簡公在楚，我先大夫印段實往，敝邑之少卿也。王吏不討，恤所無也。今大夫曰，女盍從舊。舊有豐有省，不知所從。從其豐，則寡君幼弱，是以不共。從其省，則吉在此矣，唯大夫圖之。』晉人不能詰。

又 《定公四年》 四年春三月，劉文公合諸侯于召陵，謀伐楚也。晉荀寅求貨於蔡侯，弗得。言於范獻子曰：『國家方危，諸侯方貳，將以襲敵，不亦難乎。水潦方降，疾瘧方起，中山不服，棄盟取怨，無損於楚，而失中山，不如辭蔡侯。吾自方城以來，楚未可以得志，祇取勤焉。』乃辭蔡侯。

晉人假羽旄於鄭，鄭人與之。明日，或旆以會。晉於是乎失諸侯。將會，衛子行敬子言於靈公曰：『會同難，嘖有煩言，莫之治也。其使祝佗從。』公曰：『善。』乃使子魚。子魚辭曰：『臣展四體，以率舊職，猶懼不給而煩刑書，若又共二，徼大罪也。且夫祝，社稷之常隸也。社稷不動，祝不出竟，官之制也。君以軍行，祓社釁鼓，祝奉以從。於是乎出竟。若嘉好之事，君行師從，卿行旅從，臣無事焉。』公曰：『行也。』及皋鼬，將長蔡於衛。衛侯使祝佗私於萇弘曰：『聞諸道路，不知信否？若聞蔡將先衛，信乎？』萇弘曰：『信。蔡叔，康叔之兄也，先衛，不亦可乎？』

子魚曰：『以先王觀之，則尚德也。昔武王克商，成王定之，選建明德，以藩屏周。故周公相王室，以尹天下，於周爲睦。分魯公以大路、大旂，夏后氏之璜，封父之繁弱，殷民六族，條氏、徐氏、蕭氏、索氏、長勺氏、尾勺氏，使帥其宗氏，輯其分族，將其類醜，以法則周公，用卽命于周。是使之職事于魯，以昭周公之明德。分之土田陪敦，祝、宗、卜、史，備物典策，官司彝器。因商奄之民，命以伯禽，而封於少皞之虛。分康叔以大路、少帛、綪茷、旃旌、大呂，殷民七族，陶氏、施氏、繁氏、錡氏、樊氏、饑氏、終葵氏，封畛土略，自武父以南，及圃田之北竟，取於有閻之土，以共王職。取於相土之東都，以會王之東蒐。聃季授土，陶叔授民，命以《康誥》，而封於殷虛，皆啓以商政，疆以周索。分唐叔以大路、密須之鼓、闕鞏、沽洗，懷姓九宗，職官五正。命以《唐誥》，而

封於夏虚，啓以夏政，疆以戎索。三者皆叔也，而有令德，故昭之以分物。不然，文、武、成、康之伯猶多，而不獲是分也，唯不尚年也。管蔡啓商，惎間王室。王於是乎殺管叔而蔡蔡叔，以車七乘，徒七十人。其子蔡仲，改行帥德，周公舉之，以爲己卿士。見諸王而命之以蔡，其命書云：「王曰，胡，無若爾考之違王命也。」若之何其使蔡先衛也？武王之母弟八人，周公爲大宰，康叔爲司寇，聃季爲司空，五叔無官，豈尚年哉！曹，文之昭也；晉，武之穆也。曹爲伯甸，非尚年也。今將尚之，是反先王也。晉文公爲踐土之盟，衛成公不在，夷叔，其母弟也，猶先蔡。其載書云：「王若曰：晉重、魯申、衛武、蔡甲午、鄭捷、齊潘、宋王臣、莒期。」藏在周府，可覆視也。吾子欲復文、武之略，而不正其德，將如之何？』萇弘説，告劉子，與范獻子謀之，乃長衛侯於盟。

反自召陵，鄭子大叔未至而卒。晉趙簡子爲之臨，甚哀，曰：『黄父之會，夫子語我九言，曰：「無始亂，無怙富，無恃寵，無違同，無敖禮，無驕能，無復怒，無謀非德，無犯非義。」』

沈人不會于召陵，晉人使蔡伐之。夏，蔡滅沈。秋，楚爲沈故，圍蔡。

又 《定公六年》 秋八月，宋樂祁言於景公曰：『諸侯唯我事晉，今使不往，晉其憾矣。』樂祁告其宰陳寅。陳寅曰：『必使子往。』他日，公謂樂祁曰：『唯寡人説子之言，子必往。』陳寅曰：『子立後而行，吾室亦不亡。唯君亦以我爲知難而行也。』見溷而行。趙簡子逆而飲之酒於綿上，獻楊楯六十於簡子。陳寅曰：『昔吾主范氏，今子主趙氏，又有納焉。以楊楯賈禍，弗可爲也已。然子死晉國，子孫必得志於宋。』范獻子言於晉侯曰：『以君命越疆而使，未致使而私飲酒，不敬二君，不可不討也。』乃執樂祁。

又 《定公七年》 秋，齊侯、鄭伯盟于鹹，徵會于衛。衛侯欲叛晉，諸大夫不可。使北宫結如齊，而私於齊侯曰：『執結以侵我。』齊侯從之，乃盟于瑣。

齊國夏伐我。陽虎御季桓子，公斂處父御孟懿子，將宵軍齊師。齊師聞之，墮，伏而待之。處父曰：『虎不圖禍，而必死。』苫夷曰：『虎陷二子於難。不待有司，余必殺女。』虎懼，乃還，不敗。

又 《定公八年》 八年春，王正月，公侵齊，門于陽州。士皆坐列，曰：『顔高之弓六鈞，皆取而傳觀之。陽州人出，顔高奪人弱弓，籍丘子鉏擊之，與一人俱斃。偃且射子鉏，中頰，殪。顔息射人中眉，退曰：『我無勇，吾志其目也。』師退，冉猛僞傷足而先。其兄會乃呼曰：『猛也殿。』

趙鞅言於晉侯曰：『諸侯唯宋事晉，好逆其使，猶懼不至。今又執之，是絶諸侯也。』將歸樂祁。士鞅曰：『三年止之，無故而歸之，宋必叛晉。』獻子私謂子梁曰：『寡君懼不得事宋君，是以止子。子姑使溷代子。』子梁以告陳寅。陳寅曰：『宋將叛晉，是棄溷也。不如待之。』樂祁歸，卒于大行。士鞅曰：『宋必叛，不如止其尸以求成焉。』乃止諸州。

公侵齊，攻廩丘之郛。主人焚衝，或濡馬褐以救之，遂毁之。主人出，師奔。陽虎僞不見冉猛者，曰：『猛在此，必敗。』猛逐之，顧而無繼，僞顛。虎曰：『盡客氣也。』苫越生子，將待事而名之。陽州之役獲焉，名之曰陽州。

夏，齊國夏、高張伐我西鄙。晉士鞅、趙鞅、荀寅救我。公會晉師于瓦。范獻子執羔，趙簡子、中行文子皆執鴈。魯於是始尚羔。

晉師將盟衛侯于鄟澤。趙簡子曰：『羣臣誰敢盟衛君者？』涉佗、成何曰：『我能盟之。』衛人請執牛耳。成何曰：『衛，吾温原也，焉得視諸侯？』將歃，涉佗捘衛侯之手及捥，衛侯怒。王孫賈趨進曰：『盟以信禮也。有如衛君，其敢不唯禮是事，而受此盟也？』

衛侯欲叛晉，而患諸大夫。王孫賈使次于郊，大夫問故。公以晉詬語之，且曰：『寡人辱社稷，其改卜嗣，寡人從焉。』大夫曰：『是衛之禍，豈君之過也？』公曰：『又有患焉，謂寡人必以而子與大夫之子爲質。』大夫曰：『苟有益也，公子則往。羣臣之子，敢不皆負羈紲以從。』將行，王孫賈曰：『苟衛國有難，工商未嘗不爲患，使皆行而後可。』公以告大夫，乃皆將行之。行有日，公朝國人，使賈問焉，曰：『若衛叛晉，晉五伐我，病何如矣？』皆曰：『五伐我，猶可以能戰。』賈曰：『然則如叛之，病而後質焉，何遲之有？』乃叛晉。晉人請改盟，弗許。

秋，晉士鞅會成桓公，侵鄭，圍蟲牢，報伊闕也。遂侵衛。

九月，師侵衛，晉故也。

又《定公九年》 九年春，宋公使樂大心盟于晉，且逆樂祁之尸。辭，僞有疾。乃使向巢如晉盟，且逆子梁之尸。子明謂桐門右師出，曰：『吾猶衰絰，而子擊鐘，何也？』右師曰：『喪不在此故也。』既而告人曰：『己衰絰而生子，余何故舍鐘？』子明聞之怒，言於公曰：『右師將不利戴氏，不肯適晉，將作亂也。不然無疾。』乃逐桐門右師。【略】

秋，齊侯伐晉夷儀。敝無存之父將室之，辭，以與其弟，曰：『此役也不死，反必娶于高、國。』先登，求自門出，死於霤下。東郭書讓登，犁彌從之，曰：『子讓而左，我讓而右，使登者絶而後下。』書左，彌先下。書與王猛息。猛曰：『我先登。』書斂甲曰：『曩者之難，今又難焉。』猛笑曰：『吾從子如驂之靳。』

晉車千乘在中牟。衛侯將如五氏，卜過之，龜焦。衛侯曰：『可也。衛車當其半，寡人當其半，敵矣。』乃過中牟。中牟人欲伐之，衛褚師圃亡在中牟，曰：『衛雖小，其君在焉，未可勝也。齊師克城而驕，其帥又賤，遇必敗之。不如從齊。』乃伐齊師，敗之。齊侯致禚、媚、杏于衛。齊侯賞犁彌，犁彌辭曰：『有先登者，臣從之。皙幘而衣貍製。』公使視東郭書，曰：『乃夫子也，吾貺子。』公賞東郭書，辭曰：『彼賓旅也。』乃賞犁彌。

齊師之在夷儀也，齊侯謂夷儀人曰：『得敝無存者，以五家免。』乃得其屍。公三襚之；與之犀軒與直蓋，而先歸之；坐引者，以師哭之，親推之三。

又《定公十年》 冬，及鄭平，始叛晉也。

又《定公十三年》 十三年春，齊侯、衛侯次於垂葭，實郹氏。使師伐晉，將濟河。諸大夫皆曰：『不可。』邴意茲曰：『可。鋭師伐河内，傳必數日而後及絳。絳不三月，不能出河，則我既濟水矣。』乃伐河内。齊侯皆斂諸大夫之軒，唯邴意茲乘軒。齊侯欲與衛侯乘，與之宴，而駕乘廣，載甲焉。使告曰：『晉師至矣。』齊侯曰：『比君之駕也，寡人請攝。』乃介而與之乘，驅之。或告曰：『無晉師。』乃止。

又《定公十五年》 鄭罕達敗宋師於老丘。

齊侯、衛侯次於蘧挐，謀救宋也。

又《哀公七年》 七年春，宋師侵鄭，鄭叛晉故也。晉師侵衛，衛不服也。

又《哀公九年》 鄭武子賸之嬖許瑕求邑，無以與之。請外取，許之。故圍宋雍丘。宋皇瑗圍鄭師，每日遷舍，壘合，鄭師哭。子姚救之，大敗。二月甲戌，宋取鄭師於雍丘，使有能者無死，以郟張與鄭羅歸。【略】宋公伐鄭。【略】

晉趙鞅卜救鄭，遇水適火，占諸史趙、史墨、史龜。史龜曰：『是謂瀋陽，可以興兵。利以伐姜，不利子商。伐齊則可，敵宋不吉。』史墨曰：『盈，水名也。子，水位也。名位敵，不可干也。炎帝爲火師，姜姓其後也。水勝火，伐姜則可。』史趙曰：『是謂如川之滿，不可遊也。鄭方有罪，不可救也。救鄭則不吉，不知其他。』陽虎以《周易》筮之，遇《泰》䷊之《需》䷄，曰：『宋方吉，不可與也。微子啓，帝乙之元子也。宋、鄭，甥舅也。祉，禄也。若帝乙之元子歸妹，而有吉禄，我安得吉焉？』乃止。

又《哀公十年》 夏，趙鞅帥師伐齊，大夫請卜之。趙孟曰：『吾卜於此起兵，事不再令，卜不襲吉，行也。』於是乎取犁及轅，毁高唐之郭，侵及賴而還。

又《哀公十七年》 公會齊侯，盟于蒙，孟武伯相。齊侯稽首，公拜。齊人怒，武伯曰：『非天子，寡君無所稽首。』武伯問于高柴曰：『諸侯盟，誰執牛耳？』季羔曰：『鄫衍之役，吴公子姑曹。發陽之役，衛石魋。』武伯曰：『然則彘也。』

又《哀公二十年》 二十年春，齊人來征會。夏，會於廩丘。爲鄭故，謀伐晉。鄭人辭諸侯，秋，師還。

又《哀公二十一年》 秋八月，公及齊侯、邾子盟于顧。齊有責稽首，因歌之曰：『魯人之皋，數年不覺，使我高蹈。唯其儒書，以爲二國憂。』是行也，公先至於陽穀。齊閭丘息曰：『君辱舉玉趾，以在寡君之軍。羣臣將傳遽以告寡君，比其復也，君無乃勤。爲僕人之未次，請除館於舟道。』辭曰：『敢勤僕人？』

《國語》卷五《魯語下》 平丘之會，晉昭公使叔向辭昭公，弗與盟。子服惠伯曰：『晉信蠻、夷而棄兄弟，其執政貳也。貳心必失諸侯，豈唯魯然？夫失其政者，必毒于人，魯懼及焉，不可以不恭。必使上卿從

之。』季平子曰：『然則意如乎！若我往，晉必患我，誰爲之貳？』子服惠伯曰：『椒既言之矣，敢逃難乎？椒請從。』

晉人執平子。子服惠伯見韓宣子曰：『夫盟，信之要也。晉爲盟主，是主信也。若盟而棄魯侯，信抑闕矣。昔欒氏之亂，齊人間晉之禍，伐取朝歌。我先君襄公不敢寧處，使叔孫豹悉帥敝賦，踦跂畢行，無有處人，以從軍吏，次於雍渝，與邯鄲勝擊齊之左，掎止晏萊焉，齊師退而後敢還。非以求遠也，以魯之密邇于齊，而又小國也；齊朝駕則夕極於魯國，不敢憚其患，而與晉共其憂，亦曰：「庶幾有益於魯國乎！」今信蠻、夷而棄之，夫諸侯之勉于君者，將安勸矣？若棄魯而苟固諸侯，羣臣敢憚戮乎？諸侯之事晉者，魯爲勉矣。若以蠻、夷之故棄之，其無乃得蠻、夷而失諸侯之信乎？子計其利者，小國共命。』宣子説，乃歸平子。

又　卷一四《晉語八》　平公有疾，秦景公使醫和視之，出曰：『不可爲也。是謂遠男而近女，惑以生蠱；非鬼非食，惑以喪志。良臣不生，天命不祐。若君不死，必失諸侯。』趙文子聞之曰：『武從二三子以佐君爲諸侯盟主，於今八年矣，內無苛慝，諸侯不二，子胡曰「良臣不生，天命不祐」？』對曰：『自今之謂。和聞之曰：「直不輔曲，明不規闇，拱木不生危，松柏不生埤。」吾子不能諫惑，使至於生疾，又不自退而寵其政，八年之謂多矣，何以能久！』文子曰：『醫及國家乎？』對曰：『上醫醫國，其次疾人，固醫官也。』文子曰：『子稱蠱，何實生之？』對曰：『蠱之慝，穀之飛實生之。物莫伏於蠱，莫嘉於穀，穀興蠱伏而章明者也。故食穀者，晝選男德以象穀明，宵靜女德以伏蠱慝，今君一之，是不饗穀而食蠱也，是不昭穀明而皿蠱也。夫文，「蟲」、「皿」爲「蠱」，吾是以云。』文子曰：『君其幾何？』對曰：『若諸侯服不過三年，不服不過十年，過是，晉之殃也。』是歲也，趙文子卒，諸侯叛晉，十年，平公薨。【略】

趙文子爲室，斲其椽而礱之，張老夕焉而見之，不謁而歸。文子聞之，駕而往，曰：『吾不善，子亦告我，何其速也？』對曰：『天子之室，斲其椽而礱之，加密石焉；諸侯礱之；大夫斲之；士首之。備其物，義也；從其等，禮也。今子貴而忘義，富而忘禮，吾懼不免，何敢以告。』文子歸，令之勿礱也。匠人請皆斲之，文子曰：『止。爲後世之見之也，其斲者，仁者之爲也，其礱者，不仁者之爲也。』

趙文子與叔向遊於九原，曰：『死者若可作也，吾誰與歸？』叔向曰：『其陽子乎！』文子曰：『夫陽子行廉直于晉國，不免其身，其知不足稱也。』叔向曰：『其舅犯乎！』文子曰：『夫舅犯見利而不顧其君，其仁不足稱也。其隨武子乎！納諫不忘其師，言身不失其友，事君不援而進，不阿而退。』【略】

鄭簡公使公孫成子來聘，平公有疾，韓宣子贊授客館。客問君疾，對曰：『寡君之疾久矣，上下神祇不徧諭，而無除。今夢黃熊入於寢門，不知人殺乎，抑厲鬼邪！』子產曰：『以君之明，子爲大政，其何厲之有？僑聞之，昔者鮌違帝命，殛之於羽山，化爲黃熊，以入於羽淵，實爲夏郊，三代舉之。夫鬼神之所及，非其族類，則紹其同位，是故天子祀上帝，公侯祀百辟，自卿以下不過其族。今周室少卑，晉實繼之，其或者未舉夏郊邪？』宣子以告，祀夏郊，董伯爲屍，五日，公見子產，賜之莒鼎。【略】

叔向見司馬侯之子，撫而泣之，曰：『自此其父之死，吾蔑與比而事君矣！昔者此其父始之，我終之，我始之，夫子終之，無不可。』籍偃在側，曰：『君子有比乎？』叔向曰：『君子比而不別。比德以贊事，比也；引黨以封己，利己而忘君，別也。』【略】

平公射鴳，不死，使豎襄搏之，失。公怒，拘將殺之。叔向聞之，夕，君告之。叔向曰：『君必殺之。昔吾先君唐叔射兕于徒林，殪，以爲大甲，以封于晉。今君嗣吾先君唐叔，射鴳不死，搏之不得，是揚吾君之恥者也。君其必速殺之，勿令遠聞。』君忸怩，乃趣赦之。【略】

平公説新聲，師曠曰：『公室其將卑乎！君之明兆於衰矣。夫樂以開山川之風也，以耀德於廣遠也。風德以廣之，風山川以遠之，風物以聽之，修詩以詠之，修禮以節之。夫德廣遠而有時節，是以遠服而邇不遷。』【略】

叔魚生，其母視之，曰：『是虎目而豕喙，鳶肩而牛腹，谿壑可盈，是不可饜也，必以賄死。』遂不視。楊食我生，叔向之母聞之，往，及堂，聞其號也，乃還，曰：『其聲，豺狼之聲，終滅羊舌氏之宗者，必是子也。』

又　卷一五《晉語九》　士景伯如楚，叔魚爲贊理。邢侯與雍子爭田，雍子納其女于叔魚以求直。及斷獄之日，叔魚抑邢侯，邢侯殺叔魚與雍子於朝。韓宣子患之，叔向曰：「三奸同罪，請殺其生者而戮其死者。」宣子曰：「若何？」對曰：「鮒也鬻獄，雍子賈之以其子，邢侯非其官也而干之。夫以回鬻國之中，與絶親以買直，與非司寇而擅殺，其罪一也。」邢侯聞之，逃。遂施邢侯氏，而尸叔魚與雍子於市。

《韓非子》卷三《十過》　奚謂好音？昔者衛靈公將之晉，至濮水之上，税車而放馬，設舍以宿。夜分，而聞鼓新聲者而説之。使人問左右，盡報弗聞。乃召師涓而告之，曰：「有鼓新聲者，使人問左右，盡報弗聞。其狀似鬼神。子爲我聽而寫之。」師涓曰：「諾。」因靜坐撫琴而寫之。師涓明日報曰：「臣得之矣，而未習也，請復一宿習之。」靈公曰：「諾。」因復留宿，明日，而習之，遂去之晉。晉平公觴之於施夷之臺，酒酣，靈公起，公曰：「有新聲，願請以示。」平公曰：「善。」乃召師涓，令坐師曠之旁，援琴鼓之。未終，師曠撫止之，曰：「此亡國之聲，不可遂也。」平公曰：「此道奚出？」師曠曰：「此師延之所作，與紂爲靡靡之樂也，及武王伐紂，師延東走，至於濮水而自投，故聞此聲者必於濮水之上。先聞此聲者其國必削，不可遂。」平公曰：「寡人所好者音也，子其使遂之。」師涓鼓究之。平公問師曠曰：「此所謂何聲也？」師曠曰：「此所謂清商也。」公曰：「清商固最悲乎？」師曠曰：「不如清徵。」公曰：「清徵可得而聞乎？」師曠曰：「不可，古之聽清徵者皆有德義之君也，今吾君德薄，不足以聽。」平公曰：「寡人之所好者音也，願試聽之。」師曠不得已，援琴而鼓。一奏之，有玄鶴二八，道南方來，集於郎門之垝。再奏之而列。三奏之，延頸而鳴，舒翼而舞。音中宫商之聲，聲聞于天。平公大説，坐者皆喜。平公提觴而起爲師曠壽，反坐而問曰：「音莫悲於清徵乎？」師曠曰：「不如清角。」平公曰：「清角可得而聞乎？」師曠曰：「不可。昔者黄帝合鬼神於泰山之上，駕象車而六蛟龍，畢方並轄，蚩尤居前，風伯進掃，雨師灑道，虎狼在前，鬼神在後，騰蛇伏地，鳳皇覆上，大合鬼神，作爲清角。今主君德薄，不足聽之。聽之將恐有敗。」平公曰：「寡人老矣，所好者音也，願遂聽之。」師曠不得已而鼓之。一奏之，有玄雲從西北方起；再奏之，大風至，大雨隨之，裂帷幕，破俎豆，隳廊瓦。坐者散走。平公恐懼，伏於廊室之間。晉國大旱，赤地三年。平公之身遂癃病。故曰：不務聽治，而好五音不已，則窮身之事也。

又　卷一〇《内儲説下六微》　晉平公觴客，少庶子進炙而髮繞之。平公趣殺炮人，毋有反令。炮人呼天曰：「嗟乎！臣有三罪，死而不自知乎？」平公曰：「何謂也？」對曰：「臣刀之利，風靡骨斷而髮不斷，是臣之一死也；桑炭炙之，肉紅白而髮不焦，是臣之二死也；炙熟又重睫而視之，髮繞炙而目不見，是臣之三死也。意者堂下其有翳憎臣者乎？殺臣不亦蚤乎！」

又　卷一一《外儲説左上》　叔向御坐，平公請事，公腓痛足痹，轉筋而不敢壞坐。晉國聞之，皆曰：「叔向賢者，平公禮之，轉筋而不敢壞坐。」晉國之辭仕託慕叔向者，國之錘矣。

又　卷一二《外儲説左下》　平公問叔向曰：「羣臣孰賢？」曰：「趙武。」公曰：「子黨於師人。」曰：「武立如不勝衣，言如不出口，然所舉士也數十人，皆得其意，而公家甚賴之。及武子之生也不利於家，死不托於孤，臣敢以爲賢也。」【略】

中牟無令。魯平公問趙武曰：「中牟，三國之股肱，邯鄲之肩髀，寡人欲得其良令也，誰使而可？」武曰：「邢伯子可。」公曰：「非子之讎也？」曰：「私讎不入公門。」公又問曰：「中府之令，誰使而可？」曰：「臣子可。」故曰：「外舉不避讎，内舉不避子。」趙武所薦四十六人，及武死，各就賓位，其無私德若此也。

又　卷一五《難二》　晉平公問叔向曰：「昔者齊桓公九合諸侯，一匡天下，不識臣之力也，君之力也？」叔向對曰：「管仲善制割，賓胥無善削縫，隰朋善純緣，衣成，君舉而服之。亦臣之力也，君何力之有？」師曠伏琴而笑之。公曰：「太師奚笑也？」師曠對曰：「臣笑叔向之對君也。凡爲人臣者，猶炮宰，和五味而進之君，君弗食，孰敢强之也？臣請譬之：君者，壤地也；臣者，草木也。必壤地美然後草木碩大，亦君之力也，臣何力之有？」

或曰：叔向、師曠之對，皆偏辭也。夫一匡天下，九合諸侯，美之大者也，非專君之力也，又非專臣之力也。昔者宫之奇在虞，僖負羈在

曹，二臣之智，言中事，發中功，虞、曹俱亡者，何也？此有其臣而無其君者也。且蹇叔處干而干亡，處秦而秦霸，非蹇叔愚於干而智於秦也，此有君與無臣也。向曰『臣之力也』不然矣。昔者桓公宫中二市，婦閭二百，被髮而御婦人。得管仲，爲五百長；失管仲，得豎刁，而身死，蟲流出屍不葬。以爲非臣之力也，且不以管仲爲霸；以爲君之力也，且不以豎刁爲亂。昔者晉文公慕於齊女而亡歸，咎犯極諫，故使反晉國。故桓公以管仲合，文公以舅犯霸，而師曠曰『君之力也』，又不然矣。凡五霸所以能成功名於天下者，必君臣俱有力焉。故曰：叔向、師曠之對，皆偏辭也。【略】

晉平公與羣臣飲，飲酣，乃喟然歎曰：『莫樂爲人君，惟其言而莫之違。』師曠侍坐於前，援琴撞之。公披衽而避，琴壞於壁。公曰：『太師誰撞？』師曠曰：『今者有小人言於側者，故撞之。』公曰：『寡人也。』師曠曰：『啞！是非君人者之言也。』左右請除之。公曰：『釋之，以爲寡人戒。』

或曰：平公失君道，師曠失臣禮。夫非其行而誅其身，君之於臣也；非其行則陳其言，善諫不聽則遠其身者，臣之於君也。今師曠非平公之行，不陳人臣之諫，而行人主之誅，舉琴而親其體，是逆上下之位，而失人臣之禮也。夫爲人臣者，君有過則諫，諫不聽則輕爵祿以待之，此人臣之禮、義也。今師曠非平公之過，舉琴而親其體，雖嚴父不加於子，而師曠行之於君，此大逆之術也。臣行大逆，平公喜而聽之，是失君道也。故平公之迹不可明也，使人主過於聽而不悟其失，師曠之行亦不可明也，使姦臣襲極諫而飾弒君之道。不可謂兩明，此爲兩過。故曰：平公失君道，師曠亦失臣禮矣。

《禮記·檀弓下》 晉獻文子成室，晉大夫發焉，張老曰：『美哉輪焉，美哉奐焉！歌于斯，哭於斯，聚國族於斯。』文子曰：『武也得歌於斯，哭於斯，聚國族於斯，是全要領以從先大夫于九京也。』北面再拜稽首。君子謂之善頌善禱。【略】

趙文子與叔譽觀乎九原，文子曰：『死者如可作也，吾誰與歸？』叔譽曰：『其陽處父乎！』文子曰：『行並植于晉國，不没其身，其不足稱也。』『其舅犯乎？』文子曰：『見利不顧其君，其仁不足稱也。我則隨武子乎！利其君，不忘其身，謀其身，不遺其友。』晉人謂文子知人。文子其中退然如不勝衣，其言吶吶然如不出諸其口，所舉于晉國管庫之士，七十有餘家，生不交利，死不屬其子焉。【略】

知悼子卒，未葬，平公飲酒，師曠、李調侍鼓鐘，杜蕢自外來，聞鐘聲，曰：『安在？』曰：『在寢。』杜蕢入寢，歷階而升，酌曰：『曠飲斯。』又酌曰：『調飲斯。』又酌堂上，北面坐飲之，降，趨而出，平公呼而進之，曰：『蕢，曩者爾心或開予，是以不與爾言，爾飲曠何也？』曰：『子卯不樂，知悼子在堂，斯其爲子卯也大矣，曠也太師也，不以詔，是以飲之也。』『爾飲調何也？』曰：『調也君之褻臣也，爲一飲一食，忘君之疾，是以飲之也。』『爾飲何也？』曰：『「蕢也宰夫也，非刀匕是共，又敢與知防？是以飲之也。』平公曰：『寡人亦有過焉，酌而飲寡人。』杜蕢洗而揚觶，公謂侍者曰：『如我死，則必毋廢斯爵也。』至於今，既畢獻，斯揚觶，謂之杜舉。

《呂氏春秋》卷一一《仲冬紀·長見》 晉平公鑄爲大鐘，使工聽之，皆以爲調矣。師曠曰：『不調，請更鑄之。』平公曰：『工皆以爲調矣。』師曠曰：『後世有知音者，將知鐘之不調也，臣竊爲君耻之。』至於師涓而果知鐘之不調也。是師曠欲善調鐘，以爲後世之知音者也。

漢·劉向《新序》卷一《雜事第一》 晉平公閒居，師曠侍坐。平公曰：『子生無目眹，甚矣！子之墨墨也。』師曠對曰：『天下有五墨墨，而臣不得與一焉。』平公曰：『何謂也？』師曠曰：『羣臣行賂，以采名譽，百姓侵冤，無所告訴，而君不悟，此一墨墨也。忠臣不用，用臣不忠，下才處高，不肖臨賢，而君不悟，此二墨墨也。姦臣欺詐，空虚府庫，以其少才，覆塞其惡，賢人逐，姦邪貴，而君不悟，此三墨墨也。國貧民罷，上下不和，而好財用兵，嗜欲無厭，諂諛之人，容容在旁，而君不悟，此四墨墨也。至道不明，法令不行，吏民不正，百姓不安，而君不悟，此五墨墨也。國有五墨墨而不危者，未之有也。臣之墨墨，小墨墨耳！何害乎國家哉！』【略】

晉平公浮西河，中流而歎曰：『嗟乎！安得賢士與共此樂乎？』船人固桑進對曰：『君言過矣。夫劍產于越，珠產于江漢，玉產于昆山，此三寶者，皆無足而至。今君苟好士，則賢士至矣。』平公曰：『固桑，來。

吾門下食客三千餘人，朝食不足，暮收市租；暮食不足，朝收市租，吾尚可謂不好士乎？」固桑對曰：「今夫鴻鵠高飛沖天，然其所恃者六翮耳。夫腹下之毳，背上之毛，增去一把，飛不爲高下。不知君之食客，六翮耶？將腹背之毳也？」平公默默而不應焉。

又 卷四《雜事第四》 晉平公過九原而歎曰：「嗟呼！此地之蘊吾良臣多矣，若使死者起也，吾將誰與歸乎？」叔向對曰：「與趙武乎？」平公曰：「子黨於子之師也。」對曰：「臣聽言趙武之爲人也，立若不勝衣，言若不出於口，然其身舉士於白屋下者四十六人，皆得其意，而公家甚賴之。及文子之死也，四十六人皆就賓位，是以無私德也。臣故以爲賢也。」平公曰：「善。」夫趙武賢臣也，相晉，天下無兵革者九年。《春秋》曰：「晉趙武之力盡得人也。」

又 卷五《雜事第五》 晉平公問於叔向曰：「國家之患，孰爲大？」對曰：「大臣重祿而不極諫，近臣畏罰而不敢言，下情不上通，此患之大者也。」公曰：「善。」於是令國曰：「欲進善言，謁者不通，罪當死。」

漢・劉向《説苑》卷一《君道》 晉平公問於師曠曰：「人君之道如何？」對曰：「人君之道，清淨無爲，務在博愛，趨在任賢，廣開耳目，以察萬方，不固溺於流俗，不拘繫於左右，廓然遠見，踔然獨立，屢省考績，以臨臣下。此人君之操也。」平公曰：「善！」

又 卷五《貴德》 晉平公春築臺，叔向曰：「不可。古者聖王貴德而務施，緩刑辟而趨民時。今春築臺，是奪民時也。夫德不施則民不歸，刑不緩則百姓愁，使不歸之民，役愁怨之百姓，而又奪其時，是重竭也。夫牧百姓，養育之而重竭之，豈所以定命安存，而稱爲人君於後世哉！」平公曰：「善。」乃罷臺役。

又 卷九《正諫》 晉平公好樂，多其賦斂，下治城郭，曰：「敢有諫者死。」國人憂之。有咎犯者，見門大夫曰：「臣聞主君好樂，故以樂見。」門大夫入言曰：「晉人咎犯也，欲以樂見。」平公曰：「內之。」止坐殿上，則出鐘磬竽瑟。坐有頃，平公曰：「客子爲樂。」咎犯對曰：「臣不能爲樂，臣善隱。」平公召隱士十二人。咎犯曰：「隱臣竊顧昧死御。」平公曰：「諾。」咎犯申其左臂而詘五指，平公問於隱官曰：「占之爲何？」隱官皆曰：「不知。」平公曰：「歸之。」咎犯則申其一指曰：「是一也，便遊赭畫，不峻城闕；二也，柱梁衣繡，士民無褐；三也，侏儒有餘酒，而死士渴；四也，民有饑色，而馬有粟秩；五也，近臣不敢諫，遠臣不得達。」平公曰：「善。」乃屏鐘鼓，除竽瑟，遂與咎犯參治國。

又 卷一〇《敬慎》 韓平子問於叔向曰：「剛與柔孰堅？」對曰：「臣年八十矣，齒再墮而舌尚存。老聃有言曰：『天下之至柔，馳騁乎天下之至堅。』又曰：『人之生也柔弱，其死也剛強；萬物草木之生也柔脆，其死也枯槁。因此觀之，柔弱者生之徒也，剛強者死之徒也。』夫生者毀而必復，死者破而愈亡，吾是以知柔之堅於剛也。」平子曰：「善哉！然則子之行何從？」叔向曰：「臣亦柔耳，何以剛爲。」平子曰：「柔無乃脆乎？」叔向曰：「柔者紐而不折，廉而不缺，何爲脆也！天之道微者勝。是以兩軍相加，而柔者克之；兩仇爭利，而弱者得焉。《易》曰：『天道虧滿而益謙，地道變滿而流謙，鬼神害滿而福謙，人道惡滿而好謙。』夫懷謙不足之柔弱，而四道者助之，則安往而不得其志乎？」平子曰：「善！」

晉平公使叔向聘於吳，吳人拭舟以逆之，左五百人，右五百人，有繡衣而豹裘者，有錦衣而狐裘者。叔向歸以告平公，平公曰：「吳其亡乎！奚以敬舟？奚以敬民？」叔向對曰：「君爲馳底之臺，上可以發千兵，下可以陳鐘鼓，諸侯聞君者，亦曰『奚以敬臺，奚以敬民？』所敬各異也。」於是平公乃罷臺。

又 卷一一《善説》 晉平公問叔向曰：「歲饑民疫，翟人攻我，我將若何？」對曰：「歲饑，來年而反矣；疾疫，將止矣；翟人，不足患也。」公曰：「患有大於此者乎？」對曰：「夫大臣重祿而不極諫，近臣畏罪而不敢言，左右顧寵於小官而君不知，此誠患之大者也。」公曰：「善！」於是令國中曰：「欲有諫者爲之隱，左右言及國吏，罪。」【略】

晉平公問於師曠曰：「咎犯與趙衰孰賢？」對曰：「陽處父欲臣文公，因咎犯三年不達，因趙衰三日而達。智不知其士衆，不智也；知而不言，不忠也；欲言之而不敢，無勇也；言之而不聽，不賢也。」

又 卷一三《權謀》 趙簡子使成何、涉他與衛靈公盟於鄟澤。靈公

未喋血，成何、涉他捘靈公之手而擠之。靈公怒，欲反趙。王孫商曰：『君欲反趙，不如與百姓同惡之。』公曰：『若何？』對曰：『請命臣令於國曰：「有姑姊妹女者家一人質於趙。」百姓必怨，君因反之矣。』君曰：『善！』乃令之。三日遂徵之，五日而令畢。國人巷哭。君乃召國大夫而謀曰：『趙爲無道，反之可乎？』大夫皆曰：『可！』乃出西門，閉東門。趙氏聞之，縛涉佗而斬之，以謝於衛。成何走燕。子貢曰：『王孫商可謂善謀矣！憎人而能害之，有患而能處之，欲用民而能附之。一舉而三物俱至，可謂善謀矣。』

又　卷一八《辨物》　晉平公出畋，見乳虎伏而不動，顧謂師曠曰：『吾聞之也，霸王之主出，則猛獸伏不敢起。今者寡人出見乳虎伏而不動，此其猛獸乎？』師曠曰：『鵲食猬，猬食鵕鸃，鵕鸃食豹，豹食駮，駮食虎。夫駮之狀有似駮馬。今者君之出，必驂駮馬而出畋乎？』公曰：『然。』師曠曰：『臣聞之，一自誣者窮，再自誣者辱，三自誣者死。今夫虎所以不動者，爲駮馬也，固非主君之德義也。君奈何一自誣乎？』平公異日出朝，有鳥環平公不去。平公顧謂師曠曰：『吾聞之也：霸王之主鳳下之。今者出朝，有鳥環寡人，終朝不去，是其鳳鳥乎？』師曠曰：『東方有鳥名諫珂，其爲鳥也，文身而朱足，憎鳥而愛狐。今者吾君必衣狐裘以出朝乎？』平公曰：『然。』師曠曰：『臣已嘗言之矣，一自誣者窮，再自誣者辱，三自誣者死。今鳥爲狐裘之故，非吾君之德義也。君奈何而再自誣乎？』平公不悦。異日，置酒虒祁之臺，使郎中馬章布蒺藜於階上，令人召師曠。師曠至，履而上堂。平公曰：『安有人臣履而上人主堂者乎？』師曠解履刺足，伏刺膝，仰天而歎。公起引之，曰：『今者與叟戲，叟遽憂乎？』對曰：『憂。夫肉自生蟲，而還自食也。木自生蠹，而還自刻也。人自興妖，而還自賊也。五鼎之具，不當生藜藿。人主堂廟，不當生蒺藜。』平公曰：『今爲之奈何？』師曠曰：『妖已在前，無可奈何。入來月八日，修百官，立太子，君將死矣。』至來月八日平旦，謂師曠曰：『叟以今日爲期，寡人如何？』師曠不樂，謁歸，歸未幾而平公死。乃知師曠神明矣。

又　卷二〇《反質》　晉平公爲馳逐之車，龍旌衆色，掛之以犀象，錯之以羽芝。車成，題金千鎰，立之於殿下。令羣臣得觀焉。田差三過而不一顧。平公作色大怒，問田差：『爾三過而不一顧，何爲也？』田差對曰：『臣聞説天子者以天下，説諸侯者以國，説大夫者以官，説士者以事，説農夫者以食，説婦姑者以織。桀以奢亡，紂以淫敗。是以不敢顧也。』平公曰：『善。』乃命左右曰：『去車！』

漢·劉向《古列女傳》卷六《辨通·晉弓工妻》　弓工妻者，晉繁人之女也。當平公之時，使其夫爲弓，三年乃成，平公引弓而射，不穿一札。平公怒，將殺弓人。弓人之妻請見曰：『繁人之子，弓人之妻也。願有謁於君。』平公見之，妻曰：『君聞昔者公劉之行乎？羊牛踐葭葦，惻然爲民痛之，恩及草木，豈欲殺不辜者乎？秦穆公有盜食其駿馬之肉，反飲之以酒。楚莊王臣援其夫人之衣而絶纓，與飲大樂。此三君者，仁著於天下，卒享其報，名垂至今。昔帝堯茅茨不翦，采椽不斲，土階三等，猶以爲爲之者勞，居之者逸也。今妾之夫治造此弓，其爲之亦勞。其幹生於太山之阿，一日三睹陰，三睹陽，傅以燕牛之角，纏以荆麋之筋，糊以河魚之膠。此四者，皆天下之妙選也，而君不能以穿一札，是君之不能射也，而反欲殺妾之夫，不亦謬乎？妾聞射之道，左手如拒，右手如附枝，右手發之，左手不知，此蓋射之道也。』平公以其言而射，穿七札，繁人之夫立得出，而賜金三鎰。君子謂弓工妻可與處難。《詩》曰：『敦弓既堅』，『舍矢既鈞。』言射有法也。

頌曰：晉平作弓，三年乃成。公怒弓工，將加以刑。妻往説公，陳其幹材。列其勞苦，公遂釋之。

漢·韓嬰《韓詩外傳》卷一〇　晉平公之時，藏寶之臺燒，士大夫聞者，趨車馳馬救火，三日三夜乃勝之。公子晏子獨束帛而賀，曰：『甚善矣。』平公勃然作色，曰：『珠玉之所藏也，國之重寶也，而天火之，士大夫皆趨車走馬而救之，子獨束帛而賀，何也？有説則生，無説則死。』公子晏子曰：『何敢無説。臣聞之，王者藏於天下，諸侯藏於百姓，農夫藏於囷庾，商賈藏於篋匱。今百姓乏於外，短褐不蔽形，糟糠不充口，虚耗而賦斂無已，王收大半而藏之臺，是以天火之。且臣聞之，昔者桀殘賊海内，賦斂無度，萬民甚苦，是故湯誅之，爲天下戮笑。今皇天降災於藏臺，是君之福也，而不自知變悟，亦恐君之爲鄰國笑矣。』公曰：『善。自今已往，請藏於百姓之間。』《詩》曰：『稼穡維寶，代食維好。』

《史記》卷五《秦本紀》 （秦哀公十五年）晉公室卑而六卿强，欲內相攻，是以久秦晉不相攻。**【略】**（秦惠公）五年，晉卿中行、范氏反晉，晉使智氏、趙簡子攻之，范、中行氏亡奔齊。

又　卷一四《十二諸侯年表》 （晉昭公六年）公卒。六卿强，公室卑矣。

又　卷三四《燕召公世家》 共公五年卒，平公立。晉公室卑，六卿始强大。

（晉頃公十二年）六卿誅公族，分其邑。各使其子爲大夫。

又　卷三九《晉世家》 昭公六年卒。六卿强，公室卑。

（晉頃公六年）晉六卿平王室亂，立敬王。

十二年，晉之宗家祁傒孫，叔向子，相惡於君。六卿欲弱公室，乃遂以法盡滅其族，而分其邑爲十縣，各令其子爲大夫。晉益弱，六卿皆大。

又　卷四二《鄭世家》 （鄭定公）十三年，定公卒，子獻公蠆立。獻公十三年卒，子聲公勝立。當是時，晉六卿彊，侵奪鄭，鄭遂弱。

又　卷四三《趙世家》 晉頃公之十二年，六卿以法誅公族祁氏、羊舌氏，分其邑爲十縣，六卿各令其族爲之大夫。晉公室由此益弱。

又　卷四四《魏世家》 獻子事晉昭公。昭公卒而六卿彊，公室卑。

晉頃公之十二年，韓宣子老，魏獻子爲國政。晉宗室祁氏、羊舌氏相惡，六卿誅之，盡取其邑爲十縣，六卿各令其子爲之大夫。獻子與趙簡子、中行文子、范獻子並爲晉卿。

其後十四歲而孔子相魯。後四歲，趙簡子以晉陽之亂也，而與韓、魏共攻范、中行氏。魏獻子生魏侈。魏侈與趙鞅共攻范、中行氏。

魏侈之孫曰魏桓子，與韓康子、趙襄子共伐滅知伯，分其地。

又　卷四五《韓世家》 （韓景侯）六年，與趙、魏俱得列爲諸侯。

宋·李昉等《太平御覽》卷五〇九引《嵇康〈聖賢高士傳〉》 亥唐，晉人也，高恪寡素，晉國憚之，雖疏食菜羹，平公每爲之欣飽。公與亥唐坐，有閒，亥唐出，叔向入，平公伸一足，曰：『吾向時與亥子坐，腓痛足痹，不敢伸。』叔向勃然作色不悅，公曰：『子欲貴乎？吾爵子。欲富乎？吾祿子。夫亥先生乃無欲也，吾非正坐，無以養之，子何不悅乎？』

論說

宋·林栗《周易經傳集解》卷三一《小過·九三》 春秋之世，晉有六卿，魯有三家，蓋小過之時也。趙盾雖强家，盾之爲臣也，恭欽而忠順，不爲過也。靈公使賊殺之，伏甲攻之，嗾犬噬之，可謂甚矣。盾終不敢萌逆節，而穿實殺之，所謂從或戕之者矣。

宋·黃震《黃氏日抄》卷五三《讀雜史三·春秋世紀三用竹湖李參政韶所編抄其要·晉·六卿范氏、中行氏、智氏、韓氏、趙氏、魏氏》 晉稱六卿雖下陵上替之積，子孫至於分晉，名教誅之。然其初興，皆才智有過人者，君子取節焉，未可盡以下體廢也，抑亦以才智而能守正者。其范氏之士燮，中行氏之荀吳，知氏之荀罃，趙氏之趙衰、趙武，魏氏之魏絳乎？士蔿教獻公盡殺游氏之族，又以術驕虢而滅之，此小人之才耳。士會得政，晉盜奔秦，其才爲可知。將老而戒其子燮以從二三子，惟敬庶知本原者。然會晉人也，在秦即侵晉，仁者爲之乎？惟燮也不矜功，不受賂，謂外寧必有內憂而不事爭强，視其時爲獨能守正若匄也。以愛其子鞅之故，盡殺欒氏，召亂以覆宗，雖才何稱焉？此范氏惟燮爲可稱也。荀林父將伐晉伐齊，而皆取其賂，先縠違節制敗於楚，僅以滅潞爲功，抑末矣。如庚如偃，才皆碌碌。惟吳也不受鼓之叛者，鼓力竭而後取鼓，再叛猶予之田，而使其忠臣相之，視其時亦爲守正。至寅即與范吉射攻趙氏而覆宗矣，此中行氏惟吳爲可稱也。知氏之有荀罃迎立悼公，修政施德，再避楚師，兩聽鄭平皆不責人而求之已，功烈於晉爲中興，而未嘗有一毫苟以成之之意，非守正而能爾乎？趙衰審所可從，而獨從重耳，視荀息、里克等溝瀆，愚見天壤不侔，勤王定霸，未嘗不告君以正。趙武承其餘烈，幾漸復興，薄幣諸侯，歸邑齊魯，以信自將不虞楚之詐，厥功茂焉。趙簡子殺趙午，納陽虎，慙德非少，獨以受周舍之直諫，晉人懷之，子孫勃興，殆亦趙衰、趙武之遺休爾。魏犨尚力，不足以訓，而絳事悼公，戮公弟楊干之僕，遭值明主，超將新軍，三駕而諸侯平，九合諸侯而尚勉君以思其終，殆皆於其正焉。基之此，趙之趙欒、趙武，魏之魏絳，皆可以守正稱也。縣若魏舒舉十縣大夫，謂非賢於人不可也，然滅公族而縣之，舒實預焉。縣

大夫得人，正其植私之計，《左氏》以爲孔子賢之，吾斯之未能信。韓氏之可稱者，韓宣子也，然反戚田於衛，致閻田於周，正矣。易縣於宋，求玉於鄭，何不能推其類乎？善乎蜀人王當之言曰，豈禮義可爲於顯而弃於幽耶？否則國可弱而家不可以强也。

宋·李石《方舟集》卷二二《匏有苦葉邶風》 晋侯報櫟之役，非其本意，何也？欒黶之意也。晋侯故守境上不進，晋六卿帥諸侯之大夫以進者，以欒黶之倡也。叔向豈不之知，幾與叔孫穆子目語，故爲《邶風》之賦於涇水之上也。『匏有苦葉』者，深厲淺揭，於浮沈緩急，無必濟之意，鄭人則知之。子蟜謂北宮懿子曰：『與人而不固，取惡莫甚焉！』涇上之毒，魯、莒先濟，鄭、衛次之，叔向不敢違者，迫於欒黶强令，無如之何。涇上之毒，魯、莒、鄭、衛之人實死之。既而荀偃、欒黶中軍、下軍二帥不和，一進一退，魏絳首鼠，從欒黶以待荀偃，此何説也哉！晋人自謂遷延之役，誠是也。欒鍼約士鞅同死，鍼先死而鞅獨生，欒黶誣以殺其弟，此士鞅之所以奔秦也。嗚呼！師惰而將貪，惰則觀望，貪則擇利，兵家之忌也，戒之哉！

宋·趙鵬飛《春秋經筌》卷一四《昭公二十八年》 公如晋，次于乾侯。

公朝於齊，求於君也，君且不能納己。今朝於晋，求於臣也，臣其能爲己謀之乎？晋之六卿，與三家等也，前日扈之盟，既取貨於季氏，其忍背賂以傷其類哉？故徒次於乾侯，不得入也。

宋·吕大圭《春秋或問》卷一八《會于適歷》 或問：季孫意如會晋荀躒，而晋無討焉，何也？曰：余觀意如逐君，昭公在外，始依於齊，而齊不果納，再依於晋，而晋不果受，卒之客死於外，未嘗不歎世道之薄，而亂臣賊子之無所懼也。夫以臣逐君，意如之罪易見也。昭公奔訴二國，其意亦可矜也，苟有人心者，孰不憤意如之爲而憾昭公，而况齊晋乎？齊大國也，鄟陵之會，四國同之伐季氏以納昭公，何不可之有，而所以不克納公者，則以梁丘據之受賂也。晋盟主也，扈之會，六國同之伐季氏以納昭公，尤易爲力，而所以不克納者，則以士鞅之取貨也。自其爲義之心不勝其貪利之心，而後其爲義者，始不勇矣，此齊晋納公之謀，所以姑爲之名，而卒之悠緩而卒不克歟！嗚呼，世道之薄有自來矣！魯桓弑隱者也，以許田賂鄭而會于垂，公子馮弑與夷者也，以郜大鼎賂魯而平其亂。宣公弑君自立，則賂齊以濟西之田而安其位；崔杼弑其君光，則賂晋侯以宗器、樂器及其大夫軍將，皆有賂而退其師，凡若此類，不勝衆矣，况夫以齊侯有納公之志而又有毋受魯貨之命，盟主爲諸侯之會，而宋衛皆有利納公之心，此豈非其好義之心哉？然自申豐之計一行，而齊君有惑志，季孫之貨一至，而小國以難辭，三軍在途，諸侯在會，是區區者乃能劫而奪之衄而止之，此亂臣賊子所以接踵於後世歟？雖然，非徒以其貨利之行而已也。觀晋侯欲以師納公，而士鞅使人私於意如，則其互爲唇齒相爲囊橐久矣。當是時，晋之六卿，猶意如也，晋君亦昭公也，其肯併心一意以誅其臣而納其君哉？宜晋侯之不得以行其志也。

明·王樵《春秋輯傳》卷一二《定公十三年》 晋趙鞅歸于晋。

《左傳》：韓、魏以趙氏爲請。十二月，辛未，趙鞅入于絳，盟于公宫。

《公羊傳》：此叛也，其言歸何？以地正國也。其以地正國奈何？晋趙鞅取晋陽之甲以逐荀寅與士吉射。荀寅與士吉射，曷爲者也？君側之惡人也。此逐君側之惡人，曷爲以叛言之？無君命也。

《胡傳》：書歸者易詞也，韓、魏爲之請，晋侯許之，復而寅與士吉射去國出奔，則無有難之者，故其歸爲易矣。三子之叛，其罪一也。鞅以有援故得復，寅、吉射以無助，故終叛。《春秋》書鞅歸于晋，非與之也，以罪晋侯縱失有罪無政刑耳。趙氏曰：《公羊》云『以地正國也』，據禮無專土藏兵之義，今乃欲以私邑之强而正國，則是末大而本小，黜君而進臣也，豈其然乎？《穀梁》云『貴其以地』，反也，豈有身歸而地不歸乎？按晋六卿，二荀氏，荀寅，中行氏也；荀躒，知氏也。士氏，即范氏也。荀、士二家，自此亡。知氏，春秋後亡，故止韓、趙、魏三家分晋。按趙鞅以地正國，夫子正其叛，臧武仲以防請，後夫子正其要君，誅不臣也。《公羊》之言大失《春秋》之旨矣。叛臣專其私邑以地反，亦非公家之有也，何貴之有乎？

三家之簒自此始也。桓四年，天王使宰渠伯糾來聘，桓殺君而立，天討不加而反下聘也。莊四年，王使榮叔來錫，桓公命終其世不誅，又追命以寵之也。晋曲沃以支子封，是亦大夫也。武公弑君簒晋而有之。莊十六

年，王使虢公命曲沃伯，以一軍爲晉侯。有魯桓之命而後有曲沃之命，有曲沃之命而後有魏趙韓之命，其所由來者漸矣。周之東遷，惟晉焉依，王不恤同姓，爵其賊臣。始于命曲沃，而文侯之晉亡，終于命三大夫，而文公之晉亦亡。《左氏》終于智伯，《通鑑》始于三晉。朱子詩有馬公託始先幾之感，其以是夫！

明・朱朝瑛《讀春秋畧記》卷一一《定公十三年》 晉趙鞅歸于晉。

三卿之叛知，躒請皆逐之，而韓、魏獨爲趙氏請，于是范、中行逐而趙氏得歸。晉之六卿，其存者四卿，韓、魏與趙合，而知氏亦孤，三家分晉之本成于此矣。陳氏曰：叛臣未有書歸者，叛而書歸，則佚賊不足言也。

清・惠士奇《惠氏春秋説》卷五《會盟》 且晉悼賢君，尚不能討出君之孫，甯，澶淵之大夫，又焉能討蔡般哉？彼之不譏而此之是刺，其慎甚矣，吾故曰：説有似是而非者，此之謂也。然則晉悼果可謂之賢君歟？愚謂晉悼非大有爲之君，而晉厲亦非無道之主。是時，晉六卿强，大都耦國號爲六將軍，厲公欲盡去之而立其左右以張公室，然左右非其人，厲公亦無知人之明，不殺欒書而反殺郤至，以故身弑而無後於晉。及悼公立，而懲厲公之禍，由是敬禮六卿，委任而責成之，時稱其賢以爲復霸，而大夫益張，晉之公室益卑，數傳而分爲三晉，實自悼公始。

清・張尚瑗《公羊折諸》卷六《昭公・君側之惡人也》 國列六卿，而范、中行未嘗得君，何云君側？若君側，荀躒足以當之，乃左袒趙氏者也。蓋寅與吉射欲圖雄霸而才不足以濟，有類乎叛曹操之楊奉韓遂。趙鞅叛服不常，反邀大寵，德宗所謂同平章事之王武俊也。【略】

李梧岡曰：晉之六卿，弁髦其君，瓜分其國，皆不臣之徒也。而趙氏地尤大，勢尤横，卽以衛貢一事言之，午非叛臣，罪不至死，鞅以私怒不請于晉君而擅殺之，殘暴已甚。寅以甥故而黨午，吉射以姻故而袒寅，遂至連兵相攻，矢及君屋。君子平情定罪，猶當首鞅，而從范、中行，特趙氏有韓、魏之助，終以歸國，而范、中行遂至滅亡。《公羊》以成敗論人，重與鞅而深誅寅、吉射。《春秋》書曰『秋，晉趙鞅入于晉陽以叛』，續書『荀寅、士吉射入于朝歌以叛』，均之叛人也，則均之君側之惡人也。若一與而一奪，是猶退虎而進狼，愛蛇而惡虺，亦異於《春秋》之旨矣。

清・馬驌《繹史》卷七八《晉失諸侯》 春秋之會，諸侯爲杞動者有二：一曰城緣陵，淮夷病杞，齊桓公率諸侯以遷之也；一曰城杞，晉平公爲杞出，率諸侯之大夫以治之也。齊之於杞，其心則公，列國樂於從事；晉之於杞以夫人之故，煩十一國之君卿，魯與衛、鄭咸懷疑怨。故齊桓之城緣陵，仲山父之城東方也；晉平之城杞，周平王之戍申也。昔平王不撫其民，遠戍母家，周人怨思，《揚之水》作焉。天子且不得動衆以行私，而況晉乎？《春秋》貴道而不貴惠，魯僖爲成風而伐邾，不名救患，晉平爲悼夫人而治杞不名保小，蓋自是霸業漸陵，恤民日以無政，春作馳底之臺，殿設馳逐之車，黄熊入寢，皿蟲爲祟，晉國不可爲已。昭公嗣立，會厥慭以合八國之大夫，盟平丘以合十二諸侯，其能有爲也，若賢於平公矣；然而在位六年，終弗克振，何居？厥慭之役，救蔡不及，平丘之會，專務示威，韓子爲政，譏慝弘多，猶弗若趙孟相君，尚能再合諸侯，三合大夫也。《傳》曰：『晉成虒祁，諸侯皆有貳心。』斯時也，楚比方歸，熊虔遇弑，彊敵内亂，利在中國，晉於此復修盟主之業，遠振宋、虢之恥，君臣所共有事，寧獨以虒祁之故哉？邾、莒善訴，而魯國蒙羞，是役也，約之以會，結之以盟，天下方將觀政於晉，而竟以執魯大夫終，是晉之會盟，以閒楚而合，以怒魯而離也。《春秋》書曰：『公不與盟，晉人執季孫意如以歸。』著晉暴，傷魯弱也。且魯侯之來，業同列國之君，麇集而相見矣，歃血不及，何亢之有？夫亢魯勢不加損，卑魯勢不加益，晉曲魯直，先定之矣。晉曲奈何？同盟辱魯，非桓，文事也，況邾南盛兵，先失禮於諸侯，齊人以投壺懷貳，鄭人以伯男爭承，衛人以芻蕘懼淫，卽微魯釁，四方亦攜，宜其晉合諸侯，於此焉止，而鄢陵之役，參盟再見也。胡康侯傷晉霸之衰也，以爲示威，平丘而齊叛，辭請召陵而蔡叛，盟于沙鹹而鄭叛，次於五氏而衛叛，涖於鄭，會于夾谷，畝于黄，而魯叛，如是，諸侯皆叛，晉勢孤矣，揆厥所由，豈無故而然哉？善乎！廬陵李氏之論曰：『讀隱、桓之《春秋》，而知王澤之竭，讀昭、定之《春秋》，而知伯烈之壞，晉伯復盛於悼公，浸衰於平、昭，而遂廢於頃、定。夫晉以奕世九君之業，豈無積累之功，著在中夏？至頃、定一壞，而不可復收。嗚呼！廢興存亡，未有無故而然者也。』嘗考晉事之始末，而察其所由失矣。或曰：晉之微也，大變在彊敵，有楚弗攘，有吳弗抑，

二彊並立，伯權遂弱，自召陵擁十八國之衆，不能振旅，至戎、蠻之執，晉僥焉事楚以京師之禮，自吳滅巢、滅徐、伐陳、伐齊，晉不能誰何，迄乎黃池之會，吳哆然操方伯之令而下，以列國命晉，《春秋》由是絶筆焉，則晉之失伯，實彊敵之張也。曰：中國苟合，彊敵豈能閒乎？其端在諸侯之先貳，當時，以齊景、衛靈、宋景之君，其國皆彊，戮力周旋，何畏於吳、楚？今也齊君有抑晉代興之志，宋、衛、魯、鄭，無非攘臂以從齊者也，蓋晉執行人叔孫婼與邾大夫坐而失魯，執宋仲幾樂、祁犂而失宋，涉佗、成何詬衛而失衛，荀寅辭蔡而失蔡，假羽毛於鄭而失鄭，是以齊得盡取諸侯，鄭則與齊盟於鹹，會于安甫矣，衛則與齊盟于沙，次於五氏矣，魯則與齊會于牽，宋則與齊會于洮矣，終而齊、衛且伐晉矣，則晉之失伯，乃諸侯之離也。曰晉國苟治，諸侯安得背乎？其原在大夫之先叛。使六卿諸臣，如先大夫之肅，皆盡忠以輔公，何憂乎齊、衛？今也彊家多門，各求封殖，而削弱之禍，獨歸宗國。自趙鞅取衛貢五百家，勤晉陽之甲，自韓不信執宋命卿，不顧踐土之盟，或取季孫之賄，而昭公弗納，或求蔡侯之貨，而伐楚之師徒出，或索十牢，而吳人借爲口實。《孟子》曰：『上下交征利而國危矣。』晉伯之衰，又誰咎與。

五令尹代楚政分部

綜　述

《左傳·襄公十四年》　楚子囊還自伐吳，卒。將死，遺言謂子庚：『必城郢。』君子謂：『子囊忠。君薨不忘增其名，將死不忘衛社稷，可不謂忠乎？忠，民之望也。《詩》曰：「行歸於周，萬民所望。」忠也。』

又　《襄公十五年》　楚公子午爲令尹，公子罷戎爲右尹，蔿子馮爲大司馬，公子橐師爲右司馬，公子成爲左司馬，屈到爲莫敖，公子追舒爲箴尹，屈蕩爲連尹，養由基爲宮廄尹，以靖國人。君子謂：『楚於是乎能官人。官人，國之急也。能官人，則民無覦心。《詩》云：「嗟我懷人，寘彼周行。」能官人也。王及公、侯、伯、子、男，甸、采、衛、大夫，各居其列，所謂周行也。』

又　《襄公二十一年》　夏，楚子庚卒，楚子使薳子馮爲令尹。訪於申叔豫，叔豫曰：『國多寵而王弱，國不可爲也。』遂以疾辭。方暑，闕地下冰而床焉。重繭衣裘，鮮食而寢。楚子使醫視之，復曰：『瘠則甚矣！而血氣未動。』乃使子南爲令尹。

又　《襄公二十二年》　楚觀起有寵於令尹子南，未益祿，而有馬數十乘。楚人患之，王將討焉。子南之子棄疾爲王御士，王每見之，必泣。棄疾曰：『君三泣臣矣，敢問誰之罪也？』王曰：『令尹之不能，爾所知也。國將討焉，爾其居乎？』對曰：『父戮子居，君焉用之？洩命重刑，臣亦不爲。』王遂殺子南於朝，轘觀起於四竟。子南之臣謂棄疾，請徙子屍於朝，曰：『君臣有禮，唯二三子。』三日，棄疾請屍，王許之。既葬，其徒曰：『行乎！』曰：『吾與殺吾父，行將焉入？』曰：『然則臣王乎？』曰：『棄父事讎，吾弗忍也。』遂縊而死。

復使薳子馮爲令尹，公子齮爲司馬，屈建爲莫敖。有寵於薳子者八人，皆無祿而多馬。他日朝，與申叔豫言。弗應而退。從之，入于人中。又從之，遂歸。退朝，見之，曰：『子三困我於朝，吾懼，不敢不見。吾過，子姑告我。何疾我也？』對曰：『吾不免是懼，何敢告子？』曰：『何故？』對曰：『昔觀起有寵于子南，子南得罪，觀起車裂。何故不懼？』自御而歸，不能當道。至，謂八人者曰：『吾見申叔夫子，所謂生死而肉骨也。知我者，如夫子則可。不然，請止。』辭八人者，而後王安之。

楚薳子馮卒，屈建爲令尹。屈蕩爲莫敖。

又　《襄公二十五年》　楚蔿掩爲司馬。子木使庀賦，數甲兵。甲午，蔿掩書土田，度山林，鳩藪澤，辨京陵，表淳鹵，數疆潦，規偃豬，町原防，牧隰皋，井衍沃，量入修賦。賦車籍馬，賦車兵、徒兵、甲楯之數。既成，以授子木，禮也。

又　《襄公二十六年》　初，楚伍參與蔡太師子朝友，其子伍舉與聲子相善也。伍舉娶于王子牟，王子牟爲申公而亡，楚人曰：『伍舉實送之。』伍舉奔鄭，將遂奔晉。聲子將如晉，遇之於鄭郊，班荊相與食，而

言復故。聲子曰：『子行也！吾必復子。』及宋向戌將平晉、楚，聲子通使於晉。還如楚，令尹子木與之語，問晉故焉。且曰：『晉大夫與楚孰賢？』對曰：『晉卿不如楚，其大夫則賢，皆卿材也。如杞、梓、皮革，自楚往也。』雖楚有才，晉實用之。子木曰：『夫獨無族姻乎？』

對曰：『雖有，而用楚材實多。歸生聞之：「善爲國者，賞不僭而刑不濫。」賞僭，則懼及淫人；刑濫，則懼及善人。若不幸而過，寧僭無濫。與其失善，寧其利淫。無善人，則國從之。《詩》曰：「人之云亡，邦國殄瘁。」無善人之謂也。故《夏書》曰：「與其殺不辜，寧失不經。」懼失善也。《商頌》有之曰：「不僭不濫，不敢怠皇，命于下國，封建厥福。」此湯所以獲天福也。古之治民者，勸賞而畏刑，恤民不倦。賞以春夏，刑以秋冬。是以將賞爲之加膳，加膳則飫賜，此以知其勸賞也。將刑爲之不舉，不舉則徹樂，此以知其畏刑也。夙興夜寐，朝夕臨政，此以知其恤民也。三者，禮之大節也。有禮無敗。今楚多淫刑，其大夫逃死於四方，而爲之謀主，以害楚國，不可救療，所謂不能也。

『子儀之亂，析公奔晉。晉人寘諸戎車之殿，以爲謀主。繞角之役，晉將遁矣，析公曰：「楚師輕窕，易震蕩也。若多鼓鈞聲，以夜軍之，楚師必遁。」晉人從之，楚師宵潰。晉遂侵蔡，襲沈，獲其君；敗申、息之師于桑隧，獲申麗而還。鄭於是不敢南面。楚失華夏，則析公之爲也。

『雍子之父兄譖雍子，君與大夫不善是也。雍子奔晉。晉人與之鄐，以爲謀主。彭城之役，晉、楚遇於靡角之谷。晉將遁矣。雍子發命於軍曰：「歸老幼，反孤疾，二人役，歸一人，簡兵蒐乘，秣馬蓐食，師陳焚次，明日將戰。」行歸者而逸楚囚，楚師宵潰。晉降彭城而歸諸宋，以魚石歸。楚失東夷，子辛死之，則雍子之爲也。

『子反與子靈爭夏姬，而雍害其事，子靈奔晉。晉人與之邢，以爲謀主。扞禦北狄，通吳於晉，教吳叛楚，教之乘車、射御驅侵，使其子狐庸爲吳行人焉。吳于是伐巢，取駕，克棘，入州來。楚罷於奔命，至今爲患，則子靈之爲也。

『若敖之亂，伯賁之子賁皇奔晉。晉人與之苗，以爲謀主。鄢陵之役，楚晨壓晉軍而陳，晉將遁矣。苗賁皇曰：「楚師之良，在其中軍王族而已。若塞井夷竈，成陳以當之，欒、范易行以誘之，中行、二郤必克二穆。吾乃四萃於其王族，必大敗之。」晉人從之，楚師大敗，王夷師熸，子反死之。鄭叛吳興，楚失諸侯，則苗賁皇之爲也。』

子木曰：『是皆然矣。』聲子曰：『今又有甚於此者。椒舉娶於申公子牟，子牟得戾而亡，君大夫謂椒舉：「女實遣之！」懼而奔鄭，引領南望曰：「庶幾赦余！」亦弗圖也。今在晉矣。晉人將與之縣，以比叔向。彼若謀害楚國，豈不爲患？』子木懼，言諸王，益其祿爵而復之。聲子使椒鳴逆之。

又 《襄公二十七年》 崔氏之亂，申鮮虞來奔，僕賃於野，以喪莊公。冬，楚人召之，遂如楚爲右尹。

《國語》卷一七《楚語上》 屈到嗜芰。有疾，召其宗老而屬之，曰：『祭我必以芰。』及祥，宗老將薦芰，屈建命去之。宗老曰：『夫子屬之。』子木曰：『不然。夫子承楚國之政，其法刑在民心而藏在王府，上之可以比先王，下之可以訓後世，雖微楚國，諸侯莫不譽。其祭典有之曰：國君有牛享，大夫有羊饋，士有豚犬之奠，庶人有魚炙之薦，籩豆、脯醢則上下共之。不羞珍異，不陳庶侈。夫子不以其私欲干國之典。』遂不用。

椒舉娶於申公子牟，子牟有罪而亡，康王以爲椒舉遣之，椒舉奔鄭，將遂奔晉。蔡聲子將如晉，遇之於鄭，饗之以璧侑，曰：『子尚良食，二先子其皆相子，尚能事晉君以爲諸侯主。』辭曰：『非所願也。若得歸骨於楚，死且不朽。』聲子曰：『子尚良食，吾歸子。』椒舉降三拜，納其乘馬，聲子受之。

還見令尹子木，子木與之語，曰：『子雖兄弟於晉，然蔡吾甥也，二國孰賢？』對曰：『晉卿不若楚，其大夫則賢，其大夫皆卿材也。若杞梓、皮革焉，楚實遺之，雖楚有材，不能用也。』子木曰：『彼有公族甥、舅，若之何其遺之材也？』對曰：『昔令尹子元之難，或譖王孫啓於成王，王弗是，王孫啓奔晉，晉人用之。及城濮之役，晉將遁矣，王孫啓與於軍事，謂先軫曰：「是師也，唯子玉欲之，與王心違，故唯東宮與西廣寔來。諸侯之從者，叛者半矣，若敖氏離矣，楚師必敗，何故去之！」先軫從之，大敗楚師，則王孫啓之爲也。

『昔莊王方弱，申公子儀父爲師，王子燮爲傅，使師崇、子孔帥師以

伐舒。爕及儀父施二帥而分其室。師還至，則以王如廬，廬戢黎殺二子而復王。或譖析公臣於王，王弗是，析公奔晉，晉人用之。寔讒敗楚，使不規東夏，則析公之爲也。

『昔雍子之父兄譖雍子於恭王，王弗是，雍子奔晉，晉人用之。及鄢之役，晉將遁矣，雍子與於軍事，謂欒書曰：「楚師可料也，在中軍王族而已。若易中下，楚必歆之。若合而臽吾中，吾上下必敗其左右，則三萃以攻其王族，必大敗之。」欒書從之，大敗楚師，王親面傷，則雍子之爲也。』

『昔陳公子夏爲御叔娶於鄭穆公，生子南。子南之母亂陳而亡之，使子南戮於諸侯。莊王既以夏氏之室賜申公巫臣，則又畀之子反，卒於襄老。襄老死於邲，二子爭之，未有成。恭王使巫臣聘於齊，以夏姬行，遂奔晉。晉人用之，寔通吳、晉。使其子狐庸爲行人於吳，而教之射御，導之伐楚。至于今爲患，則申公巫臣之爲也。

『今椒舉娶於子牟，子牟得罪而亡，執政弗是，謂椒舉曰：「女實遣之。」彼懼而奔鄭，緬然引領南望，曰：「庶幾赦吾罪。」又不圖也，乃遂奔晉，晉人又用之矣。彼若謀楚，其亦必有豐敗也哉。』

子木愀然，曰：『夫子何如，召之其來乎？』對曰：『亡人得生，又何不來爲。』子木曰：『不來，則若之何？』對曰：『夫子不居矣，春秋相事，以還軫于諸侯。若資東陽之盜使殺之，其可乎？不然，不來矣。』子木曰：『不可。我爲楚卿，而賂盜以賊一夫於晉，非義也。子爲我召之，吾倍其室。』乃使椒鳴召其父而復之。

《韓非子》卷八《説林下》 荆王弟在秦，秦不出也。中射之士曰：『資臣百金，臣能出之。』因載百金之晉，見叔向曰：『荆王弟在秦，秦不出也。請以百金委叔向。』叔向受金，而以見之晉平公曰：『可以城壺丘矣。』平公曰：『何也？』對曰：『荆王弟在秦，秦不出也，是秦惡荆也，必不敢禁我城壺丘。若禁之，我曰：「爲我出荆王之弟，吾不城也。」彼如出之，可以得荆；彼不出，是卒惡也，必不敢禁我城壺丘矣。』公曰：『善。』乃城壺丘，謂秦公曰：『爲我出荆王之弟，吾不城也。』秦因出之，荆王大説，以鍊金百鎰遺晉。

《呂氏春秋》卷一九《離俗覽・高義》 荆人與吳人將戰，荆師寡，吳師衆，荆將軍子囊曰：『我與吳人戰，必敗。敗王師，辱王名，虧壤土，忠臣不忍爲也。』不復於王而遁。至於郊，使人復於王曰：『臣請死。』王曰：『將軍之遁也，以其爲利也。今誠利，將軍何死？』子囊曰：『遁者無罪，則後世之爲王將者，皆依不利之名而效臣遁。若是則荆國終爲天下撓。』遂伏劍而死。王曰：『請成將軍之義。』乃爲之桐棺三寸，加斧鑕其上。

漢・劉向《説苑》卷一三《權謀》 楚公子午使于秦，秦因之。其弟獻三百金於叔向。叔向謂平公曰：『何不城壺邱？秦、楚患壺邱之城。若秦恐而歸公子午，以止吾城也，君乃止，難亦未構，楚必德君。』平公曰：『善！』乃城之。秦恐，遂歸公子午，使之晉。晉人輟城。楚獻晉賦三百車。

論説

清・馬驌《繹史》卷六九《楚五令尹代政》 楚康王在位十五年，而令尹五代其政，子囊，共王所用也，當先王之世，伐陳侵宋，克有成勞，及康王嗣位，伐吳之役，介胄未釋而死，志衛社稷，故君子稱其忠。子庚嗣位，號爲得人，未幾而卒，子馮辭位，及子南罹罪，復用子馮，而子木終繼焉。囊也、庚也、南也，皆莊王子也；馮也、木也，皆公族也。中惟子南以暱寵見殺，餘四子者，克堪其任，楚既多材，同姓尤顯，其法則親疏參用，賞罰互行，執法者一干國憲，立加重典，是以臣無怙寵，政枋不至下移也。純門不競，子庚息師，舒鳩不叛，薳子受盟，寧惟是狃安習便，無意於謀國乎？伏處觀時，將以有待而動也。有午與馮秉政於前，有子木繼政於後，而又來然丹於鄭國，復湫舉於晉都，濟濟充庭，咸稱國士，故康王以楚之弱主，諸臣盡得其用，卒能弭兵息民，南北分霸，諸夏入朝，雖時勢使然，要亦官人之明驗也。

清・高士奇《左傳紀事本末》卷四六《楚諸令尹代政》 臣士奇曰：楚雖見黜於《春秋》，然其卿大夫往往多才傑，深謀遠慮，忘家忘私，與齊、晉賢臣相頡頏者。子元之入處王宮也，執將盗楚而有之，維時非鬬穀於菟自毀其家以紓楚國之難，禍未豸也。觀其三仕三已，不見喜愠；及

麛裘而朝諸事，豈不誠賢矣哉？越椒狼子野心，必滅若敖氏之宗，子文豫知而請殺之，與叔向之母之惡叔虎也皆如左契，而子良不忍，卒以圮族。箴尹慷慨就理，不敢棄君之命，有乃祖風。若敖之幸而不餒，有以也。蔿艾獵起於海濱，相楚三年，至不辨乘馬之牝牡，忠勤累著，故能以其君伯。城沂之慮事以素，其一節耳。此二人，皆楚國令尹之最賢者。子重、子囊諸人何足數耶？子反以一黷婦，怨屈巫而滅其族，而分其室，致令通吳於上國，以搖蕩我邊疆，卒疲於奔命以死，怨毒之於人，甚矣哉！子囊視子反較賢，圍宋之役，苟焉結成，何功之有？而欲請申、呂以自封，悖矣。無申、呂，則晉、鄭必至於郢，屈巫之言甚正，而附子反以分其室，是皆憑私結怨而不知有奉公之義者也。城郢之忠，亦何以解於誤國之罪乎？子申以多受小國之賂死，子辛以侵欲於陳死，皆自取之。公子午當晉悼三駕之後，欲息兵爲社稷利，不得已而數出以觀釁，非其本志，蓋亦賢者。薳子馮懲申叔之言，遽辭相位；戒子南之戮，立謝寵人；不有藥石，安能生死而肉骨乎？成虎懷祿，竟以焚身，誠迷而不悟之下愚也。歷觀聲子班荊之語，策士儁才，爲敵國用，如析公、雍子、子靈、苗賁皇輩，疾首拊心，斲喪宗國，敗軌相尋，奈何又以子牟之走鋌而伍大夫也？向非聲子善辭椒舉，其不復乎！歷觀楚之興亡，其機皆係於令尹之賢否。用舍可不慎乎哉！

陪臣執國命分部

綜　述

《左傳·昭公十二年》　季平子立而不禮於南蒯。南蒯謂子仲：「吾出季氏，而歸其室於公，子更其位，我以費爲公臣。」子仲許之。南蒯語叔仲穆子，且告之故。季悼子之卒也，叔孫昭子以再命爲卿。及平子伐莒，克之，更受三命。叔仲子欲構二家，謂平子曰：「三命踰父兄，非禮也。」平子曰：「然。」故使昭子。昭子曰：「叔孫氏有家禍，殺適立庶，故婼也及此。若因禍以斃之，則聞命矣。若不廢君命，則固有著矣。」昭子朝而命吏曰：「婼將與季氏訟，書辭無頗。」季孫懼，而歸罪於叔仲子。故叔仲小、南蒯、公子憖謀季氏。憖告公，而遂從公如晉。南蒯懼不克，以費叛如齊。子仲還及衛，聞亂，逃介而先。及郊，聞費叛，遂奔齊。

南蒯之將叛也，其鄉人或知之，過之而歎，且言曰：「恤恤乎，湫乎，攸乎。深思而淺謀，邇身而遠志，家臣而君圖，有人矣哉！」

南蒯枚筮之，遇《坤》䷁之《比》䷇，曰：「黄裳元吉。」以爲大吉也，示子服惠伯曰：「即欲有事，何如？」惠伯曰：「吾嘗學此矣，忠信之事則可，不然必敗。外强内温，忠也。和以率貞，信也。故曰『黄裳元吉』。黄，中之色也。裳，下之飾也。元，善之長也。中不忠，不得其色。下不共，不得其飾。事不善，不得其極。外内倡和爲忠，率事以信爲共，供養三德爲善，非此三者弗當。且夫《易》不可以占險，將何事也，且可飾乎？中美能黄，上美爲元，下美則裳，參成可筮。猶有闕也，筮雖吉，未也。」

將適費，飲鄉人酒。鄉人或歌之曰：「我有圃，生之杞乎！從我者子乎，去我者鄙乎，倍其鄰者恥乎！已乎已乎，非吾黨之士乎！」

平子欲使昭子逐叔仲小。小聞之，不敢朝。昭子命吏謂小待政於朝，曰：「吾不爲怨府。」

又《昭公十三年》　十三年春，叔弓圍費，弗克，敗焉。平子怒，令見費人執之以爲囚俘。冶區夫曰：「非也。若見費人，寒者衣之，饑者食之。爲之令主，而共其乏困。費來如歸，南氏亡矣。民將叛之，誰與居邑？若憚之以威，懼之以怒，民疾而叛，爲之聚也。若諸侯皆然，費人無歸，不親南氏，將焉入矣？」平子從之，費人叛南氏。

又《昭公十四年》　南蒯之將叛也，盟費人。司徒老祁、慮癸僞廢疾，使請於南蒯曰：「臣願受盟而疾興，若以君靈不死，請待間而盟。」許之。二子因民之欲叛也，請朝衆而盟。遂劫南蒯曰：「羣臣不忘其君，畏子以及今，三年聽命矣。子若弗圖，費人不忍其君，將不能畏子矣。子何所不逞欲？請送子。」請期五日。遂奔齊。侍飲酒於景公。公曰：「叛夫？」對曰：「臣欲張公室也。」子韓皙曰：「家臣而欲張公室，罪莫大焉。」司徒老祁、慮癸來歸費。齊侯使鮑文子致之。

又《定公五年》 六月，季平子行東野，還未至，丙申，卒於房。陽虎將以與璠斂，仲梁懷弗與，曰：「改步改玉。」陽虎欲逐之，告公山不狃。不狃曰：「彼爲君也，子何怨焉？」既葬，桓子行東野，及費。子洩爲費宰，逆勞於郊，桓子敬之。勞仲梁懷，仲梁懷弗敬。子洩怒，謂陽虎：「子行之乎？」【略】

乙亥，陽虎囚季桓子及公父文伯，而逐仲梁懷。冬十月丁亥，殺公何藐。己丑，盟桓子於稷門之內。庚寅，大詛，逐公父歜及秦遄，皆奔齊。

又《定公六年》 二月，公侵鄭取匡，爲晉討鄭之伐胥靡也。往不假道於衛；及還，陽虎使季孟自南門入，出自東門，舍於豚澤。衛侯怒，使彌子瑕追之。公叔文子老矣，輦而如公，曰：「尤人而效之，非禮也。昭公之難，君將以文之舒鼎，成之昭兆，定之鞶鑑，苟可以納之，擇用一焉。公子與二三臣之子，諸侯苟憂之，將以爲之質。此羣臣之所聞也。今將以小忿蒙舊德，無乃不可乎。大姒之子，唯周公、康叔爲相睦也。而效小人以棄之，不亦誣乎！天將多陽虎之罪以斃之，君姑待之，若何？」乃止。

夏，季桓子如晉，獻鄭俘也。陽虎强使孟懿子往報夫人之幣。晉人兼享之。孟孫立於房外，謂范獻子曰：「陽虎若不能居魯，而息肩於晉，所不以爲中軍司馬者，有如先君！」獻子曰：「寡君有官，將使其人。鞅何知焉？」獻子謂簡子曰：「魯人患陽虎矣，孟孫知其釁，以爲必適晉，故强爲之請，以取入焉。」【略】

陽虎又盟公及三桓於周社，盟國人於亳社，詛於五父之衢。

又《定公七年》 齊人歸鄆、陽關，陽虎居之以爲政。

又《定公八年》 季寤、公鉏極、公山不狃皆不得志於季氏，叔孫輒無寵於叔孫氏，叔仲志不得志於魯。故五人因陽虎。陽虎欲去三桓，以季寤更季氏，以叔孫輒更叔孫氏，己更孟氏。冬十月，順祀先公而祈焉。辛卯，禘於僖公。壬辰，將享季氏於蒲圃而殺之，戒都車曰：「癸巳至。」成宰公斂處父告孟孫曰：「季氏戒都車，何故？」孟孫曰：「吾弗聞。」處父曰：「然則亂也，必及於子，先備諸。」與孟孫以壬辰爲期。

陽虎前驅，林楚御桓子，虞人以鈹盾夾之，陽越殿。將如蒲圃，桓子咋謂林楚曰：「而先皆季氏之良也，爾以是繼之。」對曰：「臣聞命後。陽虎爲政，魯國服焉。違之，徵死。死無益於主。」桓子曰：「何後之有？而能以我適孟氏乎？」對曰：「不敢愛死，懼不免主。」桓子曰：「往也。」孟氏選圉人之壯者三百人，以爲公期築室於門外。林楚怒馬及衢而騁，陽越射之，不中，築者闔門。有自門間射陽越，殺之。陽虎劫公與武叔，以伐孟氏。公斂處父帥成人，自上東門入，與陽氏戰於南門之內，弗勝。又戰於棘下，陽氏敗。陽虎説甲如公宮，取寶玉大弓以出，舍于五父之衢，寢而爲食。其徒曰：「追其將至。」虎曰：「魯人聞余出，喜於徵死，何暇追余？」從者曰：「嘻！速駕，公斂陽在。」公斂陽請追之，孟孫弗許。陽欲殺桓子，孟孫懼而歸之。子言辨舍爵于季氏之廟而出。陽虎入于讙、陽關以叛。

又《定公九年》 夏，陽虎歸寶玉大弓。書曰「得」，器用也。凡獲器用曰得，得用焉曰獲。

六月，伐陽關。陽虎使焚萊門。師驚，犯之而出，奔齊，請師以伐魯，曰：「三加必取之。」齊侯將許之。鮑文子諫曰：「臣嘗爲隸于施氏矣，魯未可取也。上下猶和，衆庶猶睦，能事大國，而無天菑，若之何取之？陽虎欲勤齊師也，齊師罷，大臣必多死亡，己於是乎奮其詐謀。夫陽虎有寵於季氏，而將殺季孫，以不利魯國，而求容焉。親富不親仁，君焉用之？君富於季氏，而大於魯國，茲陽虎所欲傾覆也。魯免其疾，而君又收之，無乃害乎？」

齊侯執陽虎，將東之。陽虎願東，乃囚諸西鄙。盡借邑人之車，鍥其軸，麻約而歸之。載葱靈，寢於其中而逃。追而得之，囚於齊。又以葱靈逃，奔宋，遂奔晉，適趙氏。仲尼曰：「趙氏其世有亂乎。」

又《定公十年》 初，叔孫成子欲立武叔，公若藐固諫曰：「不可。」成子立之而卒。公南使賊射之，不能殺。公南爲馬正，使公若爲郈宰。武叔既定，使郈馬正侯犯殺公若。弗能。其圉人曰：「吾以劍過朝，公若必曰，誰之劍也？吾稱子以告，必觀之。吾僞固，而授之末，則可殺也。」使如之。公若曰：「爾欲吳王我乎？」遂殺公若。

侯犯以郈叛。武叔懿子圍郈，弗克。秋，二子及齊師復圍郈，弗克。叔孫謂郈工師駟赤曰：「郈非唯叔孫氏之憂，社稷之患也。將若之何？」對曰：「臣之業，在《揚水》卒章之四言矣。」叔孫稽首。駟赤謂侯犯

曰：「居齊、魯之際，而無事，必不可矣。子盍求事於齊以臨民？不然，將叛。」侯犯從之。齊使至，駟赤與郈人爲之宣言於郈中曰：「侯犯將以郈易於齊，齊人將遷郈民。」衆凶懼。駟赤謂侯犯曰：「衆言異矣，子不如易於齊。與其死也，猶是郈也。而得紓焉，何必此？齊人欲以此偪魯，必倍與子地。且盍多舍甲於子之門，以備不虞？」侯犯曰：「諾。」乃多舍甲焉。

侯犯請易於齊，齊有司觀郈，將至。駟赤使周走呼曰：「齊師至矣！」郈人大駭，介侯犯之門甲，以圍侯犯。駟赤將射之。侯犯止之曰：「謀免我。」侯犯請行，許之。駟赤先如宿，侯犯殿。每出一門，郈人閉之。及郭門，止之曰：「子以叔孫氏之甲出，有司若誅之，羣臣懼死。」駟赤曰：「叔孫氏之甲有物，吾未敢以出。」犯謂駟赤曰：「子止而與之數。」駟赤止而納魯人。侯犯奔齊，齊人乃致郈。【略】

武叔聘於齊。齊侯享之，曰：「子叔孫！若使郈在君之他竟，寡人何知焉？屬與敝邑際，故敢助君憂之。」對曰：「非寡君之望也。所以事君，封疆社稷是以。敢以家隶勤君之執事。夫不令之臣，天下之所惡也。君豈以爲寡君賜？」

又 **《哀公十四年》** 初，孟孺子洩將圉馬於成。成宰公孫宿不受，曰：「孟孫爲成之病，不圉馬焉。」孺子怒，襲成。從者不得入，乃反。成有司使，孺子鞭之。秋八月辛丑，孟懿子卒。成人奔喪，弗內。袒免哭於衢。聽共，弗許。懼，不歸。

又 **《哀公十五年》** 十五年春，成叛於齊。武伯伐成，不克，遂城輸。【略】

子服景伯如齊，子贛爲介，見公孫成，曰：「人皆臣人，而有背人之心。況齊人雖爲子役，其有不貳乎？子，周公之孫也，多饗大利，猶思不義。利不可得，而喪宗國，將焉用之？」成曰：「善哉，吾不早聞命。」陳成子館客，曰：「寡君使恒告曰，寡君願事君如事衛君。」景伯揖子贛而進之。對曰：「寡君之願也。昔晉人伐衛，齊爲衛故，伐晉冠氏，喪車五百，因與衛地，自濟以西，禚、媚、杏以南，書社五百。吳人加敝邑以亂，齊因其病，取讙與闡。寡君是以寒心。若得視衛君之事君也，則固所願也。」成子病之，乃歸成。公孫宿以其兵甲入於嬴。

《韓非子》卷一二《外儲說左下》 陽虎去齊走趙，簡主問曰：「吾聞子善樹人。」虎曰：「臣居魯，樹三人，皆爲令尹；及虎抵罪於魯，皆搜索於虎也。臣居齊，薦三人，一人得近王，一人爲縣令，一人爲候吏；及臣得罪，近王者不見臣，縣令者迎臣執縛，候吏者追臣至境上，不及而止。虎不善樹人。」主俛而笑曰：「夫樹柤梨橘柚者，食之則甘，樹枳棘者，成而刺人。故君子慎所樹。」【略】

陽虎議曰：「主賢明則悉心以事之，不肖則飾姦而試之。」逐於魯，疑於齊，走而之趙。趙簡主迎而相之，左右曰：「虎善竊人國政，何故相也？」簡主曰：「陽虎務取之，我務守之。」遂執術而御之。陽虎不敢爲非，以善事簡主，興主之强，幾至於霸也。

《公羊傳・定公八年》 從祀先公。從祀者何？順祀也。文公逆祀，去者三人。定公順祀，叛者五人。盜者孰謂？謂陽虎也。陽虎者曷爲者也？季氏之宰也。季氏之宰，則微者也，惡乎得國寶而竊之？陽虎專季氏，季氏專魯國，陽虎拘季孫、孟氏與叔孫氏，迭而食之，睋而鍥其板，曰：「某月某日，將殺我于蒲圃，力能救我則於是。」至乎日若時而出。臨南者，陽虎之出也，御之。於其乘焉，季孫謂臨南曰：「以季氏之世世有子，子可以不免我死乎？」臨南曰：「有力不足，臣何敢不勉。」陽越者，陽虎之從弟也，爲右，諸陽之從者，車數十乘。至于孟衢，臨南投策而墜之，陽越下取策，臨南駷馬，而由乎孟氏。陽虎從而射之，矢著於莊門。然而甲起於琴如，弑不成，卻反舍於郊，皆說然息。或曰：「弑千乘之主，而不克舍此，可乎？」陽虎曰：「夫孺子得國而已，如丈夫何？」睋而曰：「彼哉！彼哉！」趣駕。既駕，公斂處父帥師而至，慬然後得免，自是走之晉。寶者何？璋判白，弓繡質，龜青純。

又 **《定公九年》** 得寶玉大弓。何以書？國寶也。喪之書，得之書。

《穀梁傳・定公八年》 從祀先公。貴復正也。盜竊寶玉大弓。寶玉者，封圭也。大弓者，武王之戎弓也。周公受賜，藏之魯。非其所以與人而與人，謂之亡。非其所取而取之，謂之盜。

又 **《定公九年》** 得寶玉大弓。其不地，何也？寶玉大弓，在家則羞，不目羞也。惡得之？得之堤下。或曰，陽虎以解衆也。

《史記》卷四三《趙世家》 魯賊臣陽虎來奔，趙簡子受賂厚遇之。

漢·劉安《淮南子》卷一八《人間訓》 陽虎爲亂於魯，魯君令人閉城門而捕之，得者有重賞，失者有重罪。圉三匝，而陽虎將舉劍而伯頤。門者止之曰：『天下探之不窮，我將出子。』陽虎因赴圍而逐，揚劍提戈而走。門者出之，顧反取其出之者，以戈推之，攘祛薄腋。出之者怨之曰：『我非故與子反也，爲之蒙死被罪，而乃反傷我。宜矣其有此難也。』魯君聞陽虎失，大怒，問所出之門，使有司拘之，以爲傷者受大賞，而不傷者被重罪。此所謂害之而反利者也。

《孔子家語》卷四《辨物》 陽虎既奔齊，自齊奔晉，適趙氏。孔子聞之，謂子路曰：『趙氏其世有亂乎？』子路曰：『權本不在，焉豈不爲亂？』孔子曰：『非女所知。夫陽虎親富而不親仁，有寵於季孫，又將殺之，不克而奔，求容於齊，齊人囚之，乃亡歸晉。齊、魯二國，已去其疾；趙簡子好利而多信，必溺其說，而從其謀，禍敗所終，非一世可知也。』

又 卷一〇《子夏問》 季平子卒，將以君之璠璵斂，贈以珠玉。孔子爲中都宰，聞之，歷級而救焉，曰：『送死而以寶玉，是猶曝屍於中原也。其示民以姦利之端，而有害於死者，安用之？且孝子不順情以危親，忠臣不兆姦以陷君。』乃止。

《孔叢子》卷四《刑論》 孟氏之臣叛，武伯問孔子，曰：『如之何？』答曰：『臣人而叛，天下所不容也。其狀自反，子姑待之。』三旬，果自歸孟氏，武伯將執之，訪于夫子，夫子曰：『無也。子之於臣，禮意不至，是以去子；今其自反，罪以反除，又何執焉？子修禮以待之，則臣去子，將安往？』武伯乃止。

論說

《論語》卷八《季氏第十六》 孔子曰：『天下有道，則禮樂征伐自天子出；天下無道，則禮樂征伐自諸侯出。自諸侯出，蓋十世希不失矣；自大夫出，五世希不失矣；陪臣執國命，三世希不失矣。天下有道，則政不在大夫。』

宋·邢昺《論語注疏》卷一六《季氏第十六》 孔子曰：『天下有道，則禮樂征伐自天子出；天下無道，則禮樂征伐自諸侯出。自諸侯出，蓋十世希不失矣；自大夫出，五世希不失矣；陪臣執國命，三世希不失矣。天下有道，則政不在大夫。正義曰：此一章論天下有道、無道，禮樂征伐所出不同，及言衰失之世數也。『孔子曰：天下有道，則禮樂征伐自天子出』者，王者功成制禮，治定作樂，立司馬之官，掌九伐之法，諸侯不得製作禮樂，賜弓矢然後專征伐。是天下有道之時，禮樂征伐自天子出也。『天下無道，則禮樂征伐自諸侯出』者，謂天子微弱，諸侯上僭，自作禮樂，專行征伐也。『自諸侯出，蓋十世希不失矣』者，希，少也。言政出諸侯，不過十世，必失其位，不失者少也。若魯昭公出奔齊是也。『自大夫出，五世希不失矣』者，言政在大夫，不過五世，必失其位，不失者少矣。若魯大夫季桓子爲陽虎所囚是也。『陪臣執國命，三世希不失矣』者，陪，重也，謂家臣也。大夫已爲臣，故謂家臣爲陪臣。言陪臣擅權執國之政命，不過三世，必失其位，不失者少矣。若陽虎三世而出奔齊是也。『天下有道，則政不在大夫』者，元爲政命，制之由君也。『天下有道，則庶人不議』者，議謂謗訕。言天下有道，則上酌民言以爲政教，所行皆是，則庶人無有非毁謗議也。

宋·劉敞《劉氏春秋意林》卷上 公夫人姜氏遂如齊，僖公亦嘗以夫人會齊侯矣，獨不惡其伉，何也？曰：桓公薨于齊魯之臣子未能知賊之由夫人也。故原其禍之所自，始以伉言之，微而顯，志而晦之意也。公子遂季孫行父如齊，則以起子赤之弒；季斯、仲孫忌如晉，則以起陪臣執國命之禍。事之始構，而文已變矣。此亦春秋慮患於微，除禍於早之情也。

宋·孫覺《春秋經解》卷一〇《襄公十六年》 溴梁之盟，諸侯皆在，而大夫行事不曰某；及諸侯之大夫盟而但曰大夫者，聖人於此見天下之諸侯禄去公室而政在大夫也。《論語》曰：『天下有道，禮樂征伐自天子出；天下無道，禮樂征伐自諸侯出。自諸侯出，蓋十世希不失矣；自大夫出，五世希不失矣；陪臣執國命，三世希不失矣。天下有道，則政不在大夫。』孔子所謂十世則隱威之時，所謂五世則宣成之時也。《春秋》始於隱威，天下之禮樂征伐出於諸侯，而王道絶矣。宣成以前，諸侯之大夫尚多稱人；宣成以後，魯、宋、齊、晉、蔡、衛、陳、鄭八國之大夫會盟侵伐，名氏悉書無復稱人者。於時六卿專晉，三威擅魯，齊之政出於崔高，衛之政歸於孫甯。天下諸侯之國政無不在大夫者。孔子傷之至

於隱威而《春秋》作。隱威至於襄昭，凡十世矣。天下諸侯不得爲政於其國，而大夫之名氏悉見於《春秋》，孔子之意如此其明。又患夫後之人莫能知戒，因溴梁之會而大夫盟焉。列序諸侯而書曰大夫盟，以一見之孔子之意如何也。求子之事，父者莫若先身以孝；求臣之事，君者莫若先身以忠。爲諸侯而擅征伐，以上無天王，則其大夫效之擅盟會，而上無其君矣。孔子曰：『自諸侯出，蓋十世希不失矣。』然則諸侯之失政自襄昭之時也，三傳之説皆通。

宋・崔子方《春秋經解》卷一一《定公八年》　（冬）從祀先公。

從祀先公，何以書？所以誅陽虎之亂，見陪臣執國命也。是蓋魯禮之復正者，而知其誅陽虎之亂，何也？當是時，魯國之政，季氏專之；季氏之室，陽虎有之。魯之君臣拱手聽命，無敢誰何，此孔子所以嘆『陪臣執國命』而知三桓之子孫微也。彼陽虎所以能濟其謀者，必有所挾也，因人之所欲者而假譽焉。蓋自文公以來，魯之逆祀久矣，舉國之人皆欲去之。然百餘年之間莫或修正而改爲。及陽虎爲政，一旦而去之，彼自謂足以借譽於國人，而取悦乎先君也。於是遂肆其亂，及其不克，乃竊夫寶玉大弓而逃焉。不然，彼陽虎方且迫於爲亂，而魯之君臣方且謀虎之不暇，何暇修百年久失之禮而正之哉？其事蓋可知矣。夫宗廟之事，禮之大者，而《春秋》所書莫詳焉。著其日於上，書其事於下，蓋以爲禮之大者，不敢以畧故也。八月丁卯，大事于大廟，躋僖公，夫禮之甚者，彼如此其詳也；從祀先公，得禮之大者，此如此其畧也，然則聖人之意可知矣。蓋曰其所有事者，無足道焉，吾志其從祀而已。書『從祀先公』，繼之以『盜竊寶玉大弓』，所以具見當時之事，使後世可考而知焉。《傳》曰：陽虎欲去三桓，而已更孟氏，故順祀先公而祈焉。禘于僖公其事則信矣，然而聖人之意蓋没而不見也。嗚呼！千載之下，姦僞之迹，禍亂之變，彼得假托以濟私者，豈特一陽虎哉？宜聖人之丁寧如此。

又《定公十二年》　叔孫州仇帥師墮郈。衛公孟驅帥師伐曹。季孫斯、仲孫何忌帥師墮費。

郈，叔孫氏之邑；費，季氏之邑。城之不度將爲國害，故墮之也。夫二邑，二家恃以爲保障而肯墮之，何也？不得已也。蓋仲由爲季氏宰，欲張公室而後墮之。夫以二家之所恃以爲固者而乃不能奪之于仲由，見陪臣之執國命矣。是以冉有、子路相季氏而欲伐顓臾，孔子誨之，既而發『陪臣執國命，三世希不失』之歎也。

宋・葉夢得《春秋考》卷一六《定公》　《左氏傳》：『子路爲季氏宰，將墮三都。』于是叔孫氏墮郈，季孫墮費。公山弗狃帥費人襲魯，孔子以申句須、樂頎下伐之而服，至墮成，公歛處父爲仲孫氏謀，不從公，遂圍成。按子路，季氏之家臣爾，非魯用之，而授以兵，固未必能墮費，何緣得三都而墮之耶？《公羊傳》云：『孔子行乎季孫三月不違，曰：「家不藏甲，邑無百雉之城」。于是叔孫州仇帥師墮郈，季孫斯、仲孫何忌帥師墮費。』若然，是二臣感孔子之化而自墮，非子路能墮之也。故《家語》亦言：孔子言於定公，以三家過制，請皆損之。乃使仲由爲季氏宰，墮三都。叔孫氏不得意於季氏，因公山弗擾襲魯。如《左氏》所云，以吾考之，此皆欲尊孔子而妄爲之説也。《論語》記『公山弗擾以費畔，召，子欲往，子路不悦。』若孔子使子路墮費，安有召而反欲往者？此蓋弗擾自畔，季氏非畔魯者，孔子欲從之，必有説矣。既召孔子，又安得反有襲魯之事？按《經・定公十年》：孔子爲司寇，相公會齊侯于夾谷之後，連見叔孫州仇、仲孫何忌，再以兩師圍郈。郈，叔孫氏之邑也。《左氏》謂叔孫氏之臣公南欲殺州仇，不克。以其黨公若爲郈宰。州仇復以侯犯殺公若，而侯犯叛，州仇遂與何忌圍郈。後二年而《經》書叔孫州仇墮郈，則州仇自以侯犯叛而壞其邑之險，何預于子路。既而復書季孫斯、仲孫何忌帥師墮費。以《論語》爲正，則季氏亦以公山弗擾之故也，末書公圍成。成，孟氏之邑。正如公歛處父之言，謂成爲孟氏之保障，無成則無孟氏。使孟氏僞不知而我不墮，則成之圍，亦何忌陰與其臣同謀以拒魯。三者與孔子畧不相及，其言自相異，則何足據？孔子曰：『如有用我者，期月而已可也，三年有成。』使孔子爲政于魯，得行其志，其于三家處之宜有道矣。必不至輕用一門人也。抗必不可遽去之三家而反貽患于宗國，是何足爲孔子？蓋孔子嘗謂『禄之去公室，五世矣；政逮于大夫，四世矣。故夫三桓之子孫微矣。』豈以天子弱，諸侯僭；大夫强，諸侯脅，至于陪臣執國命，雖大夫亦不能自立。故郈有公若、公爲之亂，而費有公山弗擾之變，至成而公自爲之行焉。故前見大夫而自圍其邑，後見大夫而自墮其城。且皆帥師如外伐然，所以示公室之至衰微。《論語》其悠謬之傳

參見于《左氏》、《公羊》與《家語》以亂經者，殆未可察也。

宋・高閌《春秋集註》卷三七《定公八年》　從祀先公。

從，順也。不曰順者，其事順，其意則非，故變其辭曰『從』也。夫魯祀之不順多矣，武公、煬公在，所當祧；僖公、閔公在，所當正。昭公則又當祀而不祀者也。今當稱先公，則盡從典禮，不止爲一公設也。然不舉所祀之名，不指所祀之所者，非時妄祀其事可醜出于陽虎之矯舉，故雖禮之復正者，而聖人實書之在『盜竊寶玉大弓』之上，所以誅陽虎之亂也。

宋・朱熹《四書章句集註》卷八《論語・季氏第十六》　孔子曰：『天下有道，則禮樂征伐自天子出；天下無道，則禮樂征伐自諸侯出。自諸侯出，蓋十世希不失矣；自大夫出，五世希不失矣；陪臣執國命，三世希不失矣。』先王之制，諸侯不得變禮樂，專征伐。陪臣，家臣也。逆理愈甚，則其失之愈速。大約世數，不過如此。『天下有道，則政不在大夫。』言不得專政。『天下有道，則庶人不議。』上無失政，則下無私議。非箝其口使不敢言也。此章通論天下之勢。

宋・朱熹《論語精義》卷八下《季氏第十六》　范曰：禮樂征伐自諸侯出，十世矣，天子希不失其天下者矣；自大夫出者，五世諸侯希不失其國者矣；陪臣執國命者，三世大夫希不失其家者矣。天子有天下，諸侯有國，大夫有家，必久而後失之。力有大小，德有厚薄，其理然也。蓋周自昭王故，其世短，道微缺，至幽王而亡，十世矣。魯自宣公，三家始强，季氏自武子至桓子，制於家臣四世矣。希不失者，不必皆如之，其大略不過此矣。又曰：天子之政，未嘗不在公卿；諸侯之政，未嘗不在大夫。公卿大夫皆賢也。則政出於君矣，惟其非賢，是以君弱臣强，政出於下也。《詩》曰：『先民有言，詢於芻蕘。』古者上誦箴諫，士傳民語，庶人謗於道，商旅議於市，未嘗不議也。子曰：『上酌民言，則下天上施。』惟民言得達於上，則下無所議也。

楊曰：變禮易樂，革制度衣服而流討之，刑不能加，然後禮樂征伐自諸侯出。德又下衰，而禮樂征伐出於大夫，國命執於陪臣，則極矣。故其衰愈甚，則其失益近，理勢然也。　又曰：庶人不議者，百姓謂我自然，莫知爲之者，何議之有？

宋・張栻《癸巳論語解》卷八《季氏篇》　禮樂征伐天子之事也，天下有道，則禮樂征伐自天子出矣。蓋天子得其道則權綱在己，而下莫敢干之也。所謂自天子出者，天子亦豈敢以己爲可專，而以私意加於其間哉？亦曰奉天理而已矣。此之謂得其道，若上失其道，則綱維解紐而諸侯得以竊乘之，禮樂征伐將專行而莫顧矣。若諸侯可以竊之於天子，則大夫亦可以竊之於諸侯，而陪臣亦可以竊之於大夫矣。其理之逆必至於此也。所以有十世、五世、三世之異者，尹氏謂『於理愈逆，則其亡愈近』是也。天下有道，則政不在大夫者，政出於一也。庶人不議者，民志定於下，而無所私議也。

宋・程公説《程氏春秋分記》卷六《年表六・魯卿年表》　子言之：『天下有道，則禮樂征伐自天子出；天下無道，則禮樂征伐自諸侯出。自諸侯出，蓋十世希不失矣；自大夫出，五世希不失矣；陪臣執國命，三世希不失矣。』其説曰：周自平王東遷，隱公始專征伐至昭公，十世而大夫逐諸侯；自宣公失政，季氏始專魯國至定公，五世而家臣囚大夫；陽虎事季平子至桓子而亡，歷昭公、定公，蓋二世。曰三世者，孔子於未亡也言之，以爲不過是也。諸侯可以竊之於天子，則大夫亦可竊之於諸侯，陪臣亦可竊之於大夫，其理之逆必至於此。然又曰：『天下有道，則政不在大夫。』指當時之事，爲三桓設云爾。故繼之曰：『禄之去公室，五世矣；政逮於大夫，四世矣。故夫三桓之子孫微矣。』甚言魯失政，大夫專權其極，至于陪臣執國命而莫之禁。君子考其世以繹其事，得失盛衰可覆視也。故余表魯諸卿，始隱終哀，年經族緯。隱桓之間，如公子益師之非世卿，無駭柔俠之未賜族，皆附載于上，用見春秋初大夫猶未有世爵之僭。由是而下曰臧孫氏，曰孟孫氏，曰叔孫氏，曰季孫氏，曰東門氏，曰子叔氏，則以其昭穆少長次之。凡卒則書其子所以著代，而會盟征伐詳焉。上下推之，聖人希不失之嘆，粲然可考矣。作《魯卿年表》。

又　卷三九《書二十一・征伐書第一》　古先聖人制四海之命，法天而不私己，盡制而不曲防，分天下有德有功者以地，於是有百里、七十里、五十里、不能五十里邦國之制焉，於是有千雉、百雉、三之一、五之一、九之一之高城深池焉，於是有井、邑、丘、甸、縣、都之夫數焉，於是有十乘、百乘、千乘、萬乘之車數焉，於是有伍、兩、卒、旅、師、軍

之制焉。故農夫受田而食其力，諸侯有國以報其功，天子有天下而享其德。此天之分，然聖人盡制而已矣。蓋封建，公天下之大端；井牧，均天下之大法。二者並行不悖而後天下治。是以等威之分立，爭奪之患消。禮義興行，俗化醇厚，刑可措而不用。夫大刑用甲兵，其次用斧鉞；中刑用刀鋸，其次用鑽鑿；薄刑用鞭扑。大者陳諸原野，小者置之市朝。兵蓋刑之大者，刑猶可措，而況兵乎？兵刑一道，與寓兵於農之意同。若藏用不示，習武不覿。要使民閑於教而無鬬狠。上藉其力，下安於義。若國有師田之事，則縣師始受法於司馬，以作民，六官亦惟小司馬職掌不悉書，而軍司馬、輿司馬、行司馬、戎僕、戎右皆不修官，有事斯置，事畢則將歸於朝，車復於甸，甲散於丘，卒還於邑，出入相友，守望相助。周衰入春秋，小役大，弱役彊，邦國等衰，城池大小之制寖以不明，王畿不能備六師，牙璋不能令邦國。王人會伐惟侯伯之命，王師伐救非有征之師。凡兵師討伐，國無大小，皆擅行之，而征伐自諸侯出矣。《春秋》始於魯隱公，以政在諸侯之世之始也。託魯以訓諸侯，訓諸侯以尊天子，而《春秋》之義明矣。馴至宣公失政，三家專魯，帥師征伐又自大夫出，三軍作舍，大蒐納叛，舉魯國聽命焉。兵權既移，公室益卑，逮昭公勢極而不之悟，乃謀逐季氏，叔孫氏之臣救之，公徒釋甲，執冰而踞，公莫能令。孫于齊，甍于乾侯，定公無正，勢之必至也。己則不臣，三綱淪替。又下而陪臣執國命，南遺叛，陽虎專，季斯囚，三桓之子孫微矣。若乃晉僭天子之制而作六軍，齊更井田之舊而作内政；鄭尚徒兵作丘賦，楚爲偏廣賦車馬；慢其經界，廢亂典常。大家之法廢，而民數不可詳；民數不可詳，而車乘漸變古。凡先王經世遺制，日以廢壞。異時宋向戌欲弭諸侯之兵以爲名。子罕則曰：『凡諸侯小國，晉楚所以兵威之。畏而後上下慈和，慈和而後能安靖其國家，以事大國，所以存也。無威則驕，驕則亂生，亂生必滅，所以亡也。天生五材，民並用之，廢一不可。誰能去兵？』考觀春秋之變，大抵相觀以兵，恃以爲國，有不能一日去者。末流爭地以戰，殺人盈野；爭城以戰，殺人盈城。尚武虓，貴權謀，使斯民日尋干戈，要利於上，極而爲戰國七雄之爭，又爲秦鞅阡陌之變。所謂寢兵措刑，寓兵於農之深意，掃滅無遺，誅始禍者，責有在矣。用首志《春秋》所書征伐世變之迹，以爲永鑑，至於列國將卒車陳征戍守衛之詳，則比次傳文，詳而述之，示不没其實云。

宋·趙鵬飛《春秋經筌》卷一三《昭公十三年》 十有三年春，叔弓帥師圍費。

費，季氏邑也。季氏執國命以逆其君，南蒯弄邑兵以叛其主。嗚呼，亦天道好還，理之必至歟！抑季氏之專，有以啓之也。天道幽遠有所不得考，而季氏攘竊以抗，其君欲其臣忠於己，得乎？孔子曰：『天下有道，禮樂征伐自天子出；天下無道，禮樂征伐自諸侯出。自諸侯出，十世希不失矣；自大夫出，五世希不失矣；陪臣執國命，三世希不失矣。』蓋諸侯抗天子，則大夫抗諸侯；大夫抗諸侯，則陪臣抗大夫，馴致之漸也。今夫爲人子而不孝，其父則無怪夫其子之悖於己也。爲人臣而不忠其君，又何以責其臣之叛己乎？襄七年，城費。《左氏》謂季氏狥南氏之請，蓋費爲季氏私邑，非爲南氏也，實自封殖爾。不知南氏因城而益，固其叛心以生，非所以爲季氏之利也。故三家之彊首於季氏，而陪臣之叛亦首於費。其自封殖，適所以自禍也。此可爲營私背公者之戒哉！今費之叛季氏不自圍而叔弓圍之，叔弓非三家之黨也，公之臣也。服則已城之以爲恩，叛則公討之以賈怨。恩歸於己而怨歸於公，叛則屬公而服則歸己，意如之姦則深矣，而昭公何其不爽哉？此其所以卒見逐於季氏也。

元·陳師凱《書蔡氏傳旁通》卷四中《洪範》 大夫必害於而家，諸侯必凶於而國，有位者固側頗僻而不安其分，小民亦僭忒而踰越其常。

而家而國，與皇極疇；而邦其昌，好于而家。同『而』字皆訓『汝』，彼『而邦』指周言，此『國』字指侯國，言大夫之家，諸侯之國，而謂之『而家而國』者，蓋王者一統天下，諸侯大夫不敢有其室。雖寄治於諸侯大夫，其實無非天子之家國也。天子不能作福作威而使權移於下，是自害汝家，自凶汝國耳。魯用天子之禮樂，其流之弊遂使季氏僭八佾，三家僭雍徹，陪臣執國命，是其驗也。

明·湛若水《春秋正傳》卷三《隱公九年》 春，天王使南季來聘。

《正傳》曰：南，氏姓也；季，字也。天子之大夫也。書『天王使南季來聘』，則天子違禮之非，諸侯不恭之罪，並可見矣。《穀梁》以爲聘諸侯非正，非也；諸侯不職而天子聘之，乃不正也。程子曰：《周禮·大行人》時聘以結諸侯之好，王法之行時加聘問以懷撫諸侯，乃常禮也。

春秋之時，諸侯不修臣職，朝覲之禮廢絶，王法所當治也。不能正典刑而反聘之又不見答，失道甚矣。胡氏曰：古者諸侯於天子比年一小聘，三年一大聘，五年一朝；天子於諸侯不可以若是。恕故亦有聘問之禮焉。隱公卽位九年，於此而史策不書遣使如周，則是未嘗聘也；亦不書公如京師，則是未嘗朝也。一不朝則貶其爵，再不朝則削其地，如隱公貶爵削地可也。刑則不舉遣使聘焉，其斯以爲不正乎？《經》書『公如京師』者一，『朝于王所』者二，『卿大夫如京師』者五，舉魯一國則天下諸侯怠慢不臣可知矣。書『天王來聘』者七，『錫命』者三，『歸脤』者一，『賵葬』者四，則問於他邦及齊、晉、秦、楚之大國，又可知矣。王之不王如此，征伐安得不自諸侯出乎？諸侯之不臣如此，政事安得不自大夫出乎？君臣上下之分易矣，陪臣執國命，夷狄制諸夏矣，其原皆自天王失威福之柄也。愚謂《春秋》之取義，蓋見其微矣。

又　卷三〇《昭公十三年》　春，叔弓帥師圍費。

《正傳》曰：書『叔弓帥師圍費』，誅叛臣也。而在上者所以致之之罪，不可掩矣。南蒯據費以叛，故叔弓帥師圍之，而不思臣之叛己也，由己之叛君，以爲之倡也。孔子曰：『陪臣執國命，三桓之子孫微矣。』此書圍費之意也乎？《左氏》曰：春，叔弓圍費，弗克，敗焉。平子怒，今見費人執之，以爲囚俘。冶區夫魯大夫也。曰：『若見費人，寒者衣之，飢者食之，爲之令主而共其乏困；費來如歸，南氏亡矣。民將叛之，誰與居邑？若憚之以威，懼之以怒，民疾而叛，爲之聚也。若諸侯皆然，費人無歸，不親南氏，將焉入矣。』平子從之，費人叛南氏。胡氏曰：費，內邑也，命正卿爲主將，舉大衆圍其城，若敵國然者，家臣彊大夫弱也。語不云乎：『有一言而可以終身行之者其恕矣乎』，『己所不欲，勿施於人』，『所惡於下者，毋以事上也；所惡於上者，毋以使下也。』然後家齊而國治矣。季孫意如以所惡於下者事其上，而不忠於其君；以所惡於上者使其下，而不禮於其臣，出乎爾者反乎爾，宜南蒯之及此也。《春秋》之法，不書內叛反求諸己而已矣。其書『圍』，欲著其實不没之也。

又　卷三三《定公十年》　秋，叔孫州仇、仲孫何忌帥師圍郈。

《正傳》曰：再志圍郈，再志討叛，而甚魯之無道也。《左氏》曰：秋，二子及齊師復圍郈，弗克。叔孫謂郈工師駟赤曰：『郈非唯叔孫氏之憂，社稷之患也。將若之何？』對曰：『臣之業，在《揚水》卒章之四言矣。』叔孫稽首。駟赤謂侯犯曰：『居齊魯之際而無事，必不可矣。子盍求事於齊以臨民，不然，將叛。』犯從之，齊使至，駟赤與郈人爲之宣言於郈中曰：『侯犯將以郈易於齊，齊人將遷郈民。』衆凶懼。駟赤謂侯犯曰：『衆言異矣。子不如易於齊，與其死也。猶是郈也，而得紓焉，何必此？齊人欲以此偪魯，必倍與子地。且盍多舍甲於子之門，以備不虞？』侯犯曰：『諾。』乃多舍甲焉。侯犯請易於齊，齊有司觀郈，將至。駟赤使周走呼曰：『齊師至矣。』郈人大駭，介侯犯之門甲，以圍侯犯。駟赤將射之，侯犯止之，曰：『謀免我。』侯犯請行，許之。駟赤先如宿，侯犯殿。每出一門，郈人閉之。及郭門，止之，曰：『子以叔孫氏之甲出，有司若誅之，羣臣懼死。』駟赤曰：『叔孫氏之甲有物，吾未敢以出。』犯謂駟赤曰：『子止而與之。』駟赤止，而納魯人。侯犯奔齊，齊人乃致郈。愚案：胡氏曰：郈，叔孫氏邑也。侯犯以郈，叛不書於策，書圍郈則叛可知矣。再書二卿帥師圍郈，則彊亦可知矣。天子失道，征伐自諸侯出；而後大夫彊，諸侯失道，征伐自大夫出；而後家臣强，其逆彌甚，則其失彌速。故自諸侯出，十世希不失矣；自大夫出，五世希不失矣；陪臣執國命，三世希不失矣。三家專魯爲日已久，至是家臣爭叛，亦其理宜矣。《春秋》制法本忠恕，施諸己而不願，亦勿施諸人。故所惡於上不以使下，所惡於下不以事上。二三子知傾公室以自張而不知家隸之，擬其後也。凡此類，皆據事直書深切著明矣。

明·熊過《春秋明志録》卷一〇《昭公十三年》　十有三年，春，叔弓帥師圍費。

『陪臣執國命，而三桓之子孫微矣。』魯公室卑由三家，家臣于是以『張公室』爲名，故南蒯據費不書其叛，家臣叛其大夫，所謂出乎爾而反之，非叛君也，然則許南蒯乎？于是魯四分而君無名矣。有能思君臣之義，而懷周公禽父之德一反之正者，是社稷之臣，而蒯非其人也。蒯之鄉人有歌蒯者曰：『家臣而君圖。』或又歌者曰：『去我鄙魯之人，亦不知有君矣。』蒯之『張公室』，迹似而情非，挾其私而行之也。蒯成而愁代庸愈于季氏乎？襄七年，季孫宿得政首爲南氏城費。費者，季氏邑也。《禮》：『大夫無百雉之城。』彼城者，蓋欲自殖也。故費叛則以叔弓圍之。

叔弓副意如以帥師，意如之黨也。故知蒯不書叛者，則知好還之理，亂臣賊子懼，而聖人之情見矣。治區夫明于撫下而暗于事上，亦《春秋》之所治也。

又　卷一一《定公六年》　夏，季孫斯、仲孫何忌如晉。

《左氏傳》曰：季桓子如晉，獻鄭俘也。陽虎强使孟懿子往報夫人之幣，晉人兼享之。夫一卿將命可兼他事，今每事一卿，故累数之見二卿爲陽虎所制也。于是陪臣執國命，而三桓之子孫微矣。魯自東門氏以後，仲孫聘晉者三，叔孫五，季孫十有二，説《經》者别之曰：仲之事簡，叔之情忠，季主范荀借外權以逼公室耳。春秋之義大，夫非君命不越境。其初聘問尚簡，故不得外交；其後寢繁而交始固，于是始得借外權爲内患。宋樂祁主范、鄭伯石主韓衛，孫林父善晉大夫，不獨魯三桓也。然孰知天道好還，陪臣執國命以叛之哉？梁嬰父董安于叠見于《春秋》，遂以是終矣。

明·蔡清《四書蒙引》卷八《季氏第十六》　天下有道，則禮樂減一百六十四字。

有道無道不必説，於下文見之，只是言世治世亂云耳。禮樂征伐本天子之事也，故曰自天子出。自諸侯出者，主柄下移也，希不失者，失其柄也。陪臣執國命，因禮樂征伐自諸侯出，其因襲之弊，或自家臣出矣。國命：畢竟是禮樂征伐，蓋禮樂征伐既出自諸侯、大夫，則禮樂征伐只是侯國之事，而不復爲天子之器矣。故只稱國命。

陪臣：陪者，副也，重也。天下有道，則政不在大夫。當時列國之政，皆自大夫出，故夫子云。然此政字只是國政泛言賞罰號令或以政爲禮樂征伐者，非天下有道，諸侯安得有禮樂征伐爲大夫所僭邪？若陪臣執國命，却是禮樂征伐，蓋天下無道，則禮樂征伐之柄或移於陪臣；天下有道，則禮樂征伐之柄亦不及於諸侯與大夫。天下有道，則庶人不議。此又見當時爲上者，皆不免於庶人之議。故云然。上無失政，「上」字指天子、諸侯、大夫言，此四字當置在「天下有道」之下，「庶人不議」之上。天子政不在諸侯，諸侯政不在大夫，大夫政不在陪臣，此是上無失政。「失」字因上文「失」字來。天下有道，便是禮樂征伐自天子出時節，故國政不在大夫，而庶人不得而議。但此兩節非相承言，各提端説。此章統論天下之勢，不可以政不在大夫，爲主國言，爲上有「天下」字，便是統論天下。

清·閻若璩《尚書古文疏證》卷五上《第六十七》　又按《論語》不曰「自陪臣出」，而曰「陪臣執國命」者，蓋當時陪臣如南蒯、陽虎、公山弗擾輩俱在家，制其主，專其政，横行於國之中，尚不似大夫得將兵於外，與列國盟會，聲迹及天下。故變其文不與大夫同。或曰：「是固然矣，但三世希不失矣。虎輩僅及身止，豈聖人反爲陪臣寛言之耶？」予曰：「否。」馬融《論語註》云：「陽氏爲季氏家臣，至虎三世，而出奔齊。」融號博洽，嘗自稱吾見《書》《傳》多，註必有徵。參以《杜氏註》：昭十二年，蒯南遺之子。昭四年，南遺季氏家臣。則南氏亦在再世主之列，是又當爲《集註》補其闕爾。

清·張尚瑗《左傳折諸》卷二二《昭公·北宫氏之宰不與聞謀殺渠子》　爲《春秋》家言者，有二百四十二年間，三變之大局，總經緯乎「禮樂征伐自諸侯、大夫，遞降至於陪臣執國命」之旨。繻葛之戰，曲沃之封，天子誤用其干戈，圭瓚一失不復返；諸侯之侵犯王略，專封專討，不待言矣。自雞澤、溴梁，大夫自爲會盟；取卞、取鄆，大夫擅用征伐。至於郈庚助季氏伐公徒，叔孫婼以死自明而不敢討其臣，陽虎則遂囚季孫斯徵饗蒲圃，其初南蒯之欲張公室，衛北宫氏之宰滅齊豹以納靈公，多托名於拯難赴義之舉，忠勤所著釁孽萌焉。董安于之助趙氏以弱晉，尤死不足塞責。惟名與器不可假人，蓋深防其漸也。

清·馬驌《繹史》卷八八《魯陪臣交叛》　《春秋》昭公十二年冬十月，公子慭出奔齊，十三年春，叔弓帥師圍費，記南蒯之叛也。定公八年冬，盜竊寶玉大弓，九年夏，得寶玉大弓，記陽虎之叛也。十年夏，叔孫州仇、仲孫何忌帥師圍郈，秋，叔孫州仇、仲孫何忌帥師圍郈，記侯犯之叛也。左氏續《經》，哀公十五年春王正月，成叛，記公孫宿之叛也。蒯與虎叛，季氏犯叛，叔孫氏宿叛，孟氏大夫僭也，而陪臣叛之，宜若爲義。雖然，家臣而欲張公室，披邑以資敵國，罪莫大焉。此南蒯諸人之名，《春秋》所以没而不書也。季氏專政，僭於公室，至平子越禮尤甚，子仲謀去之而未克，南氏先叛，無論家臣君圖，恤湫兆敗，而謀之不終；以費奔齊，是豈忠信之義乎？蒯、仲既敗之後，季氏益張，昭公謀欲去

之，而越在外野，俾昭公不能正其終，定公不能正其始，死而無討，《春秋》痛焉。桓子嗣政，家臣陽虎，尤而效之，專執國命，拘桓子於國，既復辱之於晉，陷之於齊，且盟且詛，旦暮得而甘心焉。是時，齊方伐魯，疆埸多故，虎乃恣肆無忌，順祀先公，作難蒲圃，琴如甲起，説然不懼，判白之璋，繡質之弓，青純之龜，任其攘竊，而魯國莫能禁矣。孔子爲司寇，以爲欲靖内亂，必先平齊，夾谷會而三田歸，虎是以不安於齊而適晉也。侯犯宰郈，公山不狃宰費，皆倚城自固，勢同尾大，犯雖平，而不狃猶在，憂未歇也。仲尼曰：『三家之抗魯也以三都故，陪臣之抗三家也，亦以三都故。大都耦國，不如墮之。』墮郈克費，女樂入，孔子行，而成弗克墮矣。夫魯人之於孔子，孰不知其聖，前此不用，必待定公十年始用之者，非季孫之真能用孔子也，迫於陽虎之徒，急召之以救亂。亂已靖矣，乃且彊公室，弱私家，三桓能不懼乎？公斂陽曰：『成，孟氏之保障也，無成，是無孟氏也。』季氏必曰無費是無季氏也；叔孫氏必曰無郈是無叔孫氏也。孔子去矣，公誰與謀。自是以後，三桓益侈，公孫宿據成以叛，亦莫能病孟氏也。孔子之爲政也，能用魯國，而不能容於三家，陪臣交叛，不足以病三家，而適以病魯，亦莫如之何也已。

清·顧棟高《春秋大事表》附録《讀春秋偶筆》　春秋之中葉，討伐無書王者，政自諸侯出也；至末季，討伐無書公者，政自大夫出也；定公之初，伐齊反書公者，陪臣執國命而欲假公以與大夫抗也；哀公之世，征伐盟會，無不書公者，大夫復張已專其利，而以危難之事陷其君也。聖人一字之去留，世變存焉，皆據實書。以爲褒貶者殊錯。

清·高士奇《左傳紀事本末》卷一〇《魯陪臣交叛》　臣士奇曰：《傳》曰：『所惡於上者，無以使下；所惡於下者，無以事上。』故順事恕施者，非獨以稱物情，亦所以杜禍亂之原，而慎反爾之幾也。魯三桓朘削公室，固都城，以爲狡兔之窟，使其君民食於他，自謂得計，而不虞家臣之議其後者相隨屬也。其父好兵，其子必且行劫。主欲背公，而欲其臣不效尤，得乎？《經》、《傳》所載昭、定、哀以來陪臣之據邑以叛者凡四，季之叛者二，孟孫、叔孫之叛者各一。南蒯也，狃、輒也，侯犯也，公孫宿也，此不過憑倚强都，介恃鄰境，而又有司徒老祈、慮癸、駟赤以爲之間。至費與成，則孔子謀之，子路、子貢從而贊之，不旋踵而叛人奔竄，城郭依然，其患猶未劇也。惟陽虎以梟雄之姿，不仁之性，中據魯國，而執其政柄。欲囚桓子，則囚之；欲盟三桓，則盟之；欲逐其所不快，則逐之。當是時，魯人畏之如雷電、鬼神之不可犯。及其既敗脱甲，於公宫取寳玉大弓以出，舍於五梧之衢，從容逸豫，無有能致難之者。使蒲圃之事竟成，則去一三桓，而得一三桓，公室之存亡未可知也，而豈止私家之患也哉？然以季氏之强，取民有衆，其不臣之迹，孟與叔不如是之甚也；而費凡再叛，更益以陽虎之逞亂，幾墜厥宗。天道好還，不可爲人臣以所惡於下者事其上之戒哉！

田氏代齊分部

綜　述

《史記》卷三二《齊太公世家》　（齊景公）三年十月，慶封出獵。初，慶封已殺崔杼，益驕，嗜酒好獵，不聽政令。慶舍用政，南朝宋裴駰《集解》服虔曰：『舍，慶封之子也。生傳其職政與子。』已有内郤。田文子謂桓子曰：『亂將作。』田、鮑、高、欒氏相與謀慶氏。慶舍發甲圍慶封宫，四家徒共擊破之。慶封還，不得入，奔魯。齊人讓魯，封奔吴。吴與之朱方，聚其族而居之，富於在齊。其秋，齊人徙葬莊公，僇崔杼屍於市以説衆。

九年，景公使晏嬰之晉，與叔向私語曰：『齊政卒歸田氏。田氏雖無大德，以公權私，有德於民，民愛之。』【略】

五十五年，范、中行反其君於晉，晉攻之急，來請粟。田乞欲爲亂，樹黨於逆臣，説景公曰：『范、中行數有德於齊，不可不救。』及使乞救而輸之粟。【略】

晏孺子元年春，田乞僞事高、國者，每朝，乞驂乘，言曰：『子得君，大夫皆自危，欲謀作亂。』又謂諸大夫曰：『高昭子可畏，及未發，先之。』大夫從之。六月，田乞、鮑牧乃與大夫以兵入公宫，攻高昭子。

昭子聞之，與國惠子救公。公師敗，田乞之徒追之，國惠子奔莒，遂反殺高昭子。晏圉奔魯。《集解》賈逵曰：「圉，晏嬰之子。」八月，齊秉意茲。《集解》徐廣曰：「《左傳》八月，齊邴意茲奔魯。」田乞敗二相，乃使人之魯召公子陽生。陽生至齊，私匿田乞家。十月戊子，田乞請諸大夫曰：「常之母有魚菽之祭，《集解》何休曰：「齊俗，婦人首祭事。言魚豆者，示薄陋無所有也。」幸來會飲。」會飲，田乞盛陽生橐中，置坐中央，發橐出陽生，曰：「此乃齊君矣！」大夫皆伏謁。將與大夫盟而立之，鮑牧醉，乞誣大夫曰：「吾與鮑牧謀共立陽生。」鮑牧怒曰：「子忘景公之命乎？」諸大夫相視欲悔，陽生前，頓首曰：「可則立之，否則已。」鮑牧恐禍起，乃復曰：「皆景公子也，何爲不可！」乃與盟，立陽生，是爲悼公。悼公入宮，使人遷晏孺子於駘，《集解》賈逵曰：「齊邑。」殺之幕下，而逐孺子母芮子。芮子故賤而孺子少，故無權，國人輕之。【略】

簡公四年春，初，簡公與父陽生俱在魯也，監止有寵焉。《集解》賈逵曰：「闞止，子我也。」唐司馬貞《索隱》監，《左傳》作「闞」，闞在東平須昌縣東南也。及卽位，使爲政。田成子憚之，驟顧於朝。《集解》杜預曰：「心不安，故數顧也。」御鞅《集解》賈逵曰：「鞅，齊大夫也。」《索隱》鞅，名也，爲僕御之官，故曰御鞅，亦田氏之族。按：《系本》陳桓子無宇產子亹，亹產子獻，獻產鞅也。言簡公曰：「田、監不可並也，君其擇焉。」《集解》杜預曰：「擇用一人也。」弗聽。子我夕，《集解》服虔曰：「夕省事。」田逆殺人，逢之，《集解》服虔曰：「子我將往夕省事於君，而逢逆之殺人也。」杜預曰：「逆，子行。陳氏宗。」遂捕以入。《集解》杜預曰：「執逆入至於朝也。」田氏方睦，《集解》服虔曰：「陳常方欲謀有齊國，故和其宗族。」使囚病而遺守囚者酒，《集解》服虔曰：「使陳逆詐病而遺也。」醉而殺守者，得亡。子我盟諸田於陳宗。《集解》服虔曰：「子我見陳逆得生出，而恐爲陳氏所怨，故與盟而請和也。陳宗，宗長之家。」初，田豹欲爲子我臣，《集解》賈逵曰：「豹，陳氏族也。」使公孫言豹，《集解》賈逵曰：「公孫，齊大夫也。」杜預曰：「言，介達之意。」豹有喪而止。後卒以爲臣，《集解》杜預曰：「終喪也。」幸於子我。子我謂曰：「吾盡逐田氏而立女，可乎？」對曰：「我遠田氏矣。《集解》服虔曰：「言我與陳氏宗疏遠也。」且其違者不過數人，《集解》服虔曰：「違者，不從子我者。」何盡逐焉！」遂告田氏。子行曰：「彼得君，弗先，必禍子。」《集解》服虔曰：「彼謂闞止也。子謂陳常也。」子行舍於公宮。《集解》服虔曰：「止於公宮，爲陳氏作內間也。」

夏五月壬申，成子兄弟四乘如公。《集解》服虔曰：「成子兄弟八人，二人共一乘，故曰四乘。」《索隱》服虔曰：「成子兄弟八人，二人共乘一車，故四乘。」按《系本》，陳僖子乞產成子常、簡子齒、宣子其夷、穆子安、廩丘子醫茲、芒子盈、惠子得，凡七人。杜預又取昭子莊以充八人之數。按《系本》，昭子是桓子之子，成子之叔父，又不名莊，彊相證會，言四乘有八人耳。今按：《田完系家》云田常兄弟四人如公宮，與此事同。今此唯稱四乘，不云人數，知四乘謂兄弟四人乘車而入，非二人共車也。然其昆弟三人不見者，蓋時或不在，不同入公宮，不可彊以四乘爲八人，添叔父爲兄弟之數。服、杜殊失也。子我在幄，《集解》杜預曰：「幄，帳也，聽政之處也。」出迎之，遂入，閉門。《集解》服虔曰：「成子兄弟見子我出，遂突入，反閉門，子我不得復入。」宦者禦之，《集解》服虔曰：「闇豎以兵禦陳氏。」子行殺宦者。《集解》服虔曰：「舍於公宮，故得殺之。」公與婦人飲酒於檀臺，《集解》服虔曰：「當陳氏入時，飲酒於此臺。」成子遷諸寢。《集解》服虔曰：「欲徙公令居寢也。」公執戈將擊之，《集解》杜預曰：「疑其作亂也。」太史子餘《集解》服虔曰：「齊大夫。」曰：「非不利也，將除害也。」《集解》杜預曰：「言將爲公除害也。」成子出舍於庫，《集解》杜預曰：「以公怒故也。」聞公猶怒，將出，《集解》服虔曰：「出奔也。」曰：「何所無君！」子行拔劍曰：「需，事之賊也。《集解》杜預曰：「言需疑則害事。」誰非田宗？《集解》杜預曰：「言陳氏宗族衆多。」所不殺子者有如田宗。」《集解》杜預曰：「言子若欲出，我必殺子，明如陳宗。」乃止。子我歸，屬徒《集解》服虔曰：「會徒衆。」攻闈與大門，《集解》宮中之門曰闈。大門，公門也。皆弗勝，乃出。田氏追之。豐丘人執子我以告，《集解》賈逵曰：「豐丘，陳氏邑也。」殺之郭關。《集解》服虔曰：「齊關名。」成子將殺大陸子方，《集解》服虔曰：「子方，子我黨，大夫東郭賈也。」田逆請而免之。以公命取車於道，《集解》杜預曰：「子方取道中行人車。」出雍門。《集解》杜預曰：「齊城門。」田豹與之車，弗受，曰：「逆爲余請，豹與余車，余有私焉。事子我而有私於其讎，何以見魯、衛之士？」《集解》服虔曰：「子方將欲奔魯、衛也。」《左傳》曰：「東郭賈奔衛。」

庚辰，田常執簡公於徐州。《集解》：《春秋》作「舒州」。賈逵曰：「陳氏邑也。」《索隱》徐音舒，其字從人。《左氏》作「舒」，舒，陳氏邑。《說文》作「郐」，郐在薛縣。公曰：「余蚤從御鞅言，不及此。」甲午，田常弑簡公於徐州。田常乃立簡公弟驁，《索隱》：《系本》及譙周皆作「敬」，蓋誤也。是爲平公。

平公卽位，田常相之，專齊之政，割齊安平以東爲田氏封邑。《集解》徐廣曰：『《年表》云平公之時，齊自是稱田氏。』《索隱》安平，齊邑。按：《地理志》涿郡有安平縣也。

平公八年，越滅吴。二十五年卒，子宣公積立。

宣公五十一年卒，子康公貸立。田會反廩丘。《索隱》田會，齊大夫。廩，邑名，東郡有廩丘縣也。

康公二年，韓、魏、趙始列爲諸侯。十九年，田常曾孫田和始爲諸侯，遷康公海濱。

二十六年，康公卒，呂氏遂絶其祀。田氏卒有齊國，爲齊威王，彊於天下。

又 卷四六《田敬仲完世家》 文子卒，生桓子無宇。田桓子無宇有力，事齊莊公，甚有寵。

無宇卒，生武子開與釐子乞。田釐子乞事齊景公爲大夫，其收賦稅於民以小斗受之，其稟予民以大斗，行陰德於民，而景公弗禁。由此田氏得齊衆心，宗族益彊，民思田氏。晏子數諫景公，景公弗聽。已而使於晉，與叔向私語曰：『齊國之政卒歸於田氏矣。』

晏嬰卒後，范、中行氏反晉。晉攻之急，范、中行請粟於齊。田乞欲爲亂，樹黨於諸侯，乃説景公曰：『范、中行數有德於齊，齊不可不救。』齊使田乞救之而輸之粟。

景公太子死，後有寵姬曰芮子，《集解》徐廣曰：『一作「粥子」。』生子茶。景公病，命其相國惠子《索隱》名夏。與高昭子《索隱》名張。以子茶爲太子。景公卒，兩相高、國立茶，是爲晏孺子。而田乞不説，欲立景公他子陽生。陽生素與乞歡。晏孺子之立也，陽生奔魯。田乞僞事高昭子、國惠子者，每朝代參乘，言曰：『始諸大夫不欲立孺子。孺子既立，君相之，大夫皆自危，謀作亂。』又紿大夫曰：『高昭子可畏也，及未發先之。』諸大夫從之。田乞、鮑牧與大夫以兵入公室，攻高昭子。昭子聞之，與國惠子救公。公師敗。田乞之衆追國惠子，惠子奔莒，遂返殺高昭子。晏圉奔魯。

田乞使人之魯，迎陽生。陽生至齊，匿田乞家。請諸大夫曰：『常之母有魚菽之祭，幸而來會飲。』會飲田氏。田乞盛陽生橐中，《索隱》橐中謂皮橐之中。置坐中央。發橐，出陽生，曰：『此乃齊君矣。』大夫皆伏謁。將盟立之，田乞誣曰：『吾與鮑牧謀共立陽生也。』鮑牧怒曰：『大夫忘景公之命乎？』諸大夫欲悔，陽生乃頓首曰：『可則立之，不可則已。』鮑牧恐禍及己，乃復曰：『皆景公之子，何爲不可！』遂立陽生於田乞之家，是爲悼公。乃使人遷晏孺子於駘，《正義》賈逵云：『齊地也。』而殺孺子茶。悼公既立，田乞爲相，專齊政。

四年，田乞卒，子常代立，是爲田成子。

鮑牧與齊悼公有郤，弑悼公。齊人共立其子壬，是爲簡公。田常成子與監止《集解》監，一作『闞』。《索隱》監，姓也。名止。俱爲左右相，相簡公。田常心害監止，監止幸於簡公，權弗能去。於是田常復脩釐子之政，以大斗出貸，以小斗收。齊人歌之曰：『嫗乎采芑，歸乎田成子！』《索隱》言嫗之采芑菜皆歸入於田成子，以刺齊國之政將歸陳。齊大夫朝，御鞅《索隱》御，官也，鞅，名也。亦田氏之族。諫簡公曰：『田、監不可並也，君其擇焉。』君弗聽。

子我者，監止之宗人也，《索隱》案：《齊系家》云『子我夕』，賈逵云『卽監止也』。尋其文意，當是監止。今云『宗人』，蓋太史誤也。常與田氏有郤。田氏疏族田豹事子我有寵。子我曰：『吾欲盡滅田氏適，以豹代田氏宗。』豹曰：『臣於田氏疏矣。』不聽。已而豹謂田氏曰：『子我將誅田氏，田氏弗先，禍及矣。』子我舍公宫，田常兄弟四人乘如公宫，欲殺子我。子我閉門。簡公與婦人飲檀臺，《正義》在青州臨淄縣東北一里。將欲擊田常。太史子餘曰：『田常非敢爲亂，將除害。』簡公乃止。田常出，聞簡公怒，恐誅，將出亡。田子行曰：『需，事之賊也。』《索隱》需者，疑也。疑必致難，故云事之賊也。田常於是擊子我。子我率其徒攻田氏，不勝，出亡。田氏之徒追殺子我及監止。

簡公出奔，田氏之徒追執簡公於徐州。《索隱》徐州，齊邑，薛縣是也，非九州之徐。《正義》齊之西北界上地名，在勃海郡東平縣也。簡公曰：『蚤從御鞅之言，不及此難。』田氏之徒恐簡公復立而誅己，遂殺簡公。簡公立四年而殺。於是田常立簡公弟驁，是爲平公。平公卽位，田常爲相。

田常既殺簡公，懼諸侯共誅己，乃盡歸魯、衛侵地，西約晉、韓、魏、趙氏，南通吴、越之使，脩功行賞，親於百姓，以故齊復定。

田常言於齊平公曰：『德施人之所欲，君其行之；刑罰人之所惡，臣請行之。』行之五年，齊國之政皆歸田常。田常於是盡誅鮑、晏、監止及公族之彊者，而割齊自安平以東《集解》徐廣曰：『安平在北海。』《索隱》案：司馬彪《郡國志》『北海東安平，六國時曰安平』，則徐廣云在北海是。《正義》：《括地志》云：『安平城在青州臨淄縣東十九里，古紀國之酅邑。』青州卽北海郡也。至琅邪，自爲封邑。《正義》琅邪，沂州也。從安平已東，萊、登、沂、密等州皆自爲田常封邑也。封邑大於平公之所食。

田常乃選齊國中女子長七尺以上爲後宮，後宮以百數，而使賓客舍人出入後宮者不禁。及田常卒，有七十餘男。《索隱》案：鮑昱云『陳成子有數十婦，生男百餘人』，與此亦異。然譙允南案《春秋》，陳恆爲人，雖志大負殺君之名，至於行事亦脩整，故能自保，固非苟爲禽獸之行。夫成事在德，雖有奸子七十，祇以長亂，事豈然哉？言其非實也。

田常卒，子襄子盤《集解》徐廣曰：『盤，一作「塈」。』《索隱》徐廣云一作「塈」。《系本》作「班」。代立，相齊。常謚爲成子。

田襄子既相齊宣公，三晉殺知伯，《集解》徐廣曰：『宣公之三年時也。』分其地。襄子使其兄弟宗人盡爲齊都邑大夫，與三晉通使，且以有齊國。

襄子卒，子莊子白《索隱》：《系本》名伯。立。田莊子相齊宣公。宣公四十三年，伐晉，毁黄城，圍陽狐。《正義》：《括地志》云：『故黄城在魏州冠氏縣南十里。陽狐郭在魏州元城縣東北三十二里也。』明年，伐魯、葛及安陵。《正義》：《括地志》云：『故魯城在許昌縣南四十里，本魯朝宿邑。長葛故城在許州長葛縣北十三里，鄭之葛邑也。鄢陵故城在許州鄢陵縣西北十五里。李奇云六國時爲安陵也。』明年，取魯之一城。

莊子卒，子太公和立。《索隱》案：《紀年》『齊宣公十五年，田莊子卒。明年，立田悼子。悼子卒，乃次立田和』。是莊子後有悼子。蓋立年無幾，所以作《系本》及記史者不得録也。而莊周及鬼谷子亦云『田成子殺齊君，十二代而有齊國』。今據《系本》、《系家》，自成子至王建之滅，唯祇十代；若如《紀年》，則悼子及侯剡卽有十二代，乃與莊子、鬼谷説同，明《紀年》亦非妄。田太公相齊宣公。宣公四十八年，取魯之郕。《正義》：《括地志》云：『故郕城在兖州泗水縣西北五十里。《説文》云「郕，魯孟氏邑」是也。』明年，宣公與鄭人會西城。伐衛，取毋丘。《索隱》毋音貫，古國名，衛之邑。今作「毋」者，字殘缺耳。《正義》：《括地志》云：『故貫城卽古貫國，今名蒙澤城，在曹州濟陰縣南五十六里也。』宣公五十一年卒，田會自廪丘反。《索隱》：《紀年》『宣公五十一年，公孫會以廪丘叛於趙。十二月，宣公薨』。於周正爲明年二月。

宣公卒，子康公貸立。《集解》徐廣曰：『十一年，伐魯，取最。』貸立十四年，淫於酒婦人，不聽政。太公乃遷康公於海上，食一城，以奉其先祀。明年，魯敗齊平陸。《集解》徐廣曰東平平陸。《正義》兖州縣也。

三年，太公與魏文侯會濁澤，《集解》徐廣曰：『康公之十六年。』《索隱》徐廣云『康公十六年』，蓋依《年表》爲説，而不省此上文『貸立十四年』，又云『明年會平陸』，『又三年會濁澤』，則是十八年，表及此注並誤也。求爲諸侯。魏文侯乃使使言周天子及諸侯，請立齊相田和爲諸侯。周天子許之。康公之十九年，田和立爲齊侯，列於周室，紀元年。【略】

桓公卒，《索隱》案：《紀年》，梁惠王十二年當齊桓公十八年，後威王始見，則桓公十九年而卒，與此不同。子威王因齊立。是歲，故齊康公卒，絶無後，奉邑皆入田氏。

論説

宋·真德秀《大學衍義》卷四一《禍卒兆於此可不戒諸》 臣按：景公之失，亦由嗣子不蚤定之故。其所以不蚤定者，以私欲立荼之故也。雖高、國二臣曲從其亂命，而適以啓田乞之姦心，殺荼而立陽生。齊國之政遂歸田氏不再傳，而田氏代齊矣。吁，可戒哉！

雜録

《漢書》卷二八下《地理志下》 昔太公始封，周公問：『何以治齊？』太公曰：『舉賢而上功。』周公曰：『後世必有篡殺之臣。』其後二十九世爲彊臣田和所滅，而和自立爲齊侯。初，和之先陳公子完有罪來奔齊，齊桓公以爲大夫，更稱田氏。九世至和而篡齊，至孫威王稱王，五世爲秦所滅。

三家分晉分部

綜　述

《史記》卷三九《晉世家》　（晉平公）十四年，吳延陵季子來使，與趙文子、韓宣子、魏獻子語，曰：『晉國之政，卒歸此三家矣。』

十九年，齊使晏嬰如晉，與叔鄉語。叔鄉曰：『晉，季世也。公厚賦爲臺池而不恤政，政在私門，其可久乎！』晏子然之。

二十二年，伐燕。二十六年，平公卒，子昭公夷立。

昭公六年卒。六卿彊，《索隱》韓、趙、魏、范、中行及智氏爲六卿。後韓、趙、魏爲三卿，而分晉政，故曰三晉。公室卑。子頃公去疾立。

頃公六年，周景王崩，王子爭立。晉六卿平王室亂，立敬王。

九年，魯季氏逐其君昭公，昭公居乾侯。十一年，衛、宋使使請晉納魯君。季平子私賂范獻子，獻子受之，乃謂晉君曰：『季氏無罪。』不果入魯君。

十二年，晉之宗家祁傒孫，叔鄉子，相惡於君。六卿欲弱公室，乃遂以法盡滅其族。而分其邑爲十縣，各令其子爲大夫。晉益弱，六卿皆大。

十四年，頃公卒，子定公午立。

定公十一年，魯陽虎奔晉，趙鞅簡子舍之。十二年，孔子相魯。

十五年，趙鞅使邯鄲大夫午，不信，欲殺午，午與中行寅、《索隱》寅，荀偃之孫也。范吉射《索隱》范獻子，士鞅之子。親攻趙鞅，鞅走保晉陽。定公圍晉陽。荀櫟、韓不信、魏侈與范、中行爲仇，乃移兵伐范、中行。范、中行反，晉君擊之，敗范、中行。范、中行走朝歌，保之。韓、魏爲趙鞅謝晉君，乃赦趙鞅，復位。二十二年，晉敗范、中行氏，二子奔齊。

三十年，定公與吳王夫差會黃池，爭長，趙鞅時從，卒長吳。《集解》徐廣曰：『《吳世家》說黃池之盟云「趙鞅怒，將戰，吳乃長晉定公」。《左氏傳》云「乃先晉人」，《外傳》云「吳公先歃，晉公次之」。』

三十一年，齊田常弒其君簡公，而立簡公弟驁爲平公。三十三年，孔子卒。

三十七年，定公卒，子出公鑿立。

出公十七年，《集解》徐廣曰：『《年表》云出公立十八年。或云二十年。』知伯與趙、韓、魏共分范、中行地以爲邑。出公怒，告齊、魯，欲以伐四卿。《索隱》時趙、魏、韓共滅范氏及中行氏，而分其地，猶有智氏與三晉，故曰『四卿』也。四卿恐，遂反攻出公。出公奔齊，道死。故知伯乃立昭公曾孫驕爲晉君，是爲哀公。《索隱》按：《趙系家》云驕是爲懿公。又《年表》云出公十八年，次哀公忌二年，次懿公驕十七年。《紀年》又云出公二十三年奔楚，乃立昭公之孫，是爲敬公。《系本》亦云昭公生桓子雍，雍生忌，忌生懿公驕。然《晉》、《趙系家》及《年表》各各不同，何況《紀年》之說也！

哀公大父雍，晉昭公少子也，號爲戴子。《集解》徐廣曰：『《世本》作「相子雍」，注云戴子。』戴子生忌。忌善知伯，蚤死，故知伯欲盡并晉，未敢，乃立忌子驕爲君。當是時，晉國政皆決知伯，晉哀公不得有所制。知伯遂有范、中行地，最彊。

哀公四年，趙襄子、韓康子、魏桓子共殺知伯，盡并其地。《索隱》：如《紀年》之說，此乃出公二十二年事。

十八年，哀公卒，子幽公柳立。

幽公之時，晉畏，反朝韓、趙、魏之君。《索隱》：畏，懼也。爲衰弱故，反朝韓、趙、魏也。宋忠引此注《系本》，而『畏』字爲『衰』。獨有絳、曲沃，餘皆入三晉。

十五年，魏文侯初立。《索隱》：按《紀年》，魏文侯初立在敬公十八年。十八年，幽公淫婦人，夜竊出邑中，盜殺幽公。《索隱》：《紀年》云夫人秦嬴賊公於高寢之上。魏文侯以兵誅晉亂，立幽公子止，是爲烈公。《索隱》：《系本》云幽公生烈公止。《年表》云魏誅幽公，立其弟止。

烈公十九年，周威烈王賜趙、韓、魏皆命爲諸侯。

二十七年，烈公卒，子孝公頎立。《索隱》：《系本》云孝公傾。《紀年》以孝公爲桓公，故韓子有『晉桓侯』。孝公九年，魏武侯初立，襲邯鄲，不勝而去。十七年，孝公卒，《索隱》：《紀年》云桓公二十年趙成侯、韓共侯遷桓公於屯留。已後更無晉事。子靜公俱酒立。《索隱》：《系本》云靜公俱。是歲，齊威王

元年也。

靜公二年，魏武侯、韓哀侯、趙敬侯滅晉後而三分其地。《索隱》按：《紀年》魏武侯以桓公十九年卒，韓哀侯、趙敬侯並以桓公十五年卒。又《趙系家》烈侯十六年與韓分晉，封晉君端氏，其後十年，肅侯遷晉君於屯留。不同也。靜公遷爲家人，晉絶不祀。

宋・司馬光《資治通鑑》卷一《周紀一》（周威烈王二十三年）初命晉大夫魏斯、趙籍、韓虔爲諸侯。

初，智宣子將以瑤爲後。智果曰：『不如宵也。瑤之賢於人者五，其不逮者一也。美鬢長大則賢，射御足力則賢，伎藝畢給則賢，巧文辯慧則賢，強毅果敢則賢，如是而甚不仁。夫以其五賢陵人，而以不仁行之，其誰能待之？若果立瑤也，智宗必滅。』弗聽，智果別族於太史爲輔氏。趙簡子之子，長曰伯魯，幼曰無恤。將置後，不知所立。乃書訓戒之辭於二簡，以授二子曰：『謹識之。』三年而問之，伯魯不能舉其辭，求其簡，已失之矣。問無恤，誦其辭甚習，求其簡，出諸袖中而奏之。於是簡子以無恤爲賢，立以爲後。簡子使尹鐸爲晉陽。請曰：『以爲繭絲乎？抑爲保障乎？』簡子曰：『保障哉！』尹鐸損其戶數。簡子謂無恤曰：『晉國有難，而無以尹鐸爲少，無以晉陽爲遠，必以爲歸。』及智宣子卒，智襄子爲政，與韓康子、魏桓子宴於藍臺。智伯戲康子而侮段規，智國聞之，諫曰：『主不備，難必至矣！』智伯曰：『難將由我。我不爲難，誰敢興之？』對曰：『不然。《夏書》有之曰：「一人三失，怨豈在明，不見是圖。」夫君子能勤小物，故無大患。今主一宴而恥人之君相，又弗備，曰不敢興難，無乃不可乎！蚋、蟻、蜂、蠆，皆能害人，況君相乎！』弗聽。

智伯請地於韓康子，康子欲弗與。段規曰：『智伯好利而愎，不與，將伐我；不如與之。彼狃於得地，必請於他人；他人不與，必向之以兵。然則我得免於患而待事之變矣。』康子曰：『善。』使使者致萬家之邑於智伯，智伯悅。又求地於魏桓子，桓子欲弗與。任章曰：『何故弗與？』桓子曰：『無故索地，故弗與。』任章曰：『無故索地，諸大夫必懼；吾與之地，智伯必驕。彼驕而輕敵，此懼而相親。以相親之兵待輕敵之人，智氏之命必不長矣。《周書》曰：「將欲敗之，必姑輔之；將欲取之，必姑與之。」主不如與之以驕智伯，然後可以擇交而圖智氏矣。奈何獨以吾爲智氏質乎！』桓子曰：『善。』復與之萬家之邑一。智伯又求蔡、皋狼之地於趙襄子，襄子弗與。智伯怒，帥韓、魏之甲以攻趙氏。襄子將出，曰：『吾何走乎？』從者曰：『長子近，且城厚完。』襄子曰：『民罷力以完之，又斃死以守之，其誰與我！』從者曰：『邯鄲之倉庫實。』襄子曰：『浚民之膏澤以實之，又因而殺之，其誰與我！其晉陽乎，先主之所屬也，尹鐸之所寬也，民必和矣。』乃走晉陽。

三家以國人圍而灌之，城不浸者三版。沈灶產蛙，民無叛意。智伯行水，魏桓子御，韓康子驂乘。智伯曰：『吾乃今知水可以亡人國也。』桓子肘康子，康子履桓子之跗，以汾水可以灌安邑，絳水可以灌平陽也。絺疵謂智伯曰：『韓、魏必反矣。』智伯曰：『子何以知之？』絺疵曰：『以人事知之。夫從韓、魏之兵以攻趙，趙亡，難必及韓、魏矣。今約勝趙而三分其地，城不沒者三版，人馬相食，城降有日，而二子無喜志，有憂色，是非反而何？』明日，智伯以絺疵之言告二子，二子曰：『此夫讒臣欲爲趙氏遊說，使主疑於二家而懈於攻趙氏也。不然，夫二家豈不利朝夕分趙氏之田，而欲爲危難不可成之事乎？』二子出，絺疵入曰：『主何以臣之言告二子也？』智伯曰：『子何以知之？』對曰：『臣見其視臣端而趨疾，知臣得其情故也。』智伯不悛。絺疵請使於齊。

趙襄子使張孟談潛出見二子，曰：『臣聞脣亡則齒寒。今智伯帥韓、魏而攻趙，趙亡則韓、魏爲之次矣。』二子曰：『我心知其然也，恐事未遂而謀泄，則禍立至矣。』張孟談曰：『謀出二主之口，入臣之耳，何傷也？』二子乃陰與張孟談約，爲之期日而遣之。襄子夜使人殺守堤之吏，而決水灌智伯軍。智伯軍救水而亂，韓、魏翼而擊之，襄子將卒犯其前，大敗智伯之衆。遂殺智伯，盡滅智氏之族。唯輔果在。

三家分智氏之田。趙襄子漆智伯之頭，以爲飲器。智伯之臣豫讓欲爲之報仇，乃詐爲刑人，挾匕首，入襄子宮中塗廁。襄子如廁心動，索之，獲豫讓。左右欲殺之，襄子曰：『智伯死無後，而此人欲爲報仇，真義士也！吾謹避之耳。』乃舍之。豫讓又漆身爲癩，吞炭爲啞，行乞於市，其妻不識也。行見其友，其友識之，爲之泣曰：『以子之才，臣事趙孟，必

得近幸。子乃爲所欲爲，顧不易邪？何乃自苦如此！求以報仇，不亦難乎？』豫讓曰：『不可！既已委質爲臣，而又求殺之，是二心也。凡吾所爲者，極難耳。然所以爲此者，將以愧天下後世之爲人臣懷二心者也。』襄子出，豫讓伏於橋下。襄子至橋，馬驚，索之，得豫讓，遂殺之。襄子爲伯魯之不立也，有子五人，不肯置後。封伯魯之子於代，曰代成君，早卒，立其子浣爲趙氏後。襄子卒，弟桓子逐浣而自立，一年卒。趙氏之人曰：『桓子立，非襄主意。』乃共殺其子，復迎浣而立之，是爲獻子。獻子生籍，是爲烈侯。魏斯者，桓子之孫也，是爲文侯。韓康子生武子，武子生虔，是爲景侯。【略】

（周安王二十六年）王崩，子烈王喜立。

魏、韓、趙共廢晉靖公爲家人而分其地。

論説

《韓非子》卷一七《説疑第四十四》 又曰：『以今時之所聞，田成子取齊，司城子罕取宋，太宰欣取鄭，單氏取周，易牙之取衛，韓、魏、趙三子分晉，此六人，臣之弑其君者也。』姦臣聞此，蹷然舉耳以爲是也。故內搆黨與，外攄巷族，觀時發事，一舉而取國家。且夫內以黨與劫弑其君，外以諸侯之權矯易其國，隱敦適，持私曲，上禁君，下撓治者，不可勝數也。是何也？則不明於擇臣也。記曰：『周宣王以來，亡國數十，其臣弑其君而取國者衆矣。』然則難之從內起，與從外作者相半也。能一盡其民力，破國殺身者，尚皆賢主也。若夫轉法易位，全衆傳國，最其病也。

唐·劉知幾《史通》卷一九《外篇·五行志雜駁第十一》 哀公十三年十一月，有星孛於東方。董仲舒、劉向以爲周之十一月，夏九日，日在氐。出東方者，軫、角、亢也。或曰：角、亢，大國之象，爲齊、晉也。其後田氏篡齊，六卿分晉。案星孛之後二年，《春秋》之《經》盡矣。又十一年《左氏》之《傳》盡矣。自《傳》盡後八十二年，齊康公爲田和所滅。又七年，晉靜公爲韓、魏、趙所滅。上云星孛之歲，皆出百餘年。辰象所纏，氛祲所指，若相感應，何太疏闊者哉？且當《春秋》既終之後，《左傳》未盡之前，其間衛弑君，越滅吴，魯遜越云云，賊臣逆子破家亡國多矣。此正得東方之象，大國之徵，何故捨而不述，遠求他代者乎？又范與中行，早從殄滅。智入戰國，繼踵云亡。輒與三晉連名，總以六卿爲目，殊爲謬也。尋斯失所起，可以意測。何者？二傳所引，事終西狩獲麟。《左氏》所書，語連趙襄滅智。漢代學者，唯讀二傳，不觀《左氏》。故事有不周，言多脱略。且春秋之後，戰國之時，史官闕書，年祀難記。而學者遂疑篡齊分晉，時與魯史相鄰。故輕引災祥，用相符會。白圭之玷，何其甚歟？

宋·司馬光《資治通鑑》卷一《周紀一》 （周威烈王二十三年）臣光曰：臣聞天子之職莫大於禮，禮莫大於分，分莫大於名。何謂禮？紀綱是也；何謂分？君臣是也；何謂名？公、侯、卿、大夫是也。

夫以四海之廣，兆民之衆，受制於一人，雖有絶倫之力，高世之智，莫不奔走而服役者，豈非以禮爲之綱紀哉！是故天子統三公，三公率諸侯，諸侯制卿大夫，卿大夫治士庶人。貴以臨賤，賤以承貴。上之使下，猶心腹之運手足，根本之制支葉；下之事上，猶手足之衛心腹，支葉之庇本根。然後能上下相保而國家治安。故曰：天子之職莫大於禮也。

文王序《易》，以乾坤爲首。孔子繫之曰：『天尊地卑，乾坤定矣，卑高以陳，貴賤位矣。』言君臣之位，猶天地之不可易也。《春秋》抑諸侯，尊周室，王人雖微，序於諸侯之上，以是見聖人於君臣之際，未嘗不惓惓也。非有桀、紂之暴，湯、武之仁，人歸之，天命之，君臣之分，當守節伏死而已矣。是故以微子而代紂，則成湯配天矣；以季札而君吴，則太伯血食矣。然二子寧亡國而不爲者，誠以禮之大節不可亂也。故曰：禮莫大於分也。

夫禮，辨貴賤，序親疏，裁羣物，制庶事。非名不著，非器不形。名以命之，器以别之，然後上下粲然有倫，此禮之大經也。名器既亡，則禮安得獨在哉？昔仲叔於奚有功於衛，辭邑而請繁纓，孔子以爲不如多與之邑。惟器與名，不可以假人，君之所司也。政亡，則國家從之。衛君待孔子而爲政，孔子欲先正名，以爲名不正則民無所措手足。夫繁纓，小物也，而孔子惜之；正名，細務也，而孔子先之。誠以名器既亂，則上下無以相有故也。夫事未有不生於微而成於著。聖人之慮遠，故能謹其微而

治之；衆人之識近，故必待其著而後救之。治其微，則用力寡而功多；救其著，則竭力而不能及也。《易》曰：『履霜，堅冰至』，《書》曰：『一日二日萬幾』，謂此類也。故曰：分莫大於名也。

嗚呼！幽、厲失德，周道日衰，綱紀散壞，下陵上替，諸侯專征，大夫擅政。禮之大體，什喪七八矣。然文、武之祀猶綿綿相屬者，蓋以周之子孫尚能守其名分故也。何以言之？昔晉文公有大功於王室，請隧於襄王，襄王不許，曰：『王章也。未有代德而有二王，亦叔父之所惡也。不然，叔父有地而隧，又何請焉！』文公於是乎懼而不敢違。是故以周之地則不大於曹、滕，以周之民則不衆於邾、莒，然歷數百年，宗主天下，雖以晉、楚、齊、秦之强，不敢加者，何哉？徒以名分尚存故也。至於季氏之於魯，田常之於齊，白公之於楚，智伯之於晉，其勢皆足以逐君而自爲，然而卒不敢者，豈其力不足而心不忍哉？乃畏奸名犯分而天下共誅之也。今晉大夫暴蔑其君，剖分晉國，天子既不能討，又寵秩之，使列於諸侯，是區區之名分復不能守而並棄之也。先王之禮於斯盡矣。

或者以爲當是之時，周室微弱，三晉强盛，雖欲勿許，其可得乎？是大不然。夫三晉雖强，苟不顧天下之誅而犯義侵禮，則不請於天子而自立矣。不請於天子而自立，則爲悖逆之臣。天下苟有桓、文之君，必奉禮義而征之。今請於天子而天子許之，是受天子之命而爲諸侯也，誰得而討之！故三晉之列於諸侯，非三晉之壞禮，乃天子自壞之也。

嗚呼！君臣之禮既壞矣，則天下以智力相雄長，遂使聖賢之後爲諸侯者，社稷無不泯絶，生民之類糜滅幾盡，豈不哀哉！【略】

臣光曰：智伯之亡也，才勝德也。夫才與德異，而世俗莫之能辨，通謂之賢，此其所以失人也。夫聰察强毅之謂才，正直中和之謂德。才者，德之資也；德者，才之帥也。雲夢之竹，天下之勁也，然而不矯揉，不羽括，則不能以入堅；棠溪之金，天下之利也，然而不熔範，不砥礪，則不能以擊强。是故才德全盡謂之聖人，才德兼亡謂之愚人，德勝才謂之君子，才勝德謂之小人。凡取人之術，苟不得聖人、君子而與之，與其得小人，不若得愚人。何則？君子挾才以爲善，小人挾才以爲惡。挾才以爲善者，善無不至矣；挾才以爲惡者，惡亦無不至矣。愚者雖欲爲不善，智不能周，力不能勝，譬之乳狗搏人，人得而制之。小人智足以遂其奸，勇足以決其暴，是虎而翼者也，其爲害豈不多哉！夫德者人之所嚴，而才者人之所愛。愛者易親，嚴者易疏，是以察者多蔽於才而遺於德。自古昔以來，國之亂臣，家之敗子，才有餘而德不足，以至於顛覆者多矣，豈特智伯哉！故爲國爲家者，苟能審於才德之分而知所先後，又何失人之足患哉！

小國遞亡部

楚惠王滅陳分部

綜　述

《左傳·哀公元年》　吳之入楚也，使召陳懷公。懷公朝國人而問焉，曰：『欲與楚者右，欲與吳者左。』陳人從田，無田從黨。逢滑當公而進，曰：『臣聞國之興也以福，其亡也以禍。今吳未有福，楚未有禍。楚未可棄，吳未可從。而晉，盟主也，若以晉辭吳，若何？』公曰：『國勝君亡，非禍而何？』對曰：『國之有是多矣，何必不復。小國猶復，況大國乎？臣聞國之興也，視民如傷，是其福也。其亡也，以民爲土芥，是其禍也。楚雖無德，亦不艾殺其民。吳日敝於兵，暴骨如莽，而未見德焉。天其或者正訓楚也！禍之適吳，其何日之有？』陳侯從之。及夫差克越，乃修先君之怨。秋八月，吳侵陳，修舊怨也。

又　《**哀公六年**》　吳伐陳，復修舊怨也。楚子曰：『吾先君與陳有盟，不可以不救。』乃救陳，師于城父。【略】

秋七月，楚子在城父，將救陳，卜戰不吉。卜退不吉。王曰：『然則

死也！再敗楚師，不如死。棄盟逃讎，亦不如死。死一也，其死讎乎！」命公子申爲王，不可；則命公子結，亦不可；則命公子啓，五辭而後許。將戰，王有疾。庚寅，昭王攻大冥，卒于城父。子閭退曰：「君王舍其子而讓羣臣，敢忘君乎？從君之命，順也。立君之子，亦順也。二順不可失也。」與子西、子期謀，潛師閉塗，逆越女之子章，立之而後還。

是歲也，有雲如衆赤鳥，夾日以飛，三日。楚子使問諸周大史。周大史曰：「其當王身乎。若禜之，可移于令尹、司馬。」王曰：「除腹心之疾，而置諸股肱，何益？不穀不有大過，天其夭諸。有罪受罰，又焉移之？」遂弗禜。

初，昭王有疾。卜曰：「河爲祟。」王弗祭。大夫請祭諸郊。王曰：「三代命祀，祭不越望。江、漢、睢、章，楚之望也。禍福之至，不是過也。不穀雖不德，河非所獲罪也。」遂弗祭。孔子曰：「楚昭王知大道矣！其不失國也，宜哉！《夏書》曰：『惟彼陶唐，帥彼天常。有此冀方，今失其行。亂其紀綱，乃滅而亡。』又曰：『允出兹在兹。』由己率常可矣。」

又《哀公九年》　夏，楚人伐陳，陳卽吳故也。

又《哀公十年》　冬，楚子期伐陳。吳延州來季子救陳，謂子期曰：「二君不務德，而力爭諸侯，民何罪焉？我請退，以爲子名，務德而安民。」乃還。

又《哀公十一年》　夏，陳轅頗出奔鄭。初，轅頗爲司徒，賦封田以嫁公女。有餘，以爲己大器。國人逐之，故出。道渴，其族轅咺進稻醴、粱糗、腶脯焉。喜曰：「何其給也？」對曰：「器成而具。」曰：「何不吾諫？」對曰：「懼先行。」

又《哀公十五年》　夏，楚子西、子期伐吳，乃桐汭。陳侯使公孫貞子弔焉，及良而卒，將以尸入。吳子使大宰嚭勞，且辭曰：「以水潦之不時，無乃廪然隕大夫之尸，以重寡君之憂。寡君敢辭上介。」芋尹蓋對曰：「寡君聞楚爲不道，薦伐吳國，滅厥民人。寡君使蓋備使，弔君之下吏。無祿，使人逢天之戚，大命隕隊，絶世於良，廢日共積，一日遷次。今君命逆使人曰：『無以尸造於門。』是我寡君之命委於草莽也。且臣聞之曰，事死如事生，禮也。於是乎有朝聘而終，以尸將事之禮。又有朝聘而遭喪之禮。若不以尸將命，是遭喪而還也，無乃不可乎！以禮防民，猶或逾之。今大夫曰，死而棄之，是棄禮也。其何以爲諸侯主？先民有言曰，無穢虐士。備使奉尸將命，苟我寡君之命達於君所，雖隕於深淵，則天命也，非君與涉人之過也。」吳人內之。

又《哀公十七年》　楚白公之亂，陳人恃其聚而侵楚。楚既甯，將取陳麥。楚子問帥于大師子穀與葉公諸梁。子穀曰：「右領差車與左史老，皆相令尹、司馬以伐陳，其可使也。」子高曰：「率賤，民慢之，懼不用命焉。」子穀曰：「觀丁父，鄀俘也，武王以爲軍率，是以克州、蓼，服隨、唐，大啓羣蠻。彭仲爽，申俘也，文王以爲令尹，實縣申、息，朝陳、蔡，封畛於汝。唯其任也，何賤之有？」子高曰：「天命不諂。令尹有憾於陳，天若亡之，其必令尹之子是與，君盍舍焉。臣懼右領與左史有二俘之賤，而無其令德也。」王卜之，武城尹吉。使帥師取陳麥。陳人禦之，敗。遂圍陳。秋七月己卯，楚公孫朝帥師滅陳。

王與葉公枚卜子良以爲令尹。沈尹朱曰：「吉，過於其志。」葉公曰：「王子而相國，過將何爲？」他日，改卜子國而使爲令尹。

又《哀公十八年》　巴人伐楚，圍鄾。初，右司馬子國之卜也，觀瞻曰：「如志。」故命之。及巴師至，將卜帥。王曰：「寧如志，何卜焉？」使帥師而行。請承，王曰：「寢尹、工尹，勤先君者也。」三月，楚公孫甯、吳由於、薳固敗巴師於鄾，故封子國於析。君子曰：「惠王知志。《夏書》曰『官占，唯能蔽志，昆命於元龜。』其是之謂乎！《志》曰：『聖人不煩卜筮。』惠王其有焉！」

《禮記》卷九《檀弓下》　吳侵陳，斬祀殺厲。師還出竟，陳大宰嚭使於師，夫差謂行人儀曰：「是夫也多言，盍嘗問焉？師必有名，人之稱斯師也者，則謂之何？」大宰嚭曰：「古之侵伐者，不斬祀，不殺厲，不獲二毛。今斯師也，殺厲與？其不謂之殺厲之師與？」曰：「反爾地，歸爾子，則謂之何？」曰：「君王討敝邑之罪，又矜而赦之，師與有無名乎？」

《韓非子》卷八《説林下》　荆令公子將伐陳。丈人送之曰：「晉强，不可不慎也。」公子曰：「丈人奚憂，吾爲丈人破晉。」丈人曰：「可。吾方廬陳南門之外。」公子曰：「是何也？」曰：「我笑句踐也，爲人之如

是其易也，己獨何爲密密十年難乎？』【略】

荆伐陳，吴救之，軍間三十里，雨十日，夜星。左史倚相謂子期曰：『雨十日，甲輯而兵聚。吴人必至，不如備之。』乃爲陳。陳未成也而吴人至，見荆陳而反。左史曰：『吴反覆六十里，其君子必休，小人必食，我行三十里擊之，必可敗也。』乃從之，遂破吴軍。

《呂氏春秋》卷一四《孝行覽·遇合》 陳有惡人焉，曰敦洽讎糜，雄顙廣顔，色如漆赭，垂眼臨鼻，長肘而盭。陳侯見而甚説之，外使治其國，内使制其身。楚合諸侯，陳侯病不能往，使敦洽讎糜往謝焉。楚王怪其名而先見之，客有進狀有惡其名言有惡狀。楚王怒，合大夫而告之，曰：『陳侯不知其不可使，是不知也；知而使之，是侮也；侮且不智，不可不攻也。』興師伐陳，三月然後喪。惡足以駭人，言足以喪國，而友之足於陳侯而無上也，至於亡而友不衰。夫不宜遇而遇者則必廢。宜遇而不遇者，此國之所以亂、世之所以衰也。天下之民，其苦愁勞務從此生。凡舉人之本，太上以志，其次以事，其次以功。三者弗能，國必殘亡，羣孽大至，身必死殃，年得至七十、九十猶尚幸。賢聖之後，反而孽民，是以賊其身，豈能獨哉？

漢·劉向《古列女傳》卷五《楚昭越姬》 楚昭越姬者，越王句踐之女，楚昭王之姬也。昭王燕游，蔡姬在左，越姬參右，王親乘駟以馳逐，遂登附社之臺，以望雲夢之囿，觀士大夫逐者。既驩，乃顧謂二姬曰：『樂乎？』蔡姬對曰：『樂。』王曰：『吾願與子生若此，死又若此。』蔡姬曰：『昔弊邑寡君固以其黎民之役事君王之馬足，故以婢子之身爲苞苴玩好，今乃比於妃嬪，固願生俱樂，死同時。』王顧謂史：『書之！蔡姬許從孤死矣。』乃復謂越姬。越姬對曰：『樂則樂矣，然而不可久也。』王曰：『吾願與子生若此，死若此，其不可得乎？』越姬對曰：『昔吾先君莊王淫樂，三年不聽政事，終而能改，卒霸天下。妾以君王爲能法吾先君，將改斯樂而勤於政也。今則不然，而要婢子以死。其可得乎？且君王以束帛乘馬，取婢子於弊邑，寡君受之太廟也，不約死。妾聞之諸姑，婦人以死彰君之善，益君之寵，不聞其以苟從其闇死爲榮。妾不敢聞命。』於是王寤，敬越姬之言，而猶親嬖蔡姬也。居二十五年，王救陳，二姬從。王病在軍中，有赤雲夾日如飛鳥。王問周史，史曰：『是害王身，然可以移於將相。』將相聞之，將請以身禱於神。王曰：『將相之於孤，猶股肱也，今移禍焉，庸爲去是身乎？』不聽。越姬曰：『大哉君王之德！以是妾願從王矣。昔日之游，淫樂也，是以不敢許。及君王復于禮，國人皆將爲君王死，而況於妾乎？請願先驅狐狸于地下。』王曰：『昔之遊樂，吾戲耳。若將必死，是彰孤之不德也。』越姬曰：『昔日妾雖口不言，心既許之矣。妾聞信者不負其心，義者不虛設其事。妾死王之義，不死王之好也。』遂自殺。王病甚，讓位于三弟，三弟不聽。王薨於軍中。蔡姬竟不能死。王弟子閭與子西、子期謀曰：『母信者其子必仁。』乃伏師閉壁，迎越姬之子熊章，立是爲惠王。然後罷兵，歸葬昭王。

漢·劉向《新序》卷一《雜事》 秦欲伐楚，使使者往觀楚之寶器，楚王聞之，召令尹子西而問焉：『秦欲觀楚之寶器，吾和氏之璧，隨侯之珠，可以示諸？』令尹子西對曰：『臣不知也。』召昭奚恤問焉，昭奚恤對曰：『此欲觀吾國之得失而圖之，國之寶器，在於賢臣，夫珠寶玩好之物，非國所寶之重者。』王遂使昭奚恤應之。

昭奚恤發精兵三百人，陳於西門之内。爲東面之壇一，爲南面之壇四，爲西面之壇一。秦使者至，昭奚恤曰：『君客也，請就上位東面。』令尹子西南面，太宗子敖次之，葉公子高次之，司馬子反次之，昭奚恤自居西面之壇，稱曰：『客欲觀楚國之寶器，楚國之所寶者賢臣也。理百姓，實倉廩，使民各得其所，令尹子西在此。奉圭璧，使諸侯，解忿悁之難，交兩國之歡，使無兵革之憂，太宗子敖在此。守封疆，謹境界，不侵鄰國，鄰國亦不見侵，葉公子高在此。理師旅，整兵戎，以當强敵，提枹鼓，以動百萬之師，所使皆趨湯火，蹈白刃，出萬死，不顧一生之難，司馬子反在此。若懷霸王之餘議，攝治亂之遺風，昭奚恤在此，唯大國之所觀。』秦使者懼然無以對，昭奚恤遂揖而去。秦使者反，言于秦君曰：『楚多賢臣，未可謀也。』遂不伐。《詩》云：『濟濟多士，文王以寧。』斯之謂也。

漢·韓嬰《韓詩外傳》卷一 荆伐陳，陳西門壞，因其降民使修之，孔子過而不式。子貢執轡而問曰：『禮，過三人則下，二人則式。今陳之修門者衆矣，夫子不爲式，何也？』孔子曰：『國亡而弗知，不智也。知

而不爭，非忠也。爭而不死，非勇也。修門者雖衆，不能行一於此，吾故弗式也。』《詩》曰：『憂心悄悄，愠於羣小。』小人成羣，何足禮哉！

論說

清·馬驌《繹史》卷九三《楚惠王滅陳》 楚靈王滅陳、蔡以爲縣，平王卽位，而皆復之，《春秋》以爲有禮。陳惠公反國以來，事不多見，惟雞父之戰，陳夏齧從楚而見獲，時方德楚，雖獲無憾也。懷公初立，從會召陵，晉定不競，羈縻以從事而已。及吳子入郢，來召懷公，逢滑進曰：『楚未可棄，吳未可從。』果其計利害之審與？抑何其昵楚之甚與？自是陳、吳結怨，閔公專於從楚，滅頓圍蔡，皆從事焉。夫惏德無厭，吳、楚一也，楚虔炰烋，陳社爲墟，棄疾懲敗，假興滅爲名耳。怨深於德，夫亦有何可懷？乃蔡能控吳以報已辱，陳反比楚以虐同仇，是誠何心？楚惠既立，陳乃叛楚卽吳。問何以叛，則夫差彊盛，閒歲伐陳，昭王卒而弗克救也。楚人曰：『我昭王之卒，以救陳故也，今日背德，不可不問。』於是怒而伐陳，明年又伐之。吳札求救，不戰而還。夫陳既背楚，楚之出師，信有辭矣。然楚不庇陳，陳卽吳，豈得已哉？且爲陳亦難矣，從楚則吳侵，從吳則楚伐，不自恃而恃人，雖欲無亡，不可得也。獲麟以後，吳、楚方爭，楚氛日惡，吳援不至，陳又多故，諸大夫或奔或殺，莫能克協。至哀公十七年，而楚滅陳矣。始靈王之滅陳也，裨竈曰：『五年，陳將復封，歲五及鶉火，而後陳卒亡，楚克有之。』至今五十二年，果天道邪？抑人事邪？靈公可亡而不亡，哀公已亡而仍不亡，閔公既卒亡矣，乃亡於陳而興於齊，猶復亡而不亡也。實賴公子完之後，有虞氏之胄，元女大姬之所出，社稷可屋，而子孫不可絶，舜之明德遠矣。亡陳者楚，亡齊者陳，信乎其有天道也。

楚滅庸舒分部

綜述

《左傳·文公十二年》 楚令尹大孫伯卒，成嘉爲令尹。羣舒叛楚。夏，子孔執舒子平及宗子，遂圍巢。

又 《文公十四年》 楚莊王立，子孔、潘崇將襲羣舒，使公子燮與子儀守而伐舒蓼。二子作亂，城郢而使賊殺子孔，不克而還。八月，二子以楚子出，將如商密。廬戢梨及叔麇誘之，遂殺鬭克及公子燮。

初，鬭克囚于秦，秦有殽之敗，而使歸求成。成而不得志，公子燮求令尹而不得。故二子作亂。

又 《文公十六年》 楚大饑，戎伐其西南，至於阜山，師於大林。又伐其東南，至於陽丘，以侵訾枝。庸人帥羣蠻以叛楚。麇人率百濮聚於選，將伐楚。

於是申、息之北門不啓，楚人謀徙於阪高。蔿賈曰：『不可。我能往，寇亦能往。不如伐庸。夫麇與百濮，謂我饑不能師，故伐我也。若我出師，必懼而歸。百濮離居，將各走其邑，誰暇謀人？』乃出師。旬有五日，百濮乃罷。自廬以往，振廩同食。次於句澨。使廬戢黎侵庸，及庸方城。庸人逐之，囚子揚窗。三宿而逸，曰：『庸師衆，羣蠻聚焉，不如復大師，且起王卒，合而後進。』師叔曰：『不可。姑又與之遇以驕之。彼驕我怒，而後可克，先君蚡冒所以服陘隰也。』又與之遇，七遇皆北，唯裨、儵、魚人實逐之。庸人曰：『楚不足與戰矣。』遂不設備。

楚子乘馹，會師於臨品，分爲二隊：子越自石溪，子貝自仞，以伐庸。秦人、巴人從楚師，羣蠻從楚子盟。遂滅庸。

又 《宣公八年》 楚爲衆舒叛故，伐舒、蓼，滅之。楚子疆之，及滑汭。盟吳、越而還。

又 《成公十七年》 舒庸人以楚師之敗也，道吳人圍巢，伐駕，圍

匣、虺，遂恃吴而不設備。楚公子橐師襲舒庸滅之。

又《襄公二十四年》 吴人爲楚舟師之役故，召舒鳩人，舒鳩人叛楚。楚子師於荒浦，使沈尹壽與師祁犁讓之。舒鳩子敬逆二子，而告無之，且請受盟。二子復命，王欲伐之。薳子曰：『不可。彼告不叛，且請受盟，而又伐之，伐無罪也。姑歸息民，以待其卒。卒而不貳，吾又何求？若猶叛我，無辭有庸。』乃還。

又《襄公二十五年》 舒鳩人卒叛。楚令尹子木伐之，及離城。吴人救之，子木遽以右師先，子强、息桓、子捷、子駢、子盂帥左師以退。吴人居其間七日。子强曰：『久將墊隘，隘乃禽也。不如速戰！請以其私卒誘之，簡師陳以待我。我克則進，奔則亦視之，乃可以免。不然，必爲吴禽。』從之。五人以其私卒先擊吴師。吴師奔，登山以望，見楚師不繼，復逐之，傅諸其軍。簡師會之，吴師大敗。遂圍舒鳩，舒鳩潰。八月，楚滅舒鳩。【略】

楚子以滅舒鳩賞子木。辭曰：『先大夫蔿子之功也。』以與蔿掩。

論說

宋·趙鵬飛《春秋經筌》卷九《宣公》 （八年）楚人滅舒蓼。

舒同宗而異國，故得謂之羣舒。亦由狄，均曰狄，而分赤、白。曰舒蓼，曰舒庸，曰舒鳩，皆舒也。《詩》曰：『荆舒是懲』，則舒蓋楚之黨爾。彼之黨相攻，中國所不治，聖人何以書之？蓋舒逼近中國，滅舒則中國失南門矣。書之所以爲中國憂，而著楚莊之熾也。晉不圖此而報私仇於秦，何哉？杜氏以舒、蓼爲二國，疎矣。舒庸、舒鳩，豈亦兩國乎？

又 卷一〇《成公》 （十七年）楚人滅舒庸。

舒庸，故楚之與？同惡相滅，在所不録。然中夏必書之，以見楚之拓大疆場，日侵中國也。

元·程端學《春秋本義》卷一六《宣公》 （八年）楚人滅舒蓼。

《穀梁》作鄝。

張氏曰： 或曰：《地譜》上義陽之蓼，不與羣舒近，此即如舒鳩、舒庸一國也。木訥趙氏曰： 舒蓼，一國也。舒同宗而異國，舒蓼、舒庸、舒鳩，皆舒也。亦猶狄，均曰狄而異種。舒蓋楚之黨，而舒逼近中國，舒滅中國失其南門矣。《左氏》曰： 楚爲羣舒畔，故伐舒蓼，滅之。義見《僖三年》： 徐取舒。高氏曰： 自徐人取舒，至是，楚人滅舒蓼。成十七年，又滅舒庸。襄二十五年，又滅舒鳩。其屬自相攻滅，而《春秋》書之者，是時楚人勢横，將爲中國憂，楚駸駸有狎主齊盟患矣。

元·鄭玉《春秋闕疑》卷二七《成公》 （十七年）楚人滅舒庸。

舒庸人以楚師之敗也，道吴人圍巢，伐駕，圍釐、虺，遂恃吴而不設備。楚公子橐師襲舒庸，滅之。薛氏曰： 舒庸、舒蓼、舒鳩之滅，荆舒一于楚矣。

明·熊過《春秋明志録》卷八《成公》 （十七年）楚人滅舒庸。

舒庸，東夷偃姓之國。《地譜》： 廬州城下舒城。橐師未爲卿，書人，或曰：《春秋》爲中國作，楚大夫將而稱名氏，必其人能爲中國患者。公子嬰齊帥師凡四見，公子貞凡七見。則雖伐吴，從其恒稱而陽丐，囊瓦交兵於吴，橐師滅舒庸但人之，則皆未嘗爲中國患者也。以其未嘗爲中國患，則不復詳其名氏，志夷狄之相攻滅而已。

明·王樵《春秋輯傳》卷八《成公》 （十七年）楚人滅舒庸。

《左傳》： 舒庸人以楚師之敗也，道吴人圍巢，伐駕，圍釐、虺。巢、駕、釐、虺，楚四邑。遂恃吴而不設備。楚公子橐師襲舒庸，滅之。任公輔曰： 舒庸，東夷偃姓之國。《地譜》： 廬州城下舒成。薛氏曰： 舒庸，舒之别種也。《詩》曰：『荆舒是懲』，則荆舒之國，皆非一種也。《春秋》之始，荆舒皆以名見，舒庸、舒蓼、舒鳩之滅，荆舒一于楚矣。

清·馬驌《繹史》卷六六《楚滅舒庸》 諸夏之衰也，患在不恤小弱，而輕棄遠國，庸及羣舒，與楚接壤，皆能糾合與國，以牽制於楚。舒在楚東，庸在楚西，穆、莊之際，咸與楚構怨，舒方動則宗、巢輔之，庸方動，則麇、濮、羣蠻，輔之，亦荆、楚多事之會哉！夫舒爲偃姓，皋陶之苗裔也，其類繁多，散處江、淮之間，《詩》曰：『荆、舒是懲。』則舒舊黨楚矣。庸，西方之遠國也，武王伐紂，誓及庸、蜀，則庸舊屬周矣，庸與中國之絶，蓋起於平王東遷之餘，舒勢之分，蓋始於徐人取舒之後，中國絶則勢孤，必伺隙而後動，庸乘楚饑，申、息不啓，而中國若弗聞焉，此則輕棄遠國之患也。勢分則謀不協，故輕舉以取敗，羣舒叛楚，

同歸滅亡，而中國若弗聞焉，此則不恤小弱之患也。乃厥貉方會，楚執舒子，蔿賈決策，轉敗爲功，秦、巴通而西國合謀，吳、越盟而東方效順，楚由是方洋中夏，尚誰能議其後邪？迨及共、康之世，舒勢益微，即當鄢陵新敗之餘，舟師無功之日，楚猶能一舉而滅舒、庸，再舉而滅舒鳩，自是舒無遺種焉。嗚呼！中國不能恤舒，而借庇於吳，吳人庇舒而亡舒，則焉用彼盟主矣。

齊滅紀分部

綜述

《左傳·隱公元年》 八月，紀人伐夷。夷不告，故不書。

又《隱公二年》 莒子娶于向，向姜不安莒而歸。夏，莒人入向，以姜氏還。【略】

九月，紀裂繻來逆女，卿爲君逆也。

冬，紀子帛、莒子盟於密，魯故也。

又《隱公八年》 公及莒人盟於浮來，以成紀好也。

又《桓公五年》 夏，齊侯、鄭伯朝於紀，欲以襲之。紀人知之。

又《桓公六年》 夏，會於成，紀來咨謀齊難也。【略】

冬，紀侯來朝，請王命以求成於齊，公告不能。

又《桓公八年》 祭公來，遂逆王后于紀，禮也。

又《桓公九年》 九年春，紀季姜歸於京師。凡諸侯之女行，唯王后書。

又《桓公十七年》 十七年春，盟於黄，平齊、紀，且謀衛故也。

乃邾儀父盟於趡，尋蔑之盟也。

夏，及齊師戰於奚，疆事也。於是齊人侵魯疆，疆吏來告，公曰：「疆埸之事，慎守其一而備其不虞，姑盡所備焉。事至而戰，又何謁焉？」

又《莊公三年》 秋，紀季以酅入於齊，紀於是乎始判。

冬，公次於滑，將會鄭伯謀紀故也。鄭伯辭以難。凡師，一宿爲舍，再宿爲信，過信爲次。

又《莊公四年》 紀侯不能下齊，以與紀季。夏，紀侯大去其國，違齊難也。

《公羊傳·隱公二年》 夏，五月，莒人入向。入者何？得而不居也。【略】

九月，紀履緰來逆女。紀履緰者何？紀大夫也。何以不稱使？婚禮不稱主人。然則曷稱？稱諸父兄師友。宋公使公孫壽來納幣，則其稱主人何？辭窮也。辭窮者何？無母也。然則紀有母乎？曰：有。有則何以不稱母？母不通也。外逆女不書，此何以書？譏。何譏爾？譏始不親迎也。始不親迎，昉於此乎？前此矣。前此，則曷爲始乎此？託始焉爾。曷爲託始焉爾？《春秋》之始也。女曷爲或稱女，或稱婦，或稱夫人？女在其國稱女，在途稱婦，入國稱夫人。

冬，十月，伯姬歸於紀。伯姬者何？内女也。其言歸何？婦人謂嫁曰歸。

紀子伯、莒子盟於密。紀子伯者何？無聞焉爾。

又《隱公八年》 九月，辛卯，公及莒人盟於包來。公曷爲與微者盟？稱人則從，不疑也。

又《桓公五年》 夏，齊侯、鄭伯如紀。外相如不書，此何以書？離不言會。

又《桓公八年》 祭公來，遂逆王后于紀。祭公者何？天子之三公也。婚禮不稱主人。遂者何？生事也。大夫無遂事，此其言遂何？成使乎我也。其成使乎我奈何？使我爲媒，可則因用是往逆矣。女在其國稱女，此其稱王后何？王者無外，其辭成矣。

又《桓公九年》 九年，春，紀季姜歸於京師。其辭成矣，則其稱紀季姜何？自我言紀。父母之於子，雖爲天王后，猶曰吾季姜。京師者何？天子之居也。京者何？大也。師者何？衆也。天子之居，必以衆大之辭言之。

又《莊公元年》 齊師遷紀郱、鄑、郚。遷之者何？取之也。取之，則曷爲不言取之也？爲襄公諱也。外取邑不書，此何以書？大之

《穀梁傳·隱公二年》 夏，五月，莒人入向。入者，內弗受也。向，我邑也。【略】

九月，紀履綸來逆女。逆女，親者也。使大夫，非正也。以國氏者，爲其來交接於我，故君子進之也。

冬，十月，伯姬歸於紀。禮：婦人謂嫁曰歸，反曰來歸，從人者也。婦人在家制於父，既嫁制於夫，夫死從長子，婦人不專行，必有從也。伯姬歸於紀，此其如專行之辭，何也？曰：非專行也，吾伯姬歸於紀，故志之也。其不言使，何也？逆之道微，無足道焉爾。

紀子伯莒子盟於密。或曰，紀子伯莒子而與之盟。或曰，年同爵同，故紀子以伯先也。

又《隱公七年》 七年，春，王三月，叔姬歸於紀。其不言逆，何也？逆之道微，無足道焉爾。

又《隱公八年》 九月，辛卯，公及莒人盟於包來。可言公及人，不可言公及大夫。

又《桓公八年》 冬，十月，雨雪。

祭公來，遂逆王后於紀。其不言使焉，何也？不正其以宗廟之大事即謀於我，故弗與使也。遂，繼事之辭也。其曰遂逆王后，故略之也。或曰：天子無外，王命之則成矣。

又《桓公九年》 九年，春，紀季姜歸於京師。爲之中者，歸之也。

又《桓公十七年》 夏，五月，丙午，及齊師戰於郎。內諱敗，舉其可道者也。不言其人，以吾敗也。不言及之者，爲內諱也。

又《莊公元年》 齊師遷紀、郱鄑郚。紀，國也。郱鄑郚，國也。或曰，遷紀於郱鄑郚。

又《莊公三年》 秋，紀季以酅入於齊。酅，紀之邑也。入於齊者，以酅事齊也。入者，內弗受也。冬，公次於郎。次，止也。有畏也，欲救紀而不能也。

又《莊公四年》 三月，紀伯姬卒。外夫人不卒，此其言卒，何也？吾女也。適諸侯則尊同，以吾爲之變，卒之也。【略】

紀侯大去其國。大去者，不遺一人之辭也。言民之從者，四年而後畢也。何大爾？自是始滅也。

又《莊公三年》 秋，紀季以酅入于齊。紀季者何？紀侯之弟也。何以不名？賢也。何賢乎紀季？服罪也。其服罪奈何？魯子曰：『請後五廟以存姑姊妹。』【略】

冬，公次於郎。其言次於郎何？刺欲救紀而後不能也。

又《莊公四年》 夏，齊侯、陳侯、鄭伯遇于垂。

紀侯大去其國。大去者何？滅也。孰滅之？齊滅之。曷爲不言齊滅之？爲襄公諱也。《春秋》爲賢者諱，何賢乎襄公？復讎也。何讎爾？遠祖也。哀公亨乎周，紀侯譖之，以襄公之爲於此焉者，事祖禰之心盡矣。盡者何？襄公將復讎乎紀，卜之曰：『師喪分焉。』『寡人死之，不爲不吉也。』遠祖者，幾世乎？九世矣。九世猶可以復讎乎？雖百世可也。家亦可乎？曰：不可。國何以可？國君一體也：先君之恥，猶今君之恥也；今君之恥，猶先君之恥也。國君何以爲一體？國君以國爲體，諸侯世，故國君爲一體也。今紀無罪，此非怒與？曰：非也。古者有明天子，則紀侯必誅，必無紀者。紀侯之不誅，至今有紀者，猶無明天子也。古者諸侯必有會聚之事，相朝聘之道，號辭必稱先君以相接。然則齊、紀無説焉。不可以並立乎天下。故將去紀侯者，不得不去紀也。有明天子，則襄公得爲若行乎？曰：不得也。不得，則襄公曷爲爲之？上無天子，下無方伯，緣恩疾者可也。

六月，乙丑，齊侯葬紀伯姬。外夫人不書葬，此何以書？隱之也。何隱爾？其國亡矣，徒葬於齊爾。此復讎也，曷爲葬之？滅其可滅，葬其可葬。此其爲可葬奈何？復讎者，非將殺之，逐之也。以爲雖遇紀侯之殯，亦將葬之也。

又《莊公十二年》 十有二年，春，王三月，紀叔姬歸於酅。其言歸於酅何？隱之也。何隱爾？其國亡矣，徒歸於叔爾也。

又《莊公三十年》 秋，七月，齊人降鄣。鄣者何？紀之遺邑也。降之者何？取之也。取之則曷爲不言取之？爲桓公諱也。外取邑不書，此何以書？盡也。

八月，癸亥，葬紀叔姬。外夫人不書葬，此何以書？隱之也。何隱爾？其國亡矣，徒葬乎叔爾。

也。紀侯賢，而齊侯滅之，不言滅而曰大去其國者，不使小人加乎君子。

六月，乙丑，齊侯葬紀伯姬。外夫人不書葬，此其書葬，何也？吾女也。失國，故隱而葬之。

又《莊公十二年》 十有二年，春，王三月，紀叔姬歸於酅。國而曰歸，此邑也，其曰歸，何也？吾女也。失國，喜得其所，故言歸焉爾。

又《莊公三十年》 夏，師次於成。次，止也，有畏也。欲救鄣而不能也。不言公，恥不能救鄣也。

秋，七月，齊人降鄣。降猶下也。鄣，紀之遺邑也。

八月，癸亥，葬紀叔姬。不曰卒而曰葬，閔紀之亡也。

漢·董仲舒《春秋繁露》卷三《玉英》 難紀季曰：『《春秋》之法，大夫不得用地。又曰：公子無去國之義。又曰：君子不避外難。紀季犯此三者，何以爲賢！賢臣故盜地以下敵，棄君以避難乎！』曰：『賢者不爲是。是故托賢於紀季，以見季之弗爲也；紀季弗爲，而紀侯使之可知矣。《春秋》之書事，時詭其實，以有避也；其書人，時易其名，以有諱也。故詭晉文得志之實以代諱，避致王也；詭莒子號，謂之人，避隱公也；易慶父之名，謂之仲孫；變盛謂之成，諱大惡也。然則說《春秋》者，入則詭辭，隨其委曲，而後得之。今紀季受命乎君，而經書專，無善一名，而文見賢，此皆詭辭，不可不察。《春秋》之於所賢也，固順其志，而一其辭，章其義而褒其美。今紀侯、《春秋》之所貴也，是以聽其入齊之志，而詭其服罪之辭也，移之紀季。故告糴於齊者，實莊公爲之，而《春秋》詭其辭，以予臧孫辰；以酅入於齊者，實紀侯爲之，而《春秋》詭其辭，以與紀季；所以詭之不同，其實一也。』難者曰：『有國家者，人欲立之，固盡不聽；國滅，君死之，正也；何賢乎紀侯？』曰：『齊將復讎，紀侯自知力不加，而志距之，故謂其弟曰：「我宗廟之主，不可以不死也，汝以酅往，服罪于齊，請以立五廟，使我先君歲時有所依歸。」率一國之衆，以衛九世之主，襄公逐之不去，求之弗予，上下同心，而俱死之，故謂之大去。《春秋》賢死義且得衆心也，故爲諱滅，以爲之諱，見其賢之也，以其賢之也，見其中仁義也。』

論說

宋·高閌《春秋集註》卷一二《莊公五·二十九年》 冬十有二月，紀叔姬卒。

其國既亡，其夫既沒，婦人有歸宗之義，而魯不能變恤，遂歸於酅，故聖人書其卒以憫之，且存紀以罪齊也。嗚呼！齊滅紀以自强，雖得志於一時，而聖人罪之，則其惡流於不泯。紀見滅於强齊，雖無告於天下，而《春秋》存之，則其志伸於無窮。

明·高攀龍《春秋孔義》卷三《莊公四年》 六月乙丑，齊侯葬紀伯姬。

不書齊滅紀，至是而齊侯滅紀之罪著矣。孫明復曰：甚齊侯之詐也。

明·朱朝瑛《讀春秋略記》卷二《桓公十七年》 十有七年春正月丙辰，公會齊侯、紀侯，盟於黃。

汪氏曰：紀爲魯之姻國，而衛朔在齊。故齊欲納朔而盟魯，魯亦欲平紀而盟齊也。卒之齊滅紀而納朔，盟之不足恃具見矣。

清·惠士奇《惠氏春秋說》卷九《桓公》 十有七年春正月丙辰，公會齊侯、紀侯於黃。莊王二年也。魯莊元年，齊師遷紀，莊王四年。

《左傳》：十七年春，盟於黃，平齊、紀，且謀衛故也。前年十一月，衛侯朔出奔齊。

《春秋》諸侯失國，或言滅，或言亡，或言執，或言奔，未有言去者。特言去其國，唯紀侯一人而已。大夫士有去國之禮，而諸侯無聞，故曰國君死社稷，國滅君死之正也，去之非正也。且齊、紀同姓之國，齊滅同姓，而變文言去，故《公羊》創爲復讎之說，《春秋》爲賢者諱，故不言滅而言去。齊襄無道而稱其賢，學者皆知其非矣。晉滅虞、齊滅紀，皆同姓也。虞公變文言執，可謂之辠虞；紀侯變文言去，不可謂之辠紀。故我以爲紀侯之去紀，猶豳公之去豳，春秋諸侯失國，未有若紀侯去之之善者也。紀侯非輕於去國，蓋嘗百計以圖存矣。始則求婚於魯，繼而納女於周，以爲魯乃周之宗國，足以爲援，而天王之命或能行於甥舅之齊。故桓六年會於成而諮謀齊。難及來朝，欲請王命而求與齊成公告不能者，非公

無寵於王而不爲之請，蓋以衰周之命，不能行於强大之齊也。桓八年，祭公來，遂逆王后於紀。乃桓王之十六年，紀季姜爲桓王后，魯實爲之媒明魯請於王，故祭公來謀於我，遂逆王后於紀焉。桓王在位二十三年，魯桓之十五年桓王崩，其子莊王立紀。季姜爲莊王母，魯莊元年當莊王四年。齊師遷紀，雖以天王之尊不能存其母氏之國，坐視齊師遷紀而莫敢救之，則紀之納女於周，僅可延數年之國脈而已。衰周之命，焉能行於强大之齊哉？齊之欲滅紀也，始於僖終於襄，必欲滅之而後已。魯桓五年，齊僖與鄭襲之，十三年又合宋、衛、燕三國伐之。其襲之也，紀知之而先爲之備，故不克；其伐之也，是時，宋多責賂於鄭，而鄭不從，故鄭與魯、紀合而敗齊、宋之師於紀，紀亦因此得全。而魯桓前會於成，後會於黄，皆謀平齊、紀，而終不免。齊之處心積慮欲滅紀者，蓋非一朝一夕矣。自桓五年至莊四年，綿歷十七年而後紀侯卒。違齊難而去國，非不能下之也。與其下之而臣於齊，不若去之而爲寓公於他國；非不能死之也，與其死之而爭鬬其民，不若去之以安民。故以成敗論，則豳公去豳而興，紀侯去紀而滅，似擬之非其倫。然以其心言，雖一滅一興，其心一也。君子憫其亡悲其去，故書之特詳。愚於紀侯去國，既論列於前，復次第其始終本末，以待後之學者。

清・馬驌《繹史》卷三七《齊滅紀》　紀國小而近齊，紀之不幸也。自僖公而欲襲紀，齊之利紀久矣，非復讎也。天下無霸，小國不得保其社稷，奔走斡旋，以圖免禍，妃則魯女，女爲王后，昏媾重於一時，紀是以少延。無何而桓王崩，紀失恃矣，天祐其衷，齊僖殞命，乃襄公卽位，魯方與爲平，輒復戰奚，盟何足信。無何而桓公薨，紀益失恃矣，季知必亡，以酅求成，曰請後五廟以存姑姊妹。明年，而紀侯大去，紀亡矣。其後二十餘年，經書紀叔姬卒，紀以小國，遭時不造，介弟慕微子之義，庶妃矢共姜之操，紀之國亡而不亡也。襄公之九世祖譖殺於紀，復讎之義，滅其世，非利其土也。今也，酅入而季在，國去而君存，齊之讎復而不復也。

清・高士奇《左傳紀事本末》卷一六《齊滅紀》　臣士奇曰：《公羊》稱齊襄公滅紀爲九世復讎，其言曰：『哀公亨乎周，紀侯譖之。襄公將復讎乎紀，卜之，曰，師喪分焉。寡人死之，不爲不吉。』其情激烈，則復讎之説信然矣。以今考之，《史記注》引宋衷之言，哀公荒淫無道者也，其烹於周必有故。紀侯之譖，其果否亦不必辨。但哀公死而立其弟胡公，哀公之少弟山復殺胡公而自立。自哀公至襄公凡十世，而哀公乃其遠伯祖也，於不共戴天之義似亦少殺。且襄公鳥獸其行，敗倫傷化，忍心害理，彼又豈知有祖宗之讎者，不過假報復之名，以利其土地耳。按《輿地志》，齊都臨淄，在今青州。古紀城在今壽光。壽光距青州七十里，則春秋時紀與齊相去直數十里間，所謂臥榻之地不容他人安枕者也。始焉托復讎之孝以攫之，中焉假存紀之仁，終焉竊葬伯姬之義以文飾之。當時號齊襄爲小伯，亦狡矣哉！謂其真能復九世之讎，吾不知也。紀、魯世爲婚姻，又共盟歃，不能救紀，何望於鄭？鄭固齊黨，嘗並驅而朝紀，欲以襲之者也。莒益細甚，竊竊爲紀圖，何濟乎？但紀實王后之所出，欲請王命以求成於齊，而公告不能，王之不足爲諸侯重輕亦可見矣。雖然，紀既逼處齊封，其勢必折而入於齊。魯卽能爲纓冠之救，何益成敗？此紀侯之所以去，而季之苟延血食於酅，亦不得已之權也。然其情實可悲矣。

鄭滅許分部

綜　述

《左傳・成公三年》　許恃楚而不事鄭，鄭子良伐許。

又　《成公四年》　冬十一月，鄭公孫申帥師疆許田，許人敗諸展陂。鄭伯伐許，取鉏任泠敦之田。晉欒書將中軍，荀首佐之，士燮佐上軍，以救許伐鄭，取汜、祭。楚子反救鄭，鄭伯與許男訟焉。皇戌攝鄭伯之辭，子反不能決也。曰：『君若辱在寡君，寡君與其二三臣，共聽兩君之所欲，成其可知也。不然，側不足以知二國之成。』

又　《成公五年》　許靈公訴鄭伯於楚。六月，鄭悼公如楚，訟不勝。楚人執皇戌及子國。故鄭伯歸，使公子偃請成於晉。秋八月，鄭伯及晉趙同盟於垂棘。

又《成公六年》　六年春，鄭伯如晉拜成，子游相，授玉於東楹之東。士貞伯曰：『鄭伯其死乎？自棄也已！視流而行速，不安其位，宜不能久。』【略】

六月，鄭悼公卒。

又《成公八年》　是行也，鄭伯將會晉師，門於許東門，大獲焉。

又《成公十四年》　八月，鄭子罕伐許，敗焉。戊戌，鄭伯復伐許。庚子，入其郛。許人平以叔申之封。

又《成公十五年》　許靈公畏偪於鄭，請遷於楚。辛丑，楚公子申遷許於葉。

又《襄公十六年》　許男請遷於晉。諸侯遂遷許，許大夫不可。晉人歸諸侯。鄭子蟜聞將伐許，遂相鄭伯以從諸侯之師。穆叔從公。齊子帥師會晉荀偃。書曰：『會鄭伯。』爲夷故也。

夏六月，次於棫林。庚寅，伐許，次於函氏。晉荀偃、欒黶帥師伐楚，以報宋揚梁之役。楚公子格帥師及晉師戰於湛阪，楚師敗績。晉師遂侵方城之外，復伐許而還。

又《襄公二十六年》　許靈公如楚，請伐鄭，曰：『師不興，孤不歸矣！』八月，卒於楚。楚子曰：『不伐鄭，何以求諸侯？』冬十月，楚子伐鄭。鄭人將禦之，子產曰：『晉、楚將平，諸侯將和，楚王是故昧於一來。不如使逞而歸，乃易成也。夫小人之性，釁於勇，嗇於禍，以足其性而求名焉者，非國家之利也。若何從之？』子展說，不禦寇。十二月乙酉，入南里，墮其城。涉於樂氏，門於師之梁。縣門發，獲九人焉。涉於氾而歸，而後葬許靈公。

又《昭公九年》　二月庚申，楚公子棄疾遷許於夷，實城父，取州來淮北之田以益之。伍舉授許男田。然丹遷城父人於陳，以夷濮西田益之。遷方城外人於許。

又《昭公十八年》　楚左尹王子勝言於楚子曰：『許於鄭，仇敵也，而居楚地，以不禮於鄭。晉、鄭方睦，鄭若伐許，而晉助之，楚喪地矣。君盍遷許？許不專於楚。鄭方有令政。許曰：「余舊國也。」鄭曰：「余俘邑也」，葉在楚國，方城外之蔽也。土不可易，國不可小，許不可俘，讎不可啓。君其圖之。』楚子說。冬，楚子使王子勝遷許於析，實白羽。

又《昭公十九年》　夏，許悼公瘧。五月戊辰，飲大子止之藥，卒。大子奔晉。書曰：『弒其君。』君子曰：『盡心力以事君，舍藥物可也。』

又《定公六年》　六年春，鄭滅許，因楚敗也。

《公羊傳・昭公十九年》　冬，葬許悼公。賊未討，何以書葬？不成於弒也。曷爲不成於弒？止進藥而藥殺也。止進藥而藥殺，則曷爲加弒焉爾？譏子道之不盡也。其譏子道之不盡奈何？曰，樂正子春之視疾也，復加一飯，則脫然愈，復損一飯，則脫然愈，復加一衣，則脫然愈，復損一衣，則脫然愈。止進藥而藥殺，是以君子加弒焉爾。曰，許世子止弒其君買，是君子之聽止也。葬許悼公，是君子之赦止也。赦止者，免止之罪辭也。

《穀梁傳・昭公十九年》　曰弒，正卒也。正卒，則止不弒也。不弒而曰弒，責止也。止曰，我與夫弒者，不立乎其位，以與其弟虺，哭泣歠飦粥，嗌不容粒，未踰年而死，故君子即止自責而責之也。日卒時葬，不使止爲弒父也。曰，子既生，不免乎水火，母之罪也。羈貫成童，不就師傅，父之罪也。就師問學無方，心志不通，身之罪也。心志既通，而名譽不聞，友之罪也。名譽既聞，有司不舉，有司之罪也。有司舉之，王者不用，王者之過也。許世子不知嘗藥，累及許君也。

論說

宋・陳傅良《陳氏春秋後傳》卷一一《定公》　六年春，王正月癸亥，鄭遊速帥師滅許，以許男斯歸。二月，公侵鄭。公至自侵鄭。

自宣之季年，凡伐不言公魯無君將者八十年矣。至是而書侵鄭，則以公山不狃侯犯陽虎之專也。故曰政逮於大夫四世矣。故夫三桓之子孫微矣。

宋・戴溪《春秋講義》卷四下《定公》　六年春王正月癸亥，鄭遊速帥師滅許，以許男斯歸。

許嘗滅於鄭矣，二百年間，屢遷國焉，鄭卒因楚亂而取之。甚矣其不

仁也。遊速何以無貶？書月、書日、書氏、書名、書帥師正其事，而詳書之，所謂不待貶絶而惡自見者。許既滅矣，哀公元年，許復從楚圍蔡，楚復之也。楚亂方定，未暇治鄭，先復許焉，不告於中國，《春秋》不得而書也。

宋·洪咨夔《洪氏春秋説》卷二七《定公上》 六年春王正月癸亥，鄭遊速帥師滅許，以許男斯歸。

許叔入許之後，遷於葉，又遷於白羽，又遷於容城，轉徙流落之餘，其存者幾滅蓋易爾。然滅後十年，復見於楚子圍蔡之役，雖滅卽復矣。屢滅屢復，可信大嶽之後，所馮者厚。按春秋之世，許凡四遷，魯昭九年，許又曾遷夷，原文未及。

宋·趙鵬飛《春秋經筌》卷一五《定公》 六年春王正月癸亥，鄭遊速帥師滅許，以許男斯歸。

鄭虐於許久矣。許倚楚而抗鄭，凡四遷而附之。今吳入郢，楚幾爲墟，許復何恃哉？此其所以卒爲鄭滅也。治内以自强者，内固則四鄰懼之；倚勢以爲重者，勢去則四鄰疾之。許不能自治其國，以結好於鄰邦，乃倚屢遷以疾仇於鄭，楚敗勢隳，仇方得志一舉而滅，抑自取爾。然鄭蕞爾小邦，自保未固，而利於滅人，其爲惡固不誅而暴矣。許男書名，不死社稷也。

宋·家鉉翁《春秋集傳詳説》卷一七《成公上》 （三年）鄭伐許。

或曰：鄭自邲之役，專意事楚，不通中國，《春秋》未嘗與楚同貶辭。今伐許而貶之，何邪？曰：爲伐許而貶之也。《春秋》之義，先祖爲善未竟，子孫緒而成之，是謂述事。先祖有惡，自知其非而改之矣，子孫逐利而終成之，是謂濟惡。述事者人心天理之所存，濟惡者無人心。鄭莊先以滅許自知其大不義，置之而去，其悔過自咎之意見之，《傳》藹然可述也。今鄭襄公堅者，怙楚人爲已之覆，以兵加許，歲至於再，是必欲覆其宗社而後已。鄭莊有悔過之心，而其裔孫利人之土疆而濟其惡。自是許卒爲鄭所併，堅實啓之。《春秋》貶鄭，良以是故。或謂楚因鄭而得霸，是故貶之，其不然歟？楚之强盛由晉君，世庸大夫世專坐是日趨於削，於鄭乎何誅？

又 卷一八《成公下》 許遷於葉。許畏鄭偪而求遷於楚，故用邢遷之例以自遷爲文。自是，楚靈無道，强遷之於荆，楚平復之於葉。尋又遷之白羽，遷之容城，蓋不能以國矣。春秋中年以後，陳、蔡與許專意從楚，彼謂楚爲可恃以存，而不知非我之類，其心實異。卒之陳、蔡爲楚所滅。許五遷，自葉而白羽，實楚人迫而遷之。已而又遷容城，遂爲鄭滅。棄同好而從强楚，許、陳、蔡自有以取焉耳。

又 卷二七《定公上》 六年春王正月癸亥，鄭遊速帥師滅許，以許男斯歸。

自許、鄭爲鄰國，鄭人朶頤於許幾二百年矣。蓋自隱十一年，鄭莊率齊、魯伐許，入之猶懼王誅之，或加入之而不敢，遂以爲有俾其臣，與許叔分國而處，將以有待也。未幾鄭有内亂，許叔因之以復其宗社。許之毒於鄭，其來遠矣。成三年，鄭人一歲再伐許，《春秋》外之，書鄭伐許。今中國無盟主，諸夏罔所依憑，鄭人肆其不道，滅同盟之國，翦大嶽之後，鄭之罪大矣。《春秋》前既外之，此復重有討焉。或曰：《春秋》於滅國皆罪滅之者，不罪滅者。蔡之滅沈，鄭之滅許，皆兩坐之，何也？曰：滅國者固可罪，而從楚者亦可罪也。許與沈，皆始終從楚，而不自以爲耻者也。書名以歸，義其在是。

宋·陳則通《春秋提綱》卷二《侵伐門·晉鄭楚伐許例》 嗚呼！王澤竭伯功淺，小國從楚，豈獲已哉？議者切齒諸侯之從楚，蔡爲上，許次之，陳又次之，鄭人遨遊南北之間者也。予謂陳、蔡、鄭之所畏者惟楚，許不惟畏楚而又畏鄭，故許人始役役於齊，終役役於楚，多方以圖免者。惟鄭人之故，齊之勢力足以及許，許不甘心於楚而事齊；晉之勢力不足以有許，許始甘心於楚而倍晉。越、鄭謀許，晉人所難，鄭若來伐，晉未必救。楚大而近，足以威鄭，且庇許矣。抑人亦有言：鹿死不擇音，許惟强可以庇民者，是從何擇其晉與楚哉？吾考鄭人仇許之事，蓋自桓公之十有五年始，前此十有五年，太嶽之祀，不絶如綫，不遷其重器，不係累其子弟，存許以俟其他日，則鄭莊之力也。寤生云：亡忽突爭國，何暇以一許爲問？許莊無子，穆公托兄死弟及之名，不告於天王，於方伯於鄭直入許而爲之君。《經》書入，不順之詞也。不與其乘人之約，以爲利也。自此，鄭與許仇，卒爲世世不釋之憾。許之自爲謀亦危矣。齊桓創伯，遠足以來江、黄，寧不足以得一許。七從會盟，三從征伐，許最有

奬齊之功。鄭欲有事於許，未免猶畏於齊。於莊之二十九年潛師侵許，以脩舊怨，猶不敢聲許之辠而討之也。齊之勢力足以庇許，彼楚人憑恃其衆而必許之。從楚，豈許之所甘心哉！櫬璧之事，《傳》近於誣，盟洮以後，猶有許男。按《經》可以見許之不從楚矣。盂之役，楚以子書，許亦在會，則齊桓没之四年也。自後憑陵諸夏，楚來而許助之。晉文三會諸侯而朝王所，許於踐土、河陽不爲不近，惜不能自拔於荆蠻之中，陷溺之爲最深耳。文公率會温之諸侯乘勝圍許，宜若振槁。然圍而不舉，豈其力不足而心不忍耶？不欲甚楚人之怒而置之也。襄公不忘前怨，偕陳、鄭以伐，竟以無功返，則晉人謀許之意怠矣。救鄭之役，新城之會，晉人聽許之。自北二扈等盟，許又不至，晉人聽許之自南。僖公三十有三年以後，晉不復加兵於許者五十有六年。君臣朝夕謀陳、謀鄭，且不暇安有餘力以及許耶？直至雞澤之盟，鄭人服而陳亦來，始敢興師以問許。荀罃伐於襄公之三年，荀偃伐於襄公之十有六年，晉人得鄭，始敢問許也。許公之謀國亦曰：『吾邇楚而遠晉』。許若從晉，未必釋鄭人之憾，反以召楚人之怨，萬一楚伐其外，鄭應其内，許國之危朝露矣。故從楚可以免禍於楚，亦可以免禍於鄭。鄭人從伯討以後，畏楚不敢發者三十有八年，謂許人之見重於楚也。陽橋之役，靈公爲右於蜀之盟，許人不書，鄭人始知許之不見重於楚。成之三年，姑使子良伐許，以嘗楚之救與否也。一伐而不救則再，再伐而不救則三，冒衰経以興戎不恤也，卒使鄭許交訟，不之晉而之楚。子反何人？乃攝士官而聽其詞。諸侯之無霸害哉？成十有四年，子罕來伐，不得叔申之封不止也。襄公之十有六年，諸侯之伐，許皆以大夫行，鄭獨以國君會。夫兵莫慘於志鏌鋣爲下，《春秋》書之曰『叔老會鄭伯、晉荀偃、衛甯殖、宋人伐許。』忍矣哉鄭伯之爲此行也。許男平昔恃楚臨鄭之謀，卒於無成，爲鄭人笑，是用痛心疾首告於楚庭，以請伐鄭，曰：『師不興，孤不歸矣。』此時之爲此言可憐哉！一旦楚有亡郢之釁，鄭遂有滅許之師，墟人宗社，辠無所逃。《春秋》嘗因許而狄鄭矣，於滅國夫何誅？雖然，楚不爲無辠也。鄭人本不敢興伐許之師，爲楚不救耳。遷葉不能免，則遷於夷；夷不能免，則遷於白羽；白羽之患如初，則又遷之容城。凡四遷許之勞，不如一救許之力。黔驢之技止於此，鄭不滅許何爲哉？紀恃魯而悞於魯，黄恃齊而悞於齊，許恃楚而悞於楚。此可爲恃人而人不足恃者之戒也。或曰：鄭、許紛紛之訟，子何以折之？許曰：『予舊國也』，鄭曰：『予俘邑也』。當以《左氏》之言爲案。《春秋》之初書曰『鄭伯入許』，《春秋》之終書曰『鄭遊速帥師滅許』，當以仲尼之筆爲斷。予請爲之辭曰：滅許之辠在鄭，誤許之辠在楚。恃楚不事鄭之辠在許，聽鄭人滅許之辠在晉。

元·程端學《春秋本義》卷二七《定公》 六年春王正月癸亥，鄭游速帥師滅許，以許男斯歸。速，《公羊》作遨。後同。

杜氏曰：游速，大叔子。《左氏》曰：鄭滅許，因楚敗也。高氏曰：鄭、許之怨舊矣。許人本恃楚以固其國，至於四遷。鄭遊速一出滅其國而俘其君，豈非楚人累敗於吳故，鄭因乘許之弱而肆其暴邪？任氏曰：以大夫而滅人之國，又以諸侯歸，其惡甚矣。愚謂許男不死，社稷亦無足道也。義又見《莊十年》齊滅譚。張氏曰：自哀元年以後，許復見者，楚又存之也。

明·劉基《誠意伯文集》卷一三《春秋明經上·鄭伐許鄭伯伐許》

諸侯之陵虐小國，《春秋》狄之於前，而爵之於後，皆以著其惡也。夫《春秋》之法，有加貶而後見其罪者，有直書而罪自見者，惟明乎屬詞比事之意，斯得之矣。鄭人爲許之小弱也，每肆暴以伐之，皆罪矣。故我成公之三年，書『鄭伐許』，以其一歲而再動干戈，爲惡已甚，故稱國以狄之，所謂加貶以見其罪者也。及其明年，襄卒而悼立矣，喪未踰年而復伐許，其惡非不甚也，然自鄭伯而不貶，所謂直書而罪自見。燕之書爵，又見其釋服從戎有忘親之罪焉。由此觀之，《春秋》之法可知矣。嗚呼！王澤竭伯功淺，小國之迫於大國，《春秋》深傷之也。許乙太嶽之胤密邇於鄭，鄭莊怙其詐力，託爲鬼神不遑之詞，入其國而披其地。其所以不遂殄其宗祀者，東遷之初，尚以滅國爲重事，故未敢蒙首惡之名。然而竄逐其君，置許叔於東偏，而公孫獲處其西，制其死生之命，雖有存許之名，亦何異於滅乎？其後許叔因亂竊入，未幾而齊伯興，故得保其遺祀，以俟他日。鄭人蓋以許爲俘邑久矣，特畏大國而未得逞其志耳。以義言之，許者先王所封之國，鄭安得而虐之哉？今鄭襄既背中國而事楚，遂藉强夷之勢，肆虎狼之心，一歲之間，再加兵於許國，不思己之見陵于晉楚者，亦惟國小而弱之故，可不自反而以是施於蕞爾之男邦乎？是與夷狄之所

行無以異矣。《春秋》狄之，所以誅其不仁之心也。襄公既没，悼公所宜改惡從善以自新也，奈何父喪甫葬，遂以吉禮從金革之事，以肆其毒於許。夫許之與鄭，非有不共戴天之讎，何至伐之若是亟哉？忘喪非禮，陵弱不仁，干大國之怒，不智卒之交訟楚庭，以中國之君而聽于夷狄之大夫，然則鄭伯之自伐亦甚矣。《春秋》於襄之伐許，雖書之於『公子去疾帥師伐許』之後，而其惡未著，故必貶之而後見。若夫悼之伐許，則上書葬鄭襄公而繼之以鄭伯伐許，則其罪已明，不必貶矣。故曰：惟明於屬詞比事之義，斯得之矣。大抵《春秋》之法，既貶則多從同，是故晉之伐鮮虞也，既於昭公之十二年狄之矣，至於十有五年荀吴之伐，則直書之。蓋與鄭伐許、鄭伯伐許之書法同矣。雖然，許獨無可議者乎？苟能修德行仁以保其國，何畏乎一鄭。而乃恃楚以爲安，他日楚有亡郢之禍，而鄭遂有滅許之師。而葉、夷、白羽、容城之遷，俱無益焉。嗚呼，觀遠臣以其所主棄中華之禮義，而附夷以爲安，夫何社稷之能守哉？

明·湛若水《春秋正傳》卷三四《定公》　（六年）春王正月癸亥，鄭游速帥師滅許，以許男斯歸。

《正傳》曰：書游速滅許，以許男斯歸，交譏之也。《左氏》曰：鄭滅許，因楚敗也。據此則許以中國諸侯而恃，附荆楚之夷，爲楚四遷國都，卒不能賴楚以全其國，見滅於鄭，以亡宗社，許固有以自取之矣。鄭之於許，非有問罪之義，而擅興大衆以滅其國，絶其宗祀，而俘辱其君，暴亦甚矣。故《春秋》書之，以並見其罪。

明·熊過《春秋明志録》卷一一《定公》　六年春王正月癸亥，鄭遊速帥師滅許，以許男斯歸。

游速，子太叔吉之子也。滅國以君歸，故異而日之哀之冊復見許。杜氏曰：楚復存之。此則當如蔡侯廬、陳侯吴之書歸矣，《經》無可據。滅，疑當作『入』也。隱十一年公及齊侯、鄭伯入許，鄭不有其地，以許東偏，奉許叔而使其大夫獲處，許西偏，已而鄭亂，許叔入許依楚矣。齊伯叔常從伐楚，其後從晉，雖許貳晉，以楚故也。於是晉、楚俱弱矣。鄭乘楚亂乃滅之，李廉氏曰：鄭入許而齊、鄭合，天下遂無王，鄭滅許而齊、鄭又合，天下遂無晉。《春秋》是以終世亦可感也已。

清·馬驌《繹史》卷八四《鄭滅許》　許靈公在位之年，數受鄭兵，魯成公三年，鄭襄公之伐許者二，四年，鄭悼公之伐許者一，八年，鄭成公門於其門，九年，圍其國，十四年，又伐許者二，入其郛，魯襄公十六年，鄭簡公從於諸侯伐許者二，許靈公積怨而訴於楚，遂卒不歸。夫訟不獲勝，遷不獲避，蓄憾請師，身死不恤，何許、鄭相讐之深也？昔也，穆公從霸，死於陘師；今也，靈公修怨，死於楚國；同一客死，而昔爲死義，今爲死忿矣。許自齊桓既没，反覆無信，往往恃楚，至靈公而當共、康之世，楚未嘗專庇許也，是以疆埸之上，無歲不有鄭師，楚皆不問，靈公之卒，僅爲一動，姑以慰死者而已。許悼公即位，凡楚人之盟會，無役不從，許雖親楚，楚何嘗爲許報哉？靈公遷於葉，悼公遷於夷，又遷於白羽，男斯遷於容城，其國四遷，咸出楚命，翦荆築室，不遑寧處，蕩析離居，國本銷亡，遊速乘之，而俘其主，滅許者鄭，亡許者焉知非楚邪？鄭固諸夏之罪人也，介在晉、楚之交，苟安已幸，而務求逞志，以迫虐許國。召陵之會，許幸進而與晉同好，鄭獻公乃因而俘囚之，是誠何心？許既將亡，又遭家難，太子止痛已之不嘗藥，哭泣歠粥，嗌不容粒，未逾年而卒，賢太子死，國復奚望哉？《春秋》惡鄭人滅許之暴，並傷許人託楚之愚，地歸於楚，而俘歸於鄭，許既亡矣，其後至哀公之世，復見於《經》，豈許之小弱，猶能再興乎？太嶽之胤，其遂微矣。

清·張尚瑗《左傳折諸》卷二五《定公·鄭滅許因楚敗也》　《媿菴録》曰：此鄭叛伯之始也。自隱十一年鄭入許，而齊、鄭之黨合，天下遂無王；自定六年鄭滅許，而齊、鄭之黨又合，天下遂無伯。

清·高士奇《左傳紀事本末》卷四三《鄭滅許》　臣士奇曰：許爲太嶽之裔，國於舊許，與鄭爲鄰，而鄭之所欲吞併以拓其封竟者也。當魯隱之季，會齊、魯以入許，使許叔處許西偏，僅存其祀耳。及桓公時，鄭方有内難，許叔乘機竊入，非鄭意也。而許又南附於楚，數從伐鄭，於是世爲仇讎云。夫鄭、許脣齒之國也，使鄭能盡睦鄰之禮，挾許以從中國，許豈甘折而入於楚哉？乃恃强陵弱，惟滅許之是務。既取鉏任、泠敦之田，又平以叔申之封。彈丸者許，所餘有幾耶？是以靈公兩訴於楚，曰『師不興，孤不歸矣』。淚盡楚庭，魂羈鄢郢，慘惻至此，其下喬而遷於幽谷也，亦鄭之不善處許，而爲楚淵驅耳。然許亦有失策焉。當時許嘗請遷於晉。夫遷晉愈於遷楚明甚，而許大夫從中沮撓。晉人歸諸侯，其事遂

寢。乃卽安於楚，始而葉，繼而白羽，繼而容城，流離困苦，卒爲鄭所滅。而楚屬師徒撓敗，不能救也。許固不善擇者，亦不能不深恨於鄭之相煎太急也。

楚子伐滅諸國分部

楚武王侵伐諸國

綜　述

《左傳・桓公二年》　蔡侯、鄭伯會於鄧，始懼楚也。

又《桓公六年》　楚武王侵隨，使薳章求成焉，軍於瑕以待之。隨人使少師董成。鬬伯比言於楚子曰：『吾不得志於漢東也，我則使然。我張吾三軍而被吾甲兵，以武臨之，彼則懼而協以謀我，故難間也。漢東之國隨爲大，隨張必棄小國，小國離，楚之利也。少師侈，請羸師以張之。』熊率且比曰：『季梁在，何益？』鬬伯比曰：『以爲後圖，少師得其君。』王毀軍而納少師。

少師歸，請追楚師，隨侯將許之。季梁止之曰：『天方授楚，楚之羸，其誘我也，君何急焉？臣聞小之能敵大也，小道大淫。所謂道，忠於民而信於神也。上思利民，忠也；祝史正辭，信也。今民餒而君逞欲，祝史矯舉以祭，臣不知其可也。』公曰：『吾牲牷肥腯，粢盛豐備，何則不信？』對曰：『夫民，神之主也。是以聖王先成民而後致力於神。故奉牲以告曰「博碩肥腯」，謂民力之普存也，謂其畜之碩大蕃滋也，謂其不疾瘯蠡也，謂其備腯咸有也。奉盛以告曰「潔粢豐盛」，謂其三時不害而民和年豐也。奉酒醴以告曰「嘉栗旨酒」，謂其上下皆有嘉德而無違心也。所謂馨香，無讒慝也。故務其三時，修其五教，親其九族，以致其禋祀。於是乎民和而神降之福，故動則有成。今民各有心，而鬼神乏主，君雖獨豐，其何福之有！君姑修政而親兄弟之國，庶免於難。』隨侯懼而修政，楚不敢伐。

又《桓公八年》　隨少師有寵。楚鬬伯比曰：『可矣。讎有釁，不可失也。』夏，楚子合諸侯於沈鹿。黄、隨不會，使薳章讓黄。楚子伐隨，軍於漢、淮之間。

季梁請下之，弗許而後戰，所以怒我而怠寇也。少師謂隨侯曰：『必速戰。不然，將失楚師。』隨侯禦之，望楚師。季梁曰：『楚人上左，君必左，無與王遇。且攻其右，右無良焉，必敗。偏敗，衆乃攜矣。』少師曰：『不當王，非敵也。』弗從。戰於速杞，隨師敗績。隨侯逸，鬬丹獲其戎車，與其戎右少師。

秋，隨及楚平。楚子將不許，鬬伯比曰：『天去其疾矣，隨未可克也。』乃盟而還。

又《桓公九年》　巴子使韓服告於楚，請與鄧爲好。楚子使道朔將巴客以聘於鄧。鄧南鄙鄾人攻而奪之幣。殺道朔及巴行人。楚子使薳章讓於鄧，鄧人弗受。

夏，楚使鬬廉帥師及巴師圍鄾。鄧養甥、聃甥帥師救鄾。三逐巴師，不克。鬬廉衡陳其師於巴師之中以戰，而北。鄧人逐之，背巴師而夾攻之。鄧師大敗，鄾人宵潰。

又《桓公十一年》　楚屈瑕將盟貳、軫。鄖人軍於蒲騷，將與隨、絞、州、蓼伐楚師。莫敖患之。鬬廉曰：『鄖人軍其郊，必不誡，且日虞四邑之至也。君次於郊郢，以禦四邑。我以銳師宵加於鄖，鄖有虞心而恃其城，莫有鬬志。若敗鄖師，四邑必離。』莫敖曰：『盍請濟師於王？』對曰：『師克在和，不在衆。商、周之不敵，君之所聞也。成軍以出，又何濟焉？』莫敖曰：『卜之。』對曰：『卜以決疑，不疑何卜？』遂敗鄖師於蒲騷，卒盟而還。

又《桓公十二年》　楚伐絞，軍其南門。莫敖屈瑕曰：『絞小而輕，輕則寡謀，請無扞采樵者以誘之。』從之。絞人獲三十人。明日，絞人爭出，驅楚役徒於山中。楚人坐其北門，而覆諸山下，大敗之，爲城下之盟而還。伐絞之役，楚師分涉於彭。羅人欲伐之，使伯嘉諜之，三巡，數之。

又《桓公十三年》 十三年春，楚屈瑕伐羅，鬭伯比送之。還，謂其御曰：『莫敖必敗，舉趾高，心不固矣。』遂見楚子曰：『必濟師。』楚子辭焉。入告夫人鄧曼。鄧曼曰：『大夫其非衆之謂，其謂君撫小民以信，訓諸司以德，而威莫敖以刑也。莫敖狃於蒲騷之役，將自用也，必小羅。君若不鎮撫，其不設備乎。夫固謂君訓衆而好鎮撫之，召諸司而勸之以令德，見莫敖而告諸天之不假易也。不然，夫豈不知楚師之盡行也。』楚子使賴人追之，不及。

莫敖使徇於師曰：『諫者有刑。』及鄢，亂次以濟。遂無次，且不設備。及羅，羅與盧戎兩軍之。大敗之。莫敖縊於荒谷，羣帥囚於冶父以聽刑。楚子曰：『孤之罪也。』皆免之。

又《莊公四年》 四年春，王三月，楚武王荆尸，授師孑焉以伐隨。將齊，入告夫人鄧曼曰：『余心蕩。』鄧曼歎曰：『王祿盡矣。盈而蕩，天之道也，先君其知之矣。故臨武事，將發大命，而蕩王心焉。若師徒無虧，王薨於行，國之福也。』王遂行，卒於樠木之下。令尹鬭祁、莫敖屈重除道梁溠，營軍臨隨。隨人懼，行成。莫敖以王命入盟隨侯，且請爲會於漢汭而還。濟漢而後發喪。

《史記》卷四〇《楚世家》 （楚武王）三十五年，楚伐隨。隨曰：『我無罪。』楚曰：『我蠻夷也。今諸侯皆爲叛相侵，或相殺。我有敝甲，欲以觀中國之政，請王室尊吾號。』隨人爲之周，請尊楚，王室不聽，還報楚。三十七年，楚熊通怒曰：『吾先鬻熊，文王之師也，蚤終。成王舉我先公，乃以子男田令居楚，蠻夷皆率服，而王不加位，我自尊耳。』乃自立爲武王，與隨人盟而去。於是始開濮地而有之。

五十一年，周召隨侯，數以立楚爲王。楚怒，以隨背己，伐隨。武王卒師中而兵罷。子文王熊貲立，始都郢。

論說

宋・呂祖謙《左氏傳説》卷一《桓公・武王侵隨六年》 楚侵隨一段，見得楚自此憑陵諸夏。自前年蔡、鄭會於鄧，則始懼楚，至此楚浸盛矣。蓋外域之强弱，常由中夏之盛衰政治元氣也。兵革亂氣也，元氣全則亂氣不能入，元氣喪則亂氣乘之。楚之爲患其來有自矣，如商之衰，荆、楚常爲亂矣。至高宗時商盛，故能罙入其阻。其後周之盛時，桃弧棘矢以共禦王事，篳路藍縷以處草莽，以其勤勞如此，方服役之不暇可見其弱，至此復悍然陵犯中國，非專楚之罪也。蓋政治之與兵革，内憂之與外患，其相爲消長，理之常耳。

宋・呂祖謙《左氏傳續説》卷二《桓公》 楚武王侵隨，鬭伯比言於楚子曰：『漢東之國隨爲大。』六年。

觀楚經略漢東之初，便欲滅隨，而隨終不爲楚所滅者，何故？蓋少師死，季梁在，諫行言聽，無人沮撓其謀，故楚不敢滅。後來卻反，以厚意結隨以爲助使之，勿救援小國，故漢東之小國盡爲楚所滅，而隨獨終春秋之世，如所謂周之子孫在漢川者，楚實盡之。隨密邇於楚，楚實存之世，有盟誓至今未改。看此兩處，便見楚常結隨而不滅隨處。

又 卷三《莊公》 楚武王荆尸授師孑焉，以伐隨。四年。

楚初稱荆，《詩》所謂荆楚便是。尸乃是楚陳名。孑，亦鎗屬。蓋楚陳所利也，大抵陳中自有利於長兵，有利於短兵。弓矢利遠，是謂長兵；孑只利近，故爲短兵。此亦見始參用孑爲陳處。

明・湛若水《春秋正傳》卷一四《僖公二十年》 冬，楚人伐隨。

《正傳》曰：隨，漢東諸國之大者，姬姓。書『楚人伐隨』，罪楚之憑陵傷中國之不競也。《左氏》曰：隨以漢東諸侯叛楚。冬，楚鬭穀於菟帥師伐隨，取成而還。君子曰：隨之見伐不量力也。量力而動，其過鮮矣。善敗由己，而由人乎哉？《詩》曰：『豈不夙夜，謂行多露。』愚按：桓公六年，楚武王侵隨，鬭伯比曰：『漢東之國，隨爲大。吾不得志於漢東也，我則使然。我張吾三軍而被吾甲兵，以武臨之，彼則懼而協以謀我，故難間也。』由此觀之，則隨率漢陽諸姬以拒楚，今欲復漢東諸侯於中國而力不足以勝之，故見伐也。

明・馮時可《左氏釋》卷上《楚武王侵隨》 季梁在隨，而楚不能爲謀，一賢臣之勝於十萬師也。彼其能料楚之羸而又以忠於民信於神爲道，是豈春秋謀臣所可及哉？不疾瘯蠡，言無疾瘯之患也。疥癬曰瘯瘻，瘻曰蠡，如追蠡然也。嘉栗旨酒言上下皆有善德而能敬，故得具。是旨酒也，祝告之詞，皆重在民。忠於民即信於神，季梁知本矣。

清・馬驌《繹史》卷四二《楚子伐滅諸國》 鄧之會，《傳》曰：始懼楚也。曷言乎始懼也？中國之患楚也，自此始矣。前此夷王之世，熊渠僭王，然而尋去其號焉，猶知畏天子也。及平王末，蚡冒啓濮，猶未嘗蠶食諸夏也。武王之立，當王室益衰，諸侯多故，曲沃庶也，而偪晉；鄭伯臣也，而抗王；魯、衛、陳、宋，臣弑其君，鄭國構怨，兵革不息。自是荆、蠻之主，以爲諸侯自顧不遑，安能禦我，於是始有輕視中國之心矣。蔡、鄭與鄧，密邇長蛇，鄧尤偪處，願爲地主，三國震動，協謀《春秋》傷之曰：此東遷以來，荆蠻猾夏之始乎！越六年，楚人伐隨，告隨曰：『我有敝甲，欲以觀中國之政，請王室尊吾號。』既而曰：『吾先鬻熊，文王之師也，蠻、夷皆率服，而王不加位，我自尊耳。』然則會鄧之日，楚人尚未稱王，而諸姬震懼，奔走恐後焉。未幾，而隨、黄、絞、羅之地，騷然不寧。假令武王不死，方城之外，非中國有矣。文王嗣立，薦食上國，《春秋》書之曰荆，成王享國長久，身歷二霸，《春秋》書之曰楚，楚之漸進爲彊大也。齊桓公盟於貫，管仲欲舍江、黄，晉文戰勝城濮，以爲得臣不死，憂尚未艾；中國有霸主，猶且避楚，況桓、文没而穆王弑立，復能奮其詐力，殘滅與國，秦伯降服，臧孫興歎，卒莫能救，楚始日有圖霸之志，北方之諸侯，咸重足而莫敢側視矣。彼隨一漢東小諸侯耳，能惕於季梁之言，退而修政，楚不敢伐；至成王之時，子文帥師，僅以取成，春秋之國小而能自彊，未有如隨者也。若夫蔡、鄭與鄧，不思所以自立，而爲會以求安，其後鄧滅、蔡入、鄭伐，曾不聞其相救。君子曰，政之不修，會何益焉。姬之衰也，王室之不競也，小國之無依也，彊索之間，無歲不有楚師，滅人之國，而攘人之地，如取如攜，如或掇之，幅員廣，則甲兵日彊，天方授楚，中國亦何能支也哉。

清・張尚瑗《左傳折諸》卷二《楚武王侵隨》 《楚世家》：蚡冒弟熊通弑蚡冒子代立。伐隨，隨曰：『我無罪。』楚曰：『我蠻夷也。今諸侯皆爲叛相侵。我有敝甲，欲以觀中國之政，請王室尊我號。』隨人爲之周，請尊楚，王室不聽，還報楚。熊通怒曰：『吾先鬻熊，文王之師也。成王舉我先公，乃以子男田令居楚，蠻夷皆率服，而王不加位，我自尊耳。』乃自立爲武王。於是始開濮地而有之。周召隨侯，數以立楚爲王。楚怒，以隨背己，伐隨。武王卒師中而兵罷。按《史記》言熊通二十九年，當魯弑隱公之年，而三十五年伐隨俾請王號，正當桓公六年也。後五十一年，當莊公四年卒於師中。合《傳》之言，王心蕩仍由僭王之故審矣。

清・高士奇《左傳紀事本末》卷四五《楚伐滅小國》 臣士奇曰：楚爲鬻熊之裔，國於荆山，至熊通始大，吞滅小國，僭稱王號，天子使人賜胙曰：『鎮爾南方，無侵中國。』未嘗比於冠帶諸侯之列也。及其雄心弗戢，狡焉啓疆，漸且幅員數千里，帶甲數十萬，而燎原之火，遂不可撲滅矣。考其兼併之迹，鄧始懼楚，最先滅。蔡哀侯繩息嬀以語楚子，而息滅。遷權於那處，而權滅。弦恃齊慢楚，而弦滅。黄人不修楚貢，而黄滅。夔子不祀祝融與鬻熊，而夔滅。陽處父救江不克，而江滅。皐陶、庭堅不祀，而六與蓼滅。羣蠻從楚，而庸滅。滑汭開疆，而舒蓼滅。恃吳不備，而舒庸滅。蒍掩賞功，而舒鳩滅。春秋滅國之最多者，莫楚若矣。《外紀》載楚文王得如黄之狗、箘簬之矰，以畋於雲夢，三月不返；又得舟之姬，期年不聽朝。保申一諫，乃變行圖治，兼國三十，其國已不可考。今按文王伐申，遂滅鄧。申之滅不見於《經》，然城濮之戰，《傳》稱楚子入居於申；及敗，王使謂『大夫若入，其若申、息之老何』，則申之淪於楚縣明甚。夫先世帶礪之國，碁布星羅，南捍荆蠻，而北爲中原之蔽者，最大陳、蔡，其次申、息，其次江、黄，其次唐、鄧，而唐、鄧尤偪處方城之外，爲楚門戶。自鄧亡，而楚之兵申、息受之；申、息亡，而楚之兵江、黄受之；江、黄亡，而楚之兵陳、蔡受之；陳、蔡不支，而楚兵且交於上國矣。當魯桓初立，鄧侯不遠而來朝，則其不安僻陋，而慕戀諸夏之心可念也。自楚勢漸張，而蔡、鄭爲鄧之會，內外强弱之大機，係於此矣。使陳、蔡、申、息、江、黄、唐、鄧諸國，誠能協心并力，互爲脣齒。楚伐一國，諸國提兵共擊之，楚未必不震慴而自沮也。夫隨之爲國，限在方城內，於楚尤逼。而能屢抗楚鋒，獨爲後亡，況合諸國之力以相存救，何楚之不敵乎？乃會鄧之後，絕不聞深謀遠慮，使鄧首折而入於楚，楚爰是目無諸姬，乘破竹之執，北門啓而長淮以外無歲不受兵，誠失計也。然楚自滅鄧，縣申、息，殘江、黄，以至六、蓼諸國，無不兼幷，地幾半天下。惘然懷問鼎之心，而卒莫能遂者，則封建相維之執猶存，而桓、文攘斥之功爲不可没也。

楚文王滅鄧

綜　述

《左傳·莊公六年》 楚文王伐申，過鄧。鄧祁侯曰：『吾甥也。』止而享之。騅甥、聃甥、養甥請殺楚子，鄧侯弗許。三甥曰：『亡鄧國者，必此人也。若不早圖，後君噬齊，其及圖之乎？圖之，此爲時矣。』鄧侯曰：『人將不食吾餘。』對曰：『若不從三臣，抑社稷實不血食，而君焉取餘？』弗從。還年，楚子伐鄧。十六年，楚復伐鄧，滅之。

漢·劉向《説苑》卷一四《至公》 楚文王伐鄧，使王子革、王子靈共捃菜。二子出採，見老丈人載畚，乞焉，不與，搏而奪之。王聞之，令皆拘二子，將殺之。大夫辭曰：『取畚信有罪，然殺之非其罪也，君若何殺之？』言卒，丈人造軍而言曰：『鄧爲無道，故伐之，今君公之子之搏而奪吾畚，無道甚於鄧。』呼天而號。君聞之，羣臣恐。君見之曰：『討有罪而横奪，非所以禁暴也；恃力虐老，非所以教幼也；愛子棄法，非所以保國也；私二子，滅三行，非所以從政也。丈人舍之矣，謝之軍門之外耳。』

論　説

宋·戴溪《春秋講義》卷一上《桓公》 （二年七月）蔡侯、鄭伯會於鄧。

三國爲會，始懼楚也。入春秋之初，楚最先稱王，其彊可知矣。此三國者，地與楚近，先有懼心焉。未幾而楚滅鄧，久之而楚復滅蔡。鄭雖僅存，異日牽羊之逆，鄭亦幾亡矣。然楚雖無道，隨侯懼而脩政，楚不敢伐。其後子産相鄭，執玉帛以抗楚，而楚亦不能加焉。弱小之國能自彊於政治，猶可以自保。三國之會，徒有懼楚之心，而無自彊之實，《春秋》惜之。

宋·呂大圭《春秋或問》卷五《蔡侯鄭伯會於鄧》 或問：鄧之會，《左氏》以爲始懼楚，何也？曰：《左氏》以爲楚卒滅鄧入蔡，而其後鄭卒爲楚之服役，故其説云爾。然以《經》考之，則桓公以來，楚之猾夏未見於《經》也。況前乎是蔡實從宋伐鄭，又從宋伐戴，則蔡蓋宋之黨也。今也宋、鄭既合，則其通於蔡理無可疑者。然後此五年，蔡、衛、陳之從王伐鄭，則又托公義以釋私憾者也。豈非鄭雖求平於三國，而三國讎鄭之心，至是猶未已邪？然則以會鄧之書而究其終始，則諸侯離合之不常亦可知矣。

元·鄭玉《春秋闕疑》卷三《桓公二年》 蔡侯、鄭伯會於鄧。

始懼楚也。　胡氏曰：其地以國，鄧亦與焉。楚自西周已爲中國患，宣王蓋嘗命將南征矣。及周東遷，僭號稱王，憑陵江漢。此三國者。與之爲鄰。是以懼也。後卒滅鄧、虜蔡侯，而鄭以王室懿親爲之服役，終春秋之世，聖人蓋傷之也。夫天下，莫大於禮，莫强於信義。循天理，惇信義，以自守其國，荆楚雖大何畏焉？不知本此，地醜德齊莫能相尚，則以地之大小，力之强弱分勝負矣。觀諸侯會盟離合之迹，而天下盛衰之由可考也。觀春秋進退予奪抑揚之旨，則知安中國禦外患之道也。

明·湛若水《春秋正傳》卷四《桓公二年》 蔡侯、鄭伯會於鄧。

《正傳》曰：書蔡侯、鄭伯會於鄧，則三國非禮之失，陰謀召禍之端，皆可見矣。夫三國不守會同之大義，不宜會而會，以謀禦楚，則終不免矣。《左氏》曰：始懼楚也。胡氏曰：其地以國，鄧亦與焉。楚自西周已爲中國之患。宣王蓋嘗命將南征矣。及周東遷，僭號稱王，憑陵江漢。此三國者，地與之鄰，是以懼也。其後卒滅鄧、虜蔡侯，而鄭以王室懿親爲之服役，終春秋之世，聖人蓋傷之也。夫天下莫大於天理，莫强於信義，循天理，惇信義以自守其國家，荆楚雖大，何懼焉？不知本此，事醜德齊莫能相尚，則以地之大小、力之强弱分勝負矣。

清·張尚瑗《左傳折諸》卷三《騅甥、聃甥、養甥請殺楚子》 蘇東坡曰：『以鄧之微，無故而殺大國之君，楚將舉國而仇之，其亡更速。鄧之患在不能修德以自强，此聖賢不易之論。然不十年而楚滅鄧，鄧雖欲自强，其如國勢何哉？』明允亦持此論，以咎燕王，曰『至丹以荆卿爲計，始速禍焉。』夫五國未嘗遣刺客，亦卒並并於秦。宋華元議殺楚使申舟，

曰：『鄙我，亡也；伐我，亦亡也。』晉祁盈之臣曰：『均將皆死，慭使吾君聞勝與臧之死以爲快。』三甥之欲殺楚文亦同此意，快意貴目，前無暇其他矣。

楚文王滅息入蔡

綜述

《左傳・隱公十一年》 鄭、息有違言，息侯伐鄭。鄭伯與戰于竟，息師大敗而還。君子是以知息之將亡也。不度德，不量力，不親親，不徵辭，不察有罪，犯五不韙而以伐人，其喪師也，不亦宜乎！

又 《桓公十七年》 蔡桓侯卒，蔡人召蔡季于陳。秋，蔡季自陳歸於蔡，蔡人嘉之也。

又 《莊公十年》 蔡哀侯娶於陳，息侯亦娶焉。息媯將歸，過蔡。蔡侯曰：『吾姨也。』止而見之，弗賓。息侯聞之，怒，使謂楚文王曰：『伐我，吾求救于蔡而伐之。』楚子從之。秋九月，楚敗蔡師於莘，以蔡侯獻舞歸。

又 《莊公十四年》 蔡哀侯爲莘故，繩息媯以語楚子。楚子如息，以食入享，遂滅息。以息媯歸，生堵敖及成王焉，未言。楚子問之，對曰：『吾一婦人而事二夫，縱弗能死，其又奚言？』楚子以蔡侯滅息，遂伐蔡。秋七月，楚入蔡。君子曰：『《商書》所謂「惡之易也，如火之燎於原，不可鄉邇，其猶可撲滅」者，其如蔡哀侯乎。』

《呂氏春秋》卷一四《孝行覽・長攻》 楚王欲取息與蔡，乃先佯善蔡侯，而與之謀曰：『吾欲得息，奈何？』蔡侯曰：『息夫人，吾妻之姨也。吾請爲饗息侯與其妻者，而與王俱，因而襲之。』楚王曰：『諾。』於是與蔡侯以饗禮入於息，因與俱，遂取息。旋，舍於蔡，又取蔡。

《公羊傳・隱公八年》 八月，葬蔡宣公。卒何以名而葬不名？卒從正，而葬從主人。卒何以日而葬不日？卒赴，而葬不告。

又 《莊公十年》 秋，九月，荆敗蔡師於莘，以蔡侯獻舞歸。荆者何？州名也。州不若國，國不若氏，氏不若人，人不若名，名不若字，字不若子。蔡侯獻舞何以名？絶。曷爲絶之？獲也。曷爲不言其獲？不與夷狄之獲中國也。

《穀梁傳・隱公八年》 夏，六月，己亥，蔡侯考父卒。諸侯日卒，正也。

又 《桓公十七年》 秋，八月，蔡季自陳歸於蔡。蔡季，蔡之貴者也。自陳，陳有奉焉爾。

又 《莊公十年》 秋，九月，荆敗蔡師於莘。以蔡侯獻武歸。荆者，楚也。何爲謂之荆？狄之也。何爲狄之？聖人立，必後至，天子弱，必先叛，故曰荆，狄之也。蔡侯何以名也？絶之也。何爲絶之？獲也。中國不言敗，此其言敗，何也？中國不言敗，蔡侯其見獲乎？其言敗，何也？釋蔡侯之獲也。以歸，猶愈乎執也。

又 《莊公十四年》 秋，七月，荆入蔡。荆者，楚也。其曰荆，何也？州舉之也。州不如國，國不如名，名不如字。

又 《僖公十四年》 冬，蔡侯肸卒。諸侯時卒，惡之也。

漢・劉向《古列女傳》卷四《息君夫人》 楚伐息，破之，虜其君，使守門。將妻其夫人而納之於宫，楚王出遊，夫人遂見息君，謂之曰：『人生要一死而已，何至自苦，生離於地上，豈如死歸於地下哉！』乃作詩曰：『穀則異室，死則同穴。謂予不信，有如皦日。』息君止之，不聽，遂自殺，息君亦自殺。楚王賢其守節有義，乃以諸侯之禮合而葬之，君子謂夫人説於行義，故序之於《詩》。

論說

宋・呂本中《春秋集解》卷六《莊公十四年》 秋七月，荆入蔡。

《左氏傳》：蔡哀侯爲莘故，繩息媯以語楚子。楚子如息，以食入享，遂滅息。以息媯歸，生堵敖及成王焉，未言。楚子問之，對曰：『吾一婦人而事二夫，縱弗能死，其又奚言？』楚子以蔡侯滅息，遂伐蔡。秋七月，楚入蔡。

泰山孫氏曰：荆入蔡，桓未能救中國也。

宋・呂祖謙《左氏傳續説》卷三《莊公十四年》 楚滅息入蔡。十四年。

楚伐鄭。十六年。

當時，齊雖霸，然如楚、如晉雖妄侵伐而力未能正，故置而不問。其後彊盛，則晉、楚自服，譬如奕棊渠自知所先後也。

君子曰：《商書》所謂『惡之易也，如火之燎於原，不可鄉邇，其猶可撲滅者。』其如蔡哀侯乎？十四年。

大抵事須自小處便遏絶了乃好，如蔡弗賓，初間只是小事，後來至於伐蔡以獻舞歸，又至於滅息。這便不可撲滅了。使蔡初間便遏絶了時，終不至於喪身失國。

明・湛若水《春秋正傳》卷八《莊公十四年》 秋七月，荆入蔡。

《正傳》曰：荆即楚也。《穀梁》以爲州舉之，非也。書荆入蔡，再著荆蠻憑陵中國之罪也。《左氏》曰：蔡哀侯爲莘故，繩息嬀以語楚子。楚子如息，以食入享，遂滅息。以息嬀歸，生堵敖及成王焉，未言。楚子問之，對曰：『吾一婦人而事二夫，縱弗能死，其又奚言？』楚子以蔡侯滅息，遂伐蔡。秋七月，楚入蔡。君子曰：《商書》所謂『惡之易也，如火之燎於原，不可鄉邇，其猶可撲滅者』，其如蔡哀侯乎？

清・葉酉《春秋究遺》卷三《桓公十四年》 秋七月，荆入蔡。

《傳》：蔡哀侯爲莘故，繩息嬀以語楚子。楚子如息，以食入享，遂滅息。以息嬀歸，生堵敖及成王焉，未言。楚子問之，對曰：『吾一婦人而事二夫，縱弗能死，其又奚言？』楚子以蔡侯滅息，遂伐蔡。七月，楚入蔡。按：熊繹受封之始，原以楚爲號，乃《春秋》書曰荆者。楚怒周之不進其爵故，僭稱王因，並不屑稱其舊號，而改稱荆。荆，《禹貢》州名，古訓强。楚以此自號，如於越之以贊美詞自號也。蓋悍然以蠻方自處，雖放棄禮法而無所忌，其意固以周爲無如我何也。《春秋》因其自號而號之，其目無天子之罪，固即此而可見。然或疑其不稱人、稱爵而第以號舉爲貶，則非也。稱荆之罪不浮於僭王，楚至僖公後，其僭王如故也。《春秋》不以爲貶，顧獨於此時貶其稱荆，有是理乎？蓋《春秋》誌異，凡諸國會盟侵伐之事，《春秋》皆以其事書，而於其國無異也。若楚以蠻夷自處，改號以荆，則其國爲職方之所不載，適從何來遽逼處。此吾兄弟甥舅之邦，未聞有此一國也。聖人心在天下，故不稱人、稱爵而特以號舉。蓋以入蔡者爲職方所不載之荆而異之也，豈惡其稱荆而貶之乎？其後楚成即位當魯僖之初，於時天王致胙，既有以馴其桀驁之氣，又子文得政，乃不復以荆自號。聖人於是以其國爲不足異也。故自僖、文而後，楚君臣之見於册書者一同於齊、晉，遂不徒以號舉矣。然則吳、越之以號舉，何也？三代以前，中國之幅員西北廣而東南狹，吳、越去王畿數千里，皆在《禹貢》。綏服以外，蠻夷流蔡之地，此與未入《春秋》以前之楚，所謂華路藍縷者無以異。若較之文王遷郢以後之楚，則不可以同日語。蓋《春秋》之法，其號舉與否，總視其所都之地以爲準。故楚自文王遷郢以後，稱荆則以號舉，稱楚則不以號舉，以郢原在中夏之地也。都在中夏之地者，既以中夏之諸侯待之；則都在蠻夷之地者，自必以蠻夷之諸侯待之。吳、越與楚其所由以差別者，至顯白而可據，此即古人立子以長不以賢之意也。聖人豈有所容心於其間哉？

楚威王滅弦黄夔

綜述

《左傳・僖公五年》 楚鬭穀於菟滅弦，弦子奔黄，於是江、黄、道、柏，方睦於齊，皆弦姻也，弦子恃之而不事楚，又不設備，故亡。

又《僖公十一年》 黄人不歸楚貢。冬，楚人伐黄。

又《僖公十二年》 黄人恃諸侯之睦于齊也，不共楚職，曰：『自郢及我九百里，焉能害我？』夏，楚滅黄。

又《僖公二十年》 秋，齊、狄盟於邢，爲邢謀衛難也。於是衛方病邢。

隨以漢東諸侯叛楚。冬，楚鬭穀於菟帥師伐隨，取成而還。君子曰：『隨之見伐，不量力也。量力而動，其過鮮矣。善敗由己，而由人乎哉？《詩》曰：「豈不夙夜，謂行多露。」』

又《僖公二十六年》 夔子不祀祝融與鬻熊，楚人讓之，對曰：

『我先王熊摯有疾，鬼神弗赦而自竄於夔。吾是以失楚，又何祀焉？』秋，楚成得臣、鬭宜申帥師滅夔，以夔子歸。

《穀梁傳・僖公五年》 楚人滅弦，弦子奔黄。弦，國也。其不日，微國也。

又 《僖公十二年》 夏，楚人滅黄。貫之盟，管仲曰：『江、黄遠齊而近楚，楚，爲利之國也。若伐而不能救，則無以宗諸侯矣。』桓公不聽，遂與之盟。管仲死，楚伐江滅黄，桓公不能救，故君子閔之也。

又 《僖公二十年》 冬，楚人伐隨。隨，國也。

又 《僖公二十六年》 秋，楚人滅夔，以夔子歸。夔，國也。不日，微國也。以歸，猶愈乎執也。

楚穆王滅江六蓼

綜述

《左傳・文公三年》 楚師圍江。晉先僕伐楚以救江。冬，晉以江故告於周。王叔桓公、晉陽處父伐楚以救江，門于方城，遇息公子朱而還。

又 《文公四年》 楚人滅江，秦伯爲之降服、出次、不舉、過數。大夫諫，公曰：『同盟滅，雖不能救，敢不矜乎！吾自懼也。』君子曰：『《詩》云：「惟彼二國，其政不獲，惟此四國，爰究爰度。」其秦穆之謂矣。』

又 《文公五年》 六人叛楚卽東夷。秋，楚成大心、仲歸帥師滅六。冬，楚子燮滅蓼，臧文仲聞六與蓼滅，曰：『皋陶庭堅，不祀忽諸。德之不建，民之無援，哀哉！』

《公羊傳・文公三年》 晉陽處父帥師伐楚救江。此伐楚也，其言救江何？宣元年秋，『楚子、鄭人侵陳，遂侵宋』是也。爲諼也。其爲諼奈何？伐楚爲救江也。

《穀梁傳・文公三年》 晉陽處父帥師伐楚，救江。此伐楚，其言救江，何也？江遠楚近，伐楚所以救江也。

晉滅肥鼓分部

綜述

《左傳・昭公元年》 晉中行穆子敗無終及羣狄於大原，崇卒也。將戰，魏舒曰：『彼徒我車，所遇又阨，以什共車必克。困諸阨，又克。請皆卒，自我始。』乃毀車以爲行，五乘爲三伍。荀吳之嬖人不肯卽卒，斬以徇。爲五陳以相離，兩於前，伍於後，專爲左角，參爲左角，偏爲前拒，以誘之。翟人笑之。未陳而薄之，大敗之。

又 《昭公十二年》 晉荀吳僞會齊師者，假道於鮮虞，遂入昔陽。秋八月壬午，滅肥，以肥子緜皋歸。

又 《昭公十五年》 晉荀吳帥師伐鮮虞，圍鼓。鼓人或請以城叛，穆子弗許。左右曰：『師徒不勤，而可以獲城，何故不爲？』穆子曰：『吾聞諸叔向曰：「好惡不愆，民知所適，事無不濟。」或以吾城叛，吾所甚惡也。人以城來，吾獨何好焉。賞所甚惡，若所好何？若其弗賞，是失信也，何以庇民？力能則進，否則退，量力而行。吾不可以欲城而邇姦，所喪滋多。』使鼓人殺叛人而繕守備。圍鼓三月，鼓人或請降，使其民見，曰：『猶有食色，姑修而城。』軍吏曰：『獲城而弗取，勤民而頓兵，何以事君？』穆子曰：『吾以事君也。獲一邑而教民怠，將焉用邑？邑以賈怠，不如完舊。賈怠無卒，棄舊不祥。鼓人能事其君，我亦能事吾君。率義不爽，好惡不愆，城可獲而民知義所，有死命而無二心，不亦可乎！』鼓人告食竭力盡，而後取之。克鼓而反，不戮一人，以鼓子鳶鞮歸。【略】晉伐鮮虞，因肥之役也。

又 《昭公二十一年》 公如晉，及河，鼓叛晉。晉將伐鮮虞，故辭公。

又 《昭公二十二年》 晉之取鼓也，既獻，而反鼓子焉，又叛於鮮虞。六月，荀吳略東陽，使師僞糴者，負甲以息於昔陽之門外，遂襲鼓滅

之。以鼓子鳶鞮歸，使涉佗守之。

《國語》卷一五《晉語九》 中行穆子帥師伐狄，圍鼓。鼓人或請以城叛，穆子不受，軍吏曰：『可無勞師而得城，子何不爲？』穆子曰：『非事君之禮也。夫以城來者，必將求利於我。夫守而二心，姦之大者也；賞善罰姦，國之憲法也。許而弗予，失吾信也；若其予之，賞大姦也。姦而盈祿，善將若何？且夫狄之憾者以城來盈願，晉豈其無？是我以鼓教吾邊鄙貳也。夫事君者，量力而進，不能則退，不以安賈貳。』令軍吏呼城，儆將攻之，未傳而鼓降。中行伯既克鼓，以鼓子苑支來。令鼓人各復其所，非僚勿從。

鼓子之臣曰夙沙釐，以其孥行，軍吏執之，辭曰：『我君是事，非事土也。名曰君臣，豈曰土臣？今君實遷，臣何賴於鼓？』穆子召之，曰：『鼓有君矣，爾心事君，吾定而祿爵。』對曰：『臣委質於狄之鼓，未委質於晉之鼓也。臣聞之：委質爲臣，無有二心。委質而策死，古之法也。君有烈名，臣無叛質。敢即私利以煩司寇而亂舊法，其若不虞何！』穆子歎而謂其左右曰：『吾何德之務而有是臣也？』乃使行。既獻，言於公，與鼓子田於河陰，使夙沙釐相之。

《公羊傳・昭公元年》 晉荀吳帥師敗狄於大原。此大鹵也，曷爲謂之大原？地物從中國，邑人名從主人。原者何？上平曰原，下平曰隰。

《穀梁傳・昭公元年》 晉荀吳帥師敗狄於大原。傳曰：中國曰大原，夷狄曰大鹵。號從中國，名從主人。

漢・劉安《淮南子》卷一八《人間訓》 中行穆伯攻鼓，弗能下。餽聞倫曰：『鼓之嗇夫，聞倫知之。請無罷武大夫，而鼓可得也。』穆伯弗應。左右曰：『不折一戟，不傷一卒，而鼓可得也。君奚爲弗使？』穆伯曰：『聞倫爲人，佞而不仁。若使聞倫下之，吾可以勿賞乎？若賞之，是賞佞人。佞人得志，是使晉國之武舍仁而後佞，雖得鼓，將何所用之！』攻城者，欲以廣地也。得地不取者，見其本而知其末也。

論說

清・馬驌《繹史》卷八五《晉滅肥鼓》 春秋二百餘年之際，與戎、狄相終始。齊、晉之霸也，先制戎、狄，然戎猶散處而或弱，狄則聚居而獨彊。僖、文之世，尤狄人不遑之會也。自晉襄公敗狄於箕，晉之狄患少息。然齊、宋、魯、衛之郊，爲禍尤劇，狄固未嘗深挫也。逮宣公之世，狄勢始分，赤狄、白狄，並見於《經》，而諸夏之制狄者，不一書矣。赤狄之種，曰潞，曰甲氏，曰留吁，曰廧咎如。白狄之種，曰肥，曰鼓，曰鮮虞。赤狄盛而晉用白狄，赤狄滅而晉難白狄，狄以晉用而分，分而衰，衰而滅矣。白狄見赤狄之滅，知爲晉紿，是以同秦伐晉，晉出鋭師，一敗之於交剛，再敗之大原，毀車爲行。兵不厭詐，制狄之法，晉若獨操其勝焉。方狄之彊也，長驅至箕，既敗之後，其去漸遠，逮厲、平兩勝以來，狄之要害，盡在晉之腹內，祝鮀所謂疆以戎索，籍談所謂戎、狄與鄰者，至此，其地多爲晉有矣。昔也，滅赤狄而及廧咎如，今也，敗白狄而及鮮虞，懼或滋蔓，勿俾遺種，而肥、鼓與國，亟行殄艾，晉之謀狄，可謂不遺餘力哉。惟是滅鼓以後，四伐鮮虞，師出無功，豈一邑之小，反能亢我大國乎？晉霸日衰，專臣擅命，中行、趙氏，貪以自封，故中山用兵以來，遠人攜貳，是以義弗克勝也。故曰，齊桓縱狄而霸盛，晉人治狄而霸衰。晉之末造，諸夏盡失，而師老鮮虞，平昭、頃、定之業，所由日蹶而不復起也。

晉滅虞虢分部

綜述

《詩經・唐風・葛生》 《葛生》，刺晉獻公也。好攻戰，則國人多喪矣。葛生蒙楚，蘞蔓於野。予美亡此，誰與獨處？葛生蒙棘，蘞蔓於城。予美亡此，誰與獨息？角枕粲兮，錦衾爛兮。予美亡此，誰與獨旦！夏之日，冬之夜，百歲之後，歸於其居。冬之夜，夏之日，百歲之後，歸於其室。

《左傳・桓公十年》 虢仲譖其大夫詹父於王。詹父有辭，以王師伐

虢。夏，虢公出奔虞。【略】

初，虞叔有玉，虞公求旃。弗獻，既而悔之。曰：『周諺有之：「匹夫無罪，懷璧其罪。」吾焉用此，其以賈害也？』乃獻之。又求其寶劍。叔曰：『是無厭也。無厭，將及我。』遂伐虞公，故虞公出奔共池。

又《莊公二十六年》　秋，虢人侵晉。冬，虢人又侵晉。

又《莊公二十七年》　晉侯將伐虢，士蔿曰：『不可。虢公驕，若驟得勝於我，必棄其民。無衆而後伐之，欲禦我誰與？夫禮樂慈愛，戰所畜也。夫民讓事樂和，愛親哀喪而後可用也。虢弗畜也，亟戰將饑。』

又《莊公二十九年》　樊皮叛王。

又《莊公三十年》　三十年春，王命虢公討樊皮。夏四月丙辰，虢公入樊，執樊仲皮，歸於京師。

又《莊公三十二年》　秋七月，有神降於莘。惠王問諸內史過曰：『是何故也？』對曰：『國之將興，明神降之，監其德也；將亡，神又降之，觀其惡也。故有得神以興，亦有以亡。虞、夏、商、周皆有之。』王曰：『若之何？』對曰：『以其物享焉，其至之日，亦其物也。』王從之。內史過往，聞虢請命，反曰：『虢必亡矣，虐而聽於神。』

神居莘六月。虢公使祝應、宗區、史嚚享焉。神賜之土田。史嚚曰：『虢其亡乎！吾聞之，國將興，聽於民；將亡，聽於神。神，聰明正直而壹者也，依人而行。虢多涼德，其何土之能得！』

又《閔公二年》　二年春，虢公敗犬戎於渭汭。舟之僑曰：『無德而祿，殃也。殃將至矣。』遂奔晉。

又《僖公二年》　晉荀息請以屈產之乘，與垂棘之璧，假道於虞以伐虢。公曰：『是吾寶也。』對曰：『若得道於虞，猶外府也。』公曰：『宮之奇存焉。』對曰：『宮之奇之爲人也，懦而不能强諫，且少長於君，君暱之，雖諫，將不聽。』乃使荀息假道於虞，曰：『冀爲不道，入自顛軨，伐鄍三門。冀之既病，則亦唯君故。今虢爲不道，保於逆旅，以侵敝邑之南鄙。敢請假道以請罪於虢。』虞公許之，且請先伐虢。宮之奇諫，不聽，遂起師。夏，晉里克、荀息帥師會虞師伐虢，滅下陽。先書虞，賄故也。【略】

虢公敗戎於桑田。晉卜偃曰：『虢必亡矣，亡下陽不懼，而又有功，是天奪之鑑，而益其疾也。必易晉而不撫其民矣，不可以五稔。』

又《僖公五年》　晉侯復假道於虞以伐虢。宮之奇諫曰：『車相依，脣亡齒寒者，其虞、虢之謂也。』公曰：『晉，吾宗也，豈害我哉？』對曰：『大伯、虞仲，大王之昭也。大伯不從，是以不嗣。虢仲、虢叔，王季之穆也，爲文王卿士，勳在王室，藏於盟府。將虢是滅，何愛於虞。且虞能親於桓、莊乎？其愛之也？桓、莊之族何罪，而以爲戮，不唯逼乎？親以寵逼，猶尚害之，況以國乎？』公曰：『吾享祀豐潔，神必據我。』對曰：『臣聞之，鬼神非人實親，惟德是依。故《周書》曰：「皇天無親，惟德是輔。」又曰：「黍稷非馨，明德惟馨。」又曰：「民不易物，惟德繄物。」如是，則非德，民不和，神不享矣。神所馮依，將在德矣。若晉取虞，而明德以薦馨香，神其吐之乎？』弗聽，許晉使。宮之奇以其族行，曰：『虞不臘矣，在此行也，晉不更舉矣。』八月甲午，晉侯圍上陽，問於卜偃曰：『吾其濟乎？』對曰：『克之。』公曰：『何時？』對曰：『童謠云：「丙之晨，龍尾伏辰，均服振振，取虢之旂。鶉之賁賁，天策焞焞，火中成軍，虢公其奔。」其九月、十月之交乎。丙子旦，日在尾，月在策，鶉火中，必是時也。』冬十二月，丙子朔，晉滅虢，虢公醜奔京師。師還，館於虞，遂襲虞，滅之，執虞公及其大夫井伯以媵秦穆姬，而修虞祀，且歸其職貢於王。故書曰：晉人執虞公。罪虞，且言易也。

《國語》卷一《周語上》　十五年，有神降於莘，王問於內史過，曰：『是何故？固有之乎？』對曰：『有之。國之將興，其君齊明、衷正、精潔、惠和，其德足以昭其馨香，其惠足以同其民人。神饗而民聽，民神無怨，故明神降之，觀其政德而均布福焉。國之將亡，其君貪冒、辟邪、淫佚、荒怠、粗穢、暴虐；其政腥臊，馨香不登；其刑矯誣，百姓攜貳。明神不蠲而民有遠志，民神怨痛，無所依懷，故神亦往焉，觀其苛慝而降之禍。是以或見神以興，亦或以亡。昔夏之興也，融降於崇山；其亡也，回祿信於聆隧。商之興也，檮杌次於丕山；其亡也，夷羊在牧。周之興也，鸑鷟鳴於岐山；其衰也，杜伯射王於鄗。是皆明神之志者也。』

王曰：『今是何神也？』對曰：『昔昭王娶於房，曰房后，實有爽

德，協於丹朱，丹朱憑身以儀之，生穆王焉。是實臨照周之子孫而禍福之。夫神壹不遠徙遷，若由是觀之，其丹朱之神乎？」王曰：「其誰受之？」對曰：「在虢土。」王曰：「然則何爲？」對曰：「臣聞之：道而得神，是謂逢福；淫而得神，是謂貪禍。今虢少荒，其亡乎？」王曰：「吾其若之何？」對曰：「使太宰以祝、史帥狸姓，奉犧牲、粢盛、玉帛往獻焉，無有祈也。」

王曰：「虢其幾何？」對曰：「昔堯臨民以五，今其胄見，神之見也，不過其物。若由是觀之，不過五年。」王使太宰忌父帥傅氏及祝、史奉犧牲、玉鬯往獻焉。內史過從至虢，虢公亦使祝、史請土焉。內史過歸，以告王曰：「虢必亡矣，不禋於神而求福焉，神必禍之；不親於民而求用焉，人必違之。精意以享，禋也；慈保庶民，親也。今虢公動匱百姓以逞其違，離民怒神而求利焉，不亦難乎！」十九年，晉取虢。

又 卷八《晉語二》 虢公夢在廟，有神人面白毛虎爪，執鉞立于西阿，公懼而走。神曰：「無走！帝命曰：『使晉襲於爾門。』」公拜稽首，覺，召史嚚占之，對曰：「如君之言，則蓐收也，天之刑神也，天事官成。」公使囚之，且使國人賀夢。舟之僑告諸其族曰：「衆謂虢亡不久，吾乃今知之。君不度而賀大國之襲，於己也何瘳？吾聞之曰：『大國道，小國襲焉曰服。小國傲，大國襲焉曰誅。』民疾君之侈也，是以遂於逆命。今嘉其夢侈必展，是天奪之鑑而益其疾也。民疾其態，天又誑之；大國來誅，出令而逆；宗國既卑，諸侯遠己。內外無親，其誰云救之？吾不忍俟也！」將行，以其族適晉。六年，虢乃亡。

伐虢之役，師出於虞。宮之奇諫而不聽，出，謂其子曰：「虞將亡矣！唯忠信者能留外寇而不害。除闇以應外謂之忠，定身以行事謂之信。今君施其所惡於人，闇不除矣；以賄滅親，身不定矣。夫國非忠不立，非信不固。既不忠信，而留外寇，寇知其釁而歸圖焉。已自拔其本矣，何以能久？吾不去，懼及焉。」以其孥適西山，三月，虞乃亡。

獻公問於卜偃曰：「攻虢何月也？」對曰：「童謠有之曰：『丙之晨，龍尾伏辰，均服振振，取虢之旂。鶉之賁賁，天策焞焞，火中成軍，虢公其奔！』火中而旦，其九月十月之交乎？」

《韓非子》卷一〇《內儲說下六微》 晉獻公欲伐虞、虢，乃遺之屈產之乘，垂棘之璧，女樂二八，以榮其意而亂其政。

《竹書紀年》卷下 晉獻公十九年，會虞師伐虢，滅下陽，虢公醜奔衛。

《公羊傳·僖公二年》 虞師、晉師滅夏陽。虞，微國也，曷爲序乎大國之上？使虞首惡也。曷爲使虞首惡？虞受賂，假滅國者道，以取亡焉。其受賂奈何？獻公朝諸大夫而問焉，曰：「寡人夜者寢而不寐，其意也何？」諸大夫有進對者曰：「寢不安與？其諸侍御有不在側者與？」獻公不應。荀息進曰：「虞郭見與？」獻公揖而進之，遂與之入而謀曰：「吾欲攻郭，則虞救之；攻虞，則郭救之，如之何？願與子慮之。」荀息對曰：「君若用臣之謀，則今日取郭，而明日取虞爾，君何憂焉？」獻公曰：「然則奈何？」荀息曰：「請以屈產之乘，與垂棘之白璧往，必可得也。則寶出之內藏，藏之外府；馬出之內廄，繫之外廄爾，君何喪焉？」獻公曰：「諾。雖然，宮之奇存焉，如之何？」荀息曰：「宮之奇，知則知矣，雖然，虞公貪而好寶，見寶，必不從其言。請終以往。」於是終以往。虞公見寶，許諾。宮之奇果諫：「《記》曰：『脣亡則齒寒。』虞郭之相救，非相爲賜。則晉今日取郭，而明日虞從而亡爾，君請勿許也。」虞公不從其言，終假之道以取郭。還，四年，反取虞。虞公抱寶牽馬而至，荀息見曰：「臣之謀何如？」獻公曰：「子之謀則已行矣，寶則吾寶也，雖然，吾馬之齒亦已長矣。」蓋戲之也。夏陽者何？郭之邑也。曷爲不繫於郭？國之也。曷爲國之？君存焉爾。

又《僖公五年》 冬，晉人執虞公。虞已滅矣，其言執之何？不與滅也。曷爲不與滅？滅者，亡國之善辭也。滅者，上下之同力者也。

《穀梁傳·僖公二年》 夏，五月，辛巳，葬我小君哀姜。

虞師、晉師滅夏陽。非國而曰滅，重夏陽也。虞無師，其曰師，何也？以其先晉，不可以不言師也。先晉，何也？爲主乎滅夏陽也。夏陽者，虞、虢之塞邑也。滅夏陽，而虞、虢舉矣。虞之爲主乎滅夏陽，何也？晉獻公欲伐虢，荀息曰：「君何不以屈產之乘、垂棘之璧而借道乎虞也？」公曰：「此晉國之寶也，如受吾幣而不借吾道，則如之何？」荀息曰：「此小國之所以事大國也。彼不借吾道，必不敢受吾幣。如受吾幣而借吾道，則是我取之中府，而藏之外府；取之中廄，而置之外廄也。」

公曰：『宮之奇存焉，必不使受之也。』荀息曰：『宮之奇之爲人也，達心而懦，又少長於君。達心則其言略，懦則不能彊諫，少長於君，則君輕之。且夫玩好在耳目之前，而患在一國之後，此中知以上乃能慮之，臣料虞君，中知以下也。』公遂借道而伐虢。宮之奇諫曰：『晉國之使者，其辭卑而幣重，必不便於虞。』虞公弗聽，遂受其幣而借之道。宮之奇諫曰：『語曰：「脣亡則齒寒。」其斯之謂與！』挈其妻子以奔曹。獻公亡虢，五年而後舉虞。荀息牽馬操璧而前曰：『璧則猶是也，而馬齒加長矣。』

又《僖公五年》 冬，晉人執虞公。執不言所於地，緼於晉也。其曰公，何也？猶曰其下執之之辭也。其猶下執之之辭，何也？晉命行乎虞民矣。虞、虢之相救，非相爲賜也。今日亡虢，而明日亡虞矣。

《史記》卷三九《晉世家》 十九年，獻公曰：『始吾先君莊伯、武公之誅晉亂，而虢常助晉伐我，又匿晉亡公子，果爲亂。弗誅，後遺子孫憂。』乃使荀息以屈產之乘假道於虞。虞假道，遂伐虢，取其下陽以歸。

漢·賈誼《新書》卷七《先醒》 昔者虢君驕恣自伐，諂諛親貴，諫臣詰逐，政治踳亂，國人不服。晉師伐之，虢人不守。虢君出走，至於澤中，曰：『吾渴而欲飲。』其御乃進清酒。曰：『吾饑而欲食。』御進腵脯粱糗。虢君喜曰：『何給也？』御曰：『儲之久矣。』『何故儲之？』對曰：『爲君出亡而道饑渴也。』君曰：『知寡人亡邪？』對曰：『知之。』曰：『知之，何以不諫？』對曰：『君好諂諛而惡至言，臣願諫，恐先虢亡。』虢君作色而怒，御謝曰：『臣之言過也。』爲間，君曰：『吾之亡者，誠何也？』其御曰：『君弗知耶？君之所以亡者，以大賢也。』虢君曰：『賢，人之所以存也。乃亡何也？』對曰：『天下之君皆不肖，夫疾吾君之獨賢也，故亡。』虢君喜，據式而笑，曰：『嗟！賢固若是苦耶？』遂徒行而於山中居，饑倦，枕御膝而臥。御以塊自易，逃行而去，君遂餓死，爲禽獸食。此已亡矣，猶不寤所以亡，此不醒者也。

故先醒者，當時而伯；後醒者，三年而復；不醒者，枕土而死，爲虎狼食。嗚呼，戒之哉！

漢·劉向《説苑》卷一一《善説》 晉獻公之時，東郭民有祖朝者，上書獻公曰：『草茅臣東郭民祖朝，願請聞國家之計。』獻公使使出告之曰：『肉食者已慮之矣，藿食者尚何與焉？』祖朝對曰：『大王獨不聞古之將曰桓司馬者，朝朝其君，舉而宴。御呼車，御肘其驂曰：「子何越云爲乎？何爲籍呼車？」驂亦呼車。驂謂其御曰：「當呼者呼，乃吾事也；子當御正子之轡銜耳。子今不正轡銜，使馬卒然驚，妄轢道中行人。必逢大敵，下車免劍，涉血履肝者，固吾事也，子寧能辟子之轡，下佐我乎？其禍亦及吾身，與有深憂，吾安得無呼車哉！」今大王曰「食肉者已慮之矣，藿食者尚何與焉」，設使食肉者一旦失計於廟堂之上，若臣等之藿食者，寧得無肝膽塗地於中原之野與？其禍亦及臣之身，臣與有其憂深，臣安得無與國家之計乎？』獻公召而見之，三日，與語，無復憂者。

論説

宋·家鉉翁《春秋集傳詳説》卷九《僖公一·二年》 虞師、晉師滅下陽。

《穀梁》曰：下陽者，虞、虢之塞邑也。滅下陽而虞、虢舉矣。諸儒多從其説，但《春秋》書滅國者多矣，未有克其要害之地而書爲滅者，且虢之亡尚在數年之後，此先以滅書，與其他書滅特異，豈無其故？嘗考之紀，載虢有二國，虢仲封下陽，虢叔封上陽。其一虢先亡，今所存者下陽也。《公羊》以爲其君在焉，謂虢公都下陽，下陽滅而國從之義，其在是乎？虢公爲政於周天子之三公也，今一旦爲强暴所伐，假道於虞以掩其不備，襲而滅之，故其亡也速。《傳》者謂虢公奔京師，非奔也，復於其位聽王所以命，故不言奔。凡書滅，亡國之善辭，罪在滅之者。虢之滅書滅，虞之滅不書，而書執虞，有致滅之道也。或曰：虞以賂故坐首惡，是固當。然晉實滅人之國，晉其無罪乎？曰：晉自簒國以來，猶未登《春秋》之簡牘，今以滅國之故始書之，以著其罪。滅同姓之國，執天子三公，是謂無王。《春秋》書滅於前，書執於後，討晉也。是雖討晉，而王有責焉，齊亦有責焉。狄滅邢、衛而齊桓救之，以其爲同盟之國也；晉滅虞、虢，皆姬姓之諸侯，又天子之上公，王不命霸主以救，霸主亦復視非己責，自是四年而虢、虞並亡。《春秋》於城楚丘之後而書虞、晉滅

下陽，責齊桓之不能救也。周室東遷，諸侯恣擅，曲沃武公以支宗簒晉，負恃强大并兼諸小國以自廣。詭諸繼之，是謂獻公，凶悖滋甚，連虞伐虢，道虢襲虞，執天子上公而有其土，實周之叛侯，王誅所必加而不以赦者也。愚謂桓公當率諸侯奉辭以伐之，縱未能致詭諸於戮，而虞、虢猶可存也。今但知邢、衛爲己之同盟而當救，置虞、虢不問，愚以爲《春秋》於桓有責也。義又見「五年，晉執虞公。」

又《五年》 冬，晉人執虞公。

《春秋》書滅國必曰某滅某國，其國君奔某所。或見執，必書滅，而後書執。今虞、虢之亡皆變例而書，豈無其故？案《左氏》：僖公二年，晉假道於虞，取虢下陽，《春秋》不書取而書滅。又五年，晉滅虢師，還襲虞，滅之。如《傳》所載，虞、虢之滅皆在五年，是歲，《春秋》不書，晉滅虞、虢，但書晉人執虞公。二國之滅，有其義而亡其辭，《傳》之所載，其有未盡信者歟？諸儒皆未有確論，木訥謂虞、虢皆寰內諸侯。下陽虢之采邑，曰虞，曰虢，如周公、祭公耳。虢非國也，虞、晉滅下陽，是滅虢也；晉執虞公，是滅虞也。以地言之重在地，以人言之重在人。不得其地，無以滅虢，故以地言之。既執其君，則其地舉矣，故書執虞公，其實皆滅也。木訥之説辨矣。謂執其君其地舉者，近之；謂虞、虢爲寰內諸侯之有采邑者，則非也。諸書所載虞、虢，皆成周初年之建國，虞乃大王之子虢，亦文王之弟，其始封甚明，豈得謂之非國？蓋虢有二：虢仲、虢叔。爲文王卿士，一封於東，一封於西；一在上陽，一在下陽。《春秋》不書滅虢而書滅下陽，以別乎上陽耳。意者虢公居於下陽，先爲虞、晉所破。下陽既破而上陽亦從之亡，與或以爲上陽之亡在春秋以前。此則未見明證。《傳》者以鄭莊嘗言虢叔死於制，疑爲鄭所滅耳。若虞公者，外爲諸侯，入爲天子三公者也。晉詭諸以簒弑之餘孽，用詐計，逞凶暴，滅虞而執其君，是執天於之三公也，《春秋》書晉人執虞公，討晉也。執天子之公，其罪大於滅國，故舉其重而言。而虞公受賂致寇自底滅亡，其罪亦並見矣。胡氏乃謂虞公貴爲諸侯，身爲獨夫，書晉人執虞公。執，獨夫之辭必若此。是聖人與晉以滅國，滅國且不可，而況滅同姓之國，執天子之三公者乎？《春秋》人晉而不去虞公之爵，所以討晉人執天子三公之罪。論者專責虞而不治晉，豈《春秋》意哉？或曰：戎伐凡伯於楚丘以歸，與此同乎？否乎？曰：否，不足責也。故茅戎之敗，於天子無諱辭，晉侯滅同姓，執天子之三公，不惟滅國，且有犯上之罪，是當討而必不可赦者也。

清·張尚瑗《左傳折諸》卷六《僖公·同姓也故名》 晉滅虞、虢，韓、魏、齊滅紀，楚滅夔，皆同姓，而衛侯燬獨名。濟南馬氏曰：邢，周公之後，衛之視邢則爲同姓，魯之視邢則爲同宗。滅同姓，《春秋》惡之；滅同宗，魯之《春秋》惡之。故生而書名，《春秋》僅見。愚按：衛與邢，皆有狄難，齊桓公一城楚丘，一城夷儀以封之。今桓公之骨未寒而兩國競起兵爭，至夷其宗社，不顧姬宗所同出。衛燬之惡，尤仁人所惡，諸侯不生名衛燬之心死久矣。書名之誅不於此而誰施乎？

清·馬驌《繹史》卷四五《晉滅虞虢》 自曲沃并晉，至獻公除桓、莊之族，晉始驟彊，前此嘗伐驪戎，伐皐落矣，又嘗滅耿、霍及魏矣，經皆不書，而獨書滅夏陽，晉是始見於經，蓋重滅夏陽也。夏陽滅而虞、虢滅矣。虢，天子之大臣也，虢公與鄭伯咸爲王卿士，王實私虢，子穨之亂，虢受上賞，樊皮不臣，虢公致討，凡周室有事，虢必與焉。晉滅虢，晉無天子矣。方晉之初爲侯也，虢公銜王命以來，既而同朝於王，二國之始，蓋式相好；然而虢不滅，則虞不舉，虞不舉，則晉無以圖淮、泗之諸侯，晉固未嘗一日忘虞、虢也。虢復構怨，一歲再侵，晉與虢之釁起，而獻公私喜矣。猶且深謀審視，按兵不舉，數年之內，虢日以驕，於是丹朱降莘，蓐收入夢，妖祥見而童謡作，天時人事，昭然明著，晉侯始寢而不寐，不禁摩厲之無從也。虞公求玉於弟，貪人無厭，晉所素知，荀息揖入爲謀，而兩國已在掌握之中，宫之奇彊諫不聽，迨夫牽馬操璧，晉之君臣，相視而笑，夫固已熟籌之矣。虢公奔於京師，天子不能聲討，齊桓會於首止，未敢過而問罪，晉國方彊，彼虞、虢何足以支之。

清·高士奇《左傳紀事本末》卷二四《晉滅虞虢》 臣士奇曰：虞、虢脣齒相依，逼在晉之南鄙，而晉獻公忮很廣欲，方有吞滅諸侯、狡焉啓疆之志，蓋未嘗須臾忘南牧也。虢公荒虐，不恤神主，而徼福於淫昏之鬼；屢敗狄師，矜其武功，不虞晉之欲寢處我也，天奪其鑑矣。虞公貪璧、馬而忘遠圖，棄忠言，不恤揖豺狼以行堂奥之內，而更爲之先驅。一之不已，且再焉。輕棄鄰交，卒與俱斃。君子觀假道之事，未嘗不恨晉人

之狡，笑虞公之愚，而利之足以敗人國家如此也。獻公內夷公族，外披虞、虢，翟相、耿、霍、魏，次第破平，而以耿賜趙夙，魏賜畢萬，已兆三家分晉之萌。至既勝驪戎，俘其美姬，快心得志，方且舉史蘇之爵，謂其言之無驗，而不知女戎之禍已芽蘗於其間。禍福倚伏之機，甚可畏也！獻公烝於齊姜，滅同姓之國，絶先祖之裔，逆倫害理，宜有家禍。至溺牀第之言，牽帷房之愛，遠申生、重耳、夷吾於鄙，而惟妖姬姊、娣之所出是崇是嬖，蓋天欲奪其鑑，而降以積惡之罰。不然，以士蔿、里克之忠諫，何其不敵二五與一驪姬也？當臯落授命之日，厖涼玦離，申生之不立，無愚智皆知之。諸大夫鰓鰓過計，惟梁餘子養『死而不孝，不如逃之』之言最爲果決。罕夷曰『不如違之』，所見亦同。而士蔿爲吳太伯之策，皆善處人骨肉之際者也。申生仁柔寡斷，恭慎有餘，而智慮不足；昧於小杖、大杖之義，不能脱然遠引。將兵敗敵，功愈高而忌愈深；留連宗邑，迹愈嫌而謗愈起。申生之言曰『天下豈有無父之國哉』，不過謂逃死則父惡彰；然不知死孝則父有殺子之名，而所以陷父於惡者益大。守株以俟斧鑕，卒死新城，與泉鳩同一寃痛。吁！爲人子而不知《春秋》，則蒙不孝之名。若申生者，守命恭時則有之矣，以爲能權，則未也。里克亦共世子傅也，入主孟之啗，怵鳥烏之説，中立祈免，而殺世子之計遂決。荀息能爲奚齊、卓子死，而克乃苟且全身，不獨有愧於杜原欵矣。至其欲立文公，可謂擇主而事者。而夷吾以賂得國，怨里克之不與己而殺之，非矣。然獨惜克之不早以死徇申生也。秦穆知重耳之仁，而復惑於置不仁以滑其中之邪説，舍重耳而立夷吾，王伯之分正在於此。夷吾背施幸德，卒踐韓原之妖夢。秦復歸之，閔其凶飢，而又輸之粟，其誼亦厚。特取其河外列城，使置君。義舉市利以歸，有慚光偉耳。懷公嗣立，又殺狐突；而突之死也，以其子從於重耳故，何以教天下之爲臣子者？昏悖若此，宜不足以長世。而《傳》稱『惠、懷無親，內外棄之』。吁！此天之所以資文公也夫！

七雄爭戰部

齊魏桂陵之戰分部

綜述

《戰國策》卷八《齊策一・邯鄲之難章》 邯鄲之難，趙求救於齊。田侯召大臣而謀曰：『救趙孰與勿救？』鄒子曰：『不如勿救。』段干綸曰：『弗救則（且）我不利。』田侯曰：『何哉？』『夫魏氏兼邯鄲，其於齊何利哉？』田侯曰：『善。』乃起兵，曰：『軍於邯鄲之郊。』段干綸曰：『臣之求利且不利者，非此也。夫救邯鄲軍於其郊，是趙不拔而魏全也。故不如南攻襄陵以弊魏，邯鄲拔而承魏之弊，是趙破而魏弱也。』田侯曰：『善。』乃起兵南攻襄陵。七月，邯鄲拔。齊因承魏之弊，大破之桂陵。

又 卷三二《宋衛策・梁王伐邯鄲章》 梁王伐邯鄲，而徵師於宋。宋君使使者請於趙王曰：『夫梁兵勁而權重，今徵師於弊邑。弊邑不從，則恐危社稷；若扶梁伐趙，以害趙國，則寡人不忍也。願王之有以命弊邑。』

趙王曰：『然。夫宋之不足如梁也，寡人知之矣。弱趙以强梁，宋必不利也。則吾何以告子而可乎？』使者曰：『臣請受邊城，徐其攻，而留其日，以待下吏之有城而已。』趙王曰：『善。』

宋人因遂舉兵入趙境，而圍一城焉。梁王甚説，曰：『宋人助我攻矣。』趙王亦説，曰：『宋人止於此矣。』故兵退難解，德施於梁而無怨於趙。故名有所加，而實有所歸。

《史記》卷四四《魏世家》（魏惠王）十七年，與秦戰元里，秦取我少梁。圍趙邯鄲。十八年，拔邯鄲。趙請救於齊，齊使田忌、孫臏救趙，敗魏桂陵。

又 卷四六《田敬仲完世家》 二十六年，魏惠王圍邯鄲，趙求救於齊。齊威王召大臣而謀曰：『救趙孰與勿救？』騶忌子曰：『不如勿救。』段干朋曰：『不救則不義，且不利。』威王曰：『何也？』對曰：『夫魏氏幷邯鄲，其於齊何利哉？且夫救趙而軍其郊，是趙不伐而魏全也。故不如南攻襄陵唐張守節《正義》：襄陵故城在兗州鄒縣也。以弊魏，邯鄲拔而乘魏之弊。』威王從其計。

其後成侯騶忌與田忌不善，公孫閱《索隱》：《戰國策》作『公孫閎』。謂成侯忌曰：『公何不謀伐魏，田忌必將。戰勝有功，則公之謀中也；戰不勝，非前死則後北，而命在公矣。』於是成侯言威王，使田忌南攻襄陵。十月，邯鄲拔，齊因起兵擊魏，大敗之桂陵。《索隱》：在威王二十六年。《正義》：在曹州乘氏縣東北二十一里。於是齊最彊於諸侯，自稱爲王，以令天下。

又 卷六五《孫子吳起列傳》 孫武既死，《集解》：《越絶書》曰：『吳縣巫門外大冢，孫武冢也，去縣十里。』《索隱》按：《越絶書》云是子貢所著，恐非也。其書多記吳越亡後土地，或後人所録。《正義》：《七録》云：『《越絶》十六卷，或云伍子胥撰。』後百餘歲有孫臏。臏生阿鄄之間，臏亦孫武之後世子孫也。孫臏嘗與龐涓俱學兵法。龐涓既事魏，得爲惠王將軍，而自以爲能不及孫臏，乃陰使召孫臏。臏至，龐涓恐其賢於己，疾之，則以法刑斷其兩足而黥之，欲隱勿見。

齊使者如梁，《正義》：今汴州。孫臏以刑徒陰見，説齊使。齊使以爲奇，竊載與之齊。齊將田忌善而客待之。忌數與齊諸公子馳逐重射。孫子見其馬足不甚相遠，馬有上、中、下輩。於是孫子謂田忌曰：『君弟重射，《索隱》：弟，但也。重射謂好射也。臣能令君勝。』田忌信然之，與王及諸公子逐射千金。隨逐而射賭千金。及臨質，《索隱》按：質猶對也。將欲對射之時也。一云質謂堋，非也。孫子曰：『今以君之下駟與彼上駟，取君上駟與彼中駟，取君中駟與彼下駟。』既馳三輩畢，而田忌一不勝而再勝，卒得王千金。於是忌進孫子於威王。威王問兵法，遂以爲師。

其後魏伐趙，趙急，請救於齊。齊威王欲將孫臏，臏辭謝曰：『刑餘之人不可。』於是乃以田忌爲將，而孫子爲師，居輜車中，坐爲計謀。田忌欲引兵之趙，孫子曰：『夫解雜亂紛糾者《索隱》按：謂事之雜亂紛糾擊挐也。不控卷，《索隱》按：謂解雜亂紛糾者，當善以手解之，不可控卷而擊之。卷即拳也。劉氏云『控，綜；卷，縮』，非也。救鬭者不搏撠，《索隱》按：謂救鬭者當善總解之，無以手助相搏撠，則其怒益熾矣。按：撠，以手撠刺人。批亢擣虛，《索隱》按：批者，相排批也。亢者，敵人相亢拒也。擣者，擊也，旻也。虛者，空也。按：謂前人相亢，必須批之。彼兵若虛，則旻擣之。欲令擊梁之虛也。此當是古語，故孫子以言之也。形格勢禁，則自爲解耳。《索隱》：謂若批其相亢，擊擣彼虛，則是事形相格而其勢自禁止，則彼自爲解兵也。今梁趙相攻，輕兵鋭卒必竭於外，老弱罷於內。君不若引兵疾走大梁，據其街路，旻其方虛，彼必釋趙而自救。是我一舉解趙之圍而收弊於魏也。』《索隱》：謂齊今引兵據大梁之旻，是旻其方虛之時，梁必釋趙而自救，是一舉釋趙而斃魏。田忌從之，魏果去邯鄲，與齊戰於桂陵，大破梁軍。

論說

明·彭大翼《山堂肆考》卷七〇《批亢擣虛》 周顯王時，魏伐趙圍邯鄲。齊威王使田忌爲將，孫臏爲師，以救趙。忌欲引兵之趙，孫子曰：『夫解雜亂紛糾者，不控拳。救鬭者，不搏撠。批亢擣虛，形格勢禁，則自爲解耳。今梁之輕兵鋭卒竭於外，而老弱疲於內。若引兵疾走其都，彼必釋趙而自救。是我一舉解趙之圍，而收弊於魏也。』忌從之。十月，邯鄲降魏，魏師還，與齊戰於桂陵，魏師敗績。

清·閻若璩《四書釋地又續》卷下《卷齊擊魏破其軍》 惠王三十年庚辰，齊擊魏，破其軍，虜太子申。《孫臏傳》：『韓告急於齊，齊使田忌將，而往直走大梁。魏將龐涓聞之，去韓而歸。齊軍既已過而西矣。』爾時，魏雖未徙，大梁要屬其一都會。若韓之南陽走大梁者，攻其所必救也。龐涓與韓戰南陽。南陽，今汝州，在大梁之西南六百里。涓果舍之，歸救大梁。獨『齊軍既已過而西矣』一句殊不可解。曾按輿圖窮日夜思之，恍悟是相承傳寫之譌。原本應是『齊軍既已退而東矣退』。『而東』

者，誘敵之計也。下文，孫子謂田忌曰云云，蓋聞涓之信，卽商量退師。於是，從魏地第一日退，爲十萬竈，二日退，爲五萬竈，三日退，爲二萬竈，以見士卒之散亡略盡。涓見之，果大喜，倍日幷行，逐之，又已入敵境矣。臏生阿堙之間，熟其山川形勝，不待鄉導而知濮州鄄城縣東北六十里有馬陵。鄄城今省入濮州，卽州所理。是地也，兵法所謂『無所往者』也。誘之於此，始可萬鏃齊集。尤異者，預刻其到期，又自令其舉火行兵至此，驚猶鬼神，雖有飛鳥曾，不能逃，況龐涓哉。《通鑑》亦知『過而西之不可通』也，削此句。削之，誠是。但以時正都安邑，易大梁爲魏都，不知齊與魏兩都相距幾二千里。千里襲人，希有得利者。齊雖强，寧敢蹈之。逾河度陘，孤軍無繼，臏之智又不肯出此，以知與前桂陵之役，仍皆大梁字面。易魏都者不知兵者也。回憶亡友陳祺芳子壽之言，天下事莫難於讀書，莫奇於用兵，餘俱平且易耳。余此條不識於讀書、談兵，亦有合乎否也？

雜録

宋・司馬光《資治通鑑》卷二《周紀二》　周顯王十五年魏惠王伐趙，圍邯鄲。楚王使景舍救趙。

（周顯王十六年）齊威王使田忌救趙。初，孫臏與龐涓俱學兵法。龐涓仕魏爲將軍，自以能不及孫臏，乃召之。至，則以法斷其兩足而黥之，欲使終身廢棄。齊使者至魏，孫臏以刑徒陰見，説齊使者。齊使者竊載與之齊。田忌善而客待之，進於威王。威王問兵法，遂以爲師。於是威王謀救趙，以孫臏爲將，辭以刑餘之人不可。乃以田忌爲將而孫子爲師，居輜車中，坐爲計謀。

田忌欲引兵之趙。孫子曰：『夫解雜亂紛糾者不控拳，救鬭者不搏撠。批亢擣虛，形格勢禁，則自爲解耳。今梁、趙相攻，輕兵鋭卒必竭於外，老弱疲於內。子不若引兵疾走魏都，據其街路，沖其方虛，彼必釋趙以自救。是我一舉解趙之圍而收弊於魏也。』田忌從之。十月，邯鄲降魏。魏師還，與齊戰於桂陵，魏師大敗。

齊魏馬陵之戰分部

綜述

《戰國策》卷二三《魏策二・齊魏戰於馬陵章》　齊、魏戰於馬陵，齊大勝魏，殺太子申，覆十萬之軍。魏王召惠施而告之曰：『夫齊，寡人之讎也，怨之至死不忘。國雖小，吾常欲悉騎兵而攻之，何如？』對曰：『不可。臣聞之，王者得度而霸者知計。今王所以告臣者，疏於度而遠於計。王固先屬怨於趙而後與齊戰。今戰不勝，國無守戰之備，王又欲悉起而攻齊，此非臣之所謂也。王若欲報齊乎，則不如因變服折節而朝齊，楚王必怒矣。王遊人而合其鬭，則楚必伐齊。以休楚而伐罷齊，則必爲楚禽矣。是王以楚毀齊也。』魏王曰：『善。』乃使人報於齊，願臣畜而朝。

田嬰許諾。戰張曰：『不可。戰不勝魏，而得朝禮，與魏和而下楚，此可以大勝也。今戰勝魏，覆十萬之軍，而禽太子申；臣萬乘之魏，而卑秦、楚，此其暴於戾定矣，且楚王之爲人也，好用兵而甚務名，終爲齊患者，比楚也。』田嬰不聽，遂內魏王，而與之並朝齊侯再三。趙氏醜之。楚王怒，自將而伐齊，趙應之，大敗齊於徐州。

《史記》卷四四《魏世家》　（惠王）三十年，魏伐趙，《正義》：《孫臏傳》云『魏與趙攻韓，韓告急齊』，此文誤耳。魏伐趙，趙請救齊，齊使孫臏救趙，敗魏桂陵，乃在十八年也。趙告急齊。齊宣王用孫子計，救趙擊魏。魏遂大興師，使龐涓將，而令太子申爲上將軍。過外黄，外黄徐子《集解》：劉向《別録》曰：『徐子，外黄人也。』外黄時屬宋。《正義》：《括地志》云：『故囿城有南北二城，在汴州雍丘縣界，本屬外黄，卽太子申見徐子之地也。』謂太子曰：『臣有百戰百勝之術。』太子曰：『可得聞乎？』客曰：『固原效之。』曰：『太子自將攻齊，大勝幷莒，《正義》：莒，密州縣也，在齊東南。言從西破齊，並至莒地，則齊土盡矣。則富不過有魏，貴不益爲王。若戰不勝齊，則萬世無魏矣。此臣之百戰百勝之術也。』太子曰：『諾，請必從公之言而還

矣。』客曰：『太子雖欲還，不得矣。彼勸太子戰攻，欲啜汁者衆。《正義》：冀功勳者衆也。太子雖欲還，恐不得矣。』太子因欲還，其御曰：『將出而還，與北同。』太子果與齊人戰，敗於馬陵。《集解》：徐廣曰：『在元城。』《索隱》：徐廣曰：『在元城。』按：《紀年》：二十八年，與齊田肦戰於馬陵；上二年，魏敗韓馬陵；十八年，趙又敗魏桂陵。桂陵與馬陵異處。《正義》：《虞喜志林》云：『馬陵在濮州鄄城縣東北六十里，有陵，澗谷深峻，可以置伏。』按：龐涓敗即此也。徐説馬陵在魏州元城縣東南一里，龐涓敗非此地也。《田完世家》云『宣王二年，魏伐趙，趙與韓親，共擊魏，趙不利，戰於南梁。韓氏請於齊，齊使田忌、田嬰將，孫子爲師，救韓、趙，以擊魏，大破之馬陵』。按：南梁在汝州。又此傳云『太子爲上將軍，過外黄』。《孫臏傳》云『魏與趙攻韓，韓告急齊，齊使田忌將而往，直走大梁。魏將龐涓聞之，去韓而歸齊，軍已過而西矣』。按：孫子減灶退軍，三日行至馬陵，遂殺龐涓，虜魏太子申，大破魏軍，當如虞喜之説，從汴州外黄退至濮州東北六十里是也。然趙、韓共擊魏，戰困於南梁，韓急，請救於齊，齊師走大梁，敗魏馬陵，豈合更渡河北，至魏州元城哉？徐説定非也。齊虜魏太子申，殺將軍涓，軍遂大破。

三十一年，秦、趙、齊共伐我，《索隱》按：《紀年》：『二十九年五月，齊田肦伐我東鄙。九月，秦衛鞅伐我西鄙。十月，邯鄲伐我北鄙。王攻衛鞅，我師敗績』是也。然言二十九年，不同。秦將商君詐我將軍公子卬而襲奪其軍，破之。秦用商君，東地至河，而齊、趙數破我，安邑近秦，於是徙治大梁。《集解》：徐廣曰：『今浚儀。』駰案：《汲冢紀年》曰『梁惠成王九年四月甲寅，徙都大梁』也。《索隱》：《紀年》以爲惠王九年，蓋誤也。《正義》：《陳留風俗傳》云『魏之都也，舉萬十葉徙大梁』。按：今汴州浚儀也。以公子赫爲太子。

又 卷四六《田敬仲完世家》（宣王）二年，魏伐趙。趙與韓親，共擊魏。趙不利，戰於南梁。《索隱》：晉《太康地記》曰：『戰國謂梁爲南梁者，別之於大梁、少梁也。』《正義》：《括地志》云：『故梁在汝州西南二百步。晉《太康地記》云「戰國時謂南梁者，別之於大梁、少梁也」。古蠻子邑也。』宣王召田忌復故位。韓氏請救於齊。宣王召大臣而謀曰：『蚤救孰與晚救？』騶忌子曰：『不如勿救。』田忌曰：『弗救，則韓且折而入於魏，不如蚤救之。』《索隱》案：紀年威王十四年，田肦伐梁，戰馬陵。《戰國策》：南梁之難，有張田對曰『蚤救之』。此云鄒忌者，王劭云：『此時鄒忌死已四年，又齊威時未稱王，故《戰國策》謂之田侯。今此以田侯爲宣王，又橫稱鄒忌，皆謬矣』。孫子《索隱》：孫臏也。曰：『夫韓、魏之兵未弊而救之，是吾代韓受魏之兵，顧反聽命於韓也。且魏有破國之志，韓見亡，必東面而訴於齊矣。吾因深結韓之親而晚承魏之弊，則可重利而得尊名也。』宣王曰：『善。』乃陰告韓之使者而遣之。韓因恃齊，五戰不勝，而東委國於齊。齊因起兵，使田忌、田嬰將，《集解》：徐廣曰：『嬰，一作「肦」。』孫子爲師，救韓、趙以擊魏，大敗之馬陵，《索隱》：在宣王二年。殺其將龐涓，虜魏太子申。其後三晉之王皆因田嬰朝齊王於博望，《正義》：《括地志》云：『博望故城在鄧州向城縣東南四十五里。』盟而去。《集解》：徐廣曰：『表曰三年，與趙會博望伐魏。』

又 卷六五《孫子吳起列傳》後十三歲，《索隱》：王劭：《紀年》云『梁惠王十七年，齊田忌敗梁於桂陵，至二十七年十二月，齊田肦敗梁於馬陵』，計相去無十三歲。魏與趙攻韓，韓告急於齊。齊使田忌將而往，直走大梁。魏將龐涓聞之，去韓而歸，齊軍既已過而西矣。孫子謂田忌曰：『彼三晉之兵素悍勇而輕齊，齊號爲怯，善戰者因其勢而利導之。兵法，百里而趣利者蹶上將，《集解》：魏武帝曰：『蹶猶挫也。』《索隱》：劉氏云：『蹶猶斃也。』五十里而趣利者軍半至。使齊軍入魏地爲十萬灶，明日爲五萬灶，又明日爲三萬灶。』龐涓行三日，大喜，曰：『我固知齊軍怯，入吾地三日，士卒亡者過半矣。』乃棄其步軍，與其輕鋭倍日並行逐之。孫子度其行，暮當至馬陵。馬陵道陜，而旁多阻隘，可伏兵，乃斫大樹白而書之曰『龐涓死於此樹之下』。於是令齊軍善射者萬弩，夾道而伏，期曰『暮見火舉而俱發』。龐涓果夜至斫木下，見白書，乃鑽火燭之。讀其書未畢，齊軍萬弩俱發，魏軍大亂相失。龐涓自知智窮兵敗，乃自剄，曰：『遂成豎子之名！』《索隱》：豎子謂孫臏。齊因乘勝盡破其軍，虜魏太子申以歸。孫臏以此名顯天下，世傳其兵法。

論　說

宋・秦觀《淮海集》卷一七《進策・兵法》　古之論兵者多矣，大率不過有四。一曰權謀，二曰形勢，三曰陰陽，四曰技巧。然此四術者，以道用之，則爲四勝。不以道用之則爲四敗。事同而功異，不可不察也。何以知其然也？昔孫臏伏萬弩於馬陵之下，魏軍至而伏發。龐涓死焉。王恢伏車騎材官三十萬於馬邑之旁，匈奴覺之而去，恢以自殺。此則用權謀

之異也。

宋・洪邁《容齋隨筆》卷一三《孫臏減竈》　孫臏勝龐涓之事，兵家以爲奇謀，予獨有疑焉，云：『齊軍入魏地爲十萬竈，明日爲五萬竈，又明日爲二萬竈。』方師行逐利，每夕而興此役，不知以幾何人給之，又必人人各一竈乎？龐涓行三日而大喜曰：『齊士卒亡者過半。』則是所過之處必使人枚數之矣，是豈救急赴敵之師乎？又云：『度其暮當至馬陵，乃斫大樹，白而書之，曰：「龐涓死於此樹之下。」遂伏萬弩，期日暮見火舉而俱發。涓果夜至，斫木下，見白書，鑽火燭之。讀未畢，萬弩俱發。』夫軍行遲速，既非他人所料，安能必其以暮至，不差晷刻乎？古人坐於車中，既云暮矣，安知樹間之有白書？且必舉火讀之乎？齊弩尚能俱發，而涓讀八字未畢。皆深不可信。殆好事者爲之，而不精考耳。

藝文

清・彭定求等《全唐詩》卷六四七《胡曾〈詠史詩・馬陵〉》　墜葉蕭蕭九月天，驅兵獨過馬陵前。路傍古木蟲書處，記得將軍破敵年。

清・岳濬等［雍正］《山東通志》卷三五之一下《藝文志一・［明］李先芳〈馬陵〉》　回合長堤衛水秋，滿林黃葉荻颼颼。居人近指馬陵道，遺迹遥傳瓦屋頭。昔日孫龐曾決勝，只今草木尚含愁。不知七國皆迷路，猶自停車弔古丘。

雜録

宋・司馬光《資治通鑑》卷二《周紀二》　周顯王二十八年魏龐涓伐韓。韓請救於齊。齊威王召大臣而謀曰：『蚤救孰與晚救？』成侯曰：『不如勿救。』田忌曰：『弗救則韓且折而入於魏，不如蚤救之。』孫臏曰：『夫韓、魏之兵未弊而救之，是吾代韓受魏之兵，顧反聽命於韓也。且魏有破國之志，韓見亡，必東面而訴於齊矣。吾因深結韓之親而晚承魏之弊，則可受重利而得尊名也。』

王曰：『善！』乃陰許韓使而遣之。韓因恃齊，五戰不勝，而東委國於齊。齊因起兵，使田忌、田嬰、田盼將之，孫子爲師，以救韓，直走魏都。龐涓聞之，去韓而歸。魏人大發兵，以太子申爲將，以禦齊師。孫子謂田忌曰：『彼三晉之兵素悍勇而輕齊，齊號爲怯。善戰者因其勢而利導之。《兵法》：「百里而趣利者蹶上將，五十里而趣利者軍半至。」』乃使齊軍入魏地爲十萬竈，明日爲五萬竈，又明日爲二萬竈。龐涓行三日，大喜曰：『我固知齊軍怯，入吾地三日，士卒亡者過半矣！』乃棄其步軍，與其輕鋭倍日並行逐之。孫子度其行，暮當至馬陵。馬陵道狹而旁多阻隘，可伏兵。乃斫大樹，白而書之曰：『龐涓死此樹下！』於是令齊師善射者萬弩夾道而伏，期日暮見火舉而俱發。龐涓果夜到斫木下，見白書，以火燭之。讀未畢，萬弩俱發，魏師大亂相失。龐涓自知智窮兵敗，乃自剄，曰：『遂成豎子之名！』齊因乘勝大破魏師，虜太子申。

成侯鄒忌惡田忌，使人操十金，卜於市，曰：『我，田忌之人也。我爲將三戰三勝，欲行大事，可乎？』卜者出，因使人執之。田忌不能自明，率其徒攻臨淄，求成侯。不克，出奔楚。

宋・樂史《太平寰宇記》卷五四《河北道三・魏州・元城縣》　馬陵在縣東南十里。魏攻韓，韓急告於齊。齊使田無忌將，而孫臏爲師使。齊軍入魏地，爲十萬竈。明日爲五萬竈，又明日爲二萬竈。龐涓大喜，曰：『我固知齊卒怯入吾地，三日士卒亡者過半。』乃倍行逐之。孫臏度其暮至馬陵，乃斫大樹白書曰：『龐涓死於此下。』於是令善射者萬弩夾道而伏，期見火舉而俱發。龐涓夜見砍木下白書，乃鑽火燭之。齊軍萬弩俱發，魏軍大亂，涓自刎。

清・覺羅石麟等［雍正］《山西通志》卷一五《關隘七・榆社縣馬陵關》　西北八十里，太谷縣界舊設巡檢司，今廢。梁惠王三十年，太子申與齊戰敗於馬陵。徐廣曰：在元城。《索隱》按：《紀年》云二十八年與齊田盼戰於馬陵。又上二年，魏敗韓馬陵。十八年，趙又敗魏桂陵。桂陵與馬陵異處。《正義》：《虞喜志林》云馬陵在濮州鄄城縣東北六十里，有陵，澗谷深峻，可以置伏。按：龐涓卽敗此也。徐説馬陵在魏州元城縣東南一里，龐涓敗非此地也。按：馬陵之役，太子申過外黃。見外黃，徐子不聽其言而敗。《括地志》：外黃有南北二城，在汴州雍邱縣界。雍邱今開封府杞縣，與濮州差近。次則元城，而與今太谷榆社絶遠，已於

《太谷志》中辨之。要之，馬陵關自是太原遼州要疆，殊不繫龐涓墓，孫臏坡也。北有孫臏坡，相傳孫臏伏萬弩處。

清・顧祖禹《讀史方輿紀要》卷一六《北直七・大名府・元城縣》

馬陵道，府東南十里。《左傳》成七年：『公會諸侯救鄭，同盟於馬陵。』《戰國策》：『梁惠王二十七年，伐韓。齊救韓，使田忌、孫臏直走魏都。魏將龐涓倍道並行逐之，孫子度其行，暮當至馬陵。馬陵道狹，而旁多阻隘，乃使萬弩夾道而伏，涓至殺之。』即此處。是時梁尚都安邑，齊入魏境。道出此也。隋因置馬陵縣。宋人河北漕運，往往於黎陽或馬陵道口裝卸，蓋津要所關矣。

秦滅蜀分部

綜述

《戰國策》卷三《秦策一・司馬錯與張儀爭論於秦惠王前章》 司馬錯與張儀爭論於秦惠王前。司馬錯欲伐蜀，張儀曰：『不如伐韓。』王曰：『請聞其說。』

對曰：『親魏善楚，下兵三川，塞轘轅、緱氏之口，當屯留之道，魏絕南陽，楚臨南鄭，秦攻新城、宜陽，以臨二周之郊，誅周主之罪，侵楚、魏之地。周自知不救，九鼎寶器必出。據九鼎，案圖籍，挾天子以令天下，天下莫敢不聽，此王業也。今夫蜀，西辟之國，而戎狄之長也，弊兵勞衆，不足以成名；得其地不足以爲利。臣聞：「爭名者於朝，爭利者於市。」今三川、周室天下之市朝也，而王不爭焉，顧爭於戎狄，去王業遠矣。』

司馬錯曰：『不然，臣聞之，欲富國者，務廣其地；欲强兵者，務富其民；欲王者，務博其德。三資者備，而王隨之矣。今王之地小民貧，故臣願從事於易。夫蜀、西辟之國也，而戎狄之長也，而有桀、紂之亂；以秦攻之，譬如使豺狼逐羣羊也。取其地，足以廣國也；得其財，足以富民繕兵；不傷衆而彼以服矣。故拔一國而天下不以爲暴；利盡西海諸侯不以爲貪。是我一舉而名實兩附，而又有禁暴正亂之名。今攻韓，劫天子。劫天子，惡名也，而未必利也，又有不義之名，而攻天下之所不欲，危。臣請謁其故。周，天下之宗室也；齊，韓、周之與國也。周自知失九鼎，韓自知亡三川，則必將二國并力合謀，以因於齊、趙，而求解乎楚、魏。以鼎與楚，以地與魏，王不能禁。此臣所謂「危」，不如伐蜀之完也。』惠王曰：『善！寡人聽子。』卒起兵伐蜀，十月取之，遂定蜀。蜀主更號爲侯，而使陳莊相蜀。蜀既屬，秦益强富厚，輕諸侯。

《史記》卷五《秦本紀》 厲共公二年，蜀人來賂。【略】

（惠公）十三年，伐蜀，取南鄭。【略】

惠文君元年，楚、韓、趙、蜀人來朝。【略】

九年，司馬錯伐蜀，滅之。《索隱》蜀西南夷舊有君長，故昌意娶蜀山氏女也。其後有杜宇，自立爲王，號曰望帝。《蜀王本紀》曰：『張儀伐蜀，蜀王開戰不勝，爲儀所滅也。』伐取趙中都、西陽。《集解》地理志太原有中都縣。《正義》：《括地志》云：『中都故縣在汾州平遙縣西十二里，即西都也。西陽即中陽也，在汾州隰城縣東十里。《地理志》云西都、中陽屬西河郡。』此云『伐取趙中都西陽』。《趙世家》云『秦即取我西都及中陽』。《年表》云『秦惠文王後元九年，取趙中都、西陽、安邑。趙武靈王十年，秦取中都安陽』。本紀、世家、年表其縣名異，年歲實同，所伐唯一處，故具録之，以示後學。

十一年，樗里疾攻魏焦，降之。敗韓岸門，斬首萬，其將犀首走。公子通封於蜀。《集解》徐廣曰：『是歲王赧元年。』《索隱》：《華陽國志》曰：『赧王元年，秦惠王封子通國爲蜀侯，以陳莊爲相。』徐廣所云，亦據國志而言之。【略】

十四年，伐楚，取召陵。丹、犁臣，蜀《正義》二戎號也，臣伏於蜀。蜀相殺蜀侯，并丹、犁二國降秦。在蜀西南姚府管內，本西南夷，戰國時蜀、滇國，唐初置犁州、丹州也。相壯《集解》徐廣曰：『一作「狀」。』殺蜀侯來降。【略】

武王元年，與魏惠王會臨晉。《集解》徐廣曰：『表云哀王。』《正義》按：魏惠王卒已二十五年矣。誅蜀相壯。【略】

（昭襄王）六年，蜀侯煇反，《華陽國志》曰：『秦封王子煇爲蜀侯。蜀侯祭，歸胙於王，後母疾之，加毒以進，王大怒，使司馬錯賜煇劍。』此煇不同也。司馬錯定蜀。庶長奐伐楚，斬首二萬。

又 卷七〇《張儀列傳》 苴蜀相攻擊，《集解》徐廣曰：『譙周曰益州

「天苴」讀爲「包黎」之「包」，音與「巴」相近，以爲今之巴郡。」《索隱》苴音巴，謂巴、蜀之夷自相攻擊也。今字作『苴』者，按巴苴是草名，今論巴，遂誤作『苴』也。或巴人、巴郡本因芭苴得名，所以其字遂以『苴』爲『巴』也。注『益州天苴讀爲芭黎』，天苴卽巴苴也。譙周，蜀人也，知『天苴』之音讀爲『芭黎』之『芭』。按：芭黎卽織木葺爲葦籬也，今江南亦謂葦籬曰芭籬也。《正義》：《華陽國志》云：『昔蜀王封其弟於漢中，號曰苴侯，因命之邑曰葭萌。苴侯與巴王爲好，巴與蜀爲讎，故蜀王怒，伐苴。苴奔巴，求救於秦。秦遣張儀從子午道伐蜀。王自葭萌禦之，敗績，走至武陽，爲秦軍所害。秦遂滅蜀，因取苴與巴焉。』《括地志》云：『苴侯都葭萌，今利州益昌縣五十里葭萌故城是。蜀侯都益州巴子城，在合州石鏡縣南五里，故墊江縣也。巴子都江州，在都之北，又峽州界也。』各來告急於秦。秦惠王欲發兵以伐蜀，以爲道險狹難至，而韓又來侵秦，秦惠王欲先伐韓，後伐蜀，恐不利，欲先伐蜀，恐韓襲秦之敝。猶豫未能決。司馬錯與張儀爭論於惠王之前，司馬錯欲伐蜀，張儀曰：『不如伐韓。』王曰：『請聞其說。』

儀曰：『親魏善楚，下兵三川，塞什谷之口，《集解》徐廣曰：「一作『尋』，成皋鞏縣有尋口。」《索隱》一本作『尋谷』，尋什聲相近，故其名惑也。《戰國策》云『轘轅、緱氏之口』，亦其地相近也。《正義》：《括地志》云：『溫泉水卽尋，源出洛州鞏縣西南四十里。《注水經》云鄩城水出北山鄩溪。又有故鄩城，在鞏縣西南五十八里。』按：洛州緱氏縣東南四十里，與鄩溪相近之地。當屯留之道，《正義》屯留，潞州縣也。道卽太行羊腸阪道也。魏絶南陽，《正義》南陽，懷州也。是當屯留之道，令魏絶斷壞羊腸，韓上黨之路也。楚臨南鄭，《正義》是塞什谷之口也。令楚兵臨鄭南，塞轘轅鄗口，斷韓南陽之兵也。秦攻新城、《索隱》此新城當在河南伊闕之左右。宜陽，《正義》洛州福昌縣也。以臨二周之郊，誅周王之罪，侵楚、魏之地。周自知不能救，九鼎寶器必出。據九鼎，案圖籍，挾天子以令於天下，天下莫敢不聽，此王業也。今夫蜀，西僻之國而戎翟之倫也，敝兵勞衆不足以成名，得其地不足以爲利。臣聞爭名者於朝，爭利者於市。今三川、周室，天下之朝市也，而王不爭焉，顧爭於戎翟，去王業遠矣。』《索隱》去王遠矣。

司馬錯曰：『不然。臣聞之，欲富國者務廣其地，欲彊兵者務富其民，欲王者務博其德，三資者備而王隨之矣。今王地小民貧，故臣原先從事於易。夫蜀，西僻之國也，而戎翟之長也，有桀紂之亂。以秦攻之，譬如使豺狼逐羣羊。得其地足以廣國，取其財足以富民《索隱》遇其財。《戰國策》『遇』作『得』。繕兵，不傷衆而彼已服焉。《正義》繕音膳，同『膳』，具食也。拔一國而天下不以爲暴，利盡西海《索隱》西海謂蜀川也。海者珍藏所聚生，猶謂秦中爲『陸海』然也。其實西亦有海也。《正義》海之言晦也，西夷晦昧無知，故言海也。言利盡西方羌戎。而天下不以爲貪，是我一舉而名實附也，《索隱》按：名謂傳其德也，實謂土地財寶。而又有禁暴止亂之名。今攻韓，劫天子，惡名也，而未必利也，又有不義之名，而攻天下所不欲，危矣。臣請謁其故：《索隱》謁者，告也，陳也。故，謂陳不宜伐之端由也。周，天下之宗室也；齊，韓之與國也。周自知失九鼎，韓自知亡三川，《正義》韓自知亡三川，故與周幷力合謀也。將二國幷力合謀，以因乎齊、趙而求解乎楚、魏，以鼎與楚，以地與魏，王弗能止也。此臣之所謂危也。不如伐蜀完。』

惠王曰：『善，寡人請聽子。』卒起兵伐蜀，十月，取之，《索隱》六國年表在惠王二十二年十月也。遂定蜀，《正義》表云秦惠王後元年十月，擊滅之。貶蜀王更號爲侯，而使陳莊相蜀。蜀既屬秦，秦以益彊，富厚，輕諸侯。

晉·常璩《華陽國志》卷一《巴志》 周顯王時，楚國衰弱，秦惠文王與巴、蜀爲好。蜀王弟苴侯私親於巴。巴、蜀世戰爭。周慎王五年，蜀王伐苴侯，苴侯奔巴，巴爲求救於秦。秦惠文王遣張儀、司馬錯救苴、巴，遂伐蜀，滅之。儀貪巴、苴之富，因取巴，執王以歸，置巴、蜀及漢中郡，分其地爲三十一縣。儀城江州。司馬錯自巴涪水取楚商於地爲黔中郡。

又 卷三《蜀志》 周顯王之世，蜀王有褒、漢之地。因獵谷中，與秦惠王遇。惠王以金一笥遺蜀王。王報珍玩之物，物化爲土。惠王怒。羣臣賀曰：『天承我矣，王將得蜀土地。』惠王喜，乃作石牛五頭，朝瀉金其後，曰『牛便金』，有養卒百人。蜀人悅之，使使請石牛，惠王許之。乃遣五丁迎石牛。既不便金，怒，遣還之。乃嘲秦人曰『東方牧犢兒』。秦人笑之曰：『吾雖牧犢，當得蜀也。』【略】

蜀王別封弟葭萌於漢中，號苴侯，命其邑曰葭萌焉。苴侯與巴王爲好，巴與蜀仇，故蜀王怒，伐苴侯。苴侯奔巴，求救於秦。秦惠王方欲謀楚，羣臣議曰：『夫蜀，西僻之國，戎狄爲鄰，不如伐楚。』司馬錯、中尉田真黃曰：『蜀有桀、紂之亂，其國富饒，得其布帛金銀，足給軍用。水通於楚，有巴之勁卒，浮大舶船以東向楚，楚地可得。得蜀則得楚，楚

亡則天下幷矣。』惠王曰：『善』。

周慎王五年秋，秦大夫張儀、司馬錯、都尉墨等從石牛道伐蜀。蜀王自於葭萌拒之，敗績。王遯走，至武陽，爲秦軍所害。其相、傅及太子退至逢鄉，死於白鹿山，開明氏遂亡。凡王蜀十二世。冬十月，蜀平，司馬錯等因取苴與巴。

宋·司馬光《資治通鑑》卷三《周紀三》（周慎靚王五年）巴、蜀相攻擊，俱告急於秦。秦惠王欲伐蜀。以爲道險狹難至，而韓又來侵，猶豫未能決。司馬錯請伐蜀。張儀曰：『不如伐韓。』王曰：『請聞其説。』儀曰：『親魏，善楚，下兵三川，攻新城、宜陽，以臨二周之郊，據九鼎，按圖籍，挾天子以令於天下，天下莫敢不聽，此王業也。臣聞爭名者於朝，爭利者於市。今三川、周室，天下之朝、市也，而王不爭焉，顧爭於戎翟，去王業遠矣！』司馬錯曰：『不然，臣聞之，欲富國者務廣其地，欲强兵者務富其民，欲王者務博其德，三資者備而王隨之矣。今王地小民貧，故臣願先從事於易。夫蜀，西僻之國而戎翟之長也，有桀、紂之亂，以秦攻之，譬如使豺狼逐羣羊。得其地足以廣國，取其財足以富民，繕兵不傷衆而彼已服焉。拔一國而天下不以爲暴，利盡西海而天下不以爲貪，是我一舉而名實附也，而又有禁暴止亂之名。今攻韓，劫天子，惡名也，而未必利也，又有不義之名，而攻天下所不欲，危矣！臣請論其故。周，天下之宗室也；齊，韓之與國也。周自知失九鼎，韓自知亡三川，將二國幷力合謀，以因乎齊、趙而求解乎楚、魏。以鼎與楚，以地與魏，王弗能止也。此臣之所謂危也。不如伐蜀完。』王從錯計，起兵伐蜀。十月取之。貶蜀王，更號爲侯，而使陳莊相蜀。蜀既屬秦，秦以益强，富厚，輕諸侯。

論説

《舊唐書》卷一九〇中《文苑傳中·陳子昂》 且夫事有求利而得害者。則蜀昔時不通中國，秦惠王欲帝天下而幷諸侯，以爲不兼賓不取蜀，勢未可舉，乃用張儀計，飾美女，譎金牛，因間以啖蜀侯。蜀侯果貪其利，使五丁力士鑿通谷，棧褒斜，置道於秦。自是險阻不關，山谷不閉，張儀躡踵乘便，縱兵大破之，蜀侯誅，賨邑滅。至今蜀爲中州，是貪利而亡。

宋·洪咨夔《洪氏春秋説》卷二一 是非、可否之論，交至於前。惟明者能察之，剛者能決之。商鞅、甘龍、司馬錯、張儀之所以勝負也。

清·愛新覺羅·玄燁《聖祖仁皇帝御製文集第三集》卷二七《雜著·古文評論〈戰國策·司馬錯張儀論伐韓蜀〉》 戰國之時，不復知有周天子矣。錯獨曰：『劫天子，惡名也。』大義凜然。後魯肅之存劉，王猛之戒不伐晉，亦同此意。

藝文

唐·劉禹錫《劉梦得文集》卷一《古詩·登司馬錯古城》 將軍將秦師，西南奠遐服。故壘清江上，蒼煙晦喬木。登臨直蕭辰，周覽壯前躅。塹平陳葉滿，墉高秋蔓綠。廢井抽寒菜，毁臺生魯穀。耕人得古器，宿雨多遺鏃。楚塞鬱重疊，蠻溪紛詰曲。留此數仞基，幾人傷遠目。

宋·陶弼《邕州小集·司馬錯城》 北設長城陷虜塵，更來勞役武陵民。我疑洞里栽桃者，便是當時版築人。

宋·扈仲榮《成都文類》卷四《詩·學校·〔宋〕李石〈府學十詠·秦城二絶〉》 張儀、司馬錯所築，自錯入蜀，秦惠公乙巳歲至皇宋紹興壬午，一千四百七十八年。雖頽圮，所存如崖壁峭立，亦學舍一奇觀也。泮林堂後面崢嶸，不道詩書恨未平。瓜蔓沉坑餘鬼哭此，間學校倚秦城。塹成雉堞繞蠶叢，漢棧分明蜀徼通。只説金牛能誑客，已輸巴粟到關中。

雜録

北魏·酈道元《水經注》卷二七《沔水注》 來敏《本蜀論》云：『秦惠王欲伐蜀而不知道，作五石牛，以金置尾下，言能屎金，蜀王負力，令五丁引之成道。秦使張儀、司馬錯尋路滅蜀，因曰石牛道，厥蓋因而廣之矣。』

唐·李吉甫《元和郡縣圖志》卷二二《山南道三》 小劍故城，在

（益昌）縣西南五十一里。小劍城去大劍戍四十里，連山絶險，飛閣通衢，故謂之劍閣道。自縣西南逾小山入大劍口，即秦使張儀、司馬錯伐蜀所由路也，亦謂之石牛道。又有古道，自縣東南經益昌戍，又東南入劍州晉安縣界，即鍾會伐蜀之路也。

又　卷三一《劍南道上》　成都縣，次赤。郭下。本南夷蜀侯之所理也，秦惠王遣張儀、司馬錯定蜀，因築城而郡縣之。自秦、漢至國初以來，前後移徙十餘度，所理不離郡郭。

《舊唐書》卷四一《地理志四》　至秦惠王既霸西戎，欲廣其地，乃令其相張儀、司馬錯伐蜀。取其地，立漢中、巴、蜀三郡。蜀王本都廣都之樊鄉，張儀平蜀後，自赤里街移治於少城，今州城是也。蜀城，張儀所築。

宋・樂史《太平寰宇記》卷七四《劍南西道三・眉州》　彭山縣，北六十里。元十九鄉。本漢武陽縣地，屬犍爲郡。揚雄《蜀記》：『秦惠王遣張儀、司馬錯伐蜀，蜀王開明拒戰不利，退走武陽，獲之。』即此處也。晉永和中置西江陽郡。後魏增置靈石郡。後周爲隆山郡，以境内有鼎鼻山，地形隆起，故以爲名。隋大業三年改爲隆山縣，以陵州爲隆山郡，縣屬焉。唐貞觀二十年改爲彭山，屬眉州。

宋・胡宏《皇王大紀》卷七五　（慎靚王）五年，巴蜀相攻，俱告急於秦王。議伐蜀，韓又來侵。張儀曰：『不如伐韓，以臨二周，挾天子令天下。臣聞，爭名者於朝，爭利於市。三川，周室天下之朝市也，而王不爭焉，顧爭於戎翟，去王業遠矣。』司馬錯曰：『欲富國者，務廣其地；欲强兵者，務富其民。王地小民貧，故臣願先從事於易。夫蜀西僻有桀紂之亂，得其地足以廣國，取其財足以富民，一舉而名實附矣。攻韓，刦天子惡名也，而未必利也。』王伐蜀，取之，遂益富强。

清・張英等《御製淵鑑類函》卷四四〇《鱗介部四・龜》　《增華陽國志》曰：『秦惠王十二年，張儀、司馬錯破蜀，克之。因築城，城終頽壞。後有一大龜從硎而出，周行旋走，乃依行所築之，乃成。』

宋・程大昌《演繁露》卷八《九鼎》　周慎靚王五年，秦惠王欲伐蜀。張儀曰：『親魏善楚，下兵三川，臨二周之郊，據九鼎挾天子以令天下，此王業也。』司馬錯曰：『周自知失九鼎，則必以鼎與楚王，弗能止也，不如伐蜀。』按：赧王在位五十九年方始入獻其邑，上距靚王五年，六十一年矣。此時九鼎猶在周，東坡謂：『周人沉鼎於泗水以緩禍者。』非也。當時周人以它鼎沉泗耳。

宋・王應麟《通鑑地理通釋》卷七《巴蜀》　秦二郡。苴蜀相攻，秦使張儀、司馬錯取蜀。譙周曰：『苴，今之巴郡也。』《正義》曰：『蜀王封其弟於漢中，號曰苴侯，因命之邑曰葭萌。苴侯與巴王爲好，巴與蜀爲讎，故蜀王怒伐苴。苴奔巴，求救於秦。秦遣張儀伐蜀，滅之，因滅巴。』《括地志》云：『苴侯都葭萌，今利州益昌縣，葭萌故城是蜀侯都益州。』太史公曰：『巴蜀四塞，棧道千里，唯褒斜綰轂其口。』在汉中。

清・覺羅石麟等［雍正］《山西通志》卷二一一《藝文三十・論・［清］魏禧〈戰城濮論〉》　古之善制勝者，必履天下之險，攻天下之難。攻而勝，其所不可勝，蓋不犯其至險，則不足享天下之至安，不出其至難，則不足收天下之至易，其勢然也。且夫事有先難而後易者，亦有先易而後難者。吾力足舉其難，則易者必靡，如陳湯之破郅支，而呼韓入朝之類是也。力不足以舉其難，則姑肆意於其易，以豐吾之力而徐爲之圖，如司馬錯不攻三川周室，而教秦惠王起兵伐蜀之類是也。

清・陳厚耀《春秋戰國異辭》卷五四　蜀王别封弟葭萌於漢中，號苴侯，命其邑曰葭萌焉。苴侯與巴王爲好，巴與蜀仇，故蜀王怒伐苴侯。苴侯奔巴，求救於秦。秦惠王方欲謀楚，羣臣議曰：『夫蜀西僻之國，戎狄爲鄰，不如伐楚。』司馬錯、中尉田真黄曰：『蜀有桀紂之亂，其國富饒，得其布帛、金銀足給於用。水通於楚，有巴之勁卒，浮大舶以東向楚，楚地可得。得蜀，則得楚。楚亡，則天下幷矣。』惠王曰：『善。』周慎王五年秋，秦大夫張儀、司馬錯、都尉墨等從石牛道伐蜀。蜀王自於葭萌拒之，敗績。王逃走至武陽，爲秦軍所害。其傅相及太子退至逢鄉，死於白鹿山，開明氏遂亡，凡王蜀十二世。冬十月，蜀平。司馬錯等因取苴與與巴。周赧王元年，秦惠王封子通國爲蜀侯，以陳壯爲相。置巴郡，以張若爲蜀國守。戎伯尚强，乃移秦民萬家實之。三年，分巴、蜀，置漢中郡。六年，陳壯反，殺蜀侯通國。秦遣庶長甘茂、張儀、司馬錯復伐蜀，誅陳壯。七年，封子惲爲蜀侯。司馬錯率巴蜀衆十萬，大舶船萬艘，米六百萬斛，浮江伐楚，取商於之地，爲黔中郡。

楚國滅越分部

綜　述

《戰國策》卷一四《楚策一·楚王聞於范環章》　楚王聞於范環曰：『寡人欲置相於秦，孰可？』對曰：『臣不足以知之。』王曰：『吾［欲］相甘茂，可乎？』范環對曰：『不可。』王曰：『何也？』曰：『夫史舉，上蔡之監門也。大不如事君，小不如處室，以苛廉聞於世，甘茂事之順焉。故惠王之明，武王之察，張儀之好譖，甘茂事之，取十官而無罪，茂誠賢者也，然而不可相秦。秦之有賢相也，非楚國之利也。且王嘗用滑於越而納句章，昧之難，越亂，故楚南察瀨胡，而野江東。計王之功所以能如此者，越亂而楚治也。今王以用之於越矣，而忘之於秦，臣以爲王鉅速忘矣！王若欲置相於秦乎？若公孫郝者可。夫公孫郝之於秦王，親也。少與之同衣，長與之同車，被王衣以聽事，真大王之相已。王相之，楚國之大利也。』

《史記》卷四一《越王句踐世家》　王無彊時，越興師北伐齊，西伐楚，與中國爭彊。當楚威王之時，越北伐齊，齊威王使人説越王曰：『越不伐楚，大不王，小不伯。圖越之所爲不伐楚者，爲不得晉也。韓、魏固不攻楚。韓之攻楚，覆其軍，殺其將，則葉、陽翟危；《正義》葉，今許州葉縣。陽翟，河南陽翟縣也。二邑此時屬韓，與楚犬牙交境，韓若伐楚，恐二邑爲楚所危。魏亦覆其軍，殺其將，則陳、上蔡不安。《正義》陳，今陳州也。上蔡，今豫州上蔡縣也。二邑此時屬魏，與楚犬牙交境，魏若伐楚，恐二國爲楚所危也。故二晉之事越也，《正義》言韓、魏與楚鄰，今令越合於二晉而伐楚。不至於覆軍殺將，馬汗之力不效。《集解》徐廣曰：『效猶見也。』所重於得晉者何也？』《正義》從『不至』已下此是齊使者重難越王。越王曰：『所求於晉者，不至頓刃接兵，而況於攻城圍邑乎？《正義》頓刃，築營壘也。接兵，戰也。越王言韓魏之事越，猶不至頓刃接兵，而況更有攻城圍邑，韓、魏始服乎？言畏秦、齊而故事越也。原魏以聚大梁之下，原齊之試兵南陽《索隱》此南陽在齊之南界，莒之西。莒地，以聚常、郯之境，《索隱》常，邑名，蓋田文所封邑。郯，故郯國。二邑皆齊之南地。則方城之外不南，《正義》方城山在許州葉縣西南十八里。外謂許州、豫州等。言魏兵在大梁之下，楚方城之兵不得南伐越也。淮、泗之間不東，商、於、析、酈、《索隱》四邑並屬南陽，楚之西南也。《正義》：《括地志》云：『商洛縣則古商國城也。《荆州圖副》云：「鄧州内鄉縣東七里於村，即於中地也」。』《括地志》又云：『鄧州内鄉縣楚邑也。故酈縣在鄧州新城縣西北三十里。』按：商、於、析、酈在商、鄧二州界，縣邑也。宗胡之地，《集解》徐廣曰：『胡國，今之汝陰。』《索隱》宗胡，邑名。胡姓之宗，因以名邑。杜預云『汝陰縣北有故胡城』是。夏路以左，《集解》徐廣曰：『蓋謂江夏之夏。』《索隱》徐氏以爲江夏，非也。劉氏云『楚適諸夏，路出方城，人向北行，以西爲左，故云夏路以左』，其意爲得也。《正義》：《括地志》云：『故長城在鄧州内鄉縣東七十五里，南入穰縣，北連翼望山，無土之處累石爲固。楚襄王控霸南土，爭强中國，多築列城於北方，以適華夏，號爲方城。』按：此説劉氏爲得，云邑徒衆少，不足備秦嶢、武二關之道也。不足以備秦，江南、泗上不足以待越矣。《正義》江南，洪、饒等州，春秋時爲楚東境也。泗上，徐州，春秋時楚北境也。二境並與越鄰，言不足當伐越。則齊、秦、韓、魏得志於楚也，是二晉不戰分地，不耕而穫之。不此之爲，而頓刃於河山之間以爲齊秦用，所待者如此其失計，奈何其以此王也！』齊使者曰：『幸也越之不亡也！吾不貴其用智之如目，見豪毛而不見其睫也。今王知晉之失計，而不自知越之過，是目論也。《索隱》言越王知晉之失，不自覺越之過，猶人眼能見豪毛而自不見其睫，故謂之『目論』也。王所待於晉者，非有馬汗之力也，又非可與合軍連和也，將待之以分楚衆也。今楚衆已分，何待於晉？』越王曰：『奈何？』曰：『楚三大夫張九軍，北圍曲沃、於中，《集解》徐廣曰：『一作「北面曲沃」。』《正義》：《括地志》云：『曲沃故城在陝縣西三十二里。於中在鄧州内鄉縣東七里。』爾時曲沃屬魏，於中屬秦，二地相近，故楚圍之。以至無假之關者《集解》徐廣曰：『無，一作「西」。』三千七百里，《正義》按：無假之關當在江南長沙之西北也。言從曲沃、於中西至漢中、巴、巫、黔中千餘里，皆備秦、晉也。景翠之軍北聚魯、齊、南陽，分有大此者乎？《正義》魯，兖州也。齊，密州莒縣邑南至泗上也。南陽，鄧州也，時屬韓也。言楚又備此三國也，分散有大此者乎？且王之所求者，鬬晉楚也；晉楚不鬬，越兵不起，是知二五而不

知十也。此時不攻楚，臣以是知越大不王，小不伯。復讎、龐、《集解》徐廣曰：「一作『寵』。」長沙，《索隱》劉氏云「復者發語之聲」，非也。言發語聲者，文勢然也，則是脱「況」字耳。讎當作「焠」，焠，邑名，字訛耳。則焠、龐、長沙是三邑也。下云「竟澤陵」，當爲「竟陵澤」。言竟陵之山澤出材木，故楚有七澤，蓋其一也。合上文爲四邑也。楚之粟也；竟澤陵，楚之材也。越窺兵通無假之關，《集解》徐廣曰：「無，一作『西』。」此四邑者不上貢事於郢矣。《正義》言今越北欲鬬晉楚，南復讎敵楚之四邑，龐、長沙、竟陵澤也。龐、長沙出粟之地，竟陵澤出材木之地，此邑近長沙潭、衡之境，越若窺兵西通無假之關，則四邑不得北上貢於楚之郢都矣。戰國時永、郴、衡、潭、嶽、鄂、江、洪、饒並是東南境，屬楚也。袁、吉、虔、撫、歙、宣並越西境，屬越也。臣聞之，圖王不王，其敝可以伯。然而不伯者，王道失也。故原大王之轉攻楚也。」於是越遂釋齊而伐楚。楚威王興兵而伐之，大敗越，殺王無彊，盡取故吴地至浙江，北破齊於徐州。《集解》徐廣曰：「周顯王之四十六年。」《索隱》按：《紀年》：粤子無顓薨後十年，楚伐徐州，無楚敗越殺無彊之語，是無彊爲無顓之後，《紀年》不得録也。而越以此散，諸族子爭立，或爲王，或爲君，濱於江南海上，《正義》今臺州臨海縣是也。服朝於楚。

後七世，至閩君摇，佐諸侯平秦。漢高帝復以摇爲越王，以奉越後。東越，閩君，皆其後也。

又　卷一一四《東越列傳》　閩越《集解》韋昭曰：「閩，東越之别名。」《索隱》案：説文云「閩，東越蛇種也」，故字從「蟲」。王無諸及越東海王摇者，其先皆越王句踐之後也，姓騶氏。《集解》徐廣曰：「騶，一作『駱』。」《索隱》徐廣云一作「駱」，是上云「歐駱」，不姓騶。秦已并天下，皆廢爲君長，以其地爲閩中郡。《集解》徐廣曰：「今建安侯官是。」《索隱》徐廣云「本建安侯官是」。案：爲閩州。案：下文「都東冶」，韋昭以爲在侯官。《正義》今閩州又改爲福也。

宋·司馬光《資治通鑑》卷二《周紀二·周顯王三十五年》　越王無彊伐齊。越王句踐之後。自句踐至無彊，凡六世。齊王使人説之以伐齊不如伐楚之利。越王遂伐楚。楚人大敗之，乘勝盡取吴故地，東至於浙江。越以此散，諸公族爭立，或爲王，或爲君，濱於海上，吴之故地，漢會稽、九江、丹楊、豫章、廬江、廣陵、臨淮等郡是也。越初都會稽，其境北至於檇兒，不能全有漢會稽一郡地；及其滅吴，始并有吴地。今楚取吴地至於浙江；則檇兒亦入於楚矣。浙江有三源：發於太末者謂之穀水，今之衢港是也；發於烏傷者，《水經》謂之吴寧溪，今之婺港是也；發於黟縣者，《班志》謂之漸江水，今之徽港是也，三水合爲浙江，東至錢唐入海。浙，折也，言水屈折於羣山之間也。《釋名》曰：江，共也，小水流入其中，所公共也。國於海上者，漢之甌越、閩越、駱越其後也。朝服於楚。

宋·王欽若等《册府元龜》卷二三七《列國君部·嗣襲第二》　子王無彊立。王無彊伐楚，楚威王興兵而伐之，大敗越，殺王無彊，而越以此散。諸族子爭立，或爲王，或爲君，濱於江南、海上，服朝於楚。

論説

《史記》卷七一《甘茂列傳》　齊使甘茂於楚，楚懷王新與秦合婚而驩。《集解》徐廣曰：「昭王二年時迎婦於楚。」而秦聞甘茂在楚，使人謂楚王曰：「原送甘茂於秦。」楚王問於范蜎《集解》徐廣曰：「一作『蝯』。」《索隱》蝯，《戰國策》云作「蠑」也。曰：「寡人欲置相於秦，孰可？」對曰：「臣不足以識之。」楚王曰：「寡人欲相甘茂，可乎？」對曰：「不可。夫史舉，下蔡之監門也，大不爲事君，小不爲家室，以苟賤不廉聞於世，甘茂事之順焉。故惠王之明，武王之察，張儀之辯，而甘茂事之，取十官而無罪。茂誠賢者也，然不可相於秦。夫秦之有賢相，非楚國之利也。且王前嘗用召滑於越，《集解》徐廣曰：「滑，一作『涓』。」而内行章義之難，《集解》徐廣曰：「一云『内句章昧之難』。」《索隱》謂召滑内心猜詐，外則佯章恩義，而卒包藏禍心，搆難於楚也。注「一云内句章、昧之難」。案：《戰國策》云「納章句之難」。越國亂，故楚南塞厲門《集解》徐廣曰：「一作『瀨湖』。」《正義》：劉伯莊云：「厲門，度嶺南之要路。」而郡江東。《正義》吴越之城皆爲楚之都邑。計王之功所以能如此者，越國亂而楚治也。今王知用諸越而忘用諸秦，臣以王爲鉅過矣。然則王若欲置相於秦，則莫若向壽者可。夫向壽之於秦王，親也，少與之同衣，長與之同車，以聽事。王必相向壽於秦，則楚國之利也。」於是使使請秦相向壽於秦。秦卒相向壽。而甘茂竟不得復入秦，卒於魏。

藝文

清·彭定求等《全唐詩》卷六五六《羅隱〈西施〉》　家國興亡自有

時，吴人何苦怨西施。西施若解傾吴國，越國亡來又是誰？

雜録

漢・袁康等《越絶書》卷八《越絶外傳記地傳》 越王夫鐔以上至無餘，久遠，世不可紀也。夫鐔子允常。允常子句踐，大霸稱王，徙琅玡，都也。句踐子與夷，時霸。與夷子子翁，時霸。子翁子不揚，時霸。不揚子無彊，時霸，伐楚，威王滅無彊。無彊子之侯，竊自立爲君長。之侯子尊，時君長。尊子親，失衆，楚伐之，走南山。親以上至句踐，凡八君，都琅玡二百二十四歲。無彊以上，霸，稱王。之侯以下微弱，稱君長。

自無餘初封於越以來，傳聞越王子孫，在丹陽皋鄉，更姓梅，梅里是也。

唐・李吉甫《元和郡縣圖志》卷二五《江南道一》 蘇州，《禹貢》揚州之地，周時爲吴國，太伯初置，城在今吴縣西北五十里。至闔閭遷都於此，後爲越所并。楚滅越，而封黄歇於吴。秦置會稽郡二十六縣於吴。

《新唐書》卷七四下《宰相世系表》 歐陽氏出自姒姓。夏少康庶子封於會稽，至越王無彊爲楚所滅，無彊子蹄更封於烏程歐餘山之陽，爲歐陽亭侯，遂以爲氏。後有爲涿郡太守，子孫或居渤海。

明・歐大任《百越先賢志》卷一《公師隅》 公師隅者，粤人也。越王無彊爲楚所敗，其子孫避處江南海上。周赧王時，有自立爲王者。隅以無彊初避楚居東武，有怪山浮來鎮壓其地，因名東武山，乃往相度南海，將依山築南武城以擬之，而越王不果遷。時三晉惟魏最彊，越王與魏通好，使隅復往南海求犀角、象齒以修獻。久在嶠外，乃得諸琛並吴江樓船、會稽竹箭獻之魏，魏王乃起師送越王往荆，棲之沅湘，於是南武彊土爲越貢奉邑，稱雄交廣矣。據《竹書紀年》、黄恭《交廣記》、盛弘之《荆州記》參修。

明・彭大翼《山堂肆考》卷一〇〇《出於夏禹》 《歐陽修譜圖序》：『歐陽氏之先本出於夏禹之苗裔，自帝少康封其庶子於會稽，使守禹祀，歷夏商周以世。相傳至於允常，子曰句踐，是爲越王。越王句踐傳五世至王無彊，爲楚威王所滅。其諸族子分散爭立，皆受封於楚。而無彊之子蹄，封於烏程歐餘山之陽，爲歐陽亭侯。其後子孫遂以爲氏。當漢之初，有仕爲涿郡太守者，子孫遂居於此，或居青州之千乘，或居冀州之渤海。千乘之顯者，曰生，字和伯，爲漢博士，以經名家，所謂歐陽尚書者是也。居渤海之顯者，曰建，字堅石，所謂渤海赫士歐陽堅石者是也。』

清・胡渭《禹貢錐指》卷六 揚州有古汪芒氏之封，春秋時可考者蓼。六越、楚、吴、蔣、黄、舒、宗巢、舒庸、舒鳩、英桐、鍾離、濮凡十七國。戰國時初屬越，後楚滅越而有其地。秦并天下，置九江、鄣郡、會稽、閩中、南海。漢復置揚州，後漢、魏、晉並因之。

清・杜臻《粤閩巡視紀略》卷二 按：《吴越春秋》：『闔廬子孫避越，嶺外築南武城。其後，楚滅越，越王子孫自皋鄉入始興，令越人公師隅修吴故城，居之，即今郡城是也。』《通歷》：『周夷王八年，楚子熊渠伐揚越。自是南海事楚，有楚庭，亦如尉陀有朝漢臺也。其後，越人爲楚所逼，竄走叢薄。』而裴淵《廣州記》云：『戰國楚相高固時，有五羊萃於庭，則遂爲楚有矣。秦以任囂爲南越尉，立南海郡。初居瀧口西岸，俗名萬人城。既乃入治番山隅，因楚庭之舊。又以舊有五羊銜穀之祥，增築南武城，號五羊城。尉陀代囂益廣之，故今又謂趙佗城。』

莊蹻入滇分部

綜述

《史記》卷一一六《西南夷列傳》 西南夷君長《正義》在蜀之南。以什數，夜郎最大；《索隱》荀悦云：『犍爲屬國也。』韋昭云：『漢爲縣，屬牂柯。』按：《後漢書》云『夜郎東接交阯，其地在湖南，其君長本出於竹，以竹爲姓也』。《正義》今瀘州南大江南岸協州、曲州，本夜郎國。其西靡莫《索隱》夷邑名，滇與同姓。之屬《正義》在蜀南以下及西也。靡非在姚州北，去京西南四千九百三十五里，即靡莫之夷。以什數，滇最大；《集解》如淳曰：『滇音顛。顛马出其國也。』《索隱》崔浩云：『後爲縣，越巂太守所理也。』《正義》昆州、郎州等本滇國，

去京西五千三百七十里也。自滇以北君長以什數，邛都最大：此皆魋结，《索隱》魋，《漢書》作『椎』。耕田，有邑聚。其外西自同師以東，《集解》韋昭曰：『邑名也。』《索隱》韋昭云邑名。《漢書》作『桐師』。北至楪榆，《集解》韋昭曰：『在益州。』《索隱》韋昭曰：『益州縣。』《正義》楪澤在靡北百餘里。漢楪榆縣在澤西益都。靡非，本葉榆王屬國也。名爲巂、昆明，《集解》徐廣曰：『永昌有巂唐縣。』《索隱》崔浩云：『二國名。』韋昭云：『巂，益州縣。』《正義》巂音髓。今巂州也。昆明，巂州縣，蓋南接昆明之地，因名也。皆編髮，隨畜遷徙，《正義》皆巂、昆明之俗也。毋常處，毋君長，地方可數千里。自巂以東北，君長以什數，徙、筰都《集解》徐廣曰：『徙在漢嘉。筰音昨，在越巂。』《索隱》服虔云：『二國名。』韋昭云：『徙縣屬蜀。筰縣在越巂。』《正義》：《括地志》云：『筰州本西蜀徼外，曰猫羌巂。《地理志》云徙縣也。《華陽國志》雅州邛郲山本名邛筰山，故邛人、筰人界。』最大；自筰以東北，君長以什數，冉駹最大。《索隱》案：應劭云『汶江郡本冉駹。音亡江反』。《正義》：《括地志》云：『蜀西徼外羌，茂州、冉州本冉駹國地也。《後漢書》云冉駹其山有六夷、七羌、九氐，各有部落也。』其俗或士箸，或移徙，在蜀之西。自冉駹以東北，君長以什數，白馬最大，《索隱》案：夷邑名，即白馬氐。《正義》：《括地志》云：『隴右成州、武州皆白馬氐，其豪族楊氏居成州仇池山上。』皆氐類也。此皆巴蜀西南外蠻夷也。

始楚威王時，使將軍莊蹻《索隱》楚莊王弟，爲盗者。《正義》郎州、昆州即庄蹻所王。將兵循江上，略巴、蜀、黔中以西。莊蹻者，故楚莊王苗裔也。蹻至滇池，地方三百里，《索隐》滇池方三百里。《地理志》益州滇池縣，澤在西北。《後漢書》云：『其池水源深廣，而[末]更淺狹，有似倒流，故謂滇池。』《正義》：《括地志》云：『滇池澤在昆州晋宁縣西南三十里。其水源深廣而[末]更淺狹，有似倒流，故謂滇池。』旁平地，肥饒數千里，以兵威定屬楚。欲歸報，會秦擊奪楚巴、黔中郡，道塞不通，因還，以其衆王滇，變服，從其俗，以長之。秦時常頞略通五尺道，《索隱》謂栈道廣五尺。《正義》：《括地志》云：『五尺道在郎州。顏师古云其處險阸，故道纔廣五尺。如淳云道廣五尺。』諸此國頗置吏焉。十餘歲，秦滅。及漢興，皆棄此國而開蜀故徼。巴蜀民或竊出商賈，取其筰馬、僰僮、《索隱》韋昭云：『僰屬犍爲。』服虔云：『舊京师有僰婢。』《正義》今益州南戎州北臨大山，古僰國。髦牛，以此巴蜀殷富。

《漢書》卷九五《西南夷兩粵朝鮮傳》 （西）[南]夷君長以十數，夜郎最大。其西，靡莫之屬以十數，滇最大。自滇以北，君長以十數，邛都最大。此皆椎結，耕田，有邑聚。其外，西自桐師以東，北至葉榆，名爲巂、昆明，編髮，隨畜移徙，亡常處，亡君長，地方可數千里。自巂以東北，君長以十數，徙、莋都最大。自莋以東北，君長以十數，冉駹最大。其俗，或土著，或移徙。在蜀之西。自駹以東北，君長以十數，白馬最大，皆氐類也。此皆巴、蜀西南外蠻夷也。

始楚威王時，使將軍莊蹻將兵循江上，略巴、黔中以西。莊蹻者，楚莊王苗裔也。蹻至滇池，方三百里，旁平地，肥饒數千里，以兵威定屬楚。欲歸報，會秦擊奪楚巴、黔中郡，道塞不通，因乃，以其衆王滇，變服，從其俗，以長之。秦時嘗破，略通五尺道，諸此國頗置吏焉。十餘歲，秦滅。及漢興，皆棄此國而關故徼。巴蜀民或竊出商賈，取甚莋馬、僰僮、旄牛，以此巴蜀殷富。

《後漢書》卷八六《南蠻西南夷傳》 西南夷者，在蜀郡徼外。有夜郎國，東接交阯，西有滇國，北有邛都國，各立君長。其人皆椎結左衽，邑聚而居，能耕田。其外又有巂、昆明諸落，西極同師，東北至葉榆，地方數千里。無君長，辮髮，隨畜遷徙無常。自巂東北有莋都國，東北有冉駹國，或土著，或隨畜遷徙。自冉駹東北有白馬國，氐種是也。此三國亦有君長。

夜郎者，初有女子浣於遯水，有三節大竹流入足間，聞其中有號聲，剖竹視之，得一男兒，歸而養之。及長，有才武，自立爲夜郎侯，以竹爲姓。武帝元鼎六年，平南夷，爲牂柯郡，夜郎侯迎降，天子賜其王印綬。後遂殺之。夷獠咸以竹王非血氣所生，甚重之，求爲立後。牂柯太守吳霸以聞，天子乃封其三子爲侯。死，配食其父。今夜郎縣有竹王三郎神是也。

初，楚頃襄王時，遣將莊豪從沅水伐夜郎，軍至且蘭，椓船於岸而步戰，既滅夜郎，因留王。滇王者，莊蹻之後也。元封二年，武帝平之以其地爲益州郡，割牂柯越巂各數縣配之。後數年，復幷昆明地，皆以屬之。

漢·荀悅《前漢紀》卷一一 南夷道君長有十數。夜郎最大。其西靡漠之屬以十數。靡漠最大。自靡漠以北。君長以十數。邛都最大。皆椎髻耕田。有邑聚。其外西自桐師以東北至葉榆。名爲越嶲昆明。皆編髮隨畜遷徙。無常居。無君長地方可數千里。自嶲以東北。君長以十數。徙莋都

最大。自莋都以東北。君長以十數。冉駹最大。其俗或土著。或移徙。自冉駹以東北。君長以十數。白馬最大。此皆巴蜀外西南夷也。

初楚威王使將軍莊蹻。循江略巴黔中以西。蹻至靡漠。地方三百里。其旁平地肥饒數千里。既克定之。會秦奪楚巴黔中郡。道塞不通。蹻因以其衆王靡漠。變服從其俗。秦時嘗通五尺之道。於此諸國。頗置長吏。漢興皆棄之。

晉·常璩《華陽國志》卷四《南中志》 寧州，晉泰始六年初置，蜀之南中諸郡，庲降都督治也。南中在昔，蓋夷越之地，滇、濮、句町、夜郎、葉榆、桐師、嶲唐，侯王國以十數，或椎髻耕田，有邑聚，或編髮、[左衽]隨畜遷徙，莫能相雄長。周之季世，楚頃襄王遣將軍莊蹻泝沅水出且蘭以伐夜郎，植牂柯，繫船於是。且蘭既克，夜郎又降，而秦奪楚黔中地，無路得反，遂留王滇池。蹻，楚莊王苗裔也。以牂柯繫船，因名且蘭爲牂柯國。

唐·杜佑《通典》卷一八七《邊防典三·南蠻上·滇》 滇者，漢時在夜郎之西，靡莫之屬，滇最大。靡莫，西南徼外蠻也。始楚頃襄王使將軍莊蹻蹻卽莊王之苗裔。將兵循江上，略巴、黔以西。巴國，今清化、始寧、咸安、符陽、巴川、南賓、南浦是其地也。黔卽黔中。蹻至滇池，方三百里，在今雲南郡。其澤在西北，水源深廣，末更淺狹，如倒流，故曰滇池。旁平地肥饒數千里，池旁之地。以兵威定屬楚。欲歸報，會秦擊奪楚巴、黔中郡，道塞不通，因西，以其衆王滇，變服，從其俗以長之。爲其長帥也。按：《史記》及《漢書》皆云：楚威王時使莊蹻略巴黔以西，至滇池。欲歸，會秦奪楚巴黔中郡，因以其衆王滇。後十餘歲，秦滅之。又按：楚自威王後，懷王立三十年，至頃襄王之二十二年，秦昭襄王遣兵攻楚，取巫、黔中郡也。後漢史則云：頃襄王時，莊豪王滇，豪卽蹻若也。莊蹻自威王時將兵略地，屬秦陷巫、黔中郡，道塞不還，凡經五十二年，豈得如此淹久？或恐史記謬誤，班生因習便書。范曄所記，詳考爲正。又按：莊蹻王滇，後十五年頃襄王卒，考烈王立二十五年，幽王立十年，王負芻立五年而楚滅，後十五年而秦亡，凡七十年，何故云蹻之王滇後十餘歲而秦亡，斯又未之詳也。

至武帝時，滇王有衆數萬人。元封二年，發巴蜀兵臨滇。滇王舉國降，請置吏入朝。於是以爲益州郡，今雲南郡。賜滇王王印，復長其人。武帝割牂牁、越嶲各數縣配之。後數年復并昆明地，皆以屬之。西南夷君長以百數，獨夜郎、滇受王印。滇，小邑也，最寵焉。

《舊唐書》卷四一《地理志四·姚州》 武德四年置，在姚府舊城北百餘步。漢益州郡之雲南縣，古滇王國。楚頃襄王使大將莊蹻泝沅水，出苴蘭，以伐夜郎，屬秦奪楚黔中地，蹻無路能還，遂自王之。

宋·呂祖謙《大事記》卷三 周顯王四十年，秦伐魏，渡河取汾陰皮氏拔焦，楚莊蹻定黔中以西自王於滇。

明·謝肇淛《滇略》卷五 周莊蹻者，楚莊王裔也。威王時爲將軍，將兵循沅江，略巴、黔以西，軍至苴蘭椓船於岸而步戰，遂滅夜郎。至滇池，方三百里，池旁平地肥饒千里，以兵威定屬。楚會秦，司馬錯伐楚取黔中，道絶不通，因王之。西南夷之有楚風自蹻始也，蹻將小卜者戰死於姚，姚人立祠祀之。

論說

清·馬驌《繹史》卷一四三下 故齊之田單，楚之莊蹻，秦之衛鞅，燕之繆蟣，是皆世俗之所謂善用兵者。

清·鄂爾泰等[乾隆]《貴州通志》卷四二《彭而述〈重開諸葛洞碑記〉》 昔莊蹻畧黔地而王滇正以非黔，則入滇無路。今日之役，亦猶行古之道也。後之君子纘而行之，征繕稍暇拓而大之利在百世，其興作費用詳載徐君記中茲不悉。

清·毛奇齡《西河集》卷一 西南之莊蹻復平，則是要綏流蔡山陬海澨，苟在受化，無不延頸歡呼，謳吟唱嘆，矧職叨侍從親聞凱奏而不爲之紀，鴻功誦顯績，非其誼也。

清·田雯《古歡堂集》卷二四《萬行草詩序》 漢司馬相如曾西至滇，授經於盛覽，張叔顧長卿善賦，未嘗賦滇之山川，則知滇黔爲西南荒，徼莊蹻多事其爲鄙？曰不足道自昔然也。

又 卷三八《黔書·創建》 論曰：貴州古荒服地也，東臨荆楚，西接蜀粵，南倚滇雲，亦西南之奧區也。【略】故雖以虞帝之聖，殷宗之賢，必七旬而後格。三年而後克，不甚難乎？莊蹻之略地有同假道，唐蒙之持節，幾屬鑿空，即或璧幣來王要，亦羈縻勿絶而已。

清・鄂爾泰等〔乾隆〕《雲南通志》卷二九《司馬貞〈西南夷傳贊〉》 西南外徼，莊蹻首通，漢因大夏，乃命唐蒙，勞深靡莫，異俗殊風，夜郎最大，邛莋稱雄，及置郡縣，萬代推功。

藝文

明・王士禎《精華録》卷九《得翕庵書》 昔建中丞節，天邊送使車。連朝薊門雪，一紙漢陽書。雲夢征鴻起，沅湘落木疏。夜郎莊蹻路，兵氣近何如？

清・鄂爾泰等〔乾隆〕《雲南通志》卷二九《〔明〕劉寅〈金馬山賦〉》 楚命莊蹻，辟地遠來。自王於滇，顧瞻徘徊，君臣之分少定，天敍之典未諧。

清・田雯《古歡堂集》卷三五《黔陋説》 陋哉，黔也，與滇並稱。自京朝言之，以爲同處萬里之遥耳。以山川疆域考之，均爲楚莊蹻開拓地西南荒徼，蠻髦靡莫之鄉。

雜録

北魏・酈道元《水經注》卷三六《温水注》 豚水東北流，逕談藁縣，東逕牂柯郡且蘭縣，謂之牂柯水。水廣數里，縣臨江上，故且蘭侯國也。一名頭蘭，牂柯郡治也。楚將莊蹻泝沅伐夜郎，椓牂柯繫船，因名且蘭爲牂柯矣。

唐・李吉甫《元和郡縣志》卷三〇《江南道六・辰溪縣》 辰溪縣，本漢辰陵縣，屬武陵郡，後改曰辰陽，以在辰水之陽爲名。《離騷》云『朝發枉渚，夕宿辰陽』，是也。隋平陳，改爲辰溪縣。

五城山在縣東南三百六十二里，武陵記云，楚威王使將軍莊蹻定黔中因山造此城。

唐・樊綽《蠻書》卷六《雲南城鎮第六》 廣德二年，鳳伽異所置也。其地漢舊昆州，故謂昆池。東北有井邑城隍城，西有漢城，土俗相傳云是莊蹻故城。城之東十餘里有穀昌村，漢穀昌王故地也。

宋・李昉等《文苑英華》卷八〇〇《〔唐〕權德輿〈黔州觀察使新廳記〉》 古者諸侯路寢，成則考之。今刺史頒詔條，而都府兼支郡，辯章命令，必有攸處，署者位之表也，一方之所屬目焉。黔中爲楚西南徼道，在漢爲武陵，莊蹻循江以畧地，唐蒙浮船以制越，五溪襟束，爲一都會。

宋・樂史《太平寰宇記》卷一七九《南蠻四・滇國》 頃襄王時，莊豪王滇，豪卽莊蹻也。若莊蹻自威王時將兵略地屬楚。秦陷巫、黔中郡，道塞不通，凡經五十二年，豈得如此淹久？或恐《史記》謬誤，班生因習便書。范曄所記，詳考爲正，又按：莊蹻王滇，後十五歲頃襄王卒，考烈王立二十五年，幽王立十年，負芻立五年而楚滅，後十五年而秦亡，凡七十載，何故云蹻之王滇後十餘歲而秦亡，斯又未之詳也。

宋・羅泌《路史》卷二六 滇王國，今洮州，與夜郎以西蠻，皆云莊蹻後。

宋・王應麟《困學紀聞》卷一二 楚莊王欲伐越，杜子諫曰：『莊蹻爲盗於境内，而吏不能禁，此政之亂也。』蹻，蓋在莊王時。《漢・西南夷傳》：『莊蹻者，楚莊王苗裔也，以其衆王滇。』此又一莊蹻也，名氏與盗同，何哉？

宋・郭允蹈《蜀鑑》卷九 莊王墓，卽莊蹻墓也。是威王遣莊蹻伐夜郎，遂王滇池，滇王其後也。南廣朱提漢屬犍爲郡在今敍州徼外。

元・陶宗儀《説郛》卷六二上 雲南上世無可稽考。按《華陽國志》，楚威王遣莊蹻略地巴黔，伐夜郎，抵牂牁，西至滇池，會秦奪楚黔中地，不得歸，遂留王滇池，雲南通中國自此始。

《元史》卷六一《地理志四》 開南州，下。州在路西南，其川分十二甸，昔樸、和泥二蠻所居也。莊蹻王滇池，漢武開西南夷，諸葛孔明定益州，皆未嘗涉其境。

明・李賢等《大明一統志》卷八六《雲南布政司》 雲南府建置沿革：《禹貢》梁州之界，天文井、鬼分野。周以前爲徼外，西南夷僰、鳩、獠僄、躲毒、獹㖫、烏蠻所居地。楚莊蹻畧地西至滇池，因王其地，號滇國。

明・謝肇淛《滇略》卷一 雲南府，古鄯闡國也，楚莊蹻王其地曰滇國，漢爲益州，爲建寧。

又　卷四　秦滅六國時，莊蹻王滇自若，雖使常頞通道頗置吏焉，然竟未嘗奉秦朔也。故廢貝行泉之令，獨格於滇，至今不改耳。

又　卷五　周莊蹻者，楚莊王裔也，威王時爲將軍，將兵循沅江畧巴黔以西。軍至苴蘭，椓船於岸而步戰，遂滅夜郎。至滇池，方三百里，池旁平地肥饒千里，以兵威定，屬楚。椓秦司馬錯伐楚，取黔中，道絶不通，因王之。西南夷之有楚風，自蹻始也。蹻將小卜者，戰死於姚，姚人立祠祀之。

明・田汝成《炎徼紀聞》卷四《雲南》　楚頃襄王使將軍莊蹻畧巴、黔以西至滇池，可數千里，以兵威定。會秦擊楚大亂，蹻遂以衆王滇。至漢武帝時，滇王請降，置益州郡，而哀牢夷不附。

明・章潢《圖書編》卷五一　松外諸蠻數十百部，自夜郎滇池以西，皆莊蹻之裔，凡數十姓。

明・方以智《通雅》卷二一　兩莊蹻，一莊王時盜；一莊王裔孫，平滇。

明・曹學佺《蜀中廣記》卷三七《邊防記第七》　按：南壽州卽分牂牁所者。或云楚威王時，有莊蹻將甲士二萬人入牂牁，故取莊爲州名。

清・黄宗羲《明文海》卷六九《[明]任翰〈建武城碑〉》　夜郎爲寇中國，僭稱侯王。自莊蹻畧西極以來，軍法所不制，蠻中惟夜郎部最號梟雄。

《明史》卷三一〇《土司傳》　西南諸蠻，有虞氏之苗，商之鬼方，西漢之夜郎、靡莫、邛、莋、僰、爨之屬皆是也。自巴、夔以東及湖、湘、嶺嶠，盤踞數千里，種類殊別。歷代以來，自相君長。原其爲王朝役使，自周武王時孟津大會，而庸、蜀、羌、髳、微、盧、彭、濮諸蠻皆與焉。及楚莊蹻王滇，而秦開五尺道，置吏，沿及漢武，置都尉縣屬，仍令自保，此卽土官、土吏之所始歟。

清・嵇璜等《續文獻通考》卷三《地理・建置》　春秋時楚莊既霸，遂服於楚，爲巫黔中地。楚威王遣將莊蹻從沅水伐夜郎，滅之，遂至滇池。秦昭王二十七年，爲周赧王之三十五年，取楚巫黔中地，置黔中郡。蹻欲歸楚道，不通，遂留王滇，而夜郎仍自立爲侯國。旁邑且蘭之屬君長以十數，獨夜郎最大，西距邛莋，東接交趾。

又　卷三九《序》　黔雖通於莊蹻，鑿於唐蒙，而由隋迄宋，半屬羈縻，官無循卓，士號天荒。

又　卷二四二　雲南卽滇國也，馬端臨考：始於楚頃襄王使莊蹻畧地至滇，終於蜀漢諸葛孔明置雲南郡。今以《明史・雲南土司傳》考之則隋置昆州。

清・鄂爾泰等［乾隆］《貴州通志》卷四六《進貴州通志表》　自莊蹻將兵而道，通沅水，唐蒙奉使而郡置犍爲，旋封夜郎之王，復設牂牁之守。

清・田雯《古歡堂集》卷三九《黔士制義》　黔，三苗鬼方，習格鬬喜兵戎，不可以文章治也。故自莊蹻、唐蒙拓疆通徼以來治黔，不乏名賢，曾未聞有與之稱詩書、崇儒術者。

齊楚垂沙之戰分部

綜　述

《呂氏春秋》卷二五《似順論・處方》　齊令章子將而與韓魏攻荆，荆令唐蔑將而拒之。軍相當，六月而不戰。齊令周最趣章子急戰，其辭甚刻。章子對周最曰：『殺之免之，殘其家，王能得此於臣。不可以戰而戰，可以戰而不戰，王不能得此於臣。』與荆人夾泚水而軍。章子令人視水可絶者，荆人射之，水不可得近。有芻水旁者，告齊候者曰：『水淺深易知。荆人所盛守，盡其淺者也；所簡守，皆其深者也。』候者載芻者，與見章子。章子甚喜，因練卒以夜奄荆人之所盛守，果殺唐蔑。章子可謂知將分矣。

《史記》卷四〇《楚世家》　二十七年，秦大夫有私與楚太子鬬，楚太子殺之而亡歸。二十八年，秦乃與齊、韓、魏共攻楚，殺楚將唐眛，取我重丘而去。二十九年，秦復攻楚，大破楚，楚軍死者二萬，殺我將軍景缺。懷王恐，乃使太子爲質於齊以求平。

論說

《商君書》卷五《弱民第二十》 故明主察法。境内之民無辟淫之心，游處之士迫於戰陣，萬民疾於耕戰；有以知其然也。楚國之民，齊疾而均，速若飄風；宛鉅鐵鉇，利若蜂蠆；脅蛟犀兕，堅若金石。江、漢以爲池，汝、潁以爲限，隱以鄧林，緣以方城。秦師至，鄢郢舉，若振槁。唐蔑死於垂沙，莊蹻發於内，楚分爲五。地非不大也，民非不衆也，甲兵財用非不多也，戰不勝，守不固，此無法之所生也。

《荀子》卷一〇《議兵篇第十五》 楚人鮫革犀兕以爲甲，鞈如金石，宛鉅鐵鉇，慘如蠭蠆，輕利僄遬，卒如飄風，然而兵殆於垂沙，唐蔑死，莊蹻起，楚分而爲三四。是豈無堅甲利兵也哉！其所以統之者非其道故也。

雜録

《戰國策》卷一五《楚策二·四國伐楚章》 四國伐楚，楚令昭睢將以距秦。楚王欲擊秦，昭侯不欲。桓臧爲昭睢謂楚王曰：『睢戰勝，三國惡楚之强也，恐秦之變而聽楚也，必深攻楚以勁秦。秦王怒於戰不勝，必悉起而擊楚，是王與秦相罷，而以利三國也。戰不勝秦，秦進兵而攻。不如益昭睢之兵，令之示秦必戰。秦王惡與楚相弊而令天下，秦可以少割而收害也。秦、楚之合，而燕、趙、魏不敢不聽，三國可定也。』

北魏·酈道元《水經注》卷二九《比水》 比水出比陽東北太胡山，東南流過其縣南，泄水從南來注之。

太胡山在比陽北，如東，三十餘里，廣圓五六十里，張衡賦南都，所謂天封太狐者也。應劭曰：比水出比陽縣，東入蔡。《經》云：泄水從南來注之。然比陽無泄水，蓋誤引壽春之沘泄耳。余以延昌四年，蒙除東荆州刺史，州治比陽縣故城，城南有蔡水，出南磐石山，故亦曰磐石川，西北流注於比，非泄水也。《呂氏春秋》曰：齊令章子與韓、魏攻荆，荆使唐蔑應之，夾比而軍，欲視水之深淺，荆人射之而莫知也。有芻者曰：兵盛則水淺矣。章子夜襲之，斬蔑於是水之上也。

趙滅中山分部

綜述

《史記》卷四三《趙世家》 ［趙武靈王］二十年，王略中山地，至寧葭；《索隱》一作『蔓葭』，縣名，在中山。西略胡地，至榆中。《正義》勝州北河北岸也。林胡王獻馬。歸，使樓緩之秦，仇液之韓，王賁之楚，富丁之魏，趙爵之齊。代相趙固主胡，致其兵。

二十一年，攻中山。趙袑爲右軍，許鈞爲左軍，公子章爲中軍，王并將之。牛翦將車騎，趙希并將胡、代。趙與之陘，《集解》徐廣曰：『一作「陸」，又作「陘」。或宜言「趙與之陘」。陘者山絶之名。常山有井陘，中山有苦陘，上黨有閼與。』《正義》陘，陘山也，在并州陘縣東南十八里。然趙希并將代、趙之兵，與諸軍向井陘之側，共出定州上曲陽縣，合軍攻取丹丘、華陽、鴟上之關。合軍曲陽，《集解》徐廣曰：『上曲陽在常山，下曲陽在鉅鹿。』《正義》：《括地志》云：『上曲陽故城在定州曲陽縣西五里。』按：合軍曲陽，即上曲陽也，以在常山郡也。攻取丹丘、《正義》蓋邢州丹丘縣也。華陽、《集解》徐廣曰：『華，一作「爽」。』《正義》：《括地志》云：『北岳有五别名，一曰蘭臺府，二曰列女宫，三曰華陽臺，四曰紫臺，五曰太一宫。』按：北岳恒山在定州恒陽縣北百四十里。鴟之塞。《集解》徐廣曰：『鴟，一作「鴻」。』《正義》徐廣曰『鴟，一作「鴻」』，鴻上故關今名汝城，在定州唐縣東北六十里，本晉鴻上關城也。又有鴻上水，源出唐縣北葛洪山，接北岳恒山，與鴻上塞皆在定州。然《一本》作『鳴』字，誤也。王軍取鄗、石邑、《集解》徐廣曰：『在常山。』《正義》：《括地志》云：『石邑故城在恒州鹿泉縣南三十五里，六國時舊邑。』封龍、《正義》：《括地志》云：『封龍山一名飛龍山，在恒州鹿泉縣南四十五里。邑因山爲名。』東垣。中山獻四邑和，王許之，罷兵。二十三年，攻中山。二十五年，惠后卒。《索隱》按：謂武靈王之前后，太子章之母，惠文王之嫡母也。惠后卒後，吳娃始當正室，至孝成二年稱『惠文后卒』是也。而下文又云『孟姚卒後，何寵衰，欲並立』，亦誤也。使周袑胡服傅王子何。二十六

年，復攻中山，攘地北至燕、代，西至雲中、九原。【略】

［惠文王］三年，滅中山，遷其王於膚施。《集解》徐廣曰：『在上郡。』《正義》今延州膚施縣也。起靈壽，《集解》徐廣曰：『在常山。』北地方從，代道大通。還歸，行賞，大赦，置酒酺五日，封長子章爲代安陽君。《正義》：《括地志》云：『東安陽故城在朔州定襄縣界。《地志》云東安陽縣屬代郡。』

雜録

《呂氏春秋》卷一六《先識覽・先識》 白圭之中山，中山之王欲留之，白圭固辭，乘輿而去。又之齊，齊王欲留之仕，又辭而去。人問其故，曰：『之二國者皆將亡。所學有五盡。何謂五盡？曰：莫之必則信盡矣；莫之譽則名盡矣；莫之愛則親盡矣；行者無糧、居者無食則財盡矣；不能用人、又不能自用，則功盡矣。國有此五者，無幸必亡。中山、齊皆當此。』若使中山之王與齊王聞五盡而更之，則必不亡矣。其患不聞，雖聞之又不信。然則人主之務，在乎善聽而已矣。夫五割而與趙，悉起而距軍乎濟上，未有益也。是棄其所以存，而造其所以亡也。

又 卷二一《開春論・貴卒》 趙氏攻中山。中山之人多力者曰吾丘鴻。衣鐵甲、操鐵杖以戰，而所擊無不碎，所衝無不陷，以車投車，以人投人也。幾至將所而後死。

《戰國策》卷三三《中山策・主父欲伐中山章》 主父欲伐中山，使李疵觀之。李疵曰：『可伐也。君弗攻，恐後天下。』主父曰：『何以？』對曰：『中山之君，所傾蓋與車而朝窮閭隘巷之士者，七十家。』主父曰：『是賢君也，安可伐？』李疵曰：『不然。舉士，則民務名不存本；朝賢，則耕者惰而戰士懦。若此不亡者，未之有也。』

宋・司馬光《資治通鑑》卷四《周紀四》 （周赧王二十年）趙主父與齊、燕共滅中山，遷其王於膚施。歸，行賞，大赦，置酒，酺五日。

秦韓魏伊闕之戰分部

綜述

《史記》卷五《秦本紀》 （秦昭王）十四年，左更白起攻韓、魏於伊闕，《正義》：《括地志》云：『伊闕在洛州南十九里。《注水經》云「昔大禹疏龍門以通水，兩山相對，望之若闕，伊水歷其間，故謂之伊闕」。』按：今洛南猶謂之龍門也。斬首二十四萬，虜公孫喜，拔五城。

又 卷四四《魏世家》 （昭王）三年，佐韓攻秦，秦將白起敗我軍伊闕二十四萬。

又 卷四五《韓世家》 釐王三年，使公孫喜率周、魏攻秦。秦敗我二十四万，虜喜伊闕。

又 卷七三《白起列傳》 其明年，白起爲左更，攻韓、魏於伊闕，《正義》今洛州南十九里伊闕山，號曰龍門是也。斬首二十四萬，又虜其將公孫喜，拔五城。起遷爲國尉。《正義》言太尉。涉河取韓安邑以東，到乾河。《集解》郭璞曰：『今河東聞喜縣東北有乾河口，因名乾河里，但有故溝處，無復水也。』《索隱》魏以安邑入秦，然安邑以東至乾河皆韓故地，故云取韓安邑。

雜録

《戰國策》卷三三《中山策・昭王既息民繕兵章》 王欲使武安君，武安君稱疾不行。王乃使應侯往見武安君，責之曰：『楚，地方五千里，持戟百萬。君前率數萬之衆入楚，拔鄢、郢，焚其廟，東至竟陵，楚人震恐，東徙而不敢西向。韓、魏相率，興兵甚衆，君所將之不能半之，而與戰之於伊闕，大破二國之軍，流血漂鹵，斬首二十四萬，韓、魏以故至今稱東藩。此君之功，天下莫不聞。』

宋・司馬光《資治通鑑》卷四《周紀四》 （周赧王二十二年）韓公

孫喜、魏人伐秦。穰侯薦左更白起於秦王以代向壽將兵，敗魏師、韓師於伊闕，斬首二十四萬級，虜公孫喜，拔五城。秦王以白起爲國尉。

秦破郢都分部

綜述

《史記》卷五《秦本紀》（秦昭王）二十八年，大良造白起攻楚，取鄢、鄧，《正義》鄢鄧二城並在襄州。赦罪人遷之。二十九年，大良造白起攻楚，取郢爲南郡，《正義》：《括地志》云：『郢城在荆州江陵縣東北六里，楚平王築都之地也。』楚王走。周君來。王與楚王會襄陵。《集解》：《地理志》河東有襄陵縣。《正義》：《括地志》云：『襄陵在晉州臨汾縣東南三十五里。闞駰《十三州志》云襄陵，晉大夫犨邑也。』白起爲武安君。《正義》言能撫養軍士，戰必剋，得百姓安集，故號武安。故城在（潞）［洺］州武安縣西南五十里。七國時趙邑，即趙奢救閼與處也。

又 卷四〇《楚世家》 十九年，秦伐楚，楚軍敗，割上庸、漢北地予秦。《正義》謂割房、金、均三州及漢水之北與秦。二十年，秦將白起拔我西陵。《集解》徐廣曰：『屬江夏。』《正義》：《括地志》云：『西陵故城在黄州黄山西二里。』二十一年，秦將白起遂拔我郢，燒先王墓夷陵。《集解》徐廣曰：『《年表》云拔郢，燒夷陵。』《索隱》夷陵，陵名，後爲縣，屬南郡。《正義》：《括地志》云：『峽州夷陵縣是也。在荆州西。應劭云夷山在西北。』楚襄王兵散，遂不復戰，東北保於陳城。

又 卷七三《白起列傳》 後七年，白起攻楚，拔鄢、鄧五城。《集解》徐廣曰：『昭王二十八年。』《正義》鄢鄧二邑在襄州。其明年，攻楚，拔郢，燒夷陵，《正義》夷陵，今峽州郭下縣。遂東至竟陵。《正義》故城在郢州長壽縣南百五十里，今復州亦是其地也。楚王亡去郢，東走徙陳。秦以郢爲南郡。白起遷爲武安君。武安君因取楚，定巫、黔中郡。

論說

《荀子》卷一〇《議兵篇第十五》 汝、潁以爲險，江、漢以爲池，限之以鄧林，緣之以方城，然而秦師至而鄢、郢舉，若振槁然。是豈無固塞隘阻也哉？其所以統之者非其道故也。

雜録

《戰國策》卷六《秦策四·頃襄王二十年章》 頃襄王二十年，秦白起拔楚西陵，或拔鄢、郢、夷陵，燒先王之墓，王徙東北，保於陳城，楚遂削弱，爲秦所輕。於是白起又將兵來伐。

楚人有黄歇者，遊學博聞，襄王以爲辯，故使於秦，説昭王曰：『天下莫强於秦楚，今聞大王欲伐楚，此猶兩虎相鬭，而駑犬受其弊，不如善楚，臣請言其説。臣聞之：物至而反，冬、夏是也；致至而危，累碁是也。今大國之地半天下，有二垂，此從生民以來，萬乘之地未嘗有也。先帝文王、莊王、王之身，三世而不接地於齊，以絶從親之要。今王三使盛橋守事於韓，成橋以北入燕。是王不用甲，不伸威，而出百里之地，王可謂能矣。王又舉甲兵而攻魏，杜大梁之門，舉河内，拔燕、酸棗、虚、桃人，楚、燕之兵雲翔不敢校，王之功亦多矣。王申息衆二年然後復之，又取蒲、衍、首垣，以臨仁、平兵，小黄、濟陽嬰城，而魏氏服矣。王又割濮、磨之北屬之燕，斷齊、秦之要，絶楚、魏之脊，天下五合、六聚而不敢救也，王之威亦憚矣。王若能持功守威，省攻伐之心而肥仁義之誡，使無復後患，三王不足四，五伯不足六也。

『王若負人徒之衆，材兵甲之强，壹毁魏氏之威，而欲以力臣天下之主，臣恐有後患。《詩》云：「靡不有初，鮮克有終。」《易》曰：「狐濡其尾」，此言始之易，終之難也。何以知其然也？智氏見伐趙之利，而不知榆次之禍也；吴見伐齊之便，而不知干隧之敗也。此二國者非無大功也，設利於前，而易患於後也。吴之信越也，從而伐齊，既勝齊人於艾陵，還爲越王禽於三江之浦；智氏信韓、魏，從而伐趙，攻晉陽之城，

勝有日矣，韓、魏反之，殺智伯瑤於鑿臺之上。今王妬楚之不毁也，而忘毁楚之强魏也，臣爲大王慮而不取。《詩》云「大武遠宅不涉。」從此觀之，楚國，援也，鄰國，敵也。《詩》云：「他人有心，予忖度之。躍躍毚兔，遇犬獲之。」今王中道而信韓、魏之善王也，此正吳信越也。臣聞，敵不可易，時不可失，臣恐韓、魏之卑辭慮患，而實欺大國也。此何也？王既無重世之德於韓、魏，而有累世之怨矣。韓、魏父子兄弟接踵而死於秦者，百世矣，本國殘，社稷壞，宗廟隳，刳腹折頤，首身分離，暴骨草澤，頭顱僵仆，相望於境，父子老弱係虜，相隨於路，鬼神狐祥，無所食，百姓不聊生，族類離散，流亡爲臣妾，滿海內矣。韓、魏之不亡，秦社稷之憂也。今王之攻楚，不亦失乎！是王攻楚之日，則惡出兵？王將藉路於仇讎之韓、魏乎！兵出之日，而王憂其不反也，是王以兵資於仇讎之韓、魏。王若不藉路於仇讎之韓、魏，必攻陽、右壤。隨陽、右壤，此皆廣川大水，山林谿谷不食之地，王雖有之，不爲得地。是王有毁楚之名，無得地之實也。

「且王攻楚之日，四國必應悉起應王。秦、楚之構而不離，魏氏將出兵而攻留、方與、銍、胡陵、碭、蕭、相，故宋必盡。齊人南面，泗北必舉。此皆平原四達，膏腴之地也，而王使之獨攻，王破楚於以肥韓、魏於中國而勁齊，韓、魏之强足以校於秦矣。齊南以泗爲境，東負海，北倚河，而無後患。天下之國，莫强於齊。齊、魏得地葆利，而詳事下吏，一年之後，爲帝若未能，於以禁王之爲帝有餘。夫以王壤土之博，人徒之衆，兵革之强，一舉衆而注地於楚，詘令韓、魏歸帝重於齊，是王失計也。

「臣爲王慮，莫若善楚。秦、楚合而爲一，臨以韓，韓必授首。王襟以山東之險，帶以河曲之利，韓必爲關中之候。若是，王以十成鄭，梁氏寒心，許、鄢陵嬰城，上蔡、召陵不往來也，如此，而魏亦關內候矣。王一善楚，而關內二萬乘之主注地於齊，齊之右壤可拱手而取也。是王之地一任兩海，要絶天下也。是燕、趙無齊、楚，無燕、趙也，然後危動燕、趙，持齊、楚，此四國者，不待痛而服矣。」

燕齊之戰分部

綜　述

《戰國策》卷一三《齊策六・齊負郭之民有孤狐咺者章》　齊負郭之民有孤狐咺者，正議閔王，斮之檀衢，百姓不附；齊孫室子陳舉直言，殺之東閭，宗族離心。司馬穰苴爲政者也，殺之，大臣不親。以故燕舉兵，使昌國君將而擊之。齊使向子將而應之。齊軍破，向子以輿一乘亡。達子收餘卒，復振，與燕戰，求所以償者，閔王不肯與，軍破走。

王奔莒，淖齒數之曰：「夫千乘、博昌之間，方數百里，雨血沾衣，王知之乎？」王曰：「不知。」「嬴、博之間，地坼至泉，王知之乎？」王曰：「不知。」「人有當闕而哭者，求之則不得，去之則聞其聲，王知之乎？」王曰：「不知。」淖齒曰：「天雨血沾衣者，天以告也；地坼至泉者，地以告也；人有當闕而哭者，人以告也。天地人皆以告矣，而王不知戒焉，何得無誅乎？」於是殺閔王於鼓里。

太子乃解衣免服，逃太史之家爲溉園。君王后，太史氏女，知其貴人，善事之。田單以卽墨之城，破亡餘卒，破燕兵，紿騎劫，遂以復齊，遽迎太子於莒，立之以爲王。襄王卽位，君王后以爲后，生齊王建。

又《王孫賈年十五事閔王章》　王孫賈年十五，事閔王。王出走，失王之處。其母曰：「女朝出而晚來，則吾倚門而望；女暮出而不還，則吾倚閭而望。女今事王，王出走，女不知其處，女尚何歸？」

王孫賈乃入市中，曰：「淖齒亂七國，殺閔王，欲與我誅者，袒右！」市人從者四百人，與之誅淖齒，刺而殺之。

又《燕攻齊取七十餘城章》　燕攻齊，取七十餘城，唯莒、卽墨不下。齊田單以卽墨破燕，殺騎劫。

初，燕將攻下聊城，人或讒之。燕將懼誅，遂保守聊城，不敢歸。田單攻之歲餘，士卒多死，而聊城不下。

魯連乃書，約之矢，以射城中，遺燕將曰：『吾聞之，智者不倍時而棄利，勇士不怯死而滅名，忠臣不先身而後君。今公行一朝之忿，不顧燕王之無臣，非忠也；殺身亡聊城，而威不信於齊，非勇也；功廢名滅，後世無稱，非知也。故知者不再計，勇士不怯死。今死生榮辱，尊卑貴賤，此其一時也。願公之詳計而無與俗同也。且楚攻南陽，魏攻平陸，齊無南面之心；以爲亡南陽之害，不若得濟北之利，故定計而堅守之。今秦人下兵，魏不敢東面，横秦之勢合，則楚國之形危。且棄南陽，斷右壤，存濟北，計必爲之。今楚、魏交退，燕救不至，齊無天下之規，與聊城共據，期年之弊，卽臣見公之不能得也。齊必決之於聊城，公無再計。彼燕國大亂，君臣過計，上下迷惑。栗腹以百萬之衆，五折於外，萬乘之國，被圍於趙，壤削主困，爲天下戮，公聞之乎？今燕王方寒心獨立，大臣不足恃，國弊禍多，民心無所歸。今公又以弊聊之民，距全齊之兵，期年不解，是墨翟之守也；食人炊骨，士無反北之心，是孫臏、吳起之兵也。能以見於天下矣！

『故爲公計者，不如罷兵休士，全車甲，歸報燕王，燕王必喜，士民見公，如見父母，交遊攘臂而議於世，功業可明矣。上輔孤主，以制羣臣；下養百姓，以資說士。矯國革俗於天下，功名可立也。意者，亦捐燕棄世，東遊於齊乎？請裂地定封，富比陶、衛，世世稱孤寡，與齊久存，此亦一計也。二者顯名厚實也，願公孰計而審處一也。

『且吾聞，效小節者不能行大威，惡小恥者不能立榮名。昔管仲射桓公中鉤，篡也，遺公子糾而不能死，怯也；束縛桎梏，辱身也。此三行者，鄉里不通也，世主不臣也。使管仲終窮，抑幽囚而不出，慚恥而不見，窮年没壽，不免爲辱人賤行矣。然而管子幷三行之過，據齊國之政，一匡天下，九合諸侯，爲五伯首，名高天下，光照鄰國。曹沫爲魯君將，三戰三北，而喪地千里。使曹子之足不離陳，計不顧後，出必死而不生，則不免爲敗軍禽將。曹子以敗軍禽將，非勇也；功廢名滅，後世無稱，非知也。故去三北之恥，退而與魯君計也，曹子以爲遭。齊桓公有天下，朝諸侯，曹子以一劍之任，劫桓公於壇位之上，顔色不變，而辭氣不悖。三戰之所喪，一朝而反之，天下震動驚駭，威信吳、楚，傳名後世。若此二公者，非不能行小節，死小恥也，以爲殺身絶世，功名不立，非知也。故去忿恚之心，而成終身之名，除感忿之恥，而立累世之功。故業與三王爭流，名與天壤相敝也。公其圖之！』

燕將曰：『敬聞命矣！』因罷兵到讀而去。故解齊國之圍，救百姓之死，仲連之説也。

又《燕攻齊齊破章》 燕攻齊，齊破。閔王奔莒，淖齒殺閔王。田單守卽墨之城，破燕兵，復齊墟。襄王爲太子徵。齊以破燕，田單之立疑，齊國之衆，皆以田單爲自立也。襄王立，田單相之。

過菑水，有老人涉菑而寒，出不能行，坐於沙中。田單見其寒，欲使後車分衣，無可以分者，單解裘而衣之。襄王惡之，曰：『田單之施，將欲以取我國乎？不早圖，恐後之。』左右顧無人，巖下有貫珠者，襄王呼而問之曰：『女聞吾言乎？』對曰：『聞之。』王曰：『女以爲何若？』對曰：『王不如因以爲己善。王嘉單之善，下令曰：「寡人憂民之饑也，單收而食之；寡人憂民之寒也，單解裘而衣之；寡人憂勞百姓，而單亦憂之，稱寡人之意。」單有是善而王嘉之。善單之善，亦王之善已。』王曰：『善。』乃賜單牛酒，嘉其行。

後數日，貫珠者復見王曰：『王至朝日，宜召田單而揖之於庭，口勞之。』乃布令求百姓之饑寒者，收穀之。乃使人聽於閭里。聞丈夫之相與語，舉曰：『田單之愛人，嗟乃王之教澤也！』

又 卷二九《燕策一·燕昭王收破燕後卽位章》 燕昭王收破燕後卽位，卑身厚幣，以招賢者，欲將以報讎。故往見郭隗先生曰：『齊因孤國之亂而襲，破燕，孤極知燕小力少，不足以報。然得賢士與共國，以雪先王之恥，孤之願也。敢問以國報讎者奈何？』

郭隗先生對曰：『帝者與師處，王者與友處，霸者與臣處，亡國與役處。詘指而事之，北面而受學，則百己者至；先趨而後息，先問而後嘿，則什己者至；人趨己趨，則若己者至。馮几據杖，眄視指使，則廝役之人至；若恣睢奮擊，呴籍叱咄，則徒隸之人至矣。此古服道致士之法也。王誠博選國中之賢者，而朝其門下，天下聞王朝其賢者，天下之士必趨於燕矣。』

昭王曰：『寡人將誰朝而可？』郭隗先生曰：『臣聞古之君人，有以千金求千里馬者，三年不能得。涓人言於君曰：「請求之。」君遣之。三

月得千里馬，馬已死。買其首五百金，反以報君。君大怒曰：「所求者生馬，安事死馬而捐五百金？」涓人對曰：「死馬且買之五百金，況生馬乎？天下必以王爲能市馬，馬今至矣。」於是不能期年，千里之馬至者三。今王誠欲致士，先從隗始。隗且見事，況賢於隗者乎？豈遠千里哉？」

於是昭王爲隗築宮而師之。樂毅自魏往，鄒衍自齊往，劇辛自趙往，士爭湊燕。燕王弔死問生，與百姓同其甘苦。二十八年，燕國殷富，士卒樂佚輕戰。於是遂以樂毅爲上將軍，與秦、楚、三晉合謀以伐齊。齊兵敗，閔王出走於外。燕兵獨追北入至臨淄，盡取齊寶，燒其宮室宗廟。齊城之不下者，唯獨莒、即墨。

又 **《齊伐宋宋急章》** 齊伐宋，宋急。蘇代乃遺燕昭王書曰：『夫列在萬乘，而寄質於齊，名卑而權輕。秦齊助之伐宋，民勞而實費；破宋，殘楚淮北，肥大齊，讎强而國弱也。此三者，皆國之大敗也，而足下行之，將欲以除害取信於齊也。而齊未加信於足下，而忌燕也愈甚矣。然則足下之事齊也，失所爲矣。夫民勞而實費，又無尺寸之功，破宋肥讎，而世負其禍矣。足下以宋加淮北，强萬乘之國也，而齊并之，是益一齊也。北夷方七百里，加之以魯、衛，此所謂强萬乘之國也，而齊并之，是益二齊也。夫一齊之强，而燕猶不能支也，今乃以三齊臨燕，其禍拜必大矣。

『雖然，臣聞知者之舉事也，轉禍而爲福，因敗而成功者也。齊人紫敗素也，而賈十倍；越王句踐棲於會稽，而後殘吳霸天下。此皆轉禍而爲福，因敗而爲功者也。今王若欲轉禍而爲福，因敗而爲功乎，則莫如遙伯齊而厚尊之，使使盟於周室，盡焚天下之秦符，約曰：「夫上計破秦，其次長賓之秦。」秦挾賓客以待破，秦王必患之。秦五世以結諸侯，今爲齊下，秦王之志，苟得窮齊，不憚以一國都爲功。然而王何不使布衣之人，以窮齊之說說秦，謂秦王曰：「燕、趙破宋肥齊尊齊而爲之下者，燕、趙非利之也。弗利而勢爲之者，何也？以不信秦王也。今王何不使可以信者接收燕、趙？今涇陽君若高陵君先於燕、趙，秦有變，因以爲質，則燕、趙信秦矣。秦爲西帝，趙爲中帝，燕爲北帝，立爲三帝而以令諸侯。韓、魏不聽，則秦伐之。齊不聽，則燕、趙伐之，天下孰敢不聽？天下服聽，因驅韓、魏以攻齊，曰，必反宋地，而歸楚之淮北。夫反宋地，歸楚之淮北，燕、趙之所同利也；並立三帝，燕、趙之所同願也。夫實得所利，名得所願，則燕、趙之棄齊也，猶釋弊躧。今王之不收燕、趙，則齊伯必成矣。諸侯戴齊，而王獨弗從也，是國伐也；諸侯戴齊，而王從之，是名卑也。王不受燕、趙，名卑而國危；王收燕、趙，名尊而國寧。夫去尊寧而就卑危，知者不爲也。」秦王聞若說也，必如刺心。然，則王何不務使知士以若此言說秦？秦伐齊必矣。夫取秦，上交也；伐齊，正利也。尊上交，務正利，聖王之事也。』

燕昭王善其書，曰：『先人嘗有德蘇氏，子之之亂，而蘇氏去燕。燕欲報仇於齊，非蘇氏莫可。』乃召蘇氏，復善待之。與謀伐齊，竟破齊，閔王出走。

又 **卷三〇《燕策二·蘇代自齊使人謂燕昭王章》** 蘇代自齊使人謂燕昭王曰：『臣聞離齊、趙，齊、趙已孤矣。王何不出兵以攻齊？臣請王弱之。』燕乃伐齊攻晉。

令人謂閔王曰：『燕之攻齊也，欲以復振古埊也。燕兵在晉而不進，則是兵弱而計疑也。王何不令蘇子將而應燕乎？夫以蘇子之賢，將而應弱燕，燕破必矣。燕破則趙不敢不聽，是王破燕而服趙也。』閔王曰：『善。』乃謂蘇子曰：『燕兵在晉，今寡人發兵應之，願子爲寡人爲之將。』對曰：『臣之於兵何足以當之，王其改舉。王使臣也，是敗王之兵，而以臣遺燕也。戰不勝，不可振也。』王曰：『行，寡人知子矣。』

蘇子遂將，而與燕人戰於晉下，齊軍敗。燕得甲首二萬人。蘇子收其餘兵，以守陽城，而報於閔王曰：『王過舉，令臣應燕。今軍敗亡二萬人，臣有斧質之罪，請自歸於吏以戮。』閔王曰：『此寡人之過也，子無以爲罪。』

明日又使燕攻陽城及狸。又使人謂閔王曰：『日者齊不勝於晉下，此非兵之過，齊不幸而燕有天幸也。今燕又攻陽城及狸，是以天幸自爲功也。王復使蘇子應之，蘇子先敗王之兵，其後必務以勝報王矣。』王曰：『善。』乃復使蘇子，蘇子固辭，王不聽。遂將以與燕戰於陽城。燕人大勝，得首三萬。齊君臣不親，百姓離心。燕因使樂毅大起兵伐齊，破之。

又 **《燕昭王且與天下伐齊章》** 燕昭王且與天下伐齊，而有齊人仕

於燕者，昭王召而謂之曰：『寡人且與天下伐齊，旦暮出令矣。子必爭之，爭之而不聽，子因去而之齊。寡人有時復合和也，且以因子而事齊。』當此之時也，燕、齊不兩立，然而常獨欲有復收之之志若此也。

又《昌國君樂毅爲燕昭王合五國之兵而攻齊章》 昌國君樂毅爲燕昭王合五國之兵而攻齊，下七十餘城，盡郡縣之以屬燕。三城未下，而燕昭王死。惠王卽位，用齊人反間，疑樂毅，而使騎劫代之將。樂毅奔趙，趙封以爲望諸君。齊田單欺詐騎劫，卒敗燕軍，復收七十城以復齊。燕王悔，懼趙用樂毅承燕之弊以伐燕。

燕王乃使人讓樂毅，且謝之曰：『先王舉國而委將軍，將軍爲燕破齊，報先王之讎，天下莫不振動，寡人豈敢一日而忘將軍之功哉！會先王棄羣臣，寡人新卽位，左右誤寡人。寡人之使騎劫代將軍者，爲將軍久暴露於外，故召將軍且休計事。將軍過聽，以與寡人有郄，遂捐燕而歸趙。將軍自爲計則可矣，而亦何以報先王之所以遇將軍之意乎？』

望諸君乃使人獻書報燕王曰：『臣不佞，不能奉承先王之教，以順左右之心，恐抵斧質之罪，以傷先王之明，而又害於足下之義，故循逃奔趙。自負以不肖之罪，故不敢爲辭說。今王使使者數之罪，臣恐侍御者之不察先王之所以畜幸臣之理，而又不白於臣之所以事先王之心，故敢以書對。

『臣聞賢聖之君，不以祿私其親，功多者授之；不以官隨其愛，能當之者處之。故察能而授官者，成功之君也；論行而結交者，立名之士也。臣以所學者觀之，先王之舉錯，有高世之新，故假節於魏王，而以身得察於燕。先王過舉，擢之乎賓客之中，而立之乎羣臣之上，不謀於父兄，而使臣爲亞卿。臣自以爲奉令承教，可以幸無罪矣，故受命而不辭。

『先王命之曰：「我有積怨深怒於齊，不量輕弱，而欲以齊爲事。」臣對曰：「夫齊霸國之餘教也，而驟勝之遺事也，閑於兵甲，習於戰攻。王若欲攻之，則必舉天下而圖之。舉天下而圖之，莫徑於結趙矣。且又淮北、宋地，楚、魏之所同願也。趙若許，約楚、魏、宋盡力，四國攻之，齊可大破也。」先王曰：「善。」臣乃口受令，具符節，南使臣於趙。顧反命，起兵隨而攻齊。以天之道，先王之靈，河北之地隨先王舉而有之於濟上。濟上之軍，奉令擊齊，大勝之。輕卒銳兵，長驅至國。齊王逃遁走莒，僅以身免。珠玉財寶，車甲珍器，盡收入燕。大呂陳於元英，故鼎反於歷室，齊器設於寧臺。薊丘之植，植於汶皇。自五伯以來，功未有及先王者也。先王以爲愜其志，以臣爲不頓命，故裂地而封之，使之得比乎小國諸侯。臣不佞，自以爲奉令承教，可以幸無罪矣，故受命而弗辭。

『臣聞賢明之君，功立而不廢，故著於《春秋》；蚤知之士，名成而不毁，故稱於後世。若先王之報怨雪耻，夷萬乘之强國，收八百歲之蓄積，及至棄羣臣之日，餘令詔後嗣之遺義，執政任事之臣，所以能循法令，順庶孽者，施及萌隸，皆可以教於後世。

『臣聞善作者，不必善成，善始者，不必善終。昔者五子胥說聽乎闔閭，故吳王遠迹至於郢；夫差弗是也，賜之鴟夷而浮之江。故吳王夫差不悟先論之可以立功，故沉子胥而不悔，子胥不蚤見主之不同量，故入江而不改。夫免身全功，以明先王之迹者，臣之上計也。離毁辱之非，墮先王之名者，臣之所大恐也。臨不測之罪，以幸爲利者，義之所不敢出也。

『臣聞古之君子，交絶不出惡聲；忠臣之去也，不潔其名。臣雖不佞，數奉教於君子矣。恐侍御者之親左右之説，而不察疏遠之行也。故敢以書報，唯君之留意焉。』

又《客謂燕王章》 客謂燕王曰：『齊南破楚，西屈秦，用韓、魏之兵，燕、趙之衆，猶鞭筴也。使齊北面伐燕，卽雖五燕不能當。王何不陰出使，散遊士，頓齊兵，弊其衆，使世世無患。』燕王曰：『假寡人五年，寡人得其志矣。』蘇子曰：『請假王十年。』燕王説，奉蘇子車五十乘，南使於齊。

謂齊王曰：『齊南破楚，西屈秦，用韓、魏之兵，燕、趙之衆，猶鞭筴也。臣聞當世之舉王，必誅暴正亂，舉無道，攻不義。今宋王射天笞埊，鑄諸侯之象，使侍屏匽，展其臂，彈其鼻，此天下之無道不義，而王不伐，王名終不成。且夫宋，中國膏腴之地，鄰民之所處也，與其得百里於燕，不如得十里於宋。伐之，名則義，實則利，王何爲弗爲？』齊王曰：『善。』遂與兵伐宋，三覆宋，宋遂舉。

燕王聞之，絶交於齊，率天下之兵以伐齊，大戰一，小戰再，頓齊國，成其名。故曰：因其强而强之，乃可折也；因其廣而廣之，乃可缺也。

《史記》卷三四《燕召公世家》　燕昭王於破燕之後卽位，卑身厚幣以招賢者。謂郭隗曰：『齊因孤之國亂而襲破燕，孤極知燕小力少，不足以報。然誠得賢士以共國，以雪先王之耻，孤之願也。先生視可者，得身事之。』郭隗曰：『王必欲致士，先從隗始。況賢於隗者，豈遠千里哉！』於是昭王爲隗改築宮而師事之。樂毅自魏往，鄒衍自齊往，劇辛自趙往，士爭趨燕。燕王弔死問孤，與百姓同甘苦。

二十八年，燕國殷富，士卒樂軼輕戰，於是遂以樂毅爲上將軍，與秦、楚、三晉合謀以伐齊。齊兵敗，湣王出亡於外。燕兵獨追北，入至臨淄，盡取齊寶，燒其宮室宗廟。齊城之不下者，獨唯聊、莒、卽墨，《索隱》按：餘篇及《戰國策》並無『聊』字。其餘皆屬燕，六歲。

昭王三十三年卒，子惠王立。

惠王爲太子時，與樂毅有隙；及卽位，疑毅，使騎劫代將。樂毅亡走趙。齊田單以卽墨擊敗燕軍，騎劫死，燕兵引歸，齊悉復得其故城。湣王死於莒，乃立其子爲襄王。

又　卷四六《田敬仲完世家》　（齊湣王）四十年，燕、秦、楚、三晉合謀，各出銳師以伐，敗我濟西。《集解》徐廣曰：『案其餘諸傳無楚伐齊事。《年表》云楚取淮北。』王解而卻。燕將樂毅遂入臨淄，盡取齊之寶藏器。湣王出亡，之衛。衛君辟宮舍之，稱臣而共具。湣王不遜，衛人侵之。湣王去，走鄒、魯，有驕色，鄒、魯君弗內，遂走莒。楚使淖齒將兵救齊，因相齊湣王。淖齒遂殺湣王而與燕共分齊之侵地鹵器。《正義》鹵掠齊寶器也。

湣王之遇殺，其子法章變名姓爲莒太史敫家庸。太史敫女奇法章狀貌，以爲非恒人，憐而常竊衣食之，而與私通焉。淖齒既以去莒，莒中人及齊亡臣相聚求湣王子，欲立之。法章懼其誅己也，久之，乃敢自言『我湣王子也』。於是莒人共立法章，是爲襄王。以保莒城而布告齊國中：『王已立在莒矣。』

襄王既立，立太史氏女爲王后，是爲君王后，生子建。太史敫曰：『女不取媒因自嫁，非吾種也，汙吾世。』終身不覩君王后。君王后賢，不以不覩故失人子之禮。

襄王在莒五年，田單以卽墨攻破燕軍，迎襄王於莒，入臨菑。齊故地盡復屬齊。齊封田單爲安平君。《正義》安平城在青州臨淄縣東十九里，古紀之酅邑也。

又　卷八〇《樂毅列傳》　當是時，齊湣王彊，南敗楚相唐眛於重丘，《索隱》：《地理志》縣名，屬平原。《正義》在冀州城武縣界。西摧三晉於觀津，《索隱》：《地理志》觀津，縣名，屬信都，漢初屬清河也。《正義》在冀州武邑縣東南二十五里。遂與三晉擊秦，助趙滅中山，破宋，廣地千餘里。與秦昭王爭重爲帝，已而復歸之。諸侯皆欲背秦而服於齊。湣王自矜，百姓弗堪。於是燕昭王問伐齊之事。樂毅對曰：『齊，霸國之餘業也，地大人衆，未易獨攻也。王必欲伐之，莫如與趙及楚、魏。』於是使樂毅約趙惠文王，別使連楚、魏，令趙嚪説秦《集解》徐廣曰：『嚪，進説之意。』《索隱》嚪字與『啗』字同也。以伐齊之利。諸侯害齊湣王之驕暴，皆爭合從與燕伐齊。樂毅還報，燕昭王悉起兵，使樂毅爲上將軍，趙惠文王以相國印授樂毅。樂毅於是并護《索隱》護謂總領之也。趙、楚、韓、魏、燕之兵以伐齊，破之濟西。諸侯兵罷歸，而燕軍樂毅獨追，至於臨菑。齊湣王之敗濟西，亡走，保於莒。樂毅獨留徇齊，齊皆城守。樂毅攻入臨菑，盡取齊寶財物祭器輸之燕。燕昭王大説，親至濟上勞軍，行賞饗士，封樂毅於昌國，《集解》徐廣曰：『屬齊。』《索隱》：《地理志》縣名，屬齊郡。《正義》故昌城在淄州淄川縣東北四十里也。號爲昌國君。於是燕昭王收齊鹵獲以歸，而使樂毅復以兵平齊城之不下者。

樂毅留徇齊五歲，下齊七十餘城，皆爲郡縣以屬燕，唯獨莒、卽墨未服。《正義》卽墨今萊州。會燕昭王死，子立爲燕惠王。惠王自爲太子時嘗不快於樂毅，及卽位，齊之田單聞之，乃縱反閒於燕，曰：『齊城不下者兩城耳。然所以不早拔者，聞樂毅與燕新王有隙，欲連兵且留齊，南面而王齊。齊之所患，唯恐他將之來。』於是燕惠王固已疑樂毅，得齊反閒，乃使騎劫《索隱》燕將姓名也。代將，而召樂毅。樂毅知燕惠王之不善代之，畏誅，遂西降趙。趙封樂毅於觀津，號曰望諸君。《索隱》望諸，澤名，在齊。蓋趙有之，故號焉。《戰國策》『望』作『藍』也。尊寵樂毅以警動於燕、齊。

齊田單後與騎劫戰，果設詐誑燕軍，遂破騎劫於卽墨下，而轉戰逐燕，北至河上，《正義》滄德二州之北河。盡復得齊城，而迎襄王於莒，入於臨菑。【略】

於是燕王復以樂毅子樂閒《索隱》樂毅之子也。爲昌國君；而樂毅往

來復通燕，燕、趙以爲客卿。樂毅卒於趙。《集解》張華曰：『望諸君冢在邯鄲西數里。』

又　卷八二《田單列傳》　田單者，齊諸田疏屬也。湣王時，單爲臨菑市掾，不見知。及燕使樂毅伐破齊，齊湣王出奔，已而保莒城。燕師長驅平齊，而田單走安平，《集解》徐廣曰：『今之東安平也，在青州臨菑縣東十九里。古紀之酅邑，齊改爲安平，秦滅齊，改爲東安平縣，屬齊郡，以定州有安平，故加「東」字。』《索隱》按：《地理志》東安平屬淄川國也。令其宗人盡斷其車軸末《索隱》斷其軸，恐長相撥也。以鐵裹軸頭，堅而易進也。而傅鐵籠。《索隱》按：截其軸與轂齊，以鐵鍱附軸末，施轄於鐵中以制轂也。又《方言》曰『車轊，齊謂之籠』。郭璞云『車軸也』。已而燕軍攻安平，城壞，齊人走，爭塗，以轊折車敗，《集解》徐廣曰：『轊，車軸頭也。』爲燕所虜，唯田單宗人以鐵籠故得脫，東保即墨。燕既盡降齊城，唯獨莒、即墨不下。燕軍聞齊王在莒，并兵攻之。淖齒《集解》徐廣曰：『多作「悼齒」也。』既殺湣王於莒，因堅守，距燕軍，數年不下。燕引兵東圍即墨，即墨大夫出與戰，敗死。城中相與推田單，曰：『安平之戰，田單宗人以鐵籠得全，習兵。』立以爲將軍，以即墨距燕。

頃之，燕昭王卒，惠王立，與樂毅有隙。田單聞之，乃縱反間於燕，宣言曰：『齊王已死，城之不拔者二耳。樂毅畏誅而不敢歸，以伐齊爲名，實欲連兵南面而王齊。齊人未附，故且緩攻即墨以待其事。齊人所懼，唯恐他將之來，即墨殘矣。』燕王以爲然，使騎劫代樂毅。

樂毅因歸趙，燕人士卒忿。而田單乃令城中人食必祭其先祖於庭，飛鳥悉翔舞城中下食。燕人怪之。田單因宣言曰：『神來下教我。』乃令城中人曰：『當有神人爲我師。』有一卒曰：『臣可以爲師乎？』因反走。田單乃起，引還，東鄉坐，師事之。卒曰：『臣欺君，誠無能也。』田單曰：『子勿言也！』因師之。每出約束，必稱神師。乃宣言曰：『吾唯懼燕軍之劓所得齊卒，置之前行，與我戰，即墨敗矣。』燕人聞之，如其言。城中人見齊諸降者盡劓，皆怒，堅守，唯恐見得。單又縱反間曰：『吾懼燕人掘吾城外冢墓，僇先人，可爲寒心。』燕軍盡掘壟墓，燒死人。即墨人從城上望見，皆涕泣，俱欲出戰，怒自十倍。

田單知士卒之可用，乃身操版插，《正義》古之軍行，常負版插也。與士卒分功，妻妾編於行伍之間，盡散飲食饗士。令甲卒皆伏，使老弱女子乘城，遣使約降於燕，燕軍皆呼萬歲。田單又收民金，得千溢，令即墨富豪遺燕將，曰：『即墨即降，願無虜掠吾族家妻妾，令安堵。』燕將大喜，許之。燕軍由此益懈。

田單乃收城中得千餘牛，爲絳繒衣，畫以五彩龍文，束兵刃於其角，而灌脂束葦於尾，燒其端。鑿城數十穴，夜縱牛，壯士五千人隨其後。牛尾熱，怒而奔燕軍，燕軍夜大驚。牛尾炬火光明炫燿，燕軍視之皆龍文，所觸盡死傷。五千人因銜枚擊之，而城中鼓譟從之，老弱皆擊銅器爲聲，聲動天地。燕軍大駭，敗走。齊人遂夷殺其將騎劫。燕軍擾亂奔走，齊人追亡逐北，所過城邑皆畔燕而歸田單，兵日益多，乘勝，燕日敗亡，卒至河上，《索隱》河上即齊之北界，近河東，齊之舊地。而齊七十餘城皆復爲齊。乃迎襄王於莒，入臨菑而聽政。

襄王封田單，號曰安平君。《索隱》以單初起安平，故以爲號。

論　說

《荀子》卷七《王霸第十一》　挈國以呼功利，不務張其義，齊其信，唯利之求，內則不憚詐其民而求小利焉；外則不憚詐其與而求大利焉，內不修正其所以有，然常欲人之有。如是，則臣下百姓莫不以詐心待其上矣。上詐其下，下詐其上，則是上下析也。如是，則敵國輕之，與國疑之，權謀日行，而國不免危削，綦之而亡，齊閔、薛公是也。故用强齊，非以修禮義也，非以本政教也，非以一天下也，綿綿常以結引馳外爲務。故强，南足以破楚，西足以詘秦，北足以敗燕，中足以舉宋。及以燕、趙起而攻之，若振槁然，而身死國亡，爲天下大戮，後世言惡，則必稽焉。是無它故焉，唯其不由禮義而由權謀也。

三者，明主之所以謹擇也，而仁人之所以務白也。善擇者制人，不善擇者人制之。

《史記》卷八二《田單列傳》　太史公曰：兵以正合，以奇勝。《集解》魏武帝曰：『先出合戰为正，後出爲奇也。正者當敵，奇兵擊不備。』《索隱》按：奇謂權詐也。注引魏武，蓋亦軍令也。善之者，《索隱》兵不厭詐，故云『善

之』。出奇無窮。《索隱》謂權變多也。奇正還相生，《正義》猶當合也。言正兵當陣，張左右翼掩其不備，則奇正合敗敵也。如環之無端。《索隱》言用兵之術，或用正法，或用奇計，使前敵不可測量，如尋環中不知端際也。夫始如處女，《索隱》言兵之始，如處女之软弱也。適人開户；《集解》徐廣曰：『適音敵。』《索隱》適音敵。若我如處女之弱，則敌人輕侮，開户不爲備也。《正義》敵人謂燕軍也。言燕軍被田單反間，易將及劓卒燒壟墓，而令齊卒甚怒，是敵人为單開門户也。後如脱兔，適不及距：《集解》魏武帝曰：『如女示弱，脱兔往疾也。』《索隱》言克敵之後，卷甲而趨，如兔之得脱而走疾也。敵不及距者，若脱兔忽過，而敵忘其所距也。其田單之謂邪！

初，淖齒之杀湣王也，莒人求湣王子法章，得之太史嬓之家，爲人灌園。嬓女憐而善遇之。後法章私以情告女，女遂與通。及莒人共立法章爲齊王，以莒距燕，而太史氏女遂爲后，所謂『君王后』也。

燕之初入齊，聞畫邑人王蠋贤，《集解》劉熙曰：『齊西南近邑。』《索隱》劉熙云：『齊西南近邑。』《正義》：《括地志》云：『戟里城在臨淄西北三十里，春秋时棘邑，又云澅邑。』蠋所居卽此邑，因澅水爲名也。令軍中曰『環畫邑三十里无入』，以王蠋之故。已而使人謂蠋曰：『齊人多高子之義，吾以子爲將，封子萬家。』蠋固謝。燕人曰：『子不聽，吾引三軍而屠畫邑。』王蠋曰：『忠臣不事二君，貞女不更二夫。齊王不聽吾諫，故退而耕於野。國既破亡，吾不能存；今又劫之以兵爲君將，是助桀爲暴也。与其生而无義，固不如烹！』遂經其頸《索隱》按：經猶繫也。於樹枝，自奮絶脰而死。《索隱》何休云：『脰，頸，齊語也。』齊亡大夫聞之，曰：『王蠋，布衣也，義不北面於燕，況在位食祿者乎！』乃相聚如莒，求諸子，立爲襄王。

《索隱》述贊曰：軍法以正，實尚奇兵。斷軸自免，反閒先行。羣鳥或衆，五牛揚旌。卒破騎劫，皆復齊城。襄王嗣位，乃封安平。

漢·王符《潛夫論》卷五《救邊第二十二》 昔樂毅以慱慱之小燕，破滅强齊，威震天下，真可謂良將矣。然卽墨大夫以孤城獨守，六年不下，竟完其民。田單帥窮卒五千，擊走騎劫，復齊七十餘城，可謂善用兵矣。圍聊、莒連年，終不能拔。此皆以至彊攻至弱，以上智圖下愚，而猶不能克者何也？曰：攻常不足，而守恒有餘也。前日諸郡，皆據列城而擁大衆。羌虜之智，非乃樂毅、田單也；郡縣之阨，未若聊、莒、卽墨也。然皆不肯專心堅守，而反彊驅劫其民，捐棄倉庫，背城邑走。由此觀之，非苦城乏粮也，但苦將不食爾。

漢·徐幹《中論·慎所從第十七》 夫言或似是而非實，或似美而敗事，或似順而違道，此三者非至明之君不能察也。燕昭王使樂毅伐齊，取七十餘城，莒與卽墨未拔。昭王卒，惠王爲太子時與毅不平，卽墨守者田單縱反間於燕，使宣言曰：『王已死。城之不拔者二耳。樂毅與新王有隙，懼誅而不敢歸。外以伐齊爲名，實欲因齊人未附故且緩卽墨以待其事。齊人所懼，惟恐他將之來，卽墨殘矣。』惠王以爲然，使騎劫代之，大爲田單所破。此則似是而非實者也。

藝文

漢·劉安《淮南子》卷一三《氾論訓》 今謂彊者勝則度地計衆，富者利則量粟稱金。若此則千乘之君無不霸王者，而萬乘之國無不破亡者矣。存亡之迹，若此其易知也，愚夫惷婦，皆能論之。趙襄子以晉陽之城霸，智伯以三晉之地禽，湣王以大齊亡，田單以卽墨有功。故國之亡也，雖大不足恃；道之行也，雖小不可輕。由此觀之，存在得道而不在於大也；亡在失道而不在於小也。

宋·王安石《臨川先生文集》卷九《田單》 湣王萬乘齊，走死區區燕。田單一卽墨，掃敵如風旋。舞鳥怙不測，騰牛怒無前。飄飄樂毅去，磊砢功名傳。掘葬與劓降，論乃愧儒先。深誠可奮士，王蠋豈非賢。

宋·洪适《盤洲文集》卷一《田單》 齊主輕忘在莒時，解裘淄水遽相疑。若無貂勃明勳業，幾使功臣枉見夷。

明·貝瓊《清江貝先生詩集》卷二《送盛孔昭赴淄川丞二首之一》 天寒北風利，有客赴臨淄。臨淄古大國，山川何逶迤。小白相夷吾，尊周攘四夷。田單守卽墨，一日走燕師。二子不復見，名今千載垂。爲我弔精魄，伯功未可卑。

雜録

宋・司馬光《資治通鑑》卷四《周紀四》　（周赧王三十年）齊湣王既滅宋而驕，乃南侵楚，西侵三晉，欲并二周，爲天子。狐咺正議，斮之檀衢，陳舉直言，殺之東閭。燕昭王日夜撫循其人，益以富實，乃與樂毅謀伐齊。樂毅曰：『齊，霸國之餘業也。地大人衆，未易獨攻也。王必欲伐之。莫如約趙及楚、魏。』於是使樂毅約趙，別使使者連楚、魏，且令趙嚪秦以伐齊之利。諸侯害齊王之驕暴，皆爭合謀與燕伐齊。

（周赧王三十一年）燕王悉起兵，以樂毅爲上將軍。秦尉斯離帥師與三晉之師會之。趙王以相國印授樂毅，樂毅并將秦、魏、韓、趙之兵以伐齊。齊湣王悉國中之衆以拒之，戰於濟西，齊師大敗。樂毅還秦、韓之師，分魏師以略宋地，部趙師以收河間，身率燕師，長驅逐北。劇辛曰：『齊大而燕小，賴諸侯之助以破其軍，宜及時攻取其邊城以自益，此長久之利也。今過而不攻，以深入爲名，無損於齊，無益於燕而結深怨，後必悔之。』樂毅曰：『齊王伐功矜能，謀不逮下，廢黜賢良，信任諂諛，政令戾虐，百姓怨懟。今軍皆破亡，若因而乘之，其民必叛，禍亂内作，則齊可圖也。若不遂乘之，待彼悔前之非，改過恤下而撫其民，則難慮也。』遂進軍深入。齊人果大亂失度，湣王出走。樂毅入臨淄，取寶物、祭器，輸之於燕。燕王親至濟上勞軍，行賞饗士，封樂毅爲昌國君，遂使留徇齊城之未下者。

齊王出亡之衛，衛君辟宫舍之，稱臣而共具。齊王不遜，衛人侵之。齊王去奔鄒、魯，有驕色，鄒、魯弗内，遂走莒。楚使淖齒將兵救齊，因爲齊相。淖齒欲與燕分齊地，乃執湣王而數之曰：『千乘、博昌之間，方數百里，雨血沾衣，王知之乎？』曰：『知之。』『嬴、博之間，地坼及泉，王知之乎？』曰：『知之。』『有人當闕而哭者，求之不得，去則聞其聲，王知之乎？』曰：『知之。』淖齒曰：『天雨血沾衣者，天以告也；地坼及泉者，地以告也；有人當闕而哭者，人以告也。天、地、人皆告矣，而王不知誡焉，何得無誅！』遂弑王於鼓里。

樂毅聞晝邑人王蠋賢，令軍中環晝邑三十里無入。使人請蠋，蠋謝不往。燕人曰：『不來，吾且屠晝邑！』蠋曰：『忠臣不事二君，烈女不更二夫。國破君亡，吾不能存，而又欲劫之以兵，吾與其不義而生，不若死！』遂經其頸於樹枝，自奮絶脰而死。燕師乘勝長驅，齊城皆望風奔潰。樂毅修整燕軍，禁止侵掠，求齊之逸民，顯而禮之。寬其賦斂，除其暴令，修其舊政，齊民喜悦。乃遣左軍渡膠東、東萊；前軍循太山以東至海，略琅邪；右軍循河、濟，屯阿、鄄以連魏師；後軍旁北海以撫千乘；中軍據臨淄而鎮齊都。祀桓公、管仲於郊，表賢者之閭，封王蠋之墓。齊人食邑於燕者二十餘君，有爵位於薊者百有餘人。六月之間，下齊七十餘城，皆爲郡縣。秦王、魏王、韓王會於京師。

（周赧王三十二年）秦、趙會於穰。秦拔魏安城，兵至大梁而還。

齊淖齒之亂，湣王子法章變名姓爲莒太史敫家傭。太史敫女奇法章狀貌，以爲非常人，憐而常竊衣食之，因與私通。王孫賈從湣王，失王之處，其母曰：『汝朝出而晚來，則吾倚門而望；汝暮出而不還，則吾倚閭而望。汝今事王，王走，汝不知其處，汝尚何歸焉！』王孫賈乃入市中呼曰：『淖齒亂齊國，殺湣王。欲與我誅之者袒右！』市人從者四百人，與攻淖齒，殺之。於是齊亡臣相與求湣王子，欲立之。法章懼其誅己，久之乃敢自言，遂立以爲齊王，保莒城以拒燕，布告國中曰：『王已立在莒矣！』【略】

（赧王三十六年）初，燕人攻安平，臨淄市掾田單在安平，使其宗人皆以鐵籠傅車轊。及城潰，人爭門而出，皆以轊折車敗，爲燕所擒；獨田單宗人以鐵籠得免，遂奔即墨。是時齊地皆屬燕，獨莒、即墨未下，樂毅乃并右軍、前軍以圍莒，左軍、後軍圍即墨。即墨大夫出戰而死。即墨人曰：『安平之戰，田單宗人以鐵籠得全，是多智習兵。』因共立以爲將以拒燕。樂毅圍二邑，期年不剋，乃令解圍，各去城九里而爲壘，令曰：『城中民出者勿獲，困者賑之，使即舊業，以鎮新民。』三年而猶未下。或讒之於燕昭王曰：『樂毅智謀過人，伐齊，呼吸之間剋七十餘城。今不下者兩城耳，非其力不能拔，所以三年不攻者，欲久仗兵威以服齊人，南面而王耳。今齊人已服，所以未發者，以其妻子在燕故也。且齊多美女，又將忘其妻子。願王圖之！』昭王於是置酒大會，引言者而讓之曰：『先王舉國以禮賢者，非貪土地以遺子孫也。遭所傳德薄，不能堪命，國人不

順。齊爲無道，乘孤國之亂以害先王。寡人統位，痛之入骨，故廣延羣臣，外招賓客，以求報讎。其有成功者，尚欲與之同共燕國。今樂君親爲寡人破齊，夷其宗廟，報塞先仇，齊國固樂君所有，非燕之所得也。樂君若能有齊，與燕並爲列國，結歡同好，以抗諸侯之難，燕國之福，寡人之願也。汝何敢言若此！」乃斬之。賜樂毅妻以后服，賜其子以公子之服；軺車乘馬，後屬百兩，遣國相奉而致之樂毅，立樂毅爲齊王。樂毅惶恐不受，拜書，以死自誓。由是齊人服其義，諸侯畏其信，莫敢復有謀者。

頃之，昭王薨，惠王立。惠王自爲太子時，嘗不快於樂毅。田單聞之，乃縱反間於燕，宣言曰：『齊王已死，城之不拔者二耳。樂毅與燕新王有隙，畏誅而不敢歸，以伐齊爲名，實欲連兵南面王齊。齊人未附，故且緩攻卽墨以待其事。齊人所懼，唯恐他將之來，卽墨殘矣。』燕王固已疑樂毅，得齊反間，乃使騎劫代將而召樂毅。樂毅知王不善代之，遂奔趙。燕將士由是憤惋不和。

田單令城中人，食必祭其先祖於庭，飛鳥皆翔舞而下城中。燕人怪之，田單因宣言曰：『當有神師下教我。』有一卒曰：『臣可以爲師乎？』因反走。田單起引還，坐東鄉，師事之。卒曰：『臣欺君。』田單曰：『子勿言也。』因師之，每出約束，必稱神師。乃宣言曰：『吾唯懼燕軍之劓所得齊卒，置之前行，卽墨敗矣！』燕人聞之，如其言。城中見降者盡劓，皆怒，堅守，唯恐見得。單又縱反間，言：『吾懼燕人掘吾城外冢墓，可爲寒心！』燕軍盡掘冢墓，燒死人。齊人從城上望見，皆涕泣，共欲出戰，怒自十倍。田單知士卒之可用，乃身操版、鍤，與士卒分功；妻妾編於行伍之間；盡散飲食饗士。令甲卒皆伏，使老、弱、女子乘城，遣使約降於燕，燕軍皆呼萬歲。田單又收民金得千鎰，令卽墨富豪遺燕將，曰：『卽降，願無虜掠吾族家。』燕將大喜，許之。燕軍益懈。田單乃收城中，得牛千餘，爲絳繒衣，畫以五采龍文，束兵刃於其角，而灌脂束葦於其尾，燒其端，鑿城數十穴，夜縱牛，壯士五千隨其後。牛尾熱，怒而奔燕軍。燕軍大驚，視牛皆龍文，所觸盡死傷。而城中鼓譟從之，老弱皆擊銅器爲聲，聲動天地。燕軍大駭，敗走。齊人殺騎劫，追亡逐北，所過城邑皆叛燕，復爲齊。田單兵日益多，乘勝，燕日敗亡，走至河上，而齊七十餘城皆復焉。乃迎襄王於莒。入臨淄，封田單爲安平君。

齊王以太史敫之女爲后，生太子建。太史敫曰：『女不取媒，因自嫁，非吾種也，汙吾世！』終身不見君王后，君王后亦不以不見故失人子之禮。

趙王封樂毅於觀津，尊寵之，以警動於燕、齊。燕惠王乃使人讓樂毅，且謝之曰：『將軍過聽，以與寡人有隙，遂捐燕歸趙。將軍自爲計則可矣，而亦何以報先王之所以遇將軍之意乎？』樂毅報書曰：『昔伍子胥說聽於闔閭而吳遠迹至郢；夫差弗是也，賜之鴟夷而浮之江。吳王不寤先論之可以立功，故沈子胥而不悔；子胥不蚤見主之不同量，是以至於入江而不化。夫免身立功以明先王之迹，臣之上計也。離毀辱之誹謗，墮先王之名，臣之所大恐也。臨不測之罪，以幸爲利，義之所不敢出也。臣聞古之君子，交絕不出惡聲；忠臣去國，不潔其名。臣雖不佞，數奉教於君子矣。唯君王之留意焉！』於是燕王復以樂毅子閒爲昌國君，而樂毅往來復通燕，卒於趙，號曰望諸君。

田單相齊，過淄水，有老人涉淄而寒，出水不能行。田單解其裘而衣之。襄王惡之，曰：『田單之施於人，將以取我國乎？不早圖，恐後之變也。』左右顧無人，巖下有貫珠者，襄王呼而問之曰：『汝聞吾言乎？』對曰：『聞之。』王曰：『汝以爲何如？』對曰：『王不如因以爲己善。王嘉單之善，下令曰：「寡人憂民之飢也，單收而食之；寡人憂民之寒也，單解裘而衣之；寡人憂勞百姓，而單亦憂，稱寡人之意。」單有是善而王嘉之，單之善亦王之善也。』王曰：『善。』乃賜單牛酒。後數日，貫珠者復見王曰：『王朝日宜召田單而揖之於庭，口勞之。乃布令求百姓之飢寒者，收穀之。』乃使人聽於閭里，聞大夫之相與語者曰：『田單之愛人，嗟，乃王之教也！』

田單任貂勃於王。王有所幸臣九人，欲傷安平君，相與語於王曰：『燕之伐齊之時，楚王使將軍將萬人而佐齊。今國已定而社稷已安矣，何不使使者謝於楚王？』王曰：『左右孰可？』九人之屬曰：『貂勃可。』貂勃使楚，楚王受而觴之，數月不反。九人之屬相與語曰：『夫一人之身而牽留萬乘者，豈不以據勢也哉！且安平君之與王也，君臣無異而上下無別。且其志欲爲不善，內撫百姓，外懷戎翟，禮天下之賢士，其志欲有爲，願王察之！』異日，王曰：『召相單而來！』田單免冠、徒跣、肉袒

而進，退而請死罪，五日而王曰：『子無罪於寡人。子爲子之臣禮，吾爲吾之王禮而已矣。』貂勃從楚來，王賜之酒。酒酣，王曰：『召相單而來！』貂勃避席稽首曰：『王上者孰與周文王？』王曰：『吾不若也。』貂勃曰：『然，臣固知王不若也。下者孰與齊桓公？』王曰：『吾不若也。』貂勃曰：『然，臣固知王不若也。然則周文王得呂尚以爲太公，齊桓公得管夷吾以爲仲父，今王得安平君而獨曰「單」，安得此亡國之言乎！且自天地之闢，民人之始，爲人臣之功者，誰有厚於安平君者哉？王不能守王之社稷，燕人興師而襲齊，王走而之城陽之山中，安平君以惴惴即墨三里之城，五里之郭，敝卒七千人，禽其司馬而反千里之齊，安平君之功也。當是之時，舍城陽而自王，天下莫之能止。然而計之於道，歸之於義，以爲不可，故棧道木閣而迎王與后於城陽山中，王乃得反，子臨百姓。今國已定，民已安矣，王乃曰「單」，嬰兒之計不爲此也。王亟殺此九子者以謝安平君，不然，國其危矣！』乃殺九子而逐其家，益封安平君以夜邑萬户。

秦魏華陽之戰分部

綜述

《史記》卷五《秦本紀》（秦昭王）三十三年，客卿胡（傷）［陽］攻魏卷、《集解》：《地理志》河南有卷縣。《括地志》云：『故卷城在鄭州原武縣西北七里，即衡雍也。』蔡陽、長社，取之。《集解》：《地理志》潁川有長社縣。《正義》：《括地志》云：『蔡陽，今豫州上蔡水之陽，古城在豫州北七十里。長社故城在許州長社縣西一里。皆魏邑也。』擊芒卯華陽，破之，《集解》司馬彪曰：『華陽，亭名，在密縣。』《索隱》芒卯，魏將。譙周云孟卯也。《正義》：《括地志》云：『故華城在鄭州管城縣南三十里。《國語》云史伯對鄭桓公，虢、鄶十邑，華其一也。華陽即此城也。』按：是時韓、趙聚兵於華陽攻秦，即此矣。斬首十五萬。魏入南陽以和。《集解》徐廣曰：『河內修武，古曰南陽，秦始皇更名河內，屬魏地。荆州之南陽郡，本屬韓地。』《正義》：《括地志》云：『懷獲嘉縣即古之南陽。杜預云在晉州山南河北，故曰南陽。秦破芒卯軍，斬首十五萬，魏入南陽以和。』

又 卷四四《魏世家》（魏安釐王）四年，秦破我及韓、趙，殺十五萬人，走我將芒卯。魏將段干子請予秦南陽《集解》徐廣曰：『在脩武。』以和。蘇代謂魏王曰：『欲璽者段干子也，欲地者秦也。今王使欲地者制璽，使欲璽者制地，魏氏地不盡則不知已。且夫以地事秦，譬猶抱薪救火，薪不盡，火不滅。』王曰：『是則然也。雖然，事始已行，不可更矣。』對曰：『王獨不見夫博之所以貴梟者，便則食，不便則止矣。今王曰「事始已行，不可更」，是何王之用智不如用梟也？』《正義》博頭有刻爲梟鳥形者，擲得梟者合食其子，若不便則爲餘行也。

又 卷七三《白起列傳》 昭王三十四年，白起攻魏，拔華陽，走芒卯，而虜三晉將，斬首十三萬。與趙將賈偃戰，沈其卒二萬人於河中。

雜録

宋・司馬光《資治通鑑》卷四《周紀四》（周赧王四十二年）趙人、魏人伐韓華陽。韓人告急於秦，秦王弗救。韓相國謂陳筮曰：『事急矣！願公雖病，爲一宿之行。』陳筮如秦，見穰侯。穰侯曰：『事急乎？故使公來。』陳筮曰：『未急也。』穰侯怒曰：『何也？』陳筮曰：『彼韓急則將變而他從；以未急，故復來耳。』穰侯曰：『請發兵矣。』乃與武安君及客卿胡陽救韓，八日而至，敗魏軍於華陽之下，走芒卯，虜三將，斬首十三萬。武安君又與趙將賈偃戰，沈其卒二萬人於河。魏段干子請割南陽予秦以和。蘇代謂魏王曰：『欲璽者，段干子也；欲地者，秦也。今王使欲地者制璽，欲璽者制地，魏地盡矣！夫以地事秦，猶抱薪救火，薪不盡，火不滅。』王曰：『是則然也。雖然，事始已行，不可更矣！』對曰：『夫博之所以貴梟者，便則食，不便則止。今何王之用智不如用梟也？』魏王不聽，卒以南陽爲和，實修武。

秦趙閼與之戰分部

綜述

《戰國策》卷二〇《趙策三·秦攻趙藺離石祁拔章》 秦攻趙，藺、離石、祁拔。趙以公子部爲質於秦，而請內焦、黎、牛狐之城，以易藺、離石、祁於趙。趙背秦，不予焦、黎、牛狐。秦王怒，令公子繒請地。趙王乃令鄭朱對曰：『夫藺、離石、祁之地，曠遠於趙而近於大國，有先王之明與先臣之力，故能有之。今寡人不逮，其社稷之不能恤，安能收恤藺、離石祁乎？寡人有不令之臣，實爲此事也，非寡人之所敢知。』卒倍秦。

秦王大怒，令衛胡易伐趙，攻於與。趙奢將救之。魏令公子咎以銳師居安邑以挾秦。秦敗於閼與，反攻魏幾，廉頗救幾，大敗秦師。

《史記》卷五《秦本紀》 （秦昭王）三十八年，中更胡（傷）［陽］攻趙閼與，《集解》孟康曰：『邑名，在上黨涅縣西。』《正義》閼與聚城一名烏蘇城，在潞州銅鞮縣西北二十里，趙奢破秦軍處。又儀州和順縣即古閼與城，亦云趙奢破秦軍處。然儀州與潞州相近，二所未詳。又閼與山在洺州武安縣西南五十里，趙奢拒秦軍於閼與，卽山北也。按：閼與山在武安故城西南，又近武安故城，蓋儀州是所封故地。不能取。

又 卷八一《廉頗藺相如列傳》 秦伐韓，軍於閼與。王召廉頗而問曰：『可救不？』對曰：『道遠險狹，難救。』又召樂乘而問焉，樂乘對如廉頗言。又召問趙奢，奢對曰：『其道遠險狹，譬之猶兩鼠鬭於穴中，將勇者勝。』王乃令趙奢將，救之。

兵去邯鄲三十里，而令軍中曰：『有以軍事諫者死。』秦軍軍武安西，《集解》徐廣曰：『屬魏郡，在邯鄲西。』秦軍鼓譟勒兵，武安屋瓦盡振。軍中候有一人言急救武安，趙奢立斬之。堅壁，留二十八日不行，復益增壘。秦間來入，趙奢善食而遣之。間以報秦將，秦將大喜曰：『夫去國三十里《正義》國謂邯鄲，趙之都也。』而軍不行，乃增壘，閼與非趙地也。趙奢既已遣秦間，乃卷甲而趨之，二日一夜至，令善射者去閼與五十里而軍。軍壘成，秦人聞之，悉甲而至。軍士許歷請以軍事諫，趙奢曰：『內之。』許歷曰：『秦人不意趙師至此，其來氣盛，將軍必厚集其陣以待之。不然，必敗。』趙奢曰：『請受令。』許歷曰：『請就鈇質之誅。』趙奢曰：『胥後令《索隱》案：『胥』『須』古人通用。今者『胥後令』，謂『胥』爲『須』，須者，待也，待後令。謂許歷之言更不擬誅之，故更待後令也。《正義》胥猶須也。軍去城都三十里而不行，未有計過險狹，恐人諫令急救武安，乃出此令。今垂戰須得謀策，不用前令，故云『須後令』也。邯鄲。』許歷復請諫，《索隱》按：『邯鄲』二字當爲『欲戰』，謂臨戰之時，許歷復諫也。王粲詩云『許歷爲完士，一言猶敗秦』，是言趙奢用其計，遂破秦軍也。江遂曰『漢令稱完而不髡曰耐，是完士未免從軍也』。曰：『先據北山上者勝，《正義》閼與山在洺州武安縣西南五十里，趙奢拒秦軍於閼與，卽此山也。案：《括地志》云『言拒秦軍在此山』，疑其太近洺州。既去邯鄲三十里而軍，又云趨之二日一夜，至閼與五十里而軍壘成，據今洺州去潞州三百里間而隔相州，恐潞州閼與聚城是所拒據處。後至者敗。』趙奢許諾，卽發萬人趨之。秦兵後至，爭山不得上，趙奢縱兵擊之，大破秦軍。秦軍解而走，遂解閼與之圍而歸。

趙惠文王賜奢號爲馬服君，以許歷爲國尉。趙奢於是與廉頗、藺相如同位。

論說

宋·洪邁《容齋續筆》卷九《深溝高壘》 秦軍武安西，以攻閼與。趙奢救之，去邯鄲三十里，堅壁，二十八日不行。復益增壘，既乃卷甲而趨之，大破秦軍。奢之將略，所謂玩敵於股掌之上。雖未合戰，而勝形已著矣。

藝文

南朝梁·蕭統《文選》卷二五《贈答下·［晉］盧子諒〈贈崔温〉》 逍遥步城隅，暇日聊游豫。北眺沙漠垂，南望舊京路。平陸引長流，岡巒

挺茂樹。中原厲迅飈，山河起雲霧。游子恒悲懷，舉目增永慕。良儔不獲偕，舒情將焉訴。遠念賢士風，遂存往古務。朔鄙多俠氣，豈惟地所固？李牧鎮邊城，荒夷懷南懼。趙奢正疆埸，秦人折北慮。羈旅及寬政，委質與時遇。恨以駑蹇姿，徒煩飛子御。亦既弛負擔，忝位宰黔庶。苟云免罪戾，何暇牧民譽。倪寬以殿黜，終乃最衆賦。何武不赫赫，遺愛常在去。古人非所希，短弱自有素。何以敷斯辭，惟以二子故。

雜録

《戰國策》卷二〇《趙策三・趙惠文王三十年章》 趙惠文王三十年，相都平君田單問趙奢曰：『吾非不説將軍之兵法也，所以不服者，獨將軍之用衆。用衆者，使民不得耕作，糧食輓賃不可給也。此坐而自破之道也，非單之所爲也。單聞之，帝王之兵，所用者不過三萬，而天下服矣。今將軍必負十萬、二十萬之衆乃用之，此單之所不服也。』

馬服曰：『君非徒不達於兵也，又不明其時勢。夫吳干之劍，肉試則斷牛馬，金試則截盤匜；薄之柱上而擊之，則折爲三，質之石上而擊之，則碎爲百。今以三萬之衆而應强國之兵，是薄柱擊石之類也。且夫吳干之劍材，難夫毋脊之厚，而鋒不入，無脾之薄，而刃不斷。兼有是兩者，無鈞罕鐔蒙須之便，操其刃而刺，則未入而手斷。君無十餘、二十萬之衆，而爲此鈞罕鐔蒙須之便，而徒以三萬行於天下，君焉能乎？且古者，四海之內，分爲萬國，城雖大，無過三百丈者，人雖衆，無過三千家者，而以集兵三萬，距此奚難哉！今取古之爲萬國者，分以爲戰國七，能具數十萬之兵，曠日持久，數歲，即君之齊已。齊以二十萬之衆攻荆，五年乃罷；趙以二十萬之衆攻中山，五年乃歸。今者齊、韓衛相方，而國圍攻焉，豈有敢曰，我其以三萬救是者乎哉？今千丈之城、萬家之邑相望也，而索以三萬之衆，圍千丈之城，不存其一角，而野戰不足用也，君將以此何之？』都平君喟然太息曰：『單不至也！』

又 卷二四《魏策三・魏將與秦攻韓章》 魏將與秦攻韓，朱己謂魏王曰：『【略】秦非無事之國也，韓亡之後，必且便事；便事，必就易與利；就易與利，必不伐楚與趙矣，是何也？夫越山踰河，絶韓之上黨而攻强趙，則是復閼與之事也，秦必不爲也。若道河內，倍鄴、朝歌，絶漳、滏之水，而以與趙兵決勝於邯鄲之郊，是受智伯之禍也，秦又不敢。伐楚，道涉而谷行三十里，而攻危隘之塞，所行者甚遠，而所攻者甚難，秦又弗爲也。若道河外，背大梁，而右上蔡、召陵，以與楚兵決於陳郊，秦又不敢也。故曰，秦必不伐楚與趙矣，又不攻衛與齊矣。韓亡之後，兵出之日，非魏無攻矣。』

北魏・酈道元《水經注》卷一〇《清漳水》 清漳水出上黨沾縣西北少山大要谷，南過縣西，又從縣南屈。

《淮南子》曰：清漳出謁戾山。高誘云：山在沾縣。今清漳出沾縣故城東北，俗謂之沾山。後漢分沾縣爲樂平郡，治沾縣。水出樂平郡沾縣界。故《晉太康地記》曰：樂平縣舊名沾縣，漢之故縣矣。其山亦曰鹿谷山。水出大要谷，南流逕沾縣故城東，不歷其西也。又南逕昔陽城。《左傳・昭公十二年》晉荀吳僞會齊師者，假道於鮮虞，遂入昔陽。杜預曰：樂平沾縣東有昔陽城者是也。其水又南，得梁榆水口。水出梁榆城西大嵰山。水有二源。北水東南流，逕其城東南，注於南水。南水亦出西山，東逕文當城北，又東北逕梁榆城南，即閼與故城也。秦伐趙閼與，惠文王使趙奢救之。奢納許歷之説，破秦於閼與。謂此也。司馬彪、袁山松《郡國志》並言涅縣有閼與聚。盧諶《征艱賦》曰：訪梁榆之虚郭，弔閼與之舊都。闞駰亦云：閼與，今梁榆城是也。

秦趙長平之戰分部

綜述

《史記》卷五《秦本紀》 （秦昭王）四十七年，秦攻韓上黨，上黨降趙，秦因攻趙，趙發兵擊秦，相距。秦使武安君白起擊，大破趙於長平，四十餘萬盡殺之。四十八年十月，韓獻垣雍。秦軍分爲三軍。武安君歸。王齕將伐趙［武安］皮牢，拔之。司馬梗北定太原，盡有韓上黨。正月，兵罷，復守上黨。

又 卷四三《趙世家》 （孝成王）四年，王夢衣偏裻之衣，《正義》杜預云：『偏，左右異色。裻在中，左右異，故曰偏。』按：裻，衣背縫也。乘飛龍

上天，不至而墜，見金玉之積如山。明日，王召筮史敢占之，曰：『夢衣偏裻之衣者，殘也。乘飛龍上天不至而墜者，有氣而無實也。見金玉之積如山者，憂也。』

後三日，韓氏上黨守馮亭使者至，曰：『韓不能守上黨，入之於秦。其吏民皆安爲趙，不欲爲秦。有城市邑十七，願再拜入之趙，財王所以賜吏民。』王大喜，召平陽君豹告之曰：『馮亭入城市邑十七，受之何如？』對曰：『聖人甚禍無故之利。』王曰：『人懷吾德，何謂無故乎？』對曰：『夫秦蠶食韓氏地，中絶不令相通，固自以爲坐而受上黨之地也。韓氏所以不入於秦者，欲嫁其禍於趙也。秦服其勞而趙受其利，雖彊大不能得之於小弱，小弱顧能得之於彊大乎？豈可謂非無故之利哉！且夫秦以牛田之《集解》徐廣曰：『一無此字。』《正義》秦蠶食韓氏，國中斷不通。夫牛耕田種穀，至秋則收之，成熟之義也。言秦伐韓上黨，勝有日矣，若牛田之必冀收穫矣。水通糧《正義》秦從渭水漕糧東入河、洛，軍擊韓上黨也。蠶食，上乘倍戰者，《正義》蠶食桑葉，漸進必盡也。《司馬法》云：『百畝爲夫，夫三爲屋，屋三爲井，井十爲通，通十爲成。成出革車一乘，七十二人也。』上乘，天下第一也。倍戰，力攻也。韓國四戰之地，軍士慣習，倍於餘國。裂上國之地，《正義》上國，秦地也。言韓上黨之地以列爲秦國之地，其政已行，趙不可與秦作難，必莫受馮亭十七邑也。其政行，不可與爲難，必勿受也。』王曰：『今發百萬之軍而攻，踰年歷歲未得一城也。今以城市邑十七幣吾國，《正義》馮亭將十七邑入趙，若幣帛之見遺，此大利也。此大利也。』

趙豹出，王召平原君與趙禹而告之。對曰：『發百萬之軍而攻，踰歲未得一城，今坐受城市邑十七，此大利，不可失也。』王曰：『善。』乃令趙勝受地，告馮亭曰：『敝國使者臣勝，敝國君使勝致命，以萬户都三封太守，《正義》爾時未合言太守，至漢景帝始加太守，此言「太」，衍字也。千户都三封縣令，皆世世爲侯，吏民皆益爵三級，吏民能相安，皆賜之六金。』馮亭垂涕不見使者，曰：『吾不處三不義也：爲主守地，不能死固，不義一矣；入之秦，不聽主令，不義二矣；賣主地而食之，不義三矣。』趙遂發兵取上黨。《集解》：《漢書・馮奉世傳》曰：『趙封亭爲華陵君，與趙將括距秦，戰死於長平，宗族由是分散，或在趙。在趙者，爲官師將，官師將子爲代相。及秦滅六國，而馮亭之後馮無擇、馮去疾、馮劫皆爲秦將相焉。漢興，馮唐卽代相之子也。』《上黨記》云：『馮亭塚在壺關城西五里。』廉頗將軍軍長平。《正義》：《括地志》云：『長平故城在澤州高平縣西二十一里，卽白起敗括於長平處。』七（月）[年]，廉頗免而趙括代將。秦人圍趙括，趙括以軍降，卒四十餘萬皆阬之。王悔不聽趙豹之計，故有長平之禍焉。

王還，不聽秦，秦圍邯鄲。《集解》徐廣曰：『在九年。』武垣令《集解》徐廣曰：『河間有武垣縣，本屬涿郡。』《正義》：《括地志》云：『武垣故城今瀛州城是也。』傅豹、王容、蘇射率燕衆反燕地。《正義》武垣此時屬趙，與燕接境，故云率燕衆反燕地也。趙以靈丘《正義》：《括地志》云：『靈丘，蔚州理縣也。』封楚相春申君。

八年，平原君如楚請救。還，楚來救，及魏公子無忌亦來救，《正義》：《魏公子傳》云『趙王以鄗爲公子湯沐邑』。《年表》云『九年公子無忌救邯鄲』。圍在九年，其文錯誤。秦圍邯鄲乃解。

又　卷四六《田敬仲完世家》　王建立六年，秦攻趙，齊楚救之。秦計曰：『齊楚救趙，親則退兵，不親遂攻之。』趙無食，請粟於齊，齊不聽。周子《索隱》：蓋齊之謀臣，史失名也。《戰國策》以『周子』爲『蘇秦』，而『楚』字皆作『燕』，然此時蘇秦死已久矣。曰：『不如聽之以退秦兵，不聽則秦兵不卻，是秦之計中而齊楚之計過也。且趙之於齊楚，扞蔽也，《正義》：此時秦伐趙上黨欲克，無意伐齊、楚，故言趙之於齊、楚爲扞蔽也。猶齒之有脣也，脣亡則齒寒。今日亡趙，明日患及齊楚。且救趙之務，宜若奉漏甕沃焦釜也。夫救趙，高義也；卻秦兵，顯名也。義救亡國，威卻彊秦之兵，不務爲此而務愛粟，爲國計者過矣。』齊王弗聽。秦破趙於長平四十餘萬，遂圍邯鄲。

又　卷七三《白起列傳》　（秦昭王）四十七年，秦使左庶長王齕攻韓，取上黨。上黨民走趙。趙軍長平，《集解》徐廣曰：『在泫氏。』《索隱》：《地理志》泫氏今在上黨郡也。《正義》長平故城在澤州高平縣西二十一里也。以按據上黨民。《索隱》謂屯兵長平，以據援上黨。四月，齕因攻趙。趙使廉頗將。趙軍士卒犯秦斥兵，《索隱》謂犯秦之斥候兵也。秦斥兵斬趙裨將茄。《索隱》裨將名也。六月，陷趙軍，取二鄣四尉。《索隱》鄣，堡城。尉，官也。《正義》：《括地志》云：『趙鄣故城一名都尉城，今名趙東城，在澤州高平縣西二十五里。又有故穀城。此二城卽二鄣也。』七月，趙軍築壘壁而守之。秦又攻其壘，取二

尉，敗其陣，《集解》徐廣曰：「一作『乘』。」奪西壘壁。《正義》趙西壘在澤州高平縣北六里是也。卽廉頗堅壁以待秦，王齕奪趙西壘壁者。廉頗堅壁以待秦，秦數挑戰，趙兵不出。趙王數以爲讓。而秦相應侯又使人行千金於趙爲反間，曰：『秦之所惡，獨畏馬服子趙括將耳，廉頗易與，且降矣。』趙王既怒廉頗軍多失亡，軍數敗，又反堅壁不敢戰，而又聞秦反間之言，因使趙括代廉頗將以擊秦。秦聞馬服子將，乃陰使武安君白起爲上將軍。而王齕爲尉裨將，令軍中有敢泄武安君將者斬。趙括至，則出兵擊秦軍。秦軍詳敗而走，張二奇兵以劫之。趙軍逐勝，追造秦壁。《正義》秦壁一名秦壘，今亦名秦長壘。壁堅拒不得入，而秦奇兵二萬五千人絶趙軍後，又一軍五千騎絶趙壁間，趙軍分而爲二，糧道絶。而秦出輕兵擊之。趙戰不利，因築壁堅守，《正義》趙壁今名趙東壘，亦名趙東長壘，在澤州高平縣北五里，卽趙括築壁敗處。以待救至。秦王聞趙食道絶，王自之河内，《正義》時已屬秦，故發其兵。賜民爵各一級，發年十五以上悉詣長平，《索隱》時已屬秦，故發其兵。遮絶趙救及糧食。

至九月，趙卒不得食四十六日，皆内陰相殺食。來攻秦壘，欲出。爲四隊，四五復之，不能出。其將軍趙括出鋭卒自搏戰，秦軍射殺趙括。括軍敗，卒四十萬人降武安君。武安君計曰：『前秦已拔上黨，上黨民不樂爲秦而歸趙。趙卒反覆。非盡殺之，恐爲亂。』乃挾詐而盡阬殺之，遺其小者二百四十人歸趙。前後斬首虜四十五萬人。趙人大震。

四十八年十月，秦復定上黨郡。《索隱》秦前攻趙已破上黨，今回兵復定其郡，其餘城猶屬趙也。秦分軍爲二：王齕攻皮牢，《正義》故城在絳州龍門縣西一里。拔之；司馬梗定太原。《正義》太原，趙地，秦定取也。韓、趙恐，使蘇代厚幣説秦相應侯曰：『武安君禽馬服子乎？』曰：『然。』又曰：『卽圍邯鄲乎？』曰：『然。』『趙亡則秦王王矣，武安君爲三公。武安君所爲秦戰勝攻取者七十餘城，南定鄢、郢、漢中，《正義》鄢在襄州率道縣南九里。郢在荆州江陵縣東六里。漢中，今梁州之地。北禽趙括之軍，雖周、召、呂望之功不益於此矣。今趙亡，秦王王，則武安君必爲三公，君能爲之下乎？雖無欲爲之下，固不得已矣。秦嘗攻韓，圍邢丘，《集解》徐廣曰：『平皋有邢丘。』《正義》邢丘，今懷州武德縣東南二十里平皋縣城是也。困上黨，上黨之民皆反爲趙，天下不樂爲秦民之日久矣。今亡趙，北地入燕，東地入齊，南地入韓、魏，則君之所得民亡幾何人。故不如因而割之，《正義》因白起之攻，割取韓、趙之地。無以爲武安君功也。』於是應侯言於秦王曰：『秦兵勞，請許韓、趙之割地以和，且休士卒。』王聽之，割韓垣雍、《集解》徐廣曰：「卷縣有垣雍城。」《正義》：《釋地名》云：「卷縣所理垣雍城。」按：今在鄭州原武縣西北七里也。趙六城以和。正月，皆罷兵。武安君聞之，由是與應侯有隙。

又　卷八一《廉頗藺相如列傳》　（趙孝成王）七年，秦與趙兵相距長平，時趙奢已死，《集解》張華曰：「趙奢冢在邯鄲界西山上，謂之馬服山。」而藺相如病篤，趙使廉頗將攻秦，秦數敗趙軍，趙軍固壁不戰。秦數挑戰，廉頗不肯。趙王信秦之間。秦之間言曰：『秦之所惡，獨畏馬服君趙奢之子趙括爲將耳。』趙王因以括爲將，代廉頗。藺相如曰：『王以名使括，若膠柱而鼓瑟耳。括徒能讀其父書傳，不知合變也。』趙王不聽，遂將之。

趙括自少時學兵法，言兵事，以天下莫能當。嘗與其父奢言兵事，奢不能難，然不謂善。括母問奢其故，奢曰：『兵，死地也，而括易言之。使趙不將括卽已，若必將之，破趙軍者必括也。』及括將行，其母上書言於王曰：『括不可使將。』王曰：『何以？』對曰：『始妾事其父，時爲將，身所奉飯飲而進食者以十數，所友者以百數，大王及宗室所賞賜者盡以予軍吏士大夫，受命之日，不問家事。今括一旦爲將，東向而朝，軍吏無敢仰視之者，王所賜金帛，歸藏於家，而日視便利田宅可買者買之。王以爲何如其父？父子異心，願王勿遣。』王曰：『母置之，吾已決矣。』括母因曰：『王終遣之，卽有如不稱，妾得無隨坐乎？』王許諾。

趙括既代廉頗，悉更約束，易置軍吏。秦將白起聞之，縱奇兵，詳敗走，而絶其糧道，分斷其軍爲二，士卒離心。四十餘日，軍餓，趙括出鋭卒自博戰，秦軍射殺趙括。括軍敗，數十萬之衆遂降秦，秦悉阬之。趙前後所亡凡四十五萬。明年，秦兵遂圍邯鄲，歲餘，幾不得脱。賴楚、魏諸侯來救，迺得解邯鄲之圍。趙王亦以括母先言，竟不誅也。

論　說

漢・王充《論衡》卷一五《變動篇》　秦坑趙卒於長平之下，四十萬

衆，同時俱陷。當時啼號，非徒歎也。誠雖不及鄒衍，四十萬之冤，度當一賢臣之痛；入坑埳之啼，度過拘囚之呼。當時長平之下，不見隕霜。《甫刑》曰：『庶僇旁告無辜於天帝。』此言蚩尤之民被冤，旁告無罪於上天也。以衆民之叫，不能致霜，鄒衍之言，殆虚妄也。

宋·李燾《六朝通鑑博議》卷一〇 臣燾曰：善取國者，取之漸取而敵不知；善守國者，守於始守而敵不議。秦之取諸侯，歲用十師，而十萬之衆所爭不過一城。長平之戰殺人之將，坑人之兵，震動天下，而其所得上黨而已。故秦之所攘取者不過尺寸，而諸侯無甚顧惜。不知日削月朘，地盡而身隨之。此秦之所以爲善攻，而諸侯之所以爲不善守。

宋·吕祖謙《左氏傳説》卷一四 推此亦可見三代伍乘之制矣。五人爲伍，七十二人爲乘。伍死其伍，乘死其乘，則推而上之，萬二千五百人之軍莫不皆相爲死。則臨敵之際，烏得有魚潰鳥散之患？蓋春秋以前之戰殺人之少，只緣伍乘之法不廢。是伍乘乃軍法之根本也。至後世，伍乘之法既廢，臨戰之際，人各有心，故有一戰而殺人不可勝計者，如白起長平之戰死者四十萬人。使當時伍乘之法尚存，雖遇起亦不至殺人如此之多也。

宋·樓鑰《攻媿集》卷二五《論本朝專尚忠厚》 蓋當時七雄分據，專以殺人爲務。所謂爭地以戰，殺人盈野，爭城以戰，殺人盈城。殺人多者，國愈强，惟秦爲甚。伊闕之戰，殺人二十四萬。華陽之戰，殺人十五萬。其尤甚者，長平之戰，一日殺四十萬。卒平六國，一天下。烏在其不嗜殺人，而能一之也。然則孟子之言果迂闊乎？是不然。孟子之所謂一者，非若秦之一也。三代之得天下，以仁傳，皆數百歲。秦止再傳，而四海塗炭，嬴氏無遺種，是不若不一之爲愈也。

藝文

唐·李白《李太白文集》卷九《繫尋陽上崔相涣三首之一》 邯鄲四十萬，同日陷長平。能回造化筆，或冀一人生。

宋·李昉等《文苑英華》卷三一一《［唐］陳子昂〈登澤州城北樓宴〉》 坐見秦兵壘，遥聞趙將雄。武安君何在？長平事已空。

清·彭定求等《全唐詩》卷二八二《李益〈從軍夜次六胡北飲馬磨劍石爲祝殤辭〉》 我行空磧，見沙之磷磷，與草之冪冪，半没胡兒磨劍石。當時洗劍血成川，至今草與沙皆赤。我因扣石問以言，水流嗚咽幽草根，君寧獨不怪陰磷？吹火熒熒又爲碧，有鳥自稱蜀帝魂。南人伐竹湘山下，交根接葉滿淚痕。請君先問湘江水，然我此恨乃可論。秦亡漢絶三十國，關山戰死知何極。風飄雨灑水自流，此中有冤消不得。爲之彈劍作哀吟，風沙四起雲沈沈。滿營戰馬嘶欲盡，畢昂不見胡天陰。東征曾弔長平苦，往往晴明獨風雨。年移代去感精魂，空山月暗聞鼙鼓。秦坑趙卒四十萬，未若格鬬傷戎虜。聖君破胡爲六州，六州又盡爲胡丘。韓公三城斷胡路，漢甲百萬屯邊秋。乃分司空授朔土，擁以玉節臨諸侯，漢爲一雪萬世讎。我今抽刀勒劍石，告爾萬世爲唐休。又聞招魂有美酒，爲我澆酒祝東流。殤爲魂兮，可以歸還故鄉些；沙場地無人兮，爾獨不可以久留。

宋·邵雍《伊川擊壤集》卷一七《戰國吟》 七國之時尚戰爭，威强知詐一齊行。廉頗白起善用兵，蘇秦張儀善縱横。朝爲布衣暮公卿，昨日鼎食今鼎烹。范睢謝相何心情，蔡澤入秦何依憑。始皇奮袂天下寧，二世乞爲氓不能。三千賓客憤未平，百二山河漢已興。所存舊物惟空名，殘陽衰草山川形。都似一场春夢過，自餘惡足語威獰。

元·元好問《中州集》卷九《［宋］梁鏜〈留題長平驛〉》 秦趙均爲失霸圖，起何殘忍括何愚。殺降未見無禍者，累將其能有種乎？日暮悲風噎丹水，夜深寒月照頭顱。快心千載杜郵劍，人所誅耶鬼所誅。

明·劉基《誠意伯文集》卷四《長平戈頭歌》 長平戰骨煙塵飄，歲久遺戈金不銷。野人耕地初拾得，土花漬出珊瑚色。邯鄲小兒强解事，枉使泥沙埋利器。四十萬人非少弱，勇怯賢愚一朝棄。陰坑血今秋復春，朽壤食盡蒼蛇鱗。湮淪長愧杜郵劍，廢壁空憶椿喉人。故壘中宵鬼神入，雲愁月暗戈應泣。嗚呼！當時豈無牧與頗？戈乎不遇可奈何！

明·薛瑄《敬軒文集》卷四《過賈魯宅》 長平驛是相君家，不見當時富貴花。只有蒼蒼喬木在，至今猶宿夕陽鴉。行過長平慘舊名，路人猶指昔年坑。不知當日將軍死，地下曾無見趙兵。

清·胡文學《甬上耆舊詩》卷二一《賦得白日照吴戈》 白日照吴戈，青天濺丹血。寃語不可聞，寃魂向誰雪？入地成野燐，千年永難滅。

趙坑平地起，秦屠當時發。不知皇天意，何用此酷烈。

雜録

宋・司馬光《資治通鑑》卷五《周紀五》

（周赧王五十三年）武安君伐韓，拔野王。上黨路絶，上黨守馮亭與其民謀曰：『鄭道已絶，秦兵日進，韓不能應，不如以上黨歸趙。趙受我，秦必攻之；趙被秦兵，必親韓。韓、趙爲一，則可以當秦矣。』乃遣使者告於趙曰：『韓不能守上黨，入之秦，其吏民皆安爲趙，不樂爲秦。有城市邑十七，願再拜獻之大王。』趙王以告平陽君豹，對曰：『聖人甚禍無故之利。』王曰：『人樂吾德，何謂無故？』對曰：『秦蠶食韓地，中絶，不令相通，固自以爲坐而受上黨也。韓氏所以不入於秦者，欲嫁其禍於趙也。秦服其勞而趙受其利，雖强大不能得之於弱小，弱小固能得之於强大乎！豈得謂之非無故哉？不如勿受。』王以告平原君，平原君請受之。王乃使平原君往受地，以萬户都三封其太守爲華陽君，以千户都三封其縣令爲侯，吏民皆益爵三級。馮亭垂涕不見使者，曰：『吾不忍賣主地而食之也！』

（周赧王五十五年）秦左庶長王齕攻上黨，拔之。上黨民走趙。趙廉頗軍於長平，以按據上黨民。王齕因伐趙。趙軍戰數不勝，亡一裨將、四尉。趙王與樓昌、虞卿謀，樓昌請發重使爲媾。虞卿曰：『今制媾者在秦，秦必欲破王之軍矣，雖往請媾，秦將不聽。不如發使以重寶附楚、魏，楚、魏受之，則秦疑天下之合從，媾乃可成也。』王不聽，使鄭朱媾於秦，秦受之。王謂虞卿曰：『秦内鄭朱矣。』對曰：『王必不得媾而軍破矣。何則？天下之賀戰勝者皆在秦矣。夫鄭朱，貴人也，秦王、應侯必顯重之以示天下。天下見王之媾於秦，必不救王。秦知天下之不救王，則媾不可得成矣。』既而秦果顯鄭朱而不與趙媾。

秦數敗趙兵，廉頗堅壁不出。趙王以頗失亡多而更怯不戰，怒，數讓之。應侯又使人行千金於趙爲反間，曰：『秦之所畏，獨畏馬服君之子趙括爲將耳！廉頗易與，且降矣！』趙王遂以趙括代頗將。藺相如曰：『王以名使括，若膠柱鼓瑟耳。括徒能讀其父書傳，不知合變也。』王不聽。初，趙括自少時學兵法，以天下莫能當，嘗與其父奢言兵事，奢不能難，然不謂善。括母問其故，奢曰：『兵，死地也，而括易言之。使趙不將括則已；若必將之，破趙軍者必括也。』及括將行，其母上書，言括不可使。王曰：『何以？』對曰：『始妾事其父，時爲將，身所奉飯而進食者以十數，所友者以百數，王及宗室所賞賜者，盡以與軍吏士大夫；受命之日，不問家事。今括一旦爲將，東鄉而朝，軍吏無敢仰視之者；王所賜金帛，歸藏於家，而日視便利田宅可買者買之。王以爲如其父，父子異心，願王勿遣！』王曰：『母置之，吾已決矣！』母因曰：『卽如有不稱，妾請無隨坐。』趙王許之。

秦王聞括已爲趙將，乃陰使武安君爲上將軍，而王齕爲裨將，令軍中：『有敢泄武安君將者斬！』趙括至軍，悉更約束，易置軍吏，出兵擊秦師。武安君佯敗而走，張二奇兵以劫之。趙括乘勝追造秦壁，壁堅拒不得入；奇兵二萬五千人絶趙軍之後，又五千騎絶趙壁間。趙軍分而爲二，糧道絶。武安君出輕兵擊之，趙戰不利，因築壁堅守以待救至。秦王聞趙食道絶，自如河内發民年十五以上悉詣長平，遮絶趙救兵及糧食。齊人、楚人救趙。趙人乏食，請粟於齊，王弗許。周子曰：『夫趙之於齊、楚，扞蔽也，猶齒之有脣也，脣亡則齒寒；今日亡趙，明日患及齊、楚矣。救趙之務，宜若奉漏甕沃焦釜然。且救趙，高義也；卻秦師，顯名也；義救亡國，威卻强秦。不務爲此而愛粟，爲國計者過矣！』齊王弗聽。九月，趙軍食絶四十六日，皆内陰相殺食。急來攻，欲出爲四隊，四、五復之，不能出。趙括自出鋭卒搏戰，秦人射殺之。趙師大敗，卒四十萬人皆降。武安君曰：『秦已拔上黨，上黨民不樂爲秦而歸趙。趙卒反覆，非盡殺之，恐爲亂。』乃挾詐而盡坑殺之，遺其小者二百四十人歸趙。前後斬首虜四十五萬人，趙人大震。

（周赧王五十六年）十月，武安君分軍爲三，王齕攻趙武安、皮牢，拔之。司馬梗北定太原，盡有上黨地。韓、魏使蘇代厚幣説應侯曰：『武安君卽圍邯鄲乎？』曰：『然。』蘇代曰：『趙亡則秦王王矣。武安君爲三公，君能爲之下乎？雖無欲爲之下，固不得已矣。秦嘗攻韓，圍邢丘，困上黨，上黨之民皆反爲趙，天下不樂爲秦民之日久矣。今亡趙，北地入燕，東地入齊，南地入韓、魏，則君之所得民無幾何人矣。不如因而割之，無以爲武安君功也。』應侯言於秦王曰：『秦兵勞，請許韓、趙之割

地以和，且休士卒。』王聽之，割韓垣雍、趙六城以和。正月，皆罷兵。武安君由是與應侯有隙。

趙王將使趙郝約事於秦，割六縣。虞卿謂趙王曰：『秦之攻王也，倦而歸乎？王以其力尚能進，愛王而弗攻乎？』王曰：『秦不遺餘力矣，必以倦而歸也。』虞卿曰：『秦以其力攻其所不能取，倦而歸，王又以其力之所不能取以送之，是助秦自攻也。來年秦攻王，王無救矣。』趙王計未定，樓緩至趙，趙王與之計之。樓緩曰：『虞卿得其一，不得其二。秦、趙構難而天下皆説，何也？曰：「吾且因强而乘弱矣。」今趙不如亟割地爲和以疑天下，慰秦之心。不然，天下將因秦之怒，乘趙之敝，瓜分之，趙且亡，何秦之圖乎！』虞卿聞之，復見曰：『危哉樓子之計，是愈疑天下，而何慰秦之心哉？獨不言其示天下弱乎？且臣言勿與者，非固勿與而已也。秦索六城於王，而王以六城賂齊。齊，秦之深讎也，其聽王不待辭之畢也。則是王失之於齊而取償於秦，而示天下有能爲也。王以此發聲，兵未窺於境，臣見秦之重賂至趙而反媾於王也。從秦爲媾，韓、魏聞之，必盡重王。是王一舉而結三國之親而與秦易道也。』趙王曰：『善。』使虞卿東見齊王，與之謀秦。虞卿未返，秦使者已在趙矣。樓緩聞之，亡去。趙王封虞卿以一城。

秦之始伐趙也，魏王問於大夫，皆以爲秦伐趙，於魏便。孔斌曰：『何謂也？』曰：『勝趙，則吾因而服焉；不勝趙，則可承敝而擊之。』子順曰：『不然。秦自孝公以來，戰未嘗屈，今又屬其良將，何敝之承？』大夫曰：『縱其勝趙，於我何損？鄰之羞，國之福也。』子順曰：『秦，貪暴之國也，勝趙，必復他求，吾恐於時魏受其師也。先人有言：燕雀處屋，子母相哺，呴呴焉相樂也，自以爲安矣。竈突炎上，棟宇將焚，燕雀顔不變，不知禍之將及己也。今子不悟趙破患將及己，可以人而同於燕雀乎！』子順者，孔子六世孫也。

竊符救趙分部

綜　述

《史記》卷四三《趙世家》（孝成王）八年，平原君如楚請救。還，楚來救，及魏公子無忌亦來救，《正義》：《魏公子傳》云『趙王以鄗爲公子湯沐邑』。《年表》云『九年公子無忌救邯鄲』。圍在九年，其文錯誤。秦圍邯鄲乃解。

又　卷四四《魏世家》　二十年，秦圍邯鄲，信陵君無忌矯奪將軍晉鄙兵以救趙，《正義》：《括地志》云：『魏德故城一名晉鄙城，在衛縣西北五十里，即公子無忌矯奪晉鄙兵，故名魏德城也。』趙得全。無忌因留趙。

又　卷七七《魏公子列傳》　魏公子無忌者，魏昭王少子而魏安釐王異母弟也。昭王薨，安釐王即位，封公子爲信陵君。《索隱》按：《地理志》無信陵，或是鄉邑名也。是時范雎亡魏相秦，以怨魏齊故，秦兵圍大梁，破魏華陽下軍，走芒卯。魏王及公子患之。

公子爲人仁而下士，士無賢不肖皆謙而禮交之，不敢以其富貴驕士。士以此方數千里爭往歸之，致食客三千人。當是時，諸侯以公子賢，多客，不敢加兵謀魏十餘年。【略】

魏安釐王二十年，秦昭王已破趙長平軍，又進兵圍邯鄲。公子姊趙惠文王弟平原君夫人，數遺魏王及公子書，請救於魏。魏王使將軍晉鄙《索隱》魏將姓名也。將十萬衆救趙。秦王使使者告魏王曰：『吾攻趙旦暮且下，而諸侯敢救者，已拔趙，必移兵先擊之。』魏王恐，使人止晉鄙，留軍壁鄴，名爲救趙，實持兩端以觀望。平原君使者冠蓋相屬於魏，讓魏公子曰：『勝所以自附爲婚姻者，以公子之高義，爲能急人之困。今邯鄲旦暮降秦而魏救不至，安在公子能急人之困也！且公子縱輕勝，棄之降秦，獨不憐公子姊邪？』公子患之，數請魏王，及賓客辯士説王萬端。魏王畏秦，終不聽公子。公子自度終不能得之於王，計不獨生而令趙亡，乃請賓客，約車騎百餘乘，欲以客往赴秦軍，與趙俱死。

行過夷門，見侯生，具告所以欲死秦軍狀。辭決而行，侯生曰：『公子勉之矣，老臣不能從。』公子行數里，心不快，曰：『吾所以待侯生者備矣，天下莫不聞，今吾且死而侯生曾無一言半辭送我，我豈有所失哉？』復引車還，問侯生。侯生笑曰：『臣固知公子之還也。』曰：『公子喜士，名聞天下。今有難，無他端而欲赴秦軍，譬若以肉投餒虎，何功之有哉？尚安事客？然公子遇臣厚，公子往而臣不送，以是知公子恨之復返也。』公子再拜，因問。侯生乃屏人間語，《索隱》語謂靜語也。曰：『嬴聞晉鄙之兵符常在王臥內，而如姬最幸，出入王臥內，力能竊之。嬴聞如姬父爲人所殺，如姬資之三年，《索隱》舊解資之三年謂服齊衰也。今案：資者，畜也。謂欲爲父復讎之資畜於心已得三年矣。自王以下欲求報其父仇，莫能得。如姬爲公子泣，公子使客斬其仇頭，敬進如姬。如姬之欲爲公子死，無所辭，顧未有路耳。公子誠一開口請如姬，如姬必許諾，則得虎符奪晉鄙軍，北救趙而西卻秦，此五霸之伐也。』公子從其計，請如姬。如姬果盜晉鄙兵符與公子。

公子行，侯生曰：『將在外，主令有所不受，以便國家。公子即合符，而晉鄙不授公子兵而復請之，事必危矣。臣客屠者朱亥可與俱，此人力士。晉鄙聽，大善；不聽，可使擊之。』於是公子泣。侯生曰：『公子畏死邪？何泣也？』公子曰：『晉鄙嚄唶《索隱》案：嚄唶謂多詞句也。《正義》：《聲類》云：「嚄，大笑。唶，大呼。」宿將，往恐不聽，必當殺之，是以泣耳，豈畏死哉？』於是公子請朱亥。朱亥笑曰：『臣迺市井鼓刀屠者，而公子親數存之，所以不報謝者，以爲小禮無所用。今公子有急，此乃臣效命之秋也。』遂與公子俱。公子過謝侯生。侯生曰：『臣宜從，老不能。請數公子行日，以至晉鄙軍之日，北鄉自剄，以送公子。』公子遂行。

至鄴，矯魏王令代晉鄙。晉鄙合符，疑之，舉手視公子曰：『今吾擁十萬之衆，屯於境上，國之重任，今單車來代之，何如哉？』欲無聽。朱亥袖四十斤鐵椎，椎殺晉鄙，公子遂將晉鄙軍。勒兵下令軍中曰：『父子俱在軍中，父歸；兄弟俱在軍中，兄歸；獨子無兄弟，歸養。』得選兵八萬人，進兵擊秦軍。秦軍解去，遂救邯鄲，存趙。趙王及平原君自迎公子於界，平原君負韊矢《集解》呂忱曰：『韊盛弩矢。』《索隱》韊謂以盛矢，如今之胡簏而短也。呂姓，忱名，作字林者。言韊盛弩矢之器。爲公子先引。趙王再拜曰：『自古賢人未有及公子者也。』當此之時，平原君不敢自比於人。公子與侯生決，至軍，侯生果北鄉自剄。

魏王怒公子之盜其兵符，矯殺晉鄙，公子亦自知也。已卻秦存趙，使將將其軍歸魏，而公子獨與客留趙。趙孝成王德公子之矯奪晉鄙兵而存趙，乃與平原君計，以五城封公子。公子聞之，意驕矜而有自功之色。客有說公子曰：『物有不可忘，或有不可不忘。夫人有德於公子，公子不可忘也；公子有德於人，原公子忘之也。且矯魏王令，奪晉鄙兵以救趙，於趙則有功矣，於魏則未爲忠臣也。公子乃自驕而功之，竊爲公子不取也。』於是公子立自責，似若無所容者。趙王埽除自迎，執主人之禮，引公子就西階。公子側行辭讓，從東階上。《集解》：《禮記》曰：『主人就東階，客就西階。客若降等，則就主人之階。』自言罪過，以負於魏，無功於趙。趙王侍酒至暮，口不忍獻五城，以公子退讓也。公子竟留趙。趙王以鄗《索隱》鄗邑名，屬常山。爲公子湯沐邑，魏亦復以信陵奉公子。公子留趙。

論說

漢·荀悦《前漢紀》卷二八《前漢孝哀皇帝紀上》 周室既衰。禮樂征伐自諸侯出。桓文之後。大夫世權。陪臣執國命。陵遲以至於戰國。合從連衡。易政爭强。由此列國公子。魏有信陵。趙有平原。楚有春申。齊有孟嘗。皆藉王公之勢。競爲遊俠。雞鳴狗盜。無不賓禮。而趙相虞卿。棄國捐君。以周窮交。拔魏齊之厄。信陵無忌。竊符矯命。殺將專師。以赴平原之急。皆取重諸侯。顯名天下。搤腕遊談者以四豪爲稱首。於是背親死黨之義成。守職奉上之道廢矣。

宋·司馬光《溫國文正司馬公文集》卷七〇《四豪論》 戰國之時，天下禮義消亡，下陵上替，諸侯僭天子，大夫偪諸侯。陪臣之間，有能約身抑志，尊賢養士，不愛煩費，以樹聲名者，齊有孟嘗，魏有信陵，趙有平原，楚有春申。雖不能以禮義佐其君，以政教和其民，合於至公，概於大道，然自奮於濁世，天下談士異口同舌，咸謂之賢，銓於四人。臧否優劣，亦可聞歟。【略】

信陵君以母弟之親，卿相之尊，抱關鼓刀之人親執馭而事之。詘而不

恥，勞而不倦，非有高世之材，孰能如此？且向使侯生、朱亥皆實庸人，公子雖事之如是，不足稱也。然公子所以降身詘志者，審知二子之賢耳。以區區之魏，惴懼之衆，當秦乘勝十倍之兵，一戰却之。邯鄲全，六國安，信陵君之功也。秦乘公子之去魏，急攻大梁。公子一悟毛薛之言，翻然易慮，歸救宗國，復破秦軍，閉諸函谷，可謂能矣。魏王信讒，猜阻公子。公子遂滅迹酣飲，全身遠害，以其壽終，可謂智矣。智能如此而又守之以仁，行之以恭，必若采善於亂世。論賢於游俠，則彼三人者，蔑以加其上矣。故校其臧否，當以信陵爲首，平原次之，孟嘗又次之，春申爲其下矣。或曰：『無忌盜國兵符，矯殺晉鄙，以赴平原君之私交，雖有功於魏，非忠臣也，何以賢於三子？』對曰『趙魏脣齒之國，以虎狼之秦攻危亡之趙。趙亡則魏斃，理勢然矣。魏王不達事宜，徒畏彊秦之空言，坐擁盛兵，以觀成敗。計之大失，無過於此。故無忌矯奪其軍，以救趙，非獨赴趙之難，亦爲魏謀也。奚其不忠哉。漢高祖過大梁，輒祠信陵君，爲置守冢者，彼三子則皆無旌異。高祖，英主也，蓋有以知之矣。』

清・全祖望《鮚埼亭集外編》卷三六《信陵君論》　信陵君之賢，至使漢高祖易代慕之，良亦難矣。其初破秦軍以存趙也，得之侯嬴；其再破秦軍也，得之毛公、薛公，皆知人之效也。顧獨失之虞卿子。全子曰：是舉也，當魏齊之亡走於趙，而已失之，不待虞卿之至也。魏齊，魏之相也，又魏之諸公子也。夫以諸公子之親，加以相之重，而使秦人一言而竟惴惴乎，不能保其頭，卽謂齊之庸，有以招强國之侮，而以二千里之魏，信陵之才，不能保其公子與相之頭，則辱甚矣。魯仲連之語辛垣衍也，曰：『吾將使秦王烹醢。』梁王衍驚其言，仲連引紂之烹九侯、鄂侯以證之。吾以爲仲連之證，猶疏也。何不曰：『前者，魏未帝秦，秦猶能取魏公子及相之頭。夫公子，王之骨肉也。相，王之左右手也。同爲王，而不能庇其骨肉與手，卽帝之而何難烹醢其身乎？』吾不知是時，衍將何辭以對也。且諦觀秦之肆暴於六國也，固挾其堅甲利兵以摧人，亦半挾其虛聲恫疑恐喝以下人。六國之懦也，堅甲利兵尚未至，而已爲其虛聲所劫，此其所以亡也。

彼和氏之璧，其不重於公子與相之頭，明矣。澠池一擊之缶，其不重於公子與相之頭，又已明矣。藺相如以身當之，而秦遂不能有加於趙，其氣足以抗之也。秦以其氣加人，人亦以其氣抗之，而秦遂詘然而沮，以是知秦之亦無能爲也。何也？以氣遇氣，有勇者勝。此七國時之風習然也。且相如之抗秦也，以匹夫入虎口而抗之。若信陵，是時則據吾國而抗之，不似相如之危也。計不出此，使魏齊走趙，平原仗義留之。及平原被紿，見留於秦。虞卿復以魏齊來歸，而信陵猶遲疑不敢納焉，不可以爲丈夫矣。

予嘗爲信陵計，是時莫若留魏齊，令無他往，而治兵待於境上，以書答秦，曰：『魏齊，下國之公子，而寡君之相也。無忌，亦忝公子之末，而與聞寡君之國政者也，范雎，則王之相也，秦王爲其相。他國之王孰不爲其相？今王以己之相，而求寡君之相，卽魏齊不足惜，寡君之相足惜，下國之公子亦足惜，寡君不堪其辱，王必欲齊，請以師見吾。』知秦必不敢再索魏齊，亦不敢戰。至若平原之素行，其它不如信陵，而是舉則在信陵之上。夫平原之與魏齊，越境之交耳。其始之留之也，尚不足爲平原異。及其被紿，見留於秦，而侃侃曰：『貴而爲交者，爲賤也。富而爲交者，爲貧也。魏齊者，勝友也。在固不出也，今又不在此。』其言有相如之風矣。是時秦雖不肯出平原於關，然其氣已屈。使趙王能用虞卿之言，必不捕魏齊而使廉頗、趙奢、李牧之徒以兵叩關，問罪於秦，曰：『魏齊，魏之公子，而又相也。平原君，寡君之弟，而又相也。范雎，則王之相也，秦王爲其相，他國之王孰不爲其相？今王以己之相而縶寡君之相，以求魏相。寡君不堪其辱，王必不出平原君於關，願以師見吾。』知秦必不敢害平原，亦不敢戰。然則是舉也，信陵能行之，魏可以自强，趙能成平原之美而行之，趙可以自强。而惜乎其皆不能，以遂秦之暴，以示六國之弱。以是知六國之必亡也。嗟乎，他人不能則亦無足責耳矣，信陵君之賢而亦不能是，可惜也。非特交臂失一虞卿而已也。宋之困於金也，函韓侂胄之首以予之，執田俊邁以予之。其人良不足惜，不知國體之辱，士氣之自此而不振也。

藝　文

清・彭定求等《全唐詩》卷一七〇《李白〈博平鄭太守自廬山千里相尋入江夏北市門見訪卻之武陵立馬贈別〉》　大梁貴公子，氣蓋蒼梧雲。

若無三千客，誰道信陵君。救趙復存魏，英威天下聞。邯鄲能屈節，訪博從毛薛。夷門得隱淪，而與侯生親。仍要鼓刀者，乃是袖槌人。好士不盡心，何能保其身。多君重然諾，意氣遥相託。五馬入市門，金鞍照城郭。都忘虎竹貴，且與荷衣樂。去去桃花源，何時見歸軒。相思無終極，腸斷朗江猿。

明・劉基《誠意伯劉文成公文集》卷一〇《結襪子》　昔有信陵君，乃在大梁城。親爲貴介弟，位冠諸侯卿。傾家待國士，倒屣延豪英。詣門謁朱亥，虚左上侯嬴。袖椎奪兵符，救趙蜚英聲。河外走蒙驁，宗社賴扶傾。于今不可見，寂寞傷人情。

清・王士禛《漁洋山人精華録》卷一〇《謁信陵君祠》　趣救邯鄲卻暴秦，十年留趙事酸辛。大梁歸後匆匆甚，日飲亡何近婦人。

雜録

《戰國策》卷二五《魏策四・信陵君殺晉鄙章》　信陵君殺晉鄙，救邯鄲，破秦人，存趙國，趙王自郊迎。唐且謂信陵君曰：『臣聞之曰，事有不可知者，有不可不知者；有不可忘者，有不可不忘者。』信陵君曰：『何謂也？』對曰：『人之憎我也，不可不知也；吾憎人也，不可得而知也。人之有德於我也，不可忘也；吾有德於人也，不可不忘也。今君殺晉鄙，救邯鄲，破秦人，存趙國，此大德也。今趙王自郊迎，卒然見趙王，臣願君之忘之也。』信陵君曰：『無忌謹受教。』

宋・司馬光《資治通鑑》卷五《周紀五》　（周赧王五十七年）初，魏公子無忌仁而下士，致食客三千人。魏有隱士曰侯嬴，年七十，家貧，爲大梁夷門監者。公子置酒大會賓客，坐定，公子從車騎虚左自迎侯生。侯生攝敝衣冠，直上載公子上坐不讓，公子執轡愈恭。侯生又謂公子曰：『臣有客在市屠中，願枉車騎過之。』公子引車入市，侯生下見其客朱亥，睥睨，故久立，與其客語，微察公子，公子色愈和；乃謝客就車，至公子家。公子引侯生坐上坐，遍贊賓客，賓客皆驚。及秦圍趙，趙平原君之夫人，公子無忌之姊也，平原君使者冠蓋相屬於魏，讓公子曰：『勝所以自附於婚姻者，以公子之高義，能急人之困也。今邯鄲旦暮降秦而魏救不至，縱公子輕勝棄之，獨不憐公子姊邪？』公子患之，數請魏王敕晉鄙令救趙，及賓客辯士遊説萬端，王終不聽。公子乃屬賓客，約車騎百餘乘，欲赴鬬以死於趙；過夷門，見侯生。侯生曰：『公子勉之矣，老臣不能從！』公子去，行數里，心不快，復還見侯生。侯生笑曰：『臣固知公子之還也！今公子無他端而欲赴秦軍，譬如以肉投餒虎，何功之有！』公子再拜問計。侯嬴屏人曰：『吾聞晉鄙兵符在王卧内，而如姬最幸，力能竊之。嘗聞公子爲如姬報其父仇，如姬欲爲公子死無所辭，公子誠一開口，則得虎符，奪晉鄙之兵，北救趙，西卻秦，此五伯之功也。』公子如其言，果得兵符。公子行，侯生曰：『將在外，君令有所不受。有如晉鄙合符而不授兵，復請之，則事危矣。臣客朱亥，其人力士，可與俱。晉鄙若聽，大善；不聽，可使擊之！』於是公子請朱亥與俱。至鄴，晉鄙合符，疑之，舉手視公子曰：『吾擁十萬之衆屯於境上，今單車來代之，何如哉？』朱亥袖四十斤鐵椎，椎殺晉鄙，公子遂勒兵下令軍中曰：『父子俱在軍中者，父歸；兄弟俱在軍中者，兄歸；獨子無兄弟者，歸養。』得選兵八萬人，將之而進。

王齕久圍邯鄲不拔，諸侯來救，戰數不利。【略】

（周赧王五十八年）魏公子無忌大破秦師於邯鄲下，王齕解邯鄲圍走。鄭安平爲趙所困，將二萬人降趙，應侯由是得罪。公子無忌既存趙，遂不敢歸魏，與賓客留居趙，使將將其軍還魏。趙王與平原君計，以五城封公子。趙王掃除自迎，執主人之禮，引公子就西階。公子側行辭讓，從東階上，自言罪過，以負於魏，無功於趙。趙王與公子飲至暮，口不忍獻五城，以公子退讓也。趙王以鄗爲公子湯沐邑。魏亦復以信陵奉公子。公子聞趙有處士毛公隱於博徒，薛公隱於賣漿家，欲見之。兩人不肯見，公子乃間步從之遊。平原君聞而非之。公子曰：『吾聞平原君之賢，故背魏而救趙。今平原君所與遊，徒豪舉耳，不求士也。以無忌從此兩人遊，尚恐其不我欲也，平原君乃以爲羞乎？』爲裝欲去。平原君免冠謝，乃止。

合縱連橫部

通紀概說分部

綜述

《史記》卷六九《蘇秦列傳》 蘇秦者，東周雒陽人也。《索隱》蘇秦字季子，蓋蘇忿生之後，己姓也。譙周云：『秦兄弟五人，秦最少。兄代，代弟厲及辟、鵠，並爲遊説之士。』此下云『秦弟代，代弟厲』也。《正義》：《戰國策》云：『蘇秦，雒陽乘軒里人也。』《藝文志》云《蘇子》三十一篇，在縱横流。敬王以子朝之亂從王城東遷雒陽故城，乃號東周，以王城爲西周。東事師於齊，而習之於鬼谷先生。《集解》徐廣曰：『潁川陽城有鬼谷，蓋是其人所居，因爲號。』駰案：《風俗通義》曰『鬼谷先生，六國時從横家』。《索隱》按：鬼谷，地名也。扶風池陽、潁川陽城並有鬼谷墟，蓋是其人所居，因爲號。又樂壹注《鬼谷子書》云『蘇秦欲神祕其道，故假名鬼谷』。【略】

（蘇秦説趙王曰）『故竊爲大王計，莫如一韓、魏、齊、楚、燕、趙以從親，以畔秦。令天下之將相會於洹水之上，《集解》徐廣曰：『洹水出汲郡林慮縣。』通質，《索隱》以言通其交質之情。刳白馬而盟。要約曰：「秦攻楚，齊、魏各出鋭師以佐之，韓絶其糧道，《索隱》謂擁兵於崤關之外，又守宜陽也。趙涉河漳，《索隱》謂趙亦涉河漳而西，欲與韓作援，以阻秦軍。燕守常山之北。秦攻韓魏，《正義》謂道蒲津之東攻之。則楚絶其後，《索隱》謂出兵武關，以絶秦兵之後。齊出鋭師而佐之，趙涉河漳，燕守雲中。秦攻齊，則楚絶其後，韓守城皋，《正義》在洛州氾水縣。魏塞其道，《索隱》按：其道卽河内之道。《戰國策》『其』作『午』。趙涉河漳、博關，《集解》徐廣曰：『齊威王六年，晉伐齊到博陵。東郡有博平縣。』燕出鋭師以佐之。秦攻燕，則趙守常山，楚軍武關，齊涉勃海，《正義》齊從滄州渡河至瀛州。韓、魏皆出鋭師以佐之。秦攻趙，則韓軍宜陽，楚軍武關，魏軍河外，《索隱》河外謂陝及曲沃等處也。《正義》謂同、華州。齊涉清河，《正義》齊從貝州過河而西。燕出鋭師以佐之。諸侯有不如約者，以五國之兵共伐之。」六國從親以賓秦，《索隱》謂六國之軍共爲合從相親，獨以秦爲賓而共伐之。則秦甲必不敢出於函谷以害山東矣。如此，則霸王之業成矣。』【略】

於是六國從合而幷力焉。蘇秦爲從約長，幷相六國。【略】

北報趙王，乃行過雒陽，車騎輜重，諸侯各發使送之甚衆，疑於王者。《索隱》疑作『擬』讀。周顯王聞之恐懼，除道，使人郊勞。《集解》：《儀禮》曰：『賓至近郊，君使卿朝服用束帛勞。』蘇秦之昆弟妻嫂側目不敢仰視，俯伏侍取食。蘇秦笑謂其嫂曰：『何前倨而後恭也？』嫂委虵蒲服，《索隱》委虵謂以面掩地而進，若虵行也。蒲服卽匍匐。以面掩地而謝曰：『見季子位高金多也。』《集解》譙周曰：『蘇秦字季子。』《索隱》按：其嫂呼小叔爲季子耳，未必卽其字。允南卽以爲字，未之得也。蘇秦喟然歎曰：『此一人之身，富貴則親戚畏懼之，貧賤則輕易之，況衆人乎！且使我有雒陽負郭田二頃，《索隱》負者，背也，枕也。近城之地，沃潤流澤，最爲膏腴，故曰『負郭』也。吾豈能佩六國相印乎！』於是散千金以賜宗族朋友。初，蘇秦之燕，貸人百錢爲資，及得富貴，以百金償之。徧報諸所嘗見德者。其從者有一人獨未得報，乃前自言。蘇秦曰：『我非忘子。子之與我至燕，再三欲去我易水之上，方是時，我困，故望子深，是以後子。子今亦得矣。』

蘇秦既約六國從親，歸趙，趙肅侯封爲武安君，乃投從約書於秦。《索隱》乃設從約書。案：諸本作『投』。言設者，謂宣布其從約六國之事以告於秦。若作『投』，亦爲易解。秦兵不敢闚函谷關十五年。

其後秦使犀首欺齊、魏，與共伐趙，欲敗從約。齊、魏伐趙，趙王讓蘇秦。蘇秦恐，請使燕，必報齊。蘇秦去趙《集解》徐廣曰：『自初説燕至此三年。』而從約皆解。

秦惠王以其女爲燕太子婦。是歲，文侯卒，太子立，是爲燕易王。易王初立，齊宣王因燕喪伐燕，取十城。易王謂蘇秦曰：『往日先生至燕，而先王資先生見趙，遂約六國從。今齊先伐趙，次至燕，以先生之故爲天

下笑，先生能爲燕得侵地乎？」蘇秦大慚，曰：『請爲王取之。』

蘇秦見齊王，再拜，俯而慶，仰而弔。《索隱》劉氏云：『當時慶弔應有其詞，但史家不録耳。』齊王曰：『是何慶弔相隨之速也？』蘇秦曰：『臣聞飢人所以飢而不食烏喙者，《集解》：《本草經》曰：『烏頭，一名烏喙。』《索隱》烏啄，今之毒藥烏頭是。《正義》：《廣雅》云：『蘸奚，毒附子也。一歲爲烏啄，三歲爲附子，四歲爲烏頭，五歲爲天雄。』爲其愈充腹而與餓死同患也。《索隱》劉氏以愈猶暫，非也。謂食烏頭爲其暫愈飢而充腹，少時毒發而死，亦與飢死同患也。今燕雖弱小，卽秦王之少婿也。大王利其十城而長與彊秦爲仇。今使弱燕爲雁行而彊秦敝其後，以招天下之精兵，是食烏喙之類也。』齊王愀然變色曰：『然則奈何？』蘇秦曰：『臣聞古之善制事者，轉禍爲福，因敗爲功。大王誠能聽臣計，卽歸燕之十城。燕無故而得十城，必喜；秦王知以己之故而歸燕之十城，亦必喜。此所謂棄仇讎而得石交者也。夫燕、秦俱事齊，則大王號令天下，莫敢不聽。是王以虚辭附秦，以十城取天下。此霸王之業也。』王曰：『善。』於是乃歸燕之十城。

人有毀蘇秦者曰：『左右賣國反覆之臣也，將作亂。』蘇秦恐得罪歸，而燕王不復官也。蘇秦見燕王曰：『臣，東周之鄙人也，無有分寸之功，而王親拜之於廟而禮之於廷。今臣爲王卻齊之兵［攻］而得十城，宜以益親。今來而王不官臣者，人必有以不信傷臣於王者。臣之不信，王之福也。臣聞忠信者，所以自爲也；進取者，所以爲人也。且臣之説齊王，曾非欺之也。臣弃老母於東周，固去自爲而行進取也。今有孝如曾參，廉如伯夷，信如尾生。得此三人者以事大王，何若？』王曰：『足矣。』蘇秦曰：『孝如曾參，義不離其親一宿於外，王又安能使之步行千里而事弱燕之危王哉？廉如伯夷，義不爲孤竹君之嗣，不肯爲武王臣，不受封侯而餓死首陽山下。有廉如此，王又安能使之步行千里而行進取於齊哉？信如尾生，與女子期於梁下，女子不來，水至不去，抱柱而死。有信如此，王又安能使之步行千里卻齊之彊兵哉？臣所謂以忠信得罪於上者也。』燕王曰：『若不忠信耳，豈有以忠信而得罪者乎？』蘇秦曰：『不然。臣聞客有遠爲吏而其妻私於人者，其夫將來，其私者憂之，妻曰「勿憂，吾已作藥酒待之矣」。居三日，其夫果至，妻使妾舉藥酒進之。妾欲言酒之有藥，則恐其逐主母也，欲勿言乎，則恐其殺主父也。於是乎詳僵而棄酒。《索隱》詳，詐也。僵，僕也。主父大怒，笞之五十。故妾一僵而覆酒，上存主父，下存主母，然而不免於笞，惡在乎忠信之無罪也？夫臣之過，不幸而類是乎！』燕王曰：『先生復就故官。』益厚遇之。

易王母，文侯夫人也，與蘇秦私通。燕王知之，而事之加厚。蘇秦恐誅，乃説燕王曰：『臣居燕不能使燕重，而在齊則燕必重。』燕王曰：『唯先生之所爲。』於是蘇秦詳爲得罪於燕而亡走齊，齊宣王以爲客卿。《集解》徐廣曰：『燕易王之十年時。』

齊宣王卒，湣王卽位，説湣王厚葬以明孝，高宮室大苑囿以明得意，欲破敝齊而爲燕。燕易王卒，《集解》徐廣曰：『易王十二年卒。』燕噲立爲王。其後齊大夫多與蘇秦爭寵者，而使人刺蘇秦，不死，殊而走。《集解》：《風俗通義》稱漢令『蠻夷戎狄有罪當殊』。殊者，死也，與誅同指。而此云『不死，殊而走』者，蘇秦時雖不卽死，然是死創，故云『殊』。齊王使人求賊，不得。蘇秦且死，乃謂齊王曰：『臣卽死，車裂臣以徇於市，曰「蘇秦爲燕作亂於齊」，如此則臣之賊必得矣。』於是如其言，而殺蘇秦者果自出，齊王因而誅之。燕聞之曰：『甚矣，齊之爲蘇生《集解》徐廣曰：『一作「先」。』報仇也！』

蘇秦既死，其事大泄。齊後聞之，乃恨怒燕。燕甚恐。蘇秦之弟曰代，代弟蘇厲，見兄遂，亦皆學。及蘇秦死，代乃求見燕王，欲襲故事。曰：『臣，東周之鄙人也。竊聞大王義甚高，鄙人不敏，釋鉏耨而干大王。至於邯鄲，所見者絀於所聞於東周，臣竊負其志。及至燕廷，觀王之羣臣下吏，王，天下之明王也。』燕王曰：『子所謂明王者何如也？』對曰：『臣聞明王務聞其過，不欲聞其善，臣請謁王之過。夫齊、趙者，燕之仇讎也；楚、魏者，燕之援國也。今王奉仇讎以伐援國，非所以利燕也。王自慮之，此則計過，無以聞者，非忠臣也。』王曰：『夫齊者固寡人之讎，所欲伐也，直患國敝力不足也。子能以燕伐齊，則寡人舉國委子。』對曰：『凡天下戰國七，燕處弱焉。獨戰則不能，有所附則無不重。南附楚，楚重；西附秦，秦重；中附韓、魏，韓、魏重。且苟所附之國重，此必使王重矣。《正義》言附諸國，諸國重燕而燕尊重。今夫齊，長主《索隱》按：謂齊王年長也。或作『齊彊，故言長主』。而自用也。南攻楚五年，畜聚竭；西困秦三年，士卒罷敝；北與燕人戰，覆三軍，得二將。《集解》

徐廣曰：『齊覆三而燕失二將。』《索隱》按：徐廣云『齊覆三軍而燕失二將』。又《戰國策》云『獲二將』，亦謂燕之二將，是燕之失也。然而以其餘兵南面舉五千乘之大宋，《正義》：《齊表》云『齊湣王三十八年滅宋』，乃當赧王二十九年。此說乃燕噲之時，當周慎王之時，齊［滅］宋在前三十餘年，恐文誤矣。而包十二諸侯。此其君欲得，其民力竭，惡足取乎！且臣聞之，數戰則民勞，久師則兵敝矣。』燕王曰：『吾聞齊有清濟、濁河《正義》濟、漯二水上承黄河，並淄、青之北流入海。黄河又一源從洛、魏二州界北流入海，亦齊西北界。可以爲固，長城、鉅防《集解》徐廣曰：『濟北盧縣有防門，又有長城東至海。』《正義》長城西頭在濟州平陰縣界。《竹書紀年》云：『梁惠王二十年，齊閔王築防以爲長城。』《太山記》云：『太山西有長城，緣河經太山，餘一千里，至琅邪臺入海。』足以爲塞，誠有之乎？』對曰：『天時不與，雖有清濟、濁河，惡足以爲固！民力罷敝，雖有長城、鉅防，惡足以爲塞！且異日濟西不師，《正義》濟州已西也。所以備趙也；河北不師，《正義》謂滄、博等州，在漯河之北。所以備燕也。今濟西河北盡已役矣，封内敝矣。夫驕君必好利，而亡國之臣必貪於財。王誠能無羞從子母弟《索隱》：《戰國策》『從』作『寵』。以爲質，寶珠玉帛以事左右，彼將有德燕而輕亡宋，則齊可亡已。』燕王曰：『吾終以子受命於天矣。』燕乃使一子質於齊。而蘇厲因燕質子而求見齊王。齊王怨蘇秦，欲囚蘇厲。燕質子爲謝，已遂委質爲齊臣。

燕相子之與蘇代婚，而欲得燕權，乃使蘇代侍質子於齊。齊使代報燕，燕王噲問曰：『齊王其霸乎？』曰：『不能。』曰：『何也？』曰：『不信其臣。』於是燕王專任子之，已而讓位，燕大亂。齊伐燕，殺王噲、子之。《集解》徐廣曰：『是周赧王之元年時也。』燕立昭王，而蘇代、蘇厲遂不敢入燕，皆終歸齊，齊善待之。【略】

齊伐宋，宋急，蘇代乃遺燕昭王書曰：《正義》此書爲宋説燕，令莫助齊、梁。

夫列在萬乘而寄質於齊，《正義》燕前有一子質於齊。名卑而權輕；奉萬乘助齊伐宋，民勞而實費；夫破宋，殘楚淮北，肥大齊，讎彊而國害：此三者皆國之大敗也。然且王行之者，將以取信於齊也。齊加不信於王，而忌燕愈甚，是王之計過矣。夫以宋加之淮北，强萬乘之國也，而齊并之，是益一齊也。《正義》更以淮北之地加於齊都，是强萬乘之國而齊總并之，是益一齊。北夷方七百里，《索隱》謂山戎、北狄附齊者。《正義》齊桓公伐山戎、令支，斬孤竹而南歸海濱，諸侯莫不來服。加之以魯、衛，彊萬乘之國也，而齊并之，是益二齊也。夫一齊之彊，燕猶狼顧而不能支，今以三齊臨燕，其禍必大矣。

雖然，智者舉事，因禍爲福，轉敗爲功。齊紫，敗素也，《集解》徐廣曰：『取敗素染以爲紫。』《正義》齊君好紫，故齊俗尚之。取惡素帛染爲紫，其價十倍貴於餘。喻齊雖有大名，而國中以困弊也。韓子云：『齊桓公好服紫，一國盡服紫，當時十素不得一紫，公患之。管仲曰：「君欲止之，何不試勿衣也？」公謂左右曰：「惡紫臭。」公語三日，境内莫有衣紫者。』而賈十倍；《索隱》按：謂紫色價貴於帛十倍，而本是敗素。以喻齊雖有大名，而其國中困斃也。越王句踐棲於會稽，復殘彊吳而霸天下：此皆因禍爲福，轉敗爲功者也。

今王若欲因禍爲福，轉敗爲功，則莫若挑霸齊而尊之，《正義》挑，執持也。使使盟於周室，焚秦符，曰《正義》符，徵兆也。『其大上計，破秦；其次，必長賓之』。《索隱》賓爲『擯』。《正義》大好上計策，破秦；次計，長擯棄關西。秦挾賓以待破，秦王必患之。秦五世伐諸侯，今爲齊下，秦王之志苟得窮齊，不憚以國爲功。然則王何不使辯士以此言説秦王曰：『燕、趙破宋肥齊，尊之爲之下者，燕、趙非利之也。燕、趙不利而勢爲之者，以不信秦王也。然則王何不使可信者接收燕、趙，令涇陽君、高陵君《集解》徐廣曰馮翊高陵縣。《索隱》二人，秦王母弟也。高陵君名顯。涇陽君名悝。先於燕、趙？秦有變，因以爲質，則燕、趙信秦。秦爲西帝，燕爲北帝，趙爲中帝，立三帝以令於天下。韓、魏不聽則秦伐之，齊不聽則燕、趙伐之，天下孰敢不聽？天下服聽，因驅韓、魏以伐齊，曰「必反宋地，歸楚淮北」。反宋地，歸楚淮北，燕、趙之所利也；並立三帝，燕、趙之所願也。夫實得所利，尊得所願，燕、趙棄齊如脱躧矣。今不收燕、趙，齊霸必成。諸侯贊齊而王不從，是國伐也；諸侯贊齊而王從之，是名卑也。今收燕、趙，國安而名尊；不收燕、趙，國危而名卑。夫去尊安而取危卑，智者不爲也。』秦王聞若説，必若刺心然。則王何不使辯士以此若言説秦？秦必取，齊必伐矣。

夫取秦，厚交也；伐齊，正利也。尊厚交，務正利，聖王之事也。

燕昭王善其書，曰：『先人嘗有德蘇氏，子之之亂而蘇氏去燕。燕欲

報仇於齊，非蘇氏莫可。』乃召蘇代，復善待之，與謀伐齊。竟破齊，湣王出走。

又　卷七〇《張儀列傳》　張儀者，魏人也。《集解》：《呂氏春秋》曰：『儀，魏氏餘子。』《索隱》按：晉有大夫張老，又河東有張城，張氏爲魏人必也。而《呂覽》以爲魏氏餘子，則蓋魏之支庶也。又《書略》説餘子謂庶子也。《正義》：《左傳》晉有公族、餘子、公行。杜預云：『皆官卿之嫡爲公族大夫。餘子，嫡子之母弟也。公行，庶子掌公戎行也。』《藝文志》云《張子》十篇，在縱橫流。始嘗與蘇秦俱事鬼谷先生，學術，蘇秦自以不及張儀。【略】

蘇秦已説趙王而得相約從親，然恐秦之攻諸侯，敗約後負，念莫可使用於秦者，乃使人微感張儀曰：『子始與蘇秦善，今秦已當路，子何不往遊，以求通子之願？』張儀於是之趙，上謁求見蘇秦。蘇秦乃誡門下人不爲通，又使不得去者數日。已而見之，坐之堂下，賜僕妾之食。因而數讓之《索隱》按：謂數設詞而讓之。讓亦責也。曰：『以子之材能，乃自令困辱至此。吾寧不能言而富貴子，子不足收也。』謝去之。張儀之來也，自以爲故人，求益，反見辱，怒，念諸侯莫可事，獨秦能苦趙，乃遂入秦。

蘇秦已而告其舍人曰：『張儀，天下賢士，吾殆弗如也。今吾幸先用，而能用秦柄者，獨張儀可耳。然貧，無因以進。吾恐其樂小利而不遂，故召辱之，以激其意。子爲我陰奉之。』乃言趙王，發金幣車馬，使人微隨張儀，與同宿舍，稍稍近就之，奉以車馬金錢，所欲用，爲取給，而弗告。張儀遂得以見秦惠王。惠王以爲客卿，與謀伐諸侯。【略】

張儀復説魏王曰：『魏地方不至千里，卒不過三十萬。地四平，諸侯四通輻湊，無名山大川之限。從鄭至梁二百餘里，車馳人走，不待力而至。梁南與楚境，西與韓境，北與趙境，東與齊境，卒戍四方，守亭鄣者不下十萬。梁之地勢，固戰場也。梁南與楚而不與齊，則齊攻其東；東與齊而不與趙，則趙攻其北；不合於韓，則韓攻其西；不親於楚，則楚攻其南：此所謂四分五裂之道也。

『且夫諸侯之爲從者，將以安社稷尊主彊兵顯名也。今從者一天下，約爲昆弟，刑白馬以盟洹水之上，以相堅也。而親昆弟同父母，尚有爭錢財，而欲恃詐僞反覆蘇秦之餘謀，其不可成亦明矣。

『大王不事秦，秦下兵攻河外，《索隱》河之西，即曲沃、平周之邑等。《正義》河外即卷、衍、燕、酸棗。據卷、衍、［燕］、酸棗，《索隱》卷縣在河南。衍，地名。《正義》卷、衍屬鄭州；燕，滑州胙城縣；酸棗屬滑州：皆黄河南岸地。劫衛取陽晉，《正義》故城在曹州乘氏縣西北三十七里。則趙不南，趙不南而梁不北，梁不北則從道絶，從道絶則大王之國欲毋危不可得也。秦折韓而攻梁，《索隱》：《戰國策》『折』作『挾』也。韓怯於秦，秦韓爲一，梁之亡可立而須也。此臣之所爲大王患也。

『爲大王計，莫如事秦。事秦則楚、韓必不敢動；無楚、韓之患，則大王高枕而臥，國必無憂矣。

『且夫秦之所欲弱者莫如楚，而能弱楚者莫如梁。楚雖有富大之名而實空虚；其卒雖多，然而輕走易北，不能堅戰。悉梁之兵南面而伐楚，勝之必矣。割楚而益梁，虧楚而適秦，嫁禍安國，此善事也。大王不聽臣，秦下甲士而東伐，雖欲事秦，不可得矣。

『且夫從人多奮辭而少可信，説一諸侯而成封侯，是故天下之遊談士莫不日夜搤腕瞋目切齒以言從之便，以説人主。人主賢其辯而牽其説，豈得無眩哉。

『臣聞之，積羽沈舟，羣輕折軸，衆口鑠金，積毀銷骨，故願大王審定計議，且賜骸骨辟魏。』

哀王於是乃倍從約而因儀請成於秦。張儀歸，復相秦。三歲而魏復背秦爲從。秦攻魏，取曲沃。明年，魏復事秦。

秦欲伐齊，齊楚從親，於是張儀往相楚。楚懷王聞張儀來，虚上舍而自館之。曰：『此僻陋之國，子何以教之？』儀説楚王曰：『大王誠能聽臣，閉關絶約於齊，臣請獻商於之地六百里，《索隱》劉氏云：『商即今之商州，有古商城；其西二百餘里有古於城。』使秦女得爲大王箕帚之妾，秦楚娶婦嫁女，長爲兄弟之國。此北弱齊而西益秦也，計無便此者。』楚王大説而許之。羣臣皆賀，陳軫獨弔之。楚王怒曰：『寡人不興師發兵得六百里地，羣臣皆賀，子獨弔，何也？』陳軫對曰：『不然，以臣觀之，商於之地不可得而齊秦合，齊秦合則患必至矣。』楚王曰：『有説乎？』陳軫對曰：『夫秦之所以重楚者，以其有齊也。今閉關絶約於齊，則楚孤。秦奚貪夫孤國，而與之商於之地六百里？張儀至秦，必負王，是北絶齊交，西生患於秦也，而兩國之兵必俱至。善爲王計者，不若陰合而陽絶於齊，

使人隨張儀。苟與吾地，絶齊未晚也；不與吾地，陰合謀計也。」楚王曰：『願陳子閉口毋復言，以待寡人得地。』乃以相印授張儀，厚賂之。於是遂閉關絶約於齊，使一將軍隨張儀。

張儀至秦，詳失綏墮車，不朝三月。楚王聞之，曰：『儀以寡人絶齊未甚邪？』乃使勇士至宋，借宋之符，北罵齊王。齊王大怒，折節而下秦。秦齊之交合，張儀乃朝，謂楚使者曰：『臣有奉邑六里，願以獻大王左右。』楚使者曰：『臣受令於王，以商於之地六百里，不聞六里。』還報楚王，楚王大怒，發兵而攻秦。陳軫曰：『軫可發口言乎？攻之不如割地反以賂秦，與之并兵而攻齊，是我出地於秦，取償於齊也，王國尚可存。』楚王不聽，卒發兵而使將軍屈匄擊秦。秦齊共攻楚，斬首八萬，殺屈匄，遂取丹陽、《集解》徐廣曰：『在枝江。』漢中之地。《正義》今梁州也，在漢水北。楚又復益發兵而襲秦，至藍田，大戰，楚大敗，於是楚割兩城以與秦平。

秦要楚欲得黔中地，欲以武關外《正義》即商於之地。易之。楚王曰：『不願易地，願得張儀而獻黔中地。』秦王欲遣之，口弗忍言。張儀乃請行。惠王曰：『彼楚王怒子之負以商於之地，是且甘心於子。』張儀曰：『秦彊楚弱，臣善靳尚，尚得事楚夫人鄭袖，袖所言皆從。且臣奉王之節使楚，楚何敢加誅。假令誅臣而爲秦得黔中之地，臣之上願。』遂使楚。楚懷王至則囚張儀，將殺之。靳尚謂鄭袖曰：『子亦知子之賤於王乎？』鄭袖曰：『何也？』靳尚曰：『秦王甚愛張儀而不欲出之，《索隱》按：「不」字當作「必」。時張儀爲楚所囚，故必欲出之也。《正義》秦王不欲出張儀使楚，若欲自行，今秦欲以上庸地及美人贖儀。今將以上庸之地六縣《正義》今房州也。賂楚，美人聘楚，以宫中善歌謳者爲媵。楚王重地尊秦，秦女必貴而夫人斥矣。不若爲言而出之。』於是鄭袖日夜言懷王曰：『人臣各爲其主用。今地未入秦，秦使張儀來，至重王。王未有禮而殺張儀，秦必大怒攻楚。妾請子母俱遷江南，毋爲秦所魚肉也。』懷王後悔，赦張儀，厚禮之如故。

《漢書》卷三〇《藝文志》 從横家者流，蓋出於行人之官。孔子曰：『誦《詩》三百，使於四方，不能專對，雖多亦奚以爲？』又曰：『使乎，使乎！』言其當權事制宜，受命而不受辭。此其所長也。及邪人爲之，則上詐諼而棄其信。

宋・司馬光《資治通鑑》卷二《周紀二》（周顯王三十六年）初，洛陽人蘇秦説秦王以兼天下之術，秦王不用其言。蘇秦乃去，説燕文公曰：『燕之所以不犯寇被甲兵者，以趙之爲蔽其南也。且秦之攻燕也，戰於千里之外；趙之攻燕也，戰於百里之內。夫不憂百里之患而重千里之外，計無過於此者。願大王與趙從親，天下爲一，則燕國必無患矣。』

文公從之，資蘇秦車馬，以説趙肅侯曰：『當今之時，山東之建國莫强於趙，秦之所害亦莫如趙。然而秦不敢舉兵伐趙者，畏韓、魏之議其後也。秦之攻韓、魏也，無有名山大川之限，稍蠶食之，傅國都而止。韓、魏不能支秦，必入臣於秦。秦無韓、魏之規則禍中於趙矣。臣以天下地圖案之，諸侯之地五倍於秦，料度諸侯之卒十倍於秦。六國爲一，并力西鄉而攻秦，秦必破矣。夫衡人者皆欲割諸侯之地以與秦，秦成則其身富榮，國被秦患而不與其憂，是以衡人日夜務以秦權恐愓諸侯，以求割地。故願大王熟計之也！竊爲大王計，莫如一韓、魏、齊、楚、燕、趙爲從親以畔秦，令天下之將相會於洹水之上，通質結盟，約曰：「秦攻一國，五國各出鋭師，或橈秦，或救之。有不如約者，五國共伐之！」諸侯從親以擯秦，秦甲必不敢出於函谷以害山東矣。』肅侯大説，厚待蘇秦，尊寵賜賚之，以約於諸侯。

會秦使犀首伐魏，大敗其師四萬餘人，禽將龍賈，取雕陰，且欲東兵。蘇秦恐秦兵至趙而敗從約，念莫可使用於秦者，乃激怒張儀，入之於秦。

張儀者，魏人，與蘇秦俱事鬼谷先生，學縱横之術，蘇秦自以爲不及也。儀遊諸侯無所遇，困於楚，蘇秦故召而辱之。儀恐，念諸侯獨秦能苦趙，遂入秦。蘇秦陰遣其舍人齎金幣資儀，儀得見秦王。秦王説之，以爲客卿。舍人辭去，曰：『蘇君憂秦伐趙敗從約，以爲非君莫能得秦柄，故激怒君，使臣陰奉給君資，盡蘇君之計謀也。』張儀曰：『嗟乎！此在吾術中而不悟，吾不及蘇君明矣。爲吾謝蘇君，蘇君之時，儀何敢言！』

於是蘇秦説韓宣惠王曰：『韓地方九百餘里，帶甲數十萬，天下之强弓、勁弩、利劍皆從韓出。韓卒超足而射，百發不暇止。以韓卒之勇，被堅甲，蹠勁弩，帶利劍，一人當百，不足言也。大王事秦，秦必求宜陽、成皋。今兹效之，明年復求割地。與則無地以給之，不與則棄前功，受後

禍。且大王之地有盡而秦之求無已，以有盡之地逆無已之求，此所謂市怨結禍者也。不戰而地已削矣！鄙諺曰：「寧爲雞口，無爲牛後。」夫以大王之賢，挾强韓之兵，而有牛後之名，臣竊爲大王羞之。』韓王從其言。

蘇秦說魏王曰：『大王之地方千里，地名雖小，然而田舍廬廡之數，曾無所芻牧。人民之衆，車馬之多，日夜行不絶，輷輷殷殷，若有三軍之衆。臣竊量大王之國不下楚。今竊聞大王之卒，武士二十萬，蒼頭二十萬，奮擊二十萬，廝徒十萬；車六百乘，騎五千匹，乃聽於羣臣之說，而欲臣事秦！故敝邑趙王使臣效愚計，奉明約，在大王之詔詔之。』魏王聽之。

蘇秦說齊王曰：『齊四塞之國，地方二千餘里，帶甲數十萬，粟如丘山。三軍之良，五家之兵，進如鋒矢，戰如雷霆，解如風雨。卽有軍役，未嘗倍泰山，絶清河，涉渤海也。臨菑之中七萬户，臣竊度之，不下户三男子，不待發於遠縣，而臨淄之卒固已二十一萬矣。臨淄甚富而實，其民無不鬬雞、走狗、六博、闒鞠。臨淄之塗，車轂擊，人肩摩，連衽成帷，揮汗成雨。夫韓、魏之所以重畏秦者，爲與秦接境壤也。兵出而相當，不十日而戰，勝存亡之機決矣。韓、魏戰而勝秦，則兵半折，四境不守；戰而不勝，則國已危亡隨其後。是故韓、魏之所以重與秦戰而輕爲之臣也。今秦之攻齊則不然。倍韓、魏之地，過衛陽晉之道，經乎亢父之險，車不得方軌，騎不得比行。百人守險，千人不敢過也。秦雖欲深入則狼顧，恐韓、魏之議其後也。是故恫疑、虛喝，驕矜而不敢進，則秦之不能害齊亦明矣。夫不深料秦之無奈齊何，而欲西面而事之，是羣臣之計過也。今無臣事秦之名而有强國之實，臣是故願大王少留意計之。』齊王許之。

乃西南說楚威王曰：『楚，天下之强國也，地方六千餘里，帶甲百萬，車千乘，騎萬匹，粟支十年，此霸王之資也。秦之所害莫如楚，楚强則秦弱，秦强則楚弱，其勢不兩立。故爲大王計，莫如從親以孤秦。臣請令山東之國奉四時之獻，以承大王之明詔。委社稷，奉宗廟，練士厲兵，在大王之所用之。故從親則諸侯割地以事楚，衡合則楚割地以事秦。此兩策者相去遠矣，大王何居焉？』楚王亦許之。

於是蘇秦爲從約長，并相六國，北報趙，車騎輜重擬於王者。

（周顯王三十七年）秦惠王使犀首欺齊、魏，與共伐趙，以敗從約。趙肅侯讓蘇秦，蘇秦恐，請使燕，必報齊。蘇秦去趙而從約皆解。趙人決河水以灌齊、魏之師，齊、魏之師乃去。

魏以陰晉爲和於秦，實華陰。

齊王伐燕，取十城，已而復歸之。

（周顯王三十九年）秦伐魏，圍焦、曲沃。魏入少梁、河西地於秦。

（周顯王四十年）秦伐魏，渡河，取汾陰、皮氏，拔焦。【略】

（周顯王四十一年）秦公子華、張儀帥師圍魏蒲陽，取之。張儀言於秦王，請以蒲陽復與魏，而使公子繇質於魏。儀因說魏王曰：『秦之遇魏甚厚，魏不可以無禮於秦。』魏因盡入上郡十五縣以謝焉。張儀歸而相秦。【略】

（周顯王四十五年）秦張儀帥師伐魏，取陝。

蘇秦通於燕文公之夫人，易王知之。蘇秦恐，乃說易王曰：『臣居燕不能使燕重，而在齊則燕重。』易王許之。乃僞得罪於燕而奔齊，齊宣王以爲客卿。蘇秦說齊王高宫室，大苑囿，以明得意，欲以敝齊而爲燕。

（周顯王四十六年）秦張儀及齊、楚之相會齧桑。【略】

（周顯王四十七年）秦張儀自齧桑還而免相，相魏。欲令魏先事秦而諸侯效之，魏王不聽。秦王伐魏，取曲沃、平周。復陰厚張儀益甚。

（周顯王四十八年）韓宣惠王欲兩用公仲、公叔爲政，問於繆留。對曰：『不可，晉用六卿而國分；齊簡公用陳成子及闞止而見殺；魏用犀首、張儀而西河之外亡。今君兩用之，其多力者内樹黨，其寡力者藉外權。羣臣有内樹黨以驕主，有外爲交以削地，君之國危矣。』

又 卷三《周紀三》 楚、趙、魏、韓、燕同伐秦，攻函谷關。秦人出兵逆之，五國之師皆敗走。

宋初稱王。

（周慎靚王四年）秦敗韓師于脩魚，斬首八萬級，虜其將鰒、申差於濁澤。諸侯振恐。

齊大夫與蘇秦爭寵，使人刺秦，殺之。

張儀說魏襄王曰：『梁地方不至千里，卒不過三十萬，地四平，無名山大川之限，卒戍楚、韓、齊、趙之境，守亭、障者不過十萬，梁之地勢

固戰場也。夫諸侯之約從，盟於洹水之上，結爲兄弟以相堅也。今親兄弟同父母，尚有爭錢財相殺傷，而欲恃反覆蘇秦之餘謀，其不可成亦明矣。大王不事秦，秦下兵攻河外，據卷衍、酸棗，劫衛，取陽晉，則趙不南，趙不南而梁不北，梁不北則從道絶，從道絶則大王之國欲毋危不可得也。故願大王審定計議，且賜骸骨。」魏王乃倍從約，而因儀以請成於秦。張儀歸，復相秦。

（周慎靚王五年）蘇秦既死，秦弟代、厲亦以遊説顯於諸侯。燕相子之與蘇代婚，欲得燕權。蘇代使於齊而還，燕王噲問曰：「齊王其霸乎？」對曰：「不能。」王曰：「何故？」對曰：「不信其臣。」於是燕王專任子之。【略】

（周赧王元年）秦人侵義渠，得二十五城。

魏人叛秦。秦人伐魏，取曲沃而歸其人。又敗韓於岸門，韓太子倉入質於秦以和。【略】

（周赧王二年）秦右更疾伐趙。拔藺，虜其將莊豹。

秦王欲伐齊，患齊、楚之從親，乃使張儀至楚，説楚王曰：「大王誠能聽臣，閉關絶約於齊，臣請獻商於之地六百里，使秦女得爲大王箕帚之妾，秦、楚嫁女娶婦，長爲兄弟之國。」楚王説而許之。羣臣皆賀，陳軫獨弔。王怒曰：「寡人不興師而得六百里地，何弔也？」對曰：「不然。以臣觀之，商於之地不可得而齊、秦合。齊、秦合則患必至矣！」王曰：「有説乎？」對曰：「夫秦之所以重楚者，以其有齊也。今閉關絶約於齊，則楚孤，秦奚貪夫孤國而與之商於之地六百里？張儀至秦，必負王。是王北絶齊交，西生患於秦也。兩國之兵必俱至。爲王計者，不若陰合而陽絶於齊，使人隨張儀。苟與吾地，絶齊未晚也。」王曰：「願陳子閉口，毋復言，以待寡人得地！」乃以相印授張儀，厚賜之。遂閉關絶約於齊，使一將軍隨張儀至秦。

張儀佯墮車，不朝三月。楚王聞之，曰：「儀以寡人絶齊未甚邪？」乃使勇士宋遺借宋之符，北罵齊王。齊王大怒，折節以事秦，齊、秦之交合。張儀乃朝，見楚使者曰：「子何不受地？從某至某，廣袤六里。」使者怒，還報楚王。楚王大怒，欲發兵而攻秦。陳軫曰：「軫可發口言乎？攻之不如因賂之以一名都，與之并力而攻齊，是我亡地於秦，取償於齊也。今王已絶於齊而責欺於秦，是吾合秦、齊之交而來天下之兵也，國必大傷矣！」楚王不聽，使屈匄帥師伐秦。秦亦發兵使庶長章擊之。【略】

（周赧王四年）秦惠王使人告楚懷王，請以武關之外易黔中地。楚王曰：「不願易地，願得張儀而獻黔中地。」張儀聞之，請行。王曰：「楚將甘心於子，奈何行？」張儀曰：「秦強楚弱，大王在，楚不宜敢取臣。且臣善其嬖臣靳尚，靳尚得事幸姬鄭袖，袖之言，王無不聽者。」遂往。楚王囚，將殺之。靳尚謂鄭袖曰：「秦王甚愛張儀，將以上庸六縣及美女贖之。王重地尊秦，秦女必貴而夫人斥矣。」於是鄭袖日夜泣於楚王曰：「臣各爲其主耳。今殺張儀，秦必大怒。妾請子母俱遷江南，毋爲秦所魚肉也！」王乃赦張儀而厚禮之。張儀因説楚王曰：「夫爲從者無以異於驅羣羊而攻猛虎，不格明矣。今王不事秦，秦劫韓驅梁而攻楚，則楚危矣。秦西有巴、蜀，治船積粟，浮岷江而下，一日行五百餘里，不至十日而拒扞關，扞關驚則從境以東盡城守矣，黔中、巫郡非王之有。秦舉甲出武關，則北地絶。秦兵之攻楚也，危難在三月之內，而楚待諸侯之救在半歲之外。夫待弱國之救，忘强秦之禍，此臣所爲大王患也。大王誠能聽臣，臣請令秦、楚長爲兄弟之國，無相攻伐。」楚王已得張儀而重出黔中地，乃許之。

張儀遂之韓，説韓王曰：「韓地險惡山居，五穀所生，非菽而麥，國無二歲之食，見卒不過二十萬。秦被甲百餘萬。山東之士被甲蒙冑以會戰，秦人捐甲徒裼以趨敵，左挈人頭，右挾生虜。夫戰孟賁、烏獲之士以攻不服之弱國，無異垂千鈞之重於鳥卵之上，必無幸矣。大王不事秦，秦下甲據宜陽，塞成皋，則王之國分矣。鴻臺之宮，桑林之苑，非王之有也。爲大王計，莫如事秦而攻楚，以轉禍而悦秦。計無便於此者。」韓王許之。

張儀歸報，秦王封以六邑，號武信君。復使東説齊王曰：「從人説大王者必曰：『齊蔽於三晉，地廣民衆，兵強士勇，雖有百秦，將無奈齊何。』大王賢其説而不計其實。今秦、楚嫁女娶婦，爲昆弟之國；韓獻宜陽；梁效河外；趙王入朝，割河間以事秦。大王不事秦，秦驅韓、梁攻齊之南地，悉趙兵，渡清河，指博關，臨菑、即墨非王之有也！國一日見攻，雖欲事秦，不可得也！」齊王許張儀。

張儀去，西説趙王曰：『大王收率天下以擯秦，秦兵不敢出函谷關十五年。大王之威行於山東，敝邑恐懼，繕甲厲兵，力田積粟，愁居懾處，不敢動摇，唯大王有意督過之也。今以大王之力，舉巴、蜀，并漢中，包兩周，守白馬之津。秦雖僻遠，然而心忿含怒之日久矣。今秦有敝甲凋兵軍於澠池，願渡河，逾漳，據番吾，會邯鄲之下，願以甲子合戰，正殷紂之事。謹使使臣先聞左右。今楚與秦爲昆弟之國，而韓、梁稱東藩之臣，齊獻魚鹽之地，此斷趙之右肩也。夫斷右肩而與人鬬，失其黨而孤居，求欲毋危得乎？今秦發三將軍，其一軍塞午道，告齊使渡清河，軍於邯鄲之東；一軍軍成皋，驅韓、梁軍於河外；一軍軍於澠池，約四國爲一以攻趙，趙服必四分其地。臣竊爲大王計，莫如與秦王面相約而口相結，常爲兄弟之國也。』趙王許之。

張儀乃北之燕，説燕王曰：『今趙王已入朝，效河間以事秦。大王不事秦，秦下甲雲中、九原，驅趙而攻燕，則易水、長城非大王之有也。且今時齊、趙之於秦，猶郡縣也，不敢妄舉師以攻伐。今王事秦，長無齊、趙之患矣。』燕王請獻常山之尾五城以和。

張儀歸報，未至咸陽，秦惠王薨，子武王立。武王自爲太子時，不説張儀，及卽位，羣臣多毁短之。諸侯聞儀與秦王有隙，皆畔衡，復合從。

（周赧王五年）張儀説秦武王曰：『爲王計者，東方有變，然後王可以多割得地也。臣聞齊王甚憎臣，臣之所在，齊必伐之。臣願乞其不肖之身以之梁，齊必伐梁，齊、梁交兵而不能相去，王以其間伐韓，入三川，挾天子，案圖籍，此王業也。』王許之。齊王果伐梁，梁王恐。張儀曰：『王勿患也。請令齊罷兵。』乃使其舍人之楚，借使謂齊王曰：『甚矣王之託儀於秦也！』齊王曰：『何故？』楚使者曰：『張儀之去秦也固與秦王謀矣，欲齊、梁相攻而令秦取三川也。今王果伐梁，是王内罷國而外伐與國，而信儀於秦王也。』齊王乃解兵還。張儀相魏一歲，卒。

儀與蘇秦皆以縱横之術遊諸侯，致位富貴，天下爭慕效之。又有魏人公孫衍者，號曰犀首，亦以談説顯名。其餘蘇代、蘇厲、周最、樓緩之徒，紛紜遍於天下，務以辯詐相高，不可勝紀。而儀、秦、衍最著。

論説

《韓非子》卷一九《五蠹篇》 今則不然，士民縱恣於内，言談者爲勢於外，外内稱惡，以待强敵，不亦殆乎！故羣臣之言外事者，非有分於從衡之黨，則有仇讎之忠，而借力於國也。從者，合衆弱以攻一强也；而衡者，事一强以攻衆弱也；皆非所以持國也。今人臣之言衡者，皆曰：『不事大則遇敵受禍矣。』事大未必有實，則舉圖而委，效璽而請兵矣。獻圖則地削，效璽則名卑，地削則國削，名卑則政亂矣。事大爲衡未見其利也，而亡地亂政矣。人臣之言從者，皆曰：『不救小而伐大則失天下，失天下則國危，國危而主卑。』救小未必有實，則起兵而敵大矣。救小未必能存，而交大未必不有疏，有疏則爲强國制矣。出兵則軍敗，退守則城拔，救小爲從未見其利，而亡地敗軍矣。是故事强則以外權士官於内，救小則以内重求利於外，國利未立，封土厚禄至矣；主上雖卑，人臣尊矣；國地雖削，私家富矣。事成則以權長重，事敗則以富退處。人主之於其聽説於其臣，事未成則爵禄已尊矣；事敗而弗誅，則遊説之士孰不爲用矰繳之説而徼倖其後？故破國亡主以聽言談者之浮説，此其故何也？是人君不明乎公私之利，不察當否之言，而誅罰不必其後也。皆曰『外事大可以王，小可以安。』夫王者，能攻人者也；而安，則不可攻也。强，則能攻人者也；治，則不可攻也。治强不可責於外，内政之有也。今不行法術於内，而事智於外，則不至於治强矣。鄙諺曰：『長袖善舞，多錢善賈。』此言多資之易爲工也。故治强易爲謀，弱亂難爲計。故用於秦者十變而謀希失，用於燕者一變而計希得，非用於秦者必智，用於燕者必愚也，蓋治亂之資異也。故周去秦爲從，期年而舉；衛離魏爲衡，半歲而亡。是周滅於從，衛亡於衡也。使周、衛緩其從衡之計，而嚴其境内之治，明其法禁，必其賞罰，盡其地力，以多其積，致其民死以堅其城守，天下得其地則其利少，攻其國則其傷大，萬乘之國莫敢自頓於堅城之下，而使强敵裁其弊也，此必不亡之術也。舍必不亡之術而道必滅之事，治國者之過也。智困於内而政亂於外，則亡不可振也。

又　卷二〇《忠孝篇》 天下太平之士，不可以賞勸也；天下太平

之士，不可以刑禁也。然爲太上士不設賞，爲太下士不設刑，則治國用民之道失矣。故世人多不言國法而言縱横。諸侯言縱者曰『從成必霸』，而言横者曰『横成必王』，山東之言縱横未嘗一日而止也，然而功名不成，霸王不立者，虛言非所以成治也。王者獨行謂之王，是以三王不務離合而止五霸不待縱横，察治内以裁外而已矣。

《孟子》卷一二《滕文公下・二章》　景春曰：『公孫衍、張儀豈不誠大丈夫哉？一怒而諸侯懼，安居而天下熄。』

孟子曰：『是焉得爲大丈夫乎？子未學禮乎？丈夫之冠也，父命之；女子之嫁也，母命之，往送之門，戒之曰：「往之女家，必敬必戒，無違夫子！」以順爲正者，妾婦之道也。居天下之廣居，立天下之正位，行天下之大道。得志，與民由之，不得志，獨行其道。富貴不能淫，貧賤不能移，威武不能屈，此之謂大丈夫。』

《荀子》卷一三《臣道篇》　人臣之論：有態臣者，有篡臣者，有功臣者，有聖臣者。内不足使一民，外不足使距難，百姓不親，諸侯不信，然而巧敏佞說，善取寵乎上，是態臣者也。上不忠乎君，下善取譽乎民，不恤公道通義，朋黨比周，以環主圖私爲務，是篡臣者也。内足使以一民，外足使以距難，民親之，士信之，上忠乎君，下愛百姓而不倦，是功臣者也。上則能尊君，下則能愛民，政令教化，刑下如影，應卒遇變，齊給如響，推類接譽，以待無方，曲成制象，是聖臣者也。

故，用聖臣者王，用功臣者强，用篡臣者危，用態臣者亡。態臣用則必死，篡臣用則必危，功臣用則必榮，聖臣用則必尊。故齊之蘇秦，楚之州侯，秦之張儀，可謂態臣者也。韓之張去疾，趙之奉陽，齊之孟嘗，可謂篡臣也。齊之管仲，晉之咎犯，楚之孫叔敖，可謂功臣矣。殷之伊尹，周之太公，可謂聖臣矣。是人臣之論也，吉凶賢不肖之極也。必謹志之而慎自爲擇取焉，足以稽矣。

漢・劉向《孫卿書録》　孫卿之應聘於諸侯，見秦昭王，昭王方喜戰伐，而孫卿以三王之法說之，及秦相應侯皆不能用也。至趙，與孫臏議兵趙孝成王前，孫臏爲變詐之兵，孫卿以王兵難之，不能對也，卒不能用。孫卿道守禮義，行應繩墨，安貧賤。孟子者，亦大儒，以人之性善，孫卿後孟子百餘年，以爲人性惡，故作《性惡》一篇以非《孟子》。蘇秦、張儀以邪道說諸侯，以大貴顯，孫卿退而笑之曰：『夫不以其道進者，必不以其道亡。』

漢・陸賈《新語・懷慮》　懷異慮者不可以立計，持兩端者不可以定威。故治外者必調内，平遠者必正近。綱維天下，勞神八極者，則憂不存於家。養氣治性，思通精神，延壽命者，則志不流於外。據土子民，治國治衆者，不可以圖利，治產業，則教化不行，而政令不從。蘇秦、張儀，身尊於位，名顯於世，相六國，事六君，威振山東，横說諸侯，國異辭，人異意，欲合弱而制彊，持衡而御縱，内無堅計，身無定名，功業不平，中道而廢，身死於凡人之手，爲天下所笑者，乃由辭語不一，而情欲放佚故也。

漢・賈誼《新書》卷一《過秦論》　孝公既没，惠文、武、昭襄蒙故業，因遺策，南取漢中，西舉巴、蜀，東割膏腴之地，［北］收要害之郡。諸侯恐懼，同盟而謀弱秦，不愛珍器重寶，肥饒之地，以致天下之士，合從締交，相與爲一。當此之時，齊有孟嘗，趙有平原，楚有春申，魏有信陵。此四君者，皆明智而忠信，寬厚而愛人，尊賢重士，約從離衡，兼韓、魏、燕、趙、宋、衛、中山之衆。於是六國之士，有寧越、徐尚、蘇秦、杜赫之屬爲之謀，齊明、周最、陳軫、召滑、樓緩、翟景、蘇厲、樂毅之徒通其意，吳起、孫臏、帶佗、倪良、王廖、田忌、廉頗、趙奢之倫制其兵。嘗以什倍之地，百萬之衆，叩關而攻秦。秦人開關延敵，九國之師逡巡而不敢進。秦無亡矢遺鏃之費，而天下諸侯已困矣。於是從散約敗，爭割地而賂秦。秦有餘力而制其弊，追亡逐北，伏屍百萬，流血漂櫓。因利乘便，宰割天下，分裂山河。彊國請服，弱國入朝。【略】

且夫天下非小弱也，雍州之地，崤函之固自若也。陳涉之位，非尊於齊、楚、燕、趙、韓、魏、宋、衛、中山之君也；鉏櫌棘矜，不敵於鉤戟長鎩也；謫戍之衆，非抗九國之師也；深謀遠慮，行軍用兵之道，非及曩時之士也；然而成敗異變，功業相反也。試使山東之國與陳涉度長絜大，比權量力，則不可同年而語矣。然秦以區區之地，致萬乘之勢，序八州而朝同列，百有餘年矣。然後以六合爲家，崤函爲宮，一夫作難而七廟墮，身死人手，爲天下笑者，何也？仁心不施，而攻守之勢異也。

《史記》卷一五《六國年表》　太史公讀秦記，至犬戎敗幽王，周東

徙洛邑，秦襄公始封爲諸侯，作西畤用事上帝，僭端見矣。禮曰：『天子祭天地，諸侯祭其域内名山大川。』今秦雜戎翟之俗，先暴戾，後仁義，位在藩臣而臚於郊祀，君子懼焉。及文公踰隴，攘夷狄，尊陳寶，營岐雍之閒，而穆公修政，東竟至河，則與齊桓、晉文中國侯伯侔矣。是後陪臣執政，大夫世祿，六卿擅晉權，征伐會盟，威重於諸侯。及田常殺簡公而相齊國，諸侯晏然弗討，海内爭於戰功矣。三國終之卒分晉，田和亦滅齊而有之，六國之盛自此始。務在彊兵并敵，謀詐用而從衡短長之説起。矯稱蠭出，誓盟不信，雖置質剖符猶不能約束也。秦始小國僻遠，諸夏賓之，比於戎翟，至獻公之後常雄諸侯。論秦之德義不如魯衛之暴戾者，量秦之兵不如三晉之彊也，然卒并天下，非必險固便形埶利也，蓋若天所助焉。

又 卷七四《孟子荀卿列傳》 當是之時，秦用商君，富國彊兵；楚、魏用吳起，戰勝弱敵；齊威王、宣王用孫子、田忌之徒，而諸侯東面朝齊。天下方務於合從連衡，以攻伐爲賢，而孟軻乃述唐、虞、三代之德，是以所如者不合。退而與萬章之徒序詩書，述仲尼之意，作孟子七篇。

又 卷一一二《平津侯主父列傳》 是時趙人徐樂、《索隱》齊人。嚴安《索隱》按：本姓莊，避明帝諱，後並改『嚴』也。安及徐樂並拜郎中。樂後爲中大夫。俱上書言世務，各一事。徐樂曰：『【略】臣聞周有天下，其治三百餘歲，成康其隆也，刑錯四十餘年而不用。及其衰也，亦三百餘歲，故五伯更起。五伯者，常佐天子興利除害，誅暴禁邪，匡正海内，以尊天子。五伯既没，賢聖莫續，天子孤弱，號令不行。諸侯恣行，彊陵弱，衆暴寡，田常篡齊，六卿分晉，並爲戰國，此民之始苦也。於是彊國務攻，弱國備守，合從連横，馳車擊轂，介胄生蟣虱，民無所告訴。』

漢·桓寬《鹽鐵論》卷二《非鞅篇》 文學曰：『君子進必以道，退不失義，高而勿矜，勞而不伐，位尊而行恭，功大而理順；故俗不疾其能，而世不妒其業。今商鞅棄道而用權，廢德而任力，峭法盛刑，以虐戾爲俗，欺舊交以爲功，刑公族以立威，無恩於百姓，無信於諸侯，人與之爲怨，家與之爲讎，雖以獲功見封，猶食毒肉愉飽而罹其咎也。蘇秦合縱連横，統理六國，業非不大也；桀、紂與堯、舜並稱，至今不亡，名非不長也；然非者不足貴。故事不苟多，名不苟傳也。』

又 卷四《褒賢篇》 大夫曰：『伯夷以廉饑，尾生以信死。由小器而虧大體，匹夫匹婦之爲諒也，經於溝瀆而莫之知也。何功名之有？蘇秦、張儀，智足以强國，勇足以威敵，一怒而諸侯懼，安居而天下息。萬乘之主，莫不屈體卑辭，幣請交，此所謂天下名士也。夫智不足與謀，而權不能舉當世，民斯爲下也。今舉亡而爲有，虚而爲盈，布衣穿履，深念徐行，若有遺亡，非立功名之士，而亦未免於世俗也。』

文學曰：『蘇秦以從顯於趙，張儀以横任於秦，方此之時，非不尊貴也，然智士隨而憂之，知夫不以道進者必不以道退，不以義得者必不以義亡。季、孟之權，三桓之富，不可及也，孔子爲之曰「微」。爲人臣，權均於君，富侔於國者，亡。故其位彌高而罪彌重，祿滋厚而罪滋多。夫行者先全己而後求名，仕者先辟害而後求祿。故香餌非不美也，龜龍聞而深藏，鸞鳳見而高逝者，知其害身也。夫爲烏鵲魚鱉，食香餌而後狂飛奔走，遜頭屈遰，無益於死。今有司盜秉國法，進不顧罪，卒然有急，然後車馳入趙，無益於死。所盜不足償於臧獲，妻子奔亡無處所，身在深牢，莫知恤視。方此之時，何暇得以笑乎？』

又 卷五《論誹篇》 文學曰：『論者相扶以義，相喻以道，從善不求勝，服義不耻窮。若相迷以僞，相亂以辭，相矜於後息，期於苟勝，非其貴者也。夫蘇秦、張儀，熒惑諸侯，傾覆萬乘，使人主失其所恃；非不辯，然亂之道也。君子疾鄙夫之不可與事君，患其聽從而無所不至也。今子不聽正義以輔卿相，又從而順之，好須臾之説，不計其後。若子之爲人吏，宜受上戮，子姑默矣！』

漢·王充《論衡》卷一一《答佞篇》 問曰：『言行無功效，可謂佞乎？』蘇秦約六國爲從，彊秦不敢窺兵於關外；張儀爲横，六國不敢同攻於關内。六國約從，則秦畏而六國彊；三秦稱横，則秦彊而天下弱。功著效明，載紀竹帛，雖賢何以加之？太史公敍言衆賢，儀、秦有篇，無嫉惡之文，功鈞名敵，不異於賢。夫功之不可以效賢，猶名之不可實也。儀、秦，排難之人也，處擾攘之世，行揣摩之術。當此之時，稷、契不能與之爭計，禹、皋陶不能與之比效。若夫陰陽調和，風雨時適，五穀豐熟，盜賊衰息，人舉廉讓，家行道德之功，命祿貴美，術數所致非道德

之所成也。太史公記功，故高來禩，記録成則著效明驗，攬載高卓，以儀、秦功美，故列其狀。由此言之，佞人亦能以權説立功爲效。無效，未可爲佞也。難曰：『惡中立功者謂之佞。能爲功者，材高知明；思慮遠者，必傍義依仁，亂於大賢。故《覺佞》之篇曰：「人主好辨，佞人言利；人主好文，佞人辭麗。」心合意同，偶當人主，説而不見其非，何以知其偽而伺其奸乎？』曰：『是謂庸庸之君也，材下知昏，蔽惑不見。后又賢之君，察之審明，若視俎上之脯，指掌中之理，數局上之棋，摘轅中之馬。魚鱉匿淵，捕漁者知其源；禽獸藏山，畋獵者見其脉。佞人異行於世，世不能見，庸庸之主，無高材之人也。』難曰：『「人君好辨，佞人言利；人主好文，佞人辭麗。」言操合同，何以覺之？』曰：『《文王官人法》曰：「推其往行以揆其來言，聽其來言以省其往行，觀其陽以考其陰，察其内以揆其外。」是故詐善設節者可知，飾偽無情者可辨，質誠居善者可得，含忠守節者可見也。人之舊性不辨，人君好辨，佞人學求合於上也；人之故能不文，人君好文，佞人意欲稱上。上奢，己麗服；上儉，己不飭。今操與古殊，朝行與家别。考鄉里之迹，證朝庭之行，察共親之節，明事君之操，外内不相稱，名實不相副，際會發見，奸爲覺露也。』【略】

問曰：『佞人直以高才洪知考上世人乎？將有師學檢也？』曰：『人自有知以詐人，及其説人主，須術以動上，猶上人自有勇威人，及其戰鬬，須兵法以進衆，術則從横，師則鬼谷也。傳曰：「蘇秦、張儀從横習之鬼谷先生，掘地爲坑，曰：下，説令我泣，出則耐分人君之地。蘇秦下，説鬼谷先生泣下沾襟，張儀不若。蘇秦相趙，并相六國。張儀貧賤，往歸蘇秦，座之堂下，食以僕妾之食，數讓激怒，欲令相秦。儀忿恨，遂西入秦。蘇秦使人厚送。其後覺知，曰：此在其術中，吾不知也，此吾所不及蘇君者。」知深有術，權變鋒出，故身尊崇榮顯，爲世雄傑。深謀明術，深淺不能並行，明闇不能並知。』

漢·揚雄《法言》卷一一《淵騫篇》　或問：『儀、秦學乎鬼谷術而習乎縱横言，安中國者各十餘年，是夫？』曰：『詐人也。聖人惡諸。』曰：『孔子讀而儀、秦行，何如也？』曰：『甚矣鳳鳴而鷙翰也！』『然則子貢不爲與？』曰：『亂而不解，子貢耻諸。説而不富貴，儀、秦耻諸。』或曰：『儀、秦其才矣乎，迹不蹈已？』曰：『昔在任人，帝曰難之，迹才矣。才乎才，非吾徒之才也。』

漢·劉安《淮南子》卷二〇《泰族訓》　張儀、蘇秦家無常居，身無定君，約從衡之事，爲傾覆之謀，濁亂天下，撓滑諸侯，使百姓不遑啓居，或從或横，或合衆弱，或輔富强，此異行而歸於醜者也。

故君子之過也，猶日月之蝕，何害於明！小人之可也，猶狗之晝吠，鴟之夜見，何益於善！夫知者不妄發，擇善而爲之，計义而行之，故事成而功足賴也，身死而名足稱也。雖有知能，必以仁义爲之本，然後可立也，知能蹐馳，百事並行。

唐·劉知幾《史通·内篇》卷六《言語》　戰國虎爭，馳説雲湧，人持《弄瓦》之辯，家挾《飛鉗》之術，劇談者以譎誑爲宗，利口者以寓言爲主；若《史記》載蘇秦合從，張儀連衡，范雎反問以相秦，魯連解紛而全趙是也。

逮漢、魏已降，周、隋而往，世皆尚文，時無專對。運籌畫策，自具於章表；獻可替否，總歸於筆札。宰我、子貢之道不行，蘇秦、張儀之業遂廢矣。

宋·歐陽修《歐陽文忠公集》卷一二四《崇文總目叙粹·縱横家》

春秋之際，王政不明，而諸侯交亂。談説之士出於其間，各挾其術以干時。君其因時適一作遇變，當權事而制宜，有足取焉。

宋·蘇軾《經進東坡文集事略》卷一九《策斷上》　蓋嘗聞之，用兵有權，權之所在，[其國]乃勝。是故國無小大，兵無强弱，有小國弱兵而見畏於天下者，權在焉耳。千鈞之牛，制於三尺之童，弭耳而下之，曾不如狙猿之奮擲於山林，此其故何也？權在人也。我欲則戰，不欲則守。戰則天下莫能支，守則天下莫能窺。昔者秦嘗用此矣。開關出兵以攻諸侯，則諸侯莫不願割地而求和。諸侯割地而求和於秦，則秦人未嘗急於割地之利，若不得已而後應。故諸侯常欲和而秦常欲戰。如此，則權固在秦矣。且秦非能强於天下之諸侯，秦惟能自必，而諸侯不能。是以天下百戰，而卒歸於秦。諸侯之利，固在從也。朝聞陳軫之説而合爲從，暮聞張儀之計而散爲横。秦則不然。横人之欲爲横，從人之欲爲從，皆使其自擇而審處之。諸侯相顧，而終莫能自必，則權之在秦，不亦宜乎？

宋・張耒《張右史文集》卷五六《陳軫論》　陳軫之辯，不及蘇秦、張儀。然軫常從容于戰國之際，而儀、秦汲汲不能補其所不及。秦以客犯，儀逃于魏。其周流諸國，不得少休，用智巧而爲力劳，何也？蓋遊説不可取，必于一端。而儀、秦之術，一定故也。何者？蘇秦必于縱，張儀必于横。夫一室之人不同，一日之心不同，事以叛散，相傾之六國，而使之一心以爲縱，雖孺子知其不可以久，此蘇秦之所窮。且天下嘗見爲縱之利矣，一日而散爲横。雖足以鮮約，然合散未可，必以張儀之蔽也。縱者不敢横，雖見横之利，而不敢陳也。而游説以非之，是附其所不親。横者不敢縱，雖見縱之利，亦不敢陳，而强詞以亂之，是譏其所不怨。强其所不親，交胡越之道也。譏其所不怨，是間兄弟之道也。天下固有胡越之可親，而兄弟之可間也。天下固有胡越之可親，而兄弟爲可間者矣。然其親與間之際，劳矣。且夫胡越者，是必親之而後可。兄弟者，必間之而後可。中道不幸而謀失者，必敗。故儀、秦之身顛沛，而瀕于禍者数矣。秦以此死，而儀竟以免。故縱横，危道也，嘗負天下之責。縱而散者，蘇秦負其責。横而合者，張儀任其咎。然天下之勢故不一。要之，合散必不可以一定。夫不可以一定之勢，而身當其任。故曰：縱横，危道也。陳軫之智，不逮二子，而不主縱横之任。乘势伺變，而行其説。故其爲説，不劳而其身處安。故軫者，説士之巨擘者也。

宋・秦觀《淮海集》卷一六《辯士》　昔蘇秦、張儀、犀首、陳軫、代厲之屬，嘗以辯名於世矣。然三德不足，而五機有餘。故事求遂而不問禮之得失，功求成而不恤義之存亡，偷合苟容，取濟一時而已。此其所以爲利口之雄，而君子不道也。然後世之人見其如此，遂以辯爲縱横之術，諱問而耻言之，則所謂因咽而廢食也。

宋・洪邁《容齋續筆》卷二《蘇張説六國》　蘇秦、張儀同學於鬼谷，而其從横之辯，如冰炭水火之不同。蓋所以設心者異耳。蘇欲六國合從以擯秦，故言其彊。謂燕地方二千餘里，帶甲數十萬，車六百乘騎六千匹；謂趙地亦方二千餘里，帶甲數十萬，車千乘，騎萬匹；謂韓地方九百里，帶甲數十萬，天下之强弓、勁弩皆從韓出，韓卒之勇，一人當百；謂魏地方千里，卒七十萬；齊地方二千餘里，臨菑之卒固已二十一萬；楚地方五千里，帶甲百萬，車千乘，騎萬匹。至於張儀，則欲六國爲横以事秦。故言其弱，謂梁地方不過千里，卒不過三十萬；韓地險惡，卒不過二十萬；臨菑、即墨非齊之有；黔巫非楚有；易水、長城非燕有。然而六王皆聳聽敬從，舉國而付之，未嘗有一語相折難者。彼皆長君持國之日久，逮其臨事，乃顧如桔槔，隨人俯仰，得不危亡幸矣哉！且一國之勢，猶一家也。今夫主一家之政者，較量生理，名田若干頃，歲收穀粟若干；藝園若干畝，歲收桑麻若干；邸舍若干區，爲錢若干；下至牛羊犬雞，莫不有數，自非童騃孱愚之人，未有不能件析而枚數者，何待於疏遠遊客爲吾借箸而籌哉？苟一以爲多，一以爲寡，將遂挈挈然舉而信之乎？晁錯説景帝曰：『高帝大封同姓，齊七十餘城，楚四十餘城，吴五十餘城，分天下半。』以漢之廣，三國渠能分其半，此錯欲削諸侯，故盛言其大爾。膠西王將與吴反，羣臣諫曰：『諸侯地不能當漢十二，爲叛逆非計也。』是時反者即吴、楚、諸齊，此膠西臣欲止王之謀，故盛言其小爾。二者視蘇、張之言，疑若相似，而用心則否，聽之者惟能知彼知己，則善矣。

宋・晁補之《雞肋集》卷三三《書王蠋後事》　蘇秦、張儀、陳軫、犀首，左右賣國以取容，非有死國死君之行。朝爲楚卿，暮爲秦相，不以慊於心。太史公猶以其辯智也，而爲之立傳，以見後世。後世亦從而服之曰『奇材』。

宋・朱熹《三朝名臣言行録》卷七《丞相温國司馬文正公》　庚申，延英進讀《通鑑》三葉畢，上更命讀一葉半。讀至『蘇秦約六國從事』，上曰：『蘇秦、張儀掉三寸舌，乃能如是乎？』光對曰：『秦、儀爲從横之術，多華少實，無益於治。臣所以存其事於書者，欲見當時風俗，專以辨説，相高人君，委國而聽之，此所以謂利口之覆邦家者也。』

宋・黄震《黄氏日抄》卷四六《讀史一・史記・蘇秦》　秦約從六國，忠於六國者也。齊、魏首敗從約，伐趙。秦以利害忠告齊魏，不可而去之，則身名始終矣。乃請使燕，以報齊。食齊之禄，而反誤之，不忠。孰甚焉？又豈約從之初意哉。嗚呼，兹其所以及歟蘇代私於子，之誤燕已甚，復欲爲燕約諸侯，宜其終不逮秦也。

張儀蘇秦之説六國，爲六國也。張儀之説六國，非爲六國，爲秦也。欺詐諸侯，如侮嬰兒。雖均之捭闔，而儀又秦之罪人矣。然儀之入秦，蘇

秦實使之。雖欲止秦兵於一時，而卒以伐從約於異日，智者不爲也。夫儀、秦，友也。儀始謁蘇秦，以故人求益也。秦不以情告儀，使共謀六國以緩秦兵，而直以權詭激之入秦，自貽後患。何耶？將儀之多詐，不可告以情，抑秦自以不及。儀與之共謀六國，慮軋已耶。夫縱横之士固不可以常情槩之也。陳軫、公孫衍皆惡於儀。軫奔楚，復從容於秦。儀死，而衍入相秦，嘗佩五國相印，爲盟約長，皆權變無窮之士也。

金・王若虛《滹南遺老集》卷三〇《議論辨惑》 《老蘇諫論》曰：『蘇秦、張儀，吾取其術，不取其心。龍逄、比干，吾取其心，不取其術。』予謂：挾儀秦之術者，必無逄干之心。存逄干之心者，固無事乎儀秦之術也。蘇氏喜縱横而不知道，故所見如此。

元・戴表元《剡源戴先生文集》卷二二《蘇秦傳》 蘇秦，戰國傾危之士也。世之人有稱之者，以其能以口舌擯却虎狼之秦，令其説行天下，不至坐受秦禍。嘗考之事，或不然。方蘇秦自齊歸周，自周而之秦，然後之趙，之燕，之韓，之魏。流離狼狽不勝，兒童、婦女之所訕笑。苟得一言納之，利從則從利，横則横。其區區窮謀，本不專有。擯秦之心，惟不得於秦，而從事於諸侯耳。豈得以魯仲連、虞卿之事比之哉？如其所策，誠能盡其形勢之强，士馬之盛，而用之，秦人豈真不得以逞也？君子之道，内誠其身而後能誠諸人。齊之管仲，相其君，九合諸侯，其事偉矣。而不免有叛之者，泗濱之問，至無以服楚。六國忮忍之君，視其親戚骨肉有不能自託，而能托唇吻之外交。以待斃於秦乎？從散國破而蘇秦亦以謀死。固理之不足惜也。昔者，嘗怪夫子數稱東周。蘇秦之時，周至於顯王，益不振矣。先王之遺風猶或不墜，故蘇秦東學，游説於齊，而洛陽之兄弟嫂妹皆能非誚，以爲非其本俗。當是之時，得孔孟之佐，外以禮樂交諸侯，而内以農桑治其國，東周之是輔，尤賢於諸國萬萬也。蘇秦初干顯王，顯王既薄其詐，不用。而縱其説於諸侯，諸侯之事如彼周，又他無賢輔秦以夷狄，卒併天下有之，豈小小之故哉？

又《張儀列傳》 六國與秦皆有併吞搏噬之心，非爲一君獨賢也，顧秦幸而成耳。而世人罪秦不置者，以秦戎狄而資之，詐也。以愚考之，秦之行詐，不信於諸侯，莫如商鞅、張儀二人之甚。而鞅至自衛，儀自至魏，固非可專曰秦詐。就二人考之，鞅之不信，又未若張儀之尤甚也。當儀之時，蘇秦同學，先以從約取貴。儀後出，不得不倚秦以爲横。迹其口舌，反覆傾人十城，然後利一邑陷人數鄉，然後進一號。本不當責之以仁義長者之事。而儀之始未得幸於秦，屢屢餌其父母之國，以爲己食。此不特商鞅之所未爲，亦蘇秦之所耻言也。吾觀張儀欺楚，楚怨；欺齊，齊怨。雖其終以計免，猶皆覺而疑之。獨其欺魏，魏人至死不能覺。其爲賣己也，平時腰金結駟，佯佯往來於関河之上。梁地日削，儀身日貴。及其歲晏，寵衰秦人，以禮歸之於魏。使之坐速冦兵，以傾所居之國，而魏之父兄弟子方與之優游，談笑而終老焉。有商鞅、蘇秦所無之毒，而無蘇秦、商鞅所有之禍，世之奸人如儀者，可不謂行險僥倖哉。

元・貝瓊《清江貝先生集》卷一《迂隱菴記》 當七國時，言縱横者有蘇秦、張儀，言兵者有孫子，皆中其君之所好。而孟子皇皇齊梁之間，獨以仁義勸之，故爲迂而不用。大抵徇時，爲通狥道，爲迂通以同而進，迂以異而黜此，古今之所同也。正夫必達於是矣。

明・王守仁《王文成公全集傳習録》卷三 先生曰：『蘇秦、張儀之智也，是聖人之資。後世事業、文章許多豪傑、名家只是學得儀、秦故智。儀、秦學術善揣摸人情，無一些不中人肯綮，故其説不能窮，儀、秦亦是，窺見得良知妙用處，但用之於不善爾。』

清・汪琬《堯峰文鈔》卷二二《緩齋記》 顔蠋曰：『晚食以當肉，安步以當車。』蘇子瞻評之曰：『蠋巧於居貧者也。然而未聞道也。』子瞻於是手失言矣。當戰國之時，如蘇秦、張儀、犀首、樗里子之屬，莫不歷説萬乘，爭攫其金玉錦繡以爲榮。使蠋少出才力，以與之抗，豈遂不如數子哉？而顧退安於此，謂蠋不聞道，可乎？今夫山林窮居之士，無悲憂欣喜以迫之，於中無是非毁譽得喪禍福以乘之，於外曳履而行，倚杖而息，從容偃仰於泉石林麓之間，故能識安步之爲樂。』

藝文

北周・庾信《庾子山集》卷三《拟咏怀第十九》 憒憒天公曉，精神殊乏少。一郡催曙鷄，數處驚眠鳥。其覺乃于于，其憂惟悄悄。張儀稱行薄，管仲稱器小。天下有情人，居然性靈夭。

又　卷一〇《擬連珠四十四首》　蓋聞膏唇喋喋，市井營營，或以如簧自進，或以狙詐相傾。是以子貢使乎，五都交亂；張儀見用，六國縱横。

唐·岑参《岑嘉州集》卷一《張儀樓》　傳是秦時樓，巍巍至今在。樓南两江水，千古長不改。曾聞昔時人，歲月不相待。

宋·郭茂倩《樂府詩集》卷九〇《〔唐〕李白〈笑歌行〉》　笑矣乎，笑矣乎。君不見曲如鈎，古人知爾封公侯。君不見直如弦，古人知爾死道邊。張儀所以只掉三寸舌，蘇秦所以不墾二頃田。

雜録

《呂氏春秋》卷一五《慎大覽·報更》　張儀，魏氏餘子也。將西遊於秦，過東周。客有語之於昭文君者，曰：『魏氏人張儀，材士也，將西遊於秦，願君之禮貌之也。』昭文君見而謂之曰：『聞客之秦，寡人之國小，不足以留客。雖遊然豈必遇哉？客或不遇，請爲寡人而一歸也。國雖小，請與客共之。』張儀還走，北面再拜。張儀行，昭文君送而資之。至於秦，留有間，惠王説而相之。張儀所德於天下者，無若昭文君。周，千乘也，重過萬乘也。令秦惠王師之。逢澤之會，魏王嘗爲御，韓王爲右，名號至今不忘。此張儀之力也。

《戰國策》卷六《秦策四·秦王欲見頓弱章》　頓弱曰：『山東戰國有六，威不掩於山東，而掩於母，臣竊爲大王不取也。』秦王曰：『山東之建國可兼與？』頓子曰：『韓、天下之咽喉，魏、天下之胸腹。王資臣萬金而遊，聽之韓、魏，入其社稷之臣於秦，即韓、魏從；韓、魏從，而天下可圖也。』秦王曰：『寡人之國貧，恐不能給也。』頓子曰：『天下未嘗無事也，非從即横也。横成，則秦帝；從成，即楚王。秦帝，即以天下恭養；楚王，即王雖有萬金，弗得私也。』秦王曰：『善。』乃資萬金，使東遊韓、魏，入其將相，北遊於燕、趙，而殺李牧。齊王入朝，四國必從，頓子之説也。

又　卷九《齊策二·犀首以梁爲齊戰於承匡而不勝章》　犀首以梁爲齊戰於承匡而不勝。張儀謂梁王不用臣言以危國。梁王因相儀，儀以秦、梁之齊合横秦。犀首欲敗，謂衛君曰：『衍非有怨於儀也，值所以爲國者不同耳。君必解衍。』衛君爲告儀，儀許諾，因與之參坐於衛君之前。犀首跪行，爲儀千秋之祝。明日張子行，犀首送之至於齊疆。齊王聞之，怒於儀，曰：『衍也吾讎，而儀與之俱，是必與衍鬻吾國矣。』遂不聽。

漢·劉安《淮南子》卷一九《修務訓》　昔者，謝子見於秦惠王，惠王説之，以問唐姑梁，唐姑梁曰：『謝子山東辯士，固權説以取少主。』惠王因藏怒而待之。後日復見，逆而弗聽也。非其説異也，所以聽者易。

宋·李昉等《太平御覽》卷四六四《人事部下》　王子年《拾遺録》曰：張儀、蘇秦二人遞翦髪以相活，或傭力寫書，行遇聖人之文，無以題記，則以墨書於掌中及股裏。夜還，折竹寫之，二人假食於路，剝樹皮爲囊，以盛天下良書。每息大樹之下，假息而寐。有一先生問曰：『二子何勤苦若是？』而儀、秦共與言論曰：『子是何人？』答曰：『吾死生歸於山谷，世論謂余歸谷子也。』秦、儀後遊學，復逢歸谷子。乃請其學術，則教以干世俗之辯。乃探胸中韋袟三卷書，言輔時之事，故儀、秦學之以終身也。古史考云：儀、秦受術鬼谷先生，歸之聲與鬼相亂故也。

宋·王應麟《困學紀聞》卷七　龐涓、孫臏同學兵法，蘇秦、張儀同學從衡，李斯、韓非同學刑名。始也朋，而終也仇。故曰：小人同而不和，比而不周。

明·周祈《名義考》卷八《人部·合從連横》　天下幅圓之勢，南北爲從，東西爲横。關東地從長，六國共居之；關西地横闊，秦獨居之。蘇秦合六國擯秦，故曰合從。張儀破關東從道，使連秦之横，故曰連横。

清·張尚瑗《三傳折諸·左傳折諸》卷七《晉人禦師必於崤》　《元和志》曰：『自東崤至西崤長三十五里，東崤長阪數里峻阜絶澗，車不得方軌；西崤全是石阪十二里，險不異東崤。』此二崤尚在秦，時函谷關之東。春秋時蹇叔言：『崤之險，其地猶非秦有，戰國時秦地愈大，東侵諸夏而函谷關之，險遂爲秦之阨塞。六國合從仰關攻秦，秦開關延敵，六國之師逡巡而不敢進，蓋六國皆孱主也。故得地勢者愈得而下。視之今，按秦函谷關在唐陜州靈寶縣南十里漢之弘農縣也。路在谷中，深險如函，其中少通行路，東西四十里，絶岸壁立，巖柏陰翳中，長不見日。關去長安，四百里日，入則閉鷄鳴則開齊孟嘗君。客能爲雞鳴而出，此關是也。

東至漢楊僕所移新函谷關，三百七十八里，此新關在河南府新安縣而秦關在華陰縣東北太華山之北，山在華陰縣南八里，關西一里有潼水，因以名關黃河，自龍山，南流扼於華山，轉流而東，渭水自西而東於茲入河西去長安，尚二百里亦天下。

清·李鍇《尚史》卷八六《鬼谷子》 《拾遺記》：張儀、蘇秦嘗息大樹之下，假息而寐。有一先生言：「二子何勤苦也？」儀、秦問之：「子何國人？」曰：「吾生於歸谷，亦云鬼谷。」乃謂其術教以干世出俗之辯，即探胸，得二卷說書，言輔時之事，《說苑》、《鬼谷子》。人之不善而能矯之者，難矣。說之不行，言之不從者，辯之不明也。明而不行者，持之不固也。固而不行者，未中其心之所善也。辯之，明之，持之，固之，又中其人之所善，其言神而珍，白而分，能入於人之心。如此而說不行者，天下未聞也，此之謂善說。

清·邁柱等［雍正］《湖廣通志》卷八《當陽縣》 遊學洞，縣南五十里，即鬼谷子與張儀、蘇秦遊學處。

合縱分部

綜述

《戰國策》卷五《秦策三·天下之士合從相聚於趙章》 天下之士，合從相聚於趙，而欲攻秦。秦相應侯曰：「王勿憂也，請令廢之。秦於天下之士非有怨也，相聚而攻秦者，以己欲富貴耳。王見大王之狗：臥者臥，起者起，行者行，止者止，毋相與鬬者。投之一骨，輕起相牙者，何則？有爭意也。」於是唐雎載音樂，予之五十金，居武安，高會相與飲，謂：「邯鄲人誰來取者？」於是其謀者固未可得予也，其可得與者，與之昆弟矣。

「公與秦計功者，不問金之所之，金盡者功多矣。今令人復載五十金隨公。」唐雎行，行至武安，散不能三千金，天下之士，大相與鬬矣。

又 卷八《齊策一·蘇秦爲趙合從說齊宣王章》 蘇秦爲趙合從，說齊宣王曰：「齊南有太山，東有琅邪，西有清河，北有渤海，此所謂四塞之國也。齊地方二千里，帶甲數十萬，粟如丘山。齊車之良，五家之兵，疾如錐矢，戰如雷電，解如風雨，即有軍役，未嘗倍太山、絕清河、涉渤海也。臨淄之中七萬户，臣竊度之，下户三男子，三七二十一萬，不待發於遠縣，而臨淄之卒，固以二十一萬矣。臨淄甚富而實，其民無不吹竽、鼓瑟、擊築、彈琴、鬬雞、走犬、六博、蹹踘者；臨淄之途，車轂擊，人肩摩，連衽成帷，舉袂成幕，揮汗成雨；家敦而富，志高而揚。夫以大王之賢與齊之强，天下不能當。今乃西面事秦，竊爲大王羞之。

「且夫韓、魏之所以畏秦者，以與秦接界也。兵出而向當，不至十日，而戰勝存亡之機決矣。韓、魏戰而勝秦，則兵半折，四境不守；戰而不勝，以亡隨其後。是故韓、魏之所以重與秦戰而輕爲之臣也。

「今秦攻齊則不然，倍韓、魏之地，至闈陽晉之道，徑亢父之險，車不得方軌，馬不得並行，百人守險，千人不能過也。秦雖欲深入，則狼顧，恐韓、魏之議其後也。是故恫疑虛猲，高躍而不敢進，則秦不能害齊，亦已明矣。夫不深料秦之不奈我何也，而欲西面事秦，是羣臣之計過也。今無臣事秦之名，而有强國之實，臣固願大王少留計。」

齊王曰：「寡人不敏，今主君以趙王之教詔之，敬奉社稷以從。」

又 卷一四《楚策一·蘇秦爲趙合從說楚威王章》 蘇秦爲趙合纵，說楚威王曰：「楚，天下之强國也。大王，天下之賢王也。楚地西有黔中、巫郡，東有夏州、海陽，南有洞庭、蒼梧，北有汾陘之塞、郇陽。地方五千里，帶甲百萬，車千乘，騎萬匹，粟支十年，此霸王之資也。夫以楚之强與大王之賢，天下莫能當也。今乃欲西面而事秦，諸侯莫不南面而朝於章臺之下矣。秦之所害於天下莫如楚，楚强則秦弱，楚弱則秦强，此其勢不兩立。故爲王至計，莫如從親以孤秦。大王不從親，秦必起兩軍：一軍出武關；一軍下黔中。若此，則鄢、郢動矣。臣聞「治之其未亂，爲之其未有」也。患至而後憂之，則無及已。故願大王之早計之。

「大王誠能聽臣，臣請令山東之國，奉四時之獻，以承大王之明制，委社稷宗廟，練士厲兵，在大王之所用之。大王誠能聽臣之愚計，則韓、魏、齊、燕、趙、衛之妙音美人，必充後宮矣。趙、代良馬橐他必實於外

廐。故從合則楚王，橫成則秦帝。今釋霸王之業，而有事人之名，臣竊爲大王不取也。

『夫秦，虎狼之國也，有吞天下之心。秦，天下之仇讎也，橫人皆欲割諸侯之地以事秦，此所謂養仇而奉讎者也。夫爲人臣而割其主之地，以外交强虎狼之秦，以侵天下，卒有秦患，不顧其禍。夫外挾强秦之威，以内劫其主，以求割地，大逆不忠，無過此者。故從親，則諸侯割地以事楚；橫合，則楚割地以事秦。此兩策者，相去遠矣，有億兆之數。兩者大王何居焉？故弊邑趙王，使臣效愚計，奉明約，在大王命之。』

楚王曰：『寡人之國，西與秦接境，秦有舉巴蜀、并漢中之心。秦，虎狼之國，不可親也。而韓、魏迫於秦患，不可與深謀，恐反人以入於秦，故謀未發而國已危矣。寡人自料，以楚當秦，未見勝焉。內與羣臣謀，不足恃也。寡人卧不安席，食不甘味，心摇摇如懸旌，而無所終薄。今君欲一天下，安諸侯，存危國，寡人謹奉社稷以從。』

又 卷一九《趙策二·蘇秦從燕之趙始合從章》 蘇秦從燕之趙，始合從，說趙王曰：『天下之卿相人臣，乃至布衣之士，莫不高賢大王之行義，皆願奉教陳忠於前之日久矣。雖然，奉陽君妬，大王不得任事，是以外賓客遊談之士，無敢盡忠於前者。今奉陽君捐館舍，大王乃今然後得與士民相親，臣故敢獻其愚，效愚忠。爲大王計，莫若安民無事，請無庸有爲也。安民之本，在於擇交。擇交而得則民安，擇交不得則民終身不得安。請言外患：齊、秦爲兩敵，而民不得安；倚秦攻齊，而民不得安；倚齊攻秦，而民不得安。故夫謀人之主，伐人之國，常苦出辭斷絶人之交，願大王慎無出於口也。

『請屏左右，曰言所以異，陰陽而已矣。大王誠能聽臣，燕必致氈裘狗馬之地，齊必致海隅魚鹽之地，楚必致橘柚雲夢之地，韓、魏皆可使致封地湯沐之邑，貴戚父兄皆可以受封侯。夫割地效實，五伯之所以覆軍禽將而求也；封侯貴戚，湯、武之所以放殺而爭也。今大王垂拱而兩有之，是臣之所以爲大王願也。大王與秦，則秦必弱韓、魏；與齊，則齊必弱楚、魏。魏弱則割河外，韓弱則效宜陽。宜陽效則上郡絶，河外割則道不通，楚弱則無援。此三策者，不可不熟計也。夫秦下軹道則南陽動，劫韓包周則趙自銷鑠，據衛取淇則齊必入朝。秦欲已得行於山東，則必舉甲而向趙。秦甲涉河踰漳，據番吾，則兵必戰於邯鄲之下矣。此臣之所以爲大王患也。

『當今之時，山東之建國，莫若趙强。趙地方二千里，帶甲數十萬，車千乘，騎萬匹，粟支十年；西有常山，南有河、漳，東有清河，北有燕國。燕固弱國，不足畏也。且秦之所畏害於天下者，莫如趙。然而秦不敢舉兵甲而伐趙者，何也？畏韓、魏之議其後也。然則韓、魏，趙之南蔽也。秦之攻韓、魏也，則不然。無有名山大川之限，稍稍蠶食之，傅之國都而止矣。韓、魏不能支秦，必入臣。韓、魏臣於秦，秦無韓、魏之隔，禍中於趙矣。此臣之所以爲大王患也。

『臣聞，堯無三夫之分，舜無咫尺之地，以有天下。禹無百人之聚，以王諸侯。湯、武之卒不過三千人，車不過三百乘，立爲天子。誠得其道也。是故明主外料其敵國之强弱，內度其士卒之衆寡、賢與不肖，不待兩軍相當，而勝敗存亡之機節，固已見於胸中矣，豈掩於衆人之言，而以冥冥決事哉！

『臣竊以天下地圖案之。諸侯之地五倍於秦，料諸侯之卒，十倍於秦。六國并力爲一，西面而攻秦，秦破必矣。今見破於秦，西面而事之，見臣於秦。夫破人之與破於人也，臣人之與臣於人也，豈可同日而言之哉！夫橫人者，皆欲割諸侯之地以與秦成。與秦成，則高臺、美宮室，聽竽瑟之音，察五味之和，前有軒轅，後有長庭，美人巧笑，卒有秦患，而不與其憂。是故橫人日夜務以秦權恐猲諸侯，以求割地。願大王之熟計之也。

『臣聞，明王絶疑去讒，屏流言之迹，塞朋黨之門，故尊主廣地强兵之計，臣得陳忠於前矣。故竊爲大王計，莫如一韓、魏、齊、楚、燕、趙，六國從親，以儐畔秦。令天下之將相，相與會於洹水之上，通質刑白馬以盟之。約曰：秦攻楚，齊、魏各出鋭師以佐之，韓絶食道，趙涉河、漳，燕守常山之北。秦攻韓、魏，則楚絶其後，齊出鋭師以佐之，趙涉河、漳，燕守雲中。秦攻齊，則楚絶其後，韓守成皋，魏塞午道，趙涉河、漳、博關，燕出鋭師以佐之。秦攻燕，則趙守常山，楚軍武關，齊涉渤海，韓、魏出鋭師以佐之。秦攻趙，則韓軍宜陽，楚軍武關，魏軍河外，齊涉渤海，燕出鋭師以佐之。諸侯有先背約者，五國共伐之。六國從親以擯秦，秦必不敢出兵於函谷關以害山東矣！如是則伯業成矣！』

趙王曰：『寡人年少，莅國之日淺，未嘗得聞社稷之長計。今上客有意存天下，安諸侯，寡人敬以國從。』乃封蘇秦爲武安君，飾車百乘，黄金千鎰，白璧百雙，錦繡千純，以約諸侯。

又 卷二一《趙策四·齊欲攻宋章》 齊欲攻宋，秦令起賈禁之，齊乃捄趙以伐宋。秦王怒，屬怨於趙。李兑約五國以伐秦，無功，留天下之兵於成皋，而陰構於秦。又欲與秦攻魏，以解其怨而取封焉。

魏王不説。之齊，謂齊王曰：『臣爲足下謂魏王曰：「三晉皆有秦患。今之攻秦也，爲趙也。五國伐趙，趙必亡矣。秦逐李兑，李兑必死。今之伐秦也，以救李子之死也。今趙留天下之甲于成皋，而陰鬻之于秦，已講，則令秦攻魏以成其私封，王之事趙也何得矣？且王嘗濟于漳而身朝于邯鄲，抱陰、成，負蒿、葛、薜，以爲趙蔽，而趙無爲王行也。今又以何陽、姑密封其子，而乃令秦攻王，以便取陰。人比然而後如賢不，如王若用所以事趙之半收齊，天下有敢謀王者乎？王之事齊也，無入朝之辱，無割地之費。齊爲王之故，虚國於燕、趙之前，用兵于二千里之外，故攻城野戰，未嘗不爲王先被矢石也。得二都，割河東，盡效之于王。自是之後，秦攻魏，齊甲未嘗不歲至於王之境也。請問王之所以報齊者可乎？韓呡處於趙，去齊三千里，王以此疑齊，曰有秦陰。今王又挾故薛公以爲相，善韓徐以爲上交，尊虞商以爲大客，王固可以反疑齊乎？」於魏王聽此言也甚詘，其欲事王也甚循。其怨於趙。臣願王之曰聞魏而無庸見惡也，臣請爲王推其怨於趙，願王之陰重趙，而無使秦之見王之重趙也。秦見之且亦重趙。齊、秦交重趙，臣必見燕與韓、魏亦且重趙也，皆且無敢與趙治。五國事趙，趙從親以合于秦，必爲王高矣。臣故欲王之偏劫天下，而皆私甘之也。王使臣以韓、魏與燕劫趙，使丹也甘之；以趙劫韓、魏，使臣也甘之；以三晉劫秦，使順也甘之；以天下劫楚，使呡也甘之。則天下皆逼秦以事王，而不敢相私也。交定，然後王擇焉。』

又 《五國伐秦無功章》 五國伐秦無功，罷於成皋。趙欲構於秦，楚與魏、韓將應之，秦弗欲。蘇代謂齊王曰：『臣以爲足下見奉陽君矣。臣謂奉陽君曰：「天下散而事秦，秦必據宋，魏冉必妒君之有陰也。秦王貪，魏冉妒，則陰不可得已矣。君無構，齊必攻宋。齊攻宋，則楚必攻宋，魏必攻宋，燕、趙助之。五國據宋，不至一二月陰必得矣。得陰而構，秦雖有變，則君無患矣。若不得已而必構，則願五國復堅約，願得趙，足下雄飛，與韓氏大吏東免，齊王必無召呡也。使臣守約，若與有倍約者，以四國攻之；無倍約者，而秦侵約，五國復堅而賓之。今韓、魏與齊相疑也，若復不堅約而講，臣恐與國之大亂也。齊、秦非復合也，必有踦重者矣。後合與踦重者，皆非趙之利也。且天下散而事秦，是秦制天下也。秦制天下，將何以天下爲？臣願君之蚤計也。

『天下爭秦，有六舉，皆不利趙矣。天下爭秦，秦王受負海内之國，合負親之交，以據中國，而求利於三晉，是秦之一舉也。秦行是計，不利於趙，而君終不得陰，一矣。天下爭秦，秦王内韓珉於齊，内成陽君於韓，相魏懷於魏，復合衍交兩王王賁、韓他之曹，皆起而行事，是秦之一舉也。秦行是計也，不利於趙，而君又不得陰，二矣。天下爭秦，秦王受齊受趙，三疆三親，以據魏而求安邑，是秦之一舉也。秦行是計，齊、趙應之，魏不待伐，抱安邑而信秦，秦得安邑之饒，魏爲上交，韓必入朝，秦過趙已安邑矣，是秦之一舉也。秦行是計，不利於趙，而君必不得陰，三矣。天下爭秦，秦堅燕、趙之交，以伐齊收楚，與韓呡而攻魏，是秦之一舉也。秦行是計，而燕、趙應之。燕、趙伐齊，兵始用，秦因收楚而攻魏，不至一二月，魏必破矣。秦舉安邑而塞女戟，韓之太原絶，下軹道、南陽高，伐魏，絶韓，包二周，即趙自消爍矣。國燥於秦，兵分於齊，非趙之利也，而君終身不得陰，四矣。天下爭秦，秦堅三晉之交攻齊，國破曹屈，而兵東分於齊，秦桉兵攻魏，攻安邑，是秦之一舉也。秦行是計也，君桉救魏，是以攻齊之已弊，救與秦爭戰也；君不救也，韓、魏焉免西合？國在謀之中，而君有終身不得陰，五矣。天下爭秦，秦按爲義，存亡繼絶，固危扶弱，定無罪之君，必起中山與勝焉。秦起中山與勝，而趙、宋同命，何暇言陰？六矣。故曰君必無講，則陰必得矣。』奉陽君曰：『善。』乃絶和於秦，而收齊、魏以成取陰。

又 《趙使趙莊合從章》 趙使趙莊合從，欲伐齊。齊請效地，趙因賤趙莊。齊明爲謂趙王曰：『齊畏從人之合也，故效地。今聞趙莊賤，張懃貴，齊必不效地矣。』趙王曰：『善。』乃召趙莊而貴之。

又 《蘇子爲趙合從説魏王章》 蘇子爲趙合從，説魏王曰：『大王之埊，南有鴻溝、陳、汝南、有許、鄢、昆陽、邵陵、舞陽、新郪；東

有淮、潁、沂、黄、煮棗、海鹽、無疏；西有長城之界；北有河外、卷、衍、燕、酸棗，埊方千里。埊名雖小，然而廬田廡舍，曾無所芻牧牛馬之地。人民之衆，車馬之多，日夜行不休已，無以異於三軍之衆。臣竊料之，大王之國，不下於楚。然横人謀王，外交强虎狼之秦，以侵天下，卒有國患，不被其禍。夫挾强秦之勢以内劫其主，罪無過此者。且魏，天下之强國也；大王，天下之賢主。今乃有意西面而事秦，稱東藩，築帝宫，受冠帶，祠春秋，臣竊爲大王媿之。

『臣聞越王句踐以散卒三千，禽夫差於干遂；武王卒三千人，革車三百乘，斬紂於牧之野。豈其士卒衆哉？誠能振七威也。今竊聞大王之卒，武力二十餘萬，蒼頭二千萬，奮擊二十萬，廝徒十萬，車六百乘，騎五千疋。此其過越王句踐、武王遠矣！今乃劫於辟臣之説，而欲臣事秦。夫事秦必割地效質，故兵未用而國已虧矣。凡羣臣之言事秦者，皆姦臣，非忠臣也。夫爲人臣，割其主之埊以求外交，偷取一旦之功而不顧其後，破公家而成私門，外挾强秦之勢以内劫其主以求割埊，願大王之熟察之也。

『《周書》曰：「緜緜不絶，縵縵奈何；毫毛不拔，將成斧柯。」前慮不定，後有大患，將奈之何？大王誠能聽臣。六國從親，專心并力，則必無强秦之患。故敝邑趙王使使臣獻愚計，奉明約，在大王詔之。』魏王曰：『寡人不肖，未嘗得聞明教。今主君以趙王之詔詔之，敬以國從。』

又　卷二六《韓策一·蘇秦爲楚合從説韓王章》　蘇秦爲楚合從説韓王曰：『韓北有鞏、洛、成皋之固，西有宜陽、常阪之塞，東有宛、穰、洧水，南有陘山，地方千里，帶甲數十萬。天下之强弓勁弩，皆自韓出。谿子、少府時力、距來，皆射六百步之外。韓卒超足而射，百發不暇止，遠者達胸，近者掩心。韓卒之劍戟，皆出於冥山、棠谿、墨陽、合伯膊。鄧師、宛馮、龍淵、大阿，皆陸斷馬牛，水擊鵠鴈，當敵即斬堅。甲、盾、鞮、鍪、鐵幕、革抉、㕹芮，無不畢具。以韓卒之勇，被堅甲，蹠勁弩，帶利劍，一人當百，不足言也。夫以韓之勁，與大王之賢，乃欲西面事秦，稱東藩，築帝宫，受冠帶，祠春秋，交臂而服焉。夫羞社稷而爲天下笑，無過此者矣。是故願大王之熟計之也。大王事秦，秦必求宜陽、成皋。今兹效之，明年又益求割地。與之，即無地以給之，不與，則棄前功而後更受其禍。且夫大王之地有盡，而秦之求無已。夫以有盡之地，而逆無已之求，此所謂市怨而買禍者也，不戰而地已削矣。臣聞鄙語曰：「寧爲雞口，無爲牛後。」今大王西面交臂而臣事秦，何以異於牛後乎？夫大王之賢，挾强韓之兵，而有牛後之名，臣竊爲大王羞之。』

韓王忿然作色，攘臂按劍，仰天太息曰：『寡人雖死，必不能事秦。今主君以楚王之教詔之，敬奉社稷以從。』

又　《五國約而攻秦章》　五國約而攻秦，楚王爲從長，不能傷秦，兵罷而留於成皋。魏順謂市丘君曰：『五國罷，必攻市丘以償兵費。君資臣，臣請爲君止天下之攻市丘。』市丘君曰：『善。』因遣之。

魏順南見楚王曰：『王約五國而西伐秦，不能傷秦，天下且以是輕王而重秦，故王胡卜交呼？』楚王曰：『奈何？』魏順曰：『天下罷，必攻市丘以償兵費。王令勿攻市丘。五國重王，且聽王之言而不攻市丘；不重王，且反王之言而攻市丘。然則王之輕重必明矣。』故楚王卜交而市丘存。

又　卷二九《燕策一·蘇秦將爲從北説燕文侯章》　蘇秦將爲從，北説燕文侯曰：『燕東有朝鮮、遼東，北有林胡、樓煩，西有雲中、九原，南有呼沱、易水。地方二千餘里，帶甲數十萬，車七百乘，騎六千匹，粟支十年。南有碣石、雁門之饒，北有棗粟之利，民雖不由田作，棗粟之實足食與民矣。此所謂天府也。夫安樂無事，不見覆軍殺將之憂，無過燕矣。大王知其所以然乎？夫燕之所以不犯寇被兵者，以趙之爲蔽於南也。秦、趙五戰，秦再勝而趙三勝。秦、趙相弊，而王以全燕制其後，此燕之所以不犯難也。且夫秦之攻燕也，逾雲中、九原，過代、上谷，彌埊踵道數千里，雖得燕城，秦計固不能守也。秦之不能害燕亦明矣。今趙之攻燕也，發興號令，不至十日，而數十萬之衆，軍於東垣矣。度呼沱，涉易水，不至四五日距國都矣。故曰，秦之攻燕也，戰於千里之外，趙之攻燕也，戰於百里之内。夫不憂百里之患而重千里之外，計無過於此者。是故願大王與趙從親，天下爲一，則國必無患矣。』

燕王曰：『寡人國小，西迫强秦，南近齊、趙。齊、趙，强國也，今主君幸教詔之，合從以安燕，敬以國從。』於是齎蘇秦車馬金帛以至趙。

《史記》卷六《秦始皇本紀》　大梁人尉繚來，説秦王曰：『以秦之彊，諸侯譬如郡縣之君，臣但恐諸侯合從，翕而出不意，此乃智伯、夫

差、湣王之所以亡也。願大王毋愛財物，賂其豪臣，以亂其謀，不過亡三十萬金，則諸侯可盡。」秦王從其計，見尉繚亢禮，衣服食飲與繚同。

秦，楚懷王爲從長。至函谷關，秦出兵擊六國，六國兵皆引而歸，齊獨後。十二年，齊湣王伐敗趙、魏軍，秦亦伐敗韓，與齊爭長。

又　卷四〇《楚世家》（楚懷王）十一年，蘇秦約從山東六國共攻

十六年，秦欲伐齊，而楚與齊從親，秦惠王患之，乃宣言張儀免相，使張儀南見楚王，謂楚王曰：「敝邑之王所甚説者無先大王，雖儀之所甚願爲門闌之廝者亦無先大王。敝邑之王所甚憎者無先齊王，雖儀之所甚憎者亦無先齊王。而大王和之，《索隱》和謂楚與齊相和親。是以敝邑之王不得事王，而令儀亦不得爲門闌之廝也。王爲儀閉關而絶齊，今使使者從儀西取故秦所分楚商於之地方六百里，《集解》商於之地在今順陽郡南鄉、丹水二縣，有商城在於中。故謂之商於。《索隱》商於在今慎陽。案：《地理志》丹水及商屬弘農，今言順陽者，是魏晉始分置順陽郡，商城、丹水俱隸之。如是則齊弱矣。是北弱齊，西德於秦，私商於以爲富，此一計而三利俱至也。」懷王大悦，乃置相璽於張儀，日與置酒，宣言「吾復得吾商於之地」。羣臣皆賀，而陳軫獨弔。懷王曰：「何故？」陳軫對曰：「秦之所爲重王者，以王之有齊也。今地未可得而齊交先絶，是楚孤也。夫秦又何重孤國哉，必輕楚矣。且先出地而後絶齊，則秦計不爲。先絶齊而後責地，則必見欺於張儀。見欺於張儀，則王必怨之。怨之，是西起秦患，北絶齊交。西起秦患，北絶齊交，則兩國之兵必至。《索隱》兩國，韓、魏也。臣故弔。」楚王弗聽，因使一將軍西受封地。

張儀至秦，詳醉墜車，稱病不出三月，地不可得。楚王曰：「儀以吾絶齊爲尚薄邪？」乃使勇士宋遺北辱齊王。齊王大怒，折楚符而合於秦。秦齊交合，張儀乃起朝，謂楚將軍曰：「子何不受地？從某至某，廣袤六里。」楚將軍曰：「臣之所以見命者六百里，不聞六里。」即以歸報懷王。懷王大怒，興師將伐秦。陳軫又曰：「伐秦非計也。不如因賂之一名都，與之伐齊，是我亡於秦，《索隱》謂失商於之地。取償於齊也，吾國尚可全。今王已絶於齊而責欺於秦，是吾合秦齊之交而來天下之兵也，國必大傷矣。」楚王不聽，遂絶和於秦，發兵西攻秦。秦亦發兵擊之。【略】

十七年春，與秦戰丹陽，《索隱》此丹陽在漢中。秦大敗我軍，斬甲士八萬，虜我大將軍屈匄、裨將軍逢侯丑等七十餘人，遂取漢中之郡。楚懷王大怒，乃悉國兵復襲秦，戰於藍田，《正義》藍田在雍州東南八十里，從藍田關入藍田縣。大敗楚軍。韓、魏聞楚之困，乃南襲楚，至於鄧。楚聞，乃引兵歸。

十八年，秦使約復與楚親，分漢中之半以和楚。楚王曰：「願得張儀，不願得地。」張儀聞之，請之楚。秦王曰：「楚且甘心於子，奈何？」張儀曰：「臣善其左右靳尚，靳尚又能得事於楚王幸姬鄭袖，袖所言無不從者。且儀以前使負楚以商於之約，今秦楚大戰，有惡，臣非面自謝楚不解。且大王在，楚不宜敢取儀。誠殺儀以便國，臣之願也。」儀遂使楚。

至，懷王不見，因而囚張儀，欲殺之。儀私於靳尚，靳尚爲請懷王曰：「拘張儀，秦王必怒。天下見楚無秦，必輕王矣。」又謂夫人鄭袖曰：「秦王甚愛張儀，而王欲殺之，今將以上庸之地六縣賂楚，以美人聘楚王，以宮中善歌者爲之媵。楚王重地，秦女必貴，而夫人必斥矣。夫人不若言而出之。」鄭袖卒言張儀於王而出之。儀出，懷王因善遇儀，儀因説楚王以叛從約而與秦合親，約婚姻。張儀已去，屈原使從齊來，諫王曰：「何不誅張儀？」懷王悔，使人追儀，弗及。是歲，秦惠王卒。

二十［六］年，齊湣王欲爲從長，《索隱》按：下文始言二十四年，又有二十六年，則此錯。云二十六年，衍字也，當是二十年事。又徐廣推校二十年取武遂，二十三年歸武遂，則此必二十年、二十一年事乎？惡楚之與秦合，乃使使遺楚王書曰：「寡人患楚之不察於尊名也。今秦惠王死，武王立，張儀走魏，樗里疾、公孫衍用，而楚事秦。夫樗里疾善乎韓，而公孫衍善乎魏；楚必事秦，韓、魏恐，必因二人求合於秦，則燕、趙亦宜事秦。四國爭事秦，則楚爲郡縣矣。王何不與寡人并力收韓、魏、燕、趙，與爲從而尊周室，以案兵息民，令於天下？莫敢不樂聽，則王名成矣。王率諸侯並伐，破秦必矣。王取武關、蜀、漢之地，《正義》武關在商州東一百八十里商洛縣界。蜀，巴蜀；漢中，郡也。私吳、越之富而擅江海之利，韓、魏割上黨，西薄函谷，則楚之彊百萬也。且王欺於張儀，亡地漢中，兵銼藍田，天下莫不代王懷怒。今乃欲先事秦！願大王孰計之。」

楚王業已欲和於秦，見齊王書，猶豫不決，下其議羣臣。羣臣或言和秦，或曰聽齊。昭雎曰：「王雖東取地於越，不足以刷耻；必且取地於

秦，而後足以刷恥於諸侯。王不如深善齊、韓以重樗里疾，如是則王得韓、齊之重以求地矣。秦破韓宜陽，《索隱》弘農之縣，在澠池西南。而韓猶復事秦者，以先王墓在平陽，《索隱》非堯都也。而秦之武遂去之七十里，《索隱》亦非河間之縣，則韓之平陽，秦之武遂，並當在宜陽左右。以故尤畏秦。不然，秦攻三川，《正義》三川，洛州也。趙攻上黨，楚攻河外，韓必亡。楚之救韓，不能使韓不亡，然存韓者楚也。韓已得武遂於秦，以河山爲塞，《正義》河，蒲州西黄河也。山，韓西境也。所報德莫如楚厚，臣以爲其事王必疾。齊之所信於韓者，以韓公子眛爲齊相也。韓已得武遂於秦，王甚善之，使之以齊、韓重樗里疾，疾得齊、韓之重，其主弗敢弃疾也。今又益之以楚之重，樗里子必言秦，復與楚之侵地矣。」於是懷王許之，竟不合秦，而合齊以善韓。《集解》徐廣曰：「懷王之二十二年，秦拔宜陽，取武遂，二十三年，秦復歸韓武遂，然則已非二十年事矣。」

二十四年，倍齊而合秦。秦昭王初立，乃厚賂於楚。楚往迎婦。二十五年，懷王入與秦昭王盟，約於黄棘。秦復與楚上庸。二十六年，齊、韓、魏爲楚負其從親而合於秦，三國共伐楚。楚使太子入質於秦而請救。秦乃遣客卿通將兵救楚，三國引兵去。

又　卷七〇《張儀列傳》　犀首者，魏之陰晉人也，《集解》司馬彪曰：「犀首，魏官名，若今虎牙將軍。」名衍，姓公孫氏。與張儀不善。

張儀爲秦之魏，魏王相張儀。犀首弗利，故令人謂韓公叔曰：「張儀已合秦魏矣，其言曰《正義》此張儀合秦魏之辭也。『魏攻南陽，秦攻三川』。魏王所以貴張子者，欲得韓地也。且韓之南陽已舉矣，子何不少委焉以爲衍功，則秦魏之交可錯矣。《索隱》按：錯，停止也。然則魏必圖秦而棄儀，收韓而相衍。」公叔以爲便，因委之犀首以爲功。果相魏。張儀去。《集解》徐廣曰：「復相秦。」

義渠君朝於魏。犀首聞張儀復相秦，害之。犀首乃謂義渠君曰：「道遠不得復過，《索隱》言義渠道遠，今日已後，不復得更過相見。請謁事情。」《索隱》謂欲以秦之緩急告語之也。曰：『中國無事，《索隱》按：謂山東諸侯齊、魏之大國等。《正義》中國謂關東六國。無事，不共攻秦。秦得燒掇焚杅《索隱》掇謂焚燒而侵掠。焚杅音煩烏二音。按：焚揉而牽制也。《戰國策》云「秦且燒焫君之國」，是説其事也。君之國；有事，《索隱》謂山東諸國共伐秦也。秦將輕使重幣事君之國。』《索隱》謂秦求親義渠君也。《正義》有事謂六國攻秦。秦若被攻伐，則必輕使重幣，事義渠之國，欲令相助。于首此言，令義渠君勿援秦也。其後五國伐秦。《索隱》按：表秦惠王後元七年，楚、魏、齊、韓、趙五國共攻秦，是其事也。會陳軫謂秦王曰：「義渠君者，蠻夷之賢君也，不如賂之以撫其志。」秦王曰：「善。」乃以文繡千純，《索隱》凡絲麤布帛等一段爲一純。婦女百人遺義渠君。義渠君致羣臣而謀曰：「此公孫衍所謂邪？」《索隱》按：謂上文犀首云「有事，秦將輕使重幣事君之國」，故云「衍之所謂」，因起兵襲秦以傷張儀也。乃起兵襲秦，大敗秦人李伯之下。《索隱》入李伯之下。謂義渠破秦而收軍，而入於李伯之下，則李伯人名或邑號。《戰國策》「伯」作「帛」。

張儀已卒之後，犀首入相秦。嘗佩五國之相印，爲約長。《索隱》佩五國之印，爲約長。犀首後相五國，或從或横，常爲約長。

又　卷七八《春申君列傳》　春申君相二十二年，諸侯患秦攻伐無已時，乃相與合從，西伐秦，《集解》徐廣曰：「始皇六年。」而楚王爲從長，春申君用事。至函谷關，秦出兵攻，諸侯兵皆敗走。楚考烈王以咎春申君，春申君以此益疏。

又　卷八〇《樂毅列傳》　當是時，齊湣王彊，南敗楚相唐眛於重丘，《索隱》：《地理志》縣名，屬平原。《正義》在冀州城武縣界。西摧三晉於觀津，《索隱》：《地理志》觀津，縣名，屬信都，漢初屬清河也。《正義》在冀州武邑縣東南二十五里。遂與三晉擊秦，助趙滅中山，破宋，廣地千餘里。與秦昭王爭重爲帝，已而復歸之。諸侯皆欲背秦而服於齊。湣王自矜，百姓弗堪。於是燕昭王問伐齊之事。樂毅对曰：「齊，霸國之餘業也，地大人衆，未易獨攻也。王必欲伐之，莫如與趙及楚、魏。」於是使樂毅約趙惠文王，別使連楚、魏，令趙嚪説秦《集解》徐廣曰：「嚪，進説之意。」《索隱》嚪字與「啗」字同也。以伐齊之利。諸侯害齊湣王之驕暴，皆爭合從與燕伐齊。樂毅還報，燕昭王悉起兵，使樂毅爲上將軍，趙惠文王以相國印授樂毅。樂毅於是并護《索隱》護謂總領之也。趙、楚、韓、魏、燕之兵以伐齊，破之濟西。諸侯兵罷歸，而燕軍樂毅獨追，至于臨菑。齊湣王之敗濟西，亡走，保於莒。樂毅獨留徇齊，齊皆城守。樂毅攻入臨菑，盡取齊寶財物祭器輸之燕。燕昭王大説，親至濟上勞軍，行賞饗士，封樂毅於昌國，《集解》徐廣曰：「屬齊。」《索隱》地理志縣名，屬齊郡。《正義》故昌城在淄州淄川縣東

北四十里也。號爲昌國君。於是燕昭王收齊鹵獲以歸，而使樂毅復以兵平齊城之不下者。

宋・司馬光《資治通鑑》卷三《周紀三》（周赧王四年）武王自爲太子時，不説張儀，及即位，羣臣多毀短之。諸侯聞儀與秦王有隙，皆畔衡，復合從。

（周赧王九年）楚王與齊、韓合從。

又 卷四《周紀四》（周赧王四十一年）魏復與齊合從。秦穰侯伐魏，拔四城，斬首四萬。

又 卷六《秦紀一》（始皇帝六年）楚、趙、魏、韓、衛合從以伐秦，楚王爲從長，春申君用事，取壽陵。至函谷，秦師出，五國之師皆敗走。楚王以咎春申君，春申君以此益疏。觀津人朱英謂春申君曰：『人皆以楚爲强，君用之而弱。其於英不然。先君時，秦善楚，二十年而不攻楚，何也？秦逾黽阨之塞而攻楚，不便；假道於兩周，背韓、魏而攻楚，不可。今則不然。魏旦暮亡，不能愛許、鄢陵，魏割以與秦，秦兵去陳百六十里。臣之所觀者，見秦、楚之日鬭也。』楚於是去陳，徙壽春，命曰郢。春申君就封於吳，行相事。

秦拔魏朝歌，及衛濮陽。衛元君率其支屬徙居野王，阻其山以保魏之河内。

論説

《呂氏春秋》卷一七《審分覽・知度》 夫成王霸者固有人，亡國者亦有人。桀用羊辛，紂用惡來，宋用駃唐，齊用蘇秦，而天下知其亡。非其人而欲有功，譬之若夏至之日而欲夜之長也，射魚指天而欲發之當也，舜、禹猶若困，而况俗主乎？

《史記》卷四六《田敬仲完世家》 始，君王后賢，事秦謹，與諸侯信，齊亦東邊海上，秦日夜攻三晉、燕、楚，五國各自救於秦，以故王建立四十餘年不受兵。君王后死，后勝相齊，多受秦間金，多使賓客入秦，秦又多予金，客皆爲反間，勸王去從朝秦，不脩攻戰之備，不助五國攻秦，秦以故得滅五國。五國已亡，秦兵卒入臨淄，民莫敢格者。王建遂降，遷於共。故齊人怨王建不蚤與諸侯合從攻秦，聽姦臣賓客以亡其國，歌之曰：『松耶柏耶？住建共者客耶？』《集解》徐廣曰：《戰國策》云秦處建於共松柏間也。』《索隱》謂是建客邪，客説建住言遂乃失策，令建遷共。共，今在河内也。疾建用客之不詳也。《索隱》謂不詳審用客，不知其善否也。

又 卷六九《蘇秦列傳》 燕使約諸侯從親如蘇秦時，或從或不，而天下由此宗蘇氏之從約。代、厲皆以壽死，名顯諸侯。

太史公曰：蘇秦兄弟三人，皆遊説諸侯以顯名，其術長於權變。而蘇秦被反間以死，天下共笑之，諱學其術。然世言蘇秦多異，異時事有類之者皆附之蘇秦。夫蘇秦起閭閻，連六國從親，此其智有過人者。吾故列其行事，次其時序，毋令獨蒙惡聲焉。《索隱》述贊季子周人，師事鬼谷。揣摩既就，《陰符》伏讀。合從離衡，佩印者六。天王除道，家人扶服。賢哉代、厲，繼榮黨族。

又 卷七四《孟子荀卿列傳》 當是之時，秦用商君，富國彊兵；楚、魏用吳起，戰勝弱敵；齊威王、宣王用孫子、田忌之徒，而諸侯東面朝齊。天下方務於合從連衡，以攻伐爲賢，而孟軻乃述唐、虞、三代之德，是以所如者不合。退而與萬章之徒《索隱》孟子有萬章、公明高等，蓋並軻之門人也。萬，姓；章，名。序詩書，述仲尼之意，作孟子七篇。

唐・皮日休《皮子文藪》卷三《原弈》 問弈之原於或人，或人曰：『堯教丹朱征，丹朱之爲是。信固有其道焉。』皮子曰：『夫弈之爲藝也，彼謀既失，我謀先之；我智既虧，彼智乘之，害也。欲利其内，必先攻外；欲取其遠，必先攻近，詐也。勝之勢，不城池而金湯焉；負之勢，不兵甲而犇北焉。勝不讓負，負不讓勝，爭也。存此免彼，得彼失此，如蘇秦之合從，陳軫之游説，僞也。若然者，不害則敗，不詐則亡，不爭則失，不僞則亂，是弈之必然也。雖弈秋荐出，必用吾言焉。

『嘗試論之：夫堯之有仁義禮智信。性也。如生者必能用手足、任耳目者矣，豈區區出其讖謀小智。以著其術。用爭勝負哉？堯之世，三苗不服，以堯之仁，苗之慢，堯兵而熠之，由羅人殺鵃鷯，獻人烹鯤鮞者矣。堯不忍加兵，而以命舜。舜不忍伐，而敷之文德。然後有苗格焉。以有苗之慢，尚不加兵，豈能以害詐之心，爭僞之智，用爲戰法，教其子以伐國哉？則弈之始作，必起自戰國，有害詐爭僞之道，當縱横者流之作

矣。豈曰堯哉？豈曰堯哉？」

宋・蘇轍《欒城應詔集》卷五《進論五首・北狄論》　昔者六國之際，秦人出兵於山東，小戰則殺將，大戰則割地，兵之所至，天下震慄。然諸侯猶帥其罷散之兵，合從以擊秦，砥礪戰士，激發其氣長。平之敗，趙卒死者四十萬人，廉頗收合餘燼，北摧栗腹，西抗秦兵，振刷磨淬，不自屈服故。其民觀其上之所爲，日進而不挫，皆自奮怒以爭死敵。其後秦人圍趙邯鄲，梁王使將軍新垣衍如趙，欲遂帝秦，而魯仲連慷慨發憤，深以爲不可。蓋夫天下之士，所爲奮不顧身，以抗彊虎狼之秦者，爲非其君也。而使諸侯從而帝之，天下尚誰能出身以拒其君哉？故魯仲連非徒惜夫帝秦之虚名。而惜夫天下之勢有所不可也。

宋・王安石《臨川先生文集》卷六四《論議・材論》　噫！今天下蓋嘗患無材。吾聞之，六國合從，而辯説之材出；劉、項並世，而籌畫戰鬭之徒起。唐太宗欲治，而謨謀諫諍之佐來。此數輩者，方此數君未出之時，蓋未嘗有也。人君苟欲之，斯至矣。天下之廣，人物之衆，而曰果無材可用者，吾不信也。

明・劉基《誠意伯劉文成公文集》卷三《省敵》　今以虎鬭虎，則獨虎之不勝多虎也，明矣。以狐鬭虎，則雖千狐其能勝一虎哉？多愈見其自亂也。昔者，六國合從以擯秦。辯士之爲秦者，以連衡喻之。六國果不勝，如辯士言。

藝文

宋・郭茂倩《樂府詩集》卷三九《〔魏〕曹丕〈煌煌京洛行〉》　夭夭園桃，無子空長。虚美難假，偏輪不行。淮陰五刑，鳥得弓藏。保身全名，獨有子房。大憤不收，褒衣無帶。多言寡誠，抵令事敗。蘇秦之説，六國以亡。傾身賣主，車裂固當。賢矣陳軫，忠而有謀。楚懷不從，禍卒不救。禍夫吳起，智小謀大，西河何健，伏尸何劣。嗟彼郭生，古之雅人，智矣燕昭，可謂得臣。峨峨仲連，齊之高士，北辭千金，東蹈滄海。

又　卷八七《箜篌謡》　結交在相得，骨肉何必親。甘言無忠實，世薄多蘇秦。從風暫靡草，富貴上昇天。不見山巔樹，摧杌下爲薪。豈甘井中泥？上出作埃塵。

南朝梁・蕭統《文選》卷二一《〔晉〕左思〈詠史詩・其八〉》　習習籠中鳥，舉翮觸四隅。落落窮巷士，抱影守空廬。出門無通路，枳棘塞中塗。計策棄不收，塊若枯池魚。外望無寸禄，内顧無斗儲。親戚還相蔑，朋友日夜疏。蘇秦北遊説，李斯西上書。俛仰生榮華，咄嗟復彫枯。飲河期滿腹，貴足不願餘。巢林棲一枝，可爲達士模。

清・彭定求等《全唐詩》卷一六九《李白〈秋日煉藥院鑷白髮贈元六兄林宗〉》　木落識歲秋，瓶冰知天寒。桂枝日已緑，拂雪淩雲端。弱齡接光景，矯翼攀鴻鸞。投分三十載，榮枯同所歡。長吁望青雲，鑷白坐相看。秋顔入曉鏡，壯髮凋危冠。窮與鮑生賈，饑從漂母餐。時來極天人，道在豈吟歎。樂毅方適趙，蘇秦初説韓。卷舒固在我，何事空摧殘。

又　卷四九三《沈亞之〈送龐子肅〉》　三年遊宦也迷津，馬困長安九陌塵。都作無成不歸去，古來妻嫂笑蘇秦。

又　卷五七四《賈島〈經蘇秦墓〉》　沙埋古篆折碑文，六國興亡事繫君。今日淒涼無處説，亂山秋盡有寒雲。

又　卷七六六《劉兼〈春宵〉》　春雲春日共朦朧，滿院梨花半夜風。宿酒未醒珠箔捲，艷歌初闋玉樓空。五湖范蠡才堪重，六印蘇秦道不同。再取素琴聊假寐，南柯靈夢莫相通。

宋・司馬光《傳家集》卷一一《閑中有富貴》　閑中有富貴，迥與俗塵殊。水淨齊紈展，花繁蜀錦紆。竹風寒扣玉，荷雨急跳珠。可笑公孫衍，酣歌詫丈夫。

宋・王炎《雙溪類稿》卷六《題劉知宫愚圃之二》　不羨蘇秦六印，不貪范蠡千金。身住神仙窟宅，當無一點機心。

清・顧嗣立《元詩選初集》卷二《元好問〈天門引〉》　秦王宫中不得近，從破衡成欲誰信？白頭遊客困咸陽，顛領黄金百斤盡。海中仙人黄鶴舉，大笑人間爭腐鼠。丈夫何意作蘇秦？六印才堪警兒女。古來多爲虚名老，不見阿房淨如埽。千年虎豹守天門，一日牛羊卧秋草。

明・高啓《高太史啓集外詩・讀史十首・儀秦》　二子全操七國權，朝談縱合暮衡連。天如早爲生民計，各與城南二頃田。

明・馮夢龍《東周列國志》第九〇《蘇秦合從相六國、張儀被激往秦邦》 相要洹水誓明神，唇齒相依骨肉親。假使合從終不解，何難協力滅孤秦？

雜録

《韓非子》卷一《存韓篇》 秦遂遣斯使韓也。

李斯往詔韓王，未得見，因上書曰：『昔秦、韓戮力一意以不相侵，天下莫敢犯，如此者數世矣。前時五諸侯嘗相與共伐韓，秦發兵以救之。韓居中國，地不能滿千里，而所以得與諸侯班位於天下、君臣相保者，以世世相教事秦之力也。先時五諸侯共伐秦，韓反與諸侯先爲鴈行以嚮秦軍於關下矣。諸侯兵困力極，無奈何，諸侯兵罷。杜倉相秦，起兵發將以報天下之怨，而先攻荆，荆令尹患之曰：「夫韓以秦爲不義，而與秦兄弟共苦天下。已又背秦，先爲鴈行以攻關。韓則居中國，展轉不可知。」天下共割韓上地十城以謝秦，解其兵。夫韓嘗一背秦而國迫地侵，兵弱至今；所以然者，聽姦臣之浮説，不權事實，故雖殺戮姦臣，不能使韓復强。今趙欲聚兵士卒，以秦爲事，使人來借道，言欲伐秦。欲伐秦，其勢必先韓而後秦。且臣聞之：「脣亡則齒寒。」夫秦、韓不得無同憂，其形可見。魏欲發兵以攻韓，秦使人將使者於韓。今秦王使臣斯來而不得見，恐左右襲曩姦臣之計，使韓復有亡地之患。臣斯不得見，請歸報，秦、韓之交必絶矣。斯之來使，以奉秦王之歡心，願效便計，豈陛下所以逆賤臣者邪？臣斯願得一見，前進道愚計，退就葅戮，願陛下有意焉！今殺臣於韓，則大王不足以强，若不聽臣之計，則禍必搆矣。秦發兵不留行，而韓之社稷憂矣。臣斯暴身於韓之市，則雖欲察賤臣愚忠之計，不可得已。邊鄙殘，國固守，鼓鐸之聲於耳，而乃用臣斯之計，晚矣。且夫韓之兵於天下可知也，今又背强秦。夫棄城而敗軍，則反掖之寇必襲城矣。城盡則聚散，聚散則無軍矣。城固守，則秦必興兵而圍王一都，道不通則難必謀，其勢不救，左右計之者不用，願陛下熟圖之。若臣斯之所言有不應事實者，願大王幸使得畢辭於前，乃就吏誅不晚也。秦王飲食不甘，遊觀不樂，意專在圖趙，使臣斯來言，願得身見，因急與陛下有計也。今使臣不通，則韓之信未可知也。夫秦必釋趙之患而移兵於韓，願陛下幸復察圖之，而賜臣報決。』

又 卷三《十过篇》 奚謂內不量力？昔者，秦之攻宜陽，韓氏急，公仲朋謂韓君曰：『與國不可恃也，豈如因張儀爲和於秦哉？因賂以名都而南與伐楚，是患解於秦而害交於楚也。』公曰：『善。』乃警公仲之行，將西和秦。楚王聞之懼，召陳軫而告之曰：『韓朋將西和秦，今將奈何？』陳軫曰：『秦得韓之都一，驅其練甲，秦、韓爲一，以南鄉楚，此秦王之所以廟祠而求也，其爲楚害必矣，王其趣發信臣，多其車，重其幣以奉韓曰：「不穀之國雖小，卒已悉起，願大國之信意於秦也。因願大國令使者入境視楚之起卒也。」』韓使人之楚，楚王因發車騎陳之下路，謂韓使者曰：『報韓君，言弊邑之兵今將入境矣。』使者還報韓君，韓君大悦，止公仲。公仲曰：『不可。夫以實告我者秦也，以名救我者楚也，聽楚之虛言而輕誣强秦之實禍，則危國之本也。』韓君弗聽，公仲怒而歸，十日不朝。宜陽益急，韓君令使者趣卒於楚，冠蓋相望而卒無至者，宜陽果拔，爲諸侯笑。故曰：內不量力，外恃諸侯者，則國削之患也。

又 卷九《內儲説上篇》 張儀欲以秦、韓與魏之勢伐齊、荆，而惠施欲以齊、荆偃兵。二人爭之，羣臣左右皆爲張子言，而以攻齊、荆爲利，而莫爲惠子言，王果聽張子，而以惠子言爲不可。攻齊、荆事已定，惠子入見，王言曰：『先生毋言矣。攻齊、荆之事果利矣，一國盡以爲然。』惠子因説：『不可不察也。夫齊、荆之事也誠利，一國盡以爲利，是何智者之衆也？攻齊、荆之事誠不利，一國盡以爲利，何愚者之衆也？凡謀者，疑也。疑也者，誠疑以爲可者半，以爲不可者半。今一國盡以爲可，是王亡半也。劫主者，固亡其半者也。』【略】

三國至韓，王謂樓緩曰：『三國之兵深矣，寡人欲割河東而講，何如？』對曰：『夫割河東，大費也；免國於患，大功也。此父兄之任也，王何不召公子氾而問焉？』王召公子氾而告之，對曰：『講亦悔，不講亦悔。王今割河東而講，三國歸，王必曰：「三國固且去矣，吾特以三城送之。」不講，三國也入韓，則國必大舉矣，王必大悔，王曰：「不獻三城也。」臣故曰：「王講亦悔，不講亦悔。」』王曰：『爲我悔也，寧亡三城而悔，無危乃悔。寡人斷講矣。』

應侯謂秦王曰：『王得宛葉、藍田、陽夏，斷河內，因梁、鄭，所以未王者，趙未服也。弛上黨在一而已，以臨東陽，則邯鄲口中虱也。王拱而朝天下，後者以兵中之。然上黨之安樂，其處甚劇，臣恐弛之而不聽，奈何？』王曰：『必弛易之矣。』

《戰國策》卷九《齊策二·犀首以梁爲齊戰於承匡而不勝章》 犀首以梁爲齊戰於承匡而不勝。張儀謂梁王不用臣言以危國。梁王因相儀，儀以秦、梁之齊合横秦。犀首欲敗，謂衛君曰：『衍非有怨於儀也，值所以爲國者不同耳。君必解衍。』衛君爲告儀，儀許諾，因與之參坐於衛君之前。犀首跪行，爲儀千秋之祝。明日張子行，犀首送之至於齊疆。齊王聞之，怒於儀，曰：『衍也吾讎，而儀與之俱，是必與衍鬻吾國矣。』遂不聽。

《史記》卷七《項羽本紀》 今將軍內不能直諫，外爲亡國將，孤特獨立而欲常存，豈不哀哉！將軍何不還兵與諸侯爲從，《索隱》此諸侯謂關東諸侯也。何以知然？文穎曰：『關東爲從，關西爲横。』高誘曰：『關東地形從長，蘇秦相六國，號爲合從。關西地形横長，張儀相秦，壞關東從，使與秦合，號曰連横。』約共攻秦，分王其地，南面稱孤；此孰與身伏鈇質，《索隱》：《公羊傳》云：『加之鈇質。』何休云：『要斬之罪。』崔浩云：『質，斬人椹也。』又郭注《三蒼》云：『質，莝椹也。』妻子爲僇乎？

又 卷四五《韓世家》 （宣惠王）十六年，秦敗我脩魚，《索隐》地名。虜得韓將鯁、申差於濁澤。《集解》徐廣曰：『一云鯁、申差。長社有濁澤。』《索隱》宦、申差，二將。宦亦作『鯁』。《正義》按：濁澤者蓋誤，當作『觀泽』。《年表》云『秦惠文王更元八年，與韓戰，斬首八萬。韓宣惠王十六年，秦敗我脩魚，得將軍申差。魏哀王二年，齊敗我觀澤。趙武靈王九年，與韓、魏擊秦。齊湣王七年，敗魏、趙觀澤』，濁澤定誤矣。徐廣又云『濁澤在長社』，不曉錯誤之甚。《括地志》云『觀澤在魏州頓丘縣東十八里』。韓氏急，公仲《索隱》韓相國，名侈。謂韓王曰：『與國非可恃也。今秦之欲伐楚久矣，王不如因張儀爲和於秦，賂以一名都，具甲，與之南伐楚，此以一易二之計也。』《索隱》一，謂名都也。二，謂使不伐韓而又與之伐楚也。韓王曰：『善。』乃警公仲之行，《索隱》警，戒也。《戰國策》作『衛』。將西購於秦。《索隱》：《戰國策》作『講』。講亦謀議，與購求意通。楚王聞之大恐，召陳軫告之。陳軫曰：『秦之欲伐楚久矣，今又得韓之名都一而具甲，秦韓并兵而伐楚，此秦所祷祀而求也。今已得之矣，楚國必伐矣。王聽臣爲之警四境之内，起師言救韓，命戰車滿道路，發信臣，多其車，重其幣，使信王之救己也。縱韓不能聽我，韓必德王也，《索隱》言韓王信楚之救，雖不能聽待楚救至，折入於秦，猶德於楚也。必不为雁行以來，《索隱》言韓以楚必救己，已雖随秦來戰，猶德於王，故不爲雁行而來，言不同心旅進也。是秦韓不和也，兵雖至，楚不大病也。爲能聽我絶和於秦，秦必大怒，以厚怨韓。韓之南交楚，必輕秦；輕秦，其應秦必不敬：是因秦、韓之兵而免楚國之患也。』楚王曰：『善。』乃警四境之内，興师言救韓。命戰車滿道路，發信臣，多其車，重其幣。謂韓王曰：『不穀國雖小，已悉發之矣。願大國遂肆志於秦，不穀將以楚殉韓。』《索隱》殉，從死也。言以死助韓。韓王聞之大説，乃止公仲之行。《索隱》止不令西之秦。公仲曰：『不可。夫以實伐我者秦也，以虚名救我者楚也。王恃楚之虚名，而輕絶彊秦之敌，王必爲天下大笑。且楚韓非兄弟之國也，又非素约而謀伐秦也。已有伐形，因發兵言救韓，此必陳軫之謀也。且王已使人報於秦矣，今不行，是欺秦也。夫輕欺彊秦而信楚之謀臣，恐王必悔之。』韓王不聽，遂絶於秦。秦因大怒，益甲伐韓，大戰，楚救不至韓。十九年，大破我岸門。《集解》徐廣曰：『潁陰有岸亭。』《正義》：《括地志》云：『岸門在許州長社縣西北十八里，今名西武亭矣。』太子倉質於秦以和。

又 卷六九《蘇秦列傳》 於是六國從合而并力焉。蘇秦爲從約長，并相六國。

北報趙王，乃行過雒陽，車騎輜重，諸侯各發使送之甚衆，疑於王者。《索隱》疑作『擬』讀。周顯王聞之恐懼，除道，使人郊勞。《集解》：《儀禮》曰：『賓至近郊，君使卿朝服用束帛勞。』蘇秦之昆弟妻嫂側目不敢仰視，俯伏侍取食。蘇秦笑謂其嫂曰：『何前倨而後恭也？』嫂委虵蒲服，《索隱》委虵謂以面掩地而進，若虵行也。蒲服即匍匐。以面掩地而謝曰：『見季子位高金多也。』《集解》譙周曰：『蘇秦字季子。』《索隱》按：其嫂呼小叔爲季子耳，未必即其字。允南即以爲字，未之得也。蘇秦喟然歎曰：『此一人之身，富貴則親戚畏懼之，貧賤則輕易之，況衆人乎！且使我有雒陽負郭田二頃，《索隱》負者，背也，枕也。近城之地，沃潤流澤，最爲膏腴，故曰『負郭』也。吾豈能佩六國相印乎！』於是散千金以賜宗族朋友。初，蘇秦之燕，貸人百錢爲資，乃得富貴，以百金償之。遍報諸所嘗見德者。其從者有一人獨未

得報，乃前自言。蘇秦曰：『我非忘子。子之與我至燕，再三欲去我易水之上，方是時，我困，故望子深，是以後子。子今亦得矣。』

蘇秦既約六國從親，歸趙，趙肅侯封爲武安君，乃投從約書於秦。《索隱》乃設從約書。案：諸本作「投」。言設者，謂宣布其從約六國之事以告於秦。若作「投」，亦爲易解。秦兵不敢闚函谷關十五年。

其後秦使犀首欺齊、魏，與共伐趙，欲敗從約。齊、魏伐趙，趙王讓蘇秦。蘇秦恐，請使燕，必報齊。蘇秦去趙《集解》徐廣曰：「自初説燕至此三年。」而從約皆解。

秦惠王以其女爲燕太子婦。是歲，文侯卒，太子立，是爲燕易王。易王初立，齊宣王因燕喪伐燕，取十城。易王謂蘇秦曰：『往日先生至燕，而先王資先生見趙，遂約六國從。今齊先伐趙，次至燕，以先生之故爲天下笑，先生能爲燕得侵地乎？』蘇秦大慚，曰：『請爲王取之。』

蘇秦見齊王，再拜，俯而慶，仰而弔。《索隱》劉氏云：「當時慶弔應有其詞，但史家不録耳。」齊王曰：『是何慶弔相隨之速也？』蘇秦曰：『臣聞飢人所以飢而不食烏喙者，《集解》：《本草經》曰：「烏頭，一名烏喙。」《索隱》烏喙，今之毒藥烏頭是。《正義》：《廣雅》云：「蕪奚，毒附子也。一歲爲烏喙，三歲爲附子，四歲爲烏頭，五歲爲天雄。」爲其愈充腹而與餓死同患也。《索隱》劉氏以愈猶暫，非也。謂食烏頭爲其暫愈飢而充腹，少時毒發而死，亦與飢死同患也。今燕雖弱小，即秦王之少壻也。大王利其十城而長與彊秦爲仇。今使弱燕爲鴈行而彊秦敝其後，以招天下之精兵，是食烏喙之類也。』齊王愀然變色曰：『然則奈何？』蘇秦曰：『臣聞古之善制事者，轉禍爲福，因敗爲功。大王誠能聽臣計，即歸燕之十城。燕無故而得十城，必喜；秦王知以己之故而歸燕之十城，亦必喜。此所謂棄仇讎而得石交者也。夫燕、秦俱事齊，則大王號令天下，莫敢不聽。是王以虚辭附秦，以十城取天下。此霸王之業也。』王曰：『善。』於是乃歸燕之十城。

人有毀蘇秦者曰：『左右賣國反覆之臣也，將作亂。』蘇秦恐得罪歸，而燕王不復官也。蘇秦見燕王曰：『臣，東周之鄙人也，無有分寸之功，而王親拜之於廟而禮之於廷。今臣爲王卻齊之兵而［攻］得十城，宜以益親。今來而王不官臣者，人必有以不信傷臣於王者。臣之不信，王之福也。臣聞忠信者，所以自爲也；進取者，所以爲人也。且臣之説齊王，曾非欺之也。臣弃老母於東周，固去自爲而行進取也。今有孝如曾參，廉如伯夷，信如尾生。得此三人者以事大王，何若？』王曰：『足矣。』蘇秦曰：『孝如曾參，義不離其親一宿於外，王又安能使之步行千里而事弱燕之危王哉？廉如伯夷，義不爲孤竹君之嗣，不肯爲武王臣，不受封侯而餓死首陽山下。有廉如此，王又安能使之步行千里而行進取於齊哉？信如尾生，與女子期於梁下，女子不來，水至不去，抱柱而死。有信如此，王又安能使之步行千里卻齊之彊兵哉？臣所謂以忠信得罪於上者也。』燕王曰：『若不忠信耳，豈有以忠信而得罪者乎？』蘇秦曰：『不然。臣聞客有遠爲吏而其妻私於人者，其夫將來，其私者憂之，妻曰「勿憂，吾已作藥酒待之矣」。居三日，其夫果至，妻使妾舉藥酒進之。妾欲言酒之有藥，則恐其逐主母也，欲勿言乎，則恐其殺主父也。於是乎詳僵而棄酒。《索隱》詳，詐也。僵，僕也。主父大怒，笞之五十。故妾一僵而覆酒，上存主父，下存主母，然而不免於笞，惡在乎忠信之無罪也？夫臣之過，不幸而類是乎！』燕王曰：『先生復就故官。』益厚遇之。

易王母，文侯夫人也，與蘇秦私通。燕王知之，而事之加厚。蘇秦恐誅，乃説燕王曰：『臣居燕不能使燕重，而在齊則燕必重。』燕王曰：『唯先生之所爲。』於是蘇秦詳爲得罪於燕而亡走齊，齊宣王以爲客卿。《集解》徐廣曰：「燕易王之十年時。」

齊宣王卒，湣王即位，説湣王厚葬以明孝，高宮室大苑囿以明得意，欲破敝齊而爲燕。燕易王卒，《集解》徐廣曰：「易王十二年卒。」燕噲立爲王。其後齊大夫多與蘇秦爭寵者，而使人刺蘇秦，不死，殊而走。《集解》：《風俗通義》稱漢令「蠻夷戎狄有罪當殊」。殊者，死也，與誅同指。而此云「不死，殊而走」者，蘇秦時雖不即死，然是死創，故云「殊」。齊王使人求賊，不得。蘇秦且死，乃謂齊王曰：『臣即死，車裂臣以徇於市，曰「蘇秦爲燕作亂於齊」，如此則臣之賊必得矣。』於是如其言，而殺蘇秦者果自出，齊王因而誅之。燕聞之曰：『甚矣，齊之爲蘇生《集解》徐廣曰：「一作『先』。」報仇也！』

蘇秦既死，其事大泄。齊後聞之，乃恨怒燕。燕甚恐。蘇秦之弟曰代，代弟蘇厲，見兄遂，亦皆學。及蘇秦死，代乃求見燕王，欲襲故事。曰：『臣，東周之鄙人也。竊聞大王義甚高，鄙人不敏，釋鉏耨而干大

王。至於邯鄲，所見者絀於所聞於東周，臣竊負其志。及至燕廷，觀王之羣臣下吏，王，天下之明王也。」燕王曰：「子所謂明王者何如也？」對曰：「臣聞明王務聞其過，不欲聞其善，臣請謁王之過。夫齊、趙者，燕之仇讎也；楚、魏者，燕之援國也。今王奉仇讎以伐援國，非所以利燕也。王自慮之，此則計過，無以聞者，非忠臣也。」王曰：「夫齊者固寡人之讎，所欲伐也，直患國敝力不足也。子能以燕伐齊，則寡人舉國委子。」對曰：「凡天下戰國七，燕處弱焉。獨戰則不能，有所附則無不重。南附楚，楚重；西附秦，秦重；中附韓、魏，韓、魏重。且苟所附之國重，此必使王重矣。《正義》言附諸國，諸國重燕而燕尊重。今夫齊，長主《索隱》按：謂齊王年長也。或作「齊彊，故言長主」。而自用也。南攻楚五年，畜聚竭；西困秦三年，士卒罷敝；北與燕人戰，覆三軍，得二將。《集解》徐廣曰：「齊覆三而燕失二將。」《索隱》按：徐廣云「齊覆三軍而燕失二將」。《戰國策》云「獲二將」，亦謂燕之二將，是燕之失也。然而以其餘兵南面舉五千乘之大宋，《正義》：《齊表》云「齊湣王三十八年滅宋」，乃當赧王二十九年。此說乃燕噲之時，當周慎王之時，齊［滅］宋在前三十餘年，恐文誤矣。而包十二諸侯。此其君欲得，其民力竭，惡足取乎！且臣聞之，數戰則民勞，久師則兵敝矣。」燕王曰：「吾聞齊有清濟、濁河《正義》濟、漯二水上承黄河，並淄、青之北流入海。黄河又一源從洛，魏二州界北流入海，亦齊西北界。可以爲固，長城、鉅防《集解》徐廣曰：「濟北盧縣有防門，又有長城東至海。」《正義》長城西頭在濟州平陰縣界。《竹書紀年》云：「梁惠王二十年，齊閔王築防以爲長城。」《太山記》云：「太山西有長城，緣河經太山，餘一千里，至琅邪臺入海。」足以爲塞，誠有之乎？」對曰：「天時不與，雖有清濟、濁河，惡足以爲固！民力罷敝，雖有長城、鉅防，惡足以爲塞！且異日濟西不師，《正義》濟州已西也。所以備趙也；河北不師，《正義》謂滄、博等州，在漯河之北。所以備燕也。今濟西河北盡已役矣，封内敝矣。夫驕君必好利，而亡國之臣必貪於財。王誠能無羞從子母弟《索隱》：《戰國策》「從」作「寵」。以爲質，寶珠玉帛以事左右，彼將有德燕而輕亡宋，則齊可亡已。」燕王曰：「吾終以子受命於天矣。」燕乃使一子質於齊。而蘇厲因燕質子而求見齊王。齊王怨蘇秦，欲因蘇厲。燕質子爲謝，已遂委質爲齊臣。

燕相子之與蘇代婚，而欲得燕權，乃使蘇代侍質子於齊。齊使代報燕，燕王噲問曰：「齊王其霸乎？」曰：「不能。」曰：「何也？」曰：「不信其臣。」於是燕王專任子之，已而讓位，燕大亂。齊伐燕，殺王噲、子之。《集解》徐廣曰：「是周赧王之元年時也。」燕立昭王，而蘇代、蘇厲遂不敢入燕，皆終歸齊，齊善待之。

又　**卷七六《平原君虞卿列傳》**　秦之圍邯鄲，《正義》趙惠文王九年，秦昭王十五年。趙使平原君求救，合從于楚，約與食客門下有勇力文武備具者二十人偕。平原君曰：「使文能取勝，則善矣。文不能取勝，則歃血于華屋之下，必得定從而還。士不外索，取于食客門下足矣。」得十九人，餘無可取者，無以滿二十人。門下有毛遂者，前，自贊于平原君曰：「遂聞君將合從于楚，約與食客門下二十人偕，不外索。今少一人，原君卽以遂備員而行矣。」平原君曰：「先生處勝之門下幾年于此矣？」毛遂曰：「三年於此矣。」平原君曰：「夫賢士之處世也，譬若錐之處囊中，其末立見。今先生處勝之門下三年于此矣，左右未有所稱誦，勝未有所聞，是先生無所有也。先生不能，先生留。」毛遂曰：「臣乃今日請處囊中耳。使遂蚤得處囊中，乃穎脱而出，《索隱》按：鄭玄曰「穎，環也」。非特其末見而已。」平原君竟與毛遂偕。十九人相與目笑之而未廢也。《索隱》按：鄭玄曰「皆目視而輕笑之，未能卽廢弃之也」。

毛遂比至楚，與十九人論議，十九人皆服。平原君與楚合從，言其利害，日出而言之，日中不決。十九人謂毛遂曰：「先生上。」毛遂按劍歷階而上，謂平原君曰：「從之利害，兩言而決耳。今日出而言從，日中不決，何也？」楚王謂平原君曰：「客何爲者也？」平原君曰：「是勝之舍人也。」楚王叱曰：「胡不下！吾乃與而君言，汝何爲者也！」毛遂按劍而前曰：「王之所以叱遂者，以楚國之衆也。今十步之内，王不得恃楚國之衆也，王之命縣於遂手。吾君在前，叱者何也？且遂聞湯以七十里之地王天下，文王以百里之壤而臣諸侯，豈其士卒衆多哉，誠能據其勢而奮其威。今楚地方五千里，持戟百萬，此霸王之資也。以楚之彊，天下弗能當。白起，小豎子耳，率數萬之衆，興師以與楚戰，一戰而舉鄢郢，再戰而燒夷陵，三戰而辱王之先人。此百世之怨而趙之所羞，而王弗知惡焉。合從者爲楚，非爲趙也。吾君在前，叱者何也？」楚王曰：「唯唯，誠若先生之言，謹奉社稷而以從。」毛遂曰：「從定乎？」楚王曰：「定矣。」

毛遂謂楚王之左右曰：『取鷄狗馬之血來。』《索隱》按：盟之所用牲貴賤不同，天子用牛及馬，諸侯用犬及猳，大夫已下用雞。今此總言盟之用血，故云『取雞狗馬之血來』耳。毛遂奉銅槃《索隱》若周禮則用珠盤也。而跪進之楚王曰：『王當歃血而定從，次者吾君，次者遂。』遂定從于殿上。毛遂左手持槃血而右手招十九人曰：『公相與歃此血于堂下。《索隱》唼此血。公等録録，《索隱》按：王劭云『録，借字耳』。又説文云『録録，隨從之貌』。所謂因人成事者也。』

平原君已定從而歸，歸至于趙，曰：『勝不敢復相士。勝相士多者千人，寡者百數，自以爲不失天下之士，今乃於毛先生而失之也。毛先生一至楚，而使趙重于九鼎大呂。《索隱》九鼎大呂，國之寶器。言毛遂至楚，使趙重于九鼎大呂，言爲天下所重也。《正義》大呂，周廟大鍾。毛先生以三寸之舌，彊於百萬之師。勝不敢復相士。』遂以爲上客。

平原君既返趙，楚使春申君將兵赴救趙，魏信陵君亦矯奪晋鄙軍往救趙，皆未至。秦急圍邯鄲，邯鄲急，且降，平原君甚患之。邯鄲傳舍吏子李同《正義》名談，太史公諱改也。説平原君曰：『君不憂趙亡邪？』平原君曰：『趙亡則勝爲虜，何爲不憂乎？』李同曰：『邯鄲之民，炊骨易子而食，可謂急矣，而君之後宫以百數，婢妾被綺縠，餘粱肉，而民褐衣不完，糟糠不厭。民困兵盡，或剡木爲矛矢，而君器物鐘磬自若。使秦破趙，君安得有此？使趙得全，君何患無有？今君誠能令夫人以下編于士卒之間，分功而作，家之所有盡散以饗士，士方其危苦之時，易德耳。』《正義》言士方危苦之時，易有恩德。於是平原君從之，得敢死之士三千人。李同遂與三千人赴秦軍，秦軍爲之卻三十里。亦會楚、魏救至，秦兵遂罷，邯鄲復存。李同戰死，封其父爲李侯。《集解》徐廣曰：『河内成皋有李城。』《正義》懷州温縣，本李城也，李同父所封。隋煬帝從故温城移縣于此。【略】

秦趙戰於長平，趙不勝，亡一都尉。趙王召樓昌與虞卿曰：『軍戰不勝，尉復死，《集解》徐廣曰：『復，一作「係」。』寡人使束甲而趨之，何如？』樓昌曰：『無益也，不如發重使爲媾。』《集解》求和曰媾。《索隱》按：求和曰媾。媾亦講，講亦和也。虞卿曰：『昌言媾者，以爲不媾軍必破也。而制媾者在秦。且王之論秦也，欲破趙之軍乎，不邪？』王曰：『秦不遺餘力矣，必且欲破趙軍。』虞卿曰：『王聽臣，發使出重寶以附楚、魏，楚、魏欲得王之重寶，必内吾使。趙使入楚、魏，秦必疑天下之合從，且必恐。如此，則媾乃可爲也。』趙王不聽，與平陽君爲媾，發鄭朱入秦。秦内之。趙王召虞卿曰：『寡人使平陽君爲媾於秦，秦已内鄭朱矣，卿之爲奚如？』虞卿對曰：『王不得媾，軍必破矣。天下賀戰者皆在秦矣。鄭朱，貴人也，入秦，秦王與應侯必顯重以示天下。楚、魏以趙爲媾，必不救王。秦知天下不救王，則媾不可得成也。』應侯果顯鄭朱以示天下賀戰勝者，終不肯媾。長平大敗，遂圍邯鄲，爲天下笑。

又 卷八六《刺客列傳》 今秦有貪利之心，而欲不可足也。非盡天下之地，臣海内之王者，其意不厭。今秦已虜韓王，盡納其地。又舉兵南伐楚，北臨趙；王翦將數十萬之衆距漳、鄴，而李信出太原、雲中。趙不能支秦，必入臣，入臣則禍至燕。燕小弱，數困於兵，今計舉國不足以當秦。諸侯服秦，莫敢合從。［燕太子］丹之私計，愚以爲誠得天下之勇士使於秦，闚以重利；《索隱》闚，示也。言以利誘之。秦王貪，《索隱》絶句。其勢必得所願矣。誠得劫秦王，使悉反諸侯侵地，若曹沫之與齊桓公，則大善矣；則不可，因而刺殺之。彼秦大將擅兵於外而内有亂，則君臣相疑，以其間諸侯得合從，其破秦必矣。

清·張尚瑗《三傳折諸·左傳折諸》卷七《晉人禦師必於崤》 《元和志》曰：『自東崤至西崤長三十五里，東崤長阪數里峻阜絶澗，車不得方軌；西崤全是石阪十二里，險不異東崤。』此二崤尚在秦，時函谷關之東。春秋時蹇叔言：『崤之險，其地猶非秦有。』戰國時秦地愈大，東侵諸夏而函谷關之，險遂爲秦之阨塞。六國合從仰關攻秦，秦開關延敵，六國之師逡巡而不敢進，蓋六國皆孱主也。故得地勢者愈得而下。視之今，按秦函谷關在唐陝州靈寶縣南十里漢之農縣也。路在谷中，深險如函，其中少通行路，東西四十里，絶岸壁立，巖柏陰翳中，長不見日。關去長安，四百里日，入則閉鷄鳴則開齊孟嘗君。客能爲雞鳴而出，此關是也。東至漢楊僕所移新函谷關，三百七十八里，此新關在河南府新安縣而秦關在華陰縣東北太華山之北，山在華陰縣南八里，關西一里有潼水，因以名關黄河，自龍山，南流扼於華山，轉流而東，渭水自西而東於茲入河西去長安，尚二百里亦天下之至險也。

連横分部

綜　述

《戰國策》卷三《秦策一·蘇秦始將連横章》　蘇秦始將連横説秦惠王曰：『大王之國，西有巴、蜀、漢中之利，北有胡貉、代馬之用，南有巫山、黔中之限，東有肴、函之固。田肥美，民殷富，戰車萬乘，奮擊百萬，沃野千里，蓄積饒多，地勢形便，此所謂天府，天下之雄國也。以大王之賢，士民之衆，車騎之用，兵法之教，可以幷諸侯，吞天下，稱帝而治。願大王少留意，臣請奏其效。』

秦王曰：『寡人聞之，毛羽不豐滿者不可以高飛，文章不成者不可以誅罰，道德不厚者不可以使民，政教不順者不可以煩大臣。今先生儼然不遠千里而庭教之，願以异日。』

蘇秦曰：『臣固疑大王之不能用也。昔者神農伐補遂，黄帝伐涿鹿而禽蚩尤，堯伐驩兜，舜伐驩三苗，禹伐共工，湯伐有夏，文王伐崇，武王伐紂，齊桓任戰而伯天下。由此觀之，惡有不戰者乎？古者使車轂擊馳，言語相結，天下爲一；約從連横，兵革不藏；文士並飭，諸侯亂惑；萬端俱起，不可勝理；科條既備，民多僞態；書策稠濁，百姓不足；上下相愁，民無所聊；明言章理，兵甲愈起；辯言偉服，戰攻不息；繁稱文辭，天下不治；舌弊耳聾，不見成功；行義約信，天下不親。於是，乃廢文任武，厚養死士，綴甲厲兵，效勝於戰場。夫徒處而致利，安坐而廣地，雖古五帝、三王、五伯，明主賢君，常欲坐而致之，其勢不能，故以戰續之。寬則兩軍相攻，迫則杖戟相橦，然後可建大功。是故兵勝於外，義强于内；威立于上，民服于下。今欲幷天下，凌萬乘，詘敵國，制海内，子元元，臣諸侯，非兵不可！今之嗣主，忽于至道，皆惛於教，亂於治，迷於言，惑於語，沈於辯，溺於辭。以此論之，王固不能行也。』

説秦王書十上而説不行。黑貂之裘弊，黄金百斤盡，資用乏絶，去秦而歸。羸縢履蹻，負書擔橐，形容枯槁，面目犁黑，狀有歸色。歸至家，妻不下絍，嫂不爲炊，父母不與言。蘇秦喟歎曰：『妻不以我爲夫，嫂不以我爲叔，父母不以我爲子，是皆秦之罪也。』乃夜發書，陳篋數十，得《太公陰符》之謀，伏而誦之，簡練以爲揣摩。讀書欲睡，引錐自刺其股，血流至足。曰：『安有説人主不能出其金玉錦繡、取卿相之尊者乎？』期年揣摩成，曰：『此真可以説當世之君矣！』

於是乃摩燕烏集闕，見説趙王於華屋之下，抵掌而談。趙王大悦，封爲武安君。受相印，革車百乘，綿繡千純，白璧百雙，黄金萬溢，以隨其後，約從散横，以抑强秦。

故蘇秦相於趙而關不通。當此之時，天下之大，萬民之衆，王侯之威，謀臣之權，皆欲决蘇秦之策。不費斗糧，未煩一兵，未戰一士，未絶一弦，未折一矢，諸侯相親，賢於兄弟。夫賢人在而天下服，一人用而天下從。故曰：式於政，不式於勇；式於廊廟之内，不式於四境之外。當秦之隆，黄金萬溢爲用，轉轂連騎，炫熿於道，山東之國，從風而服，使趙大重。且夫蘇秦特窮巷掘門、桑户棬樞之士耳，伏軾撙銜，横歷天下，廷説諸侯之王，杜左右之口，天下莫之能伉。

將説楚王，路過洛陽，父母聞之，清宫除道，張樂設飲，郊迎三十里；妻側目而視，傾耳而聽；嫂蛇行匍伏，四拜自跪而謝。蘇秦曰：『嫂，何前倨而後卑也？』嫂曰：『以季子之位尊而多金。』蘇秦曰：『嗟乎！貧窮則父母不子，富貴則親戚畏懼。人生世上，勢位富貴，蓋可忽乎哉！』

又《秦策一·秦惠王謂寒泉子章》　秦惠王謂寒泉子曰：『蘇秦欺寡人，欲以一人之智反覆東山之君，從以欺秦。趙固負其衆，故先使蘇秦以幣帛約乎諸侯。諸侯不可一，猶連鷄之不能俱止于棲之明矣。寡人忿然，含怒日久，吾欲使武安子起往喻意焉。』寒泉子曰：『不可。夫攻城墮邑，請使武安子。善我國家使諸侯，請使客卿張儀。』秦惠王曰：『受命。』

又《張儀説秦王章》　今秦地斷長續短，方數千里，名師數百萬，秦國號令賞罰，地形利害，天下莫如也。以此與天下，天下可兼而有也。

臣昧死望見大王，言所以一舉而破天下之從，舉趙亡韓，臣荆、魏，親齊、燕，以成伯王之名，朝四鄰諸侯之道。大王試聽其説，一舉而天下之從不破，趙不舉，韓不亡，荆、魏不臣，齊、燕不親，伯王之名不成，四鄰諸侯不朝，大王斬臣以徇於國，以主爲謀不忠者。

又　卷五《秦策三・范雎至秦章》　范雎至秦，王庭迎，謂范雎曰：『寡人宜以身受令久矣。今者義渠之事急，寡人日自請太后。今義渠之事已，寡人乃得以身受命。躬竊閔然不敏，敬執賓主之禮。』范雎辭讓。

是日見范雎，見者無不變色易容者。秦王屏左右，宫中虚無人，秦王跪而請曰：『先生何以幸教寡人？』范雎曰：『唯唯。』有間，秦王復請，范雎曰：『唯唯。』若是者三。

秦王跽曰：『先生不幸教寡人乎？』

范雎謝曰：『非敢然也。臣聞始時呂尚之遇文王也，身爲漁父而釣於渭陽之濱耳。若是者，交疏也。已一説而立爲太師，載與俱歸者，其言深也。故文王果收功於呂尚，卒擅天下而身立爲帝王。即使文王疏呂望而弗與深言，是周無天子之德，而文、武無與成其王也。今臣，羈旅之臣也，交疏於王，而所願陳者，皆匡君之事，處人骨肉之間，願以陳臣之陋忠，而未知王心也，所以王三問而不對者是也。臣非有所畏而不敢言也，知今日言之於前，而明日伏誅於後，然臣弗敢畏也。大王信行臣之言，死不足以爲臣患，亡不足以爲臣憂，漆身而爲厲，被髮而爲狂，不足以爲臣耻。五帝之聖而死，三王之仁而死，五伯之賢而死，烏獲之力而死，奔、育之勇焉而死。死者，人之所必不免也。處必然之勢，可以少有補於秦，此臣之所大願也，臣何患乎？伍子胥橐載而出昭關，夜行而晝伏，至於蔆水，無以餌其口，坐行蒲服，乞食於吳市，卒興吳國，闔廬爲霸。使臣得進謀如伍子胥，加之以幽囚，終身不復見，是臣説之行也，臣何憂乎？箕子、接輿，漆身而爲厲，被髮而爲狂，無益于殷、楚。使臣得同行於箕子、接輿，漆身可以補所賢之主，是臣之大榮也，臣又何耻乎？臣之所恐者，獨恐臣死之後，天下見臣盡忠而身蹶也，是以杜口裹足，莫肯卽秦耳。足下上畏太后之嚴，下惑奸臣之態；居深宫之中，不離保傅之手；終身闇惑，無與照奸；大者宗廟滅覆，小者身以孤危。此臣之所恐耳！若夫窮辱之事，死亡之患，臣弗敢畏也。臣死而秦治，賢於生也。』

秦王跽曰：『先生是何言也！夫秦國僻遠，寡人愚不肖，先生乃幸至此，此天以寡人慁先生，而存先王之廟也。寡人得受命於先生，此天所以幸先王而不弃其孤也。先生奈何而言若此！事無大小，上及太后，下至大臣，願先生悉以教寡人，無疑寡人也。』范雎再拜，秦王亦再拜。

范雎曰：『大王之國，北有甘泉、谷口，南帶涇、渭，右隴、蜀，左關、阪；戰車千乘，奮擊百萬。以秦卒之勇，車騎之多，以當諸侯，譬若馳韓盧而逐蹇兔也，霸王之業可致。今反閉而不敢窺兵於山東者，是穰侯爲國謀不忠，而大王之計有所失也。』

王曰：『願聞所失計。』

雎曰：『大王越韓、魏而攻强齊，非計也。少出師，則不足以傷齊；多之則害於秦。臣意王之計欲少出師，而悉韓、魏之兵則不義矣。今見與國之不可親，越人之國而攻，可乎？疏於計矣！昔者，齊人伐楚，戰勝，破軍殺將，再辟地千里，膚寸之地無得者，豈齊不欲地哉，形弗能有也。諸侯見齊之罷露，君臣之不親，舉兵而伐之，主辱軍破，爲天下笑。所以然者，以其伐楚而肥韓、魏也。此所謂藉賊兵而齎盜食也。王不如遠交而近攻，得寸則王之寸，得尺亦王之尺也。今舍此而遠攻，不亦繆乎？且昔者，中山之地，方五百里，趙獨擅之，功成、名立、利附，則天下莫能害。今韓、魏，中國之處，而天下之樞也。王若欲霸，必親中國而以爲天下樞，以威楚、趙。趙强則楚附，楚强則趙附。楚、趙附則齊必懼，懼必卑辭重幣以事秦，齊附而韓、魏可虚也。』

王曰：『寡人欲親魏，魏多變之國也，寡人不能親。請問親魏奈何？』范雎曰：『卑辭重幣以事之。不可，削地而賂之。不可，舉兵而伐之。』於是舉兵而攻邢丘，邢丘拔而魏請附。

曰：『秦、韓之地形，相錯如繡。秦之有韓，若木之有蠹，人之病心腹。天下有變，爲秦害者莫大於韓。王不如收韓。』王曰：『寡人欲收韓，不聽，爲之奈何？』

范雎曰：『舉兵而攻滎陽，則成皋之路不通；北斬太行之道則上黨之兵不下；一舉而攻滎陽，則其國斷而爲三。魏、韓見必亡，焉得不聽？韓聽而霸事可成也。』王曰：『善。』

又　卷八《齊策一・張儀爲秦連横齊王章》　張儀爲秦連横齊王曰：

『天下强國無過齊者，大臣父兄殷衆富樂，無過齊者。然而爲大王計者，皆爲一時説而不顧萬世之利。從人説大王者，必謂齊西有强趙，南有韓、魏，負海之國也，地廣人衆，兵强士勇，雖有百秦，將無奈我何！大王覽其説，而不察其至實。

『夫從人朋黨比周，莫不以從爲可。臣聞之，齊與魯三戰而魯三勝，國以危，亡隨其後，雖有勝名而有亡之實，是何故也？齊大而魯小。今趙之與秦也，猶齊之於魯也。秦、趙戰於河漳之上，再戰而再勝秦；戰於番吾之下，再戰而再勝秦。四戰之後，趙亡卒數十萬，邯鄲僅存。雖有勝秦之名，而國破矣！是何故也？秦强而趙弱也。今秦、楚嫁子取婦，爲昆弟之國；韓獻宜陽，魏效河外，趙入朝黽池，割河間以事秦。大王不事秦，秦驅韓、魏攻齊之南地，悉趙涉河關，指摶關，臨淄、即墨非王之有也。國一日被攻，雖欲事秦，不可得也。是故願大王熟計之。』

齊王曰：『齊僻陋隱居，託於東海之上，未嘗聞社稷之長利。今大客幸而教之，請奉社稷以事秦。』獻魚鹽之地三百於秦也。

又　卷一四《楚策一·張儀爲秦破從連横章》　張儀爲秦破從連横，説楚王曰：『秦地半天下，兵敵四國，被山帶河，四塞以爲固。虎賁之士百餘萬，車千乘，騎萬疋，粟如丘山。法令既明，士卒安難樂死。主嚴以明，將知以武。雖無出兵甲，席卷常山之險，折天下之脊，天下後服者先亡。且夫爲從者，無以異於驅羣羊而攻猛虎也。夫虎之與羊，不格明矣。今大王不與猛虎而與羣羊，竊以爲大王之計過矣。

『凡天下强國，非秦而楚，非楚而秦。兩國敵侔交爭，其勢不兩立。而大王不與秦，秦下甲兵，據宜陽，韓之上地不通；下河東，取成皋，韓必入臣於秦。韓入臣，魏則從風而動。秦攻楚之西，韓、魏攻其北，社稷豈得無危哉？

『且夫約從者，聚羣弱而攻至强也。夫以弱攻强，不料敵而輕戰，國貧而驟舉兵，此危亡之術也。臣聞之，兵不如者，勿與挑戰；粟不如者，勿與持久。夫從人者，飾辯虛辭，高主之節行，言其利而不言其害，卒有楚禍，無及爲已，是故願大王之熟計之也。

『秦西有巴蜀，方船積粟，起於汶山，循江而下，至郢三千餘里。舫船載卒，一舫載五十人，與三月之糧，下水而浮，一日行三百餘里；里數雖多，不費馬汗之勞，不至十日而距扞關；扞關驚，則從竟陵已東，盡城守矣，黔中、巫郡非王之有已。秦舉甲出之武關，南面而攻，則北地絶。秦兵之攻楚也，危難在三月之内。而楚恃諸侯之救，在半歲之外，此其勢不相及也。夫恃弱國之救，而忘强秦之禍，此臣之所以爲大王之患也。且大王嘗與吳人五戰三勝而亡之陳卒盡矣；有偏守新城而居民苦矣。臣聞之，攻大者易危，而民弊者怨於上。夫守易危之功，而逆强秦之心，臣竊爲大臣危之。

『且夫秦之所以不出甲於函谷關十五年以攻諸侯者，陰謀有吞天下之心也。楚嘗與秦構難，戰於漢中。楚人不勝，通侯、執珪死者七十餘人，遂亡漢中。楚王大怒，興師襲秦，戰於藍田，又卻。此所謂兩虎相搏者也。夫秦、楚相弊，而韓、魏以全制其後，計無過於此者矣，是故願大王熟計之也。

『秦下兵攻衛、陽晉，必開扃天下之匈，大王悉起兵以攻宋，不至數月而宋可舉。舉宋而東指，則泗上十二諸侯，盡王之有已。

『凡天下所信約從親堅者蘇秦，封爲武安君而相燕，即陰與燕王謀破齊共分其地。乃佯有罪，出走入齊，齊王因受而相之。居二年而覺，齊王大怒，車裂蘇秦於市。夫以一詐僞反覆之蘇秦，而欲經營天下，混一諸侯，其不可成也亦明矣。

『今秦之與楚也，接境壤界，固形親之國也。大王誠能聽臣，臣請秦太子入質於楚，楚太子入質於秦，請以秦女爲大王箕箒之妾，效萬家之都，以爲湯沐之邑，長爲昆弟之國，終身無相攻擊。臣以爲計無便於此者。故敝邑秦王，使使臣獻書大王之從車下風，須以決事。』

楚王曰：『楚國僻陋，託東海之上。寡人年幼，不習國家之長計。今上客幸教以明制，寡人聞之，敬以國從。』乃遣使車百乘，獻雞駭之犀、夜光之璧於秦王。

又　卷一九《趙策二·張儀爲秦連横説趙王章》　張儀爲秦連横，説趙王曰：『弊邑秦王使臣敢獻書於大王御史。大王收率天下以儐秦，秦兵不敢出函谷關十五年矣。大王之威，行於天下山東。弊邑恐懼懾伏，繕甲厲兵，飾車騎，習馳射，力田積粟，守四封之内，愁居懾處，不敢動摇，唯大王有意督過之也。今秦以大王之力，西舉巴蜀，并漢中，東收兩周而

西遷九鼎，守白馬之津。秦雖辟遠，然而心忿悁含怒之日久矣。今宣君有微甲鈍兵，軍於澠池，願渡河踰漳，據番吾，迎戰邯鄲之下。願以甲子之日合戰，以正殷紂之事。敬使臣先以聞於左右。

『凡大王之所信以爲從者，恃蘇秦之計。熒惑諸侯，以是爲非，以非爲是，欲反覆齊國而不能，自令車裂於齊之市。夫天下之不可一亦明矣。今楚與秦爲昆弟之國，而韓、魏稱爲東蕃之臣，齊獻魚鹽之地，此斷趙之右臂也。夫斷右臂而求與人鬭，失其黨而孤居，求欲無危，豈可得哉？今秦發三將軍，一軍塞午道，告齊使興師度清河，軍於邯鄲之東；一軍軍於成皋，敺韓、魏而軍於河外；一軍軍於澠池。約曰，四國爲一以攻趙，破趙而四分其地。是故不敢匿意隱情，先以聞於左右。臣切爲大王計，莫如與秦遇於澠池，面相見而身相結也。臣請案兵無攻，願大王之定計。』

趙王曰：『先王之時，奉陽君相，專權擅勢，蔽晦先王，獨制官事。寡人宮居，屬於師傅，不能與國謀。先生棄羣臣，寡人年少，奉祠祭之日淺，私心固竊疑焉。以爲一從不事秦，非國之長利也。乃且願變心易慮，剖地謝前過以事秦。方將約車趨行，而適聞使者之明詔。』於是乃以車三百乘入朝澠池，割河間以事秦。

又 卷二二《魏策一·張儀爲秦連横説魏王章》 張儀爲秦連横，説魏王曰：『魏地方不至千里，卒不過三十萬人。地四平，諸侯四通，條達幅湊，無有名山大川之阻。從鄭至梁，不過百里；從陳至梁，二百餘里。馬馳人趨，不待倦而至梁。南與楚境，西與韓境，北與趙境，東與齊境，卒戍四方，守亭障者參列。粟糧漕庾，不下十萬。魏之塞勢，故戰場也。魏南與楚而不與齊，則齊攻其東；東與齊而不與趙，則趙攻其北；不合於韓，則韓攻其西；不親於楚，則楚攻其南。此所謂四分五裂之道也。

『且夫諸侯之爲從者，以安社稷、尊主、强兵、顯名也。合從者，一天下、約爲兄弟、刑白馬以盟於洹水之上以相堅也。夫親昆弟，同父母，尚有爭錢財。而欲恃詐僞反覆蘇秦之餘謀，其不可以成亦明矣。

『大王不事秦，秦下兵攻河外，拔卷、衍、燕、酸棗，劫衛取晉陽，則趙不南；趙不南，則魏不北；魏不北，則從道絶；從道絶，則大王之國欲求無危不可得也。秦挾韓而攻魏，韓劫於秦，不敢不聽。秦、韓爲一國，魏之亡可立而須也，此臣之所以爲大王患也。爲大王計，莫如事秦，事秦則楚、韓必不敢動；無楚、韓之患，則大王高枕而卧，國必無憂矣。

『且夫秦之所欲弱莫如楚，而能弱楚者莫如魏。楚雖有富大之名，其實空虚；其卒雖衆，多言而輕走，易北，不敢堅戰。魏之兵南面而伐，勝楚必矣。夫虧楚而益魏，攻楚而適秦，内嫁禍安國，此善事也。大王不聽臣，秦甲出而東，雖欲事秦而不可得也。

『且夫從人多奮辭而寡可信，説一諸侯之王，出而乘其車，約一國而反，成而封侯之基。是故天下之遊士，莫不日夜搤腕瞋目切齒以言從之便，以説人主。人主覽其辭，牽其説，惡得無眩哉？臣聞積羽沉舟，羣輕折軸，衆口鑠金，故願大王之熟計之也。』

魏王曰：『寡人蠢愚，前計失之。請稱東藩，築帝宫，受冠帶，祠春秋，效河外。』

又 卷二五《魏策四·秦魏爲與國章》 秦、魏爲與國。齊、楚約而欲攻魏，魏使人求救於秦，冠蓋相望，秦救不出。魏人有唐且者，年九十餘，謂魏王曰：『老臣請出西説秦，令兵先臣出可乎？』魏王曰：『敬諾。』遂約車而遣之。唐且見秦王，秦王曰：『丈人芒然乃遠至此，甚苦矣。魏來求救數矣，寡人知魏之急矣。』唐且對曰：『大王已知魏之急而救不至者，是大王籌策之臣無任矣。且夫魏一萬乘之國，稱東藩，受冠帶，祠春秋者，以爲秦之强足以爲與也。今齊、楚之兵已在魏郊矣，大王之救不至，魏急則且割地而約齊、楚，王雖欲救之，豈有及哉？是亡一萬乘之魏，而强二敵之齊、楚也。竊以爲大王籌策之臣無任矣。』

秦王喟然愁悟，遽發兵，日夜赴魏。齊、楚聞之，乃引兵而去。魏氏復全，唐且之説也。

又 卷二六《韓策一·張儀爲秦連横説韓王章》 張儀爲秦連横説韓王曰：『韓地險惡，山居，五穀所生，非麥而豆；民之所食，大抵豆飯藿羹；一歲不收，民不厭糟糠；地方不滿九百里，無二歲之所食。料大王之卒，悉之不過三十萬，而廝徒負養在其中矣，爲除守徼亭鄣塞，見卒不過二十萬而已矣。秦帶甲百餘萬，車千乘，騎萬匹，虎摯之士，跿跔科頭，貫頤奮戟者，至不可勝計也。秦馬之良，戎兵之衆，探前趹後，蹄間

三尋者，不可稱數也。山東之卒，被甲冒冑以會戰，秦人捐甲徒裎以趨敵，左挈人頭，右挾生虜。夫秦卒之與山東之卒也，猶孟賁之與怯夫也；以重力相壓，猶烏獲之與嬰兒也。夫戰孟賁、烏獲之士，以攻不服之弱國，無以異於墮千鈞之重，集於鳥卵之上，必無幸矣。諸侯不料兵之弱，食之寡，而聽從人之甘言好辭，比周以相飾也，皆言曰：「聽吾計則可以强霸天下。」夫不顧社稷之長利，而聽須臾之説，詿誤人主者，無過於此者矣。大王不事秦，秦下甲據宜陽，斷絶韓之上地；東取成皋、宜陽，則鴻臺之宫、桑林之苑，非王之有已。夫塞成皋，絶上地，則王之國分矣。先事秦則安矣，不事秦則危矣。夫造禍而求福，計淺而怨深，逆秦而順楚，雖欲無亡，不可得也。故爲大王計，莫如事秦。秦之所欲，莫如弱楚，而能弱楚者莫如韓。非以韓能强於楚也，其地勢然也。今王西面而事秦以攻楚，爲敝邑，秦王必喜。夫攻楚而私其地，轉禍而説秦，計無便於此者也。是故秦王使使臣獻書大王御史，須以決事。」

韓王曰：「客幸而教之，請比郡縣，築帝宫，祠春秋，稱東藩，效宜陽。」

《史記》卷七〇《張儀列傳》 張儀既出，未去，聞蘇秦死，《索隱》乃説楚王曰：「秦地半天下，兵敵四國，被險帶河，四塞以爲固。虎賁之士百餘萬，車千乘，騎萬匹，積粟如丘山。法令既明，士卒安難樂死，主明以嚴，將智以武，雖無出甲，席捲常山之險，必折天下之脊，《索隱》按：常山於天下在北，有若人之背脊也。《正義》古之帝王多都河北、河東故也。天下有後服者先亡。且夫爲從者，無以異於驅羣羊而攻猛虎，虎之與羊不格明矣。今王不與猛虎而與羣羊，臣竊以爲大王之計過也。

「凡天下强國，非秦而楚，非楚而秦，兩國交爭，其勢不兩立。大王不與秦，秦下甲據宜陽，韓之上地不通。下河東，取成皋，韓必入臣，梁則從風而動。秦攻楚之西，韓、梁攻其北，社稷安得毋危？

「且夫從者聚羣弱而攻至强，不料敵而輕戰，國貧而數舉兵，危亡之術也。臣聞之，兵不如者勿與挑戰，粟不如者勿與持久。夫從人飾辯虛辭，高主之節，言其利不言其害，卒有秦禍，無及爲已。是故願大王之孰計之。

「秦西有巴蜀，大船積粟，起於汶山，浮江已下，至楚三千餘里。舫船《索隱》枋船，謂並兩船也。載卒，一舫載五十人與三月之食，下水而浮，一日行三百餘里，里數雖多，然而不費牛馬之力，不至十日而距扞關。《集解》徐廣曰：「巴郡魚復縣有扞水關。」《索隱》扞關在楚之西界。按：《地理志》巴郡有魚復縣。《正義》在硤州巴山縣界。扞關驚，則從境以東盡城守矣，黔中、巫郡非王之有。秦舉甲出武關，南面而伐，則北地絶。《正義》楚之北境斷絶。秦兵之攻楚也，危難在三月之内，而楚待諸侯之救，在半歲之外，此其勢不相及也。夫恃弱國之救，忘强秦之禍，此臣所以爲大王患也。

「大王嘗與吳人戰，五戰而三勝，陣卒盡矣；偏守新城，《索隱》此云『新城』，當在吳楚之間。《正義》新攻得之城，未詳所在。存民苦矣。臣聞功大者易危，而民敝者怨上。夫守易危之功而逆强秦之心，臣竊爲大王危之。

「且夫秦之所以不出兵函谷十五年以攻齊、趙者，陰謀有合《集解》徐廣曰：「一作『吞』。」天下之心。楚嘗與秦構難，戰於漢中，《索隱》其地在秦南山之南，楚之西北，漢水之北，名曰漢中。楚人不勝，列侯執珪死者七十餘人，遂亡漢中。楚王大怒，興兵襲秦，戰于藍田。此所謂兩虎相搏者也。夫秦楚相敝而韓魏以全制其後，計無危於此者矣。願大王孰計之。

「秦下甲攻衛陽晉，必大關天下之匈。《集解》徐廣曰：「關，一作『開』。」《索隱》攻衛陽晉，大關天下胸。夫以常山爲天下脊，則此衛及陽晉當天下胸，蓋其地是秦、晉、齊、楚之交道也。以言秦兵據陽晉，是大關天下胸，則他國不得動也。大王悉起兵以攻宋，不至數月而宋可舉，舉宋而東指，則泗上十二諸侯《索隱》謂邊近泗水之側，當戰國之時有十二諸侯，宋、魯、邾、莒之比也。盡王之有也。

「凡天下而以信約從親相堅者蘇秦，封武安君，相燕，即陰與燕王謀伐破齊而分其地；乃詳有罪出走入齊，齊王因受而相之；居二年而覺，齊王大怒，車裂蘇秦於市。夫以一詐僞之蘇秦，而欲經營天下，混一諸侯，其不可成亦明矣。

「今秦與楚接境壤界，固形親之國也。大王誠能聽臣，臣請使秦太子入質于楚，楚太子入質于秦，請以秦女爲大王箕帚之妾，效萬室之都以爲湯沐之邑，長爲昆弟之國，終身無相攻伐。臣以爲計無便於此者。」

於是楚王已得張儀而重出黔中地與秦，欲許之。屈原曰：「前大王見欺於張儀，張儀至，臣以爲大王烹之；今縱弗忍殺之，又聽其邪説，不

可。」懷王曰：「許儀而得黔中，美利也。後而倍之，不可。」故卒許張儀，與秦親。

張儀去楚，因遂之韓，説韓王曰：「韓地險惡山居，五穀所生，非菽而麥，民之食大抵菽飯藿羹。一歲不收，民不饜糟糠。地不過九百里，無二歲之食。料大王之卒，悉之不過三十萬，而厮徒負養《索隱》厮謂雜役之賤者。負養謂負擔以給養公家，亦賤人也。在其中矣。除守徼亭鄣塞，見卒不過二十萬而已矣。秦帶甲百餘萬，車千乘，騎萬匹，虎賁之士趹跔科頭《集解》趹跔，跳躍也。又云偏舉一足曰趹跔。科頭謂不著兜鍪入敵。《索隱》趹跔，劉氏云「謂跳躍也」。又《韻集》云「偏舉一足曰趹跔」。《戰國策》曰「虎摯之士趹跔」。科頭謂不著兜鍪。貫頤《索隱》謂兩手捧頤而直入敵，言其勇也。奮戟者，《集解》執戟奮怒而入陳也。《索隱》謂又有執戟者奮怒而趨入陣。至不可勝計。秦馬之良，戎兵之衆，探前趹後《索隱》謂馬前足探向前，後足趹于後。趹謂後足抉地，言馬之走執疾也。蹄間三尋《索隱》按：七尺曰尋。言馬走之疾，前後蹄間一擲過三尋也。騰者，不可勝數。山東之士被甲蒙胄以會戰，秦人捐甲徒裼《索隱》徒者，徒跣也。裼，袒也，謂袒而見肉也。以趨敵，左挈人頭，右挾生虜。夫秦卒與山東之卒，猶孟賁之與怯夫；以重力相壓，猶烏獲之與嬰兒。夫戰孟賁、烏獲之士以攻不服之弱國，無異垂千鈞之重於鳥卵之上，必無幸矣。

「夫羣臣諸侯不料地之寡，而聽從人之甘言好辭，比周以相飾也，皆奮曰『聽吾計可以强霸天下』。夫不顧社稷之長利而聽須臾之説，詿誤人主，無過此者。

「大王不事秦，秦下甲據宜陽，斷韓之上地，東取成皋、滎陽，則鴻臺之宫、桑林之苑《集解》徐廣曰：「桑，一作『栗』。」《索隱》按：此皆韓之宫苑，亦見《戰國策》。非王之有也。夫塞成皋，絶上地，則王之國分矣。先事秦則安，不事秦則危。夫造禍而求其福報，計淺而怨深，逆秦而順楚，雖欲毋亡，不可得也。

「故爲大王計，莫如爲秦。秦之所欲莫如弱楚，而能弱楚者如韓。非以韓能强于楚也，其地勢然也。今王西面而事秦以攻楚，秦王必喜。夫攻楚以利其地，轉禍而説秦，計無便于此者。」

韓王聽儀計。張儀歸報，秦惠王封儀五邑，號曰武信君。使張儀東説齊湣王曰：「天下强國無過齊者，大臣父兄殷衆富樂。然而爲大王計者，皆爲一時之説，不顧百世之利。從人説大王者，必曰『齊西有强趙，南有韓與梁。齊，負海之國也，地廣民衆，兵强士勇，雖有百秦，將無奈齊何』。大王賢其説而不計其實。夫從人朋黨比周，莫不以從爲可。臣聞之，齊與魯三戰而魯三勝，國以危亡隨其後，雖有戰勝之名，而有亡國之實。是何也？齊大而魯小也。今秦之與齊也，猶齊之與魯也。秦趙戰于河漳之上，再戰而趙再勝秦；戰于番吾《索隱》趙之邑也。之下，再戰又勝秦。四戰之後，趙之亡卒數十萬，邯鄲僅存，雖有戰勝之名而國已破矣。是何也？秦强而趙弱。

「今秦楚嫁女娶婦，爲昆弟之國。韓獻宜陽；梁效河外；《索隱》按：河外，河之南邑，若曲沃、平周等也。《正義》謂同、華州地也。趙入朝澠池，割河間《索隱》謂河漳之間邑，暫割以事秦耳。《正義》河間，瀛州縣。以事秦。大王不事秦，秦驅韓梁攻齊之南地，悉趙兵渡清河，指博關，《正義》博關在博州。趙兵從貝州度黄河，指博關，則漯河南臨菑、即墨危矣。臨菑、即墨非王之有也。國一日見攻，雖欲事秦，不可得也。是故願大王孰計之也。」

齊王曰：「齊僻陋，隱居東海之上，未嘗聞社稷之長利也。」乃許張儀。

張儀去，西説趙王曰：「敝邑秦王使使臣效愚計於大王。大王收率天下以賓秦，秦兵不敢出函谷關十五年。大王之威行於山東，敝邑恐懼懾伏，繕甲厲兵，飾車騎，習馳射，力田積粟，守四封之内，愁居懾處，不敢動摇，唯大王有意督過之也。《索隱》督者，正其事而責之。督過，是深責其過也。

「今以大王之力，舉巴蜀，并漢中，包兩周，遷九鼎，守白馬之津。秦雖僻遠，然而心忿含怒之日久矣。今秦有敝甲凋兵，軍於澠池，願渡河踰漳，據番吾，會邯鄲之下，願以甲子合戰，以正殷紂之事，敬使使臣先聞左右。

「凡大王之所信爲從者恃蘇秦。蘇秦熒惑諸侯，以是爲非，以非爲是，欲反齊國，而自令車裂於市。夫天下之不可一亦明矣。今楚與秦爲昆弟之國，而韓梁稱爲東藩之臣，齊獻魚鹽之地，此斷趙之右臂也。夫斷右臂而與人鬭，失其黨而孤居，求欲毋危，豈可得乎？

『今秦發三將軍：其一軍塞午道，《索隱》此午道當在趙之東，齊之西也。午道，地名也。鄭玄云「一縱一橫爲午」，謂交道也。告齊使興師渡清河，軍於邯鄲之東；一軍軍成皋，驅韓梁軍於河外；《正義》河外謂鄭、滑州，北臨河。一軍軍于澠池。約四國爲一以攻趙，趙破，必四分其地。是故不敢匿意隱情，先以聞於左右。臣竊爲大王計，莫如與秦王遇於澠池，面相見而口相結，請案兵無攻。願大王之定計。』

趙王曰：『先王之時，奉陽君專權擅勢，蔽欺先王，獨擅綰事，寡人居屬師傅，不與國謀計。先王弃羣臣，寡人年幼，奉祀之日新，心固竊疑焉，以爲一從不事秦，非國之長利也。乃且願變心易慮，割地謝前過以事秦。方將約車趨行，適聞使者之明詔。』趙王許張儀，張儀乃去。

北之燕，説燕昭王曰：『大王之所親莫如趙。昔趙襄子嘗以其姊爲代王妻，欲并代，約與代王遇於句注之塞。《正義》句注山在代州也。乃令工人作爲金斗，長其尾，《索隱》凡方者爲斗，若安長柄，則名爲科。尾卽斗之柄，其形若刀也。令可以擊人。與代王飲，陰告厨人曰：「卽酒酣樂，進熱啜，《索隱》按：謂熱而啜之，是羹也。於下云「厨人進斟」，斟謂羹勺，故因名羹曰斟。《左氏》「羊羹不斟」是也。反斗以擊之。」《正義》反卽倒斗柄擊也。於是酒酣樂，進熱啜，厨人進斟，因反斗以擊代王，殺之，王腦塗地。其姊聞之，因摩笄以自刺，故至今有摩笄之山。《集解》笄，婦人之首飾，如今象牙擿。《正義》笄，今簪也。摩笄山在蔚州飛狐縣東北百五十里。代王之亡，天下莫不聞。

『夫趙王之很戾無親，大王之所明見，且以趙王爲可親乎？趙興兵攻燕，再圍燕都而劫大王，大王割十城以謝。今趙王已入朝澠池，效河間以事秦。今大王不事秦，秦下甲雲中、九原，驅趙而攻燕，則易水、長城《正義》并在易州界。非大王之有也。

『且今時趙之於秦猶郡縣也，不敢妄舉師以攻伐。今王事秦，秦王必喜，趙不敢妄動，是西有强秦之援，而南無齊趙之患，是故願大王孰計之。』

燕王曰：『寡人蠻夷僻處，雖大男子裁如嬰兒，言不足以采正計。今上客幸教之，請西面而事秦，獻恒山之尾《索隱》尾猶末也。謂獻恒山城以與秦。五城。』燕王聽儀。儀歸報，未至咸陽而秦惠王卒，武王立。武王自爲太子時不説張儀，及卽位，羣臣多讒張儀曰：『無信，左右賣國以取容。秦必復用之，恐爲天下笑。』諸侯聞張儀有郤武王，皆畔衡，復合從。

秦武王元年，羣臣日夜惡張儀未已，而齊讓又至。張儀懼誅，乃因謂秦武王曰：『儀有愚計，願效之。』王曰：『奈何？』對曰：『爲秦社稷計者，東方有大變，然後王可以多割得地也。今聞齊王甚憎儀，儀之所在，必興師而伐之。故儀願乞其不肖之身之梁，齊必興師而伐梁。梁齊之兵連於城下而不能相去，王以其間伐韓，入三川，出兵函谷而毋伐，以臨周，祭器必出。《索隱》凡王者大祭祀必陳設文物軒車彝器等，因謂此等爲祭器也。挾天子，按圖籍，此王業也。』秦王以爲然，乃具革車三十乘，入儀之梁。齊果興師伐之。梁哀王恐。張儀曰：『王勿患也，請令罷齊兵。』乃使其舍人馮喜之楚，借使之齊，謂齊王曰：『王甚憎張儀；雖然，亦厚矣王之託儀於秦也！』齊王曰：『寡人憎儀，儀之所在，必興師伐之，何以託儀？』對曰：『是乃王之託儀也。夫儀之出也，固與秦王約曰：「爲王計者，東方有大變，然後王可以多割得地。今齊王甚憎儀，儀之所在，必興師伐之。故儀願乞其不肖之身之梁，齊必興師伐之。齊梁之兵連於城下而不能相去，王以其間伐韓，入三川，出兵函谷而無伐，以臨周，祭器必出。挾天子，案圖籍，此王業也。」秦王以爲然，故具革車三十乘而入之梁也。今儀入梁，王果伐之，是王内罷國而外伐與國，《索隱》謂齊之伐梁也。梁之與齊，先相許與約從爲鄰，故云與國也。廣鄰敵以内自臨，而信儀於秦王也。此臣之所謂「託儀」也。』齊王曰：『善。』乃使解兵。

張儀相魏一歲，卒《索隱》：《年表》張儀以安僖王十年卒。《紀年》云梁安僖王九年五月卒。於魏也。

陳軫者，游説之士。與張儀俱事秦惠王，皆貴重，爭寵。張儀惡陳軫於秦王曰：『軫重幣輕使秦楚之間，將爲國交也。今楚不加善於秦而善軫者，軫自爲厚而爲王薄也。且軫欲去秦而之楚，王胡不聽乎？』王謂陳軫曰：『吾聞子欲去秦之楚，有之乎？』軫曰：『然。』王曰：『儀之言果信矣。』軫曰：『非獨儀知之也，行道之士盡知之矣。昔子胥忠於其君而天下爭以爲臣，曾參孝於其親而天下願以爲子。故賣僕妾不出閭巷而售者，良僕妾也；出婦嫁於鄉曲者，良婦也。今軫不忠其君，楚亦何以軫爲忠乎？忠且見弃，軫不之楚何歸乎？』王以其言爲然，遂善待之。

居秦期年，秦惠王終相張儀，而陳軫奔楚。楚未之重也，而使陳軫使

於秦。過梁，欲見犀首。犀首謝弗見。軫曰：『吾爲事來，《索隱》軫語犀首，言我故來，欲有教汝之事，何不相見。公不見軫，軫將行，不得待异日。』犀首見之。陳軫曰：『公何好飲也？』犀首曰：『無事也。』曰：『吾請令公厭事《索隱》厭者，飽也，謂欲令其多事也。可乎？』曰：『奈何？』曰：『田需《索隱》需時爲魏相也。約諸侯從親，楚王疑之，未信也。公謂於王曰：「臣與燕、趙之王有故，數使人來，曰『無事何不相見』，願謁行於王。」王雖許公，公請毋多車，以車三十乘，可陳之於庭，明言之燕、趙。』燕、趙客聞之，馳車告其王，使人迎犀首。楚王聞之大怒，曰：『田需與寡人約，而犀首之燕、趙，是欺我也。』怒而不聽其事。齊聞犀首之北，使人以事委焉。犀首遂行，三國相事皆斷於犀首。軫遂至秦。

韓魏相攻，期年不解。秦惠王欲救之，問於左右。左右或曰救之便，或曰勿救便，惠王未能爲之决。陳軫適至秦，惠王曰：『子去寡人之楚，亦思寡人不？』陳軫對曰：『王聞夫越人莊舃乎？』王曰：『不聞。』曰：『越人莊舃仕楚執珪，有頃而病。楚王曰：「舃故越之鄙細人也，今仕楚執珪，貴富矣，亦思越不？」中謝《索隱》蓋謂侍御之官。對曰：「凡人之思故，在其病也。彼思越則越聲，不思越則楚聲。」使人往聽之，猶尚越聲也。今臣雖弃逐之楚，豈能無秦聲哉！』惠王曰：『善。今韓魏相攻，期年不解，或謂寡人救之便，或曰勿救便，《索隱》此蓋張儀等之計策。寡人不能决，願子爲子主計《索隱》子指陳軫也。子主謂楚王。之餘，爲寡人計之。』陳軫對曰：『亦嘗有以夫卞莊子《索隱》館莊子。謂逆旅舍其人字莊子者，或作『卞莊子』也。刺虎聞於王者乎？莊子欲刺虎，館豎子止之，曰：「兩虎方且食牛，食甘必爭，爭則必鬭，鬭則大者傷，小者死，從傷而刺之，一舉必有雙虎之名。」卞莊子以爲然，立須之。有頃，兩虎果鬭，大者傷，小者死。莊子從傷者而刺之，一舉果有雙虎之功。今韓魏相攻，期年不解，是必大國傷，小國亡，從傷而伐之，一舉必有兩實。此猶莊子刺虎之類也。臣主與王何异也。』《索隱》臣主，爲軫之主楚王也。王，秦惠王。以言我主與王俱宜待韓、魏之斃而擊之，亦無異也。惠王曰：『善。』卒弗救。大國果傷，小國亡，秦興兵而伐，大剋之。此陳軫之計也。

論說

《三國志》卷四五《蜀志·宗預傳》 注引『孫盛曰』夫帝王之保，唯道與義，道義既建，雖小可大，殷、周是也。苟任詐力，雖强必敗，秦、項是也。況乎居偏鄙之城，恃山水之固，而欲連横萬里，永相資賴哉？昔九國建合從之計，而秦人卒併六合；囂、述營輔車之謀，而光武終兼隴、蜀。夫以九國之强，隴、漢之大，莫能相救，坐觀屠覆。何者？道德之基不固，而强弱之心難一故也。而云『吳不可無蜀，蜀不可無吳』，豈不諂哉！

南朝梁·蕭統《文選》卷三九《［秦］李斯〈上書秦始皇〉》 惠王用張儀之計，拔三川之地，西并巴蜀，北收上郡，南取漢中，包九夷，制鄢郢，東據成皋之險，割膏腴之壤，遂散六國之從，使之西面事秦，功施到今。昭王得范雎，廢穰侯，逐華陽，强公室，杜私門，蠶食諸侯，使秦成帝業。此四君者，皆以客之功。由此觀之，客何負於秦哉！向使四君却客而弗納，疏士而弗用，是使國無富利之實，而秦無强大之名也。

唐·蕭穎士《蕭茂挺文集·爲陳正卿進續尚書表》 故有周之末，禮樂崩壞，連横合縱，俱非正朔，則秦氏畧定，而漢代以興。

清·陸隴其《四書講義困勉録》卷三〇《離婁上·天下有道章總旨》 張彥陵曰：『此章不是教小國受大國之命，全是激發人之不受命者。當師文王爲政於天下耳。通章重回天，不重順天。』愚謂孟子此章可當一篇《六國論》。蓋人莫不以合從爲六國之長策，不知合從者亦孟子所爲，而耻受命於先師者也。爲六國者，唯有脩德而已，不能脩德，而欲合從以擯秦，能免於逆天之亡乎？反不若連横者，不失爲順天而可以苟安旦夕矣。

藝文

清·彭定求等《全唐詩》卷五二三《杜牧〈題青雲館〉》 虬蟠千仞劇羊腸，天府由來百二强。四皓有芝輕漢祖，張儀無地與懷王。雲連帳影蘿陰合，枕繞泉聲客夢涼。深處會容高尚者，水苗三頃百株桑。

又　卷六七二《唐彥謙〈楚世家〉》　偏信由來惑是非，一言邪佞脱危機。張儀重入懷王手，驅馬安車却放歸。

又　《徐夤〈楚國史〉》　六國商於恨最多，良弓休縮劍休磨。君王不翦如簧舌，再得張儀欲奈何。

又　卷七二八《周曇〈春秋戰國門·楚懷王〉》　不聽陳軫信張儀，六里商於果見欺。既捨黔中西換得，又令生去益堪悲。

唐·司空圖《司空表聖詩集》卷五《寄王贊學》　黄卷不關兼濟美，青山自保老閑身。一行萬里纖塵靜，可要張儀更入秦。

宋·邵雍《擊壤集》卷一三《悲喜吟》　吳起初辭魏，張儀乍入秦。西河蒙惠久，南楚受欺頻。

又　卷一七《戰國吟》　七國之時尚戰爭，威强知詐一齊行。廉頗白起善用兵，蘇秦張儀善縱横。朝爲布衣暮公卿，昨日鼎食今鼎烹。范雎謝相何心情，蔡澤入秦何依憑。始皇奮袂天下寧，二世乞爲氓不能。三千賓客憤未平，百二山河漢已興。所存舊物惟空名，殘陽衰草山川形。都似一場春夢過，自餘惡足語威獰。

宋·郭印《雲溪集》卷一〇《和趙茂州即事六首之六》　所欲誰能矩不踰，人生七十在須臾。縱横竊鄙張儀詐，懷卷終思甯武愚。幸有精神延短景，了無才力奮雄圖。手提造化非難事，井底寒蛙祇自居。

宋·胡仲弓《葦航漫游稿》卷三《寄趙西巖》　自分男兒未看鞭，龍駒伏櫪更多年。張儀舌在堪謀國，阮籍途窮只問天。彈鋏空歌雲夢句，焚香靜讀楚騷篇。吟魂常繞江湖上，莫道閩中無杜鵑。

雜録

《韓非子》卷七《説林上篇》　韓宣王謂樛留曰：『吾欲兩用公仲、公叔，其可乎？』對曰：『不可。晉用六卿而國分，簡公兩用田成、闞止而簡公殺，魏兩用犀首、張儀，而西河之外亡。今王兩用之，其多力者樹其黨，寡力者借外權。羣臣有内樹黨以驕主，有外爲交以削地，則王之國危矣。』

《史記》卷五《秦本紀》　（秦惠王）十年，張儀相秦。魏納上郡十五縣。《正義》今鄜、綏等州也。魏前納陰晉，次納同、丹二州，今納上郡，而盡河西濱洛之地矣。十一年，縣義渠。《正義》：《地理志》云北地郡義渠道，秦縣也。《括地志》云：『寧、原、慶三州，秦北地郡，戰國及春秋時爲義渠戎國之地，周先公劉、不窋居之，古西戎也。』歸魏焦、曲沃。《正義》：《括地志》云：『曲沃在陜州縣西南三十二里，因曲沃水爲名。』按：焦、曲沃二城相近，本魏地，適屬秦，今還魏，故言歸也。義渠君爲臣。更名少梁曰夏陽。十二年，初臘。《正義》臘，十二月臘日也。秦惠文王始效中國爲之，故云初臘。獵禽獸以歲終祭先祖，因立此日也。《風俗通》云：『《禮傳》云「夏曰嘉平，殷曰清祀，周曰蜡，漢改曰臘」。《禮》曰「天子大蜡八，伊耆氏始爲蜡」。蜡者，索也。歲十二月合聚萬物而索饗之。』十三年四月戊午，魏君爲王，韓亦爲王。《正義》魏襄王、韓宣惠王也。使張儀伐取陜，出其人與魏。

十四年，更爲元年。二年，張儀與齊、楚大臣會齧桑。三年，韓、魏太子來朝。張儀相魏。五年，王游至北河。《集解》徐廣曰：『戎地，在河上。』《正義》按：王游觀北河，至靈、夏州之黄河也。七年，樂池相秦。韓、趙、魏、燕、齊帥匈奴共攻秦。秦使庶長疾與戰修魚，虜其將申差，《正義》修魚，韓邑也。《年表》云秦敗我修魚，得韓將軍申差。敗趙公子渴、韓太子奂，斬首八萬二千。八年，張儀復相秦。【略】

又　卷七《項羽本紀》　今將軍内不能直諫，外爲亡國將，孤特獨立而欲常存，豈不哀哉！將軍何不還兵與諸侯爲從，《索隱》此諸侯謂關東諸侯也。何以知然？文穎曰：『關東爲從，關西爲横。』高誘曰：『關東地形從長，蘇秦相六國，號爲合從。關西地形横長，張儀相秦，壞關東從，使與秦合，號曰連横。』約共攻秦，分王其地，南面稱孤。

唐·陸龜蒙《唐甫里先生文集》卷一九《寒泉子對秦惠王》　寒泉子對秦惠王曰：『客有自趙來，以約從連横事説大王者爲誰？』惠王曰：『東周人蘇秦也。』寒泉子曰：『書十上王不聽，有之乎？』曰『然！』。『其道如何？王耶霸耶？曰黜其霸以躋齊王乎？曰不然，則何上書之煩而用之疏乎？』惠王曰：『醯鷄不能混雷霆，嬰兒不能抗烏獲者，嚮與力懸絶故也。蘇子誠辯，安能以三寸舌謀山東諸侯，使西面朝秦者乎？寡人非不知不破一領甲不折一隻矢之爲利也，顧其猶捕風耳。諸侯不可一，

非一朝也。齊桓晉文之霸也，始若膠附，終若冰拆。豈連鷄不能俱止於栖而已哉？寡人塞耳，義弗聞也。』寒泉子曰：『不然。夫齊荆三晉之人，病於兵久矣。方城之金，十九爲兵，一爲鋳銚。董澤之蒲，十九爲幹，一爲箕楼。父子兄弟之血，前後濺野草，齊魂爲燕氛，趙骨化魏土。悽痛之聲，入金石，出絃匏，聞之者悄感酸屑，泣不自禁。一旦有人謂曰，朝與秦連横，暮得帖帖安卧。秦亦厭戰，雖鼓牙頰未能吞諸侯，秦休而强，吾亦勇而奋矣。設有辯口，奚能反覆乎？大王不用秦，詔一武士斷其頸，無令車輪輾關下土，使關東諸侯聞其言，合從散横東向以倍秦，大王出則奪氣，入則包羞。及其殆也，披土地以奉讎國，獨不念秦仲之業艱難乎？春秋祀事，何面目見宗廟？』惠王卒弗用，寒泉子耕於鄙。趙即封蘇季子爲武安君，六國果拒秦，秦閉關十五年。

天下統一部

秦滅兩周分部

綜　述

《史記》卷四《周本紀》（周赧王）五十八年，三晉距秦。周令其相國之秦，以秦之輕也，還其行。《正義》以秦輕易周相，故相國於是反歸周也。客謂相國曰：『秦之輕重未可知也。《正義》言秦之輕相國重相國，亦未可知。秦欲知三國之情。公不如急見秦王曰「請爲王聽東方之變」，秦王必重公。重公，是秦重周，周以取秦也；齊重，則固有周聚《集解》徐廣曰：『一作「勛」，勛亦古之聚字。』以收齊：是周常不失重國之交也。』《正義》按：周聚事齊而和於齊周，故得齊重。今相國又得秦重，是相國收秦，周聚收齊，周常不失大國之交也。秦信周，發兵攻三晉。《正義》三晉，韓、魏、趙也。以上至『五十八年』，是客説周相國，令報三國之情，得秦重也。

五十九年，秦取韓陽城負黍，《集解》徐廣曰：『陽城有負黍聚。』《正義》：《括地志》云：『陽城，洛州縣也。負黍亭在陽城縣西南三十五里。故周邑。《左傳》云「鄭伐周負黍」是也。』今屬韓國也。西周恐，倍秦，與諸侯約從，《集解》文穎曰：『關東爲從，關西爲横。』孟康曰：『南北爲從，東西爲横。』瓚曰：『以利合曰從，以威勢相脅曰横。』《正義》按：諸説未允。關東地南北長，長爲從，六國共居之。關西地東西廣，廣爲横，秦獨居之。將天下鋭師出伊闕攻秦，《正義》西周以秦取韓陽城、負黍，恐懼，倍秦之約，共諸侯連從，領天下鋭師，從洛州南出伊闕攻秦軍，令不得通陽城。令秦無得通陽城。秦昭王怒，使將軍摎《集解》：《漢書・百官表》曰：『前、後、左、右將軍，皆周末官也。』攻西周。西周君犇秦，《正義》謂西周武公。頓首受罪，盡獻其邑三十六，口三萬。《索隱》秦昭王之五十二年。秦受其獻，歸其君於周。

周君、王赧卒，《集解》宋衷曰：『謚曰西周武公。』《索隱》非也。徐以西周武公是惠公之長子，此周君即西周武公也。蓋此時武公與王赧皆卒，故連言也。《正義》劉伯莊云：『赧是慚耻之甚，輕微危弱，寄住東西，足爲慚赧，故號之曰赧。』《帝王世紀》云：『名誕。雖居天子之位號，爲諸侯之所役逼，與家人無異。名負責於民，無以得歸，乃上臺避之，故周人名其臺曰逃責臺。』周民遂東亡。秦取九鼎寶器，而遷西周公於𢡟狐。《集解》徐廣曰：『𢡟音憚。𢡟狐聚與陽人聚相近，在洛陽南百五十里梁、新城之間。』《索隱》西周，蓋武公之太子文公也。武公卒而立，爲秦所遷。而東周亦不知其名號。戰國策雖有周文君，亦不知滅時定當何主。蓋周室衰微，略無紀録，故太史公雖考衆書以卒其事，然二國代系甚不分明。《正義》：《括地志》云：『汝州外古梁城即𢡟狐聚也。陽人故城即陽人聚也，在汝州梁縣西四十里，秦遷東周君也。梁亦古梁城也，在汝州梁縣西南十五里。新城，今洛州伊闕縣也。』按：狐、陽人傍在三城之間。後七歲，秦莊襄王滅東周。《集解》徐廣曰：『周比亡之時，凡七縣，河南、洛陽、穀城、平陰、偃師、鞏、緱氏。』《正義》：《括地志》云：『故穀城在洛州河南縣西北十八里苑中。河陰縣城本漢平陰縣，在洛州洛陽縣東北五十里。《十三州志》云在平津大河之南也。魏文帝改曰河陰。』東西周皆入於秦，周既不祀。《集解》皇甫謐曰：『周凡三十七王，八百六十七年。』《索隱》既，盡也。日食盡曰既。言周祚盡滅，無主祭祀。《正義》按：王赧卒後，天下無主三十五年，七雄並爭。至秦始皇立，天下一統，十五年，海内咸歸於漢矣。

又　卷五《秦本紀》（秦昭王）五十一年，將軍摎攻韓，取陽城、

負黍，《正義》今河南府縣也。負黍亭在陽城縣西南三十五里，本周邑，亦時屬韓也。斬首四萬。攻趙，取二十餘縣，首虜九萬。西周君《正義》武公。背秦，與諸侯約從，將天下鋭兵出伊闕攻秦，令秦毋得通陽城。於是秦使將軍摎攻西周。西周君走來自歸，頓首受罪，盡獻其邑三十六城，口三萬。秦王受獻，歸其君於周。五十二年，周民東亡，其器九鼎入秦。《正義》器謂寶器也。禹貢金九牧，鑄鼎於荆山下，各象九州之物，故言九鼎。歷殷至周赧王十九年，秦昭王取九鼎，其一飛入泗水，餘八入於秦中。周初亡。

又　卷四六《田敬仲完世家》　（王建）十六年，秦滅周。君王后卒。二十三年，秦置東郡。二十八年，王入朝秦，秦王政置酒咸陽。

秦滅六國分部

綜　述

秦滅韓

《史記》卷六《秦始皇本紀》　十七年，内史騰攻韓，得韓王安，盡納其地，《正義》韓王安之九年，秦盡滅之。以其地爲郡，命曰潁川。

又　卷四五《韓世家》　王安五年，秦攻韓，韓急，使韓非使秦，秦留非，因殺之。

九年，秦虜王安，盡入其地，爲潁州郡。韓遂亡。《正義》亡在秦始皇帝十七年。

秦滅趙

《史記》卷六《秦始皇本紀》　十八年，《集解》徐廣曰：「巴郡出大人，長二十五丈六尺。」大興兵攻趙，王翦將上地，《正義》上郡上縣，今綏州等是也。下井陘，《集解》服虔曰：「山名，在常山。今爲縣。」端和將河内，羌瘣伐趙，端和圍邯鄲城。十九年，王翦、羌瘣盡定取趙地東陽，得趙王。《索隱》趙王遷也。《正義》趙幽繆王遷八年，秦取趙地至平陽。平陽在貝州歷亭縣界。遷王於房陵。引兵欲攻燕，屯中山。秦王之邯鄲，諸嘗與王生趙時母家有仇怨，皆阬之。秦王還，從太原、上郡歸。始皇帝母太后崩。趙公子嘉率其宗數百人之代，自立爲代王，東與燕合兵，軍上谷。大飢。【略】

二十五年，大興兵，使王賁將，攻燕遼東，得燕王喜。《正義》燕王喜之五十三年，燕亡。還攻代，虜代王嘉。

又　卷四三《趙世家》　幽繆王遷元年，《集解》徐廣曰：「又云『湣王』。《世本》云孝成王丹生悼襄王偃，偃生今王遷。《年表》及《史考》趙遷皆無謚。」《索隱》徐廣云王遷無謚，今惟此獨稱幽繆王者，蓋秦滅趙之後，人臣竊追謚之，太史公或別有所見而記之也。城柏人。二年，秦攻武城，《集解》徐廣曰：「《年表云秦拔我平陽。」扈輒率師救之，軍敗，死焉。

三年，秦攻赤麗、宜安，《正義》：《括地志》云：「宜安故城在恒州藁城縣西南二十里也。」李牧率師與戰肥下，《正義》：《括地志》云：「肥累故城在恒州藁城縣西七里，春秋時肥子國，白狄別種也。」卻之。封牧爲武安君。四年，秦攻番吾，《正義》：《括地志》云：「蒲吾城在恒州房山縣東二十里也。」李牧與之戰，卻之。

五年，代地大動，自樂徐以西，《集解》徐廣曰：「徐，一作『除』。」北至平陰，《正義》樂徐在晉州，平陰在汾也。臺屋牆垣太半壞，地坼東西百三十步。《正義》其坼溝見在，亦在晉、汾二州之界也。六年，大饑，民譌言曰：「趙爲號，秦爲笑。以爲不信，視地之生毛。」

七年，秦人攻趙，趙大將李牧、將軍司馬尚將，擊之。李牧誅，司馬尚免，趙怱及齊將顔聚代之。趙怱軍破，顔聚亡去。以王遷降。《集解》：《淮南子》云：「趙王遷流於房陵，思故鄉，作爲山水之謳，聞之者莫不流涕。」《正義》：《括地志》云：「趙王遷墓在房州房陵縣西九里也。」

八年十月，邯鄲爲秦。

秦滅魏

《史記》卷六《秦始皇本紀》　二十二年，王賁攻魏，引河溝灌大梁，大梁城壞，其王請降，《索隱》魏王假也。盡取其地。

又　卷四四《魏世家》　（王假）三年，秦灌大梁，虜王假，《集

解》：《列女傳》曰：『秦殺假。』遂滅魏以爲郡縣。

秦滅楚

《史記》卷六《秦始皇本紀》 二十三年，秦王復召王翦，彊起之，使將擊荆。《正義》秦號楚爲荆者，以莊襄王名子楚，諱之，故言荆也。取陳以南至平輿，《集解》：《地理志》汝南有平輿縣。《正義》：平輿，豫州縣也。虜荆王。《索隱》荆王負芻也。楚稱荆者，以避莊襄王諱，故易之也。秦王游至郢陳。荆將項燕立昌平君爲荆王，反秦於淮南。《集解》徐廣曰：『淮，一作「江」。』《正義》昌平也。楚淮北之地盡入於秦。二十四年，王翦、蒙武攻荆，破荆軍，昌平君死，項燕遂自殺。【略】

（二十五年）王翦遂定荆江南地，《正義》言王翦遂平定楚及江南地，降越君，置爲會稽郡。降越君，《正義》楚威王已滅，其餘自稱君長，今降秦。置會稽郡。五月，天下大酺。《正義》文穎曰：『酺，《周禮》族師掌春秋祭酺，爲人物災害之神。』蘇林曰：『陳留俗，三月上巳水上飲食爲酺。』《正義》天下歡樂大飲酒也。秦既平韓、趙、魏、燕、楚五國，故天下大酺也。

又 卷四〇《楚世家》 王負芻元年，燕太子丹使荆軻刺秦王。二年，秦使將軍伐楚，大破楚軍，亡十餘城。三年，秦滅魏。四年，秦將王翦破我軍於蘄，而殺將軍項燕。

五年，秦將王翦、蒙武遂破楚國，虜楚王負芻，滅楚名爲郡云。《集解》孫檢曰：『秦虜楚王負芻，滅去楚名，以楚地爲三郡。』《索隱》裴注頻引孫檢，不知其人本末，蓋齊人也。

秦滅燕

《史記》卷六《秦始皇本紀》 二十年，燕太子丹患秦兵至國，恐，使荆軻刺秦王。秦王覺之，體解軻以徇，而使王翦、辛勝攻燕。燕、代發兵擊秦軍，秦軍破燕易水之西。二十一年，王賁攻。乃益發卒詣王翦軍，遂破燕太子軍，取燕薊城，得太子丹之首。燕王東收遼東而王之。【略】

二十五年，大興兵，使王賁將，攻燕遼東，得燕王喜。《正義》燕王喜之五十三年，燕亡。

又 卷三四《燕召公世家》 燕見秦且滅六國，秦兵臨易水，《集解》

徐廣曰：『出涿郡故安也。』禍且至燕。太子丹陰養壯士二十人，使荆軻獻督亢地圖於秦，《索隱》徐廣云：『涿有督亢亭。』《地理志》屬廣陽。然督亢之田在燕東，甚良沃，欲獻秦，故畫其圖而獻焉。因襲刺秦王。秦王覺，殺軻，使將軍王翦擊燕。二十九年，秦攻拔我薊，燕王亡，徙居遼東，斬丹以獻秦。三十年，秦滅魏。

三十三年，秦拔遼東，虜燕王喜，卒滅燕。是歲，秦將王賁《正義》王翦子。亦虜代王嘉。

秦滅齊

《史記》卷六《秦始皇本紀》 二十六年，齊王建與其相后勝《正義》齊相姓名。發兵守其西界，不通秦。秦使將軍王賁從燕南攻齊，得齊王建。《索隱》六國皆滅也。十七年得韓王安，十九年得趙王遷，二十二年魏王假降，二十三年虜荆王負芻，二十五年得燕王喜，二十六年得齊王建。《正義》齊王建之三十四年，齊國亡。

又 卷四六《田敬仲完世家》 四十四年，秦兵擊齊。齊王聽相后勝計，不戰，以兵降秦。秦虜王建，遷之共。《集解》：《地理志》河内有共縣。《正義》今衛州共城縣也。遂滅齊爲郡。天下壹并於秦，秦王政立號爲皇帝。始，君王后賢，事秦謹，與諸侯信，齊亦東邊海上，秦日夜攻三晉、燕、楚，五國各自救於秦，以故王建立四十餘年不受兵。君王后死，后勝相齊，多受秦間金，多使賓客入秦，秦又多予金，客皆爲反間，勸王去從朝秦，不脩攻戰之備，不助五國攻秦，秦以故得滅五國。五國已亡，秦兵卒入臨淄，民莫敢格者。王建遂降，遷於共。故齊人怨王建不蚤與諸侯合從攻秦，聽姦臣賓客以亡其國，歌之曰：『松耶柏耶？住建共者客耶？』《集解》徐廣曰：『《戰國策》云秦處建於共松柏間也。』《索隱》謂是建客邪，客説建住言遂乃失策，今建遷共。共，今在河内也。疾建用客之不詳也。《索隱》謂不詳審用客，不知其善否也。

論說

《史記》卷四三《趙世家》 太史公曰：吾聞馮王孫曰：『趙王遷，

其母倡也，《集解》徐廣曰：『《列女傳》曰邯鄲之倡。』嬖於悼襄王。悼襄王廢適子嘉而立遷。遷素無行，信讒，故誅其良將李牧，用郭開。』豈不繆哉！秦既虜遷，趙之亡大夫共立嘉爲王，王代六歲，秦進兵破嘉，遂滅趙以爲郡。

又　卷四四《魏世家》　太史公曰：吾適故大梁之墟，墟中人曰：『秦之破梁，引河溝而灌大梁，三月城壞，王請降，遂滅魏。』説者皆曰魏以不用信陵君故，國削弱至於亡，余以爲不然。天方令秦平海內，其業未成，魏雖得阿衡之佐，曷益乎？《索隱》按：譙周曰『以予所聞，所謂天之亡者，有賢而不用也，如用之，何有亡哉？使紂用三仁，周不能王，況秦虎狼乎』？

《漢書》卷二八上《地理志上》　周爵五等，而土三等：公、侯百里，伯七十里，子、男五十里。不滿爲附庸，蓋千八百國。而太昊、黄帝之後，唐、虞侯伯猶存，帝王圖籍相踵而可知。周室既衰，禮樂征伐自諸侯出，轉相吞滅，數百年間，列國秏盡。至春秋時，尚有數十國，五伯迭興，總其盟會。師古曰：『此五伯謂齊桓、宋襄、晉文、秦穆、楚莊也。』陵夷至於戰國，天下分而爲七，師古曰：『謂秦、韓、魏、趙、燕、齊、楚也。』合從連衡，經數十年。秦遂并兼四海。以爲周制微弱，終爲諸侯所喪，故不立尺土之封，分天下爲郡縣，盪滅前聖之苗裔，靡有孑遺者矣。

又　卷一〇〇上《敘傳上》　（隗）囂問（班）彪曰：『往者周亡，戰國並爭，天下分裂，數世然後乃定。其抑者從横之事復起於今乎？將承運迭興在於一人也？願先生論之。』對曰：『周之廢興與漢異。昔周立爵五等，諸侯從政，本根既微，枝葉强大，故其末流有從横之事，其勢然也。』

漢・桓寬《鹽鐵論》卷二《論儒第十一》　御史曰：『文學祖述仲尼，稱誦其德，以爲自古及今，未之有也。然孔子修道魯、衛之間，教化洙、泗之上，弟子不爲變，當世不爲治，魯國之削滋甚。齊宣王褒儒尊學，孟軻、淳于髡之徒，受上大夫之禄，不任職而論國事，蓋齊稷下先生千有餘人。當此之時，非一公孫弘也。弱燕攻齊，長驅至臨淄，湣王遁逃，死於莒而不能救；王建禽於秦，與之俱虜而不能存。若此，儒者之安國尊君，未始有效也。』

文學曰：『無鞭策，雖造父不能調駟馬。無世位，雖舜、禹不能治萬民。孔子曰：「鳳鳥不至，河不出圖，吾已矣夫！」故軺車良馬，無以馳之；聖德仁義，無所施之。齊宣之時，不顯賢進士，國家富强，威行敵國。及湣王，奮二世之餘烈，南舉楚、淮，北并巨宋，苞十二國，西摧三晉，卻强秦，五國賓從，鄒、魯之君，泗上諸侯皆入臣。矜功不休，百姓不堪。諸侯諫不從，各分散，慎到、捷子亡去，田駢如薛，而孫卿適楚。內無良臣，故諸侯合謀而伐之。王建聽流説，信反間，用后勝之計，不與諸侯從親，以亡國。爲秦所禽，不亦宜乎？』

漢・王充《論衡》卷八《儒增篇》　《傳》言：秦滅周，周之九鼎入于秦。案本事，周赧王之時。秦昭王使將軍摎攻王赧。王赧惶懼犇秦，頓首受罪，盡獻其邑三十六，口三萬。秦受其獻，還王赧。王赧卒，秦王取九鼎寶器矣。若此者，九鼎在秦也。始皇二十八年，北遊至琅邪，還過彭城，齊戒禱祠，欲出周鼎，使千人没泗水之中，求弗能得。案時，昭王之後，三世得始皇帝。秦無危亂之禍，鼎宜不亡，亡時殆在周。傳言：王赧犇秦，秦取九鼎。或時誤也。《傳》又言：宋太丘社亡，鼎没水中彭城下。其後二十九年，秦并天下。若此者，鼎未入秦也。其亡，從周去矣。未爲神也。春秋之時，五石隕于宋。五石者，星也。星之去天，猶鼎之亡於地也。星去天不爲神，鼎亡於地何能神。春秋之時，三山亡，猶太丘社之去宋，五星之去天。三山亡，五石隕，太丘社去，皆自有爲。然鼎亡，亡亦有應也，未可以亡之故，乃謂之神。如鼎與秦三山同乎。亡不能神。如有知，欲辟危亂之禍乎。則更桀紂之時矣。衰亂無道，莫過桀紂，桀紂之時，鼎不亡去。周之衰亂，未若桀紂，留無道之桀紂，去衰末之周，非止去之疑神有知之驗也。或時周亡之時，將軍摎人衆見鼎盗取，姦人鑄爍以爲他器，始皇求不得也。後因言有神名，則空生没於泗水之語矣。

宋・司馬光《資治通鑑》卷七《秦紀二》　（始皇帝二十六年）臣光曰：從衡之説雖反覆百端，然大要合從者，六國之利也。昔先王建萬國，親諸侯，使之朝聘以相交，饗宴以相樂，會盟以相結者，無他，欲其同心戮力以保家國也。向使六國能以信義相親，則秦雖强暴，安得而亡之哉！夫三晉者，齊、楚之藩蔽；齊、楚者，三晉之根柢；形勢相資，表裏相

依。故以三晉而攻齊、楚，自絶其根柢也；以齊、楚而攻三晉，自撤其藩蔽也。安有撤其藩蔽以媚盗，曰『盗將愛我而不攻』，豈不悖哉！

宋·呂祖謙《大事記解題》卷七　秦始皇帝二十六年，王賁、蒙恬滅齊。解題曰：齊田姓陳。公子完奔齊，食采於田，春秋後改姓田氏。自田和代齊，至王建幾七世。秦初并天下，令曰：『齊王用后勝計，絶秦，使欲爲亂。兵吏誅虜其王，此則其出師之名也。』疆界、風俗見『周安王十一年，齊田和徙其君康公』解題。按：《蒙恬傳》：始皇二十六年，恬因家世得爲秦將，攻齊，大破之，拜爲内史。秦之將帥多世其家，賁，翦之子也；恬，武之子，驁之孫也。潁濱蘇氏曰：『韓、魏、趙、楚與秦壤地相接，雖欲勉强抗秦，而干戈日至，勢不可矣。如燕、齊負海，前有四國之限。燕弱，不足言。如齊之强，使與四國合從，推其有餘以補不足。時至而拯其亟，雖秦之暴，亦安能遂滅諸侯乎？然威、宣方以其力攻伐諸侯，不親。湣王取宋破燕，求逞其欲，不暇及遠。而王建媮安自守，僥倖秦之見容，與五國相隨而亡。吾觀六國之亡，其君無一人可以守國者。楚考烈王死，李園專國負芻，與王猶爭立，僅能自定。而秦兵至趙，王遷信讒，以誅李牧。魏景湣王用秦間以廢信陵。韓王安制於韓玘，燕丹私怨始皇，欲以刺客斃秦。雖使秦寇不作，其勢亦不能久安矣，而況秦乘其斃乎？』

宋·王應麟《困學紀聞》卷一一《考史》　秦昭王五十一年，滅周。是歲，漢高祖生於豐沛。天道之倚伏可畏哉？《史記》：昭王五十一年，赧王卒。皇甫謐曰：高祖生。

宋·胡宏《皇王大紀》卷三《五帝紀》　論曰：史載秦滅周，九鼎入于秦，自是不復見。左氏以爲鼎者圖象百物，而爲之備。使民知神姦者也。愚竊以爲誣矣，魑魅魍魎自古不以爲天下患，惟鄙夫鄙婦則或言之，縉紳先生不道也。

明·梁潛《泊庵集》卷二《親親三》　歟故保封建，莫良於親親也。或曰：周之衰，諸侯相侵，伐無寧時，天子下同於列國封建之失。如此。吁此非封建之失也。親親之道不行也。危而不知持，顛而不知扶，上則并禮樂征伐而忘之，下則并禮樂征伐而竊之。然猶足以久存者，枝榦雖强，終不足以撥其本根也。及秦滅周，諸侯莫顧周亡，而諸侯隨之本根，既撥枝從，而亡勢所必至也。秦懲此失列，而爲郡縣。楚人一呼而亡秦，若反鋤以振朽枝，此無枝幹以蔽其本也。

藝文

漢·賈誼《新書》卷一《過秦論》　秦滅周祀，并海内，兼諸侯，南面稱帝。以四海養。天下之士，斐然鄉風，若是何也？曰：近古之無王者久矣。周室卑微，五霸既滅，令不行於天下，是以諸侯力勁。强凌弱，衆暴寡，兵革不休，士民罷弊。

清·彭定求等《全唐詩》卷一六一《李白〈古風·秦王掃六合〉》　秦王掃六合，虎視何雄哉！揮劍決浮雲，諸侯盡西來。明斷自天啓，大略駕羣才。收兵鑄金人，函谷正東開。銘功會稽嶺，騁望琅琊臺。刑徒七十萬，起土驪山隈。尚採不死藥，茫然使心哀。連弩射海魚，長鯨正崔嵬。額鼻象五嶽，揚波噴雲雷。鬐鬣蔽青天，何由睹蓬萊？徐市載秦女，樓船幾時回？但見三泉下，金棺葬寒灰。

宋·羅泌《路史》卷四二《麟木説》　夫哀公之十四年至秦滅周，凡三百二十有四年，予敢謂孔子之知秦哉。予謂：昔魯端門有血書，云：趣作法，聖人没，姬周亡。彗東出，秦正起，胡破術，書記散，孔不絶。

雜録

《史記》卷二八《封禪書》　是時萇弘以方事周靈王，諸侯莫朝周，周力少，萇弘乃明鬼神事，設射《貍首》。《貍首》者，諸侯之不來者。《集解》徐廣曰：『貍，一名「不來」。』依物怪欲以致諸侯。諸侯不從，而晉人執殺萇弘。《集解》：《皇覽》曰：『萇弘冢在河南洛陽東北山上。』周人之言方怪者自萇弘。

其後百餘年，秦靈公作吳陽上畤，《索隱》吳陽，地名，蓋在岳之南。又上云『雍旁有故吳陽武畤』，今蓋因武畤又作上、下畤以祭黄帝、炎帝。祭黄帝；《集解》徐廣曰：『凡距作密畤二百五十年。』作下畤，祭炎帝。

後四十八年，周太史儋《索隱》孟康云即老子也。韋昭案年表，儋在孔子後

百餘年，非老聃也。見秦獻公曰：『秦始與周合，合而離，五百歲當復合，《索隱》案：大顏歷評諸家，而云周平王封襄公爲諸侯，至昭王五十二年西周君獻邑，凡五百一十六年爲合，亦舉全數。合十七年而霸王出焉。』《索隱》合十七年伯王出。自昭王滅周之後至始皇元年誅嫪毐，正一十七年。孟康云：『謂周封秦爲別，秦并周爲合。此襄公爲霸，始皇爲王也。』《正義》秦周俱黄帝之後，至非子末別封，是合也。合而離者，謂非子末年，周封非子爲附庸，邑之秦，是離也。五百歲當復合者，謂從非子邑秦後二十九君，至秦孝公二年五百歲，周顯王致文武胙於秦孝公，復與之親，是復合也。十七年霸王出焉者，謂從秦孝公三年至十九年，周顯王致伯於秦孝公，是霸出也；至惠王稱王，王者出焉。然五百歲者，非子生秦侯已下二十八君，至孝公二年，合四百八十六年，兼非子邑秦之後十四年，則五百歲矣。諸家解皆非也。櫟陽雨金，秦獻公自以爲得金瑞，故作畦畤櫟陽而祀白帝。《集解》晉灼曰：『漢注在隴西西縣人先祠山下，形如種韭畦，畦各一土封。』《索隱》：《漢舊儀》云：『祭人先於隴西西縣人先山，山上皆有土人，山下有畤，埒如菜畦，畤中各有一土封，故云畤。』《三蒼》云：『畤，埒也。』

其後百二十歲而秦滅周，《集解》徐廣曰：『去太史儋言時百二十年。』周之九鼎入于秦。或曰宋太丘社亡，《集解》：《爾雅》曰：『右陵太丘。』《索隱》應劭云：『亡，淪入地也。』案：亡，社主亡也。《爾雅》云『右陵太丘』。郭璞云『宋有太丘』。而鼎没于泗水彭城下。

其後百一十五年而秦并天下。

漢·焦延壽《焦氏易林》卷一《乾之第一·謙》 喪寵益尤，政傾家覆，我宗失國，秦滅周室。

《後漢書》卷三八《法雄傳》 法雄字文彊，扶風郿人也，齊襄王法章之後。秦滅齊，子孫不敢稱田姓，故以法爲氏。法章，齊湣王子也。法章子建立，爲秦所滅。

又 卷一二〇《輿服志》 高山冠，一曰側注。制如通天，[頂]不邪却，直竪，無山述展筩，《獨斷》曰：『鐵爲卷梁，高九寸。』《漢書·音義》曰：『其體側立而曲注。』中外官、謁者、僕射所服。太傅胡廣説曰：『高山冠，蓋齊王冠也。秦滅齊，以其君冠賜近臣謁者服之。』《史記》：酈生初見高祖，儒衣而冠側注。《漢舊儀》曰：『乘輿冠高山冠，飛月之纓，幘耳赤，丹紈裏衣，帶七尺斬蛇劍，履虎尾絇履。』案此則亦通于天子。

《晉書》卷二五《輿服志》 高山冠，一名側注，高九寸，鐵爲卷梁，制似通天。頂直竪，不斜却，無山述展筩。高山者，《詩》云『高山仰止』，取其矜莊賓遠者也。中外官、謁者、謁者僕射所服。胡廣曰：『高山，齊王冠也。《傳》曰「桓公好高冠大帶」。秦滅齊，以其君冠賜謁者近臣。』應劭曰：『高山，今法冠也，秦行人使官亦服之。』而《漢官儀》云『乘輿冠高山之冠，飛翮之纓』，然則天子亦有時服焉。《傅子》曰：『魏明帝以其制似通天、遠游，故改令卑下。』

宋·黄震《黄氏日抄》卷五四 《封禪書》載：『九鼎没于泗水彭城下，時在楚興師求九鼎之後。』東坡曰：『此周人毁鼎以緩禍，而假之神妖以爲説也。』《封禪書》又曰：『秦滅周九鼎入秦。』東萊曰：『使鼎果入秦，則秦皇過彭城何爲齋戒禱祠，使千人没泗水求九鼎哉？』

元·梁益《詩傳旁通》卷一 至戰國時，周愈下衰，分爲東周君、西周君。秦遷東周君於憚狐之聚，遷西周君於陽人之聚，而周亡矣。

明·周嬰《巵林》卷九《荆軻延周》 然則燕視秦王，死亦亡，不死亦亡，而曰未至遂亡，過矣。且丹思自雪見凌之怨，非爲周恤不祀之悲也。吾友黄若木云：西周亡於秦昭襄五十一年。東周亡於莊襄元年。河洛之又見，黍離久矣。胡氏欲扶蘇重立周之社稷乎？

清·王懋竑《白田雜著》卷三《漢火德考》 自鄒衍推五德終始之傳，作主運。秦始皇采用其説，以周得火德，秦滅周，從所不勝，爲水德。《封禪書》或曰：『黄帝得土德，夏得木德，殷得金德，周得火德，秦得水德。』是必用鄒衍説也。

清·毛奇齡《聖諭樂本解説》卷二 隋時何妥《論樂》謂：秦滅齊時，韶之樂器在齊也。及漢滅秦，韶之樂器尚在秦也。漢高遷其器，别爲一縣，改名曰文始之樂，而乃使李延年爲新聲，敕公孫宏、司馬相如爲詩歌。

清·魏荔彤《大易通解》卷九 象曰：澤无水，困。君子以致命遂志。象傳：又申一義，爲君子大人守貞，而不能亨。困者訓也曰：澤无水澤，不降于天。水必涸於地矣。此如天命已去，而人心自不順也。黄河徙，而殷遷。三川竭，而周亡。水之關于國家運祚，至今爲然也。

國家强盛部

少康中興分部

綜述

《左傳·襄公四年》 昔有夏之方衰也，后羿自鉏遷于窮石，因夏民以代夏政。杜預注：禹孫大康淫放失國，夏人立其弟仲康。仲康亦微弱。仲康卒，子相立，羿遂代相，號曰有窮。恃其射也，不脩民事，而淫于原獸，棄武羅、伯因、熊髡、尨圉，而用寒浞。寒浞，伯明氏之讒子弟也，伯明后寒棄之，夷羿收之，而施賂于信而使之。以爲己相。浞行媚于內，而施賂于外，愚弄其民，而虞羿于田。樹之詐慝，以取其國家，外內咸服。羿猶不悛，將歸自田，家衆殺而亨之，以食其子，其子不忍食諸，死于窮門。靡奔有鬲氏。浞因羿室，生澆及豷；恃其讒慝詐僞，而不德于民，使澆用師，滅斟灌及斟尋氏。處澆于過，處豷于戈。靡自有鬲氏，收二國之燼，以滅浞而立少康。少康滅澆于過，后杼滅豷于戈，有窮由是遂亡。

又《哀公元年》 昔有過澆殺斟灌以伐斟鄩，滅夏后相，后緡方娠，逃出自竇，歸于有仍，生少康焉。爲仍牧正，惎澆能戒之。澆使椒求之，逃奔有虞，爲之庖正，以除其害。虞思於是妻之以二姚，而邑諸綸，有田一成，有衆一旅。能布其德，而兆其謀，以收夏衆，撫其官職；使女艾諜澆，使季杼誘豷。遂滅過、戈，復禹之績，祀夏配天，不失舊物。

《史記》卷二《夏本紀》 帝太康失國，昆弟五人，須于洛汭，作《五子之歌》。

太康崩，弟中康立，是爲帝中康。帝中康時，羲、和湎淫，廢時亂日。胤往征之，作《胤征》。中康崩，子帝相立。帝相崩，子弟少康立。司馬貞索隱：《左傳》：魏莊子曰：『昔有夏之衰也，后羿自鉏遷于窮石，因夏人而代夏政。恃其射也，不修人事，而信用伯明氏之讒子寒浞。浞殺羿，烹之，以食其子，子不忍食，殺于窮門。浞因羿室，生澆及豷。使澆滅斟灌氏及斟尋氏，而相爲澆所滅，后緡歸于有仍，生少康。有夏之臣靡，自有鬲收二國之燼以滅浞，而立少康。少康滅澆于過，后杼滅豷于戈，有窮遂亡。』然則帝相自被篡殺，中間經羿浞二氏，蓋三數十年。而此《紀》總不言之，直云帝相崩，子少康立，疏略之甚。

漢·趙曄《吴越春秋·趙王無餘外傳》 禹以下六世，而得帝少康。少康恐禹祭之絶祀，乃封其庶子於越，號曰無餘。

《後漢書》卷八五《東夷傳》 夷有九種，曰畎夷，于夷，方夷，黄夷，白夷，赤夷，玄夷，風夷，陽夷。李賢引《竹書紀年》曰『后泄二十一年，命畎夷，白夷，赤夷，玄夷，風夷，陽夷。后相即位二年，征黄夷。七年，於夷來賓，後少康即位，方夷來賓』也。

論說

《晉書》卷八六《張駿傳》 少康中興，由於一旅。

宋·胡宏《五峰集》卷四《少康中興》 人殺其父，子必欲死；人辱其君，臣必欲報。忍死謀報，能以天道爲定命，不觀敵勢而改圖，則庶幾焉！苟顧其私，內覬大利，外畏大難，雖有良心，日銷月鑠，其不忘君父者希矣！少康、靡鬲真人臣子哉！志在討賊，行吾義而已，非圖富貴者也。故受困厄而不渝，濱死亡而不怠，兢兢業業，經營四十年，然後克殄元凶，祀夏配天，不失舊物。嗚呼！此真可謂中興者矣。故唐虞世南論歷代中興之主，以少康爲首。噫！前王之所愛，後主之師也。可不鑑哉！

清·崔述《夏考信録》卷三《夏中衰之世》 《皇王大紀》於少康生之年卽書『少康元載』，以紹夏統。《綱目前編》因之。余按：上古之世本無相承之統，由黄帝至帝嚳皆隔百數十年而後代興；自堯、舜、禹而後相繼，然皆異姓也。至禹崩時，皋陶已亡，益亦避去，其餘稷契之倫大抵皆已前没，而啓又賢，能承繼禹之道，是以天下歸之。此乃適然事耳，非以夏爲一代之統而必世世子孫相承不絶也。啓崩之後，天下諸侯之朝覲

訟獄者斷不能歸於太康也明矣；況仲康、相之微弱者乎！但此時別無聖人能得天下心者，是以天下未歸於一。適會少康復有令德，諸侯歸之，而又得賢子杼繼之，然後天下久歸於夏；久則難變，而槐、芒、不降得以蒙業而安耳。由是言之，夏之世守天下至少康、杼之後始然，當其初固與上古之代興者無以異也。然則羿、浞之在當時，與蚩尤之在上古，嬴秦之在戰國略相似，初非若新莽、周塈之竊統於漢、唐者可比，而何必繼其統使相承不絶哉！況少康仕於諸侯，爲其牧正，爲其庖正，方且北面而臣事之，亦斷不可於此時嗣天子之統也。學者不知夏所以家天下之故，故論禪讓繼統革命之事多謬於理而乖於勢。

清・馬驌《繹史》卷一三《少康中興》　羿、浞之亂，史不具載，故少康之中興，《夏紀》泯闕，猶幸傳記所稱可得而述焉。太康之尸國，或曰元年，或曰十有九年，五子作歌，唯哀宗社之不保，痛故府之淪亡，歸責於君而無忿羿之辭者，以爲棄國違民，亂由上作，於羿何尤？是可謂忠厚和平、怨而不怒者哉！舊都雖失，天命未改，自河以南，猶夏之天下也。故太康越在南服，尚能立國斟尋以傳仲康。仲康即五子之一也，向者追述祖訓，引君罪己，是宜爲君哉！《書》稱肇位四海，則自冀方一區外，靡不來享來王矣。胤侯命掌六師，則八柄九伐，鮮不操自一人矣。羲、和顛覆沈湎，放羿之德以爲德，棄司脅從，乘羿之亂以爲亂。且國遷以來，王命所壅止有羿耳。羲、和守天官而廢時棄職，將令正朔不頒於天子，諸侯不稟於王朝，失統亂紀，端自北始。故出師致討，必明正其罪，而保邑拒命，猶其細焉者矣。羿未可驟圖，先圖其類羿者，自此威克允濟，元老壯猶，功業未可量也。享年不永，志弗克終。帝相嗣之，亦能討伐畎夷，七年致其來賓。然有窮內亂，未聞過而問焉。豈其師老，外攘東略，則西否而治，羿反疏乎？寒浞奮其詐力，二子濟惡，於是滅二斟，殺帝相，夏后之統至是遂中絶焉。少康以先君遺腹之子，在襁保之中。有夏孤臣靡託身於鬲，蓋未嘗一日忘夏也，經營謀慮以至四十年之久，終能滅賊立君，復禹之績，歷艱厄而不渝，瀕死亡而不悔，誠有夏之貞臣矣。而少康實當元凶竊國、澆、豷彊梁之日，乃能戒備奔逃，保身除害，依帝舜之哲胤，一成一旅，卒用以興，豈非間出之英辟哉！後世若安、史之繼亂，唐帝猶存；新莽之移祚，漢宗尚盛。未有年歷四紀，社稷爲墟，一君一臣。崎嶇險阻之間，以開創爲中興，如是其光顯也。《離騷》曰：『羿淫遊以佚田兮，又好射夫封狐。國亂流其鮮終兮，浞又貪夫厥家。』《虞人之箴》曰：『在帝夷羿，冒于原獸，亡其國恤，而思其麀牡。』此羿之所以亡也。《離騷》又曰：『澆身被於强圉兮，縱欲殺而不忍。日康娱以自忘兮，厥首用夫顛隕。』此浞之所以敗也。彼二凶以淫欲絶世，少康以困窮復國，不有廢也。其何以興？有伯靡以爲臣，有季杼以爲子，有仍、鬲、斟、虞先後以爲輔佐，撫黎賢於播越，收餘燼之既亡，禹之明德遠矣。夏后之澤未宜殄滅，然岌岌乎絶而後續，顛而後起，少康之功業所由不可及哉。

藝　文

唐・崔居儉《後唐宗廟樂舞辭》　漢紹世祖，夏資少康。功成德茂，率祀無疆。

明・孫承恩《文簡集》卷二《少康》　夏有少康帝，崎嶇離亂間。振衰能自競，布德更親賢。踐土光前業，明禋配彼天。遂令垂絶緒，復見中興年。

臣惟少康，當王室衰微之日，崎嶇離亂之間，有田一成，有衆一旅，能布其德，而任用其舊臣，誅滅叛亂，克復故物，祀夏配天。若少康者，可不謂中興之賢君哉！

太宗興邦分部

綜　述

《尚書・商書・伊訓》　成湯既没，太甲元年，鄭玄注：太甲，太丁子，湯孫也。太丁未立而卒，及湯没而太甲立，稱元年。伊尹作《伊訓》、《肆命》、《徂后》。【略】

伊尹乃明言烈祖之成德，以訓于王。曰：『嗚呼！古有夏先后，方懋厥德，罔有天災。山川鬼神，亦莫不寧。暨鳥獸、魚鼈，咸若。于其子孫弗率，皇天降災，假手于我有命。造攻自鳴條，朕哉自亳。惟我商王布昭聖武，代虐以寬，兆民允懷。今王嗣厥德，罔不在初。立愛惟親，立敬惟長；始于家、邦，終于四海。【略】『嗚呼！嗣王祗厥身，念哉！聖謨洋洋，嘉言孔彰。惟上帝不常。作善，降之百祥；作不善，降之百殃。爾惟德罔小，萬邦惟慶；爾惟不德，罔大，墜厥宗。』

《史記》卷三《殷本紀》 帝太甲既立三年，不明，暴虐，不遵湯法，亂德，於是伊尹放之於桐宮。三年，伊尹攝行政當國，以朝諸侯。

帝太甲居桐宮三年，悔過自責，反善，於是伊尹乃迎帝太甲而授之政。帝太甲修德，諸侯咸歸殷，百姓以寧。伊尹嘉之，乃作《太甲訓》三篇，褒帝太甲，稱太宗。

又 《魯周公世家》 《無逸》：『其在祖甲，裴駰集解引孔安國、王肅曰：『祖甲，湯孫太甲也。』又引馬融、鄭玄曰：『祖甲，武丁子帝甲也。』司馬貞索隱：孔安國以爲湯孫太甲，馬融、鄭玄以爲武丁子帝甲。按：《紀年》太甲唯得十二年，此云祖甲享國三十三年，知祖甲是帝甲明矣。王應麟《困學紀聞》卷二《書》：《書正義》以鄭爲妄。《史記正義》按帝王年代，歷帝甲十六年，太甲三十三年，明王、孔說是。王肅云：『先中宗，後祖甲，先盛德，後有過。』蔡氏《書傳》從鄭說，謂非太甲。按邵子《經世書》，高宗五十九年，祖庚七年，祖甲三十三年，世次、歷年皆與《書》合，亦不以太甲爲祖甲。不義惟王，久爲小人于外，知小人之依，能保施小民，不侮鰥寡，故祖甲饗國三十三年。』

晉·皇甫謐《帝王世紀》 太甲反位又不怨，故更尊伊尹曰保衡。卽《春秋傳》所謂伊尹放太甲，卒爲明正是也。太甲修政，殷道中興，號曰太宗。孔褒所謂憂思三年，追悔前愆起而卽政，謂之明王者也。

論説

《史記》卷一三〇《太史公自序》 太甲居桐，德盛阿衡。

《漢書》卷六八《霍光傳》 伊尹相殷，廢太甲以安宗廟，後世稱其忠。

又 卷九九上《王莽傳上》 殷成湯既没，而太子蚤夭，其子太甲幼少不明，伊尹放諸桐宮而居攝，以興殷道。

唐·裴駰《史記集解·樂毅列傳》 伊尹放太甲而不疑，太甲受放而不怨，是存大業於至公而以天下爲心者也。

《明史》卷二〇三《潘塤傳》 昔太甲居桐，處仁遷義，不失中興。

中宗復振分部

綜述

《尚書·商書·咸有一德》 太戊贊于伊陟，作《伊陟》、《原命》。

又 《君奭》 在昔成湯既受命，時則有若伊尹，格于皇天；在太甲，時則有若保衡；在太戊，時則有若伊陟、臣扈，格于上帝，巫咸乂王家。

《史記》卷三《殷本紀》 帝雍己崩，弟太戊立，是爲帝太戊。帝太戊立伊陟爲相。亳有祥桑穀共生於朝，一暮大拱。帝太戊懼，問伊陟。伊陟曰：『臣聞妖不勝德，帝之政其有闕與？帝其修德。』太戊從之，而祥桑枯死而去。伊陟贊言于巫咸。巫咸治王家有成，作《咸艾》，作《太戊》。帝太戊贊伊陟于廟，言弗臣，伊陟讓，作《原命》。殷復興，諸侯歸之，故稱中宗。

《漢書》卷二五《郊祀志上》 帝太戊有桑穀生於廷，一暮大拱，懼。伊陟曰：『祅不勝德。』太戊修德，桑穀死。

論説

宋·王欽若等《冊府元龜》卷八三《帝王部·奉先》 太戊時，殷復興，諸侯歸之，故稱中宗。

清・顧炎武《顧亭林詩文集・廟號議》 昔在商時，賢聖之君六七作而稱宗者三：太宗、中宗、高宗而已。

成康之治分部

綜述

《宜侯夨簋》 成王伐商圖，遂省東國圖。

《左傳・昭公二十六年》 昔武王克殷，成王靖四方，康王息民，並建母弟，以蕃屏周。【略】宣王有志，而後效官。

《史記》卷四《周本紀》 成王在豐，使召公復營洛邑，如武王之意。周公復卜申視，卒營築，居九鼎焉。曰：『此天下之中，四方入貢道里均。』作《召誥》、《洛誥》。成王既遷殷遺民，周公以王命告，作《多士》、《無佚》。召公爲保，周公爲師，東伐淮夷，殘奄，遷其君薄姑。成王自奄歸，在宗周，作《多方》。既絀殷命，襲淮夷，歸在豐，作《周官》。興正禮樂，度制於是改，而民和睦，頌聲興。成王既伐東夷，息慎來賀，王賜榮伯，作《賄息慎之命》。

成王將崩，懼太子釗之不任，乃命召公、畢公率諸侯以相太子而立之。成王既崩，二公率諸侯，以太子釗見於先王廟，申告以文王、武王之所以爲王業之不易，務在節儉，毋多欲，以篤信臨之，作《顧命》。太子釗遂立，是爲康王。康王既位，徧告諸侯，宣告以文武之業以申之，作《康誥》。故成康之際，天下安寧，刑錯四十餘年不用。康王命作策，畢公分居里，成周郊，作《畢命》。

漢・劉向《説苑》卷七《政理》 成王問政於尹逸曰：『吾何德之行而民親其上？』對曰：『使之以時而敬順之，忠而愛之，布令信而不食言。』王曰：『其度安至？』對曰：『如臨深淵，如履薄冰。』王曰：『懼哉！』對曰：『天地之間，四海之內，善之則畜之，不善則讎也；夏殷之臣，反讎桀紂而臣湯武，夙沙之民，自攻其主而歸神農氏。此君之所明知也，若何其無懼也？』

論説

《史牆盤文》 憲聖成王，(ナ)[左]右綬會，剛(鯀)[御]，用肇徹周邦。

淵哲康王，分尹啻疆。

宋・曾鞏《元豐類稿》卷九《唐論》 成康歿而民生不見先王之治。

明・高拱《本語》卷六 世之言治者必曰三代。然夏有天下四百三十二年，商六百四十五年，周八百六十七年，合爲一千九百四十四年。其間稱盛君可爲法者，禹、湯、文、武而已，守成之君，則啓甲、太戊、武丁、成康而已，共止二百餘年。餘皆不足觀矣！夏啓之後，篡弑累世。周至《小雅》，陵遲已甚。然則欲法三代者，固自有在也。

清・馬驌《繹史》卷二五《成康繼治》 成王之初立，蓋以太公爲師，周公爲傅，召公爲保，史佚爲少師，賈誼書所記是也。既而周公爲師，召公爲保，《書序》所稱是也。周公攝位，恐王德之不正，抗世子法於伯禽，俾王觀而習焉。遭流言之變，猶陳王業，述《豳風》，又作《文王》、《大明》、《緜》諸詩，述先王之德，進《無逸》之書，以警戒；而召公亦有《公劉》、《卷阿》之篇。故成王盛德，由天資之善，而大臣夾輔之功尤多也。四國既平，營洛定鼎，制作明備，禮樂興而頌聲作，周公云没，遵成法而施之，晏如也。故史稱太平封禪，周德之洽，維成王。及成王崩，召公、畢公皆四世耆老，受顧命以輔新君，觀末命弘濟之訓，鞠子恤若之言，父子同一心也。成王有以正其終，康王有以正其始，《大紀》曰：『康王恭敬神人，四夷賓服，民尚禮義，是時殷民胥化命，畢公保釐東部，猶兢兢安危之慮，是以成、康之際，天下安寧，刑錯四十年不用，於戲美哉！』

藝文

《詩經・大雅・假樂》 假樂君子，顯顯令德。宜民宜人，受祿于天。

保右命之，自天申之！

千祿百福，子孫千億。穆穆皇皇，宜君宜王。不愆不忘，率由舊章！威儀抑抑，德音秩秩。無怨無惡，率由羣匹。受福無疆，四方之綱。之綱之紀，燕及朋友。百辟卿士，媚于天子。不解于位，民之攸塈！

又《泂酌》 泂酌彼行潦，挹彼注兹，可以餴饎。豈弟君子，民之父母！

泂酌彼行潦，挹彼注兹，可以濯罍。豈弟君子，民之攸歸！

泂酌彼行潦，挹彼注兹，可以濯溉。豈弟君子，民之攸塈！

又《卷阿》 有卷者阿，飄風自南。豈弟君子！來游來歌，以矢其音！

伴奂爾游矣，優游爾休矣。豈弟君子！俾爾彌爾性，似先公遒矣。

爾土宇昄章，亦孔之厚矣。豈弟君子！俾爾彌爾性，百神爾主矣。

爾受命長矣，茀祿爾康矣。豈弟君子！俾爾彌爾性，純嘏爾常矣。

有馮有翼，有孝有德，以引以翼。豈弟君子！四方爲則。

顒顒卬卬，如珪如璋，令聞令望。豈弟君子！四方爲綱。

鳳皇于飛，翽翽其羽，亦集爰止。藹藹王多吉士，維君子使，媚于天子！

鳳皇于飛，翽翽其羽，亦傅于天。藹藹王多吉人，維君子命，媚于庶人！

鳳皇鳴矣，于彼高岡，梧桐生矣，于彼朝陽。菶菶萋萋，雝雝喈喈！

君子之車，既庶且多。君子之馬，既閑且馳。矢詩不多，維以遂歌。

又《周頌·執競》 不顯成康？上帝是皇！自彼成康，奄有四方，斤斤其明。

唐·司馬貞《史記索隱·十二本紀述贊》 成康之日，政簡刑措。

清·彭定求等《全唐詩》卷七二八《周曇〈詠史詩·成王〉》 成王有過伯禽笞，聖惠能新日自奇，王道既成何所感。

明·孫承恩《文簡集》卷二《成王》 令哲遵先業，師臣禮數隆。天威嚴敬忌，明德罔昏侗。禮樂昭文治，征誅振武功。守成稱令主，萬代仰高風。

臣惟成王，以令哲之資，嗣守先業。尊禮師傅，敬迓天威，克自明德。制禮作樂，以昭文治；誅奄伐淮，以振武功，覩耿光揚大烈。是以後世論守成者，必首稱焉！

又《康王》 祖業遵無怠，神人儼敬恭。保釐介東土，匡翼望臣工。德教寰區洽，囹圄越世空。唐虞隔千載，亘古兩時雍。

臣惟康王，克遵洪業，敬恭神人，命畢公以保釐東郊之任，圖治諄切。是以四夷賓服，海内晏然，百姓興於禮義，囹圄空虛，天下安寧，而有唐虞之風、泰和之治，亘千古而兩見者也！

宣王中興分部

綜述

《逸周書》卷九《芮良夫解》 芮伯若曰：予小臣良夫，稽道謀告。天子惟民父母。致厥道，無遠不服；無道，左右臣妾乃違。民歸于德。『德則民戴，否則民讎』，兹言允效于前不遠。商紂不道夏桀之虐，肆我有家。嗚呼！惟爾天子，嗣文武業。惟爾執政小子。同先王之臣，昏行闞顧，道王不若。專利作威，佐亂進禍，民將弗堪。

治亂信乎其行，惟王暨爾執政小子攸聞。古人求多聞以監戒，不聞是惟弗知。后除民害，不惟民害。害民乃非后，惟其讎。后作類。后弗類，民不知后，惟其怨。民至億兆，后一而已，寡不敵衆，后其危哉。嗚呼！□□□如之。

今爾執政小子，惟以貪諛爲事，不懃德以備難。下民胥怨，財單竭，手足靡措，弗堪戴上，不其亂而。以予小臣良夫觀，天下有土之君，厥德不遠，罔有代德。時爲王之患，其惟國人。

嗚呼！惟爾執政朋友小子，其惟洗爾心，改爾行，克憂往愆，以保爾居。爾乃瞶禍翫烖，遂弗悛，余未知王之所定，矧乃□□。惟禍發於人之攸忽，於人之攸輕。□不存焉，變之攸伏。爾執政小子不圖善，偷生苟安，爵賄成。

賢智箝口，小人鼓舌，逃害要利，並得厥求，唯曰哀哉！我聞曰：以言取人，人飾其言，以行取人，人竭其行，飾言無庸，竭行有成。惟爾小子，飾言事王，寔蕃有徒。王貌受之，終弗獲用。面相誣蒙，及爾顛覆。爾自謂有餘，予謂爾弗足。敬思以德，備乃禍難。

《國語·周語上》　彘之亂，宣王在邵公之宮，國人圍之。邵公曰：『昔吾驟諫王，王不從，是以及此難。今殺王子，王其以我爲懟而怒乎！夫事君者險而不懟，怨而不怒，況事王乎？』乃以其子代宣王，宣王長而立之。

《史記》卷四《周本紀》　厲王太子靜匿召公之家，國人聞之，乃圍之。召公曰：『昔吾驟諫王，王不從，以及此難也。今殺王太子，王其以我爲讎而懟怒乎？夫事君者，險而不讎懟，怨而不怒，況事王乎！』乃以其子代王太子，太子竟得脱。

召公、周公二相行政，號曰『共和』。【略】太子靜長於召公家，二相乃共立之爲王，是爲宣王。宣王卽位，二相輔之，脩政，法文、武、成、康之遺風，諸侯復宗周。十二年，魯武公來朝。

晉·皇甫謐《帝王世紀》　宣王元年，以邵穆公爲相，秦仲爲大夫，誅西戎。是時天大旱，王以不雨，遇災而懼，整身修行，欲以消去之。祈于羣神，六月乃得雨。大夫仍叔美而歌之，今《雲漢》之詩是也。是歲西戎殺秦仲，王於是進用賢良樊仲山父、尹吉父、程伯休父、虢文公、申伯，韓侯顯父、南仲方叔、仍叔、邵穆公、張仲之屬，並爲卿佐。自厲王失政，獫狁荆蠻，交侵中國，官政隳廢，百姓離散。王乃修復宮室，興收人才，容納規諫，安集兆民，命南仲、召虎、方叔、吉父並征定之，復先王境土。繕車徒，興畋狩禮，天下喜王化復行，號稱中興。

論　説

唐·柳宗元《柳河東集》卷一《獻平淮夷雅表一首》　周宣王時稱中興，其道彰大，于後罕及。

又《封建論》　歷于宣王，挾中興復古之德，雄南征北伐之威，卒不能定魯侯之嗣。

宋·蘇轍《古史》卷四《殷本紀》　蘇子曰：商之有天下者三十世，而周之世三十有七。商之既衰而復興者五王，而周之既衰而復興者宣王一人而已。蓋商之多賢君，宜若其世之過於周。周之賢君不如商之多，而其久於商者乃數百歲，其故何也？周公之治天下，務以文章繁縟之禮，和柔馴擾剛强之民。故其道本於尊尊而親親，貴老而慈幼，使民之父子相愛，兄弟相悦，以無犯上難制之氣，行其至柔之道以揉天下之戾心，而去其剛毅果敢之志。故其享天下至久。而諸侯内侵，京師不振，卒於廢爲至弱之國，何者？優柔和易，可以爲久而不可以爲强也。若夫商人之所以爲天下者，不可復見矣。嘗試求之《詩》、《書》，《詩》之寬緩而和柔，《書》之委曲而繁重者，皆周也。而商人之《詩》，駿發而嚴厲，其《書》簡潔而明肅。以爲商人之風俗蓋在乎此矣！夫惟天下有剛强不屈之俗也，故其後世有以自振於衰微，然至其敗也，一散而不可復止。蓋物之强者易以折，而柔忍者，可以久存。柔者可以久存，而常困於不勝强者，易以折而其末也。可以有所立，此商之所以不長而周之所以不振也。嗚呼！聖人之爲天下，亦有所就而已，不能使之無弊也。使之能久而不能强，能以自振而不能以及遠。此二者存乎其後世之賢與不賢矣！太公封於齊，尊賢而上功。周公曰：『後世必有簒弑之臣。』周公治魯，親親而尊尊。太公曰：『後世寖衰矣！』夫尊賢上功，則近於强；親親尊尊，則近於弱。終之，齊有田氏之禍，而魯人困於盟主之令。蓋商之政近於齊，而周公之所以治周者，其所以治魯也。故齊强而魯弱，魯未亡而齊亡也。

宋·王欽若等《册府元龜》卷一九《帝王部·功業》　周宣王能興衰撥亂。命召穆公虎平淮夷，其詩曰：『徐方既同，天子之功。』

宋·李光《讀易詳説》卷七《下經》　宣王中興，復文武之境土，故天下喜于王化復行。

宋·李杞《用易詳解》卷五《土經五》　『剥』之世，剥牀以足則下不厚矣。小人剥廬，則宅不安矣。故以厚下安宅。厚下者，欲民之得其所也；安宅者，欲民之有所庇也。民得其所而有所仰庇，此濟剥之道也。勞、來、還、定、安、集，爲宣王中興之本。信乎！治剥之道，非得民則何以哉！

宋·范處義《詩補傳》卷二五《變大雅》　宣王中興之功，其大者，

外則建國親侯，内則任賢使能。

宋·李樗、黄櫄《毛詩李黄集解》卷二三《小雅》 李曰：厲王之世，政荒民散，民皆不得其所。宣王中興，始能勞之，來之，還定之，安集之。至于矜寡，無不得其所，則足以見天下之無窮民也。《詩》云：『哿矣富人，哀此惸獨。』蓋言衰亂之世富者猶可，而貧者尤可哀。故爲政必本於此，如文王之發政施仁，必先於鰥寡孤獨之四者，則宣王之中興亦豈外是哉！

宋·林岊《毛詩講義》卷一二《詩序二》 古者將寓於鄉而兵寓於農，平居無事，六師之將卽六鄉之鄉也。宣王中興，復古修明井田之制，詩人以《采芑》歌之。

宋·衛湜《禮記集説》卷一二〇《孔子閒居》 宣王，中興之王也。

元·劉玉汝《詩纘緒》卷一六《大雅四》 末章起語變文，以結嘒星，與首章《雲漢》意同。此則爲宣王之辭也，庶正羣臣也。羣臣皆爲民憂，儻得雨以安民，則羣臣安矣！然而不可必也，故又呼天而訴之。其憂之甚如此，見宣王憂民之心無已也，無棄者，無禁止也。宣王自述其戒羣臣之辭也。

周以荒政十二救萬民，今宣王遇災而懼，詩人不述其救民之政而徒述其事神之事，何也？曰：『不修其政而聽於神』，古人不爲也。況宣王中興，有志復古，而有是哉！蓋《雲漢》專述宣王憂民之心而人之心尤於事神而見其誠，故特舉事神以見宣王之心，又況，心者，政之所由出，古之爲政者必先民而後神，舉事神之心而先民之政，可知矣！此所以不言其政而言其心。且不獨此也。於羣臣而亦以其言，故曰無不能止。蓋宣王之心在民，羣臣體王之心以憂民，憂，故舉羣臣憂民之心而宣王之心可見矣！

清·刁包《易酌》卷二《屯》 周宣承厲王之亂，天下不復，宗周乃更失理。布德教，舉遺士，早朝宴罷，卒成中興之名。

清·馬驌《繹史》卷二七《宣王中興》 周自懿王之世，王室遂衰，孝王封非子爲附庸，邑於秦。秦之有國自此始。夷王陵替，下堂而見諸侯，諸侯更相侵伐，而楚僭王號於江、漢之閒。

厲王之初立也，諸侯畏之，荆楚自去其王，三十年間，天下無事，周室尚可爲也，乃專利恣虐，所任者榮夷、衛巫、繝公、長父之流，羣小用事，而召穆、芮伯交諫不聽，大雅規刺，充耳罔聞，卒致民不堪命，聚而作難，相與攻襲厲王，王奔於彘，此民變之始也。彘在河、汾之閒，詩人謂之汾王。太子靜匿召公之家，共和行政。共和云者，不知周、召之共政與？抑共伯之干位與？是時，天子曠紀，内難不興，外變不作，海内寧謐，謂非大臣秉國居中，而善馭乎、文、武、成、康之德澤，入人深乎？垂法之可守，封建之交相持乎？宣王長而嗣位，二相輔之，勤身修政，天下宗周，時則北伐玁狁有文武之吉甫，南征蠻荆，有壯猶之方叔，召虎奏江、漢之勳，南仲佐淮浦之烈，詩人美大其功，《采芑》、《六月》諸篇所由作也。爰命仲山甫，錫韓侯，褒申伯，修内攘外，復文、武之竟土，蒐田復古，考牧築室，又能遇災知懼，側身修行，是以王道燦然復舉，成中興之烈，爲周世宗焉。從來國家之興，必起於憂危，其衰也，常由於逸豫。人主之勤惕，多生於患難，而懈怠恒積於晏安。宣承厲王之亂，恐懼克勵，所以興也。迨其後，天下安寧，深宫晏起，宣王之志荒矣。於是不藉千畝，料民太原，立魯侯不以適，殺杜伯而非其罪；所爲如此，安得而不復衰？幽王繼之，不數年而君弑國亡，周遂東遷，一迹不復起矣。夫人君撥亂反正，必百倍其功，救弊振衰，然後可以持久。而宣王末政如是，共何以長世？蓋非有初之難，而克終之難也。《傳》曰：『夷、厲、宣、幽，而貪天禍。』豈無謂哉！

藝文

《詩經·小雅·六月》 六月棲棲，戎車既飭。四牡騤騤，載是常服。玁狁孔熾，我是用急。王于出征，以匡王國。

比物四驪，閑之維則。維此六月，既成我服。我服既成，于三十里。王于出征，以佐天子。

四牡脩廣，其大有顒，薄伐玁狁，以奏膚公。有嚴有翼，共武之服。共武之服，以定王國。

玁狁匪茹，整居焦穫。侵鎬及方，至于涇陽。織文鳥章，白旆中央。元戎十乘，以先啓行。

戎車孔安，如輊如軒。四牡既佶，既佶且閑。薄伐玁狁，至于大原。文武吉甫，萬邦爲憲！

吉甫燕喜，既多受祉。來歸自鎬，我行永久。飲御諸友，炰鱉膾鯉。侯誰在矣？張仲孝友！

又《采芑》　薄言采芑，于彼新田，于此菑畝。方叔涖止，其車三千，師干之試。方叔率止，乘其四騏，四騏翼翼。路車有奭，簟茀魚服，鉤膺鞗革。

薄言采芑，于彼新田，于此中鄉。方叔涖止，其車三千，旂旐央央。方叔率止，約軝錯衡，八鸞瑲瑲。服其命服，朱芾斯皇，有瑲葱珩。

鴥彼飛隼，其飛戾天，亦集爰止。方叔涖止，其車三千，師干之試。方叔率止，鉦人伐鼓，陳師鞠旅。顯允方叔，伐鼓淵淵，振旅闐闐。

蠢爾荊蠻，大邦爲讎。方叔元老，克壯其猶。方叔率止，執訊獲醜。戎車嘽嘽，嘽嘽焞焞，如霆如雷。顯允方叔，征伐玁狁，荊蠻來威！

又《車攻》　我車既攻，我馬既同，四牡龐龐，駕言徂東。

田車既好，田牡孔阜。東有甫草，駕言行狩。

之子于苗，選徒囂囂。建旐設旄，薄狩于敖。

駕彼四牡，四牡奕奕。赤芾金舄，會同有繹。

決拾既佽，弓矢既調。射夫既同，助我舉柴。

四黄既駕，兩驂不猗。不失其馳，舍矢如破。

蕭蕭馬鳴，悠悠旆旌！徒御不警，大庖不盈？

之子于征，允矣君子！允矣君子！展也大成。

又《吉日》　吉日維戊，既伯既禱。田車既好，四牡孔阜。升彼大阜，從其羣醜。

吉日庚午，既差我馬。獸之所同，麀鹿麌麌。漆沮之從，天子之所。

瞻彼中原，其祁孔有。儦儦俟俟，或羣或友。悉率左右，以燕天子！

既張我弓，既挾我矢。發彼小豝，殪此大兕。以御賓客，且以酌醴！

又《鴻雁》　鴻雁于飛，肅肅其羽。之子于征，劬勞于野。爰及矜人，哀此鰥寡！

鴻雁于飛，集于中澤。之子于垣，百堵皆作。雖則劬勞，其究安宅！

鴻雁于飛，哀鳴嗸嗸。維此哲人，謂我劬勞；維彼愚人，謂我宣驕！

又《庭燎》　夜如何其？夜未央。庭燎之光。君子至止，鸞聲將將。

夜如何其？夜未艾。庭燎晣晣。君子至止，鸞聲噦噦。

夜如何其？夜鄉晨。庭燎有煇。君子至止，言觀其旂。

又《沔水》　沔彼流水，朝宗于海。鴥彼飛隼，載飛載止。嗟我兄弟，邦人諸友！莫肯念亂，誰無父母？

沔彼流水，其流湯湯。鴥彼飛隼，載飛載揚。念彼不迹，載起載行。心之憂矣，不可弭忘！

鴥彼飛隼，率彼中陵。民之訛言，寧莫之懲？我友敬矣，讒言其興！

又《鶴鳴》　鶴鳴于九皋，聲聞于野。魚潛在淵，或在于渚。樂彼之園，爰有樹檀；其下維蘀。它山之石，可以爲錯。

鶴鳴于九皋，聲聞于天。魚在于渚，或潛在淵。樂彼之園，爰有樹檀，其下維穀。它山之石，可以攻玉。

又《祈父》　祈父！予王之爪牙。胡轉予于恤？靡所止居！

祈父！予王之爪士。胡轉予于恤，靡所厎止！

祈父！亶不聰。胡轉予于恤？有母之尸饔！

又《白駒》　皎皎白駒，食我場苗。縶之維之，以永今夕。所謂伊人，於焉嘉客！

皎皎白駒，賁然來思。爾公爾侯，逸豫無期。慎爾優游？勉爾遁思！

皎皎白駒，在彼空谷。生芻一束，其人如玉。毋金玉爾音，而有遐心！

又《黄鳥》　黄鳥黄鳥！無集于穀，無啄我粟。此邦之人，不我肯穀。言旋言歸，復我邦族！

黄鳥黄鳥！無集于桑，無啄我粱。此邦之人，不可與明。言旋言歸，復我諸兄！

黄鳥黄鳥！無集于栩，無啄我黍。此邦之人，不可與處。言旋言歸，

復我諸父！

又《我行其野》 我行其野，蔽芾其樗。昏姻之故，言就爾居。爾不我畜？復我邦家！

我行其野，言采其蓫。昏姻之故，言就爾宿。爾不我畜？言歸斯復！

我行其野，言采其葍。不思舊姻，求爾新特。成不以富，亦衹以異！

又《大雅·雲漢》 倬彼雲漢，昭回于天。

王曰於乎！何辜今之人？天降喪亂，饑饉薦臻。靡神不舉，靡愛斯牲。圭璧既卒，寧莫我聽？

旱既大甚，蘊隆蟲蟲。不殄禋祀，自郊徂宮。上下奠瘞，靡神不宗。后稷不克，上帝不臨？耗斁下土，寧丁我躬！

旱既大甚，則不可推？兢兢業業，如霆如雷。周餘黎民，靡有孑遺。昊天上帝，則不我遺；胡不相畏，先祖于摧？

旱既大甚，則不可沮？赫赫炎炎，云我無所。大命近止！靡瞻靡顧。羣公先正，則不我助；父母先祖，胡寧忍予？

旱既大甚，滌滌山川。旱魃爲虐，如惔如焚。我心憚暑，憂心如熏。羣公先正，則不我聞；昊天上帝，寧俾我遯？

旱既大甚，黽勉畏去。胡寧瘨我以旱？憯不知其故！祈年孔夙，方社不莫。昊天上帝，則不我虞；敬恭明神，宜無悔怒！

旱既大甚，散無友紀。鞫哉庶正！疚哉冢宰！趣馬師氏，膳夫左右！靡人不周，無不能止。瞻卬昊天，云如何里？

瞻卬昊天，有嘒其星。大夫君子，昭假無贏，大命近止！無棄爾成。何求爲我？以戾庶正！瞻卬昊天，曷惠其寧？

又《烝民》 天生烝民，有物有則。民之秉彝，好是懿德。天監有周，昭假于下。保茲天子，生仲山甫！

仲山甫之德，柔嘉維則：令儀令色，小心翼翼。古訓是式，威儀是力。天子是若，明命使賦。

王命仲山甫：式是百辟，纘戎祖考，王躬是保。出納王命，王之喉舌。賦政于外，四方爰發。

肅肅王命，仲山甫將之。邦國若否，仲山甫明之。既明且哲，以保其身。夙夜匪解，以事一人！

人亦有言：柔則茹之，剛則吐之。維仲山甫，柔亦不茹，剛亦不吐。不侮矜寡，不畏彊禦！

人亦有言：德輶如毛，民鮮克舉之。我儀圖之，維仲山甫舉之，愛莫助之。袞職有闕，維仲山甫補之！

仲山甫出祖，四牡業業，征夫捷捷，每懷靡及。四牡彭彭，八鸞鏘鏘。王命仲山甫：城彼東方。

四牡騤騤，八鸞喈喈。仲山甫徂齊，式遄其歸。吉甫作誦，穆如清風。仲山甫永懷，以慰其心！

又《韓奕》 奕奕梁山，維禹甸之，有倬其道。韓侯受命，王親命之：纘戎祖考！無廢朕命！

夙夜匪解，虔共爾位，朕命不易。榦不庭方，以佐戎辟。

四牡奕奕，孔脩且張。韓侯入覲，以其介圭，入覲于王。王錫韓侯：淑旂綏章，簟茀錯衡。玄袞赤舄，鉤膺鏤鍚。鞹鞃淺幭，鞗革金厄。

韓侯出祖，出宿于屠。顯父餞之，清酒百壺。其殽維何？炰鱉鮮魚。其蔌維何？維筍及蒲。其贈維何？乘馬路車。籩豆有且，侯氏燕胥。

韓侯取妻，汾王之甥，蹶父之子。韓侯迎止，于蹶之里。百兩彭彭，八鸞鏘鏘，不顯其光？諸娣從之，祁祁如雲。韓侯顧之，爛其盈門！

蹶父孔武！靡國不到。爲韓姞相攸，莫如韓樂。孔樂韓土！川澤訏訏，魴鱮甫甫，麀鹿噳噳。有貓有虎。有熊有羆，慶既令居，韓姞燕譽！

溥彼韓城！燕師所完。以先祖受命，因時百蠻。王錫韓侯：其追其貊，奄受北國，因以其伯。實墉實壑，實畝實藉。獻其貔皮，赤豹黃羆。

又《江漢》 江漢浮浮，武夫滔滔。匪安匪遊，淮夷來求！既出我車，既設我旟。匪安匪舒，淮夷來鋪！

江漢湯湯，武夫洸洸。經營四方，告成于王。四方既平，王國庶定。時靡有爭，王心載寧。

江漢之滸，王命召虎：式辟四方，徹我疆土。匪疚匪棘，王國來極，于疆于理，至于南海。

王命召虎，來旬來宣。文武受命，召公維翰。無曰予小子！召公是

似。肇敏戎公，用錫爾祉！

釐爾圭瓚，秬鬯一卣；告于文人。錫山土田，于周受命，自召祖命。虎拜稽首：天子萬年！

虎拜稽首，對揚王休。作召公考，天子萬壽！明明天子，令聞不已。矢其文德，洽此四國！

又《常武》 赫赫明明，王命卿士，南仲大祖；大師皇父。整我六師，以脩我戎。既敬既戒，惠此南國！

王謂尹氏，命程伯休父：左右陳行，戒我師旅。率彼淮浦，省此徐土。不留不處？三事就緒！

赫赫業業，有嚴天子！王舒保作：匪紹匪遊，徐方繹騷！震驚徐方，如雷如霆，徐方震驚！

王奮厥武！如震如怒。進厥虎臣，闞如虓虎。鋪敦淮濆，仍執醜虜。截彼淮浦，王師之所！

王旅嘽嘽！如飛如翰，如江如漢。如山之苞，如川之流。緜緜翼翼，不測不克，濯征徐國！

王猶允塞！徐方既來。徐方既同，天子之功！四方既平，徐方來庭。徐方不回，王曰還歸！

唐・韓愈《韓昌黎集》卷五《石鼓歌》 周綱陵遲四海沸。宣王憤起揮天戈。大開明堂受朝賀。諸侯劍佩鳴相磨。

清・彭定求等《御定全唐詩》卷七〇〇《周曇〈詠史詩・宣王〉》 宣王德美周詩内，蘇武書傳漢苑中。

明・承恩《文簡集》卷二《宣王》 周室中微日，宣王勵志年，謙虚資德教，玉帛起遺賢。旱魃爲時虐，憂勤契上天。載歌《江漢》、《什》，武烈亦巍然。

臣惟周自穆王以後，王室漸衰。宣王獨能勵精圖治，以振起之任，用賢臣，順天心，更治理，喻德教，舉遺士，《雲漢》之詩述其遇灾而知懼，《江漢之什》美其武功之克成，中興之美，可以比隆少康、武丁矣！

平定禍亂部

討平有扈氏分部

綜述

《尚書・夏書・甘誓》 啓與有扈戰于甘之野，作甘誓。

大戰于甘，乃召六卿。王曰：嗟！六事之人，予誓告汝：有扈氏威侮五行，怠棄三正，天用勦絶其命。今予惟恭行天之罰。左不攻于左，汝不恭命；右不攻于右，汝不恭命；御非其馬之正，汝不恭命。用命，賞于祖；弗用命，戮于社，予則孥戮汝。

《莊子・人間世》 禹攻有扈，國爲虚厲，身爲刑戮。

《呂氏春秋》卷三《先己》 夏后伯啓與有扈戰於甘澤而不勝，六卿請復之，夏后伯啓曰：『不可。吾地不淺，吾民不寡，戰而不勝，是吾德薄而教不善也。』於是乎處不重席，食不貳味，琴瑟不張，鐘鼓不修，子女不飭，親親長長，尊賢使能，期年而有扈氏服。

又《恃君覽》 禹攻曹魏、屈驁、有扈，以行其教。高誘注引《春秋傳》曰：『啓伐有扈。』言屈驁，不知出何書也。

漢・劉安《淮南子》卷一一《齊俗訓》 有扈氏爲義而亡。高誘注：有扈，夏啓之庶兄也。

《史記》卷二《夏本紀》 有扈氏不服，啓伐之，大戰於甘。將戰，作《甘誓》，乃召六卿申之。啓曰：『嗟！六事之人，予誓告女：有扈氏威侮五行，怠棄三正，天用勦絶其命。今予維共行天之罰。左不攻于左，右不攻于右，女不共命。御非其馬之政，女不共命。用命，賞于祖；不用命，僇于社，予則帑僇女。』遂滅有扈氏。天下咸朝。

漢・劉向《説苑》卷七《政理》 昔禹與有扈氏戰，三陳而不服，禹於是修教一年而有扈氏請服。

論説

元・胡一桂《史纂通要》卷二《夏》 王啓即位，元年甲申，在位九年。有扈氏威侮五行，怠棄三正。扈國，扶風鄠縣。三正，子、丑、寅之正，疑古已迭用。啓召六卿，躬行天罰，大戰于甘，滅之，有《甘誓》之《書》，享諸侯于鈞臺。潁昌府陽翟縣有鈞臺陂。天下咸朝夏后。竊嘗疑王啓嗣位之初，何爲遽有有扈氏之變也？太史公謂啓征有扈不服，唐孔氏謂堯舜受禪，啓獨繼父，以是不服。今觀《甘誓》聲罪之辭不過曰『威侮五行，怠棄三正』而已，其不奉正朔之意可見也。吁！傳子之事，固非出於禹之本心也。天與之，人與之，啓不能以逃其責矣。然天下之事，才出於創見，非耳目所常習者，不能不起人疑叛之心，至重煩王師，大戰而後滅之。舜禹嗣位，寧有是乎？夫子定《書》而存此篇，固見啓之奮發有爲，且著有扈氏不臣之罪，而帝王升降之幾、世變之一會，從可識矣！

清・王夫之《王船山詩文集・君相可以造命論》 物有因以危亡者，固不恤也。乃若欲自造其命，則必其安而百不一危也，存而百不一亡也，榮而百不一辱也，利而百不一鈍也，各自有其意欲以期乎命之大順，則惡乎其可也。故黄帝則有蚩尤，舜禹則有三苗，夏則有有扈，周則有商奄，仲尼則有匡，有宋，有陳蔡，弗能造也。

藝文

《楚辭・天問》 啓代益作后，卒然離蠥。何啓惟憂，而能拘是達？

三國魏・曹植《曹子建集》卷八《求自試表》 啓滅有扈而夏功昭，成克商奄而周德著。

唐・司馬貞《史記索隱・十二本紀述贊》 上開三面，下獻九主。旋師秦卷，繼相臣扈。遷鼎圮耿，不常厥土。

宋・李薦《濟南集》卷一《啓母廟》 鈞臺享羣后，有扈誅叛方。

雜録

《尚書・夏書・甘誓》 孫星衍疏：《書序》云：『啓作《甘誓》。』《史記・夏本紀》云：『有扈氏不服，啓伐之，大戰於甘。將戰，作《甘誓》。』俱以爲啓伐有扈。《墨子・明鬼篇》作『《禹誓》』，引此文。《莊子・内篇・人間世》云：『禹攻有扈，國爲虚厲。』《呂氏春秋・先己篇》云：『夏后相與有扈戰於甘澤而不勝，六卿請復之。』案：相，當爲柏字。又《召類篇》云：『禹攻曹魏、屈驁、有扈，以行其教。』則所云『柏』者，謂伯禹也。《楚辭・天問》云：『伯禹腹鯀。』《説苑・正理篇》云：『昔禹與有扈氏戰，三陳而不服。禹於是修教一年，而有扈氏請服。』凡此諸書，或與孔子同時，皆未見《書序》，而以《甘誓》爲禹事，當必本古文《書》説也。《莊子》既云『國爲虚厲』，則有扈滅於禹時，不應啓復伐之。惟《淮南・齊俗訓》云：『昔有扈氏爲義而亡。』注云：『有扈，夏啓之庶兄也，以堯、舜舉賢，禹獨與子，故伐啓。啓亡之。』不知高誘所據何書，又與禹伐有扈違異。至《書序》以爲啓作者，因此篇序在《禹貢》後，故定爲啓事耳，亦不必以《書序》廢古説也。

元・馬端臨《文獻通考》卷二六一《有扈氏》 夏禹崩，啓立，有扈氏不服，啓伐而滅之，天下咸朝。有扈國在雍州南鄠縣。

清・毛奇齡《尚書廣聽録》卷二 《書序》：『夏啓作《甘誓》。』而《莊子》、《説苑》俱謂禹攻有扈。《呂氏春秋》又謂夏后相與有扈戰于甘。獨《史記》云：『啓立，有扈不服，遂滅之。』此主《書序》説也。其後馮衍《賦》：『訊夏啓于甘澤兮，殤帝典之首傾。』亦謂是啓事。若王逸註《天問》，既以『有扈、牧豎』、『撃牀先出』爲啓攻有扈，親于牀上撃殺之，又以終斃有扈爲澆滅夏后相，相遺腹子少康仍滅有扈，則既以爲啓又以爲相之子，自相矛楯。且與《呂覽》『夏后相與有扈戰甘』之説亦同亦異。漢儒解經之難據如此！

清・胡渭《禹貢錐指》卷一〇《黑水西河維雍州》 《漢志》：『扶風，鄠縣古國，有扈谷亭。扈，夏啓所伐。』

清・蔣廷錫《尚書地理今釋・甘誓》 甘：今陝西西安府鄠縣，本

夏扈國，秦改「扈」爲「鄠」。有甘亭。《元和志》云：「甘亭在縣西南五里。夏啓伐有扈，誓師於甘之野，卽此處也。」

清・鄭方坤《經稗》卷四　《夏書・甘誓》：啓與有扈「大戰于甘」，以其「威侮五行，怠棄三正，天用剿絶其命」爲辭。孔安國《傳》云：「有扈與夏同姓，恃親而不恭，其罪如此耳。」而《淮南子・齊俗訓》曰：「有扈氏爲義而亡，知義而不知宜也。」高誘注云：「有扈，夏啓之庶兄也。以堯舜舉賢，啓獨與子，故伐啓，啓亡之。」此事不見於他書，不知誘何以知之。傳記散軼，其必有以爲據矣。莊子以爲，禹攻有扈，「國爲虛厲」，非也。

周公東征分部

綜述

《尚書・周書・大誥》　武王崩，三監及淮夷叛，周公相成王，將黜殷，作《大誥》。

王若曰：猷大誥爾多邦，越爾御事：弗弔，天降割于我家不少，延洪惟我幼沖人，嗣無疆大歷服，弗造哲迪民康，矧曰其有能格知天命？已！予惟小子，若涉淵水，予惟往求朕攸濟。敷賁，敷前人受命，兹不忘大功。予不敢閉于天降威用。寧王遺我大寶龜，紹天明，卽命。

曰：有大艱于西土，西土人亦不静越兹蠢。殷小腆，誕敢紀其敍。天降威，知我國有疵、民不康，曰：予復。反鄙我周邦。今蠢。今翼日，民獻有十夫予翼，以于敉寧武圖功。我有大事，休；朕卜并吉。

肆予告我友邦君，越尹氏、庶士、御事，曰：予得吉卜，予惟以爾庶邦于伐殷逋播臣。爾庶邦君越庶士、御事，罔不反曰艱大。民不静，亦惟在王宫、邦君室。越予小子考翼。不可征，王害，不違卜。

肆予沖人永思艱曰：嗚呼！允蠢鰥寡，哀哉！予造天役遺大，投艱于朕身。越予沖人不卬自恤，義爾邦君越爾多士、尹氏、御事，綏予曰：無毖于恤，不可不成乃寧考圖功。

已！予惟小子，不敢替上帝命。天休于寧王興我小邦周，寧王惟卜用，克綏受兹命。今天其相民，矧亦惟卜用？嗚呼！天明畏，弼我丕丕基。

王曰：爾惟舊人，爾丕克遠省，爾知寧王若勤哉。天閟毖我成功所，予不敢不極卒寧王圖事，肆予大化誘我友邦君。天棐忱辭，其考我民，予曷其不于前寧人圖功攸終？天亦惟用勤毖我民，若有疾，予曷敢不于前寧人攸受休畢？

王曰：若昔，朕其逝。朕言艱，日思。若考作室，既底法，厥子乃弗肯堂，矧肯構？厥父菑，厥子乃弗肯播，矧肯穫？厥考翼，其肯曰予有後弗棄基？肆予曷敢不越卬敉寧王大命？若兄考，乃有友伐厥子，民養其勸弗救。

王曰：嗚呼，肆哉！爾庶邦君越爾御事，爽邦由哲，亦惟十人迪知上帝命。越天棐忱，爾時罔敢易法，矧今天降戾于周邦？惟大艱人誕鄰胥伐于厥室，爾亦不知天命不易。予永念曰：天惟喪殷，若穡夫，予曷敢不終朕畝？天亦惟休于前寧人，予曷其極卜敢弗于從？天命不僭，卜陳惟若兹。

《逸周書》卷五《作雒解》　武王克殷，乃立王子禄父，俾守商祀。建管叔于東，建蔡叔、霍叔于殷，俾監殷臣。武王既歸，成歲十二月崩鎬，肂予岐周。周公立，相天子，三叔及殷東徐奄及熊盈以略。周公、召公内弭父兄，外撫諸侯。九年夏六月，葬武王於畢。二年，又作師旅，臨衛政殷，殷大震潰。降辟三叔，王子禄父北奔，管叔經而卒，乃囚蔡叔于郭淩。凡所征熊盈族十有七國，俘維九邑。俘殷獻民，遷于九里。俾康叔宇于殷，俾中旄父宇于東。

《呂氏春秋》卷五《古樂》　成王立，殷民反，王命周公踐伐之。商人服象，爲虐于東夷。周公遂以師逐之，至于江南，乃爲《三象》，以嘉其德。

《史記》卷四《周本紀》　成王少，周初定天下，周公恐諸侯畔周，公乃攝行政當國。管叔、蔡叔羣弟疑周公，與武庚作亂，畔周。周公奉成王命，伐誅武庚、管叔，放蔡叔。以微子開代殷後，國於宋。頗收殷餘

民，以封武王少弟封爲衛康叔。晉唐叔得嘉穀，獻之成王，成王以歸周公于兵所。周公受禾東土，魯天子之命。初，管、蔡畔周，周公討之，三年而畢定，故初作《大誥》，次作《微子之命》，次《歸禾》，次《嘉禾》，次《康誥》、《酒誥》、《梓材》，其事在周公之篇。周公行政七年，成王長，周公反政成王，北面就羣臣之位。

宋·蘇軾《古史》卷一二《蔡叔曹叔世家》　蔡叔度者，周武王之弟也。武王同母兄弟十人，武王既克殷紂，平天下，封昆弟，而伯邑考前卒，無後，於是封叔鮮於管、封叔度於蔡。二人相紂子武庚禄父治殷遺民，封叔旦於魯相周爲周公，封叔振鐸於曹，封叔武於成，封叔處於霍，康叔、封冉、季載皆少，未得封。武王崩，成王少，周公位冢宰，正百工。羣叔流言，疑周公不利成王。管叔、蔡叔挾武庚以作亂，周公伐誅武庚，殺管叔，放蔡叔于郭鄰，以車七乘降霍叔于庶人，三年不齒，而以殷故地封康叔爲衛君。

論說

宋·林之奇《尚書全解》卷二七《大誥》　言天下之疆理莫非王者之土，皆前人之指意者。我但率循謹守之而已矣。今三監之叛，侵欺王畧，固不可不征，以奠其疆界。況於卜龜而并吉，則其勝之也，必矣！故今我大以爾邦君御事，東向征之。夫命之於天，無有差忒，卜之所陳，既已若是，可以無疑矣！王氏曰：『武庚所擇以爲商臣，三叔周所任，以商事者也。其材似非庸人，方主幼國疑之時，相率而爲亂，非周公往征，則國家安危存亡殆未可知。然承文武之後，賢人衆多，而廸知上帝，以決此議者，十夫而已。況後世之末流，欲大有爲者，乃欲取同於汙俗之衆人乎。』王氏此言假之以爲新法之地也，故每於盤庚遷都、周公東征以傳會其說而私言之，以寓其意焉。殊不知己之所爲與盤庚、周公之事相近而實不侔也。盤庚之遷都，將以奉上天之命而復先王之業也，不遷則有墊溺之患。周公之東征，亦將以奉上天之命而終前人之功也，不征則有割據之禍。而當時邦伯、師長、邦君御事，玩一時之安而不慮他日之憂，故扇爲異論以摇其上。盤庚、周公於此惟不忍以利驅而勢迫之，故丁寧反覆，至於再三，必使之心悦誠服而後已，非是誥之而不從，則遂脅之以刑威，而有所不恤也。蓋必使其心皆信其所爲，而後與之共事。使其誥之而不從，而遂有所不恤，則其與不誥也，何以異哉？故盤庚之遷、周公之征，雖其始也有異同之論，而其既已誥之矣，則莫不改心易慮，惟上之是聽，不獨民獻十夫，以爲可征也。如王氏之説則是周公之東征，決其議者十夫而已，其餘無預也。蘇氏曰：《盤庚》、《大誥》皆違衆自用者，所以藉口，蓋爲王氏而發也。

元·陳師凱《書蔡氏傳旁通》　《孟子註》：『奄，東方之國。』《史記註》云：『奄，於險反，兗州曲阜縣奄里，卽奄地。』東齊陳氏曰：『此奄與淮夷三監同助武庚以叛，周公東征，一舉而誅四國。獨言來自奄者，伐奄在後，誅奄卽來也。四國，殷、管、蔡、霍也。』

明·高拱《問辨録》卷一〇《孟子》　問：『象日以殺舜爲事，舜則不藏怒焉，不宿怨焉，親愛之有加焉。管叔流言，周公則誅之，何若是不同也？』曰：『象日以殺舜爲事，自舜視之，止於害己而已，害己則何所不容？周公時，周家初有天下，武王崩，成王幼，武庚常思爲亂，故特命管叔監之，則其勢可知已。所賴以爲安者，惟有周公爲相耳。而二叔流言，以爲公將不利於孺子，遂使周公不敢安而避位居東，則幼君固孤立也。當是時，天下之岌岌又可知已。暨成王悟迎周公以歸，三叔懼，遂與武庚叛。夫以新造之邦，當主少之時，弼臣疑畏不安之際，而管叔以王室懿親，挾思亂之武庚以叛，則宗社必且傾危，天下必且大亂，而祖宗相傳之基業亦必且不可保。故成王命周公東征以討之，而罪人斯得。蓋爲宗廟社稷天下國家計，萬不得已而爲之，而其心之痛苦不幸可想見也。故推舜之心，卽使象能殺己亦必無相讎之理。推周公之心，苟非有關宗社安危，卽使管叔殺己亦必無相讎之理。此乃天理人情之至也。』曰：『呂氏云：「舜當時與象同其好惡，則心與之一，而未始有違。周公處管蔡者，恐不在監殷之時，而在於未使之日。蓋公既居冢宰之位，彼其心以爲，我兄也，乃不爲冢宰，故不肯帖服。且或未同其好惡，故不能平，遂以殷叛。」其説何如？』曰：『舜與象同其好惡，周公與管蔡顧不同好惡乎？夫象惡人也，而止行其惡於家，故舜得以徐徐感化之，然亦止曰「不格姦」而已，安得遂以舜之心爲心也？管、蔡惡人也，而乃行其惡於國，且既稱

兵興亂矣！宗社之安危，間不容髮矣！故周公不得施其感化，必征討而後國可安也。且弟爲冢宰，不肯帖服，固也。而遂挾殷人以謀危自家之社稷，此豈人所爲乎？以若人也，卽使周公爲兄，彼固肯已乎？若謂或未同其好惡，故不能平，則是管、蔡今日之舉，固皆周公平日不能善處其兄之所致也。而又何以爲周公乎？云云者，曲爲之説者也。』

清・王夫之《讀四書大全説・萬章篇上》　管、蔡唯欲危成王之社稷，故周公不得伸其兄弟之恩。以兄弟之恩視吾君宗社之存亡，則兄弟爲私；以己身之利害視兄弟之恩，則己身爲私。總爲不可因己身故，而藏怒宿怨於兄弟，故不特不忍加誅，而且必封之。若其比肩事主而借兵端於我以毁王室，則雖未至有安危存亡之大故，而國法自不可屈。

清・陳祖範《經咫》　武庚之叛，國亡父僇。骨肉之釁，不便明誥於有衆。周公於此，措辭甚難。《大誥》篇中言卜不可違，前後七見，假於鬼神以拒衆論，而堅士卒心。師直爲壯，不直則氣不揚。其思苦，而其言艱且費，雖聖人不能免也。

藝文

《詩經・豳風・東山》　我徂東山，慆慆不歸。我來自東，零雨其濛。我東曰歸，我心西悲。制彼裳衣，勿士行枚。蜎蜎者蠋，烝在桑野；敦彼獨宿，亦在車下。我徂東山，慆慆不歸。我來自東，零雨其濛。果臝之實，亦施于宇？伊威在室，蠨蛸在戶？町畽鹿場，熠燿宵行？不可畏也，伊可懷也！我徂東山，慆慆不歸。我來自東，零雨其濛。鸛鳴于垤，婦歎于室：『洒埽穹窒，我征聿至！有敦瓜苦，烝在栗薪。自我不見，于今三年！』我徂東山，慆慆不歸。我來自東，零雨其濛。倉庚于飛，熠燿其羽？之子于歸，皇駁其馬。親結其縭，九十其儀。其新孔嘉，其舊如之何！

又《破斧》　既破我斧，又缺我斨。周公東征，四國是皇。哀我人斯，亦孔之將！既破我斧，又缺我錡。周公東征，四國是吪。哀我人斯，亦孔之嘉！既破我斧，又缺我銶。周公東征，四國是遒。哀我人斯，亦孔之休！

又《小雅・常棣》　常棣之華，鄂不韡韡。凡今之人，莫如兄弟，死喪之威，兄弟孔懷。原隰裒矣，兄弟求矣。脊令在原？兄弟急難。每有良朋，況也永嘆。兄弟鬩于牆，外禦其務；每有良朋，烝也無戎。喪亂既平，既安且寧。雖有兄弟，不如友生？儐爾籩豆，飲酒之飫。兄弟既具，和樂且孺。妻子好合，如鼓瑟琴，兄弟既翕，和樂且湛。宜爾室家，樂爾妻帑。是究是圖，亶其然乎？

漢・王粲《王粲集・從軍詩》　昔人從公旦，一徂輒三齡。

鄭伯克段於鄢分部

綜述

《詩經・鄭風・將仲子》　《將仲子》，刺莊公也。不勝其母，以害其弟。弟叔失道而公弗制，祭仲諫而公弗聽，小不忍以致大亂焉。

將仲子兮！無踰我里，無折我樹杞。豈敢愛之？畏我父母。仲可懷也，父母之言，亦可畏也。

將仲子兮！無踰我牆，無折我樹桑。豈敢愛之？畏我諸兄。仲可懷也，諸兄之言，亦可畏也。

將仲子兮！無踰我園，無折我樹檀。豈敢愛之？畏人之多言。仲可懷也，人之多言，亦可畏也。

又《叔于田》　《叔于田》，刺莊公也。叔處于京，繕甲治兵，以出于田，國人説而歸之。

叔于田，巷無居人。豈無居人？不如叔也，洵美且仁。

叔于狩，巷無飲酒。豈無飲酒？不如叔也，洵美且好。

叔適野，巷無服馬。豈無服馬？不如叔也，洵美且武。

又《大叔于田》　《大叔于田》，刺莊公也。叔多才而好勇，不義而得衆也。

叔于田，乘乘馬。執轡如組，兩驂如舞。叔在藪，火烈具舉。襢裼暴

虎，獻于公所。『將叔無狃，戒其傷女。』

叔于田，乘乘黃。兩服上襄，兩驂雁行。叔在藪，火烈具揚。叔善射忌，又良御忌。抑磬控忌，抑縱送忌。

叔于田，乘乘鴇。兩服齊首，兩驂如手。叔在藪，火烈具阜。叔馬慢忌，叔發罕忌。抑釋掤忌，抑鬯弓忌。

《左傳·隱公元年》 初，鄭武公娶于申，曰武姜，生莊公及共叔段。莊公寤生，驚姜氏，故名曰寤生，遂惡之。愛共叔段，欲立之。亟請于武公，公弗許。

及莊公卽位，爲之請制。公曰：『制，巖邑也，虢叔死焉，佗邑唯命。』請京，使居之，謂之京城大叔。祭仲曰：『都城過百雉，國之害也。先王之制，大都不過參國之一，中五之一，小九之一。今京不度，非制也，君將不堪。』公曰：『姜氏欲之，焉辟害？』對曰：『姜氏何厭之有？不如早爲之所，無使滋蔓，蔓難圖也。蔓草猶不可除，況君之寵弟乎！』公曰：『多行不義必自斃，子姑待之。』

既而大叔命西鄙、北鄙貳於己。公子呂曰：『國不堪貳，君將若之何？欲與大叔，臣請事之；若弗與，則請除之。無生民心。』公曰：『無庸，將自及。』大叔又收貳以爲己邑，至於廩延。子封曰：『可矣，厚將得衆。』公曰：『不義不暱，厚將崩。』大叔完聚，繕甲兵，具卒乘，將襲鄭。夫人將啓之。公聞其期，曰：『可矣！』命子封帥車二百乘以伐京。京叛大叔段，段入于鄢，公伐諸鄢。五月辛丑，大叔出奔共。書曰：『鄭伯克段于鄢。』段不弟，故不言弟；如二君，故曰克；稱鄭伯，譏失教也；謂之鄭志。不言出奔，難之也。

遂寘姜氏於城潁，而誓之曰：『不及黃泉，無相見也。』既而悔之。潁考叔爲潁谷封人，聞之，有獻於公，公賜之食，食舍肉。公問之，對曰：『小人有母，皆嘗小人之食矣，未嘗君之羹，請以遺之。』公曰：『爾有母遺，繄我獨無！』潁考叔曰：『敢問何謂也？』公語之故，且告之悔。對曰：『君何患焉？若闕地及泉，隧而相見，其誰曰不然？』公從之。公入而賦：『大隧之中，其樂也融融！』姜出而賦：『大隧之外，其樂也洩洩。』遂爲母子如初。【略】

鄭共叔之亂，公孫滑出奔衛。衛人爲之伐鄭，取廩延。鄭人以王師、虢師伐衛南鄙。請師於邾，邾子使私於公子豫。豫請往，公弗許，遂行。及邾人、鄭人盟於翼。不書，非公命也。

又 《隱公二年》 鄭人伐衛，討公孫滑之亂也。

《穀梁傳·隱公元年》 克者何？能也。何能也？能殺也。何以不言殺？見段之有徒衆也。段，鄭伯弟也。何以知其爲弟也？殺世子、母弟目君，以其目君，知其爲弟也。段，弟也，而弗謂弟；公子也，而弗謂公子，貶之也。段失子弟之道矣，賤段而甚鄭伯也。何甚乎鄭伯？甚鄭伯之處心積慮，成於殺也。于鄢，遠也，猶曰取之其母之懷中而殺之云爾，甚之也。然則爲鄭伯者宜奈何？緩追逸賊，親親之道也。

《公羊傳·隱公元年》 夏，五月，鄭伯克段于鄢。克之者何？殺之也。殺之，則曷爲謂之克？大鄭伯之惡也。曷爲大鄭伯之惡？母欲立之，己殺之，如勿與而已矣。段者何？鄭伯之弟也。何以不稱弟？當國也。其地何？當國也。齊人殺無知，何以不地？在內也。在內，雖當國不地也。不當國，雖在外亦不地也。

《史記》卷一四《十二諸侯年表》 鄭莊公二十二年，段作亂，奔。

又 卷四〇《楚世家》 （楚武王） 十九年，鄭伯弟段作亂。

又 卷四二《鄭世家》 武公十年，娶申侯女爲夫人，曰武姜。生太子寤生，生之難，及生，夫人弗愛。後生少子叔段，段生易，夫人愛之。二十七年，武公疾。夫人請公，欲立段爲太子，公弗聽。是歲，武公卒，寤生立，是爲莊公。

莊公元年，封弟段於京，號太叔。祭仲曰：『京大於國，非所以封庶也。』莊公曰：『武姜欲之，我弗敢奪也。』段至京，繕治甲兵，與其母武姜謀襲鄭。二十二年，段果襲鄭，武姜爲內應。莊公發兵伐段，段走。伐京，京人畔段，段出走鄢。鄢潰，段出奔共。於是莊公遷其母武姜於城潁，誓言曰：『不至黃泉，毋相見也。』居歲餘，已悔思母。潁谷之考叔有獻於公，公賜食。考叔曰：『臣有母，請君食賜臣母。』莊公曰：『我甚思母，惡負盟，奈何？』考叔曰：『穿地至黃泉，則相見矣。』於是遂從之，見母。

北魏·酈道元《水經注》卷二二《洧水》 南有鄭莊公望母臺，莊公居夫人于城潁，故城臺以望母，用伸在心之思。

論說

唐・陸淳《春秋集傳微旨》卷上《［隱公］五月鄭伯克段于鄢》

《左氏》云：初，鄭武公娶于申，曰武姜，生莊公及共叔段。莊公寤生，驚姜氏，姜氏惡之。愛共叔段，欲立之。武公弗許。及莊公卽位，爲之請京使居之，謂之京城大叔。大叔繕甲兵，具卒乘，將襲鄭。公命子封伐京，京叛大叔段。段入于鄢，公伐諸鄢。大叔出奔共，書曰『鄭伯克段于鄢』。段不弟，故不言弟；如二君，故曰克；稱鄭伯，譏失教也。謂之『鄭志』，不言『出奔』，難之也。注云：段實出奔，而以『克』爲文，明鄭公志在於殺，難言其奔也。

《公羊》曰：克之者何？殺之也。殺之則曷爲謂之克？大鄭伯之惡也。曷爲大鄭伯之惡？母欲立之，已殺之，如勿與而已矣。段者何？鄭伯之弟也。何以不稱弟？當國也。其地何？當國也。齊人殺無知何以不地？在内也。在内雖當國不地也。不當國雖在外亦不地也。

《穀梁》曰：克者何？能也。何能之？能殺也。何以不言殺？見段之有徒衆也。段，鄭伯弟也。何以知其爲弟也？殺世子母弟目君。以其目君知其爲弟也。段弟也，而弗謂之弟；公子也，而弗謂公子，貶之也，段失子弟之道矣。賤段而甚鄭伯也。何甚乎鄭伯？甚鄭伯之處心積慮成於殺也。于鄢，遠也，猶曰取之其母之懷中而殺之云爾，甚之也。然則爲鄭伯者宜奈何？緩追逸賊，親親之道也。

啖氏云：不稱『段出奔』，言鄭伯『志存乎殺也』，此言若云鄭段出奔，則鄭伯但有逐弟之名，而無殺弟之志也。

淳聞於師曰：凡人君殺弟及弟奔，皆書曰某侯之弟，譏其身爲人君，不能友愛其弟，且明骨肉相殘也。今不書鄭伯之弟者，以段不行弟之道，自絶於兄也。凡君討其臣，但舉國名而已，不稱其君。今段雖不弟，乃是鄭伯養成其惡，故特稱鄭伯，以譏失教。

唐・陸淳《春秋集傳辨疑》卷一《鄭伯克段于鄢》 《左氏》曰：如二君，故曰克。趙子曰：克者，能勝之名，無有二君之義。《春秋》無有二君相勝稱克者。又曰：不言出奔，難之也。啖子曰：此乃夫子譏其志在於殺，故不言奔；若言奔，則鄭伯但有逐弟之惡，而無殺弟之罪，又不知段之有拒兄之逆也。又曰：遂寘姜氏于城潁而誓之曰：不及黄泉，無相見也。啖子曰：按莊公云：姜氏欲之焉避害。又曰：不義不暱，厚將崩。此皆避惡名矣。但以不知大義乃陷于殺弟，豈子囚母乎？此傳近誣矣。

《公羊》曰：克者，殺之也。趙子曰：按五經《春秋》前後例，未有以克爲殺者。又曰：不稱弟，當國也。不稱弟者，見其不弟也。《左氏》之義當矣。又曰：其地何當國也？按解地之義，《穀梁》當矣。

《穀梁》曰：克者何？能殺也。趙子曰：其釋『克』字雖不當。義已見上。然其傳意得骨肉情意之中，故除其『殺』字之義存其餘也。《穀梁》又曰：不稱公子，段失子弟之道。趙子曰：《春秋》舉重不稱弟爲重矣，不可更求公子之義，且又非命卿，例不書，公子非獨段也。趙子曰：『鄢』當作『鄔』，鄭地也，在緱氏縣西南，至十一年乃屬周。《左氏》曰：王取鄔、劉、蔿、邘之田于鄭，是也。《傳》『寫』誤爲『鄢』字。杜注云：今潁川鄢陵，誤甚矣。按從京至鄔非遠，又是鄭地，段所以有兵衆，故曰『克』；若遠走至鄢陵，已出境，卽無復兵衆，何得云『克』？又《傳》曰：自鄔出奔共，卽自鄔過河向共城爲便路，若已南行至鄢陵，卽不當奔共也。

宋・李光《讀易詳説》卷三《同人・九五》 九五：同人，先號咷而後笑，大師克相遇。

《象》曰：同人之先，以中直也。大師相遇，言相克也。

君道患不廣大，九五履尊位而握重權，當如天之無不覆燾，地之無不持載，生殺予奪，一付之無心可也。五既不能爲羣陽之主，而三得擅之此，衆之所必爭也。衆既不與，欲下應乎二，而介乎兩强敵之間，孤立而無援，憂憤之切，卒至用大師以摧二寇。然後方得與二相遇，故『先號咷而後笑，大師克相遇也。』克而後相遇，亦已危矣。克如鄭伯克段之克，以見敵之强大，取之之難也。人君能以大公至正之道治天下，則遠近俱應，同異咸服，何至竊竊然置號笑於黨與親疏之間哉？《象》言『同人之先，以中直也。大師相遇，言相克也。』九五師得中而理直，則非理犯已者。若不足慮然，卒至用兵，然後僅能克之，亦可耻矣，何足喜也！以

深見三四之强，五無君道而失『同人於野』之義也。

宋・李樗、黄櫄《毛詩集解》卷九《將仲子》　李曰：《左傳・隱公元年》：鄭武公娶于申，曰武姜，生莊公及共叔段。莊公寤生，驚姜氏，故名曰『寤生』，遂惡之。愛共叔段，欲立之。亟請於武公，公弗許。及莊公即位，請京，使居之。祭仲曰：『都，城過百雉，國之害也。』公曰：『姜氏欲之，焉辟害？』所謂『焉辟害』者，則是不勝其母也；不勝其母，是不能止也；不能止其母，乃所以害其弟。弟叔段失其道而公弗制，祭仲諫之，公弗聽，則小不忍以致大亂，其所謂『畏我諸兄』、『畏我父母』、『畏人之多言』，皆所謂小不忍也。『將仲子兮，無踰我里』，將者，請也。二十五家爲里。杞，柳屬也。檀，彊忍之木也。『無踰我里，無折我樹杞』，蓋言祭仲之諫，異姓之人與我家事，傷害我兄弟也。『無踰我里』，言無與我家事也；『無折我樹杞』，言無害我兄弟也。『無踰我牆，無折我樹桑』、『無踰我園，無折我樹檀』，皆是此意也。鄭氏云：『無踰我里』，言無干我親戚；『無折我樹杞』，喻言無傷我兄弟也，夫親戚即兄弟也。其説非也。王氏以謂始曰『無踰我里』，中曰『無踰我牆』，卒曰『無踰我園』，以言仲子之言彌峻，而莊公拒之彌固也。始曰『無折我樹杞』，中曰『無折我樹桑』，卒曰『無折我樹檀』，以言莊公不制段於早，而段之彌强也。不必如此分別。『豈敢愛之？畏我父母。仲可懷也，父母之言，亦可畏也。』言祭仲之諫莊公，公拒之曰：我非愛惜之也，父母可畏，仲可念也；父母之言，亦可畏也。『畏我諸兄』、『畏人之多言』，亦是此意。

論曰：祭仲之諫莊公，不以大邑封段，非惡段也，乃愛段也；莊公拒祭仲之諫，以大邑封之，非愛段也，乃惡段也。視莊公之言，曰『多行不義必自斃』，又曰『不義不暱，厚將崩』，莊公之意，欲置段於死地。然其曰『畏我父母』、『畏我諸兄』、『畏人之多言』，蓋段未有大過惡，而莊公欲誅之，則父母、諸兄、國人將以我爲何如人也？惟稔其惡而後誅之，彼父母、國人、諸兄亦不得而有辭。此莊公之本意也。而莊公不免有克段之名，是莊公徒自欺也，天下後世不可得而欺也。周公嘗誅管、蔡矣，而周公初無殺之之意，及管、蔡四國流言與武庚爲亂，周公不得已而誅之。後世不以周公殺兄之過爲不如舜，蓋以周公本無殺之之意也。莊公之於叔段，雖封大邑而殺之之意深矣。《春秋》書『鄭伯克段于鄢』，《穀梁》釋之曰：何甚乎鄭伯？甚鄭伯之處心積慮成於殺也。如莊公之畏父母、諸兄，畏人之多言，故以大邑封之，俟其惡積之深而後誅之，以免天下之議也。《春秋》書之，見其肺肝矣。觀《春秋》書『鄭伯克段于鄢』而觀《將仲子》之詩，則莊公之惡自見。《春秋》書『鄭伯棄其師』而觀《清人》之詩，則文公之惡自見。蓋不待《傳》注而知之也。

黄曰：莊公拒祭仲之諫而不制叔段，非愛之也，乃所以稔其禍而處之於不可赦之地也。以《春秋》考之，莊公豈以祭仲離間其兄弟而拒之哉？曰『多行不義必自斃』，曰『不義不暱，厚將崩』，『無庸將自及』，莊公之心術可見矣。《春秋》書『鄭伯克段于鄢』，所以彰鄭伯之處心。詩人述鄭伯拒祭仲之辭，而君子論莊公拒祭仲之心，學者當即詩人之言而考之，於《春秋》則莊公之心可見矣。

宋・孫復《春秋尊王發微》卷一《隱公元年》　夏五月，鄭伯克段于鄢。

段，鄭伯弟。案諸侯殺大夫稱人、稱國，殺世子母弟稱君，此鄭伯弟可知也。克者，力勝之辭。段，鄭伯弟，以鄭伯之力始勝之者，見段驕悍難制，國人莫伉也。鄭伯養成段惡，至于用兵，此兄不兄，弟不弟也。鄭伯兄不兄，段弟不弟，故曰『鄭伯克段于鄢』，以交譏之。鄢，鄭地。

宋・劉敞《春秋權衡》卷一《隱公元年》　鄭伯克段于鄢。《左氏》曰：段出奔共，不言出奔，難之也。非也。若段得生奔他國，則鄭伯有伐弟之惡，無殺弟之惡。《春秋》但當云『鄭伯伐段于鄢』。即解云『段不弟故不言弟，稱鄭伯譏失教也；不言出奔，難之也』乃可爾，何有改『伐』爲『克』哉？《傳》例又曰『得』，儁曰『克』。若太叔奔共，是不得儁也，何以書『克』邪？此年十月，《傳》曰：『共叔之亂，公孫滑奔衛。』公孫滑爲是段子，父子宜相從，今以《傳》數見段子不見段身也。蓋段見殺之後，其子出奔。《左氏》所據注記誤云段身出奔爾。又云『如二君，故曰克。』《春秋》二君相伐多矣，皆曰『伐』，不曰『克』，不知何據，而以爲二君言克邪？《傳》曰『不言出奔，難之也。』此語無乃非《左氏》之例而自疢病乎？如此是《春秋》之作，刪除者多矣，《左氏》何獨解此一事，而二百四十二年之間遂默不言，而皆以爲『史闕文』、『從

赴告」，「因舊史」，「不赴告」乎？且此事也如《左氏》之説，史策乃本有「段出奔共」，而仲尼除之者也。則「鄭伯公子五爭」、「晉文公不言出入」之類，亦爲仲尼有所避匿而捐之矣，何不一一解之曰爲此不書乎？爲此不書乎？若彼不書者爲史策所無也，安知此共叔出奔，非史策所無者，而必云仲尼除之乎？觀此一節，似《左氏》亦以《春秋》爲據百二十國寶書作者。

又　卷八《隱公元年》　鄭伯克段于鄢。克者，《公羊》以謂殺也，曰：謂之克，大鄭伯之惡。何休因云：以弗克大郤缺之善，知加克大鄭伯之惡。非也。彼弗克納者，猶曰「弗果納」云爾，非克段之比也。即以弗克爲善，弗克葬有何善乎？即以克之爲惡，弗克葬有何惡乎？大凡《春秋》之文，與事推移，非拘一而廢百也，是何異求鄭人之璞于周人者哉？鄭人謂玉之未剖曰「璞」，周人謂鼠之未臘曰「璞」，知其同名而不知其異物也。故吾謂克之者，甚之也；甚之者，殺之也。不直言殺而言克者，段有徒衆，非直殺一夫者也。

于鄢者，《公羊》謂當國而在外也。曰：在內雖當國不地也，不當國，雖在外亦不地也。何休曰：明當國者在外乃地爾。爲其將交連鄰國，復爲內難，故録其地，明當急誅之。然則諸傳所稱者，討賊例也。地與不地，皆已殺而後見。又何説將交連鄰國，復爲內難乎？死乃復有爲難者乎？休又曰：其當國者殺于國內禍已絶，故亦不地。若然殺於國外者，禍獨未絶乎？均之禍絶而已，則國內猶國外也。

宋・蘇軾《東坡全集》卷四一《論鄭伯克段于鄢隱公元年》　《春秋》之所深譏、聖人之所哀傷而不忍言者三：晉趙鞅帥師納衛世子蒯聵于戚，齊國夏、衛石曼姑帥師圍戚，而父子之恩絶；公與夫人姜氏遂如齊，而夫婦之道喪；鄭伯克段于鄢，而兄弟之義亡。此三者，天下之大戚也。夫子傷之，而思其所以至此之由，故其言尤爲深且遠也。且夫蒯聵之得罪於靈公，逐之可也，逐之而立其子，是召亂之道也。使輒上之不得從王父之言，下之不得從父之令者，靈公也。故書曰「晉趙鞅帥師納衛世子蒯聵于戚。」蒯聵之不去世子者，是靈公不得乎逐之之道。靈公何以不得乎逐之之道？逐之而立其子也。魯桓公千乘之君，而陷於一婦人之手，夫子以爲文姜之不足譏，而傷乎桓公制之不以漸也，故書曰「公與夫人姜氏遂如齊」，言其禍自公作也。段之禍生於愛。鄭莊公之愛其弟也，足以殺之耳。孟子曰：「舜封象於有庳，使之源源而來不及以政。」孰知夫舜之愛其弟之深，而鄭莊公賊之也。當太叔之據京城，取廩延以爲己邑，雖舜復生不能全兄弟之好，故書曰「鄭伯克段于鄢」，而不曰「鄭伯殺其弟段」，以爲當斯時，雖聖人亦殺之而已矣。夫婦、父子、兄弟之親，天下之至情也，而相殘之禍至如此，夫豈一日之故哉。《穀梁》曰：「克，能也，能殺也。不言殺，見段之有徒衆也。段不稱弟，不稱公子，賤段而甚鄭伯也。于鄢，遠也。猶曰取之其母之懷中而殺之云爾。甚之也。然則爲鄭伯宜奈何？緩追逸賊，親親之道也。」嗚呼！以兄弟之親，至交兵而戰，固親親之道絶已久矣。雖緩追逸賊，而其存者幾何？故曰於斯時也，雖聖人亦殺之而已矣。然而聖人固不使至此也。《公羊傳》曰：「母欲立之，己殺之，如勿與而已矣。」而又區區於當國內外之言，是何思之不遠也。《左氏》以爲段不弟，故不稱弟，如二君故曰克，稱鄭伯譏失教，求聖人之意，若《左氏》可以有取焉。

宋・楊時《龜山集》卷八《經解・春秋義》　鄭伯克段于鄢。

不勝其母，以害其弟。弟叔失道，而公弗制；比其得衆也，雖欲制之，反畏人之多言，則克段非國人之志也，故不稱國討，而書鄭伯以譏之。夫爲人君不能明義以善俗，使不義者得衆，則鄭伯之過大矣。孔子曰：「我戰則克」。克者，勝敵之辭也。書「克」以見段之盛彊也。段不弟，故不言弟，所以參譏之也。

宋・蘇轍《春秋集解》卷一《隱公》　（元年）夏五月，鄭伯克段于鄢。

段，鄭伯之母弟也。其母愛之，封之於京，將作亂。大夫請禁之，鄭伯不許。及聞其將襲鄭，而後伐之。段出奔共。段之不稱弟，及公子何也？段將爲君，非復臣也。不稱段之奔，而稱鄭伯之克，何也？段之亂，鄭伯成之也。克者，何能勝也，段之欲爲亂久矣。鄭人知之，而鄭伯不禁，非不能也。將養之，使至於亂，而加之以大戮，故雖逐之而國人不敢爭，母不敢愛，此鄭伯之所謂能也。故書曰「鄭伯克段于鄢」，以示得其情也。凡諸侯之事告則書，不然則否。雖及滅國，滅不告敗，勝不告克，不書于策。《公羊》、《穀梁》以爲諸侯之事，盡於《春秋》也，而事

以爲過制而不禁，曰：『多行不義必自斃』，既命二鄙貳於己。公子呂言之而不聽，曰：『無庸將自及』。至收貳以爲己邑，呂復以爲得衆而不顧，曰：『不義不暱，厚將崩。』不已禍於將萌，稔而至於襲我，然後一舉而以二百乘伐之。內有武姜之愛而不之恤，必殺而後已者，鄭伯之志也。去而之鄢，可以反矣。又往及焉，殺不足以言之。天叙五典，兄弟居其一，賊其親而棄其天，鄭伯無與立於天下矣。

宋・葉夢得《春秋左傳讞》卷一《隱公》（元年）夏五月，鄭伯克段于鄢。

初，鄭武公娶于申曰武姜，生莊公及共叔段。莊公寤生，驚姜氏，故名曰寤生，遂惡之。愛共叔段，欲立之。亟請於武公，公弗許。及莊公即位，爲之請制。公曰：『制，巖邑也。虢叔死焉，他邑唯命。』請京，使居之，謂之京城大叔。祭仲曰：『都城過百雉，國之害也。先王之制，大都不過參國之一，中五之一，小九之一。今京不度，非制也，君將不堪。』公曰：『姜氏欲之，焉辟害。』對曰：『姜氏何厭之有？不如早爲之所，無使滋蔓，蔓難圖也。蔓草猶不可除，況君之寵弟乎？』公曰：『多行不義必自斃，子姑待之。』既而大叔命西鄙、北鄙貳於己。公子呂曰：『國不堪貳，君將若之何？欲與大叔，臣請事之；若弗與，則請除之，無生民心。』公曰：『無庸，將自及。』大叔又收貳以爲己邑，至於廩延。子封曰：『可矣。厚將得衆。』公曰：『不義不暱，厚將崩。』大叔完聚，繕甲兵，具卒乘，將襲鄭。夫人將啓之。公聞其期，曰：『可矣！』命子封帥車二百乘以伐京。京叛大叔段。段入于鄢。公伐諸鄢。五月辛丑，大叔出奔共。書曰：鄭伯克段于鄢。段不弟，故不言弟；如二君，故曰克；稱鄭伯，譏失教也；謂之鄭志。不言出奔，難之也。

段本封京，故曰京城大叔。段果敗而奔共，安得遂謂之共叔段乎？鄢，非鄭地。趙氏謂當作『鄔』。《傳》言『王取鄔、劉、蔿、邘之田于鄭』者，理或宜然。《經》書克段于鄢，謂自京追至於鄢，殺之，以見其遠。《穀梁》言于鄢，遠者是也。不言殺，言克，見鄭伯用力必勝之而後已者也。使段嘗入鄢，鄭伯伐而出奔，自應書伐段于鄢，段出奔于衛，豈可奔而言克乎？此乃段死，其子公孫滑奔衛，處于共。《傳》誤以滑爲段爾。所謂『不言出奔，難之者』，非也。

爲之説，則過矣。

宋・呂祖謙《東萊集別集》卷一三《春秋講義乾道庚寅嚴州》（隱公元年）夏五月，鄭伯克段于鄢。

兄弟，天倫也。管叔之誅，周公之不幸也。史序其事，曰『乃致辟管叔于商』，一語而三致意焉。辟之爲言法也，王法之所當加也。周公以王法討叛臣，周公不幸，適尸其責，本非兄弟之相戕者也。而其辭猶始以乃而繼以致重之、惜之、憂之、難之，徘徊猶豫不忍之意，惻然見於言外，此固天理人情之極也。鄭伯養成叔段之惡，納之於誅，芟鋤翦伐，略無一毫顧惜，《春秋》因其情而書之曰『鄭伯克段于鄢』。得雋則謂之『克』，勝敵則謂之『克』。兄弟干戈相尋，人倫之大惡，國家之大辱，此何事而言『克』乎？鄭伯泯滅民彝，視其弟如戎狄寇讎，剿除蕩覆，不遺餘力，此《春秋》所以因其情而命之以『克』也，謂之『克』則不可言『弟』，謂之『弟』則不可言『克』，蓋『克』非可用於弟，而弟亦非可克之人。二者，固不得而並也。

宋・周孚《蠹齋鉛刀編》卷二一《春秋講義》（隱公元年）五月，鄭伯克段于鄢。

段，不書弟也，其書『克』，以力勝之也。弟之不弟，所以罪鄭伯也。周公居東二年，而罪人得其誅，管、蔡亦不遺餘力矣。而後世不以爲非，則鄭伯何罪焉？曰：管、蔡之封，非周公爲之也。其討之者，非周公私之也。管、蔡誅而後王室安，此周公之心也。段之居京，莊公之封，其完聚，繕甲兵，莊公縱之，迨其惡稔而後加之以兵，莊公之心安在哉？司馬懿之誅曹爽，亦猶是也，而謂與周公同乎？《將仲子》《叔于田》之詩，《序》俱以爲刺莊公，是亦《春秋》之法歟？

宋・葉夢得《葉氏春秋傳》卷一（隱公元年）夏五月，鄭伯克段于鄢。

段，鄭伯母弟也。挈鄭伯、殺世子，母弟目君甚之也。不曰『殺』，曰『克』，著其以力勝之，必於殺而後已也。于鄢，遠也。大夫三命而後氏，段不稱公子，未三命也。諸侯之尊弟兄，不得以屬通，必有見焉。而後挈之罪在兄，而舉屬不友也，罪在弟，而舉屬不恭也。段何以不言弟？兩責之也。視之若非兄弟，然鄭伯與段蓋爭國者也。即位而與之京，祭仲

宋・呂大圭《春秋或問》卷二《隱公》　鄭伯克段于鄢。

或問：克猶殺也，何以或言克，或言殺？曰：殺者，殺其一人耳；克，則勝其徒衆也。案：《春秋》諸侯殺大夫稱人、稱國，殺世子、母弟稱君。稱人則陳人殺其公子禦寇之類是也，稱國則鄭殺其大夫申侯之類是也，稱君則晉侯殺其世子申生之類是也。段，亦母弟也，而不稱殺其弟，則徒衆盛矣。何以不言伐？非敵國也。書曰「克」，若敵國然云耳。曰：段以弟篡兄，以臣伐君，必誅之罪也。莊公特不勝其母焉耳，宜若無罪焉可也，何以稱鄭伯？曰：段之不弟，不足言矣。莊之不兄，其罪顧不多於段耶？公子呂言之者再，而公不聽者再。始曰「姜氏欲之，焉辟害」，則固已有忿之之心矣；至曰「子姑待之」，此何意耶？及段將襲國，始曰「可矣」，得非存心積慮，養成其惡而至於殺乎？以後世之事比之，則建成、元吉之謀爲變，與段之謀襲鄭，其愚一也；太宗之謀殺其兄，與鄭伯之謀殺其弟，其譎一也。莊公之罪，顧不大於段耶？然則段無罪歟？曰：段不得與於弟子之稱，則段有罪矣。曰：《大叔于田》之詩，當時之人，乃有美段之辭，何也？曰：《詩》，緣人情者也；《春秋》，明大義者也。人情之所喜，固有大義之所棄者；大義之所許，固有人情之所不樂者矣。何可一邪！

元・程端學《三傳辨疑》卷一《隱公》　（元年）夏五月，鄭伯克段于鄢。

《左氏》曰：五月辛丑，大叔出奔共。書曰鄭伯克段于鄢。段不弟，故不言弟；如二君，故曰克；稱鄭伯，譏失教也，謂之鄭志；不言出奔，難之也。

趙子曰：克者，能勝之名。《春秋》無有二君相勝稱克之義。劉氏曰：段出奔共，「不言出奔，難之也。」非也。若段得生奔他國，則鄭伯有伐弟之惡，非兄殺弟。《春秋》但當云「鄭伯伐段于鄢」，卽解云「段不弟，故不言弟；稱鄭伯，譏失教也；不言出奔，難之也」乃可爾，何有改「伐」爲「克」哉？《傳》例又曰：「得儁曰克。」若大叔奔共，是不得儁也，何以書克邪？此年十月，《傳》曰：「共叔之亂，公孫滑奔衛。」公孫滑爲是段子，父子宜相從。今於《傳》數見段子不見段身也。蓋段見殺之後，其子出奔。《左氏》所據注記，誤云「段身出奔」爾。又云「如二君，故曰克。」《春秋》二君相伐多矣，皆曰「伐」不曰「克」，不知何據而以爲二君言「克」邪？《傳》曰「不言出奔，難之也。」此語無乃非《左氏》之例而自疚病乎？如此是《春秋》之作刪除者多矣，《左氏》何獨解此一事，而二百四十二年之間遂默不言，而皆以爲「史闕文，從赴告，因舊史，不赴告」乎？且此事也，如《左氏》之說，史策乃本有段出奔共，而仲尼除之也，則鄭伯公子互爭，晉文公不言出入之類，亦爲仲尼有所避匿而捐之矣，何不一一解之曰爲此不書乎，爲此不書乎？若彼不書者爲史策所無也，安知此共叔出奔非史策所無者，而必云仲尼除之乎？觀此一節，似《左氏》亦以《春秋》爲據百二十國寶書作者。仲培戴氏曰：段不言公子及公弟，《傳》謂失子弟之道。嘗觀楚比弒君稱公子，宋辰叛國稱弟，豈復有子弟之道？又曰「謂之鄭伯，譏失教也。」然《春秋》會盟侵伐，凡君在，皆稱「爵」，何耶？

《公羊》曰：克之者何？殺之也。殺之則曷爲謂之克？大鄭伯之惡也。曷爲大鄭伯之惡？母欲立之，已殺之，如勿與而已矣。段者何？鄭伯之弟也。何以不稱弟？當國也。其地何？當國也。齊人殺無知何？以不地在內也，在內雖當國不地也；不當國，雖在外亦不地也。

劉氏曰：克之者，戡之也；戡之者，殺之也。不直言殺而言克者，段有徒衆，非直殺一夫者也。于鄢者，《公羊》謂當國而在外也。曰：在內，雖當國不地也；不當國，雖在外亦不地也。何休曰：明當國者，在外乃地爾，爲其將交連鄰國，復爲內難，故録其地明當急誅之，然則諸《傳》所稱者，討賊例也。地與不地，皆已殺而後見，又何說「將交連鄰國，復爲內難」乎？死乃復有爲難者乎？休又曰：其當國者，殺於國內，禍已絶，故亦不地。若然，殺國外者，禍獨未絶乎？愚謂《公羊》有當國之說，何氏解云：欲當國爲之君，故如其意，使如國君所以見段之逆。夫段本不當國是，聖人成人之惡，以甚其逆也。豈惻隱之心哉！大凡《公羊》虚加之辭類此，而何氏又爲説以實之。劉氏謂克卽殺之，亦未必然，《經》但書克勝之而已，其殺與不殺，未可知也。但《公羊》謂改「殺」爲「克」，以大鄭伯之惡，則不可耳。

《穀梁》曰：克者何？能也。何能也？能殺也。何以不言殺？見段之有徒衆也。段，鄭伯弟也。何以知其爲弟也？殺世子母弟目君，以

其目君，知其爲弟也。段，弟也，而弗謂弟；公子也，而弗謂公子，貶之也。段失子弟之道矣。賤段而甚，鄭伯也。何甚乎鄭伯？甚鄭伯之處心積慮成於殺也。于鄢，遠也。猶曰取之其母之懷中而殺之云爾，甚之也。然則爲鄭伯者宜奈何？緩追逸賊，親親之道也。

劉氏曰：克，能也。何能爾？能殺也。非也。未有一字轉相訓詁而可并兩義者也，誣人已甚矣。子瞻蘇氏曰：《穀梁》曰『甚之也。然則爲鄭伯宜奈何？緩追逸賊，親親之道也。』嗚呼！以兄弟之親，至交兵而戰，固親親之道已絶矣。雖緩追逸賊而存者幾？何故曰：於斯時也，雖聖人亦殺之而已矣。然而聖人固不至此也。愚謂《穀梁》不見國史以殺世子母弟目君而知其爲弟，乃億而偶中耳。其曰『弟也，弗謂弟；公子也，弗謂公子，貶之也』者，亦非也。義當書弟曰弟，義當書公子曰公子，豈有去公子以貶之之理乎？《穀梁》既知鄭莊處心積慮以成乎殺，而又望其緩追賊，是猶明知其以刃殺人而猶望其徐徐云耳。若其兄無心於殺而彼自作亂者，可以發此論也。

元·王元傑《春秋讞義》卷一《隱公》 夏五月，鄭伯克段于鄢。

程子曰：鄭伯失爲君之道，無兄弟之義，使段之强，所以致其惡。

朱子曰：書鄭伯克段，即兄弟之事也。

胡氏曰：用兵，大事也，必君臣合謀而後動，而專自鄭伯，是罪在伯也。

《讞》曰：鄭伯强忍而不仁，叔段實頑而不義，皆名教之罪人也。初，叔段恃母驕恣，莊公恐害及身，亟欲除之，莫名其罪，於是授之大邑，養成其惡，以至於亂，然後從而討之。則姜氏不得以爲子，國人不敢與其亂，此鄭伯之心也。噫！于弟弗念天顯，乃弗克恭厥兄，段之不義也；兄亦不念鞠子哀，大不友於弟，鄭伯之不仁也。《易》曰：小人不恥、不仁、不畏、不義，其鄭之謂乎？《春秋》特書鄭伯，惡其忘篤愛之仁，不書弟責，其絶友恭之義，因其不正以反于正，兄弟之大倫定矣。

元·鄭玉《春秋闕疑》卷一《春秋·隱公元年》 夏五月，鄭伯克段于鄢。

初，鄭武公娶于申，曰武姜，生莊公及共叔段。莊公寤生，驚姜氏，故名曰寤生，遂惡之。愛共叔段，欲立之，亟請于武公，公弗許。及莊公即位，爲之請制。公曰：『制，巖邑也，虢叔死焉，他邑惟命。』請京，使居之，謂之京城大叔。祭仲曰：『都城過百雉，國之害也。先王之制，大都不過參國之一，中五之一，小九之一。今京不度，非制也，君將不堪。』公曰：『姜氏欲之，焉辟害？』對曰：『姜氏何厭之有，不如早爲之所，無使滋蔓，蔓難圖也。蔓草猶不可除，況君之寵弟乎？』公曰：『多行不義必自斃，子姑待之。』既而大叔命西鄙北鄙貳於己。公子吕曰：『國不堪貳，君將若之何？欲與大叔，臣請事之；若弗與，則請除之，無生民心。』公曰：『無庸，將自及。』大叔又收貳以爲己邑，至於廪延。子封曰：『可矣，厚將得衆。』公曰：『不義不暱，厚將崩。』大叔完聚，繕甲兵，具卒乘，將襲鄭。夫人將啓之。公聞其期，曰：『可矣。』命子封帥車二百乘以伐京。京叛大叔段，段入于鄢。公伐諸鄢。五月辛丑，大叔出奔共。遂寘姜氏於城潁，而誓之曰：『不及黄泉無相見也。』既而悔之。《穀梁氏》曰：段，弟也，而弗謂弟；公子也，而弗謂公子，貶之也。段失子弟之道矣，賤段而甚鄭伯也。程子曰：鄭伯失爲君之道，無兄弟之義，故稱鄭伯而不言弟。克，勝也。言勝見段之强，使之强所以致其惡也。不書奔，義不繫於奔也。楊龜山曰：其始畏父母諸兄之言，所謂小不忍也。而卒害之，其爲言曰『多行不義必自斃』，又曰『不義不暱，厚將崩』，其弗制也，姑稔其惡也。書曰『鄭伯克段于鄢』，則克段者，鄭伯而已，非國人所欲也。胡安定先生曰：鄭伯，兄也，不能教弟，以養成其惡，是兄不兄、弟不弟，故聖人書以交譏之。家氏曰：鄭莊始也從母之命，封段于京，以是爲孝；卒之以段之故誓母於潁，曰『不及黄泉無相見也』，孝安在焉？使鄭莊于請制、請京之時，裁之以義，諭之以禮，感之以誠，與其所當與，勿與其所不可與，則段不至於逆，公不煩于討，而鄭無事矣。吁！惟知孝弟之道者而後可以語此。吾于鄭莊何責？愚謂姜氏『欲之焉避害』之言，莊公固不能勝其母也。然不能勝母者，情也；制之以禮者，義也。聖賢于此，安肯舍禮法、縱情欲，而陷其親于不義乎？亦必有道也。《孟子》曰：『仁人之于弟也，不藏怒焉，不宿怨焉，親愛之而已矣。』使鄭伯之于段如舜之于象，封之有庳，使吏治之，而段不得有爲，則段長有京城而鄭無患矣。豈有置姜氏于城潁之禍哉！此所謂從父之令爲非孝也。

元・趙汸《春秋屬辭》卷一三《特筆以正名第六・十四鄭伯之弟段出奔書鄭伯克段》 隱元年夏五月，鄭伯克段於鄢。

案：《傳》曰：段入於鄢，公伐諸鄢。五月辛丑，大叔出奔共，準魯史恒法，當書『鄭伯之弟段出奔共』，若秦伯之弟鍼出奔晉之比。其諸侯自攻叛邑，魯史不書，若欒盈奔曲沃，晉人圍之，晉人克欒盈于曲沃，盡殺欒氏之族，但書『晉人殺欒盈』是也。孔子以段大都耦國完聚圖逆，鄭伯處心積慮志在於殺，皆非一日，與秦鍼、陳黄、宋辰不同，不可一例書，故特書『鄭伯克段於鄢』，則段之罪固無所逃，鄭伯之情亦不可掩矣。《左氏》謂『如二君，故曰克；稱鄭伯，譏失教也。』此爲得之；謂『段不弟，故不言弟』，則未盡。時段形迹已具，故去屬比篡公子爾。杜氏亦謂此夫子改舊史以明義，但指《傳》中所稱『書』、『不書』、『故書書曰』之類，皆爲孔子變例，則《左氏》學者之陋爾。

明・朱善《詩解頤》卷一《國風一・大叔于田》 段之爲人，以射則善，以御則良，以容止則。甚習以材力則甚武，如是而甚不仁。夫惟不仁，所以欲紾兄而奪其位也。而國人愛之若此者，豈盡出于公哉？王教不明，人心不古，顛倒是非，混淆黑白，固有不勝其可歎者矣。

又 《總論》 段之輕浮淺露如此，固不得爲善矣。然莊公所以處之者，果得爲盡善乎？仁人之于兄弟也，亦親愛之而已矣，教誨之而已矣。使莊公之于叔段，果能寵之以高位，與之以大邑，富之、貴之而無藏怒蓄怨之意，既足以盡吾愛弟之誠矣。而又使吏治其私邑，使彼城郭不得以擅完，車乘不得以擅修，卒徒不得以擅興，則段雖欲爲亂，惡乎敢？夫親之而使其貴，愛之而使其富，既足以全吾仁，使吏治其邑而彼不得以妄爲，復足以全吾義。若是則莊公所以處段者，無以異于舜之處象，孰得而議之哉？今莊公不然，始則恣其所爲而不問，終則操之已蹙而不恕，則是其予之者，乃所以奪之也；其寵之者，乃所以殘之也。其不仁已甚矣。聖人録二詩于《國風》，既以著叔段之惡，而書『鄭伯克段』于《春秋》，復以甚莊公之罪，其亦可以爲後世戒矣。

明・湛若水《春秋正傳》卷一《隱公》 （元年）夏五月，鄭伯克段于鄢。《正傳》曰：段，鄭伯之弟名，但直書『鄭伯克段于鄢』，則其兄弟君臣之罪並見矣。而程子以爲『稱鄭伯而不言弟』，《穀梁》以爲『段，弟也，而弗爲弟；公子也，而弗爲公子，貶之以賤段而甚鄭伯也。』其意則贅矣。又曰：『鄭伯之處心積慮而成於殺也。于鄢，遠也。』則得之矣，夫仁人之於弟親愛之而已，舜封象於有庳，親愛而富貴之，使吏治而納其貢稅焉斯可矣，何以致於惡而遠殺之乎？《左氏》曰：姜氏愛共叔段，欲立之，亟請於武公，公弗許。及莊公卽位，爲之請制，公曰：『制，巖邑也。虢叔死焉，他邑惟命。』請京，使居之，謂之京城太叔。祭仲曰：『都城過百雉，國之害也。先王之制，大都不過參國之一，中五之一，小九之一。今京不度，非制也。君將不堪。』公曰：『姜氏欲之，焉辟害？』對曰：『姜氏何厭之有？不如早爲之，所無使滋蔓。蔓，難圖也。蔓草猶不可除，況君之寵弟乎？』公曰：『多行不義必自斃，姑待之。』既而太叔命西鄙、北鄙貳於己。公子呂曰：『國不堪貳，君將若之何？欲與太叔，臣請事之；若弗與，則請除之，無生民心。』公曰：『無庸，將自及。』太叔又收貳以爲己邑，至于廩延。子封曰：『可矣，厚將得衆。』公曰：『不義不暱，厚將崩。』太叔完聚，繕甲兵，具卒乘，將襲鄭。夫人將啓之，公聞其期，曰：『可矣。』命子封帥車二百乘以伐京，京叛太叔段，段入于鄢，公伐諸鄢。是鄭伯之處心積慮殺段也。其曰鄭伯、曰克、曰段、曰鄢，魯史之文也，聖人特書之以見義耳。或曰：然則周公之誅管、蔡，非歟？曰：周公愛弟之情，憂國之志，仁之至義之盡也。直在周公，曲在管、蔡也。鄭伯養弟之惡而殺之，不仁不義之甚，曲在鄭伯也。烏得比而同之？

明・王守仁《王文成全書》卷二六《五經臆説十三條》 鄭伯克段于鄢。書鄭伯原殺段者，惟鄭伯也。段以弟篡兄，以臣伐君，王法之所必誅，國人之所共討也。而專罪鄭伯，蓋授之大邑而不爲之所縱，使失道以至於敗者，伯之心也。段之惡既已暴著於天下，《春秋》無所庸誅矣。書『克』，原伯之心，素視段爲寇敵，至是而始克之也。段居于京，而書于鄢，見鄭伯之既伐諸京，而復伐諸鄢，必殺之而後已也。鄭伯之於叔段始焉授之大邑，而聽其收鄙，若愛弟之過而過於厚也。既其畔也，王法所不赦，鄭伯雖欲已焉，若不容已矣。天下之人，皆以爲段之惡，在所必誅，而鄭伯討之宜也。是其迹之近似，亦何以異於周公之誅管、蔡。故《春秋》特誅其意而書曰『鄭伯克段于鄢』。辨似是之非，以正人心，而險譎

無所容其姦矣。天地感而萬物化生，實理流行也。聖人感人心而天下和平至誠發見也，皆所謂貞也。觀天地交感之理，聖人感人心之道，不過於一貞而萬物生。天下和平焉，則天地萬物之情可見矣。

明・賀復徵《文章辨體彙選》卷三八四《史論三》 夏五月，鄭伯克段于鄢。

克者何？能也。何能也？能殺也。何以不言殺？見段之有徒衆也。段，鄭伯弟也。何以知其爲弟也？殺世子母弟目君以其目君，知其爲弟也。段，弟也，而弗謂弟；公子也，而弗謂公子，貶之也。段失子弟之道矣，賤段而甚鄭伯也。何甚乎鄭伯？甚鄭伯之處心積慮成於殺也。于鄢，遠也。猶曰取之其母之懷中而殺之云爾，甚之也。然則爲鄭伯者宜奈何？緩追逸賊，親親之道也。

清・馬驌《繹史》卷三二《鄭莊公克段入許》 城潁以寘母，黄泉而誓之，鄭伯之人道絶矣。夫姜氏有子而愛憎分焉，婦人也；愛憎分而以廢立請，婦人也；已嗣先君而有國矣，善事母而友愛厥弟，段也不才，夫豈不可教誨？親愛之，富貴之，抑亦可以慰母氏之心。乃姜之所愛，莊滋不能容矣。與之制，則曰巖邑，懼其阻險而難制也；與之京，則使居之，庶乎處大都以驕其志，因以蔽罪焉。嘗讀《詩》至《鄭風・大叔》之篇，曰：『叔善射忌，又良御忌。』段一馳馬試劍之公子耳，非能如晉之沃伯，楚之蔡公也。且以莊、段同母之子，以武姜言之，處鄭國而爲鄭君母，亦復何求，而啓弟殺兄，事之未集，厥謀先漏，處京而京人叛，奔鄢而鄢不保，設能母子陰慮合謀，當不輕舉速禍如是也。鄭伯處心積慮，以成其殺，欲加之罪，何患無辭，於以正告天下，則曰段將襲我也，姜將啓段也。在段之餬口四方，尚幸不殺之福；在莊之按兵未動，先邀愛弟之名，闕地而賦《大隧》，以爲天性之樂，母子猶初也，孰其信之。內患既除，復思外攘，許亦人國，文叔之封，炎帝之祀，是神明之胤也，屬以疆埸相接，實偪處此，虢、鄶既滅，用兵將在許矣。彼實利其土壤，而援諸侯以爲助，魯宗國也，齊僖小伯也，皆躬親擐甲以從之，時來蓄謀，大宮授兵，其計已成，謂直取之，則任滅國之名，置之復無自利之實，故外爲甘言以欺兩國，而內則攘之，不然，奚爲處之東偏，又使獲佐之也？齊、魯遠處東海，即裂許而分之，亦未能踰曹越衛而有其土，則入許誠鄭利也。陰爲厚利而陽爲名高，狡爾寤生猶然克弟見母之故智耳。既已攘許求利，後人孰知。身没而怨，突交爭，許叔因亂復國，大岳之胤，猶未宜絶，鄭固無如之何也已。

清・葉酉《春秋究遺》卷一《隱公》 （元年）夏五月，鄭伯克段于鄢。

《傳》：初，鄭武公娶于申，曰武姜，生莊公及共叔段，莊公寤生，遂惡之。愛共叔段，欲立之，亟請于武公，公弗許。及莊公即位，爲之請制。公曰：『制，巖邑也。虢叔死焉，他邑惟命。』請京，使居之，謂之京城太叔。祭仲曰：『先王之制，大都不過三國之一。今京不度，非制也。君將不堪。』公曰：『姜氏欲之，焉辟害？』既而太叔命西鄙、北鄙貳於己。公子呂曰：『國不堪貳，公將若之何？』公曰：『無庸，將自及。』太叔又收貳以爲己邑，至於廩延。子封曰：『可矣，厚將得衆。』公曰：『不義不暱，厚將崩。』太叔完聚，繕甲兵，將襲鄭。夫人將啓之，公聞其期，曰：『可矣。』命子封帥車二百乘以伐京，京叛太叔段，段入於鄢。公伐諸鄢。五月辛丑，太叔出奔共。按：稱鄭伯者，以鄭伯親伐鄢故也。君將稱君，史文定例，不曰『鄭伯伐段于鄢，克之』，而曰『克段于鄢』者，天子討而不伐，伐者，敵辭非所施於臣下者也。辭有所窮，故特變其文曰『克』。先儒多以鄭伯志在殺段，故《春秋》專目《鄭伯》且書『克』，以著其失親親之恩。其説非也。人臣無將將則必誅，《傳》稱段將襲鄭，則段固有可誅之罪矣。微論鄭伯並無殺段之志，即果志在於殺，亦大義滅親，事非得已。況第迫之使奔，並不極之於所往正，與《穀梁》所爲『緩追逸賊』者合。聖人於此顧不責其弟之不臣，而專以失親親之恩責其兄之不友，有是理乎？然則《春秋》於鄭伯遂無譏乎？安得而無譏也？特以其不孝而惡之，而非譏其不友耳。蓋段不過一驕侈公子耳，其欲襲兄之國而有之者，大都姜氏之謀居多，然子無仇母之理。姜氏雖欲段得國，猶幸其機事不密，逆迹遽彰。此時爲莊公計者，惟有引咎自責，涕泣以謝其母。而申宮儆備嚴斥其左右親信，預聞逆謀之人，使其黨胥潛自解散而不敢發，然後開心見誠，許段不死，且請姜氏任其無咎。諭之使歸而處之以一小邑，如此則兄弟母子之間，其所全者多矣。乃莊公因姜氏愛憐少子，自亟請武公之時，已怨之特深，故至是倉猝聞變，即投袂而

起，以積怨其母之心，而釋憾於其弟。於是窮極兵力伐京、伐鄢，幾有迅雷不及掩耳之勢。蓋鄭伯仇視其母，必欲取諸其懷中，而剪其所愛，此其不孝之罪，固聖人之所深惡者也。豈以其不友而惡之哉？知然者以段不稱弟與不書段出奔知之。蓋段不稱弟者，以鄭伯之罪在不孝義，不關乎段之爲弟也，故不稱弟，非徒以段不弟而已。不書段出奔者，聖人欲以鄭伯之不孝示戒，故只據鄭伯爲文。若書段出奔，則似譏鄭伯之迫逐其弟，而以不孝示戒之意，轉晦故深没其辭於彼，所以專治其罪於此也。《左氏》以爲難之，亦非其説。更詳具『莊元年，單伯逆王姬下』。

州吁之亂分部

綜　述

《詩經・衛風・考槃》　《考槃》，刺莊公也。不能繼先公之業，使賢者退而窮處。

考槃在澗，碩人之寬。獨寐寤言，永矢弗諼。考槃在陸，碩人之軸。獨寐寤宿，永矢弗告。

又《碩人》　《碩人》，閔莊姜也。莊公惑於嬖妾，使驕上僭。莊姜賢而不答，終以無子，國人閔而憂之。

碩人其頎，衣錦褧衣。齊侯之子，衛侯之妻。東宫之妹，邢侯之姨。譚公維私，手如柔荑。膚如凝脂，如脂之凝。領如蝤蠐，齒如瓠犀。螓首蛾眉，巧笑倩兮。碩人敖敖，説于農郊。四牡有驕，朱幩鑣鑣，翟茀以朝。大夫夙退，無使君勞。河水洋洋，比流活活。施罛濊濊，鱣鮪發發，葭菼揭揭。庶姜孽孽，庶士有朅。

又《邶風・緑衣》　《緑衣》，衛莊姜傷己也。妾上僭，夫人失位而作是詩也。

緑兮衣兮，緑衣黄裏。心之憂矣，曷維其已。

緑兮衣兮，緑衣黄裳。心之憂矣，曷維其亡。

緑兮絲兮，女所治兮。我思古人，俾無訧兮。

絺兮綌兮，淒其以風。我思古人，實獲我心。

又《日月》　《日月》，衛莊姜傷己也。遭州吁之難，傷己不見答於先君，以至困窮之詩也。

日居月諸！照臨下土。乃如之人兮，逝不古處。胡能有定？寧不我顧？

日居月諸！下土是冒。乃如之人兮，逝不相好。胡能有定？寧不我報？

日居月諸！出自東方。乃如之人兮，德音無良。胡能有定？俾也可忘。

日居月諸！東方自出。父兮母兮！畜我不卒。胡能有定？報我不述！

又《終風》　《終風》，衛莊姜傷己也。遭州吁之暴，見侮慢而不能正也。

終風且暴，顧我則笑。謔浪笑敖，中心是悼！

終風且霾，惠然肯來？莫往莫來，悠悠我思！

終風且曀，不日有曀。寤言不寐，願言則嚏。

曀曀其陰，虺虺其雷。寤言不寐，願言則懷。

又《燕燕》　《燕燕》，衛莊姜送歸妾也。

燕燕于飛，差池其羽。之子于歸，遠送于野。瞻望弗及，泣涕如雨！

燕燕于飛，頡之頏之。之子于歸，遠於將之。瞻望弗及，佇立以泣！

燕燕于飛，下上其音。之子于歸，遠送于南。瞻望弗及，實勞我心。

仲氏任只，其心塞淵。終温且惠，淑慎其身。先君之思，以勖寡人！

又《擊鼓》　《擊鼓》，怨州吁也。衛州吁用兵暴亂，使公孫文仲將而平陳與宋，國人怨其勇而無禮也。

擊鼓其鏜，踴躍用兵。土國城漕，我獨南行。

從孫子仲，平陳與宋。不我以歸，憂心有忡！

爰居爰處？爰喪其馬？于以求之？于林之下。

死生契闊，與子成説。執子之手，與子偕老。

于嗟闊兮，不我活兮！于嗟洵兮，不我信兮！

《左傳·隱公三年》 衛莊公娶于齊東宮得臣之妹，曰莊姜，美而無子，衛人所爲賦《碩人》也。又娶于陳，曰厲嬀。生孝伯，早死。其娣戴嬀，生桓公，莊姜以爲己子。公子州吁，嬖人之子也，有寵而好兵，公弗禁。莊姜惡之。

石碏諫曰：『臣聞愛子，教之以義方，弗納于邪。驕、奢、淫、泆，所自邪也。四者之來，寵祿過也。將立州吁，乃定之矣；若猶未也，階之爲禍。夫寵而不驕，驕而能降，降而不憾，憾而能眕者，鮮矣。且夫賤妨貴，少陵長，遠間親，新間舊，小加大，淫破義，所謂六逆也。君義，臣行，父慈，子孝，兄愛，弟敬，所謂六順也。去順效逆，所以速禍也。君人者，將禍是務去，而速之，無乃不可乎？』弗聽。其子厚與州吁遊，禁之，不可。桓公立，乃老。

又 《隱公四年》 四年春，衛州吁弑桓公而立。**【略】**

宋殤公之卽位也，公子馮出奔鄭，鄭人欲納之。及衛州吁立，將修先君之怨於鄭，而求寵于諸侯以和其民，使告于宋曰：『君若伐鄭以除君害，君爲主，敝邑以賦與陳、蔡從，則衛國之願也。』宋人許之。於是，陳、蔡方睦於衛，故宋公、陳侯、蔡人、衛人伐鄭，圍其東門，五日而還。公問于衆仲曰：『衛州吁其成乎？』對曰：『臣聞以德和民，不聞以亂。以亂，猶治絲而棼之也。夫州吁，阻兵而安忍。阻兵無衆，安忍無親，衆叛親離，難以濟矣。夫兵猶火也，弗戢，將自焚也。夫州吁弑其君而虐用其民，於是乎不務令德，而欲以亂成，必不免矣。』

秋，諸侯復伐鄭。宋公使來乞師，公辭之。羽父請以師會之，公弗許，固請而行。故書曰『翬帥師』，疾之也。諸侯之師敗鄭徒兵，取其禾而還。

州吁未能和其民，厚問定君于石子。石子曰：『王覲爲可。』曰：『何以得覲？』曰：『陳桓公方有寵于王，陳、衛方睦，若朝陳使請，必可得也。』厚從州吁如陳。石碏使告於陳曰：『衛國褊小，老夫耄矣，無能爲也。此二人者，實弑寡君，敢卽圖之。』陳人執之而請涖於衛。九月，衛人使右宰醜涖殺州吁于濮，石碏使其宰獳羊肩涖殺石厚於陳。君子曰：『石碏，純臣也，惡州吁而厚與焉。「大義滅親」，其是之謂乎！』衛人逆公子晉于邢。冬十二月，宣公卽位。書曰『衛人立晉』，衆也。

又 《隱公五年》 夏，葬衛桓公。衛亂，是以緩。

四月，鄭人侵衛牧，以報東門之役。衛人以燕師伐鄭。鄭祭足、原繁、洩駕以三軍軍其前，使曼伯與子元潛軍軍其後。燕人畏鄭三軍而不虞制人。六月，鄭二公子以制人敗燕師於北制。君子曰：『不備不虞，不可以師。』**【略】**

衛之亂也，郕人侵衛，故衛師入郕。

又 《桓公三年》 夏，齊侯、衛侯胥命于蒲，不盟也。

《公羊傳·隱公四年》 戊申，衛州吁弑其君完。曷爲以國氏？當國也。**【略】**

九月，衛人殺州吁于濮。其稱人何？討賊之辭也。

冬，十有二月，衛人立晉。晉者何？公子晉也。立者何？立者不宜立也。其稱人何？衆立之之辭也。然則孰立之？石碏立之。石碏立之，則其稱人何？衆之所欲立也。衆雖欲立之，其立之非也。

又 《隱公五年》 夏，四月，葬衛桓公。

秋，衛師入盛。曷爲或言率師，或不言率師？將尊師衆稱某率師，將尊師少稱將，將卑師衆稱師，將卑師少稱人。君將不言率師，書其重者也。

又 《桓公三年》 夏，齊侯、衛侯胥命于蒲。胥命者何？相命也。何言乎相命？近正也。此其爲近正奈何？古者不盟，結言而退。

《穀梁傳·隱公四年》 戊申，衛祝吁弑其君完。大夫弑其君，以國氏者，嫌也，弑而代之也。**【略】**

九月，衛人殺祝吁于濮。稱人以殺，殺有罪也。祝吁之挈，失嫌也。其月，謹之也。于濮者，譏失賊也。

冬，十有二月，衛人立晉。衛人者，衆辭也。立者，不宜立者也。晉之名，惡也，其稱人以立之，何也？得衆也。得衆，則是賢也。賢則其曰不宜立，何也？《春秋》之義，諸侯與正而不與賢也。

又 《隱公五年》 夏，四月，葬衛桓公。月葬，故也。

秋，衛師入郕。入者，內弗受也。郕，國也。將卑師衆曰師。

又 《桓公三年》 夏，齊侯、衛侯胥命于蒲。胥之爲言，猶相也。相命而信諭，謹言而退，以是爲近古也。是必一人先，其以相言之，何

也？不以齊侯命衛侯也。

《韓非子》卷一〇《內儲説下·六微·有反四》 衛州吁殺其君完，公子根取東周。

衛州吁重於衛，擬於君，羣臣百姓盡畏其勢重。州吁果殺其君而奪之政。

《史記》卷一四《十二諸侯年表》 （衛莊公十七年）子州吁，州吁好兵。【略】

（衛桓公二年）弟州吁驕，桓黜之，出奔。【略】

（衛桓公十六年）州吁弑公自立。【略】

（陳桓公二十六年）衛石碏來告，故執州吁。【略】

（衛宣公元年）衛宣公晉元年共立之。討州吁。

又 卷三六《陳杞世家》 （陳桓公）二十六年，衛殺其君州吁。

又 卷三七《衛康叔世家》 莊公五年，取齊女爲夫人，好而無子。又取陳女爲夫人，生子，蚤死。陳女女弟亦幸於莊公，而生子完。完母死，莊公令夫人齊女子之，立爲太子。莊公有寵妾，生子州吁。十八年，州吁長，好兵，莊公使將。石碏諫莊公曰：『庶子好兵，使將，亂自此起。』不聽。二十三年，莊公卒，太子完立，是爲桓公。

又 卷三八《宋微子世家》 （宋）殤公元年，衛公子州吁弑其君完自立，欲得諸侯，使告於宋曰：『馮在鄭，必爲亂，可與我伐之。』宋許之，與伐鄭，至東門而還。

又 卷四二《鄭世家》 （鄭莊公）二十五年，衛州吁弑其君桓公自立，與宋伐鄭，以馮故也。

漢·劉向《古列女傳》卷一《齊女傅母》 傅母者，齊女之傅母也。女爲衛莊公夫人，號曰莊姜，姜交好，始往，操行衰惰，有冶容之行，淫泆之心。傅母見其婦道不正，諭之云：『子之家，世世尊榮，當爲民法則。子之質，聰達於事，當爲人表式。儀貌壯麗，不可不自修整，衣錦絅裳，飾在輿馬，是不貴德也。』乃作詩曰：『碩人其頎，衣錦絅衣，齊侯之子，衛侯之妻，東宮之妹，邢侯之姨，譚公維私。』砥厲女之心以高節，以爲人君之子弟，爲國之夫人尤不可有邪僻之行焉。女遂感而自修。君子善傅母之防未然也。

論説

《韓非子》卷一〇《內儲説下·六微·有反四》 參疑之勢，亂之所由生也，故明主慎之。是以晉驪姬殺太子申生而鄭夫人用毒藥；衛州吁殺其君完，公子根取東周；王子職甚有寵而商臣果作亂；嚴遂、韓傀爭而哀公果遇賊；田常、闞止、戴驩、皇喜敵而宋君、簡公殺。其説在狐突之稱二好，與鄭昭之對未生也。

宋·歐陽修《詩本義》卷二《擊鼓》 論曰：《擊鼓》五章，自『爰居』而下三章，王肅以爲衛人從軍者與其室家訣別之辭，而毛氏無説，鄭氏以爲軍中士伍相約誓之言。今以義考之當時，王肅之説爲是，則鄭於此詩一篇之失大半矣。州吁以魯隱四年二月弑桓公，而自立，至九月如陳見殺，中間惟從陳蔡伐鄭，是其用兵之事，而謂其阻兵，安忍衆叛親離者？蓋衛人以其有弑君之大惡，不務以德和民，而以用兵自結於諸侯，言其勢必有禍敗之事爾。其曰衆叛親離者，第言人心不附爾。而鄭氏執其文遂以爲伐鄭之兵軍士離散。案《春秋左傳》言伐鄭之師圍其東門，五日而還兵，出既不久，又未嘗敗衄，不得有卒伍離散之事也。且衛人暫出從軍已有怨刺之言，其卒伍豈宜相約偕老於軍中？此又非人情也。由是言之，王氏之説爲得其義。

《本義》曰：州吁以弑君之惡自立，內興工役外興兵，而伐鄭國，數月之間，兵出者再，國人不堪，所以怨刺。故於其詩載其士卒將行與其室家訣別之語，以見其情。云『我之是行，未有歸期』，亦未知於何所居，處於何所喪其馬。若求與我馬，當於林下求之。蓋爲必敗之計也。因念與子死生勤苦無所不同，本期偕老，而今闊別，不能爲生。吁嗟我心，所苦如此，可信而在上者，不我信也，洵亦信也。

宋·李樗、黃櫄《毛詩李黃集解》卷四《日月》 《日月》，衛莊姜傷己也，遭州吁之難，傷己不見答於先君，以至困窮之詩也。【略】

李曰：州吁，嬖人之子也。有寵而好用兵，公弗禁。莊姜惡之。見《左傳·隱公三年》。若莊姜可謂賢矣。以州吁之好兵，莊姜知其必亂，公乃不禁，而莊姜惡之，莊姜可謂知所惡矣。惟其惡之，所以遭州吁之難也。

州吁肆爲無禮，此莊姜所以傷己也。遭州吁之難，傷己不見答於先君者，蓋禍所由，皆由不見答於先君。使先君答於己，則妾不得以上僭，雖有州吁之暴，何能爲哉？惟其名分不正，故州吁肆爲無禮，而莊姜傷己之不見答於先君，此《日月》之詩所以作也。『日乎月乎，照臨下土』，言日月之代明也。自古多以日比君，月比夫人。蓋以日昱乎晝，月昱乎夜。君視外治，夫人視內治，相須如此，故言日乎月乎，所以相代而照臨乎下土。今也莊姜不見答於先君，是不知日月代明之義也。『下土是冒』方是照臨下土之意，『出自東方』言日與月迭出於東方也。『東方自出』亦是日月出東方之意，始則曰『照臨下土』，既而曰『下土是冒』；始則曰『出自東方』，既而曰『東方自出』，但顛倒其辭而便於韻耳。王氏則以『照臨下土』爲日之與月相繼而生明，以照臨下土。『下土是冒』爲月之明，雖有時而蔽虧，不足以臨照，然尚與日中天而冒下土。『出自東方』謂月雖不得中天而冒下土，然尚與日代出於東方，是皆妄爲之說也。『乃如之人兮』指莊公也，言莊公去我而逝也。毛氏以逝爲逮，不如蘇氏以爲去言去我，而逝不來其舊處也。古，故也。『逝不相好』言莊公舍其舊而圖其新，故舍我而逝不復相好也。『德音無良』言所以遇於己者，無善道也。『父兮母兮』鄭氏言己尊之如父，親之如母。非也。所謂『父兮母兮』指莊姜之父母也。凡人窮呼天，疾痛呼父母，今州吁之暴而莊姜傷己，則呼父母，言父母養我而不得遂其終也。『胡能有定』言莊公之所爲，何能有定乎？其所爲無定，則安然而不我顧。『寧不我報』言己之事莊公盡其道矣。在莊公安然而不報之也。『俾也可忘』鄭氏以爲使是無良可忘也，其說既曲矣。諸家又以爲莊姜忘其莊公，非也。莊姜之爲人母，其子之暴，猶且念之。莊姜慈於爲母，豈肯忘莊公哉？戴嬀之歸猶曰先君之思以勗寡人，戴嬀不忘莊公，莊姜豈忘莊公乎？『俾也可忘』當是莊公言莊姜言，使我果當忘乎是，不忘而忘也。『報我不述』言莊公報之不循理也。述，循也。

黄曰：公子州吁，嬖人之子也。有寵而好兵，公弗禁，莊姜惡之。若莊姜可謂賢矣，及其遭州吁之難，不責州吁而思莊公，而自傷己，厚之至也。窮呼天，疾痛呼父母，故曰『日居月諸』。『父兮母兮』，思之至而傷之極也。『寧不我顧』諸家之說皆非，此特言今日之亂，安能有定乎？我所念者，憂其無定耳，尚記其不我顧之事乎？『俾也可忘』，箋注之說尤爲害理，諸家之說亦未爲安。此但言我何時而能定，使我憂念之心可以少忘也。若莊姜可謂可以怨矣。

又　《終風》　《終風》，衛莊姜傷己也，遭州吁之暴，見侮慢而不能正也。【略】

李曰：終日之風，又且暴疾，此以見州吁之暴也。顧莊姜則又笑之，此又莊公不能制之也。《柏舟》之詩曰：『覯閔既多，受侮不少。』小人之於君子既譖之矣，又從而侮之，此以見小人之情狀也。州吁之於母，既肆其暴慢之心，又從而笑之，則是州吁無人道也如此。『謔浪笑敖』，此言謔之狀也，故莊姜『中心是悼』也。『霾』，《爾雅》曰：『風而雨土爲霾』。孫炎曰：『大風揚塵土從上下也』。『終風且曀』，陰而風曰曀，終日之風而又且曀，不見日光而又曀。有者，又也。如《春秋》書『十有一年』。《孟子》曰：『聖人有憂之是也』。『曀曀其陰，虺虺其靁』，終日既陰矣而又虺虺其雷。虺虺，雷聲也。凡此或言『終風且霾』，或言『終風且曀』，或言『曀曀其陰，虺虺其雷』，皆是州吁之暴如此。『莫往莫來』，毛氏謂『人無子道以來事己，己亦不得以母道往加之』，不如蘇氏以爲州吁往來皆不可常，言惠然之時方肯來，而又有都絕不來之時，惟其無常如此，故莊姜悠悠然而思之。蓋子雖無道，母之慈常自若也。『寤言不寐，願言則嚏』，王肅云：『願以母道往加之，則嚏跲而不行。』蘇氏以爲『寤而思之則不寐，願往從之則有跲，制而止之者。』然觀其文，無有『母道往加』之文，亦無『有願往從』之文，則知詩之意，但言莊姜之所願欲者跲而不行也。莊姜之爲母，『寤言不寐』，則欲州吁之盡子道。而州吁之暴慢如此，則其願欲者不行矣。『願言則懷』，王氏則以爲思往而從之則跲，思不往而從之則懷，則是此二句爲二意。所謂『願言則懷』者，亦是上文言吾之所願者，今則可懷傷也。衛定姜，衛獻公之嫡母，定公卒，夫人姜氏既哭而息，見太子之不哀也，不內酌飲。歎曰：『是夫也，將不唯衛國之敗，其必始於未亡人。』見《左・成十四年》。及衛獻公之奔也，定姜曰：『余以巾櫛事先君，而暴妾使余。』見《左・襄十四年》。則衛獻公之於母亦如州吁之於母也。以衛之爲國而爲人子者多如此，良可怪也。母雖不慈子不可不孝，子雖不孝母不可不慈。如舜之父母，或頑或嚚，舜不以父母頑嚚之故而不盡其事親之道，故往于田號泣于旻天，可謂盡爲子之道矣。以州

吁之爲人子，恣其爲無禮，而莊姜不以暴虐之故而『悠悠我思』，可謂盡爲母之道矣。爲人子者當如虞舜，爲人母者當如莊姜。然舜之父母始雖頑嚚，而終也則底豫，則是舜之父母終能改過也；州吁之暴而其母之賢如此，而州吁曾不之省。呂吉甫曰：衛莊姜仁於爲嫡而爲嬖妾之僭，慈於爲母而爲州吁之暴，順於爲婦而爲莊公之不見答。若莊姜可謂大不幸者也，不如是不足以見莊姜之賢。蓋州吁『謔浪笑敖』，無所不至，而莊姜乃中心是悼，非賢能如是乎？

黄曰：州吁雖暴，莊姜之慈自若也。州吁『謔浪笑敖』而莊姜乃『中心是悼』；州吁『莫往莫來』莊姜乃『悠悠我思』。此如象之不弟求以害舜，而舜也象憂亦憂，象喜亦喜，何嘗以象之不敬而易其愛弟之心哉？呂吉甫曰：『衛莊姜仁於爲嫡而爲嬖妾之僭，慈於爲母而爲州吁之暴，順於爲婦而爲莊公之不見答。若莊姜者可謂大不幸矣，不如是不足以見莊姜之賢。』

又《擊鼓》 《擊鼓》，怨州吁也。衛州吁用兵暴亂，使公孫文仲將而平陳與宋，國人怨其勇而無禮也。【略】

李曰：《左氏春秋傳》曰：宋殤公之卽位也，公子馮出奔鄭，鄭人欲納之。及衛州吁立，將修先君之怨於鄭，而求寵於諸侯，以和其民，使告于宋曰：君若伐鄭，以除君害，君爲主，敝邑以賦，與陳、蔡從。則衛國之願也。宋人許之。於是陳蔡方睦於衛，故宋公、陳侯、蔡人、衛人伐鄭，圍其東門，五日而還。見《左·隱公四年》。蓋州吁將兵於是役，將以伐鄭，必先與陳宋和而後進兵。伐鄭也，『國人怨其勇而無禮』者，子貢問於孔子曰：『君子亦有惡乎？』曰：『有惡。惡勇而無禮者。』蓋勇非可惡也，無禮而後可惡。爲人下者，勇而無禮，則至於犯上；爲人上者，勇而無禮，則至於殘民。此其所以可惡也。《孟子》論好勇，必言文王一怒而安天下之民，武王亦一怒而安天下之民。安天下之民而後爲勇，此則勇而有禮也。惟其有禮故所以安民，非所以殘民。州吁勇而無禮，虐用其民。其用兵也，非所以安民，適所以殘民，此國人所以怨之也。毛氏云：鏜然，擊鼓聲也。《司馬法》曰：『鼓聲不過閶。』孔氏云：字雖異，音寔同也。『踴躍用兵』者，鄭氏云：此用兵謂治兵時，徒見下文云『從孫子仲』、『平陳與宋』，以謂治兵時，其說不然。據《序》言用兵暴亂，初不言其治兵之時也。而毛氏又謂使衆皆踴躍用兵，其說又不然。據此詩中皆載其士卒怨歎愁苦之言如是其極，而謂使衆皆踴躍用兵，則《序》安得謂國人怨之也？且如士卒之言，不可謂之用兵，若以爲使衆皆用兵，則《序》何言州吁用兵也？蓋言州吁之心安於用兵，踴躍欣喜而不自勝也。先王之用兵出於不得已，故其興師也雖士卒樂爲之用，而先王之心不以爲樂。今州吁之用兵，國人皆怨之，而州吁之喜常自若也。詩人以踴躍形容之，可謂善著語矣。兵，凶器也；戰，危事也。以言器之凶，事之危，而州吁且喜之，則其爲人可知。『土國城漕』，言國人皆執役，或役土功於國者，或築城郭於漕者。漕，衛邑也。《定之方中·序》言『野處漕邑』，《載馳》言『露於漕邑』是也。『南行』者，南行而伐鄭也。蓋役土功於國者非不勞苦，而獨得處於境內，今我乃從君事行役於境外，其勤勞可知也。彼雖在境內，猶免死亡之憂；我之在外，死亡未可知，雖欲爲土國城漕之人不可得也。夫州吁之暴亂，內則興土功之事，外則興兵伐之事，想其當時之人民，安室家者無幾矣。民生斯時，何其不幸也。孫子，卽公孫也。仲，言其字也。孔氏曰：《經·序》國人之辭，既言從於文仲，不得復言從公孫，蓋欲陳其辭也。『平陳與宋』者，先平陳與宋，而後伐鄭也。『不我以歸』，懼其南行，不得以歸也。『憂心有忡』，毛氏曰：有忡，猶衝衝也。《爾雅》曰：忡忡，憂貌。言憂之甚也。『爰居爰處』，孔氏曰：從軍之士，懼不得歸，言我等從軍，或有死者、病者，有亡其馬者，則於何居乎？於何處乎？於何喪其馬乎？若我家人於後求我，往於何處求之？當於山林之下求之也。此說是矣。此蓋軍士出師，皆爲必敗之辭也。『契濶』，毛氏以爲勤苦，王氏以爲離合，二說不同。若從王氏之說，則下文殊不相貫。王氏之意則以死生患難相救，而又以濶爲離，是又有時而離也，安能同其患難乎？鄭氏以謂與其部伍死也生也，相與處勤苦之中，而王氏從其說。王肅以謂衛人從軍者與其室家訣別之辭，歐陽從其說。蓋上章言爲士卒必敗之辭，此則室家相訣別之辭也。蓋言生死勤苦將謂與子成相說愛之恩，而又與偕老今。不然，此怨悵之辭也。濶，遠也，不與生同活也。而鄭氏謂軍士棄其約，離散相遠，故吁嗟之濶兮，汝不與我相救活傷兮。此說不然，蓋鄭氏解上文，皆以爲部伍相約，其失如此，當從歐陽之說，曰：因念與子生死勤苦無所不同，本期偕老，今則

濶別不能爲生。此説是也。然下章則以洵爲洵音，以信爲信，以謂吁嗟我心所苦如此可伸，而在上者不我伸。而蘇氏之説亦然，其説與上下文不相貫。毛氏之説曰：洵，遠也；信，極也。蓋『吁嗟洵兮』亦如『吁嗟濶兮』。『不我信兮』言其志不得伸也。古人以好兵譬好色，未有好色而不亡其身，未有好兵而不亡其國。秦始皇之用兵，可謂屢得志矣，然用兵不已，卒至於喪其天下。蓋恃其兵者，不有敵國必有蕭牆之禍。要之，皆未免於敗亡也。州吁之用兵暴亂，國人怨之，則其敗亡之徵已見矣。宜其見殺。《春秋》書衛人殺州吁于濮，見好兵不得衆也。衆仲曰：州吁，阻兵而安忍。阻兵無衆，安忍無親，衆畔親離，難以濟矣。夫兵猶火也，弗戢，將自焚也。夫州吁弑其君虐用其民，於是乎不務令德，而欲以亂成，必不免矣。亦見《隱公四年》。觀《擊鼓》之詩，則衆仲之言，豈欺我哉！

黄曰：州吁弑其君而虐用其民。兵，凶器也。而州吁則『踴躍用兵』。詩人以『踴躍』二字見其好戰喜兵之志。先王之用兵出於不得已，雖士卒樂爲之用，而先王之心有不忍爲者焉。今州吁内則興土役，外則好兵戰，詩人謂『土國城漕，我獨南行』，則見其國人皆勞而已尤甚也。故憂其不得歸於室家，肝腦塗原野。自此章而下，皆從軍者與室家訣別之辭。國人之怨州吁如此，所謂阻兵無衆，安忍無親，衆叛親離，難以濟矣。《春秋》書衛人殺州吁于濮，曰衛人殺之，其意可見。

宋・袁燮《絜齋毛詩經筵講義》卷二《燕燕篇》 臣聞天下之事，不謹其始未有能善其終者。發端之始害猶未著，故人忽之，積日累月，其惡寖長，遂致于潰裂四出，莫之能禦。且莊公之初，過于有所惑爾，妾巧于求壻主從而悦之，此亦人之常情也。悦而不已則溺，溺而不已則驕，驕而不已則僭。夫人既失其位，嫡嗣何以自存？國本一摇，庶必奪嫡，此豈小故也哉？且莊姜無子，戴嬀實生桓公，莊姜以爲己子則莊公嫡嗣也。其妾有寵，是生州吁，則莊公之庶子也。州吁好兵，公弗能禁，桓公嗣立，成公賊之，戴嬀失所依倚，反其宗國。此國家之大變也，故莊姜深痛之。方其上僭之始，姜固已憂之矣。然害止于一身，故《緑衣》之序曰『傷己而已』。今州吁敢行無道，不君其君，國勢將傾，豈猶傷己而已乎？《燕燕》之稱謂己及戴嬀也，情義之厚，相與追隨，可謂昵矣。而其序不紊，故羽則參差不一，飛則或頡或頏，鳴則或上或下，未嘗無別也。曰『泣涕如雨』、『佇立以泣』，曰『實勞我心』，何其憂之深哉！仲氏任只言其可親可信，如《周官》所謂睦、婣、任、恤也。温惠淑謹，又申言之，其賢如此，而遭此大變，反于宗國，安得而不憂乎？非憂戴嬀，憂衛國也。禍變如此，莊公實爲之。而嬀不以爲怨，且勉莊姜以追思先君，辭氣薫然，無一毫忿戾之心。此所謂温惠淑謹，此所謂變風止乎禮義者歟？爲國家者，觀此一詩，而知其終之乖離，皆其始之耽惑，盍亦兢兢業業，而毋致于極哉！

又《日月篇》 臣聞有一言而可以盡修身齊家之道者，曰此心之明而已。人惟一心不明則昏，明則是非可否，皆天理之正昏，則好惡取舍皆人爲之私，較然如黑白之異色，燕越之殊塗也。人心豈可以不明哉！且莊姜，齊侯之子也，不爲不貴矣。《碩人》一詩皆稱美之辭，不爲不賢矣。爲莊公者，禮重而親愛，固其宜爾，曾不見答，而妾媵是嬖，好惡取舍顛倒如此，不明孰甚焉。此詩所謂乃如之人者，蓋指莊公也。比之日月，尊之至矣，而微有譏焉。日月之明，無所不照，而今也不能致，察于帷簿之間，能無愧乎！逝，往也。意有所移，往而不返，溺于嬖妾而不在莊姜，失于古人處夫婦之道，故曰『逝不古處』。天下有定理，嬖寵惑之，則其心亂矣，故曰『胡能有定』。『寧不』，猶言曾不也，心在彼而曾不在我也。三章四章亦以日月爲稱，而止言所以出之方，何耶？日月經乎中天，則其明無所不及。初升之明，雖明而未遠也。《書》曰『視遠惟明』。孔子答子張之問明，曰『可謂遠也已矣』。明固貴夫遠也，莊姜之不見答，無乃莊公雖明而未遠乎？不深言其過而特微其辭，示敬心也。『德音』，天所同得莊公固有是德音矣。以不定之故，良心轉爲『無良』，甚可惜也。然莊姜不欲常置諸胸中，要當忘之，故曰『俾』也。『可忘』前三章猶有怨辭，至于卒章惟曰父母養我不終至此，尚復何言？所謂『報我』者，亦不能陳述之矣。嗚呼！使莊公本心常如日月之明，夫婦之間豈至此極哉？君人者觀此一詩，心之不明，其害如是，可以爲鑑矣。

又《終風篇》 臣聞處順境者易，處逆境者難。何謂順境？人心翕然相應，無有齟齬者是也；何謂逆境？人心悍然不從，未易調護者是也。于其易也而順受之，于其逆也而思所以處之，反求諸己，積其誠意，盡其在我而已。莊姜不見答于先君，又見侮于州吁，甚難處也。常人之

情，遭此逆境，無不懈怠。而莊姜安于所遇，惟自傷其無辜，而無嫉妒他人之心，故序《緑衣》、《日月》、《終風》三詩，皆以傷己言，可謂深探其所存矣。風終日而又甚暴，喻州吁之虐，而見莊姜之柔順，則笑侮之猶無逸，言小人侮厥父母，曰昔之人無聞知也。浪，放蕩也。『謔浪笑敖』，侮之甚矣，而莊姜方且哀憐之，以爲良心善性，人所均稟，而淪於惡習，顛冥至此，良可悼也。霾，雨土也；昏，暮之狀也。雖則昏暮，感其母之見棄，亦有時而惠然肯來也。然終不能勝其惡習，暫明而復昏，所以莫往莫來也。莊姜不嫉惡又從而思之，可謂深於愛子矣。悼之思之，所以興其善心；憎之絶之，足以遏其惡念。莊姜于此慮之熟矣。陰而霾曀，終風且繼，以陰雨不旋日而復。曀，亦言昏蒙也。雨雖不驟重陰未解，故曰『曀曀』；靁雖不作而相繼不絶，故曰『虺虺』。皆言昏暮也。人之善不善，明與昏而已，『寤言不寐』，憂其昏也。『願言則嚏』、『願言則懷』，欲其明也。願者，善端初發之謂，彼願言則我嚏矣。鄭康成所謂猶今俗人嚏而曰『人道我』，此感通之理也。彼願以爲懷矣，如《周南》『嗟我懷人』之懷，不忘于心，非不從而已也。莊姜可謂曲盡矣而終不能轉移其暴虐之行其下愚不移者歟？然子雖不孝，母不可以不慈，此古人人倫之要。觀是詩者觸類而長之，則人倫之間，蔑有不可處者矣。

又《擊鼓篇》 臣聞興師動衆，爭地爭城，兵鋒一交，肝腦塗地，甚可畏也，其可輕用也哉！然有國有家者，非兵無以宣威靈、制强暴，故亦不得已而用之。外禦其侮者爲固圉而舉，以仁伐不仁者爲救民而舉。兵出有名故罔不吉，何者？人心固以爲當然，操不祥之具，彊民於戰鬭之間，而不與衆同欲，其爲從之也難矣。今州吁以庶奪嫡，親賊其兄，罪固不容誅矣。乃欲以兵力自彊，爲『平陳與宋』之役。平成也欲伐鄭，而力不能獨辦，故結二國之成而共伐之。漕邑之城，國之土功也，可謂勞役矣。今伐鄭之師，怨苦無聊，欲爲版築者而不可得，故有『我獨南行』之嘆。蓋築者猶可以生還，而我則必死，所以忡忡然其憂也。將行之時，與其室家訣别，故其言慘戚如此。爰，於也。於何而居，於何而處，言無定也。於何而喪其馬，則其兵敗而人亦殆矣。求諸林下，若所謂收爾骨者，何其言之悲歟？契闊，勤苦之狀也。夫婦之義，生死同之，勤苦共之，此一定之論也，故曰『成説』。今而不我活矣，説可成乎？洵，亦信也。詩人所謂洵美且直，皆信然之辭向也。約言『與子偕老』，今我先子而死，則變而爲不信也，故曰『不我信』者，此皆夫婦訣别之語。州吁亦聞之乎？昔《孟子》論得民心之道，『所欲與之聚之，所惡勿施爾也』。安居者人所欲，而州吁故勞之。用兵者人所畏，而州吁彊施之欲惡，皆違乎民。自古及今，未有能濟者。由是觀之，兵其可輕用哉！雖然，人有疾病，以藥攻之；時有姦宄，以兵伐之。雖湯武之得天下，何嘗不用兵乎？而湯武之舉，順乎人心，故人無不服。此詩所刺，咈乎人心，故人皆怨之，成敗之所以殊也。説以使民，民忘其勞；説以犯難，民忘其死。如是而用兵人，亦何怨之有？君人者盍亦深思熟講，求所以順乎人心者哉？

宋・呂祖謙《左氏博議》卷一《衛州吁》 未見之情人所未知，未動之情已所不知。歷舉天下之事，其迹可指者，使人評之曰：孰爲善，孰爲惡，孰爲忠，孰爲邪，孰爲是，孰爲非，孰爲誠，孰爲僞，猶參差而不得其情，況於情之未見於外者乎？此色厲內荏面剛心柔之徒，所以每誤天下後世也。情之未見者，難知如此，抑又有甚難知者焉？博者必盜，當博之初，未有爲盜之情也。然財匱則必至於盜，詈者必鬭，當詈之初，未有決鬭之情也。然忿極則必至於鬭。蓋博則有盜之理，詈則有鬭之理，其情未動，其理已萌，非獨人不能覺，己亦不能自覺焉，豈非天下之至難知者乎？莊公之寵州吁，不過溺於所愛而已。初不知其基簒弒之禍也，雖州吁受寵之初，亦未嘗有簒弒之心也。及因寵而驕，因驕而縱，因縱而暴。莊姜惡之，桓公忌之，州吁始憂不能自免，而求免之心生矣。有簒國之利誘其前，有殺身之禍迫其後，而弒逆之謀成矣。彼州吁之初心，豈自料至此哉？石碏之諫善矣，惜其進言之晚也。方碏之諫州吁，既有寵矣，既好兵而不禁矣。有寵而驟奪之，能無怨乎？不禁而驟禁之，能無忿乎？借使莊公聽之，父子之際所傷已多矣，況又不聽乎？碏苟能止於未萌，則桓公不至於弒州吁，不至於逆國，不至於危子，不至於戮矣。雖討賊之忠，凛然與衛國相始終，吾猶恨其不能消患於未形，而徒救患於已形也。嗚呼！衛至褊也，州吁至微也，其簒爭猶蠻觸氏之戰，一切不足論也。吾獨因州吁之事有所懼焉。殺人不忌者，世謂之暴；冒貨無極者，世謂之貪；沈湎昏縱者，世謂之荒；陰賊詭譎者，世謂之險。苟無故加

人以四者之謗，其不見慍者幾希，抑不知世之所共指者，特情之已發、事之已彰者耳。吾平居暇日一偏於怒，則雖未嘗殺人，而一念之暴已藏於胸中矣；一偏於愛，則雖未嘗冒貨，而一念之貪已藏於胸中矣；未能寡慾，則雖無沈湎之過，而一念之荒已藏於胸中矣；未能平心，則雖無陰賊之過，而一念之險已藏於胸中矣。四者之根藏於中，伏而未發，雖吾亦不自知其惡也。是不由州吁受寵之初，簒弑之惡已藏於胸中而不自知乎？迨夫一念之惡藏於胸中者既熟，遇事則見，遇物則動。外之惡習，召內之惡念；內之惡念應外之惡習，以惡合惡，若川之決，若火之燎，有不能自制者，吁亦危矣。君子之治心，當明白四達，俾秋毫之不正無所容，而後可苟容秋毫之不正焉。猶播一粒之稊稗，雖初未見其害，假之以歲月，潤之以雨露，未有不芃然爲多稼之賊者。蓋既有此根，必有此苗，欲除稊稗之害，當除稊稗之種可也。然則禁過者，苟未知過之所由生，而何暇州吁之笑哉？

宋·洪咨夔《春秋説》卷一《隱公四年》 （春王二月）戊申，衛州吁弑其君完。

《春秋》弑逆非一國，衛其首也。衛本紂畿內之地，成王以封康叔。其政化後革而先衰，故夷王時《變風》詩作實居十三國之首。莊姜，莊公夫人，以公子州吁之母上僭而失位，故作《緑衣》。戴媯生子完，莊姜以爲己子，而州吁弑之，姜送戴媯大歸，故作《燕燕》。州吁弑嫡之後，莊姜推原禍亂之本，以爲由己不見答于先君之所由致，故作《日月》。禮莫嚴于嫡庶之辨，莊公以私嬖納州吁于邪，又屬以兵，是授之弑完之刃也。夫愛始于衽席，變形於閨門，而禍流社稷，一至于此。州吁絶公子之屬籍，而莊公不父之罪隱然見于其中，可爲萬世之戒。

宋公、陳侯、蔡人、衛人伐鄭。

執孤疑之心者來讒賊之口，人之得以間吾骨肉之好，必中心隱然之間，有以召之也。宋殤公得國于繆公，繆公之子馮奔鄭，鄭人欲納之，未有迹也，而殤公忌馮之心已潛動于中。故州吁得以伐鄭除害之語中之，遂興此師。自此凡十一戰，至于身弑。馮立然後已，豈惟讒言能禍人國哉？忌馮一念之動，天昭昭乎臨之矣。況黨州吁弑君之賊，《春秋》所必誅乎？

秋，翬帥師會宋公、陳侯、蔡人、衛人伐鄭。

伐鄭之役，衛州吁使公孫文仲將，而宋公身在兵間，宋志明矣。戎者，國之大事；師者，君之大柄。帥師直以翬書何哉？《語》曰：『其身不正，雖令不從。』宋伐鄭以除公子馮之害，與公之不誠，于遜桓機心械事，適相爲符，故翬逆探其心，固請從宋以遂其事，而公惟其言之聽也。異日激成鍾巫之變，實兆于此。

九月，衛人殺州吁于濮。冬十有二月，衛人立晉。

弑逆之賊，夫人得而討之，無所逃于天地之間也。州吁弑君自立，其民不和而求寵于諸侯，使諸侯少誰何之罪人之得易耳。宋、陳乃合力左右之，黨遂立矣。然未得魯不敢以爲安，使魯能請于周，聲其罪，以王命討，誰敢不從？宋爲衛請翬帥師以從伐鄭，則魯亦與之，黨益盛矣，而其民之未和猶如故也，石碏以王覲爲可，則是當時諸侯之犯名義，非王命不敢以自安。使王室能以大義號召諸侯，誅一不義，紀綱振而風采變，中興不難，惜其君臣之不自亢也。衛人以討賊，望之諸侯，諸侯不足望望之魯，魯不足望望之周，周又不足望。其志良可悲矣。碏之謀行殺州吁于陳之濮，稱人以殺，國人殺之也。天尊地卑而乾坤立，名義之在人心，未嘗少蝕，故可以義動而不可以威劫，可以禮率而不可以力制。苟失其心，泰山累卵矣。州吁材非不勇，兵非不鋭，黨非不盛，而國人之心終不可强而和，必討賊而後已，雖殺之于濮，幾于失賊，而羣心之勃塞自是而始舒，豈非康叔之化，在人未泯乎？公子晉稱人以立國，人立之也。立無王命猶爲不宜立，然國人之心于是乎定矣。故曰『民爲貴，君爲輕』。

宋·呂大圭《呂氏春秋或問》卷三《衛州吁弑其君完》 或問：弑君之例，亦有異乎？曰：聖人所書之例，或書人，或書國，或書世子，或書名氏，或書盜，或書閽。閽，刑人也；盜，踈遠者也；名氏，則大夫弑君之辭；世子，録其尊親盡也；稱人以弑，衆人弑之也；稱國以弑，大臣弑之也。書閽於吳子見之，書盜于蔡侯見之，書名氏於宋督、衛州吁、晉趙盾見之，書世子於楚商臣、許止見之，稱人於齊商人、宋杵臼見之，稱國於莒庶其薛比、吳僚見之。其義各有所主也，然則均大夫也。何以或名，或氏？曰《春秋》之初，凡賊皆名之，衛州吁、宋督、齊無知、宋萬皆不以氏見，自晉里克而大夫以氏見矣。凡賊皆名之正也，書氏

時之變也，故嘗謂《春秋》之初，內大夫皆書名，惟卒則稱公子，於後則皆稱公子者矣；外大夫亦書名於後，則外大夫皆書公子及氏矣。弑君之賊皆書名於後，則皆以氏見矣，是《春秋》之變也。且獨不見《春秋》之書吳楚乎？始書荆，繼書楚，於後則書楚子。始書吳，於後則書吳子，非時之變乎？若非時之變，則是《春秋》自爲異同而已矣。

又《宋公、陳侯、蔡人、衛人伐鄭。秋，翬帥師會宋公、陳侯、蔡人、衛人伐鄭》 或問：伐鄭之師，何以首宋？曰：《春秋》之法，用兵則先主兵，盟會則序爵。用兵則先主兵，如宋、齊、邾人伐郳之類是也；盟會則序爵，如宋、齊、衛瓦屋之盟，宋、陳、蔡叔盟于折是也。惟伯主則會盟先序伯主，此《春秋》之通例也。曰：請兵者，衛州吁也，何以先宋？曰：州吁，弑君之賊也，未能定其位，而求媚於諸侯，使宋公有夫子沐浴之意，則率諸侯以討罪人可也；如其不能，則姑不徇其一時之邪説，以聽天下之有能治之者亦可也。今也徇逆賊之謀，修一己之怨而合四國以伐鄭，肆人欲滅天理，非人之所爲矣。四國之兵方合，而翬又帥師會之，亂臣賊子之勢益張矣。《春秋》之法惡黨惡故，書翬帥師而再序四國，書之復書之，聖人之筆嚴矣。曰：何以知其爲專兵也？以單伯會伐宋而知之也。單伯之會也，不書帥師，則單伯非專兵也。不再序諸國，則無大美惡也。以彼質此，則可知矣。

又《衛人殺州吁于濮，衛人立晉》 或問：殺賊稱人，立君亦稱人，何也？曰：殺賊稱人，可也；立君稱人，不可也。弑君，天下之所同惡也，人人得而討之。蔡人殺陳佗，則異邦得以討之也；楚人殺夏徵舒，雖蠻荆得以討之也。討賊稱人者，討罪之辭也。至於立君，則必內有所承，上有所受，非人人得而立之也。晉之立也，非先君之命，則內無所承也；不請命於天子，則上無所受也。特出於衆人之所欲立而遂立爾。故以情言，則衛無君者三月，國人逆晉而立之，情之所予也；以義言，則不請命于天子，不承命於先君，義之所失也。《春秋》之法不以情勝義。曰：國有故，社稷未有主，徇衆人之欲而立之，不亦可乎？曰：是有義有權。權者，所以合乎義也。嗣子有常位，有嫡則立嫡，無嫡則立長，長均則立賢，此大義也。義之所可立則立之，豈得以衆人之所欲立而立之乎？當是時，上有天子，爲衛臣者，當以義之所當立者，而請命於天王可也。今也不然，於義失矣。曰：尹氏立王子朝，則書尹氏；此立晉者石碏也，而不書碏，何也？曰：立王子朝者，尹氏一人之私意也；立公子晉者，衛國衆人之同欲也。其亦異也，書曰『衛人立晉』，以別于石碏之私意也。

元·梁益《詩傳旁通》卷一五《敍》 邶。頃公賂王請命。衛康叔之後，武王同母弟康叔名封受封之國，傳康伯、考伯、嗣伯、庲伯、靖伯、貞伯、頃侯，凡八君。頃侯者，貞伯之子也，厚賂周夷王，夷王命衛爲侯。庲音捷，頃侯子，釐侯，釐亦作僖。釐侯太子共伯餘，餘蚤死，弟共伯和立，是爲衛武公，温柔敦厚之教。《禮記·經解篇》：孔子曰：入其國，其教可知也。温柔敦厚，《詩》教也，故詩之失愚，温柔敦厚而不愚，則深於《詩》者也。益聞諸説者云：温柔而敦厚，姿質淳厚之人也。淳厚者未必深察情僞，故有愚之失。莊姜，戴嬀。衛莊公名揚，娶齊女曰莊姜，無子。陳女厲嬀之娣戴嬀生子完，是爲桓公。齊女姜姓，陳女嬀姓，婦人從夫謚，故因莊公而爲莊姜，厲與戴亦皆謚。桓公，州吁。嬖妾之子州吁，弑桓公完而自立。石碏之子厚與州吁游，從州吁朝陳，將使陳侯請于天王，石碏使告于陳曰：衛國褊小，老夫耄矣，無能爲也。此二人者，實弑寡君，敢卽圖之。陳人執之，而請涖于衛。遂殺州吁。石厚衛人，立桓公之弟晉，是爲宣公。《左氏》曰：石碏，純臣也。惡州吁而厚與焉，大義滅親，其是之謂乎？篡弑之賊必討不宥入。春秋之初，石碏其知大義矣。孔子之《春秋》爲誅亂賊而作，是故《春秋》成而亂臣賊子懼。奪黎氏地。赤狄潞氏，奪黎氏地，見《春秋》宣公十五年。《左氏》言：潞子嬰兒之夫人，晉景公之姊。酆舒爲政而殺之。晉伐狄，數狄五罪，奪黎氏地亦其一。晉殺酆舒，略狄土，立黎侯而還。衛宣公。上淫曰烝，衛宣公。上淫于庶母夷姜而生急子，急亦作伋，爲伋娶齊女而自取之，是爲宣姜。生壽及朔，宣姜寵而夷姜縊，及《新臺》《二子乘舟》之詩作，風大變矣。《二南》正家之本，身脩故國家可治，變而至於如是，人道或幾乎滅息。悲夫。

元·劉玉汝《詩纘緒》卷三《邶·擊鼓》 吁以嬖人之子弑君而虐用其民，阻兵而用以釋怨。從軍者自知其必死亡而作是詩。首章自言其用兵之狀，而有已獨死亡之怨；次章舉主將之名，言所以用兵者，爲此事見

其師出無名，不以我歸，而軍士無義不反顧之心矣。舉孫子仲而州吁不言，可知三章軍行而居處，則不特無不反顧之義，而且無鬬志矣。喪馬而往，求之林下，則不特無鬬志而且失伍離次矣。失伍離次而惟思室家，有不遂偕老之歎，則軍士之情益可見矣。衛莊公不能脩身以正其家，又不能以義方教其子，使州吁恃寵驕奢，阻兵安忍，弑君殘民，而卒受討賊之誅。詩存此篇所以著《柏舟》《緑衣》之禍至於如此，其爲世戒深矣。

元・程端學《春秋本義》卷二《隱公四年》　戊申，衛州吁弑其君完。州，《穀梁》作祝。

州吁，不氏，與二年無駭同。弑，下殺上之名。完，衛桓公名也。《左氏》曰：衛莊公娶於齊東宫得臣之妹，曰莊姜，美而無子。其娣戴媯，生桓公，莊姜以爲己子。公子州吁，嬖人之子也，有寵而好兵，公弗禁。莊姜惡之。石碏諫曰：『臣聞愛子，教之以義方，弗納於邪。驕、奢、淫、泆，所自邪也。四者之來，寵禄過也。夫寵而不驕，驕而能降，降而不憾，憾而能眕者，鮮矣。且夫賤妨貴，少陵長，遠間親，新間舊，小加大，淫破義，所謂六逆也。君義、臣行、父慈、子孝、兄愛、弟敬，所謂六順也。去順效逆，所以速禍也。君人者，將禍是務去，而速之，無乃不可乎？』弗聽。其子厚與州吁遊，禁之，不可。桓公立，乃老。州吁弑桓公而立。張氏曰：弑逆之事，人道之大變，聖人於《易・坤》之《初六》言其理，以爲臣子而至於弑君父，非一朝一夕之故，其所由來者漸矣，由辯之不早辯也。衛國之禍，始於莊公之寵州吁，縱其好兵而不知禁。公存之時，妾上僭，夫人失位，見於衛詩，則亂根之萌久矣。殖之滋長，以致篡弑成於桓公既立之後。《春秋》據事直書，亦將使讀者原禍敗之所由起，而嚴履霜之戒也。夫君臣、父子、夫婦之分，一失其正，貽禍後嗣，可謂慘矣。愚謂君雖不君，臣不可以不忠；父雖不父，子不可以不孝。人而至於弑君不言而辠惡極矣。故董子曰：爲人君父而不通於《春秋》之義者，必蒙首惡之名；爲人臣子而不通於《春秋》之義者，必陷篡弑誅死之罪。其實皆以善爲之，而不知其義。此弑君之賊，人人得而殺之也。後倣此。康侯胡氏曰：《春秋》在於端本清源，以衛《緑衣》諸篇考之，所謂前有讒而不見，後有賊而不知者，莊公是也。【略】

宋公、陳侯、蔡人、衛人伐鄭。

孔氏曰：陳國媯姓，虞舜之後，武王封有虞遏父之子滿於陳，賜姓媯，號胡公。桓公二十三年，卽隱之元年也。杜氏曰：陳國，陳縣。張氏曰：卽陳州宛邱縣。孔氏曰：蔡國，侯爵，姬姓。文王子叔度，武王封爲蔡侯。作亂失國，其子蔡仲，成王復封之。宣侯二十八年，卽隱之元年也。杜氏曰：蔡，汝南上蔡縣。張氏曰：縣屬蔡州。胡氏曰：蔡，衛稱人微者也，後不復解。《左氏》曰：宋殤公之卽位也，公子馮出奔鄭，鄭人欲納之。及衛州吁立，將修先君之怨於鄭，而求寵於諸侯，以和其民，使告於宋曰：『君若伐鄭以除君害，君爲主，敝邑以賦與陳、蔡從，則衛國之願也。』宋人許之。於是，陳、蔡方睦於衛。故宋公、陳侯、蔡人、衛人伐鄭。程子曰：摟諸侯以伐鄭，固爲辠矣，而衛弑其君，天下所當誅也。乃與修好而同伐人，其惡甚矣。義又見隱二年鄭伐衛，此則諸侯與大夫伐人之國也。張氏曰：州吁弑逆，內懷見討之懼，而欲納交殤公。苟能拒其邪説，告於王而討之，則一舉而父子君臣之倫定，中國之禍未至如後日之慘。今乃怵於州吁之邪説，合陳、蔡以助逆賊之黨，而首修怨於鄭國，於是馮得以自固於鄭，而宋國之人不復知君臣逆順之正理。自是日從事於兵，而弑逆之事卒及其身，皆殤公不能早辯於此役也。【略】

九月，衛人殺州吁于濮。

《公羊》曰：其稱人何？討賊之辭也。程子曰：稱衛人，衆辭也，舉國殺之也。杜氏曰：濮，陳地，水名。張氏曰：濮在曹衛之間。《穀梁》曰：于濮，譏失賊也。《左氏》曰：州吁未能和其民，厚問定君於石子。石子曰：『王覲爲可』。曰：『何以得覲？』曰：『陳桓公方有寵於王，陳、衛方睦，若朝陳使請，必可得也。』厚從州吁如陳。石碏使告於陳曰：『衛國褊小，老夫耄矣，無能爲也。此二人者，實弑寡君，敢卽圖之。』陳人執之而請涖於衛。九月，衛人使右宰醜涖殺州吁于濮，石碏使其宰獳羊肩涖殺石厚于陳。陸氏曰：凡作亂，自立爲君而國人殺之者，皆稱人以殺，言衆所共棄不君之也，且無所累也。《禮記》曰：『臣弑君，凡在官者，殺無赦。殺其人，壞其室，汙其宫而豬焉。』莘老孫氏曰：《春秋》之法，雖弑君自立者有人焉，以弑君之賊討，則雖君不謂君也，殺之雖臣不謂臣也。于濮者，譏遠地，又以責衛之臣子也。康侯胡氏曰：于濮者，不但記地而已，亦憫衛國之人，著諸侯之辠也。夫州吁二月弑君

而不能卽討者，由四國連兵，欲定其位，故久，然後殺之于濮耳。夫以討賊，許衆人而以失賊辠鄰國與賊者，寡矣。故曰：《春秋》成而亂臣賊子懼。存耕趙氏曰：州吁弑君而立，已踰三時，幾免於討矣，雖奉五國以伐鄭而不能定其位，未能和其民，是國人不與也。董子曰：衛人殺州吁，齊人殺無知，明君臣之義守國之政也。

明·劉基《誠意伯文集》卷一三《春秋明經上·衛人立晉》 爲臣而擅置其君，爲子而專有其國，則皆得罪於王法矣。夫《春秋》爲正名分而作也。衛有州吁之亂，賊既討矣，其國人不請于天王而立晉，是擅置其君也；晉雖諸侯之子，無王命而遂立焉，是專有其國也。《春秋》書曰『衛人立晉』，則衛人與晉之罪皆無所逃矣。古者諸侯繼世襲封，則內必有所承，爵位土田受之天子，則上必有所稟。必承國于先君者，所以重父子之親；必稟命于天子者，所以正君臣之義。天下之大倫於是乎在，而可以私亂之乎？衛州吁以嬖人之子弑其君而自立，諸侯連兵欲定其位，而衛人不以爲君。凡經八月而殺之于濮，謂衛國之無人焉，不可也。奈何知其一而不知其二乎？此聖人之所深惜而特起『衛人立晉』之文也與？吾嘗觀衛人之殺州吁，而知春秋之初，人心之天理猶明也；及觀衛人之立晉，而傷春秋之時，人心天理之壞，亦自此始也。何也？『擊鼓其鏜，踴躍用兵』，介先君之寵，握百里之權，弑其君而虐用其民，有宋、魯、陳、蔡以爲之黨，其勢未易取也。然而敢卽圖之，使一往而陳人遂執以請涖，以一告老之大夫主其謀，而國人無不從，諸侯無敢沮，非人心天理之猶明而若是乎？奈之何討賊之後，遽爾相率自置其君，而不使一介行李先於天子，視周室如無人焉。則不顧先王之典而陷其君於無王之罪矣。彼晉者，宣公也，縱不足責而石子賢人也。亦不念水木之有本源乎？無他，狃於見聞之習，而遂以爲常也。賢者而若是矣，人心天理之壞可勝救乎？觀『衛人立晉』之文，繼于衛人殺州吁於濮之後，其爲深惜之可知矣，是故衛人書立。立者，不宜立也，所以著擅置其君之罪也。於晉絶其公子，言其內無所承也，所以明專有其國之非也。晉也既立，卒於不令以亂衛國。大抵不正其始者必不能善其終，蓋亦必然之理矣。或曰：《春秋》書立君者二，此年衛人立晉及昭二十三年尹氏立王子朝是矣。彼則指其立之之人，而此則言衛人。何也？蓋立子朝者尹氏之私意也，朝不當立，而獨尹氏立之也；晉雖不當專有其國而實當立，故衛人之立晉，特不請于王爲可罪，而非若尹氏之私于子朝也。此又輕重之權衡也。吁！聖人之筆嚴矣哉。

明·朱善《詩解頤》卷一《國風一·邶·擊鼓首章》 役土功於國者，此民也；築城于漕者，亦此民也；南行而平陳與宋者，又此民也。先王之於民也，不得已而用之，則必先其所急，後其所緩，未聞衆役並興罷民之力以逞吾之志若斯之甚者也。是亦可謂忍矣。大抵好兵者，州吁之本心；虐民者，州吁之素志。此《詩》所謂『踴躍用兵』，卽其阻兵之實。『土國城漕』而又南行，則又其安忍之驗也。阻兵則無衆，安忍則無親，衆叛親離，其卒至于敗亡也。宜哉。

又《卒章》 從軍之士，以州吁負不義之名于天下，知其必有敗亡之禍也，故危之。若曰，此行也，將以平陳也，然使陳之君臣果有明大義者焉，則我必敗亡于陳矣；將以平宋也，然使宋之君臣果有明大義者焉，則吾又將死亡于宋矣。自傷不幸，而遇此不得與其室家遂前日之約，故危之。危其身卽所以危孫子仲，危孫子仲卽所以危州吁也。卒之討賊之舉不見于他國而見於陳，則亂賊之不容于天下，豈特君子知之？雖軍士亦未嘗不知之也。噫！孰謂天理民彜之在人心，果終可得而泯哉！

明·朱謀瑋《詩故》卷二 《日月》，莊姜傷己也。非傷己也，傷州吁之亂衛也。吁弑君簒立，敢爲悖逆不復名分之畏，知其終不能定衛矣。日盈月虧，晝夜代明，自古而然，以喻君臣名分之有定也。方其作逆，我嘗以是教戒之，終不我聽。奈之何哉！

《終風》，莊姜傷己也。非傷己也，傷州吁之當見討也。暴風終日，拔木飛砂，亂常甚矣，喻其弑逆之事也。異常之風，非雨不解，『曀曀其陰，虺虺其雷』，將雨之候矣，喻州吁之將見討也。我以正而教戒之，彼第謔浪笑傲以應之，如是之人其能免乎？『寤言不寐』，憂之以廢寢也；『願言則嚏』、『願言則懷』，謂我有所感悟願與之言也。豈宰醜莅殺之謀，既已聞之莊姜乎？

《擊鼓》，怨州吁也。『踴躍用兵』，言州吁之志也。『不我以歸』，憂敗亡也。『爰居爰處』，據兵車而言也。車恃馬以行，馬之既喪，敗可知矣。敗則亡于林下而尸之。邲之戰，趙旃棄車而走林者，是也。『死生契濶』，

夫妻始焉約與偕老之契，甚淵遠也，今迫死亡，淵遠之契，不我展矣。偕老之言，不我信矣。

明·湛若水《春秋正傳》卷二《隱公四年》 （春王二月）戊申，衛州吁弒其君完。

《正傳》曰：何以書正？弒逆之賊也。《左氏》謂衛州吁弒桓公而立完，桓公名其名，桓公而不稱桓公，與州吁公子而不稱公子，皆史舊文，非有所與奪也，而其罪不可掩矣。州吁曰衛者，衛之州吁也，不謂衛而何謂？《公羊》以爲當國，《穀梁》以爲嫌者，皆非也。其不稱公子者，胡氏以爲削其屬籍，特以國氏者，罪莊公不待之，以公子之道使預聞政事、主兵權，而當國則求之過深矣。程子以爲身爲大惡，自絕於先君，豈復得爲先君子？孫又曰：其後或以屬稱，或見其以親而寵之太過，或見其天屬之親而反爲寇讎，立義各不同。蓋不得其說而爲之詞耳，而不知於聖人作經灑然之心晦矣。聖人特因魯史之文而存之，則州吁弒君之罪，萬世不可逃矣奚。必他論乎？【略】

宋公、陳侯、蔡人、衛人伐鄭。

《正傳》曰：書宋公、陳侯、蔡人、衛人伐鄭，罪列國之專伐也。原情據實，則列國之罪不可逭矣。何謂情實？《左氏》曰：宋殤公之卽位也，公子馮出奔鄭，鄭人欲納之。及衛州吁立，將修先君之怨於鄭，而求寵於諸侯，以和其民，使告於宋曰：『君若伐鄭以除君害，君爲主，敝邑以賦與陳、蔡從，則衛國之願也。』宋人許之。於是陳、蔡方睦於衛，故宋公、陳侯、蔡人、衛人伐鄭。圍其東門，五日而還。公問於衆仲曰：『衛州吁其成乎？』對曰：『臣聞以德和民，不聞以亂。以亂，猶治絲而棼之也。夫州吁阻兵而安忍，阻兵無衆，安忍無親，衆叛親離，難以濟矣。夫兵，猶火也。弗戢，將自焚也。夫州吁弒其君，而虐用其民。於是乎不務令德，而欲以亂成，必不免矣。』程子曰：宋摟諸侯以伐鄭，固爲罪矣。而衛弒其君，天下所當誅也。乃與修好而同伐人，其惡甚矣。胡氏曰：《春秋》之法誅首惡，興是役者，首謀在衛。宋殤公不恤衛，有弒君之難，欲定州吁而從其邪說，是肆人欲滅天理也。故以宋公爲首，諸國爲從，示誅亂臣討賊子，必先治其黨與之法也。愚謂諸說一則以衛，一則以宋，皆未盡也。衛首之而宋成之，同惡相濟也。宋以公子馮在鄭，衛以先君之怨在鄭，故魯史之書首宋而終衛，聖人因之以見義。觀於《左傳》則其同惡相濟之罪，自可見矣。或曰：或稱爵，或稱人，有襃貶乎？曰：非也，入衛可矣，入蔡何爲？其不入宋又何爲？由是觀之，則夫諸儒之說，《春秋》以一字爲襃貶者，其說爲謬，非聖人之義而不足信矣。他倣此。【略】

九月，衛人殺州吁于濮。

《正傳》曰：書衛人殺州吁于濮，誅弒君之賊也。稱人者，史通稱之詞耳。《公羊》以爲討賊之詞；《穀梁》以爲稱人以殺，殺有罪；程子以爲稱衛人，衆詞也，舉國殺之也；胡氏亦以爲然信。斯四言也，則夏秋之稱衛人者，何耶？蔡亦稱人者又何耶？蓋弒君之賊，不必人衛而已。知其爲一國之共棄，天下之所共誅矣。只據報直書而義自見矣。《左氏》曰：州吁未能和其民，石厚問定君於石子。石子曰：『王覲爲可。』曰：『何以得覲？』曰：『陳桓公方有寵於王。陳、衛方睦，若朝陳使請，必可得也。』厚從州吁如陳。石碏使告于陳曰：『衛國褊小，老夫耄矣，無能爲也。此二人者，實弒寡君，敢卽圖之。』陳人執之，而請莅于衛。九月，衛人使右宰醜莅殺州吁于濮，石碏使其宰獳羊肩莅殺石厚于陳。胡氏又曰：于濮者，憫衛國之人，著諸侯之罪。亦非也。蓋濮者，地名也，不言濮而奚言？夫《春秋》之不明，皆諸儒穿鑿害之也。象山陸氏曰：諸儒說經之謬《春秋》，視他經尤甚信夫！

清·毛奇齡《詩傳詩說駁義》卷二《衛·菉衣》 《詩傳》：衛莊公之嬖人生州吁，好兵，莊姜憂之，賦《菉衣》。考『緑』字原有作『菉』字者，如《小雅·采緑》，《楚辭註》引之作『采菉』，《淇澳》『緑竹』，《大學》引之作『菉竹』是也。但菉、竹，二草名；緑、菉，亦二草名。故可通見，未有緑是色而亦作『菉』者，豈菉衣草衣與？作僞無學，不知『緑』『菉』通見之故，以爲『菉』『緑』可通，遂雜下而不知怪。悲夫！

又 **《燕燕》** 《詩說》：《燕燕》，莊姜與娣戴嬀皆爲州吁所逐，同出衛野而別，莊姜作詩。《詩》云『遠送于野』，未有同被逐而稱遠送者。若《魯詩》，則宜以此爲衛夫人定姜之詩。

又 **《擊鼓》** 《詩傳》：州吁求寵于諸侯，使公孫文仲帥師及宋

公、魯人、蔡人伐鄭，衛人怨之，賦《擊鼓》。《詩説》同。按：州吁好兵，見《左傳》。以此詩爲刺州吁，見《小序》與《朱子集註》，獨予以爲未必是。刺州吁者，據《左傳·隱四年》，州吁以諸侯之兵伐鄭，圍鄭東門，只五日耳。秋，又伐鄭，取禾而還。九月，州吁卽見殺，亦不及一月耳。夫州吁好兵，止于伐鄭；卽伐鄭，又止于隱公四年之一年；卽一年之間，又止于此數日。安得有『不我以歸』、『爰居爰處』、『生死契濶』，至不可活、不可申如是之久？況隱四年州吁已見殺，至僖二年戴公始廬漕，因漕無城，文公又復城楚丘，安得州吁有城漕之事？予嘗謂《朱註》不遵《小序》，其遵《小序》處則愈見悖謬，此亦其一。若《左傳》州吁伐鄭，有陳人、蔡人，卽詩文亦有『平陳與宋』語，此獨去陳人，不知何據？又從孫子仲稱公孫文仲，亦無據。

清·范家相《詩瀋》卷五《邶·燕燕》 石碏之謀州吁也，以陳爲援，戴嬀之歸，陳不無力矣。《詩》曰：『先君之思，以勗寡人』，則其平日之勉戴嬀，而欲甘心于州吁者，殆非一日。故稱其秉心之塞淵而遠送於野，其執手丁寧，豈直爲婦女態哉？《詩》之可以補史也如是。

又《擊鼓》 州吁以諸侯之兵伐鄭，以告于宋，無平陳與宋之事。其伐鄭有二：一圍其東門，五日而還；一敗鄭徒兵，取其禾以還。亦未嘗曠日持久，如《詩》所云也。且《詩》云『土國城漕』，考《春秋·閔二年》，戴公渡河而廬于漕。僖二年，文公又城楚丘。使漕既城，不城楚丘矣。諸家皆以爲疑。同年友姜炳璋曰：州吁連陳伐鄭，推宋爲主平陳與宋者，連合陳宋之謂。兩次雖俱未曠日持久，方其『踊躍用兵』，必不能先計往返之速如是，所以有『居處』、『喪馬』、『死生契濶』之悲。居無宮室卽謂之廬，不係乎有城無城，先城漕而復城楚丘，爲遷都計也，何疑爲州吁之詩？

清·姜炳璋《詩序補義》卷三《燕燕》 《韓詩》以爲定姜歸其婦，以篇中之子于歸句也，鄭氏註《坊記》亦用其説。陸德明又以爲《魯詩》《鄭志》答炅模云：後得毛公傳記註已行，不復改之。按：州吁與鄭共叔段絶肖，然段有夫人之啓，而州吁莊姜與爲敵；段有京城之富、太叔之尊，而州吁無尺地之封，且爲衛國亡命，乃叔段一跌不振，而州吁手提數十亡虜入千乘之國，刺其君而奪之國。何也？衛桓之仁柔不如鄭莊之剛武，莊有備桓無備也。此莊姜所以拊心扼腕，而痛恨於防之不早也。

清·馬驌《繹史》卷三三《衛州吁宣姜之亂》 衛自周室東遷，由莊公以迄惠、懿，蓋數世未寧也，豈康叔之烈，至此中衰與？莊公外退賢者，內惑嬖庶，《緑衣》賦於上而夫人憂，《碩人》作於下而國人怨，幸而獲殁，亂之來也，其何日之有。桓公嗣立，十三年而入春秋，越四年，《經》大書曰：『衛州吁弑其君完。』衛無君矣，而稱人以伐鄭，經再書焉，嗟行役而賦《擊鼓》者，州吁爲之也。於是乎平陳與宋，四國偕作，簒逆之子，輒能連師動衆，諸侯麋集而景從焉，豈其大惡未昭，抑將以終稔其罪邪？考當日，東門之師，僅五日耳，未至曠時持久，而怨誹交作，其故何哉？良由弑立之主，衆莫爲用；況乎竊國八月，而師旅再警，假使在位日久，當不止宋殤之十年十一戰也。怨讟之聲，內外並起，《燕燕》興悲，《終風》且怨，民曰曷喪，母歎無歸，幸有純臣，而先君之讎可復，斯民之賊可除，讀《春秋》至此，曰猶有天道焉。孰謂州吁方誅，而宣公復繼之以淫亂，烝夷姜而納急婦，淫風化於國中，迄今讀《衛詩》至《匏葉》、《新臺》諸篇，不堪聞矣。獨是於鳥獸亂行之時，而急、壽能以死相讓，《二子乘舟》，古今同閔，乃知貞義之性，雖時窮而不易，方類何足槩焉。宣公既没，黔牟者，急子之母弟也，以次當嗣爲君矣，二公子不以此時拒朔，使其竊位四載，然後逐之，是何也？公羊氏曰：『朔得罪於天子也。』然則惠之初立，籧篨雖殞，牝雞方鳴，二公子雖欲圖之，尚無其閒；今也，開釁王室，正罪有辭，抗義援立，因隙爲功，逆朔之罪，天下其共聞矣，奈何五國之師，受寶助亂，王人不競，竟使佩觿之童子，賊守正之親臣，二子不幸無功，非其立君之不度也。殆天未厭亂，抑將有以大滅衛乎！

清·張尚瑗《左傳折諸》卷一《隱公·君若伐鄭以除君害》 《邶風·擊鼓》之詩，《毛序》言州吁使公孫文仲將，而平陳與宋不及蔡人知受兵者，鄭而主兵者，實衛與宋、陳。則戴嬀大歸桓公之母家，佯與衛善，故州吁之得行其弑奪者，有段助于外；而石碏之得申其誅討者，戴嬀主于內也。觀《燕燕》《日月》《終風》之詩，莊姜、戴嬀之受侮，積怒于州吁，長歌痛哭，與《史記·衛世家》桓公絀州吁事實互相發明。《左傳》始于隱公元年，先經始事，略載衛亂根源數語，實衛桓之立先于魯隱

十二年，在位十六年而遇弑，其内訌外椓流，觀《詩》、《史》方可曉然洞悉。【略】

張溥《春秋列國論》曰：春秋之初，强諸侯不仁者，莫如鄭莊。宋公子馮出居其地，闍闢用之，猶股掌也。州吁揣宋殤之志以伐，鄭來請，使殤而知義絶，其使聲其罪正告天下。鄭莊雖狡不能挾馮爲難也，一念猜忍與吁合兵，反授鄭以辭。宋連歲出師，其國人曰伐鄭也；鄭赴告于諸侯則曰惡馮也。於是列國之與宋者，亦起而疑宋矣。數戰民疲，國中難作。華督蓋外倚鄭莊，内援公子，立馮之謀先定而後動於惡也。

王子克子頽之亂分部

綜　述

《詩經·王風·丘中有麻》　《丘中有麻》，思賢也。莊王不明，賢人放逐，國人思之，而作是詩也。

丘中有麻，彼留子嗟。彼留子嗟，將其來施施。

丘中有麥，彼留子國。彼留子國，將其來食。

丘中有李，彼留之子。彼留之子，貽我佩玖。

《左傳·桓公十八年》　周公欲弑莊王而立王子克。辛伯告王，遂與王殺周公黑肩。王子克奔燕。初，子儀有寵于桓王，桓王屬諸周公。辛伯諫曰：『並后，匹嫡，兩政，耦國，亂之本也。』周公弗從，故及。

又《莊公十六年》　初，晉武公伐夷，執夷詭諸。蔿國請而免之。既而弗報。故子國作亂，謂晉人曰：『與我伐夷而取其地。』遂以晉師伐夷，殺夷詭諸。周公忌父出奔虢。惠王立而復之。

又《莊公十九年》　初，王姚嬖於莊王，生子頽。子頽有寵，蔿國爲之師。及惠王卽位，取蔿國之圃以爲囿，邊伯之宮近於王宮，王取之。王奪子禽、祝跪與詹父田，而收膳夫之秩。故蔿國、邊伯、石速、詹父、子禽、祝跪作亂，因蘇氏。秋，五大夫奉子頽以伐王，不克，出奔温。蘇子奉子頽以奔衛。衛師、燕師伐周。冬，立子頽。

又《莊公二十年》　二十年春，鄭伯和王室，不克。執燕仲父。夏，鄭伯遂以王歸，王處於櫟。秋，王及鄭伯入于鄔。遂入成周，取其寶器而還。冬，王子頽享五大夫，樂及徧舞。鄭伯聞之，見虢叔，曰：『寡人聞之，哀樂失時，殃咎必至。今王子頽歌舞不倦，樂禍也。夫司寇行戮，君爲之不舉，而況敢樂禍乎！姦王之位，禍孰大焉？臨禍忘憂，憂必及之。盍納王乎？』虢公曰：『寡人之願也。』

又《莊公二十一年》　二十一年春，胥命於弭。夏，同伐王城。鄭伯將王，自圉門入，虢叔自北門入，殺王子頽及五大夫。鄭伯享王於闕西辟，樂備。王與之武公之略，自虎牢以東。原伯曰：『鄭伯效尤，其亦將有咎。』五月，鄭厲公卒。王巡虢守。虢公爲王宮於玤，王與之酒泉。鄭伯之享王也，王以后之鞶鑑予之。虢公請器，王予之爵。鄭伯由是始惡於王。冬，王歸自虢。

又《莊公二十七年》　王使召伯廖賜齊侯命，且請伐衛，以其立子頽也。

又《莊公二十八年》　二十八年春，齊侯伐衛。戰，敗衛師，數之以王命，取賂而還。

又《僖公十年》　十年春，狄滅温，蘇子無信也。蘇子叛王卽狄，又不能於狄，狄人伐之，王不救，故滅。蘇子奔衛。

《國語·周語上》　惠王三年，邊伯、石速、蔿國出王而立子頽。王處於鄭三年。王子頽飲三大夫酒，子國爲客，樂及徧舞。鄭厲公見虢叔，曰：『吾聞之，司寇行戮，君爲之不舉，而況敢樂禍乎！今吾聞子頽歌舞不息，樂禍也。夫出王而代其位，禍孰大焉！臨禍忘憂，是謂樂禍。禍必及之，盍納王乎？』虢叔許諾。鄭伯將王自圉門入，虢叔自北門入，殺子頽及三大夫，王乃入也。

《公羊傳·莊公二十八年》　二十有八年，春，王三月，甲寅，齊人伐衛。衛人及齊人戰，衛人敗績。伐不日，此何以日？至之日也。戰不言伐，此其言伐何？至之日也。《春秋》伐者爲客，伐者爲主。故使衛主之也。曷爲使衛主之？衛未有罪爾。敗者稱師，衛何未得乎師也。

《穀梁傳·莊公二十八年》　二十有八年，春，王三月，甲寅，齊人

伐衛，衛人及齊人戰，衛人敗績。於伐與戰，安戰也？戰衛，戰則是師也。其曰人，何也？微之也。何爲微之也？今授之諸侯，而後有侵伐之事，故微之也。其人衛，何也？以其人齊，不可不人衛也。衛小齊大，其以衛及之，何也？以其微之，可以言及也。其稱人以敗，何也？不以師敗於人也。

《史記》卷四《周本紀》　惠王二年。初，莊王嬖姬姚，生子穨，穨有寵。及惠王卽位，奪其大臣園以爲囿，故大夫邊伯等五人作亂，謀召燕、衛師，伐惠王。惠王奔温，已居鄭之櫟。立釐王弟穨爲王。樂及徧舞，鄭、虢君怒。四年，鄭與虢君伐殺王穨，復入惠王。惠王十年，賜齊桓公爲伯。

又　卷一四《十二諸侯年表》　（周惠王二年）燕、衛伐王，王奔温，立子穨。

（燕莊公十六年）伐王，王奔温，立子穨。

（周惠王四年）誅穨，入惠王。

又　卷四二《鄭世家》　（鄭厲公）五年，燕、衛與周惠王弟穨伐王，王出奔温，立弟穨爲王。六年，惠王告急鄭，厲公發兵擊周王子穨，弗勝，於是與周惠王歸，王居於櫟。七年春，鄭厲公與虢叔襲殺王子穨而入惠王于周。

論　說

宋・晁補之《雞肋集》卷四〇《春秋左氏傳雜論》　周公欲弑莊王而立王子克，辛伯告王，遂與王殺周公黑肩。王子克奔燕。初，子儀有寵於桓王，桓王屬諸周公。辛伯諫曰：『並后、匹嫡、兩政、耦國，亂之本也。』周公弗從，故及。

右桓十八年周公黑肩欲弑莊王而立其弟克，辛伯告王而殺之。元惡得戮，義無可悔。而《傳》迺以謂辛伯嘗陳四者以諫。周公弗從，故及於難。夫使子儀作亂以累周公，周公無辠而及禍。如是言之可也。周公爲惡而自禍，豈但前弗從諫之咎。《傳》意非也。

宋・高閌《高氏春秋集註》卷一二《莊公二十八年》　王子頹作亂齊衛，衛受亂臣，又與兵助頹犯王，而齊爲霸主不能奔救。及鄭，虢既納王，王乃使召伯廖錫齊侯命，使討之。齊侯既曉衛而不從，於是乎伐衛，曰：『伐之者討，得其罪也。』以衛反齊，蓋惡衛也。猶曰衛人爲志乎此戰云爾。然齊人與衛戰，既敗衛師，數之以王命矣。乃取賂而還。嗟乎！齊侯以能尊王室霸諸侯，而所爲乃若是，是與衛無異，故既書『伐』，又書『戰』，悉貶，而人之所以惡齊也。凡敗，皆稱『師』，此獨稱『人』者，重衛罪也；凡伐不『日』，此獨書『日』者，齊人兵至之日，衛人俟其至而卽與之戰，以是日而戰，以是日而敗績，是以《春秋》謹而志之。

宋・呂祖謙《左氏傳說》卷二《莊公・鄭伯將王自圉門入虢叔自北門入殺王子頹二十一年》　周惠王以王子頹之亂出奔鄭，處於櫟。是時，虢公與鄭伯同帥師納王，殺王子頹。當時，齊桓爲霸主，卻自不納王，其納者卻出於虢鄭，齊桓卻不管他，何故若是？晉文凡有一事便要占做，如納襄王時，辭秦師而下，必欲出於己，不要與秦分功。到桓公爲霸，聽虢鄭納王，亦是規模不同處。然所以虢鄭納王，時亦自有來歷。自周室東遷，虢鄭秉周政，虢公爲王卿士，鄭伯爲王左卿士，兩國入仕王朝與周最親者。所以凡有患難，二國首先任爲己責，定王室之亂，正王室之義。所以當時齊桓公雖圖霸業，必竟當時自有王室親臣定其亂，桓公不得而預。所以諸侯皆未出，虢鄭獨先去，正緣世秉周政之故。這是霸者之初，王綱尚在處。當時以土地論之，虢鄭之地甚小，齊之地甚疆。以堂堂大國，因虢鄭世秉周政，故便退然，讓與虢鄭。以此知當時尚不以甲兵强弱爲事，諸侯尚秉王命。後來王室衰時，王室自爲之。自此以後，諸侯無復事王朝霸者，所以興至於諸侯皆霸者，此周之所以衰。然虢鄭之所以事王，亦周自爲之。當時本是鄭伯爲王卿士，虢以諂媚奪鄭政。自取周之麥、温之禾時，虢已有寵，鄭已無寵。然而到得周有患難，虢視之常緩，鄭視之常急。且如王出居櫟，鄭伯見虢叔曰『臨禍忘憂，憂必及之，盍納王乎？』論來情意厚薄，虢當先，鄭當後；今舉兵時卻是鄭在先，虢在後。到得後來王賜虢公酒泉，又與之爵，與鄭伯止以鞶鑑。夫王室定後，王何故不察平定之功，又卻與虢之爵，復厚虢而薄鄭？蓋虢公於王室無事時又卻築王宮於玤，又以阿媚周王，以此知阿媚順旨。大抵無事時，此等人固可喜纔；到患難時，看得意思終是緩了。

宋・家鉉翁《春秋集傳詳説》卷六《莊公中・二十有一年春王正月》

據《左傳》十九年，成周有子頽之亂，惠王出居於鄭之櫟。至是鄭伯、虢公以師納王，殺王子頽。及五大夫之爲亂者，王入于王城，《春秋》不書，是必有意，而《傳》者缺焉。嘗究觀周之所以亂，前後如出一轍。幽王寵褒女而廢申后，逐太子，申侯以犬戎作亂，周是以東遷，再傳爲莊王，周之衰也滋甚；而莊王復以嬖姚女寵子頽而召亂，惠王播遷，越三載乃復，而惠王之身復爲惠后所惑，寵叔帶幾欲動摇元子，賴齊桓爲之正之，而帶卒挾狄師爲亂於他日；比至景王，又以寵子朝故馴致大亂。前車之覆，後車之戒。幽王以是失國喪身，而子孫不戒，亂生嫡庶，至於再三而未已。嗟夫！文武周公詒厥孫謀者若此，而後世猶以是覆亡相踵。愚意聖人脩經至頽帶朝之事，重爲之太息，書不書皆以寓戒，厥旨微矣。義詳見僖二十四年，天王出居於鄭。

明・姜寶《春秋事義全考》卷三《莊公二十年》 冬，齊人伐戎。

季氏私考：『戎在魯西南而爲魯患，齊爲魯伐戎，示以威而懷以德，其亦服魯之術歟？』家氏曰：『是時周有子頽之亂，齊桓爲盟主，若罔聞知；鄭虢以兵討亂，殺子頽，王入于王城，而齊不能預。去年伐魯，今年伐戎，大率逐利以自私，于王室何有？』

明・卓爾康《春秋辯義》卷六《莊公二十年》 冬，齊人伐戎。

戎在徐州之域，最近齊，故先治之。家氏曰：『周有子頽之亂，齊桓爲伯主，若罔聞知；鄭伯、虢公胥命於弭，以兵討亂，殺子頽，王入于王城，齊亦不能預也。齊桓之失於爲義也多矣。』此正論也。然齊桓霸圖有漸，整頓家門先爲營窟。魯、宋、譚、遂、郳、戎，最爲相近。譚、遂小國，則滅之以廣土；宋、魯大國，則親之以連交；戎未可遽，滅亦不當，爲好故伐以劫之。經營佈置爲根本計，故是時鄭伯殺子頽、納天王、寧周室，此最美大之事；齊桓自度其力，寧讓鄭伯爲之，而置不一問；齊桓自謀立國，固如此。戎穀作我。

清・庫勒納、李光地《日講春秋解義》卷一二《莊公二十年》 冬，齊人伐戎。《穀梁》作伐我。

周有子頽之亂，齊桓始霸，若罔聞知，鄭伯、虢公胥命於弭，討亂，殺子頽，王入于王城；齊皆不預。去年伐魯，今年伐戎，大率逐利以自私，於王室何有？蓋其志在圖霸，謀先自固；國勢之張必自近始，故深結魯、宋，并吞譚、遂，耀武郳、戎，於王室有不暇顧耳。此仲尼之徒所以羞稱五霸也。

清・馬驌《左傳事緯》卷一《王子克之亂》 周室之亂非諸侯故也，大抵起於並后，匹嫡，而亂人乘以爲利者也。在昔攜王姦位，王室播遷，周幾不祀，乃又不鑑。子儀謀弑起于桓王之寵，子頽僭立始于王姚之嬖，叔帶作亂生於惠后之姦，爰及子朝東西二王，龍戰五載，亂靡有定，誰生厲階，則景王之寵爲之也。辛伯之言不其然與？黑肩知有桓王之寵，而未明嫡庶之義，事敗殺身，誠無足道。若辛伯之先識禍端，終戡大亂，大臣之匡定王室，方於公旦亦無愧焉。

又《王子頽之亂》 惠王初立，取囿、取宮、奪田，咸不以正，故五大夫因子頽之寵以作亂，所謂多行不義，必自及也。然則非禮之舉，天子尚不能行之臣下，況其他乎？子頽樂禍，鄭伯知其不終，輒復效尤，又何明於知人而暗於處己也？彼惠王偏私行賞，遂没鄭功，内難甫平，又寵叔帶。惠王之世，周室亦多事矣。暗主殆不可與言哉？

清・馬驌《繹史》卷四一《王子克子頽之亂》 周室之亂，起於並后，匹嫡，而姦人乘之以爲利，在昔攜王干位，王室播遷，周幾不祀，乃猶不鑑。子克之謀，起於桓王之寵也；子頽之僭，始於王姚之嬖也，辛伯先識亂本，而蚤除其害，是以莊王之時，國無大患。惠王取囿奪田，咸不以禮，五大夫奉子頽以伐之，所謂多行不義，必自及也。子頽樂禍，鄭伯知其不終，輒復效尤，昔人所由致論於目睫乎！惠王以私行賞，没鄭之功，内難甫平，又寵叔帶，而周室自此多事矣。暗主殆不可與言哉！

清・方苞《春秋通論》卷一《王室禍亂二章》 王室禍亂，魯不與聞則不書，而先儒以筆削之旨求之，是以終不能安也。子頽之亂，惠王之定，不書以虢鄭屍之而魯不與也；襄王之入，叔帶之討，不書以晉屍之而魯不與也；子朝之亂，備書於冊，以叔鞅方有事於京師，而其後戍周城，周魯皆與也。蓋王室懿親，莫重於魯，有禍亂興，魯不能救，而他國有功，則魯人耻之，而不書於冊，孔子不能益也。襄王之出獨書，何也？王命特至於魯，而臧文仲有『奔問官守』之對，則其時已著於冊書矣。厥後終不能勤王，是以忌晉之功而不書王入也。抑觀齊桓之霸也，列國禍難

無不勤恤，而子頽之亂未嘗過而問焉，豈虢公、鄭伯世執周政，力能定王，未嘗赴告於外，而不敢引爲己任與？叔帶、子朝之亂，《傳》載告難於齊晉，甚詳。而子頽之亂無聞焉，則不告于外可知矣。晉文以勤王求諸侯，襄王之入赴告必及於魯，而史不書，以是知爲魯人之私也。以爲孔子削之，則未有處也。

清·惠士奇《惠氏春秋說》卷九《昭公》 春秋王室之大亂三：前有子頽，後有子朝，中有子帶；子頽寵於莊，子帶寵于惠，子朝寵于景。僖二十四年，襄王以子帶之亂出，居於鄭；昭二十二年、二十三年，悼王、敬王以子朝之亂居於皇，居於狄泉，皆志於《春秋》矣；獨莊二十年，惠王以子頽之亂出，居於鄭之櫟，曷爲不志於《春秋》？或謂文告不及魯，故《春秋》不志。《孟子》曰：『《春秋》，天子之事也。』文告不及，遂不志，則《春秋》乃魯史，紀魯事而已，惡在其爲天子之事哉？春秋之天下，二霸主之，天厭周德久矣；二霸未興，王室不絶若帶，維持之者實二霸之力。故曰：『其事則齊桓、晉文。』蓋齊桓、晉文之事，皆天子之事也。齊霸始於莊十五年，終於僖十七年，前後三十七年；晉霸始於僖之二十五年，文公出，定襄王，而民知義，故城濮一戰，而霸業遂成。其後子孫相繼，終於定之十一年，則晉霸前後一百四十七年。人皆知齊霸正、晉霸譎，莫知晉文之霸業，更大於齊桓，實自出定襄王始，然則莊二十年子頽之亂天子蒙塵，而《春秋》不志，君子謂齊桓不能無辠焉。齊之霸始於莊十五年，鄄之會及同盟於幽，公實與會，而《經》不言，《公》、《穀梁》謂内疑之，蓋得其實。

清·張尚瑗《左傳折諸》卷首下《王室之卑》 夫子尊王室而作《春秋》，所以尊之者，由王室之卑故也。征伐不行，而繻葛射王，黔牟見放，茅戎敗王，陰戎伐潁，朝聘虚設，而周之聘魯者七，魯大夫之如京師者五，王之錫命於魯者三，歸脤者一，賵葬者四。與夫加命於齊，晉追命於衛者，不可勝書。諸侯則魯之僖、成一再朝王；晉初命爲諸侯而有朝，召王而有合諸國以朝。惟鄭、虢二國爲王卿士，其朝不可勝數。鄭則旋以不朝而拒戰，虢則旋滅于晉王，亦莫之敢討。循法者亡，骫法者强，東遷之天下所以莫之如何也。說者又曰：『禮樂征伐既出自諸侯矣。顧二百四十年之間，未聞諸侯弑天子，若諸侯之見弑于大夫，並不得爲大夫者，亦預焉多乃至於三十六，淩夷僭亂，此各就諸侯之國中而言。』嗚呼！亦知就王朝之畿内而言，其淩夷僭亂亦未嘗少。異乎？蓋衛石碏之諫莊公云：『賤妨貴，少陵長，遠間親，新間舊，小加大，淫破義。是謂六逆。』莊公弗從，而州吁弑桓公完，爲侯國弑君之始。周辛伯亦諫周桓公云：『内寵並后，外寵貳政，嬖子匹適，大都耦國，亂之本也。』周公黑肩弗從，而謀弑莊王立王子克，爲王室内亂之始。春秋之時，王室内亂最大者三事，小卽爲王子克，次又爲王子括，皆旋見戮，以及王孫蘇之擅殺，王叔陳生之爭，政皆卽出奔，不得列焉。三事者何？王子頽也，王叔帶也，王子朝也。子頽恃王姚之嬖，莊王原無並嫡之嫌，故五大夫之難發于惠王踐祚之後。鄭、虢兩伯平之而裕如，然王出居溫，已爲越在草莽之一端矣。叔帶本虢子，帶惠王之庶孽耳。王有易儲之心，齊桓合諸侯以定之。襄王嗣服而叔帶出奔，王召而復之，誠式好之盛德；狄后之難卽出於王之宫闈，居汜遜荒匹居温而爲二，晉文勤王。叔帶一人致煩前後兩霸主之力，蓋亦岌乎殆哉！乃尤烈者爲王子朝，景王耄荒，賓起媒孽，加以王猛嗣位而夭，殂繼于太子壽之後。敬王王猛東西二王稱兵六載，首惡出奔，餘孽震撼，復七八載，而後下都克定。孔子曰：『我其爲東周乎！』非爲平王遷國，周召卜宅，瀍澗之東周乃爲敬王逋播，十諸侯盟會狄泉之成周也。外藩侵而王室微者其禍小，内寵爭而王室亂者其禍大。霸政未起，王室已無車攻吉日之盛；霸業復衰，王室且將爲竊鈇逃責之悲矣。《春秋》之作，誠爲王室愈卑而然歟！尚瑗。

魯慶父之亂分部

綜述

《左傳·莊公二十三年》 二十三年夏，公如齊觀社，非禮也。曹劌諫曰：『不可。夫禮所以整民也，故會以訓上下之則，制財用之節，朝以正班爵之義，帥長幼之序，征伐以討其不然。諸侯有王，王有巡守，以大

習之。非是，君不舉矣。君舉必書，書而不法，後嗣何觀？』

秋，丹桓宮之楹。

又《莊公二十四年》二十四年春，刻其桷，皆非禮也。御孫諫曰：『臣聞之，儉，德之共也；侈，惡之大也。先君有共德而君納諸大惡，無乃不可乎？』

秋，哀姜至。公使宗婦覿，用幣，非禮也。御孫曰：『男贄大者玉帛，小者禽鳥，以章物也。女贄不過榛栗棗脩，以告虔也。今男女同贄，是無別也。男女之別，國之大節也，而由夫人亂之，無乃不可乎？』

又《莊公二十五年》二十五年春，陳女叔來聘，始結陳好也。嘉之，故不名。

又《莊公二十七年》秋，公子友如陳，葬原仲，非禮也。原仲，季友之舊也。

又《莊公三十二年》初，公築臺臨黨氏，見孟任，從之。閟，而以夫人言許之。割臂盟公，生子般焉。雩，講于梁氏，女公子觀之。圉人犖自牆外與之戲。子般怒，使鞭之。公曰：『不如殺之，是不可鞭。犖有力焉，能投蓋於稷門。』

公疾，問後於叔牙。對曰：『慶父材。』問於季友，對曰：『臣以死奉般。』公曰：『鄉者牙曰慶父材。』成季使以君命命僖叔待于鍼巫氏，使鍼季酖之，曰：『飲此則有後於魯國，不然，死且無後。』飲之，歸及逵泉而卒，立叔孫氏。

八月癸亥，公薨於路寢。子般卽位，次於黨氏。冬十月己未，共仲使圉人犖賊子般於黨氏。成季奔陳。立閔公。

又《閔公元年》元年春，不書卽位，亂故也。【略】

夏六月，葬莊公，亂故，是以緩。

秋八月，公及齊侯盟于落姑，請復季友也。齊侯許之，使召諸陳，公次於郎以待之。季子來歸，嘉之也。

冬，齊仲孫湫來省難。書曰『仲孫』，亦嘉之也。仲孫歸曰：『不去慶父，魯難未已。』公曰：『若之何而去之？』對曰：『難不已，將自斃，君其待之。』公曰：『魯可取乎？』對曰：『不可，猶秉周禮。周禮，所以本也。臣聞之，國將亡，本必先顛而後枝葉從之。魯不棄周禮，未可動也。君其務寧魯難而親之，親有禮，因重固，間攜貳，覆昏亂，霸王之器也。』

又《閔公二年》秋八月辛丑，共仲使卜齮賊公于武闈。成季以僖公適邾。共仲奔莒，乃入，立之。以賂求共仲於莒，莒人歸之。及密，使公子魚請，不許。哭而往，共仲曰：『奚斯之聲也。』乃縊。閔公，哀姜之娣叔姜之子也，故齊人立之。共仲通于哀姜，哀姜欲立之。閔公之死也，哀姜與知之，故孫於邾。齊人取而殺之於夷，以其屍歸，僖公請而葬之。

成季之將生也，桓公使卜楚丘之父卜之。曰：『男也。其名曰友，在公之右，間於兩社，爲公室輔，季氏亡則魯不昌。』又筮之，遇《大有》䷍之《乾》䷀，曰：『同復于父，敬如君所。』及生，有文在其手曰『友』，遂以命之。【略】

成風聞成季之繇，乃事之，而屬僖公焉，故成季立之。

又《僖公元年》元年春，不稱卽位，公出故也。公出復入，不書，諱之也。諱國惡，禮也。【略】

九月，公敗邾師於偃，虛丘之戍將歸者也。

冬，莒人來求賂。公子友敗諸酈，獲莒子之弟挐。非卿也，嘉獲之也。公賜季友汶陽之田及費。

夫人氏之喪至自齊。君子以齊人之殺哀姜也爲已甚矣，女子從人者也。

又《僖公五年》夏，公孫茲如牟，娶焉。

又《僖公八年》秋，禘而致哀姜焉，非禮也。凡夫人不薨於寢，不殯於廟，不赴於同，不祔於姑，則弗致也。

又《文公元年》元年春，王使內史叔服來會葬。公孫敖聞其能相人也，見其二子焉。叔服曰：『穀也食子，難也收子。穀也豐下，必有後於魯國。』

又《文公七年》穆伯娶於莒，曰戴己，生文伯，其娣聲己生惠叔。戴己卒，又聘於莒，莒人以聲己辭，則爲襄仲聘焉。冬，徐伐莒。莒人來請盟。穆伯如莒涖盟，且爲仲逆。及鄢陵，登城見之，美，自爲娶之。仲請攻之，公將許之。叔仲惠伯諫曰：『臣聞之，兵作於內爲亂，於

外爲寇，寇猶及人，亂自及也。今臣作亂而君不禁，以啓寇仇，若之何？」公止之，惠伯成之。使仲舍之，公孫敖反之，復爲兄弟如初。從之。

又 **《文公八年》** 秋，襄王崩。

晉人以扈之盟來討。冬，襄仲會晉趙孟，盟於衡雍，報扈之盟也，遂會伊、洛之戎。書曰『公子遂』，珍之也。

穆伯如周弔喪，不至，以幣奔莒，從己氏焉。

又 **《文公十四年》** 穆伯之從己氏也，魯人立文伯。穆伯生二子於莒而求復，文伯以爲請。襄仲使無朝。聽命，復而不出，三年而盡室以復適莒。文伯疾而請曰：『穀之子弱，請立難也。』許之。文伯卒，立惠叔。穆伯請重賂以求復，惠叔以爲請，許之。將來，九月卒於齊，告喪請葬，弗許。

又 **《文公十五年》** 齊人或爲孟氏謀，曰：『魯，爾親也。飾棺置諸堂阜，魯必取之。』從之。卞人以告。惠叔猶毀以爲請，立於朝以待命。許之，取而殯之。齊人送之。書曰：『齊人歸公孫敖之喪。』爲孟氏，且國故也。葬視共仲。

聲己不視，帷堂而哭。襄仲欲勿哭，惠伯曰：『喪，親之終也。雖不能始，善終可也。史佚有言曰：「兄弟致美。」救乏、賀善、弔災、祭敬、喪哀，情雖不同，毋絶其愛，親之道也。子無失道，何怨於人？』襄仲說，帥兄弟以哭之。

他年，其二子來，孟獻子愛之，聞於國。或譖之曰：『將殺子。』獻子以告季文子。二子曰：『夫子以愛我聞，我以將殺子聞，不亦遠於禮乎？遠禮不如死。』一人門於句鼆，一人門於戾丘，皆死。

《國語·魯語上·曹劌諫莊公如齊觀社》 莊公如齊觀社。曹劌諫曰：『不可。夫禮，所以正民也。是故先王制諸侯，使五年四王、一相朝。終則講於會，以正班爵之義，帥長幼之序，訓上下之則，制財用之節，其間無由荒怠。夫齊棄太公之法而觀民於社，君爲是舉而往觀之，非故業也，何以訓民？土發而社，助時也。收攟而蒸，納要也。今齊社而往觀旅，非先王之訓也。天子祀上帝，諸侯會之受命焉。諸侯祀先王、先公，卿大夫佐之受事焉。臣不聞諸侯相會祀也，祀又不法，君舉必書，書而不法，後嗣何觀？』公不聽，遂如齊。

又 **《匠師慶諫莊公丹楹刻桷》** 莊公丹桓宮之楹，而刻其桷。匠師慶言於公曰：『臣聞聖王公之先封者，遺後之人法，使無陷於惡。其爲後世昭前之令聞也，使長監於世，故能攝固不解以久。今先君儉而君侈，令德替矣。』公曰：『吾屬欲美之。』對曰：『無益於君，而替前之令德，臣故曰庶可已矣。』公弗聽。

哀姜至，公使大夫、宗婦覿用幣。宗人夏父展曰：『非故也。』公曰：『君作故。』對曰：『君作而順則故之，逆則亦書其逆也。臣從有司，懼逆之書於後也，故不敢不告。夫婦贄不過棗、栗，以告虔也。男則玉、帛、禽、鳥，以章物也。今婦贄幣，是男女無別也。男女之別，國之大節也，不可無也。』公弗聽。

又 **《文公欲弛孟文子與郈敬子之宅》** 文公欲弛孟文子之宅，使謂之曰：『吾欲利子於外之寬者。』對曰：『夫位，政之建也；署，位之表也；車服，表之章也；宅，章之次也；祿，次之食也。君議五者以建政，爲不易之故也。今有司來命易臣之署與其車服，而曰：「將易而次，爲寬利也。」夫署，所以朝夕虔君命也。臣立先臣之署，服其車服，爲利故而易其次，是辱君命也，不敢聞命。若罪也，則請納祿與車服而違署，唯里人所命次。』公弗取。臧文仲聞之曰：『孟孫善守矣，其可以蓋穆伯而守其後於魯乎！』

《禮記·檀弓下》 魯莊公之喪，既葬，而絰不入庫門。士大夫既卒哭，麻不入。

《公羊傳·莊公二十二年》 秋，七月，丙申，及齊高傒盟於防。齊高傒者何？貴大夫也。曷爲就吾微者而盟？公也。公則曷爲不言公？諱與大夫盟也。

冬，公如齊納幣。納幣不書，此何以書？譏。何譏爾？親納幣，非禮也。

又 **《莊公二十三年》** 夏，公如齊觀社。何以書？譏。何譏爾？諸侯越竟觀社，非禮也。**【略】**

十有二月，甲寅，公會齊侯盟于扈。桓之盟不日，此何以日？危之也。何危爾？我貳也。魯子曰：『我貳者，非彼然，我然也。』

又　《莊公二十四年》　二十有四年，春，王三月，刻桓宮桷。何以書？譏。何譏爾？刻桓宮桷，非禮也。【略】

夏，公如齊逆女。何以書？親迎禮也。

秋，公至自齊。八月，丁丑，夫人姜氏入。其言入何？難也。其言日何？難也。其難奈何？夫人不僂，不可使入，與公有所約，然後入。戊寅，大夫宗婦覿，用幣。宗婦者何？大夫之妻也。覿者何？見也。用者何？用者不宜用也。見用幣，非禮也。然則曷用？棗栗云乎？暇脩云乎？

又　《莊公二十七年》　秋，公子友如陳，葬原仲。原仲者何？陳大夫也。大夫不書葬，此何以書？通乎季子之私行也。何通乎季子之私行？辟内難也。君子辟内難，而不辟外難。内難者何？公子慶父、公子牙、公子友皆莊公之母弟也。公子慶父、公子牙通乎夫人，以脅公。季子起而治之，則不得與於國政；坐而視之，則親親，因不忍見也。故於是復請至於陳，而葬原仲也。

又　《莊公三十二年》　秋，七月，癸巳，公子牙卒。何以不稱弟？殺也。殺則曷爲不言刺之？爲季子諱殺也。曷爲爲季子諱殺？季子之遏惡也。不以爲國獄，緣季子之心而爲之諱。季子之遏惡奈何？莊公病，將死，以病召季子。季子至而授之以國政。曰：『寡人卽不起此病，吾將焉致乎魯國？』季子曰：『般也存，君何憂焉？』公曰：『庸得若是乎？牙謂我曰：「魯一生一及，君已知之矣。」慶父也存。』季子曰：『夫何敢？是將爲亂乎？夫何敢！』俄而牙弑械成。季子和藥而飲之，曰：『公子從吾言而飲此，則必可以無爲天下戮笑，必有後乎魯國。不從吾言而不飲此，則必爲天下戮笑，必無後乎魯國。』於是從其言而飲之，飲之無傫氏，至乎王堤而死。公子牙今將爾，辭曷爲與親弑者同？君親無將，將而誅焉。然則善之與？曰：然。殺世子母弟直稱君者，甚之也。季子殺母兄，何善爾？誅不得辟兄，君臣之義也。然則曷爲不直誅而酖之？行誅乎兄，隱而逃之，使託若以疾死然，親親之道也。

八月，癸亥，公薨于路寢。路寢者何？正寢也。

冬，十月，乙未，子般卒。子卒云子卒，此其稱子般卒何？君存稱世子，君薨稱子某，既葬稱子，踰年稱公。子般卒，何以不書葬？未踰年之君也，有子則廟，廟則書葬。無子不廟，不廟則不書葬。

又　《閔公元年》　元年，春，王正月。公何以不言卽位？繼弑君不言卽位。孰繼？繼子般也。孰弑子般？慶父也。殺公子牙，今將爾，季子不免。慶父弑君，何以不誅？將而不免，遏惡也。既而不可及，因獄有所歸，不探其情而誅焉，親親之道也。惡乎歸獄？歸獄僕人鄧扈樂。曷爲歸獄僕人鄧扈樂？莊公存之時，樂曾淫於宮中，子般執而鞭之。莊公死，慶父謂樂曰：『般之辱爾，國人莫不知，盍殺之矣。』使弑子般，然後誅鄧扈樂而歸獄焉。季子至而不變也。

季子來歸。其稱季子何？賢也。其言來歸何？喜之也。

冬，齊仲孫來。齊仲孫者何？公子慶父也。公子慶父，則曷爲謂之齊仲孫？繫之齊也。曷爲繫之齊？外之也。曷爲外之？《春秋》爲尊者諱，爲親者諱，爲賢者諱。子女子曰：『以「春秋」爲《春秋》，齊無仲孫，其諸吾仲孫與？』

又　《閔公二年》　夏，五月，乙酉，吉禘於莊公。其言吉何？言吉者，未可以吉也。曷爲未可以吉？未三年也。

三年矣，曷爲謂之未三年？三年之喪，實以二十五月。其言于莊公何？未可以稱宮廟也。曷爲未可以稱宮廟？在三年之中矣。吉禘於莊公何以書？譏。何譏爾？譏始不三年也。

秋，八月，辛丑，公薨。公薨何以不地？隱之也。何隱爾？弑也。孰弑之？慶父也。殺公子牙，今將爾，季子不免。慶父弑二君，何以不誅？將而不免，遏惡也。既而不可及，緩追逸賊，親親之道也。【略】

公子慶父出奔莒。

冬，齊高子來盟。高子者何？齊大夫也。何以不稱使？我無君也。然則何以不名？喜之也。何喜爾？正我也。其正我奈何？莊公死，子般弑，閔公弑，比三君死，曠年無君。與曠也。設以齊取魯，曾不興師，徒以言而已矣。設時勢然。桓公使高子將南陽之甲，立僖公而城魯。或曰自鹿門至於爭門者是也。或曰自爭門至於吏門者是也，魯人至今以爲美談，曰：猶望高子也。

又　《僖公元年》　元年，春，王正月。公何以不言卽位？繼弑君，子不言卽位。此非子也，其稱子何？臣子一例也。

冬，十月，壬午，公子友帥師，敗莒師於犂，獲莒挐。莒挐者何？莒大夫也。莒無大夫，此何以書？大季子之獲也。何大乎季子之獲？季子治內難以正，禦外難以正。其禦外難以正奈何？公子慶父弒閔公，走而之莒，莒人逐之，將由乎齊，齊人不納。卻，反舍于汶水之上，使公子奚斯入請。季子曰：『公子不可以入，入則殺矣。』奚斯不忍反命于慶父，自南涘，北面而哭。慶父聞之曰：『嘻！此奚斯之聲也。諾已。』曰：『吾不得入矣。』於是抗輈經而死。莒人聞之曰：『吾已得子之賊矣。』以求賂乎魯，魯人不與，爲是興師而伐魯。季子待之以偏戰。

十有二月，丁巳，夫人氏之喪至自齊。夫人何以不稱姜氏？貶，曷爲貶？據薨於夷不貶。與弒公也。然則曷爲不於弒焉貶？貶必於其重者，莫重乎其以喪至也。【略】

夏，五月，辛巳，葬我小君哀姜。哀姜者何？莊公之夫人也。

又《僖公八年》 秋，七月，禘於太廟，用致夫人。用者何？用者不宜用也。致者何？致者不宜致也。禘用致夫人，非禮也。

夫人何以不稱姜氏？貶，曷爲貶？譏以妾爲妻也。其言以妾爲妻奈何？蓋脅於齊媵女之先至者也。

又《僖公十六年》 三月，壬申，公子季友卒。其稱季友何？賢也。

又《文公元年》 天王使叔服來會葬。其言來會葬何？會葬禮也。

又《文公八年》 公孫敖如京師，不至復。丙戌，奔莒。不至復者何？不至復者，內辭也。不可使往也。不可使往，則其言如京師何？遂公意也。何以不言出？遂在外也。

又《文公十五年》 齊人歸公孫敖之喪。何以不言來？內辭也。脅我而歸之，筍將而來也。

《穀梁傳・莊公二十二年》 秋，七月，丙申，及齊高傒盟於防。不言公，高傒伉也。

冬，公如齊納幣。納幣，大夫之事也。禮有納采，有問名，有納徵，有告期。四者備，而後娶，禮也。公之親納幣，非禮也，故譏之。

又《莊公二十三年》 夏，公如齊觀社。常事曰視，非常曰觀。觀，無事之辭也。以是爲尸女也。無事不出竟。

公至自齊。公如，往時，正也。致月，故也。如，往月、致月，有懼焉爾。

荊人來聘。善累而後進之。其曰人，何也？舉道不待再。

公及齊侯遇於穀。及者，內爲志焉爾。遇者，志相得也。【略】

秋，丹桓宮楹。禮：天子、諸侯黝堊，大夫倉，士黈。丹楹，非禮也。

又《莊公二十四年》 二十有四年，春，王三月，刻桓宮桷。禮：天子之桷，斵之礱之，加密石焉。諸侯之桷，斵之礱之。大夫斵之，士斵本。刻桷，非正也。夫人，所以崇宗廟也，取非禮與非正，而加之於宗廟，以飾夫人，非正也。刻桓宮桷，丹桓宮楹，斥言桓宮，以惡莊也。【略】

夏，公如齊逆女。親迎，恒事也，不志，此其志，何也？不正其親迎於齊也。

秋，公至自齊。迎者，行見諸，舍見諸。先至，非正也。

八月，丁丑，夫人姜氏入。入者，內弗受也。日入，惡入者也。何用不受也？以宗廟弗受也。其以宗廟弗受，何也？娶仇人子弟，以薦舍於前，其義不可受也。

戊寅，大夫宗婦覿，用幣。覿，見也。禮：大夫不見夫人，不言及，不正其行婦道，故列數之也。男子之贄，羔、雁、雉、腒。婦人之贄，棗、栗、鍛脩。用幣，非禮也。用者，不宜用者也。大夫，國體也，國體謂爲君股肱。而行婦道，惡之，故謹而日之也。

又《莊公二十五年》 二十有五年，春，陳侯使女叔來聘。其不名，何也？天子之命大夫也。

又《莊公二十七年》 秋，公子友如陳，葬原仲。言葬不言卒，不葬者也。不葬而曰葬，諱出奔也。【略】

莒慶來逆叔姬。諸侯之嫁子於大夫，主大夫以與之。來者，接內也。不正其接內，故不與夫婦之稱也。

又《莊公三十二年》 八月，癸亥，公薨于路寢。路寢，正寢也。寢疾居正寢，正也。男子不絕於婦人之手，以齊終也。

冬，十月，乙未，子般卒。子卒日，正也。不日，故也。有所見

則曰。

公子慶父如齊。此奔也。其曰如，何也？諱莫如深，深則隱。

又《閔公元年》 元年，春，王正月。繼弒君，不言卽位，正也。親之非父也，尊之非君也，繼之如君父也者，受國焉爾。【略】

夏，六月，辛酉，葬我君莊公。莊公葬而後舉謚。謚，所以成德也，於卒事乎加之矣。

秋，八月，公及齊侯盟于洛姑。盟納季子也。

季子來歸。其曰季子，貴之也。其曰來歸，喜之也。

冬，齊仲孫來。其曰齊仲孫，外之也。其不目而曰仲孫，疏之也。其言齊，以累桓也。

又《閔公二年》 夏，五月，乙酉，吉禘於莊公。吉禘者，不吉者也。喪事未畢而舉吉祭，故非之也。

秋，八月，辛丑，公薨。不地，故也。其不書葬，不以討母葬子也。

九月，夫人姜氏孫於邾。孫之爲言猶孫也，諱奔也。

公子慶父出奔莒。其曰出，絶之也。慶父不復見矣。

冬，齊高子來盟。其曰來，喜之也。其曰高子，貴之也。盟立僖公也。不言使，何也？不以齊侯使高子也。

又《僖公元年》 元年，春，王正月。繼弒君，不言卽位，正也。

【略】

九月，公敗邾師於偃。不日，疑戰也。疑戰而曰敗，勝内也。

冬，十月，壬午，公子友帥師敗莒師於麗，獲莒挐。莒無大夫，其曰莒挐，何也？以吾獲之，目之也。内不言獲，此其言獲，何也？惡公子之紿。紿者奈何？公子友謂莒挐曰：『吾二人不相說，士卒何罪？』屏左右而相搏，公子友處下，左右曰：『孟勞！』孟勞者，魯之寶刀也。公子友以殺之。然則何以惡乎紿也？曰，棄師之道也。

十有二月，丁巳，夫人氏之喪至自齊。其不言姜，以其殺二子，貶之也。或曰，爲齊桓諱殺同姓也。

又《僖公八年》 秋，七月，禘於大廟。

用致夫人。用者，不宜用者也；致者，不宜致者也。言夫人必以其氏姓，言夫人而不以氏姓，非夫人也。立妾之辭也，非正也。夫人之，我可以不夫人之乎？夫人卒葬之，我可以不卒葬之乎？一則以宗廟臨之而後貶焉，一則以外之弗夫人而見正焉。

又《僖公九年》 秋，七月，乙酉，伯姬卒。内女也。未適人，不卒，此何以卒也？許嫁，笄而字之，死則以成人之喪治之。

又《僖公十六年》 三月，壬申，公子季友卒。大夫日卒，正也。稱公弟叔仲，賢也。大夫不言公子、公孫，疏之也。【略】

秋，七月，甲子，公孫兹卒。大夫日卒，正也。

又《文公元年》 天王使叔服來會葬。葬曰會，其志，重天子之禮也。

又《文公七年》 公孫敖如莒莅盟。莅，位也。其曰位，何也？前定也。其不日，前定之盟不日也。

又《文公八年》 公孫敖如京師，不至而復。丙戌，奔莒。不言所至，未如也。未如則未復也。未如而曰如，不廢君命也。未復而曰復，不專君命也。其如非如也，其復非復也。唯奔莒之爲信，故謹而日之也。

又《文公十四年》 九月，甲申，公孫敖卒於齊。奔大夫不言卒，而言卒何也？爲受其喪，不可不卒也。其地，於外也。

漢・劉向《説苑》卷一九《修文》 『夏，公如齊逆女。』『何以書？親迎，禮也。』其禮奈何？曰：『諸侯以屨二兩加琮，大夫、庶人以屨二兩加束修二。』曰：『某國寡小君，使寡人奉不珍之琮，不珍之屨，禮夫人貞女。』夫人曰：『有幽室數辱之產，未諭於傅母之教，得承執衣裳之事，敢不敬拜祝。』祝答拜。夫人受琮，取一兩屨以履女，正笄，衣裳，而命之曰：『往矣，善事爾舅姑，以順爲宮室，無二爾心，無敢回也。』女拜，乃親引其手，授夫乎戶。夫引手出戶。夫行，女從。拜辭父于堂，拜諸母於大門。夫先升輿執轡，女乃升輿。轂三轉，然後夫下，先行。大夫、士、庶人，稱其父，曰：『某之父，某之師友，使其執不珍之屨，不珍之束修，敢不敬禮某氏貞女。』母曰：『有草茅之產，未習於織紝紡績之事，得奉執箕帚之事，敢不敬拜？』

《史記》卷一四《十二諸侯年表》 （魯莊公三十二年） 莊公弟叔牙鴆死。（慶父弒）子般。季友奔陳，立湣公。

（又魯湣公二年） 慶父殺湣公。季友自陳立申，爲釐公。殺慶父。

又　卷三三《魯周公世家》　莊公有三弟，長曰慶父，次曰叔牙，次曰季友。莊公取齊女爲夫人曰哀姜。哀姜無子。哀姜娣曰叔姜，生子開。莊公無適嗣，愛孟女，欲立其子斑。莊公病，而問嗣於弟叔牙。叔牙曰：『一繼一及，魯之常也。慶父在，可爲嗣，君何憂？』莊公患叔牙欲立慶父，退而問季友。季友曰：『請以死立斑也。』莊公曰：『曩者叔牙欲立慶父，奈何？』季友以莊公命命牙待於鍼巫氏，使鍼季劫飲叔牙以鴆，曰：『飲此則有後奉祀；不然，死且無後。』牙遂飲鴆而死，魯立其子爲叔孫氏。八月癸亥，莊公卒，季友竟立子斑爲君，如莊公命。侍喪，舍於黨氏。

先時慶父與哀姜私通，欲立哀姜娣子開。及莊公卒而季友立斑，十月己未，慶父使圉人犖殺魯公子斑於黨氏。季友奔陳。慶父竟立莊公子開，是爲湣公。

湣公二年，慶父與哀姜通益甚。哀姜與慶父謀殺湣公而立慶父。慶父使卜齮襲殺湣公於武闈。季友聞之，自陳與湣公弟申如邾，請魯求內之。魯人欲誅慶父。慶父恐，奔莒。於是季友奉子申入，立之，是爲釐公。釐公亦莊公少子。哀姜恐，奔邾。季友以賂如莒求慶父，慶父歸，使人殺慶父，慶父請奔，弗聽，乃使大夫奚斯行哭而往。慶父聞奚斯音，乃自殺。齊桓公聞哀姜與慶父亂以危魯，及召之邾而殺之，以其屍歸，戮之魯。魯釐公請而葬之。【略】

（又太史公曰）觀慶父及叔牙閔公之際，何其亂也？至其揖讓之禮則從矣，而行事何其戾也？

論　説

唐・陸淳《春秋集傳辨疑》卷五《閔元年春王正月》　《公羊》曰：孰弑子般，慶父也。殺公子牙，今將爾，季子不免。慶父弑君，何以不誅？將而不免遏惡也，既而不可及，因獄有所歸，不探其情而誅焉，親親之道也。獄有所歸，謂罪歸鄧扈樂也。趙子曰：按臣弑其君，凡在官者殺無赦。季子初至，威令未著，力不能爾，非不討也。

宋・孫復《春秋尊王發微》卷四《閔公》　（二年）秋八月辛丑，公薨。

此慶父弑也，不言慶父弑者，諱之也。內諱弑，故弑君之賊皆不書焉。不葬者，義與隱公同。

九月，夫人姜氏孫遜於邾。公子慶父出奔莒。

公子慶父、夫人姜氏，同惡之人也。夫人孫于邾，故慶父出奔莒。書者深惡季子緩不討賊也。案元年，公與齊侯盟于落姑以納季子，季子來歸，獨執國命。當是時，以魯之衆，因齊之力，討慶父而戮之，勢甚易爾，而季子不能也，使閔公遽罹弑逆之禍，悲哉。

宋・王宗傳《童溪易傳》卷一八《蹇・九三》　九三，往蹇來反。象曰：往蹇來反，內喜之也。

九三，艮之主也。內之二陰，所以能自立於蹇難之世者，以三爲之捍蔽也。三若舍內而之外，則往而蹇矣。故莫若來而反諸內體之上，以爲二陰之主，則在內者得所附矣，其喜慰之心宜如何哉！《春秋》書『季子來歸』，《穀梁子》曰：『其曰季子，貴之也；其曰來歸，喜之也。』蓋當莊公死，子般弑，慶父主兵，季友力不能支，固嘗避難而出奔矣。當是時也，魯國方危，內難未定，國人思得季友以安宗社，故閔公即位之元年，書公及齊侯盟於落姑，盟納季子也。而《公羊子》亦曰：『其言來歸，何喜之也。』何休釋之曰：『季子來歸，則國安。故喜之。』此則蹇之九三所謂『往蹇來反，內喜之也』之謂也。

宋・衛湜《禮記集説》卷六四　大夫而饗君，非禮也。大夫强而君殺之，義也，由三桓始也。天子無客禮，莫敢爲主焉。君適其臣，升自阼階，不敢有其室也。覲禮，天子不下堂而見諸侯。下堂而見諸侯，天子之失禮也。由夷王以下。

鄭氏曰：大夫饗君，由强且富也。三桓：魯桓公之子，莊公之弟，公子慶父、公子牙、公子友。慶父與牙通於夫人以脅公，季友以君命鴆牙，後慶父弑二君又死也。天子無客禮，君適其臣，升自阼階，不敢有其室，明饗君非禮也。天子不下堂見諸侯，正君臣也。夷王，周康王之玄孫之子也，時微弱不敢自尊於諸侯。【略】

山陰陸氏曰：三桓，蓋公子慶父，公子牙，公子季友之後子孫，執國政者也。鄭氏謂季友以君命鴆牙，後慶父弑二君又死也。案季友鴆牙，

使若托以疾死。然其於慶父緩追逸賊，皆親親之道，卽非以君命殺之，又季友不應在三桓之列。且古者殺大夫非義也，大夫見殺非智也。其或有罪則遷就而爲之諱，所謂簠簋不飾是也。後世大夫世執國政，君由是弱矣。有殺之者更以爲義，則若三家者有以啓之也。《經》是以云。《經》曰：『公廟之設於私家，非禮也，由三桓始也。』《春秋傳》曰：『陽虎欲去三桓，以季寤更季氏，以叔孫輒更叔孫氏，以已更孟氏。』知三桓非公子友等亦明矣。不信由夷王始，則夷王以下莫不然也。其所謂始者，能爲之始而已，後有不皆也。據孔氏之不喪出母，自子思始也；邾婁復之以矢，蓋自戰於升陘始也；魯婦人之髽而弔也，自敗於臺駘始也；下殤用棺衣棺，自史佚始也；練冠以喪慈母，自魯昭公始也。庭燎之百，由齊桓公始也；大夫之奏肆夏，由趙文子始也；大夫强而君殺之義也，由三桓始也。公廟之設於私家，非禮也，由三桓始也；廟有二主，自桓公始也。玄冠紫綏，自魯桓公始也；朝服之以縞也，自季康子始也。士之有誄，自魯莊公始也；夫人之不命於天子，自魯昭公始也。

宋・劉敞《春秋權衡》卷三《莊公》　三十二年，子般卒。杜云『先君未葬，故不稱爵』，非也。未逾年則不成君，不成君則不稱爵，苟逾年矣，先君雖未葬固當君之；苟未逾年，先君雖已葬猶非君也。君則爵之，非君則不爵之，所謂一年不二君也，然則以年爲限，不以先君葬爲限。

公子慶父如齊。杜云『慶父殺子般，懼而適齊，欲以求援，時無君，假赴告之禮而行』，非也。《傳》云『成季奔陳，立閔公』。然則立閔公者，必慶父也。慶父雖殺子般，未敢便取其國利。閔公之幼而立焉，其如齊者，真告立君也，又何假矣。若慶父自見無君，假赴告而出，欲以求援，《春秋》當微著其罪，不當徇賊子之志，書『如齊』也。又魯既無君，慶父託事而出，非公命審矣。以《左氏》例考之，非公命應不書；書之，應去其族，不得一無所貶也。

又　卷一〇《莊公》　（三十二年）公子慶父如齊。何休云『奔也』，非也。若奔而言，如是《春秋》縱有罪也，而曰『起季子不探其情，不暴其罪』，亦非也。若『季子不探其情，不暴其罪』，但不殺之，緩追逸賊，書『奔』足矣，又何故改之爲『如』哉？焉有臣殺其君不成而出，推親親之意遂並諱其奔意者，獨慶父可親親哉？子般不可親親哉！且季子不殺慶父，非義也。故季子曰：『公子不可入，入則殺矣。』由是言之，緩追逸賊者，季子之心也。如慶父居國而不去，季子安得而不殺；且當殺之，又何有諱其奔？

又　卷一一《閔公》　（閔公）元年。《公羊》曰：『誅鄧扈樂而歸獄焉，季子至而不變也。』又曰：『既而不可及，不探其情而誅焉，親親之道也。』非也。慶父弒般，欲取其國。是時季子力不能誅，故遁逃他國爾。設令季子力能誅之，則慶父誅死矣，何謂『不探其情』乎？齊仲孫來。《公羊》曰『公子慶父也』，非也。孫以王父字爲氏，此乃慶父之身也，未可以稱仲孫。且《經》實繫之齊，若之何謂魯仲孫哉！此不近人情之尤者。

二年，公薨。《公羊》云云，説同元年。

公子慶父出奔莒。何休云『慶父弒君，不當復見，所以復見者，起季子緩追逸賊也。』若然，何不但書『公子慶父，如莒以與莊三十二年』之文同哉？彼時起季子不探其情故言『如』，此時亦不探其情，何故不言『如』？知彼所説妄矣。實説慶父使人殺般，般本季子所欲立者，故季子出奔，慶父因立閔公。不知慶父利其幼少易取之邪？將亦其勢未可得國邪？閔公既立，則誅弒般者而歸罪焉，又召季子而用之，焉不知慶父之意欲厭民心邪？欲自解釋於國人邪？季子知力不足以討慶父，故與之並立於朝。已而慶父又弒閔公，而國人皆從季子莫從慶父，故於是出奔於莒。此其正也。

高子來盟。《公羊》曰『不稱使我無君也。』非也。齊高子楚屈完，文義一也，不可復附異説矣。且慶父出奔則僖公已立也，高子稱來盟則僖公之盟也，何謂『我無君』乎？公及齊大夫盟於暨，當是時，齊無君文不没公，卽魯無君，何故没齊侯哉？此自相反也。

宋・劉敞《劉氏春秋傳》卷四《閔公》　（閔公）元年春王正月，公何以不言卽位？繼弒君不言卽位。孰繼？繼子般也。孰弒子般？慶父也。莊公存之，時圉人犖淫于宮中，子般執而鞭之。莊公曰：『不可鞭也，不如殺之。』是有力，焉能投蓋於稷門，子般弗果殺。莊公死，子般卽位。慶父將弒君以取其國，使謂犖曰：『般之辱爾，國人莫不知，盍弒之矣。』遂弒子般于次，季友奔陳。閔公者，莊公之子也，生八年矣，慶

父立焉，討犖而歸獄焉。不知慶父之意利其幼與？國人不從與？閔公既立，慶父以君事聘於齊，不知慶父之意自釋於國人與？憂大國之討與？然而所以立閔公，則慶父之力也；所以繼子般，則非閔公之志也。出奔者曷爲？或書或不書。書者治之也，不書者予之也。季友奔陳，其爲予之，奈何莊公死、子般弑，慶父夫人亂乎內，魯國之不絶若線。季子生則可以易死，故不可以死而可以生；季子存則可以易亡，故不可以存而可以亡。其生也賢於死，其亡也賢於存。是以雖出奔予之也。齊人救邢。夏六月辛酉，葬我君。莊公秋八月，公及齊侯盟于落姑，季子來歸，其稱季子何？賢之也，貴之也。曷爲賢之、貴之？其出也中權，其入也中義，蓋召之於陳也。慶父專魯，則曷爲召季子？季子之賢，內得於國人，外聞於諸侯，則未知其以是爲説與？不得已與？抑將圖之與？季子至而國人授之以政，百姓歸焉，殺公子牙，今將爾，季子不免。慶父弑君，何以不誅？非不誅也，勢未能也。冬，齊仲孫來。仲孫者何？齊大夫也。此無事，其曰『來』何？齊侯使之也。齊侯使之，則何以不言使？譏，何譏爾？莊公死，子般弑，閔公幼，慶父夫人亂乎內，魯國之不絶若線，設以齊正魯猶反手也。桓公使仲孫來省難。仲孫反曰：『不去慶父，則魯難未止。』桓公曰：『去之奈何？』對曰：『難不已將自斃，君姑待之而已矣。』公曰：『然則吾取魯可乎？』對曰：『不可，猶秉周禮，周禮所以本也。臣聞之：國將亡，未必先顛，而後枝葉從之。魯不棄周禮，未可動也。君其務寧魯難而親之。親有禮，因重固，間攜貳，覆昏亂，霸王之器也。』桓公知魯之可憂而不知使仲孫之非也，誠苟憂之，何問焉？仲孫知魯之可親而不知存慶父之非也，誠苟親之，何待焉？交譏之。

二年春王正月，齊人遷陽。夏五月乙酉，吉禘於莊公。禘者何？大祭也。何大焉？祭其祖之所自出，以其祖配之。然則曷爲謂之禘？禘，猶帝也，有虞氏禘黄帝而祖顓頊，夏后氏禘黄帝而祖禹，商人禘嚳而祖契，周人禘嚳而祖文王，是故不王不禘。不王不禘，魯何以禘？昔者武王崩，成王幼，周公相成王攝天下七年，制禮作樂，頒度量而天下大服，先王嘉之，以周公爲有勳勞，故賜之大祭，祀天子禮樂。外祭則郊是也，內祭則禘是也。然則魯禘孰祭？祭文王而配以周公。孔子曰：『魯之郊禘非禮也，周公其衰矣。』此禘也，其言吉何？言吉者，未可以吉也。曷爲未可以吉？未三年也。三年矣，曷爲謂之未三年？三年之喪，實以二十五月。其言于莊公，何言非宫廟也，非宫廟者何？君薨，卒哭而祔，祔而作主，特祀於寢，三年而升於廟禘，非禮也，吉禘亦非禮也，於莊公亦非禮也。八月辛丑，公薨。公薨何以不地？弑也。孰弑之？慶父也。何以不書『葬』？賊未討也。賊未討而葬，慢也。非臣子之事也。九月，夫人姜氏孫於邾。公子慶父出奔莒。冬，齊高子來盟。高子者何？齊大夫也。其稱高子何？賢之也，貴之也。曷爲賢之、貴之？莊公死，子般弑，閔公弑，慶父夫人亂乎內，魯曠年無君，則國未知孰有之也。齊侯使高子將南陽之甲而至以謀，魯國高子因是平魯之難，魯人賴焉。僖公定位而後盟大夫，在竟外有以尊社稷，利國家，則專之，高子可謂知禮矣。魯人以爲美談，曰猶望高子也。然則何以不稱使？權在高子也。十有二月，狄入衛，鄭棄其師。鄭棄其師者何？惡其上也。鄭伯惡高克而欲遠之，使將兵禦狄於境，翱翔河上，久而不召，衆散而歸，高克奔陳，則是棄其師之道也。

宋·黎靖德《朱子語類》卷八三《春秋》 成風事季友，與敬嬴事襄仲一般。《春秋》何故褒季友？如書『季子來歸』是也，人傑謂『季子既歸，而閔公被弑，慶父出奔，季子不能討賊。是其意在於立僖公也。』先生曰：『縱失慶父之罪小，而季子自有大惡。今《春秋》不貶之，而反褒之，殆不可曉。蓋如高子仲孫之徒，只是舊史書之，聖人因其文而不革。所以書之者，欲見當時事迹，付諸後人之公議耳。若謂季子爲命大夫，則叔孫婼嘗受命服，何爲書名乎？』人傑。閔元年。

《春秋》書『季子來歸』，恐只是因舊史之文書之，如此寬看尚可。若謂『《春秋》謹嚴』，便没理會。或只是魯亂已甚，後來季友立得僖公，再整頓得箇社稷起，有此大功，故取之，與取管仲意同。然季子罪惡與慶父一般，《春秋》若褒之，則此一經乃淪三綱、斁九法之書爾！當時公子牙無罪，又用藥毒殺了。季子賜族，此亦只是時君恩意，如秦呼呂不韋作『尚父』耳。正淳曰：『季子雖來歸，亦有放走慶父之罪。』曰：『放走慶父罪小，它自身上罪大，亦治慶父不得。』必大。《螢録》云：《春秋》書『季子來歸』，不知夫子何故取季友？恐只是如取管仲之意，但以其後來有功社稷，所以更不論其已前罪過。正淳曰：『説者謂是國人喜季子之來，望其討慶父之罪，故《春

秋》因如此書之。及後來不能治慶父，則季子之可貶者亦可見矣。」曰：『季子之罪，不在放走了慶父，先已自有罪過了！」

宋・張方平《樂全集》卷一六《歸獄論》 《春秋》賢季友，季友實魯之賢公子，爲公室輔國人，是宜當莊公之末，內難數作，僖叔比慶父而友殺之。慶父賊子般而友不討，論者皆以友爲得親親之道，愚特疑焉。案《左氏》：莊公疾，問後於叔牙。對曰：『慶父材。』問季友，對曰：『臣以死奉般。』公曰：『鄉者牙曰慶父材。』成季使以君命命僖叔，使鍼季酖之。及子般卽位，共仲使圉人犖賊子般於黨氏。成季奔陳，及閔公立，季氏歸而不討也。故齊仲孫曰：『不去慶父，魯難未已。』既而共仲使卜齮賊閔公於武闈。又案公羊氏説，莊公末年，公子牙不稱弟，殺也。曷不言刺？之季子之遏卒惡也。不以爲國獄，緣季子之心而爲之諱爾。莊公病召季子曰：『吾將焉致乎魯國？』季子曰：『般也存，君何憂焉？』公曰：『牙謂我「魯一生一及」，慶父也存。』季子曰：『夫何敢？是將爲亂。』和藥而飲之曰：『公子從吾言而飲此，則必可以無爲天下戮笑，必有後於魯國。』飲之而死。公子牙今將爾，辭曷爲與親殺者同？君親無將，將而誅焉。誅不得辟兄，君臣之義也。不直誅而酖之，行誅乎兄，隱而逃之，使若以疾死，親親之道也。殺公子牙今將爾，季子不免，慶父賊君，何以不誅將而不免遏惡也。既而不可及，因獄有所歸，不探其情而誅焉，親親之道也。惡乎歸獄？歸獄僕人鄧扈樂，慶父，使樂賊子般然後誅樂而歸獄焉，季子不變也。夫僖叔之與共仲，皆成季之兄牙也。誅之仲也，行之季子，推親親之道，戮其罪之著者可也。象日謀殺舜，舜卽天子位而封之有庳；管蔡挾商奄以亂王室，周公其弟也而誅之，故謀而未發，與亂之既形，罪有較也。且叔牙以比慶父而死，夫慶父之爲臣也而賊其君，爲弟也而賊其兄之子，季子反無討而歸獄乎微者，卒使慶父再發難而終自斃焉。親親之道，此可謂正歟？晉靈公之死也，趙盾位爲正卿，反不討賊，而史以弒君之罪加之。季子雖亡而越竟，茍避惡名而歸不討，罪去盾幾何？而公羊子又以『歸獄於下爲得親親之道』而美之，使人迹其事爲姦利之名，故歷世踐而爲之者相繼也。抑歸獄之爲效矣。嗚呼！季友敗法於前，公羊子失辭於後，而後之人又繼其惡而莫之正其説也。故論著之。

宋・葉夢得《葉氏春秋傳》卷七《莊公三》 公子慶父如齊。

如齊者何？閔公立而聘齊也。慶父，殺般者也。何以不貶？成季子之意也。叔牙可殺則殺，慶父未可討則未討，惟不急於慶父，而後季子之謀可行也。葉子曰：慶父、季子之事，魯存亡之所由分也。嘗試論之：慶父與叔牙專國久矣，外乘莊公之弱而無所憚，內扶夫人之姦以爲援。季子陳出也而非其母弟，得與聞國政於其間，亦幸而已矣。及莊公問後而告以叔牙之言。方是之時，權在慶父，季子非特不可誅其兄，固力之所不能誅也。適其將謀而未成，故得先事而密殺之。至於牙死，慶父知其謀而復殺般，則次必及於季子，季子豈愛其身不能死難者哉！以爲慶父殺己而自取之，諸侯容而不討，則魯固慶父之國矣。不容而討之，則兵加於國，魯之亂未已也。閔公者，夫人之娣，叔姜之子，是亦慶父之黨，於時纔八歲。僖公賢而長，慶父不立僖公而立閔公，亦豈甘心以爲君者哉？假夫人之故以説於齊，少緩魯人之怨，而申其志於後云爾，則慶父終欲得魯者也。季子於此勢不得兩全，寧置慶父而辟之陳，則可因陳援以訴於齊，使夫人慶父之惡不能隱，而季子得全於外，魯庶幾其可爲矣。此季子之志也，《春秋》蓋察之矣。故直書慶父如齊而深隱季子奔陳，至季子來歸而後始見褒，則慶父如齊非逸賊，季子奔陳非逃難。卒之誅慶父而立僖公，則季子之謀魯者無遺策，是固君子所以成其意者也。

又《閔公一》 （元年）齊人救邢。夏六月辛酉，葬我君莊公。秋八月，公及齊侯盟于落姑。

落姑，齊地也。何以盟？定公位也。葉子曰：吾何以知此盟爲定公位歟？《左氏》、《穀梁》皆以是盟爲納季子，夫子般弒而季子奔陳，慶父請於齊而立閔公，慶父與季子蓋不並立於魯者。閔公生纔八歲，安能內拒慶父之強，外召季子而請諸齊？慶父者，季子之所不得制，權非出於閔公，則魯人亦安能違慶父召季子乎？此理之必不然者也。《公羊》不爲義，而何休獨以爲季子畏慶父權重，後復爲亂，如齊聞之奉閔公託齊桓而爲此盟。是雖無據，而吾以爲可信。何以知之？落姑，齊地。慶父利閔公之幼而終欲奪之，季子察之審矣。既殺子般而歸獄於鄧扈樂，則安知不復殺閔公，歸獄於人而自取之歟？凡諸侯立，不以正必待於盟會而後定，固非王法矣。桓伯而與鄭伯爲垂之會，制在鄭伯也；宣立而與齊侯爲平

州之會，制在齊侯也。閔公之時，小白方霸諸侯，閔公雖不當立，而慶父之惡不可以不前戒，則假齊之重以定公位者，實季子之意。此吾所謂因陳援以訴於齊，使夫人慶父之惡不得隱而後魯可爲者也。《經》所以書公及齊侯盟于落姑，蓋齊侯與公卽其地，以爲盟其謀出於齊非出於魯，既盟而慶父之惡見，其姦不得行於齊，則季子亦可挾齊令以歸魯。是盟固季子定公位，非魯人納季子也。

季子來歸。

此公子友也，何以謂之？季子親貴之也。內大夫奔未有言「歸」者，此何以書「歸」，賢之也。桓公之子四人：長則莊公也，仲爲牙而謀弑公，叔爲慶父而殺公，能殺牙以全公盟閔公以正慶父，則人孰不以爲親而願其還，孰不以爲貴而倚其重，曰是乃吾君之季子云爾？天王書季子來聘親貴之在上，譏之也；魯書季子來歸親貴之在下，賢之也。

宋·葉夢得《春秋考》卷一二《閔公》 莊閔之際，慶父、叔牙、季友之事，三家惟《公羊》得之最，《左氏》略同，然皆不終其說，《穀梁》蓋全無聞。據莊公卽位二年而見慶父伐於餘丘，則已爲大夫矣。後二十五年，季友始見如陳，末年叔牙始見卒，則莊公三卿蓋慶父、叔牙、季友也。《公羊》言叔牙欲立慶父在莊原仲之前，故以葬原仲爲通乎？季子之秋行距莊公薨猶六年，乃復請至於陳，則於是季子猶未執政。及莊公病將死，以病召季子至而授之國政，乃問「寡人卽不起此病，吾將焉致乎魯國？」季子曰：「般也存。」公曰：「牙謂我『魯一生一及，慶父也存。』」季友曰：「夫［何］敢？是將爲亂乎？」俄而牙弑械成，季子和藥而飲之。牙卒，慶父如齊，不言季子之出也。閔公立，曰孰殺子般？慶父也。子般弑而歸獄于鄧扈樂，曰季子至而不變也。季子來歸，曰喜之也，是季子嘗出矣。《左氏》所記雖同，而葬原仲但言季子之舊，不記其辟難，則季子葬原仲蓋嘗歸而與叔牙執政矣。故莊公問後於二人而不及慶父，季子卽殺叔牙而立子般，子般弑季子奔陳，見立閔公而不載，慶父如齊，閔公立，與齊小白盟落姑以復，季子既召於陳，慶父復弑閔公。季子再以僖公奔邾，慶父始奔莒。季子入，立僖公。莒人欲歸慶父，季子不納，遂縊。卽不知子般弑、慶父如齊、季子如陳矣。立閔公者誰耶？慶父如齊，是以君命行也。卽不知子般死國未有君授命。慶父者誰耶？閔公立纔八歲，慶父猶在魯，則盟落始而復。季子者誰耶？齊小白使仲孫湫來省難，蓋窺之也。初無援魯之意，湫曰「不去慶父，魯難未已」，則迫慶父使出奔者誰耶？四者二氏皆不記。吾嘗謂雜千萬人而不可奪者，情也；越千萬歲而不可易者，理也。學者出于千載之下，不幸有不得于事者，苟自其情與理求焉，有不能逃乎乎人者。慶父蓋有意于得魯者也，內通乎夫人外假乎叔牙，其以大夫見者與莊公幾相終始。據《公羊》言，叔牙欲立慶父，季子不可而弑械成，則雖莊公且將弑之矣，其何有于子般、閔公乎？然既弑子般而不敢遂取之者，獨懼季子爲之討爾。及以圉人犖當子般之誅，則假子般之命請于齊以立閔公者，其慶父乎？而非其志也。以叔姜爲齊女，外順人情以蔽己惡，徐而復爲之所爾。閔公立而慶父猶在，則盟落姑者季子自陳請之齊，而小白爲之以定公位者也。此仲孫湫所以言「不去慶父，魯難未已」者歟？季子歸而察其志，則必有爲之所者矣。故雖季子力所無可奈何，而終不敢奪其位久，而知其再弑閔公不能容于國人，然後與哀姜俱遁。季子所以得，因高傒而立僖公也。是雖無見于《傳》，度之情而揆之理，其必有出于此者，吾所以參二氏之言而爲之說也。然則子般弑、季子奔陳、閔公弑、僖公奔邾，《經》皆不書，何也？季子不之陳，則無以成其志；僖公不之邾，則不能保其身。是皆魯之所以不亡者，不可與慶父奔莒之辭並見，則爲之隱若未嘗出焉。此《春秋》所以全君子之善，而暴小人之惡也。

落姑之盟，《左氏》謂「請復季友」，《穀梁》謂「盟納季子」。杜預以爲「閔公初立，國家多難，以季子忠賢，故請霸主而立之。」夫季子，魯臣也。誠忠于魯，其去來在其君，何必聽于霸主而後可納？是時閔公纔八歲，而魯無賢臣輔之于內，必不能自爲此謀。《公羊》之爲說，何休曰「慶父內則權重，外則出奔彊齊，恐爲國家禍亂，故季子如齊聞之，奉閔公託齊桓爲此盟。」吾謂此言雖無據而近實，何者？慶父弑子般，是時，齊桓方圖霸，慶父負弑君之惡敢卽霸主，必非無所畏憚而然者。蓋歸其惡于鄧扈樂，而謂閔公哀姜娣之子，挾哀姜以請于齊而立之以自明爾。哀姜與慶父之罪齊桓公皆未及知也，故《春秋》以常聞書之曰「公子慶父如齊」，未及貶辭，正以見其罪未暴。季子奔陳，《左氏》載之而《經》不書，謂其力不勝慶父之權，避之于陳，爲之隱爾。然則暴慶父之罪，又使

齊桓得以聞而慶父無以容其姦，殆季子走齊而訴之歟？故奉閔公而與齊盟，非盟復季子也，定公位也。季子所以由是來歸而慶父不敢拒，此魯人所以喜也。齊仲孫相繼遂來省難，則桓公固已主之矣。不然，使桓公未知慶父之罪，而季子猶在陳，閔公之弱安能自求盟以復季子？季子居其國，不能抗慶父，何以既奔而自外抗之，慶父亦納之而不拒乎？此事理之必不然者。落姑齊地即齊以盟也，慶父立閔公本利其少，欲因哀姜以附齊。閔公既從盟，則必捨慶父而聽季子。慶父盡失其本，謀無所恃以自固，是以復弒閔公奔莒，而哀姜之惡亦見，不敢之齊而之邾也。

宋・陳傅良《春秋後傳》卷四《閔公》（元年夏六月）季子來歸。有傳。

此公子友也，其稱季子何？賢之斯不名之。不名之，斯以美稱稱之也。季友酖牙以立般也，而慶父卒賊般於是奔陳。閔公立尚幼，盟齊侯於落姑，請復季友，未知孰爲之也。慶父爲之，則閔公不弒；以閔之見弒，則非慶父之意，而國人爲之也。國人之欲歸季子以已亂也，而季子雖歸，慶父夫人亂未已，俄而弒閔公，於是以僖公適邾，則國人何賢乎季子？微季子則慶父之簒成而莊公之統絶，慶父之簒不成莊公之統不絶者，季子在也。是故奔陳不書如邾不書，全季子也。

（二年）秋八月辛丑，公薨。

魯之《春秋》固書曰『公子慶父弒公于武闈』，聖人修之曰『公薨』，諱之也。遇弒君父之大哀也，則何忍言之？是故書『薨』而不地且不葬。薨，十二公所同也；不地不葬，隱、閔所獨也。然則雖諱而亂臣賊子之獄具矣。

公子慶父出奔莒。

閔薨不地且不葬，亂臣賊子之獄具矣。則曷爲書慶父如他國？慶父賊子般而弒閔，魯臣子無討焉，則書慶父固如他臣也。季友於賊般也奔陳，於弒閔也適邾，須慶父奔而後入，立僖魯之存僅焉耳。是故宋萬奔陳，雖殺之不書；慶父奔莒，雖殺之不書。《春秋》所以嚴佚賊之責也。季子奔陳不書，適邾不書，全之也，則其嚴佚賊之責何若季子可與言事存矣。事亡則未也，有季友在，慶父將不免於爲戮，則曷爲謂之無討，均之爲佚賊也。

宋・沈棐《春秋比事》卷三《閔公・遇弒責季子》 按《左傳》：莊公薨，其子繼立者三：般、閔、僖是也。子般出於孟任，閔公出於叔姜，僖公出於成風其弟。三公子慶父、叔牙、季友所謂三桓也。始公疾，問後於叔牙，叔牙欲立慶父，季友欲立子般。季友之意以公黨氏之合，嘗以夫人許之，故公死之後欲實其言，遂酖叔牙而立子般。及子般即位，慶父爭立，遂賊子般，而季友奔陳，閔公繼立。按杜注云：閔公莊之庶子，僖公閔之庶兄，則僖與閔皆庶也。而僖爲長，曷不舍閔而立僖？蓋閔公哀姜娣叔姜之子，哀姜、叔姜則皆齊女也。故齊人私閔公而立之，非禮也。夫閔公沖幼，初嗣國統，而慶父爭權，魯國多難。故元年公及齊侯盟于落姑，請復季氏于陳，以靖國難。《經》書『季子來歸。冬，齊仲孫來。』蓋魯借力於齊，欲以除慶父之惡，故仲孫來者，省魯難也。及二年公薨，《左氏》備載其事，以爲慶父弒之，既弒而奔莒。季友乃立僖公，以賂求共仲於莒，莒人歸之，及密而縊，自是魯難始息矣。夫以季友之賢，舉國仰望，然當子般被弒，不以死守，乃避難出奔陳，及閔公既立，盟齊侯以召之，季子始歸。夫公之所以眷眷於季子者，蓋將以除慶父之惡，輔已而安社稷者也。及其來歸，公卒不免於慶父之手，則罪於季子可知矣。或者恕之，以爲子般既死，閔公未立，魯國之祚危如綴旒，使季子不去，則禍并及於季子，死則魯統絶矣。故季子去之，所以存魯也。逮其歸魯，而慶父暴横盤結已久，未能遽誅，遂致閔公之弒，原季子之心非不欲殺慶父，特勢有所未可耳。是不然，古之賢者，當危疑之時，負幼君之托，必也忠足以犯難，智足以應變，勇足以濟功，然後可以安國家、利社稷，而不負其所倚。今季子始以死奉般，已弒乃避難奔陳，是不忠也；魯有君而歸，不能即誅慶父而稔成其釁，是不勇也；慶父之惡煽焰於魯，雖庸人孺子亦料其必變，以季子之賢禍萌而不知變起而不測，是不智也。夫既無忠以死難，勇以赴功，智以應變，而欲任魯國之託，要賢者之譽，不亦難乎？三《傳》以《經》書其字，且曰『來歸』，皆見取於聖人，殊不知其書『來歸』者，乃外之辭也。嗚呼！託六尺之孤，寄百里之命，難其人也久矣。閔公幼年即位，遭值多難，國勢委靡，所望以扶持者，季子一人而已。而忠義不立，臨難苟免，卒使閔公不得死於牖下，豈不哀哉！

元・程端學《春秋本義》卷六《莊公》（二年）夏，公子慶父帥師

伐於餘丘。

慶父，莊公庶兄共仲也。孫氏曰：於餘丘，附庸國。東萊呂氏曰：夷國也，若於越然。未詳孰是。張氏曰：莊公是時年才十五，慶父得政以制，一國之權、軍政之本既失，而權移於下，以成異日子般篡弑之禍。故《春秋》詳書以譏之。戴氏曰：孟氏之孽基於此。義又見隱二年「鄭伐衛」。許氏曰：當莊公初，魯未有以勝齊，則當休兵息民，蓄德修政，以俟有閒。舍堂堂之讎國弗圖，而用師伐於餘丘，知莊公之無志。康侯胡氏曰：魯在《春秋》中見弑者三君，其賊未有不得魯國之兵權者，翬弑隱公、慶父弑子般、閔公，公子遂殺惡及，視夫豈一朝一夕之故哉？

又　卷八《莊公》（三十二年）公子慶父如齊。

劉氏曰：慶父雖殺子般，未敢便取其國利，閔公之幼而立焉，其如齊，直告立君也。愚謂亦恐齊之見討，故結納其君臣耳。啖氏曰：書「公子慶父如齊」，見臣子之辠也。此言弑君之賊，臣子不能討之又非逐之而去，明書「如齊」，以見其辠。陸氏曰：齊爲伯主而不能討，又許其來，惡可知也。康侯胡氏曰：子般之卒，慶父弑也。莊公幼年卽位，專以兵權授之慶父，歲月既久，威行中外，其流至此，故於餘丘，而書慶父帥師以志得兵之始，而卒書公薨。子般卒，慶父如齊，以見其出入自如，無敢討之者。其垂戒之義明且遠矣。

又　卷九《閔公》（元年）秋八月，公及齊侯盟于落姑。「落」，《公羊》、《穀梁》作「洛」。

杜氏曰：落姑，齊地。義見隱元年盟于蔑。葉氏曰：小白方伯諸侯，閔公雖立，而慶父之惡不可以不除，則假齊之重以定公位者，實季子之意。此所謂因陳援以訴於齊，使夫人慶父之惡不得隱，而後魯可爲者也。《經》所以書「公及齊侯盟于落姑」，蓋齊侯與公卽其地以爲盟，其謀出於齊非出於魯。既盟而慶父之惡見，其姦不得行，則季子亦可挾齊以歸魯。是盟固季子定公位，非魯人納季子也。愚以事勢考之，此盟多季子倚齊爲歸魯計耳，故既盟而季子來歸。

季子來歸。

季字子者，男子通稱。孫氏曰：莊公薨，子般卒，閔公幼沖，慶父與夫人通，勢傾公室不朝夕，國人洶洶，得季友以平內難，故曰「季子來歸」。朱子曰：季子來歸，如高子來盟、齊仲孫來之類。當時魯國內亂，得一季子歸國，則國人皆有慰望之意，故史喜而書之。夫子直書史家之辭，其實季子無狀，觀成風之事可見。一書「季子來歸」，而季氏得政，權去公室之漸，皆由此起矣。胡氏曰：季子既不能平姜氏之亂，誅慶父之惡，致使二人卒弑其君，故其次年慶父書奔莒，夫人孫于邾，以見季友之過也。沈僩問季友之爲人，朱子曰：此人亦多可疑，諸家多言「季子來歸」，爲美之之詞。據某看此一句正是聖人著季氏所以專國爲禍之基，又成風聞季氏之繇乃事之。《左氏》記此數語，亦有說話。此等人皆是魯國之賊耳。萬人傑又問，成風事季友，與敬嬴事襄仲一般，《春秋》何故褒季友，如書「季子來歸」是也。人傑謂，季子既歸，而閔公被弑，慶父出奔，季子不能討賊，是其意在立僖公也。朱子曰：縱失慶父之辠小，季子自有大惡。若《春秋》反褒之，則不可曉。蓋如高子、仲孫之徒，只是舊史書之，聖人因其文而不革。所以書之者，欲見當時事迹，付諸後人公議耳。

冬齊仲孫來。

仲孫，齊大夫名湫字者，天子命大夫也。《左氏》曰：齊仲孫湫來省難。仲孫歸，曰：「不去慶父，魯難未已。」公曰：「若之何而去之？」對曰：「難不已，將自斃。君其待之。」存耕趙氏曰：有命可仗，必書使矣。朴鄉呂氏曰：非盟也，非聘也，直書曰「來」，其義見矣。劉氏曰：桓公不務修伯主之義，討有辠，扶微國，而更使智計之士覘伺虛實，令慶父極惡，魯君再弑，此由桓公、仲孫謀不臧之故也。《春秋》書之，以見君使臣不以禮，臣事君不以忠也。田恒弑其君，孔子沐浴而朝，告於哀公，請討之。夫事君之義，捨孔子無可爲者矣。

元・王元傑《春秋讞義》卷四《閔公》（二年）秋八月辛巳公薨。

程氏曰：遇難故不地，賊不討，故不書「葬」。

胡氏曰：公薨不地者，仲尼親筆也。書「薨」以示臣子之情，不地以存見弑之實。

讞曰：閔公八歲爲君，未能見諸行事。慶父朶頤其大器，假詞公傅之奪田，使卜齮賊公于武闈，哀姜與聞，其弑逆利其幼而立矣，亦何忍而殺之？是時，哀姜內固其寵，慶父外握兵權，魯氏之危不絕如綫。幸齊

盟之已定，喜季子之來歸，哀姜無所容而孫邾，慶父有所畏而奔莒，禍淫之報，天道昭昭。《春秋》君不書『弒』示臣子之情，薨不書地存見弒之實。討賊之法，其嚴矣乎？

九月，夫人姜氏孫于邾，公子慶父出奔莒。

程氏曰：慶父雖縊，不以國法正其罪而絶之，與賊不討同也。

胡氏曰：夫人稱『孫』，閨乎故也；不去姓氏，降文姜也。莊公忘親釋怨，無志于復仇。《春秋》深加貶絶，一書再書，屢書而不諱者，以謂三綱人道所由立也。

讞曰：慶父之惡已極，魯國之難未已。賊般弒閔之際，有窺神器之心；奔莒孫邾之時，已失大國之援。迹其姦惡不可勝誅，烝國母以固權，弒其君如反掌。季子欲存其後祀，不忍討賊以正名。《春秋》前書『如齊』，見其無忌憚而行；後書『出奔』，罪魯之不能討賊。君薨不地，既葬不書，示討賊無時而可終。雖萬世必誅而不赦，律以大法其嚴矣乎？

元·鄭玉《春秋闕疑》卷一一《莊公》 （三十二年）冬十月己未，子般卒。

共仲使圉人犖賊殺子般于黨氏。成季奔陳。立閔公。《公羊氏》曰：此其稱子般卒何？君存稱世子，君薨稱子某。既葬稱子，踰年稱公。子般卒何以不書『葬』？未踰年之君也。高氏曰：子般卒，三《傳》皆以爲慶父所殺。考之于《經》，全不寓微意，而所書正與襄三十一年子野同。若以子般爲被弒，則子野亦豈被弒乎？惟文十八年書『子卒』而不名者，乃被弒也。何則既書子卒卽書夫人姜氏歸于齊？蓋文公既薨，子赤爲宣公，襄仲所殺而弒君之賊又自立矣。姜氏不能容，自歸于父母之國。聖人不名子赤者，以其被弒，不忍名之，與成君同也。若書其名，則與自卒者無別矣。或以爲先君未葬則名文，十八年書子卒而不名者，以先君既葬故爾。是不然。景王既葬矣，王子猛之卒何爲而名乎？豈有天子未踰年則名之，而諸侯反不名乎？以此驗之，子般、子野皆非被殺，而子般特以哀姜、慶父之故，疑若爲其所弒耳。

公子慶父如齊。

高氏曰：若以慶父弒君而出奔，則聖人豈不著其出奔之罪乎？乃知此非出奔也。蓋莊公既薨，子般又卒，繼嗣未定，慶父雖有僥倖之心，而身爲國卿，加以公子之貴，寧無嫌疑之避，於是如齊告難。蓋桓公始霸，謀定其君，及自齊歸魯，已立閔，慶父始有簒弒之意。故明年，齊侯使仲孫湫來省難，而仲孫謂『不去慶父，魯難未已也』。愚謂聖人書子般之卒、子野之卒無異文，而不同於子赤諱名之例。則般以正卒明矣。書慶父『如齊』，異于慶父弒閔奔莒之文，則般之死非慶父所殺亦明矣。況以事言之，是時齊桓方霸，專以誅叛討逆爲事。慶父既弒其君，安敢奔齊以自投於憲網？齊桓聞之，必執以爲已功矣。故弒閔公之後，則不敢奔齊而奔莒也。豈當時見莊公既薨，子般又死，故以疑似而有是說耶？抑因慶父弒閔之後，遂傅會以成其文耶？予舊讀而疑之，及觀高氏之說，渙有契于予心，最爲得《經》之旨。故特取之，以明棄《經》任《傳》之弊。學者于此等處，所宜潛心詳玩，參考互訂，以明其是非曲直而不爲傳註所惑，庶于《經》有得也。

又 卷一二《閔公》 （元年）秋八月，公及齊侯盟于落姑。季子來歸。

公及齊侯盟于落姑，請復季友也。齊侯許之，使召諸陳公，次于郎以待之。季子來歸。《公羊氏》曰：其稱季子何？賢也。其言來歸何？喜之也。小東萊呂氏曰：閔公方九歲，安能自會？如此蓋國人上下皆惡慶父而賢季友，故欲復之。公與齊盟，亦國人左右扶持而去。當時國亂，猶能惡慶父而復季友，此亦見魯秉周禮處。高氏曰：凡人臣出奔而反國，則書曰『歸』，或曰『復歸』。《經》未有季子出奔之文，而書『來歸』，何也？凡奔云者，負罪以出，迫逐而不遑暇之辭也。今魯國連喪二君，當凶禍艱難之際，季子以貴戚之重違而去之，是之謂全身遠害，求援以庇國。既而國人以慶父之故，思得賢公子以輔幼主。視公族之中，唯季子託辭以出，若愛其生以有待者，魯人唯恐其不歸，故公與齊侯盟而請之。其書『來歸』者，所以變乎『歸』之文，又變乎『復歸』之文也。既歸而遂以國政付之，是其委任亦不輕矣。唯其委任之重，所以没其去國之因而責其後效。聖人特字之而不名又不稱公子者，見季子自以賢德爲國人所與，不緣宗親之故，則所以望于季子者，重矣。然季子既歸，乃反託親親之故，卒不能平姜氏之亂，討慶父之惡，故使二人卒弒吾君。明年，書公子慶父出奔莒，夫人姜氏孫於邾，以著季子徒然來歸，無補於急難，大失國

人之望。是以變文書『來歸』者，亦所以責之。家氏曰：慶父之奔也，《春秋》書之；其歸也不書，惡其歸也。季友之奔也，《春秋》不書；其歸也書之，喜其歸也。陳氏曰：國人之欲歸季子以已亂也，而季子雖歸，慶父夫人亂未已，俄而弑閔公，於是以僖適邾。則國人何賢乎季子？微季子，則慶父之篡成而莊公之統絶，慶父之篡不成莊公之統不絶者，季子在也。薛氏曰：季子來歸，雖定魯國，竊國之政自此作也。《春秋》詳其出入，見其事君之際，善其善起其强也。【略】

（二年）秋八月辛丑，公薨。

初，公傅奪卜齮田，公不禁。秋八月辛丑，共仲使卜齮賊公于武闈，成季以僖公適邾。共仲奔莒，乃入，立之。成季之將生也，桓公使卜楚丘之父，卜之，曰：『男也。其名曰友，在公之右。間於兩社，爲公室輔。季氏亡，則魯不昌。』又筮之，遇大有之乾。曰：『同復于父，敬如君所。』及生，有文在其手，曰『友』。遂以命之。成風聞成季之繇，乃事之而屬僖公焉，故成季立之。陳氏曰：魯之《春秋》固書曰『公子慶父弑公于武闈』，聖人修之曰『公薨』，諱之也。遇弑君父之大哀也，則何忍言之？是故書『薨』而不地，且不葬。薨，十二公所同也，不地不葬，隱閔所獨也。然則雖諱而亂臣賊子之獄具矣。胡氏曰：諱而不言弑，何以傳信于將來？曰：書『薨』以示臣子之情，不地以存見弑之實，何爲無以傳信也？凡君終必書其所，獨至於見弑則没，而無所其情厚矣。其事亦白矣，非聖人能修之乎？後世記言之士，欲諱國惡則必失其實，直書母隱，又非臣子所當施于君父也，而《春秋》之法不傳矣。高郵孫氏曰：弑君之賊，討則書『葬』；閔公之賊，不討而使之出奔。《春秋》不記其葬，所以罪魯之臣子也。愚謂慶父雖縊，不以賊討，猶不討也。【略】

（二年九月）公子慶父出奔莒。

以賂求共仲於莒，莒人歸之。及密，使公子魚請，不許，哭而往，共仲曰：奚斯之聲也，乃縊。高氏曰：先書公薨而繼書此，則知夫人姜氏與公子慶父實弑公也。夫季子者，閔公盟而歸之，以爲國卿，正爲姜氏慶父。季子專魯國之政，足以有爲。今已踰年，既不能防閑其君母，稍治慶父之罪，而反召弑君之禍；又不能率魯國之衆以討弑君之賊，乃縱之使逸，故此書『夫人姜氏孫于邾，公子慶父出奔莒』者，非特著姜氏、慶父之罪，又以見季子孤國人之望也。或謂緩誅逸賊，親親之道。是亢不然。人臣之義莫大乎爲君討賊，故曰大義滅親。今季子于慶父親也，而于閔公則親而又尊也。慶父弑閔，彼尊尊親親之義已絶矣；苟能誅之，則尊尊親親之義兩得之。捨慶父而忍乎閔公，是尊尊親親之義兩失之也。棄兩得而從兩失，賢者之所爲果如是乎？高郵孫氏曰：文姜之孫也，不稱姜氏所以令齊絶之，哀姜之孫也，稱姜氏以明邾非姜氏父母之國，其得絶之無疑焉，邾容而受之爲有罪。《春秋》深罪邾容他國之夫人，特書曰夫人姜氏孫於邾，以見其不絶之罪。陳氏曰：宋萬奔陳，雖殺之不書；慶父奔莒，雖殺之不書。《春秋》所以嚴逸賊之責也。季子奔陳不書，適邾不書，全之也。則其嚴逸賊之責何若季子？可與言事存矣，事亡則未也。有季友在，慶父將不免于爲戮，則曷爲謂之無討，均之爲逸賊也。

明・湛若水《春秋正傳》卷一〇《莊公》（莊公三十二年）冬十月己未，子般卒。

《正傳》曰：書子般卒，紀國之大變也。此慶父弑之也，而稱『卒』，不稱曰『慶父弑』者何？史不得其書也。不曰『君』而曰『子般』者何？未成君也。《公羊》曰：君存稱世子，君薨稱子某，既葬稱公子，踰年稱公。胡氏曰：初，公築臺臨黨氏，見孟任生子般焉。般嘗鞭圉人犖。公薨卽位，次于黨氏。慶父使犖賊般。成季奔陳，立閔公。昔舜不告而娶，恐廢人之大倫以懟父母，君子以爲猶告也。莊公過時越禮，謬於《易》基《乾》、《坤》，《詩》始《關雎》，大舜不告而娶之義甚矣。而子般乃孟任之所出也，胡能有定乎？雖享國日久，獲終於路寢而嗣子見弑，幾至亡國，有國者可不以爲戒哉！

公子慶父如齊。

《正傳》曰：如齊者，奔齊也。書公子慶父如齊，紀逆賊也。慶父弑逆之賊也，而猶稱公子者，史之詞也。然而不必去公子而已，見其惡矣。胡氏曰：莊公幼年卽位，專以兵權授之慶父，歲月既久，威行中外，其流至此，故於餘丘法不當書。而聖人特書慶父帥師，以志得兵之始，而卒書公薨、子般卒、慶父如齊，以見其出入自如，無敢討之者。愚謂慶父弑逆大惡，史宜去其公子而不去實。奔齊也而曰『如齊』，亦以見慶父掌兵專而且久，積威行於中外，國人莫知其非，或敢怒而不敢言，是以史以此

書之。聖人因存之而不改，以其惡之極不係於此而後見也。愚故曰史不得其書也。

明·熊過《春秋明志録》卷三《莊公》（三十二年）秋七月癸巳，公子牙卒。

牙，慶父同母弟，莊公庶弟也。爲卿故稱公子，曰卒，葬其以恤典也。《左氏》、《公羊》謂季子殺之。或謂汪仲裕曰：牙乃叔孫氏之祖，距公薨時尚一月，苟以是誅牙，則慶父何爲尚執國柄？且書法全不寓微意，牙實自卒。按成公刺公子偃，以國法殺有罪也。今曰爲季子諱殺，不從其例可也。楚公子棄疾殺公子，比仗義殺之可以立例，今若殺而書卒，没其實矣，何以見友之善處牙耶？且慶父掌兵三十餘年，牙將黨而立焉，是其同惡相濟，友亦詎得而殺之，持酖而飲之，恐以無後，去人情遠矣。牙果以酖死。慶父之變，亦豈待與子般而後著哉？

冬十月己未，子般卒。

杜氏謂，子般莊公太子也。唐孔氏曰：《傳》稱公疾，問後于叔牙，若已有太子則不應須問。當問之時，似未有太子也。季友以死奉般，酖殺叔牙。蓋于爾時始命爲太子。《左氏》又以子般爲孟任所生，亦非。古者諸侯夫人無子則先立右媵子，又無子乃立左媵子，以次而降。若孟任生子般，則不得比于諸媵，尚未知與僖公等否，焉得先閔公乎？超閔、僖而立，何以服慶父之心哉？子般雖非慶父所欲立，然于次不敢輒亂之，故季友欲以死奉般耳。魯殺未逾年之君者，卒輒不日在文公時子卒其例也。子般與子野同日，何以明其殺？頃季明德亦同疑此但不信《公羊》既葬不名之説，主齊履謙子卒不名者爲闕文，以文、襄卽位，在僖、成未葬時而不名，不知卒可書「子」，某卽位不可稱「子某」也。而《經》無微文哉？然則慶父使圉人犖賊子般，考《經》亦不足信矣。

公子慶父如齊。

于是慶父如齊，欲謀自立也。閔公，哀姜之姊，叔姜之子，故齊人立之。是時，桓公主伯，苟慶父而實使人弑子般，焉敢如齊哉？哀姜預聞子弑，猶不敢奔齊，卒因討而縊，況慶父乎？然則子般之卒，非殺也。

明·卓爾康《春秋辯義》卷八《閔公》（元年）秋八月，公及齊侯盟于落姑。

《左傳》：請復季友也，齊侯許之，使召諸陳公，次于郎以待之。趙子常曰：落姑之盟，雖曰請復季友，若出公意然。是時，閔公八歲爾，哀姜、慶父專國，豈欲季友之歸者？故陳氏以爲國人爲之。臨川吳氏因謂魯之世，臣有不當權而忠于國，如衛石碏者，深謀秘計，告于伯主，請復季友，故桓公以伯令召閔公至齊地而與之盟，使若復季友之意出于齊，季友以伯主之重，則慶父不敢去之矣。此説深得當時事情，但哀姜、慶父事與州吁、石厚不同。季友既出奔，豈有如石碏者能自安于内？以《經》、《傳》推之，時陳方爲齊所厚，且與魯交好，季友又嘗一再如陳，其出奔陳，蓋有所託。然則落姑之盟，亦季友援陳人以請于齊桓耳。郝仲輿曰：是時慶父在齊，季友在陳，落姑之盟爲立閔公和慶季也。季友書歸，慶父不書，何也？外之也。「落」，《公》、《穀》作「雒」。落姑，齊地。

季子來歸。

《左傳》嘉之也。

《公羊傳》：其稱「季子」何？賢之也。其曰「來歸」何？喜之也。季子雖歸，慶父夫人之亂未已，俄而弑閔公。于是以僖公適邾，則國人何賢乎季子？微季子，則慶父之篡成而莊公之統絶。謂成風事季友，《左氏》之誣也。

冬，齊仲孫來。

魯一君弑，一君幼，彊臣在側，國幾亡。誰爲恤我者？仲孫湫來省難，蓋亞然足音焉魯人相驚曰：齊仲孫來，望之也，喜之也。詳書名氏則其意平，必言君使則其詞緩，非魯人鼓舞踴躍之情也。且不稱使，又以我無君也，乃齊人之來，實有不能滿望者焉。閔公，固哀姜娣，叔姜之子也。齊桓立閔，討賊又何難焉？慶父如齊，求寵桓公，曰：「魯可取乎？」仲孫曰：「難不已，將自斃。」使慶父稔惡，閔公再弑，此言爲之也。

崔銑氏曰：齊桓之伯，佚宋萬、慶父之誅。若討二賊，則不待諭，而人紀明、良心奮，功邁于伐楚矣。夫知攘夷而忽于正中國，知存亡國而忽于存人心，失本末矣。夫子謂之器小，其在此乎？

清·傅恒等《御纂春秋直解》卷一《隱公》（十一年）冬十有一月

壬辰，公薨。

公薨必地；不地，變也。其地有不可言者，焉志弑也。不直書弑者，不忍彰也；以不地見弑者，不忍没也。然以不地見弑，究未知誰弑之也。曰屬辭比事，《春秋》教也。桓薨于齊而夫人孫齊，則齊侯殺之而夫人與乎弑也；子般卒而慶父如齊，則慶父弑之也；閔薨而夫人孫邾，慶父奔莒，則夫人與慶父同弑之也；子卒而仲遂得臣行父如齊，三人共弑之，而仲遂其首惡也。隱薨而桓卽位，則桓弑之耳。翬謀弑而歸獄於桓，桓爲首焉耳。不言弑而弑可知，不言誰弑而誰弑可知。故曰《春秋》之志微，而章不書葬者賊不討，不葬所以責臣子也。討賊之義，廣之於人，而臣子之責尤重。葬尤子之專責，故繼故不書。卽位賊未討，故不書葬也。

清・朱鶴齡《詩經通義》卷三《猗嗟》 母亂而責子，故其辭比《敝笱》爲婉，三章皆以《猗嗟》發嘆。歷數莊公之美，正見其所不足。或問趙氏制其僕御之說，莊公能行乎？曰：不能也。考莊公之立止十五歲，慶父、叔牙、季友皆桓公子。慶父庶兄也，其才不在人下，叔牙又佐之，莊公特以母之貴壓於其上。其得立也，蓋齊襄爲之援也。文姜方挾舅氏以制其子，莊公而讎齊制母焉，則國非其有也，安能不俯首貼耳，惟母欲之是徇乎哉？或曰莊公之受制于母，以其重視此魯國也。使公能敝蹝千乘，以復讎大義求見正于天子遜國，慶父而已去之，庶可以有辭於天下。雖然，當時周天子果能命方伯連率出六師，以問齊襄之罪乎？慶父君魯，叔牙必蹶起而爭之，魯難寧有已乎？然則爲莊公者，誠無計以處此也。

清・馬驌《繹史》卷四〇《魯慶父之亂》 禮稱父母之仇，弗與共天下。莊公之與齊襄，父仇也，父仇者之女，而可以娶乎？納幣親迎，行皆踰禮，丹楹刻桷，侈爲美觀，是誠何心哉？宜齊人之目爲『展我甥兮』也。昔文姜死而魯國靖，顧若哀姜之淫亂，復不減於文姜，慶父與叔牙同母者也，季友與莊公同母者也，慶父久窺君位，叔牙助之，俄而弑械成，季子和藥而酖之，不示顯戮，以爲親也，其滅親也，以爲國也，叔牙死則慶父孤，亂庶遄止，乃姜氏宣淫，必欲立之，殺子般，又殺閔公，比歲而弑兩君，周公之祀，不絕如綫矣。叔牙若在，又將何如也？慶父不死，魯難未已，季子不入，魯國不寧。齊桓仗義而殺哀姜，僖公之立，天若啓之，張公室，討亂逆，非季子，吾誰與歸乎！季氏有定魯之功，故世爲執政，彼二子者，同惡相濟，國有常典，用以殄絕其世，亦云宜也。魯國無政，兼爲立後，公孫敖以庶長之孽，當僖公之世，帥師以奉霸令，猶未見其專政也。迨乎文公而專之，形遂成矣。罪人之餘，幸而不廢，驟得政柄，專會諸侯，嗣是行父也，得臣也，帥師城邑，三家之勢，如鼎足立焉，由孟氏爲之先也。穆伯奔莒，以從己氏，徇欲而棄君命，倘數其罪，以除其世，且以振慶父之惡，彼二氏亦知所懼矣，而魯人不能也。孟氏固而三家俱固，孟氏侈而三家俱侈，魯政之去公室也，豈無因乎？

清・顧奎光《春秋隨筆》卷上 凡亂賊之欲篡取大位也，雖悍然以爲己有，然必俟同黨推戴之，而後居之不疑。若衆心不與，而舉朝無一人焉。率先諂附，猶將徘徊觀望，不敢遽取而推戴之者，又必爲重臣世室，朝野之望人。所推服者，或先以利祿結之，否則脅之、示之以意，令發議在彼，篡奪之謀於是乎成。如莊公死，子般宜立，而首發慶父爲後之議者，叔牙也。慶父弑械已成，哀姜主乎內，叔牙輔乎外。季子先酖叔牙，則外廷無復推戴慶父者，故子般弑而不敢自立。閔公弑而仍不敢自立，雖有內援而無外助，故卒至奔莒。使叔牙不死，倡議奉慶父而立之，諸魯臣未必不從，而季子之反國益難矣。故叔牙罪未著而遽酖之，疑其孟浪。然慶父弑兩君而終不敢自爲君，則由先酖叔牙，剪其羽翼也。

藝文

宋・王十朋《梅溪前集》卷一〇《詠史詩・閔公》 慶父哀姜産禍芽，斷斷魯道可勝嗟。武闈難起無人救，季子來歸未足嘉。

崔慶之亂分部

綜述

《左傳・宣公十年》 夏，齊惠公卒。崔杼有寵於惠公，高、國畏其

偪也，公卒而逐之，奔衛。書曰『崔氏』，非其罪也，且告以族，不以名。凡諸侯之大夫違，告于諸侯曰：『某氏之守臣某，失守宗廟，敢告。』所有玉帛之使者則告，不然，則否。

又 《**成公十七年**》 齊慶克通於聲孟子，與婦人蒙衣乘輦而入於閎。鮑牽見之，以告國武子，武子召慶克而謂之。慶克久不出，而告夫人曰：『國子讁我！』夫人怒。

國子相靈公以會，高、鮑處守。及還，將至，閉門而索客。孟子訴之曰：『高、鮑將不納君，而立公子角。國子知之。』秋七月壬寅，刖鮑牽而逐高無咎。無咎奔莒，高弱以盧叛。齊人來召鮑國而立之。

初，鮑國去鮑氏而來，爲施孝叔臣。施氏卜宰，匡句須吉。施氏之宰，有百室之邑。與匡句須邑，使爲宰。以讓鮑國，而致邑焉。施孝叔曰：『子實吉。』對曰：『能與忠良，吉孰大焉！』鮑國相施氏忠，故齊人取以爲鮑氏後。仲尼曰：『鮑莊子之知不如葵，葵猶能衛其足。』【略】

齊侯使崔杼爲大夫，使慶克佐之。帥師圍盧。國佐從諸侯圍鄭，以難請而歸。遂如盧師，殺慶克，以穀叛。齊侯與之盟於徐關而復之。十二月，盧降，使國勝告難於晉，待命於清。

又 《**成公十八年**》 齊爲慶氏之難故，甲申晦，齊侯使士華免以戈殺國佐於內宮之朝。師逃於夫人之宮。書曰：『齊殺其大夫國佐。』棄命，專殺，以穀叛故也。使清人殺國勝。國弱來奔，王湫奔萊。慶封爲大夫，慶佐爲司寇。既，齊侯反國弱，使嗣國氏，禮也。

又 《**襄公二年**》 齊侯伐萊，萊人使正輿子賂夙沙衛以索馬牛皆百匹，齊師乃還。君子是以知齊靈公之爲靈也。【略】

齊侯使諸姜宗婦來送葬。召萊子，萊子不會，故晏弱城東陽以偪之。

又 《**襄公六年**》 十一月，齊侯滅萊，萊恃謀也。於鄭子國之來聘也，四月，晏弱城東陽，而遂圍萊。甲寅，堙之，環城傅於堞。及杞桓公卒之月，乙未，王湫帥師及正輿子、棠人軍齊師，齊師大敗之。丁未，入萊。萊共公浮柔奔棠。正輿子、王湫奔莒，莒人殺之。四月，陳無宇獻萊宗器於襄宮。晏弱圍棠，十一月丙辰，而滅之。遷萊於郳。高厚、崔杼定其田。

又 《**襄公十年**》 三月癸丑，齊高厚相大子光以先會諸侯於鍾離，不敬。士莊子曰：『高子相大子以會諸侯，將社稷是衛，而皆不敬，棄社稷也，其將不免乎！』

又 《**襄公十四年**》 范宣子假羽毛於齊而弗歸，齊人始貳。

又 《**襄公十五年**》 夏齊侯圍成，貳於晉故也。於是乎城成郛。

又 《**襄公十六年**》 晉侯與諸侯宴於温，使諸大夫舞，曰：『歌詩必類！』齊高厚之詩不類。荀偃怒，且曰：『諸侯有異志矣！』使諸大夫盟高厚，高厚逃歸。於是，叔孫豹、晉荀偃、宋向戌、衛寧殖、鄭公孫蠆、小邾之大夫盟曰：『同討不庭。』【略】

秋，齊侯圍成，孟孺子速徼之。齊侯曰：『是好勇，去之以爲之名。』速遂塞海陘而還。

冬，穆叔如晉聘，且言齊故。晉人曰：『以寡君之未禘祀，與民之未息。不然，不敢忘。』穆叔曰：『以齊人之朝夕釋憾於敝邑之地，是以大請！敝邑之急，朝不及夕，引領西望曰：「庶幾乎！」比執事之間，恐無及也！』見中行獻子，賦《圻父》。獻子曰：『偃知罪矣！敢不從執事以同恤社稷，而使魯及此。』見范宣子，賦《鴻雁》之卒章。宣子曰：『匄在此，敢使魯無鳩乎？』

又 《**襄公十七年**》 齊人以其未得志於我故，秋，齊侯伐我北鄙，圍桃。高厚圍臧紇於防。師自陽關逆臧孫，至於旅松。郰叔紇、臧疇、臧賈帥甲三百，宵犯齊師，送之而復。齊師去之。

齊人獲臧堅。齊侯使夙沙衛唁之，且曰：『無死！』堅稽首曰：『拜命之辱！抑君賜不終，姑又使其刑臣禮於士。』以杙抉其傷而死。

又 《**襄公十八年**》 秋，齊侯伐我北鄙。中行獻子將伐齊，夢與厲公訟，弗勝，公以戈擊之，首隊於前，跪而戴之，奉之以走，見梗陽之巫皋。他日見諸道，與之言，同。巫曰：『今茲主必死，若有事於東方，則可以逞。』獻子許諾。

晉侯伐齊，將濟河。獻子以朱絲繫玉二瑴，而禱曰：『齊環怙恃其險，負其衆庶，棄好背盟，陵虐神主。曾臣彪將率諸侯以討焉，其官臣偃實先後之。苟捷有功，無作神羞，官臣偃無敢復濟。唯爾有神裁之！』沈玉而濟。

冬十月，會於魯濟，尋湨梁之言，同伐齊。齊侯禦諸平陰，塹防門而

必速歸，何患焉！其來也不寇，使民不嚴，異於他日。』齊師徒歸。

齊棠公之妻，東郭偃之姊也。東郭偃臣崔武子。棠公死，偃御武子以弔焉。見棠姜而美之，使偃取之。偃曰：『男女辨姓，今君出自丁，臣出自桓，不可。』武子筮之，遇《困》䷮之《大過》䷛。史皆曰：『吉。』示陳文子，文子曰：『夫從風，風隕，妻不可娶也。且其《繇》曰：「困於石，據於蒺藜，入於其宮，不見其妻，凶。」困於石，往不濟也。據於蒺藜，所恃傷也。入於其宮，不見其妻，凶，無所歸也。』崔子曰：『嫠也何害？先夫當之矣。』遂取之。莊公通焉，驟如崔氏。以崔子之冠賜人，侍者曰：『不可。』公曰：『不爲崔子，其無冠乎？』崔子因是，又以其間伐晉也，曰：『晉必將報。』欲弑公以説於晉，而不獲間。公鞭侍人賈舉而又近之，乃爲崔子間公。

夏五月，莒爲且於之役故，莒子朝於齊。甲戌，饗諸北郭。崔子稱疾不視事。乙亥，公問崔子，遂從姜氏。姜入於室，與崔子自側戶出。公拊楹而歌。侍人賈舉止衆從者，而入閉門。甲興，公登臺而請，弗許；請盟，弗許。請自刃於廟，弗許。皆曰：『君之臣杼疾病，不能聽命。近於公宮，陪臣干掫有淫者，不知二命。』公踰牆。又射之，中股，反隊，遂弑之。賈舉，州綽、邴師、公孫敖、封具、鐸父、襄伊、僂堙皆死。祝佗父祭於高唐，至，復命。不説弁而死於崔氏。申蒯侍漁者，退謂其宰曰：『爾以帑免，我將死。』其宰曰：『免，是反子之義也。』與之皆死。崔氏殺鬷蔑於平陰。

晏子立於崔氏之門外，其人曰：『死乎？』曰：『獨吾君也乎哉？吾死也。』曰：『行乎？』曰：『吾罪也乎哉？吾亡也。』曰：『歸乎？』曰：『君死安歸？君民者，豈以陵民？社稷是主。臣君者，豈爲其口實？社稷是養。故君爲社稷死，則死之；爲社稷亡，則亡之。若爲己死而爲己亡，非其私暱，誰敢任之？且人有君而弑之，吾焉得死之，而焉得亡之？將庸何歸？』門啓而入，枕屍股而哭，興，三踊而出。人謂崔子：『必殺之！』崔子曰：『民之望也！舍之得民。』盧蒲癸奔晉，王何奔莒。

叔孫宣伯之在齊也，叔孫還納其女於靈公。嬖，生景公。丁丑，崔杼立而相之。慶封爲左相。盟國人於大宮，曰：『所不與崔、慶者。』晏子仰天歎曰：『嬰所不唯忠於君利社稷者是與，有如上帝。』乃歃。辛巳，公與大夫及莒子盟。大史書曰：『崔杼弑其君。』崔子殺之。其弟嗣書而死者，二人。其弟又書，乃舍之。南史氏聞大史盡死，執簡以往。聞既書矣，乃還。

閭丘嬰以帷縳其妻而載之，與申鮮虞乘而出。鮮虞推而下之，曰：『君昏不能匡，危不能救，死不能死，而知匿其暱，其誰納之？』行及弇中，將舍。嬰曰：『崔、慶其追我！』鮮虞曰：『一與一，誰能懼我？』遂舍，枕轡而寢，食馬而食。駕而行，出弇中，謂嬰曰：『速驅之！崔、慶之衆，不可當也。』遂來奔。

崔氏側莊公於北郭。丁亥，葬諸士孫之里，四翣，不蹕，下車七乘，不以兵甲。

晉侯濟自泮，會於夷儀，伐齊，以報朝歌之役。齊人以莊公説，使隰鉏請成。慶封如師，男女以班。賂晉侯以宗器、樂器。自六正、五吏、三十帥、三軍之大夫、百官之正長、師旅及處守者，皆有賂。晉侯許之。使叔向告於諸侯。公使子服惠伯對曰：『君舍有罪，以靖小國，君之惠也。寡君聞命矣！』【略】

秋七月己巳，同盟於重丘，齊成故也。

又《襄公二十七年》　齊慶封來聘，其車美。孟孫謂叔孫曰：『慶季之車，不亦美乎？』叔孫曰：『豹聞之：「服美不稱，必以惡終。」美車何爲？』叔孫與慶封食，不敬。爲賦《相鼠》，亦不知也。【略】

齊崔杼生成及强而寡。娶東郭姜，生明。東郭姜以孤入，曰棠無咎，與東郭偃相崔氏。崔成有疾，而廢之，而立明。成請老於崔，崔子許之。偃與無咎弗予，曰：『崔，宗邑也，必在宗主。』成與强怒，將殺之。告慶封曰：『夫子之身亦子所知也，唯無咎與偃是從，父兄莫得進矣。大恐害夫子，敢以告。』慶封曰：『子姑退，吾圖之。』告盧蒲嫳。盧蒲嫳曰：『彼，君之讎也。天或者將棄彼矣。彼實家亂，子何病焉！崔之薄，慶之厚也。』他日又告。慶封曰：『苟利夫子，必去之！難，吾助女。』

九月庚辰，崔成、崔强殺東郭偃、棠無咎於崔氏之朝。崔子怒而出，其衆皆逃，求人使駕，不得。使圉人駕，寺人御而出。且曰：『崔氏有福，止餘猶可。』遂見慶封。慶封曰：『崔、慶一也。是何敢然？請爲子

禮也。

又《**襄公二十一年**》　齊侯使慶佐爲大夫，復討公子牙之黨，執公子買于句瀆之丘。公子鉏來奔。叔孫還奔燕。【略】

會于商任，錮欒氏也。齊侯、衛侯不敬。叔向曰：『二君者，必不免。會朝，禮之經也。禮，政之輿也。政，身之守也。怠禮失政，失政不立，是以亂也。』

知起、中行喜、州綽、邢蒯出奔齊，皆欒氏之黨也。欒王鮒謂范宣子曰：『盍反州綽、邢蒯，勇士也。』宣子曰：『彼欒氏之勇也，余何獲焉？』王鮒曰：『子爲彼欒氏，乃亦子之勇也。』

齊莊公朝，指殖綽、郭最曰：『是寡人之雄也。』州綽曰：『君以爲雄，誰敢不雄？然臣不敏，平陰之役，先二子鳴。』莊公爲勇爵。殖綽、郭最欲與焉。州綽曰：『東閭之役，臣左驂迫還於門中，識其枚數。其可以與於此乎？』公曰：『子爲晉君也。』對曰：『臣爲隸新。然二子者，譬於禽獸，臣食其肉而寢處其皮矣。』

又《**襄公二十二年**》　秋，欒盈自楚適齊。晏平仲言於齊侯曰：『商任之會，受命於晉。今納欒氏，將安用之？小所以事大，信也。失信不立，君其圖之。』弗聽。退告陳文子曰：『君人執信，臣人執共，忠信篤敬，上下同之，天之道也。君自棄也，弗能久矣！』【略】

冬，會于沙隨，復錮欒氏也。欒盈猶在齊，晏子曰：『禍將作矣！齊將伐晉，不可以不懼。』

又《**襄公二十三年**》　秋，齊侯伐衛。先驅：穀榮御王孫揮，召揚爲右。申驅：成秩御莒恒，申鮮虞之傅摯爲右。曹開御戎，晏父戎爲右。貳廣：上之登御邢公，盧蒲癸爲右。啓：牢成御襄罷師，狼蘧疏爲右。胠：商子車御侯朝，桓跳爲右。大殿：商子游御夏之御寇，崔如爲右，燭庸之越駟乘。

自衛將遂伐晉。晏平仲曰：『君恃勇力以伐盟主，若不濟，國之福也。不德而有功，憂必及君。』崔杼諫曰：『不可。臣聞之，小國間大國之敗而毁焉，必受其咎。君其圖之！』弗聽。陳文子見崔武子，曰：『將如君何？』武子曰：『吾言於君，君弗聽也。以爲盟主，而利其難。羣臣若急，君於何有？子姑止之。』文子退，告其人曰：『崔子將死乎！謂君甚，而又過之，不得其死。過君以義，猶自抑也，況以惡乎？』

齊侯遂伐晉，取朝歌，爲二隊，入孟門，登大行，張武軍於熒庭。戍郫邵，封少水，以報平陰之役。乃還。趙勝帥東陽之師以追之，獲晏氂。

八月，叔孫豹帥師救晉，次於雍榆，禮也。【略】

齊侯還自晉，不入。遂襲莒，門於且於，傷股而退。明日，將復戰，期於壽舒。杞殖、華還載甲，夜入且於之隧，宿於莒郊。明日，先遇莒子於蒲侯氏。莒子重賂之，使無死，曰：『請有盟。』華周對曰：『貪貨棄命，亦君所惡也。昏而受命，日未中而棄之，何以事君？』莒子親鼓之，從而伐之，獲杞梁。莒人行成。齊侯歸，遇杞梁之妻於郊，使弔之。辭曰：『殖之有罪，何辱命焉？若免於罪，猶有先人之敝廬在，下妾不得與郊弔。』齊侯弔諸其室。

又《**襄公二十四年**》　孟孝伯侵齊，晉故也。【略】

齊侯既伐晉而懼，將欲見楚子。楚子使薳啓强如齊聘，且請期。齊社，蒐軍實，使客觀之。陳文子曰：『齊將有寇。吾聞之，兵不戢，必取其族。』

秋，齊侯聞將有晉師，使陳無宇從薳啓强如楚，辭，且乞師。崔杼帥師送之，遂伐莒，侵介根。

會於夷儀，將以伐齊，水，不克。冬，楚子伐鄭以救齊，門於東門，次於棘澤。諸侯還救鄭。

晉侯使張骼、輔躒致楚師，求御於鄭。鄭人卜宛射犬吉。子大叔戒之曰：『大國之人，不可與也。』對曰：『無有衆寡，其上一也。』大叔曰：『不然，部婁無松柏。』二子在幄，坐射犬於外，既食而後食之。使御廣車而行，已皆乘乘車。將及楚師，而後從之乘，皆踞轉而鼓琴。近，不告而馳之。皆取胄於橐而胄，入壘皆下，搏人以投，收禽挾囚。弗待而出。皆超乘，抽弓而射。既免，復踞轉而鼓琴，曰：『公孫！同乘，兄弟也。胡再不謀？』對曰：『曩者志入而已，今則怯也。』皆笑曰：『公孫之亟也。』

楚子自棘澤還，使薳啓强帥師送陳無宇。

又《**襄公二十五年**》　二十五年春，齊崔杼帥師伐我北鄙，以報孝伯之師也。公患之，使告於晉。孟公綽曰：『崔子將有大志，不在病我，

必速歸，何患焉！其來也不寇，使民不嚴，異於他日。』齊師徒歸。

齊棠公之妻，東郭偃之姊也。東郭偃臣崔武子。棠公死，偃御武子以弔焉。見棠姜而美之，使偃取之。偃曰：『男女辨姓，今君出自丁，臣出自桓，不可。』武子筮之，遇《困》䷮之《大過》䷛。史皆曰：『吉。』示陳文子，文子曰：『夫從風，風隕，妻不可娶也。且其《繇》曰：「困於石，據於蒺藜，入於其宫，不見其妻，凶。」困於石，往不濟也。據於蒺藜，所恃傷也。入於其宫，不見其妻，凶，無所歸也。』崔子曰：『嫠也何害？先夫當之矣。』遂取之。莊公通焉，驟如崔氏。以崔子之冠賜人，侍者曰：『不可。』公曰：『不爲崔子，其無冠乎？』崔子因是，又以其間伐晉也，曰：『晉必將報。』欲弑公以説於晉，而不獲間。公鞭侍人賈舉而又近之，乃爲崔子間公。

夏五月，莒爲且於之役故，莒子朝於齊。甲戌，饗諸北郭。崔子稱疾不視事。乙亥，公問崔子，遂從姜氏。姜入於室，與崔子自側戶出。公拊楹而歌。侍人賈舉止衆從者，而入閉門。甲興，公登臺而請，弗許；請盟，弗許。請自刃於廟，弗許。皆曰：『君之臣杼疾病，不能聽命。近於公宫，陪臣干掫有淫者，不知二命。』公逾牆。又射之，中股，反隊，遂弑之。賈舉，州綽、邴師、公孫敖、封具、鐸父、襄伊、僂堙皆死。祝佗父祭於高唐，至，復命。不説弁而死於崔氏。申蒯侍漁者，退謂其宰曰：『爾以帑免，我將死。』其宰曰：『免，是反子之義也。』與之皆死。崔氏殺鬷蔑於平陰。

晏子立於崔氏之門外，其人曰：『死乎？』曰：『獨吾君也乎哉？吾死也。』曰：『行乎？』曰：『吾罪也乎哉？吾亡也。』曰：『歸乎？』曰：『君死安歸？君民者，豈以陵民？社稷是主。臣君者，豈爲其口實？社稷是養。故君爲社稷死，則死之；爲社稷亡，則亡之。若爲己死而爲己亡，非其私暱，誰敢任之？且人有君而弑之，吾焉得死之，而焉得亡之？將庸何歸？』門啓而入，枕尸股而哭，興，三踊而出。人謂崔子：『必殺之！』崔子曰：『民之望也！舍之得民。』盧蒲癸奔晉，王何奔莒。

叔孫宣伯之在齊也，叔孫還納其女於靈公。嬖，生景公。丁丑，崔杼立而相之。慶封爲左相。盟國人於大宫，曰：『所不與崔、慶者。』晏子仰天歎曰：『嬰所不唯忠於君利社稷者是與，有如上帝。』乃歃。辛巳，公與大夫及莒子盟。大史書曰：『崔杼弑其君。』崔子殺之。其弟嗣書而死者，二人。其弟又書，乃舍之。南史氏聞大史盡死，執簡以往。聞既書矣，乃還。

閭丘嬰以帷縛其妻而載之，與申鮮虞乘而出。鮮虞推而下之，曰：『君昏不能匡，危不能救，死不能死，而知匿其暱，其誰納之？』行及弇中，將舍。嬰曰：『崔、慶其追我！』鮮虞曰：『一與一，誰能懼我？』遂舍，枕轡而寢，食馬而食。駕而行，出弇中，謂嬰曰：『速驅之！崔、慶之衆，不可當也。』遂來奔。

崔氏側莊公於北郭。丁亥，葬諸士孫之里，四翣，不蹕，下車七乘，不以兵甲。

晉侯濟自泮，會於夷儀，伐齊，以報朝歌之役。齊人以莊公説，使隰鉏請成。慶封如師，男女以班。賂晉侯以宗器、樂器。自六正、五吏、三十帥、三軍之大夫、百官之正長、師旅及處守者，皆有賂。晉侯許之。使叔向告於諸侯。公使子服惠伯對曰：『君舍有罪，以靖小國，君之惠也。寡君聞命矣！』【略】

秋七月己巳，同盟於重丘，齊成故也。

又《襄公二十七年》 齊慶封來聘，其車美。孟孫謂叔孫曰：『慶季之車，不亦美乎？』叔孫曰：『豹聞之：「服美不稱，必以惡終。」美車何爲？』叔孫與慶封食，不敬。爲賦《相鼠》，亦不知也。【略】

齊崔杼生成及强而寡。娶東郭姜，生明。東郭姜以孤入，曰棠無咎，與東郭偃相崔氏。崔成有疾，而廢之，而立明。成請老於崔，崔子許之。偃與無咎弗予，曰：『崔，宗邑也，必在宗主。』成與强怒，將殺之。告慶封曰：『夫子之身亦子所知也，唯無咎與偃是從，父兄莫得進矣。大恐害夫子，敢以告。』慶封曰：『子姑退，吾圖之。』告盧蒲嫳。盧蒲嫳曰：『彼，君之讎也。天或者將棄彼矣。彼實家亂，子何病焉！崔之薄，慶之厚也。』他日又告。慶封曰：『苟利夫子，必去之！難，吾助女。』

九月庚辰，崔成、崔强殺東郭偃、棠無咎於崔氏之朝。崔子怒而出，其衆皆逃，求人使駕，不得。使圉人駕，寺人御而出。且曰：『崔氏有福，止餘猶可。』遂見慶封。慶封曰：『崔、慶一也。是何敢然？請爲子

討之。」使盧蒲嫳帥甲以攻崔氏。崔氏堞其宮而守之，弗克。使國人助之，遂滅崔氏，殺成與强，而盡俘其家。其妻縊。嫳復命於崔子，且御而歸之。至，則無歸矣，乃縊。崔明夜辟諸大墓。辛巳，崔明來奔，慶封當國。

齊慶封好田而耆酒，與慶舍政。則以其內實遷於盧蒲嫳氏，易內而飲酒。數日，國遷朝焉。使諸亡人得賊者，以告而反之，故反盧蒲癸。癸臣子之，有寵，妻之。慶舍之士謂盧蒲癸曰：『男女辨姓。子不辟宗，何也？』曰：『宗不余辟，余獨焉辟之？賦詩斷章，余取所求焉，惡識宗？』癸言王何而反之，二人皆嬖，使執寢戈，而先後之。

公膳，日雙雞。饔人竊更之以鶩。御者知之，則去其肉而以其洎饋。子雅、子尾怒。慶封告盧蒲嫳。盧蒲嫳曰：『譬之如禽獸，吾寢處之矣。』使析歸父告晏平仲。平仲曰：『嬰之衆不足用也，知無能謀也。言弗敢出，有盟可也。』子家曰：『子之言云，又焉用盟？』告北郭子車。子車曰：『人各有以事君，非佐之所能也。』陳文子謂桓子曰：『禍將作矣！吾其何得？』對曰：『得慶氏之木百車於莊。』文子曰：『可慎守也已！』

盧蒲癸、王何卜攻慶氏，示子之兆，曰：『或卜攻讎，敢獻其兆。』子之曰：『克，見血。』冬十月，慶封田於萊，陳無宇從。丙辰，文子使召之。請曰：『無宇之母疾病，請歸。』慶季卜之，示之兆，曰：『死。』奉龜而泣。乃使歸。慶嗣聞之，曰：『禍將作矣！』謂子家：『速歸！禍作必於嘗，歸猶可及也。』子家弗聽，亦無悛志。子息曰：『亡矣！幸而獲在吳、越。』陳無宇濟水而戕舟發梁。盧蒲姜謂癸曰：『有事而不告我，必不捷矣。』癸告之。姜曰：『夫子愎，莫之止，將不出，我請止之。』癸曰：『諾。』十一月乙亥，嘗於大公之廟，慶舍涖事。盧蒲姜告之，且止之。弗聽，曰：『誰敢者！』遂如公。麻嬰爲尸，慶圭爲上獻。盧蒲癸、王何執寢戈。慶氏以其甲環公宮。陳氏、鮑氏之圉人爲優。慶氏之馬善驚，士皆釋甲束馬而飲酒，且觀優，至於魚里。欒、高、陳、鮑之徒介慶氏之甲。子尾抽桷擊扉三，盧蒲癸自後刺子之，王何以戈擊之，解其左肩。猶援廟桷，動於甍，以俎壺投殺人而後死。遂殺慶繩、麻嬰。公懼。鮑國曰：『羣臣爲君故也。』陳須無以公歸，稅服而如內宮。

慶封歸，遇告亂者。丁亥，伐西門，弗克。還伐北門，克之。入伐內宮，弗克。反陳於嶽，請戰，弗許。遂來奔。獻車於季武子，美澤可以鑑。展莊叔見之，曰：『車甚澤，人必瘁，宜其亡也。』叔孫穆子食慶封，慶封氾祭。穆子不説，使工爲之誦《茅鴟》，亦不知。既而齊人來讓，奔吳。吳句餘予之朱方，聚其族焉而居之，富於其舊。子服惠伯謂叔孫曰：『天殆富淫人，慶封又富矣。』穆子曰：『善人富謂之賞，淫人富謂之殃。天其殃之也，其將聚而殲旃？』

崔氏之亂，喪羣公子。故鉏在魯，叔孫還在燕，賈在句瀆之丘。及慶氏亡，皆召之，具其器用而反其邑焉。與晏子邶殿，其鄙六十。弗受。子尾曰：『富，人之所欲也，何獨弗欲？』對曰：『慶氏之邑足欲，故亡。吾邑不足欲也，益之以邶殿，乃足欲。足欲，亡無日矣。在外，不得宰吾一邑。不受邶殿，非惡富也，恐失富也。且夫富如布帛之有幅焉，爲之制度，使無遷也。夫民生厚而用利，於是乎正德以幅之，使無黜嫚，謂之幅利。利過則爲敗。吾不敢貪多，所謂幅也。』與北郭佐邑六十，受之。與子雅邑，辭多受少。與子尾邑，受而稍致之。公以爲忠，故有寵。

釋盧蒲嫳於北竟。求崔杼之尸，將戮之，不得。叔孫穆子曰：『必得之。武王有亂臣十人，崔杼其有乎？不十人，不足以葬。』既，崔氏之臣曰：『與我其拱璧，吾獻其柩。』於是得之。十二月乙亥朔，齊人遷莊公，殯於大寢。以其棺尸崔杼於市，國人猶知之，皆曰：『崔子也。』

又《襄公二十九年》 二月癸卯，齊人葬莊公於北郭。

又《昭公三年》 齊侯田於莒，盧蒲嫳見，泣且請曰：『余髮如此種種，余奚能爲？』公曰：『諾，吾告二子。』歸而告之。子尾欲復之，子雅不可，曰：『彼其髮短而心甚長，其或寢處我矣。』九月，子雅放盧蒲嫳於北燕。

又《昭公九年》 孟僖子如齊殷聘，禮也。

《韓非子》卷七《説林上》 慶封爲亂於齊而欲走越，其族人曰：『晉近，奚不之晉？』慶封曰：『越遠，利以避難。』族人曰：『變是心也，居晉而可；不變是心也，雖遠越，其可以安乎！』

《呂氏春秋》卷二二《慎行論・慎行》 崔杼與慶封謀殺齊莊公，莊公死，更立景公，崔杼相之。慶封又欲殺崔杼而代之相。於是㧻崔杼之子，令之爭後。崔杼之子相與私鬨，崔杼往見慶封而告之。慶封謂崔杼

曰：『且留，吾將興甲以殺之。』因令盧滿嫳興甲以誅之，盡殺崔杼之妻子及枝屬，燒其室屋，報崔杼曰：『吾已誅之矣。』崔杼歸無歸，因而自絞也。慶封相景公，景公苦之。慶封出獵，景公與陳無宇、公孫竈、公孫蠆誅封。慶封以其屬鬥，不勝，走如魯。齊人以爲讓，又去魯而如吳，王予之朱方。荆靈王聞之，率諸侯以攻吳，圍朱方，拔之，得慶封，負之斧質，以徇於諸侯軍，因令其呼之曰：『毋或如齊慶封，弑其君而弱其孤，以亡其大夫。』乃弑之。

《晏子春秋》卷一《内篇諫上》 莊公奮乎勇力，不顧於行義。勇力之士，無忌於國，貴戚不薦善，逼邇不引過，故晏子見公。公曰：『古者亦有徒以勇力立於世者乎？』晏子對曰：『嬰聞之，輕死以行禮謂之勇，誅暴不避彊謂之力。故勇力之立也，以行其禮義也。湯武用兵而不爲逆，并國而不爲貪，仁義之理也。誅暴不避彊，替罪不避衆，勇力之行也。古之爲勇力者，行禮義也；今上無仁義之理，下無替罪誅暴之行，而徒以勇力立於世，則諸侯行之以國危，匹夫行之以家殘。昔夏之衰也，有推侈、大戲，殷之衰也，有費仲、惡來，足走千里，手裂兕虎，任之以力，淩轢天下，威戮無罪，崇尚勇力，不顧義理，是以桀紂以滅，殷夏以衰。今公自奪乎勇力，不顧乎行義，勇力之士，無忌於國，身立威强，行本淫暴，貴戚不薦善，逼邇不引過，反聖王之德，而循滅君之行，用此存者，嬰未聞有也。』

又 卷三《内篇問上》 莊公問晏子曰：『威當世而服天下，時耶？』晏子對曰：『行也。』公曰：『何行？』對曰：『能愛邦内之民者，能服境外之不善；重士民之死力者，能禁暴國之邪逆；聽賃賢者，能威諸侯；安仁義而樂利世者，能服天下。不能愛邦内之民者，不能服境外之不善；輕士民之死力者，不能禁暴國之邪逆；愎諫傲賢者之言，不能威諸侯；倍仁義而貪名實者，不能威當世。而服天下者，此其道也已。』而公不用，晏子退而窮處。公任勇力之士，而輕臣僕之死，用兵無休，國罷民害，期年，百姓大亂，而身及崔氏禍。君子曰：『盡忠不豫交，不用不懷祿，其晏子可謂廉矣！』

又 卷五《内篇雜上》 晏子臣於莊公，公不說，飲酒，令召晏子。晏子至，入門，公令樂人奏歌曰：『已哉已哉！寡人不能説也，爾何來爲？』晏子入坐，樂人三奏，然後知其謂己也。遂起，北面坐地。公曰：『夫子從席，曷爲坐地？』晏子對曰：『嬰聞訟夫坐地，今嬰將與君訟，敢毋坐地乎？嬰聞之，衆而無義，彊而無禮，好勇而惡賢者，禍必及其身，若公者之謂矣。且嬰言不用，願請身去。』遂趨而歸，管籥其家者納之公，財在外者斥之市。曰：『君子有力於民，則進爵祿，不辭富貴；無力於民而旅食，不惡貧賤。』遂徒行而東，耕於海濱。居數年，果有崔杼之難。

又 《内篇雜上》 晏子爲莊公臣，言大用，每朝，賜爵益邑；俄而不用，每朝，致邑與爵。爵邑盡，退朝而乘，嘳然而歎，終而笑。其僕曰：『何歎笑相從數也？』晏子曰：『吾歎也，哀吾君不免於難；吾笑也，喜吾自得也，吾亦無死矣。』崔杼果弑莊公，晏子立崔杼之門，從者曰：『死乎？』晏子曰：『獨吾君也乎哉！吾死也！』曰：『行乎？』曰：『獨吾罪也乎哉！吾亡也！』曰：『歸乎？』曰：『吾君死，安歸！君民者，豈以陵民，社稷是主；臣君者，豈爲其口實，社稷是養。故君爲社稷死，則死之，爲社稷亡，則亡之；若君爲己死而爲己亡，非其私暱，孰能任之。且人有君而弑之，吾焉得死之？而焉得亡之？將庸何歸！』門啓而入，崔子曰：『子何不死？子何不死？』晏子曰：『禍始，吾不在也；禍終，吾不知也，吾何爲死？且吾聞之，以亡爲行者，不足以存君；以死爲義者，不足以立功。嬰豈其婢子也哉！其縊而從之也！』遂袒免，坐，枕君屍而哭，興，三踴而出。人謂崔子必殺之，崔子曰：『民之望也，舍之得民。』【略】

崔杼既弑莊公而立景公，杼與慶封相之，劫諸將軍大夫及顯士庶人於太宮之坎上，令無得不盟者。爲壇三仞，陷其下，以甲千列環其内外，盟者皆脱劍而入。維晏子不肯，崔杼許之。有敢不盟者，戟拘其頸，劍承其心，令自盟曰：『不與崔慶而與公室者，受其不祥。』言不疾，指不至血者死。』所殺七人。次及晏子，晏子奉桮血，仰天歎曰：『嗚呼！崔子爲無道，而弑其君，不與公室而與崔慶者，受此不祥。』俛而飲血。崔子謂晏子曰：『子變子言，則齊國吾與子共之；子不變子言，戟既在脰，劍既在心，維子圖之也。』晏子曰：『劫吾以刃，而失其志，非勇也；回吾以利，而倍其君，非義也。崔子！子獨不爲夫詩乎！《詩》云：「莫莫葛

藟，施于條枚，愷愷君子，求福不回。」今嬰且可以回而求福乎？曲刃鉤之，直兵推之，嬰不革矣。」崔杼將殺之，或曰：『不可！子以子之君無道而殺之，今其臣有道之士也，又從而殺之，不可以爲教矣。」崔子遂舍之。晏子曰：『若大夫爲大不仁，而爲小仁，焉有中乎！』趨出，授綏而乘。其僕將馳，晏子撫其手曰：『徐之！疾不必生，徐不必死，鹿生於野，命縣於廚，嬰命有繫矣。』按之成節而後去。《詩》云：『彼己之子，捨命不渝。』晏子之謂也。

又　卷八《外篇下》　莊公闔門而圖莒，國人以爲有亂也，皆操長兵而立於閭。公召睢休相而問曰：『寡人闔門而圖莒，國人以爲有亂，皆摽長兵而立於衢閭，奈何？』休相對曰：『誠無亂而國以爲有，則仁人不存。請令于國，言晏子之在也。』公曰：『諾。』以令於國：『孰謂國有亂者，晏子在焉。』然後皆散兵而歸。君子曰：『夫行不可不務也。晏子存而民心安，此非一日之所爲也，所以見於前信於後者。是以晏子立人臣之位，而安萬民之心。』

《公羊傳・宣公十年》　齊崔氏出奔衛。崔氏者何？齊大夫也。其稱崔氏何？貶。曷爲貶？譏世卿。世卿非禮也。

又　《襄公六年》　十有二月，齊侯滅萊。曷爲不言萊君出奔？國滅，君死之，正也。

又　《襄公十六年》　三月，公會晉侯、宋公、衛侯、鄭伯、曹伯、莒子、邾婁子、薛伯、杞伯、小邾婁子于湨梁。戊寅，大夫盟。諸侯皆在是，其言大夫盟何？信在大夫也。信在大夫也。偏刺天下之大夫也。曷爲偏刺天下之大夫？君若贅旒然。

又　《襄公十九年》　十有九年，春，王正月，諸侯盟于祝阿。晉人執邾婁子，公至自伐齊。此同圍齊也，何以致伐？未圍齊也。未圍齊，則其言圍齊何？抑齊也。曷爲抑齊？爲其亟伐也。或曰爲其驕蹇，使其世子處乎諸侯之上也。【略】

晉士匄帥師侵齊，至穀，聞齊侯卒，乃還。還者何？善辭也。何善爾？大其不伐喪也。此受命乎君而伐齊，則何大乎其不伐喪？大夫以君命出，進退在大夫也。

又　《襄公二十三年》　八月，叔孫豹帥師救晉，次於雍渝。曷爲先言救而後言次？先通君命也。

《穀梁傳・宣公十年》　齊崔氏出奔衛。氏者，舉族而出之之辭也。

又　《襄公十六年》　戊寅，大夫盟。湨梁之會，諸侯失正矣。諸侯會，而曰大夫盟，正在大夫也。諸侯在，而不曰諸侯之大夫，大夫不臣也。

又　《襄公十八年》　冬，十月，公會晉侯、宋公、衛侯、鄭伯、曹伯、莒子、邾子、滕子、薛伯、杞伯、小邾子同圍齊。非圍而曰圍，齊有大焉，亦有病焉。非大而足同與？諸侯同罪之也，亦病矣。

又　《襄公十九年》　公至自伐齊。《春秋》之義，已伐而盟。復伐者，則以伐致。盟不復伐者，則以會致。祝柯之盟，盟復伐齊與？曰，非也。然則何爲以伐致也？曰，與人同事，或執其君，或取其地。【略】

晉士匄帥師侵齊，至穀，聞齊侯卒，乃還。還者，事未畢之辭也。受命而誅，生死無所加其怒，不伐喪，善之也。善之，則何爲未畢也？君不尸小事，臣不專大名。善則稱君，過則稱己，則民作讓矣。士匄外專君命，故非之也。然則爲士匄者宜奈何？宜墠帷而歸命乎介。

又　《襄公二十三年》　八月，叔孫豹帥師救晉，次於雍渝。言救後次，非救也。

又　《襄公二十五年》　二十有五年，春，齊崔杼帥師伐我北鄙。夏，五月，乙亥，齊崔杼弒其君光。莊公失言，淫於崔氏。

《史記》卷三二《齊太公世家》　莊公三年，晉大夫欒盈奔齊，莊公厚客待之。晏嬰、田文子諫，公弗聽。四年，齊莊公使欒盈閒入晉曲沃爲內應，以兵隨之，上太行，入孟門。欒盈敗，齊兵還，取朝歌。

又　卷三九《晉世家》　平公元年，伐齊，齊靈公與戰靡下，齊師敗走。晏嬰曰：『君亦毋勇，何不止戰？』遂去。晉追，遂圍臨菑，盡燒屠其郭中。東至膠，南至沂，齊皆城守，晉乃引兵歸。

漢・劉向《說苑》卷一《君道》　齊人弒其君，魯襄公援戈而起曰：『孰臣而敢殺其君乎？』師懼曰：『夫齊君治之不能，任之不肖，縱一人之欲，以虐萬夫之性，非所以立君也；其身死，自取之也。今君不愛萬夫之命，而傷一人之死，奚其過也？其臣已無道矣，其君亦不足惜也。』

又　卷四《立節》　齊莊公且伐莒，爲五乘之賓，而杞梁、華舟獨不

與焉，『華舟』作『華州』。故歸而不食，其母曰：『汝生而無義，死而無名，則雖五乘，『雖』下，舊有『非』字，案文不當有，今刪，此謂雖得五乘之賓也。孰不汝笑也！汝生而有義，死而有名，則五乘之賓，盡汝下也。』趣食乃行，杞梁、華舟同車，侍於莊公而行至莒，莒人逆之，杞梁、華舟下鬥，獲甲首三百。莊公止之曰：『子止，與子同齊國。』杞梁、華舟曰：『君爲五乘之賓，而舟、梁不與焉，是少吾勇也；臨敵涉難，止我以利，是汙吾行也。深入多殺者，臣之事也，齊國之利，非吾所知也。』遂進鬥，壞軍陷陣，三軍弗敢當。至莒城下。莒人以炭置地，二人立有間，不能入。隰侯重爲右，曰：『吾聞古之士犯患涉難者，其去遂於物也，句疑。來，吾踰子！』隰侯重仗楯伏炭，二子乘而入，顧而哭之，華舟後息。杞梁曰：『汝無勇乎？何哭之久也？』華舟曰：『吾豈無勇哉！是其勇與我同也，而先吾死，是以哀之。』莒人曰：『子毋死，與子同莒國。』杞梁、華舟曰：『去國歸敵，非忠臣也；去長受賜，非正行也。且雞鳴而期，日中而忘之，非信也。深入多殺者，臣之事也，莒國之利，非吾所知也。』遂進鬥，殺二十七人而死。其妻聞之而哭，城爲之阤，而隅爲之崩，此非所以起也。

漢・劉向《新序》卷八《義勇》　齊崔杼弑莊公也，有陳不占者，聞君難，將赴之，比去，餐則失匕，上車失軾。御者曰：『怯如是，去有益乎？』不占曰：『死君，義也；無勇，私也。不以私害公。』遂往，聞戰鬥之聲，恐駭而死。人曰：『不占可謂仁者之勇也。』

漢・韓嬰《韓詩外傳》卷八　齊崔杼弑莊公。荊蒯芮使晉而反，其僕曰：『崔杼弑莊公，子將奚如？』荊蒯芮曰：『驅之。將入死而報君。』其僕曰：『君之無道也，四鄰諸侯莫不聞也。以夫子而死之，不亦難乎？』荊蒯芮曰：『善哉而言也。早言我，我能諫。諫而不用，我能去。今既不諫，又不去。吾聞之，食其食，死其事。吾既食亂君之食，又安得治君而死之？』遂驅車而入死。其僕曰：『人有亂君，猶必死之。我有治長，可無死乎？』乃結轡自刎於車上。君子聞之，曰：『荊蒯芮可謂守節死義矣。僕夫則無爲死也，猶飲食而遇毒也。』《詩》曰：『夙夜匪懈，以事一人。』荊先生之謂也。《易》曰：『不恒其德，或承之羞。』僕夫之謂也。

漢・孔安國《孔子家語》卷九《正論解》　樊遲問於孔子曰：『鮑牽事齊君，執政不撓，可謂忠矣，而君刖之，其爲至闇乎？』孔子曰：『古之士者國有道則盡忠以輔之，國無道則退身以避之。今鮑莊子食於淫亂之朝，不量主之明暗，以受大刖，是智之不如葵，葵猶能衛其足。』

漢・劉安《淮南子》卷一八《人間訓》　齊莊公出獵，有一蟲舉足將搏其輪，問其御曰：『此何蟲也？』對曰：『此所謂螳螂者也。其爲蟲也，知進而不知卻，不量力而輕敵。』莊公曰：『此爲人而必爲天下勇武矣！』回車而避之。勇武聞之，知所盡死矣。

論説

宋・呂祖謙《左氏傳説》卷九《襄公》　崔杼廢成立明。二十七年。

慶封好田耆酒。二十八年。

陳無宇言：『得慶氏之木百車於莊』。同上。

崔杼廢成立明，崔成、崔彊殺東郭偃、棠無咎於崔氏之朝，慶封使盧蒲嫳帥甲攻崔氏，殺成與彊，盡俘其家，而杼遂縊死。大抵小人以勢利相合，一旦勢均力敵，必相屠戮而後已。初，崔杼弑莊公，立景公而相之。慶封爲左相，弑崔慶，同爲此逆謀。杼弑君之後，收一國之權，其凶威虐焰，太史書而死者三人，舉齊國無一人敢當之者。孰得而滅之？及其死也，乃以家禍而死。因其處家無法廢嫡立庶，遂致禍由内作，故不旋踵而滅亡。如安慶緒之弑安祿山、史朝義之弑史思明皆如此。自古之姦雄其威焰可畏，無有能禦之者，其終未有不死於内亂。安祿山陷京師，迫天子，其聲勢蓋天下。當時外面雖有張睢陽、顔平原之徒盡忠於國，何曾損得祿山一毫毛，及其死也，乃其子安慶緒殺之；史思明僭叛飛揚，奄據河北，其聲勢再蓋天下，當時外面雖有郭汾陽、李臨淮之徒盡忠爲國，何曾損得思明一毫毛，及其死也，乃其子史朝義殺之。姦雄之人，看他凶强誰損得他，而其終也，其禍卻自内始。譬如百圍之木，外面誰能摇撼得他動，及其僕，未有不自内蠹。崔氏既弑莊公，以慶封爲左相，至慶封謀於盧蒲嫳，嫳曰：『崔之薄，慶之厚也。』慶氏終滅崔氏。崔氏既滅，慶封自謂無事，好田嗜酒，與慶舍政，未幾而有盧蒲癸、王何之變。夫崔杼弑君，

未幾而慶封俘其室；慶封戕崔氏，未幾而盧蒲癸破其家。夫崔慶相繼，當國一時，威虐可畏，外人不可得而滅，其禍皆發於內也。然崔慶之亂也，又須看慶封。其初甚精密，及既滅崔杼之後，君臣泰然，自謂可以專齊國之柄。盧蒲嫳，慶封之所與謀者也。子雅、子尾之事，嫳自謂『譬之禽獸，吾寢處其皮。』君臣都恁地驕解了，此其所以終於亡。且當時，滅慶氏之人，皆爭分財貨玉帛，惟陳無宇之志皆不在貨財，但對曰『得慶氏之木百車於莊』，是其篡齊之大志已萌於此。學者觀此，當知沛公入關，珍貨無所取，婦女無所幸，而范增所以憂。看此一段，雖可以爲齊喜，亦可以爲齊憂。慶氏既平而得目前之安，是可喜也；禍亂既平之後，陳恒弒君之胎，實萌於此，豈不深可憂乎？學者當看於此。

宋・洪咨夔《春秋説》卷二三《昭公四年》 秋七月，楚子、蔡侯、陳侯、許男、頓子、胡子、沈子、淮夷伐吳，執齊慶封，殺之，遂滅賴。

義利之不兩立，若白黑然。楚伐吳，殺慶封，似爲義也；遂滅賴，則蒙義以規利，盜蹠之心見矣。方齊崔慶同惡相濟，以賂道討，自以爲泰山之安，天假手于盧蒲嫳以滅杼而封，出奔吳，受封邑之朱方富踰其舊。使非天又假手于圍，執而僇之，則無君稔惡者，皆可長保富貴，是無人極也。封雖非圍所得討，以賊討賊，賊何所逃。殺封，盡滅其族人心，方爲之一快；而移師滅賴，果何名乎？徐既以無罪執賴，復以無名滅天，又將稔其惡爲討篡夷凶之地歟？觀書伐書執書遂滅，可見凶焰勃勃乎其莫遏也。

宋・家鉉翁《春秋集傳詳説》卷二二《襄公二十八年》 慶封，崔杼之黨也。杼既弒莊公，而崔慶共爲政，其必預於弒矣。去年，杼以家難而死，慶封當國，其權任可謂專矣。而莊公之倖臣曰盧蒲癸、王何者乃共謀討之，殺其子慶舍。慶封田而歸戰，弗克，遂來奔。齊人乃出崔杼之屍而戮之，改葬莊公。莊公之死也，倖臣與之俱死者十人。今爲之討賊，亦倖臣也。身爲國君，以倖臣爲羽翼，莊固可鄙矣。而卿大夫無能爲君討賊，復讎者而倖臣乃能之，亦卿大夫之耻也。

宋・王當《春秋臣傳》卷二二《襄公六・齊慶封》 慶封，字子家，齊相也。崔杼弒莊公，立景公而相之，封爲左相，謂之崔慶。二十七年，來聘，其車美。孟孫謂叔孫曰：『慶季之車，不亦美乎？』叔孫曰：『豹聞之，服美不稱，必以惡終。美車何爲？』叔孫與封食，不敬，爲賦《相鼠》，亦不知也。崔杼死，封當國。封好田而嗜酒，公膳日雙雞，饔人竊更之以鶩。御者知之，則去其肉而以洎饋。子雅、子尾遂謀逐慶氏。封來奔魯，獻車於季武子，美澤可以鑑。展莊叔見之，曰：『車甚澤，人必瘁，宜其亡也。』叔孫食封，封氾祭。穆子不説，使工爲之誦《茅鴟》，亦不知也。齊人來讓，奔吳。吳句餘予之朱方，聚其族焉而居之，富於其舊。子服惠伯謂叔孫曰：『天殆富淫人，慶封又富矣。』穆子曰：『善人富謂之賞，淫人富謂之殃，天其殃之也。』其將聚而殲旃。昭四年，會于申，楚使屈申圍朱方。八月，克之。執封而盡滅其族，將戮封，椒舉曰：『臣聞無瑕者可以戮人。封惟逆命，是以在此，其肯從於戮乎？播於諸侯，焉用之？』王弗聽，負之斧鉞，以徇於諸侯，使言曰：『無或如齊慶封，弒其君，弱其孤，以盟其大夫。』慶封曰：『無或如楚共王之庶子圍，弒其君，兄之子麇而代之，以盟諸侯。』軍人粲然皆笑，王使速殺之。《春秋》之義，用貴治賤，用賢治不肖，不以亂治亂也。孔子曰：『懷惡而討，雖死不服。』其斯之謂與？

又《齊崔杼》 崔杼，齊相也。是爲崔武子，棠公死，武子弔焉，見棠姜，美之，武子取之。莊公通焉，杼遂弒之。賈舉、州綽、邴師、公孫敖、封具、鐸父、襄伊、僂堙皆死。祝佗父祭於高唐，至，復命。不説弁而死於崔氏。申蒯侍漁者，退，謂其宰曰：『爾以帑免我將死。』其宰曰：『免，是反子之義也。』與之皆死。崔氏殺鬷蔑于平陰。丁丑，杼立景公而相之，盟國人於大宮。太史書曰：『崔杼弒其君。』崔子殺之，其弟嗣書而死者二人；其弟又書，乃舍之。南史聞太史盡死，執簡以往，聞既書乃還。

元・程端學《春秋本義》卷二三《襄公》 二十有五年春，齊崔杼帥師伐我北鄙。

《左氏》曰：齊崔杼帥師伐我北鄙。以報孝伯之師也。公患之，使告於晉。孟公綽曰：『崔子將有大志，不在病我，必速歸，何患焉！其來也不寇，使民不嚴，異於他日，齊師徒歸存耕。』趙氏曰：『兵，凶器也。弗戢必自焚，齊莊連歲用兵，伐衛、伐晉、伐莒、伐魯。三年之間曾弗之戢，而又授兵於好亂之夫，蛟蚓作於陰，虎兕出於柙，宜其終不免於禍

也。』義又見隱二年鄭伐衛。葉氏曰：自襄以前，莊、僖、文、成之伐我者各一，皆齊而已。至文而邾復見於伐襄，而莒復見伐。是終其世，三國見伐者十有三，甚乎襄之不能爲國也。齊伐其北，莒伐其東，邾伐其南，齊侯之師遂至圍成、圍桃、圍防，莒亦進而圍台，則非特及其鄙而已。我雖城防、城西郛、城武城，曾不足以自守，而區區方託晉爲雍榆之救，固已兆怨矣。又從而侵之，豈吾所得已哉？皆晉之故也，此其所以訖不能振也。《春秋》固志之矣。

夏五月乙亥，齊崔杼弑其君光。

《左氏》曰：齊棠公之妻，東郭偃之姊也，東郭偃臣崔武子，棠公死，偃御武子以弔焉。見棠姜而美之，使偃取之。偃曰：『男女辨姓，今君出自丁，臣出自桓，不可。』武子筮之，遇困之大過。史皆曰『吉』。示陳文子，文子曰：『夫從風，風隕，妻不可娶也。且其《繇》曰：「困于石，據於蒺藜，入于其宫，不見其妻，凶。」困于石，往不濟也。據於蒺藜，所恃傷也。入于其宫，不見其妻，凶，無所歸也。』崔子曰：『嫠也何害，先夫當之矣。』遂取之。莊公通焉，驟如崔氏。以崔子之冠賜人，侍者曰：『不可。』公曰：『不爲崔子，其無冠乎？』崔子因是，又以其間伐晉也，曰：『晉必將報。』欲弑公以悦於晉，而不獲間。公鞭侍人賈舉而又近之，乃爲崔子間公。夏五月，莒爲且于之役故，莒子朝於齊。甲戌，饗諸北郭。崔子稱疾，不視事。乙亥，公問崔子，遂從姜氏。姜入於室，與崔子自側户出。公拊楹而歌。侍人賈舉止衆從者，而入閉門。甲興，公登臺而請，弗許；請盟，弗許；請自刃於廟，弗許。皆曰：『君之臣杼疾病，不能聽命。近於公宫，陪臣干掫有淫者，不知二命。』公踰牆。又射之，中股，反隊，遂弑之。賈舉、州綽、邴師、公孫敖、封具、鐸父、襄伊、僂堙皆死。祝佗父祭於高唐，至，復命。不説弁而死於崔氏。申蒯侍漁者，退，謂其宰曰：『爾以帑免，我將死。』其宰曰：『免，是反子之義也。』與之皆死。崔氏殺鬷蔑於平陰。晏子立於崔氏之門外，其人曰：『死乎？』曰：『獨吾君也乎哉？吾死也。』曰：『行乎曰吾辠也乎哉？吾亡也。』曰：『歸乎？』曰：『君死，安歸？君民者，豈以陵民？社稷是主。臣君者，豈爲其口實，社稷是養。故君爲社稷死，則死之；爲社稷亡，則亡之。若爲已死而爲已亡，非其私暱，誰敢任之？且人有君而弑之，吾焉得死之，而焉得亡之？將庸何歸？』門啓而入，枕屍股而哭。興，三踴而出。人謂崔子：『必殺之！』崔子曰：『民之望也！舍之，得民。』盧蒲癸奔晉，王何奔莒。叔孫宣伯之在齊也，叔孫還納其女於靈公。嬖，生景公。丁丑，崔杼立而相之。慶封爲左相。盟國人於大宫，曰：『所不與崔、慶者。』晏子仰天歎曰：『嬰所不唯忠於君利社稷者是與，有如上帝。』乃歃。辛巳，公與大夫及莒子盟。大史書曰：『崔杼弑其君。』崔子殺之。其弟嗣書而死者，二人。其弟又書，乃舍之。南史氏聞大史盡死，執簡以往，聞既書矣，乃還。崔氏側莊公于北郭。丁亥，葬諸士孫之里，四翣，不蹕，下車七乘，不以兵甲。邦衡胡氏曰：崔杼之弑，其處心積慮，蓋二十有五年而後發其始也。同盟於虚朾，代君而盟；次於鄫，代君而會，則專盟會之權矣。其漸也，會荀罃而城虎牢，其益恣也。帥師而伐莒、伐魯，則竊威福之柄矣。一旦動於惡，而人始知其弑君，不知其非一日之積也。易之旨微矣。愚謂齊光自爲世子而出，與會盟侵伐，或驕蹇序於諸侯之上，及其卽位，則背喪出盟，違盟伐衛，遂伐盟主，襲莒伐魯，莫非悖亂之舉。《春秋》歷書崔氏之世卿，崔杼之專權；又書齊光之悖亂，而終之以此，亂臣賊子懼矣，人君鑑戒昭矣。義又見隱四年衛州吁事。又案：崔杼弑君而後，無討賊之文，則春秋之時，亂可知矣。

明·湛若水《春秋正傳》卷二七《襄公二十五年》　春，齊崔杼帥師伐我北鄙。

《正傳》曰：書『齊崔杼帥師伐我北鄙』，志警也，而陵暴之罪亦可見矣。《左氏》曰：以報孝伯之師也。公患之，使告於晉。孟公綽曰：『崔子將有大志，不在病我，必速歸，何患焉！其來也不寇，使民不嚴，異於他日。』齊師徒歸。

夏五月，乙亥，齊崔杼弑其君光。

《正傳》曰：光，齊莊公名。書『齊崔杼弑其君光』，誅亂賊也。齊太史書之，魯史因報而書之冊，使君之昏淫，臣之弑逆者，知所以戒焉。左氏曰：齊棠公之妻，東偃之能迯誅於萬世矣。

又按《左傳》稱：太史書崔杼弑其君，兄弟再見殺而不回，南史復繼以往。由是觀之，則今之《春秋》皆太史之所書也。《孟子》其文，則

史之言不誣矣。後儒乃謂字字皆出聖人之手，豈不謬哉！胡氏曰：齊莊公見弒，賈舉、州綽等十人皆死之，而不得以死節稱，何也？所謂死節者，以義事君，責難陳善，有所從違而不苟者是也。雖在屬車後，乘必不肯同入崔氏之宫矣。若此十人者，獨勇力聞，皆逢君之惡，從於昏亂，而莊公嬖之者，死非其所，比諸匹夫匹婦自經於溝瀆而莫之，知者猶不遠也。晏平仲曰：『君民者，豈以陵民？社稷是主；臣君者，豈爲其口實，社稷是養！故君爲社稷死，則死之；爲社稷亡，則亡之。若爲己死，而爲己亡，非其私暱誰敢任之。』此十人者真其私暱任此宜矣。雖殺身不償責，安得以死節許之哉！

明·朱朝瑛《讀春秋略記》卷八《成公十八年》 齊殺其大夫國佐。佐以殺叛，殺之可也。然爲慶氏之濁亂，而激於義憤，非真叛也。不原其本志而遽殺之，崔慶之禍自此始矣。

清·馬驌《繹史》卷七〇《齊崔慶之亂》 嗚呼！好寵者亂，好戰者危，齊以崔、慶之寵，問高、國之命卿，國所以三世不靖也。其君黷武好勇，叛伐盟主，靈、莊所以弗戢自焚也。崔出自丁，慶出自桓，皆以公族而居微秩，杼以惠公之寵，高、國畏而逐之，雖禍亂未彰，史稱無罪，然而防微杜漸，國之幸也。無何而慶氏張、崔氏入矣。聲孟子者，靈公之母，慶克淫亂，罪同僑如，公受其譖，而刖鮑牽，逐高無咎，國佐義忿，又復見殺，信讒慝而專刑戮，靈之不明也。慶克雖死，杼、封並進，國之患何有極邪？齊自袁婁受盟以來，恪從霸令，及靈公嗣位，當晉景、厲、悼之世，伐鄭伐秦，唯晉命是從，會于沙隨，于柯陵，齊侯未嘗不親至也；于雞澤，于戚，于戲，于柤，于亳城北，于蕭魚，世子光未嘗不同盟也；于鍾離，於虛朾，于鄬，于戚，于邢丘，于向，卿大夫未嘗不從事也。伐鄭之役，齊光以世子而先滕，薛之君，晉悼公越禮以躋其班次，可謂崇矣；俄而構釁魯國，不恤同盟，四年之中，而六伐其鄙，四圍其邑，蓋是時晉悼卒矣，中國無霸，齊環倍棄同好，怙險以自逞也。於是諸侯莫不痛心疾首，徵會致討，十有二國之君，合志同心，沈璧誓河，不啻鳴鐘鼓而揭鞀鐸，故特書曰同圍，明乎天下之公惡，《春秋》之義戰也。四鄙蹂躪，國幾滅亡，非諸侯之敗齊，齊實自敗耳。公又不道，廢嫡立庶，崔杼迎立，亂從中作，公之所爲後嗣計者，於母無魯成之明，於子無仲子之智，幸而獲没，奚以靖國哉？士匄來侵，聞喪而還，晉之於齊，始終有禮矣。莊公嗣立，屍戎子，執公子牙，殺高厚，醢夙沙衛，所以謀安其位者，汲汲焉如將弗及，而崔慶在側，若不聞焉。澶淵受盟，豈果捐怨修好，感於晉之不伐喪乎？抑亦亡屑棄輔，雖欲不受盟，不可得也。商任沙隨，漸窺晉隙，尚勇恃力，納叛人以伐盟主，蓋自爲世子時，屢與大國之盟，習見諸侯之事，故敢肆志輕晉，料敵制勝，自以爲恢恢天下雄爾。衛郊不寧，莒人告變，諸侯方貳，晉亦無如齊何。乃用師不息，勞民動衆，賊臣市主，內蓄逆志，而外收兵權，莊公曾不知也。迨賜冠禍構，撫楹難作，登臺三請，冀或得免，氣餒於崔子，而勢屈於侍人，所謂螳蜋捕蟬，而黃雀又伺其後，以視扣馬進諫，抽劍斷鞅時，何智愚勇怯之不侔邪？莊之爲莊，猶靈之爲靈耳。杼也弒莊以説晉，援立嗣君，大宫爲盟，不惟無弒君之罪，而且有立君之功，不惟無諸侯之討，而反得大國之助，晏嬰仰天而歎，亦莫如之何也。崔慶爲黨，固未易圖，乃崔子內亂，而慶封乘之，崔、慶離而崔氏孤矣，崔氏滅而慶氏益用孤矣。盧蒲嫳構之而崔子誅，盧蒲癸與王何構之而慶封亡，齊人除兩大逆，曾不旋踵，豈其太公之德在人，抑亦晏嬰陰相其成，討亂者咸知有濟，是以嬖攻崔氏而國人助之，癸與何攻慶氏而欒、高、陳、鮑又交助之也。天道有知，好回弗宥，崔杼三子皆死，而不免一身之縊，慶封聚族皆奔，而不免朱方之誅，弒逆之徒，何克長世，爲亂者可以止矣。

二慶之亂分部

綜　述

《左傳·襄公二十年》 蔡公子燮欲以蔡之晉，蔡人殺之。公子履，其母弟也，故出奔楚。

陳慶虎、慶寅畏公子黃之偪，訴諸楚曰：『與蔡司馬同謀。』楚人以爲討。公子黃出奔楚。初，蔡文侯欲事晉，曰：『先君與於踐土之盟，晉

不可棄，且兄弟也。』畏楚，不能行而卒。楚人使蔡無常，公子燮求從先君以利蔡，不能而死。書曰：『蔡殺其大夫公子燮』，言不與民同欲也。『陳侯之弟黄出奔楚』，言非其罪也。公子黄將出奔，呼於國曰：『慶氏無道，求專陳國，暴蔑其君，而去其親，五年不滅，是無天也。』

又《襄公二十三年》 陳侯如楚。公子黄訴二慶于楚，楚人召之。使慶樂往。殺之。慶氏以陳叛。夏，屈建從陳侯圍陳。陳人城，板隊而殺人。役人相命，各殺其長。遂殺慶虎、慶寅。楚人納公子黄。君子謂：『慶氏不義，不可肆也。故《書》曰：「惟命不于常。」』

又《襄公二十四年》 陳人復討慶氏之黨，鍼宜咎出奔楚。

又《襄公二十八年》 蔡侯歸自晉，入於鄭。鄭伯享之，不敬。子産曰：『蔡侯其不免乎？日其過此也，君使子展廷勞於東門之外，而傲。吾曰：「猶將更之。」今還，受享而惰，乃其心也。君小國事大國，而惰傲以爲己心，將得死乎？若不免，必由其子。其爲君也，淫而不父。僑聞之，如是者，恒有子禍。』

又《襄公三十年》 蔡景侯爲大子般娶於楚，通焉。大子弒景侯。

《公羊傳・襄公三十年》 冬，十月，葬蔡景公。賊未討，何以書葬？君子辭也。

《穀梁傳・襄公二十年》 陳侯之弟光出奔楚。諸侯之尊，弟兄不得以屬通。其弟云者，親之也。親而奔之，惡也。

又《襄公二十三年》 陳殺其大夫慶虎及慶寅。稱國以殺，罪累上也。及慶寅，慶寅累也。

又《襄公三十年》 夏，四月，蔡世子般弒其君固。其不日，子奪父政，是謂夷之。【略】

冬，十月，葬蔡景公。不日卒而月葬，不葬者也。卒而葬之，不忍使公失民於子也。

論　説

宋・孫覺《春秋經解》卷一〇《襄公二十三年》 《春秋》殺大夫，有言及者皆累之也。二慶之迹，見於《左氏》，以爲不義而見殺。考《經》之所書，乃是慶虎累慶寅。若如《左氏》之説，則《經》何以得言及乎此？當據《經》爲定也。《穀梁》曰：慶寅累，是也。

宋・蘇轍《春秋集解》卷九《襄公二十三年》 陳侯如楚，公子黄訴二慶于楚，楚人召之。二慶以陳叛楚，屈建從陳侯圍陳，陳殺二慶而納。黄二慶之罪當死，而陳不能誅也。因楚而後克之，故稱國以殺，所以病陳也。二慶死，則黄之歸無難矣。

宋・葉夢得《葉氏春秋傳》卷一五《襄公七年》 陳侯逃歸。

鄬之會諸侯，謀救陳，陳侯迫於二慶之言不待救而遽歸。故書曰『逃』，以陳侯爲匹夫行而不知義也。

宋・呂本中《呂氏春秋集解》卷一九《襄公七年》 陳侯逃歸。

《左氏傳》：陳人患楚慶虎、慶寅，謂楚人曰：『吾使公子黄往而執之。』楚人從之。二慶使告陳侯於會曰：『楚人執公子黄矣，君若不來，羣臣不忍，社稷宗廟，懼有二圖，陳侯逃歸。』

《武夷胡氏傳》：《穀梁》曰逃，義曰逃者，匹夫之事上。二年，諸侯戍陳，令楚令尹來伐，諸侯又救之，亦既勤矣。爲陳侯計者，下令國中大申儆備，立太子以固守，親聽命於諸侯，謀禦敵之策。當是時，晉君方明，八卿和睦，諸侯聽命，必能致力於陳矣。不此之顧棄儀衛而逃歸，此匹夫之事耳。夫義，路也；禮，門也。輕棄中國，惟蠻夷之懼，是不能由是路出入是門，故書『逃歸』以罪之，可謂深且著明矣。

又　卷二一《襄公二十三年》 陳殺其大夫慶虎及慶寅，陳侯之弟黄《公》、《穀》作光。自楚歸於陳。《左氏傳》：陳侯如楚，公子黄訴二慶於楚，楚人召之。使慶樂往。殺之。慶氏以陳叛。夏，屈建從陳侯圍陳。陳人城，板隊而殺人。役人相命，各殺其長。遂殺慶虎、慶寅。楚人納公子黄。

《穀梁傳》：陳殺其大夫慶虎及慶寅，稱國以殺，罪累上也。及慶寅，慶寅累也。

《劉氏傳》：稱國以殺其大夫者，罪累上也。慶虎之累上，奈何慶虎爲無道，暴蔑其君，而去其親，慶虎之爲人臣也，足以殺其身矣。然而暴虐其君，而去其親，三年國幾亡者，陳侯則實使之也。其言及慶寅，何以罪及之也。寅，慶虎之族也。

《武夷胡氏傳》：人君擅一國之利，勢使權臣暴蔑其身，而不能遠；欲去其親而不能保譖。訴之於大國而不能辨，至因夷狄之力然後能克，則非君人之道也。故二慶之死稱『國以殺』；公子黄之出，特以弟書者，譏歸陳侯也。凡此皆《春秋》端本之意。

呂氏曰：慶虎、慶寅之罪不等，故言及。

宋·高閌《春秋集註》卷二八《襄公七年》　陳侯逃歸。

楚人以陳叛，故殺公子壬夫而亟討陳。晉雖爲陳再合諸侯，卒不能攘楚以安中國，故陳侯内爲二慶所逼。又聞鄭伯之弑，晉侯不明其死，竟不爲之討賊。强臣專君，君不得爲善，遂以晉爲不足與而逃歸也。然爲一國之君而不能自立，從楚則懼爲中國所伐，從中國則又懼楚，若匹夫之逃，亦可羞矣。

宋·陳傅良《春秋後傳》卷九《襄公二十三年》　二十有三年春王二月癸酉朔，日有食之。三月己巳，杞伯匄卒。夏，邾畀我來奔，葬杞孝公。陳殺其大夫慶虎及慶寅。

於是陳侯如楚，公子黄訴二慶於楚，楚人召之，慶氏以陳叛，屈建從陳侯圍陳，遂殺慶虎、慶寅。故《春秋》未書『叛』而稱『國以殺』，猶是殺大夫焉爾。叛必不能殺者也。

宋·李明復《春秋集義》卷四〇《襄公二十三年》　二十有三年春王二月癸酉朔，日有食之。三月己巳，杞伯匄卒。夏，邾畀我來奔。

謝湜曰：庶其以邑來奔矣，畀我又以罪來奔，所謂爲邾之逋逃淵藪也。魯無政矣。

葬杞孝公。陳殺其大夫慶虎及慶寅。

謝湜曰：慶虎得罪於國，其禍連及慶寅，殺書『及』，以著刑誅之濫也。孔父之及，以君之禍而連及其臣也；慶盈之及，以臣之禍而連及其親也。

胡安國曰：按《左氏》慶虎無道，求專陳國，暴蔑其君，畏公子黄之偪，而訴諸楚曰『與蔡司馬同謀』。楚人以爲討公子黄奔楚，訴之二慶。以陳叛，楚屈建圍陳，殺二慶。夫人君擅一國之利，勢使權臣暴蔑其身而不能遠，欲去其親而不能保，譖訴之於大國而不能辨，至因楚人之力然後能克，則非君人之道也。故二慶之死稱『國以殺』，公子黄之出，特以『弟』書者，譏歸陳侯也。凡此皆《春秋》端本之意。

宋·趙鵬飛《春秋經筌》卷一二《襄公二十年》　陳侯之弟黄出奔楚。

慶氏專陳，執其國，命陳侯手足之親不能自庇，其横可知矣。黄之出奔，二慶逼之也。二十三年，陳殺二慶，黄復歸陳。則今之奔也，二慶逐之審矣。陳哀暗弱，權移慶氏。黄其弟也，不能保其安危，則國可知矣。書曰『陳侯之弟』，罪陳侯也。説者見其奔楚，乃曰陳有二黨，慶氏謀歸晉。黄欲爲楚黄不勝，故復奔楚。且陳自於鄬之會逃歸，死附于楚，安有與晉之謀？徒見黄出奔楚意之耳。

又《襄公二十三年》　陳殺其大夫慶虎及慶寅。

陳哀庸暗不君，權歸慶氏。前年逐其弟黄，黄訴於楚，以楚之力乃能殺二慶以歸，其爲國蓋亦危矣。以君之弟而逐出，則陳哀僅免爲衞衎魯昭，蓋亦幸矣。今能殺二慶，則黄之謀而楚之力也。不然，二慶夫豈遂延頸受戮哉！以累上之辭，書陳侯有以致之也。書『及』者，職有尊卑，罪有大小；以大及小，以尊及卑爾。二趙三郤，不書『及』，敵也。

陳侯之弟黄自楚歸于陳。

書『自楚』，楚有力焉。既因楚之力以殺二慶，則其反也可以優遊無患，故書『歸』。出稱『弟』，入稱『弟』，不失弟之道。黄不失弟之道，則陳侯爲病矣。

宋·家鉉翁《春秋集傳詳説》卷二一《襄公三·二十三年》　陳殺其大夫慶虎及慶寅。陳侯之弟黄自楚歸於陳。

導陳侯以叛晉即楚者，二慶也；奔母弟黄于楚者，亦二慶也。今二慶以陳叛，楚人討而殺之，納黄于陳。二慶之誅，黄之復楚，皆專之。《春秋》書法如此。若陳人之自殺、之自復、之不與，楚人以專制中國也。

元·程端學《春秋本義》卷二〇《襄公七年》　陳侯逃歸。

《左氏》曰：陳人患楚，慶虎、慶寅謂楚人曰：『吾使公子黄往而執之。』楚人從之。二慶告陳侯於會，曰：『楚人執公子黄矣！君若不來，羣臣不忍社稷宗廟，懼有二圖。』陳侯逃歸。康侯胡氏曰：上二年諸侯戍陳，今楚來伐，諸侯又救之，亦既勤矣。爲陳侯計者，下令國中大申儆備，立太子以固守，親聽命於諸侯，謀禦敵之策。當是時，晉君方明，八

卿和睦，諸侯聽命，必能致力於陳矣。不此之顧棄儀衛而逃歸，此匹夫之事耳。夫義，路也；禮，門也。輕棄中國，惟强者之懼，是不能由是路出入是門。其曰『逃歸』，可謂深切著明矣。義又見僖五年『鄭伯逃歸』。

元・王元傑《春秋讞義》卷九《襄公二十三年》　陳殺其大夫慶虎及慶寅。

胡氏曰：慶虎無道，求專陳國，暴蔑其君，畏公子黄之偪而訴諸楚，因楚人之力而後能克，非君人之道也。

《讞》曰：二慶之罪著矣。陳侯寧免責乎！人君執一國之威權，縱姦臣之暴横，去其親而不能保，蔑其君而不加刑。方且聽命于蠻夷，訴詞以求，直君道失矣，何國之爲！《春秋》稱國以殺，不與楚人，加于中國，不去其官，以譏陳侯之不君。其旨微矣。

元・趙汸《春秋集傳》卷一一《襄公下・二十三年》　陳殺其大夫慶虎及慶寅。

陳侯之弟黄自楚歸於陳。

於是陳侯如楚，公子黄訴二慶於楚，楚人召之，慶氏以陳叛楚，屈建從陳侯圍陳，而陳人殺慶虎、慶寅，則曷爲以國殺書之？以楚人不釋君而助臣，故陳侯得致其討也。二慶導陳侯以逃晉即楚者也，於是以陳叛不書，非叛其君也。楚圍陳不書，非爲寇也，曰『陳殺其大夫慶虎及慶寅』，陳侯之弟黄自楚歸于陳，則二慶見殺之由可見矣。

明・湛若水《春秋正傳》卷二五《襄公七年》　陳侯逃歸。

《正傳》曰：書『陳侯逃歸』，則陳侯之罪自見矣。《左氏》曰：陳人患楚，慶虎、慶寅謂楚人曰：『吾使公子黄往而執之』，楚人從之。二慶使告陳侯於會，曰：『楚人執公子黄矣，君若不來，羣臣不忍社稷宗廟，懼有二圖。』陳侯逃歸。愚謂諸侯之會，凡以救陳也。陳侯既無預防之策，又背其信義以逃歸，其何以自立乎！胡氏曰：《穀梁子》曰逃，義曰逃，逃者匹夫之事。上二年，諸侯戍陳，今楚令尹來伐，諸侯又救之，亦既勤矣。爲陳侯計者，下令國中大申儆備，立太子以固守，親聽命于諸侯，謀禦敵之策。當是時，晉君方明，八卿和睦，諸侯聽命，必能致力於陳矣。不此之顧棄儀衛而逃歸，此匹夫之事耳。夫義，路也；禮，門也。輕棄中國惟蠻夷之懼，是不能由是路出入是門，故書『逃歸』，以罪之可謂深切著明矣。愚謂『逃義曰逃』之説非也，逃則非義矣。

又　卷二七《襄公二十三年》　陳殺其大夫慶虎及慶寅。

《正傳》曰：書『陳殺其大夫慶虎及慶寅』，則陳之失刑政可見矣。《左氏》曰：陳侯如楚，公子黄訴二慶於楚，楚人召之。使慶約殺之，慶氏以陳叛。夏，屈建從陳侯圍陳，陳人城板，隊而殺人。役人相命，各殺其長，遂殺慶虎、慶寅。楚人納公子黄。君子謂『慶氏不義，不可肆也，故《書》曰「惟命不于常」』。愚謂慶氏以陳叛，屈建從陳侯圍陳，役人遂殺虎、寅。夫圍之者有楚兵也，殺之者役人也。而言陳殺之，欲使觀者推其故，而知陳失其政刑，不能聲罪致討，而假强楚之力、役人之手，然後能殺之也。胡氏曰：按《左氏》：慶虎無道，求專陳國，暴蔑其君，畏公子黄之偪而訴之楚，曰：『與蔡司馬同謀。』楚人以爲討公子黄，奔楚。訴之二慶以陳叛，楚屈建圍陳，殺二慶。夫人君擅一國之利，勢使權臣暴蔑其身而不能遠，欲去其親而不能保，譖訴之於大國而不能辨，至因夷狄之力然後能克，則非君人之道也。』愚謂是矣。又謂『二慶稱國以殺，爲譏歸陳侯也』，則鑿於義例矣。

明・熊過《春秋明志録》卷九《襄公二十三年》　陳殺其大夫慶虎及慶寅。

陳侯之弟黄自楚歸於陳。

於是陳侯如楚，公子黄訴二慶于楚，楚人召之。慶氏以陳叛，楚屈建從陳侯圍陳，而陳人殺慶虎、慶寅。以『國殺』書而不去其官，則《公羊》所謂『罪累上也』。胡子云：人君擅一國之利，勢使權臣暴蔑其身而不能遠，欲去其親而不能保，譖訴之于大國而不能辨，至因夷狄之力然後能克，則非君人之道是也。以陳叛不書，非叛其君也；楚圍陳不書，非爲寇也。曰『陳殺其大夫慶虎及慶寅』，『陳侯之弟黄自楚歸于陳』，則得二慶見殺之由矣。

明・邵寶《簡端録》卷九《春秋》　陳侯藉屈建之力，屈建挾陳侯之分，是以能殺二慶。當是時，若使慶氏有惠於民，如完之於齊、鮑之於宋，陳人皆爲慶守，則殺之成否，未可知也。

右襄公二十三年，『陳殺其大夫慶虎及慶寅』之簡。

清・傅恒等《御纂春秋直解》卷九下《襄公二十年》　陳侯之弟黄出

奔楚。

二慶迫之也。書『弟』，罪陳侯不保其弟也。襄六年，楚圍陳，陳侯在鄢。二慶使楚執黄以脅陳侯，令因蔡燮背楚，又誣黄同謀。蓋黄以親用事，二慶欲介楚力除黄而專陳政也。黄不奔他國而卽奔楚，將與蔡履同乎？曰：不同履見兄燮背楚見殺而奔楚者，懼累也。明己之不敢背楚也，則不與兄同心矣。黄因二慶之譖而奔楚者，辯誣也。斥二慶之惡而欲楚討之也。蓋猶有爲國之心，差優於履也。然懼累者與辯誣者咸奔楚，何也？楚强而陳、蔡世服焉，倘奔他國，楚以爲討陳、蔡，必滅其家，以説於楚。不若歸命於楚，其情得白，庶免於禍也。因是見陳、蔡之不可爲也。其臣非黨楚卽畏楚，滅無日矣。

又《襄公二十三年》　陳殺其大夫慶虎及慶寅，陳侯之弟黄自楚歸于陳。

黄奔楚，訴二慶也。據《傳》陳侯亦如楚，蓋惑於權臣而爲黄與二慶和解之爾。楚召二慶不至，遂挾陳侯以圍陳，二慶以城築之虐，自見殺於役人，故不得以討賊。書而稱國，病陳侯也。二慶罪有輕重，故書及二慶既殺，黄歸易矣。『自楚』，因楚力也，又以責黄之脅君也。

清·馬驌《繹史》卷七一《陳二慶之亂》　陳、蔡小國，崎嶇兩大之間，晉彊則從晉，楚勝則服楚。蔡尤近楚，故自翟泉以後，不與中國之會盟。陳亦今日楚而明日晉爾。鄢之會，二慶反覆，陳侯逃歸，既復有同蔡之訴。夫子燮從晉，固非民欲，而慶氏爲譖，亦豈堅於從楚者？是以子黄蒙難如楚，卒發二子之姦，而正其罪；然蔡履爲子燮母弟，既同謀適晉，復何敢奔楚，又安知非譖慝哉？中國不競，至使小國之君臣奔走，弗克免禍，讀《春秋》者至此，能不爲之喟然。

清·徐廷垣《春秋管窺》卷九《襄公二十年》　蔡殺其大夫公子燮。蔡公子履出奔楚。

陳侯之弟黄出奔楚。

蔡公子履，陳侯之弟黄，其出奔楚一也，而得失殊焉。公子燮求從先君以利蔡，欲以蔡之晉，乃志之善者也。蔡人殺之，公子履其母弟宜奔晉，以求復其讐；卽不能復讐而託于兄弟之國，猶不失其兄志，乃甘從蔡人之所與爲失其所當依。陳侯之弟黄爲慶虎、慶寅所訴，謂與蔡司馬同謀，楚人以爲討不適楚，辯則陳必受師，而二慶之專將害于而國，故黄之奔楚爲得其權。奔楚同而情事各異，不可以其卽楚也而並非之。

清·葉酉《春秋究遺》卷一一《襄公上·七年》　陳侯逃歸。

《傳》：陳人患楚。慶虎、慶寅謂楚人曰：『吾使公子黄往而執之。』楚人從之。二慶使告陳侯于會，陳侯逃歸。《春秋》書『逃』凡三見：莊五年，鄭詹；僖五年，鄭伯及此。皆耻之之辭。

又卷一二《襄公二十年》　陳侯之弟黄出奔楚。

《傳》：陳慶虎、慶寅畏公子黄之偪，訴諸楚曰：與蔡司馬同謀。楚人以爲討，公子黄出奔楚。按黄與燮皆不欲事楚者，而履與黄不容于其國。其出奔也，乃不于晉而于楚。高氏以爲自理，蓋履必歸罪于其兄，而黄則白二慶之譖也。

又《襄公二十三年》　陳殺其大夫慶虎及慶寅。陳侯之弟黄自楚歸于陳。

《傳》：陳侯如楚，公子黄訴二慶于楚，楚人召之。慶氏以陳叛。夏，屈建從陳侯圍陳，遂殺慶虎、慶寅。楚人納公子黄。按不書楚納者，陳侯亦知其無罪非内不受者比，故以自歸爲文。

白公勝之亂分部

綜　述

《左傳·哀公十六年》　楚大子建之遇讒也，自城父奔宋。又辟華氏之亂于鄭，鄭人甚善之。又適晉，與晉人謀襲鄭，乃求復焉。鄭人復之如初。晉人使諜於子木，請行而期焉。子木暴虐於其私邑，邑人訴之。鄭人省之，得晉諜焉。遂殺子木。其子曰勝，在吳。子西欲召之。葉公曰：『吾聞勝也詐而亂，無乃害乎。』子西曰：『吾聞勝也信而勇，不爲不利，舍諸邊竟，使衛藩焉。』葉公曰：『周仁之謂信，率義之謂勇。吾聞勝也好復言，而求死士，殆有私乎？復言，非信也。期死，非勇也。子必悔

之。」弗從。召之使處吳竟，爲白公。請伐鄭。子西曰：「楚未節也。不然，吾不忘也。」他日，又請，許之。未起師。晉人伐鄭，楚救之，與之盟。勝怒曰：「鄭人在此，讎不遠矣。」勝自厲劍，子期之子平見之，曰：「王孫何自厲也？」曰：「勝以直聞，不告女，庸爲直乎？將以殺爾父。」平以告子西。子西曰：「勝如卵，余翼而長之。楚國第，我死，令尹、司馬，非勝而誰？」勝聞之，曰：「令尹之狂也，得死，乃非我。」子西不悛。勝謂石乞曰：「王與二卿士，皆五百人當之，則可矣。」乞曰：「不可得也。」曰：「市南有熊宜僚者，若得之，可以當五百人矣。」乃從白公而見之，與之言，說。告之故，辭。承之以劍，不動。勝曰：「不爲利諂，不爲威惕，不泄人言以求媚者，去之。」

吳人伐慎，白公敗之。請以戰備獻，許之。遂作亂。秋七月，殺子西、子期于朝，而劫惠王。子西以袂掩面而死。子期曰：「昔者吾以力事君，不可以弗終。」抉豫章以殺人而後死。石乞曰：「焚庫弑王，不然不濟。」白公曰：「不可。弑王不祥，焚庫無聚，將何以守矣？」乞曰：「有楚國而治其民，以敬事神，可以得祥，且有聚矣，何患？」弗從。葉公在蔡，方城之外皆曰：「可以入矣。」子高曰：「吾聞之，以險僥倖者，其求無饜，偏重必離。」聞其殺齊管修也而後入。

白公欲以子閭爲王。子閭不可，遂劫以兵。子閭曰：「王孫若安靖楚國，匡正王室，而後庇焉，啓之願也，敢不聽從。若將專利以傾王室，不顧楚國，有死不能。」遂殺之，而以王如高府，石乞尹門，圉公陽穴宮，負王以如昭夫人之宮。葉公亦至，及北門，或遇之，曰：「君胡不胄？國人望君如望慈父母焉。盜賊之矢若傷君，是絶民望也。若之何不胄？」乃胄而進。又遇一人曰：「君胡胄？國人望君如望歲焉，日日以幾。若見君面，是得艾也。民知不死，其亦夫有奮心。猶將旌君以徇于國，而反掩面以絶民望，不亦甚乎？」乃免胄而進。遇箴尹固，帥其屬將與白公。子高曰：「微二子者，楚不國矣。棄德從賊，其可保乎？」乃從葉公。使與國人以攻白公。白公奔山而縊，其徒微之。生拘石乞而問白公之死焉，對曰：「余知其死所，而長者使余勿言。」曰：「不言將烹。」乞曰：「此事克則爲卿，不克則烹，固其所也。何害？」乃烹石乞。王孫燕奔頯黄氏。沈諸梁兼二事，國寧，乃使寧爲令尹，使寬爲司馬，而老於葉。

《國語》卷一八《楚語下》　子西使人召王孫勝，沈諸梁聞之，見子西曰：「聞子召王孫勝，信乎？」曰：「然。」子高曰：「將焉用之？」曰：「吾聞之，勝直而剛，欲寘之境。」

子高曰：「不可。其爲人也，展而不信，愛而不仁，詐而不智，毅而不勇，直而不衷，周而不淑。復言而不謀身，展也；愛而不謀長，不仁也；以謀蓋人，詐也；强忍犯義，毅也；直而不顧，不衷也；周言棄德，不淑也。是六德者，皆有其華而不實者也，將焉用之。

「彼其父爲戮於楚，其心又狷而不潔。若其狷也，不忘舊怨，而不以潔悛德，思報怨而已。則其愛也足以得人，其展也足以復之，其詐也足以謀之，其直也足以帥之，其周也足以蓋之，其不潔也足以行之，而加之以不仁，奉之以不義，蔑不克矣。

「夫造勝之怨者，皆不在矣。若來而無寵，速其怒也。若其寵之，毅貪無厭，既能得入，而耀之以大利，不仁以長之，思舊怨以修其心，苟國有釁，必不居矣。非子職之，其誰乎？彼將思舊怨而欲大寵，動而得人，怨而有術，若果用之，害可待也。余愛子與司馬，故不敢不言。」

子西曰：「德其忘怨乎！余善之，夫乃其寧。」子高曰：「不然。吾聞之，唯仁者可好也，可惡也，可高也，可下也。好之不偪，惡之不怨，高之不驕，下之不懼。不仁者則不然。人好之則偪，惡之則怨，高之則驕，下之則懼。驕有欲焉，懼有惡焉，欲惡怨偪，所以生詐謀也。子將若何？若召而下之，將戚而懼；爲之上者，將怒而怨。詐謀之心，無所靖矣。有一不義，猶敗國家，今壹五六，而必欲用之，不亦難乎？吾聞國家將敗，必用姦人，而嗜其疾味，其子之謂乎？

「夫誰無疾眚！能者早除之。舊怨滅宗，國之疾眚也，爲之關籥藩籬而遠備閑之，猶恐其至也，是之爲日惕。若召而近之，死無日矣。人有言曰：『狼子野心，怨賊之人也。』其又何善乎？若子不我信，盍求若敖氏與子干、子晳之族而近之？安用勝也，其能幾何？

「昔齊騶馬繻以胡公入於具水，邴歜、閻職戕懿公於囿竹，晉長魚矯殺三郤於榭，魯圉人犖殺子般於次，夫是誰之故也，非唯舊怨乎？是皆子之所聞也。人求多聞善敗，以監戒也。今子聞而棄之，猶蒙耳也。吾語子何益，吾知逃也已。」

子西笑曰：『子之尚勝也。』不從，遂使爲白公。子高以疾閒居於蔡。及白公之亂，子西、子期死。葉公聞之，曰：『吾怨其棄吾言，而德其治楚國，楚國之能平均以復先王之業者，夫子也。以小怨寘大德，吾不義也，將入殺之。』帥方城之外以入，殺白公而定王室，葬二子之族。

《韓非子》卷八《説林下》　孔子謂弟子曰：『孰能導子西釣名也？』子貢曰：『賜也能。』乃導之，不復疑也。孔子曰：『寬哉！不被於利。潔哉！民性有恆。曲爲曲，直爲直。』孔子曰：『子西不免。』白公之難，子西死焉。故曰：『直於行者曲於欲。』

《荀子》卷三《非相》　葉公子高，微小短瘠，行若將不勝其衣。然白公之亂也，令尹子西、司馬子期皆死焉；葉公子高入據楚，誅白公，定楚國，如反手爾，仁義功名善於後世。

漢·劉向《説苑》卷四《立節》　齊人有子蘭子者，事白公勝。勝將爲難，乃告子蘭子曰：『吾將舉大事於國，願與子共之。』子蘭子曰：『我事子而與子殺君，是助子之不義也。畏患而去子，是遁子於難也。故不與子殺君，以成吾義，契領於庭，以遂吾行。』

又　卷一三《權謀》　石乞侍坐於屈建，屈建曰：『白公其爲亂乎？』石乞曰：『是何言也！白公至於室無營，所下士者三人，與己相若臣者五人，所與同衣食者千人。白公之行若此，何故爲亂？』屈建曰：『此建之所謂亂也。以君子行則可，於國家行過禮則國家疑之。且苟不難下其臣，必不難高其君矣。建是以知夫子將爲亂也。』處十月，白公果爲亂。

漢·劉向《新序》卷八《義勇》　楚太子建以費無極之譖見逐。建有子曰勝，在外，子西召勝，使治白，號曰白公。勝怨楚逐其父，將弒惠王及子西，欲得易甲，陳士勒兵，以示易甲曰：『與我，無患不富貴；不吾與，則此是也。』易甲笑曰：『嘗言吾義矣，吾子忘之乎？立得天下，不義，吾不敢也；威吾以兵，不義，吾不從也。今子將弒子之君，而使我從子，非吾前義也。子雖告我以利，威我以兵，吾不忍爲也。子行子之威，則吾亦得明吾義也。逆子以兵爭也，應子以聲鄙也，吾聞士立義不爭，行死不鄙，拱而待兵，顔色不變也。』【略】

白公勝將弒楚惠王，王出亡，令尹司馬皆死，拔劍而屬之於屈廬曰：『子與我，將舍之；子不與我，將殺子。』屈廬曰：『《詩》有之，曰：「莫莫葛藟，肆於條枝，愷悌君子，求福不回。」今子殺子叔父西求福於廬也，可乎？且吾聞知命之士，見利不動，臨危不恐。爲人臣者，時生則生，時死則死，是謂人臣之禮。故上知天命，下知臣道，其有可劫乎？子胡不推之？』白公勝乃内其劍。【略】

白公之難，楚人有莊善者，辭其母將往死之，其母曰：『棄其親而死其君，可謂義乎？』莊善曰：『吾聞事君者，内其祿而外其身，今所以養母者，君之祿也。身安得無死乎！』遂辭而行，比至公門，三廢車中，其僕曰：『子懼矣。』曰：『懼。』『既懼，何不返？』莊善曰：『懼者，吾私也；死義，吾公也。聞君子不以私害公。』及公門，刎頸而死。君子曰：『好義乎哉！』【略】

白公勝既殺令尹司馬，欲立王子閭以爲王。王子閭不肯，劫之以刃，王子閭曰：『王孫輔相楚國，匡正王室，而後自庇焉，閭之願也。今子假威以暴王室，殺伐以亂國家，吾雖死，不子從也。』白公勝曰：『楚國之重，天下無有。天以與子，子何不受？』王子閭曰：『吾聞辭天下者，非輕其利也，以明其德也；不爲諸侯者，非惡其位也，以潔其行爲。今吾見國而忘主，不仁也；劫白刃而失義，不勇也。子雖告我以利，威我以兵，吾不爲也。』白公强之，不可，遂殺之。葉公高率衆誅白公，而反惠王於國。

漢·劉向《古列女傳》卷四《楚白貞姬》　貞姬者，楚白公勝之妻也。白公死，其妻紡績不嫁。吳王聞其美且有行，使大夫持金百鎰、白璧一雙以聘焉，以輜軿三十乘迎之，將以爲夫人。大夫致幣，白妻辭之曰：『白公生之時，妾幸得充後宮，執箕帚，掌衣履，拂枕席，托爲妃匹。白公不幸而死，妾願守其墳墓，以終天年。今王賜金璧之聘、夫人之位，非愚妾之所聞也。且夫棄義從欲者，汙也；見利忘死者，貪也。夫貪汙之人，王何以爲哉？妾聞之，忠臣不借人以力，貞女不假人以色，豈獨事生若此哉？於死者亦然。妾既不仁，不能從死，今又去而嫁，不亦太甚乎！』遂辭聘而不行。吳王賢其守節有義，號曰楚貞姬。君子謂貞姬廉潔而誠信。夫任重而道遠，仁以爲己任，不亦重乎？死而後已，不亦遠乎？《詩》云：『彼美孟姜，德音不忘。』此之謂也。

頌曰：白公之妻，守寡紡績。吳王美之，聘以金璧。妻操固行，雖死不易。君子大之，美其嘉績。

漢・劉安《淮南子》卷一二《道應訓》 白公勝得荆國，不能以府庫分人，七日，石乙入曰：『不義得之，又不能佈施，患必至矣。不能予人，不若焚之，毋令人害我。』白公弗聽也。九日，葉公入，乃發大府之貨以予衆，出高庫之兵以賦民，因而攻之，十有九日，而禽白公。夫國非其有也，而欲有之，可謂至貪也；不能爲人，又無以自爲，可謂至愚矣。譬白公之嗇也，何以異於梟之愛其子也。

又 卷一八《人間訓》 屈建告石乞屈建，楚大夫也。石乞，白公之黨。曰：『白公勝將爲亂。』石乞曰：『不然。白公勝卑身下士，不敢驕賢。其家無筦籥之信，關楗之固。大斗斛以出，輕斤兩以内。而乃論之，以不宜也？』屈建曰：『此乃所以反也。』居三年，白公勝果爲亂，殺令尹子椒、司馬子期。

《史記》卷三六《陳杞世家》（陳湣公）二十三年，楚之白公勝殺令尹子西、子綦，襲惠王。葉公攻敗白公，白公自殺。

又 卷四〇《楚世家》 惠王二年，子西召故平王太子建之子勝於吳，以爲巢大夫，號曰白公。白公好兵而下士，欲報仇。六年，白公請兵令尹子西伐鄭。初，白公父建亡在鄭，鄭殺之，白公亡走吳，子西復召之，故以此怨鄭，欲伐之。子西許而未爲發兵。八年，晉伐鄭，鄭告急楚，楚使子西救鄭，受賂而去。白公勝怒，乃遂與勇力死士石乞等襲殺令尹子西、子綦於朝，因劫惠王，置之高府，欲弒之。惠王從者屈固負王亡走昭王夫人宮。白公自立爲王。月餘，會葉公來救楚，楚惠王之徒與共攻白公，殺之。惠王乃復位。

漢・韓嬰《韓詩外傳》卷一〇 楚有士曰申鳴，治園以養父母，孝聞於楚。王召之，申鳴辭不往。其父曰：『王欲用汝，何謂辭之？』申鳴曰：『何舍爲孝子，乃爲王忠臣乎？』其父曰：『使汝有祿於國，有位於廷，汝樂而我不憂矣。我欲汝之仕也。』申鳴曰：『諾。』遂之朝受命，楚王以爲左司馬。其年遇白公之亂，殺令尹子西、司馬子期，申鳴因以兵圍之。白公謂石乞曰：『申鳴，天下之勇士也，今將兵，爲之奈何？』石乞曰：『吾聞申鳴孝子也，劫其父以兵。』使人謂申鳴曰：『子與我，則與子分楚國，不與我，則殺乃父。』申鳴流涕而應之曰：『始則父之子，今則君之臣，已不得爲孝子矣，安得不爲忠臣乎？』援桴鼓之，遂殺白公。其父亦死焉。王歸賞之，申鳴曰：『受君之祿，避君之難，非忠臣也。正君之法，以殺其父，又非孝子也。行不兩全，名不兩立，悲夫！若此而生，亦何以示天下之士哉！』遂自刎而死。《詩》曰：『進退惟谷。』

《孔叢子》卷六《詰墨》 墨子稱：『景公問晏子以孔子而不對，又問三，皆不對。公曰：「以孔子語寡人者衆矣，俱以爲賢聖也，今問於子而不對，何也？」晏子曰：「嬰聞孔子之荆，知白公謀而奉之以石乞，勸下亂上，教臣弒君，非聖賢之行也。」』

詰之曰：『楚昭王之世，夫子應聘如荆，不用而反，周旋乎陳宋齊衛。楚昭王卒，惠王立。十年，令尹子西乃召王孫勝以爲白公，是時魯哀公十五年也，夫子自衛反魯，居五年矣。白公立一年，然後乃謀作亂，亂作在哀公十六年秋也，夫子已卒十旬矣。墨子雖欲謗毁聖人，虚造妄言，奈此年世不相值何！』

《列子》卷八《説符篇》 白公問孔子曰：『人可與微言乎？』孔子不應，白公問曰：『若以石投水何如？』孔子曰：『吳之善没者能取之。』曰：『若以水投水何如？』孔子曰：『淄、澠之合，易牙嘗而知之。』白公曰：『人固不可與微言乎？』孔子曰：『何爲不可？唯知言之謂者乎！夫知言之謂者，不以言言也。争魚者濡，逐獸者趨，非樂之也。故至言去言，至爲無爲。夫淺知之所争者末矣。』白公不得已，遂死於浴室。

【略】

白公勝慮亂，罷朝而立，倒杖策，錣上貫頤，血流至地而弗知也。鄭人聞之曰：『頤之忘，將何不忘哉？』意之所屬箸，其行足躓株埳，頭抵植木，而不自知也。

論説

漢・賈誼《新書》卷四《淮難事勢》 竊恐陛下接王淮南子，曾不與如臣者孰計之也。淮南王來入赴。□□□□□千乘之君，陛下爲頓顙謝罪皇太后之前，淮南王曾不誰讓，敷留之罪無加身者。舍人横制等室之

門，陛下追而赦之，吏曾不捕。王人於天子國横行不辜而無譴，乃賜美人，多載黄金而歸。侯邑之在其國者畢徙之他所。陛下於淮南王不可謂薄矣。然而淮南王，天子之法咫蹂促而弗用也，皇帝之令咫批傾而不行，天下孰不知？天子選功臣有識者，以爲之相吏，王董不踏蹴而逐耳，無不稱病而走者，天下孰弗知？日接持怨言以誹謗陛下之爲，皇太后之饋賜逆抑而不受，天子使者奉詔而弗得見，僵臥以發詔書，天下孰不知？聚罪人奇狡少年，通棧奇之徒，啓章之等而謀爲東帝，天下孰弗知？淮南王罪已明，陛下赦其死罪，解之嚴道以爲之神，其人自病死，陛下何負？天下大指孰能以王之死爲不當？陛下無負也！

如是，咫淮南王罪人之身也，淮南子罪人之子也。奉尊罪人之子，適足以負謗於天下耳，無解細於前事也，且人不以肉爲心則已，若以肉爲心，人之心可知也。今淮南子少，壯聞父辱狀，是立咫焉泣洽衿，臥咫泣交項，腸至腰肘如繆維耳，豈能須臾忘哉！是而不如是，非人也。陛下制天下之命，而淮南王至如此極，其子舍陛下而更安所歸其怨爾。特曰勢未便，事未發，含亂而不敢言。若誠其心，豈能忘陛下哉？白公勝所爲父報仇者，報大父與諸伯父、叔父也。令尹子西、司馬子綦皆親羣父也，無不盡傷。昔者白公之爲亂也，非欲取國代主也，爲發憤快志爾，故欲皆首以衝仇人之匈，固爲要俱靡而已耳，固非冀生也。

今淮南土雖小，黥布用之耳，漢存特幸耳。夫擅仇人足以危漢之資，於策安便？雖割而爲四，四子一心未異也。豫讓爲智伯報趙襄子，五起而不取者，無他，資力少也。子胥之報楚也，有吳之衆也。白公成亂也，有白公之衆也。闔閭富故，然使鱄諸刺吳王僚；燕太子丹富故，然使荆軻殺秦王政。今陛下將尊不億之人，予之衆，積之財，此非有白公、子胥之報於廣都之中者，卽疑有鱄諸、荆軻起兩柱之間，其策安便哉！此所謂假賊兵、爲虎翼者也。願陛下留意計之。

金・王若虛《滹南集》卷一〇《史記辨惑・採摭之誤辨下》 《左傳》曰：『白公勝在吳，子西召而用之，後以救鄭之故，欲殺子西。子西聞之，曰：勝如卵，余翼而長之，此蓋恃其有恩也。』而《史記》云：『勝如卵耳，何能爲也。』則是忽其脆弱而已，不亦異乎？

清・張尚瑗《左傳折諸》卷二八《哀公・焚庫無聚》 《淮南子》：白公勝得荆國，不能以府庫分人。石乞曰：『不義得之又不能施，患必至矣。不能予人，不若焚之，毋令人害我。』白公弗聽。葉公入，乃發大府之貨以予衆。十有九日，而擒白公。夫國，非其有也而欲有之，可謂至貪矣；不能爲人又無以自爲，可謂至愚矣。

清・馬驌《繹史》卷九四《楚白公之亂》 葉公諸梁，可謂賢矣。先識白公之必亂，其後能定之；居方城之外，而繫國人之望；不賢而能之乎？圍公負王以出府，箴尹反正而除賊，幾於君弑國亡，而後卒寧，殆天之祚楚也。亂之而治，危之而安，嗚呼異哉！

宋殤公閔公之弑分部

綜述

《左傳・隱公元年》 惠公之季年，敗宋師於黄。公立而求成焉。九月，及宋人盟於宿，始通也。

又 《隱公三年》 宋穆公疾，召大司馬孔父而屬殤公焉，曰：『先君舍與夷而立寡人，寡人弗敢忘。若以大夫之靈，得保首領以没，先君若問與夷，其將何辭以對？請子奉之，以主社稷，寡人雖死，亦無悔焉。』對曰：『羣臣願奉馮也。』公曰：『不可。先君以寡人爲賢，使主社稷，若棄德不讓，是廢先君之舉也。豈曰能賢？光昭先君之令德，可不務乎？吾子其無廢先君之功。』使公子馮出居於鄭。八月庚辰，宋穆公卒。殤公卽位。君子曰：『宋宣公可謂知人矣。立穆公，其子饗之，命以義夫。《商頌》曰：「殷受命咸宜，百祿是荷。」其是之謂乎。』

冬，齊、鄭盟於石門，尋盧之盟也。庚戌，鄭伯之車僨於濟。

又 《隱公四年》 公與宋公爲會，將尋宿之盟。未及期，衛人來告亂。

夏，公及宋公遇於清。

又 《隱公五年》 宋人取邾田。邾人告於鄭曰：『請君釋憾於宋，

敝邑爲道。』鄭人以王師會之。伐宋，入其郛，以報東門之役。宋人使來告命。公聞其入郛也，將救之。問於使者曰：『師何及？』對曰：『未及國。』公怒，乃止，辭使者曰：『君命寡人同恤社稷之難，今問諸使者，曰「師未及國」，非寡人之所敢知也。』【略】

宋人伐鄭，圍長葛，以報入郛之役也。

又　《隱公六年》　六年，春，鄭人來渝平，更成也。【略】

夏，盟於艾，始平於齊也。【略】

秋，宋人取長葛。

又　《隱公七年》　齊侯使夷仲年來聘，結艾之盟也。

秋，宋及鄭平。七月庚申，盟於宿。公伐邾，爲宋討也。

又　《隱公八年》　八年春，齊侯將平宋、衛，有會期。宋公以幣請於衛，請先相見，衛侯許之，故遇於犬丘。【略】

齊人卒平宋、衛於鄭。秋，會於温，盟於瓦屋，以釋東門之役，禮也。【略】

冬，齊侯使來告成三國。公使衆仲對曰：『君釋三國之圖以鳩其民，君之惠也，寡君聞命矣。敢不承受君之明德。』

又　《隱公九年》　宋公不王。鄭伯爲王左卿士，以王命討之，伐宋。宋以入郛之役怨公，不告命。公怒，絶宋使。秋，鄭人以王命來告伐宋。冬，公會齊侯於防，謀伐宋也。

又　《隱公十年》　十年春，王正月，公會齊侯、鄭伯於中丘。癸丑，盟於鄧，爲師期。

夏五月，羽父先會齊侯、鄭伯伐宋。

六月戊申，公會齊侯、鄭伯於老桃。壬戌，公敗宋師於菅。庚午，鄭師入郜；辛未，歸於我。庚辰，鄭師入防；辛巳，歸於我。君子謂：『鄭莊公於是乎可謂正矣。以王命討不庭，不貪其土以勞王爵，正之體也。』

蔡人、衛人、郕人不會王命。

秋七月庚寅，鄭師入郊。猶在郊，宋人、衛人入鄭。蔡人從之，伐戴。八月壬戌，鄭伯圍戴。癸亥，克之，取三師焉。宋、衛既入鄭，而以伐戴召蔡人，蔡人怒，故不和而敗。

九月戊寅，鄭伯入宋。

冬，齊人、鄭人入郕，討違王命也。

又　《隱公十一年》　冬十月，鄭伯以虢師伐宋。壬戌，大敗宋師，以報其入鄭也。宋不告命，故不書。凡諸侯有命，告則書，不然則否。師出臧否，亦如之。雖及滅國，滅不告敗，勝不告克，不書於策。

又　《桓公元年》　宋華父督見孔父之妻於路，目逆而送之，曰：『美而豔。』

又　《桓公二年》　二年春，宋督攻孔氏，殺孔父而取其妻。公怒，督懼，遂弑殤公。君子以督爲有無君之心而後動於惡，故先書弑其君。會于稷以成宋亂，爲賂故，立華氏也。

宋殤公立，十年十一戰，民不堪命。孔父嘉爲司馬，督爲大宰，故因民之不堪命，先宣言曰：『司馬則然。』已殺孔父而弑殤公，召莊公於鄭而立之，以親鄭。以郜大鼎賂公，齊、陳、鄭皆有賂，故遂相宋公。夏四月，取郜大鼎於宋。戊申，納於大廟。非禮也。

臧哀伯諫曰：『君人者將昭德塞違，以臨照百官，猶懼或失之。故昭令德以示子孫。是以清廟茅屋，大路越席，大羹不致，粢食不鑿，昭其儉也。衮、冕、黻、珽，帶、裳、幅、舄，衡、紞、紘、綖，昭其度也。藻率、鞞、鞛，鞶、厲、遊、纓，昭其數也。火、龍、黼、黻，昭其文也。五色比象，昭其物也。鍚、鸞、和、鈴，昭其聲也。三辰旂旗，昭其明也。夫德儉而有度，登降有數。文物以紀之，聲明以發之，以臨照百官，百官於是乎戒懼而不敢易紀律。今滅德立違，而置其賂器於大廟，以明示百官，百官象之，其又何誅焉！國家之敗，由官邪也。官之失德，寵賂章也。郜鼎在廟，章孰甚焉？武王克商，遷九鼎於雒邑，義士猶或非之，而況將昭違亂之賂器於大廟，其若之何？』公不聽。周內史聞之曰：『臧孫達其有後於魯乎！君違不忘諫之以德。』

又　《莊公十年》　夏六月，齊師、宋師次於郎。公子偃曰：『宋師不整，可敗也。宋敗，齊必還，請擊之。』公弗許。自雩門竊出，蒙皋比而先犯之。公從之，大敗宋師於乘丘。齊師乃還。

又　《莊公十一年》　十一年夏，宋爲乘丘之役，故侵我。公禦之，宋師未陳而薄之，敗諸鄑。凡師，敵未陳曰敗某師，皆陳曰戰，大崩曰敗

績，得儁曰克，覆而敗之曰取某師，京師敗曰王師敗績於某。

秋，宋大水。公使弔焉，曰：『天作淫雨，害於粢盛，若之何不弔？』對曰：『孤實不敬，天降之災，又以爲君憂，拜命之辱。』臧文仲曰：『宋其興乎。禹、湯罪己，其興也悖焉；桀、紂罪人，其亡也忽焉。且列國有凶稱孤，禮也。言懼而名禮，其庶乎。』既而聞之曰：『公子御説之辭也。』臧孫達曰：『是宜爲君，有恤民之心。』

乘丘之役，公以金僕姑射南宮長萬，公右歂孫生搏之。宋人請之，宋公靳之，曰：『始吾敬子，今子，魯囚也，吾弗敬子矣。』病之。

又《莊公十二年》 十二年秋，宋萬弑閔公于蒙澤。遇仇牧於門，批而殺之。遇大宰督於東宮之西，又殺之。立子遊。羣公子奔蕭，公子御説奔亳。南宮牛、猛獲帥師圍亳。冬十月，蕭叔大心及戴、武、宣、穆、莊之族，以曹師伐之。殺南宮牛於師，殺子游於宋，立桓公。猛獲奔衛。南宮萬奔陳，以乘車輦其母，一日而至。

宋人請猛獲於衛，衛人欲勿與，石祁子曰：『不可。天下之惡一也，惡於宋而保於我，保之何補？得一夫而失一國，與惡而棄好，非謀也。』衛人歸之。亦請南宮萬於陳，以賂。陳人使婦人飲之酒，而以犀革裹之。比及宋，手足皆見。宋人皆醢之。

《公羊傳·隱公元年》 九月，及宋人盟于宿。孰及之？內之微者也。

又《隱公三年》 冬，十有二月，齊侯、鄭伯盟于石門。

癸未，葬宋繆公。葬者曷爲或日，或不日？不及時而日，渴葬也。

又《隱公四年》 夏，公及宋公遇于清。遇者何？不期也。一君出，一君要之也。不及時而不日，慢葬也。過時而日，隱之也。過時而不日，謂之不能葬也。當時而不日，正也。當時而日，危不得葬也。此當時，何危爾？宣公謂繆公曰：『以吾愛與夷，則不若愛女。以爲社稷宗廟主，則與夷不若女，盍終爲君矣。』宣公死，繆公立。繆公逐其二子莊公馮與左師勃。曰：『爾爲吾子，生毋相見，死毋相哭。』與夷復曰：『先君之所爲不與臣國，而納國乎君者，以君可以爲社稷宗廟主也。今君逐君之二子，而將致國乎與夷，此非先君之意也。且使子而可逐，則先君其逐臣矣。』繆公曰：『先君之不爾逐，可知矣。吾立乎此，攝也。』終致國乎與夷。莊公馮弑與夷。故君子大居正。宋之禍，宣公爲之也。

又《隱公六年》 六年，春，鄭人來輸平。輸平者何？輸平，猶墮成也。何言乎墮成？敗其成也。曰：吾成敗矣。吾與鄭人未有成也。吾與鄭人，則曷爲未有成？狐壤之戰，隱公獲焉。然則何以不言戰？諱獲也。【略】

冬，宋人取長葛。外取邑不書，此何以書？久也。

又《隱公七年》 齊侯使其弟年來聘。其稱弟何？母弟稱弟，母兄稱兄。

又《隱公十年》 十年，春，王二月，公會齊侯、鄭伯于中丘。

夏，翬帥師會齊人、鄭人伐宋。此公子翬也，何以不稱公子？貶，曷爲貶？隱之罪人也，故終隱之篇貶也。

六月，壬戌，公敗宋師于菅。辛未，取郜。辛巳，取防。取邑不日，此何以日？一月而再取也。何言乎一月而再取？甚之也。內大惡諱，此其言甚之何？《春秋》録內而略外，於外大惡書，小惡不書，於內大惡諱，小惡書。

秋，宋人、衛人入鄭。

宋人、蔡人、衛人伐載，鄭伯伐取之。其言伐取之何？易也。其易奈何？因其力也。因誰之力？因宋人、蔡人、衛人之力也。

又《桓公二年》 二年，春，王正月，戊申，宋督弑其君與夷，及其大夫孔父。及者何？累也。弑君多矣，舍此無累者乎？曰：有。仇牧、荀息皆累也。舍仇牧、荀息無累者乎？曰：有。有則此何以書？賢也。何賢乎孔父？孔父可謂義形於色矣。其義形於色奈何？督將弑殤公，孔父生而存，則殤公不可得而弑也，故於是先攻孔父之家。殤公知孔父死，己必死，趨而救之，皆死焉。孔父正色而立於朝，則人莫敢過而致難於其君者，孔父可謂義形於色矣。【略】

三月，公會齊侯、陳侯、鄭伯于稷，以成宋亂。內大惡諱，此其目言之何？遠也。所見異辭，所聞異辭，所傳聞異辭。隱亦遠矣，曷爲爲隱諱？隱賢而桓賤也。

夏，四月，取郜大鼎于宋。此取之宋，其謂之郜鼎何？器從名，地從主人。器何以從名？地何以從主人？器之與人，非有即爾。宋始以不

義取之，故謂之郜鼎。至乎地之與人，則不然，俄而可以爲其有矣。然則爲取，可以爲其有乎？曰：否。何者？若楚王之妻媦，無時焉可也。

戊申，納于大廟。何以書？譏。何譏爾？遂亂受賂，納于大廟，非禮也。

又《**莊公十年**》　二月，公侵宋。曷爲或言侵，或言伐？觕者曰侵，精者曰伐，戰不言伐，圍不言戰，入不言圍，滅不言入，書其重者也。

三月，宋人遷宿。遷之者何？不通也。子沈子曰：『不通者，蓋因而臣之也。』

夏，六月，齊師宋師次于郎。公敗宋師于乘丘。其言次于郎何？伐也。伐則其言次何？齊與伐而不與戰，故言伐也。我能敗之，故言次也。

又《**莊公十一年**》　秋，宋大水。何以書？記災也。外災不書，此何以書？及我也。

又《**莊公十二年**》　秋，八月，甲午，宋萬弒其君接及其大夫仇牧。及者何？累也。弒君多矣，舍此無累者乎？孔父、荀息皆累也。舍孔父、荀息無累者乎？曰：有。有則此何以書？賢也。何賢乎仇牧？仇牧可謂不畏彊禦矣。其不畏彊禦奈何？萬嘗與莊公戰，獲乎莊公。莊公歸，散舍諸宮中，數月然後歸之。歸反爲大夫於宋，與閔公博，婦人皆在側，萬曰：『甚矣！魯侯之淑，魯侯之美也！天下諸侯宜爲君者，唯魯侯爾！』閔公矜此婦人，妒其言，顧曰：『此虜也！爾虜焉故，魯侯之美惡乎至？』萬怒，搏閔公，絶其脰。仇牧聞君弒，趨而至，遇之于門，手劍而叱之。萬臂摋仇牧，碎其首，齒著乎門闔。仇牧可謂不畏彊禦矣。

《**穀梁傳·隱公元年**》　九月，及宋人盟于宿。及者何？內卑者也。宋人，外卑者也。卑者之盟不日。宿，邑名也。

又《**隱公三年**》　八月，庚辰，宋公和卒。諸侯日卒，正也。

癸未，葬宋繆公。日葬，故也，危不得葬也。

又《**隱公四年**》　夏，公及宋公遇于清。及者，內爲志焉爾。遇者，志相得也。

又《**隱公五年**》　宋人伐鄭，圍長葛。伐國不言圍邑，此其言圍，何也？久之也。伐不踰時，戰不逐奔，誅不填服。苞人民、毆牛馬曰侵。斬樹木、壞宮室曰伐。

又《**隱公六年**》　六年，春，鄭人來輸平。輸者，墮也；平之爲言，以道成也。來輸平者，不果成也。【略】

冬，宋人取長葛。外取邑不志，此其志，何也？久之也。

又《**隱公七年**》　齊侯使其弟年來聘。諸侯之尊，弟兄不得以屬通。其弟云者，以其來接於我，舉其貴者也。

又《**隱公八年**》　八年，春，宋公、衛侯遇于垂。不期而會曰遇。遇者，志相得也。【略】

秋，七月，庚午，宋公、齊侯、衛侯盟于瓦屋。外盟不日，此其日，何也？諸侯之參盟於是始，故謹而日之也。誥誓不及五帝，盟詛不及三王，交質子不及二伯。

又《**隱公九年**》　冬，公會齊侯于防。會者，外爲主焉爾。

又《**隱公十年**》　十年，春，王二月。公會齊侯、鄭伯于中丘。

夏，翬帥師會齊人、鄭人伐宋。

六月，壬戌，公敗宋師于菅。內不言戰，舉其大者也。

辛未，取郜。辛巳，取防。取邑不日，此其日，何也？不正其乘敗人而深爲利，取二邑，故謹而日之也。

秋，宋人、衛人入鄭。

宋人、蔡人、衛人伐載。鄭伯伐取之。不正其因人之力而易取之，故主其事也。

冬，十月，壬午，齊人、鄭人入郕。入者，內弗受也。日入，惡入者也。郕，國也。

又《**桓公二年**》　二年，春，王正月，戊申，宋督弒其君與夷。桓無王，其曰王，何也？正與夷之卒也。及其大夫孔父。孔父先死，其曰及，何也？書尊及卑，《春秋》之義也。孔父之先死，何也？督欲弒君，而恐不立，於是乎先殺孔父。孔父閑也。何以知其先殺孔父也？曰，子既死，父不忍稱其名；臣既死，君不忍稱其名，以是知君之累之也。孔，氏；父，字謚也。或曰：其不稱名，蓋爲祖諱也。孔子故宋也。【略】

三月，公會齊侯、陳侯、鄭伯于稷，以成宋亂。以者，內爲志焉爾。公爲志乎成是亂也。此成矣，取不成事之辭而加之焉。於內之惡，而君子

無遺焉爾。

夏，四月，取郜大鼎于宋。戊申，納于太廟。桓内弑其君，外成人之亂，受賂而退，以事其祖，非禮也。其道以周公爲弗受也。郜鼎者，郜之所爲也。曰宋，取之宋也，以是爲討之鼎也。孔子曰：名從主人，物從中國。故曰郜大鼎也。

又《莊公十年》 二月，公侵宋。侵時，此其月，何也？乃深其怨於齊，又退侵宋以衆其敵，惡之，故謹而月之。

三月，宋人遷宿。遷，亡辭也。其不地，宿不復見也。遷者，猶未失其國家以往者也。

夏，六月，齊師、宋師次于郎。次，止也。畏我也。

公敗宋師于乘丘。不日，疑戰也。疑戰而曰敗，勝内也。

又《莊公十一年》 夏，五月，戊寅，公敗宋師于鄑。内事不言戰，舉其大者。其日，成敗之也。宋萬之獲也。

秋，宋大水。外災不書，此何以書？王者之後也。高下有水災，曰大水。

又《莊公十二年》 秋，八月，甲午，宋萬弑其君捷。宋萬，宋之卑者也。卑者以國氏。及其大夫仇牧，以尊及卑也。仇牧，閑也。

《禮記·檀弓上》 魯莊公及宋人戰於乘丘，十年夏。縣賁父御，卜國爲右，馬驚，敗績，公隊，佐車授綏，公曰：『末之，卜也。』縣賁父曰：『他日不敗績，而今敗績，是無勇也。』遂死之。圉人浴馬，有流矢在白肉，公曰：『非其罪也。』遂誄之。士之有誄，自此始也。

漢·劉向《説苑》卷一《君道》 宋大水，魯人弔之曰：『天降淫雨，谿穀滿盈，延及君地，以憂執政，使臣敬弔。』宋人應之曰：『寡人不佞，齋戒不謹，邑封不修，使人不時，天加以殃，又遺君憂，拜命之辱。』君子聞之曰：『宋國其庶幾乎！』問曰：『何謂也？』曰：『昔者夏桀、殷紂不任其過，其亡也忽焉；成湯、文、武知任其過，其興也勃焉。夫過而改之，是猶不過也，故曰其庶幾乎。』宋人聞之，夙興夜寐，早朝晏退，弔死問疾，戮力宇内，三年，歲豐政平。嚮使宋人不聞君子之語，則年穀未豐，而國家未寧。『弗時仔肩，示我顯德行。』此之謂也。

《史記》卷一四《十二諸侯年表》（宋殤公十年）華督見孔父妻好，悦之。華督殺孔父，及殺殤公。

又 卷三五《管蔡世家》（曹桓公）四十六年，宋華父督弑其君殤公，及孔父。

又 卷三八《宋微子世家》（宋殤公）九年，大司馬孔父嘉妻好，出，道遇太宰華督，督説，目而觀之。督利孔父妻，乃使人宣言國中曰：『殤公即位十年耳，而十一戰，民苦不堪，皆孔父爲之，我且殺孔父以寧民。』是歲，魯弑其君隱公。十年，華督攻殺孔父，取其妻。殤公怒，遂弑殤公，而迎穆公子馮於鄭而立之，是爲莊公。

又 卷四〇《楚世家》（楚武王）三十一年，宋太宰華督弑其君殤公。

論説

宋·沈棐《春秋比事》卷八《宋殤公名與夷，隱四年立，桓二年卒》 殤公在位十年十一戰，民不堪命，卒致宋督之禍。觀其連結齊、魯、衛、陳、蔡五國勤兵于鄭，意在雄長諸侯，阻兵爲强，使諸國莫敢抗也。然無德而威，反以賈禍，非惟鄭不畏服，稱兵報怨；而齊、魯二君疾其暴横，亦接兵境上，共憤而攻之。考之《經》，自公子馮奔鄭，衛州吁欲修怨於鄭，告宋伐之。故宋、鄭交怨，連兵十餘年。《經》書隱四年，宋公、陳侯、蔡人、衛人伐鄭，翬帥師會，四國又伐鄭。五年，鄭連邾報伐。是年，宋復伐鄭，圍長葛。十年，翬帥師會齊、鄭伐宋，宋、衛人入鄭，報之。宋、蔡、衛伐戴，鄭伯伐取之。此宋與鄭交怨之迹也。魯自穆公時盟于宿，遂與宋交好，至隱四年殤公立，遇于清以尋宿之盟。是年，翬會伐鄭。六年，鄭與魯平以祊歸魯，魯始背宋親鄭，故十年翬會鄭伐宋公，敗宋師于管，取郜與防。此宋與魯仇好之迹也。衛自隱二年鄭人伐衛，有怨於鄭。故四年兩同宋伐鄭。八年，遇宋公于垂盟于瓦屋。十年，同入鄭伐戴。此宋衛交好之迹也。至齊則自隱八年與宋盟瓦屋。十年，背宋之盟與魯、鄭伐之，訖宋莊公始及宋平陳，隱四年同宋伐鄭、蔡止。隱四年同宋伐鄭。十年同伐戴，他無宋仇好之事。此宋與三國交結之迹也。蓋以子馮居國，故與宋殤終始不和，衛以州吁當國之時，結宋以仇鄭，其後州吁雖

没，宋終不與鄭好，以敗衛盟。故止殤公之世，宋、衛兩國絶無嫌隙，唯魯始連宋以讐鄭，及鄭人來輸平歸祊之後，乃好鄭而賣宋以爲讐矣。至齊則以威强自恃，初無畏宋之心。宋公雖盟以結之，而隨以見伐。若陳、蔡則比宋爲弱，故有同伐之好而無交伐之事。凡此諸國，皆考之《經》《傳》，其從背之實如此。嗟乎！暴惡如州吁天下之所切齒，而殤公終始與之結好，至鄭同姓之國，與宋爲親，而連歲侵伐，曾不少悔。好其所當讐，讐其所當好，其無耻不義亦甚矣。然則見伐於齊、魯，見殺於國人宜哉。

又《閔公名捷，莊三年立，十二年宋萬弒之》 宋自殤公與衛交好，訖莊公之世，終無嫌隙，會盟侵伐靡不同之。及閔公立，始倚齊以伐衛。蓋是時，齊方强盛，宋國削弱，伐衛之役，齊爲主兵，宋往從之。按《左氏》爲納惠公，故有此伐。夫朔與宣姜同構，急子負罪出奔，而齊帥諸侯以納之，固已非矣。宋從齊伐衛，厥罪均也。暨六年，王師救衛，不克，朔入放黔牟、寧跪，殺左右公子而即位，則齊、宋諸侯拒天子之命納可罪之人，其惡尤甚也。夫宋與衛數世交好，義非不厚，當衛之亂爲，宋公者率諸侯奉王命以固黔牟之位，使朔不得以亂衛可也。今乃害教賊義與齊同惡，使朔奉祀於衛，而兩國盟好一旦墜地，豈諸侯相與之義哉？魯自莊九年伐齊納糾，與齊爲仇，乾時之戰敗於齊，齊殺子糾，復有長勺之役，而齊魯交惡。及宋閔即位，既與齊好，魯爲齊故，於是讐宋，故十年敗齊師於勺。既得志於齊，遂侵宋。是年，齊師、宋師次郎以禦魯，而魯敗宋師于乘邱。十一年，宋爲乘邱之役，侵魯，魯復敗宋師于鄑。蓋是時，宋國衰弱，故雖連齊之師而不能勝魯，數爲魯所敗也。宋魯兩君既不相下，故終閔之世，與魯不平，而宋莊之好，亦廢棄矣。按《左氏》謂乘邱之役，魯莊公以金僕姑射南宮長萬，公右歂孫生搏之。宋人請之，宋公靳之，宋萬以爲病。十二年，遂殺閔公。及殺仇牧，又殺宋督，立子游。夫閔公敗先君之好，結怨魯衛，内無賢臣之助，外無敵國之援，喪民辱國，無耻已甚。而猶以不軌之言，狎侮臣下，致使懷怨蓄憤，而身殞臣手。宋萬之罪，固所不貸，抑亦閔公自取之歟？

元・程端學《春秋本義》卷四《桓公名軌，〈史記〉又名允，惠公庶子，隱公弟》 二年春王正月戊申，宋督弒其君與夷及其大夫孔父。督，大宰華父名也；與夷，殤公名也。高氏曰：案《宋世系》正考父生嘉，字孔父。孫氏曰：字者，命大夫也。劉氏曰：名也。前説近是。《左氏》曰：隱三年，宋穆公疾，召大司馬孔父而屬殤公焉，曰：『先君舍與夷而立寡人，寡人不敢忘。苟以大夫之靈，得保首領以没，先君若問與夷，其將何辭以對？請子奉之，以主社稷，寡人雖死，亦無悔焉。』對曰：『羣臣願奉馮也。』公曰：『不可。先君以寡人爲賢，使主社稷，若棄德不讓，是廢先君之舉也。豈曰能賢？光昭先君之令德，可不務乎？吾子其無廢先君之功。』使公子馮居于鄭。宋穆公卒，殤公即位。桓二年：宋殤公立，十年十一戰，民不堪命。孔父嘉爲司馬，督爲大宰，故因民之不堪命先宣言曰：『司馬則然。』已殺孔父而弒殤公，召莊公於鄭而立之，以親鄭。』張氏曰：華督，蓋馮之黨也。將弒與夷而憚孔父，故先殺孔父。《穀梁》曰：孔父先死，其曰及何也？書尊及卑也。康侯胡氏曰：孔父爲司馬，無能改於其德，非所謂格君心之非者。然君弒死於其難，處命不渝，亦可無媿矣。愚謂殤公見弒，已兆於宣公舍殤公而立穆公，穆公又舍馮而立殤公之日，而成於殤公，不務修政以實其國，而比比焉以伐鄭殺馮爲心，故及此禍。義見隱四年衛州吁事。莘老孫氏曰：春秋之時，見弒之君二十四，死難之臣三人而已：孔父、仇牧、荀息。當是時，天下之爲人臣者，或亡國以自存、或賣君而苟位，滔滔是也。三人者，或投萬死以赴君之難，或持大義以障君之賊，事既不果，以死繼之；君存則與之俱存，君死則與之俱死；食君之禄，立君之朝，義不忍與姦臣賊子並生於時，冒白刃投死地，以同君之禍，皎然不欺其心而自得其死所，孔子安得不與之乎？然而三人之中，其節最高者孔父也。劉氏曰：孔父之智則未，孔父之忠則盡矣。託六尺之孤，寄百里之命，可謂處命不渝矣。君舉陳氏曰：死節人臣之極致也，誼與其君存亡者也。苟不然則不書，故晉欒書中行偃先殺胥童而後弒君不言及，楚商臣先殺鬭勃而後弒君不言及。愚謂《春秋》書及其大夫孔父非褒孔父也，傷世變也。何傷世變也？名不正而作亂也，君不仁而累其臣也，賊弒其君又及其臣也。孫氏所謂甚之者是也，而説《春秋》者但褒孔父之賢而不及臣弒君，賊賢之大變，則是論其末而遺其本矣。不可以不辨，後仇牧、荀息事倣此。

清・馬驌《繹史》卷三四《宋殤閔公之弒》 春秋以前，魯、宋有黄

之師，齊、鄭有盧之盟，魯、鄭有狐壤之戰。魯隱公之立也，首盟邾、宋，齊、鄭尋盟，其交益固。四年之中，鄭有叔段之亂，宋有子馮之偪，衛有州吁之弑，鄭滑在衛，宋馮在鄭，鄭莊構難，衛吁興戎，東諸侯之黨立，而天下始多事矣。於是齊、鄭爲一黨，魯與宋、衛、陳、蔡爲一黨。五國之兩伐鄭也，宋人主兵，而衛人倡謀，三國悉從事於宋、衛者也。乃州吁既誅，鄭怨未平，邾人告病，宋釁復起，一歲之內，鄭、宋兩報，魯何無信，因行人之失辭，驟棄誓盟，宋使絶而齊、鄭之交來焉。獨是魯於邾也，既盟蔑而復伐之於宋也，既遇清而又敗之，十一年之中，五年黨宋，六年黨鄭，蓋由守信不固，而鄭人始乘而閒之也。易祊也，歸郜也，鄭莊之佯爲魯交，而魯不疑也。自是入許敗周，無憂東顧矣。鄭、宋之仇釁已深，方爲瓦屋之平，而假命討違，以償其私憾。宋胡不幸，疆場日騷。督懷無君，巧鼓民怒。曰十年十一戰，十一戰者何？圍鄭東門，一也；取其禾，二也；取邾田，三也；邾、宋入郛，四也；圍長葛，五也；鄭以王命伐宋，六也；敗于菅，七也；入鄭，八也；伐戴，九也；鄭伯入宋，十也；大敗宋師，十一也。督也愚弄其民，而推刃其主，東諸侯咸受賂而相之，此誠《春秋》所深病也。爲宋穆公者，曰先君舍其子而立寡人，寡人亦立之。嗚呼，使與夷也賢，奈何亟戰而無度？使與夷也不肖，先君舍之，已立之，未聞道矣。是故讓國非易言也，太伯之讓周，以有文王也，苟無文王，而徒以推讓爲節義，雖子南之賢，尚啓蒯輒之爭，季子之貞，猶開僚、光之亂，宋國日戰，雖曰州吁惑之，吾謂必自穆公始之。況穆公知以國與殤，而不知所以處殤，委馮於暴鄭，以偪處此，屬有鄰國交構其閒，此則曰除害也，彼則曰惡馮也，數戰民疑，亂由中作，獨一孔父正色立朝，而流言復興，殤公至此遂孤立而無耦矣。殤公弑而子馮入，以求援於諸國，《經》曰以成宋亂，《傳》曰爲賂立華，自是而督也世執政焉，馮立而督輔之，克没其身，其子饗之，督也可以無患，卽宋國宜若可無事也。乃禍起於忽微，宋萬之驟行其弑，戕閔公而兼殺華督，亦若有天道焉。萬之獲乎魯國，數月然後歸，典刑未正，而反升爲大夫，釁起於戲謔之言，乃猶不悟，而君臣相博，婦人雜居，魯侯之美，魯侯之淑，曾何足妒，漸端積於有日，絶脰激於一言，仇牧手劍，祇遭碎首，其弑其君也，易於宋督矣。弑逆之徒，何國無法，陳宣不道，爲之淵藪，取貨於宋國，而謀及於婦人，賊臣雖討，陳國爲失謀矣。宋三世而兩弑其君，上無天子之誅，下無方伯之討，《春秋》所由發憤而作與！

王子帶之亂分部

綜述

《左傳·莊公八年》 虢公、晉侯、鄭伯使原莊公逆王后於陳。陳嬀歸於京師，實惠后。

又《僖公七年》 閏月，惠王崩。襄王惡大叔帶之難，懼不立，不發喪而告難於齊。

又《僖公八年》 襄王定位而後發喪。【略】冬，王人來告喪，難故也。是以緩。

又《僖公十一年》 夏，揚拒、泉皋、伊雒之戎同伐京師，入王城，焚東門。王子帶召之也。秦、晉伐戎以救周。秋，晉侯平戎于王。

又《僖公十二年》 王以上卿之禮饗管仲，管仲辭曰：『臣，賤有司也，有天子之二守國、高在。若節春秋，來承王命，何以禮焉？陪臣敢辭。』王曰：『舅氏，余嘉乃勳，應乃懿德，謂督不忘。往踐乃職，無逆朕命。』管仲受下卿之禮而還。君子曰：『管氏之世祀也宜哉！讓不忘其上。《詩》曰：「愷悌君子，神所勞矣。」』

又《僖公十三年》 十三年春，齊侯使仲孫湫聘于周，且言王子帶。事畢，不與王言。歸覆命曰：『未可，王怒未怠，其十年乎。不十年，王弗召也。』【略】秋，爲戎難故，諸侯戍周，齊仲孫湫致之。

又《僖公十六年》 王以戎難告於齊，齊徵諸侯而戍周。

又《僖公二十年》 滑人叛鄭而服於衛。夏，鄭公子士、泄堵寇帥師入滑。

又《僖公二十二年》 富辰言于王曰：『請召大叔。《詩》曰：「協比其鄰，昏姻孔云。」吾兄弟之不協，焉能怨諸侯之不睦？』王說。王子帶自齊復歸於京師，王召之也。

又《僖公二十四年》 鄭之入滑也，滑人聽命。師還，又即衛。鄭公子士洩、堵俞彌帥師伐滑。王使伯服、游孫伯如鄭請盟。鄭伯怨惠王之入而不與厲公爵也，又怨襄王之與衛、滑也，故不聽王命而執二子。王怒，將以狄伐鄭。富辰諫曰：『不可。臣聞之，大上以德撫民，其次親親以相及也。昔周公弔二叔之不咸，故封建親戚以蕃屏周。管蔡郕霍，魯衛毛聃，郜雍曹滕，畢原酆郇，文之昭也。邘晉應韓，武之穆也。凡蔣刑茅胙祭，周公之胤也。召穆公思周德之不類，故糾合宗族于成周而作詩曰：「常棣之華，鄂不韡韡，凡今之人，莫如兄弟。」其四章曰：「兄弟鬩于牆，外禦其侮。」如是則兄弟雖有小忿，不廢懿親。今天子不忍小忿以棄鄭親，其若之何？庸勳親親，暱近尊賢，德之大者也。即聾從昧，與頑用嚚，姦之大者也。棄德崇姦，禍之大者也。鄭有平、惠之勳，又有厲、宣之親，棄嬖寵而用三良，于諸姬爲近，四德具矣。耳不聽五聲之和爲聾，目不別五色之章爲昧，心不則德義之經爲頑，口不道忠信之言爲嚚，狄皆則之，四姦具矣。周之有懿德也，猶曰「莫如兄弟」，故封建之。其懷柔天下也，猶懼有外侮，扞禦侮者莫如親親，故以親屏周。召穆公亦云。今周德既衰，於是乎又渝周、召以從諸姦，無乃不可乎？民未忘禍，王又興之，其若文、武何？』王弗聽，使頹叔、桃子出狄師。夏，狄伐鄭，取櫟。王德狄人，將以其女爲后。富辰諫曰：『不可。臣聞之曰：「報者倦矣，施者未厭。」狄固貪淋，王又啓之，女德無極，婦怨無終，狄必爲患。』王又弗聽。

初，甘昭公有寵於惠后，惠后將立之，未及而卒。昭公奔齊，王復之。又通於隗氏。王替隗氏，頹叔、桃子曰：『我實使狄，狄其怨我。』遂奉大叔，以狄師攻王。王御士將禦之。王曰：『先後其謂我何？寧使諸侯圖之。』王遂出。及坎欿，國人納之。秋，頹叔、桃子奉大叔，以狄師伐周，大敗周師，獲周公忌父、原伯、毛伯、富辰。王出適鄭，處於汜。大叔以隗氏居於温。【略】

冬，王使來告難曰：『不穀不德，得罪于母弟之寵子帶，鄙在鄭地汜，敢告叔父。』臧文仲對曰：『天子蒙塵於外，敢不奔問官守。』王使簡師父告於晉，使左鄢父告於秦。天子無出，書曰『天王出居於鄭』，辟母弟之難也。天子凶服降名，禮也。鄭伯與孔將鉏、石甲父、侯宣多省視官具於汜，而後聽其私政，禮也。

又《僖公二十五年》 秦伯師於河上，將納王。狐偃言於晉侯曰：『求諸侯，莫如勤王。諸侯信之，且大義也。繼文之業而信宣於諸侯，今爲可矣。』使卜偃卜之，曰：『吉，遇黃帝戰於阪泉之兆。』公曰：『吾不堪也。』對曰：『周禮未改。今之王，古之帝也。』公曰：『筮之。』筮之，遇《大有》䷍之《睽》䷥，曰：『吉，遇公用享于天子之卦。戰克而王享，吉孰大焉。且是卦也，天爲澤以當日，天子降心以逆公，不亦可乎？《大有》去《睽》而復，亦其所也。』晉侯辭秦師而下。三月甲辰，次於陽樊。右師圍温，左師逆王。夏四月丁巳，王入於王城，取大叔於温，殺之於隰城。

戊午，晉侯朝王，王享醴，命之宥。請隧，弗許，曰：『王章也。未有代德而有二王，亦叔父之所惡也。』與之陽樊、温、原、欑茅之田。晉於是始啓南陽。

陽樊不服，圍之。蒼葛呼曰：『德以柔中國，刑以威四夷，宜吾不敢服也。此誰非王之親姻，其俘之也！』乃出其民。【略】

冬，晉侯圍原，命三日之糧。原不降，命去之。諜出，曰：『原將降矣。』軍吏曰：『請待之。』公曰：『信，國之寶也，民之所庇也，得原失信，何以庇之？所亡滋多。』退一舍而原降。遷原伯貫于冀。趙衰爲原大夫，狐溱爲温大夫。

《國語》卷二《周語中》 襄王十三年，鄭人伐滑。王使游孫伯請滑，鄭人執之。王怒，將以狄伐鄭。富辰諫曰：『不可。古人有言曰：「兄弟讒鬩、侮人百里。」周文公之詩曰：「兄弟鬩于牆，外禦其侮。」若是則鬩乃内侮，而雖鬩不敗親也。鄭在天子，兄弟也。鄭武、莊有大勳力于平、桓；我周之東遷，晉、鄭是依；子頹之亂，又鄭之繇定。今以小忿棄之，是以小怨置大德也，無乃不可乎！且夫兄弟之怨，不徵於他，徵於他，利乃外矣。章怨外利，不義；棄親即狄，不祥；以怨報德，不仁。夫義所以生利也，祥所以事神也，仁所以保民也。不義則利不阜，不祥則

福不降，不仁則民不至。古之明王不失此三德者，故能光有天下，而和寧百姓，令聞不忘。王其不可以棄之。』王不聽。十七年，王降狄師以伐鄭。

王德狄人，將以其女爲后，富辰諫曰：『不可。夫婚姻，禍福之階也。由之利內則福，利外則取禍。今王外利矣，其無乃階禍乎？昔摯、疇之國也由大任，杞、繒由大姒，齊、許、申、呂由大姜，陳由大姬，是皆能內利親親者也。昔鄢之亡也由仲任，密須由伯姞，鄶由叔妘，聃由鄭姬，息由陳嬀，鄧由楚曼，羅由季姬，盧由荆嬀，是皆外利離親者也。』

王曰：『利何如而內，何如而外？』對曰：『尊貴、明賢、庸勳、長老、愛親、禮新、親舊。然則民莫不審固其心力以役上令，官不易方，而財不匱竭，求無不至，動無不濟。百姓兆民，夫人奉利而歸諸上，是利之內也。若七德離判，民乃攜貳，各以利退，上求不暨，是其外利也。夫狄無列於王室，鄭伯南也，王而卑之，是不尊貴也。狄，豺狼之德也，鄭未失周典，王而蔑之，是不明賢也。平、桓、莊、惠皆受鄭勞，王而棄之，是不庸勳也。鄭伯捷之齒長矣，王而弱之，是不長老也。狄，隗姓也，鄭出自宣王，王而虐之，是不愛親也。夫禮，新不閒舊，王以狄女閒姜、任，非禮且棄舊也。王一舉而棄七德，臣故曰利外矣。《書》有之曰：「必有忍也，若能有濟也。」王不忍小忿而棄鄭，又登叔隗以階狄。狄，封豕豺狼也，不可猒也。』王不聽。

十八年，王黜狄后。狄人來誅殺譚伯。富辰曰：『昔吾驟諫王，王弗從，以及此難。若我不出，王其以我爲懟乎！』乃以其屬死之。

初，惠后欲立王子帶，故以其黨啓狄人。狄人遂入，周王乃出居於鄭，晉文公納之。

又 卷一〇《晉語四》 冬，襄王避昭叔之難，居于鄭地汜。使來告難，亦使告于秦。子犯曰：『民親而未知義也，君盍納王以教之義。若不納，秦將納之，則失周矣，何以求諸侯？不能修身而又不能宗人，人將焉依？繼文之業，定武之功，啓土安疆，於此乎在矣，君其務之。』公說，乃行賂于草中之戎與麗土之狄，以啓東道。

二年春，公以二軍下，次於陽樊。右師取昭叔于溫，殺之于隰城。左師迎王于鄭。王入于成周，遂定之于郟。王饗醴，命公胙侑。公請隧，弗許。曰：『王章也，不可以二王，無若政何。』賜公南陽陽樊、溫、原、州、陘、絺、組、攢茅之田。陽人不服，公圍之，將殘其民，倉葛呼曰：『君補王闕，以順禮也。陽人未狎君德，而未敢承命。君將殘之，無乃非禮乎！陽人有夏、商之嗣典，有周室之師旅，樊仲之官守焉，其非官守，則皆王之父兄甥舅也。君定王室而殘其姻族，民將焉放？敢私布於吏，唯君圖之！』公曰：『是君子之言也。』乃出陽人。

《史記》卷四《周本紀》 襄王母蚤死，後母曰惠后。惠后生叔帶，有寵於惠王，襄王畏之。【略】

襄王出犇鄭，鄭居王于氾。子帶立爲王，取襄王所絀翟后與居溫。

十七年，襄王告急于晉，晉文公納王而誅叔帶。

襄王乃賜晉文公珪鬯弓矢，爲伯，以河內地與晉。

論說

宋·葉夢得《葉氏春秋傳》卷一八《昭公二·二十二年》 冬十月，王子猛卒。

曰王猛矣，何以復言王子猛？正終之辭也。何以不言崩？未喻年之王也。葉子曰：三家言猛事皆不同，學者疑焉。《公羊》、《穀梁》皆謂猛爲不得立，不知其事而以《春秋》書入意之也。《左氏》知其事矣，而不能明其所得立。王子朝、賓起有寵於景王，劉伯蚠惡賓起之爲人而欲殺之，惡朝之言以爲亂而欲去之，是猛爲大子已定于景王，而朝以寵欲奪之也。及景王崩，劉單見王猛殺賓起而盟羣公子，則猛固已即喪次之位而見羣臣矣。故後謚之曰悼王。然而《春秋》不書焉者，不正其未踰年而得稱王也。敬王，猛之母弟，亦立於劉單，《春秋》正名之曰天王。使猛而得踰年，則豈不以天王名之哉？凡《春秋》以尊者見卑者、以不正者見正者，王子帶之亂。見襄王不見子帶，襄王尊也；今猛與朝更爲出入，自猛居皇至于卒，見猛不見朝，則猛亦尊也。朝書尹氏立，而敬王立不書敬王，正也；今猛立亦不書，與敬王同盟，亦正也。惟尊且正，則天下皆其所得居矣。故襄王書『居于鄭』，敬王書『居于狄泉』，猛亦書『居于皇』，其辭一。施之則猛之得立，其事與義固已具之矣，豈三家未之思歟？

宋・葉夢得《春秋左傳讞》卷三《僖公十二年》 王以戎難，故討王子帶。秋，王子帶奔齊。冬，齊侯使管夷吾平戎于王，使隰朋平戎于晉。

齊小白本以定襄王、謀王室爲功，今子帶召戎伐周而不救，又從而納子帶，反平戎於王，與晉而和之。是乃黨子帶而與戎爲好者，其行事，豈不戾哉！十六年，復言王以戎難告于齊，齊召諸侯以戍周。告難不應在五年之後。是時，子帶尚在，齊王亦不應復。假齊以爲援，而十三年言，齊使仲孫湫聘于周，且言王子帶。湫復命曰：『王怒未怠，不十年弗召也。』而二十二年記，富辰請召太叔，而王復之於齊正十年，豈仲孫湫之智果能豫定富辰之請，若是其適契乎？其言前後乖違附會，一無可據。以吾考之，自子帶奔齊至王召之，皆不足信。特頹桃之欲爲亂，因惠后之意，奉子帶以狄師攻王。王出適鄭乃爲近實，秦晉平戎之事，吾固疑其未必有。且伐而言平者，猶獻功也。今言平戎乃和解之，二義自不同。兼襄王畏子帶久矣，每告難於諸侯，不暇不應，今奔而復召之，蓋戎與狄事相近。《傳》不能辨而誤載之，不然，齊小白以霸顯諸侯，坐視王室之難而不救，內黨於罪人，外黨於戎人，反秦穆公、晉惠公之不若，安用其爲首止于洮、葵丘之盟者？而《經》于諸侯不一貶也。

宋・程公説《春秋分記》卷四五《周天王第一・襄王》 《傳》十一年夏，揚、拒、泉、皋、伊雒之戎同伐京師，入王城，焚東門，王子帶召之也。秦、晉伐戎以救周。秋，晉侯平戎於王。

《傳》十二年夏，王以戎難故討王子帶。秋，王子帶奔齊。冬，齊侯使管夷吾平戎於王。

藺敏修曰：王子帶以戎伐周，是率敵讎以攻君父也。豈惟王惡之，天下莫不惡之。今王討焉而奔齊，齊安然受之。夫爲天下逋逃主，萃淵藪，使王討罪人所在，齊將不免矣。區區使管夷吾仲孫湫聘周，以求復之，不尊王甚矣。

宋・吕大圭《春秋或問》卷一二《天王出居于鄭》 或問書『天王出居』，何也？曰：始叔帶有寵於惠后，后欲立之，齊桓合諸侯于首止，以定世子之位，而世子安惠王崩；齊桓又率諸侯以謀王室，而襄王立。僖十一年，子帶召戎攻京師，王以戎難故討子帶。十二年，子帶奔齊。十年而王復之，至是又召狄師以攻王，子帶之罪不可逃矣。然襄王之未立也，固非已之所可，必襄王之既立天下，獨非襄王之天下乎？其所以待子帶者，則失其道矣。舜之於象也，封之有庳，天子使吏治其國，而象不得以有爲，於其國富貴之爾，親愛之爾。此待之之意也。觀仲孫湫之言曰『王怒未怠，不十年王弗召也』，則既非不宿怨不藏怒之心，及既復之，必當處之有道而後可使之得，以通隗氏起狄師，則又非不得以有爲於其國之義，處之者既失其道矣。鄭伯不王，而以狄伐鄭，富辰諫不聽；又德狄以其女爲后，諫又不聽；子帶以狄師攻王，王卿士將禦之，又弗聽。於是適鄭。由此言之，是亦王之自出而已矣。書曰『天王出居于鄭』，言非叔帶所能出之也，而王不能待叔帶之咎見矣。

宋・李石《方舟集》卷二一《左氏詩如例上》 協比其鄰，婚姻孔云。小雅。

王子帶，惠王之子也。時襄王在位，帶召揚、拒、泉、皋、伊雒之戎伐京師，欲行簒襲，賴秦、晉伐戎以免。子帶因是奔齊。齊使仲孫湫欲復之，諸侯戍周，王室之不靖者，至是十年矣。富辰力諫襄王，以子帶爲言，協比其鄰，以齊爲婚姻也。兄弟卽襄王及帶也，王信富辰之言可矣，然王子帶介恃夷狄與齊之援，勢不兩立，王子帶入則天王出居於鄭矣。《春秋》意罪襄王，顧匹夫小節以天下之大避其母弟，天子無外而以出爲言，譏之也。王子帶居温富辰亦不免。

元・鄭玉《春秋闕疑》卷一五《十有三年》 公會齊侯、宋公、陳侯、衞侯、鄭伯、許男、曹伯于鹹。

十一年夏，楊、距、泉、皋、伊雒之戎同伐京師，入王城，焚東門，王子帶召之也。秦、晉伐戎以救周。秋，晉侯平戎于王。十二年，王以戎難故討王子帶。秋，王子帶奔齊。冬，齊侯使管夷吾平戎于王，王以上卿之禮享管仲。管仲辭曰：『臣，賤有司也。有天子之二守國、高在。若節春秋來承王命，何以禮焉。陪臣敢辭。』王曰：『舅氏，余嘉乃勳，應乃懿德，謂督不忘。往踐乃職，無逆朕命。』管仲受下卿之禮而還。是年春，齊侯使仲孫湫聘于周，且言王子帶。事畢，不與王言。歸，復命曰：『未可。王怒未怠，其十年乎？不十年，王弗召也。』夏，會于鹹。淮夷病杞故，且謀王室也。十六年，王以戎難告于齊，齊徵諸侯而戍周。二十二年，富辰言于王曰：『請召太叔。《詩》曰：「協比其鄰，婚姻孔云。」吾

兄弟之不協，焉能怨諸侯之不睦？」王悅。王子帶自齊復歸于京師，王召之也。高郵孫氏曰：鹹之會，二《傳》皆無事迹，惟《左氏》以爲謀杞且謀王室。案王室之事，不載于《經》，而明年，《經》書「城緣陵」，前目後凡，則謀杞之説與《經》合矣。

清・朱鶴齡《讀左日鈔》卷二《僖公十二年》 十二年，齊侯使管夷吾平戎于王。

金履祥曰：五伯桓公爲盛，而周室戎狄之禍，自若王子帶召戎伐周，天下之大罪也。桓公不能討而平戎于王，豈以受子帶之奔爲此姑息耶？桓公身不能容子糾，而爲王容叔帶，固將曲全襄王兄弟之愛，不免卒釀王室異日之禍云。

清・馬驌《繹史》卷四九《王子帶之亂》 王子叔帶以惠后之寵，幾奪大子，齊桓公會于首止以謀王室，既而襄王告難，復盟洮以定其位，奪嫡之患始息。齊桓既歿，婦怨復興，狄人助亂，天子蒙塵，晉文公於是起而圖霸，決策勤王，取大叔而殺之，王室始靖。叔帶之爲亂也，多歷年矣，經兩霸主，大難方已。桓公之圖之也，弭之於未亂之先，文公之圖之也，戡之於既亂之後，均有功於王室者也。唯是帶也，以襄王母弟，怙寵匹嫡，召戎伐周，亂形已著，幸而逃亡，齊桓公執而歸諸京師，亦云宜也，乃受而不討，且爲之請，抑思葵丘之會，初命曰『無易樹子』此何謂也？王復姑息，召之反國，避鄭伯克段之名，又蹈子頹姦位之禍，諸侯震悼，晉師納王，於是請隧受田，無何而有河陽之召，雖功業攸崇，而天子陵遲極矣。所以定、哀之世，傷天下之無霸，而閔、僖之世，傷天下之無王，無王而後有霸，非得已也。讀史者至於惠、襄之際，蓋不勝其辟雍鐘鼓之思矣。

嫪毐之亂分部

綜述

《史記》卷六《秦始皇本紀》 嫪毐《索隱》嫪，姓；毐，字。按：《漢書》嫪氏出邯鄲。王劭云「賈侍中說秦始皇母予嫪毐淫坐誅，故世人罵淫曰『嫪毐』也」。封爲長信侯。予之山陽地，《正義》：《括地志》云：「山陽故城在懷州修武縣西北太行山東南。」令毐居之。宮室車馬衣服苑囿馳獵恣毐。事無小大皆決於毐。又以河西《集解》徐廣曰：「河，一作『汾』。」太原郡更爲毐國。九年，彗星見，或竟天。攻魏垣、蒲陽。《正義》：《括地志》云：「故垣城，漢縣治，本魏王垣也，在絳州垣縣西北二十里。蒲邑故城在隰州縣北四十五里。在蒲水之北，故言蒲陽。卽晉公子重耳所居邑也。」四月，上宿雍。《集解》蔡邕曰：「上者，尊位所在也。」駰案：司馬遷記事，當言「帝」則依違但言「上」，不敢媟言，尊尊之意也。己酉，王冠，帶劍。《集解》徐廣曰：「年二十二。」《正義》：《禮記》云年二十而冠。按：年二十一也。長信侯毐作亂而覺，矯王御璽《集解》蔡邕曰：「御者，進也。凡衣服加於身，飲食入於口，妃妾接於寢，皆曰御。御之親愛者曰幸。璽者，印信也。天子璽白玉螭虎鈕。古者尊卑共之。月令曰『固封璽』，《左傳》曰『季武子璽書追而與之』，此諸侯大夫印稱璽也。」衛宏曰：「秦以前，民皆以金玉爲印，龍虎鈕，唯其所好。秦以來，天子獨以印稱璽，又獨以玉，羣臣莫敢用。」《正義》崔浩云：「李斯磨和璧作之，漢諸帝世傳服之，謂『傳國璽』。」韋曜《吳書》云璽方四寸，上句交五龍，文曰『受命於天既壽永昌』。《漢書》云曰『昊天之命皇帝壽昌』。按：二文不同。《漢書・元后傳》云王莽令王舜逼太后取璽，王太后怒，投地，其角小缺。《吳志》云孫堅入洛，埽除漢陵廟，軍於甄官井得璽，後歸魏。晉懷帝永嘉五年六月，帝蒙塵平陽，璽入前趙劉聰。至東晉成帝咸和四年，石勒滅前趙，得璽。穆帝永和八年，石勒爲慕容俊滅，濮陽太守戴施入鄴，得璽，使何融送晉。傳宋，宋傳南齊，南齊傳梁。梁傳至天正二年，侯景破梁，至廣陵，北齊將辛術定廣陵，得璽，送北齊。至周建德六年正月，平北齊，璽入周。周傳隋，隋傳唐也。及太后璽以發縣卒及衛卒、官騎、戎翟君公、舍人，將欲攻蘄年宮爲亂。《集解》：《地理志》蘄年宮在雍。《正義》：《括地志》云：「蘄年宮在岐州城西故城內。」王知之，令相國昌平君、昌文君發卒攻毐。《索隱》昌平君，楚之公子，立以爲相，後徙於郢，項燕立爲荆王，史失其名。昌文君名亦不知也。戰咸陽，《正義》：《括地志》云：「咸陽故城亦名渭城，在雍州北五里，今咸陽縣東十五里。秦孝公已下並都此城。始皇鑄金人十二於咸陽，卽此也。」斬首數百，皆拜爵，及宦者皆在戰中，亦拜爵一級。毐等敗走。卽令國中：有生得毐，賜錢百萬；殺之，五十萬。盡得毐等。衛尉竭、《集解》：《漢書・百官表》曰：「衛尉，秦官。」內史肆、佐弋竭、《集解》：《漢書・百官表》曰：「秦時少府有佐弋，漢武帝改爲佽飛，掌弋射者。」中大夫令齊等《正義》中大夫令，秦官也。齊，名也。二十人皆梟

首。《集解》縣首於木上曰梟。《正義》縣首於木上曰梟。車裂以徇，滅其宗。《正義》：《説苑》云：『秦始皇太后不謹，幸郎嫪毐，始皇取毐四支車裂之，取兩弟撲殺之，取太后遷之咸陽宮。下令曰：「以太后事諫者，戮而殺之，蒺藜其脊。」諫而死者二十七人。茅焦乃上説曰：「齊客茅焦，原以太后事諫。」皇帝曰：「走告若，不見闕下積死人耶？」使者問焦。焦曰：「陛下車裂假父，有嫉妒之心；囊撲兩弟，有不慈之名；遷母咸陽，有不孝之行；蒺藜諫士，有桀紂之治。天下聞之，盡瓦解，無向秦者。」王乃自迎太后歸咸陽，立茅焦爲傅，又爵之上卿。』《括地志》云：『茅焦，滄州人也。』及其舍人，輕者爲鬼薪。《集解》應劭曰：『取薪給宗廟爲鬼薪也。』如淳曰：『律説鬼薪作三歲。』《正義》言毐舍人罪重者已刑戮，輕者罰徒役三歲。及奪爵遷蜀四千餘家，家房陵。《正義》：《括地志》云：『房陵即今房州房陵縣，古楚漢中郡地也。是巴蜀之境。』《地理志》云房陵縣屬漢中郡，在益州部，接東南一千三百一十里也。［是］月寒凍，有死者。《正義》四月建巳之月，孟夏寒凍，民有死者，以秦法酷急，則天應之而史書之。故《尚書·洪範》『急常寒若』，孔注云『君行急則常寒順之』。楊端和攻衍氏。《索隱》端和，秦將。衍氏，魏邑。《正義》衍，在鄭州。彗星見西方，又見北方，從斗以南八十日。十年，《集解》徐廣曰：『甲子。』相國呂不韋坐嫪毐免。桓齮爲將軍。齊、趙來置酒。齊人茅焦説秦王曰：『秦方以天下爲事，而大王有遷母太后之名，恐諸侯聞之，由此倍秦也。』秦王乃迎太后於雍而入咸陽，《集解》：《説苑》曰：『始皇帝立茅焦爲傅，又爵之上卿。太后大喜，曰「天下亢直，使敗復成，安秦社稷，使妾母子復相見者，茅君之力也」。』復居甘泉宮。《集解》徐廣曰：『《表》云咸陽南宮也。』

論説

《漢書》卷二七《五行志中之下》　在臣下，奥煖而已，故籍秦以爲驗。秦始皇即位尚幼，委政太后，太后淫於呂不韋及嫪毐，封毐爲長信侯，以太原郡爲毒國，宫室苑囿自恣，政事斷焉。故天冬雷，以見陽不禁閉，以涉危害，舒奥迫近之變也。始皇即冠，毐懼誅作亂，始皇誅之，斬首數百級，大臣二十人，皆車裂以徇，夷滅其宗，遷四千餘家於房陵。是歲四月，寒，民有凍死者。數年之間，緩急如此，寒奥輒應，此其效也。劉歆以爲大雨雪，及未當雨雪而雨雪，及大雨雹，隕霜殺叔。

雜録

《孔叢子》卷五《論勢第十六》　秦急攻魏，魏王恐。或謂子順曰：『如之何？』答曰：『吾私有計。然豈能賢於執政？故無言焉。』魏王聞之，駕如孔氏親問焉。曰：『國亡矣，如之何？』對曰：『夫棄之不如用之，之易也。死之不如棄之，之易也。人能棄之，弗能用也。能死之，不能棄也，此人過也。今王亡地數百里，亡城數十，而患不解。是王棄之，非用之也。秦之强，天下無敵。魏之弱，甚矣。而王是以質秦，此王能死不能棄之也，是重過也。若能用臣之計，則虧地不足傷卑國，體不足苦身患解，而怨報矣。今秦四境之内，執政以下，固曰與嫪氏乎，與吕氏乎。雖門閭之下，廊廟之上，猶皆如是。今王誠能割地賄秦，以爲嫪毐，功卑身尊。秦以自嫪毐始王，又以國贊嫪毐也，則嫪毐勝矣。於是太后之德王也深，如骨肉王之交最爲天下之上矣。孰不棄吕氏而從嫪毐。天下皆然，則王怨必報矣。』

漢·劉向《説苑》卷九《正諫》　秦始皇帝太后不謹，幸郎嫪毐，封以爲長信侯，爲生兩子，毐專國事，浸益驕奢，與侍中左右貴臣俱博飲，酒醉，爭言而鬥，瞋目大叱曰：『吾乃皇帝之假父也，寠人子何敢乃與我亢！』所與鬥者走行白皇帝，皇帝大怒，毐懼誅，因作亂，戰咸陽宮。毐敗，始皇乃取毐四肢車裂之，取其兩弟囊撲殺之，取皇太后遷之于萯陽宮，下令曰：『敢以太后事諫者，戮而殺之！從蒺藜其脊肉幹四支，而積之闕下。』諫而死者二十七人矣。齊客茅焦乃往上謁曰：『齊客茅焦願上諫皇帝。』皇帝使使者出問：『客得無以太后事諫也？』茅焦曰『然。』使者還白曰：『果以太后事諫。』皇帝曰：『走往告之，若不見闕下積死人邪？』使者問茅焦，茅焦曰：『臣聞之天有二十八宿，今死者已有二十七人矣，臣所以來者，欲滿其數耳，臣非畏死人也。』走入白之，茅焦邑子同食者，盡負其衣物行亡。使者入白之，皇帝大怒曰：『是子故來犯吾禁，趣炊鑊湯煮之！是安得積闕下乎！趣召之入。』皇帝按劍而坐，口正沫出，使者召之入，茅焦不肯疾行，足趣相過耳。使者趣之，茅焦曰：『臣至前則死矣！君獨不能忍吾須臾乎？』使者極哀之。茅焦至前，再

拜，謁起稱曰：『臣聞之，夫有生者不諱死，有國者不諱亡。諱死者不可以得生，諱亡者不可以得存。死生存亡，聖主所欲急聞也，不審陛下欲聞之？』皇帝曰：『何謂也？』茅焦對曰：『陛下有狂悖之行，陛下不自知邪？』皇帝曰：『何等也？願聞之！』茅焦對曰：『陛下車裂假父，有嫉妒之心；囊撲兩弟，有不慈之名；遷母萯陽宮，有不孝之行；從蒺藜於諫士，有桀紂之治。今天下聞之，盡瓦解無嚮秦者，臣竊恐秦亡，爲陛下危之。所言已畢，乞行就質。』乃解衣伏質。皇帝下殿，左手接之，右手麾左右曰：『赦之！先生就衣，今願受事。』乃立焦爲仲父，爵之上卿；皇帝立駕千乘萬騎，空左方，自行迎太后萯陽宮，歸於咸陽。太后大喜，乃大置酒待茅焦，及飲，太后曰：『抗枉令直，使敗更成，安秦之社稷；使妾母子復得相會者，盡茅君之力也。』

宋·司馬光《資治通鑑》卷六《秦紀一》 （秦始皇九年）初，王即位，年少，太后時與文信侯私通。王益壯，文信侯恐事覺，禍及己，乃詐以舍人嫪毐爲宦者，進於太后。太后幸之，生二子，封毐爲長信侯，以太原爲毐國，政事皆決於毐；客求爲毐舍人者甚衆。王左右有與毐爭言者，告毐實非宦者，王下吏治毐。毐懼，矯王御璽發兵，欲攻蘄年宮爲亂。王使相國昌平君、昌文君發卒攻毐，戰咸陽，斬首數百；毐敗走，獲之。秋，九月，夷毐三族；黨與皆車裂滅宗；舍人罪輕者徙蜀，凡四千餘家。遷太后於雍萯陽宮，殺其二子。下令曰：『敢以太后事諫者，戮而殺之，斷其四支，積之闕下！』死者二十七人。齊客茅焦上謁請諫。王使謂之曰：『若不見夫積闕下者邪？』對曰：『臣聞天有二十八宿，今死者二十七人，臣之來固欲滿其數耳。臣非畏死者也！』使者走入白之。茅焦邑子同食者，盡負其衣物而逃。王大怒曰：『是人也，故來犯吾，趣召鑊烹之，是安得積闕下哉！』王按劍而坐，口正沫出。使者召之入，茅焦徐行至前，再拜謁起，稱曰：『臣聞有生者不諱死，有國者不諱亡；諱死者不可以得生，諱亡者不可以得存。死生存亡，聖主所欲急聞也，陛下欲聞之乎？』王曰：『何謂也？』茅焦曰：『陛下有狂悖之行，不自知邪？車裂假父，囊撲二弟，遷母於雍，殘戮諫士；桀、紂之行不至於是矣！令天下聞之，盡瓦解，無向秦者，臣竊爲陛下危之！臣言已矣！』乃解衣伏質。王下殿，手自接之曰：『先生起就衣，今願受事！』乃爵之上卿。王自駕，虛左方，往迎太后，歸於咸陽，復爲母子如初。

政治改革部

盤庚遷殷分部

綜述

《尚書·商書·盤庚上》 盤庚五遷，將治亳殷，民咨胥怨，作《盤庚》三篇。

盤庚遷于殷，民不適有居，率籲衆慼，出矢言。曰：我王來，既爰宅于茲，重我民，無盡劉。不能胥匡以生，卜稽曰：其如台。先王有服，恪謹天命，茲猶不常寧。不常厥邑，于今五邦。今不承于古，罔知天之斷命，矧曰其克從先王之烈？若顛木之有由蘖，天其永我命于茲新邑，紹復先王之大業厎綏四方。

盤庚斆于民：由乃在位，以常舊服，正法度。曰：無或敢伏小人之攸箴！

王命衆悉至于庭。王若曰：格，汝衆！予告汝訓，汝猷黜乃心，無傲從康。古我先王，亦惟圖任舊人共政。王播告之修，不匿厥指。王用丕欽，罔有逸言，民用丕變。今汝聒聒，起信險膚，予弗知乃所訟。

非予自荒茲德，惟汝含德，不惕予一人，予若觀火。予亦拙謀，作乃逸。若網在綱，有條而不紊。若農服田，力穡乃亦有秋。汝克黜乃心，施實德于民，至于婚、友，丕乃敢大言汝有積德。乃不畏戎毒于遠邇，惰農自安，不昬作勞，不服田畝，越其罔有

黍稷。

汝不和吉言于百姓，惟汝自生毒。乃敗禍姦宄，以自災于厥身。乃既先惡于民，乃奉其恫，汝悔身何及？

相時憸民，猶胥顧于箴言，其發有逸口，矧予制乃短長之命！汝曷弗告朕，而胥動以浮言？恐沈于衆。若火之燎于原，不可嚮邇，其猶可撲滅。則惟汝衆自作弗靖，非予有咎。遲任有言曰：人惟求舊；器非求舊，惟新。

古我先王暨乃祖、乃父，胥及逸勤，予敢動用非罰？世選爾勞，予不掩爾善。茲予大享于先王，爾祖其從與享之。作福、作災，予亦不敢動用非德。

予告汝于難，若射之有志。汝無侮老成人，無弱孤有幼。

各長于厥居，勉出乃力，聽予一人之作猷。無有遠邇，用罪伐厥死，用德彰厥善。邦之臧，惟汝衆；邦之不臧，惟予一人有佚罰。

凡爾衆，其惟致告。自今至于後日，各恭爾事，齊乃位，度乃口。罰及爾身，弗可悔！

又《盤庚中》 盤庚作惟涉河，以民遷，乃話民之弗率，誕告用亶其有衆：咸造，勿褻在王庭。盤庚乃登進厥民。曰：明聽朕言，無荒失朕命！

嗚呼！古我前后，罔不惟民之承。保后胥慼，鮮以不浮于天時。

殷降大虐，先王不懷。厥攸作，視民利用遷。

汝曷弗念我古后之聞？承汝俾汝，惟喜康共，非汝有咎，比于罰。

予若籲懷茲新邑，亦惟汝，故以丕從厥志。

今予將試以汝遷，安定厥邦。汝不憂朕心之攸困，乃咸大不宣乃心，欽念以忱動予一人。爾惟自鞠自苦。若乘舟，汝弗濟，臭厥載。爾忱不屬，惟胥以沈。不其或稽，自怒曷瘳？汝不謀長以思乃災，汝誕勸憂。今其有今罔後，汝何生在上？

今予命汝一，無起穢以自臭。恐人倚乃身，迂乃心。

予迓續乃命于天，予豈汝威？用奉畜汝衆。

予念我先神后之勞爾先，予丕克羞爾，用懷爾然。失于政，陳于茲，高后丕乃崇降罪疾，曰：曷虐朕民？汝萬民乃不生生，暨予一人猷同心。

先后丕降與汝罪疾，曰：曷不暨朕幼孫有比？故有爽德，自上其罰汝，汝罔能迪。

古我先后既勞乃祖、乃父，汝共作我畜民，汝有戕，則在乃心。

我先后綏乃祖、乃父，乃祖、乃父乃斷棄汝，不救乃死。

茲予有亂政同位，具乃貝、玉。乃祖、乃父丕乃告我高后曰：作丕刑于朕孫。迪高后丕乃崇降弗祥。

嗚呼！今予告汝不易。永敬大恤，無胥絶遠。

汝分猷念以相從，各設中于乃心。乃有不吉不迪，顛越不恭，暫遇姦宄，我乃劓殄滅之，無遺育，無俾易種于茲新邑。

往哉！生生。今予將試以汝遷，永建乃家。

又《盤庚下》 盤庚既遷，奠厥攸居，乃正厥位，綏爰有衆曰：無戲怠，懋建大命。今予其敷心腹腎腸，歷告爾百姓于朕志。

罔罪爾衆，爾無共怒，協比讒言予一人。古我先王，將多于前功，適于山，用降我凶德，嘉績于朕邦。今我民用蕩析離居，罔有定極。爾謂朕曷震動萬民以遷，肆上帝將復我高祖之德，亂越我家。

朕及篤敬，恭承民命，用永地于新邑。肆予沖人非廢厥謀，弔由靈。各非敢違卜，用宏茲賁。

嗚呼！邦伯、師長、百執事之人，尚皆隱哉！

予其懋簡相爾，念敬我衆。朕不肩好貨，敢恭生生，鞠人謀人之保居叙欽。今我既羞告爾于朕志，若否，罔有弗欽。無總于貨寶，生生自庸。

式敷民德，永肩一心。

《史記》卷三《殷本紀》 帝陽甲崩，弟盤庚立，是爲帝盤庚。帝盤庚之時，殷已都河北，盤庚渡河南，復居成湯之故居，乃五遷，無定處。殷民咨胥皆怨，不欲徙。盤庚乃告諭諸侯大臣曰：『昔高后成湯與爾之先祖俱定天下，法則可修。舍而弗勉，何以成德！』乃遂涉河南，治亳，行湯之政，然後百姓由寧，殷道復興。諸侯來朝，以其遵成湯之德也。【略】

［紂］益廣沙丘苑臺。裴駰《集解》引《竹書紀年》：『自盤庚徙殷至紂之滅二百五十三年，更不徙都。』

又《項羽本紀》 項羽乃與（章邯）期洹水南殷虚上。裴駰《集解》

引應劭曰：『洹水在湯陰界。殷墟，故殷都也』。又引臣瓚曰：『洹水在今安陽縣北，去朝歌殷都一百五十里。然則此殷虚非朝歌也。《汲冢古文》曰：「盤庚遷于此」，《汲冢》曰：「殷虚南去鄴三十里」，是舊殷虚，然則朝歌非盤庚所遷者』。司馬貞索隱引《汲冢古文》云『盤庚自奄遷于北蒙，曰殷虚，南去鄴州三十里』，是殷虚南舊地名號北蒙也。

晉・皇甫謐《帝王世紀》 盤庚以耿在河北，迫近山川，自祖辛以來，奢浮不絶，乃南渡河，將徙都亳之殷地。人咨嗟相怨，不欲徙，盤庚乃作《書》三篇以告喻之，今《尚書》、《盤庚》三篇是也。亳在偃師。

論說

漢・班固《白虎通義》卷上《德論上・號》 殷者，中也。明當爲中和之道也。聞也，見也，謂當道著見中和之爲也。殷，中也。《釋言》文。《說文・月部》云：『作樂之盛稱殷。《易》曰：「殷薦之上帝。」』由盛義引伸之爲衆，又引伸之爲中。故經典凡稱殷者，皆爲中。

《後漢書》卷六〇《郎顗傳》 盤庚遷殷，去奢即儉。《帝王紀》曰：『盤庚以耿在河北，迫近山川，自祖辛以來，奢淫不絶，乃度河將徙都亳之殷地。人咨嗟相怨，不欲徙，盤庚乃作《書》三篇以告喻之，今《尚書》、《盤庚》三篇是也。亳在偃師。』

宋・胡宏《皇王大紀》卷八《三王・盤庚》 盤庚之時，非有敵國外患之虞，水火焚蕩之灾也。其所以不安厥居而必遷者，自祖乙都耿之後三世，有兄弟爭奪之禍，宗族羣下各有黨與，蕩析離居，罔有定極。盤庚欲正名而誅罰之，則傷親親，召變亂；聽其所爲而縱之，則不可以爲國。故必遷于亳，理之以舊制，參之以新民，消散黨與，使定于一也。自是而後，子弟更立十世，無復爭奪之禍矣。

宋・夏僎《夏氏尚書詳解》卷一三《盤庚上》 盤庚遷殷而民皆咨嗟相怨者，蓋耿地乃漢皮氏縣之耿鄉，其地沃饒而障塞，易以致富，富家巨室居之既久，皆總于貨寶。今雖爲水所圮，而皆傲上從康，不可教訓。至于閭閻之民，則皆苦于蕩析離居，而罔有定極。盤庚于是謀居于亳，蓋擇高燥地而居之也。是舉也，是小民之利，而富室之所不欲。故唱爲浮言，以揺動小民之情，乃咨嗟相怨而不欲遷。盤庚于是登進厥民，告之所以遷都之意，且戒羣臣，無肩浮言以揺惑斯民之視聽，使羣臣不敢肆爲過犯之言，而民皆樂從以遷。此《盤庚》三篇所由以作也。以三篇皆是告臣民之言，而告之之目有先後，故分爲三；而篇以上、中、下別之。唐孔氏謂此三篇，以民不樂遷，開釋民意，告以不遷之害與遷之善。上、中二篇，未遷時言；下篇，已遷後事。上篇，人皆怨上，初啓人心，故其辭爲切。中篇，民已稍悟，故其辭畧緩。下篇，民既從遷，故其辭益緩。此説是也。彼王氏乃謂『上篇告羣臣』，殊不知盤庚教于民，則未嘗不告民也；『中篇告庶民』，殊不知『予念我先神，后之勞爾』，先則未嘗不告臣也；『下篇告百官族姓』，皆强生分別，攷之于《經》，一無所合，未可從也。

元・趙汸《周易文詮》卷二《震下巽上》 盤庚遷殷，曰『視民利用』，遷人心樂從，無有不利。況君寧有不從中行者乎？

明・林希元《易經存疑》卷六《震下巽上》 盤庚遷殷，以避水患。太王遷邠，以避狄人。從之者如歸市矣，何不利之有？

明・胡世《胡端敏奏議》卷四《病痼陳言畢獻餘忠疏》 盤庚遷殷，本以利國。而羣臣不悅，胥動浮言。盤庚再三誥諭，以口舌代斧斤，此殷以卒遷，而商道復興，盤庚爲商令主也。

明・王樵《尚書日記》卷三《大禹謨》 盤庚遷殷，所咈者，安土重遷之私情；而所不咈者，審于利害之公心也。使盤庚重咈世家大族之心而不遷，則爲違道以干譽矣！

清・刁包《易酌》卷二《屯》 盤庚承商九世之亂，諸侯莫朝。乃脩先王之法則，以成德自勉。讀《盤庚》三篇，雖其民怨誹逆命，終不之怒，惟引咎自責，益聞衆信。此商之不亡而復興也。

清・馬驌《繹史》卷一六《太戊盤庚之賢》 殷商之時，代有令辟，史稱雍己立，殷道衰，太戊復興，故稱中宗。河亶甲時，殷復衰，祖乙立，復興。陽甲之時，殷又衰。盤庚遷都，殷道復興。小辛立，殷復衰，武丁復興，廟號高宗。傳帝甲，淫亂復衰，帝乙益衰，至紂而亡。軼衰軼興，是之謂作，故曰賢聖之君六七作。六七云者，湯也，太甲也，太戊也，祖乙也，盤庚也，武丁也，而帝甲一君，《史》以爲淫亂，《書》又以爲保惠者也。《書》稱無逸之主，曰自殷王中宗及高宗及祖甲，而不及盤庚，庚不幸而享國未久也。君奭曰：『成湯受命，時則有若伊尹，太甲有

保衡，太戊有伊陟、臣扈、巫咸，祖乙有巫賢，武丁有甘盤。』而亦不及盤庚，庚不幸而無賢佐也。故自賢賢也，用賢亦賢也。太戊有桑穀之妖，蓋初政有闕焉，感伊陟之言，側身修行，遠方慕義，重譯而至，商人作頌以祀之，廟號中宗，由太戊見妖而懼，又有陟、扈、巫咸羣賢以輔之也。至於盤庚，則極難矣。自仲丁以來，諸弟子爭立，比九世亂，諸侯莫朝。且祖乙圮耿，至陽甲，君民奢侈，邑居墊隘，水泉瀉鹵，不可以行政化。庚欲遷都于殷亳，復湯故居，而世家大族，各有黨與，嗜利忘患，胥動浮言，以蠱惑百姓，百姓恣怨。盤庚於此，不挾尊高之威，無震怒迫急之意，反覆開諭，藹然温厚之言，淪浹肺腑，臣民咸悦，浮言息，行怨解，涉河治亳，復胥湯政，豈不善哉。昔湯之興也，八遷而後都亳，以七十里王天下，此本根之地，弗可去也。子孫無遠慮，往往輕徙，若囂、若相、若耿、若邢，皆際河，數遭水患，爲政者以厚利奪其避患之心。自盤庚遷殷以來，不獨民奠厥居，而理以祖制，參以新民，化行黨消，傳之十世，無復爭奪之禍矣。其後世去殷遷沬，國内衰弊，比至於亡，百姓猶思盤庚之政。於戲！可謂賢矣。

清・毛奇齡《經問》卷九　或問：『《書》、《盤庚》三篇不知何故遷殷？』考《史》、《本紀》載殷王五遷，皆不言其故，並不道及河患。似乎殷之習俗原好遷徙，並無他説。故朱氏《語類》曰：『盤庚不知怎生抵死要遷那都。若曰有水患也，不曾見得。若果河水衝決淹没人民，盡當趨避，何必抵死不遷，必待誓誥之三復哉？』

據《書序》及《本紀》，契至湯有八遷，湯至盤庚有五遷，共十二遷。且盤庚後更有遷者，似乎遷徙是殷家故事。然亦惟殷之所都皆在河南、北，屢受河患，故屢遷。若以爲故事而好遷，則春秋蔡屢遷國：其初遷于楚，爲避晉；既而遷吴，爲避楚，皆願遷者。然而殺公子駟、放公孫獵，哭遷墳墓，究至身弑國破，而流離悔恨。雖實實願遷，然亦不好如此。天下有無故而好遷國者，此不曉事語，不足道矣。且古詞有體，令人效南宋作文法，用本色字。如此文必曰『河決』、『河決否』，則引朱氏誚古之作曰换字法耳。古人不然。不惟换字，兼且飾詞。故《盤庚》三篇，其隱言河決曰『無盡劉』，曰『天降大虐』，曰『罔知天之斷命』。其明言河決則曰『恐沈于衆』，曰『惟胥以沈』，曰『蕩析離居』。以爲『盡劉』、『盡殺』也。『大虐』、『斷命』，禍之大而生命絶也。天下有何者可以盡殺人？何者可以降大禍而斷絶衆人之生命者乎？非河決乎？至于『沈衆胥』、『沈』則傳言恐衆沈溺，言相與沈溺。『蕩析離居』則傳言水泉沉溺，播析居宅。而朱氏于『沈溺』則解作『陷溺其心』，于『蕩析』則解作『瀉鹵墊隘』，則誤解古經而反曰『無水患』，曰『不知怎生抵死要遷』，則妄以令人不换字法灰責古人，古人不受矣！夫世無讀書人久矣！今人治河者悉祖陋説，謂三代以前並未河決。何以六經並無『河決』字？則夫子《書》序于《祖乙》篇曰：『祖乙圮于耿。』孔安國曰：『河水所毁曰圮』，此明言河決，天下無不決而毁地之理。若以换字法責古人，則自六經至宋以前無一事可通者。《大傳》『邑姜方震』、《史記》『劉媪夢與神遇』，使必質言之，則不知作何語矣！且朱氏爲文，盛加修飾，並不以『怎生要遷那都』攙入文句，則雖欲爲蚓而有不可者，盍亦就古今文字一一閲之？

有謂盤庚因民俗奢侈，故遷殷，並不爲河患。《大序註》云：『民居耿久，奢淫成俗，故不樂徙。』而鄭玄、王肅、皇甫謐輩皆云耿以奢僭至遷，則《經》文、孔傳俱無『奢僭』、『奢淫』、『奢侈』語，即《經》文由乃在位，言民不欲遷，皆由在位之偷安，有以致之。然言民不欲遷之故，非言盤庚欲遷之故也。盤庚之欲遷，自是患河，民之不欲遷只是安居。一是思患預防，一是安土重遷耳。且鄭、王諸家並云從耿遷殷，亦非是據《書序》『祖乙圮于耿』，則耿是河毁之地，豈可復居？是必祖乙當時別遷一處，定不在耿，故《史記》云『祖乙遷于邢』，而《汲冢古文》謂盤庚『自奄遷殷』，則必祖乙又遷奄矣。雖奄之與邢未知孰是，然不得謂盤庚自耿遷，則明白可據耳！

清・崔述《商考信録》卷二《盤庚》　盤庚其可謂知本矣。卿士大夫不與君一體，於此見殷道之衰。幸而盤庚能正其本，以義責之，以刑惕之，使之有所畏憚而不敢恣其所欲爲，所以卒能保守先業而有以開武丁之中興也。

周公制禮作樂分部

綜述

《左傳・文公十八年》 先君周公制周禮曰：杜預注：《周禮》，據文，當是姬旦所著書名或篇名，今已亡其書矣。若以《周官》當之，則大誤。『則以觀德，德以處事，事以度功，功以食民。』

又 《昭公二年》 二年春，晉侯使韓宣子來聘，且告爲政，而來見，禮也。觀書於大史氏，見《易》、《象》與《魯春秋》，曰：『周禮盡在魯矣，吾乃今知周公之德與周之所以王也。』

又 《哀公十一年》 （孔子）曰：『君子之行也，度於禮：施取其厚，事舉其中，斂從其薄。如是，則以丘亦足矣。若不度於禮，而貪冒無厭，則雖以田賦，將又不足。且子季孫若欲行而法，則周公之典在；若欲苟而行，又何訪焉？』

《禮記・明堂位》 武王崩，成王幼弱，周公踐天子之位，以治天下。六年，朝諸侯於明堂，制禮作樂，頒度量，而天下大服。

《逸周書》卷六《明堂解》 周公攝政君天下，弭亂六年而天下大治。【略】制禮作樂，頒度、量，而天下大服，萬國各致其方賄。

《史記》卷四《周本紀》 初，管、蔡畔周，周公討之，三年而畢定，故初作《大誥》，次作《微子之命》，次《歸禾》，次《康誥》、《酒誥》、《梓材》，【略】興正禮樂，度制於是改，而民和睦，頌聲興。

又 卷三三《魯周公世家》 周公歸，恐成王壯，治有所淫佚，乃作《多士》，作《毋逸》。【略】

成王在豐，天下已安，周之官政未次序，於是周公作《周官》，官別其宜。作《立政》，以便百姓。百姓說。

論說

《儀禮・鄉飲酒禮第四》 笙入堂下，磬南，北面立。樂《南陔》、《白華》、《華黍》。鄭玄注：昔周之興也，周公制禮作樂，采時世之詩以爲樂歌，所以通情，相風切也。

唐・杜佑《通典・序》 《史記》卷二四《樂書》 《傳》曰『治定功成，禮樂乃興』。制禮以端其俗，立樂以和其心，此先哲王致治之大方也。

唐・皮日休《皮子文藪》卷五《補大戴禮祭法文》 周公輔武以寧殷亂，佐成而立周業，制禮樂，立明堂，不曰以勞定國乎？

《舊唐書》卷二九《音樂志二》 昔武王定天下，至周公相成王，始暇制樂。

宋・陳暘《樂書》卷八《子路》 禮以道其志，樂以和其聲，政以一其行，刑以防其姦。禮、樂、刑、政，其極一也，所以同民心而出治道也。孔子爲政於衛，必以正名爲先，名不正，則言不順，言不順，則事不成，非所以爲政也。事不成，則禮樂不興，禮樂不興，則刑罰不中，非所以爲禮樂也。刑罰不中，則民無所措手足，非所以爲刑也。《記》曰：『禮節民心，樂和民聲，政以行之，刑以防之。禮、樂、刑、政四達而不悖，則王道備矣！』然則衛君待孔子爲政，孔子以王道爲先務，捨禮、樂、刑、政，何以哉？在《易》、《豫》之象曰：『聖人以順動，（則）刑罰清而民服。』象曰：『先王作樂崇德，殷薦之上帝，以配祖考。』蓋作以崇德者，樂也；薦上帝、配祖考者，禮也。是刑罰清本於禮樂興，禮樂興本於豫順以動，其言亦相爲表裏而已。《明堂位》言：『周公制禮作樂，頒度量而天下大服』。繼之以服大刑而天下大服與此同意。孔子待衛君不以霸道而以王道，亦周公之用心也。子路疑之以爲迂，豈不野哉！

宋・王欽若等《册府元龜》卷三二《帝王部・崇祭祀》 成王立，周公相，王道大洽，制禮作樂。

宋・朱勝非《紺珠集》卷三《抱朴子・賢聖不過五人》 殷安常謂人曰：『自古聖賢不過五人，伏羲以八卦窮天地之旨，一也。』乃屈一指。

『神農植百穀濟萬民，二也。』乃屈二指。『周公制禮作樂，百代常行，三也。』乃屈三指。

宋・王應麟《困學紀聞》卷三《詩》　三代之禮有損益，而所因者，未之有改也。以《公劉》之詩考之：『君之宗之』，宗法始於此；『其軍三單』，軍制始於此；『徹田爲糧』，徹法始於此。《周禮》有自來矣。

宋・衛湜《禮記集說》卷七九　昔殷紂亂天下，脯鬼侯以饗諸侯。是以周公相武王以伐紂。武王崩，成王幼弱，周公踐天子之位，以治天下。六年，朝諸侯於明堂，制禮作樂，頒度量，而天下大服。【略】

《書傳》云：『周公將制禮作樂，優游三年，然後營洛邑，以期天下之心，於是四方民大和會。周公曰：「示之以力役，且猶至，而況導之以禮樂乎？」其度量六年則頒。』故鄭註《尚書・康王之誥》云攝政六年，頒度量，制禮樂。成王卽位乃始用之也。【略】

禮寓於形容，制之然後其形成；樂寓於聲音，作之然後其聲出。度量寓於器用，頒之然後其用廣。器之所宜頒者，不止於度量有規矩、權衡、準繩，止一二者。爲言何也？蓋度者，分、寸、丈、尺、引也，以之度長短，故謂之五度。其形則起於璧羡，而禮寓之矣。量者龠、合、升、斗、斛也，以之量多少，故謂之五量。其聲則中於黃鍾，而樂寓之矣。先王以爲，度量不存則禮樂之文熄，故作此使天下後世有考。然則禮樂者，出自度量。度量者，寓諸禮樂。此主乎禮樂，故止言度量而已。【略】

成王尚幼，是以周公權宜踐天子之位，制禮作樂，作陽也，制陰也。陰制而陽作之，禮樂之事也。【略】

長樂陳氏曰：『昔周公作禮樂，以爲將大作，恐天下莫我知也。將小作，是爲人子不能揚父之功德也。故優游三年，而不能作，然後營洛以期天下之心，而四方諸侯各率其黨以攻其廷，示之力役，且猶至此。況導之以禮樂乎？此六年朝諸侯於明堂，所以制禮作樂頒度量於天下也。蓋律呂之器，寓於陰陽。陰陽之數，周於十二陽。六爲律陰，六爲呂，其本於黃鍾一也。故度起於黃鍾之長，其方象矩，所以度長短也。禮之意寓焉。量起於黃鍾之會，其員象規，所以量多寡也，樂之意寓焉。禮雖起於度，未有不資於量。故荀卿論禮，必齊以度量。樂雖起於量，未有不資於度。故《樂記》論樂，必稽之度數。《王制》謂，用器兵車不中度，布帛廣狹不中量，皆禮之所禁。典同。以十有二律爲之度數，十有二聲爲之齊量，皆樂之所本。是禮樂，道也。度量，器也。周公制禮作樂，而頒度量，則以道寓器，以器明道。夫然後天下得以因器會道，中心說而誠服矣。語所謂「謹權量，四方之政行焉」者，此也。方其始頒也，出以內宰，掌以司市。及其既頒也，慮其或不也，以合方氏一之，慮其或不同也，以行人同之。其同，民心出。治道如此，天下惡有不大服者哉！然此特禮樂與政而已，未及夫刑也。禮樂刑政相爲表裏而王道備，其極未始不一也。故又以服大刑而天下大服，終焉。』

清・戴名世《戴名世集・戴氏宗譜序》　昔者先王之制禮也，以爲人治之大莫大於親親，於是爲之上治祖禰，下治子孫，旁治昆弟。又懼其久而相離而至於相傷也，於是立爲大宗小宗之法，以明其等殺。序之以昭穆，別之以尊卑，使諸侯世國，大夫世家，氏族之傳不亂，雖其歷世之遠而族黨之義卒不等於途人者，有宗法以維之也。

清・葉方藹等《御定孝經衍義》卷四五　鄭康成註曰：『成王之令德，不過誤，不遺失，循用舊典之文章。』謂周公之禮法。

謝枋得曰：『不愆，則無聰明亂舊章之過。不忘，則常有繼志述事之心。』

彭執中曰：『率由舊章』，如春秋之時，晉侯請隧襄王以王章而不許，魯災命藏象魏而季武子以爲舊章不可忘。蓋成王、周公制禮作樂，秩然成章，傳之萬世可以遵守。

臣按：成王時之所謂舊章，當謂顯承其祖考者是也。文謨武烈，子孫千億，固宜勿替引之，然文王大統未集，武王君天下之日淺，未遑制禮作樂之事。周公居攝，作六典之職，謂之周禮。七年致政成王，以此禮授之。蓋周公本文王之意而爲，是六官之典在成王，當日亦不過目前行事，而詩人遂謂之『舊章』者，其精心厚意，萬世常新而讓德于天、讓善之舊章也。

清・崔述《豐鎬考信録》卷四《周公相成王下》　孟子言『兼三王以施四事』，詳其語意，蓋卽周公制禮事也。周公制禮，皆監前代而損益之，是以有所不合，待思而後能得之也。

清・陳啓源《毛詩稽古編》卷二三《維天之命》　《序》云：『維天之命』，太平告文王也。《傳》引孟仲子美周之禮，鄭亦以爲周公將欲制

作，先祭告文王。後儒莫從其說。然合之《經》文，斯言良是。《經》云『我其收之』，又云『曾孫篤之』。『收之』者，所以承先，『篤之』者，所以傳後也，非禮樂孰當之哉？周家爲治，全恃禮樂。周公制禮作樂，是輔相成王一大事業，故降至春秋，日尋兵革，猶聘問燕好，以禮相維，而天王亦賴以全其守府之尊者二三百年。其重可知矣！但周公制作必有所因。文王爲受命開基之祖，居位最久，意五十年中，規模制度犁然備矣。今紀載闕略，無由考其詳。然稍著於《經》、《傳》者如禴祀、烝嘗、靈臺、辟廱，皆見於文王《正》、《雅》。《書康誥》言用刑立政、言任人，必以文王爲法。至晉韓起見周禮於魯，則文之易象在焉。吳季札觀周樂於魯，則文之南籥舞焉。又《詩》言文王之典，《書》言文王之謨，孔子亦言文王之文，信乎文王之時，制作已定之，爲一代大法，《明堂位》所謂『六年頒度量』也。此詩正作於斯時，所云『收聚文王之德，惠順文王之意』指制禮作樂，於義爲允。

晉作三行六軍分部

綜述

《左傳·僖公二十八年》 晉侯作三行以禦狄，荀林父將中行，屠擊將右行，先蔑將左行。

又 **《僖公三十一年》** 秋，晉蒐於清原，作五軍禦狄。趙衰爲卿。

又 **《成公三年》** 十二月甲戌，晉作六軍。韓厥、趙括、鞏朔、韓穿、荀騅、趙旃皆爲卿，賞鞍之功也。

《史記》卷三九《晉世家》 （晉景公）十二年冬，齊頃公如晉，欲上尊晉景公爲王，景公讓不敢。晉始作六［軍］，韓厥、鞏朔、趙穿、荀騅、趙括，趙施皆爲卿。

又 **卷四五《韓世家》** （韓）景公十一年，厥與郤克將兵八百乘伐齊，敗齊頃公於鞍，獲逢丑父。於是晉作六卿，而韓厥在一卿之位，號爲獻子。昭五。

宋·張大亨《春秋通訓》卷六《襄公》 作三軍。十一。舍中軍。昭五。

《左氏》稱周爲六軍，諸侯之大者三軍，此與周大司馬官制軍之數合。然魯之始封，固大國也，後浸削小，不得同次國之列。而僖公之《頌》曰：『公徒三萬。』則當時似亦三軍矣。或謂《僖頌》多侈辭，故學者弗之據焉。至襄公始作三軍，三軍同謂之作，則魯之軍制前此，特未定也。昭公舍中軍，則惟二而已，叔孫穆子曰：『諸侯有卿無軍，帥教衛以贊元侯。』信斯言，則魯豈惟不可三軍，自不當有軍也。國而無軍，何以爲國？今宜以《周官》《左氏》爲正。夫春秋之世，諸侯僭差先王制軍之法，無復存者。晉初以一軍爲侯，莊十六。獻公益之爲二，閔二。文公既作三軍，僖二十七。又作三行，二十八。浸擬於天子，後自知其非，乃損爲五。三十一。襄公又舍其二，文六。而景公又作六軍，成三。按：景公下原本缺二字，今補正。數歲之後，罷新上下軍而猶與舊爲四。至悼公復伯，然後一遵古制，襄十四。晉主夏盟，所以承天子令諸侯者也已，則不度何以服人。故雖爲彊伯，而終不能至於王道有以也夫。

宋·程公說《春秋分記》卷三九《書二十一·軍制沿革》 文公蒐於被廬作三軍。僖公二十七年。郤縠將中軍，郤溱佐之；狐毛將上軍，狐偃佐之；欒枝將下軍，先軫佐之。二軍則上軍爲尊，三軍則中軍爲尊。城濮之戰，賦車七百乘，五萬二千五百人。按：楚蔿啓彊曰：『晉十家九縣長轂九百，其餘四十縣，遺守四千。』而平公治兵邾南，甲車四千乘，則晉通國率亦五千乘。用七百乘，猶齊之法，及楚師敗績。衡雍之盟，獻楚俘于王，王始命尹氏及王子虎、內史叔興父策命晉侯爲侯伯，賜之大輅之服，戎輅之服，彤弓一，彤矢百，玈弓矢千，秬鬯一卣，虎賁三百人。曰：『王謂叔父：「敬服王命，以綏四國，糾逖王慝。」』雖非先晉之舊，尚文侯故實，故曰用平禮。其後作三行以禦狄。二十八年。荀林父將中行，屠擊將右行，先蔑將左行，成國不過三軍。今復增置三行，以辟天子六軍之名，而實則爲六軍。案：《吳子》：『晉文公召爲前行四萬，以獲其志。』意卽三行。清原之蒐，遂作五軍。三十一年。蓋文公雖增置三行，自知其僭，故罷之，更爲上、下新軍。襄公蒐于夷，文六年，舍二軍以復三軍之制。景公

邲之戰，宣十二年。三軍增置，大夫各二人，則猶三行也。至鞌之戰，成二年。郤克請益車八百乘，始作六軍。賞鞌之功，上、中、下各增新軍成三軍。韓厥、趙括、鞏朔、韓穿、荀騅、趙旃皆爲卿，僭更王度。若此厲公鄢陵之戰，罷新上軍，十六年。悼公初尚四軍，襄公八年，楚伐鄭。子辰曰：『晉四軍無闕。』其後新軍無帥，公使其什吏帥其卒，乘官屬以從於下軍。明年，遂舍之，襄十四年。《傳》曰：『禮也，成國不過半天子之軍。』蓋自文公僭王度，至悼公方革焉。考《傳》所書沿革得失之實，著矣。

又　卷四二《書二十四·職官書第二·晉·三行之帥》　僖二十八年：《傳》：文公作三行禦狄，荀林父將中行，屠擊將右行，先蔑將左行。杜預注：三行無佐，疑大夫帥。

又　《卿·六卿·六軍將佐皆卿官》　成三年：《傳》：景公作六軍，韓厥、趙括、鞏朔、韓穿、荀騅、趙旃皆爲卿，賞鞌之功也。杜預注：晉舊自有三軍，今增此，故爲六軍。合將佐言之，晉卿十有二矣。

論說

宋·葉夢得《春秋公羊傳讞》卷五《襄公》　十有一年春，王正月，作三軍。

三軍者何？三卿也。作三軍，何以書？譏。何譏爾？古者上卿、下卿、上士、下士。

周制：諸侯，大國、次國雖不同，皆有三卿，特命於天子與其君者，有隆殺未有二卿者也。大國三卿，二卿命於天子，《傳》豈以命卿爲説乎？然古者諸侯本無軍教，衛以贊元侯遇方伯出軍，則以卿率其所教之民，從之卿，不得有其軍。以卿將兵，周之末造也。晉作三軍，又作三行，皆有卿將。而魯有四卿出伐，又何擇於天子之命卿乎？此蓋《傳》不知諸侯無軍之制，誤認《周官》『大國三軍，次國二軍』之文，以爲魯次國，當有二軍，以二命卿將之，故此以三卿作三軍爲譏。不知《周官》之文，乃諸侯惡其害己而益之者，吾於《春秋》考論之矣。

宋·呂祖謙《左氏博議》卷一五《晉侯作三行。僖公二十八年，晉侯作三行以禦狄，荀林父將中行，屠擊將右行，先蔑將左行》　事固有當責而不可責者。奢者，可責也，多與之財而責其奢，不可也；醉者，可責也，多飲之酒而責其醉，不可也。晉自武公始受一軍啓封，繼以獻公之强衍其一軍爲二，繼以文公之伯衍其二軍爲三，猶以爲未足，復割爲三行之制，外避天子六軍之名，而內僭天子之實。議者並以文公爲可責也，吾獨以爲當責而不可責也，亦嘗聞周室軍旅之制乎？五人爲伍，五伍爲兩，四兩爲卒，五卒爲旅，五旅爲師，五師爲軍。一軍之制，爲人萬二千五百，《司馬法》。損一人則不足，增一人則有餘。大國之三軍也，地方百里，而其人僅足以具三軍也；次國之二軍也，地方七十里，而其人僅足以具二軍也；小國之一軍也，地方五十里，而其人僅足以具一軍也。地有限則人有限，人有限則軍有限，雖欲僭侈其軍，亦窘於無人而不得騁矣。王者之於諸侯，典祀陵節所當問也，車服亂常所當問也，宮室改度所當問也，樂舞踰數所當問也，獨軍旅之制有所不必問焉。非軍旅果輕於典祀、車服、宮室、樂舞也，蹙之以地，束之以人，雖使僭之亦不能僭也。王綱上舉，侯度下修，大不侵小，强不犯弱，則地有常地，人有常人，軍有常軍，雖欲如晉之僭，豈可得哉？晉之所以能僭六軍者，適當周室失政之時，南吞北噬，東攘西略，以斥大其國。增地必增人，增人必增軍。野曠則風勁，川漲則舟高，國大則兵衆矣，夫何疑耶？既已容其兼并，而反責其軍制之僭，是猶多與之財而責其奢，多飲之酒而責其醉也，此吾所謂事有當責而不可責者也。爲周室計者，當深絶其晉兼并之原，至於軍數之多寡，則在周室初無損益焉。周果能治晉兼并之罪，披其地，奮其人，則善矣。不然，則合爲一軍者是衆也，晉之强自若也；分爲六軍者是衆也，晉之强自若也。是一軍者未分之六軍，而六軍者既分之一軍也。吾何爲喜其一而怒其六哉？軍數之多寡不足爲損益，則先王之制，禮銖兩毫髮，至嚴而不可踰者，果非耶？曰：賈人不得衣綺縠者，政也；盗賊不得衣綺縠，非政也。盗賊非剽掠不能具綺縠，晉侯非兼併不能具六軍，舍其剽掠而責其服之侈儉，舍其兼并而責其軍之多寡，可不可耶！

宋·魏了翁《春秋左傳要義》卷一七《僖公二十七年至二十八年·三十一晉有三軍，今增置三行，辟六軍名》　晉侯作三行以禦狄，荀林父將中行，屠擊將右行，先蔑將左行。晉置上、中、下三軍，復增置三行，以辟天子六軍之名。三行無佐，疑大夫帥。

又　卷二九《成公十六年至十八年・三十晉作三行，無多年，中行、右行皆爲事》　僖二十八年，晉作三行。三十一年，卽罷之以爲五軍。其置三行，無多年歲。彼云：屠擊將右行，未知此人卽屠擊之子孫也，爲是其祖代屠擊也。正以荀林父將中行，遂以中行爲氏，故謂此人之先將右行，因以爲氏耳。

清・張尚瑗《左傳折諸》卷七《僖公・晉蒐於清源，作五軍》　晉軍制，僖王初，命武公以一軍爲晉侯，小國之軍也。獻公作二軍，從次國之制。文公蒐於被廬，作三軍，大國之制矣。城濮戰勝，霸諸侯，復作三行以禦狄。三行加於三軍之外，儼然天子之六軍，而特避其名。其末年，蒐於清源，作五軍。蓋去三行而爲上、下二新軍，合舊制三軍以爲之。五軍之將佐皆卿，凡爲十卿。襄公蒐於夷，舍二軍，其故起于陽處父，而狐、趙之釁作。靈公既立，先都、梁益耳殺先克，晉亦殺士縠、箕鄭父，諸卿相繼夷滅，趙盾獨操政柄，靈公因以遇弑。邲之戰，六軍將佐皆全，趙同括被殺，而旋返其族，獨先縠見誅，族亦終覆，又以賞鞍之功作六軍，皆景公事也。厲公之世，三郤各爲卿將，而公戮之。胥童公所命，而欒書、中行偃殺之。悼公卽位，所謂六官之長，皆民譽而實有八卿，凡中、上、下及新軍，爲四軍，實始於鄢陵之役，後乃蒐於綿上，裁新軍而定爲三軍六卿。《傳》稱其有禮，自後惟欒盈族滅，趙、韓、魏、范、智、中行，皆世職不替其廢者。所謂欒卻、胥原、狐續、慶伯，降在皁隸，而世職之。六家權侵其主，以釀爲晉陽朝歌之兩叛，而四卿跋扈，晉以亡矣。晉軍制之屢變，較之魯之作三軍，毀三軍，其關繫尤重大云。

鄭晉鑄刑書分部

綜　述

《左傳・昭公六年》　三月，鄭人鑄刑書。叔向使詒子產書曰：『始吾有虞於子，今則已矣。昔先王議事以制，不爲刑辟，懼民之有爭心也。猶不可禁禦，是故閑之以義，糾之以政，行之以禮，守之以信，奉之以仁，制爲祿位以勸其從，嚴斷刑罰以威其淫。懼其未也，故誨之以忠，聳之以行，教之以務，使之以和，臨之以敬，涖之以强，斷之以剛。猶求聖哲之上，明察之官，忠信之長，慈惠之師，民於是乎可任使也，而不生禍亂。民知有辟，則不忌於上，並有爭心，以徵於書，而徼幸以成之，弗可爲矣。夏有亂政而作《禹刑》，商有亂政而作《湯刑》，周有亂政而作《九刑》，三辟之興，皆叔世也。今吾子相鄭國，作封洫，立謗政，制參辟，鑄刑書，將以靖民，不亦難乎？《詩》曰：「儀式刑文王之德，日靖四方。」又曰：「儀刑文王，萬邦作孚。」如是，何辟之有？民知爭端矣，將棄禮而徵於書。錐刀之末，將盡爭之。亂獄滋豐，賄賂並行，終子之世，鄭其敗乎！肸聞之，國將亡，必多制，其此之謂乎！』復書曰：『若吾子之言，僑不才，不能及子孫，吾以救世也。既不承命，敢忘大惠？』

士文伯曰：『火見，鄭其火乎。火未出而作火以鑄刑器，藏爭辟焉。火如象之，不火何爲？』

又《昭公二十九年》　冬，晉趙鞅、荀寅帥師城汝濱，遂賦晉國一鼓鐵，以鑄刑鼎，著范宣子所爲刑書焉。仲尼曰：『晉其亡乎，失其度矣。夫晉國將守唐叔之所受法度，以經緯其民，卿大夫以序守之。民是以能尊其貴，貴是以能守其業。貴賤不愆，所謂度也。文公是以作執秩之官，爲被廬之法，以爲盟主。今棄是度也，而爲刑鼎，民在鼎矣，何以尊貴？貴何業之守？貴賤無序，何以爲國？且夫宣子之刑，夷之蒐也，晉國之亂制也，若之何以爲法？』蔡史墨曰：『范氏、中行氏其亡乎。中行寅爲下卿，而干上令，擅作刑器，以爲國法，是法姦也。又加范氏焉，易之，亡也。其及趙氏，趙孟與焉；然不得已，若德可以免。』

明・傅遜《春秋左傳屬事》卷一二《晉・卿族廢興》　（昭公）二十九年冬，晉趙鞅、荀寅帥師城汝濱，遂賦晉國一鼓鐵，以鑄刑鼎，著范宣子所爲刑書焉。仲尼曰：『晉其亡乎？失其度矣。』夫晉國將守唐叔之所受法度，以經緯其民，卿大夫以序守之，民是以能尊其貴，貴是以能守其業。貴賤不愆，所謂度也。文公是以作執秩之官，爲被廬之法，以爲盟主。今棄是度也，而爲刑鼎，民在鼎矣，何以尊貴？貴何業之守？貴賤無序，何以爲國？且夫宣子之刑，夷之蒐也，晉國之亂制也，若之何以

爲法？蔡史墨曰：范氏、中行氏其亡乎？中行寅爲下卿，而干上令，擅作刑器，以爲國法，是法姦也。又加范氏焉，易之亡也。其及趙氏，趙孟與焉，然不得已，若德可以免。趙鞅，武之孫。荀寅，吴之子。汝濱，晉所取陸渾地，城城而守之。三十斤曰鈞，鈞四曰石，石四曰鼓，蓋四百八十斤也。因軍役爲之，故言遂。范匄曾作刑書，今收而著之鼎，序位次也。文公蒐被廬，脩唐叔之法，事在《文公之伯》。民在鼎謂權移於鼎，故民不尊乎貴，而貴失其業。夷蒐事見本事内。宣子之刑，乃夷蒐之法。蔡史墨，即蔡墨。加范氏謂宣子刑書中既廢矣，今復興之，是成其咎，故其亡尤易。趙孟不得已而從之，故脩德可以免禍。此段掇後事而附會之。趙孟，何德之有？其誣彌甚矣。

又 卷一六《鄭・子產相國》（昭公）六年三月，鄭人鑄刑書。叔向使詒子產書，曰：『始吾有虞於子，今則已矣，昔先王議事以制，不爲刑辟，懼民之有爭心也。猶不可禁禦，是故閑之以義，糾之以政，行之以禮，守之以信，奉之以仁，制爲祿位以勸其從，嚴斷刑罰以威其淫。懼其未也，故誨之以忠，聳之以行，教之以務，使之以和，臨之以敬，涖之以彊，斷之以剛，猶求聖哲之上，明察之官，忠信之長，慈惠之師，民於是乎可任使也，而不生禍亂。民知有辟，則不忌於上，並有爭心，以徵於書，而徼幸以成之，弗可爲矣。夏有亂政而作《禹刑》，商有亂政而作《湯刑》，周有亂政而作《九刑》，三辟之興，皆叔世也。今吾子相鄭國，作封洫，立謗政，制參辟，鑄刑書，將以靖民，不亦難乎？《詩》曰：「儀式刑文王之德，日靖四方。」又曰：「儀刑文王，萬邦作孚。」如是，何辟之有？民知爭端矣，將棄禮而徵於書。錐刀之末，將盡爭之，亂獄滋豐，賄賂並行，終子之世，鄭其敗乎？肸聞之，國將亡，必多制，其此之謂乎？』復書曰：『若吾子之言，僑不才，不能及子孫，吾以救世也，既不承命，敢忘大惠？』鄭鑄刑書於鼎，以爲國之常法。叔向與子產雖異國臣，而心契道一，故遺書諫之。虞，度也，準度之以爲己法，一云虞，畏也，敬懼之意。以制謂臨事裁其輕重之宜，不豫立法辟法也。法豫立，則民知爭端、閑防、糾舉、行施、守執、奉養也。從，從教。淫，放也。忠，誠其心。聳，動也。行，善行。務，時所急。和，說以使民也。臨，居其上。涖，措之事。剛，以義斷恩也。上，王公官卿大夫。不忌上，謂權移於法，不畏上也。皆因危文以生爭。徵，據也，據於刑書，緣徼幸以成其巧僞，弗可爲治。考三代之亂，皆作刑書，不能議事以制謗政，卽作《丘賦》，制參辟，謂用三代之末法。《詩・周頌》言，則文王之德有，安靖四方之功。刑，則也。又《詩・大雅》言以文王爲儀，則天下信而從之，又何刑爲乎？信也，錐末，喻細微也。多制，數立法也。大惠，以箴戒爲惠也。叔向之言，誠知要矣。然三代而下，則法不可一日無也。子產德焉而不從其亦是故乎？若云『國將亡必多制』者，信夫，信夫。

明・馮時可《左氏釋》卷下《一鼓鐵》 晉趙鞅、荀寅帥師城汝濱，遂賦晉國一鼓鐵，以鑄刑鼎，著范宣子所爲刑書焉。杜云：『令晉國各出功力，共鼓石爲鐵，計令一鼓而足，因軍役而爲之，故言遂也。』服虔云：『獻米者操量鼓。鼓可操之，以將命，非大器也。惟用一鼓則不足以成鼎，家賦一鼓，而鐵又太多。且金鐵之物，寧可以鼓量哉？』冶石爲鐵，用橐以扇火動。橐謂之鼓，似此辨解終爲費辭。按：《家語》載此事，王肅註云：『三十斤焉，以此鑄刑書，適給於用。』子產、宣子之刑書，皆變周制而爲之，故君子以爲病。

論説

宋・蘇軾《書傳》卷一六《周官第二十二》 以公滅私，民其允懷。學古入官。議事以制，政乃不迷。

《春秋傳》曰：鄭子產鑄刑書，晉叔向譏之，曰：『昔先王議事以制，不爲刑辟。』其言蓋取諸此也。先王人法並任，而任人爲多，故律設大法而已。其輕重之詳，則付之人。臨事而議以制其出入，故刑簡而政清。自唐以前，治罪科條，止於令律而已。人之所犯，日變無窮，而律令有限，以有限治無窮，不聞其有所闕。豈非人法兼行，吏猶得臨事而議乎？今律令之外，科條數萬，而不足於用，有司請立新法者，日益而不已。嗚呼！任法之弊，一至於此哉。

宋・魏了翁《尚書要義》卷一九《君牙冏命呂刑・四二此言『明啓刑書』，〈左傳〉不爲刑辟，各一義》 五刑之屬三千，皆著在刑書，使斷獄者依案用之，宜令斷獄諸官明開刑書，相與占之，使刑書當其罪。今人之所犯，不必當條，須操測刑書之意，比附以斷其罪，若卜筮之占然，故稱『占』也。『皆庶幾必待中正之道』，令獄官同心思使中也。此言『明啓刑書』，而《左傳》云：『昔先王議事以制，不爲刑辟』者，彼鑄刑書以宣

示百姓，故云臨事制宜，不預明刑辟。人有犯罪，原其情之善惡，斷定其輕重，乃於刑書比附而罪之。故彼此各據其一，義不相違。

宋・呂祖謙《左氏傳說》卷一〇《昭公・鄭人鑄刑書，叔向使詒子産書。六年》 子産鑄刑書，叔向詒子産書，曰：『昔先王議事以制，不爲刑辟。』又曰：『民知爭端矣，將棄禮而徵於書，錐刀之末，將盡爭之。亂獄滋豐，貨賂並行。』子産不從。大抵古者，象以典刑，示《五刑》之大法而已。其條目輕重淺深，生殺一切，付之以人，未嘗立爲定法。民之有罪者，隨其事而權其輕重，故不得乘吾隙以投其姦。後世立法，纖悉曲折盡著於此，便起人爭心，姦人得以執其法，以取必於上。所以叔向言『民知爭端，將棄禮而徵於書，錐刀之末，將盡爭之。』蓋三代之治略示大綱，才略示大綱，刑便無定，所以人心常警動敬戒而不敢犯。當子産未鑄刑書，民但知有《五刑》，而不知有《五刑》條目，故民猶有敬戒之心。及刑書既鑄，民皆可以便己，自營執上之法，而取必於上，開人僞心，堯、舜立法之意都失了。蓋子産只要目前整齊，不爲後計，正緣他規模如此，但要無一法之可議一事之可指，而不知流弊於後世，亦是不曾講學之過。然以作田賦、鑄刑書二者觀之，方其作田賦，渾罕諫之曰：『作法於涼，其弊猶貪。作法於貪，弊將若何？』則不可以無法。其鑄刑書也，叔向諫之，則以爲不爲刑辟。大抵《賦》之與《刑》，二者之用正相反。《賦》不可使之無定，《刑》不可使之有定。蓋《賦》自有中制，不可多取一分，多則大桀小桀；不可少一分，少則大貉小貉，豈可不定？若刑則不可有定。蓋先王議事以制，不爲刑辟。臨事制刑，人當謹戒，及纖悉既著爲法，則小人執法爲姦。子産於二事正相反。賦不可不守法却變法，刑不可定法却作刑書，以此知天下事，治亂相去，正如弈棊，當去東處著却去西處著了，當去西處著却去東處著了。以東爲西，以西爲東，則勝負可知。當時，子産能以作田賦之心用之於鑄刑書，必不使之有定法；以鑄刑書之心作田賦，必不使之無定法。

又 卷一五《昭公・晉趙鞅、荀寅帥師城汝濱，遂賦晉一鼓鐵，以鑄刑鼎。二十九年》 晉趙鞅、荀寅帥師城汝濱，遂賦晉國一鼓鐵，以鑄刑鼎，著范宣子所爲刑書。《左氏》載仲尼之言：『夫晉國將守唐叔之所受法度，以經緯其民，卿大夫以序守之，民是以能尊其貴，貴是以能守其業。貴賤不愆，所謂度也。』以《左氏》所載仲尼之言考之，當是時，春秋之末所謂周室法度尚在，何故？看晉文公之時，唐叔所受法度本末都在，有志王者之事，用此法度尚可去維持。與孟子時不同。到孟子時，班爵禄之制，諸侯惡其害己而皆去。其籍時雖不同，而萌芽端兆皆起於春秋時。使諸侯常守周室之法度，必可長久。緣春秋諸侯國自爲政，不用先王之法，如魯之作丘甲、用田賦，如鄭之鑄刑書、作邱賦，如晉之鑄刑鼎。舉三事論之，當時諸國已自不用先王之法。所謂先王之法，不過藏之書府而已，所以其漸到戰國之時敢去其籍。大抵先王法度，本末具在，不可得而變。然而立法之時，所謂諸侯各守爾典，以承天休。當時，文、武、成、康分付諸侯，雖數百年尚未嘗變，無緣一次剪滅得，非特先王之意在，而唐叔之法度亦在。看仲尼言，文公作執秩之官，爲被廬之法，文公雖求近功、要速效，亦未能全變。到這裏方始敢變，當其鄭鑄刑書之時，晉叔向詒書以責之。叔向晉國之望，想叔向既以爲不然，必舉晉國之人亦以爲不然。到十數年之後，晉鑄刑鼎，蹈鄭之覆轍，正緣老成先進都盡，所以做亂法度事。使叔向在，見他國鑄刑書尚且詒書以責之，則晉有所畏忌，不敢鑄刑鼎。以此知爲國家者，須有老成先進，必不到做壞法度事。晉所以衰，由老成先進皆亡，使叔向在，何緣至此？

宋・程公説《春秋分記》卷二四《書六・五行書・鄭災左傳》 昭六年六月丙戌，鄭災。是春三月，鄭人鑄刑書。士文伯曰：『火見，鄭其火乎？火未出而作火以鑄刑器，藏爭辟焉。火如象之，不火何爲？』

宋・朱熹《朱子語類》卷八三《春秋》 或問：『子産相鄭，鑄刑書、作丘賦，時人不以爲然。是他不達「爲國以禮」底道理，徒恃法制以爲國，故鄭國日以衰削。』曰：『是他力量只到得這裏。觀他與韓宣子爭時，似守得定。及到伯有子晳之徒撓他時，則度其可治者治之；若治他不得，便只含糊過。亦緣當時列國世卿，每國須有三兩族强大，根株盤互，勢力相依倚，卒急動他不得；不比如今大臣，才被人論，便可逐去。故當時自有一般議論，如韓獻子「分謗」之説，只是要大家含糊過，不要見得我是，你不是。又如魯以相忍爲國，意思都如此。後來張文潛深取之，故其所著雖連篇累牘，不過只是這一意。』廣。昭六年。

宋・葉適《習學記言》卷一一《左氏・昭七至二十二》 鄭鑄刑書，

叔向譏之。子産於扶補傾壞之中，必欲翦裁比次，自令新美。宜其做到變古處，先王之政，遂不可復也。治道固不能不與時遷移，然亦有清靜寧民，可以坐銷四國之患，使古意自存者，而徒爲是紛紛，此老聃所以有感於周之末造，且欲併廢其初也。

元・方回《續古今考》卷三八《〈漢刑法志考四〉：叔向非子産鑄刑書三辟之興，皆叔世》　《刑法志》：春秋之時，王道寖壞，教化不行，子産相鄭而鑄刑書。師古注：鑄刑法於鼎，事在《昭六年》。晉叔向非之曰：『昔先王議事以制，不爲刑辟，師古注：《周禮》三典五刑，以詰邦國，但不宣露使人知之。懼民之有爭心也。云云。知民有辟，則不忌於上，並有爭心，徵於書而僥倖以成之，弗可爲矣。夏有亂政而作《禹刑》，商有亂政而作《湯刑》，周有亂政而作《九刑》，韋昭注：謂正刑五，及流、贖、鞭、撲也。三辟之興，皆叔世。今吾子相鄭國，制參辟、鑄刑書。孟康注謂，夏、殷、周亂政所制三辟，將以靖民，不亦難乎？

紫陽方氏曰：苟如《左氏》、《班史》所書，則後世刑統法冊，其原於子産乎？鑄刑書於鼎，自子産始也。然《胤征》有《政典》曰：『先時者殺無赦，不及時者殺無赦。』孔注：『《政典》，夏后爲政之典籍，若《周官》六卿之治典。』叔向之言未必皆然。

又《附晁公武説》　晁公武《讀書志》第八卷《刑法類》，其論《刑統》有曰：『古者議事以制，使民不知所爭也。後世鑄刑書，使民知所避也。雖若不同，所以爲民之意則一。然議事以制（若），委重於人；鑄刑書者，委重於法。委重於人，則上之人虐將輕重由心以慢其下；委重於法，則下之人將徵於書以傷其上。其爲失也亦均。要之以人行法，不使偏重，始爲得耳。』

又《漢刑法志考五》　班史《刑法志》書子産鑄刑書，孔子傷之曰：『道之以德，齊之以禮，有耻且格；道之以政，齊之以刑，民免而無耻。』『禮樂不興則刑罰不中，刑罰不中則民無所措手足。』回切意。《論語》此二章未必因子産刑書而發，班孟堅讀書乃如此合湊立論耶？又謂孟氏使陽膚爲士師，問於曾子，亦曰：『上失其道，民散久矣。如得其情，則哀矜而勿喜。』皆恐未然。

明・王志長《周禮註疏刪翼》卷一九《司爟》　季春出火，民咸從之。季秋内火，民亦如之。註：火所以用陶冶，民隨國而爲之。鄭人鑄刑書，火星未出，而出火後有災。

疏：按《左氏傳》：昭六年三月，鄭人鑄刑書。士文伯曰：『火見，鄭，其災乎？火未出，而作火。』六月丙戌，鄭災。

明・丘濬《大學衍義補》卷一〇二《治國平天下之要・慎刑憲》　《春秋左氏傳》：昭公六年，鄭人鑄刑書。鑄刑書於鼎，以爲國之常法。叔向使詒遺也。子産書，曰：『昔先王議事以制，不爲刑辟，懼民之有爭心也。民知有辟，則不忌於上，並有爭心，以徵於書，而僥幸以成之，弗可爲矣。夏有亂政而作《禹刑》，商有亂政而作《湯刑》，周有亂政而作《九刑》，三辟之興，皆叔世也。今吾子相鄭國，制參辟，鑄刑書，將以靖民，不亦難乎？民知爭端矣，將棄禮而徵於書。錐刀之末，將盡爭之，亂獄滋豐，賄賂並行，終子之世，鄭其敗乎？

肸聞之，國將亡，必多制，其此之謂乎？』

杜預曰：權移於法，故民不畏上，因危文以生爭，緣僥幸以成其巧僞。

孔穎達曰：刑不可知，威不可測，則民畏上也。今制法以定之，勒鼎以示之，民知在上者不敢越法以罪己，又不能曲法以施恩，則權柄移於法矣。且法之設文有限，民之犯罪無窮，自然有危疑之理，以生其與上爭罪之心，緣僥幸以成其巧僞，將有實罪而獲免者也。夏商之末，至有以私亂公，以貨枉法，其事不可復治，乃遠取創業聖王當時所斷之獄，因其故事，制爲定法。至周之衰，亦爲刑書，謂之《九刑》，三辟謂《禹刑》、《湯刑》、《九刑》也。辟，罪也。三者皆叔世所爲，不起於始盛之世。爲其文，是制參辟；勒於鼎，是鑄刑書也。子産亦采取上世之法，斷獄善者制爲法也。今鑄鼎示民，民知爭罪之本在於刑書，將棄禮而取徵驗於書，則雖刀錐微細之事，亦將盡爭辨以求僥幸，如此則紛亂之獄訟愈益豐盛，或以賄賂文致人罪，或以賄賂幸脱刑辟，鄭國必有禍敗也。

昭公二十九年，晉鑄刑鼎，著范宣子所爲刑書焉。仲尼曰：『晉其亡乎？失其度矣。』夫晉國將守唐叔之所受法度，以經緯其民，卿大夫以序守之，民是以能尊其貴，貴是以能守其業，貴賤不愆所謂度也。今棄是度也，而爲刑鼎，民在鼎矣。

孔穎達曰：范宣子製作刑書，施於晉國，自使朝廷承用，未嘗宣示下民。今荀寅謂宣子之書，可爲國法，故鑄鼎而銘之，以示百姓，猶如鄭鑄刑鼎。仲尼譏之，其意與叔向譏子産同。

又曰：子産鑄刑書而叔向責之，趙鞅鑄刑鼎而仲尼譏之，如此則刑之輕重不可使民知也。而李悝作法，蕭何造律，頒於天下，懸示兆民，秦漢以來莫之能革，不可一日無也。蓋古者分地建國，作邑命家，諸侯則奕世相承，大夫亦子孫不絶，皆知國爲吾土，衆實我民，自有愛吝之心，不生殘賊之意，故得設法以待刑，臨事而議罪，不須預以告民。故仲尼、叔向所以譏其鑄刑書也。秦漢以來，天下爲一長吏，以時遷代，其民非復己有，懦弱則爲殿負，强猛則爲稱職。且疆域闊遠，户口滋多，大郡境餘千里，上縣數以萬計。豪横者陵蹈邦邑，桀健者雄張閭里。酷吏專任刑誅，或乃肆情好殺，違衆用己，至有積骸滿穽，流血丹野。若復信其殺伐，任其縱舍，必將喜怒變常，愛憎改度，不得不作法以齊之。宣衆以令之，所犯當條則斷之以律，疑不能決則讞之上府。故得萬民以察，天下以治。聖人制法非不善也，古不可施於今，今人所作，非能聖也，足以周於用。所謂觀民設教，遭時制宜，謂此道也。

臣按：鄭、晉鑄刑書，蓋以其前世所用，以斷獄者之法比，而鑄於器，以示民於久遠也。考《周官·司寇》，建三典，正月之吉，縣于象魏，使萬民觀之，浹旬而斂。夫國之常刑，而又歲歲布之於邦國都鄙，何哉？刑雖有常，亦當量時而爲之輕重，然恐民之不知其所以然也。故既布其制，又懸其象，所以曉天下之人，使其知朝廷，原情以定罪，因事以制刑，其故如是也，皆知所畏，避而不敢犯焉。非謂刑之輕重不可使人知也。先儒謂詳《左氏》所載、夫子之説，第令守晉國舊法，以爲范宣子所爲非善耳，非謂聖王制法不可使人知也。或曰：鄭、晉二國所謂刑書，皆先世所有臨時處置者，固已載於方策。至是子産、范鞅始鑄於器，則爲一定之制，無復古人酌量之制，故仲尼、叔向譏之，非謂刑書不可有，特謂不可鑄耳。後世以律令鋟於木，以頒行天下，其亦鑄之之意歟？但是時未有律之名，而謂之書耳。

清·愛新覺羅·玄燁《聖祖仁皇帝御製文第三集》卷二六《雜著·古文評論·左傳·鄭人鑄刑書昭公六年》　子産之鑄刑書，用重典以救弊。叔向之論刑書，在修禮以勝刑，一則權時之宜，一則經久之道也。

又《仲尼論晉鑄刑鼎昭公二十九年》　尚德緩刑，爲治之要。斯篇與《鄭鑄刑鼎》同意，文復簡潔。

清·喬萊《易俟》卷一六《豐·象辭》　《象》曰：雷電皆至，豐。君子以折獄致刑。

萊按：聖人論刑，惟欽惟恤，兹獨折獄致刑，何哉？蓋豐之時，人心侈大，驕奢淫欲，僭竊無等。子産之鑄刑書，孔明之用重法，皆此意也。

清·李光坡《周禮述註》卷一八《司爟》　季春出火，民咸從之。季秋内火，民亦如之。

註曰：火所以用陶冶，民隨國而爲之。鄭人鑄刑書，火星未出，而出火，後有災。鄭司農云：『以三月本時昏，心星見於辰上，使民出火。九月本黄昏，心星伏在戌上，使民納火。』故《春秋傳》曰：『以出内火。』疏曰：上經四時變國火據食火，明此，《春秋》據陶冶。

清·朱鶴齡《讀左日鈔》卷一一《昭公》（二十九年）遂賦晉國一鼓鐵，以鑄刑鼎。

是鼓鑄之鼓。疏云：冶石爲鐵用橐，扇火動橐謂之鼓，今時俗語猶然。傳遜曰：《家語》載此事。王肅注云：三十斤爲鈞，鈞四爲石，石四爲鼓，蓋用四百八十斤鐵矣。以此鑄刑書適給於用。文義自明，注疏解終費辭説。

清·張尚瑗《左傳折諸》卷二〇《昭公·鄭人鑄刑書》　三代以後，著律之載于史者：後漢建安元年，應劭始删定律令；晉泰始三年，賈充等修律令，合六百三十條，裴頠、張華、杜預注律三十卷；陳武帝令范果參定律令，北魏則游雅胡方回改定律制，凡三百七十條；隋高熲更定新律，其律名有五：死刑曰絞、斬，以次爲流、徒、杖、笞者也，又制十惡之條，至今言律者，範圍乎此；唐則裴寂譔之，長孫無忌、房玄齡更定之；而開元格爲盧懷慎、宋璟、李林甫等所著，韓文公議復讎，猶曰律，雖本於聖人，然執而行之者，有司也。經之所明者，制有司者也。丁寧其義於經，而深没其文於律，將使法吏一斷於法，而經術之士得引經而議也。漢武帝數遣張湯，從董仲舒問得失，作《春秋決獄》二百三十二

事，動以經對。蓋古者象以典刑，示五刑之大法而已。其條目輕重淺深，一切付之其人，未嘗立爲定法。故曰：議事以制。後世立法纖悉，奸人得執其法，以取必於上。民知爭端，棄禮而徵於書。叔向之拳拳，蓋爲此乎？

清・陸隴其《三魚堂賸言》卷四　叔向論鑄刑書，孔疏有二意：其前則曰：《伊訓》云『先王肇修人紀，制官刑』，穆王作《呂刑》，《周禮》『司刑掌五刑之法』，皆是豫制刑矣。而云『臨事制刑，不豫設法』者，聖王雖制刑法，舉其大綱。但共犯一法，情有淺深，或輕而難原，或重而可恕，聽其時事，議其輕重，雖依準舊條，而斷有出入，不豫設定法，告示下民，令不測其淺深，常畏威而懼罪也。其後則曰：子産鑄刑書而叔向責之，趙鞅鑄刑鼎而仲尼譏之。如此傳文，則刑之輕重不可使民知也，而李悝作法，蕭何造律，頒于天下，莫之能革。以今觀之，不可一日而無律也。斯有旨矣。古者分地建國，奕世相承，知國爲吾土，衆實吾民，不生殘賊之意，故得臨事議罪。秦漢以來，長吏以時遷代，其民非復己有。若任其縱舍，必將喜怒變常，愛憎改意，不得不作法以齊之。此又是一意，前説勝。愚常云：律可定而例不可定，前説正是愚意。白狄有二，有在晉之東者，《昭十二年註》所謂鮮虞，白狄別種是也；有在晉之西者，《成十三年》所謂白狄，及君同州是也。

魏文侯改革分部

綜述

《戰國策》卷二二《魏策一・韓趙相難章》　韓趙相難。韓索兵於魏曰：『願得借師以伐趙。』魏文侯曰：『寡人與趙兄弟，不敢從。』趙又索兵以攻韓，文侯曰：『寡人與韓兄弟，不敢從。』二國不得兵，怒而反。已乃知文侯以講於己也，皆朝魏。

又《西門豹爲鄴令章》　西門豹爲鄴令，而辭乎魏文侯。文侯曰：『子往矣，必就子之功而成子之名。』西門豹曰：『敢問就功成名，亦有術乎？』文侯曰：『有之。夫鄉邑老者而先受坐之士，子入而問其賢良之士而師事之，求其好掩人之美而揚人之醜者，而參驗之。夫物多相類而非也，幽莠之幼也似禾，驪牛之黃也似虎，白骨疑象，武夫類玉，此皆似之而非者也。』

又《文侯與虞人期獵章》　文侯與虞人期獵。是日飲酒樂，天雨。文侯將出，左右曰：『今日飲酒樂，天又雨，公將焉之？』文侯曰：『吾與虞人期獵，雖樂，豈可不一會期哉！』乃往，身自罷之。魏於是乎始强。

又《魏文侯與田子方飲酒而稱樂》　魏文侯與田子方飲酒而稱樂。文侯曰：『鍾聲不比乎，左高。』田子方笑。文侯曰：『奚笑？』子方曰：『臣聞之，君明則樂官，不明則樂音。今君申於聲，臣恐君之聾於官也。』文侯曰：『善，敬聞命。』

《韓非子》卷九《内儲説上・七術第三十》　李悝爲魏文侯上地之守，而欲人之善射也，乃下令曰：『人之有狐疑之訟者，令之射的，中之者勝，不中者負。』令下而人皆疾習射，日夜不休。及與秦人戰，大敗之，以人之善戰射也。

《史記》卷四四《魏世家》　文侯受子夏經藝，客段干木，過其閭，未嘗不軾也。《正義》文侯軾干木閭也。皇甫謐《高士傳》云：『木，晉人也，守道不仕。魏文侯欲見，造其門，干木逾牆避之。文侯以客禮待之，出過其閭而軾。其僕曰：「君何軾？」曰：「段干木賢者也，不趣勢利，懷君子之道，隱處窮巷，聲馳千里，吾安得勿軾！干木先乎德，寡人先乎勢；干木富乎義，寡人富乎財。勢不若德貴，財不若義高。」又請爲相，不肯。後卑己固請見，與語，文侯立倦不敢息。』《淮南子》云：『段干木，晉之大駔，而爲文侯師。』《呂氏春秋》云：『魏文侯見段干木，立倦而不敢息。及見翟璜，踞於堂而與之言。翟璜不悅。文侯曰：「段干木，官之則不肯，祿之則不受。今汝欲官則相至，欲祿則上卿至，既受吾賞，又責吾禮，無乃難乎？」』秦嘗欲伐魏，或曰：『魏君賢人是禮，國人稱仁，上下和合，未可圖也。』文侯由此得譽於諸侯。

任西門豹守鄴，而河内《索隱》按：大河在鄴東，故名鄴爲河内。《正義》古帝王之都多在河東、河北，故呼河北爲河内，河南爲河外。又云河從龍門南至華陰，東至衛州，折東北入海，曲繞冀州，故言河内云也。稱治。

魏文侯謂李克曰：『先生嘗教寡人曰「家貧則思良妻，國亂則思良相」。今所置非成則璜，《集解》徐廣曰：『文侯弟名成。』二子何如？』李克對曰：『臣聞之，卑不謀尊，疏不謀戚。臣在闕門之外，不敢當命。』文侯曰：『先生臨事勿讓。』李克曰：『君不察故也。居視其所親，富視其所與，達視其所舉，窮視其所不爲，貧視其所不取，五者足以定之矣，何待克哉！』文侯曰：『先生就舍，寡人之相定矣。』李克趨而出，過翟璜之家。翟璜曰：『今者聞君召先生而卜相，果誰爲之？』李克曰：『魏成子爲相矣。』翟璜忿然作色曰：『以耳目之所睹記，臣何負於魏成子？西河之守，臣之所進也。君內以鄴爲憂，臣進西門豹。君謀欲伐中山，臣進樂羊。中山以拔，無使守之，臣進先生。君之子無傅，臣進屈侯鮒。臣何以負於魏成子！』李克曰：『且子之言克於子之君者，豈將比周以求大官哉？君問而置相「非成則璜，二子何如」？克對曰：「君不察故也。居視其所親，富視其所與，達視其所舉，窮視其所不爲，貧視其所不取，五者足以定之矣，何待克哉！」是以知魏成子之爲相也。且子安得與魏成子比乎？魏成子以食祿千鍾，什九在外，什一在內，是以東得卜子夏、田子方、段干木。此三人者，君皆師之。子之所進五人者，君皆臣之。子惡得與魏成子比也？』翟璜逡巡再拜曰：『璜，鄙人也，失對，願卒爲弟子。』

《漢書》卷二四上《食貨志上》 陵夷至於戰國，貴詐力而賤仁誼，先富有而後禮讓。是時，李悝爲魏文侯作盡地力之教，以爲地方百里，提封九萬頃，除山澤、邑居參分去一，爲田六百萬畝，治田勤謹則畝益三升，不勤則損亦如之。地方百里之增減，輒爲粟百八十萬石矣。又曰：糴甚貴傷民，甚賤傷農。民傷則離散，農傷則國貧，故甚貴與甚賤，其傷一也。善爲國者，使民毋傷而農益勸。今一夫挾五口，治田百畝，歲收畝一石半，爲粟百五十石，除十一之稅十五石，餘百三十五石。食，人月一石半，五人終歲爲粟九十石，餘有四十五石。石三十，爲錢千三百五十，除社閭嘗新、春秋之祠，用錢三百，餘千五十。衣，人率用錢三百，五人終歲用千五百，不足四百五十。不幸疾病死喪之費，及上賦斂，又未與此。此農夫所以常困，有不勸耕之心，而令糴至於甚貴者也。是故善平糴者，必謹觀歲有上、中、下孰。上孰其收自四，餘四百石；中孰自三，餘三百石；下孰自倍，餘百石。小饑則收百石，中饑七十石，大饑三十石，故大孰則上糴三而舍一，中孰則糴二，下孰則糴一，使民適足，賈平則止。小饑則發小孰之所斂，中饑則發中孰之所斂，大饑則發大孰之所斂而糶之。故雖遇饑饉、水旱，糴不貴而民不散，取有餘以補不足也。行之魏國，國以富强。

《晉書》卷三〇《刑法志》 是時承用秦漢舊律，其文起自魏文侯師李悝。悝撰次諸國法，著《法經》。以爲王者之政，莫急於盜賊，故其律始於《盜賊》。盜賊須劾捕，故著《網捕》二篇。其輕狡、越城、博戲、借假不廉、淫侈逾制以爲《雜律》一篇，又以《具律》具其加減。是故所著六篇而已，然皆罪名之制也。

論説

《呂氏春秋》卷二一《開春論・察賢》 二曰：今有良醫於此，治十人而起九人。所以求之萬也。以術之良，故人多求之也。故賢者之致功名也，比乎良醫，而君人者不知疾求，豈不過哉！今夫塞者，勇力時日卜筮禱祠無事焉，善者必勝。立功名亦然，要在得賢。魏文侯師卜子夏，友田子方，禮段干木，國治身逸。天下之賢主，豈必苦形愁慮哉！執其要而已矣。雪霜雨露時，則萬物育矣，人民修矣，疾病妖厲去矣。

漢・劉向《新序》卷四《雜事四》 孟嘗君問於白圭曰：『魏文侯名過於桓公，而功不及五伯，何也？』白圭對曰：『魏文侯師子夏，友田子方，敬段干木，此名之所以過於桓公也。卜相則曰：「成與黄孰可？」此功之所以不及五伯也。以私愛妨公舉，在職者不堪其事，故功廢，然而名號顯榮者，三士翊之也，如相三士，則王功成，豈特霸哉！』

雜録

漢・劉向《新序》卷一《雜事一》 魏文侯與士大夫坐，問曰：『寡人何如君也？』羣臣皆曰：『君仁君也。』次至翟黄曰：『君非仁君也。』曰：『子何以言之？』對曰：『君伐中山，不以封君之弟，而以封君之長

子。臣以此知君之非仁君。』文侯怒而逐翟黄，黄起而出。次至任座，文侯問：『寡人何如君也？』任座對曰：『君仁君也。』曰：『子何以言之？』對曰：『臣聞之，其君仁者，其臣直。向翟黄之言直，臣是以知君仁君也。』文侯曰：『善。』復召翟黄入，拜爲上卿。

又　卷二《雜事二》　魏文侯出遊，見路人反裘而負芻。文侯曰：『胡爲反裘而負芻？』對曰：『臣愛其毛。』文侯曰：『若不知其裏盡，而毛無所恃邪？』明年，東陽上計錢布十倍，大夫畢賀。文侯曰：『此非所以賀我也。譬無異夫路人反裘而負芻也，將愛其毛，不知其裏盡，毛無所恃也。今吾田不加廣，士民不加衆，而錢十倍，必取之士大夫也。吾聞之下不安者，上不可居也，此非所以賀我也。』

又　卷四《雜事四》　公季成謂魏文侯曰：『田子方雖賢人，然而非有土之君也，君常與之齊禮，假有賢於子方者，君又何以加之？』文侯曰：『如子方者，非成所得議也。子方，仁人也。仁人也者，國之寶也；智士也者，國之器也；博通士也者，國之尊也，故國有仁人，則羣臣不爭，國有智士，則無四鄰諸侯之患，國有博通之士，則人主尊固，非成之所議也。』公季成自退於郊三日請罪。

魏文侯弟曰季成，友曰翟黄，文侯欲相之而未能決，以問李克。克對曰：『君若置相，則問樂商與王孫苟端孰賢？』文侯曰：『善。』以王孫苟端爲不肖，翟黄進之；樂商爲賢，季成進之，故相季成。故知人則哲，進賢受上賞，季成以知賢，故文侯以爲相。季成、翟黄，皆近臣親屬也，以所進者賢別之，故李克之言是也。

漢·劉向《說苑》卷六《復恩》　魏文侯與田子方語，有兩僮子衣青白衣，而侍於君前，子方曰：『此君之寵子乎！』文侯曰：『非也，其父死於戰，此其幼孤也，寡人收之。』子方曰：『臣以君之賊心爲足矣，今滋甚，君之寵此子也，又且以誰之父殺之乎？』文侯愍然曰：『寡人受令矣。』自是以後，兵革不用。

又　卷二〇《反質》　魏文侯御廩災，文侯素服辟正殿五日，羣臣皆素服而弔，公子成父獨不弔。文侯復殿，公子成父趨而入賀，曰：『甚大善矣！夫御廩之災也。』文侯作色不悅，曰：『夫御廩者，寡人寶之所藏也，今火災，寡人素服辟正殿，羣臣皆素服而弔；至於子，大夫而不弔。今已復辟矣，猶入賀何爲？』公子成父曰：『臣聞之，天子藏於四海之内，諸侯藏於境内，大夫藏於其家，士庶人藏於篋櫝。非其所藏者必有天災，必有人患。今幸無人患，乃有天災，不亦善乎！』文侯喟然歎曰：『善！』

齊威王改革分部

綜　述

《戰國策》卷八《齊策一·鄒忌修八尺有餘章》　鄒忌修八尺有餘，身體昳麗。朝服衣冠窺鏡，謂其妻曰：『我孰與城北徐公美？』其妻曰：『君美甚，徐公何能及公也！』城北徐公，齊國之美麗者也。忌不自信，而復問其妾曰：『吾孰與徐公美？』妾曰：『徐公何能及君也！』旦日，客從外來，與坐談，問之客曰：『吾與徐公孰美？』客曰：『徐公不若君之美也。』

明日，徐公來，孰視之，自以爲不如；窺鏡而自視，又弗如遠甚。暮，寢而思之，曰：『吾妻之美我者，私我也；妾之美我者，畏我也；客之美我者，欲有求於我也。』

於是，入朝見威王曰：『臣誠知不如徐公美，臣之妻私臣，臣之妾畏臣，臣之客欲有求於臣，皆以美於徐公。今齊地方千里，百二十城，宫婦左右，莫不私王；朝廷之臣，莫不畏王；四境之内，莫不有求於王。由此觀之，王之蔽甚矣！』王曰：『善。』乃下令：『羣臣吏民能面刺寡人之過者，受上賞；上書諫寡人者，受中賞；能謗議於市朝，聞寡人之耳者，受下賞。』

令初下，羣臣進諫，門庭若市。數月之後，時時而間進。期年之後，雖欲言，無可進者。燕、趙、韓、魏聞之，皆朝於齊。此所謂戰勝於朝廷。

《史記》卷四六《田敬仲完世家》　威王初卽位以來，不治，委政卿

大夫，九年之閒，諸侯並伐，國人不治。於是威王召卽墨大夫而語之曰：『自子之居卽墨也，《正義》萊州膠水縣南六十里卽墨故城是也。毀言日至。然吾使人視卽墨，田野闢，民人給，官無留事，東方以寧。是子不事吾左右以求譽也。』封之萬家。召阿大夫語曰：『自子之守阿，譽言日聞。然使使視阿，田野不闢，民貧苦。昔日趙攻甄，子弗能救。衛取薛陵，子弗知。是子以幣厚吾左右以求譽也。』是日，烹阿大夫，及左右嘗譽者皆幷烹之。遂起兵西擊趙、衛，敗魏於濁澤而圍惠王。惠王請獻觀以和解，趙人歸我長城。於是齊國震懼，人人不敢飾非，務盡其誠。齊國大治。諸侯聞之，莫敢致兵於齊二十餘年。

騶忌子以鼓琴見威王，威王説而舍之右室。須臾，王鼓琴，騶忌子推戶入曰：『善哉鼓琴！』王勃然不説，去琴按劍曰：『夫子見容未察，何以知其善也？』騶忌子曰：『夫大弦濁以春温者，君也；小弦廉折以清者，相也；《集解》：《琴操》曰：『大弦者，君也，寬和而温。小弦者，臣也，清廉而不亂。』《索隱》大弦濁以温者君也。案：《春秋後語》『温』字作『春』，春氣温，義亦相通也。蔡邕曰：『凡弦以緩急爲清濁。琴，緊其弦則清，縵其弦則濁。』攫《集解》徐廣曰：『以爪持弦也。』之深，醳《集解》徐廣曰：『一作「舒」。』之愉者，政令也；鈞諧以鳴，大小相益，回邪而不相害者，四時也：吾是以知其善也。』王曰：『善語音。』騶忌子曰：『何獨語音，夫治國家而弭人民皆在其中。』王又勃然不説曰：『若夫語五音之紀，信未有如夫子者也。若夫治國家而弭人民，又何爲乎絲桐之閒？』騶忌子曰：『夫大弦濁以春温者，君也；小弦廉折以清者，相也；攫之深而舍之愉者，政令也；鈞諧以鳴，大小相益，回邪而不相害者，四時也。夫復而不亂者，所以治昌也；連而徑者，所以存亡也：故曰琴音調而天下治。夫治國家而弭人民者，無若乎五音者。』王曰：『善。』

騶忌子見三月而受相印。淳于髡見之曰：『善説哉！髡有愚志，願陳諸前。』騶忌子曰：『謹受教。』淳于髡曰：『得全全昌，《索隱》案：得全，謂人臣事君之禮全具無失，故云得全也。全昌者，謂若無失則身名獲昌，故云全昌也。失全全亡。』騶忌子曰：『謹受令，請謹毋離前。』《索隱》謂佩服此言，常無離心目之前。淳于髡曰：『豨膏棘軸，所以爲滑也，然而不能運方穿。』《索隱》豨膏，豬脂也。棘軸，以棘木爲車軸，至滑而堅也。然而穿孔若方，則不能運轉，言逆理反經也。故下忌曰『請謹事左右』，言每事須順從。騶忌子曰：『謹受令，請謹事左右。』淳于髡曰：『弓膠昔幹，《集解》徐廣曰：一作「乾」。』《索隱》昔，久舊也。幹，弓幹也。徐廣又曰一作『乾』。《考工記》作『枯幹』，則昭昔音相近。言作弓之法，以膠被昔幹而納諸檠中，則是以勢令合耳。所以爲合也，然而不能傅合疏罅。』《索隱》以言膠幹可以勢暫合，而久亦不能常傅合於疏罅隙縫。以言人臣自宜彌縫得所，豈待拘以禮制法式哉。故下云『請自附於萬人』是也。騶忌子曰：『謹受令，請謹自附於萬民。』淳于髡曰：『狐裘雖敝，不可補以黄狗之皮。』騶忌子曰：『謹受令，請謹擇君子，毋雜小人其閒。』淳于髡曰：『大車不較，《索隱》較者，校量也。言有常制，若大車不較，則車不能載常任，琴不能成五音也。不能載其常任；琴瑟不較，不能成其五音。』騶忌子曰：『謹受令，請謹脩法律而督姦吏。』淳于髡説畢，趨出，至門，而面其僕曰：『是人者，吾語之微言五，其應我若響之應聲，是人必封不久矣。』《集解》：《新序》曰：『齊稷下先生喜議政事。騶忌既爲齊相，稷下先生淳于髡之屬七十二人皆輕騶忌，以爲設以微辭，騶忌必不能及，乃相與俱往見騶忌。淳于髡之徒禮倨，騶忌之禮卑。淳于髡等稱辭，騶忌知之如應響，淳于髡等辭詘而去，騶忌之禮倨，淳于髡之禮卑。故所以尚干將、莫邪者，貴其立斷也。所以尚騏驥者，爲其立至也。必且歷日曠久，則絲氂能挈石，駑馬亦能致遠。是以聰明捷敏，人之美材也。』居期年，封以下邳，號曰成侯。

威王二十三年，與趙王會平陸。二十四年，與魏王會田於郊。魏王問曰：『王亦有寶乎？』威王曰：『無有。』《索隱》案：韓嬰《詩外傳》以爲齊宣王，其説異也。梁王曰：『若寡人國小也，尚有徑寸之珠照車前後各十二乘者十枚，奈何以萬乘之國而無寶乎？』威王曰：『寡人之所以爲寶與王異。吾臣有檀子者，《索隱》檀子，齊臣。檀，姓；子，美稱，大夫皆稱子。盼子，田盼也。黔夫及種首皆臣名。事悉具《戰國策》也。使守南城，則楚人不敢爲寇東取，泗上十二諸侯《索隱》邾、莒、宋、魯之比。皆來朝。吾臣有盼子者，使守高唐，則趙人不敢東漁於河。吾吏有黔夫者，使守徐州，則燕人祭北門，趙人祭西門，《集解》賈逵曰：『齊之北門西門也。言燕、趙之人畏見侵伐，故祭以求福。』徙而從者七千餘家。吾臣有種首者，使備盜賊，則道不拾遺。將以照千里，豈特十二乘哉！』梁惠王慙，不懌而去。

二十六年，魏惠王圍邯鄲，趙求救於齊。齊威王召大臣而謀曰：『救趙孰與勿救？』騶忌子曰：『不如勿救。』段干朋曰：『不救則不義，且

不利。』威王曰：『何也？』對曰：『夫魏氏并邯鄲，其於齊何利哉？且夫救趙而軍其郊，是趙不伐而魏全也。故不如南攻襄陵（《正義》襄陵故城在兖州鄒縣也。）以弊魏，邯鄲拔而乘魏之弊。』威王從其計。

其後成侯騶忌與田忌不善，公孫閲（《索隱》：《戰國策》作『公孫閈』。）謂成侯忌曰：『公何不謀伐魏，田忌必將。戰勝有功，則公之謀中也；戰不勝，非前死則後北，而命在公矣。』於是成侯言威王，使田忌南攻襄陵。十月，邯鄲拔，齊因起兵擊魏，大敗之桂陵。（《索隱》在威王二十六年。《正義》在曹州乘氏縣東北二十一里。）於是齊最彊於諸侯，自稱爲王，以令天下。

三十三年，殺其大夫牟辛。（《集解》徐廣曰：「一作『夫人』。」《索隱》牟辛，大夫姓字也。徐廣曰一作『夫人』。案：《年表》亦作『夫人』。王劭案《紀年》云『齊桓公十一年殺其君母。宣王八年殺王后』。然則夫人之字，或如《紀年》之説。）

三十五年，公孫閲又謂成侯忌曰：『公何不令人操十金卜於市，曰「我田忌之人也。吾三戰而三勝，聲威天下。欲爲大事，亦吉乎不吉乎？」』卜者出，因令人捕爲之卜者，驗其辭於王之所。田忌聞之，因率其徒襲攻臨淄，求成侯，不勝而犇。（《索隱》案：《戰國策》田忌前敗魏於馬陵，因被構，不得入齊，非是居齊歷十年乃出奔也。是時齊都臨淄，且《孟嘗列傳》云『田忌襲齊之邊邑』，其言爲得，即與系家不同也。）

三十六年，威王卒，子宣王辟彊立。

又 卷一二六《滑稽列傳》 淳于髡者，齊之贅婿（《索隱》女之夫也，比於子，如人疣贅，是餘剩之物也。）也。長不滿七尺，滑稽多辯，數使諸侯，未嘗屈辱。齊威王之時喜隱，（《索隱》喜，好也。喜隱謂好隱語。）好爲淫樂長夜之飲，沈湎不治，委政卿大夫。百官荒亂，諸侯並侵，國且危亡，在於旦暮，左右莫敢諫。淳于髡説之以隱曰：『國中有大鳥，止王之庭，三年不蜚又不鳴，不知此鳥何也？』王曰：『此鳥不飛則已，一飛沖天；不鳴則已，一鳴驚人。』於是乃朝諸縣令長七十二人，賞一人，誅一人，奮兵而出。諸侯振驚，皆還齊侵地。威行三十六年。語在《田完世家》中。

論説

宋・苏洵《嘉祐集》卷八《明論》 齊威王即位，大亂三載，威王一奮而諸侯震懼二十年。是何修何營邪？夫齊國之賢者，非獨一即墨大夫，明矣。亂齊國者，非獨一阿大夫，與左右譽阿而毀即墨者幾人，亦明矣。一即墨大夫易知也，一阿大夫易知也，左右譽阿而毀即墨者幾人易知也，從其易知而精之，故用心甚約而成功博也。天下之事，譬如有物十焉，吾舉其一，而人不知吾之不知其九也。歷數之至於九，而不知其一，不如舉一之不可測也，而況乎不至於九也。

清・曾國藩《曾文正公文集》卷一《烹阿封即墨論》 夫人君者，不能徧知天下事，則不能不委任賢大夫。大夫之賢否，又不能遍知，則不能不信諸左右。然而左右之所譽，或未必遂爲藎臣；左右之所毁，或未必遂非良吏。是則耳目不可寄於人，予奪尤須操於上也。昔者，齊威王嘗因左右之言而烹阿大夫，封即墨大夫矣。其事可略而論也。自古庸臣在位，其才莅事則不足，固寵則有餘。《易》譏覆餗，《詩》賡鵜梁，言不稱也。彼即自慚素餐，而又重以貪鄙，則不得不媚事君之左右。左右亦樂其附己也，而從而譽之。譽之日久，君心亦移，而位日固，而政日非。己則自矜，人必效尤。此阿大夫之所爲可烹者也。若夫賢臣在職，往往有介介之節，無赫赫之名，不立異以徇物，不違道以干時。招之而不來，麾之而不去。在君側者，雖欲極譽之而有所不得。其或不合，則不免毁之。毁之而聽，甚者削黜，輕者督責，於賢臣無損也。其不聽，君之明也，社稷之福也，於賢臣無益也。然而賢臣之因毁而罷者，常也。賢臣之必不阿事左右以求取容者，又常也。此即墨大夫之所爲可封者也。夫惟聖人賞一人而天下勸，刑一人而天下懲，固不廢左右之言，而昧兼聽之聰，亦不盡信左右之言而失獨照之明。夫是以刑賞悉歸於忠厚，而用舍一本於公明也夫。

雜録

漢・劉安《淮南子》卷一三《氾論》 齊威王設大鼎於庭中而數無鹽令曰：『子之譽日聞吾耳，察子之事，田野蕪，倉廩虚，囹圄實。子以奸事我者也。』乃烹之。齊以此三十二歲道路不拾遺。此刑省姦禁者也。

漢・劉向《古列女傳》卷六《齊威虞姬》 虞姬者，名娟之，齊威王之姬也。威王即位，九年不治，委政大臣，佞臣周破胡專權擅勢，嫉賢妒

能，卽墨大夫賢，而日毁之，阿大夫不肖，反日譽之。

虞姬謂王曰：『破胡，讒諛之臣也，不可不退。齊有北郭先生者，賢明有道，可置左右。』破胡聞之，乃惡虞姬曰：『其幼弱在於閭巷之時，嘗與北郭先生通。』王疑之，乃閉虞姬於九層之臺，而使有司卽窮驗問，破胡賂執事者，使竟其罪，執事者誣其辭而上之。

王視其詞，不合於意，乃召虞姬而自問焉，虞姬對曰：『妾娟之幸得蒙先人之遺體，生於天壤之間，去蓬廬之下，侍明王之讌，昵附王著，薦床蔽席，供執掃除，掌奉湯沐，至今十餘年矣。惓惓之心，冀幸補一言，而爲讒臣所擠，湮於百重之下，不意大王乃復見而與之語。妾聞玉石墜泥不爲汙，柳下覆寒，女不爲亂。積之於大雅，故不見疑也。經瓜田不納履，過李園不整冠，妾不避，此罪一也。既陷難中，有司受賂，聽用邪人，卒見覆冒，不能自明。妾聞寡婦哭城，城爲之崩。亡士嘆市，市爲之罷。誠信發內，感動城市。妾之寃明於白日，雖銜號於九層之內，而衆人莫爲毫釐，此妾之罪二也。既有汙名，而加此二罪，義固不可以生。所以生者，爲莫白妾之汙名也。且自古有之，伯奇放野，申生被患。孝順至明，反以爲殘。妾既當死，不復重陳，然願戒大王，羣臣爲邪，破胡最甚。王不執政，國殆危矣。』於是王大寤，出虞姬，顯之於朝市，封卽墨大夫以萬戶，烹阿大夫與周破胡。遂起兵收故侵地，齊國震懼，人知烹阿大夫，不敢飾非，務盡其職，齊國大治。君子謂虞姬好善。《詩》云：『既見君子，我心則降。』此之謂也。

頌曰：齊國惰政，不治九年，虞姬譏刺，反害其身，姬列其事，上指皇天，威王覺寤，卒距强秦。

漢・劉向《說苑》卷二《臣術》　齊威王游於瑶臺，成侯卿來奏事，從車羅綺甚衆，王望之謂左右曰：『來者何爲者也？』左右曰：『成侯卿也。』王曰：『國至貧也，何出之盛也？』左右曰：『與人者有以責之也，受人者有以易之也。』王試問其說，成侯卿至，上謁曰：『忌也。』王不應。又曰：『忌也。』王不應。又曰：『忌也。』王曰：『國至貧也，何出之盛也？』成侯卿曰：『赦其死罪，使臣得言其說。』王曰：『諾』。對曰：『忌舉田居子爲西河而秦梁弱，忌舉田解子爲南城，而楚人抱羅綺而朝，忌舉黔涿子爲冥州，而燕人給牲，趙人給盛，忌舉田種首子爲卽墨，而於齊足究，忌舉北郭刁勃子爲大士，而九族益親，民益富，舉此數良人者，王枕而臥耳，何患國之貧哉？』

宋・司馬光《資治通鑑》卷一《周紀一》　（周烈王）六年齊威王來朝。是時周室微弱，諸侯莫朝，而齊獨朝之，天下以此益賢威王。

趙伐齊，至鄄。

魏敗趙師於懷。

齊威王召卽墨大夫，語之曰：『自子之居卽墨也，毁言日至。然吾使人視卽墨，田野闢，人民給，官無事，東方以寧；是子不事吾左右以求助也！』封之萬家。召阿大夫，語之曰：『自子守阿，譽言日至。吾使人視阿，田野不闢，人民貧餒。昔日趙攻鄄，子不救；衛取薛陵，子不知；是子厚幣事吾左右以求譽也！』是日，烹阿大夫及左右嘗譽者。於是羣臣聳懼，莫敢飾詐，務盡其情，齊國大治，强於天下。

楚國吳起變法分部

綜　述

《史記》卷六五《吳起列傳》　楚悼王素聞起賢，至則相楚。明法審令，捐不急之官，廢公族疏遠者，以撫養戰鬬之士。要在彊兵，破馳說之言從横者。於是南平百越；北并陳蔡，卻三晉；西伐秦。諸侯患楚之彊。故楚之貴戚盡欲害吳起。及悼王死，宗室大臣作亂而攻吳起，吳起走之王尸而伏之。擊起之徒因射刺吳起，并中悼王。《索隱》：《楚系家》悼王名疑也。悼王既葬，太子立，《索隱》肅王臧也。乃使令尹盡誅射吳起而并中王尸者。坐射起而夷宗死者七十餘家。

論　說

《韓非子》卷四《和氏第十三》　昔者吳起教楚悼王以楚國之俗曰：

『大臣太重，封君太衆。若此，則上逼主而下虐民，此貧國弱兵之道也。不如使封君之子孫三世而收爵祿，絶滅百吏之祿秩，損不急之枝官，以奉選練之士。』悼王行之期年而薨矣，吴起枝解於楚。商君教秦孝公以連什伍，設告坐之過，燔詩書而明法令，塞私門之請而遂公家之勞，禁遊宦之民而顯耕戰之士。孝公行之，主以尊安，國以富强，八年而薨，商君車裂於秦。楚不用吴起而削亂，秦行商君法而富强。二子之言也已當矣，然而枝解吴起而車裂商君者何也？大臣苦法而細民惡治也。當今之世，大臣貪重，細民安亂，甚於秦、楚之俗，而人主無悼王、孝公之聽，則法術之士安能蒙二子之危也而明己之法術哉！此世所以亂無霸王也。

《戰國策》卷五《秦策三·蔡澤見逐於趙章》　應侯知蔡澤之欲困己以説，復曰：『何爲不可？夫公孫鞅事孝公，極身毋二，盡公不還私，信賞罰以致治，竭智能，示請素，蒙怨咎，欺舊交，虜魏公子卬，卒爲秦禽將，破敵軍，攘地千里。吴起事悼王，使私不害公，讒不蔽忠，言不取苟合，行不取苟容，行義不固毁譽，必有伯主强國，不辭禍凶。大夫種事越王，主離困辱，悉忠而不解，主雖亡絶，盡能而不離，多功而不矜，貴富不驕怠。若此三子者，義之至，忠之節也。故君子殺身以成名，義之所在，身雖死，無憾悔，何爲不可哉？』蔡澤曰：『主聖臣賢，天下之福也；君明臣忠，國之福也；父慈子孝，夫信婦貞，家之福也。故比干忠，不能存殷；子胥知，不能存吴；申生孝，而晉惑亂。是有忠臣孝子，國家滅亂，何也？無明君賢父以聽之。故天下以其君父爲戮辱，憐其臣子。夫待死而後可以立忠成名，是微子不足仁，孔子不足聖，管仲不足大也。』於是應侯稱善。

蔡澤得少間，因曰：『商君、吴起、大夫種，其爲人臣，盡忠致功，則可願矣。閎夭事文王，周公輔成王也，豈不亦忠乎？以君臣論之，商君、吴起、大夫種，其可願孰與閎夭、周公哉？』應侯曰：『商君、吴起、大夫種不若也。』蔡澤曰：『然則君之主，慈仁任忠，不欺舊故，孰與秦孝公、楚悼王、越王乎？』應侯曰：『未知何如也。』蔡澤曰：『主固親忠臣，不過秦孝、越王、楚悼。君之爲主，正亂、批患、折難，廣地殖穀，回國、足家、强主，威蓋海内，功章萬里之外，不過商君、吴起、大夫種。而君之祿位貴盛，私家之富過於三子，而身不退，竊爲君危之。語曰：「日中則移，月滿則虧。」物盛則衰，天之常數也；進退、盈縮、變化，聖人之常道也。昔者，齊桓公九合諸侯，一匡天下，至葵丘之會，有驕矜之色，畔者九國。吴王夫差無適於天下，輕諸侯，淩齊、晉，遂以殺身亡國。夏育、太史啓叱呼駭三軍，然而身死於庸夫。此皆乘至盛不及道理也。夫商君爲孝公平權衡、正度量、調輕重，決裂阡陌，教民耕戰，是以兵動而地廣，兵休而國富，故秦無敵於天下，立威諸侯。功已成，遂以車裂。楚地持戟百萬，白起率數萬之師，以與楚戰，一戰舉鄢、郢，再戰燒夷陵，南幷蜀、漢，又越韓、魏攻强趙，北坑馬服，誅屠四十餘萬之衆，流血成川，沸聲若雷，使秦業帝。自是之後，趙、楚懾服，不敢攻秦者，白起之勢也。身所服者七十餘城，功已成矣，賜死於杜郵。吴起爲楚悼罷無能，廢無用，損不急之官，塞私門之請，壹楚國之俗，南攻揚越，北幷陳、蔡，破横散從，使馳説之士無所開其口。功已成矣，卒支解。大夫種爲越王墾草剏邑，闢地殖穀，率四方士，上下之力，以禽勁吴，成霸功。句踐終棓而殺之。此四子者，成功而不去，禍至於此。此所謂信而不能詘，往而不能反者也。范蠡知之，超然避世，長爲陶朱。君獨不觀博者乎？或欲分大投，或欲分功。此皆君之所明知也。』

《史記》卷六五《吴起列傳》　太史公曰：【略】吴起説武侯以形勢不如德，然行之於楚，以刻暴少恩亡其軀。悲夫！吴起相魏，西河稱賢；慘礉事楚，死後留權。

雜録

《荀子》卷二〇《堯問第三十二》　魏武侯謀事而當，羣臣莫能逮，退朝而有喜色。吴起進曰：『亦嘗有以楚莊王之語聞於左右者乎？』武侯曰：『楚莊王之語何如？』吴起對曰：『楚莊王謀事而當，羣臣莫逮，退朝而有憂色。申公巫臣進問曰：「王朝而有憂色，何也？」莊王曰：「不穀謀事而當，羣臣莫能逮，是以憂也。其在中蘬之言也，曰：『諸侯自爲得師者王，得友者霸，得疑者存，自爲謀而莫己若者亡。』今以不穀之不肖而羣臣莫吾逮，吾國幾於亡乎！是以憂也。」楚莊王以憂，而君以喜。』武侯逡巡再拜曰：『天使夫子振寡人之過也。』

《呂氏春秋》卷二一《開春論·貴卒》　吳起謂荆王曰：『荆所有餘者地也，所不足者民也。今君王以所不足益所有餘，臣不得而爲也。』於是令貴人往實廣虛之地，皆甚苦之。荆王死，貴人皆來。尸在堂上，貴人相與射吳起。吳起號呼曰：『吾示子吾用兵也。』拔矢而走，伏尸插矢而疾言曰：『羣臣亂王。』吳起死矣。且荆國之法，麗兵於王尸者盡加重罪，逮三族。吳起之智，可謂捷矣。

《史記》卷六五《吳起列傳》　吳起者，衛人也，好用兵。嘗學於曾子，事魯君。齊人攻魯，魯欲將吳起，吳起取齊女爲妻，而魯疑之。吳起於是欲就名，遂殺其妻，以明不與齊也。魯卒以爲將。將而攻齊，大破之。

魯人或惡吳起曰：『起之爲人，猜忍人也。其少時，家累千金，游仕不遂，遂破其家，鄉黨笑之，吳起殺其謗己者三十餘人，而東出衛郭門。與其母訣，齧臂而盟曰：「起不爲卿相，不復入衛。」遂事曾子。居頃之，其母死，起終不歸。曾子薄之，而與起絶。起乃之魯，學兵法以事魯君。魯君疑之，起殺妻以求將。夫魯小國，而有戰勝之名，則諸侯圖魯矣。且魯衛兄弟之國也，而君用起，則是棄衛。』魯君疑之，謝吳起。

吳起於是聞魏文侯賢，欲事之。文侯問李克曰：『吳起何如人哉？』李克曰：『起貪而好色，《索隱》按：王劭云：『此李克言吳起貪。下文云「魏文侯知起廉，盡能得士心」，又公叔之僕稱起「爲人節廉」，豈前貪而後廉，何言之相反也？』今按：李克言起貪者，起本家累千金，破産求仕，非實貪也；蓋言貪者，是貪榮名耳，故母死不赴，殺妻將魯是也。或者起未委質於魏，猶有貪迹，及其見用，則盡廉能，亦何異乎陳平之爲人也。然用兵司馬穰苴不能過也。』於是魏文侯以爲將，擊秦，拔五城。

起之爲將，與士卒最下者同衣食。臥不設席，行不騎乘，親裹贏糧，與士卒分勞苦。卒有病疽者，起爲吮之。卒母聞而哭之。人曰：『子卒也，而將軍自吮其疽，何哭爲？』母曰：『非然也。往年吳公吮其父，其父戰不旋踵，遂死於敵。吳公今又吮其子，妾不知其死所矣。是以哭之。』

文侯以吳起善用兵，廉平，盡能得士心，乃以爲西河守，以拒秦、韓。

魏文侯既卒，起事其子武侯。武侯浮西河而下，中流，顧而謂吳起曰：『美哉乎山河之固，此魏國之寶也！』起對曰：『在德不在險。昔三苗氏左洞庭，右彭蠡，德義不修，禹滅之。夏桀之居，左河濟，右泰華，伊闕在其南，羊腸在其北，《集解》瓚曰：『今河南城爲直之。』皇甫謐曰：『壺關有羊腸阪，在太原晉陽西北九十里。』修政不仁，湯放之。殷紂之國，左孟門，《索隱》劉氏按：紂都朝歌，今孟山在其西。今言左，則東邊別有孟門也。右太行，常山在其北，大河經其南，修政不德，武王殺之。由此觀之，在德不在險。若君不修德，舟中之人盡爲敵國也。』《集解》：《楊子法言》曰：『美哉言乎！使起之用兵每若斯，則太公何以加諸！』武侯曰：『善。』

吳起爲西河守，甚有聲名。魏置相，相田文。《索隱》按：《呂氏春秋》作『商文』。吳起不悦，謂田文曰：『請與子論功，可乎？』田文曰：『可。』起曰：『將三軍，使士卒樂死，敵國不敢謀，子孰與起？』文曰：『不如子。』起曰：『治百官，親萬民，實府庫，子孰與起？』文曰：『不如子。』起曰：『守西河而秦兵不敢東鄉，韓趙賓從，子孰與起？』文曰：『不如子。』起曰：『此三者，子皆出吾下，而位加吾上，何也？』文曰：『主少國疑，大臣未附，百姓不信，方是之時，屬之於子乎？屬之於我乎？』起默然良久，曰：『屬之子矣。』文曰：『此乃吾所以居子之上也。』吳起乃自知弗如田文。

田文既死，公叔爲相，《索隱》韓之公族。尚魏公主，而害吳起。公叔之僕曰：『起易去也。』公叔曰：『奈何？』其僕曰：『吳起爲人節廉而自喜名也。君因先與武侯言曰：「夫吳起賢人也，而侯之國小，又與彊秦壤界，臣竊恐起之無留心也。」武侯即曰：「奈何？」君因謂武侯曰：「試延以公主，起有留心則必受之。無留心則必辭矣。以此卜之。」君因召吳起而與歸，即令公主怒而輕君。吳起見公主之賤君也，則必辭。』於是吳起見公主之賤魏相，果辭魏武侯。武侯疑之而弗信也。吳起懼得罪，遂去，即之楚。

漢·劉向《說苑》卷一五《指武》　吳起爲苑守，行縣適息，問屈宜臼曰：『王不知起不肖，以爲苑守，先生將何以教之？』屈公不對。居一年，王以爲令尹，行縣適息。問屈宜臼曰：『起問先生，先生不教。今王不知起不肖，以爲令尹，先生試觀起爲之也！』屈公曰：『子將奈何？』吳起曰：『將均楚國之爵而平其祿，損其有餘而繼其不足，厲甲兵以時爭

於天下。」屈公曰：『吾聞昔善治國家者不變故，不易常。今子將均楚國之爵而平其祿，損其有餘而繼其不足，是變其故而易其常也。且吾聞兵者凶器也，爭者逆德也。今子陰謀逆德，好用凶器，殆人所棄，逆之至也，淫泆之事也，行者不利。且子用魯兵不宜得志於齊而得志焉；子用魏兵不宜得志於秦而得志焉。吾聞之曰：「非禍人不能成禍。」吾固怪吾主之數逆天道，至今無禍。嘻！且待夫子也。』吴起惕然曰：『尚可更乎？』屈公曰：『不可。』吴起曰：『起之爲人謀。』屈公曰：『成刑之徒不可更已！子不如敦處而篤行之，楚國無貴於舉賢。』

宋·司馬光《資治通鑑》卷一《周紀一》　（周威烈王二十三年）李克出，見翟璜。翟璜曰：『今者聞君召先生而卜相，果誰爲之？』克曰：『魏成。』翟璜忿然作色曰：『西河守吴起，臣所進也；君内以鄴爲憂，臣進西門豹；君欲伐中山，臣進樂羊；中山已拔，無使守之，臣進先生；君之子無傅，臣進屈侯鮒。以耳目之所睹記，臣何負於魏成！』

又　卷二〇五《唐紀二十一》　則天順聖皇后長壽元年，（一月）甲戌，補闕薛謙光上疏，以爲：『選舉之法，宜得實才，取捨之間，風化所繫。今之選人，咸稱覓舉，奔競相尚，諠訴無慚。至於才應經邦，惟令試策；武能制敵，止驗彎弧。昔漢武帝見司馬相如賦，恨不同時，及置之朝廷，終文園令，知其不堪公卿之任故也。吴起將戰，左右進劍，起曰：「將者提鼓揮桴，臨敵決疑，一劍之任，非將事也。」然則虚文豈足以佐時，善射豈足以克敵！要在文吏察其行能，武吏觀其勇略，考居官之臧否，行舉者賞罰而已。』

韓國申不害改革分部

綜述

《戰國策》卷二六《韓策一·魏之圍邯鄲章》　魏之圍邯鄲也，申不害始合於韓王，然未知王之所欲也，恐言而未必中於王也。王聞申子曰：『吾誰與而可？』對曰：『此安危之要，國家之大事也。臣請深惟而苦思之。』乃微謂趙卓、韓鼂曰：『子皆國之辯士也，夫爲人臣者，言可必用，盡忠而已矣。』二人各進議於王以事。申子微視王之所説以言語於王，王大説之。

《史記》卷四五《韓世家》　（昭侯）八年，申不害相韓，脩術行道，國内以治，諸侯不來侵伐。

十年，韓姬弒其君悼公。《索隱》：《紀年》『姬』亦作『玘』。姬是韓大夫，而王劭亦云不知悼公何君也。十一年，昭侯如秦。二十二年，申不害死。

宋·司馬光《資治通鑑》卷二《周紀二》　（周顯王十八年）韓昭侯以申不害爲相。

申不害者，鄭之賤臣也，學黄、老、刑名，以干昭侯。昭侯用爲相，内修政教，外應諸侯，十五年，終申子之身，國治兵強。

申子嘗請仕其從兄，昭侯不許，申子有怨色。昭侯曰：『所爲學於子者，欲以治國也。今將聽子之謁而廢子之術乎，已其行子之術而廢子之請乎？子嘗教寡人修功勞，視次第；今有所私求，我將奚聽乎？』申子乃辟舍請罪曰：『君真其人也。』

昭侯有弊袴，命藏之。侍者曰：『君亦不仁者矣，不賜左右而藏之！』昭侯曰：『吾聞明主愛一嚬一笑，嚬有爲嚬，唉有爲唉。今袴豈特嚬唉哉！吾必待有功者。』

論説

《韓非子》卷一〇《内儲説下·權借一》　君臣之利異，故人臣莫忠，故臣利立而主利滅。是以姦臣者，召敵兵以内除，舉外事以眩主，苟成其私利，不顧國患。其説在衛人之夫妻禱祝也。故戴歇議子弟，而三桓攻昭公；公叔内齊軍，而翟黄召韓兵；太宰嚭説大夫種，大成牛教申不害；司馬喜告趙王，呂倉規秦、楚；宋石遺衛君書，白圭教暴譴。

又　卷一七《定法第四十三》　問者曰：『申不害、公孫鞅，此二家之言孰急於國？』應之曰：『是不可程也。人不食，十日則死；大寒之隆，不衣亦死。謂之衣食孰急於人，則是不可一無也，皆養生之具也。今

申不害言術，而公孫鞅爲法。術者，因任而授官，循名而責實，操殺生之柄，課羣臣之能者也，此人主之所執也。法者，憲令著於官府，刑罰必於民心，賞存乎慎法，而罰加乎姦令者也，此臣之所師也。君無術則弊於上，臣無法則亂於下，此不可一無，皆帝王之具也。」

問者曰：「徒術而無法，徒法而無術，其不可何哉？」對曰：「申不害，韓昭侯之佐也。韓者，晉之別國也。晉之故法未息，而韓之新法又生；先君之令未收，而後君之令又下。申不害不擅其法，不一其憲令，則姦多。故利在故法前令則道之，利在新法後令則道之，利在故新相反，前後相悖，則申不害雖十使昭侯用術，而姦臣猶有所譎其辭矣。故託萬乘之勁韓，七十年而不至於霸王者，雖用術於上，法不勤飾於官之患也。公孫鞅之治秦也，設告相坐而責其實，連什伍而同其罪，賞厚而信，刑重而必，是以其民用力勞而不休，逐敵危而不卻，故其國富而兵强，然而無術以知姦，則以其富强也資人臣而已矣。及孝公、商君死，惠王卽位，秦法未敗也，而張儀以秦殉韓、魏。惠王死，武王卽位，甘茂以秦殉周。武王死，昭襄王卽位，穰侯越韓、魏而東攻齊，五年而秦不益一尺土之地，乃成其陶邑之封；應侯攻韓八年，成其汝南之封。自是以來，諸用秦者，皆應、穰之類也。故戰勝則大臣尊，益地則私封立，主無術以知姦也。商君雖十飾其法，人臣反用其資。故乘强秦之資，數十年而不至於帝王者，法不勤飾於官，主無術於上之患也。」

問者曰：「主用申子之術，而官行商君之法，可乎？」對曰：「申子未盡於法也。申子言：『治不踰官，雖知弗言。』『治不踰官』，謂之守職也可；『知而弗言』，是不謂過也。人主以一國目視，故視莫明焉；以一國耳聽，故聽莫聰焉。今知而弗言，則人主尚安假借矣！商君之法曰：『斬一首者爵一級，欲爲官者爲五十石之官；斬二首者爵二級，欲爲官者爲百石之官。』官爵之遷與斬首之功相稱也。今有法曰：『斬首者令爲醫匠。』則屋不成而病不已。夫匠者手巧也，而醫者齊藥也；而以斬首之功爲之，則不當其能。今治官者，智能也；今斬首者，勇力之所加也。以勇力之所加而治智能之官，是以斬首之功爲醫匠也。故曰：『二子之於法術皆未盡善也。』」

元·戴良《九靈山房集》卷六《遠佞篇第九》 自昔小人將竊取其權寵，必先潛觀密測，覘伺上意而迎人之。蓋以人主好惡之不同，喜怒之難，必不如是，不足以爲容悅取媚之地。故薛公事齊，必視美珥所在，以立其愛姬，申不害相韓，必視昭侯所悅，以謀其國事。佞之事君，多合而少忤者，大抵然也。夫巧言如簧，詩人刺之利口覆邦。聖人所惡有言者不必有德，而佞者不知其仁。爲人上者，可不有辨於斯乎？

雜録

《呂氏春秋》卷一七《審分覽·任數》 三曰：凡官者，以治爲任，以亂爲罪。今亂而無責，則亂愈長矣。人主好暴示能，以好唱自奮，人臣以不爭持位，以聽從取容，是君代有司爲有司也，是臣得後隨以進其業。君臣不定，耳雖聞不可以聽，目雖見不可以視，心雖知不可以舉，勢使之也。凡耳之聞也藉於靜，目之見也藉於昭，心之知也藉於理。君臣易操，則上之三官者廢矣。亡國之主，其耳非不可以聞也，其目非不可以見也，其心非不可以知也，君臣擾亂，上下不分別，雖聞曷聞，雖見曷見，雖知曷知，馳騁而因耳矣，此愚者之所不至也。不至則不知，不知則不信。無骨者不可令知冰。有土之君，能察此言也，則災無由至矣。

且夫耳目知巧，固不足恃，惟脩其數、行其理爲可。韓昭釐侯視所以祠廟之牲，其豕小，昭釐侯令官更之。官以是豕來也，昭釐侯曰：「是非嚮者之豕邪？」官無以對。命吏罪之。從者曰：「君王何以知之？」君曰：「吾以其耳也。」申不害聞之，曰：「何以知其聾？以其耳之聰也。何以知其盲？以其目之明也。何以知其狂？以其言之當也。故曰去聽無以聞則聰，去視無以見則明，去智無以知則公。去三者不任則治，三者任則亂。」以此言耳目心智之不足恃也。耳目心智，其所以知識甚闕，其所以聞見甚淺。以淺闕博居天下、安殊俗、治萬民，其說固不行。十里之間而耳不能聞，帷牆之外而目不能見，三畝之宮而心不能知。其以東至開梧、南撫多顟、西服壽靡、北懷儋耳，若之何哉？故君人者，不可不察此言也。治亂安危存亡，其道固無二也。故至智棄智，至仁忘仁，至德不德。無言無思，靜以待時，時至而應，心暇者勝。凡應之理，清淨公素，而正始卒；焉此治紀，無唱有和，無先有隨。古之王者，其所爲少，其

所因多。因者，君術也；爲者，臣道也。爲則擾矣，因則靜矣。因冬爲寒，因夏爲暑，君奚東哉？故曰君道無知無爲，而賢於有知有爲，則得之矣。

《戰國策》卷二六《韓策一·大成午從趙來，謂申不害於韓章》 大成午從趙來謂申不害於韓曰：『子以韓重我於趙，請以趙重子於韓，是子有兩韓，而我有兩趙也。』

又 卷二八《韓策三·謂鄭王》 謂鄭王曰：『昭釐侯，一世之明君也；申不害，一世之賢士也。韓與魏敵侔之國也，申不害與昭釐侯執珪而見梁君，非好卑而惡尊也，非慮過而議失也。申不害之計事曰：「我執珪於魏，魏君必得志於韓，必外靡於天下矣，是魏弊矣。諸侯惡魏必事韓，是我免於人一之下，而信於萬人之上也。夫弱魏之兵，而重韓之權，莫如朝魏。」昭釐侯聽而行之，明君也；申不害慮事而言之，忠臣也。今之韓弱於始之韓，而今之秦强於始之秦。今秦有梁君之心矣，而王與諸臣不事爲尊秦以定韓者，臣竊以爲王之明爲不如昭釐侯，而王之諸臣忠莫如申不害也。』

商鞅變法分部

綜　述

《戰國策》卷三《秦策一·衛鞅亡魏入秦章》 衛鞅亡魏入秦，孝公以爲相，封之於商，號曰商君。商君治秦，法令至行，公平無私，罰不諱强大，賞不私親近，法及太子，黥劓其傅。期年之後，道不拾遺，民不妄取，兵革大强，諸侯畏懼。然刻深寡恩，特以强服之耳。

孝公行之八年，疾且不起，欲傳商君，辭不受。孝公已死，惠王代後，蒞政有頃，商君告歸。

人說惠王曰：『大臣太重者國危，左右太親者身危。今秦婦人嬰兒皆言商君之法，莫言大王之法。是商君反爲主，大王更爲臣也。且夫商君，固大王仇讎也，願大王圖之。』商君歸還，惠王車裂之，而秦人不憐。

《史記》卷五《秦本紀》 孝公元年，《集解》徐廣曰：『庚申也。』河山以東彊國六，與齊威、楚宣、魏惠、燕悼、韓哀、趙成侯並。淮泗之間《正義》謂淮泗二水。小國十餘。楚、魏與秦接界。《正義》楚北及魏西與秦相接，北自梁州漢中郡，南有巴、渝，過江南有黔中、巫郡也。魏西界與秦相接，南自華州鄭縣，西北過渭水，濱洛水東岸，向北有上郡鄜州之地，皆築長城以界秦境。洛即漆沮水也。魏築長城，自鄭濱洛以北，有上郡。楚自漢中，南有巴、黔中。周室微，諸侯力政，爭相併。秦僻在雍州，不與中國諸侯之會盟，夷翟遇之。孝公於是布惠，振孤寡，招戰士，明功賞。下令國中曰：『昔我繆公自岐雍之間，修德行武，東平晉亂，以河爲界，《正義》即龍門河也。西霸戎翟，廣地千里，天子致伯，諸侯畢賀，爲後世開業，甚光美。會往者厲、躁、簡公、出子之不寧，國家內憂，未遑外事，三晉攻奪我先君河西地，諸侯卑秦，醜莫大焉。獻公即位，鎮撫邊境，徙治櫟陽，且欲東伐，復繆公之故地，脩繆公之政令。寡人思念先君之意，常痛於心。賓客羣臣有能出奇計彊秦者，吾且尊官，與之分土。』於是乃出兵東圍陝城，西斬戎之獂王。《集解》：《地理志》天水有獂道縣。應劭曰：『獂，戎邑。』

衛鞅聞是令下，西入秦，因景監《正義》監，閹人也。求見孝公。

二年，天子致胙。

三年，衛鞅說孝公變法修刑，內務耕稼，外勸戰死之賞罰，孝公善之。甘龍、杜摯等弗然，相與爭之。卒用鞅法，百姓苦之；居三年，百姓便之。乃拜鞅爲左庶長。其事在商君語中。

七年，與魏惠王會杜平。《正義》在同州澄城縣界也。八年，與魏戰元里，《正義》祁城在同州澄城縣界。有功。十年，衛鞅爲大良造，將兵圍魏安邑，降之。《集解》：《地理志》曰河東有安邑縣。《正義》：《括地志》云：『安邑故城在絳州夏縣東北十五里，本夏之都。』十二年，作爲咸陽，《正義》：《括地志》云：『咸陽故城亦名渭城，在雍州咸陽縣東十五里，京城北四十五里，即秦孝公徙都之者。今咸陽縣，古之杜郵，白起死處。』築冀闕，《正義》劉伯莊云：『冀猶記事，闕即象魏也。』秦徙都之。並諸小鄉聚，《正義》萬二千五百家爲鄉。聚猶村落之類也。集爲大縣，縣一令，《集解》：《漢書·百官表》曰：『縣令長皆秦官。萬戶以上爲令，秩千石至六百石；減萬戶爲長，秩五百石至三百石。皆有丞尉。』四十一

縣。爲田開阡陌。《索隱》：《風俗通》曰：「南北曰阡，東西曰陌。河東以東西爲阡，南北爲陌。」東地渡洛。十四年，初爲賦。《集解》徐廣曰：「制貢賦之法也。」《索隱》譙周云：「初爲軍賦也。」十九年，天子致伯。《正義》孝公十九年，天子始封爵爲霸，即太史儋云「合十七歲而霸王出」之年，故天子致伯。桓譚《新論》云：「夫上古稱三皇、五帝，而次有三王、五伯，此天下君之冠首也。故言三皇以道理，而五帝用德化；三王由仁義，五伯以權智。其說之曰，無制令刑罰謂之皇；有制令而無刑罰謂之帝；賞善誅惡，諸侯朝事謂之王；興兵約盟，以信義矯世謂之伯。」二十年，諸侯畢賀。秦使公子少官率師會諸侯逢澤，《集解》徐廣曰：「開封東北有逢澤。」《正義》：《括地志》云：「逢澤亦名逢池，在汴州浚儀縣東南十四里。」朝天子。【略】

二十二年，衛鞅擊魏，虜魏公子卬。封鞅爲列侯，號商君。《正義》商州商洛縣在州東八十九里，鞅所封也。契所封地。【略】

孝公卒，子惠文君立。《索隱》名駟。是歲，誅衛鞅。鞅之初爲秦施法，法不行，太子犯禁。鞅曰：「法之不行，自於貴戚。君必欲行法，先於太子。太子不可黥，黥其傅師。」於是法大用，秦人治。及孝公卒，太子立，宗室多怨鞅，鞅亡，因以爲反，而卒車裂以徇秦國。《集解》：《漢書》曰：「商君爲法於秦，戰斬一首賜爵一級，欲爲官者五十石。其爵名：一爲公士，二上造，三簪裹，四不更，五大夫，六官大夫，七公大夫，八公乘，九五大夫，十左庶長，十一右庶長，十二左更，十三中更，十四右更，十五少上造，十六大上造，十七駟車庶長，十八大庶長，十九關內侯，二十徹侯。」

又　卷六八《商君列傳》　商君者，《正義》秦封於商，故號商君。衛之諸庶孽公子也，名鞅，姓公孫氏，其祖本姬姓也。鞅少好刑名之學，事魏相公叔座《索隱》公叔，氏；座，名也。爲中庶子。《索隱》官名也。魏已置之，非自秦也。《周禮·夏官》謂之「諸子」，《禮記》文王世子謂之「庶子」，掌公族也。公叔座知其賢，未及進。會座病，魏惠王親往問病，《索隱》即魏侯之子，名罃，後徙大梁而稱梁也。曰：「公叔病有如不可諱，將奈社稷何？」公叔曰：「座之中庶子《索隱》：《戰國策》云衛庶子也。公孫鞅，年雖少，有奇才，願王舉國而聽之。」王嘿然。王且去，座屏人言曰：「王即不聽用鞅，必殺之，無令出境。」王許諾而去。公叔座召鞅謝曰：「今者王問可以爲相者，我言若，王色不許我。我方先君後臣，因謂王即弗用鞅，當殺之。王許我。汝可疾去矣，且見禽。」鞅曰：「彼王不能用君之言任臣，又安能用君之言殺臣乎？」卒不去。惠王既去，而謂左右曰：「公叔病甚，悲乎，欲令寡人以國聽公孫鞅也，豈不悖哉！」《索隱》疾重而悖亂也。

公叔既死，公孫鞅聞秦孝公下令國中求賢者，將修繆公之業，東復侵地，迺遂西入秦，因孝公寵臣景監《索隱》景姓，楚之族也。以求見孝公。孝公既見衛鞅，語事良久，孝公時時睡，弗聽。罷而孝公怒景監曰：「子之客妄人耳，安足用邪！」景監以讓衛鞅。衛鞅曰：「吾說公以帝道，其志不開悟矣。」後五日，復求見鞅。鞅復見孝公，益愈，然而未中旨。罷而孝公復讓景監，景監亦讓鞅。鞅曰：「吾說公以王道而未入也。請復見鞅。」鞅復見孝公，孝公善之而未用也。罷而去。孝公謂景監曰：「汝客善，可與語矣。」鞅曰：「吾說公以霸道，其意欲用之矣。誠復見我，我知之矣。」衛鞅復見孝公。公與語，不自知厀之前於席也。語數日不厭。景監曰：「子何以中吾君？吾君之驩甚也。」鞅曰：「吾說君以帝王之道比三代，《索隱》比三。比者，頻也。謂頻三見孝公，言帝王之道也。《正義》說者以五帝三王之事比至孝公，以三代帝王之道方興。孝公曰「太久遠，吾不能」。而君曰：『久遠，吾不能待。且賢君者，各及其身顯名天下，安能邑邑待數十百年以成帝王乎？』故吾以彊國之術說君，君大說之耳。然亦難以比德於殷周矣。」

孝公既用衛鞅，鞅欲變法，恐天下議己。衛鞅曰：「疑行無名，疑事無功。且夫有高人之行者，固見非於世；《索隱》：《商君書》「非」作「負」。有獨知之慮者，必見敖於民。《索隱》：《商君書》作「必見驁於人」也。愚者闇於成事，知者見於未萌。民不可與慮始而可與樂成。論至德者不和於俗，成大功者不謀於衆。是以聖人苟可以彊國，不法其故；《索隱》言救弊爲政之術，所爲苟可以彊國，則不必要須法於故事也。苟可以利民，不循其禮。」孝公曰：「善。」甘龍曰：《索隱》孝公之臣，甘姓，龍名也。甘氏出春秋時甘昭公王子帶後。「不然。聖人不易民而教，知者不變法而治。因民而教，不勞而成功；緣法而治者，吏習而民安之。」衛鞅曰：「龍之所言，世俗之言也。常人安於故俗，學者溺於所聞。以此兩者居官守法可也，非所與論於法之外也。三代不同禮而王，五伯不同法而霸。智者作法，愚者制焉；賢者更禮，不肖者拘焉。」《索隱》言賢智之人作法更禮，而愚不肖者不明變通，而輒拘制不使之行，斯亦信然矣。杜摯曰：「利不百，不變法；功不十，不

易器。法古無過，循禮無邪。』衛鞅曰：『治世不一道，便國不法古。故湯武不循古而王，《索隱》：《商君書》作『脩古』。夏殷不易禮而亡。《索隱》指殷紂、夏桀也。反古者不可非，而循禮者不足多。』孝公曰：『善。』以衛鞅爲左庶長，卒定變法之令。

令民爲什伍，《索隱》劉氏云：『五家爲保，十保相連。』《正義》或爲十保，或爲五保。而相牧司連坐。《索隱》牧司謂相糾發也。一家有罪而九家連舉發，若不糾舉，則十家連坐。恐變令不行，故設重禁。不告姦者腰斬，告奸者與斬敵首同賞，《索隱》案：謂告奸一人則得爵一級，故云『與斬敵首同賞』也。匿姦者與降敵同罰。《索隱》案律，降敵者誅其身，沒其家，今匿奸者，言當與之同罰也。民有二男以上不分異者，倍其賦。《正義》民有二男不別爲活者，一人出兩課。有軍功者，各以率受上爵；爲私鬭者，各以輕重被刑大小。僇力本業，耕織致粟帛多者復其身。《索隱》末謂工商也。蓋農桑爲本，故上云『本業耕織』也。怠者，懈也。周禮謂之『疲民』。以言懈怠不事事之人而貧者，則糾舉而收録其妻子，沒爲官奴婢，蓋其法特重於古也。事末利及怠而貧者，舉以爲收孥。宗室非有軍功論，不得爲屬籍。《索隱》謂宗室若無軍功，則不得入屬籍。謂除其籍，則雖無功不及爵秩也。明尊卑爵秩等級，各以差次名田宅，臣妾衣服以家次。《索隱》謂各隨其家爵秩之班次，亦不使僭侈踰等也。有功者顯榮，無功者雖富無所芬華。

令既具，未布，恐民之不信，已乃立三丈之木於國都市南門，募民有能徙置北門者予十金。民怪之，莫敢徙。復曰『能徙者予五十金』。有一人徙之，輒予五十金，以明不欺。卒下令。

令行於民期年，秦民之國都言初令。《索隱》謂鞅新變之法令爲『初令』。之不便者以千數。於是太子犯法。衛鞅曰：『法之不行，自上犯之。』將法太子。太子，君嗣也，不可施刑，刑其傅公子虔，黥其師公孫賈。明日，秦人皆趨令。《索隱》趨者，向也，附也。行之十年，秦民大說，道不拾遺，山無盜賊，家給人足。民勇於公戰，怯於私鬭，鄉邑大治。秦民初言令不便者有來言令便者，衛鞅曰『此皆亂化之民也』，盡遷之於邊城。其後民莫敢議令。

於是以鞅爲大良造。《索隱》即大上造也，秦之第十六爵名也。今云『良造』者，或後變其名耳。將兵圍魏安邑，降之。居三年，作爲築冀闕《索隱》冀闕即魏闕也。冀，記也。出列教令，當記於此門闕。宮庭於咸陽，秦自雍徙都之。而令民父子兄弟同室内息者爲禁。而集小鄉邑聚爲縣，置令、丞，凡三十一縣。爲田開阡陌封疆，《正義》南北曰阡，東西曰陌。按：謂驛塍也。封，聚土也；疆，界也：謂界上封記也。而賦稅平。平斗桶《集解》鄭玄曰：『今之斛也。』《索隱》量器名。權衡丈尺。行之四年，公子虔復犯約，劓之。居五年，秦人富彊，天子致胙於孝公，諸侯畢賀。

其明年，齊敗魏兵於馬陵，虜其太子申，殺將軍龐涓。其明年，衛鞅説孝公曰：『秦之與魏，譬若人之有腹心疾，非魏并秦，秦即并魏。何者？魏居領阸之西，《索隱》蓋即安邑之東，山領險阸之地，即今蒲州之中條已東，連汾、晉之嶮嶝也。都安邑，與秦界河而獨擅山東之利。利則西侵秦，病則東收地。今以君之賢聖，國賴以盛。而魏往年大破於齊，諸侯畔之，可因此時伐魏。魏不支秦，必東徙。東徙，秦據河山之固，東鄉以制諸侯，此帝王之業也。』孝公以爲然，使衛鞅將而伐魏。魏使公子卬將而擊之。軍既相距，衛鞅遺魏將公子卬書曰：『吾始與公子驩，今俱爲兩國將，不忍相攻，可與公子面相見，盟，樂飲而罷兵，以安秦魏。』魏公子卬以爲然。會盟已，飲，而衛鞅伏甲士而襲虜魏公子卬，因攻其軍，盡破之以歸秦。魏惠王兵數破於齊秦，國内空，日以削，恐，乃使使割河西之地獻於秦以和。而魏遂去安邑，徙都大梁。《索隱》紀年曰『梁惠王二十九年，秦衛鞅伐梁西鄙』，則徙大梁在惠王之二十九年也。《正義》從蒲州安邑徙汴州浚儀也。梁惠王曰：『寡人恨不用公叔座之言也。』衛鞅既破魏還，秦封之於、商《集解》徐廣曰：『弘農商縣也。』《索隱》於、商，二縣名，在弘農。《紀年》云秦封鞅在惠王三十年，與此文合。《正義》於、商在鄧州内鄉縣東七里，古於邑也。商洛縣在商州東八十九里，本商邑，周之商國。案：十五邑近此邑。

商君相秦十年，《索隱》：《戰國策》云孝公行商君法十八年而死，與此文不同者，案此直云相秦十年耳，而《戰國策》乃云行商君法十八年，蓋連其未作相之年耳。宗室貴戚多怨望者。趙良見商君。商君曰：『鞅之得見也，從孟蘭皋，《索隱》孟蘭皋，人姓名也。言鞅前因蘭皋得與趙良相見也。今鞅請得交，可乎？』趙良曰：『僕弗敢願也。孔丘有言曰：「推賢而戴者進，聚不肖而王者退。」僕不肖，故不敢受命。僕聞之曰：「非其位而居之曰貪位，非其名而有之曰貪名。」僕聽君之義，則恐僕貪位貪名也。故不敢聞命。』商

君曰：『子不説吾治秦與？』趙良曰：『反聽之謂聰，內視之謂明，自勝之謂彊。《索隱》謂守謙敬之人是爲自勝，若是者乃爲强。若爭名得勝，此非强之道。虞舜有言曰：「自卑也尚矣。」君不若道虞舜之道，無爲問僕矣。』商君曰：『始秦戎翟之教，父子無別，同室而居。今我更制其教，而爲其男女之別，大築冀闕，營如魯衛矣。子觀我治秦也，孰與五羖大夫賢？』趙良曰：『千羊之皮，不如一狐之掖；千人之諾諾，不如一士之諤諤。武王諤諤以昌，殷紂墨墨以亡。《正義》以殷紂比商君。君若不非武王乎，則僕請終日正言而無誅，可乎？』商君曰：『語有之矣，貌言華也，至言實也，苦言藥也，甘言疾也。夫子果肯終日正言，鞅之藥也。鞅將事子，子又何辭焉！』趙良曰：『夫五羖大夫，荆之鄙人也。《正義》百里奚，南陽宛人。屬楚，故云荆。聞秦繆公之賢而原望見，行而無資，自粥於秦客，被褐食牛。期年，繆公知之，舉之牛口之下，而加之百姓之上，秦國莫敢望焉。相秦六七年，而東伐鄭，三置晉國之君，《索隱》謂立晉惠公、懷公、文公也。一救荆國之禍。《索隱》案《六國》《十二諸侯年表》，穆公二十八年會晉，救楚，朝周是也。發教封內，而巴人致貢；施德諸侯，而八戎來服。由餘聞之，款關請見。《集解》韋昭曰：『款，叩也。』五羖大夫之相秦也，勞不坐乘，暑不張蓋，行於國中，不從車乘，不操干戈，功名藏於府庫，德行施於後世。五羖大夫死，秦國男女流涕，童子不歌謠，舂者不相杵。《集解》鄭玄曰：『相謂送杵聲，以聲音自勸也。』此五羖大夫之德也。今君之見秦王也，因嬖人景監以爲主，非所以爲名也。相秦不以百姓爲事，而大築冀闕，非所以爲功也。刑黥太子之師傅，殘傷民以駿刑，是積怨畜禍也。教之化民也深於命，《索隱》劉氏云：『教謂商鞅之令也，命謂秦君之命也。言人畏鞅甚於秦君。』民之效上也捷於令。《索隱》上謂鞅之處分。今謂秦君之令。今君又左建外易，非所以爲教也。《索隱》左建謂以左道建立威權也。外易謂在外革易君命也。君又南面而稱寡人，日繩秦之貴公子。《詩》曰：「相鼠有體，人而無禮；人而無禮，何不遄死。」以詩觀之，非所以爲壽也。公子虔杜門不出已八年矣，君又殺祝懽而黥公孫賈。《詩》曰：「得人者興，失人者崩。」此數事者，非所以得人也。君之出也，後車十數，從車載甲，多力而駢脅者爲驂乘，持矛而操闟戟者《集解》徐廣曰：『一作「𣪠」。屈盧之勁矛，干將之雄戟。』《索隱》闟，亦作『鈒』。按：屈盧、干將並古良匠造矛戟者名。《正義》顧野王云：『鋋也。』《方言》云：『矛，吳、揚、江、淮、南楚、五湖之間謂之鋋。其柄謂之矜。』《釋名》云：『戟，格也。旁有格。』旁車而趨。此一物不具，君固不出。《書》曰：「恃德者昌，恃力者亡。」《索隱》此是《周書》之言，孔子所删之餘。君之危若朝露，尚將欲延年益壽乎？則何不歸十五都，《索隱》衛鞅所封商於二縣以爲國，其中凡有十五都，故趙良勸令歸之。《正義》公孫鞅封商於十五邑，故云「十五都」。灌園於鄙，勸秦王顯巖穴之士，養老存孤，敬父兄，序有功，尊有德，可以少安。君尚將貪商於之富，寵秦國之教，畜百姓之怨，秦王一旦捐賓客而不立朝，秦國之所以收君者，豈其微哉？《索隱》謂鞅於秦無仁恩，故秦國之所以將收録鞅者其效甚明，故云「豈其微哉」。亡可翹足而待。』商君弗從。

後五月而秦孝公卒，太子立。公子虔之徒告商君欲反，發吏捕商君。商君亡至關下，欲舍客舍。客人不知其是商君也，曰：『商君之法，舍人無驗者坐之。』商君喟然歎曰：『嗟乎，爲法之敝一至此哉！』去之魏。魏人怨其欺公子卬而破魏師，弗受。商君欲之他國。魏人曰：『商君，秦之賊。秦彊而賊入魏，弗歸，不可。』遂內秦。商君既復入秦，走商邑，《索隱》走，向也。與其徒屬發邑兵北出擊鄭。《集解》徐廣曰：『京兆鄭縣也。』《索隱》：《地理志》京兆有鄭縣。《秦本紀》云『初縣杜、鄭』，按其地是鄭桓公友之所封。秦發兵攻商君，殺之於鄭黽池。《集解》徐廣曰：『黽，或作「彭」。』《索隱》鄭黽池者，時黽池屬鄭故也。而徐廣云『黽或作彭』者，按《鹽鐵論》云『商君困於彭池』故也。《正義》黽池去鄭三百里，蓋秦兵至鄭破商邑兵，而商君東走至黽，乃擒殺之。秦惠王車裂商君以徇，曰：『莫如商鞅反者！』遂滅商君之家。

論説

《史記》卷六八《商君列傳》　太史公曰：商君，其天資刻薄人也。《索隱》謂天資其人爲刻薄之行。刻謂用刑深刻；薄謂棄仁義，不悃誠也。迹其欲干孝公以帝王術，挾持浮説，非其質矣。《索隱》浮説卽虛説也。謂鞅得用，刑政深刻，又欺魏將，是其天資自有狙詐，則初爲孝公論帝王之術，是浮説耳，非本性也。且所因由嬖臣，及得用，刑公子虔，欺魏將卬，不師趙良之言，亦足發明商君之少恩矣。余嘗讀商君開塞耕戰書，與其人行事相類。《索隱》按商君書，開謂刑嚴峻則政化開，塞謂布恩賞則政化塞，其意本於嚴刑少恩。又爲田開阡陌，

及言斬敵首賜爵，是耕戰書也。卒受惡名於秦，有以也夫！《集解》：《新序》論曰：『秦孝公保崤函之固，以廣雍州之地，東并河西，北收上郡，國富兵彊，長雄諸侯，周室歸籍，四方來賀，爲戰國霸君，秦遂以彊，六世而并諸侯，亦皆商君之謀也。夫商君極身無二慮，盡公不顧私，使民內急耕織之業以富國，外重戰伐之賞以勸戎士，法令必行，內不阿貴寵，外不偏疏遠，是以令行而禁止，法出而姦息。故雖《書》云「無偏無黨」，《詩》云「周道如砥，其直如矢」，《司馬法》之勵戎士，周后稷之勸農業，無以易此。此所以并諸侯也。故孫卿曰：「四世有勝，非幸也，數也。」然無信，諸侯畏而不親。夫霸君若齊桓、晉文者，桓不倍柯之盟，文不負原之期，而諸侯畏其彊而親信之，存亡繼絶，四方歸之，此管仲、舅犯之謀也。今商君倍公子卬之舊恩，棄交魏之明信，詐取三軍之衆，故諸侯畏其彊而不親信也。藉使孝公遇齊桓、晉文，得諸侯之統將，合諸侯之君，驅天下之兵以伐秦，秦則亡矣。天下無桓文之君，故秦得以兼諸侯。衛鞅始自以爲知霸王之德，原其事不諭也。昔周召施善政，及其死也，後世思之，「蔽芾甘棠」之詩是也。嘗舍於樹下，後世思其德不忍伐其樹，況害其身乎！管仲奪伯氏邑三百戶，無怨言。今衛鞅內刻刀鋸之刑，外深鈇鉞之誅，步過六尺者有罰，棄灰於道者被刑，一日臨渭而論囚七百餘人，渭水盡赤，號哭之聲動於天地，畜怨積讎比於丘山，所逃莫之隱，所歸莫之容，身死車裂，滅族無姓，其去霸王之佐亦遠矣。然惠王殺之亦非也，可輔而用也。使衛鞅施寬平之法，加之以恩，申之以信，庶幾霸者之佐哉！』《索隱》：《新序》是劉歆所撰，其中論商君，故裴氏引之。藉字合作『胙』，誤爲『藉』耳。按：《本紀》『周歸文武胙於孝公者』是也。《說苑》云『秦法，棄灰於道者刑』，是其事也。

［索隱述贊］衛鞅入秦，景監是因。王道不用，霸術見親。政必改革，禮豈因循。既欺魏將，亦怨秦人。如何作法，逆旅不賓！

漢·韓嬰《韓詩外傳》卷一《第二十三章》　傳曰：水濁則魚喁，令苛則民亂，城削則崩，岸峭則陂。故吳起峭刑而車裂，商鞅峻法而支解。治國者譬若乎張琴然，大絃急，則小絃絶矣。故急轡御者，非千里之御也。有聲之聲不過百里，無聲之聲延及四海。故祿過其功者削，名過其實者損，情行合而名，禍福不虛至矣。《詩》云：『何其處也，必有與也。何其久也？必有以也。』故惟其無爲，能長生久視，而無累於物矣。

漢·桓寬《鹽鐵論》卷二《非鞅》　大夫曰：『昔商君相秦也，內立法度，嚴刑罰，飭政教，姦僞無所容。外設百倍之利，收山澤之稅，國富民强，器械完飾，蓄積有餘。是以征敵伐國，攘地斥境，不賦百姓而師以贍。故利用不竭而民不知，地盡西河而民不苦。鹽、鐵之利，所以佐百姓之急，足軍旅之費，務蓄積以備乏絶，所給甚衆，有益於國，無害於人。百姓何苦爾，而文學何憂也？』

文學曰：『昔文帝之時，無鹽、鐵之利而民富；今有之而百姓困乏，未見利之所利也，而見其害也。且利不從天來，不從地出，一取之民間，謂之百倍，此計之失者也。無異於愚人反裘而負薪，愛其毛，不知其皮盡也。夫李梅實多者，來年爲之衰；新穀熟而舊穀爲之虧。自天地不能兩盈，而況於人事乎？故利於彼者必耗於此，猶陰陽之不並曜，晝夜之有長短也。商鞅峭法長利，秦人不聊生，相與哭孝公。吳起長兵攻取，楚人搔動，相與泣悼王。其後楚日以危，秦日以弱。故利蓄而怨積，地廣而禍構，惡在利用不竭而民不知，地盡西河而人不苦也？今商鞅之冊任於內，吳起之兵用於外，行者勤於路，居者匱於室，老母號泣，怨女歎息；文學雖欲無憂，其可得也？』

大夫曰：『秦任商君，國以富强，其後卒并六國而成帝業。及二世之時，邪臣擅斷，公道不行，諸侯叛弛，宗廟隳亡。《春秋》曰：「末言爾，祭仲亡也。」夫善歌者使人續其聲，善作者使人紹其功。椎車之蟬攫，負子之教也。周道之成，周公之力也。雖有裨諶之草創，無子產之潤色，有文、武之規矩，而無周、呂之鑿枘，則功業不成。今以趙高之亡秦而非商鞅，猶以崇虎亂殷而非伊尹也。』

文學曰：『善鑿者建周而不拔，善基者致高而不蹶。伊尹以堯、舜之道爲殷國基，子孫紹位，百代不絶。商鞅以重刑峭法爲秦國基，故二世而奪。刑既嚴峻矣，又作爲相坐之法，造誹謗，增肉刑，百姓齋栗，不知所措手足也。賦斂既煩數矣，又外禁山澤之原，內設百倍之利，民無所開說容言。崇利而簡義，高力而尚功，非不廣壤進地也，然猶人之病水，益水而疾深，知其爲秦開帝業，不知其爲秦致亡道也。狐刺之鑿，雖公輸子不能善其枘。畚土之基，雖良匠不能成其高。譬若秋蓬被霜，遭風則零落，雖有十子產，如之何？故扁鵲不能肉白骨，微、箕不能存亡國也。』

大夫曰：『言之非難，行之爲難。故賢者處實而效功，亦非徒陳空文而已。昔商君明於開塞之術，假當世之權，爲秦致利成業，是以戰勝攻取，并近滅遠，乘燕、趙，陵齊、楚，諸侯斂衽，西面而向風。其後，蒙恬征胡，斥地千里，踰之河北，若壞朽折腐。何者？商君之遺謀，備飭

素脩也。故舉而有利，動而有功。夫畜積籌策，國家之所以强也。故弛廢而歸之民，未覩巨計而涉大道也。』

文學曰：『商鞅之開塞，非不行也；蒙恬卻胡千里，非無功也；威震天下，非不强也；諸侯隨風西面，非不從也；然而皆秦之所以亡也。商鞅以權數危秦國，蒙恬以得千里亡秦社稷：此二子者，知利而不知害，知進而不知退，故果身死而衆敗。此所謂戀胸之智，而愚人之計也，夫何大道之有？故曰：「小人先合而後忤，初雖乘馬，卒必泣血。」此之謂也。』

大夫曰：『淑好之人，戚施之所妬也；賢知之士，闒茸之所惡也。是以上官大夫短屈原於頃襄，公伯寮訴子路於季孫。夫商君起布衣，自魏入秦，期年而相之，革法明教，而秦人大治。故兵動而地割，兵休而國富。孝公大說，封之於、商之地方五百里，功如丘山，名傳後世。世人不能爲，是以相與嫉其能而疵其功也。』

文學曰：『君子進必以道，退不失義，高而勿矜，勞而不伐，位尊而行恭，功大而理順；故俗不疾其能，而世不妒其業。今商鞅棄道而用權，廢德而任力，峭法盛刑，以虐戾爲俗，欺舊交以爲功，刑公族以立威，無恩於百姓，無信於諸侯，人與之爲怨，家與之爲讎，雖以獲功見封，猶食毒肉愉飽而罹其咎也。蘇秦合縱連橫，統理六國，業非不大也；桀、紂與堯、舜並稱，至今不亡，名非不長也；然非者不足貴。故事不苟多，名不苟傳也。』

大夫曰：『縞素不能自分於緇墨，賢聖不能自理於亂世。是以箕子執囚，比干被刑。伍員相闔閭以霸，夫差不道，流而殺之。樂毅信功於燕昭，而見疑於惠王。人臣盡節以徇名，遭世主之不用。大夫種輔翼越王，爲之深謀，卒擒强吳，據有東夷，終賜屬鏤而死。驕主背恩德，聽流說，不計其功故也，豈身之罪哉？』

文學曰：『比干剖心，子胥鴟夷，非輕犯君以危身，强諫以干名也。憯怛之忠誠，心動於內，忘禍患之發於外，志在匡君救民，故身死而不怨。君子能行是不能禦非，雖在刑戮之中，非其罪也。是以比干死而殷人怨，子胥死而吳人恨。今秦怨毒商鞅之法，甚於私仇，故孝公卒之日，舉國而攻之，東西南北莫可奔走，仰天而歎曰：「嗟乎，爲政之弊，至於斯極也！」卒車裂族夷，爲天下笑。斯人自殺，非人殺之也。』

漢·劉安《淮南子》卷二〇《泰族訓》　故民知書而德衰，知數而厚衰，知券契而信衰，知機械而實衰也。巧詐藏於胸中，則純白不備，而神德不全矣。琴不鳴，而二十五弦各以其聲應；軸不運，而三十輻各以其力旋。弦有緩急小大，然後成曲；車有勞逸動靜，而後能致遠。使有聲者，乃無聲者也；能致千里者，乃不動者也。故上下異道則治，同道則亂。位高而道大者從，事大而道小者凶。故小快害義，小慧害道，小辯害治，苛削傷德。大政不險，故民易道；至治寬裕，故下不相賊；至忠復素，故民無匿情。商鞅爲秦立相坐之法，而百姓怨矣；吳起爲楚減爵祿之令，而功臣畔矣。商鞅之立法也，吳起之用兵也，天下之善者也。然商鞅之法亡秦，察於刀筆之迹，而不知治亂之本也。吳起以兵弱楚，習於行陳之事，而不知廟戰之權也。

漢·王充《論衡》卷一《逢遇篇》　商鞅三說秦孝公，前二說不聽，後一說用者：前二，帝王之論；後一，霸者之議也。夫持帝王之論，說霸者之主，雖精見距；更調霸說，雖粗見受。何則？精遇孝公所不欲得，粗遇孝公所欲行也。故說者不在善，在所說者善之；才不待賢，在所事者賢之。

又　卷六《禍虛篇》　傳書：『李斯妒同才，幽殺韓非於秦，後被車裂之罪，商鞅欺舊交，擒魏公子卬，後受誅死之禍。』彼欲言其賊賢欺交，故受患禍之報也。夫韓非何過而爲李斯所幽？公子卬何罪而爲商鞅所擒？車裂誅死，賊賢欺交，幽死見擒，何以致之？如韓非、公子卬有惡，天使李斯、商鞅報之，則李斯、商鞅爲天奉誅，宜蒙其賞，不當受其禍。如韓非、公子卬無惡，非天所罰，李斯、商鞅不得幽擒。論者說曰：『韓非、公子卬有陰惡伏罪，人不聞見，天獨知之，故受戮殃。』夫諸有罪之人，非賊賢則逆道。如賊賢，則被所賊者何負？如逆道，則被所逆之道何非？

《晉書》卷七〇《應詹傳》　（應詹）遷使持節、都督江州諸軍事、平南將軍、江州刺史。詹將行，上疏曰：『夫欲用天下之智力者，莫若使天下信之也。商鞅移木，豈禮也哉？有由而然。自經荒弊，綱紀頹陵，清直之風既澆，糟粃之俗猶在，誠宜濯以滄浪之流，漉以吞舟之網，則幽

顯明別，於變時雍矣。』

《舊唐書》卷一八六上《酷吏傳上》　古今御天下者，其政有四：五帝尚仁，體文德也；三王仗義，立武功也；五霸崇信，取威令也；七雄任力，重刑名也。蓋仁義既廢，然後齊之以威刑；威刑既衰，而酷吏爲用，於是商鞅、李斯譎詐設矣。持法任術，尊君卑臣，奮其策而鞭撻宇宙，持危救弊，先王不得已而用之，天下之人謂之苛法。降及兩漢，承其餘烈。於是前有郅都、張湯之徒持其刻，後有董宣、陽球之屬肆其猛。雖然異代，亦克公方，天下之人謂之酷吏，此又鞅、斯之罪人也！然而網既密而奸不勝矣。夫子曰：『刑罰不中，則人無所措手足。』誠哉，是言也！

宋・司馬光《資治通鑑》卷二《周紀二》　（周顯王十年）臣光曰：夫信者，人君之大寶也。國保於民，民保於信。非信無以使民，非民無以守國。是故古之王者不欺四海，霸者不欺四鄰，善爲國者不欺其民，善爲家者不欺其親。不善者反之：欺其鄰國，欺其百姓，甚者欺其兄弟，欺其父子。上不信下，下不信上，上下離心，以至於敗。所利不能藥其所傷，所獲不能補其所亡，豈不哀哉！昔齊桓公不背曹沫之盟，晉文公不貪伐原之利，魏文侯不棄虞人之期，秦孝公不廢徙木之賞。此四君者，道非粹白，而商君尤稱刻薄，又處戰攻之世，天下趨於詐力，猶且不敢忘信以畜其民，況爲四海治平之政者哉！

明・馮琦《經濟類編》卷八四《人品類一・［宋］蘇軾〈商鞅論〉》　商鞅用於秦，變法定令，行之十年，秦人大悅，道不拾遺，山無盜賊，家給人足，民勇於公戰，怯於私鬬，秦人富强，天子致胙于孝公，諸侯畢賀。

蘇子曰：此皆戰國之游士邪説詭論，而司馬遷闇於大道，取以爲史。吾常以爲遷有大罪二，其先黄老後六經，退處士進姦雄，蓋其小小者耳。所謂大罪二，則論商鞅、桑弘羊之功也。自漢以來，學者恥言商鞅、桑弘羊，而世主獨甘心焉，皆陽諱其名，而陰用其實，甚者則名實皆宗之，庶幾其成功，此司馬遷之罪也。

秦固天下之强國，而孝公亦有志之君也，修其政刑十年，不爲聲色畋遊之所敗，雖微商鞅，有不富强乎？秦之所以富强者，孝公敦本力穡之效，非鞅流血刻骨之功也。而秦之所以見疾於民，如豺虎毒藥，一夫作難，而子孫無遺種，則鞅實使之。至於桑弘羊，斗筲之才，穿窬之智，無足言者。而遷之言曰『不加賦而上用足。』善乎，司馬光之言也，曰：『天下安有此理？天地所生財貨百物，止有此數，不在民則在官。譬如雨澤，夏澇則秋旱。不加賦而上用足，不過設法陰奪民利，其害甚於加賦也。』二子之名在天下，如蛆蠅糞穢也，言之則污口舌，書之則污簡牘；二子之術，用於世者，滅國殘民，覆族亡軀者，相踵也。而世主獨甘心焉，何哉？樂其言之便己也。

夫堯、舜、禹、湯，世主之父師也。諫臣拂士，世主之藥石也。恭敬慈儉，勤勞憂畏，世主之繩約也。今使世主日臨父師而親藥石，履繩約，非其所樂也。故爲商鞅、桑弘羊之術者，必先鄙堯笑舜而陋禹也。曰：所謂賢主者，專以天下適己而已。此世主所以人人甘心而不悟也。

世有食鍾乳、烏喙而縱酒色以求長年者，蓋始於何晏。晏少而富貴，故服寒食散以濟其欲，無足怪者。彼之所爲，足以殺身滅族者，日相繼也，得死於服寒食散，豈不幸哉！而吾獨何爲效之。世之服寒食散疽背嘔血者，相踵也，用商鞅、桑弘羊之術破國亡宗者，皆是也。然而終不悟者，樂其言之美便，而忘其禍之慘烈也。

藝　文

清・彭定求等《全唐詩》卷二一九《杜甫〈述古三首〉》　赤驥頓長纓，非無萬里姿。悲鳴淚至地，爲問馭者誰。鳳凰從東來，何意復高飛。竹花不結實，念子忍朝饑。古時君臣合，可以物理推。賢人識定分，進退固其宜。市人日中集，於利競錐刀。置膏烈火上，哀哀自煎熬。農人望歲稔，相率除蓬蒿。所務穀爲本，邪赢無乃勞。舜舉十六相，身尊道何高。秦時任商鞅，法令如牛毛。漢光得天下，祚永固有開。豈惟高祖聖，功自蕭曹來。經綸中興業，何代無長才。吾慕寇鄧勳，濟時信良哉。耿賈亦宗臣，羽翼共裴回。休運終四百，圖畫在雲臺。

宋・王安石《臨川先生文集》卷三二《商鞅》　自古驅民在信誠，一言爲重百金輕。今人未可非商鞅，商鞅能令政必行。

宋・邵雍《伊川擊壤集》卷一三《二説吟》 治不變俗，教不易民，甘龍之説，亦或可循。常人習俗，學者溺聞，商鞅之説，異乎所云。

又《商君吟》 商鞅得君持法處，趙良終日正言時。當其命令炎如火，車裂如何都不知。

宋・秦觀《淮海集》卷四〇《中書侍郎挽詞二首之一》 崛起商巖後，清忠士論歸。法知商鞅弊，議折董宏非。遷謫生華髮，騫騰上紫微。又騎箕尾去，朝野涕空揮。

雜録

《漢書》卷二四上《食貨志上》 及秦孝公用商君，壞井田，開仟佰，急耕戰之賞，雖非古道，猶以務本之故，傾鄰國而雄諸侯。然王制遂滅，僭差亡度。庶人之富者累鉅萬，而貧者食糟糠；有國强者兼州域，而弱者喪社稷。【略】

（董仲舒）又言：『古者稅民不過什一，其求易共；使民不過三日，其力易足。民財內足以養老盡孝，外足以事上共稅，下足以蓄妻子極愛，故民説從上。至秦則不然，用商鞅之法，改帝王之制，除井田，民得賣買，富者田連仟佰，貧者無立錐之地。又顓川澤之利，管山林之饒，荒淫越制，踰侈以相高；邑有人君之尊，里有公侯之富，小民安得不困？又加月爲更卒，已復爲正，一歲屯戍，一歲力役，三十倍於古；田租口賦，鹽鐵之利，二十倍於古。或耕豪民之田，見稅什五。故貧民常衣牛馬之衣，而食犬彘之食。重以貪暴之吏，刑戮妄加，民愁亡聊，亡逃山林，轉爲盜賊，赭衣半道，斷獄歲以千萬數。漢興，循而未改。古井田法雖難卒行，宜少近古，限民名田，以澹不足，塞并兼之路。鹽鐵皆歸於民。去奴婢，除專殺之威。薄賦斂，省繇役，以寬民力。然後可善治也。』

宋・司馬光《資治通鑑》卷二《周紀二》 （周顯王八年）孝公下令國中曰：『昔我穆公，自岐、雍之間修德行武，東平晉亂，以河爲界，西霸戎翟，廣地千里，天子致伯，諸侯畢賀，爲後世開業甚光美。會往者厲、躁、簡公、出子之不寧，國家內憂，未遑外事。三晉攻奪我先君河西地，醜莫大焉。獻公即位，鎮撫邊境，徙治櫟陽，且欲東伐，復穆公之故地，修穆公之政令。寡人思念先君之意，常痛於心。賓客羣臣有能出奇計强秦者，吾且尊官，與之分土。』於是衛公孫鞅聞是令下，乃西入秦。公孫鞅者，衛之庶孫也，好刑名之學。事魏相公叔痤，痤知其賢，未及進。會病，魏惠王往問之曰：『公叔病如有不可諱，將奈社稷何？』公叔曰：『痤之中庶子衛鞅，年雖少，有奇才，願君舉國而聽之！』王嘿然。公叔曰：『君即不聽用鞅，必殺之，無令出境。』王許諾而去。公叔召鞅謝曰：『吾先君而後臣，故先爲君謀，後以告子。子必速行矣！』鞅曰：『君不能用子之言任臣，又安能用子之言殺臣乎！』卒不去。王出，謂左右曰：『公叔病甚，悲乎！欲令寡人以國聽衛鞅也！既又勸寡人殺之，豈不悖哉！』衛鞅既至秦，因嬖臣景監以求見孝公，説以富國强兵之術；公大悅，與議國事。

（周顯王十年）衛鞅欲變法，秦人不悅。衛鞅言於秦孝公曰：『夫民不可與慮始，而可與樂成。論至德者不和於俗，成大功者不謀於衆。是以聖人苟可以强國，不法其故。』甘龍曰：『不然。緣法而治者，吏習而民安之。』衛鞅曰：『常人安於故俗，學者溺於所聞，以此兩者，居官守法可也，非所與論於法之外也。智者作法，愚者制焉；賢者更禮，不肖者拘焉。』公曰：『善。』以衛鞅爲左庶長。卒定變法之令。令民爲什伍而相收司、連坐，告姦者與斬敵首同賞，不告姦者與降敵同罰。有軍功者，各以率受上爵；爲私鬭者，各以輕重被刑大小。僇力本業，耕織致粟帛多者，復其身；事末利及怠而貧者，舉以爲收孥。宗室非有軍功論，不得爲屬籍。明尊卑爵秩等級，各以差次名田宅、臣妾、衣服。有功者顯榮，無功者雖富無所芬華。令既具未布，恐民之不信，乃立三丈之木於國都市南門，募民有能徙置北門者予十金。民怪之，莫敢徙。復曰：『能徙者予五十金！』有一人徙之，輒予五十金。乃下令。令行期年，秦民之國都言新令之不便者以千數。於是太子犯法。衛鞅曰：『法之不行，自上犯之。太子，君嗣也，不可施刑。刑其傅公子虔，黥其師公孫賈。』明日，秦人皆趨令。行之十年，秦國道不拾遺，山無盜賊，民勇於公戰，怯於私鬭，鄉邑大治。秦民初言令不便者，有來言令便。衛鞅曰：『此皆亂法之民也！』盡遷之於邊。其後民莫敢議令。【略】

（周顯王十九年）秦商鞅築冀闕宮庭於咸陽，徙都之。令民父子、兄

弟同室內息者爲禁。幷諸小鄉聚，集爲一縣，縣置令、丞，凡三十一縣。廢井田，開阡陌，平斗、桶、權、衡、丈、尺。【略】

（周顯王二十一年）秦商鞅更爲賦税法，行之。【略】

（周顯王二十九年）衛鞅言於秦孝公曰：『秦之與魏，譬若人之有腹心之疾，非魏幷秦，秦卽幷魏。何者？魏居嶺阨之西，都安邑，與秦界河，而獨擅山東之利，利則西侵秦，病則東收地。今以君之賢聖，國賴以盛；而魏往年大破於齊，諸侯畔之，可因此時伐魏。魏不支秦，必東徙，然後秦據河、山之固，東鄉以制諸侯，此帝王之業也。』公從之，使衛鞅將兵伐魏。魏使公子卬將而禦之。軍既相距，衛鞅遺公子卬書曰：『吾始與公子驩，今俱爲兩國將，不忍相攻，可與公子面相見盟，樂飲而罷兵，以安秦、魏之民。』公子卬以爲然，乃相與會；盟已，飲。而衛鞅伏甲士，襲虜公子卬，因攻魏師，大破之。魏惠王恐，使使獻河西之地於秦以和。因去安邑，徙都大梁。乃歎曰：『吾恨不用公叔之言！』

秦封衛鞅商於十五邑，號曰商君。【略】

（周顯王三十一年）秦孝公薨，子惠文王立，公子虔之徒告商君欲反，發吏捕之。商君亡之魏；魏人不受，復內之秦。商君乃與其徒之商於，發兵北擊鄭。秦人攻商君，殺之，車裂以徇，盡滅其家。

初，商君相秦，用法嚴酷，嘗臨渭論囚，渭水盡赤，爲相十年，人多怨之。趙良見商君，商君問曰：『子觀我治秦，孰與五羖大夫賢？』趙良曰：『千人之諾諾，不如一士之諤諤。僕請終日正言而無誅，可乎？』商君曰：『諾。』趙良曰：『五羖大夫，荆之鄙人也，穆公舉之牛口之下而加之百姓之上，秦國莫敢望焉。相秦六七年而東伐鄭，三置晉君，一救荆禍。其爲相也，勞不坐乘，暑不張蓋。行於國中，不從車乘，不操干戈。五羖大夫死，秦國男女流涕，童子不歌謠，舂者不相杵。今君之見也，因嬖人景監以爲主；其從政也，淩轢公族，殘傷百姓。公子虔杜門不出已八年矣。君又殺祝懽而黥公孫賈。《詩》曰：「得人者興，失人者崩。」此數者，非所以得人也。君之出也，後車載甲，多力而駢脅者爲驂乘，持矛而操闟戟者旁車而趨。此一物不具，君固不出。《書》曰：「恃德者昌，恃力者亡。」此數者，非恃德也。君之危若朝露，而尚貪商於之富，寵秦國之政，畜百姓之怨。秦王一旦捐賓客而不立朝，秦國之所以收君者豈其微哉！』商君弗從。居五月而難作。

趙武靈王胡服騎射分部

綜述

《戰國策》卷一九《趙策二・武靈王平晝閒居章》 武靈王平晝閒居，肥義侍坐，曰：『王慮世事之變，權甲兵之用，念簡、襄之迹，計胡、狄之利乎？』王曰：『嗣不忘先德，君之道也；錯質務明主之長，臣之論也。是以賢君靜而有道民便事之教，動有明古先世之功。爲人臣者，窮有弟長辭讓之節，通有補民益主之業。此兩者，君臣之分也。今吾欲繼襄主之業，啓胡、翟之鄉，而卒世不見也。敵弱者，用力少而功多，可以無盡百姓之勞，而享往古之勳。夫有高世之功者，必負遺俗之累；有獨知之慮者，必被庶人之恐。今吾將胡服騎射以教百姓，而世必議寡人矣。』

肥義曰：『臣聞之，疑事無功，疑行無名。今王卽定負遺俗之慮，殆毋顧天下之議矣。夫論至德者，不和於俗，成大功者，不謀於衆。昔舜舞有苗，而禹袒入裸國，非以養欲而樂志也，欲以論德而要功也。愚者闇於成事，智者見於未萌，王其遂行之。』王曰：『寡人非疑胡服也，吾恐天下笑之。狂夫之樂，知者哀焉；愚者之笑，賢者戚焉。世有順我者，則胡服之功未可知也。雖敺世以笑我，胡地中山吾必有之。』

王遂胡服。使王孫緤告公子成曰：『寡人胡服，且將以朝，亦欲叔之服之也。家聽於親，國聽於君，古今之公行也；子不反親，臣不逆主，先王之通誼也。今寡人作教易服，而叔不服，吾恐天下議之也。夫制國有常，而利民爲本；從政有經，而令行爲上。故明德在於論賤，行政在於信貴。今胡服之意，非以養欲而樂志也。事有所出，功有所止。事成功立，然後德且見也。今寡人恐叔逆從政之經，以輔公叔之議。且寡人聞之，事利國者行無邪，因貴戚者名不累。故寡人願募公叔之義，以成胡服之功。使緤謁之叔，請服焉。』

公子成再拜曰：『臣固聞王之胡服也，不佞寢疾，不能趨走，是以不先進。王今命之，臣固敢竭其愚忠。臣聞之，中國者，聰明叡知之所居也，萬物財用之所聚也，賢聖之所教也，仁義之所施也，詩書禮樂之所用也，異敏技藝之所試也，遠方之所觀赴也，蠻夷之所義行也。今王釋此，而襲遠方之服，變古之教，易古之道，逆人之心，畔學者，離中國，臣願大王圖之。』

使者報王。王曰：『吾固聞叔之病也。』即之公叔成家，自請之曰：『夫服者，所以便用也；禮者，所以便事也。是以聖人觀其鄉而順宜，因其事而制禮，所以利其民而厚其國也。被髮文身，錯臂左衽，甌越之民也。黑齒雕題，鯷冠秫縫，大吳之國也。禮服不同，其便一也。是以鄉異而用變，事異而處易。是故聖人苟可以利其民，不一其用；果可以便其事，不同其禮。儒者一師而禮異，中國同俗而教離，又況山谷之便乎？故去就之變，知者不能一；遠近之服，賢聖不能同。窮鄉多異，曲學多辯，不知而不疑，異於己而不非者，公於求善也。今卿之所言者，俗也。吾之所言者，所以制俗也。今吾國東有河、薄洛之水，與齊、中山同之，而無舟楫之用。自常山以至代、上黨，東有燕、東胡之境，西有樓煩、秦、韓之邊，而無騎射之備。故寡人且聚舟楫之用，求水居之民，以守河、薄洛之水；變服騎射，以備其參胡、樓煩、秦、韓之邊。且昔者簡主不塞晉陽，以及上黨，而襄王兼戎取代，以攘諸胡，此愚知之所明也。先時中山負齊之强兵，侵掠吾地，係累吾民，引水圍鄗，非社稷之神靈，即鎬幾不守。先王忿之，其怨未能報也。今騎射之服，近可以備上黨之形，遠可以報中山之怨。而叔也順中國之俗以逆簡、襄之意，惡變服之名，而忘國事之耻，非寡人所望於子！』公子成再拜稽首曰：『臣愚不達於王之議，敢道世俗之間。今欲繼簡、襄之意，以順先王之志，臣敢不聽今。』再拜。乃賜胡服。

趙文進諫曰：『農夫勞而君子養焉，政之經也。愚者陳意而知者論焉，教之道也。臣無隱忠，君無蔽言，國之祿也。臣雖愚，願竭其忠。』王曰：『慮無惡擾，忠無過罪，子其言乎！』趙文曰：『當世輔俗，古之道也。衣服有常，禮之制也。修法無愆，民之職也。三者，先聖之所以教。今君釋此，而襲遠方之服，變古之教，易古之道，故臣願王之圖之。』王曰：『子言世俗之間。常民溺於習俗，學者沉於所聞。此兩者，所以成官而順政也，非所以觀遠而論始也。且夫三代不同服而王，五伯不如教而政。知者作教，而愚者制焉。賢者議俗，不肖者拘焉。夫制於服之民，不足與論心；拘於俗之衆，不足與致意。故勢與俗化，而禮與變俱，聖人之道也。承教而動，循法無私，民之職也。知學之人，能與聞遷；達於禮之變，能與時化。故爲己者不待人，制今者不法古，子其釋之。』

趙造諫曰：『隱忠不竭，奸之屬也。以私誣國，賤之類也。犯姦者身死，賤國者族宗。反此兩者，先聖之明刑，臣下之大罪也。臣雖愚，願盡其忠，無遁其死。』王曰：『竭意不諱，忠也；上無蔽言，明也。忠不辟危，明不距人。子其言乎。』趙造曰：『臣聞之，聖人不易民而教，知者不變俗而動。因民而教者，不勞而成功；據俗而動者，慮徑而易見也。今王易初不循俗，胡服不顧世，非所以教民而成禮也。且服奇者志淫，俗辟者亂民。是以莅國者不襲奇辟之服，中國不近蠻夷之行，非所以教民而成禮者也。且循法無過，脩禮無邪，臣願王之圖之。』王曰：『古今不同俗，何古之法？帝王不相襲，何禮之循？宓戲、神農教而不誅，黄帝、堯、舜誅而不怒。及至三王，觀時而制法，因事而制禮，法度制令，各順其宜；衣服器械，各便其用。故禮世不必一其道，便國不必法古。聖人之興也，不相襲而王。夏、殷之衰也，不易禮而滅。然則反古未可非，而循禮未足多也。且服奇而志淫，是鄒、魯無奇行也；俗辟而民易，是吳、越無俊民也。是以聖人利身之謂服，便事之謂教，進退之謂節，衣服之制，所以齊常民，非所以論賢者也。故聖與俗流，賢與變俱。諺曰：「以書爲御者，不盡於馬之情。以古制今者，不達於事之變。」故循法之功，不足以高世；法古之學，不足以制今。子其勿反也。』

又《王立周紹爲傅章》 王立周紹爲傅，曰：『寡人始行縣，過番吾，當子爲子之時，踐石以上者皆道子之孝。故寡人問子以璧，遺子以酒食，而求見子。子謁病而辭。人有言子者曰：「父之孝子，君之忠臣也。」故寡人以子之知慮，爲辯足以道人，危足以持難，忠可以寫意，信可以遠期。《詩》云：「服難以勇，治亂以知，事之計也。立傅以行，教少以學，義之經也。循計之事，失而累；訪議之行，窮而不憂。」故寡人欲子之胡服以傅王乎。』

周紹曰：『王失論矣，非賤臣所敢任也。』王曰：『選子莫若父，論臣莫若君。君，寡人也。』周紹曰：『立傅之道六。』王曰：『六者何也？』周紹曰：『知慮不躁達於變，身行寬惠達於禮，威嚴不足以易於位，重利不足以變其心，恭於教而不快，和於下而不危。六者，傅之才，而臣無一焉。隱中不竭，臣之罪也。傅命僕官，以煩有司，吏之耻也。王請更論。』王曰：『知此六者，所以使子。』周紹曰：『乃國未通於王胡服。雖然，臣王之臣也，而王重命之，臣故不聽令乎？』再拜，賜胡服。王曰：『寡人以王子爲子任，欲子之厚愛之，無所見醜。御道之以行義，勿令溺苦於學。事君者，順其意，不逆其志。事先者，明其高，不倍其孤。故有臣可命，其國之祿也。子能行是，以事寡人者畢矣。《書》云：「去邪無疑，任賢勿貳。」寡人與子，不用人矣。』遂賜周紹胡服衣冠、具帶、黃金師比，以傅王子也。

又《趙燕後胡服章》 趙燕後胡服，王令讓之曰：『事主之行，竭意盡力，微諫而不嘩，應對而不怨，不逆上以自伐，不立私以爲名。子道順而不拂，臣行讓而不爭。子用私道者家必亂，臣用私義者國必危。反親以爲行，慈父不子；逆主以自成，惠主不臣也。寡人胡服，子獨弗服，逆主罪莫大焉。以從政爲累，以逆主爲高，行私莫大焉。故寡人恐親犯刑戮之罪，以明有司之法。』趙燕再拜稽首曰：『前吏命胡服，施及賤臣，臣以失令過期，更不用侵辱教，王之惠也。臣敬循衣服，以待今日。』

又《王破原陽以爲騎邑章》 王破原陽以爲騎邑。牛贊進諫曰：『國有固籍，兵有常經。變籍則亂，失經則弱。今破原陽，以爲騎邑，是變籍而棄經也。且習其兵者輕其敵，便其用者易其難。今民便其用而變之，是損君而弱國也。故利不百者不變俗，功不什者不易器。今王破卒散兵以奉騎射，臣恐其攻獲之利，不如所失之費也。』王曰：『古今異利，遠近易用。陰陽不同道，四時不一宜。故賢人觀時，而不觀於時，制兵，而不制於兵。子知官府之籍，不知器械之利；知兵甲之用，不知陰陽之宜。故兵不當於用，何兵之不可易？教不便於事，何俗之不可變？昔者先君襄主與代交地，城境封之，名曰無窮之門，所以昭後而期遠也。今重甲循兵不可以逾險，仁義道德不可以來朝。吾聞信不棄功，知不遺時。今子以官府之籍亂寡人之事，非子所知。』牛贊再拜稽首曰：『臣敢不聽令乎？』至遂胡服，率騎入胡，出於遺遺之門，踰九限之固，絕五俓之險，至榆中，闢地千里。

《史記》卷四三《趙世家》 十九年春正月，大朝信宮。召肥義與議天下，五日而畢。王北略中山之地，至於房子，《正義》趙州縣也。遂之代，北至無窮，西至河，登黃華之上。《正義》黃華蓋西河側之山名也。召樓緩謀曰：『我先王因世之變，以長南藩之地，屬阻漳、滏之險，立長城，又取藺、郭狼，敗林人《正義》即林胡也。於荏，而功未遂。今中山在我腹心，北有燕，《正義》：《地理志》云趙分晉，北有信都、中山，又得涿郡之高陽、鄚州鄉，東有清河、河間，又得渤海郡東平舒等七縣。在河以北，故言「北有燕」。東有胡，《正義》趙東有瀛州之東北。營州之境即東胡、烏丸之地。服虔云：「東胡，烏丸之先，後爲鮮卑也。」西有林胡、樓煩、秦、韓之邊，《正義》林胡、樓煩即嵐、勝之北也。嵐、勝以南石州、離石、藺等，七國時趙邊邑也。秦隔河也。晉、洺、潞、澤等州皆七國時韓地，爲並趙西境也。而無彊兵之救，是亡社稷，奈何？夫有高世之名，必有遺俗之累。吾欲胡服。』樓緩曰：『善。』羣臣皆不欲。

於是肥義侍，王曰：『簡、襄主之烈，計胡、翟之利。爲人臣者，寵有孝弟長幼順明之節，通有補民益主之業，《正義》寵，貴寵也。通，達理也。凡爲人臣，有孝弟長幼順明之節制者，得貴寵也；有補民益主之功業者，爲達理也。此兩者臣之分也。今吾欲繼襄主之迹，開於胡、翟之鄉，而卒世不見也。《正義》卒，盡也。言盡世間不見補民益主之忠臣也。爲敵弱，《正義》我爲胡服，敵人必困弱也。用力少而功多，可以毋盡百姓之勞，而序往古之勳。《正義》厚，重也。往古謂趙簡子、襄子也。夫有高世之功者，負遺俗之累；《正義》負，留也。言古周公、孔子留衣冠禮義之俗，今變爲胡服，是負留風俗之譴累也。有獨智之慮者，任驁民之怨。《正義》言世有獨計智之思慮者，必任隱逸敖慢之民怨望也。今吾將胡服騎射以教百姓，而世必議寡人，奈何？』肥義曰：『臣聞疑事無功，疑行無名。王既定負遺俗之慮，殆無顧天下之議矣。夫論至德者不和於俗，成大功者不謀於衆。昔者舜舞有苗，禹袒裸國，非以養欲而樂志也，務以論德而約功也。愚者闇成事，智者睹未形，則王何疑焉。』王曰：『吾不疑胡服也，吾恐天下笑我也。狂夫之樂，智者哀焉；愚者所笑，賢者察焉。世有順我者，胡服之功未可知也。雖驅世以笑我，胡地中山吾必有之。』於是遂胡服矣。

使王緤告公子成曰：『寡人胡服，將以朝也，亦欲叔服之。家聽於親而國聽於君，古今之公行也。子不反親，臣不逆君，兄弟之通義也。《集解》徐廣曰：『兄弟，一作「元夷」。元，始也；夷，平也。』今寡人作教易服而叔不服，吾恐天下議之也。制國有常，利民爲本；從政有經，令行爲上。明德先論於賤，而行政先信於貴。今胡服之意，非以養欲而樂志也；事有所止而功有所出，《正義》鄭玄云：『止，至也。爲人君止於仁，爲人臣止於敬，爲人子止於孝，爲人父止於慈，與國人交止於信。』按：出猶成也。事成功立，然後善也。今寡人恐叔之逆從政之經，以輔叔之議。且寡人聞之，事利國者行無邪，因貴戚者名不累，故願慕公叔之義，以成胡服之功。使緤謁之叔，《索隱》爲句。請服焉。』公子成再拜稽首曰：『臣固聞王之胡服也。臣不佞，寢疾，未能趨走以滋進也。王命之，臣敢對，因竭其愚忠。曰：臣聞中國者，蓋聰明徇智之所居也，《集解》徐廣曰：「《五帝本紀》云幼而徇齊。」萬物財用之所聚也，賢聖之所教也，仁義之所施也，《詩》《書》禮樂之所用也，異敏技能之所試也，遠方之所觀赴也，蠻夷之所義行也。今王舍此而襲遠方之服，變古之教，易古人道，逆人之心，而佛學者，離中國，故臣原王圖之也。』使者以報。王曰：『吾固聞叔之疾也，我將自往請之。』

王遂往之公子成家，因自請之，曰：『夫服者，所以便用也；禮者，所以便事也。聖人觀鄉而順宜，因事而制禮，所以利其民而厚其國也。夫翦髮文身，錯臂左衽，《索隱》錯臂亦文身，謂以丹青錯畫其臂。孔衍作『右臂左衽』，謂右袒其臂也。甌越之民也。《索隱》劉氏云：『今珠崖、儋耳謂之甌人，是有甌越。』《正義》按：屬南越，故言甌越也。《輿地志》云『交阯，周時爲駱越，秦時曰西甌，文身斷髮避龍』。則西甌駱又在番吾之西。南越及甌駱皆芈姓也。《世本》云『越，芈姓也，與楚同祖』是也。黑齒雕題，《集解》劉逵曰：『以草染齒，用白作黑。』鄭玄曰：『雕文謂刻其肌，以青丹涅之。』卻冠秫絀，《集解》徐廣曰：『《戰國策》作「秫縫」，絀亦縫紩之別名也。秫者，綦針也。古字多假借，故作「秫絀」耳。此蓋言其女功鍼縷之粗拙也。又一本作「鮭冠黎緤」也。』大吳之國也。故禮服莫同，其便一也。鄉異而用變，事異而禮易。是以聖人果可以利其國，不一其用；果可以便其事，不同其禮。儒者一師而俗異，中國同禮而教離，況於山穀之便乎？故去就之變，智者不能一；遠近之服，賢聖不能同。窮鄉多異，曲學多辯。不知而不疑，異於己而不非者，公焉而衆求盡善也。今叔之所言者俗也，吾所言者所以制俗也。吾國東有河、薄洛之水，《集解》徐廣曰：『安平經縣西有漳水，津名薄洛津。』《正義》按：安平縣屬定州也。與齊、中山同之，《正義》爾時齊與中山相親，中山、趙共薄洛水，故言『與齊、中山同之』，須有舟楫之備。無舟楫之用。自常山以至代、上黨，《集解》徐廣曰：『一云「自常山以下，代、上黨以東」。』東有燕、東胡之境，而西有樓煩、秦、韓之邊，今無騎射之備。故寡人無舟楫之用，夾水居之民，將何以守河、薄洛之水；變服騎射，以備燕、三胡、《索隱》林胡，樓煩，東胡，是三胡也。秦、韓之邊。且昔者簡主不塞晉陽以及上黨，而襄主幷戎取代以攘諸胡，此愚智所明也。先時中山負齊之彊兵，侵暴吾地，係累吾民，引水圍鄗，微社稷之神靈，則鄗幾於不守也。先王醜之，而怨未能報也。今騎射之備，近可以便上黨之形，而遠可以報中山之怨。而叔順中國之俗以逆簡、襄之意，惡變服之名以忘鄗事之醜，非寡人之所望也。』公子成再拜稽首曰：『臣愚，不達於王之義，敢道世俗之聞，臣之罪也。今王將繼簡、襄之意以順先王之志，臣敢不聽命乎！』再拜稽首。乃賜胡服。明日，服而朝。於是始出胡服令也。

趙文、趙造、周袑、《集解》徐廣曰：『《戰國策》作「紹」。』趙俊皆諫止王毋胡服，如故法便。王曰：『先王不同俗，何古之法？帝王不相襲，何禮之循？虙戲、神農教而不誅，黄帝、堯、舜誅而不怒。及至三王，隨時制法，因事制禮。法度制令各順其宜，衣服器械各便其用。故禮也不必一道，而便國不必古。聖人之興也不相襲而王，夏、殷之衰也不易禮而滅。然則反古未可非，而循禮未足多也。且服奇者志淫，則是鄒、魯無奇行也；《索隱》按：鄒、魯好長纓，是奇服，非其志皆淫僻也，而有孔門顔、厓之屬，豈是無奇行哉！俗辟者民易，則是吳、越無秀士也。《索隱》言方俗僻處山谷，而人皆改易不通大化，則是吳、越無秀士，何得有延州來及大夫種之屬哉！且聖人利身謂之服，便事謂之禮。夫進退之節，衣服之制者，所以齊常民也，非所以論賢者也。故齊民與俗流，賢者與變俱。故諺曰「以書御者不盡馬之情，以古制今者不達事之變」。循法之功，不足以高世；法古之學，不足以制今。子不及也。』遂胡服招騎射。

二十年，王略中山地，至寧葭；《索隱》一作『蔓葭』，縣名，在中山。西

略胡地，至榆中。《正義》勝州北河北岸也。林胡王獻馬。歸，使樓緩之秦，仇液之韓，王賁之楚，富丁之魏，趙爵之齊。代相趙固主胡，致其兵。

二十一年，攻中山。趙袑爲右軍，許鈞爲左軍，公子章爲中軍，王幷將之。牛翦將車騎，趙希幷將胡、代。趙與之陘，《集解》徐廣曰：「一作陸，又作陘。或宜言趙與之陘」。陘者山絶之名。常山有井陘，中山有苦陘，上黨有閼與。」《正義》陘，陘山也，在并州陘縣東南十八里。然趙希幷將代、趙之兵，與諸軍向井陘之側，共出定州上曲陽縣，合軍攻取丹丘、華陽、鴟上之關。合軍曲陽，《集解》徐廣曰：「上曲陽在常山，下曲陽在鉅鹿。」《正義》：《括地志》云：「上曲陽故城在定州曲陽縣西五里。」按：合軍曲陽，即上曲陽也，以在常山郡也。攻取丹丘、《正義》蓋邢州丹丘縣也。華陽、《集解》徐廣曰：「華，一作『爽』。」《正義》：《括地志》云：「北岳有五別名，一曰蘭臺府，二曰列女宮，三曰華陽臺，四曰紫臺，五曰太一宮。」按：北岳恒山在定州恒陽縣北百四十里。鴟之塞。《集解》徐廣曰：「鴟，一作『鴻』。」《正義》徐廣曰「鴟，一作『鴻』」，鴻上故關今名汝城，在定州唐縣東北六十里，本晉鴻上關城也。又有鴻上水，源出唐縣北葛洪山，接北岳恒山，與鴻上塞皆在定州。然一本作「鳴」字，誤也。王軍取鄗、石邑、《集解》徐廣曰：「在常山。」《正義》：《括地志》云：「石邑故城在恒州鹿泉縣南三十五里，六國時舊邑。」封龍、《正義》：《括地志》云：「封龍山一名飛龍山，在恒州鹿泉縣南四十五里。邑因山爲名。」東垣。中山獻四邑和，王許之，罷兵。二十三年，攻中山。二十五年，惠后卒。《索隱》按：謂武靈王之前后，太子章之母，惠文王之嫡母也。惠后卒後，吳娃始當正室，至孝成二年稱「惠文后卒」是也。而下文又云「孟姚卒後，何寵衰，欲並立」，亦誤也。使周袑胡服傅王子何。二十六年，復攻中山，攘地北至燕、代，西至雲中、九原。

論説

《韓非子》卷一四《外儲説右下第三十五》　武靈王使惠文王莅政，李兑爲相，武靈王不以身躬親殺生之柄，故劫於李兑。

宋・晁補之《雞肋集》卷二四《上皇帝論北事書》　天下皆以北胡爲善用兵，而臣獨計胡非能出奇、合變、循環無窮也。顧其長，在騎射而已。自圖志言之，多馬之地半出於胡，而其能挽弓騎射，蓋亦天性使然。趙武靈王變服從胡騎射，而由是以取中山。此其爲策之得者，非以其所長制其長哉。

雜録

漢・劉向《古列女傳》卷七《趙靈吳女》　趙靈吳女者，號孟姚，吳廣之女，趙武靈王之后也。初，武靈王娶韓王女爲夫人，生子章，立以爲后，章爲太子。王嘗夢見處女，鼓瑟而歌，曰：『美人熒熒兮，顔若苕之榮，命兮命兮，逢天時而生，曾莫我嬴嬴。』異日，王飲酒樂，數言所夢，想見其人，吳廣聞之，乃因后而入其女孟姚，甚有色焉，王愛幸之，不能離，數年，生子何。孟姚數微言后有淫意，太子無慈孝之行，王乃廢后與太子，而立孟姚爲惠后，以何爲王，是爲惠文王。武靈王自號主父，封章於代，號安陽君。四年，朝羣臣，安陽君來朝，主父從旁觀窺，羣臣宗室見章儽然也，反臣於弟，心憐之。是時惠后死久恩衰，乃欲分趙而王章於代，計未決而輟。主父遊沙丘宮，章以其徒作亂，李兑乃起四邑之兵擊章，章走主父，主父閉之，兑因圍主父宮。既殺章，乃相與謀曰：『以章圍主父，即解兵，吾屬夷矣。』乃遂圍主父，主父欲出不得，又不得食，乃探雀卵而食之，三月餘，遂餓死沙丘宮。《詩》曰：『流言以對，寇攘式内。』言不善之從内出也。

頌曰：吳女苕顔，神寤趙靈，既見嬖近，惑心乃生，廢后興戎，子何是成，主閉沙丘，國以亂傾。

燕昭王改革分部

綜述

《戰國策》卷二九《燕策一・燕昭王收破燕後即位章》　燕昭王收破燕後即位，卑身厚幣，以招賢者，欲將以報讎。故往見郭隗先生曰：『齊因孤國之亂而襲破燕，孤極知燕小力少，不足以報。然得賢士與共國，以

雪先王之耻，孤之願也。敢問以國報讎者奈何？』郭隗先生對曰：『帝者與師處，王者與友處，霸者與臣處，亡國與役處。詘指而事者，北面而受學，則百己者至。先趨而後息，先問而後嘿，則什己者至。人趨己趨，則若己者至。馮几據杖，眄視指使，則廝役之人至。若恣睢奮擊，呴籍叱咄，則徒隸之人至矣。此古服道致士之法也。王誠博選國中之賢者，而朝其門下，天下聞王朝其賢臣，天下之士必趨於燕矣。』

昭王曰：『寡人將誰朝而可？』郭隗先生曰：『臣聞古之君人，有以千金求千里馬者，三年不能得。涓人言於君曰：「請求之。」君遣之。三月得千里馬，馬已死。買其首五百金，反以報君。君大怒曰：「所求者生馬，安事死馬而捐五百金？」涓人對曰：「死馬且買之五百金，況生馬乎？天下必以王爲能市馬，馬今至矣。」於是不能期年，千里之馬至者三。今王誠欲致士，先從隗始；隗且見事，況賢於隗者乎？豈遠千里哉？』於是昭王爲隗築宮而師之。樂毅自魏往，鄒衍自齊往，劇辛自趙往，士爭湊燕。燕王弔死問生，與百姓同其甘苦。

二十八年，燕國殷富，士卒樂佚輕戰。於是遂以樂毅爲上將軍，與秦、楚、三晉合謀以伐齊。齊兵敗，閔王出走於外。燕兵獨追北入至臨淄，盡取齊寶，燒其宮室宗廟。齊城之不下者，唯獨莒、即墨。

又《齊伐宋宋急章》 齊伐宋，宋急。蘇代乃遺燕昭王書曰：『夫列在萬乘而寄質於齊，名卑而權輕。秦齊助之伐宋，民勞而實費。破宋，殘楚淮北，肥大齊，讎强而國弱也。此三者，皆國之大敗也，而足下行之，將欲以除害取信於齊也。而齊未加信於足下，而忌燕也愈甚矣。然則足下之事齊也，失所爲矣。夫民勞而實費，又無尺寸之功，破宋肥讎，而世負其禍矣。足下以宋加淮北，强萬乘之國也，而齊幷之，是益一齊也。北夷方七百里，加之以魯、衛，此所謂强萬乘之國也，而齊幷之，是益二齊也。夫一齊之强，而燕猶不能支也，今乃以三齊臨燕，其禍必大矣。

『雖然，臣聞知者之舉事也，轉禍而爲福，因敗而成功者也。齊人紫敗素也，而賈十倍；越王句踐棲於會稽，而後殘吳霸天下。此皆轉禍而爲福，因敗而爲功者也。今王若欲轉禍而爲福，因敗而爲功乎？則莫如遙伯齊而厚尊之，使使盟於周室，盡焚天下之秦符，約曰：「夫上計破秦，其次長賓之秦。」秦挾賓客以待破，秦王必患之。秦五世以結諸侯，今爲齊下，秦王之志，苟得窮齊，不憚以一國都爲功。然而王何不使布衣之人，以窮齊之説説秦，謂秦王曰：「燕、趙破宋肥齊尊齊而爲之下者，燕、趙非利之也。弗利而勢爲之者，何也？以不信秦王也。今王何不使可以信者接收燕、趙。今涇陽君若高陵君先於燕、趙，秦有變，因以爲質，則燕、趙信秦矣。秦爲西帝，趙爲中帝，燕爲北帝，立爲三帝而以令諸侯。韓、魏不聽，則秦伐之。齊不聽，則燕、趙伐之，天下孰敢不聽？天下服聽，因驅韓、魏以攻齊，曰，必反宋地，而歸楚之淮北。夫反宋地，歸楚之淮北，燕、趙之所同利也。並立三帝，燕、趙之所同願也。夫實得所利，名得所願，則燕、趙之棄齊也，猶釋弊躧。今王之不收燕、趙，則齊伯必成矣。諸侯戴齊，而王獨弗從也，是國伐也。諸侯戴齊，而王從之，是名卑也。王不受燕、趙，名卑而國危；王收燕、趙，名尊而國寧。夫去尊寧而就卑危，知者不爲也。」秦王聞若説也，必如刺心然，則王何不務使知士以若此言説秦？秦伐齊必矣。夫取秦，上交也；伐齊，正利也。尊上交，務正利，聖王之事也。』

燕昭王善其書，曰：『先人嘗有德蘇氏，子之之亂，而蘇氏去燕。燕欲報仇於齊，非蘇氏莫可。』乃召蘇氏，復善待之。與謀伐齊，竟破齊，閔王出走。

又《蘇代謂燕昭王章》 蘇代謂燕昭王曰：『今有人於此，孝若曾參、孝己，信如尾生高，廉如鮑焦、史鰌，兼此三行以事王，奚如？』王曰：『如是足矣。』對曰：『足下以爲足，則臣不事足下矣。臣且處無爲之事，歸耕乎周之上壥，耕而食之，織而衣之。』王曰：『何故也？』對曰：『孝如曾參、孝己，則不過養其親耳。信如尾生高，則不過不欺人耳；廉如鮑焦、史鰌，則不過不竊人之財耳。今臣爲進取者也。臣以爲廉不與身俱達，義不與生俱立。仁義者，自完之道也，非進取之術也。』

王曰：『自憂不足乎？』對曰：『以自憂爲足，則秦不出殽塞，齊不出營丘，楚不出疏章。三王代位，五伯改政，皆以不自憂故也。若自憂而足，則臣亦之周負籠耳，何爲煩大王之廷耶？昔者楚取章武，諸侯北面而朝。秦取西山，諸侯西面而朝。曩者使燕毋去周室之上，則諸侯不爲別馬而朝矣。臣聞之，善爲事者，先量其國之大小，而揆其兵之强弱，故功可成，而名可立也。不能爲事者，不先量其國之大小，不揆其兵之强弱，

故功不可成而名不可立也。今王有東向伐齊之心，而愚臣知之。』

王曰：『子何以知之？』對曰：『矜戟砥劍，登丘東向而歎，是以愚臣知之。今夫烏獲舉千鈞之重，行年八十，而求扶持。故齊雖强國也，西勞於宋，南罷於楚，則齊軍可敗，而河間可取。』

燕王曰：『善。吾請拜子爲上卿，奉子車百乘，子以此爲寡人東游於齊，何如？』對曰：『足下以愛之故與，則何不與愛子與諸舅、叔父、負床之孫，不得，而乃以與無能之臣，何也？王之論臣，何如人哉？今臣之所以事足下者，忠信也。恐以忠信之故，見罪於左右。』

王曰：『安有爲人臣盡其力，竭其能，而得罪者乎？』對曰：『臣請爲王譬。昔周之上埊嘗有之。其丈夫官三年不歸，其妻愛人。其所愛者曰：「子之丈夫來，則且奈何乎？」其妻曰：「勿憂也，吾已爲藥酒而待其來矣。」已而其丈夫果來，於是因令其妾酌藥酒而進之。其妾知之，半道而立。慮曰：「吾以此飲吾主父，則殺吾主父；以此事告吾主父，則逐吾主母。與殺吾父、逐吾主母者，寧佯躓而覆之。」於是因佯僵而仆之。其妻曰：「爲子遠行來之，故爲美酒，今妾奉而仆之。」其丈夫不知，縛其妾而笞之。故妾所以笞者，忠信也。今臣爲足下使於齊，恐忠信不諭於左右也。臣聞之曰：萬乘之主不制於人臣。十乘之家不制於衆人，疋夫徒步之士不制於妻妾。而又況於當世之賢主乎？臣請行矣，願足下之無制於羣臣也。』

又 《燕王謂蘇代章》 燕王謂蘇代曰：『寡人甚不喜訑者言也。』蘇代對曰：『周埊賤媒，爲其兩譽也。之男家曰「女美」，之女家曰「男富」。然而周之俗不自爲取妻。且夫處女無媒，老且不嫁；舍媒而自衒，弊而不售。順而無敗，售而不弊者，唯媒而已矣。且事非權不立，非勢不成。夫使人坐受成事者，唯訑者耳。』王曰：『善矣。』

又 卷三〇《燕策二·秦召燕王章》 秦召燕王，燕王欲往。蘇代約燕王曰：『楚得枳而國亡，齊得宋而國亡，齊、楚不得以有枳、宋事秦者，何也？是則有功者，秦之深讎也。秦取天下，非行義也，暴也。

『秦之行暴於天下，正告楚曰：「蜀地之甲，輕舟浮於汶，乘夏水而下江，五日而至郢。漢中之甲，乘舟出於巴，乘夏水而下漢，四日而至五渚。寡人積甲宛，東下隨，知者不及謀，勇者不及怒，寡人如射隼矣。王乃待天下之攻函谷，不亦遠乎？」楚王爲是之故，十七年事秦。

『秦正告韓曰：「我起乎少曲，一日而斷太行。我起乎宜陽而觸平陽，二日而莫不盡繇。我離兩周而觸鄭，五日而國舉。」韓氏爲宜然，故事秦。

『秦正告魏曰：「我舉安邑，塞女戟，韓氏、太原卷。我下枳，道，南陽，封，冀，包兩周，乘夏水，浮輕舟，强弩在前，銛戈在後，決滎口，魏無大梁；決白馬之口，魏無濟陽；決宿胥之口，魏無虛、頓丘。陸攻則擊河內，水攻則滅大梁。」魏氏以爲然，故事秦。

『秦欲攻安邑，恐齊救之，則以宋委於齊，曰：「宋王無道，爲木人以寫寡人，射其面。寡人地絶兵遠，不能攻也。王苟能破宋有之，寡人如自得之。」已得安邑，塞女戟，因以破宋爲齊罪。

『秦欲攻齊，恐天下救之，則以齊委於天下曰：「齊王四與寡人約，四欺寡人，必率天下以攻寡人者三。有齊無秦，無齊有秦，必伐之，必亡之！」已得宜陽、少曲，致藺、石，因以破齊爲天下罪。

『秦欲攻魏，重楚，則以南陽委於楚曰：「寡人國與韓且絶矣！殘均陵，塞鄳隘，苟利於楚，寡人如自有之。」魏棄與國而合於秦，因以塞鄳隘爲楚罪。

『兵困於林中，重燕、趙，以膠東委於燕，以濟西委於趙。趙得講於魏，至公子延，因犀首屬行而攻趙。兵傷於離石，遇敗於馬陵，而重魏，則以葉、蔡委於魏。已得講於趙，則劫魏，魏不爲割。困則使太后、穰侯爲和，嬴則兼欺舅與母。適燕者曰：「以膠東。」適趙者曰：「以濟西。」適魏者曰：「以葉、蔡。」適楚者曰：「以塞鄳隘。」適齊者曰：「以宋。」此必令其言如循環，用兵如刺蜚繡，母不能制，舅不能約。龍賈之戰，岸門之戰，封陸之戰，高商之戰，趙莊之戰，秦之所殺三晉之民數百萬。今其生者，皆死秦之孤也。西河之外、上雒之埊、三川，晉國之禍，三晉之半。秦禍如此其大，而燕、趙之秦者，皆以爭事秦説其主，此臣之所大患。』

燕昭王不行，蘇代復重於燕。燕反約諸侯從親，如蘇秦時，或從或不，而天下由此宗蘇氏不從約。代、厲皆以壽死，名顯諸侯。

《史記》卷三四《燕召公世家》 燕昭王於破燕之後卽位，卑身厚幣以招賢者。謂郭隗曰：『齊因孤之國亂而襲破燕，孤極知燕小力少，不足

以報。然誠得賢士以共國，以雪先王之耻，孤之願也。先生視可者，得身事之。』郭隗曰：『王必欲致士，先從隗始。況賢於隗者，豈遠千里哉！』於是昭王爲隗改築宮而師事之。樂毅自魏往，鄒衍自齊往，劇辛自趙往，士爭趨燕。燕王弔死問孤，與百姓同甘苦。

二十八年，燕國殷富，士卒樂軼輕戰，於是遂以樂毅爲上將軍，與秦、楚、三晉合謀以伐齊。齊兵敗，湣王出亡於外。燕兵獨追北，入至臨淄，盡取齊寶，燒其宮室宗廟。齊城之不下者，獨唯聊、莒、即墨，《索隱》按：餘篇及《戰國策》並無「聊」字。其餘皆屬燕，六歲。

昭王三十三年卒，子惠王立。

論説

《大戴禮記》卷三《保傅第四十八》　燕昭王得郭隗，而鄒衍、樂毅以齊至，於是舉兵而攻齊，棲閔王於莒。燕支地計衆不與齊均也，然如所以能申意至於此者，由得士也。故無常安之國，無宜治之民，得賢者安存，失賢者危亡，自古及今，未有不然者也。

藝文

宋・張伯玉《張伯玉文集》卷二《雜詩・燕昭王》　南登碣石館，遥望黄金臺。丘陵盡喬木，昭王安在哉？霸圖悵已矣，驅馬復歸來。

宋・郭茂倩《樂府詩集》卷一七《[南朝陳]張正見〈君馬黄〉》　幽并重騎射，征馬正盤桓。風去長嘶遠，冰堅度足寒。出關聊變色，上坂屢停鞍。即今隨御史，非復在樓蘭。五色乘馬黄，追風時滅没。血汗染龍花，胡鞍抱秋月。唯騰渥洼水，不飲長城窟。詎待燕昭王，千金市駿骨。

清・龔自珍《定庵文集》卷上《燕昭王求仙臺賦》　燕昭王登乎西郊之臺，郭隗侍前，劇辛侍後。望氣之徒，咸在左右。淫雨久極，黮黮汩汩。泥泥没没，萬民蹙額。燥風枯人，大川生塵。晦晦蠢蠢，渴我萬民。重以三門六衢，上輦菌車，下不通清渠。百腥塞填，七竅不得以暫舒，萬民軌荼。於是王乃凭宧而望之。有氣自東南隅來者，冉冉兮若青雲之始翔，藹藹兮若初日之未央。始凝睇於山隅，繼纏結乎城岡。優星辰，招鸞翬。即之温温，吸之英英。外澤淳氣，中含幽光。胡觸手而盤拏，忽值吐其耀芒。手攬之而纏綿，乃揚去其無方。王使下臺求之，三返而無見也。於時燕國之徒，搢紳大夫，西秦、南楚、韓、魏、趙之上卿客儒，感斯氣也，盎然而和，惚然而靈。眩者遇之而明，瞀者遇之而精。朝不嗛者遇之而飽，夕醉者觸之而醒。燕王神思屏然，穆若有聞，以屬大夫。上大夫樂毅起對曰：『斯殆仙者氛歟？臣聞有道之國，至德之君，則是氣從而降之。蓋山川所以福祥吾君，與謀休光玉體之令問者，於是乎聞之。昭王色喜，羣臣上壽起賀。上大夫毅乃重曰：『斯氣也，浩蕩兮無極，淒迷兮不識。胎乎無始之鄉，釀乎自然之域。巫易招之不能降，馮相禳之不能息。接晤之而如真，求焉而無質。善能入城市而變化兮，又委隨乎邑國。瞥兮若海鳥之轢秋雲，宛兮若女手之弄白雪。抱之兮若冬雷之不可親，思之兮若春女之不忍別。徒欲求之，羣代馬而影迷，亂燕蘭而香失。願王嬋媛其心，令聞孔嘉。菹鮓道德，藥餌雲霞。澹二帝之制作兮，思三皇之所華。儼王之神，疏王之聰明，以引王之真，斯氣必且復見。』乃擊磬而歌曰：『王國之福，四方是則。王國之和，四方攸歌。使王夜擁燕女，不若斯氣之翔媚於宇。使王晝夢召公，不如斯氣之鬱淵於宮。』王曰：『善。』遂率羣臣致齋，更其宮曰齋靈之宮，名其臺曰求仙之臺。

雜録

《呂氏春秋》卷一八《審應覽・應言》　公孫龍説燕昭王以偃兵。昭王曰：『甚善。寡人願與客計之。』公孫龍曰：『竊意大王之弗爲也。』王曰：『何故？』公孫龍曰：『日者大王欲破齊，諸天下之士，其欲破齊者，大王盡養之；知齊之險阻要塞君臣之際者，大王盡養之；雖知而弗欲破者，大王猶若弗養；其卒果破齊以爲功。今大王曰「我甚取偃兵。」諸侯之士在大王之本朝者，盡善用兵者也。臣是以知大王之弗爲也。』王無以應。

漢・劉向《説苑》卷一《君道》　燕昭王問於郭隗曰：『寡人地狹人寡，齊人削取八城，匈奴驅馳樓煩之下，以孤之不肖，得承宗廟，恐危社

稷，存之有道乎？」郭隗曰：『有，然恐王之不能用也。』昭王避席願請聞之，郭隗曰：『帝者之臣，其名，臣也，其實，師也；王者之臣，其名，臣也，其實，友也；霸者之臣，其名，臣也，其實，賓也；危國之臣，其名，臣也，其實，虜也。今王將東面，目指氣使以求臣，則廝役之材至矣；南面聽朝，不失揖讓之禮以求臣，則人臣之材至矣；西面等禮相亢，下之以色，不乘勢以求臣，則朋友之材至矣；北面拘指，逡巡而退以求臣，則師傅之材至矣。如此則上可以王，下可以霸，唯王擇焉。』燕王曰：『寡人願學而無師。』郭隗曰：『王誠欲興道，隗請爲天下之士開路。』於是燕王常置郭隗上坐南面，居三年，蘇子聞之，從周歸燕；鄒衍聞之，從齊歸燕；樂毅聞之，從趙歸燕；屈景聞之，從楚歸燕。四子畢至，果以弱燕并强齊；夫燕齊非均權敵戰之國也，所以然者，四子之力也。《詩》曰：『濟濟多士，文王以寧。』此之謂也。

思想文化政策調控部

文質遞變分部

綜述

《論語・爲政》　殷因於夏禮，所損益，可知也。周因於殷禮，所損益，可知也。何晏引馬融曰：『所因，謂三綱五常。所損益，謂文質三統。』朱熹集注：文質，謂：『夏尚忠，商尚質，周尚文』。

《史記》卷二四《樂書》　五帝殊時，不相沿樂；三王異世，不相襲禮。裴駰《集解》引鄭玄曰：『言其有損益。』張守節《正義》引庾信云：『樂興於五帝，禮成於三王。樂興王者之功，禮隨世之質文。』又引崔靈恩云：『五帝淳澆不同，故不得相沿爲樂；三王文質之不等，故不得相襲爲禮。』

漢・孔安國《尚書序》　古者伏犧氏之王天下也，始畫八卦，造書契，以代結繩之政，由是文籍生焉。伏犧、神農、黄帝之書謂之《三墳》，言大道也。少昊、顓頊、高辛、唐、虞之書謂之《五典》，言常道也。至于夏、商、周之書，雖設教不倫，雅誥奥義，其歸一揆。

《漢書》卷七七《蓋寬饒傳》　自古之治，三王之術各有制度。顔師古注：三王謂夏、殷、周，文質不同也。

論說

《論語・顔淵》　棘子成曰：『君子質而已矣，何以文爲』子貢曰：『惜乎！夫子之説君子也，駟不及舌。文猶質也，質猶文也。虎豹之鞟，猶犬羊之鞟。』何晏注引孔融曰：『皮去毛曰鞟。虎豹與犬羊別者，正以毛文異耳。今使文質同者，何以別虎豹與犬羊邪？』邢昺疏：此章貴尚文章也。【略】子貢舉喻，言文章不可去也。皮去毛曰鞟。言君子、野人異者，質、文不同故也。虎豹與犬羊別者，正以毛文異耳。今若文猶質，質猶文，使文質同者，則君子與鄙夫何以別乎？

《莊子・繕性》　文滅質，博溺心，然後民始惑亂，无以反其性情而復其初。

《周易・繫辭下》　《易》之爲書也，原始要終，以爲質也。【略】《易》之爲書，廣大悉備。有天道焉，有人道焉，有地道焉。兼三才而兩之，故六。六者非它也，三才之道也。道有變動，故曰爻。爻有等，故曰物。物相雜，故曰文。文不當，故吉凶生焉。

《漢書》卷六《武帝紀》　《詩》云『九變復貫，知言之選』。顔師古注引應劭曰：言變政復禮，合於先王舊貫。又引臣瓚曰：『先王創制易教，以救流弊也，是以三王之教有文有質。』師古曰：『貫，事也。選，擇也。《論語》曰「仍舊貫」，此言文質不同，寬猛殊用，循環復舊，擇善而從之。』

又　卷六四下《嚴安傳》　《鄒（衍）[子]》曰：『政教文質者，所以云救也，當時則用，過則舍之，有易則易（也）[之]，故守一而不變者，未睹治之至也。』

漢・阮瑀《阮元瑜集・文質論》　蓋聞日月麗天，可瞻而難附；羣

物著地，可見而易制。夫遠不可識，文之觀也；近而得察，質之用也。文虛質實，遠疏近密，援之斯至，動之應疾，兩儀通數，固無攸失。

漢・應瑒《應德璉集・文質論》　蓋皇穹肇載，陰陽初分，日月運其光，列宿曜其文，百穀麗於土，芳華茂於春。是以聖人合德天地，禀氣淳靈，仰觀象於玄表，俯察式於羣形，窮神知化，萬國是經。故否泰易趍，道無攸一，二政代序，有文有質。若乃陶唐建國，成周革命，九官咸乂，濟濟休令，火龍黼黻，暐韡於廓廟，衮冕旂旒，舄奕乎朝廷，冠德百王，莫參其政。是以仲尼歎『焕乎』之文，從郁郁之盛也。夫質者端一，玄靜儉嗇，潛化利用。承清泰，御平業，循軌量，守成法，至乎應天順民，撥亂夷世，摛藻奮權。赫奕丕烈，紀禪協律，禮儀焕別。

《三國志》卷九《魏志・夏侯尚傳》　文質之更用，猶四時之迭興也，王者體天理物，必因弊而濟通之，時彌質則文之以禮，時彌質則文之以禮，時泰侈則救之以質。

《晉書》卷五二《郤詵傳》　蓋太上以德撫時，易簡無文。至于三代，禮樂大備，制度彌繁。文質之變，其理何由？虞夏之際，聖明係踵，而損益不同。周道既衰，仲尼猶曰從周。因革之宜，又何殊也？聖王既沒，遺制猶存。霸者迭興而翼輔之，王道之缺，其無補乎？何陵遲之不反也？

《陳書》卷二四《周弘正傳》　夫文質遞變，澆淳相革。

宋・宋敏求《唐大詔令集》卷一〇六《貞元元年賢良方正直言極諫科策問》　上古至道之君，垂拱無爲以臨海內，不可繼何施而臻此歟？三代以來，制作滋廣，異文質之變，明利害之鄉，威之以刑，道之以禮，敦其俗而彌薄，防其人而益偷，豈澆醇必繫於時耶？

宋・蘇轍《古史》卷五《周本紀》　蘇子曰：《傳》曰：『夏之政尚忠，商之政尚質，周之政尚文。』而仲尼亦云：『周監於二代，郁郁乎文哉！吾從周。』余讀《詩》、《書》，歷觀唐、虞至於夏、商，以爲自生民以來，天下未嘗一日而不趋於文也。文之爲言，猶曰萬物各得其理云爾。父子君臣之間，兄弟夫婦之際，此文之所由起也。昔者生民之初，父子無義，君臣無禮，兄弟不相愛，夫婦不相保，天下紛然而淆亂，忿鬬而相苦，文理不著而人倫不明，生不相養，而死不相葬。天下之人，舉皆戚然不寧於中。然後反而求其所安，屬其父子，而列其君臣，聯其兄弟，而正其夫婦。至於虞、夏之世，乃益去其鄙野之制。然猶以天子之尊，飯土熘、啜土鉶，土堦三尺，茅茨而不剪。至於周而後大備。其粗始於父子之際，其精布於萬物，其用甚廣而無窮。蓋其當時，莫不自謂文於前世，而後之人乃更以爲質也。是故祭祀之禮，陳其籩豆，列其鼎俎，備其醪醴，俯伏以薦，思其飲食醉飽之樂而不可見也。於是灌用鬱鬯，藉用白茅，既沃而莫之見，以爲神之縮之也。體魄降於地，魂氣升於天，怳忽誕謾，而不知其所由處。聲音氣臭之類，恐不能得當也。於是終祭於屋漏，繹祭於祊，以爲人子之心無所不至也。薦之以滋味，重之以膾炙，恐鬼神之不屑也。薦之以血毛，重之以體薦，恐父祖之不吾安也。於是先黍稷而飯稻粱，先大羹而飽庶羞，以爲不敢忘禮，亦不敢忘愛也。丁寧反復，以爲可以盡人子之心，而人子之心亦可以安矣！故凡世之所謂文者，皆所以安夫人之所不安。而人之所安者，事之所當然也。仲尼區區，於衰周之末，收先王之遺文，而與曾子推論禮之所難處，至於毫釐纖悉，蓋以爲王道之盛，其文理當極於此焉耳。及周之亡，天下大壞，强凌弱，衆暴寡，而後世乃以爲用文之弊。夫自唐虞以至於商，漸而入於文，至周而文極於天下。當唐、虞、夏、商之世，蓋將求周之文而其勢有所未至，非有所謂質與忠也。自周而下，天下習於文，非文則無以安天下之所不足，此其勢然也。今夫冠、昏、喪、祭而不爲之禮，墓祭而不廟，室祭而無所。仁人君子有所不安於其中，而曰不文以從唐、虞、夏、商之質。夫唐、虞、夏、商之質，蓋將求周之文而未至，非所以爲法也。

宋・王宗傳《童溪易傳》卷一一《離下艮上》　昔棘子成曰：『君子質而已矣，何以文爲？』子貢曰：『惜乎！夫子之説君子也，駟不及舌。文猶質也，質猶文也。虎豹之鞟，猶犬羊之鞟。』夫文與質，非二物也。有是質，必有是文，蓋亦表裏之符，不可强有，而亦不可强无之也故。子貢於此得以謂之，文猶質也，質猶文也，猶之曰文與質二名也，其實一物也。故設喻曰：『此虎豹也，則其鞟必虎豹也，此犬羊也，則其鞟亦犬羊也。』故虎豹之鞟，與犬羊之鞟，二鞟也。而其實則一，理也。所謂一理云者，顧其質如何耳，而文則稱是故也。程曰：『理必有對，待生生之本也。有上則有下，有此則有彼，有質則有文，一不獨立，二則爲文。非知

道者，孰能識之？」

宋・佚名《歷代名賢確論》卷一一《帝王所尚》　李翱曰：「夏尚忠，殷尚敬，周尚文。何也？帝王之道非尚忠也，非尚敬與文也，因時之變以承其弊而已矣。救野莫如敬，救鬼莫如文，救僿莫如忠，循環終始，迭相爲救，如火蔓而燒也。人知其勝之于水也。勝于水者，土也。水之潰過其流者，則必大爲之防矣。故夏之政尚忠，湯之政尚敬，武王之政尚文，各適其宜也。如武王居禹時，則尚忠矣；湯居武王之時，則尚文矣；禹與湯交地而居，則夏尚敬而殷尚乎忠矣。故適時之宜而補其不得者，三王也。使黃帝、堯、舜居三王之天下，則亦必爲禹、湯、武王之所爲矣。繇是，觀之五帝之與夏、商、周一道也。若救殷之鬼，不以文，而曰我必以夏之忠而化之，是猶適于南而北轅，其到也無日矣。孔子聖人之大者也，若孔子王天下而傳周，其救文之弊也，亦必尚乎夏道矣。是文與忠、敬皆非帝王之所尚也，乃帝王之所以合變而行權者也，因時之變以承其弊者也，不可體而作爲之者也。」

李華曰：「天地之道易簡。易則易知，簡則易從。先王質文相變以濟天下，易知易從，莫尚乎質。質弊則佐之以文，文弊則復之以質。不待其極而變之，故上無從亂記曰國奢則示之以儉，國儉則示之以禮。禮謂易知易從之禮，非酬酢裼襲之煩也。儉謂易知易從之儉，非茅茨土簋之陋也。蓋達其誠信、安其君親而已。質則儉，儉則固，固則愚。其行也，豐肥天下。愚極則無恩，文則奢，奢則不遜，不遜則詐，其行也痼瘠天下。詐極則賊亂，故曰不待其極而變之，固而文之無害于訓，又不遜，而質之艱難於成俗，若不化而過，則愚之病淺於詐之病也，無恩之病緩於賊亂之極也。故曰，莫尚乎奢也。奢而後化之，求固而不獲也，利害遲速不其昭昭歟？前王之禮，世滋百家之言，世益欲人化而不爲，誠難乎哉！吉凶之儀，刑賞之級，繁矣。使生民無適從，巧者弄而飾之拙者，眩而失守，誠僞無由明，天下浸爲陂池，蕩爲洪流，雖神禹復生，誰能救之？夫君人者，修德以治天下，不在智，不在功，必也質而有制，制而不煩而已。太康，啓子，禹孫，當斯時，有堯、舜遺人親受禹之賜國，爲羿奪。內則夏之六卿，外則夏之四岳。而羿、浞愚弄鬭爭，內外默然，一以聽命，至少康艱難而後復原。是觀之則聖有謨訓，何補哉？漢高除秦項煩苛，至孝文玄默仁儉斷獄幾，措及武帝。修三代之法而天下荒耗，則文不如質明矣！」

元・陳天祥《四書辨疑》卷二《論語・爲政》　註，馬氏曰：「所因謂三綱五常，所損益謂文質三統。」

三綱五常，文質三統。註文言之備矣。文多今不具載。文質之説以爲，夏尚忠、商尚質、周尚文。參考舊註，初無此説。「所因謂三綱五常，所損益謂文質三統。」馬氏本文只此而已。疏云「夏尚文，殷則損文而益質」，又曰「王者必一質一文。質法天，文法地」而已。亦不言其有「尚忠」者。董仲舒云：「夏尚忠，殷尚敬，周尚文。」註文與此亦不盡同，當是別有所據。然其義實不通。文與質固有分言之理，忠與文、質何可分邪？況忠乃人道之切務，天下國家不可須臾離也。豈有損去不用者哉？今從註文推其三代損益之義，夏則尚忠，至殷則損忠而益質，周又損質而益文。由是言之，惟夏尚忠，殷與周皆不尚也。爲臣者以不忠事君，爲子者以不忠事父，兄弟夫婦朋友之閒皆不以忠誠相待，而以詐僞相欺，欲其久安而不亂，不可得也。殷周之治，豈容如此之盛，歷年豈容如此之遠哉？且文質損益，假如實曾如此輪流而繼周者，不復曾有三統互用，亦惟至秦而止，皆非百世可知之道。況夫子於三代正朔，惟許行夏之時，不應却説三統爲百世可知也。尋繹《經》文，因與損益之間，實亦無該「三綱五常、文質三統」之處。自馬融引此爲説，襲傳既久，今又因之，而尚忠一説，又出馬融所引之外，學者不得無惑也。《子張問》「十世可知也」，初不知果問何事，但夫子所答乃是禮之損益之道。《子張之問》疑有闕文，大抵此章止是言禮。蓋禮之大體，萬世不改，所損益者，禮之時宜。歷代相承，載在典籍，故雖百世可知也。註又云：「其所損益，不過文章制度，小過不及之間。」此説却依本分，然與文質三統之説豈不自相乘戾邪？胡氏曰：「天敍天秩，人所共由，禮之本也。商不能改乎夏，周不能改乎商，天地之常經也。若乃制度文爲，或太過，則當損；或不及則當益。益之，損之，與時宜之。而所因者不壞，是古今之通義也。」南軒曰：「三王之禮，各因世而損益之」。二論意同，皆無「三綱五常，文質三統」之説，足以正馬氏之誤。王滹南曰：「孔子言三代相因，損益可知者，此專指禮云爾。馬融以所因爲三綱五常，所損益爲文質三統，殆是妄

說。』此亦眞識之論，皆有益於後學者也！

明·章世純《四書留書》卷三《文質彬彬》 直行所志，謂之質；節飾爲觀，謂之文。稱以美辭，輔以物采，緩以留止，其覼詳以丁寧，其情皆文之物也。有文而質，可以久無文而行質。質近鄙，鄙近粗，粗近戾，戾近亂，而禍生於亂矣。文近僞，僞近詐，詐近賊，而禍生於賊矣。二者之來，不適之過，故文質之道，所以爲救也。

明·孫瑴《古微書》卷一七《禮含文嘉》 《禮》『質法天，文法地』，周季之文濫矣，安得有嘉所珍者，含文而依之乎？質則天地交焉。如言黄裳元吉，文之美在中也。

明·胡廣《禮記大全》卷三《檀弓上》 時王之制，文質之變耳。

清·黄宗羲《明夷待訪録未刊文·文質》 蘇洵曰：『忠之變而入於質，質之變而入於文，其勢便也。及其文之變而又欲反之於忠也，是猶欲移江河而行之山也。人之喜文而惡質與忠也，猶水之不肯避下而就高也。』余以爲不然。其自忠而至於文者，聖王救世之事也；喜質而惡文者，凡人之情也。逮其相趨而之於質，雖聖賢亦莫如之何矣！

清·顧炎武《日知録》卷二《懋遷有無化居》 化者，貨也。運而不積則謂之化，留而不散則謂之貨。唐虞之世，曰化而已。至殷人始以貨名。

《仲虺》有『不殖貨利』之言，『三風』有『殉於貨色』之儆，而《盤庚》之誥則曰『不肩好貨』，於是移『化』之字爲化生化成之『化』，而厚斂之君，發財之主多不化之物矣。

清·牛鈕等《日講易經解義》卷六《離下艮上》 文質得中，則行之通達而無弊。文質失序，則僅可粉飾一時而終有文勝之虞也。

清·陳廷敬等《日講四書解義》卷五《論语》 孔子曰：『人之一身，内有忠信誠慤之本然者，爲質；外有威儀文詞之燦然者，爲文。質以生文，文與質稱，相爲表裏，不可偏勝。』若專尚質，實勝過乎文，則徑遂鄙陋，與野人相似。若專尚文采，勝過乎質，則粉飾華美，與掌文書之史相似。是豈君子之所貴乎？必也内有其質，外有其文，無或有餘，無或不足，彬彬然適相匀稱，然後爲成德之君子矣。此孔子爲人之治身而言，由此推之，凡人心風俗禮樂教化，皆行以實意，而濟之以文，斯上下通行，萬世無弊也已。

清·傅恆等《御纂詩義折中》卷一六《棫樸五章章四句》 棫樸，文王作人也。爲政在於得人，顧人才難得也，無以儲之，則求之而不得，即得之而不繼，故爲治以作人爲要也。作人之道，文與質而已。詩、書、禮、樂，所以美其文也。孝、弟、忠、信，所以美其質也。質勝則野，文勝則史。此足以見三代之治，乃遞下也。用人不易，作人尤難。將欲薪之槱之，則所謂追之、琢之、金之、玉之者，不可不亟講也。

學在官府分部

綜　述

《周禮·地官司徒·大司徒》 頒職事十有二于邦國都鄙，使以登萬民。【略】十曰學藝。【略】以鄉三物教萬民而賓興之。一曰六德，知、仁、聖、義、忠、和；二曰六行，孝、友、睦、婣、任、恤；三曰六藝，禮、樂、射、御、書、數。

又《春官宗伯·大司樂》 大司樂掌成均之灋，以治建國之學政，而合國之子弟焉。鄭玄注：鄭司農云：『均，調也。樂師主調其音，大司樂主受此成事已調之樂。』鄭玄引董仲舒云：『成均，五帝之學。』成均之法者，其遺禮可法者。國之子弟，公卿大夫之子弟，當學者謂之國子。孫詒讓疏：『掌成均之灋』者，大司樂教學之官法也。云『以治建國之學政，而合國之子弟焉』者，《諸子》注云：『學，大學也。』大司樂通掌大小學之政法，而專教大學，與師氏、保氏、樂師教小學，職掌互相備。凡有道有德者，使教焉，死則以爲樂祖，祭於瞽宗。鄭玄注：道，多才藝者。德，能躬行者。若舜命夔典樂教胄子是也。死則以爲樂之祖，神而祭之。鄭司農云：『瞽，樂人，樂人所共宗也。或曰：祭於瞽宗，祭於廟中。《明堂位》曰：「瞽宗，殷學也。泮宫，周學也。」以此觀之，祭於學宫中。』孫詒讓疏：明大學之教，亦以德行道藝，與大司徒教鄉學、師氏保氏教小學同也。以樂德教國子：中、和、祇、庸、孝、友。鄭玄注：中猶忠也。和，剛柔適也。祇，敬。庸，有常也。善父母曰孝，善兄弟曰友。孫詒讓疏：此樂德、樂語、樂舞以下，並樂官之官

法也。樂德者，《大師》云『以六德爲之本』是也。《大司徒》鄉三物六德，知、仁、聖、義、忠、和，《師氏》三德教國子，一至德，二敏德，三孝德，並與此小異。以樂語教國子：興、道、諷、誦、言、語。鄭玄注：興者，以善物喻善事。道，讀曰導。導者，言古以剴今也。倍文曰諷，以聲節之曰誦，發端曰言，答述曰語。孫詒讓疏：謂言語應答，比於詩樂，所以通意恉，遠鄙倍也。以樂舞教國子舞《雲門》、《大卷》、《大咸》、《大韶》、《大夏》、《大濩》、《大武》。鄭玄注：此周所存六代之樂。黄帝曰《雲門》、《大卷》，黄帝能成名，萬物以明，民共財，言其德如雲之所出，民得以有族類。《大咸》、《咸池》，堯樂也。堯能禪均刑法以儀民，言其德無所不施。《大磬》，舜樂也。言其德能紹堯之道也。《大武》，武王樂也。武王伐紂以除其害，言其德能成武功。

又 **《樂師》** 樂師掌國學之政，以教國子小舞。孫詒讓疏：國學者，在國城中王宫左之小學也。學小舞之國子，未入大學，則此國學爲小學明矣。

《禮記·王制》 天子命之教，然後爲學，小學在公宫南之左，大學在郊。天子曰辟廱，諸侯曰頖宫。鄭玄注：尊卑學異名。辟，明也。廱，和也。所以明和天下。頖之言班也，所以班政教也。【略】

凡居民，量地以制邑，度地以居民，地邑民居，必參相得也。無曠土，無游民，食節事時，民咸安其居，樂事勸功，尊君親上，然後興學。鄭玄注：立小學大學。【略】

樂正崇四術，立四教。順先王《詩》、《書》、《禮》、《樂》以造士。春秋教以《禮》、《樂》，冬夏教以《詩》、《書》。王大子、王子、羣后之大子，卿、大夫、元士之適子，國之俊選，皆造焉。凡入學以齒。鄭玄注：皆以長幼受學，不用尊卑。將出學，小胥、大胥、小樂正簡不帥教者，以告于大樂正，大樂正以告于王。鄭玄注：出學，謂九年大成學止也。王命三公、九卿、大夫、元士皆入學。不變，王親視學。不變，王三日不舉。屏之遠方，西方曰棘，東方曰寄，終身不齒。大樂正論造士之秀者，以告于王，而升諸司馬，曰進士。【略】

五十養於鄉，六十養於國，七十養於學，達於諸侯。鄭玄注：國，國中，小學在王宫之左。學，大學也，在郊。小學在國中，大學在郊，此殷制明矣。

又 **《文王世子》** 凡學世子及學士必時，春夏學干戈，秋冬學羽籥，皆於東序。小樂正學干，大胥贊之。籥師學戈，籥師丞贊之。胥鼓《南》。春誦夏弦，大師詔之。瞽宗秋學《禮》，執禮者詔之。冬讀書，典書者詔之。《禮》在瞽宗，《書》在上庠。鄭玄注：周立三代之學，學《書》於有虞氏之學，《典》、《謨》之教所興也。學舞於夏后氏之學，文武中也。學《禮》、《樂》於殷之學，功成治定，與己同也。【略】

凡祭與養老乞言，合語之禮，皆小樂正詔之於東序。鄭玄注：學以三者之威儀也。大樂正學舞干戚，語説，命乞言，皆大樂正授數。大司成論説在東序。鄭玄注：此云樂正司業，父師司成，卽大司成、司徒之屬師氏也。師氏掌以美詔王，教國子以三德三行，及國中、失之事也。

凡學，春官釋奠于其先師，秋冬亦如之。

又 **《學記》** 古之教者，家有塾，黨有庠，術有序，國有學。

又 **《大學》** 大學之道，在明明德，在親民，在止於至善。知止而后有定，定而后能静，静而后能安，安而后能慮，慮而后能得。物有本末，事有終始，知所先後，則近道矣。

《上海博物館藏戰國楚竹書·性情論》第四章 《(旹)(詩)》、《(箸)(書)》《(豊)(禮)》、《(藥)(樂)》，(丌)(其)(訂)(始)出也，皆生於人。《(旹)(詩)》，(又)(有)(爲亖)(爲)(亖)(爲哦)之也；《(箸)(書)》，(又)(有)爲言之也；《豊》(禮)》、《樂》，(又)(有)爲(譽)(舉)之也。聖人比(丌)(其)(頪)(類)而(侖)(倫)會之，【略】(肰)(然)(句)(後)復(㠯)(以)(孝)(孝)。孝(孝)所(㠯)(以)生(悳)(德)于中者也。

《漢書》卷三〇《藝文志》 古之王者世有史官，君舉必書，所以愼言行，昭法式也。

漢·班固《白虎通》卷上《辟雍》 古者所以年十五入大學何？以爲八歲毁齒，始有識知，入學學書計。七八十五，陰陽備，故十五成童志明，入大學，學經籍。【略】

《論語讖》曰：『五帝立師，三王制之。』【略】

天子立辟雍何？辟雍所以行禮樂，宣德化也。辟者，璧也。象璧圓，以法天也。雍者，壅之以水，象教化流行也。

漢·許愼《説文解字·序》 黄帝史官倉頡，見鳥獸蹏迒之迹，知分理之可相别異也，初造書契。百工以乂，萬品以察。

《後漢書》卷七〇《班彪傳》 唐虞三代，詩書所及，世有史官，以

司典籍。

《晉書》卷三六《衛恒傳》 昔在黃帝，創制造物。有沮誦、倉頡者，始作書契，以代以代結繩。【略】自黃帝至三代，其文不改。【略】

黃帝之史，沮誦、倉頡，眺彼鳥迹，始作書契。紀綱萬事，垂法立制，帝典用宣，質文著世。

元·胡一桂《史纂通要》卷二《夏》 舜崩三年喪畢，禹遂即天子位。任皋陶、伯益以國政，《史記》。縣鐘、鼓磬、鐸、鞀以待四方之士。曰：『教寡人以道者，擊鼓。諭以義者，擊鐘。告以事者，擊鐸。語以憂者，擊磬。有獄訟者，擊鞀。』《淮南子》。建旌旗斿旒，以別尊卑等級。禹命奚仲爲車正，云云。《管子》。興學校以重明倫之教。

論說

《禮記·學記》 發慮憲，求善良，足以謏聞，不足以動衆。就賢體遠，足以動衆，未足以化民。如欲化民成俗，其必由學乎！

《孟子·滕文公上》 設爲庠序學校以教之。庠者，養也。校者，教也。序者，射也。夏曰校，殷曰序，周曰庠，學則三代共之，皆所以明人倫也。高誘注：養者，養耆老。教者，教以禮樂。射者，三耦四矢以達物導氣也。學則三代同名，皆謂之學，學乎人倫。

《廣雅·釋詁》 師，官也。

宋·范仲淹《范文正集》卷七《邠州建學記》 庠序者，俊乂所由出焉。三王有天下，各數百年，並用此道，以長養人材，材不乏而天下治。

宋·曾鞏《元豐類稿》卷一三《相國寺維摩院聽琴序》 古者學士之於六藝，射能弧矢之事矣，又當善其揖讓之節；御能車馬之事矣，又當善其驅馳之節；書非能肆筆而已，又當辨其體而皆通其意；數非能布策而已，又當知其用而各盡其法。而五禮之威儀，至於三千，六樂之節文，可謂微且多矣。噫！何其煩且勞如是！然古之學者必能此，亦可謂難矣。

然習其射御於禮，習其干戈於樂，則少於學，長於朝，其於武備固修矣。其於家有塾，於黨有庠，於鄉有序，於國有學，於教有師，於視聽言動有其容，於衣冠飲食有其度，几杖有銘，盤杅有戒。在輿有和鸞之聲，行步有佩玉之音，燕處有《雅》、《頌》之樂。而非其故，琴瑟未嘗去於前也。蓋其出入進退，俯仰左右，接於耳目，動於四體，達於其心者，所以養之至如此其詳且密也。

宋·王昭禹《周禮詳解》卷二〇 注：孟子曰：『仁之實，事親是也。義之實，從兄是也。』『禮之實，智之實，知斯二者弗去是也。節文斯二者是也。樂之實，樂斯二者（是也）』。孔子亦曰：『興於詩，立於禮，成於樂』。蓋君子之所性，由中出，以言之，則未至於樂，不可以言學之成也。掌成均之法，以合國之子弟而教，必職之大司樂者，其以此與昔舜命夔典樂以教胄子，亦此意也。《記》曰：『於成均以及取爵於上尊。』成均蓋五帝學名也。教學之道，成其虧，均其過、不及而已，故其命名如此。夫自天之莫爲言之，則性之在人，無成與虧也。自人之或使而言之，則有成與虧也。自合而渾以言其同，則道之在人，無過與不及也。自離而散以言其異，則道之在人，有過與不及也。莊子曰：『是非之彰，道之所以虧也。』果且有成與虧乎哉？果且無成與虧乎哉？由此觀之，則人之性雖有無待於外，德不殊天降之才，一誘於物則孰能全之而使不虧哉？則成者，所以成其虧而使之全也。《中庸》曰：『道之不（明）[行]也，我知之矣。知者過之，愚者不及也。道之不（行）[明]也，我知之矣。賢者過之，不肖者不及也。』由此觀之，則人之生雖受中於天地，降衷於上帝，一流於僞，則孰能折其過而使之就乎中，勉其不及而使之企而及於中哉？則均者均其過與不及而使之中矣！成均之學所以教人者如此，則性命之理實寓於度數之間矣！大司樂之所掌，所以又有法焉，以治建國之學政。則學者，道之所自出，道不可以須臾離，則學不可以一日廢於天下，故建國則有學焉。夫有教，則有學；有學，則有政。政所以正之，而凡治教勸阻而施之學者，皆政之事。夫古之仕者世祿，而國之子弟者，先王將與共天位、治天職，則不可以不教。大司樂掌成均之法，以治建國之學政，而合國之子弟，固其理也！

宋·衛湜《禮記集說》卷八《學記》 古之教者，家有塾，黨有庠，術有序，國有學。所以體遠也。就賢則尊德之誠至，體遠則愛民之仁深。其仁心、仁聞固足以感動天下矣，然法度未立，政事未舉，故未足以化

民。故曰：『堯、舜之道，不以仁政不能平治天下。』教學，政之先務也。

宋・王與之《周禮訂義》卷一九 《王制》曰：『有虞氏養國老於上庠，養庶老於下庠。夏后氏養國老於東序，養庶老於西序。商人養國老於右學，養庶老於左學。周人養國老於東膠，養庶老於虞庠。』此四代之國學。孟子曰：『夏曰校，商曰序，周曰庠。』謂三代諸侯之學。《學記》曰：『古之教者，家有塾，黨有庠，術有序，國有學。』謂商人之鄉、遂學。且《王制》言四代學制，言養國老，固知爲國學矣。知孟子所言爲三代諸侯之學者，蓋校，諸侯之鄉學。所謂『鄭人欲毁鄉校』是已。鄭以校名，其學本夏之名耳，亦猶子產謂鄭伯爲男同義，鄭以男名其爵，本商之制耳，所以知孟子所言爲諸侯之鄉學。知《學記》所言爲商之鄉、遂學者，蓋《周禮》於州長言射，於州序黨正言飲酒，于序今曰『黨有庠，術有序』，夫術即遂也。周人以序名鄉學，商人以序名遂學，況《學記》所言皆引《説命》爲説，所以知《學記》所言爲商之鄉、遂學。賈公彦以州黨之學名序，則鄉之學名庠，故遂引《鄉飲酒》曰『主人迎賓于庠門之外』，失之矣。黨有庠，則六鄉之學皆以庠爲名。遂有序，則六遂之學皆以序爲名。是主人迎賓於庠門之外，商制也，非周制也。不然，則州黨之學既同曰序，何鄉之學獨爲庠乎？曰『黨有庠』，舉其中以該上下也，曰『遂有序』，總而名之也。

清・黄宗羲《明夷待訪録・學校》 學校，所以養士也。然古之聖王，其意不僅此也，必使治天下之具皆出於學校，而後設學校之意始備。非謂班朝，布令，養老，恤孤，訊馘，大師旅則會將士，大獄訟則期吏民，大祭祀則享始祖，行之自辟雍也。蓋使朝廷之上，閭閻之細，漸摩濡染，莫不有詩書寛大之氣。天子之所是未必是，天子之所非未必非，天子亦遂不敢自爲非是，而公其非是於學校。是故養士爲學校之一事，而學校不僅爲養士而設也。

清・章學誠《文史通義・史釋》 三代盛時，天下之學，無不以吏爲師。《周官》三百六十，天人之學備矣。其守官舉職，而不墜天工者，皆天下之師資也。東周以還，君師政教不合於一。於是人之學術，不盡出於官司之典守。

清・章學誠《校讎通義・原道》 古無文字。結繩之治，易之書契，聖人明其用曰：『百官以治，萬民以察。』夫爲治爲察，所以宣幽隱而達形名，蓋不得已而爲之。其用足以若是焉斯已矣。理大物博，不可殫也。聖人爲之立官分守，而文字亦從而紀焉。有官斯有法，故法具於官；有法斯有書，故官守其書。有書斯有學，故師傳其學；有學斯有業，故弟子習其業。官守學業皆出於一。

稷下學宫分部

綜述

《史記》卷四六《田敬仲完世家》 （齊）宣王喜文學游説之士，自如騶衍、淳于髡、《正義》贅婿，齊之稷下先生也。田駢、《正義》：《藝文志》云田駢，齊人，遊稷下，號天口駢，作《田子》二十五篇也。接予、《正義》齊人。《藝文志》云《接予》二篇，在道家流。慎到、《正義》趙人，戰國時處士。《藝文志》作《慎子》四十二篇也。環淵《正義》楚人。《孟子傳》云環淵著書上下篇也。之徒七十六人，皆賜列第，爲上大夫，不治而議論。是以齊稷下學士復盛，且數百千人。《集解》劉向《別録》曰：『齊有稷門，城門也。談説之士期會於稷下也。』《索隱》劉向《別録》曰『齊有稷門，齊城門也。談説之士期會於其下』。《齊地記》曰『齊城西門側，系水左右有講室，趾往往存焉』。蓋因側系水出，故曰稷門，古側稷音相近耳。又虞喜曰『齊有稷山，立館其下以待游士』，亦異説也。《春秋傳》曰『莒子如齊，盟于稷門』是也。

又 卷七四《孟子荀卿列傳》 齊有三騶子。其前騶忌，以鼓琴干威王，因及國政，封爲成侯而受相印，先孟子。

其次騶衍，後孟子。騶衍睹有國者益淫侈，不能尚德，若《大雅》整之於身，施及黎庶矣。乃深觀陰陽消息而作怪迂之變，《終始》、《大聖》之篇十餘萬言。其語閎大不經，必先驗小物，推而大之，至於無垠。先序今以上至黄帝，學者所共術，大並世盛衰，《索隱》言其大體隨代盛衰，觀時而說事。因載其機祥度制，推而遠之，至天地未生，窈冥不可考而原也。先

列中國名山大川，通谷禽獸，水土所殖，物類所珍，因而推之，及海外人之所不能睹。稱引天地剖判以來，五德轉移，治各有宜，而符應若茲。以爲儒者所謂中國者，於天下乃八十一分居其一分耳。《索隱》桓寬、王充並以衍之所言迂怪虚妄，干惑六國之君，因納其異説，所謂「匹夫而營惑諸侯」者是也。中國名曰赤縣神州。赤縣神州內自有九州，禹之序九州是也，不得爲州數。中國外如赤縣神州者九，乃所謂九州也。於是有裨海環之，《索隱》裨海，小海也。九州之外，更有大瀛海，故知此裨是小海也。且將有裨將，裨是小義也。人民禽獸莫能相通者，如一區中者，乃爲一州。如此者九，乃有大瀛海環其外，天地之際焉。其術皆此類也。然要其歸，必止乎仁義節儉，君臣上下六親之施，始也濫耳。《索隱》濫卽濫觴，是江源之初始，故此文意以濫爲初也。謂衍之術言君臣上下六親之際，行事之所施所始，皆可爲後代之宗本，故云濫耳。王公大人初見其術，懼然顧化，《索隱》謂衍之術皆動人心，見者莫不懼然駐想，又內心留顧而已化之，謂欲從其術也。按：化者，是易常聞而貴異術也。其後不能行之。

是以騶子重於齊。適梁，惠王郊迎，執賓主之禮。適趙，平原君側行撇席。《索隱》按：張揖《三蒼訓詁》云「撇，拂也。謂側而行，以衣撇席爲敬，不敢正坐當賓主之禮也」。如燕，昭王擁彗先驅，《索隱》按：彗，帚也。謂爲之埽地，以衣袂擁帚而卻行，恐塵埃之及長者，所以爲敬也。請列弟子之座而受業，築碣石宮，《正義》碣石宮在幽州薊縣西三十里寧臺之東。身親往師之。作主運。《索隱》按：劉向《別録》云《鄒子書》有《主運篇》。其游諸侯見尊禮如此，豈與仲尼菜色陳蔡，孟軻困於齊梁同乎哉！《索隱》按：仲尼、孟子法先王之道，行仁義之化，且菜色困窮；而鄒衍執詭怪營惑諸侯，其見禮重如此，可爲長太息哉。故武王以仁義伐紂而王，伯夷餓不食周粟；衛靈公問陳，而孔子不答；梁惠王謀欲攻趙，孟軻稱大王去邠。《索隱》今按：孟子「太王去邠」是軻對滕文公語，今云梁惠王謀攻趙，與《孟子》不同。此豈有意阿世俗苟合而已哉！持方枘欲內圜鑿，其能入乎？《索隱》按：方枘是筍也，圜鑿是孔也。謂工人斫木，以方筍而內之圜孔，不可入也。故《楚詞》云「以方枘而內圜鑿，吾固知其鉏鋙而不入」是也。謂戰國之時，仲尼、孟軻以仁義干世主，猶方枘圜鑿然也。或曰，伊尹負鼎而勉湯以王，百里奚飯牛車下而繆公用霸，作先合，然後引之大道。騶衍其言雖不軌，儻亦有牛鼎之意乎？《索隱》按：《呂氏春秋》云「函牛之鼎不可以烹雞」，是牛鼎言衍之術迂大，儻若大用之，是有牛鼎之意。而譙周亦云「觀太史公此論，是其愛奇之甚矣」。

自騶衍與齊之稷下先生，《索隱》稷下，齊之城門也。或云稷下，山名。謂齊之學士集於稷門之下。如淳于髡、慎到、環淵、《索隱》按：劉向《別録》「環」作姓也。接子、《索隱》古著書人之稱號。田駢、騶奭之徒，《正義》：《慎子》十卷，在法家，則戰國時處士。《接子》二篇。《田子》二十五篇，齊人，游稷下，號「天口」。接、田二人，道家。《騶奭》十二篇，陰陽家。各著書言治亂之事，以干世主，豈可勝道哉！

淳于髡，齊人也。博聞彊記，學無所主。其諫説，慕晏嬰之爲人也，然而承意觀色爲務。客有見髡於梁惠王，惠王屏左右，獨坐而再見之，終無言也。惠王怪之，以讓客曰：「子之稱淳于先生，管、晏不及，及見寡人，寡人未有得也。豈寡人不足爲言邪？何故哉？」客以謂髡。髡曰：「固也。吾前見王，王志在驅逐；後復見王，王志在音聲：吾是以默然。」客具以報王，王大駭，曰：「嗟乎，淳于先生誠聖人也！前淳于先生之來，人有獻善馬者，寡人未及視，會先生至。後先生之來，人有獻謳者，未及試，亦會先生來。寡人雖屏人，然私心在彼，有之。」《索隱》謂私心實在彼馬與謳也。有之，謂我實有此二事也。後淳于髡見，壹語連三日三夜無倦。惠王欲以卿相位待之，髡因謝去。於是送以安車駕駟，束帛加璧，黄金百鎰。終身不仕。

慎到，趙人。田駢、接子，齊人。環淵，楚人。皆學黄老道德之術，因發明序其指意。故慎到著十二論，《集解》徐廣曰：「今《慎子》，劉向所定，有四十一篇。」環淵著上下篇，而田駢、接子皆有所論焉。

騶奭者，齊諸騶子，亦頗采騶衍之術以紀文。

於是齊王嘉之，自如淳于髡以下，皆命曰列大夫，爲開第康莊之衢，《集解》：《爾雅》曰：「四達謂之衢，五達謂之康，六達謂之莊。」高門大屋，尊寵之。覽天下諸侯賓客，言齊能致天下賢士也。

荀卿，趙人。《索隱》名況。卿者，時人相尊而號爲卿也。仕齊爲祭酒，仕楚爲蘭陵令。後亦謂之孫卿子者，避漢宣帝諱也。年五十始來游學於齊。騶衍之術迂大而閎辯；奭也文具難施；淳于髡久與處，時有得善言。故齊人頌曰：「談天衍，雕龍奭，炙轂《集解》徐廣曰：「一作『亂謁』。」過髡。」《集解》劉向《別録》曰：「騶衍之所言五德終始，天地廣大，盡言天事，故曰『談天』。騶奭脩

衍之文，飾若雕鏤龍文，故曰「雕龍」。《别録》曰『過』字作『輠』。輠者，車之盛膏器也。炙之雖盡，猶有餘流者。言淳于髡智不盡如炙輠也。左思《齊都賦》注曰『言其多智難盡，如炙膏過之有潤澤也』。《索隱》按：劉向《别録》『過』字作『輠』。輠，車之盛膏器也。炙之雖盡，猶有餘津，言髡智不盡如炙輠也。按：劉氏云『轂，衍字也』。今按：文稱『炙轂過』，則過是器名，音如字讀，謂盛脂之器名過。『過』與『鍋』字相近，蓋卽脂器也。轂卽車轂，過爲潤轂之物，則『轂』非衍字明矣。田駢之屬皆已死齊襄王時，《索隱》按襄王名法章，湣王子，莒人所立者。而荀卿最爲老師。齊尚脩列大夫之缺，而荀卿三爲祭酒焉。《索隱》按：禮食必祭先，飲酒亦然，必以席中之尊者一人當祭耳，後因以爲官名，故吳王濞爲劉氏祭酒是也。而卿三爲祭酒者，謂荀卿出入前後三度處列大夫康莊之位，而皆爲其所尊，故云『三爲祭酒』。齊人或讒荀卿，荀卿乃適楚，而春申君以爲蘭陵令。《正義》蘭陵，縣，屬東海郡，今沂州承縣有蘭陵山。

論說

宋·張九成《孟子傳》卷一《梁惠王章句上》 是時，秦惠文王正用張儀之謀，以敗從約。齊宣王正尊稷下先生，以謀强國。楚又大國，吞五湖三江之利，據方城漢水之險，而有陳軫爲之謀畫。爲惠王當日之計者，當有奇謀秘策以制三國之命，而雪平昔之耻。

又 卷四《梁惠王章句下》 觀此一節，豈以齊王意在闢土地，朝秦楚，莅中國，撫四夷，求所難得之事，而朝廷老臣知其不可，皆已去位，而信稷下先生，如淳于髡、環淵等輩，肆無稽之談，爲高大之說，卒之一事無成乎？不然孟子何爲立此論也？宣王聞孟子之言，亦厭稷下之論，而知前日之錯謬也。乃曰：『吾何以識其不才而舍之？』嗚呼，孟子之對何其勁捷也。

又 卷九《公孫丑章句下》 蓋稷下諸人方且日以權謀、詭詐、富國、强兵爲言，齊王退而與孟子言進，又與諸人言。以孟子一人之論，豈能勝此衆多之口哉？又孟子之道在久遠，而稷下之說有近功，齊王雖有易牛之心，而又有侈大之欲。有此心，所以喜孟子。有此欲，所以奪於衆多之論，而不能斷然不惑也。心不勝欲，此孟子所以去，而齊王所以終不能行先王之道也。

漢·桓寬《鹽鐵論》卷二《論儒第十一》 御史曰：『文學祖述仲尼，稱誦其德，以爲自古及今，未之有也。然孔子修道魯、衛之間，教化洙、泗之上，弟子不爲變，當世不爲治，魯國之削滋甚。齊宣王褒儒尊學，孟軻、淳于髡之徒，受上大夫之禄，不任職而論國事，蓋齊稷下先生千有餘人。當此之時，非一公孫弘也。弱燕攻齊，長驅至臨淄，湣王遁逃，死於莒而不能救；王建禽於秦，與之俱虜而不能存。若此，儒者之安國尊君，未始有效也。』

文學曰：『無鞭策，雖造父不能調駟馬。無勢位，雖舜、禹不能治萬民。孔子曰：「鳳鳥不至，河不出圖，吾已矣夫！」故軺車良馬，無以馳之；聖德仁義，無所施之。齊威、宣之時，顯賢進士，國家富强，威行敵國。及湣王，奮二世之餘烈，南舉楚、淮，北并巨宋，苞十二國，西摧三晉，卻彊秦，五國賓從，鄒、魯之君，泗上諸侯皆入臣。矜功不休，百姓不堪。諸儒諫不從，各分散，慎到、捷子亡去，田駢如薛，而孫卿適楚。內無良臣，故諸侯合謀而伐之。王建聽流說，信反間，用后勝之計，不與諸侯從親，以亡國。爲秦所禽，不亦宜乎？』

藝文

晉·陶潛《陶淵明集》卷四《詩五言·擬古九首其六》 蒼蒼谷中樹，冬夏常如兹。年年見霜雪，誰謂不知時。厭聞世上語，結友到臨淄。稷下多談士，指彼決吾疑。裝束既有日，已與家人辭。行行停出門，還坐更自思。不怨道里長，但畏人我欺。萬一不合意，永爲世笑之。伊懷難具道，爲君作此詩。

雜録

漢·劉向《新序》卷二《雜事第二》 昔者，鄒忌以鼓琴見齊宣王，宣王善之。鄒忌曰：『夫琴所以象政也。』遂爲王言琴之象政狀及霸王之事。宣王大悅，與語三日，遂拜以爲相。齊有稷下先生喜議政事，鄒忌既爲齊相，稷下先生淳于髡之屬七十二人皆輕忌，以謂設以辭，鄒忌不能

及，乃相與俱往見鄒忌。淳于髡之徒禮倨，鄒忌之禮卑。淳于髡等曰：『狐白之裘，補之以弊羊皮，何如？』鄒忌曰：『敬諾，請不敢雜賢以不肖。』淳于髡曰：『方内而員釭，如何？』鄒忌曰：『敬諾，請謹門内不敢留賓客。』淳于髡等曰：『三人共牧一羊，羊不得食，人亦不得息，何如？』鄒忌曰：『敬諾，減吏省員，使無擾民也。』淳于髡等三稱，鄒忌三知之如應響。淳于髡等辭屈而去。鄒忌之禮倨，淳于髡等之禮卑。故所以尚干將、莫邪者，貴其立斷也；所以貴騏驥者，爲其立至也。必且歷日曠久乎？絲氂猶能挈石，駑馬亦能致遠。是以聰明捷敏，人之美材也。子貢曰：『回也聞一以知十。』美敏捷也。

北魏・酈道元《水經注》卷二六《淄水》 系水傍城北流，逕陽門西。水次有故封處，所謂齊之稷下也。當戰國之時，以齊宣王喜文學，游説之士鄒衍、淳于髡、田駢、接子、慎到之徒七十六人，皆賜列第，爲上大夫，不治而論議。是以齊稷下學士復盛，且數百千人。劉向《別録》以稷爲齊城門名也。談説之士，期會於稷門下，故曰稷下也。《鄭志》曰：張逸問《書贊》云：我先師棘下生，何時人？鄭玄答云：齊田氏時，善學者所會處也。齊人號之棘下生。無常人也。余按《左傳・昭公二十二年》，莒子如齊，盟於稷門之外。漢以叔孫通爲博士，號稷嗣君。《史記音義》曰：欲以繼蹤齊稷下之風矣。然棘下又是魯城内地名。《左傳・定公八年》，陽虎劫公，伐孟氏，入自上東門，戰於南門之内，又戰於棘下者也。蓋亦儒者之所萃焉，故張逸疑而發問，鄭玄釋而辯之，雖異名互見，大歸一也。

百家爭鳴分部

綜述

《史記》卷七四《孟子荀卿列傳》 而趙亦有公孫龍【略】《索隱》按：即仲尼弟子名也。此云趙人，《弟子傳》作衛人，鄭玄云楚人，各不能知其真也。又下文云『並孔子同時，或曰在其後』，所以知非別人也。爲堅白同異之辯，《集解》：《晉太康地記》云：『汝南西平縣有龍淵水可用淬刀劍，特堅利，故有堅白之論，云「黃，所以爲堅也；白，所以爲利也」。或辯之曰「白，所以爲不堅；黃，所以爲不利」。』《正義》：《藝文志・公孫龍子》十四篇，顏師古云卽爲堅白之辯。按《平原君傳》，騶衍同時。《括地志》云『西平縣，豫州西北百四十里，有龍淵水』也。劇子之言；《集解》徐廣曰：『按應劭《氏姓注》直云「處子」也。』《索隱》按：著書之人姓劇氏而稱子也，前史不記其名也，故趙有劇孟及劇辛也。魏有李悝，盡地力之教；《正義》：《藝文志》：『《李子》三十二篇。李悝相魏文侯，富國彊兵。』楚有尸子、長盧；《集解》劉向《別録》曰：『楚有尸子，疑謂其在蜀。今按《尸子書》，晉人也，名佼，秦相衛鞅客也。衛鞅商君謀事畫計，立法理民，未嘗不與佼規之也。商君被刑，佼恐并誅，乃亡逃入蜀。自爲造此二十篇書，凡六萬餘言。卒，因葬蜀。』《索隱》按：尸子名佼，晉人，事具《別録》。長盧，未詳。《正義》：《長盧》九篇，楚人。阿之吁子焉。《集解》徐廣曰：『阿者，今之東阿。』《索隱》阿，齊之東阿也。《別録》作『芉子』，今『吁』亦如字也。《正義》按：東齊州也。《藝文志》云『《吁子》十八篇，名嬰，齊人，七十子之後』。顏師古云音弭。按：是齊人，阿又屬齊，恐顏公誤也。自如孟子至于吁子，世多有其書，故不論其傳云。

蓋墨翟，宋之大夫，善守禦，爲節用。《集解》：《墨子》曰：『公輸般爲雲梯之械成，將以攻宋。墨子聞之，至於郢，見公輸般。墨子解帶爲城，以牒爲械。公輸般九設攻城之機變，墨子九距之。公輸般之攻械盡，墨子之守固有餘。公輸般詘而言曰：「吾知所以距子矣，吾不言。」墨子亦曰：「吾知子之所以距我者，吾不言。」楚王問其故。墨子曰：「公輸子之意不過欲殺臣，殺臣，宋莫能守，可攻也。然臣之弟子禽滑釐等三百人已持臣守國之器在宋城上而待楚寇矣，雖殺臣，不能絶也。」楚王曰：「善哉，吾請無攻宋城矣！」』《索隱》注『爲雲梯之械』者，按梯者，構木瞰高也；雲者，言其昇高入雲，故曰雲梯。械者，器也。謂攻城之樓櫓也。注『墨子解帶爲城』者，謂墨子爲術，解身上革帶以爲城也。注『以牒爲械』者，按牒者，小木札也；械者，樓櫓等也。注『公輸般之攻械盡』者，劉氏云『械謂飛梯、撞車、飛石車弩之具』。謂般技已盡，墨守有餘。禽滑釐者，墨子弟子之姓字也。或曰並孔子時，或曰在其後。《索隱》按：《別録》云『今按《墨子書》有文子，文子卽子夏之弟子，問於墨子』。如此，則墨子在七十子之後也。

又 卷一三〇《太史公自序》 太史公學天官於唐都，《正義》：《天官書》云『星則唐都』也。受《易》於楊何，《集解》徐廣曰：『菑川人。』習道論於黃子。《集解》徐廣曰：『《儒林傳》曰黃生，好黃老之術。』太史公仕於建元元

封之間，愍學者之不達其意而師悖，《正義》顔云：「悖，惑也。各習師書，惑於所見也。」乃論六家之要指曰：

《易·大傳》：《集解》張晏曰：「謂《易·繫辭》。」《正義》張晏云「謂《易·繫辭》」。案：下二句是《繫辭》文也。「天下一致而百慮，同歸而殊塗。」夫陰陽、儒、墨、名、法、道德，此務爲治者也，直所從言之異路，有省不省耳。《索隱》案：六家同歸於正，然所從之道殊塗，學或有傳習省察，或有不省者耳。嘗竊觀陰陽之術，大祥《集解》徐廣曰：「一作『詳』。」駰案：李奇曰「月令星官，是其枝葉也」。《索隱》案：《漢書》作「大詳」，言我觀陰陽之術大詳。而今此作「祥」，於義爲疏也。《正義》顧野王云：「祥，善也，吉凶之先見也。」而衆忌諱，使人拘而多所畏；《正義》言拘束於日時，令人有所忌畏也。然其序四時之大順，不可失也。儒者博而寡要，勞而少功，是以其事難盡從；然其序君臣父子之禮，列夫婦長幼之別，不可易也。墨者儉而難遵，《正義》韋云：「墨翟之術也，尚儉，後有隨巢子傳其術也。」是以其事不可遍循；《索隱》遍循，言難盡用也。然其彊本節用，不可廢也。法家嚴而少恩；然其正君臣上下之分，不可改矣。名家使人儉而善失真；《索隱》案：劉向《別録》云名家流出於禮官。古者名位不同，禮亦異數，孔子『必也正名乎』。案：名家知禮亦異數，是儉也；受命不受辭，或失其真也。然其正名實，不可不察也。道家使人精神專一，動合無形，贍足萬物。《索隱》：《漢書》作『澹』，古今字異也。其爲術也，因陰陽之大順，采儒墨之善，撮名法之要，與時遷移，應物變化，立俗施事，無所不宜，指約而易操，事少而功多。儒者則不然。以爲人主天下之儀表也，主倡而臣和，主先而臣隨。如此則主勞而臣逸。至於大道之要，去健羨，《集解》如淳曰：「『知雄守雌』，是去健也。『不見可欲，使心不亂』，是去羨也。」絀聰明，《索隱》如淳曰：「『不尚賢』，『絶聖棄智』也。」釋此而任術。夫神大用則竭，形大勞則敝。形神騷動，欲與天地長久，非所聞也。

夫陰陽四時、八位、十二度、二十四節《集解》張晏曰：「八位，八卦位也。十二度，十二次也。二十四節，就中氣也。各有禁忌，謂日月也。」各有教令，順之者昌，逆之者不死則亡，未必然也，故曰『使人拘而多畏』。夫春生夏長，秋收冬藏，此天道之大經也，弗順則無以爲天下綱紀，故曰『四時之大順，不可失也』。

夫儒者以《六蓺》爲法。《六蓺》經傳以千萬數，累世不能通其學，當年不能究其禮，故曰『博而寡要，勞而少功』。若夫列君臣父子之禮，序夫婦長幼之別，雖百家弗能易也。

墨者亦尚堯舜道，言其德行曰：『堂高三尺，《索隱》案：自此已下《韓子》之文，故稱『曰』也。土階三等，茅茨不翦，《正義》屋蓋曰茨，以茅覆屋。采椽不刮。《索隱》韋昭云：『采椽，櫟榱也。』《正義》采取爲椽，不刮削也。食土簋，《集解》徐廣曰：『一作「塯」。』駰案：服虔曰『土簋，用土作此器』。啜土刑，【略】《正義》顔云：『簋，所以盛飰也。刑，所以盛羹也。土謂燒土爲之，即瓦器也。』糲粱之食，《集解》張晏曰：『一斛粟，七斗米，爲糲。』瓚曰：『五斗粟，三斗米，爲糲。』韋昭曰：『糲，礲也。』《索隱》服虔云：『糲，麄米也。』《三倉》云：『粱，好粟。』《正義》糲，粗米也，脱粟也。粱，粟也。謂食脱粟之粗飰也。藜藿之羹。《正義》藜，似藿而表赤。藿，豆葉也。夏日葛衣，冬日鹿裘。』其送死，桐棺三寸，《正義》以桐木爲棺，厚三寸也。舉音不盡其哀。教喪禮，必以此爲萬民之率。使天下法若此，則尊卑無別也。夫世異時移，事業不必同，故曰『儉而難遵』。要曰彊本節用，則人給家足之道也。此墨子之所長，雖百長弗能廢也。

法家不別親疏，不殊貴賤，一斷於法，則親親尊尊之恩絶矣。《索隱》案：禮，親親父爲首，尊尊君爲首也。可以行一時之計，而不可長用也，故曰『嚴而少恩』。若尊主卑臣，明分職不得相踰越，雖百家弗能改也。

名家苛察繳繞，《集解》服虔曰：『繳音近叫呼，謂煩也。』如淳曰：『繳繞猶纏繞，不通大體也。』使人不得反其意，專決於名而失人情，故曰『使人儉而善失真』。若夫控名責實，參伍不失，《集解》晉灼曰：『引名責實，參錯交互，明知事情。』此不可不察也。

道家無爲，又曰無不爲，《正義》無爲者，守清淨也。無不爲者，生育萬物也。其實易行，《正義》各守其分，故易行也。其辭難知。《正義》幽深微妙，故難知也。其術以虛無爲本，以因循爲用。《正義》任自然也。無成埶，無常形，故能究萬物之情。不爲物先，不爲物後，《集解》韋昭曰：『因物爲制。』故能爲萬物主。有法無法，因時爲業；《正義》因時之物，成法爲業。有度無度，因物與合。《正義》因其萬物之形成度與合也。故曰『聖人不朽，時變是守』。《索隱》『故曰聖人不朽』至『因者君之綱』，此出《鬼谷子》，遷引之以成其章，故稱『故曰』也。《正義》言聖人教迹不朽滅者，順時變化。虛者道之常也，因者君之

綱」也。《正義》言因百姓之心以教，唯執其綱而已。羣臣並至，使各自明也。其實中其聲者謂之端，實不中其聲者謂之窾。《集解》駰案：李奇曰『聲別名也』。《漢書》作『款』。款，空也。故《申子》云『款言無成』是也。聲者，名也。以言實不稱名，則謂之空，空有聲也。窾言不聽，姦乃不生，賢不肖自分，白黑乃形。在所欲用耳，何事不成。乃合大道，混混冥冥。《正義》混混者，元氣之貌也。光燿天下，復反無名。凡人所生者神也，所託者形也。神大用則竭，形大勞則敝，形神離則死。死者不可復生，離者不可復反，故聖人重之。由是觀之，神者生之本也，形者生之具也。《集解》韋昭曰：『聲氣者，神也。枝體者，形也。』不先定其神［形］，而曰『我有以治天下』，何由哉？

《漢書》卷三〇《藝文志》 凡六藝一百三家，三千一百二十三篇。入三家，一百五十九篇；出重十一篇。

六藝之文：《樂》以和神，仁之表也；《詩》以正言，義之用也；《禮》以明體，明者著見，故無訓也；《書》以廣聽，知之術也；《春秋》以斷事，信之符也。五者，蓋五常之道，相須而備，而《易》爲之原。故曰『《易》不可見，則乾坤或幾乎息矣』，言與天地爲終始也。至於五學，世有變改，猶五行之更用事焉。古之學者耕且養，三年而通一藝，存其大體，玩經文而已，是故用日少而畜德多，三十而五經立也。後世經傳既已乖離，博學者又不思多聞闕疑之義，而務碎義逃難，便辭巧說，破壞形體；說五字之文，至於二三萬言。後進彌以馳逐，故幼童而守一藝，白首而後能言；安其所習，毀所不見，終以自蔽。此學者之大患也。序六藝爲九種。【略】

凡諸子百八十九家，四千三百二十四篇。出蹴鞠一家，二十五篇。

諸子十家，其可觀者九家而已。皆起於王道既微，諸侯力政，時君世主，好惡殊方，是以九家之術蜂出並作，各引一端，崇其所善，以此馳說，取合諸侯。其言雖殊，辟猶水火，相滅亦相生也。仁之與義，敬之與和，相反而皆相成也。《易》曰：『天下同歸而殊塗，一致而百慮。』今異家者各推所長，窮知究慮，以明其指，雖有蔽短，合其要歸，亦《六經》之支與流裔。使其人遭明王聖主，得其所折中，皆股肱之材已。仲尼有言：『禮失而求諸野。』方今去聖久遠，道術缺廢，無所更索，彼九家者，不猶愈於野乎？若能修六藝之術，而觀此九家之言，舍短取長，則可以通萬方之略矣。

論說

《荀子·非十二子第六》 假今之世，飾邪說，文姦言，以梟亂天下，矞宇嵬瑣，使天下混然不知是非治亂之所存者有人矣。縱情性，安恣睢，禽獸行，不足以合文通治；然而其持之有故，其言之成理，足以欺惑愚衆，是它囂、魏牟也。忍情性，綦谿利跂，苟以分異人爲高，不足以合大衆，明大分，然而其持之有故，其言之成理，足以欺惑愚衆，是陳仲、史鰌也。不知壹天下、建國家之權稱，上功用，大儉約而僈差等，曾不足以容辨異，縣君臣；然而其持之有故，其言之成理，足以欺惑愚衆，是墨翟、宋銒也。尚法而無法，下脩而好作，上則取聽於上，下則取從於俗，終日言成文典，反紃察之，則倜然無所歸宿，不可以經國定分；然而其持之有故，其言之成理，足以欺惑愚衆，是慎到、田駢也。不法先王，不是禮義，而好治怪說，玩琦辭，甚察而不惠，辯而無用，多事而寡功，不可以爲治綱紀；然而其持之有故，其言之成理，足以欺惑愚衆，是惠施、鄧析也。略法先王而不知其統，猶然而材劇志大，聞見雜博。案往舊造說，謂之五行，甚僻違而無類，幽隱而無說，閉約而無解。案飾其辭而祗敬之曰：此真先君子之言也。子思唱之，孟軻和之。世俗之溝猶瞀儒，嚾嚾然不知其所非也，遂受而傳之，以爲仲尼、子游爲茲厚於後世。是則子思、孟軻之罪也。

若夫總方略，齊言行，壹統類，而羣天下之英傑而告之以大古，教之以至順，奧窔之間，簟席之上，斂然聖王之文章具焉，佛然平世之俗起焉，六說者不能入也，十二子者不能親也。無置錐之地而王公不能與之爭名，在一大夫之位，則一君不能獨畜，一國不能獨容，成名況乎諸侯，莫不願以爲臣，是聖人之不得埶者也，仲尼、子弓是也。一天下，財萬物，長養人民，兼利天下，通達之屬，莫不從服，六說者立息，十二子者遷化，則聖人之得埶者，舜、禹是也。

今夫仁人也，將何務哉？上則法舜、禹之制，下則法仲尼、子弓之義，以務息十二子之說。如是則天下之害除，仁人之事畢，聖王之迹

著矣。

信信，信也；疑疑，亦信也。貴賢，仁也；賤不肖，亦仁也。言而當，知也；默而當，亦知也。故知默猶知言也。故多言而類，聖人也；少言而法，君子也；多少無法而流湎然，雖辯，小人也。故勞力而不當民務謂之奸事；勞知而不律先王謂之姦心，辯説譬諭、齊給便利而不順禮義謂之姦説。此三姦者，聖王之所禁也。知而險，賊而神，爲詐而巧，言無用而辯，辯不惠而察，治之大殃也。行辟而堅，飾非而好，玩姦而澤，言辯而逆，古之大禁也。知而無法，勇而無憚，察辯而操僻淫，大而用之，好姦而與衆，利足而迷，負石而墜，是天下之所棄也。

兼服天下之心：高上尊貴不以驕人，聰明聖知不以窮人，齊給速通不爭先人，剛毅勇敢不以傷人；不知則問，不能則學，雖能必讓，然後爲德。遇君則修臣下之義，遇鄉則修長幼之義，遇長則修子弟之義，遇友則修禮節辭讓之義，遇賤而少者則修告導寬容之義。無不愛也，無不敬也，無與人爭也，恢然如天地之苞萬物。如是則賢者貴之，不肖者親之。如是而不服者，則可謂訞怪狡猾之人矣，雖則子弟之中，刑及之而宜。《詩》云：『匪上帝不時，殷不用舊。雖無老成人，尚有典刑。曾是莫聽，大命以傾。』此之謂也。

古之所謂士仕者，厚敦者也，合羣者也，樂富貴者也，樂分施者也，遠罪過者也，務事理者也，羞獨富者也。今之所謂士仕者，汙漫者也，賊亂者也，恣睢者也，貪利者也，觸抵者也，無禮義而唯權埶之嗜者也。古之所謂處士者，德盛者也，能靜者也，修正者也，知命者也，著是者也。今之所謂處士者，無能而云能者也，無知而云知者也，利心無足而佯無欲者也，行僞險穢而彊高言謹愨者也，以不俗爲俗，離縱而跂訾者也。

士君子之所能不能爲：君子能爲可貴，不能使人必貴己；能爲可信，不能使人必信己；能爲可用，不能使人必用己。故君子恥不修，不恥見汙；恥不信，不恥不見信；恥不能，不恥不見用。是以不誘於譽，不恐於誹，率道而行，端然正己，不爲物傾側，夫是之謂誠君子。《詩》云：『溫溫恭人，維德之基。』此之謂也。

士君子之容：其冠進，其衣逢，其容良，儼然，壯然，祺然，蕼然，恢恢然，廣廣然，昭昭然，蕩蕩然，是父兄之容也。其冠進，其衣逢，其容愨，儉然，恀然，輔然，端然，訾然，洞然，綴綴然，瞀瞀然，是子弟之容也。吾語汝學者之嵬容：其冠絻，其纓禁緩，其容簡連；填填然，狄狄然，莫莫然，瞡瞡然，瞿瞿然，盡盡然，盱盱然，酒食聲色之中則瞞瞞然，瞑瞑然；禮節之中則疾疾然，訾訾然；勞苦事業之中，則儢儢然，離離然，偷儒而罔，無廉恥而忍謑詢；是學者之嵬也。弟佗其冠，神禫其辭，禹行而舜趨，是子張氏之賤儒也。正其衣冠，齊其顏色，嗛然而終日不言，是子夏氏之賤儒也。偷儒憚事，無廉恥而耆飲食，必曰君子固不用力，是子游氏之賤儒也。彼君子則不然。佚而不惰，勞而不侵，宗原應變，曲得其宜，如是，然後聖人也。

又《解蔽第二十一》 昔賓孟之蔽者，亂家是也。墨子蔽於用而不知文。宋子蔽於欲而不知得。慎子蔽於法而不知賢。申子蔽於埶而不知知。惠子蔽於辭而不知實。莊子蔽於天而不知人。故由用謂之道，盡利矣。由欲謂之道，盡嗛矣。由法謂之道，盡數矣。由埶謂之道，盡便矣。由辭謂之道，盡論矣。由天謂之道，盡因矣。此數具者，皆道之一隅也。夫道者體常而盡變，一隅不足以舉之。曲知之人，觀於道之一隅，而未之能識也。故以爲足而飾之，內以自亂，外以惑人，上以蔽下，下以蔽上，此蔽塞之禍也。孔子仁知且不蔽，故學亂術足以爲先王者也。一家得周道，舉而用之，不蔽於成積也。故德與周公齊，名與三王並，此不蔽之福也。

漢·桓寬《鹽鐵論》卷二《論儒第十一》 御史曰：『伊尹以割烹事湯，百里以飯牛要穆公，始爲苟合，信然與之霸王。如此，何言不從？何道不行？故商君以王道説孝公，不用，即以强國之道，卒以就功。鄒子以儒術干世主，不用，即以變化始終之論，卒以顯名。故馬效千里，不必胡、代；士貴成功，不必文辭。孟軻守舊術，不知世務，故困於梁宋。孔子能方不能圓，故饑於黎丘。今晚世之儒勤德，時有乏匱，言以爲非，困此不行。自周室以來，千有餘歲，獨有文、武、成、康，如言必參一焉，取所不能及而稱之，猶躄者能言遠不能行也。聖人異塗同歸，或行或止，其趣一也。商君雖革法改教，志存於强國利民。鄒子之作，變化之術，亦歸於仁義。祭仲自貶損以行權，時也。故小枉大直，君子爲之。今硜硜然守一道，引尾生之意，即晉文之譎諸侯以尊周室不足道，而管仲蒙恥辱以存亡不足稱也。』

U0591275